寧波市天一閣博物館
古籍普查登記目錄（中）

全國古籍普查登記目錄·浙江寧波

國家圖書館出版社
National Library of China Publishing House

330000－1705－0010391　　楊 0143、楊 0144
史部/傳記類/總傳之屬/仕宦

貳臣傳十二卷逆臣傳四卷　（清）國史館撰
清都城琉璃廠半松居士刻本　　八冊

330000－1705－0010392　　楊 0164　　史部/政
書類/通制之屬

文獻通考三百四十八卷首一卷　（元）馬端臨
撰　明刻本　一百冊

330000－1705－0010393　　楊 0142　　史部/傳
記類/總傳之屬/忠孝

二酉堂校訂註解二十四孝日記故事不分卷
清康熙二十四年(1685)二酉堂書坊刻本　楊
榮鄰跋　一冊

330000－1705－0010394　　楊 0169　　史部/政
書類/律令之屬/律例

**大清律例增修統纂集成四十卷附督捕則例附
纂二卷**　（清）姚潤輯　（清）陶駿　（清）陶
念霖增輯　清光緒十三年(1887)刻本　二十
四冊

330000－1705－0010395　　樵 0007　　經部/
叢編

漢魏二十一家易注三十三卷　（清）孫堂輯
清嘉慶四年(1799)平湖孫堂映雪草堂刻本
五冊

330000－1705－0010396　　楊 0178　　史部/詔
令奏議類/奏議之屬

**左恪靖侯奏稿初編三十八卷續編七十六卷三
編六卷**　（清）左宗棠撰　清光緒十二年
(1886)刻本　八十冊

330000－1705－0010397　　樵 0021　　類叢部/
叢書類/自著之屬

邃雅堂全集九種　（清）姚文田撰　清嘉慶至
光緒歸安姚氏刻本　四冊　存一種

330000－1705－0010398　　楊 0179　　史部/詔
令奏議類/奏議之屬

同治中興京外奏議約編八卷　（清）陳弢輯
清光緒元年(1875)篋劍囊琴之室刻本　八冊

330000－1705－0010399　　楊 0251　　經部/
叢編

十三經札記二十二卷附十六卷　（清）朱亦棟
撰　清光緒四年(1878)武林竹簡齋刻本　七
冊　存一種

330000－1705－0010400　　樵 0022　　經部/小
學類/文字之屬/說文/傳說

說文解字斠詮十四卷　（清）錢坫撰　清光緒
九年(1883)淮南書局刻本　六冊

330000－1705－0010402　　楊 0183　　史部/地
理類/山川之屬/水志

南湖考一卷　（明）陳幼學撰　　節錄餘杭縣南
湖事略一卷南湖誌考一卷　（清）陳善撰　清
光緒五年(1879)浙江官書局刻本　一冊

330000－1705－0010403　　楊 0190　　類叢部/
叢書類/彙編之屬

平津館叢書六集三十五種　（清）孫星衍編
清嘉慶蘭陵孫氏刻本　四冊　存一種

330000－1705－0010404　　樵 0023　　經部/小
學類/文字之屬/說文

說文解字義證五十卷　（清）桂馥撰　清同治
九年(1870)湖北崇文書局刻本　四十八冊

330000－1705－0010405　　楊 0189　　史部/地
理類/外紀之屬

瀛環志略十卷　（清）徐繼畬撰　**續集四卷末
一卷**　（英國）慕維廉纂　**補遺一卷**　（清）陳
俠君校正　清光緒二十九年(1903)京都博文
齋石印本　六冊

330000－1705－0010407　　楊 0180　　史部/時
令類

月令廣義二十四卷首一卷統紀一卷附錄一卷
　（明）馮應京輯　（明）戴任增釋　明萬曆陳
邦泰刻本　十冊

330000－1705－0010408　　樵 0009、樵 0010
類叢部/叢書類/自著之屬

确山所著書二種　（清）宋世犖撰　　清光緒六
年(1880)津門徐士鑾補刻印本　二冊　存
一種

330000－1705－0010409　　樵 0025　　經部/小

學類/文字之屬/說文

說文通訓定聲十八卷分部柬韻一卷說雅一卷古今韻準一卷 （清）朱駿聲撰 （清）朱鏡蓉參訂 行述一卷 朱孔彰撰 清道光二十九年(1849)刻咸豐元年(1851)朱孔彰臨嘯閣補刻本 二十八冊

330000－1705－0010410 楊0167 史部/政書類/律令之屬/刑制

重修名法指掌圖四卷 （清）沈辛田撰 （清）徐灝重訂 清同治八年(1869)桂林節署刻本 四冊

330000－1705－0010411 楊0187 史部/地理類/專志之屬/寺觀

天童寺志十卷首一卷 （清）釋德介 （清）聞性道撰 清康熙刻嘉慶增補本 四冊

330000－1705－0010412 楊0173 史部/政書類/邦計之屬/鹽法

兩浙鹽法續纂備考十二卷 （清）楊昌濬等纂修 清同治十三年(1874)刻本 六冊

330000－1705－0010413 楊0145 史部/傳記類/職官錄之屬/總錄

大清搢紳全書四卷(清光緒十六年夏季) 清光緒十六年(1890)文富堂刻本 二冊 存二卷(三至四)

330000－1705－0010414 楊0170 史部/政書類/律令之屬/律例

大清律例增修統纂集成四十卷附督捕則例附纂二卷 （清）姚潤輯 （清）任彭年重輯 清同治十年(1871)刻本 二十四冊

330000－1705－0010415 楊0184、楊0185 史部/地理類/水利之屬

郡城濬河徵信錄三卷寧郡城河丈尺圖志二卷 （清）宗源瀚編 清光緒七年(1881)、光緒十四年(1888)寧波河工局木活字印本 二冊

330000－1705－0010416 楊0191 史部/金石類/郡邑之屬/文字

兩浙金石志十八卷補遺一卷 （清）阮元撰 清光緒十六年(1890)浙江書局刻本 十二冊

330000－1705－0010417 楊0174 史部/詔令奏議類/奏議之屬

唐陸宣公奏議讀本四卷首一卷 （唐）陸贄撰 （清）汪銘謙輯 （清）馬傳庚評點 清道光九年(1829)貽安堂刻本 四冊

330000－1705－0010418 楊0171 史部/政書類/律令之屬/刑制

增訂刑部說帖八卷通行條例二卷 （清）國英編 清光緒九年(1883)廣西臬署刻本 十冊

330000－1705－0010419 樵0024 經部/小學類/文字之屬/說文

說文新附攷六卷續攷一卷 （清）鈕樹玉撰 清嘉慶六年(1801)非石居刻同治七年(1868)碧螺山館補刻本 四冊

330000－1705－0010420 楊0175 史部/詔令奏議類/奏議之屬

林文忠公政書三十七卷蒐遺一卷 （清）林則徐撰 清末刻本 十二冊 存三十七卷(一至三十七)

330000－1705－0010421 楊0212 子部/儒家類/儒學之屬/蒙學

小學集解六卷小學輯說一卷 （清）張伯行輯注 清同治十三年(1874)廣州督學使署刻本 四冊

330000－1705－0010422 楊0176 史部/詔令奏議類/奏議之屬

曾文正公奏議十卷首一卷末一卷 （清）曾國藩撰 （清）薛福成編 清同治十二年至十三年(1873－1874)蘇郡刻本 十冊

330000－1705－0010423 楊0186 史部/地理類/專志之屬/園林

滄浪小志二卷 （清）宋犖輯 清光緒十年(1884)江蘇書局刻本 一冊

330000－1705－0010424 楊0116 史部/編年類/通代之屬

資治通鑑大全八種 （明）陳仁錫輯 明崇禎刻本 四冊 存一種

330000－1705－0010425 樵0036 經部/小

學類/文字之屬/字書/字體

隸韻十卷碑目一卷 (宋)劉球撰 碑目攷證一卷隸韻攷證二卷 (清)翁方綱撰 清嘉慶十五年(1810)秦恩復刻本 八冊

330000－1705－0010426 楊0177 史部/詔令奏議類/奏議之屬

曾文正公奏議十卷首一卷末一卷補編四卷 (清)曾國藩撰 (清)薛福成編 清同治十三年(1874)上海吳氏醉六堂刻本 十冊 缺四卷(補編一至四)

330000－1705－0010427 楊0193 史部/金石類/總志之屬

二銘書屋藏碑錄五卷 (清)張岱年撰 清抄本 二冊

330000－1705－0010428 楊0207 子部/儒家類/儒學之屬/勸學

輶軒語六卷 (清)張之洞撰 清光緒四年(1878)葛元煦刻本 清楊炳翰跋 一冊

330000－1705－0010429 樵0037 經部/小學類/文字之屬/字書/字體

隸辨八卷 (清)顧藹吉撰 清乾隆八年(1743)天都黃晟刻本 八冊

330000－1705－0010430 楊0168 史部/職官類/官箴之屬

牧令書二十三卷保甲書四卷 (清)徐棟輯 清同治四年(1865)成都刻本 二十

330000－1705－0010431 楊0252 經部/叢編

十三經札記二十二卷附十六卷 (清)朱亦棟撰 清光緒四年(1878)武林竹簡齋刻本 八冊 存一種

330000－1705－0010433 楊0166 史部/政書類/儀制之屬/典禮

文廟通考六卷首一卷 (清)牛樹梅撰 清同治十一年(1872)浙江書局刻本 清楊炳翰題記 二冊

330000－1705－0010434 楊0181 史部/時令類

月令粹編二十四卷圖說一卷 (清)秦嘉謨撰 清嘉慶十七年(1812)江都秦嘉謨琳琅仙館刻本 八冊

330000－1705－0010436 楊0201 子部/儒家類/儒學之屬/性理

讀書錄十一卷續錄十二卷 (明)薛瑄撰 清道光七年(1827)刻本 一冊 存十一卷(讀書錄一至十一)

330000－1705－0010437 樵0034、樵0035 叢部/叢書類/家集之屬

洪氏晦木齋叢書二十一種 (清)洪汝奎編 清同治八年至宣統元年(1869－1909)刻本 八冊 存二種

330000－1705－0010438 楊0208 子部/儒家類/儒學之屬/禮教/鑑戒

戒色編不分卷 (清)曹雲章編 清光緒元年(1875)曹雲章刻本 一冊

330000－1705－0010439 楊0165 史部/政書類/通制之屬

欽定大清會典一百卷 (清)張廷玉等纂修 清刻本 二十四冊

330000－1705－0010440 楊0202 子部/儒家類/儒學之屬/禮教/家訓

楊忠愍公傳家寶訓不分卷 (明)楊繼盛撰 (明)陳君選輯 清道光十八年(1838)晚桂堂刻本 一冊

330000－1705－0010441 楊0196 子部/叢編

子書百家 (清)崇文書局編 清光緒元年(1875)湖北崇文書局刻本 四冊 存一種

330000－1705－0010442 楊0204 子部/儒家類/儒學之屬/性理

御纂性理精義十二卷 (清)李光地等纂修 清咸豐二年(1852)寶仁堂刻本 六冊

330000－1705－0010443 樵0032 史部/金石類/金之屬/文字

積古齋鐘鼎彝器款識十卷 (清)阮元 (清)朱爲弼撰 清光緒五年(1879)武昌刻本

六冊

330000－1705－0010445　楊0205　子部/儒家類/儒學之屬/性理

儒門法語一卷　（清）彭定求撰　（清）湯金釗輯　清同治十二年(1873)刻本　一冊

330000－1705－0010446　樵0033　經部/小學類/文字之屬/字書/字體

繆篆分韻五卷補一卷　（清）桂馥輯　清光緒歸安姚氏咫進齋刻本　二冊

330000－1705－0010448　樵0040　經部/小學類/文字之屬/字書/字典

字林考逸八卷附錄一卷　（清）任大椿學　**字林考逸補本一卷**　（清）陶方琦學　**補附錄一卷**　（清）諸可寶撰　**倉頡篇三卷倉頡篇序一篇**　（清）孫星衍學　**倉頡篇續本一卷**　（清）任大椿學　**倉頡篇補本二卷**　（清）陶方琦學　清光緒十六年(1890)江蘇書局刻本　六冊

330000－1705－0010449　楊0172　史部/政書類/律令之屬/律例

欽定六部處分則例五十二卷　清刻本　二十四冊

330000－1705－0010450　楊0199　子部/儒家類/儒學之屬/勸學

程氏家塾讀書分年日程三卷綱領一卷　（元）程端禮撰　清同治十一年(1872)教忠堂刻本　二冊

330000－1705－0010451　樵0027　經部/小學類/文字之屬/字書/字典

復古編二卷　（宋）張有撰　**復古編校正一卷**　（清）葛鳴陽撰　**復古編附錄一卷**　（清）葛鳴陽輯　清光緒八年(1882)淮南書局刻本　二冊　存二卷(復古編一至二)

330000－1705－0010452　樵0030　類叢部/叢書類/彙編之屬

廣雅書局叢書一百五十九種　徐紹棨編　清光緒廣雅書局刻民國九年(1920)番禺徐紹棨彙編重印本　四冊　存一種

330000－1705－0010453　樵0031　類叢部/

叢書類/彙編之屬

咫進齋叢書三十五種　（清）姚覲元編　清光緒九年(1883)歸安姚氏刻本　四冊　存一種

330000－1705－0010454　楊0232　子部/天文曆算類/算書之屬

中西算學集要五種　（清）周毓英輯　清光緒七年(1881)刻本　八冊

330000－1705－0010455　楊0200　經部/三禮總義類/通禮雜禮之屬

朱子家禮十卷首一卷　（宋）朱熹撰　（明）丘濬輯　（明）楊廷筠補　清嘉慶十四年(1809)麟經閣刻本　六冊

330000－1705－0010456　楊0188　史部/地理類/外紀之屬

地球韻言四卷　（清）張士瀛撰　清光緒二十四年(1898)鄂垣務急書館刻本　二冊

330000－1705－0010457　楊0203　史部/傳記類/總傳之屬/忠孝

聖諭象解不分卷　（清）梁延年撰　清康熙十二年(1673)刻本　一冊

330000－1705－0010458　樵0041　經部/小學類/文字之屬/字書/字典

龍龕手鑑四卷　（遼）釋行均撰　清刻本　十冊

330000－1705－0010459　楊0182　史部/地理類/總志之屬/斷代

新斠注地里志十六卷　（清）錢坫撰　（清）徐松集釋　清同治十三年(1874)會稽章氏刻本　八冊

330000－1705－0010460　楊0162　史部/史評類/史論之屬

讀史論畧一卷　（清）杜詔撰　清刻本　一冊

330000－1705－0010461　楊0219　子部/叢編

二十二子(二十二子彙函)　（清）浙江書局編　清光緒元年至三年(1875－1877)浙江書局刻本　二冊　存一種

330000－1705－0010462　　樵 0029　　經部/小
學類/文字之屬/說文

說文通檢十四卷首一卷末一卷　　(清)黎永椿
撰　　清末粵東富文齋刻本　　二冊

330000－1705－0010463　　樵 0042　　經部/小
學類/音韻之屬/韻書

**古今韻會舉要三十卷禮部韻略七音三十六母
通攷一卷**　　(元)黃公紹撰　　(元)熊忠舉要
清光緒十二年(1886)淮南書局刻本　　十冊

330000－1705－0010464　　楊 0226　　子部/醫
家類/綜合之屬/通論

醫學心悟五卷附外科十法一卷　　(清)程國彭
撰　　清嘉慶二十四年(1819)掃葉山房刻本
四冊　　存五卷(一至五)

330000－1705－0010465　　楊 0220　　子部/醫
家類/本草之屬/歷代綜合本草

**本草綱目五十二卷附圖三卷瀕湖脈學一卷奇
經八脈攷一卷脈訣攷證一卷**　　(明)李時珍撰
　本草萬方鍼線八卷　　(清)蔡烈先輯　**本草
綱目拾遺十卷**　　(清)趙學敏輯　　清光緒十八
年(1892)上海鴻寶齋石印本　　十六冊

330000－1705－0010466　　樵 0043　　經部/小
學類/文字之屬/字書/字典

**康熙字典十二集三十六卷總目一卷檢字一卷
辨似一卷等韻一卷補遺一卷備考一卷**　　(清)
張玉書等纂修　　清康熙刻本　　四十六冊

330000－1705－0010467　　樵 0028　　經部/小
學類/文字之屬/字書/字典

續復古編四卷　　(元)曹本撰　　清光緒十二年
(1886)歸安姚氏咫進齋據䣓宋慶景元鈔本刻
朱印本　　四冊

330000－1705－0010468　　楊 0209　　子部/儒
家類/儒學之屬/蒙學

三字經註解備要一卷　　(清)賀興思注解　　清
光緒十七年(1891)上海廣百宋齋鉛印本
一冊

330000－1705－0010470　　楊 0210　　類叢部/
類書類/專類之屬

李氏蒙求補注六卷　　(唐)李瀚撰　　(清)金三
俊補注　　清刻本　　一冊

330000－1705－0010471　　楊 0213　　子部/儒
家類/儒學之屬/蒙學

童子問路四卷　　(清)鄭之琼輯　　清光緒七年
(1881)群玉山房刻本　　二冊

330000－1705－0010472　　樵 0046　　類叢部/
叢書類/彙編之屬

邵武徐氏叢書二十三種　　(清)徐榦編　　清光
緒邵武徐氏刻本　　二冊　　存一種

330000－1705－0010473　　楊 0243　　子部/雜
著類/雜考之屬

困學紀聞二十卷　　(宋)王應麟撰　　(清)閻若
璩箋　　(清)何焯評　　清乾隆桐鄉汪垕桐華書
塾刻本　　六冊

330000－1705－0010474　　楊 0211　　類叢部/
類書類/專類之屬

李氏蒙求補注六卷　　(唐)李瀚撰　　(清)金三
俊補注　　清刻本　　一冊　　存三卷(一至三)

330000－1705－0010475　　楊 0214　　子部/儒
家類/儒學之屬/蒙學

童子問路四卷　　(清)鄭之琼輯　　清光緒五年
(1879)古越墨潤堂刻本　　二冊

330000－1705－0010476　　楊 0228　　子部/天
文曆算類/算書之屬

緝古算經一卷　　(唐)王孝通撰並注　　**緝古算
經細草一卷圖解三卷音義一卷**　　(清)陳杰撰
　　清道光二十年(1840)斐文堂刻本　　二冊

330000－1705－0010477　　楊 0229　　子部/天
文曆算類/算書之屬

緝古算經一卷　　(唐)王孝通撰並注　　**緝古算
經細草一卷圖解三卷音義一卷**　　(清)陳杰撰
　　清道光二十年(1840)斐文堂刻本　　二冊

330000－1705－0010478　　楊 0215　　子部/法
家類

管子二十四卷　　(唐)房玄齡注　　清光緒二十
九年(1903)六藝書局石印本　　四冊

330000 – 1705 – 0010479　楊 0230　子部/天文曆算類/算書之屬

緝古算經一卷　（唐）王孝通撰並注　**緝古算經細草一卷圖解三卷音義一卷**　（清）陳杰撰　清道光二十年（1840）斐文堂刻本　二冊

330000 – 1705 – 0010480　樵 0026　史部/目錄類/專錄之屬

小學考五十卷　（清）謝啟昆撰　清光緒十四年（1888）浙江書局刻本　二十冊

330000 – 1705 – 0010481　楊 0247　子部/雜著類/雜考之屬

湛園札記四卷　（清）姜宸英撰　清光緒四年（1878）張麟洲見山樓刻七年（1881）王定祥續刻本　二冊

330000 – 1705 – 0010482　楊 0248　集部/總集類/選集之屬/通代

經史百家雜鈔二十六卷　（清）曾國藩輯　清光緒三十二年（1906）上海商務印書館鉛印本　十二冊

330000 – 1705 – 0010483　楊 0225　子部/醫家類/醫案之屬

續名醫類案三十六卷　（清）魏之琇撰　清光緒十三年（1887）刻本　三十六冊

330000 – 1705 – 0010485　樵 0047　子部/雜著類/雜考之屬

通雅五十二卷首三卷　（清）方以智撰　**通雅刊誤補遺一卷**　（清）張裕業撰　清光緒六年（1880）桐城方氏刻本　二十冊

330000 – 1705 – 0010486　楊 0249　集部/總集類/選集之屬/通代

經史百家雜鈔二十六卷　（清）曾國藩輯　清光緒三十二年（1906）上海商務印書館鉛印本　十二冊

330000 – 1705 – 0010488　楊 0250　集部/總集類/選集之屬/通代

經史百家雜鈔二十六卷　（清）曾國藩纂（清）李鴻章校刊　清末民初商務印書館鉛印本　十一冊　存二十四卷（三至二十六）

330000 – 1705 – 0010489　楊 0221　子部/醫家類/方書之屬/單方驗方

壽世良方四卷首一卷　（清）陳勱編輯　清光緒十四年（1888）四明積善堂王氏刻本　楊公望題記　一冊

330000 – 1705 – 0010491　樵 0048　子部/醫家類/醫經之屬/內經

靈樞經九卷　（清）張志聰撰　清光緒十六年（1890）浙江書局刻本　八冊

330000 – 1705 – 0010493　楊 0255　史部/職官類/官箴之屬

問心齋學治雜錄二卷續錄四卷　（清）張聯桂撰　清光緒十一年（1885）刻本　六冊

330000 – 1705 – 0010495　楊 0222　子部/醫家類/方書之屬/單方驗方

醫方湯頭歌訣一卷經絡歌訣一卷　（清）汪昂撰　清光緒二年（1876）浙紹墨潤堂刻本　一冊

330000 – 1705 – 0010496　楊 0231　類叢部/叢書類/自著之屬

留書種閣集九種　（清）黃炳垕撰　清同治六年至光緒二十年（1867 – 1894）餘姚黃氏留書種閣刻本　一冊　存一種

330000 – 1705 – 0010497　楊 0216　子部/法家類

管子二十四卷　（唐）房玄齡注　清嘉慶九年（1804）姑蘇聚文堂刻本　八冊

330000 – 1705 – 0010498　楊 0256　子部/雜著類/雜纂之屬

藥榜捷報錄四卷　（清）四香居士輯　清同治七年（1868）翰文齋刻本　一冊

330000 – 1705 – 0010499　樵 0050　史部/紀傳類/正史之屬

欽定二十四史附考證　清光緒十年（1884）上海同文書局石印本　七百十一冊

330000 – 1705 – 0010500　樵 0045　類叢部/類書類/專類之屬

稱謂錄三十二卷　（清）梁章鉅撰　清光緒元

年至十年（1875－1884）福州梁恭辰刻本
八册

330000－1705－0010502　楊0223　子部/醫
家類/方書之屬

綠槐堂疹症方論不分卷　（清）鄞西老圃伯子
訂　清光緒九年（1883）四明茹古齋鉛印本
一册

330000－1705－0010503　樵0044　經部/樂
類/律呂之屬

重刻恭簡公志樂二十卷　（明）韓邦奇圖解
清乾隆十一年（1746）鐮川薛宗泗式古堂刻本
十二册

330000－1705－0010504　楊0261　子部/道
家類

莊子集解八卷　王先謙撰　清宣統元年
（1909）上海埽葉山房石印本　四册

330000－1705－0010505　楊0258　子部/道
家類

莊子十卷　（晉）郭象注　（唐）陸德明音義
清光緒二年（1876）浙江書局刻二十二子本
清沈思欽跋　四册

330000－1705－0010506　楊0233　子部/天
文曆算類/算書之屬

梅氏叢書輯要三十種六十二卷首一卷　（清）
梅文鼎撰　（清）梅瑴成重編　清光緒十四年
（1888）上海龍文書局石印本　六册

330000－1705－0010507　楊0224　子部/醫
家類/醫案之屬

名醫類案十二卷　（明）江瓘輯　清光緒十一
年（1885）信述堂刻本　十二册

330000－1705－0010508　楊0245　子部/雜
著類/雜考之屬

日知錄集釋三十二卷刊誤二卷續刊誤二卷
（清）黃汝成撰　清同治八年（1869）廣州述古
堂刻本　十六册

330000－1705－0010509　楊0246　子部/雜
著類/雜考之屬

羣書疑辨十二卷　（清）萬斯同撰　清嘉慶二

十一年（1816）供石亭刻本　六册

330000－1705－0010510　楊0269－1　子部/
宗教類/佛教之屬/經疏

徑中徑又徑徵義三卷首一卷　（清）張師誠輯
（清）徐槐廷注　清光緒刻本　一册

330000－1705－0010511　楊0269　子部/宗
教類/佛教之屬/經疏

徑中徑又徑徵義三卷首一卷　（清）張師誠輯
（清）徐槐廷注　清光緒刻本　一册

330000－1705－0010512　楊0235　子部/藝
術類/遊藝之屬/雜藝

益智圖二卷燕几圖一卷副本一卷　（清）童葉
庚撰　**益智續圖一卷**　（清）童昂等撰　**益智
字圖一卷附一卷**　（清）祝梅君撰　清光緒四
年至十六年（1878－1890）童葉庚睫巢刻本
六册

330000－1705－0010513　樵0052、樵0227
類叢部/叢書類/彙編之屬

廣雅書局叢書一百五十九種　徐紹棨編　清
光緒廣雅書局刻民國九年（1920）番禺徐紹棨
彙編重印本　十六册　存二種

330000－1705－0010514　楊0262　子部/道
家類

莊子因六卷　（清）林雲銘撰　清光緒六年
（1880）白雲精舍刻本　楊容林題記　四册

330000－1705－0010517　楊0270　類叢部/
類書類/通類之屬

事類賦三十卷　（宋）吳淑撰並注　清乾隆三
十五年（1770）刻本　四册

330000－1705－0010518　楊0276　類叢部/
類書類/通類之屬

御定駢字類編二百四十卷　（清）吳士玉
（清）沈宗敬等輯　清光緒十三年（1887）上海
同文書局石印本　四十八册

330000－1705－0010520　楊0277　類叢部/
類書類/專類之屬

佩文韻府一百六卷　（清）張玉書　（清）蔡升
元等輯　**韻府拾遺一百六卷**　（清）汪灝

（清）何焯等輯　清康熙五十年（1711）內府刻本　二百册　存一百六卷（佩文韻府一至一百六）

330000－1705－0010521　楊0287　類叢部/類書類/專類之屬

典林瑯環二十四卷續典林瑯環三十卷　（清）□□撰　清光緒二年（1876）武林湛蘭書屋刻本　十二册

330000－1705－0010522　樵0056　史部/紀傳類/正史之屬

遼史拾遺二十四卷　（清）厲鶚撰　遼史拾遺補五卷　（清）楊復吉撰　清光緒元年（1875）及三年（1877）江蘇書局刻本　十册

330000－1705－0010523　楊0271　子部/小說家類/異聞之屬

太平廣記五百卷目錄十卷　（宋）李昉等輯　清嘉慶元年（1796）槐蔭草堂刻本　五十三册　缺九十六卷（九至一百四）

330000－1705－0010524　楊0291　集部/總集類/選集之屬/通代

重訂文選集評十五卷首一卷末一卷　（清）于光華輯　清同治九年（1870）刻本　十六册

330000－1705－0010525　樵0060　史部/叢編

資治通鑑彙刻五百九十九卷　清同治至光緒江蘇書局刻本　十册　存一種

330000－1705－0010526　楊0287－1　類叢部/類書類/專類之屬

典林瑯環二十四卷續典林瑯環三十卷　（清）□□撰　清光緒二年（1876）武林湛蘭書屋刻本　十二册

330000－1705－0010527　樵0054　史部/紀傳類/正史之屬

遼金元三史語解四十六卷　清光緒四年（1878）江蘇書局刻本　十册

330000－1705－0010528　楊0292　集部/總集類/選集之屬/通代

六朝文絜四卷　（清）許梿評選　清光緒五年（1879）吳門刻朱墨套印本　一册

330000－1705－0010529　楊0264　子部/宗教類/道教之屬/戒律

太上感應篇圖說八卷首一卷　（清）黃正元纂　（清）毛金蘭補　清同治八年（1869）刻本　八册

330000－1705－0010530　楊0274　類叢部/類書類/通類之屬

唐類函二百卷目錄二卷　（明）俞安期輯　明萬曆三十一年（1603）東吳俞安期刻本　六十四册

330000－1705－0010531　楊0288　類叢部/類書類/專類之屬

試律大成十卷類目一卷韻目一卷　（清）吟香室主人選輯　清光緒十四年（1888）上海大同書局石印本　十二册

330000－1705－0010533　楊0293　集部/總集類/選集之屬/通代

六朝文絜四卷　（清）許梿評選　清光緒五年（1879）吳門刻朱墨套印本　一册

330000－1705－0010534　樵0055　類叢部/叢書類/彙編之屬

文選樓叢書三十三種　（清）阮亨編　清嘉慶至道光阮元刻道光二十二年（1842）阮亨彙印本　三册　存二種

330000－1705－0010535　楊0294　集部/總集類/選集之屬/通代

六朝文絜四卷　（清）許梿評選　清光緒五年（1879）吳門刻朱墨套印本　一册

330000－1705－0010536　樵0059　史部/編年類/通代之屬

續資治通鑑二百二十卷　（清）畢沅撰　清乾隆鎮洋畢氏刻嘉慶六年（1801）桐鄉馮氏德裕堂續刻同治六年（1867）永康應氏補刻本　六十四册

330000－1705－0010537　楊0295　集部/總集類/選集之屬/通代

六朝文絜四卷　（清）許梿評選　清光緒五年

（1879）吳門刻朱墨套印本　一冊

330000－1705－0010538　楊0279　類叢部/類書類/專類之屬

韻府約編二十四卷　（清）鄧愷輯　清咸豐元年（1851）刻本　二十四冊

330000－1705－0010539　楊0296　集部/總集類/選集之屬/通代

六朝文絜四卷　（清）許槤評選　清光緒五年（1879）吳門刻朱墨套印本　一冊

330000－1705－0010540　楊0289　集部/總集類/選集之屬/通代

文選六十卷　（南朝梁）蕭統輯　（唐）李善注　清乾隆十一年（1746）懷德堂刻本　十六冊

330000－1705－0010541　楊0275　類叢部/類書類/通類之屬

潛確居類書一百二十卷　（明）陳仁錫輯　明崇禎尚義堂刻本　四十八冊

330000－1705－0010542　楊0297　集部/總集類/選集之屬/通代

唐宋大家全集錄十種　（清）儲欣編　清康熙四十四年（1705）遺清堂刻本　三十二冊

330000－1705－0010543　楊0278　類叢部/類書類/專類之屬

韻府約編二十四卷　（清）鄧愷輯　清乾隆二十七年（1762）刻本　二十四冊

330000－1705－0010544　楊0265　子部/宗教類/道教之屬/戒律

陰隲文圖證不分卷　（清）費丹旭繪圖　（清）許光清集證　清光緒二十二年（1896）石印本　一冊

330000－1705－0010545　樵0057　史部/史表類/通代之屬

廿一史四譜五十四卷　（清）沈炳震撰　清同治十年（1871）武林吳氏清來堂刻本　十六冊

330000－1705－0010546　樵0061　史部/編年類/通代之屬

御批歷代通鑑輯覽一百二十卷　（清）傅恒等

總裁　（清）楊述曾等纂修　清同治十年（1871）浙江書局刻朱墨套印本　四十八冊

330000－1705－0010547　楊0272　類叢部/類書類/專類之屬

王先生十七史蒙求十六卷　（宋）王令撰　清光緒五年（1879）粵東文雅齋刻本　四冊

330000－1705－0010549　樵0062　史部/編年類/斷代之屬

明紀六十卷　（清）陳鶴輯　（清）陳克家補　清同治十年（1871）江蘇書局刻本　二十冊

330000－1705－0010550　楊0290　集部/總集類/選集之屬/通代

重訂文選集評十五卷首一卷末一卷　（清）于光華輯　清咸豐十年（1860）右文堂刻本　十六冊

330000－1705－0010551　楊0301　集部/總集類/選集之屬/通代

金元明八大家文選　（清）李祖陶編　清道光二十五年（1845）吉安刻本　二十五冊

330000－1705－0010552　樵0064　史部/紀事本末類/通代之屬

繹史一百六十卷附世系圖一卷年表一卷　（清）馬驌撰　清康熙刻本　三十二冊

330000－1705－0010553　楊0266　子部/宗教類/道教之屬

覺世積功改過錄不分卷　清光緒二年（1876）翰香齋刻本　一冊

330000－1705－0010554　楊0273　類叢部/類書類/專類之屬

王先生十七史蒙求十六卷　（宋）王令撰　清刻本　一冊

330000－1705－0010555　樵0038　經部/小學類/文字之屬/字書/字體

隸篇十五卷續十五卷再續十五卷金石目一卷部目一卷字目一卷　（清）翟云升撰　清道光十七年至十八年（1837－1838）五經歲徧齋刻本　十八冊

330000－1705－0010556　楊0299　集部／總集類／彙編之屬

五朝詩別裁集 （清）□□輯　清紫貴堂刻本　三十八冊

330000－1705－0010557　楊0311　集部／總集類／選集之屬／斷代

宮閨百詠四卷 （清）陳其泰編次　清道光二十五年（1845）海鹽陳氏桐花鳳閣刻本　二冊

330000－1705－0010558　樵0058　史部／編年類／通代之屬

資治通鑑二百九十四卷 （宋）司馬光撰（元）胡三省音注　**通鑑釋文辯誤十二卷**（元）胡三省撰　明萬曆二十年（1592）新安吳勉學刻本　二百三十四冊　缺十二卷（通鑑釋文辯誤一至十二）

330000－1705－0010559　樵0039　經部／群經總義類／文字音義之屬

經籍籑詁一百六卷補遺一百六卷首一卷（清）阮元撰　清嘉慶十七年（1812）揚州阮元琅嬛仙館刻光緒六年（1880）淮南書局補刻本　四十八冊

330000－1705－0010560　楊0306　集部／總集類／選集之屬／通代

續古文辭類纂二十八卷 （清）黎庶昌輯　清光緒二十一年（1895）金陵狀元閣刻本　十二冊

330000－1705－0010561　楊0237　子部／農家農學類／園藝之屬／花卉

秘傳花鏡六卷圖一卷 （清）陳淏子撰　清刻本　六冊

330000－1705－0010562　楊0267　子部／雜著類／雜說之屬

晨鐘暮鼓醒迷纂要四卷首一卷 （清）朱厚祥輯　清光緒十九年（1893）石印本　四冊

330000－1705－0010563　楊0286　類書類／專類之屬

典林瑯環二十四卷續典林瑯環三十卷 （清）□□撰　清光緒二年（1876）武林湛蘭書屋刻

本　十二冊

330000－1705－0010564　楊0268　子部／雜著類／雜說之屬

晨鐘暮鼓醒迷纂要四卷首一卷 （清）朱厚祥輯　清光緒十九年（1893）石印本　四冊

330000－1705－0010568　樵0065、樵0066、樵0067、樵0068、樵0069　史部／紀事本末類

紀事本末五種 （清）□□輯　清同治十二年至十三年（1873－1874）江西書局刻本　一百三十六冊

330000－1705－0010569　樵0070　史部／紀事本末類／斷代之屬

三朝北盟會編二百五十卷首一卷 （宋）徐夢莘撰　**校勘記二卷補遺一卷**（清）袁祖安校勘並補遺　清光緒四年（1878）鉛印本　四十冊

330000－1705－0010570　楊0315　類叢部／類書類／專類之屬

新增詩句題解彙編二十二卷 （清）陳劍芝（清）葉湘秋（清）顧芷卿編　（清）朱春舫增輯　清同治五年（1866）海陵書屋刻本　二十冊

330000－1705－0010572　楊0282　類叢部／類書類／專類之屬

詩學含英十四卷 （清）劉文蔚輯　清道光元年（1821）刻本　二冊　存六卷（一至三、十二至十四）

330000－1705－0010573　楊0304　集部／總集類／選集之屬／通代

古文辭類纂七十五卷附錄一卷 （清）姚鼐輯　**校勘記一卷**（清）李承淵撰　清光緒二十七年（1901）滁州李氏求要堂刻三十二年（1906）補刻本　十二冊

330000－1705－0010574　楊0302　集部／總集類／選集之屬／通代

古文淵鑒六十四卷 （清）徐乾學等輯注　清同治十二年（1873）浙江書局刻本　三十二冊

330000－1705－0010575　楊0283　類叢部／

類書類/專類之屬

初學行文語類四卷 （清）孫埏編　清大文堂刻本　二冊

330000－1705－0010576　樵 0071　類叢部/叢書類/自著之屬

振綺堂遺書五種 （清）汪遠孫撰　清道光刻民國十一年(1922)錢唐汪氏彙印本　八冊存二種

330000－1705－0010577　楊 0312　集部/總集類/選集之屬/通代

分類賦學雞跖集三十卷附錄一卷 （清）張維城輯　清道光十二年(1832)張維城粲花吟館刻本　八冊

330000－1705－0010578　樵 0072、樵 0073　史部/雜史類/通代之屬

宋遼金元別史五種 （清）席世臣輯　清乾隆至嘉慶南沙席氏掃葉山房刻本　十八冊　存二種

330000－1705－0010579　樵 0075　史部/雜史類/通代之屬

重訂路史全本四十七卷 （宋）羅泌撰　（宋）羅苹注　（明）吳弘基等重編　清嘉慶六年(1801)酉山堂刻本　十六冊

330000－1705－0010580　楊 0316　類叢部/類書類/專類之屬

新增詩句題解彙編二十二卷 （清）陳劍芝（清）葉湘秋　（清）顧芷卿編　（清）朱春舫增輯　清同治五年(1866)海陵書屋刻本　十九冊　存二十卷(一至二十)

330000－1705－0010581　楊 0303　集部/總集類/選集之屬/通代

古文辭類纂七十四卷 （清）姚鼐輯　清同治八年(1869)江蘇書局刻本　十二冊

330000－1705－0010582　楊 0238　子部/農家農學類/園藝之屬/花卉

藝菊瑣言不分卷 （清）陳葆善撰　清抄本　一冊

330000－1705－0010584　楊 0317　集部/總集類/選集之屬/通代

得月樓賦甲編不分卷乙編不分卷丙編不分卷丁編不分卷 （清）張元灝選評　清同治十年(1871)漱芳書屋刻本　八冊

330000－1705－0010585　楊 0313　集部/總集類/選集之屬/通代

雞跖賦續刻二十八卷擬古二卷 （清）應泰泉輯　清同治十三年(1874)蘭言室刻本　十冊

330000－1705－0010586　楊 0284　集部/總集類/選集之屬/通代

分類賦學雞跖集三十卷附錄一卷 （清）張維城輯　清光緒八年(1882)四明汲綆齋刻本　八冊

330000－1705－0010588　楊 0322　經部/群經總義類/傳說之屬

四書五經義策論初編不分卷 　韓韋編　清光緒二十七年(1901)文彙書局鉛印本　二冊

330000－1705－0010589　楊 0318　子部/儒家類/儒學之屬/蒙學

神童詩一卷 　清汲綆齋刻本　清楊臣勳跋　一冊

330000－1705－0010590　楊 0326、楊 0327　集部/總集類/選集之屬/通代

古唐詩合解唐詩十二卷古詩四卷 （清）王堯衢注　清道光二十五年(1845)德華堂刻本容士批　五冊

330000－1705－0010591　楊 0329　集部/總集類/選集之屬/斷代

唐人賦鈔六卷 （清）邱先德輯　清同治十三年(1874)木樨香山館刻本　六冊

330000－1705－0010592　楊 0319　子部/儒家類/儒學之屬/蒙學

神童詩一卷 　清抄本　一冊

330000－1705－0010593　楊 0285　類叢部/類書類/專類之屬

學文資典四卷 （清）鄭文煥輯　清刻本　四冊

330000－1705－0010594　楊0331　集部/總集類/彙編之屬

宋詩鈔初集八十四種　（清）呂留良　（清）吳之振　（清）吳爾堯編　清康熙十年(1671)洲錢吳氏鑑古堂刻本　十二冊　存三十四種

330000－1705－0010595　楊0280　類叢部/類書類/通類之屬

廣廣事類賦三十二卷　（清）吳世旃撰　清嘉慶元年(1796)刻本　六冊

330000－1705－0010596　楊0323　類叢部/類書類/專類之屬

縮本增選多寶船不分卷　（清）點石齋主人輯　清光緒八年(1882)上海點石齋石印本　八冊

330000－1705－0010597　楊0314　集部/總集類/選集之屬/通代

名詩彙鈔二卷　（清）蘭芬唅館主人輯　清咸豐元年(1851)刻本　一冊

330000－1705－0010598　楊0328　集部/總集類/選集之屬/斷代

唐詩選勝直解不分卷　（清）吳烶輯　清乾隆刻本　四冊

330000－1705－0010599　楊0330　集部/總集類/選集之屬/斷代

唐律賦鈔一卷　（清）楊泗孫編　清光緒二年(1876)刻樨香室印本　二冊

330000－1705－0010600　楊0321　子部/儒家類/儒學之屬/蒙學

續神童詩一卷　（清）寄雲山人編　（清）隴西居士書　清光緒二十七年(1901)何氏惜分陰齋石印本　一冊

330000－1705－0010601　楊0281　類叢部/類書類/通類之屬

廣事類賦四十卷　（清）華希閔撰　清康熙劍光閣刻本　八冊

330000－1705－0010602　楊0320　子部/儒家類/儒學之屬/蒙學

續神童詩一卷　（清）寄雲山人編　（清）隴西居士書　清光緒二十七年(1901)何氏惜分陰齋石印本　一冊

330000－1705－0010606　楊0324　類叢部/類書類/專類之屬

縮本增選多寶船不分卷　（清）點石齋主人輯　清光緒八年(1882)上海點石齋石印本　十一冊

330000－1705－0010607　楊0343　集部/總集類/選集之屬/通代

憑山閣增輯留青新集三十卷　（清）陳枚選　（清）陳德裕增輯　清康熙刻本　二十四冊

330000－1705－0010608　樵0090　集部/總集類/選集之屬/斷代

皇朝經世文編一百二十卷姓名總目三卷　（清）賀長齡輯　清光緒十二年(1886)思補樓石印本　六十冊

330000－1705－0010609　楊0341　集部/總集類/選集之屬/斷代

尊聞閣詩選初集不分卷　（清）錢徵　蔡爾康編次　清光緒六年(1880)刻本　八冊

330000－1705－0010610　楊0332　集部/總集類/選集之屬/斷代

宋四六選二十四卷　（清）彭元瑞　（清）曹振鏞輯　清乾隆四十一年(1776)曹振鏞翠微山麓刻本　十二冊

330000－1705－0010612　楊0333　集部/總集類/選集之屬/通代

賦鈔箋畧十五卷　（清）雷琳　（清）張杏濱輯　清嘉慶二十二年(1817)刻本　六冊

330000－1705－0010613　樵0083　史部/紀傳類/別史之屬

十國春秋一百十四卷　（清）吳任臣撰　**拾遺**一卷備攷一卷　拾遺備攷補　（清）周昂輯　清乾隆五十八年(1793)昭文周氏此宜閣刻本　十六冊　缺一卷(拾遺備攷補)

330000－1705－0010614　樵0087　史部/傳記類/總傳之屬/姓名

史姓韻編六十四卷　（清）汪輝祖撰　清乾隆

五十五年(1790)雙節堂刻嘉慶印本　十六冊

330000－1705－0010615　樵0077　史部/雜史類/斷代之屬

明季稗史彙編十六種　(清)留雲居士輯　清都城琉璃廠刻本　十二冊

330000－1705－0010616　楊0336　集部/總集類/彙編之屬

國朝文錄初編四十種　(清)李祖陶編　清道光十九年(1839)瑞州府鳳儀書院刻本　三十八冊

330000－1705－0010617　樵0089　史部/傳記類/日記之屬

曾文正公手書日記不分卷(清道光二十一年正月初一日至同治十一年二月初三日)　(清)曾國藩撰　清宣統元年(1909)上海中國圖書公司石印本　四十冊

330000－1705－0010618　楊0342　集部/總集類/選集之屬/通代

憑山閣增輯留青新集三十卷　(清)陳枚選　(清)陳德裕增輯　清緯文堂刻本　二十四冊

330000－1705－0010619　樵0088　史部/傳記類/總傳之屬/斷代

國朝先正事略六十卷　(清)李元度撰　清同治五年至八年(1866－1869)循陔草堂刻本　二十四冊

330000－1705－0010620　樵0094　史部/地理類/總志之屬/斷代

太平寰宇記二百卷目錄二卷　(宋)樂史撰　清光緒八年(1882)金陵書局刻本(卷四、一百十三至一百十九原缺)　三十六冊

330000－1705－0010621　楊0334　集部/總集類/選集之屬/斷代

雲樣集八卷　(清)高陳謨編　清嘉慶元年(1796)刻本　四冊

330000－1705－0010622　楊0348　集部/總集類/郡邑之屬

兩浙輶軒續錄五十四卷補遺六卷姓氏韻編二卷　(清)潘衍桐輯　清光緒十七年(1891)浙江書局刻本　四十冊

330000－1705－0010623　楊0337　集部/總集類/選集之屬/斷代

國朝文錄續編四十九種附一種　(清)李祖陶編　清同治七年(1868)敖陽李氏刻本　二十八冊　存四十九種

330000－1705－0010624　楊0347　集部/總集類/郡邑之屬

兩浙輶軒錄四十卷補遺十卷姓氏韻編二卷　(清)阮元輯　清光緒十六年(1890)浙江書局刻本　三十二冊

330000－1705－0010625　樵0103　史部/地理類/方志之屬/通志

[道光]欽定新疆識畧十二卷首一卷　(清)松筠修　(清)黎松等纂　清光緒二十年(1894)上海積山書局石印本　十六冊

330000－1705－0010626　楊0339　子部/儒家類/儒學之屬/經濟

皇朝經世文續編一百二十卷　(清)葛士濬輯　清光緒二十四年(1898)上海宏文閣鉛印本　二十四冊

330000－1705－0010628　楊0345　集部/總集類/題詠之屬

小樓吟飲圖題詠彙錄二卷　(清)王恩溥輯　清光緒十三年(1887)海上小樓刻本　清楊炳翰題記　二冊

330000－1705－0010629　樵0098　史部/地理類/總志之屬/通代

天下郡國利病書一百二十卷　(清)顧炎武撰　清道光成都龍萬育敷文閣刻光緒五年(1879)桐華書屋薛氏家塾重修本　八十冊

330000－1705－0010630　楊0340　集部/總集類/選集之屬/斷代

皇朝經世文三編八十卷　(清)陳忠倚輯　清光緒二十七年(1901)上海書局石印本　十六冊

330000－1705－0010631　樵0086　史部/傳記類/總傳之屬/通代

關里文獻考一百卷首一卷末一卷 （清）孔繼汾撰 清乾隆二十七年（1762）刻本 十六冊

330000－1705－0010632 楊0344 集部/總集類/課藝之屬

批點七家詩選註釋七卷 （清）張熙宇輯評 清同治九年（1870）泰和堂刻朱墨套印本 四冊

330000－1705－0010634 楊0349 集部/總集類/郡邑之屬

蛟川耆舊詩六卷 （清）張本均輯 續集二卷 （清）張錫申輯 清咸豐七年（1857）刻本 四冊

330000－1705－0010635 樵0096 史部/地理類/方志之屬/郡縣志

咸淳臨安志一百卷 （宋）潛說友纂 校栞咸淳臨安志札記三卷 （清）黃士珣撰 清道光十年（1830）錢塘汪氏振綺堂刻同治六年（1867）、光緒十六年（1890）補刻本（卷九十、九十八至一百原缺） 二十四冊

330000－1705－0010636 樵0084 史部/紀事本末類/斷代之屬

聖武記十四卷 （清）魏源撰 清道光二十六年（1846）古微堂刻本 十冊

330000－1705－0010637 樵0097 史部/地理類/輿圖之屬/全國

大清中外壹統輿圖（皇朝中外壹統輿圖）三十一卷首一卷 （清）鄒世詒 （清）晏啟鎮編 （清）李廷簫 （清）汪士鐸增訂 清同治二年（1863）湖北撫署景桓樓刻本 十二冊

330000－1705－0010638 楊0335 集部/總集類/選集之屬/斷代

國朝駢體正宗十二卷 （清）曾燠輯 清嘉慶十一年（1806）南城曾氏賞雨茅屋刻本 六冊

330000－1705－0010640 楊0364 集部/別集類/唐五代別集

昌黎先生集四十卷外集十卷遺文一卷 （唐）韓愈撰 （宋）廖瑩中校正 朱子校昌黎先生集傳一卷 （宋）朱熹撰 韓集點勘四卷

（清）陳景雲撰 清同治八年至九年（1869－1870）江蘇書局刻本 十六冊 缺一卷（朱子校昌黎先生集傳）

330000－1705－0010641 楊0338 集部/總集類/選集之屬/斷代

皇朝經世文編一百二十卷姓名總目二卷生存姓名一卷 （清）賀長齡輯 皇朝經世文續編一百二十卷姓名總目二卷生存姓名一卷 （清）饒玉成輯 清同治十二年（1873）江右饒玉成雙峰書屋刻光緒八年（1882）續刻本（續編卷二十五、三十六、四十三、五十一、五十六、七十三、九十六、一百至一百二、一百五、一百七、一百九、一百十四至一百十五、一百十八原缺，皇朝經世文編目錄卷一配抄本）

八十冊 存一百二十一卷（文編一至一百二十、總目一）

330000－1705－0010642 樵0091 子部/儒家類/儒學之屬/經濟

皇朝經世文續編一百二十卷 （清）葛士濬輯 清光緒十四年（1888）上海圖書集成局鉛印本 三十二冊

330000－1705－0010643 楊0350 集部/總集類/郡邑之屬

蛟川先正文存二十卷補遺一卷 （清）陳繼聰編 清光緒八年（1882）刻本 十冊

330000－1705－0010644 樵0104 類叢部/叢書類/彙編之屬

武英殿聚珍版書一百三十八種 清乾隆武英殿木活字印本 六冊 存一種

330000－1705－0010645 樵0085 類叢部/叢書類/彙編之屬

唐宋叢書九十二種 （明）鍾人傑 （明）張遂辰編 明末刻說郛及說郛續重編印本 清小蓬志 八冊 存二種

330000－1705－0010646 樵0095 史部/地理類/總志之屬/斷代

[元豐]九域志十卷 （宋）王存等纂修 清光緒八年（1882）金陵書局刻本 四冊

330000 – 1705 – 0010647　　樵 0106　　史部/地理類/外紀之屬

海國圖志一百卷首一卷　(清)魏源撰　清光緒六年(1880)邵陽急當務齋刻本　二十四冊

330000 – 1705 – 0010648　　楊 0363　　集部/別集類/唐五代別集

唐陸宣公集二十二卷　(唐)陸贄撰　清雍正元年(1723)年羹堯刻後印本　六冊

330000 – 1705 – 0010649　　楊 0351　　類叢部/叢書類/彙編之屬

邵武徐氏叢書　(清)徐幹編　清光緒徐氏自刻本　二冊　存一種

330000 – 1705 – 0010651　　樵 0101　　史部/地理類/方志之屬/郡縣志

[光緒]慈谿縣志五十六卷附編一卷　(清)楊泰亨　(清)馮可鏞纂　(清)劉一桂校補　清光緒二十五年(1899)德潤書院刻民國三年(1914)慈谿縣公署印本　二十四冊

330000 – 1705 – 0010652　　楊 0362　　集部/別集類/唐五代別集

陸宣公集二十四卷　(唐)陸贄撰　(明)陳仁錫評閱　明末刻本　六冊

330000 – 1705 – 0010655　　楊 0365　　集部/別集類/唐五代別集

昌黎先生詩增注証訛十一卷　(唐)韓愈撰　(清)黃鉞增注証訛　**昌黎先生年譜一卷**　(清)黃鉞編　清道光二十八年(1848)黃中民刻咸豐七年(1857)四明鮑氏二客軒印本　四冊

330000 – 1705 – 0010656　　樵 0105　　史部/地理類/外紀之屬

瀛環志略十卷　(清)徐繼畬撰　清同治十二年(1873)揆雲樓刻本　六冊

330000 – 1705 – 0010657　　樵 0099　　史部/政書類/軍政之屬/邊政

三省邊防備覽十四卷　(清)嚴如熤輯　清道光二年(1822)刻本　六冊

330000 – 1705 – 0010659　　楊 0355　　集部/總集類/課藝之屬

[光緒丁酉科]浙江闈墨不分卷　清光緒聚奎堂刻本　一冊

330000 – 1705 – 0010660　　樵 0120　　史部/政書類/通制之屬

通志略五十二卷　(宋)鄭樵撰　明嘉靖二十九年(1550)陳宗夔等刻清乾隆金匱山房印本　十六冊

330000 – 1705 – 0010661　　樵 0220　　史部/金石類/總志之屬/文字

鐘鼎款識一卷　(宋)王厚之輯　清道光二十八年(1848)漢陽葉氏刻本　一冊

330000 – 1705 – 0010662　　樵 0124　　史部/政書類/通制之屬

吾學錄初編二十四卷　(清)吳榮光撰　清道光十二年(1832)南海吳氏筠清館刻本　八冊

330000 – 1705 – 0010663　　楊 0358　　集部/總集類/課藝之屬

時藝萃英不分卷　(清)陳生選　清道光二十年(1840)四明雙桂堂刻本　四冊

330000 – 1705 – 0010664　　楊 0357　　集部/總集類/課藝之屬

詁經精舍課藝五集八卷　(清)俞樾編　清光緒九年(1883)刻本　四冊

330000 – 1705 – 0010667　　樵 0126　　集部/別集類/清別集

胡文忠公遺集八十六卷首一卷　(清)胡林翼撰　(清)鄭敦謹　(清)曾國荃輯　(清)胡鳳丹重編　清光緒元年(1875)湖北崇文書局刻本　三十二冊

330000 – 1705 – 0010668　　樵 0125　　集部/別集類/唐五代別集

唐陸宣公集二十二卷　(唐)陸贄撰　清雍正元年(1723)年羹堯刻本　四冊

330000 – 1705 – 0010669　　樵 0121　　史部/政書類/通制之屬

文獻通考正續合編三十二卷首一卷　(清)盧宣旬編　清嘉慶武寧盧宣旬略識字齋刻本

三十二冊

330000－1705－0010670　楊 0366　集部/別
集類/唐五代別集

**唐柳河東集四十五卷外集五卷遺文一卷附錄
一卷**　（唐）柳宗元撰　（明）蔣之翹輯注　清
乾隆五十三年（1788）楊廷理雙梧居刻嘉慶十
三年（1808）補刻本　十六冊

330000－1705－0010673　楊 0360　集部/總
集類/課藝之屬

慈湖書院課藝不分卷　（清）葉勤詵鑒定　清
同治九年（1870）刻本　四冊

330000－1705－0010674　楊 0354　史部/傳
記類/科舉錄之屬/硃卷

硃卷不分卷　（清）□□輯　清刻本　二十冊

330000－1705－0010675　楊 0356　史部/傳
記類/科舉錄之屬/硃卷

浙江鄉試硃卷不分卷　（清）陳壽祚等撰　清
光緒刻本　一冊

330000－1705－0010677　楊 0370、楊 0371
類叢部/叢書類/彙編之屬

武英殿聚珍版書一百三十八種　清乾隆四十
二年（1777）福建刻道光至同治遞修光緒二十
一年（1895）增刻本　十七冊　存二種

330000－1705－0010679　楊 0422　集部/別
集類/清別集

脩齊堂詩鈔五卷唫花小草一卷尺牘四卷
（清）李承烈撰　清道光十五年（1835）刻本
二冊　缺四卷（尺牘一至四）

330000－1705－0010680　楊 0419　集部/別
集類/清別集

少嵒賦草四卷　（清）夏思沺撰　清同治九年
（1870）陞照樓刻本　四冊

330000－1705－0010682　樵 0134　史部/目
錄類/總錄之屬/官修

欽定天祿琳琅書目十卷　（清）于敏中等撰
欽定天祿琳琅書目後編二十卷　（清）彭元瑞
等撰　清光緒十年（1884）長沙王氏刻本
十冊

330000－1705－0010683　樵 0122　史部/職
官類/官制之屬/專志

大唐六典三十卷　（唐）玄宗李隆基撰　（唐）
李林甫等注　清光緒二十一年（1895）廣雅書
局刻本　四冊

330000－1705－0010684　樵 0127　史部/詔
令奏議類/奏議之屬

林文忠公政書三十七卷蒐遺一卷　（清）林則
徐撰　清刻本　十冊　存三十七卷（一至三
十七）

330000－1705－0010685　楊 0387　集部/別
集類/清別集

曝書亭集八十卷附錄一卷　（清）朱彝尊撰
笛漁小稾十卷　（清）朱昆田撰　清光緒十五
年（1889）會稽陶氏寒梅館刻本　十六冊

330000－1705－0010686　楊 0390　集部/別
集類/清別集

**漁洋山人精華錄訓纂十卷目錄二卷年譜注補
二卷辯訛一卷**　（清）王士禎撰　（清）惠棟注
補　清乾隆惠氏紅豆齋刻本　十二冊

330000－1705－0010687　楊 0385　類叢部/
叢書類/自著之屬

顧亭林先生遺書十種　（清）顧炎武撰　清蓬
瀛閣刻本　十二冊

330000－1705－0010688　楊 0420　集部/別
集類/清別集

繭齋續刻賦稿不分卷　（清）林大諤撰　清道
光七年（1827）刻本　二冊

330000－1705－0010689　楊 0411　集部/別
集類/清別集

分類尺牘新裁六卷　（清）涂謙撰　清咸豐九
年（1859）刻本　六冊

330000－1705－0010690　樵 0128　史部/目
錄類/書志之屬/提要

昭德先生郡齋讀書志二十卷首一卷　（宋）晁
公武撰　清光緒六年（1880）會稽章氏刻本
八冊

330000－1705－0010693　楊 0384　集部/別

集類/清別集

梅村詩集箋注十八卷　（清）吳偉業撰　（清）
吳翌鳳箋注　清嘉慶十九年(1814)嚴榮滄浪
吟榭刻本　十冊

330000－1705－0010694　楊0421　集部/別
集類/清別集

花農詩鈔四卷　（清）查林撰　清道光十二年
(1832)刻本　一冊

330000－1705－0010696　楊0386　集部/別
集類/清別集

湛園未定藁六卷　（清）姜宸英撰　清刻本
六冊

330000－1705－0010697　樵0130　史部/目
錄類/總錄之屬/官修

欽定四庫全書總目二百卷首一卷　（清）紀昀
等撰　清同治七年(1868)廣東書局刻本　一
百二十冊

330000－1705－0010699　楊0391　集部/別
集類/清別集

太平翁詩稿八卷　（清）錢維新撰　（清）錢彙
英錄　清抄本　四冊

330000－1705－0010700　楊0381　集部/別
集類/明別集

**陽明先生文集十六卷目錄二卷附陽明先生年
譜二卷**　（明）王守仁撰　清道光六年(1826)
刻本　十六冊　存十六卷(一至十六)

330000－1705－0010701　樵0137　史部/目
錄類/總錄之屬/私撰

行素堂目睹書錄十卷　（清）朱記榮編　清光
緒十年至十一年(1884－1885)吳縣朱記榮槐
廬刻本　十冊

330000－1705－0010702　楊0388　集部/別
集類/清別集

曝書亭集八十卷附錄一卷　（清）朱彝尊撰
笛漁小藁十卷　（清）朱昆田撰　清刻本　五
冊　存二十三卷(十一至三十三)

330000－1705－0010703　楊0398　集部/別
集類/清別集

咄咄吟二卷　（清）王炳撰　**歸而詠一卷**
（清）陳旭峯撰　清乾隆四十年(1775)刻本
一冊

330000－1705－0010704　楊0389　集部/別
集類/清別集

八行堂集約鈔二卷　（清）史大成撰　清光緒
十二年(1886)史久垣刻本　二冊

330000－1705－0010707　樵0151　類叢部/
叢書類/彙編之屬

鐵琴銅劍樓叢書十三種　瞿啟甲編　清光緒
至民國刻本及影印本　十冊　存一種

330000－1705－0010708　楊0373　集部/別
集類/宋別集

**蘇文忠公詩編註集成四十六卷集成總案四十
五卷諸家雜綴酹存一卷蘇海識餘四卷牋詩圖
一卷**　（宋）蘇軾撰　（清）王文誥輯註　清光
緒十四年(1888)浙江書局刻本　二十四冊

330000－1705－0010709　樵0129、樵0350
類叢部/叢書類/彙編之屬

武英殿聚珍版書一百三十八種　清刻本　十
二冊　存二種

330000－1705－0010710　楊0412　集部/別
集類/清別集

曾文正公文鈔四卷附刻一卷　（清）曾國藩撰
清同治十二年(1873)刻本　四冊

330000－1705－0010711　樵0149　史部/目
錄類/書志之屬/題跋

士禮居藏書題跋記六卷　（清）黃丕烈撰　清
光緒十年(1884)吳縣潘祖蔭滂喜齋刻本
四冊

330000－1705－0010712　楊0423　集部/別
集類/清別集

漱石山房詩鈔四卷賦四卷　（清）趙九杠撰
清道光二十四年(1844)刻本　八冊

330000－1705－0010714　樵0150　類叢部/
叢書類/彙編之屬

靈鶼閣叢書五十六種　（清）江標編　清光緒
元和江氏湖南使院刻本　二冊　存一種

330000－1705－0010715　樵 0140　史部/目録類/總錄之屬/私撰

郘亭知見傳本書目十六卷 （清）莫友芝撰 清宣統元年(1909)日本田中慶太郎北京鉛印本 十冊

330000－1705－0010717　楊 0424　集部/別集類/清別集

郋雪齋纂稿前集二卷後集四卷 （清）高熊徵撰 清道光三十年(1850)刻本 六冊

330000－1705－0010719　楊 0413　集部/別集類/清別集

胡文忠公遺集八十六卷首一卷 （清）胡林翼撰 （清）鄭敦謹 （清）曾國荃輯 （清）胡鳳丹重編 清同治六年(1867)刻本 三十二冊

330000－1705－0010720　樵 0145　史部/目錄類/總錄之屬/私撰

古越藏書樓書目二十卷首一卷 （清）徐樹蘭撰 清光緒三十年(1904)崇實書局石印本 八冊

330000－1705－0010721　楊 0382　集部/別集類/明別集

楊忠愍公全集四卷 （明）楊繼盛撰 清光緒二年(1876)願學堂刻本 二冊

330000－1705－0010722　楊 0425　集部/別集類/清別集

運甓齋詩彙八卷 （清）陳勱撰 清光緒十年(1884)刻本 一冊

330000－1705－0010725　楊 0399　集部/別集類/清別集

小峴山人詩集二十六卷文集六卷文續集二卷 （清）秦瀛撰 清嘉慶二十二年(1817)城西草堂刻本 八冊 存二十卷(詩集一至十六、文集一至四)

330000－1705－0010726　楊 0414　集部/別集類/清別集

胡文忠公遺集十卷首一卷 （清）胡林翼撰 （清）閻敬銘 （清）厲雲官 （清）盛康輯 清同治七年(1868)醉六堂刻本 八冊

330000－1705－0010727　楊 0426　集部/別集類/清別集

運甓齋文彙六卷文彙續編六卷運甓齋贈言錄四卷 （清）陳勱撰 清光緒二十年(1894)刻本 四冊

330000－1705－0010728　楊 0376　集部/別集類/宋別集

鶴山文鈔三十二卷附周禮折衷四卷師友雅言一卷 （宋）魏了翁撰 清同治十三年(1874)望三益齋刻本 十六冊

330000－1705－0010732　楊 0415　集部/別集類/清別集

胡文忠公遺集十卷首一卷 （清）胡林翼撰 （清）閻敬銘 （清）厲雲官 （清）盛康輯 清同治七年(1868)醉六堂刻本 七冊 存十卷(首、一至九)

330000－1705－0010734　楊 0427　集部/別集類/清別集

運甓齋文彙六卷文彙續編六卷運甓齋贈言錄四卷 （清）陳勱撰 清光緒二十年(1894)刻本 四冊

330000－1705－0010736　楊 0405　集部/別集類/清別集

鑑止水齋集二十卷 （清）許宗彥撰 清咸豐八年(1858)德清許延毅刻本 六冊

330000－1705－0010738　楊 0377　史部/地理類/遊記之屬/紀勝

四明七觀賦一卷 （宋）王應麟撰 （明）張迪註 清道光十八年(1838)刻本 一冊

330000－1705－0010739　楊 0401　集部/別集類/清別集

邁堂文畧不分卷 （清）李祖陶撰 清道光十五年(1835)江西鷺洲書院刻本 一冊

330000－1705－0010741　楊 0393　類叢部/叢書類/彙編之屬

金峨山館叢書(望三益齋叢書)十一種 （清）郭傳璞編 清光緒八年至十六年(1882－

1890）鄞郭氏刻二十年（1894）鎮海邵氏彙印
本　四冊　存一種

330000－1705－0010742　楊0400　集部/總
集類/選集之屬/斷代

國朝文錄續編四十九種附一種　（清）李祖陶
編　清同治七年（1868）敖陽李氏刻本　四冊
存一種

330000－1705－0010744　楊0402　集部/別
集類/清別集

**述學內篇三卷外篇一卷補遺一卷別錄一卷附
錄一卷校勘記一卷**　（清）汪中撰　（清）汪喜
孫編　清同治八年（1869）揚州書局刻本
二冊

330000－1705－0010745　楊0392　集部/詩
文評類/詩評之屬

帖體詩存八卷　（清）宓燕山撰　清嘉慶十八
年（1813）刻本　二冊

330000－1705－0010746　楊0378　史部/地
理類/遊記之屬/紀勝

西湖百詠一卷　（宋）董嗣杲撰　（明）陳贄和
韻　清光緒十一年（1885）楊臣勳抄本　一冊

330000－1705－0010747　楊0418　集部/別
集類/清別集

憧橋詩稿十卷　（清）徐時樑撰　清光緒十三
年（1887）月湖徐氏刻本　二冊

330000－1705－0010748　樵0152　史部/目
錄類/總錄之屬

經籍訪古志六卷補遺一卷　（日本）澁江全善
（日本）森立之撰　清光緒十一年（1885）六
合徐承祖日本鉛印本　八冊

330000－1705－0010749　楊0406　集部/總
集類/彙編之屬

樫華館試帖彙鈔輯注十卷　（清）路德撰　清
道光刻本　十冊

330000－1705－0010750　楊0361　集部/別
集類/唐五代別集

分類補註李太白詩二十五卷　（唐）李白撰
（宋）楊齊賢集註　（元）蕭士贇補註　**唐翰林**

李太白年譜一卷　（宋）薛仲邕撰　明刻本
八冊

330000－1705－0010751　楊0403　類叢部/
叢書類/自著之屬

今白華堂集六種附一種　（清）童槐撰　清同
治刻本　一冊　存二種

330000－1705－0010752　楊0416、楊0417
類叢部/叢書類/自著之屬

煙嶼樓集四種　（清）徐時棟撰　清同治至光
緒刻彙印本　十二冊　存二種

330000－1705－0010753　樵0153　史部/目
錄類/版本之屬/書影

鐵琴銅劍樓書影八卷識語四卷刊誤一卷　瞿
良士編　清末民國初影印本　九冊

330000－1705－0010754　楊0394　集部/別
集類/清別集

**鮚埼亭集三十八卷全謝山先生經史問答十卷
首一卷**　（清）全祖望撰　清嘉慶九年（1804）
餘姚史夢蛟借樹山房刻同治十一年（1872）印
本　十六冊

330000－1705－0010757　楊0442　集部/別
集類/清別集

客杭吟不分卷　（清）楊臣勳撰　清光緒十七
年（1891）稿本　一冊

330000－1705－0010758　楊0439　集部/別
集類/清別集

存我軒偶錄不分卷　（清）陸鍾渭撰　清光緒
二十七年（1901）文彙書局鉛印本　二冊

330000－1705－0010760　樵0154　史部/目
錄類/總錄之屬/彙刻

彙刻書目二十卷　（清）顧修輯　（清）朱學勤
補　清光緒十二年至十五年（1886－1889）上
海福瀛書局刻本　二十冊

330000－1705－0010761　楊0465　類叢部/
叢書類/彙編之屬

藝苑捃華四十八種　（清）顧之逵編　清同治
七年（1868）刻本　二十三冊　存四十七種

330000－1705－0010764　楊0466　類叢部/叢書類/彙編之屬

說鈴前集三十三種後集十九種續集七種　(清)吳震方編　清康熙刻本　二冊　存十四種

330000－1705－0010765　楊0456　集部/小說類/長篇之屬

繪圖增像第五才子書水滸全傳十卷首一卷七十回　(元)施耐庵撰　(清)金人瑞評　清光緒十三年(1887)上海廣百宋齋鉛印本　十冊

330000－1705－0010767　楊0443　集部/別集類/清別集

遊滬小詠不分卷　(清)楊臣勳撰　清光緒十四年(1888)稿本　一冊

330000－1705－0010769　楊0368　集部/總集類/彙編之屬

御選妙覺普度和聖寒山大士詩一卷　(唐)釋寒山子撰　**御選圓覺慈度合聖拾得大士詩一卷　悟真篇外集一卷**　(宋)張伯端撰　**栯堂山居詩一卷**　(元)釋栯堂益禪師撰　清光緒十一年(1885)金陵刻經處刻本　一冊

330000－1705－0010771　楊0441　集部/別集類/清別集

浙詩擬作不分卷　(清)楊臣勳撰　稿本　一冊

330000－1705－0010775　楊0428　類叢部/叢書類/自著之屬

正誼堂全集八種　(清)董沛撰　清同治至光緒刻本　二冊　存一種

330000－1705－0010777　楊0464　類叢部/叢書類/彙編之屬

宜稼堂叢書七種　(清)郁松年編　清道光二十年至二十二年(1840－1842)上海郁氏刻本　六十一冊

330000－1705－0010778　楊0458　集部/小說類/短篇之屬

聊齋志異十六卷　(清)蒲松齡撰　(清)王士禎評　清乾隆三十一年(1766)趙起杲青柯亭

刻本　十二冊　缺二卷(一至二)

330000－1705－0010780　楊0444　集部/別集類/清別集

小樓新詠不分卷　(清)楊臣勳撰　清光緒稿本　六冊

330000－1705－0010781　楊0459、楊0460　集部/曲類/彈詞之屬

新增全圖珍珠塔前傳十二卷二十四回　(清)周殊士撰　**新增全圖珍珠塔後傳麒麟豹三十卷六十回**　(清)馬永清撰　清光緒十八年(1892)上海書局石印本　八冊

330000－1705－0010783　樵0183　史部/金石類/總志之屬

金石萃編一百六十卷　(清)王昶撰　清嘉慶十年(1805)青浦王氏經訓堂刻同治十年(1871)嘉善錢寶傳補刻本　八十冊

330000－1705－0010784　楊0468　經部/周禮類/傳說之屬

周禮政要四卷　(清)孫詒讓撰　清光緒二十九年(1903)石印本　二冊

330000－1705－0010785　樵0184　史部/金石類/總志之屬

金石萃編補畧二卷　(清)王言撰　清光緒八年(1882)刻本　四冊

330000－1705－0010786　樵0185、樵0186、樵0188　史部/金石類/總志之屬/圖像

三古圖三種　(清)黃晟輯　明萬曆三十一年(1603)吳萬化寶古堂刻清乾隆十八年(1753)天都黃晟亦政堂重印本　二十四冊

330000－1705－0010787　楊0552　集部/總集類/選集之屬/斷代

新選春秋明景詩二卷　(清)聞妙香室主人輯　清光緒二年(1876)崇蘭草堂刻本　一冊　存一卷(一)

330000－1705－0010790　楊0429　集部/別集類/清別集

緘石齋詩存四卷　(清)虞廷宣撰　(清)虞振璐等編　清同治九年(1870)刻本　二冊

330000－1705－0010791　楊0407　集部/別集類/清別集

今白華堂詩集□□卷首二卷　（清）童槐撰　清刻本　一冊　存三卷（一至三）

330000－1705－0010794　楊0434　集部/別集類/清別集

有不為齋詩十二卷　（清）周啟運撰　清光緒三年（1877）刻本　二冊

330000－1705－0010795　楊0395　集部/別集類/清別集

鮚埼亭集外編五十卷　（清）全祖望撰　（清）董秉純編　（清）蔣學鏞審訂　（清）汪繼培重編　清刻本　十六冊

330000－1705－0010796　樵0221　史部/金石類/金之屬/文字

歷代鐘鼎彝器款識法帖二十卷　（宋）薛尚功撰　清嘉慶二年（1797）儀徵阮氏小琅嬛仙館刻本　六冊

330000－1705－0010797　樵0187　類叢部/叢書類/彙編之屬

考古圖十卷續考古圖五卷　（宋）呂大臨撰　**考古圖釋文一卷**　（宋）趙九成釋文　清光緒刻本　六冊　存六卷（續考古圖一至五、考古圖釋文）

330000－1705－0010802　楊0447　集部/詞類/類編之屬

詞苑英華九種　（明）毛晉編　明崇禎毛氏汲古閣刻本　二冊　存一種

330000－1705－0010803　楊0470、楊0471　經部/四書類/總義之屬

四書古註羣義彙解九種九十四卷　（清）□□輯　清光緒二十九年（1903）上海澄衷學堂石印本　十五冊　缺七卷（四書改錯一至七）

330000－1705－0010804　楊0396　集部/別集類/清別集

鮚埼亭集外編五十卷　（清）全祖望撰　（清）董秉純編　（清）蔣學鏞審訂　（清）汪繼培重編　清嘉慶十六年（1811）刻本　十六冊

330000－1705－0010805　楊0408　集部/別集類/清別集

青檽山房詩鈔十一卷附刻一卷　（清）馬士龍撰　清光緒元年（1875）刻本　一冊　存三卷（一至三）

330000－1705－0010806　楊0430　集部/別集類/清別集

海粟樓時文遺稿不分卷　（清）虞廷宣撰　（清）虞振璐　（清）虞振琅　（清）虞振璆編次　**海粟樓時文附刻一卷**　（清）虞廷寅撰　清同治九年至十年（1870－1871）刻本　三冊

330000－1705－0010808　楊0463　類叢部/叢書類/彙編之屬

亦政堂鐫陳眉公家藏廣秘笈五十四種　（明）陳繼儒編　明萬曆沈氏亦政堂刻本　六冊　存九種

330000－1705－0010811　樵0178　集部/別集類/明別集

青邱高季迪先生詩集十八卷遺詩一卷扣舷集一卷鳧藻集五卷附錄一卷　（明）高啓撰　（清）金檀輯注　**青邱高季迪年譜一卷**　（清）金檀編　清雍正六年至七年（1728－1729）金氏文瑞樓刻本　清丁紹基題記　十冊　缺一卷（附錄）

330000－1705－0010812　楊0409　集部/詩文評類/詩評之屬

詩品詩課鈔一卷　（清）鍾寶撰　**詩品一卷**　（唐）司空圖撰　清刻本　一冊

330000－1705－0010813　楊0452　集部/曲類/寶卷之屬

潘公免災救難寶卷一卷　（清）潘曾沂撰　清咸豐八年（1858）寧城學稼堂陸延才刻本　一冊

330000－1705－0010814　楊0431　集部/別集類/清別集

師竹齋賦鈔不分卷　（清）鄧德磺撰　清同治十年（1871）刻本　二冊

330000－1705－0010815　楊0438　集部/別

集類／清別集

半園尺牘二十五卷附補遺六卷 （清）李紫珊撰 清刻本 二十四冊

330000－1705－0010816 楊0473 經部／四書類／總義之屬／傳說

四書題鏡不分卷 （清）汪鯉翔撰 清道光三十年（1850）刻本 五冊

330000－1705－0010818 楊0410 集部／別集類／清別集

大梅山館集五十五卷 （清）姚燮撰 清道光十三年至咸豐六年（1833－1856）大梅山館刻本 二冊 存一種

330000－1705－0010819 楊0472 經部／四書類／總義之屬／傳說

四書體註合講十九卷 （清）翁復編 清光緒五年（1879）四明茹古齋鉛印本 六冊

330000－1705－0010820 樵0190 史部／金石類／總志之屬／圖像

西清古鑑四十卷錢錄十六卷 （清）梁詩正（清）蔣溥等纂修 清光緒十四年（1888）上海鴻文書局石印本 二十四冊

330000－1705－0010821 楊0435 集部／別集類／清別集

註釋水竹居賦不分卷 （清）盛觀潮撰 清光緒五年（1879）刻本 二冊

330000－1705－0010822 楊0448 集部／詞類／總集之屬

詞選二卷 （清）張惠言輯 續詞選二卷 （清）董毅輯 附錄一卷 （清）鄭善長輯 清同治十一年（1872）刻本 一冊

330000－1705－0010823 楊0474 經部／四書類／總義之屬／文字音義

四書精要錄二卷 （清）袁一鳴輯 清咸豐四年（1854）治心堂刻本 二冊

330000－1705－0010824 楊0453 子部／小說家類／異聞之屬

山海經廣注十八卷讀山海經語一卷雜述一卷圖五卷 （清）吳任臣撰 清乾隆五十一年

（1786）金閶書業堂刻本 四冊 存十八卷（一至十八）

330000－1705－0010826 楊0432 集部／別集類／清別集

舒嘯樓詩稿四卷 （清）李曾裕撰 清同治九年（1870）刻本 二冊

330000－1705－0010827 楊0404 集部／別集類／清別集

有正味齋駢體文二十四卷續集八卷詩集十六卷續集八卷詞集八卷續集二卷外集五卷續集二卷 （清）吳錫麒撰 清刻本 四冊 存十六卷（駢體文續集一至八、詩續集一至八）

330000－1705－0010828 楊0455 集部／小說類／長篇之屬

東周列國全志二十三卷一百八回 （清）蔡奡評點 清文德堂刻本 清楊臣勳跋 二十四冊

330000－1705－0010829 楊0433 集部／別集類／清別集

延秋吟館詩鈔四卷 （清）張聯桂撰 清光緒十一年（1885）刻本 一冊

330000－1705－0010830 樵0191 史部／金石類／總志之屬／圖像

西清續鑑甲編二十卷附錄一卷 （清）王杰等纂修 清宣統三年（1911）上海商務印書館石印本 四十二冊

330000－1705－0010831 楊0467 經部／叢編

監本五經便蒙五種 清汲綆齋刻本 一冊 存一種

330000－1705－0010833 楊0436、楊0437 集部／別集類／清別集

隨安廬文集六卷詩集六卷補遺一卷畫意百絕一卷畫意續詠一卷 （清）亢樹滋撰 清光緒刻本 四冊

330000－1705－0010834 樵0200 史部／金石類／錢幣之屬／雜著

吉金所見錄十六卷首一卷末一卷 （清）初尚

齡撰　清嘉慶二十四年（1819）萊陽初氏古香書屋刻道光七年（1827）補刻本　四冊

330000－1705－0010835　樵0241　史部/傳記類/總傳之屬/儒林

宋元學案一百卷首一卷考畧一卷　（清）黃宗羲撰　（清）全祖望修定　（清）王梓材（清）馮雲濠校並考　清光緒五年（1879）長沙寄廬刻本　四十冊

330000－1705－0010837　楊0449　集部/詞類/別集之屬

舒嘯樓詞稿不分卷　（清）李曾裕撰　清同治十二年（1873）刻本　一冊

330000－1705－0010838　樵0236　子部/儒家類/儒學之屬

二程全書六十六卷　（宋）程顥　（宋）程頤撰　清同治十年（1871）六安涂氏求我齋刻本二十冊

330000－1705－0010839　樵0230　子部/雜著類/雜編之屬

古香齋鑒賞袖珍春明夢餘錄七十卷　（清）孫承澤撰　清光緒九年（1883）刻本　二十四冊

330000－1705－0010840　樵0212、樵0213史部/金石類/郡邑之屬/目錄

栝蒼金石志十二卷續志四卷　（清）李遇孫輯（清）鄒柏森校補　清同治十三年（1874）浙江處州府署刻本　六冊

330000－1705－0010842　樵0201　史部/金石類/總志之屬/文字

隨軒金石文字九種　（清）徐渭仁輯　清道光十七年（1837）、二十四年（1844）春暉堂刻同治七年（1868）補刻本　四冊

330000－1705－0010843　楊450　集部/詞類/別集之屬

竹石居詞草一卷川雲集一卷　（清）童華撰清光緒十三年（1887）刻本　一冊

330000－1705－0010844　樵0237　子部/儒家類/儒學之屬/經濟

張子全書十五卷　（宋）張載撰　（宋）朱熹注

張子年譜一卷　（清）武澄撰　清道光二十二年（1842）張連科刻同治九年（1870）李慎補刻本　六冊

330000－1705－0010845　樵0214　史部/金石類/郡邑之屬/目錄

東甌金石志十二卷　（清）戴咸弼撰　（清）孫詒讓校補　清光緒二十五年（1899）石印本四冊

330000－1705－0010846　樵0231　類叢部/叢書類/自著之屬

止園叢書二十三種　（清）史夢蘭撰　清道光至光緒刻本　四冊　存一種

330000－1705－0010847　樵0243　史部/傳記類/總傳之屬/儒林

明儒學案六十二卷師說一卷附案一卷　（清）黃宗羲撰　清康熙三十年（1691）萬言、三十二年（1693）賈樸、雍正十三年至乾隆四年（1735－1739）慈溪鄭性二老閣刻光緒八年（1882）馮全垓修補本　二十冊

330000－1705－0010848　楊0475　經部/四書類/總義之屬/傳說

四書襯十九卷　（清）駱培撰　清刻本　六冊

330000－1705－0010851　樵0202　史部/金石類/石之屬/文字

小蓬萊閣金石文字十卷　（清）黃易輯　清嘉慶五年（1800）刻本　五冊

330000－1705－0010853　樵0215　史部/金石類/郡邑之屬/文字

濬縣金石錄二卷　（清）熊象階纂　清嘉慶七年（1802）刻本　二冊

330000－1705－0010854　樵0233　史部/史評類/史論之屬

東萊先生音註唐鑑二十四卷　（宋）范祖禹撰（宋）呂祖謙注　清光緒十八年（1892）浙江書局刻本　四冊

330000－1705－0010855　樵0208、樵0209史部/金石類/郡邑之屬/目錄

江寧金石記八卷待訪目二卷　（清）嚴觀撰

清宣統二年(1910)江楚編譯書局刻本　留菴題記　二冊

330000－1705－0010856　楊0476　經部/小學類/文字之屬/字書

類字暑五卷　(清)董承珉撰　清道光十六年(1836)刻本　三冊　缺二卷(序部、信部)

330000－1705－0010857　樵0225　集部/別集類/宋別集

心史二卷　(宋)鄭思肖撰　清光緒二十年(1894)種竹書屋刻本　四冊

330000－1705－0010859　樵0203　史部/金石類

鄰蘇園金石叢書□□種　楊守敬輯　清光緒宜都楊氏刻本　五冊　存一種

330000－1705－0010860　樵0216　史部/金石類/郡邑之屬/文字

越中金石記十卷越中金石目二卷　(清)杜春生撰　清道光十年(1830)山陰杜春生詹波館刻本　八冊

330000－1705－0010862　楊0477、楊0478　經部/小學類/文字之屬/字書/字典

康熙字典十二集三十六卷總目一卷檢字一卷辨似一卷等韻一卷補遺一卷備考一卷　(清)張玉書等纂修　**字典考證十二集三十六卷**　(清)王引之等撰　清光緒三年(1877)四明茹古齋鉛印本　清楊炳翰題記　十二冊　存四十六卷(戌集下、亥集上中下，總目，檢字，辨似，等韻，補遺，備考，字典考證一至三十六)

330000－1705－0010863　樵0195　史部/金石類/石之屬/文字

金薤琳琅二十卷　(明)都穆撰　**金薤琳琅補遺一卷**　(清)宋振譽撰　清乾隆四十三年(1778)汪荻洲刻本　四冊

330000－1705－0010864　楊0514　集部/總集類/選集之屬/斷代

律賦青雲集不分卷　(清)夏同善鑒定　清光緒六年(1880)綠香山館刻本　八冊

330000－1705－0010865　樵0182　史部/金

石類/總志之屬

金石錄三十卷　(宋)趙明誠撰　清乾隆二十七年(1762)德州盧見曾雅雨堂刻本　四冊

330000－1705－0010866　樵0218　史部/金石類

金石全例　(清)朱記榮輯　清光緒刻十八年(1892)吳縣朱氏彙印本　四冊　存一種

330000－1705－0010868　樵0196　史部/金石類/總志之屬/文字

鐵橋金石跋四卷　(清)嚴可均撰　清光緒古歡閣刻朱印本　四冊

330000－1705－0010869　樵0226　類叢部/叢書類/彙編之屬

文選樓叢書三十三種　(清)阮亨編　清嘉慶至道光阮元刻道光二十二年(1842)阮亨彙印本　四冊　存一種

330000－1705－0010870　樵0245　史部/傳記類/總傳之屬/儒林

學案小識十四卷首一卷末一卷　(清)唐鑑撰　清光緒十年(1884)刻本　十二冊

330000－1705－0010871　楊0217　史部/金石類/總志之屬

金石續編二十一卷首一卷　(清)陸耀遹撰　(清)陸增祥校訂　清同治十三年(1874)毗陵雙白燕堂刻本　十冊

330000－1705－0010874　樵0197　類叢部/叢書類/彙編之屬

聚學軒叢書六十種　劉世珩編　清光緒貴池劉氏刻本　三冊　存一種

330000－1705－0010875　樵0207　史部/金石類/郡邑之屬/文字

兩浙金石志十八卷補遺一卷　(清)阮元撰　清光緒十六年(1890)浙江書局刻本　十二冊

330000－1705－0010876　樵0239　子部/儒家類/儒學之屬/性理

慈溪黃氏日抄分類讀史二卷　(宋)黃震撰　清光緒二十九年(1903)鉛印本　二冊

330000－1705－0010878　楊0487　新學/史志/臣民傳記

外國人物論四卷　（清）陳伯龍輯　清光緒二十九年（1903）上海書局石印本　一冊　存一卷（四）

330000－1705－0010879　楊0553　集部/總集類/郡邑之屬

浙詩選不分卷　（清）楊臣勲輯　稿本　三冊

330000－1705－0010880　樵0246　子部/雜著類/雜說之屬

容齋隨筆十六卷續筆十六卷三筆十六卷四筆十六卷五筆十卷　（宋）洪邁撰　清乾隆五十九年（1794）掃葉山房刻本　十四冊

330000－1705－0010881　樵0250　子部/雜著類/雜考之屬

義門讀書記五十八卷　（清）何焯撰　（清）蔣維鈞輯　清乾隆三十四年（1769）蔣維鈞刻光緒六年（1880）苕溪吳氏重修本　十六冊

330000－1705－0010882　樵0198　類叢部/叢書類/自著之屬

傳經堂叢書十二種　（清）洪頤煊撰　清嘉慶至道光臨海洪氏刻本　二冊　存一種

330000－1705－0010883　樵0206　史部/金石類/郡邑之屬/文字

常山貞石志二十四卷　（清）沈濤撰　清道光二十二年（1842）刻本　八冊

330000－1705－0010884　樵0177　類叢部/叢書類/彙編之屬

欽定四庫全書　（清）永瑢　（清）紀昀等纂修　清乾隆內府寫本　四冊　存十八卷（御定書畫譜一百、放翁詩選前集一至十、後集一至四、御製詩餘集目錄一至三）

330000－1705－0010885　樵0199　史部/金石類/陶之屬/文字

秦漢瓦當文字二卷續一卷　（清）程敦撰　清乾隆五十二年（1787）橫渠書院刻五十九年（1794）續刻本　三冊

330000－1705－0010886　樵0219　史部/金石類

金石全例　（清）朱記榮輯　清光緒刻十八年（1892）吳縣朱氏彙印本　十六冊

330000－1705－0010887　樵0255　新學/農政/農務

農務全書四十八卷　（美國）施妥縷撰　舒高第　趙詒琛譯　清光緒三十三年至宣統元年（1907－1909）江南機器製造總局刻本　二十四冊

330000－1705－0010888　樵0205　史部/金石類/郡邑之屬/目錄

山左金石志二十四卷　（清）畢沅　（清）阮元撰　清嘉慶二年（1797）儀徵阮氏小瑯嬛仙館刻本　十二冊

330000－1705－0010889　樵0251　子部/雜著類/雜考之屬

東塾讀書記二十五卷　（清）陳澧撰　清刻本　四冊　缺十卷（十三至十四、十七至二十、二十二至二十五）

330000－1705－0010890　樵0247　子部/雜著類/雜考之屬

困學紀聞注二十卷　（清）翁元圻撰　清道光五年（1825）餘姚翁氏守福堂刻本　十二冊

330000－1705－0010891　樵0254　子部/農家農學類/總論之屬

農政全書六十卷　（明）徐光啓撰　清道光二十三年（1843）王壽康曙海樓刻本　十六冊

330000－1705－0010892　樵0194　史部/金石類/總志之屬/文字

金石苑六卷　（清）劉喜海輯　清光緒端方影印本　十六冊

330000－1705－0010893　楊0483　史部/編年類/通代之屬

尺木堂綱鑑易知錄九十二卷　（清）吳乘權等輯　**御撰資治通鑑綱目三編二十卷**　（清）張廷玉等撰　清康熙五十年（1711）暨陽聚珍堂刻本　四十八冊

330000－1705－0010896　樵0248　子部/雜

著類/雜考之屬

日知錄集釋三十二卷刊誤二卷續刊誤二卷
(清)黃汝成撰　清道光十四年至十八年
(1834－1838)嘉定黃氏西谿草廬刻本　十
六冊

330000－1705－0010897　樵0256　子部/農
家農學類/總論之屬

欽定授時通考七十八卷　(清)鄂爾泰等撰
清乾隆七年(1742)江西巡撫刻本　二十冊

330000－1705－0010898　樵0193　史部/金
石類/總志之屬

金石圖二卷　(清)牛運震集說　(清)褚峻摹
圖　清乾隆八年至十年(1743－1745)刻本暨
拓本　四冊

330000－1705－0010899　楊0525　集部/總
集類/課藝之屬

[光緒二十九年]癸卯恩科山東闈墨一卷　清
光緒上海文寶書局石印本　一冊

330000－1705－0010900　楊0549　集部/總
集類/課藝之屬

近科分韻館詩二集九卷　王先謙編　清光緒
三年(1877)茹古齋刻本　六冊

330000－1705－0010902　楊0494　類叢部/
類書類/專類之屬

李氏蒙求補注六卷　(唐)李瀚撰　(清)金三
俊補注　清刻本　一冊　存三卷(四至六)

330000－1705－0010903　楊0548　集部/總
集類/課藝之屬

近科分韻館詩二集九卷　王先謙編　清光緒
三年(1877)茹古齋刻本　六冊

330000－1705－0010904　楊0493　史部/史
評類/史論之屬

歷代史論十二卷宋史論三卷元史論一卷
(明)張溥撰　**左傳史論二卷**　(清)高士奇撰
明史論四卷　(清)谷應泰撰　清光緒五年
(1879)西江裴氏刻本　四冊　存十二卷(歷
代史論一至十二)

330000－1705－0010905　楊0509　子部/道

家類

三戒真言一卷　(□)純陽子撰　清光緒十年
(1884)丹桂軒刻本　一冊

330000－1705－0010906　楊0496　子部/小
說家類/諧謔之屬

新訂解人頤廣集八卷　(清)胡澹菴輯　(清)
錢德蒼重訂　清文郁堂刻本　三冊　存六卷
(一至六)

330000－1705－0010907　楊0495　子部/儒
家類/儒學之屬/勸學

勸學篇二卷　(清)張之洞撰　清光緒二十四
年(1898)兩湖書院刻本　二冊

330000－1705－0010908　楊0486　史部/傳
記類/別傳之屬/事狀

劉坤一一卷　清光緒鉛印本　一冊

330000－1705－0010909　楊0526　集部/總
集類/課藝之屬

[光緒二十九年]癸卯恩科江南闈墨一卷　清
光緒上海文寶書局石印本　一冊

330000－1705－0010910　楊0536　集部/總
集類/課藝之屬

鯤池書院課藝不分卷　(清)于萬川　(清)孫
葆澂選　(清)劉文燦參校　清光緒刻本
一冊

330000－1705－0010911　楊0515　集部/總
集類/選集之屬/通代

**得月樓賦甲編不分卷乙編不分卷丙編不分卷
丁編不分卷**　(清)張元灝選評　清刻本
七冊

330000－1705－0010912　楊0551　集部/總
集類/選集之屬/斷代

尊聞閣詩選二集不分卷　(清)錢徵　蔡爾康
編次　清光緒六年(1880)刻本　九冊

330000－1705－0010913　楊0527　集部/總
集類/課藝之屬

[光緒二十九年]癸卯恩科江西闈墨一卷　清
末圖書集成局石印本　一冊

330000－1705－0010914　　楊0488　　史部/政書類/通制之屬

文獻通考紀要四卷　清光緒二十八年(1902)石印本　四冊

330000－1705－0010915　　楊0506　　類叢部/類書類/專類之屬

五經類典囊括六十四卷　（清）吟香室主人輯　清光緒元年(1875)四明茹古齋石印本　十三冊　缺六卷(一至六)

330000－1705－0010916　　楊0524　　集部/總集類/選集之屬/斷代

山左校士錄不分卷　（清）葉允平等撰　清石印本　三冊

330000－1705－0010917　　楊0550　　集部/總集類/課藝之屬

近科館閣詩續鈔二十四卷　（清）紫荷花榭主人選　清道光二十九年(1849)刻本　八冊

330000－1705－0010918　　楊0537　　集部/總集類/課藝之屬

紫陽東來書院詩賦課藝十二卷　（清）陳僅閱定　（清）張濂參閱　（清）楊家坤　（清）曹學易評點　清東來書院刻本　四冊

330000－1705－0010919　　楊0497　　集部/別集類/清別集

述學內篇三卷外篇一卷補遺一卷別錄一卷附錄一卷校勘記一卷　（清）汪中撰　（清）汪喜孫編　清同治八年(1869)揚州書局刻本　一冊　存四卷(一至三、補遺)

330000－1705－0010920　　楊0528　　集部/總集類/課藝之屬

[光緒二十九年]癸卯恩科湖北闈墨一卷　清末圖書集成局石印本　一冊

330000－1705－0010921　　楊0538　　集部/總集類/課藝之屬

紫陽東來書院詩賦課藝十二卷　（清）陳僅閱定　（清）張濂參閱　（清）楊家坤　（清）曹學易評點　清東來書院刻本　四冊

330000－1705－0010922　　楊0482　　史部/紀傳類/正史之屬

史記一百三十卷　（漢）司馬遷撰　（南朝宋）裴駰注　（唐）司馬貞　（唐）張守節注　明末刻本　二十四冊

330000－1705－0010924　　楊0505　　類叢部/類書類/專類之屬

經典萃華六卷　（清）方苹野撰　清道光十七年(1837)刻本　二冊

330000－1705－0010925　　楊0516　　集部/總集類/課藝之屬

賦海初編三十卷　（清）竹春齋主人輯　清光緒十二年(1886)積山局石印本　十五冊

330000－1705－0010926　　楊0522　　類叢部/類書類/專類之屬

試帖連珠六卷目錄一卷　（清）楊菘圃編　清同治十年(1871)揮毫吟館刻本　六冊　缺一卷(二)

330000－1705－0010927　　楊0491　　子部/天文曆算類/天文之屬

步天歌一卷輿地畧一卷括地畧一卷　清末石印本　一冊

330000－1705－0010928　　楊0499　　子部/術數類/相宅相墓之屬

三元地理四卷　（清）蔣平階撰　清刻本　四冊

330000－1705－0010929　　楊0500　　子部/術數類/相宅相墓之屬

地理辨正五卷　（清）蔣平階補傳　（清）姜垚辨正　清刻本　二冊

330000－1705－0010930　　楊0507　　類叢部/類書類/專類之屬

典林瑯環二十四卷續典林瑯環三十卷　（清）□□撰　清光緒二年(1876)武林湛蘭書屋刻本　六冊　存二十四卷(一至二十四)

330000－1705－0010931　　楊0523　　經部/群經總義類/傳說之屬

四書五經義策論初編不分卷　韓葦編　清光緒二十八年(1902)球琳書館鉛印本　六冊

330000－1705－0010932　楊0492　史部/史評類/史論之屬

通鑑論三卷附稽古錄一卷　（宋）司馬光撰　（清）伍耀光輯　清光緒二十七年(1901)上海文淵山房石印本　二冊　存二卷(一至二)

330000－1705－0010934　楊0529　史部/傳記類/科舉錄之屬/諸貢錄

[光緒二十九年]癸卯直墨采真不分卷　清光緒石印本　四冊

330000－1705－0010935　楊0508　類叢部/類書類/專類之屬

典林博覽十二卷　（清）鍾運堯輯　清光緒二年(1876)刻本　十二冊

330000－1705－0010936　楊0545　集部/總集類/郡邑之屬

雙湖翹秀集不分卷　（清）陳康祺選　（清）陳壽祚參訂　清同治十年(1871)詒研室刻本　三冊

330000－1705－0010937　楊0530　集部/總集類/課藝之屬

[光緒十四年]戊子直省闈墨不分卷　清光緒上海申報館石印本　三冊

330000－1705－0010938　楊0502　類叢部/叢書類/彙編之屬

文林綺繡五種五十九卷　（明）淩迪知編　清光緒十一年(1885)融經館刻本　八冊　存一種

330000－1705－0010939　楊0546　集部/詩文評類/制藝之屬

能與集不分卷　（清）李秬香改本　（清）金研香評　清同治八年(1869)浙江聚賢堂刻本　二冊

330000－1705－0010940　楊0489　史部/地理類/方志之屬/郡縣志

同治上海縣志三十二卷首一卷末一卷　（清）應寶時等修　（清）俞樾　（清）方宗誠纂　清同治十年(1871)吳門臬署刻本　一冊　存一卷(二十六)

330000－1705－0010941　楊0531　集部/總集類/課藝之屬

[光緒十四年]戊子科浙江闈墨一卷　清光緒石印本　二冊

330000－1705－0010942　楊0539　集部/總集類/課藝之屬

四明課藝合選不分卷　（清）□□輯　清同治十二年(1873)刻本　一冊

330000－1705－0010943　楊0479　經部/小學類/音韻之屬/韻書

增註字類標韻六卷　（清）華綱撰　（清）范多珏重訂　清光緒三年(1877)浙寧簡香齋刻本　二冊

330000－1705－0010944　楊0512　集部/總集類/課藝之屬

小題宗海不分卷　（清）文匯館主人編輯　清光緒十二年(1886)上海點石齋石印本　十三冊

330000－1705－0010945　楊0503　類叢部/類書類/專類之屬

文選類雋十四卷　（清）何松編　清光緒二年(1876)慈谿何氏刻本　三冊

330000－1705－0010946　楊0513　集部/總集類/課藝之屬

目耕齋小題偶編不分卷　（清）沈叔眉編次　清咸豐二年(1852)聚文堂刻本　一冊

330000－1705－0010947　楊0490　史部/地理類/山川之屬/水志

西湖志四十八卷　（清）李衛　（清）程元章修　（清）傅王露撰　清光緒四年(1878)浙江書局刻本　二十四冊

330000－1705－0010948　楊0504　類叢部/類書類/專類之屬

文選類雋十四卷　（清）何松編　清光緒二年(1876)慈谿何氏刻本　二冊　存九卷(一至九)

330000－1705－0010949　楊0532　集部/總集類/課藝之屬

[光緒十七年]辛卯正科浙江闈墨一卷　清光
緒四明茹古齋石印本　一冊

330000－1705－0010950　楊0540　集部/總
集類/課藝之屬

越郡課藝不分卷　（清）□□編　清光緒二十
八年(1902)紹興會文堂石印本　三冊

330000－1705－0010951　楊0532－1　集部/
總集類/課藝之屬

[光緒丁酉科]浙江闈墨不分卷　清光緒四明
茹古齋石印本　一冊

330000－1705－0010952　楊0484　史部/雜
史類/斷代之屬

小腆紀年附考二十卷　（清）徐鼒撰　清光緒
十二年(1886)扶桑使廨鉛印本　十二冊

330000－1705－0010953　楊0541　集部/總
集類/課藝之屬

格致課藝彙編十三卷　（清）王韜編　清光緒
二十三年(1897)上海書局石印本　三冊　存
三卷(四、九、十一)

330000－1705－0010954　楊0481　經部/小
學類/音韻之屬/韻書

漁古軒詩韻五卷　（清）余照撰　（清）朱德蕃
增訂　清刻本　一冊　存三卷(三至五)

330000－1705－0010955　楊0544　集部/總
集類/課藝之屬

紹興府學堂課藝不分卷　（清）徐錫麟選　清
光緒三十年(1904)石印本　二冊

330000－1705－0010956　楊0511　子部/宗
教類/道教之屬/雜著

增訂敬竈全書不分卷　清咸豐八年(1858)上
海漱六山房刻本　一冊

330000－1705－0010957　楊0565　集部/別
集類/清別集

挹翠樓詩鈔七卷　（清）潘清撰　清同治刻本
一冊　存三卷(五至七)

330000－1705－0010958　楊0534　集部/總
集類/課藝之屬

句東試帖□□卷　（清）周世緒輯　清刻本
三冊　存三卷(二至四)

330000－1705－0010959　楊0521　集部/總
集類/課藝之屬

館賦駕鍼四卷　（清）蔣坼編次　清道光二十
七年(1847)刻本　二冊　缺二卷(三至四)

330000－1705－0010960　楊0542　子部/儒
家類/儒學之屬

婺學治事文編五卷　（清）繼良輯　清光緒二
十七年(1901)石印本　二冊

330000－1705－0010961　楊0555　集部/別
集類/清別集

秋水軒尺牘三卷　（清）許思湄撰　清同治五
年(1866)刻本　三冊

330000－1705－0010962　楊0510　子部/宗
教類/道教之屬

敬竈全書不分卷　（清）惕心憫世道人編　清
道光二十一年(1841)上海龍文齋陸振聲刻字
店刻本　一冊

330000－1705－0010963　楊0566　集部/別
集類/清別集

運甓齋詩彙八卷　（清）陳勘撰　清光緒十年
(1884)刻本　一冊

330000－1705－0010964　楊0573　集部/小
說類/長篇之屬

皐鶴堂批評第一奇書金瓶梅一百回　（明）笑
笑生撰　（清）張竹坡評　清康熙三十四年
(1695)刻本　二十四冊

330000－1705－0010965　楊0543　子部/儒
家類/儒學之屬

婺學治事文續編二卷　（清）繼良輯　清光緒
二十八年(1902)杭州申昌書局石印本　一冊
存一卷(一)

330000－1705－0010966　楊0554　集部/別
集類/清別集

浙江形勝詩鈔不分卷　（清）楊臣勳輯　清光
緒抄本　五冊

330000－1705－0010967　楊 0535　集部/詩文評類/制藝之屬

搭截鍼度一卷 （清）張明之撰　清光緒三年(1877)刻本　一冊

330000－1705－0010968　楊 0556　集部/別集類/清別集

梅花溪試帖爐餘草三卷 （清）朱梓撰　（清）朱錫珍補註　（清）朱錫璜鈔輯　清同治六年(1867)刻本　一冊

330000－1705－0010969　楊 0517　集部/總集類/課藝之屬

館律駕鍼四卷 （清）蔣垿編次　清咸豐元年(1851)埽葉山房刻本　二冊　缺二卷(一、四)

330000－1705－0010971　楊 0533　集部/總集類/課藝之屬

浙江試帖攬勝□□卷 （清）嚴憲曾輯　清刻本　一冊　存二卷(三至四)

330000－1705－0010972　楊 0567　集部/詞類/總集之屬

清綺軒詞選十三卷 （清）夏秉衡輯　清乾隆十六年(1751)華亭夏秉衡清綺軒刻本　五冊　存七卷(一至二、九至十三)

330000－1705－0010973　楊 0574　集部/小說類/長篇之屬

紅樓夢一百二十回 （清）曹霑　（清）高鶚撰　（清）王希廉評　清道光十二年(1832)吳縣王氏刻本　二十四冊

330000－1705－0010974　楊 0557　集部/別集類/清別集

韞山堂時文初集一卷二集二卷三集一卷 （清）管世銘撰　清同治十二年(1873)刻本　四冊

330000－1705－0010975　樵 0258　史部/政書類/邦計之屬

江南製造局記十卷首一卷附一卷 （清）魏允恭編　清光緒三十一年(1905)上海文寶書局石印本　十冊

330000－1705－0010976　楊 0518　集部/總集類/選集之屬/通代

標季試律鶯音四卷 （清）倪一擎箋釋　清刻本　一冊　存二卷(一至二)

330000－1705－0010977　楊 0547　集部/總集類/選集之屬/斷代

文海目錄不分卷 （清）楊炳翰輯　清刻本　二冊

330000－1705－0010978　樵 0261　子部/醫家類/本草之屬/歷代綜合本草

本草綱目五十二卷附圖三卷瀕湖脈學一卷奇經八脈攷一卷脈訣攷證一卷 （明）李時珍撰　**本草萬方鍼線八卷藥品總目一卷** （清）蔡烈先輯　**本草綱目拾遺十卷首一卷** （清）趙學敏輯　清光緒十一年至十三年(1885－1887)合肥張紹棠味古齋刻本　四十冊

330000－1705－0010979　楊 0558　集部/別集類/清別集

養雲山館試帖四卷 （清）許球撰　清同治六年(1867)刻本　一冊　存一卷(一)

330000－1705－0010980　樵 0259、樵 0260　子部/醫家類/醫經之屬/內經

重廣補註黃帝內經素問二十四卷 （唐）王冰注　（宋）林億等校正　（宋）孫兆改誤　**黃帝內經靈樞十二卷** （唐）王冰注　（宋）林億校正　（宋）孫兆改誤　（宋）史崧音釋　**黃帝內經素問遺篇一卷** （宋）劉溫舒撰　清光緒十年(1884)京口文成堂刻本　十冊

330000－1705－0010981　樵 0262　子部/天文曆算類/曆法之屬

御製律曆淵源五種 （清）允祿　（清）允祉等纂修　清雍正內府刻本　十五冊　存一種

330000－1705－0010983　楊 0575　集部/曲類/彈詞之屬

繡像玉鐲龍全傳六卷五十七回 清光緒十九年(1893)上海書局石印本　六冊

330000－1705－0010984　樵 0267　新學/重學/重學

重學二十卷圓錐曲線說三卷　（英國）艾約瑟口譯　清同治五年(1866)刻本　六冊

330000－1705－0010986　楊 0561　集部/別集類/清別集

綠香山館詩賦詞彙編二十卷　清光緒十一年(1885)奎照樓刻本　十冊　缺九卷(綠香山詩草偶存一至五、十三至十六)

330000－1705－0010987　楊 0568　集部/曲類/彈詞之屬

繪圖新編時調大雙蝴蝶四卷　（清）杏橋主人撰　清末石印本　三冊

330000－1705－0010988　楊 0559　集部/別集類/清別集

子笙賦鈔不分卷　（清）江璧撰　清光緒四年(1878)刻本　清楊炳翰題記　二冊

330000－1705－0010989　樵 0263　新學/天學

天文揭要二卷　（美國）赫士口譯　（清）周文源筆述　清光緒二十三年(1897)上海美華書館鉛印本　二冊

330000－1705－0010990　楊 0560　集部/別集類/清別集

存我軒偶錄不分卷　（清）陸鍾渭撰　清光緒二十八年(1902)球琳書館鉛印本　二冊

330000－1705－0010991　楊 0569　集部/曲類/彈詞之屬

繪圖後玉蜻蜓四卷　清光緒二十四年(1898)上海書局石印本　四冊

330000－1705－0010992　楊 0576　集部/小說類/長篇之屬

繡像全圖小五義六卷一百二十四回　（清）石玉崑撰　清光緒十六年(1890)鉛印本　八冊

330000－1705－0010994　楊 0564　集部/別集類/清別集

會心齋塾課小題文不分卷　（清）馮可鏞撰　清同治十二年(1873)刻本　一冊

330000－1705－0010995　楊 0570　集部/曲類/彈詞之屬

增像繪圖雙珠球十二卷四十九回　（清）黃予貞撰　清光緒二十一年(1895)上海書局石印本　六冊

330000－1705－0010996　樵 0264　新學/天學

測候叢談四卷　（美國）金楷理口譯　（清）華蘅芳筆述　清光緒江南製造總局刻本　二冊

330000－1705－0010999　樵 0329　集部/別集類/宋別集

司馬溫公文集八十卷目錄二卷　（宋）司馬光撰　明崇禎元年(1628)吳時亮等刻清康熙四十七年(1708)蔣起龍等重修本　二十四冊

330000－1705－0011001　楊 0577　子部/小說家類/雜事之屬

白門新柳記一卷　（清）許豫撰　白門衰柳附記一卷　（清）盙嬾雲撰　秦淮燈舫曲一卷　清同治十一年(1872)姑蘇清華齋刻本　清楊炳翰跋　一冊

330000－1705－0011003　楊 0519　集部/總集類/選集之屬/斷代

同館試律選鈔四卷　（清）法式善編　清刻本　二冊

330000－1705－0011004　樵 0312　類叢部/類書類/通類之屬

初學記三十卷　（唐）徐堅等輯　明嘉靖十三年(1534)晉府虛益堂刻本　二十四冊

330000－1705－0011005　樵 0319　集部/別集類/漢魏六朝別集

蔡中郎集十卷末一卷外紀一卷外集四卷　（漢）蔡邕撰　清光緒十六年(1890)番禺陶氏愛廬刻本　四冊

330000－1705－0011006　樵 0273　史部/傳記類/總傳之屬/技藝

宋元以來畫人姓氏錄三十六卷首一卷　（清）魯駿編　清道光十年(1830)刻本　二十冊

330000－1705－0011007　樵 0330、樵 0331、樵 340　類叢部/叢書類/彙編之屬

武英殿聚珍版書一百三十八種　清乾隆四十二年(1777)福建刻道光增刻本　二十七冊　存三種

330000－1705－0011008　楊0562　集部/別集類/清別集

棗花軒試帖一卷　(清)達綸撰　清刻本　一冊

330000－1705－0011009　楊0520　集部/總集類/課藝之屬

課藝雜文合訂不分卷　(清)□□輯　清刻本　一冊

330000－1705－0011010　樵0308　集部/小說類/短篇之屬

聊齋志異新評十六卷　(清)蒲松齡撰　(清)王士禎評　(清)呂湛恩注　(清)但明倫批　清道光二十二年(1842)廣順但氏刻咸豐九年(1859)朱墨套印本　十六冊

330000－1705－0011012　樵0320　集部/別集類/漢魏六朝別集

諸葛忠武侯文集六卷首一卷　(三國蜀)諸葛亮撰　清茶陵譚福壽堂刻本　四冊

330000－1705－0011014　樵0268　子部/藝術類/書畫之屬/書法書品

墨池編二十卷　(宋)朱長文撰　清雍正十一年(1733)吳郡朱氏刻本　七冊

330000－1705－0011015　楊0578　類叢部/叢書類/彙編之屬

知不足齋叢書一百九十六種　(清)鮑廷博編　(清)鮑士恭續編　清乾隆三十七年至道光三年(1772－1823)長塘鮑氏刻彙印本　二十四冊　存二十一種

330000－1705－0011017　樵0311　類叢部/類書類/通類之屬

北堂書鈔一百六十卷首一卷　(唐)虞世南撰　(清)孔廣陶校注　清光緒十四年(1888)南海孔氏三十有三萬卷堂刻本　二十冊

330000－1705－0011019　楊0563　集部/別集類/清別集

紅林檎館賦草不分卷　(清)葉蘭笙撰　清同治四年(1865)刻本　三冊

330000－1705－0011020　樵0325、樵0326　集部/總集類/彙編之屬

元白長慶集二種一百四十一卷　(明)馬元調編　明萬曆三十二年至三十四年(1604－1606)松江馬元調魚樂軒刻本　二十冊

330000－1705－0011023　樵0321、樵0322　集部/總集類/彙編之屬

漢魏六朝諸名家集(漢魏六朝二十一名家集)　(明)汪士賢編　明萬曆至天啓新安汪氏刻本　二冊　存二種

330000－1705－0011025　孫0657　集部/別集類/元別集

成性齋文集九卷　(元)朱德潤撰　清抄本　一冊　存一卷(九)

330000－1705－0011027　樵0281、樵0282　子部/藝術類/篆刻之屬

篆學瑣著　(清)顧湘輯　清道光二十年(1840)海虞顧氏刻本　二冊　存二種

330000－1705－0011029　樵0304　子部/雜著類/雜說之屬

水東日記四十卷　(明)葉盛撰　明末葉重華賜書樓刻清康熙十九年(1680)葉方蔚重修本　八冊

330000－1705－0011033　樵0342、樵0344　類叢部/叢書類/郡邑之屬

永嘉叢書十三種　(清)孫衣言編　清同治至光緒瑞安孫氏詒善祠塾刻本　十六冊　存二種

330000－1705－0011034　樵313　類叢部/類書類/通類之屬

太平御覽一千卷目錄十五卷　(宋)李昉等輯　清嘉慶十二年至十七年(1807－1812)歙縣鮑崇城刻二十三年(1818)印本　一百二十八冊

330000－1705－0011035　樵0305　類叢部/叢書類/彙編之屬

玉海堂景宋元本叢書二十種別行二種　劉世
珩編　清光緒至民國貴池劉氏玉海堂影刻本
十二冊　存一種

330000－1705－0011038　樵0316　類叢部/
類書類/專類之屬

佩文韻府一百六卷　（清）張玉書　（清）蔡升
元等輯　韻府拾遺一百六卷　（清）汪灝
（清）何焯等輯　清康熙至雍正刻本　一百
五冊

330000－1705－0011039　樵0332　集部/別
集類/宋別集

歐陽文忠公全集一百五十三卷首一卷附錄五
卷　（宋）歐陽修撰　清嘉慶二十四年（1819）
歐陽衡刻本　二十四冊

330000－1705－0011041　樵0280　子部/藝
術類/書畫之屬/法帖

御刻三希堂石渠寶笈法帖不分卷三希堂續刻
法帖不分卷　（清）梁詩正等輯　清宣統元年
（1909）文盛書局影印本　三十六冊

330000－1705－0011043　樵0314　類叢部/
類書類/通類之屬

玉海二百卷附刻辭學指南四卷詩考一卷詩地
理考六卷漢藝文志考證十卷通鑑地理通釋十
四卷漢制考四卷踐阼篇一卷周易鄭康成注一
卷姓氏急就篇二卷急就篇補注四卷周書王會
補注一卷小學紺珠十卷六經天文編二卷通鑑
荅問五卷　（宋）王應麟撰　元至元六年
（1340）慶元路儒學刻明清遞修本　一百二冊

330000－1705－0011044　樵0333、樵0334、
樵0335、樵0337、樵0336　集部/總集類/氏族
之屬

三蘇全集四種　（清）弓翊清等編　清道光七
年至十二年（1827－1832）眉州三蘇祠刻本
七十七冊

330000－1705－0011045　樵0309　集部/戲
劇類/雜劇之屬

槐蔭堂第六才子書八卷　（元）王德信　（元）
關漢卿撰　清槐蔭堂刻本　六冊

330000－1705－0011046　樵0318　子部/農
家農學類/園藝之屬/總志

植物名實圖考三十八卷長編二十二卷　（清）
吳其濬著　（清）陸應毅校刊　清道光二十八
年（1848）刻民國八年（1919）秋山西官書局刻
本　六十冊

330000－1705－0011047　楊0571　集部/曲
類/彈詞之屬

繡像十美圖傳四十卷　（清）松筠氏撰　清同
治九年（1870）北京寶文堂刻本　四冊

330000－1705－0011051　樵0361　類叢部/
叢書類/自著之屬

湯子遺書七種　（清）湯斌撰　清同治九年
（1870）蘇廷魁等刻本　三十二冊

330000－1705－0011052　樵0310　子部/農
家農學類/園藝之屬/總志

佩文齋廣羣芳譜一百卷目錄二卷　（清）汪灝
等撰　清同治七年（1868）姑蘇亦西齋刻本
四十冊

330000－1705－0011053　楊0572　集部/曲
類/彈詞之屬

增廣繪像十美圖傳二十卷四十回　（清）松筠
氏撰　清光緒二十年（1894）上海書局石印本
四冊

330000－1705－0011054　樵0327　集部/總
集類/彙編之屬

唐四家詩八卷　（清）汪立名編　清康熙三十
四年（1695）天都汪立名刻本　二冊　存一種

330000－1705－0011055　樵0277　子部/藝
術類/書畫之屬/法帖

淳化祕閣法帖考正十卷附二卷　（清）王澍撰
淳化閣帖釋文二卷　（清）沈宗騫校定　清
乾隆三十三年（1768）刻本　十五冊

330000－1705－0011056　樵0354　集部/別
集類/明別集

懷麓堂全集一百卷首一卷　（明）李東陽撰
明李文正公年譜七卷　（清）法式善纂輯
（清）唐仲冕增補　清嘉慶八年（1803）隴下學

易堂刻本　二十二冊

330000－1705－0011057　樵 0341　集部/別集類/宋別集

廬陵周益國文忠公集十三種　（宋）周必大撰　清道光二十八年（1848）廬陵歐陽榮瀛塘別墅刻咸豐元年（1851）續刻本　四十冊　缺四卷（九十七至一百）

330000－1705－0011058　樵 0328　類叢部/叢書類/郡邑之屬

畿輔叢書　（清）王灝編　清光緒五年至十八年（1879－1892）定州王氏謙德堂刻三十二年（1906）彙印本　三冊　存一種

330000－1705－0011060　樵 0338　集部/別集類/宋別集

淮海集十七卷後集二卷詞一卷補遺一卷（宋）秦觀撰　**淮海文集攷證一卷**　（清）王敬之　（清）茆泮林　（清）金長福撰　**重編淮海先生年譜節要一卷**　（清）秦瀛編　（清）王敬之節要　清道光十七年（1837）王敬之等刻二十一年（1841）增刻本　六冊

330000－1705－0011061　樵 0357　集部/別集類/明別集

重刊校正唐荆川先生文集十二卷補遺五卷外集三卷附錄一卷　（明）唐順之撰　清光緒三十年（1904）江南書局刻本　十冊

330000－1705－0011062　樵 0343　集部/別集類/宋別集

艮齋先生薛常州浪語集三十五卷　（宋）薛季宣撰　清同治十年（1871）金陵書局刻本　六冊

330000－1705－0011063　樵 0358　類叢部/叢書類/彙編之屬

正誼堂全書六十三種續刻五種　（清）張伯行編　（清）楊浚重編　清同治五年（1866）福州正誼書院刻八年至九年（1869－1870）續刻本　二冊　存一種

330000－1705－0011064　樵 0306　子部/宗教類/佛教之屬/大藏

頻伽精舍校刊大藏經　釋宗仰等輯　清宣統元年至民國二年（1909－1913）上海鉛印本　四百十四冊　存八千四百十六卷

330000－1705－0011065　樵 0346　集部/別集類/宋別集

岳忠武王文集八卷首一卷末一卷　（宋）岳飛撰　（清）黃邦寧輯　清韓城師長怡刻本　六冊

330000－1705－0011066　樵 0345　集部/別集類/宋別集

王臨川全集一百卷目錄二卷　（宋）王安石撰　清光緒九年（1883）聽香館刻本　十六冊

330000－1705－0011067　樵 0367　類叢部/叢書類/彙編之屬

心矩齋叢書八種　（清）蔣鳳藻編　清光緒九年至十四年（1883－1888）長洲蔣氏刻民國十四年（1925）蘇州文學山房重印本　四冊　存一種

330000－1705－0011068　樵 0364　集部/別集類/清別集

鮚埼亭集外編五十卷　（清）全祖望撰　（清）董秉純編　（清）蔣學鏞審訂　（清）汪繼培重編　清嘉慶九年（1804）刻本　十六冊

330000－1705－0011069　樵 0359　史部/詔令奏議類/奏議之屬

明大司馬盧公奏議十卷文集一卷詩集一卷首一卷　（明）盧象昇撰　清光緒三十四年（1908）刻本　十冊

330000－1705－0011070　樵 0363　集部/別集類/清別集

鮚埼亭集三十八卷全謝山先生經史問答十卷首一卷　（清）全祖望撰　清嘉慶九年（1804）餘姚史夢蛟借樹山房刻同治十一年（1872）印本　十四冊

330000－1705－0011071　樵 0366　集部/別集類/清別集

存悔齋集二十八卷外集四卷　（清）劉鳳誥撰　清道光十年至十七年（1830－1837）刻本

八冊

330000－1705－0011072　樵 0356　集部/別集類/明別集

太史升菴全集八十一卷目錄二卷附年譜一卷
（明）楊慎撰　（明）楊有仁輯　（清）周參元校　清乾隆六十年（1795）新都周氏養拙山房刻本（冊一配抄）　三十二冊

330000－1705－0011073　樵 0390　集部/總集類/選集之屬/通代

唐宋大家全集錄十種　（清）儲欣編　清光緒八年（1882）江蘇書局刻本　三十二冊

330000－1705－0011074　樵 0371　類叢部/叢書類/自著之屬

隨園三十種　（清）袁枚撰　清刻本　八十冊

330000－1705－0011075　樵 0377　集部/別集類/清別集

帶經堂集九十二卷　（清）王士禎撰　（清）程哲校編　清康熙四十九年至五十一年（1710－1712）程氏七略書堂刻乾隆十二年（1747）黃晟重修本　四十冊

330000－1705－0011076　樵 0368　集部/總集類/氏族之屬

寧都三魏全集八十三卷　（清）林時益編　清道光二十五年（1845）寧都謝庭綏紱園書塾刻本　五十冊

330000－1705－0011078　樵 0351　集部/別集類/清別集

壯悔堂文集十卷　（清）侯方域撰　（清）賈開宗等評點　清嘉慶十九年（1814）睢陽侯資燦刻本　四冊

330000－1705－0011079　樵 0378　集部/別集類/清別集

敬業堂詩集五十卷　（清）查慎行撰　清康熙五十八年（1719）刻雍正增刻本　十四冊

330000－1705－0011080　樵 0372　類叢部/叢書類/自著之屬

甌北全集八種　（清）趙翼撰　清光緒三年（1877）滇南唐氏刻本　四十八冊

330000－1705－0011081　樵 0362　集部/別集類/清別集

亭林詩集五卷文集六卷餘集一卷　（清）顧炎武撰　清光緒二年（1876）上海文瑞樓石印本　四冊

330000－1705－0011082　樵 0365　集部/別集類/清別集

道古堂文集四十八卷詩集二十六卷附三卷（清）杭世駿撰　清乾隆四十一年（1776）刻光緒十四年（1888）錢塘汪曾唯振綺堂增修本　二十冊

330000－1705－0011083　樵 0375　集部/別集類/清別集

養一齋文集二十卷補遺一卷文集續編六卷詩集八卷校字一卷　（清）李兆洛撰　清道光二十四年（1844）刻本　十二冊

330000－1705－0011084　樵 0382　集部/總集類/選集之屬/通代

文選六十卷　（南朝梁）蕭統輯　（唐）李善注　**文選考異十卷**　（清）胡克家撰　清嘉慶十四年（1809）鄱陽胡克家刻本　二十四冊

330000－1705－0011087　樵 0369　集部/別集類/清別集

姜先生全集三十三卷首一卷附錄二卷　（清）姜宸英撰　清光緒十五年（1889）慈谿馮氏毋自欺齋刻本（附錄二卷原缺）　十八冊

330000－1705－0011088　樵 0383　集部/總集類/選集之屬/通代

文選旁證四十六卷　（清）梁章鉅撰　清光緒八年（1882）吳下刻本　十二冊

330000－1705－0011089　樵 0379　集部/別集類/清別集

海峯先生文十卷詩六卷　（清）徐大椿撰　清末時還書屋木活字印本　八冊

330000－1705－0011090　樵 0384　集部/總集類/選集之屬/斷代

唐文粹一百卷　（宋）姚鉉輯　清光緒九年（1883）江蘇書局刻本　十五冊　存九十三卷

（一至七十九、八十七至一百）

330000 - 1705 - 0011093　　樵 0370　　集部/別
集類/清別集

曝書亭集八十卷附錄一卷　（清）朱彝尊撰
笛漁小稾十卷　（清）朱昆田撰　清康熙五十
三年(1714)朱稻孫刻雍正印本　四冊

330000 - 1705 - 0011094　　樵 0425　　類叢部/
叢書類/彙編之屬

二酉堂叢書(張氏叢書)二十一種　（清）張澍
輯　清道光元年(1821)武威張氏二酉堂刻本
十冊

330000 - 1705 - 0011095　　樵 0348　　類叢部/
叢書類/郡邑之屬

常州先哲遺書七十二種　盛宣懷編　清光緒
二十一年至三十三年(1895 - 1907)武進盛氏
思惠齋刻宣統彙印本　二冊　存一種

330000 - 1705 - 0011096　　樵 0376　　集部/別
集類/清別集

**吳詩集覽二十卷補註二十卷吳詩談藪二卷拾
遺一卷**　（清）吳偉業撰　（清）靳榮藩注並輯
　清乾隆四十年(1775)凌雲亭刻四十六年
(1781)重修本　十六冊　存二十二卷(吳詩
集覽一至二十、吳詩談藪一至二)

330000 - 1705 - 0011097　　樵 0381　　集部/別
集類/清別集

廣雅堂詩集不分卷　（清）張之洞撰　清末石
印本　二冊

330000 - 1705 - 0011098　　樵 0387　　集部/總
集類/選集之屬/斷代

金文雅十六卷作者考一卷　（清）莊仲方輯
清光緒十七年(1891)江蘇書局刻本　四冊

330000 - 1705 - 0011099　　樵 0423　　經部/
叢編

經苑二十五種　（清）錢儀吉輯　清道光至咸
豐大梁書院刻同治七年(1868)王儒行等印本
七十七冊

330000 - 1705 - 0011100　　樵 0388　　集部/總
集類/選集之屬/斷代

元文類七十卷目錄三卷　（元）蘇天爵編　清
光緒十五年(1889)江蘇書局刻本　十冊

330000 - 1705 - 0011101　　樵 0424　　類叢部/
叢書類/輯佚之屬

漢魏遺書鈔一百四種　（清）王謨輯　清嘉慶
三年(1798)金谿王氏刻本　十六冊

330000 - 1705 - 0011102　　樵 0418　　類叢部/
叢書類/彙編之屬

增訂漢魏叢書八十六種　（清）王謨編　清乾
隆五十六年(1791)金谿王氏刻本　八十冊

330000 - 1705 - 0011103　　樵 0374　　類叢部/
叢書類/自著之屬

惜抱軒全集十種　（清）姚鼐撰　清同治五年
(1866)李瀚章省心閣刻本　十六冊

330000 - 1705 - 0011104　　樵 0347　　集部/別
集類/宋別集

文山先生全集十七卷　（宋）文天祥撰　清道
光二十五年(1845)延慶堂刻、二十六年
(1846)文晟增刻本　十冊

330000 - 1705 - 0011105　　樵 0431　　類叢部/
叢書類/彙編之屬

雅雨堂藏書十三種　（清）盧見曾編　清乾隆
二十一年(1756)德州盧氏雅雨堂刻本　二十
二冊

330000 - 1705 - 0011106　　樵 0389　　集部/總
集類/選集之屬/斷代

明文在一百卷　（清）薛熙輯　清光緒十五年
(1889)江蘇書局刻本　十冊

330000 - 1705 - 0011107　　樵 0394　　集部/詞
類/總集之屬

詞綜三十八卷　（清）朱彝尊輯　（清）汪森增
定　（清）柯崇樸編次　（清）周篔辨譌
（清）王昶補纂　**明詞綜十二卷國朝詞綜四十
八卷國朝詞綜二集八卷**　（清）王昶輯　清光
緒二十八年(1902)金匱浦氏刻本　二十四冊

330000 - 1705 - 0011109　　樵 0385　　集部/總
集類/選集之屬/斷代

唐文粹補遺二十六卷　（清）郭麐輯　清光緒

十一年(1885)江蘇書局刻本　四冊

330000－1705－0011110　檇0427　經部/
叢編

澤存堂五種　(清)張士俊輯　清光緒十四年
(1888)上海蜚英館石印本　七冊　存四種

330000－1705－0011111　檇0395　集部/詩
文評類/文評之屬

文心雕龍十卷　(南朝梁)劉勰撰　(清)黃叔
琳輯注　(清)紀昀評　清道光十三年(1833)
盧坤兩廣節署刻朱墨套印本　四冊

330000－1705－0011112　檇0432　類叢部/
叢書類/彙編之屬

經訓堂叢書二十一種　(清)畢沅編　清乾隆
至嘉慶鎮洋畢氏刻本　二十八冊　存十九種

330000－1705－0011113　檇0386　集部/總
集類/選集之屬/斷代

宋文鑑一百五十卷目錄三卷　(宋)呂祖謙輯
清光緒十二年(1886)江蘇書局刻本　二十
四冊

330000－1705－0011114　檇0396　史部/傳
記類/別傳之屬/事狀

鄂國金佗稡編二十八卷續編三十卷　(宋)岳
珂編　清光緒九年(1883)浙江書局刻本　六
冊　缺三十卷(續編一至三十)

330000－1705－0011115　檇0428　類叢部/
叢書類/彙編之屬

問經堂叢書　(清)孫馮翼編　清嘉慶承德孫
氏刻本　八冊　存十八種

330000－1705－0011117　檇0392　集部/總
集類/選集之屬/斷代

明詩綜一百卷　(清)朱彝尊輯　(清)汪森等
評　清康熙刻本　二十二冊　缺七卷(二至
五、十至十二)

330000－1705－0011118　檇0278　子部/藝
術類/書畫之屬/畫譜

雲南苗族種類寫真不分卷　(清)□□繪　清
乾隆寫繪本　二冊

330000－1705－0011119　檇0422　經部/
叢編

皇清經解續編一千四百三十卷　王先謙輯
清光緒十五年(1889)上海蜚英館石印本(卷
三十原缺)　三十二冊

330000－1705－0011121　檇0393　集部/詞
類/總集之屬

絕妙好詞箋七卷　(宋)周密輯　(清)查爲仁
(清)厲鶚箋　**絕妙好詞續鈔一卷**　(清)余
集輯　**絕妙好詞又續鈔一卷**　(清)徐楙補錄
清道光八年(1828)徐楙杭州愛日軒刻本
二冊

330000－1705－0011122　檇0398　集部/別
集類/唐五代別集

**朱文公校昌黎先生文集四十卷外集十卷遺文
一卷**　(唐)韓愈撰　(宋)朱熹考異　(宋)
王伯大音釋　(唐)李漢編集　(明)朱吾弼重
編　**朱文公校昌黎先生集傳一卷**　明萬曆三
十三年(1605)天德堂刻本　三十二冊

330000－1705－0011123　檇0434　類叢部/
叢書類/彙編之屬

新斠平津館叢書十集三十四種　(清)孫星衍
編　清光緒十年至十五年(1884－1889)吳縣
朱氏槐廬家塾刻本　四十九冊　存三十一種

330000－1705－0011124　檇0421　經部/
叢編

皇清經解一千四百二十一卷　(清)阮元輯
清光緒十三年(1887)上海書局石印本　六十
四冊

330000－1705－0011126　檇0391　集部/總
集類/選集之屬/斷代

南宋羣賢小集　(宋)陳起編　(清)顧修重輯
清嘉慶六年(1801)石門顧氏讀畫齋刻本
三十二冊　存七十四種

330000－1705－0011127　檇0429、檇0430
類叢部/叢書類/彙編之屬

微波樹叢書十一種　(清)孔繼涵編　清孔氏
刻彙印本　十六冊　存八種

330000－1705－0011132　樵 0440　類叢部/
叢書類/彙編之屬

文選樓叢書三十三種　（清）阮亨編　清嘉慶
至道光阮元刻道光二十二年（1842）阮亨彙印
本　二十四冊　存十二種

330000－1705－0011135　樵 0436　類叢部/
叢書類/彙編之屬

貸園叢書初集十二種四十九卷　（清）周永年
編　清乾隆五十四年（1789）歷城周氏竹西書
屋重編印益都李文藻等刻本　十六冊

330000－1705－0011138　樵 0441　類叢部/
叢書類/輯佚之屬

漢學堂叢書二百十三種　（清）黃奭輯　清道
光甘泉黃氏刻光緒印本　六十四冊

330000－1705－0011139　樵 0444　類叢部/
叢書類/彙編之屬

藝海珠塵二百六種　（清）吳省蘭編　清嘉慶
南匯吳氏聽彝堂刻本　六十四冊　存一百六
十四種

330000－1705－0011140　樵 0442、樵 0443
類叢部/叢書類/彙編之屬

惜陰軒叢書三十四種續編一種　（清）李錫齡
編　清光緒二十二年（1896）長沙刻本　一百
冊　存三十四種

330000－1705－0011144　樵 0451　類叢部/
叢書類/郡邑之屬

台州叢書九種　（清）宋世犖輯　清嘉慶至道
光臨海宋氏刻本　二十四冊　存七種

330000－1705－0011145　樵 0446　經部/
叢編

省吾堂四種二十五卷　（清）蔣光弼輯　清乾
隆常熟蔣氏省吾堂刻本　七冊

330000－1705－0011146　秦 0139　子部/藝
術類/篆刻之屬/印譜

無名氏印譜不分卷　清末民初鈐印本　三冊

330000－1705－0011150　秦 0152　子部/藝
術類/篆刻之屬/印譜

印章集不分卷　鈐印本　一冊

330000－1705－0011152　秦 0153　子部/藝
術類/篆刻之屬/印譜

證常印藏不分卷　鈐拓本　一冊

330000－1705－0011153　秦 0056　集部/別
集類/清別集

大梅山館集五十五卷　（清）姚燮撰　清道光
十三年至咸豐六年（1833－1856）大梅山館刻
本　十三冊　存三種四十一卷（復莊詩問四
至七、十一至三十四，復莊駢體文榷一至八，
疏影樓詞一至五）

330000－1705－0011157　秦 0160　子部/藝
術類/書畫之屬/法帖

淳化閣帖臨本九折　（清）錢本誠臨　清乾隆
五十四年（1789）臨本　九冊

330000－1705－0011159　秦 0042　集部/別
集類/唐五代別集

李太白文集三十卷　（唐）李白撰　清光緒元
年（1875）湖北崇文書局刻本　四冊

330000－1705－0011166　樵 0438　類叢部/
叢書類/彙編之屬

讀畫齋叢書四十六種　（清）顧修編　清嘉慶
四年至十六年（1799－1811）桐川顧氏刻本
六十四冊　缺一卷（玉山逸稿續補）

330000－1705－0011167　樵 0399　集部/總
集類/彙編之屬

宋詩鈔初集八十四種　（清）呂留良　（清）吳
之振　（清）吳爾堯編　清康熙十年（1671）洲
錢吳氏鑑古堂刻本　二十冊

330000－1705－0011168　樵 0448　類叢部/
叢書類/彙編之屬

湖海樓叢書十二種　（清）陳春編　清嘉慶蕭
山陳氏刻二十四年（1819）彙印本　二十二冊
缺一卷（敘錄）

330000－1705－0011169　樵 0416　史部/雜
史類/斷代之屬

晴雪齋漫錄七卷　（清）冬策老人編輯　清抄
本　一冊

330000－1705－0011171　秦 0154　子部/藝

術類/篆刻之屬/印譜

錢叔蓋印不分卷秋崔印存不分卷 清鈐拓本
　三冊

330000－1705－0011172　秦 0091　子部/藝
術類/篆刻之屬/印譜

古蝸篆居印述四卷 （清）程遼等篆　（清）程
芝華摹刻　清道光刻鈐印本　一冊　存一卷
（三）

330000－1705－0011173　秦 0138　子部/宗
教類/佛教之屬/經

金剛般若波羅蜜經卷 （後秦）釋鳩摩羅什譯
　清末民國初影印本　一冊

330000－1705－0011176　秦 0140　子部/醫
家類/方書之屬/單方驗方

驗方新編十六卷 （清）鮑相璈輯　清光緒七
年（1881）合肥味古齋刻本　八冊

330000－1705－0011177　秦 0092　子部/藝
術類/篆刻之屬/印譜

**小石山房印譜四卷歸去來辭一卷集名刻一卷
集金玉晶石銅牙瓷竹木類印一卷** （清）顧湘
　（清）顧浩輯　清同治八年（1869）海虞顧氏
鈐印本　一冊　存二卷（集名刻、集金玉晶石
銅牙瓷竹木類印）

330000－1705－0011178　孫 0291　新學/
醫學

合信氏西醫五種 （英國）合信氏撰　清咸豐
八年（1858）上海仁濟醫館鉛印本　一冊　存
一種

330000－1705－0011179　樵 0518　經部/小
學類/文字之屬/說文

王氏說文四種 （清）王筠撰　清道光至咸豐
刻同治四年（1865）彙印本　三十二冊

330000－1705－0011182　樵 0401　子部/儒
家類/儒學之屬/勸學

勸學篇二卷 （清）張之洞撰　清光緒二十四
年（1898）兩湖書院刻本　一冊

330000－1705－0011184　樵 0446－1　經部/
書類/傳說之屬

古文尚書攷二卷 （清）焦循撰　清乾隆五十
七年（1792）讀經樓刻本　一冊

330000－1705－0011186　樵 0414　集部/總
集類/選集之屬/斷代

南宋文範七十卷外編四卷作者考二卷 （清）
莊仲方輯　清光緒十四年（1888）江蘇書局刻
本　十六冊

330000－1705－0011187　樵 0456　經部/小
學類

小學類編六種附三種合五十九卷 （清）李祖
望編　清咸豐至光緒江都李氏半畝園刻本
十冊　存六種附一種

330000－1705－0011188　樵 0449　類叢部/
叢書類/彙編之屬

琳琅祕室叢書三十種 （清）胡珽編　清光緒
十四年（1888）會稽董氏取斯家塾木活字印本
　二十四冊

330000－1705－0011190　樵 0460　類叢部/
叢書類/彙編之屬

重校拜經樓叢書（重定拜經樓叢書）十種
（清）吳騫原編　（清）朱記榮補輯　清光緒二
十年（1894）吳縣朱氏校經堂補刻本　十冊

330000－1705－0011191　樵 0450　類叢部/
叢書類/彙編之屬

得月簃叢書初刻十種次刻十種五十二卷
（清）榮譽編　清道光九年至十一年（1829－
1831）長白榮氏刻本　十七冊

330000－1705－0011192　樵 0465、樵 0466
經部/叢編

古經解彙函十六種附小學彙函十四種 （清）
鍾謙鈞等輯　清同治十二年（1873）粵東書局
刻本　六十八冊

330000－1705－0011193　樵 0463　子部/天
文曆算類/算書之屬

觀我生室匯稿 （清）羅士琳撰　清道光刻本
　九冊　存九種

330000－1705－0011194　樵 0455　類叢部/
叢書類/彙編之屬

連筠簃叢書十二種　（清）楊尚文編　清道光二十七年至二十九年(1847-1849)靈石楊氏刻本(羣書治要卷四、十三、二十原缺)　三十冊

330000-1705-0011196　樵0461　類叢部/叢書類/郡邑之屬

嶺南遺書五十九種　（清）伍元薇編　清道光十一年至同治二年(1831-1863)南海伍氏粵雅堂文字歡娛室刻光緒三十三年(1907)彙印本　九十六冊

330000-1705-0011198　樵0468　類叢部/叢書類/輯佚之屬

十種古逸書三十卷　（清）茆泮林輯　清道光十四年(1834)梅瑞軒刻二十二年(1842)重印本　六冊

330000-1705-0011199　孫0008　經部/易類/古易之屬

三墳金玉三卷墳易一貫表一卷集說一卷　（清）錢鈊撰　清乾隆六十年(1795)刻本　一冊

330000-1705-0011201　孫0009　經部/叢編

通志堂經解一百四十種　（清）納蘭成德輯　清康熙十九年(1680)納蘭成德刻本　一冊　存一種

330000-1705-0011202　樵0457　類叢部/叢書類/彙編之屬

宜稼堂叢書七種　（清）郁松年編　清道光二十年至二十二年(1840-1842)上海郁氏刻本　六十四冊

330000-1705-0011203　孫0010　經部/易類/傳說之屬

續易義□□卷　（清）張伯厚撰　清抄本　一冊　存一卷(十二)

330000-1705-0011204　樵0474　類叢部/叢書類/彙編之屬

龍威秘書一百六十九種　（清）馬俊良編　清乾隆五十九年至嘉慶元年(1794-1796)浙江石門馬氏大酉山房刻本　八十冊

330000-1705-0011205　樵0462　類叢部/叢書類/彙編之屬

粵雅堂叢書一百八十四種　（清）伍崇曜編　清道光二十九年至光緒十一年(1849-1885)南海伍氏刻彙印本(春秋五禮例宗卷四至六,乾道臨安志卷四至十五,群書治要卷四、十三、二十原缺)　四百五十冊

330000-1705-0011206　樵0473　類叢部/叢書類/彙編之屬

三長物齋叢書二十六種　（清）黃本驥編　清道光二十一年至二十八年(1841-1848)湘陰蔣瓛刻本　六十四冊

330000-1705-0011207　樵0464　類叢部/叢書類/彙編之屬

海山仙館叢書五十六種　（清）潘仕成編　清道光二十五年至咸豐元年(1845-1851)番禺潘氏刻光緒十一年(1885)增刻匯印本　一百二十冊

330000-1705-0011208　孫0012　經部/書類/傳說之屬

尚書大傳四卷　（漢）鄭玄注　尚書大傳補遺一卷　（清）盧見曾撰　尚書大傳考異一卷續補遺一卷　（清）盧文弨撰　清嘉慶五年(1800)山陰沈氏刻愛日艸廬印本　一冊

330000-1705-0011210　樵0472　子部/叢編

十子全書　（清）王子興編　清嘉慶九年(1804)姑蘇王氏聚文堂刻本　二十四冊

330000-1705-0011211　樵0539　史部/紀傳類/正史之屬

重刊二十四史　清同治八年(1869)嶺南莍古堂刻本　七百三十七冊　存二十種

330000-1705-0011212　樵0475　類叢部/叢書類/自著之屬

心齋十種　（清）任兆麟撰　清乾隆五十年至五十五年(1785-1790)震澤任氏忠敏家塾刻本　四冊

330000－1705－0011213　樵0477　類叢部/叢書類/彙編之屬

咫進齋叢書三十五種　（清）姚覲元編　清光緒九年(1883)歸安姚氏刻本　二十四冊

330000－1705－0011214　樵0471　類叢部/叢書類/彙編之屬

唐宋叢書九十二種　（明）鍾人傑　（明）張遂辰編　明末刻說郛及說郛續重編印本　五十四冊　存八十七種

330000－1705－0011215　孫0017　經部/詩類/三家詩之屬

韓詩外傳十卷序說一卷　（漢）韓嬰撰　（清）趙懷玉校　**補逸一卷**　（清）趙懷玉輯　清乾隆五十五年(1790)武進趙懷玉亦有生齋刻本　一冊

330000－1705－0011218　孫0115　類叢部/叢書類/彙編之屬

邵武徐氏叢書二十三種　（清）徐榦編　清光緒邵武徐氏刻本　二冊　存一種

330000－1705－0011219　孫0079　史部/紀傳類/正史之屬

舊唐書二百卷　（後晉）劉昫撰　**逸文十二卷**（清）岑建功輯　**校勘記六十六卷**　（清）羅士琳等校勘　清道光二十二年至二十三年(1842－1843)甘泉岑建功懼盈齋刻本　四十冊　存二百卷(舊唐書一至二百)

330000－1705－0011220　孫0041　經部/四書類/總義之屬/傳說

四書續談內編二卷補一卷外編二卷補一卷（清）戚學標撰　清嘉慶二十四年(1819)四明青照樓刻本　一冊　存三卷(內編一至二、補)

330000－1705－0011221　孫0042　經部/四書類/總義之屬/傳說

四書瑣語不分卷　（清）姚文田輯　清抄本一冊

330000－1705－0011222　孫0127　史部/傳記類/別傳之屬/年譜

文正謝公[遷]年譜一卷　（明）倪宗正原編（清）謝鍾和重編　清康熙刻本　一冊

330000－1705－0011223　孫0057　經部/小學類/文字之屬/字書/字典

康熙字典十二集三十六卷總目一卷檢字一卷辨似一卷等韻一卷補遺一卷備考一卷　（清）張玉書等纂修　清康熙刻本　十七冊　存十七卷(辰集上中、巳集上中下、午集上中下、未集上中下、申集上中下、酉集上中下)

330000－1705－0011224　孫0045　經部/小學類/訓詁之屬/群雅

埤雅二十卷　（宋）陸佃撰　清康熙刻本四冊

330000－1705－0011225　孫0081　史部/紀傳類/正史之屬

二十一史二千五百六十七卷　明刻明清遞修本　二冊　存一種

330000－1705－0011226　孫0043　經部/叢編

通志堂經解一百四十種　（清）納蘭成德輯清康熙十九年(1680)納蘭成德刻本　二冊存一種

330000－1705－0011227　孫0114　史部/傳記類/總傳之屬/斷代

國朝先正事略六十卷　（清）李元度撰　清刻本　二十四冊

330000－1705－0011228　孫0088　史部/雜史類/斷代之屬

中興小紀四十卷　（宋）熊克撰　清萬卷樓抄本　一冊　存五卷(三十一至三十五)

330000－1705－0011229　孫0047　經部/小學類/訓詁之屬/方言

越言釋一卷　（清）茹敦和撰　清刻本　一冊

330000－1705－0011230　樵0478　類叢部/叢書類/彙編之屬

滂喜齋叢書五十種　（清）潘祖蔭編　清同治至光緒吳縣潘氏京師刻本　三十二冊

330000－1705－0011231　　孫 0129　　史部/傳記類/別傳之屬/年譜

向若先生水公[佳胤]年譜一卷　（清）水寶璐編　清康熙刻本　一冊

330000－1705－0011232　　樵 0479　　類叢部/叢書類/彙編之屬

功順堂叢書　（清）潘祖蔭編　清光緒吳縣潘氏刻本　二十八冊　存十七種

330000－1705－0011233　　孫 0106　　子部/雜著類/雜纂之屬

嘯亭雜錄八卷續錄二卷　（清）昭槤撰　清光緒九年(1883)九思堂刻本　十二冊

330000－1705－0011234　　孫 0112　　史部/傳記類/總傳之屬/列女

列女傳十六卷　（漢）劉向撰　（明）汪道昆輯　（明）仇英繪圖　明萬曆刻清乾隆四十四年(1779)鮑氏知不足齋印本　十六冊

330000－1705－0011235　　樵 0480　　類叢部/叢書類/彙編之屬

式訓堂叢書四十一種　（清）章壽康編　清光緒會稽章氏刻本　十四冊　存十五種

330000－1705－0011236　　孫 0089　　類叢部/叢書類/彙編之屬

藕香零拾三十九種　繆荃孫編　清光緒至宣統刻本　一冊　存一種

330000－1705－0011238　　孫 0049　　經部/小學類/文字之屬/說文/專著

重刊許氏說文解字五音韻譜十二卷　（宋）李燾撰　明刻本　一冊　存二卷(一至二)

330000－1705－0011239　　孫 0116　　史部/傳記類/總傳之屬/仕宦

碧血錄五卷　（清）莊仲方撰　（清）夏鶯翔繪圖　清咸豐六年(1856)禮和堂項氏刻本　四冊

330000－1705－0011240　　孫 0090　　史部/編年類/斷代之屬

皇朝編年備要三十卷　（宋）陳均撰　清抄本　十冊

330000－1705－0011241　　孫 0117　　史部/傳記類/總傳之屬/郡邑

四明人鑑不分卷　（清）劉慈孚輯　（清）虞琴繪圖　清光緒十二年(1886)石印本　四冊

330000－1705－0011242　　樵 0481　　類叢部/叢書類/自著之屬

二思堂叢書六種五十一卷　（清）梁章鉅撰　清光緒元年(1875)福州梁氏刻本　二十四冊

330000－1705－0011243　　孫 0053　　經部/叢編

澤存堂五種　（清）張士俊輯　清康熙吳郡張士俊澤存堂刻本　一冊　存一種

330000－1705－0011244　　孫 0055　　經部/小學類/訓詁之屬/字詁

班馬字類五卷　（宋）婁機撰　清揚州馬氏小玲瓏山館重刻宋淳熙本　一冊

330000－1705－0011245　　孫 0035　　經部/春秋總義類/傳說之屬

公羊傳評二卷穀梁傳評一卷　（清）王源評訂　清康熙五十五年(1716)漣水程氏刻本　二冊

330000－1705－0011246　　孫 0133　　史部/傳記類/別傳之屬/事狀

朱貴行述不分卷　（清）朱廷瑞撰　清抄本　一冊

330000－1705－0011247　　孫 0118　　史部/傳記類/總傳之屬/通代

於越先賢像傳贊二卷　（清）王齡撰　（清）任熊繪　清咸豐七年(1857)蕭山王氏養龢堂刻本　三冊

330000－1705－0011248　　孫 0131　　史部/傳記類/別傳之屬/年譜

陸子年譜二卷　（清）張師載編　清乾隆十六年(1751)雷鋐刻本　二冊

330000－1705－0011249　　孫 0120　　類叢部/類書類/專類之屬

年華錄四卷　（清）全祖望撰　清嘉慶二十年(1815)日新堂刻本　一冊

330000－1705－0011250　　樵 0482　　類叢部/
叢書類/彙编之屬

南菁書院叢書四十一種　王先謙　繆荃孫編
　清光緒十四年(1888)江陰南菁書院刻本
四十冊

330000－1705－0011251　　孫 0068　　經部/小
學類/音韻之屬/等韻

二十三母土音表讀法不分卷　(清)吳善述編
　二十三母土音表一卷　清光緒四明黄氏補
不足齋刻本　一冊

330000－1705－0011253　　孫 0122　　史部/傳
記類/總傳之屬/姓名

李礪山先生姓氏聯語二卷　(清)李昌裔撰
清嘉慶二十二年(1817)蓮塘俞夢鯉抄本
四冊

330000－1705－0011254　　孫 0069　　經部/小
學類/音韻之屬/韻書

詩韻合璧五卷　(清)湯祥瑟輯　**分韻文選題
解擇要**　(清)汪立名撰　清光緒四年(1878)
刻本　二冊

330000－1705－0011255　　孫 0119　　史部/傳
記類/總傳之屬/郡邑

浙江忠義錄不分卷　清抄本　一冊

330000－1705－0011257　　孫 0173　　史部/地
理類/方志之屬/郡縣志

[光緒]上虞縣志四十八卷首一卷末一卷
(清)唐煦春修　(清)朱士黻纂　清光緒十七
年(1891)刻本　二十冊

330000－1705－0011259　　樵 0483　　類叢部/
叢書類/彙编之屬

元和江氏靈鶼閣叢書五十六種　(清)江標編
　清光緒元和江氏湖南使院刻本　二十四冊
　存三十九種

330000－1705－0011260　　孫 0123　　史部/傳
記類/科舉錄之屬/歷科鄉試錄

光緒十四年戊子正科浙江鄉試題名錄一卷
清光緒刻本　一冊

330000－1705－0011261　　孫 0111、孫 0589

類叢部/叢書類/彙编之屬

武英殿聚珍版書一百三十八種　清乾隆武英
殿木活字印本　六冊　存二種

330000－1705－0011262　　孫 0034　　經部/春
秋左傳類/傳說之屬

讀左補義五十卷首一卷　(清)姜炳璋輯　清
乾隆三十八年(1773)三多堂刻本　十四冊

330000－1705－0011263　　孫 0063　　類叢部/
叢書類/自著之屬

燕禧堂五種　(清)任大椿輯撰　清乾隆刻本
　一冊　存一種

330000－1705－0011265　　孫 0092　　類叢部/
叢書類/彙编之屬

文選樓叢書三十三種　(清)阮亨編　清嘉慶
至道光阮元刻道光二十二年(1842)阮亨彙印
本　四冊　存一種

330000－1705－0011266　　孫 0023、孫 0245
類叢部/叢書類/彙编之屬

武英殿聚珍版書一百三十八種　清乾隆武英
殿木活字印本　十一冊　存二種

330000－1705－0011267　　樵 0484　　類叢部/
叢書類/彙编之屬

後知不足齋叢書四十七種　(清)鮑廷爵編
清光緒常熟鮑氏刻本　三十二冊　存十六種

330000－1705－0011268　　孫 0093　　類叢部/
叢書類/彙编之屬

士禮居叢書二十種　(清)黄丕烈編　清嘉慶
至道光黄氏士禮居刻本　一冊　存一種

330000－1705－0011269　　孫 0097　　類叢部/
叢書類/彙编之屬

學津討原一百七十三種　(清)張海鵬編　清
嘉慶十年(1805)虞山張氏照曠閣刻本　一冊
　存一種

330000－1705－0011270　　孫 0039　　經部/四
書類/總義之屬/傳說

四書集註闡微直解二十七卷　(宋)朱熹集注
　(明)張居正直解　(明)顧宗孟閱　**纂序四
書說約合參大全二十七卷**　(清)顧夢麟

（清）楊彝輯　清光緒八旗經正書院刻本　十冊　缺七卷（論語一至七）

330000－1705－0011271　孫0064　經部/小學類/文字之屬/字書/字體

古籀拾遺三卷附宋政和禮器文字考一卷（清）孫詒讓撰　清光緒十四年至十六年（1888－1890）瑞安孫氏刻本　一冊

330000－1705－0011272　孫0109　類叢部/叢書類/彙編之屬

文選樓叢書三十三種　（清）阮亨編　清嘉慶至道光阮元刻道光二十二年（1842）阮亨彙印本　四冊　存一種

330000－1705－0011273　孫0074　集部/總集類/選集之屬/通代

古文正集十卷二編不分卷　（明）葛鼒（明）葛鼏輯　明崇禎刻本　二冊　存二卷（三至四）

330000－1705－0011276　孫0075　史部/地理類/總志之屬/斷代

漢書地理志稽疑六卷　（清）全祖望撰　清嘉慶九年（1804）朱文翰行謜草堂刻本　二冊

330000－1705－0011277　孫0161　史部/地理類/方志之屬/郡縣志

[乾隆]歷城縣志五十卷首一卷　（清）胡德琳修　（清）李文藻等纂　清乾隆三十八年（1773）刻本　十五冊　缺三卷（二十三至二十五）

330000－1705－0011278　樵0496　經部/叢編

萬充宗先生經學五書五種十九卷　（清）萬斯大撰　清乾隆二十四年至二十六年（1759－1761）辨志堂刻本　六冊

330000－1705－0011279　孫0163　史部/地理類/方志之屬/郡縣志

[乾隆]高郵州志十二卷首一卷末一卷　（清）楊宜崙修　（清）夏之蓉　（清）沈之本纂　清乾隆四十八年（1783）刻本　十冊

330000－1705－0011280　孫0136　史部/傳記類/日記之屬

媚古樓隨筆二卷　（清）程轍撰　稿本　一冊

330000－1705－0011281　孫0134　史部/傳記類/別傳之屬/年譜

皇清誥授通議大夫通政使司副使顯考莩君府君[童槐]年譜一卷　清刻本　一冊

330000－1705－0011282　樵0491　類叢部/叢書類/自著之屬

顧亭林先生遺書十種　（清）顧炎武撰　清蓬瀛閣刻本　八冊

330000－1705－0011283　樵0493　經部/小學類/音韻之屬/古今韻說

音學五書　（清）顧炎武撰　清康熙六年（1667）山陽張氏符山堂刻本　十二冊

330000－1705－0011284　孫0100　史部/載記類

致身錄一卷附編二卷附錄一卷　（明）史仲彬撰　清康熙八年（1669）史在相刻本　一冊

330000－1705－0011285　孫0135　史部/傳記類/日記之屬

華松年日記不分卷　（清）華松年撰　稿本　一冊

330000－1705－0011286　樵0492　類叢部/叢書類/自著之屬

顧亭林先生遺書十種補遺十一種　（清）顧炎武撰　（清）席威　（清）朱記榮編　清蓬瀛閣刻吳縣朱記榮增刻光緒三十二年（1906）彙印本　八冊　存十一種

330000－1705－0011287　孫0146　史部/史評類/史學之屬

史學提要一卷　（宋）黃繼善撰　清抄本　一冊

330000－1705－0011288　孫0138　史部/傳記類/總傳之屬/家乘

[浙江寧波]重輯四明王氏宗譜十卷首一卷　（清）王菜輯　清抄本　十冊

330000－1705－0011290　孫0165　史部/地

理類/方志之屬/郡縣志

咸淳臨安志一百卷 （宋）潛說友纂　清抄本
　十六冊　存六十八卷（十二至五十四、六十
至六十三、六十七至七十、八十一至九十七）

330000－1705－0011291　孫0098　類叢部/
叢書類/彙編之屬

**藕香零拾（藕香零拾、藕香零拾叢書）三十九
種**　繆荃孫編　清光緒至宣統刻本　一冊
存一種

330000－1705－0011292　孫0149　史部/政
書類/律令之屬/律例

治浙成規八卷　清嘉慶至道光刻本　四冊

330000－1705－0011293　孫0177　史部/地
理類/山川之屬/山志

黃山志定本七卷首一卷　（清）閔麟嗣撰　清
康熙十八年（1679）刻二十五年（1686）印本
七冊

330000－1705－0011294　孫0139　史部/傳
記類/總傳之屬/家乘

[浙江寧波]董氏重修宗譜稿不分卷　稿本
五冊

330000－1705－0011296　孫0140　史部/傳
記類/總傳之屬/家乘

[浙江鎮海]董氏重修宗譜不分卷　稿本
三冊

330000－1705－0011297　孫0141　史部/傳
記類/總傳之屬/家乘

[浙江寧波]鎮海大通寧慶府董氏宗譜不分卷
　稿本　一冊

330000－1705－0011298　孫0166　類叢部/
叢書類/郡邑之屬

武林掌故叢編一百九十種　（清）丁丙編　清
光緒三年至二十六年（1877－1900）錢塘丁氏
嘉惠堂刻本（[乾道]臨安志卷四至十五、南宋
館閣錄卷一原缺）　六冊　存一種

330000－1705－0011299　孫0105　史部/載
記類

黎陽見聞錄一卷　（清）趙如椿撰　清同治刻
本　一冊

330000－1705－0011300　樵0498　類叢部/
叢書類/自著之屬

抗希堂十六種　（清）方苞撰　清康熙至嘉慶
桐城方氏抗希堂刻本　八十冊

330000－1705－0011301　孫0178　史部/地
理類/山川之屬/山志

慧山記四卷　（明）邵寶撰　（明）釋圓顯輯
慧山記續編三卷首一卷　（清）邵涵初輯　清
同治七年（1868）二泉書院刻本　六冊

330000－1705－0011302　孫0143　史部/史
抄類

三史擷腴三卷　（清）陳僅撰　清抄本　一冊

330000－1705－0011303　孫0104　類叢部/
叢書類/郡邑之屬

台州叢書九種　（清）宋世犖輯　清嘉慶至道
光臨海宋氏刻本　二冊　存一種

330000－1705－0011304　孫0179　史部/地
理類/山川之屬/山志

九華山志十卷首一卷末一卷　（清）謝維喈
（清）周贇纂修　清光緒二十六年（1900）刻本
　七冊

330000－1705－0011306　樵0501　類叢部/
叢書類/彙編之屬

微波榭叢書十一種　（清）孔繼涵編　清孔氏
刻彙印本　二十六冊　存一種

330000－1705－0011307　孫0145　史部/史
評類/史論之屬

史通通釋二十卷　（清）浦起龍撰　清乾隆十
七年（1752）浦氏求放心齋刻本　四冊

330000－1705－0011308　樵0495　類叢部/
叢書類/自著之屬

西河合集一百十九種　（清）毛奇齡撰　清嘉
慶元年（1796）蕭山陸氏凝瑞堂刻本　七十
二冊

330000－1705－0011309　孫0150　類叢部/
叢書類/自著之屬

簾舫先生四種　（清）劉衡撰　清咸豐三年
(1853)雲海樓刻本　四冊

330000－1705－0011310　孫0103　史部/編
年類/斷代之屬

蜀龜鑑七卷首一卷　（清）劉景伯撰　清咸豐
刻本　四冊

330000－1705－0011311　孫0164　史部/地
理類/方志之屬/郡縣志

淳祐臨安志不分卷　（宋）施諤纂修　清抄本
三冊

330000－1705－0011312　孫0189　史部/地
理類/山川之屬/水志

西湖志四十八卷　（清）李衛　（清）程元章修
（清）傅王露撰　清雍正兩浙鹽驛道庫刻本
二十冊

330000－1705－0011313　孫0151　史部/職
官類/官箴之屬

宦游紀略二卷　（清）高廷瑤撰　清光緒九年
(1883)資中官廨刻本　一冊

330000－1705－0011314　樵0502　類叢部/
叢書類/自著之屬

潛研堂全書二十一種　（清）錢大昕撰　清光
緒十年(1884)長沙龍氏家塾刻本　六十四冊

330000－1705－0011315　孫0176　史部/地
理類/山川之屬/山志

羅浮外史一卷　（清）錢以塏撰　清乾隆刻本
一冊

330000－1705－0011316　孫0190　史部/地
理類/山川之屬/水志

西湖志四十八卷　（清）李衛　（清）程元章修
（清）傅王露撰　清光緒四年(1878)浙江書
局刻本　二十冊

330000－1705－0011317　孫0180　史部/地
理類/山川之屬/山志

禹峽山志四卷　（清）孫繩祖撰　清康熙六十
年(1721)刻本　三冊　存三卷(一至二、四)

330000－1705－0011318　孫0186　史部/地

理類/水利之屬

行水金鑑一百七十五卷首一卷　（清）傅澤洪
撰　清雍正三年(1725)淮陽官舍刻本　三十
七冊　缺七卷(一百六十九至一百七十五)

330000－1705－0011319　孫0152　史部/詔
令奏議類/奏議之屬

陸宣公奏議四卷　（唐）陸贄撰　陸宣公年譜
輯略一卷　（清）江榕輯　清乾隆刻本　四冊

330000－1705－0011320　孫0170　史部/地
理類/方志之屬/郡縣志

[康熙]定海縣志八卷　（清）繆燧修　（清）
陳琯等纂　清康熙刻本　三冊　存三卷(五、
七至八)

330000－1705－0011321　孫0181　史部/地
理類/山川之屬/山志

普陀山志六卷　（明）周應賓撰　明萬曆三十
五年(1607)張隨刻本　一冊　存一卷(四)

330000－1705－0011322　孫0188　史部/地
理類/山川之屬/水志

莫愁湖志六卷首一卷　（清）馬士圖撰　清光
緒八年(1882)刻本　一冊　存二卷(五至六)

330000－1705－0011323　樵0499　類叢部/
叢書類/自著之屬

范氏三種　（清）范家相撰　清乾隆至嘉慶會
稽范氏刻光緒十三年(1887)墨潤堂重修本
六冊

330000－1705－0011325　樵0489　類叢部/
叢書類/彙編之屬

函海一百五十二種　（清）李調元編　清乾隆
綿州李氏萬卷樓刻嘉慶十四年(1809)李鼎
元、道光五年(1825)李朝夔重校補刻本　一
百六十冊

330000－1705－0011326　孫0155、孫0156
史部/地理類/方志之屬/郡縣志

[嘉靖]高陵縣志七卷　（明）呂柟纂修　[光
緒]高陵縣續志八卷　（清）程維雍修　（清）
白遇道纂　清光緒十年(1884)刻本　二冊
存七卷(五至七、續志一至四)

330000－1705－0011327　孫 0171　史部/地理類/方志之屬/郡縣志

[嘉定]剡録十卷　（宋）史安之修　（宋）高似孫纂　清蔡聖涯抄本　一冊

330000－1705－0011328　孫 0182　史部/地理類/山川之屬/山志

重修南海普陀山志二十卷首一卷　（清）秦耀曾輯　清道光刻本　四冊

330000－1705－0011329　孫 0226　子部/藝術類/書畫之屬/法帖

歷代帝王法帖釋文十卷　（宋）劉次莊撰　（清）徐朝弼集釋　清關中書院門耕書堂刻本　一冊

330000－1705－0011330　樵 0500　類叢部/叢書類/自著之屬

杭大宗七種叢書　（清）杭世駿撰　清刻彙印本　十冊

330000－1705－0011331　孫 0187　史部/地理類/輿圖之屬/水圖

峽江圖考不分卷　（清）國璋撰　清光緒二十年(1894)上洋袖海山房書局石印本　一冊

330000－1705－0011332　孫 0162　史部/地理類/方志之屬/郡縣志

[至正]崑山郡志六卷　（元）楊譓纂　清影元抄本　一冊

330000－1705－0011333　孫 0157　史部/地理類/方志之屬

合刻華州志　（清）吳炳南輯　清光緒八年(1882)華州州署刻本　四冊　存一種

330000－1705－0011334　孫 0201　史部/地理類/雜志之屬

御製盛京賦一卷　（清）高宗弘曆撰　清乾隆刻朱墨套印本　一冊

330000－1705－0011335　樵 0514　類叢部/叢書類/自著之屬

張皋文箋易詮全集十六種　（清）張惠言撰　清嘉慶八年至道光十年(1803－1830)刻本　二十四冊　存十五種

330000－1705－0011336　孫 0197　史部/地理類/專志之屬/寺觀

天童寺志不分卷　清抄本　一冊

330000－1705－0011337　孫 0183　史部/地理類/山川之屬/山志

廣雁蕩山誌二十八卷首一卷末一卷　（清）曾唯輯　清乾隆五十五年(1790)東嘉依綠園刻本　八冊

330000－1705－0011338　樵 0513　類叢部/叢書類/自著之屬

焦氏遺書十種附一種　（清）焦循撰　清嘉慶至道光江都焦氏雕菰樓刻光緒二年(1876)衡陽魏氏補刻本　四十冊

330000－1705－0011339　孫 0198　史部/地理類/專志之屬/寺觀

大梅山護聖寺志略六卷　清抄本　林木□題記　一冊

330000－1705－0011340　孫 0101　史部/雜史類/斷代之屬

明季稗史彙編十六種　（清）留雲居士輯　清都城琉璃廠刻本　一冊　存四種

330000－1705－0011341　孫 0158　史部/地理類/方志之屬/郡縣志

[道光]續修紫陽縣志八卷首一卷　（清）陳僅（清）吳純修　（清）楊家坤　（清）曹學易纂　清道光二十三年(1843)刻本　四冊

330000－1705－0011342　孫 0185　史部/地理類/山川之屬/水志

水道提綱二十八卷　（清）齊召南撰　清乾隆四十一年(1776)刻本　八冊

330000－1705－0011343　樵 0504　經部/叢編

味經齋遺書十二種　（清）莊存與撰　清道光莊綬甲寶研堂刻本　十冊

330000－1705－0011344　樵 0509　類叢部/叢書類/自著之屬

授堂遺書七種　（清）武億撰　清道光二十三年(1843)偃師武氏刻本　十六冊

330000－1705－0011345　孫0108　史部/雜史類/外紀之屬

義和團事件畫冊不分卷　（英國）□□撰　清珂羅版印本　一冊

330000－1705－0011346　孫0202　史部/地理類/遊記之屬

永寧祇謁筆記一卷　（清）董恂撰　清同治十一年(1872)獲前書屋刻本　二冊

330000－1705－0011347　孫0236　史部/金石類/金之屬/圖像

陶齋吉金錄八卷　（清）端方撰　清光緒三十四年(1908)上海有正書局石印本　五冊　存五卷（三至五、七至八）

330000－1705－0011348　孫0207　史部/地理類/雜志之屬

武林舊事十卷附錄一卷　（宋）周密撰　**錢塘先賢傳贊一卷附錄一卷**　（宋）袁韶撰　清乾隆至道光長塘鮑氏刻本　清徐時棟校跋　二冊

330000－1705－0011349　樵0510　類叢部/叢書類/彙編之屬

廣雅書局叢書一百五十九種　徐紹棨編　清光緒廣雅書局刻民國九年(1920)番禺徐紹棨彙編重印本　二冊　存一種

330000－1705－0011350　孫0160　史部/地理類/方志之屬/郡縣志

[乾隆]曲阜縣志一百卷　（清）潘相等纂修　清乾隆三十九年(1774)刻本　十一冊　存九十四卷（一至二、九至一百）

330000－1705－0011351　樵0515　史部/地理類

李氏五種　（清）李兆洛撰　清同治九年至十一年(1870－1872)合肥李鴻章刻本　十二冊

330000－1705－0011353　樵0505　類叢部/叢書類/自著之屬

顨軒孔氏所著書七種　（清）孔廣森撰　清乾隆至嘉慶刻嘉慶二十二年(1817)曲阜孔氏儀鄭堂彙印本　十冊

330000－1705－0011355　孫0208　史部/地理類/雜志之屬

東城雜記二卷　（清）厲鶚撰　清嘉慶二十五年(1820)錢塘汪氏振綺堂刻本　一冊

330000－1705－0011356　孫0192　史部/地理類/專志之屬/寺觀

金鼓洞志八卷首一卷　（清）朱文藻撰　清光緒五年(1879)刻本　三冊

330000－1705－0011357　孫0209　集部/別集類/清別集

西泠遊紀一卷　（清）□□撰　稿本　一冊

330000－1705－0011358　樵0521　類叢部/叢書類/自著之屬

春在堂全書二十二種　（清）俞樾撰　清光緒九年(1883)刻本　一百冊

330000－1705－0011359　孫0220、孫0221　史部/金石類/總志之屬/圖像

三古圖三種　（清）黃晟輯　明萬曆三十一年(1603)吳萬化寶古堂刻清乾隆十八年(1753)天都黃晟亦政堂重修本　八冊　存二種

330000－1705－0011360　樵0520　類叢部/叢書類/自著之屬

頤志齋叢書二十二種　（清）丁晏撰　清道光至同治山陽丁氏六藝堂刻同治元年(1862)彙印本　十六冊

330000－1705－0011361　樵0516　類叢部/叢書類/自著之屬

竹柏山房十五種附刻八種　（清）林春溥撰　清嘉慶至咸豐竹柏山房刻本　四十冊　存十四種

330000－1705－0011363　孫0191　史部/地理類/專志之屬/古跡

平山堂圖志十卷首一卷　（清）趙之壁纂　清光緒十四年(1888)上海同文書局石印本　四冊

330000－1705－0011364　樵0517　類叢部/叢書類/自著之屬

脩本堂叢書　（清）林伯桐撰　清道光二十四

年(1844)番禺林世懋刻本　十四冊

330000－1705－0011365　孫0169　史部/地理類/方志之屬/郡縣志

慈谿縣志札錄不分卷　清抄本　一冊

330000－1705－0011366　孫0210　類叢部/叢書類/彙編之屬

暢園叢書甲函六種　（清）張邁編　清光緒二十年(1894)始豐張氏四明刻本　一冊　存一種

330000－1705－0011367　孫0204　史部/地理類/遊記之屬/紀勝

黃山紀遊不分卷　（清）張合彤撰　清道光抄本　清潘箏跋　一冊

330000－1705－0011368　孫0292　子部/醫家類/内科之屬/其他内科病證

痰火點雪一卷　（明）龔居中輯　（明）會師誠參　清范鞠齋抄本　一冊

330000－1705－0011369　孫0237　史部/金石類/石之屬

古均閣寶刻錄不分卷　（清）許槤撰　清光緒二十年(1894)秀水王氏刻本　一冊

330000－1705－0011370　樵0511、樵0531　類叢部/叢書類/自著之屬

經韻樓叢書九種　（清）段玉裁撰　清乾隆至道光金壇段氏刻本　三十八冊

330000－1705－0011371　孫0222、孫0223　子部/藝術類/書畫之屬/題跋

王箬林先生題跋二種　（清）王澍撰　清乾隆刻本　三冊

330000－1705－0011372　樵0519　經部/小學類/文字之屬/說文

苗氏說文四種　（清）苗夔撰　清道光至咸豐壽陽祁氏漢專亭刻本　四冊

330000－1705－0011373　孫0205　集部/總集類/題詠之屬

李翰林姑孰遺蹟題詠類鈔六卷首二卷　（清）曹笙南輯　清光緒八年(1882)退藏道院木活字印本　一冊

330000－1705－0011375　孫0174　史部/地理類/方志之屬/郡縣志

[雍正]平樂府志二十卷　（清）胡醇仁纂修　清刻本　一冊　存一卷(十七)

330000－1705－0011376　孫0231　史部/金石類/郡邑之屬/文字

兩浙金石志十八卷補遺一卷　（清）阮元撰　清光緒十六年(1890)浙江書局刻本　十五冊

330000－1705－0011377　孫0193　史部/地理類/專志之屬/寺觀

辯利院志三卷　（清）翟灝撰　（清）吳樹虛增訂　清乾隆刻道光十年(1830)印本　一冊

330000－1705－0011378　孫0225　子部/藝術類/書畫之屬/法帖

淳化秘閣法帖考正十卷附二卷　（清）王澍撰　**淳化閣帖釋文二卷**　（清）沈宗騫校定　清乾隆三十三年(1768)刻本　八冊

330000－1705－0011379　孫0212　集部/別集類/清別集

吳遊草一卷　（清）胡昌年學　稿本　一冊

330000－1705－0011380　孫0172　史部/地理類/方志之屬/郡縣志

[同治]嵊縣志不分卷　（清）嚴思忠　（清）陳仲麟修　（清）蔡以瑺等纂　清抄本　一冊

330000－1705－0011381　孫0234　史部/金石類/總志之屬/題跋

清儀閣題跋不分卷　（清）張廷濟撰　清光緒十七年(1891)刻本　四冊

330000－1705－0011382　樵0523　類叢部/叢書類/自著之屬

景紫堂全書十一種　（清）夏炘撰　清咸豐至同治刻同治元年(1862)王光甲等彙印本　二十二冊

330000－1705－0011383　樵0507　類叢部/叢書類/自著之屬

洪北江全集二十一種　（清）洪亮吉撰　清光

緒三年至五年(1877－1879)洪用懃授經堂刻本　八十四冊

330000－1705－0011384　孫 0214　史部/傳記類/日記之屬

同治壬申癸亥浪游黔滇紀畧一卷　稿本　一冊

330000－1705－0011385　孫 0196　史部/地理類/專志之屬/寺觀

天童寺志十卷首一卷　(清)釋德介　(清)聞性道撰　清康熙刻嘉慶增補本　四冊

330000－1705－0011387　孫 0235　史部/金石類/金之屬/圖像

陶齋吉金錄八卷　(清)端方撰　清光緒三十四年(1908)上海有正書局石印本　一冊　存六卷(一至六)

330000－1705－0011388　孫 0302　子部/醫家類/外科之屬/外科方

四明黃瑞伯跌打奇方不分卷　清抄本　一冊

330000－1705－0011389　孫 0195　史部/地理類/專志之屬/祠墓

曹江孝女廟誌八卷首一卷末一卷補遺一卷　(清)金廷棟輯　(清)唐煦春增輯　清光緒八年(1882)五社公所刻本　四冊

330000－1705－0011391　孫 0216　新學/史志/別國史

朝鮮史畧六卷　清抄本　二冊　存二卷(二至三)

330000－1705－0011393　孫 0217　史部/金石類/金之屬/文字

歷代鐘鼎彝器款識法帖二十卷　(宋)薛尚功撰　清嘉慶二年(1797)儀徵阮氏小瑯嬛仙館刻本　三冊

330000－1705－0011394　孫 0227　史部/金石類/陶之屬/文字

秦漢瓦當文字二卷續一卷　(清)程敦撰　清乾隆五十二年(1787)橫渠書院刻五十九年(1794)續刻本　一冊　存一卷(續)

330000－1705－0011395　孫 0238　史部/金石類/總志之屬/題跋

枕經堂金石書畫題跋三卷　(清)方朔撰　清同治三年(1864)濟南刻本　一冊

330000－1705－0011396　孫 0219　史部/金石類/總志之屬/目錄

嘯堂集古錄二卷　(宋)王俅撰　嘯堂集古錄考異二卷　(清)張蓉鏡考異　清嘉慶十七年(1812)鴛湖張氏醉經堂刻本　二冊

330000－1705－0011397　孫 0239　史部/金石類

金石全例　(清)朱記榮輯　清光緒十八年(1892)吳縣朱氏彙印本　四冊　存一種

330000－1705－0011398　孫 0228　類叢部/叢書類/自著之屬

授堂遺書七種　(清)武億撰　清乾隆至嘉慶偃師武木淳刻本　一冊　存一種

330000－1705－0011399　孫 0240　子部/藝術類/篆刻之屬/印譜

詩品印譜四卷　(清)翁壽虞篆　清宣統元年(1909)鈐印本　四冊

330000－1705－0011400　孫 0263　史部/政書類/邦計之屬/荒政

得一錄八卷首一卷　(清)余治輯　清光緒十一年(1885)寶善堂刻本　八冊

330000－1705－0011401　孫 0281　子部/醫家類/類編之屬

利濟十二種　(清)趙學敏輯　清同治十年(1871)錢塘張應昌吉心堂刻本　八冊　存一種

330000－1705－0011403　孫 0294　子部/醫家類/溫病之屬/痧症

吊腳痧方論一卷　(清)徐子默撰　清刻鄞縣恒德堂印本　一冊

330000－1705－0011404　孫 0295　子部/醫家類/溫病之屬/瘧痢

倪涵初先生治瘧三方二卷附刻一卷　(清)倪宗賢撰　清光緒二十一年(1895)月湖童氏刻

本　一冊

330000－1705－0011405　孫0303　子部/醫家類/外科之屬/瘋症、黴瘡

疔瘡治療不分卷　（清）張增翔訂　清抄本
一冊

330000－1705－0011406　孫0264　史部/政書類/儀制之屬/雜禮

石成金官紳約不分卷　（清）石天基撰　清刻本　一冊

330000－1705－0011409　孫0304　子部/醫家類/眼科之屬

目科正宗五卷首一卷末一卷　（清）鄧學禮撰
清嘉慶十年（1805）南城鄧氏刻本　一冊

330000－1705－0011410　孫0296　子部/醫家類/傷寒金匱之屬/傷寒論

傷寒長沙正宗二卷　清抄本　二冊

330000－1705－0011412　孫0265　子部/儒家類/儒學之屬/禮教/鑑戒

寡過編不分卷　（清）宋梅怡輯　清道光二十三年（1843）刻本　一冊

330000－1705－0011414　孫0290　子部/醫家類/方書之屬

存心稿二卷活人一術一卷　（清）童增華撰
清刻本　一冊

330000－1705－0011415　孫0306　子部/醫家類/傷科之屬

眼科醫藥鈔不分卷　清抄本　一冊

330000－1705－0011416　孫0244　史部/目錄類/書志之屬/提要

藝風堂藏書記八卷續記八卷　繆荃孫撰　清光緒二十六年至二十七年（1900－1901）江陰繆氏刻本　二冊

330000－1705－0011417　孫0307　子部/醫家類/婦科之屬

傅青主女科二卷補遺一卷產後編二卷　（清）傅山撰　清光緒二十五年（1899）上海圖書集成印書局鉛印本　一冊

330000－1705－0011418　孫0266　子部/儒家類/儒學之屬/蒙學

徐氏塾訓十卷首一卷　（清）徐�撰　清抄本
一冊　存一卷（首）

330000－1705－0011419　孫0297　子部/醫家類/喉科口齒之屬

咽喉急症祕傳尤先生一卷　（清）□□撰　清抄本　一冊

330000－1705－0011420　孫0285　子部/醫家類/診法之屬

觀形察色識病要訣不分卷　清抄本　一冊

330000－1705－0011421　孫0246　史部/目錄類/總錄之屬/私撰

讀書敏求記四卷　（清）錢曾撰　清道光五年（1825）阮福小琅嬛僊館刻本　二冊

330000－1705－0011422　孫0298　子部/醫家類/喉科口齒之屬

咽喉症治論一卷紅內消方一卷外科膏丹精選一卷甲子經驗傳書一卷　（清）□□撰　清抄本　一冊

330000－1705－0011423　孫0247　史部/目錄類/專錄之屬

漢書引用書目一卷漢書評林字例一卷漢書注釋諸家名氏一卷漢書舊例一卷　（清）張恕編
稿本　一冊

330000－1705－0011424　孫0299　子部/醫家類/外科之屬/外科方

外科症治全生集四卷　（清）王維德撰　清光緒四年（1878）潘敏德堂刻本　一冊

330000－1705－0011425　樵0512　類叢部/叢書類/自著之屬

郝氏遺書三十三種　（清）郝懿行撰　清嘉慶至光緒刻彙印本　八十冊

330000－1705－0011426　孫0308　子部/醫家類/婦科之屬/產科

胎產集要三卷附幼科摘要一卷　（清）黃惕齋輯　清乾隆四十六年（1781）刻本　一冊

330000－1705－0011427　孫0288　子部/醫
家類/方書之屬/單方驗方
新方八畧一卷　（明）張介賓撰　清抄本
一冊

330000－1705－0011428　孫0273　子部/兵
家類/兵法之屬
靜心軒兵書雜鈔不分卷　清抄本　一冊

330000－1705－0011430　孫0300　子部/醫
家類/綜合之屬/通論
醫宗金鑑外科心法要訣三卷　（清）□□撰
清抄本　一冊

330000－1705－0011431　孫0309　子部/醫
家類/婦科之屬/產科
產科心法二卷　（清）汪喆撰　清嘉慶九年
（1804）李超恒等秀水刻本　一冊

330000－1705－0011432　孫0301　子部/醫
家類/傷科之屬
傷科心法要訣不分卷　（清）王瑞伯傳　清抄
本　一冊

330000－1705－0011434　孫0310　子部/醫
家類/兒科之屬/通論
保嬰易知錄二卷補編一卷　（清）吳寧瀾撰
清同治十二年（1873）葉廉諤刻本　一冊

330000－1705－0011435　孫0315　子部/醫
家類/婦科之屬
兒科女科治法不分卷　清抄本　東海氏題記
一冊

330000－1705－0011436　孫0286　子部/醫
家類/診法之屬/脈經脈訣
樹德堂脉訣便讀不分卷　清慎思軒抄本
一冊

330000－1705－0011437　孫0274　類叢部/
叢書類/自著之屬
洞天奇書　（清）杜芝凌撰　清抄本　一冊
存一種

330000－1705－0011438　孫0280　子部/醫
家類/醫話醫論之屬

宜麟策不分卷　題（明）張介賓撰　清抄本
一冊

330000－1705－0011439　孫0311　子部/醫
家類/婦科之屬/產科
胎產金針三卷附胎產續要一卷　（清）何榮撰
清光緒七年（1881）刻本　一冊　缺一卷
（三）

330000－1705－0011440　孫0282　子部/醫
家類/綜合之屬/雜著
藥材產地不分卷　清抄本　一冊

330000－1705－0011441　孫0316　子部/醫
家類/類編之屬
當歸草堂醫學叢書初編十二種　（清）丁丙編
清光緒四年（1878）錢塘丁氏當歸草堂刻九
年（1883）、十年（1884）增刻本　一冊　存
一種

330000－1705－0011442　孫0275　新學/動
植物學/植物學
植物圖說四卷　（英國）傅蘭雅撰　清光緒二
十一年（1895）上海益智書會刻本　一冊

330000－1705－0011443　孫0337　子部/藝
術類/書畫之屬/畫譜
太平歡樂圖一卷　（清）方薰繪　清光緒十四
年（1888）積山書局石印本　一冊

330000－1705－0011445　孫0328　子部/藝
術類/書畫之屬/畫譜
晚笑堂畫傳一卷明太祖功臣圖一卷　（清）上
官周繪　清乾隆刻本　一冊

330000－1705－0011446　孫0317　子部/醫
家類/針灸之屬/針法灸法
太乙神鍼方一卷　（清）范毓𢂺撰　清抄本
三冊

330000－1705－0011447　孫0314　子部/醫
家類/婦科之屬/通論
女科摘要不分卷　（清）□□輯　清抄本　清
笙舟題記　三冊

330000－1705－0011448　孫0313　子部/醫

家類/婦科之屬/通論

濟陰奇書不分卷 清抄本 四冊

330000－1705－0011449 孫 0259 子部/儒
家類/儒學之屬/性理

朱子遺書摘要十二卷澴川熊敬修先生學統摘
要五十六卷鄞縣誌摘要一卷 （清）李梅摘要
　稿本 二冊 存四十五卷（朱子遺書一至
六、學統摘要一至三十八、鄞縣誌摘要）

330000－1705－0011450 孫 0267 子部/儒
家類/儒學之屬/性理

續心影集四卷 （清）李士麟緝 清光緒二年
（1876）蘭州郡署刻本 四冊

330000－1705－0011451 孫 0330 子部/藝
術類/書畫之屬/畫譜

紅樓夢圖詠不分卷 （清）改琦繪 清光緒五
年（1879）淮浦居士刻本 一冊

330000－1705－0011452 孫 0318 史部/政
書類/律令之屬/法驗

檢驗合參一卷 （清）郎錦騏輯 清抄本
一冊

330000－1705－0011453 孫 0319 子部/醫
家類/診法之屬/其他診法

祝由科正集四卷續集六卷 清抄本 二冊
缺四卷（正集一至四）

330000－1705－0011454 孫 0321 子部/藝
術類/書畫之屬/題跋

廣川畫跋六卷 （宋）董逌撰 清刻本 二冊

330000－1705－0011455 孫 0329 子部/藝
術類/書畫之屬/畫譜

紅樓夢圖詠三卷 （清）改琦繪 清抄本
一冊

330000－1705－0011456 孫 0259－1 集部/
別集類/清別集

送春次韻一卷 清抄本 一冊

330000－1705－0011458 孫 0327 類叢部/
叢書類/郡邑之屬

武林掌故叢編一百九十種 （清）丁丙編 清

光緒三年至二十六年（1877－1900）錢塘丁氏
嘉惠堂刻本（［乾道］臨安志卷四至十五、南宋
館閣錄卷一原缺） 二冊 存一種

330000－1705－0011459 孫 0338 子部/藝
術類/書畫之屬/畫錄

繪餘漫録四卷 （清）毛上炱撰 （清）趙秉淵
訂 清刻本 一冊

330000－1705－0011460 孫 0357 史部/傳
記類/總傳之屬/技藝

飛鴻堂印人傳八卷 （清）汪啟淑撰 清乾隆
刻本 一冊

330000－1705－0011461 孫 0339 子部/藝
術類/書畫之屬/畫錄

越畫見聞三卷 （清）陶元藻撰 清乾隆六十
年（1795）木活字印本 三冊

330000－1705－0011462 孫 0366 類叢部/
叢書類/彙編之屬

十萬卷樓叢書五十一種 （清）陸心源編 清
光緒歸安陸氏刻本 二冊 存一種

330000－1705－0011463 孫 0503 集部/總
集類/選集之屬/通代

賦鈔箋畧十五卷 （清）雷琳 （清）張杏濱輯
　清刻本 四冊 存十卷（一至十）

330000－1705－0011464 孫 0341 史部/傳
記類/總傳之屬/技藝

墨林今話十八卷 （清）蔣寶齡撰 **墨林今話**
續編一卷 （清）蔣茞生撰 清咸豐二年
（1852）刻本 六冊

330000－1705－0011465 樵 0528 子部/天
文曆算類/算書之屬

翠微山房數學十四種 （清）張作楠撰 清嘉
慶至道光刻光緒五年（1879）補刻本 二十
四冊

330000－1705－0011466 孫 0362 子部/藝
術類/篆刻之屬/印譜

印譜不分卷 清鈐印本 一冊

330000－1705－0011467 樵 0529 子部/天

文曆算類/算書之屬

白芙堂算學叢書 （清）丁取忠輯　清同治至光緒長沙古荷花池精舍刻本　三十二冊

330000－1705－0011468　孫0340　子部/藝術類/書畫之屬/畫録

國朝院畫録二卷西清劄記四卷南薰殿圖像攷二卷 （清）胡敬輯　清道光二十三年（1843）崇雅堂刻本　一冊

330000－1705－0011469　孫0360　子部/藝術類/篆刻之屬/印譜

漱芳書屋集古四卷 （清）孫思敬輯　清光緒十九年（1893）刻鈐印本　四冊

330000－1705－0011471　孫0370　子部/工藝類/日用器物之屬/陶瓷

陶說六卷 （清）朱琰述　清乾隆三十九年（1774）刻本　清徐時棟跋　一冊

330000－1705－0011472　孫0229　類叢部/叢書類/自著之屬

蘇齋叢書十八種 （清）翁方綱撰　清乾隆至嘉慶刻彙印本　六冊　存一種

330000－1705－0011473　孫0371　子部/工藝類/文房四寶之屬/硯

端溪硯史三卷 （清）吳蘭修撰　清道光味菜廬木活字印本　四冊

330000－1705－0011474　樵0535　類叢部/叢書類/輯佚之屬

玉函山房輯佚書六百二十二種附一種 （清）馬國翰輯　清光緒九年（1883）長沙嫏嬛館刻本　二十四冊　存一種

330000－1705－0011475　孫0342　史部/傳記類/總傳之屬/仕宦

紫光閣功臣小像一卷湘軍平定粵匪戰圖一卷 （清）彭鴻年輯　（清）吳嘉猷等繪　清光緒二十七年（1901）上海點石齋石印本　一冊

330000－1705－0011476　樵0525　類叢部/叢書類/自著之屬

徐位山先生七種 （清）徐文靖撰　清雍正至乾隆刻志寧堂彙印本　二十二冊

330000－1705－0011477　孫0363　子部/藝術類/遊藝之屬/棋弈

范施十局不分卷 （清）鄧純丰輯　清光緒九年（1883）上海點石齋石印本　一冊

330000－1705－0011478　孫0372　類叢部/叢書類/彙編之屬

娛園叢刻十一種 （清）許增輯　清光緒十五年（1889）刻本　一冊　存一種

330000－1705－0011479　孫0545　集部/別集類/清別集

百美新詠一卷集詠一卷圖傳一卷題詞一卷 （清）顏希源撰　清嘉慶十年（1805）集腋軒刻本　何芝田題記　四冊　缺一卷（百美新詠）

330000－1705－0011480　孫0475　子部/宗教類/佛教之屬/論

雜毒海八卷 （明）釋性音重編　清光緒二十八年（1902）清河龐氏刻本　二冊

330000－1705－0011481　孫0364　子部/藝術類/遊藝之屬/棋弈

空中樓閣弈譜不分卷 （清）興廉輯　清刻本　一冊

330000－1705－0011482　孫0373　子部/藝術類/篆刻之屬

紅朮軒紫泥法定本一卷 （清）汪稿京撰　清抄本　一冊

330000－1705－0011483　樵0530　子部/天文曆算類/算書之屬

則古昔齋算學十三種二十四卷 （清）李善蘭編　清同治六年（1867）海寧李善蘭金陵刻本　六冊

330000－1705－0011484　樵0534　類叢部/叢書類/郡邑之屬

紹興先正遺書十五種 （清）徐友蘭輯　清光緒會稽徐氏鑄學齋刻本　四十八冊

330000－1705－0011486　樵0532　類叢部/叢書類/自著之屬

番禺陳氏東塾叢書初函四種附一種 （清）陳澧撰　清咸豐至光緒刻本　九冊

330000－1705－0011488　樵 0537　　經部/
叢編

皇清經解一千四百卷首一卷　（清）阮元輯
清道光九年(1829)廣東學海堂刻本　三百六
十冊

330000－1705－0011490　孫 0386、孫 0746
類叢部/叢書類/彙編之屬

抱經堂叢書十六種　（清）盧文弨編　清乾隆
至嘉慶刻彙印本　三冊　存三種

330000－1705－0011493　樵 0538　　經部/
叢編

皇清經解續編一千四百三十卷　王先謙輯
清光緒十四年(1888)江陰南菁書院刻本(卷
三十原缺)　三百二十冊

330000－1705－0011494　孫 0421　子部/雜
著類/雜考之屬

考古祕訣鑑定新書三卷　（明）張謙德撰　清
抄本　一冊

330000－1705－0011499　樵 0526　子部/天
文曆算類/算書之屬

梅氏叢書輯要三十種六十二卷首一卷　（清）
梅文鼎撰　（清）梅瑴成重編　清同治十三年
(1874)梅繼高頤園刻本　二十四冊

330000－1705－0011500　孫 0379　子部/
叢編

二十二子(二十二子彙函)　（清）浙江書局編
清光緒元年至三年(1875－1877)浙江書局
刻本　四冊　存一種

330000－1705－0011501　孫 0350　子部/藝
術類/書畫之屬/法帖

草書唐詩不分卷　清刻本　一冊

330000－1705－0011502　孫 0389　子部/雜
著類/雜說之屬

夢溪筆談二十六卷補筆談三卷續筆談一卷
(宋)沈括撰　明崇禎四年(1631)馬元調刻清
後印本　四冊

330000－1705－0011503　孫 0365　子部/藝
術類/遊藝之屬/博戲

牙牌彙輯二卷　題（清）琅槐河上漁人輯　清
乾隆刻本　一冊

330000－1705－0011504　樵 0527　類叢部/
叢書類/家集之屬

董氏遺書四種　（清）董若洵編　清咸豐至同
治刻彙印本　四冊

330000－1705－0011505　孫 0344　子部/藝
術類/書畫之屬

**桐陰論畫三卷附錄一卷桐陰畫訣一卷續桐陰
論畫一卷二編二卷三編二卷**　（清）秦祖永撰
清同治三年至光緒八年(1864－1882)刻朱
墨套印本　四冊　存六卷(桐陰論畫一至三、
附錄,桐陰畫訣、續桐陰論畫)

330000－1705－0011506　孫 0382　子部/雜
家類

淮南子二十一卷　（漢）劉安撰　（漢）高誘注
（清）莊逵吉校　清乾隆五十三年(1788)莊
逵吉刻本　六冊

330000－1705－0011507　孫 0419　子部/雜
著類/雜纂之屬

蘭修菴避暑鈔四卷　（清）王道徵纂　清刻本
一冊

330000－1705－0011508　孫 0351　子部/藝
術類/書畫之屬/畫法畫品

茜牕小品不分卷　清同文書局石印本　二冊

330000－1705－0011509　孫 0396　子部/雜
著類/雜說之屬

**容齋隨筆十六卷續筆十六卷三筆十六卷四筆
十六卷五筆十卷**　（宋）洪邁撰　清抄本　一
冊　存二卷(續筆十二至十三)

330000－1705－0011510　孫 0345　子部/藝
術類/書畫之屬/畫譜

詩品畫譜不分卷　（清）諸乃方輯　清光緒石
印本　一冊

330000－1705－0011511　孫 0420　子部/雜
著類/雜說之屬

墨子閒詁十五卷目錄一卷附錄一卷後語二卷
（清）孫詒讓撰　清宣統二年(1910)瑞安孫

氏刻本 一冊 存二卷(後語一至二)

330000－1705－0011512 孫0416 類叢部/
叢書類/彙編之屬

功順堂叢書 (清)潘祖蔭編 清光緒吳縣潘
氏刻本 四冊 存一種

330000－1705－0011513 孫0425 類叢部/
叢書類/自著之屬

家蔭堂彙刻九種 (清)周際華撰 清咸豐八
年(1858)家蔭堂刻本 一冊 存一種

330000－1705－0011514 孫0437 子部/雜
著類/雜編之屬

含英咀華不分卷 (清)古潤錄 清光緒抄本
一冊

330000－1705－0011515 孫0448 子部/術
數類/陰陽五行之屬

奇門原古二卷 (宋)趙普撰 清抄本 一冊

330000－1705－0011516 孫0349 子部/藝
術類/書畫之屬/題跋

題畫錄不分卷 清抄本 一冊

330000－1705－0011517 孫0426 史部/雜
史類/斷代之屬

行素齋雜記二卷 (清)李佳繼昌撰 清光緒
二十七年(1901)湖南臬署刻本 一冊 存一
卷(上)

330000－1705－0011518 孫0415 類叢部/
叢書類/自著之屬

惜抱軒全集十種 (清)姚鼐撰 清嘉慶至道
光刻本 二冊 存一種

330000－1705－0011519 孫0452 子部/術
數類/陰陽五行之屬

選日秘訣不分卷 (明)董德彰撰 (清)陳惠
玉編 清嘉慶抄本 一冊

330000－1705－0011520 孫0430 類叢部/
叢書類/彙編之屬

硯雲甲編八種乙編八種 (清)金忠淳編 清
乾隆四十年至四十三年(1775－1778)金氏硯
雲書屋刻本 二冊 存一種

330000－1705－0011521 孫0438 子部/雜
著類/雜編之屬

培遠堂手札節錄一卷式好堂手澤帖一卷
(清)陳弘謀撰 清光緒抄本 清陳宏謀題記
一冊

330000－1705－0011522 孫0451 子部/術
數類/相宅相墓之屬

天元餘義一卷天元烏兔經二卷玉函真義一卷
(清)蔣大鴻撰 清刻本 一冊

330000－1705－0011523 孫0405 集部/詩
文評類/詩評之屬

冷齋夜話十卷 (宋)釋惠洪撰 清初刻本
一冊

330000－1705－0011524 孫0418 類叢部/
叢書類/家集之屬

劉氏傳家集二十八種 (清)劉青芝編 清乾
隆刻本 三冊 存一種

330000－1705－0011525 孫0431 子部/工
藝類/日用器物之屬

辨銀一卷 (清)文苑堂主人編 清乾隆文苑
堂刻本 一冊

330000－1705－0011526 孫0439 子部/雜
著類/雜纂之屬

雲煙過眼錄不分卷 題(清)老戕訂 稿本
清老戕題記 一冊

330000－1705－0011527 孫0450 子部/術
數類/陰陽五行之屬

康節先生皇極諸數拔要不分卷 (清)沈延禧
撰 稿本 一冊

330000－1705－0011528 孫0486 集部/總
集類/選集之屬/通代

文選補遺四十卷首一卷 (元)陳仁子輯 清
道光二十五年(1845)琅嬛館刻本 十二冊

330000－1705－0011529 孫0794 集部/別
集類/清別集

桐華竹實之軒詩草二卷試帖詩鈔一卷 (清)
謙福撰 清同治二年(1863)刻本 一冊 存
二卷(詩草一至二)

330000－1705－0011530　孫0346　子部/藝術類/書畫之屬/畫譜

芥子園畫傳四集四卷　（清）王槩　（清）王蓍　（清）王臬輯　**芥子園圖章會纂一卷**　（清）李漁撰　清末石印本　一冊　存一卷(四)

330000－1705－0011531　孫0436　子部/宗教類/道教之屬/戒律

暗室燈二卷　（清）深山居士輯　清道光十八年(1838)刻本　一冊

330000－1705－0011532　孫0557　子部/儒家類/儒學之屬/經濟

皇朝經世文續編一百二十卷　（清）葛士濬輯　清光緒十四年(1888)上海圖書集成局鉛印本　三十二冊

330000－1705－0011533　孫0440　史部/傳記類/日記之屬

星軺便覽一卷　（清）童華撰　稿本　一冊

330000－1705－0011534　孫0347　史部/載記類

河南奇荒鐵淚圖不分卷　（清）田子琳繪　清刻本　一冊

330000－1705－0011535　孫0476　子部/宗教類/佛教之屬/總錄

省庵法師語錄二卷　（清）釋實賢撰　（清）彭紹升重訂　清乾隆五十一年(1786)刻本　二冊

330000－1705－0011536　孫0488　集部/總集類/選集之屬/通代

東萊先生古文關鍵二卷　（宋）呂祖謙評　(宋)蔡文子注　（清）徐樹屏考異　清光緒二十四年(1898)江蘇書局刻本　二冊

330000－1705－0011537　孫0441　子部/雜著類/雜編之屬

漢孳室雜鈔不分卷　（清）□□輯　清巽繢齋抄本　一冊

330000－1705－0011539　孫0348　子部/藝術類/書畫之屬/畫譜

白描人物譜不分卷　稿本　二冊

330000－1705－0011540　孫0477　子部/宗教類/佛教之屬/總錄

天目旅亭禪師語錄二卷　（清）釋了宗　（清）釋了念編　清乾隆刻本　一冊

330000－1705－0011541　孫0514　集部/總集類/選集之屬/通代

歷朝名媛詩詞十二卷　（清）陸昶輯　清乾隆三十八年(1773)吳門陸昶紅樹樓刻本　二冊　存三卷(六至八)

330000－1705－0011542　孫0516　子部/藝術類/書畫之屬/題跋

題畫詩鈔一卷　（清）徐三庚編　清抄本　一冊

330000－1705－0011544　孫0485　類叢部/叢書類/郡邑之屬

剡上遺書輯存二種　清光緒刻民國補刻本　十二冊　存一種

330000－1705－0011545　孫0442　子部/雜著類/雜纂之屬

家人子語一卷語小一卷　（清）毛先舒撰　**心病說一卷**　（清）甘京撰　**日錄雜說一卷**　(清)魏禧撰　清抄本　一冊

330000－1705－0011547　孫0520　集部/總集類/選集之屬/斷代

翰林學士集一卷　（唐）□□輯　清光緒十九年(1893)貴陽陳氏影刻唐卷子本　一冊

330000－1705－0011548　孫0551　集部/總集類/選集之屬/斷代

七家詩選七卷　（清）張熙宇輯評　清刻朱墨套印本　四冊

330000－1705－0011549　孫0517　集部/別集類/宋別集

蘇東坡詩鈔不分卷　（宋）蘇東坡撰　清抄本　一冊

330000－1705－0011552　孫0518　集部/詩文評類/詩評之屬

錄詩不分卷　清末月島公抄本　一冊

330000－1705－0011553　孫0519　集部/詩文評類/詩評之屬

花月唱酬不分卷　清抄本　一冊

330000－1705－0011554　孫0563　集部/總集類/郡邑之屬

國朝嚴州詩錄八卷　（清）宗源瀚輯　清光緒二年(1876)刻本　二冊

330000－1705－0011555　孫0455　子部/宗教類/道教之屬/眾術

白鹿仙傳演禽備要不分卷　清抄本　一冊

330000－1705－0011556　孫0553　集部/總集類/彙編之屬

隨園續同人集十七卷　（清）袁枚輯　清刻隨園三十種本　吳淑慎題記　六冊

330000－1705－0011557　孫0568　集部/總集類/選集之屬/斷代

句餘嗣響不分卷　（清）李㮚輯　清宣統二年(1910)天門山館活字印本　一冊

330000－1705－0011558　孫0456　子部/宗教類/道教之屬/眾術

論風水不分卷　（明）謝廷柱撰　清康熙抄本　一冊

330000－1705－0011559　孫0548　集部/總集類/題詠之屬

二十四硯叕題贈錄不分卷　（清）林鍾甫輯　清道光刻本　一冊

330000－1705－0011560　孫0487　集部/總集類/選集之屬/通代

東萊先生古文關鍵二卷　（宋）呂祖謙評(宋)蔡文子注　（清）徐樹屏考異　清刻本二冊

330000－1705－0011561　孫0473　子部/宗教類/佛教之屬/總錄

一切經音義二十五卷　（唐）釋玄應撰　補訂新譯大方廣佛華嚴經音義二卷　（唐）釋慧苑撰　華嚴經音義敘錄一卷　（清）臧庸輯　刻華嚴經音義校勘記一卷　（清）曹籀撰　清同治八年(1869)仁和曹籀刻本　四冊　存二十卷(一切經音義一至二十)

330000－1705－0011562　孫0521　類叢部/叢書類/彙編之屬

靈峯草堂叢書十一種　陳炬編　清光緒貴陽陳氏刻本　一冊　存一種

330000－1705－0011563　孫0547　集部/總集類/題詠之屬

二十四硯叕題贈錄不分卷　（清）林鍾甫輯清道光刻本　一冊

330000－1705－0011564　孫0570　集部/總集類/課藝之屬

[咸豐戊午科]浙江闈墨不分卷　清刻本一冊

330000－1705－0011565　孫0457　子部/術數類/相宅相墓之屬

歸厚錄不分卷　（清）蔣平階撰　清抄本一冊

330000－1705－0011566　孫0522　集部/總集類/選集之屬/斷代

唐詩鼓吹十卷　（金）元好問輯　（元）郝天挺注　（明）廖文炳解　清乾隆二十七年(1762)刻本　四冊

330000－1705－0011567　孫0571　史部/傳記類/科舉錄之屬/歷科鄉試錄

[同治四年補行辛酉科並壬戌恩科]浙江鄉試硃卷不分卷　（清）祝家驥等撰　清同治四年(1865)刻本　一冊

330000－1705－0011568　孫0549　集部/總集類/酬唱之屬

椿館攄懷不分卷　（清）陳昌焌編　清道光三年(1823)刻本　一冊

330000－1705－0011569　孫0406　子部/小說家類/雜事

御覽曲洧舊聞十卷　（清）朱弁撰　清刻本一冊

330000－1705－0011570　孫0478　子部/宗教類/其他宗教之屬/其他

冥報圖說一卷閻王忉一卷　清刻本　一冊

330000－1705－0011572　孫0546　集部/總
集類/選集之屬/斷代

清尊集十六卷　（清）汪遠孫輯　清道光十九
年(1839)錢塘汪氏振綺堂刻本　四冊

330000－1705－0011574　孫0574　集部/別
集類/漢魏六朝別集

陶淵明文集十卷　（晉）陶潛撰　清光緒五年
(1879)會稽陶濬宣稷山樓影宋刻本　二冊

330000－1705－0011576　孫0614　集部/別
集類

梅花三十詠一卷　清抄本　一冊

330000－1705－0011577　孫0590　集部/別
集類/唐五代別集

樊川詩集四卷別集一卷外集一卷詩補遺一卷
　（唐）杜牧撰　（清）馮集梧注　清嘉慶德裕
堂刻本　清王宗炎跋　三冊

330000－1705－0011579　孫0417　子部/儒
家類/儒學之屬

大意尊聞不分卷　（清）方東樹撰　清光緒元
年(1875)解梁書院刻本　一冊

330000－1705－0011580　孫0543　集部/總
集類/題詠之屬

連枝圖題詠初集一卷次集一卷　（清）許承基
輯　清乾隆三十一年(1766)武林許承基刻本
　一冊

330000－1705－0011581　孫0555　集部/別
集類/清別集

焦尾閣遺槀所徵詩一卷文一卷　（清）王彥威
錄　清抄本　清傅家驥題記　二冊

330000－1705－0011582　孫0650　集部/別
集類/宋別集

本堂先生文集九十六卷首一卷佚文一卷佚詩
一卷　（宋）陳著撰　附錄二卷校錄二卷
（清）樊景瑞撰　清光緒十九年(1893)四明陳
氏刻本(卷九十五至九十六原缺)　十二冊

330000－1705－0011583　孫0512　類叢部/

叢書類/自著之屬

蘇齋叢書十八種　（清）翁方綱撰　清乾隆至
嘉慶刻彙印本　二冊　存一種

330000－1705－0011584　孫0542　類叢部/
叢書類/彙編之屬

鏡烟堂十種　（清）紀昀編　清刻本　四冊
存一種

330000－1705－0011585　孫0676　集部/別
集類/明別集

王陽明先生全集二十二卷首一卷　（明）王守
仁撰　（清）俞嶙輯　清餘姚黃氏敦厚堂刻本
　二十四冊

330000－1705－0011586　孫0469　子部/宗
教類/佛教之屬/總錄

觀梅禪全集五卷　（清）李正中撰　清抄本
二冊

330000－1705－0011587　孫0500　集部/總
集類/彙編之屬

行書文選賦不分卷　（清）王南書　清抄本
四冊

330000－1705－0011588　孫0539　集部/總
集類/選集之屬/斷代

明詩別裁選不分卷　清抄本　一冊

330000－1705－0011589　孫0791　集部/別
集類/清別集

碧城僊館詩鈔十卷文鈔一卷　（清）陳文述撰
　清刻本　二冊

330000－1705－0011590　孫0715　類叢部/
叢書類/自著之屬

顧亭林先生遺書十種　（清）顧炎武撰　清蓬
瀛閣刻本　一冊　存四種

330000－1705－0011591　孫0593　集部/別
集類/唐五代別集

李義山詩集十六卷　（唐）李商隱撰　（清）姚
培謙箋　清乾隆五年(1740)姚氏松桂讀書堂
刻本　二冊

330000－1705－0011592　孫0544　集部/別

集類/清別集

古樹詩續集七卷附刻二卷 （清）邱學劭撰
清乾隆刻本 一冊 存四卷（一至四）

330000－1705－0011593 孫0470 子部/宗
教類/道教之屬

養真集二卷 （清）王士端注 清宣統三年
（1911）刻本 一冊

330000－1705－0011594 孫0435 子部/雜
著類/雜纂之屬

汪氏說鈴一卷 （清）汪琬撰 清乾隆刻本
孫家淲題記 一冊

330000－1705－0011595 孫0709 集部/別
集類/明別集

施忠愍公遺集七卷 （明）施邦曜撰 （清）沈
復燦輯 清咸豐刻光緒四年（1878）重修本
二冊

330000－1705－0011596 孫0596 集部/別
集類/唐五代別集

顧華陽集三卷 （唐）顧況撰 **補遺一卷**
（清）顧球輯 **顧非熊詩一卷** （唐）顧非熊撰
清同治元年（1862）海鹽顧氏雙峯堂刻本
二冊

330000－1705－0011597 孫0685 集部/別
集類/明別集

楊椒山先生集四卷椒山先生自著年譜一卷
（明）楊繼盛撰 清康熙三十七年（1698）胡范
刻本 二冊

330000－1705－0011598 孫0716 類叢部/
叢書類/自著之屬

亭林遺書十種 （清）顧炎武撰 清康熙吳江
潘氏遂初堂刻本 一冊 存五種

330000－1705－0011599 孫0471 子部/宗
教類/道教之屬

性命雙脩萬神圭旨四卷 清刻本 一冊

330000－1705－0011600 孫0789 集部/別
集類/清別集

述學內篇三卷外篇一卷補遺一卷別錄一卷
（清）汪中撰 （清）汪喜孫編 清道光汪喜孫

刻本 一冊

330000－1705－0011601 孫0664 集部/別
集類/明別集

清江貝先生詩集十卷文集三十卷 （明）貝瓊
撰 （清）金檀編 清康熙五十八年（1719）桐
鄉金檀燕翼堂刻乾隆二十四年（1759）汪垕重
修本 一冊 存十卷（文集一至十）

330000－1705－0011602 孫0538 類叢部/
叢書類/彙編之屬

硯雲甲編八種乙編八種 （清）金忠淳編 清
乾隆四十年至四十三年（1775－1778）金氏硯
雲書屋刻本 四冊 存六種

330000－1705－0011603 孫0717 集部/別
集類/清別集

御製詩第三集二十八卷 （清）聖祖玄燁撰
清康熙刻本 三冊 存六卷（三集一至四、七
至八）

330000－1705－0011604 孫0740 集部/別
集類/清別集

翁山文外十六卷 （清）屈大均撰 清宣統二
年（1910）上海國學扶輪社鉛印本 五冊

330000－1705－0011606 孫0742 集部/總
集類/氏族之屬

李氏家集四種 （清）李菊房編 清康熙刻乾
隆二十四年（1759）金氏續刻本 一冊 存
一種

330000－1705－0011607 孫0712 集部/別
集類/清別集

匠門書屋文集三十卷 （清）張大受撰 清雍
正七年（1729）顧詒祿刻本 二冊 存十卷
（十一至二十）

330000－1705－0011608 孫0501 集部/總
集類/選集之屬/通代

古文精選不分卷 （清）□□選 清抄本
二冊

330000－1705－0011609 孫0617 集部/別
集類/宋別集

歐陽文忠公全集一百五十三卷附錄五卷

（宋）歐陽修撰　**年譜一卷**　（宋）胡柯編　明刻本　四冊　存四十一卷（六十三至九十三、一百至一百九）

330000－1705－0011610　孫0711　類叢部/叢書類/自著之屬

鈍吟老人遺稿九種二十三卷　（清）馮班撰　清初刻彙印本　二冊

330000－1705－0011611　孫0489　類叢部/類書類/通類之屬

全芳備祖二卷　（宋）陳景沂輯　清抄本　一冊

330000－1705－0011612　孫0618　集部/別集類/宋別集

歐陽文忠公全集一百五十三卷附錄五卷（宋）歐陽修撰　**年譜一卷**　（宋）胡柯編　明刻本　一冊　存三卷（近體樂府一至三）

330000－1705－0011613　孫0502　集部/總集類/選集之屬/通代

古文讀本不分卷　清雍正抄本　一冊

330000－1705－0011614　孫0559　集部/總集類/彙編之屬

詩鈔二種不分卷　（清）□□輯　清抄本　一冊

330000－1705－0011615　孫0792　集部/別集類/清別集

浣雲齋文草□卷　（清）蔣學鏡撰　清抄本　一冊　存一卷（二）

330000－1705－0011616　孫0719　集部/別集類/清別集

南江公遺稿一卷　（清）鄭尚經撰　清抄本　一冊

330000－1705－0011617　孫0620　集部/別集類/宋別集

老蘇文選不分卷　（宋）蘇洵撰　清抄本　清錢熙祚批校　一冊

330000－1705－0011618　孫0790　集部/別集類/清別集

張廷濟詩文集不分卷　（清）張廷濟撰　清抄本　一冊

330000－1705－0011619　孫0726　集部/別集類/清別集

杲堂文鈔六卷　（清）李鄴嗣撰　清抄本　一冊

330000－1705－0011620　新0775　集部/別集類/清別集

小倉山房詩選不分卷　（清）袁枚撰　清鎮海霞泉邨人抄本　一冊

330000－1705－0011621　孫0765　集部/別集類/清別集

鮚埼亭詩集十卷　（清）全祖望撰　清光緒十六年（1890）慈谿童氏大鄮山館刻本　四冊

330000－1705－0011622　孫0626　集部/別集類/宋別集

蘇東坡詩集注三十二卷失編一卷　（宋）蘇軾撰　（宋）呂祖謙編　（宋）王十朋集注　**年譜一卷**　（宋）王宗稷編　清康熙三十七年（1698）新安朱從延文蔚堂刻本　一冊　存二卷（三十一至三十二）

330000－1705－0011623　孫0793　集部/別集類/清別集

頻羅庵遺集十六卷　（清）梁同書撰　清嘉慶二十二年（1817）陸貞一杭州刻本　五冊

330000－1705－0011624　孫0733　集部/別集類/清別集

姜西溟先生文鈔四卷　（清）姜宸英撰　清乾隆四年（1739）趙侗敫匪懈堂刻本　一冊

330000－1705－0011625　孫0550　集部/總集類/選集之屬/斷代

國朝詩選不分卷　（清）□□輯　清抄本　清履卿題記　三冊

330000－1705－0011626　孫0628　集部/別集類/宋別集

山谷老人刀筆二十卷　（宋）黃庭堅撰　明萬曆七年（1579）江西布政司刻本　二冊

330000 - 1705 - 0011627　孫 0732　集部/別集類/清別集

陳檢討集二十卷　（清）陳維崧撰　（清）程師恭注　清刻本　四冊

330000 - 1705 - 0011628　孫 0795　類叢部/叢書類/自著之屬

張南山全集十二種　（清）張維屏撰　清道光至咸豐刻本　五冊　存一種

330000 - 1705 - 0011629　孫 0776　集部/別集類/清別集

述菴詩鈔十二卷　（清）王昶撰　清乾隆五十五年（1790）刻本　二冊　存六卷（一至六）

330000 - 1705 - 0011630　孫 0734　子部/藝術類/書畫之屬/題跋

湛園題跋一卷　（清）姜宸英撰　清抄本　一冊

330000 - 1705 - 0011631　孫 0797　集部/別集類/清別集

朱九江先生集十卷首一卷　（清）朱次琦撰　簡朝亮編　清光緒二十年至二十三年（1894 - 1897）簡氏讀書草堂刻本　一冊　存一卷（首）

330000 - 1705 - 0011632　孫 0796　集部/別集類/清別集

花宜館詩鈔十六卷續存一卷無腔村笛二卷　（清）吳振棫撰　清同治四年（1865）京師刻本　四冊　缺一卷（續存）

330000 - 1705 - 0011633　孫 0641　集部/別集類/宋別集

岳忠武王文集八卷首一卷末一卷　（宋）岳飛撰　（清）黃邦寧輯　清乾隆三十五年（1770）刻本　四冊

330000 - 1705 - 0011634　孫 0554　集部/總集類/彙編之屬

他厝文存二卷　（清）郭傳璞錄　清金我山館抄本　一冊

330000 - 1705 - 0011635　孫 0630　集部/別集類/宋別集

淮海集十七卷後集二卷詞一卷補遺一卷續補

遺一卷　（宋）秦觀撰　淮海文集攷證一卷　（清）王敬之　（清）茆泮林　（清）金長福撰　重編淮海先生年譜節要一卷　（清）秦瀛編　（清）王敬之節要　清道光十七年（1837）王敬之等刻二十一年（1841）增刻本　八冊

330000 - 1705 - 0011636　孫 0743　集部/別集類/清別集

匡山草□□卷　（清）許延邵撰　清刻本　一冊　存一卷（五）

330000 - 1705 - 0011637　孫 0739　集部/別集類/清別集

蕃錦集選一卷　（清）朱彝尊集句　清抄本　一冊

330000 - 1705 - 0011638　孫 0744　集部/別集類/清別集

徐烈婦詩鈔二卷附報素聞書并回文一卷　（清）吳宗愛撰　（清）楊晉藩　（清）許楣評　同心梔子圖續編一卷　（清）應瑩撰　清光緒三十三年（1907）義烏黃卿夔成都刻本　一冊

330000 - 1705 - 0011639　孫 0552　集部/總集類/郡邑之屬

署全湘提憲藍公德政畾愛編不分卷　（清）□□輯　清筆意山房刻本　一冊

330000 - 1705 - 0011640　孫 0799　集部/別集類/清別集

西陑山房集八卷　（清）馮志沂撰　清咸豐至同治刻民國八年（1919）印本　四冊

330000 - 1705 - 0011641　孫 0777　史部/地理類/總志之屬/通代

廣輿吟稿六卷　（清）宋思仁撰　清乾隆四十一年（1776）刻本　一冊　存三卷（一至三）

330000 - 1705 - 0011642　孫 0800　子部/小說類/長篇之屬

紅樓夢賦一卷　（清）沈謙撰　清光緒二年（1876）刻本　一冊

330000 - 1705 - 0011643　孫 0697　子部/天文曆算類/天文之屬

歲星捴敘不分卷 （清）□□輯 清抄本
一冊

330000－1705－0011644 孫0798 集部/別
集類/清別集

西隝山房集八卷 （清）馮志沂撰 清咸豐至
同治刻民國八年(1919)印本 四冊

330000－1705－0011645 孫0720 集部/別
集類/清別集

甌江遊草一卷于役新吟一卷飛鴻堂初稿一卷
學稼吟一卷 （清）汪啟淑撰 清乾隆刻本
四冊

330000－1705－0011646 孫0632 集部/別
集類/宋別集

沈忠敏公龜谿集十二卷 （宋）沈與求撰 清
抄本 一冊 存三卷(一至三)

330000－1705－0011647 孫0836 集部/總
集類/彙編之屬

汗漫錄不分卷 （清）□□撰 清抄本 一冊

330000－1705－0011648 孫0788 類叢部/
叢書類/自著之屬

章氏遺書二種 （清）章學誠撰 清道光十二
年至十三年(1832－1833)章華紱刻本 四冊

330000－1705－0011649 孫0832 集部/總
集類/彙編之屬

粟顆庚寅艸一卷粟顆集一卷粟顆戊寅存草一
卷 （清）月笨夫撰 清抄本 一冊

330000－1705－0011650 孫0752 集部/別
集類/清別集

睫巢集六卷 （清）李鍇撰 清乾隆六年
(1741)洪肇楙刻本 二冊

330000－1705－0011651 孫0787 集部/別
集類/清別集

石鐘山人遺稿二卷附誥授奉政大夫湖南辰州
府分防乾州同知吳公年譜一卷 （清）吳鑌撰
清光緒二十一年(1895)小種字林刻本
一冊

330000－1705－0011652 孫0801 集部/別
集類/清別集

此君書樓詩鈔九卷 （清）夏際堂撰 清道光
刻本 四冊

330000－1705－0011654 孫0806 集部/別
集類/清別集

圭盦詩錄一卷 （清）吳觀禮撰 清光緒五年
(1879)張佩綸刻本 一冊

330000－1705－0011656 孫0643 類叢部/
叢書類/自著之屬

白石道人四種 （宋）姜夔撰 清乾隆八年
(1743)江都陸氏刻二十一年(1756)歙縣江春
補刻本 一冊 存一種

330000－1705－0011657 孫0803 集部/別
集類/清別集

誦白圭齋詩存古體一卷近體一卷 清住得軒
抄本 一冊

330000－1705－0011658 孫0833 集部/別
集類/清別集

八指頭陀詩集十卷補遺一卷詞一卷雜文一卷
（清）釋敬安撰 清光緒二十四年(1898)陳
三立、葉德輝遞刻本 二冊

330000－1705－0011659 孫0784 史部/地
理類/雜志之屬

衙石錄不分卷 （清）周彥編 清道光十五年
(1835)刻本 一冊

330000－1705－0011660 孫0804 子部/雜
著/雜說之屬

養園隨筆二卷 （清）汪桂月撰 清道光二十
九年(1849)培根堂刻本 一冊

330000－1705－0011661 孫0753 集部/別
集類/清別集

長吟閣詩集八卷 （清）黃子雲撰 清刻本
一冊 存一卷(二)

330000－1705－0011662 孫0805 集部/別
集類/清別集

詩稿不分卷 清末民國初鑄六詞龕抄本
一冊

330000 – 1705 – 0011663　孫 0808　集部/別集類/清別集

嘯劍山房詩鈔十四卷試帖秋鐙課草一卷
（清）文星瑞撰　清同治九年至十二年（1870 – 1873）羊城刻本　四冊

330000 – 1705 – 0011664　孫 0757　集部/別集類/清別集

佚名文集不分卷　（清）□□撰　清抄本　一冊

330000 – 1705 – 0011665　孫 0754　集部/別集類/清別集

海峰文集八卷　（清）劉大櫆撰　清刻本　七冊　缺一卷（一）

330000 – 1705 – 0011666　孫 0785　集部/別集類/清別集

養正書屋全集定本四十卷目錄四卷　（清）宣宗旻寧撰　清道光二年（1822）武英殿刻本　一冊　存四卷（一至四）

330000 – 1705 – 0011667　孫 0809　集部/別集類/清別集

味蘭軒帖體詩鈔四卷　（清）郭德坊撰　清同治十一年（1872）刻本　二冊

330000 – 1705 – 0011668　孫 0810　集部/別集類/清別集

白華山人詩集十六卷詩說二卷　（清）厲志撰　清光緒九年（1883）厲學潮刻本　二冊　存十二卷（一至十二）

330000 – 1705 – 0011669　孫 0786　史部/傳記類/日記之屬

夢痕錄餘不分卷　（清）汪輝祖撰　清咸豐五年（1855）刻本　一冊

330000 – 1705 – 0011670　孫 0835　集部/別集類/清別集

詩鈔不分卷　清抄本　一冊

330000 – 1705 – 0011671　孫 0857　集部/詞類/總集之屬

詞選二卷（清）張惠言輯　附錄一卷　（清）鄭善長輯　續詞選二卷（清）董毅輯　清同

治六年（1867）刻本　一冊

330000 – 1705 – 0011672　孫 0811　集部/別集類

海藏樓詩不分卷　鄭孝胥撰　清光緒三十二年（1906）鉛印本　一冊

330000 – 1705 – 0011673　孫 0807　集部/別集類/清別集

拙尊園叢稿六卷　（清）黎庶昌撰　清光緒十九年（1893）上海醉六堂石印本　二冊

330000 – 1705 – 0011674　孫 0837　集部/總集類/彙編之屬

楳香塾詩課不分卷　（清）□□撰　稿本　一冊

330000 – 1705 – 0011675　孫 0818　集部/別集類/漢魏六朝別集

庚子山集十六卷總釋一卷　（北周）庾信撰　（清）倪璠注　年譜一卷　（清）倪璠撰　清康熙二十六年（1687）崇岫堂刻本　十二冊

330000 – 1705 – 0011677　孫 0823　集部/別集類/清別集

艾菴詩草三卷　（清）葉聲聞撰　清守瓶齋刻本　清張廷濟跋　一冊

330000 – 1705 – 0011681　孫 0755　集部/別集類/清別集

聽雨山房不分卷　清抄本　一冊

330000 – 1705 – 0011683　孫 0842　集部/別集類/清別集

謝天懷聾歌雜著一卷　（清）謝泰履撰　謝起臣燕遊二十詠一卷　（清）謝賡昌撰　清抄本　一冊

330000 – 1705 – 0011684　孫 0843　集部/別集類/清別集

圓橋詩文集不分卷　（清）張校均撰　清抄本　一冊

330000 – 1705 – 0011686　孫 0812　集部/別集類/清別集

雲閑詩草四卷　（清）劉慈孚撰　清光緒二十

三年（1897）木活字印本　二冊

330000－1705－0011688　孫0756　集部/別集類/清別集

餐秀集二卷　（清）黃千人撰　清乾隆刻本　一冊

330000－1705－0011690　孫0813　集部/別集類/清別集

雲閑詩草四卷　（清）劉慈孚撰　清光緒二十三年（1897）木活字印本　一冊

330000－1705－0011692　孫0852　集部/詞類/別集之屬

山中白雲詞八卷附錄一卷　（宋）張炎撰　清康熙六十一年（1722）刻本　一冊

330000－1705－0011693　孫0838　集部/別集類/清別集

借園唫社不分卷　（清）潦倒生撰　稿本　一冊

330000－1705－0011694　孫0819　集部/別集類/清別集

藏修齋文集不分卷　（清）柯振嶽撰　清補竹山房抄本　清張廷輝批並跋　一冊

330000－1705－0011696　孫0856　集部/詞類/總集之屬

詞選二卷　（清）張惠言輯　**續詞選二卷**（清）董毅輯　**附錄一卷**　（清）鄭善長輯　清同治十一年（1872）刻本　一冊

330000－1705－0011697　孫0839　集部/別集類/清別集

栖栖行館詩稿不分卷　（清）王治本撰　稿本　二冊

330000－1705－0011698　孫0814　集部/別集類/清別集

棲雲百首一卷　（清）釋光定撰　清光緒五年（1879）刻本　一冊

330000－1705－0011699　孫0821　集部/別集類/清別集

春暉堂詩稿六卷　（清）董景沛撰　清抄本　一冊　存二卷（一至二）

330000－1705－0011700　孫0815　集部/別集類/清別集

聽月樓遺稿二卷　（清）嚴恒撰　清光緒二十八年（1902）上海小長蘆館石印本　一冊

330000－1705－0011701　孫0916　類叢部/叢書類/自著之屬

石遺室叢書十九種　陳衍撰　清光緒至民國刻本　一冊　存五種

330000－1705－0011702　孫0874　子部/小說家類/異聞之屬

太平廣記五百卷目錄十卷　（宋）李昉等輯　清嘉慶十一年（1806）姑蘇聚文堂刻本　五十冊

330000－1705－0011703　孫0909　類叢部/叢書類/彙編之屬

拜經樓叢書（愚谷叢書）二十三種　（清）吳騫編　清乾隆至嘉慶海昌吳氏刻彙印本　四冊　存四種

330000－1705－0011704　孫0906　類叢部/叢書類/彙編之屬

知不足齋叢書一百九十六種　（清）鮑廷博編　（清）鮑士恭續編　清乾隆三十七年至道光三年（1772－1823）長塘鮑氏刻彙印本　二百四十冊

330000－1705－0011705　孫0918　新學/雜著/叢編

西學大成五十六種　（清）王西清　（清）盧梯青編　清光緒二十一年（1895）上海醉六堂書坊石印本　十二冊

330000－1705－0011706　孫0913　類叢部/叢書類/彙編之屬

平津館叢書六集三十五種　（清）孫星衍編　清嘉慶蘭陵孫氏刻本　一冊　存一種

330000－1705－0011707　孫0816　史部/傳記類/科舉錄之屬/硃卷

光緒丙戌科會試硃卷不分卷　清光緒刻本　一冊

330000－1705－0011708　孫 0867　集部/曲類/曲選之屬

綴白裘不分卷　清抄本　一冊

330000－1705－0011709　孫 0858　集部/詞類/別集之屬

綠竹詞二卷　（清）□□編　清同治刻本　一冊

330000－1705－0011711　孫 0907　類叢部/叢書類/彙編之屬

知不足齋叢書一百九十六種　（清）鮑廷博編　（清）鮑士恭續編　清乾隆三十七年至道光三年(1772－1823)長塘鮑氏刻彙印本　清徐時棟批並跋　一冊　存五種

330000－1705－0011712　孫 0865　集部/曲類/諸宮調之屬

桂林霜二卷二十四齣　（清）蔣士銓撰　清刻本　一冊

330000－1705－0011713　孫 0914　類叢部/叢書類/彙編之屬

結一廬朱氏賸餘叢書四種　（清）朱澂編　清光緒三十一年(1905)仁和朱氏刻本　十冊　存三種

330000－1705－0011714　孫 0817　集部/別集類/清別集

香杜草二卷二集四卷三集一卷靜讀齋詩話一卷　（清）任昌運撰　清刻本　一冊　存一卷（三集）

330000－1705－0011715　孫 0912　類叢部/叢書類/彙編之屬

平津館叢書六集三十五種　（清）孫星衍編　清嘉慶蘭陵孫氏刻本　三十一冊　存二十六種

330000－1705－0011716　孫 0840　集部/別集類/清別集

阮舜琴先生遺稿不分卷　（清）阮舜琴撰　清抄本　一冊

330000－1705－0011717　孫 0863　集部/戲劇類/雜劇之屬

西堂樂府七卷　（清）尤侗撰　清刻本　二冊

330000－1705－0011718　孫 0872　集部/小說類/短篇之屬

劍俠傳四卷　清咸豐八年(1858)王氏養龢堂刻本　二冊

330000－1705－0011719　孫 0911　類叢部/叢書類/彙編之屬

經訓堂叢書二十一種　（清）畢沅編　清乾隆至嘉慶鎮洋畢氏刻本　三十二冊　缺一卷（續釋名）

330000－1705－0011720　孫 0860　集部/戲劇類/雜劇之屬

第六才子書八卷　（元）王德信　（元）關漢卿撰　（清）金人瑞評　清刻本　四冊

330000－1705－0011721　孫 0910　類叢部/叢書類/彙編之屬

硯雲甲編八種乙編八種　（清）金忠淳編　清道光二十年(1840)蔡氏紫梨花館刻本　八冊

330000－1705－0011722　孫 0900　類叢部/叢書類/彙編之屬

唐宋叢書九十二種　（明）鍾人傑　（明）張遂辰編　明末刻說郛及說郛續重編印本　八冊　存六十七種

330000－1705－0011723　孫 0868　史部/雜史類/斷代之屬

臺倭戰記初集一卷　（清）□□輯　清光緒刻本　一冊

330000－1705－0011724　孫 0864　集部/曲類/彈詞之屬

繡像鸞鳳雙簫十八回　清同治四年(1865)蛟川書屋刻本　四冊

330000－1705－0011726　孫 0866　集部/曲類/諸宮調之屬

乘龍佳話一卷八齣　（清）何墉撰　清光緒十七年(1891)上海石印本　一冊

330000－1705－0011727　孫 0884　子部/雜著類/雜說之屬

風雅遺聞四卷　(清)戚學標撰　清乾隆刻本
一冊

330000－1705－0011728　孫0873　類叢部/
叢書類/彙編之屬

琳琅祕室叢書三十種　(清)胡珽編　清光緒
十四年(1888)會稽董氏取斯家塾木活字印本
一冊　存一種

330000－1705－0011729　孫0903　類叢部/
叢書類/彙編之屬

楝亭藏書十二種　(清)曹寅編　清康熙四十
五年(1706)揚州詩局刻本　三冊　存四種

330000－1705－0011730　孫0905　類叢部/
叢書類/彙編之屬

奇晉齋叢書十六種　(清)陸烜編　清乾隆三
十四年(1769)平湖陸烜奇晉齋刻本　一冊
存四種

330000－1705－0011731　續0027　子部/宗
教類/道教之屬

周易參同契分章註解三卷　(元)陳致虛撰
(清)傅金銓批　清道光善成堂刻本　一冊

330000－1705－0011732　續0008　經部/群
經總義類/文字音義之屬

重校十三經不貳字一卷　(清)李鴻藻輯　清
光緒元年(1875)刻本　一冊

330000－1705－0011733　續0028、續0029
經部/易類/傳說之屬

周易人事疏證八卷續編四卷　(清)章世臣輯
清宣統二年(1910)宋城同文書館鉛印本
十一冊　缺一卷(周易人事疏證一)

330000－1705－0011734　孫0885　集部/別
集類/清別集

詩鐙一卷竹林答問一卷　(清)陳僅撰　(清)
郭傳璞錄　清金峩山館抄本　一冊

330000－1705－0011735　孫0908　類叢部/
叢書類/彙編之屬

函海一百五十二種　(清)李調元編　清乾隆
綿州李氏萬卷樓刻嘉慶十四年(1809)李鼎
元、道光五年(1825)李朝夔重校補刻本　四

十七冊　存九十八種

330000－1705－0011737　續0010　集部/詩
文評類/制藝之屬

增選加註能與集不分卷　(清)李秬香改本
(清)金研香評　清光緒六年(1880)浙紹墨潤
堂刻本　二冊

330000－1705－0011738　續0016　類叢部/
叢書類/彙編之屬

經策通纂二種　清光緒二十年(1894)上海點
石齋石印本　一冊　存一種

330000－1705－0011739　孫0892　類叢部/
叢書類/彙編之屬

增訂漢魏叢書八十六種　(清)王謨編　清乾
隆五十六年(1791)金谿王氏刻本　一冊　存
五種

330000－1705－0011740　續0011　集部/詩
文評類/制藝之屬

增選加註能與集不分卷　(清)李秬香改本
(清)金研香評　清光緒六年(1880)浙紹墨潤
堂刻本　二冊

330000－1705－0011741　續0013　集部/詩
文評類/制藝之屬

能與集不分卷　(清)李秬香改本　(清)金研
香評　清刻本　一冊

330000－1705－0011742　孫0876　集部/小
說類/長篇之屬

東周列國全志二十三卷一百八回　(清)蔡奡
評點　清漢口森寶齋刻朱墨套印本　二十
三冊

330000－1705－0011743　續0009　集部/詩
文評類/制藝之屬

增選加註能與集不分卷　(清)李秬香改本
(清)金研香評　清光緒六年(1880)浙紹墨潤
堂刻本　一冊

330000－1705－0011744　續0012　集部/詩
文評類/制藝之屬

增選加註能與集不分卷　(清)李秬香改本
(清)金研香評　清刻本　二冊

330000－1705－0011745　續0017、續0018
類叢部/叢書類/自著之屬

唱經堂才子書彙稿十六種　（清）金人瑞撰
清乾隆刻本　二冊　存十二種

330000－1705－0011746　孫0876-1　集部/
小說類/長篇之屬

東周列國全志二十三卷一百八回　（清）蔡昇
評點　清漢口森寶齋刻朱墨套印本　六冊
存六卷（十二至十七）

330000－1705－0011747　孫0879　集部/別
集類/清別集

新增最好聽十二卷　清刻本　一冊　存一卷
（十二）

330000－1705－0011748　續0003　經部/
叢編

欽定篆文六經四書十種　（清）李光地等輯
清光緒九年（1883）上海同文書局石印本　一
冊　存一種

330000－1705－0011749　續0014　經部/群
經總義類/傳說之屬

石渠意見拾遺二卷補缺一卷　（明）王恕撰
明刻本　一冊

330000－1705－0011750　續0001　經部/群
經總義類/文字音義之屬

重校十三經不貳字一卷　（清）李鴻藻輯　清
光緒元年（1875）刻本　馮崇福題記　一冊

330000－1705－0011751　孫0880　集部/詩
文評類/詩評之屬

二十四詩品一卷　（唐）司空圖撰　清馮敦香
抄本　一冊

330000－1705－0011752　續0021　經部/易
類/傳說之屬

**周易本義四卷附圖說一卷新增圖說一卷卦歌
一卷**　（宋）朱熹撰　清光緒十一年（1885）會
稽徐氏八杉齋融經館刻本　二冊

330000－1705－0011753　續0004　類叢部/
類書類/專類之屬

五經類編二十八卷　（清）周世樟撰　清刻本

一冊　存三卷（八至十）

330000－1705－0011754　續0020　經部/易
類/傳說之屬

周易本義不分卷　（宋）朱熹撰　清抄本
二冊

330000－1705－0011755　續0042　經部/易
類/傳說之屬

鄭氏易譜十二卷　（明）鄭旒撰　清乾隆十八
年（1753）鄭時達刻本　清花南水北主人跋
四冊

330000－1705－0011756　續0025　類叢部/
叢書類/自著之屬

榕村全書三十二種附十種　（清）李光地撰
清道光九年（1829）刻本　一冊　存一種

330000－1705－0011757　續0035　類叢部/
叢書類/自著之屬

重訂汪子遺書□□種　（清）汪烜撰　（清）李
承超編　清同治十二年（1873）曲水書局木活
字印本　二冊　存一種

330000－1705－0011758　續0045　子部/術
數類/雜術之屬

新刻萬法歸宗周易内秘丁甲大法□□卷　清
刻本　一冊　存一卷（四）

330000－1705－0011759　續0043　類叢部/
叢書類/自著之屬

陶廬叢刻二十種　王樹枏撰　清光緒至民國
新城王氏刻本　二冊　存一種

330000－1705－0011760　續0007、續0019
經部/叢編

仿宋相臺五經九十六卷附考證　清刻本　四
冊　存一種

330000－1705－0011761　續0023　經部/易
類/傳說之屬

周易述四十卷　（清）惠棟集注並疏　清乾隆
二十五年（1760）德州盧見曾雅雨堂刻本（卷
八、二十一、二十六、二十九至三十原缺，卷二
十四至二十五、二十七至二十八、三十一至四
十未刻）　一冊　存六卷（九至十四）

330000－1705－0011762　續0022　經部/易類/傳說之屬

周易本義四卷附圖說一卷卦歌一卷筮儀一卷
（宋）朱熹撰　清末上海錦章書局石印本
一冊　存四卷（一、圖說、卦歌、筮儀）

330000－1705－0011763　續0002　類叢部/叢書類/彙編之屬

文選樓叢書三十三種　（清）阮亨編　清嘉慶至道光阮元刻道光二十二年(1842)阮亨彙印本　十三冊　存一種

330000－1705－0011764　續0006　經部/群經總義類/圖說之屬

五經圖十二卷　（明）盧謙編　（清）盧雲英（清）王皓重編　清刻本　四冊　缺二卷（三至四）

330000－1705－0011765　續0030　經部/易類/傳說之屬

周易廣義四卷圖一卷　（清）鄭敷教撰　清刻本　一冊　存二卷（三至四）

330000－1705－0011766　續0005　經部/叢編

五經味根錄　關蔚煌輯　清光緒十四年(1888)同文書局石印本　十一冊　存十三卷（禮記一至四，詩經一至三、首,春秋十一至十四、首）

330000－1705－0011767　續0034　經部/易類/傳說之屬

新刻來瞿唐先生易註十五卷首一卷末一卷
（明）來知德撰　清石印本　八冊

330000－1705－0011768　續0031　經部/易類/傳說之屬

周易便蒙襯解四卷　（清）李盤撰　清文化居刻本　一冊　存一卷（一）

330000－1705－0011769　續0024、續0083、續0084　經部/詩類/傳說之屬

讀詩傳譌三十卷　（清）韓怡撰　清嘉慶二十年(1815)本存堂刻本　三冊　存九卷（一至七、二十四至二十五）

330000－1705－0011771　續0032　經部/易類/傳說之屬

周易便蒙襯解四卷　（清）李盤撰　清文化居刻本　三冊　存三卷（一至三）

330000－1705－0011772　續0046　經部/書類/傳說之屬

書經集傳六卷首一卷末一卷　（宋）蔡沈撰　清光緒李光明莊刻本　四冊

330000－1705－0011774　續0047、續0049　經部/書類/傳說之屬

書經集傳六卷　（宋）蔡沈撰　清務本堂刻本　一冊　存二卷（一、四）

330000－1705－0011775　續0051　經部/書類/傳說之屬

書經集傳六卷　（宋）蔡沈撰　清光緒二十一年(1895)湖北官書處刻本　一冊　存二卷（一至二）

330000－1705－0011776　續0048、續0053　經部/叢編

五經旁訓　（清）徐立綱旁訓　清寧郡簡香齋刻本　二冊　存一種

330000－1705－0011777　續0038　經部/易類/傳說之屬

易憲四卷卦歌一卷圖說一卷　（明）沈泓撰　清乾隆九年(1744)補堂刻本　一冊　存二卷（三至四）

330000－1705－0011778　孫0033　經部/易類/傳說之屬

周易宗義下經不分卷　黃匯校訂　清抄本　一冊

330000－1705－0011779　續0052　經部/書類/傳說之屬

書經集傳六卷　（宋）蔡沈撰　清務本堂刻本　三冊

330000－1705－0011780　續0050－1　經部/春秋左傳類/傳說之屬

春秋左傳分類賦四卷　（清）夏大觀撰　（清）夏大鼎箋注　清張廷瑞刻本　二冊

330000－1705－0011781　續0026　類叢部/叢書類/自著之屬

汪雙池先生叢書二十種附浙刻雙池遺書十二種 （清）汪紱撰　清道光至光緒刻光緒二十三年(1897)長安趙舒翹等彙印本　九冊　存一種

330000－1705－0011782　續0062　經部/書類/分篇之屬

尚書逸湯誓考六卷 （清）徐時棟撰　清同治十一年(1872)城西草堂刻本　一冊

330000－1705－0011783　續0050　經部/書類/傳說之屬

書經集傳六卷首一卷 （宋）蔡沈撰　清抄本　一冊

330000－1705－0011784　續0041　經部/易類/傳說之屬

河上易註八卷圖說二卷 （清）黎世序撰　清道光元年(1821)謙豫齋刻本　五冊　存八卷(一至八)

330000－1705－0011785　續0076　經部/詩類/專著之屬

毛詩品物圖考七卷 （日本）岡元鳳纂輯（日本）橘國雄繪圖　清光緒十二年(1886)上海積山書局石印本　二冊

330000－1705－0011786　續0091　經部/周禮類/傳說之屬

欽定周官義疏四十八卷首一卷 （清）鄂爾泰等纂　清刻本　一冊　存三卷(五至七)

330000－1705－0011787　續0040　類叢部/叢書類/自著之屬

焦氏叢書九種附一種 （清）焦循撰　清嘉慶至道光江都焦氏雕菰樓刻本　一冊　存一種

330000－1705－0011788　續0055　經部/書類/傳說之屬

書經增訂旁訓四卷 （清）徐立綱旁訓　（清）□□增訂　清匠門書屋刻紹興墨潤堂印本　一冊

330000－1705－0011789　續0061　經部/書類/傳說之屬

尚書後案三十卷附後辨一卷 （清）王鳴盛撰　清乾隆四十五年(1780)禮堂刻本　七冊　存二十八卷(一至二十二、二十六至三十,後辨)

330000－1705－0011790　續0077　經部/詩類/傳說之屬

毛詩故訓傳鄭箋三十卷 （漢）毛亨傳　（漢）毛萇撰　（漢）鄭玄箋　清同治十一年(1872)刻本　四冊

330000－1705－0011791　續0092、續0133、續0131、續0132、續0487　類叢部/叢書類/彙編之屬

正覺樓叢刻(正覺樓叢書)二十九種 （清）崇文書局編　清光緒崇文書局刻本　八冊　存八種

330000－1705－0011792　續0039　經部/叢編

經苑二十五種 （清）錢儀吉輯　清道光至咸豐大梁書院刻同治七年(1868)王儒行等印本　一冊　存一種

330000－1705－0011793　續0056、續0058　經部/書類/傳說之屬

欽定書經傳說彙纂二十一卷首二卷書序一卷 （清）王頊齡等纂　清刻本　五冊　缺十八卷(首下,一至六、八至十八)

330000－1705－0011794　續0093、續0099　經部/叢編

萬充宗先生經學五書五種十九卷 （清）萬斯大撰　清乾隆二十四年至二十六年(1759－1761)辨志堂刻本　二冊　存二種

330000－1705－0011795　續0078　經部/詩類/傳說之屬

毛詩傳箋三十卷 （漢）毛亨傳　（漢）毛萇撰　（漢）鄭玄箋　**鄭氏詩譜一卷** （漢）鄭玄撰　清嘉慶二十一年(1816)吳縣周孝垓枕經樓刻本　四冊

330000－1705－0011796　續0063、續0065

經部/書類/分篇之屬

禹貢錐指二十卷略例一卷圖一卷洪範正論五卷 （清）胡渭撰　清康熙漱六軒刻雍正後印本　九冊　存二十二卷(一至八、十一至十二、十三、十五至二十,洪範正論一至五)

330000 – 1705 – 0011797　續 0036　類叢部/叢書類/彙編之屬

貸園叢書初集十二種四十九卷 （清）周永年編　清乾隆五十四年(1789)歷城周氏竹西書屋重編印益都李文藻等刻本　一冊　存一種

330000 – 1705 – 0011798　續 0054　經部/書類/傳說之屬

書經增訂旁訓四卷 （清）徐立綱旁訓　（清）□□增訂　清咸豐二年(1852)寧郡汲綆齋刻本　四冊

330000 – 1705 – 0011799　續 0094　經部/叢編

萬充宗先生經學五書五種十九卷 （清）萬斯大撰　清乾隆二十四年至二十六年(1759－1761)辨志堂刻本　一冊　存一種

330000 – 1705 – 0011800　續 0057　經部/書類/傳說之屬

書經體註大全合參六卷 （宋）蔡沈集傳　(清)錢希祥輯注　清光緒五年(1879)慈水古草堂刻本　三冊

330000 – 1705 – 0011801　續 0037　經部/易類/易占之屬

邵康節觀梅易數不分卷 清抄本　一冊

330000 – 1705 – 0011802　續 0079　經部/叢編

通志堂經解一百四十種 （清）納蘭成德輯　清康熙十九年(1680)納蘭成德刻本　一冊　存一種

330000 – 1705 – 0011803　續 1024　史部/地理類/方志之屬/郡縣志

[同治]鄞縣志七十五卷 （清）戴枚修(清)張恕　（清）董沛等纂　清刻本　四冊存九卷(四至七、十二至十三、五十九至六十一)

330000 – 1705 – 0011804　續 0059　經部/書類/傳說之屬

尚書註疏二十卷 （漢）孔安國傳　（唐）陸德明音義　（唐）孔穎達疏　清翻刻汲古閣刻十三經註疏本　一冊　存二卷(四至五)

330000 – 1705 – 0011805　續 0100　類叢部/叢書類/自著之屬

朱氏羣書 （清）朱駿聲撰　清光緒八年(1882)臨嘯閣刻本　一冊　存一種

330000 – 1705 – 0011807　續 0096　經部/叢編

經苑二十五種 （清）錢儀吉輯　清道光至咸豐刻本　一冊　存一種

330000 – 1705 – 0011808　續 0081、續 1139、續 2653　類叢部/叢書類/彙編之屬

武英殿聚珍版書一百三十八種 清乾隆四十二年(1777)福建刻道光至同治遞修光緒二十一年(1895)增刻本　八冊　存三種

330000 – 1705 – 0011809　續 0089　經部/周禮類/傳說之屬

周禮旁訓經疏節要六卷 （清）孟一飛輯　清道光六年(1826)刻本　四冊　存四卷(一至三、五)

330000 – 1705 – 0011810　續 0101、續 0115經部/叢編

御纂七經二百八十卷首十一卷序三卷 （清）李光地等撰　清紫陽書院刻本　二冊　存二種

330000 – 1705 – 0011811　續 0097、續 0095類叢部/叢書類/自著之屬

抗希堂十六種 （清）方苞撰　清康熙至嘉慶桐城方氏抗希堂刻本　五冊　存一種

330000 – 1705 – 0011813　續 0071　經部/詩類/傳說之屬

五經體注大全五種三十二卷 （清）嚴氏家塾主人輯　清光緒五年(1879)慈水古草堂刻本　三冊　存一種

330000－1705－0011814　續0060　類叢部/
叢書類/彙編之屬

平津館叢書三十九種 （清）孫星衍編　清嘉
慶蘭陵孫氏刻本　一冊　存一種

330000－1705－0011815　續0098　經部/儀
禮類/傳說之屬

儀禮易讀十七卷 （清）馬駉撰　清乾隆刻本
雲汀題記　三冊　存十三卷（五至十七）

330000－1705－0011816　續0082　經部/詩
類/傳說之屬

讀風臆補二卷總評一卷 （明）戴君恩原本
（清）陳繼揆補輯並總評　清光緒六年（1880）
寧郡述古堂刻拜經館印本　一冊

330000－1705－0011817　續0102　經部/儀
禮類/傳說之屬

**儀禮鄭注句讀十七卷附監本正誤一卷石本誤
字一卷** （清）張爾岐撰　清乾隆八年（1743）
濟陽高廷樞和衷堂刻本　六冊

330000－1705－0011818　續0087　經部/周
禮類/傳說之屬

周禮精華六卷 （清）陳龍標輯　清道光六年
（1826）刻　六冊

330000－1705－0011819　續0072　經部/詩
類/傳說之屬

詩經體註大全八卷 （清）范翔纂　（清）高朝
瓔定　（清）沈世楷輯　清刻本　二冊　存六
卷（三至八）

330000－1705－0011821　續0073　經部/詩
類/傳說之屬

五經體注大全五種三十二卷 （清）嚴氏家塾
主人輯　清經綸堂刻本　三冊　存一種

330000－1705－0011822　續0074　經部/詩
類/傳說之屬

詩八卷 （宋）朱熹集傳　（清）鴻飛氏重訂
清汲綆齋刻本　四冊

330000－1705－0011823　續0090　經部/周
禮類/傳說之屬

周官精義十二卷 （清）連斗山輯　清乾隆四

十一年（1776）刻本　五冊　缺一卷（十二）

330000－1705－0011824　續0063－1　經部/
書類/分篇之屬

禹貢註節讀一卷禹貢圖說一卷 （清）馬俊良
撰　清乾隆五十四年（1789）端溪書院刻本
二冊

330000－1705－0011825　續0088　經部/周
禮類/傳說之屬

周禮政要四卷 （清）孫詒讓撰　清光緒二十
九年（1903）石印本　一冊　存二卷（一至二）

330000－1705－0011826　續0075　經部/
叢編

皇清經解編一千四百三十卷 王先謙輯　清
光緒石印本　四冊　存三十七卷（詩毛氏傳
疏一至三十、釋毛詩音一至四、毛詩說、毛詩
傳義類、鄭氏箋攷徵）

330000－1705－0011828　續0085　類叢部/
叢書類/彙編之屬

獨抱廬叢刻十一種 （清）陳宗彝編　清道光
金陵陳氏刻本　一冊　存一種

330000－1705－0011829　朱6492　集部/總
集類/選集之屬/斷代

媚幽閣文娛八卷 （明）鄭元勳輯　明崇禎三
年（1630）鄭元化刻本　三冊

330000－1705－0011830　續0066　經部/
叢編

經苑二十五種 （清）錢儀吉輯　清道光至咸
豐大梁書院刻同治七年（1868）王儒行等印本
　一冊　存一種

330000－1705－0011831　續0104　經部/禮
記類/傳說之屬

禮記□□卷 □□輯　明末刻本　一冊　存
一卷（二）

330000－1705－0011832　續0134　經部/春
秋左傳類/傳說之屬

**春秋大事表五十卷讀春秋偶筆一卷輿圖一卷
附錄一卷** （清）顧棟高輯　清乾隆十三年至
十四年（1748－1749）錫山顧氏萬卷樓刻本

一冊　存二卷(春秋輿圖、春秋大事表附錄)

330000－1705－0011834　續0125　經部/三禮總義類/通禮雜禮之屬

五禮通考二百六十二卷首四卷總目二卷
(清)秦蕙田撰　清乾隆二十六年(1761)金匱秦蕙田味經窩刻本　清徐時棟題記　八十六冊　缺十卷(二百至二百一、二百十五至二百十九、二百四十七至二百四十九)

330000－1705－0011835　續0105　經部/叢編

十三經註疏三百三十三卷　(明)□□輯　明崇禎元年至十二年(1628－1639)古虞毛氏汲古閣刻本　三冊　存一種

330000－1705－0011836　續0064　經部/書類/分篇之屬

禹貢錐指二十卷略例一卷圖一卷　(清)胡渭撰　清康熙漱六軒刻本　三冊　存九卷(二至三、十四至二十)

330000－1705－0011837　續0141　經部/春秋左傳類/傳說之屬

春秋左傳五十卷　(晉)杜預　(宋)林堯叟注釋　(唐)陸德明音義　(明)鍾惺　(明)孫鑛　(明)韓范評點　清刻本　三冊　存十三卷(二十九至四十一)

330000－1705－0011838　續0103　類叢部/叢書類/自著之屬

抗希堂十六種　(清)方苞撰　清康熙至嘉慶桐城方氏抗希堂刻本　一冊　存二種

330000－1705－0011839　續0117　類叢部/類書類/專類之屬

經文夐造不分卷　(清)藜光閣主人輯　清石印本　三冊

330000－1705－0011840　續0107　經部/禮記類/傳說之屬

全本禮記體註十卷　(清)徐瑄撰　清光緒五年(1879)慈水古草堂刻本　七冊

330000－1705－0011841　續0135　經部/春秋左傳類/傳說之屬

春秋大事表五十卷讀春秋偶筆一卷輿圖一卷附錄一卷　(清)顧棟高輯　清乾隆十三年至十四年(1748－1749)錫山顧氏萬卷樓刻本　一冊　存一卷(春秋輿圖)

330000－1705－0011842　續0124　經部/三禮總義類/通禮雜禮之屬

五禮通考二百六十二卷首四卷總目二卷
(清)秦蕙田撰　清乾隆二十六年(1761)金匱秦蕙田味經窩刻本　一冊　存三卷(七十八至八十)

330000－1705－0011843　續0069　經部/詩類/傳說之屬

詩經集傳八卷　(宋)朱熹撰　清崇道堂刻本　一冊　存二卷(四至五)

330000－1705－0011844　續0106　經部/禮記類/傳說之屬

禮記旁訓辨體合訂六卷　(清)徐立綱輯　清循陔堂刻本　一冊　存一卷(三)

330000－1705－0011845　續0070　經部/詩類/傳說之屬

詩經精華十卷首一卷　(清)薛嘉穎輯　清刻本　三冊　存五卷(三至七)

330000－1705－0011846　續0128　類叢部/叢書類/自著之屬

脩本堂叢書　(清)林伯桐撰　清道光二十四年(1844)番禺林世戀刻本　一冊　存一種

330000－1705－0011847　續0108　經部/禮記類/傳說之屬

禮記集說十卷　(元)陳澔撰　明刻本　一冊　存二卷(二至三)

330000－1705－0011848　續0136　經部/春秋總義類/傳說之屬

公羊穀梁春秋合編附註疏纂十二卷　(明)朱泰禎撰　明末刻本　一冊　存二卷(五至六)

330000－1705－0011849　續0109　經部/禮記類/傳說之屬

禮記省度四卷　(清)彭頤撰　清刻朱墨套印本　一冊　存一卷(一)

330000－1705－0011850　續0138、續0142　經部/春秋左傳類/傳說之屬

春秋左傳(春秋左傳杜林合注)五十卷　（晉）杜預　（宋）林堯叟注釋　（唐）陸德明音義　（明）鍾惺　（明）孫鑛　（明）韓范評點　清咸豐元年(1851)寧郡汲緶齋刻本　一冊　存八卷(一至八)

330000－1705－0011851　續0118　類叢部/叢書類/自著之屬

觀古堂所著書二十種　葉德輝編　清光緒長沙葉氏刻本　一冊　存一種

330000－1705－0011852　續0127　集部/總集類/課藝之屬

曠視山房制藝□□卷　（清）丁守存撰　清刻本　一冊　存一卷(一)

330000－1705－0011853　續0139　經部/叢編

四書六經讀本一百十一卷　（明）毛晉編　明崇禎十四年(1641)毛氏汲古閣刻本　一冊　存一種

330000－1705－0011854　續0120　經部/叢編

通志堂經解一百四十種　（清）納蘭成德輯　清康熙十九年(1680)納蘭成德刻本　二冊　存一種

330000－1705－0011855　朱3531　集部/別集類/清別集

微泉閣文集十六卷詩集十四卷　（清）董文驥撰　清康熙二十五年至二十六年(1686－1687)武進董元起刻本　一冊　存二卷(文集二至三)

330000－1705－0011856　續0137　經部/春秋左傳類/傳說之屬

春秋左傳五十卷　（晉）杜預　（宋）林堯叟注釋　（明）韓范評閱　清光緒十一年(1885)融經館刻本　一冊　存二卷(一至二)

330000－1705－0011857　續0266　經部/四書類/總義之屬/傳說

四書義萃精一卷　（清）朱賡凌輯　清光緒二十八年(1902)仁記書莊石印本　一冊

330000－1705－0011858　朱3528　史部/史評類/詠史之屬

明史雜詠四卷　（清）嚴遂成撰　清乾隆刻本　一冊

330000－1705－0011859　續0119　經部/叢編

通志堂經解一百四十種　（清）納蘭成德輯　清康熙十九年(1680)納蘭成德刻本　一冊　存一種

330000－1705－0011860　朱3530　集部/別集類/清別集

郡雪齋纂稿前集二卷後集四卷　（清）高熊徵撰　清康熙四十五年(1706)刻本　一冊　存一卷(前集上)

330000－1705－0011861　續0140　經部/春秋左傳類/傳說之屬

春秋左傳(春秋左傳杜林)五十卷　（晉）杜預　（宋）林堯叟注釋　（唐）陸德明音義　（明）鍾惺　（明）孫鑛　（明）韓范評點　清光緒二年(1876)刻本　四冊

330000－1705－0011862　續0243　經部/四書類/總義之屬/傳說

四書經學考十卷補遺一卷　（明）徐邦佐撰　明崇禎元年(1628)刻本　一冊　存六卷(六至十一)

330000－1705－0011863　續0126　類叢部/叢書類/自著之屬

漱琴室存彙八種　（清）高驤雲撰　清刻本　一冊　存一種

330000－1705－0011864　續0111、續0112、續0114　經部/叢編

五經旁訓辨體合訂　（清）徐立綱輯　清聚珍堂刻本　四冊　存一種

330000－1705－0011865　續0123　經部/三禮總義類/通禮雜禮之屬

五禮通考二百六十二卷首四卷總目二卷

（清）秦蕙田撰　清乾隆二十六年(1761)金匱秦蕙田味經窩刻本　一冊　存五卷(一百九至一百十三)

330000－1705－0011866　續 0174　經部/春秋左傳類/傳說之屬

聽園讀左隨筆二十卷附說文異字及諸經異字　（清）李藝元撰　清一經堂刻本　一冊　存二卷(七至八)

330000－1705－0011867　續 0229、續 0230　經部/四書類/總義之屬/傳說

銅版四書遵註合講十九卷　（清）翁復編　清道光十一年(1831)酌雅齋銅刻本　二冊　存五卷(大學、中庸、孟子一至三)

330000－1705－0011868　續 0110　經部/叢編

五經旁訓　（元）李恕旁訓　明刻本　五冊　存一種

330000－1705－0011870　朱 5571　集部/別集類/清別集

南嬉初集一卷南嬉集一卷　（清）周炳曾撰　清刻本　一冊

330000－1705－0011871　續 0145　經部/叢編

十三經讀本一百五十二卷　（清）□□編　清同治金陵書局刻本　十冊　存一種

330000－1705－0011872　續 0143　經部/春秋左傳類/傳說之屬

春秋左傳(狀元閣爵記印左傳杜林)五十卷提要一卷　（晉）杜預　（宋）林堯叟注釋　（唐）陸德明音義　（明）鍾惺　（明）孫鑛　（明）韓范評點　**春秋列國圖說一卷**　（宋）蘇軾撰　清末李光明狀元閣刻本　十五冊　缺二卷(三十四至三十五)

330000－1705－0011873　朱 5536　集部/別集類/清別集

種月軒遺草十四卷　（清）俞得鯉撰　清乾隆十二年(1747)俞景武刻本　二冊

330000－1705－0011874　續 0146　經部/春秋左傳類/傳說之屬

春秋左傳杜林合註五十卷　（晉）杜預　（宋）林堯叟注釋　（唐）陸德明音義　（明）閔光德　（明）閔夢得　（明）閔宗德編輯　明刻本　九冊　存三十六卷(十五至五十)

330000－1705－0011875　朱 7022　集部/別集類/清別集

熊學士詩文集三卷　（清）熊伯龍撰　清康熙九年(1670)熊正筈刻乾隆五十一年(1786)熊光補修本　六冊

330000－1705－0011876　朱 6550　子部/道家類

南華簡鈔(南華經)四卷　（清）徐廷槐輯注　清乾隆六年(1741)碩儒堂刻本　二冊

330000－1705－0011877　續 0149、續 0150　經部/春秋左傳類/傳說之屬

寄傲山房塾課纂輯春秋左傳十二卷　（清）鄒聖脉纂輯　（清）鄒可庭編次　清刻本　二冊　存三卷(四至五、九)

330000－1705－0011878　續 0144、續 2756　類叢部/叢書類/自著之屬

朱氏羣書　（清）朱駿聲撰　清刻本　二冊　存四種

330000－1705－0011883　續 0121　經部/叢編

萬充宗先生經學五書五種十九卷　（清）萬斯大撰　清嘉慶元年(1796)辨志堂刻道光十一年(1831)同文堂補刻本　一冊　存二種

330000－1705－0011885　續 0166　經部/春秋左傳類/傳說之屬

左氏春秋聚十八卷首四卷末二卷　（清）張用星撰　清刻本　四冊　存十卷(一至三、十二至十八)

330000－1705－0011889　續 0160　經部/春秋左傳類/傳說之屬

春秋左氏傳賈服註輯述二十卷　（清）李貽德撰　清同治刻本　一冊　存三卷(十八至二十)

330000－1705－0011891　續 0156　經部/春秋左傳類/傳說之屬

評點春秋綱目左傳句解彙雋六卷　（清）韓菼重訂　清末上海錦章圖書局石印本　三冊

330000－1705－0011892　續 0147　經部/春秋左傳類/傳說之屬

曲江書屋新訂批註左傳快讀十八卷首一卷（清）李紹崧輯　清石印本　八冊　存十四卷（三至十一、十四至十八）

330000－1705－0011893　續 0158、續 0595　經部/叢編

十一經音訓　（清）楊國楨等編　清光緒三年（1877）湖北崇文書局刻本　二十二冊　存八種

330000－1705－0011895　續 0122　類叢部/叢書類/彙編之屬

經訓堂叢書二十一種　（清）畢沅編　清乾隆至嘉慶鎮洋畢氏刻本　二冊　存二種

330000－1705－0011896　續 0167　經部/春秋左傳類/傳說之屬

左腴三卷　（清）潘希淦撰　清道光二十八年（1848）藝蘭書屋刻本　一冊　存一卷（上）

330000－1705－0011897　續 0182　經部/春秋總義類/傳說之屬

春秋世族譜一卷　（清）陳厚耀撰　清道光二十年（1840）寶翰樓刻本　一冊

330000－1705－0011898　續 0155　經部/春秋左傳類/傳說之屬

評點春秋綱目左傳句解彙雋六卷　（清）韓菼重訂　清光緒三十三年（1907）京口善化書局刻本　六冊

330000－1705－0011899　續 0183　經部/春秋總義類/傳說之屬

御纂春秋直解十二卷　（清）傅恒等撰　清乾隆刻本　八冊

330000－1705－0011900　續 0179　經部/叢編

御纂七經二百八十卷首十一卷序三卷　（清）

李光地等撰　清光緒十四年（1888）江南書局刻本　二十冊　存一種

330000－1705－0011901　續 0159、續 2833　類叢部/叢書類/彙編之屬

滂喜齋叢書五十種　（清）潘祖蔭編　清同治至光緒吳縣潘氏京師刻本　二冊　存五種

330000－1705－0011903　續 0426　子部/雜著類/雜考之屬

宋四六擇語不分卷　（清）□□撰　清抄本　一冊

330000－1705－0011904　續 0175　經部/春秋左傳類/傳說之屬

聽園讀左隨筆音釋附□□卷　（清）李藝元撰　清一經堂刻本　三冊　存六卷（十一至十六）

330000－1705－0011905　續 0157、續 0283　經部/叢編

重刊宋本十三經注疏四百十六卷附十三經注疏校勘記四百十六卷　（清）阮元撰　（清）盧宣旬摘錄　清嘉慶二十年（1815）南昌府學刻本　六冊　存三種

330000－1705－0011906　續 0185　經部/群經總義類/傳說之屬

增訂五經體註大全五種四十卷　（清）嚴氏家塾主人輯　清光緒五年（1879）慈水古草堂刻本　一冊　存一種

330000－1705－0011908　續 0184、續 3348　類叢部/叢書類/自著之屬

留書種閣集九種　（清）黃炳垕撰　清同治六年至光緒二十年（1867－1894）餘姚黃氏留書種閣刻本　二冊　存二種

330000－1705－0011909　續 0170　經部/春秋左傳類/傳說之屬

春秋大事表敘錄不分卷　（清）顧棟高撰　清石印本　一冊

330000－1705－0011910　續 0186　經部/春秋總義類/傳說之屬

董子春秋繁露十七卷附錄一卷　（漢）董仲舒

撰　清刻本　一冊　存八卷(十一至十七、附錄)

330000－1705－0011911　續0178、續0113
經部/叢編

五經旁訓　(元)李恕旁訓　明刻本　六冊
存二種

330000－1705－0011912　續0232　經部/四書類/總義之屬/傳說

四書體註合講十九卷　(清)翁復編　清刻本
四冊　存十二卷(論語六至十、孟子一至七)

330000－1705－0011913　續0171　經部/春秋總義類/專著之屬

左傳札記二卷公穀札記一卷　(清)朱亦棟學
清刻本　一冊

330000－1705－0011914　續0187、續1481、
續1484、續1419、續1486、續1966、續1967、續
1971、續1970　子部/叢編

二十二子(二十二子彙函)　(清)浙江書局編
清光緒元年至三年(1875－1877)浙江書局
刻本　十三冊　存八種

330000－1705－0011915　續0130　類叢部/類書類/通類之屬

新刊唐荊川先生稗編一百二十卷目錄三卷
(明)唐順之輯　明萬曆九年(1581)茅一相文
霞閣刻本　一冊　存散葉

330000－1705－0011916　續0172　類叢部/類書類/通類之屬

小嫏嬛山館彙刊類書十二種　(清)小嫏嬛山
館編　清刻本　一冊　存一種

330000－1705－0011917　續0181　經部/春秋總義類/傳說之屬

欽定春秋傳說彙纂三十八卷首二卷　(清)王
掞等撰　清同治九年(1870)浙江撫署刻本
二十冊

330000－1705－0011919　續0176　經部/春秋左傳類/傳說之屬

東萊先生左氏博議二十五卷　(宋)呂祖謙撰

虛字註釋備考六卷　(清)張文炳點定　清
道光十九年(1839)錢唐瞿氏清吟閣刻本　二
冊　存八卷(八至十五)

330000－1705－0011923　續0177　經部/春秋左傳類/傳說之屬

讀左補義五十卷首一卷　(清)姜炳璋輯　清
乾隆三十八年(1773)三多堂刻本　一冊　存
三卷(八至十)

330000－1705－0011924　續0188、續1418
類叢部/叢書類/自著之屬

抗希堂十六種　(清)方苞撰　清康熙至嘉慶
桐城方氏抗希堂刻本　一冊　存二種

330000－1705－0011925　續0249　經部/四書類/總義之屬/傳說

四書圖考十三卷　(清)杜炳撰　清光緒十三
年(1887)鴻文書局石印本　二冊

330000－1705－0011926　續0235　經部/四書類/總義之屬/傳說

四書體註合講十九卷　(清)翁復編　清道光
元年(1821)酌雅齋刻本　二冊　存七卷(論
語六至十、孟子六至七)

330000－1705－0011927　續0236　經部/四書類/總義之屬/傳說

四書味根錄三十七卷　(清)金澂撰　清同治
九年(1870)刻本　十六冊

330000－1705－0011928　續0173　經部/春秋左傳類/傳說之屬

左傳義法舉要一卷　(清)方苞撰　清刻本
三十四葉

330000－1705－0011929　續0237　經部/四書類/總義之屬/傳說

四書味根錄三十七卷　(清)金澂撰　清刻本
四冊　存八卷(孟子三至八、十一至十二)

330000－1705－0011930　續0180　經部/叢編

御纂七經二百八十卷首十一卷序三卷　(清)
李光地等撰　清康熙至乾隆內府刻本　十冊
存一種

330000－1705－0011931　續0231　經部/四書類/總義之屬/傳說

四書體註合講十九卷　（清）翁復編　清同治十年(1871)怡怡軒銅板印本　四冊　缺五卷(孟子一至五)

330000－1705－0011933　續0238　經部/四書類/總義之屬/傳說

四書味根錄三十七卷　（清）金澂撰　清刻本　二冊　存四卷(孟子一至四)

330000－1705－0011936　續0233　經部/四書類/總義之屬/傳說

四書體註合講十九卷　（清）翁復編　清末民國初鉛印本　二冊　存八卷(論語六至十、孟子一至三)

330000－1705－0011937　續0198　經部/孝經類/傳說之屬

關聖孝經旁訓一卷　（清）□□輯　清光緒十六年(1890)刻本　一冊

330000－1705－0011938　續0234　經部/四書類/總義之屬/傳說

增註四書合講十九卷　（清）翁復撰　清末上海朝記書莊石印本　五冊　存十七卷(論語一至十、孟子一至七)

330000－1705－0011940　續0201、續0213　經部/四書類/總義之屬/傳說

四書集註十九卷　（宋）朱熹撰　清光緒南京李光明莊刻本　十一冊　存十七卷(論語一至十、孟子一至七)

330000－1705－0011942　續0199、續1253　類叢部/叢書類/彙編之屬

古逸叢書二十六種　（清）黎庶昌編　清光緒八年至十年(1882－1884)黎庶昌日本東京使署影刻本　三冊　存二種

330000－1705－0011946　續0242　類叢部/類書類/通類之屬

增廣四書典腋二十卷　（清）松軒主人撰　清光緒七年(1881)鉛印本　二冊　存八卷(十三至二十)

330000－1705－0011948　續0209　經部/四書類/總義之屬/傳說

朱子四書或問小註三十六卷　（清）徐方廣增註　清刻本　五冊　存二十卷(論語一至二十)

330000－1705－0011949　續0247　經部/四書類/總義之屬/傳說

四書反身錄八卷首一卷　（清）李顒撰　清刻本　一冊　存二卷(五至六)

330000－1705－0011950　續0207　類叢部/叢書類/自著之屬

率祖堂叢書八種附六種　（宋）金履祥撰　清雍正至乾隆金華金氏刻光緒十三年(1887)鎮海謝駿德補刻本　一冊　存一種

330000－1705－0011951　續0190　史部/傳記類/總傳之屬/通代

三立堂新編闔外春秋三十二卷　（明）尹商撰　明崇禎刻本　一冊　存二卷(二十二至二十三)

330000－1705－0011952　續0250　經部/四書類/總義之屬/傳說

四書朱子本義匯參四十三卷首四卷　（清）王步青輯　清乾隆十年(1745)敦復堂刻本　二十三冊　缺二卷(中庸五至六)

330000－1705－0011953　續0210　經部/叢編

十三經札記二十二卷附十六卷　（清）朱亦棟撰　清光緒四年(1878)武林竹簡齋刻本　一冊　存一種

330000－1705－0011954　續0244　經部/四書類/總義之屬/傳說

四書典林三十卷　（清）江永輯　清刻本　一冊　存三卷(四至六)

330000－1705－0011955　續0218　經部/四書類/總義之屬/傳說

四書集註十九卷　（宋）朱熹撰　清刻本　三冊　存七卷(孟子一至七)

330000－1705－0011956　續0189　史部/紀

傳類/別史之屬

春秋紀傳五十一卷 （清)李鳳雛撰　清刻本
　二冊　存八卷(四十至四十七)

330000－1705－0011957　續0211　經部/四
書類/論語之屬

鄉黨便蒙二卷 （清)劉傳一撰　清道光五年
(1825)刻本　二冊

330000－1705－0011959　續0226　經部/四
書類

上下孟及兩論不分卷　清抄本　四冊

330000－1705－0011960　續0191－1　類叢
部/叢書類/自著之屬

惜抱軒集 （清)姚鼐撰　清嘉慶刻本　一冊
　存二種

330000－1705－0011961　續0245　經部/
書類/總義之屬/傳說

四書人鈔三十卷 （清)邱仁山撰　清乾隆刻
本　一冊　存二卷(十至十一)

330000－1705－0011962　續0191　類叢部/
叢書類/自著之屬

惜抱軒集 （清)姚鼐撰　清嘉慶刻本　一冊
　存三種

330000－1705－0011963　續0246　經部/四
書類/總義之屬/傳說

四書全章聯章文備不分卷　清光緒十四年
(1888)石印本　五冊

330000－1705－0011965　續0253、續0251
經部/四書類/總義之屬/傳說

四書朱子本義匯參四十三卷首四卷 （清)王
步青輯　清乾隆十年(1745)敦復堂刻本　八
冊　存十二卷(大學二,中庸首、一至五,論語
五至六,孟子二、八、十一)

330000－1705－0011968　續0228　經部/四
書類/總義之屬/傳說

學庸口義 （清)沈思沂輯　清刻本　一冊
　存一種

330000－1705－0011969　續0215　經部/四

書類/總義之屬/傳說

四書集註十九卷 （宋)朱熹撰　清涇城一正
堂刻本　一冊　存三卷(孟子一至三)

330000－1705－0011970　續0254、續0255
經部/四書類/總義之屬/傳說

新訂四書補註備旨十卷 （明)鄧林撰　（清)
杜定基增訂　清刻本　八冊　存六卷(大學、
中庸、孟子一至四)

330000－1705－0011971　續0252　經部/四
書類/總義之屬/傳說

四書朱子本義匯參四十三卷首四卷 （清)王
步青輯　清乾隆十年(1745)敦復堂刻本　二
十冊

330000－1705－0011972　續0205　經部/四
書類/論語之屬/傳說

論語十卷 （宋)朱熹集注　清三槐堂刻本
二冊

330000－1705－0011973　續0256、續0257
經部/四書類/總義之屬/傳說

四書考異七十二卷 （清)翟灝撰　清乾隆三
十四年(1769)無不宜齋刻本　五冊　存四十
八卷(總考一至三十六、條考七至十二、二十
三至二十八)

330000－1705－0011974　續0259　經部/四
書類/總義之屬/傳說

四書經註集證十九卷 （清)吳昌宗撰　清嘉
慶三年(1798)江都汪廷機刻本　六冊　缺六
卷(孟子一至六)

330000－1705－0011975　續0276　集部/總
集類/課藝之屬

國朝小題文瀋靈集六卷 （清)張躍鱗編次
清末鉛印本　一冊　存三卷(四至六)

330000－1705－0011976　續0220、續0303
經部/叢編

**重刊宋本十三經注疏七十五卷附十三經注疏
校勘記七十五卷** （清)阮元撰　（清)盧宣旬
摘錄　**校勘記識語四卷** （清)汪文臺撰　清
光緒十三年(1887)上海點石齋石印本　三冊

存三種

330000－1705－0011977　續0258　經部/四
書類/總義之屬/傳說
四書集說四十一卷　（清）陶起庠撰　（清）陶
金烇等校　清刻本　十一冊　存二十四卷
（中庸一至四、論語一至二十）

330000－1705－0011978　續0262　經部/四
書類/總義之屬
四書古註羣義彙解九種九十四卷　（清）□□
輯　清光緒十六年（1890）上海珍藝書局鉛印
本　十二冊

330000－1705－0011979　續0268　經部/四
書類/總義之屬/傳說
四書人物類典串珠四十卷　（清）臧志仁輯
清刻本　四冊　存十六卷（二至四、十五至十
八、二十四至二十五、二十九至三十五）

330000－1705－0011980　續0277　集部/總
集類/課藝之屬
曠視山房制藝四卷　（清）丁守存撰　清同治
刻本　一冊

330000－1705－0011981　續0261　經部/四
書類/總義之屬/傳說
呂晚邨先生四書講義四十三卷　（清）呂留良
撰　（清）陳鏦編次　清刻本　二冊　存十一
卷（二十八至三十四、四十至四十三）

330000－1705－0011982　續0269　集部/別
集類/清別集
韞山堂時文初集二卷二集四卷三集二卷
（清）管世銘撰　清光緒十九年（1893）寧郡汲
綆齋刻本　一冊　存一卷（初集一）

330000－1705－0011983　續0267　經部/四
書類/總義之屬/傳說
四書小參一卷四書問答一卷　（明）朱斯行撰
清光緒三年（1877）姑蘇刻經處刻本　一冊

330000－1705－0011984　續0278　集部/總
集類/課藝之屬
新選小題銳鋒初集不分卷　（清）張嶙編次
清道光十九年（1839）純德堂刻本　一冊

330000－1705－0011985　續0280、續0282
經部/叢編
十三經註疏附考證　（清）□□輯　清同治十
年（1871）廣東書局刻本　七十冊　存十二種

330000－1705－0011986　續0204　經部/四
書類/論語之屬/傳說
論語十卷序說一卷　（宋）朱熹集注　清刻本
一冊　存六卷（一至五、序說）

330000－1705－0011987　續0203　經部/四
書類/論語之屬/傳說
論語十卷序說一卷　（宋）朱熹集注　清刻本
二冊

330000－1705－0011988　續0200　經部/四
書類/論語之屬/傳說
論語十卷序說一卷　（宋）朱熹集注　清刻本
五冊

330000－1705－0011989　續0221　經部/四
書類/總義之屬/傳說
四書朱子本義匯參四十三卷首四卷　（清）王
步青輯　清乾隆十年（1745）敦復堂刻本　六
冊　存六卷（孟子三至七、十二）

330000－1705－0011990　續0260、續0376
類叢部/叢書類/自著之屬
船山遺書五十八種　（清）王夫之撰　清同治
四年（1865）湘鄉曾國荃金陵刻本　二冊　存
三種

330000－1705－0011991　續0279　集部/總
集類/課藝之屬
搭截大觀不分卷　（清）徐辰角等撰　清鉛印
本　三冊

330000－1705－0011992　續0270　集部/別
集類/清別集
韞山堂時文全集不分卷　（清）管世銘撰　清
道光三年（1823）刻本　三冊

330000－1705－0011993　續0281　經部/
叢編
**重刊宋本十三經注疏四百十六卷附十三經注
疏校勘記四百十六卷**　（清）阮元撰　（清）盧

宣句摘錄　**校勘記識語四卷**　（清）汪文臺撰　清光緒十三年(1887)上海脈望仙館石印本　十七冊　存八種

330000－1705－0011994　續 0264　經部/四書類/總義之屬/傳說

集虛齋四書口義十卷　（清）方楘如撰　（清）于光華編　清刻本　一冊　存一卷(九)

330000－1705－0011995　續 0222　經部/四書類/孟子之屬/傳說

載詠樓重鐫硃批孟子二卷　（宋）蘇洵撰　清嘉慶八年(1803)刻朱墨套印本　二冊

330000－1705－0011997　續 0271　集部/別集類/清別集

道生堂小題制藝不分卷　（清）鍾聲撰　清道光刻本　二冊

330000－1705－0011998　續 0287　經部/群經總義類/傳說之屬

皇朝五經彙解二百七十卷附五經正文五卷　(清)朱鏡清輯　清光緒十九年(1893)寶文書局石印本　三十冊　缺二十五卷(六至十三、七十一至八十二,五經正文一至五)

330000－1705－0011999　續 0288　經部/群經總義類/傳說之屬

皇朝五經彙解二百七十卷附五經正文五卷　(清)朱鏡清輯　清光緒石印本　十二冊　存九十六卷(四十一至四十八、九十三至一百三十五、一百四十五至一百五十二、一百六十九至一百七十四、一百八十四至一百九十二、二百二十七至二百三十三、二百四十二至二百五十六)

330000－1705－0012000　續 0297　經部/群經總義類/傳說之屬

群經補義五卷　（清）江永撰　（清）江鴻緒編　清乾隆三十八年(1773)刻本　一冊　存三卷(三至五)

330000－1705－0012001　續 0224　類叢部/叢書類/自著之屬

柏堂遺書(方柏堂全集)八種附一種　（清）方

宗誠撰　清光緒元年至十二年(1875－1886)桐城方氏刻本　一冊　存一種

330000－1705－0012002　續 0272　集部/別集類/清別集

增訂柏蘊皋全稿不分卷　（清）王鈞鰲撰　(清)汪雲液增輯　清光緒二年(1876)四明茹古齋刻本　二冊

330000－1705－0012003　續 0292　經部/群經總義類/傳說之屬

增訂五經體註大全五種四十卷　（清）嚴氏家塾主人輯　清光緒五年(1879)慈水古草堂刻本　二十二冊　缺五卷(全本禮記體註一至五)

330000－1705－0012004　續 0225　經部/四書類/總義之屬/傳說

朱子四書或問小註三十六卷　（清）徐方廣增注　清康熙四十一年(1702)陳彝觀乎堂刻本　四冊　存十四卷(朱子孟子或問小注一至十四)

330000－1705－0012005　續 0273　集部/總集類/課藝之屬

仁在堂大題彙編不分卷　（清）路德輯　清光緒二年(1876)浙省聚賢堂刻本　四冊

330000－1705－0012006　續 0286　類叢部/叢書類/彙編之屬

文選樓叢書三十三種　（清）阮亨編　清嘉慶至道光阮元刻道光二十二年(1842)阮亨彙印本　二十冊　存一種

330000－1705－0012007　續 0274　集部/總集類/課藝之屬

小題真珠船不分卷　清光緒十一年(1885)羊城海墨樓石印本　一冊

330000－1705－0012008　續 0300　史部/目錄類/專錄之屬

經義考三百卷　（清）朱彝尊撰　清康熙秀水朱氏曝書亭刻本　一冊　存六卷(六至十一)

330000－1705－0012009　續 0280－1　經部/周禮類/傳說之屬

周禮十二卷　（漢）鄭玄注　（唐）陸德明音義
清光緒三年(1877)永康胡氏退補齋刻本
六冊

330000－1705－0012010　續0275　集部/總
集類/課藝之屬
目耕齋初集不分卷二集不分卷　（清）徐楷評
注　（清）沈叔眉選刊　清光緒八年(1882)上
海精一閣鉛印本　三冊

330000－1705－0012011　續0291　經部/
叢編
五經體註大全七十二卷　（清）嚴氏家塾主人
輯　清光緒二年(1876)刻本　十冊　存四種

330000－1705－0012012　續0301　經部/群
經總義類/傳說之屬
經解入門八卷　題(清)江藩撰　清光緒十四
年(1888)鴻寶齋石印本　一冊

330000－1705－0012013　續0289　經部/
叢編
五經衷要七十二卷　（清）李式穀輯　清道光
十年(1830)南海葉夢龍風滿樓刻本　三十三
冊　缺十二卷(禮記衷要十七至二十二、二十
七至三十,詩經衷要一至二)

330000－1705－0012014　續0280－2　經部/
禮記類/傳說之屬
欽定禮記義疏八十二卷首一卷　（清）聖祖玄
燁撰　清刻本　十二冊　存十九卷(五十九
至七十七)

330000－1705－0012015　續0302　經部/群
經總義類/傳說之屬
經傳繹義五十卷　（清）陳煒撰　清嘉慶九年
(1804)校字齋刻本　一冊　存一卷(二十六)

330000－1705－0012016　續0304　經部/群
經總義類/傳說之屬
雪樵經解三十卷附錄三卷　（清）馮世瀛輯
清光緒十一年(1885)馮氏辨齋錫活字印本
五冊　缺六卷(十九至二十四)

330000－1705－0012017　續0305　經部/
叢編

大學孝經合刻二卷　清刻本　清中和題記
一冊

330000－1705－0012018　續0298　子部/雜
著類/雜考之屬
十駕齋養新錄二十卷餘錄三卷　（清）錢大昕
撰　錢辛楣先生年譜一卷　（清）錢大昕編
（清）錢慶曾校注　竹汀居士年譜續編一卷
（清）錢慶曾撰　清光緒二年(1876)浙江書局
刻本　九冊

330000－1705－0012019　續0306　集部/總
集類/課藝之屬
經藝璆琳不分卷　清刻本　二冊　存禮記、
春秋

330000－1705－0012020　續0299　子部/雜
著類/雜考之屬
十駕齋養新錄二十卷餘錄三卷　（清）錢大昕
撰　錢辛楣先生年譜一卷　（清）錢大昕編
（清）錢慶曾校注　竹汀居士年譜續編一卷
（清）錢慶曾撰　清光緒二年(1876)浙江書局
刻本　一冊　存三卷(餘錄一至三)

330000－1705－0012021　續0316　經部/小
學類/訓詁之屬/爾雅
爾雅註疏十一卷　（晉）郭璞註　（宋）邢昺疏
清光緒八年(1882)崇德書院刻本　四冊

330000－1705－0012022　續0314　經部/小
學類/訓詁之屬/爾雅
爾雅三卷　（晉）郭璞注　清嘉慶十一年
(1806)吳門顧廣圻思適齋刻本　一冊

330000－1705－0012023　續0317　經部/小
學類/訓詁之屬/爾雅
爾雅郭注義疏三卷　（清）郝懿行撰　清光緒
十四年(1888)上海鴻文書局石印本　四冊

330000－1705－0012024　續0319　經部/小
學類/訓詁之屬/爾雅
爾雅新義二十卷　（宋）陸佃撰　爾雅新義敍
錄一卷　（清）宋大樽輯　清嘉慶十三年
(1808)陸芝榮三間草堂刻本　一冊　存五卷
(十一至十五)

330000－1705－0012025　續 0263　經部/四書類/總義之屬

唐大宗師精選四書義二卷精選經義二卷　清光緒三十年(1904)杭州官書局石印本　六冊

330000－1705－0012026　續 0295　類叢部/類書類/通類之屬

增廣四書五經典林十二卷　(清)求是齋主人編　清末石印本　一冊　存二卷(十一至十二)

330000－1705－0012027　續 0318　經部/小學類/訓詁之屬/爾雅

爾雅郭注義疏三卷　(清)郝懿行撰　清光緒十四年(1888)上海鴻文書局石印本　二冊　存二卷(上二至四、下一至七)

330000－1705－0012028　續 0296　經部/群經總義類/傳說之屬

四書五經義不分卷　(清)□□撰　清末石印本　二冊

330000－1705－0012029　續 0327　經部/小學類/叢編

臨文便覽十一集　(清)楊紹和輯　清石印本　一冊

330000－1705－0012031　續 0265　經部/群經總義類

四書五經義滙海不分卷　(清)亦園居士輯　清石印本　八冊

330000－1705－0012032　續 0293　類叢部/類書類/專類之屬

五經類編二十八卷　(清)周世樟撰　清博古堂刻本　一冊　存四卷(二十一至二十四)

330000－1705－0012033　續 0328　集部/詩文評類/文法之屬/文法

校正馬氏文通十卷　(清)馬建忠撰　清光緒二十八年(1902)上海文林石印本　一冊　存二卷(三至四)

330000－1705－0012034　續 0294　經部/叢編

五經文府不分卷　(清)鴻寶齋輯　清末石印本　三冊　存二種

330000－1705－0012035　續 0307　集部/總集類/課藝之屬

經藝標新不分卷　(清)古草堂主人輯　清光緒元年(1875)刻本　五冊

330000－1705－0012036　續 0320、續 0321　經部/小學類/訓詁之屬/群雅

五雅　(明)畢效欽輯　明嘉靖至隆慶畢效欽刻本　四冊　存一種

330000－1705－0012037　續 0311　類叢部/叢書類/彙編之屬

問經堂叢書　(清)孫馮翼編　清嘉慶承德孫氏刻本　一冊　存一種

330000－1705－0012038　續 0290　經部/群經總義類

五經義匯海不分卷　清末民初石印本　一冊　存尚書不分卷

330000－1705－0012039　續 0330　經部/群經總義類/文字音義之屬

經籍籑詁一百六卷補遺一百六卷首一卷　(清)阮元撰　清嘉慶十七年(1812)揚州阮元琅嬛仙館刻本　三冊　存五卷(九十五至九十九)

330000－1705－0012040　續 0309　集部/總集類/課藝之屬

經藝獵豔五十品不分卷　陸潤庠輯　清光緒五年(1879)鉛印本　一冊

330000－1705－0012041　續 0332　經部/小學類/文字之屬/字書/字典

康熙字典十二集三十六卷總目一卷檢字一卷辨似一卷等韻一卷補遺一卷備考一卷　(清)張玉書等纂修　清光緒十九年(1893)上海寶文書局石印本　六冊

330000－1705－0012042　續 0312、續 3100、續 3101、續 3517　類叢部/叢書類/彙編之屬

花雨樓叢鈔十一種續鈔十一種附一種　(清)張壽榮編　清光緒八年至十四年(1882 - 1888)蛟川張氏花雨樓刻本　四冊　存四種

330000－1705－0012043　續 0310　史部/傳記類/總傳之屬/儒林

國朝漢學師承記八卷國朝經師經義目錄一卷國朝宋學淵源記二卷附記一卷　（清）江藩撰　清光緒十一年（1885）掃葉山房刻本　一冊　存三卷（三至五）

330000－1705－0012044　續 0334　經部/小學類/文字之屬/字書/字典

康熙字典十二集三十六卷總目一卷檢字一卷辨似一卷等韻一卷補遺一卷備考一卷　（清）張玉書等纂修　清末石印本　六冊

330000－1705－0012045　續 0367　經部/小學類/文字之屬/說文

說文管見三卷　（清）胡秉虔撰　清光緒七年（1881）鄞縣林植海望益山房書局刻本　一冊

330000－1705－0012046　續 0369　經部/小學類/文字之屬/說文

說文管見三卷　（清）胡秉虔撰　清光緒七年（1881）鄞縣林植海望益山房書局刻本　一冊

330000－1705－0012048　續 0347　經部/小學類/文字之屬/字書/字典

康熙字典十二集三十六卷總目一卷檢字一卷辨似一卷等韻一卷補遺一卷備考一卷　（清）張玉書等纂修　清末上海商務印書館石印本　六冊　缺六卷（卯集上中下、辰集上中下）

330000－1705－0012049　續 0368　經部/小學類/文字之屬/說文

說文管見三卷　（清）胡秉虔撰　清光緒七年（1881）鄞縣林植海望益山房書局刻本　一冊

330000－1705－0012050　續 0335　經部/小學類/文字之屬/字書/字典

康熙字典十二集三十六卷總目一卷檢字一卷辨似一卷等韻一卷補遺一卷備考一卷　（清）張玉書等纂修　清光緒十三年（1887）上海同文書局石印本　四冊

330000－1705－0012051　續 0333　經部/小學類/文字之屬/字書/字典

康熙字典十二集三十六卷總目一卷檢字一卷辨似一卷等韻一卷補遺一卷備考一卷　（清）張玉書等纂修　清光緒十六年（1890）上海鴻文書局石印本　六冊

330000－1705－0012052　續 0313　經部/小學類/訓詁之屬/爾雅

爾雅圖音注三卷　（晉）郭璞注　（清）姚之麟摹圖　清光緒二十三年（1897）慎記書莊石印本　一冊　缺一卷（下）

330000－1705－0012053　續 0322　經部/小學類/訓詁之屬/群雅

廣雅疏證十卷　（清）王念孫撰　清光緒石印本　一冊　存三卷（四至六）

330000－1705－0012054　續 0370　經部/小學類/文字之屬/說文

說文通訓定聲十八卷分部柬韻一卷說雅一卷古今韻準一卷　（清）朱駿聲撰　（清）朱鏡蓉參訂　**行述一卷**　朱孔彰撰　清光緒十三年（1887）上海積山書局石印本　八冊

330000－1705－0012055　續 0315　經部/小學類/訓詁之屬/爾雅

爾雅圖音注三卷　（晉）郭璞注　（清）姚之麟摹圖　清刻本　一冊　存一卷（下）

330000－1705－0012056　續 0285、續 3366　類叢部/叢書類/彙編之屬

文選樓叢書三十三種　（清）阮亨編　清嘉慶至道光阮元刻道光二十二年（1842）阮亨彙印本　三冊　存二種

330000－1705－0012057　續 0366　經部/小學類/文字之屬/說文

說文新附攷六卷續攷一卷　（清）鈕樹玉撰　清嘉慶六年（1801）非石居刻同治七年（1868）碧螺山館補刻本　一冊　缺四卷（三至六）

330000－1705－0012058　續 0284　經部/叢編

省吾堂四種二十五卷　（清）蔣光弼輯　清常熟蔣氏省吾堂刻本　一冊　存一種

330000－1705－0012059　續 0308　子部/雜著類/雜考之屬

娛親雅言六卷 （清）嚴元照撰 清刻本 一冊 存三卷（四至六）

330000－1705－0012061 續0341 經部/小學類/文字之屬/字書/字典
康熙字典十二集三十六卷總目一卷檢字一卷辨似一卷等韻一卷補遺一卷備考一卷 （清）張玉書等纂修 清末石印本 二冊 存十二卷（巳集上中下、午集上中下、未集上中下、申集上中下）

330000－1705－0012062 續0371 經部/小學類/文字之屬/說文
讀說文雜識一卷 （清）許槤撰 清光緒七年（1881）刻本 一冊

330000－1705－0012063 續0385 經部/小學類/文字之屬/字書/字體
六書通十卷 （明）閔齊伋撰 （清）畢弘述篆訂 清光緒四年（1878）繡谷留耕堂刻本 六冊

330000－1705－0012066 續0338 經部/小學類/文字之屬/字書/字典
康熙字典十二集三十六卷總目一卷檢字一卷辨似一卷等韻一卷補遺一卷備考一卷 （清）張玉書等纂修 清末上海商務印書館石印本 六冊

330000－1705－0012068 續0377 經部/小學類/文字之屬/說文
說文新附攷六卷續攷一卷 （清）鈕樹玉撰 清嘉慶六年（1801）非石居刻同治七年（1868）碧螺山館補刻本 一冊 缺四卷（一至四）

330000－1705－0012072 續0324 類叢部/叢書類/彙編之屬
經訓堂叢書二十二種 （清）畢沅編 清乾隆至嘉慶鎮洋畢氏刻彙印本 一冊 存一種

330000－1705－0012074 續0383 經部/小學類/文字之屬/字書/字體
六書通十卷首一卷附百體福壽全圖 （明）閔齊伋撰 （清）畢弘述篆訂 清光緒十九年（1893）上海校經山房石印本 五冊

330000－1705－0012075 續0379 經部/小學類/文字之屬/說文/專著
說文古籀補十四卷補遺一卷附錄一卷 （清）吳大澂撰 清光緒二十四年（1898）刻本 二冊

330000－1705－0012078 續0360 經部/小學類/文字之屬/說文
說文解字五百四十部目一卷 （清）胡荄甫撰 清光緒十三年（1887）慈谿童氏大鄮山館刻本 一冊

330000－1705－0012082 續0373 類叢部/叢書類/自著之屬
古桐書屋六種續刻三種 （清）劉熙載撰 清同治至光緒刻本 二冊 存一種

330000－1705－0012083 續0356 經部/小學類/文字之屬/說文
說文解字十五卷標目一卷 （漢）許慎撰 （宋）徐鉉等校定 清刻本 四冊

330000－1705－0012084 續0325 類叢部/叢書類/彙編之屬
武英殿聚珍版書一百三十八種 清刻本 二冊 存一種

330000－1705－0012086 續0336 經部/小學類/文字之屬/字書/字典
康熙字典十二集三十六卷總目一卷檢字一卷辨似一卷等韻一卷補遺一卷備考一卷 （清）張玉書等纂修 清末上海商務印書館石印本 六冊

330000－1705－0012087 續0374 經部/小學類/文字之屬/說文
苗氏說文四種 （清）苗夔撰 清道光至咸豐壽陽祁氏漢專亭刻本 一冊 存一種

330000－1705－0012088 續0337 經部/小學類/文字之屬/字書/字典
康熙字典十二集三十六卷總目一卷檢字一卷辨似一卷等韻一卷補遺一卷備考一卷 （清）張玉書等纂修 清末上海商務印書館石印本 六冊

330000－1705－0012091　續 0344、續 0344－1
經部/小學類/文字之屬/字書/字典
**康熙字典十二集三十六卷總目一卷檢字一卷
辨似一卷等韻一卷補遺一卷備考一卷** （清）
張玉書等纂修　清末鉛印本　九冊　缺十五
卷(子集上中下、午集上中下、亥集上中下,總
目,檢字,辨似,等韻,補遺,備考)

330000－1705－0012092　續 0339　經部/小
學類/文字之屬/字書/字典
**康熙字典十二集三十六卷總目一卷檢字一卷
辨似一卷等韻一卷補遺一卷備考一卷** （清）
張玉書等纂修　清光緒三十年(1904)上海錦
章書局石印本　五冊　缺六卷(未集上中下、
申集上中下)

330000－1705－0012094　續 0363、續 0375
經部/小學類/文字之屬/說文/專著
重刊許氏說文解字五音韻譜十二卷 （宋）李
燾撰　明刻本　二冊　存四卷(五至八)

330000－1705－0012096　續 0326　類叢部/
叢書類/自著之屬
杭大宗七種叢書 （清）杭世駿撰　清乾隆杭
賓仁羊城刻本　一冊　存一種

330000－1705－0012097　續 0395　子部/藝
術類/書畫之屬/法帖
草字彙十二卷 （清）石梁輯　清刻本　一冊
　存二卷(三至四)

330000－1705－0012100　續 0387　經部/小
學類/文字之屬/字書/字體
六書通十卷 （明）閔齊伋撰　（清）畢弘述篆
訂　清光緒二十一年(1895)上海鴻寶齋石印
本　三冊　存六卷(一至六)

330000－1705－0012101　續 0615　新學/理
學/理學
天演論二卷 （英國）赫胥黎撰　嚴復譯　清
光緒石印本　一冊

330000－1705－0012102　續 0617　新學/理
學/理學
天演論二卷 （英國）赫胥黎撰　嚴復譯　清

光緒三十二年(1906)上海商務印書館鉛印本
　一冊

330000－1705－0012103　續 0400　經部/小
學類/文字之屬/字書/字體
**篆文纂要全宗四卷目錄二卷提綱一卷附篆體
須知一卷** （清）陳策撰　清康熙十一年
(1672)刻本　一冊　存一卷(提綱)

330000－1705－0012107　續 0394　經部/小
學類/文字之屬/說文
說文解字注十五卷附六書音韻表五卷 （清）
段玉裁撰　說文部目分韻一卷 （清）陳煥編
　清刻本　一冊　存五卷(六書音韻表一至
五)

330000－1705－0012108　續 0403、續 0404
子部/雜著類/雜纂之屬
江湖輯要四卷分韻字彙撮要四卷 （清）溫儀
鳳編輯　（清）溫繼聖訂　清末鉛印本　二冊
　存四卷(江湖輯要二至三、分韻字彙撮要二
至三)

330000－1705－0012109　續 0401　經部/小
學類/文字之屬/字書/字典
增釋文明字彙十二卷 （清）許愚纂　清刻本
　五冊　存十卷(三至十二)

330000－1705－0012110　續 0618　新學/理
學/理學
天演論二卷 （英國）赫胥黎撰　嚴復譯　清
光緒二十九年(1903)武林印刷所鉛印本　清
王家驤　一冊

330000－1705－0012111　續 0348　經部/小
學類/文字之屬/字書/字典
**康熙字典十二集三十六卷總目一卷檢字一卷
辨似一卷等韻一卷補遺一卷備考一卷** （清）
張玉書等纂修　清光緒三十三年(1907)上海
鴻文書局石印本　三冊　缺十七卷(巳集上
中下、午集上中下、酉集上中下、戌集上中下、
亥集上中下,補遺,備考)

330000－1705－0012112　續 0415　經部/小
學類/文字之屬/字書/字典

攷正玉堂字彙四卷 （清）知足子編 清末石印本 二冊 存二卷（三至四）

330000－1705－0012115 續0340 經部/小學類/文字之屬/字書/字典

康熙字典十二集三十六卷總目一卷檢字一卷辨似一卷等韻一卷補遺一卷備考一卷 （清）張玉書等纂修 清光緒三十三年（1907）上海鴻文書局石印本 五冊 缺九卷（寅集上中下、卯集上中下、辰集上中下）

330000－1705－0012116 續0361 經部/小學類/文字之屬/說文

說文解字注十五卷附六書音韻表五卷 （清）段玉裁撰 說文通檢十四卷首一卷末一卷 （清）黎永椿編 說文解字注匡謬八卷 （清）徐承慶撰 清末石印本 一冊 存三卷（八至十）

330000－1705－0012117 續0408 經部/小學類/文字之屬/字書/字體

隸辨八卷 （清）顧藹吉撰 清光緒十三年（1887）上海蜚英館石印本 八冊

330000－1705－0012118 續0619 新學/議論/通論

十九世紀末世界之政治不分卷 （美國）靈綬撰 （美國）羅普譯 清光緒二十八年（1902）上海廣智書局鉛印本 一冊

330000－1705－0012119 續0402 經部/小學類/文字之屬/字書/字典

字彙四集 （清）陳溟子撰 清咸豐五年（1855）古渝善成堂刻本 四冊

330000－1705－0012121 續0409 經部/小學類/文字之屬/字書/字體

漢隸分韻七卷 （元）□□撰 清抄本 一冊

330000－1705－0012123 續0358 經部/小學類/文字之屬/說文

說文解字十五卷標目一卷 （漢）許慎撰 （宋）徐鉉等校定 清初海虞毛氏汲古閣刻本 一冊 存三卷（一至二、標目）

330000－1705－0012124 續0405 經部/小

學類/文字之屬/字書/字典

字彙數求聲十二卷 （明）梅膺祚撰 （清）虞德升繫聲 清康熙刻本 四冊

330000－1705－0012125 續0350 經部/小學類/文字之屬/字書/字典

康熙字典十二集三十六卷總目一卷檢字一卷辨似一卷等韻一卷補遺一卷備考一卷 （清）張玉書等纂修 清光緒十三年（1887）上海積山書局石印本 君肅題記 六冊

330000－1705－0012127 續0412 經部/小學類/文字之屬/說文/傳說

汲古閣說文訂一卷 （清）段玉裁撰 清嘉慶二年（1797）吳縣袁廷檮五硯樓刻本 一冊

330000－1705－0012128 續0417 經部/小學類/文字之屬/字書/字體

字林古今正俗異同通攷四卷附六書辨異二卷補遺一卷 （清）湯容熠輯 清嘉慶刻本 一冊 存二卷（字林古今正俗異同通攷三至四）

330000－1705－0012129 續0427 經部/小學類/文字之屬/字書/字體

汗簡七卷 （宋）郭忠恕撰 清光緒五年（1879）點石齋石印本 一冊

330000－1705－0012132 續0406 經部/禮記類/傳說之屬

漱芳軒合纂禮記體註四卷 （清）范翔撰 清乾隆十九年（1754）三槐堂刻本 六冊

330000－1705－0012133 續0429 經部/小學類/文字之屬/字書/訓蒙

千字文一卷 （南朝梁）周興嗣撰 清浙寧王文正筆墨書坊刻本 一冊

330000－1705－0012135 續0411 子部/儒家類/儒學之屬/蒙學

毘陵左氏識字書一卷 （清）左鎮撰 清光緒十年（1884）嘉興刻本 一冊

330000－1705－0012136 續0351 經部/小學類/文字之屬/字書/字典

康熙字典十二集三十六卷總目一卷檢字一卷辨似一卷等韻一卷補遺一卷備考一卷 （清）

張玉書等纂修　清光緒十三年(1887)上海積山書局石印本　六冊

330000－1705－0012137　續0364、續0423、續3564　類叢部/叢書類/彙編之屬

函海一百六十種　(清)李調元編　清光緒七年至八年(1881－1882)廣漢鍾登甲樂道齋刻本　三冊　存三種

330000－1705－0012139　續0420　經部/小學類/文字之屬/字書/訓蒙

養蒙針度五卷首一卷　(清)潘子聲撰　清光緒三年(1877)古越恒德堂刻本　二冊

330000－1705－0012140　續0421　經部/小學類/文字之屬/字書/訓蒙

養蒙針度五卷首一卷　(清)潘子聲撰　清光緒十年(1884)古越墨潤堂刻本　二冊

330000－1705－0012141　續0345　經部/小學類/文字之屬/字書/字典

康熙字典十二集三十六卷總目一卷檢字一卷辨似一卷等韻一卷補遺一卷備考一卷　(清)張玉書等纂修　清康熙刻本　八冊　存八卷(戌集上中下、亥集上中下,等韻,補遺)

330000－1705－0012142　續0431、續0657類叢部/叢書類/自著之屬

藤花亭十七種　(清)梁廷枏撰　清道光八年至十三年(1828－1833)刻本　三冊　存三種

330000－1705－0012143　續0435　經部/小學類/文字之屬/字書/字典

重校經史海篇直音十卷　(明)□□輯　明刻本　三冊　存四卷(三至四、九至十)

330000－1705－0012144　續0413　經部/小學類/文字之屬/字書/訓蒙

文字蒙求四卷　(清)王筠撰　清刻本　一冊　存二卷(三至四)

330000－1705－0012145　續0439　經部/小學類/音韻之屬/韻書

詩韻集成十卷　(清)余照輯　清刻本　三冊　存八卷(三至十)

330000－1705－0012146　續0428　類叢部/類書類/專類之屬

詩學含英十四卷　(清)劉文蔚輯　清末刻本　一冊　存四卷(四至七)

330000－1705－0012147　續0436　新學/學校

英字指南六卷　(清)楊勳輯譯　清光緒二十三年(1897)復古書齋石印本　六冊

330000－1705－0012149　續0440　經部/小學類/音韻之屬/韻書

漁古軒詩韻五卷　(清)余照撰　(清)朱德蕃增訂　清刻本　一冊　存二卷(一至二)

330000－1705－0012150　續0414　經部/小學類/文字之屬/字書/訓蒙

文字蒙求四卷　(清)王筠撰　清宣統二年(1910)上海文瑞樓石印本　一冊　存二卷(一至二)

330000－1705－0012151　續0365　經部/小學類/文字之屬/說文/傳說

說文解字句讀三十卷　(清)王筠撰　清道光三十年(1850)王筠刻咸豐九年(1859)王彥侗增刻本　十六冊

330000－1705－0012152　續0433　經部/小學類/文字之屬/字書/訓蒙

急就篇一卷　(漢)史游撰　清抄本　馮昭適跋　一冊

330000－1705－0012153　續0441　經部/小學類/音韻之屬/韻書

佩文詩韻釋要五卷　(清)周兆基輯　(清)朱蘭重輯　清道光十六年(1836)刻本　一冊

330000－1705－0012154　續0428－1　類叢部/類書類/專類之屬

詩學含英十四卷詩韻含英五卷　(清)劉文蔚輯　清刻本　一冊　存四卷(八至十一)

330000－1705－0012155　續0346　經部/小學類/文字之屬/字書/字典

康熙字典十二集三十六卷總目一卷檢字一卷辨似一卷等韻一卷補遺一卷備考一卷　(清)

張玉書等纂修　清道光七年(1827)刻本　三十九冊

330000-1705-0012156　續0416　經部/小學類/文字之屬/字書/字典

六一山房重校石印攷正字彙二卷　(清)陳淏子撰　清光緒二十九年(1903)廣益書局石印本　一冊　存一卷(上)

330000-1705-0012157　續0442　經部/小學類/音韻之屬/注音

詩韻音義註二十卷　(清)朱奎撰　清嘉慶八年(1803)雨香書屋刻本　一冊　存二卷(十九至二十)

330000-1705-0012158　新2921　經部/春秋左傳類/傳說之屬

左繡三十卷首一卷　(清)馮李驊　(清)陸浩評輯　**春秋經傳集解三十卷**　(晉)杜預原本　(唐)陸德明音釋　(宋)林堯叟附註(清)馮李驊增訂　清康熙五十九年(1720)華川書屋刻本　十四冊　缺四卷(二十一至二十四)

330000-1705-0012160　續0342　經部/小學類/文字之屬/字書/字典

康熙字典十二集三十六卷總目一卷檢字一卷辨似一卷等韻一卷補遺一卷備考一卷　(清)張玉書等纂修　清末石印本　一冊　存九卷(寅集上中下、卯集上中下、辰集上中下)

330000-1705-0012161　新2919、新2920　經部/叢編

五經四書　(清)□□輯　清同治三年(1864)浙江撫署刻本　六冊　存二種

330000-1705-0012162　續0449　經部/小學類/音韻之屬/韻書

重校增訂初學檢韻十二卷附佩文詩韻一卷　(清)姚文登輯　清光緒九年(1883)會稽唐氏棣蕚山房刻本　二冊　存十卷(一至十)

330000-1705-0012163　續0455　經部/小學類/音韻之屬/韻書

韻辨附文五卷　(清)沈兆霖撰　清同治十二

年(1873)東川書院刻本　一冊　存一卷(四)

330000-1705-0012166　續0443　經部/小學類/音韻之屬/韻書

攷正增廣詩韻全璧五卷　(清)暢懷書屋主人編輯　**初學檢韻一卷**　(清)姚文登撰　清末民初石印本　二冊

330000-1705-0012167　續0425　經部/小學類/音韻之屬/韻書

正譌附韻辨不分卷　(清)邊寶泉等書　清刻本　一冊

330000-1705-0012168　續0456　類叢部/叢書類/彙編之屬

貸園叢書初集十二種四十九卷　(清)周永年編　清乾隆五十四年(1789)歷城周氏竹西書屋重編印益都李文藻等刻本　一冊　存一種

330000-1705-0012169　續0438　經部/小學類/音韻之屬/韻書

增廣詩韻全璧五卷　(清)湯祥瑟編　**初學檢韻袖珍一卷**　(清)姚文登撰　**虛字韻藪一卷**　(清)潘維城輯　清光緒二十一年(1895)四明暢懷書屋石印本　五冊

330000-1705-0012170　續0450　經部/小學類/音韻之屬/古今韻說

蕭選韻系二卷　(清)李麟閣輯　清光緒十年(1884)上海同文書局石印本　一冊　存一卷(下)

330000-1705-0012171　續0349　經部/小學類/文字之屬/字書/字典

康熙字典十二集三十六卷總目一卷檢字一卷辨似一卷等韻一卷補遺一卷備考一卷　(清)張玉書等纂修　清光緒二十年(1894)上洋鴻寶齋石印本　二冊　存十六卷(子集上中下、丑集上中下、未集上中下、申集上中下,總目,檢字,辨似,等韻)

330000-1705-0012173　續0349-1　經部/小學類/文字之屬/字書/字典

康熙字典十二集三十六卷總目一卷檢字一卷辨似一卷等韻一卷補遺一卷備考一卷　(清)

張玉書等纂修　清末石印本　三冊　存十七卷(未集上中下、申集上中下、酉集上中下、戌集上中下、亥集上中下,補遺,備考)

330000－1705－0012176　新2922　經部/春秋左傳類/傳說之屬

東萊先生左氏博議二十五卷　（宋）呂祖謙撰　**虛字註釋備考六卷**　（清）張文炳點定　清道光十九年(1839)錢唐瞿氏清吟閣刻本　四冊　存十九卷(七至二十五)

330000－1705－0012178　續0464、續0465、續0466　類叢部/叢書類/彙編之屬

知不足齋叢書一百九十六種　（清）鮑廷博編　（清）鮑士恭續編　清乾隆三十七年至道光三年(1772－1823)長塘鮑氏刻彙印本　三冊　存四種

330000－1705－0012179　續0444、續0448　經部/小學類/音韻之屬/韻書

初學檢韻袖珍十二卷附檢字一卷佩文詩韻一卷　（清）姚文登輯　清嘉慶七年(1802)刻本　四冊

330000－1705－0012180　新2923　經部/四書類/中庸之屬/傳說

中庸輯畧二卷　（宋）石𡐔集錄　（宋）朱熹刪定　清光緒三年(1877)沃州餘慶堂刻本　二冊

330000－1705－0012181　續0461　經部/小學類/叢編

增訂臨文便覽不分卷　（清）張啟泰輯　（清）怡雲仙館主人重訂　清光緒二年(1876)怡雲仙館刻本　一冊

330000－1705－0012182　續0459　經部/小學類/音韻之屬/等韻

李氏音鑑六卷首一卷　（清）李汝珍撰　清嘉慶十五年(1810)寶善堂刻本　四冊

330000－1705－0012183　續0445　經部/小學類/音韻之屬/韻書

重校增訂初學檢韻十二卷附佩文詩韻一卷　（清）姚文登輯　清嘉慶刻本　二冊　缺三卷

（一至三）

330000－1705－0012184　續0509、續1456、續1973、續1995　類叢部/叢書類/彙編之屬

嘯園叢書五十七種　（清）葛元煦編　清光緒二年至七年(1876－1881)仁和葛氏刻本　六冊　存五種

330000－1705－0012185　續0467　類叢部/叢書類/彙編之屬

海山仙館叢書五十六種　（清）潘仕成編　清道光二十五年至咸豐元年(1845－1851)番禺潘氏刻光緒十一年(1885)增刻匯印本　一冊　存四種

330000－1705－0012186　續0460　經部/小學類/音韻之屬/古今韻說

音學五書五種　（清）顧炎武撰　清光緒十一年(1885)四明觀稼樓刻本　八冊　存三種

330000－1705－0012187　新2924　經部/小學類/訓詁之屬/爾雅

爾雅三卷　（晉）郭璞注　（唐）陸德明音釋　清光緒三年(1877)永康胡氏退補齋刻本　三冊

330000－1705－0012189　續0446　經部/小學類/音韻之屬/韻書

初學檢韻袖珍十二卷附檢字一卷佩文詩韻一卷　（清）姚文登輯　清嘉慶刻本　一冊　存六卷(八至十二、佩文詩韻)

330000－1705－0012190　新2926　史記類/總傳之屬/家乘

[浙江鄞州]四明樟溪崔氏宗譜不分卷　清光緒二十年(1894)抄本　二冊

330000－1705－0012191　續0477、續0478　類叢部/類書類/通類之屬

策學備纂三十二卷首一卷　（清）蔡啟盛（清）吳潁炎等輯　清光緒十九年(1893)上海點石齋石印本　二十冊　存十二卷(首,一至二、四至十二)

330000－1705－0012192　續0658　史部/地理類/總志之屬/斷代

漢書地理志稽疑六卷 （清）全祖望撰 清抄本 一冊

330000－1705－0012193 續0482、續1259 子部/宗教類/佛教之屬/彙編

雲棲法彙二十八種七十四卷 （清）馬國翰輯 清光緒九年(1883)長沙娜嬛館刻本 二冊 存十八種

330000－1705－0012195 續0479 類叢部/類書類/通類之屬

策學備纂三十二卷首一卷 （清）蔡啟盛（清）吳潁炎等輯 清光緒上海點石齋石印本 四冊 存十卷（四、十七至二十五）

330000－1705－0012197 續0474 新學/算學/數學

格物入門七卷 （美國）丁韙良撰 清光緒二十四年(1898)同文館上海書局石印本 七冊

330000－1705－0012198 續0447 經部/小學類/音韻之屬/韻書

重校增訂初學檢韻十二卷附佩文詩韻一卷 （清）姚文登輯 清嘉慶刻本 一冊 存六卷（未集至亥集、佩文詩韻）

330000－1705－0012199 續0483 類叢部/叢書類/彙編之屬

拜楳山房几上書(拜梅山房几上書)二十三種 （清）陳鍾原編 清道光九年(1829)甬上陳氏刻本 一冊 存一種

330000－1705－0012200 續0476、續2805 類叢部/叢書類/自著之屬

埜柏先生類稿八種 （清）宋在詩撰 清道光刻本 四冊

330000－1705－0012202 續0490 類叢部/叢書類/彙編之屬

說鈴前集三十七種後集十六種 （清）吳震方編 清嘉慶四年(1799)刻本 二十一冊 存三十一種

330000－1705－0012203 續0484 類叢部/叢書類/彙編之屬

觀自得齋叢書二十三種別集六種 （清）徐士

愷編 清光緒十三年至二十年(1887－1894)石埭徐氏刻本 一冊 存三種

330000－1705－0012204 續0476－1、續2804 類叢部/叢書類/自著之屬

埜柏先生類稿八種 （清）宋在詩撰 清道光刻本 二冊 存三種

330000－1705－0012207 續0486、續0529 類叢部/叢書類/彙編之屬

藏修堂叢書三十六種 （清）劉晚榮編 清光緒十六年(1890)新會劉氏藏修書屋刻本 二冊 存二種

330000－1705－0012208 續0493 類叢部/叢書類/彙編之屬

微波榭叢書十一種 （清）孔繼涵編 清孔氏刻彙印本 一冊 存二種

330000－1705－0012209 續0489 類叢部/叢書類/彙編之屬

一蒂十七實齋全集 清刻本 一冊 存一種

330000－1705－0012211 新2929 史部/傳記類/總傳之屬/家乘

[浙江鄞州]鄞東李氏宗譜不分卷 （清）包榮纂修 清咸豐十一年(1861)隴西堂木活字印本 一冊

330000－1705－0012212 續0491、續2070 類叢部/叢書類/彙編之屬

說鈴前集三十七種後集十六種 （清）吳震方編 清嘉慶四年(1799)刻本 十六冊 存十三種

330000－1705－0012213 續0492 類叢部/叢書類/輯佚之屬

黃氏逸書考二百七十四種附六種 （清）黃奭輯 清道光甘泉黃氏刻民國十四年(1925)王鑒修補印本 五冊 存一種

330000－1705－0012214 續0453 經部/小學類/音韻之屬/韻書

古今韻會舉要三十卷 （元）黃公紹撰 （元）熊忠舉要 清光緒刻朱印本 三冊 存九卷（八至十六）

330000－1705－0012215　新2930　史部/傳記類/總傳之屬/家乘

[浙江鄞州]鄞東李氏宗譜不分卷　(清)王懷忠纂修　清光緒二十七年(1901)隴西堂木活字印本　一冊

330000－1705－0012216　續0473　史部/地理類

小方壺齋輿地叢鈔十二帙補編十二帙再補編十二帙　王錫祺輯　清光緒十七年至二十三年(1891-1897)上海著易堂鉛印本　四十三冊　存一千四百九種

330000－1705－0012217　續0471　新學/雜著/叢編

富強叢書正集七十七種續集一百二十一種　(清)袁俊德編　清光緒石印本　五十冊　存四十九種

330000－1705－0012218　新2931　集部/別集類/清別集

一硯樓詩草一卷　(清)鄔同壽撰　清宣統元年(1909)刻本　一冊

330000－1705－0012221　新2934　子部/農家農學類/獸醫之屬

圖像水黃牛經合併大全二卷　(明)喻仁(明)喻傑撰　明末刻本　二冊

330000－1705－0012222　新2932　史部/傳記類/總傳之屬/家乘

[浙江鎮海]鎮海南鄉程氏宗譜四卷首一卷　王榮商纂修　清光緒稿本　四冊

330000－1705－0012223　續0469、續0470、續3257、續3258　類叢部/叢書類/彙編之屬

讀畫齋叢書四十六種　(清)顧修編　清嘉慶四年至十六年(1799-1811)桐川顧氏刻本　十冊　存十種

330000－1705－0012224　續0532　類叢部/叢書類/彙編之屬

續知不足齋叢書十七種　(清)高承勳編　清渤海高氏刻本　三冊　存一種六卷(古今事物考三至八)

330000－1705－0012226　續0488　類叢部/叢書類/郡邑之屬

涇川叢書四十四種續七種　(清)趙紹祖(清)趙繩祖編　清嘉慶至道光涇縣趙氏古墨齋刻本　八冊　存十三種續二種

330000－1705－0012229　續0507、續1062　類叢部/叢書類/彙編之屬

申報館叢書正集五十七種附錄三種　尊聞閣主編　續集一百四十二種　蔡爾康編　清同治至光緒上海申報館鉛印本　二冊　存二種

330000－1705－0012230　續0501　新學/雜著/叢編

富強叢書正集七十七種續集一百二十一種　(清)袁俊德編　清光緒石印本　十七冊　存三十種

330000－1705－0012232　新2933　史部/傳記類/總傳之屬/家乘

[浙江鎮海]顧氏宗譜四卷　(清)□萊手訂稿本　一冊

330000－1705－0012233　續0508、續1063、續1377　類叢部/叢書類/彙編之屬

申報館叢書正集五十七種附錄三種　尊聞閣主編　續集一百四十二種　蔡爾康編　清同治至光緒上海申報館鉛印本　十七冊　存三種

330000－1705－0012234　續0480　子部/宗教類/道教之屬

濟一子證道秘書十七種　(清)傅金銓輯　清刻本　六冊　存四種

330000－1705－0012235　續0518、續0519　類叢部/叢書類/彙編之屬

曼陀羅華閣叢書十六種　(清)杜文瀾編　清咸豐至同治秀水杜氏刻光緒十八年(1892)上海掃葉山房修補印本　二冊　存四種

330000－1705－0012237　續0494　類叢部/叢書類/彙編之屬

指海一百四十種　(清)錢熙祚編　(清)錢培讓　(清)錢培杰續編　清道光十六年至二十

二年(1836－1842)金山錢氏重編增刻借月山房彙鈔本　一冊　存一種

330000－1705－0012238　續0542、續1001、續1235　子部/叢編

經史百家序錄六種　邵章輯　清光緒二十八年(1902)會文學社石印本　十二冊　存四種

330000－1705－0012239　續0495　類叢部/叢書類/自著之屬

文道十書四種十二卷　(清)陳景雲撰　清乾隆十九年(1754)蔣良騏刻本　一冊　存三種

330000－1705－0012241　續0510　類叢部/叢書類/郡邑之屬

湖墅叢書　(清)王麟輯　清光緒五年(1879)錢塘王氏刻本　一冊　存一種

330000－1705－0012242　續0531　子部/術數類/相宅相墓之屬

四秘全書十二種　(清)尹有本輯　清嘉慶刻本　一冊　存一種

330000－1705－0012243　續0502　類叢部/叢書類/彙編之屬

函海　(清)李調元編　清刻本　一冊　存三種

330000－1705－0012244　續0543、續1527、續1528　子部/醫家類/綜合之屬/通論

醫學實在易八卷　(清)陳念祖撰　清道光二十四年(1844)緯文堂刻本　四冊

330000－1705－0012245　續0503、續0504、續1779　類叢部/叢書類/彙編之屬

函海一百六十種　(清)李調元編　清光緒七年至八年(1881－1882)廣漢鍾登甲樂道齋刻本　四冊　存八種

330000－1705－0012246　續0537　類叢部/叢書類/郡邑之屬

蔭玉閣叢書五種　(清)葉書編　清光緒臨海葉氏蔭玉閣木活字印本　三冊　存二種

330000－1705－0012247　新2935　史部/傳記類/總傳之屬/家乘

[浙江杭州]**雷氏馮翊郡宗譜二卷首一卷**　(清)雷銀寶纂修　清光緒六年(1880)協慶堂木活字印本　二冊

330000－1705－0012248　續0545　類叢部/叢書類/自著之屬

春在堂全書三十六種　(清)俞樾撰　清同治至光緒刻本　一冊　存一種

330000－1705－0012249　續0520　類叢部/叢書類/自著之屬

率祖堂叢書八種附六種　(宋)金履祥撰　清雍正至乾隆金華金氏刻光緒十三年(1887)鎮海謝駿德補刻本　二冊　存一種

330000－1705－0012250　續0512　類叢部/叢書類/郡邑之屬

粟香室叢書五十九種　金武祥編　清光緒至民國江陰金氏刻本　一冊　存二種

330000－1705－0012251　續0547　類叢部/叢書類/彙編之屬

邵武徐氏叢書二十三種　(清)徐榦編　清光緒邵武徐氏刻本　一冊　存一種

330000－1705－0012252　新2936　類叢部/叢書類/自著之屬

番禺陳氏東塾叢書初函四種附一種　(清)陳澧撰　清咸豐至光緒刻本　一冊　存一種

330000－1705－0012255　續0505、續0739　類叢部/類書類/通類之屬

玉海二百四卷附刻十三種　(宋)王應麟撰　**校補玉海瑣記二卷王深寧先生年譜一卷**　(清)張大昌撰　清光緒九年至十六年(1883－1890)浙江書局刻本　三冊　存十六卷(姓氏急就篇上下、通鑑地理通釋一至十四)

330000－1705－0012256　續0546　類叢部/叢書類/彙編之屬

麗廔叢書九種　葉德輝編　清光緒三十二年至宣統元年(1906－1909)長沙葉氏刻本　一冊　存一種

330000－1705－0012257　續0521　集部/總集類/氏族之屬

寧都三魏全集八十三卷　（清）林時益編　清
刻本　一冊　存一種

330000－1705－0012261　續0506、續0538
類叢部/叢書類/彙編之屬

藝海珠塵二百六種　（清）吳省蘭編　清抄本
二冊　存四種

330000－1705－0012263　續0571　類叢部/
叢書類/彙編之屬

小石山房叢書三十八種　（清）顧湘編　清道
光刻同治十三年(1874)虞山顧氏補刻本　一
冊　存四種

330000－1705－0012264　續0541　子部/天
文曆算類/算書之屬

白芙堂算學叢書　（清）丁取忠輯　清同治至
光緒長沙古荷花池精舍刻本　一冊　存五種

330000－1705－0012265　續0577　子部/儒
家類/儒學之屬

二程全書六十六卷　（宋）程顥　（宋）程頤撰
清同治十年(1871)六安涂氏求我齋刻本
十五冊　缺四卷(程氏文集七至十)

330000－1705－0012266　續0536、續1822
類叢部/叢書類/彙編之屬

觀古堂彙刻書　葉德輝編　清光緒至民國長
沙葉氏刻民國八年(1919)重編印本　二冊
存二種

330000－1705－0012267　續0572　類叢部/
叢書類/彙編之屬

求實齋叢書十五種　蔣德鈞編　清光緒湘鄉
蔣氏龍安郡署刻本　一冊　存一種

330000－1705－0012269　續0522、續2004
類叢部/叢書類/輯佚之屬

十種古逸書三十卷　（清）茆泮林輯　清道光
十四年(1834)梅瑞軒刻本　二冊　存四種

330000－1705－0012270　續0516、續0517
類叢部/叢書類/彙編之屬

南菁書院叢書四十一種　王先謙　繆荃孫編
清光緒十四年(1888)江陰南菁書院刻本
二冊　存三種

330000－1705－0012271　續0544　經部/
叢編

璜川吳氏經學叢書十五種　（清）吳志忠等輯
清道光十年(1830)寶仁堂刻本　一冊　存
三種

330000－1705－0012273　續0573　子部/宗
教類/道教之屬

道書試金石□□卷入藥鏡註一卷呂祖沁園春
註一卷康節邵子詩註一卷　（清）傅金銓撰
頂批金丹真傳□□卷　（清）孫汝忠撰　（清）
張崇烈注　（清）李堪疏　清善成堂刻本　一
冊　存五卷(道書試金石末、入藥鏡註、呂祖
沁園春註、康節邵子詩註、頂批金丹真傳)

330000－1705－0012274　新2938　經部/
叢編

五經揭要　（清）許寶善編　清刻本　一冊
存一種

330000－1705－0012275　續0534、續3119
類叢部/叢書類/自著之屬

隨園三十種　（清）袁枚撰　清刻本　二冊
存三種

330000－1705－0012276　續0523　類叢部/
叢書類/彙編之屬

十萬卷樓叢書五十一種　（清）陸心源編　清
光緒歸安陸氏刻本　一冊　存二種

330000－1705－0012278　續0578　類叢部/
叢書類/彙編之屬

文林綺繡五種五十九卷　（明）凌迪知編　清
光緒十九年(1893)上洋鴻寶齋石印本　四冊
存四種

330000－1705－0012279　續3223　集部/總
集類/選集之屬/通代

昭明選詩初學讀本四卷　（清）孫人龍輯　清
乾隆四年(1739)刻本　一冊　存二卷(三至
四)

330000－1705－0012282　續0524　經部/
叢編

古經解彙函十六種附小學彙函十四種　（清）

鍾謙鈞等輯 清同治十二年(1873)粵東書局刻本 一冊 存小學彙函二種

330000－1705－0012283 續0514、續0801 史/叢編

痛史二十一種附九種 樂天居士輯 清宣統至民國上海商務印書館鉛印本 三十冊 存二十五種

330000－1705－0012284 續0574 集部/總集類/彙編之屬

二許先生集二種八卷 清光緒鉛印本 三冊

330000－1705－0012285 續0565－1 子部/醫家類/類編之屬

陳修園醫書四十八種 (清)陳念祖等撰 清光緒三十二年(1906)吳閩醫學書會石印本 一冊 存五種

330000－1705－0012286 續0567 子部/術數類

百二漢鏡齋祕書四種 (清)程芝雲輯 清道光三年至四年(1823－1824)湖邊程氏百二漢鏡齋刻本 四冊

330000－1705－0012287 續0587 類叢部/叢書類/彙編之屬

靈鶼閣叢書五十六種 (清)江標編 清光緒元和江氏湖南使院刻本 一冊 存三種

330000－1705－0012289 續0525 類叢部/叢書類/郡邑之屬

嶺南遺書五十九種 (清)伍元薇編 清道光十一年至同治二年(1831－1863)南海伍氏粵雅堂文字歡娛室刻光緒三十三年(1907)彙印本 一冊 存一種

330000－1705－0012290 續0579 類叢部/叢書類/彙編之屬

文林綺繡五種五十九卷 (明)凌迪知編 清光緒十九年(1893)上洋鴻寶齋石印本 一冊 存一種

330000－1705－0012291 續0575 集部/別集類/唐五代別集

唐陸宣公集二十二卷首一卷增輯一卷附錄一卷 (唐)陸贄撰 清光緒二年(1876)江蘇書局刻本 六冊

330000－1705－0012294 續0565 子部/醫家類/類編之屬

陳修園醫書四十八種 (清)陳念祖等撰 清末上海錦章圖書局石印本 一冊 存一種

330000－1705－0012296 續0565－2 子部/醫家類/類編之屬

陳修園醫書 (清)陳念祖等撰 清末民初上海鴻文書局石印本 一冊 存一種

330000－1705－0012297 續0580、續1783 子部/天文曆算類/算書之屬

中西算學叢書初編二十二種 (清)求敏齋主人輯 清光緒二十二年(1896)上海鴻寶齋石印本 十冊 存七種

330000－1705－0012298 續0583、續0995 類叢部/類書類/通類之屬

小嫏嬛山館彙刊類書十二種 (清)小嫏嬛山館編 清咸豐元年(1851)刻本 三冊 存四種

330000－1705－0012301 新2948 經部/小學類/文字之屬/字書/字典

康熙字典十二集三十六卷總目一卷檢字一卷辨似一卷等韻一卷補遺一卷備考一卷 (清)張玉書等纂修 清道光七年(1827)刻本 二冊 存三卷(寅集上中、亥集上)

330000－1705－0012302 續0584 子部/叢編

二十五子彙函 (清)鴻文書局編 清光緒十九年(1893)上海鴻文書局石印本 十四冊 存二十二種

330000－1705－0012303 續0622、續1068 新學/雜著/叢編

帝國叢書 (日本)譯東京日日新報撰 (清)出洋學生編輯所編 清光緒二十八年(1902)上海商務印書館鉛印本 二冊 存二種

330000－1705－0012305 續0528 子部/醫家類/喉科口齒之屬/喉痧

疫痧草二卷 （清）陳耕道撰 時疫白喉捷要
一卷 （清）張紹修撰 嘉興徐子默先生吊腳
痧論一卷 （清）徐子默撰 清光緒二十八年
（1902）刻本 一冊

330000－1705－0012308 續 0511 子部/術
數類/相宅相墓之屬

江氏百問目講禪師地理書一卷地理索隱一卷
（明）釋目講撰 （清）趙榆森輯 清光緒二
十三年（1897）鄞縣趙榆森刻本 一冊 缺一
卷（地理書）

330000－1705－0012309 新 2944 子部/
叢編

二十二子（二十二子彙函） （清）浙江書局編
清光緒元年至三年（1875－1877）浙江書局
刻本 四冊 存一種

330000－1705－0012311 新 2947 集部/總
集類/彙編之屬

增廣詩句題解彙編四卷姓氏考一卷 （清）鴻
寶齋主人編 清光緒十七年（1891）上海鴻寶
書局石印本 四冊

330000－1705－0012312 續 0581 史部/
叢編

史學叢書四十三種 （清）□□輯 清光緒石
印本 六冊 存九種

330000－1705－0012315 續 2929、續 2818、
續 2195、續 0582、續 0807、續 2018、續 2253、續
2307 類叢部/叢書類/彙編之屬

申報館叢書正集五十七種附錄三種 尊聞閣
主編 續集一百四十二種 蔡爾康編 清同
治至光緒上海申報館鉛印本 九冊 存八種

330000－1705－0012317 續 0540、續 2968、
續 2969 子部/天文曆算類/算書之屬

董方立遺書八種 （清）董祐誠撰 清同治八
年（1869）董貽清成都刻本 四冊

330000－1705－0012318 續 0620 新學/議
論/通論

十九世紀歐洲文明進化論一卷 （日本）民友
社撰 （清）陳國鏞譯 二十年來生計界劇變

論一卷 （日本）田尻稻次郎講義 （清）陳國
鏞擇譯 清光緒二十八年（1902）上海廣智書
局鉛印本 一冊

330000－1705－0012320 續 0621 史部/史
評類/史論之屬

二十世紀之怪物帝國主義一卷 （日本）幸德
秋水撰 趙必振譯 清光緒二十八年（1902）
上海廣智書局鉛印本 一冊

330000－1705－0012321 續 0598 子部/
叢編

教育叢書初集十一種二集十五種三集十一種
（清）教育世界社編譯 清光緒教育世界出
版所刻本暨石印本 十冊 存十一種

330000－1705－0012322 續 0886 史部/傳
記類/雜傳之屬

方志稿不分卷 （清）□□撰 清抄本 一冊

330000－1705－0012323 續 0831 史部/詔
令奏議類/奏議之屬

無名奏稿不分卷 抄本 一冊

330000－1705－0012324 續 0623 新學/
報章

教育世界不分卷 （清）教育世界社編 清光
緒二十七年至二十九年（1901－1903）教育世
界社石印本 一冊

330000－1705－0012327 續 0624 新學/雜
著/叢編

富強叢書正集七十七種續集一百二十一種
（清）袁俊德編 清光緒二十五年（1899）、二
十七年（1901）石印本 一冊 存一種

330000－1705－0012329 續 0592 新學/格
致總

格致啟蒙四卷 （英國）羅斯古纂 （美國）林
樂知譯 （清）鄭昌棪譯 清光緒江南機器製
造總局刻本 四冊

330000－1705－0012332 續 0561 史部/史
評類/史論之屬

千百年眼十二卷 （明）張燧撰 清光緒十四
年（1888）四明王氏日本東京銅板縮刻本

二冊

330000－1705－0012333　續0561－1　史部/
史評類/史論之屬

千百年眼十二卷　（明）張燧撰　清光緒十四
年（1888）四明王氏日本東京銅板縮刻本　一
冊　存六卷（一至六）

330000－1705－0012334　續0628　史部/紀
傳類/別史之屬

春秋紀傳五十一卷　（清）李鳳雛撰　清康熙
刻本　六冊　存二十六卷（二至四、六至十
四、十九至二十三、二十八至三十二、三十六
至三十九）

330000－1705－0012335　續0625　新學/議
論/論政

政治汎論二卷後編二卷　（美國）威爾遜撰
麥鼎華譯　清光緒二十九年（1903）上海廣智
書局鉛印本　一冊　存一卷（後編下）

330000－1705－0012336　續0535　類叢部/
叢書類/自著之屬

隨園三十種　（清）袁枚撰　清乾隆至嘉慶刻
彙印本　一冊　存一種

330000－1705－0012337　續0562　史部/史
評類/史論之屬

千百年眼十二卷　（明）張燧撰　清石印本
一冊　存二卷（七至八）

330000－1705－0012338　新3052　經部/小
學類/文字之屬/說文/傳說

說文字通十四卷說文經典異字一卷　（清）高
翔麟撰　清道光十八年（1838）海昌查元偁刻
本　二冊　存七卷（一至七）

330000－1705－0012339　續0539　經部/
叢編

九經五十一卷附四卷　（明）秦鏞訂正　清刻
本　一冊　存一種

330000－1705－0012340　續0591　類叢部/
叢書類/彙編之屬

藝海珠塵二百六種　（清）吳省蘭編　清嘉慶
南匯吳氏聽彝堂刻本　一冊　存一種

330000－1705－0012341　續0570　類叢部/
叢書類/彙編之屬

稗海四十六種續稗海二十四種　（明）商濬編
明萬曆商氏半埜堂刻本　三冊　存三種

330000－1705－0012342　續0631、續0632、
續0690　史部/紀傳類/正史之屬

二十四史　清同治至光緒五省官書局據汲古
閣本等合刻光緒五年（1879）湖北書局彙印本
八冊　存二種

330000－1705－0012343　續0593、續2918
類叢部/叢書類/彙編之屬

春暉堂叢書十二種　（清）徐渭仁編　清道光
至咸豐上海徐渭仁刻同治九年至十年（1870－
1871）徐允臨補刻彙印本　五冊　存三種

330000－1705－0012345　續0614　新學/議
論/通論

近世社會主義不分卷　（日本）福井準造撰
趙必振譯　清末鉛印本　一冊

330000－1705－0012346　續0655　史部/紀
傳類/正史之屬

前漢書一百二十卷　（漢）班固撰　（唐）顏師
古注　清同治十年（1871）成都書局刻四史本
清章貞校　三十二冊

330000－1705－0012347　續0601　新學/雜
著/雜記

名學部首一卷名學部甲八卷　（英國）穆勒約
翰撰　嚴復譯　清光緒二十八年（1902）金粟
齋鉛印本　二冊

330000－1705－0012349　續0594　子部/宗
教類/道教之屬

古書隱樓藏書　（清）閔一得輯　清吳興金蓋
山純陽宮刻本　十四冊

330000－1705－0012353　續0481　史部/紀
事本末類

歷朝紀事本末九種　（清）陳如升　（清）朱記
榮輯　（清）慎記主人增輯　清光緒二十一年
（1895）上海積山書局石印本　十五冊　存
四種

330000 - 1705 - 0012356　續 0481 - 1、續 0778、續 0779　史部/紀事本末類

歷朝紀事本末九種　（清）陳如升　（清）朱記榮輯　（清）捷記主人增輯　清光緒二十八年（1902）上海捷記書局石印本　十一冊　存三種

330000 - 1705 - 0012357　續 0664　史部/紀傳類/正史之屬

魏志□□卷　（晉）陳壽撰　（南朝宋）裴松之注　清末石印本　一冊　存五卷（二十六至三十）

330000 - 1705 - 0012358　續 0660、續 1920　類叢部/叢書類/彙編之屬

正覺樓叢刻（正覺樓叢書）二十九種　（清）崇文書局編　清光緒崇文書局刻本　二冊　存二種

330000 - 1705 - 0012360　續 0606　史部/史評類/史學之屬

中國史學通論續編二卷首一卷　（清）京師大學堂編　清光緒京師學務處官書局鉛印本　一冊　缺一卷（二）

330000 - 1705 - 0012361　續 0633、續 0647、續 0699、續 0685、續 0682、續 0674、續 0665、續 0684、續 0679　史部/紀傳類/正史之屬

十七史一千五百七十四卷　（明）毛晉編　明崇禎元年至十七年（1628 - 1644）琴川毛氏汲古閣刻清順治五年至十三年（1648 - 1656）重修本　一百六冊　存九種

330000 - 1705 - 0012362　續 0745　子部/叢編

二十五子彙函　（清）鴻文書局編　清育文書局石印本　一冊　存一種

330000 - 1705 - 0012363　續 0659　史部/紀傳類/正史之屬

孫月峯先生批評漢書一百卷　（漢）班固撰　（明）孫鑛評　明末馮元仲天益山刻本　二十二冊　存九十八卷（帝紀一至十二、年表一至八、志三至十、列傳一至七十）

330000 - 1705 - 0012364　續 0667、續 0702、續 0651　史部/紀傳類/正史之屬

二十四史附考證　清光緒二十八年（1902）武林竹簡齋二次石印本　二十九冊　存三種

330000 - 1705 - 0012365　續 0608　新學/學校

中國歷史教科書七卷　商務印書館編　清光緒三十三年（1907）上海商務印書館鉛印本　一冊

330000 - 1705 - 0012366　續 0596　經部/叢編

十一經音訓　（清）楊國楨等編　清光緒三年（1877）湖北崇文書局刻本　五冊　存四種

330000 - 1705 - 0012367　新 2949　子部/醫家類/婦科之屬/產科

增廣大生要旨五卷　（清）唐千頃撰　（清）葉灝增訂　清咸豐八年（1858）刻本　一冊

330000 - 1705 - 0012368　續 0715　史部/政書類/通制之屬

九通二千三百二十一卷　（清）□□輯　清光緒二十七年（1901）上海圖書集成局鉛印本　六十冊

330000 - 1705 - 0012370　續 0646、續 0695　史部/紀傳類/正史之屬

欽定二十四史　清光緒十四年（1888）上海鴻文書局影印乾隆四年（1739）刻本　六十四冊　存二種

330000 - 1705 - 0012372　續 0717　史部/史評類/考訂之屬

十七史商榷一百卷　（清）王鳴盛撰　清末石印本　三冊　存七十二卷（二十九至一百）

330000 - 1705 - 0012375　續 0714　史部/編年類/斷代之屬

十朝東華錄五百二十五卷東華續錄一百卷（同治朝）　王先謙　潘頤福撰　清光緒二十五年（1899）石印本　三十七冊

330000 - 1705 - 0012376　新 2945　集部/總集類/彙編之屬

詩腋□卷　清刻本　一冊　存十四卷(八至二十一)

330000－1705－0012379　續0709、續0710、續0712　史部/編年類/斷代之屬

東華錄一百九十五卷(天命朝至雍正朝)續錄四百三十卷(乾隆朝至同治朝)　王先謙　潘頤福編　清光緒上海圖書集成印書局鉛印本　九冊　存三十一卷(順治朝十九至二十五,乾隆朝二十七至二十八、三十至三十二、三十九、八十八至九十二、九十六至九十七、一百十六,道光朝二十六至三十六)

330000－1705－0012380　新2946　集部/總集類/彙編之屬

涵德堂詩鏡不分卷　清刻本　二冊

330000－1705－0012381　續0732　史部/編年類/通代之屬

資治通鑑綱目五十九卷　(宋)朱熹撰　(明)陳仁錫評閱　明刻本　二冊　存二卷(五十三至五十四)

330000－1705－0012383　續0727、續0728　史部/編年類/通代之屬

資治通鑑綱目五十九卷首一卷　(宋)朱熹撰　(宋)尹起莘發明　(元)劉友益書法(元)汪克寬考異　(元)徐昭文考證　(元)王幼學集覽　(明)陳濟正誤　(明)馮智舒質實　明刻本　三十八冊　存五十九卷(首,一至四十八、五十至五十九)

330000－1705－0012385　續0733　史部/編年類/斷代之屬

御撰資治通鑑綱目三編六卷　(清)張廷玉等撰　清石印本　一冊　存三卷(一至三)

330000－1705－0012386　續0718　史部/政書類/通制之屬

廣治平略三十六卷續集八卷　(清)蔡方炳撰　清光緒十六年(1890)上海廣百宋齋鉛印本　一冊　存四卷(續集一至四)

330000－1705－0012387　續0672　史部/紀傳類/正史之屬

二十一史二千五百六十七卷　明刻明清遞修本　一冊　存一種

330000－1705－0012388　續0734　史部/編年類/通代之屬

續資治通鑑綱目二十七卷　(明)商輅等撰(明)陳仁錫評　明刻本　二十冊

330000－1705－0012389　續0741　史部/紀傳類/別史之屬

續弘簡錄元史類編四十二卷　(清)邵遠平撰　清康熙三十八年(1699)刻本　一冊　存三卷(十一至十三)

330000－1705－0012390　新2951　集部/總集類/選集之屬/斷代

東嵒艸堂評訂唐詩鼓吹十卷　(金)元好問輯(元)郝天挺注　(明)廖文炳解　(清)朱三錫評　清刻本　一冊　存二卷(七至八)

330000－1705－0012392　續0736、續0737史部/叢編

資治通鑑彙刻五百九十九卷　清同治至光緒江蘇書局刻本　十二冊　存二種

330000－1705－0012393　續0720　史部/史表類/通代之屬

四裔編年表四卷　李鳳苞輯　清光緒二十三年(1897)石印本　三冊　缺一卷(二)

330000－1705－0012394　續0730　史部/編年類/斷代之屬

御撰資治通鑑綱目三編二十卷　(清)張廷玉等撰　清刻本　四冊　缺八卷(十至十七)

330000－1705－0012395　續0721　史部/史表類/通代之屬

歷代甲子紀元表一卷　(清)董醇撰　清咸豐五年(1855)東阜書堂刻本　一冊

330000－1705－0012396　續0735　子部/雜著類/雜纂之屬

鑑略一卷　清抄本　一冊

330000－1705－0012397　續0722　新學/史志/諸國史

新撰東西年表一卷附人名訓一卷地名訓一卷
（日本）井上賴國　（日本）大槻如電撰　清
光緒二十七年（1901）王氏小方壺齋石印本
清張美翊跋　一冊　存一卷（新撰東西年表）

330000－1705－0012399　續0731　史部/編
年類/斷代之屬
御撰資治通鑑綱目三編二十卷　（清）張廷玉
等撰　清刻本　四冊　存十三卷（一至三、七
至十六）

330000－1705－0012400　續0713　史部/編
年類/斷代之屬
十朝東華錄五百二十五卷　王先謙　潘頤福
撰　清光緒二十年（1894）上海積山書局石印
本　八冊　存四十一卷（咸豐一至四十一）

330000－1705－0012401　續0691　史部/紀
傳類/正史之屬
二十一史二千五百六十七卷　明萬曆二十三
年至三十四年（1595－1606）北京國子監刻本
　八冊　存一種

330000－1705－0012402　續0729　史部/編
年類/通代之屬
資治通鑑綱目全書　明刻本　五冊　存二種

330000－1705－0012403　續0738　史部/
叢編
資治通鑑彙刻五百九十九卷　清同治至光緒
江蘇書局刻本　三冊　存一種

330000－1705－0012404　續0782　史部/紀
事本末類/通代之屬
繹史一百六十卷附世系圖一卷年表一卷
（清）馬驌撰　清康熙刻本　二十四冊

330000－1705－0012406　續0650、續0662、
續0666、續0686、續0683、續0678、續0687、續
0672－1、續0692　史部/紀傳類/正史之屬
十七史一千五百七十四卷　（明）毛晉編　明
崇禎元年至十七年（1628－1644）毛氏汲古閣
刻本　九十六冊　存九種

330000－1705－0012407　續0663、續0700
史部/紀傳類/正史之屬

十七史一千五百七十四卷　（明）毛晉編　清
古吳書業堂趙氏刻本　十冊　存二種

330000－1705－0012409　續0671　史部/紀
傳類/正史之屬
二十四史　清同治至光緒五省官書局據汲古
閣本等合刻光緒五年（1879）湖北書局彙印本
二十冊　存一種

330000－1705－0012410　續0711　史部/編
年類/斷代之屬
東華錄一百九十五卷（天命朝至雍正朝）續錄
四百三十卷（乾隆朝至同治朝）　王先謙編
清光緒石印本　五冊　存三十一卷（乾隆朝
五十九至六十三，道光朝十四至三十二、五十
四至六十）

330000－1705－0012411　續0740、續0701、
續0794、續0792　史部/雜史類/通代之屬
宋遼金元別史五種　（清）席世臣輯　清乾隆
至嘉慶南沙席氏掃葉山房刻本　三十七冊
存四種

330000－1705－0012412　新2952　集部/總
集類/氏族之屬
戴氏家稿輯略文五卷詩五卷　（清）戴仁宇編
輯　清光緒刻本　二冊　存五卷（詩一至五）

330000－1705－0012413　續0724　史部/編
年類/通代之屬
資治通鑑二百九十四卷　（宋）司馬光撰
（元）胡三省音注　（明）陳仁錫評　通鑑釋文
辯誤十二卷　（元）胡三省撰　明天啟五年
（1625）長洲陳仁錫刻本　一冊　存三卷（四
十六至四十八）

330000－1705－0012414　續0680、續0681、
續0697、續0704　史部/紀傳類/正史之屬
欽定二十四史　（清）上海文瀾書局編　清光
緒二十八年（1902）上海文瀾書局石印本　五
冊　存四種

330000－1705－0012415　新2953　集部/別
集類/宋別集
蘇文忠公詩集五十卷目錄二卷　（宋）蘇軾撰

（清）紀昀評點　清同治八年（1869）韞玉山房粵東省城刻翰墨園朱墨套印本　七冊　存三十二卷（十一至二十、二十六至三十、三十五至五十，目錄一）

330000－1705－0012416　續 0669　史部/雜史類/斷代之屬

晉略六十六卷　（清）周濟撰　清光緒二年（1876）味儁齋刻本　十冊

330000－1705－0012417　續 0725　史部/編年類/通代之屬

資治通鑑二百九十四卷　（宋）司馬光撰（元）胡三省音注　明末刻本　一冊　存四卷（八十四至八十七）

330000－1705－0012418　續 0742　史部/編年類/斷代之屬

欽定明鑑二十四卷首一卷　（清）胡敬等輯清同治九年（1870）湖北崇文書局刻本　一冊存三卷（首、一至二）

330000－1705－0012419　續 0750　史部/編年類/通代之屬

御批歷代通鑑輯覽一百二十卷　（清）傅恒等總裁　（清）楊述曾等纂修　清光緒二十七年（1901）慎記書莊石印本　十八冊　存一百十五卷（一至九十五、一百一至一百二十）

330000－1705－0012420　續 0673　史部/紀傳類/正史之屬

二十四史附考證　清乾隆武英殿刻本　六冊存一種

330000－1705－0012421　續 0751　史部/編年類/通代之屬

御批歷代通鑑輯覽一百二十卷　（清）傅恒等總裁　（清）楊述曾等纂修　清光緒二十八年（1902）上海文林書局石印本　二十冊

330000－1705－0012422　續 0743　類叢部/叢書類/彙編之屬

金峨山館叢書（望三益齋叢書）十一種　（清）郭傳璞編　清光緒八年至十六年（1882－1890）鄞郭氏刻二十年（1894）鎮海邵氏彙印

本　一冊　存一種

330000－1705－0012424　續 0748　史部/編年類/通代之屬

御批歷代通鑑輯覽一百二十卷　（清）傅恒等總裁　（清）楊述曾等纂修　清光緒二十五年（1899）美華賓記石印本　十四冊　存八十二卷（一至十四、二十二至八十九）

330000－1705－0012425　續 0749　史部/編年類/通代之屬

御批歷代通鑑輯覽一百二十卷　（清）傅恒等總裁　（清）楊述曾等纂修　清光緒二十七年（1901）慎記書莊石印本　二十冊

330000－1705－0012426　續 0747、續 0753　史部/編年類/通代之屬

御批歷代通鑑輯覽一百二十卷　（清）傅恒等總裁　（清）楊述曾等纂修　清光緒二十年（1894）上海書局石印本　十三冊　存六十五卷（一至五、二十一至二十五、四十一至四十五、五十六至七十、八十一至一百五、一百十一至一百二十）

330000－1705－0012428　續 0670　類叢部/叢書類/自著之屬

北江全集七種　（清）洪亮吉撰　清乾隆至嘉慶刻彙印本　二冊　存一種

330000－1705－0012429　續 0752　史部/編年類/通代之屬

御批歷代通鑑輯覽一百二十卷　（清）傅恒等總裁　（清）楊述曾等纂修　清光緒二十八年（1902）上海文林書局石印本　九冊　存一百六卷（一至一百六）

330000－1705－0012431　續 0746　史部/編年類/通代之屬

竹書紀年六卷辨誤一卷考證一卷帝堯以來甲子年表二卷　（清）雷學淇校訂　清亦囂囂齋刻光緒九年（1883）潤身草堂補刻本　二冊缺三卷（竹書紀年四至六）

330000－1705－0012432　新 2964　子部/醫家類/方書之屬/單方驗方

集驗良方拔萃二卷癸卯年續補集驗拔萃良方
一卷　（清）恬素氏輯　清道光二十一年
(1841)刻本　一冊　缺一卷(集驗良方拔萃
一)

330000－1705－0012434　續0758、續0760
史部/編年類/通代之屬
鼎鍥葉太史彙纂玉堂鑑綱七十二卷　（明）葉
向高彙纂　（明)李京訂義　清刻本　十六冊
　缺十四卷(九至十一、二十一至二十八、六
十一至六十三)

330000－1705－0012436　續0689、續0706
史部/紀傳類/正史之屬
重刊二十四史　清同治八年(1869)嶺南菊古
堂刻本　六十四冊　存二種

330000－1705－0012437　續0754　史部/編
年類/通代之屬
御批歷代通鑑輯覽一百二十卷　（清)傅恒等
總裁　（清)楊述曾等纂修　清石印本　五冊
　存二十四卷(四十一至四十六、九十至九十
五、一百一至一百十二)

330000－1705－0012439　續0771　史部/編
年類/通代之屬
綱鑑易知錄九十二卷明鑑易知錄十五卷
(清)吳乘權　（清)周之炯　（清)周之燦輯
　清刻本　二冊　存四卷(七至八、八十一至
八十二)

330000－1705－0012441　續0693　史部/紀
傳類/正史之屬
舊五代史一百五十卷目錄二卷附攷證　（宋)
薛居正等撰　清嘉慶元年(1796)掃葉山房刻
本　七冊　存六十二卷(舊五代史一至六十、
目錄一至二)

330000－1705－0012442　續0795　史部/雜
史類/斷代之屬
明季稗史彙編十六種　（清)留雲居士輯　清
光緒二十二年(1896)上海圖書集成印書局鉛
印本　一冊　存一種

330000－1705－0012443　續0756　史部/編

年類/通代之屬

重訂王鳳洲先生綱鑑會纂四十六卷續宋元紀
二十三卷　（明)王世貞撰　（明)陳仁錫訂
清光緒十三年(1887)上海大同書局石印本
五冊　存二十五卷(綱鑑會纂二十五至三十
二、續宋元紀一至十七)

330000－1705－0012444　續0761　史部/編
年類/通代之屬
尺木堂明鑑易知錄十五卷　（清)吳乘權等輯
　清同治二年(1863)經綸堂刻本　六冊　存
十一卷(一至二、七至十五)

330000－1705－0012445　續0772　史部/編
年類/通代之屬
尺木堂綱鑑易知錄九十二卷明鑑易知錄十五
卷　（清)吳乘權等輯　清光緒十四年(1888)
鉛印本　十五冊

330000－1705－0012446　續0694　史部/紀
傳類/正史之屬
五代史記七十四卷　（宋)歐陽修撰　（宋)徐
無黨注　（清)彭元瑞增注　（清)劉鳳誥排次
　清嘉慶二十年(1815)萍鄉劉氏雲牪書屋刻
本　四冊　存六卷(一至六)

330000－1705－0012447　續0773　史部/史
抄類/通代之屬
綱鑑摘錄不分卷　清抄本　一冊

330000－1705－0012449　續0762　史部/編
年類/通代之屬
尺木堂明鑑易知錄十五卷　（清)吳乘權等輯
　清末鉛印本　一冊　存七卷(一至七)

330000－1705－0012450　續0781　史部/紀
事本末類/通代之屬
繹史一百六十卷附世系圖一卷年表一卷
(清)馬驌撰　清光緒二十三年(1897)武林尚
友齋石印本　一冊　存十四卷(一至十四)

330000－1705－0012452　續0774　史部/史
表類/通代之屬
廿一史四譜五十四卷　（清)沈炳震撰　清同
治十年(1871)武林吳氏清來堂刻本　十五冊

存五十卷（五至五十四）

330000－1705－0012453　續 0757　史部/編年類/通代之屬

王鳳洲先生綱鑑正史全編二十四卷　（明）王世貞撰　（明）陳仁錫評　（明）張睿卿輯　明崇禎刻本　二冊　存二卷（六至七）

330000－1705－0012454　續 0705、續 0707、續 0708　史部/紀傳類/正史之屬

明史稿三百十卷目錄三卷　（清）王鴻緒撰　清雍正敬慎堂刻本　八十四冊　缺十二卷（二百六十一至二百六十三、二百六十八至二百七十一、二百八十一至二百八十五）

330000－1705－0012455　新 2979　史部/傳記類/總傳之屬/家乘

[浙江象山]象山縣陸氏支譜不分卷　（清）陸濤纂修　清抄本　一冊

330000－1705－0012457　續 0768　史部/編年類/通代之屬

玉山樓明鑑易知錄十五卷　（清）吳乘權（清）周之炯　（清）周之燦輯　清刻本　一冊　存二卷（五至六）

330000－1705－0012458　新 2985　史部/傳記類/總傳之屬/家乘

[浙江縉雲]龍溪冠陽應氏續修宗譜□□卷　（清）應望洋纂修　清光緒十四年（1888）木活字印本　三冊　存四卷（七至八、十至十一）

330000－1705－0012460　續 0703　史部/史表類/斷代之屬

元史氏族表三卷　（清）錢大昕撰　清江蘇書局刻本　二冊　存二卷（一至二）

330000－1705－0012461　續 0780　史部/紀事本末類/斷代之屬

聖武記十四卷　（清）魏源撰　清道光二十四年（1844）京都琉璃廠刻本　十二冊

330000－1705－0012463　續 0769、續 0770　史部/編年類/通代之屬

富文堂綱鑑易知錄九十二卷　（清）吳乘權（清）周之炯　（清）周之燦輯　清刻本　三十

四冊　存七十六卷（一至六、九至十三、十六至二十一、二十六至五十七、六十至六十五、七十至七十四、七十七至九十二）

330000－1705－0012464　續 0766　史部/編年類/通代之屬

尺木堂綱鑑易知錄九十二卷　（清）吳乘權等輯　清刻本　一冊　存二卷（十四至十五）

330000－1705－0012467　續 0894　史部/傳記類/總傳之屬/通代

歷代帝王錄不分卷　清抄本　二冊

330000－1705－0012468　續 0795－2、續 0796　史部/雜史類/斷代之屬

明季稗史正編十六種　（清）留雲居士輯　清光緒二十九年（1903）鉛印本　二冊　存一種

330000－1705－0012469　續 0793　史部/雜史類/通代之屬

重訂路史全本四十七卷　（宋）羅泌撰　（宋）羅苹注　（明）吳弘基等重編　清嘉慶六年（1801）西山堂刻本　八冊　存二十卷（國名紀三至六、發揮一至六、餘論一至十）

330000－1705－0012470　續 0797　史部/雜史類/斷代之屬

明季北略二十四卷　（清）計六奇撰　清都城琉璃廠半松居士木活字印本　九冊　存二十二卷（一至二十二）

330000－1705－0012471　續 0767　史部/編年類/通代之屬

尺木堂綱鑑易知錄九十二卷　（清）吳乘權等輯　清刻本　一冊　存三卷（八十八至九十）

330000－1705－0012473　續 0802　史部/史評類/考訂之屬

廿二史劄記三十六卷補遺一卷　（清）趙翼撰　清光緒二十六年（1900）上海書局石印本六冊　存三十三卷（五至三十六、補遺）

330000－1705－0012474　續 0764　史部/編年類/通代之屬

尺木堂綱鑑易知錄九十二卷　（清）吳乘權等輯　清刻本（卷二十至二十二配抄本）　二十

八冊　存六十卷（一、四至五、九至十三、十六至四十三、四十九至六十八、八十九至九十二）

330000－1705－0012475　續0895　史部/傳記類

課塾各氏錄不分卷　清抄本　一冊

330000－1705－0012476　續0775　類叢部/叢書類/自著之屬

儆居遺書十一種　（清）黃式三撰　清同治至光緒刻本　四冊　存一種

330000－1705－0012477　續0803　史部/史評類/考訂之屬

廿二史劄記三十六卷補遺一卷　（清）趙翼撰　清光緒二十六年（1900）上海書局石印本　三冊　存十四卷（十至十四、二十至二十八）

330000－1705－0012478　續0777　史部/紀傳類/正史之屬

漢三帝記不分卷　清抄本　一冊

330000－1705－0012480　續0809　類叢部/叢書類/彙編之屬

清英草堂叢書□□種　清光緒石印本　一冊

330000－1705－0012481　續0783　史部/紀事本末類

歷朝紀事本末九種　（清）陳如升　（清）朱記榮輯　（清）慎記主人增輯　清光緒二十一年（1895）上海積山書局石印本　二十二冊　存六種

330000－1705－0012482　新2982　史部/傳記類/總傳之屬/家乘

[浙江雲和]葉氏宗譜二卷　（清）葉科財纂修　清道光二十五年（1845）芝田立主堂木活字印本　一冊

330000－1705－0012483　續0825、續0826　史部/詔令奏議類/奏議之屬

左文襄公奏疏初編三十八卷續編七十六卷三編六卷　（清）左宗棠撰　清光緒十六年（1890）上海圖書集成局鉛印本　十九冊　存一百十二卷（初編一至三十、續編一至七十

六、三編一至六）

330000－1705－0012485　續0804　史部/雜史類/斷代之屬

汴圍濕襟錄一卷　（明）白愚撰　清宣統上海有正書局鉛印本　一冊

330000－1705－0012487　續0836　史部/傳記類/總傳之屬/斷代

昭代名人尺牘小傳二十四卷　（清）吳修撰　清道光六年（1826）刻本　二冊

330000－1705－0012488　續0806　史部/叢編

勝朝遺事初編三十二種二編十八種　（清）吳彌光輯　清道光二十二年（1842）南海吳彌光芬陀羅館刻本　十四冊　存二十九種

330000－1705－0012489　續0834　史部/傳記類/總傳之屬/斷代

昭代名人尺牘小傳二十四卷　（清）吳修撰　清道光六年（1826）刻本　一冊　存十卷（一至十）

330000－1705－0012490　續0833　史部/傳記類/總傳之屬/斷代

昭代名人尺牘小傳二十四卷　（清）吳修撰　清道光六年（1826）刻本　一冊　存十卷（一至十）

330000－1705－0012492　續0629　史部/紀傳類/正史之屬

史記一百三十卷　（漢）司馬遷撰　（南朝宋）裴駰集解　（唐）司馬貞索隱　（唐）張守節正義　（明）陳仁錫評　明崇禎刻本　十八冊　缺二十八卷（十五至十七、六十六至八十一、一百二十二至一百三十）

330000－1705－0012494　續0835　集部/總集類/尺牘之屬

昭代名人尺牘續集二十四卷　陶湘輯　清宣統三年（1911）天寶石印局影印本　一冊　存二卷（七至八）

330000－1705－0012495　續0805、續0878　類叢部/叢書類/自著之屬

鹿洲全集七種 （清）藍鼎元撰 清康熙至雍正刻彙印本 二冊 存二種

330000－1705－0012496 續0827 史部/詔令奏議類/奏議之屬

寸草廬奏稿三卷 （清）張嘉祿撰 清宣統刻本 二冊

330000－1705－0012497 續0661 史部/紀傳類/正史之屬

十七史一千五百七十四卷 （明）毛晉編 清古吳書業堂趙氏刻本 十二冊 存一種

330000－1705－0012498 新2984 史部/傳記類/總傳之屬/家乘

[浙江縉雲]五雲龍溪冠陽應氏重修宗譜十九卷末一卷 （清）應昇纂修 清同治八年（1869）木活字印本 三冊 存三卷（四、八、十二）

330000－1705－0012499 續0824 史部/詔令奏議類/奏議之屬

曾文正公奏議十卷首一卷末一卷補編四卷 （清）曾國藩撰 （清）薛福成編 清同治十三年（1874）上海吳氏醉六堂刻本 七冊 存七卷（奏議四、六、八至九，補編一至三）

330000－1705－0012500 續0808 新學/學校

文學興國策二卷 （美國）林樂知譯 清光緒二十二年（1896）圖書集成局鉛印本 一冊 存一卷（上）

330000－1705－0012501 續0837 集部/總集類/尺牘之屬

昭代名人尺牘二十四卷小傳二十四卷 （清）吳修輯 清光緒三十四年（1908）西泠印社影印本 一冊 存一卷（昭代名人尺牘一）

330000－1705－0012502 續0696 史部/紀傳類/正史之屬

重刊二十四史 清同治八年（1869）嶺南菊古堂刻本 一冊 存一種

330000－1705－0012504 續0872 史部/傳記類/總傳之屬/通代

校正尚友錄二十二卷補遺一卷 （明）廖用賢編纂 （清）張伯琮補輯 清光緒二十五年（1899）石印本 六冊

330000－1705－0012506 續0848 子部/藝術類/書畫之屬/畫譜

任渭長先生畫傳四種 （清）任熊繪 清光緒十二年（1886）上海同文書局石印本 一冊 存一種

330000－1705－0012508 續0829、續0830 史部/詔令奏議類/奏議之屬

同治中興京外奏議約編八卷 （清）陳弢輯 清光緒刻本 四冊 存四卷（四至七）

330000－1705－0012509 續0799 類叢部/叢書類/彙編之屬

廣雅書局叢書一百五十九種 徐紹棨編 清光緒廣雅書局刻民國九年（1920）番禺徐紹棨彙編重印本 一冊 存一種

330000－1705－0012510 續0864 史部/傳記類/總傳之屬/斷代

國朝先正事略六十卷 （清）李元度撰 清同治五年至八年（1866－1869）循陔草堂刻本 二十四冊

330000－1705－0012511 續0649、續0652、續0653 史部/紀傳類/正史之屬

十七史一千五百七十四卷 （明）毛晉編 明崇禎元年至十七年（1628－1644）毛氏汲古閣刻本 十六冊 存一種

330000－1705－0012513 續0828 史部/詔令奏議類/奏議之屬

林文忠公政書三十七卷蒐遺一卷 （清）林則徐撰 清光緒五年（1879）長洲黃氏刻本 八冊 缺三卷（河東奏稿一、江蘇奏稿一至二）

330000－1705－0012517 新2987 史部/傳記類/總傳之屬/家乘

[浙江縉雲]五雲俞氏宗譜六卷 俞世標纂修 清宣統元年（1909）木活字印民國二十三年（1934）續修本 五冊

330000－1705－0012518 續0838 史部/傳

記類/總傳之屬/仕宦

歷代名臣言行錄二十四卷　（清）朱桓輯　清光緒二十八年（1902）上海雙桂軒石印本　八冊

330000－1705－0012519　續0865　史部/傳記類/總傳之屬/斷代

國朝先正事略六十卷　（清）李元度撰　續編三十卷　朱孔彰撰　清光緒二十五年（1899）石印本　八冊　缺二十六卷（續編五至三十）

330000－1705－0012521　續0832　史部/編年類/斷代之屬

東華錄一百九十五卷（天命朝至雍正朝）續錄四百三十卷（乾隆朝至同治朝）　王先謙編　清光緒刻本　一冊　存二卷（咸豐朝七十九至八十）

330000－1705－0012522　續0851　史部/傳記類/總傳之屬/仕宦

貳臣傳十二卷逆臣傳四卷　（清）國史館撰　清都城琉璃廠半松居士刻本　六冊　缺四卷（逆臣傳一至四）

330000－1705－0012523　續0648　史部/紀傳類/正史之屬

十七史一千五百七十四卷　（明）毛晉編　明崇禎元年至十七年（1628－1644）毛氏汲古閣刻本　二十四冊　存一種

330000－1705－0012524　續0881　類叢部/叢書類/自著之屬

詠梅軒叢書三種附一種　（清）謝蘭生撰　清道光二十九年至三十年（1849－1850）詠梅軒刻本　二冊　存三種

330000－1705－0012526　續0813　史部/史抄類

倭寇錄二卷　清抄本　一冊　存一卷（下）

330000－1705－0012528　續0874　史部/傳記類/職官錄之屬/總錄

清歷朝翰林榜題名錄不分卷　清抄本　一冊

330000－1705－0012529　新2988　史部/傳記類/總傳之屬/家乘

[浙江松陽]栝松䝉源平昌郡孟氏宗譜十三卷　（清）孟起澇纂修　清光緒十九年（1893）木活字印本　二冊　存二卷（一、五）

330000－1705－0012533　續0875　史部/傳記類/總傳之屬/忠孝

旌忠錄五卷首一卷　（清）陳祖確輯　清光緒五年（1879）四明陳氏木活字印本　二冊

330000－1705－0012534　續0823　史部/詔令奏議類/奏議之屬

曾文正公奏議十卷首一卷末一卷補編四卷　（清）曾國藩撰　（清）薛福成編　清同治十二年至十三年（1873－1874）蘇郡刻本　十二冊

330000－1705－0012535　續0676、續0677　史部/紀傳類/正史之屬

十七史一千五百七十四卷　（明）毛晉編　明崇禎元年至十七年（1628－1644）毛氏汲古閣刻本　二冊　存一種

330000－1705－0012536　續0888　史部/傳記類/總傳之屬/通代

涵芬樓古今文鈔小傳四卷首一卷附錄一卷　商務印書館編譯所編　清宣統三年（1911）上海商務印書館鉛印本　一冊

330000－1705－0012537　續0888－1　史部/傳記類/總傳之屬/通代

涵芬樓古今文鈔小傳四卷首一卷附錄一卷　商務印書館編譯所編　清宣統三年（1911）上海商務印書館鉛印本　一冊

330000－1705－0012538　續0841　史部/傳記類/總傳之屬/仕宦

增評歷代名臣言行錄二十二卷　（清）孫鈺編　清光緒二十九年（1903）石印本　三冊

330000－1705－0012539　續0853　史部/傳記類/科舉錄之屬

履歷不分卷　清光緒刻本　一冊

330000－1705－0012543　續0866　史部/傳記類/科舉錄之屬/歷科鄉試錄

光緒二十年甲午科十八省正副榜同年全錄不分卷　清光緒二十年（1894）刻本　一冊

330000－1705－0012544　續 0867　史部/傳記類/科舉録之屬/歷科登科録

光緒甲辰恩科會試題名録不分卷　清光緒三十年(1904)商務印書館鉛印本　一冊

330000－1705－0012545　續 0876　史部/傳記類/科舉録之屬/歷科登科録

朝考卷一卷　(清)陳與冏等撰　清石印本一冊

330000－1705－0012546　續 0877　史部/傳記類/總傳之屬/斷代

文獻徵存録十卷　(清)錢林撰　清咸豐八年(1858)有嘉樹軒刻本　二冊　存二卷(六至七)

330000－1705－0012548　續 0842　集部/總集類/尺牘之屬

國朝名人小簡二卷　吳曾祺輯　清宣統上海商務印書館鉛印本　一冊　存一卷(一)

330000－1705－0012551　續 0854　史部/傳記類/總傳之屬/斷代

傳記不分卷　清抄本　一冊

330000－1705－0012552　續 0893　史部/傳記類/別傳之屬/事狀

曾文正公大事記四卷　(清)王定安撰　清光緒十三年(1887)鴻文書局鉛印本　一冊

330000－1705－0012553　續 0897　子部/儒家類/儒學之屬/俗訓

先儒正修録三卷齊治録三卷　(清)于準輯　清康熙刻本　一冊　存一卷(正修録中)

330000－1705－0012554　續 0882　史部/傳記類/總傳之屬/通代

人壽金鑑二十二卷　(清)程得齡輯　清光緒元年(1875)湖北崇文書局刻本　六冊

330000－1705－0012556　新 2990　史部/傳記類/總傳之屬/家乘

[浙江臨海]臨天蔡氏宗譜□卷　清光緒五年(1879)木活字印本　一冊　存一卷(七)

330000－1705－0012557　續 0891　史部/傳

記類/總傳之屬/儒林

學案小識十四卷首一卷末一卷　(清)唐鑑撰　清光緒十年(1884)刻本　一冊　存三卷(首、一至二)

330000－1705－0012558　續 0855　史部/傳記類/總傳之屬/斷代

欽定勝朝殉節諸臣録十二卷首一卷　清嘉慶二年(1797)謝啟昆刻本　四冊　存五卷(八至十二)

330000－1705－0012560　續 0868　史部/傳記類/科舉録之屬/歷科鄉試録

[光緒甲午科]江南鄉試録一卷　清光緒刻本一冊

330000－1705－0012563　續 0843　集部/總集類/尺牘之屬

歷代名人書札二卷　吳曾祺輯　清末上海商務印書館鉛印本　一冊　存一卷(一)

330000－1705－0012564　續 0869　史部/傳記類/科舉録之屬/歷科鄉試録

乙卯科同年齒録不分卷　(清)□□撰　清咸豐刻本　一冊

330000－1705－0012565　續 0857　史部/傳記類/總傳之屬/列女

善女人傳二卷　(清)彭際清撰　清同治十一年(1872)常熟刻本　一冊

330000－1705－0012566　續 0844　史部/傳記類/總傳之屬/通代

於越先賢像傳贊二卷　(清)王齡撰　(清)任熊繪　清咸豐七年(1857)蕭山王氏養龢堂刻光緒三年(1877)張氏印本　一冊　存一卷(上)

330000－1705－0012567　續 0887　史部/傳記類/總傳之屬/郡邑

浙江忠義録十卷表八卷又一卷續編二卷續表九卷　(清)浙江采訪忠義總局編　清同治七年(1868)浙江采訪忠義總局刻光緒元年(1875)續刻本　二冊　存二卷(續編一至二)

330000－1705－0012569　續 0870　史部/傳

記類/科舉録之屬/歷科登科録
江西校士録六卷 （清）盛炳緯選定　清刻本
　　二冊　存二卷（五至六）

330000－1705－0012570　續0858　史部/傳
記類/總傳之屬/列女
列女傳八卷 （漢）劉向撰　（清）梁端校注
清道光十七年(1837)錢塘汪氏振綺堂刻同治
十三年(1874)補刻本　一冊　存二卷（一至
二）

330000－1705－0012572　續0845　史部/傳
記類/總傳之屬/列女
歷代名賢列女氏姓譜一百五十七卷 （清）蕭
智漢輯　清嘉慶二十年(1815)刻本　二冊
存五卷（一百四十二至一百四十六）

330000－1705－0012574　續0675　史部/紀
傳類/正史之屬
二十四史 清刻本　二冊　存一種

330000－1705－0012575　續0885　史部/地
理類/方志之屬/郡縣志
鄞縣人物志不分卷 清抄本　一冊

330000－1705－0012576　續0859　史部/傳
記類/總傳之屬/列女
古列女傳七卷 （漢）劉向撰　**續列女傳一卷**
列女傳攷證一卷 （清）顧廣圻撰　清嘉慶元
年(1796)顧之逵小讀書堆刻本　四冊

330000－1705－0012577　續0879　史部/傳
記類/總傳之屬/斷代
漁洋感舊集小傳四卷補遺一卷 （清）盧見曾
編　清宣統二年(1910)上海國學扶輪社鉛印
本　一冊　存二卷（一至二）

330000－1705－0012578　續0883　類叢部/
叢書類/自著之屬
率祖堂叢書八種附六種 （宋）金履祥撰　清
雍正至乾隆金華金氏刻光緒十三年(1887)鎮
海謝駿德補刻本　四冊　存一種

330000－1705－0012580　續0640　史部/紀
傳類/正史之屬
史記一百三十卷 （漢）司馬遷撰　（南朝宋）

裴駰集解　（唐）司馬貞索隱　（唐）張守節正
義　（明）徐孚遠　（明）陳子龍測議　明崇禎
刻本　十九冊　缺十三卷（十二至十四、三十
九至四十、九十三至九十六、一百六至一百
九）

330000－1705－0012581　續0860　史部/傳
記類/總傳之屬/郡邑
四明人鑑不分卷 （清）劉慈孚輯　（清）虞琴
繪圖　清光緒十二年(1886)石印本　四冊

330000－1705－0012582　續0787　史部/雜
史類/斷代之屬
戰國策十卷 （宋）鮑彪校注　明天啓三年
(1623)鍾人傑刻本　四冊

330000－1705－0012583　續0822　類叢部/
叢書類/自著之屬
彭剛直公全集二種 （清）彭玉麟撰　清光緒
十七年(1891)俞樾刻本　一冊　存一種

330000－1705－0012584　續0899　新學/史
志/帝王傳
歐洲八大帝王傳 （英國）李提摩太撰　清光
緒二十年(1894)上海廣學會鉛印本　一冊

330000－1705－0012586　續0640－1　史部/
紀傳類/正史之屬
史記一百三十卷 （漢）司馬遷撰　（南朝宋）
裴駰集解　（唐）司馬貞索隱　（唐）張守節正
義　（明）徐孚遠　（明）陳子龍測議　明末刻
本　一冊　存四卷（二十八至三十一）

330000－1705－0012587　續0861　史部/傳
記類/總傳之屬/郡邑
四明人鑑不分卷 （清）劉慈孚輯　（清）虞琴
繪圖　清光緒十二年(1886)石印本　四冊

330000－1705－0012588　續0896　史部/傳
記類/總傳之屬/仕宦
鶴徵録八卷首一卷 （清）李集輯　（清）李富
孫　（清）李遇孫續輯　**鶴徵後録十二卷首一
卷** （清）李富孫輯　清嘉慶漾葭老屋刻同治
修補本　四冊　存十四卷（鶴徵録四至八，後
録首、一至八）

330000 – 1705 – 0012589　續 0871　史部/傳記類/科舉録之屬/歷科鄉試録

鄉會試策對不分卷歲科試經解策問不分卷
(清)□□撰　清光緒刻本　一冊

330000 – 1705 – 0012590　續 0884　史部/傳記類/別傳之屬/事狀

袁燮紀傳不分卷　清抄本　一冊

330000 – 1705 – 0012594　續 0634　史部/紀傳類/正史之屬

史記一百三十卷　(漢)司馬遷撰　(南朝宋)裴駰集解　清光緒八年(1882)上海點石齋石印本　四冊

330000 – 1705 – 0012595　續 0810　史部/雜史類/斷代之屬

台倭戰記初集二卷　(清)□□輯　清刻本二冊

330000 – 1705 – 0012596　續 0644　史部/叢編

史漢評林　(明)凌稚隆輯　明萬曆烏程凌氏刻本　四冊　存一種

330000 – 1705 – 0012597　續 0862　史部/傳記類/總傳之屬/郡邑

四明人鑑不分卷　(清)劉慈孚輯　(清)虞琴繪圖　清光緒十二年(1886)石印本　四冊

330000 – 1705 – 0012598　續 0904　史部/傳記類/總傳之屬/斷代

碑傳集一百六十卷首二卷末二卷　(清)錢儀吉輯　清光緒十九年(1893)江蘇書局刻本二冊　存五卷(五十五至五十七、六十七至六十八)

330000 – 1705 – 0012599　續 0901　史部/傳記類/總傳之屬/歷代

葵窗閒鈔不分卷　(清)馮葆元輯　抄本一冊

330000 – 1705 – 0012600　續 0863　史部/傳記類/總傳之屬/郡邑

四明人鑑不分卷　(清)劉慈孚輯　(清)虞琴繪圖　清光緒十二年(1886)石印本　一冊

330000 – 1705 – 0012604　續 0965　史部/傳記類/雜傳之屬

三峯家志十八卷　(清)盧潮生輯　(清)盧正揚增輯　清道光刻本　一冊　存五卷(七至十一)

330000 – 1705 – 0012605　續 0956　類叢部/叢書類/彙編之屬

融經館叢書十一種　(清)徐友蘭編　清光緒六年至十一年(1880 – 1885)會稽徐氏八杉齋刻本　一冊　存一種

330000 – 1705 – 0012608　續 0911　史部/傳記類/別傳之屬/事狀

節慈遺範一卷　(清)胡祥熊撰　清光緒八年(1882)松竹居刻本　一冊

330000 – 1705 – 0012613　續 0964　史部/傳記類/總傳之屬/家乘

紹先集不分卷　張敬效輯　清光緒二十九年(1903)湘南刻本　二冊

330000 – 1705 – 0012614　續 0912　史部/傳記類/別傳之屬/墓誌

明故權兵部尚書兼翰林院侍講學士鄞張公神道碑不分卷　(清)全祖望撰　清嘉慶二十四年(1819)近竹居刻本　一冊

330000 – 1705 – 0012615　續 0960　史部/傳記類/日記之屬

出使英法義比四國日記六卷(清光緒十六年正月十一日至十七年二月三十日)　(清)薛福成撰　清光緒石印本　一冊　存二卷(二至三)

330000 – 1705 – 0012618　續 0957　史部/傳記類/日記之屬

春江日記□□卷　(清)錢晉錫撰　清刻本一冊　存一卷(五)

330000 – 1705 – 0012619　續 0963、續 2990　類叢部/叢書類/自著之屬

曾文正公全集十六種　(清)曾國藩撰　清同治至光緒傳忠書局刻本　三冊　存一種

330000 – 1705 – 0012620　續 0630　史部/紀

傳類/正史之屬
二十四史附考證　清光緒據乾隆四年(1739)
武英殿刻本影印本　十八冊　存一種

330000－1705－0012622　續0913　史部/傳
記類/別傳之屬/墓誌
清敕授文林郎袁君純夫墓志銘不分卷　(清)
高振霄撰　清石印本　一冊

330000－1705－0012623　續0914　史部/傳
記類/別傳之屬/事狀
丁修甫先生哀輓錄不分卷　繆荃孫等撰　清
宣統三年(1911)鉛印本　一冊

330000－1705－0012628　續0962、續1983、
續1985　類叢部/叢書類/自著之屬
王漁洋遺書三十八種　(清)王士禎撰　清刻
本　六冊　存二種

330000－1705－0012630　續0949　史部/傳
記類/別傳之屬/年譜
朱子年譜四卷考異四卷　(清)王懋竑撰　朱
子論學切要語二卷　(清)王懋竑輯　清乾隆
十七年(1752)寶應王氏白田草堂刻本　三冊
　缺二卷(朱子論學切要語一至二)

330000－1705－0012631　續0974　史部/傳
記類/總傳之屬/家乘
黃氏續錄五卷首一卷　(清)黃百家撰　清康
熙四十二年(1703)刻本　一冊　存三卷(一
至三)

330000－1705－0012632　續0915　史部/雜
史類/斷代之屬
小腆紀傳六十五卷　(清)徐鼒撰　清抄本
一冊　存一卷(姦王紀傳阮大鋮)

330000－1705－0012634　續0642　史部/史
抄類
史記菁華錄六卷　(清)姚祖恩輯　清光緒二
十八年(1902)上海書局石印本　四冊　存四
卷(一、三至四、六)

330000－1705－0012636　續0950　集部/別
集類/漢魏六朝別集
庚子山集十六卷總釋一卷　(北周)庚信撰

(清)倪璠注　年譜一卷　(清)倪璠撰　清道
光十九年(1839)大文堂刻本　一冊　存二卷
(總釋、年譜)

330000－1705－0012637　續0975　史部/傳
記類/總傳之屬/家乘
袁氏存徵不分卷　清抄本　一冊

330000－1705－0012639　續0643　史部/史
抄類
史記菁華錄六卷　(清)姚祖恩輯　清光緒二
十二年(1896)上海書局石印本　六冊

330000－1705－0012644　續0951　史部/傳
記類/別傳之屬/年譜
先室[王璣淑]年譜一卷　(清)唐詠裳編　清
光緒刻本　一冊

330000－1705－0012645　續0977　類叢部/
叢書類/彙編之屬
高安朱文端公校輯藏書(朱文端公藏書)十三
種　(清)朱軾撰輯　清康熙至乾隆刻彙印本
　一冊　存一種

330000－1705－0012646　續0982　史部/雜
史類/通代之屬
所知錄六卷　(清)錢澄之撰　清宣統三年
(1911)上海新學會社鉛印本　一冊　存二卷
(一至二)

330000－1705－0012647　續1016　史部/地
理類/雜志之屬
日下舊聞四十二卷　(清)朱彝尊輯　(清)朱
昆田補遺　清康熙二十七年(1688)刻本　一
冊　存一卷(一)

330000－1705－0012649　續0909　史部/傳
記類/總傳之屬/姓名
姓氏考不分卷　清抄本　一冊

330000－1705－0012651　續0638、續0639
史部/紀傳類/正史之屬
史記一百三十卷　(漢)司馬遷撰　(南朝宋)
裴駰集解　清刻本　二冊　存三十六卷(八
十一至一百十六)

330000－1705－0012655　續 1000　史部/史抄類

廿一史約編八卷首一卷　（清）鄭元慶撰　清光緒十三年(1887)積山書局石印本　八冊

330000－1705－0012657　續 0983　史部/傳記類/科舉録之屬/歷科登科録

國朝歷科鼎甲題名録不分卷　清抄本　一冊

330000－1705－0012658　續 0641　史部/紀傳類/正史之屬

史記一百三十卷　（漢）司馬遷撰　（南朝宋）裴駰集解　清刻本　一冊　存一卷(六)

330000－1705－0012660　續 0994　史部/史抄類

史緯三百三十卷首一卷　（清）陳允錫輯　清光緒二十九年(1903)文來書局石印本　二十八冊　缺一百七十六卷(首,一至一百六十九、三百二十五至三百三十)

330000－1705－0012663　續 0984　史部/傳記類/科舉録之屬/總録

國朝兩浙科名録不分卷　（清）黃安綬輯　清咸豐七年(1857)至光緒遞刻本　二冊

330000－1705－0012664　續 0688　史部/紀傳類/正史之屬

二十四史　清刻本　一冊　存一種

330000－1705－0012669　續 1004　類叢部/叢書類/自著之屬

觀古堂所著書二十種　葉德輝編　清光緒長沙葉氏刻本　一冊　存一種

330000－1705－0012671　續 0985　史部/傳記類/科舉録之屬/歷科登科録

光緒十五年己丑恩科官板十八省正副榜同年全録不分卷　清光緒十五年(1889)刻本　一冊

330000－1705－0012673　續 1011、續 1049　類叢部/叢書類/郡邑之屬

台州叢書九種　（清）宋世犖輯　清嘉慶至道光臨海宋氏刻本　二冊　存二種

330000－1705－0012683　續 1057　史部/地理類/方志之屬/郡縣志

宋元四明六志　（清）徐時棟輯　清咸豐四年(1854)甬上徐氏煙嶼樓刻本　十二冊　存六種

330000－1705－0012685　續 1058　史部/地理類/方志之屬/郡縣志

宋元四明六志　（清）徐時棟輯　清咸豐四年(1854)甬上徐氏煙嶼樓刻本　二十一冊　存六種

330000－1705－0012686　續 1052　史部/地理類/方志之屬

龍遊脩志采訪啟不分卷　（清）張焰撰　清光緒二十三年(1897)刻本　一冊

330000－1705－0012687　續 1012　史部/地理類/總志之屬/通代

讀史方輿紀要一百三十卷輿圖要覽四卷　（清）顧祖禹撰　清嘉慶十七年(1812)成都龍萬育敷文閣刻本　一冊　存二卷(六十至六十一)

330000－1705－0012690　續 1013　史部/地理類/總志之屬/通代

讀史方輿紀要序録一卷　（清）顧祖禹撰　清光緒十九年(1893)美華賓記石印本　一冊

330000－1705－0012691　續 0993　史部/史抄類

史記菁華録六卷　（清）姚祖恩輯　清道光四年(1824)吳興姚氏扶荔山房刻朱墨套印本　六冊

330000－1705－0012692　續 0996　史部/史抄類

南北史捃華八卷　（清）周嘉猷輯　清刻本　二冊　存四卷(三至六)

330000－1705－0012693　續 1050、續 2894　類叢部/叢書類/自著之屬

洪北江全集二十一種　（清）洪亮吉撰　清光緒三年至五年(1877－1879)洪用懃授經堂刻本　三冊　存二種

330000－1705－0012694　續1014　史部/地理類/總志之屬/通代

讀史方輿紀要歷代州域形勢十卷 （清）顧祖禹撰　**附統論歷朝形勢一卷** （清）朱棠撰　清刻本　六冊　存六卷（一至六）

330000－1705－0012695　續1058－1　史部/地理類/雜志之屬

四明談助四十六卷首一卷 （清）徐兆昺撰　清道光八年(1828)木活字印本　十五冊　存三十二卷（三至十、十三至二十、二十三至二十七、三十二至三十六、三十九至四十四）

330000－1705－0012697　續1036　史部/地理類/方志之屬/郡縣志

[光緒]鎮海縣志四十卷 （清）于萬川修（清）俞樾等纂　清光緒五年(1879)鯤池書院刻本　一冊　存三卷（二十至二十二）

330000－1705－0012698　續0997　類叢部/叢書類/自著之屬

杭大宗七種叢書 （清）杭世駿撰　清光緒十年(1884)上海同文書局石印本　一冊　存一種

330000－1705－0012699　續1015　史部/地理類/雜志之屬

欽定日下舊聞考一百六十卷譯語總目一卷 （清）于敏中 （清）竇光鼐等纂修　清乾隆武英殿刻本　一冊　存四卷（一至四）

330000－1705－0012700　續1053　類叢部/叢書類/彙編之屬

雲自在龕叢書五集十九種 繆荃孫輯　清光緒江陰繆氏刻本　一冊　存一種

330000－1705－0012701　續1059、續1060　史部/地理類/總志之屬/斷代

廣輿記二十四卷 （明）陸應陽輯（清）蔡方炳增輯　清刻本　二冊　存六卷（八至十三）

330000－1705－0012704　續1038　史部/地理類/方志之屬/郡縣志

[光緒]鎮海縣志四十卷 （清）于萬川修（清）俞樾等纂　清光緒五年(1879)鯤池書院

刻本　五冊　存十二卷（四至九、二十至二十二、三十一至三十三）

330000－1705－0012705　續0998　子部/儒家類/儒學之屬/性理

照黃氏日抄錄不分卷 （宋）黃震撰　清抄本　一冊

330000－1705－0012707　續1003　史部/時令類

月令輯要二十四卷首一卷 （清）李光地（清）吳廷楨等輯　清康熙刻本　一冊　存二卷（十九至二十）

330000－1705－0012708　續0999　史部/史抄類

廿一史約編八卷首一卷 （清）鄭元慶撰　清光緒席氏埽葉山房刻本　一冊　存二卷（首、金部）

330000－1705－0012710　續1017　史部/地理類/雜志之屬

欽定日下舊聞考一百六十卷譯語總目一卷 （清）于敏中 （清）竇光鼐等纂修　清乾隆武英殿刻本　二十冊　存八十一卷（一至十二、二十一至二十四、三十七至四十、四十五至七十六、八十一至八十八、九十三至一百四、一百二十九至一百三十二、一百五十七至一百六十,總目）

330000－1705－0012711　續1132　史部/政書類/通制之屬

文獻通考二十四卷首一卷 （元）馬端臨撰　清光緒二十五年(1899)上海點石齋石印本　二十冊　存十六卷（一至四、九、十一至十四、十八至二十四）

330000－1705－0012713　續1056　史部/地理類/方志之屬/郡縣志

宋元四明六志 （清）徐時棟輯　清咸豐四年(1854)甬上徐氏煙嶼樓刻本　十冊　存二種

330000－1705－0012714　續1061　類叢部/叢書類/彙編之屬

南菁書院叢書四十一種 王先謙　繆荃孫編

清光緒十四年(1888)江陰南菁書院刻本
一冊　存二種

330000－1705－0012717　續 1018　史部/地
理類/方志之屬/郡縣志

[雍正]寧波府志三十六卷首一卷　(清)曹秉
仁等修　(清)萬經等纂　清道光二十六年
(1846)刻本　十五冊

330000－1705－0012718　續 1197　史部/傳
記類/科舉錄之屬/歷科登科錄

禁扁與歷代科各考不分卷　清鄭芝青抄本
一冊

330000－1705－0012719　續 1006　史部/地
理類

李氏五種　(清)李兆洛撰　清光緒刻本　一
冊　存一種

330000－1705－0012720　續 1055　史部/地
理類/山川之屬/山志

青原志略十三卷首一卷末一卷　(清)釋大然
編　(清)施閏章補　清康熙八年(1669)刻本
一冊　存三卷(八至十)

330000－1705－0012723　續 1019　史部/地
理類/方志之屬/郡縣志

[雍正]寧波府志三十六卷首一卷　(清)曹秉
仁等修　(清)萬經等纂　清刻本　四冊　存
八卷(二十至二十一、二十九至三十四)

330000－1705－0012724　續 1008　新學/地
學/地志學

萬國地理志一卷　(日本)中村五六撰　(日
本)頓野廣太郎修訂　(清)周起鳳譯述　清
光緒二十八年(1902)上海廣智書局鉛印本
一冊

330000－1705－0012727　續 1010　史部/地
理類/外紀之屬

五洲括地歌一卷　(清)蔣升撰　清光緒二十
九年(1903)滬城慈母堂印書局鉛印本　一冊

330000－1705－0012729　續 1064　史部/地
理類/方志之屬

區界不分卷雜錄不分卷　清抄本　一冊

330000－1705－0012730　續 1007　新學/地
學/地志學

世界地理志七卷　(日本)中村五六撰　(日
本)頓野廣太郎修訂　(日本)樋田保熙譯
清光緒二十八年(1902)金粟齋鉛印本　三冊

330000－1705－0012733　續 1070　史部/地
理類/山川之屬/水志

湖山便覽十二卷　(清)翟灝等撰　清刻本
一冊　存二卷(五至六)

330000－1705－0012734　續 1009　新學/
幼學

蒙學課本地球歌韻四卷　(清)張士瀛撰　清
光緒二十七年(1901)藻文書局石印本　一冊
存二卷(一至二)

330000－1705－0012735　續 1043　史部/地
理類/方志之屬/郡縣志

[光緒]慈谿縣志五十六卷附編一卷　(清)楊
泰亨　(清)馮可鏞纂　(清)劉一桂校補　清
光緒二十五年(1899)德潤書院刻本　九冊
存二十一卷(九至十一、十六至十八、二十五
至二十八、三十五至三十六、三十九至四十、
四十三至四十五、五十至五十一、五十五至五
十六)

330000－1705－0012737　續 1073　史部/地
理類/水利之屬

芙蓉湖修堤錄八卷　(清)湯鈺纂　清光緒十
五年(1889)木活字印本　二冊　存三卷(四
至六)

330000－1705－0012738　續 1065　史部/地
理類/雜志之屬

刪正四明譚助四十卷　(清)徐兆昺撰　范鑄
刪正　清光緒稿本　三冊

330000－1705－0012739　續 1074　史部/地
理類/山川之屬/水志

杜白二湖全書一卷　(清)王相能輯　清嘉慶
十年(1805)王相能刻本　二冊

330000－1705－0012740　續 1071　類叢部/
叢書類/家集之屬

雷氏叢書六種 （清）雷學淇編 清刻本 一冊 存一種

330000－1705－0012741 續1066 史部/政書類/軍政之屬/邊政
籌海圖編十三卷 （明）鄭若曾撰 明天啓四年(1624)胡維極刻本 四冊 存四卷(一、十一至十三)

330000－1705－0012742 續1076 類叢部/叢書類/彙編之屬
別下齋叢書初集二十三種 （清）蔣光煦編 清道光海昌蔣氏別下齋刻本 一冊 存一種

330000－1705－0012744 續1044 史部/地理類/方志之屬/郡縣志
[光緒]慈谿縣志五十六卷附編一卷 （清）楊泰亨 （清）馮可鏞纂 （清）劉一桂校補 清光緒二十五年(1899)德潤書院刻本 三冊 存七卷(十二至十三、四十五至四十七、五十五至五十六)

330000－1705－0012745 續1047 史部/地理類/方志之屬/郡縣志
[道光]象山縣志二十二卷首一卷 （清）童立成 （清）吳錫疇修 （清）馮登府等纂 象山文類二卷 （清）□□編輯 清道光十四年(1834)刻本 一冊 存二卷(七至八)

330000－1705－0012746 續1072 史部/地理類/水利之屬
芙蓉湖修堤錄八卷 （清）湯鈺纂 清光緒十五年(1889)木活字印本 三冊 缺五卷(三至七)

330000－1705－0012747 續1067 新學/議論/通論
揚子江流域現勢論四編 （日本）林繁撰 （清）汪國屏譯 清光緒二十八年(1902)上海廣智書局鉛印本(編三原缺) 一冊

330000－1705－0012749 續1086 史部/地理類/雜志之屬
甌江竹枝詞一卷 （清）郭鍾岳撰 溫州竹枝詞一卷 （清）方鼎銳撰 清同治十一年

(1872)和天倪齋、剜綠軒刻本 一冊

330000－1705－0012750 續1113 類叢部/叢書類/自著之屬
曾惠敏公遺集四種 （清）曾紀澤撰 清光緒十九年(1893)江南製造總局鉛印本 一冊 存一種

330000－1705－0012751 續1096 史部/傳記類/日記之屬
癸卯東游日記一卷（清光緒二十九年） 張謇撰 清光緒二十九年(1903)江蘇通州翰墨林書局鉛印本 一冊

330000－1705－0012755 續1069 史部/地理類/水利之屬
行水金鑑一百七十五卷首一卷 （清）傅澤洪撰 清雍正三年(1725)淮陽官舍刻本 九冊 存五十三卷(九十七至一百二、一百二十九至一百七十五)

330000－1705－0012756 續1087 史部/地理類/專志之屬/寺觀
天童寺志十卷首一卷 （清）釋德介 （清）聞性道撰 清康熙刻嘉慶增補本 四冊

330000－1705－0012757 續1079 史部/地理類/方志之屬/郡縣志
[嘉定]剡錄十卷 （宋）史安之修 （宋）高似孫纂 清刻本 一冊 存五卷(六至十)

330000－1705－0012759 續1114、續1122 史部/傳記類/日記之屬
出使日記續刻十卷 （清）薛福成撰 清光緒二十七年(1901)石印本 九冊 缺一卷(六)

330000－1705－0012762 續0952 史部/傳記類/別傳之屬/年譜
吳太夫人年譜三卷續一卷 （清）董金鑑編 清光緒三十三年(1907)董氏取斯家塾刻本 一冊

330000－1705－0012763 續1080 史部/地理類/水利之屬
迴瀾紀要二卷 （清）徐端撰 清刻本 一冊 存一卷(上)

330000－1705－0012764　續 1099　史部/地理類/外紀之屬

俄游彙編八卷　（清）繆祐孫撰　清光緒二十四年(1898)上海書局石印本　六冊

330000－1705－0012765　續 1116　史部/地理類/外紀之屬

日本國志四十卷首一卷　（清）黃遵憲輯　清光緒二十四年(1898)上海圖書集成印書局鉛印本　九冊　缺三卷(十至十二)

330000－1705－0012766　續 1169　史部/史表類/通代之屬

歷代治權分合系統表一卷　（清）吳寶忠編　清光緒三十四年(1908)上海商務印書館石印本　一冊

330000－1705－0012767　續 1106　子部/術數類/雜術之屬

新刻萬法歸宗五卷　（唐）李淳風撰　（唐）袁天罡補　清刻本　二冊　存二卷(二、五)

330000－1705－0012769　續 0953　史部/傳記類/別傳之屬/年譜

王深寧先生[應麟]年譜一卷　（清）陳僅撰　（清）張恕編　清葉熊刻本　一冊

330000－1705－0012770　續 1170　史部/史表類/通代之屬

歷代治權分合系統表一卷　（清）吳寶忠編　清光緒三十四年(1908)上海商務印書館石印本　一冊

330000－1705－0012773　續 1171　史部/史表類/通代之屬

歷代治權分合系統表一卷　（清）吳寶忠編　清光緒三十四年(1908)上海商務印書館石印本　一冊

330000－1705－0012774　續 1172　史部/史表類/通代之屬

歷代治權分合系統表一卷　（清）吳寶忠編　清光緒三十四年(1908)上海商務印書館石印本　一冊

330000－1705－0012775　續 1081　史部/地理類/輿圖之屬/水圖

峽江圖考不分卷　（清）國璋撰　清光緒二十年(1894)上洋袖海山房書局石印本　一冊

330000－1705－0012776　續 1173　史部/史表類/通代之屬

歷代治權分合系統表一卷　（清）吳寶忠編　清光緒三十四年(1908)上海商務印書館石印本　一冊

330000－1705－0012778　續 1174　史部/史表類/通代之屬

歷代治權分合系統表一卷　（清）吳寶忠編　清光緒三十四年(1908)上海商務印書館石印本　一冊

330000－1705－0012782　續 1130、續 1808、續 1918　類叢部/叢書類/彙編之屬

正覺樓叢刻(正覺樓叢書)二十九種　（清）崇文書局編　清光緒崇文書局刻本　五冊　存三種

330000－1705－0012786　續 1129　史部/政書類/職官之屬/官制

歷代職官表六卷　（清）黃本驥纂　清光緒八年(1882)王氏校刻本　一冊　存二卷(五至六)

330000－1705－0012787　續 1100　類叢部/叢書類/彙編之屬

說鈴前集三十三種後集十九種續集七種　（清）吳震方編　清康熙刻本　一冊　存二種

330000－1705－0012789　續 1117　新學/地學/地志學

日本地理新志一卷　（日本）辻武雄撰　清光緒二十七年(1901)東京廣益書社、東亞譯書會石印本　一冊

330000－1705－0012790　續 1082　史部/地理類/山川之屬/水志

峽江救生船志一卷圖考一卷　（清）程以輔等編　**行川必要一卷**　（清）羅縉紳輯　清光緒三年至五年(1877－1879)水師新副中營刻本　一冊　存一卷(圖考)

330000－1705－0012791　續1131　史部/政書類/通制之屬

文獻通考二十四卷首一卷　（元）馬端臨撰
清光緒十一年(1885)上海點石齋石印本　二十冊

330000－1705－0012792　續1083　類叢部/類書類/通類之屬

省軒考古類編十二卷　（清）柴紹炳撰　（清）姚廷謙評　清刻本　一冊　存三卷(十至十二)

330000－1705－0012793　續1095　史部/地理類/興圖之屬/坤輿

地理署說不分卷　（美國）戴集撰　清光緒二十二年(1896)鉛印本　一冊

330000－1705－0012794　續1138　史部/政書類/通制之屬

欽定大清會典一百卷　（清）張廷玉等纂修
清石印本　五冊　存六十六卷(九至三十、四十三至八十六)

330000－1705－0012795　續1084　史部/地理類/專志之屬/古跡

平山堂圖志十卷首一卷　（清）趙之壁纂　清乾隆三十年(1765)刻本　一冊　存一卷(首)

330000－1705－0012796　續1109　史部/政書類

自強學齋治平十議　（清）自強學齋主人輯
清光緒十九年至二十三年(1893－1897)文瑞樓石印本　一冊　存一種

330000－1705－0012798　續1118　史部/地理類/外紀之屬

支那地理新志一卷　（日本）辻武雄撰　清光緒石印本　二冊

330000－1705－0012800　續1085　史部/地理類/雜志之屬

日下尊聞錄五卷　（清）□□撰　清刻本　一冊　存三卷(三至五)

330000－1705－0012801　續1110　史部/地理類/遊記之屬/紀勝

鴻雪因緣圖記一集二卷二集二卷三集二卷
（清）麟慶撰　清光緒二十二年(1896)上海點石齋石印本　六冊

330000－1705－0012803　續0788　史部/雜史類/斷代之屬

戰國策三十三卷　（漢）高誘注　**重刻剡川姚氏本戰國策札記三卷**　（清）黃丕烈撰　清末石印本　二冊　存十三卷(八至十七、札記一至三)

330000－1705－0012804　續0955　史部/傳記類/日記之屬

望雲樓日記不分卷　稿本　二十八冊

330000－1705－0012807　續1104　史部/雜史類/外紀之屬

藏事述要二卷　（清）張玉堂輯　清抄本　二冊

330000－1705－0012810　續1005　類叢部/類書類/通類之屬

重訂詩料詳註四卷　（清）陳風增釋　清刻本　一冊　存一卷(二)

330000－1705－0012811　續1136、續1137　史部/政書類/通制之屬

續文獻通考二百五十四卷　（明）王圻撰　明萬曆三十一年(1603)曹時聘、許維新刻本
二十六冊　存五十七卷(四十三至六十、二百十至二百三十四、二百三十七至二百五十)

330000－1705－0012812　續1151　史部/政書類/通制之屬

通典總序一卷　（唐）杜佑撰　**通志總序一卷**　（宋）鄭樵撰　清抄本　一冊

330000－1705－0012813　續1120　史部/地理類/外紀之屬

地球韻言四卷　（清）張士瀛撰　清光緒二十七年(1901)杞盧杭州刻本　一冊　存二卷(一至二)

330000－1705－0012814　續1105、續1157、續1158　史部/政書類

自強學齋治平十議　（清）自強學齋主人輯

清光緒十九年至二十三年(1893－1897)文瑞樓石印本　五冊　存三種

330000－1705－0012815　續1149　經部/三禮總義類/名物制度之屬

歷代服制考原二卷　(清)蔡子嘉撰　清光緒十四年(1888)西山草堂石印本　二冊

330000－1705－0012816　續1162　史部/政書類/邦交之屬

中外交涉類要表四卷光緒通商綜覈表十六卷附中西紀年周始表一卷　(清)錢學嘉撰　清光緒二十年(1894)刻本　一冊　存十卷(中外交涉類要表一至四、光緒通商綜覈表一至六)

330000－1705－0012817　續1121　史部/地理類/外紀之屬

地球韻言四卷　(清)張士瀛撰　清光緒二十四年(1898)鄂垣務急書館刻本　一冊

330000－1705－0012818　續1152　子部/儒家類/儒學之屬/禮教/家訓

家庭講話三卷　(清)陸一亭撰　清同治十二年(1873)吳寶善堂刻本　一冊

330000－1705－0012819　續1163　集部/總集類/課藝之屬

策論六十六篇一卷　(清)培風編　清光緒抄本　一冊

330000－1705－0012820　續1123　新學/史志/別國史

英興記二卷首一卷末一卷　(英國)鄧理梼(英國)慕理海撰　(美國)林樂知　(清)任廷旭譯　清光緒二十年(1894)上海圖書集成局鉛印本　二冊

330000－1705－0012821　續1111　史部/地理類/遊記之屬/紀行

凝香室鴻雪因緣圖記三集六卷　(清)完顏麟慶撰　清道光十八年至二十一年(1838－1841)雲蔭堂刻本　二冊　存二卷(一集一至二)

330000－1705－0012822　續1164、續1125

史部/政書類

自強學齋治平十議　(清)自強學齋主人輯　清光緒十九年至二十三年(1893－1897)文瑞樓石印本　二冊　存三種

330000－1705－0012823　續1153　新學/史志/政記

新譯列國歲計政要三卷　(清)白作霖譯　傅運森譯　清光緒二十七年(1901)海上譯社鉛印本　十冊

330000－1705－0012824　續1133　史部/政書類/通制之屬

文獻通考詳節二十四卷　(元)馬端臨撰(清)嚴虞惇輯　清刻本　一冊　存一卷(十二)

330000－1705－0012825　續1150　史部/政書類/通制之屬

九通二千三百二十一卷　(清)□□輯　清光緒二十七年(1901)上海圖書集成局鉛印本　十二冊　存一百卷(皇朝通典一至一百)

330000－1705－0012826　續1165　子部/儒家類/儒學之屬

嫠學治事文編五卷　(清)繼良輯　清光緒二十七年(1901)石印本　一冊　存二卷(一至二)

330000－1705－0012828　續1154、續1155史部/政書類/公牘檔冊之屬

新文牘十卷　(清)陸春霖輯　清光緒三十四年(1908)石印本　八冊　缺二卷(六、八)

330000－1705－0012829　續1141　史部/政書類/通制之屬

五大洲政治通考四十八卷　題急先務齋主人等編　清光緒石印本　十二冊

330000－1705－0012831　續0786　史部/雜史類/斷代之屬

淮軍平捻記十二卷　(清)周世澄撰　清光緒三年(1877)上海機器印書局鉛印本　一冊存六卷(一至六)

330000－1705－0012832　續1166、續1168

子部/雜著類/雜說之屬

盛世危言六卷續編四卷 鄭觀應撰 清光緒
二十四年(1898)煥文書局石印本 三冊 存
三卷(盛世危言二至三、續編一)

330000－1705－0012833 續1159 史部/地
理類/水利之屬

畿輔水利議一卷 （清）林則徐撰 清光緒二
年(1876)三山林氏刻本 一冊

330000－1705－0012834 續1142 史部/政
書類/通制之屬

五洲各國政治考八卷 錢恂輯 清光緒二十
七年(1901)石印本 六冊

330000－1705－0012836 續1134 史部/政
書類/通制之屬

皇朝文獻通考三百卷 （清）嵇璜 （清）曹仁
虎等纂修 清刻本 一冊 存一卷(二百四
十)

330000－1705－0012837 續1126 子部/儒
家類/儒學之屬/蒙學

四字經不分卷 清抄本 一冊

330000－1705－0012839 續1223 史部/雜
史類/斷代之屬

**皇朝掌故彙編內編六十卷首一卷外編四十卷
首一卷** 張壽鏞等輯 清光緒二十八年
(1902)求實書社鉛印本 二十一冊 存四十
三卷(內編一、三、九、十三、十九至二十、二十
六至二十八、三十一至三十六、四十九至五十
八,外編十四、十六至十七、二十二至二十三、
二十七至三十、三十二至四十)

330000－1705－0012840 續1156 史部/政
書類/通制之屬

古今治平彙要十四卷 （清）楊潮觀撰 清光
緒五年(1879)鉛印本 二冊

330000－1705－0012841 續1135 史部/政
書類/通制之屬

三通考輯要 湯壽潛輯 清末通雅堂鉛印本
一冊 存一種

330000－1705－0012842 續1160 新學/格
致總

新學正規□□卷 （清）陳鷗民編 清石印本
一冊 存一卷(六)

330000－1705－0012843 續1127 史部/地
理類/總志之屬/斷代

漢書地理志稽疑六卷 （清）全祖望撰 清嘉
慶九年(1804)朱文翰行謏草堂刻本 一冊
存二卷(五至六)

330000－1705－0012844 續1198 史部/傳
記類/科舉錄之屬

科試入學不分卷 清抄本 一冊

330000－1705－0012845 續1167 子部/雜
著類/雜說之屬

盛世危言十四卷二編四卷三編六卷 鄭觀應
撰 清光緒二十四年(1898)圖書集成局鉛印
本 一冊 存二卷(二編一至二)

330000－1705－0012846 續1144 史部/政
書類/儀制之屬/典禮

文廟彙考十卷 （清）蔣乙經 （清）龔繩正撰
清道光七年(1827)刻本 四冊

330000－1705－0012847 續1237 史部/目
錄類/總錄之屬/官修

欽定四庫全書總目二百卷首一卷 （清）紀昀
等撰 清刻本 二十冊 存四十七卷(九十
一至九十七、一百二至一百十九、一百二十三
至一百四十、一百四十三至一百四十六)

330000－1705－0012848 續1199 類叢部/
類書類/通類之屬

增廣策學總纂大成四十六卷 （清）蔡壽祺輯
清光緒十四年(1888)聞見齋石印本 一冊
存十卷(三十三至四十二)

330000－1705－0012849 續1161 史部/傳
記類/科舉錄之屬/總錄

金臚策楷一卷 清光緒十六年(1890)上海蜚
英館石印本 一冊

330000－1705－0012851 續1257、續2781
類叢部/叢書類/彙編之屬

正誼堂全書六十三種續刻五種 （清）張伯行

編 （清）楊浚重編　清同治五年(1866)福州正誼書院刻同治八年至光緒十三年(1869－1887)續刻本　二冊　存一種

330000－1705－0012852　續1239　史部/目錄類/總錄之屬/官修

欽定四庫全書簡明目錄二十卷　（清）紀昀等撰　清刻本　十冊

330000－1705－0012853　續1175　史部/政書類/通制之屬

廣治平略正集三十六卷　（清）蔡方炳撰　清光緒十六年(1890)上海廣百宋齋鉛印本　六冊　缺一卷(三十六)

330000－1705－0012855　續1221　史部/政書類

奏定學堂章程不分卷　（清）張百熙　（清）榮慶　（清）張之洞纂　清光緒湖北學務處刻本　五冊

330000－1705－0012856　續1140　史部/地理類/外紀之屬

萬國近政考略十六卷　（清）鄒弢撰　清光緒二十二年(1896)三借廬鉛印本　一冊　存四卷(一至四)

330000－1705－0012857　續1185　史部/政書類/律令之屬/刑制

大清宣統新法令不分卷　商務印書館輯　清宣統上海商務印書館鉛印本　一冊

330000－1705－0012858　續1224　史部/政書類/邦交之屬

中西事務紀要二十四卷　（清）夏燮撰　清光緒二十三年(1897)上海書局石印本　六冊

330000－1705－0012859　續1238　史部/目錄類/總錄之屬/官修

欽定四庫全書簡明目錄二十卷　（清）紀昀等撰　清光緒十四年(1888)暢懷書屋鉛印本　四冊

330000－1705－0012860　續1251、續1252　史部/目錄類/總錄之屬

九通目錄四十卷　（清）雷君彥輯　清光緒二十九年(1903)圖書集成局石印本　八冊　存二十六卷(正三通目錄一至十二、欽定續三通目錄一至十四)

330000－1705－0012861　續1240　史部/目錄類/總錄之屬/官修

欽定四庫全書簡明目錄二十卷　（清）紀昀等撰　清光緒十年(1884)上海同文書局石印本　一冊　存五卷(一至五)

330000－1705－0012863　續1258　史部/目錄類/總錄之屬/官修

上海格致書院藏書樓書目六卷補遺一卷　清光緒三十三年(1907)上海商務印書館鉛印本　一冊

330000－1705－0012864　續1176　史部/政書類/公牘檔冊之屬

交代兌抵兵餉章程不分卷　抄本　一冊

330000－1705－0012865　續1020　史部/地理類/方志之屬/郡縣志

[雍正]寧波府志三十六卷首一卷　（清）曹秉仁等修　（清）萬經等纂　清道光二十六年(1846)刻本　十二冊

330000－1705－0012867　續1177　史部/雜史類/斷代之屬

時務新書人民論三卷　（清）自立氏編　清光緒二十七年(1901)鉛印本　一冊

330000－1705－0012868　續1229　史部/詔令奏議類/詔令之屬

稟公中堂等不分卷　清抄本　一冊

330000－1705－0012869　續1241　史部/目錄類/總錄之屬/官修

欽定四庫全書總目二百卷首一卷　（清）紀昀等撰　**四庫未收書目提要五卷**　（清）阮元撰　清光緒十四年(1888)上海漱六山莊石印本　九冊　存九十卷(欽定四庫全書總目二十九至三十八、五十八至六十九、九十六至一百六、一百四十一至一百七十七、一百八十六至二百,四庫未收書目提要一至五)

330000－1705－0012870　續1260　史部/目

録類/總録之屬/私撰

申報館書目不分卷 尊聞閣主編 **續集不分卷** （清）縷馨儦史輯 清光緒三年至五年（1877－1879）上海申報館鉛印本 一冊 存續集不分卷

330000－1705－0012871 續 1242 史部/目録類/總録之屬/官修

欽定四庫全書總目二百卷首一卷 （清）紀昀等撰 **四庫未收書目提要五卷** （清）阮元撰 清光緒十四年（1888）上海漱六山莊石印本 一冊 存九卷（欽定四庫全書總目三十九至四十七）

330000－1705－0012872 續 1178 新學/商務/商學

商學不分卷 清刻本 一冊

330000－1705－0012873 續 1261 史部/目録類/總録之屬/私撰

嘯園書目一卷 （清）袁祖志編次 清光緒四年（1878）仁和葛元煦刻本 一冊

330000－1705－0012874 續 1243 史部/目録類/總録之屬/彙刻

彙刻書目初編十卷補編一卷新編一卷續編一卷 （清）顧修輯 清刻本 五冊

330000－1705－0012875 續 1236 史部/目録類/總録之屬/官修

欽定四庫全書簡明目録二十卷 （清）紀昀等撰 清刻本 十二冊

330000－1705－0012876 續 1179 史部/政書類/公牘檔冊之屬

于清端公政書八卷首編一卷外集一卷續集一卷 （清）于成龍撰 （清）蔡方炳輯 清康熙四十六年（1707）于準刻清乾隆二十六年（1761）于大椷增刻本 一冊 存一卷（七）

330000－1705－0012877 續 1201 史部/政書類/公牘檔冊之屬

邸鈔擇要不分卷 清光緒二十二年（1896）鉛印本 五冊

330000－1705－0012878 續 1209 史部/傳

記類/科舉録之屬/總録

[嘉慶庚午至道光辛巳]齒録不分卷 （清）□□撰 清刻本 一冊

330000－1705－0012879 續 1262 新學/雜著/叢編

中西學門徑書七種 梁啟超編 清光緒二十四年（1898）上海大同譯書局石印本 一冊 存一種

330000－1705－0012880 續 1209－1 史部/傳記類/科舉録之屬/歷科鄉試録

[補行咸豐辛酉科並同治壬戌恩科]齒録不分卷 （清）□□撰 清刻本 一冊

330000－1705－0012881 續 1202 史部/政書類/通制之屬

江西委署現行章程二卷 清光緒二十八年（1902）官書局刻本 一冊 存一卷（二）

330000－1705－0012886 續 1264 子部/天文曆算類/算書之屬

古今算學叢書編目一卷 （清）劉鐸編 清光緒石印本 一冊

330000－1705－0012888 續 1244 史部/目録類/總録之屬/彙刻

彙刻書目初編十卷補編一卷新編一卷續編一卷 （清）顧修輯 清刻本 八冊 存十卷（初編三至六、八至十，補編，新編，續編）

330000－1705－0012889 續 1186 史部/政書類/律令之屬/刑制

大清刑律草案二卷 沈家本等纂修 清光緒三十三年（1907）法律館鉛印本 二冊

330000－1705－0012891 續 1183 新學類/兵製/海軍

英國水師考不分卷 （英國）巴那比 （美國）克理撰 （英國）傅蘭雅 （清）鍾天緯譯 清光緒十二年（1886）上海製造局石印本 一冊

330000－1705－0012892 續 1205 史部/政書類/公牘檔冊之屬

公函不分卷 清光緒刻本 一冊

330000－1705－0012894　續 1032　史部/地理類/方志之屬/郡縣志

[同治]鄞縣志七十五卷　（清）戴枚修（清）張恕　（清）董沛等纂　清光緒三年（1877）刻四年（1878）增刻本　十六冊　缺四十卷(五至七、二十四至二十七、三十八至四十三、四十六至五十八、六十二至七十五)

330000－1705－0012895　續 1021　史部/地理類/方志之屬/郡縣志

[雍正]寧波府志三十六卷首一卷　（清）曹秉仁等修　（清）萬經等纂　清雍正十一年（1733）刻乾隆六年（1741）補刻本　十四冊　缺十卷(六、十至十二、十五、十七、二十三至二十五、三十六)

330000－1705－0012896　續 1245、續 1247　史部/目錄類/總錄之屬/彙刻

彙刻書目初編十卷補編一卷新編一卷續編一卷　（清）顧修輯　清光緒元年（1875）京都琉璃廠刻本　七冊　存八卷(初編一、三至五、八,補編,新編,續編)

330000－1705－0012897　續 1210　史部/政書類/邦計之屬/戶政

籌建浙紹清節堂收支年終清目不分卷　（清）□□撰　清光緒二十三年（1897）刻本　一冊

330000－1705－0012898　續 1231、續 1232　新學/報章

清議報不分卷　清光緒二十四年（1898）鉛印本　二冊

330000－1705－0012900　續 1187　史部/政書類/律令之屬/律例

大清律例增修統纂集成四十卷附督捕則例附纂二卷　（清）姚潤輯　（清）陶駿　（清）陶念霖增輯　清光緒十七年（1891）上海珍藝書局鉛印本　二十冊

330000－1705－0012904　續 1203　史部/政書類/公牘檔冊之屬

寧廠公事稿不分卷　稿本　一冊

330000－1705－0012905　續 1022　史部/地理類/方志之屬/郡縣志

[雍正]寧波府志三十六卷首一卷　（清）曹秉仁等修　（清）萬經等纂　清雍正十一年（1733）刻乾隆六年（1741）補刻本　十四冊　缺十四卷(二至六、二十一至二十二、二十九至三十五)

330000－1705－0012906　續 1246　史部/目錄類/總錄之屬/彙刻

續彙刻書目十二卷　（清）傅雲龍輯　**補遺一卷**　（清）胡俊章補　清光緒二年至四年（1876－1878）德清傅氏味腴藝圃刻本　十四冊

330000－1705－0012907　續 1268　史部/目錄類/通論之屬/考訂

古今偽書考一卷　（清）姚際恒撰　清光緒十五年（1889）善化章恭斌經濟書堂刻本　一冊

330000－1705－0012910　續 1233　子部/儒家類/儒學之屬/蒙學

重訂訓學良規一卷附變通小學義塾章程一卷　（清）陳彝撰　清刻本　一冊

330000－1705－0012911　續 1269　史部/目錄類/總錄之屬/私撰

張文襄公書目問答不分卷　（清）張之洞撰　清宣統元年（1909）石印本　一冊

330000－1705－0012912　續 1302　史部/目錄類/通論之屬/藏書約

影印津逮祕書岱南閣叢書拜經樓叢書守山閣叢書宋本百川學海樣本不分卷　影印本　一冊

330000－1705－0012914　續 1189　史部/傳記類/職官錄之屬/總錄

大清搢紳全書一卷中樞備覽一卷(清宣統三年秋季)　清宣統三年（1911）榮祿堂刻本　十一冊

330000－1705－0012915　續 1188　史部/政書類/律令之屬/律例

大清律例增修統纂集成四十卷附督捕則例附纂二卷　（清）姚潤輯　（清）陶駿　（清）陶

念霖增輯　清光緒二十年(1894)鉛印本　一冊　存一卷(一)

330000－1705－0012917　續1279　史部/目錄類/總錄之屬/私撰

鐵琴銅劍樓藏書目錄二十四卷　(清)瞿鏞撰　清光緒二十三年(1897)武進董氏誦芬室刻本　一冊　存二卷(一至二)

330000－1705－0012918　續1248　史部/目錄類/總錄之屬/官修

欽定四庫全書簡明目錄二十卷　(清)紀昀等撰　清刻本　一冊　存二卷(十九至二十)

330000－1705－0012920　續1190　史部/傳記類/職官錄之屬/總錄

大清搢紳全書不分卷(清光緒二十八年)　清光緒二十八年(1902)榮祿堂刻本　一冊

330000－1705－0012921　續1275、續1276　史部/目錄類/總錄之屬/私撰

天一閣書目四卷　(清)阮元　(清)范邦甸等編　附碑目一卷續增一卷　(清)錢大昕編　(清)范懋敏續編　清嘉慶十三年(1808)揚州阮元文選樓刻本　十冊　缺一卷(續增)

330000－1705－0012922　續1249　史部/目錄類/總錄之屬/彙刻

續彙刻書目十二卷　(清)傅雲龍輯　補遺一卷　(清)胡俊章補　清光緒二年至四年(1876－1878)德清傅氏味腴藝圃刻本　四冊　存四卷(一至四)

330000－1705－0012923　續1280　史部/目錄類/總錄之屬/私撰

共讀樓書目十卷首一卷　(清)國英編輯　清光緒六年(1880)吉林索綽絡氏家塾刻本　二冊

330000－1705－0012925　續1285　類叢部/叢書類/彙編之屬

式訓堂叢書四十一種　(清)章壽康編　清光緒會稽章氏刻本　一冊　存一種

330000－1705－0012926　續1250　史部/目錄類/總錄之屬/官修

四庫未收書目提要五卷　(清)阮元撰　清光緒四年(1878)上海淞隱閣鉛印本　一冊

330000－1705－0012927　續1281　類叢部/叢書類/彙編之屬

岱南閣叢書二十種　(清)孫星衍編　清乾隆五十年至嘉慶十四年(1785－1809)蘭陵孫氏刻本　一冊　存一種

330000－1705－0012929　續1034　史部/地理類/方志之屬/郡縣志

[同治]鄞縣志七十五卷　(清)戴枚修　(清)張恕　(清)董沛等纂　清光緒三年(1877)刻四年(1878)增刻本　四冊　存六卷(一、十至十一、二十八至二十九、三十六)

330000－1705－0012930　續1028　史部/地理類/方志之屬/郡縣志

[同治]鄞縣志七十五卷　(清)戴枚修　(清)張恕　(清)董沛等纂　清光緒三年(1877)刻四年(1878)增刻本　三十四冊

330000－1705－0012932　續1283　類叢部/叢書類/彙編之屬

風雨樓叢書二十三種　鄧實編　清宣統順德鄧氏鉛印本　三冊　存一種

330000－1705－0012935　續1356、續1359　史部/史評類/史論之屬

讀史論畧增註三卷　(清)杜詔撰　(清)唐桂注　(清)傅傳增注　清光緒七年(1881)永嘉徐氏刻本　二冊

330000－1705－0012936　續1335　史部/金石類/金之屬/文字

歷代鐘鼎彝器款識法帖二十卷　(宋)薛尚功撰　清光緒八年(1882)上海點石齋影印本　四冊

330000－1705－0012937　續1293　類叢部/叢書類/彙編之屬

別下齋叢書初集二十三種　(清)蔣光煦編　清道光海昌蔣氏別下齋刻本　一冊　存一種

330000－1705－0012938　續1029　史部/地理類/方志之屬/郡縣志

[同治]鄞縣志七十五卷 （清）戴枚修
（清）張恕 （清）董沛等纂 清光緒三年
(1877)刻四年(1878)增刻本 三十五冊

330000－1705－0012939 續 1027 史部/地
理類/方志之屬/郡縣志

[同治]鄞縣志七十五卷 （清）戴枚修
（清）張恕 （清）董沛等纂 清光緒三年
(1877)刻四年(1878)增刻本 三十二冊 缺
五卷(五至七、十至十一)

330000－1705－0012940 續 1033 史部/地
理類/方志之屬/郡縣志

[同治]鄞縣志七十五卷 （清）戴枚修
（清）張恕 （清）董沛等纂 清光緒三年
(1877)刻四年(1878)增刻本 二冊 存三卷
(一至二、二十四)

330000－1705－0012943 續 1294 子部/藝
術類/書畫之屬/法帖

淳化祕閣法帖考正十卷附二卷 （清）王澍撰
清雍正詩鼎齋刻本 一冊 缺六卷(一至
六)

330000－1705－0012944 續 1347 類叢部/
叢書類/自著之屬

魏稼孫先生全集三種 （清）魏錫曾撰 清光
緒九年(1883)羊城刻本 二冊 存一種

330000－1705－0012946 續 1277 史部/目
錄類/總錄之屬/私撰

天一閣書目四卷 （清）阮元 （清）范邦甸等
編 附碑目一卷續增一卷 （清）錢大昕編
（清）范懋敏續編 清嘉慶十三年(1808)揚州
阮元文選樓刻本 一冊 存一卷(碑目)

330000－1705－0012947 續 1191 新學/交
涉/公法

各國交涉公法論初集四卷二集四卷三集八卷
（英國）費利摩羅巴德撰 （英國）傅蘭雅口
譯 （清）俞世爵筆述 清光緒石印本 一冊
存二卷(五至六)

330000－1705－0012948 續 1284 史部/目
錄類/專錄之屬

澹生堂藏書目十四卷 （明）祁承爜撰 清光
緒十八年(1892)會稽徐氏鑄學齋刻紹興先正
遺書本 馮貞群跋 四冊

330000－1705－0012949 續 1295 史部/目
錄類/專錄之屬

全上古三代秦漢三國晉南北朝文編目一百三
卷 （清）嚴可均輯 （清）蔣壑編 清光緒五
年(1879)刻本 一冊 存九卷(三至十一)

330000－1705－0012951 續 1353 子部/藝
術類/篆刻之屬/印譜

詩品印譜四卷 （清）翁壽虞篆 清鈐印本
一冊 存一卷(亨集)

330000－1705－0012953 續 1355 史部/史
評類/史論之屬

讀史論畧增註三卷 （清）杜詔撰 （清）唐桂
注 （清）傅傳增注 清光緒二十七年(1901)
上海書局石印本 一冊

330000－1705－0012955 續 1357 史部/史
評類/史論之屬

讀史論畧增註三卷 （清）杜詔撰 （清）唐桂
注 （清）傅傳增注 清光緒七年(1881)永嘉
徐氏刻本 二冊

330000－1705－0012962 續 1358 史部/史
評類/史論之屬

讀史論畧增註三卷 （清）杜詔撰 （清）唐桂
注 （清）傅傳增注 清光緒七年(1881)永嘉
徐氏刻本 二冊

330000－1705－0012964 續 1194 類叢部/
叢書類/彙編之屬

弢園叢書□□種 （清）王韜編 清光緒鉛印
本 一冊 存一種

330000－1705－0012969 續 1340 史部/金
石類/金之屬/文字

積古齋鐘鼎彝器款識十卷 （清）阮元 （清）
朱爲弼撰 清光緒五年(1879)武昌刻本
六冊

330000－1705－0012971 續 1339 史部/金
石類/金之屬/文字

積古齋鐘鼎款識稿本四卷附錄一卷 （清）阮元 （清）朱爲弼撰 清光緒三十二年（1906）朱之榛影印本 一冊 存一卷（一）

330000－1705－0012973 續1334 史部/金石類/金之屬/文字
歷代鐘鼎彝器款識法帖二十卷 （宋）薛尚功撰 清光緒八年（1882）上海點石齋影印本 三冊

330000－1705－0012975 續1289 史部/目錄類/總錄之屬/私撰
古越藏書樓書目二十卷首一卷 （清）徐樹蘭撰 清光緒三十年（1904）崇實書局石印本 二冊 存三卷（十五至十七）

330000－1705－0012977 續1384 新學/史志/諸國史
新編西洋歷史教科書二卷 （清）出洋學生編輯所譯 清光緒二十八年（1902）商務印書館鉛印本 二冊

330000－1705－0012978 續1023 史部/地理類/方志之屬/通志
[雍正]敕修浙江通志二百八十卷首三卷 （清）李衛 （清）嵇曾筠等修 （清）沈翼機 （清）傅王露等纂 清光緒二十五年（1899）浙江書局刻本 一冊 存一卷（一）

330000－1705－0012979 續1365 史部/史評類/史論之屬
史論正鵠二集四卷 （清）王樹敏評點 清光緒二十七年（1901）上海久敬齋石印本 一冊 存一卷（二）

330000－1705－0012980 續1287 史部/目錄類/總錄之屬/私撰
問經堂書目一卷 （清）問經堂編 清光緒二十五年（1899）杭州問經堂石印本 一冊

330000－1705－0012981 續1298 集部/別集類/清別集
甘泉鄉人稿二十四卷 （清）錢泰吉撰 清同治七年（1868）、十一年（1872）刻本 一冊 存三卷（七至九）

330000－1705－0012985 續1299 史部/目錄類/總錄之屬/私撰
廣百宋齋書目一卷 （清）上海廣百宋齋編 清末上海廣百宋齋鉛印本 一冊

330000－1705－0012987 續1336 史部/金石類/金之屬/文字
歷代鐘鼎彝器款識法帖二十卷 （宋）薛尚功撰 清嘉慶二年（1797）儀徵阮氏小瑯嬛仙館刻本 四冊

330000－1705－0012989 續1304、續2658 類叢部/叢書類/彙編之屬
武英殿聚珍版書一百三十八種 清乾隆武英殿木活字印本 二冊 存二種

330000－1705－0012990 續1342 經部/叢編
省吾堂四種二十五卷 （清）蔣光弼輯 清常熟蔣氏省吾堂刻本 一冊 存一種

330000－1705－0012991 續1338、續1338－1 類叢部/叢書類/彙編之屬
文選樓叢書三十三種 （清）阮亨編 清嘉慶九年（1804）阮元刻本 二冊 存一種

330000－1705－0012994 續1326 史部/金石類/陶之屬/文字
秦漢瓦當文字二卷續一卷 （清）程敦撰 清乾隆五十二年（1787）橫渠書院刻五十九年（1794）續刻本 二冊 缺一卷（上）

330000－1705－0012995 續1195 類叢部/叢書類/彙編之屬
武英殿聚珍版書一百三十八種 清乾隆浙江刻本 一冊 存一種

330000－1705－0012996 續1379 史部/政書類/邦計之屬/貿易
萬國通商史一卷 （英國）瓊米爾士撰 （日本）古城貞吉譯 清末南洋公學譯書院鉛印本 一冊

330000－1705－0012997 續1367 經部/春秋左傳類/傳說之屬
左繡三十卷首一卷 （清）馮李驊 （清）陸浩

評輯　**春秋經傳集解三十卷**　（晉）杜預原本　（唐）陸德明音釋　（宋）林堯叟附註（清）馮李驊增訂　清康熙五十九年（1720）華川書屋刻本　十二冊

330000－1705－0012998　續1343　史部/金石類/玉之屬

古玉圖攷不分卷　（清）吳大澂撰　清光緒十五年（1889）上海同文書局石印本　一冊

330000－1705－0012999　續1291　史部/目錄類/總錄之屬/私撰

千頃堂書目三十二卷　（清）黃虞稷撰　清石印本　一冊　存二卷（二十七至二十八）

330000－1705－0013000　續1370　史部/史評類/史學之屬

五訂百家評林歷朝捷錄五卷　（明）顧充編撰（明）王世貞評騭　（明）姜士昌校訂　明熊成治刻本　一冊　存二卷（一至二）

330000－1705－0013001　續1380　史部/雜史類/外紀之屬

西國近事彙編三十六卷　（美國）金楷理口述（清）蔡錫齡筆述　清光緒二十三年（1897）慎記書莊石印本　六冊　存十二卷（辛巳一至四、乙卯一至四、庚辰一至四）

330000－1705－0013003　續1328　史部/金石類/陶之屬/文字

秦漢瓦當文字二卷續一卷　（清）程敦撰　清乾隆五十二年（1787）橫渠書院刻五十九年（1794）續刻本　二冊　存二卷（上、下）

330000－1705－0013005　續1316　史部/金石類/總志之屬

金石萃編補畧二卷　（清）王言撰　清光緒八年（1882）刻本　一冊　存一卷（二）

330000－1705－0013006　續1354　史部/史評類/史論之屬

讀史論畧一卷　（清）杜詔撰　清刻本　一冊

330000－1705－0013007　續1327　史部/金石類/陶之屬/文字

秦漢瓦當文字二卷續一卷　（清）程敦撰　清

乾隆五十二年（1787）橫渠書院刻五十九年（1794）續刻本　一冊　存一卷（一）

330000－1705－0013008　續1312　史部/金石類/總志之屬

金石萃編一百六十卷　（清）王昶撰　清光緒十九年（1893）上海醉六堂石印本　十二冊　缺五十一卷（一至九、二十至二十五、三十一至三十五、四十六、九十九至一百六、一百十二至一百三十三）

330000－1705－0013009　續1341　史部/金石類/金之屬/圖像

攀古廎彝器款識二卷　（清）潘祖蔭撰　清同治十一年（1872）潘氏滂喜齋刻本　二冊

330000－1705－0013010　續1368　史部/史評類/史論之屬

歷代史論十二卷宋史論三卷元史論一卷（明）張溥撰　**明史論四卷**　（清）谷應泰撰**左傳史論二卷**　（清）高士奇撰　清末石印本　一冊　存四卷（元史論、明史論一至三）

330000－1705－0013011　續1196　類叢部/叢書類/彙編之屬

函海一百六十種　（清）李調元編　清光緒七年至八年（1881－1882）廣漢鍾登甲樂道齋刻本　一冊　存一種

330000－1705－0013013　續1381　新學/史志/諸國史

歐洲十九世紀史不分卷　（美國）軒利普格質頓撰　（清）麥鼎華譯　清光緒二十八年（1902）上海廣智書局鉛印本　一冊

330000－1705－0013014　續1313　史部/金石類/總志之屬

金石萃編一百六十卷　（清）王昶撰　清光緒十九年（1893）上海醉六堂石印本　二冊　存十八卷（五十七至六十六、一百二十六至一百三十三）

330000－1705－0013015　續1292　集部/別集類/宋別集

司馬文正公傳家集八十卷目錄二卷　（宋）司

125

馬光撰　年譜一卷附錄一卷　（清）陳弘謀編
清乾隆六年（1741）桂林陳氏培遠堂刻本
一冊　存二卷（目錄一至二）

330000－1705－0013017　續1369　集部/別
集類/清別集

鮚埼亭集三十八卷全謝山先生經史問答十卷
外編五十卷　（清）全祖望撰　全氏世譜一卷
年譜一卷　（清）董秉純撰　清嘉慶九年
（1804）餘姚史夢蛟借樹山房刻本　二冊　存
十卷（經史問答一至十）

330000－1705－0013020　續1314　史部/金
石類/總志之屬

金石續編二十一卷首一卷　（清）陸耀遹撰
（清）陸增祥校訂　清光緒十九年（1893）上海
醉六堂石印本　六冊

330000－1705－0013021　續1301　史部/目
錄類/通論之屬/藏書約

影印津逮祕書汲古閣本不分卷　影印本
一冊

330000－1705－0013022　續1317　類叢部/
叢書類/自著之屬

亭林遺書十種　（清）顧炎武撰　清康熙吳江
潘氏遂初堂刻本　五冊　存一種

330000－1705－0013026　續1378　新學/史
志/諸國史

萬國通史續編十卷三編十卷　（英國）李思倫
白輯譯　（清）曹曾涵編　清光緒三十年至三
十一年（1904－1905）上海廣學會鉛印本　十
九冊　缺一卷（續編一）

330000－1705－0013027　續1383　新學/史
志/諸國史

西洋史要四卷　（日本）小川銀次郎撰　（清）
薩端等譯　清光緒二十七年（1901）上海金粟
齋鉛印本　二冊

330000－1705－0013028　續1315　史部/金
石類/總志之屬

金石萃編一百六十卷　（清）王昶撰　清嘉慶
十年（1805）青浦王氏經訓堂刻同治十年

（1871）嘉善錢寶傳補刻本　十五冊　存四十
三卷（七十二至一百九、一百五十六至一百六
十）

330000－1705－0013029　續1318、續1319
類叢部/叢書類/自著之屬

潛研堂全書十六種　（清）錢大昕撰　清乾隆
至嘉慶刻本　二冊　存二種

330000－1705－0013030　續1391　新學/史
志/別國史

最近支那史二卷　（日本）河野通之　（日本）
石村貞一輯　清光緒上海振東室學社影印本
四冊

330000－1705－0013031　續1401　新學/史
志/別國史

繙譯米利堅志四卷　（日本）岡千仞　（日本）
河野通之撰　清末鉛印本　二冊

330000－1705－0013032　續1385　新學/史
志/諸國史

歐羅巴通史不分卷　（日本）箕作元八　（日
本）峰岸米造撰　（清）胡景伊等譯　清光緒
二十六年（1900）東亞譯書會鉛印本　四冊

330000－1705－0013034　續1346、續2811
類叢部/叢書類/自著之屬

潛園總集十七種　（清）陸心源撰　清同治至
光緒刻本　三冊　存二種

330000－1705－0013035　續1392　新學/史
志/別國史

東洋史要二卷坿圖一卷　（日本）桑元隲藏撰
樊炳清譯　清光緒二十五年（1899）東文學
社石印本　四冊　缺一卷（圖）

330000－1705－0013036　續1393　新學/史
志/別國史

東洋史要二卷坿圖一卷　（日本）桑元隲藏撰
樊炳清譯　清光緒二十五年（1899）東文學
社石印本　二冊　存一卷（上）

330000－1705－0013037　續1321　史部/金
石類/總志之屬

金石圖說二卷　（清）牛運震集說　（清）褚峻

摹圖　劉世珩編補　清光緒十九年至二十二年(1893－1896)貴池劉氏聚學軒刻本　一冊

330000－1705－0013039　續1225　新學/報章

國粹學報不分卷　(清)國學保存會編　清末鉛印本　一冊　存一冊

330000－1705－0013041　續1386　新學/史志/別國史

支那通史七卷　(日本)那珂通世編　**支那通史續編□卷**　清山東書局鉛印本　二冊　存五卷(一至四、續編一)

330000－1705－0013042　續1320　類叢部/叢書類/彙編之屬

藏修堂叢書三十六種　(清)劉晚榮編　清光緒十六年(1890)新會劉氏藏修書屋刻本　一冊　存一種

330000－1705－0013043　續1402　類叢部/叢書類/彙編之屬

守約篇三集六十三種　(清)李光廷編　清同治廣東李氏刻本　八冊　存一種

330000－1705－0013044　續1394　史部/地理類/外紀之屬

日本國志序一卷　(清)黃遵憲撰　清光緒刻本　一冊

330000－1705－0013046　續1403　新學/雜著/小說

拿破崙本紀四十二章　(英國)洛加德撰　林紓　魏易譯　清光緒三十三年(1907)京師學務處官書局鉛印本　四冊

330000－1705－0013047　續1322　經部/小學類/訓詁之屬

金壺字考二集二十一卷補錄一卷補註一卷　(清)田朝恒編　清刻本　一冊　缺十一卷(一至十一)

330000－1705－0013048　續1404　新學/史志/別國史

埃及近世史一卷　(日本)柴四郎撰　麥鼎華譯　清光緒二十八年(1902)上海廣智書局鉛

印本　一冊

330000－1705－0013051　續1323　經部/小學類/訓詁之屬/字詁

增訂金壺字攷一卷附古體假借字一卷　(清)郝在田輯　清光緒四年(1878)刻本　一冊

330000－1705－0013052　續1395　史部/地理類/外紀之屬

日本國志序一卷　(清)黃遵憲撰　清光緒刻本　一冊

330000－1705－0013053　續1372　史部/史評類/史學之屬

中國史學通論一卷　(清)京師大學堂編　清光緒京師學務處官書局鉛印本　一冊

330000－1705－0013054　續1217　史部/政書類/儀制之屬/專志/科舉校規

校經書院學會章程不分卷　清刻本　一冊

330000－1705－0013057　續1411　子部/雜著類/雜說之屬

契元公論草一卷　(明)于玉瑞編　清光緒八年(1882)于馭良刻本　一冊

330000－1705－0013058　續1324　經部/小學類/訓詁之屬/字詁

增訂金壺字考十九卷二集二十一卷補錄一卷補註一卷　(宋)釋適之編　(清)田朝恆續編　清乾隆二十四年至二十七年(1759－1762)貽安堂刻本　一冊　存九卷(十一至十九)

330000－1705－0013059　續1387　新學/史志/別國史

支那通史七卷　(日本)那珂通世編　清光緒二十五年(1899)上海東文學社石印本　五冊　存四卷(一至四)

330000－1705－0013060　續1373　經部/春秋左傳類/傳說之屬

聽園讀左隨筆二十卷附說文異字及諸經異字　(清)李藝元撰　清一經堂刻本　一冊　存三卷(四至六)

330000－1705－0013061　續1397　新學/史

志/臣民傳記

維新三傑三卷 （日本）北村紫山撰 （清）馬汝賢譯 清光緒二十七年（1901）勵學譯社鉛印本 一冊

330000－1705－0013062 續1398 新學/雜著/叢編

帝國叢書 （日本）譯東京日日新報撰 （清）出洋學生編輯所編 清光緒二十八年（1902）上海商務印書館鉛印本 一冊 存一種

330000－1705－0013063 續1399 新學/史志/諸國史

泰西新史攬要二十四卷 （英國）馬懇西撰 （英國）李提摩太譯 清光緒二十一年（1895）上海美華書館鉛印本 八冊

330000－1705－0013064 續1388 新學/史志/別國史

支那通史七卷 （日本）那珂通世編 清光緒二十五年（1899）上海東文學社石印本 五冊 存四卷（一至四）

330000－1705－0013065 續1412 子部/雜著類/雜纂之屬

雨雹對不分卷 抄本 一冊

330000－1705－0013066 續1325 史部/金石類/總志之屬/圖像

求古精舍金石圖不分卷 （清）陳經撰 清嘉慶二十二年（1817）烏程陳經說劍樓刻本 二冊

330000－1705－0013067 續1439 子部/儒家類/儒學之屬/性理

性理論不分卷 （清）路德撰 清咸豐二年（1852）刻本 二冊

330000－1705－0013068 續1390 新學/史志/別國史

支那通史七卷 （日本）那珂通世編 清光緒二十五年（1899）上海東文學社石印本 五冊 存四卷（一至四）

330000－1705－0013070 續1389 新學/史志/別國史

支那全史七卷 （日本）藤田久道編次 清光緒二十七年（1901）教育世界社石印本 六冊

330000－1705－0013071 續1374 類叢部/叢書類/彙編之屬

正覺樓叢刻（正覺樓叢書）二十九種 （清）崇文書局編 清光緒崇文書局刻本 一冊 存一種

330000－1705－0013073 續1440 子部/儒家類/儒學之屬/禮教/女範

女四書四卷 （清）王相箋注 清刻本 一冊

330000－1705－0013074 新2998 史部/傳記類/總傳之屬/家乘

[浙江象山]竹山陳氏宗譜不分卷 （清）陳所琨等纂修 清咸豐五年（1855）抄本 二冊

330000－1705－0013075 續1422 類叢部/叢書類/自著之屬

觀古堂所著書二十種 葉德輝編 清光緒長沙葉氏刻本 一冊 存一種

330000－1705－0013076 續1400 新學/史志/諸國史

泰西新史攬要二十四卷 （英國）馬懇西撰 （英國）李提摩太譯 清光緒鉛印本 一冊 存五卷（二十至二十四）

330000－1705－0013078 續1447 子部/雜著類/雜纂之屬

勸戒七錄六卷 （清）梁恭辰編 清光緒八年（1882）蔭綠軒刻本 一冊 存三卷（一至三）

330000－1705－0013079 續1441 子部/儒家類/儒學之屬/俗訓

人譜一卷 （明）劉宗周撰 清刻本 中和題 一冊

330000－1705－0013080 續1375 子部/雜著類/雜說之屬

求己錄三卷 陶保廉編 清光緒石印本 一冊 存一卷（二）

330000－1705－0013081 續1415 經部/叢編

九經五十一卷附四卷　（明）秦鏌訂正　清刻本　一冊　存七卷（一至七）

330000－1705－0013082　續1423　經部/四書類/大學之屬/傳說

大學或問□□卷　清刻本　一冊　存一卷（二）

330000－1705－0013083　續1448　子部/儒家類/儒學之屬/蒙學

四字經不分卷　（清）章鋆撰　清光緒十八年（1892）四明章氏刻本　一冊

330000－1705－0013084　續1376　新學/史志/諸國史

世界近世史二卷　（日本）松平康國撰　梁啟勳譯　清光緒上海廣智書局鉛印本　二冊

330000－1705－0013085　續1424　子部/道家類

列子選不分卷　清抄本　一冊

330000－1705－0013086　續1450　子部/儒家類/儒學之屬/禮教

五種遺規　（清）陳弘謀輯並撰　清光緒二十年至二十六年（1894－1900）刻本　六冊　存三種

330000－1705－0013087　續1445　子部/儒家類/儒學之屬/禮教/鑑戒

寡過編不分卷　（清）宋梅怡輯　清咸豐十年（1860）刻本　陳惟仁題記　一冊

330000－1705－0013089　續1443　類叢部/類書類/通類之屬

重訂詩料詳註四卷　（清）陳風增釋　清同治二年（1863）刻本　一冊　存一卷（一）

330000－1705－0013090　續1449　子部/法家類

弟子職集解一卷　（清）莊述祖輯　弟子職句讀一卷考證一卷補音一卷　（清）黃彭年輯　清光緒十四年（1888）江蘇書局刻本　一冊

330000－1705－0013091　續1420　子部/叢編

二十二子（二十二子彙函）　（清）浙江書局編　清光緒元年至三年（1875－1877）浙江書局刻本　一冊　存一種

330000－1705－0013092　續1442　子部/儒家類/儒學之屬/俗訓

人譜正篇一卷人譜類記增訂六卷　（明）劉宗周撰　子劉子行狀二卷　（清）黃宗羲撰　清乾隆鄞縣金氏四吉草堂刻道光六年（1826）慈谿葉榮補修本　一冊　存四卷（人譜類記增訂五至六、子劉子行狀一至二）

330000－1705－0013093　續1469　集部/別集類/清別集

覺顛冥齋內言四卷　（清）唐才常撰　清光緒二十四年（1898）長沙刻本　一冊

330000－1705－0013094　續1451　子部/儒家類/儒學之屬/禮教

五種遺規　（清）陳弘謀輯並撰　清光緒二十年至二十六年（1894－1900）刻本　七冊　存四種

330000－1705－0013095　續1218　史部/政書類/公牘檔冊之屬

人瑞堂管業總登不分卷　清抄本　一冊

330000－1705－0013096　續1563　子部/儒家類/儒學之屬/性理

心經□□卷　明嘉靖刻本　一冊　存一卷（二）

330000－1705－0013097　新2997　史部/傳記類/總傳之屬/家乘

[浙江象山]竹山陳氏宗譜不分卷　（清）馬丙書等纂修　清道光十年（1830）抄本　一冊

330000－1705－0013098　續1454　集部/總集類/選集之屬/通代

古文筆法二十卷首一卷　（清）李扶九輯（清）黃黼注　清末石印本　二冊　存十卷（四至七、十五至二十）

330000－1705－0013099　續1417　子部/叢編

刪定荀子一卷刪定管子一卷　（清）方苞刪定

清乾隆元年(1736)刻本　四冊

330000 – 1705 – 0013100　續1470　集部/總集類/課藝之屬

制藝文鈔一卷　(清)□□編　清抄本　一冊

330000 – 1705 – 0013103　續1471　史部/傳記類/總傳之屬/忠孝

聖諭像解二十卷　(清)梁延年撰　清光緒五年(1879)上海點石齋鉛印本暨石印本　一冊　存四卷(一至四)

330000 – 1705 – 0013104　續1461　子部/雜著類/雜纂之屬

安樂銘不分卷　(清)王正朋輯　**應驗藥方一卷**　(清)王文選錄　清道光十九年(1839)刻本　一冊

330000 – 1705 – 0013105　續1444　史部/傳記類/總傳之屬/儒林

聖像不分卷　清刻本　中和居士題記　一冊

330000 – 1705 – 0013106　續1596　子部/醫家類/類編之屬

徐靈胎醫書八種　(清)徐靈胎(徐大椿)撰　清光緒二十二年(1896)珍藝書局石印本　一冊　存二種

330000 – 1705 – 0013107　續1457　子部/儒家類/儒學之屬/禮教/女範

女學六卷　(清)藍鼎元撰　清刻本　一冊　存二卷(二至三)

330000 – 1705 – 0013109　續1421、續1425　子部/叢編

十子全書　(清)王子興編　清嘉慶九年(1804)姑蘇王氏聚文堂刻本　一冊　存二種

330000 – 1705 – 0013110　續1452　子部/儒家類/儒學之屬/勸學

輶軒語七卷　(清)張之洞撰　清刻本　一冊

330000 – 1705 – 0013111　續1462　子部/儒家類/儒學之屬/禮教/鑑戒

範家集畧六卷　(清)秦坊輯　清道光二十一年(1841)嘉定善穗堂刻本　一冊　存一卷

(三)

330000 – 1705 – 0013113　續1464　集部/總集類/選集之屬/通代

周稿全集不分卷　清刻本　一冊

330000 – 1705 – 0013114　續1463　子部/雜著類/雜纂之屬

任兆麟述記三卷　(清)任兆麟撰　清末石印本　一冊　存一卷(三)

330000 – 1705 – 0013115　續1453　史部/傳記類/總傳之屬/忠孝

女二十四孝圖不分卷　(清)新聞報館輯　清光緒二十年(1894)新聞報館石印本　一冊

330000 – 1705 – 0013116　續1446　子部/雜家類

趙石麟先生戒淫詩十八律不分卷　(清)趙石麟撰　清光緒五年(1879)甬上夢翔氏刻本　一冊

330000 – 1705 – 0013117　續1479　子部/兵家類/兵法之屬

讀史兵略十二卷　(清)胡林翼撰　清光緒二十九年(1903)上海紹先書局石印本　十二冊

330000 – 1705 – 0013118　續1475　集部/別集類/漢魏六朝別集

武侯全書二十卷首一卷　(三國蜀)諸葛亮撰　(清)趙承恩輯　清光緒十年(1884)紅杏山房刻本　十二冊

330000 – 1705 – 0013119　續1430　經部/春秋左傳類/傳說之屬

東萊博議四卷　(宋)呂祖謙撰　**增補虛字註釋一卷**　(清)馮泰松點定　清光緒二十年(1894)上海點石齋石印本　四冊

330000 – 1705 – 0013120　續1476　類叢部/叢書類/郡邑之屬

永嘉叢書十三種　(清)孫衣言編　清同治至光緒瑞安孫氏詒善祠塾刻本　一冊　存一種

330000 – 1705 – 0013122　續1458　子部/儒家類/儒學之屬/性理

餘山先生遺書十卷附餘山先生行狀一卷
(清)勞史撰　(清)桑調元　(清)沈廷芳編
　清乾隆須友堂刻本　一冊　存六卷(六至
十、餘山先生行狀)

330000 – 1705 – 0013123　新 2996　史部/傳
記類/總傳之屬/家乘

[浙江象山]**竹山陳氏宗譜不分卷**　(清)馬丙
書等纂修　清嘉慶五年(1800)抄本　一冊

330000 – 1705 – 0013124　續 1477　類叢部/
叢書類/自著之屬

橘蔭軒全集七種　(清)陳錦撰　清光緒山陰
陳氏橘蔭軒刻本　一冊　存一種

330000 – 1705 – 0013126　續 1427　子部/儒
家類/儒學之屬/蒙學

小學集注六卷　(明)陳選集注　**總論一卷**
(清)趙鳳翔　(清)趙慎薇編輯　**宋史朱子傳
一卷明史陳傳一卷**　(清)吳棠輯　**校勘記六
卷首一卷**　(清)高均儒錄　**小學校語一卷**
(清)孫崇晉等撰　清同治元年至二年(1862 –
1863)刻本　四冊

330000 – 1705 – 0013128　續 1459　子部/儒
家類/儒學之屬/蒙學

初學啟悟集二卷　(清)汪承忠評選　(清)黃
梅峯詮解　清刻本　一冊　存一卷(二)

330000 – 1705 – 0013129　續 1483　子部/法
家類

管子地員篇注四卷　(清)王紹蘭撰　清光緒
十七年(1891)蕭山胡燏棻寄虹山館刻本　一
冊　存一卷(二)

330000 – 1705 – 0013131　續 2936　集部/別
集類/清別集

**定盦文集三卷補二卷續錄一卷續集四卷文集
補編四卷**　(清)龔自珍撰　清刻本　一冊
存二卷(補編三至四)

330000 – 1705 – 0013132　續 1487　子部/農
家農學類/農藝之屬/作物種植

棉業圖說八卷首一卷　(清)農工商部編　清
宣統二年(1910)鉛印本　二冊

330000 – 1705 – 0013133　新 2999　史部/傳
記類/總傳之屬/家乘

[浙江象山]**竹山陳氏宗譜不分卷**　(清)□□
纂修　清光緒抄本　一冊

330000 – 1705 – 0013136　續 1478　子部/兵
家類/兵法之屬

洴澼百金方十四卷首一卷　(清)袁宮桂撰
清刻本　八冊

330000 – 1705 – 0013139　續 1226　史部/傳
記類/總傳之屬/通代

宋儒學案序目不分卷　(清)黃宗羲輯　(清)
全祖望續輯　清抄本　一冊

330000 – 1705 – 0013141　續 1434　子部/儒
家類/儒學之屬/性理

潘子求仁錄輯要十卷　(清)潘平格撰　清康
熙五十六年(1717)四明毛文強、鄭性刻本
四冊

330000 – 1705 – 0013142　續 1519　子部/醫
家類/類編之屬

古今醫統正脉全書四十四種　(明)王肯堂編
　清石印本　三冊　存二種

330000 – 1705 – 0013143　續 1465　集部/總
集類/彙編之屬

諸儒文要八卷　(明)唐順之輯　明刻本　二
冊　存四卷(五至八)

330000 – 1705 – 0013146　續 1435　子部/儒
家類/儒學之屬/性理

潘子求仁錄輯要十卷　(清)潘平格撰　清康
熙五十六年(1717)四明毛文強、鄭性刻本
一冊　存五卷(六至十)

330000 – 1705 – 0013148　續 1522　子部/醫
家類/診法之屬/其他診法

醫學輯要四卷　(清)吳燁輯　清同治七年
(1868)山陰陳氏刻十三年(1874)重校補刻本
　一冊

330000 – 1705 – 0013150　續 1436　類叢部/
類書類/專類之屬

新增繪圖幼學故事瓊林四卷首一卷　(清)程

允升撰 （清）鄒聖脈增補 清光緒三十二年
(1906)上海煥文書局石印本 四冊 缺一卷
(一)

330000－1705－0013153 續1437 子部/儒
家類/儒學之屬/蒙學
**上海煥文書局精校新增繪圖幼學故事瓊林四
卷首一卷** （清）程允升撰 （清）鄒聖脈增補
清上海煥文書局石印本 一冊 存一卷
(一)

330000－1705－0013161 續1502、續1503
子部/醫家類/醫案之屬
臨證指南醫案十卷 （清）葉桂撰 （清）徐大
椿評 清光緒十一年(1885)掃葉山房刻本
三冊 存三卷(二、四至五)

330000－1705－0013162 續1438 子部/儒
家類/儒學之屬/性理
性理標題綜要二十二卷 （明）詹淮撰 （明）
陳仁錫訂正 明崇禎刻本 十冊

330000－1705－0013163 續1426 子部/儒
家類/儒學之屬/蒙學
小學六卷 （宋）朱熹撰 （明）陳選集注 明
崇禎刻本 一冊 存二卷(五至六)

330000－1705－0013165 續1536 子部/
叢編
二十二子(二十二子彙函) （清）浙江書局編
清刻本 一冊 存一種

330000－1705－0013166 續1504 子部/醫
家類/方書之屬/成方藥目
胡慶餘堂丸散膏丹全集不分卷續增一卷
(清)胡光墉編 清光緒三年(1877)杭州胡慶
餘堂刻本 一冊

330000－1705－0013173 續1490、續1491
子部/醫家類/綜合之屬/通論
御纂醫宗金鑑九十卷首一卷 （清）吳謙等纂
修 清刻本 二十四冊 存四十六卷(五至
七、十七至四十五、四十九至五十六、六十二
至六十四、六十九至七十、七十六)

330000－1705－0013174 續1505 子部/醫

家類/方書之屬/成方藥目
胡慶餘堂丸散膏丹全集不分卷 （清）胡光墉
編 清光緒三年(1877)杭州胡慶餘堂刻本
一冊

330000－1705－0013177 續1514 子部/醫
家類/醫案之屬
吳醫彙講十一卷 （清）唐大烈輯 清刻本
一冊 存二卷(六至七)

330000－1705－0013179 續1506 子部/醫
家類/方書之屬/成方藥目
胡慶餘堂丸散膏丹全集不分卷 （清）胡光墉
編 清光緒三年(1877)杭州胡慶餘堂刻本
一冊

330000－1705－0013184 續1507 子部/醫
家類/方書之屬/成方藥目
胡慶餘堂丸散膏丹全集不分卷 （清）胡光墉
編 清光緒三年(1877)杭州胡慶餘堂刻本
一冊

330000－1705－0013185 續1540 子部/醫
家類/診法之屬/歷代脈學
脈要圖注四卷 （清）賀昇平輯 清乾隆四十
八年(1783)思本堂刻本 四冊

330000－1705－0013186 續1513 子部/醫
家類/醫話醫論之屬
醫書不分卷 清抄本 一冊

330000－1705－0013188 續1576、續1592
子部/醫家類/本草之屬/食療本草
食物本草會纂十二卷圖一卷 （清）沈李龍纂
輯 清道光元年(1821)蕭山裕文堂刻本 三
冊 存九卷(四至十二)

330000－1705－0013189 新3004 史部/傳
記類/總傳之屬/家乘
[河北滄州]滄州戴氏族譜不分卷 （清）戴問
善纂修 清咸豐二年(1852)賜仙堂刻本
一冊

330000－1705－0013193 續1492 子部/醫
家類/綜合之屬/通論
御纂醫宗金鑑九十卷首一卷 （清）吳謙等纂

修　清刻本　一冊　存三卷(三十二至三十四)

330000－1705－0013195　續1573　子部/醫家類/本草之屬/歷代綜合本草

本草綱目五十二卷附圖三卷　（明）李時珍撰　清芥子園刻本　五冊　存七卷(三至九)

330000－1705－0013196　續1493　子部/醫家類/綜合之屬/通論

儒門事親十五卷　（金）張子和撰　清宣統二年(1910)寧波汲綆齋書局石印本　六冊

330000－1705－0013197　續1515　子部/醫家類/方書之屬/清一般性方書

平法寓言六卷　（清）與樵山客撰　清光緒十三年(1887)刻本　二冊

330000－1705－0013198　續1560、續1719、續1517　子部/醫家類/類編之屬

陳修園醫書二十八種　（清）陳念祖等撰　清光緒上海錦章書局石印本　二冊　存八種

330000－1705－0013200　續1494　子部/醫家類/綜合之屬

大字傅青主先生男女科三種　（清）傅山撰　清光緒上海掃葉山房石印本　二冊

330000－1705－0013202　續1564　子部/醫家類/推拿按摩外治之屬

理瀹駢文不分卷略言一卷續增略言三卷附存濟堂藥局修合施送方并加藥法一卷治心病方一卷　（清）吳師機撰　清同治四年至光緒元年(1865－1875)刻本　四冊

330000－1705－0013204　續1589　子部/醫家類/類編之屬

脈草經絡五種彙編　（清）刁鳳巖編　清刻本　三冊　存三種

330000－1705－0013205　新3005　史部/傳記類/總傳之屬/家乘

[安徽潛山]徐氏宗譜三十卷末一卷　（清）徐緣鳳等纂修　清嘉慶五年(1800)敦睦堂刻本　十八冊　缺二卷(一至二)

330000－1705－0013206　續1574　子部/醫家類/本草之屬/歷代綜合本草

本草綱目五十二卷附圖三卷　（明）李時珍撰　清錦章圖書局石印本　一冊　缺八卷(四十五至五十二)

330000－1705－0013207　續1524　子部/醫家類/類編之屬

潛齋醫書　（清）王士雄撰　清咸豐元年(1851)吟香書屋刻本　一冊　存一種

330000－1705－0013208　續1562　子部/醫家類/醫經之屬/內經

靈素集註節要十二卷　（清）陳念祖集註　清刻本　四冊　缺二卷(一至二)

330000－1705－0013210　續1590　子部/醫家類/類編之屬

脈草經絡五種彙編　（清）刁鳳巖編　清刻本　一冊　存一種

330000－1705－0013213　續1530　子部/醫家類/綜合之屬

古今醫統大全一百卷　（明）徐春甫輯　明刻本　一冊　存二卷(九十六至九十七)

330000－1705－0013215　續1552　子部/醫家類/外科之屬/癰疽、疔瘡

瘍科證治準繩□□卷　（明）王肯堂輯　清刻本　四冊　存三卷(三至五)

330000－1705－0013216　續1591　子部/醫家類/本草之屬/本草雜著

寒溫條辯六卷　（清）楊璿訂正　（清）子鼎編次　清石印本　一冊　存一卷(六)

330000－1705－0013217　續1538　子部/醫家類/醫經之屬/內經

素問靈樞類纂約註三卷　（清）汪昂撰　清刻本　一冊　存一卷(一)

330000－1705－0013218　續1577、續1642　子部/醫家類/類編之屬

喻氏醫書三種　（清）喻昌撰　清乾隆黎川陳守誠刻本　二冊　存二種

330000－1705－0013219　續1497　子部/醫家類/醫案之屬

種福堂續選臨證指南四卷　（清）葉桂撰（清）徐大椿評　清刻本　二冊

330000－1705－0013220　續1553　子部/醫家類/類編之屬

徐氏醫書八種　（清）徐大椿撰　清光緒二十二年(1896)珍藝書局鉛印本　一冊　存一種

330000－1705－0013221　續1578、續1595　子部/醫家類/類編之屬

盤珠集　（清）嚴潔（清）施雯等撰　清小眉山館木活字印本　二冊　存一種

330000－1705－0013223　續1498　子部/醫家類/醫案之屬

名醫類案十二卷　（明）江瓘輯　清同治十年(1871)藏脩堂刻本　十二冊

330000－1705－0013224　續1594　子部/醫家類/方書之屬/單方驗方

增訂本草附方二卷　清刻本　四冊

330000－1705－0013231　續1565　子部/醫家類/方書之屬/單方驗方

蘭臺軌範八卷　（清）徐大椿撰　清石印本一冊　存一卷(八)

330000－1705－0013233　續1581　子部/醫家類/本草之屬/歷代綜合本草

本草從新十八卷　（清）吳儀洛輯　清道光二十六年(1846)瓶花書屋刻同治九年(1870)印本　二冊

330000－1705－0013235　續1625　子部/醫家類/傷寒金匱之屬/傷寒論

尚論張仲景傷寒論重編三百九十七法二卷首一卷後四卷　（清）喻昌撰　清嘉慶三年(1798)同人堂刻本　一冊　存二卷(後一至二)

330000－1705－0013236　續1567　子部/醫家類/方書之屬/單方驗方

蘭臺軌範八卷　（清）徐大椿撰　清刻本　一冊　存二卷(三至四)

330000－1705－0013239　續1537　子部/醫家類/綜合之屬/通論

赤水玄珠三十卷醫案五卷醫旨緒餘二卷　（明）孫一奎撰　清刻本　四冊　存四卷(十八至十九、二十一、二十五)

330000－1705－0013241　續1598　子部/醫家類/本草之屬/歷代綜合本草

本草綱目五十二卷附圖三卷瀕湖脈學一卷奇經八脈攷一卷脈訣攷證一卷　（明）李時珍撰　清刻本　一冊　存二卷(瀕湖脈學、脈訣攷證)

330000－1705－0013243　續1582　子部/醫家類/本草之屬/歷代綜合本草

本草從新十八卷　（清）吳儀洛輯　清末石印本　一冊

330000－1705－0013245　續1569　子部/醫家類/婦科之屬

醫學正印不分卷　清刻本　一冊

330000－1705－0013247　續1599　子部/醫家類/溫病之屬/瘟疫

瘟疫論二卷　（明）吳有性撰　清康熙四十八年(1709)劉敞刻本　二冊

330000－1705－0013250　續1523　子部/醫家類/醫理之屬

醫學要畧一卷　（清）楊學濟撰　清抄本一冊

330000－1705－0013251　續1531　子部/叢編

二十五子彙函　（清）鴻文書局編　清光緒十九年(1893)上海鴻文書局石印本　二冊　存一種

330000－1705－0013254　續1571　子部/醫家類/本草之屬/歷代綜合本草

本草綱目五十二卷附圖二卷　（明）李時珍撰　清乾隆刻本　二冊　存二卷(一至二)

330000－1705－0013255　續1600　子部/醫家類/喉科口齒之屬/白喉

洞主仙師白喉治法忌表抉微一卷　（清）耐修

134

子輯並注　清光緒十八年(1892)四明姜氏刻本　一冊

330000－1705－0013257　續 1601　子部/醫家類/喉科口齒之屬/白喉

洞主仙師白喉治法忌表抉微一卷　（清）耐修子輯並注　清光緒十七年(1891)上海點石齋石印本　一冊

330000－1705－0013260　續 1637　子部/醫家類/溫病之屬/其他溫疫病證

溫熱經緯五卷　（清）王士雄撰　清刻本　一冊　存一卷(四)

330000－1705－0013261　續 1616　子部/醫家類/傷寒金匱之屬/金匱要略

金匱心典三卷　（清）尤怡撰　清同治八年(1869)陸氏雙白燕堂刻本　二冊　存二卷(上、中)

330000－1705－0013262　續 1572　子部/醫家類/本草之屬/歷代綜合本草

本草綱目五十二卷附圖三卷　（明）李時珍撰　清乾隆四十九年(1784)金閶書業堂刻本　三冊　存二卷(圖一至二)

330000－1705－0013263　續 1644　子部/醫家類/醫案之屬

寓意草一卷　（清）喻昌撰　清石印本　一冊

330000－1705－0013266　續 1645　子部/醫家類/溫病之屬

溫熱暑疫全書四卷　（清）周揚俊輯　清刻本　一冊　存二卷(三至四)

330000－1705－0013269　續 1603　子部/醫家類/内科之屬

沈朗仲先生病機彙論十八卷　（清）沈頤撰（清）馬俶校　清康熙刻本　一冊　存二卷(十一至十二)

330000－1705－0013270　續 1640　子部/醫家類/傷寒金匱之屬/傷寒論

傷寒論三註十七卷附傷寒醫方歌訣一卷（清）周揚俊輯　（清）劉宏璧刪補　清康熙刻本　一冊　存一卷(傷寒醫方歌訣)

330000－1705－0013271　續 1605　子部/醫家類/診法之屬/脈經脈訣

刪註脈訣規正二卷　（清）沈鏡刪註　清兩儀堂刻本　二冊

330000－1705－0013272　續 1618　子部/醫家類/傷寒金匱之屬/金匱要略

金匱玉函經二註二十二卷補方一卷　（宋）趙以德（趙良仁）衍義　（清）周揚俊補注　**十藥神書一卷**　（元）葛乾孫撰　清道光十三年(1833)元和李清俊養恬齋刻本　四冊　存十六卷(三至十八)

330000－1705－0013273　續 1646　子部/醫家類/溫病之屬/其他溫疫病證

溫病條辨六卷首一卷　（清）吳瑭撰　清道光十五年(1835)葉金潮睿吾樓刻本　四冊

330000－1705－0013274　續 1604　子部/醫家類/綜合之屬/雜著

筆花醫鏡四卷　（清）江涵暾撰　清光緒十一年(1885)刻本　一冊

330000－1705－0013275　續 1636　子部/醫家類/傷寒金匱之屬/傷寒論

張仲景傷寒論辯證廣註十四卷首一卷中寒論辯證廣註三卷首一卷　（清）汪琥撰　清康熙刻本　一冊　存四卷(傷寒論辯證廣註首、一至三)

330000－1705－0013276　新 3009　史部/傳記類/總傳之屬/家乘

[浙江鄞州]重修朱氏宗譜不分卷　（清）王信德等修　清光緒抄本　一冊

330000－1705－0013277　續 1647　子部/醫家類/類編之屬

白嶽盦雜綴醫書五種　（清）余棽撰　清末趙翰香居鉛印本　一冊　存三種

330000－1705－0013280　續 1351　史部/金石類/錢幣之屬

古泉叢話三卷又一卷　（清）戴熙撰　清同治十一年(1872)潘氏湤喜齋刻本　一冊　存三卷(一至三)

330000－1705－0013282　續1607　子部/醫家類/綜合之屬/通論

辨證奇聞十卷　（清）錢松撰　清光緒五年（1879）刻本　十冊

330000－1705－0013283　續1606　子部/醫家類/內科之屬

證治彙補八卷　（清）李用粹撰　清光緒十八年（1892）簡玉山房刻本　一冊　存一卷（二）

330000－1705－0013284　續1620　子部/醫家類/傷寒金匱之屬/傷寒論

傷寒折衷二十卷　（清）林瀾撰　清康熙十九年（1680）刻本　二冊　存六卷（一至二、五至八）

330000－1705－0013285　續1350　類叢部/叢書類/彙編之屬

觀自得齋叢書二十三種別集六種　（清）徐士愷編　清光緒十三年至二十年（1887－1894）石埭徐氏刻本　一冊　存一種

330000－1705－0013286　續1649　子部/醫家類/方書之屬/單方驗方

三因極一病証方論十八卷　（宋）陳言編　清道光二十三年（1843）青蓮華館刻本　八冊

330000－1705－0013288　續1650　子部/醫家類/方書之屬/單方驗方

經驗良方一卷新集良方一卷福幼編一卷　（清）莊一夔撰　清咸豐十年（1860）刻本　一冊

330000－1705－0013290　續1626　子部/醫家類/傷寒金匱之屬/傷寒論

傷寒論六卷附傷寒論本義一卷　（漢）張機撰　（清）張志聰註釋　（清）高世栻纂集　清刻本　一冊　存二卷（六、本義）

330000－1705－0013292　續1533　子部/醫家類/類編之屬

古今醫統正脉全書四十四種　（明）王肯堂編　明萬曆二十九年（1601）新安吳勉學刻清初映旭齋重修本　三冊　存一種

330000－1705－0013293　續1621　子部/醫

家類/傷寒金匱之屬/傷寒論

注解傷寒論十卷圖解運氣圖一卷　（漢）張仲景述　（晉）王叔和輯　（金）成無己注　清光緒二十二年（1896）湖南書局刻本　三冊　存九卷（一至三、六至十，圖解運氣圖）

330000－1705－0013294　新3011　史部/傳記類/總傳之屬/家乘

[浙江鄞州]殷隘殷氏譜十二卷首一卷　（清）張世等修　**[浙江鄞州]殷隘殷氏宗譜十卷首一卷**　柴蓮浦修　清光緒十四年（1888）、民國十二年（1923）木活字印本　六冊　缺七卷（殷隘殷氏譜一、殷隘殷氏宗譜五至十）

330000－1705－0013295　續1635　子部/醫家類/傷寒金匱之屬/傷寒論

重訂傷寒秘訣四卷　清嘉慶二十年（1815）抄本　一冊

330000－1705－0013296　續1529　子部/醫家類

窺見五倉不分卷　（清）半隱半見書生手摘　清抄本　一冊

330000－1705－0013300　續1681　子部/醫家類/方書之屬/單方驗方

雷桐君堂丸散全集一卷　清光緒石印本　一冊

330000－1705－0013301　續1705、續1707　子部/醫家類/外科之屬/外科方

外科正宗十二卷附錄一卷　（明）陳實功撰　（清）徐大椿評　清光緒二十二年（1896）珍藝書局石印本　二冊　存七卷（一至三、十至十二，附錄）

330000－1705－0013302　續1622、續1623　子部/醫家類/傷寒金匱之屬/傷寒論

張仲景傷寒論辯證廣註十四卷首一卷中寒論辯證廣註三卷首一卷　（清）汪琥撰　清康熙十九年（1680）汪琥刻本　二冊　存七卷（首、傷寒論辯證廣註四至六，中寒論辯證廣註一至三）

330000－1705－0013304　續1669　子部/醫

家類/方書之屬/單方驗方

增評童氏醫方集解二十三卷 （清）汪昂撰
清光緒二十二年(1896)上海圖書集成印書局
鉛印本　一冊

330000－1705－0013306　續1671　子部/醫
家類/方書之屬/單方驗方

匯刊經驗方 （清）毛世洪等輯　清刻本　一
冊　存七種

330000－1705－0013308　續1629　子部/醫
家類/傷寒金匱之屬/傷寒論

傷寒論註四卷 （清）柯琴撰　清刻本　一冊
存一卷(四)

330000－1705－0013309　續1706　子部/醫
家類/外科之屬/外科方

新刊外科正宗六卷 （明）陳實功撰　清刻本
六冊

330000－1705－0013310　續1676　子部/醫
家類/方書之屬/歷代方書

古今良方彙編不分卷 （清）琴鶴主人輯　清
刻本　一冊

330000－1705－0013312　續1624　子部/醫
家類/傷寒金匱之屬/傷寒論

**張仲景傷寒論辯證廣註十四卷首一卷中寒論
辯證廣註三卷首一卷** （清）汪琥撰　清康熙
十九年(1680)汪琥刻本　一冊　存二卷(張
仲景傷寒論辯證廣註首、一)

330000－1705－0013313　續1658　子部/醫
家類/方書之屬/單方驗方

校正增廣驗方新編十六卷 （清）鮑相璈輯
痧症全書三卷 （清）王凱輯　**咽喉秘集二卷**
（清）海山仙館輯　清宣統三年(1911)上海
會文堂書局石印本　八冊

330000－1705－0013315　續1678　子部/醫
家類/方書之屬/單方驗方

丸散集錄一卷 （清）馮氏存仁堂輯　清刻本
(部分補配)　一冊

330000－1705－0013316　續1584　子部/醫
家類/喉科口齒之屬/喉痧

疫痧草二卷 （清）陳耕道撰　**時疫白喉捷要
一卷** （清）張紹修撰　**嘉興徐子默先生吊腳
痧論一卷** （清）徐子默撰　清光緒二十八年
(1902)刻本　一冊

330000－1705－0013318　續1673　子部/醫
家類/方書之屬/單方驗方

種福堂公選良方四卷 （清）葉桂撰　清刻本
一冊　存二卷(三至四)

330000－1705－0013319　續1672　子部/醫
家類/方書之屬/單方驗方

種福堂精選良方兼刻古吳名醫精論四卷
（清）葉桂撰　清刻本　一冊　存二卷(三至
四)

330000－1705－0013321　續1677　子部/醫
家類/方書之屬

丹溪心法五卷附一卷 （元）朱震亨撰　明刻
本　五冊

330000－1705－0013322　續1685　子部/醫
家類/方書之屬/成方藥目

採芝堂丸散集不分卷 清抄本　一冊

330000－1705－0013323　續1585　子部/醫
家類/喉科口齒之屬/喉痧

疫痧草二卷 （清）陳耕道撰　**時疫白喉捷要
一卷** （清）張紹修撰　**嘉興徐子默先生吊腳
痧論一卷** （清）徐子默撰　清光緒二十八年
(1902)刻本　一冊

330000－1705－0013326　續1710　子部/醫
家類/眼科之屬

**秘傳眼科龍木醫書總論十卷附葆光道人秘傳
眼科一卷** （明）葆光道人撰　清刻本　一冊
存四卷(七至十)

330000－1705－0013327　新3012　史部/傳
記類/總傳之屬/家乘

[浙江象山]劉氏宗譜不分卷 （清）劉思和
（清）劉賢芝等續編　清道光十六年(1836)抄
本　一冊

330000－1705－0013328　續1656　子部/醫
家類/方書之屬/單方驗方

驗方新編十八卷首一卷　（清）鮑相璈輯　清
光緒三十年（1904）上海洽記書局石印本
六冊

330000－1705－0013329　續1686　子部/醫
家類/方書之屬/成方藥目

萬承志堂丸散膏丹全集不分卷　（清）萬承志
堂編　清鉛印本　一冊

330000－1705－0013330　續1711　子部/醫
家類/溫病之屬

新刻治疗要書一卷　（清）紅藕花村主人編
清同治十年（1871）刻本　一冊

330000－1705－0013331　續1586　子部/醫
家類/本草之屬/食療本草

食物本草會纂十二卷圖一卷　（清）沈李龍纂
輯　清乾隆四十八年（1783）金閶書業堂刻本
二冊　存六卷（一至二、七至九,圖）

330000－1705－0013332　續1655　子部/醫
家類/方書之屬/單方驗方

驗方新編二十四卷　（清）鮑相璈輯　清光緒
三十年（1904）上海文盛書局石印本　十五冊

330000－1705－0013333　續1659　子部/醫
家類/方書之屬/單方驗方

驗方新編二十四卷　（清）鮑相璈輯　清光緒
十一年（1885）鉛印本　十二冊

330000－1705－0013335　續1660　子部/醫
家類/方書之屬/單方驗方

校正增廣驗方新編十六卷　（清）鮑相璈輯
痧症全書三卷　（清）王凱輯　咽喉秘集二卷
（清）海山仙館輯　清光緒二十七年（1901）
石印本　八冊

330000－1705－0013336　續1661　子部/醫
家類/方書之屬/單方驗方

驗方新編二十四卷　（清）鮑相璈輯　清光緒
十四年（1888）鴻寶齋石印本　二冊　存八卷
（一至五、二十二至二十四）

330000－1705－0013337　續1712　子部/醫
家類/內科之屬/其他內科病證

瘋癆臌膈辨一卷附梅瘡下疳辨一卷　（清）林

翼臣撰　清光緒十九年（1893）刻本　一冊

330000－1705－0013340　續1663　子部/醫
家類/方書之屬/單方驗方

行笈驗方□□卷　清生儀堂刻本　一冊　存
二卷（五至六）

330000－1705－0013341　續1688　子部/醫
家類/本草之屬/歷代綜合本草

珍珠囊指掌補遺藥性賦四卷　（金）李杲輯
雷公炮製藥性解六卷　（明）李中梓輯　清羣
玉山房刻本　三冊　存六卷（雷公炮製藥性
解一至六）

330000－1705－0013342　續1713　子部/醫
家類/綜合之屬/通論

醫學心悟六卷　（清）程國彭撰　清刻本　一
冊　存一卷（六）

330000－1705－0013343　續1643　子部/醫
家類/傷科之屬

傷科秘訣不分卷　抄本　二冊

330000－1705－0013344　續1715　子部/醫
家類/溫病之屬/痧症

痧症指微一卷　（清）釋普淨撰　清光緒十二
年（1886）刻本　一冊

330000－1705－0013347　續1641　子部/醫
家類/傷寒金匱之屬/傷寒論

傷寒來蘇集三種　（清）柯琴撰　清乾隆三十
一年（1766）博古堂刻本　二冊　存一種

330000－1705－0013348　續1689　子部/醫
家類/本草之屬/歷代綜合本草

珍珠囊指掌補遺藥性賦四卷　（金）李杲輯
雷公炮製藥性解六卷　（明）李中梓輯　清寧
波羣玉山房刻本　二冊　存六卷（雷公炮製
藥性解一至六）

330000－1705－0013349　續1716　子部/醫
家類/溫病之屬/痧症

痧脹玉衡書三卷後卷一卷　（清）郭志邃撰
清康熙十七年（1678）刻本　二冊

330000－1705－0013352　續1714　子部/醫

家類/外科之屬

王洪緒先生外科證治全生不分卷附增補跌打損傷一卷 （清）王維德撰　清二酉山房刻本　四冊

330000－1705－0013354　續1680　子部/醫家類/兒科之屬/痘疹

鄭氏痘科保赤金丹四卷 （清）謝玉瓊原撰　（清）鄭啟壽　（清）鄭行彰傳　清光緒二十六年(1900)刻本　四冊

330000－1705－0013355　續1587　子部/醫家類/本草之屬/本草雜著

本草便讀四卷 （清）張秉成輯　清末上海千頃堂書局石印本　一冊

330000－1705－0013358　續1631　子部/醫家類/傷寒金匱之屬/傷寒論

傷寒論六卷附傷寒論本義一卷 （漢）張機撰　（清）張志聰註釋　（清）高世栻纂集　清同治四年(1865)刻本　二冊　存二卷(一至二)

330000－1705－0013359　續1717　子部/醫家類/喉科口齒之屬/喉痧

爛喉痧疹輯要一卷 （清）金德鑑撰　清光緒二十五年(1899)上海千頃堂石印本　二冊

330000－1705－0013360　續1666　子部/醫家類/方書之屬/單方驗方

時症方論一卷 （清）俞彰信撰　清光緒寧波富祥印刷所鉛印本　一百三十八冊

330000－1705－0013362　續1588　子部/醫家類/方書之屬/單方驗方

本草萬方鍼線八卷 （清）蔡烈先輯　清乾隆四十九年(1784)金閶書業堂刻本　一冊

330000－1705－0013363　續1680－1　子部/醫家類/兒科之屬/痘疹

鄭氏痘科保赤金丹四卷 （清）謝玉瓊原撰　（清）鄭啟壽　（清）鄭行彰傳　清光緒二十六年(1900)刻本　二冊　存二卷(三至四)

330000－1705－0013364　續1534　子部/叢編

二十二子(二十二子彙函) （清）浙江書局編

清光緒元年至三年(1875－1877)浙江書局刻本　三冊　存一種

330000－1705－0013365　續1692　子部/醫家類/類編之屬

古今醫統正脉全書四十四種 （明）王肯堂編　明萬曆二十九年(1601)新安吳勉學刻本　二冊　存一種

330000－1705－0013367　續1667　子部/醫家類/方書之屬/單方驗方

絳雪園古方選註不分卷 （清）王子接輯　清刻本　一冊

330000－1705－0013368　新3019　子部/醫家類/類編之屬

陳修園醫書五十種 （清）陳念祖等撰　清光緒三十一年(1905)上海商務印書館鉛印本　二十四冊　存四十六種

330000－1705－0013369　續1755　子部/天文曆算類/天文之屬

管窺輯要八十卷 （清）黃鼎撰　清順治刻本　三十三冊　存六十六卷(一至五、九至十、十五至二十、二十四至二十五、三十至八十)

330000－1705－0013372　續1772　新學/算學/代數

代數通藝錄十六卷 （清）方愷撰　清光緒二十二年(1896)石印本　一冊　存三卷(一至三)

330000－1705－0013373　續1758　子部/天文曆算類/天文之屬

天文歌略一卷 （清）葉瀾撰　清末刻本　一冊

330000－1705－0013376　續1773　子部/天文曆算類/算書之屬

四元玉鑑細草三卷四象細草假令之圖一卷附補增一卷 （清）羅士琳撰　**四元釋例一卷**（清）易之瀚撰　清光緒二十二年(1896)鴻寶齋書局石印本　一冊　存三卷(一、三,假令之圖)

330000－1705－0013377　續1761、續1762

子部/天文曆算類/曆法之屬

御製律曆淵源五種 （清）允祿 （清）允祉等纂修 清光緒二十一年(1895)湖北官書處刻本 十三冊 存二種

330000－1705－0013378 續1632、續1633
子部/醫家類/傷寒金匱之屬/傷寒論

新鐫陶節菴家藏秘授傷寒六書六卷 （明）陶華撰 清刻本 二冊

330000－1705－0013379 續1767 子部/天文曆算類/曆法之屬

欽定萬年書一卷 清南京李光明莊刻本 一冊

330000－1705－0013380 續1695 子部/醫家類/婦科之屬/產科

大生要旨五卷 （清）唐千頃撰 清沈桂榮刻本 一冊

330000－1705－0013381 續1780 子部/天文曆算類/算書之屬

御製數理精蘊上編五卷下編四十卷表八卷 （清）聖祖玄燁撰 清末石印本 二冊 存一卷(表六)

330000－1705－0013383 續1721 子部/醫家類/類編之屬

婦嬰至寶三種六卷 （清）徐尚慧編 清刻本 一冊

330000－1705－0013385 續1777、續1781
新學/算學/代數

代數通藝錄十六卷 （清）方愷撰 清光緒二十四年(1898)上海石印本 六冊

330000－1705－0013386 續1696 子部/醫家類/類編之屬

黃氏醫書(昌邑黃先生醫書)八種 （清）黃元御撰 清光緒二十年(1894)上海圖書集成印書局鉛印本 一冊 存一種

330000－1705－0013388 續1756、續1757
子部/天文曆算類/曆法之屬

御製律曆淵源五種 （清）允祿 （清）允祉等纂修 清末石印本 三冊 存二種

330000－1705－0013389 新3020 子部/醫家類/本草之屬/歷代綜合本草

本草從新十八卷 （清）吳儀洛輯 清光緒七年(1881)恒德堂刻本 四冊

330000－1705－0013390 續1722 子部/醫家類/婦科之屬/產科

胎產秘書三卷附保嬰要訣一卷經驗各方一卷 （清）錢□□撰 清同治元年(1862)刻本 二冊

330000－1705－0013392 續1774 新學/算學/代數

代數術補式二十六卷首一卷 （英國）華里司輯 （英國）傅蘭雅口譯 （清）華蘅芳筆述 （清）解崇輝補式 清石印本 一冊 存四卷(十七至二十)

330000－1705－0013393 續1697 子部/醫家類/方書之屬/單方驗方

串雅內編四卷 （清）趙學敏輯 清光緒十四年(1888)榆園刻本 一冊 存二卷(一至二)

330000－1705－0013394 續1750 子部/醫家類/養生之屬

延壽丹方一卷 （明）董其昌輯 清光緒二十一年(1895)李光明莊刻本 一冊

330000－1705－0013395 續1723、續1728
類叢部/叢書類/彙編之屬

曼陀羅華閣叢書十六種 （清）杜文瀾編 清咸豐至同治秀水杜氏刻光緒十八年(1892)上海掃葉山房修補印本 二冊 存三種

330000－1705－0013397 續1749 子部/醫家類/養生之屬

衛生要術不分卷 （清）潘霨輯 清光緒十五年(1889)積山書局石印本 一冊

330000－1705－0013400 續1775 子部/天文曆算類/算書之屬

御製數理精蘊上編五卷下編四十卷表八卷 （清）聖祖玄燁撰 清末石印本 二冊 存二卷(表五、七)

330000－1705－0013401 續1770 子部/天

文曆算類/算書之屬

測海山房中西算學叢刻初編 （清）測海山房主人輯　清光緒二十二年（1896）上海璣街堂石印本　一冊　存一種

330000－1705－0013402　續1782　子部/天文曆算類/算書之屬

下學菴勾股六術一卷 （清）項名達撰　（清）賈步緯注　**弧角拾遺一卷** （清）徐有壬撰（清）賈步緯注　清石印本　一冊

330000－1705－0013403　續1700　子部/醫家類/兒科之屬/痘疹

千金至寶不分卷　清刻本　一冊

330000－1705－0013404　續1776　新學/算學/代數

代數學十三卷首一卷 （英國）棣麽甘撰（英國）偉烈亞力口譯　（清）李善蘭筆受　清咸豐九年（1859）上海鉛印本　一冊　缺十二卷（二至十三）

330000－1705－0013405　續1738　子部/醫家類/兒科之屬/痘疹

鄭氏瘄畧一卷附錄一卷 （清）鄭啟壽撰　清同治九年（1870）汲湲齋刻本　一冊

330000－1705－0013408　續1784　新學/算學/數學

最新圖式小學簡明算法一卷　清光緒三十四年（1908）寧波百歲坊學林堂書局石印本　一冊

330000－1705－0013409　續1752　子部/醫家類/方書之屬/單方驗方

回生集二卷 （清）陳傑輯　清刻本　一冊

330000－1705－0013410　續1725　子部/醫家類/婦科之屬/產科

重刻產科心法二卷　汪喆撰　**福幼編摘刻一卷** （清）莊一夔撰　清同治八年（1869）刻本　一冊

330000－1705－0013411　續1811　子部/術數類/占卜之屬

牙牌神數不分卷 （清）何汝檉撰　清光緒十一年（1885）瀾陵文會堂刻本　一冊

330000－1705－0013412　續1702　新學/全體學

全體新論一卷 （英國）合信氏　（清）陳修堂撰　清咸豐元年（1851）上海墨海書館刻本一冊

330000－1705－0013413　續1682　子部/醫家類/方書之屬/單方驗方

驗方類編（趙翰香居丸散膏丹全錄）不分卷（清）趙文通輯　清光緒十五年（1889）趙翰香居石印本　一冊

330000－1705－0013414　續1751　子部/醫家類/方書之屬/單方驗方

回生集二卷 （清）陳傑輯　清乾隆五十四年（1789）刻本　一冊

330000－1705－0013415　續1778　子部/天文曆算類/算書之屬

學算筆談十二卷 （清）華蘅芳撰　清光緒石印本　一冊　存二卷（十一至十二）

330000－1705－0013417　續1771　子部/天文曆算類/算書之屬

益智書會天文算學叢書 （清）益智書會輯清光緒二十四年（1898）美華書館鉛印本　九冊　存八種

330000－1705－0013420　續1703　子部/醫家類/外科之屬/通論

重訂外科正宗十二卷 （明）陳實功撰　（清）張鶚翼重訂　清刻本　一冊　存二卷（五至六）

330000－1705－0013422　續1704　子部/醫家類/外科之屬/通論

重訂外科正宗十二卷 （明）陳實功撰　（清）張鶚翼重訂　清越城問奇齋刻本　六冊

330000－1705－0013425　續1841　史部/傳記類/總傳之屬/技藝

國朝畫徵錄三卷續錄二卷 （清）張庚撰　**明人附錄一卷** （明）黎遂球 （明）袁樞撰　清乾隆四年（1739）蔣泰、湯之昱刻本　朱鼎煦

題記 一冊 缺二卷(續錄一至二)

330000－1705－0013426 新3021 子部/醫
家類/溫病之屬/瘟疫

瘟疫論補注二卷 （明）吳有性撰 （清）鄭重
光補注 清光緒六年(1880)掃葉山房刻本
二冊

330000－1705－0013427 續1729 子部/醫
家類/婦科之屬/產科

達生編二卷 （清）亟齋居士撰 （清）南方恒
人述 **福幼編一卷遂生編一卷** （清）莊一夔
撰 清光緒五年(1879)、十七年(1891)常郡
培本堂善書局刻本 一冊

330000－1705－0013428 續1851 類叢部/
叢書類/彙編之屬

讀畫齋叢書四十六種 （清）顧修編 清嘉慶
四年至十六年(1799－1811)桐川顧氏刻本
二冊 存一種

330000－1705－0013429 續1807 子部/術
數類/占卜之屬

易冒十卷 （清）程良玉撰 清康熙三年
(1664)刻本 四冊

330000－1705－0013430 續1674 子部/藝
術類/書畫之屬

先嚴百方墨寶不分卷 （清）翁壽虞編 稿本
二冊

330000－1705－0013431 續1763 子部/天
文曆算類/曆法之屬

大清光緒二十七年歲次辛丑時憲書一卷 清
光緒刻本 一冊

330000－1705－0013433 續1827 子部/藝
術類/書畫之屬/總論

清河書畫舫十二卷 （明）張丑輯 清刻本
二冊 存二卷(丑集、寅集)

330000－1705－0013434 續1785 新學/算
學/代數

代數術補式二十六卷首一卷 （英國）華里司
輯 （英國）傅蘭雅口譯 （清）華蘅芳筆述
（清）解崇輝補式 清石印本 二冊 存七卷

(五至十一)

330000－1705－0013436 續1842 子部/藝
術類/書畫之屬/畫譜

詩中畫二卷 （清）馬濤繪 清光緒十一年
(1885)石印本 一冊 存一卷(上)

330000－1705－0013437 續1818 子部/術
數類/數學之屬

六壬經緯六卷 （清）毛志道撰 清雍正刻本
四冊

330000－1705－0013440 續1793 子部/術
數類/相宅相墓之屬

地理錄要四卷 （清）于楷輯 清嘉慶七年
(1802)刻本 三冊 缺一卷(一)

330000－1705－0013441 續1809 類叢部/
叢書類/彙編之屬

津逮祕書十五集一百四十種 （明）毛晉編
明崇禎虞山毛氏汲古閣刻本 四冊 存一種

330000－1705－0013442 續1826 子部/藝
術類/書畫之屬

寶繪錄二十卷 （明）張泰階輯 清刻知不足
齋叢書本(卷一至四配抄本) 許愿題記 四
冊 存十卷(一至六、十七至二十)

330000－1705－0013443 續1786 子部/天
文曆算類/算書之屬

翠微山房數學十四種 （清）張作楠撰 清嘉
慶至道光金華張氏翠微山房刻本 一冊 存
一種

330000－1705－0013444 續1810 子部/術
數類/占卜之屬

孫臏仙占風雨歌不分卷 清抄本 一冊

330000－1705－0013445 新3022 子部/醫
家類/溫病之屬/其他溫疫病證

溫病條辨六卷首一卷 （清）吳瑭撰 清上海
文淵山房刻本 五冊

330000－1705－0013446 續1745 子部/醫
家類/針灸之屬/針法灸法

太乙神鍼藥方一卷 （清）范毓㟍撰 清抄本

一册

330000－1705－0013448　續1843　子部/藝術類/書畫之屬/畫法畫品

詩中畫不分卷　（清）馬濤繪　清光緒石印本　一册

330000－1705－0013449　續1852　子部/藝術類/書畫之屬/總論

董文敏公畫禪隨筆四卷　（明）董其昌撰　（清）汪汝祿編次　清乾隆十八年(1753)刻本　清馮雪卿跋　二册

330000－1705－0013451　續1787　子部/天文曆算類/算書之屬

白芙堂算學叢書　（清）丁取忠輯　清石印本　三册　存十四種

330000－1705－0013452　續1812　子部/叢編

輔孝兩書　（清）吳楚輯　清乾隆六十年(1795)吳氏刻本　三册　存一種

330000－1705－0013454　續1844　子部/藝術類/書畫之屬/畫譜

詩中畫二卷　（清）馬濤繪　清光緒十一年(1885)石印本　二册

330000－1705－0013455　續1733　子部/醫家類/兒科之屬

兒科醒十二卷　（清）芝嶼樵客撰　清刻本　一册　存四卷(九至十二)

330000－1705－0013456　續1853　子部/藝術類/書畫之屬

式古堂書畫彙考六十卷目錄三卷　（清）卞永譽輯　清康熙刻本　一册　存二卷(畫十一至十二)

330000－1705－0013459　新3025　子部/醫家類/傷寒金匱之屬/傷寒論

傷寒來蘇集三種　（清）柯琴撰　清乾隆至嘉慶古香室刻本　七册　缺一卷(傷寒附翼下)

330000－1705－0013460　續1748　子部/醫家類/方書之屬/單方驗方

濟世養生集一卷　（清）毛世洪輯　（清）汪瑜增訂　清末抄本　一册

330000－1705－0013461　續1734　子部/醫家類/兒科之屬/通論

保赤要言五卷首一卷　王德森輯　清宣統二年(1910)刻民國八年(1919)印本　一册

330000－1705－0013462　續1813　子部/術數類/相宅相墓之屬

地理臆解二種　（清）金六吉注　清乾隆刻本　一册　存一種

330000－1705－0013464　新3023　子部/醫家類/溫病之屬/其他溫疫病證

問心堂溫病條辨六卷首一卷　（清）吳瑭撰　清咸豐十年(1860)刻本　二册　缺二卷(一至二)

330000－1705－0013465　續1788　子部/天文曆算類/算書之屬

觀我生室匯稿　（清）羅士琳撰　清道光刻本　一册　存一種

330000－1705－0013466　新3024　子部/醫家類/傷寒金匱之屬/傷寒論

注解傷寒論十卷圖解運氣圖一卷　（漢）張仲景述　（晉）王叔和輯　（金）成無己注　清刻本　一册　存五卷(注解傷寒論一至五)

330000－1705－0013467　續1734－1　子部/醫家類/兒科之屬/通論

保赤要言五卷首一卷　王德森輯　清宣統二年(1910)刻民國八年(1919)印本　一册

330000－1705－0013468　續1735　子部/醫家類/兒科之屬/通論

保赤要言五卷首一卷　王德森輯　清宣統二年(1910)刻民國八年(1919)印本　一册

330000－1705－0013469　續1854　子部/藝術類/書畫之屬/題跋

自題所畫一卷　（清）傅金銓撰　清蕭康理刻本　一册

330000－1705－0013471　續1736　子部/醫

家類/兒科之屬/通論

保赤要言五卷首一卷 王德森輯 清宣統二年(1910)刻民國八年(1919)印本 一冊

330000－1705－0013472 續1789、續1790 子部/術數類/占候之屬

大唐開元占經一百二十卷目錄二卷 （唐）瞿曇悉達等撰 清刻本 三冊 存十二卷(十八至二十三、四十三至四十五、六十五至六十七)

330000－1705－0013473 續1796 子部/術數類/相宅相墓之屬

陽宅集成八卷 （清）姚廷鑾輯 清乾隆十六年(1751)刻本 八冊

330000－1705－0013474 續1848 子部/藝術類/書畫之屬/總論

湘管齋寓賞編六卷 （清）陳焯撰 清刻本 四冊 存四卷(三至六)

330000－1705－0013476 續1855 子部/雜家類

巾箱小品初集十三種 清乾隆華韻軒刻本 一冊 存五種

330000－1705－0013477 續1737 子部/醫家類/兒科之屬/痘疹

鄭氏瘄畧一卷 （清）鄭啟壽撰 清抄本 一冊

330000－1705－0013478 續1791 子部/術數類/相宅相墓之屬

山洋指迷原本四卷 （明）周景一撰 （清）俞歸璞 （清）吳卿瞻增注 清光緒九年(1883)寧波汲綆齋刻本 四冊

330000－1705－0013479 續1797 子部/術數類/相宅相墓之屬

陰陽二宅全書十二卷 （清）姚廷鑾撰 清乾隆十六年(1751)姚氏片山書樓刻本 十二冊

330000－1705－0013480 續1856 史部/傳記類/總傳之屬/技藝

國朝書人輯略十一卷首一卷 震鈞輯 清光緒三十四年(1908)金陵刻本 一冊 存一卷

（四）

330000－1705－0013481 續1816 子部/術數類/命書相書之屬

袁柳莊先生相法全書二卷首一卷 （明）袁忠徹撰 清咸豐十一年(1861)丹陽文會堂刻本 一冊

330000－1705－0013482 續1739 子部/醫家類/兒科之屬/痘疹

麻疹備要不分卷 （清）沈虛明編 清抄本 一冊

330000－1705－0013483 續1849 史部/傳記類/總傳之屬/技藝

歷代畫史彙傳七十二卷首一卷總目三卷附錄二卷 （清）彭蘊璨輯 清刻本 一冊 存三卷(六十五至六十七)

330000－1705－0013484 續1792 子部/術數類/數學之屬

大衍索隱三卷 （宋）丁易東撰 清光緒九年(1883)張氏亦壽軒抄本 三冊

330000－1705－0013487 續1740 子部/醫家類/眼科之屬

中國眼科學不分卷 （清）袁公望撰 清抄本 三冊

330000－1705－0013488 續1798 子部/術數類/相宅相墓之屬

宅譜正宗不分卷 （清）鍾之模輯 清抄本 一冊

330000－1705－0013491 續1799 子部/術數類/相宅相墓之屬

江氏百問目講禪師地理書一卷地理索隱一卷 （明）釋目講撰 （清）趙榆森輯 清光緒二十三年(1897)鄞縣趙榆森刻本 一冊

330000－1705－0013493 續1874 子部/藝術類/書畫之屬/畫譜

描樣不分卷 石印本 一冊

330000－1705－0013495 新3026 子部/醫家類/類編之屬

本草醫方合編　（清）汪昂編　清光緒十三年（1887）掃葉山房刻本　四冊　存一種

330000－1705－0013497　續1800　子部/術數類/相宅相墓之屬

重鐫官板地理天機會元續篇雜錄備覽三十五卷　（宋）廖瑀撰　清刻本　一冊　存二卷（二十五至二十六）

330000－1705－0013500　續1885　子部/藝術類/書畫之屬/畫譜

芥子園畫傳初集六卷二集九卷三集六卷　（清）王槩　（清）王蓍　（清）王臬輯　清光緒十四年（1888）上海天寶書局石印本　八冊　缺八卷（初集六、二集三至八、三集六）

330000－1705－0013502　續1795　子部/術數類/相宅相墓之屬

雪心賦正解四卷　（唐）卜應天撰　（清）孟浩注　辯論三十篇一卷　（清）孟浩撰　清康熙十九年（1680）雲林四美堂刻本　一冊　存二卷（一至二）

330000－1705－0013503　續1876　子部/藝術類/書畫之屬/畫法畫品

孤芳自賞不分卷　（清）陸伯焜等題　石印本　一冊

330000－1705－0013504　續1834　子部/藝術類/書畫之屬/畫譜

紉齋畫賸不分卷　（清）陳允升繪　清光緒二年至七年（1876－1881）陳氏得古歡室刻本　一冊

330000－1705－0013505　續1835　子部/藝術類/書畫之屬/畫譜

紉齋畫賸不分卷　（清）陳允升繪　清光緒二年至七年（1876－1881）陳氏得古歡室刻本　四冊

330000－1705－0013506　續1801　子部/術數類/相宅相墓之屬

地理錄要四卷　（清）于楷輯　清嘉慶七年（1802）文光堂刻本　一冊　存一卷（一）

330000－1705－0013507　續1877　子部/藝

術類/書畫之屬/畫譜

冶梅竹譜不分卷　（清）王寅繪　清光緒八年（1882）金陵王氏刻本　一冊

330000－1705－0013510　續1861　子部/藝術類/書畫之屬/畫譜

畫譜一卷　清刻本　一冊

330000－1705－0013511　續2816　集部/別集類

鎮亭山房詩集十八卷文集十二卷　陸廷黻撰　清光緒刻本　一冊　存五卷（詩集十一至十五）

330000－1705－0013514　續1833　子部/藝術類/書畫之屬/畫譜

紉齋畫賸不分卷　（清）陳允升繪　清光緒二年（1876）甬上陳氏得古歡室刻本　四冊

330000－1705－0013515　續1836　子部/藝術類/書畫之屬/畫譜

紉齋畫賸不分卷　（清）陳允升繪　清光緒二年至四年（1876－1878）甬上陳氏得古歡室刻本　四冊

330000－1705－0013516　續1802　子部/術數類/相宅相墓之屬

新編秘傳堪輿類纂人天共寶十二卷　（明）黃慎編　明崇禎六年（1633）刻清乾隆三十七年（1772）印本　十二冊

330000－1705－0013517　續1887　子部/藝術類/書畫之屬/畫譜

芥子園畫傳初集六卷二集九卷三集六卷　（清）王槩　（清）王蓍　（清）王臬輯　清末石印本　一冊　存二卷（二集一至二）

330000－1705－0013518　續1828　類叢部/叢書類/彙編之屬

風雨樓叢書二十三種　鄧實編　清宣統順德鄧氏鉛印本　一冊　存一種

330000－1705－0013521　續1878　子部/藝術類/書畫之屬/畫法畫品

空谷幽芬不分卷　（清）述庵等撰　石印本　一冊

330000－1705－0013522　續1830　子部/藝術類/書畫之屬

桐陰論畫三卷附錄一卷桐陰畫訣一卷續桐陰論畫一卷二編二卷三編二卷　（清）秦祖永撰　清宣統二年（1910）上海中國書畫會石印本　二冊

330000－1705－0013523　續1863　子部/藝術類/書畫之屬/畫譜

晚笑堂畫傳一卷明太祖功臣圖一卷　（清）上官周繪　清乾隆刻本　毛亨友題記　二冊

330000－1705－0013524　續1803　子部/術數類/占卜之屬

靈棋經二卷　（晉）顏幼明　（南朝宋）何承天　（元）陳師凱　（明）劉基注解　清刻本　一冊　存一卷（上）

330000－1705－0013528　續1879、續1898　子部/藝術類/書畫之屬/畫譜

芥子園畫傳二集八卷　（清）王蓍　（清）王著　（清）王臬輯　清嘉慶五年（1800）芥子園刻彩色套印本　二冊　存四卷（菊說一至二、蘭說一至二）

330000－1705－0013533　續1880、續1881　子部/藝術類/書畫之屬/總論

佩文齋書畫譜一百卷　（清）孫岳頒等輯　清光緒九年（1883）上海同文書局石印本　五冊　存二十五卷（三十七至五十四、八十八至九十四）

330000－1705－0013534　續1882　子部/藝術類/書畫之屬/總論

佩文齋書畫譜一百卷　（清）孫岳頒等輯　清康熙內府刻本　清徐時棟題記　十六冊　存三十八卷（一至二、二十五至四十二、四十五至五十七、七十五至七十九）

330000－1705－0013536　續1883　子部/藝術類/書畫之屬/總論

佩文齋書畫譜一百卷　（清）孫岳頒等輯　清康熙內府刻本　一冊　存三卷（三十四至三十六）

330000－1705－0013538　續1946　子部/藝術類/書畫之屬

賞奇軒合編五種　清光緒十二年（1886）上海石印本　二冊　存二種

330000－1705－0013539　續1884　子部/藝術類/書畫之屬/畫譜

芥子園畫傳四集四卷　（清）丁臬等撰輯　芥子園圖章會纂一卷　（清）李漁撰　清嘉慶二十三年（1818）刻本　一冊　存一卷（□）

330000－1705－0013540　續1866　子部/藝術類/書畫之屬/畫錄

國朝畫識十七卷墨香居畫識十卷　（清）馮金伯撰　清刻本　一冊　存七卷（國朝畫識十一至十七）

330000－1705－0013541　續1962　子部/農家農學類/園藝之屬/花卉

秘傳花鏡六卷　（清）陳淏子撰　清刻本　六冊

330000－1705－0013546　續1934　子部/藝術類/遊藝之屬/酒令

酒令叢鈔四卷　（清）俞敦培輯　清光緒四年（1878）藝雲軒刻本　二冊

330000－1705－0013548　續1933　子部/藝術類/遊藝之屬/酒令

酒令叢鈔四卷　（清）俞敦培輯　清光緒四年（1878）藝雲軒刻本　一冊　存二卷（一至二）

330000－1705－0013549　續1964　子部/藝術類/書畫之屬/畫譜

繡花樣本不分卷　清寧波大酉山房石印本　一冊

330000－1705－0013552　續1965　子部/工藝類/文房四寶之屬/叢錄

考槃餘事四卷　（明）屠隆撰　清抄本　一冊

330000－1705－0013554　續1949　子部/藝術類/書畫之屬/畫譜

點石齋畫報不分卷　清光緒二十年至二十一年（1894－1895）上海點石齋書局石印本　三冊

330000－1705－0013555　續1917　子部/藝術類/書畫之屬/畫譜

吳友如畫寶十二集不分卷　（清）吳嘉猷繪　清宣統元年(1909)上海璧園會社石印本　一冊　存一集

330000－1705－0013557　續1935　子部/藝術類/遊藝之屬/雜藝

益智圖二卷　（清）童葉庚撰　清光緒四年(1878)童葉庚刻本　二冊

330000－1705－0013558　新3029　子部/醫家類/方書之屬/單方驗方

幾希錄一卷附集古方一卷　（清）瑞五堂主人輯　清道光元年(1821)刻本　一冊

330000－1705－0013560　續1890　子部/藝術類/書畫之屬/畫譜

芥子園畫傳初集六卷二集九卷三集六卷四集四卷　（清）王槩　（清）王蓍　（清）王臬輯　清末石印本　十二冊　缺六卷(初集一至六）

330000－1705－0013561　續1936　子部/藝術類/遊藝之屬/雜藝

益智圖二卷　（清）童葉庚撰　清光緒四年(1878)童葉庚刻本　一冊　存一卷(下)

330000－1705－0013562　續1976　子部/宗教類/道教之屬

三教正宗通論三十六卷　（明）林兆恩撰　（明）盧文輝輯　明萬曆二十三年(1595)刻本　三十五冊　存三十五卷(二至三十六)

330000－1705－0013566　續2088　子部/小說家類/異聞之屬

閱微草堂筆記二十四卷　（清）紀昀撰　清嘉慶五年(1800)北平盛氏刻本　二冊　存四卷(十一至十二、二十三至二十四)

330000－1705－0013567　續1913　子部/藝術類/書畫之屬/畫譜

女子細花本不分卷　清文益書局刻本　一冊

330000－1705－0013570　續1892　子部/藝術類/書畫之屬/畫譜

芥子園畫傳初集六卷二集九卷三集六卷　（清）王槩　（清）王蓍　（清）王臬輯　清光緒三十四年(1908)上海章福記書局石印本　二冊　存四卷(二集一至四)

330000－1705－0013571　續2386　集部/詩文評類/彙編之屬

游藝塾續文規十八卷　（明）袁黃撰　明刻本　一冊　存二卷(八至九)

330000－1705－0013573　續1894　子部/藝術類/書畫之屬/畫譜

芥子園畫傳五卷　（清）王槩　（清）王蓍（清）王臬輯　清刻本　一冊　存一卷(三)

330000－1705－0013574　新3030　經部/叢編

皇清經解一千四百卷　（清）阮元輯　清刻本　一冊　存一種

330000－1705－0013575　續1969　子部/雜著類/雜說之屬

墨子閒詁十五卷目錄一卷附錄一卷後語二卷　（清）孫詒讓撰　清光緒三十三年(1907)瑞安孫氏刻本　八冊

330000－1705－0013577　續1893　子部/藝術類/書畫之屬/畫譜

芥子園畫傳初集六卷二集九卷三集六卷　（清）王槩　（清）王蓍　（清）王臬輯　清末石印本　三冊　存十三卷(二集一至九、三集一至四)

330000－1705－0013578　續1951　子部/農家農學類

農學叢書　（清）上海農學會　（清）江南總農會輯　清光緒上海農學會、江南總農會石印本　一冊　存十五種

330000－1705－0013581　續1986　子部/雜著類/雜說之屬

浮邱子十二卷　（清）湯鵬撰　（清）湯俶昭等輯　清宣統二年(1910)掃葉山房石印本　六冊

330000－1705－0013583　續2054　子部/儒

家類/儒家之屬

閒樨香齋小題窗稿不分卷 稿本 三冊

330000－1705－0013585 續 2025 類叢部/
叢書類/郡邑之屬

西泠五布衣遺箸 （清）丁丙輯 清同治至光
緒錢塘丁氏當歸草堂刻本 一冊 存一種

330000－1705－0013588 續 1532 子部/醫
家類/醫經之屬/內經

黃帝內經素問二十四卷 （明）吳崑注 清宏
道堂刻本 四冊 存十三卷（一至三、十五至
二十四）

330000－1705－0013589 續 1971 類叢部/
叢書類/彙編之屬

湖海樓叢書十二種 （清）陳春編 清嘉慶蕭
山陳氏刻二十四年（1819）彙印本 一冊 存
一種

330000－1705－0013590 續 1895 子部/藝
術類/書畫之屬/畫譜

**芥子園畫傳初集六卷二集九卷三集六卷四集
四卷** （清）王槩 （清）王蓍 （清）王臬輯
清末石印本 一冊 存四卷（四集一至四）

330000－1705－0013591 新 3031 經部/詩
類/傳說之屬

呂氏家塾讀詩記三十二卷 （宋）呂祖謙撰
清嘉慶十六年（1811）溪上聽彝堂重刻明萬曆
刻本 三冊 存八卷（一至二、六至九、二十
三至二十四）

330000－1705－0013592 續 1988、續 3539
類叢部/叢書類/彙編之屬

張氏適園叢書 張鈞衡編 清宣統三年
（1911）上海國學扶輪社鉛印本 二冊 存
二種

330000－1705－0013593 續 2015 類叢部/
叢書類/彙編之屬

羣書拾補初編三十七種 （清）盧文弨撰 清
光緒十三年（1887）上海蜚英館石印本 三冊
存十三種

330000－1705－0013594 續 1953 類叢部/

叢書類/家集之屬

觀古閣叢刻十五種 （清）鮑康編 清嘉慶十
一年至光緒二十一年（1806－1895）歙縣鮑氏
刻本 一冊 存一種

330000－1705－0013595 續 1825 子部/藝
術類/書畫之屬

賞奇軒四種奇書 清刻本 一冊 存一種

330000－1705－0013596 續 1896 子部/藝
術類/書畫之屬/畫譜

芥子園畫傳初集六卷二集九卷三集六卷
（清）王槩 （清）王蓍 （清）王臬輯 清光
緒錦章書局石印本 一冊 存六卷（初集一
至六）

330000－1705－0013598 續 1989 子部/雜
著類/雜說之屬

浪跡叢談十一卷浪跡續談八卷 （清）梁章鉅
撰 清道光二十七年至二十八年（1847－
1848）亦東園刻本 三冊 缺五卷（叢談一至
五）

330000－1705－0013599 續 1972 類叢部/
叢書類/彙編之屬

廣漢魏叢書 （明）何允中編 明刻本 一冊
存一種二卷（白虎通德論三至四）

330000－1705－0013600 續 1954 史部/金
石類/總志之屬/圖像

西清續鑑甲編二十卷附錄一卷 （清）王杰等
纂修 清宣統三年（1911）上海商務印書館石
印本 二冊 存一卷（附錄）

330000－1705－0013601 續 2007 子部/雜
著類/雜考之屬

困學紀聞注二十卷首一卷 （清）翁元圻撰
清光緒十三年（1887）上海同文書局石印本
五冊 存十七卷（首、一至十六）

330000－1705－0013602 新 3032 經部/詩
類/傳說之屬

呂氏家塾讀詩記三十二卷 （宋）呂祖謙撰
清刻本 二冊 存十卷（十三至二十二）

330000－1705－0013603 續 1990、續 2904、

續 2905　類叢部/叢書類/自著之屬

隨園三十種　(清)袁枚撰　清刻本　十冊
存五種

330000－1705－0013606　續 2015－1　類叢
部/叢書類/彙編之屬

抱經堂叢書十六種　(清)盧文弨編　清光緒
十三年(1887)上海蜚英館石印本　二冊　存
一種

330000－1705－0013607　續 1897　子部/藝
術類/書畫之屬/畫譜

芥子園畫傳初集六卷二集九卷三集六卷
(清)王槩　(清)王蓍　(清)王臬輯　清末
石印本　一冊　存二卷(三集四至五)

330000－1705－0013608　續 2006　子部/雜
著類/雜考之屬

困學紀聞注二十卷首一卷　(清)翁元圻撰
清光緒十五年(1889)上海積山書局石印本
六冊

330000－1705－0013611　續 2008　子部/雜
著類/雜考之屬

困學紀聞二十卷　(宋)王應麟撰　(清)閻若
璩箋　(清)何焯評　清乾隆桐鄉汪壆桐華書
塾刻本　清徐時棟批　一冊　存二卷(一至
二)

330000－1705－0013612　續 1974　子部/雜
著類/雜編之屬

玉峯先生腳氣集一卷　(宋)車若水撰　校勘
記一卷　(清)王萊識　清同治十年(1871)刻
本　一冊

330000－1705－0013613　續 1992　子部/雜
著類/雜纂之屬

任兆麟述記三卷　(清)任兆麟撰　清末石印
本　一冊　存一卷(二)

330000－1705－0013615　續 1899　子部/藝
術類/書畫之屬/畫譜

芥子園畫傳五卷　(清)王槩　(清)王蓍
(清)王臬輯　清康熙十八年(1679)芥子園甥
館刻彩色套印本　一冊　存一卷(五)

330000－1705－0013617　續 2010　子部/雜
著類/雜說之屬

能改齋漫錄十八卷　(宋)吳曾撰　清末石印
本　一冊　存四卷(十至十三)

330000－1705－0013618　續 1993　子部/雜
著類/雜纂之屬

新刻傳家寶初集八卷　(清)石成金撰　清刻
本　一冊　存一卷(五)

330000－1705－0013619　續 2009　類叢部/
叢書類/郡邑之屬

涇川叢書四十四種續七種　(清)趙紹祖
(清)趙繩祖編　清嘉慶至道光涇縣趙氏古墨
齋刻本　一冊　存一種

330000－1705－0013620　續 1977　史部/傳
記類/總傳之屬/儒林

江氏叢書　(清)江藩撰　清上海掃葉山房刻
本　一冊　存二種

330000－1705－0013621　續 1978　子部/雜
著類/雜編之屬

勸俗篇不分卷通藝堂詩□□卷　(清)陶濬宣
撰　清光緒二十六年(1900)漳州環玉樓刻本
一冊　存一卷(通藝堂詩三)

330000－1705－0013622　續 2016　類叢部/
叢書類/自著之屬

惜抱軒全集十種　(清)姚鼐撰　清嘉慶至道
光刻本　二冊　存一種

330000－1705－0013623　續 1979　集部/別
集類/清別集

存我軒偶錄不分卷　(清)陸鍾渭撰　清光緒
二十七年(1901)文彙書局鉛印本　二冊

330000－1705－0013624　續 1980　集部/總
集類/選集之屬/通代

經史百家雜鈔二十六卷　(清)曾國藩輯　清
光緒三十二年(1906)上海商務印書館鉛印本
十二冊

330000－1705－0013625　續 1919　子部/藝
術類/音樂之屬/樂譜

自遠堂琴譜十二卷　(清)吳炘輯　清嘉慶七

年(1802)廣陵吳烒自遠堂吳中刻本　三冊　存十卷(一至十)

330000 - 1705 - 0013626　續 1994　子部/小說家類/雜事之屬

堅瓠集六十六卷　(清)褚人穫撰　清刻本　十六冊　存三十三卷(甲集一至四,二集一至四,三集一至四,五集一至四,六集一至四,七集一至二,秘集一至二、六,廣集三至六,餘集一至四)

330000 - 1705 - 0013627　續 2017　子部/雜著類/雜考之屬

湛園札記四卷　(清)姜宸英撰　清光緒四年(1878)張麟洲見山樓刻七年(1881)王定祥續刻本　二冊　存二卷(一至二)

330000 - 1705 - 0013628　續 1901　子部/藝術類/書畫之屬/畫譜

芥子園畫傳初集六卷二集九卷三集六卷　(清)王槩　(清)王蓍　(清)王臬輯　清光緒十四年(1888)上海天寶書局石印本　二冊　存四卷(初集一至二、四至五)

330000 - 1705 - 0013629　續 1957　子部/農家農學類/鳥獸蟲之屬

蟋蟀譜不分卷　(清)朱翠廷彙　清乾隆二十一年(1756)抄本　一冊

330000 - 1705 - 0013631　續 1981　集部/總集類/選集之屬/通代

經史百家雜鈔二十六卷　(清)曾國藩輯　清光緒三十二年(1906)上海商務印書館鉛印本　一冊　存二卷(七至八)

330000 - 1705 - 0013632　續 1922　子部/藝術類/音樂之屬/琴學

誠一堂琴譜六卷琴談二卷　(清)程允基輯　清康熙四十四年(1705)程允基誠一堂刻本　一冊　存一卷(琴譜六)

330000 - 1705 - 0013633　續 1982　子部/雜著類/雜說之屬

池北偶談二十六卷　(清)王士禛撰　清宣統二年(1910)上海震東學社石印本　六冊

330000 - 1705 - 0013635　續 2011　子部/雜著類/雜考之屬

名義考十二卷　(明)周祈撰　明萬曆刻本　三冊　存六卷(五至十)

330000 - 1705 - 0013636　續 1903　子部/藝術類/書畫之屬/畫譜

芥子園畫傳初集六卷二集九卷三集六卷　(清)王槩　(清)王蓍　(清)王臬輯　清宣統元年(1909)上海章福記書局石印本　四冊　存九卷(初集一至二、五至六,二集七至九,三集四至五)

330000 - 1705 - 0013638　續 1959　子部/醫家類/本草之屬/食療本草

調疾飲食辯六卷飲食辯諸方鍼線一卷　(清)章穆撰　清刻本　二冊　存三卷(三、六,飲食辯諸方鍼線)

330000 - 1705 - 0013639　續 2019　類叢部/叢書類/自著之屬

五研齋全集　(清)沈赤然撰　清嘉慶刻本　一冊　存一種

330000 - 1705 - 0013640　續 2012　子部/雜著類/雜考之屬

通雅五十二卷首三卷　(清)方以智撰　清康熙五年(1666)龍眠姚文燮浮山此藏軒刻嘉慶四年(1799)增修本　二冊　存六卷(首一至三、一至三)

330000 - 1705 - 0013641　續 1904　子部/藝術類/書畫之屬/畫譜

芥子園畫傳初集六卷二集九卷三集六卷　(清)王槩　(清)王蓍　(清)王臬輯　清光緒十六年(1890)久敬齋石印本　一冊　存二卷(初集一至二)

330000 - 1705 - 0013643　續 1996　子部/道家類

莊子雪三卷　(清)陸樹芝撰　清嘉慶四年(1799)文選樓刻本　二冊

330000 - 1705 - 0013644　續 1900　子部/藝術類/書畫之屬/畫譜

芥子園畫傳四集四卷　（清）丁皐等撰輯　**芥子園圖章會纂一卷**　（清）李漁撰　清刻本　一冊　存一卷(三)

330000－1705－0013645　續1960　子部/農家農學類/園藝之屬/總志

二如亭群芳譜三十卷首一卷　（明）王象晉撰　明末沙村草堂刻本　二十四冊

330000－1705－0013647　續2055　子部/雜著類/雜編之屬

雜抄不分卷　抄本　一冊

330000－1705－0013648　續1925　子部/藝術類/遊藝之屬/棋弈

橘中秘四卷　（明）朱晉楨撰　清末上海江左書林石印本　四冊

330000－1705－0013650　續2013　類叢部/叢書類/自著之屬

崔東壁先生遺書八種附一種　（清）崔述撰　清嘉慶至道光陳履和刻本　一冊　存一種

330000－1705－0013651　續1997　子部/儒家類/儒學之屬/蒙學

讀書作文譜十二卷父師善誘法二卷　（清）唐彪輯　清刻本　一冊　存三卷(三至五)

330000－1705－0013652　續1902　子部/藝術類/書畫之屬/畫譜

芥子園畫傳初集六卷二集九卷三集四卷續集二卷　（清）王槩　（清）王蓍　（清）王臬輯　清光緒十三年至十四年(1887－1888)鴻文書局石印本　一冊　存二卷(二集一至二)

330000－1705－0013653　續1984　類叢部/叢書類/自著之屬

王漁洋遺書三十八種　（清）王士禛撰　清刻本　五冊　存一種

330000－1705－0013654　續1961　子部/農家農學類/園藝之屬/總志

佩文齋廣羣芳譜一百卷目錄二卷　（清）汪灝等撰　清康熙刻本　一冊　存一卷(八十五)

330000－1705－0013655　續1998　子部/雜著類/雜纂之屬

玉芝堂談薈三十六卷首一卷　（明）徐應秋輯　明崇禎刻清康熙四十二年(1703)、乾隆三十八年(1773)、道光二十九年(1849)、光緒元年(1875)蕡園遞修本　一冊　存一卷(二十四)

330000－1705－0013656　續2022　類叢部/叢書類/彙編之屬

武英殿聚珍版書一百三十八種　清同治十三年(1874)江西書局刻本　一冊　存一種

330000－1705－0013657　續2058、續2059　子部/醫家類/養生之屬

衛濟餘編十八卷　（清）王纕堂輯　清道光二十一年(1841)刻本　二冊　存七卷(一至四、十六至十八)

330000－1705－0013658　續1926　子部/藝術類/遊藝之屬/棋弈

不古編不分卷　（清）吳貞吉輯　清康熙刻本　二冊

330000－1705－0013659　續2014　子部/法家類

弟子職集解一卷　（清）莊述祖輯　**弟子職句讀一卷考證一卷補音一卷**　（清）黃彭年輯　清光緒十四年(1888)江蘇書局刻本　一冊

330000－1705－0013660　續2023　史部/地理類/雜志之屬

廣會稽風俗賦一卷　（清）陶元藻撰　清乾隆刻本　一冊

330000－1705－0013661　續1927　子部/藝術類/遊藝之屬/棋弈

弈萃一卷官子一卷　（清）卞文恒撰　清嘉慶二十一年(1816)邗江卞惟賢味書堂刻本　一冊　存一卷(弈萃)

330000－1705－0013662　續1999　集部/總集類/課藝之屬

八銘堂塾鈔初集不分卷二集不分卷　（清）吳懋政編　清光緒十四年(1888)學庫山房刻本　一冊

330000－1705－0013666　續2075　集部／總集類／選集之屬／通代

古文四象五卷　（清）曾國藩纂輯　清光緒二十八年（1902）刻民國十八年（1929）印本　五冊

330000－1705－0013667　續1837　子部／藝術類／書畫之屬／畫譜

紉齋畫賸四卷　（清）陳允升繪　清光緒七年（1881）上海點石齋石印本　二冊

330000－1705－0013669　續1930　子部／藝術類／遊藝之屬／棋弈

奕海不分卷　清刻本　一冊

330000－1705－0013670　續1928　子部／藝術類／遊藝之屬／棋弈

官子譜不分卷　清刻本　一冊

330000－1705－0013672　續2080　子部／雜著類／雜纂之屬

雜鈔不分卷　（清）□□輯　清抄本　一冊

330000－1705－0013675　續2024　史部／雜史類／斷代之屬

二申野錄八卷　（清）孫之騄撰　清道光二十一年（1841）吟香館刻同治六年（1867）印本　四冊

330000－1705－0013677　續2074　集部／總集類／選集之屬／通代

漢魏名文乘不分卷　（明）張運泰　（明）余元熹輯　清刻本　一冊　存三種

330000－1705－0013678　續1824、續2068　類叢部／叢書類／彙編之屬

十萬卷樓叢書五十一種　（清）陸心源編　清光緒歸安陸氏刻本　二冊　存二種

330000－1705－0013682　續2061　集部／別集類／元別集

文獻公全集十卷首一卷日損齋筆記一卷補遺一卷　（元）黃溍撰　（清）陳坡校訂　清咸豐元年（1851）刻本　一冊　存二卷（日損齋筆記、補遺）

330000－1705－0013684　續2062　子部／雜著類／雜纂之屬

玉芝堂談薈三十六卷首一卷　（明）徐應秋輯　明崇禎刻清康熙四十二年（1703）、乾隆三十八年（1773）、道光二十九年（1849）、光緒元年（1875）蔣園遞修本　二冊　存三卷（十至十一、十四）

330000－1705－0013685　續2038　集部／別集類／清別集

鄮峯草堂抄不分卷　清抄本　一冊

330000－1705－0013686　續2026　子部／儒家類／儒學之屬

補過編不分卷　（清）竹軒主人撰　清光緒八年（1882）刻本　一冊

330000－1705－0013688　續2002　經部／春秋左傳類／傳說之屬

東萊博議四卷　（宋）呂祖謙撰　清光緒三十年（1904）上海書局石印本　一冊　存二卷（三至四）

330000－1705－0013689　續2003　集部／詩文評類／詩評之屬

蓉塘詩話一卷　（明）姜南撰　清抄本　清苓根題簽　一冊

330000－1705－0013693　續2081、續2133　子部／小說家類／雜事之屬

異聞益智叢錄三十四卷　（清）種蕉藝蘭生撰　清光緒鉛印本　三冊　存十三卷（五至十三、二十八至三十一）

330000－1705－0013695　續2028　子部／雜著類／雜考之屬

湛園札記四卷　（清）姜宸英撰　清嘉慶葉元墀鶴麓山房刻本　一冊　存二卷（一至二）

330000－1705－0013696　續2063　子部／雜著類／雜纂之屬

格言聯璧一卷附一卷　（清）金纓輯　清同治四年（1865）刻本　一冊

330000－1705－0013698　續2028－1　子部／雜著類／雜考之屬

湛園札記四卷 （清）姜宸英撰 清嘉慶葉元墀鶴麓山房刻本 一冊 存二卷(一至二)

330000－1705－0013700 續2064 子部/雜著類/雜纂之屬

格言聯璧一卷附一卷 （清）金纓輯 清同治四年(1865)刻本 一冊

330000－1705－0013702 續2028－2 子部/雜著類/雜考之屬

湛園札記四卷 （清）姜宸英撰 清嘉慶葉元墀鶴麓山房刻本 一冊 存二卷(一至二)

330000－1705－0013703 續2028－3 子部/雜著類/雜考之屬

湛園札記四卷 （清）姜宸英撰 清嘉慶葉元墀鶴麓山房刻本 一冊 存二卷(一至二)

330000－1705－0013705 續2029－6 子部/雜著類/雜考之屬

湛園札記四卷 （清）姜宸英撰 清嘉慶葉元墀鶴麓山房刻本 二冊

330000－1705－0013706 續2082 子部/雜著類/雜編之屬

書摘不分卷 （清）陸清泰摘抄 清末抄本 一冊

330000－1705－0013708 續2103 子部/小說家類/異聞之屬

太平廣記五百卷目錄十卷 （宋）李昉等輯 清刻本 五十二冊 存三百九十二卷(一至三十六、四十九至一百八十六、一百九十五至二百二十三、二百四十一至二百四十七、二百五十六至二百九十五、三百二十三至三百二十八、三百七十至五百,目錄六至十)

330000－1705－0013709 續2029 子部/雜著類/雜考之屬

湛園札記四卷 （清）姜宸英撰 清嘉慶葉元墀鶴麓山房刻本 二冊

330000－1705－0013711 續2066 子部/雜著類/雜纂之屬

格言聯璧一卷附一卷 （清）金纓輯 清咸豐元年(1851)刻本 一冊 缺一卷(附)

330000－1705－0013717 續2029－1 子部/雜著類/雜考之屬

湛園札記四卷 （清）姜宸英撰 清嘉慶葉元墀鶴麓山房刻本 二冊

330000－1705－0013719 續2146 子部/小說家類/諧謔之屬

笑贊一卷 （明）趙南星撰 明刻本 一冊

330000－1705－0013720 續2089 子部/小說家類/異聞之屬

閱微草堂筆記二十四卷 （清）紀昀撰 清光緒上海圖書集成局鉛印本 六冊

330000－1705－0013721 續2045 子部/小說家類/瑣語之屬

護花鈴語□□卷 （清）賈季超撰 清刻本 一冊 存二卷(一至二)

330000－1705－0013722 續2029－7 子部/雜著類/雜考之屬

湛園札記四卷 （清）姜宸英撰 清嘉慶葉元墀鶴麓山房刻本 二冊

330000－1705－0013724 續2105 集部/小說類/短篇之屬

詳註聊齋志異圖詠十六卷首一卷 （清）蒲松齡撰 （清）呂湛恩注 （清）徐潤編 清光緒三十三年(1907)上海久敬齋石印本 八冊

330000－1705－0013727 續2029－2 子部/雜著類/雜考之屬

湛園札記四卷 （清）姜宸英撰 清嘉慶葉元墀鶴麓山房刻本 二冊

330000－1705－0013728 續2071 集部/別集類/清別集

善卷堂四六十卷 （清）陸繁弨撰 （清）吳自高注 清乾隆三十五年(1770)刻本 一冊 存三卷(八至十)

330000－1705－0013729 續2029－3 子部/雜著類/雜考之屬

湛園札記四卷 （清）姜宸英撰 清嘉慶葉元墀鶴麓山房刻本 二冊

330000－1705－0013730　續 2029－4　子部/雜著類/雜考之屬

湛園札記四卷　（清）姜宸英撰　清嘉慶葉元墀鶴麓山房刻本　二冊

330000－1705－0013731　續 2137　子部/小說家類/雜事之屬

秦淮畫舫錄二卷畫舫餘譚一卷三十六春小譜四卷　（清）捧花生撰　清石印本　二冊　存二卷(秦淮畫舫錄一至二)

330000－1705－0013732　續 2136　子部/小說家類/雜事之屬

秦淮畫舫錄二卷畫舫餘譚一卷三十六春小譜四卷　（清）捧花生撰　清石印本　二冊　存二卷(秦淮畫舫錄二、畫舫餘譚)

330000－1705－0013733　續 2029－5　子部/雜著類/雜考之屬

湛園札記四卷　（清）姜宸英撰　清嘉慶葉元墀鶴麓山房刻本　二冊

330000－1705－0013735　續 2138　集部/小說類/短篇之屬

今古奇觀四十卷　（明）抱甕老人輯　清光緒十四年(1888)上海書局石印本　八冊

330000－1705－0013736　續 2029－8　子部/雜著類/雜考之屬

湛園札記四卷　（清）姜宸英撰　清嘉慶葉元墀鶴麓山房刻本　二冊

330000－1705－0013737　續 2072　子部/雜著類/雜說之屬

玉琯鐫新十二卷　（清）王廷學撰　清末刻本　一冊　存一卷(十二)

330000－1705－0013739　續 2147　子部/小說家類/諧謔之屬

笑笑錄六卷　（清）獨逸窩退士編　清末上海申報館鉛印本　一冊　存二卷(一至二)

330000－1705－0013740　續 2029－9　子部/雜著類/雜考之屬

湛園札記四卷　（清）姜宸英撰　清嘉慶葉元墀鶴麓山房刻本　二冊

330000－1705－0013741　續 2106　集部/小說類/短篇之屬

聊齋志異新評十六卷　（清）蒲松齡撰　（清）王士禛評　（清）呂湛恩注　（清）但明倫批　清道光二十二年(1842)廣順但氏刻朱墨套印本　十二冊

330000－1705－0013743　續 2086　子部/小說家類/雜事之屬

陶庵夢憶八卷　（清）張岱撰　清抄本　二冊

330000－1705－0013747　續 2029－10　子部/雜著類/雜考之屬

湛園札記四卷　（清）姜宸英撰　清嘉慶葉元墀鶴麓山房刻本　二冊

330000－1705－0013750　續 2029－11　子部/雜著類/雜考之屬

湛園札記四卷　（清）姜宸英撰　清嘉慶葉元墀鶴麓山房刻本　二冊

330000－1705－0013751　續 2107　集部/小說類/短篇之屬

詳註聊齋志異圖詠十六卷首一卷　（清）蒲松齡撰　（清）呂湛恩注　（清）徐潤編　清光緒十五年(1889)蜚英書局石印本　四冊　存九卷(首,一至四、十三至十六)

330000－1705－0013752　續 2073　子部/雜著類/雜說之屬

覺世真經說証彙纂八卷　清刻本　二冊　存四卷(三至四、七至八)

330000－1705－0013753　續 2029－12　子部/雜著類/雜考之屬

湛園札記四卷　（清）姜宸英撰　清嘉慶葉元墀鶴麓山房刻本　二冊

330000－1705－0013754　續 2051　子部/雜著類/雜纂之屬

心正筆正不分卷　清光緒二十四年(1898)抄本　一冊

330000－1705－0013760　續 2109　集部/小說類/短篇之屬

聊齋志異新評十六卷　（清）蒲松齡撰　（清）

王士禛評 （清）呂湛恩注 （清）但明倫批
清朱墨套印本 一冊 存一卷（十一）

330000－1705－0013761 續 1764 子部/天
文曆算類/曆法之屬

大清光緒三年時憲書一卷 清光緒刻本
一冊

330000－1705－0013764 續 2155 子部/雜
著類/雜說之屬

剡溪漫筆六卷 （明）孫能傳輯 清光緒十七
年（1891）、民國九年（1920）刻本 一冊 存
三卷（四至六）

330000－1705－0013765 續 2030 子部/雜
著類/雜說之屬

一斑錄五卷附編三卷雜述八卷 （清）鄭光祖
撰 清刻本 二冊 存二卷（二、六）

330000－1705－0013768 續 2156 史部/傳
記類/總傳之屬/忠孝

聖諭像解二十卷 （清）梁延年撰 清末石印
本 一冊 存五卷（十六至二十）

330000－1705－0013770 續 2152 集部/曲
類/彈詞之屬

校補果報錄圖詠十二卷一百回 （清）海蘭濤
撰 清光緒二十年（1894）香港書局石印本
二冊 存二卷（一、七）

330000－1705－0013771 續 2165 子部/小
說家類/異聞之屬

剪燈新話四卷 （明）瞿佑撰 **剪燈餘話三卷**
（明）李禎撰 **覓燈因話二卷** （明）邵景詹
撰 清道光二十七年（1847）二酉山房刻本
六冊

330000－1705－0013772 續 2158 集部/小
說類/長篇之屬

第一奇書野叟曝言二十卷一百五十四回
（清）夏敬渠撰 清光緒八年（1882）鉛印本
十一冊

330000－1705－0013774 續 2166 子部/藝
術類/書畫之屬/畫譜

點石齋叢鈔不分卷 清光緒上海點石齋書局

石印本 一冊

330000－1705－0013777 續 2159 子部/小
說家類/異聞之屬

**仙踪記略三卷補遺一卷續集三卷續集補遺一
卷** （清）張鶴輯 清光緒八年（1882）刻本
四冊 存四卷（仙踪記略一至三、續集下）

330000－1705－0013780 續 2167 子部/藝
術類/書畫之屬/畫譜

點石齋畫報不分卷 清光緒十六年至二十一
年（1890－1895）上海點石齋書局石印本
十冊

330000－1705－0013781 續 2031 子部/雜
著類/雜纂之屬

百藥雜述 （清）陳寅撰 清乾隆刻本 一冊
存四種

330000－1705－0013782 續 2160 集部/小
說類/短篇之屬

繪圖續今古奇觀六卷三十回 （清）即空觀主
人撰 清宣統上海普新端記書局石印本
六冊

330000－1705－0013783 續 2196 集部/小
說類/長篇之屬

第一才子書六十卷首一卷一百二十回 （明）
羅本撰 （清）毛宗崗評 清光緒七年（1881）
越東刻本 二十四冊

330000－1705－0013784 續 2112 集部/小
說類/短篇之屬

詳註聊齋志異圖詠十六卷首一卷 （清）蒲松
齡撰 （清）呂湛恩注 （清）徐潤編 清石印
本 一冊

330000－1705－0013787 續 2092 子部/小
說家類/異聞之屬

閱微草堂筆記二十四卷 （清）紀昀撰 清末
民初鉛印本 一冊 存七卷（十八至二十四）

330000－1705－0013788 續 2161 子部/宗
教類/道教之屬/譜籙

呂祖年譜海山奇遇七卷 題（清）火西月編
清刻本 三冊

330000－1705－0013789　續2032　類叢部/
叢書類/自著之屬

蛾術堂集十四種　（清）沈豫撰　清道光十八
年(1838)蕭山沈氏漢讀齋刻本　一冊　存
四種

330000－1705－0013790　續2168　類叢部/
叢書類/彙編之屬

香艷叢書三百二十六種　（清）蟲天子輯　清
宣統上海國學扶輪社鉛印本　三冊　存十
八種

330000－1705－0013791　續2197　集部/小
說類/長篇之屬

第一才子書六十卷首一卷一百二十回　（明）
羅本撰　（清）毛宗崗評　清光緒二十四年
(1898)上海寶文書局石印本　七冊

330000－1705－0013793　續2162　子部/小
說家類/異聞之屬

續新齊諧十卷　（清）袁枚撰　清末刻本　一
冊　存三卷(一至三)

330000－1705－0013796　續2033、續2095
子部/雜著類/雜說之屬

寶存四卷　（清）胡式鈺撰　清道光二十一年
(1841)刻本　二冊　存二卷(三至四)

330000－1705－0013797　續1759　新學/雜
著/叢編

江南製造局譯書　（清）江南製造局編　清光
緒江南製造局刻本暨鉛印本　一冊　存一種

330000－1705－0013798　續2140、續2141
子部/小說家類/異聞之屬

**北東園筆錄初編六卷續編六卷三編六卷四編
六卷**　（清）梁恭辰撰　清同治五年(1866)汴
城許義文齋刻字店刻本　三冊　存九卷(初
編四至六、續編一至六)

330000－1705－0013799　續2169　子部/雜
著類/雜纂之屬

掃愁篲不分卷　清稿本　一冊

330000－1705－0013800　續2134　類叢部/
叢書類/彙編之屬

津逮祕書十五集一百四十種　（明）毛晉編
明崇禎虞山毛氏汲古閣刻廣文堂印本　三冊
　存一種

330000－1705－0013801　續2104　集部/小
說類/短篇之屬

後聊齋志異圖說十二卷　（清）王韜撰　清末
石印本　一冊　存一卷(十)

330000－1705－0013807　續2163　史部/傳
記類/總傳之屬/釋道

歷代仙史八卷　（清）王建章輯　清光緒七年
(1881)常熟抱芳閣刻本　一冊　存一卷(三)

330000－1705－0013808　續2198　集部/小
說類/長篇之屬

第一才子書十六卷首一卷一百二十回　（明）
羅本撰　（清）毛宗崗評　清光緒二十九年
(1903)上海錦章書局石印本　清阮文煜題記
　五冊　存十卷(一至八、十三至十四)

330000－1705－0013809　續2164　子部/小
說家類/雜事之屬

**秦淮畫舫錄二卷畫舫餘譚一卷三十六春小譜
四卷**　（清）捧花生撰　清石印本　二冊　存
二卷(畫舫餘譚、三十六春小譜一)

330000－1705－0013810　續2093　子部/小
說家類/異聞之屬

閱微草堂筆記二十四卷　（清）紀昀撰　清嘉
慶五年(1800)北平盛氏刻本　一冊　存三卷
(二十二至二十四)

330000－1705－0013811　續2116　集部/小
說類/短篇之屬

聊齋志異新評十六卷　（清）蒲松齡撰　（清）
王士禎評　（清）呂湛恩注　（清）但明倫批
清敬書堂刻本　五冊　存五卷(一、十二至十
四、十六)

330000－1705－0013812　續2201　集部/小
說類/長篇之屬

**第一才子書繡像三國志演義六十卷首一卷一
百二十回**　（明）羅本撰　（清）毛宗崗評　清
光緒三十年(1904)上海商務印書館鉛印本

八冊

330000－1705－0013813　續2087　類叢部/叢書類/彙編之屬

五朝小説五百二十三種　（明）□□編　明末刻説郛及説郛續重編印本　三冊　存三十七種

330000－1705－0013814　續2263　集部/小説類/長篇之屬

紅樓夢一百二十回　（清）曹霑　（清）高鶚撰　清刻本　二十二冊　存一百十回(一至三、四至五十、五十六至八十八、九十四至一百二十)

330000－1705－0013816　續2229　集部/小説類/長篇之屬

第一才子書六十卷首一卷一百二十回　（明）羅本撰　（清）毛宗崗評　清光緒十一年(1885)上海同文書局石印本　八冊　存三十九卷(首,六至二十二、三十四至四十三、五十至六十)

330000－1705－0013817　續2135　集部/總集類/選集之屬/斷代

粧樓摘豔十卷首一卷　（清）錢三錫輯　清道光十三年(1833)香雨軒刻本　一冊　存三卷(首、一至二)

330000－1705－0013818　續2233　集部/小説類/長篇之屬

東周列國全志二十三卷一百八回　（清）蔡昇評點　清芥子園刻本　一冊　存一卷(十二)

330000－1705－0013820　續2199　集部/小説類/長篇之屬

第一才子書十六卷首一卷一百二十回　（明）羅本撰　（清）毛宗崗評　清光緒二十九年(1903)上海錦章書局石印本　八冊

330000－1705－0013821　續2202　集部/小説類/長篇之屬

第一才子書六十卷首一卷一百二十回　（明）羅本撰　（清）毛宗崗評　清光緒三十一年(1905)上海點石齋石印本　十二冊

330000－1705－0013822　續2118　集部/小説類/短篇之屬

詳註聊齋志異圖詠十六卷首一卷　（清）蒲松齡撰　（清）呂湛恩注　（清）徐潤編　清石印本　一冊　存二卷(十五至十六)

330000－1705－0013825　續2390　類叢部/類書類/通類之屬

振綺類纂四卷　（清）翁天游　（清）宗觀輯　清康熙三年(1664)刻本　四冊

330000－1705－0013826　續2200　集部/小説類/長篇之屬

第一才子書六十卷首一卷一百二十回　（明）羅本撰　（清）毛宗崗評　清光緒三十年(1904)上海點石齋石印本　翁壽虞跋　十一冊　存五十五卷(首、一至五十四)

330000－1705－0013828　續2119　集部/小説類/短篇之屬

詳註聊齋志異圖詠十六卷首一卷　（清）蒲松齡撰　（清）呂湛恩注　（清）徐潤編　清石印本　一冊　存六卷(五至六、十一至十二、十五至十六)

330000－1705－0013829　續2203　集部/小説類/長篇之屬

第一才子書六十卷首一卷一百二十回　（明）羅本撰　（清）毛宗崗評　清光緒二十一年(1895)上海飛鴻閣石印本　一冊　存一卷(首)

330000－1705－0013831　續2120　集部/小説類/短篇之屬

詳註聊齋志異圖詠十六卷首一卷　（清）蒲松齡撰　（清）呂湛恩注　（清）徐潤編　清光緒十二年(1886)上海同文書局石印本　八冊

330000－1705－0013833　續2235　集部/小説類/長篇之屬

後七國樂田演義十八回　（清）徐震撰　清末點石齋石印本　一冊

330000－1705－0013834　續2204　子部/小説類/長篇之屬

第一才子書十二卷首一卷一百二十回 （明）羅本撰 （清）毛宗崗評 清光緒三十二年（1906）上海遜記書莊石印本 九冊 缺三卷（二、七至八）

330000－1705－0013835 續2172 集部/曲類/寶卷之屬

何文秀寶卷（新刻增本說唱義夫節婦何文秀報冤傳）不分卷 清刻本 一冊

330000－1705－0013836 續2236 集部/小說類/長篇之屬

繡像西漢演義八卷一百回 （明）甄偉撰 繡像東漢演義十卷一百二十六回 （明）謝詔撰 清光緒二十九年（1903）上海書局石印本 六冊

330000－1705－0013840 續2205 集部/小說類/長篇之屬

第一才子書六十卷首一卷一百二十回 （明）羅本撰 （清）毛宗崗評 清宣統二年（1910）上海時中書局鉛印本 三冊 存九卷（首,二十一至二十四、二十九至三十二）

330000－1705－0013843 續2178 集部/小說類/長篇之屬

繪圖增像第五才子書水滸全傳十卷首一卷七十回 （元）施耐庵撰 （清）金人瑞評 清光緒二十二年（1896）上海圖書集成局石印本 十冊

330000－1705－0013844 續2206 集部/小說類/長篇之屬

四大奇書第一種六十卷首一卷一百二十回 （明）羅本撰 （清）毛宗崗評 清刻本 十五冊 存五十九卷（二至六十）

330000－1705－0013845 續2179 集部/小說類/長篇之屬

繪圖增像第五才子書水滸全傳十卷首一卷七十回 （元）施耐庵撰 （清）金人瑞評 清光緒二十二年（1896）上海圖書集成局石印本 三冊 缺八卷（二、四至六、八至十一）

330000－1705－0013846 續2180 集部/小

說類/長篇之屬

繡像水滸全傳十卷七十回首一卷 （元）施耐庵撰 （清）金人瑞評釋 清光緒三十四年（1908）上海商務印書館鉛印本 一冊 缺十卷（二至十一）

330000－1705－0013848 續2205－1 集部/小說類/長篇之屬

增像全圖三國演義十六卷一百二十回首一卷 （明）羅本撰 （清）毛宗崗評 清石印本 一冊 存一卷（一）

330000－1705－0013849 續2266 集部/小說類/長篇之屬

增評補像全圖金玉緣一百二十回首一卷 （清）曹霑 （清）高鶚撰 （清）王希廉 （清）張新之 （清）姚燮評 清末石印本 八冊 存六十三回（一至五十六、一百六至一百十二）

330000－1705－0013850 續2261 集部/小說類/長篇之屬

風流天子傳四十回 （明）齊東野人編演 清光緒二十一年（1895）石印本 一冊 存四回（二十五至二十八）

330000－1705－0013851 續2205－2 集部/小說類/長篇之屬

第一才子書六十卷首一卷一百二十回 （明）羅本撰 （清）毛宗崗評 清同文書局石印本 二冊 存八卷（五至八、二十五至二十八）

330000－1705－0013865 續2259 集部/小說類/長篇之屬

繪圖飛龍傳八卷六十回 （清）吳璿撰 清光緒十八年（1892）上海書局石印本 四冊

330000－1705－0013867 續2209 集部/小說類/長篇之屬

四大奇書第一種六十卷首一卷一百二十回 （明）羅本撰 （清）毛宗崗評 清刻本 十冊 缺九卷（五十二至六十）

330000－1705－0013868 續2204－1 集部/小說類/長篇之屬

第一才子書繡像三國志演義六十卷首一卷一百二十回 （明）羅本撰 （清）毛宗崗評 清上海商務印書館鉛印本 一冊 存五卷（四至八）

330000－1705－0013870 續2232 集部/小說類/長篇之屬

東周列國全志二十三卷一百八回 （清）蔡奡評點 清刻本 二十二冊

330000－1705－0013873 續2268 集部/小說類/長篇之屬

增評補像全圖金玉緣一百二十回首一卷 （清）曹霑 （清）高鶚撰 （清）王希廉 （清）張新之 （清）姚燮評 清光緒三十四年（1908）求不負齋石印本 十六冊

330000－1705－0013874 續2204－2 集部/小說類/長篇之屬

第一才子書繡像三國志演義六十卷首一卷一百二十回 （明）羅本撰 （清）毛宗崗評 清上海商務印書館鉛印本 二冊 存十卷（五至十、三十三至三十六）

330000－1705－0013878 續2115 集部/小說類/短篇之屬

詳註聊齋志異圖詠十六卷首一卷 （清）蒲松齡撰 （清）呂湛恩注 （清）徐潤編 清石印本 三冊 存六卷（七至八、十一至十二、十五至十六）

330000－1705－0013885 續2139、續2102 類叢部/叢書類/彙編之屬

稗海四十六種續稗海二十四種 （明）商濬編 明萬曆商氏半埜堂刻本 二冊 存二種

330000－1705－0013886 續2228 集部/小說類/長篇之屬

第一才子書六十卷首一卷一百二十回 （明）羅本撰 （清）毛宗崗評 清光緒十一年（1885）上海同文書局石印本 十二冊

330000－1705－0013887 續2207 集部/小說類/長篇之屬

四大奇書第一種十九卷首一卷一百二十回

（明）羅本撰 （清）毛宗崗評 清刻本 十七冊 缺三卷（十四至十五、十九）

330000－1705－0013892 續2208 集部/小說類/長篇之屬

四大奇書第一種十九卷首一卷一百二十回 （明）羅本撰 （清）毛宗崗評 清刻本 十七冊 缺三卷（五至六、八）

330000－1705－0013894 續2273 子部/小說家類

紅樓夢偶評四卷 （清）明齋主人（諸聯）撰 清道光元年（1821）刻本 一冊 存二卷（一至二）

330000－1705－0013897 續2230 集部/小說類/長篇之屬

圖像三國志演義第一才子書六十卷首一卷一百二十回 （明）羅貫中撰 （清）金聖嘆評 （清）毛宗崗增評 清廣百宋齋鉛印本 十二冊

330000－1705－0013906 續2226 集部/小說類/長篇之屬

第一才子書繡像三國志演義六十卷首一卷一百二十回 （明）羅本撰 （清）毛宗崗評 清光緒三十年（1904）上海萃珍書局石印本 八冊

330000－1705－0013908 續2275 集部/小說類/長篇之屬

增補繪圖官場現形記五編六十卷 （清）李伯元撰 （清）歐陽淦增注 清宣統元年（1909）上海崇本堂石印本 五冊 存二十卷（三十七至五十六）

330000－1705－0013909 續2210 集部/小說類/長篇之屬

第一才子書六十卷首一卷一百二十回 （明）羅本撰 （清）毛宗崗評 清咸豐三年（1853）常熟珍藝堂刻本 二十冊

330000－1705－0013910 續2286 集部/小說類/長篇之屬

繪圖評點女仙外史八卷一百回 （清）呂熊撰

清末石印本　一冊　存一卷(七)

330000－1705－0013913　續2240　集部/小說類/長篇之屬

繪圖說唐前傳三卷六十八回　清末石印本一冊　存一卷(二)

330000－1705－0013915　續2284　集部/小說類/長篇之屬

繡像醒世姻緣傳一百回　(清)西周生撰　清光緒二十年(1894)上海書局石印本　二冊存四十四回(一至四十四)

330000－1705－0013919　續2312　集部/小說類/長篇之屬

繡像封神演義十卷一百回　(明)許仲琳撰(明)鍾惺評　清光緒二十一年(1895)鴻文書局石印本　十冊

330000－1705－0013922　續2277　集部/小說類/長篇之屬

鏡花緣二十卷一百回　(清)李汝珍撰　清刻本　十四冊　存十四卷(一至十四)

330000－1705－0013927　續2310　集部/小說類/長篇之屬

西遊原旨二十四卷一百回　(清)劉一明解清刻本　十二冊　存二十一卷(二至五、七至十一、十三至二十四)

330000－1705－0013929　續2241　集部/小說類/長篇之屬

說唐後傳二種八卷五十八回　(清)如蓮居士撰　清善成堂刻本　四冊

330000－1705－0013931　續2289　集部/小說類/長篇之屬

繪圖花月因緣十六卷五十二回　(清)魏秀仁撰　(清)棲霞居士評　清光緒十九年(1893)上海書局鉛印本　一冊　存三卷(十四至十六)

330000－1705－0013933　續2304　集部/小說類/長篇之屬

新出八劍七俠十六義平蠻演義前傳四卷六十回後傳四卷六十回　清末上海廣益書局石印

本　八冊

330000－1705－0013934　續2278　集部/小說類/長篇之屬

鏡花緣二十卷一百回　(清)李汝珍撰　清道光二十二年(1842)刻本　二冊

330000－1705－0013938　續2302－1　集部/小說類/長篇之屬

雙鳳奇緣傳二十卷八十回　(清)雪樵主人撰清咸豐十年(1860)連元閣刻本　四冊

330000－1705－0013939　續2311　集部/曲類/彈詞之屬

綉像義妖傳六卷五十二回　(清)陳遇乾撰(清)陳士奇　(清)俞秀山評　清石印本一冊

330000－1705－0013943　續2242　集部/小說類/長篇之屬

異說後唐傳三集薛丁山征西樊梨花全傳十卷八十八回　(清)中都逸叟編次　清刻本　九冊　存九卷(二至十)

330000－1705－0013944　續2291　集部/小說類/長篇之屬

繪圖第二奇書八卷六十四回　(清)隨緣下士撰　(清)寄旅散人評　清光緒二十年(1894)上海復古書齋石印本　黃均輝題記　四冊存四卷(三至四、六至七)

330000－1705－0013945　續2318　集部/小說類/長篇之屬

增評興替金鑑□□卷　清石印本　一冊　存一卷(十八)

330000－1705－0013946　續2292　集部/小說類/長篇之屬

繪圖皆大歡喜四卷二十回　(清)天花藏舉撰清末鉛印本　一冊　存一卷(三)

330000－1705－0013950　續2248　集部/小說類/長篇之屬

繡像精忠演義說岳全傳八卷八十回　(清)錢彩編次　(清)金豐增訂　清末民國初上海校經山房石印本　四冊　存六卷(一至六)

330000－1705－0013952　續2332、續2348
類叢部/類書類/專類之屬

詩賦駢字類珠續集二十四卷　（清）蕭燡論定
（清）蕭培畹纂輯　清咸豐八年(1858)刻本
四冊

330000－1705－0013953　續2225　集部/小
說類/長篇之屬

第一才子書六十卷首一卷一百二十回　（明）
羅本撰　（清）毛宗崗評　清石印本　十冊
存五十四卷(七至六十)

330000－1705－0013954　續2218－2　集部/
小說類/長篇之屬

第一才子書十六卷一百二十回　（明）羅本撰
（清）毛宗崗評　清石印本　一冊　存一卷
(十五)

330000－1705－0013955　續2305　集部/曲
類/彈詞之屬

新刻玉釧緣全傳三十二卷　（清）西湖居士撰
清末石印本　二十三冊

330000－1705－0013957　續2315　子部/小
說家類/異聞之屬

新齊諧二十四卷　（清）袁枚撰　清末石印本
清風軒主題記　一冊　存八卷(十七至二
十四)

330000－1705－0013958　續2448　子部/宗
教類/道教之屬/戒律

文昌帝君陰騭文試帖一卷　（清）蔡雲撰　清
光緒九年(1883)刻本　一冊

330000－1705－0013960　續2320　集部/小
說類/長篇之屬

野叟曝言二十卷一百五十四回　（清）夏敬渠
撰　清末石印本　四冊　存八卷(五至六、十
一至十四、十九至二十)

330000－1705－0013961　續2250　集部/小
說類/長篇之屬

**新鐫後續繡像五虎平南狄青演傳四卷四十二
回**　清末石印本　一冊　存一卷(一)

330000－1705－0013962　續2369　類叢部/

類書類/通類之屬

駢體典林富艷二十八卷　清咸豐刻本　一冊
存四卷(十一至十四)

330000－1705－0013963　續2321　集部/小
說類/長篇之屬

野叟曝言二十卷一百五十四回　（清）夏敬渠
撰　清末石印本　一冊　存三卷(十一至十
二、十四)

330000－1705－0013965　續2322　類叢部/
類書類/專類之屬

佩文韻府一百六卷　（清）張玉書　（清）蔡升
元等輯　**韻府拾遺一百六卷**　（清）汪灝
（清）何焯等輯　清光緒石印本　三十八冊
存八十八卷(佩文韻府四至六十四、七十三至
八十九、九十三至九十四、九十九至一百六)

330000－1705－0013966　續2370　集部/總
集類/彙編之屬

增廣詩句題解滙編四卷姓氏考一卷　（清）同
文書局編　清光緒石印本　三冊　存三卷
(二至四)

330000－1705－0013967　續2371　子部/雜
著類/雜說之屬

古學萬花谷八卷　（清）駢瑜堂主人編　清道
光刻本　一冊　存二卷(一至二)

330000－1705－0013968　續2323　類叢部/
類書類/專類之屬

佩文韻府一百六卷　（清）張玉書　（清）蔡升
元等輯　**韻府拾遺一百六卷**　（清）汪灝
（清）何焯等輯　清光緒十二年(1886)上海同
文書局石印本　二十二冊　存四十卷(佩文
韻府一至三十四、一百一至一百六)

330000－1705－0013969　續2372　子部/藝
術類/遊藝之屬/謎語

證謎新編二卷　（清）俞樾撰　清光緒十二年
(1886)梅蕚館刻本　二冊

330000－1705－0013970　續2372－1　子部/
藝術類/遊藝之屬/謎語

證謎新編二卷　（清）俞樾撰　清光緒十二年

（1886）梅尊館刻本　二冊

330000－1705－0013971　續2333、續2335　類叢部/類書類/通類之屬

子史輯要詩賦題解四卷續編四卷　（清）胡本淵編　清刻本　二冊

330000－1705－0013972　續2325、續2326　類叢部/類書類/通類之屬

冊府元龜獨制三十卷　（明）曹胤昌輯　明末刻本　十三冊　存二十二卷（四至十五、十九至二十八）

330000－1705－0013973　續2334　類叢部/類書類/通類之屬

子史輯要詩賦題解四卷後集四卷　（清）胡本淵編　清刻本　一冊　存二卷（後集三至四）

330000－1705－0013974　續2373　子部/雜著類/雜纂之屬

藝學統纂九十五卷　（清）馬建忠編　清光緒二十八年（1902）上海文林石印本　十一冊　存四十二卷（一至四十二）

330000－1705－0013976　續2309　集部/小說類/長篇之屬

增像全圖加批西遊記八卷一百回　（明）吳承恩撰　（清）陳士斌詮解　清光緒二十七年（1901）上洋書局石印本　八冊

330000－1705－0013978　續2308－1　集部/小說類/長篇之屬

繪圖增像西遊記二十卷一百回　（明）吳承恩撰　（清）陳士斌詮解　清光緒十九年（1893）上海煥文書局石印本　六冊　存七十六回（二十五至一百）

330000－1705－0013980　續2324　類叢部/類書類/通類之屬

太平御覽一千卷　（宋）李昉等輯　清刻本　五冊　存四十四卷（二百二十三至二百三十一、二百八十二至三百一十六）

330000－1705－0013982　續2361　子部/藝術類/遊藝之屬/聯語

巧對錄八卷　（清）梁章鉅撰　清道光二十九

年（1849）汲綆齋刻本　二冊

330000－1705－0013984　續2375　類叢部/類書類/專類之屬

韻海大全不分卷　（清）仁壽室主人輯　清光緒石印本　二冊

330000－1705－0013986　續2362　子部/藝術類/遊藝之屬/聯語

巧對錄二卷　（清）梁章鉅輯　清末石印本　一冊

330000－1705－0013988　續2354　類叢部/類書類/通類之屬

重訂廣事類賦四十卷　（清）華希閔撰　清錦雲閣刻本　八冊

330000－1705－0013989　續2336　類叢部/類書類/專類之屬

子史精華一百六十卷　（清）吳士玉　（清）吳襄等輯　清光緒十五年（1889）上海蜚英館石印本　八冊

330000－1705－0013990　續2353、續2357　類叢部/類書類/通類之屬

重訂廣事類賦四十卷　（清）華希閔撰　清道光七年（1827）小酉山房刻本　十冊

330000－1705－0013991　續2327　類叢部/類書類/通類之屬

類林新咏三十六卷　（清）姚之駰撰　清康熙四十七年（1708）刻本　十一冊　存三十二卷（一至二、七至三十六）

330000－1705－0013992　續2243　集部/小說類/長篇之屬

說唐薛家府傳六卷四十二回　（清）如蓮居士撰　清末石印本　一冊　存一卷（二）

330000－1705－0013993　續2376　集部/總集類/選集之屬/通代

雜跕賦續刻二十八卷擬古二卷　（清）應泰泉輯　清同治十三年（1874）蘭言室刻本　八冊　缺六卷（四至六、八至十）

330000－1705－0013996　續2337　類叢部/

類書類/專類之屬

子史精華一百六十卷 （清）吳士玉 （清）吳襄等輯 清雍正五年(1727)武英殿刻本 三十二冊

330000－1705－0013997 續2377 類叢部/叢書類/彙編之屬

文林綺繡五種五十九卷 （明）淩迪知編 清光緒十九年(1893)上洋鴻寶齋石印本 二冊 存一種

330000－1705－0013998 續2298 集部/曲類/彈詞之屬

鳳凰山七十二卷七十二回 清海陵軒刻本 二冊 存五卷(一至三、六十九至七十)

330000－1705－0014000 續2365 子部/藝術類/遊藝之屬/聯語

楹聯叢話十二卷續話四卷 （清）梁章鉅輯 清刻本 二冊 存六卷(七至十二)

330000－1705－0014001 續2356 類叢部/類書類/通類之屬

重訂事類賦三十卷 （宋）吳淑撰並注 清道光七年(1827)刻本 六冊

330000－1705－0014002 續2389 史部/時令類

古今類傳四卷 （清）董穀士 （清）董炳文輯 清康熙三十一年(1692)未學齋刻本 王真題記 一冊

330000－1705－0014003 續2393 史部/時令類

古今類傳四卷 （清）董穀士 （清）董炳文輯 清康熙三十一年(1692)未學齋刻本 一冊 存一卷(一)

330000－1705－0014005 續2366 類叢部/叢書類/彙編之屬

古香齋袖珍十種 清同治至光緒南海孔氏刻本 八十八冊 存一種

330000－1705－0014006 續2378 類叢部/類書類/通類之屬

角山樓增補類腋六十七卷 （清）姚培謙輯

（清）趙克宜增輯 清末石印本 二冊 存二十三卷(地部一至十一、十三至二十四)

330000－1705－0014007 續2328 類叢部/類書類/專類之屬

格致鏡原一百卷 （清）陳元龍撰 清康熙五十六年(1717)刻雍正十三年(1735)印本 十六冊 存四十七卷(三十至七十六)

330000－1705－0014008 續2338 類叢部/類書類/專類之屬

增補詩句題解彙編二十二卷 （清）陳劍芝（清）葉湘秋 （清）顧芷卿編 （清）朱春舫增輯 （清）汪元芳鑒定 清刻本 二冊 存三卷(十三至十四、十九)

330000－1705－0014009 續2331 類叢部/類書類/專類之屬

格致鏡原一百卷 （清）陳元龍撰 清康熙五十六年(1717)刻雍正十三年(1735)印本 二冊 存八卷(八十八至九十五)

330000－1705－0014011 續2379 類叢部/類書類/通類之屬

角山樓增補類腋六十七卷 （清）姚培謙輯（清）趙克宜增輯 清咸豐七年(1857)趙克宜角山樓刻本 三冊 存十一卷(人部一至四、地部十二至十五、物部九至十一)

330000－1705－0014012 續2355 類叢部/類書類/通類之屬

重訂廣事類賦四十卷 （清）華希閔撰 清經元堂刻本 八冊

330000－1705－0014013 續2397 類叢部/類書類/通類之屬

蠹存二卷 （清）方旭撰 清光緒二十四年(1898)刻本 二冊

330000－1705－0014014 續2339、續2340 類叢部/類書類/專類之屬

分韻類錦十九卷 （清）郭化霖編 清同治十一年(1872)刻本 十三冊 缺一卷(十六)

330000－1705－0014015 續2247 集部/小說類/長篇之屬

後續大宋楊家將文武曲星包公狄青初傳十四卷六十八回 （清）李雨堂撰 清光緒四年（1878）文奎堂刻本 十四冊

330000－1705－0014016 續2380 類叢部/類書類/通類之屬

角山樓增補類腋六十七卷 （清）姚培謙輯（清）趙克宜增輯 清咸豐七年（1857）趙克宜角山樓刻本 一冊 存六卷（人部五至十）

330000－1705－0014017 續2329 類叢部/類書類/專類之屬

格致鏡原一百卷 （清）陳元龍撰 清康熙五十六年（1717）刻雍正十三年（1735）印本 二十六冊 存八十卷（十二至二十、三十至一百）

330000－1705－0014018 續2392 類叢部/類書類/通類之屬

山堂肆考二百四十卷 （明）彭大翼撰 （明）張幼學編 明刻石渠閣補刻本 二冊 存十六卷（商集四十至四十八、徵集二十五至三十一）

330000－1705－0014019 續2381 類叢部/類書類/通類之屬

角山樓增補類腋六十七卷 （清）姚培謙輯（清）趙克宜增輯 清咸豐七年（1857）趙克宜角山樓刻本 四冊 存二十四卷（地部七至十一、十六至二十四,物部八、十二至二十）

330000－1705－0014020 續2341 類叢部/類書類/專類之屬

詩句題解韻編總彙□□卷 （清）倪壬雲編 清石印本 二冊

330000－1705－0014023 續2330 類叢部/類書類/專類之屬

格致鏡原一百卷 （清）陳元龍撰 清康熙五十六年（1717）刻雍正十三年（1735）印本 七冊 存二十卷（十三至十六、二十一至二十四、二十五至二十九、三十四至三十六、三十九至四十一、八十七至八十九）

330000－1705－0014024 續2349 類叢部/類書類

分類緘腋四卷 （清）涂謙撰 清同治二年（1863）刻本 八冊

330000－1705－0014025 續2382 類叢部/類書類/專類之屬

囊膣五卷首二卷末二卷 （清）趙古農撰 清刻本 五冊 存四卷（二至四、末上）

330000－1705－0014026 續2299 集部/曲類/彈詞之屬

鳳凰山七十二卷七十二回 清刻本 十一冊 存五十二卷（五至十四、二十一至三十八、四十五至六十、六十五至七十二）

330000－1705－0014027 續2367 類叢部/類書類/通類之屬

增補事類統編九十三卷首一卷 （清）黃葆真輯 清咸豐十年（1860）丹陽黃氏刻本 四十冊

330000－1705－0014028 續2342 類叢部/類書類/專類之屬

詩學含英十四卷 （清）劉文蔚輯 清末刻本 一冊 存三卷（九至十一）

330000－1705－0014029 續2383 類叢部/類書類/專類之屬

學文彙典二卷 （清）鄭文煥輯 清刻本 一冊 存一卷（上）

330000－1705－0014030 續1760 子部/天文曆算類/算書之屬

梅氏叢書輯要三十種六十二卷首一卷 （清）梅文鼎撰 （清）梅瑴成重編 清石印本 三冊 存三十一卷（十至十八、三十二至五十三）

330000－1705－0014031 續2350 類叢部/類書類/專類之屬

類類聯珠初編三十二卷二編十二卷 （清）李塈編 （清）李椿林增補 清同治九年（1870）刻本 五冊 存三十四卷（初編一至五、十二至三十二,二編一至三、八至十二）

330000－1705－0014032 續2399 集部/別

集類/清別集

續乩蓮賦草一卷 （清）釋乩蓮撰　清光緒刻本　一冊

330000－1705－0014033　續2368　類叢部/類書類/通類之屬

增補事類統編九十三卷首一卷 （清）黃葆真輯　清光緒十四年（1888）上海積山書局石印本　八冊　存六十卷（一至八、十七至二十七、三十五至六十六、八十五至九十三）

330000－1705－0014035　續2415　子部/術數類/雜術之屬

正道指南五種 （清）汪紹輔編　清光緒八年（1882）鉢陽妙香隱居刻本　二冊

330000－1705－0014036　續2343　類叢部/類書類/通類之屬

策府統宗六十五卷目錄一卷 （清）劉昌齡輯　清光緒十五年（1889）珍藝書局石印本　十六冊　存三十八卷（一至六、八至十、十二至二十五、三十三至三十九、四十五至四十九、五十四至五十六）

330000－1705－0014037　續2400　子部/宗教類/佛教之屬/經咒

觀音大全四卷 （唐）沈起潛撰　清嘉慶二十四年（1819）刻本　一冊

330000－1705－0014038　續2639　集部/別集類/宋別集

劍南詩鈔六卷 （宋）陸游撰　（清）楊大鶴選　清康熙二十四年（1685）毗陵楊氏刻本　馮臧題簽　四冊

330000－1705－0014039　續2433　子部/宗教類/佛教之屬/經疏

佛說阿彌陀經要解一卷 （後秦）釋鳩摩羅什譯　（清）釋智旭解　清光緒二十年（1894）揚州廣陵藏經禪院刻靈峰蕅益大師選定淨土十要本　馮修慧批並跋　一冊

330000－1705－0014040　續2360　類叢部/類書類/通類之屬

通俗編三十八卷 （清）翟灝撰　清乾隆十六年（1751）仁和翟灝無不宜齋刻本　五冊　存二十五卷（一至五、十一至二十五、三十一至三十五）

330000－1705－0014042　續2401　子部/宗教類/佛教之屬/總錄

一切經音義二十五卷 （唐）釋玄應撰　**補訂新譯大方廣佛華嚴經音義二卷** （唐）釋慧苑撰　**華嚴經音義敘錄一卷** （清）臧庸輯　**刻華嚴經音義校勘記一卷** （清）曹籀撰　清同治八年（1869）仁和曹籀刻本　三冊　存十二卷（一至十二）

330000－1705－0014043　續2395　類叢部/叢書類/彙編之屬

佚存叢書十七種 （日本）林衡編　清光緒八年（1882）上海黃氏木活字印本　一冊　存一種

330000－1705－0014046　續2344　類叢部/類書類/專類之屬

分類律賦從新十卷 （清）留雲借月軒主人撰　清光緒五年（1879）墨潤堂鉛印本　九冊　存六卷（一至二、五、七至九）

330000－1705－0014047　續2359　類叢部/類書類/通類之屬

通俗編三十八卷 （清）翟灝撰　清乾隆十六年（1751）仁和翟灝無不宜齋刻本　五冊　存十六卷（一至四、十二至十四、十八至二十、二十五至三十）

330000－1705－0014048　續2642　集部/總集類/氏族之屬

三蘇全集四種 （清）弓翊清等編　清道光七年至十二年（1827－1832）眉州三蘇祠刻本　三冊　存一種

330000－1705－0014049　續2416　集部/曲類/寶卷之屬

重刻觀世音菩薩本行經簡集二卷 （宋）釋普明撰　（清）釋淨宏簡集　清光緒十九年（1893）刻本　二冊

330000－1705－0014050　續2402　子部/宗

教類/佛教之屬/經疏

大佛頂如來密因修證了義諸菩薩萬行首楞嚴經要解二十卷 （唐）釋般剌密帝譯 （唐）釋彌伽釋迦譯語 （唐）房融筆受 （宋）釋戒環解 清宣統三年(1911)刻本 一冊 存四卷(十七至二十)

330000－1705－0014051 續2396 類叢部/類書類/專類之屬

李氏蒙求補注六卷 （唐）李瀚撰 （清）金三俊補注 清刻本 三冊

330000－1705－0014052 續2644 集部/別集類/宋別集

蘇東坡詩集注三十二卷失編一卷 （宋）蘇軾撰 （宋）呂祖謙編 （宋）王十朋集注 年譜一卷 （宋）王宗稷編 清康熙三十七年(1698)新安朱從延文蔚堂刻本 一冊 存一卷(年譜)

330000－1705－0014053 續2301 新學/雜著/小說

慧珠傳不分卷 （清）蘇臺立抄 清光緒三十一年(1905)抄本 一冊

330000－1705－0014054 續2436 子部/宗教類/佛教之屬/經疏

佛說阿彌陀經義疏一卷 （宋）釋元照撰 清光緒二十四年(1898)金陵刻經處刻本 一冊

330000－1705－0014055 續2345 集部/總集類/選集之屬/通代

分類賦學雞跖集三十卷附錄一卷 （清）張維城輯 清刻本 一冊 存十卷(十二至二十一)

330000－1705－0014057 續2645 集部/別集類/宋別集

施註蘇詩四十二卷總目二卷 （宋）蘇軾撰 （宋）施元之 （宋）顧禧注 （清）顧嗣立 （清）邵長蘅 （清）宋至補 蘇詩續補遺二卷 （清）馮景補註 王註正譌一卷 （清）邵長蘅撰 東坡先生年譜一卷 （宋）王宗稷編 清康熙三十八年(1699)商丘宋犖刻本 十二冊 存三十三卷(四至二十八、三十九至四十

二,總目一至二,補遺一至二)

330000－1705－0014058 續2358 類叢部/類書類/通類之屬

通俗編三十八卷 （清）翟灝撰 （清）李調元校 清乾隆綿州李氏萬卷樓刻本 一冊 存四卷(一至四)

330000－1705－0014059 續2394 史部/地理類/雜志之屬

吳中故語一卷 （明）楊循吉撰 清抄本 一冊

330000－1705－0014060 續2404 子部/宗教類/佛教之屬/經疏

大佛頂如來密因修證了義諸菩薩萬行首楞嚴經宗通十卷 （明）曾鳳儀撰 清刻本 一冊 存一卷(五)

330000－1705－0014061 續2646 集部/別集類/宋別集

深寧先生文鈔八卷 （宋）王應麟撰 王深寧先生年譜一卷 （清）陳僅輯 （清）張恕編 清道光九年(1829)葉氏紫藤花館刻本 一冊 存一卷(一)

330000－1705－0014063 續2417 子部/宗教類/佛教之屬/總錄

大清修二卷 清光緒二十一年(1895)刻本 二冊

330000－1705－0014064 續2100 子部/雜著類/雜纂之屬

勸誡四錄六卷 （清）梁恭辰撰 清石印本 一冊

330000－1705－0014065 續2346 經部/小學類/音韻之屬/韻書

詩韻合璧五卷 （清）湯祥瑟輯 虛字韻藪一卷 （清）潘維城輯 三場程式一卷 清咸豐七年(1857)刻本 二冊

330000－1705－0014068 續2351 類叢部/類書類/通類之屬

御定駢字類編二百四十卷 （清）吳士玉 （清）沈宗敬等輯 清雍正刻本 一冊 存一

卷(七十一)

330000－1705－0014069　續 2384　類叢部/
類書類/通類之屬

淵鑑類函四百五十卷目錄四卷　（清）張英
（清）王士禛等輯　清光緒十三年（1887）上海
同文書局石印本　一冊　缺四卷（四百二十
七至四百三十）

330000－1705－0014070　續 2352　類叢部/
類書類/通類之屬

類賦不分卷　（清）華希閔撰　清抄本　一冊

330000－1705－0014071　續 2418　子部/宗
教類/佛教之屬/經疏

維摩詰所說經註八卷　（後秦）釋鳩摩羅什譯
（後秦）釋僧肇注　清光緒十三年（1887）金
陵刻經處刻本　一冊　存四卷（五至八）

330000－1705－0014073　續 2405　子部/宗
教類/佛教之屬/經疏

大佛頂如來密因修證了義諸菩薩萬行首楞嚴
經貫珠集十卷　（清）釋戒潤撰　清刻本　四
冊　存八卷（一至八）

330000－1705－0014075　續 2438　子部/宗
教類/道教之屬

孚佑帝君功過格一卷增訂居官功過格一卷
清刻本　一冊

330000－1705－0014078　續 3103　集部/別
集類/清別集

古城詩集□□卷　（清）楊榆青校訂　清刻本
一冊　存一卷（五）

330000－1705－0014080　續 2406　子部/
叢編

釋氏十三經　□□輯　清同治八年至十年
（1869－1871）金陵刻經處刻本　二冊　存
一種

330000－1705－0014081　續 2408　子部/宗
教類/佛教之屬/諸宗

淨土生無生論會集不分卷　（明）釋傳燈撰
（清）釋達默集　清道光二十九年（1849）刻本
一冊

330000－1705－0014082　續 2347　集部/總
集類/選集之屬/通代

分類賦學雞跖集三十卷附錄一卷　（清）張維
城輯　清光緒八年（1882）四明汲綆齋刻本
四冊　存十四卷（一、四至十、二十一至二十
六）

330000－1705－0014083　續 2649　集部/別
集類/宋別集

廬陵宋丞相信國公文忠烈先生全集十六卷
（宋）文天祥撰　（清）文有煥等編輯　清雍正
三年（1725）文氏五桂堂刻本　一冊　存目錄

330000－1705－0014084　續 2407　子部/宗
教類/佛教之屬/論疏

大乘起信論疏二卷首一卷　（南朝陳）釋真諦
譯　（唐）釋法藏疏　（唐）釋宗密注　清光緒
三年（1877）長沙刻經處刻本　二冊

330000－1705－0014086　續 2439　子部/宗
教類/佛教之屬/經疏

佛說阿彌陀經疏鈔擷一卷　（後秦）釋鳩摩羅
什譯　（明）釋袾宏疏鈔　（清）徐槐廷擷　清
光緒二年（1876）刻本　一冊

330000－1705－0014088　續 2643　集部/別
集類/宋別集

蘇東坡先生詩鈔不分卷　（宋）蘇東坡撰　清
抄本　一冊

330000－1705－0014089　續 2490　子部/宗
教類/佛教之屬/總錄

雲棲法語摘要不分卷　（清）釋古崑摘　清光
緒九年（1883）杭州昭慶寺慧空經房流通刻本
一冊

330000－1705－0014091　續 2488　子部/宗
教類/佛教之屬/諸宗

靈峰蕅益大師選定淨土十要十卷　（清）釋智
旭輯　（清）釋成時評點節略　清刻本　一冊
存四卷（三至六）

330000－1705－0014092　續 2419　子部/宗
教類/佛教之屬/諸宗

淨業開蒙不分卷　（清）釋維遐輯　清光緒十

四年(1888)慈谿西方淨寺戀西堂刻本　一冊

330000－1705－0014094　續2409　子部/宗教類/佛教之屬/諸宗

淨土生無生論會集不分卷　（明）釋傳燈撰
（清）釋達默集　清道光二十九年(1849)刻本
　一冊

330000－1705－0014100　續2410　子部/宗教類/佛教之屬/諸宗

蓮宗正課不分卷　清同治九年(1870)刻本
一冊

330000－1705－0014101　續2420　子部/宗教類/佛教之屬/經

佛說壽生經不分卷附六十甲子十二生相　清
光緒十一年(1885)刻本　一冊

330000－1705－0014102　續2650　集部/別集類/宋別集

蘇文忠詩合註五十卷首一卷目錄一卷　（宋）
蘇軾撰　（清）馮應榴輯　清乾隆六十年
(1795)桐鄉馮氏踵息齋刻本　二十三冊

330000－1705－0014104　續2412　子部/宗教類/佛教之屬/經

稱讚淨土佛攝受經一卷　（唐）釋玄奘譯　清
同治十一年(1872)金陵刻經處刻本　一冊

330000－1705－0014105　續2411　子部/宗教類/佛教之屬/論

顯密圓通成佛心要集二卷　（遼）釋道殿輯
清同治十一年(1872)金陵刻經處刻本　一冊

330000－1705－0014108　續2489　子部/宗教類/佛教之屬/諸宗

徹悟禪師遺稿二卷　（清）釋際醒撰　（清）釋
了亮　（清）釋了梅等輯　清同治七年(1868)
刻本　馮貞群題記　一冊

330000－1705－0014110　續2456　子部/宗教類/佛教之屬/經疏

般若心經最上一乘心印三卷　（清）月鑑居士
撰　清道光十年(1830)刻本　一冊　存一卷
(中)

330000－1705－0014111　續2651　集部/別集類/宋別集

蘇文忠詩合註五十卷首一卷目錄一卷　（宋）
蘇軾撰　（清）馮應榴輯　清刻本　十一冊
存三十六卷(六至八、十三至二十九、三十五
至五十)

330000－1705－0014114　續2413　子部/宗教類/佛教之屬/諸宗

念佛起緣彌陀觀偈直解不分卷　（清）張淵撰
（清）張夢仙輯　清光緒元年(1875)杭州昭
慶寺慧空經房刻本　一冊

330000－1705－0014116　續2472　子部/宗教類/佛教之屬/論

顯密圓通成佛心要集二卷　（遼）釋道殿輯
清同治十一年(1872)金陵刻經處刻本　一冊

330000－1705－0014117　續2491　子部/宗教類/佛教之屬/諸宗

法界安立圖三卷　（明）釋仁潮輯　清康熙十
八年(1679)刻本　一冊　存二卷(上、中)

330000－1705－0014118　續2423　子部/宗教類/佛教之屬/經疏

**金剛經一卷大悲咒一卷心經一卷呂祖師降三
十二次偈一卷**　題(唐)呂洞賓扶乩撰　清光
緒十七年(1891)上海翼化堂刻本　一冊

330000－1705－0014119　新3166　集部/曲類/曲評曲話曲目之屬

詞塵五卷　（清）方成培撰　清道光九年
(1829)刻本　一冊

330000－1705－0014120　續2457　子部/宗教類/佛教之屬/經

金剛般若波羅蜜經一卷　（後秦）釋鳩摩羅什
譯　**般若波羅蜜多心經一卷**　（唐）釋玄奘譯
清刻本　一冊

330000－1705－0014122　續2476　子部/雜著類/雜纂之屬

勸戒八錄六卷　（清）梁恭辰撰　清光緒六年
(1880)許閭山館刻本　一冊　存三卷(一至
三)

330000 – 1705 – 0014123　續 2414　子部/宗教類/佛教之屬/諸宗

憨山老人夢遊集五十五卷　（明）釋德清撰　（明）釋福善錄　（明）釋通炯輯　清光緒五年（1879）江北刻經處刻本　二十冊

330000 – 1705 – 0014124　續 2459　子部/宗教類/佛教之屬/經

金剛般若波羅蜜經綫說一卷　（清）陳柱撰　清末上海鉛印本　一冊

330000 – 1705 – 0014126　續 2480　子部/宗教類/佛教之屬/總錄

釋迦如來應化事蹟不分卷　（清）釋永珊撰並繪　清光緒二十三年（1897）石印本　四冊

330000 – 1705 – 0014127　續 2493　子部/宗教類/佛教之屬/諸宗

西歸行儀一卷　（清）釋古崑輯　清同治刻本　一冊

330000 – 1705 – 0014128　續 2470　子部/宗教類/佛教之屬/經疏

觀無量壽佛經疏妙宗鈔六卷　（隋）釋智顗疏　（宋）釋知禮輯　明刻本　一冊　存二卷（三至四）

330000 – 1705 – 0014130　續 2469　子部/宗教類/佛教之屬/經疏

七俱胝佛母所說準提陀羅尼經會釋三卷　（唐）釋不空譯　（清）釋宏贊會釋　清宣統三年（1911）常州天寧寺刻本　一冊

330000 – 1705 – 0014133　續 1227　子部/儒家類/儒學之屬/俗訓

摘錄本山惜字勸誡錄中要言不分卷　清刻本　一冊

330000 – 1705 – 0014135　續 2512　子部/宗教類/佛教之屬/總錄

翻譯名義集二十卷　（宋）釋法雲編　清光緒四年（1878）金陵刻經處刻本　一冊　存四卷（十七至二十）

330000 – 1705 – 0014138　續 2101　子部/小說家類/異聞之屬

青溪風雨錄二卷　（清）雪樵居士撰　清刻本　一冊　存一卷（一）

330000 – 1705 – 0014139　續 2460　子部/宗教類/佛教之屬/經疏

大佛頂首楞嚴經貫珠集十卷　（清）釋戒潤撰　清刻本　一冊　存二卷（七至八）

330000 – 1705 – 0014140　續 1455　集部/別集類/清別集

韞山堂時文初集二卷二集一卷三集一卷全集一卷　（清）管世銘撰　清刻本　一冊　存一卷（初集二）

330000 – 1705 – 0014141　續 2497　史部/傳記類/總傳之屬/釋道

高僧傳初集至四集　（清）楊文會輯　清光緒十年至十八年（1884 – 1892）金陵刻經處、江北刻經處刻本　一冊　存一種

330000 – 1705 – 0014142　續 2425　子部/宗教類/佛教之屬/大藏

過去莊嚴劫千佛名經□卷現在賢劫千佛名經□卷未來星宿劫千佛名經□卷　題（南朝宋）釋畺良耶舍譯　清光緒十八年（1892）釋正西刻本　一冊

330000 – 1705 – 0014143　續 2445　子部/宗教類/佛教之屬/經

妙法蓮華經七卷　（後秦）釋鳩摩羅什譯　清刻本　一冊　存二卷（三至四）

330000 – 1705 – 0014144　續 2513、續 2517、續 2492、續 2449　子部/儒家類/儒學之屬

安士全書四種　（清）周夢顏撰　清刻本　四冊　缺二卷（文昌帝君陰隲文廣義節錄一、三）

330000 – 1705 – 0014148　續 2495　子部/宗教類/佛教之屬/總錄

法苑珠林一百卷　（唐）釋道世撰　清道光七年（1827）蔣氏燕園刻本　一冊　存四卷（五十八至六十一）

330000 – 1705 – 0014149　續 2532　子部/道家類

莊子集解八卷　王先謙撰　清宣統元年(1909)上海埽葉山房石印本　四冊

330000－1705－0014151　續2446　子部/宗教類/佛教之屬/經

妙法蓮華經七卷　（後秦）釋鳩摩羅什譯　清刻本　三冊　存三卷(二、四、六)

330000－1705－0014152　續2515　子部/宗教類/道教之屬/雜著

張氏無常寶卷不分卷　清同治石印本　一冊

330000－1705－0014153　續2426　集部/曲類/寶卷之屬

太華山紫金嶺兩世修行劉香寶卷全集二卷（清）□□撰　清光緒二十三年(1897)刻本　二冊

330000－1705－0014155　續2526　子部/道家類

老子道德經解二卷首一卷　（明）釋德清撰　清光緒十二年(1886)金陵刻經處刻本　一冊　存一卷(下)

330000－1705－0014156　續2474　子部/宗教類/道教之屬

度世慈航二卷　（清）宏教真君輯　清刻本　一冊

330000－1705－0014157　續2499　子部/宗教類/道教之屬

養真集二卷　（清）王士端注　清光緒石印本　一冊

330000－1705－0014158　續2447　子部/宗教類/佛教之屬/經

妙法蓮華經七卷　（後秦）釋鳩摩羅什譯　清刻本　一冊　存二卷(四至五)

330000－1705－0014159　續2427　子部/宗教類/佛教之屬/諸宗

重訂西方公據二卷首一卷　（清）彭紹升輯　清道光元年(1821)釋日茂刻本　一冊

330000－1705－0014160　續2486　子部/宗教類/佛教之屬/總錄

專修法門解謗一卷　（清）釋古崑撰　清光緒八年(1882)刻本　一冊

330000－1705－0014162　續2502　史部/傳記類/總傳之屬/釋道

衆仙傳七卷　（清）幻雲子輯　清光緒二十六年(1900)刻朱印本　一冊

330000－1705－0014164　續2501　子部/宗教類/佛教之屬/經

佛說梵網經二卷　（後秦）釋鳩摩羅什譯　清光緒十年(1884)金陵刻經處刻本　一冊

330000－1705－0014167　續2428、續2431　子部/宗教類/佛教之屬/經疏

佛說阿彌陀經要解便蒙鈔三卷　（清）釋智旭解　（清）釋達默鈔　（清）釋達林參訂　清同治十一年(1872)刻本　一冊　存二卷(上、下)

330000－1705－0014168　續2559　子部/宗教類/道教之屬/戒律

太上感應篇直講一卷首一卷　清同治十二年(1873)刻本　一冊

330000－1705－0014169　續2473　子部/宗教類/佛教之屬/諸宗

啟運慈悲道場懺法十卷　清光緒十一年(1885)鄞縣刻本　一冊　存三卷(八至十)

330000－1705－0014170　續2462　子部/宗教類/佛教之屬/經疏

大佛頂如來密因修證了義諸菩薩萬行首楞嚴經宗通十卷　（明）曾鳳儀撰　清刻本　一冊　存一卷(六)

330000－1705－0014171　續2560　子部/宗教類/道教之屬/經文

三聖經靈驗圖註不分卷　清上海鴻寶齋書局石印本　一冊

330000－1705－0014172　續2503　史部/地理類/專志之屬/寺觀

阿育王舍利瑞應集一卷　（清）釋妙然輯　舍利塔號畧註一卷　（清）釋元賢撰　清刻本　一冊

330000－1705－0014173　續 2530　子部/道家類

莊子十卷　（戰國）莊周撰　清末鉛印本　鄧毓怡題記　一冊　存一種

330000－1705－0014176　續 2562　子部/宗教類/道教之屬/戒律

太上感應篇註講證案彙編二卷　清天主堂西陸龍文齋刻本　一冊　存一卷（二）

330000－1705－0014178　續 2563　子部/宗教類/道教之屬

感應篇贅言一卷　（清）于覺世撰　清同治五年（1866）刻本　一冊

330000－1705－0014179　續 2564　子部/宗教類/道教之屬/經文

太上祖師三世因由總錄三卷　清光緒元年（1875）刻本　一冊

330000－1705－0014181　續 2529　子部/叢編

二十二子（二十二子彙函）　（清）浙江書局編　清光緒元年至三年（1875－1877）浙江書局刻本　二冊　存一種

330000－1705－0014182　續 2465　子部/宗教類/佛教之屬/經

佛說七俱胝佛母准提大明陀羅尼經一卷（唐）釋金剛智譯　千手千眼觀世音菩薩廣大圓滿無礙大悲心陀羅尼經一卷　（唐）釋伽梵達摩譯　佛頂尊勝陀羅尼經一卷　（唐）釋佛陀波利譯　穢跡金剛說神通大滿陀羅尼法術靈要門經一卷　（唐）釋無能勝譯　清光緒八年（1882）金陵刻經處刻本　一冊

330000－1705－0014183　續 2565　子部/雜著類/雜說之屬

克復要言不分卷　（清）張與齡　（清）張益齡選　清同治七年（1868）刻本　一冊

330000－1705－0014185　續 2466　子部/宗教類/佛教之屬/經

慧命經一卷　（清）柳華陽撰　清刻本　陳儉批並題記　一冊

330000－1705－0014186　續 2566　集部/小說類/長篇之屬

歷代神仙通鑑三集二十二卷圖一卷　（清）徐衢述　（清）程毓奇續　（清）李理　（清）王太素贊　清刻本　一冊　存一卷（九）

330000－1705－0014187　朱 1327　史部/史評類/史論之屬

史畧歌論十二卷首一卷　（清）裘曰和輯　清道光二十一年（1841）聰訓堂木活字印本　一冊

330000－1705－0014188　續 2505　子部/宗教類/佛教之屬/總錄

新刻六直注舜儀評訂神仙鑑二集二十二卷（清）徐衢撰　清刻本　二冊　存二卷（十至十一）

330000－1705－0014190　續 2398　子部/宗教類/佛教之屬/經

妙法蓮華經七卷　（後秦）釋鳩摩羅什譯　明刻本　六冊　缺一卷（一）

330000－1705－0014191　續 2568　子部/宗教類/道教之屬

道源精微歌二卷　（清）劉名瑞撰　清光緒十五年（1889）刻本　二冊

330000－1705－0014192　續 2506　子部/宗教類/佛教之屬/經咒

瑜伽燄口施食起止規範一卷附瑜伽燄口施食儀文一卷瑜伽焰口□□卷　明崇禎九年（1636）古杭昭慶寺貝葉齋流通刻本　一冊存三卷（瑜伽燄口施食起止規範、附瑜伽燄口施食儀文、瑜伽焰口下）

330000－1705－0014193　續 2539　子部/宗教類/道教之屬

仙佛合宗語錄丹道九篇不分卷　（明）伍守陽撰　（明）伍守虛注　（清）汪東亭輯　清宣統上海千頃堂書局石印本　四冊

330000－1705－0014194　續 2807　集部/別集類/清別集

息游閣詩鈔十卷　（清）沈翼天撰　清抄本

171

一册　存二卷(一至二)

330000－1705－0014195　續2569、續2587
子部/宗教類/道教之屬

濟一子證道秘書十七種　(清)傅金銓輯　清
善成堂刻本　八冊　存四種

330000－1705－0014196　續2588　子部/宗
教類/道教之屬

仙佛真傳二卷　(清)柳華陽撰　清同治九年
(1870)栖崔山館刻本　二冊

330000－1705－0014198　續2541　子部/宗
教類/道教之屬

呂帝書鈔二十卷首一卷末一卷　(清)周澍淙
纂輯　清光緒石印本　三冊　存十二卷(二
至三、十二至二十,末)

330000－1705－0014199　續2507　子部/宗
教類/佛教之屬/總錄

專修淨業功課不分卷　清刻本　一冊

330000－1705－0014200　續2589　子部/雜
家類

石音夫醒迷功過格不分卷　(清)醒半子撰
清光緒二十二年(1896)積山書局石印本
一冊

330000－1705－0014201　續2570　子部/宗
教類/道教之屬

悟性窮原一卷　(清)涵谷子撰　清道光刻本
一冊

330000－1705－0014204　續2576　子部/宗
教類/道教之屬

關帝明聖經一卷附關帝靈籤一卷　清光緒二
十九年(1903)上洋棋盤街寶善齋石印本
一冊

330000－1705－0014205　續2538　子部/道
家類

南華真經副墨八卷讀南華經雜說一卷　(明)
陸西星撰　明刻本　一冊　存一卷(六)

330000－1705－0014206　續2575　子部/宗
教類/道教之屬/戒律

太上感應篇一卷　清刻本　一冊

330000－1705－0014207　續2537　子部/道
家類

南華真經本義十六卷附錄八卷　(明)陳治安
撰　明刻本　一冊　存三卷(一至三)

330000－1705－0014208　續2544　子部/宗
教類/道教之屬

靈寶異法三卷　(漢)鍾離權撰　(唐)呂嵒傳
清刻本　一冊

330000－1705－0014209　續2531　子部/道
家類

莊子約解四卷　(清)劉鴻典撰　清末北京道
德學社鉛印本　四冊

330000－1705－0014211　續2571　子部/術
數類/雜術之屬

新刻萬法歸宗步天歌訣□□卷　清刻本　一
冊　存一卷(三)

330000－1705－0014212　續2429　子部/宗
教類/佛教之屬/經疏

佛說阿彌陀經要解便蒙鈔三卷　(清)釋智旭
解　(清)釋達默鈔　(清)釋達林參訂　清光
緒二十三年(1897)刻本　三冊

330000－1705－0014213　續2572　子部/宗
教類/道教之屬/表章讚頌

南極帝君協天輔世剖刧酬恩法懺不分卷　清
刻本　二冊

330000－1705－0014218　續2580　子部/宗
教類/道教之屬/戒律

古佛應驗明聖經三卷　(清)胡萬安撰　清道
光刻本　一冊

330000－1705－0014219　續2430、續2432
子部/宗教類/佛教之屬/經疏

佛說阿彌陀經要解便蒙鈔三卷　(清)釋智旭
解　(清)釋達默鈔　(清)釋達林參訂　清光
緒二十三年(1897)刻本　三冊

330000－1705－0014223　續2579　子部/宗
教類/道教之屬

文帝全書三十二卷　（清）劉體恕
存輯　清光緒刻朱印本　一冊　存二卷（治
瘟錄一至二）

330000－1705－0014224　秦 0008　經部/群
經總義類/圖說之屬

興儒行教圖考一卷　（清）石浪子撰　清同治
刻本　秉三題記　二冊

330000－1705－0014225　續 2623、續 2624
集部/別集類/唐五代別集

柳文四十三卷別集二卷外集二卷附錄一卷
（唐）柳宗元撰　清同治六年（1867）廷桂刻七
年（1868）補刻本　五冊　存三十八卷（一至
五、十五至四十三,別集下,外集上、下,附錄）

330000－1705－0014226　續 2662　集部/別
集類/宋別集

景文宋公集一百五十卷　（宋）宋祁撰　清刻
本　一冊　存五卷（八十一至八十五）

330000－1705－0014228　續 2388　類叢部/
類書類/通類之屬

小嫏嬛山館彙刊類書十二種　（清）小嫏嬛山
館編　清同治六年（1867）小嫏嬛山館刻本
二冊　存一種

330000－1705－0014231　續 2625　集部/別
集類/唐五代別集

河東先生集四十五卷外集二卷龍城錄二卷附
錄二卷傳一卷　（唐）柳宗元撰　（宋）廖瑩中
校正　明刻本　一冊　存四卷（四十四至四
十五、外集一至二）

330000－1705－0014232　續 2582　子部/醫
家類/診法之屬/脈經脈訣

三指禪三卷　（清）周學霆撰　清道光湖南書
局刻本　三冊

330000－1705－0014233　續 2598　子部/宗
教類/道教之屬

三教正宗通論三十六卷　（明）林兆恩撰
（明）盧文輝輯　清宣統元年（1909）蒲陽富順
齋刻本　一冊　存一卷（一）

330000－1705－0014236　續 2545　子部/宗
教類/道教之屬

參同契直指箋註三卷參同契直指三相類二卷
（清）劉一明撰　清刻本　一冊

330000－1705－0014237　續 2601　子部/宗
教類/其他宗教之屬/基督教

備立天國記三十課　（清）卜舫濟撰　清宣統
二年（1910）上海美華書館鉛印本　一冊

330000－1705－0014238　續 2546　子部/兵
家類/兵法之屬

火龍經全集　（明）□□編　清咸豐五年
（1855）刻本　一冊　存二種

330000－1705－0014239　續 2602　類叢部/
叢書類/彙編之屬

龍威秘書一百六十九種　（清）馬俊良編　清
刻本　一冊　存二種

330000－1705－0014241　續 2659　集部/別
集類/宋別集

宋陳文節公詩集五卷文集十九卷首一卷末一
卷　（宋）陳傅良撰　清道光十四年（1834）詒
經精舍刻本　三冊　存十卷（一至十）

330000－1705－0014242　續 2627　集部/別
集類/唐五代別集

杜詩詳註二十五卷首一卷附錄二卷　（唐）杜
甫撰　（清）仇兆鰲輯注　清康熙刻本　二十
五冊　存二十六卷（首、一至二十五）

330000－1705－0014243　續 2626　集部/別
集類/唐五代別集

杜詩詳註二十五卷首一卷附錄二卷　（唐）杜
甫撰　（清）仇兆鰲輯注　清康熙刻本　十
四冊

330000－1705－0014244　續 2603　集部/楚
辭類

楚辭章句十七卷　（漢）王逸撰　清同治十一
年（1872）金陵書局刻本　四冊

330000－1705－0014246　續 2604　集部/楚
辭類

楚辭燈四卷楚懷襄二王在位事蹟考一卷
（清）林雲銘撰　清康熙刻本　一冊　存二卷

（楚辭燈三至四）

330000－1705－0014249　續2605　集部/別集類/漢魏六朝別集

陶淵明集八卷首一卷末一卷　（晉）陶潛撰　清刻四色套印本　一冊　存二卷（二至三）

330000－1705－0014251　續2629　集部/別集類/唐五代別集

溫飛卿詩集七卷別集一卷集外詩一卷附錄諸家詩評一卷　（唐）溫庭筠撰　（明）曾益注（清）顧予咸補注　（清）顧嗣立續注　清康熙三十六年（1697）長洲顧氏秀野草堂刻本二冊

330000－1705－0014252　續2547　子部/宗教類/佛教之屬/經

慧命經一卷　（清）柳華陽撰　清光緒三年（1877）刻本　陳儉批　一冊

330000－1705－0014253　續2628　集部/別集類/唐五代別集

溫飛卿詩集七卷別集一卷集外詩一卷附錄諸家詩評一卷　（唐）溫庭筠撰　（明）曾益注（清）顧予咸補注　（清）顧嗣立續注　清宣統二年（1910）上海國學扶輪社石印本　四冊

330000－1705－0014254　續2901　集部/別集類/清別集

大梅山館集五十五卷　（清）姚燮撰　清道光十三年至咸豐六年（1833－1856）大梅山館刻本　三冊　存一種

330000－1705－0014256　續2655、續2638、續2637　集部/總集類/選集之屬/斷代

宋四名家詩　（清）周之鱗　（清）柴升編　清刻本　四冊　存三種

330000－1705－0014258　續2548　子部/宗教類/道教之屬/經文

陰符經發隱一卷道德經發隱一卷沖虛經發隱一卷南華經發隱一卷　（清）楊文會注　清光緒金陵刻經處刻本　一冊

330000－1705－0014259　續2663　集部/別集類/宋別集

羅鄂州小集六卷　（宋）羅願撰　羅鄂州遺文一卷　（宋）羅頌撰　清康熙五十二年（1713）歙程哲七略書堂刻本　二冊

330000－1705－0014261　續2536　子部/道家類

南華經六卷　（明）楊起元注　明刻本　三冊　存四卷（三至六）

330000－1705－0014263　續2630　集部/別集類/唐五代別集

李義山詩集三卷　（唐）李商隱撰　（清）朱鶴齡箋注　（清）沈厚塽輯評　李義山詩譜一卷附錄諸家詩評一卷　清同治九年（1870）廣州倅署刻三色套印本　一冊　存一卷（上）

330000－1705－0014266　續2551　子部/宗教類/道教之屬

天仙正理直論增註一卷　（明）伍守陽撰並注（明）伍守虛同注　清康熙五十八年（1719）謝嗣芳刻乾隆二十九年（1764）申兆定增修本一冊

330000－1705－0014268　續2631　集部/別集類/唐五代別集

李義山文集十卷　（唐）李商隱撰　（清）徐樹穀箋　（清）徐炯注　清康熙四十七年（1708）崑山徐氏花谿草堂刻本　一冊　存三卷（五至七）

330000－1705－0014270　續2706　集部/別集類/清別集

王于一文選二卷　（清）王猷定撰　（清）陳維崧選　清刻本　一冊

330000－1705－0014272　續2609　集部/別集類/漢魏六朝別集

庾子山集十六卷總釋一卷　（北周）庾信撰（清）倪璠注　年譜一卷　（清）倪璠撰　清刻本　一冊　存一卷（十六）

330000－1705－0014273　續2586　子部/醫家類/養生之屬

體真山人性命要旨一卷　（清）汪啟濩撰　葆真山人養性編一卷　（清）柯懷經撰　清光緒

十七年(1891)刻本　一冊

330000－1705－0014274　續2610　集部/別集類/唐五代別集

王右丞集二十八卷首一卷末一卷　（唐）王維撰　（清）趙殿成箋注　清乾隆刻本　一冊

330000－1705－0014275　續2591　子部/宗教類/道教之屬/戒律

陰隲文圖證不分卷　（清）費丹旭繪圖　（清）許光清集證　清光緒石印本　一冊

330000－1705－0014276　續2552　子部/醫家類/眼科之屬

銀海精微四卷　題(唐)孫思邈撰　清金閶耕讀堂刻本　一冊

330000－1705－0014278　續2553　子部/雜著類/雜說之屬

化書六卷　（五代）譚峭撰　清光緒六年(1880)刻本　一冊

330000－1705－0014280　續2665　集部/別集類/宋別集

元豐類稾五十卷　（宋）曾鞏撰　清光緒十六年(1890)慈利漁浦書院刻本　八冊　存四十九卷(二至五十)

330000－1705－0014281　續2702　集部/別集類/宋別集

蘇文忠公詩編註集成四十六卷集成總案四十五卷諸家雜綴酌存一卷蘇海識餘四卷賤詩圖一卷　（宋）蘇軾撰　（清）王文誥輯注　清嘉慶二十四年(1819)武林王氏韻山堂刻道光補刻本　二十五冊　缺二十卷(九至十一、十四至十五、十八至十九、二十五至二十六、四十至四十六、集成總案三十七至四十)

330000－1705－0014283　續2611　集部/別集類/唐五代別集

韓文選不分卷　（唐）韓愈撰　清抄本　二冊

330000－1705－0014284　續2675　集部/別集類/明別集

勉齋先生遺稿三卷　（明）鄭滿撰　（明）鄭梁敬輯　清康熙刻本　二冊

330000－1705－0014285　續2679　集部/別集類/明別集

高季迪先生大全集十八卷　（明）高啟撰　清康熙許氏竹素園刻本　一冊　存三卷(十二至十四)

330000－1705－0014286　續2709　集部/別集類/清別集

鏡水堂詩鈔五卷　（清）王定洋撰　清光緒二十年(1894)花月山人刻本　一冊　存三卷(一至三)

330000－1705－0014287　續2612　集部/別集類/唐別集

新刊五百家註音辯昌黎先生文集四十卷目錄一卷　（唐）韓愈撰　（宋）魏仲舉輯注　清乾隆刻本　一冊　存一卷(目錄)

330000－1705－0014288　續2666　集部/別集類/金別集

元遺山詩集八卷　（金）元好問撰　（清）萬廷蘭校訂　清乾隆四十三年(1778)南昌萬廷蘭刻本　三冊　存三卷(一至二、四)

330000－1705－0014290　續2667　集部/別集類/明別集

北郭集七卷　（明）許恕撰　**擊筑餘音一卷**　（明）熊開平撰　清抄本　一冊

330000－1705－0014291　續2712　類叢部/叢書類/自著之屬

左文襄公全集　（清）左宗棠撰　清光緒刻本　二十一冊　存二種

330000－1705－0014292　續2668　集部/總集類/彙編之屬

臨海葉氏蔭玉閣叢書五種　（清）葉書輯　清光緒臨海葉氏木活字印本　一冊

330000－1705－0014293　續2614　集部/別集類/唐五代別集

學五言排律初例□□卷　清文盛堂刻本　一冊　存一卷(五)

330000－1705－0014294　續2555　子部/道家類

道統大成九種十五卷 （清）汪啓淏輯 清光
緒二十六年（1900）刻本 六冊 存八種

330000－1705－0014295 續2680 集部/別
集類/明別集

青邱高季迪先生詩集十八卷遺詩一卷扣舷集
一卷鳧藻集五卷附錄一卷 （明）高啓撰
（清）金檀輯注 清雍正六年至七年（1728－
1729）金氏文瑞樓刻本 一冊 存二卷（十四
至十五）

330000－1705－0014297 續2715 集部/別
集類/清別集

選書八卷首一卷附刻一卷 （清）毛先舒撰
清康熙刻本 一冊 存四卷（六至八、附刻）

330000－1705－0014298 續2827、續2828、
續2829 類叢部/叢書類/自著之屬

橘蔭軒全集七種 （清）陳錦撰 清光緒山陰
陳氏橘蔭軒刻本 三冊 存二種

330000－1705－0014299 續2556 子部/道
家類

道統大成九種十五卷 （清）汪啓淏輯 清光
緒二十六年（1900）刻本 十冊

330000－1705－0014302 續2681 集部/別
集類/明別集

淩谿先生集十八卷補遺一卷 （明）朱應登撰
清道光十五年（1835）宜祿堂刻本 一冊
存八卷（一至八）

330000－1705－0014303 續2793 集部/別
集類/清別集

花曙軒詩存二卷 （清）吳之焱撰 清宣統二
年（1910）刻本 一冊

330000－1705－0014305 續2656 史部/傳
記類/別傳之屬/事狀

宋儒袁正獻公從祀錄六卷 （清）徐時棟撰
清同治七年（1868）稿本 一冊

330000－1705－0014306 續1820 子部/術
數類/陰陽五行之屬

董公擇日秘藏要訣密書不分卷 （明）董潛撰
清宣統元年（1909）抄本 一冊

330000－1705－0014307 續2716 集部/別
集類/清別集

廔園詩鈔一卷 （清）毛國翰撰 清光緒十六
年（1890）長沙王氏刻本 一冊

330000－1705－0014308 續2717 集部/別
集類/清別集

陳文肅公遺集一卷 （清）陳大受撰 （清）陳
文騄輯 清光緒十六年（1890）湑湘求志書屋
鉛印本 一冊

330000－1705－0014309 續2701、續3022
集部/總集類/選集之屬/通代

古文辭類纂七十四卷 （清）姚鼐輯 續古文
辭類纂三十四卷 王先謙輯 清末上海商務
印書館鉛印本 七冊 存六十四卷（古文辭
類纂十一至二十、四十一至六十，續古文辭類
纂一至三十四）

330000－1705－0014313 續2558 子部/宗
教類/道教之屬

太上寶筏圖說八卷 （清）黃正元纂 清光緒
石印本 七冊 存七卷（二至八）

330000－1705－0014314 續2617 集部/別
集類/唐五代別集

白香山詩長慶集二十卷後集十七卷別集一卷
補遺二卷 （唐）白居易撰 （清）汪立名編訂
白香山年譜一卷 （清）汪立名撰 白香山
年譜舊本一卷 （宋）陳振孫撰 清康熙四十
一年至四十二年（1702－1703）汪立名一隅草
堂刻本 一冊 存六卷（長慶集六至十一）

330000－1705－0014315 續2558－1 子部/
宗教類/道教之屬

太上寶筏圖說八卷 （清）黃正元纂 清光緒
石印本 二冊 存二卷（二、四）

330000－1705－0014316 續2669 集部/別
集類/明別集

景濂題跋三卷 （明）宋濂撰 清抄本 六冊

330000－1705－0014317 續2670 集部/別
集類/明別集

歸震川先生尺牘二卷 （明）歸有光撰 清康

熙刻本　一冊

330000－1705－0014318　續2735　集部/別集類/清別集

松韻樓詩稿三卷附醉月詞一卷　（清）馮保清撰　清光緒二十五年(1899)刻本　一冊

330000－1705－0014319　續2736　集部/別集類/清別集

松韻樓詩稿三卷附醉月詞一卷　（清）馮保清撰　清光緒二十五年(1899)刻本　一冊

330000－1705－0014321　續2712－1　集部/別集類/清別集

王氏漁洋詩鈔十二卷　（清）王士禎撰　（清）邵長蘅選　清宣統二年(1910)上海時中書局影印本　八冊

330000－1705－0014323　續2720　集部/別集類/清別集

樊榭山房全集四十二卷　（清）厲鶚撰　清光緒十年(1884)汪氏振綺堂刻本　一冊　存四卷(樊榭山房集一至四)

330000－1705－0014324　續2711　集部/別集類/清別集

西江詩稿二十八卷續編一卷文稿三十二卷附編一卷　（清）王家振撰　清光緒三十四年(1908)慈谿王氏柜柳山館木活字印本　十二冊

330000－1705－0014325　續2682、續2683集部/別集類/明別集

升菴外集一百卷　（明）楊慎撰　（明）焦竑輯　明萬曆四十五年(1617)顧起元刻本　四冊　存三十七卷(十至四十六)

330000－1705－0014326　續2672　集部/別集類/明別集

黃漳浦集五十卷首一卷目錄二卷　（明）黃道周撰　（清）陳壽祺重編　漳浦黃先生年譜二卷　（明）莊起儔編　清道光八年至十年(1828－1830)福州陳氏刻本　七冊　存十一卷(十九至二十九)

330000－1705－0014328　續2742　集部/別

集類/清別集

鮚埼亭集外編五十卷　（清）全祖望撰　（清）董秉純編　（清）蔣學鏞審訂　（清）汪繼培重編　清嘉慶十六年(1811)刻本　二冊　存六卷(一至六)

330000－1705－0014329　續2684　集部/別集類/明別集

震澤先生集三十六卷　（明）王鏊撰　明刻本　一冊　存三卷(三十四至三十六)

330000－1705－0014330　續2710　集部/別集類/清別集

扁舟集一卷　（清）王定祥撰　清光緒二十年(1894)大鄧山館童氏刻本　清俞鴻相跋　一冊

330000－1705－0014331　續2718　類叢部/叢書類/自著之屬

毋不敬齋全書十七種附一種　（清）方潛撰　清光緒十五年(1889)方剛中、方敦吉濟南刻本　一冊　存一種

330000－1705－0014333　續2740　集部/別集類/清別集

通雅齋叢稿八卷　（清）成本璞撰　清宣統元年(1909)武林刻本　二冊　存二卷(一至二)

330000－1705－0014334　續2673　集部/別集類/清別集

七錄齋詩選八卷　（清）阮葵生撰　清嘉慶十九年(1814)百齡金陵刻本　一冊　存四卷(五至八)

330000－1705－0014335　續2705　集部/別集類/清別集

願學堂詩鈔二十八卷　（清）王宗燿撰　清咸豐十年(1860)鄞縣王氏刻本　二冊　存十卷(八至十二、二十四至二十八)

330000－1705－0014336　續2719、續2721集部/別集類/清別集

樊榭山房集十卷續集十卷　（清）厲鶚撰　清乾隆四年(1739)武林繡墨齋刻十六年(1751)續刻本　二冊　存十五卷(一至十、續集一至

五）

330000－1705－0014337　續2741　集部/別集類/清別集

金華山樵詩前集八卷後集十卷　（清）師範撰　清嘉慶九年(1804)二餘堂刻本　三冊　存三卷（前集二至四）

330000－1705－0014338　續2674　集部/別集類/明別集

世敬堂集四卷　（明）趙文華撰　清抄本　一冊　存一卷（二）

330000－1705－0014339　續2676　集部/別集類/明別集

紫柏老人集二十九卷首一卷　（明）釋真可撰　清刻本　九冊　缺三卷（十八至二十）

330000－1705－0014340　續2743　集部/別集類/清別集

鮚埼亭詩集十卷　（清）全祖望撰　清光緒十六年(1890)慈谿童氏大鄞山館刻本　四冊

330000－1705－0014342　續2685　子部/儒家類/儒學之屬

陽明先生集要十五卷附年譜一卷　（明）王守仁撰　（明）施邦曜編　清乾隆五十二年(1787)濟美堂刻本　一冊　存一卷（經濟編七）

330000－1705－0014343　續2723　集部/詞類/別集之屬

小石林詩餘八卷詩二集八卷古文二卷文外二卷　（清）葉之溶撰　清刻本　一冊　存一卷（八）

330000－1705－0014344　續2677　集部/別集類/清別集

壯悔堂文集十卷遺稿一卷四憶堂詩集六卷遺稿一卷　（清）侯方域撰　（清）賈開宗等選註　清宣統二年(1910)上海掃葉山房石印本　六冊

330000－1705－0014345　續2744　集部/別集類/清別集

鮚埼亭集三十八卷首一卷全謝山先生經史問

答十卷　（清）全祖望撰　清嘉慶九年(1804)餘姚史夢蛟借樹山房刻本　十二冊

330000－1705－0014346　秦0095　子部/藝術類/篆刻之屬/印譜

古高士傳印譜不分卷　（清）趙穆篆刻　清光緒鈐印本　四冊

330000－1705－0014348　續2745　集部/別集類/清別集

鮚埼亭集三十八卷首一卷　（清）全祖望撰　清嘉慶九年(1804)餘姚史夢蛟借樹山房刻本　二冊　存七卷（三至六、三十二至三十四）

330000－1705－0014349　續2678　集部/別集類/明別集

高子遺書十二卷附錄一卷　（明）高攀龍撰　（明）陳龍正輯　**高忠憲公年譜一卷**　（明）華允誠編　清康熙二十八年(1689)高氏刻本　一冊　存一卷（一）

330000－1705－0014350　續2725　集部/別集類/清別集

甌遊草四卷　（清）葉錫鳳撰　清嘉慶九年(1804)磨兜堅齋刻本　一冊

330000－1705－0014351　續2686　集部/別集類/明別集

遵巖先生文集四十二卷　（明）王慎中撰　（清）李光墺等編　清康熙五十年(1711)刻閩中同人書社刻本　一冊　存六卷（八至十三）

330000－1705－0014352　續2746　集部/別集類/清別集

鮚埼亭詩集十卷　（清）全祖望撰　清光緒十六年(1890)慈谿童氏大鄞山館刻本　一冊　存三卷（八至十）

330000－1705－0014353　續2708　集部/別集類/清別集

晚聞居士遺集九卷首一卷　（清）王宗炎撰　清道光十年至十一年(1830－1831)杭州陸貞一愛日軒刻本　四冊

330000－1705－0014354　續2654　集部/別集類/宋別集

宋陳文節公詩集五卷文集十九卷首一卷末一卷 （宋）陳傅良撰　清乾隆十年(1745)瑞安林上梓愛日樓刻本　一冊　存二卷(一至二)

330000 – 1705 – 0014355　續 2757　集部/別集類/明別集

淩谿先生集十八卷補遺一卷 （明）朱應登撰　清道光十五年(1835)宜祿堂刻本　一冊　存九卷(一至九)

330000 – 1705 – 0014356　續 2713　集部/別集類/清別集

願學堂詩鈔二十八卷 （清）王宗燿撰　清咸豐十年(1860)鄞縣王氏刻本　六冊

330000 – 1705 – 0014358　續 2747　集部/別集類/清別集

鮚埼亭集三十八卷首一卷外編五十卷全謝山先生經史問答十卷 （清）全祖望撰　清嘉慶九年(1804)餘姚史夢蛟借樹山房刻本　二十二冊　存七十卷(鮚埼亭集首,二至四、八至三十八;外編一至五、九至十二、十六至二十六、三十四至三十九、四十二至四十四;經史問答四至六、八至十)

330000 – 1705 – 0014359　續 2726　集部/別集類/清別集

白湖詩稿八卷 （清）葉燕撰　清嘉慶二十三年(1818)葉氏又次居刻本　一冊　存四卷(三至五、八)

330000 – 1705 – 0014360　續 2727　集部/別集類/清別集

赤堇遺稿六卷 （清）葉元堦撰　（清）厲志編　清道光二十五年(1845)退一居刻本　二冊

330000 – 1705 – 0014362　續 2703　集部/別集類/清別集

知白齋詩草二卷 （清）王樸撰　清光緒八年(1882)刻本　一冊

330000 – 1705 – 0014363　續 2748　集部/別集類/清別集

鮚埼亭集三十八卷首一卷全謝山先生經史問答十卷 （清）全祖望撰　清嘉慶九年(1804)

餘姚史夢蛟借樹山房刻本　七冊　缺十九卷(鮚埼亭集十六至三十四)

330000 – 1705 – 0014365　續 2703 – 1　集部/別集類/清別集

知白齋詩草二卷 （清）王樸撰　清光緒八年(1882)刻本　一冊

330000 – 1705 – 0014366　續 2798　集部/別集類/清別集

笛倚樓詩一卷 （清）吳元鏡撰　清光緒十二年(1886)豫章刻本　一冊

330000 – 1705 – 0014367　續 2728　集部/別集類/清別集

赤堇遺稿六卷 （清）葉元堦撰　（清）厲志編　清道光二十五年(1845)退一居刻本　一冊　存三卷(四至六)

330000 – 1705 – 0014368　續 2577　子部/宗教類/道教之屬

唱道真言五卷 （清）鶴臞子輯　清道光二十七年(1847)聚文堂刻本　二冊

330000 – 1705 – 0014370　續 2787　集部/別集類/清別集

白華山人詩集十六卷詩說二卷 （清）厲志撰　清光緒九年(1883)厲學潮刻本　二冊　存十卷(五至八、十三至十六,詩說一至二)

330000 – 1705 – 0014372　續 2729　集部/別集類/清別集

樹人堂詩二卷 （清）帥念祖撰　清抄本　一冊

330000 – 1705 – 0014374　續 2730　集部/別集類/清別集

補園賸藁二卷 （清）包履吉撰　清光緒三十一年(1905)讀我書廬刻本　一冊　存一卷(下)

330000 – 1705 – 0014375　續 2767　集部/別集類/清別集

劉孟塗文集十卷駢體文二卷 （清）劉開撰　清慈谿大鄆山館童氏刻本　四冊

330000－1705－0014376　續 2803　集部/別集類/清別集

仲子詩集十卷　（清）余愭撰　清光緒二十年（1894）刻本　一冊　存四卷（二至五）

330000－1705－0014378　續 2776　集部/別集類/清別集

飲雪軒詩集四卷　（清）楊泰亨撰　清宣統二年（1910）經畬家塾刻本　一冊

330000－1705－0014379　續 2765　集部/別集類/清別集

劉孟塗集四十四卷　（清）劉開撰　清道光六年（1826）姚氏檗山草堂刻本　一冊　存五卷（前集一至五）

330000－1705－0014380　續 2777　集部/別集類/清別集

飲雪軒詩集四卷　（清）楊泰亨撰　清宣統二年（1910）經畬家塾刻本　一冊

330000－1705－0014382　續 2778　集部/別集類/清別集

飲雪軒詩集四卷　（清）楊泰亨撰　清宣統二年（1910）經畬家塾刻本　一冊

330000－1705－0014383　續 2779　集部/別集類/清別集

楊春如詩鈔不分卷　（清）楊春如撰　清抄本　一冊

330000－1705－0014385　續 2792　集部/別集類/清別集

笏庵詩鈔十卷　（清）吳清鵬撰　清道光刻本　二冊

330000－1705－0014388　續 2760　集部/別集類/清別集

繞竹山房詩稿十卷詩餘一卷　（清）朱文治撰　清嘉慶二十三年（1818）刻本　一冊　存一卷（詩餘）

330000－1705－0014391　續 2771　集部/別集類/清別集

寄龕文存四卷　（清）孫德祖撰　清光緒十年（1884）鄞縣翰墨林刻本　四冊

330000－1705－0014393　續 2780　集部/總集類/課藝之屬

試帖要旨八則不分卷養中齋試帖詩存不分卷　清抄本　一冊

330000－1705－0014396　續 2791　類叢部/叢書類/自著之屬

桐城吳先生全書六種附二種　（清）吳汝綸撰　清光緒三十年（1904）王恩紱等刻本　一冊　存一種

330000－1705－0014398　續 2788　集部/別集類/清別集

有正味齋駢體文二十四卷首一卷　（清）吳錫麒撰　（清）王廣業箋　（清）葉聯芬注　清光緒十五年（1889）上海蜚英館石印本　四冊

330000－1705－0014399　續 2769　集部/別集類/清別集

楚中文筆二卷附錄一卷　（清）阮元撰　清同治四年（1865）鄂渚刻本　一冊

330000－1705－0014400　續 2782　集部/別集類/清別集

崇雅堂詩鈔五卷　（清）楊汝諧撰　清乾隆二十年（1755）刻本　三冊

330000－1705－0014401　續 2749　集部/別集類/清別集

鮚埼亭集三十八卷首一卷外編五十卷全謝山先生經史問答十卷　（清）全祖望撰　清嘉慶九年（1804）餘姚史夢蛟借樹山房刻本　二十四冊　缺三卷（鮚埼亭集首、一至二）

330000－1705－0014402　續 2789　集部/別集類/清別集

有正味齋賦四卷　（清）吳錫麒撰　清道光六年至七年（1826－1827）刻本　二冊

330000－1705－0014403　續 2802　類叢部/叢書類/自著之屬

鄒叔子遺書　（清）鄒漢勛撰　清光緒八年（1882）鄒代鈞刻本　四冊　存四種

330000－1705－0014404　續 2783　集部/別集類/清別集

一枝山房詩鈔一卷文鈔一卷　（清）楊三鼎撰
　華庭詩鈔一卷賦鈔一卷夏蟲自語一卷
（清）楊德榮撰　清光緒七年(1881)會稽楊德
熙刻本　一冊　存二卷(詩鈔、文鈔)

330000－1705－0014405　續 2753、續 2755
集部/別集類/清別集
曝書亭集八十卷附錄一卷　（清）朱彝尊撰
笛漁小稾十卷　（清）朱昆田撰　清光緒十五
年(1889)會稽陶氏寒梅館刻本　十四冊　存
八十三卷(曝書亭集二至七十三、附錄、笛漁
小稾一至十)

330000－1705－0014407　續 2784　類叢部/
叢書類/自著之屬
楊氏全書八種　（清）楊名時撰　清乾隆五十
九年(1794)江陰葉廷甲水心草堂刻本　一冊
　存一種

330000－1705－0014408　續 2750　集部/別
集類/清別集
曝書亭集八十卷附錄一卷　（清）朱彝尊撰
笛漁小稾十卷　（清）朱昆田撰　清刻本　一
冊　存四卷(二十七至三十)

330000－1705－0014409　續 2751　集部/別
集類/清別集
曝書亭集八十卷附錄一卷　（清）朱彝尊撰
笛漁小稾十卷　（清）朱昆田撰　清刻本　一
冊　存二卷(十四至十五)

330000－1705－0014410　續 2785　集部/別
集類/清別集
戢思堂詩鈔二卷　（清）李宏撰　（清）李奉翰
輯　清乾隆三十八年(1773)李奉翰刻本　一
冊　存一卷(上)

330000－1705－0014411　續 2752　集部/別
集類/清別集
曝書亭集八十卷附錄一卷　（清）朱彝尊撰
笛漁小稾十卷　（清）朱昆田撰　清刻本　一
冊　存十三卷(六十四至七十六)

330000－1705－0014412　續 2786、續 3321、
續 3524、續 3526　集部/總集類/課藝之屬

試律青雲集四卷　（清）楊逢春輯　（清）沈品
華　（清）沈品全　（清）沈品三等注　清同治
十三年(1874)刻本　四冊

330000－1705－0014414　續 2754　集部/別
集類/清別集
伏敔堂詩錄十五卷續錄四卷首一卷附錄一卷
（清）江湜撰　清同治元年至二年(1862－
1863)長洲江氏福州刻本　清楊高士批
四冊

330000－1705－0014415　續 2772　類叢部/
叢書類/自著之屬
孫夏峰全集十二種附一種　（清）孫奇逢撰
清康熙刻道光至光緒遞刻重印本　一冊　存
一種

330000－1705－0014416　續 2810、續 2953
集部/別集類/清別集
受宜堂集四十卷目錄四卷　（清）納蘭常安撰
清刻本　四冊　存十三卷(四至六、二十一
至二十三、三十五至三十七、十七至二十)

330000－1705－0014417　續 2763　集部/別
集類/清別集
秋水軒尺牘二卷　（清）許思湄撰　清抄本
二冊

330000－1705－0014418　續 2758　類叢部/
叢書類/自著之屬
朱近漪所著書五種附二種　（清）朱楓撰　清
刻本　一冊　存三種

330000－1705－0014419　續 2790　集部/別
集類/清別集
吳摯甫文集四卷附鈔深州風土記四篇一卷
（清）吳汝綸撰　清宣統元年(1909)上海國學
扶輪社石印本　一冊　存一卷(附鈔深州風
土記四篇)

330000－1705－0014420　續 2876、續 2878
集部/別集類/清別集
石笥山房集二十四卷　（清）胡天游撰　清咸
豐二年(1852)刻本　四冊　存十四卷(文集
二至四、詩集四至十一、詩餘一、補遺一至二)

330000－1705－0014421　　續2883　　集部/別集類/清別集

三餘詩鈔七卷三餘續鈔四卷　（清）俞世寅撰
清道光十年(1830)栖霞草堂刻本　二冊

330000－1705－0014423　　續2797、續2796
集部/別集類/清別集

林蕙堂全集二十六卷　（清）吳綺撰　清乾隆
衷白堂刻本　三冊　存八卷(文集續刻一至
六、藝香詞鈔一至二)

330000－1705－0014424　　續2822、續2823
集部/別集類/清別集

**運甓齋文槀六卷文槀續編六卷運甓齋贈言錄
四卷**　（清）陳勱撰　清光緒二十年(1894)刻
本　二冊　缺四卷(運甓齋贈言錄一至四)

330000－1705－0014425　　續2834　　集部/別
集類/清別集

小信天巢詩鈔十八卷續鈔一卷　（清）陳石麟
撰　清嘉慶十一年至十四年(1806－1809)刻
本　一冊　存四卷(一至四)

330000－1705－0014426　　續2835　　集部/別
集類/清別集

繼雅堂外集不分卷　（清）陳僅撰　清抄本
一冊

330000－1705－0014427　　秦0094　　子部/藝
術類/篆刻之屬/印譜

吳趙印存不分卷　（清）吳讓之　（清）趙之謙
篆　鈐拓本　二冊

330000－1705－0014428　　續2824　　集部/別
集類/清別集

運甓齋詩槀八卷續編六卷　（清）陳勱撰　清
光緒十年(1884)刻二十年(1894)續刻本
二冊

330000－1705－0014429　　續2812、續2814
集部/別集類/清別集

**懷白軒詩鈔十一卷外集一卷詞鈔二卷南北曲
一卷文鈔二卷駢體一卷賦鈔一卷**　（清）陸初
望撰　清同治五年(1866)皖城刻光緒六年
(1880)續刻本　三冊　缺四卷(詩鈔一至四)

330000－1705－0014430　　續2825　　集部/別
集類/清別集

**運甓齋文槀六卷文槀續編六卷運甓齋贈言錄
四卷**　（清）陳勱撰　清光緒二十年(1894)刻
本　三冊

330000－1705－0014431　　續2808　　類叢部/
叢書類/自著之屬

話山草堂遺集二種　（清）沈道寬撰　清光緒
三年(1877)潤州權署刻本　一冊　存一種

330000－1705－0014432　　續2837　　集部/別
集類/清別集

息盦尺牘二卷　（清）陳觀圻撰　清光緒十一
年(1885)刻本　一冊　存一卷(上)

330000－1705－0014433　　續2795　　集部/別
集類/清別集

獨學廬外集不分卷　（清）石韞玉撰　清刻本
一冊

330000－1705－0014434　　續2813、續2881
類叢部/叢書類/自著之屬

隨園三十種　（清）袁枚撰　清乾隆至嘉慶刻
彙印本　二冊　存三種

330000－1705－0014435　　續2826　　集部/別
集類/清別集

運甓齋詩槀八卷續編六卷　（清）陳勱撰　清
光緒十年(1884)刻二十年(1894)續刻本　一
冊　存八卷(詩槀一至八)

330000－1705－0014436　　續2806　　集部/別
集類/清別集

柯庭餘習十二卷　（清）汪文柏撰　清乾隆六
年(1741)汪氏古香樓刻本　一冊　存六卷
(一至六)

330000－1705－0014439　　續2691　　集部/別
集類/明別集

楊忠愍公全集六卷　（明）楊繼盛撰　章鈺輯
清道光三十年(1850)刻本　一冊　存一卷
(一)

330000－1705－0014440　　續2700　　集部/別
集類/清別集

養拙山房詩稿三卷 （清）王慈撰　清抄本
二冊

330000－1705－0014441　續2762　集部/別
集類/清別集

寶綸堂文鈔八卷 （清）齊召南撰　清嘉慶二
年(1797)刻本　一冊　存二卷(五至六)

330000－1705－0014442　續2839　集部/別
集類/清別集

南蘭文集六卷 （清）張恕撰　清光緒五年
(1879)刻本　二冊

330000－1705－0014443　續2830　集部/別
集類/清別集

借樹山房詩鈔附刻十卷 （清）陳福熙撰　清
光緒二年(1876)刻本　二冊

330000－1705－0014445　續2842　集部/別
集類/清別集

岸鍾樓吟草一卷 （清）張大中撰　清抄本
一冊

330000－1705－0014446　續2831　集部/別
集類/清別集

借樹山房排律詩鈔二卷 （清）陳慶槐撰　**排
律詩鈔附刻三卷** （清）陳福熙撰　清道光十
九年(1839)舟山陳氏刻本　一冊　存二卷
(排律詩鈔一至二)

330000－1705－0014447　續2841　集部/別
集類/清別集

茗柯文初編一卷二編二卷三編一卷四編一卷
（清）張惠言撰　清光緒七年(1881)刻本
一冊　存二卷(三編、四編)

330000－1705－0014448　續2652、續3264
類叢部/叢書類/彙編之屬

知不足齋叢書一百九十六種 （清）鮑廷博編
（清）鮑士恭續編　清乾隆三十七年至道光
三年(1772－1823)長塘鮑氏刻彙印本　二冊
存三種

330000－1705－0014449　續2898　類叢部/
類書類/專類之屬

皇朝駢文類苑十四卷首一卷 （清）姚燮選

清光緒七年(1881)鎮海張壽榮刻本　十冊
存八卷(七至十四)

330000－1705－0014450　秦0093　子部/藝
術類/篆刻之屬/印譜

印章集不分卷　鈐印本　一冊

330000－1705－0014451　續2832　集部/別
集類/清別集

謙受堂全集三十卷 （清）陳廷慶撰　清刻本
一冊　存三卷(三至五)

330000－1705－0014452　續2900　集部/別
集類/清別集

大梅山館集五十五卷 （清）姚燮撰　清道光
十三年至咸豐六年(1833－1856)大梅山館刻
本　四冊　存一種

330000－1705－0014453　續2875、續2877
集部/別集類/清別集

石笥山房文集六卷詩集四卷 （清）胡天游撰
清嘉慶三年(1798)浦陽戴殿海刻本　三冊
存八卷(文集三至六、詩集一至四)

330000－1705－0014454　續2815、續3023
集部/別集類/清別集

陸善泉先生遺稿十卷 （清）陸灝撰　清光緒
二十一年(1895)刻本　二冊　存四卷(聊自
存草三至四、唾餘漫鈔一至二)

330000－1705－0014455　續2882　集部/別
集類/清別集

紫石山人詩鈔一卷紫石山人詩集一卷 （清）
胡有槎撰　稿本　一冊

330000－1705－0014457　續2899　集部/別
集類/清別集

復莊駢儷文榷二編八卷 （清）姚燮撰　清同
治十三年(1874)刻本　三冊　缺二卷(七至
八)

330000－1705－0014458　續2817　集部/別
集類/清別集

三魚堂文集十二卷外集六卷 （清）陸隴其撰
附錄一卷　清康熙四十年(1701)嘉會堂刻
本　一冊　存四卷(文集一至四)

330000－1705－0014460　續2794　集部/別集類/清別集

深柳堂詩草一卷　（清）吳臺撰　清嘉慶二年（1797）吳臺刻報春園詩集本　一冊

330000－1705－0014461　續2910　集部/別集類/清別集

紅豆村人詩稿十四卷　（清）袁樹撰　清同治五年(1866)三讓睢記刻隨園三十種本　一冊　存四卷(八至十一)

330000－1705－0014462　續2819　類叢部/叢書類/彙編之屬

申報館叢書正集五十七種附錄三種　尊聞閣主編　續集一百四十二種　蔡爾康編　清同治至光緒上海申報館鉛印本　一冊　存一種

330000－1705－0014465　續2885　集部/別集類/清別集

湛園詩稿三卷　（清）姜宸英撰　清嘉慶二十三年(1818)歲寒堂刻本　清馮保瑩、楊逢孫校　三冊

330000－1705－0014466　續2902　類叢部/叢書類/自著之屬

中復堂全集九種附一種　（清）姚瑩撰　清道光刻本　四冊　存一種

330000－1705－0014467　續2865、續2868、續3027、續3217　類叢部/叢書類/彙編之屬

二老閣叢書四十二種　（清）鄭風編　清康熙至嘉慶刻本　十九冊　存二十三種

330000－1705－0014468　續2843　類叢部/叢書類/自著之屬

覆瓿集十三種附一種　（清）張文虎撰　清同治至光緒刻本　一冊　存一種

330000－1705－0014470　續2886　集部/別集類/清別集

葦間詩集五卷　（清）姜宸英撰　清道光四年(1824)葉元墭睿吾樓刻本　六冊

330000－1705－0014471　續2907　集部/別集類/清別集

本朝文讀本不分卷　（清）袁枚撰　清末刻本

三冊

330000－1705－0014472　續2908　集部/別集類/清別集

小倉山房詩集三十一卷補遺一卷附錄一卷　（清）袁枚撰　清刻本　六冊

330000－1705－0014473　續2903　集部/別集類/清別集

存存山館詩草二卷　（清）桂載萬撰　清道光二十七年(1847)刻本　一冊

330000－1705－0014474　續2866　集部/別集類/清別集

得閒山館集□□卷　（清）鄭倍撰　清刻本　一冊　存四卷(一至四)

330000－1705－0014476　續2867　集部/別集類/清別集

書帶草堂詩選十二卷文選二卷　（清）鄭溱撰　清康熙鄭性刻本　五冊

330000－1705－0014477　續2887　集部/別集類/清別集

姜先生全集三十三卷首一卷附錄二卷　（清）姜宸英撰　清光緒十五年(1889)慈谿馮氏毋自欺齋刻本(附錄二卷原缺)　十八冊

330000－1705－0014478　續2692　集部/別集類/明別集

楊忠愍公全集四卷　（明）楊繼盛撰　清光緒二年(1876)王世泭願學堂刻本　二冊

330000－1705－0014479　續2889　集部/別集類/清別集

湛園未定藁六卷　（清）姜宸英撰　清康熙二十年(1681)二老閣刻本　三冊

330000－1705－0014480　續2574　子部/醫家類/診法之屬/其他診法

祝由科六卷　清抄本　六冊

330000－1705－0014481　續2888　集部/別集類/清別集

姜先生全集三十三卷首一卷附錄二卷　（清）姜宸英撰　清光緒十五年(1889)慈谿馮氏毋

自欺齋刻本　十三冊　存二十五卷(九至三十三)

330000－1705－0014482　續2912　集部/別集類/清別集

屍死江湖續耆舊集不分卷　清朱絲欄抄本　一冊

330000－1705－0014483　續2585　子部/宗教類/道教之屬

無題道書不分卷　清抄本　一冊

330000－1705－0014484　續2890　集部/別集類/清別集

湛園未定藁六卷　(清)姜宸英撰　清刻本　五冊

330000－1705－0014485　續2693　集部/別集類/明別集

梨雲館類定袁中郎全集二十四卷　(明)袁宏道撰　明末南雍周文煒刻本　一冊　存三卷(三至五)

330000－1705－0014487　續2891　集部/別集類/清別集

望雲詩稿二集一卷　(清)姜宸蕚撰　清康熙三十年(1691)刻本　一冊

330000－1705－0014488　續2844　集部/別集類/清別集

漁浦草堂詩集四卷補遺一卷詩餘一卷　(清)張道撰　清同治六年(1867)張預刻本　一冊　存四卷(一至四)

330000－1705－0014489　續2959　集部/別集類/清別集

望雲館文稿一卷詩稿一卷　(清)章鋆撰　清光緒十四年(1888)刻本　一冊

330000－1705－0014490　續2913　集部/別集類/清別集

亭林文集六卷餘集一卷　(清)顧炎武撰　清光緒三十二年(1906)俞鍾穎山隱居刻本　一冊　存二卷(文集三至四)

330000－1705－0014491　續2704　集部/別

集類/明別集

塘南王先生友慶堂合稿十四卷　(明)王時槐撰　明刻本　一冊　存一卷(二)

330000－1705－0014492　續2892　集部/總集類/氏族之屬

勾江詩緒　(清)施江濤　(清)董正國等輯　清乾隆二十二年(1757)刻本　一冊　存一種

330000－1705－0014493　續2915　類叢部/叢書類/自著之屬

顧亭林先生遺書十種　(清)顧炎武撰　清蓬瀛閣刻本　鳳初跋　一冊　存四種

330000－1705－0014494　續2845　類叢部/叢書類/彙編之屬

邵武徐氏叢書二十三種　(清)徐榦編　清光緒邵武徐氏刻本　一冊　存一種

330000－1705－0014495　續2914　集部/別集類/清別集

亭林文集六卷餘集一卷　(清)顧炎武撰　清光緒三十二年(1906)俞鍾穎山隱居刻本　三冊　存六卷(文集一至六)

330000－1705－0014496　續2764　集部/別集類/清別集

養雲山館試帖四卷　(清)許球撰　清刻本　三冊　存三卷(二至四)

330000－1705－0014497　續2694　集部/詩文評類/詩評之屬

鐙窗瑣話八卷　(清)于源撰　清道光二十七年(1847)刻本　一冊　存四卷(一至四)

330000－1705－0014498　續2893　集部/別集類/清別集

小眉山館詩稿四卷附酬和詩二卷壽朋集二卷　(清)洪光屋撰　清道光三年(1823)溥泉氏木活字印本　二冊　存四卷(小眉山館詩稿一至四)

330000－1705－0014499　續2928　類叢部/叢書類/自著之屬

煙嶼樓集四種　(清)徐時棟撰　清同治至光緒刻彙印本　四冊　存二種

330000－1705－0014500　續2660　類叢部/叢書類/彙編之屬

武英殿聚珍版書一百三十八種　清乾隆四十二年(1777)福建刻道光增刻本　一冊　存一種

330000－1705－0014503　續2761　集部/別集類/清別集

眉厓文集二卷　（清）湯家衡撰　清刻本　一冊

330000－1705－0014504　新3128　類叢部/叢書類/彙編之屬

文選樓叢書三十三種　（清）阮亨編　清嘉慶至道光阮元刻道光二十二年(1842)阮亨彙印本　一冊　存一種

330000－1705－0014505　續2759　集部/別集類/清別集

歸硯齋詩存四卷文存一卷　（清）朱瑋撰　清刻本　一冊　缺三卷(詩存一至三)

330000－1705－0014506　續1460　史部/傳記類/科舉錄之屬

墨穎懷新不分卷　（清）吳鳳藻等撰　清刻本　一冊

330000－1705－0014507　續2695、續2696、續2697、續2698、續2699　類叢部/叢書類/自著之屬

西堂全集　（清）尤侗撰　清刻本　二冊　存三種

330000－1705－0014508　續2895　類叢部/叢書類/彙編之屬

古棠書屋叢書十八種　（清）孫澍　（清）孫鎮編　清道光鵝溪孫氏刻本　一冊　存一種

330000－1705－0014509　續2925　集部/別集類/清別集

甘泉鄉人稿二十四卷　（清）錢泰吉撰　**年譜一卷**　（清）錢應溥撰　清同治十一年(1872)刻本　四冊　存二十一卷(一至六、十至二十四)

330000－1705－0014510　續2923　集部/別

集類/清別集

錢牧齋尺牘三卷補遺一卷　（清）錢謙益撰　清末上海商務印書館鉛印本　一冊　存一卷(中)

330000－1705－0014511　續2956　類叢部/叢書類/自著之屬

章氏遺書二種　（清）章學誠撰　清道光十二年至十三年(1832－1833)章華紱刻浙江書局補刻本　一冊　存一種

330000－1705－0014512　續2957　類叢部/叢書類/自著之屬

章氏遺書二種　（清）章學誠撰　清道光十二年至十三年(1832－1833)章華紱刻浙江書局補刻本　四冊　存九卷(校讎通義一至三、文史通義三至八)

330000－1705－0014513　續2911　類叢部/叢書類/彙編之屬

漸西村舍彙刊(漸西村舍叢刻)四十四種　（清）袁昶編　清光緒十六年至二十四年(1890－1898)桐廬袁氏刻本　二冊　存一種

330000－1705－0014514　續2869　集部/別集類/清別集

淨土詩一卷陶雲閣隨薰一卷掩關偶言一卷拾遺一卷　（清）釋湛碧撰　清刻本　一冊

330000－1705－0014515　續2924　集部/總集類/郡邑之屬

甬上耆舊詩不分卷　（清）胡文學　（清）李鄴嗣輯　清抄本　一冊

330000－1705－0014516　續2847、續2848、續2849　集部/別集類/清別集

道古堂文集四十六卷詩集二十六卷　（清）杭世駿撰　清乾隆刻本　四冊　存十一卷(文集十七至十九、詩集十至十七)

330000－1705－0014518　續2916　集部/別集類/清別集

錢牧齋尺牘三卷　（清）錢謙益撰　清羣玉山房刻本　三冊

330000－1705－0014519　續2922　集部/別

集類/漢魏六朝別集

庚子山集十六卷總釋一卷 （北周）庾信撰
（清）倪璠注 **年譜一卷** （清）倪璠撰　清刻
本　一冊　存一卷（十三）

330000－1705－0014520　續2870　類叢部/
叢書類/自著之屬

中山集（中山郝中丞全集）四種 （清）郝浴撰
　清康熙刻本　一冊　存一種

330000－1705－0014521　續2846　類叢部/
叢書類/自著之屬

杭大宗七種叢書 （清）杭世駿撰　清光緒十
年（1884）上海同文書局石印本　二冊　存
二種

330000－1705－0014522　續2871　集部/別
集類/清別集

敬業堂詩續集六卷 （清）查慎行撰　清乾隆
查學、查開刻本　一冊　存三卷（一至三）

330000－1705－0014524　續2962　集部/別
集類/清別集

是程堂初集四卷 （清）屠倬撰　清嘉慶九年
（1804）刻本　一冊

330000－1705－0014525　續2896　類叢部/
叢書類/自著之屬

惜抱軒全集十種 （清）姚鼐撰　清嘉慶至道
光刻本　二冊　存三種

330000－1705－0014526　續2872、續2873
集部/別集類/清別集

敬業堂詩集四十八卷 （清）查慎行撰　清康
熙五十八年（1719）刻本　二冊　存九卷（十
三至十六、二十六至三十）

330000－1705－0014527　續2897　集部/別
集類/清別集

惜抱先生尺牘八卷 （清）姚鼐撰　清道光三
年（1823）郭汝聰刻本　清白熙彥跋　四冊

330000－1705－0014529　續2963　類叢部/
叢書類/彙編之屬

式訓堂叢書四十一種 （清）章壽康編　清光
緒會稽章氏刻本　一冊　存一種

330000－1705－0014530　續2958　集部/別
集類/清別集

望雲館文稿一卷詩稿一卷 （清）章鋆撰　清
光緒十四年（1888）刻本　一冊

330000－1705－0014531　續2919　集部/別
集類/清別集

頤素堂詩鈔六卷附題詞一卷 （清）顧祿撰
　清道光五年（1825）蘇州刻本　一冊

330000－1705－0014532　續2879　集部/別
集類/清別集

胡文忠公遺集八十六卷首一卷 （清）胡林翼
撰　（清）鄭敦謹　（清）曾國荃輯　（清）胡
鳳丹重編　清光緒二十七年（1901）上海圖書
集成印書局石印本　八冊

330000－1705－0014533　續2880　集部/別
集類/清別集

五石瓠齋遺稿二卷 （清）胡世敦撰　清同治
十一年（1872）涇縣丹谿胡文珍刻本　一冊

330000－1705－0014534　續2964　集部/別
集類/清別集

**小謨觴館詩集八卷詩餘一卷詩續集二卷文集
四卷文續集二卷** （清）彭兆蓀撰　清嘉慶十
一年（1806）韓江寓舍刻本　二冊　存五卷
（詩集一至三、詩續集一至二）

330000－1705－0014535　續2853　集部/別
集類/清別集

**漁洋山人精華錄箋注十二卷補一卷附年譜一
卷** （清）王士禎撰　（清）金榮箋注　（清）
徐淮纂輯　清康熙五十一年（1712）鳳翎堂刻
本　三冊　存八卷（二至三、八至十二，補注）

330000－1705－0014536　續2965　集部/別
集類/宋別集

曾文定公全集二十卷首一卷末一卷 （宋）曾
鞏撰　清刻本　一冊　存一卷（二十）

330000－1705－0014537　續2942　集部/別
集類/清別集

曼志堂遺稿二卷 （清）曹壽銘撰　清同治九
年（1870）甬上鐵耕齋刻本　一冊

330000－1705－0014538　續 2947　類叢部/叢書類/自著之屬

留書種閣集九種　（清）黃炳垕撰　清同治六年至光緒二十年(1867－1894)餘姚黃氏留書種閣刻本　一冊　存一種

330000－1705－0014539　續 2981　類叢部/叢書類/自著之屬

曾文正公四種　（清）曾國藩撰　清光緒三十一年(1905)上海商務印書館鉛印本　二冊　存一種

330000－1705－0014540　續 2930　集部/別集類/唐五代別集

讀杜心解六卷首二卷　（清）浦起龍撰　清雍正二年至三年(1724－1725)前澗浦氏寧我齋刻本　二冊　存三卷(四至六)

330000－1705－0014541　續 2931　集部/詞類/別集之屬

懊儂詞一卷屑玉詞一卷擊缶詞二卷委宛詞一卷　（清）郭鍾岳撰　清光緒十二年至二十年(1886－1894)郭鍾岳和天倪齋刻本　一冊　存二卷(屑玉詞、委宛詞)

330000－1705－0014542　續 2973　類叢部/叢書類/自著之屬

魯氏遺著四種附二種　（清）魯一同撰　清咸豐山陽魯氏刻本　二冊　存一種

330000－1705－0014543　續 2933　集部/別集類/清別集

陶文毅公全集六十四卷首一卷末一卷　（清）陶澍撰　清刻本　四冊　存十四卷(三十一至三十四、八至十、三十七至三十八、四十至四十四)

330000－1705－0014544　續 2982　類叢部/叢書類/自著之屬

曾文正公全集十六種　（清）曾國藩撰　清光緒十四年(1888)上海鴻文書局鉛印本　五冊　存二種

330000－1705－0014545　續 2966　集部/別集類/清別集

測海集六卷　（清）彭紹升撰　清同治四年(1865)長洲彭恩高等刻本　一冊　存三卷(四至六)

330000－1705－0014546　續 2967　集部/別集類/清別集

六一山房詩集十卷　（清）董沛撰　清同治十三年(1874)刻本　二冊

330000－1705－0014547　續 2983　子部/儒家類/儒學之屬/禮教/家訓

曾文正公家訓二卷　（清）曾國藩撰　清鉛印本　一冊　存一卷(上)

330000－1705－0014548　續 3011　集部/別集類/清別集

林阜間集十三卷　（清）潘諮撰　清道光十六年(1836)京師廠肆刻本　三冊　缺四卷(古今體詩五至六、常語一至二)

330000－1705－0014549　續 2984　子部/儒家類/儒學之屬/禮教/家訓

曾文正公家訓二卷　（清）曾國藩撰　清鉛印本　一冊

330000－1705－0014551　續 3012　類叢部/叢書類/自著之屬

庸庵全集七種　（清）薛福成撰　清光緒十年至二十四年(1884－1898)無錫薛氏刻本　四冊　存一種

330000－1705－0014553　續 2991　類叢部/叢書類/自著之屬

曾文正公全集十五種　（清）曾國藩撰　清同治至光緒傳忠書局刻本　十七冊　存一種

330000－1705－0014555　續 2961　集部/別集類/清別集

紫藤館詩鈔一卷　（清）梁九圖撰　清道光二十五年(1845)順德梁氏紫藤館刻本　清馮際盛題記　一冊

330000－1705－0014556　續 2856　集部/別集類/清別集

犢山文稿不分卷　（清）周鎬撰　清光緒十八年(1892)學庫山房刻本　一冊

330000－1705－0014557　續3013　集部/別集類/清別集

古微堂文集十卷　（清）魏源撰　（清）黃象離輯　清宣統元年(1909)上海國學扶輪社鉛印本　一冊　存一卷(八)

330000－1705－0014558　續2970　類叢部/叢書類/彙編之屬

問影樓叢刻初編　胡思敬編　清光緒三十四年至民國二年(1908－1913)新昌胡氏南昌刻本暨鉛印本　一冊　存一種

330000－1705－0014559　續2986、續2988　類叢部/叢書類/自著之屬

曾文正公集　（清）曾國藩撰　清同治十三年(1874)傳忠書局刻本　四冊　存二種

330000－1705－0014560　續3014、續3015　集部/總集類/氏族之屬

寧都三魏全集八十三卷　（清）林時益編　清康熙易堂刻本　二冊　存二種

330000－1705－0014561　續2851　集部/別集類/清別集

浣仙詩草一卷焚餘草存一卷　（清）范薇撰　清光緒刻本　一冊

330000－1705－0014563　續2971　集部/別集類/清別集

有懷堂詩藁六卷文藁二十二卷　（清）韓菼撰　清刻本　一冊　存三卷(文藁十六至十八)

330000－1705－0014564　續2850　類叢部/叢書類/自著之屬

林文忠公遺集四種　（清）林則徐撰　清光緒三山林氏刻本　一冊　存二種

330000－1705－0014565　續2989　集部/別集類/清別集

曾文正公文鈔四卷附刻一卷　（清）曾國藩撰　清同治十一年(1872)蘇郡刻本　一冊　存一卷(四)

330000－1705－0014566　續2992　史部/傳記類/別傳之屬/事狀

曾文正公榮哀錄一卷　清光緒十三年(1887)鴻文書局鉛印本　一冊

330000－1705－0014567　續2987　集部/別集類/清別集

曾文正公文集三卷詩集三卷　（清）曾國藩撰　清宣統元年(1909)上海著易堂書局鉛印本　二冊

330000－1705－0014568　續2972　集部/別集類/清別集

蜜梅花館詩錄一卷文錄一卷　（清）焦廷琥撰　清刻本　一冊

330000－1705－0014569　續3021　集部/別集類/清別集

詩賦遺稿不分卷附臥雲樓賦艸不分卷　（清）芷谷撰　清抄本　清陳珍、清文楨題記　一冊

330000－1705－0014570　續2993　類叢部/叢書類/自著之屬

曾惠敏公全集四種　（清）曾紀澤撰　清光緒石印本　一冊　存一種

330000－1705－0014572　續2950　類叢部/叢書類/自著之屬

微居遺書十一種　（清）黃式三撰　清同治至光緒刻本　一冊　存一種

330000－1705－0014573　續3024　集部/別集類/清別集

無名詩選不分卷　清抄本　一冊

330000－1705－0014574　續3016　集部/別集類/清別集

奕載堂文集一卷　（清）瞿中溶撰　清道光二十一年(1841)刻本　一冊

330000－1705－0014577　續2994　類叢部/叢書類/自著之屬

曾惠敏公全集四種　（清）曾紀澤撰　清光緒石印本　一冊　存一種

330000－1705－0014578　續3025　集部/別集類/元別集

無名氏詩鈔不分卷　抄本　一冊

330000－1705－0014579　續 2852　集部/總集類/選集之屬/斷代

宋四名家詩 （清）周之鱗 （清）柴升編　清刻本　一冊　存四卷（石湖先生詩鈔五言古、七言古、五言律、七言律）

330000－1705－0014580　續 2974　集部/詞類/別集之屬

竹石居詞草一卷川雲集一卷 （清）童華撰　清光緒十三年（1887）刻本　一冊

330000－1705－0014581　續 2994－1　類叢部/叢書類/自著之屬

曾惠敏公全集四種 （清）曾紀澤撰　清光緒石印本　一冊　存一種

330000－1705－0014582　續 2995　集部/別集類/清別集

候濤山房吟草十二卷 （清）謝佑琦撰　清道光二十二年（1842）四川洪雅縣署刻本　三冊　存九卷（一至九）

330000－1705－0014583　續 2975　集部/詞類/別集之屬

竹石居詞草一卷川雲集一卷 （清）童華撰　清光緒十三年（1887）刻本　一冊

330000－1705－0014585　續 2976　集部/詞類/別集之屬

竹石居詞草一卷川雲集一卷 （清）童華撰　清光緒十三年（1887）刻本　一冊

330000－1705－0014587　續 2944　集部/別集類/宋別集

黃山谷尺牘十卷 （宋）黃庭堅撰　清光緒三十四年（1908）上海掃葉山房石印本　一冊　存三卷（五至七）

330000－1705－0014588　續 2996　集部/別集類/清別集

天愚山人詩集十二卷文集十六卷 （清）謝泰宗撰　附錄一卷 （清）吳偉業撰　清光緒六年（1880）謝駿德靈蕤館刻本　五冊　存二十五卷（詩集一至十二，文集一至四、九至十六，附錄）

330000－1705－0014589　續 3028　集部/別集類/清別集

詩集不分卷 （清）□□撰　抄本　一冊

330000－1705－0014590　續 2977、續 2978、續 2979　類叢部/叢書類/自著之屬

今白華堂集六種附一種 （清）童槐撰　清同治刻本　六冊　存三種

330000－1705－0014591　續 3029　子部/雜著類/雜說之屬

午日賀各憲稟等不分卷　抄本　一冊

330000－1705－0014592　續 2948　集部/總集類/氏族之屬

黃氏家集初編六種 （清）黃家鼎輯　清光緒十七年（1891）四明黃氏補不足齋刻本　二冊　存一種

330000－1705－0014593　續 3030　集部/別集類/清別集

退思軒吟草一卷　清抄本　一冊

330000－1705－0014595　續 2997　集部/別集類/清別集

橫山詩文鈔二十四卷 （清）裴璉撰　清康熙裴氏絳雲居刻雍正增刻本　清王定祥批並跋　六冊

330000－1705－0014596　續 2857　集部/別集類/清別集

賜書堂詩鈔八卷 （清）周長發撰　清乾隆刻本　一冊　存二卷（五至六）

330000－1705－0014597　續 2855　集部/別集類/清別集

春酒堂文集一卷 （清）周容撰　清宣統二年（1910）上海國學扶輪社鉛印本　一冊

330000－1705－0014605　續 2937　集部/別集類/清別集

定盦文集三卷補二卷續錄一卷續集四卷文集補編四卷 （清）龔自珍撰　清刻本　一冊　存二卷（補一至二）

330000－1705－0014607　續 2858　集部/別

集類/清別集

臥陶軒集十八卷 （清）周駿發撰 清嘉慶七
年(1802)刻本 三冊 存十一卷(一至十一)

330000 – 1705 – 0014613 續 3020 集部/別
集類/清別集

嚼梅吟二卷 （清）釋敬安撰 清光緒七年
(1881)四明刻本 一冊

330000 – 1705 – 0014615 續 2941 集部/別
集類/清別集

香雪文鈔十二卷 （清）曹學詩撰 清刻本
一冊 存一卷(七)

330000 – 1705 – 0014616 續 3017 集部/總
集類/郡邑之屬

焦山六上人詩 （清）釋聖教撰 陳任暘輯
清道光九年(1829)、光緒三十二年(1906)刻
本 一冊 存一種

330000 – 1705 – 0014617 續 2934 類叢部/
叢書類/自著之屬

戚鶴泉所著書十一種 （清）戚學標撰 清乾
隆至嘉慶刻本 一冊 存一種

330000 – 1705 – 0014618 續 2939 集部/別
集類/清別集

薇花吟館詩存四卷 （清）龔顯曾撰 清光緒
七年(1881)甬上刻本 二冊

330000 – 1705 – 0014623 續 2859 集部/別
集類/宋別集

方泉先生詩集三卷 （宋）周文璞撰 清宣統
元年(1909)上海國光社石印本 一冊

330000 – 1705 – 0014624 續 2998 集部/別
集類/清別集

鹿洲初集二十卷 （清）藍鼎元撰 （清）曠敏
本評 清刻本 六冊 存十三卷(二至八、十
三至十四、十七至二十)

330000 – 1705 – 0014626 續 2860 子部/雜
著類/雜說之屬

因樹屋書影十卷 （清）周亮工撰 清末士林
精舍石印本 一冊 存一卷(一)

330000 – 1705 – 0014629 續 2999 集部/別
集類/清別集

道腴堂詩編二十卷 （清）鮑鉁撰 清乾隆刻
本 一冊 存五卷(十一至十五)

330000 – 1705 – 0014633 續 3019 史部/地
理類/遊記之屬/紀行

凝香室鴻雪因緣圖記三集六卷 （清）完顏麟
慶撰 清道光十八年至二十一年(1838 –
1841)雲蔭堂刻本 二冊

330000 – 1705 – 0014638 續 3000 集部/別
集類/清別集

訒齋文鈔二卷詩鈔一卷手札四卷附錄一卷
(清)褚維垕撰 清光緒二十七年(1901)刻本
一冊 存二卷(文鈔一至二)

330000 – 1705 – 0014640 續 2861 集部/別
集類/清別集

南谿偶刊三種 （清）鄭性撰 清乾隆七年
(1742)刻本 五冊

330000 – 1705 – 0014646 續 2932 類叢部/
叢書類/彙編之屬

榆園叢刻十五種附一種 （清）許增編 清同
治至光緒刻本 一冊 存二種

330000 – 1705 – 0014647 續 3130 類叢部/
類書類/專類之屬

重編留青新集二十四卷 （清）馮善長輯 清
光緒十六年(1890)上海鉛印本 十四冊 存
十九卷(三至二十一)

330000 – 1705 – 0014649 續 3096 集部/別
集類/清別集

水竹居賦註釋不分卷 （清）盛觀潮撰 清咸
豐十年(1860)刻本 二冊

330000 – 1705 – 0014654 續 3131 集部/總
集類/選集之屬/通代

御定歷代賦彙一百四十卷外集二十卷逸句二
卷補遺二十二卷目錄三卷 （清）陳元龍輯
清石印本 一冊 存十三卷(五十二至六十
四)

330000 – 1705 – 0014662 續 3098 集部/別

集類/清別集

十二種蘭亭精舍詩集十卷附潞河漁唱一卷
（清）陳元祿撰　（清）孫衣言等點定　清光緒
十四年（1888）刻本　一冊　缺六卷（一至六）

330000－1705－0014663　續3002　集部/別
集類/明別集

蔡文莊公集八卷艾庵密箴一卷河洛私見一卷
太極圖說一卷　（明）蔡清撰　（清）徐居敬編
　清乾隆七年（1742）泉州蔡廷槐遜敏齋刻本
　一冊　存一卷（一）

330000－1705－0014664　續3099　集部/別
集類/清別集

太鶴山人集十三卷　（清）端木國瑚撰　清嘉
慶十三年（1808）瑞安洪坤刻本　二冊　存四
卷（七至十）

330000－1705－0014666　續3177　集部/別
集類/清別集

古名篇鈔不分卷　清抄本　一冊

330000－1705－0014667　續2967－1　集部/
別集類/清別集

六一山房續集十卷　（清）董沛撰　清光緒五
年（1879）刻十年（1884）增刻本　二冊

330000－1705－0014668　續3003　集部/別
集類/清別集

因寄軒文初集十卷二集六卷補遺一卷　（清）
管同撰　坿刻小異遺文一卷　（清）管嗣復撰
　清光緒五年（1879）顧雲等刻九年（1883）補
刻本　一冊　存三卷（二集五至六、坿刻小異
遺文）

330000－1705－0014669　續3157、續3158
集部/總集類/選集之屬/通代

古文辭類纂七十四卷　（清）姚鼐輯　續古文
辭類纂三十四卷　王先謙輯　清光緒三十三
年（1907）上海商務印書館鉛印本　十一冊

330000－1705－0014670　續3132、續3133
集部/總集類/選集之屬/通代

文選六十卷　（南朝梁）蕭統輯　（唐）李善注
　文選考異十卷　（清）胡克家撰　清上海會

文堂新記書局石印本　二冊　存八卷（一至
四、二十一至二十四）

330000－1705－0014671　續3169　集部/總
集類/選集之屬/通代

連元閣重訂古文釋義新編八卷　（清）余誠評
注　清嘉慶五年（1800）連元閣刻本　一冊
存二卷（五至六）

330000－1705－0014672　續3159　集部/總
集類/選集之屬/通代

古文辭類纂七十四卷　（清）姚鼐輯　續古文
辭類纂三十四卷　王先謙輯　清光緒三十三
年（1907）上海商務印書館鉛印本　八冊　存
七十四卷（古文辭類纂一至七十四）

330000－1705－0014673　續3150　集部/總
集類/選集之屬/通代

古文觀止十二卷　（清）吳乘權　（清）吳大職
輯　清同治十三年（1874）寧郡汲綆齋刻本
六冊

330000－1705－0014674　續2926　集部/別
集類/清別集

衍石齋記事藁十卷續藁十卷刻楮集四卷旅逸
小藁二卷　（清）錢儀吉撰　清光緒六年
（1880）刻本　一冊　存四卷（刻楮集一至四）

330000－1705－0014675　續3005　集部/別
集類/清別集

因寄軒文初集十卷二集六卷補遺一卷　（清）
管同撰　坿刻小異遺文一卷　（清）管嗣復撰
　清光緒五年（1879）顧雲等刻本　三冊　存
十四卷（一至十、二集一至四）

330000－1705－0014677　續3004　集部/別
集類/清別集

因寄軒文初集十卷二集六卷補遺一卷　（清）
管同撰　坿刻小異遺文一卷　（清）管嗣復撰
　清光緒五年（1879）顧雲等刻本　四冊

330000－1705－0014679　續3161　集部/總
集類/選集之屬/通代

古文辭類纂七十四卷　（清）姚鼐輯　續古文
辭類纂三十四卷　王先謙輯　清末上海商務

印書館鉛印本　二冊　存二十卷(古文辭類纂十一至三十)

330000－1705－0014680　續3134　集部/總集類/選集之屬/通代

文選六十卷　（南朝梁）蕭統輯　（唐）李善注
文選考異十卷　（清）胡克家撰　清宣統三年(1911)上海會文堂粹記石印本　十六冊

330000－1705－0014683　續3104　集部/別集類/清別集

硯壽堂詩鈔八卷詩續鈔二卷詩餘一卷　（清）吳存楷撰　清嘉慶二十三年(1818)姑孰縣齋刻道光三年(1823)吳春燾增刻本　一冊　存四卷(詩鈔七至八、續鈔一至二)

330000－1705－0014686　續3135　集部/總集類/選集之屬/通代

文選六十卷　（南朝梁）蕭統輯　（唐）李善注（清）何焯評　清羊城翰墨園刻朱墨套印本　十二冊

330000－1705－0014687　續3147　集部/總集類/選集之屬/通代

古文觀止十二卷　（清）吳乘權　（清）吳大職輯　清嘉慶二十年(1815)蔡照樓刻本　六冊

330000－1705－0014688　續3163、續3164、續3165　集部/總集類/選集之屬/通代

古文淵鑒六十四卷　（清）徐乾學等輯注　清康熙四十九年(1710)內府刻四色套印本　三冊　存七卷(十至十一、四十四至四十五、六十二至六十四)

330000－1705－0014689　續3105　集部/別集類/清別集

是亦軒詩稿六卷　（清）魏繼相撰　清刻本　一冊

330000－1705－0014693　續3142　集部/總集類/選集之屬/通代

古文觀止十二卷　（清）吳乘權　（清）吳大職輯　清同治十三年(1874)寧郡汲綆齋刻本　一冊

330000－1705－0014694　續3167、續3168

集部/總集類/選集之屬/通代

古文詞畧二十四卷　（清）梅曾亮輯　清同治六年(1867)合肥李氏刻本　二冊　存六卷(一至六)

330000－1705－0014695　續3107　集部/別集類/清別集

槐蔭書屋試藝不分卷　清刻本　一冊

330000－1705－0014696　續3007　集部/總集類/選集之屬/通代

古文辭類纂七十四卷　（清）姚鼐輯　**續古文辭類纂三十四卷**　王先謙輯　清末上海商務印書館鉛印本　一冊　存十一卷(續古文辭類纂二十四至三十四)

330000－1705－0014700　續3136　集部/總集類/選集之屬/通代

文選六十卷　（南朝梁）蕭統輯　（唐）李善（唐）呂延濟　（唐）劉良　（唐）張銑　（唐）呂向　（唐）李周翰注　清乾隆三十三年(1768)雲林周氏光霽堂刻本　十二冊

330000－1705－0014701　續3143　集部/總集類/選集之屬/通代

古文觀止十二卷　（清）吳乘權　（清）吳大職輯　清浙寧汲綆齋刻本　六冊

330000－1705－0014702　續3174　類叢部/叢書類/自著之屬

曾文正公全集十五種　（清）曾國藩撰　清同治至光緒傳忠書局刻本　二十四冊　存一種

330000－1705－0014704　續3148　集部/總集類/選集之屬/通代

古文觀止十二卷　（清）吳乘權　（清）吳大職輯　清簡香齋刻本　一冊　存二卷(十一至十二)

330000－1705－0014705　續3111　集部/別集類/清別集

桑寄生齋試帖□□卷　（清）王蘇撰　清刻本　一冊　存二卷(六至七)

330000－1705－0014707　續3008　集部/總集類/選集之屬/通代

古文辭類纂十五卷 （清）姚鼐輯 **續古文辭類纂十卷** 王先謙輯 清光緒二十年（1894）上海圖書集成印書局鉛印本 四冊 存十卷（續古文辭類纂一至十）

330000－1705－0014709 續3187 集部/別集類/清別集

呂純陽先生編年詩集十卷 （清）李涵虛編 清刻本 三冊 存九卷（二至十）

330000－1705－0014710 續3179 集部/總集類/選集之屬/通代

宋元明詩三百首六卷摘句一卷 （清）朱梓 （清）冷昌言輯 清咸豐三年（1853）虞山顧氏家塾刻本 清周潔年題記 一冊

330000－1705－0014711 續3149 集部/總集類/選集之屬/通代

裕文堂古文觀止十二卷 （清）吳留村鑒定 （清）吳乘權 （清）吳大職手錄 清刻本 一冊 存二卷（十一至十二）

330000－1705－0014712 續3076 類叢部/叢書類/自著之屬

觀古堂所著書二十種 葉德輝編 清光緒長沙葉氏刻本 二冊 存四種

330000－1705－0014713 續3009 集部/總集類/選集之屬/通代

古文辭類纂十五卷 （清）姚鼐輯 **續古文辭類纂十卷** 王先謙輯 清光緒二十年（1894）上海圖書集成印書局鉛印本 四冊 存十卷（續古文辭類纂一至十）

330000－1705－0014715 續3109 集部/別集類/清別集

謷文書屋集畧八卷 （清）潘相撰 清刻本 一冊 存二卷（一至二）

330000－1705－0014716 續3010 史部/政書類/公牘檔冊之屬

樊山公牘三卷批判十四卷續集十九卷 樊增祥撰 清光緒二十三年（1897）刻本 一冊 存二卷（批判一至二）

330000－1705－0014717 續3189、續3190 集部/總集類/選集之屬/通代

御選唐宋詩醇四十七卷目錄二卷 （清）高宗弘曆輯 清刻本 六冊 存十五卷（目錄一至二，一至六、九至十、三十六至三十八、四十四至四十五）

330000－1705－0014718 續3139 集部/總集類/選集之屬/通代

文選章句二十八卷 （明）陳與郊撰 明刻本 一冊 存二卷（十九至二十）

330000－1705－0014719 續3180、續3181 集部/總集類/選集之屬/通代

佩文齋詠物詩選四百八十六卷 （清）汪霦等輯 清康熙四十六年（1707）內府刻本 六十二冊

330000－1705－0014721 續3112 集部/別集類/清別集

林蕙堂全集二十六卷 （清）吳綺撰 清乾隆四十一年（1776）衰白堂刻本 一冊 存二卷（亭皋詩鈔一至二）

330000－1705－0014727 續3191 集部/總集類/選集之屬/通代

唐宋八家文讀本三十卷 （清）沈德潛輯 清刻本 七冊 存十九卷（七至十四、十七至二十四、二十八至三十）

330000－1705－0014728 續3141 集部/總集類/選集之屬/通代

文選六十卷 （南朝梁）蕭統輯 （唐）李善注 明刻本 二冊 存四卷（十五至十六、二十三至二十四）

330000－1705－0014730 續3182、續3184 集部/總集類/選集之屬/通代

歷朝應制詩選十卷 （清）吳汶 （清）吳英輯 清文彙堂刻本 二冊 缺二卷（一至二）

330000－1705－0014732 續3192 集部/總集類/選集之屬/通代

駢體文鈔三十一卷 （清）李兆洛輯 清道光元年（1821）合河康氏家塾刻本 一冊 存三卷（三至五）

330000－1705－0014733　續 3178　集部/總集類/選集之屬/通代

御定歷代題畫詩類一百二十卷　（清）陳邦彥輯　清康熙四十六年(1707)內府刻本　二冊　存十一卷(三十七至四十七)

330000－1705－0014734　續 3212　集部/詩文評類/詩評之屬

藝苑名言八卷首一卷　（清）蔣瀾撰　清刻本　一冊　存二卷(三至四)

330000－1705－0014735　續 3110　集部/別集類/清別集

通藝堂詩錄一卷庚子雜詩序一卷陶墓塘阡表一卷　（清）陶濬宣撰　清光緒刻本　一冊

330000－1705－0014736　續 3172　集部/總集類/選集之屬/通代

詩鈔不分卷　（清）□□編　清抄本　一冊

330000－1705－0014737　續 3195　集部/總集類/選集之屬/通代

增廣賦海大全□□卷　清石印本　二冊　存五卷(四至五、二十四至二十六)

330000－1705－0014738　續 3263　集部/總集類/選集之屬/斷代

文粹一百卷　（宋）姚鉉輯　**補遺二十六卷**（清）郭麐輯　清光緒十六年(1890)杭州許增榆園刻本　二十四冊

330000－1705－0014739　續 3196　集部/總集類/選集之屬/斷代

賦選不分卷　清刻本　一冊

330000－1705－0014741　續 3193、續 3194　集部/總集類/選集之屬/斷代

湖海文傳七十五卷　（清）王昶輯　清道光十七年(1837)經訓堂刻同治五年(1866)印本　二冊　存五卷(一、二十八至三十一)

330000－1705－0014742　續 3115　集部/別集類/清別集

八指頭陀詩集十卷補遺一卷詞一卷雜文一卷（清）釋敬安撰　清光緒二十四年(1898)陳三立、葉德輝遞刻本　一冊　缺五卷(詩集一至五)

330000－1705－0014744　續 3116　集部/總集類/郡邑之屬

蛟川先正文存二十卷補遺一卷　（清）陳繼聰編　清光緒八年(1882)刻本　一冊　存二卷(五至六)

330000－1705－0014745　續 3197　集部/總集類/選集之屬/通代

頤典齋賦讀本不分卷　（清）許耀編　清咸豐元年(1851)許耀刻本　一冊

330000－1705－0014748　續 3183　集部/總集類/選集之屬/通代

樂府詩集一百卷目錄二卷　（宋）郭茂倩輯　清刻本　一冊　存三卷(十八至二十)

330000－1705－0014749　續 3266　集部/總集類/選集之屬/斷代

金詩選四卷　（清）顧奎光輯　（清）陶玉禾評　清乾隆十六年(1751)刻本　二冊

330000－1705－0014755　續 3185　集部/總集類/選集之屬/通代

詩歸五十一卷(古詩歸十五卷唐詩歸三十六卷)　（明）鍾惺　（明）譚元春輯　清刻本　一冊　存四卷(古詩歸三至六)

330000－1705－0014757　續 3265　集部/總集類/選集之屬/斷代

南宋羣賢小集　（宋）陳起編　（清）顧修重輯　清嘉慶六年(1801)石門顧氏讀畫齋刻本　一冊　存一種

330000－1705－0014761　續 3118　集部/別集類/清別集

巢枝草二卷　（清）王渥撰　清刻本　一冊

330000－1705－0014763　續 3271、續 3272　集部/總集類/選集之屬/斷代

明詩別裁集十二卷　（清）沈德潛　（清）周準輯　清乾隆刻本　四冊

330000－1705－0014764　續 3120　集部/別集類/清別集

香雪山莊詩初集九卷首一卷中集十一卷首一卷 （清）吳文炳撰 清刻本 二冊 存七卷（初集三至九）

330000－1705－0014769 續3273 集部/總集類/氏族之屬

鄮峯草堂內編詩集不分卷鄮峯草堂內編文不分卷族譜攷補錄詩不分卷 清抄本 七冊

330000－1705－0014770 續3186 集部/總集類/選集之屬/通代

詩歸五十一卷（古詩歸十五卷唐詩歸三十六卷） （明）鍾惺 （明）譚元春輯 明刻本 一冊 存四卷（古詩歸八至十一）

330000－1705－0014771 續3125 集部/別集類/清別集

秋槎先生詩稿不分卷 （清）鄭兆龍撰 稿本 一冊

330000－1705－0014773 續3214 集部/別集類/唐五代別集

杜詩詳註二十五卷首一卷附錄二卷 （唐）杜甫撰 （清）仇兆鰲輯注 清康熙刻本 一冊 存一卷（附編一）

330000－1705－0014775 續3176 集部/別集類/清別集

名家詩鈔不分卷 清抄本 一冊

330000－1705－0014777 續3274 集部/總集類/郡邑之屬

廣中四杰詩選□□卷 清抄本 一冊 存一卷（汪右丞詩集）

330000－1705－0014778 續3206 類叢部/叢書類/自著之屬

曾文正公全集十六種 （清）曾國藩撰 清同治至光緒傳忠書局刻本 一冊 存一種

330000－1705－0014779 續3210 集部/總集類/選集之屬/通代

斯文精萃不分卷 （清）尹繼善輯 清乾隆二十九年（1764）刻本 一冊

330000－1705－0014781 續3267 集部/總

集類/選集之屬/斷代

御訂全金詩增補中州集七十二卷首二卷 （金）元好問輯 （清）郭元釪補輯 清康熙刻本 一冊 存一卷（二十二）

330000－1705－0014782 續3215 集部/總集類/選集之屬/通代

春雨樓訓蒙百首詩一卷 （清）董秉純注釋 清董承僖刻本 一冊

330000－1705－0014784 續3216 集部/總集類/郡邑之屬

重訂昭陽扶雅集六卷 （清）徐幹編輯 清光緒八年（1882）邵武徐氏刻本 五冊 缺一卷（一）

330000－1705－0014787 續3276 集部/總集類/郡邑之屬

國朝杭郡詩輯三十二卷姓氏韻編一卷 （清）吳顥輯 （清）吳振棫重輯 續輯四十六卷姓氏韻編一卷 （清）吳振棫輯 清刻本 四冊 存七卷（續輯三十七至四十三）

330000－1705－0014789 續3287 集部/總集類/選集之屬/斷代

國朝文匯甲前集二十卷甲集六十卷乙集七十卷丙集三十卷丁集二十卷 （清）上海國學扶輪社輯 清宣統元年（1909）上海國學扶輪社石印本 一冊 存二卷（乙集一至二）

330000－1705－0014792 續3268 集部/總集類/選集之屬/斷代

元詩選六卷補遺一卷 （清）顧奎光輯 （清）陶瀚 （清）陶玉禾評 清乾隆十六年（1751）刻本 一冊 存二卷（六、補遺）

330000－1705－0014793 續3129 集部/別集類/明別集

陳臥子先生安雅堂稿十五卷兵垣奏議二卷 （明）陳子龍撰 清宣統元年（1909）上海時中書局鉛印本 一冊 存三卷（三至五）

330000－1705－0014795 續3277 集部/總集類/郡邑之屬

國朝杭郡詩輯十六卷 （清）吳顥輯 清嘉慶

五年(1800)錢塘吳氏守惇堂刻本　一冊　存二卷(七至八)

330000－1705－0014796　續3218　集部/別集類/清別集

樗葊存藁五卷　(清)蔣學鏞撰　清鴻遠書屋抄本　二冊

330000－1705－0014797　續3289　集部/總集類/選集之屬/斷代

國朝六家詩鈔八卷　(清)劉執玉選編　清刻本　三冊　缺二卷(一至二)

330000－1705－0014798　續3301　集部/總集類/選集之屬/斷代

本朝館閣詩二十卷附錄一卷　(清)阮學浩(清)阮學濬輯　**續附錄一卷**　(清)阮芝生(清)阮葵生　(清)曹文埴輯　清乾隆刻本　五冊　存十四卷(一至二、六至十七)

330000－1705－0014799　續3291、續3292　集部/總集類/課藝之屬

四十七科同館詩賦題解十四卷　(清)魏茂林輯　清同治三年(1864)文光書屋刻本　八冊

330000－1705－0014801　續3269　集部/總集類/選集之屬/斷代

元詩選十集一百十卷首一卷　(清)顧嗣立輯　清康熙三十三年(1694)顧氏秀野草堂刻本　二冊

330000－1705－0014803　續3278　集部/總集類/選集之屬/斷代

皇朝經世文編一百二十卷　(清)賀長齡輯　清石印本　一冊　存四卷(五十三至五十六)

330000－1705－0014807　續3279、續3281、續3283　子部/儒家類/儒學之屬/經濟

皇朝經世文新增續編一百二十卷　(清)葛士濬輯　**皇朝經世文新增時務續編四十卷洋務續編八卷**　(清)甘韓輯　清鉛印本　十八冊　存九十八卷(五至七十二、八十四至九十四、一百十一至一百二十、時務二十七至三十五)

330000－1705－0014808　續3293　集部/總

集類/課藝之屬

館律鴛鍼四卷　(清)蔣圻編次　清咸豐四年(1854)埽葉山房刻本　二冊　存二卷(一、四)

330000－1705－0014809　續3257、續3258　集部/總集類/選集之屬/斷代

南宋羣賢小集　(宋)陳起編　(清)顧修重輯　清嘉慶六年(1801)石門顧氏讀畫齋刻本　二冊　存一種

330000－1705－0014810　續3304　集部/總集類/選集之屬/通代

古文眉詮七十九卷首一卷　(清)浦起龍輯　清乾隆九年(1744)蘇州三吳書院刻本　一冊　存三卷(五十七至五十九)

330000－1705－0014812　續3280　集部/總集類/選集之屬/斷代

皇朝經世文新編二十一卷　麥仲華輯　清末石印本　六冊　存八卷(二、六至十、十三、二十)

330000－1705－0014815　續3250　集部/總集類/彙編之屬

韓俞合稿一卷　(清)韓棟　(清)俞樾撰　(清)遜敏軒主人輯　清光緒十九年(1893)鉛印本　一冊

330000－1705－0014822　續3282　集部/總集類/選集之屬/斷代

皇朝經世文統編一百七卷　(清)□潤甫輯　清石印本　七冊　存九十五卷(一至四十三、五十六至一百七)

330000－1705－0014823　續3298、續3299、續3300　史部/傳記類/科舉錄之屬/諸貢錄

江蘇試牘不分卷二集不分卷三集不分卷　清刻本　三冊

330000－1705－0014824　續3213　集部/總集類/彙編之屬

舊雨贈言一卷　(清)□□撰　**雷別小藁一卷**　(清)曹秉鈞撰　**山居藁二卷**　(清)郭毓撰　清嘉慶刻本　一冊　缺一卷(山居藁一)

330000－1705－0014825　續3284　集部/總集類/選集之屬/斷代

皇朝經世文編一百二十卷　（清）賀長齡輯　清鉛印本　十九冊　存九十九卷（十至十九、二十四至四十五、四十九一一百十五）

330000－1705－0014826　續3295、續3296　史部/傳記類/科舉錄之屬

安徽試牘立誠編不分卷　清刻本　二冊

330000－1705－0014827　續3285　集部/總集類/選集之屬/斷代

皇朝經世文編一百二十卷姓名總目二卷　（清）賀長齡輯　清光緒十三年（1887）上海廣百宋齋鉛印本　十六冊　存八十卷（一至五十八、七十四至七十八、九十四至九十八、一百十一至一百二十,姓名總目一至二）

330000－1705－0014828　續3294　集部/總集類/選集之屬/斷代

山左校士錄二卷　（清）徐樹銘輯　清刻本　一冊　存一卷（二）

330000－1705－0014829　續3310　集部/總集類/選集之屬/斷代

賦選不分卷　清刻本　一冊

330000－1705－0014830　續3286　集部/總集類/選集之屬/斷代

國朝駢體正宗十二卷　（清）曾燠輯　清光緒十三年（1887）上海蜚英舘石印本　一冊　存二卷（五至六）

330000－1705－0014831　續3226　集部/總集類/選集之屬/斷代

兩漢策要十二卷　（宋）陶叔獻輯　清光緒十三年（1887）上海同文書局石印本（卷三原缺）　五冊　存七卷（二、四至六、九至十一）

330000－1705－0014833　續3290　集部/總集類/課藝之屬

國朝名文春霆集不分卷　清末雲香閣鉛印本　一冊

330000－1705－0014834　續3224　子部/小說家類/異聞之屬

瓊林霏屑八卷　（清）望海樓主人輯　清光緒三十二年（1906）上海鴻文書局石印本　二冊

330000－1705－0014835　續3305　集部/總集類/課藝之屬

發蒙合編不分卷　清刻本　一冊

330000－1705－0014836　續3324　集部/總集類/課藝之屬

鳴盛齋文鈔不分卷　（清）梁秉年編　清抄本　一冊

330000－1705－0014837　續3536　集部/總集類/選集之屬/通代

三餘堂古文析觀解□□卷　（清）林西仲（清）吳楚材評　清刻本　一冊　存一卷（一）

330000－1705－0014838　續3311　集部/別集類/清別集

文類□□卷　清刻本　一冊　存二卷（三至四）

330000－1705－0014839　續3207　集部/總集類/選集之屬/通代

六朝唐賦讀本不分卷　（清）馬傳庚選注　清刻本　一冊

330000－1705－0014840　續3227　集部/總集類/選集之屬/斷代

兩漢策要十二卷　（宋）陶叔獻輯　清光緒十三年（1887）上海同文書局石印本（卷三原缺）　一冊　存一卷（十一）

330000－1705－0014842　續3323　集部/詩文評類/彙編之屬

游藝塾續文規十八卷　（明）袁黃撰　明刻本　一冊　存四卷（四至七）

330000－1705－0014843　續3208　集部/總集類/選集之屬/通代

七十家賦鈔六卷　（清）張惠言輯　清道光元年（1821）合河康氏刻本　四冊

330000－1705－0014844　續3225　集部/總集類/尺牘之屬

歷代名人小簡續編二卷　吳曾祺輯　清宣統

元年(1909)上海商務印書館鉛印本　一冊
存一卷(上)

330000－1705－0014845　續3325　集部/別
集類/清別集

一樽酒軒詩鈔八卷　(清)涂日燿撰　清刻本
一冊　存二卷(五至六)

330000－1705－0014848　續3327　集部/總
集類/課藝之屬

金鈴集初集四卷二集四卷　(清)張綸編
(清)張維城箋注　清同治九年(1870)刻本
四冊　存四卷(初集一至四)

330000－1705－0014849　續3338　史部/雜
史類/通代之屬

聖駕南巡賦一卷　清刻本　一冊

330000－1705－0014850　續3245　集部/總
集類/選集之屬/斷代

唐賢三昧集三卷　(清)王士禛輯　清乾隆五
十二年(1787)聽雨齋刻朱墨套印本　一冊
存一卷(三)

330000－1705－0014851　續3328　集部/總
集類/課藝之屬

金鈴集十二卷　(清)張綸編　(清)張維城箋
注　清道光刻本　四冊

330000－1705－0014853　續3329　類叢部/
叢書類/自著之屬

治安寄廬叢鈔　稿本　二冊　存二種

330000－1705－0014857　續3350　集部/總
集類/選集之屬/斷代

排律初津四卷　(清)金鳳沼編並注　清同治
八年(1869)刻本　四冊

330000－1705－0014858　續3339　集部/總
集類/選集之屬/斷代

粧樓摘豔十卷　(清)錢三錫輯　清道光十三
年(1833)香雨軒刻本　一冊　存二卷(六至
七)

330000－1705－0014859　續3242　集部/總
集類/選集之屬/斷代

重訂唐詩別裁集二十卷　(清)沈德潛輯　清
教忠堂刻本　一冊　存四卷(十三至十六)

330000－1705－0014863　續3330　集部/別
集類/清別集

壽萱集六卷　(清)姚鳴庭撰　清嘉慶刻本
一冊　存三卷(四至六)

330000－1705－0014864　續3344　集部/別
集類/清別集

**運甓齋文橐六卷文橐續編六卷運甓齋贈言錄
四卷**　(清)陳勘撰　清光緒二十年(1894)刻
本　一冊　存四卷(運甓齋贈言錄一至四)

330000－1705－0014865　續3314　集部/總
集類/選集之屬/斷代

文粹一百卷　(宋)姚鉉輯　**補遺二十六卷**
(清)郭麐輯　清刻本　一冊　存七卷(補遺
二十至二十六)

330000－1705－0014866　續3343　集部/總
集類/彙編之屬

七家詩詳註七卷　(清)張熙宇評選　(清)石
暉甲箋注　清光緒三年(1877)青蓮山房刻朱
墨套印本　七冊　存六種

330000－1705－0014867　續3241　集部/總
集類/選集之屬/斷代

唐詩正音六卷　(元)楊士弘輯　明刻本　一
冊　存四卷(三至六)

330000－1705－0014868　續3234　集部/總
集類/選集之屬/通代

古唐詩合解唐詩十二卷古詩四卷　(清)王堯
衢注　清刻本　一冊　存九卷(唐詩一至四、
八至十二)

330000－1705－0014869　續3318　集部/總
集類/選集之屬/通代

**新註得月樓甲編不分卷乙編不分卷丙編不分
卷丁編不分卷**　(清)張元灝選評　(清)耿覲
文　(清)茅謙箋注　清光緒七年(1881)刻本
八冊

330000－1705－0014870　續3315　集部/總
集類/課藝之屬

［文選不分卷］　清刻本　二冊

330000 – 1705 – 0014871　續 3331　集部/總集類/課藝之屬

詁經精舍三集經解二卷辭賦三卷　（清）俞樾編　清同治六年（1867）刻本　清徐時棟題記　二冊　存三卷（經解一、辭賦一至二）

330000 – 1705 – 0014875　續 3235　集部/總集類/選集之屬/通代

古唐詩合解唐詩十二卷古詩四卷　（清）王堯衢注　清光緒六年（1880）紫文閣刻本　一冊　存七卷（唐詩一至七）

330000 – 1705 – 0014878　續 3346　集部/總集類/選集之屬/斷代

聞鶴軒初盛唐近體讀本十六卷　（清）盧弨（清）王溥輯　清刻本　一冊　存三卷（十二至十四）

330000 – 1705 – 0014879　續 2949　集部/別集類/清別集

禮部遺集九卷　（清）黃富民撰　清同治九年（1870）黃安謹刻本　一冊　存一卷（過庭小稿）

330000 – 1705 – 0014880　續 3347　集部/總集類/郡邑之屬

兩浙輶軒續錄五十四卷補遺六卷姓氏韻編二卷　（清）潘衍桐輯　清光緒十七年（1891）浙江書局刻本　一冊　存三卷（補遺一至二、姓氏韻編一）

330000 – 1705 – 0014881　續 3342　集部/總集類/選集之屬/通代

試律腋成四卷　（清）何學鴻選　清咸豐六年（1856）刻本　一冊　存一卷（一）

330000 – 1705 – 0014882　續 3318 – 1　集部/總集類/選集之屬/斷代

新選春秋明景詩二卷　（清）閬妙香室主人輯　清光緒崇蘭草堂刻本　一冊　存一卷（一）

330000 – 1705 – 0014883　續 3333　集部/總集類/選集之屬/斷代

同岑詩選二卷　清嘉慶抱山房刻本　一冊

330000 – 1705 – 0014884　續 3238　集部/總集類/選集之屬/通代

古唐詩合解唐詩十二卷古詩四卷　（清）王堯衢注　清光緒六年（1880）紫文閣刻本　一冊　存四卷（古詩一至四）

330000 – 1705 – 0014885　續 3319　集部/總集類/選集之屬/通代

新註得月樓甲編不分卷乙編不分卷丙編不分卷丁編不分卷　（清）張元灝選評　（清）耿覲文（清）茅謙箋注　清光緒七年（1881）刻本　四冊　存二編（甲、丙）

330000 – 1705 – 0014886　續 3237　集部/總集類/選集之屬/通代

古唐詩合解唐詩十二卷古詩四卷　（清）王堯衢注　清雍正刻本　一冊　存二卷（唐詩一至二）

330000 – 1705 – 0014887　續 3140　集部/總集類/選集之屬/通代

重訂文選集評十五卷首一卷末一卷　（清）于光華輯　清乾隆刻本　十冊　缺七卷（四、六至七、十一、十三、十六,末）

330000 – 1705 – 0014888　續 3316　集部/總集類/郡邑之屬

蛟川先正文存二十卷補遺一卷　（清）陳繼聰編　清光緒八年（1882）刻本　九冊　缺二卷（一至二）

330000 – 1705 – 0014889　續 3244　類叢部/叢書類/彙編之屬

融經館叢書十一種　（清）徐友蘭編　清光緒六年至十一年（1880 – 1885）會稽徐氏八杉齋刻本　四冊　存一種

330000 – 1705 – 0014890　續 3370　集部/總集類/選集之屬/通代

回文類聚四卷首一卷　（宋）桑世昌輯　織錦回文圖一卷回文類聚續編十卷首一卷　（清）朱象賢輯並繪　清江南朱象賢刻本　一冊　存四卷（續編四至七）

330000 – 1705 – 0014892　續 3317　集部/總

集類/郡邑之屬

蛟川先正遺文不分卷　清刻本　一册

330000－1705－0014893　續3375　集部/詩文評類/詩評之屬

藝苑名言八卷首一卷　（清）蔣瀾撰　清乾隆刻本　一册　存二卷（七至八）

330000－1705－0014894　續3239　集部/總集類/選集之屬/通代

古唐詩合解唐詩十二卷古詩四卷　（清）王堯衢注　清刻本　一册　存二卷（唐詩十一至十二）

330000－1705－0014897　續3322　集部/總集類/課藝之屬

青雲集分韻試帖詳註四卷　（清）楊逢春（清）蕭應槐輯　（清）沈品華等註　（清）沈景福　（清）徐紹曾參　清光緒十四年（1888）退補齋刻本　四册

330000－1705－0014899　續3240　集部/總集類/選集之屬/通代

古唐詩合解唐詩十二卷古詩四卷　（清）王堯衢注　清石印本　一册　存十二卷（唐詩一至十二）

330000－1705－0014901　續3320　集部/總集類/課藝之屬

時藝快覩賦鈔不分卷　清同治十年（1871）刻本　二册

330000－1705－0014903　續3359　集部/總集類/選集之屬/通代

文章游戲初編八卷二編八卷三編八卷四編八卷　（清）繆艮輯　清道光五年（1825）藕花館刻本　四册　存八卷（初編一至八）

330000－1705－0014904　續3376　集部/總集類/課藝之屬

文鈔不分卷　清抄本　一册

330000－1705－0014905　續3360、續3361　集部/別集類/清別集

百美新詠一卷集詠一卷圖傳一卷　（清）顏希源撰　清嘉慶十年（1805）集腋軒刻本　三册　缺一卷（百美新詠）

330000－1705－0014907　續3371　集部/總集類/彙編之屬

永明石屋幻居詩三卷　清道光二十一年（1841）刻本　一册

330000－1705－0014908　續3378　集部/詩文評類/詩評之屬

滬上評花錄不分卷　（清）池蓮居士選　清光緒刻本　一册

330000－1705－0014909　續3402　集部/總集類/彙編之屬

毓大宗師安徽四省校士錄一卷考卷補編一卷　清光緒三十年（1904）上海書局石印本　二册　缺一卷（考卷補編）

330000－1705－0014910　續3379　集部/總集類/郡邑之屬

西泠文萃不分卷　清鉛印本　一册

330000－1705－0014913　續3377　集部/詩文評類/文評之屬

雜詠不分卷　（清）胡琼等撰　清刻本　三册

330000－1705－0014915　續3403　史部/傳記類/科舉錄之屬/歷科登科錄

光緒三十年甲辰恩科會試官板題名錄一卷　清光緒三十年（1904）文寶書局石印本　一册

330000－1705－0014918　續3380、續3382、續3383　集部/總集類/課藝之屬

闈墨摘抄不分卷　清抄本　三册

330000－1705－0014920　續3364　集部/總集類/選集之屬/斷代

羣雅集四卷　（清）李振裕輯　清康熙刻本　一册　存一卷（二）

330000－1705－0014923　續3381、續3384　集部/總集類/課藝之屬

會試闈墨不分卷　清光緒二十九年（1903）上海書局石印本　二册

330000－1705－0014924　續3419　集部/總集類/選集之屬/斷代

江浙十二家詩選二十四卷 (清)王鳴盛采錄 清刻本 一冊 存十四卷(十一至二十四)

330000－1705－0014928 續3421 集部/總集類/郡邑之屬

廣東文獻初集十八卷二集九卷三集十七卷四集二十六卷 (清)羅學鵬編 清嘉慶刻同治二年(1863)春暉堂印本 一冊 存一卷(初集一)

330000－1705－0014929 續3358 子部/藝術類/遊藝之屬/聯語

楹聯叢話不分卷 (清)梁章鉅輯 清抄本 一冊

330000－1705－0014930 續3385 集部/總集類/課藝之屬

湖北闈墨不分卷 清光緒十七年(1891)衡鑒堂刻本 一冊

330000－1705－0014931 續3095 集部/別集類/清別集

赤菫遺稿六卷 (清)葉元墀撰 (清)屬志編 清道光二十五年(1845)退一居刻本 一冊 存三卷(四至六)

330000－1705－0014933 續3386 集部/總集類/課藝之屬

直省新聞墨八卷 清光緒二十九年(1903)上海同文書社鉛印本 三冊 存三卷(一至三)

330000－1705－0014935 續3387 集部/總集類/課藝之屬

[光緒十四年]戊子直省闈墨不分卷 清光緒鉛印本 一冊

330000－1705－0014936 續3368 集部/總集類/選集之屬/通代

標季試律鸞音四卷 (清)倪一擎箋釋 清刻本 一冊 存二卷(三至四)

330000－1705－0014937 續3388 集部/總集類/課藝之屬

順天鄉試闈墨不分卷 (清)劉若曾等撰 清光緒十一年(1885)聚奎堂刻本 一冊

330000－1705－0014938 續3389 集部/總集類/課藝之屬

順天鄉試闈墨不分卷 (清)劉若曾等撰 清光緒十一年(1885)聚奎堂刻本 一冊

330000－1705－0014939 續3391 集部/總集類/課藝之屬

江南鄉試闈墨不分卷 清刻本 一冊

330000－1705－0014943 續3373 集部/總集類/課藝之屬

句東試帖注釋四卷 (清)周世緒輯 清道光五年(1825)賦㮅書屋刻本 一冊 存一卷(四)

330000－1705－0014947 續3390 集部/總集類/課藝之屬

浙江校士錄不分卷 (清)張霽亭編 清光緒八年(1882)刻本 二冊

330000－1705－0014948 續3374 集部/總集類/選集之屬/通代

斯文精萃不分卷 (清)尹繼善輯 清乾隆刻本 一冊

330000－1705－0014949 續3365 集部/總集類/選集之屬/通代

樂府詩集一百卷目錄二卷 (宋)郭茂倩輯 清刻本 七冊 缺六十卷(一至二十一、三十一至四十九、五十六至六十八、七十七至八十三)

330000－1705－0014950 續3393 史部/傳記類/科舉錄之屬/硃卷

浙江鄉試硃卷不分卷 清同治刻本 六十一冊

330000－1705－0014952 續3429 集部/總集類/郡邑之屬

蛟川先正遺文不分卷 清刻本 二冊

330000－1705－0014954 續3422 集部/總集類/選集之屬/斷代

國朝常州駢體文錄三十一卷附結一宦駢體文一卷 屠寄輯 清光緒十六年(1890)刻本 一冊 存三卷(一至三)

330000－1705－0014955　續 3427　史部/傳記類/科舉錄之屬

安徽試牘立誠編不分卷　清嘉慶九年(1804)刻本　一冊

330000－1705－0014956　續 3420　集部/別集類/清別集

餘慶堂詩文集十卷　(清)陳美訓撰　清嘉慶二十一年(1816)餘慶堂刻本　一冊　存三卷(八至十)

330000－1705－0014957　續 3395　史部/傳記類/科舉錄之屬/歷科鄉試錄

光緒五年己卯科江西鄉試錄一卷　清光緒刻本　一冊

330000－1705－0014958　續 3392　集部/總集類/課藝之屬

[同治庚午科]浙江闈墨不分卷　清同治九年(1870)聚奎堂刻本　一冊

330000－1705－0014959　續 3443　集部/總集類/課藝之屬

崇文書院課藝十集不分卷　(清)徐恩綬(清)高人驥　(清)孫詒紳編　清同治七年(1868)刻本　十冊

330000－1705－0014960　續 3340　集部/總集類/彙編之屬

名家集稿不分卷　清抄本　一冊

330000－1705－0014961　續 3448　集部/總集類/課藝之屬

正誼書院賦選不分卷　(清)汪芑等撰　清光緒三年(1877)上海書局鉛印本　二冊

330000－1705－0014962　續 3430　集部/總集類/郡邑之屬

甬上耆舊詩三十卷　(清)胡文學　(清)李鄴嗣輯　清康熙十五年(1676)胡氏敬義堂刻本　三冊　存七卷(六至八、十七至二十)

330000－1705－0014963　續 3432　集部/總集類/選集之屬/通代

論文集要四卷　(清)薛福成纂　清光緒二十八年(1902)農學報館石印本　二冊

330000－1705－0014964　續 3396　史部/傳記類/科舉錄之屬/歷科登科錄

朝考卷一卷　(清)朱錦等撰　清光緒石印本　一冊

330000－1705－0014965　續 3394　集部/總集類/課藝之屬

浙江試牘不分卷　(清)趙光輯　清刻本　一冊

330000－1705－0014966　續 3341　集部/總集類/課藝之屬

仁在堂賦不分卷　(清)路德輯　清刻本　二冊

330000－1705－0014968　續 3446　集部/總集類/課藝之屬

龍山書院課藝四卷　(清)杜聯輯　清刻本　一冊　存一卷(亨集)

330000－1705－0014969　續 3397　新學/學校

學部試卷不分卷　清光緒鉛印本　二冊

330000－1705－0014970　續 3449　集部/總集類/選集之屬/斷代

正誼書院課新鈔不分卷　(清)包祖同鈔編　清光緒三年(1877)上海機器書局鉛印本　四冊

330000－1705－0014972　續 3335　集部/總集類/課藝之屬

試帖選本不分卷　清刻本　一冊

330000－1705－0014973　續 3423　集部/總集類/郡邑之屬

蛟川先正文存二十卷補遺一卷　(清)陳繼聰編　清光緒八年(1882)刻本　一冊　存二卷(一至二)

330000－1705－0014974　續 3288　集部/總集類/選集之屬/斷代

國朝駢體正宗初箋十二卷　(清)曾燠輯(清)馮可鏞箋注　稿本　一冊　存一卷(一)

330000－1705－0014975　續 3444、續 3445

集部/總集類/課藝之屬

愛山課藝續編不分卷 （清）林少筠編　清光緒九年(1883)刻本　二冊

330000 - 1705 - 0014978　續 3436　集部/總集類/課藝之屬

格致書院課藝不分卷 （清）王韜編　清光緒十四年(1888)上海著易堂鉛印本　一冊　存丁亥年

330000 - 1705 - 0014979　續 3399　史部/傳記類/科舉錄之屬/硃卷

硃卷不分卷附會試硃卷不分卷　清光緒刻本　一冊

330000 - 1705 - 0014980　續 3175　集部/總集類/選集之屬/通代

詩選□□卷　清石印縮印本　二冊　存二十八卷(十四至二十、五十四至七十四)

330000 - 1705 - 0014981　續 2951　集部/總集類/氏族之屬

黃氏家集初編六種 （清）黃家鼎輯　清光緒十七年(1891)四明黃氏補不足齋刻本　一冊

330000 - 1705 - 0014982　續 3400　史部/傳記類/科舉錄之屬

兩浙校士錄不分卷 （清）潘衍桐輯　清石印本　一冊

330000 - 1705 - 0014983　續 3450　集部/總集類/課藝之屬

小題正鵠初集不分卷二集不分卷三集不分卷四集不分卷 （清）李元度輯　清同治十一年(1872)山陰姚氏刻本　一冊　存一集(初)

330000 - 1705 - 0014985　續 3251　子部/宗教類/佛教之屬/總錄

御選語錄十九卷 （清）世宗胤禛輯　清光緒十一年(1885)金陵刻經處刻本　一冊　存二卷(三、八)

330000 - 1705 - 0014986　續 2943　類叢部/叢書類/彙編之屬

春暉堂叢書十二種 （清）徐渭仁編　清道光至咸豐上海徐渭仁刻同治九年至十年(1870 - 1871)徐允臨補刻彙印本　一冊　存二種

330000 - 1705 - 0014988　續 3451、續 3453、續 3454　集部/總集類/課藝之屬

小題正鵠初集不分卷二集不分卷三集不分卷四集不分卷 （清）李元度輯　清光緒六年(1880)會稽徐氏八杉齋刻本　五冊　缺一集(四)

330000 - 1705 - 0014989　續 3357　子部/藝術類/遊藝之屬/聯語

楹聯叢話十二卷續話四卷 （清）梁章鉅輯　清咸豐元年(1851)刻本　五冊　存十三卷(四至十二、續話一至四)

330000 - 1705 - 0014990　續 3477　集部/總集類/尺牘之屬

分類尺牘備覽三十卷 （清）王虎榜輯　清光緒十四年(1888)上海鴻寶齋石印本　四冊　存十六卷(一至八、二十三至三十)

330000 - 1705 - 0014991　續 3478　集部/總集類/尺牘之屬

分類尺牘三十卷 （清）王虎榜輯　清末石印本　一冊　存三卷(八至十)

330000 - 1705 - 0014992　續 3425　集部/總集類/郡邑之屬

蛟川耆舊詩六卷 （清）張本均輯　**續集二卷** （清）張錫申輯　清咸豐七年(1857)刻本　一冊　存二卷(三至四)

330000 - 1705 - 0014994　續 3452　集部/總集類/課藝之屬

小題正鵠初集不分卷二集不分卷三集不分卷四集不分卷 （清）李元度輯　清鉛印本　三冊　存二集(二至三)

330000 - 1705 - 0014995　續 3440　史部/傳記類/科舉錄之屬/硃卷

浙江鄉試卷不分卷硃卷不分卷闈卷不分卷行卷不分卷會試硃卷不分卷墨卷不分卷　江南鄉試中式卷不分卷　浙江選拔貢卷不分卷優貢卷不分卷　大清光緒二十七年歲次辛丑時憲書不分卷二十八年歲次壬寅時憲書不分卷

浙省候補道府同通州縣同官錄不分卷　浙
江學務處錄取示範卷不分卷　會考卷不分卷
清道光至光緒刻本　九十四冊

330000－1705－0014996　續3437　集部/總
集類/課藝之屬

格致書院課藝不分卷　（清）王韜編　清光緒
弢園鉛印本　一冊　存甲午年

330000－1705－0014997　續3435　集部/總
集類/課藝之屬

格致書院課藝不分卷　（清）王韜編　清光緒
弢園石印本　一冊　存二卷(癸、己)

330000－1705－0014998　續3463　子部/儒
家類/儒學之屬/蒙學

蒲編堂訓蒙草不分卷　（清）路德撰　清道光
十七年(1837)刻本　一冊

330000－1705－0015000　續3352　集部/總
集類/尺牘之屬

名賢手札八種　（清）郭慶藩輯　清光緒十年
(1884)湘陰郭氏岵瞻堂刻本　二冊　存五種

330000－1705－0015001　續3426　集部/總
集類/選集之屬/斷代

耆舊詩存四卷　（清）沈筠選　（清）徐圓成訂
清光緒刻本　一冊

330000－1705－0015003　續3438　子部/儒
家類/儒學之屬/蒙學

蒙學課本初編二卷二編一卷三編一卷　清光
緒二十七年(1901)南洋公學鉛印本　一冊
存一卷(初編上)

330000－1705－0015004　續3464　子部/儒
家類/儒學之屬/蒙學

呂近溪小兒語一卷　（明）呂得勝撰　林紓述
義　清光緒三十三年(1907)上海商務印書館
鉛印本　一冊

330000－1705－0015005　續3447　集部/總
集類/課藝之屬

敷文課藝不分卷　清光緒刻本　一冊

330000－1705－0015006　續3439　集部/總

集類/課藝之屬

紫陽書院課藝八集不分卷　（清）朱文炳
(清)許郊編校　（清）吳左泉鑒定　清光緒十
八年(1892)刻本　五冊

330000－1705－0015009　續3489　集部/總
集類/課藝之屬

浙江詩課九卷浙江考卷一卷浙士解經錄四卷
（清）阮元訂　清嘉慶再到亭刻本　一冊
存四卷(浙江詩課一至二、浙江考卷、浙士解
經錄一)

330000－1705－0015010　續3456　集部/總
集類/選集之屬/通代

賦學正鵠集釋十一卷　（清）李元度輯　清刻
本　一冊　存一卷(三)

330000－1705－0015013　續3466　類叢部/
叢書類/彙編之屬

鏡烟堂十種　（清）紀昀編　清刻本　二冊
存一種

330000－1705－0015014　續3467　子部/儒
家類/儒學之屬/蒙學

龍文鞭影二卷　（明）蕭有良撰　（清）楊臣静
增訂　（清）陳士龍編次　龍文鞭影二集二卷
（清）李暉吉　（清）徐瀶輯　清光緒三年
(1877)掃葉山房刻本　一冊　存二卷(龍文
鞭影上下)

330000－1705－0015015　續3468　集部/總
集類/選集之屬/通代

昭明選詩初學讀本四卷　（清）孫人龍輯　清
乾隆四年(1739)刻本　一冊　存一卷(二)

330000－1705－0015016　續3469　集部/總
集類/課藝之屬

仁在堂全集十一集續刻三集　（清）路德輯
清刻本　二十二冊　存九種

330000－1705－0015017　續3355　子部/藝
術類/遊藝之屬/聯語

楹聯叢話十二卷續話四卷　（清）梁章鉅輯
清咸豐元年(1851)刻本　四冊

330000－1705－0015019　續3470、續3460

集部/總集類/選集之屬/通代

晚邨先生八家古文精選八卷 （清）呂留良輯 （清）呂葆中批點 清康熙四十三年（1704）呂氏家塾刻本 四冊 存六卷（一至五、八）

330000－1705－0015021 續3503 集部/總集類/郡邑之屬

續甬上耆舊詩不分卷 （清）全祖望輯 清鄞峯草堂抄本 一冊 存一卷（十六）

330000－1705－0015022 續3255 集部/總集類/彙編之屬

宋詩鈔初集八十四種 （清）呂留良 （清）吳之振 （清）吳爾堯編 清康熙十年（1671）洲錢吳氏鑑古堂刻本 一冊 存一種

330000－1705－0015023 續3440－1 集部/總集類/課藝之屬

崇實書院課藝六卷 陸廷黻編 清光緒二十一年（1895）寧波崇實書院刻本 一冊 存一卷（二）

330000－1705－0015024 續3441、續3442 集部/總集類/課藝之屬

崇實書院課藝六卷 陸廷黻編 清光緒二十一年（1895）寧波崇實書院刻本 二冊 存二卷（二至三）

330000－1705－0015025 續3472 集部/總集類/課藝之屬

辨志文會課藝初集六卷 （清）葉意深等撰 （清）宗源瀚輯 清光緒六年至七年（1880－1881）刻本 一冊 存一卷（史學）

330000－1705－0015026 續3455 集部/總集類/選集之屬/通代

賦學正鵠集釋十一卷 （清）李元度輯 清刻本 一冊 存一卷（十一）

330000－1705－0015027 續3509 集部/詩文評類/詩評之屬

唐人五言排律詩論三卷 （清）蔣鵬翮編釋 清寒三草堂刻本 一冊 存一卷（一）

330000－1705－0015029 續3504 類叢部/叢書類/彙編之屬

纂喜廬叢書五種 （清）傅雲龍編 清光緒十五年（1889）德清傅氏日本東京刻本 一冊

330000－1705－0015030 續3510 集部/別集類/唐五代別集

杜工部五言詩選直解三卷七言詩選直解二卷 （唐）杜甫撰 （清）范廷謀註釋 **杜工部年譜一卷** （清）范廷謀訂 清雍正稼石堂刻本 三冊 存三卷（一至二、年譜）

330000－1705－0015031 續3490、續3491 集部/總集類/尺牘之屬

歷朝名媛尺牘二卷 （清）水鏡山房輯 清末水鏡山房刻本 二冊

330000－1705－0015032 續3457 子部/儒家類/儒學之屬/勸學

文昌帝君丹桂籍童蒙必讀書不分卷 清刻本 一冊

330000－1705－0015035 續3474 集部/總集類/選集之屬/斷代

紅犀館詩課八卷 （清）王蒔蘭等撰 （清）姚燮輯 **丹山倡和詩一卷** （清）姚燮等撰 **海山小集分韻詩一卷** 清同治四年（1865）刻本 一冊 存五卷（紅犀館詩課一至五）

330000－1705－0015036 續2941－1 集部/別集類/清別集

重鐫香雪文鈔十二卷 （清）曹學詩撰 清刻本 一冊 存一卷（二）

330000－1705－0015037 續3519 集部/詩文評類/詩評之屬

帶經堂詩話三十卷首一卷 （清）王士禛撰 （清）張宗柟輯 清同治十二年（1873）廣州藏脩堂刻本 清蓉泉題簽並記 十冊

330000－1705－0015039 秦0099 子部/藝術類/篆刻之屬/印譜

松雪堂印萃四卷 （清）郭啓翼篆刻 清乾隆五十年（1785）鈐印本 一冊 存一卷（□）

330000－1705－0015040 續3493 集部/總集類/尺牘之屬

清暉閣贈貽尺牘二卷 （清）王翬輯 清刻本

一冊　存一卷(上)

330000－1705－0015041　秦 0098　子部/藝術類/篆刻之屬/印譜

春靄堂藏泉不分卷 （清）陳奕禧篆　清鈐印本　一冊

330000－1705－0015045　續 3520　集部/別集類/清別集

漁洋山人精華錄箋注十二卷補一卷附年譜一卷 （清）王士禛撰　（清）金榮箋注　（清）徐准纂輯　清康熙五十一年(1712)鳳翮堂刻本　二冊　存六卷(漁洋山人精華錄箋注一至五、年譜)

330000－1705－0015046　續 2504－1　類叢部/叢書類/彙編之屬

篡喜廬叢書五種 （清）傅雲龍編　清光緒十五年(1889)德清傅氏日本東京刻本　一冊

330000－1705－0015049　續 3495　集部/總集類/尺牘之屬

名賢手札八種 （清）郭慶藩輯　清光緒十年(1884)郭氏岵瞻堂刻本　一冊

330000－1705－0015051　續 3458　子部/儒家類/儒學之屬/蒙學

續神童詩一卷 （清）寄雲山人編　**發蒙必讀一卷　續千家詩一卷** 清同治四年(1865)刻本　一冊

330000－1705－0015052　續 3515　集部/詩文評類/詩評之屬

隨園詩話十六卷補遺十卷 （清）袁枚撰　清刻本　一冊　存二卷(十三至十四)

330000－1705－0015053　續 3481　史部/政書類/儀制之屬/專志/科舉校規

學部第一次審定初等小學暫用書目表一卷 （清）學部編　清光緒三十二年(1906)學部鉛印本　一冊

330000－1705－0015055　續 3482　新學/學校

京師大學堂講義初編七種二編七種 （清）京師大學堂輯　清末鉛印本　一冊　存二種

330000－1705－0015056　續 3459　集部/別集類/清別集

張太史塾課文選詳批不分卷 （清）張江撰（清）張翩鶱選　清道光十年(1830)崇道堂刻本　一冊

330000－1705－0015058　續 3138　集部/總集類/選集之屬/通代

重訂文選集評十五卷首一卷末一卷 （清）于光華輯　清刻本　一冊　存一卷(八)

330000－1705－0015061　續 3497　集部/別集類/清別集

霞泉啥草鈔一卷 清張彬謨抄本　一冊

330000－1705－0015062　續 3461　集部/總集類/課藝之屬

發蒙合編不分卷 清刻本　一冊

330000－1705－0015063　續 3483　新學/算學/算器

普通珠算課本不分卷 （清）蔣仲懷撰　清光緒三十三年(1907)上海商務印書館鉛印本　一冊

330000－1705－0015064　續 3246　集部/總集類/選集之屬/通代

詩歸五十一卷(古詩歸十五卷唐詩歸三十六卷) （明）鍾惺　（明）譚元春輯　明末刻本　仲湛卿識　一冊　存五卷(唐詩歸八至九、十二、十四、二十五)

330000－1705－0015065　續 3247　集部/總集類/彙編之屬

十種唐詩選 （清）王士禛編　清康熙三十一年(1692)刻本　一冊　存一種

330000－1705－0015066　續 3462　子部/儒家類/儒學之屬/蒙學

初學啟悟集二卷 （清）汪承忠評選　（清）黃梅峯詮解　清刻本　一冊　存一卷(一)

330000－1705－0015067　續 3243　集部/總集類/選集之屬/斷代

唐律詩選本不分卷 （清）翁覃溪藏　清抄本　一冊

330000－1705－0015068　續3252　集部/總集類/選集之屬/斷代

宋四六選二十四卷　（清）彭元瑞　（清）曹振鏞輯　清乾隆四十一年(1776)曹振鏞翠微山麓刻本　一冊　存二卷(一至二)

330000－1705－0015069　續2946　集部/別集類/清別集

補不足齋詩鈔□□卷　（清）黃祥麟撰　清光緒三年(1877)稿本　一冊

330000－1705－0015070　續2940　集部/別集類/清別集

唅曜山房詩八卷　（清）龔湜身撰　清道光四年(1824)刻本　二冊

330000－1705－0015071　續3260　集部/總集類/選集之屬/斷代

陳太僕批選八家文鈔八卷　（清）陳兆崙編　清石印本　一冊　存二卷(王文選、曾文選)

330000－1705－0015072　續3259　集部/總集類/選集之屬/斷代

宋名家詩不分卷　清抄本　一冊

330000－1705－0015073　續3529　集部/總集類/課藝之屬

關中書院詩課不分卷　（清）路德編　清道光十八年(1838)刻本　二冊

330000－1705－0015074　續3530　集部/總集類/彙編之屬

十家詩詳註七卷　（清）毛履謙　（清）吳涵一註　清崇義堂刻本　一冊　存二卷(一至二)

330000－1705－0015079　續3538　集部/曲類/曲藝之屬

聲調譜不分卷　（清）趙執信撰　清光緒十年(1884)朱墨套印本　一冊

330000－1705－0015082　續3521　集部/詩文評類/詩評之屬

全浙詩話五十四卷　（清）陶元藻輯　（清）陶廷珍　（清）陶廷琠編　清嘉慶元年(1796)怡雲閣刻本　二冊　存六卷(三十九至四十四)

330000－1705－0015084　續3540　集部/詩文評類/詩評之屬

初白菴詩評三卷詞綜偶評一卷　（清）查慎行撰　（清）張載華輯　清乾隆四十二年(1777)張氏涉園觀樂堂刻本　一冊　存一卷(中)

330000－1705－0015085　續3522　史部/金石類

行素草堂金石叢書　（清）朱記榮輯　清光緒吳縣朱氏刻十四年(1888)彙印本　一冊　存一種

330000－1705－0015087　續3541　集部/總集類/課藝之屬

小題正鵠初集不分卷二集不分卷三集不分卷四集不分卷　（清）李元度輯　清刻本　一冊　存一集(三)

330000－1705－0015091　續3501　集部/別集類/清別集

香草集一卷　（清）祝慶雲編輯　清末上海申報館鉛印本　一冊

330000－1705－0015094　續3523　集部/總集類/課藝之屬

塾課小題正鵠一集一卷二集一卷三集一卷　（清）李元度輯　訓蒙草一卷　（清）路德撰　（清）李元度注　清末民初石印本　一冊　存二卷(小題正鵠三集、訓蒙草)

330000－1705－0015095　續3345　集部/總集類/選集之屬/斷代

賦藪不分卷　清刻本　一冊

330000－1705－0015100　續3544　集部/曲類/彈詞之屬

繡像四香緣全傳六卷三十二回　清末石印本　一冊

330000－1705－0015101　續3553　集部/總集類/郡邑之屬

魏塘竹枝詞不分卷　（清）孫燕昌撰　清嘉慶十三年(1808)柳南草堂刻本　一冊

330000－1705－0015104　續3554　集部/詞類/別集之屬

吳梅村詞一卷　(清)吳偉業撰　清光緒十六年(1890)湖北官書處刻本　一冊

330000－1705－0015106　續3546　集部/曲類/彈詞之屬

新增全圖文武香毬六卷七十二回　(清)二樂軒主人撰　清石印本　一冊

330000－1705－0015107　續3555　集部/戲劇類/傳奇之屬

長生殿傳奇二卷五十折　(清)洪昇撰　清光緒十三年(1887)上海蜚英館石印本　一冊

330000－1705－0015109　續3525　集部/總集類/課藝之屬

試帖青雲集四卷　(清)楊逢春輯　清同治十三年(1874)刻本　一冊　存一卷(四)

330000－1705－0015110　續3527　集部/詩文評類/詩評之屬

帖體詩存註釋八卷　(清)宓如椿撰　(清)吳傳鐍註　清刻本　三冊　存六卷(一至二、五至八)

330000－1705－0015113　續3576　集部/曲類/彈詞之屬

新增全圖珍珠塔前傳十二卷二十四回　(清)周殊士撰　新增全圖珍珠塔後傳麒麟豹三十卷六十回　(清)馬永清撰　清光緒十八年(1892)上海書局石印本　三冊　存二十一卷(麒麟豹一至二十一)

330000－1705－0015114　續3528　集部/詩文評類/詩評之屬

閨秀詩評一卷　(清)棣華園主人撰　清光緒上海申報館鉛印本　清太愚跋　一冊

330000－1705－0015116　續3547　集部/詞類/總集之屬

清綺軒詞選十三卷　(清)夏秉衡輯　清刻本　四冊　存八卷(六至十三)

330000－1705－0015118　續3570　集部/戲劇類/雜劇之屬

此宜閣增訂金批西廂四卷首一卷末一卷　(元)王德信撰　(清)金人瑞評　清乾隆六十

年(1795)周氏此宜閣刻朱墨套印本　四冊　缺二卷(首、末)

330000－1705－0015119　續3548　集部/詞類/別集之屬

山中白雲詞八卷附錄一卷王田先生樂府指迷一卷　(宋)張炎撰　清宣統三年(1911)北京龍文閣書莊石印本　四冊

330000－1705－0015120　秦0001　子部/藝術類/篆刻之屬/印譜

寶史齋古印存不分卷　陸樹基輯　清光緒鈐拓本　八冊

330000－1705－0015122　續3572　集部/曲類/曲韻曲譜曲律之屬

繪圖綴白裘十二集四十八卷　(清)玩花主人輯　(清)錢德蒼增輯　清光緒石印本　四冊　存十六卷(三集一至四、六集一至四、八集一至四、十集一至四)

330000－1705－0015125　續3571　子部/宗教類/佛教之屬/諸宗

異方便淨土傳燈歸元鏡三祖實錄二卷　(清)智達撰　清光緒二十三年(1897)廣陵藏經禪院刻本　一冊

330000－1705－0015126　秦0007　集部/總集類/尺牘之屬

昭代名人尺牘二十四卷小傳二十四卷　(清)吳修輯　清光緒三十四年(1908)西泠印社影印本　二冊　存二十四卷(小傳一至二十四)

330000－1705－0015127　續3577　集部/曲類/彈詞之屬

新編盤龍鐲全傳二十四卷　清刻本　三冊

330000－1705－0015131　續3518　類叢部/叢書類/彙編之屬

花雨樓叢鈔十一種續鈔十一種附一種　(清)張壽榮編　清光緒八年至十四年(1882－1888)蛟川張氏花雨樓刻本　二冊　存一種

330000－1705－0015132　續3551　集部/詞類/別集之屬

詩餘清麗集□□卷　(清)陸沉選　清抄本

一册　存二卷（三至四）

330000－1705－0015133　秦0003　集部/別集類/元別集

九靈山房集三十卷補編二卷　（元）戴良撰
戴九靈先生年譜一卷　（清）戴殿江　（清）戴殿泗編　清乾隆三十六年(1771)浦江戴氏傳經書屋刻本　六册　存十五卷（一至十四、年譜）

330000－1705－0015135　續3560　集部/詞類/總集之屬

宋七家詞選七卷　（清）戈載輯　玉田先生樂府指迷一卷　（宋）張炎撰　清宣統三年(1911)上海掃葉山房石印本　三册　缺一卷（玉田先生樂府指迷）

330000－1705－0015137　續3563　集部/總集類/郡邑之屬

西江竹枝詞不分卷　（清）董偉業輯　清刻本　一册

330000－1705－0015138　續3578　集部/戲劇類/總集之屬/傳奇

藏園九種曲　（清）蔣士銓撰　清經綸堂刻本　艾壽題簽　一册　存一種

330000－1705－0015139　秦0028　集部/總集類/彙編之屬

岳陽黃鶴樓楹聯詩賦全部不分卷　清光緒刻本　一册

330000－1705－0015142　續3575　集部/戲劇類/雜劇之屬

增像第六才子書五卷首一卷　（元）王德信（元）關漢卿撰　（清）金人瑞評　清末石印本　一册　存一卷（一）

330000－1705－0015143　秦0026　集部/總集類/選集之屬/通代

回文類聚四卷首一卷　（宋）桑世昌輯　織錦回文圖一卷回文類聚續編十卷首一卷　（清）朱象賢輯並繪　清江南朱象賢刻本　四册缺二卷（回文類聚首、續編首）

330000－1705－0015148　續3579　集部/曲

類/彈詞之屬

新鐫繡像描金鳳十二卷四十六回　清光緒刻本　張肇題簽　十册　存十卷（三至十二）

330000－1705－0015151　續3583　集部/戲劇類/傳奇之屬

桃花扇傳奇二卷　（清）孔尚任撰　清乾隆七年(1742)刻本　四册

330000－1705－0015154　續3584　集部/戲劇類/傳奇之屬

桃花扇傳奇二卷　（清）孔尚任撰　清刻本　一册

330000－1705－0015155　續3585　集部/戲劇類/傳奇之屬

桃花扇傳奇四卷首一卷　（清）孔尚任撰　清石印本　二册

330000－1705－0015156　續3573　集部/戲劇類/總集之屬/傳奇

竹初樂府　（清）錢維喬撰　清嘉慶十三年(1808)小林樓刻本　一册　存四種

330000－1705－0015157　續3586　集部/曲類/散曲之屬

萬古愁不分卷　（明）歸有光撰　餘生錄不分卷　（明）張茂滋撰　清鴻遠書屋抄本　一册

330000－1705－0015158　續3588　集部/曲類/彈詞之屬

新刻珠玉圓四卷四十八回　（清）柳浦散人輯　清抄本　四册

330000－1705－0015159　續3351　集部/總集類/選集之屬/斷代

排律初津四卷　（清）金鳳沼編並注　清光緒刻本　二册　存二卷（一至二）

330000－1705－0015160　秦0038　經部/春秋左傳類/傳說之屬

春秋大事表五十卷讀春秋偶筆一卷輿圖一卷附錄一卷　（清）顧棟高輯　清乾隆十三年至十四年(1748－1749)錫山顧氏萬卷樓刻本二十四册　缺一卷（輿圖）

330000－1705－0015161　續3589　集部/曲類/彈詞之屬

馬如飛先生南詞小引初集二卷　（清）馬如飛撰　清刻本　一冊　存一卷（上）

330000－1705－0015162　秦0004　集部/總集類/彙編之屬

國朝文徵四十卷　（清）吳翌鳳編輯　清咸豐吳江沈懋德世美堂刻本　十冊　存十卷（十一至二十）

330000－1705－0015163　秦0018　史部/史表類/通代之屬

歷代帝王年表一卷紀元同異攷略一卷　黃大華撰　清光緒二十六年（1900）夢紅豆村刻本　一冊

330000－1705－0015164　續3580　集部/曲類/彈詞之屬

繡像芙蓉洞全傳十卷四十回　（清）陳遇乾撰　（清）陳士奇　（清）俞秀山校　清刻本　六冊　存六卷（三至六、八至九）

330000－1705－0015167　續3590　集部/曲類/彈詞之屬

夢白新翻錦香亭全傳三十二卷　清刻本　四冊

330000－1705－0015169　續3591　集部/曲類/曲選之屬

藤花館抄曲不分卷　清抄本　一冊

330000－1705－0015170　秦0005　子部/藝術類/書畫之屬/畫法畫品

竹波軒楳冊不分卷　（清）鄭淳繪　清道光刻本　周退密跋　二冊

330000－1705－0015171　秦0050　類叢部/叢書類/彙編之屬

二老閣叢書四十二種　（清）鄭風編　清康熙至嘉慶刻本　四冊　存一種

330000－1705－0015174　續3592　集部/曲類/寶卷之屬

雪山寶卷全集一卷　（清）□□撰　清石印本　一冊

330000－1705－0015178　秦0020　集部/總集類/選集之屬/通代

回文類聚四卷首一卷　（宋）桑世昌輯　**織錦回文圖一卷回文類聚續編十卷首一卷**　（清）朱象賢輯並繪　清江南朱象賢刻本　一冊　存五卷（回文類聚首、一至四）

330000－1705－0015179　秦0032　子部/藝術類/音樂之屬/樂譜

與古齋琴譜四卷　（清）祝鳳喈撰　清咸豐五年（1855）浦城祝氏刻本　三冊　缺一卷（一）

330000－1705－0015180　續3594　集部/曲類/寶卷之屬

何仙姑寶卷二卷　（清）□□撰　清刻本　一冊

330000－1705－0015182　秦0078　子部/藝術類/篆刻之屬/印譜

斐然齋印存不分卷　（清）徐中立篆　清光緒二十七年（1901）鈐印本　二冊

330000－1705－0015183　秦0005－1　子部/藝術類/書畫之屬/畫法畫品

竹波軒楳冊不分卷　（清）鄭淳繪　清道光刻本　一冊

330000－1705－0015192　秦0035　集部/總集類/酬唱之屬

西泠倡和詩二卷　清康熙刻本　一冊

330000－1705－0015193　秦0079　子部/藝術類/篆刻之屬/印譜

退齋印類十卷　（清）汪啟淑輯　清乾隆三十二年（1767）刻鈐印本　一冊　存二卷（三至四）

330000－1705－0015197　秦0022　子部/藝術類/篆刻之屬/印譜

承清館印譜初集一卷續集一卷　（明）張灝輯　明萬曆四十五年（1617）鈐印本　一冊　存一卷（續集）

330000－1705－0015199　秦0080　子部/藝術類/篆刻之屬/印譜

退齋印類十卷　（清）汪啟淑輯　清乾隆三十

二年(1767)刻鈐印本　蔚園珍賞　二冊　存二卷(四至五)

330000－1705－0015200　秦0116　子部/藝術類/篆刻之屬/印譜

食硯書屋印譜不分卷　（清）吳廷榮撰　清道光二十五年(1845)自怡山房鈐印本　一冊

330000－1705－0015201　秦0037　集部/別集類/清別集

食舊德齋雜著二卷　（清）劉嶽雲撰　清光緒二十二年(1896)四川尊經書院刻本　二冊

330000－1705－0015202　秦0089　子部/藝術類/篆刻之屬/印譜

森玉堂家訓印譜不分卷　（清）張錫圭輯　清乾隆鈐印本　秦彥沖題記　一冊

330000－1705－0015205　秦0065　子部/叢編

二十二子(二十二子彙函)　（清）浙江書局編　清光緒元年至三年(1875－1877)浙江書局刻本　五冊　存一種

330000－1705－0015207　秦0065－1、秦0019　子部/叢編

二十二子(二十二子彙函)　（清）浙江書局編　清光緒元年至三年(1875－1877)浙江書局刻本　五冊　存一種

330000－1705－0015209　秦0086　史部/金石類/璽印之屬

梅花草堂集古印存不分卷　鈐印本　十六冊

330000－1705－0015211　秦110　類叢部/叢書類/自著之屬

潛園總集十七種　（清）陸心源撰　清同治至光緒刻本　四冊　存一種

330000－1705－0015216　秦0111　子部/藝術類/篆刻之屬

篆學瑣著　（清）顧湘輯　清道光二十年(1840)海虞顧氏刻本　二冊　存一種

330000－1705－0015219　秦0024　子部/藝術類/篆刻之屬/印譜

篛園摸印存稿□□卷　（清）范文成篆　清鈐印本　一冊　存一卷(一)

330000－1705－0015222　秦0066、秦0151　子部/藝術類/音樂之屬/琴學

琴學叢書　楊宗稷輯　清宣統三年至民國二十年(1911－1931)楊氏刻本　十四冊　存十四種

330000－1705－0015223　秦0064　類叢部/叢書類/自著之屬

錢頤壽中丞全集正編三種續編二種　（清）錢寶琛撰　清同治七年至光緒六年(1868－1880)錢鼎銘刻本　六冊　存二種

330000－1705－0015225　秦0025　集部/別集類/宋別集

文信國公集二十卷首一卷　（宋）文天祥撰　清同治七年(1868)楚醴景萊書室刻本　十冊

330000－1705－0015229　秦0142　子部/宗教類/道教之屬/戒律

太上感應篇印譜不分卷　（清）嚴坤篆　清道光十三年(1833)鈐印本　二冊

330000－1705－0015230　秦0063　集部/詞類/詞譜之屬

碎金詞譜六卷附錄一卷碎金詞一卷　（清）謝元淮撰　清道光二十四年(1844)刻朱墨套印本　五冊　缺一卷(碎金詞)

330000－1705－0015232　秦0067　子部/藝術類/篆刻之屬/印譜

斐然齋印存不分卷　（清）徐中立篆　清光緒鈐印本　二冊

330000－1705－0015234　秦0010　集部/別集類/漢魏六朝別集

靖節先生集十卷　（晉）陶潛撰　（清）陶澍注　**靖節先生集諸本序錄一卷**　（清）陶澍編輯　**靖節先生年譜攷異二卷**　（清）陶澍撰　清光緒九年(1883)江蘇書局刻本　二冊　缺八卷(三至十)

330000－1705－0015236　秦0120　史部/金石類/金之屬/圖像

古秘戲竟泉拓本六種不分卷 褚德彝輯 清拓本 一冊

330000－1705－0015257 秦 0073 史部/地理類/總志之屬/通代

歷代輿地沿革險要圖說一卷 楊守敬 饒敦秩撰 王尚德繪 清光緒二十四年(1898)上海英商中西譯書會石印本 一冊

330000－1705－0015259 秦 0125 史部/傳記類/總傳之屬/技藝

國朝畫徵錄三卷續錄二卷明人附錄一卷 (清)張庚撰 (明)黎遂球 (明)袁楯撰 清刻本 清褚德彝題記 一冊

330000－1705－0015267 秦 0150 子部/藝術類/書畫之屬/書法書品

近代名家真跡四卷 清宣統抄本 二冊

330000－1705－0015272 秦 0126 史部/金石類/錢幣之屬/文字

欽定錢錄十六卷 (清)梁詩正等撰 清光緒五年(1879)茹古堂刻本 四冊

330000－1705－0015276 秦 0172 集部/別集類/清別集

孟塗前集十卷後集二十二卷文集十卷駢體文二卷 (清)劉開撰 清道光六年(1826)姚氏檗山草堂刻本 八冊

330000－1705－0015284 秦 0180 集部/別集類/唐五代別集

韓昌黎詩集編年箋注十二卷 (唐)韓愈撰 (清)方世舉考訂 (清)盧見曾刪定 清乾隆二十三年(1758)德州盧見曾雅雨堂刻本 十二冊

330000－1705－0015285 續 0140－1 子部/醫家類/方書之屬/歷代方書

驗方續編二卷 (清)張紹棠編 清光緒九年(1883)合肥味古齋刻本 二冊

330000－1705－0015287 新 3033 經部/詩類/傳說之屬

嚴氏詩緝補義八卷 (清)劉燦編 清嘉慶十六年(1811)鎮海劉氏墨莊刻本 三冊 存六卷(三至八)

330000－1705－0015290 秦 0176 子部/藝術類/篆刻之屬/印譜

勤補居印譜不分卷 (清)朱葆楨藏 清光緒十七年(1891)鈐印本 一冊

330000－1705－0015295 秦 0156 子部/藝術類/篆刻之屬/印譜

感應篇印譜二卷陰隲文印譜一卷覺世訓印譜一卷 (清)程得壽篆 (清)戴文燦釋 清乾隆嘉樹堂鈐印本 一冊 存一卷(陰隲文印譜)

330000－1705－0015296 朱 0791 史部/詔令奏議類/奏議之屬

枲實子存稿一卷 (清)崔國因撰 清光緒二十九年(1903)鉛印本 一冊

330000－1705－0015298 秦 0196 子部/藝術類/篆刻之屬/印譜

季木藏印不分卷 鈐印本 六冊

330000－1705－0015300 秦 0169 集部/別集類/清別集

湛園未定藁六卷 (清)姜宸英撰 清康熙二十年(1681)二老閣刻本 八冊

330000－1705－0015303 秦 0184 子部/藝術類/篆刻之屬/印譜

七十二候印譜不分卷 (清)童晏篆刻 清光緒十二年(1886)刻鈐本 二冊

330000－1705－0015305 秦 0185 子部/藝術類/篆刻之屬/印譜

潛泉印叢 清末西泠印社鈐拓本 二冊 存一種

330000－1705－0015312 秦 0193 子部/藝術類/音樂之屬/樂譜

伯牙心法不分卷 (明)楊掄輯 明萬曆刻本 四冊

330000－1705－0015314 秦 0096 子部/藝術類/篆刻之屬/印譜

小石山房印譜四卷歸去來辭一卷集名刻一卷

（清）顧湘　（清）顧浩輯　清道光八年(1828)海虞顧氏小石山房鈐印本　四冊　存四卷(印譜一至四)

330000－1705－0015316　新3053　經部/小學類/音韻之屬/韻書

古今韻會舉要小補三十卷　（明）方日升編輯　明萬曆三十四年(1606)雲杜周士顯建陽刻本　五冊　存七卷(三、五至六、八至十一)

330000－1705－0015320　新3034　經部/詩類/傳說之屬

讀風臆補十五卷　（明）戴君恩輯　（清）陳繼揆補輯　**讀風臆補總評一卷**　（清）陳繼揆補輯　清光緒六年(1880)寧郡述古堂刻本　三冊

330000－1705－0015322　秦0190　子部/藝術類/音樂之屬/樂譜

松絃館琴譜二卷　（明）嚴澂撰　明萬曆四十二年(1614)刻本　四冊

330000－1705－0015323　新3035　經部/禮記類/傳說之屬

欽定禮記義疏八十二卷首一卷　（清）聖祖玄燁撰　清光緒二十六年(1900)煥文書局鉛印本　五冊　存五十三卷(首,一至三十、四十至六十一)

330000－1705－0015324　秦0191　子部/藝術類/篆刻之屬/印譜

吉金齋古銅印譜不分卷　（清）何昆玉輯　清鈐印本　六冊

330000－1705－0015325　秦0186　子部/藝術類/篆刻之屬/印譜

西泠四家印譜附存四家　（清）丁丙輯　清末鈐印本　二冊　存一種

330000－1705－0015326　秦0171　子部/藝術類/音樂之屬/琴學

重修正文對音捷要真傳琴譜大全十卷　（明）楊表正撰　明萬曆十三年(1585)金陵富春堂刻本　四冊

330000－1705－0015327　新3036、新3037

經部/叢編

十一經音訓　（清）楊國楨等編　清光緒三年(1877)湖北崇文書局刻本　六冊　存二種

330000－1705－0015328　新3051　經部/小學類/文字之屬/說文

說文通訓定聲十八卷分部柬韻一卷說雅一卷古今韻準一卷　（清）朱駿聲撰　（清）朱鏡蓉參訂　**行述一卷**　朱孔彰撰　清道光二十九年(1849)刻咸豐元年(1851)朱孔彰臨嘯閣補刻本　十冊　存十九卷(一至十八、說雅)

330000－1705－0015330　秦0170　子部/藝術類/音樂之屬/樂譜

琴譜新聲六卷　（清）曹尚絅等撰　（清）祝鳳喈評　清嘉慶六年(1801)春草堂刻本　三冊

330000－1705－0015331　新3050　經部/小學類/文字之屬/說文

說文通訓定聲十八卷分部柬韻一卷說雅一卷古今韻準一卷　（清）朱駿聲撰　（清）朱鏡蓉參訂　**行述一卷**　朱孔彰撰　清光緒十三年(1887)上海積山書局石印本　八冊

330000－1705－0015332　秦0134　子部/醫家類/類編之屬

石山醫案八種　（明）汪機等撰　明嘉靖刻崇禎祁門樸墅增刻本　二冊　存一種

330000－1705－0015333　新3038　經部/三禮總義類/通禮雜禮之屬

禮書一百五十卷　（宋）陳祥道撰　清嘉慶九年(1804)福清韶溪郭龍光校經堂刻本　二冊　存十八卷(一百二十二至一百三十、一百四十二至一百五十)

330000－1705－0015335　新3059　史部/紀傳類/正史之屬

後漢書九十卷　（南朝宋）范曄撰　（唐）李賢注　**志三十卷**　（晉）司馬彪撰　（南朝梁）劉昭注　清末石印本　六冊

330000－1705－0015336　新3060　史部/編年類/通代之屬

御批歷代通鑑輯覽一百二十卷　（清）傅恒等

總裁　（清）楊述曾等纂修　清光緒三十四年(1908)上海商務印書館鉛印本　二十七冊缺四十四卷(八至二十四、二十七至三十二、五十四至六十二、七十三至八十一、一百十三至一百十五)

330000－1705－0015338　新3039　經部/三禮總義類/通禮雜禮之屬

禮書綱目八十五卷首三卷　（清）江永編　清嘉慶十五年(1810)婺源俞氏刻本　十三冊存五十九卷(首下、一至四、十至十四、二十五至四十六、五十一至五十九、六十三至八十)

330000－1705－0015339　新3054　經部/小學類/文字之屬/字書/字典

正字通十二卷　（明）張自烈撰　（清）廖文英輯　字彙舊本首一卷　（明）梅膺祚音釋　清康熙刻本　十一冊　存十卷(子集中下、寅集下、辰集下、巳集下、午集上中、未集下、申集上、酉集上)

330000－1705－0015342　新3041　經部/四書類/總義之屬/傳說

四書朱子本義匯參四十三卷首四卷　（清）王步青輯　清刻本　一冊　存二卷(孟子十一至十二)

330000－1705－0015343　新3066　史部/編年類/斷代之屬

明紀六十卷　（清）陳鶴輯　（清）陳克家補清同治十年(1871)江蘇書局刻本　二十冊

330000－1705－0015344　新3058　經部/小學類/文字之屬/字書/字典

康熙字典十二集三十六卷總目一卷檢字一卷辨似一卷等韻一卷補遺一卷備考一卷　（清）張玉書等纂修　清道光七年(1827)刻本　二十二冊　存十七卷(子集上中下、丑集上中下、寅集上中下、卯集上中下、辰集中下、巳集中下、酉集中)

330000－1705－0015345　新3061　史部/編年類/通代之屬

御批歷代通鑑輯覽一百二十卷　（清）傅恒等總裁　（清）楊述曾等纂修　清末石印本　十

八冊　存九十二卷(六至十八、二十一至三十、三十六至四十、四十六至九十、一百一至一百十九)

330000－1705－0015346　新3043　經部/小學類/文字之屬/說文/傳說

說文古籀疏證六卷原目一卷　（清）莊述祖撰清光緒十一年(1885)刻本　二冊　存五卷(二至六)

330000－1705－0015347　新3067、新3068、新3069、新3070　史部/紀事本末類

紀事本末五種　（清）□□輯　清同治十二年至十三年(1873－1874)江西書局刻本　七十六冊　存四種

330000－1705－0015348　新3065　史部/編年類/斷代之屬

明紀六十卷　（清）陳鶴輯　（清）陳克家補清同治十年(1871)江蘇書局刻本　十冊　存三十三卷(一至三十三)

330000－1705－0015349　新3044　經部/小學類/文字之屬/說文/傳說

說文古籀疏證六卷原目一卷　（清）莊述祖撰清光緒二十年(1894)武進莊殿華津郡明文堂刻本　二冊　存四卷(二至五)

330000－1705－0015351　新3042　經部/四書類/總義之屬/傳說

四書章句集註二十六卷　（宋）朱熹撰　四書家塾讀本句讀一卷四書章句集註定本辨一卷　（清）吳英撰　四書章句附考四卷　（清）吳志忠輯　清嘉慶十六年(1811)璜川吳氏真意堂刻本　三冊

330000－1705－0015352　新3083　史部/史抄類

廿一史約編八卷首一卷　（清）鄭元慶撰　清光緒席氏掃葉山房刻本　一冊　存一卷(木)

330000－1705－0015353　新3045　經部/小學類/文字之屬/說文/專著

說文辨字正俗八卷　（清）李富孫撰　清嘉慶二十一年(1816)校經廎刻本　一冊　存二卷

（一至二）

330000－1705－0015354　　新3046　　類叢部/
叢書類/彙編之屬

後知不足齋叢書四十七種　（清）鮑廷爵編
清同治至光緒常熟鮑氏刻本　一冊　存一種

330000－1705－0015355　　新3055　　經部/
叢編

古經解彙函十六種附小學彙函十四種　（清）
鍾謙鈞等輯　清同治十二年(1873)粵東書局
刻本　一冊　存小學彙函一種

330000－1705－0015356　　新3084　　史部/史
抄類

史記菁華錄六卷　（清）姚祖恩輯　清道光四
年(1824)吳興姚氏扶荔山房刻朱墨套印本
三冊　存三卷(三至五)

330000－1705－0015357　　新3064　　史部/編
年類/通代之屬

御批歷代通鑑輯覽一百二十卷　（清）傅恒等
總裁　（清）楊述曾等纂修　清同治十年
(1871)浙江書局刻朱墨套印本　六冊　存十
三卷(一至二、九至十一、十五、三十九至四十
一、五十五至五十六、六十九至七十)

330000－1705－0015358　　新3071　　史部/紀
事本末類

歷朝紀事本末九種　（清）陳如升　（清）朱記
榮輯　（清）慎記主人增輯　清光緒二十五年
(1899)上海慎記書莊石印本　二冊　存一種

330000－1705－0015359　　新3072　　史部/政
書類/通制之屬

三通　清乾隆十二年至十四年(1747－1749)
武英殿刻本　五冊　存一種

330000－1705－0015360　　新3056　　經部/小
學類/文字之屬

字典考證不分卷　（清）王念孫　（清）王引之
撰　清道光十一年(1831)愛日堂刻高郵王氏
著書本　一冊　存三卷(申集上、中、下)

330000－1705－0015361　　新3110　　類叢部/
叢書類/彙編之屬

重刊拜經樓叢書七種　（清）吳騫原編　清光
緒十一年(1885)會稽章氏鄂渚刻本　一冊
存一種

330000－1705－0015362　　新3047　　經部/小
學類/文字之屬/說文

說文解字注十五卷附六書音韻表五卷　（清）
段玉裁撰　**說文部目分韻一卷**　（清）陳煥編
清刻本　三冊　存三卷(十一、十三至十
四)

330000－1705－0015363　　新3073　　史部/政
書類/通制之屬

文獻通考正續合纂四十四卷　（清）郎星等輯
清康熙刻本　一冊　存一卷(文獻通考纂
十七)

330000－1705－0015364　　新3111　　集部/別
集類/唐五代別集

唐陸宣公集二十二卷　（唐）陸贄撰　清刻本
二冊　存十卷(四至十三)

330000－1705－0015365　　新3085　　史部/地
理類/總志之屬/斷代

廣輿記二十四卷　（明）陸應陽輯　（清）蔡方
炳增輯　清康熙刻本　四冊　存六卷(二、六
至十)

330000－1705－0015366　　新3057　　經部/小
學類/文字之屬/字書/字典

**康熙字典十二集三十六卷總目一卷檢字一卷
辨似一卷等韻一卷補遺一卷備考一卷**　（清）
張玉書等纂修　清末石印本　二冊　存十六
卷(子集上中下、丑集上中下、巳集上中下、午
集上中下,總目,檢字,辨似,等韻)

330000－1705－0015367　　新3048　　經部/小
學類/文字之屬/說文

說文解字義證五十卷　（清）桂馥撰　清同治
九年(1870)湖北崇文書局刻本　九冊　存十
二卷(三、五至七、九至十、三十七至三十八、
四十四至四十七)

330000－1705－0015368　　新3372　　集部/別
集類/清別集

湛園集八卷 （清）姜宸英撰 稿本 一冊 存六卷（三至八）

330000－1705－0015369 新3112 集部／別集類／唐五代別集

唐陸宣公集二十二卷 （唐）陸贄撰 清道光四年（1824）陸氏刻本 四冊 存十卷（十三至二十二）

330000－1705－0015370 新3086 史部／地理類／總志之屬／斷代

廣輿記二十四卷 （明）陸應陽輯 （清）蔡方炳增輯 清康熙刻本 九冊 存十八卷（二、五至十三、十五、十八至二十四）

330000－1705－0015371 新3074 史部／政書類／通制之屬

文獻通考合纂二十四卷 （元）馬端臨撰 （清）沈大有注 清刻本 三冊 缺三卷（十五至十七）

330000－1705－0015372 新3107 類叢部／類書類／專類之屬

佩文韻府一百六卷 （清）張玉書 （清）蔡升元等輯 韻府拾遺一百六卷 （清）汪灝 （清）何焯等輯 清嶺南潘氏海山僊館刻本 一百十九冊 存一百八十六卷（佩文韻府一至八、十、十六、十八至二十七上中、二十八至三十四上、三十四下、三十七至六十二、七十、七十二至七十六上中、七十七至八十九、九十九至一百四、一百六，韻府拾遺一至一百六）

330000－1705－0015373 新3075 史部／政書類／通制之屬

文獻通考詳節二十四卷 （元）馬端臨撰 （清）嚴虞惇輯 清刻本 一冊 存二卷（十六至十七）

330000－1705－0015374 新3049 經部／小學類／文字之屬／說文

說文通訓定聲十八卷分部束韻一卷說雅一卷古今韻準一卷 （清）朱駿聲撰 （清）朱鏡蓉參訂 行述一卷 朱孔彰撰 清道光二十九年（1849）刻咸豐元年（1851）朱孔彰臨嘯閣補刻本 七冊 存七卷（一、三、五、七至八、十

一至十二）

330000－1705－0015375 新3113 集部／別集類／唐五代別集

李太白文集三十二卷 （唐）李白撰 （清）王琦輯注 清刻本 二冊 存四卷（二至三、二十至二十一）

330000－1705－0015376 新3076 史部／詔令奏議類／奏議之屬

龔端毅公奏疏八卷附一卷浠川政譜二卷定山堂古文小品二卷續集一卷定山堂古文補遺三卷定山堂詩集四十三卷定山堂詩餘四卷 （清）龔鼎孳撰 清光緒九年（1883）龔氏聽彝書屋刻本 一冊 存二卷（龔端毅公奏疏一至二）

330000－1705－0015377 新3100 類叢部／叢書類／彙編之屬

雅雨堂藏書十三種 （清）盧見曾編 清乾隆二十一年（1756）德州盧氏雅雨堂刻增修本 一冊 存一種

330000－1705－0015378 新3093、新3097、新3079、新3040 子部／叢編

二十二子（二十二子彙函） （清）浙江書局編 清光緒元年至三年（1875－1877）浙江書局刻本 十一冊 存四種

330000－1705－0015379 新3114 集部／別集類／唐五代別集

杜工部集二十卷首一卷 （唐）杜甫撰 （清）鄭澐校 清光緒玉勾草堂刻本 二冊 存三卷（十、十九至二十）

330000－1705－0015380 新3109 類叢部／類書類／通類之屬

佩文韻府一百六卷 （清）張玉書 （清）蔡升元等輯 韻府拾遺一百六卷 （清）汪灝 （清）何焯等輯 清康熙五十一年至五十二年（1712－1713）內府刻本 五十二冊 存九十七卷（佩文韻府一至二、四、十、十一上、十五、十六上、十七、二十一至二十二、二十三下、二十六、三十一至三十二、三十八、四十至四十六、四十九、五十二至五十三、五十五、六十

三、六十六、六十七下、七十至七十一、七十七至七十八、八十至八十一、八十五、八十六下、九十上、九十三上、九十八、九十九上、一百、一百二上、一百三，韻府拾遺八至十一、十六至二十二、二十七至四十七、六十九至七十五、八十三至九十六）

330000－1705－0015381　新3099　子部/雜著類/雜考之屬

讀書雜志八十二卷餘編二卷　（清）王念孫撰　清同治刻本　十九冊　缺二十六卷（管子雜志六至十二、荀子雜志一至六、淮南內篇雜志五至十、逸周書雜志一至四、戰國策雜志一至三）

330000－1705－0015382　新3108　類叢部/類書類/專類之屬

佩文韻府一百六卷　（清）張玉書　（清）蔡升元等輯　**韻府拾遺一百六卷**　（清）汪灝（清）何焯等輯　清嶺南潘氏海山僊館刻本　二十三冊　存二十七卷（佩文韻府三十一至三十八、四十至五十八）

330000－1705－0015384　新3087　史部/地理類/總志之屬/通代

天下郡國利病書一百二十卷　（清）顧炎武撰　清道光刻本　三冊　存五卷（十三至十七）

330000－1705－0015385　新3094　子部/儒家類/儒學之屬/性理

淵鑒齋御纂朱子全書六十六卷　（宋）朱熹撰（清）李光地等輯　清刻本　十一冊　存二十卷（二至三、九至十、十六至十九、二十七至二十八、五十三至六十一、六十六）

330000－1705－0015386　新3127　集部/別集類/清別集

綠杉野屋集四卷　（清）徐以泰撰　清乾隆刻本　一冊

330000－1705－0015387　新3124　集部/別集類/清別集

梅村詩集箋註十八卷　（清）吳偉業撰　（清）吳翌鳳箋注　清嘉慶十九年（1814）嚴榮滄浪吟榭刻本　四冊　存五卷（一、四、八、十一至

十二）

330000－1705－0015388　新3088　類叢部/叢書類/彙編之屬

金峨山館叢書（望三益齋叢書）十一種　（清）郭傳璞編　清光緒八年至十六年（1882－1890）鄞郭氏刻二十年（1894）鎮海邵氏彙印本　一冊　存二種

330000－1705－0015389　新3078　史部/雜史類/通代之屬

宋遼金元別史五種　（清）席世臣輯　清乾隆至嘉慶南沙席氏掃葉山房刻本　三冊　存一種

330000－1705－0015390　新3133　集部/別集類/清別集

寶綸堂集古錄十二卷　（清）齊召南撰　（清）齊毓川輯　清光緒十四年（1888）天台齊毓川掣古齋木活字印本　二冊

330000－1705－0015391　新3115　集部/別集類/唐五代別集

昌黎先生集四十卷外集十卷遺文一卷　（唐）韓愈撰　（宋）廖瑩中校正　**朱子校昌黎先生集傳一卷**　（宋）朱熹撰　**韓集點勘四卷**（清）陳景雲撰　清同治八年至九年（1869－1870）江蘇書局刻本　二冊　存十八卷（二十八至三十三、外集一至十、遺文、朱子校昌黎先生集傳）

330000－1705－0015393　新3080、新3096、新3098　子部/叢編

子書百家　（清）崇文書局編　清光緒元年（1875）湖北崇文書局刻本　五冊　存三種十六卷（晏子春秋一至八、墨子六至十一、莊子一至二）

330000－1705－0015394　新3116　集部/別集類/唐五代別集

昌黎先生詩集注十一卷年譜一卷　（唐）韓愈撰　（清）顧嗣立刪補　清道光十六年（1836）膺德堂刻二十五年（1845）朱墨套印本　一冊　存三卷（五至七）

330000－1705－0015395　新 3095　子部/兵家類/兵法之屬

讀史兵略四十六卷 （清）胡林翼撰　清咸豐十一年（1861）武昌節署刻本　九冊　存二十五卷（三至八、十五至十七、二十五至二十七、三十一至三十九、四十三至四十六）

330000－1705－0015396　新 3089　類叢部/叢書類/彙編之屬

功順堂叢書 （清）潘祖蔭編　清光緒吳縣潘氏刻本　一冊　存一種

330000－1705－0015398　新 3081　史部/史表類/通代之屬

廿一史四譜五十四卷 （清）沈炳震撰　清刻本　三冊　存十卷（十八至二十三、四十七至五十）

330000－1705－0015399　新 3126　集部/別集類/清別集

柏梘山房文集十六卷文續集一卷詩集十卷詩續集二卷駢體文二卷 （清）梅曾亮撰　清咸豐六年（1856）楊以增、楊紹穀等慎修書屋刻同治三年（1864）補刻本　四冊　存二十二卷（文集四至十六、文續集、詩集七至十、詩續集一至二、駢體文一至二）

330000－1705－0015400　新 3125　集部/別集類/清別集

吳詩集覽二十卷補註二十卷吳詩談藪二卷拾遺一卷 （清）吳偉業撰　（清）靳榮藩注並輯　清乾隆四十年（1775）凌雲亭刻本　八冊　存九卷（吳詩集覽五至六、十至十三、十六至十八）

330000－1705－0015401　新 3156　集部/總集類/選集之屬/斷代

欽定全唐文一千卷目錄三卷 （清）董誥等輯　清嘉慶十九年（1814）揚州官書局刻本　六十一冊　存一百九十六卷（四至五、九至十、十三至十四、三十五至三十七、七十至七十八、八十五至八十七、九十八至一百一、一百三十至一百三十二、一百三十五至一百四十一、一百五十二至一百五十八、一百六十八、一百九十六至二百四、二百三十七至二百四十二、二百九十三、三百七十一至三百七十三、三百九十一至三百九十三、四百二至四百四、四百四十六至四百四十八、四百三十至四百三十二、四百八十至四百八十三、四百九十至四百九十七、五百三十五至五百四十、六百一至六百四、六百十六至六百二十、六百二十五至六百三十一、六百三十四至六百四十三、六百六十二至六百六十四、六百七十九至六百八十五、七百八至七百十八、七百三十一至七百三十三、七百三十七至七百三十九、七百四十三至七百四十六、七百七十二至七百七十三、八百二十至八百二十二、八百三十八至八百四十一、八百五十三至八百五十九、八百九十二至八百九十九、九百十八至九百二十、九百五十一至九百五十四、九百五十八至九百五十九、九百六十七至九百七十八、九百八十五至九百八十六）

330000－1705－0015402　新 3117　集部/別集類/宋別集

司馬溫公文集八十卷目錄二卷 （宋）司馬光撰　明崇禎元年（1628）吳時亮等刻本　二冊　存六卷（一至二、二十五至二十八）

330000－1705－0015403　新 3151　集部/總集類/選集之屬/通代

古文詞畧二十四卷 （清）梅曾亮輯　清同治六年（1867）合肥李氏刻本　一冊　存三卷（四至六）

330000－1705－0015404　新 3134　集部/別集類/清別集

吳氏遺箸五卷附一卷 （清）吳烎雲撰　清道光刻本　二冊

330000－1705－0015405　新 3090　史部/紀事本末類/斷代之屬

國史讀本□□卷 李岳瑞編　清末民國初鉛印本　一冊　存一卷（十）

330000－1705－0015406　新 3082　史部/傳記類/總傳之屬/通代

歷代帝王紀要十二卷首一卷 （清）王大輝輯

清光緒七年(1881)蛟川周氏詒書堂刻本
二冊

330000－1705－0015407　新3105　類叢部/
類書類/專類之屬
新增說文韻府羣玉二十卷　（元）陰時夫輯
（元）陰中夫注　清康熙萃華堂刻本　十四冊
存十四卷(二至五、七至十三、十五、十七、
十九)

330000－1705－0015408　新3140　集部/總
集類/選集之屬/通代
文選補遺四十卷首一卷　（元）陳仁子輯　清
道光二十五年(1845)琅嬛館刻本　十三冊
存三十九卷(二至四十)

330000－1705－0015409　新3118　集部/別
集類/宋別集
朱子集一百四卷　（宋）朱熹撰　清咸豐刻本
十冊　存二十八卷(五至七、十三至十八、
二十一至二十三、二十六至二十七、三十一至
三十三、三十九至四十四、五十六至五十八、
六十三至六十四)

330000－1705－0015410　新3119　集部/別
集類/元別集
鐵厓樂府註十卷咏史註八卷逸編註八卷
（元）楊維楨撰　（清）樓卜瀍注　清乾隆三十
九年(1774)聯桂堂刻本　一冊　存三卷(詠
史註四至六)

330000－1705－0015411　新3091　史部/傳
記類/總傳之屬/姓名
史姓韻編六十四卷　（清）汪輝祖撰　清同治
九年(1870)金陵書局木活字重印本　一冊
存二卷(一至二)

330000－1705－0015412　新3152　集部/總
集類/選集之屬/通代
御定歷代題畫詩類一百二十卷　（清）陳邦彥
輯　清嘉慶二十二年(1817)裕文堂刻本　十
冊　存七十一卷(一至二十六、三十三至四十
四、六十六至七十四、八十三至一百六)

330000－1705－0015413　新3106　子部/農

家農學類/園藝之屬/總志
佩文齋廣羣芳譜一百卷目錄二卷　（清）汪灝
等撰　清康熙刻本　十一冊　存三十九卷
(二十二至二十七、三十二至四十、四十四至
四十七、五十七至七十一、八十二至八十六)

330000－1705－0015414　新3135、新3136、
新3162　類叢部/叢書類/自著之屬
甌北全集八種　（清）趙翼撰　清乾隆至嘉慶
湛貽堂刻本　六冊　存三種

330000－1705－0015415　新3157　集部/總
集類/選集之屬/斷代
校正重刊官板宋朝文鑑一百五十卷目錄三卷
（宋）呂祖謙編　明刻本　七冊　存四十五
卷(十五至二十、三十五至四十二、一百五至
一百十一、一百十八至一百三十、一百三十六
至一百四十六)

330000－1705－0015416　新3092　類叢部/
叢書類/彙編之屬
武英殿聚珍版書一百三十八種　清乾隆武英
殿木活字印本　三冊　存一種

330000－1705－0015417　新3153　集部/總
集類/選集之屬/通代
御選唐宋詩醇五十八卷目錄一卷　（清）高宗
弘曆輯　清光緒三年(1877)浙江書局刻本
十冊　存二十四卷(五至十、十三至十五、二
十四至二十五、三十一至三十五、四十至四十
一、五十一至五十三、五十六至五十八)

330000－1705－0015418　新3101　子部/藝
術類/書畫之屬/總論
清河書畫舫十二卷鑒古百一詩一卷　（明）張
丑輯　清乾隆二十八年(1763)仁和吳氏池北
草堂刻本　五冊　存五卷(波字號、溜字號、
花字號、紅字號、尾字號)

330000－1705－0015419　新3141　集部/總
集類/選集之屬/通代
孫月峯先生評文選三十卷　（南朝梁）蕭統輯
（明）閔齊華註　明天啟烏程閔氏刻本　六
冊　存十三卷(一至四、十九至二十四、二十
八至三十)

330000－1705－0015420　新3158　集部/詩文評類/詩評之屬

宋詩紀事一百卷 （清）厲鶚 （清）馬曰琯輯 清乾隆十一年(1746)厲氏樊榭山房刻本 二冊 存八卷(十一至十三、二十九至三十三)

330000－1705－0015421　新3120　集部/別集類/元別集

剡源文鈔四卷佚文一卷 （元）戴表元撰 （清）黃宗羲選定 （清）何焯評點 清光緒十五年(1889)奉化孫鏘刻本 一冊 存二卷(一至二)

330000－1705－0015422　新3102　經部/小學類/文字之屬/字書/字體

楷法溯源十四卷古碑目一卷帖目一卷 （清）潘存輯 楊守敬編 清光緒刻本 六冊 存六卷(三至四、九至十二)

330000－1705－0015423　新3159　史部/史評類/詠史之屬

南宋雜事詩七卷 （清）沈嘉轍等撰 清同治十一年(1872)淮南書局刻本 一冊 存二卷(二至三)

330000－1705－0015424　新3121　集部/別集類/元別集

剡源佚詩六卷佚文二卷 （元）戴表元撰 孫鏘編 清光緒二十一年(1895)奉化孫鏘刻本 一冊

330000－1705－0015425　新3142　集部/總集類/選集之屬/通代

文選六十卷 （南朝梁）蕭統輯 （唐）李善注 **文選考異十卷** （清）胡克家撰 清嘉慶十四年(1809)鄱陽胡克家刻本 三冊 存十卷(考異一至十)

330000－1705－0015426　新3122　集部/別集類/清別集

韞山堂文集八卷 （清）管世銘撰 清光緒十七年(1891)周光濂存厚堂刻本 一冊 存二卷(七至八)

330000－1705－0015427　新3155　集部/總集類/選集之屬/斷代

御定全唐詩錄一百卷詩人年表一卷 （清）徐倬等輯 清康熙刻本 十四冊 存七十一卷(一至二、十三至十九、二十四至三十三、三十八至七十一、七十八至九十五)

330000－1705－0015428　新3123　集部/別集類/清別集

退遂齋詩鈔八卷續集四卷 （清）倪鴻撰 清光緒七年(1881)泉州刻本 三冊 存八卷(詩鈔一至八)

330000－1705－0015429　新3160　集部/總集類/選集之屬/斷代

明詩綜一百卷 （清）朱彝尊輯 （清）汪森等評 清康熙刻本 五冊 存二十一卷(六十三至六十五、八十至九十一、九十五至一百)

330000－1705－0015430　新3143　集部/總集類/選集之屬/通代

重訂文選集評十五卷首一卷末一卷 （清）于光華輯 清刻本 四冊 存四卷(八至十、十二)

330000－1705－0015431　新3154　集部/總集類/選集之屬/斷代

全唐詩九百卷目錄十二卷 （清）曹寅等輯 清康熙四十四年至四十六年(1705－1707)揚州詩局刻本 七十五冊 存四百七十三卷(一函三十六卷、二函三十五卷、三函六十一卷、四函四十四卷、五函三十五卷、六函四十八卷、七函三十五卷、九函四十八卷、十函四十九卷、十一函七十二卷、十二函五十四卷)

330000－1705－0015432　新3183　經部/春秋左傳類/傳說之屬

春秋大事表五十卷綱領一卷讀春秋偶筆一卷輿圖一卷附錄一卷 （清）顧棟高輯 清光緒十四年(1888)陝西求友齋刻本 二十四冊

330000－1705－0015433　新3161　集部/總集類/選集之屬/斷代

國朝詩別裁集三十六卷 （清）沈德潛輯並評 清乾隆二十四年(1759)刻本 十二冊 缺

十卷(三至四、二十五至二十六、二十九至三十、三十三至三十六)

330000 - 1705 - 0015434　新3137、新3138　類叢部/叢書類/自著之屬
甌北全集八種　（清）趙翼撰　清乾隆至嘉慶湛貽堂刻本　三冊　存二種

330000 - 1705 - 0015435　新3144　集部/總集類/選集之屬/通代
古文眉詮七十九卷首一卷　（清）浦起龍輯　清乾隆九年(1744)蘇州三吳書院刻本　四冊　存二十六卷(一至十一、五十九至六十六、七十三至七十九)

330000 - 1705 - 0015436　新3184　經部/易類/傳說之屬
鄭氏爻辰補六卷圖一卷　（清）戴棠撰　清道光二十九年(1849)燕山書屋刻本　三冊

330000 - 1705 - 0015437　新3185　類叢部/叢書類/彙編之屬
古香齋袖珍十種　清同治至光緒南海孔氏刻本　一冊　存一種

330000 - 1705 - 0015438　新3145　集部/總集類/選集之屬/通代
古詩箋三十二卷　（清）王士禎輯　（清）聞人倓箋　清乾隆三十一年(1766)芷蘭堂刻本　十二冊

330000 - 1705 - 0015439　新3173　集部/總集類/選集之屬/通代
經史百家雜鈔二十六卷　（清）曾國藩輯　清光緒二十九年(1903)上海商務印書館鉛印本　七冊　存十六卷(一至六、十三至十七、二十至二十二、二十五至二十六)

330000 - 1705 - 0015440　新3167　集部/詞類/類編之屬
四印齋所刻詞三十一種　（清）王鵬運編　清光緒十四年(1888)桂林王氏四印齋刻本　二冊　存一種

330000 - 1705 - 0015441　新3210　經部/小學類/文字之屬/說文
說文解字注十五卷附六書音韻表五卷　（清）段玉裁撰　**說文部目分韻一卷**　（清）陳煥編　清乾隆至嘉慶段氏經韻樓刻同治六年至十一年(1867 - 1872)蘇州保息局補刻本　十六冊

330000 - 1705 - 0015442　新3163　集部/詞類/類編之屬
十家詞彙　（清）金繩武編　清咸豐六年(1856)評花仙館刻本　四冊

330000 - 1705 - 0015443　新3146　集部/總集類/選集之屬/通代
古詩箋三十二卷　（清）王士禎輯　（清）聞人倓箋　清乾隆三十一年(1766)芷蘭堂刻本　一冊　存二卷(七言詩歌行鈔八至九上)

330000 - 1705 - 0015444　新3186　類叢部/叢書類/輯佚之屬
漢魏遺書鈔一百四種　（清）王謨輯　清嘉慶三年(1798)金谿王氏刻本　十二冊　存四十七種

330000 - 1705 - 0015445　朱1294　經部/小學類/文字之屬/字書/字體
隸韻十卷碑目一卷　（宋）劉球撰　**碑目攷證一卷隸韻攷證二卷**　（清）翁方綱撰　清嘉慶十五年(1810)秦恩復刻本　六冊

330000 - 1705 - 0015446　新3147　集部/總集類/選集之屬/通代
阮亭選古詩三十二卷　（清）王士禎輯　清同治五年(1866)金陵書局刻本　七冊　存二十六卷(七言詩歌行鈔一至七、九至十五,五言詩六至十七)

330000 - 1705 - 0015447　新3139　集部/總集類/選集之屬/通代
唐宋大家全集錄十種五十二卷　（清）儲欣錄　（清）吳蔚起等參校　清康熙四十四年(1705)松鱗堂刻本　二十五冊

330000 - 1705 - 0015448　新3168　類叢部/叢書類/彙編之屬
琳琅祕室叢書三十種　（清）胡珽編　清光緒

十四年(1888)會稽董氏取斯家塾木活字印本
　　五冊　存十種

330000－1705－0015449　　新3177　　經部/群
經總義類/類編之屬

五經經解萃精不分卷　　（清）□□輯　清光緒
石印本　　三冊

330000－1705－0015450　　新3148　　集部/總
集類/選集之屬/通代

阮亭選古詩三十二卷　　（清）王士禎輯　清同
治五年(1866)金陵書局刻本　　二冊　存七卷
（七言詩歌行鈔一至四、九至十一）

330000－1705－0015451　　新3132　　集部/別
集類/清別集

寶綸堂文鈔八卷詩鈔六卷　　（清）齊召南撰
清光緒十三年(1887)郭傳璞金峨山館刻本
一冊　存三卷（詩鈔一至三）

330000－1705－0015452　　新3149　　集部/總
集類/選集之屬/通代

五七言今體詩鈔十八卷　　（清）姚鼐輯　清同
治五年(1866)金陵書局刻本　　二冊

330000－1705－0015455　　新3216、新3217、
新3218、新3219、新3220　　史部/紀傳類/正史
之屬

二十四史附考證　　清光緒十八年(1892)武林
竹簡齋石印本　　二十二冊　存五種

330000－1705－0015456　　新3150　　集部/總
集類/選集之屬/通代

五七言今體詩鈔十八卷　　（清）姚鼐輯　清同
治五年(1866)金陵書局刻本　　二冊

330000－1705－0015458　　新3187、新3188
經部/叢編

御纂七經二百八十卷首十一卷序三卷　　（清）
李光地等撰　清同治六年至九年(1867－
1870)浙江書局刻本　　五十六冊　存二種

330000－1705－0015459　　新3206　　子部/儒
家類/儒學之屬/勸學

輶軒語一卷　　（清）張之洞撰　清光緒二年
(1876)退補齋刻本　　一冊

330000－1705－0015460　　新3212　　類叢部/
類書類/專類之屬

韻府約編二十四卷　　（清）鄧愷輯　清刻本
二十四冊

330000－1705－0015461　　新3131　　類叢部/
叢書類/自著之屬

周孟侯先生全書五種　　（清）周拱辰撰　清道
光二十七年(1847)刻光緒元年(1875)補刻本
三冊　存一種

330000－1705－0015463　　新3207　　經部/群
經總義類/文字音義之屬

重校十三經不貳字一卷　　（清）李鴻藻輯　清
光緒元年(1875)刻本　　一冊

330000－1705－0015464　　新3214　　子部/儒
家類/儒學之屬/蒙學

龍文鞭影二卷　　（明）蕭良有纂輯　（清）楊臣
諍增訂　清道光五年(1825)刻本　　一冊　存
一卷（上）

330000－1705－0015465　　新3180　　經部/春
秋總義類/傳說之屬

春秋旁訓辨體合訂四卷　　（清）徐立綱撰　清
循陔堂刻本　　二冊

330000－1705－0015466　　新3174　　經部/四
書類/總義之屬/傳說

羣龍館手授四書主意鞭影二十卷　　（明）劉鳳
翺撰　明刻朱墨套印本　　二冊　存八卷（十
一至十八）

330000－1705－0015468　　新3189　　經部/四
書類/論語之屬/專著

鄉黨圖考十卷　　（清）江永撰　清乾隆五十八
年(1793)金閶書業堂刻本　　四冊

330000－1705－0015469　　新3164　　集部/別
集類/清別集

蔗塘外集一卷　　（清）厲鶚等撰　**洗春詞一卷**
（清）范作鎮撰　**新安竹枝詞一卷**　　（清）方
士庹撰　**玉湖漁唱二卷**　　（清）姚世鈞撰　清
刻本　　一冊

330000－1705－0015470　　新3172　　集部/別

集類/明別集

明張文忠公文集十一卷詩集六卷 （明）張居正撰　清宣統三年（1911）醉古堂石印本　一冊　存三卷（九至十一）

330000－1705－0015472　新3191　經部/儀禮類/傳說之屬

儀禮旁訓十七卷 （清）□□輯　清嘉慶五年（1800）掃葉山房刻本　二冊

330000－1705－0015473　新3181　經部/叢編

五經旁訓 （清）徐立綱旁訓　清匠門書屋刻墨潤堂印本　二冊　存一種

330000－1705－0015474　新3190、新3178、新3369　類叢部/叢書類/彙編之屬

武英殿聚珍版書一百三十八種 清乾隆武英殿木活字印本　二十二冊　存六種

330000－1705－0015475　新3182　經部/春秋左傳類/傳說之屬

左傳不分卷 清抄本　三冊

330000－1705－0015476　新3130　集部/別集類/清別集

雪門詩草十四卷 （清）許瑤光撰　清同治十三年（1874）刻本　三冊　存八卷（一至二、七至九、十二至十四）

330000－1705－0015477　新3225、新3226、新3227　史部/紀傳類/正史之屬

二十四史 清光緒十年（1884）上海同文書局石印本　五十九冊　存四種

330000－1705－0015478　新3211、新3284　類叢部/叢書類/彙編之屬

申報館叢書正集五十七種附錄三種 尊聞閣主編　續集一百四十二種　蔡爾康編　清同治至光緒上海申報館鉛印本　二冊　存二種

330000－1705－0015479　新3192　經部/儀禮類/圖說之屬

儀禮圖六卷 （清）張惠言撰　清同治九年（1870）崇文書局刻本　一冊　存二卷（一至二）

330000－1705－0015480　新3178－1　類叢部/叢書類/自著之屬

少室山房四集 （明）胡應麟撰　明萬曆刻本　一冊　存一種

330000－1705－0015481　新3209　經部/小學類/文字之屬/說文

說文解字韻譜十卷 （五代）徐鍇撰　（清）馮桂芬校訂　清同治三年（1864）吳縣馮桂芬縮摹篆文刻六年（1867）補刻本　一冊　存八卷（一至八）

330000－1705－0015482　新3208　經部/群經總義類/文字音義之屬

重校十三經不貳字一卷 （清）李鴻藻輯　清光緒元年（1875）刻本　一冊

330000－1705－0015483　新3193　經部/儀禮類/圖說之屬

儀禮圖六卷 （清）張惠言撰　清同治九年（1870）崇文書局刻本　三冊　存二卷（一至二）

330000－1705－0015484　新3215　集部/總集類/課藝之屬

目耕齋讀本初集不分卷二刻不分卷 （清）徐楷評注　（清）沈叔眉選刊　清汲綆齋刻本　六冊

330000－1705－0015485　新3165　集部/詞類/總集之屬

國朝詞綜續編二十四卷 （清）黃燮清輯　清同治十二年（1873）武昌刻本　五冊

330000－1705－0015486　新3175　經部/四書類/論語之屬/傳說

論語集註十卷 （宋）朱熹撰　清刻本　一冊　存五卷（六至十）

330000－1705－0015488　新3205　類叢部/叢書類/自著之屬

王菉友先生著書四種 （清）王筠撰　清咸豐二年（1852）賀惠、賀蓉、賀荃刻本　二冊

330000－1705－0015489　新3212－1　經部/小學類/音韻之屬

廣韻等紐標目一卷　清抄本　一冊

330000－1705－0015490　新3236　史部/傳記類/總傳之屬/儒林

理學宗傳二十六卷　(清)孫奇逢撰　(清)魏一鰲等編　清光緒六年(1880)浙江書局刻本　十二冊

330000－1705－0015491　新3234　史部/地理類/外紀之屬

泰西各國采風記五卷時務論一卷　宋育仁撰　清光緒二十三年(1897)上海書局石印本　三冊　缺一卷(時務論)

330000－1705－0015493　新3224、新3228　史部/紀傳類/正史之屬

二十四史附考證　清光緒十四年(1888)上海圖書集成印書局鉛印本　十六冊　存二種

330000－1705－0015494　新3235　史部/地理類/外紀之屬

瀛環志略十卷　(清)徐繼畬撰　清光緒二十一年(1895)上海寶文局石印本　四冊

330000－1705－0015495　新3194　經部/禮記類/傳說之屬

禮記集注十卷　(元)陳澔撰　清同治十一年(1872)湖南省尊經閣刻本　十冊

330000－1705－0015496　新3222　史部/紀傳類/正史之屬

二十四史　清光緒十年(1884)上海同文書局石印本　二十四冊　存二種

330000－1705－0015497　新3238　史部/史評類/史論之屬

史論正鵠初集四卷二集四卷三集八卷　(清)王樹敏評點　清光緒二十七年(1901)上海久敬齋石印本　八冊　存八卷(三集一至八)

330000－1705－0015498　新3245　史部/史評類/史論之屬

讀史論畧一卷　(清)杜詔撰　清抄本　一冊

330000－1705－0015499　新3195　經部/儀禮類/傳說之屬

儀禮鄭注句讀十七卷附監本正誤一卷石本誤字一卷　(清)張爾岐撰　清同治七年(1868)金陵書局刻本　四冊

330000－1705－0015500　新3232　史部/傳記類/總傳之屬/仕宦

歷代名臣言行錄二十四卷　(清)朱桓輯　清刻本　三十六冊

330000－1705－0015501　新3239　史部/地理類/山川之屬/水志

水經注圖一卷坿錄一卷　(清)汪士鐸撰　清末石印本　一冊

330000－1705－0015502　新3246　新學/史志/別國史

節本泰西新史攬要八卷　(英國)李提摩太譯　周慶雲節錄　清光緒二十七年(1901)周慶雲夢坡室刻本　二冊

330000－1705－0015503　新3241　史部/雜史類/斷代之屬

戰國策三十三卷　(漢)高誘注　重刻剡川姚氏本戰國策札記三卷　(清)黄丕烈撰　清光緒二十七年(1901)上海鴻寶齋石印本　五冊

330000－1705－0015505　新3243　類叢部/叢書類/彙編之屬

廣雅書局叢書一百五十九種　徐紹棨編　清光緒廣雅書局刻民國九年(1920)番禺徐紹棨彙編重印本　一冊　存一種

330000－1705－0015506　新3204　經部/小學類/文字之屬/字書/通論

字學舉隅不分卷　(清)黄本驥　(清)龍啟瑞撰　清道光刻本　一冊

330000－1705－0015507　新3129　集部/別集類/清別集

琴隱園詩集三十六卷詞集四卷　(清)湯貽汾撰　清同治十三年(1874)曹士虎刻本　六冊　存二十八卷(詩集五至九、十五至三十三、詞集一至四)

330000－1705－0015509　新3258　子部/叢編

子書二十三種 （清）浙江書局編 清光緒二十三年(1897)上海圖書集成局鉛印本 二十九冊 存二十種

330000－1705－0015510 新3229 史部/編年類/通代之屬

御批歷代通鑑輯覽一百二十卷 （清）傅恒等總裁 （清）楊述曾等纂修 清光緒三十四年(1908)上海商務印書館鉛印本 三十九冊 存一百十七卷(四至一百二十)

330000－1705－0015511 新3247 史部/地理類/專志之屬/古跡

平山堂圖志十卷首一卷 （清）趙之壁纂 清光緒九年(1883)歐陽利見刻本 三冊 存十卷(一至十)

330000－1705－0015512 新3271 子部/天文曆算類/算書之屬

御製數理精蘊上編五卷下編四十卷表八卷 （清）聖祖玄燁撰 清光緒二十二年(1896)上海博文書局石印本 二十二冊 缺一卷(表一)

330000－1705－0015513 新3233 史部/目錄類/總錄之屬/官修

欽定四庫全書簡明目錄二十卷 （清）紀昀等撰 清光緒十年(1884)上海同文書局石印本 四冊

330000－1705－0015514 新3247－1 史部/史評類/考訂之屬

廿二史考異一百卷 （清）錢大昕撰 清刻本 一冊 存三卷(十五至十七)

330000－1705－0015515 新3294 子部/宗教類/道教之屬

金丹正理大全十一種 （明）□□輯 明刻本 一冊 存一種

330000－1705－0015516 新3321 集部/總集類/選集之屬/斷代

唐詩初選二卷 （清）孫洙編 （清）吳宗麟重編 清同治三年(1864)可久長室刻本 二冊

330000－1705－0015518 新3202 類叢部/

叢書類/自著之屬

岣嶁叢書九種二十三卷 （清）曠敏本撰 清乾隆刻彙印本 二冊 存一種

330000－1705－0015519 朱0426 子部/雜著類/雜纂之屬

宋稗類鈔八卷 （清）潘永因輯 清乾隆刻本 八冊

330000－1705－0015520 新3263 經部/四書類/總義之屬/傳說

四書典林三十卷四書古人典林十二卷 （清）江永輯 清寧波汲綆齋刻本 十五冊 缺四卷(二十七至三十)

330000－1705－0015521 新3248 新學/史志/諸國史

萬國通史三編十卷 （英國）李思倫白輯譯 （清）曹曾涵編 清光緒三十一年(1905)上海廣學會鉛印本 十冊

330000－1705－0015522 新3295 子部/道家類

觀間靈籤不分卷 清刻本 一冊

330000－1705－0015523 新3198 經部/四書類/總義之屬/傳說

四書經註集證十九卷 （清）吳昌宗撰 清嘉慶三年(1798)江都汪廷機刻本 十五冊

330000－1705－0015524 新3230 史部/編年類/斷代之屬

御撰資治通鑑綱目三編四卷 （清）張廷玉等撰 清石印本 一冊 存二卷(三至四)

330000－1705－0015525 新3272 子部/雜著類/雜纂之屬

經餘必讀八卷二編八卷 （清）雷琳 （清）錢樹棠 （清）錢樹立輯 清道光十二年(1832)碧梧齋刻本 八冊

330000－1705－0015526 新3296 類叢部/類書類/通類之屬

子史輯要題解四卷續編四卷 （清）胡本淵編 清刻本 二冊 存四卷(續編一至四)

330000－1705－0015527　新 3231　史部/編年類/通代之屬

御批歷代通鑑輯覽一百二十卷　（清）傅恆等撰　清光緒二十五年(1899)石印本　二十冊

330000－1705－0015530　新 3275　子部/儒家類/儒家之屬

劉向說苑二十卷　（漢）劉向撰　明抄本　一冊　存一卷（十四）

330000－1705－0015531　新 3312　集部/總集類/選集之屬/通代

文選六十卷　（南朝梁）蕭統輯　（唐）李善注　**文選考異十卷**　（清）胡克家撰　清光緒六年(1880)四明林植梅刻本　二十四冊

330000－1705－0015532　新 3335　經部/四書類/總義之屬/傳說

制藝鎔裁十六卷　（清）桂香盦主人編　清同治九年(1870)青雲閣刻本　十六冊

330000－1705－0015533　新 3276　子部/儒家類/儒學之屬/禮教

五種遺規　（清）陳弘謀輯並撰　清光緒十九年(1893)上海洋布公所振華堂刻本　二十冊

330000－1705－0015535　新 3313　集部/總集類/選集之屬/斷代

唐詩品彙九十卷拾遺十卷歷代名公敘論一卷詩人爵里詳節一卷　（明）高棅輯　明刻本　一冊　存二卷（歷代名公敘論、詩人爵里詳節）

330000－1705－0015536　新 3359、新 3366　類叢部/叢書類/彙編之屬

邵武徐氏叢書二十三種　（清）徐榦編　清光緒邵武徐氏刻本　二冊　存三種

330000－1705－0015537　新 3341　經部/小學類/音韻之屬/韻書

詩韻合璧五卷　（清）湯祥瑟輯　**三場程式一卷**　清光緒元年(1875)繡谷海陵書屋刻本　五冊

330000－1705－0015538　新 3203　類叢部/叢書類/彙編之屬

小四書四種　（明）朱升編　清康熙三十二年(1693)恆德堂刻本　四冊　存四種

330000－1705－0015539　新 3314　集部/總集類/選集之屬/通代

古唐詩合解唐詩十二卷古詩四卷　（清）王堯衢注　清光緒二十一年(1895)金谿經國書坊刻本　六冊

330000－1705－0015540　新 3336　集部/總集類/課藝之屬

春明詩課不分卷　（清）仇炳台編　清光緒刻本　一冊

330000－1705－0015541　新 3342　經部/小學類/音韻之屬/韻書

詩韻合璧五卷　（清）湯祥瑟輯　**虛字韻藪一卷**　（清）潘維城輯　清末石印本　五冊

330000－1705－0015542　新 3315　集部/總集類/選集之屬/通代

古文淵鑒六十四卷　（清）徐乾學等輯注　清同治十二年(1873)浙江書局刻本　二十二冊　存四十四卷（一至二十二、四十三至六十四）

330000－1705－0015544　新 3316　集部/總集類/選集之屬/通代

七十家賦鈔六卷　（清）張惠言輯　清光緒四年(1878)宏達堂刻本　六冊

330000－1705－0015545　新 3317　集部/總集類/選集之屬/通代

樂府詩集一百卷目錄二卷　（宋）郭茂倩輯　明崇禎虞山毛氏汲古閣刻清康熙毛扆重訂本　四冊　存二十九卷（五十五至八十三）

330000－1705－0015546　新 3249　類叢部/類書類/通類之屬

鑄史駢言十二卷　（清）孫玉田編　清光緒二年(1876)刻本　四冊

330000－1705－0015547　新 3267　子部/儒家類/儒家之屬

孔氏家語十卷　（三國魏）王肅注　清光緒六年(1880)掃葉山房刻本　二冊

330000－1705－0015548　新3318　集部/總集類/選集之屬/通代

樂府詩集一百卷目錄二卷　（宋）郭茂倩輯明崇禎虞山毛氏汲古閣刻清康熙毛扆重訂本　二冊　存十二卷（十五至二十、二十四至二十九）

330000－1705－0015549　新3319　集部/總集類/選集之屬/通代

古賦首選不分卷　（清）梁藥譜輯注　清同治八年(1869)順德梁氏鏡古堂刻本　一冊

330000－1705－0015550　新3277　子部/雜著類/雜考之屬

困學紀聞翁注編目二十六卷首一卷　（清）翁元圻撰　（清）秋樹根齋主人編　清光緒八年(1882)秋樹根齋刻本　四冊

330000－1705－0015552　新3320　集部/總集類/選集之屬/通代

石倉十二代詩選　（明）曹學佺輯　明崇禎刻本　二冊　存一種

330000－1705－0015553　新3278　子部/法家類

韓子二十卷　清刻本　一冊　存九卷（六至十四）

330000－1705－0015554　新3201　子部/儒家類/儒學之屬/經濟

大學衍義補一百六十卷首一卷　（明）丘濬撰　（明）陳仁錫評閱　明崇禎陳仁錫刻本　一冊　存五卷（五十六至六十）

330000－1705－0015555　新3346　類叢部/類書類/專類之屬

縮本精選經藝淵海不分卷　（清）常安室主人輯　清光緒十一年(1885)上海點石齋石印本　十冊

330000－1705－0015556　新3337　集部/詩文評類/文法之屬/文法

學詩捷徑不分卷　（清）俞蔭甫輯　清二石軒刻本　一冊

330000－1705－0015559　新3390　集部/詞類/總集之屬

古香岑草堂詩餘四集十七卷　（明）□□輯　明末刻本　一冊　存二卷（正集三至四）

330000－1705－0015560　新3355　集部/總集類/選集之屬/斷代

七家試帖輯註彙鈔九卷　（清）張熙宇輯評　（清）王植桂輯注　清同治九年(1870)京師琉璃廠刻本　八冊

330000－1705－0015561　新3338　集部/別集類/清別集

養雲山館試帖四卷　（清）許球撰　清刻本　四冊

330000－1705－0015562　新3279、新3400　子部/叢編

子書百家　（清）崇文書局編　清光緒元年(1875)湖北崇文書局刻民國元年(1912)鄂官書處重印本　五冊　存二種

330000－1705－0015567　新3322　集部/總集類/選集之屬/通代

三十家詩鈔六卷首一卷末一卷　（清）曾國藩纂　（清）王定安增輯　清同治十三年(1874)傳忠書局刻本　六冊

330000－1705－0015568　新3340　集部/總集類/課藝之屬

句東試帖注釋四卷　（清）周世緒輯　清道光五年(1825)賦鵯書屋刻本　四冊

330000－1705－0015570　新3280　史部/政書類/律令之屬/法驗

洗冤錄詳義四卷首一卷　（清）許槤輯　**洗冤錄摭遺二卷**　（清）葛元煦輯　清光緒二年(1876)泉唐葛氏嘯園刻本　五冊

330000－1705－0015571　新3338－1　集部/別集類/清別集

養雲山館試帖四卷　（清）許球撰　清光緒五年(1879)刻本　四冊

330000－1705－0015573　新3351　類叢部/類書類/通類之屬

增廣試帖玉芙蓉五卷韻目一卷類目一卷續集

二卷韻目一卷類目一卷　（清）鴻寶齋主人輯　清光緒十四年（1888）上海鴻寶齋石印本　五冊　缺三卷（一至三）

330000－1705－0015575　新 3281　子部/雜著類/雜考之屬

困學紀聞注二十卷　（清）翁元圻撰　清道光五年（1825）餘姚翁氏守福堂刻本　十四冊

330000－1705－0015576　新 3199　經部/四書類/總義之屬/傳說

四書攟餘說七卷　（清）曹之升撰　清嘉慶三年（1798）刻本　六冊

330000－1705－0015577　新 3339　集部/總集類/課藝之屬

試帖鳳樓四卷　（清）楊廷棟編撰　清道光刻本　二冊

330000－1705－0015579　新 3200　經部/小學類/訓詁之屬/爾雅

爾雅蒙求二卷　（清）李拔式撰　清刻本　一冊　存一卷（下）

330000－1705－0015580　新 3323　集部/總集類/課藝之屬

江漢炳靈集二卷　（清）張之洞輯　清同治九年（1870）刻本　六冊　存二卷（第一集上、下）

330000－1705－0015581　新 3257　史部/傳記類/日記之屬

精印曾文正公日記手蹟樣本一卷　中國圖書公司輯　清宣統元年（1909）中國圖書公司石印本　一冊

330000－1705－0015582　新 3283　類叢部/叢書類/彙編之屬

半厂叢書初編十種　（清）譚獻編　清同治至光緒仁和譚氏刻本　二冊　存一種

330000－1705－0015584　新 3306　新學/雜著/叢編

西學大成五十六種　（清）王西清　（清）盧梯青編　清光緒石印本　七冊　存二十八種

330000－1705－0015585　新 3326　集部/總集類/課藝之屬

曠視山房制藝二集四卷　（清）丁守存撰　清同治九年（1870）敦本堂刻本　四冊

330000－1705－0015586　新 3261　子部/儒家類/儒學之屬/勸學

勸學篇二卷　（清）張之洞撰　清光緒二十四年（1898）兩湖書院石印本　一冊　存一卷（一）

330000－1705－0015587　新 3353　集部/別集類/清別集

詩鈔不分卷　清抄本　一冊

330000－1705－0015588　新 3357、新 3358　類叢部/叢書類/自著之屬

琴志樓叢書　易順鼎撰　清光緒刻本　二冊　存二種

330000－1705－0015589　新 3348　經部/叢編

經文積玉五卷　清同治十二年（1873）縵雅堂刻本　五冊

330000－1705－0015590　新 3367　集部/別集類/明別集

方正學先生遜志齋集二十四卷拾補一卷外紀一卷校勘記一卷方學正先生年譜一卷　（明）方孝孺撰　（明）張紹謙纂　清宣統元年（1909）黃巖九峯精舍刻本　十冊　存十九卷（一至十五、拾補、外紀、校勘記、年譜）

330000－1705－0015591　新 3285　類叢部/叢書類/彙編之屬

嘯園叢書五十七種　（清）葛元煦編　清光緒二年至七年（1876－1881）仁和葛氏刻本　一冊　存一種

330000－1705－0015592　新 3259　子部/儒家類/儒學之屬/禮教/家訓

曾文正公家訓二卷　（清）曾國藩撰　清光緒五年（1879）傳忠書局刻本　一冊

330000－1705－0015593　新 3361　集部/總集類/氏族之屬

得月樓賦鈔甲編不分卷乙編不分卷丙編不分卷丁編不分卷 （清）張元灝選評 清咸豐十年(1860)刻本 八冊

330000－1705－0015636 新3378 集部/總集類/氏族之屬

〔浙江寧波〕四明水氏留碩稿不分卷 （清）水嘉穀輯 清光緒十八年(1892)四明水嘉穀刻本 三冊

330000－1705－0015638 新3388 集部/詩文評類/詩評之屬

司空詩品註釋一卷 （唐）司空圖撰 清同治九年(1870)寶文書局刻本 一冊

330000－1705－0015639 新3330 類叢部/類書類/通類之屬

增廣留青新集二十四卷 （清）伊□□重編 （清）沈鼎銘 （清）馮善長校讎 清光緒二十五年(1899)石印本 十冊

330000－1705－0015640 新3343 類叢部/類書類/專類之屬

類聯集錦八卷 （清）張宗濤輯 清乾隆四十八年(1783)刻本 二冊

330000－1705－0015643 新3363 集部/別集類/漢魏六朝別集

庾子山賦鈔不分卷 （北周）庾信撰 清抄本 一冊

330000－1705－0015645 新3332 集部/總集類/選集之屬/通代

古文淵鑒六十四卷 （清）徐乾學等輯注 清康熙四十九年(1710)內府刻四色套印本 一冊 存二卷(五十一至五十二)

330000－1705－0015646 新3373 集部/別集類/清別集

壯悔堂文集十卷遺稿一卷四憶堂詩集六卷遺稿一卷 （清）侯方域撰 清雍正刻本 二冊 存四卷(壯悔堂文集一至二、十，遺稿)

330000－1705－0015647 新3365 集部/別集類/清別集

魏叔子文集不分卷 （清）魏禧撰 清抄本

一冊

330000－1705－0015649 新3270 子部/天文曆算類/曆法之屬

三統術詳說四卷 （清）陳澧撰 清末刻本 一冊

330000－1705－0015650 新3409 類叢部/叢書類/彙編之屬

正誼堂全書六十三種續刻五種 （清）張伯行編 （清）楊浚重編 清同治五年(1866)福州正誼書院刻同治八年至光緒十三年(1869－1887)續刻本 一百三十九冊 存六十四種

330000－1705－0015651 新3391 集部/詞類/總集之屬

詞壇合璧十五卷 （明）朱之蕃編 明刻朱墨套印本 一冊 存一種

330000－1705－0015652 新3260 子部/儒家類/儒學之屬/禮教

聖諭廣訓直解一卷 （清）世宗胤禛撰 （清）□□直解 清刻本 二冊

330000－1705－0015653 新3393 集部/別集類/清別集

長春花館詩集十二卷 （清）張恕撰 **長春花館詩集附編一卷** （清）張鼎輔撰 清同治七年(1868)刻本 二冊

330000－1705－0015654 新3251 史部/傳記類/總傳之屬/家乘

虞氏先賢傳不分卷 （清）虞景璜撰 清光緒十六年(1890)木活字印本 二冊

330000－1705－0015655 新3401 類叢部/叢書類/自著之屬

經德堂集 （清）龍啟瑞撰 清光緒四年至七年(1878－1881)龍繼棟京師刻本 一冊 存一種

330000－1705－0015657 新3404 集部/小說類/短篇之屬

批點聊齋誌異十六卷 （清）蒲松齡撰 （清）王士禎評 （清）何守奇批點 清刻本 十六冊

330000 – 1705 – 0015658　新 3380　集部/別集類/清別集

問己齋詩集四卷　（清）張培基撰　清咸豐九年（1859）刻本　二冊　存二卷（一、四）

330000 – 1705 – 0015659　新 3386　集部/別集類

夏氏文集不分卷　抄本　馮貞群題記　一冊

330000 – 1705 – 0015660　新 3402　子部/藝術類/書畫之屬/書法書品

包安吳手書詩文稿一卷　（清）包世臣書　清宣統二年（1910）湖北官書處影印本　一冊

330000 – 1705 – 0015661　新 3408　集部/曲類/曲韻曲譜曲律之屬

審音鑑古錄不分卷六十六折　清道光十四年（1834）東鄉王繼善刻本　一冊　存八折（西廂記一至四、紅梨記一至四）

330000 – 1705 – 0015662　新 3399　集部/總集類/選集之屬/斷代

宋人小集　（清）□□輯　清乾隆二十八年（1763）吳氏池北草堂刻本　一冊

330000 – 1705 – 0015663　新 3389　集部/詞類/總集之屬

草堂詩餘不分卷　清抄本　一冊

330000 – 1705 – 0015664　新 3374　集部/別集類/清別集

寒村詩文選三十六卷　（清）鄭梁撰　清康熙鄭氏二老閣刻增修本　八冊　缺二卷（寒村見黃稿一至二）

330000 – 1705 – 0015665　新 3394　集部/別集類/清別集

五松園文稿一卷　（清）孫星衍撰　清嘉慶七年（1802）刻本　一冊

330000 – 1705 – 0015666　新 3381　集部/別集類/明別集

竹窗集一卷　（清）釋德介撰　清抄本　馮开題記　一冊

330000 – 1705 – 0015667　新 3387　集部/別集類/清別集

寄廬未是草一卷　（清）盛鍾襄撰　稿本　一冊

330000 – 1705 – 0015668　新 3398　類叢部/叢書類/自著之屬

龍莊遺書五種　（清）汪輝祖撰　清嘉慶刻本　三冊　缺四卷（學治臆說一至二、病榻夢痕錄下、餘一）

330000 – 1705 – 0015669　新 3331　集部/總集類/選集之屬/通代

古文辭類纂七十四卷　（清）姚鼐輯　**續古文辭類纂三十四卷**　王先謙輯　清光緒十年（1884）行素草堂刻本　二十冊

330000 – 1705 – 0015670　新 3221　史部/紀傳類/正史之屬

二十四史　清同治至光緒五省官書局據汲古閣本等合刻光緒五年（1879）湖北書局彙印本　四十冊　存一種

330000 – 1705 – 0015672　新 3179　經部/叢編

十三經註疏三百三十五卷　（明）□□輯　明刻本　二冊　存一種

330000 – 1705 – 0015673　新 3253　類叢部/叢書類/自著之屬

存齋雜纂　（清）陸心源撰　清光緒吳興陸氏十萬卷樓刻本　一冊　存一種

330000 – 1705 – 0015674　新 3282　類叢部/叢書類/彙編之屬

抱經堂叢書十六種　（清）盧文弨編　清乾隆至嘉慶刻彙印本　二冊　存一種

330000 – 1705 – 0015675　新 3333　集部/總集類/選集之屬/通代

古文淵鑒六十四卷　（清）徐乾學等輯注　清康熙二十四年（1685）內府刻五色套印本　一冊　存三卷（五十六至五十八）

330000 – 1705 – 0015676　新 3262　史部/政書類/儀制之屬/典禮

聖廟祀典圖考三卷首一卷附聖跡圖一卷孟子

聖跡圖一卷崇聖祠考一卷　（清）顧沅撰　清光緒上海同文書局影印本　一冊　缺四卷（首、聖廟祀典圖考一至三）

330000－1705－0015677　新3334　集部/總集類/選集之屬/通代

古文淵鑒六十四卷　（清）徐乾學等輯注　清康熙二十四年（1685）內府刻五色套印本　五冊　存十一卷（五十四至六十四）

330000－1705－0015678　新3392　集部/詩文評類/詩評之屬

詩鏡總論不分卷　（明）陸時雍撰　清抄本　一冊

330000－1705－0015679　朱0563　子部/儒家類/儒學之屬/性理

摘錄呂新吾先生呻吟語四卷　（明）呂坤撰　清道光三十年（1850）刻本　清希稚題記　清陶方琦校　二冊

330000－1705－0015680　朱0464　子部/宗教類/佛教之屬/總錄

一切經音義二十五卷　（唐）釋玄應撰　（清）莊炘　（清）錢坫　（清）孫星衍校正　清乾隆五十一年（1786）武進莊炘刻本　四冊

330000－1705－0015681　朱0058　史部/史抄類

南朝語三卷　（清）李文胤撰　（清）張超宗錄　清鄆峯草堂抄本　二冊　存二卷（一、三）

330000－1705－0015683　朱0293　子部/雜著類/雜說之屬

容齋隨筆十六卷續筆十六卷三筆十六卷四筆十六卷五筆十卷　（宋）洪邁撰　清乾隆五十九年（1794）掃葉山房刻本　十八冊

330000－1705－0015684　朱0429　史部/傳記類/總傳之屬/釋道仙

宋高僧傳三十一卷　（宋）釋贊寧等撰　明萬曆刻本　二冊　存十卷（一至五、十六至二十）

330000－1705－0015685　朱0408、朱6457、朱7265、朱7266　類叢部/叢書類/彙編之屬

嘯園叢書五十七種　（清）葛元煦編　清光緒二年至七年（1876－1881）仁和葛氏刻本　朱鼎煦題記　十冊　存六種

330000－1705－0015686　朱0443　經部/詩類/傳說之屬

詩緝三十六卷　（宋）嚴粲撰　清嘉慶十五年（1810）谿上聽彝堂刻本　十六冊

330000－1705－0015687　朱0068　子部/雜著類/雜纂之屬

竹石居筆談一卷附聯語一卷　（清）童華撰　稿本　一冊

330000－1705－0015688　朱0439　經部/四書類/孟子之屬/傳說

孟子四考四卷　（清）周廣業撰　清乾隆六十年（1795）周氏省吾廬刻本　四冊

330000－1705－0015689　朱0633　史部/雜史類/斷代之屬

蜀碧四卷附記一卷　（清）彭遵泗撰　清嘉慶二十年（1815）天祿閣刻本　二冊

330000－1705－0015690　朱0668　子部/小說家類/異聞之屬

五色線集三卷　清康熙五十五年（1716）靜遠堂刻本　一冊　存一卷（上）

330000－1705－0015691　朱0437　經部/易類/傳說之屬

易義無忘錄三卷首一卷　（清）蔣珣撰　清道光二十一年（1841）姚江蔣氏齒德堂刻本　二冊

330000－1705－0015692　朱0465　經部/小學類/文字之屬/字書/字體

古籀拾遺三卷附宋政和禮器文字考一卷　（清）孫詒讓撰　清光緒十四年至十六年（1888－1890）瑞安孫氏刻本　一冊　缺一卷（宋政和禮器文字考）

330000－1705－0015693　朱0430　子部/宗教類/佛教之屬/諸宗

首楞嚴經義海三十卷　（宋）釋咸輝輯　清刻本　五冊　存二十五卷（六至三十）

330000 – 1705 – 0015694　朱 0440、朱 0441、朱 0442　類叢部/叢書類/自著之屬

陶廬叢刻二十種　王樹枬撰　清光緒至民國新城王氏刻本　六冊　存三種

330000 – 1705 – 0015696　朱 0318　類叢部/叢書類/彙編之屬

真意堂三種　(清)吳志忠編　清嘉慶十六年(1811)璜川吳氏木活字印本　一冊　存一種

330000 – 1705 – 0015697　朱 0271　經部/詩類/專著之屬

詩集傳坿釋一卷　(清)丁晏撰　稿本　清忠廬校並跋　朱鼎煦題跋　一冊

330000 – 1705 – 0015699　朱 0434　子部/宗教類/佛教之屬/經疏

金剛經疏記科會十卷　(後秦)釋鳩摩羅什譯　(唐)圭峰大師疏　(宋)長水大師記　(明)釋大璸科會　清刻本　五冊

330000 – 1705 – 0015700　朱 0197　子部/工藝類/文房四寶之屬/叢錄

文房肆攷圖說八卷　(清)唐秉鈞撰　(清)康愷繪　清乾隆嘉定唐秉鈞竹暎山莊刻本　六冊

330000 – 1705 – 0015701　朱 0190　子部/術數類

百二漢鏡齋祕書四種　(清)程芝雲輯　清道光三年至四年(1823 – 1824)湖邊程氏百二漢鏡齋刻本　一冊　存一種

330000 – 1705 – 0015702　朱 0141　類叢部/叢書類/彙編之屬

二老閣叢書四十二種　(清)鄭風編　清康熙至嘉慶刻本　一冊　存一種

330000 – 1705 – 0015703　朱 0181　集部/別集類/清別集

閩遊一卷衢遊一卷　(清)陳衷赤撰　**白龍水懷和尚行畧一卷**　(清)釋上聞撰　清刻本　朱鼎煦題記　一冊

330000 – 1705 – 0015704　朱 0570　史部/史抄類/通代之屬

綱鑑擇言十卷　(清)司徒修選輯　(清)李嘉樹補注　清道光二十七年(1847)書業德刻本　六冊

330000 – 1705 – 0015705　朱 0499、朱 0500　集部/別集類/清別集

句餘土音三卷　(清)全祖望撰　(清)董秉純重編　**甬上族望表二卷**　(清)全祖望撰　清嘉慶十九年(1814)刻本　四冊

330000 – 1705 – 0015706　朱 0270　經部/書類/專著之屬

書蔡傳坿釋一卷　(清)丁晏撰　稿本　朱鼎煦跋　一冊

330000 – 1705 – 0015707　朱 0569、朱 0947、朱 2663　類叢部/叢書類/自著之屬

志學齋集十三種　(清)徐壽基撰　清光緒至民國武進徐氏刻本　四冊　存五種

330000 – 1705 – 0015708　朱 0518　史部/地理類/遊記之屬/紀行

出使美日祕國日記十六卷(清光緒十五年九月初一至十九年八月初二)　(清)崔國因撰　清光緒二十年(1894)鉛印本　十二冊

330000 – 1705 – 0015709　朱 0432　經部/小學類/音韻之屬/韻書

洪武正韻十六卷　(明)樂韶鳳　(明)宋濂等撰　明刻本　五冊

330000 – 1705 – 0015710　朱 0449　史部/紀事本末類/斷代之屬

元史紀事本末論不分卷　抄本　一冊

330000 – 1705 – 0015711　朱 0092　史部/史抄類

後漢書蒙拾二卷　(清)杭世駿撰　清乾隆杭賓仁羊城刻杭大宗七種叢書本　清陶方琦校並跋　一冊

330000 – 1705 – 0015712　朱 0265　經部/小學類/音韻之屬/韻書

切音全書不分卷　清抄本　二冊

330000 – 1705 – 0015713　朱 0513　類叢部/

235

叢書類/自著之屬

盛于埜遺著五種 （清）盛大謨撰　清同治五年(1866)刻本　二冊　存一種

330000－1705－0015714　朱0568　史部/傳記類/別傳之屬/事狀

商山事略不分卷 （清）陳建常輯　**搢紳楷範一卷** （清）戴鹿芝撰　清光緒二十八年(1902)刻本　一冊

330000－1705－0015715　朱0086　史部/傳記類/總傳之屬/通代

於越先賢像傳贊二卷 （清）王錫齡撰　（清）任熊繪像　清咸豐七年(1857)蕭山王氏養穌堂刻本　二冊

330000－1705－0015716　朱0387　子部/雜著類/雜纂之屬

清異錄二卷 （宋）陶穀撰　**表異錄二十卷**（明）王志堅輯　清康熙四十七年(1708)鹽官陳世修漱六閣刻乾隆最宜草堂印本　一冊存二卷(清異錄一至二)

330000－1705－0015717　朱0567　類叢部/類書類/通類之屬

事類賦三十卷 （宋）吳淑撰並注　清乾隆二十九年(1764)刻　四冊

330000－1705－0015718　朱0399　史部/編年類/通代之屬

通鑑綱目分注拾遺四卷書法存疑一卷 （清）芮長恤撰　清康熙二十年(1681)留餘堂刻道光二十八年(1848)休寧方德肇重修本　一冊存一卷(拾遺四)

330000－1705－0015719　朱0565、朱0777　類叢部/叢書類/彙編之屬

祕書廿一種 （清）汪士漢編　清康熙七年(1668)新安汪氏重編印古今逸史本　二冊存二種

330000－1705－0015720　朱0259　子部/藝術類/書畫之屬/書法書品

大瓢偶筆八卷 （清）楊賓撰　清抄本　二冊

330000－1705－0015721　朱0431　經部/三

禮總義類/通禮雜禮之屬

司馬氏書儀十卷 （宋）司馬光撰　清雍正元年(1723)汪氏刻本　二冊

330000－1705－0015722　朱0450　史部/紀事本末類/通代之屬

通鑑紀事本末史論不分卷　清抄本　一冊

330000－1705－0015723　朱0041　類叢部/叢書類/彙編之屬

拜經樓叢書（愚谷叢書）二十三種 （清）吳騫編　清乾隆至嘉慶海昌吳氏刻彙印本　一冊存一種

330000－1705－0015724　朱0374　子部/宗教類/道教之屬/戒律

陰隲文圖證不分卷 （清）費丹旭繪圖　（清）許光清集證　清道光二十四年(1844)海昌蔣氏別下齋刻本　二冊

330000－1705－0015725　朱4132、朱9221、朱0149、朱9298、朱9299　類叢部/叢書類/自著之屬

振綺堂遺書五種 （清）汪遠孫撰　清道光刻民國十一年(1922)錢唐汪氏彙印本　十冊存四種

330000－1705－0015726　朱0155　經部/易類/傳說之屬

周易通解四卷圖說二卷 （清）楊以迥撰　清光緒十年(1884)楊氏刻二十年(1894)改定本　五冊

330000－1705－0015728　朱0438　經部/四書類/論語之屬/傳說

論語古訓十卷附一卷 （清）陳鱣撰　清乾隆六十年(1795)海寧陳氏簡莊刻本　二冊

330000－1705－0015729　朱0168　史部/雜史類/斷代之屬

平閩紀十三卷 （清）楊捷撰　清道光十年(1830)刻本　七冊

330000－1705－0015730　朱0345　史部/傳記類/雜傳之屬

滄桑花月錄補遺一卷　清抄本　一冊

330000－1705－0015732　朱0099　類叢部/叢書類/彙編之屬

蟫隱廬叢書十八種　羅振常編　清宣統二年至民國二十五年(1910－1936)上虞羅氏謄寫及鉛印三十三年(1944)吳興周延年彙印本　一冊　存一種

330000－1705－0015733　朱0554　子部/宗教類/道教之屬

養真集二卷　(清)王士端注　清乾隆五十二年(1787)王士端刻本　一冊

330000－1705－0015734　朱0630　史部/傳記類/總傳之屬/仕宦

貳臣傳十二卷逆臣傳四卷　(清)國史館撰　清都城琉璃廠半松居士刻本　二冊　存四卷(逆臣傳一至四)

330000－1705－0015735　朱0066　經部/小學類/訓詁之屬/字詁

聲類四卷　(清)錢大昕撰　清抄本　一冊

330000－1705－0015736　朱0554－1　子部/宗教類/道教之屬

養真集二卷　(清)王士端注　清抄本　一冊

330000－1705－0015737　朱0528　史部/政書類/軍政之屬/兵制

乙巳河間觀操記不分卷　(清)楊慕璿撰　清光緒鉛印本　一冊

330000－1705－0015738　朱0501　類叢部/叢書類/郡邑之屬

金華文萃(金華叢書)六十八種　(清)胡鳳丹編　清同治七年至光緒八年(1868－1882)永康胡氏退補齋刻本　十五冊　存六種

330000－1705－0015739　朱0467　子部/宗教類/佛教之屬/總録

一切經音義二十五卷　(唐)釋玄應撰　**補訂新譯大方廣佛華嚴經音義二卷**　(唐)釋慧苑撰　**華嚴經音義敘録一卷**　(清)臧庸輯　**刻華嚴經音義校勘記一卷**　(清)曹籀撰　清同治八年(1869)仁和曹籀刻本　四冊

330000－1705－0015740　朱0171　子部/小說家類/瑣語之屬

小窗幽紀十二卷　(明)陳繼儒輯　清乾隆三十五年(1770)許昌崔維東刻本　四冊

330000－1705－0015741　朱0629　類叢部/叢書類/自著之屬

真西山全集(西山真文忠公全集、真文忠公全集)七種　(宋)真德秀撰　清刻本　三冊　存三種

330000－1705－0015742　朱0533　史部/政書類/儀制之屬/典禮

典禮備考八卷　清同治五年(1866)萬川書院刻本　二冊

330000－1705－0015743　朱0551、朱2038　類叢部/叢書類/自著之屬

曾文正公全集十六種　(清)曾國藩撰　清同治至光緒傳忠書局刻本　七冊　存二種

330000－1705－0015744　朱0612　史部/詔令奏議類/奏議之屬

孝肅奏議十卷　(宋)包拯撰　清同治二年(1863)合肥李瀚章刻本　四冊

330000－1705－0015745　朱0067　子部/雜著類/雜纂之屬

雜抄聯語不分卷　稿本　一冊

330000－1705－0015746　朱0517　集部/總集類/選集之屬/斷代

國朝八家四六文鈔(八家四六文鈔)八種　(清)吳鼒編　清光緒九年(1883)紫藤花館刻本　六冊

330000－1705－0015747　朱0634、朱7035　類叢部/叢書類/彙編之屬

青照堂叢書八十五種　(清)李元春輯　清道光十五年(1835)朝邑劉際清等刻本　十四冊　存十六種

330000－1705－0015748　朱0535　史部/金石類/石之屬/文字

隸釋二十七卷　(宋)洪适撰　清乾隆四十二年至四十三年(1777－1778)汪日秀樓松書屋

刻本　八冊

330000－1705－0015749　朱 0536　類叢部/
叢書類/彙編之屬

埽葉山房叢鈔二十六種　（清）席威編　清同
治至光緒刻光緒九年(1883)彙印本　二十四
冊　存一種

330000－1705－0015750　朱 0060　類叢部/
叢書類/彙編之屬

棟亭藏書十二種　（清）曹寅編　清康熙四十
五年(1706)揚州詩局刻本　一冊　存一種

330000－1705－0015752　朱 0117　經部/書
類/傳說之屬

尚書擬題不分卷　清抄本　一冊

330000－1705－0015753　朱 0409、朱 3042、
朱 8449　類叢部/叢書類/彙編之屬

正覺樓叢刻（正覺樓叢書）二十九種　（清）崇
文書局編　清光緒崇文書局刻本　三冊　存
三種

330000－1705－0015755　朱 0024　子部/儒
家類/儒學之屬/禮教/家訓

義門鄭氏家儀一卷　（元）鄭泳編　清書種堂
刻本　一冊

330000－1705－0015756　朱 0025　史部/傳
記類/總傳之屬/家乘

[浙江浦江]浦江鄭氏旌義編二卷　（明）鄭大
和述　（明）鄭楷重纂　明萬曆三十一年
(1603)浦江鄭元善刻本　一冊

330000－1705－0015757　朱 0045　經部/四
書類/孟子之屬/傳說

孟子師說七卷　（清）黃宗羲撰　清道光十一
年(1831)姚江王氏刻本　二冊

330000－1705－0015758　朱 7326　子部/
叢編

二十二子（二十二子彙函）　（清）浙江書局編
清光緒元年至三年(1875－1877)浙江書局
刻本　六冊　存一種

330000－1705－0015759　朱 0623　史部/地

理類/雜志之屬

日下舊聞四十二卷　（清）朱彝尊輯　（清）朱
昆田補遺　清康熙二十六年至二十七年
(1687－1688)刻本　十六冊

330000－1705－0015760　朱 0645　子部/小
說家類/雜事之屬

蕉軒隨錄十二卷　（清）方濬師撰　清同治十
二年(1873)退一步齋刻本　十二冊

330000－1705－0015761　朱 0378　經部/詩
類/傳說之屬

詩經類考三十卷　（明）沈萬鈳撰　明刻本
十五冊

330000－1705－0015763　朱 0517－1　集部/
別集類/清別集

**卷施閣文乙集八卷續編一卷更生齋文乙集四
卷**　（清）洪亮吉撰　清光緒九年(1883)紫藤
花館刻本　六冊

330000－1705－0015764　朱 0641　子部/雜
家類/雜考之屬

通雅五十二卷首三卷　（清）方以智撰　清琴
書閣刻本　十冊

330000－1705－0015765　朱 0384　經部/春
秋左傳類/傳說之屬

左傳選不分卷　清抄本　二冊

330000－1705－0015766　朱 0666　子部/小
說家類/雜事之屬

**秦淮畫舫錄二卷畫舫餘譚一卷三十六春小譜
四卷**　（清）捧花生撰　清道光六年(1826)捧
花樓刻本　一冊　缺二卷(畫舫錄一至二)

330000－1705－0015767　朱 0691　史部/傳
記類/總傳之屬/姓名

影北宋本姓解三卷　（宋）邵思撰　清光緒遵
義黎氏日本東京使署影宋刻本　一冊

330000－1705－0015768　朱 0682、朱 7590
史部/紀傳類/正史之屬

二十一史二千五百六十七卷　明萬曆二十四
年(1596)南京國子監刻明清遞修本　十三冊
存一種

330000 – 1705 – 0015769　朱 0683　經部/書類/傳說之屬

尚書札記四卷　（清）許鴻磐撰　清同治九年（1870）學海堂刻本　二冊

330000 – 1705 – 0015770　朱 0638、朱 2072　史部/紀傳類/正史之屬

武英殿本二十四史附考證　清同治八年（1869）嶺南菉古堂刻本　十八冊　存三種

330000 – 1705 – 0015771　朱 0674、朱 0887、朱 7023、朱 9110　類叢部/叢書類/郡邑之屬

永嘉叢書十三種　（清）孫衣言編　清同治至光緒瑞安孫氏詒善祠塾刻本　十五冊　存五種

330000 – 1705 – 0015772　朱 0382、朱 2090、朱 2896　類叢部/叢書類/彙編之屬

小石山房叢書三十八種　（清）顧湘編　清道光刻同治十三年（1874）虞山顧氏補刻本　三冊　存五種

330000 – 1705 – 0015773　朱 0675　子部/雜著類/雜說之屬

煙嶼樓筆記八卷　（清）徐時棟撰　清光緒三十四年（1908）鄞蓮學齋徐方來鉛印本　二冊

330000 – 1705 – 0015774　朱 0676　子部/天文曆算類/算書之屬

康齋游藝四卷　（清）陳其晉撰　清光緒刻本　二冊

330000 – 1705 – 0015775　朱 0621　經部/小學類/文字之屬/說文

說文外編十五卷補遺一卷　（清）雷浚撰　**說文辨疑一卷**　（清）顧廣圻撰　**劉氏碎金一卷**　（清）劉禧延撰　清光緒二年（1876）刻本　四冊　缺一卷（說文辨疑）

330000 – 1705 – 0015776　朱 6110　類叢部/叢書類/彙編之屬

微波榭遺書八種　（清）孔繼涵編　清孔氏刻彙印本　一冊　存二種

330000 – 1705 – 0015777　朱 0685、朱 2671、朱 1021、朱 2750、朱 2754、朱 2696、朱 7497　子部/叢編

二十二子（二十二子彙函）　（清）浙江書局編　清光緒元年至三年（1875 – 1877）浙江書局刻本　四十一冊　存十三種

330000 – 1705 – 0015778　朱 0665　子部/雜著類/雜說之屬

賁存四卷　（清）胡式鈺撰　清道光二十一年（1841）刻本　四冊

330000 – 1705 – 0015779　朱 0663　子部/雜著類/雜說之屬

浪跡叢談十一卷浪跡續談八卷　（清）梁章鉅撰　清道光二十七年至二十八年（1847 – 1848）亦東園刻本　一冊　存五卷（叢談一至五）

330000 – 1705 – 0015780　朱 0690　類叢部/叢書類/自著之屬

魏稼孫先生全集三種　（清）魏錫曾撰　清光緒九年（1883）羊城刻本　五冊　存一種

330000 – 1705 – 0015781　朱 0657　史部/雜史類/外紀之屬

東方兵事紀略五卷　姚錫光撰　清光緒二十四年（1898）京都琉璃廠得古歡室石印本　五冊

330000 – 1705 – 0015782　朱 0687　經部/詩類/傳說之屬

讀風臆補十五卷　（明）戴君恩輯　（清）陳繼揆補輯　**讀風臆補總評一卷**　（清）陳繼揆補輯　清光緒六年（1880）寧郡述古堂刻本　二冊

330000 – 1705 – 0015783　朱 0694　類叢部/叢書類/自著之屬

啖蔗軒全集四種附二種　（清）方士淦撰　清同治十一年（1872）兩淮運署刻本　毛宗藩題簽並記　一冊　存三種

330000 – 1705 – 0015784　朱 0619　史部/編年類/斷代之屬

五代春秋志疑一卷　（宋）王溥撰　清鉛印本　一冊

330000－1705－0015785　朱0628　史部/雜
史類/斷代之屬

明季北略二十四卷　（清）計六奇撰　清都城
琉璃廠半松居士木活字印本　十六冊

330000－1705－0015787　朱0656　經部/小
學類/叢編

增訂臨文便覽不分卷　（清）張啟泰輯　（清）
怡雲仙館主人重訂　清光緒八年（1882）刻本
（抄本）　二冊

330000－1705－0015788　朱0698、朱0699、
朱8423、朱6728　類叢部/叢書類/自著之屬

北江全集七種　（清）洪亮吉撰　清乾隆至嘉
慶刻彙印本　六冊　存四種

330000－1705－0015789　朱0626　史部/紀
事本末類/斷代之屬

三藩紀事本末四卷　（清）楊陸榮撰　清康熙
五十六年（1717）刻本　二冊

330000－1705－0015790　朱0664　史部/地
理類/雜志之屬

谿上遺聞集錄十卷別錄二卷　（清）尹元煒撰
　清道光二十八年（1848）慈谿馮本懷抱珠樓
刻本　一冊　缺二卷（別錄一至二）

330000－1705－0015791　朱0662　史部/傳
記類/總傳之屬/仕宦

貳臣傳十二卷逆臣傳四卷　（清）國史館撰
清都城琉璃廠半松居士刻本　十冊　存十二
卷（一至十二）

330000－1705－0015792　朱0624　類叢部/
類書類/通類之屬

讀書紀數略五十四卷　（清）宮夢仁輯　清康
熙四十六年（1707）宮夢仁刻本　二冊　存十
卷（一至十）

330000－1705－0015793　朱0753、朱1341
史部/金石類/總志之屬/圖像

三古圖三種　（清）黃晟輯　明萬曆三十一年
（1603）吳萬化寶古堂刻清乾隆十七年（1752）
天都黃晟亦政堂重印本　趙恩館題記　八冊
　缺二十二卷（亦政堂重修宣和博古圖九至
三十）

330000－1705－0015794　朱1894　史部/紀
傳類/正史之屬

二十四史附考證　清乾隆武英殿刻本　九冊
　存一種

330000－1705－0015795　朱0609、朱3193、
朱4126　經部/叢編

省吾堂四種二十五卷　（清）蔣光弼輯　清常
熟蔣氏省吾堂刻本　六冊　存三種

330000－1705－0015796　朱0658　經部/小
學類/文字之屬/字書/字體

六書通十卷　（明）閔齊伋撰　（清）畢弘述篆
訂　**六書通摭遺十卷**　（清）畢星海輯　清光
緒十四年（1888）上海大同書局石印本　十
二冊

330000－1705－0015797　朱0829　類叢部/
叢書類/自著之屬

頤志齋叢書二十二種　（清）丁晏撰　清道光
至同治山陽丁氏六藝堂刻同治元年（1862）彙
印本　一冊　存一種

330000－1705－0015798　朱0606　子部/藝
術類/書畫之屬/總論

庚子銷夏記八卷　（清）孫承澤撰　清宣統三
年（1911）掃葉山房石印本　四冊

330000－1705－0015799　朱0659、朱5629、
朱7064、朱6952、朱9090　類叢部/叢書類/彙
編之屬

張氏適園叢書　張鈞衡編　清宣統三年
（1911）上海國學扶輪社鉛印本　九冊　存
六種

330000－1705－0015801　朱0754　類叢部/
叢書類/自著之屬

二思堂叢書六種五十一卷　（清）梁章鉅撰
清光緒元年（1875）福州梁氏刻本　八冊　存
四種

330000－1705－0015802　朱0652　子部/小
說家類/雜事之屬

印雪軒隨筆四卷　（清）俞鴻漸撰　清道光刻

本 四冊

330000－1705－0015803 朱0706 史部/傳記類/總傳之屬/斷代

文獻徵存錄十卷 (清)錢林撰 清咸豐八年(1858)有嘉樹軒刻本 十冊

330000－1705－0015804 朱0888 史部/傳記類/別傳之屬/事狀

曾文正公榮哀錄一卷 清同治十一年(1872)刻本 一冊

330000－1705－0015805 朱0704 子部/雜著類/雜考之屬

東塾讀書記二十五卷 (清)陳澧撰 清光緒八年(1882)刻本 四冊 存十五卷(一至十二、十五至十六、二十一)

330000－1705－0015806 朱0671 新學/天學

談天十八卷首一卷附表一卷 (英國)侯失勒撰 (英國)偉烈亞力口譯 (清)李善蘭筆述 清同治十三年(1874)鉛印本 三冊

330000－1705－0015808 朱0653 類叢部/叢書類/郡邑之屬

剡上遺書輯存二種 清光緒刻民國補刻本 十二冊 存一種

330000－1705－0015809 朱0420、朱9611、朱1982、朱續27 類叢部/叢書類/彙編之屬

經訓堂叢書二十一種 (清)畢沅編 清乾隆至嘉慶鎮洋畢氏刻本 十一冊 存四種

330000－1705－0015810 朱0769 類書類/專類之屬

齒譜九卷 (清)易宗涒輯 清雍正三年(1725)賜書堂刻本 九冊

330000－1705－0015811 朱0701 經部/易類/傳說之屬

周易傳義音訓八卷首一卷 (宋)呂祖謙撰
易學啓蒙一卷 (宋)朱熹撰 清光緒十五年(1889)江南書局刻本 八冊

330000－1705－0015812 朱0794 類叢部/

叢書類/自著之屬

重訂汪子遺書□□種 (清)汪烜撰 (清)李承超編 清同治十二年(1873)曲水書局木活字印本 六冊 存一種

330000－1705－0015813 朱0975、朱7719、朱7720、朱7841 類叢部/叢書類/自著之屬

觀古堂所著書二十種 葉德輝編 清光緒長沙葉氏刻民國八年(1919)重編印本 五冊 存五種

330000－1705－0015814 朱0774、朱4353、朱7702、朱7698、朱9765 類叢部/叢書類/彙編之屬

學津討原一百七十三種 (清)張海鵬編 清嘉慶十年(1805)虞山張氏照曠閣刻本 二十九冊 存二十九種

330000－1705－0015815 朱0750 類叢部/叢書類/彙編之屬

說郛一百二十弓一千二百八十種 (明)陶宗儀編 (明)陶珽重編 明末刻清初張縉彥等彙印本 一冊 存一種

330000－1705－0015816 朱0809 類叢部/叢書類/彙編之屬

士禮居黃氏叢書十九種附四種 (清)黃丕烈編 清嘉慶至道光吳縣黃氏刻本 一冊 存一種

330000－1705－0015817 朱0781 類叢部/叢書類/自著之屬

真西山全集(西山真文忠公全集、真文忠公全集)七種 (宋)真德秀撰 清康熙真氏家祠刻乾隆至同治三年(1864)遞修本 三十冊 存一種

330000－1705－0015820 朱0775 經部/詩類/傳說之屬

詩義記講四卷 (清)楊文定講授 (清)夏宗瀾記 清刻本 一冊

330000－1705－0015821 朱0692、朱0990、朱2120、朱7897、朱8148、朱8160、朱8184、朱8185、朱9916 子部/叢編

子書百家 （清）崇文書局編 清光緒元年（1875）湖北崇文書局刻本 二十八冊 存十八種

330000－1705－0015822 朱0669 子部/雜著類/雜說之屬

剡溪漫筆六卷 （明）孫能傳輯 清光緒十七年（1891）刻本 朱鼎煦題記 二冊 存三卷（一至三）

330000－1705－0015823 朱0874 子部/雜著類/雜考之屬

日知錄集釋三十二卷刊誤二卷續刊誤二卷 （清）黃汝成撰 清同治十一年（1872）湖北崇文書局刻本 一冊 存四卷（刊誤一至二、續刊誤一至二）

330000－1705－0015824 朱2144 類叢部/叢書類/彙編之屬

抱經堂叢書十六種 （清）盧文弨編 清乾隆至嘉慶刻彙印本 一冊 存一種

330000－1705－0015825 朱0891 集部/別集類/清別集

食舊德齋雜著不分卷 （清）劉嶽雲撰 清光緒八年（1882）自刻本 一冊

330000－1705－0015826 朱0948 史部/雜史類/斷代之屬

明季稗史彙編十六種 （清）留雲居士輯 清刻本 一冊 存二種

330000－1705－0015828 朱0848 子部/宗教類/佛教之屬/諸宗

天如祖師醒世言不分卷 清同治四年（1865）刻本 一冊

330000－1705－0015830 朱0850 經部/小學類/文字之屬/字書/訓蒙

文字蒙求四卷 （清）王筠撰 清刻本 一冊

330000－1705－0015831 朱0909 史部/詔令奏議類/奏議之屬

文節公奏疏二卷 （清）呂賢基撰 清悼福堂刻本 二冊

330000－1705－0015832 朱0749 經部/群經總義類/傳說之屬

有竹石軒經句說二十四卷 （清）吳英撰 清嘉慶十八年至二十三年（1813－1818）有竹石軒刻本 十四冊 存二十二卷（一至二十二）

330000－1705－0015833 朱0915 集部/總集類/選集之屬/通代

別宥手屏殘書四種五卷 清刻本 一冊

330000－1705－0015834 朱0973、朱7379 經部/叢編

璜川吳氏經學叢書十五種 （清）吳志忠等輯 清道光十年（1830）寶仁堂刻本 十二冊 存三種

330000－1705－0015835 朱9895 經部/四書類/總義之屬/傳說

松陽講義十二卷 （清）陸隴其撰 清康熙二十九年（1690）翠華堂刻本 三冊

330000－1705－0015836 朱5628、朱9213、朱9894、朱0838、朱5776、朱5777、朱5778、朱5779 類叢部/叢書類/彙編之屬

風雨樓祕笈留真十種 鄧實編 清宣統元年至民國六年（1909－1917）順德鄧氏風雨樓影印本 三十八冊 存七種

330000－1705－0015837 朱0782、朱9760、朱地0013－2、朱8098 類叢部/叢書類/自著之屬

洪北江全集二十一種 （清）洪亮吉撰 清光緒三年至五年（1877－1879）洪用懃授經堂刻本 三十九冊 存十三種

330000－1705－0015838 朱0789 經部/春秋左傳類/傳說之屬

東萊博議四卷 （宋）呂祖謙撰 增補虛字註釋一卷 （清）馮泰松點定 清光緒二十四年（1898）煥文書局石印本 一冊 缺二卷（三至四）

330000－1705－0015839 朱0651 子部/儒家類/儒學之屬/蒙學

父師善誘法二卷讀書作文譜十二卷 （清）唐

彪撰　清大文堂刻本　四冊

330000－1705－0015840　朱0776　子部/雜著類/雜說之屬

曼衍心漏三卷　（清）僵蠶子撰　清光緒刻本　一冊

330000－1705－0015841　朱0751　史部/紀傳類/正史之屬

三國志六十五卷　（晉）陳壽撰　（南朝宋）裴松之注　清同治九年(1870)金陵書局刻二十四史本　朱鼎煦題記　八冊

330000－1705－0015842　朱0940　子部/醫家類/綜合之屬/通論

醫貫六卷　（明）趙獻可撰　清康熙天蓋樓刻本　二冊

330000－1705－0015843　朱0974、朱0742　史部/叢編

史論五種　（清）李祖陶撰　清同治十年(1871)敖陽李氏尚友樓刻本　二冊　存二種

330000－1705－0015844　朱0761　子部/醫家類/眼科之屬

秘傳眼科龍木醫書總論十卷附葆光道人秘傳眼科一卷　（明）葆光道人撰　清藜照書屋刻本　二冊　存四卷(總論四至六、附)

330000－1705－0015845　朱0844　經部/四書類/總義之屬/傳說

松陽講義不分卷　（清）陸隴其撰　清康熙刻本　二冊

330000－1705－0015846　朱0806　經部/周禮類/專著之屬

井田圖解不分卷　（清）徐興霖撰　清道光乃廣書屋木活字印本　二冊

330000－1705－0015847　朱0943　子部/雜著類/雜說之屬

寄龕褢著　（清）孫德祖撰　清光緒刻本　三冊　存一種

330000－1705－0015848　朱0636　類叢部/類書類/專類之屬

五經類編二十八卷　（清）周世樟撰　清乾隆五十年(1785)刻本　十二冊

330000－1705－0015849　朱0743　子部/儒家類/儒學之屬/俗訓

人譜正篇一卷續編二卷人譜類記增訂六卷　（明）劉宗周撰　**子劉子行狀二卷**　（清）黃宗羲撰　清乾隆鄞縣金氏四吉草堂刻道光六年(1826)慈谿葉榮補修本　一冊　缺三卷(人譜類記增訂六、子劉子行狀一至二)

330000－1705－0015850　朱續0628　類叢部/叢書類/彙編之屬

香雪崦叢書　（清）平步青撰　清光緒刻本　二冊　存十種

330000－1705－0015851　朱8074　經部/四書類/總義之屬/傳說

松陽講義十二卷　（清）陸隴其撰　清同治十年(1871)公善堂刻本　四冊

330000－1705－0015852　朱0842　集部/詩文評類/詩評之屬

漁隱叢話前集六十卷後集四十卷　（宋）胡仔撰　清乾隆五年至六年(1740－1741)楊佑啓耘經樓刻本　五冊　存五十卷(前集一至九、二十至二十八、五十一至六十,後集一至八、十六至二十九)

330000－1705－0015853　朱0723　集部/總集類/課藝之屬

浙江校士錄不分卷二編不分卷　（清）丁紹周編　清刻本　六冊

330000－1705－0015854　朱0661　類叢部/叢書類/自著之屬

舊雨艸堂叢書□□種　（清）陳康祺撰　清光緒刻本　六冊　存一種

330000－1705－0015855　朱0780　史部/地理類/山川之屬/水志

水道提綱二十八卷　（清）齊召南撰　清光緒四年(1878)津門徐士鑾霞城精舍刻本　八冊

330000－1705－0015856　朱0746　經部/小學類/文字之屬/字書/字典

畫母聯解不分卷　（清）張藜照撰　清光緒五年(1879)述古齋刻本　二冊

330000－1705－0015858　朱0716、朱6559、朱6119、朱8234、朱7823、朱9262、朱9288、朱9530、朱2941、朱7606、朱9472、朱9423　類叢部/叢書類/彙編之屬

武英殿聚珍版書一百三十八種　清乾隆武英殿木活字印本　六十冊　存十三種

330000－1705－0015859　朱0870　史部/傳記類/總傳之屬/通代

歷代帝王紀要十二卷首一卷　（清）王大煇輯　清光緒七年(1881)蛟川周氏詒書堂刻本　二冊

330000－1705－0015860　朱0714　經部/小學類/文字之屬/說文/傳說

段氏說文注訂八卷說文新附攷六卷續攷一卷　（清）鈕樹玉撰　清嘉慶六年(1801)、道光三年(1823)吳縣鈕樹玉非石居刻同治碧螺山館補刻本　四冊

330000－1705－0015861　朱0988　史部/紀事本末類/通代之屬

繹史一百六十卷附世系圖一卷年表一卷　(清)馬驌撰　清康熙刻本　三十二冊

330000－1705－0015863　朱1024　史部/雜史類/斷代之屬

戰國策三十三卷　（漢）高誘注　重刻剡川姚氏本戰國策札記三卷　（清）黃丕烈撰　國語二十一卷　（三國吳）韋昭注　校刊明道本韋氏解國語札記一卷　（清）黃丕烈撰　清光緒二十七年(1901)上海鴻寶齋石印本　八冊

330000－1705－0015864　朱0989　子部/藝術類/書畫之屬/總論

庚子銷夏記八卷　（清）孫承澤撰　清光緒四年(1878)刻學古齋金石叢書本　朱鼎煦題記　四冊

330000－1705－0015865　朱1043、朱5554　類叢部/叢書類/彙編之屬

琳琅祕室叢書三十種　（清）胡珽編　清光緒

十四年(1888)會稽董氏取斯家塾木活字印本　二冊　存四種

330000－1705－0015866　朱1069　類叢部/叢書類/彙編之屬

微波榭遺書八種　（清）孔繼涵編　清孔氏刻彙印本　十六冊

330000－1705－0015867　朱1008　經部/易類/傳說之屬

易憲四卷卦歌一卷圖說一卷　（明）沈泓撰　清乾隆九年(1744)補堂刻本　二冊

330000－1705－0015868　朱1167、朱2463、朱2469、朱9623、朱9626　子部/醫家類/類編之屬

古今醫統正脉全書四十四種　（明）王肯堂編　明萬曆二十九年(1601)新安吳勉學刻本　七冊　存五種

330000－1705－0015869　朱1005　類叢部/叢書類/自著之屬

焦氏叢書九種附一種　（清）焦循撰　清嘉慶至道光江都焦氏雕菰樓刻本　一冊　存一種

330000－1705－0015870　朱1027　集部/別集類/唐五代別集

韓子粹言一卷　（唐）韓愈撰　（清）李光地選　清康熙五十二年(1713)教忠堂刻本　一冊

330000－1705－0015871　朱0680　類叢部/叢書類/彙編之屬

津逮祕書十五集一百四十種　（明）毛晉編　明崇禎虞山毛氏汲古閣刻本　一冊　存一種

330000－1705－0015872　朱1180　類叢部/叢書類/彙編之屬

漸西村舍彙刊(漸西村舍叢刻)四十四種　(清)袁昶編　清光緒十六年至二十四年(1890－1898)桐廬袁氏刻本　一冊　存一種

330000－1705－0015873　朱2744　集部/別集類/唐五代別集

韓子粹言一卷　（唐）韓愈撰　（清）李光地選　清康熙五十二年(1713)教忠堂刻本　二冊

330000 – 1705 – 0015874　朱 2401　史部/紀傳類/正史之屬

二十四史　清同治至光緒五省官書局據汲古閣本等合刻光緒五年(1879)湖北書局彙印本　一百五十一冊　存九種

330000 – 1705 – 0015875　朱 1152、朱 9880　類叢部/叢書類/彙編之屬

湖海樓叢書十二種　(清)陳春編　清嘉慶蕭山陳氏刻二十四年(1819)彙印本　六冊　存三種

330000 – 1705 – 0015876　朱 0717、朱 3549、朱 9800　經部/叢編

古經解彙函十六種附小學彙函十四種　(清)鍾謙鈞等輯　清同治十二年(1873)粤東書局刻本　十八冊　存古經解彙函一種、小學彙函四種

330000 – 1705 – 0015877　朱 1016　子部/兵家類/兵法之屬

火龍經全集　(明)□□編　清咸豐南陽石室刻本　三冊　存四種

330000 – 1705 – 0015878　朱 0979　類叢部/類書類/專類之屬

事物異名錄四十卷　(清)厲荃輯　(清)關槐增輯　清乾隆五十三年(1788)刻本　十冊

330000 – 1705 – 0015879　朱 1188　史部/金石類/金之屬/文字

歷代鐘鼎彝器款識法帖二十卷　(宋)薛尚功撰　清嘉慶二年(1797)儀徵阮氏小瑯嬛仙館刻本　四冊

330000 – 1705 – 0015880　朱 1121　子部/醫家類/婦科之屬/通論

女科經綸八卷　(清)蕭壎撰　清康熙燕貽堂刻本　四冊

330000 – 1705 – 0015881　朱 0773　史部/目錄類/通論之屬/掌故瑣記

經史序錄二卷　(清)吳承漸編　**甲子會紀一卷**　(明)薛應旂編　**歷代國都一卷**　清康熙三十一年(1692)思訓堂刻本　一冊　存一卷

(經史序錄一)

330000 – 1705 – 0015882　朱 1409　類叢部/叢書類/家集之屬

侯官陳氏遺書　(清)陳壽祺　(清)陳喬樅撰　清嘉慶至同治三山陳氏刻本　十四冊　存七種

330000 – 1705 – 0015883　朱 1029、朱 9579　類叢部/叢書類/彙編之屬

惜陰軒叢書三十四種續編一種　(清)李錫齡編　清道光二十六年(1846)宏道書院刻咸豐八年(1858)續刻本　八冊　存二種

330000 – 1705 – 0015884　朱 0983、朱 2054、朱 2055、朱 7840　類叢部/叢書類/自著之屬

留書種閣集九種　(清)黃炳垕撰　清同治六年至光緒二十年(1867 – 1894)餘姚黃氏留書種閣刻本　五冊　存四種

330000 – 1705 – 0015885　朱 1046　類叢部/叢書類/自著之屬

崔東壁先生遺書八種附一種　(清)崔述撰　清嘉慶至道光陳履和刻本　一冊　存二種

330000 – 1705 – 0015886　朱 1227、朱 1228、朱 1305、朱 7713、朱 9250、朱 3018　類叢部/叢書類/彙編之屬

武英殿聚珍版書一百三十八種　清同治十三年(1874)江西書局刻本　二十二冊　存九種

330000 – 1705 – 0015887　朱 1108　經部/書類/文字音義之屬

字孿二卷　(明)葉秉敬撰　清乾隆二十八年(1763)蕉雨軒刻本　一冊

330000 – 1705 – 0015888　朱 1047　子部/雜家類

白虎通德論二卷　(漢)班固撰　明萬曆新都俞元符刻本　二冊

330000 – 1705 – 0015889　朱 1233　子部/雜著類/雜纂之屬

物理小識十二卷首一卷　(清)方以智撰　清康熙三年(1664)于藻刻本　八冊

330000－1705－0015890　朱 1030　經部/春秋總義類/傳說之屬

方望溪先生經說四種八卷　（清）方苞撰　清乾隆方觀承刻本　二冊　存一種

330000－1705－0015891　朱 1247　子部/天文曆算類/曆法之屬

御製律曆淵源五種　（清）允祿　（清）允祉等纂修　清光緒二十一年(1895)湖北官書處刻本　十五冊　存一種

330000－1705－0015892　朱 0908　經部/小學類/音韻之屬/韻書

佩文廣韻匯編五卷　（清）李元祺輯　清道光十年(1830)半墻艸堂刻本　一冊

330000－1705－0015893　朱 1238　子部/醫家類/方書之屬/單方驗方

三因極一病証方論十八卷　（宋）陳言編　清道光二十三年(1843)青蓮華館刻本　六冊

330000－1705－0015894　朱 0964　子部/天文曆算類/曆法之屬

御製律曆淵源五種　（清）允祿　（清）允祉等纂修　清光緒二十二年(1896)勵志書屋刻本　十冊　存一種

330000－1705－0015895　朱 1197　經部/春秋總義類/傳說之屬

春秋經傳類求十二卷　（清）孫從添　（清）過臨汾撰　（清）吳禧祖校定　清乾隆二十四年(1759)歙縣吳禧祖舊名堂刻本　二十冊

330000－1705－0015896　朱 1049　經部/四書類/總義之屬/傳說

四書考異七十二卷　（清）翟灝撰　清乾隆三十四年(1769)無不宜齋刻本　八冊

330000－1705－0015897　朱 1395　類叢部/叢書類/彙編之屬

大亭山館叢書十八種　（清）楊葆彝編　清光緒陽湖楊氏刻本　六冊　存十七種

330000－1705－0015898　朱 3774、朱 7808、朱 1044、朱 1435、朱 2184、朱 6091、朱 6327、朱 6847、朱 7875、朱 9643　類叢部/叢書類/彙編之屬

函海一百五十二種　（清）李調元編　清乾隆綿州李氏萬卷堂刻嘉慶十四年(1809)李鼎元重校印本　二十三冊　存十四種

330000－1705－0015899　朱 1244　經部/小學類/文字之屬/說文

說文解字十五卷標目一卷　（漢）許慎撰　**汲古閣說文解字校記一卷**　（清）張行孚撰　清光緒七年(1881)淮南書局刻朱印本　五冊

330000－1705－0015900　朱 6665　經部/四書類/孟子之屬/傳說

孟子要畧五卷附錄一卷　（宋）朱熹撰　（清）劉傳瑩輯　清同治六年(1867)海昌蔣氏衍芬艸堂刻本　一冊

330000－1705－0015902　朱 1048　經部/詩類/三家詩之屬

陳氏毛詩五種　（清）陳奐撰　清道光至咸豐吳門南園陳氏掃葉山莊刻本　十二冊

330000－1705－0015903　朱 1045　類叢部/叢書類/彙編之屬

古今說海一百三十五種　（明）陸楫等編　清道光元年(1821)苕溪邵氏西山堂刻本　清徐時棟、朱鼎煦跋　一冊　存五種

330000－1705－0015904　朱 1201、朱 9335、朱 6974、朱 6999　類叢部/叢書類/自著之屬

郝氏遺書三十三種　（清）郝懿行撰　清嘉慶至光緒刻彙印本　十冊　存七種

330000－1705－0015905　朱 1031　經部/三禮總義類/名物制度之屬

禮經宮室答問二卷　（清）洪頤煊撰　清光緒十年(1884)臨海馬氏師竹山房刻本　一冊

330000－1705－0015906　朱 1122　經部/書類/傳說之屬

尚書講義不分卷　（清）黃家辰　（清）黃家岱撰　清光緒刻儆季雜著朱印本　二冊

330000－1705－0015907　朱 1326　史部/傳記類/總傳之屬/仕宦

歷代名臣言行錄二十四卷　（清）朱桓輯　清

嘉慶二年(1797)刻本　　三十二冊

330000－1705－0015909　　朱 1399　　經部/
叢編

十三經札記二十二卷附十六卷　　(清)朱亦棟
撰　　清光緒四年(1878)武林竹簡齋刻本　　八
冊　　存一種

330000－1705－0015910　　朱 1034　　經部/群
經總義類/文字音義之屬

經典釋文三十卷　　(唐)陸德明撰　　清刻本
二冊　　存六卷(二十至二十五)

330000－1705－0015911　　朱 1437　　經部/小
學類/文字之屬/字書/通論

字學舉隅不分卷　　(清)黃本驥　　(清)龍啟瑞
撰　　清道光二十六年(1846)刻本　　一冊

330000－1705－0015912　　朱 1042　　史部/雜
史類/斷代之屬

金鄉紀事四卷首一卷　　(清)吳楷撰　　清嘉慶
刻本　　一冊　　存三卷(一至三)

330000－1705－0015913　　朱 1202、朱 9711
類叢部/叢書類/彙編之屬

貸園叢書初集十二種四十九卷　　(清)周永年
編　　清乾隆五十四年(1789)歷城周氏竹西書
屋重編印益都李文藻等刻本　　二冊　　存三種

330000－1705－0015914　　朱 1123　　史部/傳
記類/科舉錄之屬/歷科鄉試錄

[乾隆元年丙辰恩科]江南鄉試同門錄不分卷
清乾隆刻本　　一冊

330000－1705－0015916　　朱 1482　　子部/藝
術類/書畫之屬/法帖

字籛　　(清)吳稷堂鑒定　　清嘉慶十三年
(1808)三色套印本　　二冊

330000－1705－0015917　　朱 1146、朱 2604、
朱 4114、朱 6758　　類叢部/叢書類/彙編之屬

雅雨堂藏書十三種　　(清)盧見曾編　　清乾隆
二十一年(1756)德州盧氏雅雨堂刻增修本
八冊　　存四種

330000－1705－0015918　　朱 1037　　子部/術

數類/陰陽五行之屬

永寧通書十二卷　　(清)王維德輯　　清康熙五
十年(1711)刻本　　四冊

330000－1705－0015919　　朱 1162　　子部/宗
教類/道教之屬

悟真篇三註三卷　　(宋)薛道光　　(元)陸墅
(元)陳致虛撰　　清嘉慶十四年(1809)聚錦堂
刻本　　二冊

330000－1705－0015920　　朱 1426、朱 5485、
朱 7668　　類叢部/叢書類/彙編之屬

蟫隱廬叢書十八種　　羅振常 編　　清宣統二年
至民國二十五年(1910－1936)上虞羅氏謄寫
及鉛印三十三年(1944)吳興周延年彙印本
三冊　　存三種

330000－1705－0015921　　朱 1425　　子部/藝
術類/書畫之屬/書法書品

書法正傳一卷　　(清)蔣和撰　　清光緒八年
(1882)刻本　　一冊

330000－1705－0015922　　朱 1246　　經部/春
秋左傳類/傳說之屬

**春秋大事表五十卷讀春秋偶筆一卷輿圖一卷
附錄一卷**　　(清)顧棟高輯　　清乾隆十三年至
十四年(1748－1749)錫山顧氏萬卷樓刻本
一冊　　存二卷(春秋輿圖、春秋大事表附錄)

330000－1705－0015923　　朱 1923、朱 2273、
朱 8203　　子部/醫家類/類編之屬

古今醫統正脉全書四十四種　　(明)王肯堂編
明萬曆二十九年(1601)新安吳勉學刻本
四冊　　存三種

330000－1705－0015924　　朱 1469、朱 2282
類叢部/叢書類/自著之屬

南江邵氏遺書十四種　　(清)邵晉涵撰　　清乾
隆至嘉慶邵氏家刻本　　八冊　　存二種

330000－1705－0015925　　朱 1163　　子部/宗
教類/道教之屬/方法

道言內外五種秘錄十二卷　　(清)陶素耜撰
清刻本　　一冊　　存一種

330000－1705－0015926　　朱 1920　　子部/醫

247

家類/方書之屬/歷代方書

醫方集解三卷 （清）汪昂撰　清三槐堂刻本
　三冊

330000－1705－0015927　朱1922　子部/醫
家類/類編之屬

張氏醫書七種 （清）張璐等撰　清康熙金閶
寶翰樓刻本　四冊　存一種

330000－1705－0015928　朱1471　集部/詩
文評類/文評之屬

文章精義一卷 （元）李塗撰　**文說一卷**
（元）陳繹曾撰　**傳神秘要一卷** （清）蔣驥撰
　清木活字印本　一冊

330000－1705－0015929　朱1306　新學/議
論/通論

羣學肄言不分卷 （英國）斯賓塞爾撰　嚴復
譯　清光緒二十九年（1903）上海文明編譯書
局鉛印本　四冊

330000－1705－0015930　朱1320　類叢部/
叢書類/彙編之屬

津逮祕書十五集一百四十種 （明）毛晉編
明崇禎虞山毛氏汲古閣刻本　四冊　存一種

330000－1705－0015931　朱1918　子部/醫
家類/診法之屬/脈經脈訣

石頑老人診宗三昧一卷 （清）張璐撰　（清）
張登輯　清康熙刻本　一冊

330000－1705－0015932　朱1921　子部/醫
家類/方書之屬/單方驗方

本草萬方鍼線八卷 （清）蔡烈先輯　清乾隆
四十九年（1784）金閶書業堂刻本　四冊

330000－1705－0015933　朱1078　子部/術
數類/數學之屬

太玄集注四卷 （宋）司馬光　（宋）許翰撰
（清）孫澍增補　清道光十一年（1831）鵝溪孫
氏青棠書屋刻本　二冊

330000－1705－0015934　朱1308、朱5599、
朱7762、朱8157、朱9292、朱9293　類叢部/
叢書類/彙編之屬

廣雅書局叢書一百五十九種 徐紹棨編　清

光緒廣雅書局刻民國九年（1920）番禺徐紹棨
彙編重印本　二十四冊　存六種

330000－1705－0015935　朱1902　經部/四
書類/總義之屬/文字音義

四書口義十二卷 （明）薛甲撰　明刻本　五
冊　缺二卷（一至二）

330000－1705－0015936　朱1014　經部/小
學類/音韻之屬/韻書

佩文詩韻釋要五卷 （清）周兆基輯　清光緒
十八年（1892）浙江書局刻本　一冊

330000－1705－0015937　朱1365　類叢部/
類書類/通類之屬

北堂書鈔一百六十卷首一卷 （唐）虞世南撰
（清）孔廣陶校注　清光緒十四年（1888）南
海孔氏三十有三萬卷堂刻本　二十冊

330000－1705－0015938　朱1915　子部/醫
家類/醫案之屬

名醫類案十二卷附錄一卷 （明）江瓘輯　清
同治十年（1871）藏脩堂刻本　十二冊

330000－1705－0015939　朱1932　子部/醫
家類/婦科之屬/產科

萬氏婦人科三卷保產良方一卷 （明）萬全撰
　清善成堂刻本　二冊

330000－1705－0015940　朱1919　子部/醫
家類/傷寒金匱之屬/傷寒論

陶節菴傷寒全生集四卷 （明）陶華撰　清刻
本　四冊　存二卷（一至二）

330000－1705－0015942　朱1315　子部/醫
家類/方書之屬/單方驗方

名醫方論四卷 （清）羅美　（清）柯琴輯並評
　清康熙十四年（1675）古懷堂刻本　四冊

330000－1705－0015943　朱1141　經部/易
類/傳說之屬

來瞿唐先生易註十五卷首一卷末一卷圖一卷
　（明）來知德撰　清刻本　三冊　存十五卷
（一至十五）

330000－1705－0015945　朱1422　經部/四

書類/總義之屬/傳說

四書摭餘說七卷 （清）曹之升撰　清嘉慶刻本　一冊　存二卷（大學、中庸）

330000－1705－0015946　朱1912　類叢部/叢書類/彙編之屬

抱經堂叢書十六種 （清）盧文弨編　清乾隆至嘉慶刻彙印本　二冊　存一種

330000－1705－0015947　朱1292　子部/雜著類/雜考之屬

讀書雜志八十二卷餘編二卷 （清）王念孫撰　清道光十一年（1831）王氏刻本　清陶方琦批　五冊　存二十四卷（淮南内篇雜志一至二十二、補遺，漢隸拾遺）

330000－1705－0015948　朱1936　子部/醫家類/類編之屬

醫門棒喝二種 （清）章楠撰　清同治六年（1867）聚文堂刻本　十四冊

330000－1705－0015949　朱1451　類叢部/叢書類/彙編之屬

海源閣叢書七種 （清）楊以增編　清咸豐二年至五年（1852－1855）聊城楊氏海源閣刻本　二冊　存一種

330000－1705－0015950　朱1916　子部/醫家類/醫案之屬

名醫類案十二卷附錄一卷 （明）江瓘輯　清同治十年（1871）藏脩堂刻本　十二冊

330000－1705－0015951　朱1933　子部/醫家類/傷寒金匱之屬/傷寒論

傷寒補天石二卷續二卷 （明）戈維城撰　清嘉慶十六年（1811）刻本　四冊

330000－1705－0015952　朱1440　史部/雜史類/斷代之屬

海東逸史十八卷 （清）翁洲老民撰　清光緒十年（1884）慈谿楊泰亨經畬塾刻本　二冊

330000－1705－0015953　朱1349　子部/雜著類/雜說之屬

重論文齋筆錄十二卷 （清）王端履撰　清道光二十六年（1846）受宜堂刻本　四冊

330000－1705－0015954　朱0797、朱3365、朱6910　類叢部/叢書類/彙編之屬

抱經堂叢書十六種 （清）盧文弨編　清乾隆至嘉慶刻彙印本　四冊　存四種

330000－1705－0015955　朱1934　子部/醫家類/方書之屬/單方驗方

絳雪園古方選註不分卷得宜本草一卷 （清）王子接輯　清刻本　四冊

330000－1705－0015956　朱1992　史部/傳記類/總傳之屬/仕宦

碧血錄五卷 （清）莊仲方撰　（清）夏鸞翔繪圖　清咸豐六年（1856）禮和堂項氏刻本　五冊

330000－1705－0015957　朱1906　史部/傳記類/別傳之屬/事狀

魏鄭公諫錄五卷 （唐）王方慶輯　清乾隆刻本　一冊

330000－1705－0015958　朱1939　子部/醫家類/傷寒金匱之屬/傷寒論

傷寒大白四卷總論一卷 （清）秦之楨撰　清光緒九年（1883）上海味蘭書屋刻本　四冊

330000－1705－0015959　朱4193、朱7929　類叢部/類書類/通類之屬

北堂書鈔一百六十卷 （唐）虞世南撰　（明）陳禹謨補注　明萬曆二十八年（1600）陳禹謨刻本　六冊　存二十八卷（五十六至七十三、八十至八十五、九十一至九十四）

330000－1705－0015960　朱1351　子部/雜著類/雜說之屬

重論文齋筆錄十二卷 （清）王端履撰　清道光二十六年（1846）受宜堂刻本　四冊

330000－1705－0015961　朱1955　子部/醫家類/醫經之屬/內經

重廣補註黃帝内經素問二十四卷 （唐）王冰注　（宋）林億等校正　（宋）孫兆改誤　清末影印本　八冊

330000－1705－0015962　朱9401　子部/醫家類/方書之屬/單方驗方

絳雪園古方選註不分卷得宜本草一卷　（清）
王子接輯　清乾隆刻本　二冊

330000－1705－0015963　朱 1962　類叢部/
叢書類/彙編之屬
續知不足齋叢書十七種　（清）高承勳編　清
渤海高氏刻本　六冊　存二種十二卷（增廣
太平惠民和劑局方一至十、古今事物考一至
二）

330000－1705－0015964　朱 1964、朱 8215
類叢部/叢書類/彙編之屬
函海一百六十種　（清）李調元編　清光緒七
年至八年（1881－1882）廣漢鍾登甲樂道齋刻
本　十一冊　存十九種

330000－1705－0015965　朱 1940　子部/醫
家類/類編之屬
當歸草堂醫學叢書初編十種　（清）丁丙編
清光緒四年（1878）錢塘丁氏當歸草堂刻本
十二冊

330000－1705－0015967　朱 1952　子部/醫
家類/婦科之屬
傅青主女科二卷產後編二卷　（清）傅山撰
清道光十一年（1831）祈爾誠刻本　四冊

330000－1705－0015968　朱 1924　子部/醫
家類/診法之屬/脈經脈訣
脈經十卷　題（晉）王叔和撰　清道光二十三
年（1843）嘉定黃鋐西谿草廬刻本　六冊

330000－1705－0015969　朱 1930　子部/醫
家類/類編之屬
醫書八種　（清）徐大椿撰　清光緒四年
（1878）掃葉山房刻本　十二冊

330000－1705－0015970　朱 6794、朱 7890、
朱續 0046　子部/叢編
二十二子（二十二子彙函）　（清）浙江書局編
　清光緒元年至三年（1875－1877）浙江書局
刻本　六冊　存三種

330000－1705－0015971　朱 1980　子部/藝
術類/書畫之屬/法帖
淳化閣帖釋文十卷　（清）朱家標輯　清康熙

二十二年（1683）龍潭朱氏絅錦堂刻本　一冊

330000－1705－0015972　朱 1960　子部/醫
家類/綜合之屬/通論
辨證奇聞十卷　（清）錢松撰　清光緒三十一
年（1905）寶善齋書莊石印本　六冊

330000－1705－0015973　朱 1359　經部/詩
類/傳說之屬
嚴氏詩緝補義八卷　（清）劉燦編　清嘉慶十
六年（1811）鎮海劉氏墨莊刻本　八冊

330000－1705－0015974　朱 1369、朱 5432
類叢部/叢書類/彙編之屬
聚學軒叢書六十種　劉世珩編　清光緒貴池
劉氏刻本　五冊　存四種

330000－1705－0015977　朱 1981　子部/藝
術類/書畫之屬/法帖
歷代帝王法帖釋文十卷　（宋）劉次莊撰
（清）羅森　（清）孫際昌訂　清康熙八年
（1669）西楚戴岜選、三韓胡獻瑤刻本　一冊

330000－1705－0015979　朱 2005　子部/醫
家類/喉科口齒之屬
重樓玉鑰一卷　（清）鄭宏綱撰　清光緒五年
（1879）刻朱墨套印本　一冊

330000－1705－0015980　朱 1981－1　子部/
藝術類/書畫之屬/法帖
歷代帝王法帖釋文十卷　（宋）劉次莊撰
（清）徐朝弼集釋　清嘉慶八年（1803）問心堂
刻本　一冊　存一卷（一）

330000－1705－0015981　朱 0152　子部/醫
家類/方書之屬/單方驗方
絳雪園古方選註不分卷得宜本草一卷　（清）
王子接輯　清刻本　四冊

330000－1705－0015982　朱 1951、朱 1950、
朱 1949　子部/醫家類/類編之屬
石山醫案八種　（明）汪機等撰　明嘉靖刻崇
禎祁門樸墅增刻本　四冊　存三種

330000－1705－0015983　朱 1957　子部/醫
家類/類編之屬

士材三書　（明）李中梓等撰　（清）尤乘編
清刻本　二册　存二種

330000－1705－0015984　朱1935　子部/醫
家類/類編之屬
黃氏醫書(昌邑黃先生醫書)八種　（清）黃元
御撰　清咸豐十年(1860)徐樹銘燮龢精舍刻
本　十六册

330000－1705－0015985　朱1987　史部/金
石類/金之屬/文字
歷代鐘鼎彝器款識法帖二十卷　（宋）薛尚功
撰　清嘉慶二年(1797)儀徵阮氏小瑯嬛仙館
刻本　四册

330000－1705－0015986　朱1965　史部/金
石類/郡邑之屬/文字
兩浙金石志十八卷補遺一卷　（清）阮元撰
清光緒十六年(1890)浙江書局刻本　十二册

330000－1705－0015988　朱2040　集部/總
集類/選集之屬/斷代
皇朝經世文編一百二十卷　（清）賀長齡輯
清鉛印本　十二册　存六十二卷(五十九至
一百二十)

330000－1705－0015989　朱1925　子部/醫
家類/傷寒金匱之屬/傷寒論
仲景傷寒補亡論二十卷　（宋）郭雍撰　清道
光元年(1821)徐錦刻本(卷十六原缺)　四册

330000－1705－0015991　朱2037　子部/小
說家類/異聞之屬
太平廣記五百卷目錄十卷　（宋）李昉等輯
清嘉慶元年(1796)黃氏寶章堂刻本　四十册

330000－1705－0015992　朱2024　子部/術
數類/相宅相墓之屬
永慕堂葬法一卷　（清）袁遂撰　清光緒十八
年(1892)津門刻本　一册

330000－1705－0015993　朱2008、朱6828
類叢部/叢書類/彙編之屬
湖海樓叢書十二種　（清）陳春編　清嘉慶蕭
山陳氏刻二十四年(1819)彙印本　三册　存
二種

330000－1705－0015994　朱1968　史部/雜
史類/斷代之屬
周書斠補四卷　（清）孫詒讓撰　清光緒二十
六年(1900)刻本　一册

330000－1705－0015995　朱1973　子部/藝
術類/書畫之屬/總論
畫禪室隨筆四卷　（明）董其昌撰　（清）楊補
輯　清康熙刻本　二册

330000－1705－0015996　朱1937　子部/醫
家類/傷寒金匱之屬/金匱要略
金匱翼八卷　（清）尤怡撰　清嘉慶十八年
(1813)長洲徐錦心太平軒刻本　八册

330000－1705－0015997　朱6844　經部/春
秋穀梁傳類/傳說之屬
春秋穀梁經傳補注二十四卷首一卷末一卷
（清）鍾文烝補注　清光緒二年(1876)嘉善鍾
氏信美室刻本　八册

330000－1705－0015999　朱1926　子部/醫
家類/兒科之屬/痘疹
痘科溫故集二卷　（清）唐威原撰　清乾隆十
七年(1752)紹衣堂刻本　二册

330000－1705－0016000　朱1344　集部/總
集類/選集之屬/斷代
名教罪人不分卷　（清）徐元夢等輯　清雍正
四年(1726)內府刻套印本　四册

330000－1705－0016001　朱1938　子部/醫
家類/綜合之屬/通論
醫級十卷首一卷末一卷　（清）董西園撰　清
乾隆四十二年(1777)刻本　十册

330000－1705－0016002　朱2041　類叢部/
叢書類/彙編之屬
海山仙館叢書五十六種　（清）潘仕成編　清
道光二十五年至咸豐元年(1845－1851)番禺
潘氏刻光緒十一年(1885)增刻彙印本　四十
八册　存十九種

330000－1705－0016003　朱1943　子部/醫
家類/推拿按摩外治之屬
推拿廣意三卷　（清）熊應雄輯　（清）陳世凱

訂　清光緒十四年(1888)掃葉山房刻本
二冊

330000－1705－0016004　朱1953　子部/醫
家類/方書之屬/歷代方書
唐王燾先生外臺秘要方四十卷　(唐)王燾撰
　清同治十三年(1874)廣東翰墨園刻本　四
十二冊

330000－1705－0016005　朱9562　子部/藝
術類/書畫之屬/畫譜
**芥子園畫傳初集六卷二集九卷三集四卷續集
二卷**　(清)王槩　(清)王蓍　(清)王臬輯
　清光緒十三年至十四年(1887－1888)鴻文
書局石印本　九冊　存十七卷(初集一至六、
二集一至九、三集一至二)

330000－1705－0016006　朱1927　子部/醫
家類/溫病之屬/其他溫疫病證
溫病條辨六卷首一卷　(清)吳瑭撰　清道光
十五年(1835)葉金潮睿吾樓刻本　四冊

330000－1705－0016007　朱2033、朱8458、
朱9511　集部/總集類/彙編之屬
載道集六十卷有物集□□卷　(清)許焞撰
清乾隆二十四年(1759)刻本　二十四冊　存
六十二卷(載道集一至六十、有物集一至二)

330000－1705－0016008　朱2349　史部/紀
傳類/別史之屬
尚史七十二卷　(清)李鍇撰　清乾隆三十八
年(1773)刻本　二十四冊

330000－1705－0016009　朱1944　子部/醫
家類/傷寒金匱之屬/金匱要略
金匱玉函經二註二十二卷補方一卷　(宋)趙
以德(趙良仁)衍義　(清)周揚俊補注　**十藥
神書一卷**　(元)葛乾孫撰　清同治二年
(1863)刻本　六冊

330000－1705－0016010　朱8433、朱9148
類叢部/叢書類/彙編之屬
荔牆叢刻十三種　(清)汪曰楨編　清同治至
光緒烏程汪氏刻本　五冊　存二種

330000－1705－0016011　朱1941　子部/醫

家類/傷寒金匱之屬/金匱要略
金匱玉函經二註二十二卷補方一卷　(宋)趙
以德(趙良仁)衍義　(清)周揚俊補注　**十藥
神書一卷**　(元)葛乾孫撰　清同治二年
(1863)刻本　六冊

330000－1705－0016012　朱1946　子部/醫
家類/方書之屬/單方驗方
普濟應驗良方十一卷　(清)德軒氏輯　清咸
豐七年(1857)浙寧主人刻本　一冊

330000－1705－0016013　朱2063　子部/藝
術類/書畫之屬/畫譜
芥子園畫傳四集四卷　(清)丁臬等撰輯　**芥
子園圖章會纂一卷**　(清)李漁撰　清嘉慶二
十三年(1818)金陵抱青閣刻本　一冊

330000－1705－0016014　朱8430　子部/醫
家類/本草之屬/歷代綜合本草
本草述三十二卷首一卷　(清)劉若金撰　清
嘉慶十五年(1810)武進薛氏還讀山房刻本
九冊　存九卷(六、八至十四、二十三)

330000－1705－0016015　朱1947　子部/醫
家類/醫話醫論之屬
存存齋醫話藁二卷　(清)趙彥暉撰　清光緒
七年(1881)刻本　一冊

330000－1705－0016016　朱0719　經部/小
學類/文字之屬/字書/字典
正字略一卷　(清)王筠撰　**臨文便覽不分卷**
　(清)楊紹和輯　**字學舉隅不分卷**　(清)黃
本驥　(清)龍啓瑞　(清)龍光甸撰　清同治
至光緒刻本　一冊

330000－1705－0016017　朱2062　子部/藝
術類/書畫之屬/畫譜
晚笑堂畫傳一卷明太祖功臣圖一卷　(清)上
官周繪　清乾隆刻本　一冊

330000－1705－0016018　朱2085、朱9587
類叢部/叢書類/家集之屬
董氏叢書十六種　(清)董金鑑編　清光緒三
十二年(1906)會稽董氏取斯家塾刻本　十
二冊

330000－1705－0016019　朱 2014　史部/傳記類/總傳之屬/列女

列女傳十六卷　（漢）劉向撰　（明）汪道昆輯　（明）仇英繪圖　**列女裝十六卷**　（漢）劉向撰　明萬曆刻清乾隆四十四年(1779)鮑氏知不足齋印本　十六冊

330000－1705－0016020　朱 6103　子部/藝術類/書畫之屬/畫譜

芥子園畫傳五卷　（清）王槩　（清）王著　（清）王臬輯　清康熙十八年(1679)刻本　一冊　存一卷(一)

330000－1705－0016022　朱 1928　子部/醫家類/診法之屬/其他診法

傷寒舌鑑一卷　（清）張登輯　清光緒四年(1878)刻本　一冊

330000－1705－0016024　朱 1929　子部/醫家類/方書之屬/單方驗方

平易方四卷　（清）葉香侶輯　清嘉慶九年(1804)武林葉敦善刻本　四冊

330000－1705－0016026　朱 2080　經部/小學類/文字之屬/字書/字體

六書辨異二卷補遺一卷　（清）湯容煢輯　清嘉慶刻本　一冊

330000－1705－0016027　朱 2042　史部/紀傳類/正史之屬

晉書一百三十卷　（唐）房玄齡等撰　（唐）何超音義　（明）鍾人傑評　明鍾人傑刻本　十二冊　存三十九卷(列傳三十二至七十)

330000－1705－0016028　朱 2458　史部/史表類/通代之屬

歷代治權分合系統表一卷　（清）吳寶忠編　清光緒三十四年(1908)上海商務印書館石印本　一冊

330000－1705－0016029　朱 2053　經部/小學類/音韻之屬/古今韻說

音學五書　（清）顧炎武撰　清康熙刻本　一冊　存一種

330000－1705－0016030　朱 2073　史部/目錄類/專錄之屬

小學考五十卷　（清）謝啟昆撰　清光緒十四年(1888)浙江書局刻本　二十冊

330000－1705－0016031　朱 2078　經部/群經總義類/傳說之屬

新學偽經考十四卷　康有為撰　清刻本　一冊　存三卷(七至九)

330000－1705－0016033　朱 2056、朱 3178　類叢部/叢書類/家集之屬

丹徒戴氏叢刻七種(戴友梅八種、戴氏所著書)　（清）戴肇辰編　清同治至光緒刻本　七冊　存五種

330000－1705－0016034　朱 2076、朱 2910　類叢部/叢書類/彙編之屬

心矩齋叢書十一種　（清）蔣鳳藻編　清光緒長洲蔣氏刻本　八冊　存二種

330000－1705－0016035　朱 2086　集部/別集類/清別集

句溪雜著二卷　（清）陳立撰　清道光二十三年(1843)揚州刻本　一冊

330000－1705－0016036　朱 2064　經部/叢編

通志堂經解一百四十種一千八百六十卷　（清）納蘭成德輯　清康熙十九年(1680)納蘭成德刻本　二冊　存一種

330000－1705－0016038　朱 2093　集部/戲劇類/總集之屬/傳奇

繡刻演劇六十種一百二十卷　（明）毛晉編　明末毛氏汲古閣刻清修補本　二冊　存一種

330000－1705－0016039　朱 2161　子部/儒家類/儒學之屬/性理

近思錄集解十四卷　（宋）葉采撰　清刻本　二冊　存八卷(三至十)

330000－1705－0016040　朱 2200　類叢部/叢書類/自著之屬

崔東壁先生遺書八種附一種　（清）崔述撰　清嘉慶至道光陳履和刻本　一冊　存一種

330000 – 1705 – 0016041　朱 2385　史部/詔令奏議類/奏議之屬

羅山奏疏七卷　（明）張孚敬撰　明刻本　二冊　存二卷（四、七）

330000 – 1705 – 0016042　朱 2082　類叢部/叢書類/彙編之屬

正誼堂叢書五十五種　（清）張伯行編　清康熙至雍正正誼堂刻本　二冊　存一種

330000 – 1705 – 0016043　朱 2199　經部/詩類/三家詩之屬

韓詩外傳十卷　（漢）韓嬰撰　清乾隆十七年（1752）張晉康重刻海虞毛氏本　二冊

330000 – 1705 – 0016044　朱 2457　集部/別集類/清別集

漁洋山人精華錄訓纂十卷目錄二卷年譜注補二卷辯訛一卷　（清）王士禎撰　（清）惠棟注補　清乾隆惠氏紅豆齋刻本　一冊　存二卷（年譜注補上、下）

330000 – 1705 – 0016045　朱 2070　史部/地理類/山川之屬/水志

水經注釋四十卷首一卷附錄二卷刊誤十二卷　（清）趙一清撰　清乾隆五十一年（1786）趙氏小山堂刻本　二十冊

330000 – 1705 – 0016046　朱 2092、朱 3970　類叢部/叢書類/自著之屬

召杜心聲四種　（清）王恂撰　清光緒五年（1879）刻本　二冊

330000 – 1705 – 0016047　朱 2198　經部/群經總義類/傳說之屬

群經補義五卷　（清）江永撰　（清）江鴻緒編　清乾隆三十八年（1773）刻本　二冊

330000 – 1705 – 0016048　朱 2425　經部/易類/傳說之屬

周易像象述六卷像象金針一卷　（明）吳桂森撰　明崇禎刻本　四冊　存五卷（像象述一至四、像象金針）

330000 – 1705 – 0016049　朱 2075　子部/雜家類

淮南鴻烈解二十一卷　明萬曆十八年（1590）汪一鸞刻本　四冊　存十四卷（一至十四）

330000 – 1705 – 0016050　朱 2155　史部/傳記類/科舉錄之屬/歷科鄉試錄

［同治九年庚午科並補行同治元年壬戌恩科］江南鄉試錄不分卷　清同治刻本　一冊

330000 – 1705 – 0016051　朱 2455、朱 9959　類叢部/叢書類/彙編之屬

月河精舍叢鈔五種　（清）丁寶書編　清光緒四年至十二年（1878 – 1886）苕溪丁氏刻本　五冊　存二種

330000 – 1705 – 0016052　朱 2126　經部/小學類/訓詁之屬/方言

輶軒使者絕代語釋別國方言十三卷　（漢）揚雄撰　（清）戴震疏證　清光緒八年（1882）汪青簃刻本　四冊

330000 – 1705 – 0016053　朱 2460　子部/天文曆算類/算書之屬

算學啓蒙述義三卷總括一卷後記一卷望海島述一卷　（元）朱世傑撰　（清）王鑒述義　清光緒刻本　三冊

330000 – 1705 – 0016055　朱 2149、朱 4398、朱 0366　類叢部/叢書類/彙編之屬

經訓堂叢書二十一種　（清）畢沅編　清乾隆至嘉慶鎮洋畢氏刻本　十二冊　存三種

330000 – 1705 – 0016056　朱 1942　子部/醫家類/傷科之屬

傷科補要四卷　（清）錢秀昌撰　清嘉慶二十三年（1818）刻本　一冊

330000 – 1705 – 0016058　朱 2089　經部/詩類/傳說之屬

草木疏校正二卷　（三國吳）陸璣撰　（清）趙佑校正　（清）丁杰履校　清乾隆五十六年（1791）刻本　一冊

330000 – 1705 – 0016059　朱 2573　集部/詩文評類/文法之屬/函牘格式

類定縉紳交際便蒙文翰品藻五卷　（明）阮祥宇考訂　明刻本　四冊

330000 – 1705 – 0016060　朱 2142　類叢部/
叢書類/自著之屬

石經閣叢書七種　（清）馮登府撰輯　清道光
十一年至十七年(1831－1837)刻本　一冊
存一種

330000 – 1705 – 0016061　朱 2347、朱 0819
類叢部/叢書類/自著之屬

周松靄先生遺書八種　（清）周春撰　清乾隆
至嘉慶刻本　朱鼎煦題記　二冊　存三種

330000 – 1705 – 0016062　朱 2619　史部/傳
記類/總傳之屬/歷代

疑年錄四卷　（清）錢大昕編　**續疑年錄四卷**
　（清）吳修編　清同治元年(1862)福山王氏
天壤閣刻本　二冊

330000 – 1705 – 0016063　朱 2446　類叢部/
叢書類/自著之屬

抗希堂十六種　（清）方苞撰　清康熙至嘉慶
桐城方氏抗希堂刻本　一冊　存一種

330000 – 1705 – 0016064　朱 2160　史部/地
理類/雜志之屬

蒙古游牧記十六卷　（清）張穆撰　清同治六
年(1867)壽陽祁氏刻本　四冊

330000 – 1705 – 0016065　朱 2603　經部/小
學類/文字之屬/字書/字體

**藝文備覽十二集一百二十卷檢字一卷補詳字
義十四卷**　（清）沙木注　清嘉慶十一年
(1806)粵東権署刻十三年(1808)增刻印本
二十八冊

330000 – 1705 – 0016066　朱 2162　經部/小
學類/文字之屬/字書/字體

集漢隸分韻七卷　（元）□□撰　清乾隆三十
七年(1772)九沙萬氏辨志堂刻本　二冊

330000 – 1705 – 0016068　朱 2446 – 1、朱
4744、朱 9667　類叢部/叢書類/自著之屬

抗希堂十六種　（清）方苞撰　清康熙至嘉慶
桐城方氏抗希堂刻本　十四冊　存三種

330000 – 1705 – 0016069　朱 4154　類叢部/
叢書類/自著之屬

錢頤壽中丞全集正編三種續編二種　（清）錢
寶琛撰　清同治七年至光緒六年(1868－
1880)錢鼎銘刻本　一冊　存一種

330000 – 1705 – 0016070　朱 2470　類叢部/
叢書類/彙編之屬

今獻彙言三十九種　（明）高鳴鳳編　明刻本
　一冊　存四種

330000 – 1705 – 0016071　朱 2520　史部/傳
記類/科舉錄之屬/總錄

清秘述聞十六卷　（清）法式善編　清嘉慶四
年(1799)刻本　一冊　存八卷(九至十六)

330000 – 1705 – 0016072　朱 2378、朱 3770、
朱 4185　經部/群經總義類/文字音義之屬

周易全書□□卷　明刻本　七冊　存四卷
(古文二、今文五至七)

330000 – 1705 – 0016073　朱 2143　子部/術
數類/命書相書之屬

一掌經不分卷　清刻本　一冊

330000 – 1705 – 0016075　朱 2096　史部/傳
記類/總傳之屬/歷代

千古奇聞八卷補遺一卷　（清）李漁撰　清康
熙十八年(1679)刻本　二冊　存三卷(一至
三)

330000 – 1705 – 0016076　朱 2623　子部/儒
家類/儒學之屬/蒙學

增訂三字鑑註釋附紀年一卷　（清）萬青銓撰
　清同治十一年(1872)刻本　一冊

330000 – 1705 – 0016077　朱 2145　類叢部/
叢書類/彙編之屬

平津館叢書八集三十八種　（清）孫星衍編
清嘉慶蘭陵孫氏刻本　朱鼎煦題記　一冊
存三種

330000 – 1705 – 0016080　朱 2132　子部/工
藝類/文房四寶之屬/墨

墨表四卷　（清）萬壽祺撰　清光緒二十六年
(1900)蕭山陳大昀兼廬刻本　一冊

330000 – 1705 – 0016081　朱 2598　類叢部/

叢書類/彙編之屬

抱經堂叢書十六種 （清）盧文弨編　清乾隆
至嘉慶刻彙印本　六冊　存一種

330000－1705－0016082　朱2424　經部/易
類/傳說之屬

易學資始十四卷 （清）連聲獻撰　清乾隆二
十四年(1759)刻本　四冊

330000－1705－0016083　朱2516　類叢部/
叢書類/自著之屬

觀古堂所著書二十種 葉德輝編　清光緒長
沙葉氏刻本　一冊　存一種

330000－1705－0016084　朱2451　經部/群
經總義類/傳說之屬

經書算學天文攷一卷 （清）陳懋齡撰　清嘉
慶二年(1797)刻本　一冊

330000－1705－0016085　朱2500、朱2502、
朱2503　類叢部/叢書類/家集之屬

洪氏晦木齋叢書二十一種 （清）洪汝奎編
清同治八年至宣統元年(1869－1909)刻本
八冊　存二種

330000－1705－0016086　朱2215　類叢部/
叢書類/彙編之屬

祕書廿一種 （清）汪士漢編　清康熙七年
(1668)新安汪氏重編印古今逸史本　一冊
存一種

330000－1705－0016087　朱2686　類叢部/
叢書類/彙編之屬

功順堂叢書 （清）潘祖蔭編　清光緒吳縣潘
氏刻本　三十二冊　存十八種

330000－1705－0016088　朱2606－1　史部/
傳記類/總傳之屬/通代

古聖賢像傳畧十六卷 （清）顧沅輯　清道光
十年(1830)刻本　五冊

330000－1705－0016089　朱2343　經部/春
秋總義類/專著之屬

春秋繁露十七卷 （漢）董仲舒撰　清刻本
二冊

330000－1705－0016090　朱2633　史部/傳
記類/總傳之屬/斷代

昭代名人尺牘小傳二十四卷 （清）吳修撰
清道光六年(1826)刻本　二冊

330000－1705－0016091　朱2482　類叢部/
叢書類/彙編之屬

上湖綺語五種 清道光二十一年(1841)刻本
二冊　存一種

330000－1705－0016092　朱2394　經部/詩
類/專著之屬

毛詩名物畧四卷 （清）朱桓撰　清嘉慶七年
(1802)蔚齋刻本　四冊

330000－1705－0016093　朱2131　史部/政
書類/儀制之屬/雜禮

呂氏四禮翼八卷 （明）呂坤撰　（清）朱軾評
點　清康熙刻高安朱文端公校輯藏書本　一
冊　存四卷(一至四)

330000－1705－0016094　朱2632　子部/雜
著類/雜記之屬

初月樓聞見錄十卷 （清）吳德旋撰　清道光
二年(1822)刻本　二冊

330000－1705－0016095　朱2471　史部/傳
記類/科舉錄之屬/歷科鄉試錄

甲丁鄉試同年錄三卷 （清）董沛輯　清光緒
刻本　一冊

330000－1705－0016097　朱2605、朱0590
類叢部/叢書類/自著之屬

王漁洋遺書三十八種 （清）王士禛撰　清刻
本　十二冊　存二種

330000－1705－0016098　朱2387　經部/小
學類/音韻之屬/注音

**戚恭軍八音字義便覽四卷太史林碧山先生珠
玉同聲□卷** （清）蔡士泮輯　清光緒二年
(1876)集新堂刻本　一冊

330000－1705－0016099　朱2475　經部/小
學類/音韻之屬/韻書

詩韻含英題解十卷 （清）甘蘭友輯　清刻本
二冊

330000 – 1705 – 0016101　朱 2662、朱 2643、朱 9529　類叢部/叢書類/自著之屬

雙溪集六種　(清)張英撰　清康熙刻本　五冊　存三種

330000 – 1705 – 0016102　朱 2685　子部/宗教類/道教之屬

七注陰符經一卷　題(三國蜀)諸葛亮撰　清咸豐五年(1855)草廬刻本　一冊

330000 – 1705 – 0016103　朱 2453　經部/四書類/總義之屬/傳說

朱子文集纂三十二卷　(宋)朱熹撰　(清)陳鏦編　清康熙刻本　二冊

330000 – 1705 – 0016104　朱 2422　史部/傳記類/總傳之屬/斷代

東林列傳二十四卷末二卷　(清)陳鼎撰　清康熙刻本　二冊　存七卷(十一至十三、十七至二十)

330000 – 1705 – 0016105　朱 2421　類叢部/叢書類/自著之屬

顧端文公遺書十二種附一種　(明)顧憲成撰　清康熙刻本　一冊　存三種

330000 – 1705 – 0016106　朱 2370　類叢部/叢書類/郡邑之屬

鹽邑志林四十一種附一種　(明)樊維城彙編　明天啓刻清印本　二冊　存九種

330000 – 1705 – 0016107　朱 2747　史部/傳記類/總傳之屬/仕宦

碧血錄五卷　(清)莊仲方撰　(清)夏鸞翔繪圖　清咸豐六年(1856)禮和堂項氏刻本　五冊

330000 – 1705 – 0016108　朱 2185　子部/雜著類/雜考之屬

訂譌雜錄十卷　(清)胡鳴玉撰　清乾隆二十三年(1758)青浦胡鳴玉戢箴書屋刻本　一冊

330000 – 1705 – 0016110　朱 2687　史部/紀傳類/正史之屬

漢書疏證三十六卷後漢書疏證三十卷　(清)沈欽韓撰　清光緒二十六年(1900)浙江官書局刻本　九冊　存十一卷(漢書疏證三至十三)

330000 – 1705 – 0016111　朱 2606　史部/政書類/儀制之屬/典禮

聖廟祀典圖考五卷首一卷附聖蹟圖一卷孟子聖蹟圖一卷　(清)顧沅撰　清道光六年(1826)刻本　五冊　缺一卷(一)

330000 – 1705 – 0016112　朱 2316　子部/醫家類/婦科之屬/產科

經效產寶三卷續編一卷　(唐)昝殷撰　清光緒十四年(1888)刻本　一冊

330000 – 1705 – 0016113　朱 2474　史部/傳記類/總傳之屬/郡邑

四明人鑑不分卷　(清)劉慈孚輯　(清)虞琴繪圖　清光緒十二年(1886)石印本　一冊

330000 – 1705 – 0016114　朱 2504　史部/地理類/雜志之屬

廣陵通典十卷　(清)汪中撰　清同治八年(1869)揚州書局刻本　二冊

330000 – 1705 – 0016116　朱 2706　類叢部/類書類/專類之屬

佩文韻府一百六卷　(清)張玉書　(清)蔡升元等輯　**韻府拾遺一百六卷**　(清)汪灝　(清)何焯等輯　清光緒石印本　三冊　存七卷(佩文韻府三十八至四十四)

330000 – 1705 – 0016118　朱 2606 – 2　史部/傳記類/總傳之屬/郡邑

吳郡名賢圖傳贊二十卷　(清)顧沅輯　(清)孔繼堯繪　清道光九年(1829)長洲顧氏刻本　六冊

330000 – 1705 – 0016119　朱 2365　經部/小學類/音韻之屬/古今韻說

古今韻攷四卷　(清)李因篤撰　**附校刻古今韻考附記一卷**　(清)楊傳第撰　清咸豐九年(1859)葉名灃刻本　一冊

330000 – 1705 – 0016120　朱 2675、朱 7612　經部/小學類/叢編

臨文便覽不分卷　(清)張啟泰輯　清同治十

三年(1874)松竹齋刻本　二冊

330000－1705－0016121　朱2367　子部/雜
著類/雜纂之屬

芝菴雜記四卷　(清)陸雲錦撰　清嘉慶八年
(1803)自刻本　二冊

330000－1705－0016122　朱2727　史部/政
書類/儀制之屬/典禮

直省釋奠禮樂記六卷首一卷末一卷　(清)應
寶時等輯　清同治十二年(1873)仁和吳恒、
長洲顧澐刻本　四冊

330000－1705－0016124　朱2499　子部/天
文曆算類/算書之屬

觀我生室匯稿　(清)羅士琳撰　清道光刻本
六冊　存一種

330000－1705－0016125　朱3457　經部/小
學類/文字之屬/說文/傳說

說文繫傳四十卷　(五代)徐鍇撰　(五代)朱
翱反切　**校勘記三卷**　(清)苗夔等撰　清道
光十九年(1839)祁寯藻影刻影宋抄本　八冊

330000－1705－0016126　朱2579　類叢部/
叢書類/自著之屬

張南山全集十二種　(清)張維屏撰　清道光
十年(1830)刻本　十冊　存一種

330000－1705－0016127　朱2477　子部/天
文曆算類/算書之屬

白芙堂算學叢書　(清)丁取忠輯　清同治至
光緒長沙古荷花池精舍刻本　一冊　存一種

330000－1705－0016128　朱2590　子部/雜
著類/雜纂之屬

錢神志七卷　(清)李世熊撰　清同治十年
(1871)木活字印本　七冊

330000－1705－0016129　朱2720　史部/政
書類/公牘檔冊之屬

**邸鈔全錄不分卷(清光緒十三年正月至十四
年六月)**　清字林滬報館鉛印本　三冊

330000－1705－0016130　朱2129　子部/雜
著類/雜編之屬

昆耶室驅暑閑抄(塵談拾雅)　(清)硯雲主人
輯　清硯雲書屋刻本　一冊

330000－1705－0016131　朱2638　子部/儒
家類/儒家之屬

孔子家語二卷　(三國魏)王肅注　(清)孔毓
圻輯　清康熙刻本　二冊

330000－1705－0016132　朱2480　類叢部/
叢書類/彙編之屬

**申報館叢書正書五十七種附錄三種續集一百
四十二種**　尊聞閣主編　清同治至光緒上海
申報館鉛印本　七冊　存一種

330000－1705－0016133　朱2817　子部/醫
家類

傅青主男科二卷女科補遺一卷　(清)傅山撰
清光緒七年(1881)郭鍾岳刻本　二冊

330000－1705－0016134　朱2279　經部/小
學類/文字之屬/字書/訓蒙

急就篇四卷　(漢)史游撰　(唐)顏師古注
(宋)王應麟補注　清刻本　一冊

330000－1705－0016135　朱2481　類叢部/
叢書類/彙編之屬

養和堂叢書八種　(清)陳維申編　清乾隆刻
本　一冊　存一種

330000－1705－0016136　朱2673　子部/術
數類/相宅相墓之屬

堪輿經二卷　(明)蕭克撰　明萬曆三十九年
(1611)刻本　四冊

330000－1705－0016137　朱2813　子部/醫
家類/方書之屬/單方驗方

類證普濟本事方十卷坊刻王氏本備錄一卷
(宋)許叔微撰　(清)葉桂釋義　清嘉慶十九
年(1814)葉鍾眉壽堂刻本　六冊

330000－1705－0016138　朱2533　史部/政
書類/軍政之屬/邊政

舟師繩墨不分卷　(清)林君陞撰　清乾隆三
十七年(1772)陳奎刻本　一冊

330000－1705－0016139　朱2586　史部/紀

傳類/正史之屬

史記志疑三十六卷 （清）梁玉繩撰　清乾隆仁和梁玉繩刻本　十二冊

330000－1705－0016142　朱 2832　子部/醫家類

傅青主男科二卷 （清）傅山撰　清光緒十三年(1887)湖北官書處刻本　二冊

330000－1705－0016143　朱 2812　子部/醫家類/婦科之屬

竹林女科證治四卷 （清）竹林寺僧撰　清光緒九年(1883)當塗黃氏刻本　四冊

330000－1705－0016144　朱 2356　子部/小說家類/瑣語之屬

聽雨軒雜紀一卷續紀一卷餘紀一卷贅紀一卷 （清）徐承烈撰　清嘉慶十一年(1806)研雲樓刻本　一冊　存一卷(雜紀)

330000－1705－0016145　朱 2822　子部/醫家類/綜合之屬/雜著

玉機微義五十卷 （明）徐用誠輯　（明）劉純續輯　清康熙四十二年(1703)張屢豐、沈佩游刻本　二十八冊

330000－1705－0016147　朱 2753　類叢部/類書類/通類之屬

御定駢字類編二百四十卷 （清）吳士玉（清）沈宗敬等輯　清雍正刻本　二冊　存三卷(十二、三十至三十一)

330000－1705－0016148　朱 2608　經部/四書類/總義之屬/傳說

四書講義日孜錄十二卷 （清）李求齡撰　清李疉芝刻本　六冊

330000－1705－0016149　朱 2355　子部/小說家類/異聞之屬

見聞錄四卷 （清）徐岳撰　清刻本　二冊

330000－1705－0016150　朱 2811　子部/醫家類/方書之屬/單方驗方

肘後備急方八卷 題（晉）葛洪撰　（南朝梁）陶弘景增補　清道光二十八年(1848)瓶花書屋刻本　六冊

330000－1705－0016151　朱 2578　經部/小學類

雷刻四種 （清）雷浚輯　清光緒二年至十年(1876－1884)吳縣雷氏刻本　八冊

330000－1705－0016152　朱 2618　子部/儒家類/儒學之屬

尤西川先生擬學小記六卷續錄七卷附錄二卷 （明）尤時熙撰　（明）孟化鯉編　清咸豐刻本　四冊

330000－1705－0016154　朱 2333　史部/紀傳類/正史之屬

史記一百三十卷 （漢）司馬遷撰　（南朝宋）裴駰集解　（唐）司馬貞索隱　（唐）張守節正義　明嘉靖四年至六年(1525－1527)王延喆刻本　一冊　存四卷(一至四)

330000－1705－0016155　朱 2833　子部/醫家類

傅青主男科二卷 （清）傅山撰　清光緒十三年(1887)湖北官書處刻本　二冊

330000－1705－0016156　朱 2810　子部/醫家類/綜合之屬/通論

醫貫六卷 （明）趙獻可撰　清康熙天蓋樓刻本　四冊

330000－1705－0016157　朱 2594　類叢部/叢書類/彙編之屬

文選樓叢書三十三種 （清）阮亨編　清嘉慶九年(1804)阮元刻本　四冊　存一種

330000－1705－0016159　朱 2923　史部/傳記類/別傳之屬/事狀

吳貞女傳不分卷 （清）李元度撰　清光緒二年(1876)刻本　一冊

330000－1705－0016160　朱 2853　經部/小學類/音韻之屬/韻書

集韻十卷 （宋）丁度等撰　清康熙四十五年(1706)揚州使院刻嘉慶十九年(1814)桐城方葆巖補刻本　十冊

330000－1705－0016161　朱 2808　子部/醫家類/傷寒金匱之屬/傷寒論

傷寒論本義十八卷首一卷末一卷　（清）冀棟
評定　（清）魏荔彤纂釋　清乾隆綠蔭堂刻本
三冊　存十七卷（首、一至十六）

330000－1705－0016162　朱1431　經部/孝
經類

今古文孝經彙刻十六種　（清）王德瑛輯　清
道光十四年至十六年（1834－1836）福山王德
瑛日省吾齋刻本　一冊　存三種

330000－1705－0016163　朱2835　子部/醫
家類/婦科之屬

傅青主女科二卷產後編二卷　（清）傅山撰
清同治八年（1869）湖北崇文書局刻本　二冊

330000－1705－0016164　朱2826　子部/醫
家類/本草之屬/神農本草經

神農本草經疏三十卷　（明）繆希雍撰　明天
啓五年（1625）毛晉綠君亭刻本　十冊

330000－1705－0016165　朱2211　子部/儒
家類/儒學之屬/禮教/家訓

裕昆要錄一卷　（清）陳延益輯　清光緒十一
年（1885）刻本　一冊

330000－1705－0016166　朱2766　史部/史
表類/通代之屬

歷代甲子紀元表一卷　（清）董醇撰　清光緒
十年（1884）歸安錢學嘉刻本　一冊

330000－1705－0016167　朱2488　經部/春
秋左傳類/傳說之屬

春秋大事表五十卷讀春秋偶筆一卷輿圖一卷
附錄一卷　（清）顧棟高輯　清乾隆十三年至
十四年（1748－1749）錫山顧氏萬卷樓刻本
五冊　存七卷（一至六、讀春秋偶筆）

330000－1705－0016168　朱2831　子部/醫
家類/醫經之屬/内經

重訂駱龍吉内經拾遺方論四卷　（宋）駱龍吉
撰　（明）劉浴德　（明）朱練訂　清乾隆四十
一年（1776）武林大成齋刻本　三冊

330000－1705－0016169　朱2213　史部/政
書類/儀制之屬/專志/謚法

皇朝謚法考五卷續編一卷補編一卷　（清）鮑

康輯　清同治三年至八年（1864－1869）刻本
一冊

330000－1705－0016170　朱3033　子部/雜
著類/雜纂之屬

寄園寄所寄十二卷　（清）趙吉士輯　清康熙
三十五年（1696）刻本　十二冊

330000－1705－0016172　朱2806　類叢部/
叢書類/彙編之屬

隨盦徐氏叢書十種續編十種　徐乃昌編　清
光緒至民國南陵徐氏刻本　一冊　存一種

330000－1705－0016173　朱2821　子部/醫
家類/傷寒金匱之屬/傷寒論

劉河間傷寒三書二十卷　（金）劉完素撰　明
萬曆吳諫金陵刻本　六冊

330000－1705－0016176　朱2840　子部/醫
家類/傷寒金匱之屬/金匱要略

金匱要畧方論本義二十二卷　（清）魏荔彤撰
清乾隆金閶綠蔭堂刻本　四冊

330000－1705－0016177　朱2828　子部/醫
家類/醫理之屬/病源病機

巢氏諸病源候總論五十卷　（隋）巢元方等撰
清嘉慶十四年（1809）吳門經義齋刻本
十冊

330000－1705－0016178　朱9376　子部/醫
家類/傷寒金匱之屬/金匱要略

金匱要畧方論本義二十二卷　（清）魏荔彤撰
清刻本　四冊

330000－1705－0016179　朱2693　經部/小
學類/文字之屬/說文

說文解字注十五卷附六書音韻表五卷　（清）
段玉裁撰　說文部目分韻一卷　（清）陳煥編
清乾隆至嘉慶段氏經韻樓刻本　二十四冊

330000－1705－0016180　朱2194　經部/四
書類/總義之屬/傳說

學庸說文十二卷　（清）李凱撰　清乾隆十八
年（1753）寒香亭刻本　六冊

330000－1705－0016182　朱2783　經部/小

學類/音韻之屬/韻書

唐寫本唐韻五卷 （唐）孫愐撰　清光緒三十四年(1908)上海國粹學報館影印本　一冊　存二卷(一至二)

330000－1705－0016183　朱 2857　子部/雜著類/雜說之屬

亦園胜牘八卷 （清）龔顯曾撰　清光緒四年(1878)誦芬堂木活字印本　四冊

330000－1705－0016184　朱 3083、朱 8123　類叢部/叢書類/彙編之屬

正覺樓叢刻（正覺樓叢書）二十九種　（清）崇文書局編　清光緒崇文書局刻本　二十八冊　存二十種

330000－1705－0016188　朱 4008　史部/叢編

痛史二十一種附九種　樂天居士輯　清宣統至民國上海商務印書館鉛印本　三十冊　存二十六種

330000－1705－0016189　朱 3026　經部/小學類/文字之屬/說文/專著

說文分韻易知錄五卷部首重文五卷說文分畫易知錄一卷　（清）許巽行撰　清光緒五年(1879)華亭許嘉德刻松江葆素堂許氏印本　九冊　缺二卷(說文分韻易知錄一、說文分畫易知錄)

330000－1705－0016190　朱 2841　子部/醫家類/類編之屬

喻氏醫書三種　（清）喻昌撰　清光緒二十年(1894)錫環堂刻本　二冊　存一種

330000－1705－0016191　朱 3125　類叢部/叢書類/自著之屬

舊雨艸堂叢書□□種　（清）陳康祺撰　清光緒刻本　六冊　存一種

330000－1705－0016193　朱 2558　史部/雜史類/斷代之屬

明季遺聞四卷　（清）鄒漪輯　清順治刻本　一冊　存二卷(一至二)

330000－1705－0016194　朱 2979　子部/術

數類/相宅相墓之屬

安居金鏡八卷　（清）周南　（清）呂臨輯　清道光十七年(1837)刻本　四冊

330000－1705－0016196　朱 3027　經部/小學類/文字之屬/說文

說文解字韻譜十卷　（五代）徐鍇撰　（清）馮桂芬校訂　清同治三年(1864)吳縣馮桂芬縮摹篆文刻六年(1867)補刻本　四冊

330000－1705－0016197　朱 3080　史部/史表類/通代之屬

歷代紀元彙考八卷　（清）萬斯同撰　孫鏘校補　**皇朝紀元彙考一卷**　（清）李哲濬撰　清光緒二十三年(1897)瀹洲李氏刻本　一冊

330000－1705－0016198　朱 2953　經部/小學類/文字之屬/字書/字典

字鑑五卷　（元）李文仲撰　清刻本　一冊　存三卷(一至三)

330000－1705－0016199　朱 3124　史部/傳記類/總傳之屬/儒林

明儒學案六十二卷師說一卷附案一卷　（清）黃宗羲撰　清康熙三十年(1691)萬言、三十二年(1693)賈樸、雍正十三年至乾隆四年(1735－1739)慈溪鄭性二老閣刻本　二十冊

330000－1705－0016200　朱 2954、朱 1972　類叢部/叢書類/彙編之屬

雲自在龕叢書五集十九種　繆荃孫輯　清光緒江陰繆氏刻本　六冊　存三種

330000－1705－0016201　朱 1360　子部/醫家類/醫理之屬/病源病機

重刊巢氏諸病源候總論五十卷　（隋）巢元方撰　清光緒元年(1875)湖北崇文書局刻十二年(1886)湖北官書處印本　八冊

330000－1705－0016202　朱 2327　類叢部/叢書類/彙編之屬

大鄮山館叢書　（清）童賡年校刊　清紅樣本　一冊　存四種

330000－1705－0016203　朱 2190　經部/書類/文字音義之屬

尚書隸古定釋文八卷 　（清）李遇孫撰　清嘉
慶九年（1804）馬錦刻本　一冊

330000－1705－0016204　朱2829　子部/醫
家類/喉科口齒之屬/喉痧
疫痧草不分卷 　（清）陳耕道撰　清道光十九
年（1839）宏文齋刻本　一冊

330000－1705－0016205　朱9718　子部/醫
家類/醫理之屬/病源病機
巢氏諸病源候總論五十卷 　（隋）巢元方等撰
　清刻本　十六冊　存四十二卷（三至四十
一、四十八至五十）

330000－1705－0016206　朱3121　子部/雜
著類/雜說之屬
麗濮蕡錄十四卷爽鳩要錄二卷 　（清）蔣超伯
撰　清同治五年（1866）刻本　八冊

330000－1705－0016207　朱3068　子部/
叢編
二十二子（二十二子彙函） 　（清）浙江書局編
　清光緒元年至三年（1875－1877）浙江書局
刻本　二冊　存一種

330000－1705－0016208　朱2235　集部/別
集類/清別集
句溪雜箸六卷 　（清）陳立撰　（清）陳汝恭檢
輯　（清）劉恭冕　（清）劉壽曾擇存　清道光
二十三年（1843）揚州刻同治增修本　二冊

330000－1705－0016210　朱3109　子部/宗
教類/道教之屬/經文
新刊道書全集 　（明）閻鶴洲撰　明萬曆十九
年（1591）刻清康熙二十一年（1682）周在延重
修本　一冊　存一種

330000－1705－0016211　朱2973、朱7783
類叢部/叢書類/自著之屬
漢孳室箸書 　（清）陶方琦撰　清光緒七年
（1881）湘南使院刻本　三冊　存一種

330000－1705－0016212　朱2839　子部/醫
家類/診法之屬/脈經脈訣
四診抉微八卷附管窺附餘一卷 　（清）林之翰
撰　清雍正四年（1726）玉映堂刻本　四冊

330000－1705－0016213　朱3128　史部/政
書類/通制之屬
三國會要二十二卷首一卷 　楊晨撰　清光緒
二十六年（1900）江蘇書局刻本　六冊

330000－1705－0016214　朱2998　子部/雜
著類/雜說之屬
於陵子一卷 　（清）周彬　（清）陳先登評注
清光緒五年（1879）刻本　一冊

330000－1705－0016215　朱3053　經部/小
學類/文字之屬/說文
說文引經攷證七卷說文引經互異說一卷
（清）陳瑑撰　清同治十三年（1874）湖北崇文
書局刻本　二冊

330000－1705－0016216　朱3184　史部/傳
記類/總傳之屬/儒林
學案小識十四卷首一卷末一卷 　（清）唐鑑撰
　清光緒十年（1884）刻本　十二冊

330000－1705－0016217　朱2994、朱9585
類叢部/叢書類/彙編之屬
晨風閣叢書二十二種 　沈宗畸編　清宣統元
年（1909）番禺沈氏刻本　十六冊

330000－1705－0016218　朱3297　子部/儒
家類/儒學之屬/性理
北溪先生字義二卷補遺一卷附嚴陵講義一卷
　（宋）陳淳撰　清康熙五十三年（1714）戴嘉
禧愛荊堂刻本　一冊

330000－1705－0016219　朱3114　史部/傳
記類/別傳之屬/年譜
朱子年譜四卷考異四卷 　（清）王懋竑撰　朱
子論學切要語二卷 　（清）王懋竑輯　清乾隆
十七年（1752）寶應王氏白田草堂刻本　六冊

330000－1705－0016220　朱3185　類叢部/
叢書類/家集之屬
侯官陳氏遺書二十種 　（清）陳壽祺　（清）陳
喬樅撰　清嘉慶至同治三山陳氏家刻光緒八
年（1882）彙印本　六冊　存一種

330000－1705－0016221　朱3054　經部/小
學類/文字之屬/說文/傳說

段氏說文注訂八卷　（清）鈕樹玉撰　清同治十三年(1874)湖北崇文書局刻本　二冊

330000－1705－0016222　朱 2830　子部/醫家類/傷寒金匱之屬/金匱要略

金匱心典三卷　（清）尤怡撰　清雍正十年(1732)遂初堂刻本　三冊

330000－1705－0016224　朱 3055　經部/小學類/文字之屬/說文

說文新附攷六卷續攷一卷　（清）鈕樹玉撰　清同治十三年(1874)湖北崇文書局刻本　二冊

330000－1705－0016225　朱 3115　類叢部/叢書類/彙編之屬

文選樓叢書三十三種　（清）阮亨編　清嘉慶至道光阮元刻道光二十二年(1842)阮亨彙印本　四冊

330000－1705－0016226　朱 3116　集部/總集類/酬唱之屬

攀轅輿頌一卷　（清）姜瑩如等撰　清康熙二十五年(1686)松江刻本　一冊

330000－1705－0016227　朱 3105　子部/藝術類/書畫之屬/書法書品

書學南鍼六卷　（清）錢湘輯　清道光元年(1821)刻本　二冊

330000－1705－0016228　朱 3298　類叢部/叢書類/自著之屬

汪龍莊先生遺書四種　（清）汪輝祖撰　清咸豐元年(1851)清河龔裕刻本　一冊　存一種

330000－1705－0016229　朱 2183、朱 0452、朱 5129、朱 3101、朱 3111　類叢部/叢書類/郡邑之屬

金華叢書六十八種　（清）胡鳳丹編　清同治七年至光緒八年(1868－1882)永康胡氏退補齋刻本　二十七冊　存六種

330000－1705－0016231　朱 3002　史部/史表類/通代之屬

歷代甲子紀元表一卷　（清）董醇撰　清咸豐五年(1855)東皋書堂刻本　一冊

330000－1705－0016233　朱 3299　子部/儒家類/儒學之屬/性理

志學後錄八卷附渴露篇一卷　（清）向璿撰（清）高知遜編　清乾隆十年(1745)山陰向宏運刻本　二冊

330000－1705－0016234　朱 3009　史部/詔令奏議類/奏議之屬

孝肅奏議十卷　（宋）包拯撰　清同治二年(1863)合肥李瀚章刻本　四冊

330000－1705－0016235　朱 2208－1、朱 9606　類叢部/叢書類/彙編之屬

後知不足齋叢書四十七種　（清）鮑廷爵編　清光緒常熟鮑氏刻本　九冊　存四種

330000－1705－0016236　朱 2838　子部/醫家類/類編之屬

古今醫統正脉全書四十四種　（明）王肯堂編　明萬曆二十九年(1601)新安吳勉學刻本　二冊　存一種

330000－1705－0016237　朱 3035　史部/編年類/通代之屬

資治通鑑外紀十卷目錄五卷　（宋）劉恕撰　清吳氏璜川書塾刻本　八冊

330000－1705－0016238　朱 1945－3　子部/醫家類/傷寒金匱之屬/傷寒論

醫效秘傳三卷　（清）葉桂撰　清道光十一年(1831)吳氏貯春僊館刻本　三冊

330000－1705－0016239　朱 3131　史部/紀事本末類/通代之屬

通鑑紀事本末八十卷　（清）谷應泰編　清刻本　十二冊

330000－1705－0016240　朱 3301　子部/雜著類/雜說之屬

浮邱子十二卷　（清）湯鵬撰　（清）湯倓昭等輯　清同治四年(1865)湘陰李蕭堂刻本　四冊

330000－1705－0016241　朱 3118　子部/雜著類/雜考之屬

十駕齋養新錄二十卷餘錄三卷　（清）錢大昕

撰　錢辛楣先生年譜一卷　（清）錢大昕編
（清）錢慶曾校注　竹汀居士年譜續編一卷
（清）錢慶曾撰　清光緒二年(1876)浙江書局
刻本　八冊

330000－1705－0016242　朱1956　子部/醫
家類/針灸之屬/通論
鍼灸甲乙經十二卷　（晉）皇甫謐撰　明刻本
　一冊　存六卷(六至十一)

330000－1705－0016243　朱3257　經部/詩
類/傳說之屬
毛詩稽古編三十卷　（清）陳啟源撰　附攷一
卷　（清）費雲倬撰　清光緒九年(1883)上海
同文書局石印本　八冊

330000－1705－0016244　朱3302　史部/雜
史類/斷代之屬
唐語林八卷　（宋）王讜撰　附校勘記一卷
（清）錢熙祚撰　清光緒十九年(1893)湖北官
書處刻本　四冊

330000－1705－0016245　朱1956－1　子部/
醫家類/診法之屬/其他診法
軒轅碑記醫學祝由十三科二卷　清刻朱墨套
印本　一冊　存一卷(一)

330000－1705－0016246　朱3295　史部/史
表類/通代之屬
歷代史表五十九卷　（清）萬斯同撰　清嘉慶
元年(1796)留香閣刻本　十冊

330000－1705－0016247　朱3000　經部/小
學類/文字之屬/字書/字體
古籀拾遺三卷附宋政和禮器文字考一卷
（清）孫詒讓撰　清光緒十四年至十六年
(1888－1890)瑞安孫氏刻本　一冊

330000－1705－0016248　朱2988　子部/雜
著類/雜說之屬
容齋隨筆十六卷續筆十六卷三筆十六卷四筆
十六卷五筆十卷　（宋）洪邁撰　清乾隆五十
九年(1794)掃葉山房刻本　十冊

330000－1705－0016249　朱1945－2　子部/
醫家類/醫案之屬

330000－1705－0016250　朱3138　經部/春
秋左傳類/傳說之屬
讀左補義五十卷首一卷　（清）姜炳璋輯　清
乾隆三十七年(1772)尊行堂刻本　十六冊

330000－1705－0016251　朱3152　集部/別
集類/清別集
弢園尺牘十二卷　（清）王韜撰　清光緒六年
(1880)天南遯窟鉛印本　四冊

330000－1705－0016252　朱2859　經部/詩
類/傳說之屬
詩經類考三十卷　（明）沈萬鈳撰　明萬曆三
十七年(1609)沈萬鈳刻崇禎十一年(1638)陳
增遠重修本　十冊

330000－1705－0016253　朱2334　集部/詞
類/詞韻之屬
詞林正韻三卷發凡一卷　（清）戈載撰　清道
光元年(1821)翠薇花館刻本　一冊

330000－1705－0016254　朱4315　類叢部/
叢書類/彙編之屬
懷豳雜俎十二種　徐乃昌編　清光緒至宣統
南陵徐氏刻本　二冊　存一種

330000－1705－0016255　朱2406　經部/小
學類/文字之屬/字書/字體
隸辨八卷　（清）顧藹吉撰　清同治十二年
(1873)漁古山房刻本　八冊

330000－1705－0016256　朱1945－1　子部/
醫家類/溫病之屬/其他溫疫病證
溫熱贅言一卷　（清）寄瓢子撰　清吳氏靈鶴
山房刻本　一冊

330000－1705－0016257　朱3065　子部/醫
家類/醫案之屬
臨證指南醫案十卷種福堂公選溫熱論醫案四
卷　（清）葉桂撰　（清）徐大椿評　清光緒二
十年(1894)劉氏刻朱墨套印本　十二冊

330000－1705－0016258　朱2808－1　子部/

醫家類/傷寒金匱之屬/金匱要略

金匱要署方論本義二十二卷　（清）魏荔彤撰
清乾隆金閶綠蔭堂刻本　二冊

330000－1705－0016260　朱3198　史部/傳
記類/總傳之屬/技藝

**歷代畫史彙傳七十二卷首一卷總目三卷附錄
二卷**　（清）彭蘊璨輯　清道光五年（1825）吳
門彭氏尚志堂刻本　十六冊

330000－1705－0016261　朱3307　子部/雜
著類/雜說之屬

七修類藁五十一卷續藁七卷　（明）郎瑛撰
清乾隆四十年（1775）耕烟草堂刻本　三十
二冊

330000－1705－0016263　朱2942　子部/工
藝類/日用器物之屬/器具

遠西奇器圖說錄最三卷　（瑞士）鄧玉函口授
（明）王徵譯繪　**新製諸器圖說一卷**　（明）
王徵撰　清道光十年（1830）張鵬翂來鹿堂刻
本　四冊

330000－1705－0016264　朱2902　類叢部/
叢書類/自著之屬

榕村全書三十二種附十種　（清）李光地撰
清道光九年（1829）刻本　三冊　存一種

330000－1705－0016266　朱3308　子部/藝
術類/書畫之屬/畫譜

泛槎圖六集六卷　（清）張寶繪　清光緒六年
（1880）上海點石齋石印本　四冊

330000－1705－0016267　朱3170、朱3792、
朱5278　類叢部/叢書類/彙編之屬

知不足齋叢書一百九十六種　（清）鮑廷博編
（清）鮑士恭續編　清乾隆三十七年至道光
三年（1772－1823）長塘鮑氏刻彙印本　三冊
存五種

330000－1705－0016269　朱2191　經部/孝
經類/傳說之屬

孝經註疏大全一卷　（清）葉鈐撰　**孝經論題
標準一卷**　（清）葉鈐訂　清康熙葉汝謨等刻
本　一冊

330000－1705－0016270　朱3309　類叢部/
叢書類/彙編之屬

述古叢鈔二十八種　（清）劉晚榮編　清同治
至光緒古岡劉氏藏修書屋刻本　一冊　存
三種

330000－1705－0016271　朱2956　史部/史
評類/史學之屬

萬世玉衡錄四卷　（清）蔣伊輯　清康熙刻本
一冊　存一卷（三）

330000－1705－0016272　朱3216、朱3217、
朱3218、朱3220　類叢部/叢書類/彙編之屬

國粹叢書四十九種　（清）國學保存會編　清
光緒至宣統鉛印本　十三冊　存六種

330000－1705－0016274　朱3822　子部/宗
教類/佛教之屬/諸宗

撦黑豆集八卷首一卷　（清）平聖臺輯並頌注
（清）心圓拈別並注　清乾隆五十九年至六
十年（1794－1795）刻本　四冊

330000－1705－0016275　朱3233　子部/小
說家類/雜事之屬

竹葉亭雜記四卷　（清）姚元之撰　清宣統二
年（1910）上海掃葉山房石印本　二冊

330000－1705－0016277　朱3214　史部/雜
史類/斷代之屬

明季續聞一卷　（清）汪光復撰　清宣統三年
（1911）上海商務印書館鉛印本　一冊

330000－1705－0016281　朱3355　經部/三
禮總義類/通禮雜禮之屬

五禮通考二百六十二卷首四卷總目二卷
（清）秦蕙田撰　清光緒刻本　二十三冊　存
五十七卷（二百四至二百十四、二百十七至二
百六十二）

330000－1705－0016282　朱3311　經部/小
學類/訓詁之屬/爾雅

爾雅音圖三卷　（晉）郭璞注　（清）姚之麟摹
圖　清末石印本　一冊

330000－1705－0016284　朱3312　史部/史
抄類

漢書蒙拾三卷後漢書蒙拾二卷 （清）杭世駿撰　清光緒十年（1884）上海同文書局石印本　一冊　存三卷（漢書蒙拾一至三）

330000－1705－0016286　朱3188　經部/三禮總義類/名物制度之屬

弁服釋例八卷表一卷 （清）任大椿撰　清嘉慶二年（1797）望賢家塾刻本　三冊

330000－1705－0016288　朱3258　類叢部/叢書類/彙編之屬

武英殿聚珍版書一百三十八種　清乾隆浙江刻本　八冊　存八種

330000－1705－0016289　朱3985　子部/雜著類/雜說之屬

七修類藁五十一卷續藁七卷 （明）郎瑛撰　清乾隆四十年（1775）耕烟草堂刻本　十四冊

330000－1705－0016290　朱3350　史部/史表類/通代之屬

四裔編年表四卷　李鳳苞輯　清光緒二十三年（1897）石印本　四冊

330000－1705－0016291　朱3508　子部/雜著類/雜考之屬

困學紀聞注二十卷 （清）翁元圻撰　清道光五年（1825）餘姚翁氏守福堂刻本　十四冊

330000－1705－0016292　朱2819　子部/醫家類/類編之屬

六醴齋醫書十種 （清）程永培編　清光緒十七年（1891）廣州儒雅堂刻本　十五冊　存六種

330000－1705－0016293　朱3560　子部/道家類

道德經轉語二卷 （元）陳致虛撰　**道德經古今本考正二卷** （清）牟目源撰　**道德經釋義二卷** （唐）呂嵒撰　（清）牟目源訂　**常清靜經一卷** （清）牟目源訂　**金玉經一卷** （唐）呂嵒撰　（清）牟目源訂　清嘉慶十四年（1809）鄒學鯤羊城刻本　二冊

330000－1705－0016294　朱3613－1　史部/傳記類/總傳之屬/斷代

國史館列傳不分卷　清刻本　一冊

330000－1705－0016296　朱3016　經部/小學類/文字之屬/說文/傳說

段氏說文注訂八卷說文新附攷六卷續攷一卷 （清）鈕樹玉撰　清嘉慶六年（1801）、道光三年（1823）吳縣鈕樹玉非石居刻同治碧螺山館補刻本　三冊　存八卷（一至八）

330000－1705－0016297　朱3230　集部/別集類/清別集

玉餘尺牘附編八卷 （清）莊士敏撰　清光緒六年（1880）大亭山館刻本　四冊

330000－1705－0016299　朱3019　經部/禮記類/傳說之屬

禮記集說十卷 （元）陳澔撰　清光緒十九年（1893）浙江書局刻本　十冊

330000－1705－0016301　朱2735　類叢部/類書類/專類之屬

佩文韻府一百六卷 （清）張玉書　（清）蔡升元等輯　**韻府拾遺一百六卷** （清）汪灝（清）何焯等輯　清康熙五十九年（1720）內府刻本　五冊　存十五卷（韻府拾遺一至十五）

330000－1705－0016302　朱3020　經部/春秋左傳類/傳說之屬

春秋左傳杜注三十卷首一卷 （清）姚培謙撰　**春秋名號歸一圖二卷** （五代）馮繼先撰　**春秋年表一卷** （宋）岳珂刊補　清光緒十九年（1893）浙江書局刻本　十冊

330000－1705－0016303　朱3611　類叢部/叢書類/家集之屬

富陽夏氏叢刻七種　夏震武　夏鼎武撰　清光緒刻本　一冊　存一種

330000－1705－0016304　朱3664　史部/紀傳類/正史之屬

二十四史附考證　清光緒十年（1884）上海同文書局石印本　十冊　存一種

330000－1705－0016305　朱3460　經部/四書類/總義之屬/文字音義

四書總字同聲集不分卷 （清）王士崧撰　古

今同聲字考釋義便蒙不分卷 （清）周炳校刊
清乾隆四十六年(1781)刻本 一冊

330000－1705－0016306 朱3548、朱3545、
朱3526 類叢部/叢書類/彙編之屬

曼陀羅華閣叢書十六種 （清）杜文瀾編 清
咸豐至同治秀水杜氏刻光緒十八年(1892)上
海掃葉山房修補印本 二十一冊 存十二種

330000－1705－0016307 朱2882 類叢部/
叢書類/自著之屬

漱琴室存彙八種 （清）高驤雲撰 清刻本
一冊 存一種

330000－1705－0016308 朱3617 集部/別
集類/清別集

百美新詠一卷集詠一卷圖傳一卷 （清）顏希
源撰 清嘉慶十年(1805)集腋軒刻本 一冊
存一卷(圖傳)

330000－1705－0016309 朱3537 經部/小
學類/文字之屬/字書/訓蒙

澄衷蒙學堂字課圖說四卷檢字一卷類字一卷
（清）劉樹屏撰 （清）吳子城繪圖 清光緒
石印本 五冊 存四卷(一至四)

330000－1705－0016310 朱3502 類叢部/
叢書類/彙編之屬

慎始基齋叢書 盧靖編 清光緒沔陽盧氏刻
民國十二年(1923)印本 一冊 存一種

330000－1705－0016311 朱3137 史部/傳
記類/總傳之屬/儒林

宋元學案一百卷首一卷考畧一卷 （清）黃宗
羲撰 （清）全祖望修定 （清）王梓材
(清)馮雲濠校並考 清光緒五年(1879)長沙
寄廬刻本 四十冊

330000－1705－0016312 朱3619 史部/史
抄類

鼎鐫金陵三元合選評註漢書三卷 （明）湯賓
尹選 （明）朱之蕃詳注 （明）龔三益評述
(明)林世選彙編 清初刻本 一冊 存一卷
(三)

330000－1705－0016313 朱3610、朱9592

類叢部/叢書類/彙編之屬

守山閣叢書一百十二種 （清）錢熙祚編 清
道光二十四年(1844)金山錢氏重編增刻墨海
金壺本 四冊 存二種

330000－1705－0016314 朱3590、朱3592
經部/小學類/訓詁之屬/爾雅

爾雅正義二十卷 （清）邵晉涵撰 **爾雅釋文
三卷** （唐）陸德明撰 清乾隆五十三年
(1788)餘姚邵氏家塾刻本 二冊 存三卷
(爾雅釋文一至三)

330000－1705－0016315 朱3563 經部/易
類/傳說之屬

周易本義闡旨四卷 （清）胡方撰 清嘉慶十
七年(1812)盧氏蘭桂堂刻本 十冊

330000－1705－0016318 朱3626 子部/小
說家類/異聞之屬

滄園述異二編一卷三編一卷四編一卷 （清）
沈燿曾撰 清光緒二十七年(1901)上海寓言
報館鉛印本 一冊

330000－1705－0016321 朱3497 史部/傳
記類/總傳之屬/郡邑

浙江忠義錄十卷表八卷又一卷續編二卷續表
九卷 （清）浙江采訪忠義總局編 清同治七
年(1868)浙江采訪忠義總局刻光緒元年
(1875)續刻本 一冊 存二卷(忠義錄一至
二)

330000－1705－0016323 朱3353 史部/金
石類/金之屬/文字

歷代鐘鼎彝器款識法帖二十卷 （宋）薛尚功
撰 清光緒八年(1882)上海點石齋影印本
四冊

330000－1705－0016324 朱3648 子部/道
家類

莊子因六卷 （清）林雲銘撰 清康熙二十七
年(1688)三山林雲銘刻本 三冊

330000－1705－0016326 朱3025 史部/編
年類/通代之屬

資治通鑑二百九十四卷 （宋）司馬光撰

（元）胡三省音注　**通鑑釋文辯誤十二卷**
（元）胡三省撰　清同治十年（1871）湖北崇文
書局刻本　九十八冊

330000－1705－0016327　朱 3492　子部/雜
著類/雜說之屬
習苦齋筆記一卷　（清）戴熙撰　清同治十年
（1871）刻本　一冊

330000－1705－0016328　朱 3630　經部/春
秋左傳類/傳說之屬
劉炫規杜持平六卷　（清）邵瑛撰　清嘉慶二
十二年（1817）桂隱書屋刻本　二冊

330000－1705－0016329　朱 3369、朱 6806
類叢部/叢書類/自著之屬
黃勤敏公全集九種附一種　（清）黃鉞撰　清
咸豐至同治刻本　二冊　存二種

330000－1705－0016330　朱 3024　史部/政
書類/通制之屬
江西委署現行章程二卷　清光緒二十八年
（1902）官書局刻本　一冊　存一卷（一）

330000－1705－0016331　朱 3021　經部/小
學類/文字之屬/說文
說文五翼八卷　（清）王煦撰　清光緒八年
（1882）上虞觀海樓刻本　二冊

330000－1705－0016332　朱 3145　類叢部/
類書類/專類之屬
佩文韻府一百六卷　（清）張玉書　（清）蔡升
元等輯　**韻府拾遺一百六卷**　（清）汪灝
（清）何焯等輯　清光緒十五年（1889）上海點
石齋石印本　二十四冊

330000－1705－0016333　朱 3375　子部/儒
家類/儒學之屬/勸學
程氏家塾讀書分年日程三卷綱領一卷　（元）
程端禮撰　清同治五年（1866）錢塘丁氏刻當
歸草堂叢書本　清楊泰亨跋　一冊

330000－1705－0016334　朱 3926　類叢部/
叢書類/自著之屬
正誼堂全集八種　（清）董沛撰　清同治至光
緒刻本　二冊　存一種

330000－1705－0016335　朱 3660　史部/雜
史類/斷代之屬
國語二十一卷　（三國吳）韋昭注　（宋）宋庠
補音　**戰國策十卷**　（宋）鮑彪校注　清姑蘇
書業堂刻本　四冊　存二十一卷（國語一至
二十一）

330000－1705－0016336　朱 2881　類叢部/
叢書類/彙編之屬
振綺堂叢書初集十種二集十二種　（清）□□
輯　清光緒二十年（1894）、宣統二年（1910）
泉唐汪氏刻本暨鉛印本　二冊　存二集二種

330000－1705－0016337　朱 3583　集部/別
集類/清別集
御製古稀說一卷附古稀頌一卷　（清）高宗弘
曆撰　清乾隆內府刻本　一冊

330000－1705－0016338　朱 3655　子部/
叢編
老佛五經七卷　清嘉慶十二年（1807）南城鄧
氏遇安居刻本　一冊　存一種

330000－1705－0016340　朱 3608　史部/政
書類/律令之屬/治獄
棠陰比事一卷　（宋）桂萬榮撰　清同治六年
（1867）臨汝桂嵩慶木樨山房木活字印本
一冊

330000－1705－0016341　朱 3231、朱 3234
子部/儒家類/儒家之屬
孔氏家語十卷　（三國魏）王肅注　清光緒上
海同文書局石印本　十冊

330000－1705－0016342　朱 3434　集部/別
集類/清別集
二金蜨堂尺牘一卷　（清）趙之謙撰　清光緒
三十一年（1905）嚴氏小長蘆館石印本　一冊

330000－1705－0016344　朱 3030　史部/編
年類/斷代之屬
明紀六十卷　（清）陳鶴輯　（清）陳克家補
清同治十年（1871）江蘇書局刻本　清仲慎跋
二十冊

330000－1705－0016345　朱 3657、朱 2581

類叢部/叢書類/自著之屬

惜抱軒遺書三種 （清）姚鼐撰　清光緒五年(1879)桐城徐宗亮刻本　三冊　存二種

330000－1705－0016348　朱3442　子部/雜著類/雜說之屬

履園叢話二十四卷 （清）錢泳撰　清道光刻同治九年(1870)錢曰壽補刻本　八冊　存十六卷(一至四、七至十六、十九至二十)

330000－1705－0016349　朱3659　史部/雜史類/斷代之屬

小腆紀年附考二十卷 （清）徐鼒撰　清咸豐十一年(1861)刻本　十二冊

330000－1705－0016350　朱3253　子部/叢編

十子全書 （清）王子興編　清嘉慶九年(1804)姑蘇王氏聚文堂刻本　四冊　存一種

330000－1705－0016352　朱3465　子部/藝術類/書畫之屬/畫譜

紉齋畫賸不分卷 （清）陳允升繪　清光緒二年至七年(1876－1881)陳氏得古歡室刻本　四冊

330000－1705－0016355　朱3442－1　子部/雜著類/雜說之屬

履園叢話二十四卷 （清）錢泳撰　清道光刻同治九年(1870)錢曰壽補刻本　一冊　存二卷(九至十)

330000－1705－0016356　朱3113　集部/總集類/酬唱之屬

攀轅圖集不分卷 （清）曾照等撰　清道光十七年(1837)刻本　清硯遺氏題記　一冊

330000－1705－0016357　朱3132　經部/叢編

古經解彙函十六種附小學彙函十四種 （清）鍾謙鈞等輯　清同治十二年(1873)粵東書局刻本　三冊　存小學彙函一種

330000－1705－0016358　朱3692　集部/總集類/尺牘之屬

名賢書札不分卷 （清）李鴻章等撰　清光緒二十年(1894)上海復古齋石印本　四冊

330000－1705－0016359　朱3888　子部/藝術類/書畫之屬/畫法畫品

朝鮮亂略不分卷 清光緒十一年(1885)石印本　一冊

330000－1705－0016361　朱3814、朱7459－1　類叢部/叢書類/自著之屬

杭大宗七種叢書 （清）杭世駿撰　清乾隆杭賓仁羊城刻本　二冊　存三種

330000－1705－0016362　朱2864、朱9806－9814、朱地0242　類叢部/叢書類/彙編之屬

式訓堂叢書四十一種 （清）章壽康編　清光緒會稽章氏刻本　十二冊　存十二種

330000－1705－0016363　朱2209　子部/藝術類/書畫之屬/畫譜

紉齋畫賸不分卷 （清）陳允升繪　清光緒二年至七年(1876－1881)陳氏得古歡室刻本　四冊

330000－1705－0016364　朱3448　子部/儒家類/儒學之屬/禮教/女範

閨訓圖說二卷 （清）俞增編繪　清光緒四年(1878)錢塘俞氏敬義堂刻本　二冊

330000－1705－0016366　朱3294　子部/天文曆算類/算書之屬

御製數理精蘊上編五卷下編四十卷表八卷 （清）聖祖玄燁撰　清光緒八年(1882)江寧藩署刻本　四十冊

330000－1705－0016367　朱3463、朱7943　類叢部/叢書類/自著之屬

煙嶼樓集四種 （清）徐時棟撰　清同治至光緒刻彙印本　三冊　存二種

330000－1705－0016369　朱3693、朱續0269　子部/小說家類/雜事之屬

粟香隨筆八卷二筆八卷三筆八卷四筆八卷粟香五筆八卷 金武祥撰　清光緒刻本　七冊　存十四卷(粟香隨筆一至六、三筆一至八)

330000－1705－0016370　朱3292　史部/編

年類/通代之屬

錢陞園考訂資治通鑑綱目全書五十九卷續資
治通鑑綱目二十七卷　（清）錢選撰　清光緒
八年(1882)惜物軒漚瀆刻本　八十四冊

330000－1705－0016371　朱 3146、朱 3147
類叢部/類書類/專類之屬

佩文韻府一百六卷　（清）張玉書　（清）蔡升
元等輯　韻府拾遺一百六卷　（清）汪灝
（清）何焯等輯　清光緒十三年(1887)點石齋
石印本　六十冊

330000－1705－0016372　朱 4067　史部/傳
記類/總傳之屬/列女

廣列女傳二十卷　（清）劉開纂　清光緒十年
(1884)皖城刻本　六冊

330000－1705－0016373　朱 3438　史部/傳
記類/科舉錄之屬/總錄

金臚策楷一卷　清光緒十六年(1890)上海蜚
英館石印本　一冊

330000－1705－0016374　朱 3416　經部/小
學類/音韻之屬/古今韻說

古韻通說二十卷附通說一卷畧例一卷　（清）
龍啟瑞撰　清同治六年(1867)粵東省城富文
齋刻本　二冊

330000－1705－0016375　朱 3251　經部/小
學類/音韻之屬/等韻

五音韻譜正字二卷　（清）曾紀澤撰　清刻本
一冊

330000－1705－0016376　朱 3215　史部/
叢編

痛史二十一種附九種　樂天居士輯　清宣統
商務印書館鉛印本　一冊　存一種

330000－1705－0016377　朱 3827　史部/金
石類/錢幣之屬

古金待問錄四卷附補遺一卷錄餘一卷　（清）
朱楓撰　清乾隆刻本(補遺、錄餘配抄知不足
齋叢書本)　清陳山晨題記　一冊

330000－1705－0016378　朱 3815　史部/傳
記類/別傳之屬/年譜

周吏部年譜一卷　（明）殷獻臣編　清康熙四
十年(1701)刻本　一冊

330000－1705－0016379　朱 2951　類叢部/
類書類/通類之屬

新刊群書類考二十二卷　（明）凌瀚撰　明嘉
靖二十四年(1545)劉氏安正堂刻本　一冊
存三卷(十七至十九)

330000－1705－0016380　朱 3197　經部/
叢編

皇清經解一千四百卷首一卷　（清）阮元輯
清道光九年(1829)廣東學海堂刻本　一百三
十一冊　存六百十六卷(五百五十六至一千
一百七十一)

330000－1705－0016381　朱 7716　類叢部/
類書類/專類之屬

佩文韻府一百六卷　（清）張玉書　（清）蔡升
元等輯　韻府拾遺一百六卷　（清）汪灝
（清）何焯等輯　清刻本　二十冊　存一百六
卷(佩文韻府一至一百六)

330000－1705－0016383　朱 4243　類叢部/
叢書類/彙編之屬

榆園叢刻十五種附一種　（清）許增編　清同
治至光緒刻本　十六冊　存十六種

330000－1705－0016384　朱 3212　史部/地
理類/外紀之屬

泰西風土事物考四卷　（清）藜床臥讀生撰
清光緒鉛印本　二冊

330000－1705－0016385　朱 1355　子部/儒
家類/儒學之屬/俗訓

人譜一卷　（明）劉宗周撰　清刻本　一冊

330000－1705－0016387　朱 9936　經部/群
經總義類/文字音義之屬

周易全書□□卷　明刻本　三冊　存三卷
(今文五至七)

330000－1705－0016388　朱 3837　經部/群
經總義類/傳說之屬

古經解鉤沉三十卷　（清）余蕭客撰　清乾隆
刻本　一冊　存四卷(二十四至二十七)

330000－1705－0016389　　朱4146、朱5789
經部/叢編

茹氏經學十二種二十二卷　（清）茹敦和撰
清乾隆刻本　　三冊　存二種

330000－1705－0016390　　朱3455、朱8273、
朱9500　　類叢部/叢書類/彙編之屬

榆園叢刻十五種附一種　（清）許增編　清同
治至光緒刻本　　十九冊　存十六種

330000－1705－0016392　　朱3961　　史部/地
理類/雜志之屬

廣陵通典十卷　（清）汪中撰　清同治八年
(1869)揚州書局刻本　　二冊

330000－1705－0016393　　朱3895　　子部/宗
教類/佛教之屬/總錄

法苑珠林一百卷　（唐）釋道世撰　清道光七
年(1827)蔣氏燕園刻本　　二十四冊

330000－1705－0016394　　朱4002　　子部/藝
術類/遊藝之屬/詩鐘

百衲琴二卷　（清）秦雲撰　（清）秦敏樹撰
清光緒十二年(1886)管可壽齋刻本　　一冊

330000－1705－0016395　　朱3011　　經部/春
秋總義類/專著之屬

春秋三書三十一卷　（明）張溥撰　明末刻本
　　一冊　存一種

330000－1705－0016396　　朱4297　　史部/傳
記類/總傳之屬/列女

鏡影簫聲初集不分卷　（清）掄花館主人編
（清）徐虎朗繪圖　（清）莫釐不過分齋主人輯
（清）司花老人填詞　清光緒十三年(1887)
日本東京銅版刻本　　一冊

330000－1705－0016397　　朱3952　　史部/傳
記類/總傳之屬/忠孝

聖諭像解二十卷　（清）梁延年撰　清康熙二
十年(1681)梁氏承宣堂刻本　　四冊　存七卷
(三至九)

330000－1705－0016400　　朱4240　　子部/雜
著類/雜考之屬

讀書脞錄七卷　（清）孫志祖撰　**讀書叢錄二**

十四卷　（清）洪頤煊撰　清光緒十三年
(1887)醉六堂刻本　　八冊

330000－1705－0016401　　朱3658　　子部/天
文曆算類/算書之屬

御製數理精蘊上編五卷下編四十卷表八卷
（清）聖祖玄燁撰　清光緒八年(1882)江寧藩
署刻本　　二十八冊

330000－1705－0016402　　朱3884　　子部/雜
著類/雜考之屬

湛園札記四卷　（清）姜宸英撰　清嘉慶葉元
墀鶴麓山房刻本　　四冊

330000－1705－0016404　　朱3878　　子部/藝
術類/書畫之屬/畫譜

紅樓夢圖詠不分卷　（清）改琦繪　清光緒五
年(1879)淮浦居士刻民國十年(1921)浙江文
元堂楊耀松印本　　四冊

330000－1705－0016406　　朱3892　　集部/別
集類/清別集

二曲集二十六卷　（清）李顒撰　清康熙三十
三年(1694)刻四十四年(1705)印本　　八冊
缺一卷(二十六)

330000－1705－0016409　　朱3004　　史部/傳
記類/別傳之屬/年譜

**皇清誥授光祿大夫經筵日講起居注官太子太
傅南書房供奉體仁閣大學士管理工部兼翰林
院掌院學士贈太傅入祀賢良祠賜謚文正顯考
南厓府君[朱珪]年譜三卷**　（清）朱錫經編
清嘉慶刻本　　一冊

330000－1705－0016410　　朱3883　　子部/小
說家類/異聞之屬

續夷堅志四卷　（金）元好問撰　清嘉慶十三
年(1808)陽泉山莊刻本　　一冊

330000－1705－0016411　　朱4048　　子部/雜
家類

譚子化書六卷　（五代）譚景昇撰　清光緒刻
本　　一冊

330000－1705－0016412　　朱3496、朱7416、
朱9821　　類叢部/叢書類/郡邑之屬

嶺南遺書五十九種 （清）伍元薇編 清道光十一年至同治二年(1831-1863)南海伍氏粵雅堂文字歡娛室刻光緒三十三年(1907)彙印本 七冊 存四種

330000-1705-0016413 朱3983、朱3984、朱8127、朱3904 類叢部/叢書類/彙編之屬

函海一百六十種 （清）李調元編 清光緒七年至八年(1881-1882)廣漢鍾登甲樂道齋刻本 朱鼎煦題記 二十一冊 存二十八種

330000-1705-0016414 朱3849 集部/別集類/清別集

璇璣碎錦二卷 （清）萬樹撰 清光緒九年(1883)刻本 二冊

330000-1705-0016415 朱3816 史部/傳記類/別傳之屬/年譜

全謝山先生[祖望]世譜一卷年譜一卷 （清）董秉純編 清乾隆至嘉慶刻本 一冊

330000-1705-0016416 朱3824 類叢部/叢書類/彙編之屬

檀几叢書五十種二集五十種餘集四十七種附政十種 （清）王晫 （清）張潮編 清康熙霞舉堂刻本 十二冊

330000-1705-0016417 朱3596 史部/雜史類/斷代之屬

海東逸史十八卷 （清）翁洲老民撰 清光緒十年(1884)慈谿楊泰亨經畬塾刻本 二冊

330000-1705-0016418 朱3931 史部/編年類/通代之屬

新刻世史類編四十五卷首一卷 （明）李純卿草創 （明）謝遷補遺 （明）王守仁覆詳 （明）王世貞會纂 （明）李槃增修 明書林張起鵬刻本 五冊 存九卷(一至九)

330000-1705-0016419 朱3591 經部/群經總義類/文字音義之屬

經典釋文三十卷 （唐）陸德明撰 經典釋文攷證三十卷 （清）盧文弨撰 清同治九年(1870)廣州書局刻本 一冊 存四卷(釋文二十九至三十、攷證二十九至三十)

330000-1705-0016420 朱3829 子部/小說家類/雜事之屬

吳門畫舫錄二卷 （清）西溪山人撰 清嘉慶紅樹山房刻本 二冊

330000-1705-0016422 朱3414 史部/史評類/史論之屬

宋忠肅陳了齋四明尊堯集十一卷 （宋）陳瓘撰 清刻本 一冊

330000-1705-0016423 朱3880 子部/藝術類/書畫之屬/題跋

吳越所見書畫錄六卷書畫說鈴一卷 （清）陸時化輯並撰 清光緒五年(1879)木活字印本 六冊

330000-1705-0016424 朱3940 史部/史抄類/通代之屬

古今紀要十九卷逸編一卷 （宋）黃震撰 清耕餘樓刻本 五冊 缺三卷(一至三)

330000-1705-0016425 朱3977 類叢部/叢書類/彙編之屬

問經堂叢書 （清）孫馮翼編 清嘉慶二年至七年(1797-1802)承德孫氏刻本 一冊 存一種

330000-1705-0016426 朱5345 子部/藝術類/書畫之屬

宋人畫選不分卷 清末民初石印本 一冊

330000-1705-0016429 朱1896 子部/藝術類/書畫之屬

鐵網珊瑚書品十卷畫品六卷 （明）朱存理輯 清雍正六年(1728)年希堯澄鑒堂刻本 十冊

330000-1705-0016430 朱3897 子部/兵家類/兵法之屬

武備水火攻一卷武備地利四卷心詧地利四卷 （明）施永圖撰 清刻本 八冊

330000-1705-0016431 朱3445 子部/農家農學類/鳥獸蟲之屬

貓苑二卷 （清）黃漢輯 清咸豐二年(1852)甕雲草堂刻本 二冊

330000－1705－0016432　朱 3967　子部/醫家類/類編之屬

醫林指月十二種　（清）王琦編　清乾隆三十二年(1767)寶笏樓刻本　一冊　存一種

330000－1705－0016433　朱 3396　經部/小學類/文字之屬/字書/字體

隸辨八卷　（清）顧藹吉撰　清乾隆八年(1743)天都黃晟刻本　八冊

330000－1705－0016434　朱 3400　子部/藝術類/書畫之屬/畫譜

紉齋畫賸不分卷　（清）陳允升繪　清刻本　二冊

330000－1705－0016435　朱 3974　史部/傳記類/總傳之屬/儒林

聖宗集要八卷　（清）費緯裪輯　清康熙四十九年(1710)依庸堂刻本　一冊　存一卷(一)

330000－1705－0016436　朱 4282　子部/儒家類/儒學之屬/禮教/鑑戒

欽定元承華事略補圖六卷　（元）王惲撰　（清）徐郙等補圖　清光緒二十四年(1898)上海埽葉山房石印本　一冊

330000－1705－0016437　朱 3466　集部/別集類/清別集

嘗文書屋集署八卷　（清）潘相撰　清刻本　三冊　存六卷(三至八)

330000－1705－0016438　朱 4137　集部/別集類/明別集

張蒼水集二卷北征錄一卷　（明）張煌言撰
張蒼水年譜一卷　（清）趙之謙編　清末鉛印本　一冊　存一卷(張蒼水年譜)

330000－1705－0016439　朱 4180　史部/傳記類/別傳之屬/年譜

露桐先生年譜前編四卷　（清）錢景星編　**續編二卷**　（清）李轍通編　清嘉慶八年(1803)高陽李氏刻本　四冊　存四卷(前編一至四)

330000－1705－0016441　朱 3863　史部/傳記類/總傳之屬/文苑

唐才子傳十卷　（元）辛文房撰　**唐才子傳考**

異一卷　（清）陸芝榮撰　清嘉慶十年(1805)蕭山陸芝榮三間草堂刻本　二冊

330000－1705－0016443　朱 9913、朱 9609、朱 9890、朱 4210、朱 9016、朱 9023、朱 9947　經部/叢編

經苑二十五種　（清）錢儀吉輯　清道光至咸豐大梁書院刻同治七年(1868)王儒行等印本　四十五冊　存十六種

330000－1705－0016444　朱 3008、朱 9102　類叢部/叢書類/自著之屬

率祖堂叢書八種附六種　（宋）金履祥撰　清雍正至乾隆金華金氏刻光緒十三年(1887)鎮海謝駿德補刻本　四冊　存二種

330000－1705－0016445　朱 2917　子部/宗教類/佛教之屬/諸宗

天目中峯和尚廣錄三十卷　（元）釋明本撰　（元）釋慈寂輯　明刻本　一冊　存四卷(一至四)

330000－1705－0016446　朱 4716、朱 3601、朱 5292、朱 5293、朱 5294　類叢部/叢書類/彙編之屬

鐵華館叢書六種　（清）蔣鳳藻編　清光緒九年至十年(1883－1884)長洲蔣氏刻本　七冊

330000－1705－0016447　朱 3943　子部/小說家類/雜事之屬

吳門畫舫錄二卷　（清）西溪山人撰　清嘉慶紅樹山房刻本　二冊

330000－1705－0016448　朱 4209　子部/儒家類/儒學之屬/性理

仁書二卷　（清）易佩紳撰　清光緒十年(1884)自刻本　一冊

330000－1705－0016449　朱 2952　史部/紀傳類/別史之屬

東都事略一百三十卷　（宋）王偁撰　清刻本　一冊　存十九卷(十八至三十六)

330000－1705－0016450　朱 4304　類叢部/叢書類/彙編之屬

融經館叢書十一種　（清）徐友蘭編　清光緒

六年至十一年(1880－1885)會稽徐氏八杉齋刻本　四冊　存一種

330000－1705－0016451　朱3963　經部/小學類/文字之屬/字書/字典

精鐫海若湯先生訂正海篇統滙二十卷首一卷次一卷　（明)□□編　明刻本　五冊　存十卷(九至十、十三至二十)

330000－1705－0016452　朱4301　史部/史抄類

漢書蒙拾三卷後漢書蒙拾二卷　（清)杭世駿撰　清光緒十年(1884)上海同文書局石印本　一冊　存三卷(漢書蒙拾一至三)

330000－1705－0016453　朱5739　子部/藝術類/書畫之屬/題跋

習苦齋畫絮十卷　（清)戴熙撰　清光緒十九年(1893)刻本　四冊

330000－1705－0016455　朱3950　經部/春秋總義類/傳說之屬

公羊傳評二卷穀梁傳評一卷　（清)王源評訂　清康熙五十五年(1716)漣水程氏刻本(有抄配)　一冊

330000－1705－0016456　朱4105　子部/術數類/占卜之屬

易冒十卷　（清)程良玉撰　清光緒十二年(1886)上海刻本　四冊

330000－1705－0016457　朱4262　類叢部/叢書類/彙編之屬

金峩山館叢書(望三益齋叢書)十一種　（清)郭傳璞編　清光緒八年至十六年(1882－1890)鄞郭氏刻二十年(1894)鎮海邵氏彙印本　清陶甫題記　一冊　存三種

330000－1705－0016459　朱3957　經部/儀禮類/傳說之屬

儀禮集編十七卷首一卷附錄一卷　（清)盛世佐撰　清嘉慶九年(1804)貯雲居刻本　二十冊

330000－1705－0016460　朱2924　史部/傳記類/別傳之屬/事狀

節慈遺範一卷　（清)胡祥熊撰　清光緒八年(1882)松竹居刻本　一冊

330000－1705－0016461　朱2919　史部/傳記類/總傳之屬/斷代

國史館列傳不分卷　清刻本　四冊

330000－1705－0016462　朱4139　史部/傳記類/別傳之屬/年譜

丹魁堂自訂年譜一卷感遇錄一卷　（清)季芝昌撰　清咸豐十一年(1861)江陰季氏崇川刻本　一冊

330000－1705－0016463　朱4110　史部/詔令奏議類/詔令之屬

硃批諭旨不分卷　（清)鄂爾泰等輯　清乾隆三年(1738)朱墨套印本　二冊

330000－1705－0016464　朱4074　子部/雜著類/雜纂之屬

江南鐵淚圖新編一卷附編一卷　（清)寄雲山人編　清同治九年(1870)蘇城元妙觀得見齋刻本　一冊

330000－1705－0016465　朱2925　史部/傳記類/別傳之屬/事狀

陸憚齋先生傳一卷鶴石山人墓誌銘一卷　（清)黃徵乂撰　清刻本　一冊

330000－1705－0016466　朱3819　史部/傳記類/別傳之屬/年譜

朱子年譜四卷考異四卷　（清)王懋竑撰　**朱子論學切要語二卷**　（清)王懋竑輯　清乾隆十七年(1752)寶應王氏白田草堂刻清末浙江書局補刻本　二冊　存四卷(朱子年譜一至四)

330000－1705－0016467　朱4317　子部/雜著類/雜考之屬

湛園札記四卷　（清)姜宸英撰　清嘉慶葉元墀鶴麓山房刻本　二冊

330000－1705－0016468　朱4317－1　子部/雜著類/雜考之屬

湛園札記四卷　（清)姜宸英撰　清嘉慶葉元墀鶴麓山房刻本　二冊

330000－1705－0016469　朱 4317－2　子部/
雜著類/雜考之屬

湛園札記四卷　（清）姜宸英撰　清嘉慶菜元
墀鶴麓山房刻本　二冊

330000－1705－0016470　朱 4317－3　子部/
雜著類/雜考之屬

湛園札記四卷　（清）姜宸英撰　清嘉慶菜元
墀鶴麓山房刻本　二冊

330000－1705－0016471　朱 4317－4　子部/
雜著類/雜考之屬

湛園札記四卷　（清）姜宸英撰　清嘉慶菜元
墀鶴麓山房刻本　二冊

330000－1705－0016472　朱 4317－5　子部/
雜著類/雜考之屬

湛園札記四卷　（清）姜宸英撰　清嘉慶菜元
墀鶴麓山房刻本　二冊

330000－1705－0016473　朱 4140　類叢部/
叢書類/自著之屬

盧菊人所著書七種　（清）盧標撰　清道光映
台樓刻本　一冊　存二種

330000－1705－0016474　朱 4285　類叢部/
類書類/專類之屬

詩賦駢字類珠續集二十四卷　（清）蕭燡論定
（清）蕭培畹纂輯　清道光十六年(1836)刻
本　四冊

330000－1705－0016475　朱 3726　史部/政
書類/通制之屬

五代會要三十卷　（宋）王溥撰　清光緒十二
年(1886)江蘇書局刻本　六冊

330000－1705－0016478　朱 2918　史部/傳
記類/別傳之屬/年譜

**皇清誥授通議大夫通政使司副使顯考莘君府
君[童槐]年譜一卷**　清刻本　一冊

330000－1705－0016485　朱 4057　史部/傳
記類/總傳之屬/技藝

明畫錄八卷　（清）徐沁撰　清嘉慶四年
(1799)桐川顧氏刻讀畫齋叢書本　二冊

330000－1705－0016486　朱 3840　史部/地
理類/雜志之屬

揚州畫舫錄十八卷　（清）李斗撰　清乾隆六
十年(1795)自然盦刻本　六冊

330000－1705－0016487　朱 4264　類叢部/
叢書類/彙編之屬

望三益齋叢書十種　（清）吳棠編　清咸豐至
光緒吳氏望三益齋刻本　三冊　存一種

330000－1705－0016488　朱 6558　子部/儒
家類/儒學之屬/性理

藥言四卷賸稿四卷冰言十卷補錄十卷　（清）
李惺撰　清光緒三十三年(1907)江蘇提學署
刻本　二冊　存十四卷(賸稿一至四、補錄一
至十)

330000－1705－0016489　朱 4158　史部/職
官類/官箴之屬

莅政摘要二卷　（清）陸隴其輯　清道光十九
年(1839)嘉興仁德堂刻本　一冊　存一卷
(上)

330000－1705－0016490　朱 4332　經部/詩
類/傳說之屬

詩誦五卷　（清）陳僅撰　清光緒十一年
(1885)四明文則樓陳氏木活字印本　二冊

330000－1705－0016491　朱 4159　類叢部/
叢書類/自著之屬

隨盦所著書四種　徐乃昌撰　清光緒刻民國
四年(1915)南陵徐氏積學齋彙印本　一冊
存三種

330000－1705－0016492　朱 4356　經部/春
秋左傳類/傳說之屬

**春秋左傳(狀元閣爵記印左傳杜林)五十卷提
要一卷**　（晉）杜預　（宋）林堯叟注釋
(唐)陸德明音義　（明）鍾惺　（明）孫鑛
(明)韓范評點　**春秋列國圖說一卷**　（宋）蘇
軾撰　清末李光明狀元閣刻本　十六冊

330000－1705－0016493　朱 6578、朱 0543
類叢部/叢書類/家集之屬

求可堂兩世遺書五種　（清）廖冀亨　（清）廖

鴻章撰　清光緒永定廖氏刻本　二冊　存
三種

330000－1705－0016494　朱4351　史部/傳
記類/總傳之屬/郡邑
吳郡名賢圖傳贊二十卷　（清）顧沅輯　（清）
孔繼堯繪　清道光九年（1829）長洲顧氏刻本
　八冊

330000－1705－0016496　朱3846　子部/小
說家類/雜事之屬
吳門畫舫錄三卷　（清）西溪山人撰　**吳門畫
舫續錄三卷投贈三卷**　（清）箇中生撰　清嘉
慶來青閣刻本　二冊　缺三卷（畫舫錄一至
三）

330000－1705－0016497　朱3144　類叢部/
叢書類/彙編之屬
粵雅堂叢書一百八十四種　（清）伍崇曜編
清道光二十九年至光緒十一年（1849－1885）
南海伍氏刻彙印本（春秋五禮例宗卷四至六，
乾道臨安志卷四至十五，群書治要卷四、十
三、二十原缺）　三百二十冊

330000－1705－0016498　朱4416、朱6280、
朱6279　經部/小學類/文字之屬/說文
苗氏說文四種　（清）苗夔撰　清道光至咸豐
壽陽祁氏漢專亭刻本　四冊

330000－1705－0016499　朱4352　子部/宗
教類/佛教之屬/總錄
釋氏稽古略四卷　（元）釋覺岸撰　**釋鑑稽古
略續集三卷**　（明）釋幻輪撰　清光緒十二年
（1886）釋清道刻本　五冊

330000－1705－0016500　朱3491　經部/易
類/傳說之屬
**新刻來瞿唐先生易註十五卷首一卷末一卷圖
一卷**　（明）來知德撰　清同治十年（1871）刻
本　七冊

330000－1705－0016501　朱2171、朱9836、
朱3956、朱4417、朱4731、朱4667、朱4668
類叢部/叢書類/自著之屬
正誼堂全集八種　（清）董沛撰　清同治至光

緒刻本　二十冊　存六種

330000－1705－0016502　朱4516　子部/藝
術類/書畫之屬/畫錄
虛齋名畫錄十六卷　龐元濟輯　清宣統元年
（1909）烏程龐氏申江刻本　十六冊

330000－1705－0016503　朱3924　集部/別
集類/清別集
句餘土音三卷　（清）全祖望撰　（清）董秉純
重編　**甬上族望表二卷**　（清）全祖望撰　清
嘉慶十九年（1814）刻本　二冊

330000－1705－0016504　朱4424　子部/雜
著類/雜說之屬
輟耕錄三十卷　（明）陶宗儀撰　清光緒十一
年（1885）上海福瀛書局刻本　八冊

330000－1705－0016505　朱3043　子部/兵
家類/兵法之屬
讀史兵略四十六卷　（清）胡林翼撰　清咸豐
十一年（1861）武昌節署刻本　十六冊

330000－1705－0016506　朱4630　子部/醫
家類/醫經之屬
六經傷寒辨證四卷方法四卷　（清）林昌彝補
　清同治十二年（1873）刻本　三冊

330000－1705－0016507　朱3951、朱5295、
朱5564、朱8017　類叢部/叢書類/彙編之屬
金峨山館叢書（望三益齋叢書）十一種　（清）
郭傳璞編　清光緒八年至十六年（1882－
1890）鄞郭氏刻二十年（1894）鎮海邵氏彙印
本　四冊　存五種

330000－1705－0016508　朱4170　集部/詩
文評類/詩評之屬
煮藥漫抄二卷　（清）葉煒撰　清光緒十七年
（1891）金陵刻本　一冊

330000－1705－0016509　朱4290、朱4291、
朱4292　新學/雜著/叢編
西政叢書三十二種　梁啟超編　清光緒二十
三年（1897）上海慎記書莊石印本　三冊　存
三種

330000 – 1705 – 0016510　朱 4525　子部/藝術類/書畫之屬/總論

愛日吟廬書畫録四卷　（清）葛金烺撰　**補録一卷續録八卷別録四卷**　葛嗣浵撰　清宣統二年至民國二年(1910 – 1913)當湖葛氏上海刻本　六冊

330000 – 1705 – 0016511　朱 3987　類叢部/叢書類/彙編之屬

讀畫齋叢書四十六種　（清）顧修編　清嘉慶四年至十六年(1799 – 1811)桐川顧氏刻本　七冊　存四種

330000 – 1705 – 0016512　朱 4108　經部/小學類/文字之屬/字書/字體

字林古今正俗異同通攷四卷附六書辨異二卷補遺一卷　（清）湯容焴輯　清道光五年(1825)刻本　四冊

330000 – 1705 – 0016513　朱 4634　類叢部/叢書類/彙編之屬

暢園叢書甲函六種　（清）張邁編　清光緒二十年(1894)始豐張氏四明刻本　一冊　存一種

330000 – 1705 – 0016514　朱 4542　經部/易類/傳説之屬

易拇五種　（清）萬年淳撰　清道光四年(1824)刻本　十冊

330000 – 1705 – 0016515　朱 4109　經部/小學類/文字之屬/字書/字體

字林古今正俗異同通攷四卷附六書辨異二卷補遺一卷　（清）湯容焴輯　清道光五年(1825)刻本　一冊　存二卷(字林古今正俗異同通攷一至二)

330000 – 1705 – 0016517　朱 3986、朱 5286　類叢部/叢書類/彙編之屬

花雨樓叢鈔十一種續鈔十一種附一種　（清）張壽榮編　清光緒八年至十四年(1882 – 1888)蛟川張氏花雨樓刻本　朱鼎煦題記　十七冊　存十三種

330000 – 1705 – 0016518　朱 4119　子部/天文曆算類/天文之屬

中西經星同異攷一卷　（清）梅文鼏撰　**發凡一卷**　（清）梅爾素輯　清康熙刻本　一冊

330000 – 1705 – 0016519　朱 4153　史部/傳記類/別傳之屬/年譜

思補老人自訂年譜一卷　（清）潘世恩撰　清咸豐五年(1855)吳縣潘氏刻本　一冊

330000 – 1705 – 0016521　朱 6961　類叢部/叢書類/彙編之屬

小石山房叢書三十八種　（清）顧湘編　清道光刻同治十三年(1874)虞山顧氏補刻本　朱鼎煦批並記　一冊　存二種

330000 – 1705 – 0016523　朱 4152　史部/傳記類/別傳之屬/年譜

思補老人自訂年譜一卷　（清）潘世恩撰　清同治二年(1863)吳縣潘氏刻本　一冊

330000 – 1705 – 0016524　朱 4411、朱 4438　史部/傳記類/科舉録之屬/歷科鄉試録

道光乙未恩科直省同年録不分卷　清文奎齋刻本　三冊

330000 – 1705 – 0016526　朱 4393　史部/政書類/通制之屬

蓮池四種　（清）□□輯　清同治至光緒刻本　一冊　存一種

330000 – 1705 – 0016527　朱 4644　史部/傳記類/總傳之屬/郡邑

於越有明一代三不朽名賢圖贊一卷　（清）張岱撰　清嘉慶二十一年(1816)刻本　一冊

330000 – 1705 – 0016528　朱 4369　子部/藝術類/書畫之屬/書法書品

增補分部書法正傳不分卷　（清）蔣和撰　清光緒八年(1882)北京琉璃廠寶珍堂書肆刻本　一冊

330000 – 1705 – 0016529　朱 4399、朱 7806　類叢部/叢書類/彙編之屬

經訓堂叢書二十一種　（清）畢沅編　清乾隆至嘉慶鎮洋畢氏刻本　三冊　存三種

330000 – 1705 – 0016530　朱 4475、朱 6405、朱 6652、朱 6653、朱 6654、朱 6655　類叢部/叢書類/彙編之屬

問經堂叢書　（清）孫馮翼編　清嘉慶二年至七年(1797 – 1802)承德孫氏刻本　十五冊　存六種

330000 – 1705 – 0016531　朱 4646　史部/傳記類/總傳之屬/姓名

九史同姓名略七十二卷補遺四卷　（清）汪輝祖撰　清乾隆五十六年(1791)雙節堂刻本　十冊

330000 – 1705 – 0016532　朱 4429　經部/小學類/文字之屬/字書/字體

六書通十卷　（明）閔齊伋撰　（清）畢弘述篆訂　清康熙五十九年(1720)基聞堂刻本　五冊

330000 – 1705 – 0016533　朱 4501　史部/政書類/通制之屬

三國會要二十二卷首一卷　楊晨撰　清光緒二十六年(1900)江蘇書局刻本　六冊

330000 – 1705 – 0016535　朱 4726　子部/雜著類/雜考之屬

困學紀聞二十卷　（宋）王應麟撰　（清）閻若璩箋　清乾隆三年(1738)馬氏叢書樓刻本　清畢沅批　八冊

330000 – 1705 – 0016536　朱 2906　子部/藝術類/書畫之屬/總論

愛日吟廬書畫錄四卷　（清）葛金烺撰　**補錄一卷續錄八卷別錄四卷**　葛嗣浵撰　清宣統二年至民國二年(1910 – 1913)當湖葛氏上海刻朱印本　二冊　存四卷(書畫錄一至四)

330000 – 1705 – 0016538　朱 4591　史部/政書類/儀制之屬/典禮

文廟彙考十卷　（清）蔣乙經　（清）龔繩正撰　清道光七年(1827)刻本　清徐時棟題記　四冊

330000 – 1705 – 0016539　朱 4388　史部/地理類/雜志之屬

谿上遺聞集錄十卷別錄二卷　（清）尹元煒撰　清道光二十八年(1848)慈谿馮本懷抱珠樓刻本　徐時棟跋　四冊　缺二卷(別錄一至二)

330000 – 1705 – 0016540　朱 4592　史部/傳記類/總傳之屬/列女

節婦傳十六卷　（清）楊錫綬撰　清乾隆二十七年(1762)刻本　六冊

330000 – 1705 – 0016541　朱 6315　經部/叢編

萬充宗先生經學五書五種十九卷　（清）萬斯大撰　清嘉慶元年(1796)辨志堂刻本　八冊

330000 – 1705 – 0016543　朱 4476　集部/別集類/宋別集

蘇文忠公奏議二卷　（宋）蘇軾撰　清嘉慶十八年(1813)刻本　清楊謹堂跋　二冊

330000 – 1705 – 0016544　朱 4355　子部/藝術類/書畫之屬/畫譜

詩品畫譜不分卷　（清）諸乃方輯　清光緒十三年(1887)晚翠草堂石印本　一冊

330000 – 1705 – 0016545　朱 4526　集部/別集類/宋別集

宋孫仲益內簡尺牘十卷首一卷目錄一卷　（宋）孫覿撰　（宋）李祖堯編注　（清）蔡焯　（清）蔡龍孫增訂　清乾隆十二年(1747)錫山蔡氏刻本　三冊

330000 – 1705 – 0016546　朱 7255 – 3　史部/編年類/斷代之屬

東華續錄六十卷（道光朝）　王先謙編　清光緒鉛印本　八冊

330000 – 1705 – 0016547　朱 4540　子部/儒家類/儒學之屬/性理

性理大中二十八卷首一卷　（清）應撝謙撰　清康熙二十五年(1686)刻本　十八冊

330000 – 1705 – 0016548　朱 4732　史部/政書類/公牘檔冊之屬

于清端公政書八卷首一卷外集一卷續集一卷　（清）于成龍撰　（清）蔡方炳輯　清康熙

四十六年(1707)于準刻乾隆二十六年(1761)于大樷增刻本　四冊　存四卷(首編、二至四)

330000－1705－0016549　朱4281　史部/紀傳類/正史之屬

二十四史附考證　清光緒十八年(1892)武林竹簡齋石印本　八冊　存一種

330000－1705－0016551　朱4507　史部/傳記類/科舉錄之屬/總錄

國朝兩浙科名錄不分卷　(清)黃安綬輯　清咸豐七年(1857)京師刻本　四冊

330000－1705－0016552　朱4585　史部/傳記類/別傳之屬/事狀

黃梨洲公事實詠一卷　(清)黃炳垕撰　清咸豐七年(1857)姚江黃氏刻本　朱鼎煦題記　一冊

330000－1705－0016553　朱4601　類書部/類書類/通類之屬

省軒考古類編十二卷　(清)柴紹炳撰　(清)姚廷謙評　清乾隆二十三年(1758)刻本　六冊

330000－1705－0016554　朱4277、朱4504、朱8201　子部/天文曆算類/算書之屬

翠微山房數學十四種　(清)張作楠撰　清嘉慶至道光金華張氏翠微山房刻本　五冊　存四種

330000－1705－0016555　朱6715　史部/編年類/通代之屬

司馬溫公稽古錄二十卷　(宋)司馬光撰　清同治十一年(1872)湖北崇文書局刻本　四冊

330000－1705－0016556　朱4543　子部/儒家類/儒學之屬/性理

朱子原訂近思錄集注十四卷考訂朱子世家一卷　(清)江永撰　清同治三年至四年(1864－1865)盱眙吳堂望三益齋刻本　八冊

330000－1705－0016558　朱3870　史部/傳記類/別傳之屬/年譜

潘紱庭先生自訂年譜一卷　(清)潘曾綬撰

(清)潘祖蔭　(清)潘祖年補編　清光緒九年(1883)吳縣潘氏刻本　一冊

330000－1705－0016559　朱4571　子部/術數類/相宅相墓之屬

青囊解惑四卷　(清)汪沆撰　清乾隆刻本　一冊

330000－1705－0016560　朱3991　經部/小學類/音韻之屬/韻書

詩韻集成十卷附詞林典腋一卷　(清)余照輯　清道光二十一年(1841)刻本　五冊

330000－1705－0016561　朱4582　類叢部/叢書類/彙編之屬

文選樓叢書三十三種　(清)阮亨編　清嘉慶至道光阮元刻道光二十二年(1842)阮亨彙印本　六冊　存一種

330000－1705－0016562　朱4735、朱9931　類叢部/叢書類/彙編之屬

學津討原一百七十三種　(清)張海鵬編　清嘉慶十年(1805)虞山張氏照曠閣刻本　十七冊　存四種

330000－1705－0016563　朱4485　史部/傳記類/科舉錄之屬/歷科鄉試錄

光緒十七年辛卯正科浙江鄉試題名錄一卷　清光緒刻本　朱鼎煦跋　一冊

330000－1705－0016564　朱4378　子部/藝術類/書畫之屬/書/書論

隸法彙纂十卷　(清)項懷述編　清乾隆五十一年(1786)小西山房刻本　二冊

330000－1705－0016566　朱4564　經部/小學類/文字之屬/字書

小學答問一卷　章炳麟撰　清宣統元年(1909)刻本　一冊

330000－1705－0016567　朱4745　經部/小學類/訓詁之屬/爾雅

爾雅正郭三卷　(清)潘衍桐撰　清光緒十七年(1891)刻本　一冊

330000－1705－0016569　朱3989　子部/儒

家類/儒家之屬

孔氏家語十卷 （三國魏）王肅注　清光緒上海同文書局石印本　五冊

330000－1705－0016571　朱4363　子部/儒家類/儒學之屬/勸學

勸學篇二卷 （清）張之洞撰　清光緒二十四年（1898）京師同文館石印本　一冊

330000－1705－0016573　朱4675　新學/理學/理學

天演論二卷 （英國）赫胥黎撰　嚴復譯　清光緒二十七年（1901）富文書局石印本　一冊

330000－1705－0016574　朱4620　史部/金石類/總志之屬/文字

抱殘守缺齋所藏三代文字 （清）劉鶚輯　清光緒劉氏抱殘守缺齋石印本　六冊　存一種

330000－1705－0016575　朱3875、朱5555　類叢部/叢書類/自著之屬

箋經室叢書三種 曹元忠撰輯　清光緒十九年至二十七年（1893－1901）曹氏箋經室刻本　二冊　存二種

330000－1705－0016576　朱4660、朱9962　類叢部/叢書類/自著之屬

番禺陳氏東塾叢書初函四種附一種 （清）陳澧撰　清咸豐至光緒刻本　六冊　存三種

330000－1705－0016577　朱5183　類叢部/類書類/專類之屬

詩材類對纂要四卷 （清）蔡以臺輯　（清）任德裕　（清）申贊皇箋　清乾隆刻本　一冊

330000－1705－0016579　朱5157　史部/地理類/雜志之屬

增訂南詔野史二卷 （明）楊慎輯　（清）胡蔚訂正　清刻本　二冊

330000－1705－0016580　朱4544　類叢部/叢書類/彙編之屬

榆園叢刻十五種附一種 （清）許增編　清同治至光緒刻本　六冊　存十種

330000－1705－0016581　朱4512、朱7189

類叢部/叢書類/彙編之屬

小石山房叢書三十八種 （清）顧湘編　清道光刻同治十三年（1874）虞山顧氏補刻本　二冊　存四種

330000－1705－0016583　朱3886　類叢部/叢書類/自著之屬

李竹嬾先生說部全書八種 （明）李日華撰　明末刻清乾隆三十三年（1768）曹秉鈞重修本　三冊　存一種

330000－1705－0016585　朱4751　經部/小學類/音韻之屬/韻書

古今韻會舉要三十卷 （元）黃公紹撰　（元）熊忠舉要　清光緒九年（1883）淮南書局刻朱印本　三冊　存七卷（一至七）

330000－1705－0016586　朱4719　集部/詩文評類/詩評之屬

眉山詩案廣證六卷 （清）張鑑撰　清光緒十年（1884）江蘇書局刻本　二冊

330000－1705－0016587　朱4456　子部/工藝類/文房四寶之屬/墨

論墨絕句詩一卷 （清）謝崧岱撰　清光緒十九年（1893）湘鄉謝氏犖經榭刻本　一冊

330000－1705－0016588　朱4752　經部/春秋總義類/傳說之屬

董子春秋繁露十七卷 （漢）董仲舒撰　清乾隆十六年（1751）董氏觀光樓刻本　二冊

330000－1705－0016589　朱4692　經部/詩類/三家詩之屬

韓詩外傳十卷 （漢）韓嬰撰　明刻本　一冊　存五卷（一至五）

330000－1705－0016590　朱4884　類叢部/叢書類/彙編之屬

對雨樓叢書五種 繆荃孫編　清光緒江陰繆氏影刻本　四冊　存四種

330000－1705－0016591　朱5049、朱5050、朱5051、朱5052　類叢部/叢書類/自著之屬

錢頤壽中丞全集正編三種續編二種 （清）錢寶琛撰　清同治七年至光緒六年（1868－

1880)錢鼎銘刻本　十三冊

330000－1705－0016592　朱4714、朱6499
類叢部/叢書類/彙編之屬

鐵華館叢書六種　（清）蔣鳳藻編　清光緒九年至十年(1883－1884)長洲蔣氏刻本　七冊

330000－1705－0016593　朱5365　子部/宗教類/佛教之屬/論疏

大乘起信論直解二卷　（明）釋德清撰　清光緒十六年(1890)金陵刻經處刻本　張原煒批並跋　一冊

330000－1705－0016595　朱6085　類叢部/叢書類/自著之屬

嘉定錢氏潛研堂全書二十一種　（清）錢大昕撰　清光緒十年(1884)長沙龍氏家塾刻本　三十二冊　存一種

330000－1705－0016597　朱4715　史部/傳記類/總傳之屬/郡邑

練川名人畫像四卷附二卷　（清）程祖慶編　清道光二十九年(1849)嘉定程氏刻本　一冊

330000－1705－0016598　朱4449　子部/宗教類/佛教之屬/諸宗

聖因灮虛中禪師語錄二卷　（清）釋實蔭等謹錄　賜紫住持南屏淨慈寺灮虛大師塔銘一卷（清）杭世駿撰　清乾隆刻本　一冊

330000－1705－0016599　朱9620　經部/群經總義類/傳說之屬

群經質二卷　（清）陳僅撰　清光緒十一年(1885)四明文則樓陳氏木活字印本　二冊

330000－1705－0016601　朱4976、朱5633
經部/叢編

石齋先生經傳九種　（明）黃道周輯　（清）鄭開極重訂　清康熙三十二年(1693)晉安鄭肇刻本　五冊　存二種

330000－1705－0016602　朱6824　類叢部/類書類/專類之屬

佩文韻府一百六卷　（清）張玉書（清）蔡升元等輯　**韻府拾遺一百六卷**　（清）汪灝（清）何焯等輯　清康熙五十年(1711)內府刻本　九十五冊　存一百六卷(佩文韻府一至一百六)

330000－1705－0016603　朱4792　類叢部/叢書類/彙編之屬

會稽徐氏鑄學齋叢書十三種　徐維則編　清咸豐至光緒會稽徐氏刻光緒二十六年(1900)彙印本　朱鼎煦題記　一冊　存一種

330000－1705－0016604　朱5024　史部/雜史類/斷代之屬

晉畧六十六卷　（清）周濟撰　清光緒二年(1876)味雋齋刻本　十冊

330000－1705－0016605　朱6310　史部/史評類/史論之屬

註釋史記纂要四卷　（明）史起欽纂輯　（明）傅光前同纂　明刻本　一冊　存二卷(一至二)

330000－1705－0016606　朱6830　史部/傳記類/總傳之屬/儒林

宋元學案一百卷首一卷考畧一卷　（清）黃宗羲撰　（清）全祖望修定　（清）王梓材（清）馮雲濠校並考　清光緒五年(1879)長沙寄廬刻本　四十八冊

330000－1705－0016607　朱4445、朱4445－1
經部/叢編

御纂七經二百八十卷首十一卷序三卷　（清）李光地等撰　清同治六年至九年(1867－1870)浙江書局刻本　二十四冊　存二種

330000－1705－0016608　朱4874　子部/儒家類/儒學之屬/禮教/家訓

傅氏家訓二卷附傳一卷　（清）傅超撰　清光緒十八年(1892)演慎齋刻本　一冊

330000－1705－0016609　朱6920　類叢部/類書類/通類之屬

藝文類聚一百卷　（唐）歐陽詢輯　清光緒五年(1879)華陽宏達堂刻本　三十二冊

330000－1705－0016610　朱4697　史部/編年類/通代之屬

資治通鑑節要續編三十卷　（明）張光啓撰

明正德九年(1514)司禮監刻本 一冊 存二卷(十一至十二)

330000－1705－0016611 朱4712 史部／編年類／通代之屬

資治通鑑二百九十四卷 (宋)司馬光撰 (元)胡三省音注 **通鑑釋文辯誤十二卷** (元)胡三省撰 清嘉慶二十一年(1816)胡克家影元刻本 二冊 存六十卷(一百十三至一百七十二)

330000－1705－0016612 朱5047 史部／詔令奏議類／奏議之屬

錢敏肅公奏疏七卷 (清)錢鼎銘撰 清光緒六年(1880)存素堂刻本 四冊

330000－1705－0016613 朱4271 類叢部／叢書類／自著之屬

甌北全集八種 (清)趙翼撰 清光緒三年(1877)滇南唐氏刻本 一冊 存一種

330000－1705－0016614 朱4755、朱9948 史部／紀傳類／正史之屬

十七史一千五百七十四卷 (明)毛晉編 明崇禎元年至十七年(1628－1644)毛氏汲古閣刻本 二十八冊 存二種

330000－1705－0016615 朱4964、朱4965 類叢部／叢書類／彙編之屬

津逮祕書十五集一百四十種 (明)毛晉編 明崇禎虞山毛氏汲古閣刻本 四冊 存四種

330000－1705－0016617 朱6521 類叢部／叢書類／彙編之屬

正誼堂全書六十三種續刻五種 (清)張伯行編 (清)楊浚重編 清同治五年(1866)福州正誼書院刻同治八年至光緒十三年(1869－1887)續刻本 一百五十四冊 存六十一種

330000－1705－0016618 朱4549 集部／小說類／短篇之屬

劍俠傳四卷 清咸豐八年(1858)王氏養穌堂刻本 一冊

330000－1705－0016619 朱4765 史部／傳記類／總傳之屬／隱逸

高士傳三卷附圖一卷 (晉)皇甫謐撰 (清)任熊繪 (清)王錫齡校 清咸豐八年(1858)蕭山王氏刻光緒三年(1877)張氏印本 二冊

330000－1705－0016620 朱5048 經部／小學類／訓詁之屬／方言

輶軒使者絕代語釋別國方言箋疏十三卷 (漢)揚雄撰 (清)錢繹箋疏 清光緒十六年(1890)王文韶紅蝠山房刻本 六冊

330000－1705－0016622 朱4955 子部／雜著類／雜說之屬

煙嶼樓筆記八卷 (清)徐時棟撰 清光緒三十四年(1908)鄞縣學齋徐方來鉛印本 二冊

330000－1705－0016623 朱4391 經部／小學類／文字之屬／說文

說文解字義證五十卷 (清)桂馥撰 清同治九年(1870)湖北崇文書局刻本 三十二冊

330000－1705－0016624 朱3946 類叢部／叢書類／自著之屬

汪龍莊先生遺書四種 (清)汪輝祖撰 清乾隆五十年至五十六年(1785－1791)雙節堂刻本 一冊 存一種

330000－1705－0016625 朱4991 子部／雜著類／雜說之屬

煙嶼樓筆記八卷 (清)徐時棟撰 清光緒三十四年(1908)鄞縣學齋徐方來鉛印本 二冊

330000－1705－0016626 朱4545 子部／儒家類／儒學之屬／性理

御纂性理精義十二卷 (清)李光地等纂修 清刻本 二冊

330000－1705－0016627 朱3887 子部／宗教類／佛教之屬／諸宗

聖因茇虛中禪師語錄二卷 (清)釋實蔭等謹錄 **賜紫住持南屏淨慈寺茇虛大師塔銘一卷** (清)杭世駿撰 清乾隆刻本 一冊

330000－1705－0016628 朱4561、朱4562 史部／傳記類／總傳之屬／通代

於越先賢像傳贊二卷 (清)王錫齡撰 (清)任熊繪像 清咸豐七年(1857)蕭山王氏養穌

堂刻本　四册

330000－1705－0016629　朱 3450　子部/
叢編

子書百家　（清）崇文書局編　清光緒元年
(1875)湖北崇文書局刻民國元年(1912)鄂官
書處重印本　一百十册

330000－1705－0016630　朱 3905　史部/紀
傳類/別史之屬

東都事略一百三十卷　（宋）王偁撰　清刻朱
印本　二册　存三十七卷(三十七至五十二、
一百十至一百三十)

330000－1705－0016632　朱 4790　史部/地
理類/雜志之屬

南越筆記十六卷　（清）李調元輯　清刻本
一册　存三卷(十四至十六)

330000－1705－0016633　朱 4775、朱 5695、
朱 7410、朱 9047、朱 9048、朱 9049　類叢部/
叢書類/自著之屬

西堂全集　（清）尤侗撰　清康熙刻本　十册
存三種

330000－1705－0016635　朱 4933　集部/別
集類/清別集

句餘土音三卷　（清）全祖望撰　（清）董秉純
重編　**甬上族望表二卷**　（清）全祖望撰　清
嘉慶十九年(1814)刻本　二册

330000－1705－0016636　朱 4435　子部/醫
家類/婦科之屬/通論

濟陰綱目十四卷　（明）武之望撰　（清）汪淇
箋釋　**保生碎事一卷**　（清）汪淇輯　清刻本
(卷二、九至十、保生碎事配抄本）　七册　缺
一卷(濟陰綱目一)

330000－1705－0016637　朱 4628、朱 8490
類叢部/叢書類/彙編之屬

紛欣閣叢書十四種　（清）周心如編　清嘉慶
至道光浦江周氏刻本　八册　存二種

330000－1705－0016638　朱 4340　史部/傳
記類/科舉錄之屬/歷科鄉試錄

道光乙未恩科直省同年錄不分卷　清道光文

奎齋刻本　一册

330000－1705－0016639　朱 4614　類叢部/
叢書類/彙編之屬

春暉堂叢書十二種　（清）徐渭仁編　清道光
至咸豐上海徐渭仁刻同治九年至十年(1870－
1871)徐允臨補刻彙印本　清徐時棟題記　二
册　存一種

330000－1705－0016640　朱 4626　子部/雜
著類/雜說之屬

寄龕襍著　（清）孫德祖撰　清光緒十六年
(1890)刻本　一册　存一種

330000－1705－0016641　朱 4943、朱 5679
類叢部/叢書類/彙編之屬

抱經堂叢書十六種　（清）盧文弨編　清乾隆
至嘉慶刻彙印本　四册　存二種

330000－1705－0016642　朱 4611　史部/政
書類/公牘檔册之屬

長興縣學文牘不分卷　（清）孫德祖輯　清光
緒十六年(1890)山陰許純模刻本　一册

330000－1705－0016643　朱 2977　史部/傳
記類/別傳之屬/墓誌

清芬勁節錄不分卷　（清）鄭書常輯　清嘉慶
刻本　一册

330000－1705－0016644　朱 5042　子部/藝
術類/書畫之屬/總論

畫禪室隨筆四卷　（明）董其昌撰　（清）楊補
輯　清康熙刻本　二册

330000－1705－0016645　朱 4682、朱 3056
類叢部/叢書類/彙編之屬

抱經堂叢書十六種　（清）盧文弨編　清乾隆
至嘉慶刻彙印本　五册　存二種

330000－1705－0016646　朱 4624　子部/藝
術類/書畫之屬/總論

畫禪室隨筆四卷　（明）董其昌撰　清乾隆三
十三年(1768)刻本　二册

330000－1705－0016647　朱 4466　經部/四
書類/孟子之屬/文字音義

孟子七卷 （宋）朱熹集注 清刻本 朱鼎煦
批並跋 一冊 存二卷（四至五）

330000－1705－0016648 朱4654、朱7482
類叢部／叢書類／彙編之屬

雙梅景闇叢書十六種 葉德輝編 清光緒至
宣統長沙葉氏郎園刻本 二冊 存六種

330000－1705－0016649 朱4930 史部／傳
記類／總傳之屬／仕宦

兩浙令長攷三卷 （清）董沛撰 清光緒七年
（1881）刻本 一冊

330000－1705－0016651 朱5041 集部／別
集類／清別集

古愚心言八卷 （清）彭鵬撰 清康熙愚齋刻
本 二冊 存一卷（五）

330000－1705－0016652 朱4914、朱5743、
朱4362 類叢部／叢書類／彙編之屬

崇文書局彙刻書三十一種 （清）崇文書局編
清光緒元年至三年（1875－1877）湖北崇文
書局刻本 六冊 存三種

330000－1705－0016654 朱4440 子部／農
家農學類／總論之屬

補農書二卷 （明）沈□撰 （清）張履祥補
清光緒二十三年（1897）然藜閣木活字印本
一冊

330000－1705－0016656 朱4327 史部／雜
史類／斷代之屬

從征圖記不分卷 （清）唐訓方撰 （清）廖筠
繪圖 清同治六年（1867）西山草堂刻本
一冊

330000－1705－0016657 朱5038、朱9371
類叢部／叢書類／家集之屬

續溪胡氏叢書十種 （清）胡培系編 清同治
十年至光緒二年（1871－1876）世澤樓刻本暨
木活字印本 二冊 存二種

330000－1705－0016658 朱3092、朱9835、
朱0610、朱8417 類叢部／叢書類／彙編之屬

正誼堂全書六十三種續刻五種 （清）張伯行
編 （清）楊濬重編 清同治五年（1866）福州

正誼書院刻同治八年至光緒十三年（1869－
1887）續刻本 二十冊 存六種

330000－1705－0016659 朱4657 史部／金
石類／總志之屬／通考

金石綜例四卷 （清）馮登府撰 清道光十一
年（1831）廣東刻本 一冊 存二卷（一至二）

330000－1705－0016661 朱4909 子部／藝
術類／書畫之屬／畫譜

秦淮八豔圖詠不分卷 （清）葉衍蘭撰 清光
緒十八年（1892）羊城越華講院刻本 一冊

330000－1705－0016662 朱4464 子部／小
說家類／雜事之屬

世說新語三卷釋名一卷佚文一卷攷證一卷
（南朝宋）劉義慶撰 （南朝梁）劉孝標注 引
用書目一卷 葉德輝輯 校勘小識二卷 王
先謙撰 清光緒十七年（1891）思賢講舍刻本
七冊

330000－1705－0016664 朱5081 史部／雜
史類／斷代之屬

吳越備史四卷補遺一卷 題（宋）范坰 （宋）
林禹撰 清康熙十七年（1678）燕喜堂刻本
二冊

330000－1705－0016665 朱4908 子部／藝
術類／書畫之屬／畫譜

晚笑堂畫傳一卷明太祖功臣圖一卷 （清）上
官周繪 清乾隆刻本 一冊

330000－1705－0016668 朱4896 經部／小
學類／文字之屬／說文

說文解字十五卷標目一卷 （漢）許慎撰
（宋）徐鉉等校定 清乾隆三十八年（1773）大
興朱筠椒華吟舫刻本 八冊

330000－1705－0016669 朱5147 經部／
叢編

十三經札記二十二卷附十六卷 （清）朱亦棟
撰 清光緒四年（1878）武林竹簡齋刻本
六冊

330000－1705－0016671 朱4594 經部／四
書類／孟子之屬／傳說

孟子師說七卷　（清）黃宗羲撰　清康熙二十八年(1689)刻本　二冊

330000－1705－0016672　朱5153　經部/叢編

十三經札記二十二卷附十六卷　（清）朱亦棟撰　清光緒四年(1878)武林竹簡齋刻本　六冊　存一種

330000－1705－0016674　朱5073　類叢部/叢書類/自著之屬

龍莊遺書四種　（清）汪輝祖撰　清刻本　一冊　存一種

330000－1705－0016675　朱5055　類叢部/叢書類/自著之屬

章大力先生叢著六種　（明）章世純撰　明末刻本　一冊　存一種

330000－1705－0016676　朱3776　子部/雜著類/雜考之屬

藝林粹言四十一卷　（明）陳繼儒輯　清初刻本　六冊　存二十四卷(十四至十七、二十二至四十一)

330000－1705－0016677　朱5035　經部/易類/傳說之屬

易漢學八卷　（清）惠棟撰　清刻本　二冊

330000－1705－0016678　朱5136、朱5137、朱5138、朱5140　類叢部/叢書類/自著之屬

陶廬叢刻二十種　王樹柟撰　清光緒至民國新城王氏刻本　七冊　存五種

330000－1705－0016679　朱7063　類叢部/叢書類/彙編之屬

式訓堂叢書四十一種　（清）章壽康編　清光緒會稽章氏刻本　三十二冊　存二十八種

330000－1705－0016680　朱5169　子部/藝術類/書畫之屬/畫譜

列仙酒牌一卷　（清）任熊繪　清咸豐四年(1854)蔡照初刻本　一冊

330000－1705－0016681　朱5130　子部/醫家類/推拿按摩外治之屬

推拿廣意三卷　（清）熊應雄輯　（清）陳世凱訂　清金閶同文堂刻本　三冊

330000－1705－0016682　朱5216　新學/學校

浙江法政學堂全體職員表一卷　（清）莫載編　清宣統二年(1910)杭州竹簡齋石印本　一冊

330000－1705－0016683　朱5053－1　類叢部/叢書類/彙編之屬

滂喜齋叢書五十種　（清）潘祖蔭編　清同治至光緒吳縣潘氏京師刻本　一冊　存三種

330000－1705－0016684　朱5100　史部/地理類/遊記之屬/紀行

朝天錄一卷蜀程小紀一卷　（清）方濬頤撰　清光緒四年(1878)刻本　一冊

330000－1705－0016685　朱5101　史部/雜史類/斷代之屬

南疆繹史勘本三十卷首二卷　（清）溫睿臨撰　（清）李瑤勘定　繹史摭遺十八卷卹謚考八卷　（清）李瑤撰　清道光木活字印本　一冊　存二卷(繹史摭遺九至十)

330000－1705－0016688　朱6520、朱6522　類叢部/叢書類/彙編之屬

守山閣叢書一百十二種　（清）錢熙祚編　清道光二十四年(1844)金山錢氏重編增刻墨海金壺本　一百二冊　存一百八種

330000－1705－0016689　朱5284　經部/三禮總義類/圖說之屬

新定三禮圖二十卷　（宋）聶崇義集注　清末上海同文書局石印通志堂本　二冊

330000－1705－0016690　朱7258　類叢部/叢書類/彙編之屬

守山閣叢書一百十二種　（清）錢熙祚編　清光緒十五年(1889)上海鴻文書局影印清金山錢氏重編增刻墨海金壺本　九十一冊　存一百十九種

330000－1705－0016691　朱4717　史部/金石類/金之屬/雜著

銅仙傳一卷 （清）徐元潤撰 清刻藍印本
一冊

330000－1705－0016692 朱5281 經部/小
學類/音韻之屬/等韻

二十三母土音表讀法不分卷 （清）吳善述編
清光緒四年（1878）四明黃氏補不足齋刻本
一冊

330000－1705－0016693 朱5277 經部/小
學類/文字之屬/字書/字體

篆訣辯釋不分卷 （明）陳鍾鰲撰 （清）甘受
和訂定 清光緒八年（1882）常熟抱芳閣刻本
二冊

330000－1705－0016694 朱3762 史部/傳
記類/別傳之屬/年譜

明李文正公[東陽]年譜七卷 （清）法式善纂
輯 （清）唐仲冕增補 清嘉慶刻本 一冊

330000－1705－0016695 朱7256、朱7261
史部/編年類/斷代之屬

十朝東華錄五百二十五卷東華續錄一百卷
（同治朝） 王先謙 潘頤福撰 清光緒二十
五年（1899）仿泰西法石印本 六十四冊 缺
一百卷（同治朝一至一百）

330000－1705－0016696 朱5303 類叢部/
類書類/專類之屬

事物異名錄四十卷 （清）厲荃輯 （清）關槐
增輯 清乾隆四十一年（1776）四明古歡堂刻
本 十冊

330000－1705－0016697 朱7255－4 史部/
編年類/斷代之屬

東華續錄一百卷（咸豐朝） 潘頤福編 清光
緒二十五年（1899）上海書局石印本 十三冊
存六十九卷（一至六十九）

330000－1705－0016698 朱5061 史部/雜
史類/斷代之屬

小腆紀年附考二十卷 （清）徐鼒撰 清咸豐
十一年（1861）刻本 十二冊

330000－1705－0016699 朱5561 類叢部/
叢書類/自著之屬

清白士集六種附一種 （清）梁玉繩撰 清嘉
慶刻本 一冊 存一種

330000－1705－0016700 朱7136 類叢部/
叢書類/彙編之屬

三長物齋叢書二十六種 （清）黃本驥編 清
道光湘陰蔣瓅刻光緒四年（1878）古香書閣印
本 六十四冊 缺一卷（韻字辨似一）

330000－1705－0016701 朱8334 史部/傳
記類/總傳之屬/仕宦

歷代名臣言行錄二十四卷 （清）朱桓輯 清
嘉慶二年（1797）刻本 二十冊

330000－1705－0016702 朱5091 子部/天
文曆算類/算書之屬

李氏遺書十一種 （清）李銳撰 清光緒十五
年（1889）刻本 吳澤題記 八冊

330000－1705－0016703 朱8362、朱6317、
朱1311、朱4366、朱6428、朱7950 類叢部/
叢書類/彙編之屬

宜稼堂叢書七種 （清）郁松年編 清道光二
十年至二十二年（1840－1842）上海郁氏刻本
六十四冊 存六種

330000－1705－0016704 朱5428 史部/傳
記類

梨洲先生宋儒學案序錄不分卷 （清）全祖望
續修 清刻本 一冊

330000－1705－0016705 朱5355 子部/雜
著類/雜說之屬

煙嶼樓筆記八卷 （清）徐時棟撰 清光緒三
十四年（1908）鄞蓮學齋徐方來鉛印本 十冊

330000－1705－0016707 朱7255 史部/編
年類/斷代之屬

東華續錄一百卷（同治朝） 王先謙編 清光
緒二十五年（1899）公記書莊石印本 二十
四冊

330000－1705－0016708 朱5076 經部/小
學類/文字之屬/字書/字體

問奇典註六卷 （清）唐英撰 清嘉慶二十三
年（1818）張昞武昌雄楚樓刻本 六冊

330000 – 1705 – 0016710　朱 5074　類叢部/
叢書類/自著之屬

古墨齋集十二種　（清）趙紹祖撰　清嘉慶元
年至道光十四年（1796 – 1834）涇縣趙氏古墨
齋刻本　六冊　存一種

330000 – 1705 – 0016711　朱 7797、朱 5242
類叢部/叢書類/彙編之屬

玉海堂景宋元本叢書二十種別行二種　劉世
珩編　清光緒至民國貴池劉氏玉海堂影刻本
十八冊　存二種

330000 – 1705 – 0016713　朱 7255 – 7、朱
7261 – 1　史部/編年類/斷代之屬

**東華錄一百九十五卷（天命朝至雍正朝）續錄
一百七十卷（乾隆朝至嘉慶朝）**　王先謙編
清光緒十三年（1887）廣百宋齋石印本　六十
四冊

330000 – 1705 – 0016714　朱 5383　集部/總
集類/課藝之屬

格致書院課藝不分卷　（清）王韜編　清光緒
戣園鉛印本　十三冊　存丁亥、戊子、庚寅、
辛卯、己丑、丙戌、壬辰、癸巳

330000 – 1705 – 0016715　朱 9309　子部/藝
術類/書畫之屬/總論

佩文齋書畫譜一百卷　（清）孫岳頒等輯　清
康熙內府刻乾隆宋銑靜永堂刻本　三十九冊
存九十九卷（一至六十二、六十四至一百）

330000 – 1705 – 0016716　朱 7437　史部/政
書類/律令之屬/刑制

**大清現行刑律案語不分卷核訂現行刑律不分
卷修正刑律案語二卷**　沈家本　俞廉三輯
清宣統元年（1909）法律館鉛印本　四十八冊

330000 – 1705 – 0016717　朱 8370　史部/紀
傳類/正史之屬

五代史記七十四卷　（宋）歐陽修撰　（宋）徐
無黨注　（清）彭元瑞增注　（清）劉鳳誥排次
清道光八年（1828）刻本　四十冊

330000 – 1705 – 0016718　朱 5427　經部/小
學類/文字之屬/說文

說文聲系十四卷首一卷末一卷　（清）姚文田
撰　清嘉慶九年（1804）姚氏刻本　一冊　存
七卷（首、一至六）

330000 – 1705 – 0016719　朱 5308　史部/時
令類

歲時藻玉八卷　（清）崔應榴纂　清刻本
一冊

330000 – 1705 – 0016720　朱 5359　類叢部/
叢書類/彙編之屬

張氏適園叢書第一集七種　張鈞衡編　清宣
統三年（1911）上海國學扶輪社鉛印本　六冊
存一種

330000 – 1705 – 0016721　朱 8371　史部/史
表類/通代之屬

廿一史四譜五十四卷　（清）沈炳震撰　清同
治十年（1871）武林吳氏清來堂刻本　十六冊

330000 – 1705 – 0016722　朱 8365　類叢部/
叢書類/彙編之屬

後知不足齋叢書四十七種　（清）鮑廷爵編
清同治至光緒常熟鮑氏刻本　六十一冊　缺
三卷（積古齋鐘鼎彝器款識八至十）

330000 – 1705 – 0016723　朱 7255 – 2　史部/
編年類/斷代之屬

東華續錄一百卷（同治朝）　王先謙編　清光
緒二十四年（1898）文瀾書局石印本　二十四冊

330000 – 1705 – 0016724　朱 8389　史部/紀
傳類/正史之屬

史記志疑三十六卷　（清）梁玉繩撰　**補遺一
卷**　（清）梁學昌輯　清光緒十四年（1888）餘
姚朱氏刻本　十二冊

330000 – 1705 – 0016725　朱 8071　類叢部/
類書類/通類之屬

太平御覽一千卷目錄十五卷　（宋）李昉等輯
清嘉慶九年至十四年（1804 – 1809）張海鵬
從善堂刻本　一百十五冊　缺四十四卷（二
百二十三至二百三十一、二百八十二至三百
十六）

330000 – 1705 – 0016726　朱 8425　史部/紀

事本末類/斷代之屬

三朝北盟會編二百五十卷首一卷 （宋）徐夢莘撰　**校勘記二卷補遺一卷**　（清）袁祖安校勘並補遺　清光緒四年（1878）鉛印本　四十冊

330000－1705－0016727　朱5444　經部/小學類/音韻之屬

天籟韻語不分卷　（清）蕭鑑堂撰　清光緒刻本　一冊

330000－1705－0016728　朱5363、朱8180　類叢部/叢書類/彙編之屬

二老閣叢書四十二種　（清）鄭風編　清康熙至嘉慶刻本　十四冊　存十三種

330000－1705－0016729　朱5134　子部/雜著類/雜說之屬

墨子經說解二卷　（清）張惠言撰　清宣統元年（1909）國學保存會據手稿本影印本　吳澤題簽　一冊

330000－1705－0016730　朱8298　子部/藝術類/書畫之屬/總論

佩文齋書畫譜一百卷　（清）孫岳頒等輯　清康熙內府刻本　四十四冊　存六十五卷（十九至二十一、二十四至六十四、七十至九十）

330000－1705－0016731　朱7257　史部/編年類/通代之屬

資治通鑑二百九十四卷目錄三十卷　（宋）司馬光撰　（元）胡三省音注　**續資治通鑑二百二十卷**　（清）畢沅撰　清光緒十四年（1888）上海蜚英館石印本　六十冊

330000－1705－0016732　朱7345　史部/紀傳類/正史之屬

明史稿三百十卷目錄三卷　（清）王鴻緒撰　清雍正敬慎堂刻本　八十冊

330000－1705－0016734　朱5476　類叢部/叢書類/自著之屬

舊雨艸堂叢書□□種　（清）陳康祺撰　清光緒刻本　四冊　存一種

330000－1705－0016735　朱8646　史部/編年類/通代之屬

資治通鑑二百九十四卷　（宋）司馬光撰　（元）胡三省音注　（明）陳仁錫評　**通鑑釋文辯誤十二卷**　（元）胡三省撰　清康熙三十五年（1696）文雅堂刻本　十六冊　存八十三卷（一至三、四十至四十四、七十九至九十四、一百至一百十八、二百三十八至二百六十五、二百七十二至二百八十三）

330000－1705－0016736　朱5152　經部/小學類/音韻之屬/韻書

佩文詩韻釋要五卷　（清）周兆基輯　（清）孫詒經重輯　清光緒四年（1878）刻本　一冊

330000－1705－0016737　朱2153　史部/金石類/石之屬/雜著

唐昭陵石蹟考畧五卷附謁唐昭陵記一卷　（清）林侗撰　清道光四年（1824）葉夢龍喜聞過齋刻本　一冊

330000－1705－0016738　朱5143　類叢部/叢書類/彙編之屬

鐵華館叢書六種　（清）蔣鳳藻編　清光緒九年至十年（1883－1884）長洲蔣氏刻本　一冊

330000－1705－0016739　朱5171　子部/雜著類/雜纂之屬

藝學統纂九十五卷　（清）馬建忠編　清光緒二十八年（1902）上海文林石印本　十二冊　存四十二卷（天學一至五、算學一至八、地學一至五、測繪學一至六、製造學一至十、礦學一至八）

330000－1705－0016740　朱5160　子部/天文曆算類/曆法之屬

大清光緒六年歲次庚辰時憲書一卷　清光緒刻朱墨套印本　一冊

330000－1705－0016741　朱5274　史部/雜史類/斷代之屬

二申野錄八卷　（清）孫之騄撰　清道光二十一年（1841）吟香館刻本　一冊　存二卷（一至二）

330000－1705－0016742　朱5275　子部/藝

術類/遊藝之屬/雜藝

蘭閨清玩一卷 清光緒十五年(1889)上海蜚英局石印本 一冊

330000－1705－0016743 朱5272 史部/史抄類

韻史二卷 (清)許遜翁撰 **補一卷** (清)朱玉岑撰 清光緒十五年(1889)上海廣百宋齋鉛印本 一冊

330000－1705－0016744 朱5142 史部/傳記類/科舉錄之屬/歷科登科錄

欽定狀元策不分卷 清光緒刻本 二冊

330000－1705－0016745 朱5159 子部/天文曆算類/曆法之屬

大清宣統元年歲次己酉時憲書一卷 清宣統欽天監刻朱墨套印本 一冊

330000－1705－0016746 朱6787 類叢部/叢書類/彙編之屬

百家名畫一百四種 (明)胡文煥編 明萬曆錢塘胡氏文會堂刻本 一冊 存二種

330000－1705－0016747 朱5366 集部/別集類/清別集

錢牧齋先生尺牘三卷 (清)錢謙益撰 清康熙顧氏如月樓刻本 二冊

330000－1705－0016748 朱8029、朱8030 子部/藝術類/總論之屬

美術叢書 鄧實輯 清宣統三年(1911)上海神州國光社鉛印本 六十一冊 存一百四十七種

330000－1705－0016749 朱5184 子部/術數類/命書相書之屬

新刊校正增釋合併麻衣先生人相編五卷 (明)陸位崇輯 清光緒十四年(1888)文成堂刻本 二冊

330000－1705－0016750 朱5288 類叢部/叢書類/彙編之屬

藏修堂叢書三十六種 (清)劉晚榮編 清光緒十六年(1890)新會劉氏藏修書屋刻本 朱鼎煦批並跋 一冊 存二種

330000－1705－0016751 朱5071 子部/藝術類/書畫之屬/書法書品

書學南鍼六卷 (清)錢湘輯 清道光元年(1821)刻本 一冊 存三卷(一至三)

330000－1705－0016752 朱9223 史部/紀傳類/正史之屬

二十一史二千五百六十七卷 明嘉靖南京國子監刻明清遞修本 二十八冊 存一種

330000－1705－0016753 朱7251、朱7252、朱7253、朱7254 類叢部/叢書類/彙編之屬

申報館叢書正集五十七種附錄三種 尊聞閣主編 **續集一百四十二種** 蔡爾康編 清同治至光緒上海申報館鉛印本 三百三十六冊 存七十九種

330000－1705－0016754 朱7255－6 史部/編年類/斷代之屬

東華續錄一百卷(同治朝) 王先謙編 清光緒二十四年(1898)文瀾書局石印本 二十四冊

330000－1705－0016755 朱5766 史部/雜史類/斷代之屬

偵探記二卷 姚文棟撰 清光緒刻滇南四種本 張德馨題記 一冊

330000－1705－0016756 朱5371 類叢部/叢書類/自著之屬

龍莊遺書四種 (清)汪輝祖撰 清刻本 一冊 存一種

330000－1705－0016757 朱5053、朱8002 經部/三禮總義類/名物制度之屬

求古錄禮說十六卷補遺一卷 (清)金鶚撰 **校勘記三卷** (清)王士駿輯 清光緒二年(1876)吳縣孫憙刻本 八冊

330000－1705－0016758 朱7259 史部/編年類/斷代之屬

東華錄一百九十五卷(天命朝至雍正朝) 王先謙編 清光緒十三年(1887)廣百宋齋石印本 二十九冊 缺二十一卷(順治朝二十二至三十六、康熙朝十八至二十三)

330000－1705－0016759 朱9237 史部/傳

記類/總傳之屬/斷代

國朝先正事略六十卷 （清）李元度撰 清同
治五年至八年（1866－1869）循陔草堂刻本
二十四冊

330000－1705－0016760 朱5099 子部/小
說家類/異聞之屬

搜神記八卷 （晉）干寶撰 **搜神後記二卷**
（晉）陶潛撰 清汝上王氏刻本 一冊

330000－1705－0016761 朱5490 子部/小
說家類/雜事之屬

世說新語補二十卷附釋名一卷 （南朝宋）劉
義慶撰 （南朝梁）劉孝標注 （明）何良俊增
補 （明）王世貞定 （明）王世懋批釋
（明）張文柱校注 清乾隆二十七年（1762）黃
汝琳茂清書屋刻本 八冊

330000－1705－0016762 朱9238 子部/天
文曆算類

兼濟堂纂刻梅勿庵先生曆算全書二十八種
（清）梅文鼎撰 （清）魏荔彤輯 （清）楊作
枚訂補 清雍正元年（1723）栢鄉魏荔彤刻本
二十四冊

330000－1705－0016763 朱7255－5 史部/
編年類/斷代之屬

東華續錄一百七十卷（乾隆朝、嘉慶朝） 王
先謙編 清光緒石印本 三十六冊

330000－1705－0016765 朱5387 子部/藝
術類/書畫之屬/總論

甌鉢羅室書畫過目攷四卷首一卷附一卷
（清）李玉棻撰 清宣統三年（1911）北京晉華
書局石印本 四冊

330000－1705－0016766 朱5535 經部/書
類/傳說之屬

書義主意六卷 （元）王充耘編 清道光五年
（1825）廣州友多聞齋刻本 二冊

330000－1705－0016767 朱5587 類叢部/
叢書類/自著之屬

安吳四種三十六種 （清）包世臣撰 清咸豐
元年（1851）刻本 十六冊

330000－1705－0016768 朱5502 子部/醫
家類/方書之屬/單方驗方

壽世良方四卷首一卷 （清）陳勸編輯 清光
緒十四年（1888）四明積善堂王氏刻本 一冊

330000－1705－0016769 朱9254 史部/詔
令奏議類/奏議之屬

歷代名臣奏議三百十九卷 （明）黃淮 （明）
楊士奇等輯 （明）張溥刪正 明崇禎刻本
七十八冊 缺三卷（一至三）

330000－1705－0016770 朱5615 子部/藝
術類/書畫之屬/畫譜

卅三劍客圖一卷 （清）任渭長（任熊）畫 清
咸豐六年（1856）蔡照初刻本 二冊

330000－1705－0016771 朱5624 子部/儒
家類/儒學之屬/勸學

教諭語一卷 （清）謝金鑾撰 清同治九年
（1870）刻本 一冊

330000－1705－0016772 朱7255－1 史部/
編年類/斷代之屬

十朝東華錄一百卷（咸豐朝） 王先謙 潘頤
福撰 清光緒二十年（1894）上海積山書局石
印本 十八冊

330000－1705－0016773 朱5170 子部/藝
術類/書畫之屬/畫譜

列仙酒牌一卷 （清）任熊繪 清咸豐四年
（1854）蔡照初刻本 一冊

330000－1705－0016774 朱8266 類叢部/
叢書類/輯佚之屬

玉函山房輯佚書六百二十二種附一種 （清）
馬國翰輯 清光緒九年（1883）長沙嫏嬛館刻
本 九十八冊 存五百七十八種

330000－1705－0016775 朱5740 類叢部/
類書類/通類之屬

類林新咏三十六卷 （清）姚之駰撰 清康熙
四十七年（1708）刻本 十冊

330000－1705－0016776 朱5627 史部/詔
令奏議類/奏議之屬

堅正堂摺稿二卷附錄一卷 （清）褚成博撰

清光緒三十一年(1905)刻本　二冊

330000－1705－0016778　朱5532　類叢部/類書類/通類之屬

記事珠選十卷　(清)張以謙纂輯　清嘉慶四年(1799)余照五瑞堂刻本　三冊

330000－1705－0016779　朱5562　類叢部/叢書類/彙編之屬

文選樓叢書三十三種　(清)阮亨編　清嘉慶至道光阮元刻道光二十二年(1842)阮亨彙印本　一冊　存一種

330000－1705－0016780　朱5609　子部/農家農學類/鳥獸蟲之屬

衛蟬小録八卷　(清)孫蒜意撰　清嘉慶二十四年(1819)高棨等刻本　一冊　存四卷(五至八)

330000－1705－0016781　朱5334　子部/藝術類/書畫之屬/畫法畫品

畫冊不分卷　清刻本　一冊

330000－1705－0016782　朱5469　類叢部/叢書類/彙編之屬

古香齋袖珍十種　清同治至光緒南海孔氏刻本　十冊　存二種

330000－1705－0016783　朱5608　子部/兵家類/兵法之屬

兵垣四編四卷附四卷　(明)閔聲編　清光緒刻本　一冊　存二卷(陰符經、素書)

330000－1705－0016786　朱5656、朱5296　類叢部/叢書類/彙編之屬

振綺堂叢書初集十種二集十二種　(清)□□輯　清光緒二十年(1894)、宣統二年(1910)泉唐汪氏刻本暨鉛印本　二冊　存初集二種

330000－1705－0016787　朱5205　子部/藝術類/書畫之屬/畫譜

列仙酒牌一卷　(清)任熊繪　清咸豐四年(1854)蔡照初刻本　一冊

330000－1705－0016788　朱5763　史部/地理類/水利之屬

淡災蟲述一卷　(清)范鳴龢撰　清光緒五年(1879)刻本　一冊

330000－1705－0016789　朱5623　子部/醫家類/醫話醫論之屬

壽世編七卷　清嘉慶木活字印本　一冊

330000－1705－0016790　朱5771、朱5524　類叢部/叢書類/彙編之屬

二老閣叢書四十二種　(清)鄭風編　清康熙至嘉慶刻本　二冊　存五種

330000－1705－0016791　朱5775　史部/地理類/雜志之屬

東城雜記二卷　(清)厲鶚撰　清嘉慶二十五年(1820)錢塘汪氏振綺堂刻本　二冊

330000－1705－0016792　朱5758　類叢部/叢書類/自著之屬

東海賽冥氏三十以前舊學四種　(清)譚嗣同撰　清光緒二十八年(1902)石印本　二冊　存二種

330000－1705－0016793　朱5747　子部/藝術類/書畫之屬/畫法畫品

論畫脞說一卷梅隱草堂題畫詩一卷　(清)葉以照撰　清嘉慶刻本　一冊

330000－1705－0016794　朱5760　史部/傳記類/別傳之屬/事狀

子劉子行狀二卷　(清)黃宗羲撰　清道光六年(1826)慈谿葉氏刻本　一冊

330000－1705－0016795　朱5545、朱6951、朱3102、朱7565　類叢部/叢書類/自著之屬

中復堂全集九種附一種　(清)姚瑩撰　清道光刻本　五冊　存四種

330000－1705－0016796　朱5647　類叢部/叢書類/彙編之屬

靈鶼閣叢書五十六種　(清)江標編　清光緒元和江氏湖南使院刻本　一冊　存一種

330000－1705－0016798　朱5529　經部/群經總義類/文字音義之屬

重校十三經不貳字一卷　(清)李鴻藻輯　清

光緒元年(1875)刻本　一冊

330000－1705－0016800　朱5591　史部/地理類/雜志之屬

查浦輯聞二卷　(清)查嗣瑮輯　清刻本　一冊　缺一卷(一)

330000－1705－0016801　朱5026、朱9678　類叢部/叢書類/彙編之屬

雅雨堂藏書十三種　(清)盧見曾編　清乾隆二十一年(1756)德州盧氏雅雨堂刻增修本　六冊　存二種

330000－1705－0016802　朱5337　子部/藝術類/書畫之屬/畫譜

吳友如畫寶十二集不分卷　(清)吳嘉猷繪　清宣統元年(1909)上海璧園會社石印本　一冊　存一集

330000－1705－0016803　朱6289　經部/小學類/音韻之屬/韻書

康熙甲子史館新刊古今通韻十二卷　(清)毛奇齡撰　清康熙二十四年(1685)刻本　四冊

330000－1705－0016804　朱6288　經部/小學類/音韻之屬/韻書

康熙甲子史館新刊古今通韻十二卷　(清)毛奇齡撰　清康熙二十四年(1685)刻本　四冊　存十卷(一至十)

330000－1705－0016805　朱5605　類叢部/叢書類/彙編之屬

廣雅書局叢書一百五十九種　徐紹棨編　清光緒廣雅書局刻民國九年(1920)番禺徐紹棨彙編重印本　二冊　存一種

330000－1705－0016806　朱5671、朱7047、朱5676　類叢部/叢書類/彙編之屬

汗筠齋叢書第一集(蘭芬齋叢書初集)四種　(清)秦鑑編　清嘉慶三年至四年(1798－1799)嘉定秦氏刻本　三冊　存三種

330000－1705－0016807　朱5648　子部/醫家類/傷科之屬

跌撲傷損□□卷　清脩敬堂刻本　一冊

330000－1705－0016808　朱6403、朱6404　類叢部/叢書類/家集之屬

傅氏先世遺書　(清)傅以禮編　清同治至光緒大興傅氏刻本　二冊　存二種

330000－1705－0016809　朱6078　子部/儒家類/儒學之屬/經濟

黃梨洲先生明夷待訪錄一卷　(清)黃宗羲撰　清刻本　一冊

330000－1705－0016810　朱5636、朱5638　子部/藝術類/書畫之屬/題跋

竹懶畫媵一卷續畫媵一卷　(明)李日華撰　清光緒八年(1882)刻本　二冊

330000－1705－0016811　朱5643　子部/藝術類/書畫之屬/畫譜

紅樓夢圖詠不分卷　(清)淮浦居士題　清宣統三年(1911)影印本　一冊

330000－1705－0016813　朱5796　經部/春秋左傳類/傳說之屬

方氏左傳評點二卷　(清)方苞撰　(清)廉泉輯　清光緒十九年(1893)金匱廉氏刻本　二冊

330000－1705－0016814　朱5339　子部/藝術類/書畫之屬/畫譜

芥子園畫傳初集六卷二集九卷三集六卷　(清)王槩　(清)王蓍　(清)王臬輯　清末石印本　朱鼎煦題記　二冊　存二卷(三集五至六)

330000－1705－0016815　朱6038　經部/讖緯類/總義之屬

七緯三十八卷　(清)趙在翰輯　清嘉慶十四年(1809)侯官趙氏小積石山房刻本　六冊

330000－1705－0016816　朱5592　史部/紀事本末類/斷代之屬

綏寇紀略十二卷　(清)吳偉業撰　清康熙十三年(1674)鄒式金刻本　一冊　存三卷(一至三)

330000－1705－0016817　朱7312　經部/小學類/音韻之屬/韻書

朱飲山三韻易知十卷 （宋）朱孿撰 （清）楊
廷茲訂 清乾隆三十七年（1772）刻本 二冊

330000－1705－0016820 朱6077 子部/醫
家類/本草之屬/歷代綜合本草

本草述鉤元三十二卷 （清）劉若金撰 （清）
楊時泰輯 清道光二十二年（1842）毘陵涵雅
堂刻本 九冊 缺三卷（二十二至二十四上）

330000－1705－0016825 朱5644 史部/政
書類/儀制之屬/典禮

聖廟祀典圖考五卷首一卷附崇聖祠攷一卷聖
蹟圖一卷孟子聖蹟圖一卷 （清）顧沅撰 清
道光六年（1826）刻本 一冊 存二卷（聖蹟
圖、孟子聖蹟圖）

330000－1705－0016826 朱5341 子部/藝
術類/書畫之屬

神州國光集集外增刊四種 鄧秋枚編 清光
緒三十四年（1908）影印本 一冊 存一種

330000－1705－0016827 朱5632 經部/詩
類/傳說之屬

詩所八卷 （清）李光地撰 清雍正六年
（1728）刻本 三冊

330000－1705－0016828 朱5614 史部/傳
記類/總傳之屬/通代

於越先賢像傳贊二卷 （清）王錫齡撰 （清）
任熊繪像 清咸豐七年（1857）蕭山王氏養穌
堂刻本 二冊

330000－1705－0016829 朱5734 史部/地
理類/遊記之屬/紀行

冬集紀程一卷附詩一卷 （清）周廣業撰 清
道光二十年（1840）種松書塾刻本 一冊

330000－1705－0016831 朱6411 史部/雜
史類/斷代之屬

二申野錄八卷 （清）孫之騄撰 清道光二十
一年（1841）吟香館刻同治六年（1867）印本
四冊

330000－1705－0016832 朱5709 史部/史
表類/通代之屬

歷代帝王年表一卷紀元同異攷略一卷 黃大

華撰 清光緒二十六年（1900）夢紅豆村刻本
一冊

330000－1705－0016833 朱5738 經部/四
書類/孟子之屬/傳說

增補蘇批孟子二卷孟子年譜一卷 （宋）蘇洵
撰 （清）趙大浣增補 清咸豐六年（1856）刻
朱墨套印本 二冊

330000－1705－0016834 朱5610 史部/時
令類

月令輯要二十四卷首一卷 （清）李光地
（清）吳廷楨等輯 清康熙五十五年（1716）武
英殿刻本 十二冊

330000－1705－0016835 朱6107、朱9979
類叢部/叢書類/自著之屬

陳氏裛露軒叢書四種 （清）陳本禮撰 清嘉
慶陳氏裛露軒刻本 六冊 存二種

330000－1705－0016836 朱6059 子部/儒
家類/儒學之屬/性理

文莫書屋詹詹言二卷 （清）陳僅撰 清道光
二十五年（1845）四明繼雅堂刻本 一冊

330000－1705－0016838 朱5250 類叢部/
叢書類/彙編之屬

振綺堂叢刊八種 （清）□□輯 清嘉慶至光
緒汪氏振綺堂刻本 二冊 存一種

330000－1705－0016839 朱5594 史部/政
書類/儀制之屬/典禮

文廟祀典輯要一卷 （清）岑毓英鼇定 清光
緒十年（1884）尊經閣刻本 一冊

330000－1705－0016840 朱6055 子部/天
文曆算類/算書之屬

數學五書 （清）安清翹撰 清嘉慶樹人堂刻
本 四冊 存一種

330000－1705－0016841 朱6111 史部/政
書類/儀制之屬/專志/科舉校規

日遊彙編四卷 繆荃孫輯 清光緒二十九年
（1903）高等學堂刻本 一冊

330000－1705－0016842 朱5254 子部/小

說家類/雜事之屬

世說新語三卷 （南朝宋）劉義慶撰 （南朝梁）劉孝標注 清道光八年(1828)浦江周心如紛欣閣刻本 三冊

330000－1705－0016843 朱6076 經部/小學類/訓詁之屬/爾雅

爾雅正義二十卷 （清）邵晉涵撰 **爾雅釋文三卷** （唐）陸德明撰 清乾隆五十三年(1788)餘姚邵氏面水層軒刻本 十冊

330000－1705－0016844 朱6278 經部/小學類/文字之屬/說文

說文解字十五卷 （漢）許慎撰 **說文通檢十四卷首一卷末一卷** （清）黎永椿編 **說文校字記一卷** （清）陳昌治撰 清同治十二年(1873)番禺陳昌治刻本 十冊

330000－1705－0016845 朱5728 史部/詔令奏議類/詔令之屬

部頒新例内開北新關商稅則例一卷北新關商稅則例一卷今將續行則例開後一卷 清嘉慶十九年(1814)刻本 一冊

330000－1705－0016846 朱6296 經部/易類/傳說之屬

周易指三十八卷易例一卷易圖五卷易斷辭一卷附錄一卷 （清）端木國瑚撰 清道光刻本 二十冊

330000－1705－0016847 朱6272 集部/總集類/尺牘之屬

昭代名人尺牘二十四卷小傳二十四卷 （清）吳修輯 清光緒三十四年(1908)上海集古齋石印本 二冊 存二十四卷(小傳一至二十四)

330000－1705－0016848 朱6070 集部/總集類/酬唱之屬

湘江送別圖詠不分卷 （清）□□輯 清光緒十五年(1889)刻本 一冊

330000－1705－0016849 朱5531 子部/醫家類/綜合之屬/通論

慎齋遺書十卷 （明）周之幹撰 清道光二十

九年(1849)目耕堂刻本 四冊

330000－1705－0016850 朱6073 集部/總集類/選集之屬/通代

駢體南鍼十六卷 （清）汪傳懿輯 清光緒十一年(1885)刻本 八冊

330000－1705－0016851 朱5255 子部/宗教類/佛教之屬/諸宗

御錄宗鏡大綱二十卷 （宋）釋延壽輯 （清）世宗胤禛節錄 清雍正十二年(1734)刻本 四冊

330000－1705－0016852 朱5261 史部/地理類/遊記之屬/紀行

冰嶺紀程不分卷 （清）景廉撰 清光緒五年(1879)刻本 一冊

330000－1705－0016855 朱5530 子部/兵家類/兵器之屬

平海心籌二卷 （清）林福祥撰 清刻本 一冊

330000－1705－0016856 朱6092 子部/儒家類/儒學之屬/性理

潘子求仁錄輯要十卷 （清）潘平格撰 清康熙五十六年(1717)四明毛文強、鄭性刻本 四冊

330000－1705－0016857 朱5735 子部/醫家類/類編之屬

徐氏醫書六種 （清）徐大椿撰 清刻本 一冊 存二種

330000－1705－0016859 朱5662 史部/史評類/史論之屬

悱子讀史記一卷 （清）葉驤撰 清乾隆三十四年(1769)木活字印本 一冊

330000－1705－0016860 朱6443 子部/雜著類/雜考之屬

校訂困學紀聞集證二十卷 （宋）王應麟撰 （清）閻若璩等箋 （清）萬希槐集證 清嘉慶十六年(1811)刻本 十二冊

330000－1705－0016861 朱5525 類叢部/

叢書類/家集之屬

傅氏續錄 （清）傅以禮編 清光緒演慎齋刻本 三冊 存一種

330000 – 1705 – 0016862 朱 4757 子部/藝術類/書畫之屬/畫譜

明太祖功臣圖一卷 （清）上官周繪 清乾隆刻本 一冊

330000 – 1705 – 0016864 朱 6274 經部/小學類/文字之屬/說文/傳說

說文繫傳四十卷 （五代）徐鍇撰 （五代）朱翱反切 **校勘記三卷** （清）苗夔等撰 清道光十九年(1839)祁寯藻影刻影宋抄本 三冊 存二十二卷(五至八、二十三至四十)

330000 – 1705 – 0016865 朱 8281 類叢部/類書類/通類之屬

玉海二百四卷附刻十三種 （宋）王應麟撰 **校補玉海瑣記二卷王深甯先生年譜一卷** （清）張大昌撰 清光緒九年至十六年(1883 – 1890)浙江書局刻本 一百十四冊 缺十四卷(四至七、五十六至五十七、一百五十五至一百五十六,詩攷一,踐阼篇集解一,小學紺珠一至三,王深甯先生年譜)

330000 – 1705 – 0016866 朱 6295 類叢部/叢書類/自著之屬

袁中郎十集十六卷 （明）周應麐編 明周應麐刻本 一冊 存一種

330000 – 1705 – 0016867 朱 5677 經部/小學類/音韻之屬/韻書

學韻紀要二卷 （清）劉紹攽撰 清乾隆五年(1740)劉傳經堂刻本 一冊

330000 – 1705 – 0016868 朱 4299 類叢部/類書類/通類之屬

角山樓增補類腋六十七卷 （清）姚培謙輯 （清）趙克宜增輯 清咸豐七年(1857)趙克宜角山樓刻本 二冊 存十四卷(天部一至八、地部一至六)

330000 – 1705 – 0016869 朱 4284 史部/金石類/總志之屬

學古齋金石叢書四集 （清）葛元煦輯 清光緒崇川葛氏學古齋刻本 一冊 存一種

330000 – 1705 – 0016870 朱 5655 類叢部/叢書類/彙編之屬

邵武徐氏叢書二十三種 （清）徐榦編 清光緒邵武徐氏刻本 四冊 存三種

330000 – 1705 – 0016871 朱 5799 經部/易類/傳說之屬

周易本義四卷附圖說一卷卦歌一卷筮儀一卷 （宋）朱熹撰 清光緒四年(1878)姑蘇埽葉山房刻本 二冊

330000 – 1705 – 0016872 朱 6438 經部/小學類/文字之屬/說文/傳說

說文繫傳四十卷 （五代）徐鍇撰 （五代）朱翱反切 **校勘記三卷** （清）苗夔等撰 清道光十九年(1839)祁寯藻影刻影宋抄本 八冊

330000 – 1705 – 0016873 朱 5344 子部/藝術類/書畫之屬/畫譜

嘯琴畫譜初集一卷 （清）樓嘯琴繪並撰 清光緒二十一年(1895)石印本 一冊

330000 – 1705 – 0016874 朱 5652 子部/農家農學類/農藝之屬/災害防治

捕蝗要訣一卷除蝻八要一卷 （清）錢炘和撰 清光緒十七年(1891)江蘇書局刻本 一冊

330000 – 1705 – 0016875 朱 6476 經部/叢編

澤存堂五種 （清）張士俊輯 清康熙吳郡張士俊澤存堂刻本 三冊 存一種

330000 – 1705 – 0016876 朱 6359 類叢部/叢書類/自著之屬

面城精舍襍文甲編一卷乙編一卷 羅振玉撰 清光緒十八年(1892)刻陸庵所箸書本 朱鼎煦題記 一冊

330000 – 1705 – 0016877 朱 4695 子部/藝術類/書畫之屬/題跋

葦間老人題畫集一卷 （清）邊壽民撰 清光緒刻本 清武曾保題簽 一冊

330000 – 1705 – 0016878　　朱 5520　　史部／政
書類／律令之屬／判牘

越郡政畧□□卷　（清）何源濬撰　清刻本
一冊　存二卷（三至四）

330000 – 1705 – 0016879　　朱 6311　　史部／傳
記類／總傳之屬／技藝

宋元以來畫人姓氏錄三十六卷首一卷　（清）
魯駿編　清道光十年（1830）刻本　十冊　存
二十一卷（十六至三十六）

330000 – 1705 – 0016880　　朱 6025　　經部／
叢編

仿宋相臺五經九十六卷附考證　清乾隆四十
八年（1783）武英殿刻本　三十一冊　存二種

330000 – 1705 – 0016881　　朱 5414、朱 5415
類叢部／叢書類／家集之屬

江都陳氏叢書七種　（清）陳本禮　（清）陳逢
衡撰　清嘉慶至道光刻本　四冊　存一種

330000 – 1705 – 0016882　　朱 5687、朱 0970
類叢部／叢書類／彙編之屬

金峩山館叢書(望三益齋叢書)十一種　（清）
郭傳璞編　清光緒八年至十六年（1882 –
1890）鄞郭氏刻二十年（1894）鎮海邵氏彙印
本　二冊　存三種

330000 – 1705 – 0016884　　朱 5715　　史部／紀
傳類／正史之屬

魏書一百十四卷　（北齊）魏收撰　宋刻宋元
明遞修本　一冊　存二卷（三至四）

330000 – 1705 – 0016885　　朱 6470　　史部／雜
史類／斷代之屬

重訂國語國策合註　（三國吳）韋昭註　（宋）
鮑彪註　清武林三餘堂刻本　四冊　存十卷
（戰國策一至十）

330000 – 1705 – 0016887　　朱 7579　　史部／政
書類／通制之屬

三國會要二十二卷首一卷　楊晨撰　清光緒
二十六年（1900）江蘇書局刻本　六冊

330000 – 1705 – 0016889　　朱 5730、朱 5523、
朱 9144、朱 9497　　類叢部／叢書類／自著之屬

杭大宗七種叢書　（清）杭世駿撰　清刻彙印
本　四冊　存四種

330000 – 1705 – 0016890　　朱 7585　　類叢部／
叢書類／彙編之屬

**高安朱文端公校輯藏書(朱文端公藏書)十三
種**　（清）朱軾撰輯　清康熙至乾隆刻彙印本
四冊　存一種

330000 – 1705 – 0016891　　朱 6390　　類叢部／
類書類／通類之屬

三才藻異三十三卷　（清）屠粹忠撰　清康熙
二十八年（1689）屠氏栩園刻乾隆二十八年
（1763）百福堂補刻本　十一冊　缺三卷（二
十五至二十七）

330000 – 1705 – 0016892　　朱 5581　　類叢部／
叢書類／自著之屬

章大力先生叢著六種　（明）章世純撰　明末
刻本　一冊　存一種

330000 – 1705 – 0016893　　朱 6401　　子部／小
說家類／雜事之屬

世說新語三卷　（南朝宋）劉義慶撰　（南朝
梁）劉峻注　（明）凌濛初訂　**世說新語補四
卷**　（明）何良俊撰補　（明）王世貞定
（明）張文柱校註　（明）凌濛初攷訂　明刻本
六冊

330000 – 1705 – 0016894　　朱 6350　　史部／地
理類／雜志之屬

赤雅三卷　（明）鄺露撰　清嘉慶二十二年
（1817）刻本　一冊

330000 – 1705 – 0016895　　朱 7587　　子部／藝
術類／書畫之屬／畫譜

芥子園畫傳四集四卷　（清）丁臬等撰輯　**芥
子園圖章會纂一卷**　（清）李漁撰　清嘉慶二
十三年（1818）金陵抱青閣刻本　一冊　存一
卷（一）

330000 – 1705 – 0016896　　朱 5128　　史部／紀
傳類／正史之屬

元史本證五十卷　（清）汪輝祖學　（清）汪繼
培補　（清）汪繼壚校字　清嘉慶七年（1802）

汪氏刻本　四冊

330000－1705－0016897　朱5572　史部/紀傳類/正史之屬

史記一百三十卷　（漢）司馬遷撰　（南朝宋）裴駰集解　（唐）司馬貞索隱　（唐）張守節正義　明刻本　一冊　存五卷（二十六至三十）

330000－1705－0016899　朱6338　新學/地學/地理學

地學指略三卷　（英國）文教治口譯　（清）李慶軒筆述　清光緒七年(1881)上海益智書會刻本　一冊

330000－1705－0016900　朱6467　子部/雜著類/雜考之屬

札迻十二卷　（清）孫詒讓撰　清光緒二十年(1894)籀廎刻二十一年(1895)重修本　四冊

330000－1705－0016901　朱7593　史部/傳記類/總傳之屬/仕宦

廣羣輔錄六卷　（晉）陶潛撰　（清）徐汾補　清康熙九年(1670)刻本　一冊

330000－1705－0016902　朱6587　類叢部/叢書類/彙編之屬

拜楳山房几上書(拜梅山房几上書)二十三種　（清）陳鍾原編　清道光九年(1829)甬上陳氏刻本　一冊　存一種

330000－1705－0016903　朱6337　史部/紀傳類/正史之屬

漢書補注七卷　王榮商撰　清光緒十七年(1891)刻本　二冊

330000－1705－0016905　朱6454、朱6455、朱6456、朱3318　類叢部/叢書類/彙編之屬

粵雅堂叢書一百八十四種　（清）伍崇曜編　清道光二十九年至光緒十一年(1849－1885)南海伍氏刻彙印本（春秋五禮例宗卷四至六,乾道臨安志卷四至十五,群書治要卷四、十三、二十原缺）　四十四冊　存二十一種

330000－1705－0016906　朱6331　子部/醫家類/綜合之屬/通論

御纂醫宗金鑑九十卷首一卷　（清）吳謙等纂修　清刻本　一冊　存一卷(二)

330000－1705－0016907　朱6358　經部/易類/傳說之屬

易經大全會解四卷　（清）來爾繩輯　（清）朱采治　（清）朱之澄編訂　（清）來學謙重訂　清乾隆五十二年(1787)來道添刻本　一冊　存一卷(一)

330000－1705－0016908　朱6330－1　集部/總集類/選集之屬/通代

古文淵鑒六十四卷　（清）徐乾學等輯注　清康熙四十九年(1710)內府刻四色套印本　一冊　存一卷(四十一)

330000－1705－0016909　朱7338、朱9930、朱續0007、朱續0005　經部/叢編

仿宋相臺五經九十六卷附考證　清乾隆四十八年(1783)武英殿刻本　十七冊　存四種

330000－1705－0016910　朱6450　經部/詩類/傳說之屬

詩說三卷　（清）惠周惕撰　清嘉慶十七年(1812)吳趨王氏刻本　一冊

330000－1705－0016911　朱6593　史部/雜史類/斷代之屬

小腆紀傳六十五卷　（清）徐鼒撰　**小腆紀傳補遺六卷**　（清）徐承禮撰　清光緒十三年至十四年(1887－1888)六合徐氏金陵刻本　十八冊

330000－1705－0016912　朱6320　史部/地理類/專志之屬/祠墓

永思錄四卷　清刻本　一冊

330000－1705－0016913　朱6389　經部/群經總義類/專著

經義未詳說□□卷　（清）徐卓撰　清道光徐氏讀未見書齋刻本　九冊　存十八卷(一至四、九至十四、二十一至二十二、三十一至三十二、三十五至三十六、三十九至四十)

330000－1705－0016914　朱6466　史部/詔令奏議類/奏議之屬

同治中興京外奏議約編八卷　（清）陳弢輯

清光緒元年(1875)篋劍囊琴之室刻本　八冊

330000－1705－0016915　朱6465　史部/紀傳類/正史之屬

元史本證五十卷　(清)汪輝祖學　(清)汪繼培補　(清)汪繼壕校字　清嘉慶七年(1802)汪氏刻本　六冊

330000－1705－0016917　朱6619　經部/詩類/傳說之屬

詩誦五卷　(清)陳僅撰　清光緒十一年(1885)四明文則樓陳氏木活字印本　二冊

330000－1705－0016918　朱6535　史部/地理類/雜志之屬

台州札記十二卷　(清)洪頤煊撰　清道光十四年(1834)小停雲山館刻本　四冊

330000－1705－0016919　朱6585　子部/小說家類/雜事之屬

重訂西青散記八卷　(清)史震林撰　清同治十三年(1874)上海申報館鉛印本　二冊

330000－1705－0016921　朱6302　史部/地理類/雜志之屬

谿上遺聞集錄十卷別錄二卷　(清)尹元煒撰　清道光二十八年(1848)慈谿馮本懷抱珠樓刻本　一冊　存二卷(別錄一至二)

330000－1705－0016922　朱6384　子部/儒家類/儒家之屬

家語疏證六卷　(清)孫志祖撰　清嘉慶刻本　二冊

330000－1705－0016923　朱6319　經部/小學類/文字之屬/說文/專著

說文辨字正俗八卷　(清)李富孫撰　清嘉慶二十一年(1816)校經廎刻本　二冊

330000－1705－0016925　朱7610　史部/傳記類/科舉錄之屬/諸貢錄

[道光丁酉科]明經通譜不分卷　清道光琉璃廠刻本　四冊

330000－1705－0016926　朱6596　子部/藝術類/書畫之屬/畫法畫品

畫梅心語一卷　(清)大梅山民(姚燮)撰　清光緒刻本　一冊

330000－1705－0016927　朱6491　經部/小學類/文字之屬/說文

說文解字十五卷標目一卷　(漢)許慎撰　(宋)徐鉉等校定　清嘉慶十二年(1807)額勒布藤花榭刻本　四冊

330000－1705－0016928　朱6480　類叢部/叢書類/自著之屬

經韻樓叢書九種　(清)段玉裁撰　清乾隆至道光金壇段氏刻本　一冊　存一種

330000－1705－0016929　朱6536　類叢部/類書類/通類之屬

玉海二百四卷附刻十三種　(宋)王應麟撰　**校補玉海瑣記二卷王深甯先生年譜一卷**　(清)張大昌撰　清光緒九年至十六年(1883－1890)浙江書局刻本　四冊　存一種

330000－1705－0016930　朱6605　史部/傳記類/總傳之屬/家乘

[浙江紹興]會稽偶山章氏家乘彙集六卷首一卷　(明)章仕淳等纂修　明崇禎七年(1634)刻本　四冊

330000－1705－0016931　朱6495　史部/傳記類/職官錄之屬/總錄

江南寧屬同官錄不分卷　清同治六年(1867)木活字印本　六冊

330000－1705－0016932　朱6513　史部/傳記類/總傳之屬/技藝

疇人傳四十六卷　(清)阮元撰　**疇人傳續六卷**　(清)羅士琳撰　清光緒八年(1882)海鹽張氏常惺齋刻本　十二冊

330000－1705－0016933　朱6547　經部/春秋總義類/專著之屬

春秋繁露十七卷附錄一卷漢廣川董子集二卷　(漢)董仲舒撰　(明)孫鑛評　清康熙二十七年(1688)董文昌刻本　四冊　存十八卷(春秋繁露一至十七、附錄)

330000－1705－0016934　朱6302－1　史部/

地理類/雜志之屬

谿上遺聞集錄十卷別錄二卷 （清）尹元煒撰
清道光二十八年（1848）慈谿馮本懷抱珠樓
刻本　一冊　存二卷（別錄一至二）

330000－1705－0016935　朱6442　史部/傳
記類/總傳之屬/列女

越女表微錄五卷 （清）汪輝祖撰　清光緒十
八年（1892）杭州浙江學院刻本　一冊

330000－1705－0016936　朱6494　經部/小
學類/文字之屬/說文/專著

唐寫本說文解字木部箋異一卷 （清）莫友芝
撰　**仿唐寫本說文解字木部一卷** （漢）許慎
撰　清同治三年（1864）湘鄉曾國藩安慶行營
刻本　一冊

330000－1705－0016937　朱6477　經部/小
學類/訓詁之屬/字詁

班馬字類五卷 （宋）婁機撰　清揚州馬氏小
玲瓏山館刻吳興倪氏苕溪經鉏堂印本　一冊

330000－1705－0016938　朱6312　史部/傳
記類/總傳之屬/技藝

宋元以來畫人姓氏錄三十六卷首一卷 （清）
魯駿編　清道光十年（1830）刻本　八冊　存
二十二卷（一至二、七至十、十二至十五、十七
至二十八）

330000－1705－0016939　朱7615、朱8498
類叢部/叢書類/郡邑之屬

武林往哲遺箸五十六種後編十種 （清）丁丙
編　清光緒三年至二十六年（1877－1900）錢
塘丁氏嘉惠堂刻本（［乾道］臨安志卷四至十
五、南宋館閣錄卷一原缺）　七冊　存二種

330000－1705－0016940　朱6498　集部/別
集類/清別集

集聖教序詩四卷續集聖教序詩四卷 （清）馬
慧裕輯　清嘉慶三韓馬氏貽穀堂刻本　八冊

330000－1705－0016941　朱6583　子部/小
說家類/異聞之屬

夷堅志十集二十卷 （宋）洪邁撰　清乾隆四
十三年（1778）耕煙草堂刻涇縣洪氏修補本

二十冊

330000－1705－0016942　朱6475　類叢部/
叢書類/自著之屬

邃雅堂全集九種 （清）姚文田撰　清嘉慶至
光緒歸安姚氏刻本　五冊　存一種

330000－1705－0016943　朱7619　集部/別
集類/宋別集

絜齋集二十四卷 （宋）袁燮撰　**宋儒袁正獻
公從祀錄六卷**　□□編　清同治十一年至光
緒二年（1872－1876）浙江四明袁氏進修堂刻
本　清徐時棟題記　一冊　存六卷（宋儒袁
正獻公從祀錄一至六）

330000－1705－0016944　朱6448　史部/
叢編

檇李沈氏銅熨斗齋叢書 （清）沈氏輯　清末
檇李沈氏刻本　一冊　存五卷（漢書辨疑二
至六）

330000－1705－0016945　朱6300　史部/傳
記類/總傳之屬/通代

世寶錄十卷 （清）戴大受撰　清康熙刻本
一冊　存一卷（二）

330000－1705－0016946　朱6287　史部/政
書類/律令之屬/法驗

重刊補註洗冤錄集證五卷 （清）王又槐輯
（清）李觀瀾補輯　（清）阮其新補註　（清）
張錫蕃重訂　清道光十七年（1837）張錫蕃刻
本　四冊

330000－1705－0016947　朱7622　經部/
叢編

通志堂經解一百四十種 （清）納蘭成德輯
清康熙十九年（1680）納蘭成德刻本　二冊
存一種

330000－1705－0016948　朱6457－1　集部/
詩文評類/詩評之屬

司空詩品註釋一卷 （唐）司空圖撰　清同治
九年（1870）寶文書局刻本　朱鼎煦跋　一冊

330000－1705－0016950　朱6330　史部/政
書類/儀制之屬/專志/科舉校規

欽定科場條例□□卷　清刻本　一冊　存二卷(十五至十六)

330000－1705－0016951　朱6510　子部/術數類/命書相書之屬

新刊合併官板音義評註淵海子平五卷　(宋)徐升編　清光緒十一年(1885)上海賜書堂石印本　三冊

330000－1705－0016952　朱6444　經部/小學類/音韻之屬/韻書

韻歧五卷　(清)江昱撰　清光緒七年(1881)刻本　二冊

330000－1705－0016953　朱6378　子部/雜著類/雜說之屬

辟火珠一卷附禳避火災妙法一卷　(清)高宗元撰　清道光十二年(1832)蘇州吳鋤經堂刻本　一冊

330000－1705－0016954　朱6282　子部/雜著類/雜纂之屬

西山日記二卷　(明)丁元薦撰　清康熙二十八年(1689)先醒齋刻本　一冊　存一卷(下)

330000－1705－0016957　朱6630　經部/小學類/音韻之屬/古今韻說

音學五書　(清)顧炎武撰　清光緒十一年(1885)四明觀稼樓刻本　十二冊

330000－1705－0016959　朱6297　經部/小學類/訓詁之屬/爾雅

爾雅郭注義疏二十卷　(清)郝懿行撰　清光緒十四年(1888)湖北官書處刻本　八冊

330000－1705－0016960　朱6478　經部/小學類/文字之屬/字書/字體

汗簡七卷　(宋)郭忠恕撰　清康熙四十二年(1703)錢唐汪立名一隅艸堂刻本　一冊

330000－1705－0016961　朱6486　經部/小學類/訓詁之屬/爾雅

爾雅註疏十一卷　(晉)郭璞註　(宋)邢昺疏　清光緒八年(1882)崇德書院刻本　四冊

330000－1705－0016962　朱6325　子部/儒

家類/儒學之屬/性理

文莫書屋詹詹言二卷附錄一卷　(清)陳僅撰　清道光二十五年(1845)四明繼雅堂刻小酉山房重印本　一冊

330000－1705－0016963　朱6322　子部/醫家類/兒科之屬/通論

嬰童百問十卷　(明)魯伯嗣撰　明刻本　一冊　存三卷(三至五)

330000－1705－0016964　朱5798　子部/雜著類/雜纂之屬

貯香小品十卷　(清)萬後賢輯　清道光二年(1822)刻本　一冊　存九卷(一至九)

330000－1705－0016965　朱6492　經部/儀禮類/文字音義之屬

儀禮石經校勘記四卷　(清)阮元撰　清乾隆六十年(1795)七錄書閣刻本　一冊

330000－1705－0016966　朱6108　子部/醫家類/綜合之屬/通論

張氏醫通纂要四卷類方一卷　(清)張璐撰　(清)滕謙齋纂要　清光緒十一年(1885)上海福瀛書局刻本　五冊

330000－1705－0016967　朱6530　經部/叢編

蚩雲閣凌氏叢書六種四十卷　(清)凌曙撰　清嘉慶至道光江都凌氏蚩雲閣刻本　四冊　存一種

330000－1705－0016968　朱6616　子部/儒家類/儒學之屬/經濟

揚子法言一卷　(漢)揚雄撰　清光緒元年(1875)湖北崇文書局刻本　清蕭穆跋　清姚鼐批　一冊

330000－1705－0016969　朱6284、朱6285　史部/政書類/律令之屬/法驗

洗冤錄詳義四卷首一卷　(清)許槤輯　洗冤錄撼遺二卷　(清)葛元煦輯　清光緒二年(1876)泉唐葛氏嘯園刻本　五冊

330000－1705－0016970　朱6531　經部/小學類/訓詁之屬/爾雅

爾雅蒙求二卷　（清）李拔式撰　清嘉慶三年(1798)姑蘇七映堂刻本　二冊

330000－1705－0016971　朱6380　經部/小學類/文字之屬/字書/字體

古籀拾遺三卷附宋政和禮器文字考一卷　(清)孫詒讓撰　清光緒十四年至十六年(1888－1890)刻本　一冊

330000－1705－0016972　朱6738　史部/雜史類/外紀之屬

皇朝藩部要略十八卷世系表四卷　（清）祁韻士撰　清光緒十年(1884)浙江書局刻本　八冊

330000－1705－0016973　朱6532　經部/春秋左傳類/傳說之屬

春秋左傳補註六卷　（清）惠棟撰　清乾隆三十七年(1772)順德胡亦常刻三十八年(1773)張錦芳續刻本　二冊

330000－1705－0016974　朱6425、朱9127、朱9496　類叢部/叢書類/自著之屬

杭大宗七種叢書　（清）杭世駿撰　清乾隆杭賓仁羊城刻本　四冊　存四種

330000－1705－0016976　朱6733　子部/儒家類/儒學之屬

大儒要言鈔不分卷　（清）陶秉禮輯　清道光三年(1823)朱琳刻本　一冊

330000－1705－0016978　朱6549　類叢部/叢書類/自著之屬

脩本堂叢書　（清）林伯桐撰　清道光二十四年(1844)番禺林世懋刻本　一冊　存二種

330000－1705－0016980　朱6421　類叢部/叢書類/彙編之屬

房山山房叢書十種十卷　陳洙編　清宣統至民國江浦陳氏刻本　二冊

330000－1705－0016981　朱6735　史部/地理類/雜志之屬

地理仁孝格言　（清）士驤撰　清康熙四十一年(1702)刻本　一冊　存一種

330000－1705－0016983　朱6526　史部/傳記類/總傳之屬/斷代

焦太史編輯國朝獻徵錄一百二十卷　（明）焦竑輯　明萬曆四十四年(1616)徐象橒曼山館刻本　二冊　存三卷(一、三至四)

330000－1705－0016984　朱7137　子部/儒家類/儒學之屬

二程先生書五十一卷拾遺一卷　（宋）程顥（宋）程頤撰　清康熙刻本　七冊　存五十卷(三至五十一、拾遺)

330000－1705－0016985　朱6760　經部/小學類/文字之屬/字書/字典

書契原恉十四卷　（清）陳致煥撰　清咸豐五年(1855)刻北涇艸堂印本　四冊

330000－1705－0016986　朱6714　子部/雜著類/雜說之屬

長興學記一卷　康有為撰　清光緒十七年(1891)廣州萬木草堂刻本　一冊

330000－1705－0016987　朱6731　史部/紀傳類/別史之屬

建康實錄二十卷　（唐）許嵩撰　清嘉慶貽訓堂刻本　朱鼎煦題記　六冊

330000－1705－0016988　朱6371　經部/易類/傳說之屬

御纂周易折中二十二卷首一卷　（清）李光地等纂　清同治六年(1867)浙江書局刻本　十冊

330000－1705－0016989　朱6666　經部/叢編

萬充宗先生經學五書五種十九卷　（清）萬斯大撰　清乾隆二十四年至二十六年(1759－1761)辨志堂刻本　一冊　存一種

330000－1705－0016990　朱6499　類叢部/叢書類/彙編之屬

鐵華館叢書六種　（清）蔣鳳藻編　清光緒九年至十年(1883－1884)長洲蔣氏刻本　五冊

330000－1705－0016991　朱6751　經部/小學類/音韻之屬/注音

傳音快字一卷　（清）蔡錫勇撰　清光緒二十二年（1896）武昌刻本　一冊

330000－1705－0016992　朱6413　類叢部/叢書類/自著之屬

陳餘山所著書七種　（清）陳僅撰　清道光二十年至二十九年（1840－1849）刻彙印本　四冊　存四種

330000－1705－0016993　朱6560　子部/雜著類/雜說之屬

墨子經說解二卷　（清）張惠言撰　清宣統元年（1909）國學保存會據手稿本影印本　一冊

330000－1705－0016994　朱6618　子部/道家類

南華真經十卷　（晉）郭象注　（唐）陸德明音義　明刻本　一冊　存二卷［五至六（殘葉）］

330000－1705－0016995　朱6774　史部/傳記類/別傳之屬/事狀

王仁堪傳一卷　清石印本　一冊

330000－1705－0016996　朱6701　子部/術數類/相宅相墓之屬

地理大成五種四十九卷　（清）葉泰輯　清康熙二十六年（1687）刻本　二冊　存一種

330000－1705－0016997　朱6865、朱6873、朱7423、朱6950　經部/叢編

萬充宗先生經學五書五種十九卷　（清）萬斯大撰　清乾隆二十四年至二十六年（1759－1761）辨志堂刻本　四冊

330000－1705－0016999　朱6555　經部/詩類/專著之屬

詩記不分卷總論二卷　（清）張次仲撰　清康熙十五年至十六年（1676－1677）刻本　十二冊

330000－1705－0017002　朱6791　經部/叢編

經學紺珠十四卷　（清）嵩蓮舫　（清）袁金溪鑒定　（清）胡有秩纂輯　清道光六年（1826）刻本　六冊

330000－1705－0017003　朱6766　子部/宗教類/佛教之屬/經

宋人手寫發願經一卷　清宣統上海有正書局影印本　一冊

330000－1705－0017004　朱6699　子部/小說家類/異聞之屬

山海經箋疏十八卷圖讚一卷訂譌一卷敘錄一卷　（清）郝懿行撰　清嘉慶十四年（1809）揚州阮元琅嬛仙館刻本　一冊　缺十七卷（一至十七）

330000－1705－0017005　朱6663　類叢部/叢書類/郡邑之屬

西泠五布衣遺箸　（清）丁丙輯　清同治至光緒錢塘丁氏當歸草堂刻本　二冊　存一種

330000－1705－0017006　朱6698　經部/小學類/文字之屬/說文

說文解字十五卷標目一卷　（漢）許慎撰　（宋）徐鉉等校定　清嘉慶十二年（1807）額勒布藤花榭刻本　四冊

330000－1705－0017007　朱6940　子部/雜著類/雜說之屬

郎潛紀聞十四卷燕下鄉脞錄十六卷　（清）陳康祺撰　清光緒六年（1880）琴川、七年（1881）暨陽刻民國三十一年（1942）重校印本　二冊　存十四卷（紀聞一至十四）

330000－1705－0017008　朱6648、朱7515、朱2870、朱3618、朱8491、朱9147　類叢部/叢書類/彙編之屬

滂喜齋叢書五十種　（清）潘祖蔭編　清同治至光緒吳縣潘氏京師刻本　九冊　存十一種

330000－1705－0017009　朱6695　經部/小學類/文字之屬/說文

說文提要一卷　（清）陳建侯撰　清同治十二年（1873）湖北崇文書局刻本　一冊

330000－1705－0017010　朱6944　史部/傳記類/總傳之屬/通代

於越先賢像傳贊二卷　（清）王錫齡撰　（清）任熊繪像　清咸豐七年（1857）蕭山王氏養龢

堂刻本　二冊

330000－1705－0017011　朱 6642　類叢部/
叢書類/彙編之屬

文選樓叢書三十三種　（清）阮亨編　清嘉慶
至道光阮元刻道光二十二年（1842）阮亨彙印
本　二冊　存一種

330000－1705－0017014　朱 6675　類叢部/
類書類/專類之屬

漢唐事箋十二卷後集八卷　（元）朱禮撰　清
道光二年（1822）南城胡氏刻本　二冊　存八
卷（後集一至八）

330000－1705－0017017　朱 7286　經部/易
類/傳說之屬

讀易隨筆三卷　（清）吳大廷撰　清同治十二
年（1873）刻本　三冊

330000－1705－0017018　朱 6818　子部/雜
著類/雜記之屬

消暑隨筆四卷　（清）潘世恩撰　清宣統三年
（1911）海左書局石印本　二冊

330000－1705－0017019　朱 6964　子部/雜
著類/雜纂之屬

學范二卷　（明）趙撝謙撰　清初刻本　一冊

330000－1705－0017020　朱 6819　集部/總
集類/選集之屬/斷代

八家四六文註八卷首一卷　（清）吳鼒輯
（清）許貞幹注　**補註一卷**　陳衍撰　清光緒
十八年（1892）上海圖書集成印書局鉛印本
八冊

330000－1705－0017021　朱 7078　史部/雜
史類/斷代之屬

蜀碧四卷附記一卷　（清）彭遵泗撰　清嘉慶
二十年（1815）天祿閣刻本　一冊

330000－1705－0017023　朱 6854　類叢部/
叢書類/郡邑之屬

西泠五布衣遺箸　（清）丁丙輯　清同治至光
緒錢塘丁氏當歸草堂刻本　八冊

330000－1705－0017024　朱 7363　史部/史

評類/考訂之屬

十七史商榷一百卷　（清）王鳴盛撰　清乾隆
五十二年（1787）王鳴盛洞涇草堂刻本　二
十冊

330000－1705－0017025　朱 6963　子部/雜
著類/雜說之屬

定香亭筆談四卷　（清）阮元撰　清刻本　一
冊　存一卷（二）

330000－1705－0017027　朱 7249　子部/藝
術類/書畫之屬/書法書品

漢溪書法通解八卷　（清）戈守智撰　清乾隆
霽雲閣刻本　一冊

330000－1705－0017028　朱 7103　子部/
叢編

韓晏合編　（清）吳蕭編　清刻本　一冊　存
一種

330000－1705－0017029　朱 6946、朱 6965、
朱 6966、朱 6967　類叢部/叢書類/彙編之屬

古今說海一百三十五種　（明）陸楫等編　清
道光元年（1821）苕溪邵氏西山堂刻本　二十
二冊　存一百二十六種

330000－1705－0017030　朱 7468、朱 9985、
朱 9989　類叢部/叢書類/郡邑之屬

紹興先正遺書十五種　（清）徐友蘭輯　清光
緒會稽徐氏鑄學齋刻本　十六冊　存五種

330000－1705－0017031　朱 7110　史部/史
評類/考訂之屬

捷錄法原旁注十二卷　（清）錢炅輯　清康熙
二十五年（1686）錢氏刻本　四冊　存十卷
（一至十）

330000－1705－0017032　朱 7238、朱 2907
類叢部/叢書類/彙編之屬

春暉堂叢書十二種　（清）徐渭仁編　清道光
至咸豐上海徐渭仁刻同治九年至十年（1870－
1871）徐允臨補刻彙印本　八冊　存三種

330000－1705－0017033　朱 6802　史部/紀
事本末類/斷代之屬

三藩紀事本末四卷　（清）楊陸榮撰　清康熙

五十六年(1717)刻本　二冊

330000－1705－0017035　朱 7024　子部/雜著類/雜說之屬

鴻苞節錄十卷　(明)屠隆撰　(清)屠繼烈編　清咸豐七年(1857)章丘保硯齋刻本　十冊

330000－1705－0017036　朱 7071　史部/傳記類/總傳之屬/通代

百將圖傳二卷　(清)丁日昌編　清同治八年(1869)江蘇書局刻本　二冊

330000－1705－0017037　朱 6801　子部/雜著類/雜說之屬

諸子通考三卷　孫德謙撰　清宣統二年(1910)江蘇存古學堂鉛印本　張美翊題記　三冊

330000－1705－0017038　朱 7283　子部/雜著類/雜說之屬

鴻苞節錄十卷　(明)屠隆撰　(清)屠繼烈輯　清咸豐七年(1857)章丘保硯齋刻本　十冊

330000－1705－0017039　朱 7459、朱 8014　類叢部/叢書類/自著之屬

杭大宗七種叢書　(清)杭世駿撰　清乾隆杭賓仁羊城刻本　三冊　存六種

330000－1705－0017040　朱 6798　史部/職官類/官箴之屬

夢痕錄節鈔一卷　(清)汪輝祖撰　(清)何士祁輯　清刻本　一冊

330000－1705－0017041　朱 6871　子部/儒家類/儒學之屬/性理

文莫書屋詹詹言二卷　(清)陳僅撰　清道光二十五年(1845)四明繼雅堂刻本　一冊

330000－1705－0017042　朱 7046　子部/儒家類/儒學之屬/性理

正蒙二卷　(宋)張載撰　(清)李光地注　清刻本　二冊

330000－1705－0017043　朱 6996　集部/別集類/清別集

句餘土音三卷　(清)全祖望撰　(清)董秉純

重編　清嘉慶十九年(1814)刻本　二冊

330000－1705－0017044　朱 7038　經部/孝經類/傳說之屬

孝經註疏九卷附考證　(唐)玄宗李隆基注　(唐)陸德明音義　(宋)邢昺疏　清同治十年(1871)鍾謙鈞刻十三經註疏附考證本　朱鼎煦題記　二冊

330000－1705－0017045　朱 7285　類叢部/叢書類/彙編之屬

張氏適園叢書第一集七種　張鈞衡編　清宣統三年(1911)上海國學扶輪社鉛印本　六冊　存一種

330000－1705－0017046　朱 7714、朱 6927、朱 7661、朱 8063、朱 8003、朱 6576、朱 6582、朱 6676、朱 7603、朱 7789、朱 6986、朱 6674　類叢部/叢書類/彙編之屬

平津館叢書八集三十八種　(清)孫星衍編　清嘉慶蘭陵孫氏刻本　十四冊　存二十一種

330000－1705－0017047　朱 9743　經部/叢編

重刊宋本十三經注疏四百十六卷附十三經注疏校勘記四百十六卷　(清)阮元撰　(清)盧宣旬摘錄　清嘉慶二十年(1815)南昌府學刻道光六年(1826)盰江朱華臨重校同治十二年(1873)江西書局重修本　二十四冊　存一種

330000－1705－0017048　朱 6795、朱 6796　類叢部/叢書類/彙編之屬

金峨山館叢書(望三益齋叢書)十一種　(清)郭傳璞編　清光緒八年至十六年(1882－1890)鄞郭氏刻二十年(1894)鎮海邵氏彙印本　二冊　存五種

330000－1705－0017049　朱 6864　史部/傳記類/總傳之屬/技藝

國朝畫徵錄三卷續錄二卷　(清)張庚撰　明人附錄一卷　(明)黎遂球　(明)袁樞撰　清同治八年(1869)三元堂刻本　一冊　缺二卷(續錄一至二)

330000－1705－0017050　朱 6861　子部/雜

家類

淮南許注異同詁補遺一卷　（清）陶方琦撰
清光緒八年(1882)刻本　一冊

330000－1705－0017052　朱7354　類叢部/
叢書類/自著之屬

汪雙池先生叢書二十種附浙刻雙池遺書十二種　（清）汪紱撰　清道光至光緒刻光緒二十三年(1897)長安趙舒翹等彙印本　四冊　存一種

330000－1705－0017053　朱7074　史部/史評類/史論之屬

讀史論畧增註三卷　（清）杜詔撰　（清）唐桂注　（清）傅傳增注　清光緒七年(1881)永嘉徐氏刻本　三冊

330000－1705－0017054　朱7461　類叢部/叢書類/自著之屬

杭大宗七種叢書　（清）杭世駿撰　清乾隆杭賓仁羊城刻本　二冊　存五種

330000－1705－0017055　朱7290　經部/小學類/文字之屬/說文/傳說

說文繫傳四十卷　（五代）徐鍇撰　（五代）朱翱反切　**校勘記三卷**　（清）苗夔等撰　清道光十九年(1839)祁寯藻影刻影宋抄本　八冊

330000－1705－0017056　朱7125　集部/小說類/長篇之屬

第一才子書六十卷首一卷一百二十回　（明）羅本撰　（清）毛宗崗評　清光緒十四年(1888)上海鴻文書局石印本　十二冊

330000－1705－0017057　朱6975　子部/雜家類

嚴齋筆談二卷　（清）蕭芝撰　清刻本　一冊

330000－1705－0017058　朱7076　子部/藝術類/書畫之屬/法帖

歷代帝王法帖釋文十卷　（宋）劉次莊撰（清）徐朝弼集釋　清關中書院門耕書堂刻本　一冊

330000－1705－0017059　朱6571　集部/詞類/別集之屬

璚玕山房紅樓夢詞一卷補遺一卷　（清）何鏞撰　清光緒十一年(1885)上海木活字印本　一冊

330000－1705－0017060　朱7149　經部/小學類/文字之屬/說文

說文經典異字釋一卷　（清）高翔麟撰　清道光刻本　一冊

330000－1705－0017061　朱7230　集部/別集類/清別集

罈底零箋一卷　（清）董恂撰　清光緒十二年(1886)董蓮刻本　朱鼎煦題記　一冊

330000－1705－0017062　朱7228　子部/儒家類/儒學之屬/性理

潛室陳先生木鍾集十一卷　（宋）陳埴撰　清同治六年(1867)陳思燏東甌郡齋刻本　二冊

330000－1705－0017063　朱6570　集部/別集類/明別集

夢墨稿十卷補遺一卷　（明）時銘(時季照)撰（清）錢輔仁重刊　**夢墨稿點勘記一卷**（清）裘慶杓　（清）錢輔仁撰　清光緒十八年(1892)錢輔仁尚友書屋刻本　二冊

330000－1705－0017064　朱7026　子部/儒家類/儒學之屬/經濟

揚子法言十三卷　（漢）揚雄撰　（晉）李軌注　**揚子法言音義一卷**　清嘉慶二十三年(1818)秦氏石研齋影宋刻本　一冊

330000－1705－0017066　朱7436　類叢部/叢書類/自著之屬

求己堂八種　（清）施彥士輯　清嘉慶至道光崇明施氏求己堂刻本　一冊　存一種

330000－1705－0017067　朱7029　經部/小學類/文字之屬/字書/通論

六書正譌五卷　（元）周伯琦撰　明刻本　五冊

330000－1705－0017068　朱7181　子部/雜著類/雜纂之屬

新刻熙朝內閣評選六子纂要十二卷　（明）張位　（明）趙志皋輯　明萬曆二十一年(1593)

書林余成章刻本　二冊　存二卷(十至十一)

330000－1705－0017069　朱 7068　子部/儒家類/儒家之屬

屏風錄不分卷　(清)郭鳴岐編注　清道光可竺園刻本　一冊

330000－1705－0017070　朱 6971　集部/別集類/清別集

恩餘堂經進初藁十二卷續藁二十二卷三藁十一卷策問存課二卷知聖道齋讀書跋尾二卷　(清)彭元瑞撰　清嘉慶刻本　一冊　存二卷(策問存課一至二)

330000－1705－0017071　朱 7067　史部/雜史類/斷代之屬

思痛記二卷　(清)李圭撰　清光緒六年(1880)師一齋刻本　一冊

330000－1705－0017072　朱 7190　史部/傳記類/科舉錄之屬　歷科登科錄

科名備覽不分卷　清刻本　二冊

330000－1705－0017076　朱 7558　子部/藝術類/書畫之屬/題跋

竹懶畫媵一卷續畫媵一卷　(明)李日華撰　清光緒八年(1882)刻本　一冊　存一卷(續畫媵)

330000－1705－0017077　朱 7225　新學/報章

湘學報類編不分卷　(清)湘督學使署編　清光緒二十四年(1898)刻本　五冊

330000－1705－0017078　朱 7036　類叢部/叢書類/彙編之屬

別下齋叢書初集二十三種　(清)蔣光煦編　清道光海昌蔣氏別下齋刻本　一冊　存一種

330000－1705－0017079　朱 7177　經部/詩類/三家詩之屬

韓詩外傳十卷　(漢)韓嬰撰　清乾隆十七年(1752)張晉康重刻海虞毛氏本　二冊

330000－1705－0017080　朱 6790　集部/別集類/清別集

百繪詩箋一卷題字分注一卷　(清)吳臺撰　(清)吳世錫等注　清嘉慶二年(1797)吳臺刻本　一冊

330000－1705－0017081　朱 7000　經部/群經總義類/文字音義之屬

重校十三經不貳字一卷　(清)李鴻藻輯　清光緒元年(1875)刻本　一冊

330000－1705－0017082　朱 7500、朱 3891　類叢部/叢書類/彙編之屬

平津館叢書六集三十五種　(清)孫星衍編　清嘉慶蘭陵孫氏刻本　七冊　存二十一種

330000－1705－0017083　朱 7154　類叢部/類書類/通類之屬

新編古今事文類聚前集六十卷後集五十卷續集二十八卷別集三十二卷　(宋)祝穆編　**新編古今事文類聚新集三十六卷外集十五卷**　(元)富大用編　明鄒可張刻本　一冊　存六卷(後集十六至二十一)

330000－1705－0017084　朱 7433　經部/三禮總義類/通禮雜禮之屬

司馬氏書儀十卷　(宋)司馬光撰　清雍正元年(1723)汪氏刻本　二冊

330000－1705－0017085　朱 7034　集部/別集類/清別集

句餘土音三卷　(清)全祖望撰　(清)董秉純重編　清嘉慶十九年(1814)刻本　二冊　缺一卷(中)

330000－1705－0017086　朱 7030　經部/小學類/文字之屬

字典考證不分卷　(清)王念孫　(清)王引之撰　清光緒二年(1876)湖北崇文書局刻本　六冊

330000－1705－0017087　朱 7340、朱 8504　類叢部/叢書類/彙編之屬

二老閣叢書四十二種　(清)鄭風編　清嘉慶刻本　二冊　存二種

330000－1705－0017088　朱 6764　子部/宗教類/佛教之屬/經

華嚴懸談會玄記四十卷 （元）釋普瑞集　明萬曆刻本　一冊　存一卷（二十六）

330000－1705－0017090　朱7427　史部/史表類/通代之屬

廿一史四譜五十四卷 （清）沈炳震撰　清同治十年（1871）武林吳氏清來堂刻本　十六冊

330000－1705－0017091　朱7340－1　類叢部/叢書類/彙編之屬

二老閣叢書四十二種 （清）鄭風編　清嘉慶刻本　一冊　存一種

330000－1705－0017092　朱6792　史部/職官類/官箴之屬

為政忠告四卷 （元）張養浩撰　清道光十一年（1831）碧鮮齋刻本　清貞盧、復盧題記　四冊

330000－1705－0017093　朱6989　史部/傳記類/職官錄之屬/歷朝

國朝六科漢給事中題名錄一卷（清順治元年至咸豐五年） （清）戴璐輯　（清）王家相重訂　清咸豐五年（1855）刻本　一冊

330000－1705－0017094　朱7343　史部/目錄類/通論之屬/掌故瑣記

竹汀先生日記鈔三卷 （清）錢大昕撰　（清）何元錫編輯　清嘉慶十年（1805）何氏夢華館刻本　一冊

330000－1705－0017095　朱7424　新學/兵制/海軍

水師章程十四卷續編六卷 （英國）水師兵部撰　（美國）林樂知口譯　（清）鄭昌棪筆述　清光緒江南製造總局刻本　十六冊

330000－1705－0017099　朱6759　史部/史評類/史論之屬

讀史大畧六十卷首一卷 （清）沙張白撰　**小沙子史畧一卷** （清）沙晉撰　清咸豐七年（1857）刻本　十二冊

330000－1705－0017100　朱6988　經部/小學類/訓詁之屬/群雅

續廣雅三卷 （清）劉燦輯　（清）王坖訂　清

道光二十五年（1845）鄞邑陸鑑刻本　一冊

330000－1705－0017102　朱6987　類叢部/叢書類/彙編之屬

真意堂五種 （清）吳志忠編　清嘉慶刻彙印本　一冊　存一種

330000－1705－0017103　朱6566　集部/別集類/唐五代別集

杜工部詩說十二卷 （唐）杜甫撰　（清）黃生說　清康熙三十五年（1696）一木堂刻本　一冊　存六卷（一至六）

330000－1705－0017104　朱6889　子部/儒家類/儒學之屬/勸學

閩儒學則一卷 （清）章鋆撰　清同治三年（1864）章鋆榕城刻本　一冊

330000－1705－0017107　朱6885　子部/術數類/占卜之屬

靈棋經二卷 （晉）顏幼明　（南朝宋）何承天　（元）陳師凱　（明）劉基注解　清刻本　二冊

330000－1705－0017108　朱6829　子部/醫家類/養生之屬

老老恒言五卷 （清）曹庭棟撰　清乾隆三十八年（1773）刻本　二冊

330000－1705－0017109　朱6956　子部/道家類

廣莊一卷 （明）袁宏道撰　明禪悅山房刻本　一冊

330000－1705－0017112　朱6635　子部/儒家類/儒家之屬

荀子二十卷首一卷 （唐）楊倞注　王先謙集解　清光緒十七年（1891）刻本　六冊

330000－1705－0017114　朱6590　經部/孝經類/正文之屬

御製八分孝經不分卷 （唐）玄宗李隆基撰　明刻本　一冊

330000－1705－0017116　朱7273　子部/儒家類/儒學之屬/蒙學

父師善誘法二卷讀書作文譜十二卷 （清）唐彪撰 清大文堂刻本 四冊

330000 - 1705 - 0017118 朱 7264 經部/小學類/音韻之屬/等韻

李氏音鑑六卷首一卷 （清）李汝珍撰 清嘉慶十五年(1810)寶善堂刻本 四冊

330000 - 1705 - 0017119 朱 6810 史部/傳記類/總傳之屬/技藝

國朝畫徵錄三卷續錄二卷 （清）張庚撰 明人附錄一卷 （明）黎遂球 （明）袁樞撰 清刻本 一冊 存二卷(續錄一至二)

330000 - 1705 - 0017120 朱 7420 新學/理學/文學

國文講義一卷 清末民初油印本 一冊

330000 - 1705 - 0017121 朱 6673 類叢部/叢書類/郡邑之屬

貴池先哲遺書(唐石簃叢書、唐石簃彙刻貴池先哲遺書)二十種附刻一種續刊一種附一種 劉世珩編 清光緒二十四年至民國九年(1898-1920)貴池劉氏唐石簃刻民國十五年(1926)續刻彙印本 二冊 存二種

330000 - 1705 - 0017122 朱 7730 史部/叢編

資治通鑑彙刻五百九十九卷 清同治至光緒江蘇書局刻本 一冊 存七卷(通鑑宋本校勘記一至五、元本校勘記一至二)

330000 - 1705 - 0017123 朱 7706 史部/編年類/通代之屬

司馬溫公經進稽古錄(司馬溫公稽古錄)二十卷 （宋）司馬光撰 明嘉靖范氏天一閣刻本 朱鼎煦題記 二冊

330000 - 1705 - 0017124 朱 7420 - 1 新學/理學/文學

劇學講義一卷 清末油印本 一冊

330000 - 1705 - 0017125 朱 6827 經部/群經總義類/傳說之屬

稽古日鈔八卷 （清）郁文等輯 清乾隆二十九年(1764)秋曉山房刻本 二冊

330000 - 1705 - 0017126 朱 6846 類叢部/叢書類/自著之屬

亭林遺書十種 （清）顧炎武撰 清刻本 一冊 存一種

330000 - 1705 - 0017127 朱 7274 集部/別集類/宋別集

入蜀記六卷 （宋）陸游撰 清刻知不足齋叢書本 清朗山、朱鼎煦跋 一冊

330000 - 1705 - 0017128 朱 6855 子部/醫家類/方書之屬/單方驗方

壽世彙編五種 （清）祝寶森編 清光緒二十一年(1895)刻本 一冊 存四種

330000 - 1705 - 0017129 朱 8039 - 1 史部/傳記類/科舉錄之屬/諸貢錄

光緒十四年戊子科浙江優貢卷一卷 （清）袁堯年撰 清光緒刻本 一冊

330000 - 1705 - 0017130 朱 7805 史部/職官類/官制之屬/專志

大唐六典三十卷 （唐）玄宗李隆基撰 （唐）李林甫等注 清嘉慶五年(1800)掃葉山房刻本 六冊

330000 - 1705 - 0017131 朱 7813 子部/小說家類/雜事之屬

世說新語三卷釋名一卷佚文一卷攷證一卷 (南朝宋)劉義慶撰 （南朝梁）劉孝標注 引用書目一卷 葉德輝輯 校勘小識二卷 王先謙撰 清光緒十七年(1891)思賢講舍刻本 六冊

330000 - 1705 - 0017132 朱 7812 史部/詔令奏議類/奏議之屬

馬端敏公奏議八卷 （清）馬新貽撰 清光緒二十年(1894)閩浙督署刻本 八冊

330000 - 1705 - 0017134 朱 7626 經部/群經總義類/圖說之屬

六經圖考六卷 （宋）楊甲撰 （宋）毛邦翰補 清康熙六十一年(1722)潘氏禮耕堂刻本 三冊

330000 - 1705 - 0017135 朱 7771 子部/雜

著類/雜說之屬

夢溪筆談二十六卷補筆談三卷續筆談一卷
(宋)沈括撰　**校字記一卷**　(清)陶福詳訂
清光緒三十二年(1906)番禺陶氏愛廬刻本
四冊

330000－1705－0017137　朱7705　子部/醫
家類/方書之屬/成方藥目

胡慶餘堂丸散膏丹全集不分卷　(清)胡光墉
編　清光緒三年(1877)杭州胡慶餘堂刻本
一冊

330000－1705－0017139　朱7827　經部/周
禮類/傳說之屬

周禮正義八十六卷　(清)孫詒讓撰　清光緒
三十一年(1905)鉛印本　朱鼎煦題記　二
十冊

330000－1705－0017140　朱7765　集部/別
集類/清別集

汪子遺書五卷　(清)汪縉撰　清嘉慶十年
(1805)王芑孫刻本　一冊

330000－1705－0017141　朱6461　經部/小
學類/訓詁之屬/爾雅

爾雅註疏十一卷　(晉)郭璞註　(宋)邢昺疏
清刻本　四冊

330000－1705－0017142　朱7760、朱9710
子部/醫家類/類編之屬

當歸草堂醫學叢書初編十二種　(清)丁丙編
清光緒四年(1878)錢塘丁氏當歸草堂刻九
年(1883)、十年(1884)增刻本　四冊　存
二種

330000－1705－0017143　朱7852　子部/農
家農學類/蠶桑之屬

野蠶錄四卷首一卷　(清)王元綖撰　清宣統
元年(1909)安慶同文官印書館鉛印本　二冊
存四卷(一至四)

330000－1705－0017144　朱7630　新學/雜
著/叢編

江南製造局譯書　(清)江南製造局編　清光
緒江南製造局刻本暨鉛印本　一冊　存一種

330000－1705－0017145　朱7766　集部/別
集類/清別集

汪子詩錄四卷　(清)汪縉撰　清嘉慶三年
(1798)濟南方昂刻本　一冊

330000－1705－0017146　朱7848　集部/詩
文評類/文評之屬

四六叢話三十三卷選詩叢話一卷　(清)孫梅
撰　清刻本　朱鼎煦題記　一冊　存三卷
(十四至十六)

330000－1705－0017147　朱7414　經部/易
類/傳說之屬

周易索詁十二卷首一卷　(清)倪象占撰　清
嘉慶六年(1801)回浦倪氏順受堂刻本　六冊

330000－1705－0017148　朱7925、朱9032、
朱9226、朱9283、朱8016、朱7936、朱7924、朱
8322、朱9387、朱9783、朱2036、朱8178、朱續
0196　類叢部/叢書類/彙編之屬

武英殿聚珍版書一百三十八種　清乾隆福建
刻道光至同治遞修光緒二十一年(1895)增刻
本　五十六冊　存十五種

330000－1705－0017152　朱7743、朱8193、
朱9610、朱地0001、朱0005－2、朱1309、朱
2958、朱7195、朱7583、朱8321、朱9181　類叢
部/叢書類/彙編之屬

武英殿聚珍版書一百三十八種　清乾隆木活
字印本　六十一冊　存十種

330000－1705－0017153　朱7704　子部/儒
家類/儒家之屬

顏子釋五卷　(明)張星輯　明崇禎刻本
一冊

330000－1705－0017154　朱7832　類叢部/
叢書類/彙編之屬

獨抱廬叢刻十一種　(清)陳宗彝編　清道光
金陵陳氏刻本　一冊　存一種

330000－1705－0017156　朱6723、朱6723－1、
朱7724　類叢部/叢書類/彙編之屬

金峩山館叢書(望三益齋叢書)十一種　(清)
郭傳璞編　清光緒八年至十六年(1882－

1890）鄞郭氏刻二十年（1894）鎮海邵氏彙印本　四冊　存三種

330000－1705－0017157　朱 7861　類叢部/叢書類/彙編之屬

呂新吾全集二十二種　（明）呂坤撰　明萬曆刻本　二冊　存一種

330000－1705－0017158　朱 7782　子部/宗教類/佛教之屬/論

梵天名義通釋一卷　（清）晚舒居士輯　清光緒四年（1878）童榮壽堂刻本　一冊

330000－1705－0017159　朱 3764　子部/雜著類/雜纂之屬

遂生集十二卷　（清）王暐撰　清刻本　三冊

330000－1705－0017160　朱 7856　經部/詩類/傳說之屬

詩集傳音釋二十卷詩圖一卷詩傳綱領一卷詩序一卷　（宋）朱熹集傳　校刻詩集傳音釋札記一卷　（清）蔣光煦撰　清光緒十五年（1889）江南書局刻本　三冊　存十八卷（詩集傳音釋五至二十、詩序、札記）

330000－1705－0017161　朱 7778、朱 7779　史部/史抄類

南史識小録十四卷北史識小録十四卷　（清）沈名蓀　（清）朱昆田輯　（清）張應昌補正　清同治十年（1871）武林吳氏清來堂刻本　十二冊

330000－1705－0017162　朱 7871　史部/傳記類/別傳之屬/年譜

先君子蕺山先生[劉宗周]年譜二卷　（清）劉汋編　清乾隆四十一年（1776）山陰劉毓德證人堂刻本　四冊

330000－1705－0017163　朱 7703　經部/小學類/音韻之屬/韻書

佩文詩韻釋要五卷　（清）周兆基輯　陸潤庠重校　清宣統三年（1911）商務印書館影印本　一冊

330000－1705－0017166　朱 7839　經部/經總義類/傳說之屬

群經質二卷　（清）陳僅撰　清光緒十一年（1885）四明文則樓陳氏木活字印本　二冊

330000－1705－0017167　朱 7803　經部/叢編

皇清經解編一千四百三十卷　王先謙輯　清道光吳門南園掃葉山莊陳氏刻本　十二冊　存三十七卷（詩毛氏傳疏一至三十、釋毛詩音一至四、毛詩說、毛詩傳義類、鄭氏箋攷徵）

330000－1705－0017170　朱 6948　經部/四書類/總義之屬/傳說

千古堂學庸解不分卷　（明）董懋策撰　明刻本　一冊

330000－1705－0017171　朱 7271　子部/藝術類/篆刻之屬/印譜

古銅印彙三卷　（清）潘季彤輯　清道光潘氏聽颿樓刻鈐印本　四冊

330000－1705－0017172　朱 7843　子部/儒家類/儒學之屬/禮教

義門鄭氏家儀一卷　（元）鄭泳編　清書種堂刻本　一冊

330000－1705－0017173　朱 7165　經部/樂類/律呂之屬

律呂臆言三卷　（清）蔣文勳撰　清道光十四年（1834）梅華菴刻本　一冊

330000－1705－0017174　朱 6725　經部/小學類/文字之屬/字書/字典

大廣益會玉篇三十卷　（南朝梁）顧野王撰　（唐）孫強增字　（宋）陳彭年等重修　廣韻五卷　（宋）陳彭年等重修　玉篇校刊札記一卷　（清）鄧顯鶴撰　清道光三十年至咸豐元年（1850－1851）新化鄧顯鶴邵州東山精舍刻本　八冊　缺一卷（玉篇校刊札記）

330000－1705－0017176　朱 6647　經部/小學類/文字之屬/說文

說文通訓定聲十八卷分部柬韻一卷說雅一卷古今韻準一卷　（清）朱駿聲撰　（清）朱鏡蓉參訂　行述一卷　朱孔彰撰　清道光二十九年（1849）刻咸豐元年（1851）朱孔彰臨嘯閣補

寧波市天一閣博物館古籍普查登記目錄

刻本 朱鼎煦題記 四冊 存二卷(分部東韻、說雅)

330000－1705－0017177 朱 7529 類叢部/叢書類/郡邑之屬

西泠五布衣遺箸 （清）丁丙輯 清同治至光緒錢塘丁氏當歸草堂刻本 一冊 存一種

330000－1705－0017178 朱 7855 史部/職官類/官制之屬/專志

大唐六典三十卷 （唐）玄宗李隆基撰 （唐）李林甫等注 清嘉慶五年(1800)掃葉山房刻本 四冊

330000－1705－0017179 朱 7237 經部/小學類/文字之屬/說文/傳說

說文解字句讀三十卷 （清）王筠撰 清道光三十年(1850)王筠刻咸豐九年(1859)王彥侗增刻本 一冊 存一卷(三十)

330000－1705－0017181 朱 7647 子部/法家類

管子二十四卷 （唐）房玄齡注 清光緒五年(1879)影宋刻本 四冊

330000－1705－0017182 朱 7530 史部/地理類/雜志之屬

金山衛佚史一卷 姚光撰 清宣統三年(1911)金山姚光鉛印本 一冊

330000－1705－0017183 朱 7644 經部/詩類/三家詩之屬

韓詩外傳十卷 （漢）韓嬰撰 （清）趙懷玉(清)周廷寀校注 **補逸一卷** （清）趙懷玉輯 **校注拾遺一卷** （清）周宗杬撰 清光緒元年(1875)盱眙吳氏望三益齋刻本 四冊

330000－1705－0017185 朱 6900 經部/小學類/訓詁之屬/群雅

埤雅二十卷 （宋）陸佃撰 **小爾雅一卷** (清)葉自本斜譌 清康熙刻本 四冊

330000－1705－0017186 朱 7633、朱 7634、朱 7731 類叢部/叢書類/家集之屬

洪氏晦木齋叢書二十一種 （清）洪汝奎編 清同治八年至宣統元年(1869－1909)刻本

八冊 存二種

330000－1705－0017187 朱 7534、朱 7535 子部/術數類/相宅相墓之屬

金精廖公秘授地學心法正傳畫筴扒砂經四卷補遺一卷 （宋）廖禹撰 （宋）彭大雄輯 明萬曆四十二年(1614)江氏刻本 二冊 存二卷(一、補遺)

330000－1705－0017188 朱 7548、朱 7549、朱 9636、朱 5634、朱 9066、朱 9146 類叢部/叢書類/彙編之屬

郋園先生全書一百二十九種 葉德輝輯 清光緒至民國刻民國二十四年(1935)長沙中國古書刻印社彙印本 九冊 存十一種

330000－1705－0017190 朱 7233 子部/叢編

徐氏三種 （清）徐士業編 清刻本 一冊

330000－1705－0017191 朱 6912 子部/雜著類/雜纂之屬

清窩齋心賞編一卷 （明）王象晉輯 明刻本 一冊

330000－1705－0017192 朱 7759 子部/醫家類/類編之屬

世補齋醫書 （清）陸懋修撰輯 清光緒十年(1884)刻十二年(1886)山左書局印本 一冊 存一種

330000－1705－0017193 朱 7361、朱 4190 類叢部/叢書類/彙編之屬

學海類編 （清）曹溶輯 （清）陶越增刪 清道光十一年(1831)六安晃氏木活字印本 二冊 存二種

330000－1705－0017194 朱 9544 集部/別集類/清別集

知止足齋評本不分卷 清刻本（有抄配）三冊

330000－1705－0017195 朱 7374 子部/天文曆算類/曆法之屬

[道光元年至三十年]御定七政四餘萬年書不分卷 清道光刻本 一冊

311

330000－1705－0017196　朱7758、朱9119
類叢部/叢書類/彙編之屬

琳琅祕室叢書三十種　（清）胡珽編　清光緒
十四年（1888）會稽董氏取斯家塾木活字印本
　五冊　存二種

330000－1705－0017197　朱7734　史部/傳
記類/總傳之屬/仕宦

兩浙令長攷三卷　（清）董沛撰　清光緒七年
（1881）刻本　一冊

330000－1705－0017198　朱7546、朱4631、
朱5133、朱6936　類叢部/叢書類/自著之屬

橘蔭軒全集七種　（清）陳錦撰　清光緒山陰
陳氏橘蔭軒刻本　十一冊　存四種

330000－1705－0017199　朱6925、朱9580、
朱10001、朱9934　史部/雜史類/斷代之屬

明季稗史彙編十六種　（清）留雲居士輯　清
都城琉璃廠刻本　十六冊　存十五種

330000－1705－0017200　朱7712、朱3064
類叢部/叢書類/彙編之屬

武英殿聚珍版書一百三十八種　清乾隆武英
殿木活字印本　清楊泰亨跋　六冊　存二種

330000－1705－0017201　朱7735　經部/小
學類/訓詁之屬/爾雅

爾雅補郭二卷　（清）翟灝撰　清仁和翟氏刻
本　一冊

330000－1705－0017202　朱7559　史部/政
書類/儀制之屬/專志/科舉校規

養正書塾章程一卷規約一卷　（清）楊文瑩等
撰　清光緒二十五年（1899）刻本　一冊

330000－1705－0017203　朱7737　子部/雜
著類/雜考之屬

義門讀書記五十八卷　（清）何焯撰　（清）蔣
維鈞輯　清乾隆三十四年（1769）石香齋刻本
十冊

330000－1705－0017204　朱6697　史部/傳
記類/科舉錄之屬

宋紹興十八年戊辰科題名錄不分卷　清乾隆
四十八年（1783）康樂官署木活字印本　四冊

330000－1705－0017206　朱7649　子部/雜
著類/雜考之屬

困學紀聞二十卷　（宋）王應麟撰　（清）閻若
璩箋　清乾隆三年（1738）馬氏叢書樓刻本
二冊　存五卷（一至五）

330000－1705－0017208　朱6763　子部/宗
教類/佛教之屬/經

大般若波羅蜜多經六百卷　（唐）釋玄奘譯
明刻本　一冊　存一卷（三百四十六）

330000－1705－0017209　朱6643、朱7850、
朱9513　類叢部/叢書類/自著之屬

隨園三十種　（清）袁枚撰　清乾隆至嘉慶刻
彙印本　十六冊　存九種

330000－1705－0017210　朱7519、朱7894
類叢部/叢書類/彙編之屬

觀古堂彙刻書　葉德輝編　清光緒至民國長
沙葉氏刻本　四冊　存四種

330000－1705－0017211　朱7889、朱7947
經部/叢編

十三經札記二十二卷附十六卷　（清）朱亦棟
撰　清光緒四年（1878）武林竹簡齋刻本　八
冊　存十二種

330000－1705－0017212　朱7700　子部/雜
著類/雜纂之屬

陳刻二種　（清）陳世修輯　清康熙四十七年
（1708）陳氏漱六閣刻本　二冊　存九卷（清
異錄下、表異錄一至八）

330000－1705－0017213　朱7475、朱6882、
朱6876、朱7660　類叢部/叢書類/彙編之屬

二老閣叢書四十二種　（清）鄭風編　清康熙
至嘉慶刻本　四冊　存四種

330000－1705－0017214　朱6762　子部/宗
教類/佛教之屬/經

大般涅槃經□□卷　（北涼）釋曇無讖譯　明
刻本　一冊　存一卷（三十二）

330000－1705－0017216　朱7308、朱7811
類叢部/叢書類/彙編之屬

稗海四十六種續稗海二十四種　（明）商濬編

明萬曆商氏半埜堂刻本　二冊　存三種

330000－1705－0017217　朱 7701　史部/地理類/專志之屬/古跡

石柱記五卷　（唐）顏真卿撰　（清）朱彝尊補（清）鄭元慶箋釋　（清）章廷宏審定　清康熙四十一年(1702)鄭元慶魚計亭刻本　一冊

330000－1705－0017218　朱 7479　經部/小學類/文字之屬/說文

說文解字注十五卷附六書音韻表五卷　（清）段玉裁撰　**說文部目分韻一卷**　（清）陳煥編　清乾隆至嘉慶段氏經韻樓刻本　一冊　存五卷(六書音韻表一至五)

330000－1705－0017219　朱 7155　經部/小學類/訓詁之屬/爾雅

爾雅三卷　（晉）郭璞注　（唐）陸德明音義　清嘉慶二十二年(1817)順德張青選清芬閣刻本　三冊

330000－1705－0017220　朱 8009　子部/宗教類/道教之屬/神符

木郎祈雨呪一卷　（宋）白玉蟾注　清光緒九年(1883)刻本　一冊

330000－1705－0017221　朱 6935　類叢部/叢書類/彙編之屬

合刻五家言五種　（明）鍾惺編　明刻本　一冊　存一種

330000－1705－0017222　朱 7928　子部/雜著類/雜說之屬

秘傳天祿閣寓言外史八卷　題（漢）黃憲撰　明隆慶四年(1570)沈松石留春書館刻本　一冊　存一卷(一)

330000－1705－0017223　朱 8011　子部/宗教類/佛教之屬/論疏

註心賦四卷　（宋）釋延壽撰　清光緒三年(1877)金陵刻經處刻本　四冊

330000－1705－0017224　朱 7682　史部/政書類/律令之屬/法驗

重刊補註洗冤錄集證五卷　（清）王又槐輯（清）李觀瀾補輯　（清）阮其新補註　（清）

張錫蕃重訂　清道光十七年(1837)張錫蕃刻三色套印本　四冊

330000－1705－0017225　朱 7821　經部/書類/傳說之屬

尚書後案三十卷附後辨一卷　（清）王鳴盛撰　清乾隆四十五年(1780)禮堂刻本　十冊

330000－1705－0017226　朱 7694　史部/傳記類/日記之屬

復堂日記八卷　（清）譚獻撰　清光緒十三年(1887)刻半厂叢書初編本　清王韜題記　二冊　存六卷(一至六)

330000－1705－0017227　朱 8100　史部/傳記類/總傳之屬/斷代

東林同難錄一卷列傳一卷附錄一卷　（清）陳鼎撰　清雍正五年(1727)江陰繆氏耕學艸堂刻道光五年(1825)葉廷甲補修本　一冊

330000－1705－0017228　朱 8162　子部/醫家類/綜合之屬/通論

羣玉山房重校醫宗必讀十卷　（明）李中梓撰　清寶文堂刻本　五冊

330000－1705－0017229　朱 8021　新學/商務/商學

原富八卷　（英國）斯密亞丹撰　嚴復譯　清光緒二十八年(1902)上海南洋公學譯書院鉛印本　八冊

330000－1705－0017230　朱 7908　史部/傳記類/總傳之屬/通代

三立堂新編闈外春秋三十二卷　（明）尹商撰　明崇禎刻本　十一冊

330000－1705－0017231　朱 8158　史部/傳記類/科舉錄之屬/硃卷

歷科硃卷試草不分卷　清光緒刻本　十二冊

330000－1705－0017232　朱 7158　新學/格致總

博物通書不分卷　清咸豐元年(1851)刻本　一冊

330000－1705－0017233　朱 8065　集部/別

集類/清別集

述學三卷 （清）汪中撰　清嘉慶汪氏自刻本　二冊

330000－1705－0017234　朱8034　子部/術數類

百二漢鏡齋祕書四種 （清）程芝雲輯　清道光三年至四年(1823－1824)湖邊程氏百二漢鏡齋刻本　四冊

330000－1705－0017235　朱7163　子部/藝術類/書畫之屬/書法書品

增補分部書法正傳不分卷 （清）蔣和撰　清光緒五年(1879)北京琉璃廠文寶堂書肆刻本　一冊

330000－1705－0017236　朱8686、朱9590、朱9589、朱7795、朱2043、朱2065、朱7938、朱8261、朱3469　類叢部/叢書類/郡邑之屬

台州叢書九種 （清）宋世犖輯　清嘉慶至道光臨海宋氏刻本　三十冊　存七種

330000－1705－0017237　朱8632　史部/紀傳類/正史之屬

史記一百三十卷 （漢）司馬遷撰　（南朝宋）裴駰集解　（唐）司馬貞索隱　（唐）張守節正義　明萬曆二年至三年(1574－1575)南京國子監刻本　一冊　存二卷(十八至十九)

330000－1705－0017238　朱7816　類叢部/叢書類/自著之屬

曾文正公全集十五種 （清）曾國藩撰　清同治至光緒傳忠書局刻本　四冊　存一種

330000－1705－0017239　朱7819、朱6852　子部/藝術類/篆刻之屬

篆學瑣著 （清）顧湘輯　清道光二十年(1840)海虞顧氏刻本　二冊　存十三種

330000－1705－0017240　朱6831　史部/地理類/水利之屬

開墾水田圖說一卷 （清）施彥士　（清）倪承弼撰　**營田四局摘要一卷** （清）陳儀　（清）吳邦慶撰　清道光十八年(1838)刻本　一冊

330000－1705－0017241　朱7927　史部/史

表類/通代之屬

歷代紀元彙考八卷 （清）萬斯同撰　孫鏘校補　**皇朝紀元彙考一卷** （清）李哲濬撰　清光緒二十三年(1897)瀟洲李氏刻本　一冊

330000－1705－0017242　朱8050　子部/藝術類/書畫之屬/書法書品

書譜不分卷 （清）孫過庭撰　清光緒影印本　一冊

330000－1705－0017243　朱7948　史部/傳記類/總傳之屬/斷代

文獻徵存錄十卷 （清）錢林撰　清咸豐八年(1858)有嘉樹軒刻本　一冊　存一卷(一)

330000－1705－0017244　朱7492　史部/傳記類/職官錄之屬/總錄

國朝御史題名不分卷 （清）黃叔璥撰　清道光刻本　一冊

330000－1705－0017245　朱7914、朱9304、朱地0064、朱地0564、朱4080、朱2879　類叢部/叢書類/彙編之屬

漸西村舍彙刊(漸西村舍叢刻)四十四種 （清）袁昶編　清光緒十六年至二十四年(1890－1898)桐廬袁氏刻本　十三冊　存六種

330000－1705－0017246　朱8035　子部/醫家類/類編之屬

吳氏醫學述 （清）吳儀洛輯　清富春堂刻本　六冊　存一種

330000－1705－0017247　朱7494　史部/雜史類/斷代之屬

二申野錄八卷 （清）孫之騄撰　清道光二十一年(1841)吟香館刻同治六年(1867)印本　四冊

330000－1705－0017248　朱8044　集部/總集類/課藝之屬

聽雨軒讀本前集二卷今集不分卷 （清）陳鍾麟選　清刻本　一冊

330000－1705－0017250　朱7915　子部/儒家類/儒學之屬/性理

呻吟語六卷 （明）呂坤撰 清乾隆五十九年(1794)呂燕昭江寧刻本 六冊

330000－1705－0017251 朱 8176 類叢部/叢書類/自著之屬

儆季雜著五種附二種 （清）黃以周撰 清光緒二十年至二十一年(1894－1895)江蘇南菁講舍刻本 二冊 存一種

330000－1705－0017252 朱 7949 經部/群經總義類/傳說之屬

易堂問目四卷 （清）吳鼎撰 清乾隆三十七年(1772)鄒容成刻本 二冊

330000－1705－0017253 朱 7504 類叢部/叢書類/自著之屬

漢孳室箸書 （清）陶方琦撰 清光緒七年(1881)湘南使院刻本 一冊 存一種

330000－1705－0017254 朱 8039 史部/傳記類/科舉錄之屬/歷科鄉試錄

[光緒戊子恩科]浙江鄉試硃卷不分卷 清光緒刻本 五冊

330000－1705－0017255 朱 7910 史部/金石類/總志之屬/題跋

清儀閣題跋不分卷 （清）張廷濟撰 清光緒十七年(1891)刻本 四冊

330000－1705－0017256 朱 7999 經部/小學類/訓詁之屬/群雅

駢雅訓篹十六卷首一卷 （明）朱謀㙔撰 （清）魏茂林訓篹 清光緒七年(1881)成都瀹雅齋刻本 八冊

330000－1705－0017257 朱 7659 類叢部/叢書類/彙編之屬

國學叢刊十三種 國學叢刊社編 清宣統三年(1911)國學研究會石印本 一冊 存六種

330000－1705－0017258 朱 8039－6 史部/傳記類/科舉錄之屬/歷科鄉試錄

光緒二十八年壬寅補行二十六年庚子二十七年辛丑正併科浙江鄉試卷一卷 （清）陳震福撰 清光緒刻本 一冊

330000－1705－0017259 朱 7509 史部/政書類/儀制之屬/專志/科舉校規

浙江紹郡中西學堂章程一卷規約一卷 清光緒刻本 一冊

330000－1705－0017260 朱 8039－5 史部/傳記類/科舉錄之屬/硃卷

光緒九年癸未科會試硃卷一卷 （清）陳受頤撰 清光緒刻本 一冊

330000－1705－0017261 朱 7874 經部/小學類/叢編

臨文便覽不分卷 （清）張啟泰輯 清光緒二年(1876)京都松竹齋刻本 二冊

330000－1705－0017263 朱 7946 史部/政書類/公牘檔冊之屬

朱文端公遺札一卷 （清）朱鳳標撰 清光緒刻本 一冊

330000－1705－0017264 朱 7692 類叢部/叢書類/家集之屬

洪氏晦木齋叢書二十一種 （清）洪汝奎編 清同治八年至宣統元年(1869－1909)刻本 一冊 存一種

330000－1705－0017265 朱 7510 經部/小學類

小學類編六種附三種合五十九卷 （清）李祖望編 清咸豐至光緒江都李氏半畝園刻本 一冊 存一種附一種

330000－1705－0017266 朱 8182 經部/叢編

十三經註疏三百三十三卷 （明）□□輯 清嘉慶三年(1798)金閶書業堂刻本 六冊 存一種

330000－1705－0017267 朱 8038 史部/傳記類/科舉錄之屬

道光戊戌科會試同年齒錄不分卷 清道光十八年(1838)刻本 三冊

330000－1705－0017268 朱 7956 史部/傳記類/總傳之屬/釋道

歷代仙史八卷 （清）王建章輯 清光緒七年

(1881)常熟抱芳閣刻本　四冊　缺二卷(三、八)

330000－1705－0017269　朱6859　史部/金石類/石之屬/通考

瘞鶴銘考一卷　（清）汪士鋐撰　**瘞鶴銘見存字一卷**　（清）翁方綱撰　清咸豐二年(1852)漢陽葉志詵刻本　一冊

330000－1705－0017270　朱8159　史部/傳記類/科舉錄之屬/歷科鄉試錄

[道光乙未恩科]浙江鄉試同年齒錄不分卷　清道光刻本　一冊

330000－1705－0017271　朱8039－4　史部/傳記類/科舉錄之屬/歷科鄉試錄

光緒丙戌科會試硃卷不分卷　（清）張阜成撰　清光緒刻本　一冊

330000－1705－0017272　朱8034－1　子部/術數類/占卜之屬

靈棋經二卷　（晉）顏幼明　（南朝宋）何承天　（元）陳師凱　（明）劉基注解　清光緒十二年(1886)會稽章氏刻本　二冊

330000－1705－0017273　朱7972　子部/藝術類/書畫之屬

賞奇軒四種合編　清刻本　一冊　存一種

330000－1705－0017274　朱8039－3　史部/傳記類/科舉錄之屬/歷科鄉試錄

光緒十五年己丑科浙江鄉闈硃卷一卷　（清）乃賡撰　清光緒刻本　二冊

330000－1705－0017275　朱7690　經部/小學類/訓詁之屬/群雅

五雅全書　（明）郎奎金輯　清乾隆十年(1745)刻本　一冊　存二種

330000－1705－0017276　朱8039－2　史部/傳記類/科舉錄之屬/歷科鄉試錄

光緒十七年辛卯科浙江鄉闈硃卷一卷　清光緒刻本　一冊

330000－1705－0017277　朱7971　子部/藝術類/書畫之屬/書法書品

書學南鍼六卷　（清）錢湘輯　清道光元年(1821)刻本　二冊

330000－1705－0017278　朱8043　集部/別集類/清別集

文貫不分卷　（清）李靜齊　（清）吳芸畦訂　清刻本　一冊

330000－1705－0017279　朱8161　子部/醫家類/眼科之屬

傅氏眼科審視瑤函六卷首一卷　（明）傅仁宇撰　（明）林長生校補　清小西堂刻本　五冊　存六卷(首,一至四、六)

330000－1705－0017280　朱7690－1　經部/小學類/訓詁之屬/群雅

五雅全書　（明）郎奎金輯　清乾隆十年(1745)刻本　一冊　存二種

330000－1705－0017281　朱7969　子部/術數類/占候之屬

風水一書七卷　（漢）青烏氏撰　（清）歐陽純補傳　清嘉慶二十一年(1816)刻朱墨套印本　四冊

330000－1705－0017282　朱8150　史部/紀傳類/正史之屬

史記一百三十卷　（漢）司馬遷撰　（南朝宋）裴駰集解　（唐）司馬貞索隱　（唐）張守節正義　（明）徐孚遠　（明）陳子龍測議　明刻本　四冊　存四十卷(四十九至六十、八十至九十九、一百九至一百十六)

330000－1705－0017283　朱8171　史部/傳記類/總傳之屬/郡邑

有明於越三不朽名賢圖贊一卷　（清）張岱撰　清光緒十四年(1888)山陰陳錦刻本　一冊

330000－1705－0017284　朱9482、朱9830、朱6097　子部/天文曆算類/算書之屬

翠微山房數學十四種　（清）張作楠撰　清嘉慶至道光金華張氏翠微山房刻本　十六冊

330000－1705－0017285　朱7197　經部/小學類/訓詁之屬/群雅

拾雅六卷　（清）夏味堂撰　（清）夏紀堂注

清嘉慶二十四年(1819)夏氏遂園刻本　二冊

330000－1705－0017286　朱 8175　經部/群經總義類/傳說之屬

經傳繹義五十卷　(清)陳煒撰　清嘉慶九年(1804)校字齋刻道光九年(1829)補修本　二十四冊

330000－1705－0017287　朱 8031　子部/小說家類/異聞之屬

夷堅志十集二十卷　(宋)洪邁撰　清乾隆四十三年(1778)耕煙草堂刻涇縣洪氏修補本　十冊

330000－1705－0017289　朱 8156　經部/小學類/文字之屬/說文/專著

說文古籀補十四卷補遺一卷附錄一卷　(清)吳大澂撰　清光緒七年(1881)刻本　二冊

330000－1705－0017290　朱 7446　子部/醫家類/醫案之屬

洄溪醫案一卷　(清)徐大椿撰　清咸豐七年(1857)海昌蔣氏衍芬草堂刻本　一冊

330000－1705－0017291　朱 8153　史部/傳記類/科舉錄之屬/歷科登科錄

國朝歷科題名碑錄初集不分卷附明洪武至崇禎各科題名錄不分卷　(清)李周望等輯　清康熙五十九年(1720)刻雍正、乾隆遞增刻本　一冊

330000－1705－0017292　朱 7623　經部/小學類/文字之屬/字書

釋字百韻一卷　(清)陳勱撰　清光緒二年(1876)都門刻本　一冊

330000－1705－0017294　朱 7987　經部/群經總義類/文字音義之屬

十三經拾遺十六卷　(清)王朝榘撰　清嘉慶五年(1800)王氏寧州學署尋孔顏樂處刻本　四冊

330000－1705－0017295　朱 7930　子部/小說家類/異聞之屬

山海經十八卷　(清)郝懿行撰　清阮氏琅嬛僊館刻本　一冊　存五卷(一至五)

330000－1705－0017296　朱 6867　集部/總集類/課藝之屬

新鐫元墨二宜不分卷　(清)袁銑編　清道光揚州書局刻本　二冊

330000－1705－0017297　朱 8146　史部/傳記類/別傳之屬/事狀

遺愛錄二卷　清刻本　一冊

330000－1705－0017298　朱 8165　子部/醫家類/類編之屬

韓園醫學六種　(清)潘霨編　清光緒吳縣潘氏敏德堂刻本　二冊　存一種

330000－1705－0017299　朱 7872　子部/雜著類/雜說之屬

賨存四卷　(清)胡式鈺撰　清道光刻本　一冊　存一卷(二)

330000－1705－0017300　朱 7909　經部/孝經類/傳說之屬

孝經衍義一百卷首二卷　(清)葉方藹　(清)張英監修　(清)韓菼編纂　清康熙刻本　六冊　存四十八卷(首二、一至四十七)

330000－1705－0017301　朱 8146－1　史部/傳記類/別傳之屬/年譜

丹魁堂自訂年譜一卷感遇錄一卷　(清)季芝昌撰　清咸豐十一年(1861)江陰季氏崇川刻本　一冊　存一卷(丹魁堂自訂年譜)

330000－1705－0017302　朱 9753、朱 9753－1　經部/叢編

通志堂經解一百四十種　(清)納蘭成德輯　清康熙十九年(1680)納蘭成德刻本　三百六十五冊　存一百三十八種

330000－1705－0017303　朱 7870　子部/儒家類/儒學之屬/蒙學

龍文鞭影初集四卷二集四卷　(清)李暉吉輯　(清)徐瓚訂　(清)黃元熙校補　清光緒二十年(1894)上洋熙記書莊刻本　四冊

330000－1705－0017305　朱 8292　子部/雜著類/雜考之屬

癸巳存稿十五卷　(清)俞正燮撰　清光緒十

年(1884)李宗焻武林刻本　八冊

330000－1705－0017306　朱7578　史部/紀傳類/正史之屬

史記志疑三十六卷　(清)梁玉繩撰　**補遺一卷**　(清)梁學昌輯　清光緒十四年(1888)餘姚朱氏刻本　十四冊

330000－1705－0017307　朱7984　史部/史評類/史論之屬

歷代史論十二卷宋史論三卷元史論一卷　(明)張溥撰　**左傳史論二卷**　(清)高士奇撰　**明史論四卷**　(清)谷應泰撰　清光緒五年(1879)西江裴氏刻本　一冊　存四卷(明史論一至四)

330000－1705－0017308　朱7769　子部/雜著類/雜考之屬

癸巳類稿十五卷　(清)俞正燮撰　清道光十三年(1833)王藻求日益齋刻本　八冊

330000－1705－0017309　朱7632　經部/小學類/文字之屬/字書/字體

隸篇十五卷續十五卷再續十五卷金石目一卷部目一卷字目一卷　(清)翟云升撰　清道光十七年至十八年(1837－1838)五經歲徧齋刻本　十冊

330000－1705－0017310　朱8163　子部/雜著類/雜考之屬

癸巳類稿十五卷　(清)俞正燮撰　清道光十三年(1833)王藻求日益齋刻本　六冊

330000－1705－0017311　朱7980　史部/傳記類/總傳之屬/郡邑

吳郡名賢圖傳贊二十卷　(清)顧沅輯　(清)孔繼垚繪　清道光九年(1829)長洲顧氏刻本　八冊

330000－1705－0017312　朱8212　類叢部/叢書類/彙編之屬

續知不足齋叢書十七種　(清)高承勳編　清渤海高氏刻本　十六冊

330000－1705－0017313　朱8197　類叢部/叢書類/自著之屬

汪雙池先生叢書二十種附浙刻雙池遺書十二種　(清)汪紱撰　清道光至光緒刻光緒二十三年(1897)長安趙舒翹等彙印本　二冊　存一種

330000－1705－0017314　朱8008　經部/小學類/叢編

臨文便覽不分卷　(清)張啟泰輯　清同治十三年(1874)松竹齋刻本　一冊

330000－1705－0017315　朱8238－1　史部/政書類/邦計之屬/貿易

商標註冊試辦章程一卷　(清)商部編　清光緒三十年(1904)刻本　一冊

330000－1705－0017316　朱8238　史部/政書類/邦計之屬/貿易

商標註冊試辦章程一卷　(清)商部編　清光緒三十年(1904)刻本　一冊

330000－1705－0017317　朱8205　史部/史評類/考訂之屬

十七史商榷一百卷　(清)王鳴盛撰　清乾隆五十二年(1787)洞涇草堂刻本　十二冊　存六十八卷(一至十五、二十二至二十九、四十一至五十七、五十六至六十八、八十一至九十五)

330000－1705－0017318　朱9397　類叢部/叢書類/彙編之屬

宜稼堂叢書七種　(清)郁松年編　清道光二十年至二十二年(1840－1842)上海郁氏刻本(續後漢書卷一、八十八原缺)　六十冊

330000－1705－0017319　朱6417　子部/雜家類

淮南鴻烈解二十一卷　(漢)劉安撰　(漢)高誘注　明萬曆八年(1580)茅一桂刻本　一冊　存三卷(一至三)

330000－1705－0017320　朱8207　子部/雜著類/雜說之屬

鴻苞節錄十卷　(明)屠隆撰　(清)屠繼烈輯　清咸豐七年(1857)章丘保硯齋刻本　十冊

330000－1705－0017321　朱8222　集部/總

集類/選集之屬/斷代

明文明不分卷 (清)路德輯 清同治二年(1863)懷德堂刻本 四冊

330000－1705－0017322 朱8239 史部/政書類/邦計之屬/貿易

整頓土貨條議一卷 (清)咨商部編 清光緒刻本 一冊

330000－1705－0017323 朱8249、朱8166 類叢部/叢書類/彙編之屬

文選樓叢書三十三種 (清)阮亨編 清嘉慶至道光阮元刻道光二十二年(1842)阮亨彙印本 十冊 存二種

330000－1705－0017324 朱8499 子部/儒家類/儒學之屬/蒙學

龍文鞭影二卷 (明)蕭良有纂輯 (清)楊臣諍增訂 (清)來集之音注 清光緒四年(1878)存春廬刻本 二冊

330000－1705－0017325 朱7818 史部/雜史類/斷代之屬

戰國策去毒二卷 (清)陸隴其評定 清同治九年(1870)六安涂氏求我齋刻本 二冊

330000－1705－0017326 朱7815 新學/兵制/海軍

防海新論十八卷 (德國)希理哈撰 (英國)傅蘭雅譯 (清)華蘅芳筆述 清同治十二年(1873)江南機器製造局刻本 六冊

330000－1705－0017328 朱9743－1 經部/群經總義類/文字音義之屬

十三經注疏校勘記識語四卷 (清)汪文臺撰 清光緒三年(1877)江西書局刻本 二冊

330000－1705－0017329 朱9566、朱9567 史部/紀傳類/正史之屬

二十四史 清光緒二十九年(1903)五洲同文局石印本 四十七冊 存二種

330000－1705－0017330 朱8143 經部/春秋左傳類/傳說之屬

左傳評三卷 (清)李文淵撰 清乾隆四十年(1775)潮陽縣衙刻本 一冊

330000－1705－0017331 朱8307 史部/政書類/儀制之屬/典禮

南巡盛典一百二十卷 (清)高晉等纂修 清乾隆三十六年(1771)武英殿刻本 二冊 存五卷(二十一至二十三、二十七至二十八)

330000－1705－0017332 朱8336 子部/雜著類/雜考之屬

西圃叢辨三十二卷 (清)田同之撰 清刻本 七冊 缺三卷(一至三)

330000－1705－0017334 朱8342 集部/總集類/課藝之屬

[光緒癸巳恩科]浙江闈墨不分卷 清光緒十九年(1893)聚奎堂刻本 一冊

330000－1705－0017335 朱9327 類叢部/類書類/專類之屬

子史精華一百六十卷 (清)吳士玉 (清)吳襄等輯 清雍正五年(1727)武英殿刻本 三十二冊

330000－1705－0017336 朱8139 經部/小學類/訓詁之屬/群雅

續廣雅三卷 (清)劉燦輯 (清)王堃訂 清嘉慶二十四年(1819)刻本 一冊 缺一卷(中)

330000－1705－0017337 朱9870 經部/叢編

重刊宋本十三經注疏四百十六卷附十三經注疏校勘記四百十六卷 (清)阮元撰 (清)盧宣句摘錄 清嘉慶二十年(1815)南昌府學刻道光六年(1826)盱江朱華臨重校印本 十四冊 存三種

330000－1705－0017338 朱8317 史部/地理類/防務之屬/陸防

戡定新疆記八卷 (清)魏光燾撰 清光緒二十五年(1899)鉛印本 四冊

330000－1705－0017339 朱9398、朱9399、朱9400、朱9402、朱9403 新學/報章

時事報畫刊不分卷 (清)時事報館編 清光緒、宣統石印本 二十八冊

330000－1705－0017340　朱8130－3　史部／傳記類／科舉録之屬

履歷不分卷　清光緒刻本　一冊

330000－1705－0017341　朱9746　經部／叢編

重刊宋本十三經注疏四百十六卷附十三經注疏校勘記四百十六卷　（清）阮元撰　（清）盧宣旬摘録　清嘉慶二十年（1815）南昌府學刻本　七十三冊　存五種

330000－1705－0017342　朱8296　子部／天文曆算類／算書之屬

梅氏叢書輯要三十種六十二卷首一卷　（清）梅文鼎撰　（清）梅瑴成重編　清乾隆二十六年（1761）梅氏承學堂刻本　十六冊

330000－1705－0017343　朱8130　史部／傳記類／科舉録之屬／硃卷

會墨硃卷不分卷　清光緒刻本　二冊

330000－1705－0017345　朱8263　新學／議論／通論

羣學肄言不分卷　（英國）斯賓塞爾撰　嚴復譯　清光緒二十九年（1903）上海文明編譯書局鉛印本　清毛宗藩跋　四冊

330000－1705－0017346　朱8216　子部／小說家類／異聞之屬

拾遺記十卷　（晉）王嘉撰　（南朝梁）蕭綺録　明刻本　一冊

330000－1705－0017347　朱8244　史部／政書類／邦交之屬

中美續議通商行船條約一卷　清光緒刻本　一冊

330000－1705－0017348　朱9578　子部／農家農學類／園藝之屬／總志

植物名實圖考三十八卷長編二十二卷　（清）吳其濬撰　清道光二十八年（1848）蒙自陸應穀刻本　二十一冊　存二十一卷（植物名實圖考二至四、六至八、十二至十四、十七、二十一、二十三至二十六、三十一至三十三、三十五至三十六、三十八）

330000－1705－0017349　朱8217　集部／總集類／課藝之屬

［道光己酉科］湖北闈墨不分卷［光緒辛卯科］湖北闈墨不分卷　清衡鑒堂刻本　三冊

330000－1705－0017350　朱8372　史部／紀傳類／正史之屬

後漢書補逸二十一卷　（清）姚之駰輯　清康熙五十二年（1713）錢唐姚之駰露滁齋刻本　六冊

330000－1705－0017351　朱8218、朱0072、朱9189　類叢部／叢書類／自著之屬

南江邵氏遺書十四種　（清）邵晉涵撰　清乾隆至嘉慶邵氏家刻本　十冊　存三種

330000－1705－0017352　朱8219　集部／總集類／課藝之屬

同治丁卯科補行咸豐辛酉科江南闈墨不分卷　清同治衡鑒堂刻本　一冊

330000－1705－0017353　朱8375　類叢部／叢書類／自著之屬

杭大宗七種叢書　（清）杭世駿撰　清刻彙印本　二冊　存一種

330000－1705－0017354　朱8236　史部／政書類／邦計之屬／貿易

韓國條約一卷　清光緒二十五年（1899）刻本　一冊

330000－1705－0017355　朱7659　類叢部／叢書類／彙編之屬

國學叢刊十三種　國學叢刊社編　清宣統三年（1911）國學研究會石印本　一冊　存六種

330000－1705－0017357　朱9358　史部／地理類／雜志之屬

列國政要一百三十二卷首一卷譯名對照表一卷　（清）戴鴻慈　（清）端方撰　清光緒三十三年（1907）上海商務印書館石印本　三十二冊

330000－1705－0017358　朱8379　史部／史表類／通代之屬

廿一史四譜五十四卷　（清）沈炳震撰　清同

治十年(1871)武林吳氏清來堂刻本　三冊　存九卷(二十三至二十四、四十八至五十四)

330000－1705－0017359　朱8130－1　史部/傳記類/科舉錄之屬

[咸豐戊午科]四川鄉試同門錄不分卷　清咸豐刻本　一冊

330000－1705－0017360　朱7887　史部/傳記類/科舉錄之屬/歷科登科錄

國朝歷科題名碑錄初集不分卷附明洪武至崇禎各科題名錄不分卷　(清)李周望等輯　清康熙五十九年(1720)刻雍正、乾隆、嘉慶、道光、同治、光緒遞增刻本　七冊

330000－1705－0017361　朱9406　子部/宗教類/佛教之屬/總錄

法苑珠林一百卷　(唐)釋道世撰　清道光七年(1827)蔣氏燕園刻本　二十二冊　存九十二卷(一至五十七、六十二至九十六)

330000－1705－0017362　朱8384　類叢部/類書類/專類之屬

王先生十七史蒙求十六卷　(宋)王令撰　清康熙四十九年(1710)海陽程宗典倣宋刻本　朱鼎煦題記　二冊

330000－1705－0017363　朱8538　類叢部/類書類/通類之屬

太平御覽一千卷　(宋)李昉等輯　清抄本　一冊　存五卷(四百六十六至四百七十)

330000－1705－0017364　朱6863、朱9950　類叢部/叢書類/自著之屬

古桐書屋六種　(清)劉熙載撰　清同治至光緒刻本　六冊　存二種

330000－1705－0017365　朱8369　史部/紀傳類/正史之屬

後漢書九十卷　(南朝宋)范曄撰　(明)鍾人傑訂　**志三十卷**　(晉)司馬彪撰　(明)鍾人傑訂　明鍾人傑刻本　三冊　存三十卷(後漢志一至三十)

330000－1705－0017366　朱9282　史部/傳記類/總傳之屬/儒林

明儒學案六十二卷師說一卷附案一卷　(清)黃宗羲撰　清康熙三十年(1691)萬言、三十二年(1693)賈樸、雍正十三年至乾隆四年(1735－1739)慈溪鄭性二老閣刻本　三十一冊

330000－1705－0017367　朱8395　史部/史抄類

史記菁華錄四卷　(清)姚祖恩輯　清光緒十一年(1885)紅杏山房刻本　四冊

330000－1705－0017368　朱8129　史部/傳記類/科舉錄之屬

今文大小題商不分卷　(明)黃越　(明)汪壇編　清刻本　一冊

330000－1705－0017369　朱9408　子部/雜著類/雜考之屬

日知錄集釋三十二卷刊誤二卷續刊誤二卷　(清)黃汝成撰　清同治十一年(1872)湖北崇文書局刻本　十五冊　缺一卷(集釋一)

330000－1705－0017370　朱8272　類叢部/叢書類/彙編之屬

武英殿聚珍版書一百三十八種　清乾隆四十二年(1777)福建刻道光增刻本　一冊　存一種

330000－1705－0017371　朱9557、朱8125　史部/政書類/律令之屬/律例

大清律例增修統纂集成四十卷附督捕則例附纂二卷　(清)姚潤輯　(清)陶駿　(清)陶念霖增輯　清光緒十三年(1887)刻本　二十三冊　缺二卷(九至十)

330000－1705－0017372　朱8128　集部/總集類/課藝之屬

辛未會試闈墨不分卷　(清)薛斯來輯　清同治十年(1871)都中琉璃廠刻本　一冊

330000－1705－0017373　朱8405　子部/叢編

桐城吳先生點勘諸子七種　(清)吳汝綸評點　清宣統二年(1910)衍星社鉛印本　二冊　存一種

330000 – 1705 – 0017374　朱 8367　史部/紀傳類/別史之屬

續漢書八志三十卷　（南朝梁）劉昭注補　清金陵書局刻本　四冊

330000 – 1705 – 0017375　朱 8237　史部/政書類

禮部政務處會奏變通科舉章程一卷　清光緒二十七年（1901）刻本　一冊

330000 – 1705 – 0017376　朱 8408　集部/總集類/氏族之屬

蔡氏九儒書九種　（明）蔡有鵾編　（清）蔡重補編　清雍正十一年（1733）廬峰書院刻乾隆增刻本　一冊　存二種

330000 – 1705 – 0017377　朱 8235　史部/政書類/邦計之屬/漕運

商部奏頒航路表格一卷　清光緒三十年（1904）刻本　一冊

330000 – 1705 – 0017378　朱 9653　經部/叢編

古經解彙函十六種附小學彙函十四種　（清）鍾謙鈞等輯　清同治十二年（1873）粵東書局刻本　三十三冊　存小學彙函十四種

330000 – 1705 – 0017379　朱 8220　集部/總集類/課藝之屬

[光緒辛卯科]浙江闈墨不分卷　清光緒聚奎堂刻本　一冊

330000 – 1705 – 0017380　朱 8005　經部/小學類/音韻之屬/韻書

韻雅五卷雜論一卷識餘一卷　（清）施何牧纂輯　清康熙刻本　一冊　存一卷（三）

330000 – 1705 – 0017381　朱 8295　子部/宗教類/佛教之屬/諸宗

止觀輔行傳弘決十卷　（唐）釋湛然撰　清光緒十年（1884）刻本　十一冊　缺四卷（二至四、七）

330000 – 1705 – 0017382　朱 8210　類叢部/叢書類/彙編之屬

思賢書局刊書十九種　（清）思賢書局編　清光緒至宣統思賢書局刻本　四冊　存一種

330000 – 1705 – 0017383　朱 8125　史部/政書類/律令之屬/律例

大清律例增修統纂集成四十卷附督捕則例附纂二卷　（清）姚潤輯　（清）陶駿　（清）陶念霖增輯　清道光刻本　一冊　存二卷（督捕則例附纂一至二）

330000 – 1705 – 0017385　朱 8000、朱 9639　史部/政書類/儀制之屬/典禮

聖廟祀典圖考五卷首一卷附聖蹟圖一卷孟子聖蹟圖一卷　（清）顧沅撰　清道光六年（1826）刻本　五冊　存五卷（一至五）

330000 – 1705 – 0017386　朱 9652　經部/小學類/文字之屬/說文

說文解字注十五卷附六書音韻表五卷　（清）段玉裁撰　說文部目分韻一卷　（清）陳煥編　清乾隆至嘉慶段氏經韻樓刻本　三十冊　缺五卷（六書音均表一至五）

330000 – 1705 – 0017387　朱 8470　史部/金石類/石之屬/文字

隸釋二十七卷　（宋）洪适撰　清乾隆四十二年至四十三年（1777 – 1778）汪日秀樓松書屋刻本　六冊

330000 – 1705 – 0017388　朱 8247　史部/傳記類/總傳之屬/歷代

續觀感錄十二卷　（明）方鵬輯　明張元電刻本　一冊　存五卷（八至十二）

330000 – 1705 – 0017389　朱 8304　史部/政書類/儀制之屬/典禮

幸魯盛典四十卷　（清）孔毓圻等纂修　清康熙五十年（1711）刻本　十二冊

330000 – 1705 – 0017390　朱 8124　子部/農家農學類/蠶桑之屬

廣蠶桑說一卷　（清）沈練撰　清光緒公善堂刻本　一冊

330000 – 1705 – 0017391　朱 9756　經部/叢編

古經解彙函十六種附小學彙函十四種　（清）

鍾謙鈞等輯　清同治十二年(1873)粵東書局刻本　六十一冊

330000－1705－0017393　朱 8452　經部/四書類/總義之屬/傳說
四書反身錄八卷首一卷　(清)李顒撰　清嘉慶二十二年(1817)蕭山湯氏刻本　一冊　存二卷(一至二)

330000－1705－0017394　朱 9758、朱 9440　經部/叢編
皇清經解續編一千四百三十卷　王先謙輯　清刻本　八十五冊　存七十三種

330000－1705－0017395　朱 9757　經部/叢編
皇清經解一千四百八卷首一卷　(清)阮元輯　清道光九年(1829)廣東學海堂刻本　一百八十八冊　存七百八十一卷(一至一百二十三、一百三十一至五百五十五、一千一百七十二至一千一百七十九、一千一百八十一至一千三百九十三、一千三百九十七至一千四百八)

330000－1705－0017396　朱 8468　經部/小學類/文字之屬/字書/字體
隸韻十卷碑目一卷　(宋)劉球撰　**碑目攷證一卷隸韻攷證二卷**　(清)翁方綱撰　清嘉慶十五年(1810)秦恩復刻本　八冊

330000－1705－0017398　朱 8640　史部/編年類/通代之屬
資治通鑑綱目五十九卷　(宋)朱熹撰　(元)王幼學集覽　(宋)尹起莘發明　(元)汪克寬考異　(明)陳濟正誤　明刻本　二十五冊　缺十七卷(三至四、十三至十八、二十、二十九至三十、三十二至三十四、四十一至四十二、五十二)

330000－1705－0017399　朱 8113　子部/雜著類/雜纂之屬
翼教叢編六卷附一卷　(清)蘇輿輯　清光緒二十四年(1898)武昌刻本　三冊　存六卷(一至六)

330000－1705－0017400　朱 8460　子部/雜著類/雜考之屬
烨掌錄二卷　(清)汪啟淑撰　清汪氏開萬樓刻本　一冊

330000－1705－0017401　朱 8111　類叢部/叢書類/彙編之屬
申報館叢書正集五十七種附錄三種　尊聞閣主編　**續集一百四十二種**　蔡爾康編　清同治至光緒上海申報館鉛印本　九冊　存一種

330000－1705－0017402　朱 9748　經部/叢編
十三經古註二百九十卷　(明)葛鼒　(明)金蟠校　明崇禎十二年(1639)金蟠刻清同治八年(1869)浙江書局重修本　九冊　存三種

330000－1705－0017403　朱 9136　子部/儒家類/儒學之屬/禮教/家訓
澄懷園語四卷　(清)張廷玉撰　清同治七年(1868)張師亮刻本　一冊

330000－1705－0017404　朱 8482　子部/雜著類/雜考之屬
十駕齋養新錄二十卷餘錄三卷　(清)錢大昕撰　清光緒二年(1876)浙江書局刻本　七冊　缺三卷(餘錄一至三)

330000－1705－0017405　朱 9747　經部/叢編
十三經古註二百九十卷　(明)葛鼒　(明)金蟠校　明崇禎十二年(1639)金蟠刻清同治八年(1869)浙江書局重修本　四十一冊　存十種

330000－1705－0017406　朱 8728　史部/編年類/通代之屬
資治通鑑二百九十四卷　(宋)司馬光撰　(元)胡三省音注　(明)陳仁錫評　**通鑑釋文辯誤十二卷**　(元)胡三省撰　明天啟五年(1625)長洲陳仁錫刻本　九冊　存三十一卷(一百三十六至一百四十二、一百四十六至一百六十六、二百六十八至二百七十)

330000－1705－0017407　朱 8110　子部/雜

著類/雜考之屬

校訂困學紀聞集證二十卷 （宋）王應麟撰
（清）閻若璩等箋 （清）萬希槐集證 清嘉慶
二十四年（1819）胡氏山壽齋刻本 十冊

330000－1705－0017409 朱 0046 子部/藝
術類/書畫之屬

筆嘯軒書畫錄二卷 （清）胡積堂輯 清道光
徽州乙照齋刻本 二冊

330000－1705－0017410 朱 8106 史部/傳
記類/科舉錄之屬/諸貢錄

增補貢舉考畧二種 （清）黃崇蘭輯 （清）趙
學曾續輯 清道光元年（1821）姑蘇經義堂刻
本 一冊 存一種

330000－1705－0017411 朱 9634 經部/小
學類/文字之屬/說文

**說文通訓定聲十八卷分部柬韻一卷說雅一卷
古今韻準一卷** （清）朱駿聲撰 （清）朱鏡蓉
參訂 **行述一卷** 朱孔彰撰 清道光二十九
年（1849）刻咸豐元年（1851）朱孔彰臨嘯閣補
刻本 二十七冊

330000－1705－0017412 朱 8496 類叢部/
叢書類/自著之屬

率祖堂叢書八種附六種 （宋）金履祥撰 清
雍正至乾隆金華金氏刻光緒十三年（1887）鎮
海謝駿德補刻本 十冊 存附一種

330000－1705－0017413 朱 9425 子部/宗
教類/佛教之屬/經

大方廣佛華嚴經八十卷 （唐）釋實叉難陀譯
華嚴經普賢行願品一卷 （唐）釋般若譯
復菴和尚華嚴綸貫一卷 （宋）釋復菴撰 **修
華嚴懺九會請佛結壇儀一卷** （唐）釋慧覺錄
華嚴普賢行願懺儀一卷 （宋）釋淨源編
清刻本 二十八冊

330000－1705－0017414 朱 9010 史部/地
理類/專志之屬/古跡

二樓小志四卷 （清）程元愈輯 （清）汪越
（清）沈廷璐補輯 **二樓紀畧四卷** （清）佟賦
偉撰 清康熙五十九年（1720）刻本 二冊
存四卷（二樓紀畧一至四）

330000－1705－0017415 朱 8435 子部/農
家農學類/總論之屬

農政全書六十卷 （明）徐光啓撰 清道光
二十三年（1843）王壽康曙海樓刻本 二十
四冊

330000－1705－0017416 朱 8130 史部/傳
記類/科舉錄之屬/硃卷

[道光至光緒]浙江歷代硃卷不分卷 清道光
至光緒刻本 十四冊

330000－1705－0017417 朱 9785、朱 2651
類叢部/叢書類/自著之屬

春在堂全書三十六種 （清）俞樾撰 清同治
至光緒刻光緒末彙印本 二十六冊 存十
一種

330000－1705－0017418 朱 9772、朱 9773、
朱 0396、朱 0397、朱 7767、朱 7691、朱 7693、朱
6044、朱 2456 類叢部/叢書類/彙編之屬

函海一百五十二種 （清）李調元編 清乾隆
綿州李氏萬卷樓刻嘉慶十四年（1809）李鼎元
重校印本 六十三冊 存六十七種

330000－1705－0017419 朱 9755、朱 9974、
朱 9997 經部/叢編

通志堂經解一百四十種 （清）納蘭成德輯
清康熙十九年（1680）納蘭成德刻本 二百四
十九冊 存七十五種

330000－1705－0017420 朱 9754 經部/
叢編

通志堂經解一百四十種 （清）納蘭成德輯
清康熙十九年（1680）納蘭成德刻本 三百二
十冊 存一百一種

330000－1705－0017421 朱 8240、朱 8240－1、
朱 8241、朱 8242、朱 8243 史部/政書類/儀制
之屬/專志/科舉校規

欽定學堂章程不分卷 （清）張百熙等編 清
末刻本 五冊

330000－1705－0017423 朱 7963 子部/儒
家類/儒學之屬/性理

御纂性理精義十二卷 （清）李光地等纂修

清康熙五十六年(1717)内府刻本　五冊

330000－1705－0017424　朱9684　經部/易類/傳說之屬

周易指三十八卷易例一卷易圖五卷易斷辭一卷附錄一卷　(清)端木國瑚撰　清道光刻本　二十冊

330000－1705－0017426　朱8444　子部/雜著類/雜考之屬

湛園札記四卷　(清)姜宸英撰　清嘉慶蕣元堨鶴麓山房刻本　二冊

330000－1705－0017427　朱8445　子部/雜著類/雜考之屬

湛園札記四卷　(清)姜宸英撰　清嘉慶蕣元堨鶴麓山房刻本　二冊

330000－1705－0017428　朱8144　類叢部/叢書類/彙編之屬

武英殿聚珍版書一百三十八種　清乾隆武英殿木活字印本　一冊　存一種

330000－1705－0017429　朱8373、朱2687　史部/紀傳類/正史之屬

漢書疏證三十六卷後漢書疏證三十卷　(清)沈欽韓撰　清光緒二十六年(1900)浙江官書局刻本　十三冊　存二十卷(漢書疏證三至十三、後漢書疏證一至九)

330000－1705－0017430　朱8934　子部/小說家類/雜事之屬

世說新語八卷　(南朝宋)劉義慶撰　(南朝梁)劉孝標注　(明)張懋辰訂　明萬曆刻本　一冊　存二卷(五至六)

330000－1705－0017431　朱8481　子部/儒家類/儒學之屬/經濟

黃梨洲先生明夷待訪錄一卷　(清)黃宗羲撰　清刻本　一冊

330000－1705－0017432　朱7974　集部/別集類/清別集

鮚埼亭集三十八卷全謝山先生經史問答十卷外編五十卷　(清)全祖望撰　**全氏世譜一卷**　**年譜一卷**　(清)董秉純撰　清嘉慶九年

(1804)餘姚史夢蛟借樹山房刻本　二冊　存十一卷(全謝山先生經史問答一至十、全氏世譜)

330000－1705－0017433　朱8653　史部/紀傳類/別史之屬

名山藏一百九卷　(明)何喬遠輯　明崇禎福建沈猶龍等刻本　二冊　存四卷(典謨記三至四、六至七)

330000－1705－0017434　朱8480　史部/傳記類/總傳之屬/斷代

黃梨洲先生思舊錄一卷　(清)黃宗羲撰　清乾隆鄭性刻本　一冊

330000－1705－0017435　朱9635　經部/四書類/總義之屬/傳說

四書明儒大全精義三十八卷　(明)湯傳楫撰　清康熙四十四年(1705)刻本　十六冊

330000－1705－0017437　朱8493、朱0473、朱6812、朱8299　類叢部/叢書類/自著之屬

甌北全集八種　(清)趙翼撰　清乾隆至嘉慶湛貽堂刻本　三十四冊　存四種

330000－1705－0017438　朱8540－1　子部/小說家類/異聞之屬

酉陽雜俎二十卷續集十卷　(唐)段成式撰　清光緒三年(1877)湖北崇文書局刻本　二冊　存十卷(續集一至十)

330000－1705－0017439　朱8437　類叢部/類書類/通類之屬

初學記三十卷　(唐)徐堅等輯　明嘉靖十年(1531)安國桂坡館刻本　三冊　存七卷(一至七)

330000－1705－0017441　朱8539　子部/小說家類/異聞之屬

酉陽雜俎二十卷續集十卷　(唐)段成式撰　清道光二十九年(1849)小嬛嬛山館刻本　六冊

330000－1705－0017442　朱9126　史部/政書類/公牘檔冊之屬

從公錄一卷從公續錄一卷從公三錄一卷

（清）戴肇辰撰　清同治九年（1870）刻本　一
冊　存一卷（從公三錄）

330000－1705－0017443　朱1041、朱9790－2
類叢部/叢書類/彙編之屬

滂喜齋叢書五十種　（清）潘祖蔭編　清同治
至光緒吳縣潘氏京師刻本　三十六冊

330000－1705－0017444　朱9790－1、朱
2676　類叢部/叢書類/彙編之屬

滂喜齋叢書五十種　（清）潘祖蔭編　清同治
至光緒吳縣潘氏京師刻本　二十冊　存三十
二種

330000－1705－0017445　朱9067、朱9185
子部/雜著類/雜考之屬

煙嶼樓讀書志十六卷筆記八卷　（清）徐時棟
撰　清光緒三十四年（1908）鄞縣徐氏蘧學齋
鉛印本　十六冊

330000－1705－0017446　朱8196　史部/編
年類/通代之屬

續編資治宋元綱目大全二十七卷　（明）商輅
等撰　明刻本　五冊　存十二卷（三至七、二
十一至二十七）

330000－1705－0017447　朱8472、朱8471
類叢部/叢書類/家集之屬

洪氏晦木齋叢書二十一種　（清）洪汝奎編
清同治八年至宣統元年（1869－1909）刻本
六冊　存一種

330000－1705－0017448　朱9788　經部/小
學類/訓詁之屬/群雅

廣雅疏證十卷　（清）王念孫撰　清嘉慶刻本
五冊　缺五卷（六下、七上至下、十上至下）

330000－1705－0017450　朱8487　史部/傳
記類/總傳之屬/通代

尚友錄二十二卷　（明）廖用賢輯　清康熙刻
本　十一冊

330000－1705－0017451　朱9071　子部/雜
著類/雜說之屬

寶存四卷　（清）胡式鈺撰　清道光二十一年
（1841）刻本　四冊

330000－1705－0017452　朱9790　類叢部/
叢書類/彙編之屬

滂喜齋叢書五十種　（清）潘祖蔭編　清同治
至光緒吳縣潘氏京師刻本　二十九冊　存四
十六種

330000－1705－0017453　朱8413　史部/雜
史類/斷代之屬

戰國策三十三卷　（漢）高誘注　重刻剡川姚
氏本戰國策札記三卷　（清）黃丕烈撰　清光
緒三年（1877）永康胡氏退補齋刻本　六冊

330000－1705－0017454　朱8451　類叢部/
類書類/通類之屬

玉海二百卷附刻辭學指南四卷詩攷一卷詩地
理攷六卷漢藝文志攷證十卷通鑑地理通釋十
四卷漢制攷四卷踐阼篇集解一卷姓氏急就篇
二卷小學紺珠十卷六經天文編二卷周書王會
補注一卷通鑑答問五卷　（宋）王應麟撰　清
光緒刻本　一冊　存一卷（詩攷）

330000－1705－0017455　朱3554　子部/儒
家類

子思子七卷　（清）黃以周輯　（漢）鄭玄注
清刻紅印樣本　清朱其濬校　二冊　存三卷
（一至三）

330000－1705－0017456　朱3552　經部/三
禮總義類/通論之屬

禮書通故五十卷　（清）黃以周撰　清光緒十
九年（1893）黃氏試館刻朱印本　二冊　存一
卷（四十九）

330000－1705－0017457　朱8500　新學/
幼學

文學興國策二卷　（美國）林樂知譯　清光緒
二十二年（1896）圖書集成局鉛印本　一冊

330000－1705－0017458　朱9676　經部/四
書類/總義之屬/傳說

四書章句集註二十六卷　（宋）朱熹撰　四書
家塾讀本句讀一卷四書章句集註定本辨一卷
（清）吳英撰　四書章句附考四卷　（清）吳
志忠輯　清嘉慶十六年（1811）璜川吳氏真意
堂刻朱印本　八冊

330000 – 1705 – 0017459　朱 9168　集部/別集類/清別集

古微堂文集十卷　（清）魏源撰　（清）黃象離輯　清宣統元年(1909)上海國學扶輪社鉛印本　四冊　缺三卷(外集六至八)

330000 – 1705 – 0017461　朱 8649　史部/雜史類/斷代之屬

戰國策十卷　（宋）鮑彪校注　（元）吳師道補正　明萬曆九年(1581)張一鯤刻本　二冊　存三卷(五、九至十)

330000 – 1705 – 0017462　朱 8415　子部/藝術類/書畫之屬/書法書品

漢溪書法通解八卷　（清）戈守智撰　清乾隆霽雲閣刻本　五冊　存七卷(一至七)

330000 – 1705 – 0017463　朱 8590　子部/藝術類/書畫之屬/法帖

淳化祕閣法帖考正十卷附二卷　（清）王澍撰　清雍正詩鼎齋刻乾隆印本　一冊　存五卷(一至五)

330000 – 1705 – 0017464　朱 9242　史部/雜史類/斷代之屬

南疆繹史勘本三十卷首二卷　（清）溫睿臨撰　（清）李瑤勘定　**繹史摭遺十八卷卹諡考八卷**　（清）李瑤撰　清道光十年(1830)泥活字印本　十六冊

330000 – 1705 – 0017465　朱 8611　類叢部/叢書類/彙編之屬

汙筠齋叢書第一集(蘭芬齋叢書初集)四種　(清)秦鑑編　清嘉慶三年至四年(1798 – 1799)嘉定秦氏刻本　一冊　存一種

330000 – 1705 – 0017466　朱 2320　史部/目錄類/書志之屬

集諸家評點續藏書目錄六卷　清抄本　三冊

330000 – 1705 – 0017467　朱 9158　類書類/通類之屬

省軒考古類編十二卷　（清）柴紹炳撰　（清）姚廷謙評　清雍正四年(1726)刻本　四冊

330000 – 1705 – 0017468　朱 9236　史部/史抄類

讀史鏡古編三十二卷　（清）潘世恩輯　清道光鳳池園刻本　八冊

330000 – 1705 – 0017470　朱 9791　經部/春秋左傳類/傳說之屬

春秋左傳五十卷　（晉）杜預　（宋）林堯叟注釋　（唐）陸德明音義　（明）鍾惺　（明）孫鑛　（明）韓范評點　清刻本　九冊　存三十八卷(四至二十一、二十六至四十一、四十七至五十)

330000 – 1705 – 0017471　朱 7178　子部/醫家類/類編之屬

脈草經絡五種彙編　（清）刁鳳巖編　清刻本　一冊　存二種

330000 – 1705 – 0017472　朱 9235　類叢部/叢書類/彙編之屬

高安朱文端公校輯藏書(朱文端公藏書)十三種　（清）朱軾撰輯　清康熙至乾隆刻彙印本　八冊　存一種

330000 – 1705 – 0017473　朱 8537　子部/儒家類/儒學之屬/經濟

大學衍義四十三卷　（宋）真德秀撰　明崇禎武陵楊鶚刻清乾隆重修本　八冊

330000 – 1705 – 0017474　朱 8982　類叢部/叢書類/彙編之屬

尚白齋鐫陳眉公寶顏堂祕笈十七種　（明）陳繼儒編　明萬曆刻本　一冊　存二種

330000 – 1705 – 0017475　朱 9152　史部/傳記類/日記之屬

道西齋日記二卷(清光緒十三年)　王詠霓撰　清光緒十三年(1887)徽休屯鎮同文堂刻本　一冊

330000 – 1705 – 0017476　朱 9267　史部/紀傳類/正史之屬

史記一百三十卷方望溪平點史記四卷　（漢）司馬遷撰　（明）歸有光評點　（清）方苞評點　清光緒二年至四年(1876 – 1878)武昌張氏刻本　二十冊

330000－1705－0017479　朱 9141　經部/小學類/音韻之屬/韻書

佩文詩韻釋要五卷　（清）周兆基輯　（清）陸漁笙重輯　（清）姜遇鴻校刊　清光緒九年（1883）甘肅姜氏刻本　二冊

330000－1705－0017480　朱 9763、朱地 0013－4　類叢部/叢書類/自著之屬

洪北江全集二十一種　（清）洪亮吉撰　清光緒三年至五年（1877－1879）洪用懃授經堂刻本　六十二冊　存十九種

330000－1705－0017481　朱 9759、朱地 0013　類叢部/叢書類/自著之屬

洪北江全集　（清）洪亮吉撰　清光緒三年至五年（1877－1879）洪用懃授經堂刻光緒十五年（1889）湖北官書處印本　七十九冊　存二十種

330000－1705－0017482　朱 7203　子部/雜家類

顏瘤子二卷　（清）張節撰　清刻本　二冊

330000－1705－0017484　朱 8509　子部/儒家類/儒學之屬/性理

慈溪黃氏日抄分類九十七卷古今紀要十九卷　（宋）黃震撰　清乾隆三十二年（1767）刻本　一冊　存四卷（古今紀要五至八）

330000－1705－0017485　朱 9222　史部/紀傳類/別史之屬

七家後漢書　（清）汪文臺輯　清光緒八年（1882）太平崔國榜等刻本　六冊

330000－1705－0017486　朱 9239　類叢部/叢書類/彙編之屬

邵武徐氏叢書二十三種　（清）徐幹編　清光緒邵武徐氏刻本　十九冊　存十五種

330000－1705－0017487　朱 9798　經部/禮記類/傳說之屬

禮記集解六十一卷尚書顧命解一卷　（清）孫希旦撰　清咸豐十年至同治七年（1860－1868）瑞安孫氏盤谷草堂刻本　十八冊　缺六卷（一至六）

330000－1705－0017488　朱 8530、朱 9967　經部/小學類/音韻之屬/古今韻說

古今韻略五卷　（清）邵長蘅撰　清初刻本　三冊　存三卷（三至五）

330000－1705－0017489　朱 7148　經部/叢編

經玩四種　（清）沈淑撰　清雍正三年（1725）常熟沈氏孝德堂刻本　一冊　存一種

330000－1705－0017490　朱 8629　史部/紀傳類/正史之屬

二十一史二千五百六十七卷　明萬曆二十四年（1596）南京國子監刻明清遞修本　七冊　存一種

330000－1705－0017491　朱 9280　史部/傳記類/總傳之屬/忠孝

忠義紀聞錄三十卷　（清）陳繼聰撰　清光緒八年（1882）刻本　陳氏題記　八冊

330000－1705－0017492　朱 9248　史部/傳記類/科舉錄之屬/歷科登科錄

歷朝狀元錄二卷歷朝狀元錄條存一卷補遺一卷　（清）沈一清編　清光緒二年（1876）刻本　二冊

330000－1705－0017493　朱 7191　類叢部/類書類/專類之屬

酉山柿三卷　（清）王顯曾輯　**酉山臬二卷**　（清）王嘉璧輯　清刻本　一冊　存二卷（酉山臬一至二）

330000－1705－0017494　朱 9281　史部/紀傳類/別史之屬

十國春秋一百十四卷　（清）吳任臣撰　**拾遺一卷備攷一卷　拾遺備攷補**　（清）周昂輯　清乾隆五十八年（1793）昭文周氏刻清嘉慶四年（1799）補刻光緒顧氏小石山房印本　二十四冊

330000－1705－0017495　朱 9803　經部/樂類/樂理之屬

樂書二百卷目錄二十卷　（宋）陳暘撰　清光緒二年（1876）方濬師廣州菊坡精舍刻本　十

四冊　存一百六十九卷(十四至二十四、二十六至一百一十九、一百三十一至一百八十八、一百九十五至二百)

330000－1705－0017496　朱9224　史部/紀傳類/正史之屬

十七史一千五百七十四卷　(明)毛晉編　明崇禎元年至十七年(1628－1644)琴川毛氏汲古閣刻清順治五年至十三年(1648－1656)重修本　十六冊　存一種

330000－1705－0017497　朱9252　史部/雜史類/斷代之屬

國語二十一卷　(三國吳)韋昭注　**校刊明道本韋氏解國語札記一卷**　(清)黃丕烈撰　**明道本考異四卷**　(清)汪遠孫撰　清光緒三年(1877)永康胡氏退補齋刻本　四冊

330000－1705－0017498　朱9276　集部/小說類/長篇之屬

東周列國全志二十三卷一百八回　(清)蔡奡評點　清咸豐四年(1854)書成山房刻本　二十三冊　缺一卷(二十三)

330000－1705－0017499　朱9251　新學/史志/別國史

節本泰西新史攬要八卷　(英國)李提摩太譯　周慶雲節錄　清光緒二十七年(1901)周慶雲夢坡室刻本　二冊

330000－1705－0017500　朱9275　史部/傳記類/總傳之屬/仕宦

貳臣傳十二卷逆臣傳四卷　(清)國史館撰　清都城琉璃廠半松居士刻本　五冊　存十卷(三至十二)

330000－1705－0017501　朱9231　史部/史評類/史論之屬

史畧歌論十二卷首一卷　(清)裴曰和輯　清道光二十一年(1841)聰訓堂木活字印本　六冊

330000－1705－0017502　朱9249　史部/地理類/水利之屬

安瀾紀要二卷迴瀾紀要二卷　(清)徐端撰

清嘉慶十八年(1813)刻本　三冊　缺一卷(迴瀾紀要下)

330000－1705－0017504　朱9274　史部/詔令奏議類/奏議之屬

彭剛直公奏稿八卷　(清)彭玉麟撰　(清)俞樾輯　清光緒十七年(1891)吳下刻本　五冊　存六卷(一至六)

330000－1705－0017505　朱9306　史部/雜史類/通代之屬

宋遼金元別史五種　(清)席世臣輯　清乾隆至嘉慶南沙席氏掃葉山房刻本　四冊　存一種

330000－1705－0017506　朱9268　史部/傳記類/總傳之屬/技藝

宋元以來畫人姓氏錄三十六卷首一卷　(清)魯駿編　清道光十年(1830)刻本　十二冊　存十六卷(首、一至十五)

330000－1705－0017507　朱9232　史部/史評類/史論之屬

史學提要輯注四卷史學提要四卷　(宋)黃繼善撰　(清)狄寬輯註　清乾隆二十八年(1763)刻嘉慶十一年(1806)重修本　四冊

330000－1705－0017508　朱9244　史部/政書類/邦計之屬/鹽法

淮鹺備要十卷附行鹽疆界圖一卷　(清)李澄輯　清道光三年(1823)刻本　二冊

330000－1705－0017509　朱9233　史部/紀傳類/正史之屬

遼金元三史語解四十六卷　清光緒四年(1878)江蘇書局刻本　八冊

330000－1705－0017510　朱9246　史部/編年類/斷代之屬

紀元編三卷末一卷　(清)李兆洛撰　(清)六承如輯　清道光十一年(1831)武進李兆洛輯學齋刻本　三冊

330000－1705－0017511　朱9805　史部/政書類

適可齋記行六卷　(清)馬建忠撰　清光緒刻

本　一冊　存四卷（三至六）

330000－1705－0017512　朱9271、朱9272
類叢部/叢書類/彙編之屬

南菁書院叢書四十一種　王先謙　繆荃孫編
清光緒十四年（1888）江陰南菁書院刻本
十四冊　存五種

330000－1705－0017513　朱9210　子部/儒
家類/儒學之屬/性理

思辨錄輯要前集二十二卷後集十三卷　（清）
陸世儀撰　清康熙尊道堂刻本　四冊

330000－1705－0017514　朱9258　類叢部/
叢書類/自著之屬

庸庵全集七種　（清）薛福成撰　清光緒十年
至二十四年（1884－1898）無錫薛氏刻本　四
冊　存一種

330000－1705－0017515　朱9225　史部/編
年類/斷代之屬

續資治通鑑長編拾補六十卷　（清）秦緗業輯
注　清光緒九年（1883）浙江書局刻本　十
六冊

330000－1705－0017516　朱9760－1　類叢
部/叢書類/自著之屬

北江全集七種　（清）洪亮吉撰　清乾隆至嘉
慶刻彙印本　六冊　存三種

330000－1705－0017517　朱9266　史部/傳
記類/別傳之屬/碑傳

阿育王傳五卷　（晉）釋安法欽譯　清刻本
一冊

330000－1705－0017518　朱9257　類叢部/
叢書類/自著之屬

文道十書四種十二卷　（清）陳景雲撰　清乾
隆十九年（1754）蔣良騏刻本　一冊　存二種

330000－1705－0017519　朱9301　史部/傳
記類/總傳之屬/釋道

神僧傳九卷　（明）成祖朱棣撰　明刻本　一
冊　存四卷（六至九）

330000－1705－0017521　朱9234　史部/雜

史類/斷代之屬

明季北略二十四卷南略十八卷　（清）計六奇
撰　清都城琉璃廠半松居士木活字印本　十
六冊

330000－1705－0017522　朱9300　史部/史
抄類

兩晉南北合纂四十卷　（明）錢岱輯　明萬曆
刻本　三冊　缺二十七卷（晉書纂一至十六、
北齊纂一至三、北魏纂一至五、南宋纂一至
三）

330000－1705－0017523　朱9255　經部/小
學類/訓詁之屬/方言

越諺三卷越諺賸語二卷　（清）范寅輯　清光
緒八年（1882）谷應山房刻本　三冊

330000－1705－0017524　朱8635　史部/紀
傳類/正史之屬

漢書一百卷　（漢）班固撰　（唐）顏師古注
（明）鍾人傑輯評　明萬曆四十七年（1619）鍾
人傑刻本　二冊　存八卷（五十二至五十六、
六十二至六十四）

330000－1705－0017525　朱7107　子部/藝
術類/書畫之屬/法帖

宋拓薛少保書信行禪師碑一卷　（唐）薛稷書
清宣統三年（1911）珂羅版印本　一冊

330000－1705－0017526　朱9245、朱9247
史部/傳記類/總傳之屬/列女

列女傳八卷　（漢）劉向撰　（清）梁端校注
清道光十七年（1837）錢塘汪氏振綺堂刻同治
十三年（1874）汪曾學補刻本　四冊

330000－1705－0017527　朱9760－3　類叢
部/叢書類/自著之屬

北江全集七種　（清）洪亮吉撰　清乾隆至嘉
慶刻彙印本　一冊　存一種

330000－1705－0017528　朱9760－2　類叢
部/叢書類/自著之屬

北江全集七種　（清）洪亮吉撰　清乾隆至嘉
慶刻彙印本　四冊　存三種

330000－1705－0017529　朱7926　史部/傳

記類/總傳之屬/斷代

欽定勝朝殉節諸臣錄十二卷首一卷 清嘉慶二年(1797)謝啟昆刻本 四冊 缺五卷(八至十二)

330000－1705－0017530 朱 9220 史部/雜史類/斷代之屬

海東逸史十八卷 (清)翁洲老民撰 清光緒十年(1884)慈谿楊泰亨經畬塾刻本 二冊

330000－1705－0017531 朱 9284 史部/紀傳類/正史之屬

漢書疏證三十六卷後漢書疏證三十卷 (清)沈欽韓撰 清光緒二十六年(1900)浙江官書局刻本 十六冊 存三十卷(後漢書疏證一至三十)

330000－1705－0017532 朱 7112 史部/紀傳類/別史之屬

金源剳記二卷又剳一卷史論五答一卷吉貝居暇唱一卷 (清)施國祁撰 清嘉慶十七年(1812)、二十一年(1816)潯溪施國祁吉貝居刻本 朱鼎煦題記 一冊

330000－1705－0017533 朱 9285、朱 9286 類叢部/叢書類/自著之屬

潛研堂全書十六種 (清)錢大昕撰 清乾隆至嘉慶刻本 二冊 存二種

330000－1705－0017534 朱 9219 史部/政書類/儀制之屬/專志/謚法

國朝館選爵里謚法考六卷 (清)吳鼎雯輯 (清)勞崇光等續輯 清道光二十八年(1848)刻本 六冊

330000－1705－0017535 朱 9370 子部/醫家類/眼科之屬

傅氏眼科審視瑤函六卷首一卷附前賢醫案一卷 (明)傅仁宇撰 (明)林長生校補 清醉畊堂本 六冊

330000－1705－0017536 朱 8643 史部/傳記類/總傳之屬/仕宦

宋名臣言行錄前集十卷後集十四卷續集八卷別集二十六卷外集十七卷 (宋)□□輯 清

刻本 一冊 存六卷(別集八下至十三下)

330000－1705－0017537 朱 9328 史部/傳記類/總傳之屬/技藝

繪林伐材十卷 (清)王宸輯 清乾隆刻本 四冊

330000－1705－0017538 朱 9287 史部/詔令奏議類/奏議之屬

註陸宣公奏議十五卷首一卷 (唐)陸贄撰 (宋)郎曄注 清光緒七年(1881)歸安姚氏咫進齋刻本 四冊

330000－1705－0017539 朱 6902 子部/宗教類/佛教之屬/經疏

佛說阿彌陀經要解一卷 (後秦)釋鳩摩羅什譯 (清)釋智旭解 清刻本 一冊

330000－1705－0017540 朱 9227 史部/傳記類/總傳之屬/仕宦

宋名臣言行錄前集十卷後集十四卷續集八卷別集二十六卷外集十七卷 (宋)□□輯 清道光歙縣洪氏續學堂刻同治七年(1868)臨川桂氏重修本 十二冊

330000－1705－0017541 朱 9323 史部/地理類/雜志之屬

清嘉錄十二卷 (清)顧祿撰 清道光十年(1830)刻本 四冊

330000－1705－0017542 朱 9289 史部/傳記類/別傳之屬/事狀

貞孝錄不分卷 (清)汪萃宗等輯 清乾隆通文堂刻本 一冊

330000－1705－0017543 朱 9320 類叢部/類書類/通類之屬

廣事類賦四十卷 (清)華希閔撰 清乾隆二十九年(1764)劍光閣刻本 六冊

330000－1705－0017544 朱 9211 史部/傳記類/總傳之屬/斷代

文獻徵存錄十卷 (清)錢林撰 清咸豐八年(1858)有嘉樹軒刻本 七冊 存七卷(一至五、九至十)

330000 – 1705 – 0017545　朱 9382　史部/傳記類/別傳之屬/年譜

朱子年譜四卷考異四卷　（清）王懋竑撰　**朱子論學切要語二卷**　（清）王懋竑輯　清乾隆十七年(1752)寶應王氏白田草堂刻本　清施堯臣題記　四冊　缺四卷(考異一至四)

330000 – 1705 – 0017546　朱 1054　子部/醫家類/方書之屬/單方驗方

藥方類二卷　（明）吳近山輯　清抄本　二冊

330000 – 1705 – 0017547　朱 9303　類叢部/叢書類/郡邑之屬

嶺南遺書五十九種　（清）伍元薇編　清道光十一年至同治二年(1831 – 1863)南海伍氏粵雅堂文字歡娛室刻光緒三十三年(1907)彙印本　九冊　存一種

330000 – 1705 – 0017548　朱 0635　類叢部/類書類/專類之屬

麗句集四卷　（明）許之吉輯　清抄本　四冊

330000 – 1705 – 0017549　朱 9332　子部/雜著類/雜說之屬

池北偶談二十六卷　（清）王士禎撰　清康熙文梓堂刻本　六冊

330000 – 1705 – 0017550　朱 9820、朱 9943、朱 10005　類叢部/叢書類/彙編之屬

功順堂叢書　（清）潘祖蔭編　清光緒吳縣潘氏刻本　三十二冊　存十八種

330000 – 1705 – 0017551　朱 9228　史部/傳記類/總傳之屬/仕宦

宋名臣言行錄前集十卷後集十四卷續集八卷別集二十六卷外集十七卷　（宋）□□輯　清道光元年(1821)歙縣洪氏續學堂刻本　十一冊

330000 – 1705 – 0017553　朱 9295　經部/小學類/文字之屬/字書/字典

字彙補十二集附拾遺一卷　（清）吳任臣輯　清康熙五年(1666)彙賢齋刻本　六冊　缺一卷(拾遺)

330000 – 1705 – 0017554　朱 7210　子部/雜著類/雜說之屬

娑羅園清語一卷　（明）屠隆撰　清乾隆三十八年(1773)刻本　一冊

330000 – 1705 – 0017555　朱 9780　子部/農家農學類/園藝之屬/總志

佩文齋廣羣芳譜一百卷目錄二卷　（清）汪灝等撰　清康熙四十七年(1708)內府刻本　四十二冊　存九十一卷(一至十二、十五至四十九、五十二至五十五、五十八至八十三、八十五至八十六、八十九至一百)

330000 – 1705 – 0017556　朱 9855　集部/別集類/宋別集

鄮峯真隱漫錄五十卷　（宋）史浩撰　（宋）周鑄編　**史子樸語十卷**　（宋）史彌大撰　清光緒二十六年(1900)鄞縣史氏木活字印本　七冊　缺十四卷(一、二十六至三十八)

330000 – 1705 – 0017557　朱 6903　子部/宗教類/佛教之屬/諸宗

念佛開心頌一卷　（清）釋古崑撰　清刻本　一冊

330000 – 1705 – 0017558　朱 9386　類叢部/叢書類/自著之屬

曾文正公全集十五種　（清）曾國藩撰　清同治至光緒傳忠書局刻本　二冊　存一種

330000 – 1705 – 0017559　朱 9868 – 1、朱 9666、朱 5358、朱 8510　類叢部/叢書類/彙編之屬

觀自得齋叢書二十三種別集六種　（清）徐士愷編　清光緒十三年至二十年(1887 – 1894)石埭徐氏刻本　七冊　存十種

330000 – 1705 – 0017560　朱 6904　子部/宗教類/佛教之屬/諸宗

永明禪師念佛訣一卷禪淨平心論一卷獨讚淨土論一卷　（清）釋古崑摘錄　**天如禪師淨土或問一卷**　（元）釋惟則撰　清光緒十年(1884)杭州昭慶寺慧空經房刻本　一冊

330000 – 1705 – 0017561　朱 2243　子部/雜著類/雜說之屬

宋赭南先生文論不分卷 （清）宋日達撰 清
乾隆五十年（1785）抄本 一冊

330000－1705－0017562 朱4415、朱4428、
朱9868、朱地163－2、朱7923 類叢部/叢書
類/彙編之屬

觀自得齋叢書二十三種別集六種 （清）徐士
愷編 清光緒十三年至二十年（1887－1894）
石埭徐氏刻本 二十二冊 存二十八種

330000－1705－0017563 朱9778、朱7481、
朱7505 類叢部/叢書類/彙編之屬

佚存叢書十七種 （日本）林衡編 清光緒八
年（1882）上海黃氏木活字印本 三十六冊
缺一卷（蒙求三）

330000－1705－0017564 朱9871、朱7788
類叢部/叢書類/彙編之屬

玉簡齋叢書二十二種 羅振玉輯 清宣統二
年（1910）上虞羅氏刻本 八冊 存十三種

330000－1705－0017565 朱9339 子部/天
文曆算類/天文之屬

御製曆象考成後編十卷 （清）顧琮等輯 清
光緒二十二年（1896）勵志書屋刻本 十冊

330000－1705－0017566 朱9383 子部/醫
家類/方書之屬/單方驗方

驗方新編十八卷 （清）鮑相璈等輯 清光緒
十七年（1891）日本橫濱中華會館鉛印本
一冊

330000－1705－0017567 朱9770 類叢部/
叢書類/自著之屬

焦氏遺書十種附一種 （清）焦循撰 清嘉慶
至道光江都焦氏雕菰樓刻光緒二年（1876）衡
陽魏氏補刻本 四十七冊 缺七卷（尚書補
疏一至二、毛詩補疏一至五）

330000－1705－0017568 朱9326 子部/
叢編

二十二子（二十二子彙函） （清）浙江書局編
清光緒元年至三年（1875－1877）浙江書局
刻本 六冊 存一種

330000－1705－0017569 朱6906 子部/宗
教類/佛教之屬/諸宗

阿彌陀佛四十八願頌一卷 （清）釋古崑頌
（清）釋維退等錄 清光緒十五年（1889）寧波
西方寺戀西堂刻本 一冊

330000－1705－0017570 朱9346 子部/雜
著類/雜說之屬

草木子四卷 （明）葉子奇撰 清光緒四年至
五年（1878－1879）葉氏居德堂刻本 二冊

330000－1705－0017572 朱9312 類叢部/
類書類/通類之屬

事類賦三十卷 （宋）吳淑撰並注 清乾隆五
十四年（1789）刻本 六冊

330000－1705－0017573 朱7207 類叢部/
叢書類/自著之屬

陳一齋全集五種 （清）陳梓撰 清嘉慶二十
年至二十一年（1815－1816）胡氏敬義堂刻本
二冊 存一種

330000－1705－0017575 朱9331 史部/政
書類/律令之屬/律例

故唐律疏議三十卷 （唐）長孫無忌等撰 律
音義一卷 （宋）孫奭等撰 宋提刑洗冤集錄
五卷 （宋）宋慈編 清光緒十七年（1891）江
蘇書局刻本 八冊

330000－1705－0017576 朱9762、朱9867、
朱9937 類叢部/叢書類/自著之屬

柏堂遺書（方柏堂全集）八種附一種 （清）方
宗誠撰 清光緒元年至十二年（1875－1886）
桐城方氏刻本 六十二冊

330000－1705－0017577 朱9377 子部/醫
家類/喉科口齒之屬/喉痧

疫痧草三卷 （清）陳耕道撰 時疫白喉捷要
一卷 （清）張紹修撰 嘉興徐子默先生吊腳
痧論一卷 （清）徐子默撰 清光緒二十八年
（1902）刻本 一冊

330000－1705－0017578 朱9336 史部/政
書類/掌故瑣記之屬

靈泉筆記一卷補遺一卷附錄一卷 （清）朱坤
撰 清乾隆刻本 一冊

330000－1705－0017579　朱 9364　經部/禮記類/傳說之屬

禮記集說十卷　（元）陳澔撰　清光緒十一年(1885)五融經館重校刻本　十冊

330000－1705－0017580　朱 9774、朱 9779、朱 9845　類叢部/叢書類/彙編之屬

十萬卷樓叢書五十一種　（清）陸心源編　清光緒歸安陸氏刻本　九十七冊　存五十種

330000－1705－0017581　朱 9380　子部/醫家類/綜合之屬/通論

醫醇賸義四卷醫方論四卷　（清）費伯雄撰　清光緒三年(1877)刻本　二冊　存四卷(醫方論一至四)

330000－1705－0017582　朱 0713　史部/傳記類/日記之屬

大梅山館日記不分卷　（清）姚燮撰　稿本　二冊

330000－1705－0017583　朱 9330　子部/天文曆算類/算書之屬

增補百雞術衍十六卷　（清）陳賢佑撰　清光緒二十五年(1899)己百齋刻本　六冊

330000－1705－0017584　朱 9367　經部/三禮總義類/通禮雜禮之屬

禮書一百五十卷　（宋）陳祥道撰　清光緒二年(1876)廣州菊坡精舍刻本　十四冊

330000－1705－0017585　朱 9294　史部/傳記類/總傳之屬/仕宦

兩浙令長攷三卷　（清）董沛撰　清光緒七年(1881)刻本　一冊

330000－1705－0017586　朱 9291　史部/史表類/通代之屬

歷代帝王年表一卷紀元同異攷略一卷　黃大華撰　清光緒二十六年(1900)夢紅豆村刻本　一冊

330000－1705－0017587　朱 9342　史部/地理類/雜志之屬

瀛壖雜志六卷　（清）王韜撰　清光緒元年(1875)刻本　二冊

330000－1705－0017588　朱 9823　類叢部/叢書類/彙編之屬

振綺堂叢書初集十種二集十二種　（清）□□輯　清光緒二十年(1894)、宣統二年(1910)泉唐汪氏刻本暨鉛印本　四冊　存二集八種

330000－1705－0017589　朱 9338　子部/道家類

莊子內篇註四卷　（明）釋德清撰　清光緒十四年(1888)金陵刻經處刻本　二冊

330000－1705－0017590　朱 9290　類叢部/叢書類/彙編之屬

金峩山館叢書(望三益齋叢書)十一種　（清）郭傳璞編　清光緒八年至十六年(1882－1890)鄞郭氏刻二十年(1894)鎮海邵氏彙印本　一冊　存二種

330000－1705－0017591　朱 8057　史部/史評類/史論之屬

學報史不分卷　清刻本　一冊

330000－1705－0017592　朱 9334　史部/傳記類/科舉錄之屬/總錄

清秘述聞十六卷　（清）法式善編　清嘉慶四年(1799)刻本　四冊　存十二卷(一至六、九至十四)

330000－1705－0017593　朱 9366　經部/小學類/文字之屬/字書/字體

篆字彙十二卷　（清）佟世男編　清康熙刻本　十二冊

330000－1705－0017594　朱 9333　史部/傳記類/總傳之屬/忠孝

增訂繪像日記故事不分卷唐王中書教孝歌不分卷新增日記故事不分卷　清刻本　一冊

330000－1705－0017595　朱 1013　集部/別集類/清別集

啟悟集不分卷　清槐卿抄本　一冊

330000－1705－0017596　朱 9230　類叢部/叢書類/自著之屬

振綺堂遺書五種　（清）汪遠孫撰　清道光刻民國十一年(1922)錢唐汪氏彙印本　六冊

存一種

330000－1705－0017597　　朱 0837　　經部/易
類/傳說之屬

易論不分卷　（清）李陳玉撰　清抄本　一冊

330000－1705－0017598　　朱 9381　　子部/醫
家類/醫案之屬

吳醫彙講十一卷　（清）唐大烈輯　清乾隆五
十七年(1792)刻本　四冊　缺二卷(十至十
一)

330000－1705－0017599　　朱 9827　　類叢部/
叢書類/彙編之屬

宜稼堂叢書七種　（清）郁松年編　清道光二
十年至二十二年(1840－1842)上海郁氏刻本
三十三冊　存三種

330000－1705－0017600　　朱 9322、朱 9202
子部/儒家類/儒學之屬/性理

敷文閣彙鈔　（清）龍萬育輯　清道光五年
(1825)成都龍氏敷文閣刻本　四冊　存二種

330000－1705－0017601　　朱 0617　　經部/易
類/易占之屬

博物揚眉二卷　（清）朱懋功彙編　清抄本
二冊

330000－1705－0017602　　朱 9832、朱 9833
集部/別集類/清別集

**養一齋集二十六卷首一卷劄記九卷詞三卷詩
話十卷李杜詩話三卷四書文不分卷試帖一卷**
（清）潘德輿撰　清道光至同治刻本　二冊
存六卷(詞一至三、詩話一至三)

330000－1705－0017603　　朱 9379　　子部/醫
家類/外科之屬

解圍元藪四卷　（明）沈之問輯　清嘉慶二十
一年(1816)孫德堂刻本　四冊

330000－1705－0017604　　朱 1059　　子部/雜
著類/雜說之屬

劫餘隨筆□□卷　（清）郭傳璞撰　清金戈山
館抄本　二冊　存二卷(一、七)

330000－1705－0017605　　朱 9804　　經部/小

學類

小學類編六種附三種合五十九卷　（清）李祖
望編　清咸豐至光緒江都李氏半歊園刻本
八冊　存六種附一種

330000－1705－0017606　　朱 9829　　經部/詩
類/傳說之屬

詩瀋二十卷　（清）范家相撰　清乾隆三十九
年(1774)古趣亭刻本　二冊

330000－1705－0017607　　朱 9831　　子部/儒
家類/儒學之屬/禮教

**聰訓齋語二卷恆產瑣言一卷飯有十二合說一
卷**　（清）張英撰　清光緒九年(1883)資州寶
硯齋刻本　朱鼎煦題記　一冊

330000－1705－0017609　　朱 9801、朱 9802
經部/叢編

仿宋相臺五經九十六卷附考證　清同治三年
(1864)南海廊九我堂刻本　八冊　存二種

330000－1705－0017611　　朱 9321　　類叢部/
叢書類/彙編之屬

結一廬朱氏賸餘叢書四種　（清）朱澂編　清
光緒三十一年(1905)仁和朱氏刻本　二十冊

330000－1705－0017612　　朱 9363　　新學/史
志/戰記

**中東戰紀本末八卷首一卷末一卷續編四卷首
一卷末一卷三編四卷**　（美國）林樂知撰並譯
蔡爾康輯　**文學興國策二卷**　（美國）林樂
知譯　清光緒二十二年(1896)、二十三年
(1897)、二十六年(1900)上海廣學會鉛印本
十二冊　缺六卷(三編一至四、文學興國策
上至下)

330000－1705－0017613　　朱 9378　　類叢部/
叢書類/彙編之屬

長恩書室叢書十九種　（清）莊肇麟編　清咸
豐四年(1854)新昌莊氏過客軒刻本　一冊
存一種

330000－1705－0017614　　朱 9777、朱 1983
類叢部/叢書類/彙編之屬

經訓堂叢書二十一種　（清）畢沅編　清乾隆

至嘉慶鎮洋畢氏刻本　三十二冊　存十八種

330000－1705－0017615　朱1011　史部/金石類/總志之屬

寒山堂金石林時地考二卷部目一卷　（明）趙均撰　清道光十年（1830）抄本　二冊

330000－1705－0017616　朱0729　子部/藝術類/書畫之屬/畫法畫品

畫繼十卷　（宋）鄧椿撰　清抄本　二冊

330000－1705－0017617　朱9538　子部/天文曆算類/算書之屬

同文算指通編八卷　（意大利）利瑪竇授（明）李之藻演　明刻本　二冊　存七卷（二至八）

330000－1705－0017618　朱9350　經部/禮記類/分篇之屬

蔡氏月令二卷　（漢）蔡邕撰　（清）蔡雲輯清道光四年（1824）王氏刻本　二冊

330000－1705－0017619　朱9297　類叢部/類書類/專類之屬

漢唐事箋十二卷後集八卷　（元）朱禮撰　清道光二年（1822）南城胡氏刻本　四冊

330000－1705－0017620　朱6669　類叢部/類書類/通類之屬

玉海二百四卷附刻十三種　（宋）王應麟撰**校補玉海瑣記二卷王深寧先生年譜一卷**（清）張大昌撰　清光緒九年至十六年（1883－1890）浙江書局刻本　二冊　存四卷（急就篇一至四）

330000－1705－0017621　朱1036　子部/宗教類/道教之屬

俞石澗易外別傳一卷陰符經一卷呂純陽真人沁園春丹詞一卷　（元）俞琰撰　清抄本　清魏文沉題記　一冊

330000－1705－0017622　朱9349、朱2672、朱2846　類叢部/叢書類/彙編之屬

春暉堂叢書十二種　（清）徐渭仁編　清道光至咸豐上海徐渭仁刻同治九年至十年（1870－

1871）徐允臨補刻彙印本　六冊　存五種

330000－1705－0017623　朱9375　子部/宗教類/道教之屬/經文

玉樞經籥二十四卷首一卷末一卷　（清）姚燮撰　清光緒十九年（1893）四明敦陸堂陳氏刻本　四冊　缺八卷（九至十六）

330000－1705－0017624　朱9307　類叢部/叢書類/自著之屬

儆居遺書十一種　（清）黃式三撰　清同治至光緒刻本　三冊　存一種

330000－1705－0017625　朱1062　子部/宗教類/佛教之屬/諸宗

禪宗永嘉集二卷　（唐）釋玄覺撰　（宋）釋行靖注　清抄本　一冊

330000－1705－0017626　朱9348　類叢部/叢書類/自著之屬

郭氏叢刻十三種　（清）郭柏蒼撰　清光緒刻本　三冊　存一種

330000－1705－0017627　朱9456、朱5437、朱2666　類叢部/叢書類/彙編之屬

二酉堂叢書（張氏叢書）二十一種　（清）張澍輯　清道光元年（1821）武威張氏二酉堂刻本　三冊　存六種

330000－1705－0017628　朱0813　史部/傳記類/總傳之屬/姓名

歷代名畫姓氏韻編四卷　（清）朱昆田撰　清康熙四十九年（1710）稿本　四冊

330000－1705－0017629　朱9344　子部/天文曆算類/算書之屬

矩齋籌算六種附一種　勞乃宣撰　清光緒十二年至二十六年（1886－1900）桐鄉勞氏刻朱墨套印本　四冊　存一種

330000－1705－0017630　朱9439　類叢部/類書類/通類之屬

讀書紀數略五十四卷　（清）宮夢仁輯　清康熙四十六年至四十七年（1707－1708）維揚宮夢仁刻本　十四冊　存四十四卷（十一至五十四）

330000－1705－0017631　朱 9450　子部/儒家類/儒學之屬/性理

正蒙二卷 （宋）張載撰　（清）李光地注　清刻本　二冊

330000－1705－0017632　朱 9455　集部/詩文評類/制藝之屬

制義叢話二十四卷題名一卷 （清）梁章鉅撰　清咸豐九年(1859)刻本　六冊　存十八卷(五至二十二)

330000－1705－0017633　朱 9766　類叢部/叢書類/彙編之屬

學津討原一百七十三種 （清）張海鵬編　清嘉慶十年(1805)虞山張氏照曠閣刻本　十二冊　存十二種

330000－1705－0017634　朱 9296　類叢部/類書類/專類之屬

王先生十七史蒙求十六卷 （宋）王令撰　清道光二十八年(1848)粵東文雅齋刻本　四冊

330000－1705－0017635　朱 9427　子部/醫家類/針灸之屬/通論

鍼灸大成十卷 （明）楊繼洲撰　清末紫文閣刻本　七冊　存七卷(四至十)

330000－1705－0017636　朱 9448　子部/醫家類/類編之屬

醫書六種 （清）徐大椿撰　清乾隆半松齋刻本　七冊　存四種

330000－1705－0017637　朱 9404　子部/雜著類/雜說之屬

餘冬錄六十一卷 （明）何孟春撰　清同治三年(1864)大興邵綏名恭壽堂刻本　十六冊

330000－1705－0017638　朱 9373　子部/醫家類/方書之屬/成方藥目

胡慶餘堂丸散膏丹全集不分卷 （清）胡光墉編　清光緒三年(1877)杭州胡慶餘堂刻本　一冊

330000－1705－0017639　朱 9537　新學/兵制/槍炮

礮乘新法三卷首一卷圖一卷 （英國）製造官局撰　舒高第口譯　（清）鄭昌棪筆述　清光緒江南製造局刻本　四冊　存三卷(礮乘新法一至三)

330000－1705－0017640　朱 9345　新學/算學/代數

代數術二十五卷首一卷 （英國）華里司輯　(英國)傅蘭雅口譯　（清）華蘅芳筆述　清同治十二年(1873)江南製造總局刻本　六冊

330000－1705－0017641　朱 9449　子部/醫家類/內科之屬

證治彙補八卷 （清）李用粹撰　清光緒十八年(1892)簡玉山房刻本　七冊　缺一卷(二)

330000－1705－0017643　朱 5423、朱 5424、朱 5425、朱 5537、朱 9764、朱 4653　類叢部/叢書類/彙編之屬

學津討原一百七十三種 （清）張海鵬編　清嘉慶十年(1805)虞山張氏照曠閣刻本　八十六冊　存三十九種

330000－1705－0017644　朱 9374　子部/道家類

南華真經副墨八卷讀南華經雜說一卷 （明）陸西星撰　明萬曆六年(1578)李齊芳刻本　六冊　存七卷(副墨一至七)

330000－1705－0017645　朱 9535　子部/雜著類/雜說之屬

瀛舟筆談十二卷首一卷 （清）阮亨仲撰　清嘉慶二十五年(1820)刻本　四冊

330000－1705－0017646　朱 9451　子部/醫家類/類編之屬

東垣十書 清映旭齋刻本　九冊　存七種

330000－1705－0017647　朱 9556　史部/雜史類/通代之屬

重訂路史全本四十七卷 （宋）羅泌撰　（宋）羅苹注　（明）吳弘基等重編　清刻本　七冊　存十五卷(餘論一至十、發揮二至六)

330000－1705－0017648　朱 9372　類叢部/叢書類/家集之屬

續溪胡氏叢書十種 （清）胡培系編　清同治

十年至光緒二年(1871-1876)世澤樓刻本暨木活字印本　一冊　存一種

330000-1705-0017649　朱9532　子部/雜著類/雜說之屬

輟耕錄三十卷　(明)陶宗儀撰　明刻清初廣文堂印本　七冊　缺四卷(一至四)

330000-1705-0017650　朱9560　史部/傳記類/總傳之屬/儒林

理學宗傳二十六卷　(清)孫奇逢撰　(清)魏一鼇等編　清康熙六年(1667)刻孫夏峯全集本　存齋題記　十一冊　存二十四卷(一至五、八至二十六)

330000-1705-0017651　朱9525　子部/雜著類/雜纂之屬

槐廳載筆二十卷　(清)法式善撰　清嘉慶刻本　五冊　缺三卷(一至三)

330000-1705-0017652　朱9559　子部/儒家類/儒家之屬

荀子二十卷首一卷　(唐)楊倞注　王先謙集解　清光緒十七年(1891)刻本　四冊　存十四卷(二至十二、十八至二十)

330000-1705-0017653　朱9516　經部/叢編

鄭氏佚書四種　(漢)鄭玄撰　(清)袁鈞輯　清光緒十年(1884)四明觀稼樓刻本　四冊

330000-1705-0017654　朱9850、朱9851　經部/三禮總義類/通禮雜禮之屬

讀禮通考一百二十卷　(清)徐乾學撰　清康熙三十五年(1696)徐氏刻本　三十八冊

330000-1705-0017655　朱9787　子部/叢編

二十二子(二十二子彙函)　(清)浙江書局編　清光緒元年至三年(1875-1877)浙江書局刻本　六十八冊　存十九種

330000-1705-0017656　朱9849　經部/三禮總義類/通禮雜禮之屬

五禮通考二百六十二卷首四卷總目二卷　(清)秦蕙田撰　清光緒六年(1880)江蘇書局

刻本　三十九冊　存一百四卷(首一至四、一至九十八、總目一至二)

330000-1705-0017657　朱3079、朱2678、朱9243　類叢部/叢書類/自著之屬

心齋十種　(清)任兆麟撰　清乾隆五十年至五十五年(1785-1790)震澤任氏忠敏家塾刻本　三冊　存八種

330000-1705-0017658　朱9841　史部/政書類/通制之屬

大清會典一百六十二卷　(清)伊桑阿等纂修　清康熙刻本　四十冊　存一百二卷(十七至一百十八)

330000-1705-0017659　朱9843、朱9844　史部/政書類/通制之屬

九通二千三百二十一卷　(清)□□輯　清光緒八年至二十二年(1882-1896)浙江書局刻本　一百十七冊　存二種

330000-1705-0017660　朱9873　經部/群經總義類/傳說之屬

古經解鉤沉三十卷　(清)余蕭客撰　清乾隆六十年(1795)刻道光二十年(1840)京江魯氏重修本　十一冊　缺二卷(十九至二十)

330000-1705-0017661　朱9842　史部/政書類/通制之屬

文獻通考三百四十八卷　(元)馬端臨撰　明刻映旭齋印本　一百十八冊

330000-1705-0017662　朱9874　經部/群經總義類/傳說之屬

古經解鉤沉三十卷　(清)余蕭客撰　清乾隆六十年(1795)刻本　八冊

330000-1705-0017663　朱9357、朱9994-1　子部/儒家類/儒學之屬/性理

朱子原訂近思錄集注十四卷考訂朱子世家一卷　(清)江永撰　清光緒十四年(1888)廣雅書局刻本　二冊　存六卷(十至十四、考訂朱子世家)

330000-1705-0017665　朱9355　類叢部/叢書類/彙編之屬

欣賞編十種　　（明）沈津編　　明萬曆八年
(1580)茅一相刻本　一冊　存一種

330000－1705－0017666　朱9955　經部/小
學類/文字之屬/說文

說文解字義證五十卷　　（清）桂馥撰　清同治
九年(1870)湖北崇文書局刻本　　五冊　存八
卷(一至三、六、四十二至四十三、四十六至四
十七)

330000－1705－0017668　朱2048　子部/雜
著類/雜說之屬

草木子四卷　　（明）葉子奇撰　　清光緒四年至
五年(1878－1879)葉氏居德堂刻本　一冊
存二卷(一至二)

330000－1705－0017670　朱9354　子部/藝
術類/遊藝之屬/棋弈

四子譜二卷　　（清）過百齡輯　　清乾隆五十一
年(1786)金閶書業堂刻本　　二冊

330000－1705－0017671　朱9840　史部/紀
傳類/正史之屬

二十四史附考證　清乾隆武英殿刻本　　三十
八冊　存一種

330000－1705－0017672　朱3509　新學/算
學/微積

代微積拾級十八卷　　（美國）羅密士撰　　（英
國）偉烈亞力口譯　　（清）李善蘭筆述　清咸
豐九年(1859)上海墨海書館刻本　　三冊

330000－1705－0017673　朱9353、朱9972、
朱9340、朱9542、朱9504　類叢部/叢書類/彙
編之屬

文選樓叢書三十三種　　（清）阮亨編　清嘉慶
至道光阮元刻道光二十二年(1842)阮亨彙印
本　十七冊　存五種

330000－1705－0017674　朱9212　子部/雜
著類/雜說之屬

娑羅園清語一卷　　（明）屠隆撰　　清乾隆三十
八年(1773)刻本　　一冊

330000－1705－0017676　朱9595　子部/宗
教類/道教之屬

先天五老上帝演說消災解難免刦真經不分卷
清刻本　　一冊

330000－1705－0017677　朱9564　子部/藝
術類/書畫之屬/畫譜

海上名家畫稿不分卷　　（清）張熊等繪　清光
緒刻本　　一冊

330000－1705－0017678　朱9507－1　新學/
重學/重學

重學二十卷圓錐曲線說三卷　　（英國）艾約瑟
口譯　清同治五年(1866)刻本　　五冊

330000－1705－0017679　朱9359　史部/政
書類/通制之屬

文獻通考詳節二十四卷　　（元）馬端臨撰
（清）嚴虞惇輯　清乾隆二十九年(1764)嚴有
禧繩武堂刻本　　八冊

330000－1705－0017680　朱9540　子部/藝
術類/書畫之屬/畫譜

八龍山人畫譜不分卷　　（清）戴熙等繪　清末
刻本　　一冊

330000－1705－0017681　朱9352　子部/雜
著類/雜考之屬

困學紀聞注二十卷　　（清）翁元圻撰　清道光
五年(1825)餘姚翁氏守福堂刻本　　十四冊

330000－1705－0017682　朱9563　新學/算
學/數學

代形合參三卷坿一卷　　（美國）羅密士撰
（美國）潘慎文譯　謝洪賚筆述　清光緒二十
四年(1898)上海美華書館鉛印本　　一冊

330000－1705－0017683　朱4572　史部/雜
史類/通代之屬

重訂路史全本四十七卷　　（宋）羅泌撰　　（宋）
羅苹注　　（明）吳弘基等重編　清嘉慶六年
(1801)酉山堂刻本　　十八冊

330000－1705－0017685　朱9351　子部/宗
教類/佛教之屬/總錄

御選語錄十九卷　　（清）世宗胤禛輯　清光緒
四年(1878)金陵刻經處刻本　　十四冊

330000－1705－0017686　朱0957　史部/傳記類/總傳之屬/儒林

明儒學案六十二卷師說一卷附案一卷　（清）黃宗羲撰　清康熙三十年（1691）萬言、三十二年（1693）賈樸、雍正十三年至乾隆四年（1735－1739）慈溪鄭性二老閣刻本　徐時棟題記　二十冊

330000－1705－0017687　朱9201　史部/史評類/史論之屬

增定笠翁論古四卷　（清）李漁撰　清康熙刻本　二冊

330000－1705－0017688　朱0403　子部/天文曆算類/算書之屬

九章算術細草圖說九卷海島算經細草圖說一卷　（三國魏）劉徽注　（唐）李淳風等注釋（清）李潢細草　（清）沈欽裴補草　清嘉慶二十五年（1820）語鴻堂刻本　六冊　缺二卷（五至六）

330000－1705－0017689　朱9388　史部/傳記類/別傳之屬/年譜

病榻夢痕錄二卷　（清）汪輝祖撰　清嘉慶刻本　二冊

330000－1705－0017690　朱8450　史部/傳記類/總傳之屬/郡邑

三世鄉賢錄不分卷　清咸豐刻本　一冊

330000－1705－0017691　朱0953　新學/算學/微積

代微積拾級十八卷　（美國）羅密士撰　（英國）偉烈亞力口譯　（清）李善蘭筆述　清咸豐九年（1859）上海墨海書館刻本　三冊

330000－1705－0017693　朱9848　經部/三禮總義類/通禮雜禮之屬

五禮通考二百六十二卷首四卷總目二卷（清）秦蕙田撰　清乾隆二十六年（1761）金匱秦蕙田味經窩刻本　四十七冊　存一百三十七卷（首一至四，一至一百三十一、二百十五至二百十六）

330000－1705－0017694　朱9534　史部/金石類/總志之屬/圖像

西清古鑑四十卷錢錄十六卷　（清）梁詩正（清）蔣溥等纂修　清乾隆十六年（1751）武英殿刻本　十冊　存十二卷（西清古鑑甲編六至九、十二，錢錄十至十六）

330000－1705－0017695　朱1245　子部/天文曆算類/算書之屬

增刪算法統宗十一卷首一卷　（明）程大位撰　（清）梅瑴成增刪　**重刊梅文穆公增刪算法統宗校算記一卷**　（清）賈步緯撰　清光緒三年（1877）江南製造局刻本　四冊

330000－1705－0017696　朱5619　子部/雜著類/雜考之屬

日知錄三十二卷　（清）顧炎武撰　清康熙三十四年（1695）潘耒遂初堂刻本　十二冊

330000－1705－0017698　朱9896　類叢部/類書類/專類之屬

春秋經傳類聯三十三卷　（清）王繩曾撰（清）屈作梅補注　清嘉慶七年（1802）紉蘭堂刻本　二冊

330000－1705－0017699　朱9949　史部/政書類/律令之屬/刑制

大清宣統新法令不分卷　商務印書館輯　清宣統二年至三年（1910－1911）上海商務印書館鉛印本　十四冊

330000－1705－0017700　朱9393　新學/兵制/陸軍

臨陣管見九卷　（普魯士）斯拉弗司撰　（美國）金楷理口譯　（清）趙元益筆述　清光緒江南製造局刻本　四冊

330000－1705－0017701　朱9863　經部/春秋左傳類/傳說之屬

東萊先生左氏博議二十五卷　（宋）呂祖謙撰　**虛字註釋備考六卷**　（清）張文炳點定　清道光十九年（1839）錢唐瞿氏清吟閣刻本　六冊

330000－1705－0017702　朱5014　子部/雜著類/雜考之屬

十駕齋養新錄二十卷餘錄三卷 （清）錢大昕撰 錢辛楣先生年譜一卷 （清）錢大昕編 (清)錢慶曾校注 竹汀居士年譜續編一卷 (清)錢慶曾撰 清光緒二年(1876)浙江書局刻本 八冊

330000－1705－0017703 朱10018 子部/醫家類/喉科口齒之屬/白喉

洞主仙師白喉治法忌表抉微一卷 （清）耐修子輯並注 清光緒二十四年(1898)江南書局刻本 一冊

330000－1705－0017705 朱10017 子部/醫家類/喉科口齒之屬/喉痧

疫痧草三卷 （清）陳耕道撰 時疫白喉捷要一卷 （清）張紹修撰 嘉興徐子默先生吊腳痧論一卷 （清）徐子默撰 清光緒二十八年(1902)刻本 一冊

330000－1705－0017706 朱8935 子部/小說家類/雜事之屬

世說新語三卷 （南朝宋）劉義慶撰 （南朝梁）劉孝標注 明萬曆刻本 一冊 存一卷（下之下）

330000－1705－0017707 朱9865 經部/小學類/訓詁之屬/爾雅

爾雅正義二十卷 （清）邵晉涵撰 爾雅釋文三卷 （唐）陸德明撰 清乾隆五十三年(1788)餘姚邵氏面水層軒刻本 七冊 缺三卷（爾雅釋文一至三）

330000－1705－0017708 朱0846 子部/天文曆算類/算書之屬

行素軒算稿九種 （清）華蘅芳撰 清光緒八年(1882)梁溪華氏刻本 六冊 缺六卷（學算筆談七至十二）

330000－1705－0017709 朱9921 經部/禮記類/傳說之屬

禮記集解六十一卷 （清）孫希旦撰 清咸豐十年至同治七年(1860－1868)瑞安孫氏盤谷草堂刻本 六冊 存二十卷（一至二十）

330000－1705－0017710 朱0952 子部/天

文曆算類/算書之屬

衡齋算學遺書合刻 （清）汪萊撰 清咸豐四年(1854)夏燮鄱陽縣署刻本 二冊

330000－1705－0017711 朱9834 類叢部/叢書類/彙編之屬

湖海樓叢書十二種 （清）陳春編 清嘉慶蕭山陳氏刻二十四年(1819)彙印本 二十九冊 存十一種

330000－1705－0017712 朱9859 經部/四書類/總義之屬/傳說

四書續談內編二卷補一卷外編二卷補一卷 (清)戚學標撰 清嘉慶二十四年(1819)四明青照樓刻本 二冊 缺一卷（外編補）

330000－1705－0017713 朱9888 集部/總集類/尺牘之屬

昭代名人尺牘二十四卷小傳二十四卷 （清）吳修輯 清光緒三十四年(1908)西泠印社影印本 一冊 存二十四卷（小傳一至二十四）

330000－1705－0017714 朱9507 子部/天文曆算類/算書之屬

則古昔齋算學十三種二十四卷 （清）李善蘭編 清同治六年(1867)海寧李善蘭金陵刻本 五冊 存十一種

330000－1705－0017715 朱9986 史部/政書類/通制之屬

續文獻通考二百五十四卷 （明）王圻撰 明萬曆三十一年(1603)曹時聘、許維新刻本（卷一百七十四至一百七十八抄配） 二十冊 存五十五卷（三十一至三十二、三十六至四十二、七十九至八十、九十六至一百、一百四至一百二十一、一百五十六至一百五十七、一百七十四至一百七十八、一百九十八至二百九、二百五十三至二百五十四）

330000－1705－0017716 朱9919 經部/周禮類/傳說之屬

周禮精華六卷 （清）陳龍標輯 清嘉慶十六年(1811)刻寧郡簡香齋印本 五冊 存五卷（一至五）

330000－1705－0017717　朱 10026　子部/醫家類/方書之屬/單方驗方

四科簡效方四卷　（清）王士雄撰　清光緒十一年(1885)越州徐氏刻本　一冊　存一卷（一）

330000－1705－0017718　朱 9507－2　子部/天文曆算類/算書之屬

則古昔齋算學十三種二十四卷　（清）李善蘭編　清同治六年(1867)海寧李善蘭金陵刻本　二冊　存四種

330000－1705－0017720　朱 9918　經部/春秋總義類/傳說之屬

黃太史訂正春秋大全三十七卷年表序論圖說一卷　（明）胡廣等撰　（明）黃際飛校訂　清康熙五十年(1711)郁郁堂刻本　十五冊　存三十六卷(一至三十五、三十八)

330000－1705－0017721　朱 10024　子部/醫家類/兒科之屬/通論

保赤要言五卷首一卷　王德森輯　清宣統二年(1910)刻民國八年(1919)印本　一冊

330000－1705－0017722　朱 9926　經部/小學類/文字之屬/字書/字典

康熙字典十二集三十六卷總目一卷檢字一卷辨似一卷等韻一卷補遺一卷備考一卷　（清）張玉書等纂修　清康熙刻本　六冊　存六卷(卯集上中、辰集上、未集中下、申集中)

330000－1705－0017723　朱 9915　子部/雜著類/雜考之屬

煙嶼樓讀書志十六卷筆記八卷　（清）徐時棟撰　清光緒三十四年(1908)鄞縣徐氏蓬學齋鉛印本　七冊　存二十一卷(煙嶼樓讀書志四至十六、筆記一至八)

330000－1705－0017724　朱 9866、朱 2448、朱 5162　類叢部/叢書類/自著之屬

春在堂全書三十六種　（清）俞樾撰　清同治至光緒刻光緒末彙印本　五十冊　存八種

330000－1705－0017725　朱 9927　經部/小學類/文字之屬/字書/字典

康熙字典十二集三十六卷總目一卷檢字一卷辨似一卷等韻一卷補遺一卷備考一卷　（清）張玉書等纂修　清康熙刻本　十四冊　存十六卷(子集上下、卯集中下、申集上中下、未集中下、辰集上中下, 總目,檢字,辨似,等韻)

330000－1705－0017726　朱 9978　經部/易類/傳說之屬

周易廣義四卷圖一卷　（清）鄭敷教撰　清康熙二十三年(1684)松月樓刻本　三冊　缺二卷(三至四)

330000－1705－0017727　朱 9882　經部/叢編

通志堂經解一百四十種　（清）納蘭成德輯　清康熙十九年(1680)納蘭成德刻本　四冊　存一種

330000－1705－0017728　朱 8440　類叢部/叢書類/彙編之屬

津逮祕書十五集一百四十種　（明）毛晉編　明崇禎虞山毛氏汲古閣刻本　一冊　存二種

330000－1705－0017729　朱 9508　子部/天文曆算類/算書之屬

幾何原本十五卷　（意大利)利瑪竇　（英國)偉烈亞力口譯　（明)徐光啟　（清)李善蘭筆受　清同治四年(1865)金陵刻本　八冊

330000－1705－0017730　朱 9508－1　子部/天文曆算類/算書之屬

幾何原本十五卷　（意大利)利瑪竇　（英國)偉烈亞力口譯　（明)徐光啟　（清)李善蘭筆受　清同治四年(1865)金陵刻本　六冊　存十二卷(四至十五)

330000－1705－0017731　朱 9980　經部/小學類/文字之屬/字書/通論

字學舉隅不分卷　（清)黃本驥　（清)龍啟瑞撰　清道光二十六年(1846)刻本　一冊

330000－1705－0017732　朱 4117、朱 9906、朱 7814　類叢部/叢書類/自著之屬

郝氏遺書三十三種　（清)郝懿行撰　清嘉慶至光緒刻彙印本　十八冊　存六種

330000－1705－0017733　朱9981、朱9421　集部/別集類/宋別集

司馬文正公傳家集八十卷目錄二卷　（宋）司馬光撰　**年譜一卷附錄一卷**　（清）陳弘謀編　清乾隆六年（1741）桂林陳氏培遠堂刻本　六冊　存四十三卷（四十至八十、年譜、附錄）

330000－1705－0017734　朱9990　史部/編年類/斷代之屬

東華錄一百九十五卷（天命朝至雍正朝）續錄四百三十卷（乾隆朝至同治朝）　王先謙編　清光緒刻本　四冊　存八卷（咸豐五至八、四十八至四十九、八十二至八十三）

330000－1705－0017735　朱9883　類叢部/類書類/通類之屬

淵鑑類函四百五十卷目錄四卷　（清）張英（清）王士禎等輯　清康熙刻本　一百四十一冊

330000－1705－0017736　朱9884　類叢部/類書類/通類之屬

淵鑑類函四百五十卷目錄四卷　（清）張英（清）王士禎等輯　清康熙刻本　八冊　存二十五卷（四十四至六十三、七十三至七十七）

330000－1705－0017737　朱9975　經部/詩類/傳說之屬

詩經集傳八卷　（宋）朱熹撰　清光緒十九年（1893）浙江書局刻本　四冊

330000－1705－0017738　朱9988　子部/小說家類/異聞之屬

山海經箋疏十八卷圖讚一卷訂譌一卷敘錄一卷　（清）郝懿行撰　清光緒十二年（1886）上海還讀樓刻本　四冊　存十八卷（一至十七、敘錄）

330000－1705－0017739　朱9998　集部/小說類/長篇之屬

新鐫批評出像通俗奇俠禪真逸史八集四十回　（明）方汝浩撰　明末古杭夏履先爽閣刻本　三冊　存三卷（六至八）

330000－1705－0017741　朱9928　史部/編年類/斷代之屬

建炎以來繫年要錄二百卷　（宋）李心傳撰　清光緒五年至八年（1879－1882）仁壽蕭氏刻本　十冊　存三十七卷（一至三十七）

330000－1705－0017742　朱9951　經部/小學類/文字之屬/說文

說文解字注十五卷附六書音韻表五卷　（清）段玉裁撰　**說文部目分韻一卷**　（清）陳煥編　清乾隆至嘉慶段氏經韻樓刻本　九冊　存八卷（三、七至十三）

330000－1705－0017743　朱9991　新學/報章

時務報不分卷　梁啟超等編　清光緒二十二年至二十四年（1896－1898）上海時務報館鉛印本　三十五冊

330000－1705－0017744　朱9976　經部/四書類/總義之屬/傳說

四書反身錄八卷首一卷　（清）李顒撰　清嘉慶二十二年（1817）蕭山湯氏刻本　二冊　缺二卷（一至二）

330000－1705－0017745　朱8436　經部/小學類/文字之屬/字書/字典

康熙字典十二集三十六卷總目一卷檢字一卷辨似一卷等韻一卷補遺一卷備考一卷　（清）張玉書等纂修　清光緒十六年（1890）上海同文書局石印本　六冊

330000－1705－0017747　朱9953　經部/小學類/文字之屬/字書/字體

鐘鼎字源五卷附錄一卷　（清）汪立名撰　清光緒二年至五年（1876－1879）洞庭秦氏麟慶堂刻本　四冊　缺一卷（一）

330000－1705－0017748　朱9968　經部/群經總義類/圖說之屬

五經圖十二卷　（明）盧謙編　（清）盧雲英（清）王皓重編　清雍正二年（1724）盧氏家刻本（卷五至六配清盧元刻本）　六冊

330000－1705－0017749　朱9973　經部/小學類/文字之屬/說文

說文解字十五卷標目一卷 （漢）許慎撰
（宋）徐鉉等校定　清初海虞毛氏汲古閣刻本
二冊

330000－1705－0017750　朱 6328　子部/雜
著類/雜說之屬

草木子四卷　（明）葉子奇撰　清光緒四年至
五年（1878－1879）葉氏居德堂刻本　二冊

330000－1705－0017751　朱 9954　經部/小
學類/文字之屬/說文

苗氏說文四種　（清）苗夔撰　清道光至咸豐
壽陽祁氏漢專亭刻本　二冊　存一種

330000－1705－0017752　朱 0402　子部/天
文曆算類/算書之屬

緝古算經一卷　（唐）王孝通撰並注　**緝古算**
經細草一卷圖解三卷音義一卷　（清）陳杰撰
清道光二十年（1840）斐文堂刻本　二冊

330000－1705－0017753　朱 9993　經部/四
書類/總義之屬/傳說

四書經註集證十九卷　（清）吳昌宗撰　清嘉
慶三年（1798）江都汪廷機刻本　十冊　存十
一卷（論語三至七、孟子一至六）

330000－1705－0017754　朱 0520、朱 8069
類叢部/叢書類/自著之屬

庸庵全集七種　（清）薛福成撰　清光緒十年
至二十四年（1884－1898）無錫薛氏刻本　七
冊　存二種

330000－1705－0017755　朱 9920、朱 9970
經部/春秋左傳類/傳說之屬

讀左補義五十卷首一卷　（清）姜炳璋輯　清
乾隆刻本　十五冊　存四十八卷（首，一至
七、十一至五十）

330000－1705－0017756　朱 9555　史部/傳
記類/總傳之屬/郡邑

兩浙名賢錄六十二卷　（明）徐象梅撰　清光
緒二十六年（1900）浙江書局刻本　十七冊
存十七卷（三至六、九至十九、四十二、六十
一）

330000－1705－0017757　朱 9992　史部/政

書類/通制之屬

通志略五十二卷　（宋）鄭樵撰　清乾隆十三
年（1748）于敏中刻本　二十三冊　缺九卷
（職官略一至三、樂略四至七、禮略三至四）

330000－1705－0017758　朱 9565　新學/格
致總

格致彙編不分卷　（英國）傅蘭雅輯　清光緒
二年至十八年（1876－1892）上海格致書室鉛
印本　十九冊

330000－1705－0017759　朱 1096　集部/別
集類/清別集

四明七觀補註不分卷　（清）陳勱撰　稿本
一冊

330000－1705－0017760　朱 2134　子部/天
文曆算類/天文之屬

重訂天星選擇集要七卷　抄本　一冊

330000－1705－0017761　朱 9608　經部/禮
記類/傳說之屬

禮記集解六十一卷尚書顧命解一卷　（清）孫
希旦撰　清咸豐十年至同治七年（1860－
1868）孫氏盤谷草堂刻本　十六冊

330000－1705－0017762　朱 9911　經部/
叢編

十一經音訓　（清）楊國楨等編　清光緒刻本
十五冊　存九種

330000－1705－0017763　朱 9917　經部/讖
緯類/總義之屬

古微書三十六卷　（明）孫瑴輯　清刻本　三
冊　存十五卷（一至五、二十六至三十五）

330000－1705－0017764　朱 10019　子部/醫
家類/婦科之屬/產科

產科心法二卷　（清）汪喆撰　清道光十二年
（1832）刻本　一冊

330000－1705－0017765　朱 9575、朱 6808
類叢部/叢書類/彙編之屬

半厂叢書初編十種　（清）譚獻編　清同治至
光緒仁和譚氏刻本　七冊　存四種

330000 – 1705 – 0017766　朱 10025　子部/醫家類/喉科口齒之屬/喉痧

爛喉痧痧輯要一卷　（清）金德鑑撰　清光緒十七年(1891)刻本　一冊

330000 – 1705 – 0017767　朱 10016、朱 10022　子部/醫家類/類編之屬

求志居叢書醫家類初集五種二集五種　（清）陳隆澤輯　清光緒二十二年(1896)、二十五年(1899)刻本　二冊

330000 – 1705 – 0017768　朱 9633　經部/群經總義類/傳說之屬

經傳繹義五十卷　（清）陳煒撰　清嘉慶九年(1804)校字齋刻道光九年(1829)補修本　二十四冊

330000 – 1705 – 0017769　朱 9966　經部/小學類/文字之屬/字書/字體

隸篇十五卷續十五卷再續十五卷金石目一卷部目一卷字目一卷　（清）翟云升撰　清道光十七年至十八年(1837 – 1838)五經歲徧齋刻本　九冊　缺四卷(隸篇一、金石目、部目、字目)

330000 – 1705 – 0017770　朱 10000 – 2　子部/藝術類/遊藝之屬/棋弈

受子譜選二卷首一卷　（清）李汝珍輯　清嘉慶刻本　一冊　缺一卷(二)

330000 – 1705 – 0017771　朱 9631　經部/四書類/總義之屬/傳說

四書典林三十卷　（清）江永輯　清乾隆元年(1736)鋤經齋刻本　十冊

330000 – 1705 – 0017772　朱 10000 – 4　子部/藝術類/遊藝之屬/棋弈

殘局類選二卷　（清）錢長澤撰　清乾隆三十五年(1770)暗香書屋刻笙雅堂印本　一冊　存一卷(上)

330000 – 1705 – 0017773　朱 2164　集部/別集類/清別集

悒齋剳記二卷　（清）悒齋撰　清嘉慶稿本　朱鼎煦、寶光題記　一冊

330000 – 1705 – 0017774　朱 9923、朱 9104　類叢部/叢書類/彙編之屬

半厂叢書初編十種　（清）譚獻編　清同治至光緒仁和譚氏刻本　十九冊　存八種

330000 – 1705 – 0017775　朱 10023　子部/醫家類/溫病之屬/瘟疫

霍亂然犀說二卷　（清）許起撰　清光緒十四年(1888)刻本　一冊

330000 – 1705 – 0017776　朱 9561　史部/傳記類/總傳之屬/技藝

墨林今話十八卷　（清）蔣寶齡撰　**墨林今話續編一卷**　（清）蔣茝生撰　清咸豐二年(1852)刻本　五冊　缺四卷(一至四)

330000 – 1705 – 0017777　朱 10000 – 3　子部/藝術類/遊藝之屬/棋弈

受子譜選二卷首一卷　（清）李汝珍輯　清嘉慶刻本　二冊

330000 – 1705 – 0017778　朱 9630　子部/藝術類/書畫之屬/書/書論

隸法彙纂十卷　（清）項懷述編　清乾隆五十一年(1786)小酉山房刻本　四冊

330000 – 1705 – 0017779　朱 10020　子部/醫家類/婦科之屬/產科

達生編二卷補遺一卷　（清）亟齋居士撰　清金師古齋刻本　一冊

330000 – 1705 – 0017780　朱 10000 – 5　子部/藝術類/遊藝之屬/棋弈

奕妙一卷　（清）吳峻輯　**二編一卷**　（清）吳駶輯　清乾隆二十九年(1764)崇雅堂刻本　一冊　存一卷(二編)

330000 – 1705 – 0017781　朱 9552　史部/史抄類

史緯三百三十卷首一卷　（清）陳允錫輯　清康熙刻本　三冊　存八卷(五十七至六十四)

330000 – 1705 – 0017782　朱 9630 – 1　史部/史抄類

廿二史文鈔一百九卷　（清）納蘭常安選評　清乾隆刻本　五冊　存八卷(晉書文鈔一至

七、三國志蜀書文鈔四)

330000－1705－0017783　朱 10028　子部/雜家類

白虎通德論四卷　（漢）班固撰　明天啓六年(1626)郞璧金堂策檻刻本　朱鼎煦批　一冊　存二卷(一至二)

330000－1705－0017784　朱 9938　經部/書類/傳說之屬

書經集傳六卷　（宋）蔡沈撰　清光緒十九年(1893)浙江書局刻本　四冊

330000－1705－0017785　朱 9965　經部/小學類/音韻之屬/古今韻說

古韻標準四卷詩韻舉例一卷　（清）江永編（清）戴震參定　清乾隆三十六年(1771)潮陽縣衙刻本　二冊

330000－1705－0017786　朱 9912　經部/春秋左傳類/傳說之屬

左傳分國纂畧十六卷　（清）盧元昌撰　清康熙二十八年(1689)思美盧刻本　五冊　存十三卷(一至八、十二至十六)

330000－1705－0017787　朱 0525　子部/雜著類/雜考之屬

湛園札記四卷　（清）姜宸英撰　清嘉慶葉元墀鶴麓山房刻本　二冊

330000－1705－0017788　朱 9551　經部/書類/分篇之屬

禹貢錐指二十卷略例一卷圖一卷　（清）胡渭撰　清康熙漱六軒刻本　五冊　存十卷(二至十一)

330000－1705－0017789　朱 10000－6　子部/藝術類/遊藝之屬/棋弈

桃花泉奕譜二卷　（清）范世勳撰　清光緒刻本　一冊　存一卷(一)

330000－1705－0017790　朱 6600、朱 9939　經部/叢編

皇清經解續編一千四百三十卷　王先謙輯　清光緒十五年(1889)上海蜚英館石印本(卷三十原缺)　三十二冊

330000－1705－0017791　朱 10000－1　子部/藝術類/遊藝之屬/棋弈

圍棋近譜四卷　（清）徐星友　（清）黃月天等撰　（清）金楘志輯　清康熙刻本　二冊

330000－1705－0017792　朱 9965－1　經部/小學類/音韻之屬/古今韻說

古韻標準四卷詩韻舉例一卷　（清）江永編（清）戴震參定　清乾隆三十六年(1771)潮陽縣衙刻本　一冊　缺三卷(古韻標準二至四)

330000－1705－0017794　朱 2136　經部/詩類/傳說之屬

詩箋別疑不分卷　（清）姜宸英撰　周南不分卷　清光緒抄本　一冊

330000－1705－0017795　朱 9929　經部/群經總義類/傳說之屬

說經二十六卷說莊三卷說騷一卷說文一卷　（清）韓泰青撰　清乾隆刻本　十四冊　存二十二卷(一、四、七至二十六)

330000－1705－0017796　朱 1076　子部/小說家類/異聞之屬

夜航船二十卷　（清）張岱撰　清抄本　十冊

330000－1705－0017797　朱 1087　子部/藝術類/書畫之屬/畫錄

百家畫苑不分卷　清抄本　一冊

330000－1705－0017798　朱 9964　經部/小學類/文字之屬/說文

說文引經攷證七卷說文引經互異說一卷　（清）陳瑑撰　清同治十三年(1874)湖北崇文書局刻本　二冊

330000－1705－0017799　朱 9905　經部/四書類/總義之屬/傳說

集虛齋四書口義十卷　（清）方犖如撰　（清）于光華編　清乾隆五十三年(1788)新安姚一桂務本堂刻本　三冊　存六卷(一至六)

330000－1705－0017800　朱 9914　子部/儒家類/儒學之屬/性理

淵鑒齋御纂朱子全書六十六卷　（宋）朱熹撰　（清）李光地等輯　清刻本　五冊　存十二

卷（四十至五十一）

330000－1705－0017801　朱1080　子部/農家農學類/農藝之屬

吳蕈譜一卷　（清）吳林撰　**竹譜一卷**　（清）陳鼎撰　**篛卉一卷**　（清）吳崧撰　**徐園秋花譜一卷**　（清）吳儀一撰　清抄本　清王堉題記並批校　一冊

330000－1705－0017803　朱4531　類叢部/叢書類/彙編之屬

平津館叢書六集三十五種　（清）孫星衍編　清嘉慶蘭陵孫氏刻本　一冊　存二種

330000－1705－0017804　朱9962　類叢部/叢書類/自著之屬

番禺陳氏東塾叢書初函四種附一種　（清）陳澧撰　清咸豐至光緒刻本　二冊　存一種

330000－1705－0017805　朱1083　史部/金石類/錢幣之屬/雜著

泉志十五卷　（宋）洪遵撰　清抄本　二冊

330000－1705－0017806　朱9962－1　類叢部/叢書類/自著之屬

番禺陳氏東塾叢書初函四種附一種　（清）陳澧撰　清咸豐至光緒刻本　一冊　存一種

330000－1705－0017807　朱9673　子部/儒家類/儒學之屬/經濟

大學衍義輯要六卷　（宋）真德秀撰　（清）陳弘謀輯　**大學衍義補輯要十二卷首一卷**　（明）邱濬撰　（清）陳弘謀輯　清宣統元年（1909）大學堂鉛印本　十二冊

330000－1705－0017808　朱9907　經部/叢編

十三經註疏附考證　（清）□□輯　清同治十年（1871）廣東書局刻本　二十冊　存五種

330000－1705－0017809　朱1084　子部/醫家類/診法之屬/其他診法

祝由科諸符秘六卷　清抄本　五冊

330000－1705－0017810　朱9426　子部/醫家類/醫經之屬/內經

黃帝內經素問集注九卷　（清）張志聰撰　清刻本　七冊　存七卷（三至九）

330000－1705－0017811　朱9961　經部/小學類/音韻之屬/古今韻說

聲韻攷四卷　（清）戴震撰　清乾隆潮陽縣署刻本　一冊

330000－1705－0017812　朱9617　經部/小學類/音韻之屬/韻書

集韻十卷　（宋）丁度等撰　清康熙四十五年（1706）揚州使院刻嘉慶十九年（1814）桐城方葆巖補刻本　十冊

330000－1705－0017813　朱9581、朱6924　類叢部/叢書類/彙編之屬

惜陰軒叢書三十四種續編一種　（清）李錫齡編　清光緒十四年（1888）長沙惜陰書局刻本　十八冊　存八種

330000－1705－0017814　朱9894　類叢部/叢書類/彙編之屬

風雨樓叢書二十三種　鄧實編　清宣統順德鄧氏鉛印本　三十冊　存十一種

330000－1705－0017815　朱1095　史部/傳記類/別傳之屬/墓誌

慈谿防護先賢祠墓冊不分卷　清抄本　一冊

330000－1705－0017816　朱9447　類叢部/叢書類/彙編之屬

漸西村舍彙刊四十四種　（清）袁昶編　清光緒十六年至二十四年（1890－1898）桐廬袁氏刻本　五冊　存二種

330000－1705－0017817　朱1098　集部/總集類/課藝之屬

衣德樓塾課選鈔不分卷　清抄本　二冊

330000－1705－0017818　朱9935　經部/書類/分篇之屬

禹貢錐指二十卷略例一卷圖一卷　（清）胡渭撰　清康熙漱六軒刻本　四冊　缺九卷（二至十）

330000－1705－0017819　朱9908、朱9910

經部/叢編

十三經單注 清同治七年(1868)湖北崇文書局刻本 十二冊 存二種

330000－1705－0017820 朱9622 子部/醫家類/醫案之屬

吳醫彙講十一卷 (清)唐大烈輯 清乾隆五十七年(1792)刻本 五冊 缺二卷(六至七)

330000－1705－0017822 朱9958 經部/小學類/音韻之屬/古今韻說

古韻溯原八卷 (清)安念祖 (清)華湛恩輯 清道光十九年(1839)親仁堂刻本 七冊 缺一卷(八)

330000－1705－0017823 朱9625、朱3180、朱3179 類叢部/叢書類/自著之屬

甌北全集八種 (清)趙翼撰 清乾隆至嘉慶湛貽堂刻本 三十二冊 存三種

330000－1705－0017824 朱1413 經部/詩類/傳說之屬

詩經解不分卷 抄本 一冊

330000－1705－0017825 朱9957 子部/藝術類/書畫之屬/法帖

草韻彙編二十五卷首一卷 (清)陶南望輯 清乾隆刻本 七冊 缺四卷(二十二至二十五)

330000－1705－0017826 朱1475 集部/總集類/彙編之屬

甡廬偶筆摘錄一卷 (清)陸以湉定 **申江即事詩一卷 木天清課一卷** (清)嚴辰等撰 **餐花室詩摘選一卷** (清)嚴錫康撰 **花韻軒夕陽詩一卷** (清)鮑廷博撰 **四書人名廋詞一卷** (清)徐姜遷撰 清抄本 一冊

330000－1705－0017827 朱9663、朱9664 史部/政書類/通制之屬

建炎以來朝野雜記甲集二十卷乙集二十卷 (宋)李心傳撰 清刻本 八冊

330000－1705－0017828 朱2139 史部/史表類/斷代之屬

殘明宰輔年表一卷 清抄本 一冊

330000－1705－0017829 朱9894、朱7282 類叢部/叢書類/彙編之屬

風雨樓叢書二十五種一百六十六卷 鄧實編 清宣統順德鄧氏鉛印本 五十八冊 缺九卷(唱經堂古詩解、唱經堂釋小雅、書畫說鈴、謫麟堂遺集補遺、梅村文集十六至二十)

330000－1705－0017830 朱2154 集部/詩文評類/詩評之屬

古詩雜說不分卷 清抄本 二冊

330000－1705－0017831 朱9956 經部/小學類/音韻之屬/韻書

康熙甲子史舘新刊古今通韻十二卷 (清)毛奇齡撰 清康熙二十四年(1685)刻本 二冊 存二卷(十一至十二)

330000－1705－0017833 朱2135 子部/雜著類/雜考之屬

博古含英不分卷 清抄本 一冊

330000－1705－0017834 朱9670 經部/易類/傳說之屬

誠齋易傳二十卷 (宋)楊萬里撰 清道光十一年(1831)慈溪葉元墀鶴籠山房刻本 六冊

330000－1705－0017835 朱1136 子部/藝術類/書畫之屬/法帖

鳴野山房彙刻帖目四卷 (清)沈復燦輯 清味經書屋抄本 八冊

330000－1705－0017836 朱9889 子部/醫家類/類編之屬

喻氏醫書三種 (清)喻昌撰 清乾隆黎川陳守誠刻本 十冊 存二種

330000－1705－0017837 朱9627 類叢部/叢書類/家集之屬

高郵王氏著書五種 (清)王念孫 (清)王引之撰 清嘉慶至道光王氏家刻本 十六冊 存一種

330000－1705－0017838 朱9662 經部/春秋公羊傳類/傳說之屬

春秋公羊傳十二卷 (漢)何休注 (明)閔齊伋裁注 **春秋公羊傳攷一卷** (明)閔齊伋撰

明末蔚文堂刻本　三冊

330000－1705－0017839　朱 10021　子部/醫家類/方書之屬/單方驗方

醫方湯頭歌括一卷經絡歌訣一卷　（清）汪昂撰　清刻本　一冊　存一卷（醫方湯頭歌括）

330000－1705－0017840　朱 9594　子部/術數類/相宅相墓之屬

地理臆解二種　（清）金六吉注　清乾隆四十二年(1777)嘉德堂刻本　三冊　存一種

330000－1705－0017841　朱 9669　類叢部/叢書類/家集之屬

侯官陳氏遺書　（清）陳壽祺　（清）陳喬樅撰　清嘉慶至同治三山陳氏刻本　三冊　存一種

330000－1705－0017842　朱 9647　經部/叢編

漢魏二十一家易注三十三卷　（清）孫堂輯　清嘉慶四年(1799)平湖孫堂映雪草堂刻本　四冊

330000－1705－0017843　朱 9618　史部/傳記類/總傳之屬/郡邑

諸暨賢達傳八卷　（清）郭世勳輯　清乾隆三年(1738)刻本　三冊

330000－1705－0017844　朱 9668　經部/詩類/傳說之屬

詩經集傳八卷　（宋）朱熹撰　清末商務印書館鉛印本　四冊

330000－1705－0017846　朱 6994、朱 9900、朱 7376、朱 9671　類叢部/叢書類/彙編之屬

天壤閣叢書二十種　（清）王祖源　（清）王懿榮編　清同治至光緒福山王氏刻彙印本　十七冊　存十三種

330000－1705－0017847　朱 9658　經部/小學類/訓詁之屬/爾雅

爾雅正義二十卷　（清）邵晉涵撰　**爾雅釋文三卷**　（唐）陸德明撰　清乾隆五十三年(1788)餘姚邵氏面水層軒刻本　八冊

330000－1705－0017848　朱 9597　子部/術數類/相宅相墓之屬

八宅明鏡二卷　（清）箬冠道人撰　清乾隆五十五年(1790)刻道光七年(1827)青黎閣印本　二冊

330000－1705－0017849　朱 9598　集部/別集類/唐五代別集

大珠禪師語錄二卷　（唐）釋慧海撰　清光緒十年(1884)刻本　一冊

330000－1705－0017850　朱 9614　經部/小學類/叢編

臨文便覽不分卷　（清）張啟泰輯　清同治十三年(1874)松竹齋刻本　一冊

330000－1705－0017851　朱 10015　子部/醫家類/方書之屬/單方驗方

新刊丹溪心法五卷附錄一卷　（元）朱震亨撰　（明）程充重訂　明嘉靖三十三年(1554)刻本　一冊　存一卷（一）

330000－1705－0017852　朱 1138　經部/春秋穀梁傳類/傳說之屬

穀梁大義述補闕不分卷　（清）張慰祖撰　清抄本　二冊

330000－1705－0017854　朱 9644、朱 9645　史部/傳記類/別傳之屬/事狀

鄂國金陀稡編二十八卷續編三十卷　（宋）岳珂編　清光緒九年(1883)浙江書局刻本　十八冊

330000－1705－0017855　朱 0728　子部/雜家類

子華子二卷　（晉）程本撰　（清）程洪溥校錄　清抄本　一冊

330000－1705－0017856　朱 9638　經部/小學類/文字之屬/說文/傳說

說文段注訂補十四卷　（清）王紹蘭撰　清光緒十四年(1888)蕭山胡燏棻刻本　八冊

330000－1705－0017857　朱 0727　子部/道家類

亢倉子一卷　（西周）庚桑楚撰　（清）程洪溥

校錄　清抄本　一冊

330000－1705－0017858　朱 10013　史部/傳記類/別傳之屬/墓誌

耐翁董公墓誌銘祭文不分卷　（清）王棪撰
清康熙刻本　一冊

330000－1705－0017859　朱 9591　史部/傳記類/總傳之屬/仕宦

歷代名臣言行錄二十四卷　（清）朱桓輯　清嘉慶二年（1797）刻本　二十七冊　存二十一卷（一至十二、十五至二十一、二十三至二十四）

330000－1705－0017860　朱 2362　經部/易類/傳說之屬

綱庵易詠不分卷　（清）戴錦撰　清抄本
一冊

330000－1705－0017862　朱 0472　子部/雜著類/雜纂之屬

知味軒雜記不分卷　清抄本　清王堉跋
三冊

330000－1705－0017863　朱 9651　經部/小學類/文字之屬/說文

說文解字注十五卷附六書音韻表五卷　（清）段玉裁撰　**說文部目分韻一卷**　（清）陳煥編　清乾隆至嘉慶段氏經韻樓刻同治六年至十一年（1867－1872）蘇州保息局補刻本　十五冊　缺五卷（六書音均表一至五）

330000－1705－0017864　朱 2383　史部/傳記類/別傳之屬/事狀

後漢元武皇帝紀□□卷　清知不足館抄本
二冊　存二卷（三、六）

330000－1705－0017865　朱 9665　經部/叢編

讀書隨筆十二卷　（清）江永撰　清乾隆五十七年（1792）江起泰等刻本　二冊　存一種

330000－1705－0017866　朱 9605　子部/宗教類/佛教之屬/總錄

崇佛紀略七卷　（清）釋邃庵撰　清光緒二十三年（1897）鉛印本　二冊

330000－1705－0017867　朱 9604－1　子部/宗教類/佛教之屬/經

佛說五苦章句經一卷附孛經一卷　（晉）釋竺曇無蘭譯　清光緒十一年（1885）刻本　一冊

330000－1705－0017869　朱 9637　經部/周禮類/傳說之屬

周禮述註二十四卷　（清）李光坡述註　清光緒三年（1877）刻本　六冊

330000－1705－0017871　朱 9604　經部/春秋總義類/傳說之屬

春秋宗朱辨義十二卷首一卷末一卷　（清）張自超撰　清光緒七年（1881）高淳書院刻本　八冊　存九卷（首、一至八）

330000－1705－0017873　朱 2433　史部/政書類/掌故瑣記之屬

記事珠不分卷　清抄本　二冊

330000－1705－0017874　朱 9624　經部/小學類/訓詁之屬/爾雅

爾雅正義二十卷　（清）邵晉涵撰　**爾雅釋文三卷**　（唐）陸德明撰　清乾隆五十三年（1788）餘姚邵氏面水層軒刻本　八冊

330000－1705－0017875　朱 9675　經部/周禮類/傳說之屬

周禮六卷　（漢）鄭玄注　（唐）陸德明音義　清嘉慶十一年（1806）張青選清芬閣刻本
六冊

330000－1705－0017876　朱 2412　經部/小學類/文字之屬/說文

說文重文不分卷　清抄本　四冊

330000－1705－0017877　朱 9674　經部/易類/傳說之屬

周易廓二十四卷　（清）陳世鎔撰　清咸豐元年（1851）獨秀山莊刻本　六冊

330000－1705－0017879　朱 9599　子部/宗教類/佛教之屬/諸宗

西歸行儀一卷　（清）釋古崑輯　清光緒十四年（1888）寧城千歲坊奎照堂刻本　一冊

330000－1705－0017880　朱 9784、朱 9885、朱 9945、朱 0530、朱 2113　類叢部/叢書類/彙編之屬

邵武徐氏叢書二十三種　（清）徐幹編　清光緒邵武徐氏刻本　二十三冊　存十五種

330000－1705－0017881　朱 8647　史部/紀傳類/別史之屬

藏書六十八卷　（明）李贄撰　明刻本　一冊　存二卷(五十八至五十九)

330000－1705－0017882　朱 2106　子部/雜著類/雜說之屬

學圃日記摘存不分卷　（清）鄭德璜撰　清光緒抄本　一冊

330000－1705－0017883　朱 2102　子部/雜著類/雜說之屬

養心齋雜錄不分卷　清抄本　一冊

330000－1705－0017884　朱 6586　類叢部/叢書類/彙編之屬

申報館叢書正集五十七種附錄三種　尊聞閣主編　**續集一百四十二種**　蔡爾康編　清同治至光緒上海申報館鉛印本　八冊　存一種

330000－1705－0017885　朱 9655　經部/群經總義類/文字音義之屬

經典釋文三十卷　（唐）陸德明撰　**經典釋文攷證三十卷**　（清）盧文弨撰　清乾隆五十六年(1791)常州龍城書院刻本　十六冊

330000－1705－0017886　朱 9593　經部/書類/傳說之屬

讀書隨筆四卷　（清）吳大廷撰　清同治十二年(1873)刻本　二冊

330000－1705－0017887　朱 2133　史部/地理類/雜志之屬

越中道古錄不分卷　（清）沈復燦撰　稿本　一冊

330000－1705－0017888　朱 9977　史部/金石類/石之屬/文字

隸續二十一卷　（宋）洪适撰　清乾隆四十三年(1778)汪日秀樓松書屋刻本(隸續卷九至十原缺)　二冊

330000－1705－0017890　朱 2449　集部/詩文評類/制藝之屬

雲程發軔不分卷　清抄本　一冊

330000－1705－0017891　朱 4295　史部/傳記類/日記之屬

媚古樓鴻雪姻緣不分卷　（清）程轍撰　稿本　一冊

330000－1705－0017892　朱 4637　子部/醫家類/外科之屬/外科方

外科易知初稿十卷　（清）汪祝堯輯　清同治稿本　清杜仙題記　十冊

330000－1705－0017894　朱 2669　史部/金石類/金之屬/雜著

古銅論鑑不分卷　（清）田廷黻輯　清抄本　一冊

330000－1705－0017897　朱 2447　經部/儀禮類/傳說之屬

禮儀雜錄不分卷　清抄本　一冊

330000－1705－0017899　朱 3557　集部/別集類/明別集

劉子全書十七卷　（明）劉宗周撰　清抄本　二十一冊

330000－1705－0017900　朱 2445　子部/雜著類/雜說之屬

西疇老人常言一卷　（宋）何垣撰　抄本　一冊

330000－1705－0017901　朱 4552　史部/雜史類/斷代之屬

幸存錄不分卷　（明）夏允彝撰　清抄本　一冊

330000－1705－0017902　朱 2825　子部/醫家類/醫案之屬

印機草不分卷　（清）馬俶撰　清抄本　一冊

330000－1705－0017903　朱 3286　史部/地理類/方志之屬/郡縣志

奉天備史三卷附錄一卷　清大興傅氏長恩閣

抄本　一冊

330000－1705－0017904　朱 2724　經部/大戴禮記類/傳說之屬

大戴記校語不分卷　清抄本　一冊

330000－1705－0017905　朱 4442　史部/史表類/斷代之屬

漢晉郡國沿革表一卷　（清）童華撰　**龍威丈人文集□□卷**　無名氏文稿一卷　清抄本
朱鼎煦題記　三冊　存七卷（漢晉郡國沿革表、龍威丈人文集十七至二十一、無名氏文稿）

330000－1705－0017906　朱 2494　經部/小學類/音韻之屬/韻書

孫氏唐韻考五卷　（清）紀容舒撰　（清）錢熙祚校　（清）李慈銘案　稿本　一冊　缺一卷（五）

330000－1705－0017908　朱 4506　經部/書類/傳說之屬

尚書古文疏證八卷　（清）閻若璩撰　清抄本　二冊　存五卷（一至五）

330000－1705－0017910　朱 3287　史部/史表類/斷代之屬

甲申朝事小紀不分卷　清抄本　一冊

330000－1705－0017913　朱 4927　集部/別集類/清別集

復莊詩問一卷　（清）姚燮撰　（清）蔣敦復選　清郭傳璞抄本　一冊

330000－1705－0017914　朱 1993　子部/藝術類/書畫之屬/書法書品

大瓢偶筆八卷　（清）楊賓撰　清虞山周氏都盧文房抄本　二冊

330000－1705－0017915　朱 2514　史部/傳記類/別傳之屬/年譜

陸文裕公[深]年譜一卷　（明）陸輯撰　清抄本　一冊

330000－1705－0017916　朱 9642　史部/編年類/斷代之屬

欽定明鑑二十四卷首一卷　（清）胡敬等輯　清刻本　九冊　存二十二卷（三至二十四）

330000－1705－0017917　朱 2551　史部/雜史類/斷代之屬

庭聞錄一卷　（清）劉健撰　**人海記一卷**（清）查慎行撰　清抄本　一冊

330000－1705－0017919　朱 4195　經部/易類/專著之屬

岩居叢錄不分卷　清抄本　一冊

330000－1705－0017920　朱 9659　經部/周禮類/傳說之屬

宋葉文康公禮經會元節本四卷　（宋）葉時撰　（清）陸隴其點定　（清）許元准刪節並評　清乾隆五十年(1785)桐柏山房刻本　四冊

330000－1705－0017921　朱 5215　子部/雜著類/雜說之屬

玉堂墨蹟不分卷　清抄本　一冊

330000－1705－0017922　朱 4925　史部/金石類

金石三例　（清）盧見曾編　清抄本　一冊　存二種

330000－1705－0017923　朱 4014　史部/史評類/考訂之屬

紀元本末不分卷　清抄本　一冊

330000－1705－0017924　朱 2641　子部/術數類/占候之屬

玉曆通政經二卷　（唐）李淳風編輯　清抄本　二冊

330000－1705－0017925　朱 2493　子部/雜家類

孫內翰北里誌一卷　（唐）孫棨撰　清抄本　一冊

330000－1705－0017927　朱 9640　史部/傳記類/總傳之屬/通代

古聖賢像傳略十六卷附聖廟祀典圖考一卷（清）顧沅輯　清道光刻本　四冊　存十卷（三至十二）

330000 – 1705 – 0017928　朱 3908　史部/金石類/總志之屬/雜著

看古董法不分卷　清抄本　一冊

330000 – 1705 – 0017929　朱 3382、朱 3383　經部/詩類/三家詩之屬

韓詩內傳并薛君章句考四卷附錄一卷二雨堂筆談一卷附編一卷　（清）錢玫撰　（清）錢世敘輯　清抄本　三冊

330000 – 1705 – 0017930　朱 5213　史部/傳記類/科舉錄之屬

蕭山采芹錄不分卷　抄本　朱鼎煦跋　一冊

330000 – 1705 – 0017931　朱 3898　史部/金石類/錢幣之屬/雜著

蕭蕭齋古泉錄不分卷　（清）方嵩年撰　清抄本　一冊

330000 – 1705 – 0017932　朱 3555　經部/大戴禮記類/分篇之屬

夏小正分箋四卷夏小正異義二卷　（清）黃模撰　清抄本　一冊

330000 – 1705 – 0017934　朱 5210　史部/傳記類/科舉錄之屬/歷科登科錄

蕭山校士錄不分卷　抄本　朱鼎煦跋　一冊

330000 – 1705 – 0017936　朱 4959　史部/政書類/儀制之屬/典禮

太常因革禮一百卷　（宋）歐陽修撰　清抄本　王小轂校　一冊　存十四卷（十五至二十八）

330000 – 1705 – 0017937　朱 1185　史部/雜史類/斷代之屬

宋紀受終考三卷　（明）程敏政撰　清抄本　一冊

330000 – 1705 – 0017938　朱 9657、朱 9195　類叢部/叢書類/自著之屬

微居遺書十一種　（清）黃式三撰　清同治至光緒刻本　十四冊　存二種

330000 – 1705 – 0017939　朱 9672　經部/易類/傳說之屬

義經講義四卷圖說一卷　（明）魯嶧撰　（明）魯三烔編訂　清康熙刻本　二冊　存三卷（義經講義一至二、圖說）

330000 – 1705 – 0017942　朱 3520　史部/傳記類/總傳之屬/儒林

漢學師承記序附經師經義目錄不分卷　（清）江藩撰　清抄本　一冊

330000 – 1705 – 0017943　朱 4642　子部/雜家類

諸子節要不分卷　清抄本　一冊

330000 – 1705 – 0017944　朱 3761　經部/易類/傳說之屬

鄭氏易譜十二卷　（明）鄭旒撰　清抄本　二冊　存六卷（四至九）

330000 – 1705 – 0017945　朱 5225　史部/詔令奏議類/奏議之屬

倪燦恭記聖德頌一卷　（清）倪燦撰　清康熙十九年（1680）倪燦稿本　一冊

330000 – 1705 – 0017946　朱 9902　史部/政書類/通制之屬

文獻通考詳節二十四卷　（元）馬端臨撰（清）嚴虞惇輯　清光緒元年（1875）江左書林刻本　九冊

330000 – 1705 – 0017947　朱 3756　子部/雜著類/雜說之屬

管窺別記不分卷　清抄本　一冊

330000 – 1705 – 0017948　朱 1153　經部/書類/傳說之屬

尚書解不分卷　清抄本　二冊

330000 – 1705 – 0017949　朱 3410　史部/政書類/公牘檔冊之屬

吳平贅言八卷　（清）董沛撰　清光緒稿本一冊　存四卷（一至四）

330000 – 1705 – 0017950　朱 4786　經部/小學類/文字之屬/字書/字體

漢隸分韻不分卷　（宋）郭忠恕輯　繹山氏錄　清抄本　一冊

330000－1705－0017951　朱9903　史部/政書類/通制之屬

文獻通考詳節二十四卷　（元）馬端臨撰（清）嚴虞惇輯　清光緒刻本　十二冊

330000－1705－0017952　朱3752　經部/易類/易占之屬

太易鉤玄二卷　（明）鮑恂撰　**易卦辱言一卷**（明）李舜撰　明抄本　一冊

330000－1705－0017953　朱5206　經部/詩類/傳說之屬

詩地理考實不分卷　清抄本　三冊

330000－1705－0017954　朱1317　經部/小學類/文字之屬/字書/字體

古籀三十六卷　（清）陶方琦撰　稿本　孝邈校　一冊

330000－1705－0017955　朱3521　史部/詔令奏議類/奏議之屬

張孝達夫子奏疏不分卷　（清）張之洞撰　清抄本　二冊

330000－1705－0017957　朱3665　史部/傳記類/總傳之屬/斷代

國史列傳不分卷　清抄本　一冊

330000－1705－0017958　朱5094　子部/道家類

辯惑續編七卷附錄二卷　（清）顧亮寅輯　清末抄本　二冊

330000－1705－0017960　朱3500　史部/雜史類/通代之屬

辨義錄一卷　（明）季本輯　清會稽董氏抄本　一冊

330000－1705－0017961　朱9994　類叢部/叢書類/彙編之屬

廣雅書局叢書一百五十九種　徐紹棨編　清光緒廣雅書局刻民國九年（1920）番禺徐紹棨彙編重印本　四十一冊　存三十五種

330000－1705－0017962　朱7306　集部/總集類/選集之屬/斷代

舊文章彙鈔不分卷　清抄本　一冊

330000－1705－0017963　朱3652　類叢部/叢書類/彙編之屬

說郛一百二十弓一千二百八十種　（明）陶珽編　**說郛續四十六弓五百三十八種**　（明）陶珽編　（清）李際期重訂　清抄本　二冊　存十九種

330000－1705－0017964　朱4894　經部/易類/傳說之屬

讀易詳說十卷　（宋）李光撰　清抄本　三冊

330000－1705－0017965　朱2748　集部/別集類/清別集

黃氏續抄不分卷　（清）雍元性編　清抄本　二十二冊

330000－1705－0017967　朱10027　經部/儀禮類/傳說之屬

儀禮經傳三十七卷　明刻本　一冊　存八卷（二十二至二十九）

330000－1705－0017968　朱2472　集部/總集類/彙編之屬

片長必錄不分卷　抄本　一冊

330000－1705－0017970　朱10002　史部/編年類/通代之屬

資治通鑑二百九十四卷　（宋）司馬光撰（元）胡三省音注　**通鑑釋文辯誤十二卷**（元）胡三省撰　清嘉慶二十一年（1816）胡克家影元刻本　四冊　存十三卷（一百三十一至一百四十三）

330000－1705－0017971　朱5028　經部/春秋總義類/正文之屬

公穀傳選不分卷　清抄本　一冊

330000－1705－0017972　朱2297　子部/叢編

六子書　（明）顧春編　明嘉靖十二年（1533）吳郡顧氏世德堂刻本（卷一至五補配清抄本）　四冊　存一種

330000－1705－0017973　朱3593　經部/詩

類/傳說之屬

世澤樓四書不分卷　　抄本　　一冊

330000－1705－0017974　　朱 3625　　子部/醫家類/方書之屬/單方驗方

醫方不分卷　　清抄本　　一冊

330000－1705－0017975　　朱 8989　　子部/小說家類/異聞之屬

秭存□□卷　　（明）葉向高撰　　明刻本　　一冊　存二卷（四十三至四十四）

330000－1705－0017976　　朱 9680　　經部/群經總義類/文字音義之屬

經典釋文三十卷　　（唐）陸德明撰　　**經典釋文攷證三十卷**　　（清）盧文弨撰　　清同治十年（1871）粵秀山文瀾閣刻本　　十二冊

330000－1705－0017977　　朱 9660　　經部/周禮類/傳說之屬

周官精義十二卷　　（清）連斗山輯　　清乾隆四十一年（1776）刻本　　三冊

330000－1705－0017978　　朱 3624　　經部/易類/分篇之屬

洛書九宮圖訣不分卷　　釋無著餘撰　　稿本　　一冊

330000－1705－0017979　　朱 6836　　子部/雜著類/雜品之屬

韻石齋筆談選錄不分卷　　（清）姜紹書撰　　（清）聽香樓主人選錄　　清聽香樓主人抄本　　一冊

330000－1705－0017980　　朱 2478　　經部/四書類/總義之屬/傳說

四書箋彙錄不分卷　　清抄本　　四冊

330000－1705－0017981　　朱 6503　　集部/別集類/清別集

函牘雜存一卷　　（清）方德驥撰　　清抄本　　一冊

330000－1705－0017983　　朱 9681　　經部/春秋左傳類/傳說之屬

春秋經傳集解三十卷　　（晉）杜預撰　　（唐）陸

德明音義　　**春秋名號歸一圖二卷**　　（五代）馮繼先撰　　清同治八年（1869）崇文書局刻本　　十二冊

330000－1705－0017984　　朱 3582　　集部/總集類/課藝之屬

南菁書院經解課藝不分卷　　（清）黃以周編　　清南菁書院抄本　　二冊

330000－1705－0017985　　朱 9656　　經部/四書類/總義之屬/傳說

四書釋地一卷續一卷又續一卷三續一卷　　（清）閻若璩撰　　清刻本　　二冊　存三卷（四書釋地、續、又續）

330000－1705－0017986　　朱 2478－1　　經部/詩類/傳說之屬

毛詩後箋節錄不分卷　　清抄本　　一冊

330000－1705－0017990　　朱 6323　　史部/政書類

稟稿抄批不分卷　　清光緒二十二年（1896）抄本　　一冊

330000－1705－0017991　　朱 9942　　類叢部/叢書類/彙編之屬

暢園叢書甲函六種　　（清）張邁編　　清光緒二十年（1894）始豐張氏四明刻本　　四冊

330000－1705－0017992　　朱 9677　　經部/四書類/總義之屬/傳說

駁呂留良四書講義八卷　　（清）朱軾　　（清）吳襄撰　　清雍正刻本　　四冊

330000－1705－0017993　　朱 5649　　集部/別集類/清別集

黃竹農家耳逆草不分卷　　（清）黃百家撰　　清抄本　　一冊

330000－1705－0017994　　朱 2128　　史部/雜史類/外紀之屬

宋紹興建炎間金虜入寇記一卷　　清沈霞西抄本　　一冊

330000－1705－0017995　　朱 6816　　子部/天文曆算類/曆法之屬

占候書不分卷　清抄本　一冊

330000－1705－0017996　朱 3556　經部/讖緯類/易緯之屬

占易局圖不分卷　（清）□□撰　清抄本一冊

330000－1705－0017997　朱 9661　經部/易類/傳說之屬

大易集義四卷　（宋）朱熹本義　（清）周宏起疏義　（清）屈作梅重訂　大易通義要義四卷（清）周宏起輯　（清）屈作梅校正　清乾隆五十三年(1788)刻本　三冊

330000－1705－0017998　朱 5640　史部/史抄類

左傳精選不分卷　清抄本　一冊

330000－1705－0018000　朱 5582　子部/儒家類/儒學之屬/蒙學

三字經不分卷　清抄本　一冊

330000－1705－0018001　朱 3468　子部/雜著類/雜說之屬

一得叢譚不分卷　（清）周□□撰　清抄本一冊

330000－1705－0018002　朱 9960　經部/小學類/音韻之屬/等韻

四聲切韻表一卷凡例一卷　（清）江永編　清刻本　一冊

330000－1705－0018005　朱 9679　經部/四書類/總義之屬/傳說

四書摭餘說七卷　（清）曹之升撰　清嘉慶三年(1798)蕭山曹氏家塾刻本　四冊

330000－1705－0018006　朱 5569　史部/傳記類/總傳之屬/仕宦

御題勝朝殉節諸臣錄不分卷　清抄本　一冊

330000－1705－0018007　朱 9705　經部/易類/傳說之屬

周易述解辨義四卷　（清）葛世揚輯　清康熙五十一年(1712)刻本　二冊

330000－1705－0018008　朱 9922　經部/易類/傳說之屬

張氏易記九卷　（清）張次仲撰　清海寧一經堂刻本　四冊

330000－1705－0018009　朱 5553　史部/紀傳類/別史之屬

劉昭郡國志補不分卷　抄本　一冊

330000－1705－0018011　朱 3413　子部/儒家類/儒學之屬/性理

中明子集二卷　（明）施弘猷纂　清抄本一冊

330000－1705－0018013　朱 4071、朱 9729　新學/雜著/叢編

江南製造局譯書　（清）江南製造局編　清光緒江南製造局刻本暨鉛印本　二冊　存二種

330000－1705－0018014　朱 5474－1　子部/醫家類/方書之屬/歷代方書

史載之方二卷　清抄本　二冊

330000－1705－0018015　朱 4926　集部/總集類/彙編之屬

皇朝經世文續編不分卷　（清）葛士濬輯　清光緒抄本　一冊

330000－1705－0018016　朱 9730　新學/兵制/陸軍

洋務用軍必讀三卷各國旗圖一卷　（清）朱克敬撰　清光緒刻本　一冊　存一卷(下)

330000－1705－0018017　朱 3060　子部/雜著類/雜說之屬

揮塵錄二卷　（宋）楊萬里撰　清抄本　一冊

330000－1705－0018018　朱 6719　史部/地理類/方志之屬/郡縣志

[光緒]慈谿縣志不分卷　　（清）楊泰亨（清）馮可鏞纂　清光緒抄本　六冊

330000－1705－0018019　朱 5474　子部/醫家類/類編之屬

醫藏目錄不分卷　（清）殷仲春撰　清抄本一冊

330000－1705－0018020　朱 5431　史部/地

理類/山川之屬/水志

水經注不分卷 （北魏）酈道元撰 （清）戴震校訂 清抄本 朱鼎煦題記 一冊

330000－1705－0018021 朱7487 類叢部/叢書類/彙編之屬

平津館叢書六集三十五種 （清）孫星衍編 清嘉慶蘭陵孫氏刻本 一冊 存七種

330000－1705－0018022 朱5438 集部/別集類/清別集

宋賢隽語不分卷 （清）錢世昭等撰 清四寶齋抄本 一冊

330000－1705－0018023 朱3567、朱9415 類叢部/叢書類/彙編之屬

二酉堂叢書(張氏叢書)二十一種 （清）張澍輯 清道光元年(1821)張氏二酉堂刻本 七冊

330000－1705－0018024 朱6116 史部/金石類/總志之屬

銅鼓考不分卷 （清）姚覲元撰 **吾汶稿不分卷** （宋）王炎午撰 清抄本 一冊

330000－1705－0018025 朱9714 經部/叢編

仿宋相臺五經九十六卷附考證 清同治三年(1864)南海鄺九我堂刻本 十冊 存一種

330000－1705－0018028 朱9712 經部/小學類/文字之屬/字書/字體

字林古今正俗異同通攷四卷附六書辨異二卷補遺一卷 （清）湯容焴輯 清嘉慶二年(1797)四明滋德堂刻本 二冊 存四卷(字林古今正俗異同通攷一至四)

330000－1705－0018029 朱2098 經部/書類/傳說之屬

尚書講義不分卷 （清）黃家辰 （清）黃家岱撰 稿本 一冊

330000－1705－0018030 朱9713 經部/小學類/文字之屬/說文/專著

說文辨字正俗八卷 （清）李富孫撰 清嘉慶二十一年(1816)校經廎刻本 二冊

330000－1705－0018031 朱9897 類叢部/叢書類/彙編之屬

連筠簃叢書十二種 （清）楊尚文編 清道光二十七年至二十九年(1847－1849)靈石楊氏刻本(羣書治要卷四、十三、二十原缺) 十一冊 存六種

330000－1705－0018035 朱9725 史部/傳記類/別傳之屬/事狀

節慈遺範一卷 （清）胡祥熊撰 清光緒八年(1882)松竹居刻本 一冊

330000－1705－0018036 朱9685 經部/春秋左傳類/傳說之屬

左傳事緯十二卷左傳字釋一卷 （清）馬驌撰 清乾隆四十九年(1784)仁和黃暹懷澄堂刻本 十二冊

330000－1705－0018040 朱9720 集部/曲類/寶卷之屬

大宋真宗山東太華山紫金嶺兩世修行劉香寶卷全集二卷 清同治十年(1871)蕭山趙元順刻本 一冊

330000－1705－0018041 朱5398 史部/傳記類/別傳之屬

海南碎錄不分卷 清抄本 一冊

330000－1705－0018043 朱5385 史部/編年類/斷代之屬

明成化九年通鑑綱目不分卷 清抄本 一冊

330000－1705－0018045 朱5377 史部/傳記類/日記之屬

張雪坪日記不分卷 張雪坪撰 抄本 雪山居士識 一冊

330000－1705－0018046 朱5437 類叢部/叢書類/彙編之屬

二酉堂叢書(張氏叢書)二十一種 （清）張澍輯 清道光元年(1821)張氏二酉堂刻本 一冊 存八種

330000－1705－0018047 朱9690 子部/醫家類/兒科之屬/痘疹

鄭氏瘄畧一卷附錄一卷 （清）鄭啟壽撰 清

同治九年(1870)汲涑齋刻本　一冊

330000－1705－0018049　朱9706　經部/儀禮類/傳說之屬

儀禮十七卷　（漢）鄭玄注　**附校錄一卷續校一卷**　（清）黃丕烈撰　清嘉慶二十年(1815)吳門黃氏讀未見書齋刻本　四冊　缺一卷（續校）

330000－1705－0018050　朱5733　史部/傳記類/別傳之屬

陶七彪贈言錄不分卷　稿本　一冊

330000－1705－0018053　朱9822　史部/雜史類/斷代之屬

三河創業記五卷　（清）范壽金撰　清光緒三十三年(1907)石印本　一冊　存一卷(一)

330000－1705－0018055　朱9724　史部/雜史類/斷代之屬

三河創業記五卷　（清）范壽金撰　清光緒三十三年(1907)石印本　二冊

330000－1705－0018056　朱5367　經部/易類/傳說之屬

易經不分卷　修裕堂抄本　一冊

330000－1705－0018057　朱9771　類叢部/叢書類/自著之屬

焦氏遺書十種附一種　（清）焦循撰　清嘉慶至道光江都焦氏雕菰樓刻光緒二年(1876)衡陽魏氏補刻本　十五冊　存二種

330000－1705－0018058　朱5315　集部/別集類

珍珠集不分卷　鹵谿居士抄本　一冊

330000－1705－0018060　朱7199　集部/別集類/明別集

李六峯先生賦論二卷　（明）李循義撰　（明）田汝成注　**鄞南竹枝詞一卷**　（清）張恕撰　清抄本　一冊

330000－1705－0018062　朱5314　子部/儒家類/儒學之屬/蒙學

左氏蒙求一卷　（元）龍伯秀撰　清童玉庭抄

本　一冊

330000－1705－0018065　朱5304　子部/雜著類/雜說之屬

名法篇不分卷律呂篇不分卷曆法篇不分卷　清抄本　一冊

330000－1705－0018066　朱7171　史部/傳記類/科舉錄之屬/歷科鄉試錄

浙江鄉試全錄不分卷　清抄本　一冊

330000－1705－0018067　朱5282　史部/傳記類/科舉錄之屬/歷科鄉試錄

同治癸酉科直省鄉試同年錄不分卷　清同治抄本　一冊

330000－1705－0018068　朱2946　史部/傳記類/科舉錄之屬/歷科登科錄

國朝選舉表不分卷　（清）□□輯　稿本　一冊

330000－1705－0018069　朱7150　史部/史評類/史論之屬

國策雞肋不分卷　清逢原草堂抄本　一冊

330000－1705－0018070　朱5252　史部/目錄類/總錄之屬/私撰

澄懷室書畫目不分卷　清抄本　朱鼎煦題記　一冊

330000－1705－0018074　朱5251　史部/傳記類/別傳之屬/事狀

遜敏齋腆錄不分卷　清抄本　一冊

330000－1705－0018075　朱7135　類叢部/叢書類/自著之屬

耐安類稿五種　（清）陳偉撰　清抄本　二冊　存一種

330000－1705－0018077　朱6788　經部/周禮類/專著之屬

讀禮偶鈔不分卷　（清）蔣學鏞撰　清抄本　一冊

330000－1705－0018078　朱10000－7　子部/藝術類/遊藝之屬/棋弈

桃花泉奕譜二卷　（清）范世勳撰　清光緒刻

本　一冊　存一卷(一)

330000 – 1705 – 0018079　朱 6789　經部/易類/傳說之屬

讀易偶鈔不分卷　(清)蔣學鏞撰　清抄本一冊

330000 – 1705 – 0018083　朱 7101　集部/別集類/清別集

瑯嬛文集不分卷　(清)張岱撰　清抄本一冊

330000 – 1705 – 0018084　朱 9682　類叢部/叢書類/自著之屬

安溪李文貞公解(安溪李文貞公解義三種)三種　(清)李光地撰　清康熙六十一年(1722)李馥居業堂刻本　一冊

330000 – 1705 – 0018085　朱 9683　經部/三禮總義類/通論之屬

禮說十四卷大學說一卷　(清)惠士奇撰　清嘉慶二年(1797)上海彭霖蘭陔書屋刻本五冊

330000 – 1705 – 0018087　朱 10000 – 8　子部/藝術類/遊藝之屬/棋弈

兼山堂弈譜一卷　(清)徐星友撰　清刻本一冊

330000 – 1705 – 0018088　朱 6426　子部/雜著類/雜說之屬

王氏靜談選要三卷　(明)王貞善撰　清抄本二冊

330000 – 1705 – 0018089　朱 6914　集部/別集類/清別集

句餘土音三卷　(清)全祖望撰　(清)董秉純重編　**甬上族望表二卷**　(清)全祖望撰　清嘉慶十九年(1814)刻本　一冊　存二卷(甬上族望表一至二)

330000 – 1705 – 0018090　朱 9722　子部/天文曆算類/曆法之屬

大清光緒三十三年歲次丁未七政經緯宿度五星伏見目錄一卷　清光緒刻本　一冊

330000 – 1705 – 0018091　朱 6365　子部/道家類

莊子不分卷　(戰國)莊周撰　清抄本　一冊

330000 – 1705 – 0018092　朱 10000 – 9　子部/藝術類/遊藝之屬/棋弈

仙機武庫不分卷　清刻本　一冊

330000 – 1705 – 0018093　朱 9854　子部/醫家類/綜合之屬/通論

編註醫學入門七卷首一卷　(明)李梴撰　明刻本　十三冊　缺一卷(首)

330000 – 1705 – 0018094　朱 6617　子部/雜家類

淮南子不分卷　(漢)劉安撰　清抄本　一冊

330000 – 1705 – 0018096　朱 9691　子部/醫家類/類編之屬

圖註難經脈訣二種六卷　清聚盛堂刻本四冊

330000 – 1705 – 0018097　朱 8455　新學/工藝/工學/塘工河工路工

鐵路總表不分卷　清末刻本　一冊

330000 – 1705 – 0018098　朱 9761　經部/詩類/傳說之屬

欽定詩經傳說彙纂二十一卷首二卷詩序二卷　(清)聖祖玄燁定　(清)王鴻緒　(清)揆敘總裁　清雍正五年(1727)刻本　十二冊　存十二卷(首一至二,一至五、十一至十五)

330000 – 1705 – 0018099　朱 9717　子部/宗教類/佛教之屬/經疏

圓覺經析義疏四卷首一卷　(清)釋通理撰　清光緒三十三年(1907)揚州藏經院刻本　四冊　存四卷(一至四)

330000 – 1705 – 0018101　朱 6366　子部/法家類

韓非子不分卷　清抄本　一冊

330000 – 1705 – 0018102　朱 9751　類叢部/叢書類/自著之屬

經圖彙考三種　(清)毛應觀撰　清道光十九

年(1839)小園刻本　四冊

330000－1705－0018103　朱9776　類叢部/
叢書類/彙編之屬

檀几叢書五十種二集五十種餘集四十七種附
政十種　（清）王晫　（清）張潮編　清康熙霞
舉堂刻本　六冊　存一百三種

330000－1705－0018104　朱9719　子部/宗
教類/佛教之屬/諸宗

徑中徑又徑四卷　（清）張師誠輯　清刻本
二冊

330000－1705－0018105　朱3965　子部/工
藝類/文房四寶之屬/硯

端溪硯史三卷首一卷　（清）吳繩年撰　清道
光十四年(1834)淳一堂鄭氏刻本　一冊

330000－1705－0018106　朱7732　史部/金
石類/石之屬/文字

金薤琳琅二十卷　（明）都穆撰　金薤琳琅補
遺一卷　（清）宋振譽撰　清乾隆四十三年
(1778)汪荻洲刻本　四冊

330000－1705－0018107　朱7573　史部/傳
記類/別傳之屬/事狀

孔孟弟子考六卷　（清）裘姚崇編　清抄本
五冊

330000－1705－0018108　朱6742　史部/金
石類/總志之屬

金石索十二卷首一卷　（清）馮雲鵬　（清）馮
雲鵷輯　清道光元年至十五年(1821－1835)
紫琅馮氏邃古齋滋陽刻本　十二冊

330000－1705－0018109　朱續0466　集部/
總集類/課藝之屬

洛溪周氏闈墨不分卷　清刻本　二冊

330000－1705－0018110　朱7563　集部/別
集類/清別集

學易堂詩存一卷中漁堂詩存一卷　稿本
一冊

330000－1705－0018111　朱9723　史部/雜
史類/通代之屬

荊駝逸史五十種　（清）陳湖逸士輯　清宣統
三年(1911)中國圖書館石印本　一冊

330000－1705－0018112　朱續0467　史部/
傳記類/科舉錄之屬

殿試策不分卷　清光緒京都松竹齋石印本
二冊

330000－1705－0018114　朱9775　類叢部/
叢書類/彙編之屬

檀几叢書五十種二集五十種餘集四十七種附
政十種　（清）王晫　（清）張潮編　清康熙霞
舉堂刻本　九冊　存一百十四種

330000－1705－0018115　朱7611　子部/雜
著類/雜纂之屬

稽山草堂碎金不分卷　（清）陶濬宣撰　稿本
一冊

330000－1705－0018116　朱0337　史部/金
石類/郡邑之屬

長安獲古編二卷補編一卷　（清）劉喜海撰
清同治東武劉氏刻光緒三十一年(1905)丹徒
劉鶚補刻本　二冊

330000－1705－0018119　朱續0649　類叢
部/叢書類/彙編之屬

國粹叢書四十九種　（清）國學保存會編　清
光緒至宣統鉛印本　三冊　存一種

330000－1705－0018120　朱4265　類叢部/
叢書類/彙編之屬

昭代叢書合刻十集五百六十種附一種　（清）
張潮　（清）張漸編　（清）楊復吉　（清）沈
懋悳續編　清道光吳江沈氏世楷堂刻本　一
冊　存一種

330000－1705－0018121　朱7531　子部/術
數類/占候之屬

觀象玩占五十卷　題（唐）李淳風撰　清抄本
朱鼎煦批並跋　一冊　存一卷(四十六)

330000－1705－0018123　朱9736　史部/政
書類/公牘檔冊之屬

紹郡義倉徵信錄二卷　（清）徐樹蘭編　清光
緒二十五年(1899)會稽徐樹蘭刻本　一冊

330000－1705－0018124　朱 8164　類叢部/
叢書類/彙編之屬

**檀几叢書五十種二集五十種餘集四十七種附
政十種**　(清)王晫　(清)張潮編　清康熙霞
舉堂刻本　十四冊

330000－1705－0018126　朱 4357　經部/小
學類/文字之屬/字書/字典

金石韻府五卷　(明)朱雲輯　明刻朱印本
一冊　存二卷(一至二)

330000－1705－0018127　朱 7493　子部/雜
著類/雜纂之屬

清紀二卷　(明)吳從先撰　抄本　二冊

330000－1705－0018131　朱 1289　子部/農
家農學類/鳥獸蟲之屬

貓苑二卷　(清)黃漢輯　清咸豐二年(1852)
甕雲草堂刻本　二冊

330000－1705－0018132　朱 7456　經部/四
書類/論語之屬

四書名儒解不分卷　清抄本　三冊

330000－1705－0018133　朱 9977－1　史部/
金石類/金之屬/圖像

攀古廎彝器款識二卷　(清)潘祖蔭撰　清同
治十一年(1872)潘氏滂喜齋刻本　二冊　存
一卷(一)

330000－1705－0018134　朱 5243　子部/道
家類

齊物論不分卷　清抄本　一冊

330000－1705－0018135　朱 8048　子部/醫
家類/醫案之屬

李士材醫案不分卷　清抄本　一冊

330000－1705－0018137　朱 7664　子部/醫
家類/養生之屬

新刻壽親養老書一卷　(明)胡文煥校　清抄
本　一冊

330000－1705－0018138　朱 8352　子部/醫
家類/醫話醫論之屬

薛氏活人寶筏不分卷　(清)喻昌撰　清抄本

一冊

330000－1705－0018139　朱 9933　子部/藝
術類/書畫之屬/法帖

國朝畫家書四卷荔香室石刻二卷　(清)蔡載
福輯　清宣統元年(1909)西泠印社石印本
七冊　存四卷(國朝畫家書一至四)

330000－1705－0018140　朱 7807　子部/藝
術類/書畫之屬

翰墨志一卷　(宋)高宗趙構撰　**金壺記一卷**
(宋)釋適之撰　**神夢記一卷**　(宋)徽宗趙
佶撰　**宋高宗瑞應圖一卷**　(宋)曹勛贊
(宋)李嵩畫　清抄本　一冊　缺一卷(金壺
記)

330000－1705－0018141　朱 1023　子部/藝
術類/書畫之屬/畫譜

蕙蘭同心錄不分卷　(清)許鼐穌繪　清光緒
十七年(1891)石印本　二冊

330000－1705－0018142　朱 8056　子部/天
文曆算類/曆法之屬

**明朝吏部大堂董艮峰先生蒙張天師精選長歷
流年通書不分卷**　(明)董艮峰撰　清抄本
一冊

330000－1705－0018144　朱 5240　史部/地
理類/雜志之屬

句章摭逸十卷句章土物志一卷　清光緒抄本
四冊

330000－1705－0018145　朱 0418　史部/金
石類/錢幣之屬/雜著

吉金所見錄十六卷首一卷末一卷　(清)初尚
齡撰　清嘉慶二十四年(1819)萊陽初氏古香
書屋刻道光七年(1827)補刻本　八冊

330000－1705－0018146　朱 8428　子部/術
數類/相宅相墓之屬

地理辨正三緘不分卷　(清)蔣平階撰　(清)
俞豁甡鈔　清抄本　一冊

330000－1705－0018147　朱 7883　子部/藝
術類/書畫之屬

眾像贊不分卷　清抄本　一冊

330000－1705－0018148　朱9817　子部/雜著類/雜考之屬

湛園札記四卷 （清）姜宸英撰　清嘉慶葉元墀鶴麓山房刻本　二冊

330000－1705－0018150　朱3971　類叢部/叢書類/自著之屬

藤花亭合刻十種 （清）梁廷枏撰　清道光八年至十年(1828－1830)刻本　一冊　存一種

330000－1705－0018151　朱9817－1　子部/雜著類/雜考之屬

湛園札記四卷 （清）姜宸英撰　清嘉慶葉元墀鶴麓山房刻本　二冊

330000－1705－0018152　朱5773　史部/傳記類/科舉錄之屬

國朝蕭山文學生員錄一卷國朝歷科蕭山甲第錄一卷　清抄本　四冊

330000－1705－0018154　朱7884　史部/傳記類/總傳之屬/家乘

[浙江寧波]砌街李氏宗譜不分卷 （清）李菀舫輯　清抄本　四冊

330000－1705－0018155　朱9886　經部/小學類/文字之屬/字書/古文

石鼓文定本五種 （清）沈梧撰　清光緒十六年(1890)沈氏古華山館刻本　四冊

330000－1705－0018156　朱9817－2　子部/雜著類/雜考之屬

湛園札記四卷 （清）姜宸英撰　清嘉慶葉元墀鶴麓山房刻本　二冊

330000－1705－0018157　朱5606　子部/雜著類/雜纂之屬

臥游錄一卷 （宋）呂祖謙撰　明抄本　一冊

330000－1705－0018158　朱9817－3　子部/雜著類/雜考之屬

湛園札記四卷 （清）姜宸英撰　清嘉慶葉元墀鶴麓山房刻本　二冊

330000－1705－0018159　朱7978　類叢部/類書類/通類之屬

太平御覽一千卷 （宋）李昉等輯　清抄本十五冊　存一百一十八卷(九十三至一百八、一百二十四至一百八十二、一百九十二至二百十九、二百二十至二百二十七、四百三十至四百三十六)

330000－1705－0018160　朱8301　史部/金石類/陶之屬/文字

秦漢瓦當文字二卷續一卷 （清）程敦撰　清乾隆五十二年(1787)橫渠書院刻五十九年(1794)續刻本　三冊

330000－1705－0018163　朱9686　史部/金石類/陶之屬/文字

秦漢瓦當文字二卷續一卷 （清）程敦撰　清乾隆五十二年(1787)橫渠書院刻五十九年(1794)續刻本　二冊　缺一卷(續)

330000－1705－0018164　朱6381　史部/金石類/陶之屬/文字

秦漢瓦當文字二卷續一卷 （清）程敦撰　清乾隆五十二年(1787)橫渠書院刻五十九年(1794)續刻本　三冊

330000－1705－0018165　朱2026　史部/金石類/陶之屬/文字

秦漢瓦當文字二卷續一卷 （清）程敦撰　清乾隆五十二年(1787)橫渠書院刻五十九年(1794)續刻本　三冊

330000－1705－0018166　朱8903　史部/雜史類/斷代之屬

歸潛志十四卷 （元）劉祁撰　清抄本　一冊　存八卷(一至八)

330000－1705－0018167　朱7389　經部/春秋左傳類/正文之屬

春秋不分卷　清抄本　一冊

330000－1705－0018169　朱8909　集部/別集類/清別集

句餘土音三卷 （清）全祖望撰　（清）董秉純重編　清抄本　一冊

330000－1705－0018170　朱7387　集部/別集類/清別集

邵瑸尺牘不分卷 （清）邵瑸撰 清抄本
一冊

330000－1705－0018171 朱 8064 史部/傳
記類/別傳之屬/年譜
許敬菴先生［孚遠］年譜存稿不分卷 稿本
一冊

330000－1705－0018172 朱 7939 集部/總
集類/課藝之屬
駐雲山房課作試草不分卷 稿本 一冊

330000－1705－0018174 朱 7896 集部/總
集類/選集之屬/通代
駢文集錦不分卷 抄本 一冊

330000－1705－0018175 朱 8748 子部/醫
家類/針灸之屬/通論
鍼灸四書九卷 清抄本 三冊

330000－1705－0018176 朱 1097 集部/別
集類/清別集
月湖生十八歲時作一卷 （清）月湖生撰 稿
本 一冊

330000－1705－0018178 朱 8918 子部/術
數類/陰陽五行之屬
奇門遁甲秘旨全集□□卷 清抄本 一冊
存七卷（九至十五）

330000－1705－0018180 朱 9603 史部/金
石類/總志之屬/通考
重定金石契不分卷 （清）張燕昌撰 清光緒
二十二年（1896）貴池劉氏聚學軒刻本 四冊

330000－1705－0018181 朱 7386 史部/傳
記類/別傳之屬/墓誌
周櫟園墓志銘祭文不分卷 抄本 一冊

330000－1705－0018182 朱 8434 子部/醫
家類/方書之屬/單方驗方
古方分類不分卷 清抄本 一冊

330000－1705－0018183 朱 7384 史部/政
書類/公牘檔冊之屬
御製剿平三省邪匪方略不分卷 抄本 一冊

330000－1705－0018184 朱 8457 史部/傳

記類/日記之屬
某人日記不分卷 稿本 三冊

330000－1705－0018185 朱 2963 類叢部/
叢書類/彙編之屬
榆園叢刻十五種附一種 （清）許增編 清同
治至光緒刻本 一冊 存一種

330000－1705－0018186 朱 9963 經部/小
學類/訓詁之屬/字詁
增訂金壺字考十九卷二集二十一卷補錄一卷
補註一卷 （宋）釋適之編 （清）田朝恆續編
　清乾隆二十四年至二十七年（1759－1762）
貽安堂刻本 一冊 存十一卷（金壺字考二
集一至十一）

330000－1705－0018187 朱 7380、朱 7381
經部/小學類/文字之屬/字書
爾雅字辨 清抄本 四冊 存十九種

330000－1705－0018188 朱 0843 史部/金
石類/石之屬/文字
石鼓文釋存一卷補注一卷 （清）張燕昌撰
清光緒二十八年（1902）貴池劉世珩刻本
一冊

330000－1705－0018190 朱 9875 史部/金
石類/總志之屬
金石索十二卷首一卷 （清）馮雲鵬 （清）馮
雲鵷輯 清道光元年至十五年（1821－1835）
紫琅馮氏邃古齋滋陽刻本 十冊 缺二卷
（石索二至三）

330000－1705－0018191 朱 7918 集部/總
集類/課藝之屬
嵒墟窗課不分卷 清抄本 二冊

330000－1705－0018192 朱 4580 史部/金
石類/總志之屬/文字
開有益齋金石文字記一卷 （清）朱緒曾撰
清末刻本 一冊

330000－1705－0018193 朱 7366 集部/別
集類/清別集
詩鈔不分卷 清抄本 一冊

330000－1705－0018194　朱5550　子部/農家農學類/農藝之屬/烹調

隨園食單一卷　（清）袁枚撰　清道光四年(1824)刻本　朱鼎煦跋　二冊

330000－1705－0018196　朱8420　子部/農家農學類/農藝之屬/烹調

隨園食單一卷　（清）袁枚撰　清乾隆五十七年(1792)刻本　一冊

330000－1705－0018197　朱9693　經部/小學類/文字之屬/說文

說文新附攷六卷續攷一卷　（清）鈕樹玉撰　清嘉慶六年(1801)非石居刻同治七年(1868)碧螺山館補刻本　二冊　存四卷(一至四)

330000－1705－0018198　朱7362　子部/雜著類/雜說之屬

澗泉日記三卷　（宋）韓淲撰　清抄本　三冊

330000－1705－0018199　朱9392　史部/金石類/郡邑之屬/目録

京畿金石考二卷　（清）孫星衍撰　清乾隆孫氏問字堂木活字印本　二冊

330000－1705－0018200　朱7520　經部/小學類/訓詁之屬/字詁

增訂金壺字考十九卷二集二十一卷補録一卷補註一卷　（宋）釋適之編　（清）田朝恆續編　清乾隆二十四年至二十七年(1759－1762)貽安堂刻本　二冊　存十一卷(金壺字考二集一至十一)

330000－1705－0018201　朱5631　史部/金石類/石之屬/通考

陶齋藏石記四十四卷首一卷藏甎記二卷　（清）端方輯　清宣統二年(1910)上海商務印書館石印本　十二冊

330000－1705－0018202　朱9694　史部/傳記類/總傳之屬/釋道

高僧傳初集至四集　（清）楊文會輯　清光緒十年至十八年(1884－1892)金陵刻經處、江北刻經處刻本　二冊　存一種

330000－1705－0018203　朱3934　經部/小學類/訓詁之屬/字詁

增訂金壺字攷一卷附古體假借字一卷　（宋）釋適之撰　（清）郝在田增訂　清同治十三年(1874)京都琉璃廠東龍雲齋刻本　一冊

330000－1705－0018204　朱8214　子部/醫家類/類編之屬

各類醫書十三種　（清）周和齋輯　清抄本　十三冊　缺四卷(回生外科醫方一、常聚方補録一至三)

330000－1705－0018205　朱6500　史部/金石類/陶之屬/文字

秦漢瓦當文字二卷續一卷　（清）程敦撰　清乾隆五十二年(1787)橫渠書院刻五十九年(1794)續刻本　一冊　存一卷(續)

330000－1705－0018206　朱7360　集部/總集類/選集之屬/斷代

賦不分卷　清抄本　一冊

330000－1705－0018207　朱9983　史部/金石類/總志之屬/圖像

寶古堂重修宣和博古圖録三十卷　（宋）王黼等撰　明萬曆三十一年(1603)寶古堂刻本　三冊　存四卷(三至六)

330000－1705－0018208　朱0995　類叢部/叢書類/彙編之屬

後知不足齋叢書四十七種　（清）鮑廷爵編　清光緒常熟鮑氏刻本　四冊　存一種

330000－1705－0018210　朱0994　史部/金石類/郡邑之屬/目録

京畿金石考二卷　（清）孫星衍撰　清光緒十三年(1887)抱芳閣刻本　二冊

330000－1705－0018211　朱7334　集部/別集類/清別集

心蘭集不分卷　（清）黃釗等撰　稿本　四冊

330000－1705－0018212　朱0993　史部/金石類/總志之屬/文字

隨軒金石文字九種　（清）徐渭仁輯　清道光十七年(1837)、二十四年(1844)春暉堂刻本　一冊　存二種

330000－1705－0018214　朱 8054　史部/傳記類/總傳之屬/郡邑

脞錄第二不分卷　稿本　一冊

330000－1705－0018215　朱 8047　子部/醫家類/醫話醫論之屬

醫書雜鈔不分卷　（清）杜銅峰等撰　清抄本　一冊

330000－1705－0018216　朱 9749　經部/小學類/文字之屬/說文

苗氏說文四種　（清）苗夔撰　清道光至咸豐壽陽祁氏漢專亭刻本　三冊　存一種

330000－1705－0018217　朱 1307　史部/金石類/總志之屬/文字

金石苑六卷　（清）劉喜海輯　清道光二十八年(1848)劉氏刻本　六冊

330000－1705－0018219　朱 9745　經部/春秋左傳類/傳說之屬

春秋左氏傳賈服註輯述二十卷　（清）李貽德撰　清同治五年(1866)餘姚朱蘭金陵書局刻本　五冊　存十七卷(一至十七)

330000－1705－0018220　朱 1978　史部/金石類/總志之屬/文字

藝風堂金石文字目十八卷　繆荃孫撰　清光緒三十二年(1906)王先謙湖南刻本　八冊

330000－1705－0018221　朱 9696　子部/小說家類/異聞之屬

山海經廣注十八卷集述一卷圖五卷　（清）吳任臣撰　清康熙六年(1667)刻本　一冊　存二卷(一至二)

330000－1705－0018222　朱 1986　史部/金石類/總志之屬

金石續編二十一卷首一卷　（清）陸耀遹撰（清）陸增祥校訂　清同治十三年(1874)毗陵雙白燕堂刻本　十冊

330000－1705－0018223　朱 3493、朱 9971、朱 9925－1　史部/金石類/總志之屬/圖像

三古圖三種　（清）黃晟輯　明萬曆二十八年至三十年(1600－1602)吳萬化刻清乾隆十七年(1752)天都黃氏亦政堂重印本　十一冊　缺三卷(亦政堂重修宣和博古圖二十八至三十)

330000－1705－0018224　朱 9984　史部/金石類/總志之屬/圖像

求古精舍金石圖四卷　（清）陳經撰　清嘉慶十八年(1813)烏程陳經說劍樓刻本　七冊

330000－1705－0018226　朱 8116　子部/醫家類/診法之屬/其他診法

祝由科諸符秘六卷　清抄本　一冊

330000－1705－0018228　朱 1166　史部/金石類/陶之屬/文字

秦漢瓦當文字二卷續一卷　（清）程敦撰　清乾隆五十二年(1787)橫渠書院刻五十九年(1794)續刻本　三冊

330000－1705－0018229　朱 7332　子部/雜著類/雜說之屬

尋樂編不分卷　清光緒六年(1880)抄本　一冊

330000－1705－0018230　朱 6696　史部/金石類/總志之屬/文字

金石文字記六卷　（清）顧炎武撰　清刻本　一冊　存四卷(一、四至六)

330000－1705－0018231　朱 1976　史部/金石類/郡邑之屬/文字

越中金石記十卷越中金石目二卷　（清）杜春生撰　清道光十年(1830)山陰杜春生詹波館刻本　七冊　缺一卷(越中金石記一)

330000－1705－0018232　朱 6286　史部/金石類/總志之屬/圖像

求古精舍金石圖四卷　（清）陳經撰　清嘉慶十八年(1813)烏程陳經說劍樓刻本　一冊　存一卷(一)

330000－1705－0018233　朱 9768　類叢部/叢書類/彙編之屬

心矩齋叢書十一種　（清）蔣鳳藻編　清光緒長洲蔣氏刻本　十三冊　存五種

330000－1705－0018234　朱9697　經部/易類/傳說之屬

周易洗心十卷讀法一卷　（清）任啓運撰　清乾隆三十四年(1769)任氏清芬堂刻本　五冊

330000－1705－0018235　朱8418　史部/金石類/石之屬/通考

石刻鋪敘二卷　（宋）曾宏父撰　清乾隆刻本　一冊

330000－1705－0018236　朱2030　史部/金石類/石之屬/通考

語石十卷　葉昌熾撰　清宣統元年(1909)刻本　四冊

330000－1705－0018237　朱8925　史部/地理類/雜志之屬

紹興掌故瑣記一卷　清抄本　一冊

330000－1705－0018238　朱1022　子部/工藝類/日用器物之屬/器具

宣德鼎彝譜八卷　（明）吳中　（明）呂震撰
宣鑪博論一卷　（明）項子京撰　清嘉慶十三年(1808)張海鵬刻本　三冊

330000－1705－0018239　朱6286－1　史部/金石類/總志之屬/圖像

求古精舍金石圖四卷　（清）陳經撰　清嘉慶十八年(1813)烏程陳經說劍樓刻本　三冊存三卷(一至三)

330000－1705－0018240　朱7322　子部/術數類

方外別傳一卷　（清）喬廷選訂　清乾隆十五年(1750)抄本　一冊

330000－1705－0018241　朱1969　史部/金石類/石之屬/通考

陶齋藏石記四十四卷首一卷藏甎記二卷（清）端方輯　清宣統二年(1910)上海商務印書館石印本　十二冊

330000－1705－0018242　朱1321　史部/金石類/金之屬/文字

積古齋鐘鼎彝器款識十卷　（清）阮元　（清）朱爲弼撰　清光緒五年(1879)武昌刻本

六冊

330000－1705－0018243　朱9769　類叢部/叢書類/彙編之屬

心矩齋叢書十一種　（清）蔣鳳藻編　清光緒長洲蔣氏刻本　五冊　存四種

330000－1705－0018244　朱8020　經部/群經總義類/傳說之屬

紹衣堂經解稿一卷　清抄本　一冊

330000－1705－0018245　朱9539　史部/金石類/郡邑之屬/文字

海東金石苑四卷　（清）劉喜海撰　清光緒七年(1881)衢州張德容二銘艸堂刻本　三冊存三卷(二至四)

330000－1705－0018246　朱0971　史部/金石類/錢幣之屬

古泉叢話三卷又一卷　（清）戴熙撰　清同治十一年(1872)潘氏滂喜齋刻蘇州振新書社印本　一冊

330000－1705－0018247　朱2084　史部/金石類/總志之屬

學古齋金石叢書四集　（清）葛元煦輯　清光緒崇川葛氏學古齋刻本　二十四冊

330000－1705－0018248　朱7223　子部/術數類/雜術之屬

重修遁甲秘書二卷　清抄本　一冊

330000－1705－0018249　朱9698　子部/小說家類/異聞之屬

五色線二卷　清嘉慶十三年(1808)食古樓刻本　一冊　存一卷(上)

330000－1705－0018253　朱9699　集部/曲類/曲評曲話曲目之屬

顧曲錄四卷　（清）謝嘉玉撰　清嘉慶十五年(1810)刻本　朱鼎煦批　一冊

330000－1705－0018255　朱9700　子部/醫家類/婦科之屬

難產神驗良方一卷繡閣保產良方一卷　（清）姚文田　（清）沈二榆撰　（清）邵友濂輯　清

光緒十九年(1893)碑硯齋刻本　朱鼎煦題記
一冊

330000－1705－0018256　朱9424　史部/編年類/通代之屬

貞元甲子一卷　清抄本　一冊

330000－1705－0018257　朱1971　史部/金石類

行素草堂金石叢書　(清)朱記榮輯　清光緒吳縣朱氏刻十四年(1888)彙印本　三冊　存二種

330000－1705－0018259　朱7673　子部/藝術類/音樂之屬/樂譜

瑟譜六卷　(元)熊朋來撰　清道光二十七年(1847)刻本　一冊

330000－1705－0018260　朱7991　類叢部/叢書類/自著之屬

蘇齋叢書十八種　(清)翁方綱撰　清乾隆至嘉慶刻彙印本　八冊　存一種

330000－1705－0018261　朱6823　子部/藝術類/篆刻之屬/印譜

西泠四家印譜　(清)□□輯　清光緒鈐印本
四冊

330000－1705－0018263　朱2428　史部/目錄類/總錄之屬/私撰

山陰楊氏重遠齋書目四卷　(清)楊□□撰
稿本　三冊

330000－1705－0018265　朱8411、朱8042
類叢部/叢書類/家集之屬

觀古閣叢刻十五種　(清)鮑康編　清嘉慶十一年至光緒二十一年(1806－1895)歙縣鮑氏刻本　二冊　存二種

330000－1705－0018266　朱9701　史部/雜史類/斷代之屬

皇朝紀略一卷　(清)何琪輯　清光緒二十七年(1901)上海普通學書室刻本　一冊

330000－1705－0018267　朱3223　子部/藝術類/篆刻之屬/印譜

種榆仙館印譜不分卷　(清)陳鴻壽篆刻　清道光元年(1821)刻鈐印本　四冊

330000－1705－0018268　朱1984　史部/金石類/總志之屬/目錄

東巡金石錄八卷　(清)崔應階　(清)梁翥鴻輯　清乾隆刻本　一冊

330000－1705－0018269　朱8885　經部/小學類/音韻之屬/韻書

佩文詩韻釋要五卷　(清)周兆基撰　(清)釋達受重訂　清抄本　一冊

330000－1705－0018270　朱4009　子部/藝術類/遊藝之屬/棋弈

桃花泉奕譜二卷　(清)范世勳撰　清乾隆三十年(1765)錫山浦氏靜寄東軒刻本　二冊

330000－1705－0018272　朱3981　子部/藝術類/篆刻之屬/印譜

小石山房印譜四卷歸去來辭一卷集名刻一卷　(清)顧湘　(清)顧浩輯　清道光八年(1828)海虞顧氏小石山房鈐印本　六冊

330000－1705－0018274　朱2137　集部/詞類/別集之屬

濯絳宦存槀一卷　劉毓盤撰　清抄本　一冊

330000－1705－0018275　朱8507　史部/金石類/總志之屬/文字

張叔未解元所藏金石文字不分卷　(清)張廷濟考釋　(清)嚴荄輯　清光緒十年(1884)四會嚴氏鶴緣齋石印本　二冊

330000－1705－0018276　朱6281　史部/金石類/總志之屬

金石存十五卷　(清)吳玉搢撰　清刻本　三冊　存十卷(一至十)

330000－1705－0018277　朱8926　史部/載記類

記明桂王入滇事一卷附一卷　稿本　一冊

330000－1705－0018279　朱6706　子部/藝術類/遊藝之屬/棋弈

奕妙一卷　(清)吳峻輯　二編一卷　(清)吳

367

駉輯 清乾隆二十九年(1764)崇雅堂刻本 朱鼎煦題記 一冊

330000－1705－0018280 朱7506 史部／金石類／璽印之屬

石壽軒宋元印譜一卷 （清）董洵摹 清嘉慶鈴印本 一冊

330000－1705－0018281 朱8049 子部／醫家類／類編之屬

分類各症一卷 清抄本 一冊

330000－1705－0018282 朱6537 經部／小學類／訓詁之屬／字詁

增訂金壼字考十九卷二集二十一卷補錄一卷補註一卷 （宋）釋適之編 （清）田朝恆續編 清乾隆二十四年至二十七年(1759－1762)貽安堂刻本 四冊

330000－1705－0018283 朱9898 子部／藝術類／音樂之屬／樂譜

自遠堂琴譜十二卷 （清）吳灯輯 清嘉慶七年(1802)廣陵吳灯自遠堂吳中刻本 十一冊

330000－1705－0018284 朱5792 子部／藝術類／篆刻之屬／印譜

聽松別館印存不分卷 （清）徐之元輯 清光緒三年(1877)鈴印本 二冊

330000－1705－0018285 朱2528 史部／目錄類／總錄之屬／私撰

宋元舊本書經眼錄三卷附錄二卷 （清）莫友芝撰 清同治十二年(1873)獨山莫繩孫刻本 一冊

330000－1705－0018286 朱8907 史部／傳記類／總傳之屬／技藝

佩文齋書家傳不分卷 清抄本 三冊

330000－1705－0018287 朱0686 經部／小學類／文字之屬／字書／字體

選集漢印分韻二卷 （清）袁日省輯 （清）謝雲生臨摹 **續集漢印分韻二卷** （清）謝景卿輯並臨摹 清嘉慶二年(1797)漱藝堂刻本 四冊

330000－1705－0018289 朱8901 史部／傳記類／總傳之屬／歷代

明清人傳記一卷 清抄本 一冊

330000－1705－0018290 朱2585、朱地0246、朱5754、朱6093 類叢部／叢書類／郡邑之屬

武林掌故叢編一百九十種 （清）丁丙編 清光緒三年至二十六年(1877－1900)錢塘丁氏嘉惠堂刻本([乾道]臨安志卷四至十五、南宋館閣錄卷一原缺) 十一冊 存五種

330000－1705－0018296 朱2710 史部／目錄類／書志之屬／提要

善本書室藏書志四十卷附錄一卷 （清）丁丙輯 清光緒二十五年至二十七年(1899－1901)錢唐丁立中鄂中刻本 十六冊

330000－1705－0018297 朱8872 史部／雜史類／外紀之屬

土耳其史譯稿□□卷 （清）張美翊撰 稿本 一冊 存一冊(四)

330000－1705－0018299 朱4407 子部／藝術類／篆刻之屬／印譜

寄舫藏印不分卷 （清）寄舫居士輯 清同治鈴印本 清寄舫居士批 一冊

330000－1705－0018300 朱2697 史部／目錄類／總錄之屬／私撰

經籍舉要一卷附錄吳晴舫學使告示六條一卷附家塾課程一卷附中江講院添設季課示一卷 （清）龍啟瑞撰 **尊經閣記一卷祀典錄一卷江中藏經閣藏書目一卷 江中講院現設經誼治事兩齋章程一卷** 清光緒十九年(1893)中江講院刻本 一冊

330000－1705－0018303 朱8898 子部／雜家類

龜臺內秘壽宴冊一卷 廣長子紀錄 清抄本 一冊

330000－1705－0018304 朱9273 史部／金石類／郡邑之屬／文字

兩浙金石志十八卷補遺一卷 （清）阮元撰

清光緒十六年(1890)浙江書局刻本　十一冊

330000 – 1705 – 0018305　朱 9702　類叢部/叢書類/自著之屬

香海閣叢刊三種　(清)張義澍撰　清光緒二十三年(1897)楊氏香海閣刻本　二冊

330000 – 1705 – 0018306　朱 2707　集部/別集類/清別集

甘泉鄉人稿二十四卷　(清)錢泰吉撰　清刻本　一冊　存四卷(七至十)

330000 – 1705 – 0018307　朱 9899　子部/藝術類/音樂之屬/樂譜

自遠堂琴譜十二卷　(清)吳灯輯　清嘉慶七年(1802)廣陵吳灯自遠堂吳中刻本　十一冊　缺一卷(十)

330000 – 1705 – 0018308　朱 8883　史部/目錄類/專錄之屬

漢孳室著書目一卷　(清)陶方琦撰　清抄本　一冊

330000 – 1705 – 0018309　朱 2527　史部/目錄類/總錄之屬/私撰

宋元舊本書經眼錄三卷附錄二卷　(清)莫友芝撰　清同治十二年(1873)獨山莫繩孫刻本　一冊

330000 – 1705 – 0018310　朱 7592、朱 1004　子部/藝術類/音樂之屬/琴學

琴學叢書　楊宗稷輯　清宣統三年至民國二十年(1911－1931)楊氏刻本　二冊　存二種

330000 – 1705 – 0018312　朱 9971 – 1　史部/金石類/玉之屬

古玉圖攷不分卷　(清)吳大澂撰　清光緒上海同文書局石印本　一冊

330000 – 1705 – 0018314　朱 2646　史部/目錄類/總錄之屬/私撰

書目答問五卷別錄一卷國朝著述諸家姓名略一卷四川尊經書院記一卷輶軒語一卷　(清)張之洞撰　清光緒刻本　一冊

330000 – 1705 – 0018316　朱 8877　史部/地

理類/方志之屬/郡縣志

雜錄不分卷　(清)清芬閣撰　稿本　一冊

330000 – 1705 – 0018320　朱 2700、朱 2987　類叢部/叢書類/自著之屬

潛園總集十七種　(清)陸心源撰　清同治至光緒刻本　四十冊　存二種

330000 – 1705 – 0018323　朱 9428　史部/政書類/律令之屬/律例

詳文彙鈔不分卷　清抄本　一冊

330000 – 1705 – 0018324　朱 6677　子部/藝術類/音樂之屬/琴學

琴音記二卷　(清)程瑤田撰　清乾隆刻本　一冊

330000 – 1705 – 0018325　朱 1290　子部/藝術類/篆刻之屬/印譜

吉金齋古銅印譜不分卷　(清)何昆玉輯　清鈐印本　十一冊

330000 – 1705 – 0018326　朱 0920　史部/金石類/金之屬/文字

積古齋鐘鼎彝器款識十卷　(清)阮元　(清)朱爲弼撰　清光緒五年(1879)武昌刻本　六冊

330000 – 1705 – 0018327　朱 7598　史部/金石類/璽印之屬/通考

封泥攷略十卷　(清)吳式芬　(清)陳介祺藏並輯　清光緒三十年(1904)石印本　十冊

330000 – 1705 – 0018328　朱 0373　史部/目錄類/總錄之屬/私撰

八千卷樓書目不分卷　(清)丁丙藏　丁立中撰　稿本　一冊

330000 – 1705 – 0018329　朱 2702　集部/別集類/清別集

甘泉鄉人稿二十四卷　(清)錢泰吉撰　清同治七年(1868)、十一年(1872)刻本　一冊　存三卷(七至九)

330000 – 1705 – 0018330　朱 6472　史部/金石類/石之屬/文字

369

金石文字辨異補編五卷　楊紹廉撰　清末石印本　五冊

330000－1705－0018331　朱8894　子部/雜著類/雜說之屬

醒目錄不分卷　清抄本　一冊

330000－1705－0018333　朱0786　史部/金石類/總志之屬/文字

隨軒金石文字九種　（清）徐渭仁輯　清道光十七年(1837)、二十四年(1844)春暉堂刻同治七年(1868)補刻本　四冊

330000－1705－0018334　朱9704　經部/易類/傳說之屬

周易本義四卷附圖說一卷卦歌一卷筮儀一卷　（宋）朱熹撰　清刻本　二冊

330000－1705－0018336　朱5538－1　子部/藝術類/音樂之屬/樂譜

大還閣琴譜六卷谿山琴况一卷萬峰閣指法閟箋一卷　（清）徐祺撰　清康熙十二年(1673)蔡毓榮刻本　六冊

330000－1705－0018339　朱0763　史部/目錄類/總錄之屬/官修

欽定四庫全書總目二百卷首一卷　（清）紀昀等撰　清抄本　一冊　存二卷(一百十三至一百十四)

330000－1705－0018340　朱4937　經部/小學類/文字之屬/字書/字體

選集漢印分韻二卷　（清）袁日省輯　（清）謝雲生臨摹　**續集漢印分韻二卷**　（清）謝景卿輯並臨摹　清嘉慶二年(1797)漱藝堂刻本　四冊

330000－1705－0018342　朱0186　子部/藝術類/遊藝之屬/雜藝

牙牌譜不分卷　（清）□□撰　清抄本　一冊

330000－1705－0018343　朱9924、朱9925　史部/金石類/總志之屬/圖像

三古圖三種　（清）黃晟輯　明萬曆二十八年至三十年(1600－1602)吳萬化刻清乾隆十七年(1752)天都黃氏亦政堂重印本　十九冊

缺八卷(亦政堂重修宣和博古圖一至八)

330000－1705－0018344　朱3662　史部/目錄類/總錄之屬/彙刻

彙刻書目二十卷　（清）顧修輯　（清）朱學勤補　清光緒十二年至十五年(1886－1889)上海福瀛書局刻本　二十冊

330000－1705－0018349　朱7044　類叢部/叢書類/自著之屬

蘇齋叢書十八種　（清）翁方綱撰　清乾隆至嘉慶刻彙印本　一冊　存一種

330000－1705－0018352　朱8862　集部/總集類/選集之屬/通代

古文類編四卷　（清）釋了璞選　清道光五年(1825)稿本　二冊

330000－1705－0018359　朱2989、朱2990　史部/目錄類/總錄之屬/彙刻

觀古堂書目叢刻十五種　葉德輝編　清光緒二十八年(1902)至民國湘潭葉氏刻本　二十冊

330000－1705－0018360　朱1985　史部/金石類/石之屬/目錄

墨妙亭碑目攷二卷附攷一卷　（清）張鑑撰　清光緒十年(1884)江蘇書局刻本　二冊

330000－1705－0018361　朱8464　子部/藝術類/篆刻之屬/印譜

漱芳書屋集古四卷　（清）孫思敬輯　清光緒十九年(1893)刻鈐印本　四冊

330000－1705－0018362　朱0088　子部/藝術類/書畫之屬/畫譜

梅花喜神譜二卷　（宋）宋伯仁繪並輯　清光緒九年(1883)虞山鮑氏後知不足齋刻本　清瑞臣題簽　一冊

330000－1705－0018364　朱2208　史部/金石類/郡邑之屬/文字

海東金石苑四卷　（清）劉喜海撰　清光緒七年(1881)衢州張德容二銘艸堂刻本　一冊　存一卷(一)

330000－1705－0018366　朱 1970　類叢部/
叢書類/自著之屬

潛園總集十七種　（清）陸心源撰　清同治至
光緒刻本　四冊　存一種

330000－1705－0018367　朱 4920、朱 2913、
朱 8015　史部/目錄類/總錄之屬/彙刻

江刻書目三種　（清）江標輯　清光緒元和江
氏師鄦室刻蘇州振新書社印本　朱鼎煦題記
四冊

330000－1705－0018371　朱 5538　子部/藝
術類/音樂之屬/樂譜

五知齋琴譜八卷　（清）徐祺撰　（清）周魯封
輯　清乾隆十一年(1746)懷德堂刻本　六冊

330000－1705－0018372　朱 2993　史部/目
錄類/書志之屬/提要

愛日精廬藏書志三十六卷續志四卷　（清）張
金吾藏並撰　清光緒十三年(1887)吳縣徐氏
靈芬閣木活字印本　十冊

330000－1705－0018373　朱 2955　史部/目
錄類/總錄之屬/私撰

天一閣見存書目四卷首一卷末一卷　（清）薛
福成撰　清光緒十五年(1889)薛福成甬上崇
實書院刻本　四冊

330000－1705－0018375　朱 3277　史部/目
錄類/專錄之屬

文學叢書書目提要不分卷　上海醫學書局撰
　清末民初鉛印本　一冊

330000－1705－0018376　朱 2797　史部/目
錄類/版本之屬/書影

留真譜初編十二卷　楊守敬輯　清光緒二十
七年(1901)宜都楊氏刻本　十二冊

330000－1705－0018377　朱 2914　史部/目
錄類/總錄之屬/私撰

持靜齋書目五卷　（清）丁日昌藏並撰　清同
治九年(1870)豐順丁日昌刻本　五冊

330000－1705－0018378　朱 2104　集部/總
集類/彙編之屬

名媛彙詩不分卷　清抄本　一冊

330000－1705－0018380　朱 5407　類叢部/
叢書類/彙編之屬

後知不足齋叢書四十七種　（清）鮑廷爵編
清光緒常熟鮑氏刻本　四冊　存一種

330000－1705－0018381　朱 2966　史部/目
錄類/總錄之屬/私撰

天一閣書目四卷　（清）阮元　（清）范邦甸等
編　附碑目一卷續增一卷　（清）錢大昕編
（清）范懋敏續編　清嘉慶十三年(1808)揚州
阮元文選樓刻本　朱鼎煦批　十一冊　缺一
卷(續增)

330000－1705－0018384　朱 1424　集部/詞
類/別集之屬

天籟集二卷　（元）白樸撰　清抄本　一冊

330000－1705－0018385　朱 2935、朱 7070
類叢部/叢書類/彙編之屬

風雨樓叢書二十五種一百六十六卷　鄧實編
　清宣統順德鄧氏鉛印本　朱鼎煦題記　四
冊　存二種

330000－1705－0018391　朱 2636　史部/金
石類/石之屬/義例

碑版文廣例十卷　（清）王芑孫撰　清道光二
十一年(1841)長洲王氏刻本　六冊

330000－1705－0018394　朱 2927　類叢部/
叢書類/彙編之屬

鐵琴銅劍樓叢書十三種　瞿啟甲編　清光緒
至民國刻本及影印本　十冊　存一種

330000－1705－0018395　朱 6739　史部/金
石類/郡邑之屬/目錄

東甌金石志十卷校記一卷補遺一卷附錄一卷
　（清）戴咸弼撰　清光緒二年(1876)浙江溫
州郡庠木活字印本　六冊

330000－1705－0018403　朱 2886　史部/目
錄類/版本之屬/書影

宋元明清精刻善本書影真跡不分卷　（清）韓
守安輯　稿本　一冊

330000－1705－0018406　朱 3072　類叢部/
叢書類/自著之屬

半巖廬所箸書九種　（清）邵懿辰撰　清宣統三年至民國二十年（1911－1931）仁和邵氏家祠刻本　十冊　存一種

330000－1705－0018407　朱3045、朱2713－1　史部/目錄類/總錄之屬/彙刻

江刻書目三種　（清）江標輯　清光緒元和江氏師鄦室刻蘇州振新書社印本　三冊　存二種

330000－1705－0018409　朱3280　史部/目錄類/總錄之屬/私撰

式古堂目錄十七卷　（清）尤瑩編　清光緒十九年（1893）石印本　二冊

330000－1705－0018413　朱3155　史部/目錄類/書志之屬/提要

東西學書錄二卷附一卷　徐維則輯　清光緒二十五年（1899）石印本　三冊

330000－1705－0018414　朱4276　史部/目錄類/總錄之屬/私撰

書目答問五卷別錄一卷國朝著述諸家姓名略一卷　（清）張之洞撰　清光緒十四年（1888）上海蜚英館石印本　一冊

330000－1705－0018417　朱3158　史部/目錄類/總錄之屬/私撰

宋元舊本書經眼錄三卷附錄二卷　（清）莫友芝撰　清光緒十年（1884）上海還讀樓刻本　四冊

330000－1705－0018418　朱4305　史部/目錄類/總錄之屬/彙刻

彙刻書目初編十卷　（清）顧修輯　清刻本　二冊　存二卷（一至二）

330000－1705－0018424　朱3081　史部/目錄類/總錄之屬/徵訪

徵訪明季遺書目一卷　劉世珩編　清宣統二年（1910）鉛印本　一冊

330000－1705－0018430　朱3159　類叢部/叢書類/彙編之屬

讀畫齋叢書四十六種　（清）顧修編　清嘉慶四年至十六年（1799－1811）桐川顧氏刻本

二冊　存一種

330000－1705－0018431　朱2438　子部/藝術類/篆刻之屬/印譜

稽古印鑑不分卷　（明）程齊篆刻　明刻鈐印本　一冊

330000－1705－0018433　朱8866　子部/叢編

五十子選二十一卷　（清）釋了璞輯　清道光元年（1821）稿本　三冊　存十二卷（一至四、八至十一、十八至二十一）

330000－1705－0018434　朱3037　史部/目錄類/總錄之屬/私撰

天一閣見存書目四卷首一卷末一卷　（清）薛福成撰　清光緒十五年（1889）薛福成甬上崇實書院刻本　四冊

330000－1705－0018438　朱3036　史部/目錄類/總錄之屬/私撰

天一閣書目四卷　（清）阮元　（清）范邦甸等編　附碑目一卷續增一卷　（清）錢大昕編　（清）范懋敏續編　清嘉慶十三年（1808）揚州阮元文選樓刻本　五冊　存三卷（書目一至三）

330000－1705－0018441　朱8865　子部/叢編

九子續選四卷　（清）釋了璞輯　清道光稿本　一冊　存二卷（一至二）

330000－1705－0018450　朱2035　集部/別集類/金別集

元遺山詩集箋注十四卷首一卷末一卷　（金）元好問撰　（元）張德輝類次　（清）施國祁箋注　清道光二年（1822）南潯蔣氏瑞松堂刻本　三冊

330000－1705－0018451　朱3221　子部/藝術類/篆刻之屬/印譜

雙清閣印存不分卷　（清）趙穆篆　清鈐印本　一冊

330000－1705－0018453　朱3805　史部/金石類/璽印之屬

續古印式二卷 （清）黃錫蕃述 清乾隆六十年(1795)海鹽黃氏刻嘉慶五年(1800)鈐印本 二冊

330000－1705－0018456 朱 3210 子部/藝術類/篆刻之屬/印譜

二金蜨堂印譜不分卷 （清）趙之謙篆刻（清）傅栻輯 清有萬憙齋鈐印本 一冊

330000－1705－0018457 朱 1974 類叢部/叢書類/彙編之屬

平津館叢書六集三十五種 （清）孫星衍編 清嘉慶蘭陵孫氏刻本 五冊 存一種

330000－1705－0018460 朱 9987 經部/四書類/論語之屬/傳說

百古試作不分卷 清鴻遠書屋稿本 三冊

330000－1705－0018463 朱 3682 史部/目錄類/總錄之屬/私撰

簡玉山房書目一卷 （清）簡玉山房編 清光緒刻本 一冊

330000－1705－0018466 朱 3683 史部/目錄類/書志之屬/提要

東西學書錄二卷附一卷 徐維則輯 清光緒二十五年(1899)石印本 二冊 缺一卷(上)

330000－1705－0018467 朱 3211 子部/藝術類/篆刻之屬/印譜

印肄不分卷 （清）葉熙鋗篆 清光緒十八年(1892)葉均生鈐印本 二冊

330000－1705－0018468 朱 9987－1 子部/道家類

舊臨黃庭經殘本一卷 清抄本 一冊

330000－1705－0018469 朱 4652 類叢部/叢書類/自著之屬

疇隱廬叢書 丁福保撰 清光緒二十五年(1899)無錫竢實學堂刻本 一冊

330000－1705－0018471 朱 0597 集部/別集類/唐五代別集

玉溪生詩意八卷 （唐）李商隱撰 （清）朱鶴齡注 （清）屈復意 清乾隆揚州藝古堂刻本

二冊

330000－1705－0018472 朱 8275 子部/藝術類/篆刻之屬/印譜

石朱生暉軒印譜四卷 （清）馮雲鵬輯 清鈐印本 應昌題記 四冊

330000－1705－0018473 朱 1971－1、朱地 0003 類叢部/叢書類/彙編之屬

雲自在龕叢書五集十九種 繆荃孫輯 清光緒江陰繆氏刻本 二冊 存二種

330000－1705－0018474 朱 7031 子部/藝術類/篆刻之屬/印譜

王義從印譜不分卷 （清）王義從撰 清乾隆鈐印本 一冊

330000－1705－0018476 朱 2875、朱 2867、朱 2865 類叢部/叢書類/彙編之屬

式訓堂叢書四十一種 （清）章壽康編 清光緒會稽章氏刻本 七冊 存三種

330000－1705－0018477 朱 3061 史部/目錄類/總錄之屬/私撰

慈谿半角山房藏書目不分卷 （清）橫山王氏藏 清抄本 一冊

330000－1705－0018480 朱 4070 史部/目錄類/專錄之屬

全上古三代秦漢三國晉南北朝文編目一百三卷 （清）嚴可均輯 （清）蔣壑編 清光緒五年(1879)刻本 一冊 存二卷(一至二)

330000－1705－0018482 朱 4384 子部/雜著類/雜考之屬

義門讀書記五十八卷 （清）何焯撰 （清）蔣維鈞輯 清乾隆三十四年(1769)石香齋刻本 十二冊

330000－1705－0018483 朱 6453 史部/目錄類/總錄之屬/彙刻

彙刻書目二十卷 （清）顧修輯 （清）朱學勤補 清光緒十二年至十五年(1886－1889)上海福瀛書局刻本 十二冊

330000－1705－0018486 朱 5123 史部/目

録類/總録之屬/私撰

天一閣見存書目四卷首一卷末一卷　（清）薛福成撰　清光緒十五年（1889）薛福成甬上崇實書院刻本　朱鼎煦題記　四冊

330000－1705－0018487　朱地 0004　史部/地理類/總志之屬/斷代

[元豐]九域志十卷　（宋）王存等纂修　清光緒八年（1882）金陵書局刻本　四冊

330000－1705－0018488　朱 7434　史部/目録類/書志之屬/題跋

勞氏碎金三卷　（清）勞經原　（清）勞權（清）勞格撰　吳昌綬輯　**附録一卷**　王大隆　瞿熙邦補輯　清宣統元年（1909）仁和吳昌綬雙照樓鉛印本　一冊

330000－1705－0018490　朱 1416　集部/別集類/清別集

槐塘詩稿十六卷文稿四卷　（清）汪沆撰　清乾隆五十一年（1786）刻本　四冊　存十六卷（詩稿一至十六）

330000－1705－0018491　朱 4891　史部/目録類/通論之屬/掌故瑣記

皕宋樓藏書源流考一卷　（日本）島田翰撰　清光緒三十三年（1907）武進董康京師刻本　一冊

330000－1705－0018494　朱地 0005　史部/地理類/總志之屬/斷代

太平寰宇記二百卷目録二卷　（宋）樂史撰　清乾隆五十八年（1793）化龍池刻本　四十冊

330000－1705－0018495　朱 9407　史部/目録類/書志之屬/提要

善本書室藏書志四十卷附録一卷　（清）丁丙輯　清光緒二十五年至二十七年（1899－1901）錢唐丁立中鄂中刻本　十四冊　缺五卷（一至五）

330000－1705－0018498　朱 9531　史部/目録類/總録之屬/私撰

開有益齋讀書志六卷續志一卷金石文字記一卷　（清）朱緒曾撰　清光緒六年（1880）金陵

翁氏茹古閣刻本　五冊　缺一卷（金石文字記）

330000－1705－0018500　朱 4427　史部/目録類/總録之屬/私撰

天一閣見存書目四卷首一卷末一卷　（清）薛福成撰　清光緒十五年（1889）薛福成甬上崇實書院刻本　四冊

330000－1705－0018501　朱 0481　史部/金石類/石之屬/文字

小蓬萊閣金石文字十卷　（清）黃易輯　清道光十四年（1834）石墨軒刻本　五冊

330000－1705－0018504　朱 4902　史部/目録類/總録之屬/史志

八史經籍志十種三十卷　（日本）□□輯　清光緒八年至九年（1882－1883）鎮海張壽榮刻本　十七冊

330000－1705－0018505　朱地 0042　史部/地理類/方志之屬/郡縣志

[乾隆]赤城縣志八卷首一卷　（清）孟思誼修　（清）張曾炳纂　清乾隆刻本　二冊　存六卷（二至七）

330000－1705－0018507　朱 6657　史部/目録類/總録之屬/私撰

讀書敏求記四卷　（清）錢曾撰　清雍正四年（1726）吳興趙孟升松雪齋刻乾隆十年（1745）沈尚傑雙桂草堂剜版六十年（1795）沈炎耆英堂重修本　二冊

330000－1705－0018508　朱地 0051　史部/地理類/方志之屬/郡縣志

[雍正]深澤縣志十二卷首一卷　（清）趙憲修（清）王植纂　清雍正十三年（1735）刻乾隆九年（1744）增刻本　六冊　缺一卷（三）

330000－1705－0018509　朱 2677　子部/雜著類/雜品之屬

新增格古要論十三卷　（明）曹昭撰　（明）舒敏編　（明）王佐增補　明萬曆新都黃正位尊生館刻清初淑躬堂重修本　一冊　存二卷（三至四）

330000－1705－0018510　朱4893　史部/目錄類/書志之屬/提要

昭德先生郡齋讀書志二十卷首一卷　（宋）晁公武撰　清光緒六年（1880）會稽章氏刻本　八冊

330000－1705－0018511　朱地0002　史部/地理類/總志之屬/斷代

元和郡縣圖志四十卷目錄二卷　（唐）李吉甫撰　**闕卷逸文一卷**　（清）孫星衍輯　**元和郡縣補志九卷**　（清）嚴觀輯　清光緒六年（1880）金陵書局刻本（卷十九至二十、二十三至二十四、三十五至三十六原缺）　一冊　存四卷(圖志一至二、目錄一至二)

330000－1705－0018513　朱4397　子部/雜著類/雜考之屬

讀書脞錄七卷　（清）孫志祖撰　清光緒十三年（1887）醉六堂刻本　四冊

330000－1705－0018514　朱5066　史部/目錄類/總錄之屬/私撰

天一閣書目四卷　（清）阮元　（清）范邦甸等編　**附碑目一卷續增一卷**　（清）錢大昕編　（清）范懋敏續編　清嘉慶十三年（1808）揚州阮元文選樓刻本　四冊　存四卷(書目一至四)

330000－1705－0018518　朱4423　史部/目錄類/總錄之屬/私撰

天一閣書目四卷　（清）阮元　（清）范邦甸等編　**附碑目一卷續增一卷**　（清）錢大昕編　（清）范懋敏續編　清嘉慶十三年（1808）揚州阮元文選樓刻本　九冊　存四卷(書目一至四)

330000－1705－0018519　朱8533　史部/金石類/總志之屬

二銘艸堂金石聚十六卷　（清）張德容輯　清同治十一年（1872）衢州張氏二銘草堂刻本　十四冊　缺二卷(一至二)

330000－1705－0018520　朱4944　類叢部/叢書類/自著之屬

潛園總集十七種　（清）陸心源撰　清同治至

光緒刻本　八冊　存一種

330000－1705－0018522　朱4971　集部/別集類/清別集

恩餘堂經進初藳十二卷續藳二十二卷三藳十一卷策問存課二卷知聖道齋讀書跋尾二卷　（清）彭元瑞撰　清嘉慶刻本　一冊　存二卷(知聖道齋讀書跋尾一至二)

330000－1705－0018523　朱地0006　史部/地理類/總志之屬/斷代

天下一統志九十卷　（明）萬安等纂修　明萬壽堂刻清初印本　四十冊

330000－1705－0018524　朱4903、朱4904、朱4905　類叢部/叢書類/彙編之屬

書目叢鈔五種　（清）□□輯　清抄本　朱鼎煦題記　畢公論題簽　三冊　存三種

330000－1705－0018526　朱6620　史部/目錄類/書志之屬/提要

藝風堂藏書記八卷續記八卷　繆荃孫撰　清光緒二十六年至二十七年（1900－1901）江陰繆氏刻本　二冊　存八卷(藏書記一至八)

330000－1705－0018527　朱地0024　史部/地理類/方志之屬/郡縣志

[光緒]保定府志七十九卷首一卷　（清）李培祜　（清）朱靖旬修　（清）張豫墍等纂　清光緒十二年（1886）刻本　十六冊　存三十六卷(四十四至七十九)

330000－1705－0018529　朱7091、朱9193　類叢部/叢書類/彙編之屬

漸西村舍彙刊（漸西村舍叢刻）四十四種　（清）袁昶編　清光緒十六年至二十四年（1890－1898）桐廬袁氏刻本　五冊　存二種

330000－1705－0018530　朱4954　史部/目錄類/總錄之屬/私撰

會稽李氏越縵堂藏書目錄不分卷　（清）李尊客評校　清末民國初油印本　一冊

330000－1705－0018532　朱地0111　史部/地理類/方志之屬/郡縣志

同治上海縣志三十二卷首一卷末一卷　（清）

應寶時等修 （清）俞樾 （清）方宗誠纂 清同治十年(1871)吳門臬署刻本 十四冊 缺六卷(十八至二十三)

330000－1705－0018537 朱地0202 史部/地理類/方志之屬/郡縣志

[光緒]崇明縣志十八卷 （清）林達泉 （清）譚泰來修 （清）李聯琇 （清）黃清憲等纂 清光緒七年(1881)刻本 十一冊 缺一卷(六)

330000－1705－0018539 朱地0006 史部/地理類/總志之屬/斷代

太平寰宇記二百卷目錄二卷 （宋）樂史撰 清光緒八年(1882)金陵書局刻本(卷四、一百十三至一百十九原缺) 三十六冊

330000－1705－0018541 朱7134 史部/目錄類/書志之屬/提要

昭德先生郡齋讀書志四卷後志二卷 （宋）晁公武撰 附志一卷考異一卷 （宋）趙希弁撰 清康熙六十一年(1722)陳師曾刻本 五冊 缺一卷(考異)

330000－1705－0018542 朱地0032 史部/地理類/方志之屬/郡縣志

[康熙]靈壽縣志十卷末一卷 （清）陸隴其修 （清）傅維橒纂 清康熙二十五年(1686)刻本 一冊

330000－1705－0018544 朱地0013－3 類叢部/叢書類/自著之屬

洪北江全集 （清）洪亮吉撰 清刻本 二冊 存一種

330000－1705－0018545 朱地0044 史部/地理類/方志之屬/郡縣志

[乾隆]延慶州志十卷首一卷 （清）李鍾偉修 （清）穆元肇 （清）方世熙纂 清乾隆七年(1742)刻本 六冊

330000－1705－0018554 朱8911 史部/目錄類/總錄之屬/私撰

文選樓藏書記六卷 （清）阮元撰 （清）李慈銘校訂 清抄本 二冊 存一卷(一)

330000－1705－0018557 朱地0077 史部/地理類/方志之屬/郡縣志

[光緒]岐山縣志八卷 （清）胡昇猷修 （清）張殿元纂 清光緒十年(1884)刻本 四冊

330000－1705－0018558 朱6412 史部/目錄類/書志之屬/提要

日本訪書志十七卷 楊守敬撰 清光緒二十三年至二十七年(1897－1901)宜都楊守敬鄰蘇園刻本 六冊

330000－1705－0018559 朱地0040 史部/地理類/方志之屬/郡縣志

[康熙]元城縣志六卷首一卷 （清）陳偉等纂修 清康熙十五年(1676)刻本 四冊

330000－1705－0018560 朱地0021 史部/地理類/方志之屬/郡縣志

[康熙]文安縣志八卷 （清）楊朝麟修 （清）胡涝等纂 清康熙四十二年(1703)刻本 八冊

330000－1705－0018562 朱地0016 史部/地理類/方志之屬/郡縣志

[光緒]順天府志一百三十卷附錄一卷 （清）萬青藜 （清）周家楣修 （清）張之洞 繆荃孫纂 清光緒刻本 五冊 存十一卷(二十三至二十六、二十九至三十五)

330000－1705－0018563 朱地0063 史部/地理類/方志之屬/郡縣志

[光緒]絳縣志二十一卷 （清）胡延纂修 清光緒二十五年(1899)刻本 四冊

330000－1705－0018564 朱地0050 史部/地理類/方志之屬/郡縣志

[道光]直隸定州志二十二卷首一卷 （清）寶琳 （清）勞沅恩纂修 清道光三十年(1850)刻本 十二冊

330000－1705－0018566 朱4422 史部/目錄類/總錄之屬/私撰

黃巖九峯名山閣藏書目四卷首一卷 （清）王佩文 （清）王維翰撰 清光緒五年(1879)黃

嚴九峯書院刻本　一冊

330000－1705－0018571　朱地 0094　史部/
地理類/方志之屬/郡縣志

[乾隆]靜寧州志八卷首一卷　(清)王烜纂修
清乾隆十一年(1746)刻本　四冊

330000－1705－0018572　朱地 0204　史部/
地理類/方志之屬/郡縣志

[光緒]嘉定縣志三十二卷首一卷附一卷
(清)程其珏修　(清)楊震福等纂　清光緒七
年至八年(1881－1882)刻本　十六冊　缺一
卷(附)

330000－1705－0018573　朱地 0039　史部/
地理類/方志之屬/郡縣志

[咸豐]大名府志二十二卷首一卷續志六卷末
一卷　(清)朱煐等纂修　(清)武蔚文續修
(清)郭程先續纂　(清)高繼珩增補　清咸豐
四年(1854)刻本　二十一冊

330000－1705－0018574　朱地 0066　史部/
地理類/方志之屬/郡縣志

[熙寧]長安志二十卷　(宋)宋敏求纂　長安
志圖三卷　(元)李好文撰　(清)畢沅校　清
光緒十七年(1891)思賢講舍刻本　五冊

330000－1705－0018575　朱 5227　史部/目
録類/總録之屬/私撰

務本堂藏書目錄不分卷　清抄本　一冊

330000－1705－0018576　朱 6607　史部/目
録類/總録之屬/私撰

天一閣書目四卷　(清)阮元　(清)范邦甸等
編　附碑目一卷續增一卷　(清)錢大昕編
(清)范懋敏續編　清嘉慶十三年(1808)揚州
阮元文選樓刻本　十冊　缺一卷(續增)

330000－1705－0018580　朱地 0159　史部/
地理類/方志之屬/郡縣志

[同治]蘇州府志一百五十卷首三卷　(清)李
銘皖　(清)譚鈞培修　(清)馮桂芬纂　清光
緒八年(1882)江蘇書局刻本　四十二冊　存
七十四卷(首一至三、一至七十一)

330000－1705－0018581　朱地 0148　史部/

地理類/方志之屬/郡縣志

[同治]上江兩縣志二十九卷首一卷　(清)莫祥
芝　(清)甘紹盤修　(清)汪士鐸等纂　清同
治十三年(1874)刻本　十二冊

330000－1705－0018582　朱地 0059　史部/
地理類/方志之屬/郡縣志

[嘉慶]介休縣志十四卷　(清)徐品山
(清)陸元鏸修　(清)熊兆占等纂　清嘉慶二
十四年(1819)刻本　八冊

330000－1705－0018584　朱地 0096、朱地
0097、朱地 0098、朱地 0099、朱地 0100　史部/
叢編

五凉考治六德集全誌　(清)張之浚　(清)張
珆美等修　清乾隆十四年(1749)刻本　五冊
存五種

330000－1705－0018585　朱地 0072　史部/
地理類/方志之屬/郡縣志

[光緒]富平縣志稿十卷首一卷　樊增祥
(清)劉錕修　(清)譚麐纂　清光緒十七年
(1891)刻本　十冊

330000－1705－0018586　朱地 0142　史部/
地理類/方志之屬/郡縣志

[乾隆]濟寧直隸州志三十四卷首一卷　(清)
胡德琳　(清)藍應桂修　(清)周永年
(清)盛百二纂　清乾隆四十三年(1778)刻五
十年(1785)王道亨、盛百二增刻本　二十冊

330000－1705－0018587　朱地 0067　史部/
地理類/方志之屬/郡縣志

[嘉慶]長安縣志三十六卷　(清)張聰賢修
(清)董曾臣纂　清嘉慶二十年(1815)刻本
六冊

330000－1705－0018588　朱地 0117　史部/
地理類/方志之屬/郡縣志

[道光]濟南府志七十二卷首一卷　(清)王贈
芳　(清)王鎮修　(清)成瓘　(清)冷烜纂
清道光二十年(1840)刻本　三十九冊　缺
二卷(三十三至三十四)

330000－1705－0018589　朱地 0041　史部/

地理類/方志之屬/郡縣志

[同治]續修元城縣志六卷首一卷 (清)吳大
鏞修 (清)王仲甡纂 清同治十一年(1872)
刻本 五冊

330000－1705－0018590 朱地 0061 史部/
地理類/方志之屬/通志

[雍正]山西通志二百三十卷 (清)覺羅石麟
修 (清)儲大文纂 清刻本 十冊 存十四
卷(二百九至二百十一、二百十九至二百二十
八、二百三十)

330000－1705－0018591 朱 5067 史部/目
錄類/總錄之屬/私撰

讀書敏求記四卷 (清)錢曾撰 清雍正四年
(1726)吳興趙孟升松雪齋刻本 二冊

330000－1705－0018592 朱地 0070 史部/
地理類/方志之屬/郡縣志

[康熙]鄞縣志十二卷圖一卷 (清)康如璉修
(清)康弘祥纂 清康熙二十一年(1682)刻
本 二冊 存十卷(三至十二)

330000－1705－0018593 朱 9260 史部/目
錄類/總錄之屬/私撰

天一閣書目四卷 (清)阮元 (清)范邦甸等
編 附碑目一卷續增一卷 (清)錢大昕編
(清)范懋敏續編 清嘉慶十三年(1808)揚州
阮元文選樓刻本 八冊 存四卷(書目一至
四)

330000－1705－0018594 朱地 0146 史部/
地理類/方志之屬/郡縣志

景定建康志五十卷 (宋)馬光祖修 (宋)周
應合纂 清嘉慶六年(1801)金陵孫忠愍祠刻
本 七冊 存十六卷(二十六至三十一、四十
一至五十)

330000－1705－0018595 朱 9259 史部/目
錄類/總錄之屬/私撰

天一閣書目四卷 (清)阮元 (清)范邦甸等
編 附碑目一卷續增一卷 (清)錢大昕編
(清)范懋敏續編 清嘉慶十三年(1808)揚州
阮元文選樓刻本 五冊 存三卷(書目一至
三)

330000－1705－0018598 朱 9156 史部/目
錄類/總錄之屬

經籍訪古志六卷補遺一卷 (日本)澀江全善
(日本)森立之撰 清光緒十一年(1885)六
合徐承祖日本鉛印本 八冊

330000－1705－0018599 朱地 0088 史部/
地理類/方志之屬/郡縣志

[道光]蘭州府志十二卷首一卷 (清)陳士楨
修 (清)涂鴻儀纂 清道光十三年(1833)刻
本 八冊

330000－1705－0018600 朱地 0066－2 類
叢部/叢書類/彙編之屬

經訓堂叢書二十二種 (清)畢沅編 清乾隆
至嘉慶鎮洋畢氏刻彙印本 四冊 存一種

330000－1705－0018601 朱地 0136 史部/
地理類/方志之屬/郡縣志

[道光]泰安縣志十二卷首一卷末一卷 (清)
徐宗幹修 (清)蔣大慶纂 清道光八年
(1828)刻本 十二冊 缺一卷(末)

330000－1705－0018602 朱地 0113 史部/
地理類/方志之屬/郡縣志

[乾隆]西寧府新志四十卷 (清)楊應琚纂修
清乾隆十二年(1747)刻本 十二冊

330000－1705－0018604 朱地 0017 史部/
地理類/方志之屬/郡縣志

[乾隆]永清縣志不分卷 清抄本 一冊

330000－1705－0018605 朱 4063 史部/目
錄類/總錄之屬/私撰

陶紫綝著書目錄一卷 (清)陶方琦撰 清抄
本 一冊

330000－1705－0018606 朱 5705 史部/目
錄類/書志之屬/提要

輶軒今語一卷史學書目提要一卷 (清)徐仁
鑄撰 清光緒刻本 一冊

330000－1705－0018607 朱地 0056 史部/
地理類/方志之屬/郡縣志

[同治]榆次縣志十六卷首一卷末一卷 (清)
俞世銓 (清)陶良駿修 (清)王平格

（清）王序賓纂　清同治二年(1863)鳳鳴書院刻本　八冊

330000－1705－0018608　朱地 0102　史部/地理類/方志之屬/郡縣志

[光緒]重纂秦州直隸州新志二十四卷首一卷　（清）余澤春修　（清）王權　（清）任其昌纂　清光緒十五年(1889)隴南書院刻本　十六冊

330000－1705－0018609　朱地 0092　史部/地理類/方志之屬/郡縣志

[乾隆]伏羌縣志十四卷　（清）周誃修（清）葉芝纂　清乾隆三十五年(1770)刻本四冊

330000－1705－0018612　朱地 0065　史部/地理類/方志之屬/郡縣志

[光緒]奉化縣志十四卷末一卷　（清）錢開震修　（清）陳文焯纂　清光緒十一年(1885)刻本　四冊

330000－1705－0018614　朱地 0103　史部/地理類/方志之屬/郡縣志

[道光]秦安縣志十四卷　（清）嚴長宦修　清道光十八年(1838)刻本　四冊

330000－1705－0018615　朱地 0073　史部/地理類/方志之屬/郡縣志

[乾隆]醴泉縣志十四卷圖一卷　（清）蔣騏昌修　（清）孫星衍纂　清乾隆四十九年(1784)刻本　四冊

330000－1705－0018617　朱地 113－2　史部/地理類/方志之屬/郡縣志

[乾隆]西寧府新志四十卷　（清）楊應琚纂修　清乾隆十二年(1747)刻二十七年(1762)印本　十二冊

330000－1705－0018619　朱地 0185　史部/地理類/方志之屬/郡縣志

[光緒]鹽城縣志十七卷首一卷　（清）劉崇照修　（清）龍繼棟　（清）陳玉樹纂　清光緒二十一年(1895)刻本　八冊

330000－1705－0018620　朱地 0062　史部/

地理類/方志之屬/郡縣志

[光緒]壽陽縣志十三卷首一卷　（清）馬家鼎（清）白昶修　（清）張嘉言　（清）祁世長纂　清光緒八年(1882)刻十六年(1890)陳守中校補本　六冊

330000－1705－0018621　朱 8501　史部/目錄類/專錄之屬

台書存目錄一卷附錄一卷　陳樹鈞藏　清宣統二年(1910)石印本　一冊

330000－1705－0018622　朱 6402　史部/目錄類/通論之屬/考訂

古今僞書考一卷　（清）姚際恒撰　清光緒廣漢張馥笙木活字印本　二冊

330000－1705－0018623　朱地 0104　史部/地理類/方志之屬/郡縣志

[乾隆]清水縣志十六卷　（清）朱超纂修　清乾隆六十年(1795)刻本　四冊

330000－1705－0018625　朱 2960　史部/傳記類/總傳之屬/文苑

本朝名家詩鈔小傳四卷　（清）鄭方坤撰　清嘉慶六年(1801)鄭氏養華艸堂刻本　四冊

330000－1705－0018626　朱地 0107　史部/地理類/方志之屬/郡縣志

[光緒]階州直隸州續志三十三卷首一卷（清）葉恩沛修　（清）呂震南纂　清光緒十二年(1886)階州官署刻本　九冊

330000－1705－0018627　朱地 0168　史部/地理類/方志之屬/郡縣志

[光緒]吳江縣續志四十卷首一卷　（清）金福曾等修　（清）熊其英等纂　清光緒五年(1879)刻本　六冊　存三十五卷(首,一至十五、二十二至四十)

330000－1705－0018628　朱地 0182　史部/地理類/方志之屬/郡縣志

[光緒]丹徒縣志六十卷首四卷　（清）何紹章（清）馮壽鏡修　（清）呂耀斗等纂　清光緒五年(1879)刻本　六冊　存十三卷(一至三、十至十四、五十六至六十)

330000－1705－0018629　朱地 0189　史部/
地理類/方志之屬/郡縣志

[乾隆]甘泉縣志二十卷首一卷　（清）吳鄂峙
等修　（清）厲鶚等纂　清乾隆八年(1743)刻
本　六冊　缺七卷(七至八、十四至十六、十
九至二十)

330000－1705－0018630　朱地 0166　史部/
地理類/方志之屬/郡縣志

[雍正]昭文縣志十卷首一卷　（清）勞必達修
（清）陳祖范等纂　清雍正九年(1731)刻本
四冊

330000－1705－0018632　朱地 0118　史部/
地理類/方志之屬/郡縣志

[道光]蘇州府志一百五十卷首十卷　（清）宋
如林　（清）羅琦修　（清）石韞玉纂　清道光
四年(1824)刻本　十一冊　存三十一卷(首
五至十,四至五、八至十一、八十六至九十八、
一百三十一至一百三十六)

330000－1705－0018633　朱地 0178　史部/
地理類/方志之屬/郡縣志

[光緒]無錫金匱縣志四十卷首一卷附編六卷
（清）裴大中　（清）倪咸生修　（清）秦緗
業等纂　清光緒七年(1881)刻本　二十冊

330000－1705－0018634　朱 0084　史部/地
理類/方志之屬/郡縣志

[康熙]朝邑縣後志八卷　（清）王兆鰲修
（清）王鵬翼纂　清康熙五十三年(1714)刻本
三冊

330000－1705－0018635　朱地 0165　史部/
地理類/方志之屬/郡縣志

[道光]崑新兩縣志四十卷首一卷末一卷
（清）張鴻　（清）來汝緣修　（清）王學浩等
纂　清道光六年(1826)刻本　九冊　存二十
卷(首,一至十、三十三至四十,末)

330000－1705－0018636　朱地 0133　史部/
地理類/方志之屬/郡縣志

[乾隆]陽信縣志八卷首一卷　（清）王允深修
（清）沈佐清等纂　清乾隆二十四年(1759)
刻本　五冊

330000－1705－0018637　朱地 0085　史部/
地理類/方志之屬/郡縣志

[道光]留壩廳志十卷足徵錄四卷　（清）賀仲
瑊修　（清）蔣湘南纂　清道光二十二年
(1842)漢中友義齋刻本　一冊　存七卷(四
至十)

330000－1705－0018638　朱 6072　史部/金
石類/郡邑之屬/目錄

越中金石廣記□□卷　（清）沈復燦撰　清抄
本　二冊　存三卷(五至七)

330000－1705－0018640　朱地 0175　史部/
地理類/方志之屬/郡縣志

[同治]續纂揚州府志二十四卷　（清）方濬頤
修　（清）晏端書　（清）錢振倫等纂　清同治
十三年(1874)刻本　三冊　存十卷(一至十)

330000－1705－0018641　朱地 0157　史部/
地理類/方志之屬/郡縣志

[嘉慶]吳門補乘十卷首一卷　（清）錢思元纂
（清）錢士錡補輯　清嘉慶二十五年(1820)
吳門錢氏刻本　二十二冊

330000－1705－0018642　朱地 0086　史部/
地理類/方志之屬/郡縣志

[正德]武功縣志三卷首一卷　（明）康海纂
（清）孫景烈評注　清同治十二年(1873)湖北
崇文書局刻本　一冊

330000－1705－0018643　朱地 0134　史部/
地理類/方志之屬/郡縣志

[乾隆]樂陵縣志八卷首一卷末一卷　（清）王
謙益修　（清）鄭成中纂　清乾隆二十七年
(1762)刻本　四冊　缺一卷(末)

330000－1705－0018644　朱地 0243　史部/
地理類/方志之屬/郡縣志

咸淳臨安志一百卷　（宋）潛說友纂　校栞咸
淳臨安志札記三卷　（清）黃士珣撰　清道光
十年(1830)錢塘汪氏振綺堂刻本(卷九十、九
十八至一百原缺)　二十四冊

330000－1705－0018645　朱地 0080　史部/
地理類/方志之屬/郡縣志

[光緒]新續暨陽縣志一卷 （清）桂超修
（清）侯龍光纂 清光緒三十年(1904)刻本
一冊

330000－1705－0018646 朱地 0108 史部/
地理類/方志之屬/郡縣志

[光緒]文縣志六卷首一卷末一卷 （清）長贇
修 （清）劉健纂 清光緒二年(1876)刻本
六冊

330000－1705－0018647 朱 2921 類叢部/
叢書類/郡邑之屬

紹興先正遺書十五種 （清）徐友蘭輯 清光
緒會稽徐氏鑄學齋刻本 一冊 存一種

330000－1705－0018648 朱地 0596 史部/
地理類/山川之屬/山志

雲臺新志十八卷首一卷末一卷 （清）謝元淮
修 （清）許喬林纂 清道光十七年(1837)郁
洲書院刻本 六冊

330000－1705－0018649 朱地 0180 史部/
地理類/方志之屬

宜興荊溪舊志五種 （清）□□輯 清光緒八
年(1882)刻本 二冊 存一種

330000－1705－0018650 朱地 0093 史部/
地理類/方志之屬/郡縣志

[同治]續伏羌縣志六卷 （清）侯新嚴修
（清）方承宣纂 清同治十一年(1872)刻本
二冊

330000－1705－0018651 朱地 0254 史部/
地理類/方志之屬/郡縣志

[乾隆]嚴州府志三十五卷首一卷 （清）吳士
進修 （清）胡書源等纂 清乾隆二十一年
(1756)刻本 十一冊 存三十卷(四至五、八
至三十五)

330000－1705－0018652 朱地 0565 史部/
地理類/方志之屬/通志

[道光]欽定新疆識畧十二卷首一卷 （清）松
筠修 （清）黎松等纂 清道光元年(1821)武
英殿修書處刻本 十冊

330000－1705－0018653 朱地 0207 史部/

地理類/方志之屬/郡縣志

光緒贛榆縣志十八卷 （清）王豫熙修 張謇
纂 清光緒十四年(1888)刻本 四冊

330000－1705－0018655 朱地 0171 史部/
地理類/方志之屬/郡縣志

[光緒]楊舍堡城志稿十四卷首一卷 （清）葉
長齡纂 （清）葉鍾敏重輯 清光緒九年
(1883)江陰葉氏木活字印本 一冊 存四卷
(十一至十四)

330000－1705－0018657 朱地 0244 史部/
地理類/方志之屬/郡縣志

[乾隆]杭州府志一百十卷首六卷 （清）鄭澐
修 （清）邵晉涵等纂 清乾隆四十九年
(1784)刻本 二十六冊 存六十七卷(首一
至六，一至十一、二十四至五十九、六十六至
七十、九十九至一百四、一百八至一百十)

330000－1705－0018658 朱地 0197 史部/
地理類/方志之屬/郡縣志

[咸豐]邠州志二十卷首一卷 （清）董用威
（清）馬軼羣修 （清）魯一同纂 清咸豐元年
(1851)刻光緒二十一年(1895)印本 四冊

330000－1705－0018659 朱 8191 類叢部/
類書類/通類之屬

玉海二百卷附刻辭學指南四卷詩攷一卷詩地
理攷六卷漢藝文志攷證十卷通鑑地理通釋十
四卷漢制考四卷踐阼篇集解一卷周易鄭康成
注一卷姓氏急就篇二卷急就篇補注四卷周書
王會補注一卷小學紺珠十卷六經天文篇二卷
通鑑答問五卷 （宋）王應麟撰 清刻本 二
冊 存十卷(漢藝文志考證一至十)

330000－1705－0018660 朱地 0264 史部/
地理類/方志之屬/郡縣志

[光緒]海鹽縣志二十二卷首一卷末一卷
（清）王彬修 （清）徐用儀纂 清光緒三年
(1877)蔚文書院刻本 十六冊

330000－1705－0018661 朱地 0259 史部/
地理類/方志之屬/郡縣志

[光緒]嘉興府志八十八卷首二卷 （清）許瑤
光修 （清）吳仰賢等纂 清光緒三年至四年

(1877－1878)嘉興鴛湖書院刻本　四十八冊

330000－1705－0018662　朱地0095－2　史部/地理類/方志之屬/郡縣志

[乾隆]甘州府志十六卷首一卷末一卷　（清）鍾賡起纂修　清乾隆四十四年(1779)刻本　十冊

330000－1705－0018663　朱地0257　史部/地理類/方志之屬/郡縣志

[乾隆]淳安縣志十六卷首一卷　（清）劉世寧修　（清）方楘如纂　清乾隆二十一年(1756)刻本　五冊　存十一卷(二至三、六至十、十三至十六)

330000－1705－0018664　朱7344　經部/群經總義類/文字音義之屬

皇清經解檢目八卷通用表一卷　（清）蔡啟盛編　清光緒十二年(1886)武林刻本　二冊

330000－1705－0018665　朱地0106　史部/地理類/方志之屬/郡縣志

[嘉慶]徽縣志八卷　（清）張伯魁纂修　清嘉慶十四年(1809)刻本　八冊

330000－1705－0018666　朱地0247　史部/地理類/方志之屬/郡縣志

[嘉慶]餘杭縣志四十卷　（清）張吉安修　（清）朱文藻纂　（清）崔應榴　（清）董作棟續纂　清嘉慶十三年(1808)刻本　十二冊

330000－1705－0018667　朱地0247－1　史部/地理類/方志之屬/郡縣志

[嘉慶]餘杭縣志四十卷　（清）張吉安修　（清）朱文藻纂　（清）崔應榴　（清）董作棟續纂　清嘉慶十三年(1808)刻本　十二冊　缺五卷(三十六至四十)

330000－1705－0018668　朱地0267　史部/地理類/方志之屬/郡縣志

[乾隆]平湖縣志十卷　（清）高國楹修　（清）倪藻垣等纂　清乾隆十一年(1746)刻本　六冊

330000－1705－0018669　朱地0193　史部/地理類/方志之屬/郡縣志

[乾隆]銅山縣志十二卷首一卷　（清）張宏運纂修　清乾隆十年(1745)刻本　六冊

330000－1705－0018670　朱地0280　史部/地理類/方志之屬/郡縣志

[雍正]寧波府志三十六卷首一卷　（清）曹秉仁等修　（清）萬經等纂　清雍正十一年(1733)刻乾隆六年(1741)補刻本　十八冊　存二十五卷(十至十二、十五至三十六)

330000－1705－0018671　朱地0233　史部/地理類/方志之屬/郡縣志

[光緒]亳州志二十卷首一卷　（清）鍾泰　（清）宗能徵纂修　清光緒二十一年(1895)木活字印本　十四冊　缺三卷(十八至二十)

330000－1705－0018672　朱地0250　史部/地理類/方志之屬/郡縣志

[乾隆]蕭山縣志四十卷　（清）黃鈺纂修　清乾隆十六年(1751)刻本　十二冊

330000－1705－0018673　朱地0250－2　史部/地理類/方志之屬/郡縣志

[乾隆]蕭山縣志四十卷　（清）黃鈺纂修　清乾隆十六年(1751)刻本　八冊

330000－1705－0018674　朱地0095　史部/地理類/方志之屬/郡縣志

[乾隆]甘州府志十六卷首一卷末一卷　（清）鍾賡起纂修　清乾隆四十四年(1779)刻本　十冊

330000－1705－0018675　朱地0279　史部/地理類/方志之屬/郡縣志

[雍正]寧波府志三十六卷首一卷　（清）曹秉仁等修　（清）萬經等纂　清雍正十一年(1733)刻本　十二冊

330000－1705－0018676　朱地0239－2　史部/地理類/方志之屬/通志

[雍正]敕修浙江通志二百八十卷首三卷　（清）李衛　（清）嵇曾筠等修　（清）沈翼機　（清）傅王露等纂　清光緒二十五年(1899)浙江書局刻本　一百二十冊

330000－1705－0018677　朱地0285－2　史

部/地理類/方志之屬/郡縣志

[咸豐]鄞縣志三十二卷首一卷 （清）張銑修 （清）周道遵纂 清咸豐五年至六年（1855 – 1856）刻本 三冊 存六卷（十七至十八、二十三至二十四、二十九至三十）

330000 – 1705 – 0018678 朱地 0090 史部/地理類/方志之屬/郡縣志

[康熙]寧遠縣志六卷 （清）馮同憲修 （清）李樟纂 清康熙四十九年（1710）刻本 二冊

330000 – 1705 – 0018679 朱地 0255 史部/地理類/方志之屬/郡縣志

[乾隆]嚴州府志三十五卷首一卷 （清）吳士進修 （清）胡書源等纂 清乾隆二十一年（1756）刻本 十二冊 存二十五卷（八至十四、十七至二十六、二十八至三十五）

330000 – 1705 – 0018680 朱地 0288 – 2 史部/地理類/方志之屬/郡縣志

[康熙]桃源志八卷 （清）臧麟炳纂 清抄本 一冊 存二卷（一至二）

330000 – 1705 – 0018681 朱地 0281 史部/地理類/方志之屬/郡縣志

[雍正]寧波府志三十六卷首一卷 （清）曹秉仁等修 （清）萬經等纂 清道光二十六年（1846）刻本 十六冊

330000 – 1705 – 0018682 朱地 0091 史部/地理類/方志之屬/郡縣志

[乾隆]寧遠縣志續畧八卷附補志一卷 （清）胡奠域修 （清）于纘周纂 清乾隆二十七年（1762）刻道光十五年（1835）補刻本 二冊

330000 – 1705 – 0018683 朱地 0309 – 1 史部/地理類/方志之屬/郡縣志

[乾隆]餘姚志四十卷 （清）唐若瀛修 （清）邵晉涵纂 清乾隆四十六年（1781）刻本 八冊

330000 – 1705 – 0018684 朱地 0286 史部/地理類/方志之屬/郡縣志

[同治]鄞縣志七十五卷 （清）戴枚修

（清）張恕 （清）董沛等纂 清光緒三年（1877）刻四年（1878）增刻本 三十四冊

330000 – 1705 – 0018685 朱地 0321 史部/地理類/方志之屬/郡縣志

新修會稽縣志不分卷 （清）□□撰 清抄本 一冊

330000 – 1705 – 0018686 朱 0282 史部/地理類/方志之屬/郡縣志

[雍正]寧波府志三十六卷首一卷 （清）曹秉仁等修 （清）萬經等纂 清雍正十一年（1733）刻本 十六冊

330000 – 1705 – 0018687 朱地 0309 – 2 史部/地理類/方志之屬/郡縣志

[乾隆]餘姚志四十卷 （清）唐若瀛修 （清）邵晉涵纂 清乾隆四十六年（1781）刻本 八冊

330000 – 1705 – 0018688 朱地 0278、朱地 0277、朱地 0277 – 2 史部/地理類/方志之屬/郡縣志

宋元四明六志 （清）徐時棟輯 清咸豐四年（1854）甬上徐氏煙嶼樓刻本（延祐四明志配抄） 十五冊 存六種

330000 – 1705 – 0018689 朱地 0312 – 1 史部/地理類/方志之屬/郡縣志

[康熙]定海縣志不分卷 （清）王元士修 （清）郝良桐等纂 清抄本 一冊

330000 – 1705 – 0018690 朱地 0309 史部/地理類/方志之屬/郡縣志

[乾隆]餘姚志四十卷 （清）唐若瀛修 （清）邵晉涵纂 清乾隆四十六年（1781）刻本 七冊 存三十七卷（一至三十三、三十七至四十）

330000 – 1705 – 0018691 朱地 0239 史部/地理類/方志之屬/通志

[雍正]敕修浙江通志二百八十卷首三卷 （清）李衛 （清）嵇曾筠等修 （清）沈翼機 （清）傅王露等纂 清刻本 二十五冊 存六十四卷（一至三、六十九至一百十八、二百

十七至二百二十二、二百四十一至二百四十五)

330000－1705－0018693　朱地0228　史部/地理類/方志之屬/郡縣志

[光緒]壽州志三十六卷首一卷末一卷　(清)曾道唯等修　(清)葛蔭南等纂　清光緒十六年(1890)木活字印本　二十冊

330000－1705－0018694　朱地0310　史部/地理類/方志之屬/郡縣志

[光緒]餘姚縣志二十七卷首一卷末一卷 (清)周炳麟修　(清)邵友濂　(清)孫德祖纂　清光緒二十五年(1899)刻本　十四冊存二十二卷(首,三至十一、十六至二十七)

330000－1705－0018696　朱地0310－2　史部/地理類/方志之屬/郡縣志

[光緒]餘姚縣志二十七卷首一卷末一卷 (清)周炳麟修　(清)邵友濂　(清)孫德祖纂　清光緒二十五年(1899)刻本　十六冊缺二卷(十至十一)

330000－1705－0018698　朱3136　史部/目録類/專録之屬

西學書目表三卷附一卷讀西學書法一卷　梁啓超撰　清光緒二十二年(1896)時務報館石印本　一冊

330000－1705－0018699　朱地0260　史部/地理類/方志之屬/郡縣志

[康熙]嘉興縣志九卷　(清)何鋐修　(清)王庭　(清)徐發纂　清康熙二十四年(1685)刻本　十二冊

330000－1705－0018700　朱地0089－2　史部/地理類/方志之屬/郡縣志

[乾隆]皋蘭縣志二十卷　(清)吳鼎新修 (清)黃建中纂　清乾隆四十三年(1778)刻本　四冊

330000－1705－0018702　朱地0291　史部/地理類/方志之屬/郡縣志

[光緒]慈谿縣志五十六卷附編一卷　(清)楊泰亨　(清)馮可鏞纂　(清)劉一桂校補　清

光緒二十五年(1899)德潤書院刻本　十四冊 存三十二卷(一、四至五、十二至十五、十九至二十二、二十七至三十八、四十一至四十九)

330000－1705－0018703　朱地0082－2　史部/地理類/方志之屬/郡縣志

[正德]朝邑縣志二卷　(明)王道修　(明)韓邦靖纂　清道光十五年(1835)山陰汪能肅刻本　一冊

330000－1705－0018704　朱地0241、朱地0245　類叢部/叢書類/郡邑之屬

武林掌故叢編一百九十種　(清)丁丙編　清光緒三年至二十六年(1877－1900)錢塘丁氏嘉惠堂刻本([乾道]臨安志卷四至十五、南宋館閣録卷一原缺)　三冊　存二種

330000－1705－0018705　朱地0262　史部/地理類/方志之屬/郡縣志

[乾隆]梅里志十六卷　(清)楊謙纂　(清)李富孫補纂　清道光五年(1825)補刻本　四冊

330000－1705－0018707　朱地0286－2　史部/地理類/方志之屬/郡縣志

[同治]鄞縣志七十五卷　(清)戴枚修 (清)張恕　(清)董沛等纂　清光緒三年(1877)刻四年(1878)增刻本　朱鼎煦題記 二十五冊　存四十九卷(一至十六、二十至二十七、二十九至四十一、四十四至四十五、四十八至四十九、五十六至六十、七十三至七十五)

330000－1705－0018709　朱2353　集部/別集類/清別集

瓶室詩卷一卷　(清)王景曾撰　清宣統三年(1911)鉛印本　一冊

330000－1705－0018710　朱地0087　史部/地理類/方志之屬/郡縣志

[正德]武功縣志三卷首一卷　(明)康海纂 (清)孫景烈評注　清乾隆二十六年(1761)武功縣刻本　一冊

330000－1705－0018712　朱地 0263　史部/
地理類/方志之屬/郡縣志

[嘉慶]重修嘉善縣志二十卷首一卷 （清）萬
相賓纂修　清嘉慶五年(1800)刻本　十冊

330000－1705－0018713　朱地 0109　史部/
地理類/方志之屬/郡縣志

[乾隆]成縣新志四卷 （清）黃泳修　（清）
汪於雍等纂　清乾隆十七年(1752)刻本
四冊

330000－1705－0018714　朱地 0311　史部/
地理類/方志之屬/郡縣志

昌國州圖志七卷首一卷 （元）馮福京等撰
清抄本　一冊

330000－1705－0018715　朱地 0300－2　史
部/地理類/方志之屬/郡縣志

[光緒]鎮海縣志四十卷 （清）于萬川修
(清)俞樾等纂　清光緒五年(1879)鯤池書院
刻本　十六冊

330000－1705－0018716　朱地 0317　史部/
地理類/方志之屬/郡縣志

[康熙]紹興府志六十卷 （清）俞卿修
(清)周徐彩纂　清康熙五十八年(1719)刻本
十二冊　存三十三卷(一至二、四至九、二
十至三十二、三十五至三十七、四十六至五十
一、五十五至五十七)

330000－1705－0018717　朱 2263　集部/別
集類/宋別集

淮海集四十卷後集九卷 （宋）秦觀撰　清乾
隆三十二年(1767)刻本　六冊

330000－1705－0018719　朱地 0105　史部/
地理類/方志之屬/郡縣志

[光緒]重纂禮縣新志四卷首一卷 （清）雷文
淵修　（清）王思溫纂　清光緒十六年(1890)
刻本　四冊

330000－1705－0018720　朱地 0268　史部/
地理類/方志之屬/郡縣志

[乾隆]平湖縣志十卷首一卷末一卷 （清）王
恒修　（清）張誠等纂　清乾隆五十五年

(1790)刻本　十冊

330000－1705－0018722　朱地 0271　史部/
地理類/方志之屬/郡縣志

[光緒]桐鄉縣志二十四卷首四卷 （清）嚴辰
纂　楊園淵源錄四卷 （清）沈曰富輯　清光
緒十三年(1887)蘇州陶漱藝齋刻本　九冊
存十三卷(首一,四至十、二十,楊園淵源錄一
至四)

330000－1705－0018723　朱地 0079　史部/
地理類/方志之屬/郡縣志

[道光]重修晷陽縣志四卷 （清）譚瑀修
(清)黎成德等纂　清光緒三十年(1904)刻本
四冊

330000－1705－0018726　朱地 0313　史部/
地理類/方志之屬/郡縣志

[光緒]定海廳志三十卷首一卷 （清）史致馴
修　（清）陳僑　（清）黃以周纂　清光緒十年
至十一年(1884－1885)黃樹藩刻本　十冊

330000－1705－0018727　朱地 0089　史部/
地理類/方志之屬/郡縣志

[乾隆]皋蘭縣志二十卷 （清）吳鼎新修
(清)黃建中纂　清乾隆四十三年(1778)刻本
四冊

330000－1705－0018728　朱地 0294　史部/
地理類/方志之屬/郡縣志

[光緒]奉化縣志四十卷首一卷 （清）李前泮
修　張美翊等纂　清光緒三十四年(1908)刻
本　十二冊

330000－1705－0018729　朱地 0358　史部/
地理類/方志之屬/郡縣志

[光緒]蘭谿縣志八卷首一卷 （清）秦簧
(清)朱鑑章　(清)邵秉經修　（清）唐壬森
纂　清光緒十三年至十五年(1887－1889)刻
本　十冊

330000－1705－0018730　朱地 0293－1　史
部/地理類/方志之屬/郡縣志

[乾隆]奉化縣志十四卷首一卷 （清）曹膏
(清)唐宇霈修　（清）陳琦纂　清乾隆三十八

年(1773)刻本　一冊　存二卷(四至五)

330000 - 1705 - 0018731　朱地 0338 - 2　史部/地理類/方志之屬/郡縣志

[光緒]黃巖縣志四十卷首一卷附黃巖集三十二卷　(清)陳寶善　(清)孫憙修　(清)王棻纂　(清)陳鍾英　(清)鄭錫滉續修　(清)王詠霓續纂　清光緒三年(1877)刻本　十六冊　缺三十二卷(黃巖集一至三十二)

330000 - 1705 - 0018732　朱地 0312 - 2　史部/地理類/方志之屬/郡縣志

[康熙]定海縣志八卷　(清)繆燧修　(清)陳琯等纂　清康熙五十四年(1715)刻本　四冊

330000 - 1705 - 0018733　朱地 0286 - 4　史部/地理類/方志之屬/郡縣志

[同治]鄞縣志不分卷　(清)戴枚修　(清)張恕　(清)董沛等纂　稿本　三十冊

330000 - 1705 - 0018734　朱地 0300 - 1　史部/地理類/方志之屬/郡縣志

[光緒]鎮海縣志四十卷　(清)于萬川修　(清)俞樾等纂　清光緒五年(1879)鯤池書院刻本　六冊　存十三卷(一至九、十三至十六)

330000 - 1705 - 0018735　朱地 0324　史部/地理類/方志之屬/郡縣志

[光緒]上虞縣志校續五十卷首一卷末一卷　(清)儲家藻修　(清)徐致靖纂　清光緒二十四年至二十五年(1898 - 1899)刻本　二十冊

330000 - 1705 - 0018736　朱地 0294 - 1、朱地 0294 - 2　史部/地理類/方志之屬/郡縣志

[光緒]奉化縣志四十卷首一卷　(清)李前泮修　張美翊等纂　清光緒三十四年(1908)刻本　十二冊

330000 - 1705 - 0018737　朱地 0317 - 2　史部/地理類/方志之屬/郡縣志

[康熙]紹興府志六十卷　(清)俞卿修　(清)周徐彩纂　清康熙五十八年(1719)刻本　一冊　存三卷(六至八)

330000 - 1705 - 0018738　朱地 0296　史部/地理類/方志之屬/郡縣志

[光緒]忠義鄉志二十卷首一卷　(清)吳文江纂　清光緒二十七年(1901)刻本　六冊

330000 - 1705 - 0018739　朱 0323 - 1　史部/地理類/方志之屬/郡縣志

[光緒]上虞縣志四十八卷首一卷末一卷附錄一卷　(清)唐煦春修　(清)朱士黻纂　清光緒十七年(1891)刻本　十九冊

330000 - 1705 - 0018740　朱地 0292　史部/地理類/方志之屬/郡縣志

[乾隆]石步志一卷　(清)葉維新纂　清抄本　一冊

330000 - 1705 - 0018741　朱 0323　史部/地理類/方志之屬/郡縣志

[光緒]上虞縣志四十八卷首一卷末一卷附錄一卷　(清)唐煦春修　(清)朱士黻纂　清光緒十七年(1891)刻本　十九冊

330000 - 1705 - 0018742　朱地 0293 - 2　史部/地理類/方志之屬/郡縣志

[乾隆]奉化縣志十四卷首一卷　(清)曹膏(清)唐宇霨修　(清)陳琦纂　清乾隆三十八年(1773)刻本　六冊

330000 - 1705 - 0018744　朱地 0328 - 3　史部/地理類/方志之屬/郡縣志

[同治]嵊縣志二十六卷首一卷末一卷　(清)嚴思忠　(清)陳仲麟修　(清)蔡以瑺等纂　清同治九年(1870)刻本　十一冊　缺三卷(二十五至二十六、末)

330000 - 1705 - 0018746　朱地 0286 - 3　史部/地理類/方志之屬/郡縣志

[同治]鄞縣志七十五卷　(清)戴枚修　(清)張恕　(清)董沛等纂　清光緒三年(1877)刻四年(1878)增刻本　六冊　存十一卷(一、十至十一、二十至二十三、三十至三十一、四十二至四十三)

330000 - 1705 - 0018747　朱地 0328 - 2　史部/地理類/方志之屬/郡縣志

[同治]嵊縣志二十六卷首一卷末一卷　（清）
嚴思忠　（清）陳仲麟修　（清）蔡以瑺等纂
清同治九年(1870)刻本　十二冊

330000－1705－0018749　朱地 0363　史部/
地理類/方志之屬/郡縣志

[康熙]永康縣志十六卷首一卷　（清）沈藻修
　（清）朱謹纂　清康熙三十七年(1698)刻本
三冊　缺八卷(四至十一)

330000－1705－0018751　朱地 0306　史部/
地理類/方志之屬/郡縣志

[道光]象山縣志二十四卷首一卷　（清）童立
成　（清）吳錫疇修　（清）馮登府等纂　清道
光十四年(1834)刻本　五冊　存十五卷(一
至十二、十六至十八)

330000－1705－0018752　朱地 0341　史部/
地理類/方志之屬/郡縣志

[嘉慶]太平縣志十八卷　（清）慶霖修
(清)戚學標等纂　清嘉慶十六年(1811)刻本
十二冊

330000－1705－0018753　朱地 0337－2　史
部/地理類/方志之屬/郡縣志

[康熙]黃巖縣志八卷　（清）劉寬修　（清）
平遇　（清）潘最纂　清康熙三十八年(1699)
刻本　四冊　缺二卷(一至二)

330000－1705－0018754　朱地 0290　史部/
地理類/方志之屬/郡縣志

[雍正]慈谿縣志十六卷　（清）楊正筍修
(清)馮鴻模等纂　清雍正九年(1731)刻乾隆
三年(1738)許炳增刻本　八冊

330000－1705－0018757　朱 0410　子部/藝
術類/篆刻之屬/印譜

逸園印譜不分卷　西泠印學社輯　清光緒二
十九年(1903)鈐拓本　二冊

330000－1705－0018758　朱地 0320　史部/
地理類/方志之屬/郡縣志

[嘉慶]山陰縣志三十卷首一卷　（清）徐元梅
修　（清）朱文翰等纂　清嘉慶八年(1803)刻
本　一冊　存十卷(首、一至九)

330000－1705－0018759　朱地 0324－2　史
部/地理類/方志之屬/郡縣志

[光緒]上虞縣志校續五十卷首一卷末一卷
（清）儲家藻修　（清）徐致靖纂　清光緒二十
四年至二十五年(1898－1899)刻本　二十冊
　存五卷(首、一至四)

330000－1705－0018760　朱地 0293　史部/
地理類/方志之屬/郡縣志

[乾隆]奉化縣志十四卷首一卷　（清）曹膏
（清）唐宇霖修　（清）陳琦纂　清乾隆三十八
年(1773)刻本　六冊

330000－1705－0018762　朱地 0352　史部/
地理類/方志之屬/郡縣志

[光緒]青田縣志十八卷首一卷　（清）雷銑修
　（清）王棻纂　清光緒元年至二年(1875－
1876)刻本　十二冊

330000－1705－0018763　朱地 0353　史部/
地理類/方志之屬/郡縣志

[光緒]縉雲縣志十六卷首一卷末一卷　（清）
何乃容　（清）葛華修　（清）潘樹棠纂　清光
緒二年至七年(1876－1881)刻本　十一冊

330000－1705－0018764　朱地 0366－2　史
部/地理類/方志之屬/郡縣志

[康熙]衢州府志四十卷首一卷　（清）楊廷望
　（清）金玉衡纂修　清康熙五十年(1711)刻
本　六冊　存十九卷(八至十、十四至十九、
三十一至四十)

330000－1705－0018765　朱地 0297　史部/
地理類/方志之屬/郡縣志

[光緒]剡源鄉志二十四卷首一卷　（清）趙霈
濤纂　清光緒二十八年(1902)奉化趙氏剡曲
草堂木活字印本　六冊

330000－1705－0018766　朱地 353－2　史
部/地理類/方志之屬/郡縣志

[光緒]縉雲縣志十六卷首一卷末一卷　（清）
何乃容　（清）葛華修　（清）潘樹棠纂　清光
緒二年至七年(1876－1881)刻本　十冊

330000－1705－0018767　朱地 0354　史部/

地理類/方志之屬/郡縣志

[光緒]松陽縣志十二卷首一卷　（清）支恒椿修　（清）丁鳳章等纂　清光緒元年（1875）刻本　六冊

330000－1705－0018768　朱地0348　史部/地理類/方志之屬/郡縣志

[雍正]泰順縣志十卷首一卷　（清）朱國源修　（清）朱廷琦等纂　清雍正七年（1729）刻本　八冊

330000－1705－0018769　朱地0346　史部/地理類/方志之屬/郡縣志

[乾隆]瑞安縣志十卷　（清）陳永清修　（清）章昱　（清）吳慶雲纂　清乾隆十四年（1749）刻本　六冊

330000－1705－0018770　朱地0355　史部/地理類/方志之屬/郡縣志

[乾隆]龍泉縣志十二卷首一卷　（清）蘇遇龍修　（清）沈光厚等纂　清乾隆二十七年（1762）刻本　五冊

330000－1705－0018772　朱地0323－2　史部/地理類/方志之屬/郡縣志

[光緒]上虞縣志四十八卷首一卷末一卷附錄一卷　（清）唐煦春修　（清）朱士黻纂　清光緒十七年（1891）刻本　一冊　存二卷（二十四至二十五）

330000－1705－0018773　朱地0357　史部/地理類/方志之屬/郡縣志

[康熙]金華府志三十卷　（清）張薑修　（清）沈麟趾等纂　清康熙二十二年（1683）刻本　八冊　存十四卷（十七至三十）

330000－1705－0018774　朱地0327　史部/地理類/方志之屬/郡縣志

[道光]嵊縣志十四卷首一卷末一卷　（清）李式圖修　（清）朱澍等纂　清道光八年（1828）刻本　八冊

330000－1705－0018775　朱地0318　史部/地理類/方志之屬/郡縣志

[乾隆]紹興府志八十卷首一卷　（清）李亨特

修　（清）平恕　（清）徐嵩纂　清乾隆五十七年（1792）刻本　四十五冊　存七十七卷（三至三十四、三十六至八十）

330000－1705－0018776　朱地0345　史部/地理類/方志之屬/郡縣志

[光緒]永嘉縣志三十八卷首一卷　（清）張寶琳修　（清）王棻　（清）孫詒讓纂　清光緒八年（1882）溫州維新書局刻本　八冊　存十八卷（二十一至三十八）

330000－1705－0018777　朱地0333　類叢部/叢書類/郡邑之屬

台州叢書九種　（清）宋世犖輯　清嘉慶至道光臨海宋氏刻本　七冊　存一種

330000－1705－0018778　朱地0277－4　史部/地理類/方志之屬/郡縣志

延祐四明志二十卷　（元）馬澤修　（元）袁桷纂　清抄本（卷九至十一原缺）　朱鼎煦題記　一冊　存三卷（十二至十四）

330000－1705－0018779　朱地0542　史部/地理類/方志之屬/郡縣志

[道光]蘷州府志三十六卷首一卷　（清）恩成修　（清）劉德銓纂　清道光七年（1827）刻本　九冊　存十卷（十九至二十三、二十七、三十三至三十六）

330000－1705－0018780　朱地0373　史部/地理類/方志之屬/郡縣志

[乾隆]馬巷廳志十八卷首一卷　（清）萬友正纂修　馬巷廳志附錄三卷　（清）黃家鼎纂　清光緒九年（1883）丁惠深刻十九年（1893）黃家鼎校補刻本　十冊

330000－1705－0018781　朱地0361　史部/地理類/方志之屬/郡縣志

[康熙]義烏縣志二十卷　（清）王廷曾纂修　清康熙三十一年（1692）刻本　八冊　缺三卷（一、十五至十六）

330000－1705－0018782　朱地0434　史部/地理類/方志之屬/郡縣志

[乾隆]續修臺灣府志二十六卷首一卷　（清）

余文儀修　（清）黃佾纂　清乾隆三十九年(1774)刻同治十一年(1872)補刻光緒十四年(1888)李鴻銘續補刻本　十二冊

330000－1705－0018783　朱地0005－3　史部/地理類/總志之屬/斷代

輿地廣記三十八卷　（宋）歐陽忞撰　**校勘札記二卷**　（清）黃丕烈撰　清光緒六年(1880)金陵書局刻本　四冊

330000－1705－0018784　朱地0435　史部/地理類/方志之屬/郡縣志

[道光]彰化縣志十二卷首一卷　（清）李廷璧修　（清）周璽纂　清道光刻本　十二冊

330000－1705－0018786　朱地0005－4　史部/地理類/總志之屬/斷代

輿地紀勝二百卷　（宋）王象之撰　**補闕十卷**　（清）岑建功輯　**校勘記五十二卷**　（清）劉文淇　（清）劉毓崧撰　清道光二十九年(1849)甘泉岑氏懼盈齋刻本(卷十三至十六、五十至五十四、一百三十六至一百四十四、一百六十八至一百七十三、一百九十三至二百原缺)　二十四冊　存一百七十二卷(輿地紀勝十至十六、七十六至二百,補闕一至十,校勘記二十三至五十二)

330000－1705－0018787　朱地0438　史部/地理類/方志之屬/通志

[雍正]河南通志八十卷　（清）田文鏡等修　（清）孫灝等纂　清雍正十三年(1735)刻道光六年(1826)補刻本　四十九冊　缺一卷(八十)

330000－1705－0018788　朱地366－4　史部/地理類/方志之屬/郡縣志

[康熙]衢州府志四十卷首一卷　（清）楊廷望　（清）金玉衡纂修　清刻本　四冊　存二十三卷(十八至四十)

330000－1705－0018789　朱7413、朱8476、朱8477　類叢部/叢書類/郡邑之屬

台州叢書九種　（清）宋世犖輯　清嘉慶至道光臨海宋氏刻本　十二冊　存二種

330000－1705－0018790　朱地0366－3　史部/地理類/方志之屬/郡縣志

[康熙]衢州府志四十卷首一卷　（清）楊廷望　（清）金玉衡纂修　清光緒八年(1882)劉國光刻本　十二冊

330000－1705－0018792　朱地0537　史部/地理類/方志之屬/郡縣志

[道光]重慶府志九卷　（清）王夢庚修　（清）寇宗纂　清道光二十三年(1843)刻本　十二冊

330000－1705－0018793　朱地0442　史部/地理類/方志之屬/郡縣志

[乾隆]中牟縣志十一卷首一卷　（清）孫和相修　（清）王廷宣纂　清乾隆十九年(1754)刻本　六冊

330000－1705－0018794　朱地0424　史部/地理類/方志之屬/郡縣志

[道光]萬載縣志三十卷首一卷　（清）衛鵷鳴修　（清）郭大經纂　清道光十二年(1832)刻本　十冊

330000－1705－0018795　朱地0350　史部/地理類/方志之屬/郡縣志

[光緒]處州府志三十卷首一卷末一卷　（清）潘紹詒修　（清）周榮椿纂　清光緒三年(1877)刻本　二十八冊

330000－1705－0018796　朱地0357－2　史部/地理類/方志之屬/郡縣志

[康熙]金華府志三十卷　（清）張藎修　（清）沈麟趾等纂　清康熙二十二年(1683)刻本　一冊　存二卷(二十五至二十六)

330000－1705－0018797　朱0350－2　史部/地理類/方志之屬/郡縣志

[光緒]處州府志三十卷首一卷末一卷　（清）潘紹詒修　（清）周榮椿纂　清光緒三年(1877)刻本　二十八冊　缺一卷(一)

330000－1705－0018798　朱地0429　史部/地理類/方志之屬/郡縣志

[道光]興國縣志四十六卷首一卷　（清）蔣敘

倫修 （清）蕭朗峯纂 清道光刻本 十二冊

330000－1705－0018799 朱地0481 史部/
地理類/方志之屬/通志

[康熙]湖廣通志八十卷圖考一卷 （清）徐國
相等修 （清）宮夢仁 （清）姚淳燾纂 清康
熙二十三年(1684)刻本 一冊 存七卷(五
十二至五十八)

330000－1705－0018800 朱地0352－2 史
部/地理類/方志之屬/郡縣志

[光緒]青田縣志十八卷首一卷 （清）雷銑修
（清）王棻纂 清光緒元年至二年(1875－
1876)刻本 二冊 存四卷(十五至十八)

330000－1705－0018801 朱地0531 史部/
地理類/方志之屬/郡縣志

[咸豐]興寧縣志十二卷首一卷 （清）仲振履
原本 （清）張鶴齡增修 （清）曾士梅增纂
清嘉慶十六年(1811)刻咸豐六年(1856)續刻
本 十冊

330000－1705－0018803 朱地0277－1 史
部/地理類/方志之屬/郡縣志

宋元四明六志 （清）徐時棟輯 清抄本 四
冊 存二種

330000－1705－0018804 朱地0368 史部/
地理類/方志之屬/郡縣志

[同治]江山縣志十二卷首一卷末一卷 （清）
王彬 （清）孫晉梓修 （清）朱寶慈等纂 清
同治十二年(1873)文溪書院刻本 三冊 存
三卷(十至十二)

330000－1705－0018806 朱0428－3 史部/
地理類/方志之屬/郡縣志

[康熙]瀲水志林二十六卷 （清）張尚瑗纂修
清同治木活字印本 六冊 存二十一卷
(一至四、八至十八、二十一至二十六)

330000－1705－0018807 朱地0356 史部/
地理類/方志之屬/郡縣志

[康熙]雲和縣志五卷 （清）林汪遠修
(清)柳之元等纂 清康熙三十一年(1692)刻
本 一冊 缺一卷(五)

330000－1705－0018808 朱地0510 史部/
地理類/方志之屬/通志

[道光]廣東通志三百三十四卷首一卷 （清）
阮元修 （清）陳昌齊等纂 清同治三年
(1864)刻本 十一冊 存二十九卷(五至十
八、一百九十四至二百八)

330000－1705－0018809 朱地401 史部/地
理類/方志之屬/通志

[光緒]江西通志一百八十卷首五卷 （清）劉
坤一等修 （清）劉繹等纂 清光緒六年至七
年(1880－1881)刻本 一冊 存二卷(八十
六至八十七)

330000－1705－0018812 朱地0526 史部/
地理類/方志之屬/郡縣志

[道光]瓊州府志四十四卷首一卷 （清）明誼
修 （清）張岳崧纂 清道光二十一年(1841)
刻本 二十一冊 存三十八卷(五至四十二)

330000－1705－0018813 朱7275－1 史部/
傳記類/總傳之屬/家乘

[浙江紹興]紹興姚氏譜十五卷首三卷附存三
卷姚氏百世源流攷二卷 （清）姚振宗纂修
清光緒二十九年(1903)快閣木活字印本 十
八冊

330000－1705－0018815 朱地0527 史部/
地理類/方志之屬/郡縣志

[道光]瓊州府志四十四卷首一卷 （清）明誼
修 （清）張岳崧纂 清道光二十一年(1841)
刻本 九冊 存十五卷(八至十一、二十三、
三十三至四十二)

330000－1705－0018816 朱地0362 史部/
地理類/方志之屬/郡縣志

[道光]西安縣新志正誤三卷 （清）陳塤纂
清光緒九年(1883)刻本 一冊

330000－1705－0018817 朱地0548 史部/
地理類/方志之屬/郡縣志

[道光]德陽縣新志十二卷首一卷末一卷
(清)裴顯忠修 （清）劉碩輔纂 清道光十七
年(1837)刻本 四冊

330000－1705－0018818　朱地 0431　史部/
地理類/方志之屬/郡縣志

[乾隆]南安府志二十二卷　（清）蔣有道
（清）朱文佩修　（清）史珥等纂　清道光十七
年(1837)刻本　十二冊

330000－1705－0018819　朱 4494　史部/地
理類/遊記之屬/紀勝

廬山紀遊一卷廬山百詠一卷　（清）狄蘭標撰
　清乾隆十九年(1754)刻本　一冊

330000－1705－0018820　朱 9241　史部/地
理類/山川之屬/水志

水經注四十卷首一卷　（北魏）酈道元撰　王
先謙校　水經注附錄二卷　（清）趙一清輯
清光緒十八年(1892)思賢講舍刻本　十六冊

330000－1705－0018821　朱 1488　史部/地
理類/遊記之屬/紀勝

四明山遊錄一卷　（清）黃宗會撰　清乾隆四
十八年(1783)黃璋續鈔堂刻本　一冊

330000－1705－0018822　朱 8076　史部/地
理類/專志之屬/寺觀

明州岳林寺志六卷　（清）戴明琮撰　清咸豐
七年(1857)刻本　二冊

330000－1705－0018824　朱地 0426　史部/
地理類/方志之屬/郡縣志

[同治]永新縣志二十六卷首一卷　（清）蕭玉
春　（清）陳恩浩修　（清）李煒　（清）段夢
龍纂　清同治十三年(1874)刻本　八冊

330000－1705－0018825　朱 2860　史部/地
理類/山川之屬/水志

水經注四十卷補遺一卷附錄二卷　（北魏）酈
道元注　（清）全祖望校　清光緒十四年
(1888)薛福成寧波崇實書院刻本　十三冊
缺三卷(一至三)

330000－1705－0018826　朱地 0561　史部/
地理類/方志之屬/郡縣志

[咸豐]南寧縣志十卷首一卷　（清）毛玉成修
（清）張翊辰　（清）喻懷信纂　清末抄本
十冊

330000－1705－0018829　朱地 0569　史部/
地理類/雜志之屬

廣東輿地全圖不分卷　（清）張人駿等撰　清
光緒二十三年(1897)廣州石經堂石印本
一冊

330000－1705－0018830　朱 7311　史部/地
理類/山川之屬/水志

水經注四十卷補遺一卷附錄二卷　（北魏）酈
道元注　（清）全祖望校　清光緒十四年
(1888)薛福成寧波崇實書院刻本　十六冊

330000－1705－0018831　朱地 0359　史部/
地理類/方志之屬/郡縣志

[康熙]新修東陽縣志二十二卷首一卷末一卷
（清）胡啓甲　（清）俞允撰修　（清）趙衍
等纂　清康熙二十年(1681)刻本　二冊　存
四卷(首、十八至二十)

330000－1705－0018832　朱 1474　集部/總
集類/選集之屬/斷代

明詩鴻裁不分卷　（清）葉宗舒輯　清抄本
三冊

330000－1705－0018833　朱 7628　史部/地
理類/山川之屬/水志

水經注圖一卷附錄一卷　（清）汪士鐸撰　清
咸豐胡林翼刻同治元年(1862)重修本　一冊

330000－1705－0018834　朱 2489　史部/金
石類/總志之屬

金石萃編一百六十卷　（清）王昶撰　清嘉慶
十年(1805)青浦王氏經訓堂刻同治十年
(1871)嘉善錢寶傳補刻本　六十四冊

330000－1705－0018835　朱 9277　史部/地
理類/山川之屬/山志

阿育王山志畧二卷　（明）郭子章撰　明天啓
四年(1624)刻本　一冊

330000－1705－0018836　朱地 0571　史部/
地理類/輿圖之屬/郡縣

內外蒙古圖不分卷嘉峪關外青海合圖不分卷
嘉峪關外鎮不分卷伊犁合圖不分卷　清末石
印本　三冊

330000－1705－0018837　朱地 0570　史部/
地理類/雜志之屬

臺灣輿圖不分卷　（清）夏獻綸等纂　清光緒
福建臺灣道刻本　一冊

330000－1705－0018838　朱 6793　史部/地
理類/專志之屬/書院

白鹿書院志十九卷　（清）毛德琦原訂　（清）
周兆蘭重修　清康熙刻乾隆至道光遞修本
八冊

330000－1705－0018839　朱 7853　史部/地
理類/山川之屬/山志

委羽山志六卷　（明）胡昌賢撰　**續志六卷首
一卷**　（清）王維翰撰　清同治九年(1870)委
羽石室刻本　一冊　存六卷(委羽山志一至
六)

330000－1705－0018840　朱 8727　史部/地
理類/山川之屬/山志

崆峒山志二卷　（清）張伯魁纂　清同治十一
年(1872)刻本　二冊

330000－1705－0018841　朱 9877　史部/金
石類/總志之屬

金石萃編一百六十卷　（清）王昶撰　清嘉慶
十年(1805)青浦王氏經訓堂刻本　二十三冊
存六十六卷(九十五至一百六十)

330000－1705－0018842　朱 1411　史部/地
理類/山川之屬/山志

重訂天台山方外志要十二卷首一卷　（清）齊
召南纂　（清）阮元重訂　清嘉慶七年(1802)
青浦陳以謙刻本　四冊

330000－1705－0018843　朱地 0400　史部/
地理類/方志之屬/通志

[雍正]江西通志一百六十二卷首三卷　（清）
謝旻等修　（清）陶成　（清）惲鶴生纂　清雍
正十年(1732)刻本　五十九冊

330000－1705－0018844　朱 8513　史部/金
石類/總志之屬

金石萃編一百六十卷　（清）王昶撰　清嘉慶
十年(1805)青浦王氏經訓堂刻本　十三冊

存四十五卷(一至四十三、一百十二至一百十
三)

330000－1705－0018845　朱地 0551－3　史
部/地理類/方志之屬/通志

[乾隆]貴州通志四十六卷首一卷　（清）鄂爾
泰等修　（清）靖道謨等纂　清乾隆六年
(1741)刻本　二十三冊　存三十四卷(六至
七、十一、十四至二十五、二十八至四十六)

330000－1705－0018846　朱地 0559　史部/
地理類/方志之屬/郡縣志

[嘉慶]滇繫四十卷　（清）師範纂　清嘉慶十
三年(1808)刻本　九冊　存六卷(三、五、七
至九、十一)

330000－1705－0018847　朱 9572　史部/金
石類/總志之屬

金石萃編一百六十卷　（清）王昶撰　清嘉慶
十年(1805)青浦王氏經訓堂刻本　二十三冊
存八十六卷(五至九十)

330000－1705－0018848　朱 8698　史部/地
理類/山川之屬/山志

招寶山志二卷　（清）陳景沛　（清）周道遵纂
清道光二十六年(1846)木活字印本　二冊

330000－1705－0018849　朱地 0436　史部/
地理類/方志之屬/郡縣志

[咸豐]臺灣府噶瑪蘭廳志八卷首一卷　（清）
薩廉修　（清）陳淑均纂　（清）董正官續修
（清）李祺生續纂　清咸豐二年(1852)仰山書
院刻本　八冊

330000－1705－0018850　朱 3100　史部/地
理類/山川之屬/水志

水經注不分卷　（北魏）酈道元撰　（清）戴震
校訂　清乾隆刻本　十二冊

330000－1705－0018851　朱 8683　史部/地
理類/專志之屬/寺觀

敕建淨慈寺志二十八卷首二卷末一卷　（清）
際祥纂輯　清嘉慶十年(1805)刻本　十二冊

330000－1705－0018852　朱 8328　史部/地
理類/山川之屬/水志

水經注釋四十卷首一卷附錄二卷刊誤十二卷
（清）趙一清撰　清光緒六年(1880)蛟川張氏花雨樓刻本　二十冊

330000－1705－0018853　朱0380　史部/地理類/山川之屬/水志

東湖志二卷　（清）特通阿輯　清嘉慶九年(1804)刻本　一冊

330000－1705－0018856　朱2515　史部/地理類/專志之屬/祠墓

曹江孝女廟誌八卷首一卷末一卷補遺一卷
（清）金廷棟輯　（清）唐煦春增輯　清光緒八年(1882)五社公所刻本　二冊

330000－1705－0018857　朱2227　史部/地理類/山川之屬/山志

武夷山志二十四卷首一卷　（清）董天工撰　清乾隆二十五年(1760)武夷董氏刻本　十冊

330000－1705－0018858　朱8168　史部/地理類/專志之屬/祠墓

曹江孝女廟誌八卷首一卷末一卷補遺一卷
（清）金廷棟輯　（清）唐煦春增輯　清光緒八年(1882)五社公所刻本　二冊

330000－1705－0018859　朱地0531－2　史部/地理類/方志之屬/郡縣志

[咸豐]興寧縣志十二卷首一卷　（清）仲振履原本　（清）張鶴齡增修　（清）曾士梅增纂　清嘉慶十六年(1811)刻咸豐六年(1856)續刻本　五冊　缺一卷(四)

330000－1705－0018861　朱地0557　史部/地理類/方志之屬/通志

[康熙]雲南通志三十卷首一卷　（清）范承勳　（清）王繼文修　（清）吳自肅　（清）丁煒纂　清康熙三十年(1691)刻本　二冊　存二卷(十六、二十九)

330000－1705－0018862　朱6982　史部/地理類/專志之屬/祠墓

曹江孝女廟誌八卷首一卷末一卷補遺一卷
（清）金廷棟輯　（清）唐煦春增輯　清光緒八年(1882)五社公所刻本　二冊

330000－1705－0018863　朱地0551－2　史部/地理類/方志之屬/通志

[乾隆]貴州通志四十六卷首一卷　（清）鄂爾泰等修　（清）靖道謨等纂　清乾隆六年(1741)刻本　三十二冊

330000－1705－0018864　朱地0482　史部/地理類/方志之屬/郡縣志

[光緒]興國州志三十六卷首一卷　（清）吳大訓修　（清）陳光亨纂　（清）劉鳳綸　（清）王鳳池續纂　清光緒十五年(1889)富川書院刻本　十冊　存二十八卷(一至二十八)

330000－1705－0018865　朱7560　史部/地理類/總志之屬/斷代

漢書地理志校注二卷識語一卷　（清）王紹蘭撰　清光緒二十二年(1896)蕭山陳氏遺經樓刻本　二冊

330000－1705－0018866　朱地0551　史部/地理類/方志之屬/通志

[乾隆]貴州通志四十六卷首一卷　（清）鄂爾泰等修　（清）靖道謨等纂　清乾隆六年(1741)刻本　四十六冊

330000－1705－0018867　朱地0462　史部/地理類/方志之屬/郡縣志

[乾隆]登封縣志三十二卷　（清）陸繼萼修　（清）洪亮吉纂　清乾隆五十二年(1787)刻本　八冊

330000－1705－0018868　朱8667　史部/地理類/專志之屬/寺觀

天童寺志十卷首一卷　（清）釋德介　（清）聞性道撰　清刻本　六冊　存八卷(二至四、六至十)

330000－1705－0018869　朱地0558　史部/地理類/方志之屬/通志

[道光]雲南通志稿二百十六卷首三卷　（清）阮元等修　（清）王崧　（清）李誠纂　清道光十五年(1835)刻本　一百九冊　缺十二卷(五至八、一百八十二至一百八十六、一百九十五至一百九十七)

330000 – 1705 – 0018871　朱 8669　史部/地理類/專志之屬/寺觀

天童寺志十卷首一卷　（清）釋德介　（清）聞性道撰　清刻本　三冊　存八卷（三至十）

330000 – 1705 – 0018872　朱 2091　史部/地理類/專志之屬/書院

春雨書院小志一卷　（清）董秉純纂　清乾隆五十三年(1788)春雨書堂刻本　一冊

330000 – 1705 – 0018873　朱地 0544　史部/地理類/方志之屬/郡縣志

[同治]增修萬縣志三十六卷首一卷　（清）王玉鯨　（清）張琴等修　（清）范泰衡等纂　清同治五年(1866)刻本　六冊

330000 – 1705 – 0018875　朱 0779　史部/地理類/方志之屬/郡縣志

[嘉慶]北湖小志六卷首一卷　（清）焦循纂　清嘉慶十三年(1808)揚州阮氏刻本　二冊

330000 – 1705 – 0018876　朱 1900　史部/地理類/山川之屬/山志

四明山志九卷　（清）黃宗羲撰　清康熙刻本　二冊

330000 – 1705 – 0018877　朱 8088　史部/地理類/外紀之屬

海國圖志一百卷首一卷　（清）魏源撰　清光緒六年(1880)邵陽急當務齋刻本　二十四冊

330000 – 1705 – 0018878　朱 1901　史部/地理類/山川之屬/山志

四明山志九卷　（清）黃宗羲撰　清康熙黃仲簡刻本　二冊

330000 – 1705 – 0018879　朱 5439　史部/地理類/專志之屬/寺觀

天童寺志十卷首一卷　（清）釋德介　（清）聞性道撰　清康熙刻本　四冊

330000 – 1705 – 0018880　朱 4017　史部/地理類/山川之屬/水志

蜀水考四卷　（清）陳登龍撰　（清）朱錫穀補注　（清）陳一津分疏　清光緒四年(1878)成都葉氏刻本　四冊

330000 – 1705 – 0018881　朱 8147　史部/地理類/外紀之屬

環遊地球新錄四卷　（清）李圭撰　清光緒三年(1877)刻本　四冊

330000 – 1705 – 0018882　朱 7472　新學/史志/別國史

俄羅斯三卷　（法國）波留撰　（日本）林毅陸原譯　（日本）中島端重譯　清光緒三十年(1904)上海商務印書館鉛印本　三冊

330000 – 1705 – 0018883　朱 5405　史部/地理類/山川之屬/山志

武夷山志二十四卷首一卷　（清）董天工撰　清道光二十六年至二十七年(1846 – 1847)籍溪羅氏五夫尺木軒刻本　八冊

330000 – 1705 – 0018884　朱 1439　史部/載記類

契丹國志二十七卷　（宋）葉隆禮撰　清乾隆五十八年(1793)承恩堂刻本　四冊

330000 – 1705 – 0018885　朱 5483　史部/地理類/山川之屬/水志

杜白二湖全書一卷　（清）王相能輯　清嘉慶十年(1805)王相能刻本　一冊

330000 – 1705 – 0018886　朱 7594　新學/史志/別國史

節本泰西新史攬要八卷　（英國）李提摩太譯　周慶雲節錄　清光緒二十七年(1901)周慶雲夢坡室刻本　二冊

330000 – 1705 – 0018887　朱 2214　史部/地理類/水利之屬

橫橋堰水利記一卷　（清）徐用福輯　清光緒二十五年(1899)刻本　一冊

330000 – 1705 – 0018888　朱 4426　史部/地理類/山川之屬/水志

西湖志纂十五卷首一卷末一卷　（清）沈德潛　（清）傅王露等撰　清乾隆二十年(1755)賜經堂刻二十七年(1762)增刻本　八冊

330000 – 1705 – 0018889　朱 0038　史部/地理類/山川之屬/水志

惠陽山水紀勝二卷　（清）吳騫編輯　清吳本涵、吳本厚刻本　四冊

330000－1705－0018890　朱 8661　史部/地理類/山川之屬/山志

明州阿育王山志十卷　（明）郭子章撰　明州阿育王山續志六卷　（清）釋畹荃撰　明萬曆刻清乾隆續刻本　五冊　存十三卷（四至十、續志一至六）

330000－1705－0018891　朱 8662　史部/地理類/山川之屬/山志

明州阿育王山志十卷　（明）郭子章撰　明州阿育王山續志六卷　（清）釋畹荃撰　明萬曆刻清乾隆續刻本　五冊

330000－1705－0018892　朱 3123　史部/地理類/山川之屬/山志

天下名山圖詠四卷　（清）沈錫齡輯　清光緒二十一年(1895)沈氏石印本　四冊

330000－1705－0018893　朱 2108　史部/地理類/山川之屬/水志

湖山便覽十二卷　（清）翟灝等撰　清光緒元年(1875)杭州王維翰槐蔭堂刻本　六冊

330000－1705－0018894　朱 1267　史部/地理類/專志之屬/寺觀

洛陽伽藍記五卷　（北魏）楊衒之撰　集證一卷　（清）吳若準集證　清道光十四年(1834)吳若準刻本　二冊

330000－1705－0018895　朱 4099　類叢部/叢書類/彙編之屬

敦懷堂洋務叢鈔十一種十九卷　（清）張樹聲編　清光緒十年(1884)敦懷書屋刻本　二冊　存一種

330000－1705－0018896　朱 6440　史部/地理類/總志之屬/斷代

漢書地理志校注二卷識語一卷　（清）王紹蘭撰　清光緒二十二年(1896)蕭山陳氏遺經樓刻本　二冊

330000－1705－0018898　朱 6424　史部/地理類/山川之屬/山志

明州阿育王山志十卷　（明）郭子章撰　明州阿育王山續志六卷　（清）釋畹荃撰　明萬曆刻清乾隆續刻本　六冊

330000－1705－0018899　朱 8713　史部/地理類/山川之屬/山志

台南洞林志二卷首一卷　（清）馮賡雪撰　校補一卷續一卷又續一卷　（清）葉書撰　清光緒二十五年(1899)臨海馮氏刻本　一冊

330000－1705－0018902　朱 8095　史部/地理類/山川之屬/水志

西湖志四十八卷　（清）李衛　（清）程元章修　（清）傅王露撰　清雍正十三年(1735)兩浙鹽驛道庫刻本　二十四冊

330000－1705－0018903　朱 2978　新學/史志/別國史

大英國志八卷　（英國）托馬斯米爾納撰　（英國）慕維廉譯　清光緒七年(1881)上海益智書會刻本　二冊

330000－1705－0018904　朱 4386　史部/地理類/水利之屬

三江閘務全書二卷　（清）程鶴燾撰　（清）程式昭編　清康熙漱玉齋刻本　二冊

330000－1705－0018905　朱 5504　史部/地理類/山川之屬/水志

西湖志纂十五卷首一卷末一卷　（清）沈德潛　（清）傅王露等撰　清乾隆二十年(1755)賜經堂刻二十七年(1762)增刻本　四冊　存十二卷（首、一至十一）

330000－1705－0018906　朱 8183　史部/地理類/外紀之屬

日本國志四十卷首一卷　（清）黃遵憲輯　清光緒二十四年(1898)浙江書局刻本　十冊

330000－1705－0018907　朱 0798　史部/地理類/外紀之屬

五洲圖考不分卷　（清）龔柴　（清）許彬撰　清光緒二十八年(1902)上海徐家滙印書館鉛印本　四冊

330000－1705－0018908　朱 2664　史部/地

理類/山川之屬/山志

崆峒山志二卷　（清）張伯魁纂　清嘉慶二十四年(1819)刻本　二冊

330000－1705－0018909　朱6410　史部/地理類/山川之屬/山志

烏石山志九卷首一卷　（清）郭柏蒼　（清）劉永松纂輯　清光緒九年(1883)刻本　六冊

330000－1705－0018910　朱6452　史部/地理類/山川之屬/水志

西湖志纂十五卷首一卷末一卷　（清）沈德潛　（清）傅王露等撰　清乾隆二十年(1755)賜經堂刻二十七年(1762)增刻本　八冊

330000－1705－0018911　朱4641　史部/地理類/水利之屬

三江閘務全書二卷續刻四卷　（清）程鶴壽撰　（清）程式昭編　附湯神事實錄一卷　清康熙漱玉齋刻道光至咸豐補刻本　四冊

330000－1705－0018912　朱0985　史部/地理類/外紀之屬

東槎聞見錄四卷　（清）陳家麟撰　清光緒十三年(1887)鉛印本　朱鼎煦題記　四冊

330000－1705－0018914　朱4432　新學/地學/地理學

琉球地理小志一卷補遺一卷說畧一卷　姚文棟譯　清光緒九年(1883)刻本　一冊

330000－1705－0018915　朱3962　類叢部/叢書類/彙編之屬

合刻山海經水經二種　（明）吳琯編　明萬曆十三年(1585)吳琯刻本　八冊　存一種

330000－1705－0018916　朱8037　史部/地理類/山川之屬/山志

烏石山志九卷首一卷　（清）郭柏蒼　（清）劉永松纂輯　清光緒九年(1883)刻本　五冊　存九卷(首,一、三至九)

330000－1705－0018917　朱2272　史部/地理類/山川之屬/山志

峨眉山志十八卷　（清）蔣超纂　清道光刻本　一冊　存三卷(十六至十八)

330000－1705－0018918　朱6612　史部/地理類/山川之屬/水志

西域水道記五卷　（清）徐松撰　清道光刻本　五冊

330000－1705－0018919　朱地0101　史部/地理類/方志之屬/郡縣志

[乾隆]涇州誌二卷　（清）張廷福修　（清）張瑾纂　清乾隆十八年(1753)刻本　二冊

330000－1705－0018920　朱2798　史部/地理類/山川之屬/水志

水經注圖四十卷補一卷　楊守敬撰　清光緒三十一年(1905)宜都楊氏觀海堂刻朱墨套印本　八冊

330000－1705－0018921　朱8684　史部/地理類/山川之屬/水志

西湖志四十八卷　（清）李衛　（清）程元章修　（清）傅王露撰　清光緒四年(1878)浙江書局刻本　十五冊　存三十七卷(三至四、十四至四十八)

330000－1705－0018922　朱4460　史部/叢編

大興徐氏三種　（清）徐松撰　清道光刻本　一冊　存一種

330000－1705－0018923　朱7514　史部/雜史類/外紀之屬

東瀛紀事不分卷　（清）楊廷理輯　清乾隆五十五年(1790)刻本　一冊

330000－1705－0018924　朱7142　史部/地理類/山川之屬/水志

水道提綱二十八卷　（清）齊召南撰　清光緒四年(1878)津門徐士鑾霞城精舍刻本　八冊

330000－1705－0018926　朱0632　史部/地理類/山川之屬/水志

水道提綱二十八卷　（清）齊召南撰　清光緒四年(1878)津門徐士鑾霞城精舍刻本　八冊

330000－1705－0018927　朱8392　史部/地理類/山川之屬/山志

虎阜志十卷首一卷　（清）陸肇域　（清）任兆

麟撰　清乾隆五十七年(1792)西溪別墅刻本
十冊

330000－1705－0018928　朱9641　史部/地
理類/專志之屬/祠墓

悅城龍母廟志二卷首一卷　(清)黃應奎
(清)顏薰輯　清咸豐元年(1851)譚聘珍刻本
一冊

330000－1705－0018929　朱9240　史部/地
理類/山川之屬/水志

水道提綱二十八卷　(清)齊召南撰　清光緒
四年(1878)津門徐士鑾霞城精舍刻本　八冊

330000－1705－0018930　朱3906　史部/地
理類/遊記之屬/紀勝

徐霞客遊記十卷　(明)徐弘祖撰　**外編一卷**
(清)徐鎮輯　**補編一卷**　(清)葉廷甲輯
清光緒七年(1881)瘦影山房木活字印本　朱
鼎煦題記　十冊

330000－1705－0018931　朱4952　史部/地
理類/專志之屬/寺觀

曹谿通志八卷首一卷　(清)馬元　(清)釋真
樸撰　清道光十六年(1836)懷善堂刻本
四冊

330000－1705－0018932　朱2124　史部/地
理類/山川之屬/山志

龍虎山志十六卷　(清)婁近垣輯　清道光十
二年(1832)刻本　三冊　存九卷(一至九)

330000－1705－0018933　朱8403　史部/地
理類/輿圖之屬/郡縣

西湖遊覽志圖一卷　(清)孫樹義等校字
(清)姜德銓摹圖　清光緒二十一年(1895)刻
本(西湖雜詠配油印本)　朱鼎煦題記　一冊

330000－1705－0018937　朱2130　史部/地
理類/方志之屬/郡縣志

[嘉定]剡錄十卷　(宋)史安之修　(宋)高
似孫纂　清同治九年(1870)刻本　二冊

330000－1705－0018940　朱地0532　史部/
地理類/方志之屬/通志

[嘉慶]廣西通志二百七十九卷首一卷　(清)

謝啟昆修　(清)胡虔纂　清嘉慶六年(1801)
刻本　一冊　存三卷(七十七至七十九)

330000－1705－0018941　朱8024　史部/地
理類/山川之屬/山志

南嶽志八卷　(清)高自位編　(清)曠敏本纂
清乾隆十八年(1753)開雲樓刻本　六冊

330000－1705－0018942　朱0213　史部/地
理類/山川之屬/山志

阿育王山志畧二卷　(明)郭子章撰　明天啓
四年(1624)刻本　朱鼎煦題記　一冊　存一
卷(上)

330000－1705－0018943　朱8300　史部/地
理類/山川之屬/水志

太湖備考十六卷首一卷　(清)金友理撰　**湖
程紀略一卷**　(清)吳曾撰　清乾隆十五年
(1750)藝蘭圃刻本　八冊

330000－1705－0018944　朱0808　史部/地
理類/山川之屬/水志

南湖考一卷　(明)陳幼學撰　**節錄餘杭縣南
湖事略一卷南湖誌考一卷**　(清)陳善撰　清
光緒五年(1879)浙江官書局刻本　一冊

330000－1705－0018945　朱4985　史部/地
理類/山川之屬/水志

南湖考一卷　(明)陳幼學撰　**節錄餘杭縣南
湖事略一卷南湖誌考一卷**　(清)陳善撰　清
光緒五年(1879)浙江官書局刻本　一冊

330000－1705－0018946　朱8089　史部/地
理類/專志之屬/古跡

二樓小志四卷　(清)程元愈輯　(清)汪越
(清)沈廷璐補輯　清刻本　二冊

330000－1705－0018947　朱6845　史部/地
理類/專志之屬/古跡

湯陰精忠廟志十卷　(明)張應登　(明)鄭懋
洵輯　(清)楊世達續輯　清乾隆十五年
(1750)刻本　五冊

330000－1705－0018948　朱3077　史部/地
理類/專志之屬/祠墓

吳山伍公廟志六卷首一卷附一卷　(清)金文

淳纂修　（清）沈永青增輯　清光緒二年（1876）刻本　一冊

330000－1705－0018949　朱7617　史部/地理類/雜志之屬

日下舊聞四十二卷　（清）朱彝尊輯　（清）朱昆田補遺　清康熙二十六年至二十七年（1687－1688）刻本　二十四冊　存三十八卷（一至三十八）

330000－1705－0018950　朱8685　史部/地理類/山川之屬/水志

西湖志纂十五卷首一卷末一卷　（清）沈德潛（清）傅王露等撰　清乾隆刻本　一冊　存四卷（十二至十五）

330000－1705－0018951　朱4647　史部/地理類/雜志之屬

四明談助四十六卷首一卷　（清）徐兆昺撰清道光八年（1828）木活字印本　二十冊

330000－1705－0018952　朱7677　史部/地理類/雜志之屬

欽定日下舊聞考一百六十卷譯語總目一卷（清）于敏中　（清）竇光鼐等纂修　清乾隆武英殿刻本　十二冊　存四十一卷（十至十八、二十八至三十三、一百四至一百六、一百三十八至一百六十）

330000－1705－0018953　朱7098　史部/地理類/山川之屬/山志

龍虎山志十六卷　（清）婁近垣輯　清道光十二年（1832）刻本　六冊

330000－1705－0018955　朱7336　史部/地理類/水利之屬

山東運河備覽十二卷圖說一卷　（清）陸耀纂清乾隆四十一年（1776）吳江陸耀切問齋刻本　六冊

330000－1705－0018956　朱1010　史部/地理類/水利之屬

海塘新志六卷　（清）琅玕撰　清乾隆徐綬刻本　一冊　存二卷（二至三）

330000－1705－0018957　朱8036　史部/地

理類/雜志之屬

日下舊聞四十二卷　（清）朱彝尊輯　（清）朱昆田補遺　清康熙二十六年至二十七年（1687－1688）六峯閣刻本　十二冊

330000－1705－0018958　朱5744　史部/傳記類/別傳之屬/事狀

[浙江餘姚]黃氏家錄一卷　（清）黃宗羲纂修　清道光四年（1824）餘姚惇倫堂木活字印本一冊

330000－1705－0018959　朱7499　史部/地理類/水利之屬

浙西水利備考不分卷　（清）王鳳生撰　清光緒四年（1878）浙江書局刻本　一冊

330000－1705－0018961　朱8406　史部/地理類/雜志之屬

四明談助四十六卷首一卷　（清）徐兆昺撰清道光八年（1828）木活字印本　二十冊

330000－1705－0018962　朱地0505　史部/地理類/方志之屬/郡縣志

[嘉慶]新田縣志十卷　（清）張厚郿等修（清）樂明紹等纂　清嘉慶木活字印本　二冊存六卷（三至八）

330000－1705－0018963　朱9628　史部/地理類/山川之屬/水志

莫愁湖志六卷首一卷　（清）馬士圖撰　清光緒八年（1882）刻本　一冊　缺二卷（五至六）

330000－1705－0018964　朱5638　史部/傳記類/總傳之屬/家乘

[浙江餘姚]孫氏世乘二卷　（清）孫兆熙等纂修　清嘉慶十二年（1807）靜遠軒刻本　一冊

330000－1705－0018965　朱8401　史部/地理類/雜志之屬

四明談助四十六卷首一卷　（清）徐兆昺撰清道光八年（1828）木活字印本　二十冊

330000－1705－0018966　朱0096　集部/別集類/明別集

趙玅古先生遺集六卷首一卷詩一卷續集一卷附一卷　（明）趙撝謙撰　清乾隆三十八年

(1773)張廷枚銘西堂刻四十年(1775)增刻本
二冊 缺一卷(詩)

330000－1705－0018967 朱5422 史部/傳
記類/總傳之屬/家乘
慈谿周顯宗祠家譜不分卷 清抄本 朱鼎煕
題記 一冊

330000－1705－0018968 朱0120 集部/別
集類/清別集
春暉堂詩鈔四卷 (清)王丕烈撰 清乾隆刻
本 一冊

330000－1705－0018969 朱2271 史部/地
理類/方志之屬/郡縣志
[嘉慶]羅江縣志十卷 (清)李調元纂修 清
嘉慶七年(1802)刻本 二冊

330000－1705－0018970 朱0710 史部/地
理類/山川之屬/山志
天台山全志十八卷 (清)張聯元輯 清康熙
五十六年(1717)刻本 六冊

330000－1705－0018971 朱0121 集部/別
集類/清別集
述學內篇三卷補遺一卷外篇一卷別錄一卷附
錄一卷校勘記一卷 (清)汪中撰 (清)汪喜
孫編 清同治八年(1869)揚州書局刻本
二冊

330000－1705－0018972 朱5584 史部/地
理類/山川之屬/山志
天台山全志十八卷 (清)張聯元輯 清康熙
五十六年(1717)刻本 四冊

330000－1705－0018973 朱1372 史部/傳
記類/總傳之屬/忠孝
純德彙編七卷首一卷 (清)董華鈞輯 純德
彙編續刻一卷 (清)董景沛輯 清嘉慶二十
三年(1818)春暉堂刻本 四冊

330000－1705－0018974 朱4165、朱4166
史部/傳記類/總傳之屬/儒林
名宦鄉賢錄一卷江夏陳氏義莊條規一卷
(清)陳慶涵輯 清光緒十四年(1888)都門刻
本 二冊

330000－1705－0018975 朱1433 史部/傳
記類/總傳之屬/忠孝
純德彙編七卷首一卷 (清)董華鈞輯 純德
彙編續刻一卷 (清)董景沛輯 清嘉慶二十
三年(1818)春暉堂刻本 四冊

330000－1705－0018976 朱0834 史部/地
理類/山川之屬/山志
廬山志十五卷首一卷 (清)毛德琦撰 清康
熙五十九年(1720)順德堂刻本 十冊

330000－1705－0018977 朱0062 集部/別
集類/清別集
葦間詩集五卷 (清)姜宸英撰 清道光四年
(1824)葉元墰木活字印本 五冊 缺一卷
(五)

330000－1705－0018978 朱4658 史部/傳
記類/總傳之屬/忠孝
純德彙編七卷首一卷 (清)董華鈞輯 純德
彙編續刻一卷 (清)董景沛輯 清嘉慶二十
三年(1818)春暉堂刻本 四冊

330000－1705－0018979 朱2552、朱4610
史部/傳記類/總傳之屬/家乘
杜氏三世祠義田規條不分卷 (清)杜承節等
輯 杜氏三世祠義田字號畝分清冊不分卷
清光緒三年(1877)抄本 二冊

330000－1705－0018980 朱0059 集部/別
集類/清別集
寒松庵佚藁不分卷 (清)陳祖肇撰 清康熙
刻本 一冊

330000－1705－0018981 朱0119 集部/總
集類/郡邑之屬
新安文獻志一百卷先賢事畧二卷目錄二卷
(明)程敏政輯 清抄本 一冊 存五卷(二
十九、三十三至三十六)

330000－1705－0018982 朱9337 史部/地
理類/雜志之屬
揚州畫舫錄十八卷 (清)李斗撰 清乾隆六
十年(1795)自然盦刻道光十九年(1839)重修
本 六冊

330000－1705－0018984　朱0122　集部/別集類/明別集

趙㧑古先生遺集六卷首一卷詩一卷續集一卷附一卷　（明）趙㧑謙撰　清乾隆三十八年（1773）張廷枚銘西堂刻四十年（1775）增刻本　二冊　缺二卷（詩、附）

330000－1705－0018985　朱3003　史部/傳記類/總傳之屬/忠孝

旌忠錄五卷首一卷　（清）陳祖確輯　清光緒五年（1879）四明倉基陳氏木活字印本　一冊

330000－1705－0018986　朱0118　集部/別集類/清別集

鶴渚先生遺集不分卷　清抄本　一冊

330000－1705－0018987　朱2052　史部/傳記類/總傳之屬/家乘

[浙江]慈溪馮氏支譜不分卷　（清）馮祖恩纂修　清同治元年（1862）刻本　一冊

330000－1705－0018988　朱0137　集部/總集類/選集之屬/斷代

皇明文徵七十四卷　（明）何喬遠輯　明崇禎四年（1631）溫陵何喬遠刻本　三冊　存七卷（二十至二十四、六十七至六十八）

330000－1705－0018989　朱6626　史部/地理類/雜志之屬

嶺南叢述六十卷　（清）鄧淳輯　清道光十年（1830）刻十五年（1835）重修本　十六冊

330000－1705－0018990　朱7307　史部/地理類/遊記之屬/紀行

西行紀畧一卷　（清）熊懋獎撰　（清）李汪度等鑒定　清乾隆刻本　一冊

330000－1705－0018991　朱0037　集部/別集類/明別集

倪小野先生全集八卷　（明）倪宗正撰　（明）倪繼宗編次　清康熙四十九年（1710）倪繼宗清暉樓刻本　八冊

330000－1705－0018992　朱0115　史部/地理類/遊記之屬/紀勝

南谿西遊記一卷詩一卷　（清）鄭性撰　清康

熙刻本　一冊

330000－1705－0018993　朱9602　史部/傳記類/總傳之屬/家乘

[浙江浦江]浦江鄭氏旌義編二卷　（明）鄭大和述　（明）鄭楷重纂　明萬曆三十一年（1603）浦江鄭元善刻本　一冊

330000－1705－0018994　朱0140　集部/詩文評類/詩評之屬

生香詩話四卷　（清）俞儼撰　清刻本　一冊

330000－1705－0018995　朱1386　史部/地理類/專志之屬/古跡

平山堂圖志十卷首一卷　（清）趙之壁纂　清光緒九年（1883）歐陽利見刻本　四冊

330000－1705－0018996　朱0053　集部/別集類/清別集

滌煙樓集二卷　（清）俞泰撰　**榕堂詩抄一卷**　（清）馮愷愈撰　清康熙刻本　一冊

330000－1705－0018997　朱8308　史部/地理類/專志之屬/古跡

平山堂圖志十卷首一卷　（清）趙之壁纂　清光緒九年（1883）歐陽利見刻本　三冊　存七卷（一至七）

330000－1705－0018998　朱9269　史部/地理類/專志之屬/古跡

平山堂圖志十卷首一卷　（清）趙之壁纂　清光緒十四年（1888）上海同文書局石印本　一冊　存一卷（首）

330000－1705－0019000　朱1454　史部/地理類/雜志之屬

永嘉郡記一卷　（南朝宋）鄭緝之撰　（清）孫詒讓輯　清光緒四年（1878）刻本　清陶方琦題記　一冊

330000－1705－0019001　朱0052　集部/別集類/清別集

芝房文鈔一卷　（清）邵詠撰　清道光四年（1824）刻本　一冊

330000－1705－0019002　朱9278　史部/地

理類/專志之屬/祠墓

韓忠武王祠墓志六卷首一卷 （清）顧沅輯
清道光十三年(1833)刻本　二冊

330000－1705－0019003　朱0960　史部/地
理類/雜志之屬

蜀都碎事四卷藝文補遺二卷 （清）陳祥裔撰
清康熙刻本　六冊

330000－1705－0019004　朱7275　史部/傳
記類/總傳之屬/家乘

姚氏百世源流攷二卷 （清）姚振宗纂修　清
光緒三十年(1904)快閣木活字印本　二冊

330000－1705－0019005　朱8257　史部/地
理類/方志之屬/通志

浙志便覽七卷 （清）李應珏撰　清光緒十七
年(1891)杭城吏隱齋刻本　四冊

330000－1705－0019006　朱4502　史部/地
理類/雜志之屬

六朝事迹編類十四卷 （宋）張敦頤撰　清光
緒十三年(1887)李濱寶章閣刻本　四冊

330000－1705－0019007　朱0039　類叢部/
叢書類/自著之屬

高文恪公集十一種 （清）高士奇撰　清康熙
刻本　十冊　存四種

330000－1705－0019008　朱9130　史部/地
理類/雜志之屬

甌江小記一卷 （清）郭鍾岳撰　清光緒四年
(1878)和天倪齋刻本　一冊

330000－1705－0019009　朱2721　史部/地
理類/雜志之屬

六朝事迹編類十四卷 （宋）張敦頤撰　清光
緒十三年(1887)李濱寶章閣刻本　四冊

330000－1705－0019010　朱9347　史部/地
理類/雜志之屬

津門雜記三卷 （清）張燾撰　清光緒十年
(1884)刻本　三冊

330000－1705－0019011　朱7275－1　史部/
傳記類/總傳之屬/家乘

姚氏百世源流攷二卷 （清）姚振宗纂修　清
光緒三十年(1904)快閣木活字印本　二冊

330000－1705－0019012　朱1190　史部/地
理類/雜志之屬

宋東京考二十卷 （清）周城撰　清乾隆刻本
四冊

330000－1705－0019013　朱0144　集部/總
集類/氏族之屬

勾江詩緒 （清）施江濤　（清）董正國等輯
清乾隆東井堂刻本　二冊

330000－1705－0019014　朱1319　史部/地
理類/外紀之屬

漢西域圖考七卷首一卷 （清）李光廷撰　清
同治九年(1870)刻本　四冊

330000－1705－0019015　朱7555　集部/總
集類/氏族之屬

[浙江寧波]四明水氏留碩稿不分卷 （清）水
嘉穀輯　清光緒十八年(1892)四明水嘉穀刻
本　一冊　存世系表

330000－1705－0019016　朱0034　集部/詞
類/別集之屬

享帚詞四卷 （清）秦恩復撰　清道光二十五
年(1845)江都秦蠍刻本　一冊

330000－1705－0019017　朱0145　集部/別
集類/清別集

異香集二卷 （清）王巖撰　（清）陸廷掄輯
清抄本　一冊

330000－1705－0019018　朱0030　集部/詞
類/別集之屬

雙花閣詞鈔一卷 （清）錢之鼎撰　清嘉慶十
七年(1812)三山草堂刻本　二冊

330000－1705－0019019　朱2275　史部/傳
記類/總傳之屬/家乘

[浙江紹興]水澄劉氏家譜不分卷 （清）劉大
申纂修　清乾隆忠樂堂刻本　十冊

330000－1705－0019020　朱0146　集部/別
集類/元別集

小瑯玕山莊律賦不分卷　清抄本　一冊

330000－1705－0019021　朱8919　史部/傳記類/總傳之屬/家乘

[浙江紹興]會稽董氏家乘不分卷　稿本
一冊

330000－1705－0019022　朱5556　史部/地理類/方志之屬

西藏見聞錄二卷　（清）蕭騰麟撰　清乾隆二十四年(1759)刻本　一冊

330000－1705－0019023　朱0631　史部/地理類/輿圖之屬/全國

歷代疆域攷□□卷首一卷五胡指掌編一卷藩鎮指掌編一卷唐末諸王附一卷　（明）陳繼儒輯　明刻本　四冊　存四卷(首、五胡指掌編、藩鎮指掌編、唐末諸王附)

330000－1705－0019024　朱0110　集部/總集類/選集之屬/通代

海峰先生精選八家文鈔二卷　（清）劉大櫆選
清光緒二年(1876)邢邱劉氏刻本　二冊

330000－1705－0019025　朱0019　集部/別集類/明別集

倪小野先生全集八卷　（明）倪宗正撰　（明）倪繼宗編次　清康熙四十九年(1710)倪繼宗清暉樓刻本　四冊

330000－1705－0019026　朱7920　史部/傳記類/總傳之屬/家乘

[浙江鄞州]大墩徐氏譜不分卷　清光緒二年(1876)稿本　一冊

330000－1705－0019027　朱0175　集部/別集類/清別集

李杲堂先生詩不分卷　（清）李鄴嗣撰　清抄本　一冊

330000－1705－0019028　朱0306　史部/傳記類/總傳之屬/家乘

[浙江寧波]濠梁萬氏宗譜內集十四卷外集七卷　（明）萬表纂修　（清）萬斯大增修　清乾隆三十七年(1772)辨志堂刻本　三冊　缺七卷(外集一至七)

330000－1705－0019029　朱8921　史部/傳記類/總傳之屬/家乘

[浙江慈溪]灌浦鄭氏家集一卷詩文一卷　清抄本　二冊

330000－1705－0019030　朱0109　集部/總集類/選集之屬/通代

海峰先生精選八家文鈔二卷　（清）劉大櫆選
清光緒二年(1876)邢邱劉氏刻本　二冊

330000－1705－0019031　朱0108　集部/別集類/清別集

秋塍書屋詩鈔七卷文鈔二卷　（清）王斯年撰
清道光刻本　二冊

330000－1705－0019032　朱8091　史部/地理類/總志之屬/斷代

新斠注地里志十六卷　（清）錢坫撰　（清）徐松集釋　清同治十三年(1874)會稽章氏刻本　八冊

330000－1705－0019033　朱0183　集部/別集類/清別集

姚三緘詩文稿不分卷　（清）姚尚倫撰　稿本
二冊

330000－1705－0019034　朱6896　史部/傳記類/總傳之屬/家乘

[浙江]蕭山西河單氏家譜□□卷　（清）單輪等纂修　清燕詒堂木活字印本　一冊　存二卷(八至九)

330000－1705－0019035　朱0187　集部/別集類/清別集

童璞巖詩集不分卷　（清）童鈺撰　清抄本
一冊

330000－1705－0019037　朱0390　集部/別集類/清別集

響泉集二十八卷　（清）顧光旭撰　清乾隆四十一年(1776)無錫顧光旭刻五十年(1785)、五十八年(1793)增補本　六冊

330000－1705－0019038　朱0413　集部/別集類/清別集

曼志堂遺稿二卷　（清）曹壽銘撰　清同治九

年（1870）甬上鐵耕齋刻本　一冊

330000－1705－0019039　朱0188　集部/詞類/詞韻之屬

留青集詞韵不分卷　抄本　一冊

330000－1705－0019040　朱1465　史部/傳記類/總傳之屬/家乘

[浙江紹興]會稽薛氏家譜不分卷　（清）薛存誠等撰　清抄本　一冊

330000－1705－0019041　朱0028　集部/別集類/清別集

涵山堂吟藁一卷　（清）楊智撰　清雍正三年（1725）刻本　一冊

330000－1705－0019042　朱0189　集部/別集類/清別集

胎花樓詩稿不分卷　（清）胡湜撰　清抄本　一冊

330000－1705－0019043　朱7892　史部/傳記類/總傳之屬/家乘

[浙江]蕭山夏孝湯氏家譜不分卷　（清）湯克敬修　（清）毛觀齡纂　清雍正四年（1726）抄本　二冊

330000－1705－0019044　朱0105　集部/別集類/清別集

悔餘庵集　（清）何杙撰　清咸豐刻本　二冊　存一種

330000－1705－0019045　朱0392　集部/別集類/清別集

忠雅堂文集十二卷　（清）蔣士銓撰　清道光二十三年（1843）藏園刻本　六冊

330000－1705－0019046　朱2241　史部/傳記類/總傳之屬/家乘

李氏家傳不分卷　清抄本　一冊

330000－1705－0019047　朱0389　集部/別集類/清別集

傅徵君霜紅龕詩鈔九卷附錄一卷　（清）傅山撰　清乾隆三十二年（1767）河東劉贊仰止軒刻本　二冊

330000－1705－0019048　朱0359　集部/別集類/清別集

月泉吟社一卷　（清）吳渭撰　抄本　一冊

330000－1705－0019050　朱0207　集部/別集類/清別集

二硯窩文存不分卷　（清）鄭勳撰　清抄本　一冊

330000－1705－0019051　朱0341　集部/別集類/清別集

杲堂文鈔六卷詩鈔七卷　（清）李鄴嗣撰　清康熙刻本　八冊

330000－1705－0019052　朱2264　史部/傳記類/總傳之屬/家乘

鄞砌里李氏譜稿贈言錄不分卷　（清）李彭年撰　稿本　一冊

330000－1705－0019053　朱0103　類叢部/叢書類/彙編之屬

一蒂十七實齋全集　清咸豐刻本　一冊　存一種

330000－1705－0019054　朱0102　集部/詞類/別集之屬

步姜詞二卷　（清）胡元儀撰　清光緒二十年（1894）胡元儀始誦經室刻本　二冊

330000－1705－0019055　朱0388　集部/別集類/清別集

吳徵君蓮洋詩鈔八卷　（清）吳雯撰　清乾隆三十二年（1767）刻本　四冊

330000－1705－0019056　朱0770　史部/傳記類/總傳之屬/家乘

[浙江浦江]續修川南鄭氏宗譜不分卷　清抄本　一冊

330000－1705－0019058　朱0209　集部/戲劇類/傳奇之屬

雪韵堂批點燕子箋記二卷四十二齣　（明）阮大鋮撰　明末刻本　二冊

330000－1705－0019059　朱0405、朱3464　集部/總集類/選集之屬/斷代

羣雅集四卷　（清）李振裕輯　清康熙刻本　三冊　缺一卷（二）

330000－1705－0019060　朱0101　集部/詞類/別集之屬

彈指詞二卷　（清）顧貞觀撰　清道光海寧陳氏木活字印本　二冊

330000－1705－0019061　朱1390　史部/傳記類/總傳之屬/家乘

[浙江海寧]洛塘周氏宗譜不分卷　（清）周勳懋纂修　清抄本　二冊

330000－1705－0019062　朱0340　集部/曲類/彈詞之屬

果報錄十二卷一百回　（清）海蘭濤撰　清木活字印本　十二冊

330000－1705－0019063　朱0116　集部/曲類/散曲之屬

北詞普救不分卷　清抄本　一冊

330000－1705－0019064　朱0391　集部/別集類/清別集

古微堂內集三卷外集七卷　（清）魏源撰　清光緒四年(1878)揚州淮南書局刻本　四冊

330000－1705－0019065　朱0233　集部/總集類/彙編之屬

中晚唐詩紀六十二卷　（清）龔賢編　清康熙半畝園刻本　二冊　存一種

330000－1705－0019066　朱0356　集部/總集類/題詠之屬

餘芬集二卷　（清）董明倫編　清嘉慶七年(1802)木活字印本　一冊

330000－1705－0019067　朱0386　集部/總集類/氏族之屬

晉二俊文集二十卷　（宋）徐民瞻編　清光緒四年(1878)長沙寄生草堂刻本　四冊

330000－1705－0019068　朱0407　集部/小說類/長篇之屬

繪圖增像西遊記二十卷一百回　（明）吳承恩撰　（清）陳士斌詮解　清光緒十九年(1893)

上海煥文書局石印本　一冊　存五回(一至五)

330000－1705－0019070　朱0343　類叢部/叢書類/郡邑之屬

台州叢書續編十三種　（清）王棻等輯　清抄本　五冊　存一種

330000－1705－0019071　朱0416　集部/別集類/清別集

積山先生遺集十卷　（清）汪惟憲撰　清乾隆三十八年(1773)汪新聞南學署刻本　二冊

330000－1705－0019072　朱0395　集部/別集類/漢魏六朝別集

陶淵明集八卷首一卷末一卷　（晉）陶潛撰　清光緒五年(1879)廣州翰墨園刻朱墨套印本　二冊

330000－1705－0019073　朱0385　集部/別集類/清別集

香屑集十八卷首一卷末一卷　（清）黃之雋撰　（清）陳邦直注　清雍正十二年(1734)陳邦直刻遂初園印本　四冊

330000－1705－0019074　朱0415　集部/別集類/明別集

周文忠公集七卷首一卷附錄一卷　（明）周鳳翔撰　清嘉慶十八年(1813)山陰周源刻道光二年(1822)增刻本　二冊

330000－1705－0019075　朱6773　史部/傳記類/總傳之屬/家乘

[吉林]他塔喇氏家譜九卷　（清）星階纂修　清宣統三年(1911)石印本　二冊　存三卷(一至三)

330000－1705－0019077　朱0243　集部/別集類/明別集

鄧伯言玉笥集不分卷　（明）鄧雅撰　清抄本　一冊

330000－1705－0019078　朱0261　類叢部/叢書類/彙編之屬

王韋合刻二種　（清）項絪編　清康熙項氏玉淵堂刻本　一冊　存一種

330000－1705－0019080　　朱 0383　　集部/別集類/清別集

靜便齋集十卷　（清）王曾祥撰　清乾隆二十八年(1763)刻本　二冊

330000－1705－0019082　　朱 0379　　集部/別集類/唐五代別集

唐陸宣公集二十二卷　（唐）陸贄撰　清雍正元年(1723)年龔堯刻本　八冊

330000－1705－0019083　　朱 0412　　集部/總集類/選集之屬/通代

御選宋金元明四朝詩三百二卷首二卷姓名爵里十三卷　（清）聖祖玄燁選　（清）張豫章等編　清康熙刻本　一冊　存一種

330000－1705－0019084　　朱 0482　　集部/別集類/清別集

臥陶軒集十八卷　（清）周駿發撰　清嘉慶七年(1802)刻本　四冊

330000－1705－0019085　　朱 0377　　集部/別集類/清別集

海蒳軒遺稿三卷詞鈔一卷　（清）葉元墀撰　清道光二十七年(1847)刻本　五冊

330000－1705－0019086　　朱 0507　　集部/總集類/選集之屬/通代

瀛奎律髓刊誤四十九卷　（元）方回輯　（清）紀昀勘誤　清嘉慶五年(1800)侯官李光垣雙桂堂刻本　十二冊

330000－1705－0019087　　朱 0505　　集部/別集類/清別集

遂初堂詩集十六卷文集二十卷別集四卷　(清)潘耒撰　清康熙刻本　八冊　存二十卷（文集一至二十）

330000－1705－0019088　　朱 0489　　集部/別集類/清別集

錢南園先生遺集五卷　（清）錢灃撰　清光緒十九年(1893)保山劉樹堂浙江書局刻本　二冊

330000－1705－0019089　　朱 0381　　集部/別集類/清別集

忠雅堂詩集二十七卷補遺二卷銅絃詞附南北曲二卷　（清）蔣士銓撰　清嘉慶三年(1798)揚州刻本　四冊

330000－1705－0019090　　朱 0511　　類叢部/類書類/專類之屬

皇朝駢文類苑十四卷首一卷　（清）姚燮選　清光緒七年(1881)鎮海張壽榮刻本　十一冊

330000－1705－0019091　　朱 0376　　集部/別集類/清別集

躬厚堂集二十五卷　（清）張金鏞撰　**梅花閣遺詩一卷**　（清）錢蘅生撰　清同治三年至光緒四年(1864－1878)刻本　六冊

330000－1705－0019093　　朱 0584　　集部/別集類/清別集

太鶴山人集十三卷　（清）端木國瑚撰　清嘉慶十三年(1808)瑞安洪坤刻本　四冊

330000－1705－0019094　　朱 0506　　集部/別集類/唐五代別集

新刊五百家註音辯昌黎先生文集四十卷　（唐）韓愈撰　（宋）魏仲舉輯注　清乾隆四十九年(1784)刻本　十六冊

330000－1705－0019095　　朱 0582　　集部/別集類/清別集

一規八棱硯齋詩鈔六卷類鈔一卷詞鈔一卷文鈔一卷詩文一卷　（清）徐廷華撰　清光緒九年(1883)武昌刻本　四冊

330000－1705－0019096　　朱 0433　　子部/宗教類/佛教之屬/經

徑山藏　明萬曆十七年(1589)至清嘉慶五臺、嘉興、徑山等地刻本　四冊　存一種

330000－1705－0019097　　朱 0581　　集部/別集類/清別集

萬壑松風樓詩十四卷　（清）王吉人撰　清同治九年(1870)寧海主一堂刻本　清徐時棟題記　四冊

330000－1705－0019098　　朱 0578　　集部/別集類/明別集

空同詩集三十四卷　（明）李夢陽撰　清光緒

十五年(1889)渭南嚴氏刻二十六年(1900)校補本　八冊

330000 - 1705 - 0019099　朱 0576　集部/別集類/清別集

琴隱園詩集三十六卷詞集四卷　(清)湯貽汾撰　清光緒元年(1875)武進曹氏刻本　八冊

330000 - 1705 - 0019100　朱 0488　類叢部/叢書類/自著之屬

陳士業先生集六種　(明)陳弘緒撰　清孫玫刻本　四冊

330000 - 1705 - 0019101　朱 0555　集部/別集類/清別集

養雲山館試帖四卷　(清)許球撰　清光緒九年(1883)上洋掃葉山房刻本　四冊

330000 - 1705 - 0019102　朱 0579　集部/別集類/唐五代別集

杜工部五言詩選直解三卷七言詩選直解二卷　(唐)杜甫撰　(清)范廷謀註釋　**年譜一卷**　(清)范廷謀訂　清雍正稼石堂刻本　六冊

330000 - 1705 - 0019103　朱 0508　集部/別集類/漢魏六朝別集

庾子山集十六卷總釋一卷　(北周)庾信撰　(清)倪璠注　**年譜一卷**　(清)倪璠撰　清康熙二十六年(1687)崇岫堂刻本　十冊

330000 - 1705 - 0019104　朱 0573　集部/別集類/清別集

石笥山房集二十四卷　(清)胡天游撰　清咸豐二年(1852)刻本　十冊

330000 - 1705 - 0019105　朱 0428　集部/總集類/郡邑之屬

署全浙提憲藍公德政留愛編十六卷　清康熙筆意山房刻本　十五冊

330000 - 1705 - 0019106　朱 0487　集部/別集類/清別集

存研樓文集十六卷　(清)儲大文撰　(清)張耀先等輯　清光緒元年(1875)靜遠堂刻本　八冊

330000 - 1705 - 0019107　朱 0447　集部/別集類/清別集

退補齋詩鈔二十卷首一卷試帖詩存二卷賦存二卷　(清)胡鳳丹撰　清同治四年(1865)永康胡氏退補齋刻本　四冊

330000 - 1705 - 0019108　朱 0574　集部/別集類/清別集

朱文端公文集四卷補編四卷　(清)朱軾撰　**朱文端公年譜一卷**　(清)朱瀚編　(清)朱紟補　清同治十年至十二年(1871 - 1873)古唐朱紟古懽齋刻本　六冊　缺一卷(年譜)

330000 - 1705 - 0019109　朱 0575　集部/別集類/清別集

虛一齋集五卷　(清)莊培因撰　清光緒九年(1883)刻本　二冊

330000 - 1705 - 0019110　朱 0571　集部/別集類/宋別集

燭湖集二十卷附編二卷　(宋)孫應時撰　(清)孫景洛等輯　清嘉慶八年(1803)孫氏靜遠軒刻本　四冊

330000 - 1705 - 0019111　朱 0577　集部/別集類/清別集

雨春軒詩草十卷經進詩一卷　(清)姚頤撰　清乾隆刻本　朱鼎煦題記　四冊

330000 - 1705 - 0019112　朱 0572　集部/別集類/清別集

求真是齋詩草二卷　(清)恩華撰　清咸豐十一年(1861)錫璋刻本　二冊

330000 - 1705 - 0019114　朱 0486　集部/別集類/清別集

隱拙齋集五十卷　(清)沈廷芳撰　清乾隆二十二年(1757)則經堂刻本　四冊　存二十二卷(一至二十二)

330000 - 1705 - 0019115　朱 0419　集部/別集類/清別集

赤菫遺稿六卷　(清)葉元堦撰　(清)厲志編　清道光二十五年(1845)退一居刻本　十四冊

330000－1705－0019116　朱0361　集部/曲類/曲韻曲譜曲律之屬

審音鑑古錄不分卷六十六折　清道光十四年(1834)東鄉王繼善刻本　八冊

330000－1705－0019117　朱0504　集部/別集類/清別集

測海集六卷　(清)彭紹升撰　清同治四年(1865)長洲彭恩高等刻本　一冊　存三卷(一至三)

330000－1705－0019118　朱0566　集部/別集類/清別集

栘晴堂四六二卷　(清)曹秀先撰　清乾隆刻本　二冊

330000－1705－0019119　朱0484　集部/別集類/清別集

聽香齋集十卷試帖二卷　(清)胡珵撰　清咸豐四年(1854)刻本　四冊

330000－1705－0019120　朱0531　類叢部/叢書類/自著之屬

確山所著書二種　(清)宋世犖撰　清道光十四年(1834)刻本　四冊

330000－1705－0019121　朱0509　集部/別集類/宋別集

宋王忠文公文集五十卷目錄四卷　(宋)王十朋撰　**梅溪王忠文公年譜一卷**　(清)徐炳文編　清雍正六年(1728)唐傳鉎刻鴈就堂印本　十六冊

330000－1705－0019122　朱0538　集部/別集類/宋別集

東坡集四十卷後集二十卷內制集十卷外制集三卷應詔集十卷奏議十五卷續集十二卷　(宋)蘇軾撰　**東坡集校記二卷**　繆荃孫撰　**宋史本傳一卷**　(元)脫脫撰　**東坡先生年譜一卷**　(宋)王宗稷撰　**東坡先生墓誌銘一卷**　(宋)蘇轍撰　清宣統石印本　四十八冊

330000－1705－0019124　朱0564　集部/總集類/選集之屬/通代

唐宋八家文百篇不分卷　(清)劉大櫆編　清道光刻本　二冊

330000－1705－0019125　朱0523、朱0524、朱6313　類叢部/叢書類/自著之屬

正誼堂全集八種　(清)董沛撰　清同治至光緒刻本　八冊　存三種

330000－1705－0019126　朱0580　集部/別集類/清別集

退補齋詩存十六卷退補齋文存十二卷首二卷　(清)胡鳳丹撰　(清)王柏心等刪定　清同治十二年(1873)永康胡氏退補齋刻本　四冊　存十三卷(首二、文存一至十二)

330000－1705－0019128　朱0601　集部/總集類/選集之屬/斷代

讀雪山房唐詩三十四卷　(清)管世銘選　清光緒十二年(1886)湖北官書處刻本　十二冊

330000－1705－0019129　朱0552　集部/別集類/漢魏六朝別集

徐孝穆全集六卷　(南朝陳)徐陵撰　(清)吳兆宜箋注　**備考一卷**　(清)徐文炳撰　清光緒二年(1876)廣東翰墨園刻本　四冊

330000－1705－0019130　朱0346　集部/別集類/明別集

詩興不分卷　清抄本　一冊

330000－1705－0019131　朱0639　集部/總集類/彙編之屬

文瑞樓彙刻書　(清)金檀編　清康熙至雍正桐鄉金氏文瑞樓燕翼堂刻本　十四冊　存二十二卷(首、青邱高季迪先生詩集一至十八、遺詩、扣舷集、附錄)

330000－1705－0019132　朱0596　集部/別集類/唐五代別集

李義山文集十卷　(唐)李商隱撰　(清)徐樹穀箋　(清)徐炳注　清康熙四十七年(1708)崑山徐氏花谿草堂刻本　六冊

330000－1705－0019133　朱0550　集部/楚辭類

楚辭評註(楚辭)十卷　(清)王萌撰　清乾隆四十四年(1779)三合堂刻本　二冊

330000－1705－0019134　　朱0448　　集部/別集類/清別集

保素堂稿十卷　（清）錢金甫撰　（清）錢森（清）錢樹本編　清雍正九年（1731）刻本　四冊

330000－1705－0019135　　朱0549　　集部/別集類/清別集

吟秋館詩存四卷　（清）江澄撰　清光緒刻本　一冊

330000－1705－0019136　　朱0453　　集部/別集類/宋別集

宋陳文節公詩集五卷文集十九卷首一卷末一卷　（宋）陳傅良撰　清道光十四年（1834）杭州詁經精舍刻本　八冊

330000－1705－0019137　　朱0595　　集部/別集類/清別集

素庵詩鈔二卷　（清）黃汝聽撰　清嘉慶十六年（1811）刻本　一冊

330000－1705－0019138　　朱0627　　史部/傳記類/科舉錄之屬

詞科掌錄十七卷餘話七卷　（清）杭世駿輯　清乾隆仁和杭氏道古堂刻本　六冊

330000－1705－0019139　　朱0322　　集部/小說類/長篇之屬

第一才子書六十卷首一卷一百二十回　（明）羅本撰　（清）毛宗崗評　清光緒十四年（1888）上海鴻文書局石印本　十二冊

330000－1705－0019140　　朱0547　　史部/史評類/詠史之屬

南宋襍事詩七卷　（清）沈嘉轍等撰　清武林芹香齋刻本　二冊

330000－1705－0019141　　朱0519　　集部/別集類/唐五代別集

李長吉歌詩四卷外集一卷首一卷　（唐）李賀撰　（清）王琦彙解　清乾隆王氏寶笏樓刻本　四冊

330000－1705－0019142　　朱0326　　集部/小說類/長篇之屬

第一才子書六十卷首一卷一百二十回　（明）羅本撰　（清）毛宗崗評　清光緒十四年（1888）上海鴻文書局石印本　十二冊

330000－1705－0019143　　朱0455　　集部/總集類/郡邑之屬

上虞詩選四卷　（清）徐榦編輯　清光緒八年（1882）邵武徐榦刻本　清楊泰亨題記　一冊

330000－1705－0019144　　朱0512　　集部/別集類/清別集

青埵山人詩十卷　（清）洪飴孫撰　清光緒十年（1884）陳氏西江使廨刻本　二冊

330000－1705－0019145　　朱0589　　集部/別集類/清別集

寒松堂全集十二卷年譜一卷　（清）魏象樞撰　清嘉慶十六年（1811）魏煜刻本　十三冊

330000－1705－0019146　　朱0526　　集部/別集類/清別集

借樹山房排律詩鈔二卷　（清）陳慶槐撰　**排律詩鈔附刻三卷**　（清）陳福熙撰　清道光十九年（1839）舟山陳氏刻本　二冊

330000－1705－0019147　　朱0594　　集部/別集類/清別集

三魚堂文集十二卷外集六卷贅言十二卷（清）陸隴其撰　**附錄一卷**　清同治七年（1868）楊昌濬武林薇署刻本　六冊

330000－1705－0019148　　朱0640　　集部/別集類/清別集

香草堂詩畧八卷　（清）陳廷桂撰　清嘉慶十六年（1811）刻本　四冊

330000－1705－0019149　　朱0483　　集部/別集類/清別集

穆堂初稿五十卷　（清）李紱撰　清乾隆二年（1737）安溪李光墺刻本　十冊

330000－1705－0019150　　朱0454　　集部/別集類/清別集

隨園詩草八卷　（清）邊連寶撰　清乾隆四十年（1775）刻本　四冊

330000 - 1705 - 0019151　朱 2352　集部/別集類/清別集

唅朧山房詩八卷　（清）龔褆身撰　清道光四年(1824)刻本　二冊

330000 - 1705 - 0019152　朱 0510　集部/別集類/清別集

曝書亭集詩註二十四卷　（清）朱彝尊撰（清）楊謙注　年譜一卷　（清）楊謙撰　清楊氏木山閣刻本（卷二十三至二十四原缺）八冊

330000 - 1705 - 0019153　朱 0546　集部/總集類/選集之屬/斷代

國朝駢體正宗十二卷　（清）曾燠輯　清嘉慶十一年(1806)南城曾氏賞雨茅屋刻本　六冊

330000 - 1705 - 0019154　朱 0503　集部/別集類/清別集

二林居集二十四卷　（清）彭紹升撰　清光緒七年(1881)蘇城圓妙觀西瑪瑙經房刻本六冊

330000 - 1705 - 0019155　朱 0643　集部/別集類/清別集

甘泉鄉人稿二十四卷　（清）錢泰吉撰　年譜一卷　（清）錢應溥撰　邠農偶吟稿一卷（清）錢炳森撰　清同治七年(1868)、十一年(1872)刻本　六冊

330000 - 1705 - 0019156　朱 0602　集部/別集類/清別集

衎石齋記事槀十卷續槀十卷刻楮集四卷旅逸小槀二卷　（清）錢儀吉撰　清光緒六年(1880)錢彝甫刻本　八冊

330000 - 1705 - 0019157　朱 0654　子部/小說家類/瑣語之屬

秋坪新語十二卷　（清）張景運撰　清嘉慶二年(1797)刻本　六冊

330000 - 1705 - 0019158　朱 0562、朱 9629　集部/別集類/唐五代別集

昌黎先生集四十卷外集十卷遺文一卷　（唐）韓愈撰　（宋）廖瑩中校正　朱子校昌黎先生

集傳一卷　（宋）朱熹撰　韓集點勘四卷（清）陳景雲撰　清同治八年至九年(1869 - 1870)江蘇書局刻本　十一冊

330000 - 1705 - 0019159　朱 0644　集部/總集類/選集之屬/斷代

七子詩選十四卷　（清）沈德潛選　清乾隆刻本　清楊泰亨題記　二冊

330000 - 1705 - 0019160　朱 0588　集部/總集類/選集之屬/斷代

二藍集十二卷　（明）藍仁　（明）藍智撰　清咸豐刻光緒十六年(1890)重修本　四冊

330000 - 1705 - 0019161　朱 0655　集部/別集類/清別集

飣餖吟十二卷　（清）石贊清撰　（清）黃丙森等注　清咸豐刻本　四冊

330000 - 1705 - 0019162　朱 0607　集部/別集類/清別集

儲遯菴文集十二卷　（清）儲方慶撰　附錄一卷　（清）魏象樞撰　清光緒二年(1876)刻本四冊

330000 - 1705 - 0019163　朱 0736　集部/總集類/選集之屬/通代

樂府詩集一百卷目錄二卷　（宋）郭茂倩輯明崇禎虞山毛氏汲古閣刻清康熙毛扆重訂本　清穉齋跋　十六冊

330000 - 1705 - 0019164　朱 0514　集部/別集類/清別集

字雲巢文稿二十卷　（清）盛大謨撰　清同治二年(1863)課花別館刻本　四冊

330000 - 1705 - 0019165　朱 0693、朱 0836　集部/總集類/郡邑之屬

句東三家詩鈔　（清）姚燮輯　清道光十五年(1835)刻本　十冊　存一種

330000 - 1705 - 0019166　朱 0515　集部/總集類/氏族之屬

三盛詩鈔三種附一種　清同治五年(1866)盛氏刻本　四冊

330000 – 1705 – 0019167　朱 0603　集部/別集類/清別集

白湖詩稿八卷文稿八卷　（清）葉燕撰　清嘉慶二十三年(1818)葉氏又次居刻本　四冊

330000 – 1705 – 0019168　朱 0618　集部/別集類/宋別集

月洞詩集二卷　（宋）王鎡撰　清光緒二年(1876)元和潘紹詒刻本　二冊

330000 – 1705 – 0019169　朱 0721 – 1　集部/總集類/郡邑之屬

文溪頌言十一卷首一卷文溪廣頌二卷　（清）葉元墀輯　清道光二十五年(1845)刻本　二冊

330000 – 1705 – 0019170　朱 0966　集部/別集類/清別集

知止堂詩錄十二卷文集八卷文集補遺一卷詞錄三卷　（清）朱綬撰　清道光二十年至二十二年(1840–1842)董國華等刻本　二冊　存十二卷(一至十二)

330000 – 1705 – 0019171　朱 0620　類叢部/叢書類/自著之屬

鹿洲全集七種　（清）藍鼎元撰　清同治十一年(1872)同文堂刻本　十七冊

330000 – 1705 – 0019172　朱 0545　集部/別集類/清別集

稻香樓詩棄一卷　（清）張慶榮撰　清咸豐八年(1858)清儀閣刻本　一冊

330000 – 1705 – 0019173　朱 0720 – 5　集部/別集類/清別集

赤堇遺稿六卷　（清）葉元墀撰　（清）屬志編　清道光二十五年(1845)退一居刻本　二冊

330000 – 1705 – 0019174　朱 0720 – 4　集部/別集類/清別集

赤堇遺稿六卷　（清）葉元墀撰　（清）屬志編　清道光二十五年(1845)退一居刻本　二冊

330000 – 1705 – 0019175　朱 0720 – 3　集部/別集類/清別集

赤堇遺稿六卷　（清）葉元墀撰　（清）屬志編

清道光二十五年(1845)退一居刻本　二冊

330000 – 1705 – 0019176　朱 0720 – 2　集部/別集類/清別集

赤堇遺稿六卷　（清）葉元墀撰　（清）屬志編　清道光二十五年(1845)退一居刻本　二冊

330000 – 1705 – 0019177　朱 0625　集部/總集類/選集之屬/斷代

國朝二十四家文鈔二十四卷　（清）徐斐然輯　清道光十年(1830)刻本　十冊

330000 – 1705 – 0019178　朱 0720 – 1　集部/別集類/清別集

赤堇遺稿六卷　（清）葉元墀撰　（清）屬志編　清道光二十五年(1845)退一居刻本　二冊

330000 – 1705 – 0019179　朱 0720　集部/別集類/清別集

赤堇遺稿六卷　（清）葉元墀撰　（清）屬志編　清道光二十五年(1845)退一居刻本　二冊

330000 – 1705 – 0019180　朱 0650　集部/別集類/清別集

復見心齋詩草六卷　（清）孫人鳳撰　清光緒四年至五年(1878–1879)孫詒經福州刻本　一葉

330000 – 1705 – 0019181　朱 0502　集部/別集類/清別集

白田草堂存稿二十四卷　（清）王懋竑撰　先考王公府君行狀一卷　（清）王箴聽等撰　崇祀鄉賢錄一卷　清乾隆十七年(1752)刻本　六冊

330000 – 1705 – 0019182　朱 0616　集部/別集類/清別集

知守齋詩初集六卷二集四卷別集一卷　（清）鄭開禧撰　清道光十二年(1832)鄭氏虛受齋刻本　二冊

330000 – 1705 – 0019183　朱 0599　集部/別集類/清別集

校經草廬文集二卷　（清）顧曾撰　清道光十九年(1839)蔡氏介石山房刻本　二冊

330000－1705－0019184　朱0544　類叢部/叢書類/自著之屬

戚鶴泉所著書十一種　(清)戚學標撰　清乾隆至嘉慶刻本　二冊　存一種

330000－1705－0019185　朱0539　類叢部/叢書類/自著之屬

雙節堂全集　(清)汪輝祖撰　清刻本　六冊　存一種

330000－1705－0019186　朱0613　集部/別集類/清別集

續騷堂集一卷　(清)萬泰撰　清光緒十年(1884)趙氏翰香居刻本　一冊

330000－1705－0019187　朱0708　集部/別集類/明別集

白沙子全集十卷古詩教解二卷首一卷末一卷　(明)陳獻章撰　(明)湛若水輯解　清乾隆三十六年(1771)陳氏碧玉樓刻本　十冊

330000－1705－0019188　朱0705　集部/別集類/清別集

未灰齋文集八卷外集一卷　(清)徐鼒撰　清咸豐十一年(1861)福寧郡齋刻本　四冊

330000－1705－0019189　朱0679　集部/楚辭類

楚辭章句十七卷附錄一卷　(漢)王逸撰　明萬曆三樂齋刻本　四冊

330000－1705－0019190　朱0598　集部/別集類/唐五代別集

李義山詩集三卷　(唐)李商隱撰　(清)朱鶴齡箋注　**李義山詩譜一卷附錄諸家詩評一卷**　清順治十六年(1659)刻本　四冊

330000－1705－0019191　朱0537　集部/別集類/宋別集

蘇文忠公詩編註集成四十六卷集成總案四十五卷諸家雜綴酌存一卷蘇海識餘四卷殘詩圖一卷　(宋)蘇軾撰　(清)王文誥輯注　清嘉慶二十四年(1819)武林王氏韻山堂刻道光補刻本　二十四冊

330000－1705－0019192　朱0493　集部/別集類/清別集

息影庵初存詩八卷集外詩五卷　(清)蔣坦撰　清咸豐四年(1854)巢園刻本　三冊

330000－1705－0019193　朱0703　集部/別集類/清別集

嶺南集八卷　(清)杭世駿撰　清光緒七年(1881)學海堂刻本　二冊

330000－1705－0019194　朱0540　集部/詩文評類/詩評之屬

靜志居詩話二十四卷　(清)朱彝尊撰　(清)姚祖恩輯　清嘉慶二十四年(1819)錢塘姚祖恩扶荔山房刻本　十三冊　缺一卷(一)

330000－1705－0019195　朱0529　集部/別集類/清別集

漱芳集十卷　(清)朱文杏編次　清刻本　二冊

330000－1705－0019196　朱0522　集部/別集類/唐五代別集

李義山文集十卷　(唐)李商隱撰　(清)徐樹穀箋　(清)徐炯注　清康熙四十七年(1708)崑山徐氏花谿草堂刻本　四冊

330000－1705－0019198　朱0534　集部/總集類/選集之屬/通代

長天一雁六卷　(清)釋了璞輯　稿本　二冊

330000－1705－0019199　朱0558　集部/別集類/清別集

笏庵詩鈔十卷　(清)吳清鵬撰　清刻本　二冊

330000－1705－0019200　朱0493－1　集部/別集類/清別集

三十六芙蓉館詩存一卷夢影詞一卷　(清)關瑛撰　**愁鸞記一卷秋燈瑣憶一卷**　(清)蔣坦撰　清咸豐七年(1857)蔣氏刻本　一冊

330000－1705－0019201　朱0702　集部/別集類/宋別集

元豐類稿五十卷　(宋)曾鞏撰　清乾隆二十八年(1763)查溪刻本　八冊

330000－1705－0019202　朱 8007　史部/地理類/專志之屬/宮殿

三輔黃圖六卷補遺一卷 （漢）□□撰　清刻本　一冊

330000－1705－0019203　朱 0557　集部/別集類/清別集

湛園詩稿三卷 （清）姜宸英撰　清嘉慶二十三年（1818）歲寒堂刻本　一冊

330000－1705－0019204　朱 0872　集部/別集類/清別集

寒村詩文選三十六卷 （清）鄭梁撰　清康熙紫蟾山房刻增修本　四冊　缺九卷（五丁詩稿一至五、尚息編一至四）

330000－1705－0019205　朱 0700　集部/總集類/選集之屬/通代

晚邨先生八家古文精選八卷 （清）呂留良輯　（清）呂葆中批點　清康熙四十三年（1704）呂氏家塾刻本　四冊　存六卷（一至五、八）

330000－1705－0019206　朱 0916　集部/別集類/清別集

琴語樓詩鈔不分卷 （清）孫鑑撰　清同治刻本　一冊　存一卷（上）

330000－1705－0019208　朱 0696　類叢部/叢書類/自著之屬

獨學廬全稿七種 （清）石韞玉撰　清乾隆至嘉慶刻本　十一冊　存六種

330000－1705－0019209　朱 0869　集部/總集類/選集之屬/通代

宋元明詩約鈔三百首二卷 （清）朱梓　（清）冷昌言輯　清咸豐五年（1855）保墨閣刻本　二冊

330000－1705－0019210　朱 0560　集部/別集類/清別集

溉竹堂詩草一卷 （清）梁衍緒撰　清刻本　一冊

330000－1705－0019211　朱 868　集部/別集類/清別集

仲子詩集十卷 （清）余憭撰　清光緒刻本

一冊　存五卷（六至十）

330000－1705－0019212　朱 0885　集部/總集類/彙編之屬

鄧林唱和詩詞合刻二種四卷 陳潛輯　清宣統元年（1909）江浦陳氏刻本　二冊

330000－1705－0019213　朱 0910　集部/別集類/清別集

師竹軒詩集四卷 （清）劉樹堂撰　**韻香閣詩草一卷** （清）孔祥淑撰　清光緒十五年（1889）刻本　一冊

330000－1705－0019214　朱 0931　類叢部/叢書類/自著之屬

養晦堂集五種 （清）劉蓉撰　清光緒三年（1877）、十一年（1885）思賢講舍刻本　八冊　存三種

330000－1705－0019215　朱 0715　集部/別集類/清別集

悔翁詩鈔十五卷補遺一卷詩餘五卷 （清）汪士鐸撰　清光緒九年（1883）合肥張氏味古齋刻本　三冊

330000－1705－0019216　朱 0556　集部/別集類/清別集

拜石山房詩集五卷 （清）陳登泰撰　（清）沈炳垣編次　清咸豐刻本　一冊

330000－1705－0019217　朱 0678　集部/別集類/清別集

郘亭詩鈔六卷 （清）莫友芝撰　清咸豐二年（1852）遵義湘川講舍刻本　陶方琦題記　一冊

330000－1705－0019218　朱 0492　集部/別集類/清別集

雲逗樓集不分卷 （清）楊度汪撰　清乾隆刻本　二冊

330000－1705－0019219　朱 0722　集部/總集類/郡邑之屬

嶺南四家詩鈔 （清）劉彬華輯　清刻本　一冊　存一種

330000－1705－0019220　朱0911　集部/別集類/清別集

濱湖軒遺詩稿一卷 （清）徐時楷撰　清光緒七年(1881)煙嶼樓刻本　一冊

330000－1705－0019221　朱0553　集部/別集類/清別集

晚聞居士遺集九卷首一卷 （清）王宗炎撰　清道光十年至十一年(1830－1831)杭州陸貞一愛日軒刻本　四冊

330000－1705－0019222　朱0880　集部/別集類/清別集

嘯竹詩鈔二卷 （清）袁承福撰　清嘉慶十九年(1814)刻本　一冊

330000－1705－0019223　朱0936　集部/別集類/清別集

船山詩草二十卷 （清）張問陶撰　清嘉慶二十年(1815)刻本　十冊

330000－1705－0019224　朱0491　集部/別集類/清別集

心白日齋集六卷 （清）尹耕雲撰　清光緒十年(1884)刻本　三冊

330000－1705－0019225　朱0884　集部/別集類/清別集

太乙舟文集八卷 （清）陳用光撰　**觀象居詩鈔二卷** （清）陳蘭瑞撰　清道光二十三年(1843)陳大煥孝友堂武昌刻本　一冊　存二卷(詩鈔一至二)

330000－1705－0019228　朱0711　集部/別集類/清別集

靈巖山人詩集四十卷 （清）畢沅撰　**弇山畢公年譜一卷** （清）史善長撰次　清嘉慶四年(1799)畢氏經訓堂刻本　六冊

330000－1705－0019229　朱0490　集部/別集類/唐五代別集

王右丞集二十八卷首一卷末一卷 （唐）王維撰　（清）趙殿成箋注　清乾隆刻本　十三冊

330000－1705－0019230　朱0660　集部/別集類/清別集

葉忠節公遺稿十六卷 （清）葉映榴撰　（清）葉芳輯　清康熙刻本　二冊

330000－1705－0019231　朱0883　集部/別集類/清別集

聽竹山房詩錄三卷續錄二卷補遺一卷 （清）戴德洽撰　清咸豐元年(1851)刻本　一冊

330000－1705－0019232　朱0930、朱0622、朱2186、朱4500、朱4499　集部/總集類/選集之屬/斷代

王氏彙刻唐人集七種 （清）王遐春輯　清嘉慶十五年(1810)福鼎王氏麟後山房刻本　七冊　存五種

330000－1705－0019233　朱0591　集部/別集類/明別集

太師誠意伯劉文成公集二十卷首一卷 （明）劉基撰　清康熙劉元奇刻雍正萬里補刻乾隆括芝南田果育堂印本　十冊

330000－1705－0019234　朱0414、朱2122、朱2269　集部/總集類/氏族之屬

寧都三魏全集八十三卷 （清）林時益編　清康熙易堂刻本　四十二冊

330000－1705－0019236　朱0881　集部/別集類/清別集

產鶴亭詩集十一稿十一卷 （清）曹庭棟撰　清乾隆遞刻本　一冊　存三卷(七至九)

330000－1705－0019237　朱0882　集部/別集類/宋別集

海南白先生正集二十卷別集八卷附集二卷續集十卷 （宋）葛長庚撰　清道光二十九年(1849)寄雲堂刻本　一冊　存二十卷(正集一至二十)

330000－1705－0019238　朱0852　子部/雜著類/雜纂之屬

藥榜捷報錄四卷 （清）四香居士輯　清四香草堂刻本　一冊　存二卷(一至二)

330000－1705－0019239　朱0585　集部/別集類/宋別集

徐騎省集三十卷 （宋）徐鉉撰　**徐集補遺一**

卷附錄一卷　朱孔彰輯　徐騎省集校勘記一卷　（清）李英元撰　清光緒十六年至十七年（1890－1891）黔南李宗煜刻十九年（1893）重校本　八冊

330000－1705－0019240　朱 0879、朱 2876　集部/別集類/清別集

石船居古今體詩賸稿十六卷　（清）李超瓊撰　清光緒刻本　五冊

330000－1705－0019241　朱 0919　集部/別集類/明別集

陶菴文集七卷陶菴詩集八卷補遺三卷吾師錄一卷陶菴自監錄四卷首一卷末一卷　（明）黃淳燿撰　（清）陶應鯤輯　清乾隆二十六年（1761）刻本　四冊

330000－1705－0019242　朱 0851　集部/總集類/酬唱之屬

宣太封翁方太宜人七旬雙慶壽言二卷　清嘉慶十八年（1813）刻本　一冊

330000－1705－0019243　朱 0962、朱 9462　集部/別集類/宋別集

蘇文忠詩合註五十卷首一卷目錄一卷　（宋）蘇軾撰　（清）馮應榴輯　清乾隆五十八年（1793）桐鄉馮氏踵息齋刻本　十六冊

330000－1705－0019244　朱 0835、朱 2419、朱 2420　類叢部/叢書類/自著之屬

簡松草堂全集　（清）張雲璈撰　清道光簡松草堂刻本　九冊　存三種

330000－1705－0019246　朱 0959　集部/別集類/清別集

更生齋文甲集四卷乙集四卷續集二卷詩集八卷詩續集十卷　（清）洪亮吉撰　清光緒三年至四年（1877－1878）鄂垣刻本　七冊　缺六卷（詩續集五至十）

330000－1705－0019247　朱 0917　集部/別集類/清別集

好深湛思室詩存二十二卷　（清）孫義鈞撰　清同治十二年（1873）武林孫熹刻本　四冊

330000－1705－0019248　朱 0833　集部/總

集類/選集之屬/通代

斯文精萃補一卷　（清）陳預輯　清嘉慶十五年（1810）刻本　二冊

330000－1705－0019249　朱 0950　集部/詩文評類/詩評之屬

湘上詩緣錄四卷新安詩萃一卷　（清）張修府撰　清光緒十四年（1888）長沙刻本　四冊

330000－1705－0019250　朱 0902　集部/別集類/清別集

據梧詩集十五卷萬里小遊僊集一卷　（清）管楎撰　清刻本　二冊　存四卷（一至四）

330000－1705－0019251　朱 0949　集部/別集類/元別集

雁門集十四卷附卷一卷　（元）薩都剌撰　（明）薩琦編　雁門集倡和錄一卷別錄一卷　（清）薩龍光輯　清嘉慶十二年（1807）刻本　八冊

330000－1705－0019252　朱 0907、朱 7043　類叢部/叢書類/自著之屬

垫柏先生類稿八種　（清）宋在詩撰　清乾隆三十八年（1773）刻本　二冊　存三種

330000－1705－0019253　朱 0832　集部/別集類/宋別集

曾文定公全集二十卷首一卷末一卷　（宋）曾鞏撰　清康熙三十一年（1692）七業堂刻本　清康熙三十一年（1692）南豐彭期七業堂刻本　八冊

330000－1705－0019254　朱 0889　集部/別集類/清別集

艾菴詩草三卷　（清）葉聲聞撰　清守瓶齋刻本　一冊　存一卷（三）

330000－1705－0019255　朱 0893　集部/別集類/清別集

旅逸小稿二卷　（清）錢儀吉撰　清光緒五年（1879）錢彝甫刻本　一冊

330000－1705－0019256　朱 0890　集部/別集類/清別集

自得齋吟草一卷　（清）徐槐廷撰　清光緒六

年(1880)刻本　一冊

330000－1705－0019257　朱0849　集部/別集類/清別集

聽月樓遺稿二卷　（清）嚴恒撰　清光緒二十八年(1902)上海小長蘆館石印本　一冊

330000－1705－0019258　朱0847　集部/別集類/清別集

娵隅集十卷　（清）趙文哲撰　清乾隆五十四年(1789)刻本　二冊

330000－1705－0019259　朱7498　史部/地理類/雜志之屬

廣會稽風俗賦一卷　（清）陶元藻撰　清乾隆五十二年(1787)怡雲閣刻本　二冊

330000－1705－0019260　朱0906　集部/別集類/清別集

休休吟五卷　（清）莊歆撰　清嘉慶十一年(1806)莊仲方刻本　一冊

330000－1705－0019261　朱0905　集部/別集類/清別集

夏仲子集六卷　（清）夏炯撰　清咸豐五年(1855)夏爕鄱陽官廨刻本　朱鼎煦題記　三冊

330000－1705－0019262　朱5382　史部/地理類/雜志之屬

廣會稽風俗賦一卷　（清）陶元藻撰　清乾隆五十二年(1787)怡雲閣刻本　一冊

330000－1705－0019264　朱0961　集部/別集類/清別集

文貞公集十二卷　（清）張玉書撰　清乾隆五十七年(1792)松蔭堂刻本　六冊

330000－1705－0019265　朱0839　集部/別集類/漢魏六朝別集

徐孝穆全集六卷　（南朝陳）徐陵撰　（清）吳兆宜箋注　備考一卷　（清）徐文炳撰　清揚州藝古堂刻本　三冊　缺一卷(備考)

330000－1705－0019266　朱5519　史部/地理類/雜志之屬

廣會稽風俗賦一卷　（清）陶元藻撰　清乾隆五十二年(1787)怡雲閣刻本　一冊

330000－1705－0019267　朱0541、朱0542　集部/總集類/氏族之屬

范文正公忠宣公全集七十三卷　（宋）范仲淹　（宋）范純仁撰　清康熙四十六年(1707)范氏歲寒堂刻本　三十二冊

330000－1705－0019268　朱0978　集部/別集類/清別集

甌香館集十三卷首一卷　（清）惲格撰　（清）蔣光煦輯　清抄本　四冊

330000－1705－0019269　朱0903　集部/別集類/宋別集

東坡詩選十二卷　（宋）蘇軾撰　（明）譚元春選　（明）袁宏道閱　東坡先生年譜一卷　(宋)王宗稷編　明天啓文盛堂刻本　四冊　存十二卷(一至十二)

330000－1705－0019270　朱4917　史部/地理類/方志之屬/郡縣志

金陵古今圖考一卷　（明）陳沂撰　金陵雅游編一卷　（明）余孟麟等撰　金陵圖詠一卷　(明)朱之蕃撰　明天啓三年(1623)朱之蕃刻本　二冊

330000－1705－0019271　朱0845　集部/總集類/選集之屬/斷代

清詩雜鈔不分卷　清抄本　一冊

330000－1705－0019273　朱0900　類叢部/叢書類/自著之屬

春融堂集三種　（清）王昶撰　清嘉慶青浦王氏塾南書舍刻本　十二冊　存二種

330000－1705－0019274　朱0857　集部/別集類/清別集

熊學士詩文集三卷　（清）熊伯龍撰　清康熙九年(1670)熊正笏刻本　一冊　存二卷(詩集上、文集中)

330000－1705－0019275　朱0977　集部/別集類/唐五代別集

寒山子詩集一卷　（唐）釋寒山子撰　天目中

峯國師懷淨土詩一卷　清光緒九年(1883)刻本　一冊

330000－1705－0019276　朱0897　集部/別集類/清別集

裴文達公文集六卷補遺一卷恭和御製詩六卷詩集十二卷奏議一卷　(清)裴曰修撰　清嘉慶八年(1803)裴行簡刻同治十一年(1872)修補本　六冊

330000－1705－0019277　朱0841　集部/別集類/清別集

菊蔭詩鈔二卷　(清)高步瀛撰　清道光八年(1828)木活字印本　二冊

330000－1705－0019278　朱0895　集部/別集類

向湖村舍詩初集十二卷　趙藩撰　清光緒十四年(1888)長沙刻本　二冊

330000－1705－0019279　朱0894　集部/別集類/清別集

友竹草堂文集六卷詩二卷　(清)蔣慶第撰　清光緒刻本　一冊　存六卷(文集一至六)

330000－1705－0019280　朱0976　集部/總集類/課藝之屬

運甓齋雜鈔不分卷　(清)□□撰　清抄本　一冊

330000－1705－0019281　朱0831　集部/別集類/清別集

宜樓雜詠不分卷　稿本　一冊

330000－1705－0019283　朱0965　集部/別集類/清別集

堯峰文鈔五十卷　(清)汪琬撰　(清)林佶編　清康熙三十二年(1693)林佶刻本　八冊

330000－1705－0019284　朱0587　集部/別集類/元別集

剡源文鈔四卷佚文一卷首一卷　(元)戴表元撰　(清)黃宗羲選定　(清)何焯評點　清光緒十五年(1889)奉化孫鏘刻本　二冊　缺一卷(首)

416

330000－1705－0019285　朱0896　集部/別集類/清別集

澹宜草二卷　(清)徐楫撰　清光緒六年(1880)葉湛元刻本　二冊

330000－1705－0019286　朱0898　集部/總集類/酬唱之屬

湘管聯吟一卷續集三卷附稿一卷附錄一卷　(清)陳焯輯　清乾隆刻本　二冊

330000－1705－0019287　朱0899　集部/總集類/酬唱之屬

湘管聯吟一卷續集一卷附錄一卷附稿一卷　(清)陳焯輯　清乾隆刻本　一冊

330000－1705－0019288　朱0901　集部/別集類/清別集

嘉樹山房文集六卷詩集十八卷應制詩二卷　(清)李中簡撰　清嘉慶六年(1801)嘉樹山房刻本　二冊　存六卷(文集一至六)

330000－1705－0019289　朱0865　集部/別集類/清別集

壹齋集四十卷奏御集二卷賦一卷畫品一卷畫友錄一卷游黃山記一卷泛槳錄二卷蕭湯二老遺詩合編二卷兩朝恩賚記一卷　(清)黃鉞撰　清咸豐九年(1859)蕪湖許氏廣東南海縣刻本　八冊　存四十卷(一至四十)

330000－1705－0019291　朱0886　集部/別集類/清別集

笑刊詩草一卷　(清)仇濂學撰　清康熙刻本　一冊

330000－1705－0019292　朱0859　集部/別集類/明別集

胡繩集詩鈔三卷　(明)范壺貞撰　清乾隆三十年(1765)天游閣刻光緒五年(1879)印本　一冊

330000－1705－0019293　朱續0633　類叢部/叢書類/彙編之屬

海山仙館叢書五十六種　(清)潘仕成編　清道光二十五年至咸豐元年(1845－1851)番禺潘氏刻光緒十一年(1885)增刻彙印本　一百

十九冊　缺二卷（龍筋鳳髓判一至二）

330000－1705－0019295　朱0827　集部/別
集類/清別集

謝琴文鈔一卷詩鈔八卷聯吟一卷　（清）吳景
潮編　清嘉慶二十年（1815）松風草堂刻本
三冊　存八卷（文鈔、詩鈔一至七）

330000－1705－0019296　朱0969　集部/別
集類/清別集

萬善花室文稿六卷　（清）方履籛撰　清道光
十一年（1831）刻本　二冊

330000－1705－0019297　朱0721　集部/總
集類/郡邑之屬

文溪頌言十一卷首一卷文溪廣頌二卷　（清）
葉元堦輯　清道光二十五年（1845）刻本
二冊

330000－1705－0019298　朱0738　集部/別
集類/清別集

樵湖詩鈔一卷　（清）陳瑩達撰　清道光二十
五年（1845）刻本　一冊

330000－1705－0019299　朱0992　集部/總
集類/氏族之屬

績溪金紫胡氏家藏錄□□卷　清抄本　一冊
存二卷（三至四）

330000－1705－0019300　朱0954　類叢部/
叢書類/自著之屬

顧亭林先生遺書十種補遺十一種　（清）顧炎
武撰　（清）席威　（清）朱記榮編　清蓬瀛閣
刻吳縣朱記榮增刻光緒十一年（1885）彙印本
十八冊

330000－1705－0019301　朱0739　集部/別
集類

宣南集一卷嶺南集一卷嶺南集補遺一卷甬東
集一卷　易順鼎撰　清光緒鉛印本　一冊

330000－1705－0019302　朱1393　集部/別
集類/漢魏六朝別集

蔡中郎集十卷末一卷外紀一卷外集四卷
（漢）蔡邕撰　清光緒十六年（1890）番禺陶氏
愛廬刻本　五冊

330000－1705－0019303　朱0987　集部/別
集類/清別集

懷岳堂詩集八卷　（清）張繼曾撰　（清）張錫
德　（清）王鼎編　清乾隆二十六年（1761）張
高炬刻本　一冊　存四卷（元集上下、亨集上
下）

330000－1705－0019304　朱0855　集部/別
集類/明別集

鑑江集四六彙輯八卷鑑江初集一卷　（明）唐
文燦撰　（清）唐詧輯　清康熙閩漳唐氏刻本
二冊　缺一卷（初集）

330000－1705－0019306　朱4632　史部/地
理類/遊記之屬/紀行

黔遊日記不分卷　（清）毛際可撰　清刻本
一冊

330000－1705－0019307　朱1170　集部/別
集類/宋別集

程文選錄不分卷　清抄本　一冊

330000－1705－0019308　朱0611　集部/別
集類/清別集

願學堂詩鈔二十八卷　（清）王宗燿撰　清咸
豐十年（1860）鄞縣王氏刻本　六冊

330000－1705－0019310　朱0840　集部/別
集類/宋別集

梅山續藁十七卷雜文一卷長短句一卷　（宋）
姜特立撰　清抄本　一冊　存九卷（九至十
七）

330000－1705－0019311　朱0980　類叢部/
叢書類/自著之屬

施愚山先生全集五種附一種　（清）施閏章撰
清康熙至乾隆刻彙印本　二十八冊

330000－1705－0019312　朱0946　集部/別
集類/清別集

紀貞詩存不分卷不垂楊傳奇一卷　（清）陳志
實撰　清光緒十八年（1892）益清堂楊氏刻本
一冊

330000－1705－0019313　朱0793　集部/別
集類/清別集

復齋文集二十一卷詩集四卷首一卷末一卷
（清）曾鑣撰　清嘉慶二十五年(1820)刻本
六冊　存二十一卷(文集一至二十一)

330000－1705－0019314　朱0937　集部/別
集類/清別集

竹浦稼翁詞不分卷　（清）黃千人撰　中秋悼
亡集句不分卷　稿本　一冊

330000－1705－0019315　朱0796　集部/總
集類/選集之屬/斷代

明詩別裁集十二卷　（清）沈德潛　（清）周準
輯　清乾隆刻本　四冊

330000－1705－0019316　朱0876　集部/別
集類/清別集

芷衫吟草二卷　（清）高佩華撰　（清）葉汝彬
輯　清道光二十二年(1842)葉汝彬揚州刻本
二冊

330000－1705－0019318　朱0967　集部/總
集類/郡邑之屬

國朝杭郡詩輯三十二卷姓氏韻編一卷　（清）
吳顥輯　（清）吳振棫重輯　續輯四十六卷姓
氏韻編一卷　（清）吳振棫輯　清同治十三年
(1874)、光緒二年(1876)錢唐丁氏刻本　九
冊　存十七卷(詩輯三至十六,續輯一至二、
姓氏韻編)

330000－1705－0019319　朱0593　集部/別
集類/元別集

鐵厓樂府註十卷咏史註八卷逸編註八卷
（元）楊維楨撰　（清）樓卜瀍注　清乾隆三十
九年(1774)聯桂堂刻本　六冊

330000－1705－0019320　朱1221　集部/戲
劇類/傳奇之屬

玉茗堂還魂記二卷　（明）湯顯祖撰　清乾隆
五十年(1785)氷絲館刻本　四冊

330000－1705－0019321　朱0878　集部/別
集類/清別集

東夫山堂詩選八卷三檻老屋詞選一卷校勘記
一卷　（清）許棫撰　清光緒刻本　二冊

330000－1705－0019322　朱0792　集部/別

集類/清別集

證人堂集不分卷　清抄本　一冊

330000－1705－0019323　朱0799　集部/別
集類/清別集

寶綸堂集古錄十二卷　（清）齊召南撰　（清）
齊毓川輯　清光緒十四年(1888)天台齊毓川
肇古齋木活字印本　二冊

330000－1705－0019324　朱1301　集部/別
集類/宋別集

呂東萊先生文集二十卷首一卷　（宋）呂祖謙
撰　（清）王崇炳輯　清雍正元年(1723)金華
陳思臚敬勝堂刻本　二冊　存九卷(七至十
五)

330000－1705－0019325　朱1318　集部/小
說類/短篇之屬

詳註聊齋志異圖詠十六卷首一卷　（清）蒲松
齡撰　（清）呂湛恩注　（清）徐潤編　清光緒
十二年(1886)上海同文書局石印本　八冊

330000－1705－0019326　朱1374　集部/總
集類/選集之屬/斷代

明詩綜一百卷　（清）朱彝尊輯　（清）汪森等
評　清康熙刻乾隆西泠吳氏清來堂印本　四
十冊

330000－1705－0019328　朱1220　集部/別
集類/清別集

陶菴對偶故事不分卷　（清）張岱撰　清抄本
一冊

330000－1705－0019329　朱1322　集部/總
集類/選集之屬/斷代

金文最六十卷首一卷　（清）張金吾輯　清光
緒二十一年(1895)蘇州書局刻本　十六冊

330000－1705－0019330　朱1203、朱9522
集部/別集類/清別集

白茅堂集四十六卷　（清）顧景星撰　清刻本
九冊　存十九卷(三至十二、十五至二十
三)

330000－1705－0019331　朱1298　集部/別
集類/明別集

熊襄愍公集十卷首一卷末一卷 （明）熊廷弼撰 清嘉慶十八年(1813)熊氏腴經堂刻本 十冊

330000－1705－0019332 朱續 0637－1 類叢部/叢書類/彙編之屬

古今說部叢書二百七十二種 國學扶輪社編 清宣統二年至民國二年(1910－1913)上海國學扶輪社鉛印本 五十五冊 存二百五十七種

330000－1705－0019335 朱 1367 集部/別集類/清別集

西河文選十一卷 （清）毛奇齡撰 （清）汪霦等選 清乾隆四十八年(1783)萬卷樓刻本 四冊

330000－1705－0019336 朱 1370 集部/別集類/明別集

山帶閣集三十三卷附錄一卷 （明）朱日藩撰 清道光十五年(1835)宜祿堂刻本 四冊

330000－1705－0019337 朱 1204 集部/別集類/宋別集

蘇文忠詩合註五十卷首一卷目錄一卷 （宋）蘇軾撰 （清）馮應榴輯 清乾隆五十八年(1793)桐鄉馮氏踵息齋刻同治九年(1870)補修本 二十冊

330000－1705－0019338 朱 1297 集部/別集類/清別集

有正味齋駢體文二十四卷詩集十六卷詩續集八卷外集五卷詞集八卷詞續集二卷詞外集二卷 （清）吳錫麒撰 清嘉慶刻本 十二冊 存五十三卷(駢體文一至二十四、詩集一至十六、外集一至五、詞集一至八)

330000－1705－0019339 朱續 0637 類叢部/叢書類/彙編之屬

古今說部叢書二百七十二種 國學扶輪社編 清宣統二年至民國二年(1910－1913)上海國學扶輪社鉛印本 十冊 存四十八種

330000－1705－0019340 朱 1314 集部/別集類/清別集

太鶴山人集十三卷 （清）端木國瑚撰 清道光二十年(1840)瑞安洪坤刻本 六冊

330000－1705－0019341 朱 0592 集部/詩文評類/詩評之屬

小滄浪詩話四卷 （清）張燮承輯 清咸豐九年(1859)古汲郡賀氏藏真壽室刻本 二冊

330000－1705－0019342 朱 1250 史部/傳記類/總傳之屬/家乘

族譜不分卷 清康熙刻本 四冊

330000－1705－0019344 朱 1206 集部/別集類/清別集

海峯詩集十一卷 （清）劉大櫆撰 清刻本 二冊 存五卷(古體詩一至二、今體詩四至六)

330000－1705－0019345 朱 1313 集部/別集類/唐五代別集

李長吉歌詩四卷外集一卷首一卷 （唐）李賀撰 （清）王琦彙解 清乾隆王氏寶笏樓刻本 四冊

330000－1705－0019346 朱 0772 集部/別集類/清別集

春酒堂文集一卷 （清）周容撰 清宣統二年(1910)上海國學扶輪社鉛印本 一冊

330000－1705－0019347 朱 4761 史部/傳記類/總傳之屬/家乘

族譜不分卷 清康熙刻本 一冊

330000－1705－0019349 朱 1171 類叢部/叢書類/自著之屬

窳翁叢稿三種 稿本 一冊 存一種

330000－1705－0019350 朱 1373 集部/別集類/清別集

道古堂文集四十八卷詩集二十六卷 （清）杭世駿撰 清乾隆四十一年(1776)汪氏振綺堂刻本 十六冊

330000－1705－0019351 朱 1388 史部/地理類/方志之屬/郡縣志

翁洲逸志不分卷 （清）厲得鵬撰 稿本 馮

貞群題記　一冊

330000－1705－0019352　朱0871　集部/別集類/明別集

劉仲脩先生詩集六卷文集二卷　（元）劉永之撰　抄本　一冊

330000－1705－0019353　朱0877　集部/別集類/清別集

餘暇集二卷　（清）特依順撰　清道光古茸城陳大溶跨鼇樓刻本　一冊

330000－1705－0019354　朱1398　集部/別集類/清別集

梅麓詩鈔十八卷　（清）齊彥槐撰　清光緒元年(1875)揚州隨安室刻本　六冊

330000－1705－0019356　朱0875　集部/別集類/清別集

杉蔭橋邊舊草堂詩鈔二卷　（清）翁壽麐撰　清光緒刻本　二冊

330000－1705－0019357　朱0709　集部/別集類/清別集

敬亭山館詩存四卷續存二卷　（清）梅鷺臣撰　清光緒抄本　六冊

330000－1705－0019358　朱0858　集部/別集類/清別集

南雪草堂詩集四卷　（清）吳蘭庭撰　清乾隆三十五年(1770)刻本　一冊

330000－1705－0019359　朱1169　集部/總集類/選集之屬/斷代

國朝駢體正宗十二卷　（清）曾燠輯　清嘉慶十一年(1806)南城曾氏賞雨茅屋刻本　六冊

330000－1705－0019360　朱1397　集部/別集類/清別集

敬業堂詩集五十卷　（清）查慎行撰　清康熙五十八年(1719)刻雍正增刻本　十冊

330000－1705－0019361　朱1283　集部/詩文評類/文評之屬

批點斗山文集三卷附錄一卷　（宋）王奕伯撰（明）陳中州批點　清抄本　清薛炳批

四冊

330000－1705－0019362　朱1310　集部/別集類/宋別集

南豐先生元豐類藁五十卷　續附南豐先生行狀碑誌哀挽一卷　明萬曆二十五年（1597）曾敏才等刻清順治十五年（1658）、康熙二十七年（1688）遞修本　八冊

330000－1705－0019363　朱1396　集部/別集類/明別集

鹿忠節公集二十一卷　（明）鹿善繼撰　清乾隆刻本　六冊

330000－1705－0019365　朱1168、朱8335　類叢部/叢書類/自著之屬

西堂全集　（清）尤侗撰　清康熙刻本　七冊　存三種

330000－1705－0019366　朱續0638　類叢部/叢書類/輯佚之屬

玉函山房輯佚書六百二十二種附一種　（清）馬國翰輯　清光緒十年(1884)楚南湘遠堂刻本　一百四十八冊

330000－1705－0019367　朱1392　集部/別集類/清別集

尹文端公詩集十卷　（清）尹繼善撰　清乾隆刻本　五冊

330000－1705－0019368　朱0744　集部/別集類/明別集

王文成公全書三十八卷　（明）王守仁撰　清光緒浙江書局刻本　二十四冊

330000－1705－0019369　朱1274　集部/詞類/別集之屬

濯絳宦存稾一卷　劉毓盤撰　稿本　劉□□跋　一冊

330000－1705－0019370　朱0790　集部/別集類/清別集

初月樓文鈔十卷文續鈔八卷詩鈔四卷聞見錄十卷附程子香文鈔二卷　（清）吳德旋撰　清道光刻本　一冊　存四卷(文續鈔五至八)

330000－1705－0019371　朱 1387　集部/別集類/唐五代別集

讀韓記疑十卷首一卷　（清）王元啓撰　清嘉慶五年（1800）刻本　二冊

330000－1705－0019372　朱 1423　集部/總集類/郡邑之屬

甬上耆舊詩三十卷　（清）胡文學　（清）李鄴嗣輯　清康熙十五年（1676）胡氏敬義堂刻本　十冊　存二十七卷（一至二、六至三十）

330000－1705－0019373　朱 1361　集部/別集類/清別集

來氏一家言一卷冠山逸韻三卷長河逸韻一卷　抄本　四冊

330000－1705－0019374　朱 1491　集部/別集類/唐五代別集

杜詩偶評四卷　（唐）杜甫撰　（清）沈德潛評　清乾隆十二年（1747）潘承松賦閒草堂刻本　二冊

330000－1705－0019375　朱 1032　集部/總集類/選集之屬/斷代

唐賢三昧集三卷　（清）王士禎輯　清光緒九年（1883）廣州翰墨園刻朱墨套印本　三冊

330000－1705－0019376　朱 1222、朱 6061　集部/別集類/清別集

菀青集二十一卷　（清）陳至言撰　清康熙四十八年（1709）陳氏芝泉堂刻本　姚肇批　二冊　存四卷（詩餘一、雜文一至二、表和策一）

330000－1705－0019377　朱 1438　集部/別集類/清別集

曾文正公文鈔四卷附刻一卷　（清）曾國藩撰　清同治十一年（1872）蘇郡刻本　四冊　存四卷（一至四）

330000－1705－0019378　朱 1421　集部/總集類/選集之屬/斷代

中晚唐詩叩彈集十二卷續集三卷　（清）杜詔　（清）杜庭珠輯　清康熙四十三年（1704）采山亭刻本　六冊

330000－1705－0019379　朱 1364、朱 3843　集部/別集類/清別集

定山堂詩集四十三卷詩餘四卷　（清）龔鼎孳撰　芳草詞一卷　（清）龔士稚撰　清光緒九年（1883）聖彝書屋刻本　十六冊

330000－1705－0019380　朱 0755　集部/別集類/金別集

遺山先生詩集二十卷　（金）元好問撰　遺山詩集考異一卷　（清）黎維樅輯　清光緒六年（1880）南海黎氏刻本　六冊

330000－1705－0019381　朱 1026　集部/別集類/元別集

蒲道源先生閑居叢稿十卷　（元）蒲道源撰　（元）蒲機類編　清抄本　一冊　存四卷（七至十）

330000－1705－0019382　朱 0787　集部/別集類/清別集

紫竹山房詩集十二卷文集二十卷　（清）陳兆崙撰　年譜一卷　（清）陳玉繩編　清乾隆刻本　十四冊

330000－1705－0019383　朱 1333　集部/總集類/選集之屬/通代

歷代大儒詩鈔六十卷首一卷　（清）谷際岐輯　清嘉慶十八年（1813）采蘭齋刻本　二十六冊

330000－1705－0019384　朱 1232　集部/別集類/清別集

繞竹山房詩稿十卷詩餘一卷　（清）朱文治撰　清嘉慶二十三年（1818）刻本　四冊

330000－1705－0019385　朱 1419　集部/別集類/清別集

靈巖山人詩集四十卷　（清）畢沅撰　弇山畢公年譜一卷　（清）史善長撰次　清嘉慶四年（1799）畢氏經訓堂刻本　十二冊

330000－1705－0019386　朱 1434　類叢部/叢書類/自著之屬

甌北全集八種　（清）趙翼撰　清光緒三年（1877）滇南唐氏刻本　二十八冊

330000－1705－0019387　朱 1401　史部/詔

330000－1705－0019421　朱2148　集部/別集類/清別集

鄉先生遺文偶錄不分卷　清同治稿本　一冊

330000－1705－0019422　朱2366　集部/詩文評類/詩評之屬

詩問二卷　（清）王士禛撰　（清）洪楠雲錄　清乾隆四十二年（1777）刻本　一冊

330000－1705－0019423　朱2119　集部/別集類

靈峯存稿不分卷　夏震武撰　清宣統二年（1910）京師京華印書局鉛印本　陳祥翰題記　一冊

330000－1705－0019424　朱2046　集部/總集類/彙編之屬

丘海二公文集合編　（清）焦映漢輯　（清）賈棠編　清康熙四十七年（1708）刻本　六冊　存一種

330000－1705－0019425　朱2151　集部/總集類/氏族之屬

呂氏遺音四種十卷　（清）呂孝派等輯　清刻本　一冊　存一種

330000－1705－0019426　朱1908　集部/別集類/清別集

刪後詩存十卷文集十六卷　（清）陳梓撰　清嘉慶二十年（1815）胡氏敬義堂刻本　二冊　存十卷（刪後詩存一至十）

330000－1705－0019427　朱2322　集部/總集類/選集之屬/斷代

碧珊館瑣記九種　清抄本　一冊

330000－1705－0019428　朱1400　集部/別集類/唐五代別集

昌黎先生全集四十卷外集十卷遺文一卷傳一卷　（唐）韓愈撰　（明）葛鼒校　明末東吳葛鼒永懷堂刻清乾隆葛正笏重修本　十四冊　缺十卷（外集一至十）

330000－1705－0019429　朱續0641　史部/地理類

小方壺齋輿地叢鈔十二帙補編十二帙再補編

十二帙　王錫祺輯　清光緒十七年至二十三年（1891－1897）上海著易堂鉛印本　六十冊　存一千一百二十種

330000－1705－0019430　朱2045　集部/別集類/明別集

山帶閣集三十三卷附錄一卷　（明）朱曰藩撰　清道光十五年（1835）宜祿堂刻本　三冊　缺八卷（一至八）

330000－1705－0019431　朱2248　子部/儒家類/儒學之屬

二程全書　（宋）程顥　（宋）程頤撰　清刻本　一冊　存一種

330000－1705－0019432　朱2321　集部/別集類/清別集

碧城仙館詩鈔選閱不分卷　（清）陳文述撰　清梧桐鄉人抄本　一冊

330000－1705－0019433　朱2031　集部/別集類/清別集

敬業堂詩集五十卷　（清）查慎行撰　清康熙五十八年（1719）刻雍正增刻本　五冊

330000－1705－0019434　朱2203、朱9430　集部/別集類/明別集

何大復先生集三十八卷附錄一卷　（明）何景明撰　清乾隆十五年（1750）何氏賜策堂刻本　十二冊

330000－1705－0019435　朱1911　集部/別集類/明別集

憨生集十八卷　（明）陸夢龍撰　明刻本　四冊　存十四卷（一至十四）

330000－1705－0019436　朱2204　集部/總集類/郡邑之屬

娛園詩存四卷　秦樹敏撰　清光緒十二年（1886）刻本　二冊

330000－1705－0019437　朱2311　集部/別集類/清別集

天益山堂遺集十卷續刻一卷　（清）馮元仲撰　清乾隆八年（1743）刻本　一冊

330000－1705－0019438　朱 2212　集部/別集類/清別集

鷗堂詩三卷遺稿三卷　（清）馬廣良撰　清光緒五年(1879)、十五年(1889)會稽馬氏刻本　一冊　存三卷(詩一至三)

330000－1705－0019439　朱 2044　集部/別集類/唐五代別集

新刊權載之文集五十卷補刻一卷　（唐）權德輿撰　清嘉慶十一年(1806)朱氏刻本　八冊

330000－1705－0019440　朱 2307　集部/詞類/總集之屬

四明近體樂府十四卷　（清）袁鈞輯　**附一卷**　（清）周世緒撰　清嘉慶二十三年(1818)慈谿鄭喬遷藏密廬刻本　二冊

330000－1705－0019441　朱 2332　集部/小說類/長篇之屬

醒世姻緣傳一百回　（清）西周生撰　清刻本　一冊　存六回(七十五至八十)

330000－1705－0019444　朱 2121　集部/詩文評類/詩評之屬

緝雅堂詩話二卷　（清）潘衍桐撰　清光緒十七年(1891)杭州刻本　一冊

330000－1705－0019446　朱 2306　集部/別集類/清別集

息賢堂詩集□□卷二集□□卷　（清）魏畊撰　抄本　一冊　存六卷(詩集七言律、五言律、七言絕句,二集五至七)

330000－1705－0019448　朱續 0617　集部/別集類

萬物炊累室類稿四種十八卷　沈同芳撰　清宣統三年(1911)上海中國圖書公司鉛印本　一冊　存一種

330000－1705－0019449　朱 2302　集部/別集類/清別集

雪園集詩集十五卷文集四卷　（清）單隆周撰　清康熙五十四年(1715)刻本　二冊　存四卷(文集一至四)

330000－1705－0019450　朱 2152、朱 7648　集部/別集類/清別集

三魚堂文集十二卷外集六卷　（清）陸隴其撰　**附錄一卷**　清康熙四十年(1701)嘉會堂刻本　十二冊

330000－1705－0019452　朱 2298　集部/總集類/郡邑之屬

青溪贅翁詩集一卷　（明）徐尊生撰　**青溪巢松詩集一卷**　（明）徐仲由撰　**青溪素菴詩集一卷**　（明）商輅弘撰　**清溪萬花草堂詩集一卷**　（明）徐芝撰　清抄本　一冊

330000－1705－0019453　朱 2006－1　類叢部/叢書類/自著之屬

顧亭林先生遺書十種補遺十一種　（清）顧炎武撰　（清）席威　（清）朱記榮編　清蓬瀛閣刻吳縣朱記榮增刻光緒十一年(1885)彙印本　八冊　存十一種

330000－1705－0019454　朱 2117　集部/總集類/郡邑之屬

東陽歷朝詩九卷　（清）董肇勳輯　清乾隆五十三年(1788)學稼堂刻本　一冊　存四卷(一至四)

330000－1705－0019455　朱 2006　類叢部/叢書類/自著之屬

顧亭林先生遺書十種　（清）顧炎武撰　清蓬瀛閣刻本　八冊

330000－1705－0019456　朱 2163　子部/儒家類/儒學之屬/性理

餘山先生遺書十卷附餘山先生行狀一卷　(清)勞史撰　（清）桑調元　（清）沈廷芳編　清乾隆須友堂刻本　一冊　存五卷(一至五)

330000－1705－0019457　朱 2159　類叢部/叢書類/彙編之屬

岱南閣叢書二十種　（清）孫星衍編　清乾隆五十年至嘉慶十四年(1785－1809)蘭陵孫氏刻本　四冊　存一種

330000－1705－0019458　朱 2291　集部/別集類/明別集

珠玉遺稿不分卷　（明）李循義撰　（明）田汝成注　清抄本　朱鼎煦題記　一冊

330000－1705－0019459　朱2195　史部/史評類/詠史之屬
南宋雜事詩七卷首一卷　（清）沈嘉轍等撰　清道光九年(1829)扶荔山房刻本　四冊

330000－1705－0019460　朱2000　集部/別集類/清別集
小方壺文鈔六卷　（清）汪森撰　清康熙刻本　一冊

330000－1705－0019461　朱2295　史部/地理類/雜志之屬
越中百詠一卷　（清）周晉鑣撰　清道光二十九年(1849)小寄廬刻本　一冊

330000－1705－0019462　朱2292　集部/別集類/清別集
愛日堂吟稿十三卷附稿二卷　（清）趙昱撰（清）趙一清編　清乾隆十二年(1747)刻本　四冊

330000－1705－0019463　朱2384　集部/別集類/清別集
辛壬集一卷癸甲集一卷　（清）錢泳稿　清刻本　清錢曰壽跋　一冊

330000－1705－0019464　朱2105　集部/別集類/清別集
聾老人詩稿不分卷　稿本　一冊

330000－1705－0019465　朱2007　集部/總集類/彙編之屬
唐四家詩八卷　（清）汪立名編　清康熙三十四年(1695)天都汪立名刻本　六冊

330000－1705－0019466　朱2539　集部/別集類/清別集
珠湖草堂詩鈔二卷　（清）阮亨撰　清嘉慶十年(1805)刻本　一冊

330000－1705－0019467　朱2069　集部/別集類/清別集
拜經樓詩集十二卷續編四卷萬花漁唱一卷

（清）吳騫撰　清嘉慶八年至十七年(1803－1812)海寧吳騫刻本　一冊　缺十二卷(一至十二)

330000－1705－0019468　朱1966　集部/別集類/清別集
集唐詩草四卷　（清）釋蒼然撰　清抄本　一冊

330000－1705－0019470　朱2289　經部/小學類/音韻之屬/古今韻說
連珠均攷一卷　（清）張成渠輯　清抄本　一冊

330000－1705－0019471　朱2360　集部/別集類/明別集
春草齋詩集五卷文集六卷　（明）烏斯道撰
名公讚春草集歌詠一卷　（明）烏獻明輯　明崇禎二年(1629)泰和蕭基浙江刻本　一冊存一卷(詩集一)

330000－1705－0019472　朱2061　集部/別集類/清別集
錢牧齋文鈔不分卷　（清）錢謙益撰　清宣統元年(1909)國學扶輪社鉛印本　四冊

330000－1705－0019474　朱2018　集部/別集類/清別集
東江詩鈔十二卷　（清）唐孫華撰　（清）陸師編　清康熙五十六年(1717)刻本　四冊

330000－1705－0019476　朱2381　集部/別集類/清別集
曝書亭集八十卷附錄一卷　（清）朱彝尊撰
笛漁小稾十卷　（清）朱昆田撰　清康熙五十三年(1714)朱稻孫刻本　一冊　存十卷(笛漁小稾一至十)

330000－1705－0019477　朱續0648　新學/報章
國粹學報不分卷　（清）國學保存會編　清末鉛印本　一百八冊　存一百八冊

330000－1705－0019478　朱2525　集部/別集類/明別集
新刻張太岳先生詩文集四十七卷　（明）張居

正撰　明刻清印本　十六冊

330000 - 1705 - 0019479　朱 2290　集部/總集類/選集之屬/斷代

唐詩博約選二卷　（清）吳德旋錄　（清）郭傳璞校　清抄本　一冊

330000 - 1705 - 0019480　朱 2077　集部/別集類/清別集

藏密廬文薰四卷　（清）鄭喬遷撰　清道光十四年(1834)刻本　二冊

330000 - 1705 - 0019481　朱 2375　集部/別集類/明別集

落玄軒集選十二卷　（明）程于古撰　（明）馮玄鑑輯　明天啟刻本　一冊　存二卷(八至九)

330000 - 1705 - 0019482　朱 2027　集部/總集類/選集之屬/通代

古唐詩合解唐詩十二卷古詩四卷　（清）王堯衢注　清嘉慶九年(1804)飛鴻堂刻本　六冊　缺四卷(古詩一至四)

330000 - 1705 - 0019483　朱 2288　集部/別集類/清別集

頤道堂文鈔不分卷　（清）陳文述撰　清抄本　一冊

330000 - 1705 - 0019484　朱 2376　集部/別集類/明別集

石龍菴詩草六卷　（明）徐學詩撰　清乾隆二十三年(1758)徐光度等重慶堂刻本　一冊　存一卷(六)

330000 - 1705 - 0019485　朱 2067　集部/別集類/清別集

蜀道吟前集一卷後集一卷　（清）徐炎撰　清乾隆四十五年(1780)南白草堂刻本　一冊

330000 - 1705 - 0019486　朱 2521　類叢部/叢書類/自著之屬

惜抱軒全集十種　（清）姚鼐撰　清道光元年(1821)刻本　六冊　存二種

330000 - 1705 - 0019488　朱 2028　集部/別集類/清別集

放猨集一卷桐江集一卷江山風月集一卷　（清）潘曾沂撰　清咸豐二年(1852)刻本　三冊

330000 - 1705 - 0019489　朱 2286　集部/別集類/清別集

樂蓮裳騈文不分卷　（清）樂鈞撰　清抄本　一冊

330000 - 1705 - 0019490　朱 2058　集部/別集類/元別集

剡源佚文二卷佚詩六卷　（元）戴表元撰　孫鏘編　清光緒二十一年(1895)奉化孫鏘刻本　一冊

330000 - 1705 - 0019492　朱 2393　集部/別集類/宋別集

安陽集五十卷　（宋）韓琦撰　**忠獻韓魏王別錄三卷**　（宋）王巖叟撰　**忠獻韓魏王遺事一卷**　（宋）強至撰　**忠獻韓魏王家傳十卷**　（明）郭璞校　清康熙五十六年(1717)崐山徐樹敏晚香書屋刻乾隆五年(1740)蔣光祖補刻本　八冊

330000 - 1705 - 0019493　朱 2285　集部/別集類/清別集

丈六山人詩薰不分卷　清抄本　一冊

330000 - 1705 - 0019494　朱續 0650　類叢部/叢書類/彙編之屬

玉簡齋叢書二十二種　羅振玉輯　清宣統二年(1910)上虞羅氏刻本　八冊　存十種

330000 - 1705 - 0019496　朱 2284　集部/別集類/清別集

澗民詩錄不分卷　（清）萬釗撰　清抄本　一冊

330000 - 1705 - 0019497　朱 2505　集部/別集類/唐五代別集

韋蘇州集十卷　（唐）韋應物撰　清石印本　清黃丕烈題記　二冊

330000 - 1705 - 0019498　朱 2576　集部/別集類/明別集

陶菴文集七卷陶菴詩集八卷吾師錄一卷
（明）黃淳燿撰　附谷簾學吟一卷　（明）黃淵
燿撰　清康熙十五年（1676）張懿實刻本　四
冊　存十五卷（文集一至七、詩集一至八）

330000－1705－0019499　朱2158　集部/別
集類/清別集

笛漁小稿不分卷　（清）朱昆田撰　清抄本
一冊

330000－1705－0019500　朱2281　集部/別
集類/清別集

冠山堂詩鈔　（清）王時薰撰　（清）莊大中等
輯　清乾隆四十一年（1776）吳郡穆大展局刻
本　一冊　存秋螢集不分卷

330000－1705－0019501　朱2490　集部/總
集類/選集之屬/斷代

國朝六家詩鈔八卷　（清）劉執玉選編　清乾
隆三十二年（1767）劉執玉詒燕樓刻本　四冊

330000－1705－0019502　朱2049　集部/別
集類/清別集

綠野齋前後合集六卷　（清）劉鴻翔撰　清抄
本　四冊　存四卷（一至四）

330000－1705－0019503　朱2372　集部/別
集類/清別集

山曉堂詩□□卷　（清）趙御泉撰　清乾隆刻
本　一冊　存四卷（一至四）

330000－1705－0019504　朱2165　集部/別
集類/清別集

一椽吟屋詩草不分卷　（清）楊槙撰　清同治
稿本　一冊

330000－1705－0019506　朱續0642　類叢
部/叢書類/郡邑之屬

粟香室叢書五十九種　金武祥編　清光緒至
民國江陰金氏刻本　二冊　存三種

330000－1705－0019507　朱2260　集部/別
集類/清別集

約齋所作不分卷　（清）李植綱撰　稿本
一冊

330000－1705－0019508　朱2570　集部/別
集類/清別集

洛陽九老祖龍學詩集六卷　（清）祖無擇撰
清抄本　一冊

330000－1705－0019509　朱2278　集部/別
集類/清別集

生水集一卷　（清）王蒼碧撰　生水續集一卷
（清）王之醇撰　清乾隆松筠堂夢花軒刻本
一冊

330000－1705－0019510　朱續0642－1　類
叢部/叢書類/郡邑之屬

粟香室叢書五十九種　金武祥編　清光緒至
民國江陰金氏刻本　一冊　存一種

330000－1705－0019511　朱2261　集部/總
集類/氏族之屬

鶴浦鄭氏一家言□□卷　（清）鄭湛　（清）鄭
浩　（清）鄭勳撰　清抄本　一冊　存一卷
（四）

330000－1705－0019512　朱9901　類叢部/
叢書類/彙編之屬

傳硯齋叢書十種　（清）吳丙湘編　清光緒十
一年（1885）儀徵吳氏羼守山莊刻本　八冊
存八種

330000－1705－0019513　朱2276　集部/別
集類/清別集

擊鐵集十卷　（清）薛敬孟撰　清康熙十年
（1671）刻本　四冊

330000－1705－0019514　朱2596　集部/別
集類/清別集

紫竹山房詩集十二卷文集二十卷　（清）陳兆
崙撰　年譜一卷　（清）陳玉繩撰　清乾隆刻
本　十冊

330000－1705－0019515　朱2467　集部/別
集類/清別集

詩鈔一卷雨香書舍詩稿一卷　胡琅撰　抄本
一冊

330000－1705－0019516　朱2157　集部/總
集類/彙編之屬

同人詩一卷附清才集一卷艷才集一卷　清得
月樓抄本　清眉生題簽　一冊

330000－1705－0019517　朱2242　集部/總
集類/選集之屬/通代

八大家文選不分卷　（唐）韓愈等撰　清懶真
堂抄本　一冊

330000－1705－0019518　朱2466　集部/別
集類/清別集

橫山文鈔□□卷　（清）裘璉撰　清抄本　一
冊　存三卷（四至六）

330000－1705－0019519　朱2247　集部/總
集類/氏族之屬

義門鄭氏奕葉吟集四卷　（明）鄭允宣輯　清
抄本　一冊

330000－1705－0019520　朱2723　集部/別
集類/清別集

雅趣藏書不分卷　（清）錢書撰　清康熙四十
二年（1703）朱墨套印本　二冊

330000－1705－0019521　朱2568　集部/總
集類/選集之屬/斷代

宋人小集　（清）□□輯　清乾隆二十八年
（1763）吳氏池北草堂刻本　一冊

330000－1705－0019522　朱2903　集部/別
集類/清別集

六行堂詩鈔二卷　（清）朱山撰　六行堂詩鈔
四卷　（清）朱澐撰　清道光三年（1823）刻本
清月孕跋　四冊

330000－1705－0019523　朱2454　集部/別
集類/清別集

囊翠樓詩稿二卷　（清）陳鴻逵撰　清光緒二
十一年（1895）山陰陳氏刻本　一冊

330000－1705－0019524　朱2734　集部/別
集類/清別集

曝書亭集八十卷附錄一卷　（清）朱彝尊撰
笛漁小稾十卷　（清）朱昆田撰　清康熙刻本
十四冊

330000－1705－0019525　朱續0330　新學/

幼學

蒙學報不分卷　（清）蒙學書報局編　清光緒
石印本　八冊

330000－1705－0019526　朱2756　集部/小
說類/短篇之屬

詳註聊齋志異圖詠十六卷首一卷　（清）蒲松
齡撰　（清）呂湛恩注　（清）徐潤編　清光緒
十二年（1886）上海同文書局石印本　八冊

330000－1705－0019527　朱2733　集部/別
集類/宋別集

王荊文公詩五十卷補遺一卷　（宋）王安石撰
（宋）李壁箋注　清乾隆五年至六年（1740－
1741）張宗松清綺齋刻本　八冊

330000－1705－0019528　朱2732　集部/詩
文評類/詩評之屬

帶經堂詩話三十卷首一卷　（清）王士禎撰
（清）張宗枏輯　清同治十二年（1873）廣州藏
脩堂刻本　八冊

330000－1705－0019529　朱2452　集部/別
集類/明別集

山帶閣集三十三卷附錄一卷　（明）朱曰藩撰
清道光十五年（1835）宜祿堂刻本　一冊
存八卷（一至八）

330000－1705－0019530　朱續0331　新學/
報章

湘學報類編不分卷　（清）湘督學使署編　清
光緒二十四年（1898）刻本　五冊

330000－1705－0019532　朱2444　集部/別
集類/清別集

南蘭文集六卷　（清）張恕撰　清光緒五年
（1879）刻本　二冊

330000－1705－0019533　朱2718　集部/別
集類/宋別集

蘇文忠公詩編註集成四十六卷集成總案四十
五卷諸家雜綴酌存一卷蘇海識餘四卷牋詩圖
一卷　（宋）蘇軾撰　（清）王文誥輯注　清嘉
慶二十四年（1819）武林王氏韻山堂刻道光補
刻本　二十八冊

330000－1705－0019534　朱2569　集部/別集類/清別集

又希齋集四卷　（清）沈范孫撰　清咸豐三年（1853）刻本　一冊

330000－1705－0019537　朱2441、朱9134　集部/楚辭類

屈原賦注七卷通釋二卷音義三卷　（清）戴震注　清刻本　二冊

330000－1705－0019538　朱2880　類叢部/叢書類/家集之屬

求可堂兩世遺書五種　（清）廖冀亨　（清）廖鴻章撰　清光緒永定廖氏刻本　四冊

330000－1705－0019539　朱2709　集部/別集類/清別集

霜紅龕集四十卷　（清）傅山撰　附錄三卷年譜一卷　丁寶銓輯　清宣統三年（1911）山陽丁氏刻本　六冊

330000－1705－0019540　朱續0643　類叢部/叢書類/輯佚之屬

漢學堂叢書二百十三種　（清）黃奭輯　清道光甘泉黃氏刻光緒印本　二十六冊　存七十一種

330000－1705－0019541　朱2439　集部/別集類/清別集

澄秋閣集四卷二集四卷三集四卷　（清）閔華撰　清乾隆十七年（1752）江都閔華刻本　一冊　存四卷（澄秋閣集一至四）

330000－1705－0019542　朱2562　集部/別集類/唐五代別集

知本堂讀杜詩二十四卷　（唐）杜甫撰　（清）汪灝注　清康熙汪氏刻本　七冊　存二十一卷（四至二十四）

330000－1705－0019543　朱2878－1　集部/別集類/清別集

匪莪堂文集五卷　（清）劉巖撰　清光緒二年（1876）刻本　一冊

330000－1705－0019544　朱2561　集部/別集類/唐五代別集

知本堂讀杜詩二十四卷　（唐）杜甫撰　（清）汪灝注　清康熙汪氏刻本　五冊　存十四卷（七至十一、十六至二十四）

330000－1705－0019545　朱2878　集部/別集類/清別集

匪莪堂文集五卷　（清）劉巖撰　清光緒二年（1876）刻本　一冊

330000－1705－0019546　朱2767　集部/別集類/清別集

章北亭全集八卷　（清）章愷撰　清嘉慶五年（1800）螺溪敦艮堂刻本　一冊

330000－1705－0019547　朱2855、朱2855－1　類叢部/叢書類/自著之屬

藝風堂彙刻十六種　繆荃孫撰　清光緒至民國刻本　八冊　存二種

330000－1705－0019548　朱2862　集部/總集類/氏族之屬

呂氏遺音四種十卷　（清）呂孝派等輯　清光緒二十七年（1901）崇孝堂木活字印本　一冊

330000－1705－0019549　朱2418　集部/別集類/清別集

松桂堂全集三十七卷南淰集三卷延露詞三卷　（清）彭孫遹撰　清乾隆八年（1743）彭景曾等刻本　一冊　存三卷（南淰集一至三）

330000－1705－0019550　朱2737、朱2969　集部/總集類/彙編之屬

韓柳全集一百四卷　（明）蔣之翹編　明崇禎六年（1633）蔣之翹三徑艸堂刻本　十四冊　存五十四卷（唐柳河東集二至四十五、唐韓昌黎集外集一至十）

330000－1705－0019551　朱7842、朱8004、朱2757、朱3527、朱4068、朱4534　類叢部/叢書類/自著之屬

西堂全集　（清）尤侗撰　清康熙刻本　二十二冊　存三種

330000－1705－0019552　朱2704　類叢部/叢書類/彙編之屬

心矩齋叢書十一種　（清）蔣鳳藻編　清光緒

長洲蔣氏刻本　四冊　存一種

330000－1705－0019553　朱 2695　集部/別集類/宋別集

蘇詩選二卷　（宋）蘇軾撰　（清）萬廷蘭選　清乾隆四十二年（1777）萬廷蘭刻本　二冊

330000－1705－0019556　朱 2691　集部/總集類/彙編之屬

諸公詩鈔不分卷　清抄本　一冊

330000－1705－0019557　朱 2601　類叢部/叢書類/自著之屬

黃勤敏公全集九種附一種　（清）黃鉞撰　清咸豐至同治刻本　十五冊　存九種

330000－1705－0019558　朱 2549　子部/雜著類/雜纂之屬

黃眉四六不分卷　清抄本　一冊

330000－1705－0019559　朱 2550　集部/別集類/清別集

葉莒田公遺稿不分卷　（清）葉莒田撰　稿本　袁佩、朱鼎煦跋　一冊

330000－1705－0019560　朱 2690　集部/別集類/明別集

梅花百詠唱和詩不分卷　（明）張楷等撰　明抄本　一冊

330000－1705－0019562　朱 2847　集部/總集類/郡邑之屬

谿上詩輯十四卷續編二卷補編一卷　（清）尹元煒　（清）馮本懷訂　清道光二十九年（1849）刻咸豐三年（1853）增刻本　八冊

330000－1705－0019564　朱 2679　集部/別集類/清別集

東洲艸堂詩鈔三卷　（清）何紹基撰　清咸豐七年（1857）刻本　一冊

330000－1705－0019565　朱 2600　集部/別集類/清別集

崇百藥齋文集二十卷續集四卷三集十二卷合肥學舍札記十二卷　（清）陸繼輅撰　**五真閣吟藁一卷**　（清）陸錢惠撰　清光緒四年

（1878）陸祐勤興國州署刻本　十六冊

330000－1705－0019566　朱 2799　集部/別集類/清別集

石笥山房集二十四卷　（清）胡天游撰　清咸豐二年（1852）刻本　五冊

330000－1705－0019567　朱 2668　類叢部/叢書類/家集之屬

董氏遺書四種　（清）董若洵編　清咸豐至同治刻彙印本　一冊　存一種

330000－1705－0019569　朱 2554　集部/總集類/選集之屬/通代

選詩補註八卷　（元）劉履撰　**選詩補遺二卷續編四卷**　（元）劉履輯　明嘉靖三十一年（1552）顧存仁養吾堂刻本　一冊　存三卷（續編一至三）

330000－1705－0019570　朱 6064　集部/別集類/清別集

禮部遺集九卷　（清）黃富民撰　清同治九年（1870）黃安謹刻本　一冊　存三卷（誓墓餘稿、避弋小草一至二）

330000－1705－0019571　朱 2974　類叢部/叢書類/郡邑之屬

海昌叢載三十二種　（清）羊復禮編　清光緒海昌羊氏傳卷樓粵東刻本　二冊　存一種

330000－1705－0019572　朱 2667　集部/別集類/清別集

味某華館詩初集六卷詩二集四卷　（清）陳鴻誥撰　清道光二十九年（1849）刻本　一冊　存四卷（初集一至六）

330000－1705－0019574　朱 3013、朱 3014　集部/總集類/選集之屬/斷代

王孟詩評二種九卷　（宋）劉辰翁評　清光緒五年（1879）巴陵方氏碧琳琅館刻朱墨套印本　四冊

330000－1705－0019575　朱 2661　集部/總集類/氏族之屬

錢氏三世五王集五卷　（清）錢玫輯　清嘉慶十四年（1809）刻本　一冊

330000－1705－0019576　朱2599　集部/別集類/明別集

晴雲亭詩集三卷　（明）關永傑撰　明崇禎刻本　四册

330000－1705－0019577　朱2758　集部/別集類/元別集

竹齋詩集四卷附錄一卷　（元）王冕撰　清嘉慶四年(1799)王珮蘭刻本　二册

330000－1705－0019578　朱2761　集部/別集類/明別集

東越証學錄十六卷　（明）周汝登撰　清木活字印本　七册　缺一卷(一)

330000－1705－0019579　朱2728　集部/總集類/選集之屬/斷代

今詩所見集選十二卷　（清）黃承增輯　清嘉慶寄鷗閒舫刻本　六册

330000－1705－0019580　朱2593　集部/別集類/清別集

孟塗文集十卷駢體文二卷　（清）劉開撰　清光緒十二年(1886)張壽榮刻本　四册

330000－1705－0019581　朱2398　集部/別集類/清別集

百一草堂集唐初刻二卷二刻二卷三刻二卷（清）柴才撰　（清）顧大本　（清）邱旬編　清乾隆二十五年(1760)百一草堂刻本　清謝春溶題記　一册　存二卷(二刻一至二)

330000－1705－0019582　朱2587　集部/別集類/清別集

賞雨茅屋詩集十八卷　（清）曾燠撰　清嘉慶九年(1804)刻本　四册

330000－1705－0019583　朱2660　集部/別集類/清別集

徐烈婦詩鈔二卷回文同心栀子鏡箔圖一卷附錄一卷　（清）吳宗愛撰　（清）吳廷康輯　清咸豐二年(1852)蕭山丁氏大碧山館刻本　朱鼎煦題記　一册

330000－1705－0019584　朱1967　集部/總集類/彙編之屬

宋詩紀事輯要不分卷　（清）厲鶚撰　（清）邵淵耀輯　稿本　一册

330000－1705－0019585　朱3010　集部/別集類/清別集

吳摯甫文集四卷附鈔深州風土記四篇一卷（清）吳汝綸撰　清宣統二年(1910)上海國學扶輪社石印本　五册

330000－1705－0019586　朱2656　集部/總集類/選集之屬/斷代

皇朝經世文編一百二十卷姓名總目二卷生存姓名一卷　（清）賀長齡輯　清道光七年(1827)刻本　一册　存三卷(姓名總目一至二、生存姓名)

330000－1705－0019587　朱3012　集部/別集類/宋別集

晦庵先生朱文公文集一百卷續集十一卷別集十卷目錄二卷　（宋）朱熹撰　清同治十二年(1873)六安涂氏求我齋刻本　六十四册

330000－1705－0019590　朱2595　集部/別集類/清別集

賞雨茅屋詩集十六卷外集一卷　（清）曾燠撰　清嘉慶二十年(1815)刻本　六册

330000－1705－0019591　朱2465　集部/別集類/清別集

曾文昭公集四卷　（清）曾肇撰　清康熙六十一年(1722)刻本　二册

330000－1705－0019592　朱2650、朱6937、朱7550　集部/總集類/選集之屬/通代

詩體十卷　（清）江湖詩社編　清抄本　七册

330000－1705－0019594　朱8486　集部/詞類/類編之屬

百名家詞鈔　（清）聶先　（清）曾王孫編　清康熙刻本　四册　存三十三種

330000－1705－0019595　朱2461　集部/別集類/唐五代別集

王貞白詩一卷補遺一卷附錄一卷　（唐）王有道撰　附錄一卷　（清）邵啟賢輯　清宣統元年(1909)餘姚邵氏刻本　一册　缺一卷(補

遺)

330000－1705－0019596　朱1039、朱1124
類叢部/叢書類/彙編之屬

金娥山館叢鈔　清抄本　二冊　存四種

330000－1705－0019597　朱2597　類叢部/
叢書類/自著之屬

有恆心齋集六種附一種　(清)程鴻詔撰　清
同治刻本　十一冊　存四種

330000－1705－0019598　朱2435　集部/別
集類/清別集

拾翠集十卷　(清)商盤撰　清抄本　一冊
存五卷(六至十)

330000－1705－0019599　朱2976　集部/別
集類/明別集

甫田集三十五卷　(明)文徵明撰　**附錄一卷**
(明)文嘉撰　清刻本　四冊　存二十六卷
(一至十九、三十至三十六)

330000－1705－0019601　朱3038　集部/別
集類/宋別集

宋王忠文公文集五十卷目錄四卷　(宋)王十
朋撰　**梅溪王忠文公年譜一卷**　(清)徐炳文
編　清雍正六年(1728)唐傳鉎刻鴈就堂印本
十冊

330000－1705－0019602　朱2854　集部/別
集類/明別集

黃漳浦集五十卷首一卷目錄二卷　(明)黃道
周撰　(清)陳壽祺重編　**漳浦黃先生年譜二
卷**　(明)莊起儔編　清末鉛印本　十六冊

330000－1705－0019603　朱2981　集部/總
集類/酬唱之屬

放翁生日設祀詩二卷　(清)呂屣山等撰　清
嘉慶八年(1803)借樹山房刻本　一冊

330000－1705－0019604　朱2980　集部/別
集類/清別集

淵雅堂全集五十六卷附錄二種六卷　(清)王
芑孫撰　清嘉慶八年至二十五年(1803－
1820)王氏刻本　二冊　存一種

330000－1705－0019605　朱3052　集部/別
集類/宋別集

劍南詩鈔六卷　(宋)陸游撰　(清)楊大鶴選
清光緒八年(1882)文苑山房刻本　八冊

330000－1705－0019606　朱2983　集部/別
集類/清別集

海峰文集八卷　(清)劉大櫆撰　清乾隆刻本
朱鼎煦題記　一冊　存一卷(四)

330000－1705－0019607　朱2628　集部/別
集類/宋別集

後山先生集二十四卷　(宋)陳師道撰　清雍
正八年(1730)趙鴻烈學稼軒刻本　四冊

330000－1705－0019608　朱3051　集部/總
集類/選集之屬/通代

古文辭類纂七十四卷　(清)姚鼐輯　**續古文
辭類纂三十四卷**　王先謙輯　清光緒十八年
(1892)吳縣朱記榮上海刻席氏掃葉山房印本
二十冊

330000－1705－0019609　朱2495　集部/總
集類/選集之屬/斷代

內照堂唐名人詩選不分卷　張皋校閱　清抄
本　一冊

330000－1705－0019610　朱2607　集部/別
集類/清別集

俞俞齋詩稿二卷文稿四卷　(清)史念祖撰
清光緒十六年(1890)黔南藩署木活字印本
六冊

330000－1705－0019611　朱2167　集部/別
集類/明別集

渼陂集十六卷續集三卷　(明)王九思撰　清
抄本　一冊　存一卷(續集下)

330000－1705－0019612　朱3049　集部/詞
類/別集之屬

**夢窗甲稿一卷乙稿一卷丙稿一卷丁稿一卷補
遺一卷**　(宋)吳文英撰　**校勘夢窗詞劄記一
卷**　(清)王鵬運撰　清光緒二十五年(1899)
臨桂王鵬運四印齋刻本　一冊

330000－1705－0019613　朱2519　集部/別

集類/清別集

鑷頭吟不分卷 （清）單華藏定 （清）起信稿 稿本 一冊

330000－1705－0019614 朱2743 集部/總集類/彙編之屬

古詩附錄不分卷 （清）王梓錄 清抄本 一冊

330000－1705－0019615 朱2627 集部/詩文評類/詩評之屬

杜詩虞箋四卷 （清）友琴堂纂輯 （清）虞伯生註 清友琴堂刻本 二冊

330000－1705－0019617 朱2177 集部/總集類/選集之屬/通代

詩家望古集不分卷 （清）嚴天顏選定 清康熙稿本 一冊

330000－1705－0019618 朱續0644 類叢部/叢書類/彙編之屬

知不足齋叢書一百九十六種 （清）鮑廷博編 （清）鮑士恭續編 清乾隆三十七年至道光三年(1772－1823)長塘鮑氏刻彙印本 八十二冊 存八十一種

330000－1705－0019621 朱2949 集部/別集類/清別集

靜廉堂詩鈔□□卷 （清）顧琮撰 （清）方苞選 清刻本 一冊 存五卷(一至五)

330000－1705－0019622 朱3117 史部/史評類/詠史之屬

四明萬季野先生新樂府詞二卷 （清）萬斯同撰 清同治七年(1868)刻本 一冊

330000－1705－0019623 朱2174 集部/別集類/清別集

蛟川古今詩存六卷 （清）劉慈孚輯 清光緒抄本 六冊

330000－1705－0019624 朱2625 集部/別集類/宋別集

劉屏山先生集二十卷 （宋）劉子翬撰 清康熙三十九年(1700)刻本 四冊

330000－1705－0019625 朱3110 集部/詩文評類/文評之屬

文心雕龍十卷 （南朝梁）劉勰撰 （清）黃叔琳輯注 （清）紀昀評 清道光十三年(1833)盧坤兩廣節署刻朱墨套印本 四冊

330000－1705－0019626 朱3130 集部/詩文評類/文評之屬

文心雕龍十卷 （南朝梁）劉勰撰 （明）楊慎批 （明）張松孫輯注 清乾隆五十六年(1791)長洲張氏刻本 四冊

330000－1705－0019627 朱續0618 類叢部/叢書類/彙編之屬

經訓堂叢書二十一種 （清）畢沅編 清光緒十三年(1887)上海大同書局石印本 四冊 存六種

330000－1705－0019628 朱3107 集部/別集類/宋別集

施註蘇詩四十二卷總目二卷 （宋）蘇軾撰 （宋）施元之 （宋）顧禧注 （清）顧嗣立 （清）邵長蘅 （清）宋至補 蘇詩續補遺二卷 （清）馮景補註 王註正譌一卷 （清）邵長蘅撰 東坡先生年譜一卷 （宋）王宗稷編 清康熙刻本 十四冊

330000－1705－0019629 朱2624 集部/別集類/清別集

寶鐵齋詩錄不分卷續錄一卷 （清）韓崇撰 清光緒七年(1881)刻本 二冊

330000－1705－0019630 朱3180、朱3179 類叢部/叢書類/自著之屬

甌北全集八種 （清）趙翼撰 清乾隆至嘉慶湛貽堂刻本 二十四冊 存二種

330000－1705－0019631 朱續0639 類叢部/叢書類/彙編之屬

知不足齋叢書一百九十六種 （清）鮑廷博編 （清）鮑士恭續編 清乾隆三十七年至道光三年(1772－1823)長塘鮑氏刻彙印本 四冊 存六種

330000－1705－0019633 朱2622 類叢部/

叢書類/自著之屬

張文端集六種 （清）張英撰　清光緒二十三年(1897)桐城張氏刻本　六冊　存一種

330000－1705－0019634　朱3461　集部/別集類/宋別集

楊龜山先生集四十二卷首一卷末一卷 （宋）楊時撰　清康熙四十六年(1707)延平楊繩祖刻本(卷末原缺)　十冊

330000－1705－0019635　朱2115　集部/總集類/郡邑之屬

瀑下一卷 （明）吳枚臣評選　**甲乙詩抄一卷** （明）何之杰撰　明萬曆刻本　一冊

330000－1705－0019636　朱3181　集部/別集類/清別集

陳檢討四六二十卷 （清）陳維崧撰　（清）程師恭注　清乾隆三十五年(1770)武進陳明善亦園刻本　六冊

330000－1705－0019637　朱2620　集部/總集類/選集之屬/通代

宋金元詩選六卷 （清）吳翌鳳輯　清乾隆五十八年(1793)長洲吳氏古歡堂刻本　二冊

330000－1705－0019638　朱3190　集部/總集類/選集之屬/通代

賦鈔箋畧十五卷 （清）雷琳　（清）張杏濱輯　清嘉慶二十二年(1817)刻本　八冊

330000－1705－0019640　朱3182　類叢部/叢書類/自著之屬

儆居遺書十一種 （清）黃式三撰　清同治至光緒刻本　八冊　存一種

330000－1705－0019642　朱續0001　經部/叢編

五經體註大全四十卷 （清）嚴氏家塾主人輯　清光緒十年(1884)上海點石齋石印本　十六冊

330000－1705－0019643　朱3306　類叢部/類書類/專類之屬

皇朝駢文類苑十四卷首一卷 （清）姚燮選　清光緒七年(1881)鎮海張壽榮刻本　二十

四冊

330000－1705－0019644　朱3347　子部/小說家類

紅樓夢評贊不分卷 （清）王希廉撰　清光緒二年(1876)上海刻本　四冊

330000－1705－0019645　朱3153　集部/總集類/選集之屬/通代

文選五卷首一卷 （南朝梁）蕭統輯　（唐）李善注　**文選考異一卷** （清）胡克家撰　清光緒十四年(1888)同文書局石印本　六冊

330000－1705－0019646　朱2617　集部/別集類/唐五代別集

陳伯玉文集三卷詩集二卷附錄一卷 （唐）陳子昂撰　清道光二十二年(1842)春林柯道麟刻本　一冊　缺三卷(文集一至三)

330000－1705－0019647　朱3148　集部/總集類/選集之屬/通代

文選六十卷 （南朝梁）蕭統輯　（唐）李善注　**文選考異十卷** （清）胡克家撰　清光緒六年(1880)四明林植梅刻本　二十四冊

330000－1705－0019648　朱3506　集部/總集類/選集之屬/通代

瀛奎律髓刊誤四十九卷 （元）方回輯　（清）紀昀勘誤　清嘉慶五年(1800)侯官李光垣雙桂堂刻本　十二冊

330000－1705－0019649　朱3059　集部/詞類/別集之屬

彈指詞三卷補遺一卷纑塘集一卷 （清）顧貞觀撰　清光緒十九年(1893)無錫顧氏刻本　一冊　存一卷(補遺)

330000－1705－0019650　朱3345　集部/別集類/清別集

濂亭文集八卷 （清）張裕釗撰　（清）查燕緒編　清宣統三年(1911)上海掃葉山房石印本　二冊

330000－1705－0019651　朱3507　集部/別集類/宋別集

臨川先生文集一百卷目錄二卷 （宋）王安石

撰　清光緒九年(1883)聽香館刻本　八冊

330000－1705－0019652　朱 2615　類叢部/
叢書類/自著之屬

湯文正公全集七種 (清)湯斌撰　清同治九
年(1870)蘇廷魁等刻本　八冊　存一種

330000－1705－0019653　朱 3058　集部/總
集類/氏族之屬

[浙江寧波]四明水氏留碩稿不分卷 (清)水
嘉穀輯　清光緒十八年(1892)四明水嘉穀刻
本　二冊

330000－1705－0019654　朱 3344　集部/總
集類/選集之屬/斷代

國朝文錄八十二卷 (清)姚椿輯　清光緒二
十六年(1900)掃葉山房石印本　十六冊

330000－1705－0019655　朱續 0002　經部/
叢編

五經體註大全四十卷 (清)嚴氏家塾主人輯
　清光緒十年(1884)上海點石齋石印本　十
六冊

330000－1705－0019656　朱 3057　集部/別
集類/清別集

秋錦山房集二十二卷 (清)李良年撰　(清)
李潮偕編　清康熙三十五年(1696)嘉興李潮
偕刻乾隆二十四年(1759)續刻本　朱鼎煦題
記　一冊　存五卷(十一至十五)

330000－1705－0019657　朱 3191　集部/總
集類/選集之屬/通代

本事詩十二卷 (清)徐釚輯　(清)李本宜增
訂　清雍正承芳堂刻本　六冊

330000－1705－0019658　朱 3313－1　集部/
總集類/選集之屬/通代

六朝文絜四卷 (清)許槤評選　清光緒三年
(1877)酉腴仙館鉛印本　一冊

330000－1705－0019659　朱 3471　集部/別
集類/清別集

燕香居詩稿七卷 (清)葉恕撰　清道光二十
六年(1846)崇敬堂刻本　一冊　存四卷(四
至七)

330000－1705－0019660　朱 3313　集部/總
集類/選集之屬/通代

六朝文絜四卷 (清)許槤評選　清光緒十八
年(1892)上海古香閣石印本　一冊

330000－1705－0019661　朱續 0003　經部/
叢編

九經五十一卷附四卷 (明)秦鑲訂正　清觀
成堂刻本　十二冊　缺十三卷(論語一至二、
孟子一至七、大學、中庸、小學一至二)

330000－1705－0019663　朱 3192　集部/別
集類/清別集

紫石泉山房文集十二卷詩鈔三卷 (清)吳定
撰　清光緒十三年(1887)黟縣李宗煇刻本
五冊

330000－1705－0019664　朱 3516　集部/別
集類/清別集

思綺堂文集十卷 (清)章藻功撰　清康熙六
十一年(1722)聚錦堂刻本　十冊

330000－1705－0019665　朱 3470　集部/別
集類

秋桑唱和詩不分卷　清刻本　一冊

330000－1705－0019666　朱 3200　集部/別
集類/清別集

亭林詩集五卷文集六卷 (清)顧炎武撰　清
宣統元年(1909)上海掃葉山房石印本　四冊

330000－1705－0019667　朱 3194　類叢部/
叢書類/自著之屬

唱經堂才子書彙稿十種 (清)金人瑞撰　清
初刻本　二冊　存二種

330000－1705－0019669　朱 3467　集部/別
集類/清別集

金華山樵詩前集八卷後集十卷 (清)師範撰
　清嘉慶九年(1804)二餘堂刻本　一冊　存
一卷(前集一)

330000－1705－0019670　朱 3142　集部/別
集類/宋別集

杜清獻公集十九卷首一卷 (宋)杜範撰　附
錄一卷補遺一卷校勘記一卷　(清)王棻撰

清同治九年（1870）吳縣孫氏九峰書院刻本
四冊

330000－1705－0019671　朱3482、朱3483
集部/詞類/詞譜之屬

詞律二十卷　（清）萬樹撰　**詞律拾遺八卷**
（清）徐本立撰　**詞律補遺一卷**　（清）杜文瀾
撰　清同治十二年（1873）光緒二年（1876）吳
下刻本　十六冊

330000－1705－0019673　朱3310　集部/別
集類/清別集

悝齋詩文集不分卷　（清）悝齋氏撰　清抄本
七冊

330000－1705－0019674　朱3048　集部/詞
類/別集之屬

**山中白雲詞八卷附錄一卷玉田先生樂府指迷
一卷**　（宋）張炎撰　清康熙六十一年（1722）
曹炳曾刻雍正後印本　一冊　缺一卷（樂府
指迷）

330000－1705－0019675　朱3187　類叢部/
叢書類/彙編之屬

**高安朱文端公校輯藏書（朱文端公藏書）十三
種**　（清）朱軾撰輯　清康熙至乾隆刻彙印本
六冊　存一種

330000－1705－0019676　朱續0004　經部/
叢編

**重刊宋本十三經注疏四百十六卷附十三經注
疏校勘記四百十六卷**　（清）阮元撰　（清）盧
宣旬摘錄　**校勘記識語四卷**　（清）汪文臺撰
清光緒十三年（1887）上海脈望仙館石印本
三十二冊

330000－1705－0019677　朱3352　集部/曲
類/彈詞之屬

安邦志二十卷　清道光二十九年（1849）刻本
二十冊

330000－1705－0019678　朱3205　集部/別
集類/明別集

瓶花齋集十卷　（明）袁宏道撰　清宣統三年
（1911）抱殘守缺齋石印本　四冊

330000－1705－0019680　朱2971　集部/別
集類/清別集

宜園詞隱圖不分卷　清刻本　一冊

330000－1705－0019682　朱3228　集部/別
集類/宋別集

寇忠愍公詩集三卷　（宋）寇準撰　清宣統三
年（1911）中華圖書館影印本　二冊

330000－1705－0019683　朱3229　集部/別
集類/宋別集

寇忠愍公詩集三卷　（宋）寇準撰　清宣統三
年（1911）中華圖書館影印本　二冊

330000－1705－0019685　朱3227　類叢部/
叢書類/自著之屬

曾惠敏公全集四種　（清）曾紀澤撰　清光緒
二十年（1894）上海石印本　四冊

330000－1705－0019686　朱3189　類叢部/
叢書類/自著之屬

張宣公全集三種　（宋）張栻撰　清道光二十
九年（1849）縣邑洗墨池刻咸豐四年（1854）縣
邑南軒祠補刻本　七冊　存一種

330000－1705－0019687　朱3183　史部/史
評類/詠史之屬

廿一史彈詞註十卷　（明）楊慎撰　（清）張三
異增定　（清）張仲璜註　**明史彈詞註一卷**
（清）張三異撰　（清）張仲璜註　清乾隆五十
一年（1786）張任佐視履堂刻本　八冊

330000－1705－0019688　朱3535　類叢部/
叢書類/自著之屬

陸雲士雜著九種　（清）陸次雲撰　清康熙刻
本　二冊　存一種

330000－1705－0019691　朱續0013　經部/
四書類/論語之屬/傳說

古文論語鄭註二卷　（漢）鄭玄注　（宋）王應
麟撰集　清嘉慶十六年（1811）醉經堂刻本
一冊

330000－1705－0019692　朱3213　史部/史
評類/詠史之屬

十國宮詞一卷　（清）吳省蘭撰　清宣統三年

（1911）上海掃葉山房石印本　一冊

330000－1705－0019694　朱3462　集部/總集類/選集之屬/斷代

文粹一百卷　（宋）姚鉉輯　**補遺二十六卷**（清）郭麐輯　清光緒十六年（1890）杭州許增榆園刻本　二十冊

330000－1705－0019695　朱3534　集部/小說類/長篇之屬

新鐫全像武穆精忠傳八卷　題（明）余應鼇編　明末刻清初修補本　二冊

330000－1705－0019696　朱續0012　經部/四書類/總義之屬/傳說

四書章句集註二十六卷　（宋）朱熹撰　**四書家塾讀本句讀一卷四書章句集註定本辨一卷**（清）吳英撰　**四書章句附考四卷**　（清）吳志忠輯　清嘉慶十六年（1811）璜川吳氏真意堂刻本　四冊　存二十一卷（一至二十一）

330000－1705－0019697　朱3209、朱3208　子部/小說家類

紅樓夢本義約編二卷附類聯集要一卷補遺一卷對語一卷　（清）話石主人撰　清光緒四年（1878）刻本　三冊

330000－1705－0019704　朱3141　集部/別集類/明別集

玉茗堂全集四十六卷　（明）湯顯祖撰　清康熙三十三年（1694）阮峴刻本　十六冊

330000－1705－0019705　朱3017　集部/別集類/唐五代別集

杜詩論文五十六卷　（清）吳見思撰　（清）潘眉評　清康熙十一年（1672）常州岱淵堂刻本　一冊　存五卷（二至六）

330000－1705－0019706　朱3207　集部/別集類/清別集

紅樓二百詠二卷　（清）黃昌麟撰　（清）丁日昌　（清）黃釗評　清道光二十一年（1841）刻本　二冊

330000－1705－0019707　朱3532　集部/總集類/選集之屬/通代

文選六十卷　（南朝梁）蕭統輯　（唐）李善注（清）何焯評　清乾隆三十七年（1772）長洲葉樹藩海錄軒刻朱墨套印本　十二冊

330000－1705－0019708　朱3494、朱3495　類叢部/叢書類/自著之屬

薛文清公集九種　（明）薛瑄撰　清刻本　十一冊　存五種

330000－1705－0019709　朱3588　集部/別集類/清別集

蘭臺遺藁續編一卷　（清）彭希涑撰　清嘉慶二十年（1815）食舊齋刻本　一冊

330000－1705－0019711　朱續0011　經部/三禮總義類/通禮雜禮之屬

文公家禮儀節八卷　（明）丘濬撰　明刻本　三冊　存六卷（三至八）

330000－1705－0019712　朱3034　集部/總集類/選集之屬/斷代

聞鶴軒初盛唐近體讀本十六卷　（清）盧粦（清）王溥輯　清乾隆五十五年（1790）刻本　四冊　存十一卷（一至十一）

330000－1705－0019713　朱3505　集部/別集類/清別集

楚遊小草一卷　（清）蔣志杰撰　清同治八年（1869）斯友堂刻本　一冊

330000－1705－0019714　朱3499　集部/別集類/宋別集

山谷詩集註二十卷外集詩註十七卷別集詩註二卷　（宋）黃庭堅撰　（宋）任淵　（宋）史容　（宋）史季溫注　清光緒二十一年至二十六年（1895－1900）義寧陳氏四覺草堂刻本　二十冊

330000－1705－0019715　朱3140　集部/總集類/選集之屬/斷代

湖海詩傳四十六卷　（清）王昶輯　清同治四年（1865）蘇州綠蔭堂刻本　十六冊

330000－1705－0019717　朱3293　集部/別集類/清別集

亦有生齋集詩三十二卷文二十卷樂府二卷詞

五卷 （清）趙懷玉撰 清嘉慶至道光元年（1821）刻本 三十冊

330000－1705－0019718 朱3040 集部/別集類/清別集

復堂詩三卷詞一卷 （清）譚獻撰 清咸豐九年（1859）福州刻本 一冊

330000－1705－0019719 朱續0022 經部/小學類/文字之屬/說文

說文解字五百四十部目一卷 （清）胡荄甫撰 清光緒十三年（1887）慈谿童氏大鄭山館刻本 一冊

330000－1705－0019721 朱3157 集部/總集類/選集之屬/斷代

律賦新編四卷 （清）趙楫 （清）趙霖輯 （清）綺蔥樓主人注 清同治四年（1865）緯文堂刻本 四冊

330000－1705－0019722 朱3587 集部/別集類/宋別集

東坡集八十四卷 （宋）蘇軾撰 清道光七年至十二年（1827－1832）眉州三蘇祠刻本 朱鼎煦題記 一冊 存二卷（七十一至七十二）

330000－1705－0019723 朱3288 史部/地理類/雜志之屬

都門竹枝詞一卷 （清）楊靜亭等撰 清光緒三年（1877）刻本 一冊

330000－1705－0019724 朱3561 類叢部/叢書類/自著之屬

清獻堂全編八種 （清）趙佑撰 清乾隆刻本 一冊 存一種

330000－1705－0019725 朱續0021 經部/小學類/文字之屬/說文

說文新附緟攷六卷 （清）鈕樹玉撰 清抄本 一冊 存一卷（三）

330000－1705－0019726 朱3006 集部/總集類/選集之屬/斷代

蛩唫艸不分卷 （清）裘性宗撰 清光緒十五年（1889）抄本 清西江散人題記 一冊

330000－1705－0019727 朱3544 集部/詞類/詞譜之屬

詞律二十卷 （清）萬樹撰 詞律拾遺八卷 （清）徐本立撰 詞律補遺一卷 （清）杜文瀾撰 清同治十二年至光緒二年（1873－1876）吳下刻本 十六冊

330000－1705－0019728 朱3589、朱5465 類叢部/叢書類/自著之屬

春在堂全書二十二種 （清）俞樾撰 清光緒九年（1883）刻本 二冊 存二種

330000－1705－0019729 朱3629 集部/別集類/明別集

重編瓊臺會稿二十四卷首一卷 （明）丘濬撰 清光緒五年（1879）瓊山雁峯書院刻本 十三冊

330000－1705－0019730 朱3289 史部/地理類/雜志之屬

廣滬上竹枝詞不分卷 清光緒七年（1881）刻本 一冊

330000－1705－0019731 朱3269 集部/別集類/清別集

蓉江闞鮫集不分卷 稿本 一冊

330000－1705－0019732 朱3129 集部/總集類/選集之屬/通代

古文分編集評初集五卷二集五卷三集八卷四集四卷 （清）于光華輯 清嘉慶六年（1801）敦怡堂刻本 十八冊

330000－1705－0019733 朱3621 集部/別集類/唐五代別集

李長吉歌詩四卷外集一卷首一卷 （唐）李賀撰 （清）王琦彙解 清乾隆王氏寶笏樓刻本 四冊

330000－1705－0019734 朱續0008 經部/書類/分篇之屬

禹貢一卷 清抄本 一冊

330000－1705－0019735 朱3283 集部/別集類/清別集

一齋文集不分卷 （清）一齋撰 稿本 一冊

330000－1705－0019736　朱3586　類叢部/叢書類/自著之屬

娛園重訂靈芬館集十種　（清）郭麐撰　清嘉慶至道光刻光緒五年(1879)許增增修本　二冊　存一種

330000－1705－0019737　朱3271　集部/別集類/清別集

浣青草堂詩藁不分卷　（清）□□撰　稿本　清葉煥題　一冊

330000－1705－0019738　朱3504　集部/詞類/類編之屬

宋名家詞六十一種九十卷　（明）毛晉編　清光緒十四年(1888)錢塘汪氏刻本　二十八冊

330000－1705－0019740　朱3524　集部/詞類/別集之屬

苾芻館詞集六卷　（清）胡延撰　清刻本　三冊　存四卷(三至六)

330000－1705－0019741　朱2326　集部/總集類/彙編之屬

後篋中集不分卷　（清）符葆森輯　稿本　一冊

330000－1705－0019742　朱3585　類叢部/叢書類/自著之屬

娛園重訂靈芬館集十種　（清）郭麐撰　清嘉慶至道光刻光緒五年(1879)許增增修本　一冊　存一種

330000－1705－0019743　朱3725、朱3724、朱3546、朱3723　集部/詞類/類編之屬

四印齋所刻詞三十一種　（清）王鵬運編　清光緒十四年(1888)桂林王氏四印齋刻本　八冊　存九種

330000－1705－0019744　朱3613　集部/別集類/清別集

匹夫詩五卷附洞仙詞五卷　（清）陳星涵撰　清光緒三十三年(1907)西安刻本　一冊　存五卷(匹夫詩一至五)

330000－1705－0019745　朱3127　集部/總集類/選集之屬/通代

小倉山房靈怪選四卷　（清）袁枚撰　（清）釋了璞輯　詩餘清麗集四卷　（清）陸沉選　清道光四年至五年(1824－1825)稿本　二冊　缺二卷(詩餘清麗集三至四)

330000－1705－0019750　朱3285　集部/別集類/清別集

水氏詩存二卷　（清）水澄等撰　抄本　一冊

330000－1705－0019751　朱3572　集部/詞類/別集之屬

鶴緣詞一卷　（清）呂耀斗撰　清光緒二十六年(1900)呂氏敬止堂刻本　一冊

330000－1705－0019752　朱3270　集部/別集類/清別集

芰湖詩鈔三卷　（清）汪國撰　清抄本　一冊

330000－1705－0019753　朱續0030　經部/小學類/文字之屬/字書/字典

康熙字典十二集三十六卷總目一卷檢字一卷辨似一卷等韻一卷補遺一卷備考一卷　（清）張玉書等纂修　清宣統元年(1909)上海集成圖書公司石印本　六冊

330000－1705－0019754　朱3576　集部/別集類/清別集

獵微集不分卷　（清）許承家撰　清康熙刻本　二冊

330000－1705－0019755　朱3268　集部/別集類/明別集

世敬堂集四卷　（明）趙文華撰　清抄本　三冊

330000－1705－0019757　朱續0029　經部/小學類/訓詁之屬/方言

越言釋二卷　（清）茹敦和撰　清光緒四年(1878)仁和葛元煦嘯園刻本　朱鼎煦題記　二冊

330000－1705－0019758　朱2179　集部/別集類/清別集

勿藥文稿一卷　（清）趙一清撰　清抄本　一冊

330000－1705－0019759　朱 3255　集部/總集類/選集之屬/斷代

明二十四家近體詩鈔四卷　清抄本　四冊

330000－1705－0019760　朱 3126　集部/別集類/明別集

何大復先生集三十八卷附錄一卷　（明）何景明撰　清乾隆十五年(1750)何氏賜策堂刻本　清楊泰亨題記　八冊

330000－1705－0019761　朱 3573　集部/別集類/清別集

嵩餘吟藁一卷續藁一卷　（清）丁蘊琛撰　清同治七年(1868)無諸城刻本　一冊

330000－1705－0019762　朱 3710　集部/戲劇類/傳奇之屬

碧聲吟館叢書六種　（清）許善長撰　清光緒三年(1877)碧聲吟館刻本　一冊

330000－1705－0019763　朱續 0028　經部/叢編

古經解彙函十六種附小學彙函十四種　（清）鍾謙鈞等輯　清同治十二年(1873)粵東書局刻本　一冊　存小學彙函一種

330000－1705－0019764　朱 3262　集部/別集類/清別集

定盦文集三卷續集四卷文集補五卷　（清）龔自珍撰　清同治七年(1868)吳煦刻本　三冊　缺三卷(文集一至三)

330000－1705－0019765　朱 1914　集部/別集類/清別集

璜釣集一卷　（清）邱對顏撰　清道光刻本　一冊

330000－1705－0019766　朱續 0626　類叢部/叢書類/自著之屬

抗希堂十六種　（清）方苞撰　清康熙至嘉慶桐城方氏抗希堂刻本　一冊　存二種

330000－1705－0019769　朱 3543　集部/詞類/類編之屬

詞學叢書六種二十三卷　（清）秦恩復編　清嘉慶至道光秦氏享帚精舍刻本　二冊　存一種

330000－1705－0019770　朱 3236　集部/別集類/清別集

越縵堂集十卷　（清）李慈銘撰　清光緒十六年(1890)王繼香刻本　六冊

330000－1705－0019771　朱續 0032　經部/小學類/文字之屬/字書/字體

篆字彙十二卷　（清）佟世男編　清康熙佐聖堂刻本　四冊

330000－1705－0019772　朱 3706、朱 3728　集部/戲劇類/總集之屬/雜劇

清容外集九種　（清）蔣士銓撰　清乾隆蔣氏紅雪樓刻本　二冊　存二種

330000－1705－0019773　朱 3571　集部/別集類/清別集

咄咄吟二卷　（清）王炳撰　清乾隆四十年(1775)敦本堂刻本　一冊

330000－1705－0019774　朱 3696　集部/總集類/選集之屬/通代

宮閨文選二十六卷姓氏小錄不分卷　（清）周壽昌輯　清光緒十二年(1886)嶺南集成書局石印本　二冊

330000－1705－0019775　朱 3120　集部/別集類/清別集

香樹齋詩集十八卷詩續集三十六卷　（清）錢陳羣撰　清乾隆十六年至十九年(1751－1754)刻本　八冊　缺三十卷(續集七至三十六)

330000－1705－0019776　朱 3744　集部/別集類/清別集

擬兩晉南北史樂府二卷　（清）洪亮吉撰　清乾隆三十六年(1771)刻本　一冊

330000－1705－0019777　朱 3540　集部/別集類/清別集

柏梘山房文集十六卷文續集一卷詩集十卷詩續集二卷駢體文二卷　（清）梅曾亮撰　清咸豐六年(1856)楊以增、楊紹穀等慎修書屋刻同治三年(1864)補刻本　六冊

330000－1705－0019778　朱3515　集部/總集類/選集之屬/斷代

唐詩三百首註疏六卷 （清）孫洙編 （清）章燮注　清道光浙紹墨潤堂刻本　二冊

330000－1705－0019779　朱3523　集部/別集類/清別集

洗齋病學草擬存詩一卷附存詩一卷 （清）胡壽頤撰 （清）昨非居士輯　清光緒十年(1884)山陰胡氏刻本　二冊

330000－1705－0019780　朱3570　集部/總集類/題詠之屬

新年雜詠二卷 （清）黃模 （清）吳錫麒等撰　清乾隆刻本　一冊

330000－1705－0019781　朱續0031　子部/藝術類/書畫之屬/法帖

草字彙十二卷 （清）石梁輯　清光緒元年(1875)漁古山房刻本　六冊

330000－1705－0019782　朱3695　集部/詞類/別集之屬

竹眠詞四卷 （清）黃景仁撰　清道光八年(1828)刻本　二冊

330000－1705－0019783　朱3742、朱4999　集部/詞類/類編之屬

侯鯖詞五種 （清）吳唐林編　清光緒十一年(1885)杭州吳氏刻本　二冊　存三種

330000－1705－0019784　朱3119　集部/別集類/清別集

翁山詩外二十卷 （清）屈大均撰　清宣統二年(1910)上海國學扶輪社鉛印本(卷二十原缺)　十二冊

330000－1705－0019786　朱3489　集部/別集類/清別集

餘慶堂詩文集十卷 （清）陳美訓撰　清嘉慶二十一年(1816)餘慶堂刻本　二冊

330000－1705－0019791　朱續0025　經部/小學類/訓詁之屬/群雅

駢雅訓纂十六卷首一卷 （明）朱謀㙔撰 （清）魏茂林訓纂　清光緒二十年(1894)上海

萬選書局石印本　四冊

330000－1705－0019792　朱3741　集部/別集類/清別集

聽香室遺稿四種五卷 （清）潘誠貴撰　清光緒五年(1879)潘氏刻本　一冊　存一種

330000－1705－0019795　朱3568　集部/別集類/清別集

有正味齋駢體箋註十六卷補註一卷 （清）吳錫麒撰 （清）葉聯芬箋注　清刻本　七冊　存十五卷(三至十六、補註)

330000－1705－0019796　朱3568－1　集部/別集類/清別集

有正味齋駢體箋註十六卷補註一卷 （清）吳錫麒撰 （清）葉聯芬箋注　清刻本　二冊　存四卷(三至四、十四至十五)

330000－1705－0019797　朱續0023　經部/小學類/文字之屬/說文/專著

許氏說文解字雙聲疊韻譜一卷 （清）鄧廷楨撰　清光緒九年(1883)上海同文書局石印本　一冊

330000－1705－0019801　朱續0024　經部/小學類/文字之屬/說文/專著

許氏說文解字雙聲疊韻譜一卷 （清）鄧廷楨撰　清光緒九年(1883)上海同文書局石印本　一冊

330000－1705－0019802　朱3852　集部/詞類/別集之屬

藤香館詞一卷 （清）薛時雨撰　清同治五年(1866)全椒薛氏刻本　二冊

330000－1705－0019803　朱3565　集部/別集類/清別集

書屏詩文鈔六卷 （清）郭文鎠撰　清嘉慶十二年(1807)刻本　一冊

330000－1705－0019804　朱3513　集部/別集類/清別集

銅井山房類稿二卷 （清）袁蘭升撰　清光緒二十一年(1895)刻本　一冊　存一卷(一)

330000－1705－0019805　朱 3740、朱 5626
集部/別集類/清別集

遂懷堂全集三十八卷 （清）袁翼撰　清光緒
十四年(1888)袁鎮嵩刻本　九冊　存十八卷
(駢文箋註一至十六、小清容山館詞鈔一至
二)

330000－1705－0019806　朱 3890　集部/總
集類/彙編之屬

漢魏六朝一百三家集(漢魏六朝百三名家集)
　（明）張溥編　清光緒三年(1877)滇南唐氏
壽考堂刻本　八十冊

330000－1705－0019808　朱 3574　集部/別
集類/清別集

**香樹齋詩集十八卷詩續集三十六卷文集二十
八文續鈔五卷** （清）錢陳羣撰　清乾隆十六
年(1751)刻本　二十四冊

330000－1705－0019809　朱 3529　集部/總
集類/郡邑之屬

國朝嚴州詩錄八卷 （清）宗源瀚輯　清光緒
二年(1876)刻本　一冊

330000－1705－0019810　朱 3510　集部/別
集類/清別集

粵遊草一卷 （清）任塾撰　清刻本　一冊

330000－1705－0019811　朱 3511　集部/別
集類/清別集

阜湖山人詩鈔六卷 （清）宋杰撰　清同治刻
本　一冊　存三卷(一至三)

330000－1705－0019812　朱 3738　集部/別
集類/清別集

傳紅寫翠室賸稿一刻一卷 （清）鄒銓撰　清
光緒十年(1884)刻本　一冊

330000－1705－0019813　朱 3737　集部/別
集類/清別集

心藤草堂詩不分卷 （清）趙光琦撰　稿本
清楊文鎔　清蔡鼎題記　一冊

330000－1705－0019814　朱 3612　集部/別
集類/清別集

困學書屋試律□□卷 （清）周喬齡撰　清嘉

慶十五年(1810)刻本　一冊　存三卷(一至
三)

330000－1705－0019815　朱 3614　集部/別
集類/清別集

大瓠堂詩選不分卷 清抄本　一冊

330000－1705－0019816　朱 3736　集部/詞
類/別集之屬

梅影盦詞稿不分卷 （清）紉秋撰　清抄本
一冊

330000－1705－0019817　朱 3595　集部/別
集類/宋別集

方泉先生詩集三卷 （宋）周文璞撰　清宣統
元年(1909)國光社石印本　一冊

330000－1705－0019818　朱 3734　集部/詞
類/類編之屬

詞學叢書六種二十三卷 （清）秦恩復編　清
嘉慶至道光秦氏享帚精舍刻本　一冊　存
一種

330000－1705－0019820　朱 3594　集部/別
集類/清別集

**漁洋山人精華錄箋注十二卷補一卷附年譜一
卷** （清）王士禛撰　（清）金榮箋注　（清）
徐准纂輯　清刻本　一冊　存二卷(漁洋山
人精華錄箋注一、年譜)

330000－1705－0019822　朱 3731　集部/詞
類/類編之屬

天籟軒五種 （清）葉申薌撰　清道光閩中葉
氏天籟軒刻本　一冊　存一種

330000－1705－0019823　朱 3732　集部/詞
類/類編之屬

薇省同聲集五卷 （清）彭鑾編　清光緒十六
年(1890)刻本　二冊

330000－1705－0019824　朱 3851　集部/詞
類/別集之屬

新蒪詞六卷外集一卷 （清）張景祁撰　清光
緒九年(1883)百億梅花仙館刻本　二冊

330000－1705－0019825　朱續 0018　經部/

小學類/文字之屬/說文
說文釋例二十卷 （清）王筠撰　清光緒十三年(1887)上海積山書局石印本　五冊

330000－1705－0019827　朱 3730　集部/戲劇類/總集之屬/傳奇
竹初樂府 （清）錢維喬撰　清嘉慶十三年(1808)小林樓刻本　二冊　存五種

330000－1705－0019828　朱 3729　集部/曲類/傳奇之屬
翻刻第七才子書六卷 （元）高明撰　清咸豐八年(1858)隆文堂刻本　六冊

330000－1705－0019829　朱 3847　集部/總集類/酬唱之屬
鴛鴦湖櫂歌五種五卷 （清）朱彝尊　（清）譚吉璁撰　（清）陸以誠　（清）張燕昌續　清乾隆四十年(1775)朱芳衡刻本　二冊

330000－1705－0019830　朱續 0017　經部/小學類/文字之屬/說文
說文解字十五卷標目一卷 （漢）許慎撰（宋）徐鉉等校定　清光緒十一年(1885)上海同文書局石印本　二冊

330000－1705－0019831　朱 3719　集部/戲劇類/傳奇之屬
桃谿雪二卷 （清）黃憲清撰　（清）李光溥評文　**徐烈婦詩鈔二卷回文一卷附同心梔子圖續編一卷** （清）吳宗愛撰　（清）楊晉藩（清）許楣評　清同治至光緒雲鶴僊館刻本　一冊

330000－1705－0019832　朱續 0016　經部/小學類/文字之屬/說文
說文管見三卷 （清）胡秉虔撰　清光緒七年(1881)鄞縣林植海望益山房書局刻本　一冊

330000－1705－0019833　朱 3727　集部/詞類/別集之屬
問玉辭不分卷　抄本　一冊

330000－1705－0019834　朱 3893　集部/別集類/清別集
鮚埼亭集外編五十卷 （清）全祖望撰　（清）

董秉純編　（清）蔣學鏞審訂　（清）汪繼培重編　清刻本　十三冊　存四十四卷(七至五十)

330000－1705－0019835　朱 3894　集部/別集類/明別集
六如居士全集六種 （明）唐寅撰　清嘉慶六年(1801)長沙唐仲冕果克山房刻本　六冊

330000－1705－0019836　朱 4190　經部/書類/分篇之屬
禹貢圖注一卷 （明）艾南英撰　清刻本一冊

330000－1705－0019837　朱 3939　集部/別集類/唐五代別集
唐丞相曲江張文獻公集十二卷附錄一卷千秋金鑑錄五卷 （唐）張九齡撰　清光緒十八年(1892)張曉如刻本　六冊

330000－1705－0019838　朱 3845　集部/詞類/類編之屬
三家宮詞三卷二家宮詞二卷 （明）毛晉編清同治十二年(1873)淮南書局刻本　一冊

330000－1705－0019839　朱續 0009　經部/群經總義類/傳說之屬
增訂五經體註大全五種四十卷 （清）嚴氏家塾主人輯　清光緒五年(1879)慈水古草堂刻本　一冊　存一種

330000－1705－0019840　朱 3722　集部/詞類/別集之屬
聞妙香室詞鈔四卷 （清）錢錫寀撰　清宣統二年(1910)天津醒華報館石印本　一冊

330000－1705－0019841　朱 3978、朱 3978－1集部/別集類/清別集
玉井山館集五種 （清）許宗衡撰　清同治刻本　四冊　存三種

330000－1705－0019842　朱 3955　集部/總集類/郡邑之屬
嶺南三大家詩選二十四卷 （清）王隼編　清同治七年(1868)南海陳氏刻本　五冊

330000－1705－0019843　　朱3721　　集部/詞類/別集之屬

曝書亭集詞註七卷　（清）朱彝尊撰　（清）李富孫注　清嘉慶十九年(1814)嘉興李氏校經廎刻本　四冊

330000－1705－0019844　　朱4004　　集部/別集類/唐五代別集

唐陸宣公集二十二卷　（唐）陸贄撰　清光緒二十四年(1898)上海著易堂石印本　四冊

330000－1705－0019845　　朱3889　　集部/別集類/清別集

玉芝堂文集六卷詩集三卷　（清）邵齊燾撰　清光緒五年(1879)湖南節署刻本　三冊

330000－1705－0019846　　朱3958　　類叢部/叢書類/自著之屬

古愚老人消夏錄十七種　（清）汪汲撰輯　清乾隆至嘉慶古愚山房刻本　五冊　存八種

330000－1705－0019847　　朱3716　　集部/詞類/別集之屬

秋水軒詞一卷　（清）莊盤珠撰　清咸豐六年(1856)蕭山丁氏刻本　一冊

330000－1705－0019848　　朱3885　　集部/別集類/清別集

一簾花影樓試律詩一卷附律賦一卷　（清）朱鳳毛撰　清光緒十五年(1889)刻本　一冊

330000－1705－0019850　　朱3948　　集部/別集類/清別集

自適齋詩鈔二卷　（清）李震撰　清道光十五年(1835)刻本　二冊

330000－1705－0019852　　朱3715　　集部/詞類/類編之屬

同人詞選六種　（清）孫灝編　清咸豐三年(1853)刻本　一冊　存二種

330000－1705－0019853　　朱3929　　集部/別集類/明別集

空同子集六十六卷目錄三卷附錄二卷　（明）李夢陽撰　（明）鄧雲霄輯　明萬曆三十年(1602)東莞鄧雲霄刻本　一冊　存五卷(六

十四至六十八)

330000－1705－0019854　　朱3714　　集部/詞類/類編之屬

吳氏石蓮庵刻山左人詞　吳重熹編　清光緒二十七年(1901)海豐吳氏金陵刻本　一冊　存一種

330000－1705－0019855　　朱4045　　集部/別集類/唐五代別集

杜工部集二十卷首一卷　（唐）杜甫撰　清乾隆五十年(1785)玉勾草堂刻本　十二冊

330000－1705－0019856　　朱3942　　集部/詩文評類/詩評之屬

全唐詩話八卷　（宋）尤袤輯　（清）孫濤續輯　清乾隆三十九年(1774)清芬堂刻本　四冊

330000－1705－0019858　　朱3654　　集部/詞類/總集之屬

絕妙好詞箋七卷　（宋）周密輯　（清）查爲仁（清）厲鶚箋　**絕妙好詞續鈔一卷**　（清）余集輯　**絕妙好詞又續鈔一卷**　（清）徐楙補錄　清道光八年(1828)徐楙杭州愛日軒刻本　四冊

330000－1705－0019859　　朱4270　　集部/詞類/總集之屬

六家詩餘　（清）孫默編　清康熙休寧孫氏留松閣刻本　一冊　存二種

330000－1705－0019860　　朱4046　　集部/別集類/清別集

煙霞萬古樓文集六卷　（清）王曇撰　清道光二十年(1840)刻本　二冊

330000－1705－0019862　　朱3941　　集部/別集類/清別集

歸宮詹集四卷　（清）歸允肅撰　（清）歸朝煦編　清嘉慶十年(1805)玉鑰堂刻本　三冊　存三卷(一至三)

330000－1705－0019863　　朱3842　　集部/詞類/別集之屬

苾芻館詞集六卷　（清）胡延撰　清光緒二十九年(1903)金陵糧儲道廨刻本　一冊　存二

卷（一至二）

330000－1705－0019866　朱3945　集部/別
集類/清別集

木雞書屋文鈔三十卷詩選六卷　（清）黃金臺
撰　清道光十二年至咸豐八年（1832－1858）
刻本　一冊　存六卷（詩選一至六）

330000－1705－0019867　朱4055　集部/詞
類/別集之屬

**憶雲詞甲稾一卷乙稾一卷丙稾一卷丁稾一卷
刪存一卷**　（清）項廷紀撰　清有正書局石印
本　一冊

330000－1705－0019868　朱3841　類叢部/
叢書類/彙編之屬

半厂叢書初編十種　（清）譚獻編　清同治至
光緒仁和譚氏刻本　二冊　存二種

330000－1705－0019869　朱4056　集部/詞
類/別集之屬

海棠香夢詞四卷和白香詞譜全集一卷　（清）
陳壽嵩撰　清光緒二十六年（1900）刻本
二冊

330000－1705－0019870　朱4003　集部/詞
類/別集之屬

紅雪詞甲集二卷乙集二卷詞餘一卷　（清）馮
雲鵬撰　清嘉慶五山馮雲鵬掃紅亭刻本
八冊

330000－1705－0019871　朱3980　集部/詞
類/總集之屬

淮海秋笳集十二卷附錄一卷　（清）李肇增輯
清咸豐十年（1860）遲雲山館刻本　二冊

330000－1705－0019872　朱4104　集部/別
集類/清別集

**望溪先生文集十八卷集外文十卷集外文補遺
二卷年譜二卷**　（清）方苞撰　清咸豐元年
（1851）戴鈞衡刻二年（1852）增刻本　十六冊

330000－1705－0019873　朱4084　集部/詞
類/別集之屬

山中白雲詞八卷附錄一卷　（宋）張炎撰　清
康熙刻本　三冊

330000－1705－0019874　朱3922　集部/別
集類/清別集

有懷堂詩藁六卷文藁二十二卷　（清）韓菼撰
清康熙四十二年（1703）韓氏有懷堂刻本
六冊

330000－1705－0019875　朱4082　集部/詞
類/別集之屬

玉泫詞一卷　（清）潘曾瑋撰　清咸豐四年
（1854）蘇城徐元圃局刻本　一冊

330000－1705－0019876　朱4081　集部/詞
類/別集之屬

金梁夢月詞二卷懷夢詞一卷鴻雪詞二卷
（清）周之琦撰　清道光刻本　清尊寶主人跋
一冊　存二卷（鴻雪詞一至二）

330000－1705－0019878　朱3836　集部/總
集類/選集之屬/斷代

唐文粹一百卷　（宋）姚鉉輯　清光緒九年
（1883）江蘇書局刻本　二十冊

330000－1705－0019879　朱3647　集部/詞
類/別集之屬

新樂府詞一卷　（清）萬斯同撰　清同治八年
（1869）刻本　二冊

330000－1705－0019880　朱3979　集部/別
集類/清別集

樊榭山房集十卷續集十卷　（清）厲鶚撰　清
乾隆四年（1739）武林繡墨齋刻十六年（1751）
續刻本　一冊　存四卷（集一至四）

330000－1705－0019881　朱4001　集部/詞
類/別集之屬

樗洲詞二卷　（清）勒方錡撰　清同治四年
（1865）刻本　一冊

330000－1705－0019884　朱3651　集部/詞
類/總集之屬

國朝七家詞選一卷　（清）孫麟趾輯　**國朝詞
續選一卷**　（清）張鳴珂撰　清光緒二十四年
（1898）刻本　一冊

330000－1705－0019885　朱4272　集部/別
集類/清別集

一齋舊詩一卷　（清）魏學誠撰　清康熙四十七年(1708)刻本　一冊

330000－1705－0019887　朱 4000　史部/地理類/雜志之屬

都門竹枝詞一卷　（清）楊靜亭等撰　清光緒三年(1877)刻本　一冊

330000－1705－0019888　朱 3832　集部/別集類/清別集

蘭雪集八卷　（清）柯振嶽撰　清嘉慶二十三年(1818)藏修齋刻本　六冊

330000－1705－0019889　朱 4072　集部/別集類/清別集

蘭薰雪白齋試帖詩不分卷　（清）朱慶祺撰　清抄本　一冊

330000－1705－0019890　朱 3998　集部/詞類/總集之屬

唐五代詞選三卷　（清）成肇麐輯　清光緒十三年(1887)刻本　朱鼎煦題記　一冊

330000－1705－0019891　朱 3928　集部/總集類/選集之屬/通代

昭明文選六臣彙註疏解十九卷　（清）顧施禎輯　清康熙二十五年(1686)建安鄭氏心耕堂刻本　二冊　存四卷(八至九、十二至十三)

330000－1705－0019892　朱 4310　類叢部/叢書類/自著之屬

邃雅堂全集九種　（清）姚文田撰　清嘉慶至光緒歸安姚氏刻本　七冊　存二種

330000－1705－0019893　朱 3882　類叢部/叢書類/自著之屬

元遺山先生全集九種　（金）元好問撰　清道光三十年(1850)靈石楊氏刻本　十四冊　存五種

330000－1705－0019896　朱 4098　集部/別集類/清別集

息游閣詩鈔十卷　（清）沈翼天撰　稿本　一冊　存三卷(三至五)

330000－1705－0019897　朱 3964　集部/別集類/清別集

北山詩鈔五卷　（清）姜文衡撰　清咸豐八年(1858)刻本　二冊

330000－1705－0019899　朱續 0645、朱續 0119、朱續 0601、朱續 0606、朱續 0401、朱續 0481、朱續 0273、朱續 0274　類叢部/叢書類/彙編之屬

申報館叢書正集五十七種附錄三種　尊聞閣主編　續集一百四十二種　蔡爾康編　清同治至光緒上海申報館鉛印本　二百六十四冊　存七種

330000－1705－0019900　朱 4096　集部/別集類/清別集

天愚先生詩集六卷詩鈔八卷文集八卷文鈔八卷別集四卷　（清）謝泰宗撰　文鈔附錄一卷　（清）吳偉業等撰　清康熙五十五年(1716)致遠堂刻本　一冊　存三卷(詩鈔一至三)

330000－1705－0019901　朱 3975　集部/別集類/清別集

晉遊集五卷　（清）黃灣撰　清康熙刻本　一冊

330000－1705－0019902　朱 3923　集部/別集類/清別集

香笠遺詩一卷　（清）孫宏仁撰　清乾隆刻本　一冊

330000－1705－0019904　朱 4069　集部/總集類/選集之屬/通代

玉臺新詠十卷　（南朝陳）徐陵編　清華綺保元堂刻本　一冊　存五卷(一至五)

330000－1705－0019905　朱 3864　集部/別集類/漢魏六朝別集

陶淵明文集十卷　（晉）陶潛撰　清同治二年(1863)何氏篤慶堂刻本　二冊

330000－1705－0019906　朱 3973　集部/別集類/清別集

泰雲堂文集二卷駢體文集二卷詩集十八卷詞集三卷　（清）孫爾準撰　清同治九年(1870)刻本　一冊　存四卷(文集一至二、駢體文集

一至二)

330000－1705－0019908　朱4094　集部/詞類/別集之屬

海棠巢詞稿一卷　（清）李若虛撰　清刻本一冊

330000－1705－0019909　朱3857　集部/總集類/彙編之屬

六朝四家全集　（清）胡鳳丹輯　清同治九年(1870)永康胡氏退補齋刻本　六冊

330000－1705－0019910　朱4365　集部/別集類/唐五代別集

樊南文集補編十二卷　（唐）李商隱撰　（清）錢振倫　（清）錢振常箋注　玉谿生年譜訂誤一卷　（清）錢珍倫撰　清同治五年(1866)吳氏望三益齋刻本　四冊

330000－1705－0019911　朱4258　集部/總集類/氏族之屬

[浙江寧波]四明水氏留碩稿不分卷　（清）水嘉穀輯　清光緒十八年(1892)四明水嘉穀刻本　二冊

330000－1705－0019912　朱3968　集部/別集類

飛逸樓詩存□□卷　張平撰　清刻本　一冊存一卷(一)

330000－1705－0019913　朱4257　集部/總集類/選集之屬/斷代

唐人三家集三種　（清）秦恩復編　清嘉慶至道光秦氏石研齋影宋刻本　一冊　存一種

330000－1705－0019915　朱3979－1　集部/別集類/清別集

樊榭山房文集八卷　（清）厲鶚撰　清乾隆刻本　一冊　存四卷(五至八)

330000－1705－0019916　朱4073、朱4321　集部/別集類/清別集

竹素園詩草三卷日下集一卷　（清）王鳴盛撰　清乾隆刻本　二冊

330000－1705－0019917　朱4256　集部/別

集類/清別集

白華山人詩集十六卷詩說二卷　（清）厲志撰　清道光十六年(1836)刻本　二冊

330000－1705－0019918　朱3994　集部/詞類/類編之屬

蒙香室叢書　馮煦輯　清光緒刻本　四冊存一種

330000－1705－0019919　朱3966　集部/別集類/清別集

瑤研厽吟艸一卷　（清）方成珪撰　清道光二十六年(1846)木活字印本　一冊

330000－1705－0019921　朱4255　集部/總集類/郡邑之屬

蛟川先正文存二十卷補遺一卷　（清）陳繼聰編　清光緒八年(1882)刻本　八冊

330000－1705－0019923　朱4360、朱4361　集部/別集類/宋別集

舒文靖公類藁四卷首一卷　（宋）舒璘撰　附錄三卷　（清）徐時棟輯　清同治十一年(1872)舒亨熙刻本　二冊

330000－1705－0019924　朱4239　集部/別集類/唐五代別集

寒山子詩集一卷　（唐）釋寒山子撰　天目中峯國師懷淨土詩一卷　清光緒九年(1883)刻本　一冊

330000－1705－0019925　朱4066　集部/總集類/彙編之屬

六朝四家全集　（清）胡鳳丹輯　清同治九年(1870)永康胡氏退補齋刻本　六冊

330000－1705－0019927　朱4293　集部/別集類

拱宸橋竹枝詞二卷　陳栩撰　清光緒二十六年(1900)刻本　二冊

330000－1705－0019928　朱4061　集部/總集類/郡邑之屬

越中先賢詩鈔不分卷　（清）沈霞西輯　清抄本　一冊

330000－1705－0019929　朱4289　集部/別集類/明別集

疑雨集四卷　(明)王彥泓撰　清宣統二年(1910)上海掃葉山房石印本　二冊

330000－1705－0019931　朱4288　集部/別集類/清別集

庸盦海外文編四卷　(清)薛福成撰　清光緒二十二年(1896)石印本　二冊

330000－1705－0019932　朱4300　史部/地理類/專志之屬/古跡

四明古蹟四卷　(清)陳之綱輯　清道光二年(1822)是亦樓刻本　四冊

330000－1705－0019933　朱續0006　類叢部/叢書類/自著之屬

焦氏遺書十種附一種　(清)焦循撰　清嘉慶至道光江都焦氏雕菰樓刻光緒二年(1876)衡陽魏氏補刻本　一冊　存一種

330000－1705－0019934　朱4237　集部/總集類/郡邑之屬

國朝金陵詩徵四十八卷　(清)朱緒曾編　清光緒十三年(1887)德清俞樾刻本　十六冊

330000－1705－0019935　朱4359　集部/別集類/清別集

真有益齋文編不分卷　(清)黃安濤撰　清抄本　一冊

330000－1705－0019936　朱4274　集部/別集類/清別集

緘石齋詩存四卷　(清)虞廷宣撰　(清)虞振璐等編　清同治九年(1870)刻本　一冊

330000－1705－0019937　朱3646、朱3850　集部/詞類/類編之屬

詞苑英華九種　(明)毛晉編　明崇禎毛氏汲古閣刻本　四冊　存三種

330000－1705－0019938　朱4107　集部/別集類/清別集

靜便齋集十卷　(清)王曾祥撰　清乾隆二十八年(1763)刻本　一冊

330000－1705－0019939　朱4349　集部/別集類/清別集

日本雜事詩二卷　(清)黃遵憲撰　清光緒二十四年(1898)長沙富文堂刻本　一冊

330000－1705－0019940　朱4060　集部/總集類/郡邑之屬

於越詩繫二十二卷　清抄本　十四冊

330000－1705－0019942　朱4283、朱4283－1　集部/曲類/散曲之屬

三家曲　(清)朱靜校　清光緒二十六年(1900)刻本　朱鼎煦題記　四冊

330000－1705－0019943　朱續0646　類叢部/叢書類/彙編之屬

申報館叢書正集五十七種附錄三種　尊聞閣主編　**續集一百四十二種**　蔡爾康編　清同治至光緒上海申報館鉛印本　三十四冊　存十種

330000－1705－0019944　朱4323　集部/別集類/清別集

袁文箋正十六卷補注一卷　(清)袁枚撰　(清)石韞玉箋　清嘉慶十七年(1812)鶴壽山堂刻本　四冊

330000－1705－0019946　朱4313　集部/別集類/清別集

天益山堂遺集十卷續刻一卷　(清)馮元仲撰　清乾隆八年(1743)刻本　二冊

330000－1705－0019948　朱續0647　類叢部/叢書類/彙編之屬

申報館叢書正集五十七種附錄三種　尊聞閣主編　**續集一百四十二種**　蔡爾康編　清同治至光緒上海申報館鉛印本　五冊　存三種

330000－1705－0019949　朱4280　集部/總集類/課藝之屬

格致課藝彙編十三卷　(清)王韜編　清光緒二十三年(1897)上海書局石印本　十三冊

330000－1705－0019950　朱3650　集部/別集類/清別集

詠史樂府初集不分卷　(清)周在燧撰　清乾

隆三十八年（1773）刻本　一冊

330000－1705－0019951　朱4348　集部/別
集類/清別集

西遊草一卷　（清）虞光祚撰　**春遊艸一卷**
（清）陳策撰　清順治、康熙刻本　一冊

330000－1705－0019952　朱4312　集部/總
集類/酬唱之屬

德聚堂壽言不分卷　清康熙刻本　一冊

330000－1705－0019953　朱3919　集部/詞
類/別集之屬

詞鈔不分卷　（清）□□撰　稿本　一冊

330000－1705－0019954　朱4077、朱4106、
朱5466　類叢部/叢書類/彙編之屬

滂喜齋叢書五十種　（清）潘祖蔭編　清同治
至光緒吳縣潘氏京師刻本　三冊　存五種

330000－1705－0019956　朱4275　集部/別
集類/清別集

望湖樓詩鈔二卷　（清）忻文都撰　清道光十
三年（1833）木活字印本　一冊

330000－1705－0019957　朱4322　集部/總
集類/選集之屬/通代

東萊先生古文關鍵二卷　（宋）呂祖謙評
（宋）蔡文子注　（清）徐樹屏考異　清刻本
二冊

330000－1705－0019958　朱4410　集部/別
集類/清別集

二知軒詩續鈔二十二卷　（清）方濬頤撰　清
同治廣州刻本　十冊

330000－1705－0019959　朱4451　史部/職
官類/官箴之屬

學仕遺規四卷補四卷　（清）陳弘謀撰　清乾
隆三十四年（1769）培遠堂刻本　清楊泰亨題
記　五冊

330000－1705－0019960　朱4390　集部/別
集類/清別集

長春花館詩集十二卷　（清）張恕撰　**長春花
館詩集附編一卷**　（清）張鼎輔撰　清同治七

年（1868）刻本　二冊

330000－1705－0019961　朱4396　集部/別
集類/清別集

紫峴山人全集五十四卷　（清）張九鉞撰　**陶
園年譜一卷**　（清）張家栻編　清光緒十五年
（1889）湘潭張氏重刻本　十六冊　缺十二卷
（外集一至十二）

330000－1705－0019962　朱4473　集部/別
集類/清別集

稻香樓詩槀一卷　（清）張慶榮撰　**蘭心閣詩
槀一卷**　（清）張朱瑩撰　清咸豐八年（1858）
清儀閣刻本　朱鼎煦題記　一冊

330000－1705－0019963　朱4273　集部/別
集類/清別集

臙齋文集八卷詩集四卷　（清）張穆撰　（清）
吳履敬　（清）吳式訓編　清咸豐八年（1858）
壽陽祁寯藻北京刻本　四冊

330000－1705－0019965　朱4346　集部/別
集類/清別集

長春花館詩集十二卷　（清）張恕撰　**長春花
館詩集附編一卷**　（清）張鼎輔撰　清同治七
年（1868）刻本　一冊

330000－1705－0019966　朱4452　集部/別
集類/清別集

綠蘿山莊詩集三十三卷　（清）胡浚撰　清乾
隆二十七年（1762）刻本　十六冊

330000－1705－0019967　朱4461　集部/總
集類/氏族之屬

沈氏三先生文集六十一卷附錄一卷　（宋）
□□輯　清光緒二十二年（1896）浙江書局刻
本（長興集卷四至十二、三十一、三十三至四
十一原缺）　十冊

330000－1705－0019969　朱7543　集部/別
集類/明別集

勉齋先生遺稿三卷　（明）鄭滿撰　（明）鄭梁
敬輯　清康熙刻本　一冊

330000－1705－0019970　朱4472　集部/別
集類/清別集

瀓潭山房古文存稿四卷附刻一卷詩集十七卷 （清）程襄龍撰　清嘉慶二年（1797）程世淳刻本　二冊　存四卷（瀓潭山房古文存稿一至四）

330000－1705－0019972　朱4269　經部/四書類/總義之屬/傳說

四書摭餘說七卷 （清）曹之升撰　清嘉慶三年（1798）蕭山曹氏家塾刻本　六冊

330000－1705－0019973　朱4338　集部/別集類/清別集

耕雪堂遺稿一卷 （清）陳濂撰　清道光木活字印本　一冊

330000－1705－0019974　朱4454　集部/別集類/清別集

養一齋文集二十卷 （清）李兆洛撰　清光緒四年（1878）刻本　八冊

330000－1705－0019976　朱4471　集部/別集類/清別集

古春軒詩鈔二卷 （清）梁德繩撰　清咸豐二年（1852）鳳城刻本　一冊

330000－1705－0019977　朱4268　集部/別集類/清別集

六一山房續集五卷 （清）董沛撰　清光緒五年（1879）刻本　一冊

330000－1705－0019978　朱4334　集部/別集類/明別集

余忠節公遺文一卷附錄一卷 （明）余煌撰　清末會稽董氏取斯家塾木活字印本　朱鼎煦題記　一冊

330000－1705－0019979　朱4453　集部/別集類/清別集

梅崖居士文集三十卷首一卷外集八卷 （清）朱仕琇撰　清乾隆四十七年（1782）新城魯仕驥刻道光重修本　八冊　缺八卷（外集一至八）

330000－1705－0019980　朱4334－1　集部/別集類/明別集

余忠節公遺文一卷附錄一卷 （明）余煌撰　清末會稽董氏取斯家塾木活字印本　朱鼎煦題記　一冊

330000－1705－0019981　朱4470　集部/別集類/清別集

繆武烈公遺集六卷首一卷 （清）繆梓撰　清光緒七年（1881）溧陽繆氏刻本　四冊

330000－1705－0019983　朱4267　集部/別集類/清別集

十誦齋集詩四卷詞一卷雜文一卷 （清）周天度撰　清乾隆四十八年（1783）刻本　二冊

330000－1705－0019984　朱4436　集部/別集類/清別集

胡文忠公遺集十卷首一卷 （清）胡林翼撰 （清）閻敬銘 （清）屬雲官 （清）盛康輯　清同治五年（1866）刻本　八冊

330000－1705－0019987　朱4446、朱9828　類叢部/叢書類/彙編之屬

槐廬叢書四十六種 （清）朱記榮編　清光緒三年至十五年（1877－1889）吳縣朱氏槐廬家塾刻本　九冊　存三種

330000－1705－0019988　朱4328　類叢部/叢書類/自著之屬

桐城吳先生全書六種附二種 （清）吳汝綸撰　清光緒三十年（1904）王恩綬等刻本　五冊　存一種

330000－1705－0019989　朱4469　集部/別集類/清別集

晚翠樓詩集二卷 （清）吳霽撰　清道光元年（1821）刻本　清石飛燕跋　一冊

330000－1705－0019990　朱4044　集部/總集類/選集之屬/斷代

皇朝經世文編一百二十卷姓名總目二卷 （清）賀長齡輯　清光緒十三年（1887）上海廣百宋齋鉛印本　二十四冊

330000－1705－0019991　朱4316　集部/別集類/宋別集

蘇學士文集十六卷 （宋）蘇舜欽撰　清康熙三十七年（1698）震澤徐惇孝、徐惇復白華書

屋刻本 二册

330000－1705－0019993 朱4333 集部／別集類／清別集

半巖廬遺集二卷 （清）邵懿辰撰 清光緒三十四年（1908）邵章等刻本 二册

330000－1705－0019994 朱4447 集部／別集類／明別集

勉齋先生遺稿三卷 （明）鄭滿撰 （明）鄭梁敬輯 清康熙刻本 一册

330000－1705－0019995 朱7879 集部／別集類／明別集

勉齋先生遺稿三卷 （明）鄭滿撰 （明）鄭梁敬輯 清康熙刻本 一册

330000－1705－0019997 朱4514 集部／別集類／唐五代別集

唐李長吉歌詩一卷 （清）史榮補註 清抄本 一册

330000－1705－0019998 朱3982 集部／小說類／長篇之屬

第一才子書六十卷首一卷一百二十回 （明）羅本撰 （清）毛宗崗評 清光緒十四年（1888）上海鴻文書局石印本 十二册

330000－1705－0019999 朱4401 集部／詞類／別集之屬

夢窗甲稿一卷乙稿一卷丙稿一卷丁稿一卷補遺一卷續補遺一卷 （宋）吳文英撰 清咸豐十一年（1861）刻本 清孫館主題記 四册

330000－1705－0020000 朱4405 集部／別集類／清別集

居易初集二卷 （清）經元善撰 清光緒二十七年（1901）鉛印本 二册

330000－1705－0020001 朱4402 集部／詞類／總集之屬

四明近體樂府十四卷 （清）袁鈞輯 **附一卷** （清）周世緒撰 清嘉慶二十三年（1818）慈谿鄭喬遷藏密廬刻本 二册

330000－1705－0020002 朱4261 集部／別

集類／清別集

南蘭文集六卷 （清）張恕撰 清光緒五年（1879）刻本 二册

330000－1705－0020004 朱4260 集部／別集類／清別集

匏繫齋詩鈔四卷 （清）馮可鏞撰 清光緒二十三年（1897）刻本 二册

330000－1705－0020005 朱4468 集部／詩文評類／詩評之屬

椿齡祝嘏十二卷首一卷 （清）沈炳垣等撰 清道光抄本 一册 缺九卷（四至十二）

330000－1705－0020007 朱4259 集部／總集類／選集之屬／斷代

句餘嗣響不分卷 （清）李楳輯 清宣統二年（1910）天門山館活字印本 一册

330000－1705－0020009 朱4459 集部／別集類／清別集

六一山房詩集十卷 （清）董沛撰 清同治十三年（1874）刻本 二册

330000－1705－0020010 朱4463 類叢部／叢書類／自著之屬

蛾術堂集十四種二十四卷 （清）沈豫撰 清道光蕭山沈氏漢讀齋刻本 一册 存二種

330000－1705－0020011 朱4458 集部／別集類／清別集

李養一先生詩集四卷賦一卷詩餘一卷 （清）李兆洛撰 清光緒八年（1882）江陰曹佳江陰刻本 二册

330000－1705－0020012 朱4463－1 類叢部／叢書類／自著之屬

蛾術堂集十四種二十四卷 （清）沈豫撰 清道光蕭山沈氏漢讀齋刻本 一册 存二種

330000－1705－0020013 朱4409 集部／別集類／明別集

懷麓堂全集五種 （明）李東陽撰 **年譜一卷** （清）朱景英編 **明李文正公年譜七卷** （清）法式善輯 （清）唐仲冕增補 清嘉慶八年（1803）茶陵李氏刻龍下學易堂印本 二十

二冊

330000－1705－0020014　　朱 4403　　集部/別
集類/清別集

韻香閣詩草一卷　（清）孔祥淑撰　清光緒十
二年(1886)刻本　一冊

330000－1705－0020015　　朱 4448　　類叢部/
叢書類/自著之屬

清吟堂全集十四種　（清）高士奇撰　清康熙
刻本　二冊　存一種

330000－1705－0020017　　朱 4350　　集部/別
集類/清別集

一笑集一卷續笑集一卷　（清）徐敬夫撰　清
道光元年(1821)刻本　一冊

330000－1705－0020018　　朱 4493　　集部/別
集類

廬山詩錄一卷　易順鼎撰　（清）張之洞評閲
　　清光緒三十四年(1908)影印本　一冊

330000－1705－0020019　　朱 4395　　集部/總
集類/選集之屬/斷代

湖海文傳七十五卷　（清）王昶輯　清道光十
七年(1837)經訓堂刻本　十六冊

330000－1705－0020020　　朱 4347　　類叢部/
叢書類/自著之屬

埜柏先生類稿八種　（清）宋在詩撰　清乾隆
三十八年(1773)刻本　一冊　存二種

330000－1705－0020021　　朱 4381　　集部/別
集類/清別集

續騷堂集一卷　（清）萬泰撰　清光緒十年
(1884)趙氏翰香居刻本　一冊

330000－1705－0020022　　朱 4341　　集部/別
集類/清別集

黃梨洲先生南雷文約四卷　（清）黃宗羲撰
清乾隆鄭性刻本　四冊

330000－1705－0020023　　朱 4492　　集部/別
集類/清別集

直木堂詩集七卷　（清）釋本晝撰　清康熙刻
本　一冊

330000－1705－0020024　　朱 4465、朱 9733
集部/別集類/清別集

硯壽堂詩鈔八卷詩續鈔二卷詩餘一卷　（清）
吳存楷撰　清光緒十二年(1886)鄂垣刻本
二冊　存七卷(硯壽堂詩鈔一至六、詩餘)

330000－1705－0020025　　朱 4450　　集部/別
集類/清別集

炗虛大師遺集三卷　（清）釋明中撰　清乾隆
刻本　一冊

330000－1705－0020026　　朱 3907　　集部/別
集類/清別集

天倫樂事五卷　（清）陶章煥撰　清嘉慶元年
(1796)刻本　二冊

330000－1705－0020027　　朱 4375　　集部/別
集類/清別集

果亭各體詩稿不分卷　（清）鄭爾毅撰　稿本
　　一冊

330000－1705－0020028　　朱 4374　　集部/別
集類/清別集

含翠軒遺詩一卷　（清）屠可寀撰　（清）屠鍾
蓉　（清）屠垚象編　清嘉慶刻本　一冊

330000－1705－0020029　　朱 4515　　集部/別
集類/元別集

郝文忠公陵川文集三十九卷　（元）郝經撰
（清）王鐠編　附錄一卷　清乾隆三年(1738)
王鐠刻本　十冊

330000－1705－0020031　　朱 4372　　集部/別
集類/清別集

己卯窗課一卷附庚辰觀風一卷　稿本　一冊

330000－1705－0020032　　朱 4379　　集部/別
集類/清別集

東井文鈔二卷詩鈔四卷　（清）黃定文撰　清
道光元年(1821)刻本　二冊

330000－1705－0020033　　朱 6670　　集部/別
集類/清別集

東井文鈔二卷詩鈔四卷　（清）黃定文撰　清
道光元年(1821)刻本　二冊

330000－1705－0020034　朱 4560　集部/別集類/清別集

拙存堂文初集八卷　（清）蔣衡撰　清乾隆六年(1741)刻本　六冊

330000－1705－0020035　朱 4491　集部/別集類/清別集

樵餘草十卷　（清）杜應譽撰　清乾隆刻本　一冊

330000－1705－0020036　朱 4541　集部/別集類/明別集

六如居士全集六種　（明）唐寅撰　清嘉慶六年(1801)長沙唐仲冕果克山房刻本　六冊

330000－1705－0020037　朱 4431　集部/別集類/宋別集

石林居士建康集八卷補遺一卷　（宋）葉夢得撰　**石林先生兩鎮建康紀年略一卷**　（清）葉廷琯撰　清道光二十四年(1844)吳中葉氏刻本　二冊

330000－1705－0020038　朱 4474　類叢部/叢書類/自著之屬

隨園三十種　（清）袁枚撰　清小倉山房刻本　一冊　存二種

330000－1705－0020039　朱 4487　集部/總集類/題詠之屬

海南闈錄不分卷　（清）黃贊勳等撰　清抄本　一冊

330000－1705－0020042　朱 4371　集部/楚辭類

屈子正音三卷　（清）方績撰　清道光七年(1827)刻本　一冊

330000－1705－0020045　朱 4489　集部/別集類/清別集

吳歈百絕一卷　（清）蔡雲撰　清光緒十年(1884)影印本　一冊

330000－1705－0020046　朱 4370　集部/別集類/清別集

鋤月居稿二卷　（清）柳瀛選撰　清光緒二十七年(1901)鉛印本　一冊

330000－1705－0020047　朱 4574　集部/別集類/明別集

韓忠定公集四卷　（明）韓文撰　（明）喬因羽編　清乾隆三年(1738)韓宗蕃刻本　四冊

330000－1705－0020048　朱 4368　集部/別集類/清別集

運甓齋聯語不分卷　（清）陳勵撰　清抄本　一冊

330000－1705－0020049　朱 4488　集部/總集類/題詠之屬

邗上題襟續集一卷　（清）曾燠等撰　清嘉慶二年(1797)刻本　一冊

330000－1705－0020050　朱 4625　集部/別集類/清別集

秋吟集一卷　（清）胡體坤撰　清光緒二十四年(1898)木活字印本　一冊

330000－1705－0020051　朱 4486　集部/別集類/清別集

悟雪樓詩存三十四卷　（清）徐謙撰　清嘉慶至同治四香草堂刻本　十冊　存二十九卷(一至二十九)

330000－1705－0020052　朱 4538　集部/別集類/清別集

嶺雲詩鈔一卷嶺雲詩餘一卷　（清）魏之琇撰　清乾隆刻本　一冊

330000－1705－0020053　朱 4569　集部/別集類/清別集

小樓詩集八卷　（清）王嵩高撰　清道光十六年(1836)刻本　二冊

330000－1705－0020054　朱續 0040　史部/紀傳類/正史之屬

明史三百三十二卷　（清）張廷玉等撰　清末鉛印本　八冊　存一百九十二卷(五十四至九十五、一百十二至二百十七、二百六十九至三百十二)

330000－1705－0020055　朱 4483　集部/別集類/明別集

盟雞齋三卷　（明）阮述撰　清抄本　二冊

330000 – 1705 – 0020056　朱 4589　集部/別集類/宋別集

安陽集五十卷　（宋）韓琦撰　**忠獻韓魏王別錄三卷**　（宋）王巖叟撰　**忠獻韓魏王遺事一卷**　（宋）強至撰　**忠獻韓魏王家傳十卷**（明）郭璞校　清乾隆四年(1739)刻本　十冊

330000 – 1705 – 0020057　朱 4629　集部/詩文評類/詩評之屬

而菴說唐詩二十二卷首一卷　（清）徐增撰　清康熙五年(1666)九誥堂刻富春堂後印本　朱鼎煦題記　二冊　存七卷(三至六、十三至十五)

330000 – 1705 – 0020058　朱 2303　集部/別集類/清別集

東井文鈔二卷詩鈔四卷　（清）黃定文撰　清道光元年(1821)刻本　一冊　存四卷(詩鈔一至四)

330000 – 1705 – 0020059　朱續 0043　史部/史評類/考訂之屬

史記探源八卷　崔適撰　清宣統二年(1910)鉛印本　二冊

330000 – 1705 – 0020060　朱 4482　集部/別集類/清別集

弢甫五嶽集五種　（清）桑調元撰　清乾隆二十一年(1756)修汲堂刻本　一冊　存一種

330000 – 1705 – 0020061　朱 4266　集部/總集類/郡邑之屬

吳中女士詩鈔　（清）任兆麟　（清）張滋蘭輯　清乾隆五十四年至五十五年(1789–1790)刻本　一冊　存十種

330000 – 1705 – 0020062　朱 4570　集部/別集類/清別集

曝書亭集八十卷附錄一卷　（清）朱彝尊撰　**笛漁小稾十卷**　（清）朱昆田撰　清康熙五十三年(1714)朱稻孫刻本　一冊　存十卷(笛漁小稾一至十)

330000 – 1705 – 0020063　朱 4524　集部/別集類/清別集

石鼓硯齋文鈔二十卷詩鈔三十二卷試帖二卷直廬集八卷　（清）曹文埴撰　**先文敏公行狀一卷**　（清）曹振鏞撰　清嘉慶五年(1800)曹振鏞刻本　十四冊

330000 – 1705 – 0020064　朱 4627　集部/別集類/清別集

貽穀堂稿四卷　（清）黃守謙撰　**讀未見書齋詩鈔一卷**　（清）黃葆謙撰　清光緒二十八年(1902)刻本　一冊

330000 – 1705 – 0020065　朱 4603　集部/別集類/清別集

泊鷗山房集三十八卷　（清）陶元藻撰　清嘉慶十八年(1813)刻本　六冊

330000 – 1705 – 0020066　朱 4480　集部/總集類/選集之屬·斷代

河嶽英靈集二卷　（唐）殷璠輯　清光緒四年(1878)遼陽賴氏刻本　一冊

330000 – 1705 – 0020067　朱 4602　集部/別集類/清別集

質園詩集三十二卷　（清）商盤撰　清乾隆刻本　十六冊

330000 – 1705 – 0020068　朱 4623 – 1　集部/別集類/清別集

定盦文集補編四卷　（清）龔自珍撰　（清）朱之榛輯　清光緒十二年(1886)平湖朱氏刻本　一冊　存二卷(一至二)

330000 – 1705 – 0020069　朱 4478　集部/別集類/清別集

玉山草堂集三十卷　（清）錢林撰　清道光十五年(1835)程芝雲刻本　四冊

330000 – 1705 – 0020070　朱續 0033、朱續 0034　史部/紀傳類/正史之屬

二十四史附考證　清光緒十年(1884)上海同文書局石印本　七十二冊　存三種

330000 – 1705 – 0020071　朱 3517　集部/別集類/明別集

春草齋詩集選一卷文集選一卷　（明）烏斯道撰　**名公讚春草集歌詠一卷附錄一卷**　（明）

烏獻明輯　清抄本　二冊

330000－1705－0020073　朱4597　集部/別集類/清別集

存吾春軒集十卷附錄一卷　（清）周大樞撰　清光緒八年（1882）刻十八年（1892）會稽陶闓補刻本　五冊

330000－1705－0020074　朱4511　集部/總集類/郡邑之屬

國朝上虞詩集十二卷　（清）謝聘輯　清道光二十二年（1842）刻本　四冊

330000－1705－0020075　朱4568　集部/別集類/清別集

空石齋詩文合刻不分卷　（清）汪國撰　清道光二年（1822）四明少白山房刻本　六冊

330000－1705－0020076　朱4598　集部/別集類/唐五代別集

重刊校正笠澤叢書四卷補遺詩一卷續補遺一卷　（唐）陸龜蒙撰　清大疊山房刻本　四冊

330000－1705－0020077　朱4509　集部/別集類/明別集

金忠節公文集八卷　（明）金聲撰　清光緒十四年（1888）黟縣李氏刻本　四冊

330000－1705－0020078　朱4510　集部/總集類/郡邑之屬

嶺南三大家詩選二十四卷　（清）王隼編　清同治七年（1868）南海陳氏刻本　三冊

330000－1705－0020079　朱4595　集部/別集類/清別集

紫石泉山房文集十二卷詩鈔三卷　（清）吳定撰　清光緒十三年（1887）黟縣李宗煝刻本　五冊

330000－1705－0020080　朱4505　集部/別集類/清別集

六一山房續集十卷　（清）董沛撰　清光緒五年（1879）刻十年（1884）增刻本　二冊

330000－1705－0020081　朱4406　集部/別集類/清別集

柯橰集四卷　（清）周宣猷撰　芙蓉山館文鈔一卷　（清）楊芳燦撰　清乾隆松花菴刻本　一冊

330000－1705－0020083　朱4590　集部/總集類/郡邑之屬

江左三大家詩鈔　（清）顧有孝　（清）趙澐編　清康熙七年（1668）桐葉山房刻本　三冊

330000－1705－0020084　朱4566　集部/別集類/明別集

陳忠裕公全集三十卷首一卷末一卷自著年譜三卷　（明）陳子龍撰　（清）王昶輯　清嘉慶八年（1803）簳山草堂刻本　八冊

330000－1705－0020085　朱4076　集部/總集類/課藝之屬

詁經精舍文續集八卷　（清）羅文俊輯　清道光二十二年（1842）刻本　四冊

330000－1705－0020086　朱4623、朱9203　集部/別集類/清別集

龔定盦全集　（清）龔自珍撰　清光緒二十三年（1897）萬本書堂刻本　二冊　存七種

330000－1705－0020087　朱4414　集部/別集類/清別集

大俞山房集五種十二卷　（清）黃璋撰　清乾隆刻本　四冊

330000－1705－0020088　朱4318　集部/總集類/酬唱之屬

鄞江倡和詩合鈔不分卷　（清）汪廷璵輯　清乾隆二十六年（1761）刻本　一冊

330000－1705－0020089　朱4519　集部/別集類/清別集

巢經巢遺文五卷鳧氏為鍾圖說一卷巢經巢詩鈔後集四卷　（清）鄭珍撰　清光緒十九年至二十年（1893－1894）貴筑高培穀資州官署刻本　四冊

330000－1705－0020090　朱4377　集部/別集類/清別集

借樹山房詩鈔八卷遺稿二卷排律詩鈔二卷（清）陳慶槐撰　排律詩鈔附刻三卷　（清）陳

福熙撰　清嘉慶刻本　二冊　存十卷(詩鈔一至八、遺稿一至二)

330000－1705－0020092　朱 4565　集部/別集類/清別集

芝房文鈔一卷　(清)邵詠撰　清道光四年(1824)刻本　一冊

330000－1705－0020094　朱 4558、朱 7528　集部/別集類/清別集

虛白齋詩草三卷　(清)霍維瓚撰　清乾隆五十年(1785)耕經堂刻本　二冊

330000－1705－0020095　朱 4503　集部/總集類/郡邑之屬

南園五先生詩選二卷　(清)李琯朗編　清康熙五十九年(1720)李琯朗刻本　二冊

330000－1705－0020096　朱 4320　集部/別集類/宋別集

漱玉詞一卷漱玉集附錄一卷　(宋)李清照撰　清光緒三年(1877)王定祥抄本　一冊

330000－1705－0020098　朱 4622　集部/別集類/清別集

樗庵存稾八卷　(清)蔣學鏞撰　清嘉慶十八年(1813)刻本　四冊

330000－1705－0020100　朱 4498、朱 3519　集部/別集類/清別集

衍石齋記事稾十卷續稾十卷刻楮集四卷旅逸小稾二卷　(清)錢儀吉撰　清光緒六年(1880)錢彝甫刻本　二冊　存六卷(刻楮集一至四、旅逸小稾一至二)

330000－1705－0020101　朱 4621　集部/總集類/郡邑之屬

嶺南羣雅初集三卷補二卷二集三卷　(清)劉彬華輯　清嘉慶十八年(1813)玉壺山房刻本　六冊

330000－1705－0020102　朱 4527　集部/別集類/清別集

樓邨詩集二十五卷　(清)王式丹撰　清雍正四年(1726)王懋訥刻本　四冊

330000－1705－0020103　朱續 0049　史部/編年類/斷代之屬

十朝東華錄一百卷(咸豐朝)　王先謙 潘頤福撰　清光緒二十年(1894)上海積山書局石印本　十冊

330000－1705－0020104　朱 4587　集部/別集類/明別集

解文毅公集十六卷後集六卷首一卷附錄一卷目錄一卷　(明)解縉撰　清乾隆三十二年(1767)解氏敦仁堂刻本　六冊　缺六卷(後集一至六)

330000－1705－0020105　朱 4742　集部/別集類/宋別集

元豐類稿五十卷　(宋)曾鞏撰　清乾隆二十八年(1763)查溪刻本　十冊

330000－1705－0020107　朱 4497　集部/別集類/清別集

留餘堂草一卷　(清)陳宗禹撰　清康熙七年(1668)刻本　一冊

330000－1705－0020108　朱 4958　史部/地理類/雜志之屬

越中百詠一卷　(清)周晉鑅撰　清道光二十九年(1849)小寄廬刻本　一冊

330000－1705－0020109　朱 4940　類叢部/叢書類/彙編之屬

結一廬朱氏賸餘叢書四種　(清)朱澂編　清光緒三十一年(1905)仁和朱氏刻本　一冊　存一種

330000－1705－0020110　朱 4922　集部/別集類/清別集

飲雪軒詩集四卷　(清)楊泰亨撰　清宣統二年(1910)經畬家塾刻本　一冊

330000－1705－0020111　朱 4495、朱 6577　類叢部/叢書類/彙編之屬

振綺堂叢刊八種　(清)□□輯　清嘉慶至光緒汪氏振綺堂刻本　五冊　存二種

330000－1705－0020112　朱 4619　集部/別集類/清別集

惜抱軒文集十六卷 （清）姚鼐撰 清嘉慶六年(1801)刻本 清去疾題記 四冊

330000－1705－0020114 朱4739 集部/別集類/清別集

螴庵詩鈔八卷 （清）楊榮撰 螴庵賦鈔二卷 （清）楊榮撰 （清）包國璋注 清同治二年(1863)楊氏刻本 四冊

330000－1705－0020115 朱4532 集部/別集類/清別集

陸善泉先生遺稿十卷 （清）陸灝撰 清光緒二十一年(1895)刻本 一冊 存二卷(鄂不書齋文鈔、詞鈔)

330000－1705－0020116 朱4939 集部/別集類/清別集

鐵瓶詩鈔九卷雜存二卷 （清）張岳齡撰 清光緒刻本 一冊 存四卷(詩鈔一至四)

330000－1705－0020118 朱4770 集部/別集類/清別集

寶綸堂文鈔八卷詩鈔六卷 （清）齊召南撰 清光緒十三年(1887)郭傳璞金峨山館刻本 王子莊校 二冊 缺六卷(詩鈔一至六)

330000－1705－0020119 朱4791 集部/別集類/清別集

比玉樓遺稿四卷 （清）黃鈞宰撰 清光緒二十年(1894)楊文鼎等甬江刻本 一冊

330000－1705－0020120 朱4584 集部/別集類/清別集

耕雪堂遺稿一卷 （清）陳濂撰 清道光二十年(1840)木活字印本 一冊

330000－1705－0020121 朱4618 集部/別集類/清別集

空石齋詩文合刻不分卷 （清）汪國撰 清道光二年(1822)四明少白山房刻本 二冊

330000－1705－0020122 朱4693 類叢部/叢書類/彙編之屬

重刊拜經樓叢書七種 （清）吳騫原編 清光緒十一年(1885)會稽章氏鄂渚刻本 一冊 存一種

330000－1705－0020123 朱4617 集部/別集類/清別集

舒嘯樓詩稿四卷 （清）李曾裕撰 清同治九年(1870)刻本 一冊

330000－1705－0020124 朱續0035 類叢部/叢書類/彙編之屬

古香齋袖珍十種 清同治至光緒南海孔氏刻本 二十四冊 存一種

330000－1705－0020125 朱4740 類叢部/叢書類/自著之屬

魯氏遺著四種附二種 （清）魯一同撰 清咸豐山陽魯氏刻本 四冊 存二種

330000－1705－0020126 朱4929 集部/詞類/別集之屬

真松閣詞六卷 （清）楊夔生撰 清道光十四年(1834)刻本 一冊

330000－1705－0020127 朱4774 集部/別集類/清別集

柏梘山房文集十六卷文續集一卷詩集十卷詩續集二卷駢體文二卷 （清）梅曾亮撰 清咸豐六年(1856)楊以增、楊紹穀等慎修書屋刻同治三年(1864)補刻本 三冊

330000－1705－0020128 朱4923 類叢部/叢書類/自著之屬

古歡堂五種附一種 （清）田雯撰 清刻彙印本 一冊 存一種

330000－1705－0020129 朱3661 集部/別集類/清別集

敬恕堂存稿不分卷 （清）耿介撰 清康熙刻本 四冊

330000－1705－0020130 朱4616 集部/別集類/清別集

吟花新編不分卷補遺一卷 （清）顧森書撰 清光緒刻本 一冊

330000－1705－0020131 朱4690 集部/別集類/清別集

香罳詩稿一卷 （清）周鉞撰 清乾隆八年(1743)刻本 一冊

330000－1705－0020132 朱4578 集部/別集類/唐五代別集

王右丞集二十八卷首一卷末一卷 （唐）王維撰 （清）趙殿成箋注 清乾隆刻本 六冊

330000－1705－0020133 朱4741 集部/別集類/清別集

柈湖文集十二卷 （清）吳敏樹撰 清光緒十九年（1893）思賢講舍刻本 四冊

330000－1705－0020134 朱續0036 類叢部/叢書類/彙編之屬

古香齋袖珍十種 清同治至光緒南海孔氏刻本 二十三冊 存一種

330000－1705－0020135 朱4768 集部/別集類/清別集

三李堂集十卷 （清）金學蓮撰 清嘉慶十一年（1806）刻本 四冊

330000－1705－0020136 朱4688 集部/別集類/清別集

教經堂詩集十四卷 （清）徐書受撰 清嘉慶四年（1799）刻本 四冊 存十三卷（一至十三）

330000－1705－0020137 朱續0044 史部/編年類/斷代之屬

兩漢紀六十卷 （宋）王銍輯 **兩漢紀校記二卷** （清）陳璞撰 清光緒二年（1876）嶺南學海堂刻本 十二冊

330000－1705－0020138 朱4613 集部/別集類/清別集

浣香詩稿五卷 （清）董本滋撰 清會稽董氏行餘講舍抄本 一冊

330000－1705－0020139 朱4910 類叢部/叢書類/彙編之屬

晨風閣叢書第一集五十二種 沈宗畸等編 清宣統二年（1910）京師晨風閣刻本 一冊 存一種

330000－1705－0020140 朱4687 集部/別集類/清別集

傅徵君霜紅龕詩鈔九卷附錄一卷 （清）傅山

撰 清乾隆三十二年（1767）河東劉贊仰止軒刻本 二冊

330000－1705－0020141 朱4457 集部/別集類/清別集

師二雲居畫贅四卷 （清）顧森撰 清光緒三十二年（1906）石印本 一冊

330000－1705－0020142 朱4581 集部/別集類/宋別集

梁谿先生文集一百八十卷附錄一卷年譜一卷行狀三卷 （宋）李綱撰 清道光十四年（1834）刻本 四十冊

330000－1705－0020143 朱4419 集部/別集類/唐五代別集

李義山詩集三卷 （唐）李商隱撰 （清）朱鶴齡箋注 **李義山詩譜一卷附錄諸家詩評一卷** 清順治十六年（1659）刻本 二冊

330000－1705－0020144 朱4686 集部/別集類/清別集

吳楚詩草一卷 （清）陳于王撰 （清）王苹批點 清康熙五十年（1711）刻本 一冊

330000－1705－0020145 朱4612 集部/別集類/清別集

湖唐林館駢體文二卷 （清）李慈銘撰 清光緒十年（1884）刻本 一冊

330000－1705－0020147 朱4685 集部/別集類/清別集

述學內篇三卷補遺一卷外篇一卷別錄一卷附錄一卷校勘記一卷 （清）汪中撰 （清）汪喜孫編 清同治八年（1869）揚州書局刻本 二冊

330000－1705－0020148 朱4608 集部/總集類/郡邑之屬

甬東正氣集四卷 （清）董琅輯 清光緒七年（1881）董沛刻本 一冊

330000－1705－0020149 朱4953 集部/別集類/清別集

六一山房詩集十卷 （清）董沛撰 清同治十三年（1874）雙鐵蕉館鄭氏刻本 二冊

330000－1705－0020150　朱 4911　類叢部／
叢書類／自著之屬

桐城吳先生全書六種附二種　（清）吳汝綸撰
　清光緒三十年（1904）王恩綬等刻本　四冊
　存一種

330000－1705－0020152　朱 4607　類叢部／
叢書類／自著之屬

張南山全集十二種　（清）張維屏撰　清道光
至咸豐刻本　四冊　存一種

330000－1705－0020153　朱 2329　集部／別
集類／清別集

各體詩稿不分卷　（清）□□輯　清抄本
二冊

330000－1705－0020154　朱 4681　集部／別
集類／清別集

石甫文鈔二卷　（清）姚瑩撰　清嘉慶刻本
四冊

330000－1705－0020155　朱 3903　集部／別
集類／清別集

寶綸堂文鈔八卷　（清）齊召南撰　清嘉慶二
年（1797）刻本　四冊

330000－1705－0020156　朱 4674　史部／傳
記類／總傳之屬／家乘

姚江孫氏傳文二卷　（清）陳于時輯　清嘉慶
五年（1800）靜遠軒刻本　二冊

330000－1705－0020157　朱 4738　集部／別
集類／清別集

伏敔堂詩錄十五卷續錄四卷首一卷附錄一卷
　（清）江湜撰　清同治元年至二年（1862－
1863）長洲江氏福州刻本　四冊　缺二卷（續
錄三至四）

330000－1705－0020158　朱 4977、朱 4974、
朱 4977、朱 4978　類叢部／叢書類／家集之屬

雙雲堂傳集七種　（清）范□編　清光緒十年
至十七年（1884－1891）甬上范氏刻本　八冊
　存四種

330000－1705－0020159　朱 4670　集部／別
集類／唐五代別集

韓昌黎詩集編年箋注十二卷　（唐）韓愈撰
（清）方世舉考訂　（清）盧見曾刪定　清乾隆
二十三年（1758）德州盧見曾雅雨堂刻本
四冊

330000－1705－0020160　朱 4666　集部／總
集類／選集之屬／斷代

楚江湃合詩集十二卷　（清）錢清履輯　清嘉
慶十八年（1813）刻本　四冊

330000－1705－0020161　朱 4679　集部／總
集類／氏族之屬

新喻三劉文集六卷首一卷　（宋）劉敞等撰
（清）暨用其輯　（清）乾隆十五年（1750）水西劉
氏刻本　六冊

330000－1705－0020162　朱 9197　類叢部／
叢書類／家集之屬

雙雲堂傳集七種　（清）范□編　清光緒十年
至十七年（1884－1891）甬上范氏刻本　八冊
　存三種

330000－1705－0020163　朱續 0045　史部／
編年類／斷代之屬

竹書紀年集證五十卷首一卷　（清）陳逢衡撰
　清嘉慶十八年（1813）裹露軒刻本　九冊
存三十一卷（一至二、十三至三十三、四十三
至五十）

330000－1705－0020164　朱 3896、朱 9121、
朱 8202　集部／總集類／氏族之屬

海虞三陶先生集合刻三種　（清）楊沂孫輯
清光緒七年（1881）海虞楊同福貴池縣署刻本
　八冊

330000－1705－0020165　朱 4023　集部／詞
類／別集之屬

繡蜍盦詞鈔五卷　（清）汪藻撰　**附錄一卷**
（清）吳雲等撰　清光緒四年（1878）汪氏刻本
　一冊

330000－1705－0020166　朱 4680　集部／別
集類／清別集

**八指頭陀詩集十卷補遺一卷述一卷詞一卷雜
文一卷**　（清）釋敬安撰　清光緒二十四年

(1898)陳三立、葉德輝遞刻本　二冊

330000－1705－0020167　朱4793　集部/別集類/清別集

存菴遺草一卷　（清）程鈜撰　清乾隆十三年（1748）刻本　一冊

330000－1705－0020168　朱4664　集部/別集類/唐五代別集

昌黎先生詩增注証訛十一卷　（唐）韓愈撰（清）黃鉞增注証訛　**昌黎先生年譜一卷**（清）黃鉞編　清道光二十八年（1848）黃中民刻咸豐七年（1857）四明鮑氏二客軒印本　四冊

330000－1705－0020169　朱5012　集部/別集類/清別集

募梅精舍詩存二卷續刻一卷　（清）釋徹凡撰　清咸豐七年（1857）南湖興教禪院刻本　姚燮題記　一冊

330000－1705－0020170　朱4022　集部/曲類/曲藝之屬

燈月緣二十回　（清）戴玉亭編　清同治三年（1864）刻本　六冊

330000－1705－0020171　朱4661　集部/別集類/清別集

飲雪軒詩集四卷　（清）楊泰亨撰　清宣統二年（1910）經畬家塾刻本　一冊

330000－1705－0020172　朱5021　集部/別集類/明別集

倪文貞公文集二十卷首一卷詩集二卷奏疏十二卷講編四卷　（明）倪元璐撰　（清）倪會鼎訂正　（清）倪安世輯　清乾隆三十七年（1772）倪安世刻本　四冊　存十七卷（文集一至十七）

330000－1705－0020174　朱續0047　史部/編年類/通代之屬

資治通鑑二百九十四卷　（宋）司馬光撰　明刻本　二冊　存六卷（一百七至一百九、二百四十六至二百四十八）

330000－1705－0020175　朱5022　集部/別集類/清別集

竹生吟館詩草十六卷　（清）周師濂撰　清道光九年（1829）刻本　四冊

330000－1705－0020176　朱4734　集部/總集類/酬唱之屬

放翁生日設祀詩二卷　（清）呂屐山等撰　清嘉慶八年（1803）借樹山房刻本　一冊

330000－1705－0020177　朱4645　集部/詞類/總集之屬

庚子秋詞二卷　（清）王鵬運等撰　清末有正書局石印本　一冊　存一卷（乙）

330000－1705－0020179　朱4762　集部/別集類/清別集

彭剛直公詩集八卷　（清）彭玉麟撰　（清）俞樾編　清光緒十七年（1891）德清俞樾吳下刻本　二冊

330000－1705－0020180　朱4380　集部/總集類/氏族之屬

勾江詩緒　（清）施江濤　（清）董正國等輯　清乾隆刻本　二冊

330000－1705－0020181　朱5011　集部/別集類/清別集

塵不到齋詩稿一卷　（清）須彌保撰　清咸豐刻本　一冊

330000－1705－0020182　朱4021　集部/戲劇類/傳奇之屬

說唱八寶月華珠燈全傳十二回　□□撰　抄本　一冊

330000－1705－0020183　朱4655　集部/別集類/清別集

聞川綴舊詩二卷　（清）唐佩金撰　清宣統三年（1911）小桃花庵鉛印本　羨明、徐乃昌題記　一冊

330000－1705－0020184　朱3501　集部/總集類/酬唱之屬

知樂園壽言一卷　（清）莫之璋輯　清刻本　一冊

461

330000－1705－0020186　朱4467　集部/別集類/清別集

芸廬吟草一卷紅螺詩餘一卷　（清）張奕樞撰　清刻本　一冊

330000－1705－0020187　朱5013　集部/總集類/選集之屬/斷代

宋十五家詩選　（清）陳訏輯　清康熙三十二年(1693)刻本　十冊　存十四種

330000－1705－0020188　朱4648、朱4983　集部/別集類/清別集

寒村詩文選　（清）鄭梁撰　清康熙紫蟾山房刻增修本　四冊　存七卷(半生亭新刻、寒村息尚編一至四、寒村安庸集一至二)

330000－1705－0020189　朱4972　集部/別集類/清別集

小滄洲詩草不分卷　（清）朱涝撰　清道光二十四年(1844)刻本　一冊

330000－1705－0020190　朱4730　集部/總集類/彙編之屬

明八大家集　（清）張汝瑚編　清康熙二十一年(1682)溫陵書林、郢雪書林刻本　四冊　存一種

330000－1705－0020191　朱續0050　史部/紀事本末類/通代之屬

繹史一百六十卷附世系圖一卷年表一卷　（清）馬驌撰　清光緒二十三年(1897)武林尚友齋石印本　二十三冊　缺十五卷(一至十五)

330000－1705－0020192　朱4018　集部/別集類/清別集

楓賴茗香館初稿不分卷　（清）□□撰　稿本　一冊

330000－1705－0020193　朱3518　集部/曲類/散曲之屬

樂府傳西曲不分卷　清抄本　一冊

330000－1705－0020194　朱5105　史部/傳記類/總傳之屬/家乘

姚江孫氏傳文二卷　（清）陳于時輯　清嘉慶

五年(1800)靜遠軒刻本　一冊

330000－1705－0020196　朱續0052　史部/史抄類

鑑撮四卷　（清）曠敏本撰　清同治刻本　三冊　存三卷(一、三至四)

330000－1705－0020197　朱4034　史部/地理類/遊記之屬/紀行

凝香室鴻雪因緣圖記三集六卷　（清）完顏麟慶撰　清光緒十年(1884)上海點石齋石印本　一冊　存一卷(一集一)

330000－1705－0020198　朱4728　集部/別集類/漢魏六朝別集

陶淵明集八卷首一卷末一卷　（晉）陶潛撰　清木活字四色套印本　三冊　缺二卷(二至三)

330000－1705－0020199　朱4962　集部/別集類/清別集

繼雅堂詩集三十四卷　（清）陳僅撰　清道光二十七年(1847)刻本　八冊

330000－1705－0020201　朱4984　集部/別集類/清別集

趙裘萼公剩藁四卷　（清）趙熊詔撰　清乾隆二年(1737)趙侗敦刻本　一冊　存三卷(一至三)

330000－1705－0020202　朱4593　集部/別集類/清別集

暢園遺稿十卷（大野草堂詩八卷白癡詞二卷）　（清）張邁撰　清光緒三十年(1904)刻本　一冊

330000－1705－0020205　朱4776　集部/別集類/清別集

印雪軒詩鈔十六卷　（清）俞鴻漸撰　清道光二十七年(1847)萱蔭山房刻本　二冊

330000－1705－0020206　朱4724　類叢部/叢書類/自著之屬

養餘齋全集四種附三種　（清）柳樹芳撰　清道光勝溪草堂刻本　一冊　存一種

330000－1705－0020208　　朱 4766　　集部/楚辭類

離騷經讀本不分卷　（清）戴震注　（清）汪梧鳳注　清抄本　一冊

330000－1705－0020209　　朱 4941　　集部/別集類/清別集

後甲集二卷　（清）章大來撰　清康熙五十六年(1717)百可堂自刻本　二冊

330000－1705－0020210　　朱 5045、朱 5445　　集部/總集類/氏族之屬

黃氏家集三編五種　（清）黃家鼎輯　清光緒十七年(1891)四明黃氏補不足齋刻本　二冊　存二種

330000－1705－0020211　　朱 5044　　集部/別集類

額粉庵一卷蘆花新詠一卷拈花集一卷　緣天居士撰　**冷月吟一卷**　高穎樓撰　**紅蕉山房詩餘一卷**　南坪居士撰　清刻本　朱鼎煦題記　一冊

330000－1705－0020212　　朱 4723　　集部/別集類/清別集

小窩遺稿一卷　（清）邵樹之撰　清道光二十五年(1845)刻本　一冊

330000－1705－0020215　　朱 4720　　集部/別集類/清別集

硯園詩鈔八卷續編一卷補遺一卷詩餘一卷　(清)徐堅撰　清乾隆五十九年(1794)澘溪草堂刻本　二冊

330000－1705－0020216　　朱 4783　　集部/別集類/清別集

竹窗文集不分卷　（清）高士奇撰　清康熙刻本　一冊

330000－1705－0020217　　朱 4921　　集部/別集類/清別集

寒村舉業偶存一卷補遺一卷　（清）鄭風編　清康熙刻本　一冊

330000－1705－0020218　　朱 4711　　集部/別集類/清別集

葦間詩集五卷　（清）姜宸英撰　清道光四年(1824)葉元墂木活字印本　一冊　缺二卷(一至二)

330000－1705－0020219　　朱 5043　　集部/別集類/清別集

越吟草一卷　（清）李凱撰　**適可軒近草一卷**　（清）胡德邁撰　清乾隆二十七年(1762)寒香亭刻本　朱鼎煦題記　一冊

330000－1705－0020220　　朱 4972－1　　集部/別集類/清別集

小滄洲詩草不分卷　（清）朱澇撰　清道光二十四年(1844)刻本　一冊

330000－1705－0020221　　朱 3522　　集部/總集類/題詠之屬

甘堂遺詠一卷　（清）侯寅誼輯　清康熙刻本　一冊

330000－1705－0020222　　朱 5060　　集部/詞類/總集之屬

昭代詞選三十八卷　（清）蔣重光輯　清乾隆三十二年(1767)經鉏堂刻本　十二冊

330000－1705－0020223　　朱 4708　　集部/總集類/彙編之屬

國朝十家四六文鈔十一卷　王先謙輯　清光緒十五年(1889)長沙王先謙刻本　四冊

330000－1705－0020224　　朱 5057　　集部/總集類/選集之屬/通代

續古文辭類纂三十四卷　王先謙輯　清光緒八年(1882)長沙王氏虛受堂刻本　八冊

330000－1705－0020225　　朱 4769　　集部/詞類/別集之屬

敦藝齋詩餘一卷外集一卷　（清）鄒漢勛撰　清光緒八年(1882)鄒代鈞刻鄒叔子遺書本　朱鼎煦題記　一冊　存一種

330000－1705－0020226　　朱 5058　　集部/別集類/清別集

寶綸堂文鈔八卷詩鈔六卷　（清）齊召南撰　清光緒十三年(1887)郭傳璞金峨山館刻本　二冊　缺八卷(文鈔一至八)

330000－1705－0020229　朱4707　子部/藝術類/音樂之屬/琴學

松風草堂謝琴文鈔一卷詩鈔八卷聯吟首一卷聯吟附末一卷　（清）吳景潮編　清嘉慶二十年(1815)松風草堂刻本　一冊　存四卷(詩鈔一至四)

330000－1705－0020230　朱4986　集部/別集類/清別集

漁莊詩艸六卷　（清）沈堡撰　清康熙刻本一冊　存三卷(一至三)

330000－1705－0020231　朱5040　集部/別集類/清別集

浣仙詩草一卷焚餘草存一卷　（清）范薇撰　清光緒十八年(1892)刻本　一冊

330000－1705－0020233　朱續0055　史部/史抄類

南北史捃華八卷　（清）周嘉猷輯　清浙省聚文堂刻本　四冊

330000－1705－0020234　朱5037　集部/詞類/詞韻之屬

詞林正韻三卷發凡一卷　（清）戈載撰　清道光元年(1821)翠薇花館刻本　清虞兆榮批朱鼎煦題記　二冊

330000－1705－0020236　朱5010　集部/別集類/清別集

碧雲秋露詞二卷　（清）黃衡撰　清光緒二年(1876)歸化蘅臯黃崇惺木活字印本　一冊

330000－1705－0020237　朱4967　集部/別集類/清別集

先君手錄杜詩不分卷　清抄本　清王定祥題記　一冊

330000－1705－0020238　朱4041　集部/別集類/清別集

春柳草堂詩集二卷詩餘一卷文集一卷　（清）陳澤泰撰　清乾隆五十八年(1793)刻本　一冊　存一卷(詩餘)

330000－1705－0020239　朱5046　史部/詔令奏議類/奏議之屬

330000－1705－0020240　朱4727　集部/別集類/清別集

龔端毅公奏疏八卷附一卷浠川政譜二卷定山堂古文小品二卷續集一卷定山堂古文補遺三卷定山堂詩集四十三卷定山堂詩餘四卷　（清）龔鼎孳撰　清光緒九年(1883)龔氏聽彝書屋刻本　十一冊　缺四十七卷(定山堂詩集一至四十三、定山堂詩餘一至四)

330000－1705－0020241　朱5009　集部/別集類/清別集

劉孟塗集四十四卷　（清）劉開撰　清道光六年(1826)姚氏檗山草堂刻本　八冊

330000－1705－0020242　朱續0053　類叢部/類書類/通類之屬

問山詩集十卷文集八卷紫雲詞一卷　（清）丁煒撰　（清）朱彝尊選　（清）吳綺　（清）徐釚評　清咸豐四年(1854)雁江景義堂刻光緒八年(1882)丁延蘭補刻本　一冊　存一卷(紫雲詞)

330000－1705－0020242　朱續0053　類叢部/類書類/通類之屬

古事比五十二卷　（清）方中德輯　清光緒十八年(1892)上海點石齋石印本　七冊

330000－1705－0020243　朱5108　集部/總集類/彙編之屬

宋詩鈔初集八十四種　（清）呂留良　（清）吳之振　（清）吳爾堯編　清康熙十年(1671)洲錢吳氏鑑古堂刻本　朱鼎煦題記　一冊　存八種

330000－1705－0020244　朱5008　集部/詞類/別集之屬

新樂府詞一卷　（清）萬斯同撰　清同治八年(1869)刻本　一冊

330000－1705－0020245　朱5018、朱9302　集部/別集類/明別集

洞陽子集十八卷續集七卷再續集十卷三續集五卷　（明）萬恭撰　明萬曆刻本　七冊　存十七卷(一至四,續集一、六至七,再續集六至十,三續集一至五)

330000－1705－0020246　朱5122　集部/別

集類/宋別集

施註蘇詩四十二卷總目二卷 （宋）蘇軾撰
（宋）施元之　（宋）顧禧注　（清）顧嗣立
（清）邵長蘅　（清）宋至補　**蘇詩續補遺二卷**
　（清）馮景補註　**王註正譌一卷** （清）邵長
蘅撰　**東坡先生年譜一卷** （宋）王宗稷編
清康熙刻本　十二冊

330000－1705－0020248　朱 5075　集／別
集類/清別集

受祺堂詩三十五卷 （清）李因篤撰　清康熙
三十八年(1699)田少華粵東刻本　九冊

330000－1705－0020249　朱 5007　集部/詞
類/類編之屬

浙西六家詞七種十九卷 （清）龔翔麟編　清
康熙刻本　朱鼎煦題記　一冊　存三種

330000－1705－0020250　朱續 0051　史部/
史表類/通代之屬

四裔編年表四卷 李鳳苞輯　清光緒二十三
年(1897)石印本　四冊

330000－1705－0020252　朱 5119　集部/別
集類/清別集

**缾水齋詩集十七卷別集二卷詩話一卷附錄一
卷** （清）舒位撰　清光緒十二年(1886)邊保
樞刻十七年(1891)增修本　八冊　存二十卷
(詩集一至十七、別集一至二、附錄)

330000－1705－0020255　朱 5172　集部/總
集類/選集之屬/通代

六朝唐賦讀本不分卷 （清）馬傳庚選注　清
光緒十九年(1893)上海寶善書局石印本
二冊

330000－1705－0020256　朱 5174　類叢部/
叢書類/自著之屬

儀衛軒全集四種 （清）方東樹撰　清同治方
宗誠刻本　四冊　存三種

330000－1705－0020257　朱 5068　集部/別
集類/清別集

滋德堂集一卷附梅花幻影圖題詞一卷 （清）
徐元第撰　清宣統三年(1911)徐士琛刻本

一冊　存一卷(滋德堂集)

330000－1705－0020258　朱 5006　集部/別
集類/漢魏六朝別集

陶靖節詩集四卷 （晉）陶潛撰　（清）蔣薰評
　附東坡和陶詩一卷 （宋）蘇軾撰　**律陶一
卷** （明）王思任輯　**敦好齋律陶纂一卷**
（明）黃槐開輯　清康熙貴文堂刻本　一冊

330000－1705－0020259　朱 5131　集部/別
集類

慎宜軒文五卷 姚永概撰　清光緒三十四年
(1908)靈蕙室鉛印本　一冊

330000－1705－0020260　朱 5016、朱 7608
集部/總集類/彙編之屬

三宋人集 （清）方功惠編　清光緒六年
(1880)巴陵方氏碧琳琅館刻本　四冊　存
二種

330000－1705－0020261　朱 5155　集部/別
集類/清別集

因寄軒文初集十卷二集六卷補遺一卷 （清）
管同撰　**坿刻小異遺文一卷** （清）管嗣復撰
　清光緒五年(1879)顧雲等刻本　二冊

330000－1705－0020262　朱 5176　集部/別
集類/清別集

**香雪山莊詩初集九卷首一卷中集十一卷首一
卷** （清）吳文炳撰　清刻本　五冊　存十二
卷(首、中集一至十一)

330000－1705－0020263　朱續 0048　史部/
編年類/斷代之屬

**東華錄一百九十五卷(天命朝至雍正朝)續錄
四百三十卷(乾隆朝至同治朝)** 王先謙編
清光緒上海圖書集成印書局鉛印本　四十六
冊　存三百八十二卷(天命朝一至四,崇德朝
二至八,順治朝一至十八、二十六至三十六,
康熙朝一至三十七、五十八至一百十,雍正朝
一至二十六,乾隆朝一至二十六、四十至四十
九、五十八至八十、九十八至一百十、一百十
七至二百,嘉慶朝九至十三、二十二至五十,
道光朝一至二十五、三十八至四十八)

330000－1705－0020264　朱5068－1　集部/別集類/清別集

滋德堂集一卷附梅花幻影圖題詞一卷　（清）徐元第撰　清宣統三年（1911）徐士琛刻本　一冊　存一卷（滋德堂集）

330000－1705－0020265　朱5173　類叢部/叢書類/自著之屬

儆居遺書十一種　（清）黃式三撰　清同治至光緒刻本　四冊　存一種

330000－1705－0020266　朱5098　集部/別集類/宋別集

舒文靖公類藁四卷首一卷　（宋）舒璘撰　清同治十一年（1872）刻本　二冊

330000－1705－0020267　朱5113　集部/別集類/宋別集

舒文靖公類稿附錄三卷　（清）徐時棟輯　清刻本　二冊

330000－1705－0020268　朱5112　集部/總集類/選集之屬/斷代

國朝詩鐸二十六卷首一卷　（清）張應昌輯　清同治八年（1869）永康應氏秀芝堂刻本　一冊　存二卷（一至二）

330000－1705－0020270　朱5064　集部/別集類/元別集

剡源佚文二卷佚詩六卷　（元）戴表元撰　孫鏘編　清光緒二十一年（1895）奉化孫鏘刻本　一冊

330000－1705－0020272　朱5175　集部/別集類/宋別集

山谷老人刀筆二十卷　（宋）黃庭堅撰　清同治十二年（1873）刻本　四冊

330000－1705－0020274　朱5062　類叢部/叢書類/自著之屬

彭文敬公集五種　（清）彭蘊章撰　清道光至同治刻同治彙印本　十四冊

330000－1705－0020275　朱5097　集部/別集類/清別集

古雪堂文集十九卷　（清）王令撰　清康熙十

七年（1678）刻本　四冊

330000－1705－0020277　朱5005　集部/別集類/清別集

白耷山人集不分卷　（清）閻爾梅撰　清抄本　朱鼎煦題記　二冊

330000－1705－0020279　朱5181　集部/別集類/清別集

十二種蘭亭精舍詩集十卷附潞河漁唱一卷　（清）陳元祿撰　（清）孫衣言等點定　清末刻本　一冊　存六卷（一至六）

330000－1705－0020280　朱5036　集部/別集類/清別集

大雲山房文稿初集四卷二集四卷言事二卷補編一卷　（清）惲敬撰　清同治八年（1869）雷信述齋刻本　二冊　存三卷（言事一至二、補編）

330000－1705－0020281　朱5154　集部/別集類/清別集

縵雅堂駢體文八卷　（清）王詒壽撰　清光緒六年（1880）仁和許增刻榆園叢刻本　朱鼎煦跋　二冊

330000－1705－0020282　朱5109　集部/別集類/清別集

吳侍讀全集二十三卷　（清）吳慈鶴撰　清嘉慶至道光刻本　四冊

330000－1705－0020285　朱5194　集部/別集類/清別集

滋德堂集一卷附梅花幻影圖題詞一卷　（清）徐元第撰　清宣統三年（1911）徐士琛刻本　一冊

330000－1705－0020287　朱5218　集部/總集類/選集之屬/通代

賦學正鵠集釋四卷　（清）李元度輯　清光緒二十年（1894）上海文瑞樓石印本　四冊

330000－1705－0020288　朱5097－1　集部/別集類/清別集

古雪堂詩六卷　（清）王令撰　（清）陶貞白校　清刻本　一冊

330000－1705－0020289　　朱 5434　　集部/總集類/選集之屬/斷代

唐詩觀瀾集二十四卷唐人小傳一卷　（清）李因培輯　清乾隆二十四年（1759）刻本　　四冊

330000－1705－0020291　　朱 5195　　子部/雜著類/雜說之屬

讀海外奇書室雜著一卷　姚文棟撰　清光緒刻本　　一冊

330000－1705－0020292　　朱續 0620　　類叢部/叢書類/彙編之屬

述古叢鈔二十八種　（清）劉晚榮編　清同治至光緒古岡劉氏藏修書屋刻本　　一冊　存一種

330000－1705－0020293　　朱 5092　　集部/總集類/選集之屬/通代

六朝唐賦讀本不分卷　（清）馬傳庚選注　清同治十三年（1874）京都馬氏玉燕書巢刻本伯琅題記　　二冊

330000－1705－0020294　　朱 5212　　集部/別集類/清別集

鐘陵賸草不分卷　（清）董敬興撰　清末刻本　　一冊

330000－1705－0020296　　朱 5003　　集部/別集類/宋別集

東坡和陶合箋四卷　（宋）蘇軾撰　（清）溫汝能輯　清嘉慶十二年（1807）聽松閣刻本　三冊

330000－1705－0020297　　朱續 0621　　子部/小說家類/瑣語之屬

瓏璏僊館彙輯二十世紀奇書　（清）陳琰編　清宣統三年（1911）上海六藝書局石印本　　一冊　存一種

330000－1705－0020299　　朱 5087、朱 9464　　類叢部/叢書類/郡邑之屬

西泠五布衣遺箸　（清）丁丙輯　清同治至光緒錢塘丁氏當歸草堂刻本　　七冊　缺八卷（冬心先生自度曲、雜著一至六、隨筆）

330000－1705－0020300　　朱 5216　　集部/總集類/郡邑之屬

邑先輩詩文不分卷　清抄本　　一冊

330000－1705－0020301　　朱 5192　　集部/別集類/清別集

桐溪詩草一卷　（清）沈鵬撰　清乾隆刻本　清姚小坡跋　　一冊

330000－1705－0020303　　朱 5086　　集部/別集類/清別集

南浦懶鈔四卷　（清）韓綏之撰　清乾隆五十七年（1792）緘齋木活字印本　　一冊

330000－1705－0020304　　朱 5285　　類叢部/叢書類/彙編之屬

岱南閣叢書五種　（清）孫星衍編　清嘉慶三年（1798）蘭陵孫氏沇州刻本　　一冊　存一種

330000－1705－0020305　　朱 4996　　集部/詩文評類/詩評之屬

唐人五言排律詩論三卷　（清）蔣鵬翮編釋　清康熙寒三草堂刻本　　三冊

330000－1705－0020306　　朱 5211　　集部/別集類/清別集

沈冰壺文稿不分卷　（清）沈冰壺撰　清初稿本　　一冊

330000－1705－0020307　　朱 5085　　集部/總集類/酬唱之屬

鴛鴦湖櫂歌五種五卷　（清）朱彝尊　（清）譚吉璁撰　（清）陸以誠　（清）張燕昌續　清乾隆四十年（1775）朱芳衡刻本　　二冊

330000－1705－0020308　　朱 5456　　集部/別集類/清別集

越縵堂集十卷　（清）李慈銘撰　清光緒十六年（1890）石印本　　六冊

330000－1705－0020309　　朱 5190　　集部/別集類/清別集

候蟲吟草十六卷　（清）馮世瀛撰　清咸豐六年（1856）刻本　　一冊　存五卷（一至五）

330000－1705－0020310　　朱 5209　　集部/別集類/清別集

寄拙居泚筆不分卷　（清）徐元祝撰　稿本
一冊

330000－1705－0020312　朱5083　集部/別
集類/清別集

鶴麓山房詩稿六卷　（清）葉煒撰　清嘉慶二
十五年(1820)刻本　二冊

330000－1705－0020313　朱5441　集部/別
集類/明別集

太史升菴全集八十一卷目錄二卷附年譜一卷
　（明）楊慎撰　（明）楊有仁輯　（清）周參
元校　清乾隆六十年(1795)新都周氏養拙山
房刻本　十冊　缺三十七卷(四十六至八十
二)

330000－1705－0020314　朱4990　集部/別
集類/明別集

張龍湖先生文集十五卷　（明）張治撰　（清）
彭思耷編　清雍正四年(1726)彭思耷刻墨香
閣印本　四冊

330000－1705－0020315　朱5208　集部/別
集類/清別集

眉林書屋詞不分卷　（清）來嗣尹撰　清抄本
　一冊

330000－1705－0020316　朱5077　集部/別
集類/明別集

王忠文公集二十五卷　（明）王禕撰　清康熙
三十年(1691)王廷曾刻本　一冊　存三卷
(十五至十二)

330000－1705－0020317　朱4993　集部/別
集類/清別集

黃葉邨莊詩集八卷續集一卷後集一卷　（清）
吳之振撰　清光緒四年(1878)吳康壽刻本
四冊

330000－1705－0020319　朱5433　類叢部/
叢書類/自著之屬

養晦堂集五種　（清）劉蓉撰　清光緒三年
(1877)、十一年(1885)思賢講舍刻本　五冊
　存二種

330000－1705－0020320　朱5386　集部/小

說類/短篇之屬

豆棚閒話十二卷　（清）艾衲居士撰　（清）百
懶道人重訂　清乾隆五十年(1785)刻本　二
冊　存十卷(一至十)

330000－1705－0020321　朱5384　集部/別
集類/清別集

傳慶堂集不分卷　清抄本　一冊

330000－1705－0020322　朱5381　史部/傳
記類/別傳之屬/事狀

遺愛錄二卷　（清）楊德成輯　清嘉慶七年
(1802)刻本　二冊

330000－1705－0020323　朱5310　類叢部/
叢書類/彙編之屬

花雨樓叢鈔十一種續鈔十一種附一種　（清）
張壽榮編　清光緒八年至十四年(1882－
1888)蛟川張氏花雨樓刻本　一冊　存一種

330000－1705－0020324　朱5400　集部/詞
類/詞譜之屬

碎金詞譜六卷附錄一卷碎金詞一卷　（清）謝
元淮撰　清道光二十四年(1844)刻朱墨套印
本　五冊　缺一卷(碎金詞)

330000－1705－0020327　朱5207　集部/別
集類/清別集

未名集不分卷　稿本　一冊

330000－1705－0020328　朱5270　集部/別
集類/清別集

通雅齋叢稿八卷　（清）成本璞撰　清宣統元
年(1909)武林刻本　一冊　存三卷(三至五)

330000－1705－0020330　朱5201　集部/別
集類/清別集

霧樓文筆兩山房一卷　（清）王蓮橋撰　清光
緒十年(1884)木活字印本　朱鼎煦題記
一冊

330000－1705－0020331　朱5307　集部/別
集類/清別集

梅花詩鈔不分卷　清抄本　朱鼎煦跋　一冊

330000－1705－0020332　朱5399　集部/別

集類/明別集

台宕遊不分卷 （明）陸寶撰 清初刻本 朱鼎煦、陳器伯跋 一冊

330000－1705－0020333 朱5440 集部/別集類/清別集

陶園詩集二十一卷補遺一卷 （清）張九鉞撰 清嘉慶二十三年(1818)張家櫊、張家杕賜霖堂刻本 六冊

330000－1705－0020334 朱續0071 史部/傳記類/總傳之屬/斷代

敏求軒述記十六卷 （清）陳世箴輯 清道光二十八年(1848)刻本 八冊

330000－1705－0020336 朱4989 集部/別集類/清別集

甦園詩草續編一卷 （清）周崇仁撰 清嘉慶八年(1803)刻本 一冊

330000－1705－0020337 朱續0070 史部/傳記類/總傳之屬/斷代

國朝先正事略六十卷 （清）李元度撰 **續編八卷** 朱孔彰撰 清光緒二十二年至光緒二十七年(1896－1901)上海文盛書局石印本 十二冊

330000－1705－0020338 朱5301 集部/總集類/選集之屬/通代

安樂窩五家詩選八卷 （清）陸沉選 稿本 二冊

330000－1705－0020339 朱5199 集部/詞類/總集之屬

四春詞不分卷 （清）董國琛撰 清嘉慶二十一年(1816)刻本 一冊

330000－1705－0020340 朱5279 集部/詞類/別集之屬

濯絳宧存稾一卷 劉毓盤撰 清宣統元年(1909)刻本 一冊

330000－1705－0020341 朱4988 集部/別集類/唐五代別集

王貞白詩一卷補遺一卷附錄一卷 （唐）王有道撰 **附錄一卷** （清）邵啓賢輯 清宣統元

年(1909)餘姚邵氏刻本 一冊 存一卷(詩)

330000－1705－0020343 朱5273 集部/別集類/清別集

離垢集五卷 （清）華嵒撰 清光緒十五年(1889)羅嘉杰鉛印本 朱鼎煦題記 二冊

330000－1705－0020344 朱續0069 史部/傳記類/總傳之屬/仕宦

歷代名臣言行錄二十四卷 （清）朱桓輯 清光緒十七年(1891)上海廣百宋齋鉛印本 十一冊 缺二卷(二十三至二十四)

330000－1705－0020345 朱5484 集部/別集類/清別集

集虛齋學古文十二卷附離騷經解畧一卷 （清）方棨如撰 清乾隆十九年(1754)佩古齋刻本 四冊

330000－1705－0020346 朱5298 集部/詞類/詞譜之屬

詞律二十卷 （清）萬樹撰 清康熙二十六年(1687)萬氏堆絮園刻掃葉山房印本 十二冊

330000－1705－0020347 朱5198 集部/別集類/清別集

竹君詩存不分卷 （清）李承湛撰 （清）徐榦訂 清光緒十二年(1886)邵武徐氏刻本 一冊

330000－1705－0020348 朱4987 集部/總集類/郡邑之屬

四明詩幹三卷 （清）董慶酉輯 **四明宋僧詩一卷元僧詩一卷** （清）董濂輯 清光緒十年(1884)刻本 一冊

330000－1705－0020350 朱5392 集部/別集類/清別集

雙佩齋文集四卷駢體文集一卷 （清）王友亮撰 清嘉慶刻本 二冊

330000－1705－0020351 朱5478 集部/總集類/尺牘之屬

瑤箋四卷 （明）郁濬輯 清光緒十四年(1888)四明提署鉛印本 四冊

330000－1705－0020353　朱5297　集部/別集類/明別集

徐文長文集三十卷　（明）徐渭撰　（明）袁宏道評點　明刻本　三冊　存十三卷（六至十八）

330000－1705－0020354　朱4777　集部/別集類/明別集

劉文烈公全集十二卷　（明）劉理順撰　清刻本　二冊　存四卷（四至五、九至十）

330000－1705－0020355　朱5253　集部/別集類/清別集

善卷堂四六十卷　（清）陸繁弨撰　（清）吳自高注　清乾隆九年（1744）鑒茲堂刻本　二冊

330000－1705－0020357　朱5267　集部/別集類/清別集

蘭石齋駢體文一卷　（清）董祐誠撰　清道光刻本　清旌甫題記　一冊

330000－1705－0020359　朱5249　集部/總集類/氏族之屬

雷仙詩集一卷　（明）馮元颺撰　**三山吟一卷**　（清）馮京第撰　清抄本　一冊

330000－1705－0020360　朱5289　集部/總集類/郡邑之屬

甬上耆舊詩三十卷　（清）胡文學　（清）李鄴嗣輯　清康熙十五年（1676）胡氏敬義堂刻本　十二冊

330000－1705－0020361　朱續0139　史部/目錄類/總錄之屬/官修

欽定四庫全書簡明目錄二十卷　（清）紀昀等撰　清乾隆六十年（1795）浙江刻本　十八冊

330000－1705－0020362　朱5492　集部/別集類/清別集

茗柯文初編一卷二編二卷三編一卷四編一卷　（清）張惠言撰　清光緒七年（1881）刻本　二冊

330000－1705－0020363　朱5177　集部/別集類/明別集

史忠正公集四卷　（明）史可法撰　**首一卷末**

一卷　（清）史山清輯　清同治十年（1871）趙承恩刻本　一冊　存二卷（首、一）

330000－1705－0020364　朱5380　集部/詞類/類編之屬

三家詞品一卷　（清）郭麐輯　**玉可盦詞一卷**　徐琪撰　**眠琴館詞一卷**　（清）徐珂撰　**守璞居詞一卷**　（清）高於雲撰　**思補齋詞一卷**　（清）謝彌撰　清光緒十三年（1887）刻本　朱鼎煦題記　一冊

330000－1705－0020365　朱續0060　史部/雜史類/斷代之屬

李秀成供一卷　（清）李秀成撰　清同治刻本　二冊

330000－1705－0020366　朱5247　集部/別集類/唐五代別集

寒山子詩集一卷　（唐）釋寒山子撰　清宣統二年（1910）雲陽程德全刻本　朱鼎煦題記　一冊

330000－1705－0020367　朱續0612　類叢部/叢書類/自著之屬

京塵雜錄四種四卷　（清）楊懋建撰　清光緒十二年（1886）上海同文書局石印本　二冊

330000－1705－0020368　朱5264　集部/別集類/清別集

胡文忠公遺集十卷首一卷　（清）胡林翼撰　（清）閻敬銘　（清）厲雲官　（清）盛康輯　清同治三年（1864）武昌節署刻本　八冊

330000－1705－0020369　朱5443　類叢部/叢書類/彙編之屬

留垞叢刻八種　楊鍾羲編　清光緒十六年至宣統二年（1890－1910）刻本　一冊　存一種

330000－1705－0020370　朱5156　集部/詩文評類/詩評之屬

漁洋詩話三卷　（清）王士禎撰　清康熙刻本　三冊

330000－1705－0020371　朱5182　史部/史評類/詠史之屬

南宋襍事詩七卷　（清）沈嘉轍等撰　清武林

芹香齋刻本　一冊

330000－1705－0020372　朱續0059　史部/
雜史類/斷代之屬

淮軍平捻記十二卷　（清）周世澄撰　清光緒
三年(1877)上海機器印書局鉛印本　二冊

330000－1705－0020373　朱5491　集部/別
集類/漢魏六朝別集

曹集銓評十卷　（三國魏）曹植撰　（清）丁晏
銓評　**曹集逸文一卷**　（清）丁晏輯　**魏陳思
王年譜一卷附錄一卷**　（清）丁晏撰　清同治
十一年(1872)金陵書局刻本　二冊

330000－1705－0020374　朱續0058　史部/
雜史類/斷代之屬

淮軍平捻記十二卷　（清）周世澄撰　清光緒
三年(1877)上海機器印書局鉛印本　二冊

330000－1705－0020375　朱5031　集部/別
集類/清別集

借樹山房排律詩鈔二卷　（清）陳慶槐撰　**排
律詩鈔附刻三卷**　（清）陳福熙撰　清道光十
九年(1839)舟山陳氏刻本　二冊

330000－1705－0020376　朱5030　集部/別
集類/清別集

慕陵詩稿二卷補遺一卷　（清）陳榮杰撰　**大
巖謄草一卷**　（清）陳松齡撰　清嘉慶八年
(1803)青藤書屋刻本　一冊

330000－1705－0020377　朱5533　集部/詩
文評類/文評之屬

文心雕龍十卷　（南朝梁）劉勰撰　（清）黃叔
琳輯注　（清）紀昀評　清道光十三年(1833)
盧坤兩廣節署刻朱墨套印本　四冊

330000－1705－0020378　朱5262　類叢部/
叢書類/郡邑之屬

金華叢書六十八種　（清）胡鳳丹編　清同治
七年至光緒八年(1868－1882)永康胡氏退補
齋刻本　一冊　存一種

330000－1705－0020379　朱5378　子部/雜
著類/雜纂之屬

宣講珠璣□□卷　清刻本　一冊　存一卷

（四）

330000－1705－0020380　朱5163　集部/曲
類/散曲之屬

新鐫古今大雅南宮詞紀六卷北宮詞紀六卷
（明）陳所聞選　（明）陳邦泰輯　明萬曆刻本
　一冊　存一卷(北宮詞紀一)

330000－1705－0020382　朱續0057　史部/
編年類/斷代之屬

增補清史攬要六卷　（日本）增田貢撰　（清）
毛淦編補　清光緒二十八年(1902)時務書局
石印本　四冊

330000－1705－0020383　朱5127、朱9528
集部/別集類/清別集

東海半人詩鈔二十四卷　（清）鍾大源撰　清
嘉慶詩藪刻本　八冊

330000－1705－0020384　朱5376　集部/別
集類/清別集

先稿存遺四卷　（清）梁廷拭撰　**暫次齋稿一
卷**　（清）梁熙旦撰　清順治刻本　一冊

330000－1705－0020385　朱5141　集部/總
集類/酬唱之屬

攀轅詩卷二卷　（清）王彥威等撰　（清）馮城
等輯　清光緒六年(1880)椒江刻本　一冊

330000－1705－0020386　朱5246　集部/別
集類/清別集

學易堂詩稿四卷　（清）董葆琛撰　清抄本
一冊

330000－1705－0020387　朱5373、朱5616
集部/總集類/彙編之屬

漢魏六朝一百三家集（漢魏六朝百三名家集）
　（明）張溥編　清光緒三年(1877)滇南唐氏
壽考堂刻本　三冊　存二種

330000－1705－0020388　朱5245　集部/別
集類/清別集

盟雲山館初稿一卷　（清）殳嵋生撰　清道光
七年(1827)刻本　一冊

330000－1705－0020390　朱5188　集部/總

集類/選集之屬/斷代

全唐詩九百卷目錄十二卷 （清）曹寅等輯 清康熙刻本 三冊 存三十九卷（目次一至十二、劉長卿一至五、趙嘏一至二、盧肇一、丁稜一、高退之一、孟球一、劉耕一、裵翻一、崔軒一、酈希逸一、林滋一、李宣古一、張道符一、丘上卿一、石貫一、孟守一、唐思言一、戈牢一、金厚載一、王甚夷一、姚鵠一、項斯一）

330000－1705－0020393　朱續0067　史部/叢編

[乾隆]西域聞見錄八卷首一卷 （清）七十一撰 清乾隆刻本 二冊

330000－1705－0020394　朱5231　集部/別集類/清別集

南谿偶刊三種 （清）鄭性撰 清乾隆七年（1742）刻本 二冊 存一種

330000－1705－0020395　朱5369　集部/別集類/清別集

胡曉漁詩不分卷 （清）胡曉漁撰 稿本 一冊

330000－1705－0020396　朱5461　集部/總集類/選集之屬/斷代

南北朝文鈔二卷 （清）彭兆蓀輯 清光緒八年（1882）紫雲室刻本 一冊

330000－1705－0020397　朱5521　集部/別集類

容膝軒文稿八卷 王榮商撰 清光緒二十一年（1895）京師琉璃廠刻又增刻本 一冊 存七卷（一至七）

330000－1705－0020398　朱5237　集部/別集類/漢魏六朝別集

陶淵明詩一卷雜文一卷 （晉）陶潛撰 清光緒元年（1875）影宋紹熙曾集刻本 一冊

330000－1705－0020399　朱5462　集部/別集類/清別集

孤鴻編四卷首二卷 （清）殷增撰 清同治十年（1871）齊莊中正堂刻本 一冊

330000－1705－0020401　朱5393　集部/別

集類/清別集

韋菴詠物詩不分卷 （清）邵長蘅撰 清康熙刻本 一冊

330000－1705－0020402　朱5463　集部/總集類/選集之屬/斷代

唐七律選四卷 （清）王錫等輯 （清）毛奇齡定 清康熙刻本 一冊

330000－1705－0020403　朱5179　集部/別集類/清別集

辟塵齋詩集不分卷 清抄本 一冊

330000－1705－0020404　朱5517　集部/別集類/清別集

歙夫文稿四卷時體詩七卷冊子四卷粵東雜詩五卷唐鍾陰款一卷形製一卷 （清）李夢松撰 清嘉慶刻本 一冊 存五卷（粵東雜詩一至五）

330000－1705－0020405　朱5236　集部/別集類/清別集

壺山自吟槀三卷 （清）朱休度撰 清嘉慶三年（1798）寫刻本 清周翰釋文 一冊 存一卷（三）

330000－1705－0020408　朱5185　集部/別集類/清別集

瘦曇山房詩刪十三卷續編一卷 （清）羅天尺撰 清乾隆刻本 一冊 存三卷（一至三）

330000－1705－0020409　朱5464　集部/別集類/元別集

剡源佚文二卷佚詩六卷 （元）戴表元撰 孫鏘編 清光緒二十一年（1895）奉化孫鏘刻本 一冊

330000－1705－0020410　朱5168　集部/詩文評類/詩評之屬

詩論不分卷睫巢集不分卷 （清）李鍇撰 清抄本 清陳古民批 一冊

330000－1705－0020411　朱5276　集部/別集類/清別集

童薇研先生館賦不分卷 （清）童華撰 稿本 一冊

330000－1705－0020412　朱5362　類叢部/
叢書類/彙編之屬

重刊拜經樓叢書七種　（清）吳騫原編　清光
緒十一年（1885）會稽章氏鄂渚刻本　一冊
存一種

330000－1705－0020413　朱5167　集部/別
集類/清別集

蘭江晤言不分卷　（清）姜炳璋撰　清抄本
一冊

330000－1705－0020415　朱5470　集部/別
集類/明別集

奇零草不分卷　（明）張煌言撰　清抄本
一冊

330000－1705－0020416　朱5280　集部/別
集類/清別集

贅庵錄稿不分卷　（清）姚景夔撰　稿本
一冊

330000－1705－0020417　朱5178　集部/別
集類/清別集

望古齋詩集不分卷　清抄本　一冊

330000－1705－0020418　朱5193　集部/別
集類/清別集

碧梧秋館詞稿不分卷　（清）沈穆孫撰　稿本
　清張鴻卓、清汪承慶、清楊敬傳、清周兆魚、
清朱壽題記　一冊

330000－1705－0020419　朱5229　集部/別
集類/清別集

寒村詩文選　（清）鄭梁撰　清康熙紫蟾山房
刻增修本　三冊

330000－1705－0020420　朱續0062　子部/
雜著類/雜說之屬

海盜解甯不分卷　稿本　一冊

330000－1705－0020421　朱5223　集部/別
集類/唐五代別集

李翰林集三十卷　（唐）李白撰　清光緒三十
二年（1906）吳隱刻本　六冊

330000－1705－0020422　朱5361　集部/別
集類

抱潤軒文集十卷　馬其昶撰　清宣統元年
（1909）安徽官紙印刷局石印本　一冊

330000－1705－0020423　朱5222　集部/總
集類/選集之屬/通代

昭明文選六臣彙註疏解十九卷　（清）顧施禎
輯　清康熙二十五年（1686）建安鄭氏心耕堂
刻本　六冊

330000－1705－0020424　朱5360　集部/別
集類/宋別集

後山先生集二十四卷首一卷　（宋）陳師道撰
　清光緒十一年（1885）番禺陶福祥愛廬刻本
六冊

330000－1705－0020425　朱續0065　史部/
載記類

鎮海礮臺防堵事宜不分卷　清抄本　一冊

330000－1705－0020426　朱續0092　史部/
傳記類/職官錄之屬/總錄

樞垣題名四種附錄一卷　（清）吳孝銘撰　清
道光八年（1828）刻本　一冊

330000－1705－0020427　朱5260　集部/別
集類/清別集

吳穀人詩詞不分卷　（清）吳錫麒撰　清抄本
　一冊

330000－1705－0020428　朱5313　集部/曲
類/彈詞之屬

彈詞小說賈鳧西鼓詞一卷　（清）賈鳧西撰
老圓曲一卷　（清）俞樾撰　清光緒三十三年
（1907）鉛印本　一冊

330000－1705－0020429　朱5658　集部/別
集類/清別集

聽瓶笙館駢體初稿不分卷　（清）阮福瀚撰
清光緒馮可鏞精抄本　清馮可鏞題記　一冊

330000－1705－0020430　朱5259　集部/別
集類/清別集

秦鏡初詩稿不分卷　（清）秦嗣沅撰　清抄本
　一冊

330000－1705－0020431　朱續 0091　史部/
傳記類/職官錄之屬/總錄

樞垣題名四種附錄一卷　（清）吳孝銘撰　清
道光八年（1828）刻本　一冊

330000－1705－0020432　朱 5657　集部/別
集類/清別集

秋生文稿三卷　（清）徐晥撰　清道光五年
（1825）秋樹山房刻本　一冊

330000－1705－0020433　朱 5258　集部/別
集類/清別集

章安游草不分卷　（清）□□撰　清抄本
一冊

330000－1705－0020435　朱 5654　集部/別
集類/清別集

寒碧齋詩稿不分卷　（清）徐棠撰　（清）王定
祥編　清光緒王定祥稿本　一冊

330000－1705－0020436　朱續 0090　史部/
傳記類/科舉錄之屬/歷科鄉試錄

乙未科鄉試同年全錄不分卷　清道光刻本
四冊

330000－1705－0020437　朱 5612　集部/別
集類/明別集

山帶閣集三十三卷附錄一卷　（明）朱曰藩撰
　清道光十五年（1835）宜祿堂刻本　四冊

330000－1705－0020438　朱 5607　類叢部/
叢書類/郡邑之屬

留香室叢刻十種　（清）祝昌泰　（清）梁章鉅
編　清嘉慶十六年至十七年（1811－1812）浦
城祝氏留香室刻本　一冊　存一種

330000－1705－0020439　朱 5166　集部/總
集類/彙編之屬

古文詩讀本不分卷　（清）黃澧輯　稿本　朱
鼎煦跋　一冊

330000－1705－0020441　朱 5311　集部/別
集類/清別集

介石詩鈔四卷　（清）李毅撰　清道光元年
（1821）刻本　一冊

330000－1705－0020442　朱 5516　集部/總
集類/選集之屬/斷代

國朝八家四六文鈔八種　（清）吳鼒編　清嘉
慶三年（1798）刻光緒五年（1879）紫文閣補刻
本　四冊

330000－1705－0020443　朱 5653　集部/詞
類/詞話之屬

芬陀利室詞話三卷　（清）蔣敦復撰　清光緒
十一年（1885）弢園王氏刻本　一冊

330000－1705－0020444　朱 5511　集部/總
集類/選集之屬/斷代

初唐四傑集三十七卷　（清）項家達編　清乾
隆四十六年（1781）星渚項氏刻本　六冊

330000－1705－0020445　朱續 0089　史部/
傳記類/職官錄之屬/總錄

江西全省文武同官錄二卷（清光緒三十一年）
　清光緒刻本　一冊

330000－1705－0020446　朱 5257　集部/總
集類/題詠之屬

月湖十洲分詠不分卷　稿本　一冊

330000－1705－0020447　朱續 0088　史部/
傳記類/科舉錄之屬/歷科鄉試錄

**道光二十九年湖北鄉試題名錄一卷湖北鄉試
同年齒錄一卷**　清道光刻本　一冊

330000－1705－0020448　朱 5509　集部/別
集類/清別集

補不足齋未定稿二種二卷　清光緒抄本
一冊

330000－1705－0020449　朱 4421　集部/別
集類/清別集

豔雪樓稿不分卷　（清）言九經撰　清刻本
一冊

330000－1705－0020450　朱 5429　集部/別
集類/宋別集

東坡文選不分卷　（宋）蘇軾撰　清抄本
一冊

330000－1705－0020451　朱 5646　集部/總

集類/選集之屬/通代

詩苑天聲二十二卷 （清）范與良輯並評 清順治十六年(1659)旋采堂刻本 一冊 存六卷(館課詩一至六)

330000－1705－0020452 朱5602 類叢部/叢書類/彙編之屬

新陽趙氏叢刊十四種 （清）趙元益編 清光緒十一年至二十八年(1885－1902)新陽趙氏刻本 四冊 存一種

330000－1705－0020453 朱續0087 史部/傳記類/科舉錄之屬/歷科鄉試錄

[同治六年辛卯科]順天文鄉試錄不分卷 清同治刻本 一冊

330000－1705－0020454 朱續0086 史部/傳記類/科舉錄之屬/歷科鄉試錄

光緒五年己卯科十八省鄉試同年錄一卷 清光緒五年(1879)刻本 一冊

330000－1705－0020455 朱5598 集部/別集類/清別集

小峴山人詩集二十八卷文集六卷文續集二卷文補編一卷 （清）秦瀛撰 清嘉慶二十二年(1817)城西草堂刻道光初增刻本 三冊 存十一卷(詩集六至十、文集一至六)

330000－1705－0020457 朱5577 集部/總集類/選集之屬/斷代

切問齋文鈔三十卷 （清）陸燿輯 清乾隆四十年(1775)刻本 十冊

330000－1705－0020458 朱續0085 史部/傳記類/科舉錄之屬/歷科鄉試錄

[光緒壬午科]順天鄉試同年錄不分卷 清抄本 朱鼎煦題記 一冊

330000－1705－0020459 朱5576 集部/別集類/清別集

午亭文編五十卷 （清）陳廷敬撰 （清）林佶輯錄 清康熙四十七年(1708)林佶刻乾隆四十三年(1778)印本 十六冊

330000－1705－0020460 朱5575 集部/別集類/清別集

寶日軒詩集四卷附存詩四卷 （清）王德溥撰 清嘉慶四年(1799)王嗣中刻本 一冊 存四卷(附存詩一至四)

330000－1705－0020461 朱5645 類叢部/叢書類/自著之屬

石屋書四種 （清）曹金籀撰 清同治仁和曹氏刻本 一冊 存一種

330000－1705－0020462 朱5573 集部/別集類/明別集

奇零草不分卷 （明）張煌言撰 清抄本 一冊

330000－1705－0020463 朱續0084 史部/傳記類/科舉錄之屬/總錄

清秘述聞十六卷 （清）法式善編 清嘉慶四年(1799)刻本 一冊 存八卷(一至八)

330000－1705－0020464 朱5403 集部/別集類/清別集

金峨山館文不分卷 （清）郭傳璞撰 稿本 一冊

330000－1705－0020465 朱5144 子部/藝術類/遊藝之屬/聯語

集蘭亭帖楹聯不分卷 （清）運甓齋刪定 清光緒鴻遠書屋抄本 一冊

330000－1705－0020466 朱5132 集部/別集類/清別集

鏡西漫稿不分卷 （清）岑振祖撰 清嘉慶稿本 一冊

330000－1705－0020467 朱續0083 史部/傳記類/總傳之屬/人表

寧波法政學堂同學錄不分卷 清光緒三十四年(1908)鉛印本 一冊

330000－1705－0020469 朱5593 集部/詞類/詞話之屬

蓮子居詞話四卷 （清）吳衡照輯 清道光十二年(1832)錢唐汪氏振綺堂刻同治六年(1867)重修本 二冊

330000－1705－0020472 朱5411 集部/別

集類/清別集

剖甘宧脞錄不分卷　清金戠山館抄本　一冊

330000－1705－0020473　朱5559　類叢部/
叢書類/自著之屬

埜柏先生類稿八種　（清）宋在詩撰　清道光
七年（1827）刻本　四冊

330000－1705－0020474　朱5408　集部/別
集類/清別集

溫雪贈言不分卷　清抄本　三冊

330000－1705－0020475　朱5589　類叢部/
叢書類/自著之屬

石遺室叢書十九種　陳衍撰　清光緒至民國
刻本　二冊　存一種

330000－1705－0020477　朱5507　集部/別
集類/明別集

六如居士全集六種　（明）唐寅撰　清嘉慶六
年（1801）長沙唐仲冕果克山房刻本　一冊
存一種

330000－1705－0020478　朱5125　集部/別
集類/清別集

存耕堂詩草四卷　（清）聶芳撰　（清）李蓮評
定　清康熙刻本　一冊

330000－1705－0020479　朱5410　集部/詩
文評類/文評之屬

四六叢話序言不分卷　（清）孫梅撰　清抄本
一冊

330000－1705－0020480　朱0163　子部/藝
術類/篆刻之屬/印譜

聽雨盦主人印存不分卷　（清）聽雨盦主人篆
刻　清末民國初鈐印本　一冊

330000－1705－0020481　朱5124　集部/詞
類/總集之屬

詞選不分卷　（清）董文友輯　清抄本　一冊

330000－1705－0020482　朱續0080　史部/
傳記類/職官錄之屬/總錄

大清縉紳全書不分卷（清光緒十三年）　清光
緒十三年（1887）榮錄堂刻本　四冊

330000－1705－0020483　朱5585、朱5586
類叢部/叢書類/自著之屬

儀衛軒全集四種　（清）方東樹撰　清同治方
宗誠刻本　六冊　存二種

330000－1705－0020484　朱5641　集部/別
集類/清別集

芝房文鈔一卷　（清）邵詠撰　清道光四年
（1824）刻本　一冊

330000－1705－0020485　朱0196　子部/藝
術類/篆刻之屬/印譜

唅花盦印譜不分卷　（清）勾章孫氏篆　清末
鈐印本　一冊

330000－1705－0020486　朱續0079　史部/
傳記類/別傳之屬/事狀

錢塘陳寶渠太守八十徵壽晷敘不分卷　（清）
黃福楙撰　清光緒十五年（1889）石印本
一冊

330000－1705－0020488　朱5404　類叢部/
類書類/專類之屬

皇朝駢文類苑敘錄不分卷　（清）姚燮編　稿
本　一冊

330000－1705－0020491　朱5568　集部/總
集類/郡邑之屬

句東三家詩鈔　（清）姚燮輯　清道光十五年
（1835）刻本　一冊　存一種

330000－1705－0020492　朱5622　集部/總
集類/課藝之屬

芸館試律鈔不分卷芸館試律鈔續鈔二卷補鈔
一卷芸館試律鈔三編二卷補鈔一卷　（清）潘
世恩輯　清嘉慶至道光刻本　三冊

330000－1705－0020494　朱5772　集部/總
集類/選集之屬/斷代

唐律賦鈔一卷　（清）楊泗孫編　清光緒二年
（1876）刻棃香室印本　朱鼎煦題記　一冊

330000－1705－0020495　朱0195　子部/藝
術類/篆刻之屬/印譜

看篆樓印譜不分卷　（清）潘有爲輯　清鈐印
本　一冊

330000 – 1705 – 0020496　朱 5501　集部/詩文評類/詩評之屬

石林詩話三卷　（宋）葉夢得撰　**拾遺一卷附錄一卷**　（清）葉廷琯輯　清道光二十四年(1844)東洞庭山葉氏刻本　一冊

330000 – 1705 – 0020497　朱續 0061　史部/叢編

痛史二十一種附九種　樂天居士輯　清宣統至民國上海商務印書館鉛印本　二十八冊　存二十一種

330000 – 1705 – 0020498　朱 3566　集部/別集類/清別集

杲堂文鈔六卷　（清）李鄴嗣撰　清抄本　一冊

330000 – 1705 – 0020499　朱 5567　集部/總集類/氏族之屬

勾江詩緒　（清）施江濤　（清）董正國等輯　清乾隆東井堂刻本　一冊　存一種

330000 – 1705 – 0020501　朱 5780、朱 5781　集部/別集類/清別集

復齋文集二十一卷詩集四卷首一卷末一卷　(清)曾鏞撰　清嘉慶二十五年(1820)刻本　十四冊　缺一卷(詩集末)

330000 – 1705 – 0020502　朱 9097　集部/別集類

缶廬詩四卷別存一卷　吳俊卿撰　清光緒十九年(1893)刻本　四冊

330000 – 1705 – 0020503　朱 5503　集部/詩文評類/詩評之屬

凫亭詩話二卷　（清）陶元藻撰　清刻本　一冊

330000 – 1705 – 0020504　朱 5565　集部/別集類/清別集

青芝山館駢體文集二卷　（清）樂鈞撰　清抄本　一冊

330000 – 1705 – 0020506　朱 5768、朱 5767　類叢部/叢書類/彙編之屬

風雨樓祕笈留真十種　鄧實編　清宣統元年至民國六年(1909 – 1917)順德鄧氏風雨樓影印本　二冊　存二種

330000 – 1705 – 0020507　朱續 0077　史部/傳記類/日記之屬

求闕齋日記類鈔二卷　（清）曾國藩撰　（清）王啟原編　清光緒鴻章書局石印本　二冊

330000 – 1705 – 0020508　朱 6039　集部/總集類/郡邑之屬

越風三十卷　（清）商盤輯　清乾隆三十七年(1772)山陰王大治刻嘉慶十六年(1811)徐兆補修本　十冊

330000 – 1705 – 0020509　朱 5560　集部/詩文評類/詩評之屬

全唐詩話八卷　（宋）尤袤輯　（清）孫濤續輯　清乾隆三十九年(1774)清芬堂刻本　四冊

330000 – 1705 – 0020510　朱 5578　集部/別集類/唐五代別集

樊南文集詳註八卷　（唐）李商隱撰　（清）馮浩編訂　清乾隆四十五年(1780)馮氏德聚堂刻同治七年(1868)桐鄉馮寶圻重修本　朱鼎煦題記　八冊

330000 – 1705 – 0020512　朱 4387　集部/總集類/選集之屬/斷代

秋吟山館集選句詩一卷　（清）張灝撰　清道光刻本　一冊

330000 – 1705 – 0020514　朱 5161　集部/別集類/清別集

一葉舟遺稿一卷　（清）邵同人撰　清道光刻本　一冊

330000 – 1705 – 0020515　朱 5595　集部/別集類/清別集

白湖詩稿八卷文稿八卷　（清）葉燕撰　**白湖葉君墓誌銘一卷**　（清）秦瀛撰　清嘉慶二十三年(1818)葉氏又次居刻本　一冊　缺八卷(詩稿一至八)

330000 – 1705 – 0020516　朱 5580　集部/別集類/清別集

秋君遺稿六卷　（清）馮如璋撰　清道光二十

五年(1845)刻本　二冊

330000 - 1705 - 0020518　朱 6040　集部/別集類/清別集

懷古田舍詩節鈔六卷　（清）徐榮撰　（清）林鴻年刪節　清同治三年(1864)四川錦城刻光緒十四年(1888)補刻本　六冊

330000 - 1705 - 0020521　朱 5497　集部/別集類/清別集

橫山詩文鈔二十四卷　（清）裘璉撰　清康熙裘氏絳雲居刻雍正增刻本　二冊

330000 - 1705 - 0020522　朱 5702　集部/別集類/宋別集

司馬文正公集八十二卷目錄二卷首一卷　（宋）司馬光撰　（清）喬人傑等重訂　清乾隆九年(1744)刻五十五年(1790)重修本　二十冊

330000 - 1705 - 0020523　朱 5731　集部/別集類/清別集

儀宋堂文外集三卷　（清）吳嘉淦撰　清咸豐元年(1851)刻本　一冊

330000 - 1705 - 0020524　朱 5765　集部/別集類/清別集

八指頭陀詩集四卷述一卷　（清）釋敬安撰　清光緒十四年(1888)刻本　一冊

330000 - 1705 - 0020525　朱 5621　集部/別集類/清別集

香蘇山館古體詩鈔十九卷今體詩鈔十九卷　（清）吳嵩梁撰　清道光刻本　八冊

330000 - 1705 - 0020526　朱 6079　集部/詩文評類/文評之屬

文心雕龍十卷　（南朝梁）劉勰撰　（清）黃叔琳輯注　（清）紀昀評　清道光十三年(1833)盧坤兩廣節署刻朱墨套印本　四冊

330000 - 1705 - 0020527　朱 8531　集部/別集類/明別集

高季迪先生大全集十八卷　（明）高啟撰　清康熙許氏竹素園刻本　二冊

330000 - 1705 - 0020528　朱 5727、朱 9143　類叢部/叢書類/彙編之屬

春暉堂叢書十二種　（清）徐渭仁編　清道光至咸豐上海徐渭仁刻同治九年至十年(1870 - 1871)徐允臨補刻彙印本　五冊　存二種

330000 - 1705 - 0020529　朱續 0075　史部/傳記類/日記之屬

小說閨秀之秘密日記不分卷　清末民初石印本　一冊

330000 - 1705 - 0020530　朱 5762　集部/別集類/清別集

雲章書屋遺稿不分卷　（清）鄧瀛撰　清同治十三年(1874)刻本　一冊

330000 - 1705 - 0020533　朱 6035　類叢部/叢書類/家集之屬

鈍翁全集一百二十五卷　（清）汪琬撰　（清）汪鳴珂重訂　清康熙二十三年至二十四年(1684 - 1685)刻乾隆三十六年(1771)汪宣綸重訂後印本　一冊　存一種

330000 - 1705 - 0020534　朱 6081　集部/別集類/清別集

更生齋文甲集四卷乙集四卷續集二卷詩集八卷詩續集十卷　（清）洪亮吉撰　清光緒三年至四年(1877 - 1878)鄂垣刻本　四冊　存八卷(詩集一至八)

330000 - 1705 - 0020535　朱續 0096　史部/傳記類/總傳之屬/隱逸

高士傳三卷圖一卷　（晉）皇甫謐撰　（清）任熊繪　（清）王錫齡校　清咸豐八年(1858)蕭山王氏刻本　一冊　缺二卷(二至三)

330000 - 1705 - 0020536　朱 4430　集部/總集類/彙編之屬

唐荔園詩鈔一卷　（唐）曹松撰　**西園吟社詩二卷附錄一卷**　（清）邱肇廣編輯　（清）童蓉君鑒定　清道光刻本　一冊

330000 - 1705 - 0020537　朱 5759　集部/別集類/清別集

有正味齋全集六十一卷　（清）吳錫麒撰　清

刻本　一册　存四卷(詞續集一至二、外集一至二)

330000－1705－0020538　朱 5698　集部/別集類/唐五代別集

梅定九文集不分卷　(唐)梅定九撰　清康熙刻本　清文父題記　一册

330000－1705－0020539　朱 5724　集部/別集類/清別集

芝隱室詩存八卷附存一卷續存一卷　(清)長善撰　清同治十年(1871)廣州將軍節署刻本　六册

330000－1705－0020540　朱 5116　集部/別集類/清別集

林臥遙集不分卷　(清)趙吉士撰　清康熙刻本　三册

330000－1705－0020541　朱 6089　集部/別集類/清別集

候濤山房吟草十二卷　(清)謝佑琦撰　清道光二十二年(1842)四川洪雅縣署刻本　四册

330000－1705－0020542　朱續 0095　史部/紀傳類/別史之屬

南天痕二十六卷附錄一卷　(清)凌雪撰　清宣統二年(1910)復古社鉛印本　三册　存十四卷(十四至十七、十八至二十六,附錄)

330000－1705－0020543　朱 5757　集部/總集類/彙編之屬

二黃合稿二卷　(清)黃崇惺　(清)黃家鼎撰　(清)廷愷編　清光緒八年(1882)刻本　一册

330000－1705－0020544　朱 5726　集部/別集類/清別集

小遊仙館稿二卷　(清)李厚建撰　清衣德樓抄本　一册

330000－1705－0020546　朱續 0095－1　史部/紀傳類/別史之屬

南天痕二十六卷附錄一卷　(清)凌雪撰　清宣統二年(1910)復古社鉛印本　一册　存四卷(十四至十七)

330000－1705－0020547　朱 5757－1　集部/總集類/彙編之屬

二黃合稿二卷　(清)黃崇惺　(清)黃家鼎撰　(清)廷愷編　清光緒八年(1882)廷愷刻本　一册

330000－1705－0020548　朱 6086　集部/別集類/唐五代別集

杜詩提要十四卷　(唐)杜甫撰　(清)吳瞻泰評　清乾隆二十六年(1761)刻本　四册

330000－1705－0020549　朱 3564　類叢部/叢書類/彙編之屬

武英殿聚珍版書一百三十八種　清乾隆武英殿木活字印本　二册　存一種

330000－1705－0020551　朱 6273　集部/別集類/宋別集

梁谿先生文集一百八十卷附錄一卷年譜一卷行狀三卷　(宋)李綱撰　清道光十四年(1834)刻本　四十册　存一百八十二卷(一至一百八十、附錄、年譜)

330000－1705－0020552　朱 5756、朱 9012、朱 9329　集部/別集類/清別集

衍石齋記事彙十卷續彙十卷刻楮集四卷旅逸小彙二卷　(清)錢儀吉撰　清光緒六年(1880)錢彝甫刻本　十四册

330000－1705－0020553　朱續 0074　類叢部/叢書類/彙編之屬

融經館叢書十一種　(清)徐友蘭編　清光緒六年至十一年(1880－1885)會稽徐氏八杉齋刻本　二册　存一種

330000－1705－0020554　朱 5722　集部/別集類/清別集

隅園詩存二卷　(清)裘曰和撰　清嘉慶二十五年(1820)木活字印本　二册

330000－1705－0020556　朱 5721　史部/傳記類/科舉錄之屬/歷科鄉試錄

明張忠烈公硃卷不分卷　(明)張煌言撰　清光緒二年(1876)慈谿楊氏飲雪軒刻本　一册

330000－1705－0020557　朱 5696　集部/別

集類/清別集

虛白齋詩草三卷 （清）霍維瓚撰 清乾隆五十年（1785）耕經堂刻本 一冊

330000－1705－0020558 朱5690 集部/別集類/清別集

憺園草二卷補遺一卷外集一卷 （清）王錚撰 清道光八年（1828）王氏刻本 一冊

330000－1705－0020560 朱6028 集部/別集類/明別集

趙攷古先生遺集六卷首一卷詩一卷續集一卷附一卷 （明）趙撝謙撰 清乾隆三十八年至四十年（1773－1775）張廷枚銘西堂刻本 二冊 缺一卷（詩）

330000－1705－0020561 朱5716 集部/別集類/清別集

戢思堂詩鈔二卷 （清）李宏撰 （清）李奉翰輯 清乾隆三十八年（1773）李奉翰刻本 一冊 存一卷（下）

330000－1705－0020562 朱5689 集部/別集類/清別集

白梅小集一卷 （清）釋敬安撰 清光緒三十年（1904）鉛印本 朱鼎煦題記 一冊

330000－1705－0020563 朱續0093 子部/小說家類/雜事之屬

滄海遺珠錄二卷 （清）懺情侍者纂 清光緒十二年（1886）刻本 一冊

330000－1705－0020564 朱6283 集部/總集類/選集之屬/通代

文選集釋二十四卷 （清）朱珔撰 清光緒元年（1875）涇川朱氏梅村家塾刻本 十二冊

330000－1705－0020565 朱6075 集部/總集類/郡邑之屬

梅里詩輯二十八卷 （清）許燦輯 清道光三十年（1850）嘉興縣齋刻本 八冊

330000－1705－0020566 朱5714 集部/別集類/明別集

六如居士全集六種 （明）唐寅撰 清嘉慶六年（1801）長沙唐仲冕果克山房刻本 一冊

存一種

330000－1705－0020567 朱續0097 史部/傳記類/總傳之屬/通代

於越先賢像傳贊二卷 （清）王齡撰 （清）任熊繪 清同治刻本 二冊

330000－1705－0020568 朱5713 類叢部/叢書類/彙編之屬

王益吾所刻書十種 王先謙編 清光緒九年至十年（1883－1884）長沙王氏刻本 一冊 存二種

330000－1705－0020569 朱6518 集部/別集類/清別集

香草集一卷 （清）祝慶雲編輯 清光緒九年（1883）蘇州管家園鉛印本 一冊

330000－1705－0020570 朱續0465 集部/總集類/課藝之屬

狀元策七卷 （明）吳道南 （明）焦竑編 明崇禎大業堂刻本 一冊 存二卷（一至二）

330000－1705－0020572 朱5793 集部/詞類/別集之屬

眉綠樓詞八卷 （清）顧文彬撰 清光緒十年（1884）吳下刻本 二冊 存五種

330000－1705－0020573 朱5746 史部/傳記類/總傳之屬/文苑

國朝名家詩鈔小傳四卷 （清）鄭方坤撰 清光緒十二年（1886）萬山草堂刻本 一冊 缺二卷（三至四）

330000－1705－0020575 朱5688 集部/別集類/清別集

石帆軒詩集十一卷 （清）徐駿撰 清康熙刻本 一冊

330000－1705－0020576 朱5800 集部/總集類/選集之屬/通代

歷朝名媛詩詞十二卷 （清）陸昶輯 清乾隆三十八年（1773）吳門陸昶紅樹樓刻本 四冊

330000－1705－0020577 朱5797 集部/總集類/郡邑之屬

彭姥詩薆十二卷　（清）倪勳編輯　清道光七年(1827)刻本　一冊　存八卷(一至六、十一至十二)

330000 – 1705 – 0020578　朱 5681　集部/總集類/郡邑之屬

會稽掇英總集二十卷　（宋）孔延之輯　校正會稽掇英總集札記一卷　（清）杜丙杰撰　清道光元年(1821)山陰杜氏浣花宗塾刻本　四冊

330000 – 1705 – 0020579　朱 5748　集部/詩文評類/詩評之屬

詩法舉要四卷首一卷附錄一卷　（清）符葆森等輯並評　清咸豐四年(1854)刻本　一冊

330000 – 1705 – 0020580　朱 5712　集部/別集類/明別集

梅花屋詩稿一卷　（明）左懋第撰　清道光六年(1826)左公祠刻本　一冊

330000 – 1705 – 0020581　朱 6057　集部/別集類/清別集

剡湖竹枝詞一卷　（清）陸達履撰　清嘉慶九年(1804)雙瀑山房刻本　一冊

330000 – 1705 – 0020583　朱 5737　集部/別集類

可園詩稿四卷　三多撰　清光緒十六年(1890)刻本　一冊　存一卷(柳營謠)

330000 – 1705 – 0020584　朱 5737 – 1　集部/總集類/選集之屬/斷代

可園雜纂□□種　三多輯　清光緒十六年(1890)刻本　一冊　存一種

330000 – 1705 – 0020585　朱 5711　集部/別集類/清別集

候濤山房吟草十二卷　（清）謝佑琦撰　清道光二十二年(1842)四川洪雅縣署刻本　四冊

330000 – 1705 – 0020586　朱續 0101　集部/總集類/選集之屬/通代

古今歲時雜詠四十六卷　（宋）蒲積中輯　清抄本　三冊　存二十七卷(六至三十二)

330000 – 1705 – 0020587　朱 5675　集部/總集類/選集之屬/通代

漢魏六朝女子文選二卷　張維輯　清宣統三年(1911)海鹽朱是刻本　一冊

330000 – 1705 – 0020588　朱 6057 – 1　集部/別集類/清別集

剡湖竹枝詞一卷　（清）陸達履撰　清嘉慶九年(1804)雙瀑山房刻本　一冊

330000 – 1705 – 0020589　朱 5741　集部/別集類/明別集

徐文長文集三十卷　（明）徐渭撰　（明）袁宏道評點　明刻本　七冊

330000 – 1705 – 0020590　朱續 0100　史部/時令類

月令粹編二十四卷圖說一卷　（清）秦嘉謨撰　清光緒九年(1883)皖省聚文書坊木活字印本　八冊

330000 – 1705 – 0020592　朱 5710　集部/別集類/清別集

春暉園賦苑巵言二卷　（清）孫奎撰　清道光十六年(1836)書有堂刻本　一冊

330000 – 1705 – 0020593　朱 6291　集部/別集類/清別集

虹橋老屋遺稿九卷補遺三卷　（清）秦緗業撰　（清）鄧濂輯　清光緒十五年(1889)秦光簡刻本　三冊

330000 – 1705 – 0020595　朱 5557　集部/總集類/選集之屬/通代

瀛奎律髓刊誤四十九卷　（元）方回輯　（清）紀昀勘誤　清刻本　七冊　存十五卷(十一至二十五)

330000 – 1705 – 0020596　朱 5707　集部/詞類/總集之屬

四明近體樂府十四卷　（清）袁鈞輯　附一卷　（清）周世緒撰　清嘉慶二十三年(1818)慈谿鄭喬遷藏密廬刻本　二冊

330000 – 1705 – 0020598　朱 5670　集部/別集類/元別集

栲栳山人詩集三卷　（元）岑安卿撰　清乾隆四十七年（1782）羅山張氏寶墨齋刻本　一冊

330000－1705－0020599　朱5669　集部/別集類/清別集

秘圖先生遺詩一卷　（清）楊珂撰　（清）張廷枚輯　清乾隆四十八年（1783）羅山張氏寶墨齋刻本　一冊

330000－1705－0020600　朱6326　集部/別集類/清別集

二知軒文存三十四卷　（清）方濬頤撰　清光緒四年（1878）定遠方氏刻本　十四冊

330000－1705－0020601　朱5788　集部/別集類/清別集

龍江竹枝詞二卷　（清）童謙孟撰　清光緒十三年（1887）刻本　一冊　存一卷（下）

330000－1705－0020602　朱5704　集部/別集類/清別集

無名氏詩鈔不分卷　清抄本　朱鼎煦題記　一冊

330000－1705－0020603　朱6511　集部/總集類/選集之屬/斷代

粧樓摘豔十卷首一卷　（清）錢三錫輯　清道光十三年（1833）香雨軒刻本　四冊

330000－1705－0020604　朱9107　集部/別集類/宋別集

鄮峯真隱漫錄五十卷　（宋）史浩撰　（宋）周鑄編　史子樸語十卷　（宋）史彌大撰　清光緒二十六年（1900）鄞縣史氏木活字印本　十冊　缺十卷（史子樸語一至十）

330000－1705－0020606　朱5706　集部/別集類/清別集

雪浦詩存十六卷　（清）龔澡身撰　清道光四年（1824）刻本　一冊　存二卷（一至二）

330000－1705－0020607　朱5667　集部/總集類/郡邑之屬

同人詩初選不分卷　（清）姚紹唐編　（清）范邦瑗訂　稿本　一冊

330000－1705－0020608　朱5790　集部/總集類/郡邑之屬

四明詩幹三卷　（清）董慶酉輯　四明宋僧詩一卷元僧詩一卷　（清）董濂輯　清光緒十年（1884）刻本　一冊

330000－1705－0020609　朱6496　集部/別集類/唐五代別集

杜詩詳註二十五卷首一卷附錄二卷　（唐）杜甫撰　（清）仇兆鰲輯註　清康熙刻本　五冊　存十五卷（首、一至十四）

330000－1705－0020610　朱5666　集部/別集類/明別集

張陽和先生不二齋稿十六卷　（明）張元忭撰　（明）羅萬化　（明）朱賡輯　清抄本　一冊　存二卷（五至六）

330000－1705－0020612　朱5703　集部/別集類/清別集

白雲集十七卷　（清）張貴撰　清乾隆十七年（1752）刻本　五冊

330000－1705－0020613　朱6464　集部/別集類/清別集

壯悔堂文集十卷遺稿一卷　（清）侯方域撰　（清）賈開宗等評點　清康熙三十四年（1695）刻本　六冊

330000－1705－0020614　朱6294　集部/別集類/漢魏六朝別集

陶淵明詩一卷雜文一卷　（晉）陶潛撰　清光緒元年（1875）影宋紹熙曾集刻本　一冊

330000－1705－0020615　朱6488　集部/別集類/清別集

有正味齋駢體文二十四卷　（清）吳錫麒撰　（清）王廣業箋　清咸豐九年（1859）青箱塾刻本　八冊

330000－1705－0020616　朱5548　集部/別集類/清別集

謙齋詩集八卷首一卷遺集十二卷首一卷　（清）蔡仲光撰　清咸豐三年（1853）蕭山蔡氏篤慶堂刻本　四冊　存九卷（首、詩集一至

八）

330000－1705－0020617　朱5720　集部/別集類/清別集

亦汾詩鈔一卷擷香樓詩存二卷　（清）范邦楨撰　清光緒十一年(1885)刻本　一冊

330000－1705－0020618　朱6276　集部/別集類/清別集

麻園遺集一卷　（清）謝焞樞撰　**視廬初稿二卷**　（清）謝搶元撰　清宣統元年(1909)京師集成圖書公司鉛印本　一冊

330000－1705－0020619　朱6462　集部/別集類/清別集

切問齋集十二卷首一卷　（清）陸燿撰　清光緒十八年(1892)江蘇書局刻本　四冊

330000－1705－0020620　朱5785、朱5784　集部/別集類/清別集

初月樓文鈔十卷文續鈔八卷詩鈔四卷聞見錄十卷附程子香文鈔二卷　（清）吳德旋撰　清道光刻本　三冊　存十八卷(初月樓文續鈔一至八、見聞錄一至十)

330000－1705－0020621　朱5785－1　集部/別集類/清別集

初月樓文鈔十卷文續鈔八卷詩鈔四卷聞見錄十卷附程子香文鈔二卷　（清）吳德旋撰　清道光刻本　二冊　存八卷(初月樓文續鈔一至八)

330000－1705－0020622　朱6052　集部/別集類/明別集

松石齋詩集六卷　（明）趙用賢撰　清光緒二十二年(1896)趙氏承啟堂刻本　一冊

330000－1705－0020623　朱6481　集部/別集類/唐五代別集

杜工部集二十卷首一卷　（唐）杜甫撰　（清）盧坤輯評　清光緒二年(1876)粵東翰墨園刻六色套印本　十冊

330000－1705－0020625　朱5783　集部/別集類/清別集

瞻袞堂文集十卷　（清）袁鈞撰　清光緒三十

三年(1907)袁可烺、袁可貞刻本　四冊

330000－1705－0020626　朱5794　集部/別集類/清別集

印月草堂詩七卷　（清）桂廷嗣撰　清乾隆刻本　一冊

330000－1705－0020627　朱6065　集部/總集類/郡邑之屬

兩浙輶軒續錄五十四卷補遺六卷姓氏韻編二卷　（清）潘衍桐輯　清光緒十七年(1891)浙江書局刻本　四十冊

330000－1705－0020628　朱6460　集部/別集類/清別集

望溪先生文集十八卷集外文十卷集外文補遺二卷年譜二卷　（清）方苞撰　清咸豐元年(1851)戴鈞衡刻二年(1852)增刻本　十六冊

330000－1705－0020629　朱5543　集部/別集類/清別集

吳學士文集四卷詩集五卷　（清）吳鼐撰　（清）薛春黎輯　（清）薛時雨　（清）譚廷獻編訂　清光緒八年(1882)番禺梁肇煌江寧藩署刻本　二冊　存五卷(詩集一至五)

330000－1705－0020630　朱6387　集部/別集類/清別集

白湖詩稿五卷　（清）葉燕撰　清嘉慶六年(1801)葉氏又次居刻本　二冊

330000－1705－0020631　朱6385　集部/總集類/郡邑之屬

句東三家詩鈔　（清）姚燮輯　清道光十五年(1835)刻本　一冊

330000－1705－0020632　朱5663　集部/總集類/郡邑之屬

四明詩幹三卷　（清）董慶酉輯　**四明宋僧詩一卷元僧詩一卷**　（清）董濂輯　清光緒十年(1884)刻本　一冊

330000－1705－0020633　朱5787　集部/詞類/別集之屬

慮園詩彙一卷　（清）黃威克撰　**巖桂草一卷**　（清）蔣宗元撰　清刻本　一冊

330000 - 1705 - 0020634　朱 5539　集部/別集類/清別集

忠敏公遺文二卷　（清）張國維撰　清木活字印本　二冊

330000 - 1705 - 0020635　朱 6447　集部/別集類/清別集

茗柯文初編一卷二編二卷三編一卷四編一卷　（清）張惠言撰　清光緒七年(1881)刻本　二冊

330000 - 1705 - 0020636　朱 6048　集部/別集類/清別集

梅垞詩鈔四卷　（清）蔣變撰　清道光七年(1827)木活字印本　一冊　存三卷(一至三)

330000 - 1705 - 0020637　朱 6377　集部/別集類/清別集

太乙舟文集八卷　（清）陳用光撰　**觀象居詩鈔二卷**　（清）陳蘭瑞撰　清道光二十三年(1843)陳大煥孝友堂武昌刻本　五冊　缺二卷(詩鈔一至二)

330000 - 1705 - 0020638　朱 6446　集部/別集類/清別集

懷白軒詩鈔十六卷　（清）陸初望撰　清同治五年(1866)皖城刻本　一冊　存四卷(一至四)

330000 - 1705 - 0020639　朱 9195　類叢部/叢書類/自著之屬

微居遺書十一種　（清）黃式三撰　清同治至光緒刻本　四冊　存一種

330000 - 1705 - 0020640　朱 5661　集部/別集類/清別集

寓沙詩鈔八卷詩餘一卷　（清）樊廷緒撰　清道光二十二年(1842)刻本　一冊　存四卷(一至四)

330000 - 1705 - 0020641　朱 6374　集部/別集類/清別集

蕉影齋詩集四卷補遺一卷　（清）謝照撰　（清）謝福恒編　清光緒二年(1876)謝榮埰刻本　四冊

330000 - 1705 - 0020642　朱 6047、朱 7646、朱 8259　集部/總集類/彙編之屬

弘正四傑詩集　（清）張百熙編　清光緒二十一年(1895)長沙張氏湘雨樓刻本　十冊　存三種

330000 - 1705 - 0020644　朱 6469　集部/別集類/清別集

謙齋詩集八卷首一卷遺集十二卷首一卷　（清）蔡仲光撰　清咸豐三年(1853)蕭山蔡氏篤慶堂刻本　十冊

330000 - 1705 - 0020645　朱 6041　集部/總集類/選集之屬/通代

詩比興箋四卷　（清）陳沆輯　清光緒九年(1883)長洲彭祖賢武昌刻本　二冊

330000 - 1705 - 0020647　朱 5659　集部/別集類/清別集

滄香閣詩鈔一卷　（清）李星池撰　**紅藥吟館詩鈔一卷**　（清）楊書蘭撰　**幽篁吟館詩鈔一卷**　（清）楊書蕙撰　**小紅藥館坿刻一卷**　（清）周傳鏡撰　**小幽篁館坿刻一卷**　（清）劉德儀撰　清光緒四年(1878)刻本　一冊

330000 - 1705 - 0020649　朱 6084、朱 7891　集部/總集類/氏族之屬

黃氏家集初編六種　（清）黃家鼎輯　清光緒十七年(1891)四明黃氏補不足齋刻本　二冊

330000 - 1705 - 0020650　朱 6083　集部/別集類/清別集

籋雲書屋詩鈔六卷附紅蕪詞鈔二卷　（清）鍾景撰　清咸豐八年(1858)刻本　一冊　存二卷(紅蕪詞鈔一至二)

330000 - 1705 - 0020651　朱 6080　集部/詩文評類/文評之屬

文心雕龍十卷　（南朝梁）劉勰撰　（清）黃叔琳輯注　清乾隆六年(1741)北平黃氏養素堂刻本　二冊

330000 - 1705 - 0020652　朱 6684、朱 6685、朱 6686、朱 6687、朱 6688、朱 6689、朱 6716、朱 9893　集部/總集類/彙編之屬

漢魏六朝一百三家集（漢魏六朝百三名家集）

（明）張溥編　清光緒三年(1877)滇南唐氏壽考堂刻本　三十五冊　存四十三種

330000－1705－0020653　朱6622、朱9548　集部/別集類/清別集

在陸草堂文集六卷　（清）儲欣撰　（清）邢維信編　清雍正元年(1723)淑慎堂刻本　六冊

330000－1705－0020654　朱6432　集部/別集類/唐五代別集

溫飛卿詩集七卷別集一卷集外詩一卷附錄諸家詩評一卷　（唐）溫庭筠撰　（明）曾益注　（清）顧予咸補注　（清）顧嗣立續注　清宣統二年(1910)石印本　朱鼎煦題記　三冊

330000－1705－0020655　朱5534　集部/別集類/唐五代別集

李長吉歌詩四卷外集一卷首一卷　（唐）李賀撰　（清）王琦彙解　清乾隆王氏寶笏樓刻本　四冊

330000－1705－0020656　朱6561　集部/總集類/選集之屬/通代

古文辭類纂七十四卷　（清）姚鼐輯　續古文辭類纂三十四卷　王先謙輯　清光緒十九年(1893)思賢講舍刻本　十二冊

330000－1705－0020657　朱6737　集部/別集類/宋別集

水心文集二十九卷　（宋）葉適撰　清乾隆二十年(1755)溫州府學刻本　十一冊　存十九卷(一至十九)

330000－1705－0020658　朱6724　集部/別集類/清別集

梅村家藏藁五十八卷補遺一卷年譜四卷　（清）吳偉業撰　董康編　清宣統三年(1911)武進董氏誦芬室刻本　八冊

330000－1705－0020659　朱6736　類叢部/叢書類/自著之屬

北溪先生全集八種　（宋）陳淳撰　清乾隆四十八年(1783)陳文芳刻本　清楊泰亨題記　六冊　存七種

330000－1705－0020660　朱6049　類叢部/叢書類/家集之屬

江都陳氏叢書七種　（清）陳本禮　（清）陳逢衡撰　清嘉慶至道光刻本　二冊　存一種

330000－1705－0020661　朱6692　集部/別集類/清別集

榕村全集四十卷別集五卷　（清）李光地撰　清乾隆元年(1736)安溪李清植刻本　十冊　存四十卷(一至四十)

330000－1705－0020662　朱續0102　史部/地理類/方志之屬/郡縣志

[同治]鄞縣志七十五卷　（清）戴枚修　（清）張恕　（清）董沛等纂　清光緒三年(1877)刻四年(1878)增刻本　十三冊　存二十八卷(四十七至七十二、七十四至七十五)

330000－1705－0020663　朱6565　集部/詞類/別集之屬

東武山房詩集四卷　（清）余懋杞撰　清乾隆三十八年(1773)嘉樹堂刻本　一冊

330000－1705－0020664　朱6353　集部/別集類/清別集

大觀堂文集二十二卷首一卷　（清）余縉撰　清康熙三十八年(1699)余氏刻本　五冊　存八卷(首,一、三至八)

330000－1705－0020665　朱6372　集部/總集類/選集之屬/通代

駢體文鈔三十一卷　（清）李兆洛輯　清道光元年(1821)合河康氏家塾刻本　八冊

330000－1705－0020666　朱6603　集部/總集類/彙編之屬

弘正四傑詩集　（清）張百熙編　清光緒二十一年(1895)長沙張氏湘雨樓刻本　六冊

330000－1705－0020667　朱6370　集部/別集類/明別集

重編瓊臺會稿二十四卷首一卷　（明）丘濬撰　清光緒五年(1879)瓊山雁峯書院刻本　十三冊

330000－1705－0020670　朱6557　集部/別

集類/清別集

餐花室詩稿十卷詩餘一卷 （清）嚴錫康撰
清咸豐十一年（1861）刻本　三冊

330000－1705－0020671　朱6367、朱9582
類叢部/叢書類/家集之屬

繡水王氏家藏集 （清）王相輯　清道光二十
年至光緒十二年（1840－1886）繡水王氏刻本
　七冊　存十二種

330000－1705－0020674　朱6556　類叢部/
叢書類/自著之屬

董孟如所著書六種 （清）董沛撰　清光緒四
年至七年（1878－1881）鄞縣董氏刻本　四冊
　存一種

330000－1705－0020675　朱6445　集部/總
集類/選集之屬/斷代

唐人萬首絕句選七卷 （清）王士禎輯　清同
治刻本　二冊

330000－1705－0020676　朱6429　集部/別
集類/清別集

小匏庵詩存六卷末一卷 （清）吳仰賢撰　清
光緒四年（1878）刻本　三冊

330000－1705－0020678　朱6357　集部/別
集類/漢魏六朝別集

諸葛丞相集四卷 （三國蜀）諸葛亮撰　（清）
朱璘纂輯　清康熙三十七年（1698）古虞朱氏
萬卷堂刻本　四冊

330000－1705－0020679　朱6429－1　史部/
地理類/雜志之屬

南湖百詠一卷 （清）吳莘恩撰　清同治五年
（1866）嘉興吳氏小匏庵刻本　一冊

330000－1705－0020680　朱6355　集部/別
集類/唐別集

新刊五百家註音辯昌黎先生文集四十卷
（唐）韓愈撰　（宋）魏仲舉輯注　清乾隆刻本
　十五冊

330000－1705－0020682　朱6551　集部/別
集類/清別集

春覺軒詩草十卷詠無名人詩二卷 （清）莊宇

遠撰　清嘉慶二十年（1815）莊啓泰刻本
二冊

330000－1705－0020683　朱6479　集部/別
集類/清別集

樊榭山房集十卷續集十卷 （清）厲鶚撰　清
乾隆四年（1739）武林繡墨齋刻十六年（1751）
續刻本　一冊　存十卷（續集一至十）

330000－1705－0020684　朱6602　集部/別
集類/明別集

鴻寶應本十七卷 （明）倪元璐撰　明崇禎十
五年（1642）刻清順治十四年（1657）補刻本
六冊

330000－1705－0020685　朱6351　類叢部/
叢書類/郡邑之屬

越中文獻輯存書十種十八卷 （清）紹興公報
社編印　清宣統二年至民國元年（1910－
1912）紹興公報社鉛印本　七冊　存九種

330000－1705－0020686　朱6434　集部/別
集類/清別集

聊齋先生遺集不分卷 （清）蒲松齡撰　清光
緒石印本　一冊

330000－1705－0020687　朱6408　集部/別
集類/清別集

兩當軒集二十卷補遺二卷附錄六卷 （清）黃
景仁撰　**兩當軒集攷異二卷** （清）黃志述撰
　清咸豐八年（1858）家塾刻本　朱鼎煦題記
　六冊

330000－1705－0020688　朱6552　集部/別
集類/明別集

兩谿文集二十四卷詩集四卷 （明）劉球撰
清乾隆三十五年（1770）、三十八年（1773）安
成劉氏刻本　七冊

330000－1705－0020690　朱6524　集部/別
集類/清別集

宛委山人詩集十六卷 （清）劉正誼撰　清雍
正刻乾隆四年（1739）增修本　三冊

330000－1705－0020691　朱4966　集部/別
集類/清別集

宛委山人詩集十六卷 （清）劉正誼撰 清雍正刻乾隆四年(1739)增修本 二冊 存六卷（一至六）

330000－1705－0020692 朱6597 集部/別集類/清別集

硯北詩草不分卷 （清）查學撰 清康熙刻本 一冊

330000－1705－0020693 朱6349 集部/別集類/清別集

謙齋詩集八卷首一卷遺集十二卷首一卷 （清）蔡仲光撰 清咸豐三年(1853)蕭山蔡氏篤慶堂刻本 六冊 存十三卷（首、遺集一至十二）

330000－1705－0020694 朱6543 類叢部/叢書類/彙編之屬

花雨樓叢鈔十一種續鈔十一種附一種 （清）張壽榮編 清光緒十年(1884)花雨樓朱墨套印本 六冊 存一種

330000－1705－0020695 朱6785 集部/別集類/清別集

青萍軒文錄二卷附詩錄一卷 （清）薛福保撰 清光緒八年(1882)刻本 一冊

330000－1705－0020696 朱6397 集部/別集類/清別集

蔗塘未定稿九卷外集八卷 （清）查為仁撰 清乾隆刻本 一冊 存四卷（抱甕集、竹村花塢集、山遊集、押簾詞）

330000－1705－0020697 朱6713 集部/別集類/清別集

銅井山房類稿二卷 （清）袁蘭升撰 清光緒二十一年(1895)刻本 一冊 存一卷（二）

330000－1705－0020698 朱6344、朱7642、朱8306 集部/總集類/氏族之屬

三蘇全集四種 （清）弓翊清等編 清道光七年至十二年(1827－1832)眉州三蘇祠刻本 四十冊

330000－1705－0020699 朱6784 集部/別集類/清別集

知止齋詩集十六卷 （清）翁心存撰 清光緒三年(1877)常熟毛文彬刻書局刻本 四冊

330000－1705－0020700 朱6839 集部/總集類/選集之屬/通代

甬東耆舊詩不分卷 清抄本 一冊

330000－1705－0020701 朱6722 集部/別集類/清別集

雪樵集七卷 （清）蔣弘道撰 清康熙刻本 一冊

330000－1705－0020702 朱6664 集部/別集類/宋別集

河南先生文集二十七卷附錄一卷 （宋）尹洙撰 清光緒六年(1880)韓江官署刻本 四冊

330000－1705－0020705 朱6761 集部/別集類/清別集

願學堂詩鈔二十八卷 （清）王宗燿撰 清咸豐十年(1860)鄞縣王氏刻本 六冊

330000－1705－0020706 朱6342 集部/總集類/課藝之屬

試帖詩選本一卷 清抄本 朱鼎煦題記 一冊

330000－1705－0020707 朱6415 集部/總集類/課藝之屬

試律叢話八卷 （清）梁章鉅撰 清咸豐三年(1853)知足知不足齋刻本 二冊

330000－1705－0020708 朱6651 集部/別集類/清別集

汲庵詩存八卷 （清）楊象濟撰 清光緒八年(1882)西泠刻本 清老莪題記 四冊

330000－1705－0020710 朱6594 集部/小說類/長篇之屬

儒林外史評二卷 （清）張文虎評 清光緒十年(1884)刻本 朱鼎煦題記 一冊 存一卷（下）

330000－1705－0020711 朱6837 集部/戲劇類/傳奇之屬

新刻出相音註勸善目連救母行孝戲文三卷

（清）鄭之珍編　清富春堂刻本　三冊

330000－1705－0020712　朱6301　集部/別集類/清別集

湘簏閣遺詩四卷蘭當詞二卷　（清）陶方琦撰　清光緒十六年（1890）鄂局刻本　一冊　存四卷（遺詩一至四）

330000－1705－0020713　朱6542　集部/總集類/課藝之屬

曠視山房制藝二集四卷小題文二卷　（清）丁守存撰　清同治刻本　二冊　存四卷（制藝二至三，小題文上、下）

330000－1705－0020714　朱6485　集部/別集類/清別集

留春草堂詩鈔七卷　（清）伊秉綬撰　清嘉慶十九年（1814）寧化伊秉綬秋水園廣州刻本　二冊

330000－1705－0020715　朱6324　集部/別集類/清別集

述學內篇三卷補遺一卷外篇一卷別錄一卷附錄一卷校勘記一卷　（清）汪中撰　（清）汪喜孫編　清同治八年（1869）揚州書局刻本　朱鼎煦跋　二冊

330000－1705－0020716　朱6100　集部/別集類/清別集

證山堂集八卷　（清）周斯盛撰　清康熙刻本　二冊

330000－1705－0020717　朱6099　經部/小學類/訓詁之屬/方言

越諺三卷越諺賸語二卷　（清）范寅輯　清光緒八年（1882）谷應山房刻本　三冊

330000－1705－0020718　朱6538　集部/別集類/清別集

吳學士文集四卷詩集五卷　（清）吳焘撰　（清）薛春藜輯　（清）薛時雨　（清）譚廷獻編訂　清光緒八年（1882）番禺梁肇煌江寧藩署刻本　二冊　存五卷（詩集一至五）

330000－1705－0020719　朱6757、朱8494、朱5019　類叢部/叢書類/自著之屬

王漁洋遺書三十八種　（清）王士禛撰　清刻本　朱鼎煦題記　六冊　存三種

330000－1705－0020722　朱6493　類叢部/叢書類/自著之屬

大鶴山房全書十種　鄭文焯撰　清光緒至民國刻民國九年（1920）蘇州交通圖書館彙印本　一冊　存一種

330000－1705－0020723　朱6592　集部/別集類/清別集

雲臥樓詩一卷　（清）林嵩堯撰　清光緒二十六年（1900）刻本　朱鼎煦題記　一冊

330000－1705－0020724　朱6314　集部/別集類/清別集

夢六簃館詩鈔六卷　（清）錢濱撰　清道光十五年（1835）刻本　一冊

330000－1705－0020725　朱6753　集部/別集類/清別集

潛研堂文集五十卷　（清）錢大昕撰　清嘉慶十一年（1806）瞿中溶刻本　四冊　存十六卷（三十五至五十）

330000－1705－0020726　朱6534　集部/別集類/唐五代別集

杜詩偶評四卷　（唐）杜甫撰　（清）沈德潛評　清乾隆十二年（1747）潘承松賦閒草堂刻本　朱鼎煦題記　二冊

330000－1705－0020727　朱6419　集部/總集類/選集之屬/通代

古文雅正十四卷　（清）蔡世遠輯　清雍正三年（1725）刻本　十六冊

330000－1705－0020728　朱6391　類叢部/叢書類/自著之屬

汪龍莊先生遺書四種　（清）汪輝祖撰　清同治十一年（1872）刻本　六冊

330000－1705－0020729　朱6373　集部/總集類/郡邑之屬

兩浙輶軒錄四十卷補遺十卷姓氏韻編二卷　（清）阮元輯　清光緒十六年（1890）浙江書局刻本　三十二冊　缺二卷（姓氏韻編一至二）

330000－1705－0020730　朱 6591　類叢部/
叢書類/自著之屬

式馨堂全集八種　（清）魯之裕撰　清康熙至
雍正刻本　二冊　存一種

330000－1705－0020731　朱 6747　集部/詩
文評類/詩評之屬

陶詩彙評四卷東坡和陶合箋四卷　（晉）陶潛
　（宋）蘇軾撰　（清）溫汝能彙評　清嘉慶刻
本　三冊　存四卷(陶詩彙評一至四)

330000－1705－0020732　朱 6392　集部/別
集類/清別集

靜存齋詩集八卷　（清）錢師曾撰　清道光十
一年(1831)刻本　二冊

330000－1705－0020733　朱 6528　集部/總
集類/選集之屬/通代

乾坤正氣集二十卷　（清）顧沅輯　清道光二
十三年(1843)長洲顧氏藝海樓刻本　八冊

330000－1705－0020734　朱 6746　集部/別
集類/宋別集

**山谷內集詩註二十卷外集詩註十七卷別集詩
註二卷**　（宋）黃庭堅撰　（宋）任淵　（宋）
史容　（宋）史季溫注　清光緒刻宣統二年
(1910)江西印本　朱鼎煦題記　一冊　存二
卷(別集詩註一至二)

330000－1705－0020735　朱 6546　集部/別
集類/宋別集

龍川文集三十卷補遺一卷　（宋）陳亮撰　**附
錄二卷**　（清）應寶時補編　**札記一卷**　（明）
宋廷輔撰　清同治八年(1869)永康應寶時刻
本　十冊

330000－1705－0020736　朱 6851　集部/別
集類/清別集

海峰文集八卷　（清）劉大櫆撰　清乾隆敦本
堂刻本　八冊

330000－1705－0020737　朱 6388　類叢部/
叢書類/彙編之屬

二老閣叢書四十二種　（清）鄭風編　清康熙
至嘉慶刻本　七冊　存十三種

330000－1705－0020738　朱 6933　類叢部/
叢書類/家集之屬

新城王氏家集四十種　（清）□□編　明崇禎
至清康熙刻彙印本　一冊　存一種

330000－1705－0020739　朱 6850　集部/別
集類/清別集

綠蘿山莊文集二十四卷　（清）胡浚撰　清乾
隆二十一年(1756)刻本　清姚燮題記　十
二冊

330000－1705－0020740　朱 6584　集部/別
集類/清別集

香屑集十八卷首一卷末一卷　（清）黃之雋撰
　（清）陳邦直注　清雍正十二年(1734)陳邦
直刻遂初園印本　六冊

330000－1705－0020741　朱 6321、朱 9588
類叢部/叢書類/彙編之屬

棟亭藏書十二種　（清）曹寅編　清康熙四十
五年(1706)揚州詩局刻本　九冊　存十一種

330000－1705－0020742　朱 6545　史部/地
理類/專志之屬/古跡

明張得中四明形勝賦一卷　（明）張得中撰
（清）沈凌驪注　清道光十年(1830)慈谿沈氏
刻本　一冊

330000－1705－0020743　朱 6741　集部/別
集類/清別集

秋叟詩懷四卷　（清）徐畹撰　清道光元年
(1821)刻本　二冊

330000－1705－0020744　朱 6856　集部/別
集類/清別集

**遜學齋文鈔十二卷首一卷末一卷文續鈔五卷
詩鈔十卷詩續鈔五卷**　（清）孫衣言撰　清同
治三年(1864)、十二年(1873)刻本　二冊
存十卷(詩鈔一至十)

330000－1705－0020746　善 2494　子部/天
文曆算類/天文之屬

天心復要不分卷　（明）鮑泰撰　明抄本
三冊

330000－1705－0020748　朱 6841　集部/別

銅鼓書堂遺稿三十二卷 （清）查禮撰 （清）
查淳輯 清乾隆五十七年(1792)查淳刻本
四冊

330000－1705－0020749 朱6853 集部/總
集類/酬唱之屬

同音集三集三卷 （清）柯振嶽編輯 清嘉慶
十七年(1812)藏修齋木活字印本 一冊 存
二卷(二至三)

330000－1705－0020750 朱6740 集部/別
集類/清別集

遜學齋文鈔十二卷首一卷末一卷 （清）孫衣
言撰 清同治十二年(1873)刻本 四冊

330000－1705－0020751 朱6575 集部/總
集類/氏族之屬

玉連環草二卷詩餘二卷 （清）金文淵撰 清
道光刻本 二冊

330000－1705－0020752 朱6527 史部/傳
記類/科舉錄之屬

詞科掌錄十七卷餘話七卷 （清）杭世駿輯
清乾隆仁和杭氏道古堂刻本 二冊 存十二
卷(詞科掌錄一至十二)

330000－1705－0020753 朱6574 集部/別
集類/清別集

亦有生齋集詩三十二卷文二十卷樂府二卷詞
五卷 （清）趙懷玉撰 清嘉慶至道光元年
(1821)刻本 一冊 存二卷(樂府一至二)

330000－1705－0020754 朱6973 集部/總
集類/酬唱之屬

同音集三集三卷 （清）柯振嶽編輯 清嘉慶
十七年(1812)藏修齋木活字印本 一冊 存
二卷(二至三)

330000－1705－0020755 類叢部/
叢書類/自著之屬

元遺山先生全集九種 （金）元好問撰 清道
光三十年(1850)靈石楊氏刻本 十六冊 存
六種

330000－1705－0020756 朱6540 集部/別

愛蓮詩鈔七卷 （清）徐佩鉞撰 清嘉慶十一
年(1806)南白草堂刻本 二冊

330000－1705－0020757 朱6930 集部/詞
類/別集之屬

疏影樓詞四種 （清）姚燮撰 清同治十一年
(1872)刻本 一冊

330000－1705－0020758 朱6857 集部/總
集類/郡邑之屬

姚江逸詩十五卷 （清）黃宗羲輯 清乾隆四
十一年(1776)刻本 四冊

330000－1705－0020760 朱6826 類叢部/
叢書類/彙編之屬

春暉堂叢書十二種 （清）徐渭仁編 清道光
至咸豐上海徐渭仁刻同治九年至十年(1870－
1871)徐允臨補刻彙印本 十冊

330000－1705－0020761 朱6646 集部/別
集類/清別集

鮑齋遺槀五卷 （清）李齡壽撰 清光緒二十
二年(1896)五畝園刻本 二冊

330000－1705－0020762 朱6926 集部/總
集類/選集之屬/通代

文選音義八卷 （清）余蕭客撰 清乾隆二十
三年(1758)靜勝堂刻本 一冊 存四卷(一
至四)

330000－1705－0020763 朱6644 集部/別
集類/清別集

麻園遺集一卷 （清）謝烺樞撰 覞廬初稿二
卷 （清）謝掄元撰 清宣統元年(1909)京師
集成圖書公司鉛印本 一冊

330000－1705－0020764 朱6922 集部/別
集類/清別集

白華山人詩集十六卷詩說二卷 （清）厲志撰
清道光十六年(1836)刻本 四冊

330000－1705－0020765 朱6641 集部/別
集類/清別集

曝書亭集外稿八卷 （清）朱彝尊撰 （清）馮
登府 （清）朱墨林輯 清嘉慶二十二年

(1817)刻道光二年(1822)印本　二冊

330000 – 1705 – 0020766　朱 6870　集部/別集類/清別集

集虛齋學古文十二卷附離騷經解畧一卷
(清)方粲如撰　清光緒十年(1884)李詩、竺士彥淳安縣署刻本　四冊

330000 – 1705 – 0020767　朱 6633　集部/詞類/類編之屬

宋名家詞六十一種九十卷　(明)毛晉編　清光緒十四年(1888)錢塘汪氏刻本　一冊　存三種

330000 – 1705 – 0020769　朱 5547　類叢部/叢書類/自著之屬

桂馨堂集八種　(清)張廷濟撰　清道光至咸豐刻本　朱鼎煦題記　十三冊　存六種

330000 – 1705 – 0020772　朱續 0099　史部/政書類/通制之屬

三通考輯要　湯壽潛輯　清光緒二十五年(1899)上海圖書集成印書局鉛印本　二十九冊　缺二卷(皇明文獻通考輯要十七至十八)

330000 – 1705 – 0020773　朱 6825　類叢部/叢書類/自著之屬

船山遺書五十八種　(清)王夫之撰　清同治四年(1865)湘鄉曾國荃金陵刻本　九十八冊　缺十一卷(春秋世論五下、禮記章句三至十二)

330000 – 1705 – 0020775　朱續 0098　史部/政書類/通制之屬

九通二千三百二十一卷　(清)□□輯　清光緒二十七年(1901)上海圖書集成局鉛印本　一百三冊　存三種

330000 – 1705 – 0020777　朱 6640　集部/別集類/唐五代別集

韋蘇州集十卷　(唐)韋應物撰　清宣統三年(1911)上海自強書局石印本　六冊

330000 – 1705 – 0020778　朱 6101　集部/別集類/清別集

眾綠軒主人文集不分卷　(清)眾綠軒主人撰

清道光抄本　一冊

330000 – 1705 – 0020779　朱 6681　集部/別集類/清別集

賜書堂詩鈔八卷　(清)周長發撰　清乾隆刻本　四冊

330000 – 1705 – 0020782　朱 6318、朱 9498　集部/總集類/選集之屬/通代

梁昭明文選越裁十一卷　(清)洪若皋輯　清康熙刻本　六冊

330000 – 1705 – 0020783　朱 6862　集部/別集類/清別集

小峨嵋山館詩稿二卷　(清)楊星曜撰　清嘉慶二十五年(1820)刻本　一冊

330000 – 1705 – 0020784　朱 6901　類叢部/叢書類/自著之屬

陳一齋全集五種　(清)陳梓撰　清嘉慶二十年至二十一年(1815 – 1816)胡氏敬義堂刻本　四冊　存一種

330000 – 1705 – 0020785　朱 6639　類叢部/叢書類/彙編之屬

榆園叢刻十五種附一種　(清)許增編　清同治至光緒刻本　四冊　存一種

330000 – 1705 – 0020786　朱 6638　集部/詩文評類/文評之屬

文心雕龍十卷　(南朝梁)劉勰撰　(清)黃叔琳輯注　(清)紀昀評　清道光十三年(1833)盧坤兩廣節署刻朱墨套印本　四冊

330000 – 1705 – 0020788　朱 6109　集部/別集類/漢魏六朝別集

陶淵明文集十卷　(晉)陶潛撰　清光緒五年(1879)番禺俞秀山刻本　三冊

330000 – 1705 – 0020790　朱 6843　類叢部/叢書類/彙編之屬

六安涂氏求我齋所刊書六種　(清)涂宗瀛編　清同治至光緒六安涂氏刻本　四冊　存一種

330000 – 1705 – 0020791　朱 6848　集部/別

集類/唐五代別集

少陵詩選不分卷 （唐）杜甫撰 （清）葉元堦輯 清抄本 一冊

330000－1705－0020792 朱 6117 集部/總集類/郡邑之屬

句東三家詩鈔 （清）姚燮輯 清道光十五年(1835)刻本 一冊 存一種

330000－1705－0020794 朱 6422 集部/別集類/清別集

香樹齋詩集十八卷詩續集三十六卷文集二十八文續鈔五卷 （清）錢陳羣撰 清乾隆刻本 二十六冊

330000－1705－0020795 朱 6838 集部/總集類/尺牘之屬

歷朝名媛尺牘二卷 （清）水鏡山房撰 清抄本 一冊

330000－1705－0020796 朱 6671 集部/別集類/清別集

藏密廬文藁四卷 （清）鄭喬遷撰 清道光十四年(1834)刻本 二冊

330000－1705－0020798 朱 6908 集部/別集類/清別集

白雲文集五卷詩集二卷 （清）陳斌撰 清嘉慶十二年(1807)刻本 一冊 缺五卷（文集一至五）

330000－1705－0020800 朱 6815 集部/別集類/清別集

青檽館詩藁附鈔一卷詞彙初鈔一卷賦彙附鈔一卷賦彙初鈔一卷 （清）倪象占撰 清刻本 一冊

330000－1705－0020801 朱 6348 集部/別集類/宋別集

宋陳文節公詩集五卷文集十九卷首一卷末一卷 （宋）陳傅良撰 清乾隆十年(1745)瑞安林上梓愛日樓刻本 十四冊 缺五卷（詩集一至五）

330000－1705－0020802 朱 6895 集部/別集類/清別集

崇雅堂詩鈔四卷附文鈔二卷 （清）胡敬撰 清道光二年(1822)杭州愛日軒刻本 二冊

330000－1705－0020803 朱 6102 集部/別集類/清別集

刪後詩存十卷文集十六卷 （清）陳梓撰 清嘉慶二十年(1815)胡氏敬義堂刻本 二冊 存十卷（刪後詩存一至十）

330000－1705－0020804 朱 6769 集部/戲劇類/傳奇之屬

紅情言一卷 （清）王翊撰 清末民初抄本 朱鼎煦題記 朱鼎煦校 一冊

330000－1705－0020805 朱 6637、朱 6636 集部/別集類/明別集

震川先生集三十卷別集十卷附錄一卷補編一卷 （明）歸有光撰 （清）歸莊校勘 （清）錢謙益選定 （清）歸玠編輯 清康熙十年至十四年(1671－1675)常熟歸氏刻乾隆四十八年(1783)歸景灝等重修本 朱鼎煦題記並批 原煒題記 清方憲皋批 十二冊 缺一卷（補編）

330000－1705－0020806 朱 6893 集部/別集類/清別集

落花百首一卷百聲詩一卷物幻百律二卷 （清）黃祖顯撰 清康熙四年(1665)刻咸豐元年(1851)補刻本 二冊

330000－1705－0020807 朱 6814 集部/別集類/清別集

對山樓詩稿十六卷 （清）王燾撰 清康熙刻本 一冊 存四卷（一至四）

330000－1705－0020808 朱 5736 集部/總集類/郡邑之屬

越中七子詩鈔 清康熙刻本 一冊 存一種

330000－1705－0020809 朱 6732 集部/別集類/清別集

練江詩鈔八卷 （清）程之鵕撰 清乾隆二十年(1755)刻本 二冊

330000－1705－0020810 朱 7302 集部/總集類/郡邑之屬

金華文畧二十卷 （清）王崇炳輯 清康熙四十八年(1709)蘭谿唐虬菴刻乾隆七年(1742)金華夏氏補刻咸豐至同治學耨堂印本 十冊

330000－1705－0020811 朱6813 集部/別集類/清別集

愛竹居詩草四卷 （清）王文淳撰 清乾隆八年(1743)刻本 一冊

330000－1705－0020812 朱6811 集部/詞類/別集之屬

百合詞二卷秋鐙鎖憶不分卷 （清）蔣坦撰 清咸豐二年(1852)刻本 一冊

330000－1705－0020813 朱7301 集部/別集類/宋別集

徐騎省集三十卷 （宋）徐鉉撰 徐集補遺一卷附錄一卷 朱孔彰輯 徐騎省集校勘記一卷 （清）李英元撰 清光緒十六年至十七年(1890－1891)黔南李宗煾刻十九年(1893)重校本 八冊

330000－1705－0020814 朱6891 集部/別集類/清別集

依舊草堂遺稿一卷 （清）費丹旭撰 清同治七年(1868)錢塘汪氏振綺堂刻本 一冊

330000－1705－0020815 朱7268 集部/總集類/選集之屬/通代

御定歷代賦彙一百四十卷外集二十卷逸句二卷補遺二十二卷目錄三卷 （清）陳元龍輯 清光緒十二年(1886)雙梧書屋石印本 十二冊 存一百四十三卷(一至一百四十、目錄一至三)

330000－1705－0020817 朱6309 集部/總集類/彙編之屬

明四大家文定四種 （清）崔徵麟編 清康熙三十年(1691)崔氏刻本 二冊 存一種

330000－1705－0020818 朱6997 集部/別集類/清別集

艾菴詩草三卷 （清）葉聲聞撰 清守瓶齋刻本 二冊

330000－1705－0020819 朱7288 集部/總

集類/選集之屬/通代

駢體文鈔三十一卷 （清）李兆洛輯 清道光元年(1821)合河康氏家塾刻同治六年(1867)婁江徐氏補刻本 八冊

330000－1705－0020820 朱7300 類叢部/叢書類/自著之屬

顧端文公遺書十二種附一種 （明）顧憲成撰 清康熙刻本 七冊

330000－1705－0020821 朱5146 類叢部/叢書類/自著之屬

西河合集一百十九種 （清）毛奇齡撰 清康熙李塨等刻本 十一冊 存十二種

330000－1705－0020822 朱6799 集部/總集類/選集之屬/斷代

精選唐文不分卷 （清）胡允恭輯 清抄本 一冊

330000－1705－0020823 朱7007 集部/別集類/明別集

蚓鳴集二卷 （明）來勵撰 清抄本 朱鼎煦批並跋 一冊

330000－1705－0020824 朱6649 集部/總集類/選集之屬/斷代

國朝八家四六文鈔八種 （清）吳鼒編 清嘉慶刻本 四冊

330000－1705－0020825 朱6805 集部/別集類/清別集

禮部遺集九卷 （清）黃富民撰 清同治九年(1870)黃安謹刻本 二冊 存五卷(律賦賸稾、試帖賸稾、萍軒小草一至二、萍軒詞草)

330000－1705－0020826 朱6632 經部/小學類/訓詁之屬/方言

越諺三卷越諺賸語二卷 （清）范寅輯 清光緒八年(1882)谷應山房刻本 三冊

330000－1705－0020828 朱6797 集部/詩文評類/制藝之屬

一聲長嘯萬松間圖題詞一卷續編一卷 清嘉慶十六年(1811)刻本 一冊

330000－1705－0020829　朱 7263　集部/戲劇類/雜劇之屬

吳山三婦評箋註釋聖歎第六才子書八卷（元）王德信　（元）關漢卿撰　（清）金人瑞　（清）陳同　（清）談則　（清）錢宜評點　清光緒十三年(1887)上海石印本　四冊

330000－1705－0020830　朱 7079　集部/別集類/清別集

一硯齋詩草五卷補遺一卷（清）鮑謙撰　清道光九年(1829)刻本　一冊

330000－1705－0020831　朱 6437　集部/別集類/清別集

蘭薰雪白齋試帖詩八卷（清）朱慶祺撰　清抄本　清何春綠題記　一冊　存四卷(一至四)

330000－1705－0020832　朱 6711　集部/別集類/清別集

鮚埼亭集三十八卷全謝山先生經史問答十卷外編五十卷（清）全祖望撰　**全氏世譜一卷年譜一卷**（清）董秉純撰　清嘉慶九年(1804)餘姚史夢蛟借樹山房刻本　二冊　存十卷(全謝山先生經史問答一至十)

330000－1705－0020833　朱 7014　集部/別集類/清別集

夢漁樵客賸詞一卷（清）徐邵撰　清小螺山館抄本　一冊

330000－1705－0020834　朱 6307　集部/總集類/酬唱之屬

同人贈言八卷（清）郭傳璞輯　稿本　三冊　存三卷(金、石、絲)

330000－1705－0020835　朱 7062　集部/總集類/郡邑之屬

兩浙輶軒續錄五十四卷補遺六卷姓氏韻編二卷（清）潘衍桐輯　清光緒十七年(1891)浙江書局刻本　三十六冊　缺七卷(補遺一至六、姓氏韻編二)

330000－1705－0020836　朱 6913　集部/別集類/清別集

句餘土音三卷　（清）全祖望撰　（清）董秉純重編　清嘉慶十九年(1814)刻本　一冊

330000－1705－0020837　朱 7019　集部/別集類/清別集

辛盤會詩一卷水閣讌集詩一卷（清）顧祖鎮撰　清乾隆十年(1745)刻本　一冊

330000－1705－0020838　朱 6436　集部/詩文評類/彙編之屬

詩中有人不分卷（清）鄭遠芳撰　清嘉慶七年(1802)刻本　朱鼎煦跋　一冊

330000－1705－0020839　朱 7040、朱 7227　集部/總集類/郡邑之屬

兩浙輶軒續錄五十四卷補遺六卷姓氏韻編二卷（清）潘衍桐輯　清光緒十七年(1891)浙江書局刻本　十七冊　存三十三卷(一至十八、二十三至二十六、五十二至五十四,補遺一至六、姓氏韻編一至二)

330000－1705－0020840　朱 7262　類叢部/叢書類/彙編之屬

花雨樓叢鈔十一種續鈔十一種附一種（清）張壽榮編　清光緒八年至十四年(1882－1888)蛟川張氏花雨樓刻本　五冊　存一種

330000－1705－0020842　朱 7303　類叢部/叢書類/自著之屬

柏堂遺書(方柏堂全集)八種附一種（清）方宗誠撰　清光緒元年至十二年(1875－1886)桐城方氏刻本　二十四冊　存一種

330000－1705－0020843　朱 6708　集部/別集類/清別集

運甓齋文稿不分卷（清）陳勱撰　稿本　一冊

330000－1705－0020844　朱 7042　集部/別集類/清別集

流芳集二卷　清咸豐九年(1859)九我軒木活字印本　一冊

330000－1705－0020845　朱 7269　集部/別集類/唐五代別集

唐陸宣公集二十二卷（唐）陸贄撰　清光緒

二十年(1894)上海書局石印本　四冊

330000－1705－0020846　朱 7289　集部/詩文評類/詩評之屬

宋詩紀事一百卷　(清)厲鶚　(清)馬曰璐輯　清乾隆十一年(1746)厲氏樊榭山房刻本　二十冊

330000－1705－0020847　朱 2382　集部/別集類/明別集

南原家藏集八卷　(明)王韋撰　(明)顧璘選　明焦希程刻本　一冊　存二卷(五至六)

330000－1705－0020848　朱 7039　集部/別集類/清別集

耕煙草堂詩鈔四卷　(清)戴梓撰　清雍正至乾隆刻本　一冊

330000－1705－0020849　朱 6898　集部/總集類/氏族之屬

陶氏世吟草七卷　(明)陶銓等撰　清抄本　二冊

330000－1705－0020850　朱 7287　集部/總集類/選集之屬/斷代

唐詩品彙九十卷拾遺十卷詩人爵里詳節一卷　(明)高棅輯　(明)張恂訂　明末關中張恂刻本　二十八冊　缺十卷(拾遺一至十)

330000－1705－0020851　朱 7176　集部/別集類/清別集

琴月樓詩鈔二卷　(清)秦淦撰　清光緒二十年(1894)木活字印本　楊家□題記　一冊

330000－1705－0020852　朱 7175　集部/總集類/選集之屬/斷代

宋四六選不分卷　(清)童華編　清道光稿本　一冊

330000－1705－0020853　朱 5751　集部/別集類/唐五代別集

唐李長吉歌詩四卷外集一卷年譜一卷　(唐)李賀撰　清抄本　一冊

330000－1705－0020854　朱 6726　集部/別集類/唐五代別集

駱臨海集十卷　(唐)駱賓王撰　(清)趙忠補輯　清乾隆刻本　二冊

330000－1705－0020855　朱 7174　集部/別集類/清別集

退宜堂詩集六卷　(清)孫垓撰　清光緒十五年(1889)刻本　一冊　存三卷(一至三)

330000－1705－0020857　朱 6660　集部/別集類/清別集

堯峰文鈔五十卷　(清)汪琬撰　(清)林佶編　清康熙三十二年(1693)刻本　一冊　存十卷(一至十)

330000－1705－0020858　朱 6990　集部/別集類/明別集

充然子集二卷　(明)顧愍撰　清雍正八年(1730)顧國璉刻本　一冊

330000－1705－0020859　朱 7172　史部/傳記類/科舉錄之屬/硃卷

硃卷不分卷　(清)姚珩等撰　清咸豐至光緒刻本　一冊

330000－1705－0020860　朱 7049　集部/別集類/清別集

蘙宦唫館詩鈔待政不分卷　(清)李東沅撰稿本　清孫胤次、清孫采蘭、清陳繼聰、清江緹、清汪鐘祥、清王慶然、清担溪、朱鼎煦題記,清李翰、清王維、清張錦跋　一冊

330000－1705－0020862　朱 7169　集部/別集類/清別集

水流雲在館詩鈔六卷　(清)宋晉撰　清光緒十二年(1886)刻本　二冊

330000－1705－0020863　朱 7408　集部/別集類/清別集

胡文忠公遺集八十六卷首一卷　(清)胡林翼撰　(清)鄭敦謹　(清)曾國荃輯　(清)胡鳳丹重編　清同治六年(1867)李氏黃鶴樓刻本　三十二冊

330000－1705－0020864　朱 7168　集部/別集類/清別集

湛園詩稿三卷　(清)姜宸英撰　清嘉慶二十

三年(1818)歲寒堂刻本　二冊

330000－1705－0020865　朱7406　集部/詞類/類編之屬

天籟軒五種　（清）葉申薌撰　清道光閩中葉氏天籟軒刻本　一冊　存一種

330000－1705－0020866　朱7512　集部/總集類/酬唱之屬

查山雅集詩文一卷　（清）朱彝尊等撰　清康熙刻本　一冊

330000－1705－0020867　朱6118　集部/別集類/清別集

石臺草不分卷　（清）姜□□撰　稿本　一冊

330000－1705－0020868　朱6984　集部/楚辭類

楚辭達一卷　（清）魯筆撰　清乾隆三十一年(1766)見南齋刻本　一冊

330000－1705－0020869　朱7399　集部/別集類/清別集

小謨觴館詩集八卷詩餘附錄一卷文集四卷文續集二卷　（清）彭兆蓀撰　清嘉慶十一年(1806)刻本　四冊　缺三卷(詩集一至三)

330000－1705－0020870　朱7166　集部/總集類/謠諺之屬

杭諺詩一卷　（清）邵懿辰輯　清光緒三十四年(1908)杭州文元齋刻本　一冊

330000－1705－0020871　朱7511　集部/詩文評類/詩評之屬

詞品書品詩品文品畫品賦品合集六卷　（清）任鼎煦輯　清光緒十八年(1892)墨香書房刻本　一冊

330000－1705－0020872　朱5436　集部/別集類/唐五代別集

玉谿生詩箋註三卷首一卷樊南文集箋註八卷年譜一卷　（唐）李商隱撰　（清）馮浩箋注　清乾隆四十五年(1780)德聚堂刻嘉慶元年(1796)增刻本　四冊　存八卷(樊南文集箋註一至八)

330000－1705－0020873　朱7159　集部/別集類/元別集

元鹿皮子集四卷　（元）陳樵撰　（清）盧聯重輯　（清）董肇勳重校　清康熙三十五年(1696)董肇勳寓樓書室刻本　二冊

330000－1705－0020874　朱6115　集部/總集類/尺牘之屬

尺牘天蔜二卷　（明）鍾惺輯　明刻本　一冊

330000－1705－0020875　朱7045　集部/別集類/清別集

東舍集二卷　（清）蔣景祁撰　清康熙刻本　一冊

330000－1705－0020876　朱6983　集部/詩文評類/詩評之屬

初白菴詩評三卷詞綜偶評一卷　（清）查慎行撰　（清）張載華輯　清乾隆四十二年(1777)張氏涉園觀樂堂刻本　一冊　存一卷(上)

330000－1705－0020877　朱7032　集部/別集類/清別集

質園詩稿一卷　清抄本　一冊

330000－1705－0020878　朱7508　集部/別集類/清別集

契蓮先生駢體文二卷　（清）宋體淳撰　清同治十三年(1874)柏翠軒刻本　一冊

330000－1705－0020879　朱7398　類叢部/叢書類/自著之屬

澹靜齋全集　（清）龔景瀚撰　清道光六年(1826)龔式穀恩錫堂刻本　四冊　存一種

330000－1705－0020880　朱6877、朱6878、朱6879　集部/別集類/清別集

南谿偶刊三種　（清）鄭性撰　清乾隆七年(1742)刻本　四冊

330000－1705－0020882　朱7028　集部/別集類/清別集

商谷居先生集一卷　清抄本　一冊

330000－1705－0020883　朱7503　集部/總集類/課藝之屬

麗澤課藝選二卷　（清）姚瑩俊選評　清光緒二十一年（1895）蕭山陳氏木活字印本　張美翊題記　二冊

330000－1705－0020884　朱7133　集部/曲類/曲韻曲譜曲律之屬

南九宮曲譜二卷　（明）沈璟輯　清抄本　一冊

330000－1705－0020885　朱7584　集部/別集類/清別集

吳學士文集四卷詩集五卷　（清）吳藹撰（清）薛春藜輯　（清）薛時雨　（清）譚廷獻編訂　清光緒八年（1882）番禺梁肇煌江寧藩署刻本　四冊　存四卷（文集一至四）

330000－1705－0020886　朱7502　集部/別集類/清別集

南雷詩曆五卷　（清）黃宗羲撰　（清）全祖望輯　清鄭大節刻本　一冊

330000－1705－0020887　朱7432　集部/別集類/唐五代別集

杜工部集二十卷首一卷　（唐）杜甫撰　清同治十一年（1872）致一齋刻本　十冊

330000－1705－0020888　朱6105　集部/別集類/清別集

青櫺館詩薰附鈔一卷詞薰初鈔一卷賦薰附鈔一卷賦薰初鈔一卷　（清）倪象占撰　清刻本　一冊

330000－1705－0020889　朱7502－1　集部/別集類/清別集

南雷詩曆五卷　（清）黃宗羲撰　（清）全祖望輯　清鄭大節刻本　一冊

330000－1705－0020890　朱7394　集部/別集類/唐五代別集

駱臨海集十卷首一卷末一卷　（唐）駱賓王撰　（清）陳熙晉箋註　清咸豐三年（1853）松林宗祠刻本　四冊

330000－1705－0020891　朱6303　集部/別集類/清別集

綠滿廬詩存一卷　（清）徐士琛撰　清光緒三十三年（1907）刻本　一冊

330000－1705－0020893　朱7581　集部/別集類/清別集

名家絕句鈔六卷　（清）蔣以敏等纂　（清）蔣應欽　（清）顧世昌編　（清）林雲銘　（清）梁佩蘭定　清刻本　六冊

330000－1705－0020894　朱7431　集部/別集類/清別集

復初齋文集三十五卷　（清）翁方綱撰　清道光十六年（1836）刻光緒三年（1877）、四年（1878）重修本　八冊

330000－1705－0020895　朱7635　集部/詞類/詞譜之屬

詞律二十卷　（清）萬樹撰　詞律拾遺八卷（清）徐本立撰　詞律補遺一卷　（清）杜文瀾撰　清同治十二年（1873）、光緒二年（1876）吳下刻本　五冊　存九卷（詞律拾遺一至八、補遺）

330000－1705－0020896　朱7429　集部/別集類/清別集

日吟小草四卷　（清）王吉人撰　日吟草附錄一卷　（清）鮑淦撰　清光緒十四年（1888）寧海主一堂刻本　一冊

330000－1705－0020897　朱7383　集部/別集類/清別集

紉佩僊館文鈔一卷　（清）趙瀛撰　清光緒十三年（1887）木活字印本　一冊

330000－1705－0020898　朱6981　集部/別集類/清別集

吟紅樓始存草一卷一半勾留集一卷天台遊草一卷　稿本　一冊

330000－1705－0020899　朱7489　經部/四書類/總義之屬/傳說

四書體味錄殘彙論語一卷　（清）宗稷辰撰　清光緒十四年（1888）宗氏躬恥齋刻本　一冊

330000－1705－0020901　朱7621　集部/別集類/清別集

紉佩僊館吟鈔一卷　（清）趙瀛撰　清光緒十

三年（1887）木活字印本　一冊

330000－1705－0020902　朱6656　集部/總
集類/選集之屬/斷代

八劉唐人詩集八卷　（清）劉雪份編　清康熙
淮南劉氏野香堂刻本　二冊

330000－1705－0020903　朱7496　集部/總
集類/彙編之屬

漢魏六朝一百三家集（漢魏六朝百三名家集）
　（明）張溥編　明婁東張氏刻本　一冊　存
二種

330000－1705－0020904　朱7378　集部/總
集類/選集之屬/斷代

切問齋文鈔三十卷　（清）陸燿輯　清同治八
年（1869）金陵錢氏刻本　十冊

330000－1705－0020905　朱7426　經部/
叢編

李氏成書五種　（清）李文炤撰　清四爲堂刻
本　五冊　存一種

330000－1705－0020908　朱6659　集部/別
集類/明別集

**陶菴文集七卷陶菴詩集八卷補遺三卷吾師錄
一卷陶菴自監錄四卷首一卷末一卷**　（明）黃
淳燿撰　（清）陶應鯤輯　清乾隆二十六年
（1761）刻本　一冊　存九卷（詩集一至八、補
遺三）

330000－1705－0020909　朱7333　史部/雜
史類/斷代之屬

弇山堂別集一百卷　（明）王世貞撰　清光緒
廣雅書局刻本　二十冊

330000－1705－0020910　朱7580　集部/別
集類/清別集

**忠雅堂詩集二十七卷補遺二卷銅絃詞附南北
曲二卷**　（清）蔣士銓撰　清嘉慶三年（1798）
揚州刻紅杏山房印本　八冊　存二十八卷
（一至二十七、補遺上）

330000－1705－0020911　朱7111　類叢
部/叢書類/自著之屬

庸菴全集七種　（清）薛福成撰　清光緒十年

至二十四年（1884－1898）無錫薛氏刻本　四
冊　存一種

330000－1705－0020912　朱6978　集部/別
集類/清別集

古干亭學稿一卷　（清）黃桐孫撰　清抄本
一冊

330000－1705－0020913　朱續0627　類叢
部/叢書類/自著之屬

話山草堂遺集二種　（清）沈道寬撰　清光緒
三年（1877）潤州權署刻本　一冊　存一種

330000－1705－0020914　朱7491　集部/別
集類/清別集

□□文稿不分卷　（清）□□撰　清光緒稿本
一冊

330000－1705－0020916　朱9024　集部/別
集類/清別集

堯峰文鈔五十卷　（清）汪琬撰　（清）林佶編
清康熙三十二年（1693）林佶刻本　四冊
存四十卷（文集一至四十）

330000－1705－0020917　朱7422　集部/總
集類/彙編之屬

陳太僕批選八家文鈔　（清）陳兆崙編　清光
緒二十六年（1900）天津文美齋石印本　六冊

330000－1705－0020918　朱7576　類叢部/
叢書類/彙編之屬

弢園叢書□□種　（清）王韜編　清光緒鉛印
本　二冊　存一種

330000－1705－0020921　朱7620　集部/別
集類/唐五代別集

**唐丞相曲江張文獻公集十二卷附錄一卷千秋
金鑑錄五卷**　（唐）張九齡撰　清雍正刻本
二冊　存五卷（二至六）

330000－1705－0020922　朱7490　集部/別
集類/清別集

**柯亭子文集八卷駢體文集八卷詩初集八卷詩
二集十卷詩三集三卷**　（清）周沐潤撰　清道
光二十九年（1849）生香書屋刻本　一冊　存
五卷（詩二集六至十）

330000－1705－0020923　朱 7609　集部/總集類/郡邑之屬

嶺南三大家詩選二十四卷　（清）王隼編　清同治七年(1868)南海陳氏刻本　五冊

330000－1705－0020924　朱 7105　集部/總集類/氏族之屬

董氏詩萃二十卷　（清）董燦輯　清乾隆十年(1745)刻本　一冊　存四卷(六至九)

330000－1705－0020925　朱 7417、朱 2315、朱 2309　集部/別集類/清別集

餐秀集二卷希希集二卷寧野集二卷　（清）黃千人撰　清乾隆二十六年(1761)刻本　五冊

330000－1705－0020927　朱 7104　集部/別集類/明別集

清江貝先生詩集十卷文集三十卷　（明）貝瓊撰　（清）金檀編　清康熙五十八年(1719)桐鄉金檀燕翼堂刻本　二冊　存八卷(詩集一、文集二十四至三十)

330000－1705－0020928　朱 6712　集部/別集類/清別集

陶公詩評注初學讀本二卷首一卷　（清）孫人龍輯　清乾隆十三年(1748)刻本　一冊

330000－1705－0020929　朱 6727　集部/別集類/清別集

小眉山館詩稿四卷附酬和詩二卷壽朋集二卷　（清）洪光扈撰　清道光三年(1823)溥泉氏木活字印本　一冊　存三卷(小眉山館續稿一至二、酬和詩一)

330000－1705－0020930　朱 7607　集部/總集類/選集之屬/斷代

國朝駢體正宗十二卷　（清）曾燠輯　清嘉慶十一年(1806)南城曾氏賞雨茅屋刻本　朱鼎煦題記　菊齡跋　六冊

330000－1705－0020931　朱 6976、朱 6977、朱 6980、朱 6986、朱 6979　集部/別集類/清別集

芰湖先生詩鈔三卷　（清）葉元堦選輯　金峩山民詩鈔三卷　（清）湯鉞撰　（清）葉元堦編

塞上草一卷虔南草一卷浪遊草一卷客瀋草一卷詩餘草一卷　（清）蔣學鏡撰　綠蘭詩鈔一卷　（清）陳詩香撰　（清）葉元堦編　清葉元堦稿本　六冊

330000－1705－0020932　朱 7102　集部/別集類/宋別集

雙峯猥稿九卷首一卷末一卷　（宋）舒邦佐撰　清道光二十九年(1849)舒氏刻本　三冊　存八卷(首、一至七)

330000－1705－0020933　朱 7050　集部/別集類/清別集

兩當軒詩鈔十四卷悔存詞鈔二卷　（清）黃景仁撰　清嘉慶四年(1799)長寧趙希璜河南高堰廳署刻二十二年(1817)侯官鄭炳文補刻書帶草堂印本　四冊

330000－1705－0020934　朱 7602　集部/別集類/唐五代別集

麟角集一卷補遺一卷附錄一卷　（唐）王棨撰　清光緒十年(1884)福山王氏天壤閣刻本　一冊　存一卷(麟角集)

330000－1705－0020935　朱 7658　集部/別集類/清別集

復初齋文集三十五卷　（清）翁方綱撰　清道光十六年(1836)刻光緒三年(1877)、四年(1878)修補本　十冊

330000－1705－0020936　朱 7400　集部/總集類/氏族之屬

黃氏家集初編六種　（清）黃家鼎輯　清光緒十七年(1891)四明黃氏補不足齋刻本　二冊　存一種

330000－1705－0020937　朱 7267　集部/總集類/選集之屬/通代

忠雅堂評選四六法海八卷　（清）蔣士銓評選　清刻朱墨套印本　一冊　存一卷(三)

330000－1705－0020938　朱 7595　集部/詞類/類編之屬

詞選六種　（清）張惠言輯　清刻本　朱鼎煦批　四冊　存四種

330000 - 1705 - 0020939　朱 7441　集部/別集類/明別集

黃漳浦集五十卷首一卷目錄二卷　（明）黃道周撰　（清）陳壽祺重編　**漳浦黃先生年譜二卷**　（明）莊起儔編　清道光八年至十年（1828 - 1830）福州陳氏刻本　清吳大廷題記　二十四冊

330000 - 1705 - 0020940　朱 7371　集部/總集類/氏族之屬

黃氏家集初編六種　（清）黃家鼎輯　清光緒十七年（1891）四明黃氏補不足齋刻本　十冊　存四種

330000 - 1705 - 0020941　朱 7485　集部/別集類/清別集

□□文稿不分卷　（清）□□撰　稿本　一冊

330000 - 1705 - 0020942　朱 7100　集部/別集類/清別集

一笑集一卷續笑集一卷　（清）徐敬夫撰　清道光元年（1821）刻本　一冊

330000 - 1705 - 0020943　朱 7188　集部/別集類/清別集

一笑集一卷續笑集一卷　（清）徐敬夫撰　清道光元年（1821）刻本　一冊

330000 - 1705 - 0020944　朱 7488　集部/別集類/清別集

鑑止水齋詩一卷　（清）許宗彥撰　清抄本　一冊

330000 - 1705 - 0020945　朱 6888　集部/別集類/明別集

祁忠惠公遺集十卷　（明）祁彪佳撰　（清）杜煦編　（清）杜春生補編　**祁奕喜紫芝軒逸稿一卷**　（清）堵安選　（清）杜煦　（清）杜春生輯　**商夫人錦囊集一卷**　（清）劉禮林選　（清）杜煦　（清）杜春生輯　**未焚集一卷**　（清）祁德瓊撰　（清）杜煦　（清）杜春生輯　清道光十五年（1835）刻本　一冊　存三卷（祁奕喜紫芝軒逸稿、商夫人錦囊、未焚集）

330000 - 1705 - 0020946　朱 6957　類叢部/叢書類/家集之屬

得一山房四種　（清）唐景崧等撰　清光緒十九年（1893）刻本　一冊　存一種

330000 - 1705 - 0020948　朱續 0114　史部/地理類/方志之屬/郡縣志

欽定皇輿西域圖志四十八卷首四卷　（清）傅恒等修　（清）褚廷璋等纂　（清）英廉等增纂　清光緒十九年（1893）杭州便益書局石印本　十二冊

330000 - 1705 - 0020949　朱 7672　集部/總集類/選集之屬/斷代

切問齋文鈔三十卷　（清）陸燿輯　清乾隆四十年（1775）刻本　十冊

330000 - 1705 - 0020950　朱 7100 - 1　史部/傳記類/別傳之屬/年譜

象山陸先生〔九淵〕年譜二卷　（宋）袁燮　（宋）李子願撰　（宋）傅子雲編　明嘉靖二十三年（1544）刻本　一冊　存一卷（二）

330000 - 1705 - 0020951　朱 7566　類叢部/叢書類/彙編之屬

咫進齋叢書三十五種　（清）姚覲元編　清光緒九年（1883）歸安姚氏刻本　一冊　存二種

330000 - 1705 - 0020952　朱 7679　類叢部/叢書類/自著之屬

煙嶼樓集四種　（清）徐時棟撰　清同治至光緒刻彙印本　八冊　存一種

330000 - 1705 - 0020953　朱 6954　集部/別集類/唐五代別集

唐皮日休文藪十卷　（唐）皮日休撰　清光緒二十一年（1895）合肥李氏蘭雪堂刻本　二冊

330000 - 1705 - 0020955　朱 7443　集部/總集類/選集之屬/通代

漢魏詩鈔五卷　（清）鈕孝思撰輯　清乾隆二十五年（1760）刻本　二冊

330000 - 1705 - 0020956　朱 7100 - 2　集部/別集類/明別集

湯海若問棘郵草二卷　（明）湯顯祖撰　（明）徐渭批釋　（明）張汝霖校　明刻本　一冊

330000－1705－0020957　朱 7589　集部/別集類/清別集

潛研堂詩集十卷詩續集十卷文集五十卷
（清）錢大昕撰　清嘉慶十一年(1806)刻本
十二冊　存五十卷(文集一至五十)

330000－1705－0020958　朱 7469　集部/別集類/清別集

包徵士詩集四卷　（清）包啟禎撰　清抄本
朱鼎煦校　二冊

330000－1705－0020959　朱 7660　集部/別集類/清別集

南雷詩曆五卷　（清）黃宗羲撰　（清）全祖望
輯　清鄭大節刻本　一冊

330000－1705－0020960　朱 7663　集部/別集類

詞苑珠塵一卷　何震彝撰　清光緒三十三年
(1907)油印本　朱鼎煦題記　一冊

330000－1705－0020961　朱 6886　集部/別集類/清別集

拾遺編一卷　（清）釋圓微撰　**白湖竹枝詞原
倡三十首一卷**　（清）葉聲聞撰　清抄本
一冊

330000－1705－0020962　朱 7674　集部/詞類/總集之屬

詞選二卷　（清）張惠言輯　**附錄一卷**　（清）
鄭善長輯　**續詞選二卷**　（清）董毅輯　清同
治十一年(1872)會稽章氏刻本　一冊

330000－1705－0020963　朱 6884　集部/別集類/清別集

周莘仲廣文遺詩一卷　（清）周長庚撰　清光
緒二十一年(1895)福州雙辛夷樓刻本　一冊

330000－1705－0020964　朱 7651　集部/別集類/唐五代別集

李長吉歌詩四卷外集一卷首一卷　（唐）李賀
撰　（清）王琦彙解　清乾隆王氏寶笏樓刻本
二冊

330000－1705－0020965　朱 6881　史部/傳記類/總傳之屬/斷代

黃梨洲先生思舊錄一卷　（清）黃宗羲撰　清
乾隆鄭性刻本　一冊

330000－1705－0020966　朱續 0113　史部/地理類/外紀之屬

漢西域圖考七卷首一卷　（清）李光廷撰　清
末石印本　四冊

330000－1705－0020967　朱 7341－1　集部/別集類/清別集

竹石居文草四卷詩草四卷詞草一卷　（清）童
華撰　清刻本　一冊　存四卷(詩草一至四)

330000－1705－0020968　朱 6880　集部/別集類/清別集

南雷詩曆五卷　（清）黃宗羲撰　（清）全祖望
輯　清鄭大節刻本　一冊

330000－1705－0020969　朱續 0112　史部/地理類/山川之屬/水志

水道提綱二十八卷　（清）齊召南撰　清光緒
七年(1881)上海文瑞樓石印本　八冊

330000－1705－0020970　朱 7462　集部/總集類/選集之屬/斷代

清尊集十六卷　（清）汪遠孫輯　清道光十九
年(1839)錢塘汪氏振綺堂刻本　四冊

330000－1705－0020971　朱 7596　集部/總集類/選集之屬/斷代

遺民詩十二卷　（清）卓爾堪選輯　**近青堂詩
一卷**　（清）卓爾堪撰　清康熙刻本　九冊
存九卷(一至九)

330000－1705－0020972　朱 7586　集部/別集類/清別集

謝天申集□□卷　（清）謝泰定撰　**謝天懷韲
歌雜著一卷**　（清）謝泰履撰　**謝起臣燕遊二
十詠一卷**　（清）謝廣昌撰　清刻本　一冊
存五卷(謝天申集一、五至六,謝天懷韲歌雜
著,謝起臣燕遊二十詠)

330000－1705－0020973　朱續 0111　類叢部/叢書類/彙編之屬

岱南閣叢書二十一種　（清）孫星衍編　清光
緒六年至七年(1880－1881)刻本　二冊　存

一種

330000 – 1705 – 0020974　朱 7341　集部／別
集類／清別集

竹石居文草四卷詩草四卷詞草一卷　（清）童
華撰　清刻本　一冊　存四卷（詩草一至四）

330000 – 1705 – 0020975　朱 7655　集部／總
集類／選集之屬／通代

佩文齋詠物詩選四百八十六卷　（清）汪霦等
輯　清康熙四十六年（1707）內府刻本　五十
八冊　存五十八卷（一至二十九、三十四至六
十二）

330000 – 1705 – 0020976　朱 7457　集部／別
集類／清別集

潘孝子鐵廬先生遺集三卷外集二卷後錄一卷
　（清）潘天成撰　（清）許重炎編　清刻本
一冊　存二卷（遺集一至二）

330000 – 1705 – 0020977　朱 7089　集部／別
集類／清別集

伊川草堂詩一卷訪樂堂詩一卷　胡薇元撰
清光緒二十七年（1901）旌德呂氏刻本　二冊

330000 – 1705 – 0020979　朱 7447　類叢部／
叢書類／自著之屬

垡柏先生類稿八種　（清）宋在詩撰　清乾隆
三十八年（1773）刻本　一冊　存一種

330000 – 1705 – 0020980　朱 7323　史部／地
理類／山川之屬／水志

西湖賦一卷西湖賦箋一卷　（清）柴紹炳撰
（清）柴杰箋　清乾隆三十九年（1774）仁和柴
氏洽禮堂刻本　一冊　缺一卷（西湖賦）

330000 – 1705 – 0020981　朱 7669　集部／詞
類／詞話之屬

詞辨二卷　（清）周濟輯　介存齋論詞雜著一
卷　（清）周濟撰　清光緒四年（1878）刻蘇州
振新書社印本　一冊

330000 – 1705 – 0020983　朱 7675、朱 9824
類叢部／叢書類／自著之屬

黃勤敏公全集九種附一種　（清）黃鉞撰　清
咸豐至同治刻本　十冊　存七種

330000 – 1705 – 0020985　朱續 0110　史部／
叢編

蓬萊軒輿地學叢書十一種　丁謙撰　清光緒
石印本　三冊　存八種

330000 – 1705 – 0020986　朱 7077　集部／別
集類／清別集

小詩航詩鈔三卷雜著一卷　（清）蔡聘珍撰
清道光刻本　一冊　存三卷（一至三）

330000 – 1705 – 0020987　朱 7478　集部／總
集類／郡邑之屬

甬上耆舊詩三十卷　（清）胡文學　（清）李鄴
嗣輯　清康熙十五年（1676）胡氏敬義堂刻本
　八冊

330000 – 1705 – 0020988　朱 7319　集部／別
集類／清別集

紫佩軒詩稿二卷　（清）嚴昭華撰　清光緒二
十二年（1896）吳門刻本　一冊

330000 – 1705 – 0020989　朱 7574　集部／別
集類

圓花仙館吟稿二卷　蕭承奇撰　清抄本
一冊

330000 – 1705 – 0020990　朱 7711　集部／別
集類／漢魏六朝別集

徐孝穆全集六卷　（南朝陳）徐陵撰　（清）吳
兆宜箋注　備考一卷　（清）徐文炳撰　清光
緒四年（1878）西齋別墅刻本　四冊

330000 – 1705 – 0020992　朱 7753　集部／別
集類／唐五代別集

樊南文集詳註八卷　（唐）李商隱撰　（清）馮
浩編訂　清乾隆四十五年（1780）馮氏德聚堂
刻同治七年（1868）桐鄉馮賓圻重修本　四冊

330000 – 1705 – 0020993　朱 7476　集部／別
集類／清別集

小春浮遺藁四卷　（清）何其葵撰　（清）何德
培輯　清嘉慶十一年（1806）刻本　一冊

330000 – 1705 – 0020994　朱 7318　集部／別
集類／清別集

問山詩集十卷文集八卷紫雲詞一卷　（清）丁

煒撰　清咸豐四年(1854)雁江景義堂廣州刻本　五冊

330000－1705－0020996　朱 7545　集部/別集類/清別集

對山樓詩稿十六卷　(清)王燾撰　清康熙刻本　四冊

330000－1705－0020997　朱 7710　集部/別集類/清別集

初月樓文鈔十卷文續鈔八卷詩鈔四卷聞見錄十卷附程子香文鈔二卷　(清)吳德旋撰　清道光刻本　四冊　存十六卷(初月樓文鈔一至十、詩鈔一至四、程子香文鈔一至二)

330000－1705－0020998　朱 7638　集部/總集類/選集之屬/斷代

歐陽文忠公文鈔一卷　(宋)歐陽修撰　蘇老泉文鈔一卷　(宋)蘇洵撰　蘇穎濱文鈔一卷　(宋)蘇轍撰　清抄本　一冊

330000－1705－0020999　朱 7470　類叢部/叢書類/自著之屬

惜抱軒全集十種　(清)姚鼐撰　清嘉慶至道光刻本　七冊　存二種

330000－1705－0021001　朱續 0107　集部/別集類/清別集

句餘土音三卷甬上望族表二卷　(清)全祖望撰　(清)董秉純重編　清嘉慶十九年(1814)刻本　二冊

330000－1705－0021003　朱 7477　集部/別集類/清別集

寒村詩文選　(清)鄭梁撰　清康熙紫蟾山房刻增修本　一冊　存六卷(寒村安庸集、寒村玉堂集、寒村歸省偶錄、寒村還朝詩存、寒村寶善堂集一至二)

330000－1705－0021004　朱 7542　集部/別集類/清別集

黃相圃詩一卷　(清)黃模撰　古歡堂詩一卷　(清)陳祖藩撰　崇雅堂詩一卷　(清)趙典撰　吳梅村詩一卷　(清)吳偉業撰　方蘭士詩一卷　(清)方蘭士撰　清抄本　一冊

330000－1705－0021005　朱續 0108　史部/地理類/山川之屬/山志

阿育王山志畧二卷　(明)郭子章撰　明天啓四年(1624)刻本　二冊　存一卷(二)

330000－1705－0021006　朱 7075　集部/別集類/清別集

倚石吟一卷　(清)吳浩撰　清道光二十一年(1841)刻本　一冊

330000－1705－0021007　朱 6717　集部/詞類/別集之屬

竹石居詞草一卷川雲集一卷　(清)童華撰　清光緒十三年(1887)刻本　一冊

330000－1705－0021008　朱 7903　集部/總集類/郡邑之屬

國朝山左詩鈔六十卷　(清)盧見曾輯　清乾隆二十三年(1758)德州盧見曾雅雨堂刻本　二十冊

330000－1705－0021009　朱續 0106　集部/總集類/題詠之屬

李翰林姑孰遺蹟題詠類鈔六卷首二卷　(清)曹笙南輯　清光緒八年(1882)退藏道院木活字印本　一冊　存四卷(三至六)

330000－1705－0021010　朱 7474　集部/別集類/清別集

香雪山莊詩初集九卷首一卷中集十一卷首一卷　(清)吳文炳撰　清咸豐元年(1851)毓文書院刻本　一冊　存三卷(首、初集一至二)

330000－1705－0021012　朱 6717－1　集部/詞類/別集之屬

竹石居詞草一卷川雲集一卷　(清)童華撰　清光緒十三年(1887)刻本　一冊

330000－1705－0021013　朱 7069、朱 4131　集部/別集類/清別集

湘縻閣遺詩四卷蘭當詞二卷　(清)陶方琦撰　清光緒十六年(1890)鄂局刻本　二冊

330000－1705－0021014　朱 7242　集部/詞類/別集之屬

籽香堂詞三卷　(清)孫鼎烜撰　清乾隆刻本

朱鼎煦題記　一冊

330000－1705－0021015　朱 7748　類叢部/
叢書類/自著之屬

寒松閣叢錄　清光緒刻本　一冊　存一種

330000－1705－0021016　朱 7940　集部/別
集類/漢魏六朝別集

陶淵明文集十卷　（晉）陶潛撰　清光緒五年
(1879)番禺俞秀山刻本　三冊

330000－1705－0021017　朱續 0121　新學/
史志/戰記

普法戰紀二十卷　（清）張宗良口譯　（清）王
韜撰輯　清光緒二十一年(1895)弢園王氏刻
本　十冊

330000－1705－0021018　朱 7707　集部/別
集類/元別集

鐵厓樂府註十卷咏史註八卷逸編註八卷
(元)楊維楨撰　（清）樓卜瀍注　清乾隆三十
九年(1774)聯桂堂刻光緒十四年(1888)諸暨
樓氏崇德堂重修本　二冊　存十卷(樂府註
一至十)

330000－1705－0021020　朱 7243　集部/詞
類/別集之屬

香影詞四卷　（清）陶元藻撰　清乾隆刻本
一冊

330000－1705－0021021　朱 7791　集部/別
集類/元別集

柳待制文集二十卷附錄一卷　（元）柳貫撰
(清)柳寅東等校　清順治十一年(1654)范養
民、張以邁刻康熙五十年(1711)傅旭元重修
六十一年(1722)魯安世再修本　八冊

330000－1705－0021022　朱 7747　集部/別
集類/清別集

定盦文集三卷續集四卷文集補五卷　（清）龔
自珍撰　清同治七年(1868)吳煦刻本　二冊
存四卷(續集一至四)

330000－1705－0021023　朱 7746　集部/別
集類/清別集

寶綸堂集古錄十二卷　（清）齊召南撰　（清）

齊毓川輯　清光緒十四年(1888)天台齊毓川
掌古斎木活字印本　二冊

330000－1705－0021024　朱 7945　集部/別
集類/清別集

黃梨洲先生南雷文約四卷　（清）黃宗羲撰
清乾隆鄭性刻本　三冊　存三卷(一至三)

330000－1705－0021025　朱 7745　集部/別
集類/清別集

怡志堂文初編六卷　（清）朱琦撰　清同治三
年至四年(1864－1865)朱氏運甓軒京師刻本
一冊　存三卷(一至三)

330000－1705－0021026　朱 7667　集部/別
集類/清別集

圃中吟一卷　（清）裕堂杜撰　清抄本　一冊

330000－1705－0021027　朱續 0118　史部/
地理類/遊記之屬/紀行

節相壯游日錄二卷　（清）李鴻章撰　（清）桃
谿漁隱　（清）惺新盦主輯　清光緒二十三年
(1897)上海石印本　二冊

330000－1705－0021028　朱 7785　集部/別
集類/清別集

思補齋文集四卷　（清）劉星煒撰　清光緒二
十年(1894)刻本　二冊

330000－1705－0021029　朱 7944　集部/別
集類/清別集

菊邊吟一卷　（清）丁丙撰　清光緒二十五年
(1899)刻本　一冊

330000－1705－0021030　朱 7241　集部/別
集類/清別集

謙受堂全集三十卷詞一卷　（清）陳廷慶撰
清道光十年至十二年(1830－1832)一丘園刻
本　二冊　存三卷(全集一至二、詞)

330000－1705－0021031　朱 7745－1　集部/
別集類/清別集

怡志堂詩初編八卷　（清）朱琦撰　清咸豐七
年(1857)刻本　一冊　存四卷(五至八)

330000－1705－0021032　朱 7942　集部/別

集類/清別集

聽桐廬殘草一卷王孝子遺墨一卷　（清）王繼穀撰　清光緒七年(1881)寧波宗源翰刻本　一冊　存一卷(聽桐廬殘草)

330000 – 1705 – 0021033　朱續 0117　史部/地理類/遊記之屬/紀行

凝香室鴻雪因緣圖記三集六卷　（清）完顏麟慶撰　清光緒十年(1884)上海點石齋石印本　五冊　存五卷(一集二、二集一至二、三集一至二)

330000 – 1705 – 0021035　朱 7932　集部/別集類/清別集

鶴麓山房詩稿六卷　（清）葉煒撰　清嘉慶二十五年(1820)刻本　二冊

330000 – 1705 – 0021036　朱 7666　集部/別集類/清別集

星船公詩稿一卷　（清）李承道撰　清抄本　一冊

330000 – 1705 – 0021037　朱 7709　集部/總集類/選集之屬/通代

新刊文選考註前集十五卷後集十五卷　（南朝梁）蕭統輯　（唐）李善等注　明刻本　二十冊　存二十三卷(前集二至八、十一至十五,後集二至十二)

330000 – 1705 – 0021038　朱 7922　史部/地理類/專志之屬/古跡

四明古蹟四卷詩餘一卷　（清）陳之綱輯　清道光二年(1822)是亦樓刻本　二冊

330000 – 1705 – 0021039　朱 7804　集部/別集類/清別集

有正味齋駢體文箋注十六卷補注一卷　（清）吳錫麒撰　（清）葉聯芬注　清道光二十年(1840)慈谿葉氏刻本　八冊

330000 – 1705 – 0021040　朱續 0116　史部/地理類/雜志之屬

土風錄十八卷　（清）顧張思編　清嘉慶三年(1798)刻本　八冊

330000 – 1705 – 0021041　朱 6650　集部/別

集類/清別集

鳴鳳堂詩草八卷　（清）潘肇豐撰　清凝翠書屋刻本　二冊

330000 – 1705 – 0021042　朱 7742　類叢部/叢書類/郡邑之屬

常州先哲遺書七十二種　盛宣懷編　清光緒二十一年至三十三年(1895 – 1907)武進盛氏思惠齋刻宣統彙印本　四冊　存一種

330000 – 1705 – 0021043　朱續 0125　新學/史志/戰記

中東戰紀本末八卷首一卷末一卷續編四卷首一卷末一卷三編四卷　（美國）林樂知撰並譯　蔡爾康輯　**文學興國策二卷**　（美國）林樂知譯　清光緒二十二年(1896)、二十三年(1897)、二十六年(1900)上海廣學會鉛印本　十二冊　缺六卷(續編三、三編一至四、文學興國策上)

330000 – 1705 – 0021044　朱 7833　集部/總集類/選集之屬/斷代

唐詩正聲二十二卷古詩正聲七卷　（明）高棅輯　明萬曆二十九年(1601)玉堂刻本　六冊

330000 – 1705 – 0021047　朱 7240　集部/別集類/清別集

愚齋小稿一卷　（清）張慶源撰　清乾隆刻本　朱鼎煦題記　一冊

330000 – 1705 – 0021048　朱 7799　集部/別集類/清別集

鷗堂詩三卷遺稿三卷　（清）馬賡良撰　清光緒五年(1879)、十五年(1889)會稽馬氏刻本　二冊

330000 – 1705 – 0021049　朱 7699　集部/別集類/清別集

聽松廬詩鈔十六卷　（清）張維屏撰　清嘉慶十八年(1813)刻本　二冊　存六卷(一至六)

330000 – 1705 – 0021050　朱 7965、朱 7966　集部/別集類/清別集

鮚埼亭集外編五十卷　（清）全祖望撰　**全謝山先生經史問答十卷**　（清）史夢蛟重校　清

嘉慶九年(1804)餘姚史夢蛟借樹山房刻本
十六冊

330000－1705－0021051　朱 7784　集部/總
集類/課藝之屬

[光緒癸未科]會試闈墨不分卷　清光緒九年
(1883)聚奎堂刻本　一冊

330000－1705－0021052　朱 7784－1　集部/
總集類/課藝之屬

[光緒癸未科]會試闈墨不分卷　清光緒九年
(1883)聚奎堂刻本　一冊

330000－1705－0021055　朱 7828、朱 7829
集部/別集類/清別集

悟雪樓詩初集六卷二集六卷　(清)徐謙撰
清嘉慶刻本　四冊

330000－1705－0021056　朱 7239　集部/別
集類/清別集

西泠遊草一卷　(清)陳璨撰　**越吟草一卷**
(清)李凱撰　清乾隆刻本　一冊

330000－1705－0021057　朱 7931　集部/別
集類/清別集

竹庵詩鈔四卷　(清)吳名鳳撰　清道光二十
一年(1841)刻本　二冊

330000－1705－0021059　朱 7733　集部/別
集類/清別集

耕雪堂遺稿一卷　(清)陳濂撰　清道光二十
年(1840)木活字印本　一冊

330000－1705－0021061　朱 7826　集部/別
集類/清別集

劉禮部集十二卷　(清)劉逢祿撰　清道光十
年(1830)思誤齋刻本　六冊

330000－1705－0021062　朱 7728　集部/別
集類/元別集

鐵厓樂府註十卷咏史註八卷逸編註八卷
(元)楊維楨撰　(清)樓卜瀍注　清乾隆三十
九年(1774)聯桂堂刻本　二冊　存八卷(咏
史註一至八)

330000－1705－0021063　朱 6718　集部/總
集類/郡邑之屬

四明四友詩六卷　(清)鄭梁輯　清康熙四十
八年(1709)刻本　二冊

330000－1705－0021064　朱 0673　集部/總
集類/郡邑之屬

四明四友詩六卷　(清)鄭梁輯　清康熙四十
八年(1709)刻本　二冊

330000－1705－0021065　朱 4671　集部/總
集類/郡邑之屬

四明四友詩六卷　(清)鄭梁輯　清康熙四十
八年(1709)刻本　四冊

330000－1705－0021066　朱 7824　集部/別
集類/元別集

鐵厓樂府註十卷咏史註八卷逸編註八卷
(元)楊維楨撰　(清)樓卜瀍注　清乾隆三十
九年(1774)聯桂堂刻本　六冊

330000－1705－0021067　朱 7921　集部/總
集類/郡邑之屬

四明四友詩六卷　(清)鄭梁輯　清康熙四十
八年(1709)刻本　一冊

330000－1705－0021068　朱 7727　集部/別
集類/清別集

梅村詩集箋注十八卷　(清)吳偉業撰　(清)
吳翌鳳箋注　清光緒十年(1884)湖北官書處
刻本　十二冊

330000－1705－0021069　朱 7822　集部/總
集類/選集之屬/斷代

唐詩貫珠六十卷　(清)胡以梅輯並箋釋　清
康熙五十四年(1715)蘇州胡氏素心堂刻本
五冊　存二十一卷(一至十一、十七至二十
一、二十七至三十一)

330000－1705－0021070　朱 7953　集部/別
集類/唐別集

新刊五百家註音辯昌黎先生文集四十卷
(唐)韓愈撰　(宋)魏仲舉輯注　清乾隆經綸
堂刻本　十六冊

330000－1705－0021071　朱續 0123　史部/
地理類/外紀之屬

日本國志四十卷首一卷　（清）黃遵憲輯　清光緒二十四年(1898)上海圖書集成印書局石印本　九冊　缺四卷(十七至二十)

330000－1705－0021072　朱 7954　集部/別集類/清別集

胡文忠公遺集八十六卷首一卷　（清）胡林翼撰　（清）鄭敦謹　（清）曾國荃輯　（清）胡鳳丹重編　清光緒元年(1875)湖北崇文書局刻本　十八冊

330000－1705－0021073　朱 7236　集部/詞類/別集之屬

弟一生修梅花館詞三種附一種　況周頤撰　清光緒十八年(1892)刻本　一冊

330000－1705－0021074　朱 7952　集部/別集類/清別集

梅村詩集箋注十八卷　（清）吳偉業撰　（清）吳翌鳳箋注　清嘉慶十九年(1814)嚴榮滄浪吟榭刻本　八冊

330000－1705－0021075　朱 7838　集部/別集類/清別集

梅崖居士文集三十八卷外集二卷　（清）朱仕琇撰　清乾隆二十四年(1759)刻本　六冊

330000－1705－0021076　朱 7763　集部/別集類/明別集

康對山先生文集十卷附錄一卷　（明）康海撰　（清）孫景烈選　清乾隆二十六年(1761)長白瑪星阿武功縣署刻本　六冊

330000－1705－0021077　朱 7820　集部/別集類/清別集

五研齋詩鈔二十卷文鈔八卷　（清）沈赤然撰　清嘉慶三年(1798)刻本　四冊

330000－1705－0021079　朱 7721　史部/傳記類/別傳之屬/事狀

會稽王氏銀管錄一卷　王繼香輯　清光緒四年(1878)刻本　一冊

330000－1705－0021080　朱 7235　集部/詞類/總集之屬

三台名媛詞輯不分卷　（清）黃瑞編　清光緒

浙江書局刻本　一冊

330000－1705－0021081　朱 7718　集部/別集類/清別集

八行堂集約鈔二卷　（清）史大成撰　清光緒十二年(1886)史久垣刻本　二冊

330000－1705－0021082　朱續 0124　新學/史志/別國史

東洋史要二卷　（日本）桑元隲藏撰　樊炳清譯　清光緒二十五年(1899)東文學社石印本　三冊

330000－1705－0021083　朱 7757　集部/別集類/宋別集

本堂先生文集九十六卷首一卷佚文一卷佚詩一卷　（宋）陳著撰　附錄二卷校錄二卷　（清）樊景瑞撰　清光緒十九年(1893)四明陳氏刻本(卷九十五至九十六原缺)　十二冊

330000－1705－0021084　朱 7232、朱 9520　集部/別集類/清別集

古干亭詩集六卷文集二卷嶺外雜言一卷　（清）黃桐孫撰　清道光二十六年(1846)黃叔元今是樓刻本　四冊

330000－1705－0021085　朱 7917　集部/總集類/課藝之屬

檉香塾選墨不分卷　清道光刻本　二冊

330000－1705－0021086　朱 7916　集部/總集類/課藝之屬

新鐫芸窗課艸不分卷　（清）張□□輯　清刻本　一冊

330000－1705－0021087　朱 7717　集部/總集類/選集之屬/斷代

國朝二十四家文鈔二十四卷　（清）徐斐然輯　清嘉慶元年(1796)刻本　八冊

330000－1705－0021088　朱 7231　子部/藝術類/遊藝之屬/聯語

楹聯錄存三卷附錄一卷　（清）俞樾撰　清光緒二十年(1894)刻本　一冊　存三卷(一至三)

330000－1705－0021090　朱7756　集部/別集類/清別集

尚絅堂詩集五十二卷箏船詞二卷駢體文二卷　（清）劉嗣綰撰　清同治八年（1869）劉氏刻宣統二年（1910）印本　十冊

330000－1705－0021092　朱7809　集部/別集類/宋別集

岳忠武王文集八卷首一卷末一卷　（宋）岳飛撰　（清）黃邦寧輯　清光緒十二年（1886）上海簡玉山房刻本　三冊　缺一卷（首）

330000－1705－0021093　朱7770　集部/別集類/清別集

湖海樓全集五十一卷　（清）陳維崧撰　清乾隆六十年（1795）浩然堂刻本　十四冊　缺十三卷（詩集一至十二、補遺）

330000－1705－0021096　朱7934　集部/小說類/短篇之屬

新刻京臺公餘勝覽國色天香四卷　（明）吳敬所輯　明益元堂刻本　二冊

330000－1705－0021097　朱7715　集部/別集類/清別集

雨峯詩鈔八卷　（清）齊翀撰　清光緒二年（1876）揚州隨安室刻本　二冊

330000－1705－0021098　朱7553　集部/別集類/清別集

恥白集一卷附一卷　（清）周光祖撰　清光緒五年（1879）古虞連氏刻本　一冊

330000－1705－0021099　朱7951　集部/總集類/郡邑之屬

國朝畿輔詩傳六十卷　（清）陶樑輯　清道光十九年（1839）紅豆樹館刻本　十六冊

330000－1705－0021100　朱7755　集部/總集類/郡邑之屬

甬上耆舊詩三十卷　（清）胡文學　（清）李鄴嗣輯　清康熙十五年（1676）胡氏敬義堂刻本　十一冊　存三十卷（甬上耆舊詩三至三十、高僧詩一至二）

330000－1705－0021101　朱7224　集部/別集類/清別集

鮚埼亭集外編五十卷　（清）全祖望撰　（清）董秉純編　（清）蔣學鏞審訂　（清）汪繼培重編　清嘉慶十六年（1811）刻本　十六冊

330000－1705－0021102　朱7959　集部/別集類/清別集

桐乳齋詩集十二卷　（清）梁文濂撰　清乾隆十二年（1747）梁啓心等刻本　四冊

330000－1705－0021103　朱7935　集部/別集類/清別集

南雷文定前集十一卷後集四卷三集三卷四集四卷附錄一卷　（清）黃宗羲撰　清康熙二十七年（1688）靳治荊刻本　三冊　存十四卷（前集一至十一、三集一至三）

330000－1705－0021105　朱7955　集部/別集類/宋別集

王臨川全集一百卷目錄二卷　（宋）王安石撰　清光緒九年（1883）聽香館刻本　八冊

330000－1705－0021106　朱7554　集部/別集類/清別集

玉笥山房要集三卷附文一卷　（清）顧廷綸撰　清咸豐元年（1851）刻本　一冊

330000－1705－0021107　朱7688　集部/別集類/清別集

樊榭山房集十卷續集十卷　（清）厲鶚撰　清乾隆四年（1739）武林繡墨齋刻十六年（1751）續刻本　二冊　存十卷（六至十、續集一至五）

330000－1705－0021109　朱7754　集部/別集類/清別集

朱文端公集四卷　（清）朱軾撰　清乾隆二年（1737）刻本　二冊

330000－1705－0021110　朱7802　集部/別集類/漢魏六朝別集

庚子山集十六卷總釋一卷　（北周）庚信撰　（清）倪璠注　年譜一卷　（清）倪璠撰　清刻本　十一冊　缺一卷（十三）

330000－1705－0021112　朱7524　史部/傳

記類/別傳之屬/事狀

遺愛錄二卷 （清）楊德成輯　清嘉慶七年（1802）刻本　一冊　存一卷（上）

330000－1705－0021114　朱7685　集部/別集類/清別集

養一齋集二十六卷首一卷劄記九卷詞三卷詩話十卷李杜詩話三卷四書文不分卷試帖一卷　（清）潘德輿撰　清道光至同治刻本　八冊　存二十七卷（首、一至二十六）

330000－1705－0021115　朱7523　集部/總集類/彙編之屬

越中贈別集二卷　（清）覺羅百善編　清嘉慶十六年（1811）刻本　一冊　存一卷（下）

330000－1705－0021116　朱7957　集部/別集類/清別集

歸盦文槀八卷　（清）葉裕仁撰　清光緒八年（1882）蔣銘勳校刻本　四冊

330000－1705－0021118　朱7801　集部/別集類

樊山集二十八卷時文一卷　樊增祥撰　清光緒十九年至二十年（1893－1894）渭南縣署刻本　七冊

330000－1705－0021119　朱7967　集部/別集類

湘綺樓全集三十卷　王闓運撰　清光緒三十三年（1907）墨莊劉氏長沙刻本　十六冊

330000－1705－0021120　朱7764　集部/別集類/清別集

拙尊園叢稿六卷　（清）黎庶昌撰　清光緒二十一年（1895）金陵狀元閣刻本　二冊

330000－1705－0021121　朱7522　類叢部/叢書類/家集之屬

觀古閣叢刻十五種　（清）鮑康編　清嘉慶十一年至光緒二十一年（1806－1895）歙縣鮑氏刻本　清徐時棟題記　一冊　存三種

330000－1705－0021122　朱8112　集部/詞類/別集之屬

擊缶詞二卷懊儂詞一卷屑玉詞一卷　（清）郭鍾岳撰　清光緒十二年至十三年（1886－1887）郭鍾岳和天倪齋溫州刻本　一冊　缺一卷（屑玉詞）

330000－1705－0021123　朱7968　集部/別集類/清別集

鮚埼亭集三十八卷全謝山先生經史問答十卷外編五十卷　（清）全祖望撰　**全氏世譜一卷年譜一卷**　（清）董秉純撰　清嘉慶九年（1804）餘姚史夢蛟借樹山房刻本　十冊　存四十卷（一至三十八、世譜、年譜）

330000－1705－0021126　朱7726　集部/詞類/詞譜之屬

詞律二十卷　（清）萬樹撰　**詞律拾遺八卷**（清）徐本立撰　**詞律補遺一卷**　（清）杜文瀾撰　清同治十二年至光緒二年（1873－1876）吳下刻本　十一冊　存二十卷（一至二十）

330000－1705－0021127　朱6435　集部/別集類/清別集

聚香居七律詩鈔不分卷　（清）裘慶桂撰　清活字印本　一冊

330000－1705－0021129　朱8052　集部/小說類/長篇之屬

林蘭香六十四回　（清）隨緣下士撰　（清）寄旅散人評　清道光十八年（1838）刻本　十二冊

330000－1705－0021130　朱8167　集部/別集類/清別集

鮚埼亭詩集十卷　（清）全祖望撰　清光緒十六年（1890）慈谿童氏大鄞山館刻本　四冊

330000－1705－0021131　朱7970　集部/別集類/清別集

天愚山人詩集十二卷文集十六卷　（清）謝泰宗撰　**附錄一卷**　（清）吳偉業撰　清光緒六年（1880）謝駿德靈蕤館刻本　七冊　缺三卷（詩集一至三）

330000－1705－0021132　朱7209　集部/詞類/總集之屬

萍聚詞一卷　（清）程子衡輯　清嘉慶二十四

年(1819)刻本　一冊

330000－1705－0021133　朱8045　集部/別集類/清別集
樊榭山房集十卷文集八卷續集十卷　(清)厲鶚撰　清光緒七年(1881)嶺南述軒刻本　六冊

330000－1705－0021134　朱4981　集部/總集類/課藝之屬
駐雲山房試帖詩稿不分卷　稿本　四冊

330000－1705－0021135　朱8058　集部/別集類/清別集
竹石居文草四卷詩草四卷詞草一卷　(清)童華撰　清刻本　一冊　存四卷(詩草一至四)

330000－1705－0021137　朱7781　集部/楚辭類
離騷正音一卷離騷本韻一卷離騷節指一卷離騷節解一卷　(清)張德純撰　清乾隆五十年(1785)吳門張松孫梓州郡署刻本　二冊

330000－1705－0021138　朱7208　集部/別集類/清別集
吏隱軒詩存一卷　(清)昝葵撰　清光緒刻本　一冊

330000－1705－0021141　朱8058－1　集部/別集類/清別集
竹石居文草四卷詩草四卷詞草一卷　(清)童華撰　清刻本　一冊　存四卷(詩草一至四)

330000－1705－0021142　朱7205　集部/別集類/清別集
離垢集五卷　(清)華喦撰　清光緒十五年(1889)羅嘉杰鉛印本　一冊　存二卷(一至二)

330000－1705－0021144　朱8058－4　集部/別集類/清別集
竹石居文草四卷詩草四卷詞草一卷　(清)童華撰　清刻本　一冊　存四卷(詩草一至四)

330000－1705－0021145　朱8058－3　集部/別集類/清別集

510

竹石居文草四卷詩草四卷詞草一卷　(清)童華撰　清刻本　一冊　存四卷(詩草一至四)

330000－1705－0021146　朱8058－2　集部/別集類/清別集
竹石居文草四卷詩草四卷詞草一卷　(清)童華撰　清刻本　一冊　存四卷(詩草一至四)

330000－1705－0021147　朱7541　集部/別集類/清別集
甌遊草四卷　(清)葉錫鳳撰　清嘉慶九年(1804)磨兜堅齋刻本　一冊

330000－1705－0021148　朱7995　集部/別集類/清別集
大雲山房文稿初集四卷二集四卷言事二卷　(清)惲敬撰　清嘉慶二十年(1815)武寧盧旬宣、二十一年(1816)長洲宋揚光刻本　清姚瑩俊跋　十二冊　缺二卷(言事一至二)

330000－1705－0021149　朱8181　集部/別集類/清別集
邃懷堂全集三十八卷　(清)袁翼撰　清光緒十四年(1888)袁鎮嵩刻本　十六冊

330000－1705－0021150　朱7540　集部/別集類
求定齋詩草不分卷　衛鑄撰　清抄本　一冊

330000－1705－0021151　朱7774　集部/別集類/清別集
繡虎軒尺牘八卷二集八卷三集八卷　(清)曹煜撰　清康熙傳萬堂刻本　二冊　存四卷(初集一至二、二集七至八)

330000－1705－0021152　朱7538　類叢部/叢書類/彙編之屬
佚叢甲集　張南衡編　清光緒三十三年(1907)鉛印本　一冊　存二種

330000－1705－0021153　朱7202　集部/別集類/清別集
嵩遊草不分卷　(清)耿介選　(清)冉覲祖評　(清)李來章藁　清康熙刻本　一冊

330000－1705－0021156　朱7994　集部/總

集類/郡邑之屬

蛟川先正文存二十卷補遺一卷　（清）陳繼聰編　清光緒八年(1882)刻本　四冊

330000－1705－0021158　朱7775　集部/別集類/清別集

黃梨洲先生南雷文約四卷　（清）黃宗羲撰　清乾隆鄭性刻本　四冊

330000－1705－0021159　朱8051　集部/別集類/清別集

匏繫齋詩鈔四卷　（清）馮可鏞撰　清光緒二十三年(1897)刻本　一冊

330000－1705－0021160　朱7768　集部/別集類/清別集

釣雲軒詩鈔六卷　（清）薛稻孫撰　清道光元年(1821)刻本　一冊

330000－1705－0021161　朱7772　類叢部/叢書類/彙編之屬

別下齋叢書初集二十三種　（清）蔣光煦編　清道光海昌蔣氏別下齋刻本　六冊　存一種

330000－1705－0021162　朱7201　集部/總集類/氏族之屬

四明黃氏一家稿七十卷首一卷附錄一卷　（清）黃家鼎輯　清光緒十八年(1892)補不足齋刻本　一冊　存十卷(首、一至八、附錄)

330000－1705－0021167　朱7198　集部/別集類/清別集

海會中峰國師梅花百詠不分卷　（清）海會中峰國師撰　清嘉慶九年(1804)刻本　一冊

330000－1705－0021168　朱7993　集部/別集類/明別集

霜鏡集十四卷　（明）陸寶撰　明刻本　一冊　存二卷(五至六)

330000－1705－0021169　朱8055　集部/別集類/清別集

月船居士詩稿四卷首一卷末一卷　（清）盧鎬撰　清刻本　一冊　存二卷(一至二)

330000－1705－0021171　朱7834　集部/別

集類/元別集

栲栳山人詩集三卷　（元）岑安卿撰　清乾隆四十七年(1782)羅山張氏寶墨齋刻本　一冊

330000－1705－0021172　朱7196　集部/別集類/清別集

青嶂遺稿二卷　（清）盛錦撰　（清）沈德潛評　清乾隆二十六年(1761)刻本　清姚小坡跋　一冊

330000－1705－0021173　朱8053　集部/別集類/唐五代別集

樊川詩集四卷補遺一卷外集一卷別集一卷　（唐）杜牧撰　（清）馮集梧注　清光緒十六年(1890)湘南書局刻本　六冊

330000－1705－0021174　朱8155　集部/總集類/郡邑之屬

江左十子詩鈔□□卷　（清）王鳴盛采錄　清刻本　一冊　存五卷(六至十)

330000－1705－0021175　朱7990、朱8326、朱9133　類叢部/叢書類/自著之屬

隨園三十種　（清）袁枚撰　清刻本　二十八冊　存五種

330000－1705－0021176　朱8188　集部/別集類/清別集

綠雪堂遺集二十卷　（清）王衍梅撰　清道光二十年(1840)刻二十九年(1849)增刻本　八冊

330000－1705－0021178　朱7849　集部/別集類/清別集

六一山房續集十卷　（清）董沛撰　稿本　一冊　存五卷(六至十)

330000－1705－0021179　朱8152　集部/別集類/清別集

望雲館文稿一卷詩稿一卷　（清）章鋆撰　清光緒十四年(1888)刻本　一冊

330000－1705－0021180　朱7831　集部/別集類/清別集

海峰先生詩集十卷　（清）劉大櫆撰　附錄原刻本札記一卷　（清）蕭穆撰　清光緒二十五

年(1899)刻本　二冊

330000－1705－0021181　朱8072　集部/別集類/清別集

雪園集詩集十五卷文集四卷　(清)單隆周撰　清康熙五十四年(1715)刻本　四冊　存十五卷(詩集一至十五)

330000－1705－0021182　朱7195　類叢部/叢書類/自著之屬

犢山類藁五種　(清)周鎬撰　清嘉慶二十二年(1817)啟秀堂刻本　一冊　存一種

330000－1705－0021183　朱8154　集部/別集類/清別集

白華山人詩集十六卷詩說二卷　(清)厲志撰　清道光刻本〔卷九至十補配清光緒九年(1883)厲學潮刻本〕　二冊　存六卷(九至十四)

330000－1705－0021184　朱8102　集部/總集類/選集之屬　斷代

禁林集八卷　(清)杭世駿輯　清乾隆二十三年(1758)刻本　二冊

330000－1705－0021186　朱7992　集部/別集類/清別集

今白華堂詩集□□卷首二卷　(清)童槐撰　清刻本　四冊　存十二卷(首一至二、一至十)

330000－1705－0021188　朱7194　集部/別集類/明別集

溪園詩稿九卷遺稿五卷梅花百詠一卷　(明)駱象賢撰　清嘉慶木活字印本　一冊　存一卷(梅花百詠)

330000－1705－0021189　朱8169、朱9314　集部/別集類/清別集

曝書亭集八十卷附錄一卷　(清)朱彝尊撰　**笛漁小稾十卷**　(清)朱昆田撰　清光緒十五年(1889)會稽陶氏寒梅館刻本　十六冊

330000－1705－0021190　朱7989　類叢部/叢書類/自著之屬

海雅堂集五種　(清)凌揚藻撰　清道光刻本

四冊　存二種

330000－1705－0021191　朱7185　集部/別集類/清別集

變雅堂文集五卷詩集四卷　(清)杜濬撰　清康熙刻本　清王定祥、朱鼎煦題記　一冊　存二卷(文集二、五)

330000－1705－0021192　朱續0154　史部/目錄類/總錄之屬/私撰

天一閣見存書目四卷首一卷末一卷　(清)薛福成撰　清光緒十五年(1889)薛福成甬上崇實書院刻本　四冊

330000－1705－0021193　朱9095　集部/別集類/清別集

繼雅堂詩集三十四卷　(清)陳僅撰　清道光二十七年(1847)刻本　六冊

330000－1705－0021194　朱8186　集部/別集類/清別集

銅鼓書堂遺稿三十二卷　(清)查禮撰　(清)查淳輯　清乾隆五十七年(1792)查淳刻本　六冊

330000－1705－0021195　朱7304、朱9341　類叢部/叢書類/自著之屬

亭林先生遺書彙輯二十三種附錄三種　(清)顧炎武撰　(清)席威　(清)朱記榮編　清光緒十一年至三十二年(1885－1906)吳縣朱氏槐廬家塾刻本　三冊　存四種

330000－1705－0021196　朱續0155　史部/目錄類/總錄之屬/私撰

楹書隅錄五卷續編四卷　(清)楊紹和藏並撰　清光緒二十年(1894)聊城楊氏海源閣刻宣統三年(1911)董康補刻本　十冊

330000－1705－0021197　朱7309　集部/詞類/別集之屬

新樂府詞一卷　(清)萬斯同撰　清同治八年(1869)刻本　一冊

330000－1705－0021198　朱7982　集部/總集類/選集之屬/通代

玉臺新詠十卷　(南朝陳)徐陵編　(清)吳兆

宜原注　（清）程琰刪補　清乾隆三十九年
（1774）刻本　四冊

330000－1705－0021199　朱 8027　集部/別
集類/清別集

壯悔堂文集十卷遺稿一卷　（清）侯方域撰
清雍正刻本　六冊

330000－1705－0021200　朱 8001　集部/別
集類/清別集

醉雲樓詩草五卷　（清）余江撰　（清）柯振嶽
評　清嘉慶十九年（1814）醉雲樓刻本　一冊

330000－1705－0021201　朱 7913　集部/別
集類/清別集

二水樓詩集十八卷文集二十卷首一卷　（清）
李茹旻撰　清光緒十七年（1891）李鳴梧味憩
廬刻本　四冊　存十六卷（文集首、一至十
五）

330000－1705－0021202　朱 8170　集部/別
集類/明別集

趙文肅公文集二十三卷　（明）趙貞吉撰　清
道光十九年（1839）內江趙富辰木活字印本
九冊　缺三卷（一至三）

330000－1705－0021203　朱 7983　集部/總
集類/選集之屬/斷代

近體秋陽十七卷　（清）譚宗輯　清刻本
八冊

330000－1705－0021204　朱 7907　集部/別
集類/清別集

願豐樓詩鈔不分卷　（清）袁杰撰　清抄本
一冊

330000－1705－0021205　朱 8006　集部/總
集類/課藝之屬

聯璧□□卷　清抄本　二冊　存二卷（四至
五）

330000－1705－0021206　朱 7898、朱 7899
集部/總集類/彙編之屬

十種唐詩選　（清）王士禎編　清康熙三十一
年（1692）南芝堂刻本　三冊　存四種

330000－1705－0021207　朱 7986　集部/別
集類/元別集

元鹿皮子集四卷　（元）陳樵撰　（清）盧聯重
輯　（清）董肇勳重校　清康熙三十五年
（1696）董肇勳寓樓書室刻本　二冊

330000－1705－0021208　朱 7988　集部/別
集類/唐五代別集

杜詩詳註二十五卷首一卷附錄二卷　（唐）杜
甫撰　（清）仇兆鰲輯注　清康熙刻本　十
四冊

330000－1705－0021210　朱 7342　類叢部/
叢書類/彙編之屬

函海一百五十二種　（清）李調元編　清乾隆
綿州李氏萬卷樓刻嘉慶十四年（1809）李鼎元
重校印本　一冊　存四種

330000－1705－0021212　朱 8149　集部/別
集類/清別集

俞俞齋詩稿初集二卷文稿初集四卷詩餘一卷
（清）史念祖撰　清刻本　六冊　存六卷
（詩稿初集一至二、文稿初集一至四）

330000－1705－0021213　朱 8211　集部/別
集類/明別集

太師誠意伯劉文成公集二十卷首一卷　（明）
劉基撰　清康熙劉元奇刻雍正萬里補刻乾隆
括芝南田果育堂印本　八冊

330000－1705－0021214　朱續 0153　史部/
目錄類/總錄之屬/私撰

豐順丁氏持靜齋書目四卷附一卷　（清）丁日
昌藏并撰　（清）江標重編　清光緒二十一年
（1895）元和江標長沙刻本　一冊

330000－1705－0021215　朱 7973　集部/別
集類/清別集

尊聞居士集八卷　（清）羅有高撰　（清）彭紹
升編　清光緒八年（1882）彭祖賢刻本　二冊

330000－1705－0021216　朱 7893　集部/別
集類/清別集

菁江詩鈔一卷　（清）李聖就撰　清光緒三十
四年（1908）鉛印本　一冊

330000－1705－0021217　朱7975　集部/別集類/清別集

海峰先生文十卷詩六卷　（清）劉大櫆撰
（清）徐宗亮重編　清同治十三年(1874)刻本
六冊

330000－1705－0021218　朱8329　集部/總集類/選集之屬/斷代

宋詩畧十八卷　（清）王景龍　（清）姚壎輯
清乾隆三十五年(1770)竹雨山房刻本　六冊

330000－1705－0021219　朱7349　類叢部/叢書類/自著之屬

道腴堂集十種　（清）鮑鉁撰　清乾隆刻本
一冊　存一種

330000－1705－0021222　朱8032　集部/別集類/清別集

袁堯年先生文稿不分卷　（清）袁堯年撰　稿本　一冊

330000－1705－0021223　朱7977　類叢部/叢書類/家集之屬

長洲彭氏家集九種　（清）彭祖賢編　清同治至光緒刻本　六冊　存一種

330000－1705－0021224　朱8132　集部/別集類/清別集

袁文箋正十六卷補注一卷　（清）袁枚撰
（清）石韞玉箋　清光緒十二年(1886)步月山房刻本　八冊

330000－1705－0021226　朱8204　集部/總集類/選集之屬/斷代

宋四六選二十四卷　（清）彭元瑞　（清）曹振鏞輯　清乾隆四十一年(1776)曹振鏞翠微山麓刻本　十二冊

330000－1705－0021227　朱8258　集部/總集類/選集之屬/通代

斯文精萃不分卷　（清）尹繼善輯　清乾隆二十九年(1764)刻本　十冊

330000－1705－0021228　朱8208　集部/別集類/清別集

船山詩草二十卷　（清）張問陶撰　**補遺六卷**

（清）陳葆森編　清同治十三年(1874)味經堂刻本　八冊　缺三卷(補遺四至六)

330000－1705－0021229　朱8012　集部/總集類/郡邑之屬

甬上耆舊詩三十卷　（清）胡文學　（清）李鄴嗣輯　清康熙十五年(1676)胡氏敬義堂刻本　一冊　存七卷(一至七)

330000－1705－0021230　朱8141　類叢部/叢書類/郡邑之屬

金華叢書六十八種　（清）胡鳳丹編　清同治七年至光緒八年(1868－1882)永康胡氏退補齋刻本　一冊　存一種

330000－1705－0021231　朱8115　子部/雜著類/雜纂之屬

石頭記文選不分卷　（清）陳勵輯　清抄本
朱鼎煦、何得言跋　一冊

330000－1705－0021232　朱8330　類叢部/叢書類/郡邑之屬

永嘉叢書十三種　（清）孫衣言編　清同治至光緒瑞安孫氏詒善祠塾刻本　四冊　存一種

330000－1705－0021234　朱8223　集部/別集類/清別集

餘慶堂詩文集十卷　（清）陳美訓撰　清嘉慶二十一年(1816)餘慶堂刻本　四冊

330000－1705－0021235　朱8022　集部/別集類/清別集

百一草堂集唐初刻二卷二刻二卷三刻二卷
（清）柴才撰　（清）顧大本　（清）邱旬編
清乾隆二十五年(1760)百一草堂刻本　清瞻庵跋　一冊　存二卷(二刻一至二)

330000－1705－0021236　朱8192　集部/別集類/清別集

兩當軒詩鈔十四卷竹眠詞鈔二卷　（清）黃景仁撰　清道光十四年(1834)許玉彬廣州刻黎兆棠印本　四冊

330000－1705－0021238　朱7882　集部/別集類/清別集

伴石老人文稿不分卷　（清）李笙南撰　稿本

一冊

330000－1705－0021240　朱 7881　集部/別集類/清別集

樊榭山房集十卷文集八卷續集十卷　（清）厲鶚撰　清乾隆武林刻本　二冊　存九卷（一至五、文集五至八）

330000－1705－0021241　朱 8324　集部/別集類/清別集

皇清文遠不分卷　（清）徐文駒撰　（清）李清鑰選　清師經堂刻本　八冊

330000－1705－0021242　朱 8213　集部/別集類/清別集

定盦文集三卷續集四卷補編四卷定盦續錄一卷餘集一卷　（清）龔自珍撰　清光緒二十八年（1902）浙省文彚書局鉛印本　四冊

330000－1705－0021243　朱 8209　集部/別集類/清別集

崇雅堂詩鈔十卷刪餘詩一卷文鈔二卷駢體文鈔四卷應制存稿一卷定鄉雜著二卷　（清）胡敬撰　清道光二十六年（1846）刻本　二冊　缺十卷（崇雅堂詩鈔一至十）

330000－1705－0021244　朱 8407　集部/別集類/清別集

道古堂文集四十八卷詩集二十六卷　（清）杭世駿撰　清乾隆四十一年（1776）汪氏振綺堂刻本　十四冊　存四十八卷（文集一至四十八）

330000－1705－0021245　朱 7880　集部/別集類/清別集

伴石老人壽序不分卷　清抄本　一冊

330000－1705－0021246　朱 8409　集部/總集類/選集之屬/通代

樂府詩集一百卷目錄二卷　（宋）郭茂倩輯　清同治十三年（1874）湖北崇文書局刻本　二十三冊

330000－1705－0021247　朱 8200　集部/楚辭類

離騷草木史九卷離騷拾細一卷　（清）周拱辰

撰　清嘉慶八年（1803）檇李周氏刻本　四冊

330000－1705－0021249　朱 7365　史部/傳記類/別傳之屬

霜哺遺音一卷　（清）袁廷檮輯　清刻本　朱鼎煦題記　一冊

330000－1705－0021251　朱 8138　集部/詩文評類/詩評之屬

詩學舉隅不分卷　清光緒十年（1884）求古書院刻本　一冊

330000－1705－0021252　朱 8140　集部/別集類/清別集

夢樓詩集二十四卷　（清）王文治撰　清乾隆六十年（1795）丹徒王氏食舊堂刻本　一冊　存六卷（一至六）

330000－1705－0021253　朱 8404　集部/別集類/清別集

問字堂集六卷　（清）孫星衍撰　清光緒十年（1884）四明是亦軒刻本　二冊

330000－1705－0021255　朱 8402　集部/總集類/選集之屬/斷代

宋洪魏公進萬首唐人絕句四十卷目錄四卷　（宋）洪邁輯　（明）趙宧光　（明）黃習遠補　明萬曆三十四年（1606）吳郡趙宧光寒山小宛堂刻本　三冊　存七卷（十九至二十一、三十七至三十八，目錄二至三）

330000－1705－0021256　朱 8119　集部/別集類/清別集

愛日堂詩集二十七卷　（清）陳元龍撰　清乾隆元年（1736）刻本　六冊

330000－1705－0021257　朱 8137　集部/別集類/清別集

他山集一卷　清抄本　一冊

330000－1705－0021258　朱 8463　集部/別集類/清別集

道古堂文集四十八卷詩集二十六卷　（清）杭世駿撰　清乾隆刻本　五冊　存三十卷（文集十九至四十二、詩集二十一至二十六）

330000－1705－0021259　朱7869　集部／別集類／清別集

高江村全集　（清）高士奇撰　清康熙朗潤堂刻本　二冊　存一種

330000－1705－0021260　朱8198　集部／別集類／清別集

西村詩草一卷二集一卷三集一卷　（清）蔡奕璘撰　清乾隆寧儉堂刻本　三冊

330000－1705－0021262　朱8344　集部／別集類／清別集

石雲山人詩集二十三卷文集五卷附奏議六卷　（清）吳榮光撰　清道光二十一年（1841）南海吳氏筠清館刻本　十四冊

330000－1705－0021263　朱8310　集部／詞類／別集之屬

疏影樓詞四種　（清）姚燮撰　清同治十一年（1872）刻本　一冊

330000－1705－0021264　朱8135　集部／別集類／宋別集

訂補坡仙集鈔三十八卷　（宋）蘇軾撰　（明）李贄輯　（明）陳繼儒訂補　明刻本　一冊　存八卷（十一至十八）

330000－1705－0021266　朱8410　集部／別集類／清別集

道古堂文集四十六卷詩集二十六卷　（清）杭世駿撰　清乾隆刻本　十二冊

330000－1705－0021267　朱8309　集部／別集類／清別集

雲巢詩鈔十二卷　（清）朱鶴書撰　清道光二十六年（1846）刻本　三冊　存九卷（一至九）

330000－1705－0021268　朱8349　集部／別集類／宋別集

廬陵宋丞相信國公文忠烈先生全集十六卷　（宋）文天祥撰　（清）文有煥等編輯　清雍正三年（1725）文氏五桂堂刻本　十五冊

330000－1705－0021269　朱8274　集部／別集類／清別集

柳堂憶存稿二卷附錄一卷　（清）范壽金撰

稿本　一冊

330000－1705－0021271　朱8134　集部／別集類／清別集

三魚堂文集十二卷外集六卷賸言十二卷（清）陸隴其撰　**附錄一卷**　清同治七年（1868）楊昌濬武林薇署刻本　九冊　缺四卷（外集一至四）

330000－1705－0021272　朱8351　集部／別集類／清別集

潛虛文鈔四卷詩鈔三卷崇祀錄一卷　（清）翁咸封撰　清道光二十七年（1847）翁心存刻本　二冊

330000－1705－0021273　朱8462　集部／總集類／選集之屬／通代

文選六十卷　（南朝梁）蕭統輯　（唐）李善注　**文選考異十卷**　（清）胡克家撰　清同治八年（1869）湖北崇文書局刻本　二十四冊

330000－1705－0021275　朱8284、朱8285、朱8286　集部／別集類／清別集

林蕙堂全集二十六卷　（清）吳綺撰　清乾隆三十九年（1774）衮白堂刻本　八冊　存十八卷（林蕙堂文集一至十二、林蕙堂文集續刻一至六）

330000－1705－0021276　朱8350、朱9164　集部／別集類／清別集

今白華堂詩錄八卷詩錄補八卷詩集首二卷（清）童槐撰　清同治八年（1869）、光緒三年（1877）童華刻本　五冊

330000－1705－0021277　朱8316　集部／別集類／唐五代別集

李太白文集三十二卷　（唐）李白撰　（清）王琦輯注　清乾隆寶笏樓刻本　六冊

330000－1705－0021278　朱8469　集部／總集類／選集之屬／斷代

文粹一百卷　（宋）姚鉉輯　**補遺二十六卷**（清）郭麐輯　清光緒十六年（1890）杭州許增榆園刻本　二十冊

330000－1705－0021279　朱8461　集部／別

集類/清別集

漁洋山人精華錄訓纂十卷目錄二卷年譜注補二卷辯訛一卷 （清）王士禎撰 （清）惠棟注補 清乾隆惠氏紅豆齋刻本 十一冊 存十三卷（一至十、目錄一至二、辯訛）

330000－1705－0021280 朱 8297 集部/別集類/明別集

劉子全書四十卷首一卷 （明）劉宗周撰 （清）董瑒編 清道光四年至十五年（1824－1835）蕭山王宗炎等刻本 十冊 存十五卷（二十六至四十）

330000－1705－0021281 朱 8133 集部/總集類/選集之屬/斷代

才調集補註十卷 （五代）韋縠輯 （清）殷元勳箋注 （清）宋邦綏補注 清乾隆五十八年（1793）常州宋氏思補堂刻本 六冊

330000－1705－0021282 朱 8523 集部/別集類/明別集

五嶽遊草十二卷 （明）王士性撰 清康熙三十年（1691）臨海馮甦刻本 一冊 存三卷（六至八）

330000－1705－0021284 朱 8246 集部/別集類/清別集

鮚埼亭集三十八卷全謝山先生經史問答十卷外編五十卷 （清）全祖望撰 **全氏世譜一卷年譜一卷** （清）董秉純撰 清嘉慶八年（1803）餘姚史夢蛟借樹山房刻本 二冊 存四卷（鮚埼亭集一至四）

330000－1705－0021285 朱 8340 集部/別集類/唐五代別集

可之先生文集二卷 （唐）孫樵撰 清宣統二年（1910）上海會文堂石印本 一冊

330000－1705－0021286 朱 8314 集部/別集類/唐五代別集

韓昌黎詩集編年箋注十二卷 （唐）韓愈撰 （清）方世舉考訂 （清）盧見曾刪定 清乾隆二十三年（1758）德州盧見曾雅雨堂刻本 四冊

330000－1705－0021288 朱 8338、朱 8337 集部/別集類/清別集

松泉詩集二十六卷文集二十二卷 （清）汪由敦撰 （清）汪承霈編 清乾隆四十三年（1778）趙翼刻本 二十三冊

330000－1705－0021290 朱 7845 集部/別集類/清別集

豸華堂文鈔八卷 （清）金應麟撰 清道光二十六年（1846）金氏刻本 二冊

330000－1705－0021292 朱 8294 集部/別集類/清別集

煙嶼樓詩集十八卷重刻遊杭合集一卷 （清）徐時棟撰 **重刻遊杭合集一卷** （清）徐元第 （清）徐時棟撰 清同治六年（1867）虎胛山房葉氏刻本 四冊 存十八卷（詩集一至十八）

330000－1705－0021293 朱 7844、朱 8479 類叢部/叢書類/自著之屬

話山草堂遺集二種 （清）沈道寬撰 清光緒三年（1877）潤州権署刻本 六冊 缺四卷（話山草堂雜著六書糠秕一至三、話山草堂詞鈔一）

330000－1705－0021294 朱 8265 集部/別集類/清別集

向惕齋先生集十卷 （清）向璿撰 （清）向宏運輯 清乾隆十二年（1747）正學軒刻本 二冊

330000－1705－0021297 朱 8264 集部/別集類/清別集

詠宋史詩不分卷 （清）胡興仁撰 清咸豐刻本 一冊

330000－1705－0021298 朱 8474 集部/別集類/宋別集

楊文節公文集四十二卷首一卷末一卷詩集四十二卷誠齋文節先生錦繡策二卷 （宋）楊萬里撰 清乾隆五十九年至六十年（1794－1795）帶經軒刻本 十二冊 存四十四卷（首、文集一至四十二、末）

330000－1705－0021299　朱8412　集部/總集類/選集之屬/通代

六臣註文選六十卷　（南朝梁）蕭統輯　（唐）李善　（唐）呂延濟　（唐）劉良　（唐）張銑　（唐）呂向　（唐）李周翰注　明嘉靖二十八年(1549)洪楩刻萬卷堂重修本　二十八冊

330000－1705－0021300　朱8441　集部/總集類/選集之屬/斷代

國朝駢體正宗續編八卷　（清）張鳴珂輯　清光緒十四年(1888)寒松閣刻本　四冊

330000－1705－0021302　朱8313　集部/別集類/宋別集

舒文靖集二卷事實擬冊一卷附錄三卷　（宋）舒璘撰　（清）徐時棟輯　**校勘記三卷**　孫鏘撰　清光緒二十二年(1896)四明七千卷樓刻本　四冊

330000－1705－0021304　朱8467　集部/別集類/清別集

遂寧張文端公全集七卷首一卷末一卷　（清）張鵬翮撰　清光緒八年(1882)張知銓刻本　八冊

330000－1705－0021305　朱和0013　史部/地理類/外紀之屬

簒喜廬所箸書　（清）傅雲龍撰　清光緒十五年(1889)德清傅氏日本東京活字印本　十四冊　存一種

330000－1705－0021306　朱8262　集部/別集類/清別集

集虛齋學古文十二卷附離騷經解畧一卷　（清）方楘如撰　清乾隆十九年(1754)佩古堂刻本　二冊

330000－1705－0021308　朱7851　集部/別集類/清別集

湖海樓全集五十一卷　（清）陳維崧撰　清乾隆刻本　二冊　存詞集

330000－1705－0021310　朱續0629　類叢部/叢書類/彙編之屬

半厂叢書初編十種　（清）譚獻編　清同治至

光緒仁和譚氏刻本　一冊　存一種

330000－1705－0021311　朱8473　集部/別集類/清別集

望溪先生文集十八卷集外文十卷集外文補遺二卷年譜二卷　（清）方苞撰　清咸豐元年(1851)戴鈞衡刻二年(1852)增刻本　清家銓題記　十四冊

330000－1705－0021312　朱9039　集部/總集類/選集之屬/通代

文選六十卷　（南朝梁）蕭統輯　（唐）李善注　（清）何焯評　清乾隆三十七年(1772)長洲葉樹藩海錄軒刻朱墨套印本　十二冊

330000－1705－0021313　朱8966　集部/別集類/清別集

託素齋詩集四卷文集六卷附行述一卷　（清）黎士弘撰　清康熙刻雍正二年(1724)黎致遠增刻本　二冊　存一卷(詩集一)

330000－1705－0021314　朱9020　集部/別集類/清別集

梵隱堂詩存十卷　（清）釋祖觀撰　清同治五年(1866)通濟盦刻本　四冊

330000－1705－0021316　朱8446　集部/總集類/選集之屬/斷代

唐文粹一百卷　（宋）姚鉉輯　明刻本　三冊　存十七卷(十至十八、九十一至九十八)

330000－1705－0021318　朱8489　集部/別集類/元別集

剡源文鈔四卷佚文一卷　（元）戴表元撰　（清）黃宗羲選定　（清）何焯評點　清光緒十五年(1889)奉化孫鏘刻本　二冊

330000－1705－0021320　朱8303　集部/別集類/清別集

漁洋山人精華錄箋注十二卷補一卷附年譜一卷　（清）王士禛撰　（清）金榮箋注　（清）徐準纂輯　清康熙五十一年(1712)鳳翽堂刻乾隆二年(1737)印本　十二冊

330000－1705－0021321　朱9017　集部/別集類/宋別集

絜齋集二十四卷　(宋)袁燮撰　宋儒袁正獻公從祀錄六卷　(□)□□編　清同治十一年至光緒二年(1872–1876)浙江四明袁氏進修堂刻本　七冊　存二十四卷(絜齋集一至二十四)

330000－1705－0021323　朱 9054　集部/總集類/選集之屬/通代

漁洋山人古詩選三十二卷　(清)王士禛輯　清同治五年(1866)金陵書局刻本　八冊

330000－1705－0021325　朱和0024　子部/儒家類/儒學之屬/經濟

中說十卷　(隋)王通撰　(宋)阮逸注　清光緒十六年(1890)貴陽陳氏影宋刻本　朱鼎煦題記　一冊

330000－1705－0021326　朱 9025　集部/總集類/選集之屬/斷代

重訂唐詩別裁集二十卷　(清)沈德潛輯　清乾隆二十八年(1763)教忠堂刻本　六冊

330000－1705－0021327　朱 8488　集部/總集類/選集之屬/斷代

國朝二十四家文鈔二十四卷　(清)徐斐然輯　清嘉慶元年(1796)刻本　六冊

330000－1705－0021329　朱 8860　集部/別集類/清別集

聽秋詩稿一卷　(清)沈博撰　稿本　一冊

330000－1705－0021330　朱 9063　類叢部/叢書類/自著之屬

清獻堂全編八種　(清)趙佑撰　清乾隆刻本　六冊　存一種

330000－1705－0021331　朱 9015　集部/別集類/明別集

重刊宋文憲公集三十卷　(明)宋濂撰　清康熙五十一年(1712)傅旭元刻本　十六冊

330000－1705－0021332　朱 8858　集部/別集類/清別集

煮石山房詩稿一卷　(清)劉玠撰　稿本　一冊

330000－1705－0021335　朱 8448　集部/別集類/明別集

劉子全書四十卷首一卷　(明)劉宗周撰　(清)董瑒編　清抄本　五冊　存五卷(首，三、二十至二十二)

330000－1705－0021337　朱 9037　集部/別集類/清別集

復堂文續五卷　(清)譚獻撰　清光緒二十七年(1901)刻鵠齋刻刻鵠齋叢書本　朱鼎煦題記　四冊

330000－1705－0021340　朱 9014　集部/總集類/選集之屬/斷代

新刻唐詩五言排律選註十八卷　(清)吳之章選輯　(清)賴鯤升注釋　清聚錦堂刻本　四冊

330000－1705－0021343　朱 2642　集部/詞類/類編之屬

百名家詞鈔　(清)聶先　(清)曾王孫編　清康熙刻本　二冊　存八種

330000－1705－0021344　朱 9034　類叢部/叢書類/家集之屬

侯官陳氏遺書　(清)陳壽祺　(清)陳喬樅撰　清嘉慶至同治三山陳氏刻本　十四冊　存三種

330000－1705－0021346　朱 9013　集部/總集類/題詠之屬

薦董思報感夢廢吟兩圖題辭三卷　(清)沈祥龍輯　清光緒二十一年(1895)刻本　二冊

330000－1705－0021347　朱 8856　集部/詞類/總集之屬

詞選不分卷　清抄本　清徐仁釗批並跋　二冊

330000－1705－0021348　朱 8485　集部/別集類/漢魏六朝別集

蔡中郎集十卷末一卷外紀一卷外集四卷　(漢)蔡邕撰　清光緒十六年(1890)番禺陶氏愛廬刻本　五冊

330000－1705－0021352　朱 9033　集部/別

集類/清別集

鑑止水齋集二十卷　（清）許宗彥撰　清咸豐
八年（1858）德清許延毅刻本　七冊

330000－1705－0021353　朱 8424　集部/別
集類/清別集

揖山樓詩集十二卷　（清）畢憲曾撰　清刻本
　一冊　存六卷（一至六）

330000－1705－0021354　朱 6624　集部/別
集類/清別集

鑑止水齋集二十卷　（清）許宗彥撰　清咸豐
八年（1858）德清許延毅刻本　一冊　存三卷
（一至三）

330000－1705－0021356　朱續 0140　史部/
目錄類/總錄之屬/官修

浙江採集遺書總錄十一卷　（清）沈初等輯
清乾隆三十九年（1774）浙江布政使王亶望刻
本　一冊　存一卷（癸集）

330000－1705－0021357　朱 8484　集部/別
集類/唐五代別集

樊川詩集四卷別集一卷外集一卷詩補遺一卷
　（唐）杜牧撰　（清）馮集梧注　清嘉慶六年
（1801）德裕堂刻本　四冊

330000－1705－0021358　朱 9030　集部/別
集類/清別集

靈石山房詩草一卷續吟草一卷　（清）貴成撰
　清同治七年（1868）刻本　一冊

330000－1705－0021359　朱 8855　集部/別
集類/清別集

隨意軒詩艸三卷　（清）張晉撰　清同治稿本
　朱鼎煦題記　一冊

330000－1705－0021360　朱 9011　集部/別
集類/明別集

歸田稿八卷　（明）謝遷撰　清康熙二十三年
（1684）謝鍾和刻本　三冊

330000－1705－0021361　朱 9031　集部/別
集類/清別集

靈石山房詩草一卷續吟草一卷　（清）貴成撰
　清同治七年（1868）刻本　一冊

330000－1705－0021362　朱 8483　集部/總
集類/選集之屬/通代

續古文辭類纂二十八卷　（清）黎庶昌輯　清
光緒十六年（1890）金陵書局刻本　八冊

330000－1705－0021364　朱 9021　集部/別
集類/清別集

龔定盦全集　（清）龔自珍撰　清光緒二十三
年（1897）萬本書堂刻本　四冊　存二種

330000－1705－0021365　朱 8478　集部/別
集類/清別集

惜抱軒集八十八卷　（清）姚鼐撰　清光緒九
年（1883）桐城徐宗亮刻本　四冊　存二十六
卷（文集一至十六、後集一至十）

330000－1705－0021366　朱 8495　集部/總
集類/選集之屬/通代

古文淵鑒六十四卷　（清）徐乾學等輯注　清
同治十二年（1873）浙江書局刻本　三十二冊

330000－1705－0021367　朱 8799　集部/別
集類/宋別集

東坡全集一百十二卷　（宋）蘇軾撰　明刻本
　一冊　存六卷（十一至十五、八十五）

330000－1705－0021370　朱 8475　類叢部/
叢書類/自著之屬

惜抱軒全集十種　（清）姚鼐撰　清同治五年
（1866）李瀚章省心閣刻本　十六冊

330000－1705－0021371　朱 9022　集部/總
集類/選集之屬/斷代

欽定國朝詩別裁集三十二卷　（清）沈德潛纂
評　清乾隆二十六年（1761）刻本　八冊

330000－1705－0021372　朱 9027　集部/別
集類/清別集

赤菫遺稿六卷　（清）葉元堦撰　（清）屬志編
　清道光二十五年（1845）退一居刻本　二冊

330000－1705－0021374　朱 8466　集部/總
集類/選集之屬/斷代

文粹一百卷　（宋）姚鉉輯　補遺二十六卷
（清）郭麐輯　清光緒十六年（1890）杭州許增
榆園刻本　十九冊　缺七卷（補遺二十至二

十六)

330000 – 1705 – 0021375　朱 9029　集部/別集類/清別集

赤菫遺稿六卷　（清）葉元堦撰　（清）厲志編
　清道光二十五年(1845)退一居刻本　二冊

330000 – 1705 – 0021376　朱 9028　集部/別集類/清別集

赤菫遺稿六卷　（清）葉元堦撰　（清）厲志編
　清道光二十五年(1845)退一居刻本　二冊

330000 – 1705 – 0021377　朱 9060　集部/別集類/清別集

雕菰集二十四卷　（清）焦循撰　清道光四年
(1824)阮福刻文選樓叢書本　清徐時棟題記
　十一冊

330000 – 1705 – 0021379　朱 8189、朱 9484
類叢部/叢書類/自著之屬

西河合集一百十九種　（清）毛奇齡撰　清乾
隆三十五年(1770)蕭山陸氏刻嘉慶元年
(1796)印本　八十冊　存一百十七種

330000 – 1705 – 0021380　朱 8442　類叢部/叢書類/自著之屬

清吟堂全集十四種　（清）高士奇撰　清康熙
刻本　一冊　存一種

330000 – 1705 – 0021381　朱 8439　集部/別集類/元別集

庸菴集十四卷　（元）宋禧撰　清嘉慶十三年
(1808)刻本　二冊

330000 – 1705 – 0021382　朱 8447　集部/別集類/清別集

寶綸堂文鈔八卷　（清）齊召南撰　清嘉慶二
年(1797)刻本　二冊　存四卷(一至四)

330000 – 1705 – 0021383　朱 8459　集部/別集類/清別集

默齋詩草二卷　（清）左贗虞撰　（清）左兆薇
　（清）左元履編　清光緒十一年(1885)刻本
　二冊

330000 – 1705 – 0021384　朱 9059　集部/別

集類/清別集

繞竹山房詩稿十卷詩餘一卷　（清）朱文治撰
　清嘉慶二十三年(1818)刻本　四冊

330000 – 1705 – 0021385　朱 9057　集部/別集類/清別集

石笥山房文集六卷詩集四卷　（清）胡天游撰
　清嘉慶三年(1798)浦陽戴殿海刻本　四冊

330000 – 1705 – 0021386　朱 9026　集部/別集類/明別集

太師誠意伯劉文成公集二十卷首一卷　（明）
劉基撰　清康熙劉元奇刻雍正萬里補刻乾隆
括芝南田果育堂印本　八冊

330000 – 1705 – 0021387　朱 9069　集部/別集類/清別集

嘯古堂文集八卷　（清）蔣敦復撰　清同治七
年(1868)應寶時上海道署刻本　二冊

330000 – 1705 – 0021389　朱 9058　集部/別集類/清別集

繞竹山房詩稿十卷詩餘一卷續詩稿十四卷
（清）朱文治撰　清嘉慶二十三年(1818)、咸
豐五年(1855)刻本　八冊

330000 – 1705 – 0021390　朱 9075　集部/總集類/選集之屬/通代

古文詞畧二十四卷　（清）梅曾亮輯　清同治
六年(1867)合肥李氏刻本　五冊

330000 – 1705 – 0021391　朱 9074　集部/別集類/清別集

萬善花室文稿六卷　（清）方履籛撰　**附錄一
卷**　（清）李兆洛等撰　清光緒十二年(1886)
小岯山館刻本　四冊

330000 – 1705 – 0021393　朱 9073　集部/別集類/元別集

趙文敏公松雪齋全集十卷外集一卷續集一卷
　（元）趙孟頫撰　清康熙五十二年(1713)海
上曹培廉城書室刻本　六冊

330000 – 1705 – 0021395　朱 8497　集部/曲類/曲韻曲譜曲律之屬

新定九宮大成南詞宮譜八十一卷　（清）周祥

鈺 （清）鄒金生等輯 清石印本 十冊 存十九卷（十三至三十一）

330000－1705－0021396 朱 8465 集部/別集類/元別集

余忠宣公文集六卷 （元）余闕撰 （清）余秉剛編 清同治六年（1867）皖江縣署刻本 二冊

330000－1705－0021397 朱 9036 集部/總集類/選集之屬/斷代

本朝館閣詩二十卷附錄一卷 （清）阮學浩（清）阮學濬輯 **續附錄一卷** （清）阮芝生（清）阮葵生 （清）曹文埴輯 清乾隆二十三年（1758）困學書屋刻本 十二冊

330000－1705－0021398 朱 9072 集部/別集類/清別集

善卷堂四六十卷 （清）陸繁弨撰 （清）吳自高注 清乾隆三十五年（1770）陳明善亦園刻本 六冊

330000－1705－0021400 朱 8126 類叢部/類書類/通類之屬

太學新編賦苑聯芳□□卷 明刻本 一冊存六卷（庚集十至十五）

330000－1705－0021401 朱 9056 集部/總集類/選集之屬/通代

古文苑二十一卷 （宋）章樵注 清光緒十二年（1886）江蘇書局刻本 十冊

330000－1705－0021402 朱 8556 集部/別集類/明別集

奇零草二卷 （明）張煌言撰 清秦川抄本二冊

330000－1705－0021403 朱 8492 集部/別集類/清別集

紫竹山房詩集十二卷文集二十卷 （清）陳兆崙撰 **年譜一卷** （清）陳玉繩撰 清乾隆刻本 八冊 存二十卷（文集一至二十）

330000－1705－0021404 朱 9040 集部/總集類/選集之屬/通代

文選六十卷 （南朝梁）蕭統輯 （唐）李善注

（清）何焯評 清乾隆三十七年（1772）長洲葉樹藩海錄軒刻朱墨套印本 十二冊

330000－1705－0021406 朱 8070 集部/總集類/課藝之屬

崇文書院課藝續編一卷 （清）高人驥 （清）孫詒紳編 清刻本 一冊

330000－1705－0021407 朱 8798 集部/別集類/宋別集

東坡集十六卷 （宋）蘇軾撰 （明）李贄評輯明刻本 二冊 存五卷（五至六、十四至十六）

330000－1705－0021408 朱 9070 集部/別集類/清別集

公忠堂文集六卷附刻二卷 （清）張自德撰清康熙刻本 四冊

330000－1705－0021409 朱續 0149 史部/目錄類/總錄之屬/私撰

古越藏書樓書目二十卷首一卷 （清）徐樹蘭撰 清光緒三十年（1904）崇實書局石印本七冊 缺二卷（十六至十七）

330000－1705－0021410 朱 9068 集部/總集類/氏族之屬

建溪集前編四卷後編二卷 （清）戴聰輯 清道光十三年（1833）戴氏九靈山房刻本 二冊

330000－1705－0021412 朱 9036－1 集部/總集類/選集之屬/斷代

本朝館閣賦前集十二卷 （清）葉抱崧 （清）程洵等輯 **本朝館閣賦後集七卷補遺一卷附錄一卷** （清）周日溰 （清）程琰等輯 **稻香樓試帖二卷** （清）程琰撰 清乾隆二十九年（1764）、三十三年（1768）困學齋刻本 十二冊

330000－1705－0021413 朱和 0025 子部/儒家類/儒學之屬/經濟

中說十卷 （隋）王通撰 （宋）阮逸注 清光緒十六年（1890）貴陽陳氏影宋刻本 一冊

330000－1705－0021414 朱和 0026 子部/儒家類/儒學之屬/經濟

中說十卷 （隋）王通撰 （宋）阮逸注 清光緒十六年(1890)貴陽陳氏影宋刻本 一冊

330000－1705－0021415 朱 9112 集部/別集類/清別集

天愚山人詩集十二卷文集十六卷 （清）謝泰宗撰 附錄一卷 （清）吳偉業撰 清光緒六年(1880)謝駿德靈蕤館刻本 八冊

330000－1705－0021416 朱和 0026－1 子部/儒家類/儒學之屬/經濟

中說十卷 （隋）王通撰 （宋）阮逸注 清光緒十六年(1890)貴陽陳氏影宋刻本 一冊

330000－1705－0021417 朱續 0137 史部/目錄類/總錄之屬/官修

欽定四庫全書總目二百卷首一卷 （清）紀昀等撰 清同治七年(1868)廣東書局刻本 一百十一冊 缺五卷(八十八至九十、一百六至一百七)

330000－1705－0021418 朱 9095 集部/別集類/清別集

頻羅庵遺集十六卷 （清）梁同書撰 蕉屏書屋詩文覆瓿集一卷 （清）梁學昌撰 清嘉慶二十二年(1817)陸貞一杭州刻本 五冊

330000－1705－0021419 朱 9115 集部/別集類/唐五代別集

新刊權載之文集五十卷補刻一卷 （唐）權德輿撰 清嘉慶十一年(1806)朱氏刻本 八冊

330000－1705－0021420 朱續 0134 史部/目錄類/總錄之屬/官修

四庫未收書目提要五卷 （清）阮元撰 清光緒四年(1878)上海淞隱閣鉛印本 一冊

330000－1705－0021421 朱 9065 集部/總集類/彙編之屬

今文偶見四十八卷 （清）徐斐然輯 清嘉慶刻本 十冊

330000－1705－0021422 朱 8248 集部/別集類/清別集

竹里詩輯十二卷 （清）王逢辰編 清刻本 一冊 存二卷(一至二)

330000－1705－0021423 朱續 0138 史部/目錄類/總錄之屬/官修

欽定四庫全書簡明目錄二十卷 （清）紀昀等撰 清乾隆六十年(1795)浙江刻本 一冊 存一卷(二十)

330000－1705－0021425 朱 9093 集部/別集類/明別集

夏節愍全集十卷首一卷末一卷補遺一卷續補遺一卷 （明）夏完淳撰 （清）陳均編 （清）莊師洛輯 清嘉慶十二年(1807)婁縣陳氏刻本 四冊

330000－1705－0021426 朱 8320 集部/別集類/宋別集

胡澹庵先生文集三十二卷 （宋）胡銓撰 清乾隆胡澐刻本 八冊

330000－1705－0021427 朱 9086 集部/總集類/郡邑之屬

文溪頌言十一卷首一卷文溪廣頌二卷 （清）葉元堦輯 清道光二十五年(1845)刻本 二冊

330000－1705－0021428 朱 8512 史部/傳記類/總傳之屬/仕宦

宋名臣言行錄前集十卷後集十四卷續集八卷別集二十六卷外集十七卷 （宋）□□輯 清道光元年(1821)歙縣洪氏續學堂刻本 四冊 存二十四卷(前集一至十、後集一至十四)

330000－1705－0021429 朱 9064 集部/別集類/清別集

玉堂鳴盛集□□卷 （清）潘世恩編 清刻本 二冊 存四卷(一至四)

330000－1705－0021430 朱 8245 集部/別集類/清別集

雲石軒求是草四卷 （清）趙時桐撰 清光緒十八年(1892)四明雲石軒刻本 二冊

330000－1705－0021431 朱 9091 集部/別集類/清別集

四憶堂詩集六卷遺稿一卷 （清）侯方域撰 清刻本 二冊

330000－1705－0021432　朱 8194　集部/別集類/清別集

畹蘭齋文集四卷　（清）李楨撰　清光緒十八年(1892)王先謙刻本　一冊　存二卷(一至二)

330000－1705－0021433　朱 8319　集部/別集類/清別集

來雨軒存稿四卷　（清）莫晉撰　清道光十六年(1836)刻本　四冊

330000－1705－0021434　朱 8318　集部/別集類/清別集

來雨軒存稿四卷　（清）莫晉撰　清道光十六年(1836)刻二十六年(1846)印本　四冊

330000－1705－0021435　朱 9122　集部/別集類/明別集

蘿石山房文鈔四卷首一卷　（明）左懋第撰　清乾隆四十六年(1781)左公祠刻本　四冊

330000－1705－0021436　朱 9079　集部/別集類/清別集

笥河詩集二十卷古文鈔三卷　（清）朱筠撰　（清）朱錫庚編訂　清刻本　二冊　存二卷(古文鈔一至二)

330000－1705－0021437　朱 9089　集部/別集類/清別集

越縵堂集十卷　（清）李慈銘撰　清光緒十六年(1890)王繼香刻本　二冊

330000－1705－0021439　朱 9053　集部/總集類/選集之屬/通代

五七言今體詩鈔十八卷　（清）姚鼐輯　清同治五年(1866)金陵書局刻本　二冊

330000－1705－0021441　朱 8511　集部/別集類/清別集

日損齋文藁一卷詩藁一卷　（清）徐敦仁撰　清光緒十五年(1889)江西書局刻本　一冊

330000－1705－0021443　朱 9124　集部/別集類/明別集

竹巖集十八卷首一卷補遺一卷續補遺一卷附錄一卷　（明）柯潛撰　清光緒十四年(1888)

莆田柯氏刻擢英書院印本　四冊

330000－1705－0021444　朱 9106　集部/別集類/清別集

太鶴山人集十三卷　（清）端木國瑚撰　清道光二十年(1840)瑞安洪坤刻本　四冊

330000－1705－0021445　朱 9085　集部/別集類/清別集

四憶堂詩集六卷遺稿一卷　（清）侯方域撰　清初刻本　二冊　存六卷(一至六)

330000－1705－0021446　朱 9051　集部/別集類/清別集

寶綸堂文鈔八卷詩鈔六卷　（清）齊召南撰　清光緒十三年(1887)郭傳璞金峨山館刻本　二冊　缺六卷(詩鈔一至六)

330000－1705－0021447　朱 9088　集部/別集類/清別集

松夢寮詩稿六卷　（清）丁丙撰　清光緒二十五年(1899)丁氏刻本　二冊

330000－1705－0021448　朱 8195　類叢部/叢書類/自著之屬

甌北全集八種　（清）趙翼撰　清乾隆至嘉慶湛貽堂刻本　六冊　存一種

330000－1705－0021449　朱 9084　集部/別集類/宋別集

施註蘇詩四十二卷總目二卷　（宋）蘇軾撰　（宋）施元之　（宋）顧禧注　（清）顧嗣立（清）邵長蘅　（清）宋至補　**蘇詩續補遺二卷**　（清）馮景補註　**王註正譌一卷**　（清）邵長蘅撰　**東坡先生年譜一卷**　（宋）王宗稷編　清康熙刻本　一冊　存二卷(續補遺一至二)

330000－1705－0021450　朱 8508　類叢部/叢書類/自著之屬

簡松草堂全集　（清）張雲璈撰　清道光簡松草堂刻本　二冊　存二種

330000－1705－0021451　朱續 0238　子部/藝術類/書畫之屬/題跋

蘇黃題跋五卷　（清）溫一貞錄　清乾隆刻同治十一年(1872)補刻本　五冊

330000－1705－0021452　朱 9109　集部/別集類/清別集

道援堂詩集十三卷　(清)屈大均撰　清康熙刻本　八冊

330000－1705－0021453　朱 9050　集部/別集類/清別集

竹庵隨筆詩鈔四卷　(清)吳名鳳撰　清道光十四年(1834)衣德堂木活字印本　二冊

330000－1705－0021454　朱 9087　集部/別集類/清別集

道古堂詩集二十六卷　(清)杭世駿撰　清乾隆五十七年(1792)杭賓仁刻本　四冊

330000－1705－0021455　朱 9083　集部/別集類/清別集

是程堂集十四卷二集四卷　(清)屠倬撰　清嘉慶十九年至二十五年(1814－1820)真州官舍刻本　四冊　存十四卷(是程堂集一至十四)

330000－1705－0021456　朱 9113　集部/總集類/郡邑之屬

金陵詩徵四十四卷　(清)朱緒曾編　清光緒十八年(1892)刻本　十冊

330000－1705－0021457　朱 9105　集部/別集類/清別集

願學堂詩鈔二十八卷　(清)王宗燿撰　清咸豐十年(1860)鄞縣王氏刻本　六冊

330000－1705－0021458　朱續 0237　子部/藝術類/書畫之屬/題跋

蘇黃題跋五卷　(清)溫一貞錄　清乾隆刻同治十一年(1872)補刻本　二冊　存二卷(東坡題跋一至二)

330000－1705－0021459　朱和 0003　類叢部/叢書類/彙編之屬

古逸叢書二十六種　(清)黎庶昌編　清光緒八年至十年(1882－1884)黎庶昌日本東京使署影刻本　一冊　存一種

330000－1705－0021460　朱和 0052　新學/游記

滿洲旅行記二卷　(日本)小越平隆撰　(清)克齋譯　清光緒二十八年(1902)上海廣智書局鉛印本　二冊

330000－1705－0021461　朱 9111　集部/總集類/選集之屬/通代

御選唐宋文醇五十八卷目錄一卷　(清)高宗弘曆輯　清光緒三年(1877)浙江書局刻本　二十冊

330000－1705－0021462　朱 9103　集部/別集類/清別集

松心詩錄十卷　(清)張維屏撰　清咸豐四年(1854)趙惟濂羊城刻本　二冊

330000－1705－0021463　朱 9062　集部/別集類/清別集

愛蓮詩鈔七卷　(清)徐佩鉞撰　清嘉慶十一年(1806)南白草堂刻本　二冊

330000－1705－0021465　朱 9080　集部/總集類/選集之屬/通代

宋金元詩選六卷　(清)吳翌鳳輯　清乾隆五十八年(1793)長洲吳氏古歡堂刻本　三冊

330000－1705－0021466　朱 9018　類叢部/叢書類/家集之屬

吳氏一家稿　(清)吳清鵬輯　清咸豐五年(1855)錢塘吳氏刻本　十四冊　存七種

330000－1705－0021468　朱 9078　集部/總集類/彙編之屬

十種唐詩選　(清)王士禛編　清康熙三十一年(1692)南芝堂刻本　二冊　存九種

330000－1705－0021469　朱 8929　集部/總集類/郡邑之屬

三台詩錄不分卷　清抄本　一冊

330000－1705－0021470　朱 9161　集部/別集類/清別集

漁陽詩話三卷　(清)王士禛撰　清雍正三年(1725)刻本　二冊

330000－1705－0021471　朱 9101　集部/總集類/選集之屬/通代

賦鈔箋畧十五卷 （清）雷琳 （清）張杏濱輯
清乾隆三十一年（1766）刻本 八冊

330000－1705－0021472 朱和0057 集部/
別集類/清別集

蘇鄰遺詩二卷 （清）李鴻裔撰 瑟廬遺詩一
卷 （清）章永康撰 清光緒十四年（1888）遵
義黎氏日本刻本 一冊

330000－1705－0021474 朱9120 集部/總
集類/選集之屬/斷代

二藍集十二卷 （明）藍仁 （明）藍智撰 清
咸豐七年（1857）刻本 三冊 存一種

330000－1705－0021475 朱8928 集部/別
集類/宋別集

傅忠肅公文集三卷 （宋）傅察撰 清抄本
一冊 存一卷（中）

330000－1705－0021476 朱9100 集部/別
集類/清別集

琴隱園詩集三十六卷詞集四卷 （清）湯貽汾
撰 清同治十三年（1874）曹士虎刻本 八冊

330000－1705－0021477 朱9077 類叢部/
叢書類/自著之屬

元遺山先生全集九種 （金）元好問撰 清道
光三十年（1850）靈石楊氏刻光緒八年（1882）
京都翰文齋書坊印本 八冊

330000－1705－0021480 朱9099 集部/別
集類/唐五代別集

李義山文集十卷 （唐）李商隱撰 （清）徐樹
穀箋 （清）徐炯注 清康熙四十七年（1708）
崑山徐氏花谿草堂刻本 四冊

330000－1705－0021482 朱8315 類叢部/
叢書類/自著之屬

隨園三十種 （清）袁枚撰 清乾隆至嘉慶刻
彙印本 十冊 存三種

330000－1705－0021483 朱和0058 類叢
部/叢書類/家集之屬

黎氏家集十二種附四種 （清）黎庶昌編 清
光緒十四年至十五年（1888－1889）黎庶昌日
本使署刻本暨鉛印本 一冊 存附一種

330000－1705－0021484 朱8916 集部/別
集類/清別集

留溪吟草一卷 （清）賴鵬飛撰 清抄本
一冊

330000－1705－0021485 朱9125 集部/詞
類/別集之屬

陶園詩餘二卷 （清）張九鉞撰 清嘉慶二十
一年（1816）長沙刻本 一冊

330000－1705－0021487 朱續0654 類叢
部/叢書類/郡邑之屬

湖墅叢書 （清）王麟輯 清光緒五年（1879）
錢塘王氏刻本 一冊 存一種

330000－1705－0021488 朱9096 集部/別
集類/明別集

駱先生文集八卷 （明）駱日升撰 清光緒十
三年（1887）刻本 五冊

330000－1705－0021489 朱9174 集部/總
集類/氏族之屬

[浙江寧波]四明水氏留碩稿不分卷 （清）水
嘉穀輯 清光緒十八年（1892）四明水嘉穀刻
本 二冊

330000－1705－0021490 朱續0653 類叢
部/叢書類/郡邑之屬

涇川叢書四十四種續七種 （清）趙紹祖
（清）趙繩祖編 清嘉慶至道光涇縣趙氏古墨
齋刻本 四冊 存二種

330000－1705－0021491 朱9165 集部/別
集類/清別集

遂初草廬詩集十卷 （清）杜埕撰 清同治九
年（1870）刻本 四冊

330000－1705－0021492 朱9163 集部/別
集類/清別集

舫廬文存內集四卷外集一卷餘集一卷 （清）
張壽榮撰 清光緒九年（1883）蛟川張氏秋樹
根齋刻本 二冊

330000－1705－0021493 朱9216 集部/總
集類/郡邑之屬

國朝山左詩鈔六十卷 （清）盧見曾輯 清乾

隆二十三年(1758)德州盧見曾雅雨堂刻本
十四冊

330000－1705－0021494　朱9092　集部/別
集類/元別集

松鄉先生文集十卷　（元）任士林撰　清光緒
十六年(1890)刻本　四冊

330000－1705－0021496　朱9173　集部/別
集類/唐五代別集

李太白文集三十六卷　（唐）李白撰　（清）王
琦輯注　清乾隆寶笏樓刻二十五年(1760)增
刻本　十二冊

330000－1705－0021497　朱9114　集部/總
集類/郡邑之屬

國朝金陵詩徵四十八卷　（清）朱緒曾編　清
光緒十三年(1887)德清俞樾刻本　十六冊

330000－1705－0021500　朱9098　集部/別
集類/清別集

茮聲館詩集十六卷　（清）朱為弼撰　清道光
二十八年(1848)鋤經堂刻本　四冊

330000－1705－0021501　朱9179　集部/別
集類/清別集

李養一先生文集二十四卷　（清）李兆洛撰
清咸豐元年(1851)維風堂刻本　十冊

330000－1705－0021502　朱9215　集部/別
集類/明別集

陶菴集二十二卷首一卷末一卷　（明）黃淳燿
撰　清光緒五年至七年(1879－1881)童式
穀、宋道南刻本　八冊

330000－1705－0021503　朱8915　史部/地
理類/雜志之屬

無名集不分卷　抄本　一冊

330000－1705－0021504　朱9162　集部/別
集類/清別集

虛筠詩稿四卷續稿二卷　（清）桂廷嗣撰　清
乾隆刻本　二冊

330000－1705－0021505　朱9117　集部/詞
類/總集之屬

四明近體樂府十四卷　（清）袁鈞輯　**附一卷**
（清）周世緒撰　清嘉慶二十三年(1818)慈
谿鄭喬遷藏密廬刻本　二冊

330000－1705－0021506　朱續0624　類叢
部/叢書類/彙編之屬

晨風閣叢書第一集五十二種　沈宗畸等編
清光緒三十四年至宣統三年(1908－1911)國
學萃編社鉛印本　一冊　存十種

330000－1705－0021507　朱9199　集部/總
集類/郡邑之屬

梅里詩輯二十八卷　（清）許燦輯　**續梅里詩
輯十二卷補遺一卷**　（清）沈愛蓮編　清道光
三十年(1850)嘉興縣齋刻本　四冊　存十二
卷(續梅里詩輯一至十二)

330000－1705－0021508　朱8914　集部/別
集類/清別集

未名集不分卷　稿本　王定祥跋　一冊

330000－1705－0021509　朱9178　集部/別
集類/明別集

**震川先生集三十卷別集十卷附錄一卷補編一
卷**　（明）歸有光撰　（清）歸莊校勘　（清）
錢謙益選定　（清）歸玠編輯　清光緒六年
(1880)常熟歸氏刻本　十六冊

330000－1705－0021510　朱續0656　類叢
部/叢書類/彙編之屬

當歸草堂叢書八種　（清）丁丙編　清同治二
年至五年(1863－1866)錢塘丁氏刻本　二冊
存一種

330000－1705－0021511　朱9162－1　集部/
別集類/清別集

虛筠詩稿四卷續稿二卷　（清）桂廷嗣撰　清
乾隆刻本　一冊　存四卷(虛筠詩稿一至四)

330000－1705－0021512　朱8913　集部/別
集類/清別集

佚名詩稿一卷　（清）□□撰　清抄本　朱鼎
煦題記　一冊

330000－1705－0021513　朱9177　集部/別
集類/清別集

錢牧齋文鈔不分卷　（清）錢謙益撰　清宣統元年（1909）國學扶輪社鉛印本　四冊

330000－1705－0021514　朱9171　集部/別集類/清別集

桐響閣詩集六卷　（清）沈燮撰　清光緒十二年（1886）吳興侯氏刻本　二冊

330000－1705－0021515　朱續0651　類叢部/叢書類/彙編之屬

岱南閣叢書五種　（清）孫星衍編　清嘉慶三年（1798）蘭陵孫氏浣州刻本　二冊　存一種

330000－1705－0021517　朱9214　集部/別集類/明別集

蚓鳴集二卷　（明）來勵撰　清乾隆三十五年（1770）會宗堂刻本　一冊

330000－1705－0021518　朱9209　集部/總集類/郡邑之屬

會稽掇英總集二十卷　（宋）孔延之輯　校正會稽掇英總集札記一卷　（清）杜丙杰撰　清道光元年（1821）山陰杜氏浣花宗塾刻本　四冊

330000－1705－0021519　朱9188　類叢部/叢書類/彙編之屬

觀古堂彙刻書　葉德輝編　清光緒至民國長沙葉氏刻本　二冊　存一種

330000－1705－0021521　朱9123　集部/別集類/漢魏六朝別集

徐孝穆全集六卷　（南朝陳）徐陵撰　（清）吳兆宜箋注　備考一卷　（清）徐文炳撰　清揚州藝古堂刻本　二冊　缺一卷（備考）

330000－1705－0021522　朱9159　集部/別集類/清別集

尤太史律詩四卷　（清）尤侗撰　清乾隆二十五年（1760）鄒氏青藜書屋刻木活字印本　二冊

330000－1705－0021523　朱8912　集部/總集類/郡邑之屬

本朝甬上耆舊詩四十卷續甬上耆舊詩八十卷　（清）全祖望輯　（清）董秉純編　清抄本

五冊　存二十一卷（一至二、十八至二十二、二十九至三十五,續耆舊五十八至六十四）

330000－1705－0021525　朱9157　集部/別集類/清別集

劉文清公遺集十七卷應制詩集三卷　（清）劉墉撰　清道光六年（1826）東武劉氏味經屋刻本　二冊　存十七卷（一至十七）

330000－1705－0021527　朱9155　集部/別集類/清別集

步陵詩鈔九卷　（清）沈堡撰　清刻本　一冊　存二卷（七言律詩、七言古詩）

330000－1705－0021528　朱9153　集部/別集類/清別集

使滇稿不分卷　（清）葛峻起撰　清刻本　一冊

330000－1705－0021529　朱9116　集部/總集類/選集之屬/斷代

國朝文棟八卷　（清）胡嘉銓輯　清光緒十二年（1886）刻本　二冊

330000－1705－0021530　朱9118　集部/別集類/清別集

可久處齋文鈔八卷　（清）馬樹華撰　清刻本　清吳桐雲題記　二冊

330000－1705－0021532　朱9187　集部/總集類/郡邑之屬

吳會英才集二十四卷　（清）畢沅輯　清道光刻本　四冊

330000－1705－0021533　朱9150　集部/別集類

萬物炊累室駢文一卷　沈同芳撰　清光緒木活字印本　一冊

330000－1705－0021534　朱續0616　類叢部/叢書類/郡邑之屬

剡上遺書輯存二種　清光緒刻民國補刻本　二冊　存一種

330000－1705－0021535　朱9149　集部/別集類/清別集

快雪樓獨吟集五卷 （清）余正葵撰 清乾隆六十年（1795）刻本 一冊

330000－1705－0021536 朱9186 類叢部/叢書類/自著之屬

話山草堂遺集二種 （清）沈道寬撰 清光緒三年（1877）潤州権署刻本 七冊 缺二卷（話山草堂雜著操縵易知一、論語比一）

330000－1705－0021537 朱9208 集部/別集類/清別集

賞雨茅屋詩集十五卷外集一卷 （清）曾燠撰 清嘉慶十五年（1810）刻本 四冊 存十二卷（一至十二）

330000－1705－0021538 朱9145 集部/總集類/酬唱之屬

冰桃集一卷 （清）徐士琛輯 清宣統二年（1910）徐士琛刻本 一冊

330000－1705－0021539 朱9204 集部/別集類/清別集

白湖詩稿八卷 （清）葉燕撰 清嘉慶二十三年（1818）葉氏又次居刻本 一冊

330000－1705－0021540 朱9205 集部/別集類/清別集

鳴鶴堂詩集十一卷文集十卷 （清）任源祥撰 （清）瞿源洙集評 （清）任道鎔彙輯 清光緒十五年（1889）刻本 五冊 存十卷（文集一至十）

330000－1705－0021541 朱續0657 類叢部/叢書類/彙編之屬

式訓堂叢書四十一種 （清）章壽康編 清光緒會稽章氏刻本 一冊 存三種

330000－1705－0021542 朱9207 集部/總集類/氏族之屬

范文正公忠宣公全集七十三卷 （宋）范仲淹 （宋）范純仁撰 清康熙四十六年（1707）范氏歲寒堂刻道光十年（1830）重修本 十三冊 存一種

330000－1705－0021543 朱9169 集部/別集類/清別集

蘧盦文鈔不分卷 （清）柳商賢撰 清光緒十五年（1889）閑存小舍刻本 二冊

330000－1705－0021544 朱9206 集部/詞類/詞譜之屬

詞律二十卷 （清）萬樹撰 詞律拾遺八卷 （清）徐本立撰 詞律補遺一卷 （清）杜文瀾撰 清同治十二年至光緒二年（1873－1876）吳下刻本 四冊 存八卷（詞律拾遺一至八）

330000－1705－0021545 朱9279 集部/別集類/清別集

裴文達公文集六卷補遺一卷恭和御製詩六卷詩集十二卷奏議一卷 （清）裴曰修撰 清嘉慶八年（1803）裴行簡刻本 九冊 存十七卷（文集二至六、詩集一至十二）

330000－1705－0021546 朱9390 集部/總集類/選集之屬/斷代

明詩別裁集十二卷 （清）沈德潛 （清）周準輯 清乾隆刻本 六冊

330000－1705－0021547 朱續0655 類叢部/叢書類/彙編之屬

香艷叢書三百二十六種 （清）蟲天子輯 清宣統二年（1910）上海國學扶輪社鉛印本 十九冊 存一百三種

330000－1705－0021548 朱9176 集部/別集類/清別集

三魚堂文集十二卷外集六卷附錄一卷 （清）陸隴其撰 清康熙四十年（1701）嘉會堂刻本 四冊 存十卷（文集一至七、十至十二）

330000－1705－0021549 朱9167 類叢部/叢書類/自著之屬

惜抱軒全集十種 （清）姚鼐撰 清嘉慶至道光刻本 三冊 存一種

330000－1705－0021550 朱9409 集部/別集類/宋別集

陸象山先生文集三十六卷 （宋）陸九淵撰 附錄少湖徐先生學則辯一卷 （明）徐階撰 清雍正二年（1724）刻本 十四冊 存三十二卷（一至三十一、附錄）

330000－1705－0021553　朱 9396　類叢部/
叢書類/自著之屬

曾文正公集　（清）曾國藩撰　清同治十三年
(1874)傳忠書局刻本　八冊　存二種

330000－1705－0021554　朱 9318　集部/總
集類/選集之屬/斷代

**欽定熙朝雅頌集一百六卷首集二十六餘集二
卷**　（清）鐵保等輯　清嘉慶九年(1804)刻本
二十四冊

330000－1705－0021555　朱 9196　類叢部/
叢書類/自著之屬

庸庵全集七種　（清）薛福成撰　清光緒十年
至二十四年(1884－1898)無錫薛氏刻本　四
冊　存一種

330000－1705－0021556　朱 9411　集部/別
集類/清別集

大梅山館集五十五卷　（清）姚燮撰　清道光
十三年至咸豐六年(1833－1856)大梅山館刻
本　六冊　存一種

330000－1705－0021557　朱 9319　集部/總
集類/選集之屬/通代

御選唐宋詩醇四十七卷目錄二卷　（清）高宗
弘曆輯　清光緒七年(1881)浙江書局刻本
十九冊　缺四卷(一至四)

330000－1705－0021558　朱 9410　集部/別
集類/明別集

梨雲館類定袁中郎全集二十四卷　（明）袁宏
道撰　清道光九年(1829)袁憲健刻本　八冊
缺七卷(一至七)

330000－1705－0021559　朱 9194　集部/別
集類/清別集

嘯古堂文集八卷　（清）蔣敦復撰　清同治七
年(1868)應寶時上海道署刻本　二冊

330000－1705－0021560　朱 9360　集部/別
集類/宋別集

宋宗忠簡公全集十二卷首一卷末一卷　（宋）
宗澤撰　（清）宗文燦輯　清康熙四十三年至
四十五年(1704－1706)宗文燦等刻本　十冊

缺一卷(首)

330000－1705－0021561　朱 9192　子部/儒
家類/儒學之屬/性理

潛室陳先生木鍾集十一卷　（宋）陳埴撰　清
同治六年(1867)陳思燏東甌郡齋刻本　四冊

330000－1705－0021562　朱 9270　史部/傳
記類/科舉錄之屬

詞科掌錄十七卷餘話七卷　（清）杭世駿輯
清乾隆仁和杭氏道古堂刻本　六冊

330000－1705－0021563　朱 9256　集部/總
集類/課藝之屬

學海堂集十六卷　（清）阮元輯　清道光五年
(1825)啟秀山房刻本　十冊

330000－1705－0021564　朱 9191　集部/別
集類/清別集

古春軒詩鈔二卷　（清）梁德繩撰　清咸豐二
年(1852)鳳城刻本　一冊

330000－1705－0021565　朱 9317　集部/總
集類/郡邑之屬

金華詩錄六十卷外集六卷別集四卷書後一卷
（清）黃彬　（清）朱琰輯　清乾隆三十八年
(1773)金華府學刻本　十一冊

330000－1705－0021566　朱 9218　集部/別
集類/明別集

寶綸堂集十卷拾遺一卷　（明）陳洪綬撰
（清）陳字購輯　清光緒十四年(1888)會稽董
氏取斯堂木活字印本　八冊

330000－1705－0021567　朱 9190　集部/別
集類/清別集

浮槎閣集十七卷附錄二卷　（清）鄔鳴雷撰
清光緒二十三年(1897)環江書局木活字印本
六冊

330000－1705－0021568　朱 9452　集部/總
集類/課藝之屬

崇實書院課藝六卷　陸廷黻編　清光緒二十
一年(1895)寧波崇實書院刻本　八冊　缺一
卷(二)

330000－1705－0021569　朱 9217　集部/別集類/宋別集

象山先生全集三十六卷　（宋）陸九淵撰　**附錄少湖徐先生學則辯一卷**　（明）徐階撰　明嘉靖三十八年（1559）刻清康熙補修本　十二冊

330000－1705－0021570　朱 9416　集部/別集類/清別集

躬恥齋文鈔二十卷文後編六卷詩鈔十四卷詩後編七卷　（清）宗稷辰撰　清咸豐元年（1851）、九年（1859）越峴山館刻本　六冊　存二十六卷（文鈔一至二十、文後編一至六）

330000－1705－0021571　朱 9437　集部/別集類/清別集

曝書亭集八十卷附錄一卷　（清）朱彝尊撰　**笛漁小稾十卷**　（清）朱昆田撰　清刻本　十九冊

330000－1705－0021572　朱 9459　類叢部/叢書類/自著之屬

滄靜齋全集　（清）龔景瀚撰　清道光六年（1826）龔式穀恩錫堂刻本　八冊　存五種

330000－1705－0021573　朱 9166　集部/總集類/郡邑之屬

嶺南三大家詩選二十四卷　（清）王隼編　清康熙刻本　六冊

330000－1705－0021574　朱 9414　集部/別集類/明別集

震川先生集三十卷別集十卷附錄一卷補編一卷　（明）歸有光撰　（清）歸莊校勘　（清）錢謙益選定　（清）歸玠編輯　清康熙十年至十四年（1671－1675）常熟歸莊、歸玠等刻本　七冊

330000－1705－0021575　朱 9438　集部/別集類/清別集

曝書亭集八十卷附錄一卷　（清）朱彝尊撰　**笛漁小稾十卷**　（清）朱昆田撰　清刻本　九冊

330000－1705－0021576　朱 9446　集部/總集類/選集之屬/斷代

唐詩貫珠六十卷　（清）胡以梅輯並箋釋　清康熙五十四年（1715）蘇州胡氏素心堂刻本　七冊　存二十四卷（三十七至六十）

330000－1705－0021577　朱 9413　史部/地理類/方志之屬/郡縣志

[光緒]黃巖縣志四十卷首一卷附黃巖集三十二卷　（清）陳寶善　（清）孫憙修　（清）王棻纂　（清）陳鍾英　（清）鄭錫滜續修　（清）王詠霓續纂　清光緒三年（1877）刻本　八冊　存十三卷（黃巖集二十至三十二）

330000－1705－0021578　朱 9184　集部/別集類/清別集

嶺南集八卷　（清）杭世駿撰　清乾隆刻本　二冊

330000－1705－0021579　朱 9369　集部/別集類/清別集

白華前稿六十卷　（清）吳省欽撰　清乾隆四十八年（1783）刻本　十二冊

330000－1705－0021580　朱 9389　集部/別集類/清別集

集虛齋學古文十二卷附離騷經解署一卷　（清）方楘如撰　清光緒十年（1884）李詩、竺士彥淳安縣署刻本　四冊

330000－1705－0021581　朱 9412　集部/別集類/清別集

鮚埼亭集三十八卷全謝山先生經史問答十卷外編五十卷　（清）全祖望撰　**全氏世譜一卷年譜一卷**　（清）董秉純撰　清嘉慶九年（1804）餘姚史夢蛟借樹山房刻本　十二冊　存四十卷（一至三十八、世譜、年譜）

330000－1705－0021582　朱 9310　類叢部/叢書類/彙編之屬

五朝小說五百二十三種　（明）□□編　明刻本　二十三冊　存一百二種

330000－1705－0021583　朱 8902　集部/總集類/選集之屬/通代

唐宋八大家文鈔□□卷　（明）茅坤編　清抄

本　一冊　存四種

330000－1705－0021584　朱9436　集部/詞類/別集之屬

曝書亭集詞註七卷　（清）朱彝尊撰　（清）李富孫注　清嘉慶十九年(1814)嘉興李氏校經廎刻本　吳澤題記　二冊

330000－1705－0021585　朱9434　集部/詞類/別集之屬

曝書亭集詞註七卷　（清）朱彝尊撰　（清）李富孫注　清嘉慶十九年(1814)嘉興李氏校經廎刻本　四冊

330000－1705－0021586　朱9435　集部/別集類/清別集

曝書亭集詩註二十四卷　（清）朱彝尊撰　（清）楊謙注　**年譜一卷**　（清）楊謙撰　清楊氏木山閣刻本(卷十二至二十四原缺)　六冊

330000－1705－0021587　朱9468　集部/別集類/清別集

吳詩集覽二十卷補註二十卷吳詩談藪二卷拾遺一卷　（清）吳偉業撰　（清）靳榮藩注並輯　清乾隆刻本　十五冊

330000－1705－0021588　朱9385　集部/別集類/清別集

曾文正公文鈔四卷附刻一卷　（清）曾國藩撰　清同治十二年(1873)上海醉六堂刻本　四冊

330000－1705－0021589　朱8899　集部/別集類/清別集

享帚集一卷　（清）陳軫撰　清探雪仙館抄本　一冊

330000－1705－0021590　朱9467　集部/總集類/選集之屬/斷代

才調集補註十卷　（五代）韋縠輯　（清）殷元勳箋注　（清）宋邦綏補註　清乾隆五十八年(1793)常州宋氏思補堂刻本　六冊

330000－1705－0021591　朱9368　集部/別集類/清別集

慎其餘齋文集二十卷　（清）王贈芳撰　清咸

豐四年(1854)吉安王氏留香書屋刻本　四冊

330000－1705－0021592　朱9466　集部/別集類/清別集

朱文端公集四卷　（清）朱軾撰　清乾隆二年(1737)刻本　三冊

330000－1705－0021594　朱9465　類叢部/叢書類/自著之屬

止園叢書二十三種　（清）史夢蘭撰　清道光至光緒刻本　五冊　存一種

330000－1705－0021595　朱9441　集部/別集類/清別集

二知軒詩鈔十四卷　（清）方濬頤撰　清同治五年(1866)廣州刻本　六冊　存十一卷(一至十一)

330000－1705－0021596　朱9170　集部/別集類/清別集

重桂堂集十一卷　（清）許正綏撰　清光緒十年(1884)許傅震、許傅需刻本　二冊

330000－1705－0021598　朱9432　集部/總集類/氏族之屬

黃氏家集初編六種　（清）黃家鼎輯　清光緒十七年(1891)四明黃氏補不足齋刻本　十冊

330000－1705－0021599　朱9429　集部/詩文評類/詩評之屬

柳亭詩話三十卷　（清）宋長白纂　清康熙天茁園刻光緒八年(1882)楊雨耕坊補刻重修本　八冊

330000－1705－0021601　朱9442　類叢部/叢書類/自著之屬

聽彝堂偶存稿九種　（清）吳省蘭撰　清乾隆至嘉慶南匯吳氏刻本　三冊　存二種

330000－1705－0021602　朱9476　集部/別集類/清別集

有正味齋駢體文箋注十六卷補注一卷　（清）吳錫麒撰　（清）葉聯芬注　清道光二十年(1840)慈谿葉氏刻本　七冊　存十五卷(一至二、五至十六,補注)

330000－1705－0021603　朱9182　類叢部/叢書類/自著之屬

宋金仁山先生遺書八種附六種　（宋）金履祥撰　清雍正至乾隆金華金氏刻光緒十三年（1887）鎮海謝駿德補刻本　二冊　存一種

330000－1705－0021604　朱9431　集部/別集類/清別集

樂善堂全集定本三十卷　（清）高宗弘曆撰　清乾隆二十四年（1759）內府刻本　六冊　缺一卷（一）

330000－1705－0021605　朱9463　集部/別集類/唐五代別集

杜詩詳註二十五卷首一卷附錄二卷　（唐）杜甫撰　（清）仇兆鰲輯注　清康熙刻本　五冊　存十三卷（十五至二十五，附錄上、下）

330000－1705－0021606　朱9180　集部/別集類/清別集

濂亭文集八卷　（清）張裕釗撰　（清）查燕緒編　清光緒八年（1882）查氏木漸齋蘇州刻本　沙孟海題記　二冊

330000－1705－0021607　朱9475　集部/別集類/清別集

有正味齋駢體文箋注十六卷補注一卷　（清）吳錫麒撰　（清）葉聯芬注　清道光二十年（1840）慈谿葉氏刻本　六冊　存十三卷（一至二、五至十三、十六，補注）

330000－1705－0021608　朱續0185　類叢部/叢書類/自著之屬

王船山先生經史論八種七十四卷　（清）王夫之撰　清光緒二十七年（1901）簡青書局石印本　八冊　存二種

330000－1705－0021609　朱9458　集部/別集類/唐五代別集

杜詩會粹二十四卷　（唐）杜甫撰　（清）張遠箋　清康熙二十七年（1688）蕉圃刻本　十一冊

330000－1705－0021610　朱9473　集部/總集類/選集之屬/通代

駢體文鈔三十一卷　（清）李兆洛輯　清光緒八年（1882）上海刻本　七冊　存二十七卷（一至十五、二十至三十一）

330000－1705－0021612　朱9175　集部/別集類/清別集

寄龕文存四卷　（清）孫德祖撰　清光緒十年（1884）鄞縣翰墨林刻本　四冊

330000－1705－0021613　朱9457　集部/總集類/課藝之屬

敬修堂詞賦課鈔十六卷附金臺課藝一卷　（清）胡敬輯　清道光二十二年（1842）刻本　六冊

330000－1705－0021614　朱續0186　史部/史抄類

後漢書蒙拾二卷　（清）杭世駿撰　清末刻本　一冊

330000－1705－0021615　朱9469　集部/別集類/清別集

吳詩集覽二十卷補註二十卷吳詩談藪二卷拾遺一卷　（清）吳偉業撰　（清）靳榮藩注並輯　清乾隆刻本　二十冊　存二十二卷（吳詩集覽一至二十、吳詩談藪一至二）

330000－1705－0021616　朱9420　集部/別集類/清別集

居易堂集二十卷　（清）徐枋撰　清康熙刻本　二冊　存九卷（一至四、十至十四）

330000－1705－0021618　朱9454　集部/總集類/課藝之屬

雲間小課三卷　（清）趙佑宸等輯　清光緒七年（1881）琴雀軒刻本　四冊

330000－1705－0021619　朱續0187　史部/史評類/考訂之屬

廿二史劄記三十六卷補遺一卷　（清）趙翼撰　清末石印本　一冊　存五卷（三十三至三十六、補遺）

330000－1705－0021620　朱9453　集部/別集類/清別集

韞山堂時文全集不分卷　（清）管世銘撰　清

道光三年(1823)京都善成堂刻本　四冊

330000－1705－0021622　朱9419　集部/總集類/選集之屬/通代

榕村詩選八卷首一卷　（清）李光地撰　清雍正七年(1729)江都方觀杭州刻本　三冊　缺二卷(七至八)

330000－1705－0021623　朱9471　集部/別集類/宋別集

黃詩全集五十八卷（山谷詩內集注二十卷外集注十七卷外集補四卷別集注二卷別集補一卷）　（宋）黃庭堅撰　（宋）任淵　（宋）史容（宋）史季溫注　**重刻山谷先生年譜十四卷**（宋）黃𫗱編　清乾隆五十四年(1789)南康謝氏樹經堂刻本　十九冊　缺三卷(山谷詩內集注一至二、別集注補)

330000－1705－0021625　朱續0183　子部/藝術類/篆刻之屬/印譜

王義從印譜不分卷　（清）王義從撰　清鈐印本　一冊

330000－1705－0021626　朱9444　集部/曲類/曲韻曲譜曲律之屬

一笠菴北詞廣正譜十八卷附南戲北詞正謬一卷　（明）徐廣卿撰　（清）鈕少雅樂句(清)李玉更定　清康熙青蓮書屋刻文靖書院印本(卷十二至十三、十五原缺)　五冊

330000－1705－0021627　朱9443　集部/總集類/選集之屬/斷代

貫華堂選批唐才子詩甲集七言律八卷　（清）金人瑞輯　（清）金雍注　清刻本　五冊　缺一卷(四)

330000－1705－0021628　朱9418　集部/別集類/清別集

漁洋山人精華錄箋注十二卷補一卷附年譜一卷　（清）王士禎撰　（清）金榮箋注　（清）徐淮纂輯　清寶華樓刻本　十冊

330000－1705－0021629　朱8505、朱8506史部/史評類/詠史之屬

楊鐵崖先生詠史古樂府四卷　（元）楊維楨撰

（清）王榮綋編　清乾隆三十七年(1772)刻本　八冊

330000－1705－0021630　朱9460　集部/總集類/選集之屬/斷代

四大家文選　（清）陳維崧選　清康熙光啟堂刻本　六冊　存三種

330000－1705－0021631　朱9433　類叢部/叢書類/自著之屬

期不負齋全集二種　（清）周家楣撰　清光緒二十一年(1895)刻本　七冊　缺一卷(政書一)

330000－1705－0021633　朱9417　集部/別集類/清別集

綠雪堂遺集二十卷　（清）王衍梅撰　清道光刻本　五冊　存十七卷(四至二十)

330000－1705－0021634　朱9481　集部/詞類/詞話之屬

詞苑叢談十二卷　（清）徐釚撰　清康熙二十七年(1688)溫陵丁煒刻本　三冊　缺二卷(一至二)

330000－1705－0021635　朱9142　集部/別集類

半山先生一無長詩稿三卷　來汝剛撰　清刻本　一冊

330000－1705－0021637　朱9138　集部/別集類/清別集

漁莊晚唱不分卷　（清）沈堡撰　清刻本一冊

330000－1705－0021638　朱9505　集部/總集類/郡邑之屬

國朝杭郡詩輯三十二卷姓氏韻編一卷　（清）吳顥輯　（清）吳振棫重輯　**續輯四十六卷姓氏韻編一卷**　（清）吳振棫輯　清同治十三年(1874)、光緒二年(1876)錢唐丁氏刻本　二十六冊　缺四十六卷(續輯一至四十六)

330000－1705－0021639　朱9135　集部/總集類/選集之屬/斷代

唐文粹詩選六卷　（清）王士禎輯　清康熙刻

本 一冊

330000－1705－0021640 朱9506 集部/總集類/選集之屬/通代

金元明八大家文選 （清）李祖陶編 清道光二十五年（1845）吉安刻本 十二冊 存四種

330000－1705－0021641 朱9132 集部/總集類/氏族之屬

江邨遺稿一卷 （宋）高祐等撰 **信天巢遺藁一卷** （清）高士奇輯 （清） **林湖遺稿一卷** （宋）高鵬舉撰 清道光八年（1828）木活字印本 一冊

330000－1705－0021642 朱8026 集部/別集類/清別集

扈從紀事詩一卷 （清）勵宗萬撰 清刻本 一冊

330000－1705－0021643 朱9509 集部/總集類/選集之屬/通代

御選宋金元明四朝詩三百二卷首二卷姓名爵里十三卷 （清）聖祖玄燁選 （清）張豫章等編 清康熙四十八年（1709）內府刻本 三十一冊 存一種

330000－1705－0021645 朱9503 集部/別集類/明別集

懷麓堂詩稿二十卷文藁三十卷詩後稿十卷文後稿二十卷文後續稿十卷 （明）李東陽撰 **明大師李文正公年譜一卷** （清）朱景英編 清康熙刻本 十二冊 存六十五卷（懷麓堂詩稿一至二十、文藁一至三十、詩後稿一至十、文後稿十六至二十）

330000－1705－0021646 朱9131 類叢部/叢書類/家集之屬

上元李氏合集三種 清光緒二十二年（1896）蘇州梓文閣刻本 一冊

330000－1705－0021647 朱9129 集部/別集類/清別集

竹石居文草四卷詩草四卷詞草一卷 （清）童華撰 清刻本 一冊 存四卷（詩草一至四）

330000－1705－0021649 朱9461 集部/別

集類/唐五代別集

杜詩詳註二十五卷首一卷附錄二卷 （唐）杜甫撰 （清）仇兆鰲輯注 清康熙刻本 二十六冊

330000－1705－0021650 朱9391 集部/別集類/清別集

赤菫遺稿六卷 （清）葉元墀撰 （清）厲志編 清道光二十五年（1845）退一居刻本 二冊

330000－1705－0021652 朱9502 集部/別集類/清別集

憺園文集三十六卷 （清）徐乾學撰 清康熙三十六年（1697）冠山堂刻本 十五冊 存二十二卷（十五至三十六）

330000－1705－0021653 朱9521 集部/別集類/唐五代別集

陳伯玉文集三卷詩集二卷附錄一卷 （唐）陳子昂撰 清咸豐四年（1854）刻本 三冊 存三卷（文集一至三）

330000－1705－0021654 朱9394 類叢部/叢書類/彙編之屬

二老閣叢書四十二種 （清）鄭風編 清嘉慶刻本 一冊 存一種

330000－1705－0021655 朱9546 集部/別集類/明別集

寒支集初集十卷二集六卷 （清）李世熊撰 （清）李子權編 清木活字印本 九冊 缺七卷（初集六、二集一至六）

330000－1705－0021657 朱和0060 類叢部/叢書類/自著之屬

篹喜廬所箸書 （清）傅雲龍撰 清光緒十五年（1889）德清傅氏日本東京活字印本 一冊 存一種

330000－1705－0021658 朱9519 類叢部/叢書類/自著之屬

陸放翁全集六種 （宋）陸游撰 明末海虞毛氏汲古閣刻清初毛扆增刻彙印本 四冊 存一種

330000－1705－0021659 朱9477 集部/別

集類/清別集

越縵堂集十卷 （清）李慈銘撰 清光緒十六年(1890)王繼香刻本 二冊

330000－1705－0021662 朱9501 集部/總集類/選集之屬/斷代

國朝兩浙校官詩錄十八卷 （清）許正綏輯 清咸豐元年(1851)湖州學府刻本 九冊 存十三卷(一至十三)

330000－1705－0021663 朱9533 集部/總集類/選集之屬/斷代

宋百家詩存 （清）曹庭棟編 清乾隆六年(1741)嘉善曹氏二六書堂刻本 十三冊 存六十六種

330000－1705－0021664 朱續0171 史部/雜史類/斷代之屬

蕩平髮逆圖記二十二卷首一卷 （清）杜文瀾撰 清光緒石印本 四冊

330000－1705－0021665 朱8897 集部/別集類/明別集

巢鵲樓吟稿一卷 （明）姚應龍撰 清姚鳳翰抄本 一冊

330000－1705－0021666 朱9545 集部/別集類/清別集

知養恬齋時文鈔不分卷題解不分卷試帖二卷詩集三十卷賦鈔四卷蜀槎小草二卷 （清）羅繞典撰 清道光二十六年(1846)刻本 十冊 缺二卷(蜀槎小草一至二)

330000－1705－0021668 朱9499 集部/總集類/選集之屬/通代

續古文辭類纂二十八卷 （清）黎庶昌輯 清光緒十六年(1890)金陵書局刻本 十一冊 存二十卷(一至二十)

330000－1705－0021669 朱9518 集部/總集類/題詠之屬

餘芬集二卷 （清）董明倫編 清道光十三年(1833)木活字印本 一冊 存一卷(一)

330000－1705－0021672 朱續0180 子部/工藝類/文房四寶之屬/硯

寶硯堂硯辨一卷 （清）何傳瑤撰 （清）黃培芳繪圖 清道光十九年(1839)刻本 一冊

330000－1705－0021673 朱9485 類叢部/叢書類/自著之屬

西河合集一百十九種 （清）毛奇齡撰 清乾隆三十五年(1770)蕭山陸氏刻嘉慶元年(1796)印本 四十二冊 存六十三種

330000－1705－0021674 朱9547 集部/別集類/清別集

漁洋山人精華錄箋注十二卷補一卷附年譜一卷 （清）王士禛撰 （清）金榮箋注 （清）徐淮纂輯 清寶華樓刻本 十一冊 缺二卷(一、年譜)

330000－1705－0021675 朱8893 集部/別集類/清別集

研香室吟草二卷 （清）葉淑畹撰 清抄本 一冊

330000－1705－0021676 朱9515 集部/別集類/清別集

石船居雜著賸稿不分卷 （清）李超瓊撰 清道光木活字印本 二冊

330000－1705－0021677 朱續0176 子部/藝術類/篆刻之屬/印譜

王氏梧月山房袖珍印品不分卷 （清）養梧居士撰 清鈐印本 三冊

330000－1705－0021678 朱9490 集部/總集類/選集之屬/斷代

全唐詩九百卷目錄十二卷 （清）曹寅等輯 清康熙刻本 五十五冊 存三百八十三卷(函一冊六、九至十，函二冊一至二、九至十，函三冊一至三、七至十，函五冊四至五，函六冊三、六至七、九，函七冊一至十，函八冊二至七、十，函九冊二、八至九，函十冊四至六、十，函十一冊一、三、六、八、十，函十二冊二、六、八、十)

330000－1705－0021681 朱9514 集部/別集類/清別集

金峨山館文集不分卷 （清）郭傳璞撰 清光

緒刻本　四冊

330000－1705－0021683　朱9527　集部/別
集類/清別集

紺寒亭詩集十卷文集四卷　（清）趙俞撰　清
康熙刻本　三冊　存八卷（詩集三至十）

330000－1705－0021684　朱9489　集部/總
集類/選集之屬/通代

八代詩選二十卷　王闓運輯　清光緒十六年
（1890）江蘇書局刻本　八冊

330000－1705－0021685　朱9523　集部/別
集類/清別集

石笥山房集二十四卷　（清）胡天游撰　清咸
豐二年（1852）刻本　八冊　存二十卷（文集
二至六、補遺一、詩集一至十一、詩餘、詩集補
遺一至二）

330000－1705－0021686　朱9517　集部/別
集類/明別集

祁忠惠公遺集十卷補編一卷　（明）祁彪佳撰
（清）杜煦編　（清）杜春生補編　清道光十
五年（1835）刻本　三冊

330000－1705－0021687　朱9486　集部/別
集類/清別集

寒支集初集十卷二集六卷　（清）李世熊撰
（清）李子權編　清道光八年（1828）陳氏木活
字印本　六冊　缺十卷（初集一至十）

330000－1705－0021688　朱2083、朱9526
集部/總集類/郡邑之屬

江左十五子詩選　（清）宋犖編　清康熙四十
二年（1703）商丘宋氏刻本　三冊　存十二卷
（四至十五）

330000－1705－0021689　朱8887　集部/別
集類/清別集

臨江鄉人詩一卷　（清）吳穎芳撰　**符南竹詩
一卷**　（清）符□撰　清抄本　朱鼎煦題記
一冊

330000－1705－0021690　朱9512　集部/別
集類/清別集

鹿園詩賦偶存□□卷　（清）汪如藻撰　清乾

隆刻本　二冊　存三卷（一至三）

330000－1705－0021691　朱9487　集部/總
集類/選集之屬/通代

文選旁證四十六卷　（清）梁章鉅撰　清光緒
八年（1882）吳下刻本　十冊　存三十八卷
（一至十八、二十三至四十二）

330000－1705－0021692　朱續0178　類叢
部/叢書類/彙編之屬

小方壺齋叢書三十六種　王錫祺輯　清光緒
十二年至二十一年（1886－1895）南清河王氏
鉛印本　一冊　存一種

330000－1705－0021693　朱9571　集部/總
集類/選集之屬/通代

古文眉詮七十九卷首一卷　（清）浦起龍輯
清乾隆九年（1744）蘇州三吳書院刻本　二十
三冊

330000－1705－0021694　朱9549　集部/別
集類/明別集

祁忠惠公遺集十卷補編一卷　（明）祁彪佳撰
（清）杜煦編　（清）杜春生補編　**祁奕喜紫
芝軒逸稿一卷**　（清）堵安選　（清）杜煦
（清）杜春生輯　**商夫人錦囊集一卷**　（清）劉
禮林選　（清）杜煦　（清）杜春生輯　**未焚集
一卷**　（清）祁德瓊撰　（清）杜煦　（清）杜
春生輯　清道光十五年（1835）刻本　四冊

330000－1705－0021695　朱9510　集部/別
集類/清別集

退鷗居偶存三卷　（清）蔡聘珍撰　清道光二
十八年（1848）刻本　三冊

330000－1705－0021696　朱9493　集部/別
集類/清別集

袁文合箋十六卷　（清）袁枚撰　（清）王廣業
合箋　清光緒八年（1882）青箱墊刻本　七冊

330000－1705－0021697　朱續0179　子部/
藝術類/篆刻之屬/印譜

古梅軒印存不分卷　鈐印本　一冊

330000－1705－0021698　朱9488　集部/總
集類/選集之屬/通代

重訂文選集評十五卷首一卷末一卷　（清）于光華輯　清同治十一年（1872）江蘇書局刻本　八冊　存八卷（首、一至七）

330000－1705－0021699　朱8882　集部/詩文評類/詩評之屬

詩體綱目一卷　（清）江湖詩社編　清抄本　一冊

330000－1705－0021700　朱9483　類叢部/叢書類/自著之屬

西河合集一百十九種　（清）毛奇齡撰　清康熙書留草堂刻本　二十二冊　存三十一種

330000－1705－0021701　朱9550　集部/別集類/明別集

祁忠惠公遺集十卷　（明）祁彪佳撰　（清）杜煦編　（清）杜春生補編　祁奕喜紫芝軒逸稿一卷　（清）堵安選　（清）杜煦　（清）杜春生輯　商夫人錦囊集一卷　（清）劉禮林選（清）杜煦　（清）杜春生輯　未焚集一卷（清）祁德瓊撰　（清）杜煦　（清）杜春生輯　清道光十五年（1835）刻本　四冊

330000－1705－0021702　朱8873　集部/詞類/別集之屬

夕紅亭詞一卷　（清）夕紅亭撰　清稿本　朱鼎煦題記　一冊

330000－1705－0021703　朱9573　集部/別集類/清別集

陸善泉先生遺稿十卷　（清）陸灝撰　清光緒二十一年（1895）刻本　五冊

330000－1705－0021705　朱9583　集部/別集類/清別集

二水樓詩集十八卷文集二十卷首一卷　（清）李茹旻撰　清光緒十七年（1891）李鳴梧味憨廬刻本　五冊　存十四卷（詩集四至十二、文集十六至二十）

330000－1705－0021706　朱續0182　史部/金石類/總志之屬

金石萃編補署二卷　（清）王言撰　清光緒八年（1882）刻本　一冊　存一卷（一）

330000－1705－0021709　朱9492　集部/總集類/選集之屬/通代

古文辭類纂七十四卷　（清）姚鼐輯　續古文辭類纂三十四卷　王先謙輯　清光緒十八年（1892）吳縣朱記榮上海刻席氏掃葉山房印本　五冊　存二十三卷（續古文辭類纂一至二十三）

330000－1705－0021710　朱9570　類叢部/叢書類/彙編之屬

春暉堂叢書十二種　（清）徐渭仁編　清道光至咸豐上海徐渭仁刻同治九年至十年（1870－1871）徐允臨補刻彙印本　十一冊　存九種

330000－1705－0021711　朱9819　類叢部/叢書類/自著之屬

中復堂全集九種附一種　（清）姚瑩撰　清同治六年（1867）姚濬昌安福縣署刻本　二十冊　存七種

330000－1705－0021712　朱9483－1　類叢部/叢書類/自著之屬

西河合集一百十九種　（清）毛奇齡撰　清康熙書留草堂刻本　六冊　存八種

330000－1705－0021713　朱9308、朱6308、朱8360、朱7683　史部/紀傳類/正史之屬

重刊二十四史　清同治八年（1869）嶺南菆古堂刻本　六十三冊　存四種

330000－1705－0021715　朱續0249　史部/傳記類/總傳之屬/技藝

無聲詩史七卷　（清）姜紹書撰　清康熙五十九年（1720）嘉興李光暎觀妙齋刻本　三冊存四卷（三至六）

330000－1705－0021716　朱9816　集部/別集類/清別集

朱文定公集十卷　（清）朱士彥撰　望雲山廬詩存一卷　（清）朱百谷撰　（清）朱勵相（清）朱勛志編　清刻本　二冊

330000－1705－0021718　朱3831　集部/戲劇類/傳奇之屬

桃花扇傳奇四卷首一卷　（清）孔尚任撰　清

光緒二十一年(1895)合肥李氏蘭雪堂刻本
五冊

330000－1705－0021719　朱 8868　集部/總
集類/氏族之屬
衣德編二卷　（清）李桐選輯　稿本　一冊

330000－1705－0021720　朱續 0248　子部/
藝術類/書畫之屬/畫錄
國朝畫識十七卷墨香居畫識十卷　（清）馮金
伯撰　清乾隆刻道光十一年(1831)江左書林
增修本　四冊　缺十七卷(國朝畫識一至六、
九至十七,墨香居畫識七至八)

330000－1705－0021721　朱 9815　類叢部/
叢書類/彙編之屬
邵武徐氏叢書二十三種　（清）徐榦編　清光
緒邵武徐氏刻本　五冊　存一種

330000－1705－0021723　朱 9470　類叢部/
叢書類/自著之屬
西河合集一百十九種　（清）毛奇齡撰　清乾
隆三十五年（1770）蕭山陸氏刻嘉慶元年
(1796)印本　十冊　存七種

330000－1705－0021724　朱 9577　集部/總
集類/選集之屬/通代
御定歷代題畫詩類一百二十卷　（清）陳邦彥
輯　清康熙四十六年(1707)內府刻本　十四
冊　存六十七卷(四十八至八十四、九十一至
一百二十)

330000－1705－0021725　朱續 0256　子部/
藝術類/遊藝之屬/聯語
對聯集雅四卷　（清）薛金絡　（清）華文彬
（清）華文模集句　（清）華文柏　（清）華文
械　（清）華文桂分類　清嘉慶二十二年
(1817)小綠□刻本　二冊

330000－1705－0021726　朱續 0631　類叢
部/叢書類/郡邑之屬
越中文獻輯存書十種十八卷　（清）紹興公報
社編印　清宣統二年至民國元年(1910－
1912)紹興公報社鉛印本　一冊　存一種

330000－1705－0021727　朱 9803　類叢部/

叢書類/郡邑之屬
蔭玉閣叢書五種　（清）葉書編　清光緒臨海
葉氏蔭玉閣木活字印本　二冊　存一種

330000－1705－0021731　朱 9586　集部/小
說類/短篇之屬
新刻京臺公餘勝覽國色天香十卷　（明）吳敬
所輯　明刻本　六冊　存八卷(一至八)

330000－1705－0021732　朱 9648　集部/別
集類/清別集
雨峯詩鈔八卷　（清）齊翀撰　清光緒二年
(1876)揚州隨安室刻本　二冊

330000－1705－0021734　朱 8861　集部/別
集類/清別集
金濬詩集一卷　（清）金濬撰　清咸豐稿本
一冊

330000－1705－0021735　朱 9782、朱 9839
集部/總集類/選集之屬/斷代
湖海詩傳四十六卷　（清）王昶輯　清同治四
年(1865)蘇州綠蔭堂刻本　十六冊

330000－1705－0021736　朱續 0255　子部/
藝術類/遊藝之屬/謎語
新燈合璧三卷　（清）管禮昌撰　清光緒十四
年(1888)刻本　三冊

330000－1705－0021737　朱 9646　類叢部/
叢書類/彙編之屬
清頌堂叢書九種附一種　（清）黃奭編　（清）
潘世恩重編　清道光二十年(1840)刻本　一
冊　存一種

330000－1705－0021740　朱 5574　史部/紀
傳類/正史之屬
十七史一千五百七十四卷　（明）毛晉編　清
同治十二年(1873)嶺東使署翻刻明崇禎毛詩
汲古閣本　三十二冊　存一種

330000－1705－0021742　朱 9632　集部/別
集類/清別集
濂亭文集八卷　（清）張裕釗撰　（清）查燕緒
編　清光緒八年(1882)查氏木漸齋蘇州刻本
四冊

539

330000 – 1705 – 0021743　朱9932、朱9826　類叢部/叢書類/自著之屬

亭林先生遺書彙輯二十三種附錄三種　(清)顧炎武撰　(清)席威　(清)朱記榮編　清光緒十一年至三十二年(1885 – 1906)吳縣朱氏槐廬家塾刻本　六冊　存十五種

330000 – 1705 – 0021744　朱6379、朱8363、朱6304、朱7324　史部/紀傳類/正史之屬

二十四史　清同治至光緒五省官書局據汲古閣本等合刻光緒五年(1879)湖北書局彙印本　一百四冊　存四種

330000 – 1705 – 0021745　朱3811　集部/詞類/總集之屬

粵東詞鈔不分卷　(清)許玉彬　(清)沈世良輯　清道光二十九年(1849)刻本　七冊

330000 – 1705 – 0021746　朱續0258　子部/藝術類/遊藝之屬/雜藝

益智錄不分卷　(清)紅芙女史撰　清末刻本　一冊

330000 – 1705 – 0021749　朱續0259　子部/藝術類/遊藝之屬/棋弈

韜略元機八卷　(清)三樂居士撰　清山淵堂刻本　四冊

330000 – 1705 – 0021750　朱8270　史部/紀傳類/正史之屬

二十四史　清同治至光緒五省官書局據汲古閣本等合刻光緒五年(1879)湖北書局彙印本　八冊　存一種

330000 – 1705 – 0021751　朱3820　集部/別集類/清別集

聽雨樓外集不分卷　(清)黃勤業撰　清咸豐元年(1851)刻本　二冊

330000 – 1705 – 0021752　朱9616　類叢部/叢書類/自著之屬

曾文正公全集十六種　(清)曾國藩撰　清同治至光緒傳忠書局刻本　二冊　存一種

330000 – 1705 – 0021753　朱9891　集部/戲劇類/傳奇之屬

玉湖樓第三種傳奇明翠湖亭四卷十一折　(清)裘蔗村撰　清刻本　朱鼎煦題記　一冊

330000 – 1705 – 0021755　朱9615　集部/別集類/清別集

錢南園先生遺集五卷　(清)錢灃撰　清光緒二十一年(1895)刻本　二冊

330000 – 1705 – 0021761　朱3439　集部/別集類/唐五代別集

讀杜心解六卷首二卷　(清)浦起龍撰　清雍正二年至三年(1724 – 1725)前澗浦氏寧我齋刻本　一冊　存一卷(一)

330000 – 1705 – 0021762　朱3429　集部/詞類/別集之屬

疏影樓詞四種　(清)姚燮撰　清道光十三年(1833)上湖草堂刻本　一冊

330000 – 1705 – 0021763　朱3821　子部/宗教類/道教之屬/眾術

清庵先生中和集後集三卷　(元)李道純撰　(元)蔡志頤編　**道德會元一卷**　(元)李道存述　明弘治十年(1497)金陵許孟仁刻本　一冊　存三卷(中和集中、下,道德會元)

330000 – 1705 – 0021764　朱9864　集部/別集類/清別集

湖海樓全集五十一卷　(清)陳維崧撰　清光緒十八年(1892)弇山鐸署刻本　四冊

330000 – 1705 – 0021765　朱9969　集部/別集類/明別集

余忠節公遺文一卷附錄一卷　(明)余煌撰　清末會稽董氏取斯家塾木活字印本　十八冊

330000 – 1705 – 0021767　朱9612　集部/別集類/明別集

炳燭齋文集初刻一卷續刻一卷　(明)顧大韶撰　清宣統元年(1909)國學扶輪社鉛印本　二冊

330000 – 1705 – 0021768　朱9862　集部/別集類/清別集

集虛齋學古文十二卷附離騷經解畧一卷　(清)方楘如撰　清乾隆十九年(1754)佩古堂

刻本　四冊　存十二卷(一至十二)

330000－1705－0021769　朱9607　集部/總集類/選集之屬/通代

古學鴻裁十五卷詩學鴻裁二卷　(清)范樨(清)周采輯　清順治十七年(1660)文錦堂刻本　三冊

330000－1705－0021770　朱5234、朱6563、朱6066　史部/紀傳類/正史之屬

二十四史　清同治至光緒五省官書局據汲古閣本等合刻光緒五年(1879)湖北書局彙印本　四十四冊　存三種

330000－1705－0021773　朱9494　集部/別集類/清別集

劉孟塗集四十四卷　(清)劉開撰　清道光六年(1826)姚氏檗山草堂刻本　五冊　存三十一卷(文集一至十、前集六至十、後集一至十六)

330000－1705－0021774　朱10014　集部/別集類/清別集

赤菫遺稿六卷　(清)葉元堦撰　(清)屬志編　清道光二十五年(1845)退一居刻本　十四冊

330000－1705－0021775　朱續0254　子部/工藝類/文房四寶之屬/叢錄

考槃餘事四卷　(明)屠隆撰　清乾隆六十年(1795)玉溪軒刻本　二冊

330000－1705－0021776　朱續0253　子部/藝術類/總論之屬

美術叢書續集　鄧實輯　清宣統三年至民國四年(1911－1915)上海神州國光社排印本七冊　存十種

330000－1705－0021777　朱10004　集部/總集類/課藝之屬

增訂註釋張太史塾課八卷　(清)周汝調編(清)陳觀民注釋　清咸豐六年(1856)文淵堂刻本　四冊

330000－1705－0021780　朱9839－1　集部/總集類/選集之屬/斷代

二趙公文集二種五十四卷　(清)趙侗敦編清光緒浙江書局刻本　二冊　存一種

330000－1705－0021782　朱9495　集部/別集類/清別集

紀文達公遺集三十二卷　(清)紀昀撰　(清)紀樹馨編　清嘉慶十七年(1812)紀樹馥刻本八冊　存十五卷(文一至十五)

330000－1705－0021783　朱10003　集部/別集類/清別集

牧齋初學集一百十卷目錄二卷　(清)錢謙益撰　明崇禎十六年(1643)海虞瞿式耜刻本五冊　存二十三卷(十一至十四、二十二至三十、四十一至四十六、一百七至一百十)

330000－1705－0021784　朱9767　集部/別集類/清別集

帶經堂集九十二卷　(清)王士禛撰　(清)程哲校編　清康熙四十九年至五十年(1710－1711)程哲七略書堂刻乾隆十二年(1747)重修本　二十三冊　缺七卷(漁洋詩集十六至二十二)

330000－1705－0021785　朱9837　集部/總集類/郡邑之屬

石城七子詩鈔　翁長森輯　清光緒十六年(1890)刻本　二冊　存五種

330000－1705－0021786　朱3090、朱7088集部/別集類/清別集

大梅山館集五十五卷　(清)姚燮撰　清道光十三年至咸豐六年(1833－1856)大梅山館刻本　十冊　存二種

330000－1705－0021787　朱3825　集部/別集類/清別集

花餘雜草不分卷　(清)許滌源自抄　清道光抄本　一冊

330000－1705－0021788　朱續0250　史部/傳記類/總傳之屬/技藝

無聲詩史七卷　(清)姜紹書撰　清乍浦拜石山房盛氏刻本　一冊　存一卷(一)

330000－1705－0021789　朱10012　集部/別

集類/宋別集

東萊先生詩集二十卷 　（宋）呂本中撰　清抄本　一冊　存十卷（十一至二十）

330000－1705－0021790　朱3813　集部/詞類/總集之屬

歷朝詩餘選不分卷　清抄本　一冊

330000－1705－0021791　朱9738　集部/別集類/清別集

古愚心言八卷 　（清）彭鵬撰　清康熙愚齋刻本　十四冊　缺一卷（五）

330000－1705－0021792　朱9904、朱4434　史部/紀傳類/正史之屬

二十四史　清同治至光緒五省官書局據汲古閣本等合刻光緒五年（1879）湖北書局彙印本　四十冊　存三種

330000－1705－0021793　朱3082　集部/別集類/清別集

白華堂試體詩不分卷 　（清）吳傑編　棦香塾試帖不分卷 　（清）童華編　稿本　一冊

330000－1705－0021794　朱9828－1　類叢部/叢書類/彙編之屬

槐廬叢書四十六種 　（清）朱記榮編　清光緒三年至十五年（1877－1889）吳縣朱氏槐廬家塾刻本　七冊　存三種

330000－1705－0021796　朱4767、朱4075　集部/別集類/清別集

大梅山館集五十五卷 　（清）姚燮撰　清道光十三年至咸豐六年（1833－1856）大梅山館刻本　六冊　存二種

330000－1705－0021797　朱9995　集部/別集類

南海先生詩集十三卷 　康有為撰　清宣統三年（1911）上海廣智書局影印本　一冊　存四卷（一至四）

330000－1705－0021800　朱9825　集部/別集類/清別集

壹齋集二十七卷 　（清）黃鉞撰　清嘉慶二十年（1815）刻本　四冊

330000－1705－0021802　朱9847　集部/總集類/選集之屬/通代

書業堂重訂古文釋義新編八卷 　（清）余誠評註　（清）余芝糸閱　清刻本　四冊

330000－1705－0021803　朱3098　集部/別集類/清別集

國子先生全集四種 　（清）金兆燕撰　清嘉慶十二年（1807）、道光十六年（1836）贈雲軒刻本　八冊

330000－1705－0021805　朱3377　集部/別集類/清別集

注韓室詩存一卷 　（清）梅調鼎撰　清梅調鼎手稿本　朱鼎煦題記　一冊

330000－1705－0021806　朱3374　集部/別集類/清別集

秣陵集六卷金陵歷代紀年事表一卷圖考一卷 　（清）陳文述撰　清光緒十年（1884）淮南書局刻本　朱鼎煦題記　三冊

330000－1705－0021807　朱7985、朱4367、朱9052　集部/別集類/清別集

大梅山館集五十五卷 　（清）姚燮撰　清道光十三年至咸豐六年（1833－1856）大梅山館刻本　十四冊　存二種

330000－1705－0021808　朱3376　集部/別集類/清別集

注韓室詩存一卷 　（清）梅調鼎撰　清光緒二十八年（1902）玉觿山房抄本　一冊

330000－1705－0021809　朱9737　集部/總集類/酬唱之屬

載生吟合鈔三卷 　（清）王望霖輯　清道光十一年（1831）天香樓刻本　二冊

330000－1705－0021810　朱和0065、朱和0066　類叢部/叢書類/彙編之屬

篡喜廬叢書五種 　（清）傅雲龍編　清光緒十五年（1889）德清傅氏日本東京刻本　十一冊

330000－1705－0021811　朱8364、朱4223、朱4222、朱4226、朱7002、朱4227、朱4225、朱6394、朱7004、朱4224、朱7001、朱7003　史

部/紀傳類/正史之屬

二十四史 清同治至光緒五省官書局據汲古閣本等合刻光緒五年(1879)湖北書局彙印本 一百五十二冊 存十二種

330000－1705－0021812 朱 3106 集部/別集類/清別集

翁山文外十六卷 (清)屈大均撰 清宣統二年(1910)上海國學扶輪社鉛印本 五冊

330000－1705－0021814 朱 3097 集部/別集類/清別集

萬壑松風樓詩十四卷 (清)王吉人撰 清同治九年(1870)寧海主一堂刻本 四冊

330000－1705－0021815 朱 3096 集部/別集類/清別集

榴實山莊文稿一卷詩鈔六卷詞鈔一卷試律二卷 (清)吳存義撰 清同治至光緒刻本 四冊 缺二卷(試律一至二)

330000－1705－0021816 朱 3091 集部/別集類/清別集

大梅山館集五十五卷 (清)姚燮撰 清道光十三年至咸豐六年(1833－1856)大梅山館刻本 八冊 存一種

330000－1705－0021817 朱 9847－1 集部/總集類/選集之屬/通代

古文析義十六卷 (清)林雲銘輯並注 清康熙二十六年(1687)晉安林氏刻本 六十八冊

330000－1705－0021818 朱 3093 類叢部/叢書類/自著之屬

杭大宗七種叢書 (清)杭世駿撰 清乾隆杭賓仁羊城刻本 四冊 存六種

330000－1705－0021819 朱 3071 類叢部/叢書類/自著之屬

鹿洲全集七種 (清)藍鼎元撰 清刻本 十冊 存一種

330000－1705－0021820 朱 3095 集部/別集類/清別集

秋生文稿三卷 (清)徐畹撰 清道光五年(1825)秋樹山房刻本 一冊

330000－1705－0021822 朱 9860 集部/總集類/選集之屬/通代

御定歷代賦彙一百四十卷外集二十卷逸句二卷補遺二十二卷目錄三卷 (清)陳元龍輯 清康熙四十五年(1706)刻本 八冊 存十五卷(御定歷代賦彙一至十三、目錄一至二)

330000－1705－0021823 朱續 0240 子部/藝術類/書畫之屬/總論

佩文齋書畫譜一百卷 (清)孫岳頒等輯 清光緒九年(1883)上海同文書局石印本 七冊 存三十九卷(五十五至八十七、九十五至一百)

330000－1705－0021826 朱 9728 集部/總集類/選集之屬/通代

古詩十九首一卷 (清)姜任脩撰 清光緒十九年(1893)刻本 一冊

330000－1705－0021827 朱 4331 史部/紀傳類/正史之屬

三國志六十五卷 (晉)陳壽撰 (南朝宋)裴松之注 清同治九年(1870)金陵書局刻二十四史本 清王惕父、葛暘題記 八冊

330000－1705－0021828 朱 9726 集部/別集類/清別集

在璞堂吟稿一卷在璞堂續稿一卷在璞堂續集一卷 (清)方芳佩撰 清乾隆十六年(1751)、二十九年(1764)、嘉慶九年(1804)刻本 三冊

330000－1705－0021829 朱續 0243 子部/藝術類/書畫之屬/書法書品

書法要訣二卷 (清)蔣一桂編 清光緒石印本 二冊

330000－1705－0021830 朱 9709 集部/別集類/漢魏六朝別集

陶元亮詩四卷 (晉)陶潛撰 (明)黃文煥析義 清光緒二年(1876)刻本 二冊

330000－1705－0021831 朱 3453 集部/總集類/選集之屬/通代

詩林韶濩選評二十卷補編一卷 (清)顧嗣立

輯 （清）周煌重輯　清乾隆三十一年（1766）
今雨堂刻本　四冊

330000－1705－0021832　朱9708　類叢部/
叢書類/彙編之屬

大亭山館叢書十八種　（清）楊葆彝編　清光
緒陽湖楊氏刻本　一冊　存三種

330000－1705－0021834　朱3067　集部/別
集類/清別集

韭溪漁唱集十卷補遺一卷　（清）秦時昌撰
清乾隆十年（1745）刻本　一冊

330000－1705－0021835　朱3360　集部/詞
類/總集之屬

詞綜三十八卷　（清）朱彝尊輯　（清）汪森增
定　（清）柯崇樸編次　（清）周簣辨譌
（清）王昶補纂　明詞綜十二卷國朝詞綜四十
八卷國朝詞綜二集八卷　（清）王昶輯　清嘉
慶七年（1802）青浦王氏三泖漁莊刻本　十
二冊

330000－1705－0021836　朱9692　集部/別
集類

萬物炊累室駢文一卷　沈同芳撰　清光緒木
活字印本　一冊

330000－1705－0021837　朱9569　類叢部/
叢書類/自著之屬

鄒叔子遺書　（清）鄒漢勛撰　清光緒八年
（1882）鄒代鈞刻本　朱鼎煦跋　八冊　存
四種

330000－1705－0021839　朱續0246、朱續
0245　史部/傳記類/總傳之屬/技藝

歷代畫史彙傳七十二卷首一卷總目三卷附錄
二卷　（清）彭蘊璨輯　清道光五年（1825）吳
門彭氏尚志堂刻本　二十冊　存六十九卷
（首,一至五十、五十四至五十六、六十至六十
四、六十八至七十二,總目一至三,附錄一至
二）

330000－1705－0021840　朱9558　集部/總
集類/選集之屬/通代

御定歷代賦彙一百四十卷外集二十卷逸句二

卷補遺二十二卷目錄三卷　（清）陳元龍輯
清康熙刻本　五十三冊

330000－1705－0021842　朱3066　集部/別
集類/清別集

虛白齋存薰十三卷　（清）吳壽昌撰　清乾隆
五十五年（1790）刻本　二冊　存四卷（細吟
集一至二、冰銜集一至二）

330000－1705－0021843　朱9576　集部/別
集類/清別集

揅經室一集十四卷二集八卷三集五卷四集二
卷四集詩十一卷續集十一卷再續集六卷外集
五卷　（清）阮元撰　（清）阮亨輯　清嘉慶、
道光刻本　十二冊　存三十五卷（四集一至
二、四集詩一至十一、續集一至十一、再續集
一至六、外集一至五）

330000－1705－0021844　朱9650　集部/別
集類/清別集

藤阿吟稿四卷　（清）陳鴻熙撰　清嘉慶二十
五年（1820）會稽陳氏姑蘇刻本　四冊

330000－1705－0021845　朱續0241　子部/
藝術類/書畫之屬/總論

佩文齋書畫譜一百卷　（清）孫岳頒等輯　清
光緒九年（1883）上海同文書局石印本　十
六冊

330000－1705－0021846　朱3367　集部/別
集類/清別集

癖漢淫唐詩稿一卷　（清）楓臣撰　清道光楓
臣稿本　清姚燮、清王□簡題記　一冊

330000－1705－0021847　朱3063　類叢部/
叢書類/自著之屬

楊園先生全集十七種　（清）張履祥撰　清乾
隆二十一年（1756）刻本　八冊

330000－1705－0021849　朱3452　集部/別
集類/清別集

包即山遺詩不分卷　（清）包啟禎撰　清抄本
二冊

330000－1705－0021850　朱3620、朱3802
集部/總集類/選集之屬/斷代

列朝詩集乾集二卷甲集前編十一卷甲集二十二卷乙集八卷丙集十六卷丁集十六卷閏集六卷 （清）錢謙益輯 清順治九年（1652）毛氏刻本 五冊 存二十一卷（列朝詩集乾集上、下，甲集前編一至二、九至十一，甲集一至十、十五至十八）

330000－1705－0021851 朱3451 集部/別集類/清別集

樊榭山房集十卷續集十卷 （清）厲鶚撰 清乾隆四年（1739）武林繡墨齋刻十六年（1751）續刻本 一冊 存十卷（續集一至十）

330000－1705－0021852 朱3808、朱3809 類叢部/叢書類/自著之屬

石遺室叢書十九種 陳衍撰 清光緒至民國刻本 八冊 存三種

330000－1705－0021853 朱3800 集部/總集類/選集之屬/通代

樂府詩集一百卷目錄二卷 （宋）郭茂倩輯 明崇禎虞山毛氏汲古閣刻清康熙毛扆重訂本 八冊 缺五十六卷（四十五至一百）

330000－1705－0021854 朱3807 集部/總集類/郡邑之屬

國朝松江詩鈔六十四卷 （清）姜兆翀輯 清嘉慶十三年（1808）敬和堂刻本 十二冊

330000－1705－0021855 朱3444 集部/別集類/明別集

重刊校正唐荆川先生文集十二卷補遺五卷外集三卷附錄一卷 （明）唐順之撰 清光緒三十年（1904）江南書局刻本 十冊

330000－1705－0021856 朱3384 集部/別集類/清別集

姚鏡塘先生全集十卷 （清）姚學塽撰 清光緒九年（1883）東陽學署尊經閣刻本 一冊 存一卷（竹素齋時文遺稿一）

330000－1705－0021858 朱9649 類叢部/叢書類/自著之屬

戚鶴泉所著書十一種 （清）戚學標撰 清乾隆至嘉慶刻本 四冊 存一種

330000－1705－0021859 朱3385 集部/別集類/明別集

黃漳浦集五十卷首一卷目錄二卷 （明）黃道周撰 （清）陳壽祺重編 漳浦黃先生年譜二卷 （明）莊起儔編 清道光八年至十年（1828－1830）福州陳氏刻本 三十二冊

330000－1705－0021860 朱續0190 子部/叢編

二十五子彙函 （清）鴻文書局編 清光緒三十年（1904）上海育文書局石印本 六冊 存十種

330000－1705－0021861 朱3804 集部/詞類/別集之屬

山中白雲詞八卷附錄一卷玉田先生樂府指迷一卷 （宋）張炎撰 清康熙六十一年（1722）刻本 二冊

330000－1705－0021863 朱3379 類叢部/叢書類/自著之屬

話山草堂遺集二種 （清）沈道寬撰 清光緒三年（1877）潤州権署刻本 七冊

330000－1705－0021864 朱3443 類叢部/叢書類/自著之屬

張楊園先生集十五種 （清）張履祥撰 清同治九年（1870）山東尚志堂刻本 六冊 存十三種

330000－1705－0021866 朱3803 類叢部/叢書類/自著之屬

禮山園全集二十二種 （清）李來章撰 清康熙刻乾隆彙印本 三冊 存一種

330000－1705－0021867 朱3810 集部/別集類/唐五代別集

杜工部集二十卷首一卷 （唐）杜甫撰 （清）盧坤輯評 清道光刻六色套印本 八冊

330000－1705－0021868 朱3428 集部/別集類/清別集

存悔齋集二十八卷外集四卷 （清）劉鳳誥撰 清道光十年至十七年（1830－1837）刻本 八冊

330000－1705－0021869　朱3447　集部/別集類/清別集

二樹今體詩一卷二樹詩畧五卷二樹寫梅歌續編一卷　（清）童鈺撰　清乾隆二十四年(1759)鎮雅堂刻本　一冊　存一卷(二樹今體詩)

330000－1705－0021871　朱3426　集部/戲劇類

小四夢四種　（清）梁廷枏撰　清道光刻本　清徐時棟題記　四冊

330000－1705－0021872　朱3418　集部/別集類/宋別集

寇忠愍集三卷　（宋）寇準撰　清抄本　一冊

330000－1705－0021873　朱4171　集部/別集類/清別集

匏繫齋詩鈔四卷　（清）馮可鏞撰　清光緒二十三年(1897)刻本　二冊

330000－1705－0021874　朱4168　集部/總集類/選集之屬/通代

蕙風叢書七種附一種　況周頤撰　清光緒二十二年(1896)金陵刻二十三年(1897)揚州印本　一冊　存一種

330000－1705－0021875　朱3408　類叢部/叢書類/家集之屬

陳氏叢書十三種　（清）陳濬　（清）陳宸書撰　清嘉慶至同治刻本　三冊　存一種

330000－1705－0021876　朱3791　集部/別集類/清別集

蓮漪詞二卷　（清）鄭由熙撰　清光緒十六年(1890)南昌江右書局刻本　一冊

330000－1705－0021878　朱3801　類叢部/叢書類/自著之屬

梅谷十種書附一種　（清）陸烜撰　清刻彙印本　一冊　存二種

330000－1705－0021879　朱3404　類叢部/叢書類/彙編之屬

蒪園叢書十一種　（清）平步青編　清同治至光緒山陰平氏安越堂刻本　一冊　存一種

330000－1705－0021882　朱續0191　史部/傳記類/總傳之屬/忠孝

孝弟圖說二卷　（清）李文耕輯　清同治十三年(1874)武林有容齋刻本　一冊　存一卷(二)

330000－1705－0021883　朱3760　集部/總集類/選集之屬/通代

古文賦鈔不分卷　清抄本　一冊

330000－1705－0021884　朱8173　集部/總集類/選集之屬/斷代

元詩選初集一百十四卷二集一百三卷三集一百三卷首一卷　（清）顧嗣立集　清康熙三十三年(1694)顧氏秀野草堂刻本　一冊　存十種

330000－1705－0021885　朱4129　集部/別集類/清別集

炳燭齋詩草一卷拾遺一卷附錄一卷　（清）王樂雕撰　（清）王樂胥輯　清同治八年(1869)黃巖王氏木活字印本　一冊

330000－1705－0021886　朱3789　集部/詞類/別集之屬

映盦詞三卷　夏敬觀撰　清光緒三十三年(1907)新建夏氏寫刻本　一冊

330000－1705－0021887　朱3393　集部/詞類/總集之屬

絕妙近詞續選不分卷　清抄本　一冊

330000－1705－0021888　朱4134　集部/詞類/類編之屬

天籟軒五種　（清）葉申薌撰　清道光閩中葉氏天籟軒刻本　二冊　存一種

330000－1705－0021889　朱3759　集部/別集類/元別集

柯敬仲詩集不分卷　（元）柯敬仲撰　抄本　一冊

330000－1705－0021890　朱3798　集部/詞類/別集之屬

水雲樓詞續一卷　（清）蔣莘霖撰　清光緒二年(1876)嚴州刻本　一冊

330000－1705－0021891　朱4161　集部/詞類/別集之屬

心盦詞存四卷　(清)何兆瀛撰　清同治十二年(1873)江寧何氏武林刻本　二冊

330000－1705－0021892　朱3391　集部/別集類/清別集

桐野詩集四卷　(清)周起渭撰　清咸豐二年(1852)陳氏世恩堂刻本　二冊

330000－1705－0021893　朱3787　集部/別集類/清別集

賦山堂詞二卷　(清)孫仁淵撰　清咸豐刻本　一冊

330000－1705－0021894　朱3758－2　集部/別集類/清別集

白華堂詩不分卷　(清)王焯撰　清乾隆稿本　一冊

330000－1705－0021895　朱續0192　子部/叢編

二十二子(二十二子彙函)　(清)浙江書局編　清光緒元年至三年(1875－1877)浙江書局刻本　一冊　存一種

330000－1705－0021896　朱4130　集部/詞類/別集之屬

濯絳宧存彙一卷　劉毓盤撰　清宣統元年(1909)刻本　一冊

330000－1705－0021897　朱3797　集部/別集類/清別集

寄青齋詩稿一卷詞稿一卷　(清)徐虔復撰
綠雲館吟草一卷賦鈔一卷　(清)程芙亭撰　清光緒十三年(1887)徐煥章留餘堂刻本　一冊　缺一卷(詩稿)

330000－1705－0021898　朱3388　集部/別集類/清別集

國朝杭郡詩續輯不分卷　(清)吳振棫輯　清抄本　三冊

330000－1705－0021899　朱4128　史部/史評類/詠史之屬

桐華舸明季詠史詩鈔一卷　(清)鮑瑞駿撰

清同治三年(1864)刻本　一冊

330000－1705－0021901　朱4127　集部/詞類/別集之屬

憶雲詞甲稾一卷乙稾一卷丙稾一卷丁稾一卷刪存一卷補遺一卷　(清)項廷紀撰　清光緒刻本　朱鼎煦題記　一冊　存二卷(甲稾、乙稾)

330000－1705－0021902　朱3786、朱4162　集部/詞類/別集之屬

水雲欸乃一卷泥爪詞一卷竹窗秋籟一卷悔餘詞一卷雙紅豆詞二卷　(清)周天麟撰　**月樓琴語一卷**　(明)蕭恒貞撰　清光緒十七年(1891)石印本　二冊　缺二卷(雙紅豆詞一至二)

330000－1705－0021903　朱3454　集部/別集類/清別集

三魚堂文集十二卷外集六卷文集附錄一卷全集附錄一卷　(清)陸隴其撰　清嘉慶至道光老掃葉山房刻本　八冊

330000－1705－0021904　朱4124　集部/詞類/別集之屬

湘綺樓詞鈔一卷詞選前編一卷續編一卷本編一卷　王闓運撰　清光緒二十七年(1901)湘東刻本　一冊　缺一卷(詞鈔)

330000－1705－0021905　朱4157　類叢部/叢書類/彙編之屬

榆園叢刻十五種附一種　(清)許增編　清同治至光緒刻本　一冊　存二種

330000－1705－0021906　朱續0194　子部/儒家類/儒學之屬/蒙學

發蒙針度初集四卷補編一卷　(清)王惟梅編　(清)朱惟寅等㕘訂　清同治八年(1869)味蘭軒刻本　四冊

330000－1705－0021907　朱3796　集部/詞類/別集之屬

慈暉館詞草一卷　(清)阮恩灤撰　清光緒元年(1875)沈芷漵刻本　一冊

330000－1705－0021908　朱續0195　子部/

兵家類/操練之屬

草廬經畧十二卷 （明）□□撰　清光緒山西同文正記書局石印本　四冊

330000－1705－0021909　朱3785　集部/詞類/別集之屬

笙月詞五卷花影詞一卷 （清）王詒壽撰　清同治十一年（1872）刻榆園叢刻本　清毛宗藩題記　一冊

330000－1705－0021910　朱3459　集部/別集類/清別集

白華山人詩集十六卷詩說二卷 （清）厲志撰　清道光十六年（1836）刻本　一冊

330000－1705－0021911　朱3758－1　集部/別集類/清別集

白華亭集□□卷 （清）王焯撰　清乾隆稿本　一冊　存二卷（四、六）

330000－1705－0021912　朱續0207　子部/醫家類/方書之屬/單方驗方

驗方新編十八卷首一卷 （清）鮑相璈輯　清光緒三十年（1904）上海洽記書局石印本　一冊

330000－1705－0021913　朱續0197　類叢部/叢書類/彙編之屬

士禮居叢書二十種 （清）黃丕烈編　清嘉慶至道光黃氏士禮居刻本　一冊　存一種

330000－1705－0021915　朱3795　集部/別集類/清別集

西驛詞草一卷 清抄本　一冊

330000－1705－0021916　朱3456　集部/總集類/郡邑之屬

蛟川耆舊詩六卷 （清）張本均輯　**續集二卷** （清）張錫申輯　清咸豐七年（1857）刻本　四冊

330000－1705－0021918　朱3758－3　集部/別集類/清別集

白華堂詩稿一卷 （清）王焯撰　（清）王堃編　清王堃稿本　一冊

330000－1705－0021922　朱續0198　類叢部/叢書類/彙編之屬

十萬卷樓叢書五十一種 （清）陸心源編　清光緒歸安陸氏刻本　一冊　存一種

330000－1705－0021923　朱3783　集部/曲類/散曲之屬

秋水庵花影集五卷 （明）施紹莘撰　明末刻本　三冊

330000－1705－0021924　朱3758　集部/別集類/清別集

白華堂集五卷 （清）王焯撰　稿本　一冊

330000－1705－0021925　朱4236　集部/總集類/選集之屬/通代

御定歷代題畫詩類一百二十卷 （清）陳邦彥輯　清康熙四十六年（1707）內府刻本　三十二冊

330000－1705－0021926　朱3793　集部/曲類/曲藝之屬

梨園集成不分卷 （清）李世忠編　清光緒六年（1880）刻本　二十冊

330000－1705－0021927　朱4232　集部/小說類/短篇之屬

幽怪詩譚六卷 （明）碧山臥樵輯　清抄本　二冊

330000－1705－0021928　朱9172　集部/別集類/清別集

寄龕文存四卷 （清）孫德祖撰　清光緒十年（1884）鄞縣翰墨林刻十五年（1889）山陰許方齋重修本　四冊

330000－1705－0021929　朱3780　集部/詞類/詞話之屬

周氏止庵詞辨二卷 （清）周濟撰　（清）譚獻評　**周氏止荨介存齋論詞雜箸一卷** （清）周濟撰　清光緒徐珂、三多、趙逢年刻本　朱鼎煦題記　一冊

330000－1705－0021930　朱續0201　子部/叢編

二十二子（二十二子彙函） （清）浙江書局編

清光緒元年至三年（1875－1877）浙江書局刻本　九冊　存一種

330000－1705－0021931　朱3757　集部/別集類/清別集

吉羊館詞鈔一卷　（清）王陶撰　清嘉慶稿本　二冊

330000－1705－0021933　朱4219　集部/別集類/清別集

笙華唫館詩集不分卷　清抄本　一冊

330000－1705－0021934　朱4178　類叢部/叢書類/彙編之屬

曼陀羅華閣叢書十六種　（清）杜文瀾編　清咸豐十一年（1861）曼陀羅花閣刻本　一冊　存一種

330000－1705－0021935　朱3782　集部/戲劇類/傳奇之屬

燕山桂傳奇四卷迎鑾曲一卷　（清）金尚濂撰　清抄本　一冊

330000－1705－0021937　朱續0214　子部/醫家類/類編之屬

徐氏醫書八種　（清）徐大椿撰　清光緒十九年（1893）上海圖書集成印書局鉛印本　八冊

330000－1705－0021938　朱4234　集部/別集類/明別集

世澤編文部九卷　（明）羅萬化撰　抄本　一冊　存一卷（一）

330000－1705－0021939　朱3755　集部/別集類/宋別集

陵陽先生集二十四卷　（宋）牟巘撰　清抄本　一冊　存三卷（二十二至二十四）

330000－1705－0021940　朱續0199　子部/醫家類/類編之屬

中西醫粹四種　（清）羅定昌撰　清光緒上海千頃堂書局石印本　三冊　存一種

330000－1705－0021941　朱續0205　子部/醫家類/方書之屬/單方驗方

驗方新編十六卷　（清）鮑相璈輯　清道光二

十九年（1849）海山仙館刻本　八冊

330000－1705－0021943　朱3778　集部/別集類/清別集

恥白集一卷附一卷　（清）周光祖撰　清光緒五年（1879）古虞連氏刻本　一冊

330000－1705－0021944　朱3754　集部/別集類/清別集

竹韻軒詩草不分卷　清抄本　二冊

330000－1705－0021945　朱4214　類叢部/叢書類/彙編之屬

懺花盦叢書三十種　（清）宋澤元編　清光緒山陰宋氏刻十三年（1887）彙印本　六冊　存一種

330000－1705－0021947　朱續0202　類叢部/叢書類/郡邑之屬

湖州叢書十二種　（清）陸心源編　清光緒湖城義塾刻本　一冊　存一種三卷（娛親雅言一至三）

330000－1705－0021949　朱續0211　子部/醫家類/婦科之屬/通論

濟陰綱目十四卷　（明）武之望撰　（清）汪淇箋釋　**保生碎事一卷**　（清）汪淇輯　清刻本　十冊

330000－1705－0021950　朱3753　集部/別集類/明別集

梅園集不分卷　（明）沈一中撰　清抄本　清王家振題記　一冊

330000－1705－0021952　朱4144　集部/別集類/清別集

孟塗先生遺集二卷　（清）劉開撰　清光緒十二年（1886）王錫元刻本　一冊

330000－1705－0021953　朱4122　集部/別集類/唐五代別集

杜工部集二十卷　（唐）杜甫撰　（清）錢謙益箋註　**唱酬題詠附錄一卷附錄一卷諸家詩話一卷年譜一卷**　清康熙六年（1667）泰興季振宜靜思堂刻本　一冊　存六卷（十五至二十）

330000 - 1705 - 0021954　朱續 0236　史部/
政書類/通制之屬

石渠餘紀六卷　（清）王慶雲撰　清光緒十六
年（1890）刻本　四冊　存四卷（一、四至六）

330000 - 1705 - 0021955　朱 3751　集部/別
集類/清別集

鴻遠書屋文稿　（清）陳勱撰　稿本　一冊

330000 - 1705 - 0021956　朱 0637　史部/地
理類

李氏五種　（清）李兆洛撰　清同治九年至十
一年（1870 - 1872）合肥李鴻章刻本　八冊
存二種

330000 - 1705 - 0021957　朱 3772　集部/詞
類/別集之屬

種芸僊館詞三種　（清）馮登府撰　清道光十
三年（1833）刻本　一冊　存二種

330000 - 1705 - 0021958　朱 3748　集部/詞
類/別集之屬

憶雲詞甲稾一卷乙稾一卷丙稾一卷丁稾一卷
　（清）項廷紀撰　清道光武林鴻文齋姚氏刻
本　清泉唐蔭軒主人、水石間心題記　一冊
　存一卷（甲稾）

330000 - 1705 - 0021959　朱續 0200　子部/
醫家類/醫經之屬/內經

黃帝內經節次二十四卷　清抄本　二冊　存
二十卷（一至二十）

330000 - 1705 - 0021960　朱 3772 - 1　集部/
總集類/選集之屬/通代

**香奩詩泐二卷奩詩泐補四卷奩製續泐五卷奩
泐續補三卷**　（清）范端昂撰　清雍正鳳鳴軒
刻本　一冊　存一卷（奩泐續補二）

330000 - 1705 - 0021963　朱 3747　集部/詞
類/別集之屬

鶴緣詞一卷　（清）呂耀斗撰　清光緒二十六
年（1900）呂氏敬止堂刻本　馮开、朱鼎煦題
記　一冊

330000 - 1705 - 0021964　朱 3747 - 1　集部/
詞類/別集之屬

鶴緣詞一卷　（清）呂耀斗撰　清光緒二十六
年（1900）呂氏敬止堂刻本　馮开題記　一冊

330000 - 1705 - 0021965　朱續 0231　子部/
藝術類/書畫之屬

四銅鼓齋論畫集刻　（清）張祥河輯　清道光
二十六年（1846）華亭張氏刻本　一冊　存
二種

330000 - 1705 - 0021966　朱 3745　集部/別
集類/清別集

韓江櫂歌一卷　（清）樂鈞撰　清嘉慶六年
（1801）自刻本　一冊

330000 - 1705 - 0021967　朱 0913　史部/地
理類/雜志之屬

浙江全省輿圖並水陸道里記不分卷　（清）宗
源瀚等纂　清光緒二十年（1894）石印本　十
一冊

330000 - 1705 - 0021968　朱續 0232　子部/
藝術類/書畫之屬/法帖

欽定重刻淳化閣帖十卷　（清）吳省蘭輯　清
乾隆三十八年（1773）刻本　二冊

330000 - 1705 - 0021969　朱 4156　類叢部/
叢書類/自著之屬

隨盦所著書四種　徐乃昌撰　清光緒刻民國
四年（1915）南陵徐氏積學齋彙印本　一冊
存一種

330000 - 1705 - 0021970　朱 3771　集部/詞
類/總集之屬

詞選二卷　（清）張惠言輯　**附錄一卷**　（清）
鄭善長輯　**續詞選二卷**　（清）董毅輯　清同
治六年（1867）刻本　一冊

330000 - 1705 - 0021971　朱 0561　史部/地
理類/雜志之屬

吳興合璧四卷首一卷　（清）陳文煜撰　清光
緒四年（1878）聚珍齋木活字印本　二冊

330000 - 1705 - 0021972　朱續 0222　類叢
部/叢書類/郡邑之屬

酌古準今　清道光至光緒刻本　一冊　存
一種

330000 – 1705 – 0021973　朱 4121　集部/別集類/清別集

隅園詩存二卷　（清）裴日和撰　清嘉慶二十五年(1820)木活字印本　一冊　存一卷(下)

330000 – 1705 – 0021974　朱 4156 – 1　類叢部/叢書類/自著之屬

隨盦所著書四種　徐乃昌撰　清光緒刻民國四年(1915)南陵徐氏積學齋彙印本　一冊　存一種

330000 – 1705 – 0021977　朱 4120　集部/別集類/清別集

永思集二卷　（清）包仁義撰　清道光十九年至二十年(1839 – 1840)包氏矢志堂刻本　一冊

330000 – 1705 – 0021978　朱 4208　集部/詞類/總集之屬

徐氏一家詞　徐琪編　清光緒三十四年(1908)刻本　一冊　存一種

330000 – 1705 – 0021979　朱 3746　集部/別集類/清別集

曝書亭詩錄箋注十二卷　（清）朱彝尊撰　（清）江浩然箋注　清乾隆惇裕堂刻本　二冊

330000 – 1705 – 0021980　朱 4230　集部/別集類/清別集

懷清堂集二十卷　（清）湯右曾撰　清乾隆七年(1742)王氏刻本　三冊　存十五卷(一至十五)

330000 – 1705 – 0021984　朱 4207　類叢部/叢書類/彙編之屬

滂喜齋叢書五十種　（清）潘祖蔭編　清同治至光緒吳縣潘氏京師刻本　一冊　存一種

330000 – 1705 – 0021986　朱 4200　集部/別集類/明別集

寄菴詩存四卷　（明）韓洽撰　清道光二十年(1840)韓崇刻本　一冊

330000 – 1705 – 0021987　朱 3766　集部/詞類/類編之屬

明湖四客詞鈔四卷　（清）趙國華編　清同治

刻本　朱鼎煦、粹白主人題記　一冊

330000 – 1705 – 0021988　朱 4160　集部/戲劇類/傳奇之屬

旗亭記二卷三十六齣　（清）金兆燕撰　清乾隆二十四年(1759)刻本　一冊

330000 – 1705 – 0021990　朱 4206　集部/總集類/課藝之屬

試帖詩課合存九卷　（清）吳錫麒等撰　清嘉慶五年(1800)刻本　一冊

330000 – 1705 – 0021992　朱 4202　集部/別集類/清別集

長吟閣詩集八卷　（清）黃子雲撰　清乾隆十八年(1753)刻本　七冊　存七卷(四至十)

330000 – 1705 – 0021993　朱 4205　集部/詞類/詞韻之屬

詞林正韻三卷發凡一卷　（清）戈載撰　清同治十二年(1873)刻本　四冊

330000 – 1705 – 0021996　朱續 0208　子部/醫家類/類編之屬

古今醫統正脉全書四十四種　（明）王肯堂編　明萬曆二十九年(1601)新安吳勉學刻本　二冊　存一種

330000 – 1705 – 0021998　朱續 0209　子部/醫家類/方書之屬/單方驗方

串雅內編四卷　（清）趙學敏輯　清光緒十四年(1888)榆園刻本　一冊　存二卷(三至四)

330000 – 1705 – 0021999　朱 4181　集部/別集類/清別集

香樹齋詩續集十二卷　（清）錢陳羣撰　清乾隆二十四年(1759)刻本　四冊

330000 – 1705 – 0022000　朱 7513　史部/地理類/方志之屬/郡縣志

[嘉慶]蛤仔難記畧不分卷　（清）謝金鑾撰　清刻本　二冊

330000 – 1705 – 0022002　朱續 0384　集部/別集類/清別集

李生香遺著不分卷　（清）李生香撰　清抄本

一册

330000－1705－0022004　朱 4213　集部/别集類/清别集

姚鏡塘先生全集十卷　（清）姚學塽撰　清道光七年（1827）竹素齋刻本　五册　缺一卷（竹素齋時文一）

330000－1705－0022006　朱續 0375　集部/别集類/明别集

辟塵集四卷小物二卷四課四卷雙素影二卷附錄一卷潞草一卷舲草一卷臺宕游一卷再來草一卷三全韻三卷　（明）陸寶撰　明崇禎刻本　一册　存一卷（辟塵集比竹卷）

330000－1705－0022008　朱續 0265　史部/史評類/史論之屬

千百年眼十二卷　（明）張燧撰　清光緒十四年（1888）四明王氏日本東京銅板縮刻本　二册

330000－1705－0022009　朱續 0210　子部/醫家類/眼科之屬

銀海精微四卷　題（唐）孫思邈撰　清刻本　二册

330000－1705－0022010　朱 7113　史部/地理類/雜志之屬

西石城風俗一卷　陳慶年輯　清光緒三十四年（1908）鉛印本　一册

330000－1705－0022011　朱 4149　類叢部/叢書類/彙編之屬

宋劉須溪先生較書九種附一種　（宋）劉辰翁評　（明）楊人駒編　明天啟四年（1624）楊人駒刻本　一册　存一種

330000－1705－0022012　朱 4142　集部/詞類/别集之屬

新樂府詞一卷　（清）萬斯同撰　清同治八年（1869）刻本　一册

330000－1705－0022013　朱 6595　史部/地理類/總志之屬/斷代

漢書地理志稽疑六卷　（清）全祖望撰　清嘉慶九年（1804）朱文翰行誼草堂刻本　一册

330000－1705－0022014　朱續 0376　集部/别集類/清别集

養拙齋詩十四卷　（清）王必達撰　桂隱詩存一卷　（清）王必蕃撰　清光緒十六年至十九年（1890－1893）王維翰等刻本　朱鼎煦題記　一册　存六卷（十至十四、桂隱詩存）

330000－1705－0022015　朱 3794　集部/别集類/清别集

煙波漁唱四卷　（清）張應昌撰　聞妙香室詞一卷　（清）陸珊撰　青藜精舍詩鈔一卷　（清）張應鼎撰　話雨齋詩鈔一卷　（清）張興仁撰　清道光二十四年（1844）刻本　三册

330000－1705－0022017　朱 5700　史部/地理類/叢編之屬

域外叢書九種　（清）王蘊香輯　清道光二十二年（1842）靜觀齋刻本　朱鼎煦題記　一册　存四種

330000－1705－0022018　朱續 0377　集部/别集類/清别集

受祺堂詩三十五卷　（清）李因篤撰　清康熙三十八年（1699）田少華粵東刻本　一册　存一卷（詩目序跋）

330000－1705－0022019　朱 3794－1　集部/詞類/别集之屬

煙波漁唱一卷續鈔一卷又續一卷附鈔一卷　（清）張應昌撰　清道光二十四年（1844）刻本　一册

330000－1705－0022020　朱 4135　集部/别集類/清别集

蔗尾詩集十五卷　（清）鄭方坤撰　清乾隆元年（1736）刻十八年（1753）杞菊軒增修本　一册　存二卷（十四至十五）

330000－1705－0022021　朱 4123　集部/詞類/别集之屬

雲起軒詞鈔一卷　（清）文廷式撰　清光緒三十三年（1907）南陵徐氏刻本　朱鼎煦題記　一册

330000－1705－0022022　朱續 0206　子部/

醫家類/方書之屬/單方驗方

驗方新編十六卷 （清）鮑相璈輯 **痧症全書三卷** （清）王凱編輯 **咽喉秘集二卷** （清）海山仙館輯 清光緒石印本 一冊 存三卷（首、咽喉秘集一至二）

330000－1705－0022023 朱續0266 史部/政書類

校邠廬抗議二卷 （清）馮桂芬撰 清光緒二十四年(1898)上海書局石印本 二冊

330000－1705－0022024 朱續0230 子部/藝術類/書畫之屬/總論

清河書畫舫十二卷鑒古百一詩一卷 （明）張丑輯 清乾隆二十八年(1763)仁和吳氏池北草堂刻本 一冊 存一卷(一)

330000－1705－0022025 朱續0267 子部/雜著類/雜說之屬

冷廬雜識八卷 （清）陸以湉撰 清咸豐六年(1856)刻麟玉山房印本 八冊

330000－1705－0022026 朱3876 類叢部/叢書類/自著之屬

箋經室叢書三種 曹元忠撰輯 清光緒十九年至二十七年(1893－1901)曹氏箋經室刻本 一冊 存一種

330000－1705－0022027 朱續0268 子部/小說家類/雜事之屬

庸盦筆記六卷 （清）薛福成撰 清光緒二十三年(1897)蕭山陳氏遺經樓刻本 五冊 存五卷(二至六)

330000－1705－0022028 朱續0378 集部/別集類/清別集

鶴巢詩存一卷 （清）顧淳慶撰 **行述一卷 介卿遺艸一卷** （清）顧家樹撰 清光緒十二年(1886)顧家相刻本 一冊 缺一卷(行述)

330000－1705－0022030 朱2193 類叢部/叢書類/自著之屬

所願學齋書鈔四種附一種 （清）沈夢蘭撰 清光緒八年(1882)刻本 一冊 存一種

330000－1705－0022031 朱2066 史部/政

書類/邦計之屬/賦稅

餘姚縣賦役書不分卷 清刻本 一冊

330000－1705－0022032 朱續0379 集部/別集類/清別集

赤堇遺稿六卷 （清）葉元堦撰 （清）厲志編 清道光二十五年(1845)退一居刻本 二冊

330000－1705－0022033 朱4172 集部/別集類/清別集

素庵吟稿二卷 （清）鄔熊卜撰 清嘉慶八年(1803)雙桂書屋刻本 一冊

330000－1705－0022034 朱續0220 子部/天文曆算類/曆法之屬

[清光緒元年至十三年]御定七政四餘萬年歷不分卷 清光緒刻本 一冊

330000－1705－0022035 朱4163 類叢部/叢書類/彙編之屬

宛鄰書屋叢書十三種 （清）張琦編 清道光十年至十二年(1830－1832)張氏宛鄰書屋刻本 一冊 存四種

330000－1705－0022037 朱2182 史部/地理類/雜志之屬

三省入藏程站紀一卷 （清）范壽金撰 清光緒三十三年(1907)石印本 一冊

330000－1705－0022038 朱續0380 集部/別集類/清別集

聽篁閣存草三卷 （清）洪暉堂撰 清抄本（卷前洪孺人傳爲清陳勘手稿） 朱鼎煦題記 一冊

330000－1705－0022039 朱續0270 類叢部/叢書類/自著之屬

今白華堂集六種附一種 （清）童槐撰 清同治刻本 一冊 存一種

330000－1705－0022040 朱4155 集部/別集類/清別集

一枝山房詩鈔一卷文鈔一卷 華庭詩鈔一卷賦鈔一卷夏蟲自語一卷 （清）楊三鼎撰 （清）楊德榮撰 清光緒七年(1881)會稽楊德熙刻本 一冊

330000－1705－0022041　朱續 0271　子部/雜著類/雜纂之屬

物理小識十二卷首一卷　（清）方以智撰　清康熙三年（1664）于藻刻本　二冊　存七卷（六至十二）

330000－1705－0022042　朱續 0381　集部/別集類/清別集

眉閣詩草五卷　（清）張烜撰　清抄本　一冊

330000－1705－0022043　朱續 0600　集部/小說類/長篇之屬

說唐前傳十卷六十八回說唐小英雄傳二卷十六回說唐薛家府傳六卷四十二回　（清）如蓮居士撰　清漁古山房刻本　八冊　缺十卷（說唐前傳一至十）

330000－1705－0022044　朱 1117　史部/地理類/雜志之屬

句章摭逸十卷句章土物志一卷　稿本　四冊

330000－1705－0022045　朱續 0382　集部/別集類/明別集

悟香集三十卷　（明）陸寶撰　清刻本　三冊　存十四卷（十一至十四、十六至二十、二十二至二十六）

330000－1705－0022046　朱續 0229　子部/藝術類/書畫之屬/總論

江邨銷夏錄三卷　（清）高士奇撰　清康熙三十二年（1693）刻本　二冊　缺一卷（二）

330000－1705－0022047　朱續 0325、朱續 0324　子部/雜著類/雜纂之屬

清異錄二卷　（宋）陶穀撰　**表異錄二十卷**（明）王志堅輯　清康熙四十七年（1708）鹽官陳世修漱六閣刻乾隆最宜草堂印本　二冊　存十三卷（清異錄一、表異錄九至二十）

330000－1705－0022048　朱續 0602　集部/小說類/長篇之屬

後續大宋楊家將文武曲星包公狄青初傳十四卷六十八回　（清）李雨堂撰　清光緒四年（1878）羊城長慶堂刻本　一冊　存二卷（一至二）

330000－1705－0022049　朱 4194　集部/別集類/清別集

空石齋文集二卷　（清）汪國撰　清嘉慶十二年（1807）四明少白山房刻本　一冊

330000－1705－0022050　朱續 0383　集部/別集類

容膝軒文稿八卷　王榮商撰　清光緒二十一年至三十四年（1895－1908）刻本　朱鼎煦題記　一冊　存四卷（一至四）

330000－1705－0022051　朱續 0603　集部/小說類/長篇之屬

繪圖增像第五才子書水滸全傳七十回　（元）施耐庵撰　（清）金人瑞評　清光緒十四年（1888）石印本　十二冊

330000－1705－0022052　朱 1006　史部/政書類

宋州從政錄不分卷　（清）王鳳生撰　清道光六年（1826）刻本　一冊

330000－1705－0022055　朱 4182、朱 2188　集部/總集類/彙編之屬

秦漢提要一卷漢文提要一卷漢堂晉提要一卷柳州一卷可之一卷習之一卷五代史提要一卷朱子提要三卷　（清）紫溪選輯　清抄本　九冊

330000－1705－0022056　朱 4203　集部/詞類/別集之屬

留雲借月盦詞八卷　（清）劉炳照撰　清光緒十九年（1893）刻本　二冊

330000－1705－0022057　朱 4204　集部/詞類/別集之屬

知止堂詞錄三卷　（清）朱綬撰　清光緒二十年（1894）湖南思賢書局刻本　一冊

330000－1705－0022059　朱續 0360　集部/別集類/清別集

月船居士詩稿四卷首一卷末一卷　（清）盧鎬撰　清刻本　二冊

330000－1705－0022061　朱續 0429　集部/總集類/彙編之屬

五朝詩別裁集　（清）□□輯　清小酉山房刻本　十四冊　存三種

330000－1705－0022063　朱續0538　集部/曲類/散曲之屬

太霞新奏十四卷　（明）馮夢龍輯　清影印本　六冊

330000－1705－0022064　朱4189　集部/總集類/尺牘之屬

賴古堂名賢尺牘新鈔十二卷二選藏弆集十六卷三選結隣集十六卷　（清）周在浚　（清）周在梁　（清）周在延輯　清康熙周氏賴古堂刻本　三冊　存六卷（二選藏弆集二至五、十五至十六）

330000－1705－0022065　朱續0362　史部/傳記類/別傳之屬/事狀

傅母陳老孺人七旬壽文一卷壽詩一卷　（清）傅光焜輯　清刻本　一冊

330000－1705－0022067　朱續0363　集部/別集類/清別集

存存堂詩草十卷　（清）沈楫撰　清嘉慶刻本　二冊

330000－1705－0022069　朱續0426　集部/總集類/選集之屬/斷代

全唐詩三十二卷　（清）曹寅等輯　清光緒十三年（1887）上海同文書局石印本　二十六冊

330000－1705－0022070　朱續0361　集部/別集類

自怡軒吟草不分卷　陳長齡撰　抄本　一冊

330000－1705－0022071　朱3094　集部/別集類/清別集

味閒吟草一卷遊杭百咏一卷　（清）邱慶鑾撰　清嘉慶五年（1800）惇敘堂刻本　一冊

330000－1705－0022072　朱3432　類叢部/叢書類/自著之屬

藤花亭十七種　（清）梁廷枏撰　清道光八年至十三年（1828－1833）刻本　二冊　存一種

330000－1705－0022073　朱4150　集部/別

集類/明別集

渭厓文集十卷　（明）霍韜撰　附年譜八卷　（明）霍韜編　明萬曆四年（1576）霍與瑕刻本　一冊　存一卷（文集六）

330000－1705－0022075　朱續0432　集部/總集類/選集之屬/斷代

皇朝經世文三編八十卷　（清）陳忠倚輯　清光緒二十七年（1901）上海書局石印本　十六冊

330000－1705－0022076　朱4196　集部/總集類/選集之屬/通代

新刻五倫詩選一卷　（明）李攀龍輯　新刻胡曾詠史詩一卷　（明）胡文煥注　明刻本　一冊

330000－1705－0022077　朱2612　集部/別集類/清別集

仰蕭樓文集一卷國朝經學名儒記一卷　（清）張星鑑撰　清光緒石印本　一冊　存一卷（國朝經學名儒記）

330000－1705－0022079　朱續0607　集部/小說類/短篇之屬

後聊齋志異圖說十二卷　（清）王韜撰　清光緒十三年（1887）大同局石印本　十一冊

330000－1705－0022080　朱續0219　子部/天文曆算類/曆法之屬

[清嘉慶元年至同治十三年]欽定七政四餘萬年書不分卷　清同治刻本　二冊

330000－1705－0022081　朱2611　史部/傳記類/總傳之屬/儒林

國朝漢學師承記八卷國朝經師經義目錄一卷國朝宋學淵源記二卷附記一卷　（清）江藩撰　清光緒十三年（1887）萬卷書室刻本　四冊

330000－1705－0022082　朱地0566　史部/地理類/雜志之屬

外藩紀略□□卷新疆紀略□□卷新疆道里表□□卷投誠紀略□□卷叛亡紀略□□卷回疆風土記□□卷　（清）椿園氏撰　清刻本　一冊　存六卷（外藩紀略上、新疆紀略上、新疆

道里表下、投誠紀略下、叛亡紀略下、回疆風土記下)

330000－1705－0022083　朱續 0332　類叢部/叢書類/自著之屬

琴志樓叢書　易順鼎撰　清光緒刻本　一冊　存一種

330000－1705－0022085　朱續 0608　集部/小說類/長篇之屬

紅樓夢廣義二卷　(清)青山山農撰　清光緒二十八年(1902)味青齋刻本　一冊　存一卷(上)

330000－1705－0022087　朱續 0226　子部/術數類/占卜之屬

靈棋經二卷　(晉)顏幼明　(南朝宋)何承天　(元)陳師凱　(明)劉基注解　清光緒三十年(1904)抄本　清羅式如批並跋　清羅宸藩題記　一冊　存一卷(上)

330000－1705－0022088　朱續 0364　集部/別集類/明別集

震川先生集三十卷別集十卷附錄一卷補編一卷　(明)歸有光撰　(清)歸莊校勘　(清)錢謙益選定　(清)歸玠編輯　清康熙十年至十四年(1671－1675)常熟歸莊、歸玠等刻本　一冊　存六卷(十五至二十)

330000－1705－0022089　朱續 0420　集部/總集類/選集之屬/通代

經史百家雜鈔二十六卷　(清)曾國藩輯　清光緒三十二年(1906)上海商務印書館鉛印本　十二冊

330000－1705－0022090　朱續 0499　集部/總集類/選集之屬/通代

古文八法百篇八卷　(清)李扶九輯　清光緒二十九年(1903)石印本　二冊

330000－1705－0022091　朱續 0500　集部/總集類/選集之屬/通代

謝疊山先生文章軌範七卷　(宋)謝枋得輯　清光緒二十四年(1898)上海三洋涇橋緯文閣書莊石印本　四冊

330000－1705－0022092　朱續 0433　集部/總集類/選集之屬/通代

六朝唐賦讀本不分卷　(清)馬傳庚選注　清光緒十三年(1887)蜚英館石印本　七冊

330000－1705－0022094　朱續 0334　史部/傳記類/科舉錄之屬/總錄

國初迄今歷科三鼎甲及會試傳姓名籍貫字號備錄不分卷　清抄本　一冊

330000－1705－0022095　朱續 0511　集部/詞類/類編之屬

四印齋所刻詞三十一種　(清)王鵬運編　清末影印光緒十九年(1893)臨桂王氏四印齋本　十六冊　存二十一種

330000－1705－0022097　朱續 0272　子部/雜著類/雜說之屬

四奇合璧四卷　(清)花下解人撰　清光緒八年(1882)上海王氏刻本　一冊

330000－1705－0022099　朱續 0506　集部/詩文評類/文法之屬/文法

學詩法程　(清)王祖源輯　清光緒九年(1883)天壤閣石印本　朱鼎煦題記　一冊　存三種

330000－1705－0022100　朱續 0609　集部/小說類/短篇之屬

詳註聊齋志異圖詠十六卷首一卷　(清)蒲松齡撰　(清)呂湛恩注　(清)徐潤編　清光緒十二年(1886)上海同文書局石印本　一冊　缺十四卷(三至十六)

330000－1705－0022102　朱續 0276　集部/別集類/清別集

夢櫺軒雜著六卷　(清)李濱撰　清光緒八年(1882)瑞安督捕廳刻本　一冊　存二卷(詩槀一至二)

330000－1705－0022103　朱續 0611　新學/雜著/小說

巴黎茶花女遺事一卷　(法國)小仲馬撰　(清)曉齋主人口述　林紓筆授　清光緒二十五年(1899)素隱書屋鉛印本　一冊

330000 – 1705 – 0022104　朱 2616　子部/雜
家類

白虎通德論四卷　（漢）班固撰　明末刻本
一冊

330000 – 1705 – 0022105　朱續 0610　集部/
小說類/長篇之屬

花月痕全書十六卷五十二回　（清）魏秀仁撰
（清）棲霞居士評　清光緒著易堂鉛印本
一冊　存三卷（一至三）

330000 – 1705 – 0022106　朱 4183　集部/總
集類/選集之屬/通代

**文體明辯六十一卷首一卷目錄六卷附錄十四
卷附錄目錄二卷**　（明）徐師曾輯　明萬曆十
九年（1591）吳江趙夢麟刻本　五冊　存十七
卷（四十四至四十六、五十至五十二、三十一
至三十三、二十二至二十四、四十七至四十
九、十至十一）

330000 – 1705 – 0022108　朱續 0431　子部/
儒家類/儒學之屬/經濟

皇朝經世文續編一百二十卷　（清）葛士濬輯
清光緒二十四年（1898）上海宏文閣鉛印本
二十四冊

330000 – 1705 – 0022109　朱續 0368　集部/
別集類/清別集

春酒堂集不分卷　（清）周容撰　清抄本
二冊

330000 – 1705 – 0022111　朱續 0275　類叢
部/叢書類/彙編之屬

函海一百六十種　（清）李調元編　清光緒七
年至八年（1881 – 1882）廣漢鍾登甲樂道齋刻
本　二冊　存一種

330000 – 1705 – 0022113　朱續 0430　集部/
總集類/選集之屬/斷代

**皇朝經世文編一百二十卷姓名總目二卷生存
姓名一卷**　（清）賀長齡輯　清道光七年
（1827）刻本　清徐時棟題記　一冊　存三卷
（姓名總目一至二、生存姓名）

330000 – 1705 – 0022114　朱續 0512　集部/

詞類/類編之屬

侯鯖詞五種　（清）吳唐林編　清光緒十一年
（1885）杭州吳氏刻本　二冊

330000 – 1705 – 0022115　朱 9781　集部/總
集類/選集之屬/通代

佩文齋詠物詩選四百八十六卷　（清）汪霦等
輯　清康熙四十六年（1707）內府刻本　六十
二冊

330000 – 1705 – 0022117　朱續 0365　集部/
別集類/清別集

聽竹山房詩錄三卷續錄二卷補遺一卷　（清）
戴德洽撰　清咸豐元年（1851）刻本　一冊

330000 – 1705 – 0022118　朱 1017　類叢部/
叢書類/彙編之屬

叢集二編十二種　（清）徐時棟編　清道光至
咸豐煙嶼樓合訂本　九冊　缺八卷（南莊詩
鈔五至十、內自訟齋詩鈔一至二）

330000 – 1705 – 0022120　朱續 0288　子部/
雜著類/雜考之屬

三餘偶筆十六卷　（清）左暄撰　清嘉慶十六
年（1811）桂林書屋刻本　六冊

330000 – 1705 – 0022122　朱續 0513　集部/
詞類/總集之屬

二家詞鈔五卷　樊增祥輯　清光緒二十八年
（1902）刻本　二冊

330000 – 1705 – 0022123　朱續 0366　集部/
別集類/清別集

駢文一薹一卷　（清）劉履芬撰　清同治五年
（1866）刻本　朱鼎煦批並記　階青記　一冊

330000 – 1705 – 0022124　朱續 0604　集部/
小說類/長篇之屬

評註圖像水滸傳七十五卷七十回首一卷
（元）施耐庵撰　（清）金人瑞評　清末石印本
十一冊　存六十九卷（七至七十五）

330000 – 1705 – 0022126　朱續 0290　史部/
金石類/總志之屬

學古齋金石叢書四集　（清）葛元煦輯　清光
緒崇川葛氏學古齋刻本　二冊　存一種

330000－1705－0022127　朱續0428　集部/
總集類/選集之屬/斷代

御選唐詩三十二卷目錄三卷　（清）聖祖玄燁
輯　（清）陳廷敬等輯注　清康熙五十二年
(1713)內府刻朱墨套印本　一冊　存三卷
（二十八至三十）

330000－1705－0022131　朱續0291　子部/
雜著類/雜考之屬

羣書拾補三十八種　（清）盧文弨撰　清光緒
十三年(1887)上海蜚英館石印本　四冊

330000－1705－0022132　朱續0427　集部/
總集類/選集之屬/斷代

唐詩三百首註疏六卷　（清）孫洙編　（清）章
燮注　清刻本　二冊　存三卷（四至六）

330000－1705－0022134　朱續0321　類叢
部/類書類/通類之屬

典匯十二卷　（清）藜青閣主人輯　清光緒十
二年(1886)上海點石齋石印本　六冊

330000－1705－0022135　朱續0367　集部/
別集類/清別集

駢文一藁一卷　（清）劉履芬撰　清同治五年
(1866)刻本　馮鴻墀題記　一冊

330000－1705－0022136　朱續0289　子部/
雜著類/雜考之屬

日知錄三十二卷日知錄之餘四卷　（清）顧炎
武撰　清乾隆六十年(1795)刻本　一冊　存
四卷（日知錄之餘一至四）

330000－1705－0022137　朱續0424　集部/
總集類/選集之屬/通代

文選六十卷　（南朝梁）蕭統輯　（唐）李善注
　文選考異十卷　（清）胡克家撰　清光緒六
年(1880)四明林植梅刻本　四冊　存十卷
（考異一至十）

330000－1705－0022139　朱422　集部/總集
類/選集之屬/通代

文選六十卷　（南朝梁）蕭統輯　（唐）李善注
　文選考異十卷　（清）胡克家撰　清光緒上
海鴻文書局石印本　六冊

330000－1705－0022140　朱續0369　集部/
別集類/清別集

寒松庵佚藁不分卷　（清）陳祖肇撰　清康熙
刻本　一冊

330000－1705－0022141　朱續0320　類叢
部/類書類/通類之屬

瑯嬛獺祭十二種　清光緒二十年(1894)文選
廔石印本　六冊

330000－1705－0022143　朱7367　集部/詞
類/別集之屬

紅闌愁影詞不分卷　（清）馮鴻墀撰　稿本
一冊

330000－1705－0022144　朱續0421　集部/
總集類/選集之屬/通代

評選古詩源四卷　（清）沈德潛評選　清光緒
二十年(1894)上海圖書集成印書局鉛印本
清姚瑩俊校　四冊

330000－1705－0022145　朱續0434　集部/
總集類/選集之屬/通代

忠雅堂評選四六法海八卷　（清）蔣士銓評選
　清同治八年(1869)刻朱墨套印本　八冊

330000－1705－0022146　朱續0490　集部/
總集類/選集之屬/斷代

百秋詩不分卷　（清）段燦章等撰　清刻本
一冊

330000－1705－0022148　朱續0370　類叢
部/叢書類/自著之屬

杭大宗七種叢書　（清）杭世駿撰　清乾隆杭
賓仁羊城刻本　一冊　存二種

330000－1705－0022150　朱續0493　集部/
總集類/選集之屬/斷代

宮閨百詠四卷　（清）陳其泰編次　清道光二
十五年(1845)海鹽陳氏桐花鳳閣刻本　二冊

330000－1705－0022151　朱續0435　集部/
總集類/彙編之屬

增廣詩句題解彙編四卷姓氏考一卷　（清）同
文書局編　清光緒上海同文書局石印本
四冊

330000 – 1705 – 0022152　　朱續 0436　　類叢
部/類書類/專類之屬

分類律賦從新十卷　　(清)留雲借月軒主人撰
清光緒五年(1879)墨潤堂鉛印本　　十四冊

330000 – 1705 – 0022153　　朱續 0418　　集部/
總集類/彙編之屬

唐四家詩集二十卷附二種　　(清)胡鳳丹輯
清光緒十三年(1887)湖北官書處刻本　　一冊
存一種

330000 – 1705 – 0022154　　朱續 0419　　集部/
總集類/彙編之屬

校正硃批增註七家詩選七卷　　(清)張熙宇輯
評　　清光緒六年(1880)掃葉山房刻朱墨套印
本　　四冊

330000 – 1705 – 0022155　　朱續 0371　　集部/
別集類/清別集

竹軒詩集三卷　　(清)張葆光撰　　清嘉慶元年
(1796)刻三年(1798)續刻本　　一冊

330000 – 1705 – 0022158　　朱續 0372　　集部/
詞類/別集之屬

鶩翁集一卷蜩知集一卷　　(清)王鵬運撰　　清
光緒刻本　　朱鼎煦題記　　二冊

330000 – 1705 – 0022160　　朱續 0570　　集部/
曲類/寶卷之屬

珠塔寶卷全集一卷　　清宣統元年(1909)杭州
聚元堂石印本　　一冊

330000 – 1705 – 0022161　　朱續 0373　　集部/
別集類/明別集

梨雲館類定袁中郎全集二十四卷　　(明)袁宏
道撰　　明末南雍周文煒刻本　　一冊　　存二卷
(二十至二十一)

330000 – 1705 – 0022163　　朱續 0492　　集部/
總集類/題詠之屬

**西湖韓蘄王翠微亭題名考一卷集字詩一卷附
一卷**　　(清)汪繼壕等撰　　清齎臼盦刻本
一冊

330000 – 1705 – 0022164　　朱續 0356　　集部/
總集類/選集之屬/斷代

南宋羣賢小集　　(宋)陳起編　　(清)顧修重輯
清嘉慶六年(1801)石門顧氏讀畫齋刻本
一冊　　存一種

330000 – 1705 – 0022165　　朱續 0322　　類叢
部/叢書類/彙編之屬

文林綺繡五種五十九卷　　(明)凌迪知編　　清
光緒十九年(1893)上洋鴻寶齋石印本　　六冊

330000 – 1705 – 0022167　　朱 0494　　集部/別
集類/清別集

香草集一卷　　(清)祝慶雲編輯　　清光緒九年
(1883)蘇州管家園鉛印本　　二冊

330000 – 1705 – 0022168　　朱續 0323　　類叢
部/叢書類/彙編之屬

文林綺繡五種五十九卷　　(明)凌迪知編　　清
光緒十一年(1885)融經館刻本　　十九冊

330000 – 1705 – 0022171　　朱續 0357　　集部/
別集類/清別集

用拙居存稿　　(清)鄭遠芳撰　　清嘉慶刻本
一冊　　存四種

330000 – 1705 – 0022175　　朱續 0284　　子部/
雜家類

侯鯖新錄十二卷　　(清)沈飽山輯　　清光緒二
年(1876)上海機器印書局鉛印本　　四冊　　存
四卷(一至二、四至五)

330000 – 1705 – 0022179　　朱續 0358　　史部/
傳記類/別傳之屬/年譜

歸顧朱三先生年譜合刻　　(清)金吳瀾輯　　清
光緒六年(1880)嘉興金氏刻本　　一冊　　存
一種

330000 – 1705 – 0022182　　朱續 0386　　集部/
別集類/清別集

有正味齋駢體文二十四卷首一卷　　(清)吳錫
麒撰　　(清)王廣業箋　　(清)葉聯芬注　　清光
緒十五年(1889)上海蜚英館石印本　　四冊

330000 – 1705 – 0022183　　朱續 0281　　子部/
農家農學類/農藝之屬/作物種植

檇李譜一卷　　(清)王逢辰撰　　清咸豐七年
(1857)竹里槐花吟館王氏刻本　　一冊

330000－1705－0022187　朱續 0498　史部/
職官類/官箴之屬

三廉贈別錄一卷　（清）劉定康撰　清同治六
年(1867)刻本　一冊

330000－1705－0022189　朱續 0457　集部/
總集類/課藝之屬

[光緒癸巳恩科]浙江鄉試闈墨不分卷　（清）
崧駿等撰　清光緒石印本　一冊

330000－1705－0022190　朱續 0579　集部/
曲類/寶卷之屬

善才寶卷一卷　清宣統三年(1911)寧波大酉
山房石印本　一冊

330000－1705－0022198　朱續 0581　集部/
曲類/寶卷之屬

繪圖寶娥寶卷二卷　清末石印本　一冊

330000－1705－0022200　朱續 0278　類叢
部/叢書類/自著之屬

耐安類稿五種　（清）陳偉撰　清抄本　一冊
　　存一種

330000－1705－0022201　朱續 0458　集部/
總集類/課藝之屬

[光緒十一年乙酉正科]浙江闈墨不分卷　清
末鉛印本　一冊

330000－1705－0022202　朱續 0582　集部/
曲類/寶卷之屬

新編林英寶卷二卷　清末石印本　一冊

330000－1705－0022207　朱續 0387　類叢
部/叢書類/郡邑之屬

粟香室叢書五十九種　金武祥編　清光緒至
民國江陰金氏刻本　二冊　存一種

330000－1705－0022209　朱續 0459　集部/
總集類/課藝之屬

[光緒癸卯恩科]浙江闈墨不分卷　清光緒二
十九年(1903)圖書集成局石印本　一冊

330000－1705－0022210　朱續 0480　集部/
總集類/尺牘之屬

補注秋水軒尺牘四卷　（清）許思湄撰　（清）

婁世瑞注釋　（清）管斯駿補注　**悼紅吟一卷**
（清）管斯駿撰　清光緒十年(1884)蘇城管
氏管可壽齋刻本　五冊

330000－1705－0022211　朱續 0425　集部/
總集類/選集之屬/通代

續古文辭類纂三十四卷　王先謙輯　清光緒
三十三年(1907)上海商務印書館鉛印本　二
冊　存十八卷(十七至三十四)

330000－1705－0022213　朱續 0527　集部/
詞類/別集之屬

冶春詞三十首一卷　（清）葉恕撰　清燕香居
刻本　一冊

330000－1705－0022214　朱續 0388　集部/
別集類/清別集

柏翠樓古今體詩七卷　（清）葛培元撰　清同
治抄本　一冊

330000－1705－0022215　朱續 0507　類叢
部/叢書類/彙編之屬

塵海妙品十二種十四卷　（清）陳琰編　清宣
統三年(1911)上海六藝書局石印本　一冊
　　存一種

330000－1705－0022216　朱續 0483　集部/
別集類/清別集

李文忠公朋僚函稿二十四卷　（清）李鴻章撰
（清）吳汝編輯　清光緒二十八年(1902)蓮
池書社鉛印本　十二冊

330000－1705－0022217　朱續 0460　史部/
傳記類/科舉錄之屬/歷科鄉試錄

浙江試藝不分卷　（清）羅太宗師鑒定　清光
緒七年(1881)四明章氏刻本　一冊

330000－1705－0022219　朱續 0509　集部/
詩文評類/詩評之屬

藝苑名言八卷首一卷　（清）蔣瀾撰　清乾隆
四十年(1775)刻本　二冊

330000－1705－0022222　朱 0456　史部/地
理類/雜志之屬

明州繫年錄七卷　（清）董沛撰　清光緒四年
(1878)刻本　二冊　存五卷(一至五)

330000－1705－0022224　　朱續 0389　　類叢部/叢書類/自著之屬

曾惠敏公全集四種　（清）曾紀澤撰　清光緒二十年(1894)上海石印本　三冊　存三種

330000－1705－0022225　　朱續 0463　　集部/總集類/課藝之屬

[光緒庚子辛丑恩正並行壬寅]直省鄉墨十二卷　清光緒二十九年(1903)通文書局石印本　四冊　存六卷(一、五至九)

330000－1705－0022226　　朱續 0461　　集部/總集類/課藝之屬

[光緒二十八年補行庚子辛丑恩正併科]浙江闈墨不分卷　清光緒二十八年(1902)石印本　一冊

330000－1705－0022227　　朱 6507－1　　類叢部/叢書類/自著之屬

曾文正公全集十六種　（清）曾國藩撰　清光緒上海申報館鉛印本　三十二冊　存三種

330000－1705－0022228　　朱續 0528　　集部/詞類/別集之屬

小庚詞存不分卷　（清）葉申薌撰　清刻本　一冊

330000－1705－0022232　　朱續 0598　　集部/小說類/長篇之屬

第一才子書六十卷首一卷一百二十回　（明）羅本撰　（清）毛宗崗評　清咸豐三年(1853)常熟珍藝堂刻本　二十冊

330000－1705－0022233　　朱續 0485　　集部/總集類/尺牘之屬

潛園五十名家書札不分卷　（清）李鴻章等撰　（清）陸心源輯　清光緒十九年(1893)上海學有根柢齋石印本　朱鼎煦題記　四冊

330000－1705－0022234　　朱續 0444　　集部/總集類/課藝之屬

格致書院課藝不分卷　（清）王韜編　清光緒弢園鉛印本　八冊　存庚寅、辛卯、己丑、壬辰、癸巳

330000－1705－0022236　　朱續 0462　　集部/

總集類/課藝之屬

直省新聞墨八卷　清光緒二十九年(1903)上海同文書社鉛印本　五冊　存五卷(四至八)

330000－1705－0022237　　朱續 0391　　集部/別集類/清別集

天韻閣詩存一卷　（清）黃箴撰　清光緒三十一年(1905)上海謝文漪書畫室鉛印本　一冊

330000－1705－0022239　　朱續 0224　　子部/宗教類/佛教之屬/總錄

祕密真機不分卷　清道光二十九年(1849)刻本　一冊

330000－1705－0022242　　朱續 0349　　類叢部/叢書類/彙編之屬

武英殿聚珍版書一百三十八種　清乾隆浙江刻本　二冊　存一種

330000－1705－0022244　　朱續 0446　　集部/總集類/選集之屬/通代

唐宋八家文讀本三十卷　（清）沈德潛輯　清光緒二十七年(1901)上海同文俊記石印本　六冊

330000－1705－0022245　　朱續 0530　　集部/詞類/別集之屬

香南雪北詞一卷　（清）吳藻撰　清道光三十年(1850)刻本　一冊

330000－1705－0022247　　朱續 0464　　集部/總集類/課藝之屬

壬寅直省闈墨選瑜三卷　清光緒二十九年(1903)鉛印本　一冊

330000－1705－0022248　　朱 2107　　類叢部/叢書類/自著之屬

杭大宗七種叢書　（清）杭世駿撰　清咸豐元年(1851)長沙小嫏嬛山館刻本　三冊

330000－1705－0022249　　朱續 0468　　子部/小說家類/異聞之屬

對山書屋墨餘錄十六卷　（清）毛祥麟撰　清同治九年(1870)上海亦可居毛氏刻本　八冊

330000－1705－0022251　　朱續 0448　　集部/

總集類/選集之屬/斷代

紅犀館詩課八卷 （清）王蒔蘭等撰 （清）姚
燮輯 丹山倡和詩一卷 （清）姚燮等撰 海
山小集分韻詩一卷 清同治四年（1865）刻本
　一冊 存五卷（紅犀館詩課一至五）

330000－1705－0022252 朱續0350 子部/
宗教類/道教之屬

道書八種 清康熙刻本 二冊 存一種

330000－1705－0022256 朱續0443 集部/
總集類/選集之屬/斷代

同館經進賦鈔不分卷 （清）黃紹箕等撰 清
光緒十二年（1886）京都琉璃廠松竹齋刻本
一冊

330000－1705－0022257 朱續0531 集部/
詞類/別集之屬

雲起軒詞鈔一卷 （清）文廷式撰 清光緒三
十三年（1907）南陵徐氏刻本 朱鼎煦題記
一冊

330000－1705－0022259 朱續0351 集部/
別集類/明別集

王陽明先生全集十六卷 （明）王守仁撰
（清）王貽樂編 （清）陶㳄批評 清道光六年
（1826）柳庭芳刻本 一冊 存一卷（年譜）

330000－1705－0022260 朱續0455 集部/
總集類/課藝之屬

光緒二十九年癸卯恩科湖南闈墨一卷 （清）
汪根甲等撰 清末上海文寶書局石印本
一冊

330000－1705－0022263 朱續0441 集部/
總集類/選集之屬/斷代

明諸家書序不分卷 明刻清彙編本 一冊

330000－1705－0022264 朱續0533 集部/
詞類/別集之屬

鐵笛詞一卷 胡薇元撰 清光緒二十七年
（1901）鳧山呂氏刻本 一冊

330000－1705－0022265 朱續0314 經部/
小學類/音韻之屬/韻書

增補詩韻合璧五卷 （清）湯祥瑟等輯 虛字

韻藪一卷 （清）潘維城輯 初學檢韻袖珍十
二卷 （清）錢辛楣鑒定 清光緒十四年
（1888）上海石倉書局石印本 六冊

330000－1705－0022266 朱續0630 類叢
部/叢書類/自著之屬

正誼堂全集八種 （清）董沛撰 清同治至光
緒刻本 二冊 存一種

330000－1705－0022267 朱續0312 經部/
小學類/音韻之屬/韻書

詩韻合璧五卷 （清）湯祥瑟輯 清末石印本
朱鼎煦、蔡滌峰題記 二冊

330000－1705－0022268 朱續0561 集部/
曲類/彈詞之屬

新刻雅調秘本珍珠旗全傳五十六卷 清金閶
雲龍軒刻本 八冊

330000－1705－0022269 朱續0560 集部/
曲類/彈詞之屬

新刻京本時調龍犀釵十二卷 清賞心樓刻本
二冊

330000－1705－0022270 朱5459、朱8061、
朱8062 類叢部/叢書類/彙編之屬

申報館叢書正集五十七種附錄三種 尊聞閣
主編 續集一百四十二種 蔡爾康編 清同
治至光緒上海申報館鉛印本 四十六冊 存
十一種

330000－1705－0022271 朱續0559 集部/
曲類/彈詞之屬

彈詞小說賈鳧西鼓詞一卷 （清）賈鳧西撰
老圓曲一卷 （清）俞樾撰 清光緒三十三年
（1907）鉛印本 九冊

330000－1705－0022272 朱2173 類叢部/
叢書類/自著之屬

志學齋集十三種 （清）徐壽基撰 清光緒至
民國武進徐氏刻本 二冊 存一種

330000－1705－0022273 朱續0395 集部/
別集類/清別集

冬心先生集四卷 （清）金農撰 清宣統二年
（1910）上海埽葉山房石印本 一冊

330000－1705－0022274　朱續 0558　集部/曲類/彈詞之屬

新編時調唱口點默熙然一百六十六卷五十六回　清刻本　八冊

330000－1705－0022275　朱 2207　子部/雜著類/雜說之屬

夢園叢說內篇八卷外篇八卷　（清）方濬頤撰　清同治十三年(1874)揚州刻本　四冊　存八卷(外篇一至八)

330000－1705－0022281　朱續 0501　集部/詩文評類/詩評之屬

隨園詩話十六卷補遺十卷　（清）袁枚撰　清道光七年(1827)小酉山房刻本　十二冊

330000－1705－0022284　朱 8061－1　類叢部/叢書類/彙編之屬

申報館叢書正集五十七種附錄三種　尊聞閣主編　**續集一百四十二種**　蔡爾康編　清同治至光緒上海申報館鉛印本　十七冊　存八種

330000－1705－0022285　朱 2205　經部/春秋左傳類/傳說之屬

春秋大事表五十卷讀春秋偶筆一卷輿圖一卷附錄一卷　（清）顧棟高輯　清乾隆十三年至十四年(1748－1749)錫山顧氏萬卷樓刻本　一冊　存序文、目錄等

330000－1705－0022287　朱續 0557　集部/曲類/彈詞之屬

庚子國變彈詞四十卷四十回　（清）李寶嘉撰　清光緒二十九年(1903)上海世界繁華報館鉛印本　六冊

330000－1705－0022288　朱續 0392　集部/總集類/酬唱之屬

悼紅吟一卷　（清）管斯駿輯　清光緒十年(1884)蘇州管氏管可壽齋刻本　一冊

330000－1705－0022290　朱 2201　經部/叢編

澤存堂五種　（清）張士俊輯　清康熙吳郡張士俊澤存堂刻本　二冊　存一種

330000－1705－0022291　朱續 0554　集部/曲類/曲藝之屬

繪圖百寶箱二卷三十二齣　（清）黃圖珌撰　清石印本　一冊

330000－1705－0022293　朱續 0454　集部/總集類/課藝之屬

[光緒壬寅補行庚子辛丑恩正併科]江南闈墨一卷　清光緒二十八年(1902)煥文書局石印本　一冊

330000－1705－0022296　朱 0049　集部/別集類/清別集

述學內篇三卷補遺一卷外篇一卷別錄一卷附錄一卷校勘記一卷　（清）汪中撰　（清）汪喜孫編　清同治八年(1869)揚州書局刻本　二冊

330000－1705－0022297　朱續 0302　子部/小說家類/異聞之屬

山海經箋疏十八卷圖讚一卷訂譌一卷敘錄一卷　（清）郝懿行撰　清光緒十七年(1891)上海五彩公司三色套印本　六冊

330000－1705－0022298　朱續 0453　集部/總集類/課藝之屬

[光緒丁酉科]福建鄉試闈墨不分卷　（清）鄭書祥等撰　清光緒二十三年(1897)圖書集成石印本　一冊

330000－1705－0022299　朱續 0456　集部/總集類/課藝之屬

[光緒癸巳恩科]浙江鄉試闈墨不分卷　清光緒二十三年(1897)圖書集成局石印本　二冊

330000－1705－0022300　朱續 0353　集部/別集類/清別集

拙尊園叢稿六卷　（清）黎庶昌撰　清光緒二十三年(1897)石印本　六冊

330000－1705－0022301　朱續 0552　集部/戲劇類/傳奇之屬

滄桑艷二卷二十齣　丁傳靖撰　清光緒三十四年(1908)丹徒丁傳靖豹隱廬刻本　一冊　存一卷(下)

330000－1705－0022302　朱續0451　集部/別集類/清別集

碧琅玕吟館試帖一卷　（清）錫齡撰　清同治九年（1870）培槐軒刻本　一冊

330000－1705－0022304　朱續0597　集部/小說類/長篇之屬

前七國孫龐演義四卷二十回　清刻本　一冊　存一卷（二）

330000－1705－0022305　朱續0315　經部/小學類/音韻之屬/韻書

詩韻全璧五卷　（清）湯祥瑟輯　**虛字韻藪一卷**　（清）潘維城輯　**初學檢韻袖珍十二卷**　（清）姚文登撰　清光緒十七年（1891）上海鴻寶齋石印本　六冊

330000－1705－0022306　朱續0009－1　類叢部/叢書類/郡邑之屬

江陰叢書三十二種　金武祥編　清光緒至宣統江陰金氏粟香室嶺南刻本　一冊　存一種

330000－1705－0022307　朱續0595　集部/小說類/長篇之屬

按鑑演義帝王御世有夏誌傳六卷有商誌傳四卷　（明）鍾惺編　清嘉慶十九年（1814）稽古堂刻本　八冊　存六卷（有夏誌傳一至六）

330000－1705－0022309　朱續0599　集部/小說類/長篇之屬

第一才子書六十卷首一卷一百二十回　（明）羅本撰　（清）毛宗崗評　清咸豐三年（1853）善成堂刻朱墨套印本　一冊　存五卷（一至五）

330000－1705－0022310　朱續0563　集部/曲類/彈詞之屬

新刻時調唱口鳳麟襖全傳十六卷　清刻本　四冊

330000－1705－0022316　朱續0316　經部/小學類/音韻之屬/韻書

增廣詩韻全璧五卷　（清）暢懷書屋主人增　**初學檢韻袖珍十二卷**　（清）錢辛楣鑒定　（清）姚文登輯　**虛字韻藪一卷**　（清）潘維城

輯　清光緒十七年（1891）四明暢懷書屋石印本　朱鼎煦題記　一冊　存十二卷（初學檢韻袖珍一至十二）

330000－1705－0022317　朱續0346　集部/別集類/宋別集

姜白石全集　（宋）姜夔撰　清宣統二年（1910）上海掃葉山房石印本　二冊　存三種

330000－1705－0022318　朱續0317　經部/小學類/音韻之屬/韻書

佩文詩韻釋要五卷　（清）周兆基輯　（清）張□□重輯　清同治七年（1868）刻本　二冊

330000－1705－0022319　朱續0318　經部/小學類/音韻之屬/韻書

佩文詩韻釋要五卷　（清）周兆基輯　清光緒十八年（1892）浙江書局刻本　朱鼎煦題記　一冊

330000－1705－0022320　朱續0293　子部/小說家類/異聞之屬

池上草堂筆記八卷　（清）梁恭辰撰　清同治十二年（1873）聽鸝館主人金陵刻本　八冊

330000－1705－0022321　朱續0563－1　集部/小說類/短篇之屬

新刻秘本孝義天賜福三十卷　清嘉慶刻本　四冊

330000－1705－0022322　朱續0452　子部/叢編

經典四種　清咸豐元年（1851）城南書院刻本　一冊　存一種

330000－1705－0022323　朱0562　集部/曲類/彈詞之屬

娛萱草彈詞三十二卷　（清）橘道人撰　清光緒二十年（1894）刻本　六冊

330000－1705－0022325　朱續0534　集部/詞類/別集之屬

天雲樓詞一卷　胡薇元撰　清光緒二十八年（1902）刻本　一冊

330000－1705－0022326　朱續0294　子部/

小說家類/雜事之屬

塗說四卷 （清）繆艮撰　清道光八年（1828）
如此草堂刻本　四冊

330000－1705－0022327　朱0551　集部/曲
類/散曲之屬

別巾一卷　清抄本　一冊

330000－1705－0022330　朱續0449　集部/
總集類/選集之屬/斷代

唐人試帖四卷　（清）毛奇齡論定　（清）王錫
（清）田易參釋　清康熙學聚堂刻本　一冊

330000－1705－0022331　朱續0550　集部/
戲劇類/傳奇之屬

燕子箋記二卷四十二齣　（明）阮大鋮撰　清
同治十三年（1874）寄傲山房刻本　四冊

330000－1705－0022332　朱續0450　類叢
部/叢書類/自著之屬

聽彝堂偶存稿九種　（清）吳省蘭撰　清乾隆
至嘉慶南匯吳氏刻本　一冊　存一種

330000－1705－0022333　朱續0295　子部/
小說家類/雜事之屬

夢厂雜著十卷　（清）俞蛟撰　清同治九年
（1870）刻本　二冊　存四卷（一至四）

330000－1705－0022334　朱續0549　集部/
曲類/彈詞之屬

孝義真跡珍珠塔二十四回　（清）周殊士撰
清同治八年（1869）方來堂刻本　六冊

330000－1705－0022335　朱續0544　集部/
戲劇類/傳奇之屬

牡丹亭還魂記二卷五十五齣　（明）湯顯祖撰
清光緒十二年（1886）同文書局石印本
三冊

330000－1705－0022336　朱續0296　類叢
部/叢書類/自著之屬

金壺七墨六種　（清）黃鈞宰撰　清同治十二
年（1873）刻本　八冊

330000－1705－0022337　朱0560－1　集部/
曲類/彈詞之屬

新刻京本時調龍犀釵十二卷　清刻本　二冊

330000－1705－0022338　朱續0543　集部/
戲劇類/傳奇之屬

牡丹亭還魂記二卷五十五齣　（明）湯顯祖撰
清光緒十二年（1886）同文書局石印本
三冊

330000－1705－0022340　朱續0541　集部/
戲劇類/傳奇之屬

牡丹亭還魂記二卷五十五齣　（明）湯顯祖撰
清光緒十八年（1892）五彩公司石印本
二冊

330000－1705－0022342　朱續0297　子部/
小說家類/雜事之屬

水窗春囈二卷　（清）□□撰　清光緒三年
（1877）上海機器印書局鉛印本　二冊

330000－1705－0022343　朱續0548　集部/
戲劇類/傳奇之屬

寒香亭傳奇四卷四十齣　（清）李凱撰　（清）
范梧評　清嘉慶二年（1797）懷古堂刻友益齋
印本　四冊

330000－1705－0022344　朱續0542　集部/
戲劇類/傳奇之屬

牡丹亭還魂記二卷五十五齣　（明）湯顯祖撰
清光緒十八年（1892）五彩公司石印本　二冊

330000－1705－0022345　朱續0547、朱續
0547－1、朱續0546、朱續0545　集部/曲類/
彈詞之屬

繡像六美圖四集　（清）朱鏡江　（清）章維善
撰　清同治九年（1870）刻本　十三冊　存三
集（二至四）

330000－1705－0022346　朱續0298　子部/
小說家類/雜事之屬

竹葉亭雜記四卷　（清）姚元之撰　清宣統二
年（1910）上海掃葉山房石印本　二冊

330000－1705－0022347　朱續0540　集部/
戲劇類/傳奇之屬

成裕堂繪像第七才子書六卷四十二齣　（元）
高明撰　清雍正十三年（1735）成裕堂刻本

寧波市天一閣博物館古籍普查登記目錄

六冊

330000－1705－0022348　朱續0170－1　史部/目錄類/通論之屬/掌故瑣記

藏書紀事詩七卷　葉昌熾撰　清宣統二年（1910）刻本　馮貞群題記　六冊

330000－1705－0022349　朱續0299　子部/小說家類/雜事之屬

稗販八卷　（清）曹斯棟輯　清乾隆五十九年（1794）曹氏飯顆山房刻本　一冊　存二卷（一至二）

330000－1705－0022350　朱續0516　集部/詞類/總集之屬

詞綜三十八卷　（清）朱彝尊輯　（清）汪森增定　（清）柯崇樸編次　（清）周篔辨譌（清）王昶補纂　**明詞綜十二卷國朝詞綜四十八卷國朝詞綜二集八卷**　（清）王昶輯　清刻本　二冊　存六卷（詞綜一至六）

330000－1705－0022351　朱續0136　史部/目錄類/總錄之屬/官修

欽定四庫全書總目二百卷首一卷　（清）紀昀等撰　清廣東富文齋、萃文堂、聚珍堂刻本一百十八冊　缺二卷（三十五至三十六）

330000－1705－0022352　朱續0300　子部/小說家類/瑣語之屬

聽雨軒雜紀一卷續紀一卷餘紀一卷贅紀一卷　（清）徐承烈撰　清嘉慶十一年（1806）研雲樓刻本　四冊

330000－1705－0022353　朱續0515　集部/詞類/總集之屬

清綺軒詞選十三卷　（清）夏秉衡輯　清刻本一冊　存二卷（四至五）

330000－1705－0022354　朱續0352　集部/別集類/宋別集

鄮峯真隱漫錄五十卷　（宋）史浩撰　（宋）周鑄編　**史子樸語十卷**　（宋）史彌大撰　清光緒二十六年（1900）鄞縣史氏木活字印本　二冊　缺二十三卷（二十六至三十八、史子樸語一至十）

330000－1705－0022355　朱續0340　集部/別集類/漢魏六朝別集

陶淵明集十卷　（晉）陶潛撰　清光緒二年（1876）桐城徐椒岑刻本　二冊

330000－1705－0022357　朱續0469　集部/總集類/郡邑之屬

海虞文徵三十卷目錄二卷　邵松年編輯　清光緒三十一年（1905）鴻文書局石印本　十六冊

330000－1705－0022358　朱續0303　子部/小說家類/異聞之屬

山海經十八卷　（清）郝懿行撰　清阮氏琅嬛僊館刻本　一冊　存九卷（六至十四）

330000－1705－0022359　朱續0510　集部/詩文評類/詩評之屬

詩人玉屑二十卷　（宋）魏慶之撰　清刻本一冊　存五卷（十至十四）

330000－1705－0022360　朱續0521　集部/詞類/總集之屬

古今詞選十二卷　（清）沈時棟輯　清康熙五十五年（1716）沈氏瘦吟樓刻本　一冊　存一卷（三）

330000－1705－0022362　朱續0341　集部/別集類/漢魏六朝別集

陶淵明文集十卷　（晉）陶潛撰　清宣統石印本　吳澤批並題記　沙孟海題簽　二冊

330000－1705－0022363　朱續0438　集部/總集類/選集之屬/通代

歷朝賦選手鈔不分卷　清抄本　一冊

330000－1705－0022365　朱續0405　集部/別集類

湘綺樓文集八卷詩集十四卷箋啟八卷　王闓運撰　清宣統二年（1910）上海國學扶輪社石印本　十二冊

330000－1705－0022367　朱續0520　史部/史評類/詠史之屬

明宮詞一卷　（清）程嗣章撰　清末上海掃葉山房石印本　一冊

330000 - 1705 - 0022368　朱續 0258 - 1　子部/雜著類/雜品之屬

小慧集十二卷續集六卷　（清）貯香主人輯　清道光刻本　六冊

330000 - 1705 - 0022370　朱續 0311　類叢部/類書類/專類之屬

佩文韻府一百六卷　（清）張玉書　（清）蔡升元等輯　**韻府拾遺一百六卷**　（清）汪灝（清）何焯等輯　清光緒十三年（1887）上海點石齋石印本　五十八冊　存一百九十卷（佩文韻府一至三十、四十四至八十九、九十九至一百六，韻府拾遺一至一百六）

330000 - 1705 - 0022371　朱續 0342　集部/別集類/唐五代別集

趙子常選杜律五言註三卷　（唐）杜甫撰（元）趙汸注　（清）查弘道　（清）金集補注　**虞伯生選杜律七言註三卷**　（唐）杜甫撰（元）虞集注　（清）查弘道　（清）金集補注　清康熙五十七年（1718）刻本　一冊　存三卷（趙子常選杜律五言註一至三）

330000 - 1705 - 0022373　朱續 0522　集部/詞類/總集之屬

庚子秋詞二卷　（清）王鵬運等撰　清石印本　一冊　存一卷（甲）

330000 - 1705 - 0022374　朱續 0304　子部/小說家類/異聞之屬

山海經廣注十八卷讀山海經語一卷雜述一卷圖五卷　（清）吳任臣撰　清康熙刻本　一冊　缺十八卷（一至十八）

330000 - 1705 - 0022375　朱續 0470　集部/總集類/郡邑之屬

國朝杭郡詩輯十六卷　（清）吳顥輯　清嘉慶五年（1800）錢塘吳氏守惇堂刻本　七冊　缺二卷（七至八）

330000 - 1705 - 0022378　朱續 0471　集部/別集類/清別集

閩中新樂府一卷　清光緒刻本　一冊

330000 - 1705 - 0022379　朱續 0344　集部/別集類/唐五代別集

賈長江詩集四卷　（唐）賈島撰　清光緒十年（1884）遂寧書局刻本　蜀青跋　一冊

330000 - 1705 - 0022383　朱續 0472　史部/地理類/雜志之屬

杭俗新年百詠二卷　（清）陳炎編　清末石印本　一冊

330000 - 1705 - 0022384　朱續 0439　集部/總集類/選集之屬/通代

佩文齋詠物詩選不分卷　（清）汪霦等輯　清抄本　一冊

330000 - 1705 - 0022387　朱續 0194 - 1　子部/儒家類/儒學之屬/蒙學

七字蒙求一卷　清光緒十六年（1890）寧波大酉山房刻本　一冊

330000 - 1705 - 0022389　朱續 0399　集部/別集類/清別集

鏡水堂詩鈔五卷　（清）王定洋撰　清光緒二十年（1894）花月山人刻本　一冊　存三卷（一至三）

330000 - 1705 - 0022390　朱續 0473　集部/總集類/謠諺之屬

集杭諺詩一卷　（清）邵懿辰輯　清光緒二年（1876）仁和葛氏刻本　朱鼎煦跋　一冊

330000 - 1705 - 0022391　朱續 0625　類叢部/叢書類/彙編之屬

惜陰軒叢書三十四種續編一種　（清）李錫齡編　清刻本　一冊　存一種

330000 - 1705 - 0022393　朱續 0475　集部/總集類/郡邑之屬

天台前集三卷續集三卷　（宋）李庚輯　**前集別編一卷拾遺一卷續集別編六卷**　（宋）林表民輯　**續集拾遺一卷**　清道光抄本　四冊　存八卷（前集三、續集一至三、前集別編、拾遺、續集別編一、續集拾遺）

330000 - 1705 - 0022395　朱續 0194 - 2　子部/雜著類/雜說之屬

讀書樂□□卷　（清）三等學堂譯編　清光緒

宁波市天一阁博物馆
古籍普查登记目录
（下）
索引

全国古籍普查登记目录·浙江宁波

国家图书馆出版社
National Library of China Publishing House

書名筆畫字頭索引

六畫

4

八畫

8

十一畫

十二畫

十五畫

十八畫

十九畫

二十畫

書名筆畫索引

一畫

二畫

25

27

三畫

30

34

四畫

47

49

51

55

61

71

73

六畫

83

85

88

93

95

97

104

八畫

111

114

117

120

121

126

127

129

九畫

131

132

133

135

139

147

150

十畫

169

171

173

175

十一畫

179

180

186

192

十二畫

196

204

215

十三畫

219

227

229

十四畫

237

239

245

251

十五畫

254

257

十七畫

271

275

十八畫

279

280

十九畫

282

285

二十一畫

二十二畫

292

中華古籍保護計劃

ZHONG HUA GU JI BAO HU JI HUA CHENG GUO

· 成 果 ·

宁波市天一阁博物馆古籍普查登记目录（上）

全国古籍普查登记目录·浙江宁波

国家图书馆出版社
National Library of China Publishing House

圖書在版編目(CIP)數據

寧波市天一閣博物館古籍普查登記目録:全三冊/寧波市天一閣博物館編. --北京:國家圖書館出版社,2017.9
(全國古籍普查登記目録)
ISBN 978-7-5013-6152-6

Ⅰ.①寧… Ⅱ.①寧… Ⅲ.①博物館—古籍—圖書目録—寧波 Ⅳ.①Z838

中國版本圖書館 CIP 數據核字(2017)第 145167 號

書 名	寧波市天一閣博物館古籍普查登記目録(全三冊)	
著 者	寧波市天一閣博物館 編	
責任編輯	趙 嫄	

出 版 國家圖書館出版社(100034 北京市西城區文津街 7 號)
(原書目文獻出版社 北京圖書館出版社)
發 行 010-66114536 66126153 66151313 66175620
66121706(傳真) 66126156(門市部)
E-mail nlcpress@ nlc. cn(郵購)
Website www. nlcpress. com→投稿中心
經 銷 新華書店
印 裝 河北三河弘翰印務有限公司
版 次 2017 年 9 月第 1 版 2017 年 9 月第 1 次印刷

開 本 787×1092(毫米) 1/16
印 張 89.75
字 數 1800 千字

書 號 ISBN 978-7-5013-6152-6
定 價 800.00 圓

《全國古籍普查登記目録》

工作委員會

主　任：周和平

副主任：張永新　詹福瑞　劉小琴　李致忠　張志清

委　員（按姓氏筆畫排序）：

于立仁　王水喬　王　沛　王紅蕾　王筱雯

方自今　尹壽松　包菊香　任　競　全　勤

李西寧　李　彤　李忠昊　李春來　李　培

李曉秋　吳建中　宋志英　努　木　林世田

易向軍　周建文　洪　琰　倪曉建　徐欣禄

徐　蜀　高文華　郭向東　陳荔京　陳紅彥

張　勇　湯旭巖　楊　揚　賈貴榮　趙　嬿

鄭智明　劉洪輝　歷　力　鮑盛華　韓　彬

魏存慶　鍾海珍　謝冬榮　謝　林　應長興

《全國古籍普查登記目録》

序　言

　　全國古籍普查登記工作是"中華古籍保護計劃"的首要任務,是全面開展古籍搶救、保護和利用工作的基礎,也是有史以來第一次由政府組織、參加收藏單位最多的全國性古籍普查登記工作。

　　2007年國務院辦公廳發佈《關於進一步加强古籍保護工作的意見》(國辦發〔2007〕6號),明確了古籍保護工作的首要任務是對全國公共圖書館、博物館和教育、宗教、民族、文物等系統的古籍收藏和保護狀况進行全面普查,建立中華古籍聯合目録和古籍數字資源庫。2011年12月,文化部下發《文化部辦公廳關於加快推進全國古籍普查登記工作的通知》(文辦發〔2011〕518號),進一步落實了全國古籍普查登記工作。根據文化部2011年518號文件精神,國家古籍保護中心擬訂了《全國古籍普查登記工作方案》,進一步規範了古籍普查登記工作的範圍、内容、原則、步驟、辦法、成果和經費。目前進行的全國古籍普查登記工作的中心任務是通過每部古籍的身份證——"古籍普查登記編號"和相關信息,建立古籍總臺賬,全面瞭解全國古籍存藏情况,開展全國古籍保護的基礎性工作,加强各級政府對古籍的管理、保護和利用。

　　《全國古籍普查登記工作方案》規定了全國古籍普查登記工作的三個主要步驟:一、開展古籍普查登記工作;二、在古籍普查登記基礎上,編纂出版館藏古籍普查登記目録,形成《全國古籍普查登記目録》;三、在古籍普查登記工作基本完成的前提下,由省級古籍保護中心負責編纂出版本省古籍分類聯合目録《中華古籍總目》分省卷,由國家古籍保護中心負責編纂出版《中華古籍總目》統編卷。

　　在黨和政府領導下,在各地區、各有關部門和全社會共同努力下,古籍普查登記工作得以扎實推進。古籍普查已在除臺、港、澳之外的全國各省級行政區域開展,普查内容除漢文古籍外,還包括各少數民族文字古籍,特别是於2010年分别啓動了新疆古籍保護和西藏古籍保護專項,因地制宜,開展古籍普查登記工作;國家古籍保護中心研製的"全國古籍普查登記平臺"已覆蓋到全國各省級古籍保護中心,並進一步研發了"中華古籍索引庫",爲及時展現古籍普查成果提供有力支持;截至目前,已有11375部古籍進入《國家珍貴古籍名録》,浙江、江蘇、山東、河北等省公佈了省級《珍

1

貴古籍名録》，古籍分級保護機制初步形成。

　　《全國古籍普查登記目録》是古籍普查工作的階段性成果，旨在摸清家底，揭示館藏，反映古籍的基本信息。原則上每申報單位獨立成册，館藏量少不能獨立成册者，則在本省範圍内幾個館目合併成册。無論獨立成册還是合併成册，均編製獨立的書名筆畫索引附於書後。著録的必填基本項目有：古籍普查登記編號、索書號、題名卷數、著者（含著作方式）、版本、册數及存缺卷數。其他擴展項目有：分類、批校題跋、版式、裝幀形式、叢書子目、書影、破損狀況等。有條件的收藏單位多著録的一些擴展項目，也反映在《全國古籍普查登記目録》上。目録編排按古籍普查登記編號排序，内在順序給予各古籍收藏單位較大自由度，可按分類排列古籍普查登記編號，也可按排架號、按同書名等排列古籍普查登記編號，以反映各館特色。

　　此次全國古籍普查登記工作，克服了古籍數量多、普查人員少、普查難度大等各種困難，也得到了全國古籍保護工作者的極大支持。在古籍普查登記過程中，國家古籍保護中心、各省古籍保護中心爲此舉辦了多期古籍普查、古籍鑒定、古籍普查目録審校等培訓班，全國共 1600 餘家單位參加了培訓，爲古籍普查登記工作培養了大量人才。同時在古籍普查登記工作中，也鍛煉了普查員的實踐能力，爲將來古籍保護事業發展奠定了良好的基礎。

　　《全國古籍普查登記目録》的出版，將摸清我國古籍家底，爲古籍保護和利用工作提供依據，也將是古籍保護長期工作的一個里程碑。

國家古籍保護中心

2013 年 10 月

《全國古籍普查登記目録》

編纂凡例

一、收録範圍爲我國境内各收藏機構或個人所藏,産生於 1912 年以前,具有文物價值、學術價值和藝術價值的文獻典籍,包括漢文古籍和少數民族文字古籍以及甲骨、簡帛、敦煌遺書、碑帖拓本、古地圖等文獻。其中,部分文獻的收録年限適當延伸。

二、以各收藏機構爲分冊依據,篇幅較小者,適當合併出版。

三、一部古籍一條款目,複本亦單獨著録。

四、著録基本要求爲客觀登記、規範描述。

五、著録款目包括古籍普查登記編號、索書號、題名卷數、著者、版本、冊數、存缺卷等。古籍普查登記編號的組成方式是:省級行政區劃代碼—單位代碼—古籍普查登記順序號。

六、以古籍普查登記編號順序排序。

七、編製各館藏目録書名筆畫索引附於書後,以便檢索。

《浙江省古籍普查登记目录》

工作委员会

主　任：金兴强

副主任：葉菁

委　员：（按姓氏排列）

《浙江省古籍普查登記目録》

編纂委員會

主　編：徐曉軍

副主編：童聖江　曹海花　褚樹青　莊立臻　徐益波

　　　　胡海榮　沈紅梅　劉　偉　王以儉　孫旭霞

　　　　占　劍　孫國茂　毛　旭　季彤曦

統校和編纂工作小組組長：曹海花（浙江圖書館）

統校和編纂工作小組成員：秦華英（浙江圖書館）

　　　　　　　　　　　　呂　芳（浙江圖書館）

　　　　　　　　　　　　干亦鈴（寧波市圖書館）

　　　　　　　　　　　　劉　雲（寧波市天一閣博物館）

　　　　　　　　　　　　周慧惠（寧波市天一閣博物館）

　　　　　　　　　　　　馬曉紅（餘姚市文物保護管理所）

　　　　　　　　　　　　陳瑾淵（温州市圖書館）

　　　　　　　　　　　　王　昉（温州市圖書館）

　　　　　　　　　　　　沈秋燕（嘉興市圖書館）

　　　　　　　　　　　　丁嫻明（嘉興市圖書館）

　　　　　　　　　　　　唐　微（紹興圖書館）

　　　　　　　　　　　　丁　瑛（紹興圖書館）

　　　　　　　　　　　　毛　慧（衢州市博物館）

《浙江省古籍普查登記目録》

序　言

　　浙江文化底蘊深厚,書籍刻印歷史悠久,前賢留下的著述浩如烟海,藏書雅閣及私人藏書爲數衆多,古籍資源十分豐富,幾乎縣縣有古籍,是全國古籍藏量較多的省份之一,是中華文化中具有獨特地域特色的重要一脉。保護好這些珍貴的古籍,對促進文化傳承、弘揚民族精神、維護國家統一及社會穩定具有重要作用。同時,加强古籍保護工作,也是加快建設文化大省、文化强省,努力推動文化浙江建設和社會主義文化大發展大繁榮的必然要求。

（一）

　　爲搶救、保護我國的珍貴古籍,繼承和弘揚優秀傳統文化,國務院辦公廳印發了《關於進一步加强古籍保護工作的意見》(國辦發[2007]6號),全國古籍普查登記工作是全國瞭解古籍存藏情況、建立古籍總臺賬、開展全國古籍保護的基礎性工作。爲認真貫徹落實"國辦發[2007]6號"文件精神,切實加强全省古籍的搶救、保護,浙江省人民政府辦公廳印發《關於進一步加强古籍保護工作的意見》(浙政辦發[2009]54號),提出2009年起要在全省範圍内開展古籍普查登記工作。2012年,浙江省古籍保護工作聯席會議下發《關於印發〈浙江省"中華古籍保護計劃"實施方案〉的通知》(浙文社[2012]30號),提出在"十二五"末基本完成全省古籍普查工作的目標。

　　試點先行、摸底調查、制定方案,建立制度、統籌指揮、上下齊心,引進人員、有效培訓、壯大隊伍,配置設備、補助經費、保障到位,編製手册、明確款目、統一規則,著録完整、審核到位、保證質量,設立項目、表揚先進、激發熱情,在省委省政府的高度重視及其各部門的大力支持下,在國家古籍保護中心的積極指導和省文化廳的正確領導下,通過以上種種措施,"秉持浙江精神,幹在實處、走在前列、勇立潮頭",全省公共圖書館、文物、教育、檔案、衛生五大系統共計95家公藏單位通力合作,到2017年4月底基本完成了全省的古籍普查登記工作。

　　通過普查,摸清了全省古籍文化遺產家底,揭示了全省各地區文化脉絡,形成了統一的古籍信息資料庫,建立了一支遍佈全省的古籍保護隊伍,爲下一步有針對性地開展古籍保護工作奠定堅實的基礎。鑒於全省在古籍普查和其他古籍保護工作中的突出表現,2014年,浙江圖書館、嘉興市圖書館、雲和縣圖書館獲得"全國古籍保護工作先進單位"稱號,浙江圖書館徐曉軍和曹海花、温州市圖書館王妍、紹興圖書館唐微、平湖市圖書館馬慧、衢州市博物館程勤等 6 人獲得"全國古籍保護工作先進個人"稱號。

（二）

全國古籍普查登記範圍爲 1912 年以前産生的文獻典籍。由於近代以來浙江私人藏書相當發達,民國期間也刻印了大量典籍,民國文獻在各藏書單位(尤其是基層單位)所藏歷史文獻中占據了相當大的比重。這些文獻形成了浙江文獻典藏的重要特色,是浙江傳統文化的重要組成部分。爲更加全面地掌握本省歷史文獻文化遺産現狀,浙江省將民國時期傳統裝幀書籍也納入普查範圍。

按照《全國古籍普查登記手册》要求,登記每部古籍的基本項目,必登項目有索書號、題名卷數、著者、版本、册數、存缺卷數,選登項目有分類、批校題跋、版式、裝幀形式、叢書子目、書影、破損狀況等内容。浙江省的古籍普查工作一直高標準、嚴要求,自始至終堅持平臺項目全著録,堅持文字信息和書影信息雙著録,登記每部書的索書號、分類、題名卷數、著者、卷數統計、版本、版式、裝幀、裝具、序跋、刻工、批校題跋、鈐印、叢書子目、定級及書影、定損及書影等 16 大項 74 小項的信息。

普查統計顯示,截至 2017 年 4 月 30 日,全省 95 家單位共藏有中國傳統裝幀書籍 337405 部 2506633 册,其中不分卷者計 31737 部 96822 册,分卷者計 305668 部 2409811 册 11433371 卷(實存 8223803 卷);古籍(含域外本)219862 部 1754943 册,不分卷者 15777 部 54901 册,分卷者 204085 部 1700042 册 7934703 卷;民國時期傳統裝幀書籍 117543 部 751690 册,不分卷者 15960 部 41921 册,分卷者 101583 部 709769 册 3498668 卷。

從版本定級來看,全省四級文獻最多,部數、册數數量占比分别爲 84.75%、78.69%。三級次之,部數、册數數量占比 13.12%、15.96%。一級、二級文獻共計 5689 部 111722 册,量雖不多,極爲珍貴,其破損程度較輕,基本都配置了裝具且裝具狀況良好,這是古籍分級保護體系的有力體現。

從文獻類型來看,古籍普查平臺采用六部分類,在傳統的經、史、子、集四部外加上類叢部、新學。從册數來看,全省文獻類叢部數量最多,占比 29.40%,這其中很大一部分原因在於民國時期刊印了不少大型叢書。史部、集部、子部、經部分居第二至五位,數量占比分别爲 28.98%、18.00%、13.49%、9.24%。新學數量最少,還不到 1%。

從版本類型來看,全省古籍版本類型豐富,數量最多的是刻本,部數占比 51.01%、册數占比 55.03%。部數排在第二至四位的是鉛印本、石印本、抄本,分别占比 17.71%、16.58%、5.19%。册數排在第二至四位的是鉛印本、石印本、影印本,分别占比 14.27%、12.40%、11.38%,這與將民國傳統裝幀書籍納入古籍普查範圍有極大關係。稿、抄本部數占比 6.9%、册數占比 4.04%,總體占比不是很高,但在一、二級文獻中稿、抄本的比率比較高,一級中部數占比20.49%、冊數占比70.25%,二級中部數占比13.16%、冊數占比6.57%。

從版本年代來看,全省藏書從南北朝以迄民國,並有部分日本、朝鮮、越南本。其中,元及元以前共計244部3357冊。明、清、民國三代共計2486788冊,數量占比99.21%:明代占比5.95%、清代占比63.27%、民國占比29.99%。日本、朝鮮、越南三國本共計1877部14522冊,部數、冊數占比分別爲0.56%、0.58%。

從批校題跋來看,337405部文獻中有姓名可考的批校題跋共計15374部,其中集部批校題跋最多,占全部批校題跋的38.73%、占集部文獻的6.16%。稿本的批校題跋在相對應的版本類型中比例最高,爲16.18%。且稿本中有多人批校題跋的量最多,多者一部稿本中的批校題跋者達25人,如浙江圖書館藏沈蕉青稿本《燈青茶嫩草》三卷中有孫麟趾等25人的批校題跋。從各館藏書的批校題跋者來看,有鮮明的館域特色,從一個側面體現了各館的文獻來源。

從鈐印來看,337405部文獻中有51509部有收藏鈐印,各級文獻鈐印比例隨級別的增高而加大,一至四級文獻的鈐印占比分別爲50.67%、49.38%、26.00%、12.90%。收藏鈐印從一個方面體現了某書的遞藏源流,鈐印多於1方者有24840部,鈐印多者達54方,如寧波市天一閣博物館藏清初毛氏汲古閣影宋抄本《集韻》十卷上鈐毛晉、毛扆、段玉裁、朱鼎煦四人共計54方印。

在普查的過程中,我們還利用普查成果積極申報《國家珍貴古籍名録》、評選《浙江省珍貴古籍名録》,建立珍貴古籍分級保護體系。截至目前,全省共有871部珍貴古籍入選前五批《國家珍貴古籍名録》,有609部古籍入選前三批《浙江省珍貴古籍名録》。

(三)

普查登記著録工作結束後,省古籍保護中心於2016年6月成立由浙江圖書館、寧波市圖書館、寧波市天一閣博物館、餘姚市文物保護管理所、溫州市圖書館、嘉興市圖書館、紹興圖書館、衢州市博物館8家單位的14名普查業務骨幹組成的浙江省古籍普查登記目録統校和編纂工作小組,開始全省普查數據的統校和古籍普查登記目録的編纂工作。

浙江省的普查登記目録是將古籍和民國書籍分開的,全省統一規劃,分別出版《浙江省古籍普查登記目録》和《浙江省民國傳統裝幀書籍普查登記目録》。根據《全國古籍普查登記目録審校要求》《古籍普查登記表格整理規範》的要求,省古籍保護中心制定《浙江省古籍普查登記目録編纂工作方案》《浙江省古籍普查數據統校細則》,用於指導全省的數據統校和登記目録的編纂。統校和編纂工作程序如下:導出普查平臺上的數據,切分爲古籍、民國兩張表,按照設定的普查編號、索書號、分類、題名卷數、著者、版本、批校題跋、冊數、存缺卷這幾項登記目録的出版款目對表格進行整理，整理後按照題名進行排列分給各統校員進行統校，統校結束後的數據按行政區域進行彙總交由分區負責人進行覆核，覆核結束後由省古籍保護中心一一寄給各館進行修改確認，經各館確認後由分區負責人進行最後審定。

在統校的過程中，爲了保證全省數據著録的一致，我們積極利用我國古籍整理研究的重大成果《中國古籍總目》（以下簡稱《總目》），每條書目一一對核《總目》，《總目》收者即標注《總目》頁碼，《總目》未收某版本者標注"無此版本"，《總目》未收者標注"無"，《總目》所收即浙江某館所藏者特殊標注，《總目》著録與普查信息有差異或一時無法判斷者標注"存疑"。拿浙江圖書館的近7萬條古籍數據來看，據不完全統計，除去複本，《總目》所收即浙江圖書館所藏者有1100多種，《總目》未收某一明確版本者有3200多種，《總目》未收者有8300多種。

全省95家單位中有93家單位有古籍數據，總條數計22萬條左右。根據分區域出版和達到一定條數可以單獨成書的原則，全省的古籍普查登記目録大致分爲以下19種：浙江圖書館；浙江大學圖書館；浙江省博物館等六家單位；杭州地區杭州圖書館等十家單位；寧波市圖書館；寧波市天一閣博物館；寧波地區餘姚市文物保護管理所等六家單位和舟山地區舟山市圖書館等兩家單位；溫州市圖書館；溫州地區溫州大學圖書館等九家單位；嘉興市圖書館；平湖市圖書館；嘉興地區海寧市圖書館等七家單位；紹興圖書館；紹興地區上虞市圖書館等九家單位；衢州地區衢州市博物館等三家單位和湖州地區湖州師範學院圖書館等七家單位；麗水地區麗水市圖書館等八家單位；臨海市圖書館；台州地區台州市黃巖區圖書館等七家單位；金華地區義烏市圖書館等十家單位。目前全省的古籍普查登記目録有多種已進入出版流程（各館數據以原普查編號從低到高的順序進行排列，由於著録時古籍和民國傳統裝幀書籍交替進行，而出版時是將二者分開的，所以會出現普查編號不連貫的現象，特此説明），民國傳統裝幀書籍的統校亦接近尾聲。古籍普查登記工作和普查登記目録的編纂，爲接下來《中華古籍總目·浙江卷》的編纂打下了良好的基礎。

浙江省古籍普查工作得到了各方的關心和支持。感謝各兄弟省份古籍同行的熱情幫助，感謝李致忠、張志清、吳格、陳先行、陳紅彦、陳荔京、羅琳、王清原、唱春蓮、李德生、石洪運、賈秀麗、范邦瑾等專家學者的悉心指導，藉力於此，普查工作才得以順利完成。

條數多，分佈廣，又出於眾手，儘管工作中我們一直争取做到最好，但無論是已經著録的平臺數據還是即將付梓的登記目録，都難免存在紕漏，希望業界同仁不吝賜教，俾臻完善。

浙江省古籍保護中心

2017 年 7 月

《寧波市天一閣博物館古籍普查登記目録》

編委會

主　編：莊立臻

副主編：張　亮　鄭薇薇　饒國慶

編　校：劉　雲

編　委：袁　慧　周慧惠　李開升　屠建達　盧向陽

《寧波市天一閣博物館古籍普查登記目録》

前　言

　　天一閣是亞洲現存最古老的私家藏書樓。自明代范欽創始至今，歷經450年間的朝代更迭，兵燹火灾，歲月侵蝕，仍巋然屹立，被譽爲藏書文化史上的奇迹。天一閣的珍籍亦隨着書樓迭宕起伏的命運而離散聚合。從范欽時的7萬餘卷，歷經劫難，至1949年天一閣原藏文獻僅存1.3萬餘卷（不包括《古今圖書集成》）。中華人民共和國成立後，天一閣重獲新生，衆多的寧波藏書家，如馮貞群、朱贊卿、孫家溎、楊容林、張季言等等，紛紛親自或由後人向天一閣捐獻其所藏，天一閣藏書數量大增。特别是在"文革"十年動亂期間，天一閣不僅幸運地躲過了劫難，而且工作人員還從廢品站、造紙廠搶救回了不少珍貴古籍，甚至包括原先從天一閣散出的珍籍。近年來天一閣博物館積極地、多渠道地繼續徵集古籍，其中尤以浙東地方文獻爲多。

　　歷史上對天一閣藏書的整理自建閣起就從未停歇。首先是歷代范氏編目。最早是范欽編寫的《范氏東明書目》，可惜此書目已佚失。范欽長子范大冲對保存天一閣文獻作出了重大貢獻。他曾編過《天一閣書目》，但至今僅存數頁摘抄本。清乾隆年間，范氏後人編《四明天一閣藏書目録》。清康熙十二年（1673），著名思想家、學者黄宗羲以第一位外姓人身份登閣觀書，並編寫了一份藏書簡目，由此開創了著名學者或地方官員參與甚至主持天一閣書目整理的歷史，較爲代表性的有清浙江學政阮元主持的《天一閣書目》、清寧紹台道薛福成主持的《天一閣見存書目》、民國學者馮貞群主編的《鄞范氏天一閣書目内編》等。這些書目是天一閣藏書發展史的最好見證。1995年，駱兆平先生的《新編天一閣書目》出版，這是中華人民共和國成立以後第一部公開出版的天一閣書目。其收録範圍爲范氏天一閣原藏書，未包含天一閣大量新增藏書。進入新世紀以來，天一閣又陸續整理出版了《伏跗室藏書目録》《别宥齋藏書目録》《清防閣·蝸寄廬·樵齋藏書目録》，但尚未有一部全面反映天一閣所藏古籍的書目。2013年，天一閣古籍普查全面展開。先後有近二十名專業人員投入到了天一閣歷史上最大規模的古籍整理工程之中。普查人員終日埋首於故紙飛塵之中，逐部逐册過手、過眼、過心，力求反映閣書真貌。至2015年底，歷時整整三年，普查終得全面完成。

　　本書目便是此次普查工作的成果之一。本書目收録天一閣所藏18163條古籍數據。天一閣所藏古籍中，善本古籍爲 4821 種，目前已入選《國家珍貴古籍名録》的古籍 137 種（明代鄉試録 273 種算 1 種）。藏書中以明代地方志、科舉録、政書以及明人文集最爲珍貴，多爲海内孤本，文獻價值和版本價值獨特。此外，明抄明刻、名人稿抄校本同樣彌足珍貴。另外，浙東和寧波地方文獻也頗具特色，主要有清代浙東家譜、浙東學人著述和詩文集等，是研究浙東學術和文化的資料寶庫。

本書的出版既是古籍普查成果的直接體現，更重要的是以開放的姿態，揭開了天一閣藏書神秘的面紗，讓更多的學者能夠借此縱覽天一閣藏書，讓藏書更好地服務於學術研究、服務於文化傳承傳播、服務於當下社會建設。我們也期待着更多的學者能夠到閣中"識寶"，讓珍藏幾百年的書籍能夠盡其所用。這恐怕也是一代代天一閣的創始者、守護者、捐獻者、工作者們共同的和終極的心願吧。

此次普查爲天一閣古籍的研究、出版、修護、利用奠定了堅實的基礎。通過普查全面掌握了古籍的破損程度和病害種類，爲今後的古籍修復和保護提供了準確的依據。目前，天一閣博物館已經開始編製全面性的古籍預防性保護方案，包括完善庫房、監測環境、添置設備、搶救修復、數字掃描等；同時 2017 年還計劃彙集出版天一閣所藏歷代地方志，預計規模將達 800 餘冊。我們的目標就是儘可能地讓藏與用能夠兩全齊美。

本書的成稿有賴於衆多同仁的通力合作，除了編委會的諸位成員，原副館長庫金紅爲天一閣古籍普查的順利開展作了大量的組織協調工作；衆位普查員如烏瑩君、李齊、黃萍、池雅靜、吕歡、肖莎莎、周詩雯、孫敏山、李倩、程寅、肖迪文、趙軍蓮、王曉輝、陳婧文等付出了辛勤的汗水；還有黃剛、任紅輝兩位同仁爲普查提供了優良的技術支持，凡此種種，不一一列舉，在此一併表示衷心的感謝！

本書的出版得到了國家古籍保護中心、浙江省古籍保護中心的關心、指導和支持，誠致謝意！

由於編者學識有限、編纂時間有限，本書肯定還存在某些欠缺和謬誤，敬請各位方家批評指正。

莊立臻

2017 年 4 月

目　　録

上冊

中冊

下冊

330000－1705－0000001　馮0907　史部/傳記類/總傳之屬/斷代

新刊名臣碑傳琬琰之集上集二十七卷中集五十五卷下集二十五卷　（宋）杜大珪編　宋刻元明遞修本（上集卷十一抄配）　清練廷璜、清毛嶽生觀款　十六冊

330000－1705－0000002　善2482　子部/醫家類/針灸之屬/通論

鍼灸四書九卷　元至大四年（1311）燕山活濟堂刻本　三冊

330000－1705－0000003　善0400　經部/小學類/音韻之屬/韻書

集韻十卷　（宋）丁度等撰　清初毛氏汲古閣影宋抄本　清阮元、清段玉裁跋　十冊

330000－1705－0000004　善0577　史部/紀傳類/正史之屬

明史稿不分卷　（清）萬斯同等撰　稿本　吳澤題記　葛暘、陳寥士題詩　李晉華、張宗祥、朱鼎煦跋　十二冊

330000－1705－0000005　善0920　史部/傳記類/科舉錄之屬/歷科登科錄

洪武四年進士登科錄一卷　明洪武刻本　一冊

330000－1705－0000006　善1513　史部/政書類/律令之屬/律例

天聖令三十卷　（宋）呂夷簡修　（宋）龐籍修　明抄本　一冊　存十卷（二十一至三十）

330000－1705－0000007　善3097　類叢部/類書類/通類之屬

三才廣志一千一百八十四卷　（明）吳琉輯　明抄本　朱鼎煦題記　七十五冊　存二百七十二卷（二百六十九至二百七十七、二百八十四至二百九十、二百九十三至二百九十四、三百三十四至三百三十九、三百四十六至三百四十八、三百五十三至三百六十三、三百七十五至三百七十六、四百四十六、四百六十三、四百六十六至四百七十二、四百七十四至四百七十五、四百七十七至四百七十九、四百八十七至四百八十九、五百十三至五百三十一、五百三十三至五百三十七、五百三十九至五百四十、五百五十至五百五十五、五百六十二至五百六十五、五百七十八至五百九十、五百九十二至五百九十七、六百三十七至六百四十六、六百四十八至六百五十二、六百五十四至六百五十七、六百六十二至六百六十六、六百六十九、六百七十三至六百七十六、六百八十一至六百八十六、六百九十至六百九十一、六百九十三至六百九十四、八百三十至八百三十二、八百四十至八百四十一、八百四十三至八百四十六、八百五十二至八百五十三、八百六十四至八百七十、八百七十二至八百七十四、八百九十九、九百一至九百二、九百四至九百八、九百十至九百十一、九百十六至九百十七、九百三十一至九百三十三、九百三十七至九百三十八、九百四十七、九百四十九至九百五十三、九百八十八至九百八十九、九百九十二、一千五十一至一千五十二、一千五十四至一千五十九、一千六十四至一千七十六、一千九十一至一千九十八、一千一百至一千一百二、一千一百十至一千一百十九、一千一百二十二至一千一百二十六、一千一百三十一至一千一百三十二、一千一百三十六、一千一百四十至一千一百四十二、一千一百四十四、一千一百四十六至一千一百四十九、一千一百五十七至一千一百六十五、一千一百六十七、一千一百七十三至一千一百七十七、一千一百七十九）

330000－1705－0000008　善0370　經部/小學類/文字之屬/字書/字典

新校經史海篇直音五卷　（明）□□輯　明萬曆三年（1575）司禮監刻本　五冊

330000－1705－0000009　善4711　集部/總集類/選集之屬/斷代

明文案□□卷　（清）黃宗羲輯　清初稿本　朱鼎煦批　張宗祥跋　四十三冊　存一百八十八卷（一至三十七、四十二至一百十四、一百十九至一百三十一、一百三十六至一百四十七、一百五十一至二百三）

330000－1705－0000010　善0430　經部/小

學類/音韻之屬/韻書

音韻部略不分卷詩音譜略不分卷 （清）黃式三撰　稿本　清楊文瑩跋　四冊

330000－1705－0000011　善0680　史部/紀事本末類/通代之屬

蜀鑑十卷 （宋）郭允蹈撰　明嘉靖三十四年（1555）刻本　四冊

330000－1705－0000012　善0372　經部/小學類/文字之屬/字書/字典

新校經史海篇直音五卷 （明）□□輯　明刻本　三冊　存三卷（一至二、四）

330000－1705－0000013　善0309　經部/樂類/樂理之屬

古樂書二卷 （清）應撝謙撰　稿本　清朱劍芝題簽並批　一冊　存一卷（上）

330000－1705－0000014　善0050　經部/易類/傳說之屬

易釋不分卷 （清）黃以周撰　稿本　二冊

330000－1705－0000015　善2581　子部/工藝類/日用器物之屬/器具

七十三壺圖不分卷 （清）釋普荷繪撰　清雍正二年（1724）稿本　一冊

330000－1705－0000016　善2252　子部/道家類

南華經十六卷 （晉）郭象注　（宋）林希逸口義　（宋）劉辰翁點校　（明）王世貞評點　（明）陳仁錫批注　明刻四色套印本　八冊

330000－1705－0000017　善0001　經部/易類/傳說之屬

易經不分卷 清抄本　三冊

330000－1705－0000018　善5000　類叢部/叢書類/彙編之屬

金聲玉振集五十種 （明）袁褧編　明嘉靖吳郡袁氏嘉趣堂刻本　十八冊　存三十七種

330000－1705－0000019　善0117　經部/詩類/傳說之屬

詩經纂一卷 （清）邵晉涵撰　清抄本　二冊

330000－1705－0000020　善0077　經部/書類/分篇之屬

胡氏禹貢錐指勘補十二卷 （清）姚燮撰　稿本　一冊

330000－1705－0000021　善0049　子部/雜著類/雜考之屬

九山隨筆不分卷 （清）倪象占撰　稿本　一冊

330000－1705－0000022　善0182　經部/三禮總義類/通禮雜禮之屬

五禮異義不分卷 （清）黃以周撰　稿本　一冊

330000－1705－0000023　善0287　經部/四書類/孟子之屬/傳說

孟子四考四卷 （清）周廣業撰　稿本　四冊

330000－1705－0000024　善0392　經部/小學類/文字之屬/字書/訓蒙

倉頡篇校證三卷補遺一卷 （清）梁章鉅撰　稿本　一冊

330000－1705－0000025　善0780　史部/雜史類/斷代之屬

洋煙考述八卷 （清）姚燮撰　稿本　一冊

330000－1705－0000026　善4363　子部/雜著類/雜考之屬

越縵堂筆記一卷 （清）李慈銘撰　稿本　陳訓慈、馮貞群跋　二冊

330000－1705－0000027　善0393　經部/小學類/文字之屬/字書/訓蒙

倉頡篇校證三卷補遺一卷 （清）梁章鉅撰　稿本　二冊

330000－1705－0000028　善4916　集部/詞類/別集之屬

疏影樓詞二卷 （清）姚燮撰　稿本　清周泰、清姚燮跋　一冊

330000－1705－0000029　馮2058　集部/別集類/唐五代別集

唐李長吉歌詩補註四卷外卷二卷復古堂舊本

五卷年譜一卷附錄九卷首一卷　（清）史榮撰
　　稿本　二十一冊

330000 – 1705 – 0000030　善2541　子部/藝
術類/書畫之屬/題跋
玉几山人書畫涉記手稿不分卷　（清）陳撰撰
　　稿本　清釋六舟題記　一冊

330000 – 1705 – 0000031　善4206　集部/別
集類/清別集
九山類稿三卷詩文二卷近稿偶存一卷　（清）
倪象占撰　稿本　六冊

330000 – 1705 – 0000032　善4960　集部/戲
劇類/傳奇之屬
雙冠誥二十九齣　（清）陳二白撰　稿本
二冊

330000 – 1705 – 0000033　善0002、善0055、
善0138、善0148、善0199、善0220、善0230、善
0272、善0274、善0282、善0327　經部/叢編
十三經註疏三百三十五卷　（明）□□輯　明
萬曆十四年至二十一年(1586－1593)北京國
子監刻本　八十八冊

330000 – 1705 – 0000034　善2580　子部/工
藝類/日用器物之屬/器具
七十三壺圖不分卷　（清）釋普荷繪撰　稿本
　一冊

330000 – 1705 – 0000035　善0121、善0218、
善0229　經部/叢編
十三經註疏三百三十五卷　（明）□□輯　明
嘉靖李元陽刻隆慶重修本　清何士祁題記
十九冊　存三種

330000 – 1705 – 0000036　善4936　集部/戲
劇類/總集之屬/選集
**復莊今樂府選□□種□□卷目錄一卷附錄二
卷**　（清）姚燮編　稿本　清無我相居士、清
□文山農跋　清姚燮校　五十八冊　存一百
四十一種

330000 – 1705 – 0000037　善0013、善0093
經部/叢編
兩蘇經解六十四卷　（宋）蘇軾　（宋）蘇轍撰

（明）焦竑輯　明萬曆二十五年(1597)金陵
畢氏刻本　六冊　存二十八卷(東坡先生易
傳一至九、潁濱先生詩集傳一至十九)

330000 – 1705 – 0000038　善0014、善0022
經部/易類/傳說之屬
周易程朱傳義十卷易說綱領一卷　（宋）程頤
（宋）朱熹撰　**上下篇義一卷**　（宋）程頤撰
　易圖集錄一卷易五贊一卷筮儀一卷　（宋）
朱熹撰　明正統十二年(1447)司禮監刻本
七冊　存七卷(周易傳義一、四至八,易說綱
領)

330000 – 1705 – 0000039　善0021　經部/易
類/傳說之屬
周易經傳傳義二十四卷　（宋）程頤　（宋）朱
熹撰　明嘉靖福建刻本　三冊　存九卷(十
三至十八、二十二至二十四)

330000 – 1705 – 0000040　善0023　經部/易
類/傳說之屬
周易程朱先生傳義十九卷　（宋）程頤　（宋）
朱熹撰　**程子上下篇義一卷**　（宋）程頤撰
朱子周易五贊一卷筮儀一卷　（宋）朱熹撰
明刻本　四冊　存十三卷(一至三、八至十
五,繫辭一至二)

330000 – 1705 – 0000041　善0028　經部/易
類/傳說之屬
**周易傳義大全二十四卷綱領一卷朱子圖說一
卷**　（明）胡廣等纂　明永樂十三年(1415)內
府刻本　十二冊

330000 – 1705 – 0000042　善0025　經部/易
類/傳說之屬
周易本義啓蒙翼傳四卷　（元）胡一桂學　明
正德刻本　三冊　存三卷(上篇、下篇、外篇)

330000 – 1705 – 0000043　善1436　史部/政
書類/通制之屬
文獻通考三百四十八卷　（元）馬端臨撰　明
嘉靖三年(1524)司禮監刻本　一百十九冊

330000 – 1705 – 0000044　善0030　經部/易
類/傳說之屬

周易傳義大全二十四卷上下篇義一卷朱子圖
說一卷五贊一卷筮儀一卷易說綱領一卷
(明)胡廣等纂　明嘉靖十五年(1536)劉氏安
正堂刻本　一冊　存五卷(上下篇義、朱子圖
說、五贊、筮儀、易說綱領)

330000－1705－0000045　善0035　經部/易
類/傳說之屬

文所易說五卷　(明)馮時可撰　明萬曆十五
年(1587)周天敘、李華陽刻本　一冊　存一
卷(一)

330000－1705－0000046　善0036　經部/易
類/傳說之屬

梁山來知德先生易經集註六卷　(明)來知德
撰　(清)崔華重訂　清康熙三十九年至四十
年(1700－1701)抄本　二冊

330000－1705－0000047　善0037　經部/易
類/傳說之屬

易窺不分卷　(明)程玉潤撰　明抄本　十冊

330000－1705－0000048　善0040　經部/易
類/分篇之屬

易八篇八卷前一卷後一卷附一卷　(明)蕭甲
登撰　明六章館刻本　一冊　存三卷(一至
二、前)

330000－1705－0000049　善0038、善0108、
善0169、善266　經部/叢編

五經疑問六十卷　(明)姚舜牧撰　明萬曆刻
本　清徐時棟記　十三冊　存四種

330000－1705－0000050　善0041　經部/易
類/傳說之屬

新鐫繆當時先生周易九鼎十六卷首一卷
(明)繆昌期撰　明崇禎長庚館刻本　八冊

330000－1705－0000051　善0042　經部/易
類/傳說之屬

易經疏義統宗三卷　(明)陳仁錫撰　明末奇
賞齋刻本　師虞校並跋　一冊

330000－1705－0000052　善0043　經部/易
類/傳說之屬

讀易隅通二卷　(清)來集之撰　明崇禎十七

年(1644)黃正色刻本　二冊

330000－1705－0000053　善0044　經部/易
類/傳說之屬

御纂周易折中二十二卷首一卷　(清)李光地
等纂　清康熙五十四年(1715)武英殿刻本
十冊

330000－1705－0000054　善0045　經部/易
類/傳說之屬

御纂周易折中二十二卷首一卷　(清)李光地
等纂　清康熙五十四年(1715)武英殿刻本
十二冊

330000－1705－0000055　善0046　經部/易
類/專著之屬

易義摘要不分卷　清隸猗閣抄本　一冊

330000－1705－0000056　善0047　經部/易
類/傳說之屬

易卦大義合鈔不分卷　(清)陳祖望撰　清思
退堂抄本　清雲帆跋　二冊

330000－1705－0000057　善0058　經部/書
類/傳說之屬

書經集註十卷　(宋)蔡沈撰　明刻本　二冊
存四卷(七至十)

330000－1705－0000058　善0064　經部/書
類/分篇之屬

定正洪範集說一卷　(元)胡一中撰　明抄本
陳月峰題簽　一冊

330000－1705－0000059　善0059　經部/書
類/傳說之屬

書經集傳六卷　(宋)蔡沈撰　明嘉靖刻本
三冊　存三卷(二至四)

330000－1705－0000060　善0051　經部/書
類/正文之屬

尚書一卷　明刻本　二冊

330000－1705－0000061　善0066　經部/書
類/傳說之屬

書經大全十卷　(明)胡廣等編　明余氏興文
書堂刻本　三冊　存四卷(三至五、十)

330000－1705－0000062　善0061　經部/書類/傳說之屬

書集傳六卷圖一卷　（宋）蔡沈集傳　（元）鄒季友音釋　**朱子說書綱領一卷**　（宋）朱熹撰　明正統十二年(1447)內府刻本　六冊

330000－1705－0000063　善0062　經部/書類/傳說之屬

書集傳六卷序一卷圖一卷　（宋）蔡沈集傳　（元）鄒季友音釋　**朱子說書綱領一卷**　（宋）朱熹撰　明正統十二年(1447)司禮監刻本　四冊　存七卷(書集傳一至五、序、圖)

330000－1705－0000064　善0070　經部/書類/傳說之屬

書經直解十三卷　（明）張居正等撰　明萬曆元年(1573)刻本　清全祖望批　十二冊　存十二卷(一、三至十三)

330000－1705－0000065　善0071　經部/書類/傳說之屬

沈方伯刪定尚書集註六卷　（明）沈一中撰　清順治十八年(1661)沈延儁抄本　清沈德壽跋　六冊

330000－1705－0000066　善0073　經部/書類/傳說之屬

新鍥書經講義會編十二卷　（明）申時行撰　（明）李鴻編輯　（明）于用懋校訂　明萬曆二十六年(1598)徐銓刻本　一冊　存二卷(一至二)

330000－1705－0000067　善0361　經部/小學類/文字之屬/字書/字體

漢隸字源五卷碑目一卷附字一卷　（宋）婁機撰　明末毛氏汲古閣覆宋刻本　六冊

330000－1705－0000068　善0076　經部/書類/分篇之屬

夏書禹貢廣覽三卷蓋載圖憲一卷　（明）許胥臣編　明崇禎刻本　章木題　一冊

330000－1705－0000069　善0078　經部/書類/專著之屬

書經論次一卷　清抄本　一冊

330000－1705－0000070　善0086　經部/詩類/三家詩之屬

韓詩外傳十卷　（漢）韓嬰撰　明嘉靖十八年(1539)薛來芙蓉泉書屋刻本　一冊　存六卷(五至十)

330000－1705－0000071　善0088　經部/詩類/三家詩之屬

韓詩外傳十卷　（漢）韓嬰撰　明銅活字印本　一冊　存二卷(三至四)

330000－1705－0000072　善0091　經部/詩類/傳說之屬

毛詩草木鳥獸蟲魚疏廣要四卷　（明）毛晉撰　明崇禎常熟毛氏汲古閣刻本　四冊

330000－1705－0000073　善0092、善0234　經部/叢編

兩蘇經解六十四卷　（宋）蘇軾　（宋）蘇轍撰　（明）焦竑輯　明萬曆三十九年(1611)顧氏刻本　四冊　存三十一卷(潁濱先生詩集傳一至十九、潁濱先生春秋集傳一至十二)

330000－1705－0000074　善0094　經部/詩類/傳說之屬

詩集傳二十卷詩序辨說一卷詩傳綱領一卷詩圖一卷　（宋）朱熹集傳　（元）許謙音釋　（元）羅復纂輯　明正統十二年(1447)司禮監刻本　八冊　存十五卷(詩集傳一至十、十三至十四,詩序,詩傳綱領,詩圖)

330000－1705－0000075　善0084　經部/詩類/傳說之屬

魯詩世學三十二卷首四卷　（宋）豐稷正音　（明）豐熙正說　（明）豐耘補音　（明）豐熙正說　（明）豐坊考補　明抄本　朱鼎煦跋　二冊　存十五卷(一至十五)

330000－1705－0000076　善0099　經部/詩類/傳說之屬

呂氏家塾讀詩記三十二卷　（宋）呂祖謙撰　明嘉靖十年(1531)傅應台南昌刻本　十冊

330000－1705－0000077　善0100　經部/詩類/傳說之屬

詩緝三十六卷　（宋）嚴粲撰　明趙府味經堂刻本　十二冊

330000－1705－0000078　善0101　經部/詩類/傳說之屬

詩緝三十六卷　（宋）嚴粲撰　明趙府味經堂刻本　八冊　存二十五卷（六至二十一、二十八至三十六）

330000－1705－0000079　善0104　經部/詩類/傳說之屬

詩傳大全二十卷綱領一卷圖一卷　（明）胡廣撰　詩序辨說一卷　（宋）朱熹撰　詩經考異一卷　（宋）王應麟撰　明詩瘦閣刻本　八冊

330000－1705－0000080　善0098　經部/詩類/傳說之屬

呂氏家塾讀詩記三十二卷　（宋）呂祖謙撰　明嘉靖十年（1531）傅應台南昌刻本　五冊

330000－1705－0000081　善0095　經部/詩類/傳說之屬

詩經集傳八卷　（宋）朱熹撰　清康熙十一年（1672）朱氏崇道堂刻本　清朱錫旌批校　朱鼎煦跋　二冊

330000－1705－0000082　善0109　經部/詩類/傳說之屬

毛詩日箋六卷　（清）秦松齡撰　清康熙刻本　二冊

330000－1705－0000083　善0106　經部/詩類/傳說之屬

詩經億四卷　（明）王道撰　明徐中立刻本　二冊　存三卷（一、三至四）

330000－1705－0000084　善0112　經部/詩類/傳說之屬

讀嚴氏詩緝不分卷　（清）葉燕撰　稿本　一冊

330000－1705－0000085　善0110　經部/詩類/文字音義之屬

風雅遺音不分卷　（清）史榮輯　清抄本　一冊

330000－1705－0000086　善0111　經部/詩類/三家詩之屬

韓詩遺說二卷　（清）臧庸撰　清董沛六一山房抄本　清趙之謙、清董沛批並跋　一冊

330000－1705－0000087　善0113　經部/詩類/專著之屬

沈氏詩醒八牋二十五卷　（清）沈冰壺撰　清乾隆十六年（1751）稿本　三十六冊　存二十卷（一至十、十五至二十三、二十五）

330000－1705－0000088　善0114　經部/詩類/專著之屬

詩學自怡錄八卷　（清）王約撰　清抄本　一冊

330000－1705－0000089　善0118、善0197、善0271、善0324　經部/叢編

十三經註疏三百三十五卷　（明）□□輯　明嘉靖李元陽刻本　二十二冊　存四種

330000－1705－0000090　善0273、善0279　經部/叢編

十三經註疏三百三十五卷　（明）□□輯　明嘉靖李元陽刻隆慶重修本　十一冊　存二種

330000－1705－0000091　善0126　經部/周禮類/專著之屬

禮經會元四卷　（宋）葉時撰　明刻本　清徐鯤批校　二冊

330000－1705－0000092　善0977　史部/傳記類/科舉錄之屬/諸貢錄

明貢舉錄一卷　（明）范欽輯　稿本　馮貞群、沈元魁題記　一冊

330000－1705－0000093　善4537　集部/總集類/選集之屬/通代

古樂府十卷　（元）左克明輯　明刻本　明范欽批校　二冊

330000－1705－0000094　善3292　集部/別集類/唐五代別集

晝上人集十卷　（唐）釋皎然撰　明馮舒抄本　明馮舒校並題記　二冊

330000－1705－0000095　善 0139　經部/儀禮類/傳說之屬

儀禮注疏十七卷　（漢）鄭玄注　（唐）賈公彥疏　明萬曆二十一年(1593)北京國子監刻崇禎重修本　清顧廣圻批校並跋　朱鼎煦跋　六冊

330000－1705－0000096　善 2141　子部/儒家類/儒家之屬

劉向說苑二十卷　（漢）劉向撰　明初刻本　清王端履跋　一冊　存五卷(一至五)

330000－1705－0000097　善 3449　集部/別集類/宋別集

蘇文六卷　（宋）蘇軾撰　（明）茅坤等評　明閔爾容刻三色套印本　清藹如識並批校圈點　六冊

330000－1705－0000098　善 3166　集部/楚辭類

楚辭章句十七卷附錄一卷　（漢）王逸撰　明萬曆十四年(1586)武林馮紹祖觀妙齋刻本　清彭孫遹批校並跋　四冊

330000－1705－0000099　善 0127　經部/周禮類/傳說之屬

周禮句解十二卷　（宋）朱申撰　明刻本　六冊

330000－1705－0000100　善 0129　經部/周禮類/傳說之屬

周禮傳五卷翼傳二卷圖說二卷　（明）王應電撰　明嘉靖四十二年(1563)吳鳳瑞刻本　十三冊　缺一卷(翼傳下)

330000－1705－0000101　善 0128　經部/周禮類/傳說之屬

周禮集註七卷　（明）何喬新撰　明刻本　一冊　存二卷(一至二)

330000－1705－0000102　善 0130　經部/周禮類/分篇之屬

考工記二卷　（明）郭正域批點　明萬曆閔齊伋刻朱墨套印本　一冊

330000－1705－0000103　善 0131　經部/周禮類/分篇之屬

考工記二卷　（漢）鄭玄注　（明）盧之頤校　明末刻本　一冊

330000－1705－0000104　善 0133　經部/周禮類/傳說之屬

周禮註疏刪翼三十卷　（明）王志長撰　明崇禎十二年(1639)刻本　十二冊

330000－1705－0000105　善 0135　經部/儀禮類/正文之屬

儀禮十七卷　明刻本　二冊

330000－1705－0000106　善 0134　經部/周禮類/正文之屬

周禮摘要二卷　（清）儲欣定　清乾隆四十九年(1784)竹嶼氏抄本　清王昶批　二冊

330000－1705－0000107　善 0136　經部/儀禮類/正文之屬

儀禮十七卷　元刻明遞修本　二冊

330000－1705－0000108　善 0137　經部/儀禮類/傳說之屬

儀禮十七卷　（漢）鄭玄注　明正德十六年(1521)陳鳳梧刻本　八冊

330000－1705－0000109　善 0156　經部/叢編

三經評注五卷　（明）閔齊伋輯　明萬曆吳興閔齊伋刻三色套印本　一冊　存一卷(檀弓)

330000－1705－0000110　善 0164　經部/禮記類/傳說之屬

禮記集說大全三十卷　（明）胡廣等輯　明刻本　清徐時棟題記　十六冊

330000－1705－0000111　善 0140　經部/三禮總義類/通禮雜禮之屬

儀禮經傳通解三十七卷　（宋）朱熹撰　**儀禮經傳通解續二十九卷**　（宋）黃榦　（宋）楊復撰　明正德十六年(1521)劉瑞、曹山杭州刻本　四冊　存二十八卷(一至十四、十六至二十一、三十至三十七)

330000－1705－0000112　善 0141　經部/三

禮總義類/通禮雜禮之屬

儀禮經傳通解三十七卷 （宋）朱熹撰　**儀禮經傳通解續二十九卷** （宋）黃榦 （宋）楊復撰　明正德十六年(1521)劉瑞、曹山杭州刻本　二冊　存十二卷(一至十二)

330000－1705－0000113　善0144　經部/儀禮類/圖說之屬

儀禮圖十七卷旁通圖一卷 （宋）楊復撰　明嘉靖十五年(1536)呂柟刻本　八冊

330000－1705－0000114　善0154　經部/禮記類/分篇之屬

檀孟批點四卷 （宋）謝枋得 （宋）蘇洵批點　明嘉靖程拱宸刻本　二冊　存二卷(檀弓批點一至二)

330000－1705－0000115　善0155　經部/儀禮類/分篇之屬

檀弓記二卷 （宋）謝枋得評點 （明）楊慎注　明末錢塘盧之頤刻本　一冊

330000－1705－0000116　善0150　經部/大戴禮記類/傳說之屬

大戴禮記十三卷 （漢）戴德撰 （宋）劉辰翁評 （明）朱養純參評 （明）朱養和輯訂　明天啟西湖朱養純花齋刻本　二冊

330000－1705－0000117　善0158　經部/禮記類/傳說之屬

禮記集說十六卷 （元）陳澔撰　明正統十二年(1447)司禮監刻本　十六冊

330000－1705－0000118　善0149、善0583、善2291、善2617、善2624　類叢部/叢書類/彙編之屬

漢魏叢書三十八種 （明）程榮編　明萬曆二十年(1592)新安程氏刻本　三冊　存五種

330000－1705－0000119　善0160　經部/禮記類/傳說之屬

禮記集說三十卷 （元）陳澔撰　明嘉靖吉澄刻楊一鶚重修本　八冊

330000－1705－0000120　善0159　經部/禮記類/傳說之屬

禮記集說三十卷 （元）陳澔撰　明嘉靖十一年(1532)建寧府刻本　七冊　存二十六卷(一至十、十五至三十)

330000－1705－0000121　善0161　經部/禮記類/傳說之屬

禮記集說三十卷 （元）陳澔撰　明刻本　九冊　存十三卷(四至十六)

330000－1705－0000122　善0168　經部/禮記類/傳說之屬

禮記纂注三十卷 （明）湯道衡撰　明刻本　一冊　存四卷(一至四)

330000－1705－0000123　善0163　經部/禮記類/傳說之屬

新刊京本禮記纂言三十六卷 （元）吳澄撰　明崇禎二年(1629)晉陽張養刻本　七冊　存二十卷(一、十一至十四、二十二至三十六)

330000－1705－0000124　善0167　經部/禮記類/傳說之屬

禮記集注三十卷 （明）徐師曾撰　明萬曆三年(1575)宋儀望刻本　十九冊　缺一卷(二十一)

330000－1705－0000125　善0172　經部/禮記類/傳說之屬

禮記省度四卷 （清）彭頤撰　清刻三色套印本　四冊

330000－1705－0000126　善0175　經部/大戴禮記類/傳說之屬

大戴禮記補注二卷 （清）孔廣森撰　清抄本　清丁授經批並跋　二冊

330000－1705－0000127　善0177　經部/周禮類/分篇之屬

檀弓二卷考工記二卷 （宋）謝枋得評點 （明）楊慎注　明萬曆四十年(1612)閔齊伋刻朱墨套印本　一冊

330000－1705－0000128　善0178　經部/周禮類/傳說之屬

讀禮疑圖六卷 （明）季本撰　明嘉靖刻本　一冊　存一卷(六)

330000－1705－0000129　善0180　經部/三禮總義類/通論之屬

三禮編繹二十六卷　（明）鄧元錫撰　明萬曆三十三年（1605）史繼辰、饒景曜等刻本　十二冊

330000－1705－0000130　善0171　經部/周禮類/分篇之屬

檀弓輯註二卷考工記輯註二卷　（明）陳與郊輯　明萬曆三十二年（1604）刻本　朱鼎煦題記　一冊　存二卷（檀弓一至二）

330000－1705－0000131　善0181　經部/三禮總義類/通論之屬

三禮編繹二十六卷　（明）鄧元錫撰　明萬曆三十三年（1605）史繼辰、饒景曜等刻本　一冊　存一卷（五）

330000－1705－0000132　善0183　經部/三禮總義類/通禮雜禮之屬

司馬氏書儀十卷　（宋）司馬光撰　清雍正元年（1723）汪氏刻本　一冊

330000－1705－0000133　善0184　經部/三禮總義類/通禮雜禮之屬

文公家禮會通十卷　（明）湯鐸撰　明景泰元年（1450）湯氏執中堂刻本　一冊　存一卷（一）

330000－1705－0000134　善0185　經部/三禮總義類/通禮雜禮之屬

文公家禮儀節八卷　（明）丘濬撰　明萬曆三十六年（1608）錢時刻本　二冊

330000－1705－0000135　善0187　經部/春秋左傳類/傳說之屬

春秋左傳三十卷　（晉）杜預注　（宋）林堯叟音注　明刻本　六冊　存二十三卷（一至二十三）

330000－1705－0000136　善0195　經部/春秋左傳類/傳說之屬

春秋經傳集解三十卷　（晉）杜預撰　（唐）陸德明釋文　明刻本　十一冊　存十四卷（一至八、十七至十八、二十一至二十二、二十五、二十八）

330000－1705－0000137　善2722　子部/雜著類/雜說之屬

今白華堂筆記四卷　（清）童槐撰　稿本　四冊

330000－1705－0000138　善4346　集部/別集類/清別集

徐柳泉詩稿九卷柳泉詞一卷　（清）徐時棟撰　稿本　一冊

330000－1705－0000139　善1980　史部/地理類/雜志之屬

新坡土風一卷　（清）陳鱣撰　（清）陳小弼和韻　稿本　清王朝、清郭宗泰、清陳夢弼題記　鄒黼觀款　一冊

330000－1705－0000140　善4851　集部/詩文評類/詩評之屬

晦庵先生詩話一卷　（宋）朱熹撰　（明）沈爌輯　明抄本　一冊

330000－1705－0000141　善4782　集部/總集類/郡邑之屬

甬上明詩略一卷　（清）董沛輯　稿本　一冊

330000－1705－0000142　善1735　史部/地理類/方志之屬/郡縣志

四明志徵不分卷　（清）鄭□編　稿本　清鄭勳批　朱鼎煦跋　六冊

330000－1705－0000143　善1565　史部/詔令奏議類/奏議之屬

張簡肅公奏議三卷　（明）張敷華撰　明抄本　三冊

330000－1705－0000144　善0020　經部/易類/傳說之屬

胡子易演十八卷　（明）胡經撰　明抄本　二冊　存八卷（九至十六）

330000－1705－0000145　善0018　經部/易類/傳說之屬

童溪王先生易傳三十卷　（宋）王宗傳撰　明抄本　五冊

330000 - 1705 - 0000146　善 0746　史部/雜史類/斷代之屬

永樂聖政記三卷　（明）張輔撰　明抄本　二冊　存二卷（二至三）

330000 - 1705 - 0000147　善 0713　史部/雜史類/斷代之屬

越絕書十五卷　（漢）袁康撰　明嘉靖二十四年（1545）孔天胤刻本　二冊

330000 - 1705 - 0000148　善 2196　子部/儒家類/儒學之屬/性理

士翼四卷　（明）崔銑撰　明嘉靖刻本　二冊

330000 - 1705 - 0000149　善 0694　史部/雜史類/斷代之屬

戰國策十卷　（宋）鮑彪校注　（元）吳師道補正　明嘉靖元年（1522）俞國昌刻本　四冊

330000 - 1705 - 0000150　善 2084　史部/目錄類/總錄之屬/官修

崇文總目六十六卷　（宋）王堯臣等撰　明抄本（卷三原缺）　明范欽補目　一冊

330000 - 1705 - 0000151　善 4391　集部/總集類/彙編之屬

唐人集□□種　（明）□□輯　明銅活字印本　二十九冊　存三十三種

330000 - 1705 - 0000152　善 0858　史部/傳記類/別傳之屬/年譜

紫陽文公先生[朱熹]年譜五卷　（宋）李方子原編　（明）李默　（明）朱河重訂　明嘉靖刻本　二冊　存四卷（一至二、四至五）

330000 - 1705 - 0000153　善 0235　經部/春秋總義類/傳說之屬

春秋尊王發微十二卷　（宋）孫復撰　明抄本　二冊　存八卷（一至四、九至十二）

330000 - 1705 - 0000154　善 2381　子部/醫家類/綜合之屬/通論

醫說十卷　（宋）張杲撰　明嘉靖二十二年（1543）湖廣布政使司刻本　十冊

330000 - 1705 - 0000155　善 2362　子部/醫家類/本草之屬/歷代綜合本草

重修政和經史證類備用本草三十卷　（宋）唐慎微撰　（宋）寇宗奭衍義　明嘉靖三十一年（1552）周珫、李遷刻本　十二冊

330000 - 1705 - 0000156　善 2352　子部/醫家類/醫經之屬/內經

素問玄機原病式二卷　（金）劉完素撰　明嘉靖元年（1522）刻本　一冊

330000 - 1705 - 0000157　善 3007　類叢部/類書類/通類之屬

藝文類聚一百卷　（唐）歐陽詢輯　明嘉靖二十八年（1549）平陽府刻本　十二冊

330000 - 1705 - 0000158　善 3096　類叢部/類書類/專類之屬

物原一卷　（明）羅頎撰　明嘉靖二十二年（1543）文津火坤刻本　一冊

330000 - 1705 - 0000159　善 2329　子部/農家農學類/總論之屬

農桑通訣六集　（元）王禎撰　明嘉靖九年（1530）邵錫刻本　一冊

330000 - 1705 - 0000160　善 2382　子部/醫家類/綜合之屬/通論

醫說十卷　（宋）張杲撰　明嘉靖二十九年（1550）傅鳳翱刻本　六冊

330000 - 1705 - 0000161　善 3120　類叢部/類書類/通類之屬

考古辭宗二十卷　（明）況叔祺編　明嘉靖四十一年（1562）巫繼咸刻本　十二冊

330000 - 1705 - 0000162　善 3822　集部/別集類/明別集

王遵巖家居集七卷　（明）王慎中撰　明嘉靖三十一年（1552）句吳書院刻本　清楊泰亨題記　四冊

330000 - 1705 - 0000163　善 3388　集部/別集類/宋別集

司馬文正公集略三十一卷詩集七卷　（宋）司馬光撰　明嘉靖十八年（1539）俞文峰刻本　十二冊

330000－1705－0000164　善 3501　集部/別集類/宋別集

豫章羅先生文集十七卷　（宋）羅從彥撰　**豫章羅先生年譜一卷**　（元）曹道振編次校正（明）謝鸞重校新刻　明嘉靖三十三年(1554)謝鸞刻本　清周大輔跋　四冊

330000－1705－0000165　善 3574　集部/別集類/宋別集

文山先生全集二十卷　（宋）文天祥撰　明嘉靖三十九年(1560)浦江張元諭刻本　十冊

330000－1705－0000166　善 3676　集部/別集類/明別集

解學士文集十卷　（明）解縉撰　明嘉靖四十一年(1562)刻本　十冊

330000－1705－0000167　善 3757　集部/別集類/明別集

新刊精選陽明先生文粹六卷　（明）王守仁撰（明）查鐸輯　明嘉靖四十五年(1566)涇川查氏刻本　六冊

330000－1705－0000168　善 3885　集部/別集類/明別集

鈴山堂集四十卷　（明）嚴嵩撰　**鈴山堂附錄一卷**　（明）湛若水等撰　明嘉靖刻本　十二冊

330000－1705－0000169　善 3731　集部/別集類/明別集

端溪先生集八卷　（明）王崇慶撰　明嘉靖三十一年(1552)建業張蘊刻本　五冊

330000－1705－0000170　善 3854　集部/別集類/明別集

屠漸山蘭暉堂十二卷　（明）屠應埈撰　明嘉靖三十一年(1552)屠仲律刻本　四冊

330000－1705－0000171　善 3804　集部/別集類/明別集

芝園定集五十一卷別集十卷外集二十四卷　（明）張時徹撰　**芝園定集諸家評一卷**　（明）楊慎等撰　明嘉靖刻本　十六冊

330000－1705－0000172　善 1630　史部/地理類/方志之屬/郡縣志

[嘉靖]廣平府志十六卷　（明）翁相修（明）陳棐纂　明嘉靖二十九年(1550)刻藍印本　四冊

330000－1705－0000173　善 1480　史部/職官類/官制之屬/通志

國子監通志十卷　（明）邢讓撰　明成化三年(1467)刻本　二冊　缺一卷(六)

330000－1705－0000174　善 1467　史部/職官類/官箴之屬

學政錄一卷　（明）朱衡撰　明嘉靖三十年(1551)興化府刻本　一冊

330000－1705－0000175　善 1499　史部/政書類/軍政之屬/兵制

軍政一卷　明嘉靖二十六年(1547)刻藍印本　一冊

330000－1705－0000176　善 3701　集部/別集類/明別集

熊士選集一卷　（明）熊卓撰　**附錄一卷**　（明）楊廉等撰　明嘉靖二十二年(1543)四明范欽刻本　一冊

330000－1705－0000177　善 1586　史部/詔令奏議類/奏議之屬

劉東山招由一卷　（明）□□撰　明嘉靖刻本　一冊

330000－1705－0000178　善 1576　史部/詔令奏議類/奏議之屬

浙江海防兵糧疏一卷　（明）□□撰　明嘉靖刻本　一冊

330000－1705－0000179　善 1492　史部/政書類/邦計之屬/賦稅

江西賦役紀十五卷　（明）□□撰　明刻本七冊　存十卷(二至六、十一至十五)

330000－1705－0000180　善 1592　史部/政書類/考工之屬/營造

船政不分卷　（明）□□編　明嘉靖刻本三冊

330000－1705－0000181　善1593　史部/政書類/考工之屬/營造

船政不分卷　（明）□□編　明嘉靖刻本
一冊

330000－1705－0000183　善1515　史部/政書類/律令之屬/律例

西都雜例一卷　明抄本　一冊

330000－1705－0000184　善1520　史部/職官類/官制之屬/專志

兵部武選司條例不分卷　明抄本　一冊

330000－1705－0000185　善1832　史部/地理類/方志之屬/郡縣志

[嘉靖]惠安縣志十三卷　（明）莫尚簡修
（明）張岳纂　明嘉靖九年（1530）刻藍印本
二冊

330000－1705－0000186　善1491　史部/政書類/邦計之屬/漕運

漕運議單不分卷　明抄本　一冊

330000－1705－0000187　善1917　史部/地理類/方志之屬/郡縣志

[嘉靖]歸州志二卷　（明）張時纂修　明嘉靖刻藍印本　一冊

330000－1705－0000188　善1612　史部/地理類/方志之屬/郡縣志

[弘治]上海志八卷　（明）郭經修　（明）唐錦纂　明弘治刻本　二冊

330000－1705－0000189　善1862　史部/地理類/方志之屬/郡縣志

[嘉靖]儀封縣志不分卷　（明）□□纂　明嘉靖抄本　四冊

330000－1705－0000190　善1516　史部/政書類/律令之屬/律例

嘉靖新例不分卷　（明）蕭世延　（明）楊本仁　（明）范欽編　明抄本　一冊

330000－1705－0000191　善1865　史部/地理類/方志之屬/郡縣志

[正德]新鄉縣志六卷　（明）儲珊修　（明）

李錦纂　明抄本　二冊

330000－1705－0000192　善1905　史部/地理類/方志之屬/郡縣志

[弘治]偃師縣志四卷　（明）魏津纂修　明抄本　二冊

330000－1705－0000193　善1838　史部/地理類/方志之屬/郡縣志

[嘉靖]長泰縣誌六卷　（明）□□纂　明抄本　二冊

330000－1705－0000194　善4427　集部/總集類/選集之屬/通代

文選六十卷　（南朝梁）蕭統輯　（唐）李善注　明嘉靖四年（1525）晉府養德書院刻八年（1529）重印本　二十冊

330000－1705－0000195　善4430　集部/總集類/選集之屬/通代

六家文選六十卷　（南朝梁）蕭統輯　（唐）李善　（唐）呂延濟　（唐）劉良　（唐）張銑
（唐）呂向　（唐）李周翰注　明嘉靖十三年至二十八年（1534－1549）吳郡袁褧嘉趣堂刻本
三十冊

330000－1705－0000196　善1935　史部/地理類/方志之屬/郡縣志

[嘉靖]仁化縣志五卷　（明）胡居安等纂修
明抄本　一冊

330000－1705－0000197　善4529　集部/總集類/選集之屬/通代

玉臺新詠十卷　（南朝陳）徐陵編　**續玉臺新詠五卷**　（明）鄭玄撫續選　明嘉靖二十二年（1543）楊士開刻本　二冊

330000－1705－0000198　善4841　集部/詩文評類/詩評之屬

唐詩紀事八十一卷　（宋）計有功撰　明嘉靖二十四年（1545）張子立刻本　二十冊

330000－1705－0000199　善4489　集部/總集類/選集之屬/通代

古賦辯體十卷　（宋）祝堯輯　明嘉靖二十一年（1542）蘇祐刻本　四冊

330000－1705－0000200　善 4582　集部/總集類/選集之屬/通代

唐宋元名表二卷　（明）胡松輯　明嘉靖二十一年(1542)刻藍印本　二冊

330000－1705－0000201　善 0032　經部/易類/傳說之屬

易象鈎解四卷　（明）陳士元撰　明嘉靖刻本　一冊　存三卷(一至三)

330000－1705－0000202　善 0034　經部/易類/傳說之屬

讀易紀聞六卷　（明）張獻翼撰　明萬曆九年(1581)張一鯤刻本　四冊

330000－1705－0000203　善 0031　經部/易類/傳說之屬

大象義述三卷　（明）王畿撰　明萬曆五年(1577)吳同春刻本　一冊

330000－1705－0000204　善 0033　經部/叢編

經緯十五卷　（明）鄧元錫撰　明萬曆刻本　三冊　存四卷(易經緯一至四)

330000－1705－0000205　善 0200　經部/春秋左傳類/傳說之屬

春秋長曆一卷　（晉）杜預撰　清乾隆曲阜孔氏刻微波榭叢書本　一冊

330000－1705－0000206　善 0203　經部/春秋左傳類/傳說之屬

春秋左傳十五卷　（明）孫鑛批點　明萬曆四十四年(1616)閔齊伋刻朱墨套印本　朱鼎煦題記　十冊

330000－1705－0000207　善 0202　經部/春秋左傳類/傳說之屬

春秋左傳十五卷　（明）孫鑛批點　明萬曆四十四年(1616)吳興閔齊伋刻朱墨套印本　六冊

330000－1705－0000208　善 0205　經部/春秋左傳類/傳說之屬

春秋左傳註評測義七十卷世系譜一卷名號異稱便覽一卷地名配古籍一卷總評一卷春秋列國東坡圖說一卷測言凡例一卷　（明）凌稚隆撰　明萬曆十六年(1588)刻本　二十冊

330000－1705－0000209　善 0206　經部/春秋左傳類/傳說之屬

春秋左傳註評測義七十卷世系譜一卷名號異稱便覽一卷地名配古籍一卷總評一卷春秋列國東坡圖說一卷測言凡例一卷　（明）凌稚隆撰　明萬曆十六年(1588)刻本　十冊

330000－1705－0000210　善 0204　經部/春秋左傳類/傳說之屬

春秋左傳屬事二十卷　（明）傅遜撰　明萬曆十三年(1585)日殖齋刻十七年(1589)重修本　一冊　存二卷(一至二)

330000－1705－0000211　善 0207　經部/春秋左傳類/專著之屬

左傳文苑八卷　（明）張鼐評輯　（明）陳繼儒注　明刻朱墨套印本　六冊

330000－1705－0000212　善 0210　經部/春秋左傳類/傳說之屬

春秋大事表五十卷讀春秋偶筆一卷輿圖一卷附錄一卷　（清）顧棟高輯　清乾隆十三年至十四年(1748－1749)錫山顧氏萬卷樓刻本　二十二冊　存五十卷(一至五十)

330000－1705－0000213　善 0208　經部/春秋左傳類/傳說之屬

左紀十一卷　（明）錢應奎編輯　明萬曆三年(1575)華叔陽刻本　六冊

330000－1705－0000214　善 0222　經部/春秋總義類/專著之屬

春秋繁露十七卷　（漢）董仲舒撰　明刻本　四冊

330000－1705－0000215　善 0211　經部/春秋左傳類/文字音義之屬

春秋左傳音訓不分卷　（清）楊國楨撰　清道光十年(1830)大梁書院刻十一經音訓本　朱鼎煦跋　錢罕批校　八冊

330000－1705－0000216　善 0216　經部/春秋公羊傳類/傳說之屬

監本附音春秋公羊註疏二十八卷　（漢）何休注　（唐）徐彥疏　（唐）陸德明音義　元刻明修本　五冊

330000－1705－0000217　善0225　經部/春秋總義類/專著之屬

春秋繁露十七卷　（漢）董仲舒撰　明刻廣漢魏叢書本　清徐時棟跋　一冊

330000－1705－0000218　善0223　經部/春秋總義類/專著之屬

春秋繁露十七卷　（漢）董仲舒撰　（明）孫鑛評　附錄一卷　明天啟五年（1625）西湖朱養和花齋刻本　清徐時棟跋　二冊

330000－1705－0000219　善0226　類叢部/叢書類/彙編之屬

廣漢魏叢書　（明）何允中編　明刻本　四冊　存一種

330000－1705－0000220　善0152　經部/叢編

五經□□卷　（明）□□輯　明嘉靖八年至九年（1529－1530）張祿、朱廷聲等刻本　七冊　存七卷（禮記集傳一至五、七至八）

330000－1705－0000221　善0227　經部/春秋總義類/專著之屬

春秋繁露十七卷　（漢）董仲舒撰　春秋繁露總評一卷　清抄本　六冊

330000－1705－0000222　善0228　經部/春秋穀梁傳類/傳說之屬

監本附音春秋穀梁傳注疏二十卷　（晉）范甯集解　（唐）陸德明音義　（唐）楊士勛疏　元刻明修本　朱鼎煦批　一冊　存六卷（一至六）

330000－1705－0000223　善0236　經部/春秋總義類/傳說之屬

西疇居士春秋本例二十卷　（宋）崔子方撰　清初抄本　二冊

330000－1705－0000224　善0231　經部/春秋穀梁傳類/傳說之屬

春秋穀梁傳十二卷　（晉）范甯集解　附考異

一卷　（宋）余仁仲撰　清光緒遵義黎氏日本東京使署影刻宋紹熙余氏萬卷堂本　二冊

330000－1705－0000225　善0240　經部/春秋總義類/傳說之屬

春秋傳三十卷　（宋）胡安國撰　（宋）林堯叟音注　春秋總例一卷諸國興廢說一卷　明嘉靖三十五年（1556）廣東崇正堂刻本　四冊

330000－1705－0000226　善4682　集部/總集類/彙編之屬

二十先生回瀾文鑑二十卷後集二十卷　（宋）虞祖南評　（宋）虞夔箋　明抄本　三冊　存二十二卷（前集十三至二十，後集一至八、十五至二十）

330000－1705－0000227　善0245　經部/春秋總義類/傳說之屬

春秋胡傳三十卷　（宋）胡安國撰　（宋）林堯叟音注　春秋傳綱領一卷春秋諸國興廢說一卷春秋提要一卷　春秋列國圖說一卷　（宋）蘇軾撰　清明善堂刻本　八冊

330000－1705－0000228　善0241　經部/春秋總義類/傳說之屬

春秋胡傳三十卷　（宋）胡安國撰　（宋）林堯叟音注　明刻本　二冊　存四卷（十五至十八）

330000－1705－0000229　善0252　經部/春秋總義類/傳說之屬

春秋四傳三十八卷綱領一卷提要一卷列國東坡圖說一卷春秋二十國年表一卷諸國興廢說一卷　（宋）胡安國撰　明嘉靖建寧府書坊刻本　十一冊

330000－1705－0000230　善0256　經部/春秋總義類/傳說之屬

春秋三傳辨疑二十卷　（元）程端學撰　清抄本　六冊　存九卷（一至二、五至六、十至十一、十六至十八）

330000－1705－0000231　善0243　經部/春秋總義類/傳說之屬

春秋胡傳三十卷　（宋）胡安國撰　（宋）林堯

叟音注　春秋胡傳綱領一卷春秋諸國興廢說
一卷春秋提要一卷　春秋列國東坡圖說一卷
　（宋）蘇軾撰　明萬曆吳興閔遠慶刻本
六冊

330000－1705－0000232　善0264　經部/春
秋總義類/傳說之屬

春秋旁訓四卷　（元）李恕撰　明嘉靖三十八
年（1559）雲南刻本　一冊　存二卷（三至四）

330000－1705－0000233　善0265　集部/別
集類/明別集

徐氏海隅集詩編二十二卷文編四十三卷外編
十四卷續三卷　（明）徐學謨撰　（明）徐元嘏
輯　明萬曆五年（1577）刻四十年（1612）徐元
嘏重修本　一冊　存六卷（外編一至六）

330000－1705－0000234　善0267　經部/春
秋總義類/傳說之屬

春秋衡庫三十卷附錄三卷備錄一卷　（明）馮
夢龍輯　明天啓五年（1625）刻本　清應紀奉
批　八冊

330000－1705－0000235　善0268、善0269
經部/叢編

來子談經五種　（清）來集之撰　（清）來燕雯
較訂　清順治九年（1652）蕭山來氏倘湖小築
刻本　六冊　存二種

330000－1705－0000236　善0277　經部/四
書類/論語之屬/傳說

論語或問二十卷　（宋）朱熹撰　明莆田洪珠
刻四書或問本　一冊　存六卷（十五至二十）

330000－1705－0000237　善0286　經部/四
書類/孟子之屬/專著

孟子章指一卷　（漢）趙岐撰　（清）周廣業校
稿本　二冊

330000－1705－0000238　善0284　經部/四
書類/孟子之屬/傳說

孟子十四卷序說一卷　（宋）朱熹集注　明成
化十六年（1480）吉府刻四書集註本　四冊

330000－1705－0000239　善0288　經部/四
書類/大學之屬/傳說

大學或問一卷　（宋）朱熹撰　明刻本　一冊

330000－1705－0000240　善0289　經部/四
書類/大學之屬/傳說

大學億二卷釋疑一卷　（明）王道撰　明嘉靖
二十三年（1544）山陰錢楩刻本　一冊

330000－1705－0000241　善0285　經部/四
書類/總義之屬/傳說

四書集註二十一卷　（宋）朱熹撰　明刻本
二冊　存六卷（孟子一至五、序說一）

330000－1705－0000242　善0292　經部/四
書類/總義之屬/傳說

重訂四書輯釋四十四卷　（宋）朱熹章句
（元）倪士毅輯釋　（明）朱公遷約說　（明）
王逢訂定通義　明正統五年（1440）詹氏進德
書堂刻本　一冊　存三卷（新刊重訂輯釋通
義源流本末、四書章圖纂括總要發義一至二）

330000－1705－0000243　善0290　經部/四
書類/總義之屬/傳說

四書集註二十一卷　（宋）朱熹撰　清怡府明
善堂刻本　五冊

330000－1705－0000244　善0293　經部/四
書類/總義之屬/傳說

四書集註大全四十三卷　（明）胡廣等輯　明
刻本　十二冊

330000－1705－0000245　善0296　經部/四
書類/總義之屬/傳說

四書人物考四十卷　（明）薛應旂撰　明嘉靖
刻本　四冊

330000－1705－0000246　善0299　經部/四
書類/總義之屬/傳說

四書名物考二十四卷　（明）陳禹謨輯　（明）
錢受益　（明）牛斗星補　明末牛斗星刻本
三冊　存十三卷（四至六、十五至二十四）

330000－1705－0000247　善0306　經部/樂
類/樂理之屬

苑洛志樂十三卷　（明）韓邦奇撰　清康熙二
十二年（1683）吳元萊刻本　八冊

330000－1705－0000248　善0300　經部/四書類/總義之屬/專著

四書針四卷 （明）黃尊素撰　明末刻本　一冊　存二卷(大學、中庸)

330000－1705－0000249　善0307　經部/樂類/律呂之屬

律呂別書一卷 （明）季本撰　清沈氏鳴野山房抄本　一冊

330000－1705－0000250　善0310　經部/樂類/樂理之屬

樂書内編二十卷 （清）張宣獻　（清）鄭先慶纂　清康熙十九年(1680)刻本　四冊

330000－1705－0000251　善0305　經部/四書類/總義之屬/專著

御製經說一卷　不著撰者　**論語註疏解經摘錄一卷** （三國魏）何晏集解　（宋）邢昺疏　**大學註疏摘錄一卷** （漢）鄭玄註　（唐）孔穎達疏　**中庸註疏摘錄一卷** （漢）鄭玄註（唐）孔穎達疏　**孟子註疏解經摘錄一卷**（漢）趙岐註　（宋）孫奭疏　**論語筆解一卷**（唐）韓愈撰　**論語拾遺一卷**　（宋）蘇軾撰**鄉黨圖考摘錄一卷** （清）江永著　**論語古訓摘錄一卷**　（清）陳鱣述　**四書典故辨正一卷**（清）周秉中著　清抄本　一冊

330000－1705－0000252　善0311　經部/樂類/律呂之屬

古樂經傳五卷 （清）李光地撰　清雍正五年(1727)王蘭生、繆沅刻本　二冊

330000－1705－0000253　善0314　經部/群經總義類/文字音義之屬

六經正誤六卷 （宋）毛居正撰　清漱玉抄本清漱玉跋　二冊　存四卷(一至三、六)

330000－1705－0000254　善0312　經部/叢編

九經五十一卷附四卷 （明）秦鏊訂正　明崇禎十三年(1640)錫山秦氏求古齋刻本　九冊　缺十卷(周易一至三、詩經一至四、孝經一、小學一至二)

330000－1705－0000255　善0316　子部/雜著類/雜考之屬

羣書疑辨不分卷 （清）萬斯同撰　清抄本一冊

330000－1705－0000256　善0317　經部/群經總義類/傳說之屬

十三經異同條辨十卷 （清）魯學孟撰　清抄本　四冊

330000－1705－0000257　善0318　經部/群經總義類/傳說之屬

讀經偶鈔四卷 （清）蔣學鏞撰　清抄本一冊

330000－1705－0000258　善0319　經部/叢編

易大傳管窺一卷孝經訂誤一卷大學釋疑錄一卷中庸闡微說一卷 （清）殷欽坤撰　稿本清徐時棟題記　一冊

330000－1705－0000259　善0320　經部/樂類/樂理之屬

集易禮註樂二卷　清抄本　虹橋居士題記一冊

330000－1705－0000260　善0321　子部/儒家類/儒學之屬/蒙學

小學集註大全十卷 （明）吳訥集解　明刻本　二冊　存五卷(四至八)

330000－1705－0000261　善0313　經部/群經總義類/傳說之屬

新刊宋學士夾漈先生六經奧論六卷總文一卷（宋）鄭樵撰　清抄本　二冊

330000－1705－0000262　善0323　經部/小學類/訓詁之屬/爾雅

爾雅音圖三卷 （晉）郭璞注　（清）姚之麟摹圖　清嘉慶六年(1801)藝學軒影宋刻本三冊

330000－1705－0000263　善0003　經部/易類/傳說之屬

周易兼義九卷 （三國魏）王弼　（晉）韓康伯注　（唐）孔穎達正義　**畧例一卷** （三國魏）

王弼撰　**附音義一卷**　（唐）陸德明撰　明嘉靖李元陽刻隆慶重修十三經注疏本　清何士祁跋　一冊　存二卷（一至二）

330000－1705－0000264　善 0322　經部/小學類/訓詁之屬/爾雅

爾雅三卷　（晉）郭璞注　清嘉慶十一年(1806)吳門顧廣圻思適齋刻本　一冊

330000－1705－0000265　善 0119、善 0280、善 0325　經部/叢編

十三經註疏三百三十五卷　（明）□□輯　明嘉靖李元陽刻隆慶重修本　二十六冊　存三種

330000－1705－0000266　善 0121、善 0218、善 0229　經部/叢編

十三經註疏三百三十五卷　（明）□□輯　明嘉靖李元陽刻隆慶重修本　十九冊　存三種

330000－1705－0000267　善 0333　經部/小學類/訓詁之屬/群雅

埤雅二十卷　（宋）陸佃撰　清康熙刻本　四冊

330000－1705－0000268　善 0336　經部/小學類/訓詁之屬/爾雅

爾雅翼三十二卷　（宋）羅願撰　明正德十四年(1519)羅文殊刻本　一冊　存八卷（十七至二十四）

330000－1705－0000269　善 0337　經部/小學類/訓詁之屬/爾雅

爾雅翼三十二卷　（宋）羅願撰　（元）洪焱祖音釋　明天啟刻崇禎六年(1633)重修本　六冊

330000－1705－0000270　善 0328、善 2623　類叢部/叢書類/彙編之屬

漢魏叢書三十八種　（明）程榮編　明萬曆二十年(1592)新安程氏刻本　三冊　存二種

330000－1705－0000271　善 0329　類叢部/叢書類/彙編之屬

雅雨堂藏書十三種　（清）盧見曾編　清乾隆二十一年(1756)德州盧氏雅雨堂刻增修本

二冊　存一種

330000－1705－0000272　善 0330　經部/群經總義類/文字音義之屬

群經音辨七卷　（宋）賈昌朝撰　清抄本　清周廣業校並跋　三冊

330000－1705－0000273　善 0338　經部/小學類/訓詁之屬/群雅

增修埤雅廣要四十二卷　（宋）陸佃撰　明刻本　一冊　存三卷（一至三）

330000－1705－0000274　善 0339　經部/小學類/訓詁之屬/字詁

經籍籑詁不分卷　（清）阮元撰　稿本　十冊

330000－1705－0000275　善 0343　經部/小學類/文字之屬/說文

說文解字十二卷　（漢）許慎撰　（宋）李燾重編　明萬曆二十六年(1598)陳大科刻本　十五冊

330000－1705－0000276　善 0344　經部/小學類/文字之屬/說文

說文解字十二卷　（漢）許慎撰　（宋）李燾重編　明萬曆二十六年(1598)陳大科刻本　四冊　存八卷（一至四、七至八、十一至十二）

330000－1705－0000277　善 0347　經部/小學類/文字之屬/說文/專著

重刊許氏說文解字五音韻譜十二卷　（宋）李燾撰　明刻本　五冊　存十卷（三至十二）

330000－1705－0000278　善 0348　經部/小學類/文字之屬/說文/專著

重刊許氏說文解字五音韻譜十二卷　（宋）李燾撰　明刻本　清酈松題簽並記　十二冊

330000－1705－0000279　善 0349　經部/小學類/文字之屬/說文/專著

重刊許氏說文解字五音韻譜十二卷　（宋）李燾撰　明刻本　六冊

330000－1705－0000280　善 0355　經部/小學類/文字之屬/字書/字體

佩觿三卷　（宋）郭忠恕撰　清康熙四十九年

(1710)刻澤存堂五種本　清羅以智校跋並過錄清羅有高校、翁方綱校跋、桂馥校、丁杰跋、吳騫校跋　一冊

330000－1705－0000281　善 0350　經部/小學類/文字之屬/說文/專著

重刊許氏說文解字五音韻譜十二卷　（宋）李燾撰　明刻本　五冊　存十卷（三至十二）

330000－1705－0000282　善 0351　經部/小學類/訓詁之屬/群雅

五雅全書　（明）郎奎金輯　明天啓六年（1626）武林郎氏堂策檻刻本　一冊　存一種

330000－1705－0000283　善 0353、善 0367、善 0399　經部/叢編

澤存堂五種　（清）張士俊輯　清康熙吳郡張士俊澤存堂刻本　七冊　存三種

330000－1705－0000284　善 0359　類叢部/叢書類/彙編之屬

海源閣叢書七種　（清）楊以增編　清咸豐二年至五年（1852－1855）聊城楊氏海源閣刻本　一冊　存一種

330000－1705－0000285　善 0357　經部/小學類/文字之屬/字書/字體

汗簡七卷　（宋）郭忠恕撰　清康熙四十二年（1703）錢唐汪立名一隅艸堂刻本　一冊

330000－1705－0000286　善 0358　經部/小學類/文字之屬/字書/字典

增修復古編二卷　（宋）張有撰　（元）吳均增補　清抄本　一冊

330000－1705－0000287　善 0369　經部/小學類/文字之屬/說文/專著

六書精薀六卷　（明）魏校撰　**音釋舉要一卷**　（明）徐官撰　明嘉靖十九年（1540）魏希明刻本　朱鼎煦題記　二冊　存二卷（四至五）

330000－1705－0000288　善 0362　經部/小學類/訓詁之屬/字詁

班馬字類二卷　（宋）婁機撰　清康熙揚州馬氏叢書樓刻本　二冊

330000－1705－0000289　善 0363　經部/小學類/文字之屬/字書/字體

隸韻十卷碑目一卷　（宋）劉球撰　**碑目攷證一卷隸韻攷證二卷**　（清）翁方綱撰　清嘉慶十五年（1810）秦恩復刻本　十二冊

330000－1705－0000290　善 0373　經部/小學類/文字之屬/字書/字典

重校經史海篇直音十卷　（明）□□輯　明刻本　二冊　存四卷（五至八）

330000－1705－0000291　善 0377　經部/小學類/文字之屬/字書/字體

六書賦音義二十卷　（明）張士佩撰　明天啓三年（1623）馮嘉會刻本　七冊　存十六卷（一至十一、十六至二十）

330000－1705－0000292　善 0378　經部/小學類/文字之屬/字書/字體

問奇集二卷　（明）張位撰　明萬曆刻本　一冊

330000－1705－0000293　善 0375　經部/小學類/文字之屬/字書/字典

金石韻府五卷　（明）朱雲輯　明刻朱印本　五冊

330000－1705－0000294　善 0379　經部/小學類/音韻之屬/韻書

併音連聲字學集要四卷　（明）陶承學撰　明萬曆二年（1574）宛陵周恪刻本　二冊　存二卷（一、三）

330000－1705－0000295　善 0376　經部/小學類/訓詁之屬/譯語

華夷譯語不分卷　（明）火源潔撰　明刻本　九冊

330000－1705－0000296　善 0381　經部/小學類/文字之屬/字書/訓蒙

同文千字文二卷　（明）汪以成輯　明萬曆十年（1582）婺源汪氏經義齋刻本　二冊

330000－1705－0000297　善 0388　經部/小學類/文字之屬/字書/字典

皇朝六書略三卷　（清）□□輯　清抄本

二冊

330000 - 1705 - 0000298　善 0384　經部/小學類/文字之屬/字書/字體

六書通十卷　(明)閔齊伋撰　(清)畢弘述篆訂　清康熙五十九年(1720)基聞堂刻乾隆印本　九冊

330000 - 1705 - 0000299　善 0385　經部/小學類/文字之屬/字書/字體

鐘鼎字源五卷附錄一卷　(清)汪立名撰　清康熙五十五年(1716)錢塘汪立名一隅草堂刻本　二冊

330000 - 1705 - 0000300　善 0386　經部/小學類/文字之屬/字書/字體

鐘鼎字源五卷附錄一卷　(清)汪立名撰　清康熙五十五年(1716)錢塘汪立名一隅草堂刻本　三冊　缺一卷(附錄)

330000 - 1705 - 0000301　善 0382　經部/小學類/文字之屬/說文/傳說

說文長箋一百卷首二卷解題一卷六書長箋漢義七卷　(明)趙宧光撰　明崇禎四年(1631)趙均小宛堂刻本　朱鼎煦跋　二十冊

330000 - 1705 - 0000302　善 0387　經部/小學類/文字之屬/字書/字典

康熙字典十二集三十六卷總目一卷檢字一卷辨似一卷等韻一卷補遺一卷備考一卷　(清)張玉書等纂修　清康熙刻本　四十冊

330000 - 1705 - 0000303　善 0394　經部/小學類/文字之屬/字書/字典

書契原㤟十四卷　(清)陳致焌撰　稿本　十冊

330000 - 1705 - 0000304　善 0389　經部/小學類/文字之屬/說文/專著

說文字原考略六卷附篆文筆迹小異一卷　(清)吳照撰　清刻本　一冊　存四卷(說文偏旁、玉篇偏旁、夢英偏旁、篆文筆迹小異)

330000 - 1705 - 0000305　善 0390　經部/小學類/文字之屬/字書/字體

隸楖七卷碑目一卷古今隸字書目一卷雜說一卷隸分筆法一卷附字一卷隸分書名家一卷　(清)董元宿輯　稿本　四冊

330000 - 1705 - 0000306　善 0391　經部/小學類/文字之屬/字書/字體

隸韻十卷碑目一卷　(宋)劉球撰　**碑目攷證一卷隸韻攷證二卷**　(清)翁方綱撰　清嘉慶十五年(1810)秦恩復刻本　一冊　存二卷(隸韻攷證一至二)

330000 - 1705 - 0000307　善 3522　集部/別集類/宋別集

梅亭先生四六標準四十卷　(宋)李劉撰　明抄本　八冊

330000 - 1705 - 0000309　善 0396　經部/小學類/訓詁之屬/字詁

蕭山單不庵所著字書一卷　單不庵撰　稿本　一冊

330000 - 1705 - 0000311　善 0398　經部/叢編

澤存堂五種　(清)張士俊輯　清康熙吳郡張士俊澤存堂刻本　五冊　存一種

330000 - 1705 - 0000312　善 0403　經部/小學類/音韻之屬/韻書

詩韻輯略五卷　(明)潘恩撰　清順治九年(1652)刻本　五冊

330000 - 1705 - 0000313　善 0404　經部/小學類/音韻之屬/韻書

古今韻會舉要三十卷禮部韻署七音三十六母通攷一卷　(元)黃公紹撰　(元)熊忠舉要　元刻本　三冊　存三卷(二十二至二十四)

330000 - 1705 - 0000314　善 0401　經部/小學類/音韻之屬/韻書

韻補五卷　(宋)吳棫撰　明嘉靖元年(1522)何天衢刻本　二冊

330000 - 1705 - 0000315　善 0409　經部/小學類/音韻之屬/韻書

洪武正韻十六卷　(明)樂韶鳳　(明)宋濂等撰　明刻本　五冊

330000 – 1705 – 0000316　善 0411　經部/小學類/音韻之屬/韻書

洪武正韻十六卷　(明)樂韶鳳　(明)宋濂等撰　明直隸監察御史劉以節刻本　四冊　存十四卷(三至十六)

330000 – 1705 – 0000317　善 0412　經部/小學類/音韻之屬/韻書

重訂併音連聲韻學集成十三卷重訂直音篇七卷　(明)章黼撰　明萬曆三十四年(1606)練川明德書院刻本　十三冊　存十三卷(韻學集成一至十三)

330000 – 1705 – 0000318　善 0413　經部/小學類/音韻之屬/韻書

重刊併音連聲韻學集成十三卷重訂直音篇七卷　(明)章黼撰　明萬曆六年(1578)維揚資政左室刻本　七冊　存七卷(併音連聲韻學集成四至六、十至十三)

330000 – 1705 – 0000319　善 0419　經部/易類/文字音義之屬

讀易韻考七卷　(明)張獻翼撰　明萬曆刻本　四冊

330000 – 1705 – 0000320　善 0414　經部/小學類/音韻之屬/韻書

同文備攷八卷首三卷聲韻會通一卷韻要粗釋四卷　(明)王應電撰　明嘉靖刻本　一冊　存一卷(聲韻會通)

330000 – 1705 – 0000321　善 0380　經部/小學類/音韻之屬/韻書

同文備攷八卷首三卷聲韻會通一卷韻要粗釋四卷　(明)王應電撰　明嘉靖刻本　六冊　存六卷(同文備攷一至五、八)

330000 – 1705 – 0000322　善 0410　經部/小學類/音韻之屬/韻書

洪武正韻十六卷　(明)樂韶鳳　(明)宋濂等撰　明直隸監察御史劉以節刻本　十六冊

330000 – 1705 – 0000323　善 0420　經部/小學類/音韻之屬/韻書

音韻日月燈六十四卷　(明)呂維祺撰　(明)呂維祜詮　明崇禎五年至六年(1632 – 1633)刻七年(1634)重修本　十二冊　存三十九卷(韻母一至五、同文鐸首一至四、同文鐸一至三十)

330000 – 1705 – 0000324　善 0425　經部/小學類/音韻之屬/等韻

馬氏等音分韻五卷　(明)馬槃什原著　(清)梅建撰　清抄本　一冊

330000 – 1705 – 0000325　善 0426　經部/詩類/文字音義之屬

詩經叶音辨譌八卷　(清)劉維謙編次　(清)張卿雲　(清)張景星校　清乾隆三年(1738)壽峯書屋刻本　四冊

330000 – 1705 – 0000326　善 0428　經部/小學類/音韻之屬/古今韻說

詩聲類八卷　(清)孔廣森撰　清抄本　一冊

330000 – 1705 – 0000327　善 0429　經部/小學類/音韻之屬/韻書

韻學考原二卷　(清)范家相撰　稿本　一冊

330000 – 1705 – 0000328　善 0431　經部/小學類/音韻之屬/古今韻說

連珠均攷一卷　(清)張成渠輯　稿本　清王蜺題記　一冊

330000 – 1705 – 0000329　善 0421　經部/小學類/音韻之屬/古今韻說

音學五書　(清)顧炎武撰　清康熙張弨符山堂刻本　清徐時棟跋　一冊　存一種

330000 – 1705 – 0000330　善 0433　史部/紀傳類/正史之屬

史記一百三十卷　(漢)漢司馬遷撰　(南朝宋)裴駰集解　宋刻宋元明遞修本　一冊　存七卷(四十六至五十二)

330000 – 1705 – 0000331　善 0434　史部/紀傳類/正史之屬

史記一百三十卷　(漢)司馬遷撰　(南朝宋)裴駰集解　(唐)司馬貞索隱　蒙古中統二年(1261)段子成刻明修本　五冊　存十七卷(十五至十六、九十二至九十六、一百十八至

一百二十一、一百二十五至一百三十)

330000－1705－0000332　善0438　史部/紀傳類/正史之屬

史記一百三十卷　(漢)司馬遷撰　(南朝宋)裴駰集解　(唐)司馬貞索隱　明天順游明刻本　五冊　存十七卷(一至六、十五至二十五)

330000－1705－0000333　善0436　史部/紀傳類/正史之屬

史記一百三十卷　(漢)司馬遷撰　(漢)褚少孫　(唐)司馬貞補　明吳勉學刻本　十六冊

330000－1705－0000334　善0439　史部/紀傳類/正史之屬

史記一百三十卷　(漢)司馬遷撰　(唐)司馬貞注　明正德十三年(1518)邵宗周刻十六年(1521)重修本　二十二冊　存一百三卷(一、六至三十二、四十一至四十三、四十八至八十七、九十五至一百七、一百十二至一百三十)

330000－1705－0000335　善0441　史部/紀傳類/正史之屬

史記一百三十卷　(漢)司馬遷撰　(南朝宋)裴駰集解　(唐)司馬貞索隱　(唐)張守節正義　明嘉靖四年至六年(1525－1527)王延喆刻本　九冊　存三十三卷(十六至十八、二十六至二十七、三十六至四十二、九十二至一百十、一百十七至一百十八)

330000－1705－0000336　善3518　集部/別集類/宋別集

周益國文忠公集二百卷　(宋)周必大撰　明抄本　七冊　存五十八卷(省齋文稿五至二十三,平園續稿十七至二十三、三十二至四十,書稿八至十五,玉堂類稿七至二十,政府應制稿一)

330000－1705－0000337　善0443　史部/紀傳類/正史之屬

史記一百三十卷　(漢)司馬遷撰　(南朝宋)裴駰集解　(唐)司馬貞索隱　(唐)張守節正義　明嘉靖四年至六年(1525－1527)王延喆刻本　十冊　存二十卷(九至十三、十五、十

八、二十七至二十八、一百十八至一百二十、一百二十三至一百三十)

330000－1705－0000338　善0444　史部/紀傳類/正史之屬

史記一百三十卷　(漢)司馬遷撰　(南朝宋)裴駰集解　(唐)司馬貞索隱　(唐)張守節正義　明嘉靖四年至六年(1525－1527)王延喆刻本　七冊　存十八卷(二十六至四十三)

330000－1705－0000339　善0447　史部/紀傳類/正史之屬

史記一百三十卷　(漢)司馬遷撰　(南朝宋)裴駰集解　(唐)司馬貞索隱　(唐)張守節正義　明嘉靖十三年(1534)秦藩朱惟焯刻二十九年(1550)朱懷埢重修本　孫家湉跋　十八冊　存一百十六卷(一至四十二、四十八至九十九、一百九至一百三十)

330000－1705－0000340　善0445　史部/紀傳類/正史之屬

史記一百三十卷　(漢)司馬遷撰　(南朝宋)裴駰集解　(唐)司馬貞索隱　(唐)張守節正義　明嘉靖四年至六年(1525－1527)王延喆刻本　朱鼎煦題記　三冊　存七卷(八十三至八十四、九十二至九十六)

330000－1705－0000341　善0450　史部/紀傳類/正史之屬

史記一百三十卷　(漢)司馬遷撰　(南朝宋)裴駰集解　(唐)司馬貞索隱　(唐)張守節正義　(明)余有丁校正　(明)周子義校　明萬曆二年至三年(1574－1575)南京國子監刻本　二十四冊

330000－1705－0000342　善0448　史部/紀傳類/正史之屬

史記一百三十卷　(漢)司馬遷撰　(南朝宋)裴駰集解　(唐)司馬貞索隱　(唐)張守節正義　明刻本　九冊　存二十一卷(十五、十八至二十、二十三至二十四、二十八、七十至七十二、八十四至八十九、一百十二至一百十六)

330000－1705－0000343　善0449　史部/紀

傳類/正史之屬

史記一百三十卷 （漢）司馬遷撰 （南朝宋）裴駰集解 （唐）司馬貞索隱 （唐）張守節正義 （明）張邦奇 （明）江汝璧校刊 明嘉靖八年至九年（1529－1530）南京國子監刻本 二冊 存二十二卷（四十八至六十九）

330000－1705－0000344 善0454、善0468、善0473、善0479、善0537、善0541、善0543 史部/紀傳類/正史之屬

二十一史二千五百六十七卷 明刻明清遞修本 五十六冊 存七種

330000－1705－0000345 善0451 史部/紀傳類/正史之屬

史記一百三十卷 （漢）司馬遷撰 （南朝宋）裴駰集解 （唐）司馬貞索隱 （唐）張守節正義 明萬曆二年至三年（1574－1575）南京國子監刻十年（1582）重修本 二十一冊 存三十三卷（一至三十、七十八至八十）

330000－1705－0000346 善0453 史部/紀傳類/正史之屬

史記一百三十卷 （漢）司馬遷撰 （南朝宋）裴駰集解 （唐）司馬貞索隱 （唐）張守節正義 明萬曆二十四年（1596）南京國子監刻本 十冊 存五十四卷（三十四至八十七）

330000－1705－0000347 善0455、善0529、善0532、善0544、善0572 史部/紀傳類/正史之屬

二十一史二千五百六十七卷 明刻明清遞修本 四十七冊 存五種

330000－1705－0000348 善0432 史部/紀傳類/正史之屬

二十一史二千五百六十七卷 明刻明清遞修本（晉書卷一至六、陳書卷一至三十六配抄本） 清邵希曾校並題記 四百九十三冊 缺五卷（宋書七十二至七十六）

330000－1705－0000349 善3150 類叢部/類書類/通類之屬

欽定古今圖書集成一萬卷目錄四十卷 （清）蔣廷錫 （清）陳夢雷等輯 清雍正四年（1726）內府銅活字印本 四千一百二十五冊

存八千二百四十三卷（目錄三至四、二十一至四十；乾象典一至五十六、五十九至七十、八十一至九十八，歲功典一至三、五至十六、十九至一百一十六，曆法典一至一百四十，庶徵典一至四十四、四十七至一百四十四、一百四十七至一百八十八，坤輿典一至六十八、七十一至一百二十四、一百二十七至一百四十，職方典三至四、七至八十、八十五至一百八十、二百七至二百八、二百三十三至二百五十四、二百五十七至二百六十四、三百五十一至四百四十八、四百五十一至四百六十、四百六十五至四百九十八、五百一至五百六、五百十五至五百十六、五百二十九至五百五十、五百九十九至六百十四、六百十七至六百五十二、六百五十五至六百八十六、七百二十七至七百四十、七百五十七至七百六十二、八百三至八百四、八百十一至八百三十八、八百九十五至九百、九百三十一至九百八十四、九百八十九至九百九十四、九百九十七至一千一百四十九、一千二百三十一至一千二百八十八、一千三百十一至一千三百六十六、一千三百七十一至一千四百三十六、一千四百三十九至一千四百六十六、一千四百七十五至一千四百八十四、一千四百九十七至一千五百四十四，山川典一至二、五至六、八十三至九十、九十三至九十六、九十九至一百四十二、一百四十五至一百五十六、一百五十九至一百六十、一百八十七至二百十二、二百十九至二百四十六、二百六十一至二百六十二、二百六十五至二百六十六、二百七十一至二百七十八、二百九十一至二百九十二，邊裔典一至八十六、八十九至一百四十，皇極典一至一百三十、一百三十三至二百四十四、二百五十五至三百，宮闈典一至一百四十，官常典一至三十六、三十九至五十六、五十九至六十、六十三至一百六、一百九至二百、二百三至二百四十、二百四十三至三百四、三百七十至四百八十、四百八十五至五百三十二、五百三十五至五百八十二、五百八十七至八百，家範典一至一百六，交誼典二至六十八、七十三至八十、八十

022

三至一百、一百三至一百四、一百七至一百二十,氏族典五至一百二十四、一百二十九至二百八、二百十一至二百五十二、二百五十五至二百六十、二百六十三至四百十四、四百十七至六百四十,人事典一至二、五至八、十五至五十二、六十三至七十、七十九至八十四、八十七至八十八、九十一至九十八、一百七至一百十,閨媛典一至六十、六十三至七十二、七十五至二百四十二、二百四十五至三百十、三百十三至三百七十六,藝術典一至一百、一百三至一百三十二、二百三十一至二百五十、二百五十五至二百六十六、二百七十五至三百三十、三百三十三至三百六十、三百六十三至三百七十八、三百八十一至六百二十六、六百二十九至六百三十六、六百四十七至六百八十、六百九十三至七百十、七百十三至八百二十四,神異典三十一至六十四、一百四十七至三百二十,禽蟲典一至二、七至三十四、三十七至五十二、五十五至六十、六十三至一百三十、一百三十三至一百八十二、一百八十七至一百九十二,草木典一至六、九至七十六、八十一至九十六、一百十七至二百五十六、二百五十九至三百二、三百五至三百二十,經籍典一至六、四十一至一百四十四、一百四十七至一百四十八、一百五十一至二百二十、二百二十三至二百二十六、二百三十九至二百四十、二百四十九至二百五十、二百六十一、二百九十一至二百九十二、二百九十七至三百十六、三百十九至四百十、四百十三至四百三十二,學行典一至一百五十、一百五十五至一百六十八、一百七十一至二百九十九,文學典一至二十、二十三至二十四、二十七至九十四、九十七至二百六十,字學典一至八十八,選舉典一至四十六、四十九至六十、六十三至六十六、六十九至一百二、一百五至一百三十六,銓衡典一至一百二十,食貨典一至二十八、三十一至五十四、五十七至六十四、六十七至六十八、一百二十七至一百二十八、一百三十三至一百三十八、一百四十一至一百四十六、二百一至二百八、二百四十三至二百四十四、二百五十三至二百九十二、二百九十五

至三百八、三百十三至三百二十二、三百二十五至三百六十、禮儀典一至二、九至一百四十二、一百四十五至一百四十六、一百四十九至一百六十二、一百六十五至二百八十四、二百八十七至二百九十六、三百九至三百二十六、三百三十一至三百四十二、三百四十五至三百四十八,樂律典一至六、十一至二十六、二十九至一百三十六,戎政典一至二百八十二、二百八十五至三百,祥刑典一至三十四、三十九至一百八十七,考工典一至十、二十一至一百二十六、一百二十九至一百三十)

330000－1705－0000350 善0456 史部/紀傳類/正史之屬

史記一百三十卷 (漢)司馬遷撰 (南朝宋)裴駰集解 (唐)司馬貞索隱 (唐)張守節正義 (明)張守約重修 **補三皇本紀一卷** (唐)司馬貞補撰并註 (明)張守約重脩 明萬曆張守約刻本 四十冊

330000－1705－0000351 善0457 史部/紀傳類/正史之屬

史記一百三十卷 (漢)司馬遷撰 (唐)司馬貞注 明正德劉弘毅慎獨齋刻本 十八冊 存二十七卷(一至二十七)

330000－1705－0000352 善0461 史部/叢編

史漢評林 (明)凌稚隆輯 明萬曆烏程凌氏刻本 三十冊 存一種

330000－1705－0000353 善0462 史部/叢編

史漢評林 (明)凌稚隆輯 明萬曆烏程凌氏刻本 十一冊 存一種

330000－1705－0000354 善0464 史部/紀傳類/正史之屬

史記一百三十卷 (漢)司馬遷撰 (明)鍾惺批評 明天啟五年(1625)沈國元大來堂刻本 (卷二十二至二十三、九十八、一百二十七至一百二十八原缺) 十六冊

330000－1705－0000355 善0467 史部/紀傳類/正史之屬

二十一史二千五百六十七卷　明萬曆二十三年至三十四年(1595－1606)北京國子監刻本　三十二冊　存一種

330000－1705－0000356　善0472、善0509　史部/紀傳類/正史之屬

二十一史二千五百六十七卷　明刻明清遞修本　九冊　存二種

330000－1705－0000357　善0469　史部/紀傳類/正史之屬

十七史一千五百七十四卷　（明）毛晉編　明崇禎元年至十七年(1628－1644)毛氏汲古閣刻本　清季龍老人批點並過錄清何焯批　八冊　存一種

330000－1705－0000358　善0470　史部/紀傳類/正史之屬

十七史一千五百七十四卷　（明）毛晉編　明崇禎元年至十七年(1628－1644)毛氏汲古閣刻本　二十冊　存一種

330000－1705－0000359　善0474　史部/紀傳類/正史之屬

十七史一千五百七十四卷　（明）毛晉編　明崇禎元年至十七年(1628－1644)毛氏汲古閣刻本　十六冊　存一種

330000－1705－0000360　善0478　史部/紀傳類/正史之屬

五代史記七十四卷　（宋）歐陽修撰　（宋）徐無黨注　明嘉靖汪文盛等刻本　六冊　存五十七卷(十至二十一、三十至七十四)

330000－1705－0000361　善0480、善0553　史部/紀傳類/正史之屬

二十一史二千五百六十七卷　明刻明清遞修本　四十八冊　存二種

330000－1705－0000362　善0477　史部/紀傳類/正史之屬

五代史記七十四卷　（宋）歐陽修撰　（宋）徐無黨注　元刻明嘉靖修本　九冊　存六十四卷(一至十七、二十七至六十七、六十九至七十四)

330000－1705－0000363　善0481　史部/紀傳類/別史之屬

藏書六十八卷　（明）李贄撰　明萬曆二十七年(1599)焦竑刻本　四冊　存十二卷(一至二、四十八至五十、五十四至六十)

330000－1705－0000364　善2083　子部/工藝類/日用器物之屬/陶瓷

曼殊沙盦三十六卷壹盧銘一卷　（清）葉金壽撰　（清）郭傳璞注　稿本　清姚燮過錄清葉聯芬、清楊炳注　一冊

330000－1705－0000365　善0485　史部/紀傳類/正史之屬

前漢書一百卷　（漢）班固撰　明嘉靖德藩最樂軒刻本　三冊　存十八卷(十三至十五、四十六至五十二、五十七至六十四)

330000－1705－0000366　善0488　史部/紀傳類/正史之屬

漢書一百卷　（漢）班固撰　（唐）顏師古注　明刻本　一冊　存八卷(四十至四十七)

330000－1705－0000367　善0487　史部/紀傳類/正史之屬

漢書一百卷　（漢）班固撰　（唐）顏師古注　明嘉靖汪文盛等刻本　五冊　存三十一卷(四十六至七十六)

330000－1705－0000368　善0492　史部/紀傳類/正史之屬

漢書一百卷　（漢）班固撰　（唐）顏師古注　（明）鍾人傑輯評　明萬曆四十七年(1619)鍾人傑刻本　二十五冊

330000－1705－0000369　善0496　史部/紀傳類/正史之屬

漢書評林一百卷　（明）凌稚隆輯　明萬曆九年(1581)吳興凌稚隆刻本　一冊　存一卷(一)

330000－1705－0000370　善0495　史部/紀傳類/正史之屬

漢書評林一百卷　（明）凌稚隆輯　明萬曆九年(1581)吳興凌稚隆刻本　五冊　存十卷

（一至六、二十六至二十七、九十九至一百）

330000 - 1705 - 0000371　善 0497　史部/紀
傳類/正史之屬

漢書評林一百卷　（明）凌稚隆輯　明萬曆九
年(1581)吳興凌稚隆刻本　一冊　存三卷
（七至九）

330000 - 1705 - 0000372　善 4683　集部/總
集類/彙編之屬

重編簪纓四六十卷　明抄本　一冊　存一卷
（射字集一冊）

330000 - 1705 - 0000373　善 2818　子部/雜
著類/雜考之屬

節霞紀逸一卷　（清）俞忠孫撰　稿本　一冊

330000 - 1705 - 0000374　善 0499　史部/紀
傳類/正史之屬

班馬異同三十五卷　（宋）倪思撰　（宋）劉辰
翁評　明嘉靖十六年(1537)李元陽刻本　三
冊　存八卷（一至三、二十四至二十八）

330000 - 1705 - 0000375　善 0502　史部/紀
傳類/正史之屬

後漢書九十卷　（南朝宋）范曄譔　（唐）李賢
注　**志三十卷**　（晉）司馬彪撰　（南朝梁）劉
昭注　明嘉靖汪文盛等刻本　三冊　存十六
卷（十一至十四、五十一至五十八、六十二至
六十五）

330000 - 1705 - 0000376　善 0508　史部/紀
傳類/正史之屬

後漢書九十卷　（南朝宋）范曄撰　（唐）李賢
注　**志三十卷**　（晉）司馬彪撰　（南朝梁）劉
昭注　明刻嘉靖十六年(1537)廣東崇正書院
重修本　一冊　存二卷（一至二）

330000 - 1705 - 0000377　善 0505　史部/紀
傳類/正史之屬

後漢書九十卷　（南朝宋）范曄撰　（唐）李賢
注　**志三十卷**　（晉）司馬彪撰　（南朝梁）劉
昭注　（明）鍾人傑輯評　明鍾人傑刻本　四
冊　存二十五卷（列傳三十至三十三、四十三
至五十三、六十一至七十）

330000 - 1705 - 0000378　善 0511　史部/紀
傳類/正史之屬

三國志六十五卷　（晉）陳壽撰　（南朝宋）裴
松之注　元刻明嘉靖遞修本　錢罕、朱鼎煦
跋　二冊　存二十卷（四十六至六十五）

330000 - 1705 - 0000379　善 0500　史部/紀
傳類/正史之屬

班馬異同三十五卷　（宋）倪思撰　（宋）劉辰
翁評　明嘉靖十六年(1537)李元陽刻本　一
冊　存五卷（二十四至二十八）

330000 - 1705 - 0000380　善 0514　史部/紀
傳類/斷代之屬

季漢書六十卷正論一卷答問一卷　（明）謝陛
撰　（明）臧懋循訂　明末錢塘鍾人傑刻本
八冊

330000 - 1705 - 0000381　善 0519　史部/紀
傳類/正史之屬

晉書一百三十卷　（唐）房玄齡等撰　明刻本
五冊　存八卷（一百二十三至一百三十）

330000 - 1705 - 0000382　善 0504　史部/紀
傳類/正史之屬

後漢書九十卷　（南朝宋）范曄撰　（唐）李賢
注　（明）鍾人傑訂　**志三十卷**　（晉）司馬彪
撰　（南朝梁）劉昭注　（明）鍾人傑訂　明鍾
人傑刻本　十六冊　存八十六卷（帝紀二至
十，列傳一至三十六、四十至八十）

330000 - 1705 - 0000383　善 0523　史部/史
抄類

晉書鈎玄二卷　（明）錢普撰　明萬曆六年
(1578)刻本　二冊

330000 - 1705 - 0000384　善 0527、善 0547
史部/紀傳類/正史之屬

十七史一千五百七十四卷　（明）毛晉編　明
崇禎元年至十七年(1628 - 1644)毛氏汲古閣
刻本　二十六冊　存二種

330000 - 1705 - 0000385　善 0521、善 0558
史部/紀傳類/正史之屬

二十一史二千五百六十七卷　明萬曆二十三

年至三十四年(1595－1606)北京國子監刻本
　七冊　存二種

330000－1705－0000386　善0520　史部/紀
傳類/正史之屬
晉書一百三十卷　(唐)房玄齡等撰　(唐)何
超音義　(明)鍾人傑輯評　明鍾人傑刻本
二十七冊　存八十八卷(帝紀一至十,志一至
二十,載記一至三十,列傳一至十七、二十一
至三十一)

330000－1705－0000387　善0535　史部/紀
傳類/正史之屬
陳書三十六卷　(唐)姚思廉撰　宋刻宋元遞
修本　三冊　存六卷(四至五、七至十)

330000－1705－0000388　善0536　史部/紀
傳類/正史之屬
陳書三十六卷　(唐)姚思廉撰　明萬曆十六
年(1588)南京國子監刻本　四冊

330000－1705－0000389　善1051　史部/傳
記類/科舉錄之屬/歷科鄉試錄
正德二年順天府鄉試錄一卷　明正德刻本
一冊

330000－1705－0000390　善4264　集部/別
集類/清別集
寶素軒自訂初稿十五卷　(清)周一鵬撰　稿
本　六冊

330000－1705－0000391　善1794　史部/地
理類/方志之屬/郡縣志
[順治]蒙城縣志十二卷首一卷　(清)田本沛
纂修　清順治刻本　二冊

330000－1705－0000392　善1052　史部/傳
記類/科舉錄之屬/歷科鄉試錄
正德五年順天府鄉試錄一卷　明正德刻本
一冊

330000－1705－0000393　善1053　史部/傳
記類/科舉錄之屬/歷科鄉試錄
正德八年順天府鄉試錄一卷　明正德刻本
一冊

330000－1705－0000394　善1054　史部/傳
記類/科舉錄之屬/歷科鄉試錄
正德十一年順天府鄉試錄一卷　明正德刻本
一冊

330000－1705－0000395　善1055　史部/傳
記類/科舉錄之屬/歷科鄉試錄
嘉靖四年順天府鄉試錄一卷　明嘉靖刻本
一冊

330000－1705－0000396　善1056　史部/傳
記類/科舉錄之屬/歷科鄉試錄
嘉靖七年順天府鄉試錄一卷　明嘉靖刻本
一冊

330000－1705－0000397　善1057　史部/傳
記類/科舉錄之屬/歷科鄉試錄
嘉靖十三年順天府鄉試錄一卷　明嘉靖刻本
一冊

330000－1705－0000398　善1058　史部/傳
記類/科舉錄之屬/歷科鄉試錄
嘉靖十九年順天府鄉試錄一卷　明嘉靖刻本
一冊

330000－1705－0000399　善1059　史部/傳
記類/科舉錄之屬/歷科鄉試錄
嘉靖二十二年順天府鄉試錄一卷　明嘉靖刻
本　一冊

330000－1705－0000400　善1060　史部/傳
記類/科舉錄之屬/歷科鄉試錄
嘉靖二十五年順天府鄉試錄一卷　明嘉靖刻
本　一冊

330000－1705－0000401　善1063　史部/傳
記類/科舉錄之屬/歷科鄉試錄
嘉靖三十一年順天府鄉試錄一卷　明嘉靖刻
本　一冊

330000－1705－0000402　善1062　史部/傳
記類/科舉錄之屬/歷科鄉試錄
嘉靖二十八年順天府鄉試錄一卷　明嘉靖刻
本　一冊

330000－1705－0000403　善1061　史部/傳

記類/科舉録之屬/歷科鄉試録

嘉靖二十五年順天府鄉試録一卷　明嘉靖刻本　一冊

330000－1705－0000404　善0551　史部/紀傳類/正史之屬

唐書二百二十五卷目録二卷　(宋)歐陽修(宋)宋祁等撰　元刻明遞修本　三冊　存十二卷(一至十、目録一至二)

330000－1705－0000405　善0559　史部/紀傳類/正史之屬

宋史四百九十六卷目録三卷　(元)脱脱等撰　明抄本　一冊　存二卷(四百五十六至四百五十七)

330000－1705－0000406　善0560　史部/紀傳類/正史之屬

宋史新編二百卷　(明)柯維騏撰　明嘉靖刻本(卷一至四配抄本)　六十冊

330000－1705－0000407　善1064　史部/傳記類/科舉録之屬/歷科鄉試録

嘉靖三十一年順天府鄉試録一卷　明嘉靖刻本　一冊

330000－1705－0000408　善1065　史部/傳記類/科舉録之屬/歷科鄉試録

嘉靖三十四年順天府鄉試録一卷　明嘉靖刻本　一冊

330000－1705－0000409　善0557　史部/紀傳類/正史之屬

宋史四百九十六卷目録三卷　(元)脱脱等撰　明成化七年至十六年(1471－1480)朱英刻嘉靖、萬曆南京國子監遞修本　十冊　存五十卷(一至四十七、目録一至三)

330000－1705－0000410　善1066　史部/傳記類/科舉録之屬/歷科鄉試録

嘉靖三十七年順天府鄉試録一卷　明嘉靖刻本　一冊

330000－1705－0000411　善1067　史部/傳記類/科舉録之屬/歷科鄉試録

隆慶元年順天府鄉試録一卷　明隆慶刻本　一冊

330000－1705－0000412　善1068　史部/傳記類/科舉録之屬/歷科鄉試録

隆慶四年順天府鄉試録一卷　明隆慶刻本　一冊

330000－1705－0000413　善1069　史部/傳記類/科舉録之屬/歷科鄉試録

隆慶四年順天府鄉試録一卷　明隆慶刻本　一冊

330000－1705－0000414　善1070　史部/傳記類/科舉録之屬/歷科鄉試録

萬曆元年順天府鄉試録一卷　明萬曆刻本　一冊

330000－1705－0000415　善1071　史部/傳記類/科舉録之屬/歷科鄉試録

萬曆四年順天府鄉試録一卷　明萬曆刻本　一冊

330000－1705－0000416　善1072　史部/傳記類/科舉録之屬/歷科鄉試録

萬曆七年順天府鄉試録一卷　明萬曆刻本　一冊

330000－1705－0000417　善1073　史部/傳記類/科舉録之屬/歷科鄉試録

萬曆十年順天府鄉試録一卷　明萬曆刻本　一冊

330000－1705－0000418　善1074　史部/傳記類/科舉録之屬/歷科鄉試録

景泰元年應天府鄉試小録一卷　明景泰刻本　一冊

330000－1705－0000419　善4859　集部/詩文評類/詩評之屬

詩學梯航一卷　(明)周鳴撰　明抄本　一冊

330000－1705－0000420　善0567　史部/紀傳類/正史之屬

遼史一百十六卷　(元)脱脱等撰　明嘉靖八年(1529)南京國子監刻本　一冊　存八卷(三十一至三十八)

330000 - 1705 - 0000421　善 0565　史部/紀傳類/正史之屬

宋史新編二百卷　（明）柯維騏撰　明嘉靖刻本　九冊　存三十卷（十五至二十三、二十七至二十八、三十八至四十、五十五至五十六、六十五至七十八）

330000 - 1705 - 0000422　善 0564　史部/紀傳類/正史之屬

宋史新編二百卷　（明）柯維騏撰　明嘉靖刻本　六冊　存二十卷（六至十、十一至十四、四十七至五十、五十一至五十四、一百九十八至二百）

330000 - 1705 - 0000423　善 1075　史部/傳記類/科舉錄之屬/歷科鄉試錄

天順六年應天府鄉試錄一卷　明天順刻本　一冊

330000 - 1705 - 0000424　善 0568　史部/紀傳類/正史之屬

二十一史二千五百六十七卷　明刻明清遞修本　八冊　存一種

330000 - 1705 - 0000425　善 1076　史部/傳記類/科舉錄之屬/歷科鄉試錄

成化四年應天府鄉試錄一卷　明成化刻本　一冊

330000 - 1705 - 0000426　善 1077　史部/傳記類/科舉錄之屬/歷科鄉試錄

成化七年應天府鄉試錄一卷　明成化刻本　一冊

330000 - 1705 - 0000427　善 1078　史部/傳記類/科舉錄之屬/歷科鄉試錄

成化十年應天府鄉試錄一卷　明成化刻本　一冊

330000 - 1705 - 0000428　善 1079　史部/傳記類/科舉錄之屬/歷科鄉試錄

成化十三年應天府鄉試錄一卷　明成化刻本　一冊

330000 - 1705 - 0000429　善 1080　史部/傳記類/科舉錄之屬/歷科鄉試錄

成化十六年應天府鄉試錄一卷　明成化刻本　一冊

330000 - 1705 - 0000430　善 1081　史部/傳記類/科舉錄之屬/歷科鄉試錄

正德二年應天府鄉試錄一卷　明正德刻本　一冊

330000 - 1705 - 0000431　善 1082　史部/傳記類/科舉錄之屬/歷科鄉試錄

正德五年應天府鄉試錄一卷　明正德刻本　一冊

330000 - 1705 - 0000432　善 1083　史部/傳記類/科舉錄之屬/歷科鄉試錄

正德八年應天府鄉試錄一卷　明正德刻本　一冊

330000 - 1705 - 0000433　善 1084　史部/傳記類/科舉錄之屬/歷科鄉試錄

正德十一年應天府鄉試錄一卷　明正德刻本　一冊

330000 - 1705 - 0000434　善 1085　史部/傳記類/科舉錄之屬/歷科鄉試錄

正德十四年應天府鄉試錄一卷　明正德刻本　一冊

330000 - 1705 - 0000435　善 1087　史部/傳記類/科舉錄之屬/歷科鄉試錄

嘉靖七年應天府鄉試錄一卷　明嘉靖刻藍印本　一冊

330000 - 1705 - 0000436　善 1088　史部/傳記類/科舉錄之屬/歷科鄉試錄

嘉靖十三年應天府鄉試錄一卷　明嘉靖刻本　一冊

330000 - 1705 - 0000437　善 1089　史部/傳記類/科舉錄之屬/歷科鄉試錄

嘉靖十六年應天府鄉試錄一卷　明嘉靖刻本　一冊

330000 - 1705 - 0000438　善 1086　史部/傳記類/科舉錄之屬/歷科鄉試錄

正德十四年應天府鄉試錄一卷　明正德刻本

一冊

330000－1705－0000439　善 1090　史部/傳
記類/科舉錄之屬/歷科鄉試錄

嘉靖十六年應天府鄉試錄一卷　明嘉靖刻本
一冊

330000－1705－0000440　善 1091　史部/傳
記類/科舉錄之屬/歷科鄉試錄

嘉靖二十二年應天府鄉試錄一卷　明嘉靖刻
本　一冊

330000－1705－0000441　善 1092　史部/傳
記類/科舉錄之屬/歷科鄉試錄

嘉靖二十二年應天府鄉試錄一卷　明嘉靖刻
本　一冊

330000－1705－0000442　善 1094　史部/傳
記類/科舉錄之屬/歷科鄉試錄

嘉靖二十五年應天府鄉試錄一卷　明嘉靖刻
本　一冊

330000－1705－0000443　善 1093　史部/傳
記類/科舉錄之屬/歷科鄉試錄

嘉靖二十五年應天府鄉試錄一卷　明嘉靖刻
本　一冊

330000－1705－0000444　善 1095　史部/傳
記類/科舉錄之屬/歷科鄉試錄

嘉靖二十八年應天府鄉試錄一卷　明嘉靖刻
本　一冊

330000－1705－0000445　善 0569　史部/紀
傳類/正史之屬

金史一百三十五卷目錄二卷　（元）脫脫等撰
明初刻本　十九冊

330000－1705－0000446　善 0571　史部/紀
傳類/正史之屬

二十一史二千五百六十七卷　明刻明清遞修
本　七冊　存一種

330000－1705－0000447　善 1096　史部/傳
記類/科舉錄之屬/歷科鄉試錄

嘉靖三十一年應天府鄉試錄一卷　明嘉靖刻
本　一冊

330000－1705－0000448　善 1097　史部/傳
記類/科舉錄之屬/歷科鄉試錄

嘉靖三十七年應天府鄉試錄一卷　明嘉靖刻
本　一冊

330000－1705－0000449　善 1098　史部/傳
記類/科舉錄之屬/歷科鄉試錄

嘉靖四十三年應天府鄉試錄一卷　明嘉靖刻
本　一冊

330000－1705－0000450　善 1099　史部/傳
記類/科舉錄之屬/歷科鄉試錄

嘉靖四十三年應天府鄉試錄一卷　明嘉靖刻
本　一冊

330000－1705－0000451　善 1100　史部/傳
記類/科舉錄之屬/歷科鄉試錄

隆慶元年應天府鄉試錄一卷　明隆慶刻本
一冊

330000－1705－0000452　善 0576　史部/紀
傳類/正史之屬

皇明書四十五卷　（明）鄧元錫撰　明萬曆三
十四年(1606)刻本　二冊　存七卷(一至二、
八至十二)

330000－1705－0000453　善 0574　史部/紀
傳類/正史之屬

元史二百十卷目錄二卷　（明）宋濂　（明）王
褘等撰　明洪武三年(1370)內府刻嘉靖九年
至十年(1530－1531)南京國子監重修本　五
冊　存十九卷(五至十、三十三至三十七、六
十六至七十三)

330000－1705－0000454　善 1101　史部/傳
記類/科舉錄之屬/歷科鄉試錄

隆慶四年應天府鄉試錄一卷　明隆慶刻本
一冊

330000－1705－0000455　善 1102　史部/傳
記類/科舉錄之屬/歷科鄉試錄

萬曆元年應天府鄉試錄一卷　明萬曆刻本
一冊

330000－1705－0000456　善 1103　史部/傳
記類/科舉錄之屬/歷科鄉試錄

萬曆四年應天府鄉試録一卷　明萬曆刻本
一冊

330000－1705－0000457　善0575　史部／紀
傳類／正史之屬
二十一史二千五百六十七卷　明刻明清遞修
本　五十冊　存一種

330000－1705－0000458　善1104　史部／傳
記類／科舉録之屬／歷科鄉試録
萬曆七年應天府鄉試録一卷　明萬曆刻本
一冊

330000－1705－0000459　善1105　史部／傳
記類／科舉録之屬／歷科鄉試録
萬曆十年應天府鄉試録一卷　明萬曆刻本
一冊

330000－1705－0000460　善1106　史部／傳
記類／科舉録之屬／歷科鄉試録
萬曆十年應天府鄉試録一卷　明萬曆刻本
一冊

330000－1705－0000461　善1107　史部／傳
記類／科舉録之屬／歷科鄉試録
天順六年山東鄉試録一卷　明天順刻本
一冊

330000－1705－0000462　善1108　史部／傳
記類／科舉録之屬／歷科鄉試録
成化元年山東鄉試録一卷　明成化刻本
一冊

330000－1705－0000463　善1109　史部／傳
記類／科舉録之屬／歷科鄉試録
成化十年山東鄉試録一卷　明成化刻本
一冊

330000－1705－0000464　善1110　史部／傳
記類／科舉録之屬／歷科鄉試録
成化十六年山東鄉試録一卷　明成化刻本
一冊

330000－1705－0000465　善1111　史部／傳
記類／科舉録之屬／歷科鄉試録
成化十九年山東鄉試録一卷　明成化刻本

一冊

330000－1705－0000466　善1112　史部／傳
記類／科舉録之屬／歷科鄉試録
弘治八年山東鄉試録一卷　明弘治刻本
一包

330000－1705－0000467　善1113　史部／傳
記類／科舉録之屬／歷科鄉試録
正德八年山東鄉試録一卷　明正德刻本
一冊

330000－1705－0000468　善1114　史部／傳
記類／科舉録之屬／歷科鄉試録
正德十一年山東鄉試録一卷　明正德刻本
一冊

330000－1705－0000469　善1115　史部／傳
記類／科舉録之屬／歷科鄉試録
嘉靖四年山東鄉試録一卷　明嘉靖刻本
一冊

330000－1705－0000470　善1116　史部／傳
記類／科舉録之屬／歷科鄉試録
嘉靖七年山東鄉試録一卷　明嘉靖刻本
一冊

330000－1705－0000471　善1117　史部／傳
記類／科舉録之屬／歷科鄉試録
嘉靖十九年山東鄉試録一卷　明嘉靖刻本
一包

330000－1705－0000472　善1118　史部／傳
記類／科舉録之屬／歷科鄉試録
嘉靖二十八年山東鄉試録一卷　明嘉靖刻本
一冊

330000－1705－0000473　善1119　史部／傳
記類／科舉録之屬／歷科鄉試録
嘉靖三十四年山東鄉試録一卷　明嘉靖刻本
一包

330000－1705－0000474　善1120　史部／傳
記類／科舉録之屬／歷科鄉試録
嘉靖三十七年山東鄉試録一卷　明嘉靖刻本
一冊

330000 – 1705 – 0000475　善 1121　史部/傳
記類/科舉録之屬/歷科鄉試録

嘉靖四十三年山東鄉試録一卷　明嘉靖刻本
　一冊

330000 – 1705 – 0000476　善 1122　史部/傳
記類/科舉録之屬/歷科鄉試録

隆慶四年山東鄉試録一卷　明隆慶刻本
一冊

330000 – 1705 – 0000477　善 1123　史部/傳
記類/科舉録之屬/歷科鄉試録

萬曆四年山東鄉試録一卷　明萬曆刻本
一冊

330000 – 1705 – 0000478　善 1124　史部/傳
記類/科舉録之屬/歷科鄉試録

萬曆七年山東鄉試録一卷　明萬曆刻本
一冊

330000 – 1705 – 0000479　善 0589　史部/編
年類/通代之屬

司馬溫公稽古録二十卷　（宋）司馬光撰　明
刻本　二冊

330000 – 1705 – 0000480　善 1125　史部/傳
記類/科舉録之屬/歷科鄉試録

萬曆十年山東鄉試録一卷　明萬曆刻本
一冊

330000 – 1705 – 0000481　善 1127　史部/傳
記類/科舉録之屬/歷科鄉試録

天順六年山西鄉試録一卷　明天順刻本
一冊

330000 – 1705 – 0000482　善 1128　史部/傳
記類/科舉録之屬/歷科鄉試録

成化二十二年山西鄉試録一卷　明成化刻本
　一冊

330000 – 1705 – 0000483　善 1129　史部/傳
記類/科舉録之屬/歷科鄉試録

弘治五年山西鄉試録一卷　明弘治刻本
一包

330000 – 1705 – 0000484　善 1130　史部/傳

記類/科舉録之屬/歷科鄉試録

正德二年山西鄉試録一卷　明正德刻本
一冊

330000 – 1705 – 0000485　善 1131　史部/傳
記類/科舉録之屬/歷科鄉試録

正德八年山西鄉試録一卷　明正德刻本
一冊

330000 – 1705 – 0000486　善 1132　史部/傳
記類/科舉録之屬/歷科鄉試録

正德十一年山西鄉試録一卷　明正德刻本
一冊

330000 – 1705 – 0000487　善 1133　史部/傳
記類/科舉録之屬/歷科鄉試録

正德十四年山西鄉試録一卷　明正德刻本
一冊

330000 – 1705 – 0000488　善 1134　史部/傳
記類/科舉録之屬/歷科鄉試録

嘉靖元年山西鄉試録一卷　明嘉靖刻本
一冊

330000 – 1705 – 0000489　善 0593　史部/編
年類/通代之屬

資治通鑑二百九十四卷　（宋）司馬光撰
（元）胡三省音注　（明）陳仁錫評　**通鑑釋文
辯誤十二卷**　（元）胡三省撰　明天啟五年
(1625)長洲陳仁錫刻本　九十二冊

330000 – 1705 – 0000490　善 0590　史部/編
年類/通代之屬

資治通鑑二百九十四卷　（宋）司馬光撰
（元）胡三省音注　元刻本　三冊　存八卷
（五十四至六十一）

330000 – 1705 – 0000491　善 0595　史部/編
年類/通代之屬

資治通鑑二百九十四卷　（宋）司馬光撰
（元）胡三省音注　（明）陳仁錫評　**通鑑釋文
辯誤十二卷**　（元）胡三省撰　明天啟五年
(1625)長洲陳仁錫刻本　一冊　存二卷(五
十一至五十二)

330000 – 1705 – 0000492　善 0602　史部/編

年類/通代之屬

資治通鑑二百九十四卷 （宋）司馬光撰（元）胡三省注 （明）陳仁錫評 **通鑑釋文辯誤十二卷** （元）胡三省撰 明天啟五年(1625)陳仁錫刻本 四冊 存十二卷(通鑑釋文辯誤一至十二)

330000－1705－0000493 善 1135 史部/傳記類/科舉錄之屬/歷科鄉試錄

嘉靖十六年山西鄉試錄一卷 明嘉靖刻本 一冊

330000－1705－0000494 善 1136 史部/傳記類/科舉錄之屬/歷科鄉試錄

嘉靖二十五年山西鄉試錄一卷 明嘉靖刻本 一冊

330000－1705－0000495 善 1137 史部/傳記類/科舉錄之屬/歷科鄉試錄

嘉靖二十五年山西鄉試錄一卷 明嘉靖刻本 一冊

330000－1705－0000496 善 1138 史部/傳記類/科舉錄之屬/歷科鄉試錄

嘉靖二十八年山西鄉試錄一卷 明嘉靖刻本 一冊

330000－1705－0000497 善 1139 史部/傳記類/科舉錄之屬/歷科鄉試錄

嘉靖三十一年山西鄉試錄一卷 明嘉靖刻本 一冊

330000－1705－0000498 善 1140 史部/傳記類/科舉錄之屬/歷科鄉試錄

嘉靖三十四年山西鄉試錄一卷 明嘉靖刻本 一冊

330000－1705－0000499 善 1141 史部/傳記類/科舉錄之屬/歷科鄉試錄

嘉靖四十三年山西鄉試錄一卷 明嘉靖刻本 一冊

330000－1705－0000500 善 1142 史部/傳記類/科舉錄之屬/歷科鄉試錄

隆慶元年山西鄉試錄一卷 明隆慶刻本 一冊

330000－1705－0000501 善 1143 史部/傳記類/科舉錄之屬/歷科鄉試錄

隆慶四年山西鄉試錄一卷 明隆慶刻本 一冊

330000－1705－0000502 善 0597 史部/編年類/通代之屬

資治通鑑二百九十四卷 （宋）司馬光撰（元）胡三省音注 **通鑑釋文辯誤十二卷** （元）胡三省撰 清嘉慶二十一年(1816)鄱陽胡克家影元刻本 一百冊

330000－1705－0000503 善 1144 史部/傳記類/科舉錄之屬/歷科鄉試錄

萬曆元年山西鄉試錄一卷 明萬曆刻本 一包

330000－1705－0000504 善 1145 史部/傳記類/科舉錄之屬/歷科鄉試錄

萬曆四年山西鄉試錄一卷 明萬曆刻本 一冊

330000－1705－0000505 善 1146 史部/傳記類/科舉錄之屬/歷科鄉試錄

萬曆七年山西鄉試錄一卷 明萬曆刻本 一包

330000－1705－0000506 善 1147 史部/傳記類/科舉錄之屬/歷科鄉試錄

萬曆十年山西鄉試錄一卷 明萬曆刻本 一冊

330000－1705－0000507 善 1148 史部/傳記類/科舉錄之屬/歷科鄉試錄

成化二十二年河南鄉試錄一卷 明成化刻本 一冊

330000－1705－0000508 善 1149 史部/傳記類/科舉錄之屬/歷科鄉試錄

弘治八年河南鄉試錄一卷 明弘治刻本 一冊

330000－1705－0000509 善 1150 史部/傳記類/科舉錄之屬/歷科鄉試錄

弘治十一年河南鄉試錄一卷 明弘治刻本 一冊

330000－1705－0000510　善 1151　史部/傳
記類/科舉錄之屬/歷科鄉試錄

弘治十四年河南鄉試錄一卷　明弘治刻本
一冊

330000－1705－0000511　善 1152　史部/傳
記類/科舉錄之屬/歷科鄉試錄

正德二年河南鄉試錄一卷　明正德刻本
一冊

330000－1705－0000512　善 1153　史部/傳
記類/科舉錄之屬/歷科鄉試錄

正德八年河南鄉試錄一卷　明正德刻本
一包

330000－1705－0000513　善 1154　史部/傳
記類/科舉錄之屬/歷科鄉試錄

正德十四年河南鄉試錄一卷　明正德刻本
一包

330000－1705－0000514　善 1155　史部/傳
記類/科舉錄之屬/歷科鄉試錄

嘉靖元年河南鄉試錄一卷　明嘉靖刻本
一冊

330000－1705－0000515　善 1157　史部/傳
記類/科舉錄之屬/歷科鄉試錄

嘉靖十三年河南鄉試錄一卷　明嘉靖刻本
一冊

330000－1705－0000516　善 1158　史部/傳
記類/科舉錄之屬/歷科鄉試錄

嘉靖十六年河南鄉試錄一卷　明嘉靖刻本
一包

330000－1705－0000517　善 1159　史部/傳
記類/科舉錄之屬/歷科鄉試錄

嘉靖十九年河南鄉試錄一卷　明嘉靖刻本
一冊

330000－1705－0000518　善 1156　史部/傳
記類/科舉錄之屬/歷科鄉試錄

嘉靖七年河南鄉試錄一卷　明嘉靖刻本
一包

330000－1705－0000519　善 1160　史部/傳
記類/科舉錄之屬/歷科鄉試錄

嘉靖二十二年河南鄉試錄一卷　明嘉靖刻本
一包

330000－1705－0000520　善 1162　史部/傳
記類/科舉錄之屬/歷科鄉試錄

嘉靖二十五年河南鄉試錄一卷　明嘉靖刻本
一冊

330000－1705－0000521　善 1163　史部/傳
記類/科舉錄之屬/歷科鄉試錄

嘉靖二十八年河南鄉試錄一卷　明嘉靖刻本
一冊

330000－1705－0000522　善 1164　史部/傳
記類/科舉錄之屬/歷科鄉試錄

嘉靖三十一年河南鄉試錄一卷　明嘉靖刻本
一冊

330000－1705－0000523　善 1165　史部/傳
記類/科舉錄之屬/歷科鄉試錄

嘉靖三十四年河南鄉試錄一卷　明嘉靖刻本
一冊

330000－1705－0000524　善 1161　史部/傳
記類/科舉錄之屬/歷科鄉試錄

嘉靖二十二年河南鄉試錄一卷　明嘉靖刻本
一冊

330000－1705－0000525　善 1171　史部/傳
記類/科舉錄之屬/歷科鄉試錄

萬曆元年河南鄉試錄一卷　明萬曆刻本
一包

330000－1705－0000526　善 1172　史部/傳
記類/科舉錄之屬/歷科鄉試錄

萬曆四年河南鄉試錄一卷　明萬曆刻本
一冊

330000－1705－0000527　善 1173　史部/傳
記類/科舉錄之屬/歷科登科錄

國朝河南舉人名錄不分卷　（明）李濂輯　明
嘉靖刻本　四冊

330000－1705－0000528　善 1175　史部/傳
記類/科舉錄之屬/歷科鄉試錄

成化七年陝西鄉試錄一卷　明成化刻本
一冊

330000－1705－0000529　善1176　史部/傳
記類/科舉錄之屬/歷科鄉試錄

成化十年陝西鄉試錄一卷　明成化刻本
一冊

330000－1705－0000530　善1177　史部/傳
記類/科舉錄之屬/歷科鄉試錄

弘治八年陝西鄉試錄一卷　明弘治刻本
一冊

330000－1705－0000531　善1178　史部/傳
記類/科舉錄之屬/歷科鄉試錄

弘治十一年陝西鄉試錄一卷　明弘治刻本
一冊

330000－1705－0000532　善1179　史部/傳
記類/科舉錄之屬/歷科鄉試錄

弘治十七年陝西鄉試錄一卷　明弘治刻本
一冊

330000－1705－0000533　善1180　史部/傳
記類/科舉錄之屬/歷科鄉試錄

正德十一年陝西鄉試錄一卷　明正德刻本
一冊

330000－1705－0000534　善1181　史部/傳
記類/科舉錄之屬/歷科鄉試錄

嘉靖四年陝西鄉試錄一卷　明嘉靖刻本
一冊

330000－1705－0000535　善1182　史部/傳
記類/科舉錄之屬/歷科鄉試錄

嘉靖十六年陝西鄉試錄一卷　明嘉靖刻本
一冊

330000－1705－0000536　善1183　史部/傳
記類/科舉錄之屬/歷科鄉試錄

嘉靖二十八年陝西鄉試錄一卷　明嘉靖刻本
一冊

330000－1705－0000537　善1184　史部/傳
記類/科舉錄之屬/歷科鄉試錄

嘉靖三十一年陝西鄉試錄一卷　明嘉靖刻本

一冊

330000－1705－0000538　善1200　史部/傳
記類/科舉錄之屬/歷科鄉試錄

康熙二十三年四川鄉試錄一卷　清康熙刻本
一冊

330000－1705－0000539　善1186　史部/傳
記類/科舉錄之屬/歷科鄉試錄

隆慶四年陝西鄉試錄一卷　明隆慶刻本
一冊

330000－1705－0000540　善1187　史部/傳
記類/科舉錄之屬/歷科鄉試錄

萬曆元年陝西鄉試錄一卷　明萬曆刻本
一冊

330000－1705－0000541　善1188　史部/傳
記類/科舉錄之屬/歷科鄉試錄

萬曆七年陝西鄉試錄一卷　明萬曆刻本
一冊

330000－1705－0000542　善1189　史部/傳
記類/科舉錄之屬/歷科鄉試錄

萬曆十年陝西鄉試錄一卷　明萬曆刻本
一冊

330000－1705－0000543　善1191　史部/傳
記類/科舉錄之屬/歷科鄉試錄

成化元年四川鄉試錄一卷　明成化刻本
一冊

330000－1705－0000544　善1192　史部/傳
記類/科舉錄之屬/歷科鄉試錄

正德八年四川鄉試錄一卷　明正德刻本
一冊

330000－1705－0000545　善1193　史部/傳
記類/科舉錄之屬/歷科鄉試錄

嘉靖十六年四川鄉試錄一卷　明嘉靖刻本
一冊

330000－1705－0000546　善1194　史部/傳
記類/科舉錄之屬/歷科鄉試錄

嘉靖十九年四川鄉試錄一卷　明嘉靖刻本
一冊

330000－1705－0000547　善 1195　史部/傳
記類/科舉錄之屬/歷科鄉試錄

嘉靖二十二年四川鄉試錄一卷　明嘉靖刻本
　一冊

330000－1705－0000548　善 1196　史部/傳
記類/科舉錄之屬/歷科鄉試錄

嘉靖二十五年四川鄉試錄一卷　明嘉靖刻本
　一冊

330000－1705－0000549　善 1197　史部/傳
記類/科舉錄之屬/歷科鄉試錄

隆慶四年四川鄉試錄一卷　明隆慶刻本
　一冊

330000－1705－0000550　善 1198　史部/傳
記類/科舉錄之屬/歷科鄉試錄

萬曆元年四川鄉試錄一卷　明萬曆刻本
　一冊

330000－1705－0000551　善 1199　史部/傳
記類/科舉錄之屬/歷科鄉試錄

萬曆十年四川鄉試錄一卷　明萬曆刻本
　一冊

330000－1705－0000552　善 1202　史部/傳
記類/科舉錄之屬/歷科鄉試錄

天順三年江西鄉試錄一卷　明天順刻本
　一冊

330000－1705－0000553　善 1203　史部/傳
記類/科舉錄之屬/歷科鄉試錄

成化十年江西鄉試錄一卷　明成化刻本
　一冊

330000－1705－0000554　善 1204　史部/傳
記類/科舉錄之屬/歷科鄉試錄

成化十年江西鄉試錄一卷　明成化刻本
　一包

330000－1705－0000555　善 1205　史部/傳
記類/科舉錄之屬/歷科鄉試錄

成化十三年江西鄉試錄一卷　明成化刻本
　一冊

330000－1705－0000556　善 1206　史部/傳
記類/科舉錄之屬/歷科鄉試錄

弘治二年江西鄉試錄一卷　明弘治刻本
　一包

330000－1705－0000557　善 1207　史部/傳
記類/科舉錄之屬/歷科鄉試錄

弘治五年江西鄉試錄一卷　明弘治刻本
　一冊

330000－1705－0000558　善 1208　史部/傳
記類/科舉錄之屬/歷科鄉試錄

弘治十四年江西鄉試錄一卷　明弘治刻本
　一冊

330000－1705－0000559　善 1209　史部/傳
記類/科舉錄之屬/歷科鄉試錄

正德二年江西鄉試錄一卷　明正德刻本
　一包

330000－1705－0000560　善 1210　史部/傳
記類/科舉錄之屬/歷科鄉試錄

正德十一年江西鄉試錄一卷　明正德刻本
　一冊

330000－1705－0000561　善 1211　史部/傳
記類/科舉錄之屬/歷科鄉試錄

嘉靖元年江西鄉試錄一卷　明嘉靖刻本
　一冊

330000－1705－0000562　善 0598　類叢部/
類書類/通類之屬

**玉海二百卷附刻辭學指南四卷詩考一卷詩地
理考六卷漢藝文志考證十卷通鑑地理通釋十
四卷漢制考四卷踐阼篇一卷周易鄭康成注一
卷姓氏急就篇二卷急就篇補注四卷周書王會
補注一卷小學紺珠十卷六經天文編二卷通鑑
荅問五卷**　（宋）王應麟撰　元至元六年
(1340)慶元路儒學刻本　清鄭文焯題記　二
冊　存四卷(通鑑地理通釋一至四)

330000－1705－0000563　善 0599　類叢部/
叢書類/彙編之屬

津逮秘書十五集一百三十九種　（明）毛晉編
　明崇禎虞山毛氏汲古閣刻清初彙印本　六
冊　存一種

330000－1705－0000564　善 1212　史部/傳
記類/科舉錄之屬/歷科鄉試錄
嘉靖四年江西鄉試錄一卷　明嘉靖刻本
一冊

330000－1705－0000565　善 1213　史部/傳
記類/科舉錄之屬/歷科鄉試錄
嘉靖七年江西鄉試錄一卷　明嘉靖刻本
一冊

330000－1705－0000566　善 1214　史部/傳
記類/科舉錄之屬/歷科鄉試錄
嘉靖十三年江西鄉試錄一卷　明嘉靖刻本
一冊

330000－1705－0000567　善 1215　史部/傳
記類/科舉錄之屬/歷科鄉試錄
嘉靖十六年江西鄉試錄一卷　明嘉靖刻本
一包

330000－1705－0000568　善 1216　史部/傳
記類/科舉錄之屬/歷科鄉試錄
嘉靖十九年江西鄉試錄一卷　明嘉靖刻本
一冊

330000－1705－0000569　善 1217　史部/傳
記類/科舉錄之屬/歷科鄉試錄
嘉靖二十二年江西鄉試錄一卷　明嘉靖刻本
一冊

330000－1705－0000570　善 1218　史部/傳
記類/科舉錄之屬/歷科鄉試錄
嘉靖二十二年江西鄉試錄一卷　明嘉靖刻本
一冊

330000－1705－0000571　善 1219　史部/傳
記類/科舉錄之屬/歷科鄉試錄
嘉靖二十五年江西鄉試錄一卷　明嘉靖刻本
一冊

330000－1705－0000572　善 1220　史部/傳
記類/科舉錄之屬/歷科鄉試錄
嘉靖三十一年江西鄉試錄一卷　明嘉靖刻本
一冊

330000－1705－0000573　善 1221　史部/傳

記類/科舉錄之屬/歷科鄉試錄
嘉靖四十年江西鄉試錄一卷　明嘉靖刻本
一冊

330000－1705－0000574　善 1222　史部/傳
記類/科舉錄之屬/歷科鄉試錄
嘉靖四十三年江西鄉試錄一卷　明嘉靖刻本
一冊

330000－1705－0000575　善 1224　史部/傳
記類/科舉錄之屬/歷科鄉試錄
隆慶四年江西鄉試錄一卷　明隆慶刻本
一冊

330000－1705－0000576　善 1223　史部/傳
記類/科舉錄之屬/歷科鄉試錄
嘉靖四十三年江西鄉試錄一卷　明嘉靖刻本
一冊

330000－1705－0000577　善 1223－1　史部/
傳記類/科舉錄之屬/歷科鄉試錄
嘉靖四十三年江西鄉試錄一卷　明嘉靖刻本
一冊

330000－1705－0000578　善 1225　史部/傳
記類/科舉錄之屬/歷科鄉試錄
萬曆四年江西鄉試錄一卷　明萬曆刻本
一冊

330000－1705－0000579　善 1226　史部/傳
記類/科舉錄之屬/歷科鄉試錄
萬曆七年江西鄉試錄一卷　明萬曆刻本
一冊

330000－1705－0000580　善 1227　史部/傳
記類/科舉錄之屬/歷科鄉試錄
成化七年湖廣鄉試錄一卷　明成化刻本
一包

330000－1705－0000581　善 1228　史部/傳
記類/科舉錄之屬/歷科鄉試錄
成化十六年湖廣鄉試錄一卷　明成化刻本
一包

330000－1705－0000582　善 1229　史部/傳
記類/科舉錄之屬/歷科鄉試錄

寧波市天一閣博物館古籍普查登記目錄

弘治五年湖廣鄉試錄一卷　明弘治刻本
一冊

330000－1705－0000583　善1230　史部/傳
記類/科舉錄之屬/歷科鄉試錄

弘治十一年湖廣鄉試錄一卷　明弘治刻本
一冊

330000－1705－0000584　善1231　史部/傳
記類/科舉錄之屬/歷科鄉試錄

正德十一年湖廣鄉試錄一卷　明正德刻本
一冊

330000－1705－0000585　善1232　史部/傳
記類/科舉錄之屬/歷科鄉試錄

正德十四年湖廣鄉試錄一卷　明正德刻本
一冊

330000－1705－0000586　善1233　史部/傳
記類/科舉錄之屬/歷科鄉試錄

嘉靖七年湖廣鄉試錄一卷　明嘉靖刻本
一冊

330000－1705－0000587　善1234　史部/傳
記類/科舉錄之屬/歷科鄉試錄

嘉靖十年湖廣鄉試錄一卷　明嘉靖刻本
一冊

330000－1705－0000588　善1235　史部/傳
記類/科舉錄之屬/歷科鄉試錄

嘉靖十九年湖廣鄉試錄一卷　明嘉靖刻本
一冊

330000－1705－0000589　善0601　史部/編
年類/通代之屬

資治通鑑二百九十四卷　（宋）司馬光撰
（元）胡三省音注　通鑑釋文辯誤十二卷
（元）胡三省撰　明萬曆二十年(1592)新安吳
勉學刻本　六冊　存十二卷(通鑑釋文辯誤
一至十二)

330000－1705－0000590　善1236　史部/傳
記類/科舉錄之屬/歷科鄉試錄

嘉靖二十二年湖廣鄉試錄一卷　明嘉靖刻本
一冊

330000－1705－0000591　善1237　史部/傳
記類/科舉錄之屬/歷科鄉試錄

嘉靖二十二年湖廣鄉試錄一卷　明嘉靖刻本
一冊

330000－1705－0000592　善1238　史部/傳
記類/科舉錄之屬/歷科鄉試錄

嘉靖二十五年湖廣鄉試錄一卷　明嘉靖刻本
一冊

330000－1705－0000593　善1239　史部/傳
記類/科舉錄之屬/歷科鄉試錄

嘉靖三十一年湖廣鄉試錄一卷　明嘉靖刻本
一冊

330000－1705－0000594　善1240　史部/傳
記類/科舉錄之屬/歷科鄉試錄

嘉靖三十七年湖廣鄉試錄一卷　明嘉靖刻本
一冊

330000－1705－0000595　善1241　史部/傳
記類/科舉錄之屬/歷科鄉試錄

萬曆元年湖廣鄉試錄一卷　明萬曆刻本
一冊

330000－1705－0000596　善1242　史部/傳
記類/科舉錄之屬/歷科鄉試錄

萬曆十年湖廣鄉試錄一卷　明萬曆刻本
一冊

330000－1705－0000597　善1243　史部/傳
記類/科舉錄之屬/歷科鄉試錄

永樂十八年浙江鄉闈小錄一卷　明抄本
一冊

330000－1705－0000599　善2956　子部/宗
教類/佛教之屬/大藏

永樂北藏　明永樂十九年至正統五年(1421－
1440)刻萬曆十二年(1584)續刻本　一冊　存
一種

330000－1705－0000600　善1246　史部/傳
記類/科舉錄之屬/歷科鄉試錄

成化十年浙江鄉試錄一卷　明成化刻本
一冊

330000－1705－0000601　善0615　史部/編年類/通代之屬

資治通鑑綱目五十九卷　（宋）朱熹撰　（宋）尹起莘發明　（元）劉友益書法　（元）汪克寬考異　（元）徐昭文考證　（元）王幼學集覽　（明）陳濟正誤　（明）馮智舒質實　明嘉靖十三年（1534）江西按察司刻十四年（1535）張鯤重修本　四十四冊　存四十四卷（一至三、五至六、八、十一、十四至十五、十七至三十一、三十三至四十一、四十三至四十四、四十七、四十九至五十、五十二至五十三、五十五至五十七、五十九）

330000－1705－0000602　善0620　史部/編年類/通代之屬

資治通鑑綱目五十九卷　（宋）朱熹撰　（宋）尹起莘發明　（元）劉友益書法　（元）汪克寬考異　（元）徐昭文考證　（元）王幼學集覽　（明）陳濟正誤　明弘治九年（1496）黃仲昭刻本　一冊　存二卷（四十八至四十九）

330000－1705－0000603　善0616　史部/編年類/通代之屬

資治通鑑綱目五十九卷　（宋）朱熹撰　明嘉靖三十五年（1556）趙府居敬堂刻本　三十九冊　存四十卷（一至五、七至四十一）

330000－1705－0000604　善0614　史部/編年類/通代之屬

資治通鑑綱目五十九卷　（宋）朱熹撰　明成化九年（1473）內府刻本　二十九冊　存五十七卷（一至三十五、三十八至五十九）

330000－1705－0000605　善0609　史部/編年類/通代之屬

通鑑前編十八卷舉要二卷　（宋）金履祥撰　**首一卷**　（明）陳桱撰　明末刻本　五冊　存二卷（舉要一至二）

330000－1705－0000606　善1247　史部/傳記類/科舉錄之屬/歷科鄉試錄

成化十三年浙江鄉試錄一卷　明成化刻本　一冊

330000－1705－0000607　善0606　史部/編

年類/通代之屬

新刊憲臺攷正少微通鑑全編二十卷外紀二卷　（宋）江贄輯　**新刊憲臺攷正宋元通鑑全編二十一卷**　明嘉靖三十八年（1559）開州吉澄刻本　七冊　存二十卷（新刊憲臺攷正少微通鑑全編一至二十）

330000－1705－0000608　善4583　集部/總集類/選集之屬/通代

類編古賦二十四卷　明抄本　六冊

330000－1705－0000609　善0621　史部/編年類/通代之屬

資治通鑑綱目五十九卷　（宋）朱熹撰　（宋）尹起莘發明　（元）劉友益書法　（元）汪克寬考異　（元）徐昭文考證　（元）王幼學集覽　（明）陳濟正誤　（明）馮智舒質實　明刻本　六冊　存二卷（十四至十五）

330000－1705－0000610　善0628　史部/編年類/通代之屬

資治通鑑綱目集說五十九卷前編二卷　（明）馬安輯　（明）晏宏校補　明嘉靖晏宏刻本　七十一冊

330000－1705－0000611　善0630　史部/編年類/通代之屬

續資治通鑑六十四卷　（明）王宗沐編　明隆慶刻本　二十冊

330000－1705－0000612　善0633　史部/編年類/通代之屬

宋元資治通鑑六十四卷　（明）王宗沐撰　明末刻本　二冊　存十卷（一至六、四十七至五十）

330000－1705－0000613　善0635　史部/編年類/通代之屬

宋元通鑑一百五十七卷　（明）薛應旂撰　明嘉靖四十五年（1566）薛應旂刻本　十六冊　存七十一卷（八十七至一百五十七）

330000－1705－0000614　善0640　史部/編年類/通代之屬

鐫王鳳洲先生會纂綱鑑歷朝正史全編四十六

卷 (明)王世貞撰 明萬曆十八年(1590)萃慶堂余泗泉刻本 三冊 存十八卷(八至十四、三十至三十五、四十二至四十六)

330000－1705－0000615 善 0642 史部/編年類/通代之屬

綱鑑標題要選十二卷總斷一卷 (明)王世貞輯 (明)郭子章訂 明末刻本 八冊

330000－1705－0000616 善 0651 史部/編年類/斷代之屬

兩漢紀六十卷 (宋)王銍輯 明嘉靖二十七年(1548)吳郡黃姬水刻本 十冊

330000－1705－0000617 善 0650 史部/編年類/斷代之屬

兩漢紀六十卷 (宋)王銍輯 明嘉靖二十七年(1548)吳郡黃姬水刻本 孫家溎題記 二十冊

330000－1705－0000618 善 0631 史部/編年類/通代之屬

續資治通鑑六十四卷 (明)王宗沐編 明刻本 十六冊 存五十三卷(一至三十八、四十一至四十九、五十六至六十一)

330000－1705－0000619 善 0624 史部/編年類/通代之屬

資治通鑑綱目發明五十九卷 (宋)尹起莘撰 明內府刻本 四冊

330000－1705－0000620 善 0652 史部/編年類/斷代之屬

兩漢紀六十卷 (宋)王銍輯 明嘉靖二十七年(1548)吳郡黃姬水刻本 十冊 存二十六卷(前漢紀一至五、二十七至二十九,後漢紀一至三、六至七、十至十二、十四至十六、二十一至二十四、二十八至三十)

330000－1705－0000621 善 0627 史部/編年類/通代之屬

資治通鑑綱目集覽五十九卷 (元)王幼學撰 (明)陳濟正誤 明內府刻本 三冊 存二十六卷(一至八、四十二至五十九)

330000－1705－0000622 善 0653 史部/編年類/

年類/斷代之屬

兩漢紀六十卷 (宋)王銍輯 明嘉靖二十七年(1548)吳郡黃姬水刻本 三冊 存九卷(前漢紀五至八、後漢紀十七至二十一)

330000－1705－0000623 善 0655 類叢部/叢書類/彙編之屬

津逮祕書十五集一百四十種 (明)毛晉編 明崇禎虞山毛氏汲古閣刻本 一冊 存一種

330000－1705－0000624 善 0657 史部/編年類/斷代之屬

三朝北盟會編二百五十卷 (宋)徐夢莘撰 清抄本 八十冊

330000－1705－0000625 善 0666 史部/編年類/斷代之屬

新鍥鈔評校正標題皇明資治通紀十二卷 (明)陳建輯撰 (明)袁黃輯 **皇明續紀三卷** (明)卜大有撰 明刻本 十五冊

330000－1705－0000626 善 0667 史部/編年類/通代之屬

皇明通紀集要六十卷 (明)陳建撰 (明)江旭奇補訂 明崇禎刻本 五冊 存二十七卷(十一至三十七)

330000－1705－0000627 善 0658 史部/編年類/斷代之屬

三朝北盟會編二百五十卷 (宋)徐夢莘撰 清抄本 七十五冊 存二百三十四卷(一至二十五、二十九至五十三、五十七至一百八、一百十三至一百十八、一百二十二至一百八十、一百八十四至二百五十)

330000－1705－0000628 善 0661 史部/編年類/斷代之屬

龍飛紀署八卷 (明)吳朴撰 明嘉靖刻本 三冊 存三卷(二至四)

330000－1705－0000629 善 0668 史部/編年類/斷代之屬

皇明從信錄四十卷 (明)陳建撰 (明)沈國元訂補 明末刻本 十一冊 存二十六卷(一至二、五至二十一、二十三至二十九)

330000－1705－0000630　善0670　史部/雜史類/斷代之屬

嶺表記年四卷　（明）魯可藻撰　清抄本　一冊

330000－1705－0000631　善0673　史部/編年類/斷代之屬

大明太祖高皇帝實錄□□卷　（明）胡廣等纂修　清抄本　一冊　存二十卷（一至二十）

330000－1705－0000632　善0674　史部/編年類/斷代之屬

大明太宗文皇帝實錄□□卷　清抄本　趙式跋　一冊　存八卷（一百二十八至一百三十五）

330000－1705－0000633　善0665　史部/編年類/斷代之屬

皇明資治通紀十四卷　（明）陳建撰　**皇明續紀三卷**　（明）卜大有撰　**皇明通紀述遺十二卷**　（明）卜世昌撰　明萬曆刻本　六冊　存十五卷（通紀一至十四、續紀中）

330000－1705－0000634　善0676　史部/紀事本末類/通代之屬

通鑑紀事本末四十二卷　（宋）袁樞撰　宋寶祐五年（1257）湖州趙與□刻元明遞修本　二十二冊　存二十二卷（一、三、十一至十三、十七至十八、二十至二十三、二十五、二十七、二十九、三十二至三十九）

330000－1705－0000635　善0683　史部/紀事本末類/斷代之屬

元史紀事本末二十七卷　（明）陳邦瞻撰（明）臧懋循補　（明）張溥論正　明末刻本　二冊

330000－1705－0000636　善0677　史部/紀事本末類/通代之屬

通鑑紀事本末四十二卷　（宋）袁樞撰　宋寶祐五年（1257）湖州趙與□刻元明遞修本　三十一冊　存三十一卷（九至二十六、二十八、三十、三十二至四十二）

330000－1705－0000637　善0682　史部/紀

事本末類/斷代之屬

宋史紀事本末一百九卷　（明）馮琦撰　（明）陳邦瞻補　（明）張溥論正　明末張溥刻本　十二冊

330000－1705－0000638　善0685　類叢部/叢書類/彙編之屬

三代遺書六種　（明）趙標編　明萬曆二十二年（1594）河東趙氏刻本　四冊　存一種

330000－1705－0000639　善0686　史部/雜史類/斷代之屬

國語二十一卷　（三國吳）韋昭注　**古文音釋一卷**　（明）王鑒撰　明嘉靖四年（1525）許宗魯宜靜書堂刻本　二冊　存七卷（國語三至五、十至十三）

330000－1705－0000640　善0687　史部/雜史類/斷代之屬

國語二十一卷　（三國吳）韋昭注　明天啟六年（1626）錢塘鍾人傑刻本　一冊　存八卷（一至八）

330000－1705－0000641　善0688　史部/雜史類/斷代之屬

國語九卷　（明）閔齊伋裁注　明萬曆四十七年（1619）閔齊伋刻朱墨套印本　三冊

330000－1705－0000642　善0693　史部/雜史類/斷代之屬

戰國策十卷　（宋）鮑彪校注　（元）吳師道補正　明嘉靖元年（1522）俞國昌刻本　五冊

330000－1705－0000643　善0684　史部/地理類/雜志之屬

滇考二卷　（清）馮甦撰　清乾隆內府抄四庫全書本　一冊　存一卷（下）

330000－1705－0000644　善0695　史部/雜史類/通代之屬

鮑氏國策十卷　（宋）鮑彪校注　明嘉靖七年（1528）龔雷影宋刻本　四冊

330000－1705－0000645　善0701　史部/雜史類/斷代之屬

戰國策十卷　（宋）鮑彪校注　（元）吳師道補

正　明刻本　六冊

330000 - 1705 - 0000646　善 0702　史部/雜
史類/斷代之屬

戰國策十二卷　（明）陳仁錫　（明）鍾惺評
明末刻本　四冊

330000 - 1705 - 0000647　善 0704　史部/史
抄類

采菽堂評選戰國策十二卷　（清）陳祚明輯
（清）翁嵩年　（清）沈文菁注　清康熙四十八
年（1709）刻本　四冊

330000 - 1705 - 0000648　善 0715　史部/雜
史類/斷代之屬

晉文春秋一卷　清徐釚抄本　一冊

330000 - 1705 - 0000649　善 0716　史部/雜
史類/通代之屬

華陽國志十二卷　（晉）常璩撰　明天啟六年
（1626）李一公等刻本　一冊　存三卷（一至
三）

330000 - 1705 - 0000650　善 0717　史部/載
記類

十六國春秋一百卷　（北魏）崔鴻撰　明萬曆
三十七年（1609）屠氏蘭暉堂刻本　七冊　存
四十六卷（十六至二十、二十二至二十六、二
十九至四十二、七十五至九十六）

330000 - 1705 - 0000651　善 0698　史部/雜
史類/斷代之屬

戰國策十卷　（宋）鮑彪校注　（元）吳師道補
正　明萬曆九年（1581）張一鯤刻本　八冊

330000 - 1705 - 0000652　善 0718　史部/雜
史類/斷代之屬

貞觀政要十卷　（唐）吳兢撰　（元）戈直集論
明成化元年（1465）內府刻本　八冊

330000 - 1705 - 0000653　善 0719　史部/雜
史類/斷代之屬

貞觀政要十卷　（唐）吳兢撰　（元）戈直集論
清康熙大易閣刻本　四冊

330000 - 1705 - 0000654　善 0711　史部/雜

史類/斷代之屬

吳越春秋十卷　（漢）趙曄撰　（元）徐天祐音
注　明刻本　三冊　存六卷（五至十）

330000 - 1705 - 0000655　善 0721　史部/雜
史類/斷代之屬

五代史補五卷　（宋）陶岳撰　**五代史闕文一
卷**　（宋）王禹偁撰　明末毛氏汲古閣刻本
孫家淓題記　一冊

330000 - 1705 - 0000656　善 0722　史部/雜
史類/斷代之屬

五國故事二卷　清徐釚抄本　朱鼎煦跋
一冊

330000 - 1705 - 0000657　善 0708　史部/雜
史類/通代之屬

路史四十七卷　（宋）羅泌撰　（宋）羅苹注
明刻本　五冊　存六卷（發揮一至六）

330000 - 1705 - 0000658　善 0710　史部/雜
史類/通代之屬

路史四十七卷　（宋）羅泌撰　（宋）羅苹注
明刻本　二十三冊　存二十九卷（後紀三至
四、七至十三，國名紀甲、乙、丁、戊、己、信，發
揮一至六，餘論一至八）

330000 - 1705 - 0000659　善 3157　子部/雜
著類/雜纂之屬

琴詠樓姝聊韻藻一卷　（清）姚景夑輯　稿本
清姚景夑、清沈鎔經、葛暘跋　一冊

330000 - 1705 - 0000660　善 0731　類叢部/
叢書類/彙編之屬

稗海四十六種續稗海二十四種　（明）商濬編
明萬曆商氏半埜堂刻本　一冊　存一種

330000 - 1705 - 0000663　善 0735　史部/載
記類

黑韃事略一卷　（宋）彭大雅撰　（宋）徐霆疏
證　清繆荃孫雲自在龕抄本　繆荃孫批校
一冊

330000 - 1705 - 0000664　善 0739　史部/紀
傳類/別史之屬

函史上編八十二卷下編二十一卷　（明）鄧元

錫撰　明萬曆金陵刻本　六冊　存十一卷（上編三十三至三十八、四十一至四十四,下編六）

330000－1705－0000665　善0742　史部/雜史類/斷代之屬

皇朝平吳錄三卷　（明）吳寬撰　陳友諒傳一卷　南夷書一卷　（明）張洪撰　明玉珍事跡一卷　渤泥入貢記一卷　（明）宋濂撰　清抄本　四冊

330000－1705－0000667　善0730　史部/雜史類/斷代之屬

弔伐錄二卷　清抄本　四冊

330000－1705－0000668　善0744　史部/雜史類/斷代之屬

吾學編六十九卷　（明）鄭曉撰　明萬曆二十七年（1599）鄭心材刻本　一冊　存一卷（十一）

330000－1705－0000669　善0723　類叢部/叢書類/自著之屬

陸放翁全集六種　（宋）陸游撰　明末海虞毛氏汲古閣刻清初毛扆增刻彙印本　二冊　存一種

330000－1705－0000670　善0745　史部/雜史類/斷代之屬

革朝志十卷　（明）許相卿撰　明刻本　清楊泰亨題記　二冊

330000－1705－0000671　善0747　史部/地理類/外紀之屬

三寶征夷集一卷　（明）馬歡撰　明抄本　朱鼎煦跋　一冊

330000－1705－0000672　善0724　類叢部/叢書類/自著之屬

陸放翁全集六種　（宋）陸游撰　明末海虞毛氏汲古閣刻清初毛扆增刻彙印本　一冊　存一種

330000－1705－0000673　善0757　史部/雜史類/斷代之屬

弇州史料前集三十卷後集七十卷　（明）王世貞撰　（明）董復表輯　明萬曆四十二年（1614）楊鶴等刻本　七冊　存二十一卷（後集一至二、十二至二十二、二十五至三十一、三十四）

330000－1705－0000674　善0753　史部/雜史類/斷代之屬

吾學編六十九卷　（明）鄭曉撰　明隆慶元年（1567）鄭履淳刻本　二十一冊　存六十二卷（四至十、十二至五十九、六十三至六十九）

330000－1705－0000675　善0759　史部/雜史類/斷代之屬

炎徼紀聞四卷　（明）田汝成撰　明刻本　二冊

330000－1705－0000676　善0726　史部/載記類

契丹國志二十七卷　（宋）葉隆禮撰　清抄本　四冊

330000－1705－0000677　善0743　史部/雜史類/外紀之屬

明氏實錄一卷　（明）楊可學編　清末虞山周氏鴒峰草堂抄本　一冊

330000－1705－0000678　善0754　史部/雜史類/斷代之屬

楚紀六十卷　（明）廖道南撰　明刻本　朱鼎煦批　二十四冊　存二十四卷（二十至二十五、二十七至二十九、四十至五十四）

330000－1705－0000679　善0763　史部/雜史類/斷代之屬

國史唯疑十二卷　（明）黃景昉撰　清初雙雲堂抄本　范禾安跋　清徐時棟校並記　四冊

330000－1705－0000680　善0764、善0799、善0800、善1550　史部/叢編

皇明史概一百二十一卷　（明）朱國禎輯　明崇禎刻本　十二冊　存八十三卷（大事記一至五十六,開國臣傳一至十三,遜國臣傳一至五、首,大訓記九至十六）

330000－1705－0000681　善0765　類叢部/叢書類/彙編之屬

尚白齋鐫陳眉公家藏秘笈續函(寶顏堂續祕笈)五十種 (明)陳繼儒編 明萬曆沈氏尚白齋刻本 一冊 存一種

330000－1705－0000682 善 0760 史部/雜史類/通代之屬

歷代小史一百六種 (明)李栻輯 明萬曆十二年(1584)趙氏刻本(卷二原缺) 二十冊

330000－1705－0000683 善 0767 史部/紀傳類/別史之屬

皇明史竊一百五卷 (明)尹守衡撰 明崇禎刻本 十五冊 存一百一卷(一至七、十一至十三、十五至一百五)

330000－1705－0000684 善 0766 史部/雜史類/斷代之屬

維新志六卷附集二卷 (明)伍袁萃撰 明天啟元年(1621)刻本 二冊

330000－1705－0000685 善 0768 史部/雜史類/斷代之屬

酌中志略四卷 (明)劉若愚撰 清抄本 三冊 存三卷(一至三)

330000－1705－0000686 善 0773 史部/雜史類/斷代之屬

海角遺編一卷 (清)漫遊野史纂記 江陰殉難實跡一卷 清常熟周氏鴿峰草堂抄本 朱鼎煦題記 一冊

330000－1705－0000687 善 0769 史部/編年類/斷代之屬

崇禎長編□□卷(明崇禎六年七月至十二月) (清)汪楫撰 清抄本 一冊 存六卷(七至十二)

330000－1705－0000688 善 0777 史部/雜史類/斷代之屬

野史無文□□卷 (清)鄭達撰 清抄本 清傅節子、清李慈銘、清周詒跋 朱鼎煦題簽 一冊 存六卷(十一至十六)

330000－1705－0000689 善 0774 史部/雜史類/斷代之屬

行朝錄六卷 (清)黃宗羲撰 清抄本 二冊

330000－1705－0000690 善 0776 史部/雜史類/斷代之屬

明季遺聞四卷 (清)鄒漪輯 清大興傅氏長恩閣抄本 二冊

330000－1705－0000691 善 0770 類叢部/叢書類/自著之屬

晴川八識八種 (清)孫之騄撰 清刻本 三冊 存一種

330000－1705－0000692 善 0778 史部/雜史類/斷代之屬

辛壬瑣記一卷碧血記一卷 (清)柯超撰 稿本 一冊

330000－1705－0000693 善 0771 史部/雜史類/斷代之屬

金陵野鈔十四卷 (清)顧苓撰 清抄本 二冊

330000－1705－0000694 善 0772 史部/編年類/斷代之屬

流寇編年始終錄十八卷 (清)戴笠撰 清抄本 清周大輔跋 二冊 存四卷(一至四)

330000－1705－0000695 善 0789 史部/傳記類/總傳之屬/仕宦

五朝宋名臣言行錄前集十卷後集十四卷 (宋)朱熹輯 宋名臣言行錄續集八卷別集二十六卷外集十七卷 (宋)李幼武輯 明萬曆三十五年(1607)黃吉士等刻本 九冊 存十三卷(前集八、十,後集六、十一至十二,續集三至四,別集二下、三下,外集一至二、九至十)

330000－1705－0000696 善 0779 史部/雜史類/斷代之屬

溪上遭難志略一卷 (清)應文炳撰 清同治三年(1864)稿本 一冊

330000－1705－0000697 善 0783 史部/傳記類/總傳之屬/歷代

漢唐三傳 (明)黃魯曾輯 明嘉靖吳郡黃氏刻本 二冊 存一種

330000－1705－0000698 善 0784、善 1644

類叢部/叢書類/彙編之屬

古今逸史四十二種 （明）吳琯編 明刻本
二冊 存二種

330000－1705－0000699 善0791 史部/傳
記類/總傳之屬/仕宦

**宋名臣言行錄前集十卷後集十四卷續集八卷
別集二十六卷外集十七卷** （宋）□□輯 明
崇禎十一年(1638)刻本 十冊

330000－1705－0000700 善0785 史部/傳
記類/別傳之屬/年譜

宋本韓柳二先生年譜八卷 （清）馬曰璐編
清雍正七年(1729)廣陵馬氏小玲瓏山館刻本
二冊

330000－1705－0000701 善0798 子部/兵
家類/兵法之屬

新刊官板批評正百將傳十卷 （宋）張預撰
（明）趙光裕評 **續百將傳四卷** （明）何喬新
輯 （明）趙光裕評 明萬曆十七年(1589)金
陵周曰校刻本 二冊 存四卷(正百將傳一
至四)

330000－1705－0000702 善0786 史部/傳
記類/總傳之屬/郡邑

襄陽耆舊傳一卷 明嘉靖刻本 一冊

330000－1705－0000703 善0788 史部/傳
記類/總傳之屬/斷代

**新刊名臣碑傳琬琰之集上集二十七卷中集五
十五卷下集二十五卷** （宋）杜大珪編 宋刻
元明遞修本 姚鏡西題簽 朱鼎煦題記 一
冊 存九卷(十四至二十二)

330000－1705－0000704 善0795 史部/傳
記類/總傳之屬/通代

名世編八卷 （明）吳亮撰 明天啟四年
(1624)刻本 八冊

330000－1705－0000705 善0790 史部/傳
記類/總傳之屬/仕宦

五朝名臣言行錄前集十卷後集十四卷 （宋）
朱熹輯 明建昌郡齋刻本 二冊 存十卷
(前集一至十)

330000－1705－0000706 善0792 史部/傳
記類/總傳之屬/通代

憨士列傳不分卷 （明）屠本畯撰 明萬曆四
十年(1612)人倫堂刻本 一冊

330000－1705－0000707 善0794 史部/傳
記類/總傳之屬/斷代

曹棟亭先生彙集二卷 （清）曹庭棟彙輯 清
抄本 一冊

330000－1705－0000708 善0801 史部/傳
記類/總傳之屬/忠孝

皇明忠義存褒什二卷 （明）許有穀撰 （明）
許有節攷正 明崇禎刻本 三冊

330000－1705－0000709 善0803 史部/傳
記類/總傳之屬/仕宦

今獻備遺四十二卷 （明）項篤壽撰 清抄本
四冊

330000－1705－0000710 善0804 史部/傳
記類/總傳之屬/斷代

焦太史編輯國朝獻徵錄一百二十卷 （明）焦
竑輯 明萬曆四十四年(1616)徐象橒曼山館
刻本 十三冊 存十六卷(一、三至四、四十
七、五十一、五十三、六十六至六十七、七十六
至七十七、九十、九十七、一百三、一百六、一
百十四至一百十五)

330000－1705－0000711 善0824 史部/傳
記類/科舉錄之屬/諸貢錄

明狀元圖考四卷 （明）顧鼎臣撰 （明）吳承
恩 （明）程一楨補 （明）黃應澄繪圖
（明）黃應纘書考 （明）陳枚增訂 明萬曆三
十五年(1607)吳承恩、黃文德刻清初陳氏文
治堂增刻本 二冊

330000－1705－0000712 善0811 史部/傳
記類/總傳之屬/斷代

皇明名臣言行錄四卷 （明）李廷機纂 明徐
縉芳刻本 四冊

330000－1705－0000713 善0797 史部/傳
記類/總傳之屬/通代

逸民史二十二卷 （明）陳繼儒撰 明萬曆刻

本　十冊

330000－1705－0000714　善 0814　史部/傳記類/總傳之屬/郡邑

莆陽文獻十三卷列傳七十五卷　（明）鄭岳輯　明萬曆四十四年(1616)黃起龍刻本　十冊

330000－1705－0000715　善 0822　史部/傳記類/總傳之屬/列女

女範編四卷　（明）黃尚文編　明萬曆新都吳從善刻本　一冊　存一卷(一)

330000－1705－0000716　善 0825　史部/傳記類/總傳之屬/斷代

天問閣明季雜稿三卷附錄一卷　（清）李長祥撰　清抄本　一冊　存二卷(一至二)

330000－1705－0000717　善 0805　史部/傳記類/總傳之屬/斷代

焦太史編輯國朝獻徵錄一百二十卷　（明）焦竑輯　明萬曆四十四年(1616)錢塘徐象橒曼山館刻本　四十二冊　存四十六卷(十四、十六、十八至二十一、二十三至二十四、三十六至四十四、五十三至五十六、六十一至六十二、七十、七十三至七十六、七十八、八十至八十二、九十一、九十五至九十七、一百至一百一、一百七、一百九至一百十一、一百十四至一百十七)

330000－1705－0000718　善 0826　史部/傳記類/總傳之屬/斷代

璽菴碎筑集四卷　（清）林時對撰　稿本　朱鼎煦跋　一冊

330000－1705－0000719　善 0832　史部/傳記類/總傳之屬/通代

學統五十六卷　（清）熊賜履編　清康熙二十四年(1685)刻本　十五冊　存五十四卷(一至四十七、五十至五十六)

330000－1705－0000720　善 0841　子部/叢編

合諸名家批點諸子全書　（明）□□編　明天啟武林刻本　一冊　存一種

330000－1705－0000721　善 0833　史部/傳記類/總傳之屬/通代

古懽錄八卷　（清）王士禛撰　清康熙朱從延快宜堂刻本　二冊

330000－1705－0000722　善 0840　史部/雜史類/斷代之屬

晏子春秋八卷　明刻本　一冊　存四卷(內篇諫上、下,問上、下)

330000－1705－0000723　善 0838　子部/儒家類/儒家之屬

晏子春秋六卷　明天啟刻合諸名家批點諸子全書本　清何焯批並跋　清嚴可均跋　二冊　存二卷(一、六)

330000－1705－0000724　善 0834　史部/傳記類/總傳之屬/姓名

西漢以來廟諱陵名考一卷宋景祐以來名賢生卒譜一卷　（清）謝學崇節錄　清何夢華抄本　清傅以禮題簽並記　一冊

330000－1705－0000725　善 0823　史部/傳記類/總傳之屬/通代

尚友錄二十二卷　（明）廖用賢輯　明萬曆四十五年(1617)刻本　十二冊

330000－1705－0000726　善 0837　史部/傳記類/別傳之屬/事狀

述聖圖不分卷　清康熙十七年(1678)孔毓埏刻本　一冊

330000－1705－0000727　善 0855　史部/傳記類/別傳之屬/事狀

蔡端明[襄]別紀十二卷　（明）徐[火勃]輯　明萬曆刻本　一冊

330000－1705－0000728　善 0854　史部/傳記類/別傳之屬/事狀

邵康節先生外紀四卷　（明）陳繼儒輯　明萬曆沈氏刻本　一冊

330000－1705－0000729　善 0812　史部/傳記類/總傳之屬/斷代

皇明名臣言行錄前集十二卷後集十二卷（明）徐咸輯　明嘉靖二十八年(1549)施漸刻本　二冊　存十二卷(後集一至十二)

330000－1705－0000730　善0844　集部/總集類/彙編之屬

合刻忠武靖節二編二十一卷　（明）楊時偉編　明萬曆四十七年(1619)楊時偉刻本　二冊　存一種

330000－1705－0000731　善0846　史部/傳記類/別傳之屬/年譜

陶靖節先生[潛]年譜一卷　（宋）吳仁傑編　明抄本　清董氏題簽　一冊

330000－1705－0000732　善0213　史部/傳記類/總傳之屬/斷代

皇明三異人錄三卷　（明）俞允諧輯　明刻本　一冊

330000－1705－0000733　善0911　史部/傳記類/總傳之屬/家乘

[浙江紹興]水澄劉氏家譜三卷　（明）劉宗周纂修　明崇禎刻本　二冊　存二卷(一至二)

330000－1705－0000734　善0914　史部/傳記類/總傳之屬/家乘

[江西婺源]武口王氏統宗譜不分卷　（明）王銑等纂修　明隆慶四年(1570)刻本　明王純夫跋　一冊

330000－1705－0000735　善0912　史部/傳記類/總傳之屬/家乘

[浙江寧波]鄞范氏族譜不分卷　（清）范上林纂修　稿本　二冊

330000－1705－0000736　善0913　史部/傳記類/總傳之屬/家乘

[浙江寧波]鄞西范氏宗譜不分卷　（清）范邦瑗纂修　稿本　朱鼎煦題記　二冊

330000－1705－0000737　善0915　史部/傳記類/總傳之屬/家乘

[浙江杭州]虎林江氏族譜不分卷　（明）江鎏纂修　明萬曆刻清順治修本　一冊

330000－1705－0000738　善0893　史部/傳記類/總傳之屬/家乘

[浙江浦江]浦江鄭氏旌義編二卷　（明）鄭濤纂修　（明）鄭楷重修　明書種堂刻本　二冊

330000－1705－0000739　善0917　史部/傳記類/總傳之屬/家乘

[浙江寧波]濠梁萬氏宗譜內集十四卷　（明）萬表纂修　（清）萬斯大增修　稿本　一冊　存二卷(四至五)

330000－1705－0000740　善1370　史部/傳記類/職官錄之屬/歷朝

國朝列卿年表一百三十九卷　（明）雷禮輯　明查志隆刻本　朱鼎煦跋　一冊　存十三卷(十四至二十六)

330000－1705－0000741　善1371　史部/傳記類/科舉錄之屬/總錄

科名盛事錄七卷　（明）張弘道　（明）張凝道輯　明常郡何敬塘刻本　二冊

330000－1705－0000742　善1264　史部/傳記類/科舉錄之屬/歷科鄉試錄

康熙肆拾柒年浙江鄉試一卷　清康熙刻本　一冊

330000－1705－0000743　善1201　史部/傳記類/科舉錄之屬/歷科鄉試錄

乾隆三十六年辛卯科四川鄉試題名錄一卷　清乾隆刻本　一冊

330000－1705－0000744　善1375　史部/傳記類/科舉錄之屬/總錄

國朝蕭山文學生員錄一卷國朝歷科蕭山甲第錄一卷　清抄本　馬廉校　一冊

330000－1705－0000745　善0919　史部/傳記類/總傳之屬/姓名

奇姓通十四卷　（明）夏樹芳撰　明天啟四年(1624)夏氏宛委堂刻本　六冊

330000－1705－0000746　善1376　史部/史抄類

十七史詳節二百七十四卷　（宋）呂祖謙輯　明正德十一年(1516)劉弘毅慎獨齋刻本　五冊　存二種

330000－1705－0000747　善1377　史部/史抄類

標題詳注十九史音義明解十卷　（元）曾先之

撰 （明）梁寅輯 （明）陳殷音釋 （明）吳忠音義 明成化七年（1471）書林熊氏中和書堂刻本 朱鼎煦題記 二冊 存四卷（二至三、九至十）

330000－1705－0000748 善1385 史部/史抄類

南史識小錄八卷北史識小錄八卷 （清）沈名蓀 （清）朱昆田輯 稿本 清吳焯跋 二冊

330000－1705－0000749 善1382 類叢部/叢書類/彙編之屬

文林綺繡五種五十九卷 （明）凌迪知編 明萬曆四年至五年（1576－1577）凌氏桂枝館刻本 三冊 存一種

330000－1705－0000750 善1391 史部/史抄類

歷代史纂左編一百四十二卷 （明）唐順之撰 明嘉靖四十年（1561）胡宗憲刻本 二十六冊 存七十七卷（十八至二十、三十二至五十二、五十七至六十一、六十五至六十七、七十一至一百七、一百十一至一百十二、一百十九至一百二十四）

330000－1705－0000751 善1396 史部/史抄類

見山錄二卷 （清）葑湖對齋輯 稿本 二冊

330000－1705－0000752 善1399 史部/史抄類

東萊呂氏西漢精華十四卷 （宋）呂祖謙輯 明抄本 沈德壽題記 二冊

330000－1705－0000753 善1384 史部/史抄類

三史文類五卷 （明）趙文華輯 明嘉靖十六年（1537）刻本 四冊 存四卷（一至三、五）

330000－1705－0000754 善1400 史部/史抄類

十七史詳節二百七十三卷 （宋）呂祖謙輯 明嘉靖四十五年至隆慶四年（1566－1570）陝西布政司刻本 一冊 存一種

330000－1705－0000755 善0872 史部/傳記類/別傳之屬/年譜

陽明先生[王守仁]年譜三卷 （明）錢德洪撰 明嘉靖四十三年（1564）周相、毛汝麒刻本 三冊

330000－1705－0000756 善0874 史部/傳記類/別傳之屬/年譜

陽明先生[王守仁]年譜二卷 （明）李贄撰 明萬曆刻本 一冊

330000－1705－0000757 善0859 史部/傳記類/別傳之屬/事狀

鄂國金佗稡編二十八卷續編三十卷 （宋）岳珂編 明嘉靖二十一年（1542）洪富刻三十七年（1558）黃日敬重修本 十二冊 存三十八卷（一至十三，續編一至十四、二十至三十）

330000－1705－0000758 善4587 類叢部/類書類/專類之屬

四六叢珠一百卷 （宋）葉蕡輯 明抄本 三冊 存十二卷（十一至十三、十八至二十一、二十三至二十七）

330000－1705－0000759 善1408 史部/史評類/史論之屬

讀史管見三十卷目錄二卷 （宋）胡寅撰 明崇禎八年（1635）張溥刻本 十六冊

330000－1705－0000760 善1410 史部/史評類/史論之屬

涉史隨筆一卷 （宋）葛洪撰 清徐釚抄本 一冊

330000－1705－0000761 善1411 史部/史評類/史論之屬

小學史斷二卷 （宋）南宮靖一纂述 明嘉靖十七年（1538）張木刻本 二冊

330000－1705－0000762 善1412 史部/史評類/史論之屬

小學史斷四卷 （宋）南宮靖一纂述 （明）晏彥文續 明隆慶二年（1568）金陵龔碧川刻本 四冊

330000－1705－0000763 善1413 史部/史評類/史論之屬

唐宋名賢歷代確論一百卷　明刻本　一冊
存一卷(四)

330000－1705－0000764　善 1416　史部/史
評類/史學之屬

重刻全補標題音註歷朝捷錄四卷　(明)顧充
撰　(明)顧憲成音釋　明萬曆六年(1578)浙
人舒少軒刻本　四冊

330000－1705－0000765　善 0886　史部/傳
記類/別傳之屬/年譜

張忠烈公[煌言]年譜一卷　(清)趙之謙編
稿本　一冊

330000－1705－0000766　善 1417　史部/史
評類/史學之屬

五訂歷朝捷錄百家評林四卷　(明)顧充編撰
(明)翁正春集評　(明)王世貞攷正
(明)李九我增釋　(明)范文瑞圈點　明萬曆
二十一年(1593)三建書林喬山堂劉龍田刻本
二冊

330000－1705－0000767　善 1392　史部/史
抄類

歷代史纂左編一百四十二卷　(明)唐順之撰
明嘉靖四十年(1561)胡宗憲刻本　十八冊
存二十一卷(十六、二十至二十二、三十、三
十九、四十五、四十九至五十、五十四至五十
五、五十九至六十、六十二、七十一、九十五、
一百二至一百三、一百二十一、一百二十五、
一百三十三)

330000－1705－0000768　善 1428　史部/政
書類/通制之屬

杜氏通典二百卷　(唐)杜佑撰　明嘉靖十八
年(1539)王德溢、吳鵬刻本　八冊　存三十
九卷(一至三十九)

330000－1705－0000769　善 1393　史部/史
抄類

歷代史纂左編一百四十二卷　(明)唐順之撰
明嘉靖四十年(1561)胡宗憲刻本　二冊
存二卷(四十九至五十)

330000－1705－0000770　善 1426　史部/史

評類/史論之屬

西漢節義傳論一卷　(清)李鄴嗣撰　清抄本
一冊

330000－1705－0000771　善 1421　史部/史
評類/史論之屬

千百年眼十二卷　(明)張燧撰　明萬曆刻本
四冊

330000－1705－0000772　善 1420　史部/史
評類/史論之屬

史學綱領四卷續集一卷　(明)王紳編撰　明
嘉靖二十六年(1547)張岱刻本　一冊

330000－1705－0000773　善 1422　史部/史
評類/史論之屬

霞漪閣校訂史綱評要三十六卷　(明)李贄撰
明萬曆四十一年(1613)吳從先刻本　清適
安題　十二冊

330000－1705－0000774　善 1419　史部/史
評類/史論之屬

史懷十七卷　(明)鍾惺撰　(明)陶珽評　明
崇禎刻本　一冊　存三卷(一至三)

330000－1705－0000775　善 1429　史部/政
書類/通制之屬

杜氏通典二百卷　(唐)杜佑撰　明嘉靖李元
陽刻本　二十三冊　存一百一卷(十九至三
十、三十九至四十九、五十四至一百十、一百
十六至一百二十三、一百七十二至一百八十
四)

330000－1705－0000776　善 1427　史部/政
書類/通制之屬

杜氏通典二百卷　(唐)杜佑撰　明嘉靖十八
年(1539)王德溢、吳鵬刻本　三十六冊　存
一百八十卷(六至二十、二十五至九十八、一
百五至一百七十、一百七十六至二百)

330000－1705－0000777　善 1438　史部/政
書類/通制之屬

文獻通考三百四十八卷　(元)馬端臨撰　明
嘉靖馮天馭刻本　十五冊　存五十卷(一至
三十、二百七十八至二百八十、二百九十五至

三百十一）

330000－1705－0000778　善1432　史部/政書類/通制之屬

通志二百卷　（宋）鄭樵撰　元大德三山郡庠刻元明遞修本　三冊　存二卷（一百二十一、一百二十四）

330000－1705－0000779　善2986　子部/宗教類/道教之屬/雜著

玄真子外篇三卷　（唐）張志和撰　明抄本　一冊

330000－1705－0000780　善4879　集部/小說類/長篇之屬

臺灣外志五十卷一百回　（清）江日昇撰　稿本　朱鼎煦題記　一冊　存十九回（一至十九）

330000－1705－0000781　善1430　史部/政書類/通制之屬

杜氏通典二百卷　（唐）杜佑撰　明嘉靖李元陽刻本　六冊　存十九卷（一至十九）

330000－1705－0000782　善2987　子部/道家類

天隱子一卷　（唐）司馬承禎述　**素履子三卷**　（唐）張弧撰　明抄本　一冊

330000－1705－0000783　善2992　子部/宗教類/道教之屬

張平叔悟真篇集註五卷　題（宋）葉士表等撰　明抄本　一冊

330000－1705－0000784　善2993　子部/宗教類/道教之屬/雜著

紫陽真人悟真篇三註五卷　（宋）張伯端撰　（宋）薛道光　（元）陸墅　（元）陳致虛注　明抄本　四冊

330000－1705－0000785　善3037　類叢部/類書類/通類之屬

新編事文類聚翰墨大全甲集十二卷乙集十八卷丙集十四卷丁集十一卷戊集十三卷己集十二卷庚集十五卷辛集十六卷壬集十七卷癸集十七卷後甲集十五卷後乙集十三卷後丙集六卷十二卷後丁集十四卷後戊集九卷　（元）劉應李輯　明初刻本　十五冊　缺五卷（丙集十四、丁集十、戊集十二、後乙集十一、後戊集八）

330000－1705－0000786　善4185　集部/別集類/清別集

鯖豆集四十卷　（清）毛德遴撰　稿本　七冊　存三十七卷（一至三十七）

330000－1705－0000787　善4878　集部/小說類/長篇之屬

臺灣外志五十卷一百回　（清）江日昇撰　清初蔾楂書室抄本　十冊

330000－1705－0000788　善1442　史部/政書類/通制之屬

正續文獻通考識大編二十四卷　（清）方若珽輯　清康熙十一年（1672）刻二十四年（1685）潘方吉兼山堂補刻本　十二冊

330000－1705－0000789　善1453　史部/政書類/通制之屬

憲章類編四十二卷　（明）勞堪撰　明萬曆六年（1578）勞堪刻本　八冊　存十七卷（九至二十五）

330000－1705－0000790　善1449　史部/政書類/通制之屬

大明會典二百二十八卷　（明）申時行　（明）趙用賢等纂修　明萬曆十五年（1587）內府刻本　二冊　存三卷（二十八、一百三十二至一百三十三）

330000－1705－0000791　善1445　史部/政書類/通制之屬

古今治平畧三十三卷　（明）朱健撰　明崇禎十一年（1638）鍾鉉刻本　二十八冊

330000－1705－0000792　善1450　史部/政書類/通制之屬

大明會典二百二十八卷　（明）申時行　（明）趙用賢等纂修　明萬曆十五年（1587）內府刻本　一冊　存五卷（五十二至五十六）

330000－1705－0000793　善1451　史部/政

書類/通制之屬

大明會典一百八十卷 （明）徐溥等纂修 明正德六年（1511）司禮監刻本 一冊 存二卷（吏部、户部）

330000－1705－0000794 善1446 史部/政書類/通制之屬

古今治平畧三十三卷 （明）朱健撰 明崇禎十一年（1638）鍾鉉刻本 二十四冊

330000－1705－0000795 善1441 史部/政書類/通制之屬

續文獻通考二百五十四卷 （明）王圻撰 明萬曆三十一年（1603）曹時聘、許維新刻本 五十冊 存一百五十三卷（三至十四、二十二至二十七、三十七至三十九、四十六至五十一、五十九至六十、六十五至七十一、七十九至九十六、一百一至一百十九、一百二十七至一百三十三、一百四十二至一百五十六、一百八十四至一百九十三、一百九十八至二百、二百一至二百八、二百十至二百二十四、二百二十八至二百四十三、二百四十六至二百五十一）

330000－1705－0000796 善1459 史部/政書類/儀制之屬/典禮

太常因革禮一百卷 （宋）歐陽修撰 清山陰杜氏知聖教齋抄本 一冊 存十四卷（二十九至四十二）

330000－1705－0000797 善1454 史部/編年類/斷代之屬

昭代典則二十八卷 （明）黃光昇撰 明萬曆二十八年（1600）周曰校萬卷樓刻本 十三冊 存二十三卷（一至二、六至十一、十四至二十八）

330000－1705－0000798 善1456 史部/編年類/通代之屬

兩朝憲章錄二十卷 （明）吳瑞登撰 明萬曆二十二年（1594）光州儒學刻本 三冊 存十五卷（一至十五）

330000－1705－0000799 善1466 史部/政書類/儀制之屬/典禮

廟制考義一卷圖一卷 （明）季本撰 明嘉靖二十五年（1546）刻本 一冊

330000－1705－0000800 善1471 史部/職官類/官制之屬/專志

季漢官爵考二卷 （清）周廣業撰 稿本二冊

330000－1705－0000801 善1460 史部/政書類/儀制之屬/典禮

政和五禮新儀二百二十卷目錄六卷政和御製冠禮十卷 （宋）鄭居中等撰 清抄本 九冊 存二百六卷（一至一百四十、一百七十一至二百二十，目錄一至六，御製冠禮一至十）

330000－1705－0000802 善1457 史部/政書類/儀制之屬/典禮

大唐開元禮一百五十卷 （唐）蕭嵩等撰 清抄本 十六冊 存一百二十九卷（二十二至一百五十）

330000－1705－0000803 善1472 史部/職官類/官制之屬/專志

宋宰輔編年錄二十卷 （宋）徐自明纂 **續宋宰輔編年錄二十六卷** （明）呂邦耀纂 明萬曆四十六年（1618）呂邦耀刻本 四冊 存八卷（一至二、十三,續二十至二十一、二十四至二十六）

330000－1705－0000804 善1464 史部/政書類/儀制之屬/典禮

大明集禮五十三卷 （明）徐一夔 （明）梁寅等撰 明嘉靖九年（1530）內府刻本 十五冊 存十九卷（二、四、三十四至三十七、三十九至四十八、五十一至五十三）

330000－1705－0000805 善1488 類叢部/叢書類/自著之屬

呂新吾全集二十二種 （明）呂坤撰 明萬曆刻清同治至光緒修補印本 一冊 存一種一卷（實政錄一）

330000－1705－0000806 善1489 史部/政書類/公牘檔冊之屬

移鄞蕘略不分卷 （明）王章輯 明崇禎刻本

朱鼎煦跋　四冊

330000－1705－0000807　善1494　史部/政書類/邦計之屬/漕運

漕河圖志八卷　（明）王瓊撰　明弘治刻本
一冊　存二卷（二至三）

330000－1705－0000808　善1526　史部/政書類/軍政之屬/邊政

明驛遞條例一卷　明刻本　一冊

330000－1705－0000809　善1527　史部/政書類/律令之屬/律例

督捕則例二卷　（清）徐本等修　（清）唐紹祖等纂　清乾隆刻本　二冊

330000－1705－0000810　善1536　史部/詔令奏議類/奏議之屬

秦漢書疏十八卷　明嘉靖三十七年（1558）吳國倫刻本　二冊　存五卷（西漢書疏一至二、東漢書疏三至五）

330000－1705－0000811　善1537　史部/詔令奏議類/奏議之屬

秦漢書疏十八卷　明嘉靖三十七年（1558）吳國倫刻本　一冊　存三卷（東漢書疏三至五）

330000－1705－0000812　善1543　史部/詔令奏議類/奏議之屬

荊川先生右編四十卷　（明）唐順之輯　（明）劉曰寧補　明萬曆三十三年（1605）南京國子監刻崇禎十一年（1638）補刻本　三十冊

330000－1705－0000813　善1546　史部/詔令奏議類/奏議之屬

皇明名臣經濟錄十八卷　（明）陳九德輯　明嘉靖二十八年（1549）常熟羅鴻刻本　朱鼎煦跋　七冊　存十二卷（一、四至八、十一至十二、十五至十八）

330000－1705－0000814　善1560　史部/詔令奏議類/奏議之屬

范文正公政府奏議二卷續集二卷書牘一卷
（宋）范仲淹撰　明嘉靖四十年（1561）韓叔陽刻本　一冊　存一卷（奏議上）

330000－1705－0000815　善1551　史部/詔令奏議類/奏議之屬

皇明疏鈔七十卷　（明）孫旬輯　明萬曆十二年（1584）刻本　二十八冊　存五十八卷（一至四十八、六十一至七十）

330000－1705－0000816　善1559　史部/詔令奏議類/奏議之屬

范文正公政府奏議二卷續集二卷書牘一卷
（宋）范仲淹撰　明嘉靖四十年（1561）韓叔陽刻本　三冊　缺一卷（書牘）

330000－1705－0000817　善1556　集部/別集類/唐五代別集

唐陸宣公翰苑集二十四卷　（唐）陸贄撰　明萬曆三十五年（1607）陸基忠刻本　二冊　存七卷（奏議一至七）

330000－1705－0000818　善1570　史部/詔令奏議類/奏議之屬

侍御公奏疏不分卷　（明）李循義撰　清抄本　一冊

330000－1705－0000819　善1596　史部/政書類/考工之屬/營造

工程算法四卷　（清）岑傅纂　稿本　三冊存三卷（一至三）

330000－1705－0000820　善1569　史部/詔令奏議類/奏議之屬

少保于公奏議十卷　（明）于謙撰　附錄一卷
明嘉靖二十年（1541）杭州府刻本　十四冊

330000－1705－0000821　善1595　史部/政書類/考工之屬/營造

七檁硬山大式做法不分卷　清康熙抄本　清岑應廔校並跋　朱鼎煦跋　一冊

330000－1705－0000822　善1440　史部/政書類/通制之屬

文獻通考詳節二十四卷　（清）嚴虞惇錄　清抄本　六冊

330000－1705－0000823　善1437　史部/政書類/通制之屬

文獻通考三百四十八卷　（元）馬端臨撰　明

末刻本　一百六十冊

330000－1705－0000824　善 1540　史部/詔
令奏議類/奏議之屬

歷代名臣奏議三百五十卷　（明）黃淮　（明）
楊士奇等輯　明永樂內府刻本　一百十冊
存二百六十三卷（六十六至一百六十二、一百
六十五至一百七十九、一百八十二至二百七、
二百十至二百十二、二百二十三至二百二十
五、二百二十九至二百九十八、三百一至三百
四十九）

330000－1705－0000825　善 1541　史部/詔
令奏議類/奏議之屬

歷代名臣奏議三百二十卷　（明）黃淮　（明）
楊士奇等輯　（明）張溥刪正　明崇禎刻本
五十冊

330000－1705－0000826　善 1600　史部/地
理類/總志之屬/斷代

太平寰宇記二百卷目錄二卷　（宋）樂史撰
清抄本（卷四、一百十三至一百十九配清陳蘭
森抄本）　三十二冊

330000－1705－0000827　善 1608　史部/地
理類/總志之屬/斷代

皇輿表十六卷　（清）喇沙里等纂修　（清）揆
敘等增修　清康熙內府刻本　二十四冊

330000－1705－0000828　善 1561　集部/別
集類/宋別集

蘇文忠公全集一百十一卷　（宋）蘇軾撰　**東
坡先生年譜一卷**　（宋）王宗稷撰　明嘉靖十
三年（1534）江西布政司刻本　一冊　存四卷
（奏議十二至十五）

330000－1705－0000829　善 1606　史部/地
理類/總志之屬/斷代

廣輿記二十四卷　（明）陸應陽輯　明萬曆刻
本　四冊

330000－1705－0000830　善 1655　史部/地
理類/方志之屬/通志

[嘉靖]山東通志四十卷　（明）陸鈇等纂修
明嘉靖刻本　一冊　存四卷（八至十一）

330000－1705－0000831　善 1645　史部/地
理類/方志之屬/郡縣志

[正德]朝邑縣志二卷　（明）王道修　（明）
韓邦靖纂　清康熙五十一年（1712）王兆鰲刻
本　一冊

330000－1705－0000832　善 1613　史部/地
理類/方志之屬/郡縣志

[萬曆]嘉定縣志二十二卷　（明）韓濬修
（明）張應武等纂　明萬曆刻本　朱鼎煦題記
三冊　存二卷（五至六）

330000－1705－0000833　善 1647　史部/地
理類/方志之屬/郡縣志

[萬曆]華陰縣志九卷　（明）王九疇修
（明）張毓翰纂　明萬曆刻本　二冊

330000－1705－0000834　善 1646　史部/地
理類/方志之屬/郡縣志

[萬曆]續朝邑縣志八卷　（明）郭實修
（明）王學謨纂　清康熙五十一年（1712）王兆
鰲刻本　二冊

330000－1705－0000835　善 1607　史部/地
理類/總志之屬/斷代

廣輿記二十四卷　（明）陸應陽輯　（清）蔡方
炳增輯　清康熙二十五年（1686）吳郡寶翰樓
刻本　十冊

330000－1705－0000836　善 1653　史部/地
理類/方志之屬/郡縣志

[萬曆]固原州志二卷　（明）劉敏寬　（明）
董國光纂修　明萬曆李永芳、劉汝桂刻本
四冊

330000－1705－0000837　善 1680　史部/地
理類/方志之屬/郡縣志

[正德]姑蘇志六十卷　（明）林世遠修
（明）王鏊等纂　明正德元年（1506）刻嘉靖增
刻本　二十冊

330000－1705－0000838　善 1654　史部/地
理類/方志之屬/通志

[嘉靖]山東通志四十卷　（明）陸鈇等纂修
明嘉靖十二年（1533）刻本　朱鼎煦跋　十

六冊

330000－1705－0000839　善1681　史部/地理類/方志之屬/郡縣志

[正德]姑蘇志六十卷　（明）林世遠修（明）王鏊等纂　明正德元年（1506）刻嘉靖增刻本　七冊　存十八卷（十至十二、二十六至三十二、三十五至四十、五十至五十一）

330000－1705－0000840　善1659　史部/地理類/方志之屬/郡縣志

[萬曆]泰安州志四卷　（明）任弘烈編輯（清）鄒文郁增修　（清）朱衣點增纂　明萬曆三十年（1602）刻清康熙九年（1670）補刻本　四冊

330000－1705－0000841　善1665　史部/地理類/方志之屬/郡縣志

[康熙]鉅野縣志十五卷首一卷　（清）章弘修（清）陳克廣　（清）張應平纂　清康熙四十七年（1708）刻本　六冊

330000－1705－0000842　善1663　史部/地理類/方志之屬/郡縣志

[康熙]鄒縣志三卷　（清）婁一均修　（清）周翼纂　清康熙五十五年（1716）刻本　四冊

330000－1705－0000843　善2996　子部/道家類

道法宗旨圖衍義二卷　（元）鄧柟纂圖　（元）章希賢衍義　明抄本　一冊

330000－1705－0000844　善1664　史部/地理類/方志之屬/郡縣志

[康熙]滕縣志十卷　（清）黃浚修　（清）王特選等纂　清康熙五十六年（1717）刻本　六冊

330000－1705－0000845　善1714　史部/地理類/方志之屬/郡縣志

[康熙]武進縣志四十四卷　（清）陳玉璂纂修　清康熙刻本　九冊　存二十五卷（四至七、九至十、十三至二十、三十一至三十三、三十七至四十四）

330000－1705－0000846　善1709　史部/地

理類/方志之屬/郡縣志

[康熙]金壇縣志十六卷　（明）郭毓秀纂修　清康熙刻本　三冊　存十一卷（一至三、九至十六）

330000－1705－0000847　善1704　史部/地理類/方志之屬/郡縣志

[嘉慶]邳州志十八卷首一卷　（清）丁觀堂修（清）陳燮纂　清嘉慶十七年（1812）刻本　四冊

330000－1705－0000848　善1706　史部/地理類/方志之屬/郡縣志

[萬曆]贛榆縣志□□卷　（明）樊兆程（明）李一鳳修　（明）唐時熙等纂　明萬曆刻本　朱鼎煦跋　三冊　存一卷（五）

330000－1705－0000849　善1722　史部/地理類/方志之屬/郡縣志

[萬曆]蕭山縣志六卷　（明）劉會修　（明）戴文明等纂　明萬曆十七年（1589）刻本　清姚瑩俊題記　一冊　存四卷（三至六）

330000－1705－0000850　善1717　史部/地理類/方志之屬/通志

[嘉靖]浙江通志七十二卷　（明）胡宗憲修（明）薛應旂等纂　明嘉靖刻本　五冊　存二十二卷（十九至二十四、五十二至六十三、六十九至七十二）

330000－1705－0000851　善1697　史部/地理類/方志之屬/郡縣志

[萬曆]通州志八卷　（明）林雲程修　（明）沈明臣等纂　明萬曆刻本　朱鼎煦題記　三冊　存二卷（五至六）

330000－1705－0000852　善1716　史部/地理類/方志之屬/通志

[嘉靖]浙江通志七十二卷　（明）胡宗憲修（明）薛應旂等纂　明嘉靖刻本　十冊　存六十九卷（一至四、八至七十二）

330000－1705－0000853　善1725　史部/地理類/方志之屬/郡縣志

[康熙]秀水縣志十卷　（清）任之鼎修

（清）范正輅纂　清康熙二十四年(1685)刻本
　八冊

330000－1705－0000854　善1724　史部/地
理類/方志之屬/郡縣志

[康熙]烏青文獻十卷首一卷末一卷　（清）張
　園真纂　清康熙二十七年(1688)春草堂刻本
　六冊

330000－1705－0000855　善1723　史部/地
理類/方志之屬/郡縣志

[康熙]嘉興府志十八卷首一卷末一卷　（清）
　袁國梓等纂修　清康熙二十一年(1682)刻本
　二十冊　缺一卷(末)

330000－1705－0000856　善2792　子部/雜
著類/雜編之屬

運甓齋叢錄不分卷　清光緒六年(1880)抄本
　一冊

330000－1705－0000857　善1728　史部/地
理類/方志之屬/郡縣志

[康熙]桐鄉縣志五卷　（清）徐秉元修
（清）仲弘道纂　清康熙十七年(1678)刻本
　五冊

330000－1705－0000858　善1732　史部/地
理類/方志之屬/郡縣志

[嘉靖]寧波府志四十二卷　（明）周希哲
（明）曾鑑修　（明）張時徹等纂　明嘉靖刻本
　十六冊　存三十七卷(一至三、六至二十
　一、二十五至四十二)

330000－1705－0000859　善1733　史部/地
理類/方志之屬/郡縣志

[嘉靖]寧波府志四十二卷　（明）周希哲
（明）曾鑑修　（明）張時徹等纂　明嘉靖刻本
　十一冊　存三十卷(四至十、十四至二十
　一、二十五至三十九)

330000－1705－0000860　善1734　史部/地
理類/方志之屬/郡縣志

[嘉靖]寧波府志四十二卷　（明）周希哲
（明）曾鑑修　（明）張時徹等纂　明嘉靖刻本
　三冊　存十一卷(二十九至三十一、三十五
　至四十二)

330000－1705－0000861　善2995　子部/雜
著類/雜說之屬

席上輔談二卷　（元）俞琰撰　明嘉靖袁表家
　抄本　一冊

330000－1705－0000862　善1727　史部/地
理類/方志之屬/郡縣志

[康熙]石門縣志十二卷　（清）杜森修
（清）祝文彥等纂　（清）鄺世培續修　清康熙
　十六年(1677)刻本　五冊

330000－1705－0000863　善1744　史部/地
理類/方志之屬/郡縣志

[嘉泰]會稽志二十卷　（宋）沈作賓修
（宋）施宿等纂　明正德五年(1510)刻本　二
　冊　存二卷(十六至十七)

330000－1705－0000864　善1740　史部/地
理類/方志之屬/郡縣志

[雍正]象山縣志四十二卷　（清）馬受曾修
（清）林文懋纂　清雍正七年(1729)刻本　四
　冊　缺二卷(三十七至三十八)

330000－1705－0000865　善1738　史部/地
理類/方志之屬/郡縣志

[康熙]鄞縣誌二十四卷首一卷　（清）汪源澤
　修　（清）聞性道纂　清康熙二十五年(1686)
　刻本(卷九配抄本)　二十四冊

330000－1705－0000866　善1736　史部/地
理類/方志之屬/郡縣志

[順治]敬止錄四十卷　（明）高宇泰纂　清抄
　本　十五冊　存六卷(山川考五至六、學校
　考、武衛考、壇廟考、曆志考)

330000－1705－0000867　善1746　史部/地
理類/方志之屬/郡縣志

[萬曆]紹興府志五十卷　（明）蕭良榦修
（明）張元忭　（明）孫鑛纂　明萬曆十五年
(1587)刻本　五冊　存二十卷(二十四至三
　十二、四十至五十)

330000－1705－0000868　善1737　史部/地
理類/方志之屬/郡縣志

[順治]敬止錄四十卷　（明）高宇泰纂　清小隱山莊抄本　五冊　存十八卷（山川考三至六、歲時記、穀土考、學校考、寺觀考、壇廟考、方言考、薔蕘考上下、常平倉考、災異考、海防考上下、武衞考、曆志考）

330000－1705－0000869　善1747　史部/地理類/方志之屬/郡縣志
[萬曆]紹興府志五十卷　（明）蕭良幹修（明）張元忭　（明）孫鑛纂　明萬曆十五年（1587）刻本　三冊　存七卷（三至四、七至八、十二至十四）

330000－1705－0000870　善1748　史部/地理類/方志之屬/郡縣志
[萬曆]紹興府志五十卷　（明）蕭良幹修（明）張元忭　（明）孫鑛纂　明萬曆十五年（1587）刻本　四冊　存九卷（四十二至五十）

330000－1705－0000871　善1749　史部/地理類/方志之屬/郡縣志
[康熙]山陰縣志三十八卷　（清）高登先修（清）沈麟趾等纂　清康熙十年（1671）刻二十二年（1683）增刻康熙四十年（1701）、雍正二年（1724）遞修本　十冊　存三十七卷（二至三十八）

330000－1705－0000872　善1755　史部/地理類/方志之屬/郡縣志
[康熙]台州府志十八卷首一卷　（清）張聯元修　（清）方景濂等纂　清康熙六十一年（1722）刻本　十八冊

330000－1705－0000873　善1757　史部/地理類/方志之屬/郡縣志
[康熙]黃巖縣志八卷　（清）劉寬修　（清）平遇　（清）潘最纂　清康熙三十八年（1699）刻本　八冊

330000－1705－0000874　善1779　史部/地理類/方志之屬/郡縣志
[弘治]徽州府志十二卷　（明）彭澤修（明）汪舜民纂　明弘治十五年（1502）刻本　一冊　存二卷（一至二）

330000－1705－0000875　善1784　史部/地理類/方志之屬/郡縣志
[康熙]杏花邨志十二卷　（清）郎遂纂　清康熙聚星樓刻本　四冊

330000－1705－0000876　善1821　史部/地理類/方志之屬/郡縣志
[康熙]瀲水志林二十六卷　（清）張尚瑗纂修　清同治木活字印本　八冊

330000－1705－0000877　善1763　史部/地理類/方志之屬/郡縣志
[康熙]衢州府志四十卷首一卷　（清）楊廷望　（清）金玉衡纂修　清康熙五十年（1711）刻本　十二冊　存三十七卷（一至四、八至四十）

330000－1705－0000878　善1753　史部/地理類/方志之屬/郡縣志
[康熙]新昌縣志十八卷　（清）劉作樑修（清）呂曾柟纂　清康熙十年（1671）刻本　四冊

330000－1705－0000879　善1754　史部/地理類/方志之屬/郡縣志
[康熙]新昌縣志十八卷　（清）劉作樑修（清）呂曾柟纂　清康熙十年（1671）刻本　四冊

330000－1705－0000880　善1949　史部/地理類/方志之屬/郡縣志
[康熙]石城縣志十一卷　（清）周宗臣（清）韓鏐纂修　清康熙刻本　四冊

330000－1705－0000881　善1876　史部/地理類/方志之屬/郡縣志
[康熙]林縣志十三卷　（清）徐岱　（清）熊遠寄修　（清）萬兆龍纂　清康熙三十三年（1694）邇復軒刻本　五冊　存十一卷（一至六、九至十三）

330000－1705－0000882　善1822　史部/地理類/方志之屬/郡縣志
[康熙]瀲水志林二十六卷　（清）張尚瑗纂修　清同治木活字印本　八冊

330000 – 1705 – 0000883　善 1805　史部/地理類/方志之屬/郡縣志

[康熙]饒州府志四十卷　（清）王澤洪修（清）吳俊等纂　清康熙十一年(1672)刻二十三年(1684)黃家遴增刻本　二十冊

330000 – 1705 – 0000884　善 1950　史部/地理類/方志之屬/郡縣志

[康熙]化州志十二卷　（清）楊于宸纂修　清康熙刻本　四冊

330000 – 1705 – 0000885　善 1954　史部/地理類/方志之屬/郡縣志

[乾隆]潯州府志五十卷首一卷　（清）胡南藩修　（清）歐陽達纂　清乾隆二十一年(1756)刻本　十六冊

330000 – 1705 – 0000886　善 1951　史部/地理類/方志之屬/郡縣志

[康熙]電白縣志八卷　（清）郭指南纂修　清康熙十二年(1673)刻二十五年(1686)強兆統增刻本　四冊

330000 – 1705 – 0000887　善 1967　史部/地理類/方志之屬/郡縣志

[康熙]平彝縣志十卷　（清）任中宜纂修　清抄本　六冊

330000 – 1705 – 0000888　善 1971　類叢部/叢書類/彙編之屬

秘冊彙函二十四種一百四十三卷　（明）沈士龍　（明）胡震亨編　明萬曆刻本　一冊　存一種

330000 – 1705 – 0000889　善 1972　類叢部/叢書類/彙編之屬

亦政堂鐫陳眉公家藏廣秘笈五十四種　（明）陳繼儒編　明萬曆沈氏亦政堂刻本　一冊　存一種

330000 – 1705 – 0000890　善 1973　史部/地理類/雜志之屬

高寄齋訂正武林舊事六卷　（宋）周密輯　清抄本　一冊　存三卷(一至三)

330000 – 1705 – 0000891　善 1970　史部/地理類/雜志之屬

桂林風土記一卷　（唐）莫休符撰　清抄本　一冊

330000 – 1705 – 0000892　善 1969　史部/地理類/方志之屬/郡縣志

[康熙]大理府志三十卷首一卷　（清）傅天祥（清）李斯佺修　（清）黃元治等纂　清康熙三十三年(1694)刻本　八冊

330000 – 1705 – 0000893　善 1981　集部/別集類/明別集

祁閶雜詠一卷　（明）汪敬撰　續一卷　（明）汪璪續　明正德元年(1506)汪衍刻本　一冊

330000 – 1705 – 0000894　善 4124　集部/別集類/清別集

姜先生全集附錄二卷　（清）王定祥編輯（清）范文榮　（清）楊逢孫參訂　稿本　二冊

330000 – 1705 – 0000895　善 4188　集部/別集類/清別集

西堂詩草一卷　（清）董元成撰　稿本　一冊

330000 – 1705 – 0000896　善 1974　史部/地理類/雜志之屬

會稽三賦四卷　（宋）王十朋撰　（明）南逢吉注　（明）尹壇補注　明萬曆刻本　一冊

330000 – 1705 – 0000897　善 1982　類叢部/叢書類/自著之屬

陳懋仁雜著□□種　（明）陳懋仁撰　明崇禎刻本　一冊　存一種

330000 – 1705 – 0000898　善 1983　史部/地理類/雜志之屬

蜀中廣記一百八卷　（明）曹學佺撰　明刻本　四十冊　存五十四卷(詩話一至四、畫苑一至四、著作一至十、方物一至十二、神仙一至十、高僧一至十、風俗一至四)

330000 – 1705 – 0000899　善 1984　史部/地理類/遊記之屬/紀行

蜀道驛程記二卷秦蜀驛程後記二卷　（清）王士禎撰　清康熙刻後印本　二冊

330000－1705－0000900　善 1985　史部/地理類/遊記之屬/紀行

蜀道驛程記二卷　（清）王士禛撰　清康熙刻本後印本　吳澤題記　一冊

330000－1705－0000901　善 1986　史部/地理類/雜志之屬

日下舊聞四十二卷補遺四十二卷　（清）朱彝尊輯　（清）朱昆田補遺　清康熙二十七年(1688)刻本　十二冊

330000－1705－0000902　善 1987　史部/地理類/專志之屬/宮殿

金鰲退食筆記二卷　（清）高士奇撰　清康熙刻本　一冊

330000－1705－0000903　善 1988　史部/地理類/雜志之屬

西域記署八卷　（清）七十一原纂　題（清）研農　（清）貢三合編　清抄本　二冊

330000－1705－0000904　善 4125　集部/別集類/清別集

姜先生全集附錄一卷　（清）王定祥編輯(清)馮保燮參定　**詩詞拾遺一卷**　（清）馮保清編輯　（清）王定祥校訂　稿本　二冊

330000－1705－0000905　善 1989　史部/政書類/軍政之屬/邊政

籌海圖編十三卷　（明）鄭若曾撰　明天啓四年(1624)胡維極刻本　清夏啓芬過錄四庫全書總目提要　四冊

330000－1705－0000906　善 4191　集部/別集類/清別集

冰玉集□□卷後集□□卷卮言二卷南樓日記□□卷天放集□□卷　（清）周維楲撰　稿本　清袁一清跋　清沈堡評　十三冊　存十九卷(冰玉集一、六至十二、十九至二十,後集道說上下,太平策上,卮言一至二,南樓日記一、五至六,天放集歷朝論一)

330000－1705－0000907　善 4242　集部/別集類/清別集

蕉雪詩鈔一卷　（清）鄭竺撰　稿本　清顧

栚、清桂廷蒚、清蔣學鏞批　朱鼎煦跋　一冊

330000－1705－0000908　善 4213　集部/別集類/清別集

野雲居詩稿二卷　（清）鄭竺撰　（清）蔣學鏞選　稿本　朱鼎煦跋　錢罕批校　一冊

330000－1705－0000909　馮 3598　集部/別集類/清別集

野雲居詩稿二卷文稿一卷附一卷　（清）鄭竺撰　（清）蔣學鏞選　清康熙至嘉慶刻二老閣叢書本　清病頭陀題記　一冊

330000－1705－0000910　善 4203　集部/別集類/清別集

伴梅草堂詩存不分卷　（清）顧栚撰　稿本　清丁敬、清汪沆跋　六冊

330000－1705－0000911　善 2565　子部/藝術類/音樂之屬/樂譜

琵琶譜不分卷　盛崑亭編　稿本　一冊

330000－1705－0000912　善 2578　子部/工藝類/日用器物之屬

鏡錄八卷　（清）鄭勳編輯　稿本　一冊

330000－1705－0000913　善 0254　經部/春秋總義類/傳說之屬

春秋本義三十卷　（元）程端學撰　元刻本　二冊　存十二卷(十三至十八、二十五至三十)

330000－1705－0000914　善 2017　史部/地理類/山川之屬/水志

全氏七校水經四十卷補遺一卷附錄二卷　(北魏)酈道元注　（清）全祖望校　清抄本　十二冊

330000－1705－0000915　善 2552　子部/藝術類/篆刻之屬/印譜

歷朝史印十卷　（清）黃學圮篆刻並輯　稿本　二冊　存五卷(六至十)

330000－1705－0000916　善 2019　史部/地理類/山川之屬/水志

全校水經酈注水道表四十卷　（清）王梓材輯

（清）王龍光校　稿本　七冊

330000－1705－0000917　善4255　集部/別集類/清別集

庚寅詩稿一卷甕松山房雜文偶存一卷 （清）孫世儀撰　稿本　二冊

330000－1705－0000918　善2750　子部/雜著類/雜纂之屬

止止室雜鈔二卷 （清）周勳懋纂　稿本一冊

330000－1705－0000919　善3550　集部/別集類/宋別集

校注橘山四六二十卷 （宋）李廷忠撰　（明）孫雲翼注　明萬曆三十五年(1607)刻本　五冊　存十七卷（一至五、九至二十）

330000－1705－0000920　善3523　集部/別集類/宋別集

梅亭先生四六標準四十卷目錄二卷 （宋）李劉撰　明嘉禾屠應坽刻本　一冊　存七卷（目錄前後、一至五）

330000－1705－0000921　善3548　集部/別集類/宋別集

橘山四六二十卷 （宋）李廷忠撰　（明）孫雲翼注　明抄本　一冊　存五卷（十六至二十）

330000－1705－0000922　善3509　集部/別集類/宋別集

鄮峯真隱漫錄五十卷 （宋）史浩撰　（宋）周鑄編　明抄本　一冊　存六卷（三十三至三十八）

330000－1705－0000923　善4292　集部/別集類/清別集

虎丘百詠不分卷 （清）施於民撰　稿本　清施禮潼跋　二冊

330000－1705－0000924　善2175　子部/雜著類/雜說之屬

震澤語錄一卷 （宋）周憲撰　明抄本　一冊

330000－1705－0000925　善2174　子部/儒家類/儒學之屬/性理

新編音點性理羣書句解前集二十三卷 （宋）熊節輯　（宋）熊剛大集解　**後集二十三卷** （宋）朱熹　（宋）呂祖謙撰　宋刻本　一冊　存八卷（前集一至八）

330000－1705－0000926　善2256　子部/道家類

南華真經義海纂微一百六卷 （宋）褚伯秀撰　明抄本　一冊　存十卷（八十二至九十一）

330000－1705－0000927　善2792(乙)　子部/雜著類/雜纂之屬

青琅玕館叢錄一卷求放心齋讀書叢說一卷讀史識餘五卷硯譜集錄一卷古今法帖鑒藏一卷 （清）陳祖望纂　稿本　九冊

330000－1705－0000928　善2255　子部/道家類

南華真經義海纂微一百六卷 （宋）褚伯秀撰　明抄本　七冊　存四十七卷（一至十五、二十二至三十七、六十六至八十一）

330000－1705－0000929　善2435　子部/醫家類/綜合之屬/通論

醫林一致五卷 （清）駱登高撰　清康熙四十二年(1703)刻本　朱鼎煦題記　十冊

330000－1705－0000930　善2867　子部/術數類/陰陽五行之屬

編集檢擇家傳秘訣不分卷 明抄本　一冊

330000－1705－0000931　善4306　集部/別集類/清別集

敬業堂詩集參正二卷 （清）吳昂駒　（清）朱洪輯　稿本　清方成珪跋　一冊

330000－1705－0000932　善2828　子部/術數類/占候之屬

天文秘苑占六種 明抄本　一冊

330000－1705－0000933　善5037　類叢部/叢書類/彙編之屬

范氏奇書□□種 （明）范欽編　明范氏天一閣刻本　十九冊　存二種

330000－1705－0000934　善2833　子部/術

數類/占候之屬

乙巳占十卷　題(唐)李淳風撰　明抄本　三冊　存七卷(一至七)

330000－1705－0000935　善2851　子部/術數類/占候之屬

演卦詩斷□□卷　明抄本　二冊

330000－1705－0000936　善5038、善2825　類叢部/叢書類/彙編之屬

范氏奇書□□種　(明)范欽編　明范氏天一閣刻本　八冊　存七種

330000－1705－0000937　馮善0265　經部/四書類/論語之屬/傳說

彙鐫論語密解大全十卷　(清)姚循德輯　稿本　四冊

330000－1705－0000938　善3156　類叢部/類書類/專類之屬

稱謂錄三十二卷　(清)梁章鉅撰　稿本　六冊　存十三卷(三至十二、二十九至三十一)

330000－1705－0000939　善4269　集部/別集類/清別集

御風蟬吟錄二卷　(清)湯瀅撰　稿本　二冊

330000－1705－0000940　善2090　史部/目錄類/總錄之屬/私撰

大椶山館藏書目不分卷　(清)姚燮藏並撰　稿本　二冊

330000－1705－0000941　善0176　經部/大戴禮記類/分篇之屬

夏小正求是四卷　(清)姚燮撰　稿本　一冊

330000－1705－0000942　善0048　經部/易類/易占之屬

易筮要義一卷　(清)鄭湛撰　稿本　一冊

330000－1705－0000943　善0270　經部/春秋總義類/傳說之屬

春秋輯解十二卷首一卷　(清)周道遵述　稿本　六冊

330000－1705－0000944　善0115　經部/詩類/傳說之屬

詩經輯解二十卷綱領一卷　(清)周道遵撰　稿本　十冊

330000－1705－0000945　善0079　經部/書類/傳說之屬

書經輯解十三卷首一卷　(清)周道遵述　稿本　六冊

330000－1705－0000946　善0173　經部/禮記類/專著之屬

禮記纂類三十六卷　(清)王鍾毅纂　(清)王師楷訂　稿本　四冊

330000－1705－0000947　馮善1199　史部/目錄類/總錄之屬/私撰

煙嶼樓書目不分卷　(清)徐時棟藏並撰　稿本　四冊

330000－1705－0000948　善4286　集部/別集類/清別集

荔亭詩草不分卷　(清)仲耀政撰　稿本　徐文若、朱鼎煦跋　二冊

330000－1705－0000949　善0083　經部/書類/分篇之屬

尚書逸湯誓考六卷　(清)徐時棟撰　清煙嶼樓修訂稿本　一冊

330000－1705－0000950　善0082　經部/書類/分篇之屬

尚書逸湯誓考六卷　(清)徐時棟學　清煙嶼樓三次稿本　一冊

330000－1705－0000951　善0081　經部/書類/分篇之屬

尚書逸湯誓考四卷附錄一卷　(清)徐時棟撰　清煙嶼樓二次稿本　清劉鳳章、清廉鍔跋　一冊

330000－1705－0000952　善0080　經部/書類/分篇之屬

尚書逸湯誓考二卷　(清)徐時棟撰　清煙嶼樓初稿本　一冊

330000－1705－0000953　善2653　子部/雜著類/雜說之屬

張荃翁貴耳集三卷　（宋）張端義撰　明抄本
一冊

330000－1705－0000954　善2634　子部/雜
著類/雜說之屬

張太史明道雜志一卷　（宋）張耒撰　明抄本
明鄞六十八叟南壄題記　一冊

330000－1705－0000955　善2620　子部/雜
著類/雜說之屬

風俗通義十卷　（漢）應劭撰　明刻本　一冊
存五卷（一至五）

330000－1705－0000956　馮0551　類叢部/
類書類/專類之屬

稱謂錄三十二卷　（清）梁章鉅撰　清光緒元
年至十年（1875－1884）福州梁恭辰刻本
八冊

330000－1705－0000957　馮2510　集部/別
集類/清別集

玉几山房吟卷三卷　（清）陳撰撰　清康熙刻
本　一冊

330000－1705－0000958　善1992　史部/地
理類/山川之屬/山志

岱史十八卷　（明）查志隆撰　（清）張緝彥刪
補　明萬曆十五年（1587）戴相堯刻清順治康
熙增修本　六冊

330000－1705－0000959　善1991　史部/地
理類/山川之屬/山志

新鐫海內奇觀十卷　（明）楊爾曾輯　明萬曆
刻本　朱鼎煦題記　十冊

330000－1705－0000960　善2771　子部/雜
著類/雜纂之屬

皇宋事實類苑六十三卷目錄五卷　（宋）江少
虞輯　明抄本　一冊　存十卷（一至五、目錄
一至五）

330000－1705－0000961　善2710　子部/雜
著類/雜考之屬

古今攷三十八卷　（宋）魏了翁撰　（元）方回
續　明抄本　三冊　存十二卷（一至四、十三
至二十）

330000－1705－0000962　善2807　集部/小
說類/短篇之屬

宣室志十卷補遺一卷　（唐）張讀撰　明抄本
一冊　存一卷（一）

330000－1705－0000963　善2808　子部/雜
著類/雜說之屬

揮塵前錄四卷後錄十一卷第三錄二卷餘話二
卷　（宋）王明清撰　明抄本　一冊　存二卷
（餘話一至二）

330000－1705－0000964　善1999　史部/地
理類/山川之屬/山志

黃山志十卷　（清）釋弘眉撰　清康熙六年
（1667）刻本　八冊

330000－1705－0000965　善2031　史部/地
理類/雜志之屬

六陵劫餘誌不分卷　（清）丁業輯　稿本
四冊

330000－1705－0000966　善2002　史部/地
理類/山川之屬/山志

天台山方外志三十卷　（明）釋傳燈撰　明萬
曆幽溪講堂刻本　六冊

330000－1705－0000967　善2826　子部/術
數類/陰陽五行之屬

康節先生觀物篇解一卷斷決一卷附錄皇極數
起例一卷　（宋）祝泌撰　明抄本　三冊

330000－1705－0000968　善2012　史部/地
理類/山川之屬/水志

水經注四十卷　（北魏）酈道元撰　明刻本
十冊

330000－1705－0000969　善2004　史部/地
理類/山川之屬/山志

廬山紀事十二卷　（明）桑喬撰　明嘉靖四十
年（1561）刻本　四冊

330000－1705－0000970　善2225　子部/道
家類

唐玄宗御製道德真經疏十卷　（唐）玄宗李隆
基等注　明抄本　一冊

330000－1705－0000971　善 2226　子部/道家類

唐玄宗御製道德真經疏四卷外傳一卷 （唐）玄宗李隆基等注　明抄本　一冊　缺一卷（外傳）

330000－1705－0000972　善 2228　子部/道家類

道德真經註四卷 （唐）李榮撰　明抄本　一冊

330000－1705－0000973　善 2229　子部/道家類

道德真經新註四卷 （唐）李約撰　明抄本　一冊

330000－1705－0000974　善 2230　子部/道家類

宋徽宗御解道德真經四卷 （宋）徽宗趙佶撰　明抄本　一冊

330000－1705－0000975　善 2011　史部/地理類/山川之屬/山志

譯峨籟彙錄一卷續刻一卷 （清）胡世安撰　清抄本　一冊

330000－1705－0000976　善 2009　史部/地理類/山川之屬/山志

纂集通覽湘山志一卷 （清）張澹煙纂　清康熙四十七年(1708)刻本　一冊

330000－1705－0000977　善 2006　史部/地理類/山川之屬/山志

武夷九曲志十六卷首一卷 （清）王復禮撰　清康熙五十七年(1718)刻本　五冊

330000－1705－0000979　善 2014　史部/地理類/山川之屬/水志

水經注四十卷 （北魏）酈道元撰　清康熙五十三年至五十四年(1714－1715)項絪群玉書堂刻本　九冊

330000－1705－0000980　善 2231　子部/道家類

道德真經直解四卷 （宋）邵若愚撰　明抄本　一冊

330000－1705－0000981　善 2232　子部/道家類

道德真經疏義六卷 （宋）趙志堅撰　明抄本　一冊　存三卷(四至六)

330000－1705－0000982　善 2236　子部/道家類

道德真經全解二卷 （金）時雍撰　明抄本　一冊

330000－1705－0000983　善 2238　子部/道家類

道德真經集義十卷 （明）危大有撰　明抄本　二冊　存六卷(一至六)

330000－1705－0000984　善 2240　子部/道家類

道德真經解三卷　明抄本　一冊

330000－1705－0000985　善 2237　子部/道家類

道德真經藏室纂微開題科文疏五卷手鈔二卷 （元）薛致玄撰　明抄本　一冊　存六卷(一至五、手鈔下)

330000－1705－0000986　善 2239　子部/道家類

道德經附註二卷陰符經附注一卷 （明）黃潤玉撰　明抄本　一冊

330000－1705－0000987　善 2015　史部/地理類/山川之屬/水志

水經注四十卷 （北魏）酈道元撰　清康熙五十三年至五十四年(1714－1715)項絪群玉書堂刻本　十冊

330000－1705－0000988　善 2997　子部/道家類

還真集二卷 （元）王玠撰　**太上九要心印經一卷** （唐）張果撰　**釋惑歸正金丹大道本末直說一卷** （□）劉一中撰　**金丹直指一卷** （□）劉真仙述　明抄本　一冊

330000－1705－0000989　善 3002　子部/宗教類/道教之屬

道書六種六卷　明抄本　一冊

330000－1705－0000990　馮0001、馮0080、馮0215、馮1334、馮1529　類叢部/叢書類/彙編之屬

漢魏叢書三十八種　（明）程榮編　明萬曆二十年(1592)新安程氏刻本　八冊　存五種

330000－1705－0000991　善2974　子部/宗教類/道教之屬

道書六種六卷　明抄本　一冊

330000－1705－0000992　善3021　類叢部/類書類/通類之屬

太平御覽一千卷目錄十五卷　（宋）李昉等輯　明抄本　二冊　存二十卷(七十一至九十)

330000－1705－0000993　馮0002、馮0006、馮0044、馮0070、馮0189、馮0227、馮0224、馮0261、馮0637、馮0734、馮1652、馮1650、馮1796、馮2104、馮2135、馮2154　類叢部/叢書類/彙編之屬

武英殿聚珍版書一百三十八種　清乾隆武英殿木活字印本(唐語林卷一、目次配馮貞群抄本)　六十九冊　存十九種

330000－1705－0000994　善2983　子部/宗教類/道教之屬/道藏

道藏　（明）張宇初等編　明正統十年(1445)內府刻本　一包　存一種

330000－1705－0000995　馮0003　經部/易類/傳說之屬

周易本義經二卷傳十卷易圖一卷五贊一卷筮儀一卷　（宋）朱熹撰　清康熙至雍正內府影刻宋咸淳吳革本　三冊

330000－1705－0000996　馮0004　經部/易類/傳說之屬

周易本義四卷附圖說一卷卦歌一卷筮儀一卷　（宋）朱熹撰　明末刻本　二冊

330000－1705－0000997　馮0005　經部/易類/傳說之屬

周易本義二卷附卦歌一卷圖說一卷說卦傳一卷　（宋）朱熹撰　清抄本　二冊

330000－1705－0000998　善4271　集部/別集類/清別集

課餘吟艸不分卷　（清）鄭耀潢撰　稿本　清蔡之銘、清周遵祖題記　一冊

330000－1705－0000999　馮0008、馮0128、馮0190、馮1519、馮2101、馮2102、馮2168、馮2097　類叢部/叢書類/彙編之屬

武英殿聚珍版書一百三十八種　清乾隆武英殿木活字印本　八十冊　存八種

330000－1705－0001000　馮0009　經部/易類/傳說之屬

重刻解元會魁紫溪蘇先生心傳周易兒說四卷附圖說一卷　（明）蘇濬撰　清同治六年(1867)刻本　八冊

330000－1705－0001001　馮0010　經部/易類/傳說之屬

御纂周易折中二十二卷首一卷　（清）李光地等纂　清康熙五十四年(1715)內府刻本　二十四冊

330000－1705－0001002　馮0011　經部/易類/傳說之屬

易學象數論六卷　（清）黃宗羲撰　清康熙汪瑞齡西麓堂新安刻本　二冊

330000－1705－0001003　馮0012　經部/易類

周易函書四種　（清）胡煦撰　清乾隆至嘉慶胡季堂刻本　十八冊　存三種

330000－1705－0001004　馮0013　經部/易類/傳說之屬

周易述四十卷　（清）惠棟集注並疏　清乾隆二十五年(1760)德州盧見曾雅雨堂刻本(卷八、二十一、二十六、二十九至三十原缺,卷二十四至二十五、二十七至二十八、三十一至四十未刻)　六冊

330000－1705－0001005　馮0014　類叢部/叢書類/彙編之屬

經訓堂叢書二十一種　（清）畢沅編　清乾隆至嘉慶鎮洋畢氏刻本　二冊　存一種

330000－1705－0001006　馮0015　經部/易

類/傳說之屬

易漢學八卷 （清）惠棟撰　清刻本　二冊

330000－1705－0001007　馮0016　經部/易類

周易虞氏義九卷虞氏消息二卷 （清）張惠言撰　清嘉慶至道光刻本　二冊　存二種

330000－1705－0001008　馮0017　經部/易類/傳說之屬

河上易註八卷圖說二卷 （清）黎世序撰　清道光元年(1821)謙豫齋刻本　六冊

330000－1705－0001009　馮0018　經部/易類/傳說之屬

周易一卷周易五贊一卷筮儀一卷 （宋）朱熹述　清刻本　一冊

330000－1705－0001010　馮0019、馮0057、馮0204、馮0677　類叢部/叢書類/自著之屬

儆居遺書十一種 （清）黃式三撰　清同治至光緒刻本　八冊　存四種

330000－1705－0001012　馮0024　經部/易類/傳說之屬

御纂周易述義十卷 （清）傅恒等撰　清乾隆刻本　四冊

330000－1705－0001013　馮0025　經部/易類/傳說之屬

易憲四卷卦歌一卷圖說一卷 （明）沈泓撰　清乾隆九年(1744)補堂刻本　三冊

330000－1705－0001014　善2016　史部/地理類/山川之屬/水志

水經注箋四十卷 （明）朱謀㙔撰　明萬曆四十三年(1615)李長庚刻本　十二冊　缺五卷（四至五、三十八至四十）

330000－1705－0001015　善2834　子部/術數類/占候之屬

天元玉曆祥異賦七卷 （明）仁宗朱高熾撰　明洪熙元年(1425)內府刻本　一冊

330000－1705－0001016　善2836　子部/術數類/占候之屬

天元玉曆祥異賦七卷 （明）仁宗朱高熾撰　明抄本　一冊

330000－1705－0001017　善2907　子部/術數類/相宅相墓之屬

賴仙心印一卷 明抄本　一冊

330000－1705－0001018　善2960　集部/別集類/元別集

師子林天如和尚語錄二卷別錄五卷剩語集二卷 （元）釋惟則撰　（元）釋善遇輯　元至正刻本　二冊　存四卷（語錄一至二、別錄四至五）

330000－1705－0001019　善2022　史部/地理類/山川之屬/水志

西湖遊覽志二十四卷志餘二十六卷 （明）田汝成撰　明嘉靖二十六年(1547)嚴寬刻本孫家淮題記　八冊　存二十六卷（志餘一至二十六）

330000－1705－0001020　善2093　史部/政書類/通制之屬

經籍考十二卷 （元）馬端臨撰　明抄本二冊

330000－1705－0001021　善2092　史部/政書類/通制之屬

經籍考七十六卷 （元）馬端臨撰　明弘治九年(1496)黃仲昭、張汝舟南昌刻嘉靖補修本　十冊　存三十一卷（一至八、十二至二十、二十四至二十七、三十二至四十一）

330000－1705－0001022　善2840　子部/術數類/占卜之屬

靈棋經一卷 （晉）顏幼明　（南朝宋）何承天　（元）陳師凱　（明）劉基注解　明抄本一冊

330000－1705－0001023　善2860　子部/術數類/占卜之屬

太乙總論不分卷 明抄本　四冊

330000－1705－0001024　善2829　子部/術數類/占候之屬

觀象玩占五十卷 題(唐)李淳風撰　明抄本

十册　存四十八卷(一至四十八)

330000－1705－0001025　馮0026、馮1293、馮2093、馮2179、馮2121　類叢部/叢書類/彙編之屬

武英殿聚珍版書一百三十八種　清乾隆武英殿木活字印本　十二册　存五種

330000－1705－0001026　馮0027、馮0030、馮0031、馮0139、馮0140、馮0228、馮0822、馮1365、馮1475、馮1520、馮1651、馮1660、馮2008、馮2001、馮2105、馮2147　類叢部/叢書類/彙編之屬

武英殿聚珍版書一百三十八種　清福建刻本　一百四册　存二十六種

330000－1705－0001027　善2841　子部/術數類/占卜之屬

靈棋經一卷　(晉)顏幼明　(南朝宋)何承天　(元)陳師凱　(明)劉基注解　明成化十四年(1478)刻藍印本　一册

330000－1705－0001028　善2842　子部/術數類/占卜之屬

靈棋經一卷　(晉)顏幼明　(南朝宋)何承天　(元)陳師凱　(明)劉基注解　明初刻本　一册

330000－1705－0001029　馮0028　經部/叢編

仿宋相臺五經九十六卷附考證　清乾隆四十八年(1783)武英殿刻本　三册　存一種

330000－1705－0001030　善2838　子部/術數類/占候之屬

占候六壬遁法不分卷　明抄本　一册

330000－1705－0001031　馮0029　經部/易類/傳說之屬

易小傳六卷　(宋)沈該撰　清抄本　馮貞群題記　三册

330000－1705－0001032　善2830　子部/術數類/占候之屬

觀象玩占五十卷　題(唐)李淳風撰　明水筠山房抄本　六册　存三十卷(一至十五、二十

一至三十、四十六至五十)

330000－1705－0001034　善3662　集部/別集類/明別集

春草齋文集十卷　(明)烏斯道撰　明抄本　二册　存四卷(一至二、六至七)

330000－1705－0001035　善3597　集部/別集類/元別集

戴剡源文集三十卷　(元)戴表元撰　明抄本　一册　存二卷(一至二)

330000－1705－0001036　馮0034　經部/易類/傳說之屬

易翼貫解七卷　(清)佘德楷撰　清光緒十八年(1892)刻本　五册

330000－1705－0001037　馮0037　經部/易類/傳說之屬

需時眇言十卷　(清)沈善登撰　清光緒二十八年(1902)桐鄉沈氏豫恕堂刻沈穀成易學本　八册

330000－1705－0001038　善4612　集部/總集類/選集之屬/斷代

西漢文類三十五卷目錄二卷　(明)劉節輯　明抄本　十五册

330000－1705－0001039　善4613　集部/總集類/選集之屬/斷代

西漢文類三十五卷目錄二卷　(明)劉節輯　明抄本　一册　存二卷(目錄上、下)

330000－1705－0001041　馮0042　類叢部/叢書類/彙編之屬

望三益齋叢書十種　(清)吳棠編　清咸豐至光緒吳氏望三益齋刻本　六册　存一種

330000－1705－0001042　善4614　集部/總集類/選集之屬/斷代

西漢文類三十五卷目錄二卷　(明)劉節輯　明抄本　一册　存二卷(目錄上、下)

330000－1705－0001043　馮0045　經部/書類/傳說之屬

書經註疏大全合纂五十九卷首一卷　(明)張

溥撰　明崇禎刻本　八冊

330000－1705－0001044　善4616　集部/總集類/選集之屬/斷代

東漢文類三十六卷目錄二卷　（明）劉節輯　明抄本　十三冊　存三十三卷（一至二十二、二十六至三十六）

330000－1705－0001045　善4617　集部/總集類/選集之屬/斷代

東漢文類三十六卷目錄二卷　（明）劉節輯　明抄本　一冊　存二卷（目錄上、下）

330000－1705－0001046　善4618　集部/總集類/選集之屬/斷代

東漢文類三十六卷目錄二卷　（明）劉節輯　明抄本　一冊　存二卷（目錄上、下）

330000－1705－0001047　馮0046　經部/書類/傳說之屬

尚書古文疏證八卷　（清）閻若璩撰　**朱子古文書疑一卷**　（清）閻詠輯　清乾隆十年（1745）平陰朱續晫刻同治六年（1867）錢塘汪氏振綺堂補刻本　馮貞群題記　八冊

330000－1705－0001048　馮0047、馮0237　類叢部/叢書類/自著之屬

西河合集一百十九種　（清）毛奇齡撰　清康熙刻本　二冊　存三種

330000－1705－0001049　馮0048　經部/書類/分篇之屬

禹貢錐指二十卷略例一卷圖一卷　（清）胡渭撰　清康熙漱六軒刻本　十冊

330000－1705－0001050　馮0049　經部/書類/傳說之屬

尚書後案三十卷附後辨一卷　（清）王鳴盛撰　清乾隆四十五年（1780）禮堂刻本　八冊

330000－1705－0001051　馮0050　經部/書類/分篇之屬

禹貢正詮四卷　（清）姚彥渠輯　清光緒十一年（1885）姚丙吉刻本　二冊

330000－1705－0001052　馮0056、馮0354

類叢部/叢書類/家集之屬

侯官陳氏遺書　（清）陳壽祺　（清）陳喬樅撰　清嘉慶至同治三山陳氏刻本　四冊　存二種

330000－1705－0001053　馮0058　經部/書類/分篇之屬

洪範正論五卷　（清）胡渭撰　清乾隆四年（1739）胡紹芬刻本　一冊

330000－1705－0001054　善3069、善3070　類叢部/類書類/通類之屬

太學增修聲律資用萬卷菁華前集八十卷後集八十卷續集三十四卷　明抄本　十三冊　存五十三卷（前集三至九、十八至二十五、三十至四十六、六十至八十）

330000－1705－0001055　馮0059、馮0687、馮1546、馮1533、馮1827、馮1926、馮2032　類叢部/叢書類/彙編之屬

十萬卷樓叢書五十一種　（清）陸心源編　清光緒歸安陸氏刻本　三十三冊　存七種

330000－1705－0001056　馮0060　類叢部/叢書類/家集之屬

侯官陳氏遺書　（清）陳壽祺　（清）陳喬樅撰　清嘉慶至同治三山陳氏刻本　十四冊　存一種

330000－1705－0001057　馮0061、馮0609　類叢部/叢書類/彙編之屬

武英殿聚珍版書一百三十八種　清同治十三年（1874）江西書局刻本　四冊　存二種

330000－1705－0001058　善3071　類叢部/類書類/通類之屬

新編事文類聚翰墨大全甲集十二卷乙集十八卷丙集十四卷丁集十一卷戊集十三卷己集十二卷庚集十五卷辛集十六卷壬集十七卷癸集十七卷後甲集十五卷後乙集十三卷後丙集六卷十二卷後丁集十四卷後戊集九卷　（元）劉應李輯　明初刻本　一冊　存五卷（癸集一至五）

330000－1705－0001059　馮0062、馮0212、

馮 0270、馮 0306、馮 0527、馮 0523、馮 0622、馮 0619、馮 0633、馮 0634、馮 0635、馮 0629、馮 0631、馮 0664、馮 0652、馮 0627　類叢部/叢書類/彙編之屬

廣雅書局叢書一百五十九種　徐紹棨編　清光緒廣雅書局刻民國九年(1920)番禺徐紹棨彙編重印本　九十四冊　存二十三種

330000－1705－0001060　善 4876　子部/小說家類/雜事之屬

國朝英烈傳十二集六十卷　明抄本　五冊存五十卷(十一至六十)

330000－1705－0001061　馮 0063、馮 0137、馮 1327、馮 1328　類叢部/叢書類/彙編之屬

抱經堂叢書十六種　(清)盧文弨編　清乾隆至嘉慶刻彙印本　九冊　存四種

330000－1705－0001062　馮 0064　史部/雜史類/斷代之屬

周書斠補四卷　(清)孫詒讓撰　清光緒二十六年(1900)刻本　一冊

330000－1705－0001063　馮 0065　類叢部/叢書類/自著之屬

郝氏遺書三十三種　(清)郝懿行撰　清嘉慶至光緒刻彙印本　一冊　存一種

330000－1705－0001064　馮 0066　史部/雜史類/斷代之屬

王會篇箋釋三卷　(清)何秋濤撰　清光緒十七年(1891)江蘇書局刻本　三冊

330000－1705－0001065　馮 0067　經部/書類/傳說之屬

尚書大傳五卷　(漢)伏勝撰　(漢)鄭玄注(清)陳壽祺輯校　清道光十年(1830)廣州刻本　二冊

330000－1705－0001066　馮 0075、馮 3719類叢部/叢書類/彙編之屬

武英殿聚珍版書一百三十八種　清江蘇書局刻本　二冊　存二種

330000－1705－0001067　馮 0073　經部/詩類/傳說之屬

呂氏家塾讀詩記三十二卷　(宋)呂祖謙撰清嘉慶十六年(1811)溪上聽彝堂重刻明萬曆刻本　十冊

330000－1705－0001068　馮 0069　經部/詩類/傳說之屬

草木疏校正二卷　(三國吳)陸璣撰　(清)趙佑校正　(清)丁杰履校　清乾隆五十六年(1791)刻本　二冊

330000－1705－0001069　馮 0082　經部/詩類/傳說之屬

毛詩故訓傳三十卷　(漢)毛亨傳　(漢)毛萇撰　(漢)鄭玄箋　**鄭氏詩譜一卷**　(漢)鄭玄撰　清道光七年(1827)立本齋刻本　四冊

330000－1705－0001070　馮 0068　經部/詩類/專著之屬

詩序辨說一卷　(宋)朱熹撰　清末刻本一冊

330000－1705－0001071　馮 0084　經部/詩類/傳說之屬

御纂詩義折中二十卷　(清)傅恒　(清)陳兆崙等纂　清抄本　四冊　存四卷(一至四)

330000－1705－0001072　馮 0074、馮 0129、馮 1048、馮 1096、馮 1089、馮 1090、馮 1120、馮 1294、馮 1364、馮 1655、馮 2129、馮 2178、馮 2081、馮 2181、馮 2186、馮 2184　類叢部/叢書類/彙編之屬

武英殿聚珍版書一百三十八種　清乾隆武英殿木活字印本　八十七冊　存二十種

330000－1705－0001073　馮 0087　經部/詩類/分篇之屬

詩序廣義二十四卷總論一卷　(清)姜炳璋撰　清嘉慶二十年(1815)刻本　八冊

330000－1705－0001075　馮 0089　經部/詩類/文字音義之屬

詩經叶音辨譌八卷首一卷　(清)劉維謙編次　(清)張卿雲　(清)張景星校　清乾隆三年(1738)壽峯書屋刻本　四冊

330000－1705－0001076　馮 0085　經部/詩

類/傳說之屬

詩說三卷附錄一卷 （清）惠周惕撰 清嘉慶
十七年(1812)璜川吳氏真意堂重刻本 一冊

330000－1705－0001077 馮0103－1 經部/
詩類/傳說之屬

詩瀋二十卷 （清）范家相撰 清乾隆三十九
年(1774)古趣亭刻本 二冊

330000－1705－0001079 馮0086 經部/詩
類/傳說之屬

毛詩訂詁八卷附錄二卷 （清）顧棟高撰 清
光緒二十二年(1896)江蘇書局刻本 四冊

330000－1705－0001080 馮0083 經部/詩
類/傳說之屬

欽定詩經傳說彙纂二十一卷首二卷詩序二卷
（清）聖祖玄燁定 （清）王鴻緒 （清）揆
敘總裁 清同治七年(1868)馬新貽刻本 十
二冊

330000－1705－0001081 馮0106 經部/詩
類/三家詩之屬

詩外傳十卷 （漢）韓嬰撰 清乾隆十七年
(1752)刻本 二冊

330000－1705－0001082 馮0107 經部/詩
類/三家詩之屬

韓詩外傳十卷 （漢）韓嬰撰 （清）趙懷玉
（清）周廷寀校注 **補逸一卷** （清）趙懷玉輯
校注拾遺一卷 （清）周宗杭撰 清光緒元
年(1875)盱眙吳氏望三益齋刻本 馮貞群題
記並批校 二冊

330000－1705－0001083 馮0088 經部/詩
類/文字音義之屬

風雅遺音二卷 （清）史榮輯 清乾隆十四年
(1749)一灣齋刻本 二冊

330000－1705－0001085 馮0090、馮0091
類叢部/叢書類/彙編之屬

廣雅書局叢書一百五十九種 徐紹棨編 清
光緒廣雅書局刻民國九年(1920)番禺徐紹棨
彙編重印本 二十四冊 存二種

330000－1705－0001086 馮0114 類叢部/

叢書類/彙編之屬

正誼齋叢書十種 （清）汪昌序輯 清康熙至
道光二十年(1840)汪氏刻彙印本 一冊 存
一種

330000－1705－0001087 馮0097 經部/詩
類/三家詩之屬

陳氏毛詩五種 （清）陳奐撰 清道光至咸豐
吳門南園陳氏掃葉山莊刻本 十二冊

330000－1705－0001088 馮0110 經部/周
禮類/傳說之屬

周禮十二卷 （漢）鄭玄注 （唐）陸德明音義
清光緒三年(1877)永康胡氏退補齋刻本
六冊

330000－1705－0001089 馮0111 經部/周
禮類/傳說之屬

周禮六卷 （漢）鄭玄注 （唐）陸德明音義
清嘉慶十一年(1806)張青選清芬閣刻本
六冊

330000－1705－0001090 馮0112 經部/周
禮類/傳說之屬

周禮十二卷 （漢）鄭玄注 （唐）陸德明音義
清光緒十二年(1886)湖北官書處刻本 馮
適批注 六冊

330000－1705－0001091 馮0115 經部/周
禮類/分篇之屬

輪輿私箋二卷附圖一卷 （清）鄭珍撰 （清）
鄭知同繪圖 清同治七年(1868)獨山莫氏刻
本 一冊

330000－1705－0001092 馮0092 經部/詩
類/三家詩之屬

詩古微上編三卷中編十卷下編二卷首一卷
（清）魏源撰 清光緒十一年(1885)飛清閣楊
守敬黃岡學署刻十三年(1887)梁溪浦氏印本
十冊

330000－1705－0001093 馮0116 經部/周
禮類/傳說之屬

周禮政要二卷 （清）孫詒讓撰 清光緒二十
八年(1902)瑞安普通學堂刻本 二冊

330000 - 1705 - 0001094　馮0098　經部/詩
類/傳說之屬

毛詩讀三十卷　（清）王劼撰　清咸豐五年
(1855)成都刻九年(1859)重慶校訂重印本
十冊

330000 - 1705 - 0001095　馮0103 - 2　類叢
部/叢書類/自著之屬

范氏三種　（清）范家相撰　清嘉慶十五年
(1810)古趣亭刻本　一冊　存一種

330000 - 1705 - 0001096　馮0094　類叢部/
叢書類/家集之屬

侯官陳氏遺書　（清）陳壽祺　（清）陳喬樅撰
清嘉慶至同治三山陳氏刻本　十五冊　存
一種

330000 - 1705 - 0001097　馮0117　經部/周
禮類/傳說之屬

周禮節訓六卷　（清）黃叔琳輯　（清）姚培謙
重訂　清乾隆四十二年(1777)刻本　二冊

330000 - 1705 - 0001098　馮0100　經部/詩
類/傳說之屬

讀風臆補二卷總評一卷　（明）戴君恩原本
（清）陳繼揆補輯並總評　清光緒六年(1880)
寧郡述古堂刻拜經館印本　二冊

330000 - 1705 - 0001099　馮0131　經部/儀
禮類/圖說之屬

儀禮圖六卷　（清）張惠言撰　清嘉慶十年
(1805)揚州阮元刻本　二冊

330000 - 1705 - 0001100　馮0101　經部/詩
類/傳說之屬

讀風臆補二卷總評一卷　（明）戴君恩原本
（清）陳繼揆補輯並總評　清光緒六年(1880)
寧郡述古堂刻拜經館印本　一冊

330000 - 1705 - 0001101　馮0132　經部/儀
禮類/圖說之屬

儀禮圖六卷　（清）張惠言撰　清同治九年
(1870)崇文書局刻本　三冊

330000 - 1705 - 0001102　馮0095　經部/詩
類/傳說之屬

詩誦五卷　（清）陳僅撰　清光緒十一年
(1885)四明文則樓陳氏木活字印本　二冊

330000 - 1705 - 0001103　馮0133　經部/儀
禮類/圖說之屬

儀禮圖六卷　（清）張惠言撰　清同治九年
(1870)崇文書局刻本　三冊

330000 - 1705 - 0001104　馮0134、馮0195、
馮1838、馮1972　類叢部/叢書類/彙編之屬

崇文書局彙刻書三十一種　（清）崇文書局編
清光緒元年至三年(1875 - 1877)湖北崇文
書局刻本　十三冊　存四種

330000 - 1705 - 0001105　馮0102　經部/詩
類/傳說之屬

二劉先生闔湖說詩四卷　（明）劉尹聘　（明）
劉振之撰　明崇禎闔湖刻本　四冊

330000 - 1705 - 0001106　馮0135　經部/禮
記類/傳說之屬

禮經校釋二十二卷　曹元弼撰　清光緒十八
年(1892)刻本　十二冊

330000 - 1705 - 0001107　馮0136　經部/儀
禮類/傳說之屬

儀禮讀十七卷　清抄本　二冊

330000 - 1705 - 0001109　馮0138、馮1352
類叢部/叢書類/彙編之屬

武英殿聚珍版書一百三十八種　清乾隆武英
殿木活字印本　十一冊　存二種

330000 - 1705 - 0001110　馮0124、馮0220、
馮0253　經部/叢編

十三經讀本一百五十二卷　（清）□□編　清
同治金陵書局刻本　七冊　存三種

330000 - 1705 - 0001111　馮0142　經部/儀
禮類/傳說之屬

儀禮釋官九卷首一卷　（清）胡匡衷撰　清同
治八年(1869)績谿胡肇智刻本　四冊

330000 - 1705 - 0001112　馮0118　經部/周
禮類/分篇之屬

批點考工記二卷圖說一卷　（明）周夢暘輯評

明萬曆十九年(1591)醇尊堂刻本　二冊

330000－1705－0001113　馮0141　經部/儀禮類/傳說之屬

儀禮正義四十卷　(清)胡培翬撰　(清)楊大堉補　清咸豐二年(1852)刻同治七年(1868)補刻本　二十冊

330000－1705－0001114　馮0125　經部/叢編

十三經讀本一百五十二卷　(清)□□編　清同治金陵書局刻本　四冊　存一種

330000－1705－0001115　馮0126　經部/儀禮類/傳說之屬

儀禮章句十七卷　(清)吳廷華撰　清乾隆二十二年(1757)刻本　二冊

330000－1705－0001116　馮0143　經部/三禮總義類/通禮雜禮之屬

讀禮通考一百二十卷　(清)徐乾學撰　清康熙三十五年(1696)刻本　三十冊

330000－1705－0001117　馮0127　經部/儀禮類/傳說之屬

儀禮章句十七卷　(清)吳廷華撰　清道光二十九年(1849)經國堂刻本　六冊

330000－1705－0001118　馮0130　經部/儀禮類/文字音義之屬

儀禮石經校勘記四卷　(清)阮元撰　清乾隆六十年(1795)七錄書閣刻本　一冊

330000－1705－0001119　馮善1051　史部/地理類/山川之屬/水志

水經注四十卷　(北魏)酈道元注　(清)全祖望校　清王奎抄本　馮貞群記　十冊

330000－1705－0001120　馮0144　類叢部/叢書類/自著之屬

崔東壁先生遺書八種附一種　(清)崔述撰　清嘉慶至道光陳履和刻本　二冊　存一種

330000－1705－0001121　馮0145　經部/儀禮類/分篇之屬

喪服會通說四卷　(清)吳嘉賓撰　清咸豐元年(1851)刻本　二冊

330000－1705－0001122　馮0161　經部/大戴禮記類/傳說之屬

大戴禮記補注十三卷序錄一卷　(清)孔廣森撰　清同治十三年(1874)淮南書局刻本　四冊

330000－1705－0001123　馮0122　經部/儀禮類/傳說之屬

儀禮十七卷　(漢)鄭玄注　(唐)陸德明音義　清光緒十二年(1886)湖北官書處刻本　馮適題簽並題記　四冊

330000－1705－0001124　馮0146　經部/儀禮類/傳說之屬

孫月峯先生批評禮記六卷　(明)孫鑛評　明末馮元仲天益山刻本　二冊

330000－1705－0001125　馮0162　類叢部/叢書類/自著之屬

顨軒孔氏所著書七種　(清)孔廣森撰　清乾隆至嘉慶刻嘉慶二十二年(1817)曲阜孔氏儀鄭堂彙印本　二冊　存一種

330000－1705－0001127　馮0147　經部/禮記類/傳說之屬

禮記二十卷　(漢)鄭氏(鄭玄)注　**撫本禮記鄭注考異二卷**　(清)張敦仁撰　清同治九年(1870)湖北崇文書局刻本　八冊

330000－1705－0001128　馮0148　經部/禮記類/傳說之屬

禮記集說十卷　(元)陳澔撰　清光緒十二年(1886)湖北官書處刻本　十冊

330000－1705－0001130　馮0163　類叢部/叢書類/自著之屬

顨軒孔氏所著書七種　(清)孔廣森撰　清乾隆至嘉慶刻嘉慶二十二年(1817)曲阜孔氏儀鄭堂彙印本　二冊　存一種

330000－1705－0001131　馮0164、馮1980　類叢部/叢書類/彙編之屬

廣雅書局叢書一百五十九種　徐紹棨編　清光緒廣雅書局刻民國九年(1920)番禺徐紹棨

彙編重印本　五冊　存二種

330000－1705－0001132　馮0153　經部/儀禮類/傳說之屬

禮記章句十卷　（清）任啓運撰　清乾隆三十八年(1773)刻本　十冊

330000－1705－0001134　馮0154　經部/禮記類/傳說之屬

禮記集解六十一卷尚書顧命解一卷　（清）孫希旦撰　**敬軒先生行狀一卷**　（清）孫衣撰　清咸豐十年至同治七年(1860－1868)瑞安孫氏盤谷草堂刻本　十四冊

330000－1705－0001135　馮0120、馮1543－2　類叢部/叢書類/彙編之屬

士禮居黃氏叢書十九種附四種　（清）黃丕烈編　清嘉慶至道光黃氏士禮居刻本　三冊　存二種

330000－1705－0001136　馮0166　經部/禮記類/分篇之屬

夏小正輯註四卷　（清）范家相輯　清嘉慶十五年(1810)會稽范氏古趣亭刻本　清王梓材批　一冊

330000－1705－0001137　馮0155　經部/禮記類/傳說之屬

禮記要義三十三卷　（宋）魏了翁撰　清拜五經齋主人錫壽刻本(卷一至二原缺)　馮貞群批　八冊

330000－1705－0001138　馮0168　經部/三禮總義類/通禮雜禮之屬

禮書綱目八十五卷首三卷　（清）江永編　清嘉慶十五年(1810)婺源俞氏刻本　二十四冊

330000－1705－0001139　馮0157　經部/禮記類/分篇之屬

檀弓論文二卷　（清）孫濩孫評訂　清光緒七年(1881)武進莊氏刻本　二冊

330000－1705－0001140　馮0121　經部/儀禮類/傳說之屬

儀禮十七卷　（漢）鄭玄注　**附校錄一卷續校一卷**　（清）黃丕烈撰　清同治九年(1870)楚

北崇文書局刻本　一冊

330000－1705－0001141　馮0158　經部/大戴禮記類/傳說之屬

大戴禮記十三卷　（漢）戴德撰　（北周）盧辯注　清乾隆二十五年(1760)刻本　二冊

330000－1705－0001142　馮0159　類叢部/叢書類/彙編之屬

朱文端公藏書　（清）朱軾撰輯　清康熙至乾隆刻彙印本　二冊　存一種

330000－1705－0001143　馮0169　經部/三禮總義類/通禮雜禮之屬

五禮通考二百六十二卷首四卷總目二卷　（清）秦蕙田撰　清乾隆二十六年(1761)金匱秦蕙田味經窩刻本　六十冊

330000－1705－0001144　馮0160　經部/大戴禮記類/傳說之屬

大戴禮記補注十三卷序錄一卷　（清）孔廣森撰　清同治十三年(1874)淮南書局刻本　馮貞群過錄丁授經、王念孫、王引之校記　馮貞群題記　四冊

330000－1705－0001145　馮0170　經部/三禮總義類/通論之屬

禮書通故五十卷　（清）黃以周撰　清光緒十九年(1893)黃氏試館刻本　三十二冊

330000－1705－0001146　馮0173　經部/叢編

通志堂經解一百四十種　（清）納蘭成德輯　清康熙十九年(1680)納蘭成德刻本　二冊　存一種

330000－1705－0001147　馮0175　經部/三禮總義類/通禮雜禮之屬

家禮五卷　（宋）朱熹撰　**家禮附錄一卷**　（宋）楊復撰　**新坿一卷**　（清）吳棠輯　清同治四年(1865)望三益齋刻本　三冊

330000－1705－0001148　馮0174　經部/三禮總義類/通禮雜禮之屬

司馬氏書儀十卷　（宋）司馬光撰　清雍正元年(1723)汪氏刻本　四冊

330000－1705－0001149　馮0171　經部/三禮總義類/通論之屬

禮經通論一卷　（清）邵懿辰撰　清同治三年（1864）望三益齋刻本　一冊

330000－1705－0001150　馮0172　經部/三禮總義類/通禮雜禮之屬

儀禮經傳通解三十七卷　（宋）朱熹撰　**儀禮經傳通解續二十九卷**　（宋）黃榦　（宋）楊復撰　清康熙呂氏寶誥堂刻本　十二冊

330000－1705－0001151　馮0182　經部/春秋左傳類/傳說之屬

春秋經傳集解三十卷　（清）姚培謙撰　**春秋名號歸一圖二卷**　（五代）馮繼先撰　清同治八年（1869）崇文書局刻本　十二冊

330000－1705－0001152　馮0183　經部/春秋左傳類/傳說之屬

春秋經傳集解三十卷　（清）姚培謙撰　**春秋名號歸一圖二卷**　（五代）馮繼先撰　清同治八年（1869）崇文書局刻本　十二冊

330000－1705－0001153　馮0176　經部/三禮總義類/通禮雜禮之屬

四禮翼八卷　（明）呂坤撰　清嘉慶十三年（1808）滇學使者刻本　一冊

330000－1705－0001154　馮0188　經部/春秋左傳類/傳說之屬

欽定春秋左傳讀本三十卷附春秋三傳異文考一卷　（清）英和等撰　清同治八年（1869）張之萬金陵刻本　馮貞群記　十六冊

330000－1705－0001155　馮0177　經部/三禮總義類/通禮雜禮之屬

朱子家禮八卷首一卷　（宋）朱熹撰　（明）丘濬輯　（明）楊廷筠補　清康熙四十年（1701）新安汪鑑刻本　四冊

330000－1705－0001156　馮0196　經部/春秋左傳類/傳說之屬

讀左補義五十卷首一卷　（清）姜炳璋輯　清乾隆三十七年（1772）尊行堂刻本　十六冊

330000－1705－0001157　馮0184　經部/春秋左傳類/傳說之屬

春秋左傳杜注三十卷首一卷　（清）姚培謙撰　清光緒九年（1883）江南書局刻本　馮貞群點定　六冊

330000－1705－0001158　馮0193　經部/春秋左傳類/傳說之屬

春秋左氏傳賈服註輯述二十卷　（清）李貽德撰　清光緒八年（1882）江蘇書局刻本　六冊

330000－1705－0001159　馮0198　經部/春秋左傳類/傳說之屬

劉炫規杜持平六卷　（清）邵瑛撰　清嘉慶二十二年（1817）餘姚邵瑛桂隱書屋刻本　二冊

330000－1705－0001160　馮0199　類叢部/叢書類/自著之屬

朱氏羣書　（清）朱駿聲撰　清光緒八年（1882）臨嘯閣刻本　一冊　存一種

330000－1705－0001161　馮0194　經部/春秋左傳類/傳說之屬

春秋左傳補註六卷　（清）惠棟撰　清乾隆三十七年（1772）順德胡亦常刻三十八年（1773）張錦芳續刻本　三冊

330000－1705－0001162　馮0202　經部/春秋總義類/傳說之屬

增訂春秋世本圖譜一卷　（清）陳厚耀撰　（清）徐鎮增訂　清嘉慶十三年（1808）水心齋葉氏刻本　一冊

330000－1705－0001163　馮0197　經部/春秋左傳類/傳說之屬

讀左補義五十卷首一卷　（清）姜炳璋輯　清乾隆三十八年（1773）刻本　十冊

330000－1705－0001164　馮0203　經部/春秋左傳類/傳說之屬

左傳經世鈔二十三卷　（清）魏禧評點　（清）彭家屏參訂　清乾隆十三年（1748）夏邑彭家屏聯墨齋刻本　十二冊

330000－1705－0001165　馮0205　經部/春秋總義類/傳說之屬

春秋內傳古注輯存三卷　（清）嚴蔚撰　**春秋**

内傳古注補輯三卷 （清）馮明貞輯　清光緒十五年(1889)味義根齋刻本　四冊

330000－1705－0001166　馮0206　經部/春秋左傳類/傳說之屬

左氏條貫十八卷備考一卷纂要一卷 （清）曹基編次　清康熙五十一年(1712)刻本　四冊

330000－1705－0001167　馮0078　經部/詩類/傳說之屬

嚴氏詩緝補義八卷 （清）劉燦編　清嘉慶十六年(1811)鎮海劉氏墨莊刻本　四冊

330000－1705－0001168　馮0208　集部/詩文評類/文評之屬

左腴二卷國腴二卷 （明）王納諫輯　明末刻本　一冊

330000－1705－0001169　馮0076　經部/詩類/傳說之屬

詩緝三十六卷 （宋）嚴粲撰　清嘉慶十五年(1810)谿上聽彝堂刻本　十二冊

330000－1705－0001170　馮0230　經部/叢編

通志堂經解一百四十種 （清）納蘭成德輯　清康熙十九年(1680)納蘭成德刻本　六冊　存一種

330000－1705－0001171　馮0236　經部/春秋左傳類/傳說之屬

春秋大事表五十卷讀春秋偶筆一卷輿圖一卷附錄一卷 （清）顧棟高輯　清乾隆十三年至十四年(1748－1749)錫山顧氏萬卷樓刻本　二十四冊

330000－1705－0001172　馮0191　經部/春秋左傳類/傳說之屬

左傳事緯十二卷左傳字釋一卷 （清）馬驌撰　清乾隆四十九年(1784)仁和黃暹懷澄堂刻本　十冊

330000－1705－0001173　馮0210　經部/春秋公羊傳類/傳說之屬

春秋公羊傳十一卷 （漢）何休注　（唐）陸德明音義　清光緒十二年(1886)湖北官書處刻本　馮適批並題記　馮貞群題記　四冊

330000－1705－0001174　馮0192　經部/春秋左傳類/傳說之屬

左通補釋三十二卷 （清）梁履繩撰　清道光九年(1829)錢塘汪氏振綺堂刻光緒元年(1875)補刻本　十冊

330000－1705－0001175　馮0240　經部/春秋總義類/傳說之屬

春秋會要四卷 （清）姚彥渠撰　清光緒姚丙吉、姚彝典刻本　二冊

330000－1705－0001176　馮0216、馮0840、馮1031、馮1326、馮1319、馮1316、馮1419、馮1437、馮1443、馮1455、馮1616、馮1623、馮1634、馮1640、馮1950、馮1945　子部/叢編

二十二子(二十二子彙函) （清）浙江書局編　清光緒元年至三年(1875－1877)浙江書局刻本　六十六冊　存十七種

330000－1705－0001177　馮0217　經部/叢編

蜚雲閣凌氏叢書六種四十卷 （清）凌曙撰　清嘉慶至道光江都凌氏蜚雲閣刻本　馮貞群題記　四冊　存一種

330000－1705－0001178　馮0244　經部/春秋左傳類/專著之屬

春秋地形五禮詩二卷 （清）顧復初撰　（清）汪韶犖集　清同治九年(1870)刻本　馮貞群批並題記　一冊

330000－1705－0001179　馮0219　經部/春秋總義類/專著之屬

春秋繁露義證十七卷首一卷攷證一卷 （清）蘇輿撰　清宣統二年(1910)王先謙長沙刻本　四冊

330000－1705－0001180　馮0242　經部/春秋總義類/傳說之屬

春秋七國統表六卷 （清）魏翼龍編　清道光十三年(1833)蕭山存問堂刻本　二冊

330000－1705－0001181　馮0213、馮0915　類叢部/叢書類/彙編之屬

張氏適園叢書　張鈞衡編　清宣統三年(1911)上海國學扶輪社鉛印本　三冊　存二種

330000－1705－0001182　馮0239　經部/春秋總義類/傳說之屬

春秋不傳十二卷　(清)湯啟祚撰　清嘉慶二十四年(1819)維揚文奎齋刻本　六冊

330000－1705－0001183　馮0243　經部/春秋總義類/傳說之屬

御纂春秋直解十二卷　(清)傅恒等撰　清乾隆刻本　五冊

330000－1705－0001184　馮0246　經部/春秋總義類/傳說之屬

春秋經傳日月考一卷　(清)鄒伯奇撰　清光緒二十七年(1901)兩湖書院刻朱印本　一冊

330000－1705－0001185　馮0221　經部/春秋穀梁傳類/傳說之屬

春秋穀梁傳十二卷　(晉)范甯集解　(唐)陸德明音義　清光緒十二年(1886)湖北官書處刻本　馮適批並題記　四冊

330000－1705－0001186　馮0238　經部/春秋總義類/傳說之屬

春秋三傳補注三卷附國語補注一卷　(清)姚鼐撰　清嘉慶二年(1797)鍾山書院刻本　一冊

330000－1705－0001187　馮0223　類叢部/叢書類/彙編之屬

木犀軒叢書二十七種續刻六種　李盛鐸編　清光緒德化李氏木犀軒刻本　一冊　存續刻一種

330000－1705－0001188　馮0245　經部/春秋總義類/傳說之屬

春秋經傳類求十二卷　(清)孫從添　(清)過臨汾撰　(清)吳禧祖校定　清乾隆二十四年(1759)歙縣吳禧祖舊名堂刻本　八冊

330000－1705－0001189　馮0209　經部/春秋公羊傳類/傳說之屬

春秋公羊經傳解詁十二卷　(漢)何休撰

(唐)陸德明音義　重刊宋紹熙公羊傳注附音本校記一卷　(清)魏彥撰　清光緒二十一年(1895)金陵書局刻本　二冊

330000－1705－0001191　馮0231　類叢部/叢書類/彙編之屬

微波榭叢書十一種　(清)孔繼涵編　清孔氏刻彙印本　一冊　存一種

330000－1705－0001192　馮0277　經部/四書類/總義之屬/傳說

駁呂留良四書講義八卷　(清)朱軾　(清)吳襄撰　清雍正九年(1731)刻本　六冊

330000－1705－0001193　馮0263　經部/四書類/論語之屬/傳說

論語古注集箋十卷附論語考一卷　(清)潘維城撰　清光緒七年(1881)江蘇書局刻本　六冊

330000－1705－0001194　馮0283　經部/四書類/總義之屬/傳說

四書朱子本義匯參四十三卷首四卷　(清)王步青輯　清乾隆十年(1745)敦復堂刻本　二十二冊

330000－1705－0001195　馮0249　經部/春秋總義類/專著之屬

春秋識小錄初刻三書十卷　(清)程廷祚撰　清雍正刻本　三冊

330000－1705－0001196　馮0279　經部/四書類/總義之屬/傳說

新刊批點四書十八卷　(宋)朱熹纂修　清道光七年(1827)廣東藝芳齋彭雲亭刻朱墨套印本　六冊

330000－1705－0001197　馮0266　類叢部/叢書類/自著之屬

儆居遺書十一種　(清)黃式三撰　清同治至光緒刻本　八冊　存一種

330000－1705－0001198　馮0250　經部/春秋總義類/傳說之屬

春秋胡傳摘選十二卷　(清)馮文烈輯　清抄本　一冊

330000－1705－0001199　馮0252　經部/春秋總義類/傳說之屬

春秋四家五傳平文四十一卷首一卷春秋五傳綱領一卷春秋諸國興廢說一卷春秋筆削發微圖一卷春秋名號歸一圖二卷春秋二十國年表一卷　（明）張岐然輯　**春秋提要二卷**　（明）虞宗瑤輯　清康熙君山堂刻本　一冊　存三卷(春秋五傳綱領、春秋諸國興廢說、春秋提要一)

330000－1705－0001201　馮0254　經部/孝經類/傳說之屬

孝經注解一卷　（宋）司馬光指解　（宋）范祖禹說　清乾隆元年(1736)陳弘謀刻本　一冊

330000－1705－0001202　馮0280　經部/四書類/總義之屬/傳說

四書改錯二十二卷　（清）毛奇齡撰　清嘉慶十六年(1811)金孝柏學圃刻本　四冊

330000－1705－0001204　馮0268　經部/四書類/論語之屬/傳說

論語古訓十卷附一卷　（清）陳鱣撰　清光緒九年(1883)浙江書局刻本　二冊

330000－1705－0001205　馮0235　經部/叢編

御案五經　（清）聖祖玄燁案　清嘉慶十六年(1811)揚州十笏堂刻本　二冊　存一種

330000－1705－0001206　馮0255　經部/孝經類/傳說之屬

孝經一卷　（唐）玄宗李隆基注　（唐）陸德明音義　**孝經刊誤一卷**　（宋）朱熹撰　清光緒三年(1877)永康胡氏退補齋刻本　一冊

330000－1705－0001207　馮0278　經部/四書類/中庸之屬/傳說

中庸輯畧二卷　（宋）石𡼊集錄　（宋）朱熹刪定　清光緒三年(1877)沃州餘慶堂刻本　一冊

330000－1705－0001208　馮0271　經部/四書類/孟子之屬/傳說

孟子師說七卷　（清）黃宗羲撰　清光緒八年

(1882)慈溪醉經閣馮氏重校刻本　二冊

330000－1705－0001209　馮0291　經部/四書類/總義之屬/傳說

四書續談內編二卷補一卷外編二卷補一卷　（清）戚學標撰　清嘉慶二十四年(1819)四明青照樓刻本　二冊

330000－1705－0001210　馮0256　經部/叢編

石齋先生經傳九種　（明）黃道周輯　（清）鄭開極重訂　清康熙三十二年(1693)晉安鄭肇刻本　二冊　存一種

330000－1705－0001211　馮0272　經部/四書類/孟子之屬/傳說

彙鐫孟子密解大全七卷　（清）姚循德輯　稿本　清六峰子題記　七冊

330000－1705－0001212　馮0275　經部/四書類/孟子之屬/傳說

王評孟子四卷　（清）王源評訂　清咸豐二年(1852)刻本　二冊

330000－1705－0001213　馮0257　經部/孝經類/正文之屬

孝經一卷　（清）吳大澂篆書　清光緒十一年(1885)上海同文書局石印本　一冊

330000－1705－0001215　馮0276　經部/四書類/總義之屬/傳說

駁呂留良四書講義八卷　（清）朱軾　（清）吳襄撰　清雍正九年(1731)刻本　一冊　存一卷(大學)

330000－1705－0001216　馮0273　經部/四書類/孟子之屬/傳說

載詠樓重鐫硃批孟子二卷　（宋）蘇洵撰　清嘉慶元年(1796)刻朱墨套印本　二冊

330000－1705－0001217　馮0259　經部/孝經類/傳說之屬

孝經約解二卷孝經古文宋本一卷孝經古文一卷孝經刊誤本一卷孝經題辭一卷孝經古今文一卷孝經古今文考一卷　（清）溫汝能輯校　清嘉慶十年(1805)聽松閣刻本　一冊

330000－1705－0001218　　馮 0274　　經部/四書類/孟子之屬/傳說

增補蘇批孟子二卷孟子年譜一卷　（宋）蘇洵撰　（清）趙大浣增補　清咸豐六年（1856）刻朱墨套印本　二冊

330000－1705－0001219　　馮 0234　　經部/春秋總義類/傳說之屬

公穀讀本二卷　（清）王源評訂　（明）程茂參正　清道光十五年（1835）紫薇花館刻本　一冊

330000－1705－0001220　　馮 0260　　經部/孝經類/傳說之屬

孝經易知一卷　（清）耿介輯注　清同治十一年（1872）邗江王氏刻本　一冊

330000－1705－0001221　　馮 0262　　經部/四書類/論語之屬/傳說

論語古注集箋十卷附論語考一卷　（清）潘維城撰　清光緒七年（1881）江蘇書局刻本　六冊

330000－1705－0001222　　馮 0318　　經部/叢編

欽定篆文六經四書十種　（清）李光地等輯　清光緒九年（1883）上海同文書局石印本　十冊

330000－1705－0001223　　馮 0323　　經部/叢編

古經解彙函十六種附小學彙函十四種續附十種　（清）鍾謙鈞等輯　清光緒十四年（1888）上海蜚英館石印本　二十冊

330000－1705－0001224　　馮 0310　　經部/叢編

仿宋相臺五經九十六卷附考證　清光緒二年（1876）江南書局刻本　馮貞群題記　三十二冊

330000－1705－0001225　　馮 0294　　經部/四書類/總義之屬/傳說

四書翼注論文三十七卷　（清）張甄陶撰　清乾隆五十三年（1788）崇德書院刻本　十二冊

330000－1705－0001226　　馮 0317　　經部/叢編

五經四書　（清）□□輯　清同治三年（1864）浙江撫署刻本　四十冊

330000－1705－0001227　　馮 0297　　經部/小學類/訓詁之屬/爾雅

爾雅三卷　（晉）郭璞注　（唐）陸德明音釋　清同治七年（1868）湖北崇文局刻本　三冊

330000－1705－0001228　　馮 0312　　經部/叢編

仿宋相臺五經九十六卷附考證　清光緒二年（1876）江南書局刻本　三十二冊

330000－1705－0001229　　馮 0298　　經部/小學類/訓詁之屬/爾雅

爾雅音圖三卷　（晉）郭璞注　（清）姚之麟摹圖　清嘉慶六年（1801）藝學軒影宋刻本　三冊

330000－1705－0001230　　馮 0300　　經部/小學類/訓詁之屬/爾雅

爾雅註疏十一卷　（晉）郭璞注　（宋）邢昺疏　清乾隆四十三年（1778）三樂齋刻本　四冊

330000－1705－0001231　　馮 0320　　類叢部/叢書類/彙編之屬

古香齋袖珍十種　清同治至光緒南海孔氏刻本　馮貞群批並題記　九冊　存二種

330000－1705－0001233　　馮 0311　　經部/叢編

仿宋相臺五經九十六卷附考證　清光緒二年（1876）江南書局刻本　三十二冊

330000－1705－0001234　　馮 0295　　經部/四書類/論語之屬/傳說

論語後錄五卷　（清）錢坫撰　清乾隆四十年（1775）刻本　一冊

330000－1705－0001235　　馮 0319　　經部/叢編

九經五十一卷附四卷　（明）秦鑨訂正　清刻本　十五冊　缺五卷（詩經一、大學、中庸、小學一至二）

330000－1705－0001236　馮0286　經部/四書類/總義之屬/傳說

四書左國輯要四卷　（清）周龍官輯　清乾隆二十三年(1758)山陽周龍官刻本　二冊

330000－1705－0001237　馮0292　經部/四書類/總義之屬/傳說

四書反身錄八卷首一卷　（清）李顒撰　清道光十一年(1831)浙江書局刻本　二冊

330000－1705－0001238　馮0321　經部/叢編

十一經音訓　（清）楊國楨等編　清光緒三年(1877)湖北崇文書局刻本　二十六冊

330000－1705－0001239　馮0301　經部/小學類/訓詁之屬/爾雅

爾雅新義二十卷　（宋）陸佃撰　**爾雅新義敘錄一卷**　（清）宋大樽輯　清嘉慶十三年(1808)陸芝榮三間草堂刻本　四冊

330000－1705－0001240　馮0293　經部/四書類/總義之屬/專著

四書偶談續編三卷　（清）戚學標撰　清嘉慶刻本　一冊

330000－1705－0001241　馮0313　經部/叢編

十三經古註二百九十卷　（明）葛鼐　（明）金蟠校　明崇禎十二年(1639)金蟠刻清同治八年(1869)浙江書局重修本　四十冊

330000－1705－0001242　馮0285　經部/四書類/論語之屬/專著

孔門弟子言行一卷　清煙嶼樓抄本　一冊

330000－1705－0001243　馮0302　經部/小學類/訓詁之屬/爾雅

爾雅正義二十卷　（清）邵晉涵撰　**爾雅釋文三卷**　（唐）陸德明撰　清文炳齋刻本　八冊

330000－1705－0001245　馮0289　經部/四書類/總義之屬/傳說

四書釋地補一卷續補一卷又續補一卷三續補一卷　（清）閻若璩撰　（清）樊廷枚校補　清嘉慶二十一年(1816)梅陽海涵堂刻本　三冊

330000－1705－0001246　馮0304　經部/小學類/訓詁之屬/爾雅

爾雅正義二十卷　（清）邵晉涵撰　**爾雅釋文三卷**　（唐）陸德明撰　清乾隆五十三年(1788)餘姚邵氏面水層軒刻本　七冊　缺三卷(六至八)

330000－1705－0001247　馮0287　類叢部/叢書類/自著之屬

厚庵鄧夫子遺書十九種　（清）鄧逢光撰　清道光二十七年(1847)刻本　十冊　存四種

330000－1705－0001248　馮0303　經部/小學類/訓詁之屬/爾雅

爾雅正義二十卷　（清）邵晉涵撰　**爾雅釋文三卷**　（唐）陸德明撰　清乾隆五十三年(1788)餘姚邵氏面水層軒刻本　七冊　缺二卷(一至二)

330000－1705－0001249　馮0309　經部/樂類/律呂之屬

樂律全書十五種　（明）朱載堉撰　明萬曆鄭藩刻增修本　一冊　存三種

330000－1705－0001250　馮0346　經部/群經總義類/傳說之屬

經義述聞不分卷　（清）王引之撰　清嘉慶二年(1797)刻本　馮貞群題記　二冊

330000－1705－0001251　馮0322　經部/叢編

古經解彙函十六種附小學彙函十四種　（清）鍾謙鈞等輯　清同治十二年(1873)粵東書局刻本　六十八冊

330000－1705－0001252　馮0338　經部/群經總義類/傳說之屬

五經異義疏證三卷　（清）陳壽祺撰　清嘉慶十八年(1813)王捷南刻本　三冊

330000－1705－0001253　馮0336　經部/讖緯類/總義之屬

古微書三十六卷　（明）孫愨輯　清嘉慶十七年(1812)禹航陳世望對山問月樓刻本　四冊

330000－1705－0001254　馮0316　經部/

叢編

十三經註疏附考證 （清）□□輯　清乾隆四年(1739)武英殿刻本　八十一冊

330000－1705－0001255　馮0333　經部/叢編

味經齋遺書十二種 （清）莊存與撰　清光緒八年至十二年(1882－1886)陽湖莊氏刻本　十冊　存八種

330000－1705－0001256　馮0340　經部/群經總義類/傳說之屬

古經解鈎沉三十卷 （清）余蕭客撰　清乾隆六十年(1795)刻道光二十年(1840)京江魯氏重修本　十二冊

330000－1705－0001257　馮0325　經部/叢編

皇清經解一百九十卷首一卷正訛記一卷 (清)阮元輯　清光緒十七年(1891)上洋鴻寶齋石印本　二十四冊

330000－1705－0001258　馮0329　經部/叢編

皇清經解續編一千四百三十卷　王先謙輯　清光緒十五年(1889)上海蜚英館石印本(卷三十原缺)　三十二冊

330000－1705－0001259　馮0341　經部/群經總義類/圖說之屬

六經圖六卷 （宋）楊甲撰　（宋）毛邦翰補 (清)王皓輯錄　清乾隆五年(1740)六安王氏向山堂刻本　六冊

330000－1705－0001260　馮0281　類叢部/叢書類/自著之屬

西河合集一百十九種 （清）毛奇齡撰　清抄本　八冊　存一種

330000－1705－0001261　馮0331　經部/叢編

省吾堂四種二十五卷 （清）蔣光弼輯　清乾隆常熟蔣氏省吾堂刻本　七冊

330000－1705－0001262　馮0345　經部/群經總義類/傳說之屬

經義述聞三十二卷 （清）王引之撰　清道光七年(1827)京師西江米巷壽藤書屋刻本　十八冊

330000－1705－0001263　馮0331－1　經部/書類/傳說之屬

古文尚書攷二卷 （清）焦循撰　清乾隆五十七年(1792)讀經樓刻本　一冊

330000－1705－0001264　馮0335　經部/叢編

丁酉圓叢書三種十九卷 （清）丁顯撰　清光緒刻本　八冊　缺八卷(十三經諸家引書異字同聲考五至八、十至十三)

330000－1705－0001265　馮0347　經部/群經總義類/傳說之屬

經義述聞十五卷 （清）王引之撰　清嘉慶二十二年(1817)刻本　四冊

330000－1705－0001266　馮0314　經部/叢編

重刊宋本十三經注疏四百十六卷附十三經注疏校勘記四百十六卷 （清）阮元撰　（清）盧宣旬摘錄　清嘉慶二十年(1815)南昌府學刻道光六年(1826)盱江朱華臨重校印本　一百六十冊

330000－1705－0001267　馮0305　經部/小學類/訓詁之屬/爾雅

爾雅郭注義疏二十卷 （清）郝懿行撰　清光緒十年(1884)榮縣蜀南閣刻本　八冊

330000－1705－0001268　馮0343　經部/叢編

萬充宗先生經學五書五種十九卷 （清）萬斯大撰　清乾隆二十四年至二十六年(1759－1761)辨志堂刻本　六冊

330000－1705－0001269　馮0332　經部/叢編

璜川吳氏經學叢書十五種 （清）吳志忠等輯　清道光十年(1830)寶仁堂刻本　五十六冊

330000－1705－0001270　馮0327　史部/目錄類/總錄之屬/彙刻

皇清經解縮版編目十六卷　陶治元編　清光緒十七年(1891)上海鴻寶齋石印本　二冊

330000－1705－0001272　馮0326　經部/群經總義類/文字音義之屬

皇清經解檢目八卷通用表一卷　(清)蔡啟盛編　清光緒十二年(1886)武林刻本　二冊

330000－1705－0001273　馮0315　經部/叢編

重刊宋本十三經注疏四百十六卷附十三經注疏校勘記四百十六卷　(清)阮元撰　(清)盧宣旬摘錄　校勘記識語四卷　(清)汪文臺撰　清光緒十三年(1887)上海脈望仙館石印本　三十二冊

330000－1705－0001274　馮0348　經部/群經總義類/傳說之屬

經義述聞三十二卷　(清)王引之撰　清光緒十三年(1887)鴻寶齋石印本　六冊

330000－1705－0001275　馮0330　經部/叢編

御纂七經二百八十卷首十一卷序三卷　(清)李光地等撰　清刻本　一百三十六冊

330000－1705－0001277　馮0284　經部/四書類/總義之屬/傳說

四書纂言四十卷　(清)宋翔鳳撰　清光緒八年(1882)古吳李祖榮峀嶁山房刻本　十六冊

330000－1705－0001279　馮0324　經部/叢編

皇清經解一千四百十二卷首一卷　(清)阮元輯　清道光九年(1829)廣東學海堂刻咸豐十一年(1861)補刻同治九年(1870)續刻本　三百二十冊

330000－1705－0001280　馮0351　經部/群經總義類/文字音義之屬

經傳釋詞十卷　(清)王引之撰　清道光二十七年(1847)錢熙祚刻本　二冊

330000－1705－0001281　馮0352　經部/群經總義類/傳說之屬

易堂問目四卷　(清)吳鼎撰　清乾隆三十七年(1772)鄒容成刻本　一冊

330000－1705－0001282　馮0337　類叢部/叢書類/彙編之屬

經策通纂二種　(清)吳穎炎　(清)陳逷聲等纂　清光緒十四年(1888)上海點石齋石印本　八十冊

330000－1705－0001283　馮0344　經部/叢編

拜經堂叢書十種　(清)臧琳　(清)臧庸撰　清乾隆至嘉慶武進臧氏同述觀刻本　六冊　存一種

330000－1705－0001284　馮0358　經部/群經總義類/傳說之屬

群經質二卷　(清)陳僅撰　清光緒十一年(1885)四明文則樓陳氏木活字印本　二冊

330000－1705－0001286　馮0359　經部/群經總義類/傳說之屬

新學偽經考十四卷　康有為撰　清光緒十七年(1891)廣州康氏萬木草堂刻本　八冊

330000－1705－0001287　馮0353　經部/群經總義類/傳說之屬

惜抱軒九經說十七卷　(清)姚鼐撰　清嘉慶二年(1797)亦愛廬刻本　二冊　存十二卷(一至十二)

330000－1705－0001288　馮0339　類叢部/叢書類/彙編之屬

問經堂叢書　(清)孫馮翼編　清嘉慶承德孫氏刻本　一冊　存三種

330000－1705－0001289　馮0360　經部/群經總義類/石經之屬

漢魏石經攷三卷　(清)劉傳瑩撰　清光緒十二年(1886)沌城黃氏試館刻本　一冊

330000－1705－0001290　馮0355　經部/群經總義類/傳說之屬

十三經策案二十二卷首一卷　(清)王謨輯　清乾隆四十二年(1777)刻本　十二冊

330000－1705－0001291　馮0361　類叢部/

叢書類/自著之屬

達詮就正編四種 （清）王朝榘輯 清嘉慶五年(1800)寧州學署刻本 一冊

330000－1705－0001292 馮0337－1 類叢部/叢書類/彙編之屬

經策通纂二種 （清）吳潁炎 （清）陳通聲等纂 清光緒十四年(1888)上海點石齋石印本 二十三冊 存一種

330000－1705－0001293 馮0371 經部/群經總義類/文字音義之屬

經籍籑詁一百六卷補遺一百六卷首一卷 （清）阮元撰 清嘉慶十七年(1812)揚州阮元琅嬛仙館刻同治十二年(1873)淮南書局補刻本 四十八冊

330000－1705－0001294 馮0356 經部/群經總義類/文字音義之屬

十三經拾遺十六卷 （清）王朝榘撰 清嘉慶五年(1800)王氏寧州學署尋孔顏樂處刻本 四冊

330000－1705－0001295 馮0366 類叢部/叢書類/彙編之屬

抱經堂叢書十六種 （清）盧文弨編 清乾隆至嘉慶刻彙印本 十二冊 存一種

330000－1705－0001296 馮0357 經部/叢編

十三經札記二十二卷 （清）朱亦棟撰 清嘉慶二十二年(1817)刻本 二冊

330000－1705－0001297 馮0367 類叢部/叢書類/彙編之屬

抱經堂叢書十六種 （清）盧文弨編 清乾隆至嘉慶刻彙印本 十冊 存一種

330000－1705－0001298 馮0379 經部/小學類/文字之屬/說文/專著

常熟楊濠叟書文字建首五百四十部一卷 （清）楊沂孫篆書 清光緒九年(1883)後知不足齋鮑氏刻本 一冊

330000－1705－0001299 馮0618 史部/紀傳類/正史之屬

人表考九卷 （清）梁玉繩撰 清光緒十四年(1888)刻廣雅書局叢書本 馮貞群批並跋 四冊

330000－1705－0001300 馮0370 經部/群經總義類/文字音義之屬

十三經集字摹本不分卷分畫便查一卷韻有經無各字摘錄一卷 （清）彭玉雯撰 清光緒元年(1875)刻本 八冊

330000－1705－0001301 馮0376 經部/小學類/文字之屬/說文

說文解字十五卷標目一卷 （漢）許慎撰 （宋）徐鉉等校定 清嘉慶十四年(1809)刻本 八冊

330000－1705－0001302 馮0364 史部/傳記類/總傳之屬/儒林

國朝漢學師承記八卷國朝經師經義目錄一卷 國朝宋學淵源記二卷附記一卷 （清）江藩撰 清光緒二十二年(1896)周大文堂刻本 四冊

330000－1705－0001303 馮0380 經部/小學類/文字之屬/說文

說文提要一卷 （清）陳建侯撰 清同治十二年(1873)湖北崇文書局刻本 一冊

330000－1705－0001304 馮0363 類叢部/叢書類/彙編之屬

粵雅堂叢書一百八十四種 （清）伍崇曜編 清道光二十九年至光緒十一年(1849－1885)南海伍氏刻彙印本 三冊 存一種

330000－1705－0001305 馮0381 經部/小學類/文字之屬/說文

說文提要一卷 （清）陳建侯撰 清同治十二年(1873)湖北崇文書局刻本 一冊

330000－1705－0001306 馮0382、馮0407、馮0698、馮2536、馮2672、馮3276 類叢部/叢書類/彙編之屬

金峨山館叢書（望三益齋叢書）十一種 （清）郭傳璞編 清光緒八年至十六年(1882－1890)鄞郭氏刻二十年(1894)鎮海邵氏彙印

本 十冊

330000－1705－0001307　馮0365　經部/
叢編

宋本十三經註疏併經典釋文校勘記　（清）阮
元撰　清嘉慶二十一年（1816）揚州阮氏文選
樓刻本　七冊　存三種

330000－1705－0001308　馮0383　經部/小
學類/文字之屬/說文

**說文解字校錄十五卷說文刊誤一卷說文玉篇
校錄一卷**　（清）鈕樹玉撰　清光緒十一年
（1885）江蘇書局刻本　十四冊

330000－1705－0001309　馮0328　經部/
叢編

皇清經解續編一千四百三十卷　王先謙輯
清光緒十四年（1888）江陰南菁書院刻本（卷
三十原缺）　三百二十冊

330000－1705－0001310　馮0372　經部/群
經總義類/文字音義之屬

經籍籑詁一百六卷補遺一百六卷首一卷
（清）阮元撰　**新輯經籍纂詁檢韻一卷**　清光
緒上海漱六山莊石印本　十二冊

330000－1705－0001311　馮0375　經部/小
學類/文字之屬/說文

說文解字十五卷標目一卷　（漢）許慎撰　**汲
古閣說文解字校記一卷**　（清）張行孚撰　清
光緒七年（1881）淮南書局刻本　六冊

330000－1705－0001312　馮0388　類叢部/
叢書類/彙編之屬

咫進齋叢書三十五種　（清）姚覲元編　清光
緒九年（1883）歸安姚氏刻本　四冊　存一種

330000－1705－0001313　馮0389　經部/小
學類/文字之屬/說文

說文解字注匡謬八卷　（清）徐承慶撰　清光
緒十四年（1888）上海蜚英館石印本　一冊

330000－1705－0001314　馮0391　經部/小
學類/文字之屬/說文/傳說

說文段注撰要九卷　（清）馬壽齡撰　清光緒
十六年（1890）石印本　一冊

330000－1705－0001315　馮0401　經部/小
學類/文字之屬/說文

說文引經攷證七卷說文引經互異說一卷
（清）陳瑑撰　清同治十三年（1874）湖北崇文
書局刻本　二冊

330000－1705－0001316　馮0405　經部/小
學類/文字之屬/說文

說文拈字七卷補遺三卷　（清）王玉樹撰　清
嘉慶八年（1803）芳椒堂刻本　四冊

330000－1705－0001317　馮0406　經部/小
學類/文字之屬/說文/專著

說文辨字正俗八卷　（清）李富孫撰　清嘉慶
二十一年（1816）校經廎刻本　二冊

330000－1705－0001318　馮0402　經部/小
學類/文字之屬/說文

說文辨疑一卷附條記一卷　（清）顧廣圻撰
清光緒三年（1877）湖北崇文書局刻本　一冊

330000－1705－0001319　馮0384　經部/小
學類/文字之屬/說文

**說文解字校錄十五卷說文刊誤一卷說文玉篇
校錄一卷**　（清）鈕樹玉撰　清光緒十一年
（1885）江蘇書局刻本　十四冊

330000－1705－0001320　馮0392　經部/小
學類/文字之屬/說文

說文解字義證五十卷　（清）桂馥撰　清同治
九年（1870）湖北崇文書局刻本　三十二冊

330000－1705－0001321　馮0368　類叢部/
叢書類/彙編之屬

汗筠齋叢書第一集（蘭芬齋叢書初集）四種
（清）秦鑑編　清嘉慶三年至四年（1798－
1799）嘉定秦氏刻本　一冊　存一種

330000－1705－0001322　馮0403　經部/小
學類

雷刻四種　（清）雷浚輯　清光緒二年至十年
（1876－1884）吳縣雷氏刻本　六冊

330000－1705－0001323　馮0393　經部/小
學類/文字之屬/說文/傳說

說文解字斠詮十四卷　（清）錢坫撰　清光緒

九年(1883)淮南書局刻本　六冊

330000 – 1705 – 0001324　馮 0369　經部/小
學類/音韻之屬/韻書

經書音韻合註二卷　(清)鄒岳編　清同治七
年(1868)廣東刻本　二冊

330000 – 1705 – 0001325　馮 0404　經部/小
學類

雷刻四種　(清)雷浚輯　清光緒二年至十年
(1876 – 1884)吳縣雷氏刻本　六冊

330000 – 1705 – 0001326　馮 0385　經部/小
學類/文字之屬/說文

說文解字注十五卷附六書音韻表五卷　(清)
段玉裁撰　說文部目分韻一卷　(清)陳煥編
清乾隆至嘉慶段氏經韻樓刻本　十六冊

330000 – 1705 – 0001327　馮 0394　經部/小
學類/文字之屬/說文/傳說

王氏說文三種一百三卷　(清)王筠撰　清道
光至咸豐刻同治四年(1865)彙印本　十四冊
　存一種

330000 – 1705 – 0001328　馮 0395　經部/小
學類/文字之屬/說文

說文釋例二十卷　(清)王筠撰　清光緒九年
(1883)成都御風樓刻本　十二冊

330000 – 1705 – 0001329　馮 0396　經部/小
學類

小學類編六種附三種合五十九卷　(清)李祖
望編　清咸豐至光緒江都李氏半畝園刻本
一冊　存一種

330000 – 1705 – 0001330　馮 0398　經部/小
學類/文字之屬/說文/傳說

說文廣義校訂三卷末一卷　(清)吳善述撰
清同治十三年(1874)刻本　二冊

330000 – 1705 – 0001331　馮 0397　經部/小
學類/文字之屬/說文/傳說

說文解字補說十四卷　(清)吳善述撰　清刻
本　一冊　存一卷(一)

330000 – 1705 – 0001332　馮 0399　經部/小

學類/文字之屬/說文

說文管見三卷　(清)胡秉虔撰　清光緒七年
(1881)鄞縣林植海望益山房書局刻本　一冊

330000 – 1705 – 0001333　馮 0408　經部/小
學類/文字之屬/說文/傳說

六書約言二卷　(清)吳善述輯　清衢城張文
錦齋刻本　一冊

330000 – 1705 – 0001334　馮 0400　經部/小
學類/文字之屬/說文

說文新附攷六卷續攷一卷　(清)鈕樹玉撰
清嘉慶六年(1801)非石居刻同治七年(1868)
碧螺山館補刻本　二冊

330000 – 1705 – 0001335　馮 0412　經部/小
學類/文字之屬/說文/傳說

說文繫傳四十卷　(五代)徐鍇撰　(五代)朱
翱反切　附錄一卷　(清)朱文藻編　清乾隆
四十七年(1782)新安汪啓淑刻本　八冊

330000 – 1705 – 0001336　馮 0387　經部/小
學類/文字之屬/說文/傳說

段氏說文注訂八卷　(清)鈕樹玉撰　清同治
十三年(1874)湖北崇文書局刻本　二冊

330000 – 1705 – 0001337　馮 0413　經部/小
學類/文字之屬/說文/傳說

說文繫傳考異四卷　(清)汪憲撰　附錄一卷
　(清)朱文藻撰　清光緒八年(1882)會稽徐
友蘭八杉齋刻本　二冊

330000 – 1705 – 0001338　馮 0386　經部/小
學類/文字之屬/說文

說文解字注十五卷附六書音韻表五卷　(清)
段玉裁撰　說文通檢十四卷首一卷末一卷
(清)黎永椿編　說文解字注匡謬八卷　(清)
徐承慶撰　清光緒十四年(1888)上海蜚英館
石印本　六冊

330000 – 1705 – 0001340　馮 0414　經部/小
學類/文字之屬/說文/傳說

說文繫傳校錄三十卷　(清)王筠撰　清咸豐
七年(1857)王彥侗刻本　四冊

330000 – 1705 – 0001341　馮 0410　類叢部/

叢書類/自著之屬

篡喜廬所箸書 （清）傅雲龍撰 清光緒十一年(1885)紅餘簃室刻本 二冊 存一種

330000－1705－0001342 馮0447 類叢部/叢書類/彙編之屬

文選樓叢書三十三種 （清）阮亨編 清嘉慶九年(1804)阮元刻本 六冊 存一種

330000－1705－0001343 馮0431 經部/小學類/文字之屬/說文

說文通檢十四卷首一卷末一卷 （清）黎永椿撰 清光緒二年(1876)崇文書局刻本 二冊

330000－1705－0001344 馮0411 經部/叢編

許學叢刻九種九卷 （清）許頌鼎 （清）許溎祥輯 清光緒十三年(1887)海寧許氏古均閣刻本 四冊

330000－1705－0001345 馮0453 經部/小學類/文字之屬/字書/字體

鐘鼎字源五卷附錄一卷 （清）汪立名撰 清光緒二年至五年(1876－1879)洞庭秦氏麟慶堂刻本 二冊

330000－1705－0001346 馮0427 經部/小學類/文字之屬/說文

說文通訓定聲十八卷分部柬韻一卷說雅一卷古今韻準一卷 （清）朱駿聲撰 （清）朱鏡蓉參訂 行述一卷 朱孔彰撰 清光緒十三年(1887)上海積山書局石印本 八冊

330000－1705－0001347 馮0428 類叢部/叢書類/彙編之屬

經策通纂二種 （清）吳頴炎 （清）陳通聲等纂 清光緒十三年(1887)上海點石齋石印本 九冊 存一種

330000－1705－0001348 馮0448 類叢部/叢書類/彙編之屬

後知不足齋叢書四十七種 （清）鮑廷爵編 清同治至光緒常熟鮑氏刻本 八冊 存一種

330000－1705－0001349 馮0430 經部/小學類/文字之屬/說文

說文通檢十四卷首一卷末一卷 （清）黎永椿撰 清光緒二年(1876)崇文書局刻本 二冊

330000－1705－0001350 馮0432 經部/小學類/文字之屬/說文

說文通檢十四卷首一卷末一卷 （清）黎永椿撰 清光緒二年(1876)崇文書局刻本 一冊

330000－1705－0001351 馮0433 經部/小學類/文字之屬/說文

說文通檢十四卷首一卷末一卷 （清）黎永椿撰 清光緒十四年(1888)上海蜚英館石印本 一冊

330000－1705－0001353 馮0426 經部/小學類/文字之屬/說文

說文通訓定聲十八卷分部柬韻一卷說雅一卷古今韻準一卷 （清）朱駿聲撰 （清）朱鏡蓉參訂 行述一卷 朱孔彰撰 清道光二十九年(1849)刻咸豐元年(1851)朱孔彰臨嘯閣補刻本 二十四冊

330000－1705－0001354 馮0434 經部/小學類/文字之屬/說文/專著

許氏說文解字雙聲疊韻譜一卷 （清）鄧廷楨撰 清光緒九年(1883)上海同文書局石印本 一冊

330000－1705－0001355 馮0415 經部/小學類/文字之屬/說文

說文解字韻譜十卷 （五代）徐鍇撰 （清）馮桂芬校訂 清同治三年(1864)吳縣馮桂芬縮摹篆文刻六年(1867)補刻本 二冊

330000－1705－0001356 馮0435 經部/叢編

古經解彙函十六種附小學彙函十四種 （清）鍾謙鈞等輯 清同治十二年(1873)粵東書局刻本 一冊 存小學彙函一種

330000－1705－0001357 馮0449 史部/金石類/金之屬/文字

筠清館金石文字五卷 （清）吳榮光撰 清道光二十二年(1842)南海吳榮光筠清館刻本 五冊

330000－1705－0001358　馮0416　經部/小學類/文字之屬/說文

說文韻譜校五卷　（清）王筠撰　清光緒十六年(1890)濰縣劉氏素心琴室刻本　二冊

330000－1705－0001360　馮0417　經部/小學類/文字之屬/說文

說文解字十二卷　（漢）許慎撰　（宋）李燾重編　明萬曆二十六年(1598)陳大科刻本　十二冊

330000－1705－0001361　馮0436　經部/小學類/文字之屬/說文

說文解字韻譜十卷　（五代）徐鍇撰　（清）馮桂芬校訂　清同治三年(1864)吳縣馮桂芬縮摹篆文刻六年(1867)補刻本　二冊

330000－1705－0001362　馮0419　類叢部/叢書類/自著之屬

蘜圃十種　（清）胡重撰　清嘉慶十六年(1811)秀水金氏月香書屋刻本　一冊　存一種

330000－1705－0001363　馮0452　史部/金石類/石之屬/文字

隸釋二十七卷　（宋）洪适撰　清乾隆四十二年至四十三年(1777－1778)汪日秀樓松書屋刻本　八冊

330000－1705－0001364　馮0437　經部/小學類/文字之屬/字書/字體

汗簡箋正七卷書目箋正一卷　（宋）郭忠恕撰　（清）鄭珍箋正　清光緒十五年(1889)廣雅書局刻本　馮貞群跋　四冊

330000－1705－0001365　馮0420　類叢部/叢書類/自著之屬

蘜圃十種　（清）胡重撰　清嘉慶十六年(1811)秀水金氏月香書屋刻本　一冊　存一種

330000－1705－0001366　馮0438　經部/小學類/文字之屬/說文/傳說

說文古籀疏證六卷原目一卷　（清）莊述祖撰　清光緒二十年(1894)武進莊殿華津郡明文

堂刻本　四冊

330000－1705－0001367　馮0421　類叢部/叢書類/自著之屬

蘜圃十種　（清）胡重撰　清嘉慶十六年(1811)秀水金氏月香書屋刻本　一冊　存一種

330000－1705－0001368　馮0422　類叢部/叢書類/自著之屬

蘜圃十種　（清）胡重撰　清嘉慶十六年(1811)秀水金氏月香書屋刻本　一冊　存一種

330000－1705－0001369　馮0423　經部/小學類/文字之屬/字書/通論

六書正譌五卷　（元）周伯琦撰　清同治五年(1866)大興邵綏名重刻惜古齋刻本　四冊

330000－1705－0001370　馮0439　經部/小學類/文字之屬/字書/字體

古籀拾遺三卷附宋政和禮器文字考一卷　（清）孫詒讓撰　清光緒十四年至十六年(1888－1890)刻本　一冊

330000－1705－0001371　馮0454　經部/小學類/文字之屬/字書/字體

隸韻十卷碑目一卷　（宋）劉球撰　**碑目攷證一卷隸韻攷證二卷**　（清）翁方綱撰　清嘉慶十五年(1810)秦恩復刻本　六冊

330000－1705－0001372　馮0440　經部/小學類/文字之屬/字書/字體

古籀拾遺三卷附宋政和禮器文字考一卷　（清）孫詒讓撰　清光緒十四年至十六年(1888－1890)刻本　一冊

330000－1705－0001373　馮0424　經部/小學類/文字之屬/字書/通論

六書正譌五卷　（元）周伯琦撰　清光緒十二年(1886)恭壽堂重刻惜古齋刻本　五冊

330000－1705－0001374　馮0451　經部/小學類/文字之屬/說文/專著

說文古籀補十四卷補遺一卷附錄一卷　（清）吳大澂撰　清光緒二十四年(1898)刻本　馮

貞群題記　二冊

330000－1705－0001375　馮0441　經部/小學類/文字之屬/字書/字體

名原二卷　（清）孫詒讓撰　清光緒刻本　翁壽虞、馬準批並題記　一冊

330000－1705－0001376　馮0425　經部/小學類/文字之屬/字書/通論

六書正譌五卷　（元）周伯琦撰　清乾隆平湖陸氏古香閣覆明胡氏十竹齋刻本　二冊　存四卷（一至三、五）

330000－1705－0001377　馮0442　經部/小學類/文字之屬/字書/字體

名原二卷　（清）孫詒讓撰　清光緒刻本　馮貞群題記　一冊

330000－1705－0001378　馮0443　經部/小學類/訓詁之屬/字詁

字說一卷　（清）吳大澂撰　清光緒十九年（1893）長沙思賢講舍刻本　一冊

330000－1705－0001379　馮0460　經部/小學類/文字之屬/字書/字體

選集漢印分韻二卷　（清）袁日省輯　（清）謝雲生臨摹　續集漢印分韻二卷　（清）謝景卿輯並臨摹　清嘉慶二年（1797）漱藝堂刻本　二冊　存二卷（選集漢印分韻一至二）

330000－1705－0001380　馮0444　經部/小學類/訓詁之屬/字詁

字說一卷　（清）吳大澂撰　清抄本　一冊

330000－1705－0001381　馮0445　史部/金石類/金之屬/文字

歷代鐘鼎彝器款識法帖二十卷　（宋）薛尚功撰　清嘉慶二年（1797）儀徵阮氏小瑯嬛仙館刻本　四冊

330000－1705－0001382　馮0461　子部/藝術類/篆刻之屬/印譜

續集漢印分韻二卷　（清）謝景卿輯並摹　清嘉慶八年（1803）漱藝堂刻本　二冊

330000－1705－0001383　馮0446　史部/金

石類/總志之屬/文字

鐘鼎款識一卷　（宋）王厚之輯　清嘉慶七年（1802）阮氏積古齋影刻宋拓本　清陳均跋　一冊

330000－1705－0001384　馮0455　經部/小學類/文字之屬/字書/字體

集漢隸分韻七卷　（元）□□撰　清乾隆三十七年（1772）九沙萬氏辨志堂刻本　二冊

330000－1705－0001387　馮0466　經部/小學類/文字之屬/字書/字典

字林考逸八卷附錄一卷　（清）任大椿學　字林考逸補本一卷　（清）陶方琦學　補附錄一卷　（清）諸可寶撰　清光緒十六年（1890）江蘇書局刻本　四冊

330000－1705－0001388　馮0463　子部/藝術類/書畫之屬/法帖

草字彙十二卷　（清）石梁輯　清道光五年（1825）刻本　六冊

330000－1705－0001389　馮0458　經部/小學類/文字之屬/字書/字體

隸辨八卷　（清）顧藹吉撰　清同治十二年（1873）漁古山房刻本　八冊

330000－1705－0001390　馮0462　經部/小學類/文字之屬/字書/字體

六書通十卷　（明）閔齊伋撰　（清）畢弘述篆訂　六書通摭遺十卷　（清）畢星海輯　清光緒十四年（1888）上海大同書局石印本　十二冊

330000－1705－0001391　馮0494　經部/小學類/音韻之屬/韻書

佩文廣韻彙編五卷　（清）李元祺輯　清同治十一年（1872）金陵書局刻本　二冊

330000－1705－0001392　馮0495　經部/小學類/音韻之屬/韻書

佩文廣韻彙編五卷　（清）李元祺輯　清同治十一年（1872）金陵書局刻本　二冊

330000－1705－0001393　馮0477　經部/小學類/文字之屬/字書/字典

康熙字典十二集三十六卷總目一卷檢字一卷
辨似一卷等韻一卷補遺一卷備考一卷　（清）
張玉書等纂修　清光緒十一年(1885)上海同
文書局石印本　六冊

330000－1705－0001394　馮0515　集部/楚
辭類

屈子正音三卷　（清）方績撰　清光緒六年
(1880)網舊聞齋刻本　一冊

330000－1705－0001395　馮0478　經部/小
學類/文字之屬

字典考證不分卷　（清）王念孫　（清）王引之
撰　清光緒二年(1876)湖北崇文書局刻本
六冊

330000－1705－0001396　馮0362　史部/目
錄類/專錄之屬

經義考三百卷　（清）朱彝尊撰　經義考總目
二卷　（清）盧見曾編　清康熙秀水朱氏曝書
亭刻乾隆十九年至二十年(1754－1755)德州
盧見曾續刻四十二年(1777)汪汝瑮重印本
（卷二百八十六、二百九十九至三百原缺）
三十二冊

330000－1705－0001397　馮0500　經部/小
學類/音韻之屬/古今韻說

韻學指南五卷　（清）王溙編輯　清道光二十
八年(1848)足雨宦刻光緒五年(1879)印本
五冊

330000－1705－0001398　馮0476　經部/小
學類/文字之屬/字書/字典

康熙字典十二集三十六卷總目一卷檢字一卷
辨似一卷等韻一卷補遺一卷備考一卷　（清）
張玉書等纂修　清道光七年(1827)刻本　四
十冊

330000－1705－0001399　馮0480　經部/小
學類/文字之屬/字書/通論

字學舉隅不分卷　（清）黃本驥　（清）龍啟瑞
撰　清道光二十六年(1846)刻本　一冊

330000－1705－0001400　馮0501　經部/小
學類/音韻之屬/古今韻說

韻學指南五卷　（清）王溙編輯　清道光二十
八年(1848)足雨宦刻本　五冊

330000－1705－0001401　馮0457　經部/小
學類/訓詁之屬/字詁

班馬字類五卷　（宋）婁機撰　清揚州馬氏小
玲瓏山館重刻宋淳熙本　五冊

330000－1705－0001402　馮0481　經部/小
學類/訓詁之屬/譯語

欽定清漢對音字式一卷　（清）福隆安等撰
清乾隆刻本　一冊

330000－1705－0001403　馮0475　經部/小
學類/文字之屬/字書/字典

六書故三十三卷六書通釋一卷　（宋）戴侗撰
清乾隆四十九年(1784)西蜀李鼎元師竹齋
刻本　十六冊

330000－1705－0001405　馮0467　經部/小
學類/文字之屬/字書/字典

字林考逸八卷　（晉）呂忱撰　（清）任大椿輯
清抄本　清童庚年識　四冊

330000－1705－0001406　馮0483　經部/小
學類/音韻之屬/韻書

重斠唐韵攷五卷　（清）紀容舒撰　（清）錢熙
祚斠　錢恂重斠　清光緒刻畿輔叢書本　馮
貞群題記　三冊

330000－1705－0001407　馮0502　經部/小
學類/音韻之屬/韻書

韻辨附文五卷　（清）沈兆霖撰　清道光二十
三年(1843)宏道書院刻本　五冊

330000－1705－0001408　馮0469　經部/小
學類/文字之屬/字書/字典

大廣益會玉篇三十卷　（南朝梁）顧野王撰
（唐）孫強增字　（宋）陳彭年等重修　清道光
三十年至咸豐元年(1850－1851)新化鄧顯鶴
邵州東山精舍刻本　二冊

330000－1705－0001409　馮0514　經部/小
學類/音韻之屬/古今韻說

音學辨微一卷　（清）江永撰　清宣統元年
(1909)上海國學保存會影印本　一冊

330000－1705－0001410　馮0512　經部/小學類/音韻之屬/古今韻說

韻目表一卷　錢恂撰　清光緒七年(1881)歸安錢氏刻本　一冊

330000－1705－0001411　馮0484　經部/小學類/音韻之屬/韻書

唐寫本唐韻五卷　(唐)孫愐撰　清光緒三十四年(1908)上海國粹學報館影印本　一冊　存二卷(一至二)

330000－1705－0001412　馮0511　經部/小學類/音韻之屬/古今韻說

韻目表一卷　錢恂撰　清光緒七年(1881)歸安錢氏刻本　一冊

330000－1705－0001413　馮0485　經部/小學類/音韻之屬/韻書

廣韻五卷　(宋)陳彭年等重修　清康熙四十三年(1704)張士俊澤存堂五種影宋刻本　五冊

330000－1705－0001414　馮0486　經部/小學類/音韻之屬/韻書

廣韻五卷　(宋)陳彭年等重修　清康熙四十三年(1704)張士俊澤存堂五種影宋刻本　五冊

330000－1705－0001415　馮0487　經部/小學類/音韻之屬/韻書

廣韻五卷　(宋)陳彭年等重修　清道光三十年(1850)新化鄧氏邵州東山精舍刻本　二冊

330000－1705－0001416　馮0503　經部/小學類/文字之屬/字書/字典

經韻集字析解二卷附拾遺補註及附編　(清)熊守謙撰　(清)彭良敞集注　清道光十四年(1834)張鵬翂刻本　四冊

330000－1705－0001417　馮0513　經部/小學類/音韻之屬/等韻

二十三母土音表讀法不分卷　(清)吳善述編　清光緒四年(1878)四明黃氏補不足齋刻本　一冊

330000－1705－0001418　馮0472　經部/小學類

字學三種三卷　(清)傅雲龍輯　清同治十三年(1874)德清傅氏味腴山館刻本　一冊

330000－1705－0001419　馮0504　類叢部/叢書類/彙編之屬

邵武徐氏叢書二十三種　(清)徐幹編　清光緒邵武徐氏刻本　二冊　存二種

330000－1705－0001420　馮0488　經部/小學類/音韻之屬/韻書

古今韻會舉要三十卷　(元)黃公紹撰　(元)熊忠舉要　清光緒九年(1883)淮南書局刻本　十冊

330000－1705－0001422　馮0510　經部/小學類/音韻之屬/等韻

李氏音鑑六卷首一卷　(清)李汝珍撰　清嘉慶十五年(1810)寶善堂刻本　四冊

330000－1705－0001424　馮0459　經部/小學類/文字之屬/字書/字體

隸辨八卷　(清)顧藹吉撰　清乾隆八年(1743)天都黃晟刻本　五冊　缺三卷(一至三)

330000－1705－0001426　馮0492　經部/小學類/音韻之屬/韻書

佩文詩韻釋要五卷　(清)周兆基輯　清光緒十八年(1892)浙江書局刻本　一冊

330000－1705－0001427　馮0479　經部/小學類/訓詁之屬/譯語

十二字頭一卷清書切音二卷清書對音二卷附滿漢事類集要一卷　(清)陳可臣輯　清康熙刻本　一冊　缺二卷(清書切音一、清書對音二)

330000－1705－0001428　馮0506　類叢部/叢書類/自著之屬

思古堂十四種書　(清)毛先舒撰　清康熙刻本　一冊　存一種

330000－1705－0001429　馮0493　經部/小學類/音韻之屬/韻書

佩文詩韻釋要五卷　(清)周兆基撰　(清)朱

蘭重輯　清同治三年(1864)刻本　一冊

330000－1705－0001430　馮0536　經部/小學類/訓詁之屬/群雅

廣雅疏證十卷　(清)王念孫撰　清光緒五年(1879)淮南書局刻本　八冊

330000－1705－0001431　馮0547　經部/小學類/訓詁之屬/群雅

支雅二卷　(清)劉燦撰　清道光六年(1826)劉燦刻本　一冊

330000－1705－0001432　馮0526、馮1325　類叢部/叢書類/彙編之屬

抱經堂叢書十六種　(清)盧文弨編　清乾隆至嘉慶刻彙印本　二冊　存二種

330000－1705－0001433　馮0535　經部/小學類/訓詁之屬/群雅

廣雅疏證十卷　(清)王念孫撰　清光緒五年(1879)淮南書局刻本　八冊

330000－1705－0001434　馮0548　經部/小學類/訓詁之屬/譯語

譯雅一卷附泰西君臣名號歸一圖一卷　(清)唐詠裳撰　清光緒二十五年(1899)刻特健藥齋外編本　一冊

330000－1705－0001435　馮0505　經部/小學類/音韻之屬/古今韻說

音學五書　(清)顧炎武撰　清康熙六年(1667)山陽張氏符山堂刻本　十二冊

330000－1705－0001436　馮0545　經部/小學類/訓詁之屬/群雅

拾雅二十卷　(清)夏味堂撰　(清)夏紀堂注　清嘉慶二十四年(1819)夏氏遂園刻本　十冊

330000－1705－0001437　馮0554　史部/目錄類/專錄之屬

小學考五十卷　(清)謝啟昆撰　清光緒十五年(1889)上海鴻文書局石印本　六冊

330000－1705－0001438　馮0541　經部/小學類/訓詁之屬/群雅

埤雅二十卷　(宋)陸佃撰　清康熙刻本　清戈襄題記　二冊

330000－1705－0001439　馮0498　類叢部/叢書類/自著之屬

邃雅堂全集九種　(清)姚文田撰　清嘉慶至光緒歸安姚氏刻本　一冊　存一種

330000－1705－0001440　馮0528、馮2528　類叢部/叢書類/自著之屬

杭大宗七種叢書　(清)杭世駿撰　清乾隆杭賓仁羊城刻本　三冊　存四種

330000－1705－0001441　馮0543　經部/小學類/訓詁之屬/群雅

駢雅訓籑十六卷首一卷　(明)朱謀㙔撰　(清)魏茂林訓籑　清道光二十五年(1845)有不為齋刻咸豐元年(1851)補刻本　八冊

330000－1705－0001442　馮0549　經部/小學類/訓詁之屬/字詁

增注字詁義府合按　(清)黃承吉輯　清光緒三年(1877)歙西黃氏刻本　二冊

330000－1705－0001444　馮0508　經部/小學類/音韻之屬/古今韻說

古今韻表新編四卷後編一卷　(清)仇廷模撰　清乾隆三年(1738)拾餘廬刻本　二冊

330000－1705－0001445　馮0530　經部/小學類/訓詁之屬/方言

越諺三卷越諺賸語二卷　(清)范寅輯　清光緒八年(1882)谷應山房刻本　三冊

330000－1705－0001446　馮0552　類叢部/叢書類/彙編之屬

雅雨堂藏書十三種　(清)盧見曾編　清乾隆二十一年(1756)德州盧氏雅雨堂刻增修本　一冊　存一種

330000－1705－0001447　馮0499　經部/小學類/音韻之屬/韻書

音韻闡微十八卷韻譜一卷　(清)李光地等撰　清光緒七年(1881)淮南書局刻本　五冊

330000－1705－0001448　馮0553　史部/目

錄類/專錄之屬

小學考五十卷 （清）謝啟昆撰　清光緒十四年(1888)浙江書局刻本　二十冊

330000－1705－0001449　馮0537　經部/小學類/訓詁之屬/群雅

續廣雅三卷 （清）劉燦輯　（清）王塯訂　清嘉慶二十四年(1819)刻本　一冊

330000－1705－0001450　馮0538　經部/小學類/訓詁之屬/群雅

續廣雅三卷 （清）劉燦輯　（清）王塯訂　清嘉慶二十四年(1819)刻本　一冊

330000－1705－0001451　馮0539　經部/小學類/訓詁之屬/群雅

續廣雅三卷 （清）劉燦輯　（清）王塯訂　清道光二十五年(1845)鄞邑陸鑑刻本　一冊

330000－1705－0001452　馮0497　經部/小學類/音韻之屬/韻書

韻歧五卷 （清）江昱撰　清光緒七年(1881)刻本　二冊

330000－1705－0001453　馮0516　經部/小學類/音韻之屬/等韻

切韻指掌圖一卷 （宋）司馬光撰　清光緒九年(1883)上海同文書局石印本　一冊

330000－1705－0001454　馮0555　類叢部/叢書類/彙編之屬

海源閣叢書七種 （清）楊以增編　清咸豐二年至五年(1852－1855)聊城楊氏海源閣刻本　二冊　存一種

330000－1705－0001455　馮0556　經部/小學類/叢編

姚氏叢刻三種 （清）姚覲元輯　清光緒二年(1876)歸安姚覲元川東官舍刻本　三十冊

330000－1705－0001456　馮0531　經部/小學類/訓詁之屬/群雅

釋名疏證補八卷疏證補坿釋名補遺一卷續釋名一卷 （漢）劉熙撰　王先謙撰集　清光緒二十二年(1896)刻本　三冊

330000－1705－0001457　馮0546　經部/小學類/訓詁之屬/群雅

支雅二卷 （清）劉燦撰　清道光六年(1826)劉燦刻本　一冊

330000－1705－0001458　馮0544　經部/小學類/訓詁之屬/群雅

別雅五卷 （清）吳玉搢撰　清道光二十九年(1849)小蓬萊山館刻本　五冊

330000－1705－0001459　馮0517　經部/小學類/音韻之屬/等韻

等韻精要一卷 （清）賈存仁撰　清乾隆四十年(1775)賈氏家塾刻本　一冊

330000－1705－0001460　馮0532　類叢部/叢書類/彙編之屬

經訓堂叢書二十二種 （清）畢沅編　清乾隆至嘉慶鎮洋畢氏刻彙印本　一冊　存一種

330000－1705－0001461　馮0533　經部/小學類/訓詁之屬/群雅

小爾雅疏八卷 （清）王煦撰集　清嘉慶五年(1800)鑿翠山莊刻本　一冊

330000－1705－0001462　馮0518　經部/小學類/音韻之屬

切音捷訣一卷附幼學切音便讀一卷 （清）酈珩輯　清光緒六年(1880)諸暨摛古堂刻本　一冊

330000－1705－0001463　馮0534　經部/小學類/訓詁之屬/群雅

廣雅疏證十卷 （清）王念孫撰　清光緒五年(1879)淮南書局刻本　八冊

330000－1705－0001464　馮0569　史部/紀傳類/正史之屬

漢書一百二十卷 （漢）班固撰　（唐）顏師古注　清光緒十三年(1887)金陵書局刻本　十六冊

330000－1705－0001465　馮0525、馮0557　經部/小學類

小學類編六種附三種合五十九卷 （清）李祖望編　清咸豐至光緒江都李氏半畝園刻本

十二冊　存六種附一種

330000 – 1705 – 0001466　馮 0644　史部/紀傳類/正史之屬

五代史記七十四卷　（宋）歐陽修撰　（宋）徐無黨注　（清）彭元瑞增注　（清）劉鳳誥排次　清嘉慶二十年(1815)萍鄉劉氏雲牲書屋刻道光八年(1828)重修本　三十冊

330000 – 1705 – 0001468　馮 0570　史部/紀傳類/正史之屬

漢書一百二十卷　（漢）班固撰　（唐）顏師古注　清光緒十三年(1887)金陵書局刻本　十六冊

330000 – 1705 – 0001469　馮 0520　經部/小學類/文字之屬/字書/訓蒙

倉頡篇三卷　（清）孫星衍輯　清乾隆五十年(1785)大梁撫署刻本　一冊

330000 – 1705 – 0001470　馮 0521　經部/小學類/文字之屬/字書/訓蒙

倉頡篇校證三卷補遺一卷　（清）梁章鉅撰　清光緒五年(1879)梁恭辰刻本　一冊

330000 – 1705 – 0001471　馮 0566　史部/紀傳類/正史之屬

校刊史記集解索隱正義札記五卷　（清）張文虎撰　清同治十一年(1872)金陵書局刻本　馮貞群題記　二冊

330000 – 1705 – 0001472　馮 0573　史部/紀傳類/正史之屬

漢書補注一百卷首一卷　王先謙撰　清光緒二十六年(1900)長沙王氏虛受堂刻本　三十二冊

330000 – 1705 – 0001473　馮 0563、馮 0571、馮 0579、馮 0584　史部/紀傳類/正史之屬

四史四百十五卷　清光緒十年(1884)上海同文書局石印本　馮貞群批　九十二冊

330000 – 1705 – 0001474　馮 0564　史部/紀傳類/正史之屬

二十四史　清同治至光緒五省官書局據汲古閣本等合刻光緒五年(1879)湖北書局彙印本

十六冊　存一種

330000 – 1705 – 0001476　馮 0524　經部/小學類/文字之屬

小學鉤沈三十九種附六種合十九卷　（清）任大椿撰　（清）王念孫校　清光緒十年(1884)龍氏刻本　二冊

330000 – 1705 – 0001477　馮 0623　史部/紀傳類/正史之屬

漢書疏證三十六卷後漢書疏證三十卷　（清）沈欽韓撰　清光緒二十六年(1900)浙江官書局刻本　二十四冊　存三十六卷(漢書疏證一至三十六)

330000 – 1705 – 0001478　馮 0565　史部/紀傳類/正史之屬

史記一百三十卷　（漢）司馬遷撰　（南朝宋）裴駰集解　（唐）司馬貞索隱　（唐）張守節正義　清同治五年至九年(1866 – 1870)金陵書局刻本　二十冊

330000 – 1705 – 0001479　馮 0599　史部/紀傳類/正史之屬

漢書一百卷　（漢）班固撰　（明）葛錫璠彙評　明崇禎十二年(1639)古吳葛鼎刻本　三冊　存十五卷(一至十五)

330000 – 1705 – 0001480　馮 0846　史部/傳記類/別傳之屬/年譜

豫章先賢九家年譜　（清）楊希閔撰　清光緒四年(1878)刻本　九冊

330000 – 1705 – 0001484　馮 0596　史部/紀傳類/正史之屬

孫月峯先生批評漢書一百卷　（漢）班固撰（明）孫鑛評　明末馮元仲天益山刻本　清楊泰亨批校　十冊

330000 – 1705 – 0001485　馮 0621　史部/紀傳類/正史之屬

校漢書八表八卷　（清）夏燮撰　清光緒十六年(1890)江城公所刻本　六冊

330000 – 1705 – 0001486　馮 0572　史部/紀傳類/正史之屬

漢書一百卷　（漢）班固撰　（唐）顏師古注
姚惜抱先生前漢書評點一卷　（清）姚鼐撰
清光緒八年(1882)桐城方氏刻本　三十二冊

330000－1705－0001488　馮0577　史部／紀
傳類／正史之屬

四史四百十五卷　清光緒十三年(1887)金陵
書局(江南書局)刻本　十六冊　存一種

330000－1705－0001489　馮0578　史部／紀
傳類／正史之屬

四史四百十五卷　清光緒十三年(1887)金陵
書局(江南書局)刻本　十六冊　存一種

330000－1705－0001490　馮0583　史部／紀
傳類／正史之屬

四史四百十五卷　清光緒十三年(1887)金陵
書局(江南書局)刻本　八冊　存一種

330000－1705－0001491　馮0604　史部／紀
傳類／正史之屬

史記索隱三十卷　（唐）司馬貞撰　明末毛氏
汲古閣刻本　三冊

330000－1705－0001492　馮0591　史部／紀
傳類／正史之屬

史記一百三十卷方望溪平點史記四卷　（漢）
司馬遷撰　（明）歸有光評點　（清）方苞評點
　清光緒二年至四年(1876－1878)武昌張氏
刻本　二十冊

330000－1705－0001493　馮0617　史部／地
理類／外紀之屬

漢西域圖考七卷首一卷　（清）李光廷撰　清
同治九年(1870)刻本　四冊

330000－1705－0001494　馮0605、馮0611
史部／史評類／史論之屬

史記權參三卷漢書權參三卷　（清）王治皞撰
　（清）徐峻均輯　清刻本　清王定祥題
二冊

330000－1705－0001495　馮0592　史部／史
評類／史論之屬

史記論文一百三十卷　（清）吳見思撰　清乾
隆四十五年(1780)尺木堂刻本　十六冊

330000－1705－0001496　馮0615　史部／地
理類／總志之屬／斷代

漢書地理志校注二卷識語一卷　（清）王紹蘭
撰　清光緒二十二年(1896)蕭山陳氏遺經樓
刻本　二冊　存二卷(校注一至二)

330000－1705－0001497　馮0616　史部／地
理類／外紀之屬

漢書西域傳補注二卷　（清）徐松撰　清道光
九年(1829)陽湖張琦刻本　一冊

330000－1705－0001498　馮0598　史部／紀
傳類／正史之屬

鍾伯敬先生批評漢書一百卷　（漢）班固撰
（明）鍾惺評　明崇禎刻本　十六冊　存七十
八卷(帝紀一至八、列傳一至七十)

330000－1705－0001500　馮0606　史部／紀
傳類／正史之屬

史記志疑三十六卷　（清）梁玉繩撰　補遺一
卷　（清）梁學昌輯　清光緒十四年(1888)餘
姚朱氏刻本　十二冊

330000－1705－0001501　善2445　子部／醫
家類／傷寒金匱之屬／傷寒論

傷寒活人指掌圖一卷藥方一卷賦一卷　（元）
吳恕撰　元刻明修本　一冊

330000－1705－0001502　馮0607　史部／紀
傳類／正史之屬

校刊史記集解索隱正義札記五卷　（清）張文
虎撰　清同治十一年(1872)金陵書局刻本
二冊

330000－1705－0001503　馮0640　史部／史
抄類

新舊唐書合鈔二百六十卷首一卷　（清）沈炳
震輯　唐書宰相世系表訂譌十二卷　（清）沈
炳震撰　唐書合鈔補正六卷　（清）丁子復撰
　清嘉慶海昌查氏刻同治十年(1871)武林吳
氏清來堂補刻本　七十九冊　缺六卷(補正
一至六)

330000－1705－0001504　馮0636　類叢部／
叢書類／郡邑之屬

學海堂叢刻十三種　（清）□□編　清光緒三十二年（1906）刻本　一冊　存一種

330000－1705－0001505　馮0608　類叢部/叢書類/自著之屬

脩本堂叢書　（清）林伯桐撰　清道光刻同治五年（1866）補刻彙印本　一冊　存一種

330000－1705－0001506　馮0638、馮1053、馮1792、馮1973　類叢部/叢書類/彙編之屬

崇文書局彙刻書三十一種　（清）崇文書局編　清光緒元年至三年（1875－1877）湖北崇文書局刻本　十冊　存四種

330000－1705－0001507　馮0632　史部/叢編

常熟丁氏叢書二種　丁國鈞撰　清光緒木活字印本　四冊

330000－1705－0001508　馮0610、馮3511　類叢部/類書類/通類之屬

玉海二百四卷附刻十三種　（宋）王應麟撰　校補玉海瑣記二卷王深甯先生年譜一卷（清）張大昌撰　清光緒九年至十六年（1883－1890）浙江書局刻本　六冊　存二十卷（漢藝文志攷證一至十、小學紺珠一至十）

330000－1705－0001509　馮0630　史部/紀傳類/正史之屬

三國志證聞三卷　（清）錢儀吉撰　清光緒十一年（1885）江蘇書局刻本　二冊

330000－1705－0001510　馮0614　類叢部/叢書類/自著之屬

振綺堂遺書五種　（清）汪遠孫撰　清道光刻民國十一年（1922）錢唐汪氏彙印本　一冊　存一種

330000－1705－0001511　馮0639　史部/紀傳類/正史之屬

南北史補志十四卷附贊一卷　（清）汪士鐸撰　清光緒四年（1878）淮南書局刻本　八冊

330000－1705－0001512　馮0613　史部/地理類/總志之屬/斷代

新斠注地里志十六卷　（清）錢坫撰　（清）徐

松集釋　清同治十三年（1874）會稽章氏刻本　八冊

330000－1705－0001513　馮0665　史部/史評類/考訂之屬

十七史商榷一百卷　（清）王鳴盛撰　清光緒六年（1880）太原王氏刻本　十六冊

330000－1705－0001514　馮0656　史部/史表類/通代之屬

廿一史四譜五十四卷　（清）沈炳震撰　清同治十年（1871）武林吳氏清來堂刻本　十冊

330000－1705－0001518　馮0666　類叢部/叢書類/自著之屬

潛研堂全書十六種　（清）錢大昕撰　清乾隆至嘉慶刻本　二十冊　存一種

330000－1705－0001519　馮0686　史部/編年類/通代之屬

資治通鑑二百九十四卷　（宋）司馬光撰（元）胡三省音注　通鑑釋文辯誤十二卷（元）胡三省撰　清嘉慶二十一年（1816）鄱陽胡克家影元刻本　清徐時棟、馮貞群題記　一百冊

330000－1705－0001520　馮0641　史部/紀傳類/正史之屬

唐書釋音二卷　（宋）董衝撰　清同治十二年（1873）浙江書局刻本　一冊

330000－1705－0001521　馮0642　史部/史抄類

新舊唐書合鈔二百六十卷首一卷　（清）沈炳震輯　唐書宰相世系表訂譌十二卷　（清）沈炳震撰　唐書合鈔補正六卷　（清）丁子復撰　清嘉慶海昌查氏刻同治十年（1871）武林吳氏清來堂補刻本　一冊　存六卷（唐書合鈔補正一至六）

330000－1705－0001522　馮0667　史部/地理類

李氏五種　（清）李兆洛撰　清同治九年至十一年（1870－1872）合肥李鴻章刻本　十六冊　存四種

330000－1705－0001523　馮0681　類叢部/
叢書類/自著之屬

率祖堂叢書八種附六種　（宋）金履祥撰　清
雍正至乾隆金華金氏刻光緒十三年（1887）鎮
海謝駿德補刻本　十冊　存一種

330000－1705－0001524　馮0679　史部/編
年類/通代之屬

資治通鑑外紀十卷目錄五卷　（宋）劉恕撰
清嘉慶十六年（1811）吳郡山淵堂刻本　六冊

330000－1705－0001525　馮0646　史部/紀
傳類/正史之屬

五代史記纂誤續補六卷　（清）吳光耀撰　清
光緒十四年（1888）江夏吳氏刻本　二冊

330000－1705－0001526　馮0649　史部/紀
傳類/正史之屬

元史譯文證補三十卷　（清）洪鈞撰　清光緒
二十三年（1897）元和陸氏刻本（卷七至八、十
三、十六至十七、十九至二十一、二十五、二十
八原缺）　四冊

330000－1705－0001527　馮0668　史部/地
理類

李氏五種　（清）李兆洛撰　清光緒二十四年
（1898）上海掃葉山房石印本　八冊

330000－1705－0001528　馮0647　史部/紀
傳類/正史之屬

舊唐書二百卷　（後晉）劉昫撰　逸文十二卷
（清）岑建功輯　校勘記六十六卷　（清）羅
士琳等校勘　清道光二十三年至二十八年
（1843－1848）懼盈齋刻同治十一年（1872）方
濬頤重修本　四冊　存十二卷（舊唐書逸文
一至十二）

330000－1705－0001529　馮0669　史部/
叢編

史學叢書四十三種　（清）□□輯　清光緒二
十八年（1902）上海煥文書局點石齋石印本
二十五冊　存二十九種

330000－1705－0001530　馮0680　史部/編
年類/通代之屬

資治通鑑外紀十卷目錄五卷　（宋）劉恕撰
清嘉慶十六年（1811）吳郡山淵堂刻本　六冊

330000－1705－0001531　馮0675　史部/編
年類/斷代之屬

兩漢紀六十卷　（宋）王銍輯　兩漢紀校記二
卷　（清）陳璞撰　清光緒二年（1876）嶺南學
海堂刻本　十四冊

330000－1705－0001532　馮0648　史部/紀
傳類/正史之屬

金史詳校十卷首一卷附史論五答一卷　（清）
施國祁撰　清光緒六年（1880）會稽章氏刻本
十冊

330000－1705－0001533　馮0651　史部/史
評類/考訂之屬

玫史拾遺十卷　（清）錢大昕撰　清嘉慶十二
年（1807）李賡芸稻香吟館刻本　四冊

330000－1705－0001534　馮0662　史部/地
理類/輿圖之屬/軍事

歷代輿地沿革險要圖一卷　楊守敬　饒敦秩
撰　清光緒五年（1879）東湖饒氏刻朱墨套印
本　一冊

330000－1705－0001535　馮0672　子部/
叢編

二十二子（二十二子彙函）　（清）浙江書局編
清光緒元年至三年（1875－1877）浙江書局
刻本　四冊　存一種

330000－1705－0001536　馮0661　史部/地
理類/總志之屬/通代

歷代地理沿革圖一卷　（清）六嚴繪　（清）馬
徵麟增輯　清同治十年（1871）金陵刻本
一冊

330000－1705－0001537　馮0678、馮2763
類叢部/叢書類/自著之屬

儆居遺書十一種　（清）黃式三撰　清同治至
光緒刻本　十二冊　存三種

330000－1705－0001538　馮0673　史部/編
年類/通代之屬

汲冢紀年存真二卷周年表一卷　（清）朱右曾

撰　清歸硯齋刻本　二冊

330000 - 1705 - 0001539　馮 0663　史部/地
理類/輿圖之屬/軍事

歷代輿地沿革險要圖一卷　楊守敬　饒敦秩
撰　清光緒五年(1879)東湖饒氏刻朱墨套印
本　一冊

330000 - 1705 - 0001540　馮 0658　史部/地
理類

李氏五種　(清)李兆洛撰　清同治九年至十
一年(1870 - 1872)合肥李鴻章刻本　三冊
存一種

330000 - 1705 - 0001541　馮 0692　史部/編
年類/通代之屬

資治通鑑地理今釋十六卷　(清)吳熙載撰
清光緒八年(1882)江蘇書局刻本　二冊

330000 - 1705 - 0001542　馮 0654　類叢部/
叢書類/彙編之屬

文選樓叢書三十三種　(清)阮亨編　清嘉慶
至道光阮元刻道光二十二年(1842)阮亨彙印
本　三冊　存二種

330000 - 1705 - 0001543　馮 0693　史部/
叢編

資治通鑑彙刻五百九十九卷　清同治至光緒
江蘇書局刻本　二冊　存七卷(通鑑宋本校
勘記一至五、元本校勘記一至二)

330000 - 1705 - 0001544　馮 0674　史部/編
年類/斷代之屬

兩漢紀六十卷　(宋)王銍輯　**兩漢紀字句異**
同考一卷　(清)蔣國祚撰　清光緒三年
(1877)盱南三餘書屋刻本(前漢紀卷二配抄
本)　八冊

330000 - 1705 - 0001545　馮 0659　史部/史
表類/通代之屬

歷代紀元彙考八卷　(清)萬斯同撰　孫鏘校
補　**皇朝紀元彙考一卷**　(清)李哲濬撰　清
光緒二十三年(1897)瀹洲李氏刻本　一冊

330000 - 1705 - 0001546　馮 0655、馮 1268
類叢部/叢書類/彙編之屬

文選樓叢書三十三種　(清)阮亨編　清嘉慶
至道光阮元刻道光二十二年(1842)阮亨彙印
本　三冊　存三種

330000 - 1705 - 0001547　馮 0624　類叢部/
叢書類/自著之屬

拙盦叢稿　(清)朱一新撰　清光緒二十二年
(1896)順德龍氏葆真堂刻本　四冊　存一種

330000 - 1705 - 0001548　馮 0659 - 1　史部/
史表類/通代之屬

歷代紀元彙考八卷　(清)萬斯同撰　孫鏘校
補　**皇朝紀元彙考一卷**　(清)李哲濬撰　清
光緒二十三年(1897)瀹洲李氏刻本　一冊

330000 - 1705 - 0001549　馮 0689　史部/編
年類/通代之屬

司馬溫公稽古錄二十卷　(宋)司馬光撰　清
同治十一年(1872)湖北崇文書局刻本　四冊

330000 - 1705 - 0001550　馮 0717　史部/紀
事本末類

紀事本末五種　(清)□□輯　清同治十二年
至十三年(1873 - 1874)江西書局刻本　八十
冊　存一種

330000 - 1705 - 0001551　馮 0628　史部/紀
傳類/正史之屬

後漢書疏證三十卷　(清)沈欽韓撰　清光緒
二十六年(1900)浙江官書局刻本　十六冊

330000 - 1705 - 0001552　馮 0715　史部/紀
事本末類/通代之屬

繹史一百六十卷附世系圖一卷年表一卷
(清)馬驌撰　清光緒二十三年(1897)武林尚
友齋石印本　二十四冊

330000 - 1705 - 0001553　馮 0718　史部/紀
事本末類/斷代之屬

三朝北盟會編二百五十卷首一卷　(宋)徐夢
莘撰　**校勘記二卷補遺一卷**　(清)袁祖安校
勘並補遺　清光緒四年(1878)鉛印本　四
十冊

330000 - 1705 - 0001554　馮 0691　史部/編
年類/通代之屬

通鑑胡注舉正一卷 （清）陳景雲撰 清乾隆十九年(1754)蔣良騏刻文道十書本 清柳道人記 一冊

330000－1705－0001555 馮 0695 史部/編年類/斷代之屬

明通鑑九十卷前編四卷附編六卷首一卷目錄二十卷 （清）夏燮撰 清光緒二十五年(1899)湖北官書處刻本 八冊 存二十卷（目錄一至二十）

330000－1705－0001556 馮 0708 史部/編年類/通代之屬

御批歷代通鑑輯覽一百二十卷 （清）傅恒等總裁 （清）楊述曾等纂修 清同治十三年(1874)湖南書局刻本 四十冊

330000－1705－0001557 馮 0625 史部/紀傳類/正史之屬

漢書補注七卷 王榮商撰 清光緒十七年(1891)刻本 二冊

330000－1705－0001558 馮 0714 史部/紀事本末類/通代之屬

繹史一百六十卷附世系圖一卷年表一卷 （清）馬驌撰 清康熙刻本 四十四冊

330000－1705－0001559 馮 0738 史部/雜史類/斷代之屬

晉署六十六卷 （清）周濟撰 清光緒二年(1876)味雋齋刻本 十冊

330000－1705－0001560 馮 0696 史部/編年類/斷代之屬

明通鑑九十卷前編四卷附編六卷首一卷目錄二十卷 （清）夏燮撰 清同治十二年(1873)宜黃官廨刻本 四十冊 缺二十卷（目錄一至二十）

330000－1705－0001561 馮 0722 史部/紀事本末類

紀事本末五種 （清）□□輯 清同治十二年至十三年(1873－1874)江西書局刻本 二十冊 存一種

330000－1705－0001562 馮 0709 史部/編

年類/通代之屬

尺木堂綱鑑易知錄九十二卷 （清）吳乘權等輯 清刻本 三十九冊 存九十一卷（二至九十二）

330000－1705－0001563 馮 0719 史部/紀事本末類/斷代之屬

宋史紀事本末一百九卷 （明）馮琦撰 （明）陳邦瞻補 （明）張溥論正 清同治十三年(1874)江西書局刻本 二十冊

330000－1705－0001564 馮 0697 史部/編年類/斷代之屬

明紀六十卷 （清）陳鶴輯 （清）陳克家補 清同治十年(1871)江蘇書局刻本 十六冊

330000－1705－0001565 馮 0712 史部/雜史類/斷代之屬

小腆紀年附考二十卷 （清）徐鼒撰 清光緒四年(1878)刻本 六冊

330000－1705－0001566 馮 0729 史部/雜史類/斷代之屬

吳中平寇記八卷 （清）錢勖撰 清同治刻本 一冊

330000－1705－0001567 馮 0706 史部/編年類/斷代之屬

御撰資治通鑑綱目三編四卷 （清）張廷玉等撰 清光緒十三年(1887)上海點石齋石印本 二冊

330000－1705－0001568 馮 0728 史部/雜史類/外紀之屬

東方兵事紀略五卷 姚錫光撰 清光緒二十四年(1898)京都琉璃廠得古歡室石印本 五冊

330000－1705－0001569 馮 0720 類叢部/叢書類/彙編之屬

半厂叢書初編十種 （清）譚獻編 清同治至光緒仁和譚氏刻本 四冊 存一種

330000－1705－0001570 馮 0721 史部/紀事本末類/斷代之屬

元史紀事本末二十七卷 （明）陳邦瞻撰

(明)臧懋循補　(明)張溥論正　清同治十三年(1874)江西書局刻本　四冊

330000－1705－0001571　馮0727　史部/雜史類/斷代之屬

平浙紀略十六卷　(清)秦緗業　(清)陳鍾英撰　清同治十二年(1873)浙江書局刻本　四冊

330000－1705－0001572　馮0724　史部/紀事本末類/斷代之屬

聖武記十四卷　(清)魏源撰　清末和記書莊鉛印本　六冊

330000－1705－0001573　馮0723　史部/紀事本末類/斷代之屬

聖武記十四卷　(清)魏源撰　清道光二十四年(1844)古微堂刻本　十二冊

330000－1705－0001574　馮0700　史部/編年類/通代之屬

資治通鑑綱目前編二十五卷　(明)南軒撰　(明)陳仁錫評　明崇禎三年(1630)陳仁錫刻本　八冊

330000－1705－0001575　馮0725　類叢部/叢書類/彙編之屬

學津討原一百七十三種　(清)張海鵬編　清嘉慶十年(1805)虞山張氏照曠閣刻本　六冊　存一種十三卷(綏寇紀略一至十、補遺一至三)

330000－1705－0001576　馮0704　史部/編年類/斷代之屬

御撰資治通鑑綱目三編二十卷　(清)張廷玉等撰　清刻本　清張竹晨批　馮貞群跋　五冊

330000－1705－0001577　馮0726　史部/紀事本末類/斷代之屬

平定粵匪紀略十八卷附記四卷　(清)杜文瀾撰　清同治十年(1871)京都聚珍齋木活字印本　八冊

330000－1705－0001578　馮0739　史部/雜史類/斷代之屬

隆平集二十卷　(宋)曾鞏撰　清康熙四十年(1701)南豐彭期七業堂刻四十八年(1709)補刻本　四冊

330000－1705－0001579　馮0730　史部/雜史類/通代之屬

路史四十五卷　(宋)羅泌撰　(宋)羅苹注　清同治五年(1866)五桂堂刻光緒二年(1876)趙承恩紅杏山房補刻本　十六冊

330000－1705－0001580　馮0735　史部/紀傳類/正史之屬

東觀漢記二十四卷　(漢)劉珍等撰　清乾隆六十年(1795)掃葉山房刻本　二冊

330000－1705－0001581　馮0694　史部/編年類/通代之屬

續資治通鑑二百二十卷　(清)畢沅撰　清乾隆鎮洋畢氏刻嘉慶六年(1801)桐鄉馮氏德裕堂續刻本(卷一至三配抄本)　六十四冊

330000－1705－0001582　馮0764　類叢部/叢書類/自著之屬

振綺堂遺書五種　(清)汪遠孫撰　清道光刻民國十一年(1922)錢唐汪氏彙印本　清徐時棟題記　六冊　存三種

330000－1705－0001583　馮0705　史部/編年類/斷代之屬

御撰資治通鑑綱目三編四卷　(清)張廷玉等撰　清光緒十三年(1887)上海點石齋石印本　二冊

330000－1705－0001584　馮0707　史部/編年類/通代之屬

重訂王鳳洲先生綱鑑會纂四十六卷續宋元紀二十三卷　(明)王世貞撰　(明)陳仁錫訂

御撰資治通鑑綱目三編四卷　(清)張廷玉等撰　清光緒十八年(1892)上海點石齋石印本　十四冊　缺四卷(三編一至四)

330000－1705－0001586　馮0747　史部/編年類/斷代之屬

十朝東華錄五百二十五卷東華續錄一百卷(同治朝)　王先謙　潘頤福撰　清光緒二十

五年(1899)石印本　八十八冊

330000 - 1705 - 0001587　馮 0710　史部/編
年類/通代之屬

尺木堂綱鑑易知錄二十卷　(清)吳乘權等輯
清光緒十三年(1887)上海點石齋石印本
十冊

330000 - 1705 - 0001588　馮 0711　史部/編
年類/通代之屬

尺木堂綱鑑易知錄二十卷　(清)吳乘權等輯
清光緒十三年(1887)上海點石齋石印本
十冊

330000 - 1705 - 0001589　馮 0740　史部/紀
傳類/別史之屬

東都事略一百三十卷　(宋)王偁撰　清振鷺
堂影宋刻本　十八冊

330000 - 1705 - 0001590　馮 0741　史部/載
記類

契丹國志二十七卷　(宋)葉隆禮撰　清乾隆
五十八年(1793)承恩堂刻本　四冊

330000 - 1705 - 0001591　馮 0733　史部/紀
傳類/通代之屬

古史六十卷　(宋)蘇轍撰　清嘉慶元年
(1796)掃葉山房刻本　六冊

330000 - 1705 - 0001592　馮 0754　史部/雜
史類/斷代之屬

國語二十一卷　(三國吳)韋昭注　校刊明道
本韋氏解國語札記一卷　(清)黃丕烈撰　清
光緒二十七年(1901)上海鴻寶齋石印本
三冊

330000 - 1705 - 0001593　馮 0713　史部/紀
事本末類/斷代之屬

皇清開國方略三十二卷首一卷　(清)阿桂等
撰　清光緒十三年(1887)廣百宋齋鉛印本
六冊

330000 - 1705 - 0001594　馮 0745　史部/編
年類/斷代之屬

東華錄十六卷　(清)蔣良騏撰　清抄本
四冊

330000 - 1705 - 0001595　馮 0757　史部/雜
史類/斷代之屬

國語二十一卷　(三國吳)韋昭注　(宋)宋庠
補音　戰國策十卷　(宋)鮑彪校注　清姑蘇
書業堂刻本　馮貞群批　四冊　存二十一卷
(國語一至二十一)

330000 - 1705 - 0001596　馮 0752、馮 0755
史部/雜史類/斷代之屬

國語二十一卷　(三國吳)韋昭注　校刊明道
本韋氏解國語札記一卷　(清)黃丕烈撰　明
道本考異四卷　(清)汪遠孫撰　清光緒三年
(1877)永康胡氏退補齋刻本　四冊

330000 - 1705 - 0001598　馮 0746　史部/編
年類/斷代之屬

東華錄三十二卷　(清)蔣良騏撰　清同治十
一年(1872)聚錦堂刻本　八冊

330000 - 1705 - 0001599　馮 0744　史部/編
年類/斷代之屬

東華錄十六卷　(清)蔣良騏撰　清抄本
八冊

330000 - 1705 - 0001600　馮 0761　史部/雜
史類/斷代之屬

國語補音三卷　(宋)宋庠撰　札記一卷
(清)錢保塘撰　清光緒二年(1876)成都尊經
書院刻本　一冊

330000 - 1705 - 0001601　馮 0753　史部/雜
史類/斷代之屬

國語二十一卷　(三國吳)韋昭注　校刊明道
本韋氏解國語札記一卷　(清)黃丕烈撰　明
道本考異四卷　(清)汪遠孫撰　清同治八年
(1869)湖北崇文書局刻本　五冊

330000 - 1705 - 0001602　馮 0759　史部/雜
史類/斷代之屬

國語正義二十一卷　(清)董增齡撰　清光緒
六年(1880)會稽章氏式訓堂刻本　八冊

330000 - 1705 - 0001604　馮 0750　類叢部/
叢書類/彙編之屬

士禮居叢書二十種　(清)黃丕烈編　清嘉慶

至道光黃氏士禮居刻本　二冊　存一種

330000－1705－0001605　馮0760　史部/雜
史類/斷代之屬

國語正義二十一卷　（清）董增齡撰　清光緒
六年(1880)會稽章氏式訓堂刻本　六冊

330000－1705－0001606　馮0756　類叢部/
叢書類/自著之屬

振綺堂遺書五種　（清）汪遠孫撰　清道光刻
民國十一年(1922)錢唐汪氏彙印本　一冊
存一種

330000－1705－0001607　馮0813　類叢部/
叢書類/彙編之屬

舊雨草堂叢書　清光緒刻本　馮貞群批並跋
十八冊　存三種

330000－1705－0001610　馮0805　史部/
叢編

痛史二十一種附九種　樂天居士輯　清宣統
至民國上海商務印書館鉛印本　馮貞群題記
三十一冊

330000－1705－0001611　馮0793、馮0794
史部/叢編

勝朝遺事初編三十二種二編十八種　（清）吳
彌光輯　清道光二十二年(1842)南海吳彌光
芬陀羅館刻本　十四冊

330000－1705－0001615　馮0769　史部/雜
史類/斷代之屬

戰國策三十三卷　（漢）高誘注　重刻剡川姚
氏本戰國策札記三卷　（清）黃丕烈撰　清同
治八年(1869)湖北崇文書局刻本　馮貞群跋
四冊　存三十三卷(一至三十三)

330000－1705－0001616　馮0814　史部/詔
令奏議類/詔令之屬

硃批諭旨不分卷　（清）鄂爾泰等輯　清光緒
十三年(1887)上海點石齋石印本　六十冊

330000－1705－0001617　馮0798、馮0811
類叢部/叢書類/彙編之屬

申報館叢書正集五十七種附錄三種　尊聞閣
主編　**續集一百四十二種**　蔡爾康編　清同

治至光緒上海申報館鉛印本　十一冊　存
二種

330000－1705－0001618　馮0770　史部/雜
史類/斷代之屬

戰國策三十三卷　（漢）高誘注　重刻剡川姚
氏本戰國策札記三卷　（清）黃丕烈撰　清同
治八年(1869)湖北崇文書局刻本　四冊　存
三十三卷(戰國策一至三十三)

330000－1705－0001619　馮0755　史部/雜
史類/斷代之屬

戰國策三十三卷　（漢）高誘注　重刻剡川姚
氏本戰國策札記三卷　（清）黃丕烈撰　清同
治八年(1869)湖北崇文書局刻本　一冊　存
三卷(札記一至三)

330000－1705－0001620　馮0776　史部/雜
史類/斷代之屬

戰國策三十三卷　（漢）高誘注　重刻剡川姚
氏本戰國策札記三卷　（清）黃丕烈撰　清同
治八年(1869)湖北崇文書局刻本　一冊　存
三卷(札記一至三)

330000－1705－0001621　馮0777　史部/雜
史類/斷代之屬

戰國策三十三卷　（漢）高誘注　重刻剡川姚
氏本戰國策札記三卷　（清）黃丕烈撰　清同
治八年(1869)湖北崇文書局刻本　一冊　存
三卷(札記一至三)

330000－1705－0001622　馮0797　史部/傳
記類/別傳之屬/事狀

沈華陽傳一卷附蜀難敘略一卷　（清）范文莢
撰　抄本　一冊

330000－1705－0001625　馮0825　史部/詔
令奏議類/奏議之屬

左恪靖伯奏稿三十八卷　（清）左宗棠撰　清
同治七年(1868)刻本　二十冊

330000－1705－0001626　馮0771　史部/雜
史類/斷代之屬

戰國策三十三卷　（漢）高誘注　重刻剡川姚
氏本戰國策札記三卷　（清）黃丕烈撰　清同

治八年(1869)湖北崇文書局刻本　馮貞群跋
　四册　存三十三卷(一至三十三)

330000－1705－0001627　馮0821　史部/詔
令奏議類/奏議之屬
歷代名臣奏議三百十九卷　(明)黃淮　(明)
楊士奇等輯　(明)張溥刪正　明崇禎刻清菁
華樓修補印本　八十册

330000－1705－0001628　馮0772　史部/雜
史類/斷代之屬
戰國策三十三卷　(漢)高誘注　**重刻剡川姚
氏本戰國策札記三卷**　(清)黃丕烈撰　清同
治八年(1869)湖北崇文書局刻民國元年
(1912)印本　馮貞群批並跋　四册　存三十
三卷(戰國策一至三十三)

330000－1705－0001629　馮0799　史部/雜
史類/斷代之屬
明季南北遺聞四卷　(清)鄒漪輯　(日本)黑
川玄通點評　清光緒三十四年(1908)上海國
學社鉛印本　一册

330000－1705－0001631　馮0773　史部/雜
史類/斷代之屬
戰國策三十三卷　(漢)高誘注　**重刻剡川姚
氏本戰國策札記三卷**　(清)黃丕烈撰　清光
緒三年(1877)永康胡氏退補齋刻本　馮貞群
批並跋　四册　存三十三卷(一至三十三)

330000－1705－0001632　馮0800　史部/雜
史類/斷代之屬
二申野錄八卷　(清)孫之騄撰　清道光二十
一年(1841)吟香館刻同治六年(1867)印本
二册

330000－1705－0001633　馮0824　史部/詔
令奏議類/奏議之屬
曾文正公奏議十卷首一卷末一卷補編四卷
(清)曾國藩撰　(清)薛福成編　清同治十三
年(1874)上海吳氏醉六堂刻本　十四册

330000－1705－0001634　馮0774　史部/雜
史類/斷代之屬
戰國策三十三卷　(漢)高誘注　**重刻剡川姚**

氏本戰國策札記三卷　(清)黃丕烈撰　清光
緒三年(1877)永康胡氏退補齋刻本　四册
存三十三卷(一至三十三)

330000－1705－0001635　馮0783、馮3607
類叢部/叢書類/自著之屬
武陵山人遺書十種續刊二種　(清)顧觀光撰
　清光緒九年(1883)獨山莫祥芝上海刻高桂
續刻本　九册　存十一種

330000－1705－0001636　馮0801　史部/雜
史類/斷代之屬
明季北略二十四卷明季南略十八卷　(清)計
六奇撰　清都城琉璃廠半松居士木活字印本
二十册

330000－1705－0001637　馮0810　史部/雜
史類/斷代之屬
熙朝新語十六卷　(清)余金輯　清道光二年
(1822)有金堂刻本　馮貞群批註並題記
四册

330000－1705－0001639　馮0816　史部/詔
令奏議類/奏議之屬
西漢書疏六卷東漢書疏七卷　(明)李璠輯
明刻本　一册　存一卷(西漢書疏一)

330000－1705－0001640　馮0823　史部/詔
令奏議類/奏議之屬
林文忠公政書三十七卷蒐遺一卷　(清)林則
徐撰　清刻本　十册　存三十七卷(一至三
十七)

330000－1705－0001641　馮0787、馮0788、
馮1087、馮1647、馮1837、馮1839　類叢部/
叢書類/彙編之屬
祕書廿一種　(清)汪士漢編　清康熙七年
(1668)新安汪氏重編印古今逸史本　六册
存六種

330000－1705－0001642　馮0812　類叢部/
叢書類/彙編之屬
舊雨草堂叢書　清光緒刻本　四册　存二種

330000－1705－0001643　馮0817　史部/詔
令奏議類/奏議之屬

孝肅包公奏議十卷　（宋）包拯撰　（清）張純修輯　清同治九年（1870）四明包芳國天祿閣刻本　四冊

330000－1705－0001644　馮0802、馮1801　類叢部/叢書類/郡邑之屬

武林往哲遺箸五十六種後編十種　（清）丁丙編　清光緒三年至二十六年（1877－1900）錢塘丁氏嘉惠堂刻本（[乾道]臨安志卷四至十五、南宋館閣錄卷一原缺）　三冊　存二種

330000－1705－0001645　馮0790　類叢部/叢書類/彙編之屬

連筠簃叢書十二種　（清）楊尚文編　清末石印本（羣書治要卷四、十三、二十原缺）　二冊　存一種

330000－1705－0001646　馮0804　史部/雜史類/斷代之屬

明季稗史彙編十六種　（清）留雲居士輯　清都城琉璃廠刻本　馮貞群批　十冊

330000－1705－0001647　馮0818　史部/雜史類/斷代之屬

經畧洪承疇奏對筆記二卷　（清）洪承疇撰　清光緒十九年（1893）刻本　一冊

330000－1705－0001649　馮0791　史部/雜史類/斷代之屬

元朝祕史十五卷　（清）李文田注　清末石印本　二冊

330000－1705－0001650　馮0819　史部/詔令奏議類/奏議之屬

石林奏議十五卷　（宋）葉夢得撰　清光緒十一年（1885）吳興陸氏皕宋樓影宋刻本　四冊

330000－1705－0001651　馮0792　史部/雜史類/斷代之屬

三河創業記五卷三省入藏程站紀一卷　（清）范壽金撰　清光緒三十三年（1907）石印本　三冊

330000－1705－0001652　馮0848　史部/傳記類/別傳之屬/年譜

朱子年譜四卷考異四卷　（清）王懋竑撰　朱

子論學切要語二卷　（清）王懋竑輯　清乾隆十七年（1752）寶應王氏白田草堂刻本　四冊

330000－1705－0001654　馮0820　史部/詔令奏議類/奏議之屬

南宮奏議三十卷　（明）嚴嵩撰　明嘉靖嚴氏鈐山堂刻本　四冊

330000－1705－0001655　馮0789　類叢部/叢書類/彙編之屬

漸西村舍彙刊（漸西村舍叢刻）四十四種　（清）袁昶編　清光緒十六年至二十四年（1890－1898）桐廬袁氏刻本　一冊　存一種

330000－1705－0001657　馮0780　史部/雜史類/斷代之屬

戰國策十卷　（宋）鮑彪校注　（元）吳師道補正　清姑蘇書業堂刻本　六冊

330000－1705－0001658　馮0827　類叢部/叢書類/自著之屬

庸庵全集七種　（清）薛福成撰　清光緒十年至二十四年（1884－1898）無錫薛氏刻本　二冊　存一種

330000－1705－0001659　馮0781　史部/雜史類/通代之屬

鮑氏國策章次一卷　清抄本　一冊

330000－1705－0001660　馮0807　史部/雜史類/斷代之屬

海東逸史十八卷　（清）翁洲老民撰　清光緒十年（1884）慈谿楊泰亨經畬塾刻本　二冊

330000－1705－0001661　馮0850　史部/傳記類/別傳之屬/年譜

王深寧先生[應麟]年譜一卷　（清）陳僅撰　（清）張恕編　清道光二十五年（1845）四明繼雅堂刻本　一冊

330000－1705－0001662　馮0851　史部/傳記類/別傳之屬/年譜

王深寧先生[應麟]年譜一卷　（清）陳僅撰　（清）張恕編　清道光二十五年（1845）四明繼雅堂刻本　一冊

330000－1705－0001663　馮0841、馮1320、馮1344、馮1946、馮1617　子部/叢編

二十二子(二十二子彙函)　(清)浙江書局編　清光緒元年至三年(1875－1877)浙江書局刻本　十六冊　存五種

330000－1705－0001666　馮0826　史部/詔令奏議類/奏議之屬

左恪靖侯奏稿初編三十八卷續編七十六卷三編六卷　(清)左宗棠撰　清光緒十二年(1886)刻本　五十冊　存七十六卷(續編一至七十六)

330000－1705－0001667　馮0857　史部/傳記類/別傳之屬/年譜

尚友堂[滄柱公]年譜一卷　(清)仇兆鰲編　清抄本　一冊

330000－1705－0001668　馮0860　類叢部/叢書類/自著之屬

留書種閣集九種　(清)黃炳垕撰　清同治六年至光緒二十年(1867－1894)餘姚黃氏留書種閣刻本　一冊　存一種

330000－1705－0001669　馮0828　史部/詔令奏議類/奏議之屬

李肅毅伯奏議二十卷　(清)李鴻章撰　(清)章洪鈞　(清)吳汝綸輯　清光緒二十五年(1899)上海鴻文書局石印本　二十冊

330000－1705－0001670　馮0836　史部/政書類/儀制之屬/典禮

文廟彙考十卷　(清)蔣乙經　(清)龔繩正撰　清道光七年(1827)刻本　二冊

330000－1705－0001671　馮0862　史部/傳記類/別傳之屬/年譜

張忠烈公[煌言]年譜一卷　(清)趙之謙編　清光緒二十二年(1896)慈谿童廣年刻本　一冊

330000－1705－0001672　馮0829　史部/詔令奏議類/奏議之屬

同治中興京外奏議約編八卷　(清)陳弢輯　清光緒元年(1875)篋劍囊琴之室刻本　八冊

330000－1705－0001673　馮0844　史部/傳記類/別傳之屬/事狀

晏子春秋七卷　(清)蘇輿校注　清光緒十八年(1892)湖南思賢講舍刻本　三冊

330000－1705－0001674　馮0863　史部/傳記類/別傳之屬/年譜

閻潛丘先生[若璩]年譜一卷　(清)張穆編　清道光二十七年(1847)祁氏刻本　一冊

330000－1705－0001675　馮0830　史部/傳記類/別傳之屬/年譜

孤忠錄二卷　(清)袁祖志輯　**諫文一卷**　(清)吳可讀撰　(清)傅巖霖編　清光緒十二年(1886)刻本　三冊

330000－1705－0001679　馮0843　子部/叢編

韓晏合編　(清)吳蕭編　清嘉慶全椒吳氏刻本　四冊　存一種

330000－1705－0001680　馮0831　史部/傳記類/別傳之屬/年譜

孔子編年五卷　(宋)胡仔編　清嘉慶二十三年(1818)續溪胡氏家祠刻本　一冊

330000－1705－0001681　馮0809　史部/紀傳類/別史之屬

南天痕二十六卷附錄一卷　(清)凌雪撰　清宣統二年(1910)復古社鉛印本　六冊

330000－1705－0001682　馮0899　史部/傳記類/總傳之屬/列女

廣列女傳二十卷附錄一卷　(清)劉開纂　清道光二十六年(1846)刻本　八冊

330000－1705－0001683　馮0832、馮0834　史部/傳記類/別傳之屬/年譜

孔孟編年　(清)狄子奇輯　清光緒十三年(1887)浙江書局刻本　二冊　存二種

330000－1705－0001684　馮0838　史部/傳記類/總傳之屬/忠孝

純德彙編七卷首一卷　(清)董華鈞輯　**純德彙編續刻一卷**　(清)董景沛輯　清嘉慶二十三年(1818)春暉堂刻本　四冊

330000 – 1705 – 0001685　馮0877　史部/傳記類/別傳之屬/年譜

皇清敕授修職郎誥封朝議大夫顯考警石府君 [錢泰吉]年譜一卷 （清）錢應溥撰　清同治三年(1864)刻本　一冊

330000 – 1705 – 0001686　馮0833　史部/傳記類/別傳之屬/年譜

孔孟編年 （清）狄子奇輯　清道光安雅堂刻本　一冊　存一種

330000 – 1705 – 0001687　馮0865　史部/傳記類/別傳之屬/年譜

誥授中憲大夫先寒村公年譜一卷附家書一卷 （清）鄭勳撰　清嘉慶刻本　一冊

330000 – 1705 – 0001688　馮0879　史部/傳記類/別傳之屬

花甲閒談十六卷 （清）張維屏輯　清光緒十年(1884)上海同文書局石印本　四冊

330000 – 1705 – 0001689　馮0835　史部/傳記類/別傳之屬/年譜

孟子時事考徵四卷 （清）陳寶泉編　清嘉慶五年(1800)稡經堂刻本　一冊

330000 – 1705 – 0001690　馮0967　史部/傳記類/總傳之屬/通代

歷代帝王紀要十二卷首一卷 （清）王大煇輯 清光緒七年(1881)蛟川周氏詒書堂刻本 二冊

330000 – 1705 – 0001691　馮0880　類叢部/叢書類/自著之屬

葵園四種 王先謙撰　清光緒至民國長沙王氏刻本　馮貞群跋　三冊　存一種

330000 – 1705 – 0001693　馮0845　類叢部/叢書類/自著之屬

藝風堂彙刻十六種 繆荃孫撰　清光緒至民國刻本　一冊　存四種

330000 – 1705 – 0001697　馮0903　史部/傳記類/總傳之屬/隱逸

高士傳三卷圖一卷 （晉）皇甫謐撰　（清）任熊繪　（清）王錫齡校　清咸豐八年(1858)蕭

山王氏刻本　一冊　缺二卷(二至三)

330000 – 1705 – 0001699　馮0889　類叢部/叢書類/彙編之屬

文選樓叢書三十三種 （清）阮亨編　清嘉慶至道光阮元刻道光二十二年(1842)阮亨彙印本　二冊　存一種

330000 – 1705 – 0001700　馮0878　史部/傳記類/總傳之屬/儒林

求闕齋弟子記三十二卷 （清）王定安撰　清光緒二年(1876)都門刻本　十二冊

330000 – 1705 – 0001701　馮0929　史部/傳記類/總傳之屬/斷代

文獻徵存錄十卷 （清）錢林撰　清咸豐八年(1858)有嘉樹軒刻本　十冊

330000 – 1705 – 0001702　馮0905、馮0951、馮1720、馮3720　類叢部/叢書類/自著之屬

潛園總集十七種 （清）陸心源撰　清同治至光緒刻本　六十冊　存四種

330000 – 1705 – 0001703　馮0919　史部/傳記類/總傳之屬/斷代

欽定宗室王公功績表傳十二卷首一卷 清京都琉璃廠刻本　八冊

330000 – 1705 – 0001704　馮0906　史部/傳記類/總傳之屬/仕宦

宋名臣言行錄前集十卷後集十四卷續集八卷別集二十六卷外集十七卷 （宋）□□輯　清道光二十二年(1842)丹徒包氏刻本　十二冊

330000 – 1705 – 0001706　馮0904　史部/傳記類/總傳之屬/文苑

唐才子傳十卷 （元）辛文房撰　清道光十九年(1839)孫雲鴻味古書室刻本　三冊　存七卷(四至十)

330000 – 1705 – 0001707　馮0920、馮0921 史部/傳記類/總傳之屬/仕宦

滿漢名臣傳八十卷 （清）國史館撰　清京都正陽門琉璃廠榮錦書坊刻本　八十冊

330000 – 1705 – 0001709　馮0892　史部/傳

記類/總傳之屬/列女

列女傳十六卷 （漢）劉向撰 （明）汪道昆輯
（明）仇英繪圖 明萬曆刻清乾隆四十四年
(1779)鮑氏知不足齋印本 八冊

330000–1705–0001710 馮0884 史部/傳
記類/總傳之屬/忠孝

旌忠錄五卷首一卷 （清）陳祖確輯 清光緒
五年(1879)四明陳氏活字印本 馮貞群批校
一冊

330000–1705–0001711 馮0922、馮0924
史部/傳記類/總傳之屬/仕宦

貳臣傳十二卷逆臣傳四卷 （清）國史館撰
清都城琉璃廠半松居士刻本 八冊

330000–1705–0001712 馮0914 史部/傳
記類/總傳之屬/斷代

黃梨洲先生思舊錄一卷 （清）黃宗羲撰 清
乾隆鄭性刻本 一冊

330000–1705–0001713 馮0930 史部/傳
記類/總傳之屬/斷代

國朝先正事略六十卷 （清）李元度撰 清同
治五年至八年(1866–1869)循陔草堂刻本
二十四冊

330000–1705–0001714 馮0923、馮0925
史部/傳記類/總傳之屬/仕宦

貳臣傳二十卷逆臣傳八卷 （清）國史館撰
清抄本 五冊

330000–1705–0001715 馮0931 史部/傳
記類/總傳之屬/斷代

國朝先正事略六十卷 （清）李元度撰 清光
緒九年(1883)蛟川方氏刻本 二十四冊

330000–1705–0001716 馮0926 史部/傳
記類/總傳之屬/郡邑

浙江忠義錄十卷 （清）浙江采訪忠義總局編
清同治七年(1868)浙江采訪忠義總局刻本
四冊

330000–1705–0001717 馮0910 史部/傳
記類/總傳之屬/儒林

明儒學案六十二卷師說一卷 （清）黃宗羲撰

清道光元年(1821)會稽莫晉、莫階刻本
十六冊

330000–1705–0001718 馮0932 史部/傳
記類/總傳之屬/斷代

國朝先正事略六十卷 （清）李元度撰 **續編
四卷** 朱孔彰撰 清光緒二十八年(1902)上
海點石齋石印本 十冊

330000–1705–0001719 馮0898 類叢部/
叢書類/自著之屬

石遺室叢書十九種 陳衍撰 清光緒至民國
刻本 四冊 存一種

330000–1705–0001720 馮0917 史部/傳
記類/總傳之屬/郡邑

四明人鑑不分卷 （清）劉慈孚輯 （清）虞琴
繪圖 清光緒十二年(1886)石印本 二冊

330000–1705–0001721 馮0909 史部/傳
記類/總傳之屬/儒林

明儒學案六十二卷師說一卷 （清）黃宗羲撰
清康熙三十年(1691)萬言、三十二年
(1693)賈樸、雍正十三年至乾隆四年(1735–
1739)慈溪鄭性二老閣刻本 二十冊

330000–1705–0001722 馮0895 史部/傳
記類/總傳之屬/列女

古列女傳七卷 （漢）劉向撰 **續列女傳一卷**
（明）黃魯曾贊 清光緒三年(1877)湖北崇
文書局刻崇文書局彙刻書本 馮貞群批並跋
一冊

330000–1705–0001723 馮0894 類叢部/
叢書類/自著之屬

振綺堂遺書五種 （清）汪遠孫撰 清道光刻
民國十一年(1922)錢唐汪氏彙印本 二冊
存一種

330000–1705–0001724 馮0933 史部/傳
記類/總傳之屬/忠孝

忠義紀聞錄三十卷 （清）陳繼聰撰 清光緒
八年(1882)刻本 八冊

330000–1705–0001725 馮0908 史部/傳
記類/總傳之屬/儒林

明儒學案六十二卷師說一卷 （清）黃宗羲撰
清康熙三十年（1691）萬言、三十二年
（1693）賈樸、雍正十三年至乾隆四年（1735－
1739）慈溪鄭性二老閣刻本　馮貞群題記
二十冊

330000－1705－0001727　馮0934　史部/傳
記類/總傳之屬/儒林

學案小識十四卷首一卷末一卷 （清）唐鑑撰
清光緒十年（1884）刻本　十四冊

330000－1705－0001728　馮0911　史部/傳
記類/總傳之屬/斷代

欽定勝朝殉節諸臣錄十二卷首一卷 清嘉慶
二年（1797）謝啟昆刻本　四冊

330000－1705－0001729　馮0928　史部/傳
記類/總傳之屬/斷代

國史館傳三十二卷 （清）國史館纂輯　清抄
本　馮貞群題記　四冊

330000－1705－0001730　馮0918　史部/傳
記類/總傳之屬/通代

於越先賢像傳贊二卷 （清）王齡撰　（清）任
熊繪　清咸豐七年（1857）蕭山王氏養龢堂刻
光緒三年（1877）張氏印本　二冊

330000－1705－0001732　馮0885　史部/傳
記類/總傳之屬/家乘

楊氏一門忠節錄五卷首一卷終一卷 （清）楊
學泗輯　清道光二十六年（1846）四知堂木活
字印本　二冊

330000－1705－0001733　馮0913　史部/傳
記類/總傳之屬/仕宦

歷代名臣言行錄二十四卷 （清）朱桓輯　清
光緒元年（1875）刻本　二十四冊

330000－1705－0001734　馮0935　史部/傳
記類/總傳之屬/斷代

昭代名人尺牘小傳二十四卷 （清）吳修撰
清道光六年（1826）刻本　一冊

330000－1705－0001736　馮0940　史部/傳
記類/科舉錄之屬/諸貢錄

明貢舉考畧二卷首一卷國朝貢舉考畧四卷首

一卷　（清）黃崇蘭輯　（清）趙學曾續輯　清
光緒刻本　四冊

330000－1705－0001737　馮0897　類叢部/
叢書類/彙編之屬

**崇文書局彙刻書（三十三種叢書、湖北書局所
刻書）三十三種** （清）崇文書局編　清光緒
三年（1877）湖北崇文書局刻本　四冊　存
一種

330000－1705－0001738　馮0886　史部/傳
記類/別傳之屬/年譜

葛莊節公[雲飛]年譜一卷 （清）葛以簡
（清）葛以敦撰　清光緒二十六年（1900）讀書
堂木活字印本　一冊

330000－1705－0001739　馮0936　史部/傳
記類/總傳之屬/斷代

昭代名人尺牘小傳二十四卷 （清）吳修撰
清道光六年（1826）刻本　一冊

330000－1705－0001740　馮0916　史部/傳
記類/總傳之屬/郡邑

練川名人畫象續編三卷 （清）程祖慶編　清
宣統二年（1910）刻本　一冊

330000－1705－0001741　馮0937　史部/傳
記類/總傳之屬/通代

洛學編六卷 （清）湯斌輯　（清）尹會一續輯
（清）郭程先補輯　清光緒二年（1876）有不
為齋刻本　二冊

330000－1705－0001743　馮0941　史部/傳
記類/科舉錄之屬/總錄

國朝兩浙科名錄不分卷 （清）黃安綬輯　清
咸豐七年（1857）京師刻本　二冊

330000－1705－0001744　馮0902　史部/傳
記類/總傳之屬/斷代

周列士傳一卷 （清）顧壽楨撰　清同治五年
（1866）見素抱樸齋刻本　一冊

330000－1705－0001745　馮0893　史部/傳
記類/總傳之屬/列女

列女傳補注八卷敍錄一卷校正一卷 （清）王
照圓撰　清光緒八年（1882）刻郝氏遺書本

馮貞群批校並題記　二冊

330000－1705－0001746　馮0939　子部／雜著類／雜記之屬

初月樓續聞見錄十卷　（清）吳德旋撰　清道光刻本　一冊

330000－1705－0001748　馮0803　史部／傳記類／總傳之屬／斷代

四王傳二卷　（清）錢名世撰　**寧南侯左良玉舉兵東下誅馬阮疏一卷**　（明）左良玉撰　**左寧南侯請除君側奸惡檄文一卷**　（明）左良玉撰　清抄本　一冊

330000－1705－0001749　馮0938　史部／傳記類／科舉錄之屬／諸貢錄

國朝歷科館選錄不分卷　（清）沈廷芳輯　（清）陸費墀　（清）沈世緯重訂　清刻本　清楊泰亨題記　一冊

330000－1705－0001750　馮0980　史部／地理類／外紀之屬

海國圖志一百卷　（清）魏源撰　**續集二十五卷首一卷**　（英國）麥高爾撰　（美國）林樂知　（清）瞿昂來譯　清光緒二十八年（1902）文賢閣石印本　十六冊

330000－1705－0001751　馮0966　史部／傳記類／總傳之屬／通代

史略八十七卷　（清）朱璽輯　清光緒十三年（1887）上海積山書局石印本　六冊

330000－1705－0001752　馮0991　史部／地理類／總志之屬／斷代

大清一統志四百二十四卷　（清）和珅等纂修　清光緒二十七年（1901）上海寶善齋石印本　六十冊

330000－1705－0001753　馮0964　史部／史抄類

南北史捃華八卷　（清）周嘉猷輯　清光緒六年（1880）廣州翰墨園刻本　四冊

330000－1705－0001754　馮0979　史部／地理類／外紀之屬

海國圖志六十卷　（清）魏源撰　清道光二十

九年（1849）古微堂刻本　十九冊　缺四卷（四十至四十三）

330000－1705－0001755　馮0993　史部／地理類／雜志之屬

浙江全省輿圖並水陸道里記不分卷　（清）宗源瀚等纂　清光緒二十年（1894）石印本　二十冊

330000－1705－0001756　馮0978　史部／地理類／外紀之屬

日本國志四十卷首一卷　（清）黃遵憲輯　清光緒二十四年（1898）上海圖書集成印書局鉛印本　十冊

330000－1705－0001757　馮0994　史部／地理類／輿圖之屬／道里

兩浙輿圖一卷　（清）周人驥　（清）伊靖阿撰　清乾隆二十年（1755）刻本　一冊

330000－1705－0001758　馮0977　史部／地理類／外紀之屬

日本國志四十卷首一卷　（清）黃遵憲輯　清光緒二十四年（1898）浙江書局刻本　十冊

330000－1705－0001759　馮0989　史部／地理類／總志之屬／通代

天下郡國利病書一百二十卷　（清）顧炎武撰　清道光成都龍萬育敷文閣刻光緒五年（1879）桐華書屋薛氏家塾重修本　三十六冊

330000－1705－0001760　馮0971　史部／雜史類／通代之屬

華陽國志十二卷　（晉）常璩撰　**補三州郡縣目錄一卷**　（清）廖寅撰　清嘉慶十九年（1814）廖寅題襟館刻本　三冊　存九卷（五至十二、目錄）

330000－1705－0001761　馮0995　史部／地理類／輿圖之屬／坤輿

江西全省輿圖十四卷首一卷　（清）劉坤一等撰　清同治七年（1868）刻朱墨套印本　十五冊

330000－1705－0001762　馮0946　史部／傳記類／科舉錄之屬

詞科掌錄十七卷餘話七卷　（清）杭世駿輯
清乾隆仁和杭氏道古堂刻本　六冊

330000－1705－0001763　馮0960　史部/紀傳類/別史之屬

國志蒙拾二卷　（清）郭麐撰　清光緒二十年(1894)聚學軒刻聚學軒叢書本　馮貞群題記　一冊

330000－1705－0001764　馮0974　史部/紀傳類/別史之屬

十國春秋一百十四卷　（清）吳任臣撰　拾遺一卷備攷一卷　拾遺備攷補　（清）周昂輯
清乾隆五十八年(1793)昭文周氏刻清嘉慶四年(1799)補刻本　二十四冊

330000－1705－0001765　馮0950　史部/傳記類/總傳之屬/歷代

疑年錄四卷　（清）錢大昕編　續疑年錄四卷　（清）吳修編　清嘉慶二十三年(1818)刻本　一冊

330000－1705－0001767　馮0958　類叢部/叢書類/彙編之屬

後知不足齋叢書四十七種　（清）鮑廷爵編
清同治至光緒常熟鮑氏刻本　二冊　存一種

330000－1705－0001768　馮0952　史部/傳記類/總傳之屬/歷代

補疑年錄四卷　（清）錢椒編　清道光十八年(1838)刻本　一冊

330000－1705－0001769　馮0953　史部/傳記類/別傳之屬/年譜

歷代名人年譜十卷附存疑及生卒年月無攷一卷　（清）吳榮光撰　清咸豐刻本　十冊

330000－1705－0001770　馮0996　史部/地理類/方志之屬/郡縣志

吳地記一卷　（唐）陸廣微撰　吳地記後集一卷　（宋）□□輯　[元豐]吳郡圖經續記三卷　（宋）朱長文撰　清同治十二年(1873)江蘇書局刻本　一冊

330000－1705－0001771　馮1223　史部/目錄類/總錄之屬/官修

湖北官書處書目一卷　（清）湖北官書處編
清光緒三年(1877)湖北官書處刻本　馮貞群題記　一冊

330000－1705－0001772　馮0962　史部/史抄類

南史識小錄十四卷北史識小錄十四卷　（清）沈名蓀　（清）朱昆田輯　（清）張應昌補正
清同治十年(1871)武林吳氏清來堂刻本　六冊

330000－1705－0001773　馮0963　史部/史抄類

南朝語三卷　（清）李文胤撰　（清）張超宗錄　清抄本　二冊　存二卷(一、三)

330000－1705－0001774　馮0949　史部/傳記類/科舉錄之屬/總錄

同治十年辛未科會試同年齒錄一卷　清刻本　馮貞群題簽　四冊

330000－1705－0001775　馮0984　史部/地理類/總志之屬/斷代

元和郡縣圖志四十卷目錄二卷　（唐）李吉甫撰　闕卷逸文一卷　（清）孫星衍輯　元和郡縣補志九卷　（清）嚴觀輯　清光緒六年(1880)金陵書局刻本（卷十九至二十、二十三至二十四、三十五至三十六原缺）　十冊

330000－1705－0001776　馮0997　史部/地理類/雜志之屬

廣陵通典十卷　（清）汪中撰　清同治八年(1869)揚州書局刻本　二冊

330000－1705－0001777　馮0990　史部/地理類/總志之屬/斷代

廣輿記二十四卷　（明）陸應陽輯　（清）蔡方炳增輯　清康熙二十五年(1686)吳郡寶翰樓刻本　十冊

330000－1705－0001778　馮0975　類叢部/叢書類/自著之屬

藤花亭十七種　（清）梁廷枏撰　清道光八年至十三年(1828－1833)刻本　六冊　存四種

330000－1705－0001779　馮0948　史部/傳

記類/科舉錄之屬/歷科鄉試錄

光緒癸巳恩科浙江鄉試同年齒錄一卷　清光緒刻本　三冊

330000－1705－0001780　馮0992　史部/地理類/輿圖之屬/全國

大清中外壹統輿圖(皇朝中外壹統輿圖)三十一卷首一卷　(清)鄒世詒　(清)晏啟鎮編　(清)李廷簫　(清)汪士鐸增訂　清同治二年(1863)湖北撫署景桓樓刻本　三十二冊

330000－1705－0001781　馮0972　史部/載記類

十六國春秋一百卷　(北魏)崔鴻撰　清乾隆四十六年(1781)汪日桂刻本　二十四冊

330000－1705－0001783　馮0981　史部/時令類

月令粹編二十四卷圖說一卷　(清)秦嘉謨撰　清光緒九年(1883)皖省聚文書坊木活字印本　八冊

330000－1705－0001784　馮0956　史部/史抄類

史記菁華錄六卷　(清)姚祖恩輯　清光緒十三年(1887)上海蜚英館石印本　六冊

330000－1705－0001785　馮0973　史部/雜史類/斷代之屬

吳越備史四卷補遺一卷　題(宋)范坰　(宋)林禹撰　清康熙十七年(1678)燕喜堂刻本　二冊

330000－1705－0001786　馮0985　史部/地理類/總志之屬/斷代

[元豐]九域志十卷　(宋)王存等纂修　清乾隆德聚堂刻本　二冊

330000－1705－0001787　馮0957　史部/史抄類

史記菁華錄六卷　(清)姚祖恩輯　清道光四年(1824)吳興姚氏扶荔山房刻朱墨套印本　六冊

330000－1705－0001788　馮0947　史部/傳記類/科舉錄之屬/歷科登科錄

光緒十六年庚寅恩科會試同年齒錄一卷　清光緒刻本　馮貞群批　四冊

330000－1705－0001789　馮0943　史部/傳記類/科舉錄之屬/總錄

[乾隆、嘉慶、道光]浙江鄉試科名備覽不分卷　清抄本　三冊

330000－1705－0001790　馮0986　史部/地理類/總志之屬/斷代

[元豐]九域志十卷　(宋)王存等纂修　清光緒八年(1882)金陵書局刻本　四冊

330000－1705－0001791　馮0982　史部/時令類

月令粹編二十四卷圖說一卷　(清)秦嘉謨撰　清嘉慶十七年(1812)江都秦嘉謨琳琅仙館刻本　八冊

330000－1705－0001792　馮0944、馮0945　史部/傳記類/總傳之屬/仕宦

鶴徵錄八卷首一卷　(清)李集輯　(清)李富孫　(清)李遇孫續輯　**鶴徵後錄十二卷首一卷**　(清)李富孫輯　清嘉慶漾葭老屋刻同治修補本　馮貞群批　六冊

330000－1705－0001793　馮0987　史部/地理類/總志之屬/斷代

輿地廣記三十八卷　(宋)歐陽忞撰　**校勘札記二卷**　(清)黃丕烈撰　清光緒六年(1880)金陵書局刻本　四冊

330000－1705－0001794　馮1011　史部/地理類/方志之屬/郡縣志

[雍正]寧波府志三十六卷首一卷　(清)曹秉仁等修　(清)萬經等纂　清道光二十六年(1846)刻本　十六冊　存三十三卷(一至四、八至三十六)

330000－1705－0001795　馮1018　史部/地理類/雜志之屬

鮚上遺聞集錄十卷別錄二卷　(清)尹元煒撰　清道光二十八年(1848)慈谿馮本懷抱珠樓刻本　二冊

330000－1705－0001796　馮0988、馮1476

類叢部/叢書類/彙編之屬

士禮居叢書二十種 （清）黃丕烈編　清嘉慶至道光黃氏士禮居刻本　三冊　存二種

330000－1705－0001797　馮1015　史部/地理類/方志之屬/郡縣志

[同治]鄞縣志七十五卷 （清）戴枚修 （清）張恕 （清）董沛等纂　清光緒三年(1877)刻四年(1878)增刻本　三十四冊

330000－1705－0001798　馮0998　史部/地理類/雜志之屬

三吳舊語一卷 （清）顧苓撰　清光緒九年(1883)刻本　一冊

330000－1705－0001799　馮1036　史部/地理類/山川之屬/山志

四明山志九卷 （清）黃宗羲撰　清康熙四十二年(1703)黃仲簡刻本　馮貞群批　二冊

330000－1705－0001800　馮0999　史部/地理類/方志之屬/郡縣志

[光緒]常昭合志稿四十八卷首一卷末一卷 （清）鄭鍾祥 （清）張瀛修 （清）龐鴻文等纂　清光緒三十年(1904)木活字印本　十五冊　缺三卷(三十四至三十六)

330000－1705－0001801　馮1035　史部/地理類/山川之屬/山志

黃山志二卷 （清）張佩芳撰　清乾隆刻本　一冊

330000－1705－0001802　馮1014　史部/地理類/方志之屬/郡縣志

[咸豐]鄞縣志三十二卷首一卷 （清）張銑修 （清）周道遵纂　清咸豐五年至六年(1855－1856)刻本　十六冊

330000－1705－0001803　馮1000　史部/地理類/方志之屬/郡縣志

[嘉慶]重修揚州府志七十二卷首一卷 （清）阿克當阿修 （清）姚文田 （清）江藩等纂　清嘉慶十五年(1810)刻本(卷首配抄本)　四十六冊

330000－1705－0001804　馮1016　史部/地理類/方志之屬/郡縣志

[雍正]慈谿縣志十六卷 （清）楊正筍修 （清）馮鴻模等纂　清雍正九年(1731)刻乾隆三年(1738)許炳增刻本　六冊

330000－1705－0001805　馮1047　類叢部/叢書類/彙編之屬

武英殿聚珍版書一百三十八種　清同治十三年(1874)江西書局刻本　十二冊　存一種

330000－1705－0001806　馮1010　史部/地理類/方志之屬/郡縣志

延祐四明志二十卷 （元）馬澤修 （元）袁桷纂　清抄本(卷九至十一原缺)　馮貞群記　九冊　存十五卷(一至三、五至六、八、十二至二十)

330000－1705－0001807　馮1046　史部/地理類/山川之屬/水志

水經注四十卷首一卷 （北魏）酈道元撰　王先謙校　**水經注附錄二卷** （清）趙一清輯　清光緒十八年(1892)思賢講舍刻本　十六冊

330000－1705－0001809　馮1037　史部/地理類/山川之屬/山志

明州阿育王山志十卷 （明）郭子章撰　**明州阿育王山續志六卷** （清）釋畹荃撰　明萬曆刻清乾隆續刻本　六冊

330000－1705－0001810　馮1042　史部/地理類/山川之屬/山志

招寶山志二卷 （清）陳景沛 （清）周道遵纂　清道光二十六年(1846)木活字印本　二冊

330000－1705－0001811　馮1024　史部/地理類/方志之屬/郡縣志

[嘉定]赤城志四十卷 （宋）黃𡩋 （宋）齊碩修 （宋）陳耆卿纂　清嘉慶二十三年(1818)刻台州叢書本　馮貞群題記　六冊

330000－1705－0001812　馮1001　史部/地理類/方志之屬/郡縣志

[同治]續纂揚州府志二十四卷 （清）方濬頤修 （清）晏端書 （清）錢振倫等纂　清同治十三年(1874)刻本　十冊

330000 – 1705 – 0001813　馮 1043　史部/地理類/山川之屬/山志

泰山道里記一卷　（清）聶鈇撰　清乾隆三十八年(1773)聶氏杏雨山堂刻本　一冊

330000 – 1705 – 0001814　馮 1038　史部/地理類/山川之屬/山志

南海普陀山志十五卷首一卷　（清）陳璿等輯　清康熙刻雍正增補刻本　四冊

330000 – 1705 – 0001815　馮 1002　史部/地理類/方志之屬/郡縣志

[乾隆]崇明縣志二十卷首一卷　（清）趙廷健修　（清）韓彥曾等纂　清乾隆二十五年(1760)刻本　八冊　存十八卷(一至九、十二至二十)

330000 – 1705 – 0001816　馮 1019　史部/地理類/方志之屬/郡縣志

[光緒]定海廳志三十卷首一卷　（清）史致馴修　（清）陳僑　（清）黃以周纂　清光緒十年至十一年(1884 – 1885)黃樹藩刻本　十冊

330000 – 1705 – 0001817　馮 1039　史部/地理類/山川之屬/山志

重修南海普陀山志二十卷首一卷　（清）秦耀曾輯　清道光十二年(1832)刻本　四冊

330000 – 1705 – 0001819　馮 1044　史部/地理類/山川之屬/山志

武夷山志二十四卷首一卷　（清）董天工撰　清同治十一年(1872)刻本　八冊

330000 – 1705 – 0001820　馮 1041　史部/地理類/山川之屬/山志

廣雁蕩山誌二十八卷首一卷末一卷　（清）曾唯輯　清乾隆五十五年(1790)東嘉依綠園刻本　八冊

330000 – 1705 – 0001822　馮 1045　史部/地理類/山川之屬/水志

水經注四十卷　（北魏）酈道元撰　清康熙五十三年至五十四年(1714 – 1715)項絪群玉書堂刻本　十二冊

330000 – 1705 – 0001823　馮 1049　史部/地理類/山川之屬/水志

水經注釋四十卷首一卷附錄二卷刊誤十二卷　（清）趙一清撰　清乾隆五十一年(1786)趙氏小山堂刻五十九年(1794)重修本　二十冊

330000 – 1705 – 0001825　馮 1025　史部/地理類/方志之屬/郡縣志

剡錄十卷　（宋）高似孫撰　清同治九年(1870)刻本　一冊

330000 – 1705 – 0001826　馮 1012　史部/地理類/雜志之屬

明州繫年錄七卷　（清）董沛撰　清光緒四年(1878)刻本　三冊

330000 – 1705 – 0001827　馮 1052　史部/地理類/山川之屬/水志

水經注圖一卷坿錄一卷　（清）汪士鐸撰　清末石印本　二冊

330000 – 1705 – 0001828　馮 1028　史部/地理類/雜志之屬

蜀典十二卷　（清）張澍撰　清光緒二年(1876)尊經書院刻本　四冊

330000 – 1705 – 0001829　馮 1026　史部/地理類/方志之屬/郡縣志

[乾隆]餘姚志四十卷　（清）唐若瀛修　（清）邵晉涵纂　清乾隆四十六年(1781)刻本　八冊

330000 – 1705 – 0001831　馮 1030　史部/地理類/山川之屬/合志

山水二經合刻　清乾隆天都黃氏槐蔭草堂刻本　一冊　存一種

330000 – 1705 – 0001832　馮 1060　史部/地理類/山川之屬/水志

曹娥江志八卷首一卷　（清）胡鳳丹輯　清光緒三年(1877)永康胡氏退補齋刻本　二冊

330000 – 1705 – 0001833　馮 1009　史部/地理類/方志之屬/郡縣志

延祐四明志二十卷　（元）馬澤修　（元）袁桷纂　清抄本(卷九至十一原缺)　馮貞群題記一冊　存五卷(十六至二十)

330000－1705－0001834　馮1027　史部/地理類/方志之屬/郡縣志

[光緒]餘姚縣志二十七卷首一卷末一卷　(清)周炳麟修　(清)邵友濂　(清)孫德祖纂　清光緒二十五年(1899)刻本　嘯霆題記　十六冊

330000－1705－0001835　馮1003　史部/地理類/方志之屬/郡縣志

[正德]武功縣志三卷首一卷　(明)康海纂　(清)孫景烈評注　清同治十二年(1873)湖北崇文書局刻本　一冊

330000－1705－0001836　馮1054　史部/地理類/山川之屬/水志

水道提綱二十八卷　(清)齊召南撰　清光緒四年(1878)津門徐士鑾霞城精舍刻本　八冊

330000－1705－0001837　馮1058　史部/地理類/山川之屬/水志

西湖志四十八卷　(清)李衛　(清)程元章修　(清)傅王露撰　清雍正十三年(1735)兩浙鹽驛道庫刻本　十二冊

330000－1705－0001840　馮1034　史部/地理類/山川之屬/山志

廬山志十五卷首一卷　(清)毛德琦撰　清康熙五十九年(1720)順德堂刻乾隆五十八年(1793)龔琰重修本　十三冊

330000－1705－0001841　馮1055　史部/地理類/水利之屬

浙西水利備考不分卷　(清)王鳳生撰　清光緒四年(1878)浙江書局刻本　四冊

330000－1705－0001842　馮1004　類叢部/叢書類/彙編之屬

式訓堂叢書四十一種　(清)章壽康編　清光緒會稽章氏刻本　一冊　存一種

330000－1705－0001843　馮1005　類叢部/叢書類/彙編之屬

振綺堂叢刊八種　(清)□□輯　清嘉慶至光緒汪氏振綺堂刻本　一冊　存一種

330000－1705－0001844　馮1056　史部/地理類/雜志之屬

全祖望湖語一卷　(清)全祖望撰　(清)宋商英注　清抄本　宋商南、馮貞群題記　一冊

330000－1705－0001845　馮1033　子部/小說家類/異聞之屬

山海經廣注十八卷讀山海經語一卷雜述一卷圖五卷　(清)吳任臣撰　清康熙刻本　二冊　存十八卷(一至十八)

330000－1705－0001846　馮1059　史部/地理類/山川之屬/水志

南湖考一卷　(明)陳幼學撰　節錄餘杭縣南湖事略一卷南湖誌考一卷　(清)陳善撰　清光緒五年(1879)浙江官書局刻本　一冊

330000－1705－0001847　馮1071　史部/地理類/專志之屬/寺觀

天童寺志十卷首一卷　(清)釋德介　(清)聞性道撰　清康熙刻咸豐元年(1851)重修本　四冊

330000－1705－0001848　馮1094　史部/地理類

小方壺齋輿地叢鈔十二帙補編十二帙再補編十二帙　王錫祺輯　清光緒十七年至二十三年(1891－1897)上海著易堂鉛印本　六十四冊　存一千一百八十八種

330000－1705－0001849　馮1076　史部/地理類/專志之屬/寺觀

[康熙]廬山寺志九卷　(清)釋宗尚撰　清光緒抄本　清馮貞群題簽　一冊

330000－1705－0001850　馮1097　史部/職官類/官制之屬/專志

皇朝詞林典故六十四卷　(清)朱珪等撰　清刻本　十六冊

330000－1705－0001854　馮1082、馮1083、馮1084、馮1086、馮1065、馮1153　類叢部/叢書類/郡邑之屬

武林掌故叢編一百九十種　(清)丁丙編　清光緒三年至二十六年(1877－1900)錢塘丁氏嘉惠堂刻本 [[乾道]臨安志卷四至十五、南宋

館閣錄卷一原缺） 十五冊 存六種

330000 – 1705 – 0001855 馮 1032 子部/小說家類/異聞之屬

山海經十八卷圖五卷 （晉）郭璞傳 （清）畢沅校正 **篇目考一卷** （清）畢沅撰 清光緒十四年(1888)掃葉山房朱墨套印本 四冊

330000 – 1705 – 0001856 馮 1095 類叢部/叢書類/彙編之屬

月河精舍叢鈔五種 （清）丁寶書編 清光緒四年至十二年(1878 – 1886)茗溪丁氏刻本 十二冊 存一種

330000 – 1705 – 0001857 馮 1073 史部/地理類/專志之屬/寺觀

慈谿縣禪悅寺志一卷 （清）釋實振集 清光緒抄本 馮貞群題簽 一冊

330000 – 1705 – 0001858 馮 1064 類叢部/叢書類/彙編之屬

經訓堂叢書二十一種 （清）畢沅編 清乾隆至嘉慶鎮洋畢氏刻本 一冊 存一種

330000 – 1705 – 0001859 馮 1050 史部/地理類/山川之屬/水志

水經注四十卷補遺一卷附錄二卷 （北魏）酈道元注 （清）全祖望校 清光緒十四年(1888)薛福成寧波崇實書院刻本 十六冊

330000 – 1705 – 0001860 馮 1063 史部/叢編

大興徐氏三種 （清）徐松撰 清道光刻本 三冊 存二種

330000 – 1705 – 0001861 馮 1057 史部/地理類/山川之屬/水志

杜白二湖全書一卷 （清）王相能輯 清嘉慶十年(1805)王相能刻本 一冊

330000 – 1705 – 0001863 馮 1074 史部/地理類/專志之屬/寺觀

五磊寺志十卷首一卷 （清）洪崑述 （清）馮蔚舒訂 清光緒抄本 馮貞群題記 一冊 缺一卷(四)

330000 – 1705 – 0001864 馮 1077 史部/地理類/專志之屬/寺觀

釋照機先覺寺志畧一卷 （清）釋照機撰 清光緒抄本 馮貞群題簽 一冊

330000 – 1705 – 0001865 馮 1061 史部/地理類/雜志之屬

各處海島礁嶼便覽一卷沿海水途行舟便覽一卷自三江口起至北關止水訊灣澳一卷 清抄本 一冊

330000 – 1705 – 0001866 馮 1100 史部/傳記類/總傳之屬/仕宦

兩浙令長攷三卷 （清）董沛撰 清光緒七年(1881)刻本 一冊

330000 – 1705 – 0001867 馮 1075 史部/地理類/專志之屬/寺觀

保國寺志二卷 （清）釋覺性輯 清抄本 馮貞群題簽並記 一冊

330000 – 1705 – 0001868 馮 1092、馮 3503、馮 3586 類叢部/叢書類/自著之屬

王漁洋遺書三十八種 （清）王士禛撰 清刻本 十七冊 存四種

330000 – 1705 – 0001870 馮 1101 史部/傳記類/職官錄之屬/歷朝

滿漢軍機大臣題名二卷滿漢軍機章京題名二卷 清道光十八年(1838)刻本 一冊

330000 – 1705 – 0001872 馮 1062 史部/地理類/雜志之屬

彙集水務便覽測海錄外海紀要敏求誌各神暴風報颶颱風信日期備攷一卷 （清）羅大春撰 **海運圖占驗一卷** （清）顧祖禹撰 清抄本 一冊

330000 – 1705 – 0001873 馮 1102 史部/政書類/職官之屬/官制

歷代職官表六卷 （清）黃本驥纂 清光緒八年(1882)王氏校刻本 三冊

330000 – 1705 – 0001875 馮 1065 類叢部/叢書類/郡邑之屬

武林掌故叢編一百九十種 （清）丁丙編 清

光緒三年至二十六年(1877－1900)錢塘丁氏嘉惠堂刻本(〔乾道〕臨安志卷四至十五、南宋館閣錄卷一原缺)　三冊　存一種

330000－1705－0001876　馮1103　類叢部/叢書類/彙編之屬

三長物齋叢書二十六種　(清)黃本驥編　清道光二十二年至二十八年(1842－1848)湘陰蔣璨刻本　三冊　存一種

330000－1705－0001877　馮1115　史部/政書類/通制之屬

西漢會要七十卷　(宋)徐天麟撰　清光緒五年(1879)嶺南學海堂刻本　十冊

330000－1705－0001879　馮1116　史部/政書類/通制之屬

東漢會要四十卷　(宋)徐天麟撰　清光緒五年(1879)嶺南學海堂刻本　八冊

330000－1705－0001880　馮1104　史部/傳記類/總傳之屬/仕宦

熙朝宰輔錄一卷　(清)潘世恩輯　**熙朝宰輔錄續編一卷**　(清)鮑康撰　清道光十八年(1838)思補軒刻同治八年(1869)續刻本　一冊

330000－1705－0001881　馮1093　史部/叢編

蓬萊軒輿地學叢書十一種　丁謙撰　清光緒石印本　四冊

330000－1705－0001882　馮1080　史部/地理類/雜志之屬

六朝事迹編類十四卷　(宋)張敦頤譔　清光緒十三年(1887)李濱寶章閣刻本　一冊

330000－1705－0001883　馮1067　史部/地理類/專志之屬/古跡

平山堂圖志十卷首一卷　(清)趙之壁纂　清光緒九年(1883)歐陽利見刻本　四冊

330000－1705－0001884　馮1105　史部/傳記類/科舉錄之屬/總錄

國朝春曹題名二卷　(清)費耕亭輯　(清)劉毓枏續輯　**春曹儀式一卷**　(清)王士禎撰

清光緒三年(1877)刻本　二冊　存二卷(國朝春曹題名一至二)

330000－1705－0001885　馮1107、馮1108、馮1110　史部/政書類/通制之屬

三通　清乾隆十二年至十四年(1747－1749)武英殿刻本　二百四十冊

330000－1705－0001886　馮1068　史部/地理類/方志之屬/郡縣志

〔乾隆〕石步志一卷　(清)葉維新纂　稿本　一冊

330000－1705－0001887　馮1117　史部/政書類/通制之屬

三國會要二十二卷首一卷　楊晨撰　清光緒二十六年(1900)江蘇書局刻本　六冊

330000－1705－0001888　馮1112　史部/目錄類/總錄之屬

九通目錄四十卷　(清)雷君彥輯　清光緒二十九年(1903)圖書集成局石印本　十二冊

330000－1705－0001889　馮1070　類叢部/叢書類/自著之屬

脩本堂叢書　(清)林伯桐撰　清道光刻同治五年(1866)補刻彙印本　一冊　存一種

330000－1705－0001890　馮1136　史部/政書類/儀制之屬/專志/科舉校規

欽定學政全書八十六卷首一卷　(清)童璜等撰　清嘉慶十七年(1812)武英殿刻本　五冊

330000－1705－0001891　馮1151　史部/傳記類/總傳之屬/家乘

〔浙江寧波〕濠梁萬氏宗譜內集十四卷　(明)萬表纂修　(清)萬斯大增修　清乾隆三十七年(1772)辨志堂刻本　馮貞群校　三冊

330000－1705－0001892　馮1127　史部/政書類/律令之屬/律例

大清律例增修統纂集成四十卷附督捕則例附纂二卷　(清)姚潤輯　(清)陶駿　(清)陶念霖增輯　清光緒三十三年(1907)刻本　二十四冊

330000 - 1705 - 0001893　馮1113　史部/政書類/通制之屬

文獻通考詳節二十四卷　（元）馬端臨撰（清）嚴虞惇輯　清乾隆二十九年(1764)刻本　八冊

330000 - 1705 - 0001894　馮1150　史部/傳記類/總傳之屬/姓名

史姓韻編六十四卷　（清）汪輝祖撰　清光緒十年(1884)慈溪馮氏耕餘樓鉛印本　十六冊

330000 - 1705 - 0001895　馮1137　史部/政書類/儀制之屬/典禮

直省釋奠禮樂記六卷首一卷末一卷　（清）應寶時等輯　清同治十二年(1873)仁和吳恒、長洲顧澐刻本　四冊　缺一卷(末)

330000 - 1705 - 0001896　馮1123　史部/政書類/通制之屬

欽定大清會典一百卷　（清）張廷玉等纂修　清刻本　二十四冊

330000 - 1705 - 0001897　馮1149　史部/傳記類/總傳之屬/姓名

史姓韻編六十四卷　（清）汪輝祖撰　清乾隆五十五年(1790)雙節堂刻本　二十冊

330000 - 1705 - 0001898　馮1152　史部/傳記類/總傳之屬/家乘

[江蘇常州]孫氏譜記九卷　（清）孫星衍纂修　清嘉慶刻本　二冊

330000 - 1705 - 0001899　馮1147　類叢部/叢書類/彙編之屬

岱南閣叢書二十種　（清）孫星衍編　清乾隆五十年至嘉慶十四年(1785-1809)蘭陵孫氏刻本　四冊　存一種

330000 - 1705 - 0001900　馮1162　史部/目錄類/書志之屬/提要

昭德先生郡齋讀書志四卷後志二卷　（宋）晁公武撰　**附志一卷考異一卷**　（宋）趙希弁撰　清康熙六十一年(1722)陳師曾刻本　四冊　缺一卷(考異)

330000 - 1705 - 0001901　馮1139、馮1345

類叢部/叢書類/彙編之屬

武英殿聚珍版書一百三十八種　清乾隆杭州刻本　三冊　存二種

330000 - 1705 - 0001902　馮1121　史部/政書類/律令之屬/律例

故唐律疏議三十卷　（唐）長孫無忌等撰　**律音義一卷**　（宋）孫奭等撰　**宋提刑洗冤集錄五卷**　（宋）宋慈編　清光緒十七年(1891)江蘇書局刻本　八冊

330000 - 1705 - 0001903　馮1133　新學/政治法律/刑法

現行刑律簡明圖說不分卷　（清）程繼元輯　清宣統三年(1911)鉛印本　一冊

330000 - 1705 - 0001904　馮1134　新學/政治法律/刑法

現行刑律簡明圖說不分卷　（清）程繼元輯　清宣統三年(1911)鉛印本　一冊

330000 - 1705 - 0001905　馮1135　新學/政治法律/刑法

現行刑律簡明圖說不分卷　（清）程繼元輯　清宣統三年(1911)鉛印本　一冊

330000 - 1705 - 0001906　馮1008　史部/地理類/雜志之屬

石柱記箋釋五卷　（清）鄭元慶箋撰　清康熙四十一年(1702)刻本　一冊

330000 - 1705 - 0001908　馮1154　史部/傳記類/總傳之屬/郡邑

慈谿氏族略一卷　（清）□□撰　**句餘方言集證□□卷**　（清）時與蘭學　清抄本　馮貞群題記　一冊　存四卷(慈谿氏族略、句餘方言集證一至三)

330000 - 1705 - 0001909　馮1161　史部/目錄類/書志之屬/提要

昭德先生郡齋讀書志二十卷　（宋）晁公武撰　**附志二卷**　（宋）趙希弁撰　**考證一卷考異一卷校補一卷**　王先謙撰　清光緒十年(1884)長沙王先謙刻本　馮貞群題識　十冊

330000 - 1705 - 0001910　馮1156　史部/傳

記類/總傳之屬/家乘

[浙江鎮海]蛟川王氏宗譜不分卷　（清）王世灯纂修　稿本　清陳勘跋　一冊

330000－1705－0001911　馮1124　史部/政書類/通制之屬

欽定大清會典一百卷　（清）張廷玉等纂修　清光緒二十五年(1899)上海書局石印本　六冊

330000－1705－0001912　馮1088　類叢部/叢書類/彙編之屬

寶顏堂祕笈二百二十八種　（明）陳繼儒編　明萬曆至泰昌繡水沈氏刻本　一冊　存一種

330000－1705－0001914　馮1155　史部/傳記類/總傳之屬/家乘

[浙江]慈溪馮氏支譜不分卷　（清）馮祖恩纂修　清同治元年(1862)刻本　一冊

330000－1705－0001915　馮1158　類叢部/叢書類/自著之屬

留書種閣集九種　（清）黃炳垕撰　清同治六年至光緒二十年(1867－1894)餘姚黃氏留書種閣刻本　一冊　存一種

330000－1705－0001916　馮1125　史部/政書類/儀制之屬/典禮

大清通禮五十四卷　（清）來保等纂修　（清）穆克登額等續纂　清光緒九年(1883)江蘇書局刻本　十二冊

330000－1705－0001918　馮1106　史部/政書類/邦計之屬/通紀

閩政領要三卷　（清）德福纂輯　清刻本　一冊

330000－1705－0001919　馮1138　新學/政治法律/政治

日本法規大全二十五卷首一卷　（清）劉崇傑等譯　日本法規解字一卷　錢恂　董鴻禕編　清光緒三十三年(1907)上海商務印書館鉛印本　八十一冊

330000－1705－0001920　馮1166　史部/目錄類/總錄之屬/官修

欽定四庫全書總目二百卷首一卷　（清）紀昀等撰　清同治七年(1868)廣東書局刻本　八十冊

330000－1705－0001921　馮1099　史部/職官類/官制之屬/專志

樞垣記略二十八卷　（清）梁章鉅撰　（清）朱智等續纂　清光緒元年(1875)鉛印本　四冊

330000－1705－0001922　馮1168　史部/目錄類/總錄之屬/官修

欽定四庫全書簡明目錄二十卷　（清）紀昀等撰　清光緒十四年(1888)上海漱六山莊石印本　四冊

330000－1705－0001923　馮1163　史部/目錄類/書志之屬/提要

直齋書錄解題二十二卷　（宋）陳振孫撰　清刻本　清徐時棟題記　四冊

330000－1705－0001924　馮1142　史部/政書類/儀制之屬/專志/謚法

皇朝謚法考五卷續編一卷　（清）鮑康輯　清光緒三年(1877)永康胡氏退補齋刻本　一冊

330000－1705－0001925　馮1167　史部/目錄類/總錄之屬/官修

欽定四庫全書總目二百卷首一卷　（清）紀昀等撰　四庫未收書目提要五卷　（清）阮元撰　清光緒十四年(1888)上海漱六山莊石印本　二十冊

330000－1705－0001926　馮1131　史部/政書類/律令之屬/律例

例案一卷　清養愚小築抄本　十冊

330000－1705－0001927　馮1169　史部/目錄類/總錄之屬/官修

欽定四庫全書簡明目錄二十卷　（清）紀昀等撰　清抄本　六冊

330000－1705－0001928　馮1132　史部/政書類/邦計之屬/通紀

成規拾遺不分卷　（清）萬維翰輯　清乾隆三十九年(1774)刻本　四冊

330000－1705－0001929　馮1143　類叢部/類書類/專類之屬

漢唐事箋十二卷後集八卷　（元）朱禮撰　清道光二年(1822)南城胡氏刻本　四冊

330000－1705－0001930　馮1165　史部/目錄類/總錄之屬/史志

八史經籍志十種三十卷　（日本）□□輯　清光緒八年至九年(1882－1883)鎮海張壽榮刻本　十七冊

330000－1705－0001931　馮1126　史部/政書類/律令之屬/律例

大清律集解附例三十卷附名例一卷兵部督捕一卷新例一卷　清刻本　四冊

330000－1705－0001932　馮1146　史部/傳記類/總傳之屬/姓名

元和姓纂十卷　（唐）林寶撰　（清）孫星衍（清）洪瑩補　清嘉慶七年(1802)古歙洪瑩刻本　四冊

330000－1705－0001933　馮1176　史部/目錄類/總錄之屬

經籍訪古志六卷補遺一卷　（日本）澀江全善（日本）森立之撰　清光緒十一年(1885)六合徐承祖日本鉛印本　八冊

330000－1705－0001935　馮1170　史部/目錄類/書志之屬/提要

揅經室經進書錄四卷　（清）阮元撰　（清）阮福編　（清）傅以禮重編　清光緒八年(1882)大興傅氏刻本　二冊

330000－1705－0001936　馮1201　史部/目錄類/書志之屬/提要

善本書室藏書志四十卷附錄一卷　（清）丁丙輯　清光緒二十五年至二十七年(1899－1901)錢唐丁氏刻本　佳室主人識　十六冊

330000－1705－0001937　馮1111　史部/政書類/通制之屬

九通二千三百二十一卷　（清）□□輯　清光緒二十八年(1902)上海鴻寶書局石印本　二百四冊

330000－1705－0001939　馮1177　史部/目錄類/總錄之屬/彙刻

彙刻書目初編十卷　（清）顧修輯　續編五卷新編一卷補編一卷　（清）陳光照輯　清光緒元年(1875)長洲陳氏無夢園刻本　馮貞群批校　十冊　存十卷(初編一至十)

330000－1705－0001942　馮1066　史部/地理類/專志之屬/書院

白鹿書院志十九卷　（清）毛德琦原訂　（清）周兆蘭重修　清康熙五十九年(1720)刻乾隆六十年(1795)周兆蘭重修本　八冊

330000－1705－0001943　馮1140　類叢部/叢書類/彙編之屬

平津館叢書六集三十五種　（清）孫星衍編　清嘉慶蘭陵孫氏刻本　一冊　存七種

330000－1705－0001949　馮1208　史部/目錄類/總錄之屬

學古堂藏書目六卷捐藏書目一卷　（清）□□撰　清光緒刻本　一冊

330000－1705－0001950　馮1209　史部/目錄類/總錄之屬/私撰

古越藏書樓書目二十卷首一卷　（清）徐樹蘭撰　清光緒三十年(1904)崇實書局石印本　八冊

330000－1705－0001951　馮1220　史部/目錄類/總錄之屬/官修

浙江官書局書目一卷　（清）浙江官書局編　清光緒三十一年(1905)刻朱印本　一冊

330000－1705－0001952　馮1202　史部/目錄類/總錄之屬/私撰

敬遺軒書目一卷　（清）盧椿撰　清抄本　馮貞群題記　一冊

330000－1705－0001955　馮1210　史部/目錄類/總錄之屬/官修

關中書院志學齋藏書總目一卷　（清）關中書院編　清光緒十七年(1891)關中書院刻本　一冊

330000－1705－0001957　馮1171　史部/目

録類/總録之屬/官修

浙江採集遺書總録十一卷 （清）沈初等輯 清乾隆三十九年(1774)浙江布政使王亶望刻本(閏集原缺) 十冊

330000－1705－0001958　馮1193　類叢部/叢書類/彙編之屬

鐵琴銅劍樓叢書十三種 瞿啟甲編 清光緒至民國刻本及影印本 十二冊 存一種

330000－1705－0001960　馮1211　史部/目録類/總録之屬/私撰

京師大學堂暫定應用書目不分卷 （清）京師大學堂編 清末文明書局鉛印本 一冊

330000－1705－0001961　馮1194、馮1195、馮1197　史部/目録類/總録之屬/彙刻

江刻書目三種 （清）江標輯 清光緒元和江氏師郵室刻蘇州振新書社印本 四冊

330000－1705－0001963　馮1181、馮1185、馮1543－1　類叢部/叢書類/彙編之屬

士禮居叢書二十種 （清）黃丕烈編 清嘉慶至道光黃氏士禮居刻本 四冊 存三種

330000－1705－0001964　馮1180　史部/目録類/總録之屬/私撰

行素堂目睹書録十卷 （清）朱記榮編 **汲古閣珍藏秘本書目一卷** （清）毛扆輯 清光緒十年至十一年(1884－1885)吳縣朱記榮槐廬刻本 十冊

330000－1705－0001968　馮1141　類叢部/叢書類/彙編之屬

平津館叢書六集三十五種 （清）孫星衍編 清嘉慶蘭陵孫氏刻本 二冊 存七種

330000－1705－0001969　馮1173　史部/目録類/總録之屬/私撰

書目答問不分卷 （清）張之洞撰 清光緒刻本 一冊

330000－1705－0001970　馮1250　類叢部/類書類/通類之屬

玉海二百四卷附刻十三種 （宋）王應麟撰 **校補玉海瑣記二卷王深甯先生年譜一卷**

（清）張大昌撰 清光緒九年至十六年(1883－1890)浙江書局刻本 二冊 存十卷(漢藝文志攷證一至十)

330000－1705－0001971　馮1213　史部/目録類/書志之屬/提要

國學保存會藏書志一卷 鄧實編録 **社説一卷社啟一卷** 劉光漢撰 清末鉛印本 一冊

330000－1705－0001973　馮1174　史部/目録類/總録之屬/私撰

書目答問不分卷 （清）張之洞撰 清光緒刻本 馮貞群跋 一冊

330000－1705－0001975　馮1189　史部/目録類/總録之屬/官修

欽定天禄琳琅書目十卷 （清）于敏中等撰 **欽定天禄琳琅書目後編二十卷** （清）彭元瑞等撰 清光緒十年(1884)長沙王氏刻本 馮貞群批並記 十冊

330000－1705－0001976　馮1175　史部/目録類/總録之屬/私撰

書目答問五卷別録一卷國朝著述諸家姓名略一卷 （清）張之洞撰 清光緒四年(1878)四明味海閣刻本 二冊

330000－1705－0001977　馮1225　史部/目録類/總録之屬/私撰

問經堂書目一卷 （清）問經堂編 清光緒二十五年(1899)杭州問經堂石印本 一冊

330000－1705－0001978　馮1467　子部/醫家類/傷寒金匱之屬/傷寒論

傷寒論淺注八卷 （清）陳念祖撰 清靈蘢館抄本 馮貞群批並跋 三冊

330000－1705－0001979　馮1178　史部/目録類/總録之屬/彙刻

彙刻書目二十卷 （清）顧修輯 （清）朱學勤補 清光緒十二年至十五年(1886－1889)上海福瀛書局刻本 馮貞群題記 二十冊

330000－1705－0001981　馮1186　史部/目録類/總録之屬/私撰

天一閣書目四卷 （清）阮元 （清）范邦甸等

編　附碑目一卷續增一卷　（清）錢大昕編（清）范懋敏續編　清嘉慶十三年（1808）揚州阮元文選樓刻本　馮貞群批　五冊　缺一卷（續增）

330000－1705－0001986　馮1204　史部/目錄類/書志之屬/提要

藝風藏書記八卷續記八卷　繆荃孫撰　清光緒二十六年至二十七年（1900－1901）江陰繆荃孫刻民國元年至二年（1912－1913）續刻本　五冊

330000－1705－0001989　馮1196　史部/目錄類/總錄之屬/私撰

楹書隅錄五卷續編四卷　（清）楊紹和藏並撰　清光緒二十年（1894）聊城楊氏海源閣刻宣統三年（1911）董康補刻本　十冊

330000－1705－0001995　馮1190　史部/目錄類/書志之屬/提要

愛日精廬藏書志三十六卷續志四卷　（清）張金吾藏並撰　清光緒十三年（1887）吳縣徐氏靈芬閣木活字印本　馮貞群題記　十冊

330000－1705－0001999　馮1187　史部/目錄類/總錄之屬/私撰

天一閣見存書目四卷首一卷末一卷　（清）薛福成撰　清光緒十五年（1889）薛福成甬上崇實書院刻本　馮貞群批　四冊

330000－1705－0002003　馮1203　類叢部/叢書類/自著之屬

存齋雜纂　（清）陸心源撰　清光緒吳興陸氏十萬卷樓刻本　二十冊　存一種

330000－1705－0002007　馮1253　史部/目錄類/總錄之屬/私撰

經籍舉要一卷附錄吳晴舫學使告示六條一卷附家塾課程一卷附中江講院添設季課示一卷　（清）龍啟瑞撰　清光緒十九年（1893）中江講院刻本　一冊

330000－1705－0002008　馮1240　類叢部/叢書類/彙編之屬

峭帆樓叢書　趙詒琛編　清宣統三年至民國

八年（1911－1919）新陽趙氏峭帆樓刻本　孫家湛記　二冊　存一種

330000－1705－0002010　馮1256　史部/目錄類/總錄之屬/私撰

四庫簡明目錄標注二十卷附錄一卷　（清）邵懿辰撰　清宣統三年（1911）仁和邵章刻半巖廬所箸書本　馮貞群題記　六冊

330000－1705－0002011　馮1254　史部/目錄類

經史次第標目一卷　（清）徐昌緒輯並書（清）汪世芳　（清）李遂根　（清）劉宇泰校　清同治十二年（1873）東川書院刻本　一冊

330000－1705－0002012　馮1258　史部/目錄類/版本之屬/書影

留真譜初編十二卷　楊守敬輯　清光緒二十七年（1901）宜都楊氏刻本　十二冊

330000－1705－0002013　善4170　集部/別集類/清別集

南村詩稿甲集八卷乙集八卷　（清）潘高撰　清康熙鶴江草堂刻本　一冊

330000－1705－0002014　馮1269　史部/金石類/總志之屬

金石萃編一百六十卷　（清）王昶撰　清嘉慶十年（1805）青浦王氏經訓堂刻同治十年（1871）嘉善錢寶傳補刻本　六十四冊

330000－1705－0002016　馮1241　史部/目錄類/總錄之屬/私撰

讀書敏求記四卷　（清）錢曾撰　清雍正四年（1726）吳興趙孟升松雪齋刻乾隆十年（1745）沈尚傑雙桂草堂剜版六十年（1795）沈炎耆英堂重修本　四冊

330000－1705－0002018　馮1242　史部/目錄類/書志之屬/題跋

士禮居藏書題跋記六卷　（清）黃丕烈撰　清光緒十年（1884）吳縣潘祖蔭滂喜齋刻本　四冊

330000－1705－0002019　馮1307　史部/史評類/詠史之屬

遜國詩紀一卷 （清）王仁灝撰 清刻本
一冊

330000－1705－0002020 馮1302、馮1303、
馮1304、馮1305 史部/史評類/史論之屬
歷代史論十二卷宋史論三卷元史論一卷
（明）張溥撰 明史論四卷 （清）谷應泰撰
左傳史論二卷 （清）高士奇撰 清光緒五年
(1879)西江裴氏刻本 八冊

330000－1705－0002022 馮1270 史部/金
石類/總志之屬
金石萃編一百六十卷 （清）王昶撰 金石續
編二十一卷首一卷 （清）陸耀遹撰 清光緒
十九年(1893)上海醉六堂石印本 二十四冊

330000－1705－0002024 馮1278 史部/金
石類/郡邑之屬/目錄
東甌金石志十二卷 （清）戴咸弼撰 （清）孫
詒讓校補 清光緒二十五年(1899)石印本
四冊

330000－1705－0002025 馮1262、馮1263、
馮1264 史部/金石類
行素草堂金石叢書 （清）朱記榮輯 清光緒
吳縣朱氏刻十四年(1888)彙印本 十冊 存
三種

330000－1705－0002026 馮1297 類叢部/
叢書類/自著之屬
章氏遺書二種 （清）章學誠撰 清道光十二
年至十三年(1832－1833)章華紱刻浙江書局
補刻本 五冊

330000－1705－0002027 馮1311 史部/編
年類/通代之屬
御批歷代通鑑輯覽一百二十卷 （清）傅恒等
總裁 （清）楊述曾等纂修 歷代帝王年表一
卷附歷代世紀歌 （清）萬青藜編錄 讀史論
略一卷 （清）杜詔著 綱鑑總評一卷 清同
治十年(1871)潯陽萬氏芋栗園刻本 一百二
十冊

330000－1705－0002028 馮1276 史部/金
石類/郡邑之屬/文字

兩浙金石志十八卷補遺一卷 （清）阮元撰
清光緒十六年(1890)浙江書局刻本 十二冊

330000－1705－0002029 馮1244 史部/目
錄類/總錄之屬/私撰
開有益齋讀書志六卷續志一卷金石文字記一
卷 （清）朱緒曾撰 清光緒六年(1880)金陵
翁氏茹古閣刻本 四冊

330000－1705－0002031 馮1272 史部/金
石類/總志之屬/目錄
寰宇訪碑錄十二卷 （清）孫星衍 （清）邢澍
撰 清光緒九年(1883)江蘇書局刻本 四冊

330000－1705－0002032 馮1245 史部/目
錄類/總錄之屬/私撰
宋元舊本書經眼錄三卷附錄二卷 （清）莫友
芝撰 清同治十二年(1873)獨山莫繩孫刻本
馮貞群記 二冊

330000－1705－0002033 馮1275 史部/金
石類/石之屬/通考
陶齋藏石記四十四卷首一卷藏甎記二卷
（清）端方輯 清宣統二年(1910)上海商務印
書館石印本 十二冊

330000－1705－0002034 馮1301 史部/史
評類/史論之屬
續左傳博議四卷 （清）王夫之 （清）朱元英
撰 清光緒二十四年(1898)石印本 二冊

330000－1705－0002035 馮1273、馮1274
類叢部/叢書類/彙編之屬
槐盧叢書四十六種 （清）朱記榮編 清光緒
三年至十五年(1877－1889)吳縣朱氏槐盧家
塾刻本 五冊 存二種

330000－1705－0002036 馮1284 史部/金
石類/郡邑之屬/目錄
安陽縣金石錄十二卷 （清）武億 （清）趙希
璜撰 清嘉慶二十四年(1819)鐵嶺貴泰刻本
四冊

330000－1705－0002037 馮1324 類叢部/
叢書類/彙編之屬
抱經堂叢書十六種 （清）盧文弨編 清乾隆

至嘉慶刻彙印本　二冊　存一種

330000－1705－0002038　馮1296　類叢部/
叢書類/自著之屬

章氏遺書二種　（清）章學誠撰　清道光十二
年至十三年（1832－1833）章華紱刻浙江書局
補刻本　五冊

330000－1705－0002040　馮1285　子部/藝
術類/書畫之屬/書法書品

絳帖目錄一卷　王存善編　清光緒三十二年
（1906）仁和王氏鉛印本　一冊

330000－1705－0002041　馮1265　子部/藝
術類/書畫之屬

王氏書畫苑四十四種　（明）王世貞輯　（明）
詹景鳳補　明萬曆十八年至十九年（1590－
1591）王元貞刻本　三冊　存十種

330000－1705－0002042　馮1322　子部/儒
家類/儒學之屬/經濟

賈子次詁十六卷　（清）王耕心撰　清光緒二
十九年（1903）正定王氏刻本　二冊

330000－1705－0002043　馮1885　史部/傳
記類/雜傳之屬

世界大哲學家釋迦牟尼傳一卷　（清）雄飛太
郎撰　清光緒二十八年（1902）新中國圖書社
鉛印本　一冊

330000－1705－0002045　馮1266　史部/金
石類/石之屬/文字

金薤琳琅二十卷　（明）都穆撰　**金薤琳琅補
遺一卷**　（清）宋振譽撰　清乾隆四十三年
（1778）汪荻洲刻本　四冊

330000－1705－0002046　馮1323　子部/儒
家類/儒學之屬/經濟

賈子次詁十六卷　（清）王耕心撰　清光緒二
十九年（1903）正定王氏刻本　二冊

330000－1705－0002047　馮1277　史部/金
石類/陶之屬

浙江磚錄四卷　（清）馮登府撰　清道光十六
年（1836）鄞縣鄭淳刻本　馮貞群題記　一冊

330000－1705－0002048　馮1271　史部/金
石類/總志之屬

金石萃編補畧二卷　（清）王言撰　清光緒八
年（1882）刻本　一冊

330000－1705－0002049　馮1308　史部/史
評類/史論之屬

讀史大畧六十卷　（清）沙張白撰　**小沙子史
畧一卷**　（清）沙晉撰　清咸豐七年（1857）刻
本　十二冊

330000－1705－0002050　馮1287　史部/金
石類/郡邑之屬/文字

越中金石記十卷越中金石目二卷　（清）杜春
生撰　清道光十年（1830）山陰杜春生詹波館
刻本　十冊

330000－1705－0002051　馮1267　類叢部/
叢書類/自著之屬

蘇齋叢書十八種　（清）翁方綱撰　清乾隆至
嘉慶刻彙印本　八冊　存一種

330000－1705－0002052　馮1309　史部/史
評類/史論之屬

東萊先生音註唐鑑二十四卷　（宋）范祖禹撰
　（宋）呂祖謙注　清刻本　四冊

330000－1705－0002054　馮1288　史部/金
石類/總志之屬/通考

重定金石契不分卷　（清）張燕昌撰　清光緒
二十二年（1896）貴池劉氏聚學軒刻本　五冊

330000－1705－0002055　馮1330　子部/儒
家類/儒學之屬/經濟

鹽鐵論十卷　（漢）桓寬撰　**考證一卷**　（清）
張敦仁撰　清嘉慶十二年（1807）張敦仁江寧
刻本　六冊

330000－1705－0002057　馮1281　史部/金
石類/石之屬/通考

語石十卷　葉昌熾撰　清宣統元年（1909）自
刻本　馮貞群題記　四冊

330000－1705－0002059　馮1329　子部/儒
家類/儒學之屬/經濟

鹽鐵論十卷　（漢）桓寬撰　**校勘小識一卷**

王先謙撰　清光緒十七年(1891)思賢講舍刻本　二冊

330000－1705－0002061　馮1222　史部/目錄類/總錄之屬/官修

江蘇官書坊各種書核實價目一卷　清光緒二十五年(1899)江蘇官書坊刻本　一冊

330000－1705－0002062　馮1310　史部/編年類/斷代之屬

欽定明鑑二十四卷首一卷　(清)胡敬等輯　清嘉慶二十三年(1818)刻本　四冊

330000－1705－0002063　馮1331　子部/儒家類/儒學之屬/經濟

鹽鐵論十二卷　(漢)桓寬撰　(明)張之象注　明嘉靖三十三年(1554)張氏猗蘭堂刻本　三冊　存十卷(一至十)

330000－1705－0002064　馮1299　經部/春秋左傳類/傳說之屬

東萊先生左氏博議二十五卷　(宋)呂祖謙撰　**虛字註釋備考六卷**　(清)張文炳點定　清道光十九年(1839)錢唐瞿氏清吟閣刻本　六冊

330000－1705－0002065　馮1300　經部/春秋左傳類/傳說之屬

東萊博議四卷　(宋)呂祖謙撰　清光緒七年(1881)馮泰松刻本　四冊

330000－1705－0002067　馮1318　子部/儒家類/儒家之屬

荀子二十卷校勘補遺一卷　(唐)楊倞注　(清)盧文弨　(清)謝墉輯校並補遺　清乾隆五十一年(1786)嘉善謝墉刻本　四冊

330000－1705－0002068　馮1335　子部/儒家類/儒家之屬

新序十卷　(漢)劉向撰　清刻本　一冊

330000－1705－0002069　馮1279　類叢部/叢書類/自著之屬

存齋雜纂　(清)陸心源撰　清光緒吳興陸氏十萬卷樓刻本　三冊　存一種

330000－1705－0002070　馮1337、馮1824　類叢部/叢書類/彙編之屬

漢魏叢書三十八種　(明)程榮編　明萬曆二十年(1592)新安程氏刻本　二冊　存二種

330000－1705－0002071　馮1290　史部/史評類/史論之屬

史通通釋二十卷附錄一卷　(清)浦起龍撰　清乾隆十七年(1752)梁溪浦氏求放心齋刻本　馮貞群批並跋　六冊

330000－1705－0002072　馮1891　史部/傳記類/總傳之屬/釋道

佛祖統紀五十四卷　(宋)釋志磐撰　清光緒三十四年(1908)刻本　十冊

330000－1705－0002074　馮1315　子部/叢編

意林逸子　清光緒刻本　二冊　存一種

330000－1705－0002075　馮1347　類叢部/叢書類/彙編之屬

高安朱文端公校輯藏書(朱文端公藏書)十三種　(清)朱軾撰輯　清康熙至乾隆刻彙印本　一冊　存一種

330000－1705－0002076　馮1291　史部/史評類/史論之屬

史通通釋二十卷附錄一卷　(清)浦起龍撰　清光緒二十五年(1899)上海寶文書局石印本　八冊

330000－1705－0002077　馮1348　類叢部/叢書類/彙編之屬

高安朱文端公校輯藏書(朱文端公藏書)十三種　(清)朱軾撰輯　清康熙至乾隆刻彙印本　一冊　存一種

330000－1705－0002078　馮1292　史部/史評類/史論之屬

史通削繁四卷　(清)紀昀撰　清光緒元年(1875)湖北崇文書局刻本　四冊

330000－1705－0002079　馮1339　子部/儒家類/儒學之屬/經濟

揚子法言十三卷　(漢)揚雄撰　(晉)李軌注

揚子法言音義一卷　清嘉慶二十三年(1818)秦氏石研齋影宋刻本　清徐時棟批並跋　一冊

330000－1705－0002080　馮1321　子部/儒家類/儒家之屬

荀子八卷　(清)王念孫撰　清刻本　馮貞群批　二冊

330000－1705－0002081　馮1415、馮1421、馮1422、馮1423　子部/兵家類/兵法之屬

火龍經全集　(明)□□編　清咸豐南陽石室刻本　五冊

330000－1705－0002082　馮1397　子部/雜著類/雜說之屬

浮邱子十二卷　(清)湯鵬撰　(清)湯倓昭等輯　清同治四年(1865)湘陰李黼堂刻本　四冊

330000－1705－0002083　馮1396　子部/儒家類/儒學之屬/禮教

弟子箴言十六卷　(清)胡達源撰　清光緒三十一年(1905)上海廣智書局鉛印本　一冊

330000－1705－0002084　馮1383　子部/儒家類/儒學之屬/經濟

繹志十九卷　(清)胡承諾撰　清同治十一年(1872)浙江書局刻本　八冊

330000－1705－0002085　馮1313　子部/儒家類/儒家之屬

孔氏家語十卷　(三國魏)王肅注　清光緒上海同文書局石印本　五冊

330000－1705－0002086　馮1341　子部/儒家類/儒學之屬/經濟

揚子法言十三卷　(漢)揚雄撰　(晉)李軌注　揚子法言音義一卷　清嘉慶二十三年(1818)秦氏石研齋影宋刻本　一冊

330000－1705－0002087　馮1360　子部/儒家類/儒學之屬/性理

淵鑒齋御纂朱子全書六十六卷　(宋)朱熹撰　(清)李光地等輯　清刻本　三十六冊

330000－1705－0002088　馮1368　子部/儒家類/儒學之屬/勸學

程氏家塾讀書分年日程三卷綱領一卷　(元)程端禮撰　清嘉慶刻本　一冊

330000－1705－0002089　馮1312　類叢部/叢書類/彙編之屬

玉海堂景宋元本叢書二十種別行二種　劉世珩編　清光緒至民國貴池劉氏玉海堂影刻本　四冊　存一種

330000－1705－0002090　馮1427　史部/地理類/總志之屬/通代

讀史方輿紀要一百三十卷輿圖要覽四卷　(清)顧祖禹撰　清嘉慶十六年(1811)龍萬育敷文閣刻光緒五年(1879)蜀南桐華書屋家塾補修本　四十八冊

330000－1705－0002091　馮1342　子部/儒家類/儒學之屬/經濟

法言十卷　(漢)揚雄撰　申鑒五卷　(漢)荀悅撰　清刻本　一冊

330000－1705－0002092　馮1371、馮2158、馮3487　類叢部/叢書類/彙編之屬

嘯園叢書五十七種　(清)葛元煦編　清光緒二年至七年(1876－1881)仁和葛氏刻本　四冊　存四種

330000－1705－0002093　馮1363　類叢部/叢書類/自著之屬

真西山全集(西山真文忠公全集、真文忠公全集)七種　(宋)真德秀撰　清康熙真氏家祠刻乾隆至同治三年(1864)遞修本　二十冊　存一種

330000－1705－0002094　馮1398　子部/儒家類/儒學之屬/性理

文莫書屋詹詹言二卷　(清)陳僅撰　清道光二十五年(1845)四明繼雅堂刻本　一冊

330000－1705－0002096　馮1399　子部/雜著類/雜說之屬

嘐嘐言六卷首一卷末一卷　(清)郭柏蔭撰　清道光三十年(1850)刻本　一冊

330000－1705－0002098　馮 1354　子部/儒家類/儒學之屬/性理

近思錄集解十四卷　(清)張伯行撰　清康熙四十九年至五十一年(1710－1712)正誼堂刻本　四冊

330000－1705－0002099　馮 1416　子部/兵家類/兵法之屬

軍禮司馬灋攷徵二卷　(清)黃以周撰　清光緒十八年(1892)黃氏試館刻本　一冊

330000－1705－0002100　馮 1387　子部/儒家類/儒學之屬/勸學

先正讀書訣一卷　(清)周永年輯　清道光二十二年(1842)刻本　一冊

330000－1705－0002101　馮 1400　子部/雜著類/雜說之屬

采真子衡論不分卷附衡論或問一卷辨惑一篇　(清)畢華珍撰　清刻本　一冊

330000－1705－0002102　馮 1417　子部/兵家類/兵法之屬

軍禮司馬灋攷徵二卷　(清)黃以周撰　清光緒十八年(1892)黃氏試館刻本　一冊

330000－1705－0002103　馮 1418　子部/兵家類/兵法之屬

軍禮司馬灋攷徵二卷　(清)黃以周撰　清光緒十八年(1892)黃氏試館刻本　一冊

330000－1705－0002104　馮 1374　子部/儒家類/儒學之屬/性理

呻吟語六卷　(明)呂坤撰　清道光二十二年(1842)呂錫麟刻本　六冊

330000－1705－0002105　馮 1395　子部/雜家類

樞言一卷續樞言一卷　(清)王柏心撰　清光緒七年(1881)補讀書齋常郡木活字印本　一冊

330000－1705－0002106　馮 1401　史部/政書類

校邠廬抗議二卷　(清)馮桂芬撰　清光緒二十四年(1898)上海書局鉛印本　二冊

330000－1705－0002107　馮 1358　子部/儒家類/儒學之屬/蒙學

小學集注六卷　(明)陳選集注　**總論一卷**　(清)趙鳳翔　(清)趙慎微編輯　**宋史朱子傳一卷明史陳傳一卷**　(清)吳棠輯　**校勘記六卷首一卷**　(清)高均儒錄　**小學校語一卷**　(清)孫崇晉等撰　清同治元年至二年(1862－1863)刻本　四冊

330000－1705－0002108　馮 1376　子部/儒家類/儒學之屬/俗訓

人譜正篇一卷續編二卷人譜類記增訂六卷　(明)劉宗周撰　清道光二十四年(1844)綿雅堂刻本　馮貞群題記　一冊

330000－1705－0002109　馮 1402　子部/儒家類/儒學之屬/性理

漢學商兌三卷　(清)方東樹撰　清光緒八年(1882)四明花雨樓刻本　四冊

330000－1705－0002110　馮 1424　子部/兵家類/兵法之屬

心書一卷　題(三國蜀)諸葛亮撰　清光緒刻本　一冊

330000－1705－0002111　馮 1403　經部/群經總義類/傳說之屬

經訓比義三卷　(清)黃以周撰　清光緒二十二年(1896)南菁講舍刻本　三冊

330000－1705－0002112　馮 1377　子部/儒家類/儒學之屬/禮教/鑑戒

蕺山先生人譜一卷人譜類記二卷　(明)劉宗周撰　清道光八年(1828)勉行堂刻本　二冊

330000－1705－0002113　馮 1385　子部/雜著類/雜說之屬

潛書四卷　(清)唐甄撰　**西蜀唐圃亭先生行署一卷**　(清)王聞遠撰　清光緒九年(1883)中江李氏刻本　四冊

330000－1705－0002114　馮 1404　子部/儒家類/儒學之屬/勸學

輶軒語七卷　(清)張之洞撰　清光緒四年(1878)汪曾唯振綺堂刻本　一冊

330000 - 1705 - 0002115　馮 1405　子部/儒家類/儒學之屬/勸學

輶軒語一卷　（清）張之洞撰　清光緒二十一年(1895)湖北官書處刻本　一冊

330000 - 1705 - 0002116　馮 1390　子部/儒家類/儒學之屬/勸學

教諭語一卷　（清）謝金鑾撰　清光緒二十二年(1896)寧郡學刻二十四年(1898)孫補三印本　一冊

330000 - 1705 - 0002117　馮 1378　子部/儒家類/儒學之屬/性理

御纂性理精義十二卷　（清）李光地等纂修　清康熙五十六年(1717)内府刻本　五冊

330000 - 1705 - 0002118　馮 1393　子部/儒家類/儒學之屬/勸學

教諭語一卷　（清）謝金鑾撰　清光緒二十二年(1896)寧郡學刻二十四年(1898)孫補三印本　一冊

330000 - 1705 - 0002119　馮 1391　子部/儒家類/儒學之屬/勸學

教諭語一卷　（清）謝金鑾撰　清光緒二十二年(1896)寧郡學刻二十四年(1898)孫補三印本　一冊

330000 - 1705 - 0002120　馮 1406　子部/儒家類/儒學之屬/蒙學

童蒙必讀書十四種　（清）涂宗瀛輯　清光緒九年(1883)武昌書局刻本　四冊

330000 - 1705 - 0002121　馮 1392　子部/儒家類/儒學之屬/勸學

教諭語一卷　（清）謝金鑾撰　清光緒二十二年(1896)寧郡學刻二十四年(1898)孫補三印本　一冊

330000 - 1705 - 0002123　馮 1351　子部/儒家類/儒學之屬

二程子遺書纂二卷　（宋）程顥　（宋）程頤撰　（清）李光地輯　清刻本　二冊

330000 - 1705 - 0002124　馮 1355　子部/儒家類/儒學之屬/性理

330000 - 1705 - 0002124　馮 1379　子部/儒家類/儒學之屬/禮教/鑑戒

聖祖仁皇帝庭訓格言一卷　（清）世宗胤禛述　清同治十年(1871)福建布政使署潘霨刻本　一冊

330000 - 1705 - 0002126　馮 1384　子部/儒家類/儒學之屬/俗訓

先儒正修錄三卷齊治錄三卷　（清）于準輯　清康熙刻本　二冊　存二卷(正修錄前、齊治錄中)

330000 - 1705 - 0002127　馮 1359　子部/儒家類/儒學之屬/性理

近思續錄十四卷　（宋）蔡模輯　清康熙二十八年(1689)呂氏天蓋樓刻本　一冊

330000 - 1705 - 0002128　馮 1356　子部/儒家類/儒學之屬/蒙學

小學集註六卷　（明）陳選集註　清雍正五年(1727)武英殿刻本　二冊

330000 - 1705 - 0002129　馮 1380　子部/儒家類/儒學之屬/禮教/家訓

澄懷園語四卷　（清）張廷玉撰　清光緒六年(1880)張紹文刻本　馮貞群題記　一冊

330000 - 1705 - 0002130　馮 1407　子部/儒家類/儒學之屬/禮教/女範

女四書四卷　（清）王相箋注　清光緒二十二年(1896)經綸元記刻本　二冊

330000 - 1705 - 0002131　馮 1425　史部/地理類/雜志之屬

武備志二卷　（明）郭鈺訂評　清抄本　二冊

330000 - 1705 - 0002132　馮 1381　子部/儒家類/儒學之屬/經濟

明夷待訪錄一卷　（清）黃宗羲撰　清同治五年(1866)文江官廨刻本　一冊

330000 - 1705 - 0002133　馮 1408　子部/儒家類/儒學之屬/禮教/女範

女四書四卷 （清）王相箋注 清光緒六年(1880)李光明莊刻本 二冊

330000－1705－0002134 馮1382 類叢部/叢書類/自著之屬

黃梨洲先生遺書二種 （清）黃宗羲撰 清光緒五年(1879)餘姚黃氏五桂樓刻本 一冊 存一種

330000－1705－0002135 馮1388 類叢部/叢書類/彙編之屬

望三益齋叢書十種 （清）吳棠編 清咸豐至光緒吳氏望三益齋刻本 六冊 存一種

330000－1705－0002136 馮1409 子部/儒家類/儒學之屬/禮教/女範

女四書四卷 （清）王相箋注 清光緒六年(1880)李光明莊刻本 二冊

330000－1705－0002137 馮1386 子部/儒家類/儒學之屬/禮教

五種遺規 （清）陳弘謀輯並撰 清光緒二十年至二十六年(1894－1900)刻本 清李安民校 十二冊

330000－1705－0002138 馮1353 子部/儒家類/儒學之屬/性理

近思錄集解十四卷 （宋）葉采撰 清初吳郡邵仁泓刻本 二冊

330000－1705－0002139 馮1410 子部/儒家類/儒學之屬/禮教/女範

女子四書讀本二卷 （清）王相箋注 清光緒二年(1876)莆陽鄭漢刻本 一冊

330000－1705－0002140 馮1389 子部/雜家類

顏瘤子二卷 （清）張節撰 清刻本 一冊

330000－1705－0002141 馮1411 子部/雜著類/雜說之屬

危言四卷 湯震撰 清光緒二十二年(1896)上海圖書集成印書局鉛印本 二冊

330000－1705－0002142 馮1394 子部/儒家類/儒學之屬/禮教/鑑戒

脩齊集要七卷首一卷 （清）范臺輯 清道光二十五年(1845)刻本 一冊

330000－1705－0002143 馮1412 子部/儒家類/儒學之屬/勸學

勸學篇二卷 （清）張之洞撰 清光緒二十四年(1898)兩湖書院刻本 一冊

330000－1705－0002146 馮1413 子部/儒家類/儒學之屬/勸學

勸學篇二卷 （清）張之洞撰 清光緒二十四年(1898)四川巴州牧邱祖培刻本 一冊

330000－1705－0002147 馮1458 子部/叢編

二十二子(二十二子彙函) （清）浙江書局編 清光緒元年至三年(1875－1877)浙江書局刻本 二冊 存一種

330000－1705－0002148 馮1503 子部/儒家類/綜合之屬/通論

醫醇賸義四卷醫方論四卷 （清）費伯雄撰 清光緒三年(1877)刻本 四冊 存四卷(醫醇賸義一至四)

330000－1705－0002150 馮1501 子部/醫家類/診法之屬

傷寒審症表一卷 （清）包誠輯 清同治十年(1871)湖北崇文書局刻本 一冊

330000－1705－0002151 馮1459 子部/醫家類/醫經之屬/內經

內經知要二卷 （明）李中梓輯並注 清乾隆二十九年(1764)薛雪埽葉山房刻本 馮貞群批並跋 一冊

330000－1705－0002152 馮1430 子部/法家類

合刻管韓二子 （明）趙用賢編 明崇禎十一年(1638)葛鼎刻本 三冊 存一種

330000－1705－0002153 馮1471 子部/醫家類/類編之屬

古今醫統正脉全書四十四種 （明）王肯堂編 明萬曆二十九年(1601)新安吳勉學刻本 二冊 存一種

330000 - 1705 - 0002154　馮 1504　子部/醫家類/養生之屬

延壽丹方一卷　（明）董其昌輯　清同治八年（1869）石倉山館刻本　一冊

330000 - 1705 - 0002156　馮 1469　子部/醫家類/傷寒金匱之屬/金匱要略

長沙方彙不分卷　清養晦齋抄本　一冊

330000 - 1705 - 0002157　馮 1472　子部/醫家類/方書之屬/單方驗方

聖濟總錄纂要二十六卷　（清）程林輯　清康熙二十年(1681)程林揚州刻乾隆五年(1740)張松寧重修本　十冊

330000 - 1705 - 0002158　馮 1460　子部/醫家類/傷寒金匱之屬/金匱要略

金匱心典三卷　（清）尤怡撰　清光緒七年（1881）崇德書院刻本　二冊

330000 - 1705 - 0002159　馮 1500　子部/醫家類/溫病之屬/其他溫疫病證

溫熱經緯五卷　（清）王士雄撰　清同治十三年(1874)湖北崇文書局刻本　四冊

330000 - 1705 - 0002160　馮 1448　史部/政書類/律令之屬/法驗

重刊補註洗冤錄集證六卷　（清）王又槐輯　（清）李觀瀾補輯　（清）阮其新補註　（清）張錫蕃重訂　（清）文晟續輯　清道光二十四年至二十七年(1844－1847)廣州翰墨園刻四色套印本　六冊

330000 - 1705 - 0002161　馮 1431　子部/法家類

管子二十四卷　（唐）房玄齡注　清光緒五年（1879）影宋刻本　四冊

330000 - 1705 - 0002162　馮 1461　子部/醫家類/傷寒金匱之屬/金匱要略

張仲景金匱要畧論註二十四卷　（清）徐彬撰　清康熙刻本　四冊

330000 - 1705 - 0002164　馮 1497　子部/醫家類/方書之屬/歷代方書

醫方集解三卷　（清）汪昂撰　清道光十二年

(1832)山淵堂刻本　二冊

330000 - 1705 - 0002165　馮 1432　子部/法家類

管子二十四卷　（唐）房玄齡注　清光緒五年（1879）影宋刻本　六冊

330000 - 1705 - 0002166　馮 1473　子部/醫家類/傷寒金匱之屬/金匱要略

金匱要畧方論本義二十二卷　（清）魏荔彤撰　清乾隆金閶綠蔭堂刻本　四冊

330000 - 1705 - 0002167　馮 1499　子部/醫家類/綜合之屬/通論

慈航集三元普濟方四卷　（清）王勳撰　清光緒十一年(1885)刻本　四冊

330000 - 1705 - 0002168　馮 1462　子部/醫家類/傷寒金匱之屬/金匱要略

金匱玉函經二註二十二卷補方一卷　（宋）趙以德(趙良仁)衍義　（清）周揚俊補註　**十藥神書一卷**　（元）葛乾孫撰　清同治二年（1863）刻本　四冊

330000 - 1705 - 0002169　馮 1434　子部/法家類

管子地員篇注四卷　（清）王紹蘭撰　清光緒十七年(1891)蕭山胡燏棻寄虹山館刻本　四冊

330000 - 1705 - 0002170　馮 1435　子部/法家類

弟子職集解一卷　（清）莊述祖輯　**弟子職句讀一卷考證一卷補音一卷**　（清）黃彭年輯　清光緒十四年(1888)江蘇書局刻本　一冊

330000 - 1705 - 0002171　馮 1508　子部/醫家類/兒科之屬/痘疹

鄭氏痘科一卷　（清）鄭啟壽撰　清抄本　馮貞群題簽　一冊

330000 - 1705 - 0002172　馮 1474　子部/醫家類/外科之屬

瘡瘍經驗全書十三卷　（宋）竇默撰　（明）竇夢麟增輯　清康熙五十六年(1717)陳廷桂浩然樓刻本　五冊　存十卷(一至十)

330000 - 1705 - 0002173　馮1463　子部/醫家類/傷寒金匱之屬/傷寒論

傷寒來蘇集三種　(清)柯琴撰　清乾隆二十年(1755)崑山馬中驊綏福堂刻本　四冊　存一種

330000 - 1705 - 0002174　馮1464　子部/醫家類/傷寒金匱之屬/傷寒論

傷寒來蘇集三種　(清)柯琴撰　清乾隆三十一年(1766)博古堂刻本　一冊　存一種

330000 - 1705 - 0002175　馮1436　子部/法家類

管子校正二十四卷　(清)戴望撰　清同治十一年(1872)劉履芬刻本　六冊

330000 - 1705 - 0002176　馮1496 - 1　子部/醫家類

傅青主男科二卷　(清)傅山撰　清光緒十三年(1887)湖北官書處刻本　二冊

330000 - 1705 - 0002177　馮1465　子部/醫家類/傷寒金匱之屬/傷寒論

傷寒來蘇集三種　(清)柯琴撰　清乾隆二十年(1755)崑山馬中驊綏福堂刻本　一冊　存一種

330000 - 1705 - 0002179　馮1466　子部/醫家類/傷寒金匱之屬/傷寒論

傷寒論六卷附傷寒論本義一卷　(漢)張機撰　(清)張志聰註釋　(清)高世栻纂集　清抄本　三冊

330000 - 1705 - 0002180　馮1449　史部/政書類/律令之屬/法驗

洗冤錄義證四卷經驗方一卷洗冤錄歌訣一卷　(清)剛毅輯　(清)諸可寶校　清光緒十七年(1891)江蘇書局刻本　清剛子良題簽並記　二冊

330000 - 1705 - 0002181　馮1440　子部/法家類

韓非子二十卷識誤三卷　(清)顧廣圻撰　清嘉慶二十三年(1818)全椒吳鼒刻本　四冊

330000 - 1705 - 0002182　馮1452　子部/農家農學類/蠶桑之屬

安徽勸辦柞蠶案不分卷　(清)安徽勸業道署編　清宣統二年(1910)安徽勸業道署鉛印本　一冊

330000 - 1705 - 0002183　馮1453　子部/農家農學類/蠶桑之屬

安徽勸辦柞蠶案不分卷　(清)安徽勸業道署編　清宣統二年(1910)安徽勸業道署鉛印本　一冊

330000 - 1705 - 0002185　馮1441　子部/叢編

二十二子(二十二子彙函)　(清)浙江書局編　清光緒元年至三年(1875 - 1877)浙江書局刻本　四冊　存一種

330000 - 1705 - 0002186　馮1505　子部/醫家類/兒科之屬/痘疹

鄭氏瘄畧一卷　(清)鄭啟壽撰　清抄本　馮貞群題記　一冊

330000 - 1705 - 0002187　馮1498　子部/醫家類/方書之屬/單方驗方

葛仙翁肘後備急方八卷　(晉)葛洪撰　(南朝梁)陶弘景增補　清光緒十一年(1885)湖州王文光齋刻本　二冊

330000 - 1705 - 0002189　馮1451　子部/農家農學類/蠶桑之屬

蠶桑輯要三卷　(清)沈秉成撰　清同治十年(1871)常鎮通海道署刻本　一冊

330000 - 1705 - 0002190　馮1470　子部/醫家類/醫經之屬/難經

圖註八十一難經辨真四卷　(明)張世賢撰　明刻本　二冊

330000 - 1705 - 0002192　馮1450、馮1446　類叢部/叢書類/彙編之屬

墨海金壺一百十五種　(清)張海鵬編　清嘉慶十三年至十六年(1808 - 1811)海虞張海鵬刻二十二年(1817)彙印本　三冊　存二種

330000 - 1705 - 0002193　馮1444　子部/法家類

韓非子二十卷識誤三卷 （清）顧廣圻撰　清嘉慶二十三年(1818)全椒吳鼒刻本　一冊　存三卷(識誤一至三)

330000 – 1705 – 0002195　馮1507　子部/醫家類/兒科之屬/痘疹

鄭氏痘科保赤金丹四卷 （清）謝玉瓊原撰　（清）鄭啟壽　（清）鄭行彰傳　清光緒二十六年(1900)刻本　馮貞群題記　四冊

330000 – 1705 – 0002196　馮1502　子部/醫家類/類編之屬

當歸草堂醫學叢書初編十種 （清）丁丙編　清光緒四年(1878)錢塘丁氏當歸草堂刻九年(1883)、十年(1884)增刻本　十二冊

330000 – 1705 – 0002197　馮1456、馮1457　子部/醫家類/醫經之屬/內經

重廣補註黃帝內經素問二十四卷 （唐）王冰注　（宋）林億等校正　（宋）孫兆改誤　**黃帝內經靈樞十二卷** （唐）王冰注　（宋）林億校正　（宋）孫兆改誤　（宋）史崧音釋　**黃帝內經素問遺篇一卷** （宋）劉溫舒撰　清光緒十年(1884)京口文成堂刻本　十冊

330000 – 1705 – 0002198　馮1445　子部/法家類

韓非子集解二十卷首一卷 （清）王先慎撰　清光緒二十二年(1896)刻本　六冊

330000 – 1705 – 0002199　馮1468　子部/醫家類/傷寒金匱之屬/金匱要略

金匱要略淺注不分卷 （清）陳念祖撰　清靈蕤蘐館抄本　馮貞群批並跋　三冊

330000 – 1705 – 0002200　馮1481　子部/醫家類/類編之屬

薛氏醫按十六種 （明）薛己編　明崇禎元年(1628)朱明刻本　八冊　存一種

330000 – 1705 – 0002201　馮1447　史部/政書類/律令之屬/治獄

折獄龜鑑八卷首一卷 （宋）鄭克撰　清光緒八年(1882)刻本　二冊

330000 – 1705 – 0002203　馮1524　子部/天

文曆算類/算書之屬

梅氏叢書輯要三十種六十二卷首一卷 （清）梅文鼎撰　（清）梅瑴成重編　清光緒十四年(1888)上海龍文書局石印本　六冊

330000 – 1705 – 0002204　馮1588　子部/藝術類/篆刻之屬/印論

印典八卷 （清）朱象賢輯　清康熙六十一年(1722)吳縣朱氏就閒堂刻乾隆重修本　二冊

330000 – 1705 – 0002205　馮1509　子部/醫家類/類編之屬

六醴齋醫書十種 （清）程永培編　清乾隆五十九年(1794)修敬堂刻本　十二冊

330000 – 1705 – 0002206　馮1523　子部/天文曆算類

兼濟堂纂刻梅勿庵先生曆算全書二十八種 （清）梅文鼎撰　（清）魏荔彤輯　（清）楊作枚訂補　清雍正元年(1723)栢鄉魏荔彤刻乾隆十四年(1749)梅汝培、咸豐九年(1859)梅體萱遞修本　二十冊

330000 – 1705 – 0002207　馮1525、馮1526、馮1527　類叢部/叢書類/自著之屬

鄒徵君遺書 （清）鄒伯奇撰　清同治十二年(1873)鄒達泉拾芥園刻本　五冊

330000 – 1705 – 0002208　馮1582　子部/藝術類/書畫之屬/畫法畫品

畫梅心語一卷 （清）大梅山民(姚燮)撰　清刻本　一冊

330000 – 1705 – 0002211　馮1563　子部/藝術類/書畫之屬/總論

佩文齋書畫譜一百卷 （清）孫岳頒等輯　清康熙內府刻乾隆宋銑靜永堂刻本　四十冊

330000 – 1705 – 0002212　馮1589　子部/藝術類/篆刻之屬/印譜

石說不分卷 □□纂刻　墨莊集錄　清吳興墨莊鈐印本　一冊

330000 – 1705 – 0002213　馮1544　子部/術數類/相宅相墓之屬

地理索隱一卷 （明）釋夢隱注　清抄本

一冊

330000－1705－0002214　馮 1561　子部／藝術類／書畫之屬

鐵網珊瑚二十卷　（明）都穆撰　清乾隆刻本　二冊

330000－1705－0002216　馮 1590　子部／藝術類／篆刻之屬／印譜

秋蘋印草二卷附般若波羅蜜多心經一卷（清）華文彬篆　清嘉慶二十一年(1816)借雲館鈐印本　二冊

330000－1705－0002217　馮 1490　子部／醫家類／本草之屬／歷代綜合本草

本草綱目五十二卷附圖三卷　（明）李時珍撰　**本草萬方鍼線八卷**　（清）蔡烈先輯　**本草綱目拾遺十卷**　（清）趙學敏輯　清光緒十四年(1888)上海鴻寶齋石印本　十六冊

330000－1705－0002218　馮 1534　子部／術數類／占候之屬

大唐開元占經一百二十卷　（唐）瞿曇悉達等撰　清恒德堂刻本　馮貞群校　十六冊

330000－1705－0002220　馮 1577　史部／傳記類／總傳之屬／技藝

墨林今話十八卷（清）蔣寶齡撰　**墨林今話續編一卷**（清）蔣茝生撰　清咸豐二年(1852)刻本　六冊

330000－1705－0002221　馮 1545　子部／術數類／相宅相墓之屬

地理書不分卷　清抄本　一冊

330000－1705－0002223　馮 1540　子部／術數類／相宅相墓之屬

曹安峯地理原本說四卷　（清）曹家甲撰　清乾隆二年(1737)刻本　二冊

330000－1705－0002224　馮 1587、馮 1567、馮 3593　類叢部／叢書類／彙編之屬

風雨樓叢書二十三種　鄧實編　清宣統順德鄧氏鉛印本　三冊　存三種

330000－1705－0002225　馮 1491　子部／醫家類／類編之屬

吳氏醫學述　（清）吳儀洛輯　清浙寧三元堂刻本　六冊　存一種

330000－1705－0002226　馮 1513　子部／醫家類／外科之屬／癰疽、疔瘡

刺疔捷法一卷（清）張鏡撰　**考正穴法一卷**（清）王鋆輯　清光緒五年(1879)王鋆刻本　一冊

330000－1705－0002227　馮 1552　子部／天文曆算類／曆法之屬

御定七政四餘萬年書不分卷　清刻本　五冊

330000－1705－0002228　馮 1591　子部／藝術類／篆刻之屬／印譜

雙桂草堂印譜不分卷　（清）謝昌大鎸　清嘉慶至道光鈐印本　二冊

330000－1705－0002229　馮 1514　子部／醫家類／喉科口齒之屬／通論

咽喉脈證通論一卷　（宋）釋□□撰　清光緒十一年(1885)刻本　一冊

330000－1705－0002230　馮 1515　子部／醫家類／外科之屬

馬氏痔瘺科七十二種　（清）馬國傑撰　清末石印本　一冊

330000－1705－0002231　馮 1550　子部／術數類／陰陽五行之屬

推背圖說一卷　題(唐)袁天罡撰　（唐）李淳風注　清抄彩繪本　二冊

330000－1705－0002232　馮 1579　子部／藝術類／書畫之屬

桐陰論畫三卷附錄一卷桐陰畫訣一卷續桐陰論畫一卷二編二卷三編二卷　（清）秦祖永撰　清同治三年至光緒八年(1864－1882)刻朱墨套印本　八冊

330000－1705－0002233　馮 1528　類叢部／叢書類／自著之屬

疇隱廬叢書　丁福保撰　清光緒二十五年(1899)無錫竢實學堂刻本　一冊

330000 - 1705 - 0002234　馮 1564　子部/藝術類/書畫之屬/總論

庚子銷夏記八卷附閒者軒帖考一卷　（清）孫承澤撰　清乾隆二十五年至二十六年(1760-1761)鮑廷博、鄭竺刻本　二冊

330000 - 1705 - 0002235　馮 1554　子部/藝術類/書畫之屬/書法書品

墨池編二十卷　（宋）朱長文撰　清雍正十一年(1733)吳郡朱氏刻本　六冊

330000 - 1705 - 0002236　馮 1585　子部/藝術類/音樂之屬/琴學

琴學入門二卷　（清）張鶴輯　清光緒七年(1881)刻本　二冊

330000 - 1705 - 0002237　馮 1547　子部/術數類/命書相書之屬

袁柳莊先生神相全編三卷　（明）袁忠徹撰　清道光十二年(1832)刻本　二冊

330000 - 1705 - 0002239　馮 1539　子部/術數類/相宅相墓之屬

山洋指迷原本四卷　（明）周景一撰　（清）俞歸璞　（清）吳卿瞻增注　清光緒九年(1883)寧波汲綆齋刻本　四冊

330000 - 1705 - 0002240　馮 1517　子部/醫家類/醫理之屬/綜合

醫學答問四卷　（清）梁玉瑜傳　（清）陶保廉錄　清光緒二十一年(1895)石印本　二冊

330000 - 1705 - 0002241　馮 1565　子部/藝術類/書畫之屬/法帖

淳化閣帖釋文十卷　（清）朱家標輯　清康熙二十二年(1683)龍潭朱氏絅錦堂刻本　二冊

330000 - 1705 - 0002242　馮 1557　子部/藝術類/書畫之屬/畫譜

芥子園畫傳五卷　（清）王槩　（清）王蓍（清）王臬輯　清康熙十八年(1679)刻本　四冊

330000 - 1705 - 0002243　馮 1584　子部/藝術類/音樂之屬/琴學

琴學入門二卷　（清）張鶴輯　清光緒七年

(1881)刻本　三冊

330000 - 1705 - 0002244　馮 1518　新學/醫學

儒門醫學三卷附一卷　（英國）海得蘭撰（英國）傅蘭雅口譯　（清）趙元益筆述　清刻本　四冊

330000 - 1705 - 0002245　馮 1581　子部/藝術類/書畫之屬/題跋

習苦齋畫絮十卷　（清）戴熙撰　清光緒十九年(1893)刻本　六冊

330000 - 1705 - 0002246　馮 1521　子部/天文曆算類/算書之屬

新編筭學啟蒙三卷　（元）朱世傑撰　**筭學啟蒙識誤一卷**　（清）羅士琳撰　清同治十年(1871)江南機器製造局刻本　二冊

330000 - 1705 - 0002247　馮 1541　子部/術數類/相宅相墓之屬

江氏百問目講禪師地理書一卷地理索隱一卷　（明）釋目講撰　（清）趙榆森輯　清光緒二十三年(1897)鄞縣趙榆森刻本　二冊

330000 - 1705 - 0002248　馮 1555　子部/藝術類/書畫之屬

賞奇軒合編五種　清光緒十二年(1886)上海同文書局石印本　二冊　存二種

330000 - 1705 - 0002249　馮 1568　子部/藝術類/書畫之屬/總論

澄蘭室古緣萃錄十八卷　邵松年輯　清光緒三十年(1904)上海鴻文書局石印本　六冊

330000 - 1705 - 0002250　馮 1522　子部/天文曆算類/算書之屬

九數通考十一卷首一卷末一卷　（清）屈曾發撰　清乾隆三十七年(1772)豫簪堂刻同治十一年(1872)常熟潘欲仁補刻本　六冊

330000 - 1705 - 0002251　馮 1536　子部/術數類/相宅相墓之屬

金光斗臨經一卷　（明）周繼撰　（清）張慶瑗輯　清道光十三年(1833)張慶瑗刻本　一冊

330000－1705－0002252 　馮1542 　經部/易類/易占之屬

焦氏易林十六卷 　（漢）焦贛撰 　**易林元籥十測一卷** 　（明）盛如林撰 　清知白齋刻本 　四冊

330000－1705－0002253 　馮1569 　子部/藝術類/書畫之屬/總論

江邨銷夏錄三卷 　（清）高士奇撰 　清康熙三十二年(1693)刻朗潤堂印本 　三冊

330000－1705－0002254 　馮1580 　子部/藝術類/書畫之屬/畫錄

國朝畫識十七卷墨香居畫識十卷 　（清）馮金伯撰 　清乾隆刻道光十一年(1831)江左書林增修本 　十二冊

330000－1705－0002255 　馮1559 　類叢部/叢書類/彙編之屬

武英殿聚珍版書一百三十八種 　清光緒二十五年(1899)廣雅書局刻本 　一冊 　存一種

330000－1705－0002256 　馮1562、馮1804、馮善1675 　類叢部/叢書類/彙編之屬

亦政堂鐫陳眉公普秘笈一集五十種 　（明）陳繼儒編 　明萬曆沈氏亦政堂刻本 　三冊 　存三種

330000－1705－0002257 　馮1537 　子部/術數類/相宅相墓之屬

地理大成五種四十九卷 　（清）葉泰輯 　清刻本 　一冊 　存一種

330000－1705－0002258 　馮1538 　子部/術數類/相宅相墓之屬

地理辨正疏五卷首一卷末一卷 　（清）張心言撰 　清道光七年(1827)刻本 　二冊

330000－1705－0002260 　馮1614 　子部/農家農學類/園藝之屬/總志

佩文齋廣羣芳譜一百卷目錄二卷 　（清）汪灝等撰 　清同治七年(1868)姑蘇亦西齋刻本 　四十八冊

330000－1705－0002263 　馮1570 　子部/藝術類/書畫之屬/題跋

吳越所見書畫録六卷書畫說鈴一卷 　（清）陸時化輯並撰 　清乾隆四十二年(1777)懷煙閣木活字印本 　六冊

330000－1705－0002264 　馮1593 　子部/醫家類/養生之屬

衛濟餘編十八卷 　（清）王纕堂輯 　清抄本 　三冊 　缺六卷(一至六)

330000－1705－0002265 　馮1532 　子部/術數類/數學之屬

皇極經世書傳八卷 　（明）黃畿撰 　**康節先生觀物篇解二卷** 　（宋）祝泌述 　清道光抄本 　馮貞群題記 　五冊

330000－1705－0002266 　馮1556 　子部/藝術類/書畫之屬/畫譜

芥子園畫傳初集五卷二集八卷三集四卷四集四卷 　（清）王槩 　（清）王蓍 　（清）王臬輯 　清康熙至嘉慶芥子園刻本 　十六冊

330000－1705－0002267 　馮1610 　史部/金石類/石之屬/圖像

匡喆刻經頌十二卷 　楊守敬輯 　清光緒三十三年(1907)宜都楊守敬鄂城刻本 　六冊

330000－1705－0002269 　馮1644 　子部/雜家類

顏氏家訓二卷 　（北齊）顏之推撰 　清乾隆二十四年(1759)顏懋乾刻本 　清王鳴和批並跋 　一冊

330000－1705－0002270 　馮1648 　子部/雜家類

白虎通疏證十二卷 　（清）陳立撰 　清光緒元年(1875)淮南書局刻本 　四冊

330000－1705－0002271 　馮1595 　子部/工藝類/日用器物之屬/器具

宣德鼎彝譜八卷 　（明）吳中 　（明）呂震撰 　**宣鑪博論一卷** 　（明）項子京撰 　清光緒九年(1883)鉛印本 　二冊

330000－1705－0002272 　馮1594 　類叢部/叢書類/彙編之屬

十萬卷樓叢書五十一種 　（清）陸心源編 　清

光緒歸安陸氏刻本　二冊　存一種

330000－1705－0002273　馮1656　子部/雜著類/雜考之屬

攷古質疑六卷　(宋)葉大慶撰　清光緒刻嘯園叢書本　馮貞群跋　二冊

330000－1705－0002275　馮1608　史部/金石類/石之屬/文字

望堂金石文字初集三十一種二集十八種　楊守敬輯　清同治至宣統宜都楊氏飛青閣刻本　十二冊

330000－1705－0002276　馮1596　子部/工藝類/文房四寶之屬/叢錄

文房肆攷圖說八卷　(清)唐秉鈞撰　(清)康愷繪　清乾隆嘉定唐秉鈞竹映山莊刻本　四冊

330000－1705－0002277　馮1551　子部/術數類/雜術之屬

圖讖秘奧一卷　(唐)袁天罡　(唐)李淳風撰　清彩繪本　一冊

330000－1705－0002278　馮1571　類叢部/叢書類/彙編之屬

讀畫齋叢書四十六種　(清)顧修編　清嘉慶四年至十六年(1799－1811)桐川顧氏刻本　一冊　存一種

330000－1705－0002279　馮1535　子部/術數類/占卜之屬

卜筮正宗十四卷　(清)王維德撰　清桐石山房刻本　六冊

330000－1705－0002280　馮1597　史部/金石類/總志之屬/文字

隨軒金石文字九種　(清)徐渭仁輯　清道光十七年(1837)、二十四年(1844)春暉堂刻本　一冊　存一種

330000－1705－0002281　馮1572　子部/藝術類/書畫之屬/總論

湘管齋寓賞編六卷　(清)陳焯撰　清乾隆四十七年(1782)刻本　清際廷識　六冊

330000－1705－0002282　馮1598　史部/金石類/總志之屬/圖像

求古精舍金石圖初集四卷　(清)陳經撰　清嘉慶十八年至二十二年(1813－1817)烏程陳經說劍樓刻本　一冊

330000－1705－0002284　馮1573　子部/藝術類/書畫之屬/法帖

淳化祕閣法帖考正十卷附二卷　(清)王澍撰　清雍正詩鼎齋刻乾隆印本　二冊

330000－1705－0002285　馮1642、馮1643　類叢部/叢書類/彙編之屬

廣漢魏叢書　(明)何允中編　明刻本　二冊　存二種

330000－1705－0002286　馮1600　子部/工藝類/日用器物之屬

蒙古西域諸國錢譜四卷　(清)陳其鑣譯　(清)張美翊定　清宣統二年(1910)鉛印本　清張美翊跋　一冊

330000－1705－0002289　馮1624　子部/雜家類

鬼谷子三卷　(南朝梁)陶弘景注　(清)秦恩復校　**篇目考一卷附錄一卷**　(清)秦恩復撰輯　清嘉慶十年(1805)江都秦氏石研齋刻本　馮貞群記　一冊

330000－1705－0002291　馮1626　子部/雜家類

呂氏春秋二十六卷　(漢)高誘注　明末黃甫龍、沈兆廷刻本　四冊

330000－1705－0002292　馮1574　子部/藝術類/書畫之屬/法帖

御刻三希堂石渠寶笈法帖十六卷　(清)梁詩正等輯　清光緒二十三年(1897)上海鴻寶齋石印本　八冊

330000－1705－0002293　馮1602　史部/政書類/考工之屬/營造

工師雕斲正式魯班木經匠家鏡三卷首一卷　(明)午榮彙編　(明)章嚴集　**靈驅解法洞明真言秘書一卷**　清同治九年(1870)刻本

一冊

330000－1705－0002294　馮1632　類叢部/
叢書類/彙編之屬

經訓堂叢書二十一種　（清）畢沅編　清乾隆
至嘉慶鎮洋畢氏刻本　四冊　存一種

330000－1705－0002295　馮1576　史部/傳
記類/總傳之屬/技藝

國朝畫徵錄三卷續錄二卷　（清）張庚撰　**明
人附錄一卷**　（明）黎遂球　（明）袁樞撰　清
同治八年(1869)三元堂刻本　二冊　缺一卷
(明人附錄)

330000－1705－0002296　馮1653　子部/雜
著類/雜說之屬

**容齋隨筆十六卷續筆十六卷三筆十六卷四筆
十六卷五筆十卷**　（宋）洪邁撰　清乾隆五十
九年(1794)掃葉山房刻本　十四冊

330000－1705－0002297　馮1603　子部/農
家農學類/農藝之屬/作物種植

竹薈三卷　（清）陳僅撰　清抄本　一冊

330000－1705－0002298　馮1633　類叢部/
叢書類/彙編之屬

經訓堂叢書二十一種　（清）畢沅編　清乾隆
至嘉慶鎮洋畢氏刻本　四冊　存一種

330000－1705－0002299　馮1657　子部/雜
著類/雜說之屬

賓退錄十卷　（宋）趙與旹撰　清乾隆十七年
(1752)存恕堂刻本　五冊

330000－1705－0002308　馮1578　史部/傳
記類/總傳之屬/技藝

**歷代畫史彙傳七十二卷首一卷總目三卷附錄
二卷**　（清）彭蘊璨輯　清道光五年(1825)吳
門彭氏尚志堂刻本　十六冊

330000－1705－0002309　馮1621　子部/雜
著類/雜說之屬

墨子閒詁十五卷目錄一卷附錄一卷後語二卷
　（清）孫詒讓撰　清宣統二年(1910)瑞安孫
氏刻本　八冊

330000－1705－0002310　馮1658、馮1669、
馮1670　類叢部/叢書類/彙編之屬

續知不足齋叢書十七種　（清）高承勳編　清
渤海高氏刻本　五冊　存五種

330000－1705－0002311　馮1612、馮1613
子部/農家農學類/園藝之屬/花卉

蘭易二卷　（宋）鹿亭翁撰　**蘭史一卷**　（清）
馮京第輯　清抄本　一冊

330000－1705－0002312　馮1599　史部/金
石類/錢幣之屬

古今錢略三十二卷首一卷末一卷　（清）倪模
撰　清光緒五年(1879)望江倪氏兩疆勉齋刻
本　十六冊

330000－1705－0002313　馮1664　子部/雜
著類/雜考之屬

校訂困學紀聞三箋二十卷　（宋）王應麟撰
（清）閻若璩等箋　（清）屠繼序校補　清嘉慶
十二年(1807)刻本　八冊

330000－1705－0002314　馮1698　子部/雜
著類/雜考之屬

癸巳類稿十五卷　（清）俞正燮撰　清道光十
三年(1833)王藻求日益齋刻本　五冊

330000－1705－0002315　馮1659、馮1661、
馮1800　類叢部/叢書類/彙編之屬

說郛一百二十弓一千二百八十種　（明）陶宗
儀編　明末刻清初李際期宛委山堂續刻彙印
本　三冊　存五種

330000－1705－0002316　馮1615　子部/農
家農學類/園藝之屬/花卉

蘭言述畧四卷　（清）袁世俊撰　清抄本
一冊

330000－1705－0002317　馮1665　子部/雜
著類/雜考之屬

困學紀聞注二十卷　（清）翁元圻撰　清道光
五年(1825)餘姚翁氏守福堂刻本　十二冊

330000－1705－0002318　善2810　子部/小
說家類/雜事之屬

青瑣高議前集十卷後集十卷別集七卷　（宋）

劉斧撰　清虞山周氏鵠峰草堂抄本　六冊

330000－1705－0002320　馮1666　子部/雜著類/雜考之屬

困學紀聞二十卷　（宋）王應麟撰　（清）閻若璩箋　（清）何焯評　清乾隆桐鄉汪屋桐華書塾刻本　四冊

330000－1705－0002321　馮1663　子部/雜著類/雜考之屬

困學紀聞二十卷　（宋）王應麟撰　（清）閻若璩箋　清乾隆三年（1738）馬氏叢書樓刻本　六冊

330000－1705－0002323　馮1662　子部/雜著類/雜考之屬

困學紀聞二十卷　（宋）王應麟撰　（清）閻若璩箋　清乾隆三年（1738）馬氏叢書樓刻本　馮鴻墀跋　十冊

330000－1705－0002324　馮1668　子部/雜著類/雜考之屬

海涵萬象錄四卷　（明）黃潤玉撰　清煙嶼樓抄本　一冊

330000－1705－0002325　馮1667　子部/雜著類/雜考之屬

校訂困學紀聞集證二十卷　（宋）王應麟撰　（清）閻若璩等箋　（清）萬希槐集證　清嘉慶二十四年（1819）胡氏山壽齋刻本　四冊　存十七卷（一至十七）

330000－1705－0002326　馮1638　子部/雜家類

淮南鴻烈解二十一卷　（漢）劉安撰　（漢）高誘注　（明）茅坤等評　明天啓武林張斌如刻本　四冊

330000－1705－0002327　馮1609　史部/金石類/總志之屬/文字

隨軒金石文字九種　（清）徐渭仁輯　清道光十七年（1837）、二十四年（1844）春暉堂刻同治七年（1868）補刻本　四冊

330000－1705－0002328　馮1646　類叢部/叢書類/彙編之屬

抱經堂叢書十六種　（清）盧文弨編　清乾隆至嘉慶刻彙印本　二冊　存一種

330000－1705－0002329　馮1691　子部/雜著類/雜考之屬

讀書雜志八十二卷餘編二卷　（清）王念孫撰　清同治九年（1870）金陵書局刻本　二十四冊

330000－1705－0002330　馮1639　子部/雜家類

淮南子二十一卷　（漢）劉安撰　（漢）高誘注　（清）莊逵吉校　清嘉慶九年（1804）嘉慶聚文堂刻十子全書本　清徐時棟跋　五冊

330000－1705－0002331　馮1680　史部/目錄類/通論之屬/考訂

欽定四庫全書考證一百卷　（清）王太岳（清）曹錫寶等撰　清乾隆武英殿木活字印本　朱鼎煦跋　六十冊

330000－1705－0002332　馮1692　子部/雜著類/雜考之屬

十駕齋養新錄二十卷餘錄三卷　（清）錢大昕撰　錢辛楣先生年譜一卷　（清）錢大昕編（清）錢慶曾校注　竹汀居士年譜續編一卷（清）錢慶曾撰　清光緒二年（1876）浙江書局刻本　八冊

330000－1705－0002335　馮1697　子部/雜著類/雜考之屬

癸巳類稿十五卷　（清）俞正燮撰　清道光十三年（1833）王藻求日益齋刻本　八冊

330000－1705－0002337　馮1884　史部/傳記類/別傳之屬/事狀

釋迦如來成道記一卷　（唐）王勃撰　（宋）釋道誠註　清刻本　一冊

330000－1705－0002338　馮1654　子部/雜著類/雜考之屬

甕牖閒評八卷　（宋）袁文撰　清杭州刻本　馮貞群批並跋　二冊

330000－1705－0002339　馮1696、馮2652、馮2684　類叢部/叢書類/彙編之屬

文選樓叢書三十三種　（清）阮亨編　清嘉慶至道光阮元刻道光二十二年（1842）阮亨彙印本　二十六冊　存三種

330000－1705－0002340　馮1728　子部/雜著類/雜說之屬

蘇米志林三卷　（明）毛晉編　明天啟五年（1625）毛氏綠君亭刻本　二冊　存二卷（蘇子瞻一至二）

330000－1705－0002341　馮1674　史部/史評類/史論之屬

千百年眼十二卷　（明）張燧撰　清光緒十四年（1888）四明王氏日本東京銅板縮刻本　二冊

330000－1705－0002342　馮1710　子部/雜著類/雜考之屬

東塾讀書記二十五卷　（清）陳澧撰　清光緒刻本　馮貞群批　四冊　存十二卷（一至十二）

330000－1705－0002343　馮1729　子部/雜著類/雜說之屬

娑羅園清語一卷　（明）屠隆撰　清乾隆三十八年（1773）刻本　一冊

330000－1705－0002344　馮1711　子部/雜著類/雜考之屬

東塾讀書記二十五卷　（清）陳澧撰　清光緒二十四年（1898）紉蘭書館刻本（卷十三至十四、十七至二十、二十二至二十五原缺）五冊

330000－1705－0002345　馮1700　子部/雜著類/雜考之屬

癸巳存稿十五卷　（清）俞正燮撰　清光緒十年（1884）李宗煜武林刻本　八冊

330000－1705－0002346　馮1744　類叢部/類書類/通類之屬

古香齋鑒賞袖珍初學記三十卷　（唐）徐堅等輯　清刻本　十二冊

330000－1705－0002347　馮1679　子部/雜著類/雜考之屬

日知錄三十二卷日知錄之餘四卷首一卷　（清）顧炎武撰　清乾隆六十年（1795）刻本　一冊　存五卷（日知錄之餘一至四、首）

330000－1705－0002348　馮1703　子部/小說家類/雜事之屬

談徵五卷　（清）段長基撰　清道光三年（1823）上苑堂刻本　五冊

330000－1705－0002349　馮1730　子部/雜著類/雜編之屬

古香齋鑒賞袖珍春明夢餘錄七十卷　（清）孫承澤撰　清刻本　二十四冊

330000－1705－0002350　馮1713　類叢部/叢書類/自著之屬

稼墨軒集三種　（清）光聰諧撰　清光緒刻本　二冊　存一種

330000－1705－0002352　馮1833　子部/小說家類/異聞之屬

墨餘書異八卷　（清）蔣知白撰　清嘉慶二十五年（1820）刻本　四冊

330000－1705－0002353　馮1708　子部/雜著類/雜考之屬

簡香日錄一卷　（清）鄭勳撰　清抄本　一冊

330000－1705－0002354　馮1699　子部/雜著類/雜考之屬

癸巳存稿十五卷　（清）俞正燮撰　清光緒十年（1884）李宗煜武林刻本　八冊

330000－1705－0002355　馮1681　子部/雜著類/雜考之屬

湛園札記四卷　（清）姜宸英撰　清光緒四年（1878）張麟洲見山樓刻七年（1881）王定祥續刻本　二冊

330000－1705－0002356　馮1673　類叢部/叢書類/郡邑之屬

剡上遺書輯存二種　清光緒刻民國補刻本　二冊　存一種

330000－1705－0002358　馮1745　類叢部/類書類/通類之屬

古香齋鑒賞袖珍初學記三十卷 （唐）徐堅等輯 清刻本 十二冊

330000－1705－0002359 馮1742 史部/傳記類/日記之屬

請纓日記十卷（清光緒八年七月九日至十一年十一月） （清）唐景崧撰 清光緒十九年（1893）臺灣布政使署刻本 四冊

330000－1705－0002360 馮1747 類叢部/類書類/專類之屬

李氏蒙求八卷 （唐）李瀚撰 （清）楊迦懌集注 清光緒二十二年（1896）新化三味堂刻本 八冊

330000－1705－0002361 馮1748 類叢部/類書類/專類之屬

李氏蒙求補注六卷 （唐）李瀚撰 （清）金三俊補注 清道光九年（1829）京口敦經堂刻本 二冊

330000－1705－0002362 馮1682 子部/雜著類/雜考之屬

湛園札記四卷 （清）姜宸英撰 清刻本 二冊

330000－1705－0002363 馮1678 子部/雜著類/雜考之屬

日知錄集釋三十二卷刊誤二卷續刊誤二卷 （清）黃汝成撰 清光緒三年（1877）刻本 馮貞群題記 十六冊

330000－1705－0002364 馮1749 類叢部/叢書類/家集之屬

陳氏叢書十三種 （清）陳潏 （清）陳宸書撰 清嘉慶至同治刻本 四冊 存一種

330000－1705－0002365 馮1750 類叢部/類書類/專類之屬

王先生十七史蒙求十六卷 （宋）王令撰 清道光九年（1829）京口敦經堂刻本 二冊

330000－1705－0002366 馮1683 子部/雜著類/雜考之屬

羣書疑辨十二卷 （清）萬斯同撰 清嘉慶二十一年（1816）供石亭刻本 馮貞群批 六冊

330000－1705－0002368 馮1731 子部/雜著類/雜纂之屬

寄園寄所寄十二卷 （清）趙吉士輯 清刻本 十二冊

330000－1705－0002369 馮1676 子部/雜著類/雜纂之屬

物理小識十二卷首一卷 （清）方以智撰 清康熙三年（1664）于藻刻本 四冊

330000－1705－0002371 馮1715 子部/雜著類/雜纂之屬

島居隨錄十卷續錄十卷三錄四卷 （清）楊浚輯 清光緒十三年至十四年（1887－1888）刻本 三冊

330000－1705－0002372 馮1684 子部/雜著類/雜考之屬

義門讀書記五十八卷 （清）何焯撰 （清）蔣維鈞輯 清乾隆三十四年（1769）蔣維鈞刻光緒六年（1880）苕溪吳氏重修本 十二冊

330000－1705－0002373 馮1751 類叢部/類書類/通類之屬

事類賦三十卷 （宋）吳淑撰並注 清乾隆三十五年（1770）刻本 四冊

330000－1705－0002375 馮1706 類叢部/叢書類/彙編之屬

月河精舍叢鈔五種 （清）丁寶書編 清光緒四年至十二年（1878－1886）苕溪丁氏刻本 四冊 存一種

330000－1705－0002376 馮1694 類叢部/類書類/通類之屬

通俗編三十八卷 （清）翟灝撰 清武林竹簡齋刻本 十冊

330000－1705－0002377 馮1671 子部/雜著類/雜說之屬

鴻苞節錄十卷 （明）屠隆撰 （清）屠繼烈編 清咸豐七年（1857）章丘保硯齋刻本 十冊

330000－1705－0002378 馮1746 類叢部/類書類/專類之屬

蒙求註釋四卷 （唐）李瀚撰 （清）方宗畝注

釋　清光緒二年(1876)清貽堂刻本　二冊

330000－1705－0002379　馮1732　子部/雜著類/雜說之屬

香祖筆記十二卷　（清）王士禛撰　清康熙刻本　四冊

330000－1705－0002380　馮1707　子部/雜著類/雜考之屬

攷辨隨筆二卷　（清）黃定宜撰　清道光二十七年(1847)萍鄉文晟刻本　二冊

330000－1705－0002384　馮1701、馮2669　類叢部/叢書類/自著之屬

郝氏遺書三十三種　（清）郝懿行撰　清嘉慶至光緒刻彙印本　二十二冊　存八種

330000－1705－0002385　馮1690　類叢部/叢書類/家集之屬

梁氏叢書五種　（清）梁同書等編撰　清嘉慶梁氏家刻本　二冊　存一種

330000－1705－0002386　馮1721　子部/雜著類/雜考之屬

札迻十二卷　（清）孫詒讓撰　清光緒二十年(1894)籀高刻二十一年(1895)重修本　四冊

330000－1705－0002387　馮1754　類叢部/類書類/通類之屬

冊府元龜獨制三十卷　（明）曹胤昌輯　明末刻本　馮貞群題記　十二冊　存十五卷（八至九、十二至二十、二十二、二十六至二十八）

330000－1705－0002389　馮1741－1　史部/傳記類/日記之屬

出使英法義比四國日記六卷（清光緒十六年正月十一日至十七年二月三十日）　（清）薛福成撰　清光緒二十年(1894)孫詒校經堂刻本　六冊

330000－1705－0002390　馮1688　類叢部/叢書類/彙編之屬

抱經堂叢書十六種　（清）盧文弨編　清乾隆至嘉慶刻彙印本　八冊　存一種

330000－1705－0002391　馮1685　子部/雜

著類/雜考之屬

讀書脞錄七卷續編四卷　（清）孫志祖撰　清嘉慶四年(1799)仁和孫志祖刻七年(1802)孫同元續刻本　四冊　存七卷（一至七）

330000－1705－0002392　馮1702　子部/雜著類/雜考之屬

讀書叢錄二十四卷　（清）洪頤煊撰　清光緒十三年(1887)吳氏醉六堂刻本　八冊

330000－1705－0002394　馮1733　類叢部/叢書類/彙編之屬

說鈴前集三十三種後集十九種續集七種　（清）吳震方編　清康熙刻本　一冊　存一種

330000－1705－0002395　馮1695、馮2678　類叢部/叢書類/彙編之屬

心矩齋叢書八種　（清）蔣鳳藻編　清光緒九年至十四年(1883－1888)長洲蔣氏刻民國十四年(1925)蘇州文學山房重印本　十四冊　存二種

330000－1705－0002396　馮1741－2　史部/傳記類/日記之屬

出使日記續刻十卷　（清）薛福成撰　清光緒二十四年(1898)無錫傳經樓刻本　十冊

330000－1705－0002397　馮1757、馮2074、馮3076　類叢部/叢書類/郡邑之屬

金華叢書六十八種　（清）胡鳳丹編　清同治七年至光緒八年(1868－1882)永康胡氏退補齋刻民國補刻本　八冊　存三種

330000－1705－0002398　馮1719　子部/雜著類/雜考之屬

無邪堂答問五卷　（清）朱一新撰　清光緒二十二年(1896)上海鴻寶齋石印本　五冊

330000－1705－0002399　馮1739　子部/雜著類/雜說之屬

瀛舟筆談十二卷首一卷　（清）阮亨仲撰　清嘉慶二十五年(1820)刻本　馮貞群題記　四冊

330000－1705－0002402　馮1770　史部/傳記類/總傳之屬/通代

尚友錄二十二卷補遺一卷　（明）廖用賢輯
（清）張伯琮補輯　清康熙浙蘭林天祿齋刻本
二十二冊

330000－1705－0002403　馮1723　子部/雜
著類/雜考之屬
點勘記二卷省堂筆記一卷　（清）歐陽泉撰
清光緒四年(1878)江蘇書局刻本　二冊

330000－1705－0002404　馮1789　類叢部/
類書類/通類之屬
事類統編九十三卷首一卷　（清）林意誠輯
清道光十九年(1839)柏溪林氏味經堂刻本
四十八冊

330000－1705－0002405　馮1799　子部/小
說家類/雜事之屬
過庭錄一卷　（宋）范公偁撰　明萬曆商氏半
埜堂刻稗海叢書本　馮貞群批校並跋　一冊

330000－1705－0002406　馮1755　類叢部/
類書類/通類之屬
冊府元龜一千卷目錄十卷　（宋）王欽若等輯
清抄本　四冊　存十二卷(八百九十至九
百一)

330000－1705－0002407　馮1735　子部/雜
著類/雜說之屬
樗園銷夏錄三卷　（清）郭麐撰　清清湖小華
嶼吟榭抄本　清夫須題記　一冊

330000－1705－0002408　馮1724　類叢部/
叢書類/彙編之屬
石研齋四種　（清）秦恩復編　清乾隆至道光
江都秦氏享帚精舍刻本　一冊　存一種

330000－1705－0002410　馮1807　子部/雜
著類/雜纂之屬
宋稗類鈔八卷　（清）潘永因輯　清宣統元年
(1909)上海有正書局鉛印本　八冊

330000－1705－0002411　馮1810　子部/小
說家類/雜事之屬
漁磯漫鈔十卷　（清）汪琇瑩　（清）雷琳
（清）莫劍光輯　清道光二十年(1840)刻本
六冊

330000－1705－0002412　馮1738　子部/雜
著類/雜說之屬
過庭筆記一卷附錄一卷　（清）童槐撰　清刻
本　清徐時棟題記　一冊

330000－1705－0002413　馮1725　類叢部/
叢書類/彙編之屬
鮑刻六種　（清）鮑廷博編　清乾隆杭州刻本
一冊　存一種

330000－1705－0002414　馮1780　類叢部/
類書類/專類之屬
佩文韻府一百六卷　（清）張玉書　（清）蔡升
元等輯　韻府拾遺一百六卷　（清）汪灝
（清）何焯等輯　清光緒八年(1882)上海點石
齋石印本　十冊

330000－1705－0002415　馮1779　類叢部/
類書類/專類之屬
佩文韻府一百六卷　（清）張玉書　（清）蔡升
元等輯　韻府拾遺一百六卷　（清）汪灝
（清）何焯等輯　清刻本　九十五冊　存一百
六卷(佩文韻府一至一百六)

330000－1705－0002416　馮1771　史部/傳
記類/總傳之屬/通代
尚友錄二十二卷　（明）廖用賢輯　明萬曆四
十五年(1617)刻康熙五年(1666)印本　二
十冊

330000－1705－0002417　馮1812　子部/雜
著類/雜說之屬
履園叢話二十四卷　（清）錢泳撰　清道光十
八年(1838)刻本　六冊

330000－1705－0002418　馮1811　子部/雜
著類/雜纂之屬
芝菴雜記四卷　（清）陸雲錦撰　清嘉慶八年
(1803)自刻本　四冊

330000－1705－0002419　馮1788　類叢部/
類書類/通類之屬
古事比五十二卷　（清）方中德輯　清光緒三
十年(1904)上海宏文閣石印本　六冊

330000－1705－0002420　馮1687　類叢部/

叢書類/彙編之屬

抱經堂叢書十六種 （清）盧文弨編　清光緒十三年(1887)上海蜚英館石印本　六冊　存一種

330000 – 1705 – 0002421　馮1726　子部/藝術類/書畫之屬/總論

畫禪室隨筆四卷 （明）董其昌撰　清康熙大魁堂刻本　二冊

330000 – 1705 – 0002422　馮1826　子部/小說家類/異聞之屬

太平廣記五百卷目錄十卷 （宋）李昉等輯　清道光二十六年(1846)刻本　四十八冊

330000 – 1705 – 0002423　馮1806　子部/雜著類/雜纂之屬

智囊補二十八卷 （明）馮夢龍輯　清文郁山房刻文富堂印本　六冊

330000 – 1705 – 0002424　馮1790　類叢部/類書類/專類之屬

壹是紀始二十二卷補遺一卷 （清）魏崧撰　清光緒十四年(1888)甬北寄廬刻本　八冊

330000 – 1705 – 0002425　馮1689　類叢部/叢書類/彙編之屬

抱經堂叢書十六種 （清）盧文弨編　清光緒十三年(1887)上海蜚英館石印本　七冊　存一種

330000 – 1705 – 0002426　馮1785　集部/總集類/彙編之屬

唐詩金粉十卷 （清）沈炳震輯　清雍正二年(1724)冬讀書齋刻本　四冊

330000 – 1705 – 0002427　馮1791　子部/小說家類/雜事之屬

世說新語三卷釋名一卷佚文一卷攷證一卷 (南朝宋)劉義慶撰　（南朝梁）劉孝標注　**引用書目一卷** 葉德輝輯　**校勘小識二卷** 王先謙撰　清光緒十七年(1891)思賢講舍刻本　六冊

330000 – 1705 – 0002428　馮1813　子部/雜著類/雜纂之屬

兩般秋雨盦隨筆八卷 （清）梁紹壬撰　清道光十七年(1837)錢唐汪氏振綺堂刻本　馮貞群跋　八冊

330000 – 1705 – 0002429　馮1764、馮1765、馮1766、馮1767、馮1768　類叢部/叢書類/彙編之屬

文林綺繡五種五十九卷 （明）凌迪知編　明萬曆四年至五年(1576 – 1577)吳興凌氏桂芝館刻本　十九冊

330000 – 1705 – 0002430　馮1828　子部/小說家類/異聞之屬

夷堅志十集二十卷 （宋）洪邁撰　清乾隆四十三年(1778)刻本　二十冊

330000 – 1705 – 0002431　馮1803　子部/雜著類/雜纂之屬

聞見漫錄二卷 （明）陳槐撰　清煙嶼樓抄本　一冊

330000 – 1705 – 0002432　馮1686　子部/雜著類/雜考之屬

全謝山先生經史問答十卷附世譜一卷 （清）全祖望撰　（清）董秉純　（清）蔣學鏞重編　清刻本　二冊

330000 – 1705 – 0002433　馮1759　經部/小學類/訓詁之屬/字詁

增訂金壺字考十九卷二集二十一卷補錄一卷補註一卷 （宋）釋適之編　（清）田朝恆續編　清乾隆二十四年至二十七年(1759 – 1762)貽安堂刻本　四冊

330000 – 1705 – 0002434　馮1809　史部/傳記類/科舉錄之屬/總錄

清秘述聞十六卷 （清）法式善編　清嘉慶四年(1799)刻本　六冊

330000 – 1705 – 0002435　馮1830　子部/小說家類/異聞之屬

閱微草堂筆記二十四卷 （清）紀昀撰　清嘉慶五年(1800)北平盛氏刻本　馮貞群批並跋　六冊

330000 – 1705 – 0002436　馮1793、馮1797

類叢部/叢書類/彙編之屬

惜陰軒叢書三十四種續編一種 （清）李錫齡編 清光緒十四年(1888)長沙惜陰書局刻本 七冊 存二種

330000 – 1705 – 0002439 馮1784 集部/總集類/彙編之屬

唐詩金粉十卷 （清）沈炳震輯 清刻本 四冊

330000 – 1705 – 0002441 馮1777 類叢部/類書類/專類之屬

分類字錦六十四卷 （清）何焯等纂 清刻本 三十二冊

330000 – 1705 – 0002442 馮1832 子部/小說家類/雜事之屬

蕉軒摭錄十二卷 （清）俞夢蕉撰 清道光十九年(1839)雙桂樓刻本 六冊

330000 – 1705 – 0002444 馮1814 子部/雜著類/雜說之屬

歸田瑣記八卷 （清）梁章鉅撰 清道光二十五年(1845)刻本 四冊

330000 – 1705 – 0002445 馮1787 經部/群經總義類/傳說之屬

稽古日鈔八卷 （清）郁文等輯 清乾隆二十九年(1764)秋曉山房刻本 二冊

330000 – 1705 – 0002446 馮1829 子部/小說家類/雜事之屬

竹葉亭雜記八卷 （清）姚元之撰 清光緒十九年(1893)桐城姚氏刻本 二冊

330000 – 1705 – 0002447 馮1835 子部/小說家類/異聞之屬

見聞隨筆二十六卷 （清）齊學裘撰 清同治十年(1871)天空海闊之居刻本 六冊

330000 – 1705 – 0002448 馮1778 類叢部/類書類/專類之屬

子史精華一百六十卷 （清）吳士玉 （清）吳襄等輯 清光緒十年(1884)上海同文書局石印本 八冊

330000 – 1705 – 0002449 馮1815 子部/小說家類/雜事之屬

息影偶錄八卷 （清）張埏輯 清嘉慶九年(1804)刻本 八冊

330000 – 1705 – 0002450 馮1910 子部/宗教類/佛教之屬/諸宗

淨土四經四卷 （清）魏源輯 清同治五年(1866)金陵書局刻本 一冊

330000 – 1705 – 0002451 馮1781 類叢部/類書類/專類之屬

五經類編二十八卷 （清）周世樟撰 清雍正二年(1724)穀詒堂刻本 十冊

330000 – 1705 – 0002452 馮1776 類叢部/類書類/通類之屬

御定駢字類編二百四十卷 （清）吳士玉 （清）沈宗敬等輯 清光緒十三年(1887)上海同文書局石印本 四十八冊

330000 – 1705 – 0002453 馮1823 子部/雜著類/雜說之屬

浪跡叢談十一卷浪跡續談八卷 （清）梁章鉅撰 清道光二十七年至二十八年(1847 – 1848)亦東園刻本 五冊

330000 – 1705 – 0002454 馮1836 子部/小說家類/異聞之屬

埋憂集十卷續集二卷 （清）朱翊清撰 清同治十三年(1874)杭州文元堂刻本 四冊

330000 – 1705 – 0002455 馮1816 子部/小說家類/雜事之屬

庸閒齋筆記八卷 （清）陳其元撰 清同治十三年(1874)吳下刻本 四冊

330000 – 1705 – 0002456 馮1775 類叢部/類書類/通類之屬

淵鑑類函四百五十卷目錄四卷 （清）張英 （清）王士禎等輯 清康熙清吟堂刻本 一百四十冊

330000 – 1705 – 0002457 馮1783 經部/四書類/總義之屬/傳說

四書典林三十卷 （清）江永輯 清嘉慶五年

(1800)聚瀛堂刻本　十二冊

330000－1705－0002458　馮1817　子部/雜
著類/雜說之屬

思補齋筆記八卷　（清）潘世恩撰　清會文齋
刻本　一冊

330000－1705－0002459　馮1802　子部/雜
著類/雜說之屬

輟耕錄三十卷　（明）陶宗儀撰　明刻清初廣
文堂印本　六冊

330000－1705－0002461　馮1843　子部/小
說家類/雜事之屬

畫舫餘譚一卷三十六春小譜四卷　（清）捧花
生撰　清同治十三年(1874)鉛印本　一冊

330000－1705－0002463　馮1846　子部/宗
教類/佛教之屬/經

佛說阿閦佛國經二卷　（漢）釋支婁迦讖譯
阿閦如來念誦供養法一卷　（唐）釋不空譯
清刻本　一冊

330000－1705－0002464　馮1782　類叢部/
類書類/專類之屬

格致鏡原一百卷　（清）陳元龍撰　清康熙五
十六年(1717)刻雍正十三年(1735)印本　三
十冊

330000－1705－0002465　馮2016　集部/別
集類/唐五代別集

杜詩會稡二十四卷　（唐）杜甫撰　（清）張遠
箋　清康熙有文堂刻本　十二冊

330000－1705－0002466　馮1820　子部/小
說家類/雜事之屬

庸盦筆記六卷　（清）薛福成撰　清光緒二十
三年(1897)蕭山陳氏遺經樓刻本　六冊

330000－1705－0002467　馮1848　子部/宗
教類/佛教之屬/經

大佛頂如來密因修證了義諸菩薩萬行首楞嚴
經十卷　（唐）釋般剌密帝　（唐）釋彌伽釋迦
譯　清光緒三十一年(1905)浙寧江東崇壽庭
記經房刻本　馮貞群題記　三冊

330000－1705－0002468　馮1844　子部/小
說家類/雜事之屬

三十六春小譜四卷　（清）捧花生撰　清光緒
十二年(1886)刻本　一冊

330000－1705－0002469　馮1841　子部/小
說家類/異聞之屬

燕山外史二卷　（清）陳球撰　清醇雅堂刻本
馮貞群題記　二冊

330000－1705－0002470　馮1850　子部/宗
教類/佛教之屬/經疏

大佛頂首楞嚴經玄義四卷　（明）釋傳燈撰
清光緒十四年(1888)天台山真覺寺刻本
二冊

330000－1705－0002472　馮1845　子部/宗
教類/佛教之屬/經疏

大方廣圓覺修多羅了義經直解二卷　（唐）釋
佛陀多羅譯　（明）釋德清解　清光緒十年
(1884)杭州昭慶寺刻本　二冊

330000－1705－0002474　馮1849　子部/宗
教類/佛教之屬/經疏

大佛頂如來密因修證了義諸菩薩萬行首楞嚴
經圓通疏十卷　（元）釋惟則會解　（明）釋傳
燈疏　清光緒三年(1877)杭州昭慶寺慧空經
房刻本　十冊

330000－1705－0002476　馮1895　子部/宗
教類/佛教之屬/總錄

法苑珠林一百卷　（唐）釋道世撰　清道光七
年(1827)蔣氏燕園刻本　二十冊

330000－1705－0002477　馮1876　子部/宗
教類/佛教之屬/論

成唯識論十卷　（天竺）護法等菩薩造　（唐）
釋玄奘譯　清光緒二十二年(1896)金陵刻經
處刻本　二冊

330000－1705－0002478　馮1974　集部/楚
辭類

楚辭新集註（楚辭、楚辭新註）八卷末一卷
（清）屈復撰　（清）屈啓賢編　楚懷襄二王在
位事蹟考一卷　（清）林雲銘撰　清刻本

二冊

330000－1705－0002479　馮 1825　子部/小說家類/異聞之屬

拾遺記十卷　（晉）王嘉撰　（南朝梁）蕭綺錄　明刻本　一冊

330000－1705－0002480　馮 1902　子部/宗教類/佛教之屬/彙編

雲棲法彙二十八種七十四卷　（明）釋袾宏撰　（明）王宇春等輯　清嘉慶十九年至二十三年(1814－1818)刻本　三十四冊

330000－1705－0002481　馮 1854　子部/宗教類/佛教之屬/經

大佛頂首楞嚴經疏解蒙鈔六十卷首一卷　(清)錢謙益撰　清光緒十五年(1889)寧波秀文齋刻本　二十冊

330000－1705－0002482　馮 1922　子部/道家類

老子道經攷異二卷　（清）畢沅撰　清乾隆四十八年(1783)畢氏靈巖山館刻經訓堂叢書本　清子高跋　清戴山志批　二冊

330000－1705－0002484　馮 1881　子部/宗教類/佛教之屬/諸宗

天台四教儀一卷　（高麗）釋諦觀輯　附始終心要一卷　（唐）釋湛然撰　（宋）釋從義注　清武林昭慶寺經房刻本　一冊

330000－1705－0002486　馮 1851　子部/宗教類/佛教之屬/經疏

大佛頂如來密因修證了義諸菩薩萬行首楞嚴經宗通十卷　（明）曾鳳儀撰　清道光十年(1830)浙寧太白山天童寺藏經閣刻本　十冊

330000－1705－0002488　馮 1872　子部/宗教類/佛教之屬/經

佛說梵網經二卷　（後秦）釋鳩摩羅什譯　清光緒十年(1884)金陵刻經處刻本　一冊

330000－1705－0002489　馮 1882　子部/宗教類/佛教之屬/論

禪宗正指三卷　題阿難陀尊者降凣撰　（清）劉體恕輯　清刻本　一冊

330000－1705－0002490　馮 1877　子部/宗教類/佛教之屬/經

佛教西來玄化應運略錄一卷　（宋）程輝編

佛說四十二章經一卷　（漢）釋迦葉摩騰(漢)釋竺法蘭譯　佛遺教經一卷　（後秦）釋鳩摩羅什譯　八大人覺經一卷　（漢）釋安世高譯　清同治九年(1870)金陵刻經處刻本　馮貞群題記　一冊

330000－1705－0002491　馮 1873　子部/宗教類/佛教之屬/經

佛說梵網經二卷　（後秦）釋鳩摩羅什譯　清甬江墨畊齋刻本　一冊

330000－1705－0002492　馮 1852　子部/宗教類/佛教之屬/經疏

大佛頂如來密因修證了義諸菩薩萬行首楞嚴經文句十卷玄義二卷　（清）釋智旭撰　清光緒元年(1875)慧空經房刻本　十冊

330000－1705－0002493　馮 1883　子部/宗教類/佛教之屬/諸宗

佛祖心燈一卷五家宗派一卷　清刻本　一冊

330000－1705－0002494　馮 1874　子部/宗教類/佛教之屬/律

四分戒本一卷　（後秦）釋佛陀耶舍　（後秦）釋竺佛念譯　清光緒十八年(1892)金陵刻經處刻本　一冊

330000－1705－0002496　馮 1897　子部/宗教類/佛教之屬/總錄

佛爾雅八卷　（清）周春撰　清光緒八年(1882)許靈虛刻本　馮貞群題簽並記　一冊

330000－1705－0002497　馮 1855　子部/宗教類/佛教之屬/經疏

大佛頂如來密因脩證了義諸菩薩萬行首楞嚴經集註十卷　（清）釋傳晟輯　清雍正十二年(1734)刻本　五冊

330000－1705－0002498　馮 1911　子部/宗教類/佛教之屬/諸宗

閱藏隨筆二卷　（清）釋元度撰　續閱藏隨筆一卷　（清）釋太穆撰　清宣統元年(1909)揚

州天寧寺刻本　二冊

330000－1705－0002499　馮1875　子部/宗教類/佛教之屬/律
毘尼日用切要一卷　（清）釋讀體輯　沙彌尼律儀要略一卷　（明）釋袾宏輯　清光緒十八年（1892）金陵刻經處刻本　一冊

330000－1705－0002500　馮1898　子部/宗教類/佛教之屬/總錄
弘明集十四卷　（南朝梁）釋僧祐輯　清光緒二十二年（1896）金陵刻經處刻本　四冊

330000－1705－0002501　馮1912　史部/目錄類/專錄之屬
閱藏知津四十四卷總目四卷　（清）釋智旭輯　清光緒十八年（1892）金陵刻經處刻本　十冊

330000－1705－0002502　馮1880　子部/宗教類/佛教之屬/經咒
瑜伽燄口施食要集一卷　（清）釋德基輯　（清）釋寶華述　清光緒十七年（1891）永記經房刻本　一冊

330000－1705－0002503　馮1923　子部/道家類
道德經轉語二卷　（元）陳致虛撰　道德經古今本考正二卷　（清）牟目源撰　道德經釋義二卷　（唐）呂嵒撰　（清）牟目源訂　常清靜經一卷　（清）牟目源訂　金玉經一卷　（唐）呂嵒撰　（清）牟目源訂　清嘉慶十四年（1809）鄒學鯤羊城刻本　二冊

330000－1705－0002504　馮2236　集部/別集類/元別集
倪雲林先生詩集六卷附錄一卷　（元）倪瓚撰　（明）蹇曦編　清抄本　四冊

330000－1705－0002505　馮1913　子部/宗教類/佛教之屬/總錄
一切經音義二十五卷　（唐）釋玄應撰　補訂新譯大方廣佛華嚴經音義二卷　（唐）釋慧苑撰　華嚴經音義敘錄一卷　（清）臧庸輯　刻華嚴經音義校勘記一卷　（清）曹籀撰　清同

治八年（1869）刻本　六冊

330000－1705－0002506　馮2232　集部/別集類/元別集
栲栳山人詩集三卷　（元）岑安卿撰　清乾隆四十七年（1782）羅山張氏寶墨齋刻本　一冊

330000－1705－0002507　馮1886、馮1887、馮1888、馮1889　史部/傳記類/總傳之屬/釋道
高僧傳初集至四集　（清）楊文會輯　清光緒十年至十八年（1884－1892）金陵刻經處、江北刻經處刻本　二十四冊

330000－1705－0002509　馮1896　子部/宗教類/佛教之屬/總錄
翻譯名義集二十卷　（宋）釋法雲編　清光緒四年（1878）金陵刻經處刻本　六冊

330000－1705－0002513　馮1925　子部/道家類
道德真經註四卷　（元）吳澄撰　清雍正二年（1724）古絳張文炳刻本　四冊

330000－1705－0002514　馮1931　子部/道家類
老子章義二卷　（清）姚鼐撰　清同治九年（1870）桐城吳氏邗上刻本　一冊

330000－1705－0002515　馮1899　集部/別集類/唐五代別集
寒山子詩集一卷　（唐）釋寒山子撰　天目中峯國師懷淨土詩一卷　清光緒九年（1883）刻本　一冊

330000－1705－0002516　馮1892、馮1893　子部/宗教類/佛教之屬/總錄
釋氏稽古略四卷　（元）釋覺岸撰　釋鑑稽古略續集三卷　（明）釋幻輪撰　清光緒十二年（1886）釋清道刻本　五冊

330000－1705－0002517　馮1927　子部/道家類
觀老莊影響論一卷老子道德經解二卷首一卷　（明）釋德清撰　清光緒十二年（1886）金陵刻經處刻本　二冊

330000－1705－0002519　馮1915、馮1932
子部/叢編

黃老合編二種　（清）丁杰注　清同治刻本
二冊

330000－1705－0002520　馮1901　子部/宗
教類/佛教之屬/論疏

御製揀魔辨異錄八卷　（清）世宗胤禛撰　清
雍正刻本　四冊

330000－1705－0002521　馮2062　類叢部/
叢書類/自著之屬

晴川八識八種　（清）孫之騄撰　清刻本　二
冊　存一種

330000－1705－0002522　馮1940　子部/道
家類

關尹子文始真經一卷　明萬曆陳載春刻本
一冊

330000－1705－0002523　馮1860　子部/宗
教類/佛教之屬/經疏

金剛經旁解一卷附佛頂尊勝陀羅尼經一卷
（清）湯輦召輯注　清同治十一年（1872）鎮海
沈開祥刻本　一冊

330000－1705－0002525　馮1903　子部/宗
教類/佛教之屬/諸宗

牧牛圖頌一卷附淨修指要一卷　（宋）釋普明
撰　（明）釋袾宏輯　清同治十年（1871）仁和
朱仁法刻本　一冊

330000－1705－0002526　馮1933　子部/道
家類

老子證義二卷　（清）高延第撰　清光緒十二
年（1886）涌翠山房刻本　一冊

330000－1705－0002527　馮3581　集部/別
集類/清別集

春酒堂詩補一卷　（清）周容撰　清抄本
一冊

330000－1705－0002528　馮1934　子部/道
家類

老子道德經二卷　（三國魏）王弼注　嚴復評
點　清光緒三十一年（1905）南昌熊元鍔鉛印

本　一冊

330000－1705－0002529　馮1917、馮1941、
馮1949　子部/道家類

三子合刊　（明）閔齊伋輯　明閔齊伋刻朱墨
套印本　七冊

330000－1705－0002530　馮1943、馮3534、
馮3465　子部/叢編

子書百家　（清）崇文書局編　清光緒元年
（1875）湖北崇文書局刻民國元年（1912）鄂官
書處重印本　四冊　存三種

330000－1705－0002535　馮1890　史部/傳
記類/別傳之屬/碑傳

明州定應大師布袋和尚傳一卷　（元）釋曇噩
撰　清同治十三年（1874）釋開慧刻本　一冊

330000－1705－0002537　馮2075　集部/別
集類/宋別集

徐騎省集三十卷　（宋）徐鉉撰　**徐集補遺一
卷附錄一卷**　朱孔彰輯　**徐騎省集校勘記一
卷**　（清）李英元撰　清光緒十六年至十九年
（1890－1893）黔南李氏刻本　八冊

330000－1705－0002539　馮1938　類叢部/
叢書類/自著之屬

讀易樓合刻十種　（清）倪元坦撰　清嘉慶至
道光刻本　二冊　存一種

330000－1705－0002540　馮1918　子部/道
家類

老子道德經二卷　（三國魏）王弼注　**老子道
經音義一卷**　（唐）陸德明撰　清光緒元年
（1875）浙江書局刻二十二子彙函本　馮貞群
批並題記　一冊

330000－1705－0002541　馮1951　子部/道
家類

莊子內篇註四卷　（明）釋德清撰　清光緒十
四年（1888）金陵刻經處刻本　二冊

330000－1705－0002544　馮1919　子部/道
家類

老子道德經二卷　（三國魏）王弼注　**老子道
經音義一卷**　（唐）陸德明撰　清光緒元年

(1875)浙江書局刻二十二子彙函本　馮貞群
批並題記　一冊

330000－1705－0002548　馮1894　子部/宗
教類/佛教之屬/論

經律異相二卷　（南朝梁）釋寶唱輯　清同治
十三年(1874)刻本　一冊

330000－1705－0002549　馮1920　子部/
叢編

子書百家　（清）崇文書局編　清光緒元年
(1875)湖北崇文書局刻本　一冊　存一種

330000－1705－0002551　馮2003　集部/別
集類/唐五代別集

**唐丞相曲江張文獻公集十二卷附錄一卷千秋
金鑑錄五卷**　（唐）張九齡撰　清光緒十八年
(1892)張曉如刻本　六冊

330000－1705－0002552　馮2009　集部/別
集類/唐五代別集

杜工部集二十卷首一卷　（唐）杜甫撰　（清）
鄭澐校　清乾隆四十九年(1784)鄭澐玉勾草
堂刻本　十冊

330000－1705－0002553　馮1947　子部/道
家類

石研齋校刻書七種　（清）秦恩復編　清嘉慶
至道光秦氏石研齋刻本　二冊　存一種

330000－1705－0002554　馮1867　子部/宗
教類/佛教之屬/經

妙法蓮華經七卷　（後秦）釋鳩摩羅什譯　清
光緒十三年(1887)刻本　馮貞群記　三冊

330000－1705－0002555　馮2034　集部/別
集類/唐五代別集

新刊五百家註音辯昌黎先生文集四十卷
（唐）韓愈撰　（宋）魏仲舉輯注　清乾隆四十
九年(1784)刻本　十二冊

330000－1705－0002557　馮1905　子部/宗
教類/佛教之屬/諸宗

靈峰蕅益大師梵室偶談一卷　（清）釋智旭輯
（清）釋成時評點節畧　**徹悟禪師語錄二卷**
（清）釋際醒說　（清）釋了亮集　清同治十

年(1871)金陵刻本　一冊

330000－1705－0002558　馮2002　類叢部/
叢書類/彙編之屬

結一廬朱氏賸餘叢書四種　（清）朱澂編　清
光緒三十一年(1905)仁和朱氏刻本　四冊
存一種

330000－1705－0002559　馮2013　集部/別
集類/唐五代別集

杜工部集二十卷　（唐）杜甫撰　（清）錢謙益
箋註　**唱酬題詠附錄一卷附錄一卷諸家詩話
一卷年譜一卷**　清康熙六年(1667)泰興季振
宜靜思堂刻本　八冊

330000－1705－0002561　馮1969　集部/楚
辭類

楚辭章句十七卷附錄一卷　（漢）王逸撰　明
萬曆金陵唐氏益軒刻本　馮貞群批　六冊

330000－1705－0002562　馮2031　集部/別
集類/唐五代別集

唐陸宣公集二十二卷　（唐）陸贄撰　清雍正
元年(1723)年羹堯刻本　四冊

330000－1705－0002565　馮2015　集部/別
集類/唐五代別集

杜工部集二十卷　（唐）杜甫撰　（清）錢謙益
箋註　**附錄一卷唱酬題詠附錄一卷諸家詩話
一卷少陵先生年譜一卷**　清宣統三年(1911)
時中書局石印本　四冊

330000－1705－0002567　馮1992　集部/別
集類/漢魏六朝別集

陶淵明集八卷首一卷末一卷　（晉）陶潛撰
清光緒五年(1879)廣州翰墨園刻朱墨套印本
二冊

330000－1705－0002568　馮2048　集部/別
集類/唐五代別集

**白香山詩長慶集二十卷後集十七卷別集一卷
補遺二卷**　（唐）白居易撰　（清）汪立名編訂
白香山年譜一卷　（清）汪立名撰　**白香山
年譜舊本一卷**　（宋）陳振孫撰　清康熙四十
一年至四十二年(1702－1703)汪立名一隅草

堂刻本　十冊

330000－1705－0002569　馮1971　集部/楚辭類

楚辭集註八卷總評一卷　（宋）朱熹撰　（明）沈雲翔輯評　清康熙聽雨齋刻朱墨套印本　四冊

330000－1705－0002570　馮1993　集部/別集類/漢魏六朝別集

陶淵明集十卷　（晉）陶潛撰　清光緒二年（1876）桐城徐椒岑刻本　二冊

330000－1705－0002571　馮1952　子部/道家類

老莊通　（明）沈一貫撰　明萬曆十五年至十六年（1587－1588）蔡貴易刻本　一冊　存一種

330000－1705－0002572　馮2033　集部/別集類/唐五代別集

昌黎先生全集四十卷外集十卷遺文一卷傳一卷　（唐）韓愈撰　（明）葛𣿰校　明末東吳葛𣿰永懷堂刻清乾隆葛正笏重修本　八冊

330000－1705－0002573　馮1953　子部/道家類

老莊翼　（明）焦竑撰　明萬曆十六年（1588）王元貞刻本　四冊　存一種

330000－1705－0002574　馮2007　集部/別集類/唐五代別集

王右丞集二十八卷首一卷末一卷　（唐）王維撰　（清）趙殿成箋注　清乾隆刻本　八冊

330000－1705－0002576　馮2017　集部/別集類/唐五代別集

杜詩詳註二十五卷首一卷附錄二卷　（唐）杜甫撰　（清）仇兆鰲輯注　清康熙刻本　十四冊

330000－1705－0002577　馮1994　類叢部/叢書類/彙編之屬

拜經樓叢書（愚谷叢書）二十三種　（清）吳騫編　清乾隆至嘉慶海昌吳氏刻彙印本　一冊　存一種

330000－1705－0002578　馮2038　集部/別集類/唐五代別集

韓集點勘四卷　（清）陳景雲撰　清雍正五年（1727）東吳陳氏刻本　一冊

330000－1705－0002579　馮1956　子部/道家類

南華發覆八卷　（明）釋性㳦撰　清文秀堂刻本　六冊

330000－1705－0002580　馮2064　集部/別集類/唐五代別集

李義山文集十卷　（唐）李商隱撰　（清）徐樹穀箋　（清）徐炯注　清康熙四十七年（1708）崑山徐氏花谿草堂刻本（卷三至四、十配抄本）　四冊

330000－1705－0002581　馮2005　集部/別集類/唐五代別集

李太白文集三十六卷　（唐）李白撰　（清）王琦輯注　清乾隆寶笏樓刻二十五年（1760）增刻本　十二冊

330000－1705－0002582　馮1957　子部/道家類

莊子解十二卷　（清）吳世尚注評　清雍正四年（1726）吳世尚易老莊書屋刻本　六冊

330000－1705－0002583　馮1975　集部/楚辭類

山帶閣註楚辭六卷首一卷餘論二卷說韻一卷　（清）蔣驥撰　清雍正五年（1727）武進蔣驥山帶閣刻本　四冊　存七卷（首、一至六）

330000－1705－0002584　馮2018　集部/別集類/唐五代別集

讀杜心解六卷首二卷　（清）浦起龍撰　清雍正二年至三年（1724－1725）前澗浦氏寧我齋刻本　八冊

330000－1705－0002585　馮1958　子部/道家類

莊子齊物論釋一卷　（清）一廬子述　清光緒二十年（1894）刻本　一冊

330000－1705－0002586　馮1959　子部/道

家類

莊子集釋十卷　(清)郭慶藩撰　清光緒二十年(1894)思賢講舍刻本　八冊

330000－1705－0002587　馮1978　類叢部/叢書類/自著之屬

澹靜齋全集　(清)龔景瀚撰　清道光八年(1828)恩錫堂刻本　馮貞群跋　一冊　存一種

330000－1705－0002588　馮2037　集部/別集類/唐五代別集

昌黎先生集四十卷外集十卷遺文一卷　(唐)韓愈撰　(宋)廖瑩中校正　**朱子校昌黎先生集傳一卷**　(宋)朱熹撰　清同治八年(1869)江蘇書局刻本　十冊

330000－1705－0002589　馮2019　集部/別集類/唐五代別集

杜工部五言詩選直解三卷七言詩選直解二卷　(唐)杜甫撰　(清)范廷謀註釋　**年譜一卷**　(清)范廷謀訂　清雍正稼石堂刻本　五冊

330000－1705－0002591　馮1960　子部/道家類

莊子故八卷　馬其昶撰　清光緒二十七年(1901)蕭山陳氏刻本　一冊　存二卷(五至六)

330000－1705－0002592　馮2077　集部/別集類/宋別集

寇忠愍公詩集三卷　(宋)寇準撰　清宣統三年(1911)中華圖書館影印本　一冊

330000－1705－0002593　馮2065　集部/別集類/唐五代別集

樊南文集箋註八卷　(唐)李商隱撰　(清)馮浩編訂　清乾隆德聚堂刻本　二冊

330000－1705－0002594　馮2068　集部/別集類/唐五代別集

李義山詩集三卷　(唐)李商隱撰　(清)朱鶴齡箋注　(清)沈厚塽輯評　**李義山詩譜一卷附錄諸家詩評一卷**　清同治九年(1870)廣州倅署刻三色套印本　四冊

330000－1705－0002596　馮1997　集部/別集類/漢魏六朝別集

徐孝穆全集六卷　(南朝陳)徐陵撰　(清)吳兆宜箋注　**備考一卷**　(清)徐文炳撰　清光緒二年(1876)廣東翰墨園刻本　三冊

330000－1705－0002597　馮1961　子部/叢編

二十子全書　(明)吳勉學編　明萬曆吳勉學刻本　二冊　存一種

330000－1705－0002598　馮1998　集部/別集類/漢魏六朝別集

庾子山集十六卷總釋一卷　(北周)庾信撰　(清)倪璠注　**年譜一卷**　(清)倪璠撰　清同治八年(1869)刻本　十二冊

330000－1705－0002599　馮1984　集部/別集類/漢魏六朝別集

蔡中郎集十卷末一卷外紀一卷外集四卷　(漢)蔡邕撰　清光緒十六年(1890)番禺陶氏愛廬刻本　三冊

330000－1705－0002600　馮2045　集部/別集類/唐五代別集

劉賓客文集三十卷外集十卷　(唐)劉禹錫撰　明刻本　一冊　存五卷(劉夢得外集六至十)

330000－1705－0002601　馮2020　集部/別集類/唐五代別集

杜工部集二十卷首一卷　(唐)杜甫撰　(清)盧坤輯評　清光緒二年(1876)粵東翰墨園刻六色套印本　十冊

330000－1705－0002602　馮2067　集部/別集類/唐五代別集

李商隱詩集三卷　(唐)李商隱撰　清宣統元年(1909)神州國光社據錢謙益手寫校本影印本　二冊

330000－1705－0002603　馮1963　子部/宗教類/道教之屬

周易參同契發揮三卷釋疑一卷　(元)俞琰撰　清同治十年(1871)錢江王氏詒燕堂刻本

三冊

330000－1705－0002604　馮2039　集部/別集類/唐五代別集

韓集點勘四卷　（清）陳景雲撰　清同治九年(1870)江蘇書局刻本　一冊

330000－1705－0002605　馮2073　集部/別集類/唐五代別集

重刊校正笠澤叢書四卷補遺詩一卷續補遺一卷　（唐）陸龜蒙撰　清大疊山房刻本　一冊

330000－1705－0002606　馮2021　集部/別集類/唐五代別集

杜詩鏡銓二十卷　（清）楊倫撰　讀書堂杜工部文集註解二卷　（清）張潊撰　清同治十一年(1872)望三益齋刻本　十二冊

330000－1705－0002607　馮2041　集部/別集類/唐五代別集

昌黎先生詩集注十一卷年譜一卷　（唐）韓愈撰　（清）顧嗣立刪補　清康熙三十八年(1699)長洲顧嗣立秀野草堂刻本　四冊

330000－1705－0002608　馮1964　子部/宗教類/道教之屬

感應篇引經牋注一卷　（清）惠棟撰　清同治六年(1867)京師龍文齋刻本　二冊

330000－1705－0002609　馮2000　集部/別集類/唐五代別集

陳伯玉文集三卷詩集二卷附錄一卷　（唐）陳子昂撰　清道光二十二年(1842)春林柯道麟刻本　四冊

330000－1705－0002611　馮1965　子部/道家類

二十二史感應錄二卷　（清）彭希涑輯　清光緒四年(1878)刻本　一冊

330000－1705－0002612　馮2066　集部/別集類/唐五代別集

玉谿生詩詳註三卷首一卷樊南文集詳註八卷　（唐）李商隱撰　（清）馮浩編訂　清乾隆四十五年(1780)德聚堂刻嘉慶元年(1796)增刻本　八冊

330000－1705－0002613　馮2069　集部/別集類/唐五代別集

溫飛卿詩集七卷別集一卷集外詩一卷附錄諸家詩評一卷　（唐）溫庭筠撰　（明）曾益注（清）顧予咸補注　（清）顧嗣立續注　清翻刻康熙長洲顧氏秀野草堂刻本　二冊

330000－1705－0002614　馮2052　集部/總集類/彙編之屬

唐四家詩八卷　（清）汪立名編　清康熙三十四年(1695)天都汪立名刻本　一冊　存一種

330000－1705－0002615　馮1966　類叢部/叢書類/自著之屬

郝氏遺書三十三種　（清）郝懿行撰　清嘉慶至光緒刻彙印本　一冊　存二種

330000－1705－0002616　馮1999　類叢部/叢書類/彙編之屬

岱南閣叢書五種　（清）孫星衍編　清嘉慶三年(1798)蘭陵孫氏沇州刻本　一冊　存一種

330000－1705－0002617　馮1988　集部/別集類/漢魏六朝別集

曹集銓評十卷　（三國魏）曹植撰　（清）丁晏詮評　曹集逸文一卷　（清）丁晏輯　魏陳思王年譜一卷附錄一卷　（清）丁晏撰　清同治十一年(1872)金陵書局刻本　二冊

330000－1705－0002618　馮2029　集部/別集類/唐五代別集

唐陸宣公集二十二卷　（唐）陸贄撰　清雍正元年(1723)年羹堯刻本　清楊家驩校　清楊泰亨題記　四冊

330000－1705－0002619　馮1967　史部/傳記類/總傳之屬/釋道

歷代仙史八卷　（清）王建章輯　清光緒七年(1881)常熟抱芳閣刻本　六冊

330000－1705－0002620　馮2078　集部/別集類/宋別集

林和靖先生詩集四卷省心錄一卷　（宋）林逋撰　清康熙四十七年(1708)刻本　二冊

330000－1705－0002621　馮2042　集部/別

集類/唐五代別集

韓昌黎詩集編年箋注十二卷 （唐）韓愈撰
（清）方世舉考訂 （清）盧見曾刪定 清乾隆
二十三年(1758)德州盧見曾雅雨堂刻本 清
王友光過錄朱彝尊、焦循批 四冊

330000－1705－0002622 馮1968 子部/宗
教類/其他宗教之屬/伊斯蘭教

辟邪紀實三卷附一卷 題(清)天下第一傷心
人撰 清同治十年(1871)刻本 一冊

330000－1705－0002623 馮2091 集部/別
集類/宋別集

蘇老泉先生全集二十卷 （宋）蘇洵撰 **附錄**
二卷 （宋）沈斐輯 清康熙三十七年(1698)
吳郡邵仁泓安樂居刻本 四冊

330000－1705－0002624 馮2145 集部/別
集類/宋別集

宋陳修撰文集十卷 （宋）陳東撰 （明）孫雲
翼 （明）賀懋忠輯 （清）李振綱 （清）李
鴻重輯 清道光十八年(1838)皖湖李振綱等
刻本 二冊

330000－1705－0002626 馮2136 集部/別
集類/宋別集

唐眉山詩集十卷文集十四卷 （宋）唐庚撰
清雍正三年(1725)汪亮采南陔草堂木活字印
本 四冊

330000－1705－0002627 馮2100 集部/別
集類/宋別集

王荊文公詩五十卷補遺一卷 （宋）王安石撰
（宋）李壁箋注 清乾隆五年至六年(1740－
1741)張宗松清綺齋刻本 八冊

330000－1705－0002628 馮2030 集部/別
集類/唐五代別集

唐陸宣公集二十二卷 （唐）陸贄撰 清嘉慶
二十三年(1818)周右、吳紹沆刻本 四冊

330000－1705－0002629 馮2161 集部/別
集類/宋別集

晦庵先生朱文公文集一百卷續集五卷別集七
卷目錄二卷 （宋）朱熹撰 （清）臧眉錫等訂

清康熙二十七年(1688)蔡方炳刻本 四
十冊

330000－1705－0002630 馮2043 集部/別
集類/唐五代別集

昌黎先生詩增註証訛十一卷本傳一卷 （唐）
韓愈撰 （清）黃鉞增注証訛 **昌黎先生年譜**
一卷 （清）黃鉞編 清道光二十八年(1848)
黃中民刻咸豐七年(1857)四明鮑氏二客軒印
本 二冊

330000－1705－0002631 馮2130 集部/別
集類/宋別集

後山先生集二十四卷首一卷 （宋）陳師道撰
清光緒十一年(1885)番禺陶氏愛廬刻本
四冊

330000－1705－0002632 馮2125 集部/別
集類/宋別集

山谷老人刀筆二十卷 （宋）黃庭堅撰 清同
治十二年(1873)刻本 馮貞群批 四冊

330000－1705－0002633 馮2085 集部/別
集類/宋別集

歐陽文忠公全集一百五十三卷附錄五卷
(宋)歐陽修撰 **年譜一卷** （宋）胡柯編 清
乾隆五十七年(1792)惇敍堂刻本 二十四冊

330000－1705－0002634 馮2103 集部/別
集類/宋別集

節孝先生文集三十卷事實一卷附載一卷語錄
一卷 （宋）徐積撰 清宣統三年(1911)山陽
徐氏刻本 六冊

330000－1705－0002636 馮2159 集部/別
集類/宋別集

石湖居士詩集三十四卷 （宋）范成大撰
(清)顧嗣立等重訂 清康熙二十七年(1688)
姑蘇顧氏刻本 馮貞群記 二冊

330000－1705－0002637 馮1985 集部/別
集類/漢魏六朝別集

諸葛丞相集四卷附錄一卷 （三國蜀）諸葛亮
撰 （清）朱璘纂輯 清康熙三十七年(1698)
古虞朱氏萬卷堂刻本 四冊 缺一卷(附錄)

330000 – 1705 – 0002639　　馮 2106　　集部/別集類/宋別集

東坡集四十卷後集二十卷內制集十卷外制集三卷應詔集十卷奏議十五卷續集十二卷 (宋)蘇軾撰　東坡集校記二卷　繆荃孫撰　東坡先生年譜一卷　(宋)王宗稷編　清光緒三十四年至宣統元年(1908－1909)寶華盒刻本　四十八冊

330000 – 1705 – 0002641　　馮 2153　　集部/別集類/宋別集

盤洲文集八十卷行狀一卷碑銘一卷拾遺一卷 (宋)洪适撰　洪文惠公年譜一卷　(清)錢大昕輯　清嘉慶十八年(1813)宜黃洪氏三瑞堂木活字印本　十冊

330000 – 1705 – 0002642　　馮 2148　　集部/別集類/宋別集

岳忠武王集八卷年譜一卷　(宋)岳飛撰 (清)梁玉繩輯　清嘉慶十二年(1807)杭州廟塾刻本　二冊

330000 – 1705 – 0002643　　馮 1991　　集部/別集類/漢魏六朝別集

陶淵明文集十卷　(晉)陶潛撰　清嘉慶元年(1796)湖海樓刻本　二冊

330000 – 1705 – 0002645　　馮 2167　　集部/別集類/宋別集

呂東萊先生文集二十卷首一卷　(宋)呂祖謙撰　(清)王崇炳輯　清雍正元年(1723)金華陳思臚敬勝堂刻本　清徐時棟題記　八冊

330000 – 1705 – 0002646　　馮 2099　　集部/別集類/宋別集

王臨川全集一百卷目錄二卷　(宋)王安石撰　清光緒九年(1883)聽香館刻本　十六冊

330000 – 1705 – 0002647　　馮 2142　　集部/別集類/宋別集

宋李忠定公奏議選十五卷文集選二十九卷首四卷目錄二卷　(宋)李綱撰　(明)左光先等選　明崇禎十二年(1639)李氏刻清康熙四十四年(1705)李榮芳、乾隆二十七年(1762)徐時作遞修本　十二冊

330000 – 1705 – 0002648　　馮 2162　　類叢部/叢書類/自著之屬

張宣公全集三種　(宋)張栻撰　清道光二十五年(1845)縣邑洗墨池刻本　六冊　存一種

330000 – 1705 – 0002649　　馮 2094　　集部/別集類/宋別集

司馬文正公傳家集八十卷目錄二卷　(宋)司馬光撰　年譜一卷附錄一卷　(清)陳弘謀編　清乾隆六年(1741)桂林陳氏培遠堂刻本　十二冊

330000 – 1705 – 0002650　　馮 2044　　集部/總集類/選集之屬/通代

唐宋四家詩選　(清)余伯巖編　清康熙濂谿山房刻本　一冊　存一種

330000 – 1705 – 0002651　　馮 2139　　集部/別集類/宋別集

苕溪集五十五卷　(宋)劉一止撰　清宣統三年(1911)沈耀勳刻本　四冊

330000 – 1705 – 0002652　　馮 2127　　集部/別集類/宋別集

淮海集十七卷後集二卷詞一卷補遺一卷 (宋)秦觀撰　淮海文集攷證一卷　(清)王敬之　(清)茆泮林　(清)金長福撰　重編淮海先生年譜節要一卷　(清)秦瀛編　(清)王敬之節要　清道光十七年(1837)王敬之等刻二十一年(1841)增刻本　八冊

330000 – 1705 – 0002653　　馮 2060　　集部/別集類/唐五代別集

李長吉歌詩四卷外集一卷首一卷　(唐)李賀撰　(清)王琦彙解　清乾隆王氏寶笏樓刻本　二冊

330000 – 1705 – 0002655　　馮 2111　　集部/別集類/宋別集

蘇東坡詩集注三十二卷失編一卷　(宋)蘇軾撰　(宋)呂祖謙編　(宋)王十朋集注　年譜一卷　(宋)王宗稷編　清康熙三十七年(1698)新安朱從延文蔚堂刻本(首冊序、本傳、年譜配抄)　十二冊

330000－1705－0002656　馮2095　集部/別集類/宋別集

司馬溫公文集十四卷　（宋）司馬光撰　（清）張伯行訂　清康熙四十八年(1709)儀封張伯行正誼堂刻本　四冊

330000－1705－0002657　馮2141　集部/別集類/宋別集

宋孫仲益內簡尺牘十卷首一卷目錄一卷　(宋)孫覿撰　（宋）李祖堯編注　（清）蔡焯　（清）蔡龍孫增訂　清乾隆十二年(1747)錫山蔡氏刻本　四冊

330000－1705－0002658　馮2164　集部/別集類/宋別集

廣平先生舒文靖公類藁四卷　（宋）舒璘撰　清雍正九年(1731)刻本　一冊

330000－1705－0002659　馮2143　類叢部/叢書類/彙編之屬

武英殿聚珍版書一百三十八種　清杭州刻本　二冊　存一種

330000－1705－0002660　馮2165　集部/別集類/宋別集

舒文靖公類彙四卷首一卷　（宋）舒璘撰　**附錄三卷**　（清）徐時棟輯　清同治十一年(1872)刻本　二冊

330000－1705－0002661　馮2122　集部/別集類/宋別集

游定夫先生集六卷首一卷末一卷　（宋）游酢撰　清同治六年(1867)和州官舍刻本　二冊

330000－1705－0002662　馮2171　集部/別集類/宋別集

雙峯猥稿九卷首一卷末一卷　（宋）舒邦佐撰　清道光二十九年(1849)舒氏刻本　二冊

330000－1705－0002663　馮2083　集部/別集類/宋別集

宛陵先生文集六十卷拾遺一卷附錄一卷　(宋)梅堯臣撰　清康熙四十一年(1702)徐惇復白華書屋刻本　六冊

330000－1705－0002664　馮2155　集部/別集類/宋別集

誠齋詩集十六卷　（宋）楊萬里撰　清嘉慶吳江徐氏刻本　六冊

330000－1705－0002665　馮2173　集部/別集類/宋別集

慈湖先生遺書二十卷首一卷　（宋）楊簡撰　**補編一卷**　（清）馮可鏞輯　**年譜二卷**　（清）馮可鏞　（清）葉意深輯　清光緒寧波林氏大酉山房刻民國十九年(1930)慈溪馮氏毋自欺齋印本　馮貞群批並跋　八冊

330000－1705－0002666　馮2170　集部/別集類/宋別集

雙溪集十二卷　（宋）王炎撰　清康熙五十七年(1718)婺源王氏刻本　四冊

330000－1705－0002667　馮2157　集部/別集類/宋別集

劍南詩鈔六卷　（宋）陸游撰　（清）楊大鶴選　清康熙二十四年(1685)毗陵楊氏刻本　四冊

330000－1705－0002668　馮2112　集部/別集類/宋別集

施註蘇詩四十二卷總目二卷　（宋）蘇軾撰　(宋)施元之　（宋）顧禧注　（清）顧嗣立（清）邵長蘅　（清）宋至補　**蘇詩續補遺二卷**　（清）馮景補註　**王註正譌一卷**　（清）邵長蘅撰　**東坡先生年譜一卷**　（宋）王宗稷編　清康熙三十八年(1699)商丘宋犖刻本　十冊

330000－1705－0002669　馮2123　集部/別集類/宋別集

黃詩全集五十八卷(山谷詩內集注二十卷外集注十七卷外集補四卷別集注二卷別集補一卷)　（宋）黃庭堅撰　（宋）任淵　（宋）史容（宋）史季溫注　**重刻山谷先生年譜十四卷**　（宋）黃㟄編　清乾隆五十四年(1789)南康謝氏樹經堂刻本　二十冊

330000－1705－0002670　馮2174　集部/別集類/宋別集

慈湖先生遺書抄六卷　（宋）楊簡撰　（明）楊世思輯　明萬曆潘汝禎刻本　二冊

330000－1705－0002671　馮2092　集部/別集類/宋別集

伊川擊壤集二十卷　（宋）邵雍撰　明末文靖書院刻本　六冊

330000－1705－0002672　馮2151　集部/別集類/宋別集

宋王忠文公文集五十卷目錄四卷　（宋）王十朋撰　梅溪王忠文公年譜一卷　（清）徐炯文編　清光緒二年（1876）溫州梅溪書院刻本　十二冊

330000－1705－0002674　馮2172　集部/別集類/宋別集

陸象山先生文集三十六卷　（宋）陸九淵撰　附錄少湖徐先生學則辯一卷　（明）徐階撰　清道光三年（1823）金谿陸邦瑞槐堂書齋刻本　十冊　存三十六卷（一至三十六）

330000－1705－0002675　馮2113　集部/別集類/宋別集

施註蘇詩四十二卷總目二卷　（宋）蘇軾撰　（宋）施元之　（宋）顧禧注　（清）顧嗣立　（清）邵長蘅　（清）宋至補　蘇詩續補遺二卷　（清）馮景補註　王註正譌一卷　（清）邵長蘅撰　東坡先生年譜一卷　（宋）王宗稷編　清康熙三十八年（1699）商丘宋犖刻本　二冊　存二卷（蘇詩續補遺一至二）

330000－1705－0002676　馮2079　類叢部/叢書類/郡邑之屬

留香室叢刻十種　（清）祝昌泰　（清）梁章鉅編　清嘉慶十六年至十七年（1811－1812）浦城祝氏留香室刻本　四冊　存一種

330000－1705－0002677　馮2183　集部/別集類/宋別集

水心文集二十九卷　（宋）葉適撰　清乾隆二十年（1755）刻本　十二冊

330000－1705－0002678　馮2180　集部/別集類/宋別集

絜齋集二十四卷　（宋）袁燮撰　宋儒袁正獻公從祀錄六卷　清同治十一年至光緒二年（1872－1876）浙江四明袁氏進修堂刻本

八冊

330000－1705－0002679　馮2114　集部/別集類/宋別集

東坡先生編年詩五十卷　（宋）蘇軾撰　（清）查慎行補註　年表一卷　清乾隆二十六年（1761）查開香雨齋刻本　十六冊

330000－1705－0002680　馮2056　集部/別集類/唐五代別集

李長吉集四卷外卷一卷　（唐）李賀撰　（明）黃淳耀評點　清雍正九年（1731）金惟駿漁書樓刻本　一冊

330000－1705－0002681　馮2175　集部/別集類/宋別集

慈湖先生遺書抄六卷　（宋）楊簡撰　（明）楊世思輯　明萬曆潘汝禎刻本　一冊

330000－1705－0002682　馮2061　集部/別集類/唐五代別集

李長吉歌詩四卷外集一卷首一卷　（唐）李賀撰　（清）王琦彙解　清乾隆王氏寶笏樓刻本　清朱佺跋　一冊　缺四卷（二至四、外集）

330000－1705－0002683　馮2055　類叢部/叢書類/家集之屬

董氏叢書十六種　（清）董金鑑編　清光緒三十二年（1906）會稽董氏取斯家塾刻本　一冊　存二種

330000－1705－0002684　馮2115　集部/別集類/宋別集

蘇文忠公詩集五十卷目錄二卷　（宋）蘇軾撰　（清）紀昀評點　清同治八年（1869）韞玉山房粵東省城刻翰墨園朱墨套印本　十二冊

330000－1705－0002685　馮2116　集部/別集類/宋別集

蘇長公詩一卷　（清）紀昀評選　清道光十年（1830）蕭樓抄本　清蕭樓批並跋　一冊

330000－1705－0002686　馮2257　集部/別集類/明別集

夢墨稿十卷補遺一卷　（明）時銘（時季照）撰　（清）錢輔仁重刊　夢墨稿點勘記一卷

(清)裘慶杓 (清)錢輔仁撰 清光緒十八年(1892)錢輔仁尚友書屋刻本 二冊

330000－1705－0002687 馮 2230 集部/別集類/元別集

歐陽文公圭齋集十六卷首一卷末一卷 （元）歐陽玄撰 （清）鄧顯鶴增訂 清道光二十六年(1846)新化鄧氏南邨草堂刻本 四冊

330000－1705－0002688 馮 2244 集部/別集類/明別集

宋文憲公全集八十卷年譜三卷潛溪錄七卷 (明)宋濂撰 孫鏘輯 清宣統三年(1911)奉化孫鏘七千卷樓刻本 二十八冊

330000－1705－0002690 馮 2117 集部/別集類/宋別集

蘇文忠詩合註五十卷首一卷目錄一卷 （宋）蘇軾撰 （清）馮應榴輯 清乾隆六十年(1795)桐鄉馮氏踵息齋刻本 十六冊

330000－1705－0002691 馮 2231 集部/別集類/元別集

圭齋文集十六卷 （元）歐陽玄撰 （明）歐陽銘 （明）歐陽鏞編 清山陰杜氏抄本 一冊 存七卷(十至十六)

330000－1705－0002692 馮 2243 類叢部/叢書類/郡邑之屬

金華叢書六十八種 （清）胡鳳丹編 清同治七年至光緒八年(1868－1882)永康胡氏退補齋刻民國補刻本 四十冊 存一種

330000－1705－0002693 馮 2279 集部/別集類/明別集

太史升菴全集八十一卷目錄二卷附年譜一卷 （明）楊慎撰 （明）楊有仁錄 **升菴外集一百卷** （明）楊慎撰 （明）焦竑編 **太史升菴遺集二十六卷** （明）楊慎撰 （清）楊金吾 （清）楊宗吾輯 清乾隆六十年(1795)新都周氏養拙山房、道光二十四年(1844)刻本 六十四冊

330000－1705－0002694 馮 2265 集部/別集類/明別集

于忠肅公集十卷 （明）于謙撰 （清）于繼先輯 清康熙五十七年(1718)刻本 四冊

330000－1705－0002697 馮 2270 集部/別集類/明別集

碧川文選四卷 （明）楊守阯撰 清抄本 一冊 存二卷(三至四)

330000－1705－0002699 馮 2249 類叢部/叢書類/郡邑之屬

金華叢書六十八種 （清）胡鳳丹編 清同治七年至光緒八年(1868－1882)永康胡氏退補齋刻民國補刻本 四冊 存一種

330000－1705－0002700 馮 2276 集部/別集類/明別集

康對山先生集四十五卷首一卷 （明）康海撰 （清）馬逸姿較 清康熙五十一年(1712)馬逸姿刻本 八冊 缺十一卷(八至十八)

330000－1705－0002701 馮 2213 類叢部/叢書類/彙編之屬

漸西村舍彙刊(漸西村舍叢刻)四十四種 （清）袁昶編 清光緒十六年至二十四年(1890－1898)桐廬袁氏刻本 四冊 存一種

330000－1705－0002702 馮 2118 集部/別集類/宋別集

蘇文忠公詩編註集成四十六卷集成總案四十五卷諸家雜綴酌存一卷蘇海識餘四卷牋詩圖一卷 （宋）蘇軾撰 （清）王文誥輯注 清嘉慶二十四年(1819)武林王氏韻山堂刻道光補刻本 十六冊

330000－1705－0002703 馮 2272 集部/別集類/明別集

六如居士全集七卷補遺一卷 （明）唐寅撰 清光緒十一年(1885)鎮江文成堂刻本 二冊

330000－1705－0002704 馮 2254 集部/別集類/明別集

高季迪先生大全集十八卷 （明）高啟撰 清康熙許氏竹素園刻本 四冊

330000－1705－0002705 馮 2245 集部/別集類/明別集

太師誠意伯劉文成公集二十卷首一卷　（明）劉基撰　清康熙劉元奇刻雍正萬里補刻乾隆括芝南田果育堂印本　十二冊

330000－1705－0002706　馮2214　集部/別集類/宋別集

仁山金先生文集四卷附錄一卷　（宋）金履祥撰　（清）金弘勳校輯　清雍正三年（1725）春暉堂刻本　一冊

330000－1705－0002707　馮2275　子部/儒家類/儒學之屬

陽明先生集要十五卷附年譜一卷　（明）王守仁撰　（明）施邦曜編　清乾隆五十二年（1787）濟美堂刻本　八冊

330000－1705－0002708　馮2233　集部/別集類/元別集

鐵厓樂府註十卷咏史註八卷逸編註八卷（元）楊維楨撰　（清）樓卜瀍注　清宣統二年（1910）上海掃葉山房石印本　十冊

330000－1705－0002709　馮2259　集部/別集類/明別集

春草齋文集選六卷詩集選一卷附錄一卷（明）烏斯道撰　（清）熊伯龍選　（清）黃敬修評　附名公贊春草集歌詠一卷　清康熙慈谿烏震刻本　三冊

330000－1705－0002710　馮2277　集部/別集類/明別集

鈐山堂集四十卷　（明）嚴嵩撰　清乾隆二十三年（1758）二酉堂刻本　十冊

330000－1705－0002711　馮2278　集部/別集類/明別集

何大復先生集三十八卷附錄一卷　（明）何景明撰　清乾隆十五年（1750）何氏賜策堂刻本　十冊

330000－1705－0002712　馮2216　類叢部/叢書類/郡邑之屬

剡上叢書四種　清光緒二十一年至民國七年（1895－1918）奉化孫氏刻暨鉛印本　八冊存一種

330000－1705－0002713　馮2203　集部/別集類/宋別集

東山詩選二卷　（宋）葛紹體撰　清光緒二十七年（1901）太平陳樹鈞刻本　一冊

330000－1705－0002714　馮2234　集部/別集類/元別集

清閟閣全集十二卷　（元）倪瓚撰　（清）曹培廉校　清康熙五十二年（1713）曹培廉城書室刻嘉慶印本　一冊

330000－1705－0002715　馮2267　集部/別集類/明別集

商文毅公集六卷　（明）商輅撰　（清）張一魁輯　清順治十四年（1657）商德協增刻本　二冊

330000－1705－0002716　馮2189　類叢部/叢書類/自著之屬

真西山全集（西山真文忠公全集、真文忠公全集）七種　（宋）真德秀撰　清康熙真氏家祠刻乾隆至同治三年（1864）遞修本　十二冊存四種

330000－1705－0002717　馮2235　集部/別集類/元別集

清閟閣全集十二卷　（元）倪瓚撰　（清）曹培廉校　清康熙五十二年（1713）曹培廉城書室刻本　馮貞群跋　二冊

330000－1705－0002718　馮2217　類叢部/叢書類/郡邑之屬

剡上叢書四種　清光緒二十一年至民國七年（1895－1918）奉化孫氏刻暨鉛印本　一冊存一種

330000－1705－0002719　馮2206　集部/別集類/宋別集

重刊文信國公全集十七卷首一卷　（宋）文天祥撰　清道光二十五年（1845）刻本　十冊

330000－1705－0002720　馮2218　集部/別集類/元別集

剡源文鈔四卷　（元）戴表元撰　（清）黃宗羲選　清道光十三年（1833）甬上盧氏刻本

二冊

330000－1705－0002721　馮2247　集部/別集類/明別集

清江貝先生詩集十卷文集三十卷　（明）貝瓊撰　（清）金檀編　清康熙五十八年(1719)桐鄉金檀燕翼堂刻乾隆二十四年(1759)汪屋重修本　六冊

330000－1705－0002722　馮2268　集部/別集類/明別集

白沙子全集六卷首一卷　（明）陳獻章撰　（清）何九疇重編　清康熙四十九年(1710)何九疇、顧嗣協刻本　清呂志純跋　六冊

330000－1705－0002723　馮2188　集部/別集類/宋別集

白石詩集一卷詞集一卷諸家評論一卷　（宋）姜夔撰　清雍正五年(1727)歙縣洪正治刻本　一冊

330000－1705－0002724　馮2252　集部/別集類/明別集

藍山先生詩集六卷　（明）藍仁撰　清刻本　馮貞群題識　二冊

330000－1705－0002725　馮2220　集部/別集類/元別集

趙文敏公松雪齋全集十卷外集一卷續集一卷　（元）趙孟頫撰　清康熙五十二年(1713)海上曹培廉城書室刻本　五冊

330000－1705－0002727　馮2237　集部/別集類/明別集

新喻梁石門先生集十卷首一卷末一卷　（明）梁寅撰　清光緒十五年(1889)射洪鍾體志刻本　四冊

330000－1705－0002728　馮2274　集部/別集類/明別集

王陽明先生全集二十二卷首一卷　（明）王守仁撰　（清）俞嶙輯　清康熙十二年(1673)餘姚俞嶙刻本　十二冊

330000－1705－0002729　類叢部/叢書類/彙編之屬

古棠書屋叢書十八種　（清）孫澍　（清）孫鍈編　清道光鵝溪孫氏刻本　十四冊　存一種

330000－1705－0002730　馮2250　集部/總集類/選集之屬/斷代

明初四家詩　（明）陳邦瞻編　明萬曆三十七年(1609)汪汝淳刻本　二冊　存一種

330000－1705－0002731　馮2208　集部/別集類/宋別集

晞髮集十卷遺集二卷遺集補一卷　（宋）謝翱撰　**謝皋羽先生年譜一卷**　（清）徐沁編　**登西臺慟哭記註一卷冬青樹引註一卷**　（宋）謝翱撰　（明）張丁注　**天地間集一卷**　（宋）謝翱輯　清康熙四十一年(1702)平湖陸大業刻本　二冊　存十卷(晞髮集一至十)

330000－1705－0002732　馮2238　集部/別集類/元別集

栖碧先生黃楊集三卷補遺一卷　（元）華幼武撰　**附錄一卷**　（明）俞貞木等撰　清嘉慶元年(1796)無錫華宏源刻同治十三年(1874)華翼綸詒穀堂重修本　二冊

330000－1705－0002733　馮2192　集部/別集類/宋別集

龍洲詩集十卷　（宋）劉過撰　清抄本　清陸璸跋　一冊

330000－1705－0002734　馮2402　集部/別集類/清別集

安雅堂全集七種　（清）宋琬撰　清順治至乾隆刻本　十一冊　存三種

330000－1705－0002735　馮2242　集部/別集類/明別集

危學士全集十四卷　（明）危素撰　清乾隆二十三年(1758)芳樹園刻本　四冊

330000－1705－0002736　馮2193　子部/宗教類/道教之屬/道藏

道藏輯要　（清）蔣予蒲輯　清嘉慶刻本　四冊　存二種

330000－1705－0002737　馮2283　集部/別集類/明別集

定齋詩集二卷 （明）王應鵬撰 清光緒三十
一年（1905）刻本 二冊

330000－1705－0002738 馮2251 集部/別
集類/明別集

眉庵詩集不分卷 （明）楊基撰 清光緒三十
四年（1908）有正書局石印本 二冊

330000－1705－0002739 馮2211 集部/別
集類/金別集

遺山先生文集四十卷 （金）元好問撰 遺山
先生文集附錄一卷 （明）儲巏輯 清康熙四
十六年（1707）無錫華希閔劍光閣刻本 六冊

330000－1705－0002740 馮2285 集部/別
集類/明別集

龍谿王先生全集二十二卷 （明）王畿撰
（明）丁賓編 清光緒八年（1882）刻本 八冊

330000－1705－0002741 馮2248 類叢部/
叢書類/郡邑之屬

武林往哲遺箸五十六種後編十種 （清）丁丙
編 清光緒二十年至二十六年（1894－1900）
錢塘丁氏嘉惠堂刻本 三冊 存一種

330000－1705－0002742 馮2225 集部/別
集類/元別集

道園集二十四卷 （元）虞集撰 清康熙刻雍
正二年（1724）修補本 十八冊

330000－1705－0002743 馮2328 集部/別
集類/明別集

疑雨集四卷 （明）王彥泓撰 清聚秀堂刻本
四冊

330000－1705－0002744 馮2253 集部/別
集類/明別集

青邱高季迪先生詩集十八卷遺詩一卷扣舷集
一卷鳧藻集五卷附錄一卷 （明）高啓撰
（清）金檀輯注 青邱高季迪年譜一卷 （清）
金檀編 清雍正六年至七年（1728－1729）金
氏文瑞樓刻本 八冊

330000－1705－0002745 馮2308 集部/別
集類/明別集

新刻張太岳先生詩文集四十七卷 （明）張居

正撰 明萬曆四十年（1612）繡谷唐國達刻清
印本 八冊

330000－1705－0002746 馮2330 集部/別
集類/明別集

金忠節公文集四卷 （明）金聲撰 清嘉慶五
年（1800）金氏刻本 四冊

330000－1705－0002747 馮2332 集部/別
集類/明別集

馮太保文集五卷 （明）馮元颺撰 清刻本
馮貞群題記 二冊

330000－1705－0002749 馮2212 集部/別
集類/金別集

元遺山先生集四十卷首一卷續夷堅志四卷新
樂府四卷附錄一卷補載一卷年譜三種四卷
（金）元好問撰 （清）張穆編 （明）施國祁
（明）儲瓘輯 （清）華希閔 （清）施國祁增
補載一卷 （清）施國祁 （清）張穆輯 年
譜一卷 （清）翁方綱編 年譜一卷 （清）施
國祁編 年譜二卷 （清）凌廷堪編 清道光
三十年（1850）靈石楊氏刻光緒三年（1877）京
都同立堂書肆印本 十六冊

330000－1705－0002750 馮2326 集部/別
集類/明別集

石臼前集九卷後集七卷 （明）邢昉撰 清光
緒四年（1878）刻本 六冊

330000－1705－0002751 馮2321 集部/別
集類/明別集

劉子全書四十卷首一卷 （明）劉宗周撰
（清）董瑒編 清道光四年至十五年（1824－
1835）蕭山王宗炎等刻本 馮貞群批校 十
四冊

330000－1705－0002752 馮2288 集部/別
集類/明別集

震川先生集三十卷別集十卷附錄一卷補編一
卷 （明）歸有光撰 （清）歸莊校勘 （清）
錢謙益選定 （清）歸玠編輯 清康熙十年至
十四年（1671－1675）常熟歸莊、歸玠等刻本
十冊

330000 – 1705 – 0002753　馮2255　集部/別集類/明別集

高季迪先生大全集十八卷　（明）高啟撰　清康熙許氏竹素園刻本　四冊

330000 – 1705 – 0002754　馮2310　集部/別集類/明別集

讀書後八卷　（明）王世貞撰　清光緒味菜廬木活字印本　四冊

330000 – 1705 – 0002755　馮2327　集部/別集類/明別集

節必居稿一卷　（明）劉曙撰　（清）劉蓍輯　清刻本　一冊

330000 – 1705 – 0002756　馮2194　集部/別集類/宋別集

本堂先生文集九十六卷首一卷佚文一卷佚詩一卷　（宋）陳著撰　**附錄二卷校錄二卷**　（清）樊景瑞撰　清光緒十九年(1893)四明陳氏刻本(卷九十五至九十六原缺)　十二冊　缺二卷(六十七、七十六)

330000 – 1705 – 0002759　馮2331　集部/別集類/清別集

續騷堂集一卷　（清）萬泰撰　清光緒十年(1884)趙氏翰香居刻本　一冊

330000 – 1705 – 0002760　馮2314　集部/別集類/明別集

姚江孫月峰先生全集十二卷　（明）孫鑛撰　清嘉慶十九年(1814)姚江孫氏靜遠軒刻本　十冊

330000 – 1705 – 0002761　馮2294　集部/總集類/彙編之屬

明十一大家集　（清）張汝瑚評選　清康熙二十一年(1682)郘雪書林刻本　四冊　存一種

330000 – 1705 – 0002762　馮2290　集部/別集類/明別集

震川先生集三十卷別集十卷附錄一卷補編一卷　（明）歸有光撰　（清）歸莊校勘　（清）錢謙益選定　（清）歸玠編輯　清光緒六年(1880)常熟歸氏刻本　馮貞群校　十六冊

330000 – 1705 – 0002763　馮2335　集部/別集類/明別集

寶綸堂集十卷拾遺一卷　（明）陳洪綬撰　（清）陳字購輯　清光緒十四年(1888)會稽董氏取斯堂木活字印本　二冊

330000 – 1705 – 0002764　善4338　集部/別集類/清別集

西瀧櫂歌一卷　（清）姚燮撰　稿本　清王硯農題簽並記　一冊

330000 – 1705 – 0002766　馮2322　集部/別集類/明別集

劉子全書四十卷首一卷　（明）劉宗周撰　（清）董瑒編　清道光四年至十五年(1824 – 1835)蕭山王宗炎等刻本　十四冊　缺十五卷(二十六至四十)

330000 – 1705 – 0002767　馮2383　集部/別集類/清別集

牧齋全集一百六十五卷　（清）錢謙益撰　（清）錢曾箋注　清宣統二年(1910)邃漢齋鉛印本　二十四冊　存一百十二卷(初學集目錄一至二、一至一百十)

330000 – 1705 – 0002769　馮2374　集部/別集類/清別集

榕堂詩抄一卷　（清）馮愷愈撰　清康熙刻本　一冊

330000 – 1705 – 0002770　馮2363　類叢部/叢書類/自著之屬

船山遺書五十七種　（清）王夫之撰　清同治四年(1865)湘鄉曾國荃金陵刻本　一百十六冊

330000 – 1705 – 0002771　馮2319　集部/別集類/明別集

高子遺書十二卷附錄一卷　（明）高攀龍撰　（明）陳龍正輯　**高忠憲公年譜一卷**　（明）華允誠編　清光緒二年(1876)周士錦無錫東林書院刻本　八冊

330000 – 1705 – 0002772　馮2411　類叢部/叢書類/自著之屬

施愚山先生全集五種附一種　（清）施閏章撰
清康熙至乾隆刻彙印本　二十四冊

330000－1705－0002773　馮2366　集部/別
集類/明別集

奇零草二卷　（明）張煌言撰　清二硯窩抄本
馮貞群題記　一冊

330000－1705－0002775　馮2382　集部/別
集類/清別集

牧齋初學集詩註二十卷有學集詩註十四卷
（清）錢謙益撰　（清）錢曾箋注　清康熙刻玉
詔堂印本　六冊

330000－1705－0002776　馮2393　史部/傳
記類/別傳之屬/事狀

子劉子行狀二卷　（清）黃宗羲撰　清道光六
年（1826）慈谿葉氏刻本　一冊

330000－1705－0002778　馮2301　集部/總
集類/彙編之屬

丘海二公文集合編　（清）焦映漢輯　（清）賈
棠編　清康熙刻本　二冊　存一種

330000－1705－0002779　馮2371　集部/別
集類/清別集

三山吟一卷　（清）馮京第撰　清抄本　馮貞
群批並跋　一冊

330000－1705－0002780　馮2394　集部/別
集類/清別集

南雷詩曆五卷　（清）黃宗羲撰　（清）全祖望
輯　清鄭大節刻本　一冊

330000－1705－0002781　馮2372　集部/別
集類/清別集

三山吟一卷　（清）馮京第撰　清厥翩嗋屋抄
本　一冊

330000－1705－0002782　馮2395　集部/別
集類/清別集

南雷詩曆五卷　（清）黃宗羲撰　（清）全祖望
輯　清鄭大節刻本　一冊

330000－1705－0002783　馮2405　集部/別
集類/清別集

寒松堂全集十二卷年譜一卷　（清）魏象樞撰
清嘉慶十六年（1811）魏煜刻本　十三冊

330000－1705－0002784　馮2368　類叢部/
叢書類/自著之屬

思古堂十四種書　（清）毛先舒撰　清康熙刻
本　一冊　存一種

330000－1705－0002785　馮2396　集部/清
集類/清別集

南雷詩曆一卷　（清）黃宗羲撰　清萬言抄本
馮貞群題記　一冊

330000－1705－0002786　清2373　集部/別
集類/明別集

史忠正公集四卷　（明）史可法撰　首一卷末
一卷　（清）史山清輯　清同治十年（1871）趙
承恩刻本　四冊

330000－1705－0002788　馮2410　類叢部/
叢書類/自著之屬

西堂全集　（清）尤侗撰　清康熙刻本　十六
冊　存十七種

330000－1705－0002789　馮2344　集部/別
集類/明別集

陳忠裕公全集三十卷首一卷末一卷自著年譜
三卷　（明）陳子龍撰　（清）王昶輯　清嘉慶
八年（1803）簳山草堂刻本　八冊

330000－1705－0002790　馮2392　集部/別
集類/清別集

黃梨洲先生南雷文約四卷　（清）黃宗羲撰
清乾隆鄭性刻本　馮貞群批並跋　四冊

330000－1705－0002792　馮2375　集部/別
集類/清別集

二曲集二十六卷　（清）李顒撰　清康熙三十
年至三十二年（1691－1693）刻四十四年
（1705）印本　五冊　缺四卷（十二、十六、二
十四、二十六）

330000－1705－0002793　馮2384　集部/別
集類/清別集

錢牧齋文鈔不分卷　（清）錢謙益撰　清宣統
元年（1909）國學扶輪社鉛印本　四冊

330000 － 1705 － 0002794　馮 2304　集部/別集類/明別集

楊忠愍公全集四卷　(明)楊繼盛撰　清光緒二年(1876)甬上王世沄刻本　二冊

330000 － 1705 － 0002795　馮 2400　集部/別集類/清別集

笠翁一家言全集十六卷　(清)李漁撰　清雍正芥子園刻世德堂印本　十六冊

330000 － 1705 － 0002796　馮 2385　史部/傳記類/雜傳之屬

牧齋晚年家乘文一卷　(清)錢謙益撰　**錢牧翁先生年譜一卷**　(清)彭城退士撰　清宣統三年(1911)上海國學扶輪社鉛印本　一冊

330000 － 1705 － 0002797　馮 2200　集部/別集類/宋別集

深寧先生文鈔八卷　(宋)王應麟撰　**王深寧先生年譜一卷**　(清)陳僅輯　(清)張恕編　清道光九年(1829)葉氏紫藤花館刻本　□芬批　四冊

330000 － 1705 － 0002798　馮 2376　集部/別集類/清別集

道援堂詩集十三卷　(清)屈大均撰　清刻本　八冊

330000 － 1705 － 0002800　馮 2345　集部/別集類/明別集

陳忠裕公全集三十卷兵垣奏議一卷首一卷末一卷自著年譜三卷　(明)陳子龍撰　(清)王昶輯　清嘉慶八年(1803)斡山草堂刻同治至光緒補刻本　十二冊

330000 － 1705 － 0002801　馮 2199　集部/別集類/宋別集

四明文獻集五卷　(宋)王應麟撰　清抄本　一冊　存二卷(三至四)

330000 － 1705 － 0002802　馮 2377　集部/別集類/明別集

夏節愍全集十卷首一卷末一卷補遺一卷續補遺一卷　(明)夏完淳撰　(清)陳均編　(清)莊師洛輯　清嘉慶十二年(1807)婁縣陳

氏刻同治八年(1869)重修本　馮貞群題記　二冊

330000 － 1705 － 0002803　馮 2198　集部/別集類/宋別集

四明文獻集五卷　(宋)王應麟撰　清抄本　一冊　存三卷(三至五)

330000 － 1705 － 0002804　馮 2311　集部/別集類/明別集

讀書後八卷　(明)王世貞撰　清乾隆二十一年(1756)顧朝泰刻本　馮开題記　二冊　缺一卷(三)

330000 － 1705 － 0002805　馮 2381　集部/別集類/明別集

霜猿集一卷　(明)周同谷撰　清厱蘺唫屋抄本　一冊

330000 － 1705 － 0002806　馮 2399　集部/別集類/清別集

南雷文鈔不分卷　(清)黃宗羲撰　清抄本　馮貞群批並跋　一冊

330000 － 1705 － 0002807　馮 2406　集部/別集類/清別集

書巖集選要一卷　(清)薛士學撰　清抄本　一冊

330000 － 1705 － 0002808　馮 2391　類叢部/叢書類/自著之屬

梨洲遺著彙刊二十七種首一卷　(清)黃宗羲撰　薛鳳昌編次　清宣統二年(1910)上海時中書局鉛印本　二十冊

330000 － 1705 － 0002809　馮 2201　集部/別集類/宋別集

深寧先生文鈔八卷　(宋)王應麟撰　清抄本　馮貞群題簽　一冊　存一卷(七)

330000 － 1705 － 0002810　馮 2346　集部/別集類/明別集

陳臥子先生安雅堂稿十五卷　(明)陳子龍撰　清宣統元年(1909)上海時中書局鉛印本　六冊

330000－1705－0002811　馮2387　集部／別集類／清別集

固哉叟詩鈔八卷　（清）高孝本撰　清乾隆三十一年(1766)金永昌刻本　一冊

330000－1705－0002812　馮2407　集部／總集類／選集之屬／斷代

國朝三家文鈔三十二卷　（清）宋犖　（清）許汝霖編　清康熙三十三年(1694)刻本　二冊

330000－1705－0002814　馮2404　集部／別集類／清別集

丘邦士文集十八卷　（清）丘維屏撰　清康熙五十八年(1719)刻本　六冊　存十四卷(一至十四)

330000－1705－0002815　馮2312、馮善2070　集部／總集類／彙編之屬

八代文鈔八種　（明）李賓編　明末刻本　三冊　存二種

330000－1705－0002816　馮2348　集部／別集類／清別集

變雅堂文集四卷詩集十卷詩集補遺一卷　（清）杜濬撰　**變雅堂遺集附錄一卷**　（清）方苞等撰　清同治九年(1870)劉維楨刻本　八冊

330000－1705－0002817　馮2379　集部／別集類／明別集

林衣集八卷　（明）秦舜昌撰　（清）馮元仲編　清秦氏抄本　馮貞群記　一冊　存一卷(一)

330000－1705－0002819　馮2408　集部／別集類／清別集

壯悔堂文集十卷　（清）侯方域撰　（清）陳履中等編　清乾隆十四年(1749)陳履中、陳履平刻本　笠浦批　四冊

330000－1705－0002820　馮2390　集部／別集類／清別集

梅村詩集箋注十八卷　（清）吳偉業撰　（清）吳翌鳳箋注　清嘉慶十九年(1814)嚴榮滄浪吟榭刻本　六冊

330000－1705－0002822　馮2349　集部／別集類／明別集

姜逢元館課不分卷　（明）姜逢元撰　清抄本　馮貞群題記　一冊

330000－1705－0002824　馮2323　集部／別集類／明別集

黃忠端公文畧三卷詩畧二卷說畧一卷　（明）黃尊素撰　清乾隆三十二年至三十三年(1767－1768)黃千人刻本　瑤仙題記　一冊

330000－1705－0002825　馮2380　集部／詞類／別集之屬

新樂府詞一卷　（清）萬斯同撰　清同治八年(1869)陳魚門刻本　一冊

330000－1705－0002826　馮2409　集部／別集類／清別集

壯悔堂文集十卷遺稿一卷　（清）侯方域撰　（清）賈開宗等評點　清同治十二年(1873)刻本　六冊

330000－1705－0002827　馮2351　集部／別集類／清別集

蒿菴集三卷　（清）張爾岐撰　**附錄一卷**　清乾隆三十八年(1773)胡德琳刻四十一年(1776)印本　一冊

330000－1705－0002828　馮2388　集部／別集類／清別集

梅村集四十卷目錄二卷　（清）吳偉業撰　清康熙八年(1669)顧湄等刻本　十二冊

330000－1705－0002829　馮2337　史部／詔令奏議類／奏議之屬

明大司馬盧公奏議十卷文集一卷詩集一卷首一卷　（明）盧象昇撰　清光緒元年(1875)會稽施惠刻本　八冊

330000－1705－0002830　馮2397　集部／別集類／清別集

南雷文定前集十一卷後集四卷三集三卷四集四卷附錄一卷　（清）黃宗羲撰　清黃氏耕餘樓刻本　馮貞群批校　八冊

330000－1705－0002831　馮2352　類叢部／

叢書類/自著之屬

亭林遺書十種 （清）顧炎武撰　清康熙吳江潘氏遂初堂刻本　五冊

330000－1705－0002832　馮2325　集部/別集類/明別集

瞿忠宣公集十卷 （明）瞿式耜撰　清道光十五年(1835)常熟蔣因培、許廷誥刻本　四冊

330000－1705－0002834　馮2339　集部/別集類/明別集

蘆樣詩稿二卷 （明）沈潛撰　清光緒三年(1877)師齋刻本　一冊

330000－1705－0002835　馮2389　集部/別集類/清別集

吳詩集覽二十卷補註二十卷吳詩談藪二卷拾遺一卷 （清）吳偉業撰　（清）靳榮藩注並輯　清乾隆四十年(1775)凌雲亭刻本　十二冊

330000－1705－0002836　馮2412　集部/別集類/清別集

巢青閣集十卷 （清）陸進撰　清康熙三十九年(1700)刻本　二冊　缺二卷(四至五)

330000－1705－0002837　馮2416　集部/別集類/清別集

滌煙樓集一卷 （清）俞泰撰　清刻本　一冊

330000－1705－0002838　馮2354　集部/別集類/清別集

亭林文集六卷餘集一卷 （清）顧炎武撰　清光緒三十二年(1906)俞鍾穎山隱居刻本　四冊

330000－1705－0002839　馮2343　集部/別集類/明別集

忠介公正氣堂集八卷 （明）錢肅樂撰　（清）全祖望輯　**忠介公集附錄四卷** （明）顧錫疇等撰　（清）全祖望輯　清抄本　馮貞群題簽並記　二冊　缺四卷(忠介公正氣堂集一至四)

330000－1705－0002840　馮2338　集部/別集類/明別集

囊雲詩集一卷 （明）周齊曾撰　清抄本

一冊

330000－1705－0002841　馮2464　集部/別集類/清別集

惢泉文存初集□□卷二集□□卷 （清）聞性道撰　清初聞氏環流堂抄本　馮貞群題記張美翊跋　五冊　存五卷(初集二,二集五、八、十、十二)

330000－1705－0002842　馮2465　集部/別集類/清別集

是學堂寓薖四卷 （清）董瑒撰　清抄本　馮貞群題記　一冊

330000－1705－0002843　馮2415　類叢部/叢書類/自著之屬

西河合集一百十九種 （清）毛奇齡撰　清康熙刻嘉慶元年(1796)蕭山陸氏凝瑞堂印本　五十冊　存一百十六種

330000－1705－0002844　馮2355　集部/別集類/清別集

顧亭林先生詩箋注十七卷首一卷 （清）顧炎武撰　（清）徐嘉箋注　**顧詩箋注校補一卷** 李詳等撰　清光緒二十三年(1897)徐氏味靜齋刻二十七年(1901)印本　六冊

330000－1705－0002845　馮2442　類叢部/叢書類/家集之屬

新城王氏家集四十種 （清）□□編　明崇禎至清康熙刻彙印本　八十六冊

330000－1705－0002846　馮2466　集部/別集類

香祖原稿一卷語錄一卷　清抄本　一冊

330000－1705－0002847　馮2417　集部/別集類/清別集

堯峰文鈔五十卷 （清）汪琬撰　（清）林佶編　清康熙三十二年(1693)林佶刻本　十四冊

330000－1705－0002849　馮2356　集部/別集類/清別集

陋軒詩十二卷續二卷 （清）吳嘉紀撰　清嘉慶繆中刻道光二十年(1840)夏氏補刻本　六冊

330000－1705－0002851　馮 2459　集部/別
集類/清別集

文貞公集十二卷　（清）張玉書撰　清乾隆五
十七年(1792)松蔭堂刻本　六冊

330000－1705－0002852　馮 2419　集部/別
集類/清別集

八行堂集約鈔二卷　（清）史大成撰　清光緒
十二年(1886)史久垣刻本　一冊

330000－1705－0002853　馮 2357　集部/別
集類/清別集

鳴鶴堂詩集十一卷文集十卷　（清）任源祥撰
　（清）瞿源洙集評　（清）任道鎔彙輯　清光
緒十五年(1889)刻本　六冊

330000－1705－0002854　馮 2460　類叢部/
叢書類/自著之屬

聖嘆秘書七種　（清）金人瑞撰　清光緒三十
一年(1905)證龘社鉛印本　馮貞群批　一冊

330000－1705－0002855　馮 2448　集部/別
集類/清別集

證山堂集八卷　（清）周斯盛撰　清康熙刻本
　清徐時棟跋　二冊

330000－1705－0002856　馮 2420　集部/別
集類/清別集

止軒餘集八卷　（清）陳捷撰　清道光九年
(1829)陳氏五馬山樓刻本　一冊

330000－1705－0002857　馮 2468　集部/別
集類/清別集

修吉堂遺稿二卷　（清）徐元正撰　清乾隆四
年(1739)徐志莘刻本　一冊

330000－1705－0002858　馮 2450－1　集部/
別集類/清別集

甲辰詩一卷　（清）周斯盛撰　稿本　馮貞群
題簽並記　一冊

330000－1705－0002859　馮 2469　類叢部/
叢書類/自著之屬

清吟堂全集十四種　（清）高士奇撰　清康熙
刻本　一冊　存一種

330000－1705－0002860　馮 2421　集部/別
集類/清別集

湛園未定藁六卷　（清）姜宸英撰　清康熙二
十年(1681)二老閣刻本　馮貞群題記　六冊

330000－1705－0002861　馮 2450－2　集部/
詞類/別集之屬

證山公詩餘一卷　（清）周斯盛撰　清周世緒
寫本　一冊

330000－1705－0002862　馮 2449　集部/別
集類/清別集

證山堂集八卷　（清）周斯盛撰　清康熙刻本
　二冊

330000－1705－0002863　馮 2362　集部/別
集類/清別集

春酒堂文集一卷　（清）周容撰　清宣統二年
(1910)上海國學扶輪社鉛印本　一冊

330000－1705－0002864　馮 2477　集部/別
集類/清別集

梅崖山房詩一卷　（清）李基和撰　清康熙十
九年(1680)刻本　一冊

330000－1705－0002865　馮 2450－3　集部/
詞類/別集之屬

證山堂詩餘三卷　（清）周斯盛撰　（清）周文
會編刊　稿本　一冊

330000－1705－0002866　馮 2478　集部/別
集類/清別集

潛虛先生文集十四卷遺集一卷年譜一卷
（清）戴名世撰　清光緒十八年(1892)刻本
八冊

330000－1705－0002867　馮 2444　集部/別
集類/清別集

漁洋山人精華錄十卷　（清）王士禛撰　（清）
林佶編　清康熙三十九年(1700)林佶寫刻本
五冊

330000－1705－0002868　馮 2479　集部/別
集類/清別集

南山全集十六卷　（清）戴名世撰　清光緒十
九年(1893)印鴻堂木活字印本　八冊

330000－1705－0002869　馮2461　集部/別集類/清別集

黄葉邨莊詩集八卷續集一卷後集一卷　（清）吳之振撰　清康熙三十五年(1696)刻四十一年(1702)、五十一年(1712)增刻本　二冊　存九卷(一至八、續集)

330000－1705－0002871　馮2480　集部/別集類/清別集

思綺堂文集十卷　（清）章藻功撰　清康熙六十一年(1722)聚錦堂刻本　十冊

330000－1705－0002872　馮2418　集部/別集類/清別集

陳檢討集二十卷　（清）陳維崧撰　（清）程師恭注　清康熙三十二年(1693)有美堂刻本　四冊

330000－1705－0002873　馮2470　集部/別集類/清別集

王崑繩文集不分卷次刻六卷　（清）王源撰　清康熙信芳齋刻本　四冊

330000－1705－0002874　馮2462　集部/別集類/明別集

杖頭吟一卷　（清）釋德介撰　（明）錢光繡批點　清初抄本　馮开題簽　馮貞群題記　一冊

330000－1705－0002875　馮2453　集部/別集類/清別集

管邨詩稿六卷　（清）萬言撰　清刻本　一冊

330000－1705－0002876　馮2463　集部/別集類/明別集

杖頭吟一卷竹窗集一卷　（清）釋德介撰　（明）錢光繡批點　清抄本　馮开跋　一冊

330000－1705－0002877　馮2447　集部/別集類/清別集

漁洋山人精華錄箋注十二卷補一卷附年譜一卷　（清）王士禛撰　（清）金榮箋注　（清）徐準纂輯　清康熙五十一年(1712)鳳翽堂刻本　六冊

330000－1705－0002878　馮2481、馮2440

集部/別集類/清別集

綿津山人詩集二十九卷緯蕭草堂詩三卷　（清）宋犖撰　清康熙刻本　四冊

330000－1705－0002879　馮2423　集部/別集類/清別集

葦間詩集五卷　（清）姜宸英撰　清道光四年(1824)葉元墢木活字印本　二冊　存三卷(一至二、五)

330000－1705－0002880　馮2424　集部/別集類/清別集

葦間詩集五卷　（清）姜宸英撰　清道光四年(1824)葉元墢木活字印本　二冊

330000－1705－0002881　馮2413　集部/別集類/清別集

思親百咏一卷　（清）謝泰交撰　清樂琴書屋抄本　一冊

330000－1705－0002882　馮2482　集部/別集類/清別集

葛莊編年詩三十六卷補遺一卷　（清）劉廷璣撰　清康熙五十三年(1714)刻本　一冊　存六卷(丁巳、戊午、己未、庚申、辛酉、壬戌)

330000－1705－0002883　馮2471　集部/別集類/清別集

無悶堂集七卷　（清）張遠撰　清康熙張遠刻本　一冊

330000－1705－0002884　馮2455　集部/別集類/清別集

南樓近詠二卷　（清）王之琰撰　清康熙刻本　清張繼□題記　一冊

330000－1705－0002885　馮2414　集部/別集類/清別集

默鏡居文集四卷　（清）范方撰　清乾隆二十六年(1761)范氏世怡堂刻本　一冊

330000－1705－0002886　馮2445　集部/別集類/清別集

漁洋山人精華錄訓纂十卷目錄二卷年譜注補二卷辯訛一卷　（清）王士禛撰　（清）惠棟注補　清乾隆惠氏紅豆齋刻本　十二冊

330000 – 1705 – 0002887　馮 2483　集部/別集類/清別集

適可軒詩草一卷　（清）胡德邁撰　清康熙刻本　一冊

330000 – 1705 – 0002888　馮 2425　集部/別集類/清別集

湛園詩稿三卷　（清）姜宸英撰　清嘉慶二十三年(1818)歲寒堂刻本　一冊

330000 – 1705 – 0002889　馮 2446　集部/別集類/清別集

漁洋山人精華錄訓纂十卷補十卷總目二卷年譜注補二卷辯訛一卷　（清）王士禛撰　（清）惠棟注補　清光緒十七年(1891)會稽徐氏述史樓刻本　十六冊

330000 – 1705 – 0002890　馮 2456　集部/別集類/清別集

邵子湘全集三十卷　（清）邵長蘅撰　清康熙三十二年至三十八年(1693 – 1699)青門艸堂刻本　八冊

330000 – 1705 – 0002891　馮 2483 – 1　集部/別集類/清別集

適可軒近草一卷　（清）胡德邁撰　（清）李杲堂　（清）董缶堂點定　清刻本　一冊

330000 – 1705 – 0002892　馮 2472　集部/別集類/清別集

屏山堂全集八卷　（清）周岱雲撰　清抄本　二冊

330000 – 1705 – 0002894　馮 2451　集部/別集類/清別集

有懷堂詩藁六卷文藁二十二卷　（清）韓菼撰　清康熙四十二年(1703)韓氏有懷堂刻本　四冊　存十二卷(文藁一至八、十五至十八)

330000 – 1705 – 0002895　馮 2436　集部/別集類/清別集

慎齋詩存八卷　（清）王典撰　清康熙王廷燦刻本　一冊

330000 – 1705 – 0002896　馮 2484　類叢部/叢書類/自著之屬

楊氏全書八種　（清）楊名時撰　清乾隆五十九年(1794)江陰葉廷甲水心草堂刻本　六冊

330000 – 1705 – 0002897　馮 2473　集部/別集類/清別集

敬業堂詩集五十卷　（清）查慎行撰　清康熙五十八年(1719)刻雍正增刻本　董浦氏評點　穆如軒主人題記　十冊

330000 – 1705 – 0002898　馮 2458　集部/別集類/清別集

午亭文編五十卷　（清）陳廷敬撰　（清）林佶輯錄　清康熙四十七年(1708)林佶刻本　十六冊

330000 – 1705 – 0002899　馮 2474　集部/別集類/清別集

敬業堂詩續集六卷　（清）查慎行撰　清乾隆查學、查開刻本　二冊

330000 – 1705 – 0002900　馮 2506 – 1　類叢部/叢書類/自著之屬

沈歸愚詩文全集十四種　（清）沈德潛撰　清乾隆教忠堂刻本　八冊　存十種

330000 – 1705 – 0002901　馮 2495　集部/別集類/清別集

望溪先生文集十八卷集外文十卷集外文補遺二卷年譜二卷　（清）方苞撰　清咸豐元年(1851)戴鈞衡刻二年(1852)增刻本　十二冊

330000 – 1705 – 0002902　馮 2491　集部/別集類/清別集

白田草堂存稿二十四卷　（清）王懋竑撰　先考王公府君行狀一卷　（清）王箴聽等撰　崇祀鄉賢錄一卷　清乾隆十七年(1752)刻本　清向杲題記　五冊

330000 – 1705 – 0002904　馮 2559　集部/別集類/清別集

梅崖居士文集三十卷　（清）朱仕琇撰　清乾隆刻本　六冊

330000 – 1705 – 0002905　馮 2443　集部/別集類/清別集

帶經堂集九十二卷　（清）王士禛撰　（清）程

162

哲校編　清康熙四十九年至五十一年(1710－1712)程氏七略書堂刻本　二十冊

330000－1705－0002906　馮2506－2　類叢部/叢書類/自著之屬

沈歸愚詩文全集十四種　（清）沈德潛撰　清乾隆教忠堂刻本　八冊　存四種

330000－1705－0002907　馮2475　集部/別集類/清別集

嚴太僕先生集十二卷　（清）嚴虞惇撰　清光緒九年至十年(1883－1884)常熟嚴忠培西涇草堂刻本　二冊

330000－1705－0002908　馮2532　集部/別集類/清別集

海峯詩集十一卷　（清）劉大櫆撰　清敦本堂刻本　四冊

330000－1705－0002909　馮2524　集部/別集類/清別集

洞庭集二卷聞嶠集二卷　（清）桑調元撰　清乾隆脩汲堂刻本　二冊

330000－1705－0002910　馮2560　集部/別集類/清別集

袁文箋正十六卷補注一卷　（清）袁枚撰（清）石韞玉箋　清嘉慶十七年(1812)鶴壽山堂刻本　四冊

330000－1705－0002911　馮2496　集部/別集類/清別集

望溪先生文集十八卷集外文十卷集外文補遺二卷年譜二卷　（清）方苞撰　清咸豐元年(1851)戴鈞衡刻二年(1852)增刻本　清仲辰批　十六冊

330000－1705－0002912　馮2529　集部/別集類/清別集

道古堂文集四十八卷詩集二十六卷　（清）杭世駿撰　清乾隆四十年至四十一年(1775－1776)刻本　十冊

330000－1705－0002913　馮2476　類叢部/叢書類/彙編之屬

抱經堂叢書十六種　（清）盧文弨編　清乾隆

至嘉慶刻彙印本　二冊　存一種

330000－1705－0002914　馮2488　集部/別集類/清別集

清照堂打包剩語二卷夢覺集一卷除豪集一卷　（清）陳恂撰　清康熙刻本　一冊

330000－1705－0002915　馮2512　類叢部/叢書類/自著之屬

鹿洲全集七種　（清）藍鼎元撰　清康熙至雍正刻彙印本　二十冊

330000－1705－0002916　馮2573　類叢部/叢書類/彙編之屬

微波榭叢書十一種　（清）孔繼涵編　清孔氏刻彙印本　四十冊　存十種

330000－1705－0002917　馮2525　類叢部/叢書類/自著之屬

埜柏先生類稿八種　（清）宋在詩撰　清道光刻本　三冊　存六種

330000－1705－0002918　馮2527　集部/別集類/清別集

石笥山房集二十四卷　（清）胡天游撰　清咸豐二年(1852)刻本　十冊

330000－1705－0002919　馮2558　集部/別集類/清別集

雙柳軒詩集一卷　（清）袁枚撰　清刻本　一冊

330000－1705－0002920　馮2534　集部/別集類/清別集

紫竹山房詩集十二卷文集二十卷　（清）陳兆崙撰　**年譜一卷**　（清）陳玉繩編　清乾隆刻本　十二冊

330000－1705－0002921　馮2494　集部/別集類/清別集

望溪集不分卷　（清）方苞撰　（清）王兆符等輯　清乾隆十一年(1746)歙縣程鋆刻本　八冊

330000－1705－0002922　馮2505　集部/別集類/清別集

穆堂別稿五十卷　（清）李紱撰　清乾隆十二年(1747)奉國堂刻本　八冊

330000－1705－0002923　馮2555　集部/別集類/清別集

越吟草一卷　（清）李凱撰　清乾隆二十七年(1762)刻本　一冊

330000－1705－0002924　馮2511　類叢部/叢書類/自著之屬

陸雲士雜著九種　（清）陸次雲撰　清康熙刻本　四冊　存二種

330000－1705－0002925　馮2533　集部/別集類/清別集

海峰文集八卷　（清）劉大櫆撰　清乾隆敦本堂刻本　馮貞群過錄清張惠言跋　八冊

330000－1705－0002926　馮2553　集部/別集類/清別集

嘯軒詩鈔一卷　（清）顧大文撰　清乾隆四十七年(1782)天雄書院刻本　一冊

330000－1705－0002927　馮2526　集部/別集類/清別集

陳文恭公手札節要三卷　（清）陳弘謀撰　清同治七年(1868)湖北崇文書局刻本　一冊

330000－1705－0002928　馮2492　集部/別集類/清別集

涵村詩集十卷　（清）秦文超撰　清光緒六年(1880)秦簧刻本　五冊

330000－1705－0002929　馮2562　類叢部/叢書類/自著之屬

隨園三十種　（清）袁枚撰　清同治七年(1868)刻本　馮貞群、汪青記　八十冊

330000－1705－0002930　馮2557　集部/別集類/清別集

香石園詩一卷　（清）□□撰　清抄本　一冊

330000－1705－0002932　馮2509　集部/別集類/清別集

螺齋詩鈔十卷　（清）傅廷標撰　**澄香閣吟二卷**　（清）郭蕙撰　清道光十八年(1838)傅宗

傑刻本　二冊

330000－1705－0002933　馮2522　集部/別集類/清別集

板橋全集五種　（清）鄭燮撰　清光緒十八年(1892)上海積山書局石印本　四冊

330000－1705－0002934　馮2554　集部/別集類/清別集

市曲茅堂詩一卷　（清）黃琛撰　清乾隆九年(1744)石香齋金星刻本　一冊

330000－1705－0002935　馮2528－1　類叢部/叢書類/自著之屬

杭大宗七種叢書　（清）杭世駿撰　清乾隆杭賓仁羊城刻本　二冊　存五種

330000－1705－0002936　馮2513　集部/別集類/清別集

葉鶴塗文集二卷　（清）葉溶撰　清乾隆四十八年(1783)凌世御刻本　二冊

330000－1705－0002937　馮2556　集部/別集類/清別集

柴騰人先生詩草不分卷　（清）柴存仁撰　清抄本　一冊

330000－1705－0002938　馮2537　集部/別集類/清別集

寶綸堂集古錄十二卷　（清）齊召南撰　（清）齊毓川輯　清光緒十四年(1888)天台齊毓川掌古齋木活字印本　二冊

330000－1705－0002939　馮2523　集部/別集類/清別集

板橋集五種　（清）鄭燮撰　清乾隆清暉書屋刻本　四冊

330000－1705－0002940　馮2514　集部/別集類/清別集

固哉草亭詩一卷　（清）高斌撰　清乾隆五年(1740)阮咸刻本　一冊

330000－1705－0002941　馮2516　集部/別集類/清別集

南榮詩鈔一卷　（清）劉瞻榕撰　清乾隆三十

二年(1767)刻本　一冊

330000－1705－0002942　馮2576　集部／別集類／清別集

切問齋集十六卷　（清）陸燿撰　清乾隆五十七年(1792)暉吉堂刻本　八冊

330000－1705－0002943　馮2540　集部／別集類／清別集

鮚埼亭集三十八卷首二卷全謝山先生經史問答十卷　（清）全祖望撰　清嘉慶九年(1804)餘姚史夢蛟借樹山房刻本　六冊

330000－1705－0002944　馮2490　集部／別集類／清別集

香屑集十八卷首一卷末一卷　（清）黃之雋撰（清）陳邦直注　清同治十年(1871)近文堂刻本　四冊

330000－1705－0002945　馮2517　子部／藝術類／書畫之屬／題跋

冬心先生雜著不分卷　（清）金農撰　清光緒四年(1878)當歸草堂刻本　一冊

330000－1705－0002946　馮2582　集部／別集類／清別集

敦拙堂詩集十三卷　（清）陳奉茲撰　清乾隆六十年(1795)刻本　六冊

330000－1705－0002947　馮2581　集部／別集類／清別集

忠雅堂詩集二十七卷補遺二卷銅絃詞附南北曲二卷　（清）蔣士銓撰　清嘉慶三年(1798)揚州刻敬書堂印本　六冊

330000－1705－0002948　馮2493　類叢部／叢書類／自著之屬

抗希堂十六種　（清）方苞撰　清光緒二十四年(1898)嫏嬛閣刻本　六十四冊

330000－1705－0002949　馮2520　集部／別集類／清別集

樊榭山房集十卷續集十卷　（清）厲鶚撰　清乾隆四年(1739)刻十六年(1751)續刻本　五冊　缺六卷(續集五至十)

330000－1705－0002950　馮2542　集部／別集類／清別集

鮚埼亭集外編五十卷　（清）全祖望撰　（清）董秉純編　（清）蔣學鏞審訂　（清）汪繼培重編　清嘉慶十六年(1811)刻本　八冊

330000－1705－0002951　馮2518　集部／別集類／清別集

春鳧小稿六卷　（清）符曾撰　清刻本　二冊

330000－1705－0002952　馮2507　集部／別集類／清別集

紫山吟槀四卷　（清）汪為熹撰　清康熙刻本　一冊

330000－1705－0002953　馮2574　類叢部／叢書類／自著之屬

春融堂集三種　（清）王昶撰　清嘉慶青浦王氏塾南書舍刻本　十六冊

330000－1705－0002954　馮2577　集部／別集類／清別集

樗菴存槀八卷　（清）蔣學鏞撰　清嘉慶十八年(1813)刻本　二冊

330000－1705－0002955　馮2489　集部／別集類／清別集

餘慶堂詩文集十卷　（清）陳美訓撰　清嘉慶二十一年(1816)餘慶堂刻本　三冊

330000－1705－0002956　馮2497　史部／金石類／總志之屬／題跋

竹雲題跋四卷　（清）王澍撰　清乾隆五十四年(1789)溫純墨妙樓刻本　一冊

330000－1705－0002957　馮2585　類叢部／叢書類／自著之屬

潛研堂全書十六種　（清）錢大昕撰　清乾隆至嘉慶刻本(潛研堂文集目錄、卷一至五爲抄配)　五十五冊

330000－1705－0002958　馮2575　集部／別集類／清別集

紀文達公遺集三十二卷　（清）紀昀撰　（清）紀樹馨編　清嘉慶十七年(1812)紀樹馥刻本　清徐時棟跋　十冊

330000－1705－0002959　馮2543　集部/別
集類/清別集

鮚埼亭集外編五十卷　（清）全祖望撰　（清）
董秉純編　（清）蔣學鏞審訂　（清）汪繼培重
編　清刻本　十二冊

330000－1705－0002960　馮2487　集部/別
集類/清別集

飴山詩集二十卷　（清）趙執信撰　清乾隆十
七年(1752)因園刻本　清王定祥題記　二冊

330000－1705－0002961　馮2603　集部/別
集類/清別集

嶺雲詩鈔一卷嶺雲詩餘一卷　（清）魏之琇撰
　清乾隆二十一年(1756)刻本　一冊

330000－1705－0002962　馮2580　集部/別
集類/清別集

簡學齋詩存四卷　（清）陳沆撰　清咸豐二年
(1852)陳廷經刻本　馮貞群、馮开跋　一冊

330000－1705－0002963　馮2521　集部/別
集類/清別集

樊榭山房集十卷續集十卷文集八卷集外詩三
卷詞四卷　（清）厲鶚撰　清光緒十年(1884)
刻本　九冊

330000－1705－0002964　馮2547　集部/別
集類/清別集

鮚埼亭詩集十卷　（清）全祖望撰　清光緒十
六年(1890)慈谿童氏大鄅山館刻本　四冊

330000－1705－0002965　馮2503　集部/別
集類/清別集

書味草堂文集一卷　（清）俞聲金撰　清抄本
　馮貞群題記　一冊

330000－1705－0002966　馮2485　集部/別
集類/清別集

義門先生集十二卷附義門家書四卷　（清）何
焯撰　附錄一卷義門弟子姓氏錄一卷　清宣
統元年(1909)平江吳氏廣州刻本　六冊

330000－1705－0002967　馮2504　集部/別
集類/清別集

高戶部詩一卷　（清）高以永撰　清康熙三十

三年(1694)刻本　一冊

330000－1705－0002969　馮2589　集部/別
集類/清別集

知足齋詩集二十卷詩續集四卷文集六卷進呈
文稿二卷　（清）朱珪撰　年譜三卷　（清）朱
錫經等述　清嘉慶九年(1804)阮元刻十一年
(1806)大興朱氏增修本　十冊

330000－1705－0002970　馮2498　類叢部/
叢書類/自著之屬

文道十書四種十二卷　（清）陳景雲撰　清乾
隆十九年(1754)蔣良騏刻本　三冊

330000－1705－0002971　馮2426　集部/別
集類/清別集

姜先生全集三十三卷首一卷附錄二卷　（清）
姜宸英撰　清光緒十五年(1889)慈谿馮氏毋
自欺齋刻本(附錄二卷原缺)　馮貞群批
十冊

330000－1705－0002972　馮2548　集部/別
集類/清別集

句餘土音一卷　（清）全祖望撰　（清）周文會
軒採錄　清抄本　一冊

330000－1705－0002973　馮2616　集部/別
集類/清別集

南厓詩鈔十二卷　（清）陳承然撰　稿本　馮
貞群跋　一冊　存三卷(庚申、辛酉、壬戌)

330000－1705－0002974　馮2637　類叢部/
叢書類/自著之屬

洪北江全集二十一種　（清）洪亮吉撰　清光
緒三年至五年(1877－1879)洪用懃授經堂刻
本　六十四冊

330000－1705－0002976　馮2549　集部/別
集類/清別集

句餘土音三卷　（清）全祖望撰　（清）董秉純
重編　甬上族望表二卷　（清）全祖望撰　清
嘉慶十九年(1814)刻本　馮貞群批　一冊

330000－1705－0002977　馮2561　集部/別
集類/清別集

小倉山房尺牘八卷　（清）袁枚撰　清光緒五

166

年(1879)刻本　八冊

330000－1705－0002978　馮2831　集部/別集類/清別集

丘小嶼詩不分卷　（清）丘小嶼撰　清抄本　一冊

330000－1705－0002979　馮2584　類叢部/叢書類/自著之屬

甌北全集八種　（清）趙翼撰　清光緒三年(1877)滇南唐氏刻本　四十八冊

330000－1705－0002980　馮2550　集部/別集類/清別集

句餘土音三卷　（清）全祖望撰　（清）董秉純重編　甬上族望表二卷　（清）全祖望撰　清嘉慶十九年(1814)刻本　馮貞群批　二冊

330000－1705－0002981　馮2418－2　集部/別集類/清別集

湖海樓儷體古文詞刻樣本不分卷　（清）陳維崧撰　稿本　六冊

330000－1705－0002982　馮2623　集部/別集類/清別集

小峴山人詩集二十八卷文集六卷文續集二卷文補編一卷　（清）秦瀛撰　清嘉慶二十二年(1817)城西草堂刻道光初增刻本　八冊　缺二十五卷(詩集四至二十八)

330000－1705－0002983　馮2439　集部/總集類/選集之屬/斷代

二家詩鈔二十卷　（清）邵長蘅編　清康熙三十四年(1695)刻本　四冊　存一種

330000－1705－0002984　馮2586　集部/別集類/清別集

存悔集一卷　（清）范鵬撰　清咸豐七年(1857)盧杰思貽齋刻本　一冊

330000－1705－0002985　馮2565　集部/別集類/清別集

玉芝堂文集六卷詩集三卷　（清）邵齊燾撰　（清）王芥子（王太岳）　（清）鄭誠齋（鄭虎文）鑒定　清乾隆吳門穆大展刻本　二冊

330000－1705－0002986　馮2587　集部/別集類/清別集

夢樓詩集二十四卷　（清）王文治撰　清乾隆六十年(1795)丹徒王氏食舊堂刻本　四冊

330000－1705－0002987　馮2611　集部/別集類/清別集

蘭雪集八卷　（清）柯振嶽撰　清嘉慶二十三年(1818)藏修齋刻本　六冊

330000－1705－0002988　馮2596　集部/別集類/清別集

山木居士外集四卷　（清）魯仕驥撰　清乾隆四十七年(1782)刻嘉慶二年(1797)補修本　二冊

330000－1705－0002989　馮2626　集部/別集類/清別集

秋槎政本一卷　（清）鄭兆龍撰　清道光十五年(1835)刻本　一冊

330000－1705－0002990　馮2635　集部/別集類/清別集

有正味齋駢文箋注十六卷　（清）吳錫麒撰　（清）葉聯芬注　清同治七年(1868)慈谿葉氏刻本　八冊

330000－1705－0002991　馮2566　集部/總集類/氏族之屬

黃氏家集初編六種　（清）黃家鼎輯　清光緒十七年(1891)四明黃氏補不足齋刻本　一冊　存一種

330000－1705－0002992　馮2588　集部/別集類/清別集

抱山堂詩集十卷　（清）朱彭撰　清乾隆五十五年(1790)刻本　二冊

330000－1705－0002993　馮2441　集部/別集類/清別集

兼山堂集八卷　（清）陳錫嘏撰　清康熙二十九年(1690)鄭氏刻本　清徐時棟、馮貞群跋　二冊

330000－1705－0002994　馮2624　集部/別集類/清別集

醉雲樓詩草五卷　（清）余江撰　（清）柯振嶽
評　清嘉慶十九年(1814)醉雲樓刻本　一冊

330000－1705－0002995　馮2598　集部/別
集類/清別集

恩餘堂經進初藁十二卷續藁二十二卷三藁十
一卷策問存課二卷知聖道齋讀書跋尾二卷
（清）彭元瑞撰　清嘉慶刻本　十冊

330000－1705－0002996　馮2615　集部/別
集類/清別集

竹初詩鈔十六卷文鈔六卷　（清）錢維喬撰
清嘉慶十三年(1808)刻本　八冊

330000－1705－0002997　馮2621　集部/別
集類/清別集

珍埶宦詩鈔二卷　（清）莊述祖撰　清光緒十
八年(1892)鄂州鉛印本　一冊

330000－1705－0002998　馮2433　集部/別
集類/清別集

三魚堂文集十二卷外集六卷　（清）陸隴其撰
附錄一卷　清康熙四十年(1701)琴川書屋
刻本　六冊

330000－1705－0002999　馮2627　集部/別
集類/清別集

述學三卷　（清）汪中撰　清嘉慶汪氏自刻本
一冊

330000－1705－0003000　馮2567　集部/別
集類/清別集

泊鷗山房集三十八卷　（清）陶元藻撰　清嘉
慶十八年(1813)刻本　十冊

330000－1705－0003001　馮2634　集部/別
集類/清別集

有正味齋駢體文二十四卷詩集十六卷詩續集
八卷外集五卷詞集八卷詞續集二卷詞外集二
卷　（清）吳錫麒撰　清嘉慶刻本　十二冊

330000－1705－0003002　馮2629　集部/別
集類/清別集

述學內篇三卷外篇一卷補遺一卷別錄一卷附
錄一卷校勘記一卷　（清）汪中撰　（清）汪喜
孫編　清同治八年(1869)揚州書局刻本

二冊

330000－1705－0003003　馮2628　集部/別
集類/清別集

述學內篇三卷外篇一卷補遺一卷別錄一卷附
錄一卷校勘記一卷　（清）汪中撰　（清）汪喜
孫編　清同治八年(1869)揚州書局刻本
二冊

330000－1705－0003004　馮2617　類叢部/
叢書類/家集之屬

長洲彭氏家集九種　（清）彭祖賢編　清同治
至光緒刻本　一冊　存一種

330000－1705－0003005　馮2570　集部/別
集類/清別集

頻羅庵遺集十六卷　（清）梁同書撰　清嘉慶
二十二年(1817)陸貞一杭州刻本　二冊

330000－1705－0003006　馮2606　集部/總
集類/選集之屬/斷代

戴段合刻二種　（清）張壽榮輯　清光緒十年
(1884)鎮海張氏秋樹根齋刻本　八冊　存
一種

330000－1705－0003007　馮2618　集部/別
集類/清別集

錢南園先生遺集五卷　（清）錢灃撰　清同治
十一年(1872)湖南官書局長沙刻本　二冊

330000－1705－0003008　馮2614　集部/別
集類/清別集

韞山堂文集八卷　（清）管世銘撰　清光緒十
七年(1891)周光濂存厚堂刻本　四冊

330000－1705－0003009　馮2630　集部/別
集類/清別集

述學內篇三卷外篇一卷補遺一卷別錄一卷附
錄一卷校勘記一卷　（清）汪中撰　（清）汪喜
孫編　清同治八年(1869)揚州書局刻本
一冊

330000－1705－0003010　馮2568、馮2691
類叢部/叢書類/家集之屬

雙雲堂傳集七種　（清）范□編　清光緒十年
至十七年(1884－1891)甬上范氏刻本　二冊

168

存三種

330000－1705－0003011　馮2590　類叢部/
叢書類/自著之屬

惜抱軒全集十種　（清）姚鼐撰　清同治五年
(1866)李瀚章省心閣刻本　二十冊

330000－1705－0003012　馮2435　集部/別
集類/清別集

憺園全集三十六卷　（清）徐乾學撰　清光緒
九年(1883)嘉興金吳瀾刻本　十二冊

330000－1705－0003013　馮2625　集部/別
集類/清別集

述古堂文集十二卷　（清）錢兆鵬撰　清光緒
七年(1881)刻本　四冊

330000－1705－0003014　馮2591　類叢部/
叢書類/自著之屬

惜抱軒全集十種　（清）姚鼐撰　清同治五年
(1866)李瀚章省心閣刻本　馮貞群批　十
二冊

330000－1705－0003015　馮2569　集部/別
集類/清別集

青虛山房集十一卷　（清）王太岳撰　清光緒
十九年(1893)定興鹿傳霖刻本　三冊

330000－1705－0003016　馮2788　集部/別
集類/清別集

赤堇遺稿六卷　（清）葉元堦撰　（清）屬志編
　清道光退一居刻本　二冊

330000－1705－0003018　馮2785　集部/別
集類/清別集

樂志堂詩略二卷文略四卷附錄一卷　（清）譚
瑩撰　清光緒元年(1875)南海譚氏刻本
二冊

330000－1705－0003019　馮2431　集部/別
集類/清別集

曝書亭集詩註二十四卷　（清）朱彝尊撰
（清）楊謙注　**年譜一卷**　（清）楊謙撰　清楊
氏木山閣刻本（卷二十三至二十四原缺）
八冊

330000－1705－0003020　馮2622　類叢部/
叢書類/自著之屬

南江邵氏遺書十四種　（清）邵晉涵撰　清乾
隆至嘉慶邵氏家刻本　六冊　存二種

330000－1705－0003021　馮2563　集部/別
集類/清別集

桐溪詩草一卷　（清）沈鵬撰　清乾隆刻本
一冊

330000－1705－0003022　馮2592　類叢部/
叢書類/自著之屬

惜抱軒集　（清）姚鼐撰　清嘉慶刻本　四冊
存二種

330000－1705－0003023　馮2610　集部/別
集類/清別集

無不宜齋未定稾四卷　（清）翟灝撰　清乾隆
十七年(1752)自刻本　一冊

330000－1705－0003024　馮2619　集部/別
集類/清別集

唅耀山房詩八卷　（清）龔禔身撰　清道光四
年(1824)刻本　二冊

330000－1705－0003025　馮2571　集部/別
集類/清別集

習靜樓詩草四卷　（清）張鯤撰　清同治六年
(1867)張恕刻本　清盧思贊識　一冊

330000－1705－0003026　馮2633　集部/別
集類/清別集

逸雲居士詩編不分卷年譜一卷　（清）孫蔚撰
　清嘉慶十三年(1808)刻本　二冊

330000－1705－0003027　馮2430　集部/別
集類/清別集

曝書亭集八十卷附錄一卷　（清）朱彝尊撰
笛漁小稾十卷　（清）朱昆田撰　清光緒十五
年(1889)會稽陶氏寒梅館刻本　十六冊

330000－1705－0003028　馮2636　集部/別
集類/清別集

有正味齋駢體文二十四卷　（清）吳錫麒撰
（清）王廣業箋　清咸豐九年(1859)青箱塾刻
本　八冊

330000 – 1705 – 0003029　馮2600　集部/別集類/清別集

尊聞居士集八卷遺稿一卷　（清）羅有高撰　（清）彭紹升編　清光緒七年(1881)寧都韓聰甫瑞金刻本　二冊

330000 – 1705 – 0003030　馮2608　集部/別集類/清別集

印月草堂四卷　（清）桂廷嗣撰　清乾隆刻本　馮貞群跋　一冊

330000 – 1705 – 0003031　馮2593　集部/別集類/清別集

一勺集一卷　（清）施朝榦撰　清嘉慶五年(1800)刻本　一冊

330000 – 1705 – 0003032　馮2572　集部/別集類/清別集

月船居士詩稿四卷首一卷末一卷　（清）盧鎬撰　清刻本　二冊　存四卷(一至四)

330000 – 1705 – 0003033　馮2594　集部/別集類/清別集

一勺集一卷　（清）施朝榦撰　清嘉慶五年(1800)刻本　一冊

330000 – 1705 – 0003034　馮2646　集部/別集類/清別集

兩當軒集二十卷補遺二卷附錄四卷　（清）黃景仁撰　**兩當軒集攷異二卷**　（清）黃志述撰　清光緒二年(1876)武進黃氏家塾刻本　六冊

330000 – 1705 – 0003035　馮2609　集部/別集類/清別集

虛筠續稿二卷虛筠今體詩三刻一卷　（清）桂廷嗣撰　清乾隆五十四年(1789)印月草堂刻本　一冊

330000 – 1705 – 0003036　馮2620　類叢部/叢書類/自著之屬

崔東壁先生遺書八種附一種　（清）崔述撰　清嘉慶至道光陳履和刻本　二十冊

330000 – 1705 – 0003037　馮2595　類叢部/叢書類/自著之屬

惜抱軒遺書三種　（清）姚鼐撰　清光緒五年(1879)桐城徐宗亮刻本　二冊　存二種

330000 – 1705 – 0003039　馮2564　集部/別集類/清別集

存悔齋集二十八卷外集四卷　（清）劉鳳誥撰　清道光十年至十七年(1830 – 1837)刻本　八冊

330000 – 1705 – 0003040　馮2612　集部/別集類/清別集

御製文二集四十四卷目錄二卷　（清）高宗弘曆撰　清乾隆內府刻本　四冊　存十六卷(五至二十)

330000 – 1705 – 0003041　馮2632　集部/別集類/清別集

授堂文鈔八卷　（清）武憶撰　清嘉慶六年(1801)刻本　二冊

330000 – 1705 – 0003042　馮2648　集部/別集類/清別集

鏡西閣詩選八卷　（清）邵飄撰　清道光十年(1830)碧城僊館刻本　二冊

330000 – 1705 – 0003043　馮2437　集部/別集類/清別集

在陸草堂文集六卷　（清）儲欣撰　（清）邢維信編　清雍正元年(1723)真州吳之彥、邢維信刻本　四冊

330000 – 1705 – 0003044　馮2643　集部/別集類/清別集

兩當軒詩鈔十四卷悔存詞鈔二卷　（清）黃景仁撰　清嘉慶四年(1799)長寧趙希璜河南高堰廳署刻二十二年(1817)侯官鄭炳文補刻菲古山房印本　四冊

330000 – 1705 – 0003045　馮2656　集部/別集類/清別集

晚聞居士遺集九卷首一卷　（清）王宗炎撰　清道光十年至十一年(1830 – 1831)杭州陸貞一愛日軒刻本　二冊

330000 – 1705 – 0003046　馮2601　集部/別集類/清別集

尊聞居士集八卷附評一卷　（清）羅有高撰
（清）彭紹升編　清光緒八年(1882)彭祖賢刻
本　二冊

330000－1705－0003047　馮2650　類叢部/
叢書類/自著之屬

澤古齋全集五種　（清）吳士模撰　清光緒十
九年(1893)刻本　十冊

330000－1705－0003048　馮2649　集部/別
集類/清別集

瞻衮堂文集十卷　（清）袁鈞撰　清光緒三十
三年(1907)袁可烺、袁可貞刻本　四冊

330000－1705－0003049　馮2658　集部/別
集類/清別集

淵雅堂全集五十六卷附錄二種六卷　（清）王
芑孫撰　清嘉慶八年至二十五年(1803－
1820)王氏刻本　十六冊　缺三卷(編年詩藁
五至七)

330000－1705－0003050　馮2657　集部/別
集類/清別集

二知軒詩鈔十四卷　（清）方濬頤撰　清同治
五年(1866)廣州刻本　八冊

330000－1705－0003051　馮2642　集部/別
集類/清別集

兩當軒詩集十六卷　（清）黃景仁撰　清道光
十七年(1837)海昌蔣光煦別下齋刻本　二冊

330000－1705－0003052　馮2438　集部/別
集類/清別集

西陂類稿五十卷　（清）宋犖撰　清康熙毛扆
刻本　十二冊

330000－1705－0003053　馮2644　集部/別
集類/清別集

兩當軒集二十卷補遺二卷附錄六卷　（清）黃
景仁撰　兩當軒集攷異二卷　（清）黃志述撰
　清咸豐八年(1858)家塾刻本　七冊　缺二
卷(兩當軒集一至二)

330000－1705－0003054　馮2655　集部/別
集類/清別集

問字堂集六卷　（清）孫星衍撰　清光緒十年

(1884)四明是亦軒刻本　一冊

330000－1705－0003055　馮2661　集部/別
集類/清別集

湘中吟二卷獨學廬初稿詩三卷外集一卷讀左
巵言一卷漢書刊訛一卷　（清）石韞玉撰　清
嘉慶刻本　清浣雲居士題並跋　三冊

330000－1705－0003056　馮2653　集部/別
集類/清別集

悔生文集八卷詩鈔六卷　（清）王灼撰　清嘉
慶皖江刻本　二冊　存六卷(詩鈔一至六)

330000－1705－0003057　馮2667　集部/別
集類/清別集

大雲山房文稿初集四卷二集四卷言事二卷
（清）惲敬撰　清嘉慶二十年(1815)武寧盧旬
宣、二十一年(1816)長洲宋揚光刻本　五冊

330000－1705－0003058　馮2604　集部/別
集類/清別集

鹿葊吟槀四卷　（清）童槐撰　清乾隆刻本
一冊

330000－1705－0003059　馮2605　集部/別
集類/清別集

江聲草堂詩集八卷　（清）金志章撰　清乾隆
十九年(1754)刻本　二冊

330000－1705－0003060　馮2432　集部/別
集類/清別集

曝書亭集外稿八卷　（清）朱彝尊撰　（清）馮
登府　（清）朱墨林輯　清嘉慶二十二年
(1817)刻道光二年(1822)印本　清大雷山民
題記　二冊

330000－1705－0003061　馮2638　集部/別
集類/清別集

東井文鈔二卷詩鈔四卷　（清）黃定文撰　清
光緒十六年(1890)黃家鼎補不足齋刻本
二冊

330000－1705－0003062　馮2666　集部/別
集類/清別集

校禮堂詩集十四卷　（清）凌廷堪撰　清道光
六年(1826)張其錦刻本　三冊

330000－1705－0003063　馮2602　集部/別集類/清別集

歉夫文稿二卷古詩稿一卷雜稿一卷時體詩七卷粵東雜詩五卷冊子四卷　（清）李夢松撰　清嘉慶二年(1797)王煇刻四年(1799)印本　四冊

330000－1705－0003064　馮2665　集部/別集類/清別集

鶴麓山房詩稿六卷　（清）葉煒撰　清嘉慶二十五年(1820)刻本　一冊

330000－1705－0003065　馮2654　集部/別集類/清別集

遊道堂集四卷　（清）朱彬撰　清同治七年(1868)袁浦刻本　二冊

330000－1705－0003067　馮2674　集部/別集類/清別集

賞雨茅屋詩集二十卷外集一卷　（清）曾燠撰　清道光三年(1823)刻本　三冊　存十六卷(五至二十)

330000－1705－0003068　馮2640　集部/別集類/清別集

呫呫吟二卷　（清）王炳撰　清乾隆四十年(1775)刻本　一冊

330000－1705－0003069　馮2711　類叢部/叢書類/自著之屬

今白華堂集六種附一種　（清）童槐撰　清同治刻本　六冊　存四種

330000－1705－0003070　馮2676　集部/別集類/清別集

茗柯文初編一卷二編二卷三編一卷四編一卷　（清）張惠言撰　清嘉慶十四年(1809)李生甫、張雲藻刻本　二冊

330000－1705－0003071　馮2714　類叢部/叢書類/自著之屬

安吳四種三十六種　（清）包世臣撰　清同治十一年(1872)湖北包誠注經堂刻光緒十四年(1888)重印本　十六冊

330000－1705－0003072　馮2668　集部/別

集類/清別集

大雲山房文稿初集四卷二集四卷言事二卷　（清）惲敬撰　清嘉慶二十年(1815)武寧盧旬宣、二十一年(1816)長洲宋揚光刻本　六冊

330000－1705－0003073　馮2675　集部/別集類/清別集

茗柯文初編一卷二編二卷三編一卷四編一卷　（清）張惠言撰　清光緒七年(1881)刻本　二冊

330000－1705－0003074　馮2679　集部/別集類/清別集

鐵笛樓詩鈔一卷補遺一卷　（清）周農撰　鐵瓢道人遺事一卷　（清）王猷輯　清嘉慶二十四年(1819)茗上王猷刻本　一冊

330000－1705－0003075　馮2664　集部/別集類/清別集

李亭賸稿不分卷　（清）李景潞撰　清光緒十年(1884)景州李氏刻本　一冊

330000－1705－0003076　馮2710　集部/別集類/清別集

今白華堂詩錄八卷詩錄補八卷詩集首二卷　（清）童槐撰　清同治八年(1869)、光緒三年(1877)童華刻本　五冊

330000－1705－0003077　馮2715　集部/別集類/清別集

幼學堂詩稿十卷文稿四卷　（清）沈欽韓撰　清嘉慶十八年(1813)屠孟昭刻本　六冊　存十一卷(一至五、九至十,文稿一至四)

330000－1705－0003078　馮2673　集部/別集類/清別集

賞雨茅屋詩集二十二卷外集一卷　（清）曾燠撰　清嘉慶二十四年(1819)刻本　一冊　存一卷(外集)

330000－1705－0003079　馮2701　集部/別集類/清別集

味閒齋遺草五卷　（清）李象鵠撰　清光緒三年(1877)李權鑅等刻本　一冊

330000－1705－0003080　馮2639　集部/別

集類/清別集

退密刪存稾稿二卷附詞一卷 （清）趙秉淵撰
清嘉慶十八年(1813)刻本　二冊

330000－1705－0003081　馮2702　集部/別
集類/清別集

蕭樓詩稿二十卷 （清）陳權撰　（清）顧逸訂
清道光十一年(1831)綠字山房刻本　四冊

330000－1705－0003082　馮2641　集部/別
集類/清別集

南川草堂詩鈔十三卷 （清）宋鳴珂撰　清嘉
慶八年(1803)刻本　二冊

330000－1705－0003083　馮2662　集部/別
集類/清別集

緘石齋詩存四卷 （清）虞廷宣撰　（清）虞振
璐等編　清同治九年(1870)刻本　二冊

330000－1705－0003084　馮2682　集部/別
集類/清別集

**覺生詩鈔十四卷詠物詩鈔四卷詠史詩鈔三卷
感舊詩鈔二卷** （清）鮑桂星撰　清嘉慶二十
五年(1820)刻本　二冊　存十卷(覺生詩鈔
一至十)

330000－1705－0003085　馮2720　集部/別
集類/清別集

劉禮部集十二卷 （清）劉逢祿撰　清道光十
年(1830)思誤齋刻本　六冊

330000－1705－0003086　馮2706　集部/別
集類/清別集

頤道堂文鈔不分卷 （清）陳文述撰　清抄本
二冊

330000－1705－0003087　馮2663　集部/別
集類/清別集

韻雅六卷古蹟詩鈔一卷 （清）吳采撰　清嘉
慶二十三年(1818)居業廬刻本　四冊

330000－1705－0003088　馮2703　集部/別
集類/清別集

**泰雲堂文集二卷駢體文集二卷詩集十八卷詞
集三卷** （清）孫爾準撰　清同治九年(1870)
刻本　四冊

330000－1705－0003089　馮2719　類叢部/
叢書類/自著之屬

求是堂全集六種 （清）胡承珙撰　清道光歙
縣胡氏刻本　四冊　存一種

330000－1705－0003090　馮2707　集部/別
集類/清別集

崇百藥齋文集二十卷續集四卷三集十二卷
（清）陸繼輅撰　**五真閣吟藁一卷** （清）陸錢
惠撰　清光緒四年(1878)陸祐勤興國州署刻
本　十二冊

330000－1705－0003091　馮2738　集部/別
集類/清別集

願學堂詩鈔二十八卷 （清）王宗燿撰　清咸
豐十年(1860)鄞縣王氏刻本　六冊

330000－1705－0003092　馮2683　集部/別
集類/清別集

船山詩草二十卷 （清）張問陶撰　**補遺六卷**
（清）陳葆森編　清同治十三年(1874)刻本
六冊　缺六卷(補遺一至六)

330000－1705－0003093　馮2724　集部/別
集類/清別集

樗寮先生全集七種四十三卷 （清）姚椿撰
清道光至咸豐刻本　馮貞群題記　十二冊

330000－1705－0003094　馮2739　集部/別
集類/清別集

印雪軒詩鈔十六卷 （清）俞鴻漸撰　清光緒
三年(1877)刻本　六冊

330000－1705－0003095　馮2660　集部/別
集類/清別集

白湖詩稿八卷文稿八卷 （清）葉燕撰　**白湖
葉君墓誌銘一卷** （清）秦瀛撰　清嘉慶二十
三年(1818)葉氏又次居刻本　四冊

330000－1705－0003096　馮2700　集部/別
集類/清別集

**小謨觴館詩集八卷詩餘一卷詩續集二卷文集
四卷文續集二卷** （清）彭兆蓀撰　清嘉慶十
一年(1806)韓江寓舍刻本　楓道人跋　六冊

330000－1705－0003097　馮2704　集部/別

集類/清別集

碧城僊館詩鈔八卷 （清）陳文述撰　清嘉慶十年(1805)刻本　清姚燮題記　一冊

330000－1705－0003098　馮2742　集部/別集類/清別集

研六室文鈔十卷補遺一卷附墓志銘一卷行狀一卷 （清）胡培翬撰　清光緒四年(1878)胡培系世澤樓刻本　四冊

330000－1705－0003099　馮2685　集部/別集類/清別集

揅經室文集十八卷 （清）阮元撰　清嘉慶刻本　一冊　存一卷(微一)

330000－1705－0003100　馮2659　集部/別集類/清別集

亥白詩草八卷 （清）張問安撰　清嘉慶二十一年(1816)刻本　四冊

330000－1705－0003101　馮2744　集部/別集類/清別集

燃藜閣詩鈔四卷首一卷 （清）蔡濤撰　清光緒七年(1881)刻本　一冊

330000－1705－0003102　馮2745　類叢部/叢書類/自著之屬

蛾術堂集十四種十七卷 （清）沈豫撰　清道光十八年(1838)蕭山沈氏漢讀齋刻本　四冊

330000－1705－0003103　馮2687　集部/別集類/清別集

韻山堂詩集七卷補遺一卷 （清）王文誥撰　清光緒十四年(1888)浙江書局刻本　一冊

330000－1705－0003104　馮2699　集部/別集類/清別集

李養一先生詩集四卷賦一卷詩餘一卷 （清）李兆洛撰　清光緒八年(1882)江陰曹佳江陰刻本　二冊

330000－1705－0003105　馮2705　集部/別集類/清別集

頤道堂詩選十卷 （清）陳文述撰　清嘉慶二十二年(1817)刻本　四冊

330000－1705－0003106　馮2746　集部/別集類/清別集

白華山人詩集十六卷詩說二卷 （清）厲志撰　清光緒九年(1883)厲學潮刻本　四冊

330000－1705－0003107　馮2718　集部/別集類/清別集

隅園詩存二卷 （清）裘曰和撰　清嘉慶二十五年(1820)木活字印本　一冊　存一卷(上)

330000－1705－0003108　馮2698　集部/別集類/清別集

養一齋文集二十卷 （清）李兆洛撰　清光緒四年(1878)刻本　十冊

330000－1705－0003109　馮2688　集部/別集類/清別集

缾水齋詩集十七卷別集二卷詩話一卷附錄一卷 （清）舒位撰　清光緒十二年(1886)邊保樞刻十七年(1891)增修本　六冊　存十九卷(詩集一至十七、別集一至二)

330000－1705－0003110　馮2725　集部/別集類/清別集

樗寮先生全集七種四十三卷 （清）姚椿撰　清道光至咸豐刻本　一冊　存一種

330000－1705－0003111　馮2712　集部/別集類/清別集

聽雲樓詩鈔四卷 （清）譚敬昭撰　（清）黃喬松輯　清嘉慶十六年(1811)刻本　一冊

330000－1705－0003112　馮2721　集部/別集類/清別集

芰湖文集不分卷 （清）汪國撰　清抄本　一冊

330000－1705－0003113　馮2708　類叢部/叢書類/自著之屬

話山草堂遺集二種 （清）沈道寬撰　清光緒三年(1877)潤州權署刻本　四冊

330000－1705－0003114　馮2741　集部/別集類/清別集

孟塗文集十卷駢體文二卷 （清）劉開撰　清光緒十二年(1886)張壽榮刻本　四冊

330000 – 1705 – 0003115　　馮 2722　集部／別集類／清別集

空石齋文集二卷　（清）汪國撰　清嘉慶十二年(1807)四明少白山房刻本　馮貞群跋　二冊

330000 – 1705 – 0003116　　馮 2729　集部／別集類／清別集

唐確慎公集十卷首一卷末一卷　（清）唐鑑撰　清光緒元年(1875)善化賀瑗刻本　六冊

330000 – 1705 – 0003117　　馮 2694　集部／別集類／清別集

太乙舟文集八卷　（清）陳用光撰　**觀象居詩鈔二卷**　（清）陳蘭瑞撰　清道光二十三年(1843)陳大煥孝友堂武昌刻本　七冊　缺二卷(詩鈔一至二)

330000 – 1705 – 0003118　　馮 2696　類叢部／叢書類／自著之屬

桂馨堂集八種　（清）張廷濟撰　清道光至咸豐刻本　四冊

330000 – 1705 – 0003119　　馮 2730　集部／別集類／清別集

秋嘯堂詩稿二卷　（清）孫麟撰　清光緒五年(1879)高鼎渤海寄巢刻本　一冊

330000 – 1705 – 0003120　　馮 2697　史部／金石類／總志之屬／題跋

清儀閣題跋一卷　（清）張廷濟撰　清咸豐刻本　三冊

330000 – 1705 – 0003121　　馮 2689　集部／別集類／清別集

藏密廬文藁四卷　（清）鄭喬遷撰　清道光十四年(1834)刻本　一冊

330000 – 1705 – 0003122　　馮 2695　集部／別集類／清別集

靜娛室偶存藁二卷　（清）李宗瀚撰　清道光十三年(1833)刻本　二冊

330000 – 1705 – 0003123　　馮 2726　集部／別集類／清別集

南村草堂文鈔二十卷詩鈔二十四卷　（清）鄧顯鶴撰　清道光八年至咸豐元年(1828 – 1851)刻本　十二冊

330000 – 1705 – 0003124　　馮 2709　集部／別集類／清別集

雙白燕堂文集二卷外集八卷　（清）陸耀遹撰　清光緒四年(1878)陸祐勤興國州署刻本　四冊

330000 – 1705 – 0003125　　馮 2723　集部／別集類／清別集

空石齋詩賸六卷文集不分卷　（清）汪國撰　清道光二年(1822)周鼎刻本　四冊

330000 – 1705 – 0003126　　馮 2690　集部／別集類／清別集

藏密廬文藁不分卷　（清）鄭喬遷撰　清抄本　清王日升、清郭麐、清𡎺慶源、清吳德旋題記　一冊

330000 – 1705 – 0003127　　馮 2740　類叢部／叢書類／自著之屬

求志堂存稿彙編□□種　（清）周濟撰　清道光刻本　四冊　存七種

330000 – 1705 – 0003128　　馮 2717　集部／別集類／清別集

竹所軒雜著不分卷　（清）馮應翔撰　清光緒十八年(1892)抄本　馮开題記　一冊

330000 – 1705 – 0003129　　馮 2713　集部／別集類／清別集

太鶴山人集十三卷　（清）端木國瑚撰　清道光二十年(1840)瑞安洪坤刻本　六冊

330000 – 1705 – 0003130　　馮 2693、馮 3049　類叢部／叢書類／彙編之屬

花雨樓叢鈔十一種續鈔十一種附一種　（清）張壽榮編　清光緒八年至十四年(1882 – 1888)蛟川張氏花雨樓刻本　十二冊　存二種

330000 – 1705 – 0003131　　馮 2727　集部／詩文評類／詩評之屬

詩法舉要四卷附錄一卷　（清）符葆森等輯並評　清咸豐四年(1854)刻本　馮貞群題記

一冊

330000－1705－0003132　馮2753　類叢部/
叢書類/自著之屬

小重山房叢書 （清）張祥河輯　清刻本　馮
貞群跋　十二冊　存十種

330000－1705－0003133　馮2749　集部/別
集類/清別集

耐菴詩存三卷文存六卷文存首一卷 （清）賀
長齡撰　清咸豐十一年(1861)刻本　四冊

330000－1705－0003134　馮2728　集部/別
集類/清別集

琴隱園詩集三十六卷詞集四卷 （清）湯貽汾
撰　清同治十三年(1874)曹士虎刻本　八冊

330000－1705－0003135　馮2670　集部/別
集類/清別集

香草堂集十卷續集二卷詞一卷試帖一卷
(清)陳廷桂撰　清嘉慶刻本　六冊

330000－1705－0003136　馮2750　集部/別
集類/清別集

程侍郎遺集初編十卷 （清）程恩澤撰　（清）
何紹基編　清道光二十五年(1845)張穆烎喜
齋刻本　二冊

330000－1705－0003137　馮2731　集部/別
集類/清別集

垂老讀書廬詩草二卷附文草一卷 （清）黃定
齊撰　清光緒四年(1878)黃家鼎補不足齋刻
本　二冊

330000－1705－0003138　馮2754　集部/別
集類/清別集

**養一齋集二十六卷首一卷劄記九卷詞三卷詩
話十卷李杜詩話三卷四書文不分卷試帖一卷**
（清）潘德輿撰　清道光至同治刻本　十四
冊　存四十三卷(養一齋集一至二十六、詞一
至三、詩話一至十、李杜詩話一至三、試帖)

330000－1705－0003139　馮2751　集部/別
集類/清別集

詩舲詩錄六卷詩外四卷詞錄二卷 （清）張祥
河撰　清道光十八年(1838)松風草堂刻本

五冊

330000－1705－0003140　馮2747　集部/別
集類/清別集

珛研齋吟艸一卷 （清）方成珪撰　清道光二
十六年(1846)木活字印本　一冊

330000－1705－0003141　馮2671　集部/別
集類/清別集

天真閣集五十四卷外集六卷 （清）孫原湘撰
長真閣集七卷詩餘一卷 （清）席佩蘭撰
清光緒十七年(1891)強至善南皋草廬刻本
十二冊

330000－1705－0003142　馮2732　集部/別
集類/清別集

燕香居詩稿七卷 （清）葉恕撰　清道光二十
六年(1846)崇敬堂刻本　黃蘆苦竹軒主記
二冊

330000－1705－0003143　馮2733　集部/別
集類/清別集

古干亭詩集六卷文集二卷嶺外雜言一卷
(清)黃桐孫撰　清道光二十六年(1846)黃叔
元今是樓刻本　一冊　存三卷(文集一至二、
嶺外雜言)

330000－1705－0003144　馮2759　集部/別
集類/清別集

**柏梘山房文集十六卷文續集一卷詩集十卷詩
續集二卷駢體文二卷** （清）梅曾亮撰　清光
緒二十七年(1901)鉛印本　六冊

330000－1705－0003145　馮2764　集部/別
集類/清別集

長春花館詩集十二卷 （清）張恕撰　**長春花
館詩集附編一卷** （清）張鼎輔撰　**長春花館
詩集附一卷** （清）張庭學撰　清同治七年
(1868)刻本　二冊

330000－1705－0003146　馮2758　集部/別
集類/清別集

繼雅堂詩集三十四卷 （清）陳僅撰　清道光
二十七年(1847)刻本　八冊

330000－1705－0003147　馮2735　集部/別

集類/清別集

青櫨山房詩鈔十一卷附刻一卷 （清）馬士龍撰　清光緒元年(1875)刻本　二冊

330000 – 1705 – 0003148　馮 2760　集部/別集類/清別集

桂軒小稿二卷詩餘一卷 （清）朱仁榮撰　清嘉慶刻本　一冊

330000 – 1705 – 0003149　馮 2736　集部/別集類/清別集

小峨嵋山館詩稿二卷續稿二卷詞稿一卷 （清）楊星曜撰　清道光刻本　一冊

330000 – 1705 – 0003150　馮 2800　集部/別集類/清別集

月齋文集八卷詩集四卷 （清）張穆撰　（清）吳履敬　（清）吳式訓編　清咸豐八年(1858)壽陽祁寯藻北京刻本　四冊

330000 – 1705 – 0003151　馮 2804　集部/別集類/清別集

朱九江先生集十卷首一卷 （清）朱次琦撰　簡朝亮編　清光緒二十年至二十三年(1894 – 1897)簡氏讀書草堂刻本　四冊

330000 – 1705 – 0003152　馮 2748　集部/別集類/清別集

瑞芍軒詩鈔四卷詞稿一卷 （清）許乃穀撰　清同治七年(1868)許道生刻本　二冊

330000 – 1705 – 0003153　馮 2762　集部/別集類/清別集

青溪舊屋文集十卷詩集一卷 （清）劉文淇撰　清光緒九年(1883)刻本　二冊

330000 – 1705 – 0003154　馮 2801　集部/別集類/清別集

齊莊中正堂詩鈔十五卷 （清）殷兆鏞撰　清光緒刻本　二冊

330000 – 1705 – 0003155　馮 2809　集部/別集類/清別集

顯志堂稿十二卷 （清）馮桂芬撰　清光緒二年(1876)吳縣馮氏校邠廬刻本　四冊

330000 – 1705 – 0003156　馮 2790　集部/別集類/清別集

柈湖文集十二卷 （清）吳敏樹撰　清光緒十九年(1893)思賢講舍刻本　四冊

330000 – 1705 – 0003157　馮 2817　類叢部/叢書類/自著之屬

曾文正公全集十六種 （清）曾國藩撰　清同治至光緒傳忠書局刻本　一百二十冊　存十二種

330000 – 1705 – 0003158　馮 2780　集部/別集類/清別集

草心亭詩鈔六卷 （清）陸坊撰　清嘉慶刻本　一冊

330000 – 1705 – 0003159　馮 2767　集部/別集類/清別集

且飲樓詩選四卷續集一卷補編一卷 （清）顧晛元撰　清光緒六年(1880)刻本　一冊

330000 – 1705 – 0003160　馮 2806　集部/別集類/清別集

未灰齋文集八卷外集一卷 （清）徐鼒撰　清咸豐十一年(1861)福寧郡齋刻本　二冊　缺一卷(外集)

330000 – 1705 – 0003161　馮 2791　集部/別集類/清別集

運甓齋詩彙八卷 （清）陳勱撰　清光緒十年(1884)刻本　一冊

330000 – 1705 – 0003162　馮 2765　集部/別集類/清別集

南蘭文集六卷 （清）張恕撰　清光緒五年(1879)刻本　二冊

330000 – 1705 – 0003163　馮 2791 – 1　集部/別集類/清別集

運甓齋詩彙續編六卷 （清）陳勱撰　清光緒二十年(1894)刻本　一冊

330000 – 1705 – 0003164　馮 2781　集部/別集類/清別集

春暉閣詩鈔選六卷附七經樓文鈔六卷 （清）蔣湘南撰　清同治八年(1869)馬氏家塾刻本

六冊

330000－1705－0003165　馮2791－2　集部/
別集類/清別集

運甓齋文稾六卷文稾續編六卷運甓齋贈言錄
四卷　（清）陳勱撰　清光緒二十年（1894）刻
本　三冊　存十二卷（文稾一至六、續編一至
六）

330000－1705－0003166　馮2808　集部/別
集類/清別集

佩蘅詩鈔八卷　（清）寶鋆撰　清咸豐九年
（1859）刻本　四冊

330000－1705－0003167　馮2766　集部/別
集類/清別集

甘泉鄉人稿二十四卷餘稿二卷　（清）錢泰吉
撰　年譜一卷　（清）錢應溥撰　清同治十一
年（1872）刻光緒十一年（1885）增刻本　六冊

330000－1705－0003168　馮2770　類叢部/
叢書類/家集之屬

董氏遺書四種　（清）董若洵編　清咸豐至同
治刻彙印本　五冊

330000－1705－0003169　馮2783　集部/別
集類/清別集

敬遺軒詩文稿二卷　（清）盧椿撰　清光緒十
年（1884）木活字印本　一冊

330000－1705－0003170　馮2803　集部/別
集類/清別集

知非齋詩鈔一卷詩續鈔八卷　（清）陳鍾英撰
　清同治十一年（1872）杭州、光緒六年
（1880）刻本　三冊

330000－1705－0003171　馮2811　集部/別
集類/清別集

柯亭子文集八卷駢體文集八卷詩初集八卷詩
二集十卷詩三集三卷　（清）周沐潤撰　清道
光二十九年（1849）生香書屋刻本　六冊　存
二十二卷（文集一至四、詩初集一至八、詩二
集一至十）

330000－1705－0003172　馮2752　類叢部/
叢書類/自著之屬

錢頤壽中丞全集正編三種續編二種　（清）錢
寶琛撰　清同治七年至光緒六年（1868－
1880）錢鼎銘刻本　十三冊

330000－1705－0003173　馮2802　類叢部/
叢書類/自著之屬

記過齋藏書　（清）蘇源生撰　清道光至光緒
鄢陵蘇氏刻本　二冊　存一種

330000－1705－0003175　馮2774　集部/別
集類/清別集

古微堂內集三卷外集七卷　（清）魏源撰　清
光緒四年（1878）揚州淮南書局刻本　馮貞群
批並跋　四冊

330000－1705－0003176　馮2784　類叢部/
叢書類/自著之屬

平湖顧氏遺書五種　（清）顧廣譽撰　清光緒
三年至四年（1877－1878）顧鴻昇刻本　四冊
　存三種

330000－1705－0003177　馮2737　集部/別
集類/清別集

清芬精舍小集三卷　（清）王嶽蓮輯　清嘉慶
二十三年（1818）刻本　一冊

330000－1705－0003178　馮2819　集部/別
集類/清別集

求闕齋文鈔不分卷　（清）曾國藩撰　清同治
十一年（1872）李鴻章刻本　二冊

330000－1705－0003179　馮2776　集部/別
集類/清別集

醉六山房詩鈔四卷　（清）王日章撰　清同治
刻煙嶼樓叢書本　一冊

330000－1705－0003180　馮2814－2　集部/
別集類/清別集

曾文正公文鈔四卷附刻一卷　（清）曾國藩撰
　清同治十二年（1873）刻本　馮开跋　四冊

330000－1705－0003181　馮2786　集部/別
集類/清別集

汪梅村先生集十二卷外集一卷　（清）汪士鐸
撰　清光緒七年（1881）刻本　四冊

330000－1705－0003182　馮2777　類叢部/
叢書類/彙編之屬

望三益齋叢書十種　（清）吳棠編　清咸豐至
光緒吳氏望三益齋刻本　一冊　存一種

330000－1705－0003183　馮2820　類叢部/
叢書類/家集之屬

影山草堂六種　（清）莫與儔　（清）莫友芝撰
清咸豐至光緒刻本　二冊　存二種

330000－1705－0003184　馮2787　集部/別
集類/清別集

求自得之室文鈔十二卷附尚絅廬詩存二卷
（清）吳嘉賓撰　清同治五年(1866)吳嘉善廣
州刻本　六冊

330000－1705－0003185　馮2814－1　集部/
別集類/清別集

曾文正公詩鈔四卷　（清）曾國藩撰　清光緒
二年(1876)上海醉六堂刻本　二冊

330000－1705－0003186　馮2778　集部/別
集類/清別集

伊蒿室文集六卷　（清）王效成撰　清抄本
二冊

330000－1705－0003187　馮2818　史部/傳
記類/日記之屬

曾文正公手書日記不分卷（清道光二十一年
正月初一日至同治十一年二月初三日）
（清）曾國藩撰　清宣統元年(1909)上海中國
圖書公司石印本　四十冊

330000－1705－0003188　馮2797　集部/別
集類/清別集

淨綠軒詩存二卷補遺詩一卷　（清）包韞珍撰
清咸豐六年(1856)浙江吳氏刻本　一冊

330000－1705－0003189　馮2821　集部/別
集類/清別集

江忠烈公遺集四卷首一卷附錄一卷行狀一卷
　（清）江忠源撰　（清）左宗棠　（清）郭嵩
燾譔行狀　清光緒十二年(1886)吳縣行素草
堂刻槐廬叢刻本　六冊

330000－1705－0003190　馮2771　集部/別

集類/清別集

定盦文集三卷續集四卷續錄一卷古今體詩二
卷己亥雜詩一卷庚子雅詞一卷無著詞選一卷
　（清）龔自珍撰　清同治七年(1868)刻本
四冊

330000－1705－0003191　馮2807　集部/別
集類/清別集

倚晴樓集五種　（清）黃燮清撰　清咸豐至同
治海鹽黃氏拙宜園刻本　馮貞群跋　一冊
存一種

330000－1705－0003192　馮2772　集部/別
集類/清別集

校訂定盦全集十卷　（清）龔自珍撰　定盦年
譜藁本一卷　（清）黃守恆撰　清宣統元年
(1909)上海時中書局鉛印本　八冊

330000－1705－0003193　馮2798　集部/別
集類/清別集

楓南山館遺集七卷末一卷　（清）莊受祺撰
（清）莊怡孫輯　清光緒元年(1875)莊怡孫刻
本　二冊

330000－1705－0003194　馮2789　集部/別
集類/清別集

赤菫遺稿六卷　（清）葉元墀撰　（清）厲志編
清道光退一居刻本　一冊

330000－1705－0003195　馮2815　類叢部/
叢書類/自著之屬

曾文正公集　（清）曾國藩撰　清同治十三年
(1874)傳忠書局刻本　七冊　缺三十三卷
（書札一至三十三）

330000－1705－0003196　馮2773　集部/別
集類/清別集

馥歊亭集三十二卷　（清）祁寯藻撰　清咸豐
刻本　六冊

330000－1705－0003197　馮2826　類叢部/
叢書類/自著之屬

煙嶼樓集四種　（清）徐時棟撰　清同治、光
緒刻本　十六冊

330000－1705－0003198　馮2824　集部/別

集類/清別集

胡文忠公遺集八十六卷首一卷 （清）胡林翼撰 （清）鄭敦謹 （清）曾國荃輯 （清）胡鳳丹重編 清同治六年(1867)燕鷗樓刻本 二十四冊

330000－1705－0003199 馮2813 集部/別集類/清別集

玉井山館集二十五卷 （清）許宗衡撰 清同治刻本 五冊 缺一卷(文續三)

330000－1705－0003200 馮2779 類叢部/叢書類/彙編之屬

枇杷舘叢書 清刻本 一冊 存二種

330000－1705－0003201 馮2799 類叢部/叢書類/自著之屬

魯氏遺著四種附二種 （清）魯一同撰 清咸豐山陽魯氏刻本 十二冊

330000－1705－0003202 馮2841 集部/別集類/清別集

養知書屋文集二十八卷詩集十五卷郭侍郎奏疏十二卷 （清）郭嵩燾撰 王先謙編 清光緒十八年(1892)刻本 二十八冊

330000－1705－0003203 馮2812 集部/別集類/清別集

石廠叢草一卷 （清）朱英撰 稿本 馮貞群題記 一冊

330000－1705－0003204 馮2805 集部/別集類/清別集

百一廬吟艸一卷補編二卷 （清）應夢撰 清抄本 馮貞群批 一冊

330000－1705－0003205 馮2810 類叢部/叢書類/彙編之屬

廣雅書局叢書一百五十九種 徐紹棨編 清光緒廣雅書局刻民國九年(1920)番禺徐紹棨彙編重印本 一冊 存一種

330000－1705－0003206 馮2834 集部/別集類/清別集

龍壁山房詩草十七卷 （清）王拯撰 清刻本 六冊

330000－1705－0003207 馮2832 集部/別集類/清別集

榴實山莊文稿一卷詩鈔六卷詞鈔一卷試律二卷 （清）吳存義撰 清同治至光緒刻本 清楊泰亨題記 二冊

330000－1705－0003208 馮2843 集部/別集類/清別集

薛氏五種 （清）薛時雨撰 清同治五年至七年(1866－1868)刻本 四冊 存一種

330000－1705－0003209 馮2837 集部/別集類/清別集

潛莊文鈔六卷 （清）卜起元撰 清光緒五年(1879)武進卜氏甬江刻本 一冊

330000－1705－0003210 馮2835 集部/別集類/清別集

龍壁山房文鈔二卷 （清）王錫振撰 清咸豐四年(1854)臨桂唐氏涵通樓刻涵通樓師友文鈔本 一冊

330000－1705－0003211 馮2843－1 集部/詞類/別集之屬

藤香館詞一卷 （清）薛時雨撰 清同治五年(1866)全椒薛氏刻本 一冊

330000－1705－0003212 馮2839 集部/別集類/清別集

憧橋詩稿十卷 （清）徐時棨撰 清光緒十三年(1887)月湖徐氏刻本 一冊 存四卷(一至四)

330000－1705－0003213 馮2833 集部/別集類/清別集

遜學齋文鈔十二卷首一卷末一卷文續鈔五卷詩鈔十卷詩續鈔五卷 （清）孫衣言撰 清同治三年(1864)、十二年(1873)刻本 馮貞群跋 十冊

330000－1705－0003214 馮2840 集部/別集類/清別集

抱山草堂遺稿二卷 （清）楊寶彝撰 清光緒二年(1876)楊峴吳門刻本 一冊

330000－1705－0003216 馮2873 集部/別

集類/清別集

白香亭詩集二卷和陶詩一卷 （清）鄧輔綸撰
清光緒十九年(1893)東河督署刻本　一冊

330000－1705－0003217　馮2874　集部/別
集類/清別集

越縵堂集十卷 （清）李慈銘撰　清光緒十六
年(1890)刻本　馮貞群批校　四冊

330000－1705－0003218　馮2890　集部/別
集類/清別集

蕭吟樓詩草□卷 （清）鄭儒珍撰　稿本　馮
貞群題記　一冊　存一卷(十一)

330000－1705－0003219　馮2845　類叢部/
叢書類/自著之屬

柏堂遺書(方柏堂全集)八種附一種 （清）方
宗誠撰　清光緒元年至十二年(1875－1886)
桐城方氏刻本　六十四冊　缺一卷(周子通
書講義)

330000－1705－0003221　馮2891　集部/別
集類/清別集

望浹樓詩草二卷 （清）袁謨撰　清光緒十五
年(1889)鉛印本　一冊

330000－1705－0003222　馮2836　類叢部/
叢書類/自著之屬

留書種閣集九種 （清）黃炳垕撰　清同治六
年至光緒二十年(1867－1894)餘姚黃氏留書
種閣刻本　一冊　存一種

330000－1705－0003223　馮2888　類叢部/
叢書類/彙編之屬

半厂叢書初編十種 （清）譚獻編　清同治至
光緒仁和譚氏刻本　六冊　存二種

330000－1705－0003224　馮2876　類叢部/
叢書類/彙編之屬

榆園叢刻十五種附一種 （清）許增編　清同
治至光緒刻本　四冊　存一種

330000－1705－0003225　馮2857　類叢部/
叢書類/自著之屬

春在堂全書三十六種 （清）俞樾撰　清同治
至光緒刻本　六十四冊　存十三種

330000－1705－0003226　馮2899　集部/別
集類/清別集

抱泉山館詩集十卷文集三卷首一卷 （清）王
蒔蕙撰　清光緒二十七年(1901)寧波鈞和公
司鉛印本　馮貞群題記　四冊

330000－1705－0003227　馮2877　集部/別
集類/清別集

縵雅堂駢體文八卷 （清）王詒壽撰　清光緒
六年(1880)仁和許增刻榆園叢刻本　清楊泰
亨題記　一冊

330000－1705－0003228　馮2889　類叢部/
叢書類/彙編之屬

半厂叢書初編十種 （清）譚獻編　清同治至
光緒仁和譚氏刻本　馮貞群批　十六冊

330000－1705－0003229　馮2870　集部/別
集類/清別集

舫廬文存四卷外集一卷餘集一卷 （清）張壽
榮撰　清光緒九年(1883)張氏秋樹根齋刻本
　二冊

330000－1705－0003230　馮2844　集部/別
集類/清別集

伏敔堂詩錄十五卷續錄四卷首一卷附錄一卷
　（清）江湜撰　清同治元年至二年(1862－
1863)長洲江氏福州刻本　二冊

330000－1705－0003231　馮2883　類叢部/
叢書類/自著之屬

寒松閣集五種 （清）張鳴珂撰　清光緒十年
至二十四年(1884－1898)嘉興張氏刻本　二
冊　存三種

330000－1705－0003232　馮2900　集部/別
集類/清別集

拙尊園叢稿六卷 （清）黎庶昌撰　清光緒江
南李光明莊刻本　四冊

330000－1705－0003233　馮2901　集部/別
集類/清別集

謫麐堂遺集四卷 （清）戴望撰　清宣統三年
(1911)歸安陸氏刻本　二冊

330000－1705－0003234　馮2865　集部/別

集類/清別集

小酉腴山館文鈔九卷詩鈔二卷詩補錄一卷詩續補二卷詩三編二卷詩四編二卷集外文四卷 （清）吳大廷撰　清同治三年（1864）刻本　六冊

330000－1705－0003235　馮2822　集部/別集類/清別集

怡志堂文初編六卷 （清）朱琦撰　清同治三年至四年（1864－1865）朱氏運甓軒京師刻本　馮貞群題記　二冊

330000－1705－0003236　馮2902　集部/別集類/清別集

南湖草堂詩集六卷 （清）楊伯潤撰　清光緒八年（1882）滬上語石齋刻本　一冊

330000－1705－0003237　馮2823　集部/別集類/清別集

恪靖侯盾鼻餘瀋一卷 （清）左宗棠撰　清光緒八年（1882）刻本　一冊

330000－1705－0003239　馮2886　集部/別集類/清別集

松夢寮詩稿六卷 （清）丁丙撰　清光緒二十五年（1899）丁氏刻本　二冊

330000－1705－0003240　馮2863　類叢部/叢書類/自著之屬

曾忠襄公全集四種附二種 （清）曾國荃撰　清光緒二十九年（1903）刻本　三十二冊

330000－1705－0003241　馮2869　集部/別集類/清別集

駢文一蕢一卷 （清）劉履芬撰　清同治五年（1866）刻本　一冊

330000－1705－0003242　馮2858　類叢部/叢書類/自著之屬

春在堂全書三十四種 （清）俞樾撰　清光緒二十三年（1897）石印本　三十二冊　存二十七種

330000－1705－0003243　馮2847　集部/別集類/清別集

遲鴻軒詩存一卷文存一卷 （清）楊峴撰　清光緒二年（1876）吳門刻本　馮貞群題簽　一冊

330000－1705－0003244　馮2895　類叢部/叢書類/郡邑之屬

湖州叢書十二種 （清）陸心源編　清光緒湖城義塾刻本　二冊　存一種

330000－1705－0003245　馮2868　集部/別集類/清別集

嘯古堂文集八卷 （清）蔣敦復撰　清同治七年（1868）應寶時上海道署刻本　二冊

330000－1705－0003246　馮2848　集部/別集類/清別集

遲鴻軒詩棄四卷文棄二卷 （清）楊峴撰　清光緒十一年至十三年（1885－1887）刻本　馮貞群題簽　二冊

330000－1705－0003247　馮2879　集部/別集類/清別集

匏繫齋詩鈔四卷 （清）馮可鏞撰　清光緒二十三年（1897）刻本　二冊

330000－1705－0003248　馮2895－1　集部/別集類/清別集

澤雅堂詩集六卷 （清）施補華撰　清同治十二年（1873）刻本　二冊

330000－1705－0003249　馮2885、馮2950　集部/總集類/氏族之屬

黃氏家集三編五種 （清）黃家鼎輯　清光緒十七年（1891）四明黃氏補不足齋刻本　二冊

330000－1705－0003250　馮2866　集部/別集類/清別集

瓊臺遊草一卷 （清）楊炳勳撰　清刻本　一冊

330000－1705－0003251　馮2872　類叢部/叢書類/自著之屬

正誼堂全集八種 （清）董沛撰　清同治至光緒刻本　十四冊　存四種

330000－1705－0003252　馮2896　集部/別集類/清別集

鋤月居稿二卷　（清）柳瀛選撰　清光緒二十七年（1901）鉛印本　一冊

330000－1705－0003253　馮2846　類叢部/叢書類/自著之屬

蒼茛集三種　（清）孫鼎臣撰　清咸豐刻本　馮貞群題記　六冊　存一種

330000－1705－0003254　馮2864　集部/別集類/清別集

一鐙精舍甲部藳五卷　（清）何秋濤撰　清光緒五年（1879）淮南書局刻本　一冊

330000－1705－0003255　馮2906　集部/別集類/清別集

寄龕文存四卷　（清）孫德祖撰　清光緒十年（1884）鄞縣翰墨林刻本　四冊

330000－1705－0003256　馮2887　類叢部/叢書類/自著之屬

烏程范氏叢書二十一種　（清）范鍇撰輯　清道光至同治刻彙印本　一冊　存三種

330000－1705－0003257　馮2856　集部/別集類/清別集

天岳山館文鈔四十卷　（清）李元度撰　清光緒六年（1880）爽溪精舍刻本　十六冊

330000－1705－0003258　馮2897　集部/別集類/清別集

鷗堂詩三卷遺稿三卷　（清）馬廣良撰　清光緒五年（1879）、十五年（1889）會稽馬氏刻本　一冊

330000－1705－0003259　馮2871　類叢部/叢書類/自著之屬

魏稼孫先生全集三種　（清）魏錫曾撰　清光緒九年（1883）羊城刻本　十四冊

330000－1705－0003260　馮2906－1　集部/別集類/清別集

寄龕詞四卷　（清）孫德祖撰　清同治九年（1870）山陰許純模刻本　一冊

330000－1705－0003261　馮2859　集部/別集類/清別集

問己齋詩集四卷　（清）張培基撰　清光緒二年（1876）刻本　四冊

330000－1705－0003263　馮2861　集部/別集類/清別集

廉亭文集八卷　（清）張裕釗撰　（清）查燕緒編　清光緒八年（1882）查氏木漸齋蘇州刻本　二冊

330000－1705－0003264　馮2905　類叢部/叢書類/自著之屬

曾惠敏公全集四種　（清）曾紀澤撰　清光緒二十年（1894）上海石印本　四冊

330000－1705－0003265　馮2855　集部/別集類/清別集

訪梅吟舍殘稿一卷　（清）盧以瑛撰　附錄一卷　（清）張廣埏等撰　清抄本　一冊

330000－1705－0003266　馮2898　類叢部/叢書類/自著之屬

庸庵全集七種　（清）薛福成撰　清光緒十年至二十四年（1884－1898）無錫薛氏刻本　忠博題記　四十四冊

330000－1705－0003267　馮2862　集部/別集類/清別集

廉亭遺詩五卷遺文五卷　（清）張裕釗撰　清光緒二十一年（1895）遵義黎氏刻本　二冊　缺三卷（遺詩三至五）

330000－1705－0003268　馮2878　集部/別集類/清別集

我盦遺藳二卷　（清）高炳麟撰　清光緒十年（1884）友石齋刻本　一冊

330000－1705－0003269　馮2867　集部/別集類/清別集

綠猗軒文鈔二卷駢體文鈔一卷詩鈔二卷詞鈔一卷　（清）舒燾撰　清刻本　二冊

330000－1705－0003270　馮2910　類叢部/叢書類/自著之屬

桐城吳先生全書六種附二種　（清）吳汝綸撰　清光緒三十年（1904）王恩綬等刻本　三冊　存一種

330000－1705－0003271　馮2884　集部/別集類/清別集

月亭留稿一卷　（清）邵菫撰　清抄本　一冊

330000－1705－0003273　馮2909　類叢部/叢書類/自著之屬

桐城吳先生全書六種附二種　（清）吳汝綸撰　清光緒三十年(1904)王恩綬等刻本　馮开題記　四冊　存二種

330000－1705－0003274　馮2842　集部/別集類/清別集

養和山館遺稿二卷　（清）王慶楨撰　清道光二十八年(1848)王氏刻本　一冊

330000－1705－0003275　馮2907　集部/別集類/清別集

虞東文告一卷附陳氏先型錄二卷　（清）陳康祺撰　清光緒五年(1879)昭文縣署刻本　一冊

330000－1705－0003276　馮2908　類叢部/叢書類/自著之屬

桐城吳先生全書六種附二種　（清）吳汝綸撰　清光緒三十年(1904)王恩綬等刻本　二十冊　存六種

330000－1705－0003285　馮2959　集部/別集類

樊山集二十八卷公牘三卷時文一卷批判十五卷續集二十八卷　樊增祥撰　二家詠古詩一卷二家試帖二卷二家詞鈔五卷　樊增祥編　清光緒十九年至二十三年(1893－1897)渭南縣署、二十八年(1902)西安臬署樊增祥刻本　馮貞群批　二十四冊

330000－1705－0003286　馮2956　類叢部/叢書類/自著之屬

湘綺樓全書　王闓運撰　清光緒至宣統刻本　八十六冊　存十九種

330000－1705－0003287　馮2930　集部/別集類/清別集

金峨山館文集不分卷　（清）郭傳璞撰　清光緒刻本　四冊

330000－1705－0003288　馮2971　集部/別集類

綴學堂初稾四卷　陳漢章撰　清光緒十九年(1893)象山陳氏刻本　一冊

330000－1705－0003289　馮2941　集部/別集類/清別集

補園賸藁二卷　（清）包履吉撰　清光緒三十一年(1905)讀我書廬刻本　二冊

330000－1705－0003290　馮2960　集部/別集類

畏廬文集一卷　林紓撰　清宣統二年(1910)上海商務印書館鉛印本　一冊

330000－1705－0003292　馮2849　集部/別集類/清別集

望雲館文稿一卷詩稿一卷　（清）章鋆撰　清光緒十四年(1888)刻本　一冊

330000－1705－0003294　馮2796　集部/別集類/清別集

鴻爪集二卷　（清）任荃撰　清道光二十五年(1845)粵東醉經樓刻本　一冊

330000－1705－0003295　馮2942　集部/別集類/清別集

補園賸藁二卷　（清）包履吉撰　清光緒三十一年(1905)讀我書廬刻本　二冊

330000－1705－0003296　馮2943　集部/別集類/清別集

補園賸藁二卷　（清）包履吉撰　清光緒三十一年(1905)讀我書廬刻本　二冊

330000－1705－0003297　馮2931　集部/別集類/清別集

夢璞居詩草二卷　（清）何松撰　清抄本　一冊

330000－1705－0003300　馮2911　集部/別集類

愛日廬詩鈔一卷　李景祥撰　清光緒鉛印本　一冊

330000－1705－0003302　馮2945　集部/別

集類

師鄭堂集六卷 孫雄撰 清光緒十七年(1891)無錫文苑閣木活字印本 四冊

330000－1705－0003303 馮2918 類叢部/叢書類/自著之屬

拙盦叢稿 (清)朱一新撰 清光緒二十二年(1896)順德龍氏葆真堂刻本 四冊 存二種

330000－1705－0003305 馮2932 集部/別集類/清別集

城北草堂詩稿二卷 (清)徐甲榮撰 清光緒二十四年(1898)刻本 一冊

330000－1705－0003306 馮2962 集部/別集類/清別集

散原精舍詩二卷 陳三立撰 清宣統元年(1909)鉛印本 二冊

330000－1705－0003311 馮2913 集部/別集類/清別集

黃鵠山人詩初鈔十八卷 (清)林壽圖撰 清光緒二十八年(1902)刻本(卷八、十一原缺) 六冊

330000－1705－0003312 馮2955 集部/別集類

湘綺樓全集三十卷 王闓運撰 清光緒三十三年(1907)墨莊劉氏長沙刻本 十冊

330000－1705－0003315 馮2934 集部/別集類

容膝軒詩草四卷 王榮商撰 清宣統三年(1911)刻本 馮貞群題記 一冊

330000－1705－0003317 馮2965 類叢部/叢書類/自著之屬

琴志樓叢書 易順鼎撰 清光緒刻本 四冊 存十八種

330000－1705－0003319 馮2919 類叢部/叢書類/自著之屬

拙盦叢稿 (清)朱一新撰 清光緒二十二年(1896)順德龍氏葆真堂刻本 馮貞群題記 十六冊

330000－1705－0003326 馮2980 集部/別集類

居東集二卷 蔣智由撰 清宣統二年(1910)上海文明書局鉛印本 一冊

330000－1705－0003327 馮2958 集部/別集類

藝風堂文集七卷外集一卷 繆荃孫撰 清光緒二十七年(1901)刻本 四冊

330000－1705－0003328 馮2921 集部/別集類/清別集

漸西村人初集十三卷 (清)袁昶撰 清光緒十六年(1890)刻二十年(1894)印本 三冊

330000－1705－0003331 馮2920 集部/別集類/清別集

廣雅堂詩集不分卷 (清)張之洞撰 清末石印本 二冊

330000－1705－0003334 馮2967 集部/別集類

海藏樓詩不分卷 鄭孝胥撰 清光緒三十二年(1906)鉛印本 一冊

330000－1705－0003340 馮2922 子部/雜家類

籀高述林十卷 (清)孫詒讓撰 清光緒五年(1879)刻本 四冊

330000－1705－0003341 馮2952 集部/別集類/清別集

李搖程遺文一卷 (清)李翼鯤撰 清抄本 馮貞群跋 一冊

330000－1705－0003343 馮2938 集部/別集類/清別集

映紅樓詩稿四卷 (清)王定祥撰 (清)童廑年校采 清光緒二十二年(1896)慈谿童廑年刻本 一冊

330000－1705－0003344 馮3006、馮3007 集部/總集類/選集之屬/通代

文選六十卷 (南朝梁)蕭統輯 (唐)李善注 **文選考異十卷** (清)胡克家撰 清同治八年(1869)潯陽萬氏刻本 三十六冊

330000－1705－0003349　馮2923　集部/別集類/清別集

辨韻課兒詩不分卷辨韻詩不分卷　（清）馮一梅撰　清好學深思齋抄本　二冊

330000－1705－0003350　馮3018　集部/總集類/選集之屬/通代

文選古字通疏證六卷　（清）薛傳均撰　清光緒十二年(1886)刻本　一冊

330000－1705－0003355　馮2912　集部/別集類/清別集

薇花吟館詩存四卷　（清）龔顯曾撰　清刻本　一冊　存二卷(三至四)

330000－1705－0003356　馮3020　史部/目錄類/專錄之屬

全上古三代秦漢三國晉南北朝文編目一百三卷　（清）嚴可均輯　（清）蔣壑編　清光緒五年(1879)刻本　十六冊

330000－1705－0003358　馮3017　集部/總集類/選集之屬/通代

文選旁證四十六卷　（清）梁章鉅撰　清光緒八年(1882)吳下刻本　十二冊

330000－1705－0003360　馮3016　集部/總集類/選集之屬/通代

文選音義八卷　（清）余蕭客撰　清乾隆二十三年(1758)靜勝堂刻本　二冊

330000－1705－0003365　馮2914　集部/別集類/清別集

儀顧堂集十六卷　（清）陸心源撰　清同治十三年(1874)福州刻本　四冊

330000－1705－0003368　馮3015　集部/總集類/選集之屬/通代

文選六十卷　（南朝梁）蕭統輯　（唐）李善注　（清）何焯評　清羊城翰墨園刻朱墨套印本　十二冊

330000－1705－0003370　馮2852　集部/別集類/清別集

拜竹詩堪詩四卷釣船笛譜一卷　（清）馮登府撰　清道光九年(1829)閩中刻本　一冊

330000－1705－0003373　馮2854　集部/別集類/清別集

豸華堂偶存草不分卷　（清）金應麟撰　清刻本　一冊

330000－1705－0003374　馮3025、馮3027、馮3026　集部/總集類/選集之屬/通代

古文奇賞二十二卷續古文奇賞三十四卷奇賞齋廣文苑英華二十六卷四續古文奇賞五十三卷　（明）陳仁錫輯　明萬曆四十六年(1618)至天啓刻本　三十一冊　存九十八卷(古文奇賞一至二十二,奇賞齋廣文苑英華一至二十六,四續古文奇賞一至三十七、四十一至五十三)

330000－1705－0003375　馮3030　集部/總集類/選集之屬/通代

續古文苑二十卷　（清）孫星衍輯　清光緒九年(1883)江蘇書局刻本　六冊

330000－1705－0003378　馮3146　集部/總集類/選集之屬/斷代

忠義集七卷　（元）趙景良輯　明末海虞毛氏汲古閣刻本　一冊

330000－1705－0003379　馮3029　類叢部/叢書類/彙編之屬

岱南閣叢書二十種　（清）孫星衍編　清乾隆五十年至嘉慶十四年(1785－1809)蘭陵孫氏刻本　二冊　存一種

330000－1705－0003380　馮3024　集部/總集類/選集之屬/斷代

兩漢策要十二卷　（宋）陶叔獻輯　清乾隆五十六年(1791)如皋張朝樂刻本(卷三原缺)　四冊

330000－1705－0003381　馮3022　集部/總集類/彙編之屬

漢魏六朝一百三家集（漢魏六朝百三名家集）　（明）張溥編　清光緒五年(1879)彭懋謙信述堂刻本　八十冊

330000－1705－0003383　馮3011　集部/總集類/選集之屬/通代

文選六十卷　（南朝梁）蕭統輯　（唐）李善注
（清）何焯評　清文光甡刻本　清馮鴻薰過
錄清何焯批　馮貞群記　十二冊

330000－1705－0003385　馮3032　集部/總
集類/選集之屬/通代

文苑英華選六十卷　（清）宮夢仁輯　清康熙
刻本　二十四冊

330000－1705－0003386　馮3059　集部/總
集類/尺牘之屬

昭代名人尺牘續集二十四卷　陶湘輯　清宣
統三年(1911)天寶石印局影印本　十二冊

330000－1705－0003387　馮3038　集部/總
集類/選集之屬/斷代

明文在一百卷　（清）薛熙輯　清光緒十五年
(1889)江蘇書局刻本　十冊

330000－1705－0003388　馮3060　集部/總
集類/尺牘之屬

昭代名人尺牘續編六卷　（清）抉隱主人輯
清宣統元年(1909)抉隱室影印本　馮貞群跋
六冊

330000－1705－0003390　馮3042　集部/總
集類/選集之屬/斷代

國朝文錄八十二卷　（清）姚椿輯　清光緒二
十六年(1900)掃葉山房石印本　十六冊

330000－1705－0003391　馮3034　集部/總
集類/選集之屬/斷代

唐文粹一百卷　（宋）姚鉉輯　清光緒九年
(1883)江蘇書局刻本　十六冊

330000－1705－0003392　馮3058　集部/總
集類/尺牘之屬

昭代名人尺牘二十四卷小傳二十四卷　（清）
吳修輯　清光緒三十四年(1908)西泠印社影
印本　二十四冊　存二十四卷(昭代名人尺
牘一至二十四)

330000－1705－0003393　馮3036　集部/總
集類/選集之屬/斷代

宋四六選二十四卷　（清）彭元瑞　（清）曹振
鏞輯　清乾隆四十一年(1776)曹振鏞翠微山

麓刻本　八冊

330000－1705－0003394　馮3054　集部/總
集類/選集之屬/斷代

國朝文匯甲前集二十卷甲集六十卷乙集七十
卷丙集三十卷丁集二十卷　（清）上海國學扶
輪社輯　清宣統元年(1909)上海國學扶輪社
石印本　一百一冊

330000－1705－0003395　馮3057　集部/總
集類/課藝之屬

辨志文會課藝初集六卷　（清）葉意深等撰
（清）宗源瀚輯　清光緒六年至七年(1880－
1881)刻本　六冊

330000－1705－0003396　馮3098　集部/總
集類/選集之屬/通代

桐城吳氏古文讀本十三卷　（清）吳汝綸評選
清光緒二十九年(1903)上海文明書局鉛印
本　四冊

330000－1705－0003397　馮3037　集部/總
集類/選集之屬/斷代

南宋文範七十卷外編四卷作者考二卷　（清）
莊仲方輯　清光緒十四年(1888)江蘇書局刻
本　十六冊

330000－1705－0003399　馮3041　集部/總
集類/選集之屬/斷代

國朝文錄八十二卷　（清）姚椿輯　清咸豐元
年(1851)張祥河終南山館刻本　馮貞群跋
二十冊

330000－1705－0003401　馮3099　集部/總
集類/選集之屬/通代

古文未曾有集八卷　（清）王甫白評選　清馮
鴻勳抄本　八冊

330000－1705－0003402　馮3039　集部/總
集類/尺牘之屬

瑤箋四卷　（明）郁濬輯　清光緒十四年
(1888)四明提署鉛印本　四冊

330000－1705－0003403　馮3065　集部/總
集類/選集之屬/通代

賦彙錄要二十八卷補遺一卷外集一卷　（清）

吳光昭箋畧 （清）陳書輯 清汲古齋刻本
六冊

330000－1705－0003404 馮3048 集部/總
集類/選集之屬/斷代
國朝二十四家文鈔二十四卷 （清）徐斐然輯
清嘉慶元年(1796)刻本 六冊

330000－1705－0003406 馮3040 集部/總
集類/尺牘之屬
明賢尺牘四卷 （清）王元勳 （清）程化騄輯
清光緒二十六年(1900)仁和許增榆園刻本
二冊

330000－1705－0003407 馮3028 集部/總
集類/選集之屬/通代
古文苑九卷 清光緒五年(1879)宏達堂刻本
二冊

330000－1705－0003408 馮3043 集部/總
集類/選集之屬/斷代
切問齋文鈔三十卷 （清）陸燿輯 清光緒楊
國楨刻本 十冊

330000－1705－0003409 馮3086 集部/總
集類/選集之屬/斷代
七家文鈔七卷 （清）薛玉堂 （清）陸繼輅選
輯 清道光元年(1821)刻本 二冊

330000－1705－0003410 馮3100 集部/總
集類/選集之屬/通代
宮閨文選二十六卷姓氏小錄不分卷 （清）周
壽昌輯 清道光二十六年(1846)小蓬萊山館
刻本 六冊

330000－1705－0003411 馮3074 集部/總
集類/選集之屬/通代
古文辭類纂七十四卷 （清）姚鼐輯 清道光
元年(1821)合河康氏家塾刻本 十二冊

330000－1705－0003412 馮3069 集部/總
集類/選集之屬/通代
賦鈔箋畧十五卷 （清）雷琳 （清）張杏濱輯
清乾隆三十一年(1766)刻本 馮貞群批
六冊

330000－1705－0003413 馮3087 集部/總
集類/選集之屬/通代
駢體文鈔三十一卷 （清）李兆洛輯 清光緒
八年(1882)上海刻本 六冊

330000－1705－0003414 馮3101 集部/總
集類/選集之屬/通代
漢魏六朝女子文選二卷 張維輯 清宣統三
年(1911)海鹽朱是刻本 一冊

330000－1705－0003415 馮3073、馮3075
集部/總集類/選集之屬/通代
古文辭類纂七十四卷 （清）姚鼐輯 續古文
辭類纂三十四卷 王先謙輯 清光緒十八年
(1892)吳縣朱記榮上海刻席氏埽葉山房印本
十冊

330000－1705－0003417 馮3044 集部/總
集類/彙編之屬
清暉堂同人尺牘彙存四卷 （清）惲壽平輯
清咸豐七年(1857)刻本 一冊

330000－1705－0003418 馮3088 集部/總
集類/選集之屬/通代
駢體文鈔三十一卷 （清）李兆洛輯 清光緒
八年(1882)上海刻本 六冊

330000－1705－0003419 馮3102 集部/總
集類/選集之屬/通代
漢魏六朝女子文選二卷 張維輯 清宣統三
年(1911)海鹽朱是刻本 一冊

330000－1705－0003420 馮3063 集部/總
集類/選集之屬/通代
六朝文絜四卷 （清）許槤評選 清光緒三年
(1877)讀有用書齋刻朱墨套印本 一冊

330000－1705－0003422 馮3103 集部/總
集類/郡邑之屬
甬東正氣集四卷 （清）董琅輯 清光緒七年
(1881)董沛刻本 一冊

330000－1705－0003423 馮3047 集部/總
集類/選集之屬/斷代
湖海文傳七十五卷 （清）王昶輯 清道光十
七年(1837)經訓堂刻同治五年(1866)印本

十五冊

330000－1705－0003425　馮3050　類叢部/
類書類/專類之屬

皇朝駢文類苑十四卷首一卷　（清）姚燮選
清光緒七年(1881)刻本　二十四冊

330000－1705－0003428　馮3104　集部/總
集類/郡邑之屬

慈谿文徵　清光緒十八年(1892)刻本　一冊
存二種

330000－1705－0003429　馮3046　子部/儒
家類/儒學之屬/經濟

皇朝經世文續編一百二十卷　（清）葛士濬輯
清光緒二十四年(1898)石印本　二十四冊

330000－1705－0003430　馮3089　集部/總
集類/彙編之屬

陳太僕批選八家文鈔　（清）陳兆崙編　清光
緒二十六年(1900)天津文美齋石印本　六冊

330000－1705－0003434　馮3117　集部/總
集類/選集之屬/通代

樂府詩集一百卷目錄二卷　（宋）郭茂倩輯
明崇禎虞山毛氏汲古閣刻清康熙毛扆重訂本
二十冊

330000－1705－0003435　馮3067　集部/總
集類/選集之屬/通代

御選唐宋文醇五十八卷目錄一卷　（清）高宗
弘曆輯　清光緒三年(1877)浙江書局刻本
二十冊

330000－1705－0003436　馮3090　集部/總
集類/選集之屬/通代

古文詞畧讀本二十四卷　（清）梅曾亮輯　清
光緒三十一年(1905)京師宏道學舍鉛印本
四冊

330000－1705－0003437　馮3045　集部/總
集類/選集之屬/斷代

**皇朝經世文編一百二十卷姓名總目二卷生存
姓名一卷**　（清）賀長齡輯　清道光七年
(1827)刻本　八十冊

330000－1705－0003438　馮3051　集部/總
集類/尺牘之屬

名賢手札八種　（清）郭慶藩輯　清光緒十一
年(1885)上海同文書局石印本　二冊

330000－1705－0003440　馮3071　集部/總
集類/選集之屬/通代

忠雅堂評選四六法海八卷　（清）蔣士銓評選
清同治十年(1871)廣東萃文堂刻朱墨套印
本　八冊

330000－1705－0003441　馮3107　集部/總
集類/氏族之屬

甬東薛氏世風刪二卷　（明）薛岡輯　清煙嶼
樓抄本　清徐時棟記　一冊

330000－1705－0003442　馮3091　集部/總
集類/選集之屬/通代

經史百家雜鈔二十六卷　（清）曾國藩輯　清
光緒三十二年(1906)上海商務印書館鉛印本
十二冊

330000－1705－0003443　馮3052　集部/總
集類/尺牘之屬

名賢手札八種　（清）郭慶藩輯　清光緒十年
(1884)湘陰郭氏岵瞻堂刻本　四冊

330000－1705－0003444　馮3066　集部/總
集類/選集之屬/通代

古文淵鑒六十四卷　（清）徐乾學等輯注　清
康熙二十四年(1685)內府刻五色套印本　二
十四冊

330000－1705－0003445　馮3119　集部/總
集類/選集之屬/通代

玉臺新詠十卷　（南朝陳）徐陵編　（清）吳兆
宜原注　（清）程琰刪補　清乾隆三十九年
(1774)刻本　四冊

330000－1705－0003446　馮3126　類叢部/
叢書類/彙編之屬

宛鄰書屋叢書十三種　（清）張琦編　清道光
十年至十二年(1830－1832)張氏宛鄰書屋刻
本　四冊　存一種

330000－1705－0003448　馮3120　集部/總

集類/選集之屬/通代

玉臺新詠十卷　（南朝陳）徐陵撰　清康熙五十三年(1714)上黨馮鼇刻本　四冊

330000－1705－0003449　馮3108　集部/總集類/氏族之屬

金陵朱氏家集三十種　（清）朱緒曾輯　清道光二十年(1840)刻本　三冊　存二十一種

330000－1705－0003450　馮3070　集部/總集類/選集之屬/斷代

唐人應試賦選八卷　（清）劉文蔚　（清）姚亢宗箋輯　清乾隆二十五年(1760)劉文蔚探珠樓刻嘉慶印本　四冊

330000－1705－0003451　馮3127　集部/總集類/選集之屬/斷代

中晚唐詩叩彈集十二卷續集三卷　（清）杜詔（清）杜庭珠輯　清康熙四十三年(1704)采山亭刻本　清秋舲記　四冊

330000－1705－0003453　馮3145　集部/總集類/選集之屬/斷代

全五代詩一百卷補遺一卷　（清）李調元輯　清乾隆四十五年(1780)刻本　二十四冊　存九十五卷(詩一至九十四、補遺)

330000－1705－0003454　馮3123　集部/總集類/選集之屬/斷代

河嶽英靈集二卷　（唐）殷璠輯　清光緒四年(1878)遼陽賴氏刻本　馮貞群校並跋　一冊

330000－1705－0003455　馮3092　集部/總集類/選集之屬/通代

六朝唐賦讀本不分卷　（清）馬傳庚選注　清光緒二年(1876)京都松竹齋刻本　二冊

330000－1705－0003457　馮3109　集部/總集類/氏族之屬

趙氏三集三卷　（清）趙宗建述　清咸豐五年(1855)刻本　一冊

330000－1705－0003458　馮3093　集部/總集類/選集之屬/通代

六朝唐賦讀本不分卷　（清）馬傳庚選注　清同治十三年(1874)京都馬氏玉燕書巢刻本

二冊

330000－1705－0003460　馮3132　集部/總集類/選集之屬/斷代

全唐詩九百卷目錄十二卷　（清）曹寅等輯　清康熙四十四年至四十六年(1705－1707)揚州詩局刻本　一百二十冊

330000－1705－0003461　馮3143　集部/總集類/彙編之屬

唐四家詩八卷　（清）汪立名編　清康熙三十四年(1695)天都汪立名刻本　四冊

330000－1705－0003462　馮3111　集部/總集類/氏族之屬

[浙江寧波]四明水氏留碩稿不分卷　（清）水嘉穀輯　清光緒十八年(1892)四明水嘉穀刻本　三冊

330000－1705－0003463　馮3129　集部/總集類/選集之屬/斷代

王荊公唐百家詩選二十卷　（宋）王安石輯　清康熙四十三年(1704)宋犖、丘迥刻本　六冊

330000－1705－0003464　馮3134　集部/總集類/彙編之屬

四大家希音詩集四卷　（明）周思久輯　明刻本　一冊　存二卷(三至四)

330000－1705－0003465　馮3072　集部/總集類/選集之屬/通代

海峰先生精選八家文鈔二卷　（清）劉大櫆選　清光緒二年(1876)邢邱劉氏刻本　二冊

330000－1705－0003466　馮3112　集部/總集類/氏族之屬

戴氏家稿輯略文五卷詩五卷　（清）戴仁宇編輯　清光緒二十三年(1897)望鹿山館刻本　四冊

330000－1705－0003467　馮3053　集部/總集類/尺牘之屬

書啟合璧十三卷　（清）張宗壽　（清）汪孝鍾校訂　清姑蘇綠蔭堂刻本　六冊

330000－1705－0003468　馮3094　集部/總集類/選集之屬/通代

駢體文錄不分卷　清抄本　四冊

330000－1705－0003469　馮3097　集部/總集類/選集之屬/通代

古文眉詮七十九卷首一卷　（清）浦起龍輯　清乾隆九年(1744)蘇州三吳書院刻本　二十四冊

330000－1705－0003470　馮3135　集部/總集類/選集之屬/斷代

唐賢三昧集三卷　（清）王士禛輯　清乾隆五十二年(1787)聽雨齋刻本　三冊

330000－1705－0003471　馮3131　集部/總集類/選集之屬/斷代

才調集補註十卷　（五代）韋穀輯　（清）殷元勳箋注　（清）宋邦綏補注　清光緒二十年(1894)江蘇書局刻本　四冊

330000－1705－0003472　馮3055　集部/總集類/彙編之屬

國朝古文所見集十三卷　（清）陳兆麒編選（清）陳允中　（清）陳允安校　清道光刻本　馮貞群批　二冊

330000－1705－0003473　馮3136　集部/總集類/選集之屬/斷代

唐人萬首絕句選七卷　（清）王士禛輯　清同治十二年(1873)刻本　二冊

330000－1705－0003474　馮3095　集部/總集類/選集之屬/通代

七十家賦鈔六卷　（清）張惠言輯　清光緒四年(1878)宏達堂刻本　馮貞群題記　二冊

330000－1705－0003475　馮3113　類叢部/叢書類/家集之屬

賈氏叢書甲集十種　（清）賈臻編　清道光至咸豐賈氏躬自厚齋刻本　五冊　存七種

330000－1705－0003477　馮3173　集部/總集類/選集之屬/斷代

湖海詩傳四十六卷　（清）王昶輯　清嘉慶八年(1803)青浦王氏三泖漁莊刻本　十二冊

330000－1705－0003478　馮3160　集部/總集類/選集之屬/斷代

明詩綜一百卷　（清）朱彝尊輯　（清）汪森等評　清康熙刻乾隆印本　二十四冊

330000－1705－0003479　馮3140　集部/總集類/選集之屬/斷代

姚姬傳先生唐人五言絕句詩鈔一卷七言絕句詩鈔一卷　（清）姚鼐編　清光緒十七年(1891)朱寬石印本　一冊

330000－1705－0003480　馮3141　集部/總集類/選集之屬/斷代

唐絕詩鈔注略二卷首一卷　（清）馬沅選（清）趙彥傳注　清同治十二年(1873)趙彥傳補讀齋刻本　一冊

330000－1705－0003481　馮3114　集部/總集類/彙編之屬

二黃合稿二卷　（清）黃崇惺　（清）黃家鼎撰（清）廷愷編　清光緒八年(1882)刻本　一冊

330000－1705－0003482　馮3171　史部/史評類/詠史之屬

南宋雜事詩七卷　（清）沈嘉轍等撰　清同治十一年(1872)淮南書局刻本　四冊

330000－1705－0003483　馮3207　集部/總集類/選集之屬/通代

佩文齋詠物詩選四百八十六卷　（清）汪霦等輯　清康熙四十六年(1707)內府刻本　三十二冊

330000－1705－0003484　馮3165　集部/總集類/選集之屬/斷代

國朝正雅集九十九卷首一卷　（清）符葆森輯　清咸豐六年至七年(1856－1857)京師半畝園刻本　十六冊

330000－1705－0003485　馮3164　集部/總集類/選集之屬/斷代

國朝正雅集九十九卷首一卷　（清）符葆森輯　清咸豐六年至七年(1856－1857)京師半畝園刻本　十六冊

330000－1705－0003487　馮3115　集部/總集類/氏族之屬

馮氏五家詩鈔一卷　（清）馮光域等撰　馮一梅輯　清光緒抄本　馮貞群批　一冊

330000－1705－0003488　馮3142　集部/總集類/選集之屬/斷代

唐人五言長律清麗集六卷　（清）徐曰璉（清）沈士駿輯　清乾隆二十二年(1757)刻本　一冊

330000－1705－0003489　馮3159　集部/總集類/選集之屬/斷代

列朝詩集乾集二卷甲集前編十一卷甲集二十二卷乙集八卷丙集十六卷丁集十六卷閏集六卷　（清）錢謙益輯　清順治九年(1652)毛氏刻本　馮貞群批並跋　五十冊

330000－1705－0003490　馮3209　集部/總集類/選集之屬/通代

漁洋山人古詩選三十二卷　（清）王士禛選　清同治五年(1866)金陵書局刻本　八冊

330000－1705－0003491　馮3191　集部/總集類/郡邑之屬

四明四友詩六卷　（清）鄭梁輯　清康熙四十八年(1709)刻本　二冊

330000－1705－0003492　馮3133　集部/總集類/彙編之屬

唐詩百名家全集　（清）席啓寓輯　清康熙四十一年(1702)洞庭席氏琴川書屋刻光緒八年(1882)重修本　六十四冊

330000－1705－0003493　馮3199　類叢部/叢書類/自著之屬

曾文正公全集十六種　（清）曾國藩撰　清同治至光緒傳忠書局刻本　十四冊　存一種

330000－1705－0003494　馮3189　集部/總集類/郡邑之屬

蛟川耆舊詩六卷　（清）張本均輯　**續集二卷**　（清）張錫申輯　清咸豐七年(1857)刻本　四冊

330000－1705－0003495　馮3178　集部/總

集類/郡邑之屬

兩浙輶軒錄四十卷補遺十卷　（清）阮元輯　清嘉慶六年(1801)、八年(1803)仁和朱氏碧溪草堂錢塘陳氏種榆仙館刻本　二十四冊

330000－1705－0003496　馮3210　集部/總集類/選集之屬/通代

古詩箋三十二卷　（清）王士禛輯　（清）聞人倓箋　清乾隆三十一年(1766)芝蘭堂刻本　十二冊

330000－1705－0003497　馮3096　類叢部/叢書類/彙編之屬

申報館叢書正集五十七種附錄三種　尊聞閣主編　**續集一百四十二種**　蔡爾康編　清同治至光緒上海申報館鉛印本　四冊　存一種

330000－1705－0003498　馮3211　集部/總集類/選集之屬/通代

古詩箋三十二卷　（清）王士禛輯　（清）聞人倓箋　清乾隆三十一年(1766)芝蘭堂刻本　清蓉庵批並跋　九冊　缺九卷(五言詩一至四,七言詩歌行鈔六至八、十二至十三)

330000－1705－0003499　馮3166　集部/總集類/彙編之屬

名家詩成二卷　（清）宗元鼎選定　清刻本　一冊

330000－1705－0003500　馮3208　集部/總集類/選集之屬/通代

御選唐宋詩醇四十七卷目錄二卷　（清）高宗弘曆輯　清光緒七年(1881)浙江書局刻本　二十冊

330000－1705－0003501　馮3144　集部/總集類/彙編之屬

唐四家詩集二十八卷　清光緒十年(1884)上海同文書局石印本　八冊

330000－1705－0003502　馮3176　集部/總集類/郡邑之屬

嶺南三大家詩選二十四卷　（清）王隼編　清康熙刻本　六冊

330000－1705－0003503　馮3137　集部/總

唐詩箋注七卷　（明）李攀龍　（明）鍾惺選評　（清）錢謙益箋釋　（清）劉化蘭增訂　清康熙刻本　六冊

330000－1705－0003504　馮3177　集部/總集類/郡邑之屬

江左三大家詩鈔　（清）顧有孝　（清）趙澐編　清康熙七年（1668）刻本　三冊

330000－1705－0003506　馮3138　集部/總集類/選集之屬/斷代

重訂唐詩別裁集二十卷　（清）沈德潛輯　清乾隆二十八年（1763）教忠堂刻本　六冊

330000－1705－0003507　馮3202　集部/總集類/選集之屬/通代

瀛奎律髓刊誤四十九卷　（元）方回輯　（清）紀昀勘誤　清嘉慶五年（1800）李氏雙桂堂刻蘇州掃葉山房印本　六冊

330000－1705－0003508　馮3139　集部/總集類/選集之屬/斷代

重訂唐詩別裁集二十卷　（清）沈德潛輯　清乾隆二十八年（1763）教忠堂刻本　四冊

330000－1705－0003509　馮3156　集部/總集類/選集之屬/斷代

元詩選初集一百十四卷二集一百三卷三集一百三卷首一卷　（清）顧嗣立輯　清康熙三十三年（1694）顧氏秀野草堂刻本　馮貞群題記　四十八冊

330000－1705－0003511　馮3174　集部/總集類/郡邑之屬

江左十五子詩選　（清）宋犖編　清康熙四十二年（1703）商丘宋氏刻本　五冊

330000－1705－0003512　馮3201　集部/總集類/選集之屬/通代

紫陽先生瀛奎律髓四十九卷　（元）方回選　清康熙四十九年（1710）吳郡陳士泰刻本　十冊

330000－1705－0003513　馮3228　集部/詞類/別集之屬

疏影樓詞四種　（清）姚燮撰　清道光十三年（1833）上湖草堂刻本　一冊

330000－1705－0003514　馮3172　集部/總集類/選集之屬/斷代

感舊集十六卷　（清）王士禛選　（清）盧見曾補傳　清乾隆十七年（1752）刻本　八冊

330000－1705－0003515　馮3194　集部/總集類/郡邑之屬

上虞詩選四卷　（清）徐榦編輯　清光緒八年（1882）邵武徐榦刻本　二冊

330000－1705－0003516　馮3197　集部/總集類/選集之屬/斷代

國朝閨秀正始集二十卷附錄一卷補遺一卷題詞一卷續集十卷附錄一卷補遺一卷蘭閨寶錄孝行六卷輓詞一卷　（清）惲珠輯　清道光十一年至十六年（1831－1836）紅香館刻本　十二冊

330000－1705－0003517　馮3147　集部/總集類/彙編之屬

宋詩鈔初集八十四種　（清）呂留良　（清）吳之振　（清）吳爾堯編　清康熙十年（1671）洲錢吳氏鑑古堂刻本　二十冊

330000－1705－0003518　馮3229　集部/詞類/別集之屬

茂陵秋雨詞二卷　（清）王錫振撰　清咸豐九年（1859）嘉平王氏京師寓廬刻本　一冊

330000－1705－0003519　馮3195　集部/總集類/選集之屬/通代

回文類聚四卷首一卷　（宋）桑世昌輯　織錦回文圖一卷回文類聚續編十卷首一卷　（清）朱象賢輯並繪　清江南朱象賢刻本　四冊缺二卷（回文類聚首、續編首）

330000－1705－0003520　馮3158　集部/總集類/選集之屬/斷代

元詩選六卷補遺一卷　（清）顧奎光輯　（清）陶瀚　（清）陶玉禾評　清乾隆十六年（1751）刻本　二冊

330000－1705－0003522　馮3157　集部/總

集類/選集之屬/斷代

元詩選癸集十卷 （清）顧嗣立輯 （清）席世臣補輯 清嘉慶三年(1798)南沙席氏刻光緒十四年(1888)補刻本 十六冊

330000－1705－0003523 馮3155 集部/總集類/選集之屬/斷代

御訂全金詩增補中州集七十二卷首二卷 (金)元好問輯 （清）郭元釪補輯 清康熙五十年(1711)內府刻乾隆五十四年(1789)西爽閣刻本 二十冊

330000－1705－0003524 馮3230 集部/詞類/別集之屬

竹石居詞草一卷川雲集一卷 （清）童華撰 清光緒十三年(1887)刻本 一冊

330000－1705－0003525 馮3198 集部/總集類/選集之屬/通代

乾坤正氣集二十卷 （清）顧沅輯 清道光二十三年(1843)長洲顧氏藝海樓刻本 六冊

330000－1705－0003526 馮3196 集部/別集類/清別集

璇璣碎錦二卷 （清）萬樹撰 清光緒十三年(1887)方氏漱霞僊館刻本 二冊

330000－1705－0003527 馮3206 集部/總集類/選集之屬/通代

樂府廣序三十卷詩集廣序十卷 （清）朱嘉徵撰 清康熙清遠堂刻本 四冊 存三十卷(樂府廣序一至三十)

330000－1705－0003528 馮3231 集部/詞類/別集之屬

綠陰槐夏閣詞四卷 （清）朱昂撰 清乾隆刻本 一冊 存一卷(一)

330000－1705－0003529 馮3192 集部/總集類/郡邑之屬

彭姥詩薈十二卷 （清）倪勤編輯 清道光七年(1827)刻本 四冊

330000－1705－0003531 馮3232 集部/詞類/別集之屬

紅葉江邨詞□卷 （清）王昶撰 清刻本 一

冊 存一卷(一)

330000－1705－0003532 馮3056 集部/總集類/選集之屬/斷代

國朝駢體正宗續編八卷 （清）張鳴珂輯 清光緒十四年(1888)寒松閣刻本 四冊

330000－1705－0003533 馮3226 集部/詞類/別集之屬

有正味齋詞集八卷 （清）吳錫麒撰 清刻本 一冊

330000－1705－0003534 馮3170 史部/史評類/詠史之屬

南宋雜事詩七卷首一卷 （清）沈嘉轍等撰 清道光九年(1829)扶荔山房刻本 四冊

330000－1705－0003535 馮3200 類叢部/叢書類/彙編之屬

棟亭藏書十二種 （清）曹寅編 清康熙四十五年(1706)揚州詩局刻本 二冊 存一種

330000－1705－0003537 馮3161 集部/總集類/選集之屬/斷代

明詩別裁集十二卷 （清）沈德潛 （清）周準輯 清乾隆四年(1739)賦琴樓刻本 四冊

330000－1705－0003539 馮3212 集部/總集類/選集之屬/通代

五七言今體詩鈔十八卷 （清）姚鼐輯 清同治五年(1866)金陵書局刻本 二冊

330000－1705－0003540 馮3163 集部/總集類/選集之屬/斷代

欽定國朝詩別裁集三十二卷 （清）沈德潛纂評 清乾隆二十六年(1761)刻本 十冊

330000－1705－0003542 馮3169 史部/史評類/詠史之屬

十國宮詞一卷 （清）吳省蘭撰 清同治十二年(1873)淮南書局刻本 一冊

330000－1705－0003543 馮3180 集部/總集類/郡邑之屬

甬上耆舊詩三十卷 （清）胡文學 （清）李鄴嗣輯 清康熙十五年(1676)胡氏敬義堂刻本

十冊

330000－1705－0003544　馮3214　集部/總
集類/選集之屬/通代

**詩比興箋四卷簡學齋詩存一卷簡學齋館課試
律存一卷簡學齋試律續鈔一卷月生試律詩存
一卷**　（清）陳沆輯　清咸豐刻本　四冊

330000－1705－0003545　馮3298　集部/總
集類/課藝之屬

試律叢話八卷　（清）梁章鉅撰　清同治八年
（1869）高安縣署刻本　四冊

330000－1705－0003546　馮3193　集部/總
集類/郡邑之屬

谿上詩輯十四卷續編二卷補編一卷　（清）尹
元煒　（清）馮本懷訂　清道光二十九年
（1849）刻咸豐三年（1853）補刻本　四冊

330000－1705－0003547　馮3162　集部/總
集類/選集之屬/斷代

明詩別裁集十二卷　（清）沈德潛　（清）周準
輯　清乾隆四年（1739）賦琴樓刻本　六冊

330000－1705－0003548　馮3203　集部/總
集類/選集之屬/通代

古詩源十四卷　（清）沈德潛輯　清康熙五十
八年（1719）竹嘯軒刻本　二冊

330000－1705－0003549　馮3234　集部/別
集類/清別集

翁山詩外十八卷　（清）屈大均撰　清康熙刻
本（卷一配抄本）　一冊　存二卷（一至二）

330000－1705－0003550　馮3168　集部/詞
類/類編之屬

三家宮詞三卷二家宮詞二卷　（明）毛晉編
明虞山毛氏綠君亭刻本　一冊

330000－1705－0003551　馮3204　集部/總
集類/選集之屬/通代

古詩源十四卷　（清）沈德潛輯　清康熙五十
八年（1719）竹嘯軒刻本　二冊

330000－1705－0003552　馮3235　集部/詞
類/別集之屬

軒霞詞一卷　（清）王效成撰　清道光刻本
一冊

330000－1705－0003553　馮3246　集部/詞
類/總集之屬

昭代詞選三十八卷　（清）蔣重光輯　清乾隆
三十二年（1767）經鉏堂刻本　十二冊

330000－1705－0003554　馮3179　集部/總
集類/郡邑之屬

甬上宋元詩略十六卷　（清）董沛輯　清光緒
七年（1881）刻本　張壽鏞題記　陳詠橋批
三冊

330000－1705－0003555　馮3190　集部/總
集類/郡邑之屬

谿上詩鈔五卷　（清）林照編次　（清）馮增緝
評　清刻本　馮貞群跋　一冊

330000－1705－0003556　馮3215　集部/總
集類/選集之屬/通代

詩比興箋四卷　（清）陳沆輯　清光緒九年
（1883）長洲彭祖賢武昌刻本　二冊

330000－1705－0003557　馮3150　集部/總
集類/選集之屬/斷代

南宋羣賢小集　（宋）陳起編　（清）顧修重輯
清嘉慶六年（1801）石門顧氏讀畫齋刻本
四十冊　存七十四種

330000－1705－0003558　馮3249　集部/詞
類/總集之屬

清綺軒詞選十三卷　（清）夏秉衡輯　清乾隆
十六年（1751）華亭夏秉衡清綺軒刻本（卷六
至配抄本）　馮貞群題簽　六冊

330000－1705－0003559　馮3245　集部/詞
類/總集之屬

絕妙好詞箋七卷　（宋）周密輯　（清）查爲仁
（清）厲鶚箋　清乾隆十五年（1750）宛平查
氏濟宜書屋刻本　二冊

330000－1705－0003560　馮3236　集部/詞
類/別集之屬

天籟集二卷　（元）白樸撰　清抄本　一冊

330000－1705－0003561　馮3216　集部/總集類/酬唱之屬

湘管聯吟一卷續集一卷　（清）陳焯輯　清乾隆刻本　一冊

330000－1705－0003562　馮3217　集部/總集類/酬唱之屬

銷夏倡和詩存一卷　（清）汪遠孫等撰　清道光十五年(1835)刻本　一冊

330000－1705－0003563　馮3148　集部/總集類/選集之屬/斷代

宋百家詩存　（清）曹庭棟編　清乾隆六年(1741)嘉善曹氏二六書堂刻本　十三冊　存七十八種

330000－1705－0003564　馮3237　集部/別集類/清別集

嘉會堂集　（清）沈堡撰　清康熙刻本　一冊　存四卷(瀚桐詞一至四)

330000－1705－0003565　馮3184　集部/總集類/選集之屬/斷代

句餘嗣響不分卷　（清）李楳輯　清宣統二年(1910)天門山館活字印本　一冊

330000－1705－0003566　馮3068　集部/總集類/選集之屬/通代

評註才子古文二十六卷　（清）金聖歎原選（清）王之績評注　清文成堂書坊刻本　十二冊

330000－1705－0003567　馮3250、馮3252　集部/詞類/總集之屬

詞選二卷　（清）張惠言輯　**茗柯詞一卷**（清）張惠言撰　**立山詞一卷**　（清）張琦撰　**續詞選二卷**　（清）董毅輯　**附錄一卷**　（清）鄭善長輯　清光緒四年(1878)張晉德湖北官書處刻本　二冊

330000－1705－0003568　馮3218　集部/總集類/酬唱之屬

雙溪倡和詩六卷　（清）徐倬輯　清康熙刻本　二冊

330000－1705－0003569　馮3244　集部/詞類/總集之屬

古香岑草堂詩餘四集十七卷　（明）□□輯　明末刻本　六冊　存八卷(正集一至四、別集一至四)

330000－1705－0003570　馮3238　集部/詞類/別集之屬

耶溪漁隱詞二卷　（清）屠倬撰　清嘉慶二十二年(1817)錢塘陸貞一刻本　一冊

330000－1705－0003571　馮3181　集部/總集類/郡邑之屬

四明詩幹三卷　（清）董慶酉輯　**四明宋僧詩一卷元僧詩一卷**　（清）董濂輯　清光緒十年(1884)刻本　一冊

330000－1705－0003572　馮3239　集部/詞類/別集之屬

七榆草堂詞一卷　（清）何其章撰　清道光八年(1828)刻本　一冊

330000－1705－0003575　馮3243　集部/詞類/類編之屬

詞苑英華九種　（明）毛晉編　明崇禎毛氏汲古閣刻本　一冊　存一種

330000－1705－0003577　馮3219　集部/別集類/清別集

嚶鳴草七律一卷七排一卷五古一卷七古一卷詩餘一卷　（清）亦園主人編　稿本　一冊

330000－1705－0003578　馮3287　史部/傳記類/總傳之屬/文苑

國朝詩人徵略六十卷二編六十四卷　（清）張維屛撰　清道光十年(1830)、二十二年(1842)刻本(二編卷十二、十四、十六、二十四、二十六、三十二、四十二原缺)　清王定祥題記　十六冊

330000－1705－0003580　馮3222、馮3221　集部/詞類/類編之屬

浙西六家詞七種十九卷　（清）龔翔麟編　清刻本　六冊

330000－1705－0003581　馮3251、馮3253　集部/詞類/總集之屬

詞選二卷　（清）張惠言輯　茗柯詞一卷
（清）張惠言撰　立山詞一卷　（清）張琦撰
續詞選二卷　（清）董毅輯　附錄一卷　（清）
鄭善長輯　清光緒四年(1878)張晉德湖北官
書處刻本　二冊

330000－1705－0003582　馮3312　類叢部/
叢書類/彙編之屬

津逮祕書十五集一百四十種　（明）毛晉編
明崇禎虞山毛氏汲古閣刻本　十五冊　存
七種

330000－1705－0003584　馮3224　集部/詞
類/別集之屬

曝書亭集詞註七卷　（清）朱彝尊撰　（清）李
富孫注　清嘉慶十九年(1814)嘉興李氏校經
廎刻道光九年(1829)補刻本　二冊

330000－1705－0003586　馮3273　集部/詩
文評類/詩評之屬

北江詩話六卷　（清）洪亮吉撰　清刻本　一
冊　存四卷(一至四)

330000－1705－0003587　馮3266　集部/詩
文評類/文評之屬

全唐文紀事一百二十二卷首一卷　（清）陳鴻
墀撰　清同治十二年(1873)廣州刻本　三十
二冊

330000－1705－0003588　馮3314　類叢部/
叢書類/彙編之屬

武英殿聚珍版書一百三十八種　清乾隆浙江
刻本　八十冊　存三十九種

330000－1705－0003590　馮3274　集部/詩
文評類/詩評之屬

停雲閣詩話八卷　（清）李家瑞撰　清咸豐五
年(1855)刻本　一冊　存四卷(一至四)

330000－1705－0003592　馮3259　集部/詞
類/詞話之屬

詞林紀事二十二卷　（清）張宗橚輯　樂府指
迷一卷　（宋）張炎撰　詞旨一卷　（宋）陸輔
撰　詞韻考略一卷　（清）許昂霄緝　清末上
海掃葉山房石印本　十冊

330000－1705－0003593　馮3291　集部/詞
類/詞譜之屬

詞律二十卷　（清）萬樹撰　詞律拾遺八卷
（清）徐本立撰　詞律補遺一卷　（清）杜文瀾
撰　清同治十二年(1873)、光緒二年(1876)
吳下刻本　十六冊

330000－1705－0003594　馮3225　集部/詞
類/類編之屬

四家詩餘　（清）孫默編　清康熙七年(1668)
孫氏留松閣刻本　二冊　存一種

330000－1705－0003595　馮3275　集部/詩
文評類/詩評之屬

緝雅堂詩話二卷　（清）潘衍桐撰　清光緒十
七年(1891)杭州刻本　一冊

330000－1705－0003598　馮3223　類叢部/
叢書類/彙編之屬

榆園叢刻十五種附一種　（清）許增編　清同
治至光緒刻本　一冊

330000－1705－0003599　馮3267　集部/詩
文評類/文評之屬

葉氏睿吾樓文話十六卷　（清）葉元墧撰　清
道光十三年(1833)鶴皋葉氏睿吾樓刻本
四冊

330000－1705－0003600　馮3277　類叢部/
叢書類/彙編之屬

文選樓叢書三十三種　（清）阮亨編　清嘉慶
至道光阮元刻道光二十二年(1842)阮亨彙印
本　二冊　存一種

330000－1705－0003601　馮3285　集部/詩
文評類/詩評之屬

宋詩紀事一百卷　（清）厲鶚　（清）馬曰琯輯
　清乾隆十一年(1746)厲氏樊榭山房刻本
二十冊

330000－1705－0003602　馮3265　集部/總
集類/選集之屬/通代

論文集要四卷　（清）薛福成纂　清光緒二十
八年(1902)農學報館石印本　二冊

330000－1705－0003603　馮3278　集部/詩

文評類/詩評之屬

二山說詩四卷 （清）何忠相撰 清乾隆三十一年(1766)刻本 一冊

330000－1705－0003604 馮3279 集部/詩文評類/詩評之屬

海天琴思錄八卷 （清）林昌彝撰 清同治三年(1864)刻本 二冊

330000－1705－0003605 馮3297 集部/詩文評類/制藝之屬

制義叢話二十四卷題名一卷 （清）梁章鉅撰 清咸豐九年(1859)刻本 八冊

330000－1705－0003606 馮3281 集部/詩文評類/詩評之屬

全浙詩話五十四卷 （清）陶元藻輯 （清）陶廷珍 （清）陶廷琡編 清嘉慶元年(1796)怡雲閣刻本 十六冊

330000－1705－0003608 馮3280 集部/總集類/彙編之屬

杜律摘珠不分卷 （清）福曾格撰 稿本 一冊

330000－1705－0003609 馮3299 類叢部/叢書類/彙編之屬

宜稼堂叢書七種 （清）郁松年編 清道光二十年至二十二年(1840－1842)上海郁氏刻本 三冊 存一種

330000－1705－0003610 馮3318 類叢部/叢書類/彙編之屬

經訓堂叢書二十一種 （清）畢沅編 清光緒十三年(1887)上海大同書局石印本 二十冊

330000－1705－0003611 馮3290 集部/詞類/詞譜之屬

詞律二十卷 （清）萬樹撰 清康熙二十六年(1687)堆絮園刻本 八冊

330000－1705－0003612 馮3271 集部/詩文評類/詩評之屬

漁洋詩話三卷 （清）王士禛撰 清雍正三年(1725)刻本 一冊

330000－1705－0003613 馮3316 類叢部/叢書類/彙編之屬

說鈴前集三十七種後集十六種 （清）吳震方編 清嘉慶四年(1799)刻本 三十冊

330000－1705－0003614 馮3300 子部/藝術類/遊藝之屬/聯語

楹聯集帖七卷 （清）顧翰輯 清同治九年(1870)刻本 一冊

330000－1705－0003615 馮3247 集部/詞類/總集之屬

熙朝詠物雅詞十二卷 （清）馮金伯輯 清嘉慶十三年(1808)馮氏墨香居刻本 清石韞題記 二冊

330000－1705－0003616 馮3293 集部/詞類/詞話之屬

詞學集成八卷 （清）江順詒撰 清光緒七年(1881)刻本 一冊

330000－1705－0003617 馮3264 集部/詩文評類/文評之屬

文則二卷 （宋）陳騤撰 清光緒四明陳氏木活字印本 一冊

330000－1705－0003619 馮3313 類叢部/叢書類/彙編之屬

武英殿聚珍版書一百三十八種 清同治十三年(1874)江西書局刻本(郭氏傳家易說冊一爲抄本) 一百二十八冊 存五十二種

330000－1705－0003620 馮3282 集部/詩文評類/詩評之屬

全浙詩話五十四卷 （清）陶元藻輯 （清）陶廷珍 （清）陶廷琡編 清嘉慶元年(1796)怡雲閣刻本 二十四冊

330000－1705－0003621 馮3248 集部/詞類/總集之屬

今詞初集二卷 （清）顧貞觀 （清）納蘭性德輯 清光緒二十三年(1897)無錫張鎣雪浪山房刻本 二冊

330000－1705－0003622 馮3301 子部/藝術類/遊藝之屬/聯語

楹聯集錦八卷　（清）胡鳳丹輯　清光緒五年
(1879)刻本　二冊

330000－1705－0003623　馮3272　集部/詩
文評類/詩評之屬

帶經堂詩話三十卷首一卷　（清）王士禛撰
（清）張宗柟輯　清同治十二年(1873)廣州藏
脩堂刻本　八冊

330000－1705－0003624　馮3254　集部/詞
類/總集之屬

四明近體樂府十四卷　（清）袁鈞輯　附一卷
（清）周世緒撰　清嘉慶二十三年(1818)慈
谿鄭喬遷藏密廬刻本　二冊

330000－1705－0003625　馮3320　類叢部/
叢書類/彙編之屬

讀畫齋叢書四十六種　（清）顧修編　清嘉慶
四年至十六年(1799－1811)桐川顧氏刻本
二十七冊　存二十一種

330000－1705－0003627　馮3175　集部/總
集類/郡邑之屬

吳會英才集二十四卷　（清）畢沅輯　清道光
刻本　八冊

330000－1705－0003628　馮3255　集部/詞
類/詞話之屬

詞辨二卷　（清）周濟輯　介存齋論詞雜著一
卷　（清）周濟撰　清光緒四年(1878)刻本
一冊

330000－1705－0003630　馮3289　集部/詞
類/詞話之屬

王弇州詞評一卷曲藻一卷　（明）王世貞撰
明刻本　一冊

330000－1705－0003631　馮3263　集部/詩
文評類/文評之屬

文心雕龍十卷　（南朝梁）劉勰撰　（清）黃叔
琳輯注　清乾隆六年(1741)北平黃氏養素堂
刻本　二冊

330000－1705－0003633　馮3262　集部/詩
文評類/文評之屬

文心雕龍十卷　（南朝梁）劉勰撰　（清）黃叔

琳輯注　（清）紀昀評　清道光十三年(1833)
盧坤兩廣節署刻朱墨套印本　四冊

330000－1705－0003634　馮3256　集部/詞
類/類編之屬

詞學叢書六種二十三卷　（清）秦恩復編　清
光緒六年(1880)邗江承啟堂重修本　十冊

330000－1705－0003635　馮3286　集部/詩
文評類/詩評之屬

詩人玉屑二十卷　（宋）魏慶之撰　清刻本
六冊

330000－1705－0003636　馮3320－1　類叢
部/叢書類/彙編之屬

讀畫齋叢書四十六種　（清）顧修編　清嘉慶
四年至十六年(1799－1811)桐川顧氏刻本
九冊　存十一種

330000－1705－0003637　馮3302　子部/藝
術類/遊藝之屬／聯語

楹聯新話十卷　（清）朱應鎬輯　清光緒十八
年(1892)刻本　四冊

330000－1705－0003638　馮3257　集部/詞
類/類編之屬

宋詞五種　（清）周克延錄　清同治十二年
(1873)周克延抄本　清周克延批並跋　一冊

330000－1705－0003640　馮3295　集部/詞
類/詞話之屬

芬陀利室詞話三卷　（清）蔣敦復撰　清光緒
十一年(1885)硋園王氏刻本　馮貞群題記
一冊

330000－1705－0003641　馮3292　類叢部/
叢書類/彙編之屬

讀畫齋叢書四十六種　（清）顧修編　清嘉慶
四年至十六年(1799－1811)桐川顧氏刻本
一冊　存一種

330000－1705－0003642　馮3334　類叢部/
叢書類/彙編之屬

國粹叢書四十九種　（清）國學保存會編　清
光緒至宣統鉛印本　五十三冊　存四十三種

330000－1705－0003643　馮3324　子部/
叢編

二十二子(二十二子彙函)　（清）浙江書局編
清光緒元年至三年(1875－1877)浙江書局
刻本　七十九冊

330000－1705－0003646　馮3365　類叢部/
叢書類/彙編之屬

經策通纂二種　（清）吳穎炎　（清）陳通聲等
纂　清光緒十四年(1888)上海點石齋石印本
三十二冊

330000－1705－0003647　馮3322　類叢部/
叢書類/彙編之屬

士禮居黃氏叢書十九種附四種　（清）黃丕烈
編　清光緒十三年(1887)上海蜚英館石印本
三十冊

330000－1705－0003648　馮3308　類叢部/
叢書類/彙編之屬

廣漢魏叢書　（明）何允中編　明萬曆刻本
七十二冊　存七十六種

330000－1705－0003649　馮3360　經部/小
學類/訓詁之屬/爾雅

爾雅音圖三卷　（晉）郭璞注　（清）姚之麟摹
圖　清光緒八年(1882)上海同文書局石印本
二冊

330000－1705－0003650　馮3328、馮3438
類叢部/叢書類/彙編之屬

式訓堂叢書四十一種　（清）章壽康編　清光
緒會稽章氏刻本　十七冊　存二十二種

330000－1705－0003651　馮3359　經部/小
學類/訓詁之屬/爾雅

爾雅三卷　（晉）郭璞注　（唐）陸德明音釋
清光緒三年(1877)永康胡氏退補齋刻本
三冊

330000－1705－0003652　馮3351　經部/春
秋左傳類/傳說之屬

春秋左傳杜林合註五十卷　（晉）杜預　（宋）
林堯叟註釋　（唐）陸德明音義　（明）鍾惺
（明）孫鑛　（明）韓范評點　清同治十二年

(1873)浙紹奎照樓刻本　馮貞群批並跋　十
二冊

330000－1705－0003653　馮3325　類叢部/
叢書類/彙編之屬

花雨樓叢鈔十一種續鈔十一種附一種　（清）
張壽榮編　清光緒八年至十四年(1882－
1888)蛟川張氏花雨樓刻本　馮开題記　二
十三冊　存十三種

330000－1705－0003655　馮3329　類叢部/
叢書類/彙編之屬

半厂叢書初編十種　（清）譚獻編　清同治至
光緒仁和譚氏刻本　二十冊　缺二十六卷
（西夏紀事本末十一至三十六）

330000－1705－0003656　馮3353　經部/
叢編

十三經註疏附考證　（清）□□輯　清乾隆四
年(1739)武英殿刻本　一冊　存一種

330000－1705－0003657　馮3327、馮3242
類叢部/叢書類/彙編之屬

邵武徐氏叢書二十三種　（清）徐榦編　清光
緒邵武徐氏刻本　四十冊

330000－1705－0003658　馮3294　類叢部/
叢書類/自著之屬

賭棋山莊所著書七種　（清）謝章鋌撰　清光
緒十年至三十年(1884－1904)翠盫陳氏南昌
使廨刻本　馮开題記　六冊　存一種

330000－1705－0003659　馮3326　類叢部/
叢書類/彙編之屬

鐵華館叢書六種　（清）蔣鳳藻編　清光緒九
年至十年(1883－1884)長洲蔣氏刻本　十冊

330000－1705－0003661　馮3323　類叢部/
叢書類/彙編之屬

海山仙館叢書五十六種　（清）潘仕成編　清
道光二十五年至咸豐元年(1845－1851)番禺
潘氏刻光緒十一年(1885)增刻彙印本　一百
二十九冊　存五十四種

330000－1705－0003662　馮3369　經部/小
學類/文字之屬/說文

說文解字十五卷標目一卷　（漢）許慎撰（宋）徐鉉等校定　清嘉慶十二年（1807）額勒布藤花榭刻本　二冊

330000－1705－0003663　馮3296　類叢部/叢書類/自著之屬

古桐書屋六種　（清）劉熙載撰　清同治至光緒刻本　二冊　存一種

330000－1705－0003665　馮3332　類叢部/叢書類/彙編之屬

南菁札記十四種　（清）溥良編　清光緒二十年（1894）江陰使署刻本　四冊

330000－1705－0003666　馮3338　類叢部/叢書類/自著之屬

觀古堂所著書二十種　葉德輝編　清光緒長沙葉氏刻民國八年（1919）重編印本　十四冊　存十七種

330000－1705－0003667　馮3373　經部/小學類/文字之屬/字書/字體

楷法溯源十四卷古碑目一卷帖目一卷　（清）潘存輯　楊守敬編　清光緒三年至四年（1877－1878）刻本　十五冊

330000－1705－0003668　馮3366　經部/群經總義類/文字音義之屬

經傳釋詞十卷　（清）王引之撰　清道光二十七年（1847）錢熙祚刻本　四冊

330000－1705－0003670　馮3377　經部/小學類/音韻之屬/古今韻說

漢學諧聲二十四卷說文補考一卷說文又考一卷　（清）戚學標撰　清嘉慶九年（1804）涉縣官署刻本　八冊

330000－1705－0003671　馮3367　經部/易類/傳說之屬

讀易偶鈔一卷　（清）蔣學鏞撰　清鄭勳抄本　一冊

330000－1705－0003673　馮3317　類叢部/叢書類/彙編之屬

知不足齋叢書一百九十六種　（清）鮑廷博編（清）鮑士恭續編　清乾隆三十七年至道光三年（1772－1823）長塘鮑氏刻彙印本　二百四十冊

330000－1705－0003674　馮3341－2　類叢部/叢書類/家集之屬

如皋冒氏叢書三十四種附二種　冒廣生編清光緒至民國如皋冒氏刻本　馮貞群題記二冊　存二種

330000－1705－0003675　馮3336　類叢部/叢書類/彙編之屬

荔牆叢刻十三種續刊二種　（清）汪曰楨編清同治至光緒烏程汪氏刻本　十五冊　存九種續刊二種

330000－1705－0003676　馮3269　集部/詩文評類/彙編之屬

麓堂詩話一卷　（明）李東陽撰　歸田詩話三卷　（明）瞿佑撰　滹南詩話二卷　（金）王若虛撰　清乾隆刻本　二冊

330000－1705－0003677　馮3368　經部/小學類/文字之屬/說文

說文解字十五卷標目一卷　（漢）許慎撰（宋）徐鉉等校定　清初海虞毛氏汲古閣刻本六冊

330000－1705－0003678　馮3330　類叢部/叢書類/彙編之屬

篹喜廬叢書五種　（清）傅雲龍編　清光緒十五年（1889）德清傅氏日本東京刻本　四冊存四種

330000－1705－0003679　馮3385、馮3388史部/紀傳類/正史之屬

二十四史　清同治至光緒五省官書局據汲古閣本等合刻光緒五年（1879）湖北書局彙印本三十二冊　存二種

330000－1705－0003680　馮3383　史部/史評類/考訂之屬

史記探源八卷　崔適撰　清宣統二年（1910）刻本　四冊

330000－1705－0003681　馮3363　經部/叢編

九經五十一卷附四卷 （明）秦鑅訂正 清觀成堂刻本 十冊 缺十三卷（論語一至二、孟子一至七、大學、中庸、小學一至二）

330000－1705－0003682 馮3344 經部/書類/傳說之屬

書經集傳六卷 （宋）蔡沈撰 清光緒十二年（1886）湖北官書處刻本 四冊

330000－1705－0003683 馮3382 史部/紀傳類/正史之屬

孫月峯先生批評史記一百三十卷褚先生附餘一卷 （漢）司馬遷撰 （明）孫鑛評 明崇禎九年（1636）刻本（卷一至二、一百一至一百十、目錄及褚先生附餘配抄本） 十六冊

330000－1705－0003684 馮3364 經部/叢編

萬充宗先生經學五書五種十九卷 （清）萬斯大撰 清乾隆二十四年至二十六年（1759－1761）辨志堂刻本 馮貞群批 四冊

330000－1705－0003685 馮3337 類叢部/叢書類/彙編之屬

觀古堂彙刻書十九種 葉德輝編 清光緒二十一年至民國元年（1895－1912）長沙葉氏刻民國八年（1919）重編印本 十八冊

330000－1705－0003686 馮3347 經部/叢編

皇清經解編一千四百三十卷 王先謙輯 清光緒十一年（1885）上海點石齋石印本 一冊 存三十卷（詩毛氏傳疏一至三十）

330000－1705－0003687 馮3321 類叢部/叢書類/彙編之屬

學津討原一百七十三種 （清）張海鵬編 清嘉慶十年（1805）虞山張氏照曠閣刻本 馮貞群題記 二百一冊 存一百五十三種

330000－1705－0003688 馮3333、馮1255 類叢部/叢書類/彙編之屬

元和江氏靈鶼閣叢書五十六種 （清）江標編 清光緒元和江氏湖南使院刻蘇州振新書社印本 馮貞群題記 四十七冊 存五十四種

330000－1705－0003689 馮3331 類叢部/叢書類/彙編之屬

榆園叢刻十五種附一種 （清）許增編 清同治至光緒刻本 十六冊

330000－1705－0003690 馮3386 史部/紀傳類/正史之屬

四史四百十五卷 清光緒九年（1883）上海點石齋石印本 四冊 存一種

330000－1705－0003691 馮3362 經部/群經總義類/圖說之屬

七經圖七卷 （明）吳繼仕輯 明萬曆四十三年（1615）新安吳氏熙春樓刻本 八冊

330000－1705－0003693 馮3384 史部/紀傳類/正史之屬

四史四百十五卷 清光緒二十四年（1898）上海點石齋石印本 八冊 存一種

330000－1705－0003694 馮3387 史部/紀傳類/正史之屬

四史四百十五卷 清光緒二十四年（1898）上海點石齋石印本 五冊 存一種

330000－1705－0003696 馮3374 經部/小學類/文字之屬/字書/通論

字學舉隅不分卷 （清）黃本驥 （清）龍啟瑞撰 清道光二十六年（1846）刻本 一冊

330000－1705－0003698 馮3346 經部/叢編

五經旁訓 （清）徐立綱旁訓 清寧郡汲綆齋刻本 四冊 存一種

330000－1705－0003699 馮3394 類叢部/叢書類/彙編之屬

抱經堂叢書十六種 （清）盧文弨編 清乾隆至嘉慶刻彙印本 二冊 存一種

330000－1705－0003701 馮3417 史部/地理類/雜志之屬

會稽三賦一卷 （清）陳春編 清嘉慶蕭山陳氏刻二十四年（1819）彙印本 一冊 存一種

330000－1705－0003702 馮3339 類叢部/

叢書類/彙編之屬

玉簡齋叢書二十二種　羅振玉輯　清宣統二年(1910)上虞羅氏刻本　二十冊

330000－1705－0003703　馮3375　經部/小學類/文字之屬/字書/字體

偏旁舉略一卷　(清)姚文田輯　清末杭州朱氏抱經堂刻本　一冊

330000－1705－0003704　馮3349　經部/儀禮類/傳說之屬

儀禮十七卷　(漢)鄭玄注　**嚴本儀禮鄭氏注校錄一卷續校一卷**　(清)黃丕烈撰　清同治九年(1870)楚北崇文書局刻本　二冊

330000－1705－0003707　馮3378　經部/小學類/文字之屬/字書

同文考證四種附一種　(清)管受之輯　清道光二十二年(1842)陽湖莊景賢河南刻本　一冊

330000－1705－0003713　馮3442　史部/目錄類/總錄之屬/私撰

舊雨草堂書目五卷　清抄本　五冊

330000－1705－0003714　馮3354　經部/四書類/論語之屬/傳說

論語集註十卷　(宋)朱熹撰　清遵義堂刻本　馮貞群批　二冊

330000－1705－0003715　馮3372　經部/小學類/文字之屬/字書/字體

篆訣辯釋不分卷　(明)陳鍾釐撰　清抄本　四冊

330000－1705－0003717　馮3389　史部/紀傳類/正史之屬

十七史一千五百七十四卷　(明)毛晉編　明崇禎元年至十七年(1628－1644)毛氏汲古閣刻本　八冊　存一種

330000－1705－0003718　馮3414　史部/地理類/山川之屬/水志

水經注釋四十卷首一卷附錄二卷刊誤十二卷　(清)趙一清撰　清光緒六年(1880)蛟川張氏花雨樓刻本　二十冊

330000－1705－0003723　馮3391　史部/編年類/通代之屬

尺木堂綱鑑易知錄九十二卷明鑑易知錄十五卷　(清)吳乘權等輯　清光緒十四年(1888)鉛印本　十六冊

330000－1705－0003725　馮3415　史部/地理類/山川之屬/水志

雙韭山房水經序目一卷　清抄本　一冊

330000－1705－0003726　馮3356　經部/四書類/總義之屬/傳說

四書章句集註十九卷　(宋)朱熹撰　清光緒十二年(1886)湖北官書處刻本　馮貞群批　四冊　存九卷(大學、中庸、孟子一至七)

330000－1705－0003731　馮3397　史部/雜史類/斷代之屬

行朝錄六卷　(清)黃宗羲撰　清道光古槐山房刻荊駝逸史木活字印本　馮貞群跋　三冊　缺二卷(一至二)

330000－1705－0003732　馮3405　子部/藝術類/書畫之屬/總論

胡氏書畫攷三種　(清)胡敬撰　清道光二十三年(1843)崇雅堂刻本　一冊　存一種

330000－1705－0003733　馮3357　經部/四書類/總義之屬/傳說

四書章句集註二十六卷　(宋)朱熹撰　**四書家塾讀本句讀一卷四書章句集註定本辨一卷**　(清)吳英撰　**四書章句附考四卷**　(清)吳志忠輯　清嘉慶十六年(1811)璜川吳氏真意堂刻本　七冊

330000－1705－0003734　馮3437　類叢部/叢書類/彙編之屬

懷潞園叢刊十六種　(清)李嘉績編　清光緒十二年至三十年(1886－1904)李氏代耕堂西安刻本　一冊　存一種

330000－1705－0003735　馮3401　史部/雜史類/儒林

聖賢遺像不分卷　(清)馮水心編　清康熙十九年(1680)大雅堂刻本　一冊

330000－1705－0003739　馮 3428　史部/目
録類/總録之屬/官修

内閣藏書目録□□卷　（清）梁維樞撰　清抄
本　馮貞群題簽　一冊　存一卷（四）

330000－1705－0003740　馮 3400　經部/春
秋左傳類/傳說之屬

春秋列國卿大夫世系表一卷　（清）顧棟高撰
清抄本　一冊

330000－1705－0003743　馮 3361、馮善
0038、馮善 0211、馮善 0269　經部/叢編

十三經註疏三百三十五卷　（明）□□輯　明
萬曆十四年至二十一年(1586－1593)北京國
子監刻本　二十三冊　存四種

330000－1705－0003744　馮 3407　史部/傳
記類/科擧録之屬/歷科鄉試録

光緒十四年戊子正科浙江鄉試題名録一卷
清光緒刻本　一冊

330000－1705－0003746　馮 3423　史部/傳
記類/職官録之屬/總録

大清縉紳全書不分卷(清光緒三十三年夏季)
清光緒三十三年(1907)榮録堂刻本　四冊

330000－1705－0003747　馮 3408　史部/史
抄類

李杲堂漢語十卷　（清）李鄴嗣纂　清抄本
一冊　存二卷（三至四）

330000－1705－0003749　馮 3399　子部/儒
家類/儒學之屬/禮教

聖諭廣訓一卷　（清）世宗胤禛撰　清刻本
二冊

330000－1705－0003750　馮 3358　經部/四
書類/總義之屬/傳說

四書衍註□□卷　（清）朱心念撰　清刻本
五冊　存五卷（論語一至二、孟子一至三）

330000－1705－0003751　馮 3439　史部/目
録類/總録之屬/私撰

式古堂目録十七卷　（清）尤瑩編　清光緒十
九年(1893)石印本　二冊　缺二卷（十六至
十七）

330000－1705－0003753　馮 3380　經部/
叢編

澤存堂五種　（清）張士俊輯　清光緒十四年
(1888)上海蜚英館石印本　八冊

330000－1705－0003754　馮 3409　史部/地
理類/雜志之屬

各省歷代郡縣各名一卷　雪菡道人録　清抄
本　一冊

330000－1705－0003759　馮 3352　經部/春
秋總義類/傳說之屬

春秋集傳十五卷　（元）趙汸撰　明刻本　一
冊　存三卷（十三至十五）

330000－1705－0003760　馮 3410　史部/地
理類/方志之屬/郡縣志

乾道臨安志十五卷　（宋）周淙纂　清光緒二
十年(1894)孫氏壽松堂刻本(卷四至十五原
缺)　一冊

330000－1705－0003766　馮 3455　史部/目
録類/通論之屬/藏書約

古越藏書樓章程一卷　（清）徐樹蘭撰　清光
緒徐氏古越藏書樓刻本　一冊

330000－1705－0003769　馮 3446　史部/目
録類/總録之屬/彙刻

觀古堂書目叢刻十五種　葉德輝編　清光緒
二十八年(1902)至民國湘潭葉氏刻本　十
二冊

330000－1705－0003771　馮 3403　史部/傳
記類/別傳之屬/事狀

袁爕傳不分卷　（清）徐時棟輯　清煙嶼樓抄
本　一冊

330000－1705－0003773　馮 3457　類叢部/
叢書類/彙編之屬

鐵琴銅劍樓叢書　瞿啓甲輯　清光緒至民國
鉛印本、影印本　九冊　存一種

330000－1705－0003775　馮 3412　史部/地
理類/山川之屬/山志

名山勝棨記四十八卷圖一卷附録一卷　（明）
何鑨輯　（明）慎蒙續輯　（清）張縉彥等補輯

明崇禎刻本　一冊　存二卷(十九至二十)

330000－1705－0003776　馮3459　史部/金
石類/總志之屬/通考

金石要例一卷　（清）黃宗羲撰　清抄本
一冊

330000－1705－0003779　馮3430　史部/目
錄類/總錄之屬/官修

四庫書目略二十卷首一卷附錄一卷　（清）費
莫文良輯　清同治九年(1870)刻本　十二冊

330000－1705－0003780　馮3513　類叢部/
類書類/專類之屬

佩文韻府一百六卷　（清）張玉書　（清）蔡升
元等輯　**韻府拾遺一百六卷**　（清）汪灝
（清）何焯等輯　清光緒十三年(1887)上海點
石齋石印本　六十冊

330000－1705－0003781　馮3458　史部/金
石類

金石全例　（清）朱記榮輯　清光緒刻十八年
(1892)吳縣朱氏彙印本　十四冊

330000－1705－0003782　馮3478　子部/醫
家類/喉科口齒之屬/喉痧

爛喉痧疹輯要一卷　（清）金德鑑撰　清光緒
十七年(1891)刻本　一冊

330000－1705－0003783　馮3398　史部/雜
史類/斷代之屬

湘軍志十六卷　王闓運撰　清刻本　四冊

330000－1705－0003784　馮3527　子部/宗
教類/道教之屬/戒律

陰隲果報圖注不分卷　（明）顏正注　（清）黃
正元集證　（清）吳友如繪　清光緒十九年
(1893)上海鴻寶齋石印本　馮貞群題記
一冊

330000－1705－0003785　馮3526　子部/宗
教類/佛教之屬/諸宗

**憨山大師夢遊摘要二卷附東遊集法語三則一
卷**　（明）釋德清撰　（明）釋福善錄　清光緒
二十五年(1899)釋楚禪、釋醒徹刻本　一冊

330000－1705－0003787　馮3479　子部/醫
家類/喉科口齒之屬/喉痧

疫痧草二卷　（清）陳耕道撰　**時疫白喉捷要
一卷**　（清）張紹修撰　**嘉興徐子默先生吊腳
痧論一卷**　（清）徐子默撰　清光緒二十八年
(1902)刻本　一冊

330000－1705－0003789　馮3492　子部/藝
術類/遊藝之屬/棋弈

桃花泉奕譜二卷　（清）范世勳撰　清刻本
一冊

330000－1705－0003790　馮3504　經部/
叢編

通藝錄十九種附二種　（清）程瑤田撰　清嘉
慶刻本　二十冊

330000－1705－0003792　馮3515、馮3494
類叢部/叢書類/彙編之屬

武英殿聚珍版書一百三十八種　清乾隆武英
殿木活字印本　五冊　存二種

330000－1705－0003793　馮3545　集部/別
集類/漢魏六朝別集

鮑明遠集十卷　（南朝宋）鮑照撰　明萬曆刻
本　一冊

330000－1705－0003796　馮3480　子部/醫
家類/類編之屬

陳修園醫書三十種　（清）陳念祖等撰　清光
緒十八年(1892)上海圖書集成印書局石印本
六冊　存十二種

330000－1705－0003798　馮3512　類叢部/
類書類/通類之屬

欽定古今圖書集成一萬卷目錄三十二卷
（清）蔣廷錫　（清）陳夢雷等輯　清光緒十年
(1884)上海圖書集成書局鉛印本　馮貞群記
八冊　存三十二卷(目錄一至三十二)

330000－1705－0003800　馮3546　集部/別
集類/漢魏六朝別集

謝宣城詩選不分卷　（南朝齊）謝朓撰　清抄
本　一冊

330000－1705－0003801　馮3429　史部/目

録類/總録之屬/官修

四庫闕書一卷 （清）徐松輯　清抄本　一冊

330000－1705－0003803　馮3549　集部/別集類/唐五代別集

孟浩然詩集二卷 （唐）孟浩然撰　（宋）劉辰翁評　（明）李夢陽參評　（明）凌毓柟校　明吳興凌濛初刻朱墨套印本　二冊

330000－1705－0003806　馮3481　子部/醫家類/醫話醫論之屬

治急改良易簡録一卷 （清）宓蓮君撰　清光緒二十八年(1902)琴意齋刻本　一冊

330000－1705－0003807　馮3505　子部/雜著類/雜說之屬

冷廬雜識八卷 （清）陸以湉撰　清咸豐六年(1856)刻本　七冊　存七卷（一至五、七至八）

330000－1705－0003808　馮3470、馮3535、馮3464、馮1944　子部/叢編

子書百家 （清）崇文書局編　清光緒元年(1875)湖北崇文書局刻民國元年(1912)鄂官書處重印本　八冊　存四種

330000－1705－0003809　馮3509　類叢部/類書類/專類之屬

李氏蒙求八卷 （唐）李瀚撰　（清）楊迦懌集注　清光緒二十二年(1896)新化三味堂刻本　馮貞群批　八冊

330000－1705－0003813　馮3460　類叢部/叢書類/彙編之屬

觀自得齋叢書二十三種別集六種 （清）徐士愷編　清光緒十三年至二十年(1887－1894)石埭徐氏刻本　二冊　存一種

330000－1705－0003815　馮3550　集部/別集類/唐五代別集

杜工部詩集附錄一卷目錄一卷 （唐）杜甫撰　明刻本　一冊

330000－1705－0003816　馮3482　子部/醫家類/方書之屬/單方驗方

雷桐君堂丸散全集一卷 清光緒石印本

一冊

330000－1705－0003818　馮3538　子部/道家類

莊子讀本一卷 （清）方人傑評輯　清乾隆三十七年(1772)刻莊騷讀本本　一冊

330000－1705－0003819　馮3462　史部/史評類/史論之屬

三史統類臆斷一卷 （明）范大沖撰　明萬曆范氏天一閣刻後印本　一冊

330000－1705－0003821　馮3552　集部/別集類/唐五代別集

杜工部五律不分卷 （清）王崧鈔讀　清好學深思齋抄本　二冊

330000－1705－0003823　馮3501　子部/儒家類/儒學之屬/性理

罍菴雜述二卷附一卷 （明）朱朝瑛撰　清康熙十一年(1672)刻本　清王宗炎、清徐時棟題記　二冊　缺一卷（附）

330000－1705－0003824　馮3483　子部/醫家類/方書之屬

敬修堂十種藥說不分卷 （清）錢澍田撰　清嘉慶九年至十年(1804－1805)慈谿錢澍田粵東敬修堂刻本　一冊

330000－1705－0003825　馮3554、馮3555　類叢部/叢書類/彙編之屬

王韋合刻二種 （清）項絪編　清康熙項氏玉淵堂刻本　四冊

330000－1705－0003830　馮3467　子部/儒家類/儒家之屬

荀子二十卷首一卷 （唐）楊倞注　王先謙集解　清光緒十七年(1891)刻本　六冊

330000－1705－0003831　馮3510　類叢部/類書類/通類之屬

玉海二百卷附刻辭學指南四卷詩考一卷詩地理考六卷漢藝文志考證十卷通鑑地理通釋十四卷漢制考四卷踐阼篇一卷周易鄭康成注一卷姓氏急就篇二卷急就篇補注四卷周書王會補注一卷小學紺珠十卷六經天文編二卷通鑑

荅問五卷　(宋)王應麟撰　元至元六年(1340)慶元路儒學刻元明遞修本　一冊　存二卷(紺珠一至二)

330000－1705－0003832　馮3484　子部/醫家類/類編之屬
當歸草堂醫學叢書初編十二種　(清)丁丙編　清光緒四年(1878)錢塘丁氏當歸草堂刻九年(1883)、十年(1884)增刻本　一冊　存一種

330000－1705－0003834　馮3556　集部/別集類/唐五代別集
韓文公文抄十六卷　(唐)韓愈撰　(明)茅坤評　明閔氏刻朱墨套印本　三冊　缺六卷(一至二、七至十)

330000－1705－0003835　馮3472　子部/儒家類/儒學之屬/性理
近思錄原本集解十四卷　(宋)葉采集解　(清)朱之弼詮正　**朱子節要十四卷**　(明)高攀龍撰　清康熙十四年(1675)朱之弼刻雍正九年(1731)孫濩孫等重修本　二冊　存十四卷(近思錄原本集解一至十四)

330000－1705－0003836　馮3508　新學/幼學
普通學歌訣一卷　(清)張一鵬撰　清光緒二十六年(1900)蘇州中西小學堂刻本　一冊

330000－1705－0003837　馮3540　子部/藝術類/書畫之屬/法帖
屈原賦二十五篇不分卷　(清)王仁堪書　清光緒十六年(1890)退想齋石印本　二冊

330000－1705－0003839　馮3485　子部/術數類/占卜之屬
管輅奇書二十三卷　(三國魏)管輅撰　清光緒二十三年(1897)抄本　二冊

330000－1705－0003841　馮3507　新學/學校
簡易格致課本四十卷　清光緒三十二年(1906)商務印書館鉛印本　一冊

330000－1705－0003843　馮3557　集部/別集類/唐五代別集
韓子粹言一卷　(唐)韓愈撰　(清)李光地選　清康熙五十二年(1713)教忠堂刻本　一冊

330000－1705－0003844　馮3473　子部/儒家類/儒學之屬/經濟
明夷待訪錄一卷黃梨洲先生留書一卷思舊錄一卷　(清)黃宗羲撰　清抄本　馮貞群題記　一冊

330000－1705－0003845　馮3572　子部/藝術類/書畫之屬/題跋
山谷題跋三卷　(宋)黃庭堅撰　(清)溫一貞輯　清同治十一年(1872)刻本　三冊

330000－1705－0003846　馮3539　子部/宗教類/道教之屬/經文
玉樞經籥二十四卷首一卷末一卷　(清)姚燮撰　清道光二十五年(1845)鄞邑袁青湘洞梵閣木活字印本　六冊

330000－1705－0003847　馮3567　集部/別集類/宋別集
范文正公集四十八卷　(宋)范仲淹撰　清康熙四十六年(1707)范氏歲寒堂刻本　清徐時棟題記　十冊

330000－1705－0003848　馮3533、馮3466　子部/叢編
子書百家　(清)崇文書局編　清光緒元年(1875)湖北崇文書局刻民國元年(1912)鄂官書處重印本　三冊　存二種

330000－1705－0003852　馮3558　集部/別集類/唐五代別集
韓子粹言一卷　(唐)韓愈撰　(清)李光地選　清康熙五十二年(1713)教忠堂刻本　一冊

330000－1705－0003854　馮3559、馮3568、馮3566　集部/總集類/彙編之屬
三宋人集　(清)方功惠編　清光緒七年(1881)巴陵方氏碧琳琅館刻本　六冊

330000－1705－0003857　馮3569　集部/別集類/宋別集
范忠宣公集二十五卷　(宋)范純仁撰　清康

熙四十六年(1707)范氏歲寒堂刻二范公集本
(卷一至四補配抄本) 六冊

330000－1705－0003858 馮3516 集部/小
說類/長篇之屬

第五才子書水滸全傳七十回 (元)施耐庵撰
(清)金人瑞評 清光緒十四年(1888)上海
文同書局石印本 八冊

330000－1705－0003859 馮3541 集部/楚
辭類

楚辭章句十七卷 (漢)王逸撰 (宋)洪興祖
補注 清同治十一年(1872)金陵書局刻本
馮貞群批並跋 四冊

330000－1705－0003861 馮3489 子部/藝
術類/篆刻之屬/印譜

印譜一卷 清鈐印本 一冊

330000－1705－0003862 馮3474 子部/農
家農學類/農藝之屬

農圃春秋三卷 (清)李漁纂輯 (清)杜濬參
評 清刻本 一冊 存二卷(上、中)

330000－1705－0003863 馮3560 集部/總
集類/選集之屬/通代

唐宋大家全集錄十種五十二卷 (清)儲欣編
清康熙刻本 一冊 存一種

330000－1705－0003866 馮3577 集部/別
集類/明別集

馮北湖先生鳴春集八卷 (明)馮光浙撰 明
刻本 一冊 存三卷(二至四)

330000－1705－0003869 馮3588 集部/別
集類/清別集

漁洋山人秋柳詩箋一卷 (清)李兆元箋 清
嘉慶十七年(1812)刻本 一冊

330000－1705－0003872 馮3520 集部/小
說類/長篇之屬

新說西遊記一百回 (明)吳承恩撰 (清)張
書紳注 清光緒邗江味潛齋石印本 八冊

330000－1705－0003874 馮3589 類叢部/
叢書類/自著之屬

西堂全集 (清)尤侗撰 清康熙刻本 馮貞
群跋 一冊 存一種

330000－1705－0003879 馮3585 集部/別
集類/清別集

四憶堂詩集六卷遺稿一卷 (清)侯方域撰
清光緒十年(1884)刻本 一冊

330000－1705－0003882 馮3562 集部/總
集類/選集之屬/斷代

唐詩二種 (清)費念慈編 清光緒十九年
(1893)武進費氏刻本 一冊

330000－1705－0003883 馮3575 集部/別
集類/明別集

震川先生集三十卷別集十卷附錄一卷補編一
卷 (明)歸有光撰 (清)歸莊校勘 (清)
錢謙益選定 (清)歸珣編輯 清光緒六年
(1880)常熟歸氏刻本 二十冊

330000－1705－0003885 馮3570 子部/雜
著類/雜說之屬

東坡先生志林五卷 (宋)蘇軾撰 (明)焦竑
評 明刻朱墨套印本 二冊 存二卷(一至
二)

330000－1705－0003886 馮3587 集部/別
集類/清別集

帶經堂集九十二卷 (清)王士禛撰 (清)程
哲校編 清康熙四十九年至五十一年(1710－
1712)程氏七略書堂刻乾隆十二年(1747)黃晟
重修本 四冊 存二十卷(七十三至九十二)

330000－1705－0003887 馮3514 子部/雜
著類/雜纂之屬

雲林別墅新輯酬世錦囊書啟合編初集八卷二
集七卷三集二卷四集二卷 (清)鄧景揚輯
清乾隆刻本 十二冊

330000－1705－0003888 馮3476 子部/醫
家類/傷寒金匱之屬/傷寒論

傷寒來蘇集二種 (清)柯琴撰 清乾隆蘇州
掃葉山房刻本 六冊

330000－1705－0003889 馮3571 子部/藝
術類/書畫之屬/題跋

東坡題跋二卷 （宋）蘇軾撰 （清）溫一貞輯
清同治十一年(1872)又賞齋刻本 二冊

330000 - 1705 - 0003890 馮 3502 子部/雜
著類/雜考之屬

日知錄三十二卷 （清）顧炎武撰 清康熙三
十四年(1695)潘耒遂初堂刻本 清毛琅題記
十六冊

330000 - 1705 - 0003891 馮 3609 類叢部/
叢書類/自著之屬

頤志齋叢書二十二種 （清）丁晏撰 清咸豐
至同治山陽丁氏六藝堂刻同治元年(1862)彙
印本 二十冊

330000 - 1705 - 0003892 馮 3648 類叢部/
叢書類/郡邑之屬

西泠五布衣遺箸 （清）丁丙輯 清同治至光
緒錢塘丁氏當歸草堂刻本 十冊

330000 - 1705 - 0003894 馮 3611 類叢部/
叢書類/自著之屬

番禺陳氏東塾叢書初函四種附一種 （清）陳
澧撰 清咸豐至光緒刻本 八冊

330000 - 1705 - 0003897 馮 3579、馮 3580
集部/別集類/明別集

左氏雙忠集 （明）左輝春校刊 清道光湘鄉
左氏詠史齋刻本 八冊

330000 - 1705 - 0003898 馮 3594 集部/別
集類/清別集

潛研堂詩集十卷詩續集十卷文集五十卷
（清）錢大昕撰 清嘉慶十一年(1806)刻本
二十四冊 存五十卷(文集一至五十)

330000 - 1705 - 0003900 馮 3645、馮 3644 - 1、
馮 3590 集部/總集類/氏族之屬

寧都三魏全集八十三卷 （清）林時益編 清
康熙易堂刻本 三十冊

330000 - 1705 - 0003901 馮 3604 集部/別
集類/清別集

大梅山館集五十五卷 （清）姚燮撰 清道光
十三年至咸豐六年(1833 - 1856)大梅山館刻
本 十二冊

330000 - 1705 - 0003904 馮 3611 - 1 類叢
部/叢書類/自著之屬

陳氏所著書三種 （清）陳澧撰 清道光至咸
豐刻彙印本 二冊

330000 - 1705 - 0003906 馮 3601 類叢部/
叢書類/自著之屬

竹柏山房十五種附刻八種 （清）林春溥撰
清嘉慶至咸豐竹柏山房刻本 二十八冊 存
十四種

330000 - 1705 - 0003907 馮 3592 集部/別
集類/清別集

濾月軒詩集二卷續集二卷文集一卷續集一卷
詩餘一卷 （清）趙菜撰 荔牆詞一卷 （清）
汪曰楨撰 清同治十二年(1873)烏程汪氏刻
荔牆叢刻本 馮貞群題記 二冊

330000 - 1705 - 0003908 馮 3563、馮 3564、
馮 3565 集部/總集類/彙編之屬

三唐人集 （清）馮焌光編 清光緒南海馮氏
讀有用書齋刻本 四冊

330000 - 1705 - 0003909 馮 3602 集部/別
集類/清別集

僅存詩鈔三卷 （清）鄭兆龍撰 清龍山鄭氏
譜局木活字印本 一冊

330000 - 1705 - 0003911 馮 3643 集部/總
集類/選集之屬/斷代

明文奇賞四十卷 （明）陳仁錫輯 明天啓三
年(1623)刻本 十冊 存二十卷(一至二十)

330000 - 1705 - 0003912 馮 3596 集部/別
集類/清別集

章實齋先生遺書六卷附錄一卷 （清）章學誠
撰 清宣統二年(1910)霍邱王潛剛鉛印本
四冊

330000 - 1705 - 0003913 馮 3612 類叢部/
叢書類/自著之屬

朱氏羣書 （清）朱駿聲撰 清光緒八年
(1882)臨嘯閣刻本 四冊

330000 - 1705 - 0003914 馮 3597 集部/別
集類/清別集

忠雅堂文集十二卷　（清）蔣士銓撰　清嘉慶二十一年(1816)藏園刻本　六冊

330000－1705－0003916　馮3707　集部/戲劇類/傳奇之屬

義俠記二卷　（明）沈璟撰　明虞山毛氏汲古閣刻六十種曲本　馮貞群題簽　一冊

330000－1705－0003917　馮3657　集部/總集類/選集之屬/斷代

唐詩排律七卷　（清）牟欽元輯　（清）牟融箋注　清康熙五十四年(1715)東山牟欽元刻本　四冊

330000－1705－0003919　馮3628　集部/總集類/選集之屬/通代

欽定四書文　（清）方苞輯　清乾隆五年(1740)武英殿刻本　二十二冊

330000－1705－0003920　馮3610　集部/別集類/清別集

秋槎政本一卷　（清）鄭兆龍撰　清光緒三十年(1904)鄭氏譜局刻本　一冊

330000－1705－0003921　馮3606　類叢部/叢書類/自著之屬

曾文正公全集十六種　（清）曾國藩撰　清同治至光緒傳忠書局刻本　十二冊　存二種

330000－1705－0003922　馮3658　集部/總集類/選集之屬/斷代

唐詩選七卷　（明）李攀龍輯　（清）吳逸注　清康熙刻本　三冊

330000－1705－0003923　馮3644－2　集部/總集類/氏族之屬

寧都三魏全集八十三卷　（清）林時益編　清康熙易堂刻本　十六冊　存二種

330000－1705－0003924　馮3626　集部/總集類/選集之屬/通代

文選十三種四十五卷　（清）張道緒評　清嘉慶十六年(1811)人境軒刻本　二十冊

330000－1705－0003925　馮3613　集部/別集類/清別集

親睦堂詩鈔四卷　（清）張炯撰　清咸豐六年(1856)刻本　一冊

330000－1705－0003926　馮3608　集部/別集類/清別集

聽月草堂詩彙不分卷　清抄本　清何子貞題簽　一冊

330000－1705－0003927　馮3599　類叢部/叢書類/彙編之屬

岱南閣叢書二十種　（清）孫星衍編　清乾隆五十年至嘉慶十四年(1785－1809)蘭陵孫氏刻本　清李慈銘批並跋　四冊　存四種

330000－1705－0003928　馮3647　集部/總集類/選集之屬/斷代

皇清文穎六十卷總目二卷　（清）陳廷敬（清）王鴻緒輯　清抄本　四冊　存二十卷（二十五至三十、三十七至四十一、四十三至四十八、五十五至五十七）

330000－1705－0003929　馮3623　集部/總集類/選集之屬/通代

東萊先生古文關鍵二卷　（宋）呂祖謙評（宋）蔡文子注　（清）徐樹屏考異　清乾隆十八年(1753)錫山華綺刻本　一冊

330000－1705－0003930　馮3659　集部/總集類/選集之屬/通代

刪訂唐詩解二十四卷　（明）唐汝詢輯　（清）吳昌祺評　清康熙四十年(1701)刻本　八冊

330000－1705－0003932　馮3629　集部/總集類/選集之屬/通代

古文辭類纂七十五卷附錄一卷校勘記一卷　（清）姚鼐輯　（清）李承淵撰　清光緒二十七年(1901)滁州李氏求要堂刻三十二年(1906)補刻本　十二冊

330000－1705－0003934　馮3664　集部/總集類/選集之屬/斷代

唐詩三百首註疏六卷　（清）孫洙編　（清）章燮注　清道光十五年(1835)刻本　二冊

330000－1705－0003935　馮3683　類叢部/叢書類/家集之屬

雙雲堂傳集七種 （清）范□編 清光緒十年至十七年(1884－1891)甬上范氏刻本 八冊 存五種

330000－1705－0003936 馮3630 集部/總集類/選集之屬/通代

古文辭類纂七十五卷附錄一卷 （清）姚鼐輯 校勘記一卷 （清）李承淵撰 清光緒二十七年(1901)滁州李氏求要堂刻三十二年(1906)補刻本 十二冊

330000－1705－0003937 馮3624 集部/總集類/選集之屬/通代

新刊迂齋先生標註崇古文訣三十五卷 （宋）樓昉輯 明刻本 一冊 存九卷(十五至十八、二十八、三十、三十三至三十五)

330000－1705－0003938 馮3665 集部/總集類/選集之屬/斷代

唐律不分卷 （清）張麟洲手錄 稿本 清□洲主人題記 清馮晉祐記 一冊

330000－1705－0003941 馮3631 集部/總集類/選集之屬/通代

續古文辭類纂二十八卷 （清）黎庶昌輯 清光緒二十一年(1895)金陵狀元閣刻本 十二冊

330000－1705－0003943 馮3661 集部/總集類/選集之屬/斷代

全唐詩鈔八十卷補遺十六卷 （清）吳成儀輯 清乾隆二十四年(1759)刻本 二十三冊 缺三卷(七十至七十二)

330000－1705－0003944 馮3684 類叢部/叢書類/家集之屬

雙雲堂傳集七種 （清）范□編 清光緒十年至十七年(1884－1891)甬上范氏刻本 十冊 存五種

330000－1705－0003945 馮3600 集部/別集類/清別集

藏拙編十卷 （清）徐廣雲輯 清嘉慶三年(1798)刻本 五冊

330000－1705－0003947 馮3666 集部/總

集類/選集之屬/斷代

唐詩三百首續選一卷 （清）于慶元編 清刻本 一冊

330000－1705－0003948 馮3632 集部/總集類/選集之屬/通代

續古文辭類纂二十八卷 （清）黎庶昌輯 清光緒二十一年(1895)金陵狀元閣刻本 十二冊

330000－1705－0003949 馮3575－1 集部/總集類/選集之屬/通代

佩文齋詠物詩選不分卷 （清）汪霦等輯 清康熙四十六年(1707)內府刻本 八冊 存香類、篆書類、閘類、劍類、衣類、畫類、笛類、扇類

330000－1705－0003951 馮3591 類叢部/叢書類/自著之屬

聖歎外書六種聖嘆內書三種 （清）金人瑞撰 清刻本 清王定祥題記 五冊 缺二卷(唱經堂語錄纂一、唱經堂杜詩解一)

330000－1705－0003952 馮3662 集部/總集類/選集之屬/斷代

讀雪山房唐詩三十四卷 （清）管世銘選 清光緒十二年(1886)湖北官書處刻本 十二冊

330000－1705－0003954 馮3667 集部/總集類/選集之屬/斷代

宋詩畧十八卷 （清）王景龍 （清）姚壎輯 清乾隆三十五年(1770)竹雨山房刻本 六冊

330000－1705－0003955 馮3634 集部/總集類/彙編之屬

初學辨體增刪定本不分卷 （清）徐與喬輯 清康熙刻本 十冊

330000－1705－0003957 馮3663 集部/總集類/選集之屬/斷代

唐詩快十六卷選詩前後諸詠一卷 （清）黃周星輯 清刻本 三冊 缺六卷(唐詩快十一至十六)

330000－1705－0003958 馮3668 集部/總集類/選集之屬/斷代

宋詩三百首二卷 （清）許耀編 清光緒十年
(1884)雲間馮鴻勳抄本 一冊

330000-1705-0003959 馮3622 集部/總
集類/選集之屬/通代

重訂文選集評十五卷首一卷末一卷 （清）于
光華輯 清乾隆四十五年(1780)大成齋刻本
十五冊 缺一卷(八)

330000-1705-0003960 馮3477 集部/別
集類/清別集

霍亂輯要一卷 （清）方連輯 清道光刻本
一冊

330000-1705-0003961 馮3656 集部/總
集類/選集之屬/斷代

唐詩鼓吹十卷 （金）元好問輯 （元）郝天挺
注 （明）廖文炳解 清乾隆二十七年(1762)
刻本 四冊

330000-1705-0003962 馮3726 類叢部/
叢書類/彙編之屬

拜楳山房几上書(拜梅山房几上書)二十三種
（清）陳鍾原編 清道光九年(1829)甬上陳
氏刻本 六冊 存二十一種

330000-1705-0003964 馮3686 集部/總
集類/郡邑之屬

兩浙輶軒續錄五十四卷補遺六卷姓氏韻編二
卷 （清）潘衍桐輯 清光緒十七年(1891)浙
江書局刻本 四十冊

330000-1705-0003965 馮3605 類叢部/
叢書類/自著之屬

曾文正公全集十六種 （清）曾國藩撰 清同
治至光緒傳忠書局刻本 三冊 存一種

330000-1705-0003966 馮3649 類叢部/
叢書類/家集之屬

董氏叢書十六種 （清）董金鑑編 清光緒三
十二年(1906)會稽董氏取斯家塾刻本 十一
冊 存十種

330000-1705-0003968 馮3698 集部/詞
類/類編之屬

國朝名家詩餘四十卷附刻二卷 （清）孫默編

清康熙休寧孫氏留松閣刻本 二冊 存四
卷(月湄詞一至四)

330000-1705-0003969 馮3751 史部/目
錄類/總錄之屬/私撰

天一閣書目四卷 （清）阮元 （清）范邦甸等
編 附碑目一卷續增一卷 （清）錢大昕編
（清）范懋敏續編 清嘉慶十三年(1808)揚州
阮元文選樓刻本 十冊 缺二卷(碑目、續
增)

330000-1705-0003971 馮善0036 經部/
易類/傳說之屬

新刊易經衍義六卷 （明）郭文煥撰 明刻本
二冊 存二卷(三、六)

330000-1705-0003972 馮3687 集部/總
集類/郡邑之屬

兩浙輶軒續錄五十四卷補遺六卷姓氏韻編二
卷 （清）潘衍桐輯 清光緒十七年(1891)浙
江書局刻本 二十三冊 存三十三卷(十四
至十七、十九至二十二、二十七至五十一)

330000-1705-0003973 馮善0077 經部/
詩類/傳說之屬

詩緝三十六卷 （宋）嚴粲撰 清抄本 十
二冊

330000-1705-0003974 馮3752 史部/目
錄類/總錄之屬/私撰

天一閣見存書目四卷首一卷末一卷 （清）薛
福成撰 清光緒十五年(1889)薛福成甬上崇
實書院刻本 四冊

330000-1705-0003976 馮0021 經部/易
類/傳說之屬

蘇氏易解八卷 （宋）蘇軾撰 明萬曆二十二
年(1594)冰玉堂刻本 八冊

330000-1705-0003978 馮善0108 經部/
詩類/三家詩之屬

詩外傳十卷 （漢）韓嬰撰 明嘉靖十四年
(1535)蘇獻可通津草堂刻本 一冊 存五卷
(一至五)

330000-1705-0003980 馮0007 經部/易

類/傳說之屬

楊氏易傳二十卷 （宋）楊簡撰　明萬曆二十三年(1595)劉日升、陳道亨刻本　馮貞群題記　四冊

330000－1705－0003982　馮0181　經部/春秋左傳類/傳說之屬

春秋左傳杜注三十卷首一卷 （清）姚培謙撰　清乾隆十一年(1746)吳郡陸氏小鬱林刻本　清何焯批　八冊

330000－1705－0003983　馮0079　經部/詩類/傳說之屬

詩傳大全二十卷綱領一卷圖一卷 （明）胡廣等撰　**詩序辨說一卷** （宋）朱熹撰　明永樂十三年(1415)司禮監刻本　十冊

330000－1705－0003984　馮3710　集部/戲劇類/傳奇之屬

桃花扇傳奇二卷 （清）孔尚任撰　清刻本　四冊

330000－1705－0003985　馮3689　集部/詞類/總集之屬

宋七家詞選七卷 （清）戈載輯　清光緒十一年(1885)曼陀羅華閣刻本　馮貞群題記　四冊

330000－1705－0003986　馮0033　經部/易類/傳說之屬

周易程朱二先生傳義折衷三十三卷 （元）趙采撰　清陳氏運甓齋抄本　八冊

330000－1705－0003988　馮善0040　經部/書類/傳說之屬

尚書註疏二十卷 （漢）孔安國傳　（唐）陸德明音義　（唐）孔穎達疏　明嘉靖李元陽福建刻十三經註疏本　馮貞群題記　六冊

330000－1705－0003989　馮3319　類叢部/叢書類/彙編之屬

唐人說薈一百六十五種 （清）陳世熙編　清乾隆五十八年(1793)挹秀軒刻本　二十冊

330000－1705－0003991　馮善0178　經部/叢編

十三經註疏三百三十五卷 （元）□□輯　元刻明修本　五冊　存一種

330000－1705－0003992　馮3708　集部/戲劇類/總集之屬/傳奇

繡刻演劇六十種一百二十卷 （明）毛晉編　明虞山毛氏汲古閣刻本　馮貞群題簽　一冊　存一種

330000－1705－0003993　馮0180　經部/春秋左傳類/傳說之屬

春秋左傳杜注三十卷首一卷 （清）姚培謙撰　清乾隆十一年(1746)吳郡陸氏小鬱林刻本　清陳浩題記　清郭益墉過錄清方苞圈點　六冊

330000－1705－0003994　馮3690　集部/總集類/郡邑之屬

滎陽詩鈔合選五卷 （清）鄭漢津　（清）鄭景僑輯　清光緒三十年(1904)龍山鄭氏譜局刻本　一冊

330000－1705－0003995　馮3660　集部/總集類/彙編之屬

唐詩百名家全集 （清）席啓寓輯　清康熙四十一年(1702)洞庭席氏琴川書屋刻本　八冊　存十三種

330000－1705－0003999　馮0603　史部/紀傳類/正史之屬

二十四史　清同治至光緒五省官書局據汲古閣本等合刻光緒五年(1879)湖北書局彙印本　馮貞群題記並過錄清王惕甫、清王鎏、清姜宸英批　五百三十二冊

330000－1705－0004002　馮3674　集部/總集類/題詠之屬

輓謝起臣詩不分卷　清抄本　一冊

330000－1705－0004010　馮3713、馮3712　集部/戲劇類/總集之屬/傳奇

笠翁傳奇十種 （清）李漁撰　清刻本　四冊　存二種

330000－1705－0004012　馮3678　集部/總集類/郡邑之屬

續甬上耆舊詩周氏詩鈔不分卷　清周世緒家抄本　馮貞群題記　二冊

330000－1705－0004014　馮善0179　經部/叢編

四書六經讀本一百十一卷　（明）毛晉編　明崇禎十四年(1641)毛氏汲古閣刻本　八冊　存一種

330000－1705－0004017　馮3677　集部/總集類/酬唱之屬

同音集三集三卷　（清）柯振嶽編輯　清嘉慶十七年(1812)藏修齋木活字印本　二冊

330000－1705－0004018　馮3749　子部/宗教類/道教之屬

祈籤祝文一卷　清刻本　清百福生題記　一冊

330000－1705－0004020　馮3709　集部/戲劇類/傳奇之屬

長生殿二卷　（清）洪昇撰　清光緒元年(1875)刻本　四冊

330000－1705－0004021　馮3694　集部/詞類/別集之屬

六一詞一卷　（宋）歐陽修撰　清光緒十四年(1888)錢塘汪氏刻本　馮貞群題記並校　一冊

330000－1705－0004022　馮善0093　經部/詩類/傳說之屬

讀詩私說一卷　（清）董秉純撰　清抄本　一冊

330000－1705－0004023　馮3672　集部/詞類/類編之屬

熹廟拾遺雜咏一卷　（明）秦蘭徵撰　天啟宮詞一卷　（明）蔣之翹編　霜猿集一卷　（明）周同谷撰　清抄本　清周克延題記　一冊

330000－1705－0004024　善0053　經部/叢編

十三經註疏三百三十五卷　（明）□□輯　明萬曆十四年至二十一年(1586－1593)北京國子監刻本　十冊　存一種

330000－1705－0004025　馮3673　集部/總集類/郡邑之屬

姚江逸詩十五卷　（清）黃宗羲輯　清康熙南雷懷謝堂刻五十七年(1718)倪繼宗重修本　一冊　存四卷(一至四)

330000－1705－0004026　馮0099　經部/詩類/分篇之屬

讀風臆評一卷　（明）戴君恩撰　明萬曆閔齊伋刻朱墨套印本　一冊

330000－1705－0004027　馮3468　子部/叢編

桐城吳先生點勘諸子七種　（清）吳汝綸評點　清宣統二年(1910)衍星社鉛印本　二冊　存一種

330000－1705－0004028　馮3671　集部/總集類/氏族之屬

二傅遺詩不分卷　（明）傅奇遇　（明）傅樊籠撰　清抄本　馮貞群記　一冊

330000－1705－0004029　馮3627　集部/總集類/選集之屬/通代

聚珍堂古文觀止十二卷　（清）吳乘權　（清）吳大職輯　清刻本　五冊

330000－1705－0004030　馮3675　集部/總集類/選集之屬/通代

扶輪廣集十四卷補遺一卷　（清）黃傳祖輯　清順治刻本　四冊　存九卷(四至六、九至十四)

330000－1705－0004031　馮3723　類叢部/叢書類/彙編之屬

知不足齋叢書一百九十六種　（清）鮑廷博編　（清）鮑士恭續編　清乾隆三十七年至道光三年(1772－1823)長塘鮑氏刻彙印本　三十二冊　存三十三種

330000－1705－0004032　馮3705　集部/戲劇類/傳奇之屬

牡丹亭還魂記二卷五十五齣　（明）湯顯祖撰　清光緒十二年(1886)同文書局石印本　馮貞群題簽　四冊

330000 - 1705 - 0004033　馮3637　集部/總集類/選集之屬/斷代

唐人三家集三種　（清）秦恩復編　清嘉慶至道光江都秦氏石研齋影宋刻本　四冊

330000 - 1705 - 0004034　馮3670　集部/總集類/選集之屬/斷代

元詩選丙集　（清）顧嗣立輯　清康熙三十三年(1694)顧氏秀野草堂刻本　一冊　存二種

330000 - 1705 - 0004035　馮3703　集部/戲劇類/傳奇之屬

懷永堂繪像第六才子書八卷　（元）王德信（元）關漢卿撰　（清）金人瑞評　清光緒九年(1883)映紅仙館刻本　六冊

330000 - 1705 - 0004036　馮善0456　經部/小學類/文字之屬/字書/字體

漢隸字源五卷碑目一卷附字一卷　（宋）婁機撰　明末毛氏汲古閣覆宋刻本　六冊

330000 - 1705 - 0004037　馮善0185　經部/叢編

十三經註疏三百三十五卷　（明）□□輯　明嘉靖李元陽刻隆慶重修本　十六冊　存一種

330000 - 1705 - 0004038　馮3704　集部/戲劇類/傳奇之屬

牡丹亭還魂記八卷　（明）湯顯祖撰　清芥子園刻本　六冊

330000 - 1705 - 0004039　馮3724　類叢部/叢書類/彙編之屬

檀几叢書五十種二集五十種餘集四十七種附政十種　（清）王晫（清）張潮編　清康熙霞舉堂刻本　十六冊　存一百五十七種

330000 - 1705 - 0004040　馮善0307　經部/小學類/訓詁之屬/爾雅

爾雅輯解十一卷　（清）周道遵述　稿本　三冊　缺四卷(一至三、十一)

330000 - 1705 - 0004041　馮3706　集部/戲劇類/傳奇之屬

成裕堂繪像第七才子書六卷四十二齣　（元）高明撰　清雍正十三年(1735)善成堂刻本

六冊

330000 - 1705 - 0004044　馮3679　集部/總集類/氏族之屬

高鼓峰史雪汀李滙川三家詩抄不分卷　清周世緒抄本　清周世緒題記　一冊

330000 - 1705 - 0004045　馮3653 - 1　集部/總集類/選集之屬/通代

樂府詩集一百卷目錄二卷　（宋）郭茂倩輯明崇禎虞山毛氏汲古閣刻清康熙毛扆重訂本　十冊　缺八卷(一至八)

330000 - 1705 - 0004047　馮善0468　經部/小學類/文字之屬/字書/字典

大廣益會玉篇三十卷玉篇廣韻指南一卷　(南朝梁)顧野王撰　（唐）孫強增字　（宋）陳彭年等重修　明刻本　八冊

330000 - 1705 - 0004048　馮3636　集部/總集類/選集之屬/斷代

初唐四傑文集二十一卷　（清）□□編　清光緒五年(1879)淮南書局刻本　三冊

330000 - 1705 - 0004049　馮3680　集部/總集類/郡邑之屬

句東三家詩鈔　（清）姚燮輯　清道光十五年(1835)刻本　二冊　存二種

330000 - 1705 - 0004050　馮3653 - 2　總集類/選集之屬/通代

樂府詩集一百卷目錄二卷　（宋）郭茂倩輯明崇禎虞山毛氏汲古閣刻清康熙毛扆重訂本　一冊　存九卷(三十九至四十七)

330000 - 1705 - 0004051　馮3701　類叢部/叢書類/自著之屬

哭盒叢書□□種　易順鼎撰　清光緒刻本　一冊　存一種

330000 - 1705 - 0004052　馮善0463　史部/紀傳類/正史之屬

孫月峯先生批評史記一百三十卷褚先生附餘一卷　（漢）司馬遷撰　（明）孫鑛評　明崇禎九年(1636)刻本　清顧榲、馮貞群批並跋　十冊

330000－1705－0004054　馮 3730　子部/藝術類/書畫之屬/法帖

淳化帖釋文十卷　（清）徐朝弼集釋　（清）馮崇福書　清光緒二十七年(1901)馮崇福抄本　馮貞群題並過錄清王澍考正　一冊

330000－1705－0004056　馮 3700　集部/詞類/別集之屬

二鄉亭詞選一卷　（清）宋琬撰　百末詩選一卷　（清）尤侗撰　清周世緒抄本　清周世緒題記　一冊

330000－1705－0004057　馮善 0232　經部/春秋總義類/傳說之屬

春秋四傳三十八卷綱領一卷提要一卷列國東坡圖說一卷春秋二十國年表一卷諸國興廢說一卷　（宋）胡安國撰　明嘉靖吉澄刻樊獻科重修本　十冊

330000－1705－0004058　馮善 0186　經部/春秋左傳類/傳說之屬

春秋經傳集解三十卷　（晉）杜預撰　（唐）陸德明釋文　明刻本　十冊

330000－1705－0004060　馮 3716　集部/詩文評類/詩評之屬

漁隱叢話前集六十卷後集四十卷　（宋）胡仔撰　清乾隆五年至六年(1740－1741)楊佑啟耘經樓刻本　六冊

330000－1705－0004062　馮善 0207　經部/春秋左傳類/傳說之屬

左記十二卷　（明）章大吉纂　（明）俞維燕注　明崇禎刻本　六冊

330000－1705－0004063　馮 3733　史部/目錄類

求恒齋書畫目錄二卷　馮貞群編　清光緒三十三年(1907)稿本　馮貞群記　一冊

330000－1705－0004064　馮 3715　集部/戲劇類/總集之屬/選集

紅雪樓九種曲　（清）蔣士銓撰　清乾隆蔣氏紅雪樓刻本（香祖樓卷上配清刻本）　六冊　存六種

330000－1705－0004065　馮 3711　集部/戲劇類/傳奇之屬

桃花扇傳奇四卷首一卷　（清）孔尚任撰　清西園刻本　四冊

330000－1705－0004068　馮善 0225　經部/叢編

四書六經讀本一百十一卷　（明）毛晉編　明崇禎十四年(1641)毛氏汲古閣刻本　六冊　存一種

330000－1705－0004070　馮善 0418　經部/小學類/文字之屬/說文

說文原字一卷　（元）周伯琦撰　明嘉靖元年(1522)刻本　一冊

330000－1705－0004071　馮善 0081　經部/詩類/傳說之屬

詩經大全二十卷綱領一卷圖一卷　（明）胡廣等撰　詩序辨說一卷　（宋）朱熹撰　明刻本　四冊　存九卷(五至十三)

330000－1705－0004073　馮 3737　史部/目錄類

求恒齋書目不分卷　（清）馮君木　馮貞群編　稿本　馮貞群記　一冊

330000－1705－0004074　馮善 0043　經部/書類/傳說之屬

書經集註六卷　（宋）蔡沈撰　明嘉靖三十五年(1556)廣東崇正堂刻本　四冊　缺二卷(一、四)

330000－1705－0004075　馮善 0226　經部/春秋總義類/傳說之屬

春秋胡傳三十卷綱領一卷提要一卷諸國興廢說一卷列國東坡圖說一卷正經音訓一卷　（宋）胡安國撰　（宋）林堯叟音註　明慎獨齋刻本　六冊

330000－1705－0004076　馮善 0247　經部/春秋總義類/傳說之屬

春秋集傳詳說三十卷　明抄本　三冊　存十卷(十三至十八、二十三至二十六)

330000－1705－0004079　馮善 0507　經部/

小學類/音韻之屬/古今韻說

古今韻略五卷 （清）邵長蘅撰　清康熙三十五年（1696）商丘宋犖刻本　五冊

330000－1705－0004080　馮善 0187　經部/春秋左傳類/傳說之屬

春秋左傳十五卷 （明）孫鑛批點　明萬曆四十四年（1616）吳興閔齊伋刻朱墨套印本　四冊

330000－1705－0004081　馮善 0149　經部/禮記類/傳說之屬

禮記集說八十卷 （清）鄭元慶述　清抄本　清陳魚門批校　十六冊

330000－1705－0004082　馮善 0288　經部/四書類

諸太史評三先生家藏四書講意明珠庫十卷首一卷 （明）項煜　（明）黃文煥　（明）宋玫輯　明天啟刻本　六冊

330000－1705－0004083　馮 0603－2　史部/紀傳類/正史之屬

遼金元三史語解四十六卷　清光緒四年（1878）江蘇書局刻本　八冊

330000－1705－0004084　馮 3739　集部/別集類/清別集

適廬遺詩一卷 （清）馮鴻薰撰　清光緒二十一年（1895）馮鴻墀抄本　清馮鴻墀、馮貞群題記　一冊

330000－1705－0004085　馮善 0201　經部/春秋左傳類/傳說之屬

左傳童觿二卷 （清）邵蕫撰　二次稿本　二冊

330000－1705－0004087　馮善 0373　經部/小學類/文字之屬/說文

說文解字十五卷標目一卷 （漢）許慎撰　（宋）徐鉉等校定　清初海虞毛氏汲古閣刻本　八冊

330000－1705－0004088　馮善 0509　經部/小學類/音韻之屬/韻書

音韻討論六卷 （清）吳穎芳撰　清抄本

二冊

330000－1705－0004089　馮善 0200　經部/春秋左傳類/傳說之屬

左傳童觿二卷 （清）邵蕫撰　初稿本　二冊

330000－1705－0004090　馮善 0374　經部/小學類/文字之屬/說文

說文解字十五卷標目一卷 （漢）許慎撰　（宋）徐鉉等校定　清初海虞毛氏汲古閣刻本　六冊

330000－1705－0004091　馮善 0282　經部/四書類/總義之屬/傳說

呂晚邨先生四書講義四十三卷 （清）呂留良撰　（清）陳鏦編次　清康熙呂氏天蓋樓刻本　八冊

330000－1705－0004092　馮善 0218　經部/春秋總義類/專著之屬

春秋繁露十七卷 （漢）董仲舒撰　（明）孫鑛評 附錄一卷　明天啟五年（1625）西湖朱養和花齋刻本　二冊

330000－1705－0004093　馮 3725　史部/金石類/總志之屬

學古齋金石叢書四集 （清）葛元煦輯　清光緒崇川葛氏學古齋刻本　十六冊　存十種

330000－1705－0004094　馮善 0522　類叢部/叢書類/彙編之屬

津逮祕書十五集一百四十種 （明）毛晉編　明崇禎虞山毛氏汲古閣刻本　一冊　存一種

330000－1705－0004095　馮善 0248　經部/春秋總義類/傳說之屬

春秋本義三十卷 （元）程端學撰　明甬東書屋抄本　一冊　存六卷（二十五至三十）

330000－1705－0004096　馮善 0473　經部/小學類/文字之屬/字書/字典

重刊訂正篇海十卷 （明）趙年伯原輯　明崇禎七年（1634）張忻刻本　十冊

330000－1705－0004097　馮 3721　集部/詩文評類/詩評之屬

說詩晬語二卷　（清）沈德潛撰　清刻本
一冊

330000－1705－0004099　馮善 0251　經部/
春秋總義類/傳說之屬

春秋集傳大全三十七卷　（明）胡廣等撰　明
末刻本　十冊　存三十三卷（一至十、十五至
三十七）

330000－1705－0004103　馮善 290　經部/四
書類/總義之屬/專著

天蓋樓四書語錄四十六卷　（清）呂留良評選
　（清）周在延編次　清康熙二十三年（1684）
刻本　八冊

330000－1705－0004104　馮善 0540　經部/
小學類/訓詁之屬/群雅

埤雅二十卷　（宋）陸佃撰　明刻本　六冊

330000－1705－0004106　馮善 0229　經部/
春秋總義類/傳說之屬

春秋屬辭十五卷　（元）趙汸撰　元至正二十
四年（1364）休寧商山義塾刻明弘治六年
（1493）高忠重修本　八冊

330000－1705－0004108　馮善 1346　子部/
儒家類/儒學之屬/禮教/家訓

家範十卷　（宋）司馬光撰　明天啟六年
（1626）司馬露等刻本　二冊

330000－1705－0004109　馮善 0233　經部/
春秋總義類/傳說之屬

公羊穀梁春秋合編附註疏纂十二卷　（明）朱
泰禎撰　明末刻本　四冊

330000－1705－0004110　馮善 0474　經部/
小學類/文字之屬/字書/字典

字彙十二集首一卷末一卷韻法直圖一卷
（明）梅膺祚撰　韻法橫圖一卷　（明）李世澤
撰　清康熙十四年（1675）刻本　十四冊

330000－1705－0004112　馮善 0342　經部/
叢編

涇野先生五經說二十一卷　（明）呂柟撰　明
嘉靖三十二年（1553）謝少南刻本　八冊

330000－1705－0004113　馮善 0542　經部/
小學類/訓詁之屬/爾雅

爾雅翼三十二卷　（宋）羅願撰　明正德十四
年（1519）羅文殊刻本　六冊

330000－1705－0004114　馮善 0119　經部/
周禮類/分篇之屬

批點考工記二卷　（明）周夢暘輯評　明萬曆
刻本　一冊

330000－1705－0004116　馮善 0152　經部/
禮記類/文字音義之屬

禮記明音二卷　（明）王覺輯　明刻本　一冊

330000－1705－0004117　馮善 0299　經部/
叢編

十三經註疏三百三十五卷　（明）□□輯　明
嘉靖李元陽刻隆慶重修本　四冊　存一種

330000－1705－0004118　馮善 2166　史部/
傳記類/總傳之屬/儒林

新校廣平學案二卷　（宋）舒璘撰　（清）黃宗
羲輯　（清）全祖望修補　（清）徐時棟校並抄
　舒文靖公類稿附錄一卷　（清）徐時棟輯校
　清徐時棟稿本　二冊

330000－1705－0004119　馮善 0784　史部/
雜史類/斷代之屬

戰國策全編十卷國策異同四卷　（明）宋存標
輯　明崇禎刻本　四冊　缺四卷（國策異同
一至四）

330000－1705－0004120　馮善 0590　史部/
叢編

史漢評林　（明）凌稚隆輯　明萬曆烏程凌氏
刻本　四十冊　存一種

330000－1705－0004121　馮善 0688　史部/
編年類/通代之屬

宋元通鑑一百五十七卷　（明）薛應旂撰
（明）陳仁錫評　明天啟六年（1626）長洲陳仁
錫刻本　二十四冊

330000－1705－0004122　馮善 0795　類叢
部/叢書類/彙編之屬

紀錄彙編一百二十二種　（明）沈節甫編　明

萬曆四十五年（1617）陽羨陳于廷刻本　二冊
　　存十一種

330000－1705－0004123　　馮善0567　　史部/
紀傳類/正史之屬

二十一史二千五百六十七卷　　明刻明清遞修
本　四十冊　存一種

330000－1705－0004124　　馮善0959　　史部/
史抄類

荆川先生批點精選漢書六卷　　（明）唐順之輯
　明刻本　清杏卿批　四冊

330000－1705－0004125　　馮善0716　　史部/
紀事本末類/通代之屬

通鑑紀事本末二百三十九卷　　（宋）袁樞撰
（明）張溥論正　明張溥刻本　四十八冊

330000－1705－0004126　　馮善0585　　史部/
紀傳類/正史之屬

二十一史二千五百六十七卷　　明刻明清遞修
本　三十八冊　存一種

330000－1705－0004127　　馮善0690　　類叢
部/叢書類/彙編之屬

津逮祕書十五集一百四十種　　（明）毛晉編
明崇禎虞山毛氏汲古閣刻本　一冊　存一種

330000－1705－0004128　　馮善0961　　史部/
史抄類

漢語十卷首一卷附錄一卷　　（清）李鄴嗣纂
清衣德樓抄本　三冊　存五卷（首、三至六）

330000－1705－0004129　　馮善0682　　史部/
編年類/通代之屬

資治通鑑大全八種　　（明）陳仁錫輯　明崇禎
刻金閶大歡堂印本　十冊

330000－1705－0004130　　馮善0580　　史部/
紀傳類/正史之屬

後漢書九十卷　　（南朝宋）范曄撰　（唐）李賢
註　（明）鍾人傑訂志　志三十卷　（晉）司馬
彪撰　（南朝梁）劉昭注　（南朝宋）范曄撰
（明）鍾人傑訂　明錢塘鍾人傑刻本　二十
四冊

330000－1705－0004131　　馮善0703　　史部/
編年類/通代之屬

資治通鑑綱目五十九卷　　（宋）朱熹撰　（明）
陳仁錫評閱　續編一卷　（明）陳樫撰　（明）
陳仁錫評閱　前編二十五卷　（明）南軒撰
（明）陳仁錫評閱　續資治通鑑綱目二十七卷
　（明）商輅等撰　（明）陳仁錫評閱　明刻本
　二十六冊　存二十七卷（續資治通鑑綱目
一至二十七）

330000－1705－0004132　　馮善0965　　史部/
雜史類/斷代之屬

遼小史一卷　　（明）楊循吉撰　明楊可刻本
馮貞群題記　一冊

330000－1705－0004133　　馮善0731　　史部/
雜史類/通代之屬

路史四十七卷　　（宋）羅泌撰　（宋）羅苹注
明萬曆三十一年（1603）張鼎思刻本　六冊
存二十二卷（前紀一至九、後記一至十三）

330000－1705－0004134　　馮善0786　　史部/
雜史類

刻弇州山人左逸短長二卷　　（明）王世貞撰
明刻本　一冊

330000－1705－0004135　　馮善0683、馮善
0685　史部/編年類/通代之屬

資治通鑑二百九十四卷　　（宋）司馬光撰
（元）胡三省音注　（明）陳仁錫評　通鑑釋文
辯誤十二卷　（元）胡三省撰　明天啟五年
（1625）長洲陳仁錫刻本　一百四冊

330000－1705－0004136　　馮善0597　　史部/
紀傳類/正史之屬

漢書評林一百卷　　（明）凌稚隆輯　明萬曆九
年（1581）吳興凌稚隆刻本　二十四冊

330000－1705－0004137　　馮善0496　　經部/
小學類/音韻之屬/韻書

康熙甲子史館新刊古今通韻十二卷　　（清）毛
奇齡撰　清康熙二十四年（1685）刻本　六冊

330000－1705－0004138　　馮善0969　　史部/
雜史類/斷代之屬

越絕書十五卷　（漢）袁康撰　明刻本　一冊

330000－1705－0004139　馮善0927　史部/
紀傳類/正史之屬

儒林傳擬稿不分卷　（清）阮元撰　清文選樓
抄本　三冊

330000－1705－0004140　馮善0558　史部/
紀傳類/正史之屬

史記一百三十卷　（漢）司馬遷撰　（南朝宋）
裴駰集解　（唐）司馬貞索隱　（唐）張守節正
義　明嘉靖四年至六年(1525－1527)王延喆
刻本　十九冊　缺三卷(十三至十五)

330000－1705－0004141　馮善0600　史部/
紀傳類/正史之屬

後漢書九十卷　（南朝宋）范曄撰　（唐）李賢
注　（明）陳仁錫評　志三十卷　（南朝梁）劉
昭撰　（唐）李賢注　（明）陳仁錫評　明天啟
七年(1627)刻本　二十四冊

330000－1705－0004142　馮善0942　史部/
傳記類/科舉錄之屬/總錄

公車徵士小錄八卷附錄一卷　（清）全祖望撰
　清抄本　一冊

330000－1705－0004143　馮善0491　經部/
小學類/音韻之屬/韻書

洪武正韻十六卷　（明）樂韶鳳　（明）宋濂等
撰　明萬曆三年(1575)司禮監刻本　五冊

330000－1705－0004146　馮善0586、馮善
0587、馮善0561　史部/紀傳類/正史之屬

十七史一千五百七十四卷　（明）毛晉編　明
崇禎元年至十七年(1628－1644)毛氏汲古閣
刻本　四十冊　存三種

330000－1705－0004147　馮善699　史部/編
年類/通代之屬

新刊翰林攷正綱目點音少微通鑑節要會成總
論一卷外紀二卷大全二十卷　（宋）江贄撰
（明）唐順之刪定　續編二十卷　（宋）江贄撰
　（明）黃汝良刪定　（明）楊道賓注釋　明萬
曆書林張大業刻本　二十冊

330000－1705－0004149　馮善0845　集部/

別集類/漢魏六朝別集

武侯集十六卷　（明）王士騏輯　明萬曆四十
五年(1617)刻本　四冊

330000－1705－0004151　馮善0732　史部/
紀傳類/通代之屬

古史六十卷　（宋）蘇轍撰　明萬曆三十九年
(1611)南京國子監刻本　六冊

330000－1705－0004152　馮善0856　集部/
別集類/宋別集

米襄陽志林十三卷遺集一卷海嶽名言一卷寶
章待訪錄一卷研史一卷　（宋）米芾撰　（明）
范明泰編　明萬曆三十二年(1604)刻本
三冊

330000－1705－0004153　馮善0676　史部/
編年類/斷代之屬

兩漢紀六十卷　（宋）王銍輯　明嘉靖二十七
年(1548)吳郡黃姬水刻本　四冊　存十二卷
(後漢紀四至六、十三至十五、十九至二十一、
二十八至三十)

330000－1705－0004154　馮善0852　史部/
傳記類/別傳之屬/年譜

謝皋羽[翱]年譜一卷　（清）徐沁撰　清抄本
　一冊

330000－1705－0004155　馮善0589　史部/
紀傳類/正史之屬

二十一史二千五百六十七卷　明刻明清遞修
本　十六冊　存一種

330000－1705－0004156　馮善0846　史部/
傳記類/總傳之屬/斷代

考亭淵源錄二十四卷　（明）宋端儀撰　（明）
薛應旂重輯　明隆慶三年(1569)刻本　二冊
　存九卷(十六至二十四)

330000－1705－0004157　馮善0657　史部/
編年類/通代之屬

資治通鑑大全八種　（明）陳仁錫輯　明崇禎
刻本　二冊　存一種

330000－1705－0004158　馮善0113　經部/
叢編

十三經註疏三百三十五卷　（明）□□輯　明嘉靖李元陽刻隆慶重修本　十三冊　存一種

330000－1705－0004159　馮善 0887　史部/傳記類/別傳之屬/事狀

鄂國金陀稡編二十八卷續編三十卷　（宋）岳珂編　明嘉靖二十一年(1542)洪富刻三十七年(1558)黃日敬重修本　一冊　存三卷（十至十二）

330000－1705－0004160　馮善 0768　史部/雜史類/斷代之屬

戰國策十二卷　（明）閔齊伋裁注　元本目錄一卷　明萬曆四十七年(1619)閔齊伋刻朱墨套印本　四冊

330000－1705－0004161　馮善 0671　類叢部/叢書類/彙編之屬

古今逸史四十二種　（明）吳琯編　明萬曆新安吳琯刻本　一冊　存一種

330000－1705－0004162　馮善 0576　史部/紀傳類/正史之屬

二十一史二千五百六十七卷　明萬曆二十三年至三十四年(1595–1606)北京國子監刻本　二十四冊　存一種

330000－1705－0004163　馮善 0593　史部/紀傳類/正史之屬

史記一百三十卷　（漢）司馬遷　（明）葛鼎（明）金蟠訂　明崇禎十年(1637)葛氏刻本　十八冊

330000－1705－0004164　馮善 0856－1　史部/傳記類/別傳之屬/年譜

范文正公[仲淹]年譜一卷　（宋）樓鑰編　補遺一卷　（明）毛一鷺彙編　明刻本　一冊

330000－1705－0004165　馮善 0643　史部/雜史類/斷代之屬

五代史補五卷　（宋）陶岳撰　五代史闕文一卷　（宋）王禹偁撰　明末毛氏汲古閣刻本　一冊

330000－1705－0004166　馮善 0612　史部/地理類/總志之屬/斷代

漢書地理志稽疑六卷　（清）全祖望撰　清抄本　一冊

330000－1705－0004167　馮善 0737　史部/史抄類

兩晉南北合纂四十卷　（明）錢岱輯　明萬曆刻本　六冊　存十六卷（晉書纂一至十六）

330000－1705－0004168　馮善 0955　史部/史抄類

史記纂不分卷　（明）凌稚隆輯　明萬曆刻本　十冊

330000－1705－0004169　馮善 0595　史部/紀傳類/正史之屬

孫月峯先生批評漢書一百卷　（漢）班固撰（明）孫鑛評　明末馮元仲天益山刻本　馮貞群記　十冊

330000－1705－0004170　馮善 0568　史部/紀傳類/正史之屬

二十一史二千五百六十七卷　明刻明清遞修本　二十四冊　存一種

330000－1705－0004171　馮善 0767　史部/雜史類/斷代之屬

戰國策十二卷　（明）閔齊伋裁注　元本目錄一卷　明萬曆四十八年(1620)閔齊伋刻三色套印本　四冊

330000－1705－0004172　馮善 0758　史部/雜史類/斷代之屬

國語九卷　（明）閔齊伋裁注　明萬曆四十七年(1619)閔齊伋刻本　二冊

330000－1705－0004173　馮善 1333　子部/儒家類/儒家之屬

劉向新序十卷　（漢）劉向撰　明吳勉學刻本　四冊

330000－1705－0004174　馮善 1336　子部/儒家類/儒家之屬

劉向說苑二十卷　（漢）劉向撰　明吳勉學刻本　八冊

330000－1705－0004175　馮善 1373　子部/

儒家類/儒學之屬/性理

呻吟語六卷 （明）呂坤撰　明萬曆二十一年（1593）刻本　八冊

330000－1705－0004176　馮善1369　子部/儒家類/儒學之屬/性理

性理大全書七十卷 （明）胡廣等撰　明嘉靖二十二年（1543）應天府學刻本　二十三冊　缺三卷（二十二至二十四）

330000－1705－0004177　馮善0601　史部/紀傳類/正史之屬

三國志六十五卷 （晉）陳壽撰　（南朝宋）裴松之注　（明）陳仁錫評　明天啓六年（1626）刻本　十九冊　缺三卷（魏二十三至二十五）

330000－1705－0004179　馮善1375　子部/儒家類/儒學之屬/禮教/家訓

家訓類編五卷 （明）王演疇撰　明萬曆四十四年（1616）王演疇刻本　四冊

330000－1705－0004180　馮善1429　子部/法家類

管子二十四卷 （唐）房玄齡注　（明）劉績補注　（明）張榜等評　明天啟五年（1625）朱養純花齋刻本　四冊

330000－1705－0004181　馮善1109　史部/政書類/通制之屬

通志略五十二卷 （宋）鄭樵撰　明嘉靖二十九年（1550）陳宗夔等刻本　二十冊

330000－1705－0004182　馮善0736　史部/雜史類/斷代之屬

皇元聖武親征錄一卷 （清）何秋濤校正　清抄本　清李文田批　馮貞群題記　一冊

330000－1705－0004183　馮善1340、馮善1317　子部/叢編

六子書 （明）顧春編　明嘉靖十二年（1533）吳郡顧氏世德堂刻本　十一冊　存二種

330000－1705－0004184　馮善0588　史部/紀傳類/正史之屬

二十一史二千五百六十七卷　明萬曆二十三年至三十四年（1595－1606）北京國子監刻本　

十冊　存一種

330000－1705－0004185　馮善1362　子部/儒家類/儒學之屬/經濟

大學衍義補一百六十卷首一卷 （明）丘濬撰　（明）陳仁錫評閱　明崇禎陳仁錫刻本　二十四冊

330000－1705－0004186　馮善1433　子部/法家類

管子治畧竅言八卷 （唐）房玄齡注　（明）劉績補注　（明）凌登嘉輯評　明末刻本　四冊

330000－1705－0004187　馮善1478、馮善1486、馮善1487　子部/醫家類/類編之屬

東垣十書十九卷　明嘉靖八年（1529）遼藩朱寵瀼梅南書屋刻本　五冊　存三種

330000－1705－0004188　馮善1332　子部/儒家類/儒家之屬

劉向新序十卷 （漢）劉向撰　明刻本　二冊

330000－1705－0004189　馮善0559　史部/紀傳類/正史之屬

史記一百三十卷 （漢）司馬遷撰　（南朝宋）裴駰集解　（唐）司馬貞索隱　（唐）張守節正義　明嘉靖四年至六年（1525－1527）王延喆刻本　四冊　存三十六卷（二十六至三十、四十至四十六、七十四至九十七）

330000－1705－0004190　馮善1482　子部/醫家類/綜合之屬/雜著

玉機微義五十卷 （明）徐用誠輯　（明）劉純續輯　明書林靜齋葉秀刻本　六冊　缺十五卷（三十至四十四）

330000－1705－0004191　馮善1366　子部/儒家類/儒學之屬/性理

先聖大訓六卷 （宋）楊簡撰　明萬曆四十三年（1615）張翼軫等刻本　六冊

330000－1705－0004192　馮善1636　子部/雜家類

呂氏春秋二十六卷 （漢）高誘注　（宋）陸游評　（明）凌稚隆批　明萬曆四十八年（1620）凌毓枏刻朱墨套印本　六冊

330000－1705－0004193　馮善 1119　史部/政書類/儀制之屬/典禮

大唐開元禮一百五十卷　（唐）蕭嵩等撰　清抄本　十八冊　缺八卷（七至十四）

330000－1705－0004194　馮善 1438　子部/法家類

管韓合刻四十四卷　（明）趙用賢編　明萬曆十年(1582)趙用賢刻本　六冊　存一種

330000－1705－0004195　馮善 1649　子部/雜著類/雜說之屬

夢溪筆談二十六卷　（宋）沈括撰　明崇禎四年(1631)馬元調刻本　二冊

330000－1705－0004196　馮善 1672　子部/雜著類/雜說之屬

林泉隨筆記一卷　（明）張綸撰　明嘉靖刻本　一冊

330000－1705－0004197　馮善 1314　子部/儒家類/儒家之屬

孔子家語八卷　（明）何孟春注　明永明書院刻本　二冊

330000－1705－0004198　馮善 1428　子部/叢編

二十子全書　（明）吳勉學編　明萬曆新安吳勉學刻本　四冊　存一種

330000－1705－0004199　馮善 1454　子部/醫家類/醫經之屬/内經

京本校正註釋音文黃帝内經素問十二卷　（唐）王冰注　（宋）林億等校正　（宋）孫兆改誤　**京本黃帝内經素問遺篇一卷**　（宋）劉溫舒撰　明詹氏進賢堂刻本　六冊

330000－1705－0004200　馮善 1495　子部/醫家類/綜合之屬/合刻、合抄

景岳全書六十四卷　（明）張介賓撰　清康熙五十年(1711)瀛海賈堂刻本　十二冊

330000－1705－0004201　馮善 0560　史部/紀傳類/正史之屬

史記一百三十卷　（漢）司馬遷撰　（南朝宋）裴駰集解　（唐）司馬貞索隱　（唐）張守節正義　**三皇本紀一卷**　（唐）司馬貞補撰并註　明萬曆二十四年(1596)南京國子監刻本　二十冊

330000－1705－0004202　馮善 1343　子部/叢編

六子書　（明）顧春編　明嘉靖十二年(1533)吳郡顧氏世德堂刻本　二冊　存一種

330000－1705－0004203　馮善 1295　史部/史評類/史論之屬

三史統類臆斷一卷　（明）范大沖撰　明萬曆范氏天一閣刻後印本　馮貞群題記　一冊

330000－1705－0004204　馮善 1488　子部/醫家類/方書之屬/歷代方書

攝生眾妙方十一卷　（明）張時徹輯　明隆慶三年(1569)衡府刻本　四冊

330000－1705－0004205　馮善 1426　子部/兵家類/兵法之屬

虎鈐經二十卷　（宋）許洞撰　明刻本　四冊

330000－1705－0004206　馮善 1530　子部/術數類/數學之屬

揚子太玄經十卷　（漢）揚雄撰　**說玄一卷**（宋）司馬光述　明天啟六年(1626)武林書坊趙世楷刻本　二冊

330000－1705－0004207　馮善 1118　史部/政書類/通制之屬

文獻通考纂二十四卷　（元）馬端臨撰　（明）胡震亨輯　明天啓六年(1626)劉氏刻本　六冊

330000－1705－0004208　馮善 1479　子部/醫家類/醫經之屬/内經

黃帝内經太素三十卷　（隋）楊上善注　清馮夢香抄本　馮貞群題記　二冊　存四卷（八至九、二十五至二十六）

330000－1705－0004209　馮善 1387　史部/史抄類

歐陽文忠公新唐書抄二卷五代史抄二十卷（明）茅坤輯並評　明萬曆七年(1579)歸安茅一桂刻本　五冊

330000－1705－0004210　馮善 0581　史部/
紀傳類/正史之屬

三國志六十五卷　（晉）陳壽撰　（南朝宋）裴
松之注　宋衢州州學刻元明遞修本　一冊
存四卷（二十一至二十四）

330000－1705－0004211　馮善 1386　史部/
史抄類

南朝語三卷　（清）李文胤撰　（清）張超宗錄
清張超宗涵碧樓抄本　二冊　存二卷（一、
三）

330000－1705－0004213　馮善 1128　史部/
政書類/公牘檔冊之屬

戶部則例二卷　清抄本　二冊

330000－1705－0004214　馮善 1349　子部/
儒家類/儒學之屬/經濟

張子全書十五卷　（宋）張載撰　（宋）朱熹注
明萬曆鳳翔府刻清順治十年（1653）喻三畏
重修康熙印本　六冊

330000－1705－0004215　馮善 0582　史部/
紀傳類/正史之屬

三國志六十五卷　（晉）陳壽撰　（南朝宋）裴
松之注　宋衢州州學刻元明遞修本（卷三十
四配抄本）　一冊　存七卷（三十一至三十
七）

330000－1705－0004216　馮善 1494　子部/
醫家類/方書之屬/單方驗方

痘疹神應心書一卷　（明）柳樊丘撰　明崇禎
王象晉刻本　一冊

330000－1705－0004217　馮善 1637　子部/
雜家類

淮南鴻烈解二十一卷　（漢）劉安撰　（漢）高
誘注　（明）茅坤等評　明天啓武林張斌如刻
本　四冊

330000－1705－0004218　馮善 1129　史部/
政書類/公牘檔冊之屬

江蘇省例不分卷　清抄本　二冊

330000－1705－0004219　馮善 1130　史部/
政書類/公牘檔冊之屬

蘇藩政要一卷錢漕欽目一卷　（清）華鵷洲輯
清抄本　二冊

330000－1705－0004220　馮善 1548　子部/
術數類/陰陽五行之屬

太乙淘金歌一卷　（明）丘濬撰　清敦本堂抄
本　一冊

330000－1705－0004221　馮 1677　子部/雜
著類/雜說之屬

管天筆記外編不分卷　（明）王嗣奭撰　清徐
氏煙嶼樓抄本　一冊

330000－1705－0004222　馮善 1485　子部/
醫家類/方書之屬/成方藥目

孫真人備急千金要方九十三卷目錄二卷
（唐）孫思邈撰　明萬曆三十一年（1603）刻本
十冊

330000－1705－0004223　馮善 0701　史部/
編年類/通代之屬

資治通鑑綱目五十九卷　（宋）朱熹撰　（明）
陳仁錫評　續編一卷　（明）陳桱撰　（明）陳
仁錫評　續資治通鑑綱目二十七卷　（明）商
輅等撰　（明）陳仁錫評　資治通鑑綱目前編
二十五卷　（明）南軒撰　（明）陳仁錫評　明
崇禎三年（1630）陳仁錫刻本　六十六冊　存
五十九卷（綱目一至五十九）

330000－1705－0004224　馮善 1743　類叢
部/類書類/通類之屬

藝文類聚一百卷　（唐）歐陽詢輯　明嘉靖六
年至七年（1527－1528）胡纘宗、陸采刻本
二十四冊

330000－1705－0004225　馮善 1350　子部/
儒家類/儒學之屬

二程全書六十七卷　（宋）程顥　（宋）程頤撰
（宋）朱熹輯　清康熙呂氏寶誥堂刻本
十冊

330000－1705－0004226　馮善 1734　子部/
雜著類/雜考之屬

信摭一卷　（清）章學誠撰　清道光八年
（1828）山陰沈復燦抄本　清沈復燦題記

一册

330000－1705－0004227　馮1737　子部/雜著類/雜說之屬

小滄浪筆談四卷　（清）阮元記　清光緒二十六年(1900)江蘇書局刻本　二冊

330000－1705－0004228　馮善1756　類叢部/類書類/專類之屬

文選類林十八卷　（宋）劉攽輯　明嘉靖三十七年(1558)吳思賢刻本　六冊

330000－1705－0004229　馮善1553　子部/藝術類/書畫之屬

王氏書畫苑四十四種　（明）王世貞輯　（明）詹景鳳補　明萬曆十八年至十九年(1590－1591)王元貞刻本　一冊　存一種

330000－1705－0004230　馮善1370　子部/儒家類/儒學之屬/性理

薛文清公讀書全錄類編二十卷　（明）薛瑄撰　（明）侯鶴齡輯　明萬曆二十四年(1596)刻本　六冊

330000－1705－0004231　馮善1761　類叢部/類書類/專類之屬

新增說文韻府羣玉二十卷　（元）陰時夫輯　（元）陰中夫注　明萬曆十八年(1590)王元貞刻本　十二冊

330000－1705－0004232　馮善1762　類叢部/類書類/專類之屬

詩學集成押韻淵海二十卷　（元）嚴毅撰　明刻本　十冊

330000－1705－0004233　馮善1560　子部/藝術類/書畫之屬

明潘無聲書法離鉤摘錄不分卷　（明）潘之淙撰　清抄本　二冊

330000－1705－0004234　馮善1752　類叢部/類書類/通類之屬

太平御覽一千卷　（宋）李昉等輯　明抄本　馮貞群跋　十冊　存八十七卷(一百八十六至一百九十四、二百八至二百二十八、二百三十五至二百四十二、二百五十六至二百六十、

二百八十至三百七、三百四十四至三百五十、四百九十七至五百五)

330000－1705－0004235　馮善0702　史部/編年類/通代之屬

資治通鑑綱目五十九卷　（宋）朱熹撰　明成化九年(1473)內府刻本　六十冊

330000－1705－0004236　馮善1575　史部/傳記類/總傳之屬/技藝

無聲詩史七卷　（清）姜紹書撰　清康熙五十九年(1720)嘉興李光暎觀妙齋刻本　四冊

330000－1705－0004237　馮善1357　經部/四書類/總義之屬/傳說

四書朱子語類三十八卷　（清）張履祥　（清）呂留良摘抄　清康熙四十年(1701)呂氏南陽講習堂刻本　六冊

330000－1705－0004238　馮善0765　史部/雜史類/斷代之屬

戰國策十卷　（宋）鮑彪校注　（元）吳師道補正　元至正二十五年(1365)平江路儒學刻明印本　六冊　存七卷(三至五、七至十)

330000－1705－0004239　馮善0766　史部/雜史類/斷代之屬

戰國策十卷　（明）吳勉學校正　明萬曆吳勉學刻本　四冊

330000－1705－0004240　馮善2010　集部/總集類/彙編之屬

李杜全集　（明）許自昌編　明萬曆三十年(1602)長洲許自昌刻本　十二冊　存一種

330000－1705－0004241　馮善1763　子部/雜著類/雜纂之屬

同姓名錄十二卷　（明）余寅撰　**同姓名錄補一卷**　（明）周應賓撰　明萬曆刻本　一冊　存四卷(一至四)

330000－1705－0004242　馮善2036　集部/別集類/唐五代別集

昌黎先生集四十卷外集十卷遺文一卷　（唐）韓愈撰　（宋）廖瑩中校正　**朱子校昌黎先生集傳一卷**　（宋）朱熹撰　明東吳徐氏東雅堂

刻本　二十四册

330000－1705－0004243　馮善2149　集部/
別集類/宋別集

岳武穆集六卷　（明）李楨編　明萬曆二十年
(1592)李楨刻本　一册　存二卷（五至六）

330000－1705－0004244　馮善2084　集部/
別集類/宋別集

歐陽文忠公全集一百五十三卷附錄五卷
（宋）歐陽修撰　**年譜一卷**　（宋）胡柯編　明
嘉靖三十九年(1560)何遷刻本　四十册

330000－1705－0004245　馮善1774　類叢
部/類書類/通類之屬

博物典彙二十卷　（明）黄道周撰　明崇禎刻
本　馮貞群跋　六册

330000－1705－0004246　馮善2131　集部/
別集類/宋別集

後山先生集三十卷　（宋）陳師道撰　明弘治
十二年(1499)馬暾刻本　二册　存八卷（一
至四、十七至二十）

330000－1705－0004247　馮善2059　集部/
別集類/唐五代別集

**唐李長吉歌詩補註四卷外卷二卷復古堂舊本
五卷年譜一卷附錄九卷首一卷**　（清）史榮撰
　清末抄本　二十册

330000－1705－0004248　馮善2011　集部/
別集類/唐五代別集

集千家註杜工部詩集二十卷文集二卷　（唐）
杜甫撰　（宋）黄鶴補注　**附錄一卷**　明嘉靖
十五年(1536)玉几山人刻本　十二册

330000－1705－0004249　馮善1866　子部/
宗教類/佛教之屬/經

妙法蓮華經三十卷　（後秦）釋鳩摩羅什譯
（隋）釋智顗說　（唐）釋灌頂記　（唐）釋湛
然述　明萬曆四十四年(1616)刻本　十五册

330000－1705－0004250　馮善1954　子部/
道家類

南華真經旁注五卷　（明）方虚名撰　明萬曆
二十二年(1594)刻本　四册

330000－1705－0004251　馮善2006　集部/
別集類/唐五代別集

分類補註李太白詩二十五卷　（唐）李白撰
（宋）楊齊賢集註　（元）蕭士贇補註　（明）
郭雲鵬校刻　**分類編次李太白文五卷**　（唐）
李白撰　（明）郭雲鵬編次　明嘉靖二十二年
(1543)郭雲鵬寶善堂刻本　七册　缺七卷
（三至四、二十一至二十五）

330000－1705－0004252　馮善2126　集部/
別集類/宋別集

**南豐曾文昭公曲阜集二卷首一卷遺錄一卷附
錄一卷**　（宋）曾鞏撰　清抄本　二册

330000－1705－0004253　馮善1773　類叢
部/類書類/通類之屬

潛確居類書一百二十卷　（明）陳仁錫輯　明
崇禎三年至五年(1630－1632)潭城徐觀我刻
本　六十四册

330000－1705－0004254　馮善2012　集部/
別集類/唐五代別集

集千家註杜工部詩集二十卷文集二卷　（唐）
杜甫撰　（宋）黄鶴補注　**附錄一卷**　明嘉靖
十五年(1536)玉几山人刻本　十三册　缺三
卷（詩集一至三）

330000－1705－0004255　馮善1983　集部/
別集類/漢魏六朝別集

漢蔡中郎集十一卷　（漢）蔡邕撰　明萬曆八
年(1580)茅一相文霞閣刻本　六册

330000－1705－0004256　馮善2071　集部/
總集類/選集之屬/斷代

合刻陸魯望皮襲美二先生集二種　（明）許自
昌編　明萬曆許自昌刻本　二册　存一種

330000－1705－0004257　馮善2050　集部/
別集類/唐五代別集

**增廣註釋音辯唐柳先生集二十卷別集一卷外
集一卷**　（唐）柳宗元撰　（宋）童宗說註釋
（宋）張敦頤音辯　（宋）潘緯音義　**附錄一卷**
　明刻本　八册

330000－1705－0004259　馮善1805　子部/

雜著類/雜說之屬

何氏語林三十卷 （明）何良俊撰 （明）茅坤評 明嘉靖二十九年(1550)何氏清森閣刻本 十冊

330000 – 1705 – 0004260 馮善 2124 集部/別集類/宋別集

山谷老人刀筆二十卷 （宋）黃庭堅撰 明刻本 八冊

330000 – 1705 – 0004261 馮善 1955 子部/道家類

南華真經旁注五卷 （明）方虛名撰 明萬曆二十二年(1594)刻本 五冊

330000 – 1705 – 0004262 馮善 2022、馮善 2023 集部/總集類/選集之屬/斷代

唐十二家詩四十九卷 （明）□□輯 明刻本 三冊 存二種

330000 – 1705 – 0004263 馮善 1970 集部/楚辭類

楚辭章句十七卷 （漢）王逸撰 明刻本 四冊

330000 – 1705 – 0004264 馮善 2072 集部/別集類/唐五代別集

唐甫里先生集二十卷 （唐）陸龜蒙撰 明萬曆許自昌刻合刻陸魯望皮襲美二先生集本 二冊

330000 – 1705 – 0004265 馮善 2046 集部/總集類/彙編之屬

元白長慶集二種一百四十一卷 （明）馬元調編 明萬曆三十二年至三十四年(1604 – 1606)松江馬元調魚樂軒刻本 十冊 存一種

330000 – 1705 – 0004266 馮善 2047 集部/總集類/彙編之屬

元白長慶集二種一百四十一卷 （明）馬元調編 明萬曆三十二年至三十四年(1604 – 1606)松江馬元調魚樂軒刻本 九冊 存一種

330000 – 1705 – 0004267 馮善 1818 子部/

雜著類/雜說之屬

冷廬雜識鈔一卷 （清）陸以湉撰 清徐氏煙嶼樓抄本 一冊

330000 – 1705 – 0004268 馮善 1976 集部/楚辭類

楚辭疏(楚辭)十九卷讀楚辭語一卷楚辭雜論一卷 （明）陸時雍撰 明末緝柳齋刻本 四冊

330000 – 1705 – 0004269 馮善 2107 集部/別集類/宋別集

東坡先生全集七十五卷 （宋）蘇軾撰 明末文盛堂刻本 四十冊

330000 – 1705 – 0004270 馮善 1786 類叢部/類書類/專類之屬

唐詩叩虛四卷 （清）陳僅撰 清抄本 四冊

330000 – 1705 – 0004271 馮善 1795 子部/小說家類/雜事之屬

李卓吾批點世說新語補二十卷 （南朝宋）劉義慶撰 （南朝梁）劉孝標注 （宋）劉辰翁批 （明）何良俊增 （明）王世貞刪定 （明）王世懋批釋 （明）李贄批點 （明）張文柱校注 附釋名一卷 明萬曆刻本 清存春廬主人觀款 四冊

330000 – 1705 – 0004272 馮善 1361 子部/儒家類/儒學之屬/經濟

大學衍義四十三卷 （宋）真德秀撰 明崇禎陳仁錫刻本 八冊

330000 – 1705 – 0004273 馮善 2040 集部/總集類/彙編之屬

韓柳文一百卷 （明）游居敬編 明嘉靖十六年(1537)南平游居敬刻本 六冊 存五十二卷(韓文一至四十、外集一至十、遺集、集傳)

330000 – 1705 – 0004274 馮善 2088 集部/別集類/宋別集

蘇學士文集十六卷 （宋）蘇舜欽撰 清康熙三十七年(1698)震澤徐惇孝、徐惇復白華書屋刻本 二冊

330000 – 1705 – 0004275 馮善 1977 集部/

楚辭類

楚辭章句十七卷 （漢）王逸撰 明汲古閣刻本 四冊

330000－1705－0004276 馮善2133 集部/別集類/宋別集

龜山先生集四十二卷 （宋）楊時撰 明萬曆十九年(1591)海陽林熙春刻本 八冊

330000－1705－0004277 馮善2026 集部/別集類/唐五代別集

宗元先生文集三卷元綱論一卷內丹九章經一卷 （唐）吳筠撰 清抄本 一冊

330000－1705－0004278 馮善2051 集部/總集類/彙編之屬

韓柳文一百卷 （明）游居敬編 明嘉靖三十五年(1556)莫如士刻本 六冊 存一種

330000－1705－0004279 馮善2087 集部/別集類/宋別集

歐陽先生文粹二十卷 （宋）歐陽修撰 （宋）陳亮輯 **遺粹十卷** （明）郭雲鵬編 明嘉靖二十六年(1547)吳會郭雲鵬寶善堂刻本 一冊 存四卷(文粹一至四)

330000－1705－0004280 馮善2108 集部/別集類/宋別集

坡仙集十六卷 （宋）蘇軾撰 （明）李贄評輯 明萬曆二十八年(1600)陳氏繼志齋刻本 馮貞群題記 十六冊

330000－1705－0004281 馮善1858 子部/宗教類/佛教之屬/經疏

維摩詰所說經無我疏十二卷 （明）釋傳燈撰 明天啟五年(1625)王文珪刻本 六冊

330000－1705－0004282 馮善2096 集部/別集類/宋別集

南豐先生元豐類藁五十卷 （宋）曾鞏撰 **續附南豐先生行狀碑誌哀挽一卷** 明萬曆二十五年(1597)查溪曾敏才、曾敏行等刻本 十二冊

330000－1705－0004283 馮善2025 集部/別集類/唐五代別集

韋蘇州集十卷拾遺一卷 （唐）韋應物撰 明刻本 慧脩題記 一冊 存四卷(一至四)

330000－1705－0004284 馮善1916 子部/叢編

六子書 （明）顧春編 明嘉靖十二年(1533)吳郡顧氏世德堂刻本 一冊 存一種

330000－1705－0004285 馮善1772 類叢部/類書類/專類之屬

五車韻瑞一百六十卷洪武正韻一卷 （明）凌稚隆輯 明致和堂刻本 二十四冊

330000－1705－0004286 馮善1981、馮善1982 集部/總集類/彙編之屬

七十二家集 （明）張燮編 明天啟至崇禎刻本 二冊 存二種

330000－1705－0004287 馮善2062 史部/金石類/金之屬/圖像

泊如齋重修考古圖十卷 （宋）呂大臨撰 （元）羅更翁考訂 明刻本 六冊

330000－1705－0004288 馮善2024 集部/別集類/唐五代別集

劉隨州詩集十一卷 （唐）劉長卿撰 （明）李之楨輯 明刻本 二冊

330000－1705－0004289 馮善2098 集部/別集類/宋別集

臨川先生文集一百卷目錄二卷 （宋）王安石撰 明嘉靖二十五年(1546)應雲鷟刻本 十六冊

330000－1705－0004290 馮善2119 集部/別集類/宋別集

欒城集五十卷後集二十四卷三集十卷應詔集十二卷 （宋）蘇轍撰 明萬曆王執禮、顧天敘刻清夢軒印本 十二冊

330000－1705－0004291 馮善2054 集部/別集類/唐五代別集

唐李長吉詩集四卷外詩集一卷 （唐）李賀撰 （明）徐渭 （明）董懋策批注 明萬曆四十一年(1613)刻本 二冊

330000－1705－0004292　馮善 2028　集部/別集類/唐五代別集

唐陸宣公集二十二卷 （唐）陸贄撰　明弘治十七年（1504）刻本　一冊　存五卷（十八至二十二）

330000－1705－0004293　馮善 2152　集部/別集類/宋別集

盤洲文集八十卷附錄一卷 （宋）洪适撰　清文珍樓抄本　二十冊

330000－1705－0004294　馮善 1924　子部/道家類

鬳齋三子口義 （宋）林希逸撰　明萬曆二年（1574）施觀民刻本　一冊　存一種

330000－1705－0004295　馮善 2109　集部/別集類/宋別集

東坡全集一百十五卷目錄七卷 （宋）蘇軾撰　**年譜一卷** （宋）王宗稷編　明刻本　二十四冊

330000－1705－0004296　馮善 2035　史部/詔令奏議類

註陸宣公奏議十五卷制誥十卷 （唐）陸贄撰　（宋）郎曄注　明嘉靖三十四年（1555）汪氏刻本　一冊　存四卷（十二至十五）

330000－1705－0004297　馮善 2110　集部/別集類/宋別集

趙清獻公集十卷目錄二卷 （宋）趙抃撰　明萬曆十六年（1588）詹思謙刻南陽趙用棟後印本　六冊

330000－1705－0004298　馮善 1928　子部/道家類

三子通義 （明）朱得之撰　明嘉靖四十四年（1565）浩然齋刻本　一冊

330000－1705－0004299　馮善 2014　集部/別集類/唐五代別集

杜工部集二十卷 （唐）杜甫撰　（清）錢謙益箋註　**唱酬題詠附錄一卷附錄一卷諸家詩話一卷年譜一卷** 清康熙六年（1667）季氏静思堂刻本　十冊

330000－1705－0004300　馮善 2156　類叢部/叢書類/自著之屬

陸放翁全集六種 （宋）陸游撰　明末海虞毛氏汲古閣刻清初毛扆增刻彙印本　四十八冊

330000－1705－0004301　馮善 1987　集部/別集類/漢魏六朝別集

陳思王集十卷附錄一卷 （三國魏）曹植撰　明天啓刻七十二家集本　馮貞群題記　二冊

330000－1705－0004302　馮善 2086　集部/別集類/宋別集

歐陽文忠公全集一百五十三卷附錄五卷 （宋）歐陽修撰　**年譜一卷** （宋）胡柯編　明天順六年（1462）程宗刻遞修本［卷二、九十三至九十六爲明嘉靖三十九年（1560）何遷刻本補配］　十六冊　存八十七卷（一至八、十一至十八、三十九至四十四、五十一至五十八、六十至六十九、七十二至七十八、八十三至八十八、九十至一百八、一百十五至一百十六、一百三十一至一百三十六，年譜）

330000－1705－0004303　馮善 2120　集部/別集類/宋別集

太史范文公集五十五卷 （宋）范祖禹撰　清山陰孫氏春山家塾抄本　十六冊

330000－1705－0004304　馮善 1939　子部/道家類

關尹子註二卷 （宋）陳顯微注　明朱蔚然刻本　馮貞群批　二冊

330000－1705－0004305　馮善 1929　子部/道家類

老莊翼 （明）焦竑撰　明萬曆十六年（1588）秣陵王元貞刻本　二冊　存一種

330000－1705－0004306　馮善 2160　集部/別集類/宋別集

周益國公文集二百卷 （宋）周必大撰　**年譜一卷附錄五卷** （宋）周綸撰　清抄本　四十冊

330000－1705－0004307　馮善 1853　子部/宗教類/佛教之屬/經

大佛頂如來密因修證了義諸菩薩萬行首楞嚴經十卷　（唐）釋般刺密帝　（唐）釋彌伽釋迦譯　明天啟元年(1621)凌氏刻三色套印本　馮貞群題記　十冊

330000－1705－0004308　馮善2318　集部/別集類/明別集
天爵堂文集十九卷筆餘三卷　（明）薛岡撰　明崇禎刻本　八冊　缺四卷(文集五至六、十一至十二)

330000－1705－0004309　馮善1942　子部/道家類
沖虛至德真經八卷　（晉）張湛注　（唐）殷敬順釋文　明初刻本　一冊　存四卷(一至四)

330000－1705－0004310　馮善2223　集部/別集類/元別集
柳待制文集二十卷附錄一卷　（元）柳貫撰　（清）柳寅東等校　清順治十一年(1654)馮如京、范養民等刻本　十二冊

330000－1705－0004311　馮善2258　集部/別集類/明別集
春草齋詩集五卷文集六卷　（明）烏斯道撰　名公讚春草集歌詠一卷　（明）烏獻明輯　明崇禎二年(1629)泰和蕭基浙江刻本　二冊　存七卷(文集一至六、名公讚春草集歌詠)

330000－1705－0004312　馮善2353　類叢部/叢書類/自著之屬
顧亭林先生遺書十種補遺十一種　（清）顧炎武撰　（清）席威　（清）朱記榮編　清蓬瀛閣刻吳縣朱記榮增刻光緒十一年(1885)彙印本　馮貞群題記　十冊

330000－1705－0004313　馮善1948　子部/道家類
三子通義　（明）朱得之撰　明嘉靖四十四年(1565)浩然齋刻本　二冊

330000－1705－0004314　馮善2289　集部/別集類/明別集
震川先生集三十卷別集十卷附錄一卷補編一卷　（明）歸有光撰　（清）歸莊校勘　（清）

錢謙益選定　（清）歸玠編輯　清康熙十年至十四年(1671－1675)常熟歸莊、歸玠等刻本　十二冊

330000－1705－0004315　馮善3461　類叢部/叢書類/自著之屬
山草堂集二十八種一百五十三卷　（明）郝敬撰　明萬曆至崇禎郝洪範刻本　一冊　存二卷(史漢愚按七至八)

330000－1705－0004316　馮善2210　集部/總集類/彙編之屬
元人集十種五十四卷　（明）毛晉編　明崇禎十一年(1638)毛氏汲古閣刻本　四冊　存一種

330000－1705－0004317　馮善2222　集部/別集類/元別集
清容居士集五十卷目錄二卷　（元）袁桷撰　清抄本　二十冊

330000－1705－0004318　馮善2273　集部/別集類/明別集
陽明先生文錄五卷外集九卷別錄十卷　（明）王守仁撰　（明）錢德洪等編　明嘉靖三十二年(1553)宋儀望河東刻本　二十冊

330000－1705－0004319　馮善2163　集部/別集類/宋別集
羅鄂州小集五卷　（宋）羅願撰　羅鄂州遺文一卷　（宋）羅頌撰　明洪武二年(1369)羅宣明刻天啟六年(1626)羅朗重修本　二冊

330000－1705－0004320　馮善2256　集部/別集類/明別集
柳莊先生詩集一卷　（明）袁珙撰　清同治十一年(1872)徐氏煙嶼樓抄本　清徐時棟題記　一冊

330000－1705－0004321　馮善2292　集部/別集類/明別集
重刊校正唐荊川先生文集十二卷　（明）唐順之撰　明嘉靖三十二年(1553)書林葉氏寶山堂刻本　八冊

330000－1705－0004322　馮善2204　集部/

別集類/宋別集

謝疊山先生文集六卷 （宋）謝枋得撰 明萬曆三十二年(1604)方萬山刻本 四冊

330000－1705－0004323 馮善 1986 集部/別集類/漢魏六朝別集

曹子建集十卷 （三國魏）曹植撰 明刻本 四冊

330000－1705－0004325 馮善 2295 集部/別集類/明別集

陳後岡文集一卷詩集一卷 （明）陳束撰 明萬曆二十二年(1594)刻本 清童□跋 二冊

330000－1705－0004326 馮善 2205 集部/別集類/宋別集

陵陽先生集二十四卷 （宋）牟巘撰 清抄本 一冊 存二卷(十一至十二)

330000－1705－0004328 馮善 2226 集部/總集類/彙編之屬

元詩四大家二十七卷 （明）毛晉編 明崇禎海虞毛氏汲古閣刻本 一冊 存一種

330000－1705－0004329 馮善 2296 集部/別集類/明別集

石于集十四卷 （明）汪坦撰 清徐氏煙嶼樓抄本 二冊

330000－1705－0004330 馮善 2359 集部/別集類/清別集

春酒堂文存一卷 （清）周容撰 清抄本 馮貞群題記 一冊

330000－1705－0004331 馮善 2293 集部/別集類/明別集

遵巖先生文集四十一卷 （明）王慎重撰 明刻本 十一冊 缺六卷(十六至十九、二十七至二十八)

330000－1705－0004332 馮善 2360 集部/別集類/清別集

春酒堂存稿五卷 （清）周容撰 馮貞羣編次 清抄本 一冊

330000－1705－0004334 馮善 2320 集部/

別集類/明別集

珂雪壼集選二十四卷 （明）袁中道撰 明天啟二年(1622)刻本 十二冊

330000－1705－0004335 馮善 2219 集部/別集類/元別集

丁亥集五卷樵庵詞一卷 （元）劉因撰 明成化十五年(1479)蜀藩刻本 一冊

330000－1705－0004336 馮善 2499 集部/別集類/清別集

冰雪集一卷 （清）萬承勛撰 清抄本 一冊

330000－1705－0004337 馮善 2500 集部/別集類/清別集

選冰雪集一卷 （清）萬承勛撰 （清）黃千秋輯 稿本 一冊

330000－1705－0004338 馮善 2309 集部/別集類/明別集

宗子相集十五卷 （明）宗臣撰 **附錄一卷** 明萬曆刻本 八冊

330000－1705－0004339 馮善 2215 集部/別集類/元別集

剡源戴先生文集三十卷 （元）戴表元撰 清抄本 馮貞群跋 四冊 缺二卷(二十五至二十六)

330000－1705－0004340 馮善 2299 集部/別集類/明別集

滄溟先生集三十卷附錄一卷 （明）李攀龍撰 明隆慶六年(1572)刻本 十冊

330000－1705－0004341 馮善 1989 集部/別集類/漢魏六朝別集

陶靖節集十卷總論一卷 （晉）陶潛撰 （宋）湯漢箋注 明萬曆十五年(1587)休陽程氏刻本 清木庵題記 一冊

330000－1705－0004342 馮善 2501 集部/別集類/清別集

恭壽堂編年文鈔一卷雜著一卷 （清）萬承勛撰 稿本 清金埴批並跋 一冊

330000－1705－0004343 馮善 2369 集部/

別集類/清別集

吞月子集不分卷 （清）毛聚奎撰 吞月子集
附錄一卷 馮貞羣編次 清抄本 張美翊題
記 一冊

330000－1705－0004344 馮善 2313 集部/
別集類/明別集

喙鳴文集二十一卷詩集十八卷敬事草十九卷
　（明）沈一貫撰 明刻本 四冊 存十卷
（文集一至二、十六、十八至二十一，詩集十六
至十八）

330000－1705－0004345 馮善 2297 集部/
別集類/明別集

二谷山人近稿十卷 （明）侯一元撰 明刻本
　馮貞群題記 六冊 存六卷（一至六）

330000－1705－0004346 馮善 1990 集部/
別集類/漢魏六朝別集

陶靖節集十卷總論一卷 （晉）陶潛撰 （宋）
湯漢箋注 明嘉靖二十五年（1546）蔣孝刻本
　一冊 存六卷（五至十）

330000－1705－0004347 馮善 2286 集部/
別集類/明別集

念菴羅先生集十三卷 （明）羅洪先撰 明嘉
靖四十二年（1563）劉玠刻本 八冊

330000－1705－0004349 馮善 2502 集部/
別集類/清別集

勉力集□□卷 （清）萬承勛撰 稿本 一冊
　存二卷（二至三）

330000－1705－0004350 馮善 2195 集部/
別集類/宋別集

本堂集九十四卷 （宋）陳著撰 清徐時棟煙
嶼樓抄本 清徐時棟批並題記 一冊 存十
六卷（一至九、四十八至五十二、九十至九十
一）

330000－1705－0004351 馮善 2316 集部/
別集類/明別集

玉茗堂集選十五卷 （明）湯顯祖撰 （明）帥
機等輯 明萬曆三十四年（1606）周如淓刻本
　二冊

330000－1705－0004352 馮善 2280 集部/
別集類/明別集

李卓吾先生讀升菴集二十卷 （明）楊慎撰
（明）李贄輯並評 明刻本 二冊

330000－1705－0004353 馮善 2261 集部/
別集類/明別集

方正學先生遜志齋集二十四卷外紀二卷
（明）方孝孺撰 明萬曆四十年（1612）丁賓等
刻本［卷二十一至二十四補配明崇禎十六年
（1643）刻清康熙重修本］ 十六冊

330000－1705－0004354 馮善 2298 集部/
別集類/明別集

白華樓藏稿十一卷續稿十五卷吟稿十卷
（明）茅坤撰 （明）姚翼輯 明萬曆刻本 六
冊 存十一卷（藏稿一至十一）

330000－1705－0004355 馮善 2246 集部/
別集類/明別集

誠意伯劉先生文集二十卷 （明）劉基撰 明
正德十四年（1519）林富處州刻本 七冊 缺
四卷（七至八、十九至二十）

330000－1705－0004356 馮善 2266 集部/
別集類/明別集

文清公薛先生文集二十四卷 （明）薛瑄撰
明萬曆四十二年（1614）河津薛士弘真寧官署
刻本 十二冊

330000－1705－0004357 馮善 2306 集部/
別集類/明別集

沈句章詩選不分卷 （明）沈明臣撰 清抄本
　一冊

330000－1705－0004358 馮善 2317 集部/
別集類/明別集

白榆集二十八卷 （明）屠隆撰 明刻本 五
冊 存十一卷（一至三、六至七、十五至二十）

330000－1705－0004359 馮善 2197 集部/
別集類/宋別集

四明文獻集五卷 （宋）王應麟撰 清抄本
清全愚山題記 三冊

330000－1705－0004360 馮善 2303 集部/

別集類/明別集

白石山人詩選後編一卷 （明）蔡汝楠撰
（明）楊慎輯　明嘉靖胡定刻本　一冊

330000－1705－0004361　馮善 2401　集部/
別集類/清別集

野眺樓近草八卷 （清）張瑤芝撰　清徐氏煙
嶼樓抄本　一冊

330000－1705－0004362　馮善 2508　集部/
別集類/清別集

陶陶軒詩集總抄十卷 （清）史榮撰　清雲溪
抄本　張美翊、馮貞群題記　一冊　存一卷
（二）

330000－1705－0004363　馮善 2221　集部/
總集類/彙編之屬

元人集十種五十四卷 （明）毛晉編　明崇禎
十一年（1638）毛氏汲古閣刻本　一冊　存
一種

330000－1705－0004365　馮善 2281　集部/
別集類/明別集

戴中丞遺集八卷 （明）戴鼇撰　（明）張時徹
選　附錄一卷　（明）張時徹撰　明嘉靖三十
九年（1560）戴士充刻本（卷三至八、附錄補配
馮貞群抄本）　馮貞群題記　三冊

330000－1705－0004366　馮善 2347　集部/
總集類/選集之屬/斷代

皇明十六名家小品三十二卷 （明）丁允和
（明）陸雲龍編　明崇禎六年（1633）錢塘陸雲
龍崢霄館刻本　二冊　存二卷（陳眉公文集
一至二）

330000－1705－0004367　馮善 2307　集部/
別集類/明別集

農丈人詩集八卷文集二十卷 （明）余寅撰
明萬曆刻本　三冊　存六卷（詩集一至四、七
至八）

330000－1705－0004368　馮善 2422　集部/
別集類/清別集

葦間詩集五卷 （清）姜宸英撰　清康熙五十
二年（1713）唐執玉刻本　馮貞群題記　二冊

330000－1705－0004369　馮善 2191　集部/
別集類/宋別集

校注橘山四六二十卷 （宋）李廷忠撰　（明）
孫雲翼注　明萬曆三十五年（1607）刻本　馮
貞群題記　八冊

330000－1705－0004370　馮善 2544　集部/
別集類/清別集

**鮚埼亭集三十八卷首一卷外編五十卷全謝山
先生經史問答十卷** （清）全祖望撰　清嘉慶
九年（1804）餘姚史夢蛟借樹山房刻同治十一
年（1872）印本　馮貞群批校並跋　二十四冊

330000－1705－0004371　馮善 2187　集部/
別集類/宋別集

程端明公洺水集二十六卷首一卷 （宋）程珌
撰　明嘉靖刻本　一冊　存六卷（十五至二
十）

330000－1705－0004372　馮善 2300　集部/
別集類/明別集

新鍥會元湯先生批評滄溟文選評林五卷
（明）李攀龍撰　（明）湯賓尹評　明書林詹霖
宇刻本　四冊

330000－1705－0004374　馮善 2209　集部/
別集類/金別集

閑閑老人滏水文集二十卷附錄一卷 （金）趙
秉文撰　清文珍樓抄本　三冊　存十二卷
（一至三、七至九、十六至二十,附錄）

330000－1705－0004375　馮善 2515　集部/
別集類/清別集

焦明詩不分卷 （清）李鍇撰　（清）陳右銘評
點　清抄本　馮貞群題記　陳古銘批並跋
一冊

330000－1705－0004376　馮善 2287　集部/
別集類/明別集

歸先生文集三十二卷附錄一卷 （明）歸有光
撰　明萬曆四年（1576）翁良瑜雨金堂刻重修
本　四冊　存二十二卷（一至三、十二至三
十）

330000－1705－0004377　馮善 2324　集部/

別集類/明別集

雷仙詩集一卷 （明）馮元颺撰 清抄本 馮
貞群題記 一冊

330000－1705－0004378 馮善 2428 集部/
別集類/清別集

湛園未刻稿不分卷 （清）姜宸英撰 清抄本
馮貞群題記 一冊

330000－1705－0004379 馮善 2190 集部/
別集類/宋別集

玉楮集八卷 （宋）岳珂撰 清嘉慶元年
（1796）王端履抄本 二冊

330000－1705－0004380 馮善 2269 集部/
別集類/明別集

碧川文選八卷詩選八卷別錄一卷補遺一卷
（明）楊守阯撰 明崇禎楊德周刻本 五冊

330000－1705－0004383 馮善 2519 集部/
別集類/清別集

磊園詩刪不分卷 （清）徐嵩高撰 稿本
三冊

330000－1705－0004384 馮善 2828 集部/
別集類/清別集

煙嶼樓詩集十八卷 （清）徐時棟撰 稿本
二冊

330000－1705－0004385 馮善 2645 集部/
別集類/清別集

兩當軒集二十卷補遺二卷附錄四卷 （清）黃
景仁撰 兩當軒集攷異二卷 （清）黃志述撰
清光緒二年（1876）武進黃氏家塾刻本 馮
开批並跋 四冊

330000－1705－0004386 馮善 3009 集部/
總集類/選集之屬/通代

六家文選六十卷 （南朝梁）蕭統輯 （唐）李
善 （唐）呂延濟 （唐）劉良 （唐）張銑
（唐）呂向 （唐）李周翰注 明嘉靖十三年至
二十八年（1534－1549）吳郡袁褧嘉趣堂刻本
二十九冊

330000－1705－0004387 馮善 3019 集部/
總集類/選集之屬/通代

六臣註文選六十卷 （南朝梁）蕭統輯 （唐）
李善 （唐）呂延濟 （唐）劉良 （唐）張銑
（唐）李周翰 （唐）呂向注 明萬曆二年
（1574）崔孔昕刻六年（1578）徐成位重修本
三十冊

330000－1705－0004388 馮善 2552 史部/
目錄類/書志之屬/題跋

鮚埼亭題跋十卷 （清）全祖望撰 清抄本
清鄭勳批校並題記 三冊 存七卷（一至七）

330000－1705－0004389 馮善 2647 集部/
別集類/清別集

夢符文稿不分卷 （清）楊與岑撰 稿本 清
錢維喬、趙懷玉跋 一冊

330000－1705－0004390 馮善 2830 集部/
別集類/清別集

煙嶼樓詩集二卷 （清）徐時棟撰 稿本 馮
貞群題記 二冊

330000－1705－0004391 馮善 3010 集部/
總集類/選集之屬/通代

文選六十卷 （南朝梁）蕭統輯 （唐）李善注
清乾隆二十五年（1760）嵩山書屋刻本 十
六冊

330000－1705－0004392 馮善 2829 集部/
別集類/清別集

煙嶼樓詩集一卷 （清）徐時棟撰 稿本
一冊

330000－1705－0004393 馮善 2827 集部/
別集類/清別集

煙嶼樓詩初稿一卷 （清）徐時棟撰 稿本
一冊

330000－1705－0004394 馮善 3122 集部/
總集類/選集之屬/通代

詩紀一百五十六卷目錄三十六卷 （明）馮惟
訥輯 明萬曆吳琯、謝陛、陸弼、俞策刻本
四十冊

330000－1705－0004395 馮善 2538 集部/
別集類/清別集

鮚埼亭集三十八卷首一卷 （清）全祖望撰

年譜一卷　（清）董秉純撰　清抄本　清蔣學
鏞批校　七冊　存三十四卷（一至二十八、三
十四至三十八，年譜）

330000－1705－0004396　馮善2680　集部/
別集類/清別集

二硯窩文不分卷　（清）鄭勳撰　稿本　馮貞
群題記　一冊

330000－1705－0004397　馮善3021、馮善
3547　集部/總集類/彙編之屬

漢魏六朝諸名家集（漢魏六朝二十一名家集）
　（明）汪士賢編　明萬曆至天啓新安汪氏刻
本　二十八冊　存十八種

330000－1705－0004398　馮善2838　集部/
別集類/清別集

憧橋詩稿十卷　（清）徐時樑撰　清煙嶼樓抄
本　二冊

330000－1705－0004399　馮善3014　集部/
總集類/選集之屬/通代

文選六十卷　（南朝梁）蕭統輯　（唐）李善注
　明成化二十三年（1487）唐藩朱芝址刻本
十六冊

330000－1705－0004400　馮善2681　集部/
別集類/清別集

二硯窩詩稿偶存五卷詞一卷　（清）鄭勳撰
稿本　清徐時棟跋　一冊

330000－1705－0004401　馮善2578　集部/
別集類/清別集

春雨樓初刪稿不分卷　（清）董秉純撰　清抄
本　三冊

330000－1705－0004402　馮善3220　集部/
詞類/類編之屬

宋名家詞六十一種九十卷　（明）毛晉編　明
崇禎虞山毛氏汲古閣刻清初味閒軒印本　馮
貞群批並跋　二十八冊

330000－1705－0004403　馮善2579　集部/
別集類/清別集

春雨樓初刪稿十二卷　（清）董秉純撰　清敬
遺軒盧氏抄本　一冊　存三卷（一至三）

330000－1705－0004404　馮善2825　集部/
別集類/清別集

弢雅堂詩集四卷　（清）符葆森撰　清抄本
清符棣棠題記　四冊

330000－1705－0004405　馮善2539　集部/
別集類/清別集

鮚埼亭集二十二卷　（清）全祖望撰　清抄本
　六冊

330000－1705－0004406　馮善2692　集部/
別集類/清別集

浮碧山館雜錄不分卷　（清）吳德旋撰　清浮
碧山館稿本　一冊

330000－1705－0004407　馮善3640　集部/
總集類/氏族之屬

彙鍥註釋三蘇文苑八卷　（宋）蘇洵　（宋）蘇
軾　（宋）蘇轍撰　（明）李叔元輯　明萬曆三
十二年（1604）刻本　八冊

330000－1705－0004408　馮善3012　集部/
總集類/選集之屬/通代

文選纂註評林十二卷　（南朝梁）蕭統輯
（明）張鳳翼纂註　（明）王世懋刪定　（明）
陸弘祚輯訂　明萬曆刻本　十二冊

330000－1705－0004410　馮善3033　集部/
總集類/選集之屬/斷代

重校正唐文粹一百卷　（宋）姚鉉輯　明刻本
（目錄補配清抄本）　馮貞群題記　八冊

330000－1705－0004411　馮善2599　集部/
別集類/清別集

臺山文稿一卷　（清）羅有高撰　清抄本　清
柳東題記　一冊

330000－1705－0004412　馮善2716　集部/
別集類/清別集

鞠小正臆述一卷青村吟一卷白龍吟一卷
（清）馮京第撰　清抄本　一冊

330000－1705－0004413　馮善2880　集部/
別集類/清別集

浮碧山館駢文二卷　（清）馮可鏞撰　稿本
一冊

330000－1705－0004414　馮善 3013　集部/
總集類/選集之屬/通代

文選章句二十八卷　（明）陳與郊撰　明萬曆
二十六年(1598)刻四十四年(1616)重修本
二十冊

330000－1705－0004415　馮善 3116　集部/
總集類/選集之屬/通代

樂府詩集一百卷目錄二卷　（宋）郭茂倩輯
元至正元年(1341)集慶路儒學刻明遞修本
（卷四十二至四十八、七十九至八十二配抄
本）二十七冊　缺四卷(九十至九十三)

330000－1705－0004416　馮善 3309　子部/
叢編

諸子彙函　（明）歸有光編　明天啟刻本　二
十六冊

330000－1705－0004417　馮善 2597　集部/
別集類/清別集

孝溪舊聞一卷書同文詩草一卷　（清）馮彥珽
撰　清抄本　一冊

330000－1705－0004418　馮善 3283　集部/
總集類/選集之屬/斷代

唐音癸籤三十三卷　（明）胡震亨輯　清順治
雙與堂刻本　四冊

330000－1705－0004419　馮善 2607　集部/
別集類/清別集

邵景夫文稿不分卷　（清）邵鐸撰　稿本　馮
貞群題記　一冊

330000－1705－0004420　馮善 2734　集部/
別集類/清別集

古干亭詩集六卷文集二卷　（清）黃桐孫撰
清抄本　四冊

330000－1705－0004421　馮善 3306　子部/
雜著類/雜纂之屬

百家類纂四十卷　（明）沈津輯　明隆慶元年
(1567)含山縣儒學刻本　馮貞群題簽　二
十冊

330000－1705－0004422　馮善 3328　集部/
別集類/唐五代別集

330000－1705－0004423　馮善 2284　集部/
別集類/明別集

皇甫司勳集六十卷　（明）皇甫汸撰　明刻本
一冊　存七卷(二十一至二十七)

330000－1705－0004424　馮善 2546　集部/
別集類/清別集

鮚埼亭詩集不分卷　（清）全祖望撰　稿本
馮貞群題記　一冊

330000－1705－0004425　馮善 2743　集部/
別集類/清別集

秋竹詩稿不分卷　（清）顧二陸撰　稿本　清
陳權、清徐汝諧、馮貞群題記　二冊

330000－1705－0004426　馮善 2264　集部/
別集類/明別集

符臺外集二卷　（明）袁忠徹撰　清明霞樓抄
本　馮貞群跋　二冊

330000－1705－0004427　馮善 2546－1　集
部/別集類/清別集

鮚埼亭詩集五卷　（清）全祖望撰　清抄本
一冊

330000－1705－0004429　馮善 2775　集部/
別集類/清別集

正始堂集一卷　（清）施澐撰　**九華仙館集一
卷**　（清）陳筠湘撰　清抄本　一冊

330000－1705－0004430　馮善 2282　集部/
別集類/明別集

定齋先生詩集二卷　（明）王應鵬撰　清煙嶼
樓抄本　一冊

330000－1705－0004431　善 5018　集部/別
集類/唐五代別集

**朱文公校昌黎先生文集四十卷外集十卷遺文
一卷**　（唐）韓愈撰　（宋）朱熹考異　（宋）
王伯大音釋　（唐）李漢編集　（明）朱吾弼重
編　**朱文公校昌黎先生集傳一卷**　明萬曆朱
崇沐刻本　十二冊

330000－1705－0004432　　馮善 3124　　集部/
總集類/選集之屬/斷代

唐詩品彙九十卷拾遺十卷詩人爵里詳節一卷
（明）高棅輯　（明）汪宗尼訂　清順治十四年(1657)梅墅石渠閣刻本　十二冊　缺一卷
(詩人爵里詳節)

330000－1705－0004433　　馮善 2546－2　　集部/別集類/清別集

鮚埼亭詩集四卷　（清）全祖望撰　清抄本
一冊

330000－1705－0004434　　馮善 2894　　集部/別集類/清別集

見山樓詩選不分卷　（清）張翊儔撰　清光緒二十二年(1896)馮鴻墀抄本　清馮鴻墀題簽並記　一冊

330000－1705－0004436　　馮善 2761　　集部/別集類/清別集

簹莊詩草不分卷　（清）周簹莊撰　稿本　馮貞群題記　一冊

330000－1705－0004437　　馮善 2768　　集部/別集類/清別集

襄陵詩草不分卷　（清）孫家穀撰　稿本
一冊

330000－1705－0004438　　馮善 2452　　集部/別集類/清別集

管村編年詩六卷　（清）萬言撰　稿本　一冊

330000－1705－0004439　　馮善 3205　　集部/總集類/選集之屬/通代

詩歸五十一卷(古詩歸十五卷唐詩歸三十六卷)　（明）鍾惺　（明）譚元春輯　明萬曆四十五年(1617)刻本　十二冊

330000－1705－0004440　　馮善 3345　　經部/詩類/三家詩之屬

詩外傳十卷　（漢）韓嬰撰　明嘉靖沈辨之野竹齋刻本　一冊　存二卷(一至二)

330000－1705－0004441　　馮善 2892　　集部/別集類/清別集

麟洲詩草八卷　（清）張翊儔撰　稿本　馮开

跋　二冊

330000－1705－0004442　　馮善 2454　　集部/別集類/清別集

管村先生文鈔內編三卷　（清）萬言撰　清徐氏煙嶼樓抄本　三冊

330000－1705－0004443　　馮善 2792　　集部/別集類/清別集

姚復莊詩稿手寫本一卷　（清）姚燮撰　稿本
一冊

330000－1705－0004444　　馮善 3350　　經部/春秋左傳類/正文之屬

春秋不分卷　明陳儒刻本　一冊

330000－1705－0004445　　馮善 3154　　集部/總集類/選集之屬/斷代

中州集十卷首一卷中州樂府一卷　（金）元好問輯　明末海虞毛氏汲古閣刻本　清王澧、清中恬跋　十一冊

330000－1705－0004446　　馮善 2860　　集部/別集類/清別集

詩農詩稿一卷　（清）張庭學撰　清徐時棟煙嶼樓抄本　一冊

330000－1705－0004447　　馮善 2769　　集部/別集類/清別集

襄陵詩詞不分卷　（清）孫家穀撰　清抄本
馮貞群題簽　三冊

330000－1705－0004448　　馮善 3390　　史部/編年類/通代之屬

綱鑑要選十卷　（明）王世貞輯　（明）郭子章訂　明刻本　五冊

330000－1705－0004449　　馮善 3035　　集部/總集類/選集之屬/斷代

校正重刊官板宋朝文鑑一百五十卷目錄三卷
（宋）呂祖謙編　明刻本　二十四冊

330000－1705－0004450　　善 2551　　史部/金石類/璽印之屬/文字

五合曲印譜五卷　（明）陸儀子篆　（明）周士德選　明萬曆四十五年(1617)刻鈐印本

一冊

330000－1705－0004451　馮善 2545　集部/別集類/清別集

鮚埼亭詩集十卷　（清）全祖望撰　清抄本清馮登府圈點並題記　二冊

330000－1705－0004452　馮善 3307　類叢部/叢書類/彙編之屬

漢魏叢書三十八種　（明）程榮編　明萬曆二十年(1592)新安程氏刻本　馮貞群題記　六十四冊　存三十六種

330000－1705－0004453　馮善 2850　集部/別集類/清別集

望雲山館賦稿不分卷　（清）章鋆撰　清抄本　馮貞群題記　一冊

330000－1705－0004454　馮善 3310　類叢部/叢書類/彙編之屬

稗海四十八種續集二十二種　（明）商濬編明萬曆商氏半埜堂刻清康熙振鷺堂重編補刻本　一百五冊　存六十四種

330000－1705－0004455　馮善 3213　集部/總集類/選集之屬/通代

古詩選讀一卷　（清）張翊儁輯　稿本　一冊

330000－1705－0004456　馮善 2541　集部/別集類/清別集

鮚埼亭集外編不分卷　（清）全祖望撰　清抄本　三冊

330000－1705－0004457　馮善 3061　集部/總集類/選集之屬/通代

集古評釋西山真先生文章正宗二十四卷（宋）真德秀輯　（明）唐順之批點　（明）俞思沖補訂　明容與堂刻本　十二冊

330000－1705－0004458　馮善 3433、馮善 3561　集部/總集類/選集之屬/通代

唐宋八大家文鈔一百六十六卷　（明）茅坤編　明萬曆七年(1579)茅一桂刻本　十冊　存二種

330000－1705－0004459　馮善 2924　集部/

別集類/清別集

述古堂文稿不分卷　（清）馮一梅撰　稿本五冊

330000－1705－0004460　馮善 3130　集部/總集類/選集之屬/斷代

唐人選唐詩八種　（明）毛晉編　明崇禎海虞毛氏汲古閣刻本　四冊　存一種

330000－1705－0004461　馮善 2904　集部/別集類/清別集

硯雲詩稿不分卷　（清）王迪中撰　稿本一冊

330000－1705－0004462　馮善 3062　集部/總集類/選集之屬/通代

西山先生真文忠公文章正宗二十四卷續二十卷　（宋）真德秀輯　明末刻本　五冊　存十九卷(續文章正宗一至十九)

330000－1705－0004463　馮善 3574　集部/別集類/宋別集

海瓊玉蟾先生文集六卷續集二卷　（宋）葛長庚撰　（明）朱權重輯　明刻本　八冊

330000－1705－0004464　馮善 3543　集部/別集類/漢魏六朝別集

曹子建集十卷　（三國魏）曹植撰　明刻本二冊

330000－1705－0004465　馮善 2755　集部/別集類/清別集

瘦華盦詩稿一卷玉雪軒主草稿一卷桃花渡榜謳二卷二簞廬漫唱一卷　（清）周世緒撰　稿本　清沈默、清黃桐孫、清黃維岳題記　五冊

330000－1705－0004466　馮善 3311　類叢部/叢書類/彙編之屬

津逮祕書十五集一百四十種　（明）毛晉編明崇禎虞山毛氏汲古閣刻本　馮貞群題記二百二十二冊　存一百二十七種

330000－1705－0004467　善 2038　史部/地理類/專志之屬/古跡

陌巷志八卷　（明）陳鎬撰　明正德刻本　一冊　存二卷(七至八)

330000－1705－0004468　馮善 3676　集部/
總集類/郡邑之屬

同人吟稿一卷　（清）屠繼序等輯　稿本
二冊

330000－1705－0004469　馮善 2793　集部/
別集類/清別集

復莊駢儷文榷二編八卷　（清）姚燮撰　稿本
清蔣敦復、清趙榮光跋　四冊

330000－1705－0004470　馮善 3635　集部/
總集類/選集之屬/通代

秦漢文鈔不分卷　（明）馮有翼輯　明萬曆四
十一年(1613)清音館刻本　十二冊

330000－1705－0004471　馮善 3544　集部/
總集類/彙編之屬

漢魏六朝諸名家集（漢魏六朝二十一名家集）
（明）汪士賢編　明萬曆至天啓新安汪氏刻
本　二冊　存一種

330000－1705－0004472　馮善 3681　集部/
總集類/酬唱之屬

重刻遊杭合集一卷　（清）徐元第　（清）徐時
棟撰　清煙嶼樓稿本　一冊

330000－1705－0004473　馮善 3110　集部/
總集類/氏族之屬

甬上屠氏遺詩前編四卷續編二卷　（清）屠繼
序輯　清煙嶼樓抄本　三冊

330000－1705－0004474　馮善 3682　集部/
總集類/酬唱之屬

重刻遊杭合集一卷　（清）徐元第　（清）徐時
棟撰　清煙嶼樓抄本　一冊

330000－1705－0004475　馮善 2794　集部/
別集類/清別集

姚復莊文稿不分卷　（清）姚燮撰　小復詩稿
不分卷　（清）姚燮撰　稿本　二冊

330000－1705－0004477　馮善 3639　集部/
總集類/選集之屬/斷代

大宋文鑑一百五十卷目錄三卷　（宋）呂祖謙
輯　明正德十三年(1518)慎獨齋刻本　二十
四冊

330000－1705－0004478　馮善 3082　集部/
總集類/選集之屬/通代

名世文宗二十卷外集四卷　（明）胡時化輯
（明）郭子章參輯　明萬曆五年(1577)馮叔吉
願聞堂刻本　十二冊

330000－1705－0004479　善 2820　集部/曲
類/曲藝之屬

晝錦堂記十六卷　清抄本　三十冊

330000－1705－0004480　馮善 3553　集部/
別集類/唐五代別集

王摩詰詩集七卷　（唐）王維撰　（明）凌濛初
輯　明凌濛初刻閔氏朱墨套印本　四冊

330000－1705－0004481　善 2651　子部/雜
著類/雜說之屬

雲麓漫鈔十五卷　（宋）趙彥衛撰　清陳鱣抄
本　清陳鱣批校並跋　四冊

330000－1705－0004482　馮善 2756　集部/
別集類/清別集

瘦華盦留艸一卷銅缾瓦硯之邁詞藁三卷
（清）周世緒撰　稿本　清沈默、清孫家椷、馮
貞群題記　二冊

330000－1705－0004483　馮善 3603　集部/
別集類/清別集

書同文詩艸一卷　（清）馮彥珽撰　（清）馮應
翱增註　清抄本　一冊

330000－1705－0004484　馮善 3106　集部/
總集類/郡邑之屬

四明文徵十六卷　（清）袁鈞撰　清抄本　馮
貞群題記　八冊

330000－1705－0004485　馮善 3121　集部/
總集類/彙編之屬

六朝詩集　明嘉靖刻本　馮貞群題記並校
十二冊

330000－1705－0004486　馮善 3638　集部/
總集類/選集之屬/通代

唐宋八大家文鈔一百六十六卷　（明）茅坤編
明萬曆七年(1579)茅一桂刻本　二十五冊
存八種

330000－1705－0004487　馮善 3548　集部/别集類/唐五代別集

分類補註李太白詩二十五卷　（唐）李白撰（宋）楊齊賢集註　（元）蕭士贇補註　明嘉靖寶善堂刻本　一冊　存七卷（四至十）

330000－1705－0004488　馮善 3695　集部/詞類/詞話之屬

楊升菴辭品四卷　（明）楊慎撰　明刻本　一冊　存二卷（三至四）

330000－1705－0004489　馮善 3081　集部/總集類/選集之屬/通代

文字會寶不分卷　（明）朱文治輯　明萬曆三十六年（1608）朱氏刻本　六冊

330000－1705－0004490　馮善 3696　集部/詞類/類編之屬

詞苑英華九種　（明）毛晉編　明崇禎毛氏汲古閣刻本　十二冊

330000－1705－0004491　馮善 3625　集部/總集類/選集之屬/通代

文編六十四卷　（明）唐順之輯　明天啟刻本　三十一冊

330000－1705－0004492　馮善 4608　集部/總集類/選集之屬/斷代

新刻春秋詞命三卷　（明）王鏊輯　明刻本　一冊

330000－1705－0004493　馮 3499　子部/雜著類/雜纂之屬

諸子奇賞前集五十一卷後集六十卷　（明）陳仁錫輯評　明天啓三徑齋刻本　二十冊　存五十一卷（前集一至五十一）

330000－1705－0004494　馮善 4927　集部/戲劇類/總集之屬/傳奇

六十種曲一百二十卷　（明）毛晉編　明末毛氏汲古閣刻清修補本　馮貞群題記　一冊　存一種

330000－1705－0004495　馮善 4926　集部/戲劇類/總集之屬/傳奇

六十種曲一百二十卷　（明）毛晉編　明末毛氏汲古閣刻本　十冊　存七種

330000－1705－0004496　馮善 4575　集部/總集類/選集之屬/通代

八代詩乘四十五卷吳詩一卷總錄二卷補遺一卷　（明）梅鼎祚輯　明萬曆十一年（1583）劉文顯、徐象慶等刻三十四年（1606）寧國郡續刻本　十冊　存四十一卷（漢魏詩乘一至二十四、宋詩乘一至四、齊詩乘一至二、梁詩乘一至六、北朝詩乘一至二、隋詩乘一至三）

330000－1705－0004497　馮善 3654　集部/總集類/選集之屬/斷代

萬首唐人絕句一百一卷　（宋）洪邁輯　明嘉靖十九年（1540）陳敬學德星堂刻本　十九冊　缺十二卷（五言七至十三、七言七十一至七十五）

330000－1705－0004498　馮善 2795　集部/别集類/清別集

上湖詩問二卷詩問四卷　（清）姚燮撰　稿本　清佘文植、清周學濂、清屬志、清高敏、清曹清張際亮、清葉元堦、清奚疑、清劉泳之、清蔣鑄、清韋光黻、清郭儀霄、清黃劍、清汪全泰、清端木國瑚、清吳廷燮、清潘德輿、清西樓、清孫麟趾、清潘曾瑩、清汪全泰、清徐時棟、清張洺、清計光炘、清蔣寶齡、清葉金臚、清孔繼祥、清鴻卿跋　三冊

330000－1705－0004499　善 2024　史部/地理類/水利之屬

東吳水利考十卷　（明）王圻撰　明刻本　二冊　存三卷（六、八至九）

330000－1705－0004500　善 2032　史部/地理類/專志之屬/祠墓

帝陵圖說三卷　（清）梁份撰　清抄本　二冊

330000－1705－0004501　善 2025　史部/地理類/水利之屬

河防一覽十四卷　（明）潘季馴撰　明萬曆十八年（1590）潘季馴刻本　五冊　存六卷（一、三至四、七、九、十四）

330000－1705－0004502　馮善 3493　子部/

雜家類

淮南鴻烈解二十一卷 （漢）劉安撰 （漢）高誘注 （明）茅坤等評 明刻朱墨套印本 六冊

330000－1705－0004503 善 2033 史部/地理類/專志之屬/宮殿

雍錄十卷 （宋）程大昌撰 明安國刻本 一冊 存二卷（四至五）

330000－1705－0004504 善 2050 史部/地理類/山川之屬/山志

名山勝槩記四十八卷圖一卷附錄一卷 （明）何鏜輯 （明）慎蒙續輯 （清）張縉彥等補輯 明崇禎刻本 三十八冊 存四十四卷（二至二十六、二十八至四十六）

330000－1705－0004505 善 2039 史部/地理類/專志之屬/古跡

石柱記五卷 （唐）顏真卿撰 （清）朱彝尊補 （清）鄭元慶箋釋 （清）章廷宏審定 清康熙四十一年（1702）鄭元慶魚計亭刻本（序跋、目錄、卷四至五抄配） 一冊

330000－1705－0004506 善 2034 史部/地理類/專志之屬/古跡

汴京遺蹟志二十四卷 （明）李濂撰 明嘉靖二十五年（1546）刻本 十二冊 缺四卷（一至四）

330000－1705－0004507 善 2051 史部/地理類/山川之屬/山志

名山記選二十卷 （明）王微輯 明末刻本 九冊 存十八卷（一至六、九至二十）

330000－1705－0004508 馮善 3498 子部/雜著類/雜說之屬

水東日記三十八卷 （明）葉盛撰 明刻本 一冊 存五卷（二十四至二十八）

330000－1705－0004509 善 2049 史部/地理類/山川之屬/山志

古今游名山記十七卷總錄三卷 （明）何鏜編輯 明嘉靖四十四年（1565）何鏜刻本 清鏡西居士批並跋 七冊 存十二卷（三至四、七至十、十二至十七）

330000－1705－0004510 善 2026 史部/地理類/水利之屬

河防一覽榷十二卷 （明）潘季馴 （明）潘大復撰 明刻清康熙修本 六冊

330000－1705－0004511 善 2036 史部/地理類/雜志之屬

帝京景物署八卷 （明）劉侗 （明）于奕正撰 明崇禎刻本 一冊 存二卷（五至六）

330000－1705－0004512 善 2047 史部/地理類/專志之屬/寺觀

雲棲紀事一卷孝義無礙庵錄一卷 （明）釋袾宏撰 明萬曆刻本 一冊

330000－1705－0004513 善 2037 史部/地理類/雜志之屬

帝京景物署八卷 （明）劉侗 （明）于奕正撰 明崇禎刻本 二冊 存一卷（一）

330000－1705－0004514 善 2055 史部/地理類/遊記之屬/紀行

客越志二卷 （明）王稺登撰 明隆慶元年（1567）吳氏蕭疎齋刻本 一冊 存一卷（一）

330000－1705－0004515 善 2043 史部/地理類/專志之屬/古跡

浙中古蹟考四卷 （清）吳穎芳輯 清抄本 四冊

330000－1705－0004516 善 2064 史部/金石類/金之屬/圖像

重修宣和博古圖錄三十卷 （宋）王黼等撰 明嘉靖七年（1528）蔣暘刻本 三十冊 缺一卷（二十二）

330000－1705－0004517 善 2080 史部/金石類/總志之屬/圖像

求古精舍金石圖四卷 （清）陳經撰 清嘉慶十八年至二十二年（1813－1817）烏程陳經說劍樓刻本 四冊

330000－1705－0004518 善 2074 史部/金石類/石之屬/通考

石墨鐫華八卷　（明）趙崡撰　明萬曆四十六年（1618）趙崡刻本　二冊

330000－1705－0004519　善2063　史部/金石類/金之屬/通考

至大重修宣和博古圖錄三十卷　（宋）王黼等撰　明刻本　十五冊

330000－1705－0004520　善2054　集部/別集類/明別集

五嶽遊草十二卷　（明）王士性撰　清康熙三十年（1691）臨海馮甦刻本　四冊

330000－1705－0004521　善2065　史部/金石類/金之屬/圖像

泊如齋重修宣和博古圖錄三十卷　（宋）王黼等撰　明萬曆十六年（1588）泊如齋刻本　十二冊　存十八卷（四至十一、十三至十五、十八至二十二、二十六至二十七）

330000－1705－0004522　善2044　集部/總集類/郡邑之屬

墟中十八詠一卷圖一卷　（清）章大來輯　清康熙四十一年（1702）刻本　一冊

330000－1705－0004523　善2072　史部/地理類/專志之屬/古跡

名蹟錄七卷　（明）朱珪撰　清鳴野山房抄本　四冊

330000－1705－0004524　善2028　史部/地理類/專志之屬/宮殿

三輔黃圖六卷　（漢）□□撰　明嘉靖四十三年（1564）薛晨刻本　一冊

330000－1705－0004525　善2056　史部/地理類/遊記之屬/紀行

竺國紀游四卷　（清）周藹聯撰　清薌樕書室抄本　二冊

330000－1705－0004526　善2079　史部/金石類/總志之屬/圖像

求古精舍金石圖四卷　（清）陳經撰　清嘉慶十八年至二十二年（1813－1817）烏程陳經說劍樓刻本　四冊

330000－1705－0004527　善2085　史部/目錄類/總錄之屬/官修

欽定天祿琳琅書目十卷　（清）于敏中等撰　清抄本　清周星詒記　四冊

330000－1705－0004528　善2052　類叢部/叢書類/彙編之屬

亦政堂鐫陳眉公普秘笈一集五十種　（明）陳繼儒編　明萬曆沈氏亦政堂刻本　一冊　存一種

330000－1705－0004529　善2057　類叢部/叢書類/自著之屬

王漁洋遺書三十八種　（清）王士禛撰　清刻本　一冊　存一種

330000－1705－0004530　善2086　史部/目錄類/總錄之屬/官修

欽定四庫全書簡明目錄二十卷　（清）紀昀等撰　清乾隆六十年（1795）浙江刻本　朱鼎煦記　清邵懿辰批　九冊　存十一卷（九至十九）

330000－1705－0004531　善2078　史部/金石類/總志之屬/通考

重定金石契不分卷　（清）張燕昌撰　清乾隆三十六年（1771）自刻四十三年（1778）重定本　四冊

330000－1705－0004532　善2077　史部/金石類/郡邑之屬/文字

粵東金石略九卷首一卷附二卷　（清）翁方綱撰　清乾隆刻本　孫家湉題簽並記　一冊

330000－1705－0004533　善2081　史部/金石類/總志之屬

蘇齋題跋二卷　（清）翁方綱撰　清抄本　二冊

330000－1705－0004534　善2059　子部/雜著類/雜說之屬

海國雜記一卷　（清）胡學峰撰　清抄本　朱鼎煦題記　一冊

330000－1705－0004535　善2075　史部/金石類/石之屬/通考

石墨鐫華八卷　（明）趙崡撰　明萬曆四十六年(1618)趙崡刻本　一冊　存二卷(一至二)

330000－1705－0004536　善 2101　子部/雜著類/雜纂之屬

百家類纂四十卷　（明）沈津輯　明隆慶元年(1567)含山縣儒學刻本　二十四冊　存二十六卷(一至二十二、二十四至二十七)

330000－1705－0004537　善 2110　子部/叢編

諸子彙函　（明）歸有光編　明天啟六年(1626)立達堂刻清聚英堂印本　二十七冊

330000－1705－0004538　善 2112　子部/雜著類/雜纂之屬

諸子奇賞前集五十一卷後集六十卷　（明）陳仁錫輯評　明天啓三徑齋刻本　十三冊　存四十四卷(前集一至四十四)

330000－1705－0004539　善 2071　史部/金石類/石之屬

寶刻叢編二十卷　（宋）陳思纂　清鳴野山房抄本　清王宗炎、清沈復燦題記　八冊　缺三卷(十一、十六至十七)

330000－1705－0004540　善 2098　史部/目錄類/書志之屬/提要

海東載書識三十五卷　（清）楊希閔撰　稿本　三十二冊

330000－1705－0004541　善 2133　類叢部/叢書類/彙編之屬

兩京遺編十二種　（明）胡維新　（明）原一魁編　明萬曆十年(1582)原一魁刻本　五冊　存一種

330000－1705－0004542　善 2104　子部/叢編

中立四子集　（明）朱東光編　（明）張登雲參補　明萬曆七年(1579)臨川朱東光刻本　十二冊

330000－1705－0004543　善 2114　子部/儒家類/儒學之屬

家語十卷　（三國魏）王肅注　明末刻本

四冊

330000－1705－0004544　善 2070　史部/金石類/石之屬/文字

隸續二十一卷　（宋）洪适撰　清影元抄本　四冊　存七卷(一至七)

330000－1705－0004545　善 2115　子部/儒家類/儒家之屬

孔子家語八卷　（明）何孟春注　明永明書院刻本　四冊

330000－1705－0004546　善 2100　子部/雜著類/雜纂之屬

百家類纂四十卷　（明）沈津輯　明隆慶元年(1567)含山縣儒學刻本　十一冊　存十一卷(二十三、二十八至三十七)

330000－1705－0004547　善 2087　史部/目錄類/專錄之屬

澹生堂書目不分卷　（明）祁承㸁撰　清鳴野山房抄本　清王宗炎跋　八冊

330000－1705－0004548　善 2106　子部/叢編

中立四子集　（明）朱東光編　（明）張登雲參補　明萬曆七年(1579)臨川朱東光刻本　九冊　存三種

330000－1705－0004549　善 2069　史部/金石類/石之屬/文字

隸釋二十七卷隸續二十一卷　（宋）洪适撰　清乾隆四十二年至四十三年(1777－1778)汪日秀樓松書屋刻本(隸續卷九至十原缺)　六冊

330000－1705－0004550　善 2117　子部/儒家類/儒家之屬

孔聖家語圖十一卷　（明）吳嘉謨輯　明萬曆十七年(1589)武林吳嘉謨刻本　六冊

330000－1705－0004551　善 2073　經部/小學類/文字之屬/字書/字典

金石韻府五卷　（明）朱雲輯　明刻朱印本　清朱棟跋　五冊

330000－1705－0004552　善 2091　史部/目録類/總錄之屬/私撰

八千卷樓書目不分卷　（清）丁丙藏　丁立中撰　清抄本　六冊

330000－1705－0004553　善 2076　史部/金石類

金石三例　（清）盧見曾編　清乾隆二十年（1755）盧見曾刻本　二冊

330000－1705－0004554　善 2094　史部/目錄類/總錄之屬/史志

國史經籍志六卷　（明）焦竑撰　清盧文弨抄本　五冊

330000－1705－0004555　善 2066　史部/金石類/金之屬/圖像

泊如齋重修宣和博古圖錄三十卷　（宋）王黼等撰　明萬曆十六年（1588）泊如齋刻本　十六冊

330000－1705－0004556　善 2119　子部/儒家類

尊孔錄十六卷　（明）安世鳳撰　明天啟元年（1621）刻本　八冊

330000－1705－0004557　善 2105　子部/叢編

中立四子集　（明）朱東光編　（明）張登雲參補　明萬曆七年（1579）臨川朱東光刻本　七冊　存三種

330000－1705－0004558　善 2120　子部/儒家類/儒家之屬

纂圖互註荀子二十卷　（唐）楊倞注　元至元八年（1271）刻本（卷一至二明初刻本補配）孫家湜題記　八冊

330000－1705－0004559　善 2136　子部/儒家類/儒學之屬/經濟

鹽鐵論十二卷　（漢）桓寬撰　（明）張之象注　明嘉靖三十三年（1554）張氏猗蘭堂刻本　二冊　存八卷（一至六、十一至十二）

330000－1705－0004560　善 2060　史部/地理類/外紀之屬

諸蕃類考不分卷　清抄本　四冊

330000－1705－0004561　善 2088　史部/目錄類/總錄之屬/私撰

鐵琴銅劍樓藏書目錄二十四卷　（清）瞿鏞撰　清抄本　清錢罕署　五冊　存二十卷（一至二十）

330000－1705－0004562　善 2068　史部/金石類/總志之屬/目錄

嘯堂集古錄二卷　（宋）王俅撰　明影宋刻本　二冊

330000－1705－0004563　善 2107　子部/叢編

中立四子集　（明）朱東光編　（明）張登雲參補　明萬曆七年（1579）臨川朱東光刻本　三冊　存二種

330000－1705－0004564　善 2061　史部/金石類/石之屬

籀史二卷　（宋）翟耆年撰　周秦刻石釋音一卷　（元）吾丘衍撰　清抄本　一冊　缺一卷（籀史下）

330000－1705－0004565　善 2067　史部/金石類/金之屬/文字

歷代鐘鼎彝器款識法帖二十卷　（宋）薛尚功撰　清二老閣抄本　清徐時棟校並跋　四冊

330000－1705－0004566　善 4163　集部/別集類/清別集

雪園集詩集十五卷文集四卷　（清）單隆周撰　清康熙五十四年（1715）刻本　一冊　存四卷（文集一至四）

330000－1705－0004567　善 2108　子部/叢編

先秦諸子合編　（明）馮夢禎編　明萬曆三十年（1602）縣眇閣刻本　一冊　存三種

330000－1705－0004568　善 2123　子部/儒家類/儒家之屬

荀子二十卷　（唐）楊倞注　明刻本　六冊

330000－1705－0004569　善 2162　子部/儒

家類/儒學之屬

二程全書六十八卷 （宋）程顥 （宋）程頤撰 （明）徐必達校正 明萬曆三十四年（1606）徐必達刻本 八冊

330000－1705－0004570 善2124 子部/儒家類/儒家之屬

荀子二十卷 （唐）楊倞注 明刻本 六冊

330000－1705－0004571 善2144 子部/儒家類/儒家之屬

劉向說苑二十卷 （漢）劉向撰 明刻本 朱鼎煦跋 四冊

330000－1705－0004572 善2082 史部/金石類/璽印之屬

古印集存不分卷 （清）崔鴻圖輯 清鈐印本 大鶴跋 一冊

330000－1705－0004573 善2125 子部/叢編

六子書 （明）顧春編 明嘉靖十二年（1533）吳郡顧氏世德堂刻本 五冊 存一種

330000－1705－0004574 善2154 子部/叢編

六子書 （明）顧春編 明桐陰書屋刻本 四冊 存一種

330000－1705－0004575 善2095 史部/目錄類/總錄之屬/私撰

讀書敏求記四卷 （清）錢曾撰 清雍正四年（1726）吳興趙孟升松雪齋刻本 四冊

330000－1705－0004576 善2158 子部/儒家類/儒學之屬/禮教/家訓

宋司馬溫國文正公家範十卷 （宋）司馬光撰 明萬曆三年（1575）陳世寶刻本 二冊

330000－1705－0004577 善2170 子部/儒家類/儒學之屬/性理

胡子知言六卷 （明）胡宏撰 **附錄一卷疑義一卷** （明）程敏政輯 清抄本 二冊

330000－1705－0004578 善2155 子部/叢編

六子書 （明）顧春編 明桐陰書屋刻本 二冊 存一種

330000－1705－0004579 善2153、善2149、善2271 子部/叢編

六子書 （明）顧春編 明嘉靖十二年（1533）吳郡顧氏世德堂刻本 六冊 存三種

330000－1705－0004580 善2103、善2280 子部/叢編

子彙 （明）周子義編 明萬曆四年至五年（1576－1577）南京國子監刻本 九冊 存十二種

330000－1705－0004581 善2096 史部/目錄類/總錄之屬/私撰

違礙書目編韻遍覽正續編二卷 清傅以禮長恩閣抄本 清傅以禮校並跋 一冊

330000－1705－0004582 善2167 子部/儒家類/儒學之屬/經濟

類編標註文公朱先生經濟文衡前集二十五卷後集二十五卷續集二十二卷 （宋）滕珙輯 明萬曆三十四年（1606）朱崇沐刻本 十冊

330000－1705－0004583 善2263 子部/道家類

莊子本義十六卷南華本義附錄八卷 （明）陳治安撰 明崇禎刻本 一冊 存八卷（附錄一至八）

330000－1705－0004584 善2122 子部/儒家類/儒家之屬

荀子二十卷 （唐）楊倞注 明刻本 六冊

330000－1705－0004585 善2156 子部/儒家類/儒學之屬/經濟

中說十卷 （隋）王通撰 （宋）阮逸注 明刻本 一冊 存五卷（一至五）

330000－1705－0004586 善2097 史部/目錄類/總錄之屬/官修

浙江採集遺書總錄十一卷 （清）沈初等輯 清乾隆三十九年（1774）浙江布政使王亶望刻本 十二冊

330000－1705－0004587　善 2179　子部/儒家類/儒學之屬/性理

性理大全書七十卷　(明)胡廣等撰　明永樂十三年(1415)內府刻本　十六冊　存三十九卷(二十九至三十一、三十五至七十)

330000－1705－0004588　善 2146　子部/叢編

纂圖互註五子五十卷　明刻本　三冊　存一種

330000－1705－0004589　善 2157　子部/儒家類/儒學之屬/經濟

中說十卷　(隋)王通撰　(宋)阮逸注　明刻本　一冊　存五卷(六至十)

330000－1705－0004590　善 2173　子部/儒家類/儒學之屬/性理

慈溪黃氏日抄分類九十七卷古今紀要十九卷　(宋)黃震撰　清乾隆三十二年(1767)新安汪佩鍔珠樹堂刻本(卷八十一、八十九、九十二原缺)　十六冊

330000－1705－0004591　善 2211　子部/儒家類/儒學之屬

重輯朱子錄要十五卷　(明)馮應京輯　明萬曆三十三年(1605)朱崇沐刻本(序跋、目錄抄配)　八冊

330000－1705－0004592　善 2126　子部/儒家之屬

荀子二十卷　(唐)楊倞注　明刻本　二冊　存三卷(三、六至七)

330000－1705－0004593　善 2129　子部/儒家之屬

荀子二十卷　(唐)楊倞注　(明)鍾惺評　明末刻本　四冊

330000－1705－0004594　善 2150　子部/叢編

六子書　(明)顧春編　明桐陰書屋刻本　一冊　存一種

330000－1705－0004595　善 2214　子部/儒家類/儒學之屬/性理

性理大中二十八卷首一卷　(清)應撝謙撰　清康熙二十五年(1686)刻本　二十冊

330000－1705－0004596　善 2185　類叢部/類書類/通類之屬

群書歸正集十卷　(明)林昴撰　明萬曆十八年(1590)林祖述刻本　一冊　存六卷(五至十)

330000－1705－0004597　善 2130　子部/儒家類/儒家之屬

孔叢子三卷　(漢)孔鮒撰　明萬曆縣眇閣刻本　二冊

330000－1705－0004598　善 2210　子部/儒家類/儒學之屬

證人社會儀一卷約言一卷　(明)劉宗周撰　明崇禎刻本　一冊

330000－1705－0004599　善 2187　子部/儒家類/儒學之屬/性理

薛文清公讀書全錄類編二十卷　(明)薛瑄撰　(明)侯鶴齡輯　明萬曆二十七年(1599)刻本　八冊

330000－1705－0004600　善 2212　子部/儒家類/儒學之屬/禮教

聖諭廣訓一卷　(清)世宗胤禛撰　清雍正二年(1724)內府刻本　一冊

330000－1705－0004601　善 2204　史部/傳記類/總傳之屬/通代

帝鑑圖說不分卷　(明)張居正等撰　明刻本　一冊

330000－1705－0004602　善 2188　子部/儒家類/儒學之屬/性理

薛文清公讀書全錄類編二十卷　(明)薛瑄撰　(明)侯鶴齡輯　明萬曆二十七年(1599)刻本　七冊　缺三卷(十一至十三)

330000－1705－0004603　善 2180　子部/儒家類/儒學之屬/性理

新刊性理大全七十卷　(明)胡廣等撰　明刻本　十六冊　存五十七卷(三至五、十一至十四、二十一至七十)

330000－1705－0004604　善 2215　史部/傳記類/總傳之屬/忠孝

聖諭像解二十卷　（清）梁延年撰　清康熙二十年（1681）梁氏承宣堂刻本　十冊

330000－1705－0004605　善 2213　史部/傳記類/總傳之屬/儒林

道南書院錄五卷　（明）金賁亨撰　明嘉靖三十八年（1559）劉佃刻本　一冊　存三卷（三至五）

330000－1705－0004606　善 2199　史部/傳記類/總傳之屬/儒林

孔孟聖蹟圖一卷　（明）謝秉秀輯　明嘉靖四年（1525）戴光刻本　一冊

330000－1705－0004607　善 2216　史部/傳記類/總傳之屬/忠孝

聖諭像解二十卷　（清）梁延年撰　清康熙二十年（1681）梁氏承宣堂刻本　五冊　存十一卷（一至二、六至十四）

330000－1705－0004608　楊 0044　經部/春秋左傳類/傳說之屬

讀左補義五十卷首一卷　（清）姜炳璋輯　清乾隆三十八年（1773）毛昇刻本　十六冊

330000－1705－0004609　善 2200　子部/儒家類/儒學之屬/性理

居業錄四卷　（明）胡居仁撰　明萬曆二十年（1592）李楨刻本　四冊

330000－1705－0004610　善 2281、善 2295　子部/法家類

管韓合刻四十四卷　（明）趙用賢編　明萬曆十年（1582）趙用賢刻本　九冊　缺七卷（管子一、七至十二）

330000－1705－0004611　善 2220　子部/道家類

道德經二卷首一卷　（明）潘基慶集注　明刻本　二冊

330000－1705－0004612　善 2262　子部/道家類

莊子旁注五卷　（清）吳承漸輯注　清康熙三

十八年（1699）思訓堂刻本　一冊　存一卷（四）

330000－1705－0004613　善 2318、善 2320　子部/兵家類/兵法之屬

唐荊川先生纂輯武編前六卷後六卷　（明）唐順之編　明萬曆四十六年（1618）武林徐象橒曼山館刻重修本　二十三冊

330000－1705－0004614　善 2299　子部/法家類

管韓合刻四十四卷　（明）趙用賢編　明萬曆十年（1582）趙用賢刻本　二冊　存一種九卷（韓非子一至九）

330000－1705－0004615　善 2221　子部/道家類

道德經二卷　（清）徐永祐集注　清雍正十二年（1734）滋樹堂刻本　一冊

330000－1705－0004616　善 2197　子部/儒家類/儒學之屬/性理

涇野子外篇二卷　（明）呂柟撰　明嘉靖二十七年（1548）刻本　二冊

330000－1705－0004617　善 2294　子部/法家類

管韓合刻四十四卷　（明）趙用賢編　明萬曆十年（1582）趙用賢刻本　四冊　存一種

330000－1705－0004618　善 2265　子部/道家類

莊子考異二卷　（清）錢經藩撰　清抄本　一冊

330000－1705－0004619　善 2246　子部/道家類

老莊翼　（明）焦竑撰　明萬曆十六年（1588）秣陵王元貞刻本　二冊　存一種

330000－1705－0004620　善 2286　子部/法家類

管子二十四卷　（唐）房玄齡注　（明）劉績補注　（明）張榜等評　明天啟五年（1625）朱養純花齋刻本　六冊

330000－1705－0004621　善2300　子部/法家類

韓非子二十卷　明刻本　朱鼎煦題記並批　四冊

330000－1705－0004622　善2235　子部/道家類

太上道德寶章註疏二卷　（宋）白玉蟾註（明）程以寧疏　明崇禎二年(1629)程以寧刻本　一冊

330000－1705－0004623　善2267　子部/道家類

文始真經言外經旨三卷　（宋）陳顯微撰　明正德劉希古刻本　孫家湜題記　三冊

330000－1705－0004624　善2248　子部/道家類

老子集解二卷考異一卷　（明）薛蕙撰　明刻本　二冊

330000－1705－0004625　善2287　子部/法家類

詮敘管子成書十五卷首一卷　（明）梅士享撰　明天啟五年(1625)賈毓祥刻本　六冊　缺四卷(二至三、十至十一)

330000－1705－0004626　善2182　子部/儒家類/儒學之屬/性理

性理大全書七十卷　（明）胡廣等撰　明萬曆二十五年(1597)吳勉學師古齋刻本　十一冊　存五十七卷(一至四、十四至二十三、二十八至七十)

330000－1705－0004627　善2224　子部/道家類

道德南華二經評註合刻十二卷　（明）歸有光輯　（明）文震孟訂　明天啓四年(1624)文震孟竺塢刻本　一冊　存一種

330000－1705－0004628　善2250　子部/道家類

三子合刊　（明）閔齊伋輯　明閔齊伋刻朱墨套印本　四冊　存一種

330000－1705－0004629　善2302　子部/法家類

韓子二十卷　明萬曆六年(1578)刻朱墨套印本　七冊

330000－1705－0004630　善2178　子部/儒家類/儒學之屬/性理

新刊性理大全七十卷　（明）胡廣等撰　明刻本　三冊　存十三卷(五至十三、二十四至二十七)

330000－1705－0004631　善2269　子部/叢編

六子書　（明）許宗魯編　明刻本　清黃宗炎校跋　一冊　存一種

330000－1705－0004632　善2234　子部/道家類

鬳齋三子口義　（宋）林希逸撰　明刻本　一冊　存一種

330000－1705－0004633　善2303　子部/法家類

韓子二十卷附錄一卷　明天啓五年(1625)趙如源刻本　二冊　存十卷(一至十)

330000－1705－0004634　善2270　子部/道家類

列子八卷　（戰國）列御寇撰　（晉）張湛注（唐）殷敬順釋文　（明）虞九章　（明）王震亨訂正　明刻本　二冊

330000－1705－0004635　善2321　子部/兵家類/兵法之屬

救命書一卷　（明）呂坤撰　明萬曆四十二年(1614)喬胤刻本　二冊

330000－1705－0004636　善2251　子部/叢編

中立四子集　（明）朱東光編　（明）張登雲參補　明萬曆七年(1579)臨川朱東光刻本　四冊　存一種

330000－1705－0004637　善2304　子部/法家類

管韓合纂四卷　（明）張榜撰　明刻本　二冊　存二卷(韓非子纂一至二)

330000－1705－0004638　善 2322　子部/兵家類/兵法之屬

補釋戚少保南北兵法要畧五卷補輯兵法要略一卷　(明)郭應響輯　明抄本　六冊

330000－1705－0004639　善 2282　子部/法家類

合刻管韓二子　(明)趙用賢編　明崇禎十一年(1638)葛鼎刻本　八冊

330000－1705－0004640　善 2273　子部/道家類

沖虛至德真經八卷　(晉)張湛注　(唐)殷敬順釋文　明初刻本　二冊

330000－1705－0004641　善 2253　子部/道家類

南華經十六卷　(晉)郭象注　(宋)林希逸口義　(宋)劉辰翁點校　(明)王世貞評點　(明)陳仁錫批注　明刻四色套印本　一冊　存二卷(一至二)

330000－1705－0004642　善 2258　子部/道家類

南華真經副墨八卷讀南華經雜說一卷　(明)陸西星撰　明萬曆十三年(1585)孫大綬刻本　二冊　存二卷(副墨三、六)

330000－1705－0004643　善 2242　子部/道家類

道德經解二卷　(明)沈一貫撰　明萬曆十五年(1587)蔡貴易刻本　一冊

330000－1705－0004644　善 2305　子部/法家類

韓子迂評二十卷　(明)門無子撰　**附錄一卷**　明萬曆六年(1578)門無子刻十一年(1583)重修本　四冊

330000－1705－0004645　善 2298　子部/法家類

管韓合刻四十四卷　(明)趙用賢編　明萬曆十年(1582)趙用賢刻本　二冊　存一種六卷(韓非子十至十五)

330000－1705－0004646　善 2275　子部/道家類

沖虛真經八卷　明刻本　朱鼎煦跋　二冊

330000－1705－0004647　善 2257　子部/道家類

南華真經副墨八卷讀南華經雜說一卷　(明)陸西星撰　明刻本　二冊　存三卷(副墨一至二、四)

330000－1705－0004648　善 2181　子部/儒家類/儒學之屬/性理

性理大全書七十卷　(明)胡廣等撰　明刻本　一冊　存三卷(二至四)

330000－1705－0004649　善 2297　子部/法家類

韓非子二十卷　明刻本　三冊

330000－1705－0004650　善 2319　子部/兵家類/兵法之屬

唐荊川先生纂輯武編前六卷後六卷　(明)唐順之編　明萬曆四十六年(1618)武林徐象橒曼山館刻重修本　五冊　存四卷(前一、四至五,後六)

330000－1705－0004651　善 2243　子部/道家類

老莊通　(明)沈一貫撰　明萬曆十五年至十六年(1587－1588)蔡貴易刻二十七年(1599)重修本　六冊　缺二卷(莊子通九至十)

330000－1705－0004652　善 2276　子部/道家類

三子合刊　明閔齊伋校刻朱墨套印本　清張燕昌跋　一冊　存一種

330000－1705－0004653　善 2306　子部/兵家類/兵法之屬

孫子集註十三卷　明嘉靖三十四年(1555)錫山談愷刻本　二冊　存五卷(七至八、十一至十三)

330000－1705－0004654　善 2261　子部/道家類

南華真經旁注五卷　(明)方虛名撰　明萬曆二十二年(1594)刻本　二冊

330000 – 1705 – 0004655　善 2284　子部/法家類

管子二十四卷　（明）趙用賢　（明）朱長春等評　明萬曆四十八年(1620)西吳凌汝亨刻朱墨套印本　八冊

330000 – 1705 – 0004656　善 2289　子部/法家類

管韓合纂四卷　（明）張榜撰　明末刻本　二冊　存一種

330000 – 1705 – 0004657　善 2324　子部/兵家類/兵法之屬

登壇必究四十卷　（明）王鳴鶴編輯　明萬曆刻本　三十七冊　存三十七卷(二至五、七、九至四十)

330000 – 1705 – 0004658　善 2277　子部/道家類

三子合刊　明閔齊伋校刻朱墨套印本　二冊　存一種

330000 – 1705 – 0004659　善 2293　子部/法家類

韓非子二十卷　明正德十二年(1517)刻本　一冊　存三卷(一至三)

330000 – 1705 – 0004660　善 2307　子部/兵家類/兵法之屬

孫子注一卷　（宋）梅堯臣撰　明梅士生刻本　一冊

330000 – 1705 – 0004661　善 2244　子部/宗教類/道教之屬

道德真源　清刻本　二冊　存四種

330000 – 1705 – 0004662　善 2325　子部/兵家類/兵法之屬

武備志二百四十卷　（明）茅元儀輯　明天啓刻本　六十四冊

330000 – 1705 – 0004663　善 2272　子部/道家類

沖虛至德真經八卷　（晉）張湛注　（唐）殷敬順釋文　明刻本　二冊

330000 – 1705 – 0004664　善 2308　子部/兵家類/兵法之屬

黃石公素書一卷　（宋）張商英注　明抄本　一冊

330000 – 1705 – 0004665　善 2331　子部/醫家類/類編之屬

薛氏醫按二十四種　（明）吳琯編　明萬曆刻本　二十六冊　存十七種

330000 – 1705 – 0004666　善 2148　子部/叢編

六子書　（明）顧春編　明刻本　三冊　存一種

330000 – 1705 – 0004667　善 2328　類叢部/叢書類/彙編之屬

秘冊彙函二十四種一百四十三卷　（明）沈士龍　（明）胡震亨編　明萬曆刻本　二冊　存一種

330000 – 1705 – 0004668　善 2309　集部/別集類/漢魏六朝別集

蜀丞相諸葛孔明文集六卷　（三國蜀）諸葛亮撰　明刻本　一冊

330000 – 1705 – 0004669　善 2323　子部/兵家類/兵法之屬

登壇必究四十卷　（明）王鳴鶴編輯　明萬曆刻本　十八冊　存十四卷(二至四、八至十五、十七至十九)

330000 – 1705 – 0004670　善 2279　子部/雜著類/雜纂之屬

諸子奇賞前集五十一卷後集六十卷　（明）陳仁錫輯評　明天啓三徑齋刻本　二冊　存二卷(列子一至二)

330000 – 1705 – 0004671　善 2311　子部/兵家類/兵法之屬

武經節要二卷　明隆慶三年(1569)刻本　二冊

330000 – 1705 – 0004672　善 2334　子部/醫家類/類編之屬

馮氏錦囊秘錄三種五十卷　（清）馮兆張編

清康熙四十一年(1702)刻本　十冊　存一種

330000－1705－0004673　善2333　子部/醫
家類/綜合之屬/合刻、合抄

景岳全書六十四卷　（明）張介賓撰　清康熙
三十九年(1700)會稽魯超刻本　二十四冊

330000－1705－0004674　善2335　子部/醫
家類/綜合之屬/通論

御纂醫宗金鑑九十卷首一卷　（清）吳謙等纂
修　清乾隆刻本　二十四冊　存四十二卷
（一至二十五、五十六至六十、七十九至九十）

330000－1705－0004675　善2330　子部/醫
家類/類編之屬

家居醫錄　明嘉靖刻本　四冊　存七種

330000－1705－0004676　善2313　子部/兵
家類/兵法之屬

虎鈐經二十卷　（宋）許洞撰　明刻本　一冊
存十卷（十一至二十）

330000－1705－0004677　善2383　子部/醫
家類/診法之屬/脈經脈訣

端本堂攷正脈鏡不分卷　（明）王肯堂輯　清
抄本　一冊

330000－1705－0004678　善2400　子部/醫
家類/方書之屬/成方藥目

孫真人備急千金要方九十三卷目錄二卷
(唐)孫思邈撰　明萬曆三十一年(1603)刻本
十六冊

330000－1705－0004679　善2219　子部/道
家類

鬳齋三子口義　（宋）林希逸撰　明嘉靖四年
(1525)張士鎬刻本　三冊　存二種

330000－1705－0004680　善2375　子部/醫
家類/本草之屬/歷代綜合本草

**本草綱目五十二卷附圖三卷瀕湖脈學一卷奇
經八脈攷一卷脈訣攷證一卷**　（明）李時珍撰
清順治十四年(1657)張朝璘刻本　三十四
冊　缺十卷（八、十三至十四、三十一至三十
二、四十一至四十五）

330000－1705－0004681　善2402　子部/醫
家類/綜合之屬/通論

三因極一病源論粹十八卷　（宋）陳言編　清
抄本　一冊　存二卷（十三至十四）

330000－1705－0004682　善2355　子部/醫
家類/醫經之屬/內經

類經三十二卷　（明）張介賓類注　**類經圖翼
十一卷附翼四卷**　（明）張介賓撰　明天啓四
年(1624)會稽張介賓刻天德堂印本　十九冊
缺二卷（類經五至六）

330000－1705－0004683　善2379　子部/醫
家類/診法之屬/脈經脈訣

脈經十卷　題（晉）王叔和撰　明萬曆三年
(1575)福建布政司督糧道刻本　五冊

330000－1705－0004684　善2396　子部/醫
家類/綜合之屬/通論

刪補頤生微論四卷　（明）李中梓撰　明崇禎
十五年(1642)沈頲刻本　八冊

330000－1705－0004685　善2217　子部/儒
家類/儒學之屬/性理

儒宗理要二十九卷　（清）張能麟輯　清順治
十四年至十五年(1657－1658)刻本　十冊

330000－1705－0004686　善2339　子部/醫
家類/醫經之屬/內經

重廣補註黃帝內經素問二十四卷　（唐）王冰
注　（宋）林億等校正　（宋）孫兆改誤　明嘉
靖二十九年(1550)顧從德影宋刻本　十冊

330000－1705－0004687　善2395　子部/醫
家類/綜合之屬/通論

赤水玄珠三十卷醫案五卷醫旨緒餘二卷
(明)孫一奎撰　明萬曆二十四年(1596)孫泰
來、孫朋來刻清康熙吳氏重修本　十六冊
存十八卷（一至二、七至十五、十九、二十三至
二十四、二十六至二十七、二十九至三十）

330000－1705－0004688　善2374　子部/醫
家類/本草之屬/歷代綜合本草

本草綱目五十二卷　（明）李時珍撰　清順治
刻本（卷十一配明萬曆刻本）　三十五冊

330000－1705－0004689　善2340　子部/醫家類/醫經之屬/内經

重廣補註黃帝内經素問二十四卷　（唐）王冰注　（宋）林億等校正　（宋）孫兆改誤　明嘉靖二十九年(1550)顧從德影宋刻本　三冊

330000－1705－0004690　善2387　子部/醫家類/醫理之屬/病源病機

重刊巢氏諸病源候總論五十卷　（隋）巢元方撰　明刻本　一冊　存八卷(十四至二十一)

330000－1705－0004691　善2394　子部/醫家類/綜合之屬/通論

赤水玄珠三十卷醫案五卷醫旨緒餘二卷　(明)孫一奎撰　明萬曆二十四年(1596)孫泰來、孫朋來刻清康熙吳氏重修本　三十冊

330000－1705－0004692　善2341　子部/醫家類/醫經之屬/内經

重廣補註黃帝内經素問二十四卷　（唐）王冰注　（宋）林億等校正　（宋）孫兆改誤　明嘉靖二十九年(1550)顧從德影宋刻本　一冊　存二卷(十八至十九)

330000－1705－0004693　善2391　子部/醫家類/方書之屬

丹溪先生醫書纂要八卷丹溪先生治法心要八卷　（元）朱震亨撰　（明）盧和纂注并輯　明刻本　一冊　存一卷(三)

330000－1705－0004694　善2411　子部/醫家類/方書之屬/歷代方書

攝生眾妙方十一卷急救良方二卷　（明）張時徹輯　明萬曆三十八年(1610)張一棟刻本　六冊

330000－1705－0004695　善2342　子部/醫家類/醫經之屬/内經

重廣補註黃帝内經素問二十四卷　（唐）王冰注　（宋）林億等校正　（宋）孫兆改誤　明嘉靖二十九年(1550)顧從德影宋刻本　五冊　存十卷(十五至二十四)

330000－1705－0004696　善2356　子部/醫家類/醫經之屬/内經

類經三十二卷　（明）張介賓類注　**類經圖翼十一卷附翼四卷**　（明）張介賓撰　明天啓四年(1624)會稽張介賓刻天德堂印本　二十四冊

330000－1705－0004697　善2357　子部/醫家類/醫經之屬/内經

類經三十二卷　（明）張介賓類注　**類經圖翼十一卷附翼四卷**　（明）張介賓撰　明天啓四年(1624)會稽張介賓刻天德堂印本　二十八冊　存三十卷(類經三至三十二)

330000－1705－0004698　善2373　子部/醫家類/本草之屬/歷代綜合本草

本草綱目五十二卷附圖三卷　（明）李時珍撰　清乾隆金閶書業堂刻本　二十九冊

330000－1705－0004699　善2358　子部/醫家類/醫經之屬/内經

内經類抄一卷　（明）孫應奎編集　明嘉靖十八年(1539)刻本　伯魯題簽　一冊

330000－1705－0004700　善2417　子部/醫家類/方書之屬/單方驗方

藥方類二卷　（明）吳近山輯　明嘉靖二十八年(1549)刻本　二冊

330000－1705－0004701　善2393　子部/醫家類/綜合之屬/通論

明醫雜著六卷　（明）王綸集　（明）薛己注　明萬曆刻本　清王芝田題記　二冊　存四卷(一至四)

330000－1705－0004702　善2418　子部/醫家類/方書之屬/單方驗方

醫方考六卷脉語二卷　（明）吳崑撰　明萬曆崇善堂刻本　十一冊　存六卷(醫方考一至六)

330000－1705－0004703　善2399　子部/醫家類/方書之屬/成方藥目

孫真人備急千金要方九十三卷目錄二卷　(唐)孫思邈撰　明嘉靖二十二年(1543)喬世定小丘山房刻萬曆二十五年(1597)、三十五年(1607)重修本　二十冊　缺五卷(八十九

至九十三)

330000 - 1705 - 0004704　善 2372　子部/醫
家類/本草之屬/歷代綜合本草

**本草綱目五十二卷附圖三卷瀕湖脈學一卷奇
經八脈攷一卷脈訣攷證一卷**　（明）李時珍撰
　明萬曆三十一年(1603)張鼎思刻本　清孫
斗南批並題記　四十三冊　缺四卷(本草綱
目一至二、圖一至二)

330000 - 1705 - 0004705　善 2346、善 2353
子部/醫家類/類編之屬

古今醫統正脉全書四十四種　（明）王肯堂編
　明萬曆二十九年(1601)新安吳勉學刻本
五冊　存二種

330000 - 1705 - 0004706　善 2378　子部/醫
家類/醫理之屬

伊尹湯液仲景廣為大法四卷　（元）王好古撰
　明刻本　二冊

330000 - 1705 - 0004707　善 2347　子部/醫
家類/類編之屬

古今醫統正脉全書四十四種　（明）王肯堂編
　明萬曆二十九年(1601)新安吳勉學刻本
一冊　存一種

330000 - 1705 - 0004708　善 2421　子部/醫
家類/方書之屬/單方驗方

重訂丹溪心法五卷心法論一卷附錄一卷
（元）朱震亨撰　（明）程充重訂　明嘉靖十八
年(1539)鄭臨等刻本　四冊　缺二卷(重訂
丹溪心法二、附錄)

330000 - 1705 - 0004709　善 2384　子部/醫
家類/類編之屬

古今醫統正脉全書四十四種　（明）王肯堂編
　明萬曆二十九年(1601)新安吳勉學刻本
四冊　存一種

330000 - 1705 - 0004710　善 2419　子部/醫
家類/綜合之屬/通論

廣筆記十四卷炮炙大法一卷用藥凡例一卷
（明）繆希雍撰　（明）丁元薦輯　明天啓二年
(1622)莊綬光刻本　朱鼎煦跋　二冊

330000 - 1705 - 0004711　善 2405　子部/醫
家類/方書之屬/歷代方書

衛生易簡方十二卷附錄一卷　（明）胡濙撰
明嘉靖四十一年(1562)姚一元、王遵刻本
八冊

330000 - 1705 - 0004712　善 2349　子部/醫
家類/醫經之屬

讀素問鈔十二卷　（元）滑壽撰　明萬曆三十
年(1602)瀋府刻本　清楊偉鴻跋　三冊

330000 - 1705 - 0004713　善 2404　子部/醫
家類/方書之屬/歷代方書

衛生易簡方十二卷附錄一卷　（明）胡濙撰
明宣德二年(1427)刻本　三冊　存四卷(三、
十、十二,附錄)

330000 - 1705 - 0004714　善 2365　子部/醫
家類/本草之屬/歷代綜合本草

重刊經史證類大全本草三十一卷　（宋）唐慎
微撰　（宋）寇宗奭衍義　明萬曆五年(1577)
王秋尚義堂刻本　二十冊

330000 - 1705 - 0004715　善 2343　子部/醫
家類/醫經之屬/內經

重廣補註黃帝內經素問二十四卷　（唐）王冰
注　（宋）林億等校正　（宋）孫兆改誤　明刻
本　清陳歐勘題記　四冊

330000 - 1705 - 0004716　善 2526　子部/藝
術類/書畫之屬

凌煙閣圖一卷　（清）劉源繪　清康熙七年
(1668)柱笏堂刻本　一冊

330000 - 1705 - 0004717　善 2410　子部/醫
家類/方書之屬/歷代方書

攝生眾妙方十一卷　（明）張時徹輯　明萬曆
三十八年(1610)張一棟刻本　六冊

330000 - 1705 - 0004718　善 2631　子部/雜
著類/雜說之屬

王氏談錄一卷　（宋）王洙撰　清抄本　一冊

330000 - 1705 - 0004719　善 2366　子部/醫
家類/本草之屬/歷代綜合本草

重刊經史證類大全本草三十一卷　（宋）唐慎

微撰 (宋)寇宗奭衍義 明刻本 八冊 存十七卷(十至二十、二十四至二十九)

330000－1705－0004720 善2398 子部/醫家類/綜合之屬/通論

醫貫六卷 (明)趙獻可撰 清康熙天蓋樓刻本 六冊

330000－1705－0004721 善2344 子部/醫家類/醫經之屬/內經

重廣補註黃帝內經素問二十四卷 (唐)王冰注 (宋)林億等校正 (宋)孫兆改誤 明刻本 一冊 存八卷(一至八)

330000－1705－0004722 善2424 子部/醫家類/內科之屬

丹溪摘玄二十卷 (明)□□輯 明抄本 十六冊

330000－1705－0004723 善2385 子部/醫家類/類編之屬

醫學六要十九卷 (明)張三錫撰 明萬曆刻崇禎十七年(1644)張維藩等重修本 清楊泰亨題記 八冊 存一種

330000－1705－0004724 善2363 子部/醫家類/本草之屬/歷代綜合本草

重修政和經史證類備用本草三十卷 (宋)唐慎微撰 (宋)寇宗奭衍義 明嘉靖三十一年(1552)周珫、李遷刻本 八冊 存九卷(四至五、七、九至十二、二十九至三十)

330000－1705－0004725 善2430 子部/醫家類/綜合之屬/通論

醫學統旨六卷 (明)葉文齡撰 明嘉靖十四年(1535)刻本 十二冊

330000－1705－0004726 善2376 子部/醫家類/本草之屬/歷代綜合本草

分部本草妙用十卷 (明)顧逢伯纂 明崇禎三年(1630)刻本 二冊 存五卷(一至五)

330000－1705－0004727 善2408 子部/醫家類/方書之屬/歷代方書

萬氏家抄濟世良方六卷 (明)萬表輯 (明)萬邦孚增補 明萬曆四十四年(1616)金陵文

樞堂刻本 二冊 存二卷(一、六)

330000－1705－0004728 善2386 子部/醫家類/內科之屬

證治彙補八卷 (清)李用粹撰 清康熙三十年(1691)舊德堂刻本 六冊

330000－1705－0004729 善2407 子部/醫家類/方書之屬/歷代方書

體仁彙編六卷 (明)彭用光撰 明嘉靖二十三年(1544)蔡經刻本 一冊 存一卷(六)

330000－1705－0004730 善2336 子部/醫家類/類編之屬

己任編八卷 (清)楊乘六編 清衛三堂刻本 二冊

330000－1705－0004731 善2423 子部/醫家類/方書之屬/單方驗方

丹溪心法附餘二十四卷首一卷 (明)方廣輯 明刻本 一冊 存三卷(十一、二十一至二十二)

330000－1705－0004732 善2481 子部/醫家類/針灸之屬/通論

銅人徐氏鍼灸合刻二種九卷 (明)太醫院參訂 明金陵三多齋刻本 二冊

330000－1705－0004733 善2350 子部/醫家類/類編之屬

汪石山醫書七種二十七卷 (明)汪機等撰 明嘉靖刻本 四冊 存一種

330000－1705－0004734 善2483 子部/醫家類/類編之屬

平陽府所刻醫書六種 明正德十年(1515)山西平陽府刻本 二冊 存一種七卷(新刊銅人鍼灸經一至七)

330000－1705－0004735 善2456 子部/醫家類/傷寒金匱之屬/傷寒論

傷寒來蘇集三種 (清)柯琴撰 清乾隆二十年(1755)崑山馬中驊綏福堂刻本 六冊 存二種

330000－1705－0004736 善2512、善2511、

善 2505、善 2506、善 2636、善 2654、善 2644
類叢部/叢書類/彙編之屬

津逮祕書十五集一百四十種 （明）毛晉編
明崇禎虞山毛氏汲古閣刻本　九冊　存七種

330000－1705－0004737　善 2377　子部/醫
家類/本草之屬/歷代綜合本草

本草乘雅半偈十一卷 （明）盧之頤撰　清順
治四年(1647)盧氏月樞閣刻本　五冊　存四
卷(一至四)

330000－1705－0004738　善 2485　子部/醫
家類/類編之屬

平陽府所刻醫書六種　明正德十年(1515)山
西平陽府刻本　二冊　存一種八卷(新編西
方子明堂灸經一至八)

330000－1705－0004739　善 2364　子部/醫
家類/本草之屬/歷代綜合本草

重修政和經史證類備用本草三十卷 （宋）唐
慎微撰　（宋）寇宗奭衍義　明刻本　一冊
存一卷(七)

330000－1705－0004740　善 2351　子部/醫
家類/醫經之屬

素問鈔補正十二卷附滑氏診家樞要一卷
（明）丁瓚撰　明嘉靖八年(1529)丁瓚刻本
四冊

330000－1705－0004741　善 2461　子部/醫
家類/類編之屬

石山醫案八種 （明）汪機等撰　明嘉靖刻崇
禎祁門樸墅增刻本　六冊　存一種

330000－1705－0004742　善 2487　子部/醫
家類/針灸之屬/通論

鍼灸節要三卷鍼灸聚英五卷 （明）高武撰
明刻本　一冊　存一卷(鍼灸節要一)

330000－1705－0004743　善 2514　史部/傳
記類/總傳之屬/技藝

圖繪寶鑑八卷 （元）夏文彥撰　（明）毛大倫
增補　清康熙借綠草堂刻本　清姚瑩俊跋
二冊

330000－1705－0004744　善 2422　子部/醫

家類/方書之屬/單方驗方

丹溪心法附餘二十四卷首一卷 （明）方廣輯
明嘉靖十五年(1536)姚文清、陳講刻本
二冊　存七卷(六至八、十三至十六)

330000－1705－0004745　善 2528　子部/藝
術類/書畫之屬/題跋

冬心先生雜著六卷 （清）金農撰　清陳鴻壽
種榆仙館刻本　一冊

330000－1705－0004746　善 2361　子部/醫
家類/本草之屬/歷代綜合本草

重修政和經史證類備用本草三十卷 （宋）唐
慎微撰　（宋）寇宗奭衍義　明刻本(卷十九
至二十二抄配)　六冊　存十三卷(三至五、
十至十一、十九至二十二、二十七至三十)

330000－1705－0004747　善 2488、善 2452
子部/醫家類/類編之屬

石山醫案八種 （明）汪機等撰　明嘉靖刻崇
禎祁門樸墅增刻本　二冊　存二種

330000－1705－0004748　善 2425　子部/醫
家類/綜合之屬/雜著

玉機微義五十卷 （明）徐用誠輯　（明）劉純
續輯　明正統四年(1439)陳有戒刻正統五年
(1440)重修本　四冊　存十卷(十五至十八、
二十九至三十三、五十)

330000－1705－0004749　善 2489　子部/醫
家類/針灸之屬/通論

大本瓊瑤發明神書三卷 （宋）劉真人撰　明
刻本　二冊

330000－1705－0004750　善 2515　子部/藝
術類/書畫之屬/總論

筆則二卷 （元）趙𪩘撰　清沈氏鳴野山房抄
本　二冊

330000－1705－0004751　善 2457　子部/醫
家類/傷寒金匱之屬/傷寒論

傷寒論三註十六卷 （清）周揚俊輯　清乾隆
四十五年(1780)經鉏堂刻本　八冊

330000－1705－0004752　善 2497、善 2498
類叢部/叢書類/彙編之屬

天學初函理編十種器編十一種　明萬曆至天
啟刻本　二冊　存三種

330000－1705－0004753　善2462　子部/醫
家類/外科之屬/外科方
瘍科選粹八卷　(明)陳文治撰　清康熙四十
六年(1707)潯溪達尊堂刻本　七冊　存七卷
(一至六、八)

330000－1705－0004754　善2371　子部/醫
家類/本草之屬/歷代綜合本草
本草綱目五十二卷附圖二卷　(明)李時珍撰
　清乾隆刻本　八冊　存九卷(一至九)

330000－1705－0004755　善2463　子部/醫
家類/婦科之屬/廣嗣
廣嗣全訣十二卷　(明)陳文治輯　明刻本
朱鼎煦跋　一冊　存一卷(三)

330000－1705－0004756　善2527　子部/藝
術類/書畫之屬/總論
佩文齋書畫譜一百卷　(清)孫岳頒等輯　清
康熙內府刻本　五十冊

330000－1705－0004757　善2434　子部/醫
家類/綜合之屬/通論
石室秘籙六卷　(清)陳士鐸撰　清康熙綠蔭
堂刻本　五冊　存三卷(一、三至四)

330000－1705－0004758　善2499　類叢部/
叢書類/彙編之屬
天學初函理編十種器編十一種　明萬曆至天
啟刻本　一冊　存一種

330000－1705－0004759　善2448　子部/醫
家類/傷寒金匱之屬/傷寒論
傷寒蘊要全書四卷　(明)吳綬撰　明弘治十
七年(1504)刻本　四冊

330000－1705－0004760　善2518　子部/藝
術類/書畫之屬/書法書品
西廂記版畫一卷　(明)唐寅寫　明刻本
一冊

330000－1705－0004761　善2460　子部/醫
家類/類編之屬

石山醫案八種　(明)汪機等撰　明嘉靖刻崇
禎祁門樸墅增刻本　二冊　存一種

330000－1705－0004762　善2507　子部/藝
術類/書畫之屬/總論
書苑菁華二十卷　(宋)陳思輯　清抄本
六冊

330000－1705－0004763　善2464　子部/醫
家類/類編之屬
盤珠集　(清)嚴潔　(清)施雯等撰　清小眉
山館木活字印本　八冊　缺一卷(脈法大成
上)

330000－1705－0004764　善2436　子部/醫
家類/綜合之屬/通論
古今名醫彙粹八卷　(清)羅美輯　清抄本
四冊

330000－1705－0004765　善2519、善2758、
善2757　子部/雜著類/雜品之屬
雅尚齋遵生八牋十九卷　(明)高濂撰　明萬
曆刻本　六冊　存八卷(清脩妙論一至二、飲
饌服食二、燕閒清賞一至二、四時調攝四至
五、靈秘丹藥一)

330000－1705－0004766　善2520　子部/藝
術類/書畫之屬/畫譜
劉雪湖梅譜二卷　(明)劉世儒撰　像贊評林
贈言二卷　(明)王思任輯　明萬曆六年
(1578)刻本　清焯翁題記　一冊　存一卷
(梅譜下)

330000－1705－0004767　善2501　子部/天
文曆算類/曆法之屬
御製律曆淵源五種　(清)允祿　(清)允祉等
纂修　清刻本　八冊　存一種

330000－1705－0004768　善2465　子部/醫
家類/兒科之屬/通論
錢氏小兒藥證直訣三卷　(宋)錢乙撰　(宋)
閻孝忠輯　附方一卷　(宋)閻孝忠撰　錢仲
陽傳一卷　(宋)劉跂撰　董氏小兒斑疹備急
方論一卷　(宋)董汲撰　清康熙五十八年
(1719)起秀堂刻本　二冊

330000－1705－0004769　善 2500　子部/天文曆算類/天文之屬

度測二卷　（明）陳藎謨撰　清抄本　四冊

330000－1705－0004770　善 2437、善 2438、善 2444、善 2443　子部/醫家類/類編之屬

古今醫統正脈全書四十四種　（明）王肯堂編　明萬曆二十九年(1601)新安吳勉學刻本　十冊　存四種

330000－1705－0004771　善 2533　子部/藝術類/書畫之屬/畫譜

無雙譜一卷　（清）金古良撰並繪　清康熙刻本　一冊

330000－1705－0004772　善 2522　子部/藝術類/書畫之屬

隋唐演義像一卷　（明）□□撰　明四雪草堂刻本　一冊

330000－1705－0004773　善 2504　子部/藝術類/書畫之屬/書法書品

墨池編二十卷　（宋）朱長文撰　**印典八卷**（清）朱象賢輯　清雍正十一年(1733)吳郡朱氏刻本　六冊

330000－1705－0004774　善 2469　子部/醫家類/兒科之屬/通論

嬰童百問十卷　（明）魯伯嗣撰　明嘉靖刻本　一冊　存二卷(六至七)

330000－1705－0004775　善 2542　子部/藝術類/書畫之屬/題跋

庚子書畫記不分卷　（清）沈復燦撰　稿本　二冊

330000－1705－0004776　善 2454　子部/醫家類/溫病之屬/瘟疫

瘟疫論二卷補遺一卷　（明）吳有性撰　清嘉慶四年(1799)浙西何玉林刻本　清楊泰亨跋　一冊

330000－1705－0004777　善 2470　子部/醫家類/兒科之屬/通論

嬰童百問十卷　（明）魯伯嗣撰　明刻本　一冊　存一卷(八)

330000－1705－0004778　善 2543　子部/藝術類/書畫之屬/法帖

鳴野山房彙刻帖目四卷　（清）沈復燦撰　清味經書屋抄本　四冊

330000－1705－0004779　善 2521、善 2622、善 5005－1　類叢部/叢書類/彙編之屬

百家名畫一百四種　（明）胡文煥編　明萬曆錢塘胡氏文會堂刻本　五冊　存五種

330000－1705－0004780　善 2540　史部/傳記類/總傳之屬/姓名

歷代畫家姓氏考四卷　題（明）項聖謨撰　**國朝畫徵錄一卷**（清）張庚撰　清有容堂抄本　八冊

330000－1705－0004781　善 2471　子部/醫家類/兒科之屬/痘疹

痘疹世醫心法十二卷　（明）萬全撰　清康熙二十六年(1687)崔華刻本　一冊　存三卷(一至三)

330000－1705－0004782　善 2539　子部/藝術類/書畫之屬/題跋

吳越所見書畫錄六卷　（清）陸時化輯並撰　清抄本　六冊

330000－1705－0004783　善 2439　子部/醫家類/傷寒金匱之屬/傷寒論

類編傷寒活人書括指掌圖論九卷　（明）李知先編次　**續方一卷**（明）熊宗立編　**提綱一卷**（元）吳恕撰　明萬曆十七年(1589)金陵唐少橋刻本　四冊

330000－1705－0004784　善 2451　子部/醫家類

推求師意二卷附錄一卷　（明）戴思恭撰　明嘉靖刻石山醫案本　君詒跋　一冊

330000－1705－0004785　善 2472　子部/醫家類/兒科之屬

仁端雜症四卷痘疹五卷　（清）徐謙編　（清）張之祖校正　清抄本　七冊　存六卷(雜症三至四,痘疹一至三、五)

330000－1705－0004786　善 2537　子部/藝

術類/書畫之屬/畫譜

芥子園畫傳三集 （清）王槩　（清）王蓍
（清）王臬輯　清乾隆四十三年（1778）金閶書
業堂刻本　一冊

330000－1705－0004787　善2475　子部/醫
家類/兒科之屬/通論

活幼便覽二卷 （明）劉錫撰　明刻本　一冊

330000－1705－0004788　善2453　子部/醫
家類/方書之屬/成方藥目

王宇泰先生訂補古今醫鑑十六卷 （明）龔信
纂輯　（明）龔廷賢續　（明）王肯堂訂補　明
刻本　一冊　存一卷（四）

330000－1705－0004789　善2538　子部/藝
術類/書畫之屬/畫譜

芥子園畫傳三集 （清）王槩　（清）王蓍
（清）王臬輯　清康熙四十年（1701）刻本
三冊

330000－1705－0004790　善2509　子部/藝
術類/書畫之屬

圖畫見聞志六卷 （宋）郭若虛撰　清抄本
清盧文弨觀　一冊

330000－1705－0004791　善2479　類叢部/
叢書類/自著之屬

呂新吾全集二十二種 （明）呂坤撰　明萬曆
刻清同治至光緒修補印本　一冊　存一種

330000－1705－0004792　善2523　子部/藝
術類/書畫之屬/總論

江邨銷夏錄三卷 （清）高士奇撰　清康熙三
十二年（1693）刻本　三冊

330000－1705－0004793　善2530　史部/傳
記類/總傳之屬/技藝

無聲詩史七卷 （清）姜紹書撰　清康熙五十
九年（1720）嘉興李光暎觀妙齋刻本　二冊

330000－1705－0004794　善2455　子部/醫
家類/溫病之屬

溫熱暑疫全書四卷 （清）周揚俊輯　清抄本
清姚瑩俊題記　二冊

330000－1705－0004795　善2440　子部/醫
家類/類編之屬

古今醫統正脉全書四十四種 （明）王肯堂編
明萬曆二十九年（1601）新安吳勉學刻清初
映旭齋重修本　六冊　存一種

330000－1705－0004796　善2516　子部/藝
術類/書畫之屬

王氏書畫苑四十四種 （明）王世貞輯　（明）
詹景鳳補　明萬曆十八年至十九年（1590－
1591）王元貞刻本　一冊　存八種

330000－1705－0004797　善2524　子部/藝
術類/書畫之屬/題跋

銷夏錄六卷 （清）高士奇撰　清乾隆四年
（1739）修潔齋刻本　二冊

330000－1705－0004798　善2534　子部/藝
術類/書畫之屬/畫譜

晚笑堂畫傳一卷明太祖功臣圖一卷 （清）上
官周繪　清乾隆刻本　一冊　存一卷（晚笑
堂畫傳）

330000－1705－0004799　善2544　子部/藝
術類/書畫之屬/畫譜

乾隆南巡紀游版圖不分卷 清刻本　十二葉

330000－1705－0004800　善2546　史部/金
石類/石之屬

寶刻類編八卷 （宋）□□撰　清抄本　二冊

330000－1705－0004801　善2597　子部/墨
家類

墨子十五卷 （明）李贄輯　（明）郎兆玉評
明天啓郎兆玉堂策檻刻本　二冊

330000－1705－0004802　善2508　子部/藝
術類/書畫之屬/總論

書苑菁華二十卷 （宋）陳思輯　清抄本　一
冊　存二卷（二至三）

330000－1705－0004803　善2592　子部/農
家農學類/園藝之屬/總志

佩文齋廣羣芳譜一百卷目錄二卷 （清）汪灝
等撰　清康熙四十七年（1708）內府刻本　三
十二冊

330000 – 1705 – 0004804　善 2569　類叢部/
叢書類/彙編之屬

夷門廣牘一百七種　（明）周履靖編　明萬曆
二十五年(1597)金陵荊山書林刻本　四冊
存一種

330000 – 1705 – 0004805　善 2570　類叢部/
叢書類/彙編之屬

重訂欣賞編五十三種　（明）沈津編　（明）茅
一相續編　明刻本　一冊　存一種

330000 – 1705 – 0004806　善 2502　子部/天
文曆算類/天文之屬

窺天史纂三卷　（清）馮焌纂輯　清抄本　二
冊　缺一卷(二)

330000 – 1705 – 0004807　善 2598　子部/雜
家類

子華子十卷　（清）金之俊評閱　明末雷鳴時
刻清印本　二冊

330000 – 1705 – 0004808　善 2590　子部/農
家農學類/園藝之屬/總志

二如亭群芳譜四十二卷　（明）王象晉撰　明
末刻清康熙重修本　二十冊

330000 – 1705 – 0004809　善 2545　子部/農
家農學類/總論之屬

御製耕織全圖一卷　（清）焦秉貞繪　（清）聖
祖玄燁題詩　清康熙三十五年(1696)內府刻
本　一冊

330000 – 1705 – 0004810　善 2571　類叢部/
叢書類/彙編之屬

羣芳清玩十二種十六卷　（明）李嶼編　明末
毛氏汲古閣刻李嶼彙印本　一冊　存二種

330000 – 1705 – 0004811　善 2503　子部/天
文曆算類/天文之屬

彩繪天象圖不分卷　清嘉慶二十三年(1818)
彩繪本　二冊

330000 – 1705 – 0004812　善 2599　子部/雜
家類

尹文子一卷　明嘉靖刻五子書本　朱鼎煦校
並跋　一冊

330000 – 1705 – 0004813　善 2600　子部/雜
家類

鶡冠子三卷　（宋）陸佃注　（明）王宇等評
明天啟五年(1625)朱氏花齋刻本　一冊

330000 – 1705 – 0004814　善 2557　子部/藝
術類/篆刻之屬/印譜

抱經樓日課編四卷　（清）盧登焯篆並輯　清
嘉慶四年(1799)抱經樓刻鈐印本　四冊

330000 – 1705 – 0004815　善 2547　史部/金
石類/璽印之屬

集古印譜六卷　（明）王常輯　明萬曆三年
(1575)顧氏芸閣刻朱印本　守堂跋　六冊

330000 – 1705 – 0004816　善 2532　史部/金
石類/總志之屬/題跋

竹雲題跋四卷　（清）王澍撰　金粟逸人逸事
一卷　（清）朱琰撰　清乾隆三十二年(1767)
錢人龍茗上畫雲閣刻本　二冊

330000 – 1705 – 0004817　善 2626　子部/雜
著類/雜說之屬

秘傳天祿閣寓言外史八卷　題(漢)黃憲撰
清抄本　二冊

330000 – 1705 – 0004818　善 2601　子部/雜
家類

鶡冠子三卷　（宋）陸佃注　（明）王宇等評
明天啟五年(1625)朱氏花齋刻本　一冊

330000 – 1705 – 0004819　善 2572　子部/工
藝類/文房四寶之屬/墨

程氏墨苑□□卷　（明）程大約撰　明萬曆程
氏滋蘭堂刻本　五冊　存五卷(一至四、六)

330000 – 1705 – 0004820　善 2602　子部/雜
家類

鬼谷子三卷　（南朝梁）陶弘景注　（清）秦恩
復校　篇目考一卷附錄一卷　（清）秦恩復撰
輯　清嘉慶十年(1805)江都秦氏石研齋刻本
　三冊

330000 – 1705 – 0004821　善 2603　子部/雜
家類

鬼谷子三卷　（南朝梁）陶弘景注　（清）秦恩

復校　篇目考一卷附錄一卷　（清）秦恩復撰
輯　清嘉慶十年（1805）江都秦氏石研齋刻本
一冊

330000－1705－0004823　善 2529　子部／藝
術類／書畫之屬／書法書品

書學彙編十卷　（清）萬斯同輯　清抄本
五冊

330000－1705－0004824　善 2629　子部／雜
著類／雜說之屬

夢溪筆談二十六卷補筆談三卷續筆談一卷
（宋）沈括撰　明崇禎四年（1631）馬元調刻本
四冊

330000－1705－0004825　善 2548　史部／金
石類／璽印之屬

集古印譜六卷　（明）王常輯　明萬曆三年
（1575）顧氏芸閣刻朱印本　五冊　缺一卷
（二）

330000－1705－0004826　善 2573　子部／工
藝類／文房四寶之屬／墨

方氏墨譜六卷　（明）方于魯撰　明萬曆方氏
美蔭堂刻本　三冊　存二卷（二、五）

330000－1705－0004827　善 2549　史部／金
石類／璽印之屬

集古印譜六卷　（明）王常輯　明萬曆三年
（1575）顧氏芸閣刻朱印本　三冊　存三卷
（三、五至六）

330000－1705－0004828　善 2550　子部／藝
術類／篆刻之屬／印譜

古今印則二卷　（明）程遠輯　明萬曆檇李項
氏宛委堂刻鈐印本　一冊

330000－1705－0004829　善 2632　子部／雜
著類／雜說之屬

東坡先生志林五卷　（宋）蘇軾撰　（明）焦竑
評　明刻朱墨套印本　一冊　存一卷（一）

330000－1705－0004830　善 2573－1　子部／
工藝類／文房四寶之屬／墨

方氏墨譜六卷　（明）方于魯撰　明刻本　二
冊　存墨譜引、墨譜序、墨譜雜言、墨譜評、墨

譜行、墨譜歌、墨譜離合詩、墨譜、墨書、墨賦、
墨表

330000－1705－0004831　善 2591　子部／農
家農學類／園藝之屬／總志

二如亭群芳譜四十二卷　（明）王象晉撰　明
末刻清康熙重修本　十七冊　缺五卷（天譜
三，果譜首、一至二，木譜二）

330000－1705－0004832　善 2535　子部／藝
術類／書畫之屬／畫譜

芥子園畫傳二集八卷　（清）王槩　（清）王著
（清）王臬輯　清康熙四十年（1701）芥子園
甥館刻彩色套印本　一冊　存二卷（梅譜一
至二）

330000－1705－0004833　善 2621　子部／雜
著類／雜說之屬

風俗通義十卷　（漢）應劭撰　明刻本　孫家
湜題記　二冊

330000－1705－0004834　善 2605　子部／雜
家類

呂氏春秋二十六卷　（漢）高誘注　明萬曆七
年（1579）虞德燁等刻本　八冊

330000－1705－0004835　善 2559　子部／藝
術類／篆刻之屬／印譜

詠蕁樓印帙不分卷　（清）張載篆　清乾隆二
十七年（1762）刻鈐印本　一冊

330000－1705－0004836　善 2574　子部／工
藝類／文房四寶之屬／墨

方氏墨譜六卷　（明）方于魯撰　明萬曆方氏
美蔭堂刻本　二冊　存二卷（五至六）

330000－1705－0004837　善 2536　子部／藝
術類／書畫之屬／畫譜

芥子園畫傳二集八卷　（清）王槩　（清）王著
（清）王臬輯　清康熙四十年（1701）芥子園
甥館刻彩色套印本　一冊　存二卷（梅譜一
至二）

330000－1705－0004838　善 2608　子部／雜
家類

淮南鴻烈解二十一卷　（漢）劉安撰　（漢）高

誘注 （明）茅坤等評 明萬曆刻本 一冊
存七卷(一至七)

330000 － 1705 － 0004839 善 2594 子部/農
家農學類/園藝之屬/花卉

采芳隨筆二十四卷 （清）查彬撰 清嘉慶十
九年(1814)刻本 十四冊 缺一卷(三)

330000 － 1705 － 0004840 善 2554 子部/藝
術類/篆刻之屬/印論

印則一卷 （清）孫光祖撰 清刻本 一冊

330000 － 1705 － 0004841 善 2576 子部/工
藝類/文房四寶之屬/硯

謝氏硯攷四卷首一卷 （清）謝慎修撰 清乾
隆刻本 二冊

330000 － 1705 － 0004842 善 2560 子部/藝
術類/音樂之屬/琴學

琴史六卷 （宋）朱長文撰 清康熙四十五年
(1706)曹寅揚州詩局刻本 清王芑孫記
一冊

330000 － 1705 － 0004843 善 2613 子部/雜
家類

白虎通德論二卷 （漢）班固撰 明嘉靖元年
(1522)傅鑰刻本 二冊

330000 － 1705 － 0004844 善 2575 類叢部/
叢書類/彙編之屬

武英殿聚珍版書一百三十八種 清乾隆蘇州
刻本 二冊 存一種

330000 － 1705 － 0004845 善 2525 子部/藝
術類/書畫之屬

式古堂書畫彙考六十卷目錄三卷 （清）卞永
譽輯 清會稽魯氏抄本 二冊 存三十卷
(書畫彙考一至三十)

330000 － 1705 － 0004846 善 2611 子部/雜
家類

淮南子二十八卷 （漢）劉安撰 明嘉靖九年
(1530)王鑾刻萬曆十一年(1583)甘來學、黃
克纘重修本 六冊

330000 － 1705 － 0004847 善 2635 子部/雜

著類/雜說之屬

石林燕語十卷 （宋）葉夢得撰 明正德元年
(1506)楊武刻本 二冊

330000 － 1705 － 0004848 善 2566 子部/藝
術類/遊藝之屬/棋弈

適情錄二十卷 （明）林應龍撰 明刻本 二
冊 存四卷(三至六)

330000 － 1705 － 0004849 善 2612 子部/雜
家類

淮南鴻烈解二十八卷 （漢）劉安撰 （漢）許
慎 （漢）高誘注 （明）劉績補注 明嘉靖九
年(1530)黃焯永州刻本 二冊 存十一卷
(十八至二十八)

330000 － 1705 － 0004850 善 2577 子部/工
藝類/文房四寶之屬/紙

紙書□□卷 清抄本 一冊 存二卷(十一
至十二)

330000 － 1705 － 0004851 善 2567 子部/兵
家類/武術技巧之屬

少林棍法闡宗一卷 （明）程沖斗撰 清抄本
一冊

330000 － 1705 － 0004852 善 2587 子部/農
家農學類/鳥獸蟲之屬

衛蟬小錄八卷 （清）孫蒸意撰 清嘉慶二十
四年(1819)高榮等刻本 四冊

330000 － 1705 － 0004853 善 2616 類叢部/
叢書類/彙編之屬

漢魏叢書三十八種 （明）程榮編 明萬曆二
十年(1592)新安程氏刻本 五冊 存一種

330000 － 1705 － 0004854 善 2553 子部/藝
術類/篆刻之屬/印論

印典八卷 （清）朱象賢輯 清康熙六十一年
(1722)吳縣朱氏就閒堂刻乾隆重修本 二冊

330000 － 1705 － 0004855 善 2579 子部/工
藝類/文房四寶之屬/硯

冬心齋研銘一卷 （清）金農撰 清乾隆十五
年(1750)刻本 一冊

330000－1705－0004856　善 2593　子部/農家農學類/園藝之屬/花卉

藝菊志八卷　（清）陸廷燦輯　清康熙五十七年（1718）刻本　四冊

330000－1705－0004857　善 2633　子部/雜著類/雜說之屬

侯鯖錄八卷　（宋）趙令時撰　明刻本　清夏啟芬批校　二冊

330000－1705－0004858　善 2555　史部/金石類/璽印之屬/通考

二百蘭亭齋古印攷藏六卷　（清）吳雲輯　清同治三年（1864）刻鈐印本　二冊

330000－1705－0004859　善 2568、善 2586　子部/叢編

雅歌齋雜集三種　明萬曆四十二年（1614）刻本　二冊

330000－1705－0004860　善 2582　子部/工藝類/日用器物之屬/陶瓷

曼殊沙庵三十六卷壺盧銘一卷　（清）葉金壽撰　（清）郭傳璞注　稿本　一冊

330000－1705－0004861　善 2589　子部/農家農學類/園藝之屬/花卉

灌園史二卷補遺一卷　（明）陳繼儒刪定（明）陳詩教編著　明萬曆刻本　二冊

330000－1705－0004862　善 2583　子部/農家農學類/鳥獸蟲之屬

重刊訂正秋蟲譜二卷　（宋）賈似道撰　明嘉靖刻本　一冊

330000－1705－0004863　善 2556　子部/藝術類/篆刻之屬/印譜

澄懷堂印譜四卷　（清）王玉如篆　（清）葉錦藏　清乾隆十一年（1746）刻鈐印本　三冊　缺一卷（四）

330000－1705－0004864　善 2668　子部/叢編

括蒼二子六卷　（明）楊瑞輯　明萬曆楊瑞刻本　一冊　存二卷（重刊草木子三至四）

330000－1705－0004865　善 2650、善 2647　類叢部/叢書類/彙編之屬

津逮祕書十五集一百四十種　（明）毛晉編　明崇禎虞山毛氏汲古閣刻本　三冊　存二種

330000－1705－0004866　善 2670　類叢部/叢書類/彙編之屬

今獻彙言三十九種　（明）高鳴鳳編　明刻本　二冊　存一種

330000－1705－0004867　善 2596　類叢部/叢書類/彙編之屬

廣漢魏叢書八十種　（明）何允中編　清嘉慶刻本　一冊　存一種

330000－1705－0004868　善 2640　子部/雜著類/雜說之屬

容齋隨筆十六卷續筆十六卷三筆十六卷四筆十六卷五筆十卷　（宋）洪邁撰　明刻本　清嚴元照書　一冊　存三卷（續筆一至三）

330000－1705－0004869　善 2584　子部/農家農學類/鳥獸蟲之屬

秋蟲譜不分卷　（宋）賈似道輯　清抄本　一冊

330000－1705－0004870　善 2715　子部/雜著類/雜考之屬

秋林伐山二十卷　（明）楊慎撰　明刻本　四冊

330000－1705－0004871　善 2672　子部/藝術類/書畫之屬/總論

畫禪室隨筆四卷　（明）董其昌撰　（清）楊補輯　清康熙刻本　二冊

330000－1705－0004872　善 2671　類叢部/叢書類/家集之屬

震澤先生別集四種　（明）王永熙輯　明萬曆三十六年（1608）王永熙刻本　二冊　存一種

330000－1705－0004873　善 2585　子部/農家農學類/鳥獸蟲之屬

見物五卷　（明）李蘇撰　明刻本　一冊

330000－1705－0004874　善 2646　子部/雜

著類/雜説之屬

老學庵筆記十卷 （宋）陸游撰　明天啓三年
(1623)周應儀、王志堅刻本　清楊泰亨題簽
　孫家湜題記　一冊

330000－1705－0004875　楊 0227　子部/醫
家類/婦科之屬/産科

臨産要旨不分卷　清光緒二年(1876)寧郡敬
緖堂刻本　清楊炳翰題記　一冊

330000－1705－0004876　善 2615　子部/雜
著類/雜説之屬

論衡三十卷　（漢）王充撰　宋乾道三年
(1167)紹興府刻宋元明遞修本　三冊　存十
三卷（七至十、十八至二十一、二十六至三十）

330000－1705－0004877　善 2687　子部/雜
著類/雜説之屬

焦氏筆乘六卷續集八卷　（明）焦竑撰　明萬
曆三十四年(1606)謝與棟刻本　二冊

330000－1705－0004878　善 2718　子部/雜
著類/雜考之屬

青藤山人路史二卷　（明）徐渭撰　明刻本
一冊

330000－1705－0004879　善 2595　類叢部/
叢書類/彙編之屬

武英殿聚珍版書一百三十八種　清乾隆武英
殿木活字印本　一冊　存一種

330000－1705－0004880　善 2673　子部/雜
著類/雜説之屬

羣賢要語二卷　（明）李佑輯　明萬曆五年
(1577)刻本　二冊

330000－1705－0004881　善 2707　類叢部/
叢書類/彙編之屬

尚白齋鎸陳眉公訂正祕笈二十一種　（明）陳
繼儒編　明萬曆三十四年(1606)沈氏尚白齋
刻本　三冊　存一種

330000－1705－0004882　善 2643　子部/雜
著類/雜説之屬

能改齋漫錄十八卷　（宋）吳曾撰　清初錢曾
述古堂抄本　朱鼎煦跋　一冊　存一卷（十）

330000－1705－0004883　善 2719　子部/雜
著類/雜考之屬

青藤山人路史二卷　（明）徐渭撰　**古註參同
契分釋一卷**　（漢）徐景休撰　明刻本　一冊

330000－1705－0004884　善 2689　子部/雜
著類/雜説之屬

小柴桑喃喃錄二卷　（明）陶奭齡撰　明崇禎
八年(1635)李爲芝刻本　四冊

330000－1705－0004885　善 2709　子部/雜
著類/雜考之屬

履齋示兒編二十三卷　（宋）孫奕撰　清十萬
卷樓抄本　一冊　存七卷（十二至十八）

330000－1705－0004886　善 2674　子部/雜
著類/雜纂之屬

浮山此藏軒物理小識十二卷首一卷　（清）方
以智撰　（清）方中德等編　清天瑞堂刻本
四冊

330000－1705－0004887　善 2657　子部/雜
著類/雜説之屬

鶴林玉露十六卷補遺一卷　（宋）羅大經撰
明萬曆三十六年(1608)刻本　八冊

330000－1705－0004888　善 2703　類叢部/
叢書類/自著之屬

王漁洋遺書三十八種　（清）王士禎撰　清刻
本　三冊　存一種

330000－1705－0004889　善 2690　子部/雜
家類

立齋先生語錄一卷　（明）楊傑口述　（明）馬
森錄　明萬曆四年(1576)陳吾德刻本　一冊

330000－1705－0004890　善 2638　子部/雜
著類/雜説之屬

**容齋隨筆十六卷續筆十六卷三筆十六卷四筆
十六卷五筆十六卷**　（宋）洪邁撰　明弘治十
一年(1498)李瀚刻本　清趙連城、清李廷基
跋　二十冊　缺十七卷（續筆十二至十六、四
筆一至六、五筆十一至十六）

330000－1705－0004891　善 2675　子部/雜
著類/雜纂之屬

物理小識十二卷 （清）方以智撰 清乾隆內府抄文瀾閣四庫全書本 一冊 存二卷（七至八）

330000－1705－0004892 善2720 類叢部/類書類/通類之屬

彙考策林□□卷 （明）何應彪輯 明刻本 二冊 存二卷（五至六）

330000－1705－0004893 善2691 子部/雜著類/雜考之屬

徐氏筆精八卷 （明）徐𤊹撰 明崇禎五年（1632）邵捷春刻本 二冊 存四卷（一至四）

330000－1705－0004894 善2721 子部/雜著類/雜考之屬

日知錄之餘四卷 （清）顧炎武撰 清抄本 清莫棠、清潘志萬題記 一冊 存一卷（一）

330000－1705－0004895 善2676 子部/雜著類/雜說之屬

餘冬序錄六十五卷 （明）何孟春撰 明嘉靖七年（1528）郴州家塾刻本 十三冊

330000－1705－0004896 善2704 子部/雜著類/雜考之屬

丹浦欵言四卷 （明）李蓘撰 清抄本 一冊

330000－1705－0004897 善2702 類叢部/叢書類/自著之屬

王漁洋遺書三十八種 （清）王士禛撰 清刻本 四冊 存一種

330000－1705－0004898 善2678 子部/雜著類/雜說之屬

兩山墨談十八卷 （明）陳霆撰 明嘉靖十八年（1539）李檗刻本 一冊 存四卷（十一至十四）

330000－1705－0004899 善2682 類叢部/叢書類/自著之屬

儼山外集八帙二十四種 （明）陸深撰 明嘉靖二十四年（1545）陸楫刻本 八冊

330000－1705－0004900 善2639 子部/雜著類/雜說之屬

容齋一筆十六卷二筆十六卷三筆十六卷四筆十六卷五筆十卷 （宋）洪邁撰 明刻本 三十二冊 缺五卷（十二至十六）

330000－1705－0004901 善2683 子部/雜著類/雜說之屬

古言二卷 （明）鄭曉撰 明嘉靖四十四年（1565）項篤壽刻本 二冊

330000－1705－0004902 善2723 類叢部/叢書類/自著之屬

上湖遺集八種 （清）汪師韓撰 清乾隆刻本 三冊 存一種

330000－1705－0004903 善2701 類叢部/叢書類/自著之屬

王漁洋遺書三十八種 （清）王士禛撰 清刻本 二冊 存一種

330000－1705－0004904 善2655、善2641 類叢部/叢書類/彙編之屬

稗海四十六種續稗海二十四種 （明）商濬編 明萬曆商氏半埜堂刻本 三冊 存二種

330000－1705－0004905 善2711甲 子部/雜著類/雜考之屬

丹鉛餘錄十七卷 （明）楊慎撰 明刻本 一冊 存五卷（十三至十七）

330000－1705－0004906 善2685、善4864 類叢部/叢書類/自著之屬

少室山房四集 （明）胡應麟撰 （明）江湛然輯 明天啟刻本 十二冊 存一種

330000－1705－0004907 善2684 子部/雜著類/雜說之屬

穀山筆麈十八卷 （明）于慎行撰 明天啟歸德沈氏刻本 四冊

330000－1705－0004908 善2714－1 子部/雜著類/雜考之屬

丹鉛總錄二十七卷 （明）楊慎撰 明嘉靖三十三年（1554）梁佐刻藍印本 一冊 存二卷（二十至二十一）

330000－1705－0004909 善2714－2 子部/

雜著類/雜考之屬

丹鉛總錄二十七卷 （明）楊慎撰 明嘉靖三十三年(1554)梁佐刻藍印本 一冊 存二卷（二十至二十一）

330000－1705－0004910 善 2648 子部/雜著類/雜說之屬

經鉏堂雜誌八卷 （宋）倪思撰 明萬曆二十八年(1600)潘大復、張輅刻本 四冊

330000－1705－0004911 善 2658 子部/雜著類/雜考之屬

困學紀聞二十卷 （宋）王應麟撰 明刻本 十二冊

330000－1705－0004912 善 2713 子部/雜著類/雜考之屬

丹鉛總錄二十七卷 （明）楊慎撰 明嘉靖三十三年(1554)梁佐刻本 一冊 存三卷（二十二至二十四）

330000－1705－0004913 善 2637 類叢部/叢書類/彙編之屬

稗海四十六種續稗海二十四種 （明）商濬編 明萬曆商氏半埜堂刻本 三冊 存一種

330000－1705－0004914 善 2667 子部/雜著類/雜說之屬

草木子四卷 （明）葉子奇撰 明嘉靖二十二年(1543)王宏刻萬曆八年(1580)林大黼重修本 四冊

330000－1705－0004915 善 2734 子部/小說家類/雜事之屬

世說新語補二十卷附釋名一卷 （南朝宋）劉義慶撰 （南朝梁）劉孝標注 （明）何良俊增補 （明）王世貞定 （明）王世懋批釋 （明）張文柱校注 明萬曆十三年(1585)張文柱刻本 六冊

330000－1705－0004916 善 2725 子部/小說家類/雜事之屬

世說新語三卷 （南朝宋）劉義慶撰 （南朝梁）劉孝標注 （宋）劉辰翁評 明刻本 六冊

330000－1705－0004917 善 2712 子部/雜著類/雜考之屬

丹鉛總錄二十七卷 （明）楊慎撰 明嘉靖三十三年(1554)梁佐刻本 十冊

330000－1705－0004918 善 2649 子部/雜著類/雜說之屬

經鉏堂雜誌八卷 （宋）倪思撰 明萬曆二十八年(1600)潘大復、張輅刻本 朱鼎煦跋 二冊

330000－1705－0004919 善 2736 子部/小說家類/雜事之屬

李卓吾批點世說新語補二十卷 （南朝宋）劉義慶撰 （南朝梁）劉孝標注 （宋）劉辰翁批 （明）何良俊增 （明）王世貞刪定 （明）王世懋批釋 （明）李贄批點 （明）張文柱校注 附釋名一卷 明萬曆刻本 四冊

330000－1705－0004920 善 2693 子部/雜著類/雜說之屬

因樹屋書影十卷 （清）周亮工撰 清雍正三年(1725)懷德堂刻本（卷十配清抄本） 六冊

330000－1705－0004921 善 2726 子部/小說家類/雜事之屬

世說新語八卷 （南朝宋）劉義慶撰 （南朝梁）劉孝標注 明刻本 三冊 存六卷（一至六）

330000－1705－0004922 善 2663 子部/雜著類/雜說之屬

輟耕錄三十卷 （明）陶宗儀撰 明刻本 一冊 存四卷（一至四）

330000－1705－0004923 善 2614 子部/雜家類

白虎通德論二卷 （漢）班固撰 明刻本 三冊

330000－1705－0004924 善 2664 子部/雜著類/雜說之屬

輟耕錄三十卷 （明）陶宗儀撰 明刻本 二冊 存七卷（二十四至三十）

330000－1705－0004925 善 2738 子部/小

說家類/雜事之屬

唐世說新語十三卷 （唐）劉肅撰　明萬曆三十七年(1609)俞安期刻本　二冊

330000－1705－0004926　善2694　子部/雜著類/雜說之屬

因樹屋書影十卷 （清）周亮工撰　清雍正三年(1725)懷德堂刻本　四冊

330000－1705－0004927　善2727　子部/小說家類/雜事之屬

世說新語八卷 （南朝宋）劉義慶撰　（南朝梁）劉孝標注　（明）王世貞批點　（明）凌瀛初校　明萬曆十四年(1586)余碧泉刻本　四冊　存六卷(一至六)

330000－1705－0004928　善2656、善2642　類叢部/叢書類/彙編之屬

稗海四十六種續稗海二十四種 （明）商濬編　明萬曆商氏半埜堂刻本　三冊　存二種

330000－1705－0004929　善2706　子部/雜著類/雜考之屬

程氏演繁露十六卷續集六卷 （宋）程大昌撰　清抄本　朱鼎煦題記　二冊　存十二卷(演繁露一至六、續集一至六)

330000－1705－0004930　善2728　子部/小說家類/雜事之屬

世說新語八卷 （南朝宋）劉義慶撰　（南朝梁）劉孝標注　（明）王世貞批點　（明）凌瀛初校　明萬曆十四年(1586)余碧泉刻本　二冊

330000－1705－0004931　善2695　子部/雜著類/雜說之屬

蓉槎蠡說十二卷 （清）程哲撰　清康熙五十年(1711)程氏七略書堂刻本　一冊　缺二卷(十一至十二)

330000－1705－0004932　善2857　子部/術數類/占卜之屬

甘氏奇門一得二卷 （明）甘霖撰　清抄本　二冊

330000－1705－0004933　善2755　子部/雜

著類/雜品之屬

新增格古要論十三卷 （明）曹昭撰　（明）舒敏編　（明）王佐增補　明萬曆新都黃正位尊生館刻清初淑躬堂重修本　二冊

330000－1705－0004934　善2754　子部/雜著類/雜纂之屬

多能鄙事十二卷 （明）劉基撰　明嘉靖刻本　四冊　存六卷(一至三、六、十一至十二)

330000－1705－0004935　善2788　子部/雜著類/雜考之屬

群書拾錄不分卷 （清）周廣業輯　清抄本　二冊

330000－1705－0004936　善2729　子部/小說家類/雜事之屬

世說新語八卷 （南朝宋）劉義慶撰　（南朝梁）劉孝標注　（明）張懋辰訂補　**世說新語補四卷** （明）何良俊撰　（明）王世貞定　明萬曆刻本　四冊　缺四卷(補一至四)

330000－1705－0004937　善2696　子部/雜著類/雜說之屬

蓉槎蠡說十二卷 （清）程哲撰　清康熙五十年(1711)程氏七略書堂刻本　二冊　存六卷(一至六)

330000－1705－0004938　善2784　子部/叢編

考古彙編經集六卷史集六卷文集六卷續集六卷 （明）傅鈸輯　明嘉靖刻本　一冊　存十四卷(經集一至六、史集一至六、文集一至二)

330000－1705－0004939　善2665　集部/別集類/明別集

太師誠意伯劉文成公集二十卷 （明）劉基撰　（明）何鐘編　明隆慶六年(1572)謝廷傑、陳烈括莟刻本　二冊　存二卷(二至三)

330000－1705－0004940　善2821　子部/小說家類/瑣語之屬

青泥蓮花記十三卷 （明）梅鼎祚撰　明萬曆三十年(1602)鹿角山房刻本　三冊　存七卷(文錄一至七)

330000 – 1705 – 0004941　善 2730　子部/小說家類/雜事之屬

世說新語八卷　（南朝宋）劉義慶撰　（南朝梁）劉孝標注　（明）張懋辰訂補　**世說新語補四卷**　（明）何良俊撰　（明）王世貞定　明萬曆刻本　四冊　缺四卷(補一至四)

330000 – 1705 – 0004942　善 2743　子部/小說家類/雜事之屬

桯史十五卷附錄一卷　（宋）岳珂撰　明嘉靖四年(1525)錢如京刻本　一冊　存五卷(六至九、附錄)

330000 – 1705 – 0004943　善 2785　史部/傳記類/別傳之屬

聰聖志四卷　（明）范弘嗣輯　明萬曆四十三年(1615)刻本　一冊

330000 – 1705 – 0004944　善 2697　子部/雜著類/雜說之屬

在園雜志四卷　（清）劉廷璣撰　清康熙五十四年(1715)自刻本　四冊

330000 – 1705 – 0004945　善 2659　子部/雜著類/雜說之屬

志雅堂雜鈔二卷　（宋）周密撰　清嘉慶十四年(1809)余集刻本　一冊

330000 – 1705 – 0004946　善 2756　子部/雜著類/雜品之屬

新增格古要論十三卷　（明）曹昭撰　（明）舒敏編　（明）王佐增補　明萬曆新都黃正位尊生館刻清初淑躬堂重修本　一冊　存四卷(十至十三)

330000 – 1705 – 0004947　善 2731　子部/小說家類/雜事之屬

世說新語八卷　（南朝宋）劉義慶撰　（南朝梁）劉孝標注　（宋）劉辰翁批釋　（明）王世懋批點　（明）凌瀛初校　明凌瀛初刻本　七冊　缺一卷(五)

330000 – 1705 – 0004948　善 2698　類叢部/叢書類/自著之屬

王漁洋遺書三十八種　（清）王士禛撰　清刻

本　二冊　存一種

330000 – 1705 – 0004949　善 2662　子部/雜著類/雜編之屬

陳眉公訂正研北雜志二卷　（元）陸友撰　（明）陳繼儒編　清葉金緘抄本　清葉金緘題記　一冊

330000 – 1705 – 0004950　善 2744　子部/小說家類/雜事

桯史十五卷附錄一卷　（宋）岳珂撰　明嘉靖四年(1525)錢如京刻本　一冊　存一卷(附錄)

330000 – 1705 – 0004951　善 2786　子部/小說家類/異聞之屬

咫聞錄四卷　（清）邵建章撰　清抄本　一冊

330000 – 1705 – 0004952　善 2761　子部/雜著類/雜纂之屬

清窶齋心賞編一卷　（明）王象晉輯　明刻本　一冊

330000 – 1705 – 0004953　善 2732　子部/小說家類/雜事之屬

世說新語八卷　（南朝宋）劉義慶撰　（南朝梁）劉孝標注　（明）王世懋批點　明凌瀛初刻四色套印本　八冊

330000 – 1705 – 0004954　善 2699　子部/小說家類/雜事

古夫于亭雜錄六卷　（清）王士禛撰　清康熙刻本　二冊

330000 – 1705 – 0004955　善 2661　子部/雜著類/雜考之屬

庶齋老學叢談三卷　（元）盛如梓撰　清抄本　一冊

330000 – 1705 – 0004956　善 2760　子部/雜著類/雜品之屬

長物志十二卷　（明）文震亨編　明刻本　四冊

330000 – 1705 – 0004957　善 2762　子部/雜著類/雜說之屬

剡溪漫筆六卷 （明）孫能傳輯 明萬曆四十一年(1613)孫能正刻本 四冊

330000－1705－0004958 善 2741 子部/小說家類/雜事

桯史十五卷附錄一卷 （宋）岳珂撰 清抄本 四冊

330000－1705－0004959 善 2733 子部/小說家類/雜事之屬

世說新語補二十卷附釋名一卷 （南朝宋）劉義慶撰 （南朝梁）劉孝標注 （明）何良俊增補 （明）王世貞定 （明）王世懋批釋 (明)張文柱校注 明萬曆十三年(1585)張文柱刻本 八冊

330000－1705－0004960 善 2781 子部/雜著類/雜纂之屬

王太蒙先生類纂批評灼艾集十八卷 （明）萬表輯 明刻本 十冊

330000－1705－0004961 善 2763 子部/雜著類/雜品之屬

筠軒清閟錄三卷 （明）董其昌撰 清抄本 一冊

330000－1705－0004962 善 2804 類叢部/叢書類/彙編之屬

津逮祕書十五集一百四十種 （明）毛晉編 明崇禎虞山毛氏汲古閣刻清廣文堂印本 六冊 存一種

330000－1705－0004963 善 2805 子部/小說家類/異聞之屬

酉陽雜俎二十卷 （唐）段成式撰 明刻本 六冊

330000－1705－0004964 善 2700 子部/小說家類/雜事

古夫于亭雜錄五卷 （清）王士禛撰 清康熙六十年(1721)俞兆晟刻本 一冊

330000－1705－0004965 善 2853 子部/術數類/占卜之屬

大六壬不分卷 （清）郭載騋編 明末懷慶楊衙郭載騋刻本 十一冊

330000－1705－0004966 善 2783 子部/雜著類/雜說之屬

芸莊雜錄備遺十六卷 （明）管律撰 清都公鐘室抄本 四冊

330000－1705－0004968 善 2782 子部/雜著類/雜纂之屬

王太蒙先生類纂批評灼艾集十八卷 （明）萬表輯 明刻本 玉庭跋 九冊 存十六卷(一至四、七至十八)

330000－1705－0004969 善 2852 子部/術數類/占卜之屬

大六壬大全十三卷 （清）郭載騋編 明刻本 四冊 存七卷(七至十三)

330000－1705－0004970 善 2764 子部/雜著類/雜纂之屬

紺珠集十三卷 清文珍樓抄本 六冊

330000－1705－0004971 善 2803、善 2770 類叢部/叢書類/彙編之屬

津逮祕書十五集一百四十種 （明）毛晉編 明崇禎虞山毛氏汲古閣刻本 三冊 存二種

330000－1705－0004972 善 2811 子部/小說家類/諧謔之屬

開顏集二卷 （宋）周文玘輯 明刻本 一冊

330000－1705－0004973 善 2765 子部/雜著類/雜纂之屬

紺珠集十三卷 清抄本 十三冊

330000－1705－0004974 善 2759 子部/雜著類/雜品之屬

雅尚齋遵生八牋十九卷 （明）高濂撰 明萬曆刻本 孫家湑題記 一冊 存二卷(飲饌服食十二至十三)

330000－1705－0004975 善 2813 子部/小說家類/雜事之屬

虞初志七卷 （明）袁宏道評 明凌性德刻朱墨套印本 三冊 缺一卷(四)

330000－1705－0004976 善 2806 子部/小說家類/異聞之屬

酉陽雜俎二十卷續集十卷　（唐）段成式撰
明汲古閣抄本　一冊　存十卷（續集一至十）

330000－1705－0004978　善2766　子部/雜
著類/雜纂之屬

清異錄二卷　（宋）陶穀撰　清康熙四十七年
（1708）鹽官陳世修漱六閣刻本　清顧柵批
一冊

330000－1705－0004979　善2797　子部/小
說家類/異聞之屬

山海經十八卷　（晉）郭璞傳　清康熙五十三
年至五十四年（1714－1715）歙縣項絪群玉書
堂刻本　一冊

330000－1705－0004980　善2780　子部/雜
著類/雜纂之屬

省括編二十三卷　（明）姚文蔚編輯　明萬曆
三十四年（1606）楊廷筠刻本　五冊　存十二
卷（一至七、十一至十三、二十二至二十三）

330000－1705－0004981　善2815　子部/雜
著類/雜說之屬

梅花渡異林十卷　（明）支允堅撰　明崇禎刻
本　三冊　存七卷（一至二、六至十）

330000－1705－0004982　善2767　子部/雜
著類/雜纂之屬

清異錄二卷　（宋）陶穀撰　清康熙四十七年
（1708）鹽官陳世修漱六閣刻本　一冊

330000－1705－0004983　善2848　經部/易
類/易占之屬

易林補遺四集十二卷　（明）張世寶撰　明刻
本　四冊

330000－1705－0004984　善4399　集部/總
集類/彙編之屬

唐詩百名家全集　（清）席啟寓輯　清康熙四
十一年（1702）洞庭席氏琴川書屋刻本　五冊
　存十四種

330000－1705－0004985　善2768　子部/雜
著類/雜纂之屬

清異錄二卷　（宋）陶穀撰　清康熙四十七年
（1708）鹽官陳世修漱六閣刻本　清陳聿昌批

並題記　一冊

330000－1705－0004986　善2652　類叢部/
叢書類/彙編之屬

武英殿聚珍版書一百三十八種　清乾隆武英
殿木活字印本　清虎林味蔗居士題記　一冊
　存一種

330000－1705－0004987　善2790　經部/群
經總義類/傳說之屬

讀詩偶鈔一卷讀書偶鈔一卷讀易偶鈔一卷讀
禮偶鈔一卷　（清）蔣學鏞撰　清抄本　一冊

330000－1705－0004988　善2793　子部/雜
著類/雜編之屬

伊江筆錄二卷　（清）吳熊光撰　清虞山周氏
鴿峰草堂抄本　二冊

330000－1705－0004989　善2777　子部/雜
著類/雜纂之屬

初潭集十二卷　（明）李贄撰　明末刻本
五冊

330000－1705－0004990　善2846　子部/術
數類/占卜之屬

新刊圖解玉靈聚義占卜龜經四卷　題（宋）王
洙撰　（元）陸森編　明刻本　二冊　存一卷
（二）

330000－1705－0004991　善2791　子部/雜
著類/雜說之屬

炳燭觀二卷　清抄本　三冊

330000－1705－0004992　善2776　子部/雜
著類/雜纂之屬

初潭集三十卷　（明）李贄撰　明萬曆刻本
六冊　存二十九卷（一至二十九）

330000－1705－0004993　善2881　子部/術
數類/相宅相墓之屬

玉髓真經三十卷　（宋）張洞玄秘傳　後卷二
十一卷　（宋）房正等述　明嘉靖二十九年
（1550）福州府刻本　十四冊

330000－1705－0004994　善2843　類叢部/
叢書類/彙編之屬

士禮居叢書二十種　（清）黃丕烈編　清嘉慶
至道光黃氏士禮居刻本　清六潭校並跋　二
冊　存一種

330000－1705－0004995　善2862　子部／術
數類／陰陽五行之屬

陰陽本源秘文不分卷　清抄本　一冊

330000－1705－0004996　善2816　子部／小
說家類／異聞之屬

綠窗新話二卷　題皇都風月主人撰　明抄本
一冊

330000－1705－0004997　善2882　子部／術
數類／相宅相墓之屬

玉髓真經三十卷　（宋）張洞玄秘傳　後卷二
十一卷　（宋）房正等述　明嘉靖二十九年
（1550）福州府刻本　清關榕祚題記　二冊

330000－1705－0004998　善2779　子部／雜
著類／雜纂之屬

灼艾集二卷續集二卷別集二卷餘集二卷
（明）萬表輯　明嘉靖刻本　一冊　存一卷
（別集二）

330000－1705－0004999　善4295　集部／別
集類／清別集

二硯窩未定稿一卷附書目一卷畫目一卷
（清）鄭勳撰　稿本　一冊

330000－1705－0005000　善2645　類叢部／
叢書類／彙編之屬

武英殿聚珍版書一百三十八種　清同治十三
年（1874）江西書局刻本　二冊　存一種

330000－1705－0005001　善2775　子部／雜
著類／雜纂之屬

昨非菴日纂二十卷二集二十卷三集二十卷
（明）鄭瑄輯　明崇禎刻本　六冊　存二十卷
（三集一至二十）

330000－1705－0005002　善2794　子部／雜
著類／雜說之屬

巾箱說一卷　（清）金埴撰　清竹書堂抄本
一冊

330000－1705－0005003　善2831　子部／術
數類／占候之屬

觀象玩占五十卷　題（唐）李淳風撰　清慈蔭
堂抄本　九冊　存四十五卷（一至四十五）

330000－1705－0005004　善2863　子部／術
數類／陰陽五行之屬

五變中黃經直解二卷　清嘉慶南野草堂抄本
一冊

330000－1705－0005005　善2795　子部／雜
著類／雜說之屬

景眉齋雞窗筆粹不分卷　（清）蜒荈氏錄　清
抄本　清馮登府題記　一冊

330000－1705－0005006　善2885　子部／術
數類／相宅相墓之屬

玉髓真經三十卷　（宋）張洞玄秘傳　後卷二
十一卷　（宋）房正等述　明嘉靖二十九年
（1550）福州府刻本　一冊　存一卷（玉髓真
經十二）

330000－1705－0005007　善2875　子部／術
數類／命書相書之屬

新刊合併官板音義評註淵海子平五卷　（宋）
徐升編　明崇禎七年（1634）福建余氏刻本
一冊

330000－1705－0005008　善2739、善5016
類叢部／叢書類／彙編之屬

稗海四十六種續稗海二十四種　（明）商濬編
明萬曆商氏半埜堂刻本　三冊　存六種

330000－1705－0005009　善2889　子部／術
數類／相宅相墓之屬

新刊地理紫囊書八卷　（明）趙祐撰　（明）鄭
復初批評　明萬曆刻本　四冊　存四卷（一
至四）

330000－1705－0005010　善2887　子部／術
數類／相宅相墓之屬

新刻石函平沙玉尺經全書上集六卷後集四卷
題（元）劉秉忠撰　（明）劉基解　（明）賴
從謙發揮　明萬曆三十四年（1606）刻本
四冊

330000－1705－0005011　善 2877　子部/術數類/占候之屬

望斗僊經不分卷　清抄本　清馮瑜題簽
一冊

330000－1705－0005012　善 2839　子部/術數類/占候之屬

天文祥異賦圖□□卷全分一卷占行軍一卷
清彩繪抄本　十二冊　存十二卷(圖五至十、十二至十五,全分,占行軍)

330000－1705－0005013　善 2801 乙　類叢部/叢書類/彙編之屬

秘冊彙函二十四種一百四十三卷　(明)沈士龍　(明)胡震亨編　明萬曆刻本　一冊　存一種

330000－1705－0005014　善 2847　經部/易類/易占之屬

易占經緯四卷附易象爻辭一卷　(明)韓邦奇輯　明嘉靖二十七年(1548)金城刻本　一冊
存二卷(一、易象爻辭)

330000－1705－0005015　善 2888　子部/術數類/相宅相墓之屬

新刻石函平沙玉尺經全書上集六卷後集四卷
題(元)劉秉忠撰　(明)劉基解　(明)賴從謙發揮　明刻本　一冊

330000－1705－0005016　善 2742　類叢部/叢書類/彙編之屬

稗海四十六種續稗海二十四種　(明)商濬編
明萬曆商氏半埜堂刻本　一冊　存一種

330000－1705－0005017　善 2855　子部/術數類/陰陽五行之屬

奇門遁甲符應經八卷　(宋)楊惟德等撰　清抄本　一冊　存四卷(一至四)

330000－1705－0005018　善 2801 甲　類叢部/叢書類/彙編之屬

稗海四十六種續稗海二十四種　(明)商濬編
明萬曆商氏半埜堂刻本　二冊　存一種

330000－1705－0005019　善 2854　子部/術數類/雜術之屬

六壬肘後經一卷　清雙桂書屋抄本　一冊

330000－1705－0005020　善 2879　子部/術數類

地理書二種　(明)惺惺叟書　明嘉靖十二年(1533)刻二十一年(1542)重修本　一冊　缺二卷(劉江東金函、余樂山記師口訣)

330000－1705－0005021　善 2751　子部/小說家類/雜事之屬

玉劍尊聞十卷　(清)梁維樞撰　清順治十一年(1654)梁清遠、梁清傅刻本　一冊　存二卷(一至二)

330000－1705－0005022　善 2832　子部/術數類/占候之屬

玉曆通政經三卷　題(唐)李淳風撰　清寒梅館抄本　朱鼎煦題記　二冊

330000－1705－0005023　善 2941　子部/宗教類/佛教之屬/經

妙法蓮華經七卷　(後秦)釋鳩摩羅什譯　明泥金寫本　七冊

330000－1705－0005024　善 3016　類叢部/類書類/通類之屬

唐宋白孔六帖一百卷目錄二卷　(唐)白居易輯　(宋)孔傳輯　明嘉靖刻本(卷二、五、五十四至五十五補配清抄本)　四十八冊

330000－1705－0005025　善 2968　子部/宗教類/佛教之屬/總錄

釋迦如來應化事跡四卷　(清)釋永珊撰並繪
清嘉慶十三年(1808)和碩豫親王裕豐刻本四冊

330000－1705－0005026　善 3017　類叢部/類書類/通類之屬

唐宋白孔六帖一百卷目錄二卷　(唐)白居易輯　(宋)孔傳輯　明嘉靖刻本　九冊　存十八卷(一至十六、目錄一至二)

330000－1705－0005027　善 2891　子部/術數類/相宅相墓之屬

堪輿管見一卷　(明)謝廷柱編撰　**堪輿續論一卷**　(宋)謝和卿撰　(明)吳勉學編　明嘉

靖五年(1526)刻本　一冊

330000－1705－0005028　善3027　類叢部/類書類/通類之屬

冊府元龜一千卷目錄十卷　(宋)王欽若等輯
　明崇禎十五年(1642)黃國琦刻清康熙十一年(1672)黃九錫、乾隆十九年(1754)丁序賢重修本　一百六十冊　存四百八十五卷(一至八、三十二至五十七、六十八至九十、一百十六至一百十七、一百二十四至一百四十二、一百五十二至一百五十七、一百八十二至一百九十四、二百五至二百三十五、二百六十二至二百六十八、二百八十二至三百八十七、三百八十九至四百三十八、四百四十六至四百六十二、四百七十二至四百八十八、五百十七至五百九十四、六百二至六百三十八、七百三十至七百三十六、七百七十八至七百八十、八百四至八百六、八百十六至八百十九、八百二十四至八百二十九、八百三十六至八百三十八、八百四十八至八百四十九、八百七十三至八百七十五、九百十至九百十三、九百五十六至九百六十五)

330000－1705－0005029　善2948　子部/宗教類/佛教之屬/經

大方廣圓覺修多羅了義經二卷　(唐)釋佛陀多羅譯　明刻朱墨套印本　一冊

330000－1705－0005030　善4283　集部/別集類/清別集

香南居士集六卷　(清)崇恩撰　清刻本　二冊

330000－1705－0005031　善2748、善2749　子部/雜著類/雜說之屬

何氏語林三十卷　(明)何良俊撰　(明)茅坤評　明嘉靖二十九年(1550)何氏清森閣刻本　七冊　缺十二卷(七至十八)

330000－1705－0005032　善2990　子部/宗教類/道教之屬/雜著

雲笈七籤一百二十二卷　(宋)張君房撰　明萬曆張萱清真館刻本　二十七冊　存六十一卷(一至四、七至八、十二至三十五、四十五至

五十九、七十八至九十、一百七至一百九)

330000－1705－0005033　善3018　史部/時令類

歲華紀麗四卷　(唐)韓鄂撰　(明)鮑山較　明刻本　一冊

330000－1705－0005034　善3009　類叢部/類書類/通類之屬

藝文類聚一百卷　(唐)歐陽詢輯　明嘉靖六年至七年(1527－1528)胡纘宗、陸采刻本　十八冊　存九十卷(一至四、十五至一百)

330000－1705－0005035　善2949　子部/宗教類/佛教之屬/經疏

大方廣圓覺修多羅了義經直解二卷　(唐)釋佛陀多羅譯　(明)釋德清解　明天啟二年(1622)程夢暘刻本　一冊　存一卷(下)

330000－1705－0005036　善2892　子部/術數類

地理揭要十二種十二卷　清孫鎬抄本　一冊

330000－1705－0005037　善2798　子部/小說家類/異聞之屬

山海經十八卷　(晉)郭璞傳　清乾隆內府寫本　一冊　存五卷(四至八)

330000－1705－0005038　善2753　子部/雜家類

居家必用事類全集十卷　明司禮監刻本　二冊　存二卷(五、九)

330000－1705－0005039　善2957　子部/宗教類/佛教之屬/論疏

大乘起信論疏筆削記會閱十卷首一卷　(唐)釋法藏述疏　(唐)釋宗密錄注　(宋)釋子璿修記　(清)釋續法會編　(清)戴京曾閱定　清光緒十五年(1889)刻本　九冊　缺一卷(二)

330000－1705－0005040　善3019　類叢部/類書類/通類之屬

事類賦三十卷　(宋)吳淑撰並注　明嘉靖十三年(1534)白石岩刻本　七冊　存二十六卷(一至十一、十六至三十)

330000－1705－0005041　善2951　子部/宗教類/佛教之屬/經

大佛頂如來密因修證了義諸菩薩萬行首楞嚴經十卷　（唐）釋般刺密帝　（唐）釋彌伽釋迦譯　明天啟元年(1621)凌氏刻三色套印本　一冊　存二卷(一、十)

330000－1705－0005042　善3006　類叢部/類書類/通類之屬

藝文類聚一百卷　（唐）歐陽詢輯　明嘉靖二十八年(1549)平陽府刻本　十二冊

330000－1705－0005043　善2752　類叢部/叢書類/彙編之屬

尚白齋鐫陳眉公訂正祕笈二十一種　（明）陳繼儒編　明萬曆三十四年(1606)沈氏尚白齋刻本　二冊　存一種

330000－1705－0005044　善2952　子部/宗教類/佛教之屬/經

大佛頂如來密因修證了義諸菩薩萬行首楞嚴經十卷　（唐）釋般刺密帝　（唐）釋彌伽釋迦譯　明凌毓柟刻朱墨套印本　一冊　存五卷(一至五)

330000－1705－0005045　善2893　子部/術數類/相宅相墓之屬

地理分合總論三卷　（明）宋震撰　明嘉靖三十五年(1556)刻本　一冊

330000－1705－0005046　善3025　子部/小說家類/異聞之屬

太平廣記五百卷目錄十卷　（宋）李昉等輯　明許自昌刻本　十一冊　存一百五十三卷(一至三十三、一百三十五至一百八十九、一百九十一至二百一十二、三百六十五至三百八十、四百一至四百二十四,目錄一、四、九)

330000－1705－0005047　善2961　子部/宗教類/佛教之屬/論疏

黃檗山斷際禪師傳心法要一卷　（唐）裴休輯　明刻本　一冊

330000－1705－0005048　善2894　子部/術數類/相宅相墓之屬

新刊地理綱目榮親入眼福地先知四卷　（明）王崇德撰　明萬曆二十九年(1601)喬山書堂劉玉田刻本　四冊

330000－1705－0005049　善3022　類叢部/類書類/通類之屬

太平御覽一千卷目錄十五卷　（宋）李昉等輯　清嘉慶孫氏祠堂抄本　四十二冊　存三百四十九卷(一至九十二、一百九至一百二十三、一百八十三至一百九十一、二百二十八至四百二十九、四百三十九至四百五十四,目錄一至十五)

330000－1705－0005050　善2964　子部/宗教類/佛教之屬/大藏

法藏碎金錄十卷　（宋）晁迥撰　明趙府居敬堂刻本　一冊　存一卷(二)

330000－1705－0005051　善2976　子部/宗教類/道教之屬

周易參同契發揮三卷釋疑一卷　（元）俞琰撰　明宣德三年(1428)朱文斌刻本　一冊　存一卷(上)

330000－1705－0005052　善2895　子部/術數類/相宅相墓之屬

新刊儒門理氣造葬正經監曆禽奇大成通書□□卷　（明）喻冕纂　明陳氏刻本　一冊　存四卷(十一至十四)

330000－1705－0005053　善2967　子部/宗教類/佛教之屬/諸宗

異方便淨土傳燈歸元鏡三祖實錄二卷　（清）智達撰　清康熙三十八年(1699)雲棲寺刻本　二冊

330000－1705－0005054　善2896　子部/術數類/相宅相墓之屬

新編秘傳堪輿類纂人天共寶十二卷　（明）黃慎編　明崇禎六年(1633)刻本　五冊

330000－1705－0005055　善2978　類叢部/叢書類/彙編之屬

津逮祕書十五集一百四十種　（明）毛晉編　明崇禎虞山毛氏汲古閣刻本　六冊　存一種

330000－1705－0005056　善 3010　類叢部/
類書類/通類之屬

藝文類聚一百卷　（唐）歐陽詢輯　明嘉靖六
年至七年（1527－1528）胡纘宗、陸采刻本
一冊　存七卷（六十九至七十五）

330000－1705－0005057　善 2980　子部/道
家類

新鐫抱朴子內篇四卷外篇四卷　（晉）葛洪撰
　明萬曆十二年（1584）慎懋官刻本　八冊

330000－1705－0005058　善 3012　類叢部/
類書類/通類之屬

藝文類聚一百卷　（唐）歐陽詢輯　清光緒五
年（1879）華陽宏達堂刻本　一冊　存二卷
（三十七至三十八）

330000－1705－0005059　善 2746　子部/雜
著類/雜說之屬

都公譚纂二卷　（明）都穆撰　（明）陸采輯
清古處閣抄本　一冊

330000－1705－0005060　善 2969　子部/宗
教類/佛教之屬/經咒

大悲咒佛像一卷　清刻本　一冊

330000－1705－0005061　善 2897　子部/術
數類/相宅相墓之屬

葬經翼一卷附葬圖一卷難解二十四篇一卷
（明）繆希雍撰　明綠君亭刻本　四冊

330000－1705－0005062　善 2981　子部/宗
教類/道教之屬/雜著

新鋟抱朴子內篇四卷外篇四卷　（晉）葛洪撰
　明萬曆十二年（1584）慎懋官刻本　一冊
存一卷（內篇一）

330000－1705－0005063　善 3011　類叢部/
類書類/通類之屬

藝文類聚一百卷　（唐）歐陽詢輯　明萬曆十
五年（1587）秣陵王元貞刻本　十冊　存八十
二卷（一至二十五、四十四至一百）

330000－1705－0005064　善 2970　子部/宗
教類/道教之屬/神符

黃帝陰符經一卷　（明）呂坤注　明萬曆刻本

朱士楷跋　一冊

330000－1705－0005065　善 2898　子部/術
數類/相宅相墓之屬

記師口訣節文一卷　明正德七年（1512）藍印
本　一冊

330000－1705－0005066　善 2971　類叢部/
叢書類/彙編之屬

說郛一百二十弓一千二百八十種　（明）陶宗
儀編　清順治三年（1646）李際期宛委山堂刻
本　一冊　存一種

330000－1705－0005067　善 3013　類叢部/
類書類/通類之屬

龍筋鳳髓判注四卷　（唐）張鷟撰　（明）劉允
鵬注　明萬曆十三年（1585）金陵周曰校刻本
四冊

330000－1705－0005068　善 3033　類叢部/
類書類/通類之屬

錦繡萬花谷四十卷後集四十卷續集四十卷
明嘉靖十四年（1535）徽藩崇古書院刻本　馮
貞群題記　二十冊

330000－1705－0005069　善 3034　類叢部/
類書類/通類之屬

**錦繡萬花谷前集四十卷後集四十卷續集四十
卷別集三十卷**　明嘉靖十五年（1536）秦汴繡
石書堂刻本　一冊　存三卷（前集八至十）

330000－1705－0005070　善 3023　類叢部/
類書類/通類之屬

太平御覽一千卷目錄十卷　（宋）李昉等輯
明萬曆元年（1573）倪炳等刻明補修本　一百
五十四冊　缺二百三十二卷（八十至一百、一
百一至一百十四、一百六十五至二百、二百一
至二百十、二百五十九至三百、三百一至三百
十、六百一至六百三十九、七百七十一至八
百）

330000－1705－0005071　善 3030　類叢部/
類書類/專類之屬

文選雙字類要三卷　題（宋）蘇易簡撰　明嘉
靖十九年（1540）姚虞、季本刻本　清金學海

題記　二冊　存二卷(一、三)

330000－1705－0005072　善2899　子部/術
數類/相宅相墓之屬

羅經秘竅十卷　（明）甘霖撰　明崇禎十五年
(1642)唐鯉耀文林閣刻本　七冊

330000－1705－0005073　善2899－1　子部/
術數類/相宅相墓之屬

考驗通書法竅秘訣三卷　（明）甘霖闡　明崇
禎十五年(1642)唐鯉耀文林閣刻本　一冊
存一卷(上)

330000－1705－0005074　善3028　類叢部/
類書類/通類之屬

冊府元龜一千卷目錄十卷　（宋）王欽若等輯
　明崇禎十五年(1642)黃國琦刻本　二百冊

330000－1705－0005075　善3003　子部/宗
教類/道教之屬/戒律

太上感應篇二卷　（清）惠棟注　清三昧齋抄
本　一冊

330000－1705－0005076　善2985　子部/雜
著類/雜說之屬

无能子三卷　（唐）□□撰　明刻本　一冊

330000－1705－0005077　善3031　類叢部/
類書類/通類之屬

事物紀原集類十卷　（宋）高承輯　明成化八
年(1472)平陽府通判李果刻本　一冊　存三
卷(八至十)

330000－1705－0005078　善2989　史部/傳
記類/總傳之屬/歷代

漢唐三傳　（明）黃魯曾輯　明嘉靖吳郡黃氏
刻本　一冊　存一種

330000－1705－0005079　善2940　子部/宗
教類/佛教之屬/經

四經合卷四卷　明刻本　一冊

330000－1705－0005080　善2900　子部/術
數類/命書相書之屬

三才白鹿演禽數一卷　題(西周)姜尚撰
（明）劉基解　清抄本　一冊

330000－1705－0005081　善3015　類叢部/
類書類/通類之屬

初學記三十卷　（唐）徐堅等輯　明萬曆十五
年(1587)徐守銘寧壽堂刻本　十二冊

330000－1705－0005082　善2998　子部/宗
教類/道教之屬

金丹正理大全十一種　（明）□□輯　明嘉靖
十七年(1538)周藩刻本　三冊　存一種

330000－1705－0005083　善3050　類叢部/
類書類/通類之屬

**古今合璧事類備要前集六十九卷後集八十一
卷續集五十六卷**　（宋）謝維新輯　**別集九十
四卷外集六十六卷**　（宋）虞載輯　明嘉靖三
十一年至三十五年(1552－1556)夏相刻本
十冊　存三十七卷(前集十至十六,續集一至
六、十四至十九、四十二至四十七,別集五十
一至五十六、八十四至八十八,外集一)

330000－1705－0005084　善3040　類叢部/
類書類/通類之屬

**新編古今事文類聚前集六十卷後集五十卷續
集二十八卷別集三十二卷**　（宋）祝穆編　**新
編古今事文類聚新集三十六卷外集十五卷**
(元)富大用編　明嘉靖四十年(1561)書林楊
歸仁刻本　清張美翊題記　二冊　存十卷
(新集一至十)

330000－1705－0005085　善3014　類叢部/
類書類/通類之屬

初學記三十卷　（唐）徐堅等輯　明嘉靖十年
(1531)安國桂坡館刻本　五冊　存二十四卷
(七至三十)

330000－1705－0005086　善3000　類叢部/
叢書類/彙編之屬

夷門廣牘一百七種　（明）周履靖編　明萬曆
二十五年(1597)金陵荊山書林刻本　一冊
存二種

330000－1705－0005087　善3118乙　類叢
部/類書類/通類之屬

博物典彙二十卷　（明）黃道周撰　明崇禎刻
本　五冊　缺三卷(十四至十六)

330000－1705－0005088　善 3049　類叢部/
類書類/通類之屬

**古今合璧事類備要前集六十九卷後集八十一
卷續集五十六卷**　（宋）謝維新輯　**別集九十
四卷外集六十六卷**　（宋）虞載輯　明嘉靖三
十一年至三十五年(1552－1556)夏相刻本
七十冊　缺八十一卷(後集一至八十一)

330000－1705－0005089　善 3032　類叢部/
類書類/專類之屬

重刊書敘指南二十卷　（宋）任廣輯　（明）柴
紫增定　明嘉靖六年(1527)刻本　五冊　存
十五卷(六至二十)

330000－1705－0005090　善 3039　類叢部/
類書類/通類之屬

**新編古今事文類聚前集六十卷後集五十卷續
集二十八卷別集三十二卷**　（宋）祝穆編　**新
編古今事文類聚新集三十六卷外集十五卷**
（元）富大用編　明刻本　八葉　存一卷(前
集五)

330000－1705－0005091　善 3082　史部/傳
記類/總傳之屬/姓名

**古今萬姓統譜一百四十卷歷代帝王姓系統譜
六卷氏族博攷十四卷**　（明）凌迪知輯　明萬
曆刻本　二冊　存十四卷(氏族博攷一至十
四)

330000－1705－0005092　善 3038　類叢部/
類書類/通類之屬

**新編古今事文類聚前集六十卷後集五十卷續
集二十八卷別集三十二卷**　（宋）祝穆編　**新
編古今事文類聚新集三十六卷外集十五卷**
（元）富大用編　明刻本　十四冊

330000－1705－0005093　善 3105　類叢部/
類書類/通類之屬

說畧三十二卷　（明）顧起元撰　明雲山書院
刻本　一冊　存九卷(二十一至二十七、三十
一至三十二)

330000－1705－0005094　善 3122　類叢部/
類書類/通類之屬

考古辭宗二十卷　（明）況叔祺編　明嘉靖四

十一年(1562)巫繼咸刻本　三冊　存七卷
(三至九)

330000－1705－0005095　善 3058　類叢部/
類書類/通類之屬

書言故事大全十二卷　（宋）胡繼宗輯　（明）
陳玩直注　明萬曆十七年(1589)吳懷保刻本
一冊　存二卷(一至二)

330000－1705－0005096　善 3119　類叢部/
類書類/通類之屬

博物典彙二十卷　（明）黃道周撰　明崇禎刻
本　朱鼎煦跋　四冊　存十四卷(四至九、十
三至二十)

330000－1705－0005097　善 3080　類叢部/
叢書類/彙編之屬

文林綺繡五種五十九卷　（明）凌迪知編　明
萬曆四年至五年(1576－1577)吳興凌氏桂芝
館刻本　二十七冊　存四種

330000－1705－0005098　善 3123　類叢部/
類書類/通類之屬

新刊古今群書類考二十二卷　（明）凌瀚撰
（明）甯永和傳　明嘉靖二十四年(1545)劉氏
安正堂刻本　七冊　存十九卷(一至十六、二
十至二十二)

330000－1705－0005099　善 3045　類叢部/
類書類/通類之屬

記纂淵海一百卷　（宋）潘自牧輯　（明）陳文
燧等補　明抄本　一冊　存八卷(九十至九
十七)

330000－1705－0005100　善 3087　類叢部/
類書類/專類之屬

新鐫古今事物原始全書三十卷　（明）徐炬撰
明萬曆二十一年(1593)自刻本　六冊　存
十卷(一至十)

330000－1705－0005101　善 3124　類叢部/
類書類/通類之屬

啟蒙對偶續編四卷　（明）孟綏撰　明嘉靖刻
本　一冊

330000－1705－0005102　善 3117　類叢部/

類書類/通類之屬

文苑彙雋二十四卷 （明）孫丕顯輯　明萬曆
三十六年（1608）刻本　朱鼎煦題記　六冊

330000－1705－0005103　善3053　類叢部/
類書類/通類之屬

**古今合璧事類備要前集六十九卷後集八十一
卷續集五十六卷** （宋）謝維新輯　**別集九十
四卷外集六十六卷** （宋）虞載輯　明嘉靖三
十一年至三十五年（1552－1556）夏相刻本
十五冊　存三十四卷（前集二至四、三十二，
後集六至十、二十八至三十、三十三、四十七
至四十九、五十三至五十九、六十三至七十
二、七十五）

330000－1705－0005104　善3125　類叢部/
類書類/通類之屬

五車霏玉三十四卷 （明）吳昭明輯　（明）汪
道昆增訂　明萬曆刻本　十冊

330000－1705－0005105　善3086　類叢部/
類書類/通類之屬

三才圖會一百六卷 （明）王圻輯　（明）王思
義續輯　明萬曆三十七年（1609）刻本　一冊
存一卷（十）

330000－1705－0005106　善3090　類叢部/
類書類/通類之屬

皇明廣蒙求三十七卷 （明）姚光祚輯　明刻
本　八冊　存十八卷（一至二、四至十九）

330000－1705－0005107　善3044　類叢部/
類書類/通類之屬

記纂淵海一百卷 （宋）潘自牧輯　（明）陳文
燧等補　明刻本　二冊　存五卷（六十一至
六十二、六十五至六十七）

330000－1705－0005108　善3085　類叢部/
類書類/通類之屬

三才圖會一百六卷 （明）王圻輯　（明）王思
義續輯　明萬曆三十七年（1609）刻本　二冊
存二卷（二、四）

330000－1705－0005109　善3088　類叢部/
類書類/通類之屬

古雋考略六卷 （明）顧充　（明）李承勛輯
明萬曆二十七年（1599）李楨、蕭大亨等刻本
二冊

330000－1705－0005110　善3116　類叢部/
類書類/通類之屬

文苑彙雋二十四卷 （明）孫丕顯輯　明萬曆
三十六年（1608）刻本　八冊

330000－1705－0005111　善2988　子部/宗
教類/道教之屬

三寶心鐙九卷 （唐）呂嵒撰　清刻本　一冊

330000－1705－0005112　善3127　類叢部/
類書類/通類之屬

名句文身表異錄二十卷 （明）王志堅輯　清
康熙四十七年（1708）陳氏漱六閣刻本　清顧
櫚批　一冊

330000－1705－0005114　善3043　類叢部/
類書類/專類之屬

文選類林十八卷 （宋）劉攽輯　明隆慶六年
（1572）傅嘉祥、高尚鈺刻本　三冊　存八卷
（一至三、六至八、十七至十八）

330000－1705－0005115　善3115　類叢部/
類書類/通類之屬

文苑彙雋二十四卷 （明）孫丕顯輯　明萬曆
三十六年（1608）刻本　十二冊

330000－1705－0005116　善3081　史部/傳
記類/總傳之屬/斷代

國朝名世類苑四十六卷 （明）凌迪知輯　明
萬曆四年（1576）刻本　十七冊　缺十二卷
（一至十、十九至二十）

330000－1705－0005117　善3114　類叢部/
類書類/專類之屬

麗句集六卷 （明）許之吉輯　明天啓刻本
六冊

330000－1705－0005118　善3051　類叢部/
類書類/通類之屬

**古今合璧事類備要前集六十九卷後集八十一
卷續集五十六卷** （宋）謝維新輯　**別集九十
四卷外集六十六卷** （宋）虞載輯　明嘉靖三

十一年至三十五年(1552－1556)夏相刻本
六冊　存十八卷(前集一至十八)

330000－1705－0005119　善 3042　類叢部/
類書類/專類之屬

文選類林十八卷　(宋)劉放輯　明隆慶六年
(1572)傅嘉祥、高尚鈺刻本　六冊

330000－1705－0005120　善 3064　類叢部/
類書類/專類之屬

新增說文韻府羣玉二十卷　(元)陰時夫輯
(元)陰中夫注　明萬曆十八年(1590)王元貞
刻本　十冊

330000－1705－0005121　善 3128　類叢部/
類書類/通類之屬

名句文身表異錄二十卷　(明)王志堅輯　清
康熙四十七年(1708)陳氏漱六閣刻本　清陳
聿昌批並跋　一冊

330000－1705－0005122　善 3052　類叢部/
類書類/通類之屬

**古今合璧事類備要前集六十九卷後集八十一
卷續集五十六卷**　(宋)謝維新輯　**別集九十
四卷外集六十六卷**　(宋)虞載輯　明嘉靖三
十一年至三十五年(1552－1556)夏相刻本
四冊　存十二卷(前集九至十二、六十七至六
十九,後集七至十、四十一)

330000－1705－0005123　善 3089　類叢部/
類書類/通類之屬

新纂事詞類奇三十卷　(明)徐常吉輯　明萬
曆周曰校刻本　一冊　存二卷(五至六)

330000－1705－0005124　善 4356　集部/別
集類/清別集

宜雨齋詩草一卷　(清)魏鐘撰　清抄本　清
王定祥批並跋　清魏啟萬跋　一冊

330000－1705－0005125　善 3065　類叢部/
類書類/通類之屬

對制談經十五卷　(明)杜泗纂注　明萬曆晉
陵杜氏泰初堂刻本　一冊　存三卷(八至十)

330000－1705－0005126　善 3113　類叢部/
類書類/專類之屬

五車韻瑞一百六十卷洪武正韻一卷　(明)凌
稚隆輯　明金閶葉瑤池刻本　二十冊

330000－1705－0005127　善 3129　類叢部/
類書類/通類之屬

名句文身表異錄二十卷　(明)王志堅輯　清
康熙四十七年(1708)陳氏漱六閣刻本　一冊

330000－1705－0005128　善 3074　類叢部/
類書類/通類之屬

群書集事淵海四十七卷　明正德八年(1513)
慎獨齋刻本　一冊　存一卷(一)

330000－1705－0005129　善 3136　類叢部/
類書類/通類之屬

新刊唐荊川先生稗編一百二十卷目錄三卷
(明)唐順之輯　明萬曆九年(1581)茅一相文
霞閣刻本　四冊　存八卷(六十至六十一、六
十四至六十七、一百十三至一百十四)

330000－1705－0005130　善 3093　類叢部/
類書類/通類之屬

劉氏鴻書一百八卷　(明)劉仲達輯　明萬曆
刻本　十九冊　缺六卷(十六至十九、九十六
至九十七)

330000－1705－0005131　善 3131　類叢部/
類書類/通類之屬

子書類纂七卷　(明)胡胤嘉輯　明天啟五年
(1625)張鴻舉刻本　一冊

330000－1705－0005132　善 3109　類叢部/
類書類/通類之屬

山堂肆考二百四十卷　(明)彭大翼撰　(明)
張幼學編　明末刻本　十八冊　存一百四十
三卷(宮集一至三十二、四十一至四十八,商
集一至十五、三十二至三十九,角集十一至二
十四、三十九至四十八,徵集一至十七、三十
二至四十八,羽集二十至四十一)

330000－1705－0005133　善 3054　類叢部/
類書類/通類之屬

**新箋決科古今源流至論前集十卷後集十卷續
集十卷**　(宋)林駉撰　**別集十卷**　(宋)黃履
翁撰　明刻本　三冊　存十卷(後集七至十、

別集一至六)

330000－1705－0005134　善3084　史部/史抄類

竹香齋類書三十七卷　（明）張埔輯　明崇禎刻本　八冊

330000－1705－0005135　善3075　類叢部/類書類/通類之屬

群書集事淵海四十七卷　明弘治十八年(1505)賈性刻本　五冊　存八卷(十三、十八、二十三至二十四、三十五至三十八)

330000－1705－0005136　善3106　類叢部/類書類/通類之屬

天中記六十卷　（明）陳耀文輯　明刻本　三十三冊　存二十九卷(二至二十二、二十四至二十七、二十九至三十二)

330000－1705－0005137　善4393　集部/總集類/選集之屬/斷代

唐詩二十六家五十卷　（明）黃貫曾編　明嘉靖三十三年(1554)江夏黃氏浮玉山房刻本　三冊　存四種

330000－1705－0005138　善3083　類叢部/類書類/通類之屬

卓氏藻林八卷　（明）卓明卿輯　明萬曆八年(1580)卓氏妙香室刻本　八冊

330000－1705－0005139　善3057　類叢部/類書類/通類之屬

新箋決科古今源流至論前集十卷後集十卷續集十卷　（宋）林駉撰　**別集十卷**　（宋）黃履翁撰　明刻本　一冊　存三卷(別集一至三)

330000－1705－0005140　善3062　類叢部/類書類/專類之屬

韻府羣玉二十卷　（元）陰時夫編輯　（元）陰中夫編注　明嘉靖三十一年(1552)荊聚刻本　十冊　存十卷(一、三至四、六、八、十、十四、十七至十八、二十)

330000－1705－0005141　善3137　類叢部/類書類/通類之屬

新刊唐荊川先生稗編一百二十卷目錄三卷　（明）唐順之輯　明萬曆九年(1581)茅一相文霞閣刻本　六冊　存十八卷(七十一至八十八)

330000－1705－0005142　善3134　史部/時令類

日涉編十二卷　（明）陳堦輯　明萬曆三十九年(1611)徐養量刻本　三冊　存三卷(三、五、七)

330000－1705－0005143　善3107　類叢部/類書類/通類之屬

天中記六十卷　（明）陳耀文輯　明刻本　七冊　存七卷(十至十六)

330000－1705－0005144　善3108　類叢部/類書類/通類之屬

新刻何氏類鎔三十五卷　（明）何三畏撰　明萬曆四十七年(1619)刻本　十二冊

330000－1705－0005145　善3056　類叢部/類書類/通類之屬

新箋決科古今源流至論前集十卷後集十卷續集十卷　（宋）林駉撰　**別集十卷**　（宋）黃履翁撰　明刻本　一冊　存五卷(後集六至十)

330000－1705－0005146　善3078　類叢部/類書類/通類之屬

新刊增補古今名家詩學大成二十四卷　（明）李攀龍輯　明萬曆六年(1578)劉氏孝友堂刻本　四冊

330000－1705－0005147　善3091　集部/別集類/明別集

陳太史昭代經濟言十四卷　（明）陳子壯輯　明天啓刻本　四冊

330000－1705－0005148　善3135　類叢部/類書類/通類之屬

新刊唐荊川先生稗編一百二十卷目錄三卷　（明）唐順之輯　明萬曆九年(1581)茅一相文霞閣刻本　十三冊　存四十五卷(一至九、十三至十六、二十至二十三、七十三至八十一、八十五至九十一、九十九至一百八,目錄二至三)

330000－1705－0005149　善3055　類叢部/類書類/通類之屬

新籤決科古今源流至論前集十卷後集十卷續集十卷　（宋）林駉撰　**別集十卷**　（宋）黃履翁撰　明刻本　一冊　存二卷（後集五至六）

330000－1705－0005150　善3061　子部/雜著類/雜纂之屬

玉海私摭不分卷　（清）徐乾學撰　清抄本　十冊

330000－1705－0005151　善3076　類叢部/類書類/專類之屬

對類二十卷　（明）吳勉學考注　明正統十二年（1447）司禮監刻本　四冊　缺五卷（六至十）

330000－1705－0005152　善3138　類叢部/類書類/專類之屬

新刻分類摘聯四六積玉二十卷　（明）章斐然輯　明萬曆四十四年（1616）陳所學刻本　五冊　存五卷（一至五）

330000－1705－0005153　善3100　類叢部/類書類/專類之屬

經濟類編一百卷　（明）馮琦輯　明萬曆三十二年（1604）周家棟等虎林刻本　十冊　存十卷（一、二十一至二十六、三十一至三十二、一百）

330000－1705－0005154　善3142　子部/小說家類/異聞之屬

夜航船二十卷　（清）張岱撰　清抄本　清張魯珍題記　十冊

330000－1705－0005155　善3077　類叢部/類書類/通類之屬

修辭指南二十卷　（明）浦南金輯　明嘉靖三十六年（1557）浦氏五樂堂刻本　一冊　存一卷（一）

330000－1705－0005156　善3132　子部/儒家類/儒學之屬/禮教/鑑戒

五倫書六十二卷　（明）宣宗朱瞻基撰　明正統十二年（1447）內府刻本　十二冊　存二十六卷（十五至二十二、二十五至四十、四十四至四十五）

330000－1705－0005157　善3092　集部/總集類/選集之屬/通代

詩雋類函一百五十卷　（明）俞安期輯　（明）梅鼎祚增輯　明萬曆刻本　一冊　存五卷（三十一至三十五）

330000－1705－0005158　善3140　類叢部/類書類/通類之屬

唐類函二百卷目錄二卷　（明）俞安期輯　明萬曆三十一年（1603）東吳俞安期刻本　三冊　存十五卷（一百四十六至一百六十）

330000－1705－0005159　善3151　類叢部/類書類/通類之屬

欽定古今圖書集成一萬卷目錄四十卷　（清）蔣廷錫　（清）陳夢雷等輯　清雍正四年（1726）內府銅活字印本　三冊　存六卷（方輿彙編山川九十七至九十八、經濟彙編律典二十七至二十八、博物彙編藝術典三百七十九至三百八十）

330000－1705－0005160　善3139　類叢部/類書類/通類之屬

新鐫雅俗通用珠璣藪八卷　（明）西湖散人輯　明崇禎刻本　一冊　存二卷（五至六）

330000－1705－0005161　善3170　集部/楚辭類

楚辭十七卷附錄一卷　（漢）王逸注　（宋）洪興祖　（宋）劉鳳補注　（明）陳深批點　明萬曆二十八年（1600）吳興凌毓枏刻朱墨套印本　四冊

330000－1705－0005162　善3190　集部/別集類/漢魏六朝別集

漢蔡中郎集六卷　（漢）蔡邕撰　明嘉靖二十七年（1548）任城楊賢刻本　三冊　缺一卷（一）

330000－1705－0005163　善3219、善3220、善3218、善4385　集部/總集類/彙編之屬

七十二家集　（明）張燮編　明天啟至崇禎刻

本　九冊　存八種

330000－1705－0005164　善3153　類叢部/類書類/通類之屬

古事比五十二卷　（清）方中德輯　清康熙四十五年(1706)書種齋刻本　二十一冊

330000－1705－0005165　善3258、善3221、善3225　集部/總集類/彙編之屬

十二家唐詩　（明）張遜業編　明嘉靖三十一年(1552)黃墱刻本　七冊　存六卷(高常侍集一至二、駱賓王集一至二、王勃集一至二)

330000－1705－0005166　善3239　集部/別集類/唐五代別集

分類補註李太白詩二十五卷　（唐）李白撰（宋）楊齊賢集註　（元）蕭士贇補註　**唐翰林李太白年譜一卷**　（宋）薛仲邕撰　明嘉靖二十五年(1546)玉几山人刻重修本　二十四冊

330000－1705－0005167　善3195　集部/總集類/彙編之屬

漢魏六朝諸名家集(漢魏六朝二十一名家集)　（明）汪士賢編　明萬曆至天啓新安汪氏刻本　二冊　存一種

330000－1705－0005168　善3154　類叢部/類書類/通類之屬

三才藻異三十三卷　（清）屠粹忠撰　清康熙二十八年(1689)屠氏栩園刻本　二十四冊

330000－1705－0005169　善3259、善4394　集部/總集類/彙編之屬

中唐十二家詩集　（明）蔣孝編　明嘉靖二十九年(1550)蔣孝刻本　清鑑湖道人題記　二冊　存四種

330000－1705－0005170　善3240　集部/別集類/唐五代別集

分類補註李太白詩二十五卷　（唐）李白撰（宋）楊齊賢集註　（元）蕭士贇補註　**年譜一卷**　（宋）薛仲邕撰　明嘉靖二十五年(1546)玉几山人刻本　二冊　存三卷(一、九至十)

330000－1705－0005171　善3254　集部/別集類/唐五代別集

類箋唐王右丞詩集十卷文集四卷集外編一卷　（唐）王維撰　（明）顧起經輯　**唐王右丞年譜一卷**　（明）顧起經撰　**唐諸家同詠集一卷贈題集一卷唐宋諸家評王右丞詩畫鈔一卷**（明）顧起經輯　明嘉靖三十五年(1556)無錫顧氏奇字齋刻本　七冊

330000－1705－0005172　善3198　集部/別集類/漢魏六朝別集

陶靖節集十卷　（晉）陶潛撰　（明）何孟春注　明嘉靖三十八年(1559)公正堂刻本　一冊　存二卷(一至二)

330000－1705－0005173　善3261　集部/別集類/唐五代別集

杜工部詩不分卷　（唐）杜甫撰　清抄本　一冊

330000－1705－0005174　善3158　類叢部/類書類/通類之屬

廣事類賦四十卷　（清）華希閔撰　清看雲草堂抄本　二冊

330000－1705－0005175　善3241　集部/別集類/唐五代別集

分類補註李太白詩二十五卷　（唐）李白撰（宋）楊齊賢集註　（元）蕭士贇補註　**分類編次李太白文五卷**　（唐）李白撰　（明）郭雲鵬編次　明霏玉齋刻本　四冊　存二十五卷(一至二十五)

330000－1705－0005176　善3222　集部/別集類/唐五代別集

唐駱先生集八卷附錄一卷　（唐）駱賓王撰（明）王衡等評釋　明凌毓枬刻朱墨套印本　二冊

330000－1705－0005177　善3197　集部/別集類/漢魏六朝別集

陶靖節集八卷附錄一卷　（晉）陶潛撰　明崇德堂刻本　一冊

330000－1705－0005178　善3160　集部/楚辭類

楚騷五卷　（戰國）屈原等撰　**附錄一卷**

（漢）司馬遷撰　明正德十五年（1520）熊宇刻本　四冊

330000－1705－0005179　善3181　類叢部/叢書類/彙編之屬

古逸叢書二十六種　（清）黎庶昌編　清光緒八年至十年（1882－1884）黎庶昌日本東京使署影刻本　三冊

330000－1705－0005180　善3223　集部/別集類/唐五代別集

新刊駱子集註四卷　（唐）駱賓王撰　（明）陳魁士注　明萬曆七年（1579）劉大烈等刻本　一冊　存一卷（四）

330000－1705－0005181　善3244　集部/別集類/唐五代別集

分類補註李太白詩二十五卷　（唐）李白撰（宋）楊齊賢集註　（元）蕭士贇補註　明刻本　一冊　存四卷（四至五、十七至十八）

330000－1705－0005182　善3178　集部/楚辭類

楚辭集註八卷辯證二卷後語六卷　（宋）朱熹撰　明萬曆二十五年（1597）吉府刻本　四冊

330000－1705－0005183　善3211　集部/別集類/漢魏六朝別集

謝宣城集五卷首一卷　（南朝齊）謝朓撰　明萬曆七年（1579）史元熙覽翠亭刻本　一冊　存三卷（三至五）

330000－1705－0005184　善3262、善3235　集部/總集類/彙編之屬

李杜全集　（明）鮑松編　明正德八年（1513）鮑松刻本　九冊　缺十一卷（杜工部集一至十、外集）

330000－1705－0005185　善3245　集部/總集類/彙編之屬

李杜全集　（明）許自昌編　明萬曆三十年（1602）長洲許自昌刻清康熙印本　二冊　存一種

330000－1705－0005186　善3224　集部/總集類/彙編之屬

十二家唐詩　（明）張遜業編　明嘉靖黃埻刻本　一冊　存二卷（杜審言集一至二）

330000－1705－0005187　善3179　集部/楚辭類

楚辭集註八卷辯證二卷後語六卷　（宋）朱熹撰　明萬曆二十五年（1597）吉府刻本　一冊　存六卷（後語一至六）

330000－1705－0005188　善3255　集部/別集類/唐五代別集

類箋唐王右丞詩集十卷文集四卷集外編一卷　（唐）王維撰　（明）顧起經輯　**唐王右丞年譜一卷**　（明）顧起經撰　**唐諸家同詠集一卷贈題集一卷唐宋諸家評王右丞詩畫鈔一卷**（明）顧起經輯　明嘉靖三十五年（1556）無錫顧氏奇字齋刻本　孫家湜題記　六冊

330000－1705－0005189　善3161　集部/楚辭類

楚騷五卷　（戰國）屈原等撰　**附錄一卷**（漢）司馬遷撰　明萬曆二十九年（1601）朱燮元、朱一龍刻本　四冊

330000－1705－0005190　善3246　集部/總集類/彙編之屬

李杜全集　（明）許自昌編　明萬曆三十年（1602）長洲許自昌刻清康熙印本　八冊　存一種

330000－1705－0005191　善3162　集部/楚辭類

楚騷五卷　（戰國）屈原等撰　**附錄一卷**（漢）司馬遷撰　明萬曆二十九年（1601）朱燮元、朱一龍刻本　五冊　缺一卷（附錄）

330000－1705－0005192　善3212　集部/總集類/彙編之屬

漢魏六朝諸名家集（漢魏六朝二十一名家集）　（明）汪士賢編　明萬曆至天啓新安汪氏刻本　四冊　存一種

330000－1705－0005193　善3247　集部/別集類/唐五代別集

分類補註李太白詩二十五卷　（唐）李白撰

（宋）楊齊賢集註　（元）蕭士贇補註　明刻本
　　四冊　存十三卷（八至二十）

330000－1705－0005194　善3214　集部/別
集類/漢魏六朝別集

沈隱侯集四卷　（南朝梁）沈約撰　（明）沈啟
原輯　明萬曆十三年（1585）沈啟原刻本
四冊

330000－1705－0005195　善3264　集部/別
集類/唐五代別集

杜工部集二十卷　（唐）杜甫撰　（清）錢謙益
箋註　**年譜一卷諸家詩話一卷唱酬題詠附錄
一卷附錄一卷**　清康熙六年（1667）季氏靜思
堂刻本　清楊泰亨批　八冊

330000－1705－0005196　善3200　集部/別
集類/漢魏六朝別集

陶靖節集十卷總論一卷　（晉）陶潛撰　（宋）
湯漢箋注　明嘉靖二十五年（1546）蔣孝刻本
二冊　存六卷（五至十）

330000－1705－0005197　善3176　集部/楚
辭類

楚辭集註八卷辯證二卷後語六卷　（宋）朱熹
撰　明正德十四年（1519）沈圻刻本　一冊
存四卷（辯證一至二、後語五至六）

330000－1705－0005198　善3253　集部/總
集類/選集之屬/通代

李卓吾先生合選陶王集四卷　（明）李贄編
明刻本　一冊　存二卷（王摩詰集一至二）

330000－1705－0005199　善4284　集部/別
集類/清別集

北涇草堂集五卷外集三卷　（清）陳棟撰　清
道光三年（1823）周之琦劍南室刻本　六冊

330000－1705－0005200　善3238　集部/別
集類/唐五代別集

唐翰林李白詩類編十二卷　（唐）李白撰　明
刻本　四冊

330000－1705－0005201　善3201　集部/別
集類/漢魏六朝別集

陶靖節集十卷總論一卷　（晉）陶潛撰　（宋）

湯漢箋注　明嘉靖刻本（正文首卷卷端爲抄
配）　四冊

330000－1705－0005202　善3163　集部/楚
辭類

屈騷七卷　（戰國）屈原撰　清雁地書屋抄本
　　一冊　存四卷（一至四）

330000－1705－0005203　善3215　集部/總
集類/彙編之屬

七十二家集　（明）張燮編　明天啟至崇禎刻
本　二冊　存一種

330000－1705－0005204　善3177　集部/楚
辭類

楚辭集註八卷辯證二卷後語六卷　（宋）朱熹
撰　明嘉靖十四年（1535）袁褧刻本　六冊
存十卷（楚辭集註一至八、辯證一至二）

330000－1705－0005205　善3252　集部/總
集類/彙編之屬

唐四家詩八卷　（清）汪立名編　清康熙三十
四年（1695）天都汪立名刻本　二冊　存一種

330000－1705－0005206　善3236　集部/別
集類/唐五代別集

李太白文集三十卷　（唐）李白撰　清康熙五
十六年（1717）吳門繆曰芑雙泉草堂刻本
六冊

330000－1705－0005207　善3237　集部/別
集類/唐五代別集

李太白文集三十卷　（唐）李白撰　清光緒十
四年（1888）湖北官書處刻本　二冊　存十三
卷（一至十三）

330000－1705－0005208　善3267　集部/別
集類/唐五代別集

杜少陵詩十卷　（唐）杜甫撰　明刻本　二冊
　　存六卷（三至五、八至十）

330000－1705－0005210　善3167　集部/楚
辭類

楚辭章句十七卷附錄一卷　（漢）王逸撰　明
萬曆十四年（1586）武林馮紹祖觀妙齋刻本
五冊　存十三卷（二至十二、十六至十七）

330000－1705－0005211　善3180　集部/楚辭類

楚辭集註八卷辯證二卷後語八卷　（宋）朱熹撰　（明）蔣之翹補輯並評校　楚辭附覽二卷總評一卷　（明）蔣之翹輯　清抄本　一冊　缺二卷（附覽一至二）

330000－1705－0005212　善3203　集部/別集類/漢魏六朝別集

陶淵明集十卷附錄二卷　（晉）陶潛撰　明汲古閣刻本　馮开題記　二冊

330000－1705－0005213　善3266　類叢部/叢書類/彙編之屬

宋劉須溪先生較書九種附一種　（宋）劉辰翁評　（明）楊人駒編　明天啟四年（1624）楊人駒刻本　四冊　存一種

330000－1705－0005214　善3226　集部/總集類/選集之屬/斷代

唐十二家詩四十九卷　（明）□□輯　明刻本　一冊　存一種

330000－1705－0005215　善3217　集部/別集類/漢魏六朝別集

何水部集二卷　（南朝梁）何遜撰　清雍正二年（1724）項道暉羣玉堂刻本　一冊

330000－1705－0005216　善3148　類叢部/類書類/通類之屬

欽定古今圖書集成一萬卷目錄四十卷　（清）蔣廷錫　（清）陳夢雷等輯　清雍正四年（1726）內府銅活字印本　五十二冊　存一百卷（字學典九十一至九十二、一百三至一百六、一百九至一百十八,經籍典二百二十一至二百二十二、二百二十七至二百四十、二百七十一至二百七十二、二百七十七至二百七十八、二百八十一至二百八十八、四百四十三至四百四十四、四百四十九至四百五十、四百五十五至四百五十八、四百七十一至四百八十、四百八十三至四百八十六,禮儀典一百六十三至一百六十四,食貨典二百十五至二百十六、二百二十三至二百三十、二百四十五至二百四十六、二百九十三至二百九十四、三百二十三至三百二十四,職方典七百四十五至七百四十六、一千二百二十九、一千四百七十三至一千四百七十四,歲功典四,人事典十三至十四、八十五至八十六、九十九至一百、一百十一至一百十二,官常典二百四十一至二百四十二）

330000－1705－0005217　善3159　集部/別集類/清別集

食古錄一卷　（清）陳偉撰　清抄本　七冊　存一種

330000－1705－0005218　善4400　集部/總集類/彙編之屬

韓柳文一百卷　（明）游居敬編　明嘉靖三十五年（1556）莫如士刻本　朱鼎煦題記　七冊　存六十一卷（韓文二十三至三十五,柳文一至四十三、別集上下、外集上下、附錄）

330000－1705－0005219　善4298　集部/別集類/清別集

卷柏山房詩稿一卷　（清）鮑上觀撰　清易皆軒抄本　一冊

330000－1705－0005220　善4270　集部/別集類/清別集

半山吟一卷　（清）周大業撰　續半山吟一卷　（清）周廣業撰　清周氏種松書塾抄本　一冊

330000－1705－0005221　善3276－1　集部/別集類/唐五代別集

集千家註杜工部詩集二十卷文集二卷　（唐）杜甫撰　（宋）黃鶴補注　附錄一卷　明刻本　七冊　存十一卷（一至三、六至九、十四至十七）

330000－1705－0005222　善3204　集部/別集類/漢魏六朝別集

箋註陶淵明集六卷　（晉）陶潛撰　（宋）楊漢箋注　（明）張自烈評　總論一卷　（明）張自烈輯　和陶一卷　（宋）蘇軾撰　律陶一卷　（明）王思任撰　敦好齊律陶纂一卷　（明）黃槐開輯　明崇禎刻本　二冊

330000－1705－0005223　善3150乙　類叢部/類書類/通類之屬

欽定古今圖書集成一萬卷目錄四十卷　（清）蔣廷錫　（清）陳夢雷等輯　清雍正四年(1726)內府銅活字印本　四冊　存九卷(經籍典四百五十九至四百六十,字學典一百七至一百八、一百五十六至一百六十)

330000－1705－0005224　善3277　集部/總集類/彙編之屬

李杜全集　（明）許自昌編　明萬曆三十年(1602)長洲許自昌刻本　六冊　存一種

330000－1705－0005225　善3227　集部/別集類/唐五代別集

陳伯玉文集十卷附錄一卷　（唐）陳子昂撰　（明）楊春輯　明弘治四年(1491)楊澄刻本　三冊　存十卷(一至十)

330000－1705－0005226　善3230　集部/總集類/彙編之屬

十二家唐詩　（明）張遜業編　明嘉靖黃埻刻本　遜士大倓□手識　一冊

330000－1705－0005227　善3278　集部/總集類/彙編之屬

李杜全集　（明）許自昌編　明萬曆三十年(1602)長洲許自昌刻本　一冊　存一種

330000－1705－0005228　善3233　集部/別集類/唐五代別集

寒山子詩集一卷　（唐）釋寒山子撰　**豐干拾得詩一卷**　（唐）釋豐干　（唐）釋拾得撰　明萬曆刻本　一冊

330000－1705－0005229　善3228　集部/總集類/彙編之屬

二張集二種四卷　（明）高叔嗣編　明嘉靖十六年(1537)高叔嗣刻本　一冊

330000－1705－0005230　善3231　集部/別集類/唐五代別集

孟浩然集二卷　（唐）孟浩然撰　明汪應皋刻本　一冊

330000－1705－0005231　善3172　集部/楚辭類

楚辭述註五卷　（明）來欽之撰　**九歌圖一卷**　（明）陳洪綬繪　明崇禎刻本　二冊　缺一卷(二)

330000－1705－0005232　善3171　集部/楚辭類

楚辭述註五卷　（明）來欽之撰　**九歌圖一卷**　（明）陳洪綬繪　明崇禎刻本　二冊　存五卷(一至二、四至五,九歌圖)

330000－1705－0005233　善3205　集部/總集類/選集之屬/通代

陶李合刻二種　（明）王錫袞編　明白鹿齋刻本　一冊

330000－1705－0005234　善3269　集部/別集類/唐五代別集

集千家註批點補遺杜工部詩集二十卷　（唐）杜甫撰　（宋）黃鶴補註　（宋）劉辰翁評點　**附錄一卷年譜一卷**　明刻本　清王端履題記　一冊　存二卷(附錄、年譜)

330000－1705－0005235　善3297　集部/別集類/唐五代別集

唐陸宣公翰苑集二十四卷　（唐）陸贄撰　明萬曆三十五年(1607)陸基忠刻本　三冊　存九卷(奏議一至二、制誥四至十)

330000－1705－0005236　善3336　集部/別集類/唐五代別集

河東先生集四十五卷外集二卷龍城錄二卷附錄二卷傳一卷　（唐）柳宗元撰　（宋）廖瑩中校正　明嘉靖東吳郭雲鵬濟美堂刻本　十冊

330000－1705－0005237　善3174　集部/楚辭類

楚辭疏(楚辭)十九卷讀楚辭語一卷楚辭雜論一卷　（明）陸時雍撰　**屈原傳一卷**　（漢）司馬遷撰　明末緝柳齋刻本　四冊

330000－1705－0005238　善3272　集部/別集類/唐五代別集

集千家註杜工部詩集二十卷　（唐）杜甫撰　（宋）黃鶴補註　明刻本　二冊　存四卷(二

至五)

330000－1705－0005239　善3232　集部/別
集類/唐五代別集

孟浩然集二卷　(唐)孟浩然撰　明刻本
一冊

330000－1705－0005240　善3234　集部/別
集類/唐五代別集

寒山子詩集二卷　(唐)釋寒山子撰　**豐干拾**
得詩一卷　(唐)釋豐干　(唐)釋拾得撰　明
萬曆七年(1579)計謙亨台州刻本　一冊　存
二卷(寒山子詩集一至二)

330000－1705－0005241　善3301　集部/別
集類/唐五代別集

昌黎先生集四十卷外集十卷遺文一卷　(唐)
韓愈撰　(宋)廖瑩中校正　**朱子校昌黎先生**
集傳一卷　(宋)朱熹撰　明東吳徐氏東雅堂
刻本　八冊　存十九卷(一至十九)

330000－1705－0005242　善3343、善3318、
善3434　集部/總集類/選集之屬/通代

唐宋八大家文鈔一百六十六卷　(明)茅坤編
明萬曆七年(1579)茅一桂刻本　六冊　存
三種

330000－1705－0005243　善3268　集部/別
集類/唐五代別集

集千家註分類杜工部詩二十五卷　(唐)杜甫
撰　(宋)徐居仁編次　(宋)黃鶴補注　**杜工**
部詩年譜一卷　(宋)黃鶴撰　元皇慶元年
(1312)余志安勤有堂刻本　一冊　存二卷
(十七至十八)

330000－1705－0005244　善3184　集部/楚
辭類

離騷正音一卷離騷本韻一卷離騷節指一卷離
騷節解一卷　(清)張德純撰　清康熙讀書松
桂林刻本　清王定祥題記　吟棠批並題記
一冊

330000－1705－0005245　善3354　集部/別
集類/唐五代別集

杜樊川集十七卷　(唐)杜牧撰　(明)朱一是

(明)吳璵評　明末吳氏西爽堂刻本　六冊

330000－1705－0005246　善3308　集部/別
集類/唐五代別集

朱文公校昌黎先生文集四十卷外集十卷遺文
一卷　(唐)韓愈撰　(宋)朱熹考異　(宋)
王伯大音釋　**朱文公校昌黎先生集傳一卷**
明正統十三年(1448)書林王宗玉刻本　一冊
存三卷(文集三十八至四十)

330000－1705－0005247　善3353　集部/別
集類/唐五代別集

樊川文集二十卷別集一卷外集一卷　(唐)杜
牧撰　明刻本　清胡天游跋　八冊

330000－1705－0005248　善3303　集部/總
集類/彙編之屬

韓柳文一百卷　(明)游居敬編　明嘉靖十六
年(1537)南平游居敬刻本　五冊　存五十二
卷(韓文一至四十、外集一至十、遺集、集傳)

330000－1705－0005249　善3344　集部/總
集類/選集之屬/通代

唐宋八大家文鈔一百六十六卷　(明)茅坤編
明崇禎元年(1628)方應祥刻本　二冊　存
一種

330000－1705－0005250　善3185　集部/楚
辭類

離騷辯不分卷　(清)朱冀撰　清康熙綠筠堂
刻本　愧齋題記　一冊

330000－1705－0005251　善3345　集部/別
集類/唐五代別集

李文十八卷　(唐)李翱撰　明成化十一年
(1475)馮孜刻本　三冊　缺四卷(十至十三)

330000－1705－0005252　善3355　集部/別
集類/唐五代別集

李義山文集十卷　(唐)李商隱撰　(清)徐樹
穀箋　(清)徐炯注　清康熙四十七年(1708)
崑山徐氏花谿草堂刻本　四冊

330000－1705－0005253　善3186　集部/楚
辭類

離騷節解一卷離騷正音一卷離騷本韻一卷離

騷節指一卷 （清）張德純撰　清康熙刻本
一冊

330000－1705－0005254　善3356　集部/別
集類/唐五代別集

李義山文集十卷 （唐）李商隱撰　（清）徐樹
穀箋　（清）徐炯注　清康熙四十七年(1708)
崑山徐氏花谿草堂刻本　二冊

330000－1705－0005255　善3334　集部/總
集類/彙編之屬

韓柳文一百卷 （明）游居敬編　明嘉靖三十
五年(1556)莫如士刻本　二冊　存十八卷
(柳文八至二十五)

330000－1705－0005256　善3320　集部/別
集類/唐五代別集

韓集點勘四卷 （清）陳景雲撰　清乾隆刻本
一冊

330000－1705－0005257　善3276－2　集部/
別集類/唐五代別集

集千家註杜工部詩集二十卷文集二卷 （唐）
杜甫撰　（宋）黃鶴補注　**附錄一卷**　明刻本
二冊　存三卷(十八至二十)

330000－1705－0005258　善3304　集部/總
集類/彙編之屬

韓柳文一百卷 （明）游居敬編　明嘉靖三十
五年(1556)莫如士刻本　三冊　存二十三卷
(韓文一至五、十三至十九、二十八至三十八)

330000－1705－0005259　善3357　集部/別
集類/唐五代別集

李義山詩集三卷 （唐）李商隱撰　（清）朱鶴
齡箋注　**李義山詩譜一卷附錄諸家詩評一卷**
清順治十六年(1659)刻本　一冊　存一卷
(上)

330000－1705－0005260　善3322　集部/別
集類/唐五代別集

張司業詩集八卷 （唐）張籍撰　清康熙四十
一年(1702)洞庭席氏琴川書屋刻唐詩百名家
全集本　朱鼎煦題記　一冊

330000－1705－0005261　善3346　集部/別

集類/唐五代別集

沈下賢文集十二卷 （唐）沈亞之撰　明抄本
六冊

330000－1705－0005262　善3265　集部/別
集類/唐五代別集

**新刊杜工部詩集二十卷年譜一卷諸家詩話一
卷附錄一卷** （唐）杜甫撰　明刻本　一冊
存三卷(一至三)

330000－1705－0005263　善3350　集部/別
集類/唐五代別集

昌谷集四卷外集一卷 （唐）李賀撰　（明）曾
益釋　（清）姚文燮注　清康熙五年(1666)建
陽書院刻本　二冊　存四卷(一至四)

330000－1705－0005264　善3285　集部/別
集類/唐五代別集

杜詩會稡二十四卷 （唐）杜甫撰　（清）張遠
箋　清康熙二十七年(1688)蕉圃刻本　八冊
存十六卷(一至八、十七至二十四)

330000－1705－0005265　善3347　集部/別
集類/唐五代別集

唐李長吉詩集四卷外詩集一卷 （唐）李賀撰
（明）徐渭　（明）董懋策批注　明萬曆四十
一年(1613)刻本　四冊

330000－1705－0005266　善3325　集部/別
集類/唐五代別集

**白香山詩長慶集二十卷後集十七卷別集一卷
補遺二卷** （唐）白居易撰　（清）汪立名編訂
白香山年譜一卷 （清）汪立名撰　**白香山
年譜舊本一卷** （宋）陳振孫撰　清康熙四十
一年至四十二年(1702－1703)汪立名一隅草
堂刻本　朱鼎煦題記　十二冊

330000－1705－0005267　善3059　類叢部/
類書類/通類之屬

**玉海二百卷附刻辭學指南四卷詩考一卷詩地
理考六卷漢藝文志考證十卷通鑑地理通釋十
四卷漢制考四卷踐阼篇一卷周易鄭康成注一
卷姓氏急就篇二卷急就篇補注四卷周書王會
補注一卷小學紺珠十卷六經天文編二卷通鑑
答問五卷** （宋）王應麟撰　元至元六年

（1340）慶元路儒學刻明遞修本　六冊　存十五卷（玉海十二至十五、六十至七十）

330000－1705－0005268　善3703　集部/別集類/明別集

石谷達意稿二十九卷　（明）吳伯通撰　明刻本　三冊　存十七卷（七至十二、十九至二十九）

330000－1705－0005269　善3183　集部/楚辭類

離騷圖經一卷九歌傳一卷　（清）蕭雲從較并畫　清初刻本　一冊

330000－1705－0005270　善3287　集部/總集類/選集之屬/斷代

前唐十二家詩二十四卷　（明）許自昌編　明萬曆刻本　一冊　存一種

330000－1705－0005271　善3349　集部/別集類/唐五代別集

李長吉歌詩四卷外卷一卷　（唐）李賀撰（宋）吳正子箋注　（宋）劉辰翁評點　明天啟四年（1624）楊人駒刻宋劉須溪先生較書（合刻宋劉須溪點校書）本　清吳翼心跋並過錄清何焯、清何煌批　二冊

330000－1705－0005272　善3326　集部/別集類/唐五代別集

白香山詩長慶集二十卷後集十七卷別集一卷補遺二卷　（唐）白居易撰　（清）汪立名編訂　**白香山年譜一卷**　（清）汪立名撰　**白香山年譜舊本一卷**　（宋）陳振孫撰　清康熙四十一年至四十二年（1702－1703）汪立名一隅草堂刻本　十冊

330000－1705－0005273　善3428　集部/別集類/宋別集

臨川王先生荊公文集一百卷　（宋）王安石撰　明嘉靖二十五年（1546）應雲鸑刻本　二十四冊

330000－1705－0005274　善3209　集部/別集類/漢魏六朝別集

鮑明遠集十卷　（南朝宋）鮑照撰　明萬曆刻本　一冊

330000－1705－0005275　善3360　集部/別集類/唐五代別集

溫飛卿詩集七卷別集一卷集外詩一卷附錄諸家詩評一卷　（唐）溫庭筠撰　（明）曾益注（清）顧予咸補注　（清）顧嗣立續注　清翻刻康熙長洲顧氏秀野草堂刻本　二冊

330000－1705－0005276　善3335　集部/別集類/唐五代別集

河東先生集四十五卷外集二卷龍城錄二卷附錄二卷傳一卷　（唐）柳宗元撰　（宋）廖瑩中校正　明嘉靖東吳郭雲鵬濟美堂刻本　二十冊

330000－1705－0005277　善3310　集部/別集類/唐五代別集

朱文公校昌黎先生文集四十卷外集十卷遺文一卷　（唐）韓愈撰　（宋）朱熹考異　（宋）王伯大音釋　**朱文公校昌黎先生集傳一卷**　明正統十三年（1448）書林王宗玉刻本　一冊存十卷（文集七至八、十五至二十，外集一，集傳）

330000－1705－0005278　善3290　集部/總集類/選集之屬/斷代

韋孟全集七卷　（宋）劉辰翁批點　（明）袁宏道評　明刻本　朱鼎煦跋　六冊　存五卷（韋蘇州集一至五）

330000－1705－0005279　善3210　集部/別集類/漢魏六朝別集

鮑明遠集十卷　（南朝宋）鮑照撰　明萬曆刻本　二冊

330000－1705－0005280　善3060　類叢部/類書類/通類之屬

玉海二百卷辭學指南四卷詩考一卷詩地理考六卷漢藝文志考證十卷通鑑地理通釋十四卷漢制考四卷踐阼篇一卷周易鄭康成注一卷姓氏急就篇二卷急就篇補注四卷周書王會補注一卷小學紺珠十卷六經天文編二卷通鑑荅問五卷　（宋）王應麟撰　元至元六年（1340）慶元路儒學刻本　一冊　存三卷（玉

海十二至十四）

330000－1705－0005281　善 3359　集部/別集類/唐五代別集

溫飛卿詩集七卷別集一卷集外詩一卷附錄諸家詩評一卷 （唐）溫庭筠撰　（明）曾益注（清）顧予咸補注　（清）顧嗣立續注　清康熙三十六年（1697）長洲顧氏秀野草堂刻本二冊

330000－1705－0005282　善 3294　集部/別集類/唐五代別集

唐陸宣公集二十二卷 （唐）陸贄撰　清雍正元年（1723）年羹堯刻本　八冊

330000－1705－0005283　善 3312　集部/別集類/唐五代別集

朱文公校昌黎先生文集四十卷外集十卷遺文一卷 （唐）韓愈撰　（宋）朱熹考異　（宋）王伯大音釋　（唐）李漢編集　（明）朱吾弼重編　**朱文公校昌黎先生集傳一卷**　明萬曆金陵光裕堂刻本　十二冊

330000－1705－0005284　善 3337　集部/別集類/唐五代別集

河東先生集四十五卷外集二卷龍城錄二卷附錄二卷傳一卷 （唐）柳宗元撰　（宋）廖瑩中校正　明嘉靖東吳郭雲鵬濟美堂刻本　三冊　存二十卷（十至十三、二十一至二十九，外集一至二，龍城錄一至二，附錄一至二，傳）

330000－1705－0005285　善 3280　集部/別集類/唐五代別集

杜工部七言律詩二卷 （唐）杜甫撰　（元）虞集注　明刻本　一冊

330000－1705－0005286　善 3072　類叢部/類書類/通類之屬

新編事文類聚翰墨大全甲集十二卷乙集十八卷丙集十四卷丁集十一卷戊集十三卷己集十二卷庚集十五卷辛集十六卷壬集十七卷癸集十七卷後甲集十五卷後乙集十三卷後丙集六卷十二卷後丁集十四卷後戊集九卷 （元）劉應李輯　明初刻本　一冊　存十一卷（癸集一至十一）

330000－1705－0005287　善 3208　集部/總集類/彙編之屬

漢魏六朝一百三家集（漢魏六朝百三名家集） （明）張溥編　明婁東張氏刻本　二冊　存一種

330000－1705－0005288　善 3279　集部/別集類/唐五代別集

杜工部七言律詩不分卷 （唐）杜甫撰　（元）虞集注　明刻本　一冊

330000－1705－0005289　善 3316　集部/總集類/彙編之屬

韓柳全集一百四卷 （明）蔣之翹編　明崇禎六年（1633）蔣之翹三徑艸堂刻本　十冊　存五十二卷（唐韓昌黎集一至四十、外集一至十、遺文、附錄）

330000－1705－0005290　善 3281　集部/總集類/彙編之屬

韓文杜律二卷 （明）郭正域編　明閔齊伋刻朱墨套印本　一冊　存一卷（杜子美七言律）

330000－1705－0005291　善 3338　集部/總集類/彙編之屬

韓柳全集一百四卷 （明）蔣之翹編　明崇禎六年（1633）蔣之翹三徑艸堂刻本　十冊　存五十二卷（唐柳河東集一至四十五、外集一至五、遺文、附錄）

330000－1705－0005292　善 3295　集部/別集類/唐五代別集

唐陸宣公集二十二卷 （唐）陸贄撰　清雍正元年（1723）年羹堯刻本　四冊

330000－1705－0005293　善 3282　集部/總集類/彙編之屬

韓文杜律二卷 （明）郭正域編　明閔齊伋刻朱墨套印本　二冊　存一卷（杜子美七言律）

330000－1705－0005294　善 3296　集部/別集類/唐五代別集

唐陸宣公翰苑集二十四卷 （唐）陸贄撰　明萬曆三十五年（1607）陸基忠刻本　十冊

330000－1705－0005295　善 3317　集部/別

集類/唐五代別集

唐韓昌黎集四十卷外集十卷遺文一卷 （唐）韓愈撰 **唐韓昌黎集附錄一卷** （明）蔣之翹校輯 明崇禎六年（1633）蔣氏三徑草堂刻韓柳全集本 陳世鎔評釋 二冊 存十四卷（一至二、外集一至十、遺文、附錄）

330000－1705－0005296 善3207 集部/別集類/漢魏六朝別集

謝康樂集四卷 （南朝宋）謝靈運撰 明萬曆十一年（1583）秣陵焦竑刻本 二冊

330000－1705－0005297 善3327 集部/總集類/彙編之屬

中唐十二家詩集 （明）蔣孝編 明嘉靖二十九年（1550）蔣孝刻本 二冊 存一種

330000－1705－0005298 善4299 集部/別集類/清別集

白鵠山房詩鈔三卷 （清）徐熊飛撰 清常熟周氏鴿峰草堂抄本 一冊

330000－1705－0005299 善3330 集部/總集類/彙編之屬

韓柳文一百卷 （明）游居敬編 明嘉靖三十五年（1556）莫如士刻本 四冊 存三十五卷（柳文八至四十二）

330000－1705－0005300 善4398 集部/總集類/選集之屬/斷代

唐人八家詩八種 （明）毛晉編 明崇禎十二年（1639）海虞毛氏汲古閣刻本 一冊 存三種

330000－1705－0005301 善3385 集部/別集類/宋別集

蘇學士文集十六卷 （宋）蘇舜欽撰 清康熙三十七年（1698）震澤徐惇孝、徐惇復白華書屋刻本 四冊

330000－1705－0005302 善3436 集部/別集類/宋別集

蘇文忠公全集一百十一卷 （宋）蘇軾撰 **東坡先生年譜一卷** （宋）王宗稷撰 明嘉靖十三年（1534）江西布政司刻本 明潛王齋題記

五十冊 缺四卷（奏議十四至十五、外制二至三）

330000－1705－0005303 善3412 集部/別集類/宋別集

歐陽文忠公集一百三十卷附錄四卷目錄十二卷 （宋）歐陽修撰 明萬曆刻本 十四冊 存六十五卷（二十六至三十、八十一至一百三十，附錄一至四，目錄七至十二）

330000－1705－0005304 善3386 集部/別集類/宋別集

滄浪集十五卷 （宋）蘇舜欽撰 清乾隆盧文弨抄本 清盧文弨批並跋 朱鼎煦跋 二冊

330000－1705－0005305 善3380 集部/別集類/宋別集

范文正公集二十卷別集四卷政府奏議二卷尺牘三卷 （宋）范仲淹撰 **遺文一卷** （宋）范純仁 （宋）范純粹撰 **范文正公年譜一卷** （宋）樓鑰編 **年譜補遺一卷祭文一卷諸賢贊頌論疏一卷論頌一卷詩頌一卷朝廷優崇一卷言行拾遺事錄四卷鄱陽遺事錄一卷遺跡一卷褒賢祠記二卷義莊規矩一卷** 元天曆至至正褒賢世家家塾歲寒堂刻本 八冊 缺二十八卷（范文正公集一至二十、別集一至四、言行拾遺事錄一至四）

330000－1705－0005306 善3387 集部/別集類/宋別集

古靈先生文集二十五卷 （宋）陳襄撰 **年譜一卷** （宋）陳暉撰 **附一卷** 清抄本 清沈復燦校並跋 十六冊

330000－1705－0005307 善3398 集部/總集類/選集之屬/通代

唐宋八大家文鈔一百六十六卷 （明）茅坤編 明萬曆七年（1579）茅一桂刻本 三冊 存一種

330000－1705－0005308 善3448、善3420 集部/總集類/選集之屬/通代

唐宋八大家文鈔一百六十六卷 （明）茅坤編 明崇禎四年（1631）茅著刻本 九冊 存二種

330000－1705－0005309　善 3373、善 3392
類叢部/叢書類/彙編之屬

武英殿聚珍版書一百三十八種　清乾隆武英
殿木活字印本　六冊　存二種

330000－1705－0005310　善 3381　集部/別
集類/宋別集

范文正公集十二卷附錄六種七卷　（宋）范仲
淹撰　明萬曆刻本　十三冊　缺五卷（附錄
三至七）

330000－1705－0005311　善 3416　集部/別
集類/宋別集

歐陽文忠公全集一百五十三卷附錄五卷
（宋）歐陽修撰　年譜一卷　（宋）胡柯編　明
正德七年（1512）劉喬刻本　七冊　存三十八
卷（十八至二十五、五十五至八十三,年譜）

330000－1705－0005312　善 3452　集部/別
集類/宋別集

新刻蘇長公詩文選勝六卷首一卷　（宋）蘇軾
撰　（明）朱之蕃輯　明萬曆王世茂刻本
四冊

330000－1705－0005313　善 3375　集部/別
集類/宋別集

林和靖先生詩集四卷省心錄一卷　（宋）林逋
撰　**林集詩話一卷**　清康熙四十七年（1708）
吳調元辨義堂刻本　朱鼎煦跋　一冊

330000－1705－0005314　善 3406　集部/別
集類/宋別集

歐陽文忠公全集一百五十三卷附錄五卷
（宋）歐陽修撰　年譜一卷　（宋）胡柯編　明
正德七年（1512）劉喬刻本　三十六冊　存一
百四十五卷（一至三、九至八十一、九十至一
百五十三,附錄一至二、四至五,年譜）

330000－1705－0005315　善 3382、善 3423
集部/別集類/明別集

合刻范文正公忠宣公全集二十九卷　（明）毛
一鷺編　明萬曆三十六年（1608）毛一鷺刻本
二冊　存二卷（范文正公集九、范忠宣公集
十）

330000－1705－0005316　善 3410　集部/別
集類/宋別集

歐陽文忠公全集一百五十三卷附錄六卷
（宋）歐陽修撰　年譜一卷　（宋）胡柯編　明
正德七年（1512）劉喬刻嘉靖十六年（1537）季
本、詹治重修三十九年（1560）何遷遞修本
十一冊　存六十四卷（三十四至六十二、八十
六至九十二、九十五至九十九、一百十至一百
二十六、一百二十八至一百三十三）

330000－1705－0005317　善 3383、善 3424
集部/總集類/氏族之屬

范文正公忠宣公全集七十三卷　（宋）范仲淹
（宋）范純仁撰　清康熙四十六年（1707）范
氏歲寒堂刻本　十六冊

330000－1705－0005318　善 3374　集部/別
集類/宋別集

林和靖先生詩集四卷省心錄一卷　（宋）林逋
撰　**林集詩話一卷**　清康熙四十七年（1708）
吳調元刻汪氏古香樓印本　二冊

330000－1705－0005319　善 3408　集部/別
集類/宋別集

歐陽文忠公全集一百五十三卷附錄五卷
（宋）歐陽修撰　年譜一卷　（宋）胡柯編　明
弘治刻本　五冊　存三十九卷（十五至三十
三、六十三至七十六、八十六至九十一）

330000－1705－0005320　善 3418　集部/別
集類/宋別集

歐陽文忠公文抄十卷　（宋）歐陽修撰　（明）
茅坤評　明刻朱墨套印本　五冊

330000－1705－0005321　善 3376　集部/別
集類/宋別集

穆參軍集三卷　（宋）穆脩撰　**穆伯長先生遺
事一卷**　清抄本　一冊

330000－1705－0005322　善 3372　集部/別
集類/宋別集

王黃州小畜集三十卷　（宋）王禹偁撰　清經
鉏堂抄本　六冊

330000－1705－0005323　善 3377　集部/別

集類/宋別集
文莊集三十六卷　（宋）夏竦撰　清抄本
八冊

330000－1705－0005324　善 3407　集部/別
集類/宋別集
歐陽文忠公全集一百五十三卷附錄五卷
（宋）歐陽修撰　年譜一卷　（宋）胡柯編　明
正德七年（1512）劉喬刻本　七冊　存六十卷
（十六至二十三、三十四至四十四、六十三至
六十九、七十九至八十九、九十五至一百十
二、一百四十二至一百四十六）

330000－1705－0005325　善 3419　集部/總
集類/選集之屬/通代
唐宋八大家文鈔一百六十六卷　（明）茅坤編
　明萬曆七年（1579）茅一桂刻本　八冊　存
一種

330000－1705－0005326　善 3446　集部/別
集類/宋別集
東坡文選二十卷　（宋）蘇軾撰　（明）鍾惺評
選　明閔氏刻朱墨套印本　四冊　存十七卷
（四至二十）

330000－1705－0005327　善 3389　集部/別
集類/宋別集
司馬溫公文集八十卷目錄二卷　（宋）司馬光
撰　明崇禎元年（1628）吳時亮等刻清康熙四
十七年（1708）蔣起龍等重修本　二十四冊

330000－1705－0005328　善 3402　集部/別
集類/宋別集
伊川擊壤集八卷　（宋）邵雍撰　明隆慶元年
（1567）刻本　孫家湜跋　二冊　存六卷（一
至六）

330000－1705－0005329　善 3445　集部/別
集類/宋別集
東坡文選二十卷　（宋）蘇軾撰　（明）鍾惺評
選　明萬曆四十八年（1620）鍾惺刻本　四冊
　存十九卷（一至十九）

330000－1705－0005330　善 3411　集部/別
集類/宋別集

歐陽文集五十卷附錄五卷　（宋）歐陽修撰
年譜一卷　（宋）胡柯撰　明嘉靖二十二年
（1543）李冕刻本　九冊　存四十六卷（文集
一至十二、十八至五十，年譜）

330000－1705－0005331　善 3361　集部/別
集類/唐五代別集
八叉集四卷　（唐）溫庭筠撰　（明）曾益注
清初刻本　四冊

330000－1705－0005332　善 3394、善 3494、
善 3535　類叢部/叢書類/彙編之屬
武英殿聚珍版書一百三十八種　清乾隆武英
殿木活字印本　十八冊　存三種

330000－1705－0005333　善 3444　集部/別
集類/宋別集
坡仙集十六卷　（宋）蘇軾撰　（明）李贄評輯
　明萬曆二十八年（1600）陳氏繼志齋刻本
三冊　存十卷（一至十）

330000－1705－0005334　善 3430　集部/別
集類/宋別集
臨川先生文集一百卷目錄二卷　（宋）王安石
撰　明嘉靖刻本　十三冊　存六十六卷（十
五至二十一、二十八至四十九、五十四至七十
九、八十六至九十、九十六至一百，目錄上）

330000－1705－0005335　善 3391　集部/別
集類/宋別集
趙清獻公文集十卷　（宋）趙抃撰　明末刻本
四冊

330000－1705－0005336　善 3443　集部/別
集類/宋別集
坡仙集十六卷　（宋）蘇軾撰　（明）李贄評輯
　明萬曆二十八年（1600）陳氏繼志齋刻本
六冊　存十一卷（一至四、七至十三）

330000－1705－0005337　善 3395、善 3495、
善 3485、善 3468　類叢部/叢書類/彙編之屬
武英殿聚珍版書一百三十八種　清乾隆武英
殿木活字印本　二十三冊　存四種

330000－1705－0005338　善 3447　集部/總
集類/選集之屬/通代

唐宋八大家文鈔一百六十六卷　（明）茅坤編
　明萬曆七年(1579)茅一桂刻本　十二冊
存一種

330000－1705－0005339　善 3378　類叢部/
叢書類/彙編之屬

武英殿聚珍版書一百三十八種　清福建刻本
　八冊　存一種

330000－1705－0005340　善 3414　集部/別
集類/宋別集

歐陽文忠公全集一百五十三卷附錄五卷
（宋）歐陽修撰　年譜一卷　（宋）胡柯編　明
刻本　七冊　存二十三卷(四十至六十二)

330000－1705－0005341　善 3432　集部/別
集類/宋別集

王荊文公詩五十卷補遺一卷　（宋）王安石撰
　（宋）李壁箋注　清乾隆五年至六年(1740－
1741)張宗松清綺齋刻本　六冊

330000－1705－0005342　善 3393　集部/別
集類/宋別集

陳眉公先生訂正丹淵集四十卷拾遺二卷
（宋）文同撰　石室先生年譜一卷　（宋）家誠
之編　石室先生墓志銘一卷　明萬曆三十八
年(1610)吳一標刻崇禎四年(1631)海虞毛晉
重修本　六冊

330000－1705－0005343　善 3399　集部/別
集類/宋別集

宛陵先生文集六十卷拾遺一卷附錄一卷
（宋）梅堯臣撰　明萬曆四年(1576)姜奇方刻
本　七冊　存四十卷(一至十五、二十至二十
四、二十九至三十八、五十三至六十,拾遺,附
錄)

330000－1705－0005344　善 3364　集部/別
集類/唐五代別集

重刊校正笠澤叢書四卷補遺詩一卷續補遺一
卷　（唐）陸龜蒙撰　清雍正九年(1731)江都
陸鍾輝水雲漁屋刻本　二冊　缺一卷(續補
遺)

330000－1705－0005345　善 3379　類叢部/

叢書類/彙編之屬

武英殿聚珍版書一百三十八種　清乾隆武英
殿木活字印本　十冊　存一種

330000－1705－0005346　善 3431　集部/別
集類/宋別集

臨川先生文集一百卷目錄二卷　（宋）王安石
撰　明嘉靖三十九年(1560)何遷撫州刻本
四冊　存十三卷(七十九至九十、目錄上)

330000－1705－0005347　善 3450　集部/別
集類/宋別集

蘇文忠公策論選十二卷　（宋）蘇軾撰　（明）
茅坤　（明）鍾惺批評　明天啟元年(1621)刻
三色套印本　六冊

330000－1705－0005348　善 3451　集部/別
集類/宋別集

蘇長公小品四卷　（宋）蘇軾撰　（明）王納諫
輯並評　明凌啟康刻朱墨套印本　三冊　缺
一卷(二)

330000－1705－0005349　善 3437　集部/別
集類/宋別集

蘇文忠公全集一百十一卷　（宋）蘇軾撰　東
坡先生年譜一卷　（宋）王宗稷撰　明嘉靖十
三年(1534)江西布政司刻本　三冊　存七卷
(續集一至二、五至九)

330000－1705－0005350　善 3365　集部/總
集類/選集之屬/斷代

三唐人文集　（明）毛晉編　明末海虞毛氏汲
古閣刻本　一冊

330000－1705－0005351　善 3435　集部/別
集類/宋別集

蘇文忠公全集一百十一卷　（宋）蘇軾撰　東
坡先生年譜一卷　（宋）王宗稷撰　明嘉靖十
三年(1534)江西布政司刻本　十冊　存三十
八卷(東坡集三十七至四十,後集四至六、十
六至二十,應詔一至十,奏議一至七,續集一
至九)

330000－1705－0005352　善 3366　集部/別
集類/唐五代別集

可之先生文集二卷　（唐）孫樵撰　清蝸寄廬孫氏抄本　一冊

330000－1705－0005353　善3460　集部/別集類/宋別集

東坡先生編年詩五十卷　（宋）蘇軾撰　（清）查慎行補註　**年表一卷**　清乾隆二十六年（1761）查開香雨齋刻本　三十二冊

330000－1705－0005354　善3369　集部/總集類/彙編之屬

五唐人詩集　（明）毛晉編　明末毛氏汲古閣刻本　一冊　存一種

330000－1705－0005355　善3506　集部/別集類/宋別集

莆陽知稼翁集二卷　（宋）黃公度撰　（宋）黃沃編　明天啓五年（1625）黃崇翰刻本　二冊

330000－1705－0005356　善3370　集部/總集類/彙編之屬

白蓮集十卷　（唐）釋齊己撰　明末毛氏汲古閣刻唐三高僧詩集本　惠啓題記　一冊

330000－1705－0005357　善3456　集部/別集類/宋別集

蘇東坡詩集注三十二卷失編一卷　（宋）蘇軾撰　（宋）呂祖謙編　（宋）王十朋集注　**年譜一卷**　（宋）王宗稷編　清康熙三十七年（1698）新安朱從延文蔚堂刻本　十五冊　存三十卷（一至三十）

330000－1705－0005358　善3425　集部/別集類/宋別集

重刊嘉祐集十五卷　（宋）蘇洵撰　明弘治四年（1491）陸里刻本　四冊

330000－1705－0005359　善3497　集部/別集類/宋別集

苕溪集五十五卷　（宋）劉一止撰　清抄本　四冊

330000－1705－0005360　善3397　集部/別集類/宋別集

南豐先生元豐類藁五十卷　（宋）曾鞏撰　**續附南豐先生行狀碑誌哀挽一卷**　明萬曆二十

五年（1597）曾敏才等刻清順治十五年（1658）、康熙二十七年（1688）遞修本　六冊

330000－1705－0005361　善3206　集部/別集類/漢魏六朝別集

織錦回文詩一卷　（前秦）蘇蕙撰　**讀織錦回文法一卷**　（明）釋起宗撰　清刻本　一冊

330000－1705－0005362　善3426　集部/別集類/宋別集

重刊嘉祐集十五卷　（宋）蘇洵撰　明嘉靖十一年（1532）太原府刻本　一冊　存三卷（十三至十五）

330000－1705－0005363　善3371　集部/別集類/唐五代別集

張濆詩集一卷　（唐）張濆撰　清末虞山周大輔鴿峰草堂抄本　清周大輔過錄黃丕烈跋　一冊

330000－1705－0005364　善3507　集部/別集類/宋別集

香溪先生范賢良文集二十二卷　（宋）范浚撰　明成化十五年（1479）唐韶刻遞修本　二冊　存十四卷（一至五、十四至二十二）

330000－1705－0005365　善3498　集部/別集類/宋別集

苕溪集五十五卷目錄三卷　（宋）劉一止撰　清抄本　二十冊

330000－1705－0005366　善3458　集部/別集類/宋別集

蘇東坡詩集二十五卷　（宋）蘇軾撰　（宋）劉辰翁批點　明天啟刻合刻宋劉須溪點校書九種本　明權奇批並跋　十二冊　缺一卷（二十五）

330000－1705－0005367　善3490　集部/別集類/宋別集

宋宗忠簡公集八卷　（宋）宗澤撰　（宋）樓鑰輯　（清）王延曾重輯　清康熙三十年（1691）刻本　二冊

330000－1705－0005368　善3508　集部/別集類/宋別集

范香溪先生文集二十二卷　（宋）范浚撰　范
蒙齋先生遺文一卷　（宋）范端臣撰　范楊溪
先生遺文一卷　（宋）范端杲撰　清乾隆八年
（1743）范文煥刻本　四冊

330000－1705－0005369　善 3474　集部/別
集類/宋別集

豫章黃先生文集三十卷外集十四卷別集二十
卷簡尺二卷詞一卷　（宋）黃庭堅撰　山谷先
生年譜三十卷　（宋）黃𤭖撰　別傳一卷
（明）周季鳳撰　明弘治十八年（1505）葉天爵
刻嘉靖六年（1527）喬遷、余載仕增修本　二
冊　存二卷（簡尺一至二）

330000－1705－0005370　善 3492　史部/詔
令奏議類/奏議之屬

宋丞相李忠定公奏議六十九卷附錄九卷
（宋）李綱撰　明正德十一年（1516）胡文靜、
蕭洴刻天啟重修本　十二冊

330000－1705－0005371　善 3291　集部/總
集類/彙編之屬

唐四家詩八卷　（清）汪立名編　清康熙三十
四年（1695）天都汪立名刻本　二冊　存一種

330000－1705－0005372　善 3459　類叢部/
叢書類/彙編之屬

合刻宋劉須溪點校書九種附一種　（宋）劉辰
翁評　（明）楊人駒編　明天啟四年（1624）楊
人駒刻本　二冊　存一種

330000－1705－0005373　善 3472、善 3463
集部/總集類/彙編之屬

蘇黃風流小品十六卷　（明）黃嘉惠編　明刻
本　二冊　存八卷（東坡題跋一至四、山谷題
跋一至四）

330000－1705－0005374　善 3427　集部/總
集類/選集之屬/通代

唐宋八大家文鈔一百六十六卷　（明）茅坤編
　明萬曆七年（1579）茅一桂刻本　二冊　存
一種

330000－1705－0005375　善 3493　集部/別
集類/宋別集

宋李忠定公奏議選十五卷文集選二十九卷首
四卷目錄二卷　（宋）李綱撰　（明）左光先等
選　明崇禎十二年（1639）李氏刻本　八冊
缺十五卷（奏議選一至十五）

330000－1705－0005376　善 3511　集部/別
集類/宋別集

羅鄂州小集六卷　（宋）羅願撰　羅郢州遺文
一卷　（宋）羅頌撰　清康熙五十二年（1713）
歙程哲七略書堂刻本　四冊

330000－1705－0005377　善 3477　集部/別
集類/宋別集

後山詩十二卷　（宋）陳師道撰　（宋）任淵注
　清福建刻武英殿聚珍版書本　吳澤批並跋
　四冊

330000－1705－0005378　善 3457　集部/別
集類/宋別集

蘇東坡詩集注三十二卷失編一卷　（宋）蘇軾
撰　（宋）呂祖謙編　（宋）王十朋集注　年譜
一卷　（宋）王宗稷編　清康熙三十七年
（1698）新安朱從延文蔚堂刻本　一冊　存三
卷（二十七至二十九）

330000－1705－0005379　善 3526　類叢部/
叢書類/彙編之屬

武英殿聚珍版書一百三十八種　清乾隆武英
殿木活字印本　十六冊　存一種

330000－1705－0005380　善 3466　集部/總
集類/選集之屬/通代

唐宋八大家文鈔一百六十六卷　（明）茅坤編
　明萬曆七年（1579）茅一桂刻本　十六冊
存一種

330000－1705－0005381　善 3417　集部/別
集類/宋別集

歐陽文忠公全集一百五十三卷附錄五卷
（宋）歐陽修撰　年譜一卷　（宋）胡柯編　明
刻本　三冊　存二十卷（六十二至六十九、一
百十九至一百二十六、一百三十四至一百三
十七）

330000－1705－0005382　善 3512　集部/別

集類/宋別集

羅鄂州小集五卷 （宋）羅願撰　**羅鄂州遺文一卷**　（宋）羅頌撰　清抄本　二冊

330000 – 1705 – 0005383　善 3489　集部/別集類/宋別集

唐眉山詩集十卷文集十四卷　（宋）唐庚撰清雍正三年(1725)汪亮采南陔草堂木活字印本　四冊

330000 – 1705 – 0005384　善 3527　類叢部/叢書類/彙編之屬

武英殿聚珍版書一百三十八種　清乾隆武英殿木活字印本　十六冊　存一種

330000 – 1705 – 0005385　善 3455　集部/別集類/宋別集

蘇東坡詩集注三十二卷失編一卷　（宋）蘇軾撰　（宋）呂祖謙編　（宋）王十朋集注　**年譜一卷**　（宋）王宗稷編　清康熙三十七年(1698)新安朱從延文蔚堂刻本　十冊

330000 – 1705 – 0005386　善 3499　集部/別集類/宋別集

栟櫚先生全集二十五卷　（宋）鄧肅撰　清抄本　四冊

330000 – 1705 – 0005387　善 3488　集部/別集類/宋別集

竹友集十卷　（宋）謝薖撰　清抄本　二冊

330000 – 1705 – 0005388　善 3504　集部/別集類/宋別集

大隱居士集二卷　（宋）鄧深撰　清抄本　清丁丙題記　一冊

330000 – 1705 – 0005389　善 3513　集部/別集類/宋別集

艾軒先生文集十卷　（宋）林光朝撰　清抄本二冊

330000 – 1705 – 0005390　善 3502　集部/別集類/宋別集

岳武穆集六卷　（明）李楨編　明萬曆二十年(1592)李楨刻本　五冊

330000 – 1705 – 0005391　善 3521　集部/別集類/宋別集

永嘉止齋陳先生八面鋒八卷　（宋）陳傅良撰明萬曆元年(1573)朱氏刻本　一冊

330000 – 1705 – 0005392　善 3487　集部/別集類/宋別集

謝幼槃文集十卷　（宋）謝薖撰　清抄本一冊

330000 – 1705 – 0005393　善 3454　集部/別集類/宋別集

東坡先生詩集註三十二卷　（宋）蘇軾撰（宋）王十朋集註　明鯨碧山房刻本　十一冊缺三卷(十六至十八)

330000 – 1705 – 0005394　善 3520　集部/別集類/宋別集

止齋先生文集二十八卷　（宋）陳傅良撰　明嘉靖建陽刻本　十一冊　存二十六卷(一至五、八至二十八)

330000 – 1705 – 0005395　善 3500　集部/別集類/宋別集

藏海居士集二卷　（宋）吳可撰　清道光十七年(1837)抄本　清瞿瑛跋　一冊

330000 – 1705 – 0005396　善 4272　集部/別集類/清別集

小林詩鈔一卷　（清）虞廷棻撰　清抄本一冊

330000 – 1705 – 0005397　善 3486　集部/詞類/別集之屬

溪堂集十卷　（宋）謝逸撰　清抄本　三冊

330000 – 1705 – 0005398　善 3476　集部/別集類/宋別集

后山詩註十二卷　（宋）陳師道撰　（宋）任淵注　清康熙三十六年(1697)高兆栟櫚館抄本清高兆跋　八冊

330000 – 1705 – 0005399　善 4349　集部/別集類/清別集

映紅樓詩稿四卷　（清）王定祥撰　稿本(江潭集一卷、聊復吟一卷配穆之抄本)　清姚子

秋、馮开、穆之跋　一冊

330000－1705－0005400　善3515　集部/別集類/宋別集
朱子大全一百卷目錄二卷續集十卷別集十卷
（宋）朱熹撰　明天順四年（1460）賀沈、胡緝刻本　六冊　存十卷（續集一至十）

330000－1705－0005401　善3484　集部/別集類/宋別集
演山先生詩十二卷　（宋）黃裳撰　清抄本　二冊

330000－1705－0005402　善3471　集部/別集類/宋別集
重刻黃文節山谷先生文集三十卷　（宋）黃庭堅撰　明王鳳翔光啓堂刻積秀堂印本　六冊

330000－1705－0005403　善3505　集部/別集類/宋別集
重刊橫浦先生文集二十卷　（宋）張九成撰
無垢先生橫浦心傳錄三卷橫浦日新一卷
（宋）郎曄編　**重刊橫浦先生家傳一卷**　（宋）張榕撰　**重刊施先生孟子發題一卷**　（宋）施德操撰　明萬曆四十三年（1615）方士騏刻本　四冊　存二十一卷（重刊橫浦先生文集一至二十、重刊橫浦先生家傳）

330000－1705－0005404　善3461　集部/別集類/宋別集
東坡先生編年詩五十卷　（宋）蘇軾撰　（清）查慎行補註　**年表一卷**　清乾隆二十六年（1761）查開香雨齋刻本　清佚名過錄清紀昀批校並跋　十四冊　缺五卷（十四至十六、三十四至三十五）

330000－1705－0005405　善3517　集部/別集類/宋別集
晦庵文抄七卷詩抄一卷　（宋）朱熹撰　（明）吳訥輯　明成化十八年（1482）周鳳等刻本　一冊　存一卷（詩抄）

330000－1705－0005406　善3483、善3478　集部/總集類/選集之屬/斷代
蘇門六君子文粹七十卷　明崇禎六年（1633）

胡潛刻本　十六冊　存四十三卷（濟北先生文粹一至二十一、宛丘先生文粹一至二十二）

330000－1705－0005407　善3482　集部/別集類/宋別集
濟北晁先生雞肋集七十卷　（宋）晁補之撰　明崇禎八年（1635）顧凝遠詩瘦閣刻本　孫家湉題簽　八冊

330000－1705－0005408　善3441　集部/別集類/宋別集
訂補坡仙集鈔三十八卷　（宋）蘇軾撰　（明）李贄輯　（明）陳繼儒訂補　明末刻本　十二冊

330000－1705－0005409　善3524　集部/別集類/宋別集
梅溪先生廷試策一卷奏議四卷詩文前集二十卷詩文後集二十九卷　（宋）王十朋撰　**宋龍圖閣學士王公墓志銘一卷**　（宋）汪應辰撰　明正統五年（1440）劉謙等刻天順六年（1462）重修本　六冊　存三十一卷（文集一至十六，後集一至七、十六至二十三）

330000－1705－0005410　善3462　集部/別集類/宋別集
施註蘇詩四十二卷總目二卷　（宋）蘇軾撰　（宋）施元之　（宋）顧禧注　（清）顧嗣立　（清）邵長蘅　（清）宋至補　**蘇詩續補遺二卷**　（清）馮景補註　**王註正譌一卷**　（清）邵長蘅撰　**東坡先生年譜一卷**　（宋）王宗稷編　清康熙三十八年（1699）商丘宋犖刻本　十二冊

330000－1705－0005411　善3516　集部/別集類/宋別集
晦庵先生朱文公文集一百卷續集十一卷別集十卷目錄二卷　（宋）朱熹撰　明嘉靖十一年（1532）閩中張大輪、胡岳等刻本　一冊　存四卷（別集一至四）

330000－1705－0005412　善3480　集部/別集類/宋別集
寶晉英光集八卷補遺一卷　（宋）米芾撰　清瑯環仙館抄本　二冊　缺三卷（五至六、補

遺)

330000－1705－0005413　善3481　集部/別集類/宋別集

畫墁集八卷 （宋）張舜民撰　清抄本　二冊

330000－1705－0005414　善3479　集部/別集類/宋別集

淮海集四十卷後集六卷長短句三卷 （宋）秦觀撰　明嘉靖四十四年(1565)張光孝刻萬曆補刻本　三冊　存二十卷(一至二十)

330000－1705－0005415　善3465　集部/總集類/選集之屬/通代

唐宋八大家文鈔一百六十六卷 （明）茅坤編　明萬曆七年(1579)茅一桂刻本　四冊　存一種

330000－1705－0005416　善3554　集部/別集類/宋別集

重校鶴山先生大全一百十卷目錄二卷 （宋）魏了翁撰　明嘉靖錫山安國銅活字印本　八冊　存三十五卷(一至十、二十七至三十、三十九至四十二、五十三至五十八、九十五至一百五)

330000－1705－0005417　善3528　集部/別集類/宋別集

雙溪文集十七卷 （宋）王炎撰　**附錄一卷** （宋）李以申撰　明嘉靖十二年(1533)刻本　五冊　存十六卷(一至九、十二至十七,附錄)

330000－1705－0005418　善3540　集部/別集類/宋別集

范石湖詩集二十卷 （宋）范成大撰　清康熙二十七年(1688)黃昌衢藜照樓刻本　十冊

330000－1705－0005419　善3566　集部/別集類/宋別集

秋崖先生小藁四十五卷又三十八卷 （宋）方岳撰　明嘉靖五年(1526)刻本　四冊　存二十九卷(三至三十一)

330000－1705－0005420　善3467　集部/別集類/宋別集

山谷內集詩註二十卷外集詩註十七卷別集詩

註二卷　（宋）黃庭堅撰　（宋）任淵　（宋）史容　（宋）史季溫注　明初刻本　二冊　存六卷(四至六、十八至二十)

330000－1705－0005421　善3555　集部/別集類/宋別集

重校鶴山先生大全一百十卷目錄二卷 （宋）魏了翁撰　明嘉靖錫山安國銅活字印本　一冊　存一卷(一百五)

330000－1705－0005422　善3453　集部/總集類/彙編之屬

蘇黃題跋十二卷 （明）楊鶴編　明刻本　一冊　存六卷(蘇東坡題跋雜書一至六)

330000－1705－0005423　善3567　集部/別集類/宋別集

秋崖先生小藁三十八卷 （宋）方岳撰　清木活字印本　八冊　存三十四卷(一至三十四)

330000－1705－0005424　善3581　集部/別集類/宋別集

劉須溪先生記鈔八卷 （宋）劉辰翁撰　明天啓三年(1623)楊譏西刻本　一冊　存四卷(五至八)

330000－1705－0005425　善3537　集部/別集類/宋別集

艮齋先生薛常州浪語集三十五卷 （宋）薛季宣撰　清抄本　二十四冊　缺二卷(三十至三十一)

330000－1705－0005426　善3529　集部/別集類/宋別集

雙溪文集十七卷 （宋）王炎撰　明嘉靖十二年(1533)刻本　一冊　存三卷(十二至十四)

330000－1705－0005427　善3556　集部/別集類/宋別集

重刊西山先生真文忠公文集五十五卷目錄二卷 （宋）真德秀撰　明萬曆二十六年(1598)金學曾景賢堂刻本　十七冊　缺八卷(四至六、三十三至三十七)

330000－1705－0005428　善4317　集部/別集類/清別集

梅花屋存藁十四卷　（清）樊廷緒撰　清鳴野山房抄本　四冊　存十一卷（一至二、六至十四）

330000－1705－0005429　善3562　集部/別集類/宋別集

白石道人詩集二卷集外詩一卷附錄一卷附錄補遺一卷詩說一卷歌曲四卷附詩詞評論一卷補遺一卷集事一卷集事補遺一卷　（宋）姜夔撰　清乾隆三十六年（1771）隨月讀書樓刻本　一冊　缺四卷（歌曲一至四）

330000－1705－0005430　善3538　集部/別集類/宋別集

艮齋先生薛常州浪語集三十五卷　（宋）薛季宣撰　清抄本　一冊　存五卷（十一至十五）

330000－1705－0005431　善3568　集部/別集類/宋別集

北磵文集十卷　（宋）釋居簡撰　清抄本四冊

330000－1705－0005432　善3440　集部/別集類/宋別集

東坡集四十卷後集二十卷奏議十五卷内制集十卷樂語一卷外制集三卷應詔集十卷續集十二卷　（宋）蘇軾撰　東坡先生年譜一卷（宋）王宗稷撰　明刻本　四冊　存四卷（續集八至十一）

330000－1705－0005433　善3544　類叢部/叢書類/自著之屬

陸放翁全集六種　（宋）陸游撰　明末海虞毛氏汲古閣刻清初毛扆增刻彙印本　八冊　存四種

330000－1705－0005434　善3531　集部/別集類/宋別集

陸象山先生集要四卷　（宋）陸九淵撰　明萬曆二十五年（1597）書林徐可久刻本　二冊存二卷（一、三）

330000－1705－0005435　善3569　集部/別集類/宋別集

文山先生文集十七卷別集六卷附錄三卷

（宋）文天祥撰　明景泰六年（1455）韓雍、陳价刻本　七冊　存二十卷（文集一至二、六至十七,別集四至六,附錄一至三）

330000－1705－0005436　善3470　集部/別集類/宋別集

重刻黃文節山谷先生文集三十卷　（宋）黃庭堅撰　明王鳳翔光啓堂刻本　四冊

330000－1705－0005437　善3601　集部/別集類/元別集

趙文敏公松雪齋全集十卷外集一卷續集一卷　（元）趙孟頫撰　清康熙五十二年（1713）海上曹培廉城書室刻本　四冊

330000－1705－0005438　善3532　集部/別集類/宋別集

陸象山先生集要八卷　（宋）陸九淵撰　明刻本　四冊

330000－1705－0005439　善3570　集部/別集類/宋別集

文山先生全集二十八卷　（宋）文天祥撰　明嘉靖三十一年（1552）鄢懋卿、寧寵刻本　十五冊　缺五卷（別集二十四至二十八）

330000－1705－0005440　善3602　集部/別集類/元別集

趙文敏公松雪齋全集十卷外集一卷續集一卷　（元）趙孟頫撰　清康熙五十二年（1713）海上曹培廉城書室刻光緒八年（1882）楊氏重修本　四冊

330000－1705－0005441　善3547　集部/別集類/宋別集

石屏詩集十卷　（宋）戴復古撰　清抄本四冊

330000－1705－0005442　善3557　集部/別集類/宋別集

海瓊玉蟾先生文集六卷續集二卷　（宋）葛長庚撰　（明）朱權重輯　明萬曆桂芳堂刻本孫家泩題記　四冊

330000－1705－0005443　善3584　集部/別集類/宋別集

陵陽先生集二十四卷 （宋）牟巘撰 清抄本
四冊 存十六卷（一至十二、十七至二十）

330000－1705－0005444 善 3533 集部/別
集類/宋別集

慈湖先生遺書抄六卷 （宋）楊簡撰 （明）楊
世思輯 明萬曆潘汝禎刻本 清徐時棟題記
一冊

330000－1705－0005445 善 3585 集部/別
集類/宋別集

汪水雲詩一卷附錄一卷 （宋）汪元量撰 清
初抄本 孫家潅題簽 一冊

330000－1705－0005446 善 3559 集部/別
集類/宋別集

白玉蟾海瓊摘藁十卷 （宋）葛長庚撰 明刻
本 一冊 存五卷（六至十）

330000－1705－0005447 善 3560 集部/別
集類/宋別集

白石詩集一卷詞集一卷諸家評論一卷 （宋）
姜夔撰 清康熙五十七年(1718)曾時燦刻本
一冊

330000－1705－0005448 善 3514 集部/別
集類/宋別集

晦庵先生朱文公文集一百卷續集十一卷別集
十卷目錄二卷 （宋）朱熹撰 宋刻元明遞修
本 十七冊 存五十三卷（一至十二、十六至
三十六、六十一至六十三、六十七至八十一，
目錄一至二）

330000－1705－0005449 善 3541 集部/別
集類/宋別集

石湖居士詩集三十五卷 （宋）范成大撰
（清）顧嗣立等重訂 清康熙二十七年(1688)
顧氏依園刻本（卷三十四至三十五原缺）
四冊

330000－1705－0005450 善 3571 集部/別
集類/宋別集

文山先生全集二十八卷 （宋）文天祥撰 明
嘉靖三十一年(1552)鄢懋卿、寧寵刻本
八冊

330000－1705－0005451 善 3561 集部/別
集類/宋別集

白石詩集一卷詞集一卷諸家評論一卷 （宋）
姜夔撰 清雍正五年(1727)歙縣洪正治刻本
朱鼎煦題記 一冊

330000－1705－0005452 楊 0043 經部/春
秋左傳類/傳說之屬

讀左補義五十卷首一卷 （清）姜炳璋輯 清
乾隆三十八年(1773)毛昇刻本 十六冊

330000－1705－0005453 善 3596 集部/別
集類/元別集

郝文忠公陵川文集三十九卷 （元）郝經撰
（清）王鏐編 附錄一卷 清乾隆三年(1738)
王鏐刻本 十二冊

330000－1705－0005454 善 3572 集部/別
集類/宋別集

文山先生全集二十八卷 （宋）文天祥撰 明
嘉靖三十一年(1552)鄢懋卿、寧寵刻本 二
冊 存四卷（一至四）

330000－1705－0005455 善 3546 集部/別
集類/宋別集

水心先生別集十六卷 （宋）葉適撰 清山陰
杜氏抄本 二冊 存七卷（四至七、十四至十
六）

330000－1705－0005456 善 3575 集部/別
集類/宋別集

文山先生全集二十卷 （宋）文天祥撰 明嘉
靖三十九年(1560)浦江張元諭刻本 八冊
存十六卷（一至六、九至十八）

330000－1705－0005457 善 3563 集部/別
集類/宋別集

冷然齋詩集不分卷 （宋）蘇泂撰 清抄本
一冊

330000－1705－0005458 善 3586 集部/別
集類/宋別集

晞髮集十卷 （宋）謝翱撰 （明）徐燉編 明
萬曆四十六年(1618)張蔚然刻本 二冊

330000－1705－0005459 善 3576 史部/傳

記類/總傳之屬/仕宦

宋三大臣彙志 （明）鄭鄤輯　明崇禎元年(1628)大觀堂刻本　二冊　存一種

330000－1705－0005460　善3599　集部/別集類/元別集

巴西鄧先生文集一卷補遺一卷素履齋稿二卷 （元）鄧文原撰　清抄本　一冊

330000－1705－0005461　善3545　集部/別集類/宋別集

劍南詩鈔六卷 （宋）陸游撰　（清）楊大鶴選　清刻本　四冊　存二卷(五言律、七言律)

330000－1705－0005462　善3564　集部/別集類/宋別集

篔窗集十卷 （宋）陳耆卿撰　清抄本　清王棻、清王霆跋　一冊

330000－1705－0005463　善3577　集部/別集類/宋別集

廬陵宋丞相信國公文忠烈先生全集十六卷 （宋）文天祥撰　（清）文有煥等編輯　清雍正三年(1725)文氏五桂堂刻本　十冊

330000－1705－0005464　善3534　集部/別集類/宋別集

絜齋集二十四卷 （宋）袁燮撰　清乾隆四十年(1775)武英殿木活字印本　清徐時棟批、校並跋　八冊

330000－1705－0005465　善3600　集部/別集類/元別集

谷響集三卷 （元）釋善住撰　清抄本　三冊

330000－1705－0005466　善3587　集部/別集類/宋別集

晞髮集十卷遺集二卷遺集補一卷 （宋）謝翱撰　謝皋羽先生年譜一卷 （清）徐沁編　登西臺慟哭記註一卷冬青樹引註一卷（宋）謝翱撰　（明）張丁注　天地間集一卷（宋）謝翱輯　清康熙四十一年(1702)平湖陸大業刻本　六冊　缺一卷(年譜)

330000－1705－0005467　善3578　集部/別集類/宋別集

疊山集十六卷 （宋）謝枋得撰　（明）黃溥編　明成化二十一年(1485)王杲刻本　二冊

330000－1705－0005468　善3525　集部/別集類/宋別集

蒙隱集二卷 （宋）陳棣撰　清刻本　一冊

330000－1705－0005469　善3542　集部/別集類/宋別集

誠齋集一百三十五卷目錄三卷 （宋）楊萬里撰　清鳴野山房抄本　一冊　存一卷(目錄一)

330000－1705－0005470　善3609　集部/總集類/彙編之屬

元詩四大家二十七卷 （明）毛晉編　明崇禎海虞毛氏汲古閣刻本　八冊　存一種

330000－1705－0005471　善3608　集部/別集類/元別集

道園遺稿六卷 （元）虞集撰　清抄本　二冊

330000－1705－0005472　善3595　集部/總集類/彙編之屬

元人集十種六十二卷 （明）毛晉編　明崇禎十一年(1638)毛氏汲古閣刻本　六冊　存一種

330000－1705－0005473　善3590　集部/別集類/宋別集

寧極齋稿一卷 （宋）陳深撰　**愼獨齋稿一卷** （宋）陳植撰　清虞山周氏文房學佛盦抄本　清周大輔過錄清勞權、清吳焯批、校、跋　一冊

330000－1705－0005474　善3588　集部/別集類/宋別集

晞髮集十卷遺集二卷遺集補一卷 （宋）謝翱撰　登西臺慟哭記註一卷冬青樹引重註一卷（宋）謝翱撰　（明）張丁注　天地間集一卷（宋）謝翱輯　清抄本　六冊

330000－1705－0005475　善3551　集部/別集類/宋別集

梅山續藁十七卷雜文一卷長短句一卷 （宋）姜特立撰　清抄本　一冊　存十四卷(六至

十九)

330000 – 1705 – 0005476　善 3604　集部/別
集類/元別集

楚國文憲公雪樓程先生文集三十卷附錄一卷
（元）程鉅夫撰　（元）程大本輯　楚國文憲
公雪樓程先生年譜一卷　（元）程世京編　明
洪武刻本(卷二十六至三十配清抄本)　四冊
存十一卷(五至八、二十二至二十三、二十
六至三十)

330000 – 1705 – 0005477　善 3592　集部/別
集類/金別集

滹南遺老集四十五卷續編一卷　（金）王若虛
撰　清抄本　二冊　存十二卷(五至九、二十
九至三十五)

330000 – 1705 – 0005478　善 3766　集部/別
集類/明別集

華泉詩集八卷　（明）邊貢撰　明嘉靖十七年
(1538)蘇祐刻本　一冊　存五卷(四至八)

330000 – 1705 – 0005479　善 3605　集部/別
集類/元別集

漢泉曹文貞公詩集十卷後錄一卷　（元）曹伯
啓撰　（元）曹復亨輯　（元）胡益編　清抄本
二冊

330000 – 1705 – 0005480　善 3594　集部/總
集類/彙編之屬

元人集十種六十二卷　（明）毛晉編　明崇禎
十一年(1638)毛氏汲古閣刻清初增刻本　四
冊　存一種

330000 – 1705 – 0005481　善 3553　集部/別
集類/宋別集

龍川先生文集三十卷　（宋）陳亮撰　明嘉靖
史朝富刻本　一冊　存六卷(二十五至三十)

330000 – 1705 – 0005482　善 3682　集部/別
集類/明別集

文清公薛先生文集二十四卷　（明）薛瑄撰
明萬曆四十二年(1614)河津薛士弘真寧官署
刻本　十二冊

330000 – 1705 – 0005483　善 3666　集部/別

集類/明別集

王半軒先生文集六卷　（明）王行撰　清抄本
孫家湛跋　一冊

330000 – 1705 – 0005484　善 3612　集部/別
集類/元別集

存心堂遺集十二卷附錄一卷　（元）吳萊撰
（明）宋濂編　（明）莊起元重編　（明）惲應
明全編　明萬曆三十九年(1611)吳邦彥刻本
朱鼎煦跋　四冊

330000 – 1705 – 0005485　善 3637　集部/別
集類/明別集

誠意伯劉先生文集二十卷　（明）劉基撰　明
刻本　三冊　存四卷(翊運錄一、補遺,犁眉
公集十九至二十)

330000 – 1705 – 0005486　善 3698　集部/別
集類/明別集

一峰先生文集十四卷　（明）羅倫撰　明嘉靖
二十八年(1549)臨桂張言刻本　四冊

330000 – 1705 – 0005487　善 3643　集部/別
集類/元別集

劉仲脩先生詩集六卷文集二卷　（元）劉永之
撰　清抄本　一冊

330000 – 1705 – 0005488　善 3667　集部/別
集類/明別集

王半軒先生文集六卷　（明）王行撰　清抄本
三冊

330000 – 1705 – 0005489　善 3611　集部/總
集類/彙編之屬

元人集十種五十四卷　（明）毛晉編　明崇禎
十一年(1638)毛氏汲古閣刻本　一冊　存
一種

330000 – 1705 – 0005490　善 3668　集部/別
集類/明別集

半軒集十二卷補遺一卷方外補遺一卷　（明）
王行撰　**半軒集校字二卷**　清抄本　九冊
缺四卷(半軒集一至三、校字二)

330000 – 1705 – 0005491　善 3607　集部/別
集類/元別集

續軒渠詩集十卷附錄一卷 （元）洪希文撰
清抄本 三冊

330000－1705－0005492 善3683 集部/別
集類/明別集

文清公薛先生文集二十四卷 （明）薛瑄撰
明萬曆四十二年(1614)河津薛士弘真寧官署
刻本 一冊 存目錄

330000－1705－0005493 善3615 集部/別
集類/元別集

雁門集六卷 （元）薩都剌撰 清康熙十九年
(1680)花朝半野軒刻本 二冊

330000－1705－0005494 善3647 集部/別
集類/明別集

汪右丞詩集五卷 （明）汪廣洋撰 清抄本
四冊 存四卷(二至五)

330000－1705－0005495 善3630 集部/別
集類/明別集

宋學士先生文集七十五卷 （明）宋濂撰 明
正德九年(1514)張綰刻本 九冊 存四十五
卷(一至四十、四十六至五十)

330000－1705－0005496 善3704 集部/別
集類/明別集

白沙子全集十卷古詩教解二卷首一卷末一卷
（明）陳獻章撰 （明）湛若水輯解 清乾隆
三十六年(1771)陳氏碧玉樓刻本 八冊 缺
四卷(六至七、古詩教解一至二)

330000－1705－0005497 善3671 集部/別
集類/明別集

峴泉集六卷 （明）張宇初撰 清乾隆十九年
(1754)張昭麟刻本 五冊 存五卷(一至五)

330000－1705－0005498 善3650 集部/別
集類/明別集

陶學士先生文集二十卷 （明）陶安撰 陶學
士先生事蹟一卷 （明）費宏撰 陶學士年譜
一卷 （明）張祐編 明弘治十三年(1500)嘉
興項經刻遞修本 六冊 存二十卷(文集一
至二十)

330000－1705－0005499 善3614 集部/別
集類/元別集

圭塘小藁十三卷別集二卷續集一卷附錄一卷
（元）許有壬撰 清抄本 三冊

330000－1705－0005500 善3713 集部/別
集類/明別集

水南集詩詞八卷 （明）陳霆撰 清得古齋抄
本 三冊 缺二卷(一至二)

330000－1705－0005501 善3626 集部/別
集類/元別集

楊鐵崖先生文集十一卷附鐵笛清江引一卷
（元）楊維楨撰 明萬曆四十三年(1615)諸暨
陳善學刻本 四冊

330000－1705－0005502 善3688 集部/別
集類/明別集

東里文集二十五卷 （明）楊士奇撰 明萬曆
四十六年(1618)刻清康熙十七年(1678)重修
本 八冊

330000－1705－0005503 善3651 集部/別
集類/明別集

陶學士先生文集二十卷 （明）陶安撰 陶學
士先生事蹟一卷 （明）費宏撰 陶學士年譜
一卷 （明）張祐編 明弘治十三年(1500)嘉
興項經刻遞修本 六冊 存二十卷(文集一
至二十)

330000－1705－0005504 善3673 集部/別
集類/明別集

充然子詩文集六卷 （明）顧愻撰 清抄本
一冊

330000－1705－0005505 善3627 集部/別
集類/明別集

駛雪齋集一卷 （明）張可大撰 （明）朱之儒
校 明刻本 一冊

330000－1705－0005506 善3622 集部/別
集類/元別集

栲栳山人詩集三卷 （元）岑安卿撰 清嘉慶
十六年(1811)岑振祖延綠齋刻本 二冊

330000－1705－0005507 善3717 集部/別
集類/明別集

祁閶雜詠一卷　（明）汪敬撰　續一卷　（明）
汪璪續　明正德元年(1506)汪衍刻本　一冊

330000－1705－0005508　善 3705　集部/別
集類/明別集

醫閭先生集九卷附錄一卷　（明）賀欽撰　明
刻本　二冊　存四卷（四至七）

330000－1705－0005509　善 3674　集部/別
集類/明別集

筼藭集六卷　（明）周德撰　明萬曆十八年
(1590)泰和周應鰲刻本　一冊　存三卷（一
至三）

330000－1705－0005510　善 3632　集部/別
集類/明別集

新刊宋學士全集三十三卷附錄補遺一卷
（明）宋濂撰　（明）韓叔陽補遺　明嘉靖三十
年(1551)韓叔陽刻本　四冊　存四卷（十九
至二十、三十一至三十二）

330000－1705－0005511　善 3718　集部/別
集類/明別集

祁閶雜詠一卷　（明）汪敬撰　續一卷　（明）
汪璪續　明正德元年(1506)汪衍刻本　一冊

330000－1705－0005512　善 3654　集部/別
集類/明別集

王忠文公集二十五卷　（明）王褘撰　清康熙
三十年(1691)王廷曾刻本　八冊

330000－1705－0005513　善 3616　集部/別
集類/元別集

薩天錫詩集三卷集外詩一卷　（元）薩都剌撰
明崇禎十一年(1638)毛氏汲古閣刻本　一
冊　存一卷（詩集一）

330000－1705－0005514　善 3721　集部/別
集類/明別集

王文恪公集三十六卷名公筆記一卷　（明）王
鏊撰　鵑音一卷白社詩草一卷　（明）王禹聲
撰　明萬曆震澤王氏三槐堂刻本　十冊　缺
二卷（鵑音、白社詩草）

330000－1705－0005515　善 3722　集部/別
集類/明別集

王文恪公集三十六卷名公筆記一卷　（明）王
鏊撰　鵑音一卷白社詩草一卷　（明）王禹聲
撰　明萬曆震澤王氏三槐堂刻本　十冊　缺
一卷（名公筆記）

330000－1705－0005516　善 3617　集部/別
集類/元別集

傅與礪文集十一卷附錄一卷　（元）傅若金撰
清光緒二十六年(1900)淡生堂抄本　二冊

330000－1705－0005517　善 3706　集部/別
集類/明別集

桃溪淨稿八十四卷　（明）謝鐸撰　明刻本
三冊　存三十九卷（一至三十九）

330000－1705－0005518　善 3720　集部/別
集類/明別集

王文恪公集三十六卷名公筆記一卷　（明）王
鏊撰　鵑音一卷白社詩草一卷　（明）王禹聲
撰　明萬曆震澤王氏三槐堂刻本　一冊　存
五卷（王文恪公集三至七）

330000－1705－0005519　善 3716　集部/別
集類/明別集

篁墩程先生文粹二十五卷　（明）程敏政撰
（明）程曾　（明）戴銑輯　明正德元年
(1506)張九逵刻本　一冊　存三卷（一至三）

330000－1705－0005520　善 3618　集部/別
集類/元別集

傅與礪文集八卷　（元）傅若金撰　清金氏文
瑞樓抄本　二冊

330000－1705－0005521　善 3689　集部/別
集類/明別集

盤谷集五卷　（明）劉鷹撰　清道光四年
(1824)沈復燦抄本　清沈復燦題記　二冊

330000－1705－0005522　善 3675　集部/別
集類/明別集

筼藭集六卷　（明）周德撰　明萬曆十八年
(1590)泰和周應鰲刻清康熙三十七年(1698)
周君鎔重修本　二冊　存五卷（一至五）

330000－1705－0005523　善 3628　集部/別
集類/明別集

宋學士先生文集七十五卷 （明）宋濂撰 明正德九年(1514)張縉刻嘉靖重修本 十二冊

330000－1705－0005524 善3655 集部/別集類/明別集

翠屏詩集二卷翠屏張先生文集二卷 （明）張以寧撰 （明）石光霽編 （明）張淮續編 明成化十六年(1480)張淮刻清乾隆三十九年(1774)補刻本 四冊

330000－1705－0005525 善3690 集部/別集類/明別集

思菴先生文粹十一卷 （明）吳訥撰 清抄本 清袁培俊記 六冊

330000－1705－0005526 善3678 集部/別集類/明別集

遜志齋集二十四卷 （明）方孝孺撰 附錄一卷 （明）范惟一輯 明嘉靖四十年(1561)吳郡王可大刻本 二冊 存五卷(十八至二十二)

330000－1705－0005527 善3715 集部/別集類/明別集

篁墩程先生文集九十三卷拾遺一卷 （明）程敏政撰 明正德二年(1507)何歆刻本 一冊 存六卷(六至十一)

330000－1705－0005528 善3621 集部/別集類/元別集

金臺集二卷補遺一卷 （元）迺賢撰 清抄本 一冊

330000－1705－0005529 善3692 集部/別集類/明別集

土苴集一卷 （明）周鼎撰 清抄本 一冊

330000－1705－0005530 善3656 集部/別集類/明別集

翠屏翠屏張先生全集四卷 （明）張以寧撰 （明）石光霽編 （明）張淮續編 明成化十六年(1480)張淮刻清乾隆三十九年(1774)補刻本 二冊 存二卷(一、三)

330000－1705－0005531 善3677 集部/別集類/明別集

海叟集四卷 （明）袁凱撰 明刻本 一冊

330000－1705－0005532 善3629 集部/別集類/明別集

宋學士先生文集七十五卷 （明）宋濂撰 明正德九年(1514)張縉刻本 八冊 缺十五卷(六至十、三十一、四十一至四十四、七十一至七十五)

330000－1705－0005533 善3680 集部/別集類/明別集

巽隱程先生詩集二卷文集二卷 （明）程本立撰 清康熙五十八年(1719)金檀燕翼堂刻本 一冊 存二卷(詩集一至二)

330000－1705－0005534 善3707 子部/藝術類/書畫之屬/題跋

珊瑚木難八卷附錄一卷 （明）朱存理輯 清抄本 三冊

330000－1705－0005535 善3625 集部/總集類/彙編之屬

元人集十種五十四卷 （明）毛晉編 明崇禎十一年(1638)毛氏汲古閣刻本 一冊 存一種

330000－1705－0005536 善3657 集部/別集類/明別集

說學齋藁十三卷 （明）危素撰 清抄本 六冊

330000－1705－0005537 善3693 集部/別集類/明別集

少石集十三卷 （明）陸釴撰 明刻本 二冊 存七卷(四至七、十一至十三)

330000－1705－0005538 善3633 集部/別集類/明別集

宋學士全集三十二卷附錄一卷 （明）宋濂撰 清康熙四十八年(1709)彭始搏刻本 十三冊

330000－1705－0005539 善3623 集部/總集類/彙編之屬

元人集十種五十四卷 （明）毛晉編 明崇禎十一年(1638)毛氏汲古閣刻本 一冊 存

一種

330000－1705－0005540　善3723　集部/別集類/明別集

半江趙先生文集十五卷附錄一卷　（明）趙寬撰　明嘉靖四十年(1561)吳江趙氏刻本　三冊　存十二卷(五至十五、附錄)

330000－1705－0005541　善3694　集部/別集類/明別集

瓊臺會稿十二卷　（明）丘濬撰　明萬曆八年(1580)劉倬、馬千乘刻本　四冊　存十卷(一至十)

330000－1705－0005542　善3641　集部/別集類/明別集

白石山房逸稿二卷附錄一卷　（明）張丁撰　清抄本　一冊

330000－1705－0005543　善3685　集部/別集類/明別集

于忠肅公集五卷附錄一卷　（明）于謙撰　明于戀勳刻清修本　一冊

330000－1705－0005544　善3658　集部/別集類/明別集

清江貝先生集三卷續集一卷　（明）貝瓊撰　明萬曆三年(1575)李詩刻本　三冊　存一卷(一)

330000－1705－0005545　善3642　集部/別集類/明別集

滄浪子退軒集七卷　（明）陳鈞撰　清抄本　一冊

330000－1705－0005546　善3620　集部/別集類/元別集

方叔淵遺稿一卷附錄一卷　（元）方瀾撰　清抄本　一冊

330000－1705－0005547　善3624　集部/別集類/元別集

師山先生文集八卷遺文五卷附錄一卷　（元）鄭玉撰　濟美錄四卷（明）鄭燭輯　明嘉靖十四年(1535)刻遞修本　一冊　存六卷(遺文一至五、附錄)

330000－1705－0005548　善3902　集部/別集類/明別集

珠玉遺稿二卷附錄一卷　（明）李循義撰　（明）田汝成注　明萬曆九年(1581)刻本　一冊　缺一卷(附錄)

330000－1705－0005549　善3639　集部/別集類/明別集

劉文成公全集十二卷　（明）劉基撰　（明）鍾惺評輯評　明天啟崇禎燕如鳳校刻本　三冊

330000－1705－0005550　善3695　集部/別集類/明別集

懷麓堂詩藁二十卷文藁三十卷詩後藁十卷文後藁三十卷南行藁一卷北上錄一卷講讀錄一卷東祀錄三卷集句錄一卷集句後錄一卷哭子錄一卷求退錄三卷　（明）李東陽撰　明正德十一年(1516)熊桂刻本　二冊　存六卷(懷麓堂文藁二十二至二十五、南行藁、北上錄)

330000－1705－0005551　善3640　集部/別集類/明別集

劉文成公全集十二卷　（明）劉基撰　（明）鍾惺評輯評　明天啟崇禎燕如鳳校刻本　四冊　缺二卷(十一至十二)

330000－1705－0005552　善3724　集部/別集類/明別集

翰林羅圭峯先生文集十八卷續集十五卷　（明）羅玘撰　明嘉靖五年(1526)陳洪謨、余載仕建昌刻本　八冊　缺一卷(續集十五)

330000－1705－0005553　善3725　集部/別集類/明別集

羅圭峯先生文選不分卷　（明）羅玘撰　清抄本　朱鼎煦題記　一冊

330000－1705－0005554　善3714　集部/別集類/明別集

畏齋存稿二卷　（明）林鶚撰　明萬曆五年(1577)林元棟刻本　一冊

330000－1705－0005555　善3659　集部/別集類/明別集

滄螺集六卷　（明）孫作撰　清抄本　一冊

330000－1705－0005556　善3726　集部/總集類/彙編之屬

陳沈兩先生稿　(明)陳仁錫編　明萬曆四十三年(1615)古吳陳氏閱帆堂刻本　四冊　存十卷(石田先生集一至十)

330000－1705－0005557　善3696　集部/別集類/明別集

椒丘先生文集三十五卷　(明)何喬新撰　明嘉靖婺源余鎣刻本　朱鼎煦題記　一冊　存五卷(十六至二十)

330000－1705－0005558　善3638　集部/別集類/明別集

太師誠意伯劉文成公集二十卷　(明)劉基撰　(明)何鏜編　明隆慶六年(1572)謝廷傑、陳烈括蒼刻本　十七冊　缺二卷(二至三)

330000－1705－0005559　善3660　集部/別集類/明別集

青邱高季迪先生詩集十八卷遺詩一卷扣舷集一卷鳧藻集五卷附錄一卷　(明)高啓撰　(清)金檀輯注　青邱高季迪年譜一卷　(清)金檀編　清雍正六年至七年(1728－1729)金氏文瑞樓刻乾隆印本　八冊

330000－1705－0005560　善3729　集部/別集類/明別集

何大復先生集三十八卷附錄一卷　(明)何景明撰　明萬曆五年(1577)陳堂、胡秉性刻本(卷四至十配明抄本)　十六冊

330000－1705－0005561　善3661　集部/別集類/明別集

青邱高季迪先生詩集十八卷遺詩一卷扣舷集一卷鳧藻集五卷附錄一卷　(明)高啓撰　(清)金檀輯注　青邱高季迪年譜一卷　(清)金檀編　清雍正六年至七年(1728－1729)金氏文瑞樓刻本　八冊

330000－1705－0005562　善3732　集部/別集類/明別集

古城文集六卷補遺一卷首一卷　(明)張吉撰　清康熙楊楡刻本　一冊　存二卷(三至四)

330000－1705－0005563　善3900　集部/別集類/明別集

歸震川集不分卷　(明)歸有光撰　清抄本　一冊

330000－1705－0005564　善3727　集部/別集類/明別集

徐昌穀全集十六卷　(明)徐禎卿撰　明萬曆四十七年(1619)松濤閣刻本　二冊

330000－1705－0005565　善3697　集部/別集類/明別集

康齋先生集十二卷附錄一卷　(明)吳與弼撰　明嘉靖五年(1526)撫州刻本　一冊　存四卷(二至五)

330000－1705－0005566　善3733　集部/別集類/明別集

容春堂前集二十卷後集十四卷續集十八卷別集九卷　(明)邵寶撰　明正德至嘉靖刻本　四冊　存二十三卷(後集一至十四、別集一至九)

330000－1705－0005567　善3665　集部/別集類/明別集

春草齋文集選六卷詩集選一卷附錄一卷　(明)烏斯道撰　(清)熊伯龍選　(清)黃敬修評　清康熙慈谿烏震刻本　一冊

330000－1705－0005568　善3762　集部/別集類/明別集

空同集六十三卷　(明)李夢陽撰　明嘉靖十一年(1532)曹嘉刻本　二十冊

330000－1705－0005569　善3734　集部/別集類/明別集

東武山人詩集七卷　(明)朱公節撰　清乾隆二十六年(1761)朱繼西璧堂刻本　二冊

330000－1705－0005570　善3763　集部/別集類/明別集

空同集六十四卷　(明)李夢陽撰　明萬曆二十九年(1601)東明李思孝京兆刻本　十七冊

330000－1705－0005571　善3792　集部/別集類/明別集

程會父青山草三卷 （明）程一極撰 明萬曆刻本 一冊 存一卷（一）

330000－1705－0005572 善3778 集部/別集類/明別集

儼山文集一百卷目錄二卷外集四十卷續集十卷 （明）陸深撰 明嘉靖雲間陸氏刻本（目錄配清抄本） 十冊 存六十九卷（七至三十、三十七至六十一、六十七至八十一、八十六至九十）

330000－1705－0005573 善3735 集部/別集類/明別集

陳文岡先生文集二十卷 （明）陳棐撰 （明）褚鈇校 明萬曆刻本 八冊

330000－1705－0005574 善3767 集部/別集類/明別集

邊華泉全集十四卷 （明）邊貢撰 明嘉靖刻本 三冊 存七卷（華泉集一至二、五至六、稿四至六）

330000－1705－0005575 善4402 集部/總集類/彙編之屬

三唐人文集 （明）毛晉編 明末海虞毛氏汲古閣刻本 四冊

330000－1705－0005576 善3728 集部/別集類/明別集

何大復先生集三十八卷附錄一卷 （明）何景明撰 明嘉靖刻本 八冊

330000－1705－0005577 善3761 集部/別集類/明別集

空同先生集六十三卷 （明）李夢陽撰 明嘉靖刻本 十冊 存五十三卷（六至十八、二十四至六十三）

330000－1705－0005578 善3793 集部/別集類/明別集

百一稿三卷 （明）姚筐撰 清抄本 一冊

330000－1705－0005579 善3768 集部/別集類/明別集

顧文康公疏草十卷詩草六卷續稿六卷三集四卷首一卷 （明）顧鼎臣撰 明崇禎十三年至

清順治二年（1640－1645）顧氏桂雲堂刻本 七冊 缺四卷（三集一至四）

330000－1705－0005580 善3780 集部/別集類/明別集

夏桂洲先生文集十八卷 （明）夏言撰 夏桂洲先生年譜一卷 （明）林日瑞編 明崇禎十一年（1638）吳一璘刻清康熙印本 十四冊

330000－1705－0005581 善3794 集部/別集類/明別集

汪虞卿詩一卷 （明）汪懋孝撰 明萬曆刻本 一冊

330000－1705－0005582 善3753 集部/別集類/明別集

陽明先生文錄五卷外集九卷別錄十卷 （明）王守仁撰 （明）錢德洪等編 明嘉靖十四年（1535）聞人詮姑蘇刻本 十九冊

330000－1705－0005583 善3797 集部/別集類/明別集

太保費文憲公摘稿二十卷 （明）費宏撰 明嘉靖三十四年（1555）吳遵之刻本 十冊 存十卷（一至十）

330000－1705－0005584 善3781 集部/別集類/明別集

夏桂洲先生文集十八卷 （明）夏言撰 夏桂洲先生年譜一卷 （明）林日瑞編 明崇禎十一年（1638）吳一璘刻本 十二冊

330000－1705－0005585 善3730 集部/別集類/明別集

何大復先生集三十七卷附錄一卷 （明）何景明撰 明嘉靖三十四年（1555）袁璨刻本 十一冊 存三十三卷（一至三十三）

330000－1705－0005586 善4395 集部/總集類/選集之屬/斷代

唐人四集四種十二卷 （明）毛晉輯 明末毛氏汲古閣刻本 朱鼎煦題記 二冊 存三種七卷

330000－1705－0005587 善3765 集部/別集類/明別集

空同精華集三卷　(明)李夢陽撰　(元)豐坊輯　明嘉靖四十四年(1565)屠本畯刻本　二冊

330000－1705－0005588　善3764　集部/別集類/明別集

空同先生集六十三卷　(明)李夢陽撰　明萬曆七年(1579)浙江思山堂徐應瑞刻本　九冊　存三十四卷(二十七至二十九、三十三至六十三)

330000－1705－0005589　善3805　集部/別集類/明別集

陸子餘集八卷附錄一卷　(明)陸粲撰　明嘉靖四十三年(1564)陸延枝刻本(卷三抄配)　五冊

330000－1705－0005590　善3769　集部/別集類/明別集

洹詞十二卷　(明)崔銑撰　明趙府味經堂刻本　三冊　存六卷(三至四、九至十二)

330000－1705－0005591　善3759　集部/別集類/明別集

魯文恪公文集十卷　(明)魯鐸撰　明隆慶元年(1567)方梁刻本　四冊

330000－1705－0005592　善3806　集部/別集類/明別集

歐陽南野先生文選四卷　(明)歐陽德撰　(明)王畿　(明)李春芳輯　明嘉靖刻本　一冊　存一卷(四)

330000－1705－0005593　善3754　集部/別集類/明別集

陽明先生文錄五卷外集九卷別錄十卷　(明)王守仁撰　(明)錢德洪等編　明嘉靖十四年(1535)聞人詮姑蘇刻本　九冊　存十一卷(外集七至九,別錄二至三、五至十)

330000－1705－0005594　善3755　集部/別集類/明別集

陽明先生文錄五卷外集九卷別錄十卷　(明)王守仁撰　(明)錢德洪等編　明嘉靖十四年(1535)聞人詮姑蘇刻本　一冊　存一卷(別錄一)

330000－1705－0005595　善3738　集部/別集類/明別集

鄭少谷先生全集二十四卷首一卷　(明)鄭善夫撰　清乾隆四十二年(1777)刻本　十六冊

330000－1705－0005596　善3770　集部/別集類/明別集

莊渠先生遺書　(明)魏校撰　(明)歸有光編次　明嘉靖四十年(1561)太原王道行、張焞刻本　三冊　存四卷(三至六)

330000－1705－0005597　善3811－1　集部/別集類/明別集

太史升菴文集八十一卷目錄二卷　(明)楊慎撰　(明)楊有仁輯　明萬曆二十四年(1596)莊誠刻本　二十八冊

330000－1705－0005598　善3756　集部/別集類/明別集

陽明先生文集十六卷目錄二卷　(明)王守仁撰　年譜二卷　(明)李贄　清康熙二十四年(1685)刻本　一冊　存四卷(目錄一至二、年譜一至二)

330000－1705－0005599　善3807　集部/別集類/明別集

羣玉樓稿七卷困亨別稿一卷　(明)李默撰　附錄一卷　明萬曆刻本　四冊　存四卷(一、三至五)

330000－1705－0005600　善3772、善3774　類叢部/叢書類/自著之屬

王浚川所著書九種八十三卷　(明)王廷相撰　明嘉靖至隆慶刻本　二十八冊

330000－1705－0005601　善3739　集部/別集類/明別集

袁中郎先生批評唐伯虎彙集四卷　(明)唐寅撰　(明)袁宏道評　唐六如先生畫譜三卷(明)唐寅輯　(明)何大成校　袁中郎先生批評唐伯虎外集一卷　(明)祝允明撰　袁中郎先生批評唐伯虎傳贊一卷紀事一卷　明萬曆刻白玉堂印本　三冊　存五卷(彙集一至四、

外集）

330000－1705－0005602　善3782　集部/別集類/明別集

楊忠介公集十三卷附錄五卷　（明）楊爵撰　清順治楊紹武溫州刻本　六冊

330000－1705－0005603　善3808　集部/別集類/明別集

青霞文集三卷　（明）沈鍊撰　（明）葉雍編　（明）李承諫　（明）李彦校　明隆慶元年（1567）沈襄刻本　二冊

330000－1705－0005604　善3758　集部/別集類/明別集

陽明先生宗印錄一卷　（明）王守仁撰　清抄本　一冊

330000－1705－0005605　善3775　集部/別集類/明別集

張文定公文選三十九卷　（明）張邦奇撰　明嘉靖二十九年（1550）張時徹刻本　九冊　存三十五卷（一至三十二、三十七至三十九）

330000－1705－0005606　善3812、善3811－2　集部/別集類/明別集

太史升菴文集八十一卷　（明）楊慎撰　（明）楊有仁輯　明刻本　二十冊　缺十四卷（十八至二十二、四十七至四十八、六十至六十三、六十八至七十）

330000－1705－0005607　善3783　集部/別集類/明別集

渼陂集十六卷續集三卷　（明）王九思撰　明嘉靖刻本　六冊　存十八卷（渼陂集一至十六、續集一至二）

330000－1705－0005608　善3760　集部/別集類/明別集

石淙詩稿十九卷　（明）楊一清撰　（明）李夢陽評點　明嘉靖刻本　二冊　存四卷（十三至十六）

330000－1705－0005609　善3821　集部/別集類/明別集

甫田集三十五卷　（明）文徵明撰　**附錄一卷**　（明）文嘉撰　明嘉靖刻清修本　六冊

330000－1705－0005610　善3784　集部/別集類/明別集

渼陂集十六卷續集三卷　（明）王九思撰　明嘉靖刻本　一冊　存二卷（十三至十四）

330000－1705－0005611　善3743　類叢部/叢書類/自著之屬

梓溪文鈔　（明）舒芬撰　明萬曆四十八年（1620）舒璨刻本　清徐時棟跋　八冊

330000－1705－0005612　善3776　集部/別集類/明別集

張文定公觀光樓集十卷紆玉樓集十卷靡悔軒集十二卷環碧堂集十八卷養心亭集八卷四友亭集二十卷　（明）張邦奇撰　明刻本　五冊　存十六卷（紆玉樓集三至八、靡悔軒集三至四、四友亭集八至十五）

330000－1705－0005613　善3833　集部/別集類/明別集

重刊校正唐荆川先生文集十二卷　（明）唐順之撰　明嘉靖三十四年（1555）金陵薛氏刻本　九冊　存九卷（四至十二）

330000－1705－0005614　善3773　類叢部/叢書類/自著之屬

王氏家藏集五種　（明）王廷相撰　明嘉靖刻本　一冊　存一種

330000－1705－0005615　善3785　集部/別集類/清別集

餘餘編六卷　寄傲生撰　清抄本　朱鼎煦跋　一冊

330000－1705－0005616　善3823　集部/別集類/明別集

遵巖先生文集四十一卷　（明）王慎重撰　明隆慶五年（1571）邵廉刻本　六冊　存八卷（一至八）

330000－1705－0005617　善3814　集部/別集類/明別集

升菴先生文集八十一卷目錄四卷　（明）楊慎撰　（明）楊有仁輯　明萬曆二十九年（1601）

王藩臣、蕭如松秣陵刻本　十二冊

330000－1705－0005618　善3836　集部/別集類/明別集

念菴羅先生集十三卷　（明）羅洪先撰　明嘉靖四十二年(1563)劉玠刻本　二冊　存七卷（一至三、八至十一）

330000－1705－0005619　善3840　集部/別集類/明別集

靳兩城先生集二十卷　（明）靳學顏撰　明萬曆十七年(1589)東魯靳雷刻本　四冊

330000－1705－0005620　善3744　類叢部/叢書類/自著之屬

梓溪文鈔　（明）舒芬撰　明萬曆四十八年(1620)舒瑮刻本　十二冊

330000－1705－0005621　善3786　史部/傳記類/別傳之屬

忠節公傳不分卷　（明）郁采等撰　清抄本　一冊

330000－1705－0005622　善3813　集部/別集類/明別集

太史升菴文集八十一卷目錄四卷　（明）楊慎撰　（明）楊有仁輯　明萬曆十年(1582)張士佩等刻本　二十三冊

330000－1705－0005623　善3824　集部/別集類/明別集

遵巖先生文集四十一卷　（明）王慎重撰　明刻本　一冊　存二卷(一至二)

330000－1705－0005624　善3787　集部/別集類/明別集

少華山人文集十五卷詩集四卷前集十三卷後集九卷續集十五卷　（明）許宗魯撰　明嘉靖二十六年(1547)關中刻本　二冊　存六卷（續集一至六）

330000－1705－0005625　善3837　集部/別集類/明別集

念菴羅先生文集八卷外集十五卷別集四卷　（明）羅洪先撰　明刻本　一冊　存一卷(九)

330000－1705－0005626　善3745　集部/別集類/明別集

舒梓溪先生集二十卷　（明）舒芬撰　明萬曆四年(1576)漆彬刻本　四冊　存九卷（一至二、五至九、十三、十五）

330000－1705－0005627　善3834　集部/別集類/明別集

重刊荆川先生文集十七卷外集三卷附錄一卷　（明）唐順之撰　明刻本　二冊　存四卷（七、十、十四、十九）

330000－1705－0005628　善3828　集部/別集類/明別集

甘泉先生文集內編二十八卷外編十二卷（明）湛若水撰　明嘉靖十五年(1536)江都火增刻本　二十冊

330000－1705－0005629　善4301　集部/別集類/清別集

陽春一曲集二卷　（清）王宗燿撰　清抄本　朱鼎煦跋　三冊

330000－1705－0005630　善3788　集部/別集類/明別集

八厓集七卷　（明）周廷用撰　清乾隆十三年(1748)周慶增刻本　一冊　存二卷(一至二)

330000－1705－0005631　善3817　集部/別集類/明別集

李卓吾先生讀升菴集二十卷　（明）楊慎撰（明）李贄輯並評　明刻本　清管培蘭題記六冊

330000－1705－0005632　善3839　集部/別集類/明別集

泰泉集六十卷　（明）黃佐撰　明萬曆元年(1573)香山黃氏刻本　十六冊

330000－1705－0005633　善3789　集部/別集類/明別集

碧溪詩集十五卷　（明）張鈇撰　明嘉靖刻本　清顧桐批並跋　朱鼎煦題簽　一冊　存二卷(五至六)

330000－1705－0005634　善4273　集部/別

集類/清別集

冬花庵爐餘稾二卷 （清）奚岡撰 清臥游居士抄本 清趙之琛題簽 一冊

330000－1705－0005635 善 3819 集部/別集類/明別集

李卓吾先生讀升菴集二十卷 （明）楊慎撰 （明）李贄輯並評 明刻本 三冊 缺六卷（十五至二十）

330000－1705－0005636 善 3831 集部/別集類/明別集

白沙先生詩教解十五卷 （明）陳獻章撰 （明）湛若水輯解 明隆慶元年（1567）李荷刻本 一冊 存十卷（一至十）

330000－1705－0005637 善 3791 集部/別集類/明別集

括庵先生詩集一卷 （明）錢瓚撰 明隆慶三年（1569）錢龍溟刻本 一冊

330000－1705－0005638 善 4319 集部/別集類/清別集

果亭古今體詩稿九卷 （清）鄭爾毅撰 稿本 一冊

330000－1705－0005639 善 3829 集部/別集類/明別集

泉翁大全集十七種 （明）湛若水撰 （明）洪垣編 明嘉靖十九年（1540）嶺南朱明書院刻本 一冊 存三種

330000－1705－0005640 善 3810 集部/別集類/明別集

升菴詩集九卷文集十二卷 （明）楊慎撰 明嘉靖三十六年（1557）刻本 六冊 存十六卷（詩集一至九、文集一至七）

330000－1705－0005641 善 3841 集部/別集類/明別集

朱太復文集五十二卷目錄五卷 （明）朱長春撰 明萬曆刻本 三冊 存十四卷（五至十三、目錄一至五）

330000－1705－0005642 善 3790 集部/別集類/明別集

東洲初稿十四卷 （明）夏良勝撰 （明）羅江編輯 明正德刻本 二冊 存四卷（一至四）

330000－1705－0005643 善 3830 集部/別集類/明別集

甘泉先生文錄類選二十一卷 （明）湛若水撰 （明）周孚先輯 明嘉靖刻本 一冊 存三卷（八至十）

330000－1705－0005644 善 3967 集部/別集類/明別集

傅遠度集□□種□□卷 （明）傅汝舟撰 明刻本 一冊 存二卷（步天集一至二）

330000－1705－0005645 善 3887 集部/別集類/明別集

鈐山堂集四十卷 （明）嚴嵩撰 鈐山堂附錄一卷 （明）湛若水等撰 明刻本（卷六至十為清抄本） 六冊 存三十六卷（一至三十、三十五至四十）

330000－1705－0005646 善 3886 集部/別集類/明別集

鈐山堂集四十卷 （明）嚴嵩撰 鈐山堂附錄一卷 （明）湛若水等撰 明嘉靖刻本 二十冊

330000－1705－0005647 善 3898 集部/別集類/明別集

震川先生集三十卷別集十卷附錄一卷補編一卷 （明）歸有光撰 （清）歸莊校勘 （清）錢謙益選定 （清）歸珧編輯 清康熙十年至十四年（1671－1675）常熟歸莊、歸珧等刻本 二十冊 缺一卷（補編）

330000－1705－0005648 善 3940 集部/別集類/明別集

茅鹿門先生文集三十六卷 （明）茅坤撰 明萬曆刻本 朱鼎煦跋 十冊 存三十一卷（一至九、十五至三十六）

330000－1705－0005649 善 3888 集部/別集類/明別集

滄溟先生集三十卷附錄一卷 （明）李攀龍撰 明隆慶六年（1572）刻本 八冊

330000－1705－0005650　善3816　集部/別集類/明別集

升菴楊太史合編二十四卷　（明）楊慎撰（明）卜世昌輯　明刻本　四冊　缺四卷（詩集補一至二、詩集一至二）

330000－1705－0005651　善3925　集部/別集類/明別集

徐文長文集三十卷　（明）徐渭撰　（明）袁宏道評點　明萬曆四十二年（1614）鍾人傑刻本　六冊　缺一卷（三十）

330000－1705－0005652　善3941　集部/別集類/明別集

茅鹿門先生文集三十六卷　（明）茅坤撰　明萬曆刻本　七冊　存十二卷（一至七、二十三至二十七）

330000－1705－0005653　善3899　集部/別集類/明別集

震川先生集三十卷別集十卷附錄一卷補編一卷　（明）歸有光撰　（清）歸莊校勘　（清）錢謙益選定　（清）歸玠編輯　清康熙十年至十四年（1671－1675）常熟歸莊、歸玠等刻本　十二冊　缺三卷（震川先生集一、附錄、補編）

330000－1705－0005654　善3926　集部/別集類/明別集

徐文長文集三十卷　（明）徐渭撰　（明）袁宏道評點　明萬曆四十二年（1614）鍾人傑刻本　七冊　缺一卷（四聲猿）

330000－1705－0005655　善3917　集部/別集類/明別集

弇州山人四部稿一百七十四卷目錄十二卷　（明）王世貞撰　明萬曆五年（1577）吳郡王氏世經堂刻本　三十二冊

330000－1705－0005656　善3890　集部/別集類/明別集

滄溟先生集三十卷附錄一卷　（明）李攀龍撰　明隆慶六年（1572）刻本　八冊　存十七卷（九至十、十五至二十、二十三至三十,附錄）

330000－1705－0005657　善3901　集部/別集類/明別集

歸震川先生尺牘二卷　（明）歸有光撰　清康熙三十八年（1699）常熟顧棫刻本　二冊

330000－1705－0005658　善3945　集部/別集類/明別集

喙鳴文集二十一卷詩集十八卷敬事草十九卷　（明）沈一貫撰　明刻本　九冊　存十七卷（文集三至四、七至十四,詩集十至十二,敬事草六至八、十）

330000－1705－0005659　善3869　集部/別集類/明別集

袁文榮公詩畧二卷　（明）袁煒撰　明萬曆三十三年（1605）袁氏家刻本　一冊

330000－1705－0005660　善3815　集部/別集類/明別集

升菴外集一百卷　（明）楊慎撰　（明）焦竑輯　明萬曆四十五年（1617）吳郡顧起元刻本　八冊　缺三十八卷（十至四十七）

330000－1705－0005661　善3927、善4515　子部/雜著類/雜纂之屬

刻徐文長先生秘集十二卷　（明）徐渭輯　明刻本　五冊

330000－1705－0005662　善3918　集部/別集類/明別集

弇州山人四部稿一百七十四卷目錄十二卷　（明）王世貞撰　明萬曆五年（1577）吳郡王氏世經堂刻本　二十四冊　存九十七卷（五十九至一百五十五）

330000－1705－0005663　善3928　集部/別集類/明別集

徐文長逸稿二十四卷畸譜一卷　（明）徐渭撰　（明）張維城輯　明天啟三年（1623）山陰張維城刻本　四冊　缺一卷（畸譜）

330000－1705－0005664　善3867　集部/別集類/明別集

袁文榮公文集八卷詩集八卷　（明）袁煒撰　明萬曆元年（1573）馮孜、張德夫刻本　四冊

存七卷(文集二至八)

330000－1705－0005665　善 3871　集部/別集類/明別集

豐對樓詩選四十三卷 （明)沈明臣撰 （明）沈九疇選　明萬曆二十四年(1596)陳大科、陳堯佐粵中刻本　十二冊

330000－1705－0005666　善 3942　集部/別集類/明別集

李氏文集二十卷 （明)李贄撰　明刻本　四冊

330000－1705－0005667　善 3892　集部/別集類/明別集

滄溟先生集三十卷附錄一卷 （明)李攀龍撰　明萬曆三年(1575)胡來貢刻本　二冊　存五卷(一、二十五至二十八)

330000－1705－0005668　善 3891　集部/別集類/明別集

滄溟先生集三十卷附錄一卷 （明)李攀龍撰　明刻本　五冊　存八卷(一至二、七至八、十一至十二、十四至十五)

330000－1705－0005669　善 3915　集部/別集類/明別集

海忠介公文集十卷 （明)海瑞撰 （明）溫可貞彙編　明萬曆四十六年(1618)同安蔡鐘有刻本　一冊　存二卷(四至五)

330000－1705－0005670　善 3872　集部/別集類/明別集

豐對樓詩選四十三卷 （明)沈明臣撰 （明）沈九疇選　明萬曆二十四年(1596)陳大科、陳堯佐粵中刻本　九冊　存三十二卷(一至三、八至二十二、二十七至三十六、四十至四十三)

330000－1705－0005671　善 3943　集部/別集類/明別集

夢山存家詩稿八卷 （明)楊巍撰　明萬曆刻本　二冊

330000－1705－0005672　善 3868　集部/別集類/明別集

袁文榮公文集八卷詩畧二卷 （明)袁煒撰　清抄本　清楊泰亨題簽並題記　三冊

330000－1705－0005673　善 3929　集部/別集類/明別集

徐文長佚草十卷 （明)徐渭撰 （清）徐沁輯　清初息耕堂抄本　明張岱跋　十冊

330000－1705－0005674　善 3916　集部/別集類/明別集

海忠介先生備忘集十卷 （明)海瑞撰 （清）海廷芳梓 （清）王元士補遺 （清）朱子虛編輯　清康熙四十二年(1703)刻本　九冊　缺一卷(二)

330000－1705－0005675　善 3903　集部/別集類/明別集

陳恭潔公遺集一卷 （明)陳良謨撰　清周左季鳹峰草堂抄本　一冊

330000－1705－0005676　善 3873　集部/別集類/明別集

沈嘉則詩選十卷 （明)沈明臣撰 （明）沈九疇選　明萬曆六年(1578)刻本　三冊　存八卷(三至十)

330000－1705－0005677　善 3944　集部/別集類/明別集

夢山存家詩稿八卷 （明)楊巍撰　明萬曆三十年(1602)楊岑維揚刻本　朱鼎煦跋　四冊

330000－1705－0005678　善 3922　集部/別集類/明別集

徐文長文集三十卷 （明)徐渭撰 （明）袁宏道評點　明萬曆四十二年(1614)鍾人傑刻本　四冊

330000－1705－0005679　善 3875　集部/別集類/明別集

沈嘉則詩選四卷 （明)沈明臣撰 （明）沈九疇選　清自適齋抄本　清陳勱批並跋　一冊

330000－1705－0005680　善 3897　集部/別集類/明別集

震川先生集三十卷別集十卷附錄一卷補編一卷 （明)歸有光撰 （清）歸莊校勘 （清）

錢謙益選定　（清）歸玠編輯　清康熙十年至十四年(1671－1675)常熟歸莊、歸玠等刻本　八冊　缺二卷(附錄、補編)

330000－1705－0005681　善3923　集部/別集類/明別集

徐文長文集三十卷　（明）徐渭撰　（明）袁宏道評點　明刻本　朱鼎煦跋　三冊　存十七卷(一至五、十九至三十)

330000－1705－0005682　善3877　集部/別集類/明別集

蟻蟓集五卷　（明）盧柟撰　明嘉靖刻本　二冊　存四卷(一至四)

330000－1705－0005683　善3949　集部/別集類/明別集

栖真館集三十一卷　（明）屠隆撰　（明）呂胤基輯　明萬曆十八年(1590)姚江呂氏栖真館刻本　五冊　存二十五卷(一至十七、二十四至三十一)

330000－1705－0005684　善4484　集部/總集類/選集之屬/通代

古文選不分卷　（明）□□輯　明末刻本四冊

330000－1705－0005685　善3736　集部/別集類/明別集

拗齋詩選不分卷　（明）王淮撰　（明）羅廩選　明刻本　朱鼎煦題記　一冊

330000－1705－0005686　善3924　集部/別集類/明別集

徐文長文集三十卷　（明）徐渭撰　（明）袁宏道評點　明萬曆四十二年(1614)鍾人傑刻本　朱鼎煦題記　五冊　存十六卷(十至十三、十九至三十)

330000－1705－0005687　善3878　集部/別集類/明別集

餘清堂定稿□□卷　（明）汪鏜撰　明刻本一冊　存五卷(二十四至二十八)

330000－1705－0005688　善3914　集部/別集類/明別集

新刻張太岳先生詩文集四十七卷　（明）張居正撰　明萬曆四十年(1612)繡谷唐國達刻清印本　十五冊　缺三卷(十八至二十)

330000－1705－0005689　善3950　集部/別集類/明別集

栖真館集三十一卷　（明）屠隆撰　（明）呂胤基輯　明萬曆刻本　四冊　存二十七卷(一至五、七至十六、二十至三十一)

330000－1705－0005690　善3879　集部/別集類/明別集

蔣道林先生文粹九卷　（明）蔣信撰　明萬曆四年(1576)姚世英新安刻本　四冊　存四卷(一至四)

330000－1705－0005691　善3846　集部/別集類/明別集

甗甄洞藁五十四卷目錄二卷　（明）吳國倫撰　明萬曆刻本　六冊　缺三十二卷(一至十二、二十二至二十七、三十一至三十六、四十至四十五,目錄一至二)

330000－1705－0005692　善3936　集部/別集類/明別集

松石齋集文三十卷詩六卷　（明）趙用賢撰　明萬曆四十六年(1618)刻本　十二冊　存十三卷(一至十三)

330000－1705－0005693　善3880　集部/別集類/明別集

太函集一百二十卷目錄六卷　（明）汪道昆撰　明萬曆刻本　一冊　存三卷(九十三至九十五)

330000－1705－0005694　善3956　集部/別集類/明別集

緱山先生集二十七卷　（明）王衡撰　明萬曆太倉王氏刻本　十冊

330000－1705－0005695　善3881　集部/別集類/明別集

程松谿先生文集十卷　（明）程文德撰　明隆慶刻本　朱鼎煦題記　一冊　存三卷(三至五)

330000－1705－0005696　善 3937　集部/別集類/明別集

瑞陽阿集十卷　（明）江東之撰　清乾隆八年(1743)歙縣江氏宗祠刻本　四冊

330000－1705－0005697　善 3948　集部/別集類/明別集

白榆集二十八卷　（明）屠隆撰　明刻本　二冊　存八卷(一至八)

330000－1705－0005698　善 3884　集部/別集類/明別集

李中麓閒居集十二卷　（明）李開先撰　明嘉靖至隆慶刻本　四冊

330000－1705－0005699　善 3957　集部/別集類/明別集

緱山先生集二十七卷　（明）王衡撰　明萬曆四十四年(1616)書林唐振吾刻本　六冊

330000－1705－0005700　善 3847　集部/別集類/明別集

甔甀洞藁文類二十卷詩集六卷續稿文部十五卷詩部十二卷目錄二卷　（明）吳國倫撰　明萬曆刻本　十二冊　缺二十七卷(續稿文部一至十五、詩部一至十二)

330000－1705－0005701　善 3968　集部/別集類/明別集

玉茗堂全集四十六卷　（明）湯顯祖撰　明天啟刻本　三十七冊

330000－1705－0005702　善 3947 甲　集部/別集類/明別集

白榆集二十八卷　（明）屠隆撰　明刻本　五冊　存十三卷(四至十、十五至二十)

330000－1705－0005703　善 3737　集部/別集類/明別集

汪伯機詩不分卷　（明）汪伯機撰　明刻本　朱鼎煦題記　一冊

330000－1705－0005704　善 4002　集部/別集類/明別集

自娛集十卷詩餘一卷　（明）俞琬綸撰　明萬曆四十六年(1618)刻本　六冊

330000－1705－0005705　善 3947 乙　集部/別集類/明別集

白榆集二十八卷　（明）屠隆撰　明刻本　一冊　存四卷(五至八)

330000－1705－0005706　善 3983　集部/別集類/明別集

湯嘉賓睡菴集六卷　（明）湯賓尹撰　明末半埜商氏刻本　六冊

330000－1705－0005707　善 3965　集部/別集類/明別集

來禽館集二十九卷　（明）邢侗撰　明萬曆四十六年(1618)刻清康熙十九年(1680)鄭雍重修本　十二冊

330000－1705－0005708　善 3747　集部/別集類/明別集

王文成公全書三十八卷　（明）王守仁撰　明隆慶六年(1572)謝廷傑刻本　二冊　存五卷(二十二至二十四、二十六至二十七)

330000－1705－0005709　善 4004　集部/總集類/選集之屬/斷代

新鐫選註名公四六雲濤十卷　（明）鍾惺選注　（明）陸雲龍增定　明刻本　二冊　存六卷(五至十)

330000－1705－0005710　善 3955　集部/別集類/明別集

緱山先生集二十七卷　（明）王衡撰　明萬曆太倉王氏刻本　十二冊

330000－1705－0005711　善 3951　子部/雜著類/雜說之屬

鴻苞四十八卷　（明）屠隆撰　明萬曆三十八年(1610)茅元儀刻本　四十九冊

330000－1705－0005712　善 3984　集部/總集類/課藝之屬

歷科程墨文室二卷　（明）韓敬輯　明何邦瑞刻本　四冊

330000－1705－0005713　善 4005　集部/總集類/選集之屬/斷代

皇明十六名家小品三十二卷　（明）丁允和

(明)陸雲龍編　明崇禎六年(1633)錢塘陸雲龍崢霄館刻本　一冊　存二卷(鍾伯敬先生小品一至二)

330000－1705－0005714　善 3954　集部/別集類/明別集

緱山先生集二十七卷　(明)王衡撰　明萬曆四十四年(1616)書林唐振吾刻本　四冊　存十九卷(三至十六、二十二至二十六)

330000－1705－0005715　善 3863　集部/別集類/明別集

棲霞山人漫稿三卷　(明)沈董撰　明刻本　二冊

330000－1705－0005716　善 4358　集部/總集類/課藝之屬

壬子武林惜陰草堂課乙卯鳳山第一樓課附不分卷　(清)楊泰亨撰　稿本　楊泰亨批校並跋　一冊

330000－1705－0005717　善 3861　集部/別集類/明別集

余文敏公文集十五卷　(明)余有丁撰　明萬曆刻本　四冊

330000－1705－0005718　善 4006　集部/別集類/明別集

山居功課十卷　(明)楊東明撰　(明)楊東光校　明萬曆范炳刻本　朱鼎煦題記　四冊　缺一卷(六)

330000－1705－0005719　善 3952　集部/別集類/明別集

鴻苞集四十八卷　(明)屠隆撰　(明)李嘉言校　(明)茅元儀選　明萬曆三十八年(1610)茅氏刻本　二十四冊

330000－1705－0005720　善 3953　集部/別集類/明別集

由拳集二十三卷　(明)屠隆撰　明萬曆八年(1580)馮夢禎刻本　十冊

330000－1705－0005721　善 3748　集部/別集類/明別集

王文成公全書三十八卷　(明)王守仁撰　明

隆慶六年(1572)謝廷傑刻本　一冊　存目錄

330000－1705－0005722　善 3985　集部/別集類/明別集

霜林寤歌五卷　(明)胡貞開撰　明刻本　一冊

330000－1705－0005723　善 3964　類叢部/叢書類/自著之屬

王百穀集二十一種　(明)王穉登撰　明萬曆四十七年(1619)葉應祖刻本　七冊　存五種

330000－1705－0005724　善 3959　類叢部/叢書類/自著之屬

袁使君集十四種五十七卷　(明)袁宏道撰　明萬曆三十三年(1605)刻本　一冊　存三種

330000－1705－0005725　善 3960、善 3961　類叢部/叢書類/自著之屬

袁中郎十集十六卷　(明)袁宏道撰　(明)周應麐編　明周應麐刻本　二冊　存五種

330000－1705－0005726　善 3986　集部/別集類/明別集

希庵公詩稿不分卷　(明)來三聘撰　清抄本　一冊

330000－1705－0005727　善 4007　集部/別集類/明別集

寓林集三十二卷詩六卷　(明)黃汝亨撰　明天啟四年(1624)吳敬、吳芝等刻本　十八冊　缺六卷(詩一至六)

330000－1705－0005728　善 3842　集部/別集類/明別集

先甲集不分卷　(明)陳萊孝撰　清抄本　二冊

330000－1705－0005729　善 3913　集部/別集類/明別集

龍谿王先生全集二十卷　(明)王畿撰　明萬曆十五年(1587)蕭良榦刻本　十冊

330000－1705－0005730　善 3998　集部/別集類/明別集

繼軒集十二卷　(明)□□撰　明刻本　一冊

存五卷(一至五)

330000－1705－0005731　善4011　集部/别
集類/明别集

從野堂存稿八卷　（明）繆昌期撰　明崇禎十
年(1637)繆虛白刻本　四冊　存四卷(一至
四)

330000－1705－0005732　善4008　類叢部/
叢書類/自著之屬

高子全書八種　（明）高攀龍撰　明崇禎刻清
乾隆七年(1742)華希閔劍光閣重修本　六冊
存二種

330000－1705－0005733　善3993　集部/别
集類/明别集

玄言齋集二卷　（明）顧起綸撰　（明）王問輯
並評　明嘉靖三十二年(1553)奇字館刻本
二冊

330000－1705－0005734　善3992　集部/别
集類/明别集

北征小草十二卷　（明）張泰階撰　清看雲草
堂抄本　一冊

330000－1705－0005735　善3751　集部/别
集類/明别集

陽明先生文錄五卷外集九卷别錄十卷　（明）
王守仁撰　（明）錢德洪等編　明嘉靖胡宗憲
刻本　一冊　存二卷(外集一至二)

330000－1705－0005736　善3962　類叢部/
叢書類/自著之屬

袁中郎十集十六卷　（明）袁宏道撰　（明）周
應麐編　明周應麐刻本　一冊　存二種

330000－1705－0005737　善3991　集部/别
集類/明别集

隨鷗草一卷　（明）林養心撰　明末刻本
一冊

330000－1705－0005738　善4009　集部/别
集類/明别集

高子遺書十二卷附錄一卷　（明）高攀龍撰
（明）陳龍正輯　高忠憲公年譜一卷　（明）華
允誠編　明崇禎五年(1632)錢士升、陳龍正

等刻本　十冊

330000－1705－0005739　善4012　集部/别
集類/明别集

大泌山房集一百三十四卷目錄二卷　（明）李
維楨撰　明萬曆刻本　十八冊　存七十三卷
(二十三至四十七、七十至一百十七)

330000－1705－0005740　善3975　集部/别
集類/明别集

歇菴集十六卷　（明）陶望齡撰　明萬曆三十
九年(1611)山陰王應遴刻本　十六冊

330000－1705－0005741　善3976　集部/别
集類/明别集

歇菴集十六卷　（明）陶望齡撰　明萬曆三十
九年(1611)山陰王應遴刻本　三冊　存六卷
(七至八、十一至十四)

330000－1705－0005742　善3990　集部/别
集類/明别集

玉書庭全集三十二卷　（明）丘兆麟撰　明崇
禎丘子旦、丘子畫等刻本　二冊　存二卷
(三、十一)

330000－1705－0005743　善3981　集部/别
集類/明别集

睡菴稿二十五卷　（明）湯賓尹撰　明萬曆刻
本　六冊

330000－1705－0005744　善4010　集部/别
集類/明别集

高子遺書十二卷附錄一卷　（明）高攀龍撰
（明）陳龍正輯　高忠憲公年譜一卷　（明）華
允誠編　清康熙二十八年(1689)高氏刻本
四冊　存六卷(一至四、十至十一)

330000－1705－0005745　善4014　集部/别
集類/明别集

馮少墟集十八卷　（明）馮從吾撰　明萬曆四
十七年(1619)刻本　七冊　存十一卷(一至
三、七至十三、十八)

330000－1705－0005746　善3987　子部/小
說家類/雜事之屬

剪桐載筆一卷　（明）王象晉纂　明崇禎毛晉

汲古閣刻本　一冊

330000－1705－0005747　善 4022　子部/藝
術類/書畫之屬/題跋
續畫媵二卷　（明）李日華撰　明末刻本
二冊

330000－1705－0005748　善 4023　史部/傳
記類/日記之屬
**味水軒日記八卷(明萬曆三十七年至四十四
年)**　（明）李日華撰　清抄本　一冊

330000－1705－0005749　善 4015　集部/別
集類/明別集
蒼虬舘草三卷　（明）丁繼嗣撰　明刻本　一
冊　缺一卷（上）

330000－1705－0005750　善 3972　集部/別
集類/明別集
刻沈何山先生點正玉茗堂尺牘二卷　（明）湯
顯祖撰　（明）沈開遠錄次　明萬曆刻本　一
冊　存一卷（一）

330000－1705－0005751　善 4013　集部/別
集類/明別集
蒼霞草二十卷續草二十二卷餘草十四卷
（明）葉向高撰　明末刻本　十四冊　存三十
三卷（蒼霞草一至十一、十五至十八、二十,續
草一至十四、十七至十九）

330000－1705－0005752　善 3989　集部/別
集類/明別集
天谷山人舘集十卷　（明）薛三省撰　明刻本
八冊

330000－1705－0005753　善 3982　集部/別
集類/明別集
睡庵文稿初刻四卷二刻六卷三刻四卷　（明）
湯賓尹撰　明萬曆李曙寰先月樓刻本　三冊
存六卷（二刻一至六）

330000－1705－0005754　善 3966　集部/別
集類/明別集
**象村稿二十卷目錄一卷和陶詩一卷求正錄三
卷先天窺管一卷**　（明）申時行撰　明崇禎刻
本　六冊　缺五卷（象村稿一至五）

330000－1705－0005755　善 4017　集部/別
集類/明別集
夷困文編六卷　（明）王嗣奭撰　明崇禎十五
年(1642)自刻本　二冊

330000－1705－0005756　善 4016　集部/別
集類/明別集
刻莊子詩畧七卷　（明）陳希廉選　（明）莊學
魯撰　（明）李桐定　明天啟六年(1626)刻本
一冊　缺二卷（六至七）

330000－1705－0005757　善 3973　集部/別
集類/明別集
淮南集六卷　（明）馬斯臧撰　明萬曆四十年
(1612)刻本　六冊

330000－1705－0005758　善 4018　集部/總
集類/郡邑之屬
嘉定四先生集(嘉定四君集)八十七卷　（明）
謝三賓輯　明崇禎刻清康熙三十三年(1694)
陸廷燦重修本　四冊　存十二卷（檀園集一
至十二）

330000－1705－0005759　善 3979　集部/別
集類/明別集
秋水閣墨副文類十卷　（明）董光宏撰　明刻
本(卷七至八配抄本)　六冊

330000－1705－0005760　善 4021　集部/別
集類/明別集
小青傳一卷　（明）盞盞居士撰　**小青焚餘藁
一卷**　（明）馮小青撰　（明）含秋亭主人評閱
明崇禎四年(1631)黃來鶴抄本　一冊

330000－1705－0005761　善 4019　集部/總
集類/郡邑之屬
嘉定四先生集(嘉定四君集)八十七卷　（明）
謝三賓輯　明崇禎刻清康熙三十三年(1694)
陸廷燦重修本　四冊　存六卷（檀園集一至
六）

330000－1705－0005762　善 4089　集部/別
集類/清別集
林茂之詩選二卷　（清）林古度撰　（清）王士
禎選　清康熙四十九年(1710)程哲、殷譽慶

刻本 一册

330000－1705－0005763 善3978 集部/别
集類/明別集

盟雞齋二卷 (明)阮述撰 明萬曆刻本
二册

330000－1705－0005764 善4069 集部/别
集類/清別集

春酒堂文集二卷 (清)周容撰 清鄭喬遷抄
本 二册

330000－1705－0005765 善4119 集部/别
集類/清別集

寒松堂全集十二卷年譜一卷 (清)魏象樞撰
清嘉慶十六年(1811)魏煜刻本 十二册

330000－1705－0005766 善4025 集部/别
集類/明別集

陳太史無夢園初集三十四卷 (明)陳仁錫撰
明崇禎六年(1633)張一鳴刻本 四十册

330000－1705－0005767 善4071 集部/别
集類/清別集

春酒堂文存一卷 (清)周容撰 清抄本 夕
畦跋 一册

330000－1705－0005768 善4090 集部/别
集類/清別集

賴古堂詩集四卷 (清)周亮工撰 清康熙刻
本 二册

330000－1705－0005769 善4112 集部/别
集類/清別集

杲堂文鈔六卷詩鈔七卷 (清)李鄴嗣撰 清
康熙刻本 四册

330000－1705－0005770 善4054 集部/别
集類/明別集

溫寶忠先生遺稿不分卷 (明)溫璜撰 清抄
本 一册

330000－1705－0005771 善3974 集部/别
集類/明別集

韻竹軒和韻麗絕不分卷 (明)陳民俊原韻
(明)王公弼賦賡 (明)孫大猷增目 明萬曆

十六年(1588)韻竹軒刻本 一册

330000－1705－0005772 善4074 集部/别
集類/清別集

周鄮山先生文稿不分卷 (清)周容撰 清抄
本 沈曼卿題並校 二册

330000－1705－0005773 善4020 集部/别
集類/明別集

鵠灣集□卷 (明)譚元春撰 明刻本 三册
存十一卷(四至十四)

330000－1705－0005774 善4091 集部/别
集類/清別集

梅村集四十卷目錄二卷 (清)吳偉業撰 清
康熙八年(1669)顧湄等刻本 十册

330000－1705－0005775 善4120 集部/别
集類/清別集

白茅堂集四十六卷 (清)顧景星撰 清康熙
刻本 一册 存二卷(一至二)

330000－1705－0005776 善4026 集部/别
集類/明別集

陳太史無夢園初集三十四卷 (明)陳仁錫撰
明崇禎六年(1633)張一鳴刻本 一册 存
二卷(勞集一至二)

330000－1705－0005777 善4077 類叢部/
叢書類/自著之屬

亭林遺書十種 (清)顧炎武撰 清康熙吳江
潘氏遂初堂刻本 十六册

330000－1705－0005778 善4055 集部/别
集類/明別集

芑山文集三十三卷 (明)張自烈撰 清抄本
一册 存五卷(序一至三、傳記二至三)

330000－1705－0005779 善4123 集部/别
集類/清別集

霜紅龕集十二卷附錄一卷 (清)傅山撰 清
乾隆十二年(1747)張氏生生堂刻本 三册
存十卷(一至十)

330000－1705－0005780 善4027 集部/别
集類/明別集

容臺題跋二卷 （明）董其昌撰　清抄本　清拊仲題簽並題記　一冊

330000－1705－0005781　善3980　集部/別集類/明別集

趙文懿公文集四卷附錄一卷 （明）趙志皋撰　明崇禎七年（1634）趙世溥刻本　二冊　缺一卷（附錄）

330000－1705－0005782　善4092　類叢部/叢書類/自著之屬

楊園張先生全集十種 （清）張履祥撰　清康熙刻本　四冊　存一種

330000－1705－0005783　善4080　集部/別集類/清別集

黃梨洲先生南雷文約四卷 （清）黃宗羲撰　清乾隆鄭性刻本　四冊

330000－1705－0005784　善4127　集部/別集類/清別集

探花姜西溟先生增定全稿 （清）姜宸英撰　清抄本　一冊

330000－1705－0005785　善4121　集部/別集類/清別集

黃湄詩選七卷 （清）王又旦撰　清康熙刻本　一冊

330000－1705－0005786　善4044　集部/別集類/明別集

孫璧聯先生文集不分卷 （明）孫璧聯撰　清抄本　六冊

330000－1705－0005787　善4056　集部/別集類/明別集

吳戀雉先生殘集二卷 （明）吳鐘巒撰　清乾隆錢濬恭抄本　一冊

330000－1705－0005788　善4081　集部/別集類/清別集

黃梨洲先生南雷文約四卷 （清）黃宗羲撰　清乾隆鄭性刻本　二冊

330000－1705－0005789　善4093　集部/別集類/清別集

抱犢山房集六卷 （清）嵇永仁撰　清雍正刻本　二冊

330000－1705－0005790　善3853　集部/別集類/明別集

青蘿館詩六卷 （明）徐中行撰　明萬曆三年（1575）游日益刻本　二冊

330000－1705－0005792　善4113　集部/別集類/清別集

杲堂文鈔六卷詩鈔七卷 （清）李鄴嗣撰　清康熙刻本　五冊

330000－1705－0005793　善4028　集部/別集類/明別集

陳眉公集十七卷 （明）陳繼儒撰　明萬曆四十三年（1615）史辰伯刻本　四冊　存十五卷（一至二、五至十七）

330000－1705－0005794　善4114　集部/別集類/清別集

蔣山傭詩集六卷 （清）顧炎武撰　**同志贈言一卷** （清）沈岱瞻輯　清沈岱瞻抄本　清顧竹賢、清戴望、蔣蘇盦跋　二冊

330000－1705－0005795　善4094　子部/雜著類/雜纂之屬

冬夜箋記一卷 （清）王崇簡撰　清康熙四十六年（1707）王默青箱堂金陵刻本　一冊

330000－1705－0005796　善4048　集部/別集類/明別集

天傭子集一卷續集一卷 （明）艾南英撰　明末刻本　六冊

330000－1705－0005797　善4030　集部/別集類/明別集

七錄齋論略二卷續刻六卷別集二卷 （明）張溥撰　明刻本　六冊

330000－1705－0005798　善4095　集部/別集類/清別集

灦廬淮潁集一卷江漢集一卷 （清）王治皞撰　清刻本　朱鼎煦題記　一冊

330000－1705－0005799　善4049　集部/別

集類/明別集

艾天傭集七卷 （明）艾南英撰 （清）張汝瑚
選 清郢雪書林刻本 二冊

330000－1705－0005800 善4084 集部/別
集類/清別集

撰杖集一卷 （清）黃宗羲撰 （清）楊中黙編
次 清康熙刻本 清楊用霖批並跋 一冊

330000－1705－0005801 善4096 集部/別
集類/清別集

證山堂集八卷 （清）周斯盛撰 清康熙刻本
二冊

330000－1705－0005802 善4115 集部/別
集類/清別集

茗柯詩集三卷 （清）劉夢興撰 清順治十七
年(1660)刻本 二冊

330000－1705－0005803 善4033 集部/別
集類/清別集

瑯嬛文集不分卷 （清）張岱撰 清抄本
四冊

330000－1705－0005804 善4104 集部/別
集類/清別集

託素齋詩集四卷文集六卷附行述一卷 （清）
黎士弘撰 清康熙刻雍正二年(1724)黎致遠
增刻本 十二冊 缺四卷(詩集一至四)

330000－1705－0005805 善4086 集部/總
集類/選集之屬/斷代

國朝三家文鈔三十二卷 （清）宋犖 （清）許
汝霖編 清康熙三十三年(1694)刻本 二冊
存八卷(侯朝宗文鈔一至八)

330000－1705－0005806 善4024 集部/別
集類/明別集

定軒存稿十六卷 （明）陳于廷撰 （明）陳貞
慧編 明末刻本 六冊

330000－1705－0005807 善4040 集部/別
集類/明別集

賓印詩草一卷 （明）饒與齡撰 清康熙刻本
二冊

330000－1705－0005808 善4031 集部/別
集類/明別集

鴻寶應本十七卷 （明）倪元璐撰 明崇禎刻
本 六冊

330000－1705－0005809 善4128 集部/別
集類/清別集

湛園藏稿四卷 （清）姜宸英撰 清抄本 清
范文榮題記 四冊

330000－1705－0005810 善4116 集部/別
集類/清別集

湖海樓詩集八卷 （清）陳維崧撰 清康熙二
十八年(1689)陳宗石患立堂刻本 二冊

330000－1705－0005811 善4057 集部/別
集類/明別集

寶綸堂集十卷拾遺一卷 （明）陳洪綬撰
（清）陳字購輯 清光緒十四年(1888)會稽董
氏取斯堂木活字印本 七冊

330000－1705－0005812 善3866 集部/別
集類/明別集

西清閣詩草十二卷 （明）楊承鯤撰 明刻本
二冊 存九卷(乙卯、庚辰、辛巳、壬午、癸
未、甲申、乙酉、丙戌、戊寅)

330000－1705－0005813 善4087 集部/別
集類/清別集

牧齋有學集五十卷 （清）錢謙益撰 清康熙
刻本 十冊 存二十五卷(二十六至五十)

330000－1705－0005814 善4036 集部/別
集類/明別集

超堂藏藁不分卷 （明）區懷年撰 明崇禎刻
本 一冊

330000－1705－0005815 善4117 類叢部/
叢書類/自著之屬

施愚山先生全集五種附一種 （清）施閏章撰
清康熙至乾隆刻彙印本 四冊 存一種

330000－1705－0005816 善4043 集部/別
集類/明別集

期期草四卷 （明）裴韑撰 明崇禎刻本
一冊

330000－1705－0005817　善4037　集部/別集類/明別集

杜曲集十一卷　（明）戴澳撰　明崇禎刻本　五冊　存九卷(一至九)

330000－1705－0005818　善4105　集部/別集類/清別集

栩栩園詩不分卷　（清）屠粹忠撰　清康熙刻本　朱鼎煦題記　一冊

330000－1705－0005819　善4059　集部/別集類/明別集

嶠雅二卷　（明）鄺露撰　清初南海鄺氏海雪堂刻本　二冊

330000－1705－0005820　善4118　集部/別集類/清別集

兼濟堂詩選十卷文選十四卷疏稿二卷　（清）魏裔介撰　清康熙七年(1668)刻本　四冊　存十卷(詩選一至十)

330000－1705－0005821　善3843　集部/別集類/明別集

茅見滄策學拔萃不分卷　（明）茅瓚撰　明抄本　一冊

330000－1705－0005822　善4088　集部/別集類/清別集

天愚先生詩集六卷詩鈔八卷文集八卷文鈔八卷別集四卷　（清）謝泰宗撰　**文鈔附錄一卷**　（清）吳偉業等撰　清康熙五十五年(1716)致遠堂刻本　三冊　存十八卷(詩集一至六、文集一至八、別集一至四)

330000－1705－0005823　善4047　集部/別集類/明別集

和簫集不分卷　（明）阮大鋮撰　明萬曆刻本　一冊

330000－1705－0005824　善4106　集部/別集類/清別集

息賢堂詩集不分卷　（清）魏畊撰　清抄本　二冊

330000－1705－0005825　善4122　集部/別集類/清別集

堯峰文鈔五十卷　（清）汪琬撰　（清）林佶編　清康熙三十二年(1693)林佶刻本　四冊

330000－1705－0005826　善4038　集部/別集類/清別集

天益山堂遺集十卷續刻一卷　（清）馮元仲撰　清乾隆八年(1743)刻本　二冊

330000－1705－0005827　善4060　史部/傳記類/別傳之屬/事狀

偶東餓夫傳一卷　（明）章正宸撰　清抄本　一冊

330000－1705－0005828　善3844　集部/別集類/明別集

萬文恭公摘集十二卷外集一卷　（明）萬士和撰　明萬曆二十年(1592)義興萬春素履齋刻本　朱鼎煦題記　二冊　存四卷(一至四)

330000－1705－0005829　善4050　集部/別集類/明別集

小寒山子集十四卷　（明）陳函輝撰　明崇禎刻本　一冊　存一卷(青未了)

330000－1705－0005830　善4130　集部/別集類/清別集

葦間詩集五卷　（清）姜宸英撰　清康熙五十二年(1713)唐執玉刻本　孫家湉題記　清李寒溪跋　二冊

330000－1705－0005831　善4111　集部/別集類/清別集

杲堂内集六卷外集四卷　（清）李鄴嗣撰　清衣德樓抄本　清李厚建校　四冊

330000－1705－0005832　善4034　集部/別集類/明別集

數馬集五十一卷　（明）黃克纘撰　明刻本　二冊　存六卷(三十六至三十八、四十九至五十一)

330000－1705－0005834　善4063　集部/別集類/明別集

奇零草二卷　（明）張煌言撰　清抄本　二冊

330000－1705－0005835　善4132　集部/別

集類/清別集

姜西溟先生文鈔四卷 （清）姜宸英撰　清乾隆四年(1739)趙侗敦匪懈堂刻本　清王定祥批校並跋　二冊

330000－1705－0005836　善4131　集部/別集類/清別集

葦間詩集五卷 （清）姜宸英撰　清康熙五十二年(1713)唐執玉刻本　二冊

330000－1705－0005837　善4107　集部/別集類/清別集

棲碧不分卷 清抄本　朱鼎煦題記　一冊

330000－1705－0005838　善4134　集部/別集類/清別集

湛園未定藁六卷 （清）姜宸英撰　清康熙二十年(1681)二老閣刻本　清王定祥批校並跋　姜仲邕跋　四冊

330000－1705－0005839　善4140　史部/政書類/公牘檔冊之屬

于清端公政書八卷外集一卷首編一卷 （清）于成龍撰　（清）蔡方炳輯　清康熙四十六年(1707)于準刻本　六冊　存六卷(一、五至八,外集)

330000－1705－0005840　善4062　集部/別集類/明別集

奇零草二卷 （明）張煌言撰　清徐時棟抄本　二冊

330000－1705－0005841　善4035　類叢部/叢書類/自著之屬

王季重先生集九種 （明）王思任撰　明末清暉閣刻本　四冊　存六種

330000－1705－0005842　善4108　集部/別集類/清別集

秦川公詩文續選二卷 （清）鄭溱撰　清抄本　一冊

330000－1705－0005843　善4045　集部/別集類/明別集

補陀詩一卷 （明）陸符撰　明崇禎刻本　一冊

330000－1705－0005844　善4109　集部/別集類/清別集

焚餘集二卷 （清）李涵撰　（清）李厚建（清）李厚延校　清咸豐衣德樓李厚建輯錄稿本　一冊

330000－1705－0005845　善4135　集部/別集類/清別集

湛園未定藁六卷 （清）姜宸英撰　清康熙二十年(1681)二老閣刻本　四冊

330000－1705－0005846　善4046　集部/別集類/明別集

蜀使漫草一卷 （明）周元懋撰　明崇禎刻本　朱鼎煦跋　一冊

330000－1705－0005847　善4110　集部/別集類/清別集

杲堂文鈔四卷 （清）李鄴嗣撰　清衣德樓抄本　三冊

330000－1705－0005848　善4141　集部/詩文評類/制藝之屬

回文詩一卷 （清）萬斯同記　清抄本　一冊

330000－1705－0005849　善4064　集部/別集類/明別集

張蒼水詩文集不分卷 （明）張煌言撰　清抄本　二冊

330000－1705－0005850　善4146　類叢部/叢書類/自著之屬

西堂全集 （清）尤侗撰　清康熙刻本　二十五冊　存二十六種

330000－1705－0005851　善4225　集部/別集類/清別集

全謝山先生鮚埼亭集文外五十二卷 （清）全祖望撰　清抄本　十冊

330000－1705－0005852　善4171　集部/別集類/清別集

堪齋集二卷 （清）錢碅撰　（清）錢辰翰輯　清康熙三十五年(1696)刻本　一冊

330000－1705－0005853　善4159　集部/別

集類/清別集

寒村詩文選三十六卷 （清）鄭梁撰　清康熙紫蟾山房刻增修本　十三冊

330000－1705－0005854　善 4208　類叢部/叢書類/自著之屬

介石堂集三種二十六卷 （清）郭起元撰　清乾隆刻本　四冊　存二種

330000－1705－0005855　善 4065　類叢部/叢書類/自著之屬

鈍吟老人遺稿九種二十三卷 （清）馮班撰　清初刻彙印本　二冊　存八種

330000－1705－0005856　善 4226　集部/別集類/清別集

全謝山先生鮚埼亭集十六卷外集五十卷 （清）全祖望撰　（清）董秉純編　**全太史謝山先生世譜一卷全謝山先生年譜一卷** （清）董秉純編　清鴻慶堂抄本　二十六冊

330000－1705－0005857　善 4066　類叢部/叢書類/自著之屬

鈍吟老人遺稿九種二十三卷 （清）馮班撰　清初刻彙印本　一冊

330000－1705－0005858　善 4172　集部/別集類/清別集

芝源適意草一卷 （清）丘克承撰　清康熙刻本　一冊

330000－1705－0005859　善 4247　類叢部/叢書類/自著之屬

沈歸愚詩文全集十四種 （清）沈德潛撰　清乾隆教忠堂刻本　二十冊

330000－1705－0005860　善 4201　集部/別集類/清別集

白蒲子詩編十七卷 （清）姜任脩撰　清乾隆刻本　四冊　存十一卷(七至十七)

330000－1705－0005861　善 4158　集部/別集類/清別集

寒村詩文選三十六卷 （清）鄭梁撰　清康熙紫蟾山房刻增修本　十四冊

330000－1705－0005862　善 4142　集部/別集類/清別集

思綺堂文集十卷 （清）章藻功撰　清康熙五十七年(1718)刻本　十冊

330000－1705－0005863　善 4173　集部/別集類/清別集

延陵合璧不分卷 （清）吳莊撰　清道光二十三年(1843)徐發仁抄本　二冊

330000－1705－0005864　善 4067　集部/別集類/清別集

包飲和詩集八卷 （清）包啟禎撰　清蕭山朱氏抄本　四冊

330000－1705－0005865　善 4248　集部/別集類/清別集

閬嶠集二卷洞庭集二卷 （清）桑調元撰　清乾隆脩汲堂刻本　一冊

330000－1705－0005866　善 4227　集部/別集類/清別集

鮚埼亭集四十九卷 （清）全祖望撰　**全氏世譜一卷年譜一卷** （清）董秉純撰　清抄本　四冊　缺二十五卷(六至十九、三十九至四十九)

330000－1705－0005867　善 4249　集部/別集類/清別集

小山詩鈔十一卷 （清）鄒一桂撰　清乾隆三十五年(1770)刻本　春嶼題籤　四冊

330000－1705－0005868　善 4202　集部/別集類/清別集

補亭詩集十卷 （清）王晦撰　清乾隆二十七年(1762)爾雅堂刻本　二冊

330000－1705－0005869　善 4143　集部/別集類/清別集

墨陽集不分卷 （清）董劍鍔撰　（清）董允寶輯　清道光二年(1822)董懋遜看雲山房抄本　朱鼎煦題記　一冊

330000－1705－0005870　善 4174　集部/別集類/清別集

固哉叟詩鈔八卷 （清）高孝本撰　清乾隆三

十一年(1766)金永昌刻本 二册

330000－1705－0005871 善4052 集部/别集類/明別集

南征集不分卷附詩歌一卷 (明)錢肅樂撰 錢忠節公事蹟錄一卷 清徐時棟抄本 清徐時棟跋 二册 存三卷(南征集、詩、事蹟錄)

330000－1705－0005872 善4231 集部/别集類/清別集

鮚埼亭外集五十卷 (清)全祖望撰 清抄本 九册 存三十五卷(一至十、十三至二十、二十六至三十五、三十七至三十八、四十一至四十三、四十八至四十九)

330000－1705－0005873 善4144 集部/别集類/清別集

邵子湘全集三十卷 (清)邵長蘅撰 邵氏家錄二卷 (清)邵璿 (清)邵衷赤輯 清康熙青門艸堂刻本 清楊泰亨題記 八册

330000－1705－0005874 善4155 集部/别集類/清別集

帶經堂集九十二卷 (清)王士禛撰 (清)程哲校編 清康熙四十九年至五十年(1710－1711)程氏七略書堂刻本 二十册

330000－1705－0005875 善4231－1 集部/别集類/清別集

鮚埼亭外集五十卷 (清)全祖望撰 清抄本 四册 存二十卷(一至十、二十六至三十五)

330000－1705－0005876 善4251 集部/别集類/清別集

西溪詩存一卷 (清)釋觀我撰 清乾隆三十四年(1769)刻本 一册

330000－1705－0005877 善4176 集部/别集類/清別集

苑青集十九卷 (清)陳至言撰 清康熙刻本 六册

330000－1705－0005878 善4187 集部/别集類/明別集

消瘦集十四卷 (明)周柯云撰 清周廣業抄本 四册

330000－1705－0005879 善4211 集部/别集類/清別集

冰雪集五卷 (清)萬承勛撰 清康熙五十四年(1715)刻本 一册

330000－1705－0005880 善4145 集部/别集類/清別集

邵子湘全集三十卷 (清)邵長蘅撰 邵氏家錄二卷 (清)邵璿 (清)邵衷赤輯 清康熙青門艸堂刻本 六册 缺六卷(青門旅槁三至八)

330000－1705－0005881 善4178 集部/别集類/清別集

自知集二卷 (清)姚廷謙撰 清雍正刻本 一册

330000－1705－0005882 善4212 集部/别集類/清別集

冰雪集五卷 (清)萬承勛撰 清康熙五十四年(1715)刻本 一册 存三卷(一至三)

330000－1705－0005883 善4221 集部/别集類/清別集

鮚埼亭集三十八卷首一卷全謝山先生經史問答十卷 (清)全祖望撰 清嘉慶九年(1804)餘姚史夢蛟借樹山房刻本 十二册

330000－1705－0005884 善4238 集部/别集類/清別集

春雨樓百花吟一卷 (清)董秉純撰 (清)董懋瀾注 清乾隆五十三年(1788)董氏刻本 一册

330000－1705－0005885 善4179 集部/别集類/清別集

吹萬閣詩鈔六卷 (清)顧詒祿撰 清乾隆五年(1740)刻本 清南軒批校 朱鼎煦題簽 一册

330000－1705－0005886 善4150 集部/别集類/清別集

曝書亭集八十卷附錄一卷 (清)朱彝尊撰 笛漁小槁十卷 (清)朱昆田撰 清康熙五十

三年(1714)朱稻孫刻雍正印本　十二冊

330000－1705－0005887　善4241　集部/別集類/清別集

樗菴偶存藁一卷　（清）蔣學鏞撰　清嘉慶元年(1796)抄本　一冊

330000－1705－0005888　善4198　集部/別集類/清別集

松梧閣詩集一卷二集一卷三集一卷四集一卷　（清）李暾撰　清雍正刻本　一冊　存二卷（二集、三集）

330000－1705－0005889　善4233　集部/別集類/清別集

謝山雜著不分卷　（清）全祖望撰　清乾隆四十六年(1781)全祖述抄本　一冊

330000－1705－0005890　善4147　集部/別集類/清別集

在陸草堂文集六卷　（清）儲欣撰　（清）邢維信編　清雍正元年(1723)淑慎堂刻本　二冊

330000－1705－0005891　善4244　集部/別集類/清別集

冬心先生集四卷三體詩一卷畫竹題記一卷　（清）金農撰　清雍正十一年(1733)廣陵般若庵刻本　四冊

330000－1705－0005892　善4189　集部/別集類/清別集

橫雲山人集二十七卷　（清）王鴻緒撰　清康熙五十八年(1719)刻本　八冊

330000－1705－0005893　善4234　集部/別集類/清別集

勾餘土音三卷　（清）全祖望撰　清抄本　童庚釗跋　一冊

330000－1705－0005894　善4205　集部/別集類/清別集

鐵如意齋詩稿一卷　（清）倪象占撰　清抄本　一冊

330000－1705－0005895　善4180　集部/別集類/清別集

蕉園集三卷　（清）張遠撰　清刻本　一冊

330000－1705－0005896　善4235　集部/別集類/清別集

全謝山先生句餘土音六卷　（清）全祖望撰　（清）董秉編　清抄本　一冊

330000－1705－0005897　善4148　集部/別集類/清別集

安序堂文鈔三十卷　（清）毛際可撰　（清）林雲銘　（清）嚴允肇評　清康熙刻本　六冊

330000－1705－0005898　善4156　集部/別集類/清別集

綿津山人詩集二十四卷探梅詩一卷楓香詞一卷　（清）宋犖撰　清康熙刻本　八冊

330000－1705－0005899　善4274　集部/別集類/清別集

在璞堂吟稿一卷　（清）方芳佩撰　清乾隆十六年(1751)翁照刻本　一冊

330000－1705－0005900　善4246　集部/別集類/清別集

板橋集五種　（清）鄭燮撰　清乾隆刻本　二冊

330000－1705－0005901　善4181　集部/別集類/清別集

梅莊集二卷　（清）張遠撰　清康熙刻本　一冊

330000－1705－0005902　善4199　集部/別集類/清別集

弇山集錄二卷　（清）王霖撰　稿本　一冊

330000－1705－0005903　善4190　集部/別集類/清別集

橫山文鈔二十五卷　（清）裘璉撰　清易皆軒抄本　二冊　存六卷(一至三、七至九)

330000－1705－0005904　善4236　集部/別集類/清別集

句餘土音八卷　（清）全祖望撰　清抄本　一冊

330000－1705－0005905　善4245　集部/別

板橋集五種　（清）鄭燮撰　清乾隆刻本　一冊　存二種

330000－1705－0005906　善4237　集部/別集類/清別集

勾餘土音六卷　（清）全祖望撰　清抄本　清鄭喬遷批校並跋　一冊

330000－1705－0005907　善4192　集部/別集類/清別集

大雅堂初槀十五卷續槀十九卷半谷居詩話二卷　（清）鄒方鍔撰　清乾隆二十七年(1762)刻本　六冊

330000－1705－0005908　善4182　集部/別集類/清別集

春草堂文約一卷　（清）謝為雯撰　清道光三年(1823)攬秀堂刻本　清徐時棟批並跋　一冊

330000－1705－0005909　善4157　集部/別集類/清別集

綿津山人詩集二十九卷楓香詞一卷漫堂說詩一卷　（清）宋犖撰　清康熙刻本　四冊

330000－1705－0005910　善4039　集部/別集類/明別集

三溪集□卷　（明）陳宏已撰　明崇禎刻本　一冊　存二卷(一至二)

330000－1705－0005911　善4151　集部/別集類/清別集

雲川閣集六卷詞一卷　（清）杜詔撰　清康熙刻本　二冊

330000－1705－0005912　善4216　集部/別集類/清別集

南漪先生遺集四卷　（清）張熷撰　清乾隆十八年(1753)張埏刻本　清徐時棟批　二冊

330000－1705－0005913　善4207　集部/別集類/清別集

鐵如意齋詩稿一卷　（清）倪象占撰　稿本　一冊

330000－1705－0005914　善4183　集部/別集類/清別集

宛委山人詩集十六卷　（清）劉正誼撰　清雍正刻乾隆四年(1739)增修本　四冊

330000－1705－0005915　善4152　類叢部/叢書類/自著之屬

王漁洋遺書三十八種　（清）王士禎撰　清刻本　六冊　存一種

330000－1705－0005916　善4253　集部/別集類/清別集

松桂讀書堂集八卷　（清）姚培謙撰　清乾隆八年(1743)彭景曾等刻本　二冊

330000－1705－0005917　善4167　集部/別集類/清別集

後甲集二卷　（清）章大來撰　清康熙五十六年(1717)百可堂自刻本　一冊

330000－1705－0005918　善4217　集部/別集類/清別集

樊榭詩鈔一卷　（清）厲鶚撰　（清）計飴孫錄　清計飴孫抄本　一冊

330000－1705－0005919　善4197　集部/別集類/清別集

陶陶軒詩集十二卷　（清）史榮撰　清嘉慶十四年(1809)陳權綠字山房抄本　清陳權跋　四冊

330000－1705－0005920　善4153　集部/別集類/清別集

漁洋山人精華錄十卷　（清）王士禎撰　（清）林佶編　清康熙三十九年(1700)林佶寫刻本　二冊

330000－1705－0005921　善4259　集部/別集類/清別集

水南灌叟遺稿六卷　（清）羅遏春撰　清乾隆四十八年(1783)二畝園刻本　五冊　存五卷(一至五)

330000－1705－0005922　善4257　集部/別集類/清別集

寶光鼎文稿不分卷　（清）寶光鼎撰　清抄本

一冊

330000－1705－0005923　善 4168　集部/別集類/清別集

後甲集二卷 （清）章大來撰　清康熙五十六年(1717)百可堂自刻本　朱鼎煦跋　一冊

330000－1705－0005924　善 4218　集部/別集類/清別集

補瓢存稿六卷 （清）韓騏撰　清乾隆二十三年(1758)韓鍵等南蔭書屋刻本　二冊

330000－1705－0005925　善 4196　集部/別集類/清別集

陶陶軒詩稿十卷 （清）史榮撰　清林璋風荷書屋抄本　二冊

330000－1705－0005926　善 4184　集部/別集類/清別集

尊德堂詩鈔二十四卷 （清）胡國楷撰　清抄本　八冊

330000－1705－0005927　善 4260　類叢部/叢書類/自著之屬

北田集四種 （清）江浩然撰　清乾隆二十七年(1762)刻本　二冊　存二種

330000－1705－0005928　善 4262　集部/別集類/清別集

長木齋詩文草三卷 （清）羅森撰　稿本　三冊

330000－1705－0005929　善 4169　集部/別集類/清別集

後甲集二卷 （清）章大來撰　清康熙五十六年(1717)百可堂自刻本　一冊

330000－1705－0005930　善 4194　集部/別集類/清別集

竹影樓筆叢二卷 清道光二年(1822)管庭芬抄本　二冊

330000－1705－0005931　善 4220　集部/別集類/清別集

澄懷園詩選十二卷 （清）張廷玉撰　清乾隆二年(1737)刻本　二冊

330000－1705－0005932　善 4263　集部/別集類/清別集

雲汀詩鈔四卷 （清）張寔鶴撰　清乾隆五十六年(1791)刻本　二冊

330000－1705－0005933　善 4186　集部/別集類/清別集

閒畊集六卷 （清）閻圻撰　清雍正七年(1729)刻本　一冊　存四卷(一至四)

330000－1705－0005934　善 4154　集部/別集類/清別集

漁洋山人精華錄箋注十二卷補一卷附年譜一卷 （清）王士禎撰　（清）金榮箋注　（清）徐准纂輯　清康熙五十一年(1712)鳳翺堂刻本　六冊

330000－1705－0005935　善 4162　集部/別集類/清別集

懷清堂集二十卷首一卷 （清）湯右曾撰　清乾隆十一年(1746)湯學基等刻本　四冊　缺一卷(首)

330000－1705－0005936　善 4277　集部/別集類/清別集

味餘書室全集定本四十卷目錄四卷隨筆二卷 （清）仁宗顒琰撰　（清）慶桂等編　清嘉慶五年(1800)刻本　三十二冊

330000－1705－0005937　善 4258　集部/別集類/清別集

古趣亭未定草七卷 （清）范家相撰　稿本　一冊

330000－1705－0005938　善 4268　集部/別集類/清別集

長真閣詩集七卷詩餘一卷 （清）席佩蘭撰　清抄本　清姚燮評注　二冊

330000－1705－0005939　善 4160　集部/別集類/清別集

黃葉邨莊詩集八卷續集一卷後集一卷 （清）吳之振撰　清康熙三十五年(1696)刻四十一年(1702)、五十一年(1712)增刻本　清沈閬昆、朱鼎煦跋　二冊

330000－1705－0005940　善4265　集部/別集類/清別集

沈小詠詩稿不分卷　（清）沈天璣撰　稿本　清元爔跋　三冊

330000－1705－0005941　善4267　集部/別集類/清別集

小倉山房詩集三十二卷詩補遺二卷文集三十一卷外集七卷　（清）袁枚撰　清刻本　二十冊　缺一卷(詩補遺二)

330000－1705－0005942　善4291　集部/別集類/清別集

雙城草一卷　（清）鄧元焜撰　清抄本　一冊

330000－1705－0005943　善4164　集部/別集類/清別集

學山堂自灌園偶書八卷　（清）周餘民撰　稿本　八冊

330000－1705－0005944　善4261　集部/別集類/清別集

采菊山人詩集十四卷　（清）范從徹撰　稿本　一冊

330000－1705－0005945　善4312　集部/別集類/清別集

今白華堂集六種附一種　（清）童槐撰　稿本　清阮元、清何金、清胡枚、清張問陶、清胡枚、清吳翯、清盛悼崇、清傅同父評　十三冊

330000－1705－0005946　善4293　集部/別集類/清別集

琴齋詩草一卷　（清）顧淑慎撰　（清）顧屬瑤錄　清嘉慶十三年(1808)刻本　一冊

330000－1705－0005947　善4404　集部/總集類/選集之屬/通代

唐宋八大家文鈔一百六十六卷　（明）茅坤編　明萬曆七年(1579)茅一桂刻三十一年(1603)重修本　六十冊　存八種

330000－1705－0005948　善4278　集部/別集類/清別集

味餘書室全集定本四十卷目錄四卷隨筆二卷　（清）仁宗顒琰撰　（清）慶桂等編　清嘉慶五年(1800)刻本　二冊　存二卷(隨筆一至二)

330000－1705－0005949　善4266　集部/別集類/清別集

銅鶴山人遺草四卷　（清）金璧撰　清抄本　二冊

330000－1705－0005950　善4392　集部/總集類/彙編之屬

十二家唐詩　（明）張遜業編　明嘉靖黃墫刻本　清江重倫題記　七冊　存八卷(楊炯集一至二、駱賓王集一至二、陳子昂集一至二、宋之問集一至二)

330000－1705－0005951　善4279　類叢部/叢書類/自著之屬

笙雅堂全集四種　（清）張九鐔撰　清嘉慶十六年(1811)張世浣等刻本　四冊　存一種

330000－1705－0005952　善4294　集部/別集類/清別集

生香館詩詞四卷　（清）李佩金撰　清嘉慶二十四年(1819)蘇州刻本　一冊

330000－1705－0005953　善4355　集部/別集類/清別集

扁舟集一卷　（清）王定祥撰　稿本　王和題簽　一冊

330000－1705－0005954　善4161　集部/別集類/清別集

顧俠君詩集九卷　（清）顧嗣立撰　清康熙刻本　二冊

330000－1705－0005955　善4359　集部/別集類/清別集

和葉艾庵白湖竹枝詞三十首一卷　（清）姚朝翽撰　稿本　一冊

330000－1705－0005956　善4350　集部/別集類/清別集

映紅樓詩稿三卷　（清）王定祥撰　稿本　清梅調鼎批注　清王穆之題簽　清張翊儔跋　一冊

330000－1705－0005957　善 4320　集部/別集類/清別集

詩稿不分卷　稿本　一冊

330000－1705－0005959　善 4305　集部/別集類/清別集

是程堂集十四卷二集四卷　（清）屠倬撰　清嘉慶十九年至二十五年(1814－1820)真州官舍刻本　五冊

330000－1705－0005960　善 4361　集部/別集類/清別集

妙香齋集四卷　（清）楊長年撰　清抄本四冊

330000－1705－0005961　善 4321　集部/別集類/清別集

吾悔集一卷　（清）郭傳璞撰　稿本　一冊

330000－1705－0005962　善 4351　集部/別集類/清別集

映紅樓詩稿五卷　（清）王定祥撰　稿本　清趙之蘭題記　一冊

330000－1705－0005963　善 4380　集部/別集類/清別集

五指山樵詩一卷　（清）馮驥聲撰　清抄本一冊

330000－1705－0005964　善 4275　集部/別集類/清別集

采蘭堂詩文稿不分卷　（清）谷際岐撰　稿本　一冊

330000－1705－0005965　善 4410　集部/總集類/彙編之屬

江湖小集　（宋）陳起編　清抄本　一冊

330000－1705－0005966　善 4322　集部/別集類/清別集

瓊游速藻不分卷　（清）郭傳璞撰　清金峨山館抄本　二冊

330000－1705－0005967　善 4362　史部/傳記類/日記之屬

越縵堂日記不分卷　（清）李慈銘撰　清宣統

二年(1910)紹興公報社鉛印本　五冊

330000－1705－0005968　善 4276　集部/別集類/清別集

白湖詩稿八卷文稿八卷時文一卷　（清）葉燕撰　清小隱山莊抄本　八冊

330000－1705－0005969　善 4379　集部/別集類/清別集

白鶴山館文集不分卷　（清）鄭崇敬撰　稿本二冊

330000－1705－0005970　善 4287　集部/別集類/清別集

生涯百詠四卷　（清）晦香主人撰　清抄本一冊

330000－1705－0005972　善 4406　集部/總集類/氏族之屬

范文正公忠宣公全集七十三卷　（宋）范仲淹（宋）范純仁撰　清康熙四十六年(1707)范氏歲寒堂刻本　十六冊

330000－1705－0005974　善 4323　集部/別集類/清別集

金戈雜箸不分卷　（清）郭傳璞撰　稿本二冊

330000－1705－0005975　善 4407　集部/總集類/彙編之屬

蘇黃風流小品十六卷　（明）黃嘉惠編　明刻本　二冊

330000－1705－0005976　善 4366　集部/別集類/清別集

見山樓詩稿四卷　（清）張翊儁撰　清抄本二冊　存二卷(三至四)

330000－1705－0005977　善 4307　集部/別集類/清別集

夢花樓未刪稿一卷　（清）葉元堦撰　稿本一冊

330000－1705－0005979　善 4288　集部/別集類/清別集

伴梅軒詩草一卷　（清）紹修撰　稿本　一冊

330000－1705－0005981　　善4324　　集部/別
集類/清別集

金戈山館文稿不分卷　（清）郭傳璞撰　稿本
清唐鏡沅觀款　二冊

330000－1705－0005983　　善4289　　集部/總
集類/題詠之屬

雲間清嘯集一卷　（清）陶振撰　清金星軺文
瑞樓抄本　一冊

330000－1705－0005984　　善4309　　集部/別
集類/清別集

辛卯生詩四卷　（清）吳衡照撰　清道光刻本
朱鼎煦題記　清張叔未批並校　二冊

330000－1705－0005985　　善4368　　集部/別
集類/清別集

拙尊園叢槀三卷　（清）黎庶昌撰　清抄本
四冊

330000－1705－0005986　　善4325　　集部/別
集類/清別集

金戈山館詩稿四種　（清）郭傳璞撰　稿本
清蔡簜、清施補□、清孫德祖、清金和、清孫
峴、清陳繼聰觀款　清王蟻記　五冊

330000－1705－0005987　　善4290　　集部/總
集類/題詠之屬

不律唅一卷　（清）蔡名衡撰　稿本　一冊

330000－1705－0005988　　善4348　　集部/別
集類/清別集

映紅樓文稿不分卷　（清）王定祥撰　清抄本
一冊

330000－1705－0005990　　善4369　　集部/別
集類/清別集

養拙山房留刪初槀一卷　（清）王慈撰　稿本
一冊

330000－1705－0005991　　善4308　　集部/別
集類/清別集

存存集十六卷瓿賸一卷　（清）余穀撰　稿本
十二冊

330000－1705－0005992　　善4405　　集部/總

集類/選集之屬/通代

唐宋八大家文鈔一百六十六卷　（明）茅坤編
明萬曆七年(1579)茅一桂刻本　十三冊
存三種

330000－1705－0005993　　善4310　　集部/別
集類/清別集

春暉堂詩稿六卷雜著一卷　（清）董景沛撰
清抄本　四冊

330000－1705－0005994　　善4411　　集部/總
集類/彙編之屬

詩詞雜俎十二種　（明）毛晉輯　明天啓至崇
禎海虞毛氏汲古閣刻清古松堂印本　六冊
存九種

330000－1705－0005995　　善4371　　集部/別
集類/清別集

對山樓詩詞稿不分卷　（清）王燾撰　稿本
一冊

330000－1705－0005996　　善4330　　集部/別
集類/清別集

運甓齋詩稿十三卷　（清）陳勱撰　稿本
二冊

330000－1705－0005997　　善4337　　集部/總
集類/選集之屬/斷代

紅犀館詩課八卷　（清）姚燮撰　稿本　二冊
存三卷(五至七)

330000－1705－0005998　　善4311　　集部/別
集類/清別集

湖泊寶稼堂文集稿一卷董氏譜次行次一卷
（清）董瀾撰　清抄本　二冊

330000－1705－0005999　　善4414　　集部/總
集類/彙編之屬

元詩四大家二十七卷　（明）毛晉編　明崇禎
海虞毛氏汲古閣刻本　四冊　存二種

330000－1705－0006000　　善4326　　集部/別
集類/清別集

金戈山館詩集二卷　（清）郭傳璞撰　稿本
一冊

330000－1705－0006001　善 4373　集部/別集類/清別集

巢溪詩草不分卷　（清）江紹華撰　稿本　一冊

330000－1705－0006002　善 4415　集部/總集類/選集之屬/通代

三家詠物詩三卷　（清）賀光烈編　清康熙刻本　一冊

330000－1705－0006003　善 4417　集部/總集類/彙編之屬

丘海二公文集合編　（清）焦映漢輯　（清）賈棠編　清康熙四十七年(1708)刻本　清徐時棟跋　八冊

330000－1705－0006004　善 4327　集部/別集類/清別集

雙桐齋文稿一卷　（清）李維鏞撰　清衣德樓抄本　一冊

330000－1705－0006005　善 4412　集部/總集類/彙編之屬

詩詞雜俎十二種　（明）毛晉輯　明天啓至崇禎海虞毛氏汲古閣刻本　五冊　存七種

330000－1705－0006006　善 4375　集部/別集類/清別集

聽秋吟館詩集不分卷　（清）葉元垚撰　稿本　一冊

330000－1705－0006007　善 4328　集部/別集類/清別集

雙桐書屋文稿不分卷　（清）李維鏞撰　清抄本　二冊

330000－1705－0006008　善 4408　集部/總集類/彙編之屬

蘇黃風流小品十六卷　（明）黃嘉惠編　明刻本　四冊

330000－1705－0006009　善 4339　集部/別集類/清別集

香消酒醒曲一卷　（清）姚燮撰　稿本　一冊

330000－1705－0006010　善 4329　集部/別集類/清別集

雙桐齋排律詩一卷　（清）李維鏞撰　清抄本　一冊

330000－1705－0006011　善 4340　集部/別集類/清別集

琴詠樓詩酌一卷　（清）姚景夔撰　稿本　清王韜、清陳樹滋跋　清仲芸識　一冊

330000－1705－0006012　善 4376　集部/別集類/清別集

芳汀詞一卷遊皖草一卷　（清）王蘅撰　稿本　朱鼎煦題記　一冊

330000－1705－0006013　善 4409　集部/總集類/氏族之屬

沈氏三先生文集六十一卷附錄二卷　（宋）□□輯　清鳴野山房抄本　十一冊　存二十六卷(西溪文集一至四、七至八,長興集二十一至三十二,雲巢編二至七;附錄一至二)

330000－1705－0006014　善 4335　集部/別集類/清別集

復莊詩問一卷　（清）姚燮撰　（清）蔣敦復選　清郭傳璞抄本　一冊

330000－1705－0006015　善 4432　集部/總集類/選集之屬/通代

六臣註文選六十卷　（南朝梁）蕭統輯　（唐）李善　（唐）呂延濟　（唐）劉良　（唐）張銑　（唐）李周翰　（唐）呂向注　明萬曆二年(1574)崔孔昕刻六年(1578)徐成位重修本　三十冊

330000－1705－0006016　善 4341　集部/別集類/清別集

瓶室詩卷一卷　（清）王景曾撰　稿本　清尚璠彬題記　清姚燮、朱鼎煦跋　一冊

330000－1705－0006017　善 4438　集部/總集類/選集之屬/通代

梁昭明文選二十四卷音譯一卷　（南朝梁）蕭統輯　（明）張鳳翼纂注　明天啟六年(1626)錢塘盧之頤刻本　八冊

330000－1705－0006018　善 4541　集部/總

集類/選集之屬/通代

詩紀一百五十六卷目錄三十六卷 （明）馮惟
訥輯 明萬曆吳琯、謝陞、陸弼、俞策刻本
十九冊 缺十六卷(目錄一至十六)

330000－1705－0006019 善4477 集部/總
集類/選集之屬/通代

古文淵鑒六十四卷 （清）徐乾學等輯注 清
康熙二十四年(1685)內府刻四色套印本 二
十四冊

330000－1705－0006020 善4165 集部/別
集類/清別集

崧泉詩漸存第一集一卷 （清）閭性道撰 清
康熙二十七年(1688)懷流堂刻本 朱鼎煦題
記 一冊

330000－1705－0006021 善4434 集部/總
集類/選集之屬/通代

六臣註文選六十卷 （南朝梁）蕭統輯 （唐）
李善 （唐）呂延濟 （唐）劉良 （唐）張銑
（唐）李周翰 （唐）呂向注 明萬曆二年
(1574)崔孔昕刻六年(1578)徐成位重修本
二十七冊 存五十四卷(一至三、六至四十
四、四十九至六十)

330000－1705－0006022 善4496 集部/總
集類/選集之屬/通代

尚友編十卷 （明）宋賓王輯 清抄本 十冊

330000－1705－0006023 善4497 集部/總
集類/選集之屬/通代

古逸書三十卷首一卷末一卷 （明）潘基慶輯
明萬曆刻本 八冊

330000－1705－0006024 善4471 集部/總
集類/選集之屬/通代

新刊名世文宗三十卷 （明）胡時化輯 明萬
曆刻本 十二冊

330000－1705－0006025 善4441 集部/總
集類/選集之屬/通代

文選十二卷 （南朝梁）蕭統輯 （明）張鳳翼
纂注 明萬曆刻本 七冊 存六卷(一至二、
五至六、八、十二)

330000－1705－0006026 善4440 集部/總
集類/選集之屬/通代

文選十二卷 （南朝梁）蕭統輯 （明）張鳳翼
纂注 明萬曆刻本 十一冊

330000－1705－0006027 善4543 集部/總
集類/選集之屬/通代

詩紀一百五十六卷目錄三十六卷 （明）馮惟
訥輯 明萬曆吳琯、謝陞、陸弼、俞策刻本
八冊 存六十三卷(三十一至七十三、八十五
至八十九、一百十五至一百二十、一百二十六
至一百三十四)

330000－1705－0006028 善4435 集部/總
集類/選集之屬/通代

六臣註文選六十卷 （南朝梁）蕭統輯 （唐）
李善 （唐）呂延濟 （唐）劉良 （唐）張銑
（唐）李周翰 （唐）呂向注 明萬曆二年
(1574)崔孔昕刻六年(1578)徐成位重修本
九冊 存十八卷(六至七、十七至十八、二十
一至二十二、二十五至三十、三十七至四十
二)

330000－1705－0006029 善4485 集部/總
集類/選集之屬/通代

古今濡削選章四十卷 （明）李國祥撰 明萬
曆刻本 八冊

330000－1705－0006030 善4331 集部/別
集類/清別集

鷹魚璩言初稿一卷 （清）吳清瑞撰 稿本
一冊

330000－1705－0006031 善4478 集部/總
集類/選集之屬/通代

古香齋新刻袖珍御選古文淵鑒六十四卷
（清）徐乾學等輯注 清光緒十年至十一年
(1884－1885)南海孔氏刻五色套印本 二十
九冊 缺三卷(一至三)

330000－1705－0006032 善4424 集部/總
集類/選集之屬/斷代

國朝三家文鈔三十二卷 （清）宋犖 （清）許
汝霖編 清康熙三十三年(1694)刻本 十
八冊

330000－1705－0006033　善 4545　集部/總集類/選集之屬/通代

詩紀一百五十六卷目錄三十六卷　（明）馮惟訥輯　明萬曆吳琯、謝陛、陸弼、俞策刻方天眷印本　九冊　存五十四卷（梁十七至三十三、初唐三十二至六十、盛唐一至八）

330000－1705－0006034　善 4498　集部/總集類/選集之屬/通代

古逸書三十卷首一卷末一卷　（明）潘基慶輯　明萬曆刻本　二冊　存八卷（二十四至三十、末）

330000－1705－0006035　善 4499　集部/總集類/選集之屬/通代

文體明辯六十一卷首一卷目錄六卷附錄十四卷附錄目錄二卷　（明）徐師曾輯　明萬曆建陽游榕銅活字印本　一冊　存二卷（附錄七至八）

330000－1705－0006036　善 4503　集部/總集類/選集之屬/通代

西山先生真文忠公文章正宗二十四卷　（宋）真德秀輯　明正德十五年（1520）馬卿刻本　九冊　存十六卷（一、六至七、十二至二十四）

330000－1705－0006037　善 4500　集部/總集類/選集之屬/通代

文章辨體五十卷外集五卷總論一卷　（明）吳訥輯　明嘉靖刻本　十六冊

330000－1705－0006038　善 4546　集部/總集類/選集之屬/通代

詩紀一百三十卷前集十卷附錄一卷外集四卷別集十二卷　（明）馮惟訥輯　明嘉靖三十九年（1560）甄敬刻本　一冊　存三卷（別集七至九）

330000－1705－0006039　善 4440－1　集部/總集類/選集之屬/通代

文選補遺四十卷　（元）陳仁子輯　明刻本　一冊　存四卷（三十二至三十五）

330000－1705－0006040　善 4421　集部/總集類/選集之屬/斷代

皇明十六名家小品三十二卷　（明）丁允和（明）陸雲龍編　明崇禎六年（1633）錢塘陸雲龍崢霄館刻本　十冊

330000－1705－0006041　善 4479　集部/總集類/選集之屬/通代

新刊迂齋先生標註崇古文訣三十五卷　（宋）樓昉輯　明刻本　八冊

330000－1705－0006042　善 4442　集部/總集類/選集之屬/通代

新刊續補文選纂註十二卷　（明）陳仁輯（明）張鳳翼增訂　明刻本　清楊泰亨題記　四冊

330000－1705－0006043　善 4480　集部/總集類/選集之屬/通代

新刊迂齋先生標註崇古文訣三十五卷　（宋）樓昉輯　明刻本　一冊　存四卷（三十二至三十五）

330000－1705－0006044　善 4419　集部/總集類/彙編之屬

文瑞樓彙刻書　（清）金檀編　清康熙至雍正刻本　八冊　存四十四卷（清江貝先生詩集一至十，清江貝先生文集一至三十,巽隱程先生詩集一至二、文集一至二）

330000－1705－0006045　善 4544　集部/總集類/選集之屬/通代

詩紀一百三十卷前集十卷附錄一卷外集四卷別集十二卷　（明）馮惟訥輯　明嘉靖三十九年（1560）甄敬刻本　十冊　存四十七卷（十六至二十、六十四至七十二、七十八至九十七、一百十三至一百十九,別集四至九）

330000－1705－0006046　善 4461　集部/總集類/選集之屬/通代

文編六十四卷　（明）唐順之輯　明嘉靖胡帛刻本　二冊　存六卷（十五至十六、四十二至四十五）

330000－1705－0006047　善 4491　集部/總集類/選集之屬/通代

文則四卷　（明）張雲路輯　明嘉靖三十四年

(1555)張雲路刻本　一冊　存一卷(四)

330000－1705－0006048　善4492　集部/總集類/選集之屬/通代

文致不分卷　(明)劉士鏻輯　(明)閔無頗(明)閔昭明集評　明天啓元年(1621)閔元衢刻朱墨套印本　一冊

330000－1705－0006049　善4493　集部/總集類/選集之屬/通代

刪補古今文致十卷　(明)劉士鏻輯　(明)王宇增補　明天啓刻本　五冊

330000－1705－0006050　善4505　集部/總集類/選集之屬/通代

西山先生真文忠公文章正宗二十四卷　(宋)真德秀輯　明嘉靖四十三年(1564)李豸、李磐刻本　十一冊　缺二卷(十一至十二)

330000－1705－0006051　善4495　集部/總集類/尺牘之屬

翰海十二卷　(明)沈佳胤輯　明崇禎刻本四冊

330000－1705－0006052　善4482　集部/總集類/選集之屬/通代

古文雋十六卷　(明)趙燿輯　明萬曆六年(1578)徐中行刻本　十一冊　存十三卷(一至四、六至十二、十五至十六)

330000－1705－0006053　善4437　集部/總集類/選集之屬/通代

六臣註文選六十卷　(南朝梁)蕭統輯　(唐)李善　(唐)呂延濟　(唐)劉良　(唐)張銑　(唐)李周翰　(唐)呂向注　明刻本　一冊存二卷(五十九至六十)

330000－1705－0006054　善4436　集部/總集類/選集之屬/通代

六臣註文選六十卷　(南朝梁)蕭統輯　(唐)李善　(唐)呂延濟　(唐)劉良　(唐)張銑　(唐)李周翰　(唐)呂向注　明刻本　一冊存二卷(四至五)

330000－1705－0006055　善4420　集部/總集類/選集之屬/斷代

翠娛閣評選行笈必攜　(明)陸雲龍編　明崇禎陸雲龍翠娛閣刻本　一冊　存一種

330000－1705－0006056　善4476　集部/總集類/選集之屬/通代

古文淵鑒六十四卷　(清)徐乾學等輯注　清康熙二十四年(1685)內府刻四色套印本　二十四冊

330000－1705－0006057　善4453　集部/總集類/選集之屬/通代

古文苑二十一卷　(宋)章樵注　明刻本四冊

330000－1705－0006058　善4547　集部/總集類/選集之屬/通代

石倉十二代詩選　(明)曹學佺輯　明崇禎刻本　七十七冊　存十種

330000－1705－0006059　善4494　集部/總集類/選集之屬/通代

刪補古今文致十卷　(明)劉士鏻輯　(明)王宇增補　明天啓刻本　六冊

330000－1705－0006060　善4506　集部/總集類/選集之屬/通代

集錄真西山文章正宗三十卷　(宋)真德秀輯　明嘉靖二十三年(1544)太原孔天胤刻本八冊　存十三卷(一至十三)

330000－1705－0006061　善4378　集部/別集類/清別集

詩契齋詞鈔一卷　(清)許玉瑑撰　稿本　清陳少春、清潘鍾瑞跋　一冊

330000－1705－0006062　善4507　集部/總集類/選集之屬/通代

西山先生真文忠公文章正宗二十四卷續二十卷　(宋)真德秀輯　明刻本　四冊　存八卷(文章正宗六至十一、十八至十九)

330000－1705－0006063　善4377　集部/別集類/清別集

睡餘錄一卷　(清)趙桂瀛撰　清抄本　清譚獻校　一冊

330000 – 1705 – 0006064　善 4460　集部/總集類/選集之屬/通代

文編六十四卷　（明）唐順之輯　明嘉靖胡帛刻本　十六冊　存三十四卷（七至九、十三至十四、十九至二十、二十三至三十、三十八至四十、四十五至四十八、五十一至五十八、六十一至六十四）

330000 – 1705 – 0006065　善 4423　集部/總集類/選集之屬/斷代

奏雅世業十卷　（明）來日升　（清）來集之撰　清順治來氏倘湖小築刻本　二冊　存五卷（一至五）

330000 – 1705 – 0006066　善 4501　集部/總集類/課藝之屬

策學統宗不分卷　明刻本　朱鼎煦題記　一冊

330000 – 1705 – 0006067　善 4508　集部/總集類/選集之屬/通代

西山先生真文忠公文章正宗二十四卷續二十卷　（宋）真德秀輯　明嘉靖四十三年(1564)杜陵蔣氏家塾刻本　二冊　存四卷（文章正宗十至十一、十四至十五）

330000 – 1705 – 0006068　善 4466　集部/總集類/選集之屬/通代

諸儒箋解古文真寶前集十卷後集十卷　（元）黃堅輯　明萬曆十一年(1583)司禮監刻本　四冊

330000 – 1705 – 0006069　善 4418　集部/總集類/氏族之屬

午夢堂集二十三卷　（明）葉紹袁編　明崇禎刻本　一冊　存四卷（愁言,補遺,返生香,附集）

330000 – 1705 – 0006070　善 4483　集部/總集類/選集之屬/通代

古文類選六卷　（明）陳瑞輯　明隆慶元年(1567)胡志夔刻本　六冊

330000 – 1705 – 0006071　善 4516　集部/總集類/尺牘之屬

如面談十六卷　（明）鍾惺輯　明刻本　七冊　存十四卷（一至十一、十四至十六）

330000 – 1705 – 0006072　善 4467　集部/總集類/選集之屬/通代

諸儒箋解古文真寶前集十卷後集十卷　（元）黃堅輯　明萬曆十一年(1583)司禮監刻本　二冊　存十卷（前集一至十）

330000 – 1705 – 0006073　善 4488　集部/總集類/彙編之屬

文翰類選大成一百六十三卷　（明）李伯璵（明）馮厚輯　明成化八年(1472)淮府刻弘治十四年(1501)、嘉靖二十五年(1546)遞修本　八冊　存二十卷（二十五至三十、三十五至三十七、六十二至六十六、一百二十三至一百二十四、一百三十一至一百三十二、一百三十六至一百三十七）

330000 – 1705 – 0006074　善 4511　集部/總集類/選集之屬/通代

西山先生真文忠公文章正宗二十四卷續二十卷　（宋）真德秀輯　明嘉靖四十三年(1564)杜陵蔣氏家塾刻本　十冊　存二十卷（續文章正宗一至二十）

330000 – 1705 – 0006075　善 4425　集部/總集類/選集之屬/通代

文選六十卷　（南朝梁）蕭統輯　（唐）李善注　明刻本　三冊　存六卷（三十七至四十二）

330000 – 1705 – 0006076　善 4604　集部/總集類/選集之屬/通代

御定歷代題畫詩類一百二十卷　（清）陳邦彥輯　清康熙四十六年(1707)內府刻本　三十二冊

330000 – 1705 – 0006077　善 4606　集部/總集類/選集之屬/通代

御定歷代題畫詩類一百二十卷　（清）陳邦彥輯　清康熙四十六年(1707)內府刻本　十二冊　缺十一卷（十五至二十、六十一至六十五）

330000 – 1705 – 0006078　善 4512　集部/總

集類/選集之屬/通代

西山先生真文忠公文章正宗二十四卷續二十卷 （宋）真德秀輯　明嘉靖四十三年(1564)杜陵蔣氏家塾刻本　七冊　存十四卷（續文章正宗一至七、十二至十三、十六至二十）

330000－1705－0006079　善4585　集部/總集類/選集之屬/通代

賦苑八卷 （明）李鴻輯　明萬曆刻本　十六冊

330000－1705－0006080　善4486　集部/總集類/彙編之屬

妙絕古今不分卷 （宋）湯漢輯　明刻本　四冊

330000－1705－0006081　善4605　集部/總集類/選集之屬/通代

御定歷代題畫詩類一百二十卷 （清）陳邦彥輯　清康熙四十六年(1707)內府刻本　三十二冊

330000－1705－0006082　善4470　集部/總集類/選集之屬/通代

續古文會編五卷 （明）錢璠輯　明嘉靖十六年(1537)東湖書院木活字印本　二冊

330000－1705－0006083　善4586　集部/總集類/選集之屬/通代

辭賦標義十八卷 （明）俞王言輯　明萬曆二十九年(1601)海陽金溥刻本　六冊

330000－1705－0006084　善4560　集部/總集類/選集之屬/通代

詩歸五十一卷(古詩歸十五卷唐詩歸三十六卷) （明）鍾惺　（明）譚元春輯　明閔振業、閔振聲刻三色套印本　清楊泰亨題記四冊　存十五卷（古詩歸一至十五）

330000－1705－0006085　善4598　集部/總集類/尺牘之屬

新鐫古今名公尺牘彙編選註四卷 （明）王穉登選　（明）俞肇光注　明黃起元刻本　一冊　存一卷（一）

330000－1705－0006086　善4591　集部/總

集類/彙編之屬

四六法海十二卷 （明）王志堅輯　明天啟七年(1627)刻本　六冊

330000－1705－0006087　善4469　集部/總集類/選集之屬/通代

文字會寶不分卷 （明）朱文治輯　明萬曆三十六年(1608)朱氏刻本　四冊

330000－1705－0006088　善4520　集部/總集類/選集之屬/通代

秦漢文鈔十二卷 （明）馮有翼輯　（明）汪德元訂　明萬曆刻本　清張震圈讀　四冊

330000－1705－0006089　善4579　類叢部/叢書類/彙編之屬

古逸叢書二十六種 （清）黎庶昌編　清光緒八年至十年(1882－1884)黎庶昌日本東京使署影刻本　五冊　存一種

330000－1705－0006090　善4522　集部/總集類/選集之屬/通代

六朝文絜四卷 （清）許槤評選　清道光五年(1825)海昌許氏享金寶石齋刻朱墨套印本　二冊

330000－1705－0006091　善4593　集部/總集類/尺牘之屬

尺牘清裁六十卷補遺一卷 （明）王世貞輯　明隆慶五年(1571)吳郡王世貞刻本　五冊　缺十卷（四十一至五十）

330000－1705－0006092　善4561　集部/總集類/選集之屬/通代

詩歸五十一卷(古詩歸十五卷唐詩歸三十六卷) （明）鍾惺　（明）譚元春輯　明閔振業、閔振聲刻三色套印本　四冊　存十五卷（古詩歸一至十五）

330000－1705－0006093　善4530　集部/總集類/選集之屬/通代

古詩源十四卷 （清）沈德潛輯　清康熙五十八年(1719)竹嘯軒刻本　四冊

330000－1705－0006094　善4624　集部/總集類/選集之屬/斷代

南朝宋文二十八卷　（明）張采輯　明崇禎刻本　十四冊

330000－1705－0006095　善4517　子部/雜著類/雜纂之屬

小窗四紀四種　（明）吳從先輯　明萬曆刻本　八冊　存一種（小窗艶紀）

330000－1705－0006096　善4458　集部/總集類/選集之屬/通代

文苑春秋四卷　（明）崔銑輯　明嘉靖十七年（1538）刻本　朱鼎煦題記　二冊　存二卷（三至四）

330000－1705－0006097　善4594　集部/總集類/尺牘之屬

尺牘清裁六十卷補遺一卷　（明）王世貞輯　明隆慶五年（1571）吳郡王世貞刻本　三冊　存二十二卷（一至二十二）

330000－1705－0006098　善4622　集部/總集類/彙編之屬

文紀十四種　（明）梅鼎祚輯　明崇禎刻本　八冊　存一種

330000－1705－0006099　善4532　集部/總集類/選集之屬/通代

歷朝詩選二十四卷　（清）胡瑩輯　清悅性山房抄本　二十三冊　缺一卷（六）

330000－1705－0006100　善4548　集部/總集類/選集之屬/通代

選詩七卷附詩人世次爵里一卷　（南朝梁）蕭統輯　（明）郭正域批點　（明）凌濛初輯評　明凌濛初刻朱墨套印本　五冊　缺一卷（詩人世次爵里）

330000－1705－0006101　善4549　集部/總集類/選集之屬/通代

選詩七卷附詩人世次爵里一卷　（南朝梁）蕭統輯　（明）郭正域批點　（明）凌濛初輯評　明凌濛初刻朱墨套印本　三冊　缺二卷（六至七）

330000－1705－0006102　善4456　類叢部/叢書類/彙編之屬

岱南閣叢書二十種　（清）孫星衍編　清乾隆五十年至嘉慶十四年（1785－1809）蘭陵孫氏刻本　二冊　存一種

330000－1705－0006103　善4534　集部/總集類/選集之屬/通代

瀛奎律髓四十九卷　（元）方回輯　清康熙五十年至五十一年（1711－1712）吳寶芝黃葉邨莊刻本　六冊

330000－1705－0006104　善4578　集部/總集類/選集之屬/通代

呂祖編年詩集九卷呂氏詩鈔一卷　題（清）火西月輯　清康熙刻本　八冊

330000－1705－0006105　善4599　集部/總集類/尺牘之屬

新鐫古今名公尺牘彙編選註四卷　（明）王穉登選　（明）俞肇光注　明黃起元刻本　一冊　存一卷（一）

330000－1705－0006106　善4535　集部/總集類/選集之屬/通代

瀛奎律髓四十九卷　（元）方回輯　清康熙五十年至五十一年（1711－1712）吳寶芝黃葉邨莊刻本　十冊

330000－1705－0006107　善4600　類叢部/叢書類/自著之屬

春浮園集八種　（明）蕭士瑋撰　清康熙刻本　四冊　存一種

330000－1705－0006108　善4621　集部/總集類/氏族之屬

漢人家書不分卷　清初抄本　一冊

330000－1705－0006109　善4623、善4619　集部/總集類/彙編之屬

文紀十四種　（明）梅鼎祚輯　明崇禎刻本　十九冊　存二種

330000－1705－0006110　善4455　類叢部/叢書類/彙編之屬

岱南閣叢書二十種　（清）孫星衍編　清乾隆五十年至嘉慶十四年（1785－1809）蘭陵孫氏刻本　四冊　存一種

330000－1705－0006111　善4601　集部/總集類/選集之屬/通代

精刻古今女史十二卷詩集八卷姓氏字里詳節一卷　（明）趙世杰　（明）朱錫綸輯　明崇禎武林趙世杰問奇閣刻本　十二冊

330000－1705－0006112　善4576　集部/總集類/選集之屬/通代

回文類聚四卷首一卷　（宋）桑世昌輯　**織錦回文圖一卷回文類聚續編十卷首一卷**　（清）朱象賢輯並繪　清刻麟玉堂印本　四冊

330000－1705－0006113　善4454　集部/總集類/選集之屬/通代

古文苑二十一卷　（宋）章樵注　明刻本　孫家溎題記　四冊　缺五卷（一至五）

330000－1705－0006114　善4629　集部/總集類/選集之屬/斷代

重校正唐文粹一百卷　（宋）姚鉉輯　明嘉靖六年（1527）東陽張大輪刻本　七冊　存三十七卷（五至十六、二十七至二十九、三十四、四十二至五十五、九十三至九十九）

330000－1705－0006115　善4607　經部/春秋左傳類/傳說之屬

春秋詞命三卷　（明）王鏊輯　（明）王徹注　明刻本　一冊

330000－1705－0006116　善4577　集部/總集類/選集之屬/通代

回文類聚四卷　（宋）桑世昌輯　**續集一卷**　（清）朱存孝續纂　清康熙刻本　一冊

330000－1705－0006117　善4643　集部/總集類/選集之屬/斷代

御定全唐詩錄一百卷詩人年表一卷　（清）徐倬等輯　清康熙四十五年（1706）揚州詩局刻本　十六冊　缺一卷（詩人年表）

330000－1705－0006118　善4447　集部/總集類/選集之屬/通代

文選尤十四卷　（南朝梁）蕭統輯　（明）鄒思明刪訂　明天啓二年（1622）刻三色套印本　十四冊

330000－1705－0006119　善4572　集部/總集類/選集之屬/通代

八代詩乘四十五卷吳詩一卷總錄二卷末二卷　（明）梅鼎祚輯　明萬曆十一年（1583）劉文顯、徐象慶等刻三十四年（1606）寧國郡續刻本　十冊

330000－1705－0006120　善4609　經部/春秋左傳類/傳說之屬

春秋詞命三卷　（明）王鏊輯　（明）王徹注　明萬曆二十七年（1599）喻繩祖刻本　一冊

330000－1705－0006121　善4450　集部/總集類/選集之屬/通代

廣文選六十卷　（明）劉節輯　明嘉靖十六年（1537）陳蕙揚州書院刻本　八冊　存五十一卷（一至二十三、三十三至六十）

330000－1705－0006122　善4610　史部/史抄類

西漢書不分卷　（明）孫維明輯　明抄本　朱鼎煦跋　一冊

330000－1705－0006123　善4641　集部/總集類/選集之屬/斷代

全唐詩九百卷目錄十二卷　（清）曹寅　（清）彭定求等輯　清康熙四十四年至四十六年（1705－1707）揚州詩局刻本　十冊　存六十六卷（第一函一至五十四、目錄一至十二）

330000－1705－0006124　善4631　集部/總集類/選集之屬/斷代

唐文粹一百卷　（宋）姚鉉輯　明刻本　十三冊　存八十一卷（一至九、十九至九十）

330000－1705－0006125　善4590　集部/總集類/選集之屬/通代

新刻旁註四六類函十二卷　（明）朱錦輯　（明）閔師孔旁注　明南都吳繼武刻本　五冊　存七卷（五至十一）

330000－1705－0006126　善4589　集部/總集類/選集之屬/通代

新刻旁註四六類函十二卷　（明）朱錦輯　（明）閔師孔旁注　明南都吳繼武刻本　二冊

330000－1705－0006127　善4634　集部/總集類/選集之屬/斷代

松陵集十卷　(唐)皮日休　(唐)陸龜蒙撰
明末毛氏汲古閣刻本　二冊

330000－1705－0006128　善4611　集部/總集類/選集之屬/斷代

兩漢文苑十卷　(明)申用懋　(明)申用嘉編
明刻本　七冊

330000－1705－0006129　善4644　集部/總集類/選集之屬/斷代

唐詩紀一百七十卷目錄三十四卷　(明)黃德水　(明)吳琯輯　明刻本　二冊　存十七卷(六十一至六十四、一百一至一百九,目錄三十一至三十四)

330000－1705－0006130　善4635　集部/總集類/選集之屬/斷代

松陵集十卷　(唐)皮日休　(唐)陸龜蒙撰
明末虞山毛晉汲古閣刻清初毛扆重修本　一冊　存四卷(一至四)

330000－1705－0006131　善4573　集部/總集類/選集之屬/通代

八代詩乘四十五卷吳詩一卷總錄二卷末二卷　(明)梅鼎祚輯　明萬曆十一年(1583)劉文顯、徐象慶等刻三十四年(1606)寧國郡續刻本　四冊　存二十三卷(漢魏詩乘一至二十、吳詩、總錄一、末一)

330000－1705－0006132　善4446　集部/總集類/選集之屬/通代

文選補遺四十卷　(元)陳仁子輯　明刻本
八冊　存三十二卷(二至十七、二十一至二十七、三十二至四十)

330000－1705－0006133　善4639　集部/總集類/選集之屬/斷代

宋洪魏公進萬首唐人絕句四十卷目錄四卷
(宋)洪邁輯　(明)趙宦光　(明)黃習遠補
明萬曆三十四年(1606)吳郡趙宦光寒山小宛堂刻本　一冊　存二卷(二十五至二十六)

330000－1705－0006134　善4584　集部/總集類/選集之屬/通代

選賦六卷　(南朝梁)蕭統輯　(明)郭正域評點　**名人世次爵里一卷**　明吳興凌氏鳳笙閣刻朱墨套印本　一冊　存一卷(四)

330000－1705－0006135　善4648　集部/總集類/選集之屬/通代

詩歸五十一卷(古詩歸十五卷唐詩歸三十六卷)　(明)鍾惺　(明)譚元春輯　明末刻本
六冊　存三十六卷(唐詩歸一至三十六)

330000－1705－0006136　善4636　集部/總集類/彙編之屬

李杜詩選十一卷　(明)張愈光編　(明)楊慎等評　明刻朱墨套印本　四冊

330000－1705－0006137　善4669　集部/總集類/選集之屬/斷代

唐詩正音六卷　(元)楊士弘輯　明刻本　一冊　存三卷(四至六)

330000－1705－0006138　善4647　集部/總集類/選集之屬/通代

詩歸五十一卷(古詩歸十五卷唐詩歸三十六卷)　(明)鍾惺　(明)譚元春輯　明萬曆四十五年(1617)刻本　九冊　存三十四卷(唐詩歸一至三、六至三十六)

330000－1705－0006139　善4675　集部/總集類/選集之屬/通代

刪正二馮評閱才調集二卷　(五代)韋縠輯
(清)紀昀刪正　清抄本　二冊

330000－1705－0006140　善4602　子部/雜著類/雜纂之屬

山林經濟籍二十四卷　(明)屠本畯輯　明萬曆惇德堂刻本　一冊　存二卷(一至二)

330000－1705－0006141　善4445　集部/總集類/選集之屬/通代

文選刪註十二卷　(明)王象乾撰　明萬曆刻本　十二冊

330000－1705－0006142　善4422　集部/總集類/彙編之屬

詩鈔三種三卷　清刻本　清金熙泰跋　二冊

330000－1705－0006143　善4571　集部/總集類/選集之屬/通代

八代詩乘四十五卷吳詩一卷總錄二卷末二卷　（明）梅鼎祚輯　明萬曆十一年（1583）劉文顯、徐象慶等刻三十四年（1606）寧國郡續刻本　十二冊

330000－1705－0006144　善4670　集部/總集類/選集之屬/斷代

唐詩正聲二十二卷　（明）高棅輯　明刻本　五冊　缺四卷（十六至十九）

330000－1705－0006145　善4658　集部/總集類/選集之屬/斷代

晚唐詩鈔二十六卷　（清）查克弘　（清）凌紹乾輯　清康熙十干詩塢刻本　二冊　存十四卷（一至十四）

330000－1705－0006146　善4638　集部/總集類/選集之屬/斷代

萬首唐人絕句一百一卷　（宋）洪邁輯　明嘉靖十九年（1540）陳敬學德星堂刻本　七冊　存十五卷（七言五十六至七十）

330000－1705－0006147　善4645　集部/總集類/選集之屬/斷代

唐詩類苑二百卷　（明）張之象輯　明萬曆二十九年（1601）曹仁孫刻本（卷九十五至九十六、一百六十三至一百六十四原缺）　七十冊

330000－1705－0006148　善4550甲　集部/總集類/選集之屬/通代

選詩補註八卷　（元）劉履撰　**選詩補遺二卷續編四卷**　（元）劉履輯　明嘉靖三十一年（1552）顧存仁養吾堂刻本　三冊　缺四卷（續編一至四）

330000－1705－0006149　善4673　集部/總集類/選集之屬/斷代

才調集十卷　（五代）韋縠輯　清康熙四十三年（1704）汪氏垂雲堂刻本　十冊

330000－1705－0006150　善4678　集部/總集類/選集之屬/斷代

宋文鑑一百五十卷目錄三卷　（宋）呂祖謙輯　明嘉靖五年（1526）晉府養德書院刻本　二十冊　存五十四卷（十九至二十一、七十三至一百九、一百十二至一百二十五）

330000－1705－0006151　善4550乙　集部/總集類/選集之屬/通代

選詩補註八卷　（元）劉履撰　**選詩補遺二卷續編四卷**　（元）劉履輯　明刻本　一冊　存四卷（續編一至四）

330000－1705－0006152　善4674　集部/總集類/選集之屬/斷代

才調集十卷　（五代）韋縠輯　清康熙垂雲堂刻本　二冊

330000－1705－0006153　善4677　集部/總集類/選集之屬/斷代

大宋文鑑一百五十卷目錄三卷　（宋）呂祖謙輯　明正德十三年（1518）慎獨齋刻本　三冊　存十卷（九十四至九十七、一百五至一百七、一百三十六至一百三十八）

330000－1705－0006154　善4699　集部/總集類/選集之屬/斷代

元文類七十卷目錄三卷　（元）蘇天爵編　明嘉靖十六年（1537）晉藩虛益堂刻本　四冊　存十四卷（三十一至三十六、四十二至四十四、六十七至七十一）

330000－1705－0006155　善4565　集部/總集類/選集之屬/通代

詩所五十六卷歷代名氏爵里一卷目次一卷　（明）臧懋循輯　明萬曆三十一年（1603）吳興臧懋循雕蟲館刻本　一冊　存一卷（目次）

330000－1705－0006156　善4709　集部/總集類/選集之屬/斷代

明文奇賞四十卷　（明）陳仁錫輯　明天啓三年（1623）刻本　二十冊　缺一卷（八）

330000－1705－0006157　善4646　集部/總集類/選集之屬/斷代

唐詩類苑二百卷　（明）張之象輯　明萬曆二十九年（1601）曹仁孫刻本（卷九十五至九十六、一百六十三至一百六十四原缺）　七十冊

存二十二卷(六十一至八十二)

330000－1705－0006158　善4708　集部/總集類/選集之屬/斷代

明文奇賞四十卷　（明）陳仁錫輯　明天啓三年(1623)刻本　二十冊

330000－1705－0006159　善4722　集部/總集類/選集之屬/斷代

明詩綜一百卷　（清）朱彝尊輯　（清）汪森等評　清康熙刻白蓮涇印本　二十三冊　缺四卷(十四至十七)

330000－1705－0006160　善4751　集部/總集類/郡邑之屬

新安文獻志一百卷先賢事畧二卷目錄二卷　（明）程敏政輯　明弘治十年(1497)祁司員、彭哲等刻本　二十冊

330000－1705－0006161　善4567　集部/總集類/選集之屬/通代

古今歲時雜詠四十六卷　（宋）蒲積中輯　清抄本　四冊　存三十二卷(一至三十二)

330000－1705－0006162　善4660　集部/總集類/選集之屬/斷代

唐詩品彙九十卷拾遺十卷詩人爵里詳節一卷　（明）高棅輯　（明）張恂訂　明末關中張恂刻本　三冊　存十卷(拾遺一至十)

330000－1705－0006163　善4768　集部/總集類/郡邑之屬

容城三賢集十二卷　（清）張斐然　（清）楊苣編　清康熙十八年(1679)刻本　十二冊

330000－1705－0006164　善4707　集部/總集類/選集之屬/斷代

皇明文衡一百卷目錄二卷　（明）程敏政輯　明嘉靖六年(1527)范震、李文會刻本　二十冊

330000－1705－0006165　善4691　集部/總集類/氏族之屬

靜觀室三蘇文選十六卷　（宋）蘇洵　（宋）蘇軾　（宋）蘇轍撰　（明）錢穀輯　明萬曆三十九年(1611)刻本　四冊

330000－1705－0006166　善4664　集部/總集類/選集之屬/斷代

唐詩品彙九十卷拾遺十卷詩人爵里詳節一卷　（明）高棅輯　明刻本　孫家淮題記　一冊　存八卷(唐詩品彙三十至三十七)

330000－1705－0006167　善4566　集部/總集類/選集之屬/通代

新刊古今名賢品彙註釋玉堂詩選八卷　（明）舒芬輯　（明）舒琛增補　（明）楊涼注編　明萬曆七年(1579)金陵唐氏富春堂刻本　五冊　存五卷(一至五)

330000－1705－0006168　善4735　集部/總集類/選集之屬/斷代

切問齋文鈔三十卷　（清）陸燿輯　清乾隆四十年(1775)刻本　十二冊

330000－1705－0006169　善4665　集部/總集類/選集之屬/斷代

唐詩品彙九十卷拾遺十卷詩人爵里詳節一卷　（明）高棅輯　明嘉靖刻本　四冊　存二十五卷(唐詩品彙四至七、三十八至四十五、五十六至六十三、七十一至七十五)

330000－1705－0006170　善4706　集部/總集類/選集之屬/斷代

皇明文徵七十四卷　（明）何喬遠輯　明崇禎四年(1631)溫陵何喬遠刻本　二十冊　存六十一卷(一至十、十九至五十、五十四至五十九、六十二至七十四)

330000－1705－0006171　善4692　集部/總集類/選集之屬/斷代

宋詩不分卷　清抄本　一冊

330000－1705－0006172　善4562　集部/總集類/選集之屬/通代

古詩類苑一百三十卷　（明）張之象纂輯　（明）俞顯卿訂補　明萬曆三十年(1602)俞顯謨、王潁、陳甲刻本　五冊　存十七卷(一至十七)

330000－1705－0006173　善4736　集部/總集類/選集之屬/斷代

遺民詩十六卷 （清）卓爾堪選輯 近青堂詩一卷 （清）卓爾堪撰 清康熙刻本 五冊 存十六卷（一至十六）

330000－1705－0006174 善4726 集部/總集類/選集之屬/斷代

皇明詩選十三卷 （清）李雯 （清）宋徵輿輯 明崇禎刻本 十二冊

330000－1705－0006175 善4767 集部/總集類/郡邑之屬

國朝山左詩鈔六十卷 （清）盧見曾輯 清乾隆二十三年（1758）德州盧見曾雅雨堂刻本 十九冊

330000－1705－0006177 善4666 集部/總集類/選集之屬/斷代

唐詩品彙九十卷拾遺十卷詩人爵里詳節一卷 （明）高棅輯 明嘉靖十八年（1539）牛斗刻本 一冊 存二卷（唐詩品彙三十二至三十三）

330000－1705－0006178 善4695 集部/總集類/選集之屬/斷代

中州集十卷首一卷中州樂府一卷 （金）元好問輯 明末海虞毛氏汲古閣刻本 孫家湛題簽 十一冊

330000－1705－0006179 善4686 集部/總集類/氏族之屬

三蘇先生文粹七十卷 （宋）蘇洵 （宋）蘇軾 （宋）蘇轍撰 明嘉靖十年（1531）金鰲刻本 十冊

330000－1705－0006180 善4716 集部/總集類/尺牘之屬

鐫國朝名公翰藻超奇十四卷 （明）徐宗夔批選 （明）唐廷仁校梓 明萬曆唐廷仁刻本 十冊 存十卷（一、五、七至十四）

330000－1705－0006181 善4748 集部/總集類/彙編之屬

玉山名勝集九卷外集一卷 （元）顧瑛編 清抄本 三冊 存七卷（一至七）

330000－1705－0006182 善4667 集部/總

唐詩品彙九十卷拾遺十卷詩人爵里詳節一卷 （明）高棅輯 明萬曆三十三年（1605）陸允中刻本 一冊 存三卷（唐詩品彙六十七至六十九）

330000－1705－0006183 善4696 集部/總集類/選集之屬/斷代

中州集十卷首一卷中州樂府一卷 （金）元好問輯 明末海虞毛氏汲古閣刻清古松堂印本 十二冊

330000－1705－0006184 善4752 集部/總集類/郡邑之屬

新安文獻志一百卷先賢事畧二卷目錄二卷 （明）程敏政輯 明弘治十年（1497）祁司員、彭哲等刻本 一冊 存二十五卷（一至二十五）

330000－1705－0006185 善4687 集部/總集類/氏族之屬

三蘇先生文粹七十卷 （宋）蘇洵 （宋）蘇軾 （宋）蘇轍撰 明嘉靖十年（1531）金鰲刻本 十冊

330000－1705－0006186 善4715 集部/總集類/選集之屬/斷代

皇明文則二十二卷 （明）懵蒙輯 明萬曆刻本 一冊 存一卷（八）

330000－1705－0006187 善4713 集部/總集類/選集之屬/斷代

明文授讀六十二卷 （清）黃宗羲輯 清康熙三十八年（1699）四明張錫琨味芹堂刻本 三十二冊 缺十五卷（四至六、十至十一、十四、四十三至四十五、五十至五十一、五十五至五十八）

330000－1705－0006188 善4766 集部/總集類/郡邑之屬

平山堂詩詞三卷 （清）曹溶等撰 清康熙十五年（1676）刻本 四冊

330000－1705－0006189 善4775 集部/總集類/郡邑之屬

四明四友詩六卷　（清）鄭梁輯　清康熙四十八年(1709)刻本　二冊

330000－1705－0006190　善4688　集部/總集類/氏族之屬

三蘇先生文粹七十卷　（宋）蘇洵　（宋）蘇軾　（宋）蘇轍撰　明嘉靖十年(1531)金鰲刻本　十冊

330000－1705－0006191　善4770　集部/總集類/郡邑之屬

越郡詩選四卷　（清）黃運泰　（清）毛奇齡輯　清初刻本　朱鼎煦　四冊

330000－1705－0006192　善4685　集部/總集類/氏族之屬

三蘇先生文集七十卷　（宋）蘇洵　（宋）蘇軾　（宋）蘇轍撰　明嘉靖四十三年(1564)歸仁齋刻本　十二冊

330000－1705－0006193　善4769　集部/總集類/郡邑之屬

西陵詠不分卷　（清）劉尹蕭撰　清康熙刻本　朱鼎煦題簽　二冊

330000－1705－0006194　善4690　集部/總集類/氏族之屬

新刻三蘇論策選粹八卷　（明）李時漸輯　明萬曆刻本　八冊

330000－1705－0006195　善0517　史部/紀傳類/正史之屬

晉書一百三十卷　（唐）房玄齡等撰　元刻明修本　六冊　存二十三卷(一至十、十四至十九、二十四至三十)

330000－1705－0006196　善4719　集部/總集類/選集之屬/斷代

岳石帆先生鑒定四六宙函三十卷　（明）李自榮輯　（明）王世茂注　明天啓五年(1625)華陽蔣時機刻本　八冊

330000－1705－0006197　善4754　集部/總集類/郡邑之屬

滕王閣集十卷　（明）董遵輯　明正德元年(1506)刻本　二冊

330000－1705－0006198　善4714　集部/總集類/選集之屬/斷代

明文在一百卷　（清）薛熙輯　清刻本　一冊　存七卷(九至十五)

330000－1705－0006199　善4681　集部/總集類/選集之屬/斷代

聖宋名賢五百家播芳大全文粹一百五十卷目錄十卷　（宋）魏齊賢　（宋）葉芬輯　清抄本　一冊　存七卷(一百四至一百十)

330000－1705－0006204　善4755　集部/總集類/郡邑之屬

南滁會景編十二卷　（明）趙廷瑞輯　明嘉靖三十四年(1555)高氏刻本　二冊　存五卷(一至二、六至八)

330000－1705－0006207　善4888　集部/詞類/總集之屬

中興以來絕妙詞選十卷　（宋）黃昇輯　明刻本　一冊　存二卷(一至二)

330000－1705－0006208　善4763　集部/總集類/郡邑之屬

秭歸外志八卷　（明）陳深輯　明刻本　三冊　缺一卷(二)

330000－1705－0006209　善4776　集部/總集類/郡邑之屬

四明詩幹三卷　（清）董慶西輯　四明宋僧詩一卷元僧詩一卷　（清）董濂輯　清六一山房抄本　二冊

330000－1705－0006210　善4700　集部/總集類/選集之屬/斷代

元詩選十集一百十卷首一卷　（清）顧嗣立輯　清康熙三十三年(1694)顧氏秀野草堂刻本　十六冊

330000－1705－0006211　善4684　類叢部/類書類/專類之屬

聖宋名賢四六叢珠一百卷　（宋）葉蕡輯　明范大澈臥雲山房抄本　十冊　存三十五卷(一至七、十一至三十八)

330000－1705－0006212　善4756　集部/總

集類/郡邑之屬

全蜀秇文志六十四卷 （明）楊愼編 明刻本
一冊 存三卷（二十八至三十）

330000－1705－0006213 善4777 集部/總
集類/郡邑之屬

甬上耆舊詩三十卷 （清）胡文學 （清）李鄴
嗣輯 清康熙十五年（1676）胡氏敬義堂刻本
十冊

330000－1705－0006214 善4734 集部/別
集類/明別集

熹廟拾遺雜咏一卷天啓宮詞一卷 （明）秦蘭
徵撰 清抄本 一冊

330000－1705－0006215 善4761 集部/總
集類/郡邑之屬

句餘八景一卷 （明）呂元調輯 明萬曆二年
（1574）刻本 一冊

330000－1705－0006216 善4778－1 集部/
總集類/郡邑之屬

續甬上耆舊詩七十九卷 （清）全祖望輯 清
抄本 八冊

330000－1705－0006217 善4680 集部/總
集類/選集之屬/斷代

校正重刊官板宋朝文鑑一百五十卷目錄三卷
（宋）呂祖謙編 明刻本 十八冊 缺一卷
（十）

330000－1705－0006218 善4778－2 集部/
總集類/郡邑之屬

續甬上耆舊詩不分卷 （清）全祖望輯 清抄
本 三冊

330000－1705－0006219 善4710 集部/總
集類/選集之屬/斷代

明文海四百八十二卷目錄三卷 （清）黃宗羲
輯 稿本 七冊 存二十三卷（十九至二十
二、三十八至四十二、五十一至五十四、一百
十四至一百十八、一百二十二至一百二十六）

330000－1705－0006220 善4779 集部/總
集類/郡邑之屬

甬上續耆舊集一百四十卷 （清）全祖望輯

清抄本 七冊 存一百二十五卷（一至十、二
十五至一百三十九）

330000－1705－0006221 善4721 集部/總
集類/課藝之屬

孝感瑞芝錄三卷 （明）陶治輯 明嘉靖刻本
一冊

330000－1705－0006222 善4787 集部/總
集類/選集之屬/斷代

小瀛洲十老社詩六卷 （明）錢孺穀 （明）鍾
祖述輯 **瀛洲社十老小傳一卷** （明）錢孺穀
撰 清乾隆三十五年（1770）刻本 二冊 缺
四卷（三至六）

330000－1705－0006223 善4786 集部/總
集類/郡邑之屬

宛雅初編八卷 （明）梅鼎祚輯 **二編八卷**
（清）施閏章 （清）蔡蓁春輯 **三編二十四卷**
（清）施念曾 （清）張汝霖輯 清刻本 二
冊 存八卷（二編一至八）

330000－1705－0006224 善4780 集部/總
集類/郡邑之屬

續甬上耆舊詩一百卷 （清）全祖望輯 清雙
韭山房抄本 八冊 存三十七卷（一至三十
七）

330000－1705－0006225 善4698 集部/總
集類/選集之屬/斷代

御訂全金詩增補中州集七十二卷首二卷
（金）元好問輯 （清）郭元釪補輯 清康熙五
十年（1711）內府刻乾隆五十四年（1789）西爽
閣重修本 五十七冊 存六十八卷（首上、
下，一至二十一、二十五至六十四、六十八至
七十二）

330000－1705－0006226 善4790 集部/總
集類/酬唱之屬

雪南倡和編三卷 （清）陳鑾 （清）王直淵
（清）溫曰鑑 （清）陳經撰 清嘉慶二十五年
（1820）陳氏說劍樓刻本 一冊

330000－1705－0006227 善4764 集部/總
集類/郡邑之屬

西湖竹枝集一卷楊鐵崖香奩集一卷　（元）楊維楨　（元）虞集等撰　明刻本　一冊

330000－1705－0006228　善4774　集部/總集類/郡邑之屬

明州八家選詩八卷　（清）李文胤　（清）徐鳳垣輯　清初刻本　四冊

330000－1705－0006229　善4733　集部/總集類/選集之屬/斷代

皇明近體詩抄二十九卷　（明）謝東山輯　明刻本　二冊　存四卷（五至六、二十五至二十六）

330000－1705－0006231　善4785　集部/總集類/酬唱之屬

雙溪倡和詩六卷　（清）徐倬輯　清康熙刻本　二冊

330000－1705－0006232　善4705　集部/總集類/選集之屬/斷代

皇明文範六十八卷目錄二卷　（明）張時徹輯　明刻本　九冊　存二十九卷（三至六、九、十五至二十七、四十七至四十八、五十九至六十三、六十五至六十八）

330000－1705－0006233　善4724　集部/總集類/選集之屬/斷代

皇明風雅四十卷　（明）徐泰輯　明嘉靖刻本　二冊　存十卷（十六至二十五）

330000－1705－0006234　善4809　集部/總集類/氏族之屬

勾江詩緒　（清）施江濤　（清）董正國等輯　清乾隆刻本　一冊　存三種

330000－1705－0006235　善4784　集部/總集類/郡邑之屬

四明文獻集五卷　（明）鄭真輯　清抄本　二冊

330000－1705－0006236　善4805　集部/總集類/氏族之屬

華氏傳芳集□□卷　（明）華守方輯　明成化十七年（1481）刻本　四冊　存十一卷（一至十一）

330000－1705－0006237　善4727　集部/總集類/選集之屬/斷代

明詩別裁集十二卷　（清）沈德潛　（清）周準輯　清乾隆四年（1739）刻本　四冊

330000－1705－0006238　善4789　集部/總集類/郡邑之屬

蛟川唱和集二卷　（清）鄭勳　（清）陳焯等撰　稿本　一冊

330000－1705－0006239　善4783　集部/總集類/郡邑之屬

四明文獻集摘抄不分卷　（清）徐時棟輯　清徐時棟煙嶼樓抄本　一冊

330000－1705－0006240　善4806　集部/總集類/氏族之屬

陶氏世吟草七卷　（明）陶銓等撰　明隆慶四年（1570）孫科刻本　一冊

330000－1705－0006241　善4697　集部/總集類/選集之屬/通代

御選宋金元明四朝詩三百二卷首二卷姓名爵里十三卷　（清）聖祖玄燁選　（清）張豫章等編　清康熙四十八年（1709）內府刻本　九冊　存一種

330000－1705－0006242　善4810　集部/總集類/氏族之屬

湯湘畦稻村家槀不分卷　（清）湯溢　（清）湯元芑撰　稿本　一冊

330000－1705－0006243　善4732　集部/總集類/選集之屬/斷代

明僧弘秀集十三卷　（明）毛晉輯　清抄本　一冊　存一卷（東臯錄上）

330000－1705－0006244　善4772　集部/總集類/郡邑之屬

吳風二卷　（清）宋犖輯　清康熙三十三年（1694）刻本　一冊

330000－1705－0006245　善4765　集部/總集類/郡邑之屬

甬東詩括十三卷　（明）楊德周等輯　明崇禎刻本　二冊　存五卷（九至十三）

330000－1705－0006246　善 4792　集部/總集類/郡邑之屬

耆舊詩二卷　稿本　一冊

330000－1705－0006247　善 4791　集部/總集類/郡邑之屬

股堰廟詩不分卷　清環碧山房抄本　朱鼎煦題記　二冊

330000－1705－0006248　善 4773　集部/總集類/郡邑之屬

新安二布衣詩八卷　（清）王士禛輯　清康熙四十三年（1704）新安汪洪度、吳瞻泰等刻本　二冊

330000－1705－0006249　善 4729　集部/總集類/選集之屬/斷代

明詩正聲六十卷　（明）盧純學輯　明萬曆十九年（1591）廣陵江一夔刻本　二冊　存十二卷（一至十二）

330000－1705－0006250　善 4807　集部/總集類/氏族之屬

世綸堂詩集六卷　（明）黃騏　（明）黃宗智等撰　明萬曆三年（1575）黃氏刻本　一冊

330000－1705－0006251　善 4811　集部/總集類/氏族之屬

吳越錢氏傳芳集一卷　（清）錢泳輯　清嘉慶十五年（1810）錢氏家刻本　清錢經藩批、跋並校　一冊

330000－1705－0006252　善 4771　集部/總集類/郡邑之屬

越中三子詩三卷　（清）郭毓輯　清乾隆十八年（1753）刻本　二冊

330000－1705－0006253　善 4720　集部/總集類/選集之屬/斷代

媚幽閣文娛八卷　（明）鄭元勳輯　明崇禎三年（1630）鄭元化刻本　三冊

330000－1705－0006254　善 4854　集部/詩文評類/詩評之屬

宋詩紀事一百卷　（清）厲鶚　（清）馬曰琯輯　清乾隆十一年（1746）厲氏樊榭山房刻本

（卷十一抄配）　十六冊

330000－1705－0006255　善 4974　集部/曲類/散曲之屬

新鎸古今大雅南宮詞紀六卷北宮詞紀六卷　（明）陳所聞選　（明）陳邦泰輯　明萬曆三十二年至三十三年（1604－1605）秣陵陳所聞繼志齋刻本　四冊

330000－1705－0006256　善 4937　集部/戲劇類/總集之屬/傳奇

六十種曲一百二十卷　（明）毛晉編　明末毛氏汲古閣刻本　四十七冊　存二十五種

330000－1705－0006257　善 4887　集部/詞類/總集之屬

花間集四卷　（五代）趙崇祚輯　（明）湯顯祖評　明刻朱墨套印本　四冊

330000－1705－0006258　善 4853　集部/詩文評類/詩評之屬

宋詩紀事一百卷　（清）厲鶚　（清）馬曰琯輯　清乾隆十一年（1746）厲氏樊榭山房刻本　三十二冊

330000－1705－0006259　善 4949、善 4950　集部/戲劇類/總集之屬/傳奇

六十種曲一百二十卷　（明）毛晉編　明末毛氏汲古閣刻本　三冊　存二種

330000－1705－0006260　善 4975　集部/曲類/散曲之屬

新鎸古今大雅南宮詞紀六卷北宮詞紀六卷　（明）陳所聞選　（明）陳邦泰輯　明萬曆三十二年至三十三年（1604－1605）秣陵陳所聞繼志齋刻本　四冊　存六卷（北宮詞紀一至六）

330000－1705－0006261　善 4808　集部/總集類/郡邑之屬

二范先生詩選二卷　（清）范超　（清）范逸撰　清道光二十三年（1843）王模抄本　清萬釗校　朱鼎煦題簽　一冊

330000－1705－0006262　善 4889　集部/詞類/總集之屬

新刊古今名賢草堂詩餘六卷　（明）李謹輯

明嘉靖十六年(1537)劉時濟刻本　二冊

330000 - 1705 - 0006263　善 4847　集部/詩文評類/詩評之屬

精選古今名賢叢話詩林廣記十卷後集十卷
(宋)蔡正孫輯　明刻本　二冊　存五卷(廣記一至五)

330000 - 1705 - 0006264　善 4891　集部/詞類/總集之屬

類編草堂詩餘四卷　(宋)何士信輯　(明)顧從敬編次　明嘉靖二十九年(1550)顧汝所刻本　二冊

330000 - 1705 - 0006265　善 4967 甲　集部/戲劇類/雜劇之屬

鏡裡花傳奇二卷　(清)□□撰　清抄本二冊

330000 - 1705 - 0006266　善 4882　集部/詞類/類編之屬

宋名家詞六十一種九十卷　(明)毛晉編　明崇禎虞山毛氏汲古閣刻本　六冊　存八種

330000 - 1705 - 0006267　善 4915　集部/詞類/別集之屬

蕭臺公餘詞一卷　(宋)姚述堯撰　清抄本一冊

330000 - 1705 - 0006268　善 4967 乙　集部/戲劇類/雜劇之屬

鏡裡花傳奇二卷　(清)□□撰　清抄本二冊

330000 - 1705 - 0006269　善 4849　集部/詩文評類/詩評之屬

精選古今名賢叢話詩林廣記十卷後集十卷
(宋)蔡正孫輯　明弘治十年(1497)張鼐刻本　四冊

330000 - 1705 - 0006270　善 0364　經部/小學類/音韻之屬/韻書

書學正韻三十六卷　(元)楊桓撰　元刻本六冊　存二十卷(一至三、九至二十一、二十二至二十五)

330000 - 1705 - 0006271　善 4922　集部/詞類/詞譜之屬

碎金詞譜十四卷續譜六卷碎金詞韻四卷
(清)謝元淮撰　清道光二十八年(1848)刻朱墨套印本　七冊　存二十卷(一至十四、續譜一至六)

330000 - 1705 - 0006272　善 4972　史部/史評類/詠史之屬

廿一史彈詞註十卷　(明)楊慎撰　(清)張三異增定　(清)張仲璜注　**明史彈詞註一卷**
(清)張三異撰　(清)張仲璜注　清雍正五年(1727)樹玉堂刻本　三冊　存八卷(一至八)

330000 - 1705 - 0006273　善 4952　集部/戲劇類/總集之屬/傳奇

粲花齋新樂府四種八卷　(明)吳炳撰　明末刻金陵兩衡堂印本　二冊　存一種

330000 - 1705 - 0006274　善 4892　集部/詞類/總集之屬

古香岑草堂詩餘四集十七卷　(明)□□輯　明末刻本　十冊

330000 - 1705 - 0006275　善 4813　集部/總集類/選集之屬/斷代

雙節詩文初集二卷附一卷　(清)汪輝祖輯　清乾隆三十二年(1767)汪輝祖自刻本　一冊

330000 - 1705 - 0006276　善 4883　集部/詞類/類編之屬

宋名家詞六十一種九十卷　(明)毛晉編　明崇禎虞山毛氏汲古閣刻本　一冊　存一種

330000 - 1705 - 0006277　善 4924　集部/戲劇類/總集之屬/雜劇

元曲選十集一百卷　(明)臧懋循編　**論曲一卷**　(明)陶宗儀等撰　**元曲論一卷**　明萬曆刻本　十冊　存三十二種

330000 - 1705 - 0006278　善 4966　集部/戲劇類/傳奇之屬

石榴記傳奇四卷　(清)黃振撰　清乾隆三十七年(1772)柴灣村舍刻嘉慶己未擁書樓重印本　五冊

330000－1705－0006279　善4884　集部/詞類/總集之屬

秦張兩先生詩餘合璧二卷　（明）王象晉編　明崇禎八年(1635)濟南王象晉刻本　一冊

330000－1705－0006280　善4893　集部/詞類/總集之屬

草堂詩餘五卷　（明）楊慎輯　（清）芬綠軒主人訂　清抄本　清花汀主人批並跋　朱鼎煦題簽　一冊

330000－1705－0006281　善4953　集部/曲類/散曲之屬

青郵傳奇二卷　（明）吳炳編次　明崇禎刻本　一冊

330000－1705－0006282　善4836　集部/詩文評類/文評之屬

文心雕龍十卷　（南朝梁）劉勰撰　明刻本　朱鼎煦跋　二冊

330000－1705－0006283　善4945、善4951　集部/曲類/曲韻曲譜曲律之屬

審音鑑古錄不分卷六十六折　清道光十四年(1834)東鄉王繼善刻本　二冊　存十二折(紅梨記一至四、牡丹亭一至八)

330000－1705－0006284　善4954　集部/戲劇類/傳奇之屬

眉樓載花船傳奇二卷　（明）孤山放鶴人填詞　（明）河泛槎客評閱　清抄本　一冊

330000－1705－0006285　善4886　集部/詞類/類編之屬

詞苑英華九種　（明）毛晉編　明崇禎毛氏汲古閣刻本　三冊　存三種

330000－1705－0006286　善4895　集部/詞類/總集之屬

花草稡編十二卷　（明）陳耀文輯　**樂府指迷一卷**　（宋）沈義父撰　明萬曆十一年(1583)陳耀文刻本　十二冊

330000－1705－0006287　善4860　集部/別集類/明別集

讀杜詩愚得十八卷　（明）單復撰　明刻本

朱鼎煦跋　一冊　存二卷(十一至十二)

330000－1705－0006288　善4979　集部/曲類/曲韻曲譜曲律之屬

度曲須知二卷絃索辨訛三卷　（明）沈寵綏撰　明崇禎十二年(1639)松陵沈寵綏刻清順治六年(1649)沈標重修本　一冊　存二卷(度曲須知一至二)

330000－1705－0006289　善4946　集部/戲劇類/傳奇之屬

湯義仍先生南柯夢記二卷　（明）湯顯祖撰　明末刻玉茗堂四種傳奇本　一冊

330000－1705－0006290　善4955　集部/戲劇類/傳奇之屬

繡襦記四卷　（明）薛近兗撰　明末刻朱墨套印本　二冊　缺一卷(三)

330000－1705－0006291　善4865　集部/詩文評類/詩評之屬

豫章詩話六卷　（明）郭子章撰　明萬曆三十年(1602)莆田吳獻台刻本　四冊

330000－1705－0006292　善4898　集部/詞類/別集之屬

稼軒長短句十二卷　（宋）辛棄疾撰　清光緒十四年(1888)臨桂王氏家塾刻四印齋所刻詞本　張宗祥校點並跋　二冊

330000－1705－0006293　善4956　集部/戲劇類/傳奇之屬

懷遠堂批點燕子箋二卷　（明）阮大鋮撰　清初刻本　二冊

330000－1705－0006294　善4863　集部/詩文評類/詩評之屬

升菴詩話四卷　（明）楊慎撰　明嘉靖刻本　秉衡、竹坡題記　四冊

330000－1705－0006295　善4947　集部/戲劇類/傳奇之屬

紫釵記二卷　（明）湯顯祖撰　明萬曆刻本　一冊　存一卷(上)

330000－1705－0006296　善4917　集部/詞

類/別集之屬

蓮社詞二卷 （清）雷葆廉撰 清鴿峰草堂抄本 一冊

330000－1705－0006297 善4918 集部/詞類/別集之屬

秋霞詞一卷繡鴛詞一卷 （清）孫麟趾撰 清周左季鴿峰草堂抄本 二冊

330000－1705－0006298 善4973 集部/曲類/諸宮調之屬

筆歌二卷首一卷 清刻本 沈元魁跋 二冊

330000－1705－0006299 善4872 集部/詩文評類/制藝之屬

新刻增補藝苑卮言十六卷 （明）王世貞撰 明刻本 一冊 存四卷（五至八）

330000－1705－0006300 善4845 集部/詩文評類/詩評之屬

後村詩話十四卷 （宋）劉克莊撰 明抄本 三冊 存六卷（九至十四）

330000－1705－0006301 善4948 集部/戲劇類/總集之屬/傳奇

六十種曲一百二十卷 （明）毛晉編 明末毛氏汲古閣刻本 一冊 存一種

330000－1705－0006303 善4957 集部/戲劇類/傳奇之屬

桃花扇傳奇二卷 （清）孔尚任撰 清康熙刻本 一冊 存一卷（二）

330000－1705－0006304 善4899 集部/詞類/別集之屬

日湖漁唱三卷補遺一卷續補遺一卷 （宋）陳允平撰 清徐氏烟嶼樓抄本 徐時棟題記 一冊

330000－1705－0006305 善4846 子部/雜著類/雜說之屬

古學鉤玄十卷 （宋）陳騤纂輯 明崇禎十年（1637）新都潘虎臣刻本 一冊 存五卷（一至五）

330000－1705－0006306 善4920 集部/詞類/詞話之屬

楊升菴辭品四卷 （明）楊慎撰 明萬曆四十六年（1618）越州周懋宗刻本 一冊

330000－1705－0006307 善4968 集部/戲劇類/總集之屬/傳奇

茗雪山房二種曲四卷 （清）彭劍南撰 清道光八年（1828）水繪園刻本 二冊 存一種

330000－1705－0006308 善4938 集部/戲劇類/傳奇之屬

金蓮記二卷 （明）陳汝元撰 明萬曆三十四年（1606）陳氏函三館刻本 朱鼎煦跋 二冊

330000－1705－0006309 善4923 集部/詞類/詞譜之屬

碎金詞六卷 （清）謝元淮撰 清道光二十四年（1844）刻朱墨套印本 一冊

330000－1705－0006310 善4961 集部/戲劇類/傳奇之屬

揚州夢二卷三十二齣 （清）嵇永仁撰 清康熙葭秋堂刻本 二冊

330000－1705－0006311 善4958 類叢部/叢書類/家集之屬

陳氏叢書十三種 （清）陳濬 （清）陳宸書撰 清嘉慶至同治刻本 一冊 存一種

330000－1705－0006312 善4840 集部/詩文評類/詩評之屬

全唐詩話三卷 （宋）尤袤撰 明正德二年（1507）秦昂刻本 二冊 存二卷（上、中）

330000－1705－0006313 善4901 集部/詞類/別集之屬

天籟集二卷 （元）白樸撰 清蕭山王氏無求安居抄本 清王篨跋 二冊

330000－1705－0006314 善4871 集部/詩文評類/制藝之屬

新刻增補藝苑卮言十六卷 （明）王世貞撰 明刻本 一冊 存二卷（十三至十四）

330000－1705－0006315 善4925 集部/戲劇類/總集之屬/雜劇

元曲選十集一百卷　（明）臧懋循編　**論曲一卷**　（明）陶宗儀等撰　**元曲論一卷**　明萬曆刻本　一冊　存二種

330000－1705－0006316　善4978　集部/曲類/散曲之屬

曲律四卷　（明）王驥德撰　明刻本　朱鼎煦跋　一冊　存二卷（一至二）

330000－1705－0006317　善4842　集部/詩文評類/詩評之屬

唐詩紀事八十一卷　（宋）計有功撰　明崇禎五年（1632）毛氏汲古閣刻本　五冊　存三十二卷（二十四至三十五、三十七至五十六）

330000－1705－0006318　善4959　集部/戲劇類/傳奇之屬

秣陵春傳奇二卷四十一齣　（清）吳偉業撰　清初刻本　二冊

330000－1705－0006319　善4939　集部/戲劇類/傳奇之屬

雙盃記□卷　（明）□□撰　明刻本　一冊　存一卷（下）

330000－1705－0006320　善4844　集部/詩文評類/詩評之屬

漁隱叢話前集六十卷後集四十卷　（宋）胡仔撰　清乾隆五年至六年（1740－1741）楊佑啓耘經樓刻本　十冊

330000－1705－0006321　善4908　集部/詞類/類編之屬

國朝名家詩餘四十卷附刻二卷　（清）孫默編　清康熙休寧孫氏留松閣刻本　一冊　存三卷（蓉渡詞一至三）

330000－1705－0006322　善4928　集部/戲劇類/雜劇之屬

增補箋註繪像第六才子西廂釋解八卷　（元）王德信　（元）關漢卿撰　清康熙郁郁堂刻本　六冊

330000－1705－0006323　善4940　集部/戲劇類/傳奇之屬

牡丹亭還魂記二卷五十五齣　（明）湯顯祖撰　明萬曆刻本　二冊

330000－1705－0006324　善4976　集部/曲類/曲韻曲譜曲律之屬

舊編南九宮譜十卷附十三調南曲音節譜　（明）蔣孝輯　明嘉靖三徑草堂刻本　一冊

330000－1705－0006325　善4909　集部/詞類/別集之屬

蘿村詞二卷　（清）羅坤撰　清半山園刻本　二冊

330000－1705－0006326　善4941　集部/戲劇類/傳奇之屬

牡丹亭還魂記（玉茗堂傳奇）二卷五十五齣　（明）湯顯祖撰　明刻本　二冊

330000－1705－0006327　善4962　集部/戲劇類/傳奇之屬

醉高歌傳奇三劇十二折　（清）張雍敬撰　清乾隆三年（1738）靈雀軒刻本　二冊

330000－1705－0006328　善4977　集部/曲類/曲選之屬

鈔南宮詞紀　（明）梁少自　（明）陳所聞撰　明抄本　一冊

330000－1705－0006329　善4910　集部/詞類/別集之屬

菊園詩餘四卷　（清）金士芳撰　清乾隆三十二年（1767）刻本　一冊

330000－1705－0006330　善5021　類叢部/叢書類/彙編之屬

津逮祕書十五集一百四十種　（明）毛晉編　明崇禎虞山毛氏汲古閣刻本　八冊　存十七種

330000－1705－0006331　善4880　集部/詞類/類編之屬

典雅詞十四種　清鴿峰草堂抄本　五冊

330000－1705－0006332　善4930　集部/別集類/明別集

徐文長文集三十卷　（明）徐渭撰　（明）袁宏道評點　明萬曆四十二年（1614）鍾人傑刻本

一冊　存一卷(四聲猿一)

330000－1705－0006333　善 5002　類叢部/
叢書類/彙編之屬

夷門廣牘一百七種　(明)周履靖編　明萬曆
二十五年(1597)金陵荊山書林刻本　孫家淮
題記　三十九冊　存九十六種

330000－1705－0006334　善 4981　類叢部/
叢書類/彙編之屬

百川學海一百種一百七十九卷　(宋)左圭編
明弘治十四年(1501)無錫華珵刻本　十五
冊　存八十六種

330000－1705－0006335　善 4929　集部/戲
劇類/雜劇之屬

誠齋樂府三十卷　(明)朱有燉撰　明永樂、
宣德、正統朱有燉刻本　一冊　存一卷(新編
李亞仙花酒曲江池)

330000－1705－0006336　善 5010　類叢部/
叢書類/郡邑之屬

鹽邑志林四十一種附一種　(明)樊維城彙編
明天啟三年(1623)樊維城刻本　四十冊
存四十一種

330000－1705－0006337　善 4931　集部/戲
劇類/雜劇之屬

四聲猿四卷　(明)徐渭撰　明延閣刻本
一冊

330000－1705－0006338　善 4965　集部/戲
劇類/傳奇之屬

漁邨記二卷　(清)韓錫胙撰　清乾隆三十四
年(1769)妙有山房刻本　二冊

330000－1705－0006339　善 4877　集部/小
說類/短篇之屬

重鐫繡像今古奇觀四十卷　(明)抱甕老人輯
清會成堂刻本　八冊

330000－1705－0006340　善 5019　類叢部/
叢書類/彙編之屬

津逮祕書十五集一百四十種　(明)毛晉編
明崇禎虞山毛氏汲古閣刻本　四十冊　存三
十二種

330000－1705－0006341　善 4969　集部/戲
劇類/雜劇之屬

後尋親四折　清抄本　一冊

330000－1705－0006342　善 4964　集部/戲
劇類/傳奇之屬

魚水緣傳奇二卷　(清)周書撰　清乾隆二十
六年(1761)博文堂刻本　二冊

330000－1705－0006343　善 5014　類叢部/
叢書類/彙編之屬

稗海四十八種續集二十二種　(明)商濬編
明萬曆商氏半埜堂刻清康熙至乾隆修補重訂
本　五十五冊　存三十三種

330000－1705－0006344　善 4932　集部/戲
劇類/雜劇之屬

兩紗二卷秋風三疊三卷　(清)來集之撰　清
初來氏倘湖小築刻本　一冊

330000－1705－0006345　善 0604　史部/編
年類/通代之屬

**少微先生高明大字資治通鑑節要五十六卷外
紀四卷**　(宋)江贄撰　明刻本　一冊　存三
卷(五至七)

330000－1705－0006346　善 5024　類叢部/
叢書類/彙編之屬

羣芳清玩十二種十六卷　(明)李嶼編　清抄
本　四冊

330000－1705－0006347　善 4996　類叢部/
叢書類/彙編之屬

今獻彙言三十九種　(明)高鳴鳳編　明刻本
四冊　存二十二種

330000－1705－0006349　善 4874　集部/詩
文評類/詩評之屬

梟亭詩話二卷　(清)陶元藻撰　清刻本
一冊

330000－1705－0006350　善 4873　集部/詩
文評類/詩評之屬

載酒園詩話五卷皺水軒詞荃一卷　(清)賀裳
論次　清初賀氏載酒園、皺水軒刻本　二冊

330000－1705－0006351　善 4933　集部/戲劇類/總集之屬

古名家雜劇□□種　（明）陳與郊編　明刻本　二冊　存四種

330000－1705－0006352　善 4934　集部/戲劇類/總集之屬/傳奇

蟠桃會一卷　清四色抄本　一冊

330000－1705－0006353　善 4875　集部/小說類/短篇之屬

皇明小說八種□□卷　（明）□□撰　明刻本　一冊

330000－1705－0006354　善 4935　類叢部/叢書類/自著之屬

西堂全集　（清）尤侗撰　清康熙刻本　二冊　存一種

330000－1705－0006355　善 5026　類叢部/叢書類/彙編之屬

寶顏堂祕笈二百二十八種　（明）陳繼儒編　明萬曆至泰昌繡水沈氏刻本　三十五冊　存六十二種

330000－1705－0006356　善 5005　類叢部/叢書類/彙編之屬

壽養叢書三十五種　（明）胡文煥編　明萬曆錢塘胡文煥刻本　三十冊　存二十種

330000－1705－0006357　善 4911　集部/詞類/別集之屬

彈指詞二卷　（清）顧貞觀撰　清乾隆十八年（1753）刻本　二冊

330000－1705－0006358　善 4971　集部/戲劇類/傳奇之屬

某心雪傳奇十一卷　（清）姚燮撰　清抄本　一冊

330000－1705－0006359　善 5031　類叢部/叢書類/彙編之屬

古逸叢書二十六種　（清）黎庶昌編　清光緒八年至十年（1882－1884）黎庶昌日本東京使署影刻本　四十九冊

330000－1705－0006360　善 5032　集部/總集類/彙編之屬

蕭天民手錄五卷　（清）蕭逸編　清抄本　六冊

330000－1705－0006361　善 4912　集部/詞類/別集之屬

新樂府詞一卷　（清）萬斯同撰　清同治八年（1869）陳魚門刻本　許憩批並跋　一冊

330000－1705－0006362　善 4942　集部/戲劇類/傳奇之屬

玉茗堂還魂記二卷　（明）湯顯祖撰　清乾隆五十年（1785）冰絲館刻本　孫家湜題記　二冊

330000－1705－0006363　善 4913　集部/詞類/別集之屬

栩園詞棄稿四卷　（清）陳鬯恆撰　清康熙四十三年（1704）陳氏且樸齋刻本　一冊

330000－1705－0006364　善 5034　類叢部/叢書類/自著之屬

安溪李文貞公解（安溪李文貞公解義三種）三種　（清）李光地撰　清康熙六十一年（1722）李馥居業堂刻本　一冊

330000－1705－0006365　善 4982　類叢部/叢書類/彙編之屬

百川學海一百種一百七十九卷　（宋）左圭編　明刻本　二冊　存五種

330000－1705－0006366　善 5033　史部/雜史類/斷代之屬

吾學編六十九卷　（明）鄭曉撰　明隆慶元年（1567）鄭履淳刻本　十冊　存三十四卷（皇明大政記一至十，建文遜國記，皇明同姓諸王傳二至三、附異姓三王傳，皇明名臣記一至六、八至十六、二十一至二十四，皇明百官述二）

330000－1705－0006367　善 4914　集部/詞類/別集之屬

修真館詞稿四卷　（清）戴綬曾撰　稿本　清徐方增題簽並跋　清沈通駿、清錢步文題簽

清徐炳煃、清夏鳳翔、清楊國鼎、清蔣槐、清高光祖跋　一冊

330000－1705－0006368　善 4980　類叢部/叢書類/彙編之屬

百川學海一百種一百七十九卷　（宋）左圭編　明刻本　十六冊　存四十六種

330000－1705－0006369　善 5020　類叢部/叢書類/彙編之屬

津逮祕書十五集一百四十種　（明）毛晉編　明崇禎虞山毛氏汲古閣刻本　清胡貞樾批並跋　三十六冊　存十九種

330000－1705－0006370　善 5017　類叢部/叢書類/彙編之屬

薈古介書前集十六種後集九種　（明）邵闓生編　明天啓七年（1627）刻本　四冊　存十三種

330000－1705－0006371　善 5012　類叢部/叢書類/彙編之屬

閔刻十種　（明）閔元衢編　明閔元衢刻本　六冊

330000－1705－0006372　善 4983　類叢部/叢書類/彙編之屬

百川學海一百種一百七十九卷　（宋）左圭編　明刻本　一冊　存七種

330000－1705－0006373　善 5023　類叢部/叢書類/彙編之屬

山居小玩十種　（明）毛晉編　明末毛氏汲古閣刻本　一冊　存三種

330000－1705－0006374　善 4984　類叢部/叢書類/彙編之屬

百川學海一百種一百七十九卷　（宋）左圭編　明刻本　一冊　存七種

330000－1705－0006375　善 4993　類叢部/叢書類/彙編之屬

古今說海一百三十五種　（明）陸楫等編　明嘉靖二十三年（1544）陸楫儼山書院、雲山書院刻本　十三冊　存一百九種

330000－1705－0006376　善 5030　類叢部/叢書類/輯佚之屬

玉函山房輯佚書六百二十二種附一種　（清）馬國翰輯　清光緒九年（1883）長沙娜嬛館刻本　一冊　存二十種

330000－1705－0006377　善 5011　類叢部/叢書類/彙編之屬

璅探十種　（明）李蕸編　明崇禎三年（1630）淮南李氏刻本　三冊

330000－1705－0006378　善 4994　類叢部/叢書類/彙編之屬

古今說海一百三十五種　（明）陸楫等編　明嘉靖二十三年（1544）陸楫儼山書院、雲山書院刻本　十三冊　存三十五種

330000－1705－0006379　善 4992　類叢部/叢書類/彙編之屬

古今說海一百三十五種　（明）陸楫等編　明嘉靖二十三年（1544）陸楫儼山書院、雲山書院刻本　二十冊

330000－1705－0006380　善 4943　集部/戲劇類/傳奇之屬

箋注牡丹亭不分卷　（明）湯顯祖撰　（清）笠閣漁翁箋注　清乾隆二十七年（1762）刻本　四冊

330000－1705－0006381　善 5015　類叢部/叢書類/彙編之屬

稗海四十八種續集二十二種　（明）商濬編　明萬曆商氏半埜堂刻清康熙振鷺堂重編補刻本　十二冊　存十四種

330000－1705－0006382　善 5029　類叢部/叢書類/彙編之屬

唐人說薈一百六十五種　（清）陳世熙編　清刻本　一冊　存四種

330000－1705－0006383　善 0010　經部/易類/傳說之屬

橫渠先生易說三卷　（宋）張載撰　明刻本　一冊　存一卷（三）

330000－1705－0006384　善 4944　集部/戲

劇類/傳奇之屬

吳吳山三婦合評牡丹亭還魂記二卷五十五齣
（明）湯顯祖撰 （清）陳同 （清）談則
（清）錢宜批點 **或問一卷** （清）吳儀一撰
清康熙三十三年（1694）吳氏夢園刻本 四冊

330000－1705－0006385 善5001 類叢部/
叢書類/彙編之屬

紀錄彙編一百二十二種 （明）沈節甫編 明
萬曆四十五年（1617）陽羨陳于廷刻本 二十
六冊 存六十種

330000－1705－0006386 善5009 類叢部/
叢書類/彙編之屬

古今逸史四十二種 （明）吳琯編 明萬曆新
安吳琯刻本 五冊 存十五種

330000－1705－0006387 善0019 經部/易
類/傳說之屬

周易要義十卷 （宋）魏了翁撰 明抄本 二
冊 存七卷（一至三、七至十）

330000－1705－0006388 善4990 子部/小
說家類

顧氏明朝四十家小說四十種 （明）顧元慶編
明嘉靖十八年至二十年（1539－1541）顧氏
大石山房刻本 九冊 存十三種

330000－1705－0006389 善0017 經部/易
類/傳說之屬

周易義海撮要十二卷 （宋）李衡刪定 明抄
本 二冊 存二卷（一至二）

330000－1705－0006390 善5025 類叢部/
叢書類/彙編之屬

秘冊彙函二十四種一百四十三卷 （明）沈士
龍 （明）胡震亨編 明萬曆刻本 一冊 存
二種

330000－1705－0006391 善5022 類叢部/
叢書類/彙編之屬

津逮祕書十五集一百四十種 （明）毛晉編
明崇禎虞山毛氏汲古閣刻本 一冊 存三種

330000－1705－0006392 善0123 經部/周
禮類/傳說之屬

周禮句解十二卷 （宋）朱申撰 明刻本 三
冊 存九卷（四至十二）

330000－1705－0006393 善4987 類叢部/
叢書類/彙編之屬

說郛一百二十弓一千二百八十種 （明）陶宗
儀編 明末刻本 一冊 存七種

330000－1705－0006394 善0016 經部/易
類/傳說之屬

周易程朱傳義十卷易說綱領一卷 （宋）程頤
（宋）朱熹撰 **上下篇義一卷** （宋）程頤撰
易圖集錄一卷易五贊一卷筮儀一卷 （宋）
朱熹撰 明刻本 五冊 缺二卷（周易傳義
九至十）

330000－1705－0006395 善0259 經部/春
秋總義類/傳說之屬

**春秋集傳大全三十七卷序論一卷春秋二十四
國年表一卷諸國興廢說一卷** （明）胡廣等撰
明嘉靖九年（1530）安正堂刻十一年（1532）
劉仕中安正堂印本 六冊 存十七卷（十八
至三十、三十四至三十七）

330000－1705－0006396 善0153 經部/大
戴禮記類/分篇之屬

夏小正戴氏傳四卷 （宋）傅崧卿校注 明刻
本 一冊

330000－1705－0006397 善5003 類叢部/
叢書類/彙編之屬

小十三經十三種 （明）顧玄緯 （明）顧起經
編 明嘉靖祗洹館刻本 一冊 存四種（青
烏先生葬經、墨經、耒耜經、五木經）

330000－1705－0006398 善0365 經部/小
學類/音韻之屬/韻書

書學正韻三十六卷 （元）楊桓撰 元刻明修
本 十四冊 存三十一卷（三至四、六至八、
十一至三十六）

330000－1705－0006399 善4989 類叢部/
叢書類/彙編之屬

五朝小說五百二十三種 （明）□□編 明末
刻說郛及說郛續重編印本 九冊 存九十

六種

330000－1705－0006400　善 4988　類叢部/
叢書類/彙編之屬

說郛續四十六号五百三十八種　（明）陶珽編
　（清）李際期重訂　明刻本　一冊　存九種

330000－1705－0006401　善 0262　經部/春
秋總義類/傳說之屬

春秋世學三十二卷　（宋）豐稷案斷　（明）豐
坊釋義　明抄本　十三冊　存二十七卷（一
至二十七）

330000－1705－0006402　善 0157　經部/禮
記類/傳說之屬

禮記集說一百六十卷統說一卷　（宋）衛湜撰
　明抄本　七冊　存二十四卷（一百十三至
一百三十六）

330000－1705－0006403　善 0068　經部/書
類/傳說之屬

書經摘註六卷　畸人君公甫摘　明抄本
三冊

330000－1705－0006404　善 5004　類叢部/
叢書類/彙編之屬

格致叢書　（明）胡文煥編　明萬曆胡氏文會
堂刻本　朱鼎煦跋　二冊　存六種

330000－1705－0006405　善 0162　經部/三
禮總義類/通禮雜禮之屬

禮書一百五十卷　（宋）陳祥道撰　元至正七
年（1347）福州路儒學刻明修本　六冊　存八
十四卷（一至二十五、三十八至五十一、六十
七至一百十一）

330000－1705－0006406　善 0260　經部/春
秋總義類/傳說之屬

春秋私考三十六卷首一卷　（明）季本撰　明
嘉靖刻本　四冊　存十三卷（首，一至三、十
三至二十一）

330000－1705－0006407　善 0069　經部/書
類/傳說之屬

少坡先生佳製講解字訓註釋書經新說十卷
（明）沈鑾撰　（明）黃繼周集　明嘉靖二十三

年（1544）刻本　二冊　存六卷（一至六）

330000－1705－0006408　善 0663　史部/編
年類/斷代之屬

憲章錄四十六卷　（明）薛應旂撰　明萬曆二
年（1574）陸光宅刻本　三冊　存六卷（一至
二、八至九、四十五至四十六）

330000－1705－0006409　善 0250、善 0251
經部/春秋總義類/傳說之屬

**春秋四傳三十八卷綱領一卷提要一卷列國東
坡圖說一卷春秋二十國年表一卷諸國興廢說
一卷**　（宋）胡安國撰　明嘉靖吉澄刻樊獻科
重修本　九冊　存三十七卷（七至三十八、綱
領、提要、列國東坡圖說、春秋二十國年表、諸
國興廢說）

330000－1705－0006410　善 0261　史部/傳
記類/總傳之屬/斷代

春秋列傳五卷　（明）劉節撰　明刻本　四冊

330000－1705－0006411　善 0072　經部/書
類/傳說之屬

新鍥書經講義會編十二卷　（明）申時行撰
（明）李鴻編輯　（明）于用懋校訂　明萬曆二
十六年（1598）徐銓刻本　三冊　存六卷（一
至六）

330000－1705－0006412　善 5007　類叢部/
叢書類/彙編之屬

漢魏叢書三十八種　（明）程榮編　明萬曆二
十年（1592）新安程氏刻本　一冊　存二種

330000－1705－0006413　善 0294　經部/四
書類/總義之屬/傳說

虛齋蔡先生四書蒙引初稿十五卷　（明）蔡清
撰　明正德十五年（1520）李墀刻本　十三冊
存十三卷（一至六、八至十四）

330000－1705－0006414　善 0297　經部/四
書類/總義之屬/傳說

四書備考二十八卷考異四卷　（明）陳仁錫撰
　明末刻本　四冊　存八卷（六至七、十五至
十八、二十五至二十六）

330000－1705－0006415　善 0298　經部/四

書類/總義之屬/傳說

四書備考二十八卷考異四卷 （明）陳仁錫撰
明刻本　十六冊

330000－1705－0006416　善0074　經部/書
類/傳說之屬

鐫彙附百名公帷中粲論書經講義會編十二卷
（明）申時行撰　明刻本　一冊　存二卷
（六至七）

330000－1705－0006417　善0246　經部/春
秋總義類/傳說之屬

春秋胡氏傳集解三十卷　（明）陳喆撰　明嘉
靖九年(1530)安正堂刻本　八冊

330000－1705－0006418　善0540　史部/紀
傳類/正史之屬

魏書一百十四卷　（北齊）魏收撰　宋刻宋元
明遞修本　十八冊　存六十一卷（一至四十
三、九十七至一百十四）

330000－1705－0006419　善0531　史部/紀
傳類/正史之屬

梁書五十六卷　（唐）姚思廉撰　明萬曆三年
(1575)南京國子監刻本　十冊

330000－1705－0006420　善0165　經部/禮
記類/傳說之屬

禮記集說大全三十卷　（明）胡廣等輯　明刻
本　三冊　存三卷（三、五至六）

330000－1705－0006421　善0075　經部/書
類/傳說之屬

海川重刻狀元申先生書經主意七卷　（明）申
時行撰　明萬曆五年(1577)董氏刻本　一冊
存四卷（一至四）

330000－1705－0006422　善5027　類叢部/
叢書類/彙編之屬

唐宋叢書九十二種　（明）鍾人傑　（明）張遂
辰編　明末刻說郛及說郛續重編印本　二冊
存十種

330000－1705－0006423　善0331　經部/小
學類/訓詁之屬/群雅

埤雅二十卷　（宋）陸佃撰　明嘉靖元年

(1522)贛州府清獻堂刻本　三冊　存十五卷
（六至二十）

330000－1705－0006424　善0237　經部/春
秋總義類/傳說之屬

**春秋胡傳三十卷綱領一卷提要一卷諸國興廢
說一卷列國東坡圖說一卷正經音訓一卷**
（宋）胡安國撰　（宋）林堯叟音注　明崇仁書
堂刻本　四冊

330000－1705－0006425　善0147　經部/
叢編

十三經註疏三百三十五卷　（明）□□輯　明
嘉靖李元陽刻本　十九冊　存一種

330000－1705－0006426　善5008　類叢部/
叢書類/彙編之屬

廣漢魏叢書　（明）何允中編　明萬曆二十年
(1592)刻本　清徐時棟、朱鼎煦題記　三冊
存八種

330000－1705－0006427　善0283　經部/四
書類/孟子之屬/傳說

孟子張宣公解七卷　（宋）張栻撰　明抄本
一冊　存一卷（一）

330000－1705－0006428　善0026　經部/易
類/傳說之屬

**周易傳義大全二十四卷綱領一卷朱子圖說一
卷**　（明）胡廣等纂　明內府刻本　四冊　存
七卷（十四至十七、二十二至二十四）

330000－1705－0006429　善0263　經部/春
秋總義類/傳說之屬

春秋孔義十二卷　（明）高攀龍撰　（明）秦堈
編輯　明崇禎十三年(1640)秦堈刻本　二冊
存七卷（一至七）

330000－1705－0006430　善0052　經部/書
類/傳說之屬

書經集傳六卷　（宋）蔡沈撰　明抄本　一冊
存一卷（二）

330000－1705－0006431　善0334　類叢部/
叢書類/彙編之屬

格致叢書□□種　（明）胡文煥編　明萬曆胡

氏會堂刻本　一冊　存一種

330000－1705－0006432　善0295　經部/四書類/總義之屬/傳說

新刊武進荊川唐先生日錄四書拙講十卷　（明）唐順之撰　明隆慶二年(1568)歸仁齋刻本　三冊　存五卷(五、七至十)

330000－1705－0006433　善0090、善0217　經部/叢編

十三經註疏三百三十五卷　（明）□□輯　明嘉靖李元陽刻本　九冊　存二種

330000－1705－0006434　善0060　經部/書類/傳說之屬

尚書義粹三卷　（金）王若虛撰　明嘉靖七年(1528)刻本　一冊　存一卷(三)

330000－1705－0006435　善0253　經部/春秋總義類/傳說之屬

春秋四傳三十八卷綱領一卷提要一卷列國東坡圖說一卷春秋二十國年表一卷諸國興廢說一卷　（宋）胡安國撰　明刻本　二冊　存三卷(二十七至二十九)

330000－1705－0006436　善0341　經部/小學類/訓詁之屬/群雅

釋名八卷　（漢）劉熙撰　明刻藍印本　二冊

330000－1705－0006437　善0065　經部/書類/傳說之屬

書經大全十卷書序一卷　（明）胡廣等輯　明嘉靖十五年(1536)刻本　二冊　缺八卷(一至八)

330000－1705－0006438　善0214　經部/春秋總義類/傳說之屬

春秋左傳類解二十卷地譜世系一卷　（明）劉績撰　明弘治十年(1497)淮陰公舍刻本　二冊　存五卷(一、十六至十九)

330000－1705－0006439　善0291　經部/四書類/總義之屬/傳說

四書或問三十九卷　（宋）朱熹撰　明弘治十七年(1504)刻本　四冊　存十七卷(大學章句或問、論語或問五至二十)

330000－1705－0006440　善0067　經部/書類/傳說之屬

書傳大全十卷書說綱領一卷圖一卷　（明）胡廣等撰　明司禮監刻本　八冊　缺二卷(九至十)

330000－1705－0006441　善4985　類叢部/叢書類/彙編之屬

廣百川學海　（明）馮可賓編　明刻本　一冊　存九種

330000－1705－0006442　善0405　經部/小學類/音韻之屬/韻書

古今韻會舉要三十卷禮部韻署七音三十六母通攷一卷　（元）黃公紹撰　（元）熊忠舉要　元刻明修本　十冊

330000－1705－0006443　善0402　經部/小學類/音韻之屬/韻書

增修互註禮部韻略五卷　（宋）毛晃增注（宋）毛居正重修　元刻本　一冊　存一卷(五)

330000－1705－0006444　善0417　經部/小學類/音韻之屬/古今韻說

古今韻五卷　（明）張穎校輯　明刻本　一冊　存二卷(四至五)

330000－1705－0006445　善0526　史部/紀傳類/正史之屬

宋書一百卷　（南朝梁）沈約撰　宋刻宋元明遞修本　十六冊　存五十卷(一至十、十五至十六、十九至二十三、二十八至三十二、三十六至六十三)

330000－1705－0006446　善4986甲　類叢部/叢書類/彙編之屬

說郛一百二十弓一千二百八十種　（明）陶珽編　**說郛續四十六弓五百三十八種**　（明）陶珽編　（清）李際期重訂　明末刻清順治三年(1646)兩浙督學周南李際期宛委山堂印本　一百五十冊　存一千一百八十三種

330000－1705－0006447　善0549　史部/紀傳類/正史之屬

隋書八十五卷 （唐）魏徵 （唐）長孫無忌等撰 元大德饒州路儒學刻明景泰遞修本 十六冊

330000－1705－0006448 善0415 經部/小學類/音韻之屬/韻書

會通館集九經韻覽□□卷 （明）華燧輯 明弘治十一年(1498)華氏會通館銅活字印本 二冊 存七卷(八至十四)

330000－1705－0006449 善0096 經部/詩類/傳說之屬

詩經集傳八卷 （宋）朱熹撰 明刻本 二冊 存五卷(一至五)

330000－1705－0006450 善0484 史部/紀傳類/正史之屬

漢書一百卷 （漢）班固撰 （唐）顏師古注 元大德九年(1305)太平路儒學刻明成化正德遞修本 二十六冊 缺二十卷(十六至十九、二十九至三十一、四十八至五十二、六十六至七十、九十五至九十七)

330000－1705－0006451 善0151 經部/禮記類/傳說之屬

禮記纂言三十六卷 （元）吳澄撰 明正德十五年(1520)新安黃氏刻本 七冊 存三十二卷(一至二、七至三十六)

330000－1705－0006452 善0416 經部/小學類/音韻之屬/韻書

詩韻輯略五卷 （明）潘恩撰 明隆慶刻本 二冊 存二卷(一至二)

330000－1705－0006453 善0406 經部/小學類/音韻之屬/韻書

洪武正韻十六卷 （明）樂韶鳳 （明）宋濂等撰 明刻本 一冊 存三卷(七至九)

330000－1705－0006454 善0097 經部/詩類/傳說之屬

呂氏家塾讀詩記三十二卷 （宋）呂祖謙撰 明嘉靖十年(1531)傅應台南昌刻本 八冊 存二十三卷(五至二十七)

330000－1705－0006455 善0548 史部/紀

傳類/正史之屬

隋書八十五卷 （唐）魏徵 （唐）長孫無忌等撰 元大德饒州路儒學刻明正德、嘉靖遞修本 十六冊 存六十七卷(一至十八、二十二至七十)

330000－1705－0006456 善0122 經部/叢編

十三經註疏三百三十五卷 （明）□□輯 明嘉靖李元陽刻重修本 十四冊 存一種

330000－1705－0006457 善0418 經部/小學類/音韻之屬/韻書

吟囊一覽五卷 明萬曆刻本 一冊 存四卷(二至五)

330000－1705－0006458 善0366 子部/藝術類/書畫之屬/法帖

草書集韻五卷 （明）□□輯 明刻本 一冊 存一卷(一)

330000－1705－0006459 善0146 經部/禮記類/傳說之屬

禮記集說三十卷 （元）陳澔撰 明弘治九年(1496)莊襗刻本 二冊 存十五卷(十六至三十)

330000－1705－0006460 善0371 經部/小學類/文字之屬/字書/字典

新校經史海篇直音五卷 （明）□□輯 明刻本 一冊 存一卷(五)

330000－1705－0006461 善0247 經部/春秋左傳類/釋例之屬

精選東萊先生博議句解二十卷 （宋）呂祖謙撰 （宋）張成招注 明刻本 一冊 存八卷(九至十六)

330000－1705－0006462 善0539 史部/紀傳類/正史之屬

魏書一百十四卷 （北齊）魏收撰 宋刻宋元明遞修本 二十九冊 存七十八卷(十三至十九、二十一至二十六、二十九至三十、四十五至五十四、五十八至七十二、七十七至一百十四)

330000 – 1705 – 0006464　善 0179　經部/三禮總義類/通論之屬

三禮纂註四十九卷　(明)貢汝成撰　明萬曆三年(1575)陳俊刻本　十五冊　存二十八卷(一至五、八至十、二十二至二十四、二十六至二十九、三十三至三十六、三十八至四十六)

330000 – 1705 – 0006465　善 0215　經部/春秋左傳類/釋例之屬

春秋左史捷徑二卷　(明)劉守泰輯　明萬曆刻本　一冊　存一卷(下)

330000 – 1705 – 0006466　善 0238　經部/春秋總義類/傳說之屬

春秋胡傳三十卷綱領一卷提要一卷諸國興廢說一卷列國東坡圖說一卷正經音訓一卷　(宋)胡安國撰　(宋)林堯叟音注　明刻本　一冊　存九卷(二十二至三十)

330000 – 1705 – 0006467　善 0483　史部/紀傳類/別史之屬

續藏書二十七卷　(明)李贄撰　明天啓刻本　一冊　存三卷(一至三)

330000 – 1705 – 0006468　善 0446　史部/紀傳類/正史之屬

史記一百三十卷　(漢)司馬遷撰　(南朝宋)裴駰集解　(唐)司馬貞索隱　(唐)張守節正義　明嘉靖八年至九年(1529 – 1530)南京國子監刻本　三冊　存十二卷(六至七、四十三至五十二)

330000 – 1705 – 0006469　善 0524、善 0525　史部/紀傳類/正史之屬

宋書一百卷　(南朝梁)沈約撰　宋刻宋元明遞修本　六冊　存十五卷(十一至十四、十七至二十一、二十四至二十九)

330000 – 1705 – 0006470　善 0482　史部/紀傳類/別史之屬

續藏書二十七卷　(明)李贄撰　明萬曆刻本　八冊

330000 – 1705 – 0006471　善 0221　經部/春秋總義類/專著之屬

春秋繁露十七卷　(漢)董仲舒撰　明有嘉堂抄本　一冊　存六卷(十二至十七)

330000 – 1705 – 0006472　善 0192　經部/春秋左傳類/傳說之屬

春秋經傳集解三十卷　(晉)杜預注　(唐)陸德明釋文　明刻本　十五冊

330000 – 1705 – 0006473　善 0471　史部/紀傳類/正史之屬

北史一百卷　(唐)李延壽撰　元大德信州路儒學刻明嘉靖重修本　六冊　存十九卷(二十三至三十一、三十五至三十八、六十四至六十七、九十三至九十四)

330000 – 1705 – 0006474　善 0486　史部/紀傳類/正史之屬

前漢書一百卷　(漢)班固撰　(唐)顏師古注　明嘉靖汪文盛刻本　二十冊

330000 – 1705 – 0006475　善 0193　經部/春秋左傳類/傳說之屬

春秋經傳集解三十卷　(晉)杜預撰　(唐)陸德明釋文　明刻本　二冊　存五卷(十七至十九、二十九至三十)

330000 – 1705 – 0006476　善 0550　史部/紀傳類/正史之屬

唐書二百二十五卷　(宋)歐陽修　(宋)宋祁等撰　宋刻明遞修本　七冊　存三十九卷(二十八至六十六)

330000 – 1705 – 0006477　善 0191　經部/春秋左傳類/傳說之屬

春秋左傳杜林合註五十卷　(晉)杜預　(宋)林堯叟註釋　(唐)陸元朗音義　明刻本　五冊　存二十六卷(五至十、十六至二十、三十一至四十、四十六至五十)

330000 – 1705 – 0006478　善 0607　史部/編年類/通代之屬

資治通鑑節要續編三十卷　(明)張光啓撰　明刻本　馮貞群題記　十冊　存十四卷(一至八、十一至十三、二十三、二十九至三十)

330000 – 1705 – 0006479　善 0875　史部/傳

記類/別傳之屬/事狀

邵端峯先生[銳]遺範錄三卷 （明）邵子存
（明）邵亨夫撰 明嘉靖十九年（1540）刻本
一冊

330000－1705－0006480 善 0476 史部/紀
傳類/正史之屬

五代史記七十四卷 （宋）歐陽修撰 （宋）徐
無黨注 宋慶元刻元明遞修本 八冊

330000－1705－0006481 善 0124 經部/周
禮類/傳說之屬

周禮集說十一卷綱領一卷 （元）陳友仁輯
（明）劉儲秀編補 明刻本 十一冊 存十一
卷（一、三至十一，綱領）

330000－1705－0006482 善 5028 類叢部/
叢書類/彙編之屬

說鈴摘記□□種 （清）吳震方輯 （清）姜信
摘記 清乾隆四十九年（1784）姜信夢花書屋
抄本 二冊 存二十種

330000－1705－0006483 善 0125 經部/周
禮類/傳說之屬

周禮集說十一卷綱領一卷 （元）陳友仁輯
（明）劉儲秀編補 明刻本 二冊 存二卷
（三至四）

330000－1705－0006484 善 0142 經部/三
禮總義類/通禮雜禮之屬

儀禮經傳通解三十七卷 （宋）朱熹撰 **儀禮
經傳通解續二十九卷** （宋）黃榦 （宋）楊復
撰 明抄本 二冊 存五卷（一至二、續六至
八）

330000－1705－0006485 善 0516 史部/紀
傳類/正史之屬

晉書一百三十卷音義三卷 （唐）房玄齡等撰
（唐）何超音義 宋刻明修本 七冊 存三
十二卷（六至十三、二十五至二十七、四十一
至五十五、一百二十八至一百三十,音義一至
三）

330000－1705－0006486 善 0545 史部/紀
傳類/正史之屬

周書五十卷 （唐）令狐德棻等撰 宋刻元明
遞修本 四冊 存二十三卷（九至十四、二十
一至三十二、三十七至四十一）

330000－1705－0006487 善 0143 經部/儀
禮類/圖說之屬

儀禮圖十七卷旁通圖一卷 （宋）楊復撰 元
刻明修本 三冊 存十三卷（一至十三）

330000－1705－0006488 善 0570 史部/紀
傳類/正史之屬

二十一史二千五百六十七卷 明刻明清遞修
本 二十六冊 存一種

330000－1705－0006489 善 0554 史部/紀
傳類/正史之屬

宋史四百九十六卷目錄三卷 （元）脫脫等撰
明成化七年至十六年（1471－1480）朱英刻
嘉靖南京國子監重修本 一百冊 存三百四
十四卷（一至五十一、六十一至一百十七、一
百二十五至一百五十五、二百至二百三、二百
十至二百五十九、二百六十四至三百、三百二
至三百三十七、三百四十一至三百五十、四百
七至四百三十三、四百五十六至四百九十六）

330000－1705－0006490 善 0561 史部/紀
傳類/正史之屬

宋史新編二百卷 （明）柯維騏撰 明嘉靖刻
本 二十九冊 存一百二十五卷（一至二十
五、四十四至四十六、五十五至六十九、七十
四至一百四十七、一百六十一至一百六十四、
一百九十七至二百）

330000－1705－0006491 善 0612 史部/編
年類/通代之屬

資治通鑑綱目五十九卷 （宋）朱熹撰 元周
氏留畊書堂刻本 五冊 存十四卷（一至二、
十二至十四、十八至二十、三十六至三十八、
四十八至五十）

330000－1705－0006492 善 0145 經部/儀
禮類/傳說之屬

儀禮集說十七卷 （元）敖繼公撰 元大德刻
本 七冊 存十六卷（一至七、九至十七）

330000 – 1705 – 0006493　善 0542　史部/紀傳類/正史之屬

北齊書五十卷　（唐）李百藥撰　宋刻元明遞修本　七冊　存四十六卷（一至四十、四十五至五十）

330000 – 1705 – 0006494　善 0573　史部/紀傳類/正史之屬

元史二百十卷目錄二卷　（明）宋濂　（明）王禕等撰　明洪武三年(1370)內府刻嘉靖九年至十年(1530 – 1531)南京國子監重修本　一冊　存五卷（一百二十六至一百三十）

330000 – 1705 – 0006495　善 0534　史部/紀傳類/正史之屬

陳書三十六卷　（唐）姚思廉撰　宋刻明遞修本　四冊　存二十四卷（八至二十七、三十三至三十六）

330000 – 1705 – 0006496　善 0494　史部/紀傳類/正史之屬

漢書評林一百卷　（明）凌稚隆輯　明萬曆九年(1581)吳興凌稚隆刻本　五冊　存十三卷（一、四至十二、三十五至三十七）

330000 – 1705 – 0006497　善 0552　史部/紀傳類/正史之屬

唐書二百二十五卷　（宋）歐陽修　（宋）宋祁等撰　**釋音二十五卷**　（宋）董衝撰　明萬曆二十三年(1595)北京國子監刻本　六十一冊　存一百九十八卷（一至一百八十八、二百十六至二百二十五）

330000 – 1705 – 0006498　善 0580　類叢部/叢書類/彙編之屬

范氏奇書□□種　（明）范欽編　明范氏天一閣刻本　二冊　存一種

330000 – 1705 – 0006499　善 0562　史部/紀傳類/正史之屬

宋史新編二百卷　（明）柯維騏撰　明嘉靖刻本　五冊　存二十二卷（二十四至三十一、三十六至三十九、四十四至四十六、六十五至七十一）

330000 – 1705 – 0006500　善 0530　史部/紀傳類/正史之屬

梁書五十六卷　（唐）姚思廉撰　宋刻宋元明遞修本　八冊　存四十四卷（一至十三、二十二至四十九、五十四至五十六）

330000 – 1705 – 0006501　善 0581　類叢部/叢書類/彙編之屬

范氏奇書□□種　（明）范欽編　明范氏天一閣刻本　二冊　存一種

330000 – 1705 – 0006502　善 0458　史部/紀傳類/正史之屬

史記題評一百三十卷　（明）李元陽輯　明嘉靖十六年(1537)胡有恆、胡瑞刻本　二冊　存五卷（五至六、二十三至二十五）

330000 – 1705 – 0006503　善 0611　史部/編年類/通代之屬

通鑑綱目前編三卷　（明）許誥撰　明嘉靖五年(1526)刻本　二冊

330000 – 1705 – 0006504　善 0563　史部/紀傳類/正史之屬

宋史新編二百卷　（明）柯維騏撰　明嘉靖刻本　二冊　存十卷（九十三至九十七、一百四十九至一百五十三）

330000 – 1705 – 0006505　善 0584　史部/編年類/通代之屬

資治通鑑外紀十卷目錄五卷　（宋）劉恕撰　元延祐刻明修本　五冊　存十三卷（一至十、目錄一至三）

330000 – 1705 – 0006506　善 0618　史部/編年類/通代之屬

資治通鑑綱目五十九卷　（宋）朱熹撰　明刻本　二冊　存四卷（十八至十九、四十八至四十九）

330000 – 1705 – 0006507　善 0610　史部/編年類/通代之屬

訂正通鑑綱目前編二十五卷　（明）南軒撰　明萬曆刻本　一冊　存五卷（一至五）

330000 – 1705 – 0006508　善 0585　史部/編

年類/通代之屬

增定資治通鑑前編五卷 （明）陳桱撰　明新安吳勉學刻本　一冊

330000－1705－0006509　善0617　史部/編年類/通代之屬

資治通鑑綱目五十九卷 （宋）朱熹撰　明嘉靖刻本　五冊　存三卷（五十四至五十五、五十八）

330000－1705－0006510　善0459　史部/叢編

史漢評林 （明）凌稚隆輯　明萬曆烏程凌氏刻本　一冊　存一種

330000－1705－0006511　善0586　史部/編年類/通代之屬

司馬溫公經進稽古錄二十卷 （宋）司馬光撰　明弘治十四年（1501）楊璋刻本　一冊　存十三卷（一至十三）

330000－1705－0006512　善0625　史部/編年類/通代之屬

資治通鑑綱目集覽五十九卷 （元）王幼學撰　（明）陳濟正誤　明內府刻本　四冊　存二十七卷（一至二十七）

330000－1705－0006513　善0626　史部/編年類/通代之屬

資治通鑑綱目集覽五十九卷 （元）王幼學撰　（明）陳濟正誤　明內府刻本　一冊　存五卷（四至八）

330000－1705－0006514　善0619　史部/編年類/通代之屬

資治通鑑綱目五十九卷 （宋）朱熹撰　（元）汪克寬考異　（元）王幼學集覽　明刻本　十三冊　存三十九卷（六至八、十五至十七、二十七至五十九）

330000－1705－0006515　善0587　史部/編年類/通代之屬

司馬溫公稽古錄二十卷 （宋）司馬光撰　明范氏天一閣刻本　二冊

330000－1705－0006516　善0632　史部/編

年類/通代之屬

續資治通鑑六十四卷 （明）王宗沐編　明隆慶刻本　二冊　存七卷（四至七、六十二至六十四）

330000－1705－0006517　善0515　史部/紀傳類/正史之屬

晉書一百三十卷 （唐）房玄齡等撰　宋刻明修本　二十二冊　存一百八卷（一至二十七、三十一至三十六、四十四至一百十四、一百二十七至一百三十）

330000－1705－0006518　善0588　史部/編年類/通代之屬

司馬溫公稽古錄二十卷 （宋）司馬光撰　明范氏天一閣刻本　六冊

330000－1705－0006519　善0634　史部/編年類/通代之屬

宋元通鑑一百五十七卷 （明）薛應旂撰　明嘉靖四十五年（1566）薛應旂刻本　三冊　存十卷（十一至十四、十八至二十、六十三至六十五）

330000－1705－0006520　善0591　史部/編年類/通代之屬

資治通鑑二百九十四卷 （宋）司馬光撰　（元）胡三省音注　元刻明正德九年（1514）重補本　一冊　存四卷（一至四）

330000－1705－0006521　善0528　史部/紀傳類/正史之屬

南齊書五十九卷 （南朝梁）蕭子顯撰　宋刻元明遞修本　九冊　存四十五卷（一至十、二十五至五十九）

330000－1705－0006522　善0641　史部/編年類/通代之屬

重訂王鳳洲先生綱鑑會纂四十六卷續宋元紀二十三卷 （明）王世貞撰　（明）陳仁錫訂　明末刻本　四冊　存七卷（綱鑑會纂十五至十七、三十三至三十四，續宋元紀十四至十五）

330000－1705－0006523　善0637　史部/編

年類/通代之屬

續編資治宋元綱目大全二十七卷 （明）商輅
等撰　明嘉靖十年(1531)書林楊氏清江書堂
刻本　十冊

330000－1705－0006524　善0646　史部/編
年類/通代之屬

人代紀要三十卷 （明）顧應祥編集　（明）黃
扆校刊　（明）湯明善校正　明嘉靖三十七年
(1558)黃扆刻本　八冊　存二十六卷(三至
二十一、二十四至三十)

330000－1705－0006525　善0643　史部/編
年類/通代之屬

古今歷代大統易見二卷 （明）楊士奇撰　明
嘉靖三十三年(1554)刻本　一冊

330000－1705－0006526　善0644　史部/編
年類/通代之屬

古今歷代大統易見二卷 （明）楊士奇撰　明
嘉靖三十三年(1554)刻本　一冊

330000－1705－0006527　善0592　史部/編
年類/通代之屬

資治通鑑二百九十四卷 （宋）司馬光撰　明
嘉靖二十三年至二十四年(1544－1545)孔天
胤刻本　四冊　存十六卷(一百三十八至一
百四十一、一百四十六至一百五十七)

330000－1705－0006528　善0659　史部/編
年類/斷代之屬

元史續編十六卷 （明）胡粹中撰　明永樂元
年(1403)刻本　三冊　缺四卷(五至八)

330000－1705－0006529　善0647　史部/編
年類/通代之屬

諸史會編大全一百十二卷 （明）金燫撰　明
刻本　二冊　存四卷(五十三至五十四、六十
五至六十六)

330000－1705－0006530　善0656　史部/編
年類/斷代之屬

三朝北盟會編二百五十卷 （宋）徐夢莘撰
明抄本　一冊　存五卷(一百七十六至一百
八十)

330000－1705－0006531　善0645　史部/編
年類/通代之屬

世史正綱三十二卷 （明）丘濬撰　明弘治三
年(1490)刻本　五冊

330000－1705－0006532　善0660　史部/編
年類/斷代之屬

龍飛紀畧八卷 （明）吳朴撰　明嘉靖刻本
三冊　存三卷(二至三、七)

330000－1705－0006533　善4986乙　類叢
部/叢書類/彙編之屬

說郛續四十六弓五百三十八種 （明）陶珽編
（清）李際期重訂　明末刻清順治三年
(1646)兩浙督學周南李際期宛委山堂印本
五十冊　存四百八十種

330000－1705－0006534　善0758　史部/雜
史類/斷代之屬

弇州史料前集三十卷後集七十卷 （明）王世
貞撰　（明）董復表輯　明刻本　二十三冊
存六十八卷(後集一至二十四、二十七至七
十)

330000－1705－0006535　善0675　史部/編
年類/斷代之屬

武宗實錄一百九十七卷 （明）徐光祚　（明）
費宏等纂修　明抄本　十五冊　存一百七十
九卷(一至三十三、四十六至九十五、一百二
至一百九十七)

330000－1705－0006536　善0762　史部/雜
史類/通代之屬

萬代公論不分卷 明隆慶刻本　一冊

330000－1705－0006537　善0662　史部/編
年類/斷代之屬

成憲錄十一卷 明抄本　二冊　存二卷(一
至二)

330000－1705－0006538　善0737　史部/紀
傳類/別史之屬

函史上編八十一卷下編二十二卷 （明）鄧元
錫撰　明活字印本　三十二冊　存五十二卷
(上編一至二、九、二十九至三十六、三十九至

五十九、六十二至六十三、七十一至七十二、七十八至八十,下編三至八、十、十三、十七、十九至二十二)

330000－1705－0006539　善0781　史部/傳記類/總傳之屬/仕宦

標注蜀本王學士當春秋名臣傳三十卷　（宋）王當撰　（明）曾基之　（明）丘聞之校正　明抄本　二冊　存十卷(十至十九)

330000－1705－0006540　善0678　史部/紀事本末類/通代之屬

通鑑紀事本末四十二卷　（宋）袁樞撰　宋寶祐五年(1257)湖州趙與□刻元明遞修本　二冊　存三卷(二十三、四十一至四十二)

330000－1705－0006541　善0738　史部/紀傳類/別史之屬

函史上編八十二卷下編二十一卷　（明）鄧元錫撰　明刻本　一冊　存一卷(下編十六)

330000－1705－0006542　善0782　史部/傳記類/總傳之屬/斷代

春秋列傳五卷　（明）劉節撰　明刻本　一冊　存一卷(一)

330000－1705－0006543　善0741　史部/雜史類/斷代之屬

皇朝平吳錄三卷　（明）吳寬撰　明刻本　一冊

330000－1705－0006544　善0796　史部/傳記類/總傳之屬/忠孝

歷代忠義錄十四卷　（明）王薲撰　明刻本　三冊　存十二卷(三至十四)

330000－1705－0006545　善0555　史部/紀傳類/正史之屬

宋史四百九十六卷目錄三卷　（元）脱脱等撰　明成化七年至十六年(1471－1480)朱英刻嘉靖南京國子監重修本　一百二十三冊　存四百三十四卷(一至五十五、六十至二百二十六、二百三十三至二百五十二、二百六十至二百六十三、二百六十七至二百八十六、二百九十至二百九十八、三百二至三百八、三百十六至三百二十、三百三十三至四百、四百二至四百三十二、四百四十二至四百四十八、四百五十六至四百九十六)

330000－1705－0006546　善0802　史部/傳記類/總傳之屬/斷代

皇朝名臣言行通錄十二卷　（明）尹直撰　明弘治十三年(1500)刻本　二冊

330000－1705－0006547　善0748　類叢部/叢書類/彙編之屬

今獻彙言三十九種　（明）高鳴鳳輯　明刻本　一冊　存七種

330000－1705－0006548　善0681　史部/紀事本末類/斷代之屬

宋史紀事本末二十八卷　（明）馮琦撰　（明）陳邦瞻補　明萬曆刻本　一冊　存三卷(十七至十九)

330000－1705－0006549　善0664　史部/編年類/斷代之屬

皇明啓運錄八卷皇明歷朝資治通紀三十四卷　（明）陳建撰　明刻本　十冊　缺八卷(通紀十七至十九、三十至三十四)

330000－1705－0006550　善0806　史部/傳記類/總傳之屬/斷代

皇明名臣言行錄前集十二卷後集十二卷　（明）徐咸輯　明嘉靖二十八年(1549)施漸刻本　一冊　存六卷(前集一至六)

330000－1705－0006551　善0692　史部/雜史類/斷代之屬

戰國策十卷　（宋）鮑彪校注　（元）吳師道補正　明正德元年(1506)刻本　一冊　存二卷(九至十)

330000－1705－0006552　善0696　史部/雜史類/通代之屬

鮑氏國策十卷　（宋）鮑彪校注　明嘉靖七年(1528)龔雷影宋刻本　一冊　存三卷(八至十)

330000－1705－0006553　善0669　史部/編年類/斷代之屬

昭代典則二十八卷 （明）黃光昇撰 明萬曆
二十八年(1600)周曰校萬卷樓刻本 五冊
存九卷(四至五、十至十四、二十一至二十二)

330000－1705－0006554 善 0749 史部/雜
史類/斷代之屬

平蠻錄七卷 （明）韓雍撰 明成化刻本
一冊

330000－1705－0006555 善 0807 史部/傳
記類/總傳之屬/斷代

皇明名臣言行錄新編三十四卷 （明）沈應魁
輯 明嘉靖三十二年(1553)沈應魁刻本 六
冊 存二十五卷(一至六、十一至二十九)

330000－1705－0006556 善 0750 史部/雜
史類/斷代之屬

平蠻錄七卷 （明）韓雍撰 明成化刻本 一
冊 存二卷(一至二)

330000－1705－0006557 善 0816 史部/傳
記類/總傳之屬/仕宦

勳臣世系不分卷 明抄本 一冊

330000－1705－0006558 善 0751 史部/地
理類/外紀之屬

使東日錄一卷 （明）董越撰 明正德九年
(1514)刻本 一冊

330000－1705－0006559 善 0817 史部/傳
記類/總傳之屬/仕宦

雙忠錄二卷 （明）□□編 明嘉靖十九年
(1540)刻本 一冊

330000－1705－0006560 善 0752 史部/雜
史類/外紀之屬

諸邊考議五卷 （明）馬汝驥撰 明抄本 三
冊 存三卷(西夷事跡、北虜事跡、制府經略
三疏)

330000－1705－0006561 善 0706 史部/雜
史類/通代之屬

路史四十七卷 （宋）羅泌撰 （宋）羅苹注
（明）洪楩校刊 明嘉靖洪楩刻本 十五冊
存四十六卷(前紀一至九,後紀一至十三,國
名紀一至六,八至九,發揮一至六,餘論一至
十)

330000－1705－0006562 善 0740 史部/雜
史類/斷代之屬

國初事蹟一卷 （明）劉辰撰 明嘉靖二年
(1523)抄本 一冊

330000－1705－0006563 善 0671 史部/編
年類/斷代之屬

皇明實錄不分卷 明抄本 七冊

330000－1705－0006564 善 0815 史部/傳
記類/總傳之屬/仕宦

開州正祀錄四卷 （明）潘塤撰 明正德十四
年(1519)刻本 一冊 存三卷(二至四)

330000－1705－0006565 善 0755 史部/雜
史類/斷代之屬

楚紀六十卷 （明）廖道南撰 明嘉靖刻本
二冊 存二卷(一至二)

330000－1705－0006566 善 0808 史部/傳
記類/總傳之屬/斷代

皇明理學名臣言行錄二卷 （明）楊廉輯 明
嘉靖刻本 一冊 存一卷(一)

330000－1705－0006567 善 0672 史部/編
年類/斷代之屬

大明太祖高皇帝實錄不分卷 （明）胡廣等纂
修 明抄本 一冊

330000－1705－0006568 善 0809 史部/傳
記類/總傳之屬/斷代

皇明理學名臣言行錄二卷 （明）楊廉輯 明
嘉靖刻本 一冊 存一卷(二)

330000－1705－0006569 善 0829 史部/傳
記類/總傳之屬/郡邑

兩浙名賢錄五十四卷 （明）徐象梅撰 明天
啟元年(1621)徐氏光碧堂刻本 二十六冊
存四十三卷(一至三十四、四十五至四十九、
五十一至五十四)

330000－1705－0006570 善 0756 史部/雜
史類/斷代之屬

安楚錄十卷 （明）秦金撰 明萬曆刻本 一

冊　存一卷(二)

330000－1705－0006571　善0810　史部/傳記類/總傳之屬/斷代

皇明理學名臣言行錄二卷　(明)楊廉輯　明嘉靖刻本　一冊　存一卷(二)

330000－1705－0006572　善0707　史部/雜史類/通代之屬

路史四十七卷　(宋)羅泌撰　(宋)羅苹注　明刻本　二冊　存十卷(餘論一至十)

330000－1705－0006573　善0821　史部/傳記類/總傳之屬/郡邑

國朝祥符文獻志十七卷　(明)李濂撰　明嘉靖二十四年(1545)刻本　五冊　存十五卷(一至十二、十五至十七)

330000－1705－0006574　善0818　史部/傳記類/總傳之屬/郡邑

吳中往哲記二卷　(明)楊循吉撰　**續吳中往哲記一補遺一卷**　(明)黃魯曾撰　明嘉靖刻本　一冊　缺一卷(二)

330000－1705－0006575　善0712　史部/雜史類/斷代之屬

越絕書十五卷　(漢)袁康撰　明刻本　一冊　存八卷(八至十五)

330000－1705－0006576　善0830　史部/傳記類/總傳之屬/郡邑

紹興名賢贊□□卷　(明)王廷撰　明刻本　一冊　存一卷(一)

330000－1705－0006577　善0729　史部/雜史類/斷代之屬

金小史八卷　(明)楊循吉撰　明嘉靖楊可刻本　一冊　存四卷(五至八)

330000－1705－0006578　善0861　史部/傳記類/別傳之屬/年譜

象山陸先生[九淵]年譜二卷　(宋)袁燮(宋)李子願撰　(宋)傅子雲編　明嘉靖二十三年(1544)刻本　一冊　存一卷(二)

330000－1705－0006579　善0828　史部/傳

記類/總傳之屬/郡邑

皇朝中州人物志十六卷　(明)朱睦㮮撰　明刻本　一冊　存一卷(論贊)

330000－1705－0006580　善0819　史部/傳記類/總傳之屬/郡邑

續吳先賢讚十五卷　(明)劉鳳撰　明萬曆刻本　三冊　存十二卷(四至十五)

330000－1705－0006581　善0831　史部/傳記類/總傳之屬/仕宦

建寧人物傳四卷　(明)李默撰　明刻本　一冊　存二卷(三至四)

330000－1705－0006582　善0863　史部/傳記類/別傳之屬/年譜

蹇忠定年譜一卷　(明)蹇英編　明正統十四年(1449)刻本　一冊

330000－1705－0006583　善0725　史部/載記類

契丹國志二十七卷　(宋)葉隆禮撰　明抄本　二冊

330000－1705－0006584　善0820　史部/傳記類/總傳之屬/郡邑

續吳先賢讚十五卷　(明)劉鳳撰　明萬曆刻本　六冊

330000－1705－0006585　善0761　史部/雜史類/通代之屬

國朝謨烈輯遺二十三卷　(明)朱當㴐撰　明嘉靖三十二年(1553)刻本　二冊　存三卷(一至三)

330000－1705－0006586　善0827　史部/傳記類/總傳之屬/郡邑

青州府樂安縣崇獎孝誼冊一卷　明崇禎刻本　一冊

330000－1705－0006587　善0843　史部/傳記類/雜傳之屬

關天帝紀四卷　(明)孫際可等撰　明天啟元年(1621)刻本　一冊

330000－1705－0006588　善0864　史部/傳

記類/別傳之屬/年譜

夏忠靖公[原吉]遺事一卷 （明）夏崇文撰
明弘治十四年(1501)馬炳然刻本 一冊

330000－1705－0006589 善0839 史部/雜
史類/斷代之屬

晏子春秋□□卷 明刻本 一冊 存一卷
（二）

330000－1705－0006590 善0867 史部/傳
記類/總傳之屬/忠孝

忠義實記不分卷 （明）楊二和撰 明嘉靖十
年(1531)刻本 一冊

330000－1705－0006591 善0853 史部/傳
記類/別傳之屬/事狀

韓忠獻公別錄三卷 （宋）王巖叟撰 明抄本
一冊

330000－1705－0006592 善0847 史部/傳
記類/別傳之屬/年譜

范文正公[仲淹]年譜一卷 （宋）樓鑰編 明
嘉靖二十二年(1543)文正書院刻本 一冊

330000－1705－0006593 善0865 史部/傳
記類/別傳之屬/事狀

薛文清公行實不分卷 明刻本 一冊

330000－1705－0006594 善0868 史部/傳
記類/總傳之屬/忠孝

忠烈編一卷 （明）孫堪等撰 明嘉靖刻本
一冊

330000－1705－0006595 善0857 史部/傳
記類/別傳之屬/事狀

朱子實紀十二卷 （明）戴銑編 明正德八年
(1513)鮑雄刻本 一冊 存三卷(八至十)

330000－1705－0006596 善0849、善0850
集部/別集類/宋別集

**范文正公集二十卷別集四卷政府奏議二卷尺
牘三卷** （宋）范仲淹撰 **遺文一卷** （宋）范
純仁 （宋）范純粹撰 **年譜一卷** （宋）樓鑰
編 **年譜補遺一卷祭文一卷諸賢贊頌論疏一
卷論頌一卷詩頌一卷朝廷優崇一卷言行拾遺
事錄四卷鄱陽遺事錄一卷遺跡一卷褒賢祠記**

二卷義莊規矩一卷 （明）毛一鷺彙編 明萬
曆三十六年(1608)毛氏刻本 二冊 存五卷
(范文正公年譜、年譜補遺、言行拾遺事錄、鄱
陽遺事錄、義莊規矩)

330000－1705－0006597 善0866 史部/傳
記類/別傳之屬/事狀

商文毅公遺行集一卷 （明）商汝頤撰 明正
德十六年(1521)刻本 一冊

330000－1705－0006598 善0836 史部/傳
記類/總傳之屬/斷代

**殷太師比干錄三卷微子附錄一卷箕子附錄一
卷勘合一卷旁證一卷** （明）曹安輯 明弘治
刻本 一冊

330000－1705－0006599 善0869 史部/傳
記類/總傳之屬/忠孝

忠烈編一卷 （明）孫堪等撰 明嘉靖刻本
一冊

330000－1705－0006600 善0852 集部/別
集類/宋別集

**褒賢集一卷褒賢祠記二卷諸賢詩頌一卷贊頌
一卷諸賢贊頌論疏一卷鄱陽遺事錄一卷** 元
天曆至至正褒賢世家家塾歲寒堂刻本 一冊
缺一卷(鄱陽遺事錄)

330000－1705－0006601 善0923 史部/傳
記類/科舉錄之屬/歷科登科錄

正統四年進士登科錄一卷 明正統刻本
一冊

330000－1705－0006602 善0870 史部/傳
記類/別傳之屬/事狀

許忠節[達]錄六卷 （明）楊旦撰 明嘉靖十
一年(1532)刻本 一冊 存二卷(五至六)

330000－1705－0006603 善0909 史部/傳
記類/總傳之屬/家乘

蘇氏譜一卷 （宋）蘇洵撰 明刻本 一冊

330000－1705－0006604 善1381 史部/史
抄類

通鑑總類二十卷 （宋）沈樞輯 明成化十六
年(1480)司禮監錢氏刻本 十九冊 缺一卷

330000－1705－0006605　善 1390　史部/史抄類

歷代史纂左編一百四十二卷　（明）唐順之撰　明嘉靖四十年(1561)胡宗憲刻本　一冊　存二卷（九十五至九十六）

330000－1705－0006606　善 0897　史部/傳記類/別傳之屬/墓誌

幽光錄不分卷　明嘉靖刻本　一冊

330000－1705－0006607　善 0871　史部/傳記類/別傳之屬/事狀

榮忠錄十卷　（明）何世守撰　明嘉靖二十六年(1547)刻本　一冊　存三卷（八至十）

330000－1705－0006608　善 0921　史部/傳記類/科舉錄之屬/歷科登科錄

宣德五年進士登科錄一卷　明宣德刻本　一冊

330000－1705－0006609　善 0851　集部/別集類/宋別集

朝廷優崇一卷褒賢集一卷褒賢祠記二卷遺跡一卷諸賢詩頌一卷論頌一卷諸賢贊頌論疏一卷鄱陽遺事錄一卷　元天曆至至正褒賢世家家塾歲寒堂刻本　一冊

330000－1705－0006610　善 0910　史部/傳記類/總傳之屬/家乘

[江西吉安]廬陵曾氏家乘□□卷　（明）曾孔化輯　明嘉靖刻本　十一冊　存二十九卷（昭先錄一至七、十，存賢錄一至十一，忠孝錄下，表忠錄一至三，悼後錄一至二、附錄一至二，旌節錄一至二）

330000－1705－0006611　善 1389　史部/史抄類

歷代史纂左編一百四十二卷　（明）唐順之撰　明嘉靖四十年(1561)胡宗憲刻本　四十八冊　存六十六卷（一至六十三、六十六至六十八）

330000－1705－0006612　善 0873　史部/傳記類/別傳之屬/年譜

陽明先生[王守仁]年譜三卷　（明）錢德洪撰　明嘉靖四十三年(1564)周相、毛汝麒刻本　一冊　存一卷（中）

330000－1705－0006613　善 1388　史部/史抄類

諸史品節四十卷　（明）陳深撰　明萬曆刻本　一冊　存四卷（三十七至四十）

330000－1705－0006614　善 0922　史部/傳記類/科舉錄之屬/歷科登科錄

宣德八年進士登科錄一卷　明宣德刻本　一冊

330000－1705－0006615　善 0898　史部/傳記類/雜傳之屬

四朝恩典錄不分卷　（明）高祖輯　明嘉靖刻本　一冊

330000－1705－0006616　善 0924　史部/傳記類/科舉錄之屬/歷科登科錄

正統七年進士登科錄一卷　明正統刻本　一冊

330000－1705－0006617　善 0900　史部/傳記類

恩光世紀八卷　（明）傅德輝撰　明嘉靖刻本　三冊

330000－1705－0006618　善 0925　史部/傳記類/科舉錄之屬/歷科登科錄

正統十年進士登科錄一卷　明正統刻本　一冊

330000－1705－0006619　善 0918　類叢部/類書類/專類之屬

新編古今姓氏遙華韻甲集十卷乙集十卷丙集十一卷丁集十卷戊集十一卷己集八卷庚集十卷辛集十卷壬集八卷癸集十卷　（明）洪景脩編　明抄本　七冊　存八十一卷（甲集一至十、乙集一至四、丁集一至十、戊集一至十一、己集一至八、庚集一至十、辛集一至十、壬集一至八、癸集一至十）

330000－1705－0006620　善 0876　史部/傳記類/別傳之屬/事狀

明故通議大夫都察院右副都御史陸公[鈿]狀
一卷　（明）葉應驄撰　明刻本　一冊

330000－1705－0006621　善0926　史部／傳
記類／科舉錄之屬／歷科登科錄

正統十三年進士登科錄一卷　明正統刻本
一冊

330000－1705－0006622　善0901　史部／傳
記類／雜傳之屬

恩卹錄不分卷　明嘉靖刻本　一冊

330000－1705－0006623　善1394　史部／史
評類／議論之屬

讀史備忘八卷　（明）范理撰　明刻本　二冊
存四卷（五至八）

330000－1705－0006624　善0902　史部／傳
記類／別傳之屬／墓誌

儀製司郎中松溪戚府君墓誌行實不分卷
（明）雷禮　（明）戚元佐撰　明隆慶刻本
一冊

330000－1705－0006625　善1395　史部／史
抄類

經世要畧二十卷　（明）萬廷言輯　明萬曆三
十八年（1610）萬廷謙刻本　三冊　存六卷
（五至六、九至十、十三至十四）

330000－1705－0006626　善0903　史部／傳
記類／別傳之屬／事狀

福建按察司楚亭楊君暨妻舒氏行述一卷
（明）楊恂撰　明刻本　一冊

330000－1705－0006627　善0904　史部／傳
記類／別傳之屬／墓誌

鴻臚寺少卿采石何公暨妻徐氏墓誌銘一卷
（清）梁清標撰　清初刻本　一冊

330000－1705－0006628　善1397　史部／史
抄類

兩漢博聞十二卷　（宋）楊侃撰　明嘉靖三十
七年（1558）黃魯曾刻本　十冊

330000－1705－0006629　善0895　史部／傳
記類／別傳之屬／事狀

崇孝錄一卷　（明）錢鳳來輯　明隆慶三年
（1569）刻本　一冊

330000－1705－0006630　善1369　史部／傳
記類／職官錄之屬／歷朝

明六部尚書侍郎題名錄一卷　明嘉靖十四年
（1535）刻本　一冊

330000－1705－0006631　善0905　史部／傳
記類／別傳之屬／事狀

慈淑戴太宜人行狀一卷誄草一卷　（清）戴二
球撰　清康熙刻本　一冊

330000－1705－0006632　善0877　史部／傳
記類／別傳之屬／事狀

褒忠錄一卷　明刻本　一冊

330000－1705－0006633　善1398　史部／史
抄類

兩漢博聞十二卷　（宋）楊侃撰　明嘉靖三十
七年（1558）黃魯曾刻本　二冊　存二卷（十
一至十二）

330000－1705－0006634　善0883　史部／傳
記類／別傳之屬／事狀

欽獎德行鄉飲大賓怡情府君行畧一卷　（清）
陳祖錫　（清）陳祖鎔　（清）陳祖銘撰　清康
熙刻本　一冊

330000－1705－0006635　善0906　史部／傳
記類／別傳之屬／事狀

貴陽軍民府知府朱葵石暨妻戴氏行實一卷
（清）朱彝敘　（清）朱彝爵撰　清康熙刻本
一冊

330000－1705－0006636　善0927　史部／傳
記類／科舉錄之屬／歷科登科錄

景泰二年進士登科錄一卷　明景泰刻本
一冊

330000－1705－0006637　善0907　史部／傳
記類／別傳之屬／事狀

先繼室潘孺人行畧一卷　（清）杜允陞撰　清
刻本　一冊

330000－1705－0006638　善0884　史部／傳

記類/別傳之屬/事狀

顯考蔚臣府君行實一卷 （清）高攀桂 （清）高攀鱗述 清康熙刻本 一冊

330000－1705－0006639 善1373 史部/傳記類/職官錄之屬/總錄

清康熙三十□年縉紳錄不分卷 清康熙刻本 一冊

330000－1705－0006640 善0908 史部/傳記類/總傳之屬/家乘

平湖陸氏家傳不分卷 （清）陸攀撰 清初刻本 一冊

330000－1705－0006641 善0887 史部/傳記類/雜傳之屬

孝義殳公傳不分卷 （清）潘可選等撰 清康熙刻本 一冊

330000－1705－0006642 善0556 史部/紀傳類/正史之屬

宋史四百九十六卷目錄三卷 （元）脫脫等撰 明成化七年至十六年（1471－1480）朱英刻嘉靖南京國子監重修本 七十一冊 存三百二十八卷（一至十二、十八至三十七、四十四至八十五、一百六十五至二百七十八、二百九十一至二百九十二、二百九十七至三百九十九、四百七至四百四十一）

330000－1705－0006643 善0928 史部/傳記類/科舉錄之屬/歷科登科錄

景泰五年進士登科錄一卷 明景泰刻本 一冊

330000－1705－0006644 善1402 史部/史抄類

漢書雋不分卷 （明）陳許廷輯並評 明刻本 一冊

330000－1705－0006645 善0929 史部/傳記類/科舉錄之屬/歷科登科錄

天順四年進士登科錄一卷 明天順刻本 一冊

330000－1705－0006646 善1374 史部/傳記類/科舉錄之屬/總錄

嘉興生員履歷冊一卷 清書辦高瞻承抄本 一冊

330000－1705－0006647 善0899 史部/傳記類

武陵世紀不分卷 明刻本 一冊

330000－1705－0006648 善0878 史部/傳記類

恩命錄不分卷 明嘉靖刻本 一冊

330000－1705－0006649 善0930 史部/傳記類/科舉錄之屬/歷科登科錄

天順八年進士登科錄一卷 明天順刻本 一冊

330000－1705－0006650 善0885 史部/傳記類/別傳之屬/事狀

皇清鄉飲大賓文學先考萍止府君行述一卷 （清）張德堪 （清）張甄 （清）張德筠撰 清康熙刻本 一冊

330000－1705－0006651 善0879 史部/傳記類/別傳之屬/事狀

先公少司馬傳一卷 （明）胡大慎撰 明刻本 一冊

330000－1705－0006652 善1405 史部/史抄類/斷代之屬

元史節要二卷 （明）張美和編 明刻本 二冊

330000－1705－0006653 善0890 史部/傳記類/雜傳之屬

希聖先生范公小傳一卷 （清）嘉興府鄉紳公撰 清康熙刻本 一冊

330000－1705－0006654 善1378 史部/史抄類

標題事義明解十九史畧大全十卷 （元）曾先之撰 （明）梁寅輯 明弘治六年（1493）廣德書堂刻本 二冊 存六卷（二至四、八至十）

330000－1705－0006655 善1443 史部/政書類/通制之屬

歷代封建考二十卷 明刻本 一冊 存一卷

（二十）

330000－1705－0006656　善1406　史部/紀傳類/正史之屬

班馬異同三十五卷　（宋）倪思撰　（宋）劉辰翁評　明嘉靖十六年（1537）李元陽刻本　四冊　存二十八卷（三至二十三、二十九至三十五）

330000－1705－0006657　善0931　史部/傳記類/科舉錄之屬/歷科登科錄

成化二年進士登科錄一卷　明成化刻本一冊

330000－1705－0006658　善1447　史部/政書類/通制之屬

王制考四卷　（明）李黼撰　明正德十五年（1520）刻本　一冊　存一卷（一）

330000－1705－0006659　善1379　史部/史抄類

標題事義明解十九史畧大全十卷　（元）曾先之撰　（明）梁寅輯　明嘉靖二十二年（1543）懷德書堂刻本　二冊　存六卷（二至五、九至十）

330000－1705－0006660　善0889　史部/傳記類/別傳之屬/事狀

皇清奉議大夫提督雲南學政按察司僉事候補參議顯考存莪府君行述一卷　（清）謝為贊（清）謝為質撰　清刻藍印本　一冊

330000－1705－0006661　善0932　史部/傳記類/科舉錄之屬/歷科登科錄

成化五年進士登科錄一卷　明成化刻本一冊

330000－1705－0006662　善0935　史部/傳記類/科舉錄之屬/歷科登科錄

成化十七年進士登科錄一卷　明成化刻本一冊

330000－1705－0006663　善0880　集部/別集類/明別集

雪夜墓歸詩一卷　（明）杜遵撰　明刻本一冊

330000－1705－0006664　善1407　史部/史評類/史論之屬

東萊先生音註唐鑑二十四卷　（宋）范祖禹撰（宋）呂祖謙注　明刻本　三冊

330000－1705－0006665　善1431　史部/政書類/通制之屬

新入諸儒議論杜氏通典詳節四十二卷圖譜一卷　（唐）杜佑撰　元刻明修本　四冊　存二十二卷（九至二十、三十三至四十二）

330000－1705－0006666　善0933　史部/傳記類/科舉錄之屬/歷科登科錄

成化十一年進士登科錄一卷　明成化刻本一冊

330000－1705－0006667　善0891　集部/總集類/氏族之屬

麟溪集二十二卷別集二卷附錄二卷　（明）鄭大和輯　（明）鄭璽續輯　明成化十一年（1475）鄭瑯、鄭琥刻本　一冊　存十卷（麟溪集一至六、別集一至二、附錄一至二）

330000－1705－0006668　善1380　史部/史抄類

標題事義十九史畧明解十卷　（元）曾先之撰（明）梁寅輯　（明）陳殷音釋　（明）吳忠音義　明建陽刻本　一冊　存一卷（一）

330000－1705－0006669　善1444　史部/政書類/通制之屬

古今治平畧三十三卷　（明）朱健撰　明崇禎十一年（1638）鍾鈜刻本　十三冊　存二十二卷（三、七至九、十四至三十一）

330000－1705－0006670　善1434　史部/政書類/通制之屬

通志略五十二卷　（宋）鄭樵撰　明嘉靖二十九年（1550）陳宗夔等刻本　三冊　存六卷（氏族略一至二、金石一、災祥一、昆蟲草木略一至二）

330000－1705－0006671　善0881　集部/別集類/明別集

雪夜墓歸詩一卷　（明）杜遵撰　明刻本

卷(西漢七至十二、東漢二至十一)

330000－1705－0006708　善 1538　史部/詔令奏議類/奏議之屬

秦漢書疏十八卷　明嘉靖三十七年(1558)吳國倫刻本　二冊　存四卷(西漢書疏一至四)

330000－1705－0006709　善 0946　史部/傳記類/科舉錄之屬/歷科登科錄

嘉靖十一年壬辰科進士同年序齒錄一卷　明萬曆刻本　一冊

330000－1705－0006710　善 0945　史部/傳記類/科舉錄之屬/歷科登科錄

嘉靖十一年進士登科錄一卷　明嘉靖刻本范玉森跋　四冊

330000－1705－0006711　善 0943　史部/傳記類/科舉錄之屬/歷科登科錄

嘉靖二年進士登科錄一卷　明嘉靖刻本一冊

330000－1705－0006712　善 1498　史部/政書類/軍政之屬/兵制

軍政條例續集五卷　(明)孫聯泉撰　明嘉靖三十一年(1552)江西臬司刻本　三冊　存三卷(三至五)

330000－1705－0006713　善 0944　史部/傳記類/科舉錄之屬/歷科登科錄

嘉靖八年進士登科錄一卷　明嘉靖刻本一冊

330000－1705－0006714　善 1478　史部/職官類/官制之屬/專志

南廱志二十四卷　(明)黃佐撰　明嘉靖二十三年(1544)刻本　七冊　存二十一卷(一至十二、十五至二十三)

330000－1705－0006715　善 1512　史部/政書類/律令之屬/律例

重增釋義大明律七卷　明鰲峯堂刻本　一冊

330000－1705－0006716　善 1539　史部/詔令奏議類/奏議之屬

歷代名臣奏議三百五十卷　(明)黃淮　(明)

楊士奇等輯　明永樂內府刻本　二冊　存五卷(一百三十六至一百三十八、一百八十七至一百八十八)

330000－1705－0006717　善 1469　史部/職官類/官制之屬/專志

現行常例一卷　清刻本　一冊

330000－1705－0006718　善 1514　史部/政書類/律令之屬/律例

條例全文不分卷　明抄本　八冊

330000－1705－0006719　善 1500　史部/政書類

軍令一卷　明嘉靖二十六年(1547)藍印本一冊

330000－1705－0006720　善 1519　史部/職官類/官箴之屬

禮部奏議宗藩事宜不分卷　(明)戚元佐撰明刻本　一冊

330000－1705－0006721　善 1470　史部/政書類/儀制之屬/專志/科舉校規

科場條約一卷　清康熙刻本　一冊

330000－1705－0006722　善 1548　集部/總集類/選集之屬/斷代

皇明經濟文錄四十一卷　(明)萬表輯　明嘉靖三十三年(1554)杭郡曲入繩、游居敬刻本二十七冊　存三十一卷(一至十三、十五至十六、二十至二十二、二十七至二十八、三十至四十)

330000－1705－0006723　善 1521　史部/政書類/律令之屬/刑制

重修問刑條例六卷　(明)□□編　明刻本一冊　存二卷(五至六)

330000－1705－0006724　善 1473　史部/職官類/官制之屬/專志

吏部職掌不分卷　(明)李默　(明)黃養蒙等刪定　明萬曆刻本　二冊

330000－1705－0006725　善 1501　史部/政書類

守城事宜一卷　（明）龐尚鵬撰　明刻本
一冊

330000－1705－0006726　善 1479　史部/職
官類/官制之屬/專志

翰林記二十卷　（明）黃佐撰　明抄本　馮貞
群跋　一冊　存五卷（十一至十五）

330000－1705－0006727　善 1542　史部/詔
令奏議類/奏議之屬

國朝諸臣奏議一百五十卷　（宋）趙汝愚輯
宋淳祐十年（1250）史季溫福州刻元明遞修公
文紙印本　八冊　存四十三卷（五十四至六
十、六十七至七十四、一百十一至一百十六、
一百二十三至一百四十四）

330000－1705－0006728　善 1522　史部/政
書類/掌故瑣記之屬

國子監監規一卷　明萬曆刻本　一冊

330000－1705－0006729　善 1523　史部/職
官類/官箴之屬

憲綱事類三卷　明刻本　一冊　存二卷（中、
下）

330000－1705－0006730　善 1481　史部/職
官類/官制之屬/專志

國子監續志十一卷　（明）謝鐸撰　明弘治十
六年（1503）刻本　二冊　存十卷（一至十）

330000－1705－0006731　善 1549　集部/總
集類/選集之屬/斷代

皇明經濟文錄四十一卷　（明）萬表輯　明嘉
靖三十三年（1554）杭郡曲入繩、游居敬刻本
九冊　存十二卷（八至九、十七至十九、二
十五至二十八、三十三、三十八、四十）

330000－1705－0006732　善 1474　史部/職
官類/官制之屬/專志

南京戶部通志四卷分志二十卷　（明）謝彬撰
明刻本　一冊

330000－1705－0006733　善 1524　史部/職
官類/官箴之屬

憲綱事類一卷申明憲綱一卷　（明）王廷相撰
風憲忠告一卷　（元）張養浩撰　御史箴一

卷　（明）薛瑄集解　明嘉靖三十一年（1552）
曾佩刻本　一冊　缺一卷（憲綱事類）

330000－1705－0006734　善 1448　史部/政
書類/通制之屬

西漢會要七十卷目錄二卷　（宋）徐天麟撰
明抄本　四冊　存三十卷（一至二十八、目錄
一至二）

330000－1705－0006735　善 0954　史部/傳
記類/科舉錄之屬/歷科登科錄

嘉靖三十五年進士登科錄一卷　明嘉靖刻本
一冊

330000－1705－0006736　善 1552　史部/詔
令奏議類/奏議之屬

本朝奏疏不分卷　明抄本　二冊

330000－1705－0006737　善 1482　史部/職
官類/官制之屬/專志

皇明太學志十二卷　（明）王材　（明）郭鎜等
纂修　明嘉靖三十六年（1557）國子監刻隆慶
萬曆遞修本　一冊　存六葉（卷六葉一、卷八
葉三十六、卷十一葉三至四、卷十二葉二十六
至二十七）

330000－1705－0006738　善 1525　史部/職
官類/官箴之屬

督察員奏明職掌肅風紀冊不分卷　（明）王應
鵬撰　明嘉靖十一年（1532）刻本　一冊

330000－1705－0006739　善 1502　史部/政
書類/軍政之屬/兵制

大閱錄二卷　（明）張居正　（明）霍冀等撰
明隆慶二年（1568）兵部刻本　一冊　存一卷
（上）

330000－1705－0006740　善 1553　史部/詔
令奏議類/奏議之屬

本朝奏疏不分卷　明抄本　一冊

330000－1705－0006741　善 1531　史部/詔
令奏議類/詔令之屬

兩漢詔令二十三卷　（宋）洪咨夔輯　元至正
九年（1349）蘇天爵刻明修本　一冊　存一卷
（西漢六）

330000－1705－0006742　善 0955　史部／傳記類／科舉錄之屬／歷科登科錄

嘉靖三十五年進士登科錄一卷　明嘉靖刻本　一冊

330000－1705－0006743　善 0952　史部／傳記類／科舉錄之屬／歷科登科錄

嘉靖二十九年進士登科錄一卷　明嘉靖刻本　一冊

330000－1705－0006744　善 0956　史部／傳記類／科舉錄之屬／歷科登科錄

嘉靖三十八年進士登科錄一卷　明嘉靖刻本　一冊

330000－1705－0006745　善 1503　史部／政書類／軍政之屬／兵制

營規一卷　（明）□□撰　明嘉靖四十年（1561）刻本　一冊

330000－1705－0006746　善 1554　史部／詔令奏議類／奏議之屬

國朝奏疏□□卷　明抄本　一冊　存二十一葉

330000－1705－0006747　善 1452　史部／叢編

皇明制書十四卷　（明）□□輯　明鎮江府丹徒縣刻本　四冊　存六卷(一至四、十三至十四)

330000－1705－0006748　善 0958　史部／傳記類／科舉錄之屬／歷科登科錄

嘉靖四十一年進士登科錄一卷　明嘉靖刻本　一冊

330000－1705－0006749　善 1483　史部／職官類／官制之屬／專志

南京太僕寺誌十六卷　（明）雷禮撰　明嘉靖刻本　二冊　存十一卷(一至十一)

330000－1705－0006750　善 1504　史部／政書類／軍政之屬／馬政

馬政志四卷　（明）陳講撰　明嘉靖三年（1524）刻本　一冊　存二卷(一至二)

330000－1705－0006751　善 0957　史部／傳記類／科舉錄之屬／歷科登科錄

嘉靖四十一年進士登科錄一卷　明嘉靖刻本　一冊

330000－1705－0006752　善 0959　史部／傳記類／科舉錄之屬／歷科登科錄

嘉靖四十四年進士登科錄一卷　明嘉靖刻本　一冊

330000－1705－0006753　善 1555　史部／詔令奏議類／奏議之屬

赤城論諫十九卷　（明）黃孔昭　（明）謝鐸輯　明刻本　一冊　存二卷(二至三)

330000－1705－0006754　善 1484　史部／職官類／官制之屬／專志

福建運司誌三卷續志一卷　（明）林大有撰　明嘉靖刻本　一冊　存一卷(一)

330000－1705－0006755　善 1505　史部／政書類／軍政之屬／兵制

浙江總兵肅紀維風冊不分卷　（明）□□撰　明萬曆十一年(1583)刻本　一冊

330000－1705－0006756　善 1455　史部／職官類／官制之屬／通志

皇明功臣封爵考八卷　（明）鄭汝璧撰　明萬曆刻本　一冊　存三卷(一至二、五)

330000－1705－0006757　善 1558　史部／詔令奏議類／奏議之屬

范文正公政府奏議二卷續集二卷書牘一卷　(宋)范仲淹撰　明嘉靖刻本　一冊　存二卷(奏議一、續集二)

330000－1705－0006758　善 0951　史部／傳記類／科舉錄之屬／歷科登科錄

嘉靖二十六年進士登科錄一卷　明嘉靖刻本　一冊

330000－1705－0006759　善 0950　史部／傳記類／科舉錄之屬／歷科登科錄

嘉靖二十三年進士登科錄一卷　明嘉靖刻本　一冊

330000－1705－0006760　善 0947　史部/傳記類/科舉錄之屬/歷科登科錄

嘉靖十四年進士登科錄一卷　明嘉靖刻本
一冊

330000－1705－0006761　善 0948　史部/傳記類/科舉錄之屬/歷科登科錄

嘉靖十七年進士登科錄一卷　明嘉靖刻本
一冊

330000－1705－0006762　善 1485　史部/職官類/官制之屬/專志

福建運司誌三卷續志一卷　（明）林大有撰
明嘉靖刻本　三冊　缺一卷（一）

330000－1705－0006763　善 1461　史部/政書類/儀制之屬/通禮

洪武禮制一卷　（明）□□撰　明刻本　一冊

330000－1705－0006764　善 1462　史部/政書類/儀制之屬/典禮

禮儀定式一卷　（明）李原名等撰　明嘉靖二十四年（1545）徽藩刻本　一冊

330000－1705－0006765　善 1507　史部/政書類

寧波府通判諭保甲條約不分卷　（明）吳允裕撰　明嘉靖三十四年（1555）刻本　一冊

330000－1705－0006766　善 0949　史部/傳記類/科舉錄之屬/歷科登科錄

嘉靖二十年進士登科錄一卷　明嘉靖刻本
一冊

330000－1705－0006767　善 1463　史部/政書類/儀制之屬/典禮

大明集禮五十三卷　（明）徐一夔　（明）梁寅
等撰　明嘉靖九年（1530）內府刻本　八冊
存十三卷（九至二十一）

330000－1705－0006768　善 1506　史部/政書類

寧波府通判諭保甲條約不分卷　（明）吳允裕撰　明嘉靖三十四年（1555）刻本　一冊

330000－1705－0006769　善 1486　史部/職官類/官制之屬/專志

牧鑑十卷　（明）楊昱撰　明嘉靖三十四年（1555）李仲僎刻本　一冊　存三卷（一至三）

330000－1705－0006770　善 1562　史部/詔令奏議類/奏議之屬

秦子文諫二卷　（宋）秦觀撰　（明）孟紱輯
明嘉靖二十二年（1543）刻本　二冊

330000－1705－0006771　善 1508　史部/政書類/軍政之屬/兵制

哨守條約二卷　（明）□□撰　明刻本　一冊
存一卷（下）

330000－1705－0006772　善 1435　史部/政書類/通制之屬

文獻通考三百四十八卷　（元）馬端臨撰　明正德十一年至十四年（1516－1519）劉洪慎獨齋刻十六年（1521）重修本　七十四冊　存三百二十一卷（一至二十、二十五至六十四、八十三至三百三十一、三百三十七至三百四十八）

330000－1705－0006773　善 1563　史部/詔令奏議類/奏議之屬

恤刑錄二卷　（明）孫燧撰　明刻本　一冊
存一卷（葉九十八至一百六）

330000－1705－0006774　善 1487　史部/職官類/官制之屬/專志

國子先生璞山公政訓一卷　（明）蔣廷璧撰
明刻本　一冊

330000－1705－0006775　善 1564　史部/詔令奏議類/奏議之屬

余肅敏公奏議三卷　（明）余子俊撰　明刻本
二冊　存二卷（中、下）

330000－1705－0006776　善 1573　史部/詔令奏議類/奏議之屬

戴兵部奏疏一卷　（明）戴金撰　明嘉靖龍山書院刻本　一冊

330000－1705－0006777　善 1490　史部/政書類/公牘檔冊之屬

戶部集議揭帖一卷　明抄本　一冊

330000－1705－0006778　善 1571　史部/詔令奏議類/奏議之屬

羅山奏疏七卷　(明)張孚敬撰　明刻本　一冊　存三卷(一、三至四)

330000－1705－0006779　善 1567　史部/詔令奏議類/奏議之屬

少保胡端敏公奏議十卷　(明)胡世寧撰　明嘉靖刻本　一冊　存二卷(三至四)

330000－1705－0006780　善 1578　史部/詔令奏議類/奏議之屬

南贛督撫奏議七卷　(明)吳伯朋撰　明隆慶元年(1567)刻本　七冊　存六卷(一、三至七)

330000－1705－0006781　善 0953　史部/傳記類/科舉錄之屬/歷科登科錄

嘉靖三十二年進士登科錄一卷　明嘉靖刻本　一冊

330000－1705－0006782　善 0960　史部/傳記類/科舉錄之屬/歷科登科錄

隆慶五年進士登科錄一卷　明隆慶刻本　一冊

330000－1705－0006783　善 1574　史部/詔令奏議類/奏議之屬

奏議四卷　(明)范欽撰　明刻本　馮貞群題記　一冊

330000－1705－0006784　善 0961　史部/傳記類/科舉錄之屬/歷科登科錄

隆慶五年進士登科錄一卷　明隆慶刻本　一冊

330000－1705－0006785　善 1566　史部/詔令奏議類/奏議之屬

青瑣疏署二卷　(明)張達撰　明刻本　一冊

330000－1705－0006786　善 1575　史部/詔令奏議類/奏議之屬

奏議四卷　(明)范欽撰　明刻本　一冊　存二卷(三至四)

330000－1705－0006787　善 1568　史部/詔

令奏議類/奏議之屬

關中奏議十八卷　(明)楊一清撰　明嘉靖二十九年(1550)刻本　九冊　存十六卷(一至五、八至十八)

330000－1705－0006788　善 1579　史部/詔令奏議類/奏議之屬

南贛督撫奏議七卷　(明)吳伯朋撰　明隆慶元年(1567)刻本　一冊　存一卷(四)

330000－1705－0006789　善 1544　史部/詔令奏議類/奏議之屬

皇明名臣經濟錄十八卷　(明)陳九德輯　明嘉靖二十八年(1549)常熟羅鴻刻本　一冊　存目錄

330000－1705－0006790　善 1545　史部/詔令奏議類/奏議之屬

皇明名臣經濟錄十八卷　(明)陳九德輯　明嘉靖二十八年(1549)常熟羅鴻刻本　一冊　存目錄

330000－1705－0006791　善 0965　史部/傳記類/科舉錄之屬/歷科登科錄

萬曆十一年進士登科錄一卷　明萬曆刻本　一冊

330000－1705－0006792　善 0964　史部/傳記類/科舉錄之屬/歷科登科錄

萬曆五年進士登科錄一卷　明萬曆刻本　一冊

330000－1705－0006793　善 0962　史部/傳記類/科舉錄之屬/歷科登科錄

萬曆二年進士登科錄一卷　明萬曆刻本　一冊

330000－1705－0006794　善 1547　史部/詔令奏議類/奏議之屬

皇明疏議輯署三十七卷　(明)張瀚輯　明嘉靖三十年(1551)大名府刻本　十二冊　存二十九卷(一至二十九)

330000－1705－0006795　善 0963　史部/傳記類/科舉錄之屬/歷科登科錄

萬曆二年進士登科錄一卷　明萬曆刻本

一冊

330000－1705－0006796　善 1577　史部/詔令奏議類/奏議之屬

總督採辦疏草三卷　（明）劉伯躍撰　明嘉靖刻本　三冊

330000－1705－0006797　善 1572　史部/詔令奏議類/奏議之屬

撫臺奏議四卷　（明）潘塤撰　明嘉靖刻本　一冊　存一卷（一）

330000－1705－0006798　善 1619　史部/地理類/方志之屬/郡縣志

［弘治］永平府志十卷　（明）吳傑修　（明）張廷綱　（明）吳祺纂　明弘治刻本　二冊

330000－1705－0006799　善 1656　史部/地理類/方志之屬/郡縣志

［嘉靖］德州志三卷　（明）鄭瀛修　（明）何洪纂　明嘉靖七年（1528）刻本　三冊

330000－1705－0006800　善 1580　史部/詔令奏議類

渭厓疏要二卷　（明）霍韜撰　明隆慶刻本　一冊　存一卷（二）

330000－1705－0006801　善 0966　史部/傳記類/科舉錄之屬/歷科登科錄

萬曆十四年丙戌科進士履歷便覽一卷　明萬曆刻本　一冊

330000－1705－0006802　善 1640　史部/地理類/方志之屬/郡縣志

［正德］大同府志十八卷　（明）張欽纂修　明正德刻本　三冊　缺四卷（一至四）

330000－1705－0006803　善 0967　史部/傳記類/科舉錄之屬/歷科登科錄

己丑科進士履歷便覽一卷　明萬曆刻本　一冊

330000－1705－0006804　善 1667　史部/地理類/方志之屬/郡縣志

［正德］莘縣志十卷　（明）王琛修　（明）吳宗器纂　明正德十年（1515）刻嘉靖增刻本

二冊

330000－1705－0006805　善 1597　史部/時令類

歲時廣記四十卷首一卷末一卷　（宋）陳元靚撰　明抄本　四冊　存四十一卷（首,一至四、六至四十,末）

330000－1705－0006806　善 1641　史部/地理類/方志之屬/郡縣志

［弘治］渾源州誌五卷　（明）董錫修　（明）楊大雍纂　明弘治刻本　一冊　存一卷（五）

330000－1705－0006807　善 1581、善 1581－1　史部/政書類/公牘檔冊之屬

審錄廣東案稿二卷　（明）夏□□輯　明隆慶刻本　一冊

330000－1705－0006808　善 1652　史部/地理類/方志之屬/郡縣志

［嘉靖］寧夏新志八卷　（明）楊守禮修　（明）管律纂　明嘉靖十九年（1540）刻本　五冊

330000－1705－0006809　善 1620　史部/地理類/方志之屬/郡縣志

［嘉靖］灤志□□卷　（明）陳士元纂修　明嘉靖二十七年（1548）刻本　三冊　存四卷（二至五）

330000－1705－0006810　善 1658　史部/地理類/方志之屬/郡縣志

［嘉靖］夏津縣志五卷　（明）易時中修　（明）王琳纂　明嘉靖十九年（1540）刻本　二冊

330000－1705－0006811　善 1584　史部/詔令奏議類/奏議之屬

撫虔奏稿三卷　（明）陸穩撰　明刻本　一冊　存一卷（中）

330000－1705－0006812　善 1642　史部/地理類/方志之屬/郡縣志

［嘉靖］翼城縣志六卷　（明）鄢桂枝修　（明）楊汝澤纂　明嘉靖刻本　一冊

330000 – 1705 – 0006813　善 0969　史部/傳記類/科舉錄之屬/歷科登科錄

崇禎七年甲戌科進士履歷便覽一卷　明崇禎刻本　一冊

330000 – 1705 – 0006814　善 1598　史部/時令類

日涉編十二卷　（明）陳堦輯　明萬曆三十九年(1611)徐養量刻本　五冊　存四卷（一、四至五、七）

330000 – 1705 – 0006815　善 0968　史部/傳記類/科舉錄之屬/歷科登科錄

崇禎四年辛未科三百五十名進士履歷一卷　明崇禎刻本　一冊

330000 – 1705 – 0006816　善 1621　史部/地理類/方志之屬/郡縣志

[嘉靖]霸州志九卷　（明）唐交等修　（明）高濬等纂　明嘉靖刻本　三冊

330000 – 1705 – 0006817　善 1672　史部/地理類/方志之屬/郡縣志

[嘉靖]臨朐縣志四卷　（明）王家士修　（明）祝文　（明）馮惟敏纂　明嘉靖三十一年(1552)刻本　二冊

330000 – 1705 – 0006818　善 1657　史部/地理類/方志之屬/郡縣志

[嘉靖]武城縣志十卷　（明）尤麒修　（明）陳露纂　明嘉靖二十八年(1549)刻本　二冊

330000 – 1705 – 0006819　善 0970　史部/傳記類/科舉錄之屬/歷科登科錄

崇禎十年丁丑科進士三代履歷一卷　明崇禎刻本　一冊

330000 – 1705 – 0006820　善 0971　史部/傳記類/科舉錄之屬/歷科登科錄

崇禎十三年庚辰科進士三代履歷一卷　明崇禎刻本　一冊

330000 – 1705 – 0006821　善 1637　史部/地理類/方志之屬/郡縣志

[嘉靖]順德志三十五卷　（明）孫錦修　（明）高灃纂　明嘉靖刻本　六冊　存二十六卷（十至三十五）

330000 – 1705 – 0006822　善 1622　史部/地理類/方志之屬/郡縣志

[成化]重修保定志二十五卷　（明）章律（明）張才纂修　（明）徐珪重編　明弘治八年(1495)刻本　四冊

330000 – 1705 – 0006823　善 1599　史部/地理類/總志之屬/斷代

元和郡縣圖志四十卷　（唐）李吉甫撰　明抄本　四冊　存八卷（一至二、二十一至二十二、二十五至二十六、二十九至三十）

330000 – 1705 – 0006824　善 0972　史部/傳記類/科舉錄之屬/歷科登科錄

國朝河南進士名錄一卷　（明）李濂撰　明嘉靖刻本　一冊

330000 – 1705 – 0006825　善 0973　史部/傳記類/科舉錄之屬/歷科登科錄

國朝河南進士名錄一卷　（明）李濂撰　明嘉靖刻本　一冊

330000 – 1705 – 0006826　善 1582　類叢部/叢書類/自著之屬

王浚川所著書九種八十三卷　（明）王廷相撰　明嘉靖至隆慶刻本　三冊　存一種

330000 – 1705 – 0006827　善 1623　史部/地理類/方志之屬/郡縣志

[正德]涿州志十二卷　（明）劉坦修　（明）鄭恢纂　明正德九年(1514)刻嘉靖三十二年(1553)增刻本　三冊　存八卷（五至十二）

330000 – 1705 – 0006828　善 1624　史部/地理類/方志之屬/郡縣志

[嘉靖]蠡縣志五卷　（明）李復初纂修　明嘉靖十三年(1534)刻本　二冊

330000 – 1705 – 0006829　善 1625　史部/地理類/方志之屬/郡縣志

[嘉靖]定州志四卷　（明）倪磯修　（明）劉堪纂　明嘉靖刻本　三冊　存三卷（二至四）

330000 – 1705 – 0006830　善 1626　史部/地

理類/方志之屬/郡縣志

[弘治]易州志二十卷 （明）戴敏修 （明）戴銑纂 明弘治十五年(1502)刻本 四冊

330000－1705－0006831 善 1661 史部/地理類/方志之屬/郡縣志

[弘治]章丘縣志四卷 （明）楊循吉纂修 （明）戴儒補修 （明）宋秉中補纂 明弘治五年(1492)刻嘉靖九年(1530)補刻藍印本 二冊

330000－1705－0006832 善 1627 史部/地理類/方志之屬/郡縣志

[嘉靖]雄乘二卷 （明）王齊纂修 明嘉靖刻本 二冊

330000－1705－0006833 善 1628 史部/地理類/方志之屬/郡縣志

[嘉靖]清苑縣志六卷 （明）李廷寶纂修 明嘉靖刻本 二冊

330000－1705－0006834 善 1631 史部/地理類/方志之屬/郡縣志

[正德]大名府志十卷 （明）韓福 （明）石祿修 （明）唐錦纂 明正德刻本 四冊

330000－1705－0006835 善 1633 史部/地理類/方志之屬/郡縣志

[正德]臨漳縣誌十卷 （明）陶景芳修 （明）張鏞等纂 明正德刻本 一冊

330000－1705－0006836 善 1629 史部/地理類/方志之屬/郡縣志

[嘉靖]河間府志二十八卷 （明）郜相修 （明）樊深纂 明嘉靖刻本 六冊

330000－1705－0006837 善 1638 史部/地理類/方志之屬/郡縣志

[嘉靖]威縣志八卷 （明）胡容修 （明）王組纂 明嘉靖二十九年(1550)刻本 二冊

330000－1705－0006838 善 1632 史部/地理類/方志之屬/郡縣志

[嘉靖]彰德府磁州涉縣志一卷 （明）□□纂修 明抄本 一冊

330000－1705－0006839 善 0976 史部/傳記類/科舉錄之屬/總錄

皇明進士登科考十二卷 （明）俞憲輯 明嘉靖鴟鳴館刻本 一冊 存三卷(一至三)

330000－1705－0006840 善 0975 史部/傳記類/科舉錄之屬/總錄

皇明進士登科考十二卷 （明）俞憲輯 明嘉靖鴟鳴館刻本 一冊 存一卷(八)

330000－1705－0006841 善 1660 史部/地理類/方志之屬/郡縣志

[嘉靖]萊蕪縣志八卷 （明）陳甘雨纂修 明嘉靖二十七年(1548)刻藍印本 二冊

330000－1705－0006842 善 0974 史部/傳記類/科舉錄之屬/總錄

皇明吉安進士錄一卷 明正德刻本 一冊

330000－1705－0006843 善 1636 史部/地理類/方志之屬/郡縣志

[嘉靖]武安縣志四卷 （明）唐交修 （明）陳瑋等纂 明嘉靖刻本 一冊

330000－1705－0006844 善 1583 類叢部/叢書類/自著之屬

王浚川所著書九種八十三卷 （明）王廷相撰 明嘉靖至隆慶刻本 二冊 存一種

330000－1705－0006845 善 1635 史部/地理類/方志之屬/郡縣志

[嘉靖]武安縣志四卷 （明）唐交修 （明）陳瑋等纂 明嘉靖刻本 一冊

330000－1705－0006846 善 1671 史部/地理類/方志之屬/郡縣志

[嘉靖]昌樂縣志八卷 （明）朱木修 （明）高凌雲纂 明嘉靖二十七年(1548)刻本 一冊 存三卷(一至三)

330000－1705－0006847 善 1603 史部/地理類/總志之屬/斷代

皇輿考十二卷 （明）張天復撰 明嘉靖三十六年(1557)刻本 一冊 存十卷(一至十)

330000－1705－0006848 善 0986 史部/

記類/科舉錄之屬/歷科登科錄

康熙三年甲辰科三代進士履歷一卷 清康熙刻本 一冊

330000－1705－0006849 善 0978 史部/傳記類/科舉錄之屬/歷科登科錄

順治三年丙戌科進士三代履歷一卷 清順治刻本 一冊

330000－1705－0006850 善 1651 史部/地理類/方志之屬/郡縣志

[弘治]寧夏新志八卷 （明）王珣修 （明）胡汝礪纂 明弘治十四年（1501）刻本 四冊 缺一卷（七）

330000－1705－0006851 善 1604 史部/地理類/雜志之屬

輿地畧一卷 （明）蔡汝楠撰 明嘉靖白石精舍刻本 一冊

330000－1705－0006852 善 0983 史部/傳記類/科舉錄之屬/歷科登科錄

順治十五年戊戌科進士三代履歷一卷 清順治刻本 一冊

330000－1705－0006853 善 0979 史部/傳記類/科舉錄之屬/歷科登科錄

順治四年丁亥科進士三代履歷一卷 清順治刻本 一冊

330000－1705－0006854 善 1585 史部/政書類/公牘檔冊之屬

武定侯郭勛招供二卷 明嘉靖刻本 一冊

330000－1705－0006855 善 1634 史部/地理類/方志之屬/郡縣志

[嘉靖]磁州誌四卷 （明）周文龍修 （明）孫紹等纂 明嘉靖刻本 三冊

330000－1705－0006856 善 0980 史部/傳記類/科舉錄之屬/歷科登科錄

順治六年乙丑科三代進士履歷一卷 清順治刻本 一冊

330000－1705－0006857 善 0981 史部/傳記類/科舉錄之屬/歷科登科錄

順治九年壬辰科進士三代履歷一卷 清順治刻本 一冊

330000－1705－0006858 善 0982 史部/傳記類/科舉錄之屬

乙未科進士三代履歷一卷 清順治刻本 一冊

330000－1705－0006859 善 1605 史部/地理類/總志之屬/斷代

廣輿記二十四卷 （明）陸應陽輯 明刻本 九冊 存十八卷（一、四至五、八至九、十二至二十四）

330000－1705－0006860 善 1673 史部/地理類/方志之屬/郡縣志

[嘉靖]寧海州志二卷 （明）李光先修 （明）焦希程纂 明嘉靖二十七年（1548）刻本 二冊

330000－1705－0006861 善 1662 史部/地理類/方志之屬/郡縣志

[萬曆]兗州府志五十一卷 （明）朱泰 （明）游季勳修 （明）包大爟纂 明萬曆元年（1573）刻本 十九冊 缺一卷（三）

330000－1705－0006862 善 1609 史部/地理類/方志之屬/郡縣志

[隆慶]昌平州志八卷 （明）崔學履纂修 明隆慶刻本 三冊 存六卷（三至八）

330000－1705－0006863 善 0984 史部/傳記類/科舉錄之屬/歷科登科錄

順治十六年己亥科進士三代履歷一卷 清順治刻本 一冊

330000－1705－0006864 善 1649 史部/地理類/方志之屬/郡縣志

[正德]鳳翔府誌八卷 （明）王江 （明）王正纂修 明正德刻本 二冊 存二卷（一、三）

330000－1705－0006865 善 0985 史部/傳記類/科舉錄之屬/歷科登科錄

順治十八年辛丑科進士三代履歷一卷 清順治刻本 一冊

330000－1705－0006866　善 1674　史部/地理類/方志之屬/郡縣志

[嘉靖]寧海州志二卷　（明）李光先修（明）焦希程纂　明嘉靖二十六年(1547)刻本　一冊　存一卷(二)

330000－1705－0006867　善 1587　史部/詔令奏議類/奏議之屬

督撫江西奏議四卷　（明）徐栻撰　明萬曆元年(1573)刻本　三冊　存三卷(一、三至四)

330000－1705－0006868　善 1610　史部/地理類/方志之屬/郡縣志

[嘉靖]隆慶志十卷附錄一卷　（明）謝庭桂纂（明）蘇乾　（明）賈希顏續纂　明嘉靖二十七年(1548)刻本　三冊

330000－1705－0006869　善 1588　史部/詔令奏議類/詔令之屬

恤刑題稿八卷　（明）盧漸撰　明萬曆五年(1577)刻本　一冊　存四卷(五至八)

330000－1705－0006870　善 1670　史部/地理類/方志之屬/郡縣志

[嘉靖]青州府志十八卷　（明）杜思修（明）馮惟訥纂　明嘉靖四十四年(1565)刻本　十二冊

330000－1705－0006871　善 1643　史部/地理類/方志之屬/郡縣志

[嘉靖]曲沃縣誌五卷　（明）劉魯生修（明）李廷寶纂　明嘉靖刻本　二冊

330000－1705－0006872　善 1589　史部/詔令奏議類/奏議之屬

焚餘集一卷　（明）管大勳撰　明萬曆五年(1577)刻本　一冊

330000－1705－0006873　善 0991　史部/傳記類/科舉錄之屬/歷科登科錄

康熙十八年己未科進士三代履歷一卷　清康熙刻本　一冊

330000－1705－0006874　善 0990　史部/傳記類/科舉錄之屬/歷科登科錄

康熙十五年丙辰科進士三代履歷一卷　清康

熙刻本　一冊

330000－1705－0006875　善 1611　史部/地理類/方志之屬/郡縣志

[正德]松江府志三十二卷　（明）陳威（明）喻時修　（明）顧清纂　明正德七年(1512)刻本　八冊

330000－1705－0006876　善 0989　史部/傳記類/科舉錄之屬/歷科登科錄

康熙十二年癸丑科進士三代履歷一卷　清康熙刻本　一冊

330000－1705－0006877　善 0988　史部/傳記類/科舉錄之屬/歷科登科錄

康熙九年庚戌科進士履歷便覽一卷　清康熙刻本　一冊

330000－1705－0006878　善 1669　史部/地理類/方志之屬/郡縣志

[嘉靖]淄川縣志六卷　（明）王琮纂修　明嘉靖二十五年(1546)刻本　二冊

330000－1705－0006879　善 1639　史部/地理類/方志之屬/郡縣志

[嘉靖]太原縣志六卷　（明）高汝行纂修　明嘉靖刻本　二冊

330000－1705－0006880　善 0987　史部/傳記類/科舉錄之屬/歷科登科錄

康熙六年丁未科進士三代履歷一卷　清康熙刻本　一冊

330000－1705－0006881　善 1666　史部/地理類/方志之屬/郡縣志

[嘉靖]郿城誌不分卷　（明）趙若唐修（明）馬奇纂　明嘉靖十九年(1540)刻本　一冊

330000－1705－0006882　善 1615　史部/地理類/方志之屬/郡縣志

[弘治]直隸真定府趙州志八卷　（明）程遵纂修　明正德十年(1515)刻本　三冊

330000－1705－0006883　善 1648　史部/地理類/方志之屬/郡縣志

[嘉靖]耀州志二卷 （明）張璉纂修 明嘉靖刻本 一冊

330000－1705－0006884 善1590 史部/詔令奏議類/奏議之屬

奏疏□□卷 明抄本 一冊

330000－1705－0006885 善1616 史部/地理類/方志之屬/郡縣志

[隆慶]趙州志十卷 （明）蔡懋昭纂修 明隆慶元年(1567)刻本 四冊

330000－1705－0006886 善1650 史部/地理類/方志之屬/郡縣志

[嘉靖]晷陽縣誌六卷 （明）李遇春纂修 （明）李東甲 （明）賈言校補 明嘉靖三十一年(1552)刻本 一冊 存四卷(一至四)

330000－1705－0006887 善1591 史部/詔令奏議類/奏議之屬

允菴堂本奏議不分卷 （明）省曾吾撰 明刻本 一冊

330000－1705－0006888 善0997 史部/傳記類/科舉錄之屬/諸貢錄

宣德五年會試錄一卷 明宣德刻本 一冊

330000－1705－0006889 善1668 史部/地理類/方志之屬/郡縣志

[嘉靖]武定州志二卷 （明）鄭希僑修 （明）劉繼先 （明）崔士偉纂 明嘉靖二十七年(1548)刻本 二冊

330000－1705－0006890 善1691 史部/地理類/方志之屬/郡縣志

[嘉靖]儀真縣志十四卷 （明）申嘉瑞修 （明）李文等纂 明隆慶刻本 四冊

330000－1705－0006891 善1773 史部/地理類/方志之屬/郡縣志

[嘉靖]皇明天長志七卷 （明）邵時敏修 （明）王心纂 明嘉靖二十九年(1550)刻本 四冊

330000－1705－0006892 善1675 史部/地理類/方志之屬/郡縣志

[嘉靖]南畿志六十四卷 （明）聞人詮修 （明）陳沂纂 明嘉靖刻本 五冊 存十六卷(十二至二十七)

330000－1705－0006893 善1743 史部/地理類/方志之屬/郡縣志

[嘉泰]嘉泰會稽志二十卷 （宋）沈作賓修 （宋）施宿等纂 明抄本 一冊 存二卷(十四至十五)

330000－1705－0006894 善1594 史部/政書類/考工之屬/雜志

工部為建殿堂修都城勸民捐款章程一卷 明嘉靖刻本 一冊

330000－1705－0006895 善0998 史部/傳記類/科舉錄之屬/諸貢錄

宣德八年會試錄一卷 明抄本 一冊

330000－1705－0006896 善1745 史部/地理類/方志之屬/郡縣志

[萬曆]紹興府志五十卷 （明）蕭良幹修 （明）張元忭 （明）孫鑛纂 明萬曆十五年(1587)刻本 十五冊 缺三卷(十八至二十)

330000－1705－0006897 善1614 史部/地理類/方志之屬/郡縣志

[嘉靖]蘇州志十八卷 （明）熊相纂修 明嘉靖三年(1524)刻本 一冊 存四卷(一至四)

330000－1705－0006898 善1692 史部/地理類/方志之屬/郡縣志

[嘉靖]儀真縣志十四卷 （明）申嘉瑞修 （明）李文等纂 明隆慶刻本 三冊 存十一卷(四至十四)

330000－1705－0006899 善1766 史部/地理類/方志之屬/郡縣志

[永樂]溫州府樂清縣誌八卷 （明）□□纂 明永樂刻本 二冊

330000－1705－0006900 善0999 史部/傳記類/科舉錄之屬/歷科會試錄

正統元年會試錄一卷 明正統刻本 一冊

330000－1705－0006901 善1765 史部/地

理類/方志之屬/郡縣志

[嘉靖]溫州府志八卷　（明）張孚敬纂修　明嘉靖刻本　四冊

330000－1705－0006902　善1698　史部/地理類/方志之屬/郡縣志

[嘉靖]海門縣志集六卷　（明）吳宗元修（明）崔桐纂　明嘉靖刻萬曆增補本　二冊

330000－1705－0006903　善1000　史部/傳記類/科舉錄之屬/歷科會試錄

正統四年會試錄一卷　明正統刻本　一冊

330000－1705－0006904　善1006　史部/傳記類/科舉錄之屬/歷科鄉試錄

天順元年會試錄一卷　明天順刻本　一冊

330000－1705－0006905　善1690　史部/地理類/方志之屬/郡縣志

[嘉靖]惟揚志三十八卷　（明）朱懷幹修（明）盛儀纂　明嘉靖刻本　七冊　存十八卷（一至三、七至十二、十八至二十二、三十二至三十三、三十七至三十八）

330000－1705－0006906　善1764　史部/地理類/方志之屬/郡縣志

[弘治]溫州府志二十二卷　（明）鄧淮修（明）王瓚　（明）蔡芳纂　明弘治十六年（1503）刻本　六冊

330000－1705－0006907　善1001　史部/傳記類/科舉錄之屬/歷科會試錄

正統七年會試錄一卷　明正統刻本　一冊

330000－1705－0006908　善1750　史部/地理類/方志之屬/郡縣志

[萬曆]會稽縣志十六卷　（明）楊維新修（明）張元忭　（明）徐渭纂　明萬曆三年（1575）刻本　四冊

330000－1705－0006909　善1617　史部/地理類/方志之屬/郡縣志

[嘉靖]獲鹿縣志十二卷　（明）趙惟勤纂修明嘉靖三十五年（1556）刻本　三冊　存十一卷（二至十二）

330000－1705－0006910　善1002　史部/傳記類/科舉錄之屬/歷科會試錄

正統十年會試錄一卷　明正統刻本　一冊

330000－1705－0006911　善1676　史部/地理類/方志之屬/郡縣志

[康熙]江寧府志三十四卷　（清）陳開虞纂修　清康熙七年（1668）刻本　朱鼎煦題記　六冊　存十四卷（一至十四）

330000－1705－0006912　善1003　史部/傳記類/科舉錄之屬/歷科會試錄

正統十三年會試錄一卷　明正統刻本　一冊

330000－1705－0006913　善1688　史部/地理類/方志之屬/郡縣志

[嘉靖]江陰縣志二十一卷　（明）趙錦修（明）張袞纂　明嘉靖刻本　六冊

330000－1705－0006914　善1751　史部/地理類/方志之屬/郡縣志

[成化]嵊縣志（嵊志）十卷　（明）許岳英修（明）錢悌纂　明抄本　一冊　存五卷（一至五）

330000－1705－0006915　善1699　史部/地理類/方志之屬/郡縣志

[嘉靖]重修如皋縣志十卷　（明）謝紹祖纂修　明嘉靖刻本　三冊

330000－1705－0006916　善1618　史部/地理類/方志之屬/郡縣志

[嘉靖]平山縣續錄志□□卷　（明）仇天民纂修　明嘉靖刻本　一冊　存二卷（四至五）

330000－1705－0006917　善1715　史部/地理類/方志之屬/通志

[嘉靖]浙江通志七十二卷　（明）胡宗憲修（明）薛應旂等纂　明嘉靖刻本　三冊　存八卷（二至九）

330000－1705－0006918　善1689　史部/地理類/方志之屬/郡縣志

[嘉靖]江陰縣志二十一卷　（明）趙錦修（明）張袞纂　明嘉靖刻本　六冊

330000－1705－0006919　善 1767　史部/地理類/方志之屬/郡縣志

[成化]處州府志十八卷　（明）郭忠修　（明）劉宣纂　明成化刻本　五冊　存十一卷（一至二、五至六、九至十二、十六至十八）

330000－1705－0006920　善 1677　史部/地理類/方志之屬/郡縣志

[萬曆]江浦縣志十二卷　（明）沈孟化修　（明）張夢柏等纂　明萬曆刻本　三冊　存九卷（一至五、九至十二）

330000－1705－0006921　善 1004　史部/傳記類/科舉錄之屬/諸貢錄

景泰二年會試錄一卷　明景泰刻本　一冊

330000－1705－0006922　善 1700　史部/地理類/方志之屬/郡縣志

[萬曆]淮安府志二十卷　（明）郭大綸修　（明）陳文燭纂　明萬曆刻本　四冊

330000－1705－0006923　善 1005　史部/傳記類/科舉錄之屬/諸貢錄

景泰五年會試錄一卷　明景泰刻本　一冊

330000－1705－0006924　善 1774　史部/地理類/方志之屬/郡縣志

[嘉靖]和州志十七卷　（明）易鸞纂修　明嘉靖刻藍印本　一冊　存八卷（八至十五）

330000－1705－0006925　善 1752　史部/地理類/方志之屬/郡縣志

[萬曆]新昌縣志十三卷首一卷　（明）田琯修　（明）呂光洵纂　明萬曆七年(1579)刻本　四冊

330000－1705－0006926　善 1775　史部/地理類/方志之屬/郡縣志

[嘉靖]建平縣志九卷　（明）連鑛修　（明）姚文燁等纂　明嘉靖十年(1531)刻本　一冊　存四卷（六至九）

330000－1705－0006927　善 1696　史部/地理類/方志之屬/郡縣志

[萬曆]通州志八卷　（明）林雲程修　（明）沈明臣等纂　明萬曆刻本　四冊

330000－1705－0006928　善 1678　史部/地理類/方志之屬/郡縣志

[嘉靖]六合縣志八卷　（明）董邦政修　（明）黃紹文纂　明嘉靖刻本　三冊

330000－1705－0006929　善 1679　史部/地理類/方志之屬/郡縣志

[元豐]吳郡圖經續記三卷　（宋）朱長文纂修　明萬曆二年(1574)錢氏懸磬室刻本　二冊

330000－1705－0006930　善 1682　史部/地理類/方志之屬/郡縣志

[嘉靖]吳邑志十六卷　（明）蘇祐　（明）楊循吉纂修　圖說一卷　（明）曹自守撰　明嘉靖刻本　二百十七葉　缺一卷(圖說)

330000－1705－0006931　善 1756　史部/地理類/方志之屬/郡縣志

[萬曆]黃巖縣志七卷　（明）袁應祺修　（明）牟汝忠等纂　明萬曆七年(1579)刻本　三冊

330000－1705－0006932　善 1718　史部/地理類/方志之屬/郡縣志

[萬曆]嚴州府志二十五卷　（明）楊守仁修　（明）徐楚纂　明萬曆刻本　四冊　存八卷（五至六、九至十一、十七至十九）

330000－1705－0006933　善 1776　史部/地理類/方志之屬/郡縣志

[嘉靖]涇縣志十一卷　（明）丘時庸修　（明）王廷幹纂　明嘉靖三十一年(1552)刻本　二冊

330000－1705－0006934　善 1777　史部/地理類/方志之屬/郡縣志

[嘉靖]涇縣志十二卷　（明）丘時庸原本　（明）趙恩　（明）鄭文瑞增補　明嘉靖四十一年(1562)刻本　四冊

330000－1705－0006935　善 1683　史部/地理類/方志之屬/郡縣志

[崇禎]吳縣志五十四卷　（明）牛若麟修　（明）王煥如纂　明崇禎刻本　二十冊

330000－1705－0006936　善 1684　史部/地

理類/方志之屬/郡縣志

[隆慶]長洲縣志十四卷　（明）張德夫修
（明）皇甫汸纂　明隆慶刻本　六冊

330000－1705－0006937　善 1007　史部/傳
記類/科舉錄之屬/歷科鄉試錄

天順四年會試錄一卷　明天順刻本　一冊

330000－1705－0006938　善 1685　史部/地
理類/方志之屬/郡縣志

[嘉靖]崑山縣志十六卷　（明）楊逢春修
（明）方鵬纂　明嘉靖刻本　四冊

330000－1705－0006939　善 1686　史部/地
理類/方志之屬/郡縣志

[嘉靖]太倉州志十卷　（明）周士佐修
（明）張寅纂　明崇禎二年(1629)劉彦心刻本
六冊

330000－1705－0006940　善 1008　史部/傳
記類/科舉錄之屬/歷科會試錄

天順七年會試錄一卷　明天順刻本　一冊

330000－1705－0006941　善 1719　史部/地
理類/方志之屬/郡縣志

[嘉靖]淳安縣志十七卷　（明）姚鳴鸞修
（明）余坤等纂　明嘉靖三年(1524)刻本
四冊

330000－1705－0006942　善 1694　史部/地
理類/方志之屬/郡縣志

[隆慶]寶應縣志十卷　（明）湯一賢纂修　明
隆慶三年(1569)刻本　四冊

330000－1705－0006943　善 1758　史部/地
理類/方志之屬/郡縣志

[嘉靖]太平縣志八卷　（明）曾才漢修
（明）葉良佩纂　明嘉靖刻本　二冊

330000－1705－0006944　善 0996　史部/傳
記類/科舉錄之屬/諸貢錄

洪武四年會試錄一卷　明洪武刻本　一冊

330000－1705－0006945　善 1759　史部/地
理類/方志之屬/郡縣志

[嘉靖]太平縣志八卷　（明）曾才漢修

（明）葉良佩纂　明嘉靖刻本　二冊

330000－1705－0006946　善 1772　史部/地
理類/方志之屬/郡縣志

[成化]中都志十卷　（明）柳瑛纂　明天順二
年至成化二十三年(1458－1487)修弘治元年
(1488)刻隆慶、萬曆遞修本　八冊

330000－1705－0006947　善 1703　史部/地
理類/方志之屬/郡縣志

[嘉靖]重修邳州志十卷　（明）楊輔等纂修
明嘉靖刻本　三冊　存八卷(一至八)

330000－1705－0006948　善 1762　史部/地
理類/方志之屬/郡縣志

[弘治]衢州府志十五卷　（明）沈杰修
（明）吾冔　（明）吳燮纂　明弘治十六年
(1503)刻本　四冊

330000－1705－0006949　善 0994　史部/傳
記類/科舉錄之屬/歷科登科錄

康熙二十四年乙丑科三代進士履歷一卷　清
康熙刻本　一冊

330000－1705－0006950　善 0995　史部/傳
記類/科舉錄之屬/歷科登科錄

康熙三十三年甲戌科進士三代履歷一卷　清
康熙刻本　一冊

330000－1705－0006951　善 1695　史部/地
理類/方志之屬/郡縣志

[嘉靖]通州志六卷　（明）鍾汪修　（明）林
穎等纂　明嘉靖刻本　二冊

330000－1705－0006952　善 1720　史部/地
理類/方志之屬/郡縣志

[嘉靖]蕭山縣志六卷　（明）林策修　（明）
張燭纂　（明）魏堂續增　明嘉靖刻萬曆增修
本　朱鼎煦題記　四冊

330000－1705－0006953　善 0993　史部/傳
記類/科舉錄之屬/歷科登科錄

康熙二十一年壬戌科殿試題名全錄一卷　清
康熙刻本　一冊

330000－1705－0006954　善 1705　史部/地

理類/方志之屬/郡縣志

[隆慶]海州志十卷 （明）張峯纂修 明隆慶
刻本 四冊

330000－1705－0006955 善 1760 史部/地
理類/方志之屬/郡縣志

[正德]永康縣志八卷 （明）吳宣濟 （明）
胡楷修 （明）陳泗等纂 明嘉靖三年（1524）
胡楷刻本 二冊

330000－1705－0006956 善 1687 史部/地
理類/方志之屬/郡縣志

[萬曆]無錫縣志二十四卷 （明）周邦傑修
（明）秦梁等纂 明萬曆刻本 二冊 存十二
卷（十三至二十四）

330000－1705－0006957 善 0992 史部/傳
記類/科舉錄之屬

康熙十八年己未博學鴻儒科題名録一卷 清
抄本 一冊

330000－1705－0006958 善 1768 史部/地
理類/方志之屬/郡縣志

[嘉靖]銅陵縣志八卷 （明）李士元修
（明）沈梅纂 明嘉靖四十二年（1563）刻本
一冊 存七卷（一至七）

330000－1705－0006959 善 1721 史部/地
理類/方志之屬/郡縣志

[嘉靖]蕭山縣志六卷 （明）林策修 （明）
張燭纂 （明）魏堂續增 明嘉靖刻萬曆增修
本 二冊 存四卷（三至六）

330000－1705－0006960 善 1009 史部/傳
記類/科舉錄之屬/諸貢錄

成化二年會試録一卷 明成化刻本 一冊

330000－1705－0006961 善 1707 史部/地
理類/方志之屬/郡縣志

[萬曆]丹徒縣志四卷 （明）何世學纂修 明
萬曆刻本 二冊

330000－1705－0006962 善 1010 史部/傳
記類/科舉錄之屬/諸貢錄

成化八年會試録一卷 明成化刻本 一冊

330000－1705－0006963 善 1693 史部/地
理類/方志之屬/郡縣志

[嘉靖]寶應縣志畧四卷 （明）聞人詮纂修
（明）宋佐增修 （明）楊周南增纂 明嘉靖十
七年（1538）刻本 二冊

330000－1705－0006964 善 1761 史部/地
理類/方志之屬/郡縣志

[嘉靖]浦江志畧八卷 （明）毛鳳韶纂修
（明）王庭蘭校正 明嘉靖五年（1526）刻本
二冊

330000－1705－0006965 善 1011 史部/傳
記類/科舉錄之屬/諸貢錄

成化十七年會試録一卷 明成化刻本 一冊

330000－1705－0006966 善 1769 史部/地
理類/方志之屬/郡縣志

[弘治]直隸鳳陽府宿州志二卷 （明）曾顯纂
修 明弘治十二年（1499）刻本 二冊

330000－1705－0006967 善 1013 史部/傳
記類/科舉錄之屬/諸貢錄

成化二十三年會試録一卷 明成化刻本
一冊

330000－1705－0006968 善 1778 史部/地
理類/方志之屬/郡縣志

[弘治]徽州府志十二卷 （明）彭澤修
（明）汪舜民纂 明弘治刻本 六冊

330000－1705－0006969 善 1701 史部/地
理類/方志之屬/郡縣志

[萬曆]宿遷縣志八卷 （明）喻文偉修
（明）何儀 （明）劉籌纂 明萬曆刻本 二冊

330000－1705－0006970 善 1726 史部/地
理類/方志之屬/郡縣志

[天啓]平湖縣志十九卷 （明）程楷修
（明）楊儁卿纂 明天啓七年（1627）刻本
五冊

330000－1705－0006971 善 1786 史部/地
理類/方志之屬/郡縣志

[萬曆]東流縣志十二卷 （明）陳春修
（明）汪文纂 明萬曆刻本 二冊 存七卷

（一至三、九至十二）

330000－1705－0006972　善1780　史部/地理類/方志之屬/郡縣志

[嘉靖]寧國府志十卷　（明）黎晨修　（明）李默等纂　明嘉靖十五年(1536)刻本　四冊

330000－1705－0006973　善1785　史部/地理類/方志之屬/郡縣志

[萬曆]太平縣志十卷　（明）張廷榜修（明）甕秉忠纂　明萬曆八年(1580)刻本　一冊　存四卷(七至十)

330000－1705－0006974　善1770　史部/地理類/方志之屬/郡縣志

[嘉靖]宿州志八卷　（明）余鍧　（明）徐世用　（明）張體乾纂修　明嘉靖十六年(1537)刻本　二冊

330000－1705－0006975　善1702　史部/地理類/方志之屬/郡縣志

[嘉靖]沛縣志十卷　（明）王治修　（明）馬偉纂　明嘉靖刻本　三冊

330000－1705－0006976　善1783　史部/地理類/方志之屬/郡縣志

[嘉靖]池州府志九卷　（明）王崇纂修　明嘉靖二十四年(1545)刻本　四冊

330000－1705－0006977　善1012　史部/傳記類/科舉録之屬/諸貢録

成化二十年會試録一卷　明成化刻本　一冊

330000－1705－0006978　善1781　史部/地理類/方志之屬/郡縣志

[嘉靖]寧國府志十卷　（明）黎晨修　（明）李默等纂　明嘉靖十五年(1536)刻本　一冊　存四卷(一至四)

330000－1705－0006979　善1708　史部/地理類/方志之屬/郡縣志

[萬曆]丹徒縣志四卷　（明）何世學纂修　明萬曆刻本　二冊

330000－1705－0006980　善1787　史部/地理類/方志之屬/郡縣志

[萬曆]東流縣志十二卷　（明）陳春修（明）汪文纂　明萬曆刻本　三冊　存十卷（一至三、六至十二）

330000－1705－0006981　善1729　史部/地理類/方志之屬/郡縣志

[嘉靖]安吉州誌十六卷　（明）伍餘福纂修明嘉靖刻本　三冊　存九卷(一至四、九至十一、十五至十六)

330000－1705－0006982　善1771　史部/地理類/方志之屬/郡縣志

[嘉靖]懷遠縣志二卷　（明）孫維禮　（明）楊鈞纂修　明嘉靖十八年(1539)刻本　二冊

330000－1705－0006983　善1014　史部/傳記類/科舉録之屬/諸貢録

弘治十二年會試録一卷　明弘治刻本　一冊

330000－1705－0006984　善1305　史部/傳記類/科舉録之屬/歷科鄉試録

嘉靖四十年廣東鄉試録一卷　明嘉靖刻本一包

330000－1705－0006985　善1015　史部/傳記類/科舉録之屬/諸貢録

弘治十八年會試録一卷　明弘治刻本　一冊

330000－1705－0006986　善1016　史部/傳記類/科舉録之屬/歷科會試録

正德六年會試録一卷　明正德刻本　一冊

330000－1705－0006987　善1730　史部/地理類/方志之屬/郡縣志

[嘉靖]安吉州誌八卷　（明）江一麟修（明）陳敬則纂　明嘉靖三十六年(1557)刻本三冊

330000－1705－0006988　善1782　史部/地理類/方志之屬/郡縣志

[嘉靖]寧國縣志四卷　（明）范鎬纂修　明嘉靖二十八年(1549)刻本　四冊

330000－1705－0006989　善1017　史部/傳記類/科舉録之屬/歷科會試録

正德九年會試録一卷　明正德刻本　一冊

330000－1705－0007026　善1803　史部/地理類/方志之屬/郡縣志

[正德]饒州府志四卷　（明）陳策修　（明）劉世臣纂　明正德刻本　四冊

330000－1705－0007027　善1836－9　史部/地理類/方志之屬/郡縣志

[康熙]德化縣志十六卷　（清）范正輅修（清）方祚隆等纂　清康熙刻本　五冊　存十二卷(一至十二)

330000－1705－0007028　善1804　史部/地理類/方志之屬/郡縣志

[正德]饒州府志四卷　（明）陳策修　（明）劉世臣纂　明正德刻本　三冊

330000－1705－0007029　善1711　史部/地理類/方志之屬/郡縣志

[弘治]句容縣志十二卷　（明）王僖修（明）程文纂　明弘治刻本　四冊

330000－1705－0007030　善1742　史部/地理類/方志之屬/郡縣志

[嘉靖]餘姚縣志十七卷　（明）顧存仁修（明）岑原道等纂　明嘉靖刻本　三冊　存十三卷(五至十七)

330000－1705－0007031　善1825　史部/地理類/方志之屬/郡縣志

[嘉靖]南康縣志十三卷　（明）劉文昭纂修明嘉靖三十四年(1555)刻本　三冊

330000－1705－0007032　善1795　史部/地理類/方志之屬/通志

[嘉靖]江西省大志七卷　（明）王宗沐纂修明嘉靖刻本　二冊　存三卷(一至三)

330000－1705－0007033　善1033　史部/傳記類/科舉録之屬/歷科會試録

隆慶五年會試録一卷　明隆慶刻本　一冊

330000－1705－0007034　善1034　史部/傳記類/科舉録之屬/歷科登科録

隆慶五年會試録一卷　明隆慶刻本　一冊

330000－1705－0007035　善1304　史部/傳

記類/科舉録之屬/歷科鄉試録

嘉靖三十一年廣東鄉試録一卷　明嘉靖刻本一冊

330000－1705－0007036　善1035　史部/傳記類/科舉録之屬/諸貢録

萬曆二年會試録一卷　明萬曆刻本　一冊

330000－1705－0007037　善1826　史部/地理類/方志之屬/郡縣志

[嘉靖]南康縣志十三卷　（明）劉文昭纂修明嘉靖三十四年(1555)刻本　三冊

330000－1705－0007038　善1036　史部/傳記類/科舉録之屬/諸貢録

萬曆二年會試録一卷　明萬曆刻本　一冊

330000－1705－0007039　善1037　史部/傳記類/科舉録之屬/諸貢録

萬曆五年會試録一卷　明萬曆刻本　一冊

330000－1705－0007040　善1809　史部/地理類/方志之屬/郡縣志

[正德]瑞州府志十四卷　（明）鄺璠　（明）熊相纂修　明正德刻本　四冊

330000－1705－0007041　善1831　史部/地理類/方志之屬/郡縣志

[弘治]大明興化府志五十四卷　（明）陳效修（明）周瑛　（明）黃仲昭纂　明弘治刻本十一冊　存四十九卷(一至九、十五至五十四)

330000－1705－0007042　善1833　史部/地理類/方志之屬/郡縣志

[嘉靖]惠安縣志十三卷　（明）莫尚簡修（明）張岳纂　明嘉靖刻本　二冊

330000－1705－0007043　善1834　史部/地理類/方志之屬/郡縣志

[嘉靖]安溪縣志八卷　（明）汪瑀修　（明）林有年纂　明嘉靖刻本　三冊

330000－1705－0007044　善1818　史部/地理類/方志之屬/郡縣志

[正德]新城縣志十三卷　（明）黃文鸞纂修

明正德十一年(1516)刻本　六冊

330000－1705－0007045　善 1836　史部/地理類/方志之屬/郡縣志

[康熙]德化縣志十六卷　（清）范正輅修（清）方祚隆等纂　清康熙刻本　四冊

330000－1705－0007046　善 1830　史部/地理類/方志之屬/郡縣志

[嘉靖]寧德縣志四卷　（明）閔文振纂修　明嘉靖刻本　二冊

330000－1705－0007047　善 1829　史部/地理類/方志之屬/郡縣志

[嘉靖]福寧州志十二卷　（明）陳應賓修（明）閔文振纂　明嘉靖刻本　三冊　存九卷（一至三、七至十二）

330000－1705－0007048　善 1038　史部/傳記類/科舉錄之屬/諸貢錄

萬曆八年會試錄一卷　明萬曆刻本　一冊

330000－1705－0007049　善 1812　史部/地理類/方志之屬/郡縣志

[嘉靖]豐乘十卷　（明）李貴纂修　明嘉靖四十二年(1563)刻本　二冊　存八卷(一至八)

330000－1705－0007050　善 1813　史部/地理類/方志之屬/郡縣志

[弘治]撫州府志二十八卷　（明）楊淵纂修　明弘治十六年(1503)刻本　八冊

330000－1705－0007051　善 1796　史部/地理類/方志之屬/郡縣志

[嘉靖]九江府志十六卷　（明）馮曾修（明）李汛纂　明嘉靖刻本　八冊

330000－1705－0007052　善 1788　史部/地理類/方志之屬/郡縣志

[正德]安慶府志三十一卷　（明）胡纘宗纂修　明嘉靖刻本　七冊　存二十五卷(七至三十一)

330000－1705－0007053　善 1039　史部/傳記類/科舉錄之屬/諸貢錄

萬曆二十三年乙未科進士履歷便覽一卷　明

萬曆刻本　一冊

330000－1705－0007054　善 1797　史部/地理類/方志之屬/郡縣志

[隆慶]瑞昌縣志八卷　（明）劉儲修（明）謝顥纂　明隆慶刻本　二冊

330000－1705－0007055　善 1810　史部/地理類/方志之屬/郡縣志

[嘉靖]臨江府志九卷　（明）徐顥修（明）楊鈞（明）陳德文纂　明嘉靖刻本　四冊

330000－1705－0007056　善 1811　史部/地理類/方志之屬/郡縣志

[隆慶]臨江府志十四卷　（明）管大勳修（明）劉松纂　明隆慶刻本　五冊

330000－1705－0007057　善 1040　史部/傳記類/科舉錄之屬/諸貢錄

萬曆二十六年戊戌科進士履歷一卷　明萬曆刻本　一冊

330000－1705－0007058　善 1814　史部/地理類/方志之屬/郡縣志

[嘉靖]金谿縣志九卷　（明）王冀纂修　明嘉靖二十四年(1545)刻本　二冊　存四卷(一至二、五至六)

330000－1705－0007059　善 1041　史部/傳記類/科舉錄之屬/諸貢錄

萬曆二十九年辛丑科進士履歷便覽一卷　明萬曆刻本　一冊

330000－1705－0007060　善 1789　史部/地理類/方志之屬/郡縣志

[嘉靖]安慶府志三十一卷　（明）李遜纂修　明嘉靖三十二年(1553)刻本　六冊　存十九卷(一至十九)

330000－1705－0007061　善 1042　史部/傳記類/科舉錄之屬/諸貢錄

萬曆二十九年辛丑科進士履歷便覽一卷　明萬曆刻本　一冊

330000－1705－0007062　善 1043　史部/傳記類/科舉錄之屬/諸貢錄

萬曆三十二年甲辰科進士履歷便覽一卷　明
萬曆刻本　一冊

330000－1705－0007063　善1798　史部/地
理類/方志之屬/郡縣志

[嘉靖]寧州志十八卷　(明)龔暹纂修　明嘉
靖刻本　四冊

330000－1705－0007064　善1815　史部/地
理類/方志之屬/郡縣志

[嘉靖]宜黃縣志考訂十四卷　(明)黃漳纂
明嘉靖刻本　二冊　存八卷(四至十一)

330000－1705－0007065　善1839　史部/地
理類/方志之屬/郡縣志

[嘉靖]長泰縣志二卷　(明)蕭廷宣纂修　明
嘉靖刻本　一冊　存一卷(下)

330000－1705－0007066　善1835　史部/地
理類/方志之屬/郡縣志

[康熙]德化縣志十六卷　(清)范正輅修
(清)方祚隆等纂　清康熙刻本　四冊

330000－1705－0007067　善1840　史部/地
理類/方志之屬/郡縣志

[嘉靖]汀州府誌十九卷　(明)邵有道
(明)何雲纂修　明嘉靖六年(1527)刻本
六冊

330000－1705－0007068　善1828　史部/地
理類/方志之屬/通志

[弘治]八閩通誌八十七卷　(明)陳道修
(明)黃仲昭纂　明弘治刻本　三冊　存十一
卷(七十七至八十七)

330000－1705－0007069　善1816　史部/地
理類/方志之屬/郡縣志

[嘉靖]東鄉縣志二卷　(明)秦鎰修　(明)
饒文璧纂　明嘉靖三年(1524)刻十五年
(1536)補刻本　二冊

330000－1705－0007070　善1799　史部/地
理類/方志之屬/郡縣志

[嘉靖]武寧縣志六卷　(明)徐麟纂修
(明)潘槐修　明嘉靖刻本　二冊

330000－1705－0007071　善1864　史部/地
理類/方志之屬/郡縣志

[嘉靖]鞏縣志八卷　(明)周泗修　(明)康
紹第纂　明嘉靖刻本　二冊

330000－1705－0007072　善1044　史部/傳
記類/科舉錄之屬/歷科鄉試錄

成化十年順天府鄉試錄一卷　明成化刻本
一冊

330000－1705－0007073　善1790　史部/地
理類/方志之屬/郡縣志

[嘉靖]壽州志八卷　(明)栗永祿纂修　明嘉
靖刻本　三冊

330000－1705－0007074　善1258　史部/傳
記類/科舉錄之屬/歷科鄉試錄

嘉靖四十年浙江鄉試錄一卷　明嘉靖刻本
一冊

330000－1705－0007075　善1045　史部/傳
記類/科舉錄之屬/歷科鄉試錄

成化十三年順天府鄉試錄一卷　明成化刻本
一冊

330000－1705－0007076　善1303　史部/傳
記類/科舉錄之屬/歷科鄉試錄

嘉靖二十八年廣東鄉試錄一卷　明嘉靖刻本
一冊

330000－1705－0007077　善1046　史部/傳
記類/科舉錄之屬/歷科鄉試錄

成化十六年順天府鄉試錄一卷　明成化刻本
一冊

330000－1705－0007078　善1837　史部/地
理類/方志之屬/郡縣志

[嘉靖]龍溪縣志八卷　(明)劉天授修
(明)林魁　(明)李愷纂　明嘉靖刻本　二冊

330000－1705－0007079　善1817　史部/地
理類/方志之屬/郡縣志

[正德]建昌府志十九卷　(明)夏良勝纂修
明正德十二年(1517)刻藍印本　六冊

330000－1705－0007080　善1791　史部/地

理類/方志之屬/郡縣志

[嘉靖]壽州志八卷　（明)栗永祿纂修　明嘉
靖刻本　三冊

330000－1705－0007081　善1047　史部/傳
記類/科舉録之屬/歷科鄉試録

弘治五年順天府鄉試録一卷　明弘治刻本
一冊

330000－1705－0007082　善1712　史部/地
理類/方志之屬/郡縣志

[成化]重修毗陵志四十卷　（明)卓天錫修
（明)孫仁增修　（明)朱昱纂　明成化刻本
十一冊

330000－1705－0007083　善1841　史部/地
理類/方志之屬/郡縣志

[嘉靖]漳平縣志十卷　（明)朱召修　（明)
曾汝檀纂　明嘉靖刻本　二冊

330000－1705－0007084　善1048　史部/傳
記類/科舉録之屬/歷科鄉試録

弘治十一年順天府鄉試録一卷　明弘治刻本
一冊

330000－1705－0007085　善1792　史部/地
理類/方志之屬/郡縣志

[成化]潁州志六卷　（明)劉節編輯　明正德
六年(1511)儲珊刻本　二冊

330000－1705－0007086　善1049　史部/傳
記類/科舉録之屬/歷科鄉試録

弘治十四年順天府鄉試録一卷　明弘治刻本
一冊

330000－1705－0007087　善1050　史部/傳
記類/科舉録之屬/歷科鄉試録

弘治十七年順天府鄉試録一卷　明弘治刻本
一冊

330000－1705－0007088　善1793　史部/地
理類/方志之屬/郡縣志

[嘉靖]潁州志二十卷　（明）呂景蒙修
（明)胡袞纂　明嘉靖刻本　四冊

330000－1705－0007089　善1713　史部/地

理類/方志之屬/通志

[正德]常州府志續集八卷　（明)張愷纂　明
正德刻本　十一冊

330000－1705－0007090　善1863　史部/地
理類/方志之屬/郡縣志

[嘉靖]通許縣志二卷　（明)韓玉纂修　明嘉
靖刻本　二冊

330000－1705－0007091　善1861　史部/地
理類/方志之屬/郡縣志

[嘉靖]蘭陽縣志十卷　（明)褚宦修　（明)
李希程等纂　明嘉靖刻本　四冊

330000－1705－0007092　善1884　史部/地
理類/方志之屬/郡縣志

[嘉靖]濮州志十卷　（明)鄧戟纂修　明嘉靖
六年(1527)刻本　一冊　存三卷(一至三)

330000－1705－0007093　善1890　史部/地
理類/方志之屬/郡縣志

[嘉靖]襄城縣志八卷　（明)林鸞纂修　明嘉
靖三十年(1551)刻本　二冊

330000－1705－0007094　善1891　史部/地
理類/方志之屬/郡縣志

[正德]汝州志八卷　（明)王雄修　（明)承
天貴纂　明正德元年(1506)刻本　二冊

330000－1705－0007095　善1869　史部/地
理類/方志之屬/郡縣志

[康熙]孟縣志十二卷　（清)劉凡　（清)張
之紀修　（清)喬騰鳳　（清)毛鵾纂　清康熙
三十四年(1695)刻本　六冊

330000－1705－0007096　善1906　史部/地
理類/方志之屬/通志

[嘉靖]湖廣圖經志書二十卷　（明)薛綱纂修
　（明)吳廷舉續修　明嘉靖元年(1522)刻本
一冊　存一卷(一)

330000－1705－0007097　善1886　史部/地
理類/方志之屬/郡縣志

[弘治]許州志二十卷　（明)邵寶纂修　明弘
治六年(1493)刻本　一冊　存五卷(一至五)

330000 – 1705 – 0007098　善 1847　史部/地理類/方志之屬/郡縣志

[嘉靖]沙縣誌十卷　（明）葉聯芳纂修　明嘉靖刻本　一冊　存六卷（一至六）

330000 – 1705 – 0007099　善 1892　史部/地理類/方志之屬/郡縣志

[嘉靖]魯山縣誌十卷　（明）姚卿修　（明）孫鐸等纂　明嘉靖三十一年（1552）刻本　二冊

330000 – 1705 – 0007100　善 1885　史部/地理類/方志之屬/郡縣志

[嘉靖]太康縣志十卷附文集十卷　（明）安都纂修　明嘉靖三年（1524）刻本　四冊

330000 – 1705 – 0007101　善 1866　史部/地理類/方志之屬/郡縣志

[嘉靖]輝縣志十卷　（明）張天真等纂修　明嘉靖刻本　二冊

330000 – 1705 – 0007102　善 1907　史部/地理類/方志之屬/郡縣志

[嘉靖]漢陽府志十卷　（明）劉汝松　（明）賈應瑜修　（明）朱衣纂　明嘉靖二十五年（1546）刻本　三冊

330000 – 1705 – 0007103　善 1860　史部/地理類/方志之屬/郡縣志

[嘉靖]尉氏縣志五卷　（明）曾嘉誥修（明）汪心纂　明嘉靖刻本　五冊

330000 – 1705 – 0007104　善 1893　史部/地理類/方志之屬/郡縣志

[嘉靖]舞陽志要十二卷外傳一卷　（明）張穎纂修　明嘉靖十五年（1536）刻本　一冊　缺四卷（一至四）

330000 – 1705 – 0007105　善 1867　史部/地理類/方志之屬/郡縣志

[嘉靖]輝縣志十卷　（明）張天真等纂修　明嘉靖刻本　二冊

330000 – 1705 – 0007106　善 1859　史部/地理類/方志之屬/通志

[嘉靖]河南通志四十五卷　（明）鄒守愚修

（明）李濂等纂　明嘉靖刻本　九冊　存三十七卷（四至十六、二十二至四十五）

330000 – 1705 – 0007107　善 1870　史部/地理類/方志之屬/郡縣志

[嘉靖]彰德府志八卷　（明）崔銑纂修　明嘉靖刻本　四冊

330000 – 1705 – 0007108　善 1848　史部/地理類/方志之屬/郡縣志

[弘治]將樂縣志十四卷　（明）李敏纂修　明弘治刻本　四冊

330000 – 1705 – 0007109　善 1889　史部/地理類/方志之屬/郡縣志

[嘉靖]鄆城縣志十二卷　（明）楊邦梁等纂修　明嘉靖三十三年（1554）刻本　四冊

330000 – 1705 – 0007110　善 1908　史部/地理類/方志之屬/郡縣志

[嘉靖]應山縣志三卷　（明）顏木纂修　明嘉靖刻本　二冊

330000 – 1705 – 0007111　善 1871　史部/地理類/方志之屬/郡縣志

[嘉靖]彰德府志八卷　（明）崔銑纂修　明嘉靖刻本　三冊　缺二卷（一至二）

330000 – 1705 – 0007112　善 1909　史部/地理類/方志之屬/郡縣志

[正德]德安府志十二卷　（明）馬侖纂修　明正德刻本　四冊　存八卷（一至三、八至十二）

330000 – 1705 – 0007113　善 1894　史部/地理類/方志之屬/郡縣志

[嘉靖]鈞州志八卷　（明）謝滷等纂修　明抄本　一冊　存二卷（一至二）

330000 – 1705 – 0007114　善 1857　史部/地理類/方志之屬/郡縣志

[嘉靖]邵武府志十五卷　（明）邢址修（明）陳讓纂　明嘉靖刻本　六冊

330000 – 1705 – 0007115　善 1873　史部/地理類/方志之屬/郡縣志

[嘉靖]開州志十卷 （明）孫巨鯨修 （明）王崇慶纂 明嘉靖刻本 二冊

330000－1705－0007116 善1874 史部/地理類/方志之屬/郡縣志

[嘉靖]開州志十卷 （明）孫巨鯨修 （明）王崇慶纂 明嘉靖刻本 二冊

330000－1705－0007117 善1895 史部/地理類/方志之屬/郡縣志

[嘉靖]確山縣志二卷 （明）陳耀文纂修 明嘉靖三十六年(1557)刻本 一冊 存一卷（一）

330000－1705－0007118 善1888 史部/地理類/方志之屬/郡縣志

[嘉靖]鄢陵縣志八卷 （明）劉訒纂修 明嘉靖十六年(1537)刻本 二冊

330000－1705－0007119 善1910 史部/地理類/方志之屬/郡縣志

[弘治]黃州府志十卷 （明）盧濬纂修 明弘治刻本 二冊 存五卷(一至五)

330000－1705－0007120 善1849 史部/地理類/方志之屬/郡縣志

[嘉靖]尤溪縣志七卷 （明）李文袞修 （明）田頊纂 明嘉靖刻本 一冊 存三卷（一至三）

330000－1705－0007121 善1877 史部/地理類/方志之屬/郡縣志

[嘉靖]歸德志八卷 （明）李應奎修 （明）黃鈞纂 明嘉靖刻本 二冊

330000－1705－0007122 善1872 史部/地理類/方志之屬/郡縣志

[嘉靖]內黃縣志九卷 （明）董弦等纂修 明嘉靖刻本 二冊

330000－1705－0007123 善1896 史部/地理類/方志之屬/郡縣志

[康熙]汝寧府志十六卷首一卷 （清）金鎮修 （清）孔暹纂 清康熙元年(1662)刻本 九冊 缺五卷(六至七、十、十五至十六)

330000－1705－0007124 善1844 史部/地理類/方志之屬/郡縣志

[嘉靖]延平府志二十三卷 （明）陳能修 （明）鄭慶雲 （明）辛紹佐纂 明嘉靖刻本 八冊

330000－1705－0007125 善1898 史部/地理類/方志之屬/郡縣志

[嘉靖]真陽縣志十卷補遺一卷 （明）何麟纂修 明嘉靖三十四年(1555)刻本 二冊

330000－1705－0007126 善1897 史部/地理類/方志之屬/郡縣志

[康熙]汝寧府志十六卷首一卷 （清）金鎮修 （清）孔暹纂 清康熙元年(1662)刻本 一冊 存一卷(九)

330000－1705－0007127 善1887 史部/地理類/方志之屬/郡縣志

[嘉靖]許州志八卷 （明）張良知修 （明）欽用等纂 明嘉靖二十年(1541)刻本 二冊

330000－1705－0007128 善1868 史部/地理類/方志之屬/郡縣志

[嘉靖]陽武縣誌三卷 （明）呂柟纂修 明嘉靖刻本 一冊

330000－1705－0007129 善1875 史部/地理類/方志之屬/郡縣志

[嘉靖]長垣縣志九卷 （明）杜緯修 （明）劉芳等纂 明嘉靖刻本 二冊

330000－1705－0007130 善1911 史部/地理類/方志之屬/郡縣志

[嘉靖]羅田縣志八卷 （明）祝珝修 （明）楊鸞等纂 明嘉靖刻本 二冊

330000－1705－0007131 善1878 史部/地理類/方志之屬/郡縣志

[嘉靖]夏邑縣志八卷 （明）鄭相修 （明）黃虎臣纂 明嘉靖三十年(1551)刻本 二冊

330000－1705－0007132 善1854 史部/地理類/方志之屬/郡縣志

[嘉靖]松溪縣志十四卷 （明）黃金修 （明）廖芝等纂 明嘉靖刻本 一冊 存九卷

（一至九）

330000－1705－0007133　善1855　史部/地理類/方志之屬/郡縣志

[嘉靖]南平縣志十七卷　（明）劉繼善纂修　明嘉靖刻本　二冊　存九卷（九至十七）

330000－1705－0007134　善1856　史部/地理類/方志之屬/郡縣志

[正德]順昌邑志十卷　（明）馬性魯纂修　明正德刻藍印本　三冊　存八卷（一至八）

330000－1705－0007135　善1845　史部/地理類/方志之屬/郡縣志

[萬曆]延平府志三十四卷　（明）易可久修　（明）吳必學　（明）林瑄纂　明萬曆刻本　四冊　存十六卷（一至五、十二至二十二）

330000－1705－0007136　善1912　史部/地理類/方志之屬/郡縣志

[嘉靖]蘄州誌九卷　（明）甘澤纂修　明嘉靖九年（1530）刻十五年（1536）補刻本　三冊

330000－1705－0007137　善1900　史部/地理類/方志之屬/郡縣志

[嘉靖]固始縣志十卷　（明）張梯修　（明）葛臣纂　明嘉靖二十一年（1542）刻三十一年（1552）南坰草堂補刻本　二冊

330000－1705－0007138　善1913　史部/地理類/方志之屬/郡縣志

[嘉靖]荆州府志十二卷　（明）孫存修　（明）王寵懷纂　明嘉靖刻本　四冊　存十卷（二至十、十二）

330000－1705－0007139　善1879　史部/地理類/方志之屬/郡縣志

[嘉靖]永城縣志六卷　（明）申敬　（明）鄭禮等纂修　明嘉靖二十三年（1544）刻本　二冊

330000－1705－0007140　善1846　史部/地理類/方志之屬/郡縣志

[嘉靖]清流縣志五卷　（明）陳桂芳纂修　明嘉靖刻本　二冊

330000－1705－0007141　善1858　史部/地理類/方志之屬/郡縣志

[嘉靖]邵武志敍論一卷　（明）陳讓纂　明嘉靖刻本　一冊

330000－1705－0007142　善1902　史部/地理類/方志之屬/郡縣志

[嘉靖]光山縣志九卷　（明）沈紹慶修　（明）王家士等纂　明嘉靖三十五年（1556）刻本　三冊

330000－1705－0007143　善1899　史部/地理類/方志之屬/郡縣志

[嘉靖]息縣志八卷　（明）邵鳴岐纂修　明嘉靖刻本　一冊　存四卷（五至八）

330000－1705－0007144　善1914　史部/地理類/方志之屬/郡縣志

[嘉靖]沘陽志十八卷　（明）曾儲修　（明）童承敍纂　明嘉靖十年（1531）刻本　四冊

330000－1705－0007145　善1880　史部/地理類/方志之屬/郡縣志

[嘉靖]沈丘縣志五卷　（明）李宗元編　明嘉靖九年（1530）刻本　一冊　存四卷（一至四）

330000－1705－0007146　善1842　史部/地理類/方志之屬/郡縣志

[嘉靖]武平志六卷　（明）徐甫宰纂修　明嘉靖刻本　一冊　存三卷（四至六）

330000－1705－0007147　善1926　史部/地理類/方志之屬/郡縣志

[弘治]永州府志十卷　（明）姚昺纂修　明弘治刻本　四冊

330000－1705－0007148　善1843　史部/地理類/方志之屬/郡縣志

[嘉靖]武平志六卷　（明）徐甫宰纂修　明嘉靖刻本　一冊　存三卷（四至六）

330000－1705－0007149　善1915　史部/地理類/方志之屬/郡縣志

[嘉靖]沘陽志十八卷　（明）曾儲修　（明）童承敍纂　明嘉靖十年（1531）刻本　四冊

330000－1705－0007150　善 1901　史部/地理類/方志之屬/郡縣志

[嘉靖]新刻商城縣志八卷　（明）萬炯修（明）張應辰纂　明嘉靖三十年(1551)刻本　二冊

330000－1705－0007151　善 1882　史部/地理類/方志之屬/郡縣志

[嘉靖]濮州志十卷　（明）鄧骥纂修　明嘉靖六年(1527)刻本　四冊

330000－1705－0007152　善 1919　史部/地理類/方志之屬/郡縣志

[嘉靖]巴東縣志三卷　（明）許周修　（明）楊培之纂　明嘉靖刻本　二冊

330000－1705－0007153　善 1916　史部/地理類/方志之屬/郡縣志

[弘治]夷陵州志十卷拾遺一卷　（明）劉允修（明）沈寬纂　明弘治九年(1496)刻本　二冊

330000－1705－0007154　善 1920　史部/地理類/方志之屬/郡縣志

[正德]光化縣志六卷　（明）曹璘纂修　明正德刻本　二冊

330000－1705－0007155　善 1903　史部/地理類/方志之屬/郡縣志

[嘉靖]鄧州志十六卷　（明）潘庭楠纂修　明嘉靖四十三年(1564)刻本　四冊

330000－1705－0007156　善 1883　史部/地理類/方志之屬/郡縣志

[嘉靖]濮州志十卷　（明）鄧骥纂修　明嘉靖六年(1527)刻本　三冊　存八卷(一至八)

330000－1705－0007157　善 1921　史部/地理類/方志之屬/郡縣志

[弘治]湖廣岳州府志十卷　（明）劉襄（明）劉璣纂修　明弘治刻本　四冊

330000－1705－0007158　善 1851　史部/地理類/方志之屬/郡縣志

[嘉靖]建寧府志二十一卷　（明）夏玉麟等修（明）汪佃等修　明嘉靖刻本　十冊

330000－1705－0007159　善 1925　史部/地理類/方志之屬/郡縣志

[嘉靖]衡州府志九卷　（明）楊珮纂修　明嘉靖刻藍印本　三冊

330000－1705－0007160　善 1928　史部/地理類/方志之屬/郡縣志

[嘉靖]常德府志二十卷　（明）陳洪謨纂修　明嘉靖十四年(1535)刻本　六冊

330000－1705－0007161　善 1904　史部/地理類/方志之屬/郡縣志

[嘉靖]靈寶縣志二卷　（明）苟汝安　（明）萬我纂修　明嘉靖十五年(1536)刻本　一冊　存一卷(下)

330000－1705－0007162　善 1922　史部/地理類/方志之屬/郡縣志

[隆慶]岳州府誌十八卷　（明）鍾崇文纂修　明隆慶刻本　六冊

330000－1705－0007163　善 1923　史部/地理類/方志之屬/郡縣志

[嘉靖]茶陵州志二卷　（明）張治　（明）夏良勝纂修　明嘉靖刻本　朱鼎煦題記　二冊

330000－1705－0007164　善 1924　史部/地理類/方志之屬/郡縣志

[萬曆]郴州志二十卷　（明）胡漢纂修　明萬曆刻本　馮貞群跋　四冊

330000－1705－0007165　善 1918　史部/地理類/方志之屬/郡縣志

[嘉靖]歸州誌五卷　（明）鄭喬纂修　明嘉靖四十三年(1564)刻本　四冊

330000－1705－0007166　善 1927　史部/地理類/方志之屬/郡縣志

[隆慶]寶慶府志五卷　（明）陸柬纂修　明隆慶元年(1567)刻本　一冊　存二卷(四至五)

330000－1705－0007167　善 1936　史部/地理類/方志之屬/郡縣志

[嘉靖]南雄府志二卷　（明）譚大初纂修　明嘉靖二十一年(1542)刻本　二冊

330000－1705－0007168　善1937　史部/地理類/方志之屬/郡縣志

[嘉靖]南雄府志二卷　（明）譚大初纂修　明嘉靖二十一年(1542)刻藍印本　二冊

330000－1705－0007169　善2021　史部/地理類/山川之屬/水志

西湖遊覽志二十四卷志餘二十六卷　（明）田汝成撰　明刻本　十冊　存二十四卷（志餘三至二十六）

330000－1705－0007170　善1952　史部/地理類/方志之屬/郡縣志

[嘉靖]德慶州志十六卷　（明）陸舜臣纂修　明嘉靖刻本　四冊

330000－1705－0007171　善1938　史部/地理類/方志之屬/郡縣志

[嘉靖]始興縣志二卷　（明）汪慶舟修　（明）袁宗與等纂　明嘉靖十五年(1536)刻藍印本　一冊

330000－1705－0007172　善1993　史部/地理類/山川之屬/山志

吳山志四卷　（明）司靈鳳撰　明嘉靖八年(1529)刻本　二冊

330000－1705－0007173　善1939　史部/地理類/方志之屬/郡縣志

[嘉靖]始興縣志二卷　（明）汪慶舟修　（明）袁宗與等纂　明嘉靖刻本　一冊

330000－1705－0007174　善1953　史部/地理類/方志之屬/郡縣志

[嘉靖]南寧府志十卷　（明）郭楠纂修　明嘉靖十七年(1538)刻本　三冊　存九卷（一至九）

330000－1705－0007175　善1850　史部/地理類/方志之屬/郡縣志

[嘉靖]建寧縣志七卷附錄一卷　（明）何孟倫纂修　明嘉靖刻本　二冊

330000－1705－0007176　善1994　史部/地理類/山川之屬/山志

京口三山志十卷　（明）張萊撰　明萬曆二十

八年(1600)刻本　五冊

330000－1705－0007177　善1955　史部/地理類/方志之屬/郡縣志

[嘉靖]欽州志九卷拾遺一卷　（明）林希元纂修　明嘉靖刻本　二冊

330000－1705－0007178　善1940　史部/地理類/方志之屬/郡縣志

[嘉靖]廣東韶州府翁源縣誌不分卷　（明）李孔明等纂　明抄本　一冊

330000－1705－0007179　善2035　史部/地理類/雜志之屬

帝京景物畧八卷　（明）劉侗　（明）于奕正撰　明崇禎刻本　六冊　存六卷（一至三、六至八）

330000－1705－0007180　善1941　史部/地理類/方志之屬/郡縣志

[嘉靖]惠州府志十六卷　（明）姚良弼修　（明）楊宗甫纂　明嘉靖三十五年(1556)刻藍印本　六冊

330000－1705－0007181　善1995　史部/地理類/山川之屬/山志

京口三山續志四卷　（明）徐邦佐輯　明隆慶元年(1567)刻本　二冊

330000－1705－0007182　善1960　史部/地理類/方志之屬/郡縣志

[嘉靖]雲陽縣志二卷　（明）楊鸞修　（明）秦覺纂　明嘉靖二十年(1541)刻藍印本　二冊

330000－1705－0007183　善1853　史部/地理類/方志之屬/郡縣志

[嘉靖]建陽縣志十六卷首一卷　（明）馮繼科等纂修　明嘉靖刻本　四冊

330000－1705－0007184　善1942　史部/地理類/方志之屬/郡縣志

[嘉靖]惠志畧一卷　（明）楊載鳴纂　明嘉靖三十九年(1560)刻藍印本　一冊

330000－1705－0007185　善1943　史部/地

理類/方志之屬/郡縣志

[嘉靖]惠大記六卷 （明）鄭維新纂修 明嘉靖七年(1528)刻本 四冊

330000－1705－0007186 善 2029 史部/地理類/方志之屬/郡縣志

[熙寧]長安志二十卷 （宋）宋敏求纂 **長安志圖三卷** （元）李好文撰 （清）畢沅校 明嘉靖十一年(1532)李經刻本 四冊

330000－1705－0007187 善 1961 史部/地理類/方志之屬/郡縣志

[萬曆]重修營山縣志八卷 （明）王廷稷修 （明）李彭年纂 明萬曆四年(1576)刻本 二冊

330000－1705－0007188 善 1996 史部/地理類/山川之屬/山志

茅山志十五卷 （元）劉大彬撰 **後編二卷** （明）江永年續 明嘉靖二十九年(1550)張全恩刻本 四冊

330000－1705－0007189 善 2030 史部/地理類/方志之屬/郡縣志

[熙寧]長安志二十卷 （宋）宋敏求纂 **長安志圖三卷** （元）李好文撰 （清）畢沅校 明嘉靖十一年(1532)李經刻本 三冊 缺三卷(圖一至三)

330000－1705－0007190 善 1930 史部/地理類/方志之屬/郡縣志

[萬曆]慈利縣志十八卷 （明）陳光前纂修 明萬曆元年(1573)刻本 二冊

330000－1705－0007191 善 1929 史部/地理類/方志之屬/郡縣志

[嘉靖]澧州志六卷 （明）水之文修 （明）李獻陽纂 明嘉靖四十一年(1562)刻本 五冊

330000－1705－0007192 善 1931 史部/地理類/方志之屬/通志

[嘉靖]廣東通志七十卷 （明）黃佐纂修 明嘉靖四十年(1561)刻本 馮貞群題記 六冊 存十三卷(九至十二、二十至二十一、二十五至三十一)

330000－1705－0007193 善 1962 史部/地理類/方志之屬/郡縣志

[正德]蓬州志十卷 （明）吳德器修 （明）徐泰纂 明正德十三年(1518)刻本 二冊

330000－1705－0007194 善 1932 史部/地理類/方志之屬/通志

[嘉靖]廣東通志七十卷 （明）黃佐纂修 明嘉靖刻本 七冊 存十五卷(五十四至六十二、六十五至七十)

330000－1705－0007195 善 1963 史部/地理類/方志之屬/通志

[嘉靖]貴州通志十二卷 （明）謝東山修 （明）張道等纂 明嘉靖三十二年(1553)刻本 十二冊

330000－1705－0007196 善 1933 史部/地理類/方志之屬/郡縣志

[嘉靖]廣州志七十卷 （明）黃佐纂修 明嘉靖六年(1527)刻本 六冊 存三十七卷(四至七、十二至十七、二十二至四十八)

330000－1705－0007197 善 1934 史部/地理類/方志之屬/郡縣志

[嘉靖]增城縣志十九卷 （明）文章修 （明）張文海纂 明嘉靖十七年(1538)刻本 三冊 存十五卷(一至十一、十六至十九)

330000－1705－0007198 善 1964 史部/地理類/方志之屬/郡縣志

[嘉靖]思南府志八卷 （明）鍾添纂修 明嘉靖十五年(1536)刻本 二冊

330000－1705－0007199 善 1852 史部/地理類/方志之屬/郡縣志

[景泰]建陽縣誌四卷雜誌三卷續集一卷 （明）黃璿纂修 （明）袁銛續纂 明弘治刻本 三冊 缺二卷(縣誌一至二)

330000－1705－0007200 善 1990 史部/地理類/雜志之屬

[嘉靖]兩鎮三關通志□□卷 （明）尹耕纂修 明刻本 十二冊 存十三卷(一至十三)

330000－1705－0007201　善 1966　史部/地理類/方志之屬/通志

[正德]雲南志四十四卷　（明）周季鳳纂修　明正德刻本　十二冊

330000－1705－0007202　善 1968　史部/地理類/方志之屬/郡縣志

[嘉靖]尋甸府志二卷　（明）王尚用修（明）陳梓　（明）張騰纂　明嘉靖刻本　二冊

330000－1705－0007203　善 1997　史部/地理類/山川之屬/山志

茅山志十五卷後編二卷　（元）劉大彬撰（明）江永年續　明嘉靖二十九年(1550)張全恩刻本　一冊　存二卷(一至二)

330000－1705－0007204　善 1965　史部/地理類/方志之屬/郡縣志

[嘉靖]普安州志十卷　（明）高廷愉纂修　明嘉靖二十八年(1549)刻本　二冊

330000－1705－0007205　善 1947　史部/地理類/方志之屬/郡縣志

海豐縣志二卷　（明）羅洪先纂修　明嘉靖刻本　一冊　存一卷(上)

330000－1705－0007206　善 2045　史部/地理類/專志之屬/寺觀

攝山棲霞寺誌三卷　（明）金鑾撰　明刻本　二冊

330000－1705－0007207　善 1998　史部/地理類/山川之屬/山志

虎丘志總集一卷　（明）王賓輯　（明）茹昂補輯　明刻本　一冊

330000－1705－0007208　善 1975　集部/別集類/宋別集

揚州賦一卷　（宋）王觀撰　**續揚州賦一卷**（宋）陳洪範撰　明嘉靖二十四年(1545)刻本　一冊

330000－1705－0007209　善 1944　史部/地理類/方志之屬/郡縣志

[嘉靖]興寧縣志四卷　（明）黃國奎修（明）盛繼纂　明嘉靖刻藍印本　二冊

330000－1705－0007210　善 2013　史部/地理類/山川之屬/水志

水經四十卷　（漢）桑欽撰　明刻本　八冊　存二十八卷(六至十五、二十至二十二、二十六至四十)

330000－1705－0007211　善 2048　史部/地理類/山川之屬/山志

古今游名山記十七卷總錄三卷　（明）何鏜編輯　明嘉靖四十四年(1565)何鏜刻本　十一冊

330000－1705－0007212　善 2000　史部/地理類/山川之屬/山志

齊雲山志七卷　明嘉靖三十七年(1558)刻本　二冊

330000－1705－0007213　善 1948　史部/地理類/方志之屬/郡縣志

[正德]瓊臺志四十四卷　（明）唐冑纂　明正德十六年(1521)刻本　十冊　存四十卷(一至二十一、二十四至四十二)

330000－1705－0007214　善 1945　史部/地理類/方志之屬/郡縣志

[隆慶]潮陽縣志十五卷附錄一卷　（明）黃一龍修　（明）林大春纂　明隆慶刻本　四冊

330000－1705－0007215　善 2010　史部/地理類/山川之屬/山志

羅浮山誌十四卷　（明）王希文撰　明嘉靖三十七年(1558)刻本　二冊

330000－1705－0007216　善 2053　史部/地理類/遊記之屬/紀行

東遊記不分卷　（明）于慎行撰　明萬曆十一年(1583)刻本　一冊

330000－1705－0007217　善 1976　集部/別集類/明別集

大明一統賦三卷　（明）莫旦撰　明嘉靖十六年(1537)司馬泰刻本　三冊

330000－1705－0007218　善 2001　史部/地理類/山川之屬/山志

雲巖史二卷　（明）江山撰　明嘉靖九年

(1530)刻本　一冊　存一卷(二)

330000－1705－0007219　善1946　史部/地
理類/方志之屬/郡縣志

[隆慶]潮陽縣志十五卷附錄一卷　(明)黃一
龍修　(明)林大春纂　明隆慶刻本　四冊

330000－1705－0007220　善1956　史部/地
理類/方志之屬/郡縣志

[嘉靖]馬湖府志七卷　(明)余承勳纂修　明
嘉靖三十四年(1555)刻本　二冊

330000－1705－0007221　善2058　史部/地
理類/外紀之屬

殊域周咨錄二十四卷　(明)嚴從簡撰　明刻
本　三冊　存三卷(三至四、十九)

330000－1705－0007222　善2008　史部/地
理類/山川之屬/山志

衡嶽志九卷　(明)彭簪撰　明嘉靖二十四年
(1545)刻藍印本　二冊　存七卷(一至五、八
至九)

330000－1705－0007223　善1977　集部/別
集類/明別集

大明一統賦補四卷　(明)莫旦撰　明刻本
二冊

330000－1705－0007224　善2003　史部/地
理類/山川之屬/山志

龍虎山誌三卷　(明)李仁撰　明嘉靖二十三
年(1544)刻本　一冊　存二卷(上、中)

330000－1705－0007225　善2128　子部/儒
家類/儒家之屬

荀子二十卷　(唐)楊倞注　明刻本　一冊
存三卷(三至五)

330000－1705－0007226　善1957　史部/地
理類/方志之屬/郡縣志

[嘉靖]洪雅縣志五卷　(明)束戴修　(明)
張可述纂　明嘉靖四十一年(1562)刻本
二冊

330000－1705－0007227　善1978　史部/地
理類/雜志之屬

紀古滇說原集一卷　題(宋)張道宗撰　明嘉
靖二十八年(1549)刻本　二十一葉

330000－1705－0007228　善2127　子部/儒
家類/儒家之屬

荀子二十卷　(唐)楊倞注　明刻本　一冊
存三卷(十八至二十)

330000－1705－0007229　善2007　史部/地
理類/山川之屬/山志

太嶽太和山誌十五卷　(明)任自垣撰　明嘉
靖十二年(1533)刻本　一冊　存二卷(十四
至十五)

330000－1705－0007230　善2131　子部/儒
家類/儒家之屬

孔叢子三卷　(漢)孔鮒撰　明崇禎六年
(1633)孔胤植刻本　一冊　存一卷(上)

330000－1705－0007231　善1979　史部/地
理類/雜志之屬

吳興掌故集十七卷　(明)徐獻忠撰　明嘉靖
三十九年(1560)范唯一、張邦彥刻本　四冊
存十一卷(七至十七)

330000－1705－0007232　善2005　史部/地
理類/山川之屬/山志

武夷山志四卷　(明)勞堪撰　明萬曆十年
(1582)刻本　四冊

330000－1705－0007233　善1958　史部/地
理類/方志之屬/郡縣志

[嘉靖]青神縣志七卷　(明)余承勳纂修　明
嘉靖三十年(1551)刻本　一冊　存三卷(一
至三)

330000－1705－0007234　善2042　史部/地
理類/專志之屬/古跡

天關精舍誌十四卷　(明)吳純撰　明嘉靖二
十九年(1550)刻本　四冊　存十一卷(一至
十一)

330000－1705－0007235　善2020　史部/地
理類/水利之屬

治河總考四卷　(明)車璽撰　(明)陳銘續
明正德十一年(1516)刻本　一冊

330000－1705－0007236　善 2134　子部/儒家類/儒學之屬/經濟

鹽鐵論十卷　（漢）桓寬撰　明刻本　一冊

330000－1705－0007237　善 2023　史部/地理類/山川之屬/水志

香泉志一卷　（明）胡永成撰　明嘉靖十七年(1538)刻本　一冊

330000－1705－0007238　善 1959　史部/地理類/方志之屬/郡縣志

[正德] 夔州府志十二卷　（明）吳潛修（明）傅汝舟纂　明正德八年(1513)刻本　五冊

330000－1705－0007239　善 1990－1　史部/政書類/軍政之屬/邊政

邊政考十二卷　（明）張雨撰　明嘉靖二十六年(1547)刻本　四冊　存十卷(三至十二)

330000－1705－0007240　善 2137　子部/儒家類/儒家之屬

劉向新序十卷　（漢）劉向撰　明刻本　一冊　存五卷(六至十)

330000－1705－0007241　善 2138　子部/儒家類/儒家之屬

劉向新序十卷　（漢）劉向撰　明刻本　二冊　缺一卷(六)

330000－1705－0007242　善 2027　史部/地理類/水利之屬

潞水客談一卷　（明）徐貞明撰　明萬曆刻本　一冊

330000－1705－0007243　善 2151甲　子部/儒家類/儒學之屬/經濟

申鑒五卷　（漢）荀悅撰　（明）黃省曾注　明正德十三年(1518)李濂刻本　一冊

330000－1705－0007244　善 1881　史部/地理類/方志之屬/郡縣志

[嘉靖] 范縣志八卷　（明）東時泰纂修　明嘉靖十四年(1535)刻本　二冊

330000－1705－0007245　善 2143　子部/儒家類/儒家之屬

劉向說苑二十卷　（漢）劉向撰　明刻本　一冊　存十二卷(一至五、十一、十五至二十)

330000－1705－0007246　善 2041　史部/地理類/專志之屬/古跡

蓬萊閣記一卷　（明）游璉撰　明嘉靖刻本　一冊

330000－1705－0007247　善 2040　史部/地理類/雜志之屬

董子故里志六卷　（明）李廷寶撰　明嘉靖二十一年(1542)刻本　一冊　存二卷(五至六)

330000－1705－0007248　善 2142　子部/儒家類/儒家之屬

劉向說苑二十卷　（漢）劉向撰　明天一閣刻本　一包

330000－1705－0007249　善 2266　類叢部/叢書類/彙編之屬

范氏奇書□□種　（明）范欽編　明范氏天一閣刻本　一冊　存一種

330000－1705－0007250　善 2151乙　子部/儒家類/儒學之屬/經濟

徐幹子中論二卷　（漢）徐幹撰　明刻本　二冊　存一卷(二)

330000－1705－0007251　善 2359　子部/醫家類/本草之屬/歷代綜合本草

重修政和經史證類備用本草三十卷　（宋）唐慎微撰　（宋）寇宗奭衍義　明成化四年(1468)原傑、雷復等刻本　八冊　存十八卷(十三至三十)

330000－1705－0007252　善 2406　子部/醫家類/方書之屬/單方驗方

奇效良方六十九卷　（明）方賢撰　明刻本　六冊　存二十七卷(四至十七、二十二至三十四)

330000－1705－0007253　善 2194　子部/儒家類/儒家之屬

諸儒講義二卷　（明）章懋（明）董遵輯　明嘉靖三十七年(1558)漢東書院刻本　一冊

存一卷（下）

330000－1705－0007254　善2195　子部/儒家類/儒學之屬

困知記二卷續記二卷附錄一卷　（明）羅欽順撰　明嘉靖刻本　二冊　存三卷（續記一至二、附錄）

330000－1705－0007255　善2142－1　子部/儒家類/儒家之屬

劉向說苑二十卷　（漢）劉向撰　明天一閣刻本　一包

330000－1705－0007256　善2412　子部/醫家類/方書之屬/單方驗方

親驗簡便諸方一卷　（明）徐陟撰　明嘉靖四十四年（1565）刻本　一冊

330000－1705－0007257　善2310　子部/兵家類/兵法之屬

武經總要前集二十二卷後集二十一卷行軍須知二卷百戰奇法二卷　（宋）曾公亮　（宋）丁度等輯　明弘治十七年（1504）李贊刻本　九冊　缺二十二卷（前集一至二十二）

330000－1705－0007258　善2360　子部/醫家類/本草之屬/歷代綜合本草

重修政和經史證類備用本草三十卷　（宋）唐慎微撰　（宋）寇宗奭衍義　明刻本　一冊　存四卷（二十七至三十）

330000－1705－0007259　善2198　子部/儒家類/儒學之屬/性理

涇野子外篇二卷　（明）呂柟撰　明嘉靖二十七年（1548）刻本　清錢維喬題記　二冊

330000－1705－0007260　善2413　子部/醫家類/方書之屬/單方驗方

吳梅坡醫經會元保命奇方十卷　（明）吳嘉言撰　明萬曆八年（1580）書林葉貴刻本　一冊　存二卷（六至七）

330000－1705－0007261　善2142－2　子部/儒家類/儒家之屬

劉向說苑二十卷　（漢）劉向撰　明天一閣刻本　一包　存十三卷（一至十二、十九）

330000－1705－0007262　善2201　子部/儒家類/儒學之屬/性理

居業錄要語四卷　（明）胡居仁撰　（明）張吉輯　明正德二年（1507）刻本　一冊

330000－1705－0007263　善2292　子部/法家類

韓非子二十卷　明刻本　四冊

330000－1705－0007264　善2202　子部/儒家類/儒學之屬/性理

居業錄要語四卷　（明）胡居仁撰　（明）張吉輯　明正德二年（1507）刻本　一冊

330000－1705－0007265　善2367　子部/醫家類/本草之屬/歷代綜合本草

本草集要八卷　（明）王綸撰　明抄本　一冊　存四卷（五至八）

330000－1705－0007266　善2142－3　子部/儒家類/儒家之屬

劉向說苑二十卷　（漢）劉向撰　明天一閣刻本　一包　存七卷（一、三至八）

330000－1705－0007267　善2192　子部/儒家類/儒學之屬/經濟

大學衍義補一百六十卷首一卷　（明）丘濬撰　（明）陳仁錫評閱　明崇禎陳仁錫刻本　二十四冊

330000－1705－0007268　善2142－4　子部/儒家類/儒家之屬

劉向說苑二十卷　（漢）劉向撰　明天一閣刻本　一包　存十九卷（一至十七、十九至二十）

330000－1705－0007269　善2414　子部/醫家類/方書之屬/單方驗方

新刊扶壽精方二卷　（明）吳旻撰　明刻本　一冊　存一卷（上）

330000－1705－0007270　善2142－5　子部/儒家類/儒家之屬

劉向說苑二十卷　（漢）劉向撰　明天一閣刻本　一包

330000－1705－0007271　善 2368　子部/醫家類/本草之屬/歷代綜合本草

本草權度三卷附錄一卷　（明）黃濟之撰　明嘉靖十四年(1535)董漢儒刻本　二冊　存三卷(二至三、附錄)

330000－1705－0007272　善 2316　子部/兵家類/兵法之屬

十七史百將傳十卷　（宋）張預撰　明刻本　四冊　存八卷(一至八)

330000－1705－0007273　善 2397　子部/醫家類/綜合之屬/通論

醫經小學六卷　（明）劉純撰　明刻本　一冊　存三卷(四至六)

330000－1705－0007274　善 2161　子部/儒家類/儒學之屬

二程子全書五十一卷　（宋）程顥　（宋）程頤撰　明嘉靖三年(1524)李中、余祐刻本　七冊　存三十四卷(遺書一至十七、十九至二十五,附錄一;文集一至九)

330000－1705－0007275　善 2431　子部/醫家類/綜合之屬/通論

醫學統旨六卷　（明）葉文齡撰　明嘉靖十四年(1535)刻本　六冊

330000－1705－0007276　善 2369　子部/醫家類/本草之屬/歷代綜合本草

本草發揮四卷　（明）徐用誠撰　明刻本　一冊　存一卷(四)

330000－1705－0007277　善 2301　子部/法家類

韓子二十卷附錄一卷　明天啓五年(1625)趙如源刻本　二冊　存九卷(四至七、十七至二十,附錄)

330000－1705－0007278　善 2209　子部/儒家類/儒學之屬

完訣一卷　（明）丁從堯撰　明萬曆四十二年(1614)刻本　一冊

330000－1705－0007279　善 2447　子部/醫家類/醫理之屬/綜合

發明証治十卷　（明）何經才撰　明嘉靖十年(1531)刻本　三冊　存四卷(一至四)

330000－1705－0007280　善 2207　子部/儒家類/儒學之屬/性理

陽明先生則言二卷　（明）王守仁撰　明嘉靖十六年(1537)薛侃刻本　一冊　存一卷(一)

330000－1705－0007281　善 2432　子部/醫家類/綜合之屬/通論

醫學指南四卷　（明）高銘撰　明刻本　三冊　存三卷(一至三)

330000－1705－0007282　善 2433　子部/醫家類/綜合之屬/通論

醫書□□卷　（明）□□撰　明刻本　一冊　存三卷(二至四)

330000－1705－0007283　善 2380　子部/醫家類/診法之屬/脈經脈訣

圖注王叔和脈訣四卷脈訣附方一卷　題（晉）王叔和撰　（明）張世賢注　明刻本　一冊　存三卷(三至四、脈訣附方)

330000－1705－0007284　善 2446　子部/醫家類/綜合之屬/通論

醫林類證集要十卷　（明）王璽撰　明嘉靖刻本　五冊　存五卷(五至六、八至十)

330000－1705－0007285　善 2314　子部/兵家類/兵法之屬

十七史百將傳十卷　（宋）張預集　元刻本　一冊　存二卷(九至十)

330000－1705－0007286　善 2206　子部/儒家類/儒學之屬/俗訓

聖訓演三卷　（明）許讚撰　明嘉靖刻本　二冊　存二卷(一至二)

330000－1705－0007287　善 2388　子部/醫家類/醫理之屬/病源病機

重刊巢氏諸病源候總論五十卷綱目一卷　(隋)巢元方撰　明歙巖汪氏主一齋刻本　一冊　存一卷(綱目)

330000－1705－0007288　善 2315　子部/兵

家類/兵法之屬

十七史百將傳十卷 （宋）張預集　明刻本
一冊　存三卷（三至五）

330000－1705－0007289　善2415　子部/醫
家類/方書之屬/單方驗方

經驗集方一卷 （明）□□輯　明刻本　一冊

330000－1705－0007290　善2208　子部/儒
家類/儒學之屬/性理

約言一卷 （明）薛蕙撰　明嘉靖刻本　一冊

330000－1705－0007291　善2416　子部/醫
家類/方書之屬/單方驗方

續附經驗奇方一卷 （明）李日普輯　明刻本
一冊

330000－1705－0007292　善2449　子部/醫
家類/傷寒金匱之屬/傷寒論

傷寒蘊要全書四卷 （明）吳綬撰　明刻本
三冊　存三卷（二至四）

330000－1705－0007293　善2392、善2473
子部/醫家類/綜合之屬/通論

明醫雜著二卷 （明）王綸撰　（明）薛己注
（明）王朝補遺　明嘉靖三十一年（1552）王朝
刻本　二冊

330000－1705－0007294　善2254　子部/道
家類

三子口義 （宋）林希逸撰　明嘉靖四年
（1525）張士鎬刻本　五冊　存一種

330000－1705－0007295　善2420　子部/醫
家類/方書之屬/單方驗方

藥方類二卷 （明）吳近山輯　明嘉靖二十八
年（1549）刻本　一冊　存一卷（下）

330000－1705－0007296　善2164　子部/儒
家類/儒學之屬

二程先生粹言九卷 （明）徐養正輯　明嘉靖
刻本　一冊　存三卷（七至九）

330000－1705－0007297　善2264　子部/道
家類

莊子通義十卷 （明）朱得之撰　明李時漸刻

本　一冊　存二卷（九至十）

330000－1705－0007298　善2317　史部/傳
記類/總傳之屬/通代

百將傳十卷 （宋）張預輯　明嘉靖刻本　一
冊　存五卷（六至十）

330000－1705－0007299　善2450　子部/醫
家類/傷寒金匱之屬/傷寒論

傷寒治例一卷 （明）劉純撰　明刻本　一冊

330000－1705－0007300　善2403　子部/醫
家類/方書之屬/單方驗方

**新刊仁齋直指附遺方論二十六卷小兒附遺方
論五卷醫脈真經二卷傷寒類書活人總括七卷**
（宋）楊士瀛撰　（明）朱崇正補遺　明嘉靖
刻本　一冊　存九卷（新刊仁齋直指附遺方
論十至十八）

330000－1705－0007301　善2426　子部/醫
家類/綜合之屬/雜著

玉機微義五十卷 （明）徐用誠輯　（明）劉純
續輯　明黃焯刻本　七冊　存三十五卷（十
至二十、二十七至五十）

330000－1705－0007302　善2458　子部/醫
家類/外科之屬/通論

外科精要三卷 （宋）陳自明撰　（明）薛己注
補遺一卷 （明）熊宗立撰　明刻本　一冊
存二卷（二至三）

330000－1705－0007303　善2326　子部/兵
家類/兵法之屬

枕戈雜言一卷 （明）皇甫沖撰　明刻本
一冊

330000－1705－0007304　善2390　子部/醫
家類/方書之屬/單方驗方

易庵先生編註丹溪纂要四卷 （元）朱震亨撰
（明）盧和注　明嘉靖二十六年（1547）盧堯
亮刻本　一冊　存二卷（三至四）

330000－1705－0007305　善2165　子部/儒
家類/儒學之屬/性理

程伯子□□卷 （宋）程頤撰　明刻本　一冊

330000－1705－0007306　善2428　子部/醫家類/綜合之屬/雜著

玉機微義五十卷　（明）徐用誠輯　（明）劉純續輯　明刻本　二冊　存八卷(十七至二十四)

330000－1705－0007307　善2241　子部/道家類

太上老子道德真經二卷　明刻本　一冊

330000－1705－0007308　善1126　史部/傳記類/科舉錄之屬/歷科鄉試錄

崇禎六年山東春秋房同門錄一卷　清初刻本　一冊

330000－1705－0007309　善2327　子部/兵家類/兵法之屬

武經全題彙解□卷　（清）陳裕編　清近光樓刻本　一冊　存四卷(一至四)

330000－1705－0007310　善2459　子部/醫家類/類編之屬

薛氏醫按二十四種　（明）吳琯編　明刻本　一冊　存一種

330000－1705－0007311　善2166　子部/儒家類/儒學之屬

致堂先生崇正辨三卷　（宋）胡寅撰　明刻本　三冊

330000－1705－0007312　善2429　子部/醫家類/綜合之屬/通論

醫學綱目四十一卷　（明）樓英撰　明刻本　十九冊　存二十五卷(一至四、七至十二、十四至十五、十七、二十一、二十三至二十五、二十八至三十一、三十四至三十五、四十至四十一)

330000－1705－0007313　善1126－1　史部/傳記類/科舉錄之屬/諸貢錄

順治三年丙戌科會試春秋房同門錄一卷　清初刻本　一冊

330000－1705－0007314　善2218　子部/儒家類/儒學之屬/性理

理學辨一卷　（清）王庭撰　清刻本　五十一葉

330000－1705－0007315　善2466　子部/醫家類/兒科之屬/痘疹

聞人氏痘疹論三卷　（宋）聞人規撰　明嘉靖二十一年(1542)劉尚義刻本　二冊

330000－1705－0007316　善2370　子部/醫家類/本草之屬/歷代綜合本草

本草綱目五十二卷附圖二卷　（明）李時珍撰　明萬曆刻本　十冊　存十六卷(三下、十八上、二十七至二十八、三十六至四十二、四十五至四十七、五十至五十一)

330000－1705－0007317　善2338　子部/醫家類/醫經之屬/内經

黃帝内經素問二十四卷　（明）吳崐注　明刻本　二冊　存八卷(五至十二)

330000－1705－0007318　善1126－2　史部/傳記類/科舉錄之屬/歷科鄉試錄

順治三年丙戌科浙江鄉試書一房同門錄一卷　清初刻本　一冊

330000－1705－0007319　善2203　史部/傳記類/總傳之屬/通代

帝鑑圖說不分卷　（明）張居正等撰　明刻本　二冊

330000－1705－0007320　善2467　子部/醫家類/兒科之屬/痘疹

聞人氏痘疹論三卷附錄一卷　（宋）聞人規撰　明嘉靖三十三年(1554)張鶚刻本　三冊

330000－1705－0007321　善2345　子部/醫家類/醫經之屬/内經

黃帝素問靈樞經十二卷　明刻本　一冊　存六卷(七至十二)

330000－1705－0007322　善4555　集部/總集類/選集之屬/通代

風雅逸篇十卷　（明）楊慎編　明刻本　一冊

330000－1705－0007323　善2168　子部/儒家類/儒家之屬

朱子語畧二十卷　（宋）楊與立輯　明弘治四

年(1491)南京國子監刻本　三冊　存九卷
(六至八、十五至二十)

330000－1705－0007324　善 3094　類叢部/
類書類/通類之屬
新編翰苑新書前集七十卷　(宋)劉子實編
明抄本　十五冊　存五十八卷(一至五十八)

330000－1705－0007325　善 2354　子部/醫
家類/醫經之屬/難經
圖註八十一難經八卷　(明)張世賢撰　明刻
本　一冊　存四卷(五至八)

330000－1705－0007326　善 2468　子部/醫
家類/兒科之屬
小兒衛生總微論方二十卷　明刻本　一冊
存五卷(六至十)

330000－1705－0007327　善 2474　子部/醫
家類/兒科之屬/痘疹
萬氏家抄痘疹諸家方論三卷附集二卷　(明)
萬邦孚輯　明刻本　一冊　存二卷(諸家方
論三、附集二)

330000－1705－0007328　善 2169　子部/儒
家類/儒學之屬
宋四子抄釋二十一卷　(明)呂柟撰　明嘉靖
十六年(1537)汪克儉等刻本　四冊　存十四
卷(二程子抄釋五至十、橫渠張子抄釋一至
六、朱子抄釋一至二)

330000－1705－0007329　善 2476　子部/醫
家類/兒科之屬/通論
活幼便覽二卷　(明)劉錫撰　明刻本　一冊
存一卷(二)

330000－1705－0007330　善 2484　子部/醫
家類/針灸之屬/通論
銅人鍼灸經七卷　(宋)□□撰　明嘉靖刻本
二冊

330000－1705－0007331　善 2477　子部/醫
家類/兒科之屬/通論
全幼心鑑八卷　(明)寇平撰　明嘉靖二十六
年(1547)張玶刻本　三冊　存三卷(一、三、
八)

330000－1705－0007332　善 2495　子部/天
文曆算類/曆法之屬
授時曆法撮要不分卷　(明)顧應祥撰　明嘉
靖刻本　一冊

330000－1705－0007333　善 2176　子部/儒
家類/儒家之屬
新刊標題明解聖賢語論四卷首一卷　(元)王
廣謀撰　明嘉靖十二年(1533)書林余氏自新
齋刻本　一冊

330000－1705－0007334　善 2478　子部/醫
家類/兒科之屬/痘疹
痘疹正宗四卷　(明)高武輯　明刻本　一冊
存一卷(四)

330000－1705－0007335　善 2491　子部/醫
家類/養生之屬/導引、氣功
泰定養生主論十六卷　(元)王珪撰　明刻本
三冊　存十三卷(一至十三)

330000－1705－0007336　善 2486　子部/醫
家類/針灸之屬/通論
鍼灸節要三卷鍼灸聚英五卷　(明)高武撰
明正德刻本　二冊　存三卷(二下至四)

330000－1705－0007337　善 2184　子部/儒
家類/儒學之屬/性理
性理要刪八卷首一卷　(明)黃漢憲撰　明萬
曆周曰校刻本　一冊　存三卷(一至三)

330000－1705－0007338　善 2496　子部/天
文曆算類/曆法之屬
萬年曆□□卷　明嘉靖刻本　一冊　存一卷
(一)

330000－1705－0007339　善 2492　子部/醫
家類/診法之屬/其他診法
濟生要格□□卷　(明)杜栓集　明刻本　一
冊　存二卷(三至四)

330000－1705－0007340　善 2191　子部/儒
家類/儒學之屬/經濟
大學衍義補一百六十卷首一卷　(明)丘濬撰
明刻本　一冊　存八卷(一百三十五至一
百四十二)

330000－1705－0007341　善2619　子部/雜著類/雜說之屬

論衡三十卷　（漢）王充撰　明嘉靖十四年（1535）蘇獻可通津草堂刻本　三冊　存八卷（二至六、十至十二）

330000－1705－0007342　善2680　子部/雜著類/雜說之屬

孤竹賓談四卷　（明）陳德文撰　明嘉靖二十八年（1549）蘇繼、白以道刻本　二冊

330000－1705－0007343　善2871　子部/天文曆算類/天文之屬

管窺輯要八十卷　（清）黃鼎撰　清順治十二年（1655）刻本　二十冊

330000－1705－0007344　善2809　子部/雜著類/雜纂之屬

雲谿友議三卷　（唐）范攄撰　明刻本　一冊　存一卷（上）

330000－1705－0007345　善2561　子部/藝術類/音樂之屬/樂譜

浙音釋字琴譜二卷　（明）朱權編　明刻本　二冊　存一卷（葉五至一百五十三）

330000－1705－0007346　善2681　子部/雜著類/雜說之屬

孤竹賓談四卷　（明）陳德文撰　明嘉靖二十八年（1549）蘇繼、白以道刻本　一冊　存二卷（三至四）

330000－1705－0007347　善2625　子部/雜著類/雜說之屬

秘傳天祿閣寓言外史八卷　題（漢）黃憲撰　明刻本　三冊　存六卷（一至四、七至八）

330000－1705－0007348　善2686　子部/雜著類/雜說之屬

湧幢小品三十二卷　（明）朱國禎輯　明天啓二年（1622）清美堂刻本　八冊　存二十五卷（一至十、十五至二十九）

330000－1705－0007349　善2883　子部/術數類/相宅相墓之屬

玉髓真經三十卷　（宋）張洞玄秘傳　後卷二

十一卷　（宋）房正等述　明嘉靖二十九年（1550）福州府刻本（卷一爲抄配）　十三冊　缺三卷（九至十一）

330000－1705－0007350　善2666　子部/雜著類/雜說之屬

草木子四卷　（明）葉子奇撰　明嘉靖二十二年（1543）王宏刻本　二冊

330000－1705－0007351　善2812　子部/小說家類/異聞之屬

重刊分類江湖紀聞前集一卷後集一卷　（元）郭霄鳳撰　明刻本　一冊　存一卷（前集）

330000－1705－0007352　善2692　子部/雜著類/雜說之屬

雅述二卷　（明）王廷相撰　明嘉靖刻本　一冊　存一卷（上）

330000－1705－0007353　善2606　子部/雜家類

呂氏春秋二十六卷　（漢）高誘注　明刻本　一冊　存六卷（二十一至二十六）

330000－1705－0007354　善2708　類叢部/叢書類/彙編之屬

寶顏堂祕笈二百二十八種　（明）陳繼儒編　明萬曆至泰昌繡水沈氏刻本　一冊　存一種

330000－1705－0007355　善2190　子部/儒家類/儒學之屬/經濟

大學衍義補一百六十卷首一卷　（明）丘濬撰　明刻本　四冊　存十二卷（首，一至八、十五至十七）

330000－1705－0007356　善2856　子部/術數類/陰陽五行之屬

遁甲演義一卷　（明）程道生撰　清抄本　一冊

330000－1705－0007357　善2493　子部/醫家類/方書之屬/單方驗方

保生餘錄不分卷　（明）□□輯　明刻本　一冊

330000－1705－0007358　善2513　子部/藝

術類/書畫之屬/書法書品

古今書繪寶鑑六卷補遺一卷 （元）夏文彥輯 （明）李志遠訂正 明刻本 一冊 存二卷（一至二）

330000 – 1705 – 0007359 善 2886 子部/術數類/相宅相墓之屬

夾竹梅花院纂三卷 題（宋）吳景鸞撰 明刻本 一冊 存一卷（中）

330000 – 1705 – 0007360 善 2890 子部/術數類/相宅相墓之屬

地理發微註解一卷畫筴圖解一卷 （明）謝廷柱撰 明嘉靖十二年（1533）刻本 一冊

330000 – 1705 – 0007361 善 2711 乙 子部/雜著類/雜考之屬

丹鉛摘錄十三卷 （明）楊慎撰 明刻本 一冊 存五卷（五至九）

330000 – 1705 – 0007362 善 2562 子部/藝術類/音樂之屬/琴學

三教同聲三卷 （明）張德新輯 明萬曆二十年（1592）刻本 一冊

330000 – 1705 – 0007363 善 2490 子部/醫家類/養生之屬

安老懷幼書四卷 （明）劉宇輯 明弘治十一年（1498）劉宇刻藍印本 四冊

330000 – 1705 – 0007364 善 2563 子部/藝術類/音樂之屬/琴學

琴學心聲六卷 （清）莊臻鳳撰 清康熙刻本 一冊 存一卷（一）

330000 – 1705 – 0007365 善 2878 史部/政書類/考工之屬/營造

新編魯般營造正式六卷 明刻本 一冊

330000 – 1705 – 0007366 善 2772 子部/雜著類/雜纂之屬

為善陰騭十卷 （明）成祖朱棣撰 明永樂十七年（1419）內府刻本 三冊

330000 – 1705 – 0007367 善 2880 子部/術數類/相宅相墓之屬

地理發微釋義二卷 （宋）蔡發撰 （明）余祐釋義 **問辨一卷** （明）余祐撰 明弘治五年（1492）刻本 一冊

330000 – 1705 – 0007368 善 2773 子部/雜著類/雜纂之屬

新刊諸子纂要大全四卷 （明）黎堯卿輯 明正德二年（1507）錦江堂刻本 一冊 存二卷（一至二）

330000 – 1705 – 0007369 善 2866 子部/術數類/陰陽五行之屬

新刊尅擇便覽十卷 明刻本 二冊 存六卷（一至六）

330000 – 1705 – 0007370 善 2716 子部/雜著類/雜考之屬

譚苑醍醐九卷 （明）楊慎撰 明嘉靖二十一年（1542）刻藍印本 二冊

330000 – 1705 – 0007371 善 2717 子部/雜著類/雜考之屬

正楊四卷 （明）陳耀文撰 明隆慶三年（1569）刻本 二冊

330000 – 1705 – 0007372 善 2904 子部/術數類/相宅相墓之屬

新刊地理大全明圖冗情賦二十二卷 （宋）蔡成禹撰 明刻本 一冊 存一卷（二十二）

330000 – 1705 – 0007373 善 2588 子部/農家農學類/園藝之屬/花卉

玉蘂辨證一卷 （宋）周必大撰 明抄本 一冊

330000 – 1705 – 0007374 善 2778 子部/雜著類/雜纂之屬

初潭集三十卷 （明）李贄撰 明萬曆刻本 二冊 存十四卷（十至十六、二十三至二十九）

330000 – 1705 – 0007375 善 2858 子部/叢編

五種祕竅全書 （明）甘霖撰 清抄本 一冊 存一種

330000－1705－0007376　善2872　子部/術數類/占卜之屬

六壬秘笈不分卷　清抄本　四冊

330000－1705－0007377　善2618　子部/雜著類/雜說之屬

論衡三十卷　（漢）王充撰　（明）劉光斗評　明天啓六年（1626）閻光表刻本　一冊　存二卷（三至四）

330000－1705－0007378　善2905　子部/術數類/相宅相墓之屬

新刊地理統會大成二十七卷　（宋）賴文俊撰　（明）柯珮輯　明隆慶二年（1568）刻本　三冊　存十二卷（一、四、九至十、十二至十五、二十至二十三）

330000－1705－0007379　善2859　子部/術數類/陰陽五行之屬

遁甲日用涓吉奇門五總龜二卷　（明）郭子晟輯　明刻本　一冊　存一卷（下二）

330000－1705－0007380　善2796　子部/雜著類/雜纂之屬

山海經十八卷　（晉）郭璞傳　明刻本　一冊　存三卷（一至三）

330000－1705－0007381　善2873　子部/術數類/占卜之屬

劉青田奇門入式歌不分卷　清抄本　一冊

330000－1705－0007382　善2627　子部/雜著類/雜說之屬

劉子二卷　（北齊）劉晝撰　（唐）袁孝政注　明刻本　四葉　存一卷（下）

330000－1705－0007383　善1166　史部/傳記類/科舉錄之屬/歷科鄉試錄

嘉靖三十七年河南鄉試錄一卷　明嘉靖刻本　一冊

330000－1705－0007384　善2901　子部/術數類/相宅相墓之屬

地理真機十五卷　明正德十五年（1520）刻本　三冊

330000－1705－0007385　善2864　子部/術數類

選擇叢書集要　（明）江之棟輯　明崇禎五年（1632）吳公遂尚白齋刻本　一冊　存一種

330000－1705－0007386　善2874　子部/術數類/陰陽五行之屬

雲山秘典不分卷　清抄本　一冊

330000－1705－0007387　善2802　子部/小說家類/異聞之屬

唐段少卿酉陽雜俎前集二十卷續集十卷　（唐）段成式撰　明刻本　二冊　存十卷（前集六至十、十六至二十）

330000－1705－0007388　善2902　子部/術數類/相宅相墓之屬

地理真機十五卷　明正德十五年（1520）刻本　三冊

330000－1705－0007389　善2660　子部/雜著類/雜說之屬

齊東埜語二十卷　（宋）周密撰　明刻本　四葉　存一卷（十六）

330000－1705－0007390　善2868　子部/術數類/陰陽五行之屬

陰陽備用三元節要三卷　（宋）王履道輯　元刻本　一冊　存二卷（二至三）

330000－1705－0007391　善2884　子部/術數類/相宅相墓之屬

玉髓真經三十卷　（宋）張洞玄秘傳　明嘉靖二十九年（1550）福州府刻本　九冊　存十七卷（二、四下至十九）

330000－1705－0007392　善2865　子部/術數類/陰陽五行之屬

修方涓吉符不分卷　（明）屠本畯輯　明甬東屠氏刻本　一冊

330000－1705－0007393　善2908　子部/術數類/相宅相墓之屬

地理參贊玄機僊婆集十三卷　（明）張鳴鳳編集　（明）呂元　（明）杜詩評選　（明）張希堯參補　明萬曆二十二年（1594）熊雲濱刻本

四冊　存十卷(二至三、六至十三)

330000－1705－0007394　善2677　子部/雜
著類/雜說之屬
餘冬序錄六十五卷　(明)何孟春撰　明嘉靖
七年(1528)郴州家塾刻本　十二冊　存六十
卷(一至六十)

330000－1705－0007395　善2869　子部/術
數類/占卜之屬
符經一卷　明刻本　十八葉

330000－1705－0007396　善1167　史部/傳
記類/科舉錄之屬/歷科鄉試錄
嘉靖四十三年河南鄉試一卷　明嘉靖刻本
一冊

330000－1705－0007397　善2910　子部/術
數類/相宅相墓之屬
重刊人子須知資孝地理心學統宗三十九卷
(明)徐善繼　(明)徐善述撰　明萬曆十一年
(1583)曾璠刻本　七冊　存五卷(三至五、七
至八)

330000－1705－0007398　善2679　子部/雜
著類/雜說之屬
兩山墨談十八卷　(明)陳霆撰　明嘉靖十八
年(1539)李檗刻本　三冊　存十三卷(六至
十八)

330000－1705－0007399　善1168　史部/傳
記類/科舉錄之屬/歷科鄉試錄
嘉靖四十三年河南鄉試一卷　明嘉靖刻本
一包

330000－1705－0007400　善2827　子部/術
數類/數學之屬
天原發微五卷圖一卷　(宋)鮑雲龍撰　(明)
鮑寧辨正　**篇目名義一卷**　(明)鮑寧撰　**問
答節要一卷**　(明)鮑寧輯　明刻本　二冊
存三卷(天原發微二至四)

330000－1705－0007401　善2870　子部/術
數類/陰陽五行之屬
選擇通書□□卷　明抄本　九葉

330000－1705－0007402　善1169　史部/傳
記類/科舉錄之屬/歷科鄉試錄
隆慶元年河南鄉試錄一卷　明隆慶刻本
一冊

330000－1705－0007403　善1170　史部/傳
記類/科舉錄之屬/歷科鄉試錄
隆慶四年河南鄉試錄一卷　明隆慶刻本
一冊

330000－1705－0007404　善2876　子部/術
數類/陰陽五行之屬
鼎刊欽天監戈先生校訂子平淵海大全四卷
(明)戈豐年撰　明刻本　一冊　存二卷(三
至四)

330000－1705－0007405　善2912　子部/術
數類/相宅相墓之屬
新刻東海王先生纂輯陽宅十書四卷　(明)王
君榮撰　明萬曆十八年(1590)刻本　二冊

330000－1705－0007406　善2909　子部/術
數類/相宅相墓之屬
新刊地理紫囊書八卷　(明)趙祐撰　(明)鄭
復初批評　明萬曆龔堯惠刻本　一冊　存二
卷(五至六)

330000－1705－0007407　善2482－1　子部/
醫家類/針灸之屬/通論
鍼灸四書九卷　明抄本　張輔臣校　三冊

330000－1705－0007408　善2837　子部/天
文曆算類/算書之屬
天元曆理□□卷　題(清)徐發撰　清抄本
三冊　存五卷(二十一至二十五)

330000－1705－0007409　善2913－善2939
子部/宗教類/佛教之屬/大藏
永樂南藏　明永樂刻本　四十五冊　存二十
七種

330000－1705－0007410　善2906　子部/術
數類/相宅相墓之屬
新刊地理天機會元三十五卷　(唐)卜應天撰
(明)顧乃德輯　明萬曆書林陳氏積善堂刻
本　五冊　存十六卷(一至二、八至九、十一

415

至二十二）

330000－1705－0007411　善1174　史部/傳記類/科舉錄之屬/歷科登科錄

國朝河南舉人名錄不分卷　（明）李濂輯　明嘉靖刻本　四包

330000－1705－0007412　善2911　子部/術數類/相宅相墓之屬

風水井見四卷　（明）宋□□撰　明嘉靖刻本　一冊　存一卷（四）

330000－1705－0007413　善2849　子部/術數類/陰陽五行之屬

陰陽定論三卷　（明）周視撰　明刻本　二冊　存二卷（二至三）

330000－1705－0007414　善2850　子部/術數類/陰陽五行之屬

陰陽定論三卷　（明）周視撰　明刻本　一冊　存一卷（三）

330000－1705－0007415　善2903　子部/術數類/相宅相墓之屬

新刊地理大全二十二卷　（□）仙客編　明余氏刻本　六冊　存八卷（一、五、十三至十四、十九至二十二）

330000－1705－0007416　善3047　類叢部/類書類/通類之屬

古今合璧事類備要前集六十九卷後集八十一卷續集五十六卷　（宋）謝維新輯　**別集九十四卷外集六十六卷**　（宋）虞載輯　明安國銅活字印本　六十二冊　存二百十二卷（前集一至八、十七至十九、三十四至四十七、五十至五十五、六十二至六十四，後集一至四、七至三十一、三十三至六十五、六十七至七十五，續集一至五十六，別集一至六、六十二至七十一，外集四至六、十二至二十五、四十九至六十六）

330000－1705－0007417　善3029　類叢部/類書類/專類之屬

文選雙字類要三卷　題（宋）蘇易簡撰　明嘉靖十九年（1540）姚虞、季本刻本　三冊

330000－1705－0007418　善2994　子部/宗教類/道教之屬/威儀

上清靈寶濟度大成金書四十卷　（明）周思得輯　明宣德七年（1432）刻本　十一冊　存二十三卷（十一至十四、十七至十八、二十三至二十四、二十六至四十）

330000－1705－0007419　善3035　類叢部/類書類/通類之屬

錦繡萬花谷前集四十卷後集四十卷續集四十卷　明刻本（卷五至六配抄本）　十冊　存三十一卷（前集一至六、九、十三至二十九、三十四至四十）

330000－1705－0007420　善2946　子部/宗教類/佛教之屬/經疏

維摩詰所說經六卷　（後秦）釋鳩摩羅什譯　（後秦）釋僧肇注　明戚繼光刻本　三冊

330000－1705－0007421　善3036　類叢部/類書類/通類之屬

錦繡萬花谷前集四十卷後集四十卷續集四十卷　明刻本　二冊　存九卷（前集四至七、十六至二十）

330000－1705－0007422　善1185　史部/傳記類/科舉錄之屬/歷科鄉試錄

嘉靖三十七年陝西鄉試一卷　明嘉靖刻本　一冊

330000－1705－0007423　善2963　子部/宗教類/佛教之屬/大藏

法藏碎金錄十卷　（宋）晁迥撰　明趙府居敬堂刻本　一冊　存四卷（一至四）

330000－1705－0007424　善3008　類叢部/類書類/通類之屬

藝文類聚一百卷　（唐）歐陽詢輯　明嘉靖六年至七年（1527－1528）胡纘宗、陸采刻本　十九冊　存九十三卷（一至六十八、七十六至一百）

330000－1705－0007425　善3048　類叢部/類書類/通類之屬

古今合璧事類備要前集六十九卷後集八十一

卷續集五十六卷 （宋）謝維新輯 **別集九十**
四卷外集六十六卷 （宋）虞載輯 明嘉靖三
十一年至三十五年(1552－1556)夏相刻本
二十五冊 存一百五十卷(前集一至六十九、
後集一至八十一)

330000－1705－0007426 善 2965 子部/宗
教類/佛教之屬/總錄

五燈會元二十卷 （宋）釋普濟撰 明嘉靖刻
本 一冊 存一卷(六)

330000－1705－0007427 善 3046 類叢部/
類書類/通類之屬

會通館印正緝補古今合璧事類前集六十九卷
後集八十一卷續集五十六卷 （宋）謝維新輯
　　別集九十四卷外集六十六卷 （宋）虞載輯
　　明弘治十一年(1498)華氏會通館銅活字印
本(別集卷一至十配抄本) 三十五冊 存二
百七十二卷(前集一至二十、二十五至三十
三、五十三至六十三,後集一至四十、四十二
至八十一,續集一至五十六,別集一至十、六
十八至九十四,外集一至二十六、三十四至六
十六)

330000－1705－0007428 善 2944 子部/宗
教類/佛教之屬/經

妙法蓮華經七卷 （後秦）釋鳩摩羅什譯 明
刻本 一冊

330000－1705－0007429 善 3024 類叢部/
類書類/通類之屬

太平御覽一千卷目錄十五卷 （宋）李昉等輯
　　明萬曆二年(1574)周堂等銅活字印本 六
冊 存三十卷(八十六至九十、二百三十六至
二百四十、二百九十一至三百、三百六至三百
十五)

330000－1705－0007430 善 3101 類叢部/
類書類/通類之屬

類雋三十卷 （明）鄭若庸輯 明萬曆六年
(1578)汪珙刻本 四冊 存四卷(三至六)

330000－1705－0007431 善 3026 類叢部/
類書類/通類之屬

新刊監本冊府元龜一千卷 （宋）王欽若等輯

明抄本 十八冊 存九十卷(七百九十六
至八百二、八百四至八百六十、八百六十六至
八百七十、八百八十一至八百九十、八百九十
六至九百、九百三十四至九百三十九)

330000－1705－0007432 善 3102 類叢部/
類書類/通類之屬

聯新事備詩學大成三十卷 （元）林楨輯 明
內府刻本 二冊 存六卷(二十五至三十)

330000－1705－0007433 善 2966 史部/傳
記類/總傳之屬/釋道仙

佛祖歷代通載二十二卷 （元）釋念常撰 明
刻本 一冊 存一卷(二十二)

330000－1705－0007434 善 2943 子部/宗
教類/佛教之屬/經

妙法蓮華經七卷 （後秦）釋鳩摩羅什譯 宋
刻本 一冊 存五卷(三至七)

330000－1705－0007435 善 3095 類叢部/
類書類/通類之屬

策學輯畧十二卷 （明）□□輯 明弘治三年
(1490)刻本 二冊 存九卷(四至十二)

330000－1705－0007436 善 2972 子部/宗
教類/道教之屬/經文

黃庭內景玉經二卷 （明）汪旦注 明嘉靖刻
本 二冊

330000－1705－0007437 善 3098 類叢部/
類書類/專類之屬

經濟類編一百卷 （明）馮琦輯 明抄本 十
四冊 存五十二卷(一至二十四、二十九至四
十八、五十四至六十一)

330000－1705－0007438 善 2945 子部/宗
教類/佛教之屬/經

妙法蓮華經七卷 （後秦）釋鳩摩羅什譯 明
刻本 一冊 存五卷(一至四、六)

330000－1705－0007439 善 2973 子部/道
家類

太上老君說了心經一卷太上老君說常清靜經
一卷 題虎眼禪師註解 題無垢子重釋 明
刻本 一冊

330000－1705－0007440　善3103　類叢部/
類書類/專類之屬

圓機活法五十卷　明徽府刻本　十九冊　存
四十八卷(一至三十四、三十七至五十)

330000－1705－0007441　善3152　集部/楚
辭類

雕龍屑□□卷物性考一卷　(清)鄒治纂　清
刻本　一冊　存四卷(七至十)

330000－1705－0007442　善3121　類叢部/
類書類/通類之屬

考古辭宗二十卷　(明)況叔祺編　明嘉靖四
十一年(1562)巫繼咸刻本　九冊　存十八卷
(三至二十)

330000－1705－0007443　善3649　集部/別
集類/明別集

陶學士先生文集二十卷　(明)陶安撰　**陶學
士先生事蹟一卷**　(明)費宏撰　**陶學士年譜
一卷**　(明)張祐編　明弘治十三年(1500)嘉
興項經刻遞修本　四冊　缺一卷(年譜)

330000－1705－0007444　善3099　類叢部/
類書類/專類之屬

經濟類編一百卷　(明)馮琦輯　明萬曆三十
二年(1604)周家棟等虎林刻本　十八冊　存
十九卷(二、十、十三、二十八、三十一、三十
五、三十九至四十二、四十五、四十七、五十、
五十三、六十二、八十三至八十四、九十、九十
二)

330000－1705－0007445　善2959　集部/別
集類/元別集

**師子林天如和尚語錄二卷別錄五卷剩語集二
卷**　(元)釋惟則撰　(元)釋善遇輯　元至正
刻本　一冊　存二卷(剩語集一至二)

330000－1705－0007446　善2975　子部/宗
教類/道教之屬

周易參同契集註三卷　上陽子注　明刻本
一冊　存一卷(上)

330000－1705－0007447　善3652　集部/別
集類/明別集

坦齋詩集□□卷　(明)劉三吾撰　(明)劉克
編　(明)虞賈暹選　明刻本　一冊　存一卷
(八下)

330000－1705－0007448　善3133　子部/儒
家類/儒學之屬/禮教/鑑戒

五倫書六十二卷　(明)宣宗朱瞻基撰　明正
德刻本　四冊　存二十八卷(二十二至四十
九)

330000－1705－0007449　善2977　子部/宗
教類/道教之屬

周易參同契發揮三卷釋疑一卷　(元)俞琰撰
明刻本　一冊　存一卷(中)

330000－1705－0007450　善3066　類叢部/
類書類/通類之屬

太學重新增修決科截江網三十二卷　(宋)
□□撰　明弘治十一年(1498)刻本　二冊
存十二卷(二十一至三十二)

330000－1705－0007451　善3104　類叢部/
類書類/專類之屬

圓機活法五十卷　明徽府刻本　一冊　存三
卷(三十七至三十九)

330000－1705－0007452　善2979　子部/宗
教類/道教之屬

易外別傳一卷　(元)俞琰撰　明刻本　一冊

330000－1705－0007453　善2953　子部/宗
教類/佛教之屬/大藏

永樂北藏　(唐)釋法藏述　明永樂十八年至
正統五年(1420－1440)刻萬曆續刻本　一冊
存一種(修華嚴奧旨妄盡還源觀)

330000－1705－0007454　善3143　子部/小
說家類/雜事之屬

手鏡摘覽八卷　明抄本　一冊　存三卷(二
至四)

330000－1705－0007455　善2954　子部/宗
教類/佛教之屬/經

華嚴懸談會玄記四十卷　(元)釋普瑞集　明
刻本　一冊　存五卷(一至三、七、九)

330000 – 1705 – 0007456　善 3067　類叢部/
類書類/通類之屬

**群書考索前集六十六卷後集六十五卷續集五
十六卷別集二十五卷**　(宋)章如愚輯　明正
德三年至十三年(1508－1518)劉洪慎獨齋刻
十六年(1521)重修本　二冊　存十三卷(後
集六十至六十五、別集十九至二十五)

330000 – 1705 – 0007457　善 2982　子部/宗
教類/道教之屬/雜著

抱朴子內篇二十卷外篇五十卷　(晉)葛洪撰
明嘉靖四十四年(1565)魯藩承訓書院刻本
二冊　存十五卷(外篇三十六至五十)

330000 – 1705 – 0007458　善 3111　類叢部/
類書類/通類之屬

潛確居類書一百二十卷　(明)陳仁錫輯　明
崇禎刻本　六冊　存十二卷(六十四至六十
九、七十至七十三、七十九至八十)

330000 – 1705 – 0007459　善 3144　史部/政
書類/通制之屬

**古今治平畧三十三卷附蒼崖子內篇一卷外篇
一卷**　(明)朱健撰　明刻本　一冊　存小
引、凡例

330000 – 1705 – 0007460　善 1190　史部/傳
記類/科舉錄之屬/歷科鄉試錄

順治八年陝西鄉試序齒錄一卷　清順治刻本
一包

330000 – 1705 – 0007461　善 3068　類叢部/
類書類/通類之屬

璧水群英待問會元選要八十二卷　(宋)劉達
可輯　(明)沈子准選　明嘉靖十一年(1532)
慎獨齋刻本　五冊　存五十卷(一至九、二十
至六十)

330000 – 1705 – 0007462　善 2984　子部/宗
教類/道教之屬/雜著

真誥十卷薩真人戒行實錄一卷　(南朝梁)陶
弘景撰　明嘉靖元年(1522)王瓚刻本　三冊
存三卷(一、三、五)

330000 – 1705 – 0007463　善 3149　類叢部/
類書類/通類之屬

欽定古今圖書集成一萬卷目錄四十卷　(清)
蔣廷錫　(清)陳夢雷等輯　清雍正四年
(1726)內府銅活字印本　十五冊　存二十四
卷(字學典九十九至一百、一百一至一百二、
一百十七,經籍典二十九至三十、三十五至三
十八、二百四十一至二百四十二、二百六十
二、二百六十五至二百六十八、四百四十三至
四百四十四、四百八十一至四百八十四)

330000 – 1705 – 0007464　善 3405　集部/別
集類/宋別集

歐陽文忠公全集一百五十三卷附錄六卷
(宋)歐陽修撰　**年譜一卷**　(宋)胡柯編　明
正德七年(1512)劉喬刻嘉靖十六年(1537)季
本、詹治重修三十九年(1560)何遷遞修本
二十四冊　存一百五十八卷(三至一百五十
三、附錄一至六、年譜)

330000 – 1705 – 0007465　善 3145　類叢部/
類書類/通類之屬

增訂二三場群書備考四卷　(明)袁黃撰
(明)袁儼注　(明)沈昌世增　明崇禎刻本
四冊

330000 – 1705 – 0007466　善 3404　集部/別
集類/宋別集

歐陽文忠公全集一百五十三卷附錄五卷
(宋)歐陽修撰　**年譜一卷**　(宋)胡柯編　明
刻本　十九冊　存六十九卷(一至十六、二十
六至二十八、三十六至三十九、四十四至四十
七、五十二至五十五、六十八至八十一、八十
八至九十一、九十六至一百二、一百十四至一
百二十六)

330000 – 1705 – 0007467　善 2991　子部/宗
教類/道教之屬/戒律

太上感應篇經傳一卷　(宋)李昌齡傳　清刻
本　一冊

330000 – 1705 – 0007468　善 3653　集部/別
集類/明別集

蚓竅集十卷　(明)管時敏撰　**全菴記一卷**
(明)周子冶撰　明永樂元年(1403)楚藩刻本

一冊　存一卷（五）

330000－1705－0007469　善3672　集部/別集類/明別集

泊菴集十六卷　（明）梁潛撰　明正統九年（1444）刻本　五冊　存十四卷（一至二、五至十六）

330000－1705－0007470　善3164　集部/楚辭類

楚辭章句十七卷　（漢）王逸撰　明刻本　一冊　存一卷（三）

330000－1705－0007471　善3288　集部/總集類/彙編之屬

中唐十二家詩集　（明）蔣孝編　明嘉靖二十九年（1550）蔣孝刻本　一冊　存一種

330000－1705－0007472　善3256　集部/總集類/彙編之屬

唐人集□□種　（明）□□輯　明銅活字印本　一冊　存一種

330000－1705－0007473　善3684　集部/別集類/明別集

張文僖公和唐詩十卷　（明）張昇撰　明正德十六年（1521）刻本　一冊　存五卷（一至五）

330000－1705－0007474　善3165　集部/楚辭類

楚辭章句十七卷疑字直音補一卷　（漢）王逸撰　明隆慶五年（1571）豫章夫容館刻本　二冊　存六卷（一至二、四至六,疑字直音補）

330000－1705－0007475　善3251　集部/總集類/彙編之屬

盛唐四名家集　（明）凌濛初輯　明凌濛初刻朱墨套印本　一冊　存一卷（王摩詰詩集一）

330000－1705－0007476　善3687　集部/別集類/明別集

東里詩集三卷文集二十五卷續編六十二卷別集五卷　（明）楊士奇撰　明嘉靖二十八年（1549）黃如桂刻本　七冊　存二十六卷（詩集一、文集七至十九、續編四十五至五十六）

330000－1705－0007477　善2999　子部/宗教類/道教之屬

玄歌一卷食妙元服食神丹大旨一卷　（明）黃塵晷述　清抄本　一冊

330000－1705－0007478　善3619　集部/別集類/元別集

傅與礪詩八卷　（元）傅若金撰　（元）傅若川編　明弘治刻本　二冊

330000－1705－0007479　善3306、善3331　集部/總集類/彙編之屬

韓柳文一百卷　（明）游居敬編　明嘉靖三十五年（1556）莫如士刻本　八冊　存七十卷（韓文一至四十,外集一至十,遺集,集傳,柳文八至十五、二十六至三十五）

330000－1705－0007480　善3189　集部/別集類/漢魏六朝別集

漢蔡中郎集六卷　（漢）蔡邕撰　明嘉靖二十七年（1548）任城楊賢刻本　二冊　存五卷（二至六）

330000－1705－0007481　善3004　子部/天文曆算類/天文之屬

星宿符呪一卷　清抄本　一冊

330000－1705－0007482　善3634　集部/別集類/明別集

太師誠意伯劉文成公集十八卷　（明）劉基撰　（明）樊獻科編　明嘉靖三十五年（1556）樊獻科、于德昌刻本　七冊　存十六卷（一至十六）

330000－1705－0007483　善3146　子部/叢編

考古彙編經集六卷史集六卷文集六卷續集六卷　（明）傅鉞輯　明刻本　四冊　存十卷（文集二至五、續集一至六）

330000－1705－0007484　善3229　集部/別集類/唐五代別集

孟浩然詩集三卷補遺一卷　（唐）孟浩然撰　（宋）劉辰翁評點　（明）顧道洪參校　襄陽外編一卷拾遺一卷　（明）顧道洪輯　明萬曆刻

本 二冊 存三卷(詩集一至三)

330000－1705－0007485 善3001 史部/傳記類/別傳之屬/事狀

曇陽大師傳一卷 （明）王世貞撰 明萬曆九年(1581)張齊刻本 一冊

330000－1705－0007486 善3708 集部/別集類/明別集

石㙇先生遺薰六卷 （明）華愛撰 明抄本 二冊 存五卷(一至三、五至六)

330000－1705－0007487 善3691 集部/別集類/明別集

呆齋存稿二十四卷續稿四卷 （明）劉定之撰 明成化刻本 一冊 存六卷(十一至十六)

330000－1705－0007488 善3283 集部/別集類/唐五代別集

杜律五七言四卷 （唐）杜甫撰 明龔雷刻本 二冊 存二卷(五言律詩上、七言律詩下)

330000－1705－0007489 善3635 集部/別集類/明別集

誠意伯劉先生文集二十卷 （明）劉基撰 明刻本 一冊 存一卷(二)

330000－1705－0007490 善3700 集部/別集類/明別集

徙倚軒詩集二卷 （明）金鑾撰 明刻本 一冊 存一卷(下)

330000－1705－0007491 善3147 類叢部/類書類/專類之屬

尺牘法言二卷 （明）高□輯 明刻本 一冊 存一卷(下)

330000－1705－0007492 善3496 集部/別集類/宋別集

簡齋詩集十五卷 （宋）陳與義撰 （宋）劉辰翁評點 明刻本 一冊 存七卷(九至十五)

330000－1705－0007493 善3702 集部/別集類/明別集

白石野稿六卷 （明）林魁撰 明刻本 一冊 存三卷(二至四)

330000－1705－0007494 善3644 集部/別集類/明別集

樵雲詩集一卷 （明）朱拱梃撰 明嘉靖二十七年(1548)刻藍印本 一冊

330000－1705－0007495 善3271 集部/別集類/唐五代別集

杜工部詩千家註六卷 （唐）杜甫撰 （宋）黃鶴補注 （元）范梈批點 元刻本 一冊 存三卷(三至五)

330000－1705－0007496 善3803 集部/別集類/明別集

芝園定集五十一卷別集十卷外集二十四卷 （明）張時徹撰 **芝園定集諸家評一卷** （明）楊慎等撰 明嘉靖刻本 三冊 存十一卷(一至十、芝園定集諸家評)

330000－1705－0007497 善3248 集部/別集類/唐五代別集

李詩選十卷 （唐）李白撰 （明）張含輯 （明）楊慎批點 明嘉靖二十四年(1545)張氏家塾刻本 一冊 存四卷(一至四)

330000－1705－0007498 善3859 集部/別集類/明別集

自知堂集二十四卷 （明）蔡汝楠撰 明嘉靖三十七年(1558)刻四十三年(1564)衡陽朱炳如印本 九冊 存二十二卷(一至五、八至二十四)

330000－1705－0007499 善3284 集部/別集類/唐五代別集

杜工部詩釋三卷 （唐）杜甫撰 （元）范梈批選 （明）張綖釋 明嘉靖刻本 一冊 存一卷(一)

330000－1705－0007500 善3645 集部/別集類/明別集

怡齋詩集三卷 （明）朱讓栩撰 明嘉靖十七年(1538)刻本 一冊 存一卷(三)

330000－1705－0007501 善3802 集部/別集類/明別集

芝園集□□卷 （明）張時徹撰 明嘉靖刻本

十四冊　存四十八卷（四至十八、二十三至五十五）

330000－1705－0007502　善3530　集部/別集類/宋別集

象山先生全集三十六卷　（宋）陸九淵撰　明刻本　一冊　存三卷（一至三）

330000－1705－0007503　善3860　集部/別集類/明別集

艱征集一卷　（明）張含撰　明抄本　朱鼎煦題記　一冊

330000－1705－0007504　善3746　集部/別集類/明別集

王文成公全書三十八卷　（明）王守仁撰　明隆慶六年（1572）謝廷傑刻本　二十六冊　缺六卷（十五至二十）

330000－1705－0007505　善3270　集部/別集類/唐五代別集

集千家註批點補遺杜工部詩集二十卷　（唐）杜甫撰　（宋）黃鶴補註　（宋）劉辰翁評點附錄一卷年譜一卷　明刻本　一冊　存三卷（一、附錄、年譜）

330000－1705－0007506　善3864　集部/別集類/明別集

西清閣詩草十二卷　（明）楊承鯤撰　明刻本　一冊　存一卷（壬午）

330000－1705－0007507　善3646　集部/別集類/明別集

淮南汪廣洋朝宗先生鳳池吟藁八卷　（明）汪廣洋撰　明刻本　一冊　缺一卷（三）

330000－1705－0007508　善3573　集部/別集類/宋別集

文山全集二十一卷　（宋）文天祥撰　（明）鍾越輯並評　明刻本　一冊　存十六葉

330000－1705－0007509　善3907　集部/別集類/明別集

天池山人小藁五種五卷　（明）陸采撰　明嘉靖刻本　一冊

330000－1705－0007510　善3906　集部/別集類/明別集

四溟山人全集二十四卷　（明）謝榛撰　明萬曆二十四年（1596）趙府冰玉堂刻本　一冊　存二卷（三、五）

330000－1705－0007511　善3870　集部/別集類/明別集

青溪集一卷　（明）沈明臣撰　明萬曆刻本　一冊

330000－1705－0007512　善3910　集部/別集類/明別集

嶽遊漫稿一卷附一卷　（明）皇甫汸撰　明刻本　一冊

330000－1705－0007513　善3909　集部/別集類/明別集

李氏山房詩選六卷　（明）李先芳撰　（明）皇甫汸輯　明刻本　二冊　存三卷（一至三）

330000－1705－0007514　善3820　集部/別集類/明別集

甫田集四卷　（明）文徵明撰　明刻本　四冊

330000－1705－0007515　善3648　集部/別集類/明別集

劉職方詩八卷　（明）劉崧撰　明刻本　一冊

330000－1705－0007516　善3874　集部/別集類/明別集

沈嘉則詩選十卷　（明）沈明臣撰　（明）沈九疇選　明萬曆六年（1578）刻本　一冊　存五卷（六至十）

330000－1705－0007517　善3719　集部/別集類/明別集

震澤先生集三十六卷　（明）王鏊撰　明刻本　四冊　存十八卷（十四至十九、二十五至三十六）

330000－1705－0007518　善3883　集部/別集類/明別集

李中麓閒居集十二卷　（明）李開先撰　明嘉靖至隆慶刻本　三冊　存六卷（四言古詩、五言古詩、七言古詩、雜體、五言律詩、七言律

詩）

330000－1705－0007519　善 3809　集部/別集類/明別集

升菴詩集十卷　(明)楊慎撰　明嘉靖刻本
一册　存五卷(一至五)

330000－1705－0007520　善 3469　集部/別集類/宋別集

黃詩内篇十四卷　(宋)黃庭堅撰　明嘉靖十二年(1533)蔣芝刻本　一册　存一卷(一)

330000－1705－0007521　善 3848　集部/別集類/明別集

洞庭集五十三卷　(明)孫宜撰　明嘉靖刻本　十四册　存四十七卷(三至四十一、四十六至五十三)

330000－1705－0007522　善 3827　集部/別集類/明別集

玩芳堂摘稿四卷　(明)王慎中撰　明刻本
一册　存一卷(三)

330000－1705－0007523　善 3849　集部/別集類/明別集

環溪集二十六卷　(明)沈愷撰　明刻本　一册　存一卷(九)

330000－1705－0007524　善 3850　集部/別集類/明別集

丘隅集十九卷　(明)喬世寧撰　明嘉靖四十二年(1563)刻本　六册

330000－1705－0007525　善 3799　集部/別集類/明別集

天一閣集三十二卷　(明)范欽撰　明萬曆十九年(1591)刻本(卷四至六爲抄配,卷七爲現代複印)　九册

330000－1705－0007526　善 3851　集部/別集類/明別集

九霞山人集十二卷　(明)顧起經撰　明萬曆七年(1579)顧祖美刻本　一册　存三卷(一至三)

330000－1705－0007527　善 3908　集部/別集類/明別集

東岱山房詩錄江右稿二卷　(明)李先芳撰
明嘉靖刻本　一册　存一卷(下)

330000－1705－0007528　善 3894　集部/別集類/明別集

擬古樂府二卷　(明)李攀龍撰　明刻本
一册

330000－1705－0007529　善 3711　集部/別集類/明別集

夢澤集十七卷　(明)王廷陳撰　明嘉靖刻藍印本　二册　存六卷(一至三、八至十)

330000－1705－0007530　善 3800　集部/別集類/明別集

天一閣集三十二卷　(明)范欽撰　明萬曆十九年(1591)刻本　六册

330000－1705－0007531　善 3852　集部/別集類/明別集

九霞山人集十二卷　(明)顧起經撰　明萬曆七年(1579)顧祖美刻本　三册　存九卷(一至九)

330000－1705－0007532　善 3904　集部/別集類/明別集

東白草堂集四卷　(明)顧存仁撰　明隆慶元年(1567)刻本　一册　存一卷(三)

330000－1705－0007533　善 3855　集部/別集類/明別集

屠漸山蘭暉堂十二卷　(明)屠應埈撰　明嘉靖三十一年(1552)屠仲律刻本　一册　存四卷(五至八)

330000－1705－0007534　善 2962　集部/總集類/選集之屬/通代

山中集一卷　(明)萬表輯　明嘉靖十五年(1536)刻本　一册

330000－1705－0007535　善 3709　集部/別集類/明別集

山藏集□卷　(明)李士允撰　明刻本　一册　存二卷(一至二)

330000－1705－0007536　善 3905　集部/別集類/明別集

叩頭蟲賦一卷　（明）張之象撰　明刻本
一冊

330000－1705－0007537　善 3421　集部/別集類/宋別集

歐陽先生文粹二十卷　（宋）歐陽修撰　（宋）陳亮輯　**遺粹十卷**　（明）郭雲鵬編　明嘉靖二十六年（1547）吳會郭雲鵬寶善堂刻本
十冊

330000－1705－0007538　善 3771　類叢部/叢書類/自著之屬

王氏家藏集五種　（明）王廷相撰　明嘉靖刻本（王氏家藏集卷十一至十四爲抄配）　十六冊　存四種

330000－1705－0007539　善 3358　集部/別集類/唐五代別集

薛許昌詩集十卷　（唐）薛能撰　明抄本　一冊　存五卷（一至二、八至十）

330000－1705－0007540　善 3712　集部/別集類/明別集

內方文集不分卷　（明）童承敍撰　明抄本
二冊

330000－1705－0007541　善 3856　集部/總集類/氏族之屬

合刻屠氏家藏二集十二卷　（明）□□輯　清初刻本　三冊　存三卷（太史屠漸山文集一至三）

330000－1705－0007542　善 3930　集部/別集類/明別集

碧谿賦二卷　（明）歐陽雲撰　明嘉靖二十六年（1547）陳德文刻本　二冊

330000－1705－0007543　善 3911　集部/別集類/明別集

皇甫司勳集六十卷　（明）皇甫汸撰　明刻本　一冊　存三卷（三十一至三十三）

330000－1705－0007544　善 3742　集部/別集類/明別集

泉齋勿藥集十四卷　（明）邵寶撰　明刻本
三冊　存十卷（一至十）

330000－1705－0007545　善 3341　集部/別集類/唐五代別集

增廣註釋音辯唐柳先生集四十三卷別集二卷外集二卷　（唐）柳宗元撰　（宋）童宗說註釋　（宋）張敦頤音辯　（宋）潘緯音義　附錄一卷　明初刻本　一冊　存十卷（三十九至四十三、別集一至二、外集一至二、附錄）

330000－1705－0007546　善 3857　集部/別集類/明別集

李山人詩一卷　（明）李敏撰　明嘉靖十八年（1539）刻本　一冊

330000－1705－0007547　善 1257　史部/傳記類/科舉錄之屬/歷科鄉試錄

嘉靖二十八年浙江鄉試錄一卷　明嘉靖刻本
一冊

330000－1705－0007548　善 3401　集部/別集類/宋別集

伊川擊壤集二十卷　（宋）邵雍撰　明刻本
一冊　存五卷（一至五）

330000－1705－0007549　善 3931　集部/別集類/明別集

圓菴集十卷附錄一卷　（明）釋居頂撰　明刻本　一冊　存五卷（七至十、附錄）

330000－1705－0007550　善 1256　史部/傳記類/科舉錄之屬/歷科鄉試錄

嘉靖二十二年浙江鄉試錄一卷　明嘉靖刻本
一冊

330000－1705－0007551　善 3740　集部/別集類/明別集

振衣亭稿四卷　（明）王孜撰　明嘉靖刻本
一冊　存五言近體、五言排律絕句

330000－1705－0007552　善 3919　集部/別集類/明別集

入楚稿一卷入晉稿一卷入浙稿二卷入魏稿二卷　（明）王世貞撰　明刻本　四冊

330000 – 1705 – 0007553　善 1255　史部/傳
記類/科舉録之屬/歷科鄉試録

嘉靖十三年浙江鄉試録一卷　明嘉靖刻本
一冊

330000 – 1705 – 0007554　善 3795 – 96　集
部/別集類/明別集

豫章既白詩藁七卷　（明）朱既白撰　（明）吳
世良編輯　明嘉靖二十九年（1550）朱拱榴刻
本　三冊

330000 – 1705 – 0007555　善 1254　史部/傳
記類/科舉録之屬

嘉靖七年浙江同年録一卷　明嘉靖刻本
一冊

330000 – 1705 – 0007556　善 1259　史部/傳
記類/科舉録之屬/歷科鄉試録

隆慶四年浙江鄉試録一卷　明隆慶刻本
一冊

330000 – 1705 – 0007557　善 3932　集部/別
集類/明別集

清音閣集十卷　（明）顧大典撰　明萬曆刻本
一冊　存一卷（六）

330000 – 1705 – 0007558　善 3741　集部/別
集類/明別集

韓五泉詩集四卷附録墓誌一卷傳一卷　（明）
韓邦靖撰　明刻本　一冊　存一卷（傳）

330000 – 1705 – 0007559　善 3858　集部/別
集類/明別集

宗先生子相文集十五卷附録一卷　（明）宗臣
撰　明刻本　一冊　存二卷（五至六）

330000 – 1705 – 0007560　善 1253　史部/傳
記類/科舉録之屬/歷科鄉試録

嘉靖七年浙江鄉試録一卷　明嘉靖刻本
二冊

330000 – 1705 – 0007561　善 3920　集部/別
集類/明別集

擬古詩一卷　（明）王世貞撰　明徐中行刻本
一冊

330000 – 1705 – 0007562　善 3933　集部/別
集類/明別集

移虡藳一卷　（明）徐學謨撰　明萬曆三年
（1575）刻本　一冊

330000 – 1705 – 0007563　善 3710　集部/別
集類/明別集

**亶爰集二卷亶爰子詩集二卷外集一卷附録一
卷**　（明）江暉撰　明萬曆刻本　一冊　存二
卷（詩集一至二）

330000 – 1705 – 0007564　善 1252　史部/傳
記類/科舉録之屬/歷科鄉試録

正德八年浙江鄉試録一卷　明抄本　一冊

330000 – 1705 – 0007565　善 2958　子部/宗
教類/佛教之屬/經

華嚴懸談會玄記四十卷　（元）釋普瑞集　明
刻本　一冊　存四卷（一至二、七、九）

330000 – 1705 – 0007566　善 3845　集部/別
集類/明別集

甔甀洞藁五十四卷目録二卷　（明）吳國倫撰
明萬曆刻本　六冊　存十八卷（七至九、十
三至二十一、二十五至二十七、三十一至三十
三）

330000 – 1705 – 0007567　善 1251　史部/傳
記類/科舉録之屬/歷科鄉試録

正德五年浙江鄉試録一卷　明正德刻本
一冊

330000 – 1705 – 0007568　善 3779　類叢部/
叢書類/自著之屬

顧東橋集八種　（明）顧璘撰　明刻彙印本
三冊　存一種

330000 – 1705 – 0007569　善 3934　集部/別
集類/明別集

移虡藳一卷　（明）徐學謨撰　明萬曆三年
（1575）刻本　一冊

330000 – 1705 – 0007570　善 3921　集部/別
集類/明別集

紀遊稿二卷　（明）王世懋撰　明刻本　一冊

330000－1705－0007571　善1250　史部/傳記類/科舉錄之屬/歷科鄉試錄

成化二十二年浙江鄉試錄一卷　明成化刻本　一冊

330000－1705－0007572　善1249　史部/傳記類/科舉錄之屬/歷科鄉試錄

成化十九年浙江鄉試錄一卷　明抄本　一冊

330000－1705－0007573　善3935　集部/別集類/明別集

移虡薹一卷　（明）徐學謨撰　明萬曆三年（1575）刻本　一冊

330000－1705－0007574　善1248　史部/傳記類/科舉錄之屬/歷科鄉試錄

成化十六年浙江鄉試錄一卷　明成化刻本　一冊

330000－1705－0007575　善4449　集部/總集類/選集之屬/通代

廣文選六十卷　（明）劉節輯　明嘉靖十六年（1537）陳蕙揚州書院刻本　十七冊　缺二卷（五十七至五十八）

330000－1705－0007576　善4474　集部/總集類/選集之屬/通代

歷代文選十四卷　（明）凌雲翼輯　明嘉靖四十年（1561）宋守志等刻本　十四冊

330000－1705－0007577　善4076　集部/別集類/明別集

暘谷空音三卷　（明）李寅撰　明刻本　三冊　存二卷（上、中）

330000－1705－0007578　善1245　史部/傳記類/科舉錄之屬/歷科鄉試錄

成化七年浙江鄉試錄一卷　明抄本　一包

330000－1705－0007579　善4452　集部/總集類/選集之屬/通代

文苑英華一千卷　（宋）李昉等輯　明隆慶元年（1567）胡維新、戚繼光刻本　七冊　存五十七卷（十四至二十、二百一至二百十、三百一至三百十、六百一至六百十、六百六十一至六百七十、七百九十一至八百）

330000－1705－0007580　善3938　集部/別集類/明別集

白華樓藏稿十一卷續稿十五卷吟稿十卷　（明）茅坤撰　（明）姚翼輯　明萬曆刻本　一冊　存二卷（藏稿五至六）

330000－1705－0007581　善4097　集部/別集類/清別集

七松遊一卷　（清）范光文撰　清刻本　一冊

330000－1705－0007582　善4448　集部/總集類/選集之屬/通代

文選增定二十三卷　（明）□□輯　明大梁書院刻本　六冊　存十七卷（一至八、十五至二十三）

330000－1705－0007583　善4098　集部/別集類/清別集

瘞憶一卷　（清）范光文撰　清刻本　一冊　存五葉

330000－1705－0007584　善4451　類叢部/類書類/專類之屬

文選類林十八卷　（宋）劉攽輯　明嘉靖三十七年（1558）吳思賢刻本　二冊　存七卷（八至十四）

330000－1705－0007585　善3963　史部/史抄類

新鍥名家纂定註解兩漢評林三卷　（明）吳默輯　明刻本　一冊　缺一卷（一）

330000－1705－0007586　善2955　子部/宗教類/佛教之屬/經疏

華嚴法界觀門通玄記二卷　（宋）釋本嵩集　明刻本　一冊

330000－1705－0007587　善4502　集部/總集類/選集之屬/通代

唐會元精選批點唐宋名賢策論文粹八卷　（明）唐順之輯　明嘉靖二十八年（1549）書林桐源胡氏刻本　五冊　存五卷（一至二、六至八）

330000－1705－0007588　善4439　集部/總集類/選集之屬/通代

文選十二卷 （南朝梁）蕭統輯 （明）張鳳翼
纂注 明萬曆刻本 三冊 存三卷（一、四至
五）

330000－1705－0007589 善4099 集部/別
集類/清別集

世書堂稿二十三卷 （清）吳國緙撰 清順治
十七年（1660）吳氏世書堂刻本 七冊 存二
十卷（一至二、六至二十三）

330000－1705－0007590 善3970 集部/別
集類/明別集

玉茗堂集選二十四卷 （明）湯顯祖撰 （明）
帥機等輯 明刻本 二冊 存四卷（二十一
至二十四）

330000－1705－0007591 善1272 史部/傳
記類/科舉錄之屬/歷科鄉試錄

正德八年福建鄉試錄一卷 明正德刻本
一冊

330000－1705－0007592 善4487 集部/總
集類/彙編之屬

文翰類選大成一百六十三卷 （明）李伯璵
（明）馮厚輯 明成化八年（1472）淮府刻弘治
十四年（1501）、嘉靖二十五年（1546）遞修本
二冊 存七卷（三十一至三十四、三十八至
四十）

330000－1705－0007593 善1271 史部/傳
記類/科舉錄之屬/歷科鄉試錄

正德五年福建鄉試錄一卷 明正德刻本
一包

330000－1705－0007594 善4396 集部/總
集類/選集之屬/斷代

唐十子詩十四卷 （明）王準編 明嘉靖二十
六年（1547）王準刻本 一冊 存四種

330000－1705－0007595 善3995 集部/別
集類/明別集

節婦蔣氏存稿一卷 （明）姜蔣氏撰 明萬曆
六年（1578）刻本 一冊

330000－1705－0007596 善1270 史部/傳
記類/科舉錄之屬/歷科鄉試錄

弘治十四年福建鄉試錄一卷 明弘治刻本
一冊

330000－1705－0007597 善1266 史部/傳
記類/科舉錄之屬/歷科鄉試錄

宣德元年福建鄉試錄一卷 明抄本 一冊

330000－1705－0007598 善4475 集部/總
集類/彙編之屬

重刊全補古文會編十二卷 （明）黃如金輯
明嘉靖刻本 六冊

330000－1705－0007599 善4429 集部/總
集類/選集之屬/通代

六臣註文選六十卷 （南朝梁）蕭統輯 （唐）
李善 （唐）呂延濟 （唐）劉良 （唐）張銑
（唐）李周翰 （唐）呂向注 明嘉靖潘惟
時、潘惟德刻本 一冊 存二卷（三十三至三
十四）

330000－1705－0007600 善4490 集部/總
集類/選集之屬/通代

古賦辯體十卷 （宋）祝堯輯 明嘉靖二十一
年（1542）蘇祐刻本 二冊 存五卷（一至五）

330000－1705－0007601 善3749 集部/別
集類/明別集

陽明先生文錄五卷外集九卷別錄十卷 （明）
王守仁撰 （明）錢德洪等編 明嘉靖十四年
（1535）聞人詮姑蘇刻本 九冊 缺十卷（別
錄一至十）

330000－1705－0007602 善3750 集部/別
集類/明別集

陽明先生文錄五卷外集九卷別錄十卷 （明）
王守仁撰 明刻本 一冊 存一卷（二）

330000－1705－0007603 善4100 集部/別
集類/清別集

滄圃詩稿□□卷 （清）□□撰 清初刻本
一冊 存一卷（七律）

330000－1705－0007604 善3994 集部/別
集類/明別集

呂季子甬東雜詠一卷 （明）呂兌撰 明萬曆
十二年（1584）姚江呂氏刻本 一冊

330000－1705－0007605　善1265　史部/傳記類/科舉錄之屬/歷科鄉試錄

永樂十二年福建鄉試録一卷　明抄本　一包

330000－1705－0007606　善3996　集部/別集類/明別集

和唐詩正音四卷　（明）楊榮撰　明成化刻本　一冊　存一卷（四）

330000－1705－0007607　善4101　集部/別集類/清別集

野眺樓近草九卷　（清）張瑤芝撰　清康熙十九年（1680）刻本　一冊

330000－1705－0007608　善1263　史部/傳記類/科舉錄之屬/歷科鄉試錄

萬曆十年浙江鄉試録一卷　明萬曆刻本　一冊

330000－1705－0007609　善1262　史部/傳記類/科舉錄之屬/歷科鄉試錄

萬曆七年浙江鄉試録一卷　明萬曆刻本　一冊

330000－1705－0007610　善4464　集部/總集類/選集之屬/通代

大家文選二十二卷　（明）薛甲編　明嘉靖十八年（1539）刻本　八冊

330000－1705－0007611　善1261　史部/傳記類/科舉錄之屬/歷科鄉試錄

萬曆四年浙江鄉試録一卷　明萬曆刻本　一冊

330000－1705－0007612　善4504、善4510　集部/總集類/選集之屬/通代

西山先生真文忠公文章正宗二十四卷續二十卷　（宋）真德秀輯　明嘉靖四十三年（1564）杜陵蔣氏家塾刻本　十冊　存十八卷（文章正宗一、續文章正宗四至二十）

330000－1705－0007613　善3997　集部/別集類/明別集

比屏詩稿□□卷　（明）□□撰　明刻本　一冊　存一卷（上）

330000－1705－0007614　善4102　集部/別集類/清別集

己未新詠一卷　（清）吳三錫撰　清康熙十八年（1679）刻本　一冊

330000－1705－0007615　善1260　史部/傳記類/科舉錄之屬/歷科鄉試錄

萬曆元年浙江鄉試録一卷　明萬曆刻本　一冊

330000－1705－0007616　善3777　集部/別集類/明別集

張文定公觀光樓集十卷紆玉樓集十卷廉悔軒集十二卷環碧堂集十八卷養心亭集八卷四友亭集二十卷　（明）張邦奇撰　明萬曆刻本　一冊　存二卷（養心亭集一至二）

330000－1705－0007617　善1269　史部/傳記類/科舉錄之屬/歷科鄉試錄

弘治十一年福建鄉試録一卷　明弘治刻本　一包

330000－1705－0007618　善3999　集部/別集類/明別集

落迦山房集□□卷　（明）范汝梓撰　明刻本　一冊　存一卷（奏疏書）

330000－1705－0007619　善1268　史部/傳記類/科舉錄之屬/歷科鄉試錄

弘治八年福建鄉試録一卷　明弘治刻本　一包

330000－1705－0007620　善4416　集部/總集類/選集之屬/斷代

盛明百家詩　（明）俞憲編　明嘉靖四十二年至隆慶五年（1563－1571）俞憲刻本　一冊　存二卷（總目一至二）

330000－1705－0007621　善4103　集部/別集類/清別集

廓菴行籟一卷　（清）釋廓菴撰　（清）王性厚輯　（清）董佩公　（清）周屺公選　清康熙六年（1667）刻本　一冊

330000－1705－0007622　善1267　史部/傳記類/科舉錄之屬/歷科鄉試錄

景泰四年福建鄉試録一卷　明抄本　一冊

330000－1705－0007623　善4465　集部/總集類/選集之屬/通代

諸儒箋解古文真寶前集十卷後集十卷　（元）黃堅輯　明萬曆十一年(1583)司禮監刻本　一冊　存二卷(後集三至四)

330000－1705－0007624　善4000　集部/別集類/明別集

使秦吟畧一卷　（明）范汝植撰　明崇禎刻本　一冊

330000－1705－0007625　善1273　史部/傳記類/科舉録之屬/歷科鄉試録

正德十一年福建鄉試録一卷　明正德刻本　一包

330000－1705－0007626　善4523　子部/雜著類/雜纂之屬

快録一卷　（清）范光燮編　清抄本　一冊

330000－1705－0007627　善1274　史部/傳記類/科舉録之屬/歷科鄉試録

嘉靖七年福建鄉試録一卷　明嘉靖刻本　一包

330000－1705－0007628　善4509　集部/總集類/選集之屬/通代

真文忠公續文章正宗二十卷　（宋）真德秀輯　明嘉靖二十一年(1542)晉藩刻本　二冊　存四卷(一至二、八至九)

330000－1705－0007629　善4387　集部/總集類/選集之屬/斷代

建安七子集二十八卷　（明）楊德周撰　清抄本　一冊　存一卷(題辭目録)

330000－1705－0007630　善4462－4463　集部/總集類/選集之屬/通代

古文會選三十卷　（明）謝朝宣編　明弘治十二年(1499)刻本　四冊　存二十卷(一至十五、二十六至三十)

330000－1705－0007631　善4001　集部/別集類/明別集

雁字十詠一卷　（明）范汝植撰　明崇禎刻本　一冊

330000－1705－0007632　善4473　史部/金石類/總志之屬/文字

金石古文十四卷　（明）楊慎輯　明刻本　二冊　存十二卷(三至十四)

330000－1705－0007633　善4518　集部/總集類/選集之屬/通代

秦漢文四卷　（明）胡纘宗輯　明鳥鼠山房刻本　三冊　缺一卷(三)

330000－1705－0007634　善4413　集部/總集類/氏族之屬

環谷杏山二先生詩稿六卷　（宋）汪晫　（宋）汪夢斗撰　明汪中垿刻本　一冊　存二卷(北遊詩集一、摭稿一)

330000－1705－0007635　善4388　集部/總集類/彙編之屬

六朝詩集　（明）薛應旂輯　明嘉靖刻本　八冊　存十五種

330000－1705－0007636　善1275　史部/傳記類/科舉録之屬/歷科鄉試録

嘉靖七年福建鄉試録一卷　明嘉靖刻本　一冊

330000－1705－0007637　善4041　集部/別集類/明別集

閒居詩一卷　（明）姚宗文撰　明萬曆十八年(1590)刻本　一冊

330000－1705－0007638　善4536　集部/總集類/選集之屬/通代

古樂府十卷　（元）左克明輯　明嘉靖二十三年(1544)蕭一中刻本　四冊

330000－1705－0007639　善1275－1　史部/傳記類/科舉録之屬/歷科鄉試録

嘉靖七年福建鄉試録一卷　明嘉靖刻本　一冊

330000－1705－0007640　善4457　集部/總集類/選集之屬/通代

文苑春秋四卷　（明）崔銑輯　明嘉靖十七年(1538)刻本　四冊

330000－1705－0007641　善4521　集部/總集類/選集之屬/通代

秦漢魏晉文選十卷　（明）佘震啓　（明）鄭玄撫輯　明嘉靖二十四年(1545)新安洪廷論刻本　六冊　存六卷(二至五、九至十)

330000－1705－0007642　善1276　史部/傳記類/科舉錄之屬/歷科鄉試錄

嘉靖十三年福建鄉試錄一卷　明嘉靖刻本　一冊

330000－1705－0007643　善1301　史部/傳記類/科舉錄之屬/歷科鄉試錄

嘉靖二十二年廣東鄉試錄一卷　明嘉靖刻藍印本　一冊

330000－1705－0007644　善1277　史部/傳記類/科舉錄之屬/歷科鄉試錄

嘉靖十六年福建鄉試錄一卷　明嘉靖刻本　一包

330000－1705－0007645　善4390　集部/總集類/選集之屬/斷代

百家唐詩九十八卷　明刻本　一冊　存九卷(唐太宗文皇帝集、虞世南集、許敬宗集、王勃集一至二、楊炯集一至二、盧照鄰集一至二)

330000－1705－0007646　善1279　史部/傳記類/科舉錄之屬/歷科鄉試錄

嘉靖二十八年福建鄉試錄一卷　明嘉靖刻本　一包

330000－1705－0007647　善1278　史部/傳記類/科舉錄之屬/歷科鄉試錄

嘉靖二十五年福建鄉試錄一卷　明嘉靖刻本　一冊

330000－1705－0007648　善3801　集部/總集類/謠諺之屬

集歌謠諺語一卷　（明）范欽輯　稿本　一冊

330000－1705－0007649　善4042　集部/別集類/明別集

四課四卷　（明）陸寶撰　明崇禎刻本　一冊

330000－1705－0007650　善1280　史部/傳記類/科舉錄之屬/歷科鄉試錄

嘉靖三十一年福建鄉試錄一卷　明嘉靖刻本　一冊

330000－1705－0007651　善4401　集部/總集類/選集之屬/斷代

大曆二皇甫詩集八卷　（明）劉成德編　明正德十三年(1518)劉成德刻本　一冊

330000－1705－0007652　善1281　史部/傳記類/科舉錄之屬/歷科鄉試錄

嘉靖四十三年福建鄉試錄一卷　明嘉靖刻本　一冊

330000－1705－0007653　善1282　史部/傳記類/科舉錄之屬/歷科鄉試錄

隆慶元年福建鄉試錄一卷　明隆慶刻本　一冊

330000－1705－0007654　善1283　史部/傳記類/科舉錄之屬/歷科鄉試錄

隆慶四年福建鄉試錄一卷　明隆慶刻本　一冊

330000－1705－0007655　善1284　史部/傳記類/科舉錄之屬/歷科鄉試錄

萬曆元年福建鄉試錄一卷　明萬曆刻本　一冊

330000－1705－0007656　善4397　集部/總集類/彙編之屬

二張集二種四卷　（明）高叔嗣編　明刻本　二冊　存一種

330000－1705－0007657　善4075　集部/別集類/明別集

卍齋詩選二卷　（明）吳統持撰　（明）鍾啟選　清初刻本　一冊

330000－1705－0007658　善4551　集部/總集類/選集之屬/通代

選詩三卷　（明）許少莘輯　明刻本　三冊

330000－1705－0007659　善1285　史部/傳

記類/科舉録之屬/歷科鄉試録

萬曆四年福建鄉試録一卷 明萬曆刻本
一冊

330000－1705－0007660 善4627 集部/總
集類/選集之屬/斷代

重校正唐文粹一百卷 （宋）姚鉉輯 明嘉靖
三年(1524)姑蘇徐焴刻本 十冊

330000－1705－0007661 善1286 史部/傳
記類/科舉録之屬/歷科鄉試録

萬曆七年福建鄉試録一卷 明萬曆刻本
一冊

330000－1705－0007662 善4552 集部/總
集類/選集之屬/通代

苑詩類選三十卷 （明）包節輯 明嘉靖二十
五年(1546)何城刻本 八冊 存二十三卷
（一至四、六至八、十二至二十七）

330000－1705－0007663 善1287 史部/傳
記類/科舉録之屬/歷科鄉試録

萬曆七年福建鄉試録一卷 明萬曆刻本
一冊

330000－1705－0007664 善1288 史部/傳
記類/科舉録之屬/歷科鄉試録

萬曆十年福建鄉試録一卷 明萬曆刻本
一冊

330000－1705－0007665 善1289 史部/傳
記類/科舉録之屬/歷科鄉試録

成化四年廣東鄉試録一卷 明成化刻本
一冊

330000－1705－0007666 善4662 集部/總
集類/選集之屬/斷代

唐詩品彙九十卷拾遺十卷詩人爵里詳節一卷
（明）高棅輯 明嘉靖刻本 十五冊 存七
十八卷（唐詩品彙一至三、十三至二十四、二
十九至七十五、八十二至九十,拾遺一至七）

330000－1705－0007667 善4528 集部/總
集類/彙編之屬

初學辨體增刪定本不分卷 （清）徐與喬輯
清康熙刻本 二十四冊

330000－1705－0007668 善1290 史部/傳
記類/科舉録之屬/歷科鄉試録

成化七年廣東鄉試録一卷 明成化刻本
一冊

330000－1705－0007669 善1291 史部/傳
記類/科舉録之屬/歷科鄉試録

成化十年廣東鄉試録一卷 明成化刻本
一冊

330000－1705－0007670 善1292 史部/傳
記類/科舉録之屬/歷科鄉試録

成化二十二年廣東鄉試録一卷 明成化刻本
一冊

330000－1705－0007671 善4568 集部/總
集類/選集之屬/通代

漢魏詩集十四卷 （明）劉成德輯 明正德十
二年(1517)何景明刻本 二冊

330000－1705－0007672 善4671 集部/總
集類/選集之屬/斷代

李杜詩鈔一卷 （清）范光文編 清抄本
一冊

330000－1705－0007673 善1293 史部/傳
記類/科舉録之屬/歷科鄉試録

弘治二年廣東鄉試録一卷 明弘治刻本
一冊

330000－1705－0007674 善4626 集部/總
集類/選集之屬/斷代

重校正唐文粹一百卷 （宋）姚鉉輯 明嘉靖
三年(1524)姑蘇徐焴刻本 十六冊

330000－1705－0007675 善1294 史部/傳
記類/科舉録之屬/歷科鄉試録

弘治八年廣東鄉試録一卷 明弘治刻本
一包

330000－1705－0007676 善1295 史部/傳
記類/科舉録之屬/歷科鄉試録

正德二年廣東鄉試録一卷 明正德刻本
一冊

330000－1705－0007677 善4527 集部/總

集類/選集之屬/通代

新刊李九我先生編纂大方萬文一統內外集二十二卷　（明）李廷機輯　明萬曆閩建邑書林余象斗刻本　十冊

330000－1705－0007678　善4569　集部/總集類/選集之屬/通代

漢魏詩集十四卷　（明）劉成德輯　明正德十二年(1517)何景明刻本　一冊　存七卷(八至十四)

330000－1705－0007679　善1302　史部/傳記類/科舉錄之屬/歷科鄉試錄

嘉靖二十五年廣東鄉試錄一卷　明嘉靖刻本　一冊

330000－1705－0007680　善1296　史部/傳記類/科舉錄之屬/歷科鄉試錄

正德五年廣東鄉試錄一卷　明正德刻本　一冊

330000－1705－0007681　善4693　集部/總集類/選集之屬/斷代

重訂宋詩正體四卷　（明）符觀輯　明刻本　一冊　存三卷(二至四)

330000－1705－0007682　善4553　集部/總集類/選集之屬/通代

選詩補註八卷　（元）劉履撰　選詩補遺二卷續編四卷　（元）劉履輯　明嘉靖三十一年(1552)顧存仁養吾堂刻本　七冊　缺二卷(補遺一至二)

330000－1705－0007683　善1297　史部/傳記類/科舉錄之屬/歷科鄉試錄

正德十四年廣東鄉試錄一卷　明正德刻本　一包

330000－1705－0007684　善4663　集部/總集類/選集之屬/斷代

唐詩品彙九十卷拾遺十卷詩人爵里詳節一卷　（明）高棅輯　明嘉靖刻本　二冊　存十四卷(唐詩品彙八十二至九十、拾遺六至十)

330000－1705－0007685　善1298　史部/傳記類/科舉錄之屬/歷科鄉試錄

嘉靖十三年廣東鄉試錄一卷　明嘉靖刻藍印本　一冊

330000－1705－0007686　善1299　史部/傳記類/科舉錄之屬/歷科鄉試錄

嘉靖十六年廣東鄉試錄一卷　明嘉靖刻藍印本　一冊

330000－1705－0007687　善4564　集部/總集類/選集之屬/通代

古詩鈔不分卷　（清）范光文編　清初抄本　一冊

330000－1705－0007688　善1300　史部/傳記類/科舉錄之屬/歷科鄉試錄

嘉靖十九年廣東鄉試錄一卷　明嘉靖刻本　一冊

330000－1705－0007689　善4570　集部/總集類/選集之屬/通代

漢魏詩紀二十卷　（明）馮惟訥輯　明嘉靖刻本　一冊　存三卷(漢詩紀一至三)

330000－1705－0007690　善4701　集部/總集類/選集之屬/斷代

元詩前集六卷後集六卷　（元）孫存吾輯　明刻本　三冊　存九卷(前集四至六、後集一至六)

330000－1705－0007691　善4533　集部/總集類/選集之屬/通代

瀛奎律髓四十九卷　（元）方回輯　明成化三年(1467)紫陽書院刻本　五冊　存四十三卷(一至十六、二十三至四十九)

330000－1705－0007692　善4661　集部/總集類/選集之屬/斷代

唐詩品彙九十卷拾遺十卷詩人爵里詳節一卷　（明）高棅輯　明嘉靖十八年(1539)牛斗刻本　十五冊　存八十八卷(唐詩品彙六至六十三、七十一至九十,拾遺一至十)

330000－1705－0007693　善4554　集部/總集類/選集之屬/通代

選詩補註八卷　（元）劉履撰　選詩補遺二卷續編四卷　（元）劉履輯　明嘉靖三十一年

(1552)顧存仁養吾堂刻本　二冊　存三卷
(補註二至四)

330000－1705－0007694　善4702　集部/總集類/選集之屬/斷代

元詩體要十四卷　(明)宋緒輯　明刻本　一冊　存八卷(七至十四)

330000－1705－0007695　善4628　集部/總集類/選集之屬/斷代

重校正唐文粹一百卷　(宋)姚鉉輯　明嘉靖三年(1524)姑蘇徐焴刻本　十五冊　存九十三卷(一至五十六、六十四至一百)

330000－1705－0007696　善4651　集部/總集類/彙編之屬

重選唐音大成十一卷　(明)邵天和輯　明嘉靖刻本　四冊　存八卷(四至十一)

330000－1705－0007697　善4652　集部/總集類/選集之屬/斷代

七體唐詩正音補註二卷　(元)楊士弘輯　(明)王庸補註　明成化十一年(1475)刻本　一冊

330000－1705－0007698　善4654　集部/總集類/選集之屬/斷代

唐詩律選六卷　明刻本　一冊　存二卷(三至四)

330000－1705－0007699　善4556　集部/總集類/選集之屬/通代

詩準四卷詩翼四卷　(宋)何無適　(宋)倪希程輯　明刻本　一冊　存四卷(詩準三至四、詩翼一至二)

330000－1705－0007700　善4657　集部/總集類/彙編之屬

唐絕增奇五卷　(明)楊慎輯　明刻本　一冊

330000－1705－0007701　善4580　集部/總集類/選集之屬/通代

姑蘇新刻彤管遺編前集四卷後集十卷續集三卷附集一卷別集二卷　(明)酈琥采撰　明刻本　一冊　存二卷(別集一至二)

330000－1705－0007702　善4557　集部/總集類/選集之屬/通代

詩準四卷詩翼四卷　(宋)何無適　(宋)倪希程輯　明刻本　一冊　存三卷(詩準一、三至四)

330000－1705－0007703　善4558　集部/總集類/選集之屬/通代

絕句博選五卷　(明)王朝雍編　明嘉靖十五年(1536)刻本　二冊　存二卷(四至五)

330000－1705－0007704　善4581　集部/總集類/選集之屬/斷代

濂洛風雅七卷　(宋)金履祥輯　明弘治十五年(1502)刻本　一冊　存五卷(一至三、六至七)

330000－1705－0007705　善4633　集部/總集類/選集之屬/斷代

唐文鑑二十一卷　(明)賀泰輯　明正德孫佐刻本　五冊　存十九卷(三至二十一)

330000－1705－0007706　善4649　集部/總集類/選集之屬/斷代

唐音十四卷　(元)楊士弘輯　(明)顧璘批點　明嘉靖二十年(1541)溫秀山房刻本　四冊

330000－1705－0007707　善4588　集部/總集類/選集之屬/斷代

古今四六會編四卷　(明)薛應旂纂　(明)王勛訂　明金陵余遇時刻本　二冊　存二卷(一、三)

330000－1705－0007708　善4703　集部/總集類/選集之屬/斷代

皇明詩抄十卷　(明)程旦輯　明刻本　一冊　存五卷(一至五)

330000－1705－0007709　善4526　集部/總集類/選集之屬/通代

新刊林次崖先生編次批點古文類抄十二卷　(明)林希元撰　明刻本　八冊　存八卷(二、五至六、八至十二)

330000－1705－0007710　善4525　集部/總集類/選集之屬/通代

新刊四大家文選四卷　（明）王坊輯　明嘉靖
三十六年(1557)刻本　四冊

330000－1705－0007711　善4592　集部/總
集類/尺牘之屬

尺牘清裁六十卷補遺一卷　（明）王世貞輯
明隆慶五年(1571)吳郡王世貞刻本　一冊
存五卷(十一至十五)

330000－1705－0007712　善4704　集部/總
集類/選集之屬/斷代

皇明文範六十八卷目錄二卷　（明）張時徹輯
　明隆慶刻本　十二冊　存二十三卷(四十
七至六十八、目錄一)

330000－1705－0007713　善4524　集部/總
集類/選集之屬/通代

文端集二卷　（明）顧璘輯　明刻本　二冊

330000－1705－0007714　善4595　集部/總
集類/尺牘之屬

赤牘清裁二十八卷　（明）楊慎輯　（明）王世
貞增輯　明刻本　三冊　存十六卷(一至五、
十二至十七、二十四至二十八)

330000－1705－0007715　善4642　集部/總
集類/選集之屬/斷代

全唐詩選十八卷　（明）李默　（明）鄒守愚輯
　明嘉靖二十六年(1547)曾才漢刻本　二冊
　存九卷(一至九)

330000－1705－0007716　善4640　集部/總
集類/選集之屬/斷代

唐詩絕句五卷　（宋）趙蕃　（宋）韓淲輯
(宋)謝枋得注　明刻本　一冊

330000－1705－0007717　善1306　史部/傳
記類/科舉錄之屬/歷科鄉試錄

嘉靖四十三年廣東鄉試錄一卷　明嘉靖刻藍
印本　一冊

330000－1705－0007718　善4596　集部/總
集類/尺牘之屬

批點楊升菴赤牘清裁十卷　（明）楊慎輯
(明)胡執禮批點　明萬曆刻本　一冊　存八
卷(一至八)

330000－1705－0007719　善1307　史部/傳
記類/科舉錄之屬/歷科鄉試錄

隆慶四年廣東鄉試錄一卷　明隆慶刻本
一冊

330000－1705－0007720　善4538　集部/總
集類/選集之屬/通代

古樂府十卷　（元）左克明輯　明嘉靖二十三
年(1544)蕭一中刻本　四冊

330000－1705－0007721　善4632　集部/總
集類/選集之屬/斷代

王狀元標目唐文類十二卷　（宋）王十朋輯
明銅活字印本　一冊　存三卷(十至十二)

330000－1705－0007722　善1308　史部/傳
記類/科舉錄之屬/歷科鄉試錄

隆慶四年廣東鄉試錄一卷　明隆慶刻藍印本
　一冊

330000－1705－0007723　善1309　史部/傳
記類/科舉錄之屬/歷科鄉試錄

萬曆元年廣東鄉試錄一卷　明萬曆刻藍印本
　一冊

330000－1705－0007724　善4615、善4620
集部/總集類/選集之屬/斷代

西漢文鑑二十一卷東漢文鑑二十卷　（宋）陳
鑒輯　明刻本　八冊

330000－1705－0007725　善1310　史部/傳
記類/科舉錄之屬/歷科鄉試錄

萬曆四年廣東鄉試錄一卷　明萬曆刻本
一冊

330000－1705－0007726　善4625　集部/總
集類/氏族之屬

三謝詩集一卷　（南朝宋）謝靈運　（南朝宋）
謝惠連撰　（南朝齊）謝朓撰　明刻本　一冊

330000－1705－0007727　善4539　集部/總
集類/選集之屬/通代

古樂府十卷　（元）左克明輯　明嘉靖二十三
年(1544)蕭一中刻本　四冊

330000－1705－0007728　善1311　史部/傳

記類/科舉錄之屬/歷科鄉試錄

萬曆七年廣東鄉試錄一卷　明萬曆刻本
一冊

330000－1705－0007729　善1312　史部/傳
記類/科舉錄之屬/歷科鄉試錄

萬曆十年廣東鄉試錄一卷　明萬曆刻本
一冊

330000－1705－0007730　善4540　集部/總
集類/選集之屬/通代

古樂府十卷　（元）左克明輯　明嘉靖二十三
年(1544)蕭一中刻本　三冊　存八卷(三至
十)

330000－1705－0007731　善1313　史部/傳
記類/科舉錄之屬/歷科鄉試錄

弘治五年廣西鄉試錄一卷　明弘治刻本
一包

330000－1705－0007732　善1314　史部/傳
記類/科舉錄之屬/歷科鄉試錄

正德二年廣西鄉試錄一卷　明正德刻本
一冊

330000－1705－0007733　善1315　史部/傳
記類/科舉錄之屬/歷科鄉試錄

正德八年廣西鄉試錄一卷　明正德刻本
一包

330000－1705－0007734　善3958　類叢部/
叢書類/自著之屬

袁使君集十四種五十七卷　（明）袁宏道撰
明萬曆刻本　六冊　存十二種

330000－1705－0007735　善4656　集部/總
集類/選集之屬/斷代

唐詩絕句精選四卷附刻一卷拾遺一卷　（明）
張含輯　（明）楊慎批點　明嘉靖二十六年
(1547)張氏萬卷堂刻本　二冊

330000－1705－0007736　善4655　集部/總
集類/選集之屬/斷代

唐詩絕句精選四卷附刻一卷拾遺一卷　（明）
張含輯　（明）楊慎批點　明嘉靖二十六年
(1547)張氏萬卷堂刻本　二冊

330000－1705－0007737　善4718　集部/總
集類/課藝之屬

新刊舉業明儒論宗八卷　（明）薛應旂輯並批
點　明刻本　二冊　存二卷(五至六)

330000－1705－0007738　善4837　集部/詩
文評類/詩評之屬

鍾嶸詩品三卷　（南朝梁）鍾嶸撰　明刻本
一冊

330000－1705－0007739　善4653　集部/總
集類/選集之屬/斷代

箋註唐賢絕句三體詩法二十卷　（宋）周弼輯
（元）釋圓至注　明刻本　一冊　存四卷
(一至四)

330000－1705－0007740　善1316　史部/傳
記類/科舉錄之屬/歷科鄉試錄

正德十四年廣西鄉試錄一卷　明正德刻本
一冊

330000－1705－0007741　善1317　史部/傳
記類/科舉錄之屬/歷科鄉試錄

嘉靖十六年廣西鄉試錄一卷　明嘉靖刻本
一冊

330000－1705－0007742　善4723　集部/總
集類/選集之屬/斷代

皇明風雅四十卷詩人名氏一卷　（明）徐泰輯
明刻本　五冊　存二十五卷(六至二十、二
十六至三十五)

330000－1705－0007743　善1318　史部/傳
記類/科舉錄之屬/歷科鄉試錄

嘉靖二十八年廣西鄉試錄一卷　明嘉靖刻本
一冊

330000－1705－0007744　善1319　史部/傳
記類/科舉錄之屬/歷科鄉試錄

嘉靖四十年廣西鄉試錄一卷　明嘉靖刻本
一冊

330000－1705－0007745　善4835　類叢部/
叢書類/家集之屬

雙雲堂傳集七種　（清）范□編　清光緒十年
至十七年(1884－1891)甬上范氏刻本　八冊

存五種

330000－1705－0007746　善1320　史部/傳記類/科舉錄之屬/歷科鄉試錄

嘉靖四十三年廣西鄉試錄一卷　明嘉靖刻本
一冊

330000－1705－0007747　善1321　史部/傳記類/科舉錄之屬/歷科鄉試錄

隆慶四年廣西鄉試錄一卷　明隆慶刻本
一冊

330000－1705－0007748　善1322　史部/傳記類/科舉錄之屬/歷科鄉試錄

萬曆元年廣西鄉試錄一卷　明萬曆刻本
一冊

330000－1705－0007749　善4725　集部/總集類/選集之屬/斷代

皇明詩選□□卷　（明）沈士偁輯　明抄本
一冊　存八卷（八至十五）

330000－1705－0007750　善4717　集部/總集類/選集之屬/斷代

國朝名公經濟文鈔九卷　（明）張文炎輯　明
萬曆十五年（1587）玉屑齋刻本　閬苑僊吏識
二冊　存七卷（一至七）

330000－1705－0007751　善1323　史部/傳記類/科舉錄之屬/歷科鄉試錄

萬曆元年廣西鄉試錄一卷　明萬曆刻本
一冊

330000－1705－0007752　善1324　史部/傳記類/科舉錄之屬/歷科鄉試錄

萬曆四年廣西鄉試錄一卷　明萬曆刻本
一冊

330000－1705－0007753　善4730　集部/總集類/選集之屬/斷代

皇明詩抄十卷目錄二卷　（明）楊慎輯　明嘉
靖三十七年（1558）陳仕賢刻本　一冊　存六
卷（一至五、目錄一）

330000－1705－0007754　善1325　史部/傳記類/科舉錄之屬/歷科鄉試錄

萬曆七年廣西鄉試錄一卷　明萬曆刻本
一冊

330000－1705－0007755　善1326　史部/傳記類/科舉錄之屬/歷科鄉試錄

萬曆十年廣西鄉試錄一卷　明萬曆刻本
一冊

330000－1705－0007756　善4753　集部/總集類/郡邑之屬

吳中二集九卷　（明）黃魯曾輯　明嘉靖刻本
五冊　缺一卷（五）

330000－1705－0007757　善4597　集部/總集類/尺牘之屬

新刊古今尺牘聞見拔尤八卷　（明）潘文淵輯
明嘉靖四十四年（1565）太白雙璧書屋刻本
一冊

330000－1705－0007758　善4731　集部/總集類/選集之屬/斷代

皇明近體詩抄二十九卷　（明）謝東山輯　明
刻本　四冊　存二十卷（六至十、十五至二十
九）

330000－1705－0007759　善4816　集部/總集類/選集之屬/斷代

希聖堂唱和詩二卷　（清）范光爕　（清）郁之
章等撰　清康熙十九年（1680）刻本　一冊

330000－1705－0007760　善4838　集部/詩文評類/彙編之屬

**增修詩話總龜四十八卷百家詩話總龜後集五
十卷**　（宋）阮一閱（阮閱）輯　明嘉靖二十四
年（1545）月窓道人刻本　九冊　存八十八卷
（前集一至四十八、後集十一至五十）

330000－1705－0007761　善4746　集部/別集類/明別集

新鐫午未註釋二三場程論玉轂集不分卷
（明）李吳滋選　明夏振宇刻本　二冊

330000－1705－0007762　善4650　集部/總集類/選集之屬/斷代

唐音遺響三卷　（元）楊士弘輯　明刻本
一冊

330000－1705－0007763　善 4728　集部/總集類/選集之屬/斷代

明詩鈔不分卷　（清）范光文輯　清抄本　一冊

330000－1705－0007764　善 4603　集部/總集類/謠諺之屬

古今諺一卷　（明）楊慎輯　明刻本　一冊　存六葉

330000－1705－0007765　善 4815　集部/總集類/選集之屬/斷代

希聖堂唱和詩二卷　（清）范光燮　（清）郁之章等撰　清康熙十九年(1680)刻本　一冊

330000－1705－0007766　善 4747　集部/總集類/課藝之屬

新刊四書大題欽華文祖題意備覽六卷　明刻本　二冊

330000－1705－0007767　善 4867　集部/詩文評類/詩評之屬

詩法五卷　（明）楊成輯　明嘉靖三十一年(1552)李陽刻本　一冊　存三卷(三至五)

330000－1705－0007768　善 4737　集部/總集類/選集之屬/斷代

增註唐策十卷　（明）□□輯　明刻本　二冊　存五卷(六至十)

330000－1705－0007769　善 4749、善 4750　集部/總集類/郡邑之屬

新安文獻志一百卷先賢事畧二卷目錄二卷　(明)程敏政輯　明弘治十年(1497)祁司員、彭哲等刻本　三冊　存十七卷(三十七至四十五、九十一至九十五,先賢事畧一,目錄一至二)

330000－1705－0007770　善 4739　集部/總集類/選集之屬/通代

新刻翰林評選註釋程策會要五卷　（明）李廷機評選　（明）葉向高注釋　明萬曆柳塘書院刻本　一冊

330000－1705－0007771　善 4868　集部/詩文評類/詩評之屬

詩法源流三卷　（明）王用章撰　明嘉靖二十九年(1550)刻本　二冊

330000－1705－0007772　善 4839　集部/詩文評類/彙編之屬

增修詩話總龜四十八卷百家詩話總龜後集五十卷　（宋）阮一閱(阮閱)輯　明嘉靖二十四年(1545)月窓道人刻本　一冊　存九卷(後集二十二至三十)

330000－1705－0007773　善 4804　集部/總集類/氏族之屬

郭氏聯珠集二十二卷　（明）郭登編　明成化八年(1472)刻本　四冊

330000－1705－0007774　善 4823　集部/總集類/題詠之屬

榮封雙壽錄一卷　清刻本　一冊

330000－1705－0007775　善 4850　集部/詩文評類/詩評之屬

精選古今名賢叢話詩林廣記十卷後集十卷　(宋)蔡正孫輯　明弘治十年(1497)張鼐刻本(後集卷六至十配抄本)　四冊

330000－1705－0007776　善 4740　集部/總集類/課藝之屬

精刻卯辰註釋二三場青雲得筏程策二卷　(明)□□輯　明萬曆刻本　一冊　存一卷(一)

330000－1705－0007777　善 4869　集部/詩文評類/詩評之屬

詩法源流三卷　（明）王用章撰　明嘉靖二十九年(1550)刻本　一冊

330000－1705－0007778　善 4741　集部/總集類/選集之屬/斷代

程策不分卷　明末刻本　一冊

330000－1705－0007779　善 4870　集部/詩文評類/詩評之屬

名家詩法八卷　（明）黃省曾撰　明贛郡蕭氏古翰樓刻本　二冊

330000－1705－0007780　善 1327　史部/傳

記類／科舉錄之屬／歷科鄉試錄

弘治十四年雲貴鄉試錄一卷　明弘治刻本
一包

330000－1705－0007781　善 4802　史部／傳
記類／雜傳之屬

總督兩浙李憲臺澄清集二卷　清康熙十七年
(1678)刻本　一冊

330000－1705－0007782　善 1328　史部／傳
記類／科舉錄之屬／歷科鄉試錄

正德二年雲貴鄉試錄一卷　明正德刻本
一冊

330000－1705－0007783　善 1329　史部／傳
記類／科舉錄之屬／歷科鄉試錄

嘉靖元年雲貴鄉試錄一卷　明嘉靖刻本
一冊

330000－1705－0007784　善 4760　集部／總
集類／郡邑之屬

句餘八景一卷　(明)呂元調輯　明萬曆二年
(1574)刻本　一冊

330000－1705－0007785　善 1330　史部／傳
記類／科舉錄之屬／歷科鄉試錄

嘉靖四年雲貴鄉試錄一卷　明嘉靖刻本
一冊

330000－1705－0007786　善 4758　集部／總
集類／選集之屬／斷代

類選唐詩助道微機六卷　(明)周汝登輯　**助
道微機或問記一卷**　(明)胡正言撰　明刻本
　一冊　存二卷(三至四)

330000－1705－0007787　善 4890　集部／詞
類／總集之屬

類編草堂詩餘四卷　(宋)何士信輯　(明)顧
從敬編次　明嘉靖二十九年(1550)顧汝所刻
本　一冊　存一卷(一)

330000－1705－0007788　善 1331　史部／傳
記類／科舉錄之屬／歷科鄉試錄

嘉靖十三年雲貴鄉試錄一卷　明嘉靖刻本
一冊

330000－1705－0007789　善 1332　史部／傳
記類／科舉錄之屬／歷科鄉試錄

嘉靖十六年雲南鄉試錄一卷　明嘉靖刻本
一包

330000－1705－0007790　善 4742　史部／史
評類／史論之屬

新刊靜山策論膚見十卷　(明)李允殖撰　明
三衢童應奎刻本　一冊　存二卷(四、十)

330000－1705－0007791　善 4852　集部／詩
文評類／彙編之屬

陳學士吟窗雜錄五十卷　(宋)陳應行輯　明
嘉靖二十七年(1548)崇文書堂刻本　八冊
存四十卷(一至四十)

330000－1705－0007792　善 4817　集部／總
集類／課藝之屬

嘉興府學希聖堂經會講義十卷　(清)范光燮
編　清康熙二十三年(1684)刻本　一冊

330000－1705－0007793　善 1333　史部／傳
記類／科舉錄之屬／歷科鄉試錄

嘉靖二十五年雲南鄉試錄一卷　明嘉靖刻本
一包

330000－1705－0007794　善 4831　集部／總
集類／題詠之屬

三瑞記詠一卷　(清)范正輅編　清康熙刻本
一冊

330000－1705－0007795　善 1334　史部／傳
記類／科舉錄之屬／歷科鄉試錄

嘉靖四十三年雲南鄉試錄一卷　明嘉靖刻本
一包

330000－1705－0007796　善 4855　集部／詩
文評類／彙編之屬

詩話十卷　(明)楊成編　明弘治三年(1490)
馮忠刻本　三冊　存八卷(一至八)

330000－1705－0007797　善 4894　集部／詞
類／總集之屬

類選箋釋草堂詩餘六卷　(明)顧從敬輯
(明)陳繼儒校　(明)陳仁錫參訂　**類編箋釋
續選草堂詩餘二卷**　(明)錢允治箋釋　**類編**

箋釋國朝詩餘五卷　（明）錢允治編　（明）陳仁錫釋　明刻本　一冊　存二卷（續選草堂詩餘一至二）

330000－1705－0007798　善1335　史部/傳記類/科舉錄之屬/歷科鄉試錄

嘉靖四十三年雲南鄉試錄一卷　明嘉靖刻本　一包

330000－1705－0007799　善4814　史部/政書類/公牘檔冊之屬

明道堂公抄不分卷　清抄本　一冊

330000－1705－0007800　善4743　集部/總集類/選集之屬/通代

名家表選八卷　（明）陳堦輯　明嘉靖二十六年（1547）崇正書院刻本　一冊　存二卷（一至二）

330000－1705－0007801　善4759　集部/別集類/明別集

皇明蕭山詩集六卷　（明）陳諫編選　明正德刻本　一冊　存二卷（五至六）

330000－1705－0007802　善1336　史部/傳記類/科舉錄之屬/歷科鄉試錄

萬曆四年雲南鄉試錄一卷　明萬曆刻本　一包

330000－1705－0007803　善4856　集部/詩文評類/詩評之屬

西江詩法一卷　（明）朱權撰　明嘉靖十一年（1532）王一忠刻本　一冊

330000－1705－0007804　善4858　集部/詩文評類/彙編之屬

歸田詩話三卷　（明）瞿佑撰　明成化刻本　一冊

330000－1705－0007805　善1337　史部/傳記類/科舉錄之屬/歷科鄉試錄

萬曆十年雲南鄉試錄一卷　明萬曆刻本　一包

330000－1705－0007806　善4832　集部/總集類/題詠之屬

三瑞記詠一卷　（清）范正輅編　清康熙刻本　一冊

330000－1705－0007807　善4803　集部/總集類/謠諺之屬

敷教頌言一卷　（清）西陵紳士編輯　清刻本　一冊

330000－1705－0007808　善4744　集部/總集類/選集之屬/斷代

後場紀年不分卷　（明）□□輯　明末刻本　一冊　存論、表釋、表

330000－1705－0007809　善4857　集部/詩文評類/彙編之屬

松石軒詩評一卷　（明）朱奠培撰　明成化刻本　一冊

330000－1705－0007810　善4834　集部/總集類/題詠之屬

三瑞記詠一卷　（清）范正輅編　清康熙刻本　一冊

330000－1705－0007811　善4738　集部/總集類/課藝之屬

新刊舉業明儒論宗八卷　（明）薛應旂輯並批點　明刻本　二冊　存四卷（一至四）

330000－1705－0007812　善4861　集部/詩文評類/詩評之屬

升庵詩話四卷　（明）楊慎撰　明嘉靖刻本　二冊

330000－1705－0007813　善1338　史部/傳記類/科舉錄之屬/歷科鄉試錄

嘉靖二十五年貴州鄉試錄一卷　明嘉靖刻本　一冊

330000－1705－0007814　善4866　集部/詩文評類/詩評之屬

蓉塘詩話二十卷　（明）姜南撰　明嘉靖二十二年（1543）刻本　四冊

330000－1705－0007815　善4897　集部/詞類/別集之屬

稼軒長短句十二卷　（宋）辛棄疾撰　（明）李

濂評　明嘉靖十五年(1536)王詔刻本　三冊
　　缺三卷(七至九)

330000－1705－0007816　善1339　史部/傳
記類/科舉錄之屬/歷科鄉試錄
嘉靖三十一年貴州鄉試錄一卷　明嘉靖刻本
　　一冊

330000－1705－0007817　善4833　集部/總
集類/題詠之屬
三瑞記詠一卷　(清)范正輅編　清康熙刻本
　　一冊

330000－1705－0007818　善1340　史部/傳
記類/科舉錄之屬/歷科鄉試錄
嘉靖三十四年貴州鄉試錄一卷　明嘉靖刻本
　　一冊

330000－1705－0007819　善4834－1　集部/
總集類/題詠之屬
三瑞記詠一卷　(清)范正輅編　清康熙刻本
　　一冊

330000－1705－0007820　善4818　集部/總
集類/課藝之屬
嘉興府學希聖堂經會講義十卷　(清)范光燮
編　清康熙二十三年(1684)刻本　一冊

330000－1705－0007821　善4834－2　集部/
總集類/題詠之屬
三瑞記詠一卷　(清)范正輅編　清康熙刻本
　　一冊

330000－1705－0007822　善1341　史部/傳
記類/科舉錄之屬/歷科鄉試錄
嘉靖四十年貴州鄉試錄一卷　明嘉靖刻本
　　一冊

330000－1705－0007823　善4819　集部/總
集類/課藝之屬
嘉興府學希聖堂經會講義十卷　(清)范光燮
編　清康熙二十三年(1684)刻本　一冊

330000－1705－0007824　善4762　集部/總
集類/郡邑之屬
赤城詩集六卷　(明)謝鐸　(明)黃孔昭輯

明成化十八年(1482)林一中福建建陽書坊刻
本　一冊

330000－1705－0007825　善1342　史部/傳
記類/科舉錄之屬/歷科鄉試錄
隆慶四年貴州鄉試錄一卷　明隆慶刻本
　　一冊

330000－1705－0007826　善4824　集部/總
集類/題詠之屬
榮封雙壽錄一卷　清刻本　一冊

330000－1705－0007827　善1343　史部/傳
記類/科舉錄之屬/歷科鄉試錄
隆慶四年貴州鄉試錄一卷　明隆慶刻本
　　一冊

330000－1705－0007828　善1344　史部/傳
記類/科舉錄之屬/歷科鄉試錄
萬曆四年貴州鄉試錄一卷　明隆慶刻本
　　一冊

330000－1705－0007829　善4820　集部/總
集類/課藝之屬
嘉興府學希聖堂經會講義十卷　(清)范光燮
編　清康熙二十三年(1684)刻本　一冊

330000－1705－0007830　善4896　集部/詞
類/別集之屬
淮海居士長短句三卷　(宋)秦少游撰　明刻
本　一冊

330000－1705－0007831　善4745　集部/別
集類/明別集
科場漫筆三卷　(明)李濂撰　明嘉靖五年
(1526)刻本　一冊

330000－1705－0007832　善1345　史部/傳
記類/科舉錄之屬/歷科鄉試錄
萬曆十年貴州鄉試錄一卷　明萬曆刻本
　　一冊

330000－1705－0007833　善1346　史部/傳
記類/科舉錄之屬/武試錄
嘉靖二十三年武舉錄一卷　明嘉靖刻本
　　一冊

330000－1705－0007834　善 1348　史部/傳記類/科舉錄之屬/武試錄

嘉靖二十九年武舉錄一卷　明嘉靖刻本
一冊

330000－1705－0007835　善 4825　集部/總集類/題詠之屬

榮封雙壽錄一卷　清刻本　　一冊

330000－1705－0007836　善 4862　集部/詩文評類/詩評之屬

升庵詩話四卷　（明）楊慎撰　明嘉靖刻本
一冊　存二卷(三至四)

330000－1705－0007837　善 4826　集部/總集類/題詠之屬

榮封雙壽錄一卷　清刻本　　一冊

330000－1705－0007838　善 4906　集部/曲類/曲選之屬

雍熙樂府二十卷　（明）郭勛輯　明嘉靖四十五年(1566)荊聚刻本　十九冊　存十九卷(二至二十)

330000－1705－0007839　善 4821　集部/總集類/酬唱之屬

孫范合唱集　（清）范光爕編　清順治十二年(1655)刻本　一冊　存二種

330000－1705－0007840　善 4900　集部/曲類/散曲之屬

朝野新聲太平樂府九卷　（元）楊朝英輯　明刻本　三冊

330000－1705－0007841　善 4827　集部/總集類/題詠之屬

榮封雙壽錄一卷　清刻本　　一冊

330000－1705－0007842　善 1347　史部/傳記類/科舉錄之屬/武試錄

嘉靖二十六年武舉錄一卷　明嘉靖刻本
一冊

330000－1705－0007843　善 4822　集部/總集類/酬唱之屬

孫范合唱集　（清）范光爕編　清順治十二年

(1655)刻本　一冊　存三種

330000－1705－0007844　善 4828　集部/總集類/題詠之屬

榮封雙壽錄一卷　清刻本　　一冊

330000－1705－0007845　善 4829　集部/總集類/題詠之屬

榮封雙壽錄一卷　清刻本　　一冊

330000－1705－0007846　善 4830　集部/總集類/題詠之屬

榮封雙壽錄一卷　清刻本　　一冊

330000－1705－0007847　善 4796、善 4848　子部/小說家類

顧氏明朝四十家小說四十種　（明）顧元慶編　明嘉靖十八年至二十年(1539－1541)顧氏大石山房刻本　一冊　存三種

330000－1705－0007848　善 4830－1　集部/總集類/題詠之屬

榮封雙壽錄一卷　清刻本　　一冊

330000－1705－0007850　善 4797　集部/總集類/選集之屬/斷代

谿山聯句二卷　（明）張□□　（明）甘□□撰　明嘉靖二十年(1541)刻本　一冊

330000－1705－0007851　善 4991　子部/小說家類

顧氏明朝四十家小說四十種　（明）顧元慶編　明正德至嘉靖陽山顧氏刻本　一冊　存四種

330000－1705－0007852　善 1349　史部/傳記類/科舉錄之屬/武試錄

嘉靖三十二年武舉錄一卷　明嘉靖刻本
一冊

330000－1705－0007853　善 1355　史部/傳記類/科舉錄之屬/武試錄

嘉靖四十一年武舉錄一卷　明嘉靖刻本
一冊

330000－1705－0007854　善 1354　史部/傳記類/科舉錄之屬/武試錄

嘉靖三十八年武舉錄一卷　明嘉靖刻本
一冊

330000－1705－0007855　善4963　集部/戲
劇類/總集之屬/傳奇
笠翁傳奇十種　（清）李漁撰　清刻本　一冊
　　存一種

330000－1705－0007856　善4904　集部/曲
類/曲選之屬
盛世新聲十二卷　（明）臧賢輯　（明）張祿增
補　明正德十二年(1517)刻本　十二冊

330000－1705－0007857　善1353　史部/傳
記類/科舉錄之屬/武試錄
嘉靖三十八年武舉錄一卷　明嘉靖刻本
一冊

330000－1705－0007858　善1367　史部/傳
記類/科舉錄之屬/武試錄
隆慶四年廣東武舉鄉試錄一卷　明隆慶刻本
　　一冊

330000－1705－0007859　善5041　集部/別
集類/明別集
邊華泉集八卷　（明）邊貢撰　（明）劉天民輯
　　明嘉靖刻本　一冊　存三卷(三至五)

330000－1705－0007860　善5046　子部/天
文曆算類/曆法之屬
大清乾隆四十三年歲次戊戌時憲書一卷　清
乾隆刻本　一冊

330000－1705－0007861　善1352　史部/傳
記類/科舉錄之屬/武試錄
嘉靖三十五年武舉錄一卷　明嘉靖刻本
一冊

330000－1705－0007862　善1351　史部/傳
記類/科舉錄之屬/武試錄
嘉靖三十五年武舉錄一卷　明嘉靖刻本
一包

330000－1705－0007863　善4995　類叢部/
叢書類/彙編之屬
今獻彙言八集二十五種　（明）高鳴鳳編　明

刻本　七冊　存二十二種

330000－1705－0007864　善4905　集部/曲
類/曲選之屬
詞林摘艷十卷　（清）戈載撰　明嘉靖二十八
年(1549)張祿刻本　一冊　存二卷(三至四)

330000－1705－0007865　善5046－1　子部/
天文曆算類/曆法之屬
大清乾隆四十三年歲次戊戌時憲書一卷　清
乾隆刻本　一冊

330000－1705－0007866　善5046－2　子部/
天文曆算類/曆法之屬
大清乾隆四十三年歲次戊戌時憲書一卷　清
乾隆刻本　一冊

330000－1705－0007867　善5046－3　子部/
天文曆算類/曆法之屬
大清乾隆四十三年歲次戊戌時憲書一卷　清
乾隆刻本　一冊

330000－1705－0007868　善5042　集部/別
集類/明別集
桂洲詩集二十四卷　（明）夏言撰　明嘉靖二
十五年(1546)曹忭、楊九澤杭州刻本　三冊
　　存八卷(十七至二十四)

330000－1705－0007869　善5053　史部/職
官類/官制之屬/專志
浙江一省儒學衙門教官名錄不分卷　清抄本
　　一冊

330000－1705－0007870　善4798　史部/傳
記類/別傳之屬/事狀
**羅文莊公完名集壽祺錄二卷壽榮錄二卷哀榮
錄八卷**　（明）羅欽德等編　明嘉靖二十五年
(1546)刻本　一冊　存二卷(壽榮錄一至二)

330000－1705－0007871　善5035　集部/總
集類/題詠之屬
希壽錄不分卷　（明）季子允輯　明萬曆季子
允刻本　一冊

330000－1705－0007872　善5046－4　子部/
天文曆算類/曆法之屬

大清乾隆四十三年歲次戊戌時憲書一卷　清
乾隆刻本　一冊

330000－1705－0007873　善 5046－5　子部/
天文曆算類/曆法之屬
大清乾隆四十三年歲次戊戌時憲書一卷　清
乾隆刻本　一冊

330000－1705－0007874　善 5046－6　子部/
天文曆算類/曆法之屬
大清乾隆四十三年歲次戊戌時憲書一卷　清
乾隆刻本　一冊

330000－1705－0007875　善 5046－7　子部/
天文曆算類/曆法之屬
大清乾隆四十三年歲次戊戌時憲書一卷　清
乾隆刻本　一冊

330000－1705－0007876　善 5046－8　子部/
天文曆算類/曆法之屬
大清乾隆四十三年歲次戊戌時憲書一卷　清
乾隆刻本　一冊

330000－1705－0007877　善 5046－9　子部/
天文曆算類/曆法之屬
大清乾隆四十三年歲次戊戌時憲書一卷　清
乾隆刻本　一冊

330000－1705－0007878　善 5046－11　子
部/天文曆算類/曆法之屬
大清乾隆四十三年歲次戊戌時憲書一卷　清
乾隆刻本　一冊

330000－1705－0007879　善 5046－12　子
部/天文曆算類/曆法之屬
大清乾隆四十三年歲次戊戌時憲書一卷　清
乾隆刻本　一冊

330000－1705－0007880　善 5046－13　子
部/天文曆算類/曆法之屬
大清乾隆四十三年歲次戊戌時憲書一卷　清
乾隆刻本　一冊

330000－1705－0007881　善 5046－14　子
部/天文曆算類/曆法之屬
大清乾隆四十三年歲次戊戌時憲書一卷　清

乾隆刻本　一冊

330000－1705－0007882　善 5046－15　子
部/天文曆算類/曆法之屬
大清乾隆四十三年歲次戊戌時憲書一卷　清
乾隆刻本　一冊

330000－1705－0007883　善 5046－16　子
部/天文曆算類/曆法之屬
大清乾隆四十三年歲次戊戌時憲書一卷　清
乾隆刻本　一冊

330000－1705－0007884　善 5046－17　子
部/天文曆算類/曆法之屬
大清乾隆四十三年歲次戊戌時憲書一卷　清
乾隆刻本　一冊

330000－1705－0007885　善 5046－18　子
部/天文曆算類/曆法之屬
大清乾隆四十三年歲次戊戌時憲書一卷　清
乾隆刻本　一冊

330000－1705－0007886　善 4799　集部/總
集類/郡邑之屬
蓮莆集一卷　（明）屠本畯編　明刻本　一冊

330000－1705－0007887　善 5046－19　子
部/天文曆算類/曆法之屬
大清乾隆四十三年歲次戊戌時憲書一卷　清
乾隆刻本　一冊

330000－1705－0007888　善 5046－20　子
部/天文曆算類/曆法之屬
大清乾隆四十三年歲次戊戌時憲書一卷　清
乾隆刻本　一冊

330000－1705－0007889　善 5046－21　子
部/天文曆算類/曆法之屬
大清乾隆四十三年歲次戊戌時憲書一卷　清
乾隆刻本　一冊

330000－1705－0007890　善 5046－22　子
部/天文曆算類/曆法之屬
大清乾隆四十三年歲次戊戌時憲書一卷　清
乾隆刻本　一冊

330000－1705－0007891　善 5036　集部/別

集類/明別集

浮湘薰四卷 (明)顧璘撰 明刻本 一冊 存一卷(一)

330000－1705－0007892 善 4800 集部/總集類/題詠之屬

棠陰遥祝一卷 明嘉靖刻本 一冊

330000－1705－0007893 善 5044 經部/三禮總義類/通論之屬

三禮考注六十四卷序録一卷綱領一卷 (元)吳澄撰 明成化九年(1473)謝士元刻本 一冊 缺六十二卷(三至六十四)

330000－1705－0007894 善 1358 史部/傳記類/科舉録之屬/武試録

萬曆二年武舉録一卷 明萬曆刻本 一包

330000－1705－0007895 善 5043 集部/別集類/唐五代別集

朱文公校昌黎先生文集四十卷外集十卷遺文一卷 (唐)韓愈撰 (宋)朱熹考異 (宋)王伯大音釋 **朱文公校昌黎先生集傳一卷** 明正統十三年(1448)書林王宗玉刻本 一冊 存五卷(文集二十七至三十一)

330000－1705－0007896 善 4801 集部/總集類/斷代之屬

儷德偕壽録四卷 (明)朱睦㮮編 明嘉靖四十年(1561)刻本 一冊

330000－1705－0007897 善 1357 史部/傳記類/科舉録之屬/武試録

隆慶五年武舉録一卷 明隆慶刻本 一包

330000－1705－0007898 善 5054 史部/目録類/專録之屬

學院訪求書目一卷 清抄本 一冊

330000－1705－0007899 善 5039 子部/藝術類/書畫之屬/書法書品

書學彙編十卷 (清)萬斯同輯 清抄本 清萬世標批校 清屠可播批校 二冊 存八卷(一至四、七至十)

330000－1705－0007900 善 4757 集部/總

集類/郡邑之屬

中州名賢文表内集三十卷 (明)劉昌輯 明成化刻本 七冊 存二十六卷(一至九、十一至二十、二十四至三十)

330000－1705－0007901 善 1356 史部/傳記類/科舉録之屬/武試録

嘉靖四十一年武舉録一卷 明嘉靖刻本 一包

330000－1705－0007902 善 4997 類叢部/叢書類/彙編之屬

類編古今名賢彙語二十二種 明刻本 八冊 存二十種

330000－1705－0007903 善 5055 史部/目録類/專録之屬

康熙中傳鈔天一閣書目不分卷 清抄本 一冊

330000－1705－0007904 善 1350 史部/傳記類/科舉録之屬/武試録

嘉靖三十二年武舉録一卷 明嘉靖刻本 一包

330000－1705－0007905 善 1359 史部/傳記類/科舉録之屬/武試録

萬曆八年武舉録一卷 明萬曆刻本 一冊

330000－1705－0007906 善 5040 史部/紀傳類/正史之屬

明史不分卷 (清)張廷玉等撰 清抄本 二十冊 存列傳

330000－1705－0007908 善 1360 史部/傳記類/科舉録之屬/武試録

萬曆十一年武舉録一卷 明萬曆刻本 一包

330000－1705－0007909 善 5060 集部/總集類/氏族之屬

[浙江天台]盧氏家乘□□卷 明抄本 一冊 存三卷(一至二、五)

330000－1705－0007910 善 5057 史部/目録類/總録之屬/私撰

天一閣藏書記一卷 (清)黃宗羲撰 清抄本

一冊

330000－1705－0007912　善 1361　史部/傳記類/科舉録之屬/武試録

萬曆十年應天武舉鄉試録一卷　明萬曆刻藍印本　一冊

330000－1705－0007913　善 5048　子部/藝術類/書畫之屬/畫譜

歷代聖賢畫像撫本一卷　明彩繪本　清范彭壽題記　一冊

330000－1705－0007914　善 4902　集部/曲類/散曲之屬

北曲聯珠集五卷　（元）張可久撰　明抄本　馬廉跋　一冊

330000－1705－0007915　善 1362　史部/傳記類/科舉録之屬/武試録

嘉靖二十八年江南武舉鄉試録一卷　明嘉靖刻本　一冊

330000－1705－0007916　善 5063　史部/紀傳類/正史之屬

唐書二百二十五卷　（宋）歐陽修　（宋）宋祁等撰　**釋音二十五卷**　（宋）董衝撰　元大德九年（1305）建康路儒學刻明成化弘治嘉靖南京國子監遞修本　十九冊　存一百卷（一至四十四、一百三十七至一百九十二）

330000－1705－0007917　善 1363　史部/傳記類/科舉録之屬/武試録

萬曆十年江北武舉鄉試録一卷　明萬曆刻藍印本　一包

330000－1705－0007918　善 1364　史部/傳記類/科舉録之屬/武試録

嘉靖四十年浙江武舉鄉試録一卷　明嘉靖刻本　一冊

330000－1705－0007919　朱 6369　經部/儀禮類/傳說之屬

儀禮疏五十卷　（唐）賈公彥撰　清道光十年（1830）汪士鐘藝芸書舍影宋刻本　六冊

330000－1705－0007920　善 1365　史部/傳記類/科舉録之屬/武試録

萬曆元年浙江武舉鄉試録一卷　明萬曆刻本　一冊

330000－1705－0007921　善 5045　經部/四書類/總義之屬/傳說

皇明百家四書理解集六卷首一卷　（明）焦竑撰　明萬曆刻本　六冊

330000－1705－0007922　善 1366　史部/傳記類/科舉録之屬/武試録

嘉靖三十四年福建武舉鄉試録一卷　明嘉靖刻本　一冊

330000－1705－0007923　善 4907　集部/詞類/別集之屬

升菴長短句三卷續集三卷　（明）楊慎撰　明嘉靖十六年（1537）李發刻本　一冊　存三卷（續集一至三）

330000－1705－0007924　善 5049　子部/藝術類/書畫之屬/畫法畫品

范氏盛樂房三代像譜二十九幅一卷　清彩繪本　清范玉森題記　一冊

330000－1705－0007927　善 5065　史部/雜史類/通代之屬

路史四十七卷　（宋）羅泌撰　（宋）羅苹注　明刻本　一冊　存二卷（餘論九至十）

330000－1705－0007928　善 4998　類叢部/叢書類/彙編之屬

史拾四集十八種　（明）吳弘基編　明末刻本　一冊　存三種

330000－1705－0007929　善 1368　史部/傳記類/科舉録之屬/武試録

隆慶四年貴州武舉鄉試録一卷　明隆慶刻本　一冊

330000－1705－0007930　善 5064　史部/編年類/通代之屬

資治通鑑綱目集說五十九卷前編二卷　（明）馬安輯　（明）晏宏校補　明嘉靖晏宏刻本　一冊　存二卷（三十至三十一）

330000－1705－0007931　善5050、善5051　史部/傳記類/總傳之屬/家乘

范氏析產紀錄二種　清抄本　清范友仲題記　二冊

330000－1705－0007933　新0001　經部/叢編

鄭氏佚書四種　（漢）鄭玄撰　（清）袁鈞輯　清光緒十年(1884)四明觀稼樓刻本　四冊

330000－1705－0007934　新0035　經部/書類/傳說之屬

欽定書經圖說五十卷繪圖五百七十幅　（清）孫家鼐等撰　（清）詹秀林　（清）詹步魁繪圖　清光緒三十一年(1905)石印本　三冊　存六卷(一至六)

330000－1705－0007935　新0013　經部/易類/傳說之屬

周易程朱傳義十卷易說綱領一卷　（宋）程頤（宋）朱熹撰　上下篇義一卷　（宋）程頤撰　易圖集錄一卷易五贊一卷筮儀一卷　（宋）朱熹撰　明刻本　清華希閔跋並批註　八冊　缺一卷(五贊)

330000－1705－0007936　新0043、新0048、新0060　經部/叢編

御纂七經二百八十卷首十一卷序三卷　（清）李光地等撰　清紫陽書院刻本　一百十九冊　存三種

330000－1705－0007937　新0070　經部/三禮總義類/通禮雜禮之屬

禮書一百五十卷　（宋）陳祥道撰　清嘉慶九年(1804)福清韶溪郭龍光校經堂刻本　二十冊

330000－1705－0007939　新0022　經部/易類/傳說之屬

御纂周易折中二十二卷首一卷　（清）李光地等纂　清刻本　十一冊　存二十卷(一至十八、二十一至二十二)

330000－1705－0007940　新0068　經部/三禮總義類/通禮雜禮之屬

讀禮通考一百二十卷　（清）徐乾學撰　清康熙三十五年(1696)刻本　二十冊

330000－1705－0007941　新0091　史部/傳記類/總傳之屬/忠孝

二百冊孝圖四卷　（清）胡文炳輯　（清）謝仁澍書　清光緒蘭石齋刻本　四冊

330000－1705－0007942　新0063　經部/禮記類/傳說之屬

禮記不分卷　清抄本　一冊

330000－1705－0007943　新0008　經部/群經總義類/傳說之屬

經義述聞不分卷　（清）王引之撰　清嘉慶二年(1797)刻本　八冊

330000－1705－0007944　新0039、新0044、新0049、新0061　經部/群經總義類/傳說之屬

七經精義　（清）黃淦撰　清嘉慶七年至十二年(1802－1807)尊德堂刻本　八冊　存四種

330000－1705－0007945　新0032　經部/書類/傳說之屬

尚書古文疏證八卷　（清）閻若璩撰　朱子古文書疑一卷　（清）閻詠輯　清乾隆十年(1745)平陰朱續晫刻本(卷三原缺)　五冊　存五卷(一、五至八)

330000－1705－0007946　新0071　經部/三禮總義類/名物制度之屬

弁服釋例八卷表一卷　（清）任大椿撰　清嘉慶二年(1797)望賢家塾刻本　三冊

330000－1705－0007947　新0092　經部/孝經類/傳說之屬

孝經古今文傳註輯論一卷　（清）吳大廷撰　清同治十二年(1873)金陵泉唐江清驤署刻本　一冊

330000－1705－0007949　新0078　經部/春秋左傳類/傳說之屬

春秋左傳節文十五卷　（明）汪道昆撰　明刻本　一冊　存一卷(十二)

330000 - 1705 - 0007950　新 0225　史部/紀傳類/正史之屬

隋書八十五卷　（唐）魏徵　（唐）長孫無忌等撰　明刻本　四冊　存十二卷（十六至十七、二十八至二十九、三十八至四十、五十二至五十六）

330000 - 1705 - 0007951　新 0045　經部/周禮類/傳說之屬

周官精義十二卷　（清）連斗山輯　清嘉慶六年（1801）刻本　六冊

330000 - 1705 - 0007952　新 0024　子部/術數類/占卜之屬

瀊燼易攷二卷　（清）劉琇峰撰　清光緒十四年（1888）刻本　二冊

330000 - 1705 - 0007953　新 0096　經部/四書類/孟子之屬/傳說

四書直解□□卷　（明）張居正撰　清刻本　一冊　存四卷（十六至十九）

330000 - 1705 - 0007954　新 0034　經部/書類/傳說之屬

寫定尚書不分卷　（清）吳汝綸寫　清光緒十八年（1892）桐城吳氏家塾石印本　一冊

330000 - 1705 - 0007955　新 0009　經部/群經總義類/傳說之屬

群經質二卷　（清）陳僅撰　清光緒十一年（1885）四明文則樓陳氏木活字印本　二冊

330000 - 1705 - 0007956　新 0033　經部/書類/分篇之屬

尚書逸湯誓考六卷　（清）徐時棟撰　清同治十一年（1872）城西草堂刻本　一冊

330000 - 1705 - 0007957　新 0042　經部/叢編

十三經註疏三百三十三卷　（明）□□輯　明崇禎元年至十二年（1628 - 1639）古虞毛氏汲古閣刻本　二冊　存一種

330000 - 1705 - 0007958　新 0005　經部/群經總義類/石經之屬

石經考異二卷　（清）杭世駿撰　清乾隆刻本　一冊

330000 - 1705 - 0007960　新 0064　類叢部/叢書類/自著之屬

王菉友先生著書四種　（清）王筠撰　清咸豐二年（1852）賀蕙、賀蓉、賀荃刻本　一冊　存一種

330000 - 1705 - 0007961　新 0097　經部/四書類/總義之屬/傳說

四書朱子本義匯參四十三卷首四卷　（清）王步青輯　清乾隆十年（1745）敦復堂刻本　十冊　缺二十卷（中庸首、一至二，論語首、一至六，孟子四至六、八至十四）

330000 - 1705 - 0007962　新 0006、新 0067　經部/叢編

通志堂經解一百四十種　（清）納蘭成德輯　清康熙十九年（1680）納蘭成德刻本　九冊　存六種

330000 - 1705 - 0007964　新 0062　經部/禮記類/傳說之屬

全本禮記體註十卷　（清）徐瑄撰　清乾隆刻本　十冊

330000 - 1705 - 0007965　新 0030、新 0020、新 0084　經部/叢編

五經精義　（清）黃淦撰　清嘉慶五年至九年（1800 - 1804）刻武林尊德堂印本　六冊　存三種

330000 - 1705 - 0007966　新 0031　經部/書類/傳說之屬

尚書大傳四卷　（漢）鄭玄注　**尚書大傳補遺一卷**　（清）盧見曾撰　**尚書大傳考異一卷續補遺一卷**　（清）盧文弨撰　清嘉慶五年（1800）山陰沈氏刻愛日艸廬印本　一冊

330000 - 1705 - 0007967　新 0085　經部/春秋總義類/傳說之屬

欽定春秋傳說彙纂三十八卷首二卷　（清）王掞等撰　清刻本　二十八冊

330000 - 1705 - 0007968　新 0052　經部/儀禮類/傳說之屬

檀氏儀禮韻言塾課藏本二卷 （清）檀萃纂
清嘉慶十六年(1811)玉映堂刻本 一冊 存
一卷(一)

330000－1705－0007969 新0051 經部/儀
禮類/傳說之屬

檀氏儀禮韻言塾課藏本二卷 （清）檀萃纂
清嘉慶四年(1799)嘉樹堂刻本 一冊 存一
卷(一)

330000－1705－0007970 新0007 經部/
叢編

萬充宗先生經學五書五種十九卷 （清）萬斯
大撰 清乾隆二十四年至二十六年(1759－
1761)辨志堂刻本 四冊

330000－1705－0007971 新0050 經部/儀
禮類/傳說之屬

儀禮易讀十七卷 （清）馬駧撰 清嘉慶二年
(1797)潯溪大酉堂刻本 四冊

330000－1705－0007972 新0099 經部/四
書類/總義之屬/傳說

四書集註大全四十三卷 （明）胡廣等輯 明
刻本 六冊 存十二卷(讀中庸法、中庸章句
大全、或問、讀論語孟子法、論語集註大全三
至十)

330000－1705－0007973 新0014 經部/
叢編

五經五十八卷 （清）□□輯 清康熙八年
(1669)紫陽朱氏崇道堂刻本 二冊 存四卷
(周易一至四)

330000－1705－0007974 新0029 經部/書
類/傳說之屬

尚書彙纂必讀十二卷 （清）陸士楷輯 清康
熙十三年(1674)陸士楷居敬堂晉陵刻本 一
冊 存六卷(一至六)

330000－1705－0007975 新0086、新2196
類叢部/叢書類/彙編之屬

武英殿聚珍版書一百三十八種 清乾隆武英
殿木活字印本 二冊 存二種

330000－1705－0007976 新0106 經部/小

學類/文字之屬/說文

說文解字韻譜十卷 （五代）徐鍇撰 （清）馮
桂芬校訂 清同治三年(1864)吳縣馮桂芬縮
摹篆文刻六年(1867)補刻本 四冊

330000－1705－0007977 新0046 經部/周
禮類/分篇之屬

考工記車制圖解二卷 （清）阮元撰 清乾隆
七錄書館刻本 一冊

330000－1705－0007978 新0023 子部/道
家類

古註參同契分釋三卷 （□）蒼箕中人撰 明
末刻本 一冊

330000－1705－0007979 新0087 經部/
叢編

萬充宗先生經學五書五種十九卷 （清）萬斯
大撰 清乾隆二十四年至二十六年(1759－
1761)辨志堂刻本 一冊 存一種

330000－1705－0007980 新0016 經部/群
經總義類/文字音義之屬

周易全書古文□□卷 （明）楊時喬編輯 明
刻本 一冊 存一卷(一)

330000－1705－0007982 新0101 經部/四
書類/總義之屬/傳說

學庸口義 （清）沈思沂輯 清刻本 一冊
存一種

330000－1705－0007983 新0041 經部/周
禮類/傳說之屬

周禮註疏刪翼三十卷 （明）王志長撰 清芥
子園刻本 十一冊 缺二卷(二十五至二十
六)

330000－1705－0007985 新0026 經部/書
類/傳說之屬

書經集傳六卷 （宋）蔡沈撰 明刻本 一冊
存一卷(五)

330000－1705－0007986 新0088 經部/春
秋公羊傳類/傳說之屬

春秋公羊傳旁訓四卷 清掃葉山房刻本
四冊

330000－1705－0007987　新 0100　子部/儒家類/儒學之屬/經濟

大學衍義補一百六十卷首一卷　（明）丘濬撰　明刻本　十五冊　存六十卷（一至十、二十二至三十、四十一至四十八、九十一至一百二十三）

330000－1705－0007989　新 0019　經部/易類/傳說之屬

身易實義五卷　（清）沈廷勱撰　清刻本　一冊　存二卷（三至四）

330000－1705－0007990　新 0089　經部/春秋公羊傳類/傳說之屬

張氏公羊二種六卷　（清）張憲和撰　清光緒刻本　四冊

330000－1705－0007992　新 0036　經部/叢編

仿宋相臺五經九十六卷附考證　清同治三年（1864）南海廬九我堂刻本　一冊　存一種

330000－1705－0007993　新 0027　經部/書類/傳說之屬

書經集傳六卷　（宋）蔡沈撰　清抄本　一冊　存二卷（五至六）

330000－1705－0007994　新 0069　經部/三禮總義類/通禮雜禮之屬

五禮通考二百六十二卷首四卷總目二卷　（清）秦蕙田撰　清乾隆二十六年（1761）金匱秦蕙田味經窩刻本　八十冊

330000－1705－0007995　新 0054　經部/叢編

十三經註疏三百三十五卷　（明）□□輯　明嘉靖李元陽刻隆慶重修本　一冊　存一種

330000－1705－0007996　新 0021　經部/易類/傳說之屬

辨志堂新輯易經集解四卷上下篇義一卷圖一卷卦歌一卷說卦一卷筮儀一卷　（清）萬經撰　清康熙二十五年（1686）西爽堂刻本　一冊

330000－1705－0007997　新 0058　經部/禮記類/傳說之屬

禮記制度示掌圖一卷　明末刻本　一冊

330000－1705－0007999　新 0127　經部/小學類/文字之屬/字書/字典

字彙補十二集附拾遺一卷　（清）吳任臣輯　清康熙五年（1666）彙賢齋刻本　一冊　存二集（戌集、亥集）

330000－1705－0008003　新 0150　經部/小學類/音韻之屬/韻書

廣韻五卷　（宋）陳彭年等重修　明刻本　一冊　存一卷（五）

330000－1705－0008006　新 0162　經部/小學類/音韻之屬/古今韻說

古韻通說二十卷　（清）龍啟瑞撰　清光緒九年（1883）四川尊經書局刻本　四冊

330000－1705－0008009　新 0143　經部/小學類/文字之屬/字書/字體

隸辨八卷　（清）顧藹吉撰　清同治十二年（1873）漁古山房刻本　八冊

330000－1705－0008010　新 0163　經部/小學類/音韻之屬/韻書

音韻闡微十八卷韻譜一卷　（清）李光地等撰　清光緒七年（1881）淮南書局刻本　五冊

330000－1705－0008011　新 0129　經部/小學類/文字之屬/字書

漢字母音釋二卷　楊敦頤撰　楊錫驥編　李培鍔釋　清光緒三十年（1904）石印本　二冊

330000－1705－0008012　新 0144　經部/小學類/文字之屬/字書/字體

隸辨八卷　（清）顧藹吉撰　清刻本　六冊　存六卷（二至六、八）

330000－1705－0008013　新 0130　經部/小學類/訓詁之屬/譯語

滿漢字清文啟蒙四卷　（清）舞格撰　清京都琉璃廠榮錦書坊刻本　三冊　存三卷（一至三）

330000－1705－0008014　新 0117　經部/小學類/文字之屬/字書/字體

六書通十卷　（明）閔齊伋撰　（清）畢弘述篆訂　清乾隆六十年（1795）刻本　八冊

330000－1705－0008015　新0152　經部/小學類/音韻之屬/韻書

洪武正韻十六卷　（明）樂韶鳳　（明）宋濂等撰　明刻本　六冊　存十四卷（一至九、十一至十二、十四至十六）

330000－1705－0008016　新0002　經部/叢編

十三經註疏三百三十三卷　（明）□□輯　明崇禎元年至十二年（1628－1639）古虞毛氏汲古閣刻清乾隆四十年（1775）補刻本　一百三十九冊

330000－1705－0008018　新0164　類叢部/叢書類/彙編之屬

古逸叢書二十六種　（清）黎庶昌編　清光緒八年至十年（1882－1884）黎庶昌日本東京使署影刻本　一冊　存一種

330000－1705－0008019　新0132　經部/小學類/文字之屬/字書/字典

康熙字典十二集三十六卷總目一卷檢字一卷辨似一卷等韻一卷補遺一卷備考一卷　（清）張玉書等纂修　清光緒二十年（1894）上洋鴻寶齋石印本　六冊

330000－1705－0008020　新0153　經部/小學類/音韻之屬/韻書

洪武正韻十六卷　（明）樂韶鳳　（明）宋濂等撰　明刻本　二冊　存六卷（一至三、七至九）

330000－1705－0008023　新0118　經部/小學類/文字之屬/字書/字體

六書通十卷　（明）閔齊伋撰　（清）畢弘述篆訂　清乾隆六十年（1795）刻本　五冊

330000－1705－0008025　新0138　子部/藝術類/書畫之屬/法帖

草字彙十二卷　（清）石梁輯　清道光五年（1825）刻本　六冊

330000－1705－0008026　新0133　經部/小學類/文字之屬/字書/字典

康熙字典十二集三十六卷總目一卷檢字一卷辨似一卷等韻一卷補遺一卷備考一卷　（清）張玉書等纂修　清光緒八年（1882）上海文玉山房石印本　二冊

330000－1705－0008027　新0154　類叢部/叢書類/自著之屬

思古堂十四種書　（清）毛先舒撰　清康熙刻本　一冊　存一種

330000－1705－0008029　新0155　經部/小學類/音韻之屬/韻書

唐寫本唐韻五卷　（唐）孫愐撰　清光緒三十四年（1908）上海國粹學報館影印本　一冊　存二卷（一至二）

330000－1705－0008030　新0159　經部/小學類/音韻之屬/韻書

詩韻合璧五卷　（清）湯祥瑟輯　虛字韻藪一卷　（清）潘維城輯　清光緒四年（1878）上海淞隱閣石印本　五冊

330000－1705－0008031　新0172　史部/史表類/通代之屬

廿一史四譜五十四卷　（清）沈炳震撰　清同治十年（1871）武林吳氏清來堂刻本　一冊　存四卷（一至四）

330000－1705－0008032　新0173　史部/史評類/考訂之屬

廿二史劄記三十六卷補遺一卷　（清）趙翼撰　清光緒二十六年（1900）上海書局石印本　八冊

330000－1705－0008035　新0169　史部/史評類/考訂之屬

十七史商榷一百卷　（清）王鳴盛撰　清光緒二十三年（1897）點石齋石印本　四冊

330000－1705－0008036　新0174　史部/史評類/考訂之屬

廿二史劄記三十六卷首一卷補遺一卷　（清）趙翼撰　清光緒二十八年（1902）文淵山房石印本　六冊

330000－1705－0008037　　新 0134　　經部/小學類/文字之屬/字書/字典

康熙字典十二集三十六卷總目一卷檢字一卷辨似一卷等韻一卷補遺一卷備考一卷　（清）張玉書等纂修　清光緒十年(1884)上海同文書局石印本　六冊

330000－1705－0008039　　新 0104　　經部/小學類/訓詁之屬/爾雅

爾雅直音二卷　（清）孫倗輯　清乾隆二十四年(1759)刻本　二冊

330000－1705－0008040　　新 0352　　新學/史志/戰記

中國六十年戰史十三章　（英國）艾特華斯撰　史悠明　（清）程履祥譯校　清光緒二十九年(1903)上海美華書館鉛印本　六冊

330000－1705－0008041　　新 0170　　史部/史評類/考訂之屬

十七史商榷一百卷　（清）王鳴盛撰　清刻本　八冊　存四十一卷（十六至二十一、三十至四十、五十八至六十四、六十九至八十、九十六至一百）

330000－1705－0008042　　新 0203　　史部/紀傳類/正史之屬

後漢書九十卷　（南朝宋）范曄撰　（唐）李賢注　明刻本　二十二冊　存四十七卷（三十八至五十三、五十七至六十一、六十四至七十三、七十五至九十）

330000－1705－0008043　　新 0103　　子部/儒家類/儒學之屬/蒙學

小學書註解十卷　（宋）朱熹撰　（明）史啟英注解　明末刻本　一冊　存三卷(一至三)

330000－1705－0008044　　新 0124　　經部/小學類/音韻之屬/韻書

重訂空谷傳聲一卷　（清）汪鎏訂　清光緒八年(1882)南京李光明莊刻本　一冊

330000－1705－0008045　　新 0157　　經部/小學類/音韻之屬/韻書

平聲韻不分卷　清刻本　一冊

330000－1705－0008047　　新 0161　　經部/小學類/音韻之屬/韻書

詩韻註釋一卷　（清）宋維藩　（清）夏基樂輯并定　清刻本　一冊

330000－1705－0008048　　新 0135　　經部/小學類/文字之屬/字書/字典

康熙字典十二集三十六卷總目一卷檢字一卷辨似一卷等韻一卷補遺一卷備考一卷　（清）張玉書等纂修　清刻本　二十冊　存二十卷（子集中下、丑集上中、寅集中下、卯集上中、辰集上下、巳集上、午集中下、未集下、申集上中下、西集上中、亥集上）

330000－1705－0008049　　新 0158　　經部/小學類/音韻之屬/古今韻說

韻目表一卷　錢恂撰　清光緒七年(1881)歸安錢氏刻朱印本　一冊

330000－1705－0008050　　新 0175　　史部/紀傳類/正史之屬

二十四史　清光緒二十八年(1902)史學會社石印本　一百六十五冊　存二十三種

330000－1705－0008051　　新 0215　　史部/紀傳類/正史之屬

十七史一千五百七十四卷　（明）毛晉編　明崇禎元年至十七年(1628－1644)毛氏汲古閣刻本　三冊　存一種

330000－1705－0008052　　新 0102　　類叢部/叢書類/自著之屬

朱子遺書　（宋）朱熹撰　清康熙禦兒呂氏寶誥堂刻本　一冊　存一種

330000－1705－0008053　　新 0119、新 2331　　類叢部/叢書類/彙編之屬

武英殿聚珍版書一百三十八種　清光緒二十五年(1899)廣雅書局刻本　二十七冊　存二種

330000－1705－0008054　　新 0156　　經部/叢編

古音獵要五卷古音叢目五卷古音畧例一卷古音附錄一卷奇字韻五卷　（明）楊慎撰　明嘉

靖李元陽刻本　六冊

330000 – 1705 – 0008055　新0242　史部/紀傳類/正史之屬

明史三百三十二卷目録四卷　（清）張廷玉等撰　清刻本　七十冊

330000 – 1705 – 0008056　新0090　經部/叢編

刻九我李太史十三經纂注十六卷　（明）李廷機輯注　明刻本　一冊　存一卷（孝經）

330000 – 1705 – 0008057　新0120、新0419　子部/叢編

徐氏三種　（清）徐士業編　清光緒六年（1880）蘇州掃葉山房刻本　二冊　存二種

330000 – 1705 – 0008058　新0251　史部/叢編

資治通鑑彙刻五百九十九卷　清同治至光緒江蘇書局刻本　一百一冊　存四種

330000 – 1705 – 0008059　新0227　史部/紀傳類/正史之屬

北史一百卷　（唐）李延壽撰　明萬曆十九年至二十一年（1591 – 1593）南京國子監刻本　二冊　存三卷（一、八至九）

330000 – 1705 – 0008060　新0216　史部/紀傳類/正史之屬

宋書一百卷　（南朝梁）沈約撰　宋刻宋元明遞修本　一冊　存三卷（八十一至八十三）

330000 – 1705 – 0008061　新0183　史部/紀傳類/正史之屬

二十四史　清同治至光緒五省官書局據汲古閣本等合刻光緒五年（1879）湖北書局彙印本　十六冊　存一種

330000 – 1705 – 0008062　新0232　史部/紀傳類/正史之屬

唐書二百二十五卷　（宋）歐陽修　（宋）宋祁等撰　**釋音二十五卷**　（宋）董衝撰　元大德九年（1305）建康路儒學刻本明清遞修本　一冊　存二十五卷（釋音一至二十五）

330000 – 1705 – 0008063　新0199、新0204　史部/紀傳類/正史之屬

十七史一千五百七十四卷　（明）毛晉編　明崇禎元年至十七年（1628 – 1644）毛氏汲古閣刻本　四十八冊　存二種

330000 – 1705 – 0008064　新0125　經部/小學類/音韻之屬/注音

正音咀華三卷附正音咀華續編一卷　（清）莎彝尊撰　清咸豐三年（1853）刻朱墨套印本　二冊

330000 – 1705 – 0008065　新0037　經部/周禮類/傳說之屬

詩集傳二十卷詩序辯說一卷詩傳綱領一卷詩圖一卷　（宋）朱熹集傳　（元）許謙音釋（元）羅復纂輯　明正統十二年（1447）司禮監刻本　四冊　存十四卷（詩集傳五至十六、詩序辨說、詩圖）

330000 – 1705 – 0008066　新0200、新0205　史部/紀傳類/正史之屬

二十四史　清同治至光緒五省官書局據汲古閣本等合刻光緒五年（1879）湖北書局彙印本　三十二冊　存二種

330000 – 1705 – 0008067　新0219、新0229、新0231　史部/紀傳類/正史之屬

十七史一千五百七十四卷　（明）毛晉編　清古吳書業堂趙氏刻本　十三冊　存三種

330000 – 1705 – 0008070　新0184　史部/紀傳類/正史之屬

二十四史　清同治至光緒五省官書局據汲古閣本等合刻光緒五年（1879）湖北書局彙印本　十五冊　存一種

330000 – 1705 – 0008071　新0220　史部/紀傳類/正史之屬

魏書一百十四卷　（北齊）魏收撰　宋刻宋元明遞修本　二冊　存七卷（十九至二十一、三十八至四十一）

330000 – 1705 – 0008072　新0324　類叢部/叢書類/彙編之屬

國粹叢書四十九種 （清）國學保存會編 清光緒至宣統鉛印本 一冊 存一種

330000－1705－0008073 新 0252 史部/編年類/通代之屬

資治通鑑二百九十四卷 （宋）司馬光撰 （元）胡三省音注 通鑑釋文辯誤十二卷 （元）胡三省撰 清嘉慶二十一年（1816）鄱陽胡克家影元刻同治八年（1869）江蘇書局重修本 十冊

330000－1705－0008074 新 0244 新學/史志/諸國史

萬國通史前編十卷 （英國）李思倫白輯譯 蔡爾康紀述 清光緒二十六年（1900）上海廣學會鉛印本 十冊

330000－1705－0008075 新 0258 史部/編年類/通代之屬

續資治通鑑二百二十卷 （清）畢沅撰 清乾隆鎮洋畢氏刻嘉慶六年（1801）桐鄉馮氏德裕堂續刻同治六年（1867）永康應氏補刻八年（1869）江蘇書局修補印本 二十四冊 存九十四卷（一至九十四）

330000－1705－0008077 新 0181 史部/紀傳類/正史之屬

史記一百三十卷 （漢）司馬遷撰 （南朝宋）裴駰集解 （唐）司馬貞索隱 （唐）張守節正義 清同治五年至九年（1866－1870）金陵書局刻本 二十冊

330000－1705－0008078 新 0222 史部/紀傳類/正史之屬

北齊書五十卷 （唐）李百藥撰 宋刻元明遞修本 八冊

330000－1705－0008080 新 0230 史部/紀傳類/正史之屬

唐書二百二十五卷目錄二卷 （宋）歐陽修（宋）宋祁等撰 元刻明遞修本 六冊 存六卷（四十三至四十八）

330000－1705－0008081 新 0261 史部/編年類/通代之屬

資治通鑑二百九十四卷 （宋）司馬光撰 （元）胡三省音注 （明）陳仁錫評 通鑑釋文辯誤十二卷 （元）胡三省撰 明天啟五年（1625）長洲陳仁錫刻本 四冊 存十二卷（通鑑釋文辯誤一至十二）

330000－1705－0008082 新 0212 史部/紀傳類/正史之屬

二十一史二千五百六十七卷 明刻明清遞修本 一冊 存一種

330000－1705－0008083 新 0250 史部/編年類/通代之屬

資治通鑑二百九十四卷 （宋）司馬光撰 明嘉靖二十三年至二十四年（1544－1545）孔天胤刻本 三十冊 存一百卷（四十九至六十七、七十九至八十二、八十七至九十三、九十七至九十九、一百十至一百十三、一百十七至一百二十、一百三十二至一百四十一、一百五十至一百五十三、一百六十二至一百六十五、一百七十三至一百七十六、一百八十至一百八十二、一百八十六至一百八十九、二百七至二百九、二百二十至二百三十、二百四十二至二百四十九、二百五十三至二百五十六、二百六十七至二百七十）

330000－1705－0008084 新 0182 史部/紀傳類/正史之屬

十七史一千五百七十四卷 （明）毛晉編 清古吳書業堂趙氏刻本 十六冊 存一種

330000－1705－0008085 新 0171 史部/紀傳類/正史之屬

二十一史二千五百六十七卷 明刻明清遞修本 三百六十八冊 存十八種

330000－1705－0008086 新 0180 史部/紀傳類/正史之屬

史記一百三十卷 （漢）司馬遷撰 （南朝宋）裴駰集解 （唐）司馬貞索隱 （唐）張守節正義 明嘉靖四年至六年（1525－1527）王延喆刻本 一冊 存一卷（一）

330000－1705－0008087 新 0268 史部/編年類/通代之屬

資治通鑑綱目五十九卷　（宋）朱熹撰　（明）陳仁錫評閱　清刻本　十冊　存九卷（二十八至三十六）

330000－1705－0008088　新0211　史部/紀傳類/正史之屬

晉書一百三十卷音義三卷　（唐）房玄齡等撰　（唐）何超音義　明刻本　二冊　存四卷（八十八至九十一）

330000－1705－0008089　新0224　史部/紀傳類/正史之屬

周書五十卷　（唐）令狐德棻等撰　宋刻元明遞修本　一冊　存四卷（三十三至三十六）

330000－1705－0008090　新0207　史部/紀傳類/斷代之屬

季漢書六十卷正論一卷答問一卷　（明）謝陛撰　（明）臧懋循訂　清刻本　一冊　存十七卷（一至十七）

330000－1705－0008091　新0269　史部/編年類/斷代之屬

御撰資治通鑑綱目三編二十卷　（清）張廷玉等撰　清刻本　一冊　存六卷（十至十五）

330000－1705－0008092　新0270　史部/編年類/通代之屬

資治通鑑綱目全書　明刻本　六冊　存三種

330000－1705－0008093　新0189　史部/紀傳類/正史之屬

史記一百三十卷　（漢）司馬遷撰　（唐）司馬貞撰　（南朝宋）裴駰集解　（唐）司馬貞索隱　（唐）張守節正義　清羊城駱氏翰墨園重刻本　三十冊　存一百二十三卷（一至六、十四至一百三十）

330000－1705－0008094　新0208　史部/紀傳類/正史之屬

二十一史二千五百六十七卷　明刻明清遞修本　三冊　存一種

330000－1705－0008095　新0185　史部/紀傳類/正史之屬

二十四史附考證　清光緒十四年（1888）上海

圖書集成印書局鉛印本　十六冊　存一種

330000－1705－0008096　新0267　史部/編年類/通代之屬

資治通鑑綱目五十九卷目錄一卷　（宋）朱熹撰　（宋）尹起莘發明　（元）劉友益書法（元）汪克寬考異　（元）徐昭文考證　（元）王幼學集覽　（明）陳濟正誤　（明）馮智舒質實　明嘉靖刻本　一冊　存一卷（目錄）

330000－1705－0008097　新0186　史部/紀傳類/正史之屬

二十四史附考證　清光緒十四年（1888）上海圖書集成印書局鉛印本　十六冊　存一種

330000－1705－0008098　新0126　經部/小學類/文字之屬/字書/字體

篆因□□卷　清枕山書屋抄本　一冊　存一卷（二十七）

330000－1705－0008099　新0187　史部/紀傳類/正史之屬

二十四史附考證　清光緒十四年（1888）上海圖書集成印書局鉛印本　十六冊　存一種

330000－1705－0008100　新0255　史部/史抄類

通鑑總類二十卷　（宋）沈樞輯　明萬曆二十三年（1595）孫隆刻本　五冊　存五卷（三、六、十、十二、二十）

330000－1705－0008101　新0188　史部/紀傳類/正史之屬

二十四史附考證　清光緒十四年（1888）上海圖書集成印書局鉛印本　十五冊　存一種

330000－1705－0008102　新0233　史部/紀傳類/正史之屬

十七史一千五百七十四卷　（明）毛晉編　明崇禎元年至十七年（1628－1644）毛氏汲古閣刻本　六冊　存一種

330000－1705－0008103　新0256　史部/紀事本末類/通代之屬

通鑑紀事本末四十二卷　（宋）袁樞撰　明萬曆二年（1574）李栻刻本　二冊　存二卷（一

至二)

330000－1705－0008104　　新0283　　史部/編年類/通代之屬

通鑑全史彙編歷朝傳統錄八卷　　(明)劉綦輯　明崇禎刻本　　一冊　存二卷(七至八)

330000－1705－0008105　　新0288　　史部/編年類/斷代之屬

東華錄十六卷　　(清)蔣良騏撰　　清抄本　八冊

330000－1705－0008106　　新0271　　史部/編年類/通代之屬

續資治通鑑綱目二十七卷　　(明)商輅等撰　明成化十二年(1476)內府刻本　一冊　存一卷(一)

330000－1705－0008107　　新0285　　史部/編年類/通代之屬

尺木堂綱鑑易知錄九十二卷　　(清)吳乘權等輯　　清刻本　　四十四冊

330000－1705－0008108　　新0287、新1051、新1053　　史部/地理類

李氏五種　　(清)李兆洛撰　清同治九年至十一年(1870－1872)合肥李鴻章刻本　　九冊　存三種

330000－1705－0008109　　新0272　　史部/編年類/通代之屬

喬獻蓋綱鑑彙編九十一卷首一卷　　(明)喬承詔撰　明天啟四年(1624)自刻本　一冊　存一卷(首)

330000－1705－0008111　　新0295　　類叢部/叢書類/彙編之屬

廣雅書局叢書一百五十九種　　徐紹棨編　清光緒廣雅書局刻民國九年(1920)番禺徐紹棨彙編重印本　　六冊　存一種

330000－1705－0008112　　新0305　　史部/紀事本末類/通代之屬

繹史一百六十卷附世系圖一卷年表一卷　(清)馬驌撰　清光緒十五年(1889)金匱浦氏刻本　三十七冊　存八十四卷(一至五、十三

至二十四、二十七至四十三、六十九至九十二、九十八至一百三、一百四十三至一百六十、世系圖、年表)

330000－1705－0008113　　新0298　　史部/紀事本末類

歷朝紀事本末九種　　(清)陳如升　(清)朱記榮輯　(清)慎記主人增輯　清光緒二十五年(1899)上海慎記書莊石印本　　五十五冊　存八種

330000－1705－0008115　　新0328　　史部/雜史類/通代之屬

荊駝逸史五十種　　(清)陳湖逸士輯　　清道光古槐山房木活字印本　　三十冊　缺二卷(三朝野紀五至六)

330000－1705－0008116　　新0266　　史部/編年類/通代之屬

資治通鑑綱目五十九卷　　(宋)朱熹撰　(宋)尹起莘發明　(元)劉友益書法　(元)汪克寬考異　(元)徐昭文考證　(元)王幼學集覽　(明)陳濟正誤　明弘治九年(1496)黃仲昭刻本　　二十冊　缺十六卷(一至三、三十八至四十一、四十四至四十五、四十八至四十九、五十二至五十五、五十八)

330000－1705－0008117　　新0304　　史部/紀事本末類/通代之屬

繹史一百六十卷附世系圖一卷年表一卷　(清)馬驌撰　清康熙刻本　　六十冊

330000－1705－0008118　　新0307　　史部/雜史類/通代之屬

路史四十七卷　　(宋)羅泌撰　(宋)羅苹注　明萬曆三十九年(1611)廣陵喬可傳刻本　　二十冊　存四十五卷(前紀一至九,後紀一至十三,國名紀一至六、九,發揮一至六,餘論一至十)

330000－1705－0008121　　新0296　　類叢部/叢書類/彙編之屬

廣雅書局叢書一百五十九種　　徐紹棨編　清光緒廣雅書局刻民國九年(1920)番禺徐紹棨彙編重印本　　五冊　存一種

330000－1705－0008122　新0334　史部/紀事本末類/斷代之屬

聖武記十四卷　（清）魏源撰　清光緒二十二年(1896)上海積山書局石印本　八冊

330000－1705－0008123　新0322　史部/雜史類/斷代之屬

明季稗史彙編十六種　（清）留雲居士輯　清刻本　五冊　存十種

330000－1705－0008124　新0330　史部/紀事本末類/斷代之屬

平定粵匪紀略十八卷附記四卷　（清）杜文瀾撰　清同治十年(1871)京都聚珍齋木活字印本　九冊　存二十卷(一至六、九至十八,附記一至四)

330000－1705－0008125　新0333　史部/紀事本末類/斷代之屬

聖武記十四卷　（清）魏源撰　清光緒二十四年(1898)上海六藝書局石印本　六冊

330000－1705－0008126　新0301　史部/紀事本末類

紀事本末彙刻八種　（清）廣雅書局輯　清光緒廣雅書局刻本　四十八冊　存一種

330000－1705－0008127　新0191　史部/紀傳類/正史之屬

二十四史　清同治至光緒五省官書局據汲古閣本等合刻光緒五年(1879)湖北書局彙印本　一冊　存一種

330000－1705－0008128　新0190　史部/紀傳類/正史之屬

史記一百三十卷　（漢）司馬遷撰　（南朝宋）裴駰集解　清刻本　二冊　存七卷(七至十三)

330000－1705－0008129　新0297　史部/編年類/通代之屬

紀年經緯攷八卷　（清）章學誠撰　清嘉慶十二年(1807)金陵憩書樓刻本　二冊

330000－1705－0008130　新0303　史部/紀事本末類/斷代之屬

三藩紀事本末四卷　（清）楊陸榮撰　清康熙五十六年(1717)刻本　二冊

330000－1705－0008131　新0265　史部/編年類/通代之屬

資治通鑑綱目五十九卷　（宋）朱熹撰　（宋）尹起莘發明　（元）劉友益書法　（元）汪克寬考異　（元）徐昭文考證　（元）王幼學集覽　（明）陳濟正誤　（明）馮智舒質實　明刻本　六十一冊　存五十卷(一、三至七、八下、九下、十至十四、十六至十九、二十一、二十三至二十四、二十六至三十、三十一至三十五、三十七至四十六、四十八至五十一、五十三至五十八)

330000－1705－0008132　新0331　史部/雜史類/斷代之屬

平浙紀略十六卷　（清）秦緗業　（清）陳鍾英撰　清同治十二年(1873)浙江書局刻本　清耐煩道人觀款　四冊

330000－1705－0008133　新0293　史部/史表類/通代之屬

四裔編年表四卷　李鳳苞輯　清光緒二十三年(1897)石印本　三冊　存三卷(一、三至四)

330000－1705－0008135　新0308　史部/紀傳類/別史之屬

尚史七十二卷　（清）李鍇撰　清嘉慶十年(1805)刻本　二十四冊　缺一卷(世家十三)

330000－1705－0008137　新0358　集部/總集類/選集之屬/斷代

兩漢策要十二卷　（宋）陶叔獻輯　清光緒十三年(1887)上海同文書局石印本(卷三原缺)　八冊

330000－1705－0008139　新0340　類叢部/叢書類/自著之屬

鹿洲全集七種　（清）藍鼎元撰　清康熙至雍正刻彙印本　一冊　存一種

330000－1705－0008141　新0306　史部/史抄類

歷代史纂左編一百四十二卷　（明）唐順之撰
明萬曆三十九年(1611)吳用先等刻本　一
冊　存一卷(三十七)

330000－1705－0008142　新0290　史部/史
表類/通代之屬
歷代治權分合系統表一卷　（清）吳寶忠編
清光緒三十四年(1908)上海商務印書館石印
本　一冊

330000－1705－0008143　新0356　史部/雜
史類/斷代之屬
中西紀事二十四卷　（清）夏燮撰　清刻本
五冊　缺一卷(二十四)

330000－1705－0008144　新0342　史部/雜
史類/斷代之屬
蕩平髮逆圖記二十二卷首一卷　（清）杜文瀾
撰　清光緒十四年(1888)上海漱六山莊石印
本　四冊

330000－1705－0008145　新0302　史部/紀
事本末類/通代之屬
通鑑紀事本末八十卷　（清）谷應泰編　清初
刻本　十七冊　存七十八卷(三至八十)

330000－1705－0008146　新0291　史部/史
表類/通代之屬
歷代治權分合系統表一卷　（清）吳寶忠編
清光緒三十四年(1908)上海商務印書館石印
本　一冊

330000－1705－0008147　新0332　史部/紀
事本末類/斷代之屬
聖武記十四卷　（清）魏源撰　清道光二十六
年(1846)古微堂刻本　十二冊

330000－1705－0008148　新0343　史部/雜
史類/斷代之屬
剿逆圖說全考二卷　清光緒十九年(1893)上
海書局石印本　一冊　存一卷(一)

330000－1705－0008149　新0371　史部/詔
令奏議類/奏議之屬
左恪靖伯奏稿三十八卷　（清）左宗棠撰　清
同治七年(1868)刻本　十四冊　存十四卷

（十一至二十四）

330000－1705－0008150　新0325　史部/紀
事本末類/斷代之屬
皇朝武功紀盛四卷　（清）趙翼撰　清刻本
二冊

330000－1705－0008152　新0369　史部/詔
令奏議類/奏議之屬
籌時要署初集六卷二集六卷　（清）王芝珍輯
清刻本　一冊　存一卷(二集四)

330000－1705－0008155　新0344　史部/雜
史類/斷代之屬
拳匪紀略八卷前編二卷後編二卷圖一卷
(清)楊鳳藻等輯　清光緒二十九年(1903)上
洋書局石印本　一冊　存七卷(四至六、前編
一至二、後編一至二)

330000－1705－0008156　新0292　史部/史
表類/通代之屬
四裔編年表四卷　李鳳苞輯　清光緒江南製
造總局刻本　四冊

330000－1705－0008157　新0372　史部/詔
令奏議類/奏議之屬
奏議撮要不分卷　抄本　二冊

330000－1705－0008158　新0346　史部/雜
史類/斷代之屬
李秀成供一卷　（清）李秀成撰　清刻本
一冊

330000－1705－0008159　新0373　史部/詔
令奏議類/奏議之屬
彭剛直公奏稿八卷　（清）彭玉麟撰　（清）俞
樾輯　清末鉛印本　三冊　存六卷(一至四、
七至八)

330000－1705－0008162　新0257　史部/編
年類/通代之屬
**新刊四明先生高明大字續資治通鑑節要二十
卷**　（明）劉剡輯　（明）蔡亨嘉校正　明嘉靖
刻本　一冊　存三卷(七至九)

330000－1705－0008163　新0336　子部/雜

著類/雜說之屬
歸田瑣記八卷　（清）梁章鉅撰　清刻本
四冊

330000－1705－0008165　新0374　史部/詔
令奏議類/奏議之屬
郭侍郎奏疏十二卷　（清）郭嵩燾撰　清光緒
十八年(1892)刻本　十二冊

330000－1705－0008167　新0370　史部/詔
令奏議類/奏議之屬
禁煙奏稿不分卷　清抄本　一冊

330000－1705－0008168　新0335　子部/雜
著類/雜考之屬
考古原始六卷　（明）趙釴撰　（清）王文清訂
　清刻本　一冊　存二卷(一至二)

330000－1705－0008169　新0378　類叢部/
叢書類/彙編之屬
文選樓叢書三十三種　（清）阮亨編　清嘉慶
至道光阮元刻道光二十二年(1842)阮亨彙印
本　四冊　存一種

330000－1705－0008170　新0394　史部/紀
傳類/別史之屬
國史儒林傳二卷文苑傳二卷循吏傳一卷賢良
傳二卷　（清）阮元撰　清刻本　一冊　存二
卷(文苑傳一至二)

330000－1705－0008172　新0380　史部/傳
記類/總傳之屬/通代
百將圖傳二卷　（清）丁日昌編　清同治八年
(1869)江蘇書局刻本　二冊

330000－1705－0008173　新0413　史部/傳
記類/總傳之屬/列女
越女表微錄五卷　（清）汪輝祖撰　清光緒十
八年(1892)杭州浙江學院刻本　一冊

330000－1705－0008174　新0310、新1938
類叢部/叢書類/彙編之屬
抱經堂叢書十六種　（清）盧文弨編　清乾隆
至嘉慶刻彙印本　四冊　存二種

330000－1705－0008175　新0364　集部/別

集類/宋別集
東坡集四十卷後集二十卷奏議十五卷內制集
十卷樂語一卷外制集三卷應詔集十卷續集十
二卷　（宋）蘇軾撰　東坡先生年譜一卷
(宋)王宗稷撰　明刻本　一冊　存一卷(奏
議三)

330000－1705－0008177　新0379　史部/傳
記類/總傳之屬/仕宦
兩浙令長攷三卷　（清）董沛撰　清光緒七年
(1881)刻本　一冊

330000－1705－0008178　新0406　史部/傳
記類/總傳之屬/郡邑
寧波人物傳二卷　清抄本　一冊

330000－1705－0008180　新0401　史部/傳
記類/總傳之屬/郡邑
浙江忠義錄十卷表八卷又一卷續編二卷續表
九卷　（清）浙江采訪忠義總局編　清同治七
年(1868)浙江采訪忠義總局刻光緒元年
(1875)續刻本　十四冊　存十八卷(忠義錄
一至十、表一至六、續編一至二)

330000－1705－0008181　新0390　史部/傳
記類/總傳之屬/通代
於越先賢傳一卷　（清）王齡撰　（清）任熊繪
　清光緒十二年(1886)上海同文書局石印本
　一冊

330000－1705－0008182　新0383、新0384
史部/傳記類/總傳之屬/仕宦
宋名臣言行錄前集十卷後集十四卷續集八卷
別集二十六卷外集十七卷　（宋）□□輯　清
道光元年(1821)歙縣洪氏續學堂刻本　九冊
　存二十八卷(別集上一至二、六至八、九至
十三、下十至十三、外集一至三、七至十七)

330000－1705－0008183　新0341　史部/紀
事本末類/斷代之屬
平匪紀畧摘鈔六卷　（清）盛大士撰　清刻本
　二冊

330000－1705－0008184　新0407　史部/政
書類/儀制之屬/典禮

文廟彙考十卷　（清）蔣乙經　（清）龔繩正撰
清道光七年（1827）刻本　二冊

330000－1705－0008185　新0410　史部/傳
記類/總傳之屬/列女

歷代名媛圖說二卷　清光緒五年（1879）上海
點石齋石印本　二冊

330000－1705－0008186　新0375　類叢部/
叢書類/自著之屬

庸庵全集七種　（清）薛福成撰　清光緒十年
至二十四年（1884－1898）無錫薛氏刻本　二
冊　存一種

330000－1705－0008187　新0337　類叢部/
叢書類/彙編之屬

說鈴前集三十七種後集十六種　（清）吳震方
編　清刻本　一冊　存一種

330000－1705－0008188　新0420　子部/
叢編

徐氏三種　（清）徐士業編　清大文堂刻本
一冊　存一種

330000－1705－0008190　新0402　集部/總
集類/郡邑之屬

甬東正氣集四卷　（清）董琅輯　清光緒七年
（1881）董沛刻本　二冊

330000－1705－0008191　新0403　史部/傳
記類/總傳之屬/郡邑

四明人鑑不分卷　（清）劉慈孚輯　（清）虞琴
繪圖　清光緒十二年（1886）石印本　四冊

330000－1705－0008192　新0314　類叢部/
叢書類/彙編之屬

士禮居黃氏叢書十九種附四種　（清）黃丕烈
編　清嘉慶至道光吳縣黃氏刻本　一冊　存
一種

330000－1705－0008193　新0438　史部/傳
記類/別傳之屬/事狀

宜堂類編二十五卷　（清）丁立中編　清光緒
二十六年（1900）錢塘丁氏嘉惠堂刻本　六冊
　存二十二卷（遺稿、行狀、家傳、事略、哀誄、
輓詩一至六、松存先生遺事詩、遺事圖詠、方

外輓辭、松生府君年譜一至四、六十壽言、善
舉錄、箸書圖題詠、懿行錄）

330000－1705－0008194　新0404　史部/傳
記類/總傳之屬/郡邑

四明人鑑不分卷　（清）劉慈孚輯　（清）虞琴
繪圖　清光緒十二年（1886）石印本　四冊

330000－1705－0008196　新0391　史部/傳
記類/總傳之屬/斷代

國朝先正事略六十卷首一卷　（清）李元度撰
清光緒十二年（1886）鉛印本　十冊

330000－1705－0008198　新0421　史部/傳
記類/總傳之屬/姓名

御製百家姓一卷　清康熙三十年（1691）刻本
中和居士題簽　一冊

330000－1705－0008199　新0481　史部/傳
記類/總傳之屬/家乘

[浙江鄞州]橫溪王氏宗譜二卷首一卷　（清）
王嘉瑜等纂修　清光緒二年（1876）珠樹堂木
活字印本　一冊　缺一卷（首）

330000－1705－0008200　新0339　史部/政
書類/邦計之屬/貿易

國朝柔遠記二十卷首一卷末一卷　（清）王之
春輯　清光緒七年（1881）顏曾刻本　一冊
存一卷（末）

330000－1705－0008201　新0405　史部/傳
記類/總傳之屬/郡邑

四明人鑑不分卷　（清）劉慈孚輯　（清）虞琴
繪圖　清光緒十二年（1886）石印本　四冊

330000－1705－0008202　新0397　史部/傳
記類/總傳之屬/忠孝

忠義紀聞錄三十卷　（清）陳繼聰撰　清光緒
八年（1882）刻本　八冊

330000－1705－0008203　新0313　史部/雜
史類/斷代之屬

戰國策三十三卷　（漢）高誘注　重刻剡川姚
氏本戰國策札記三卷　（清）黃丕烈撰　清光
緒三年（1877）永康胡氏退補齋刻本　五冊
存三卷（札記一至三）

330000－1705－0008204　新0422　史部/傳記類/總傳之屬/儒林

聖蹟圖不分卷　（清）孔憲蘭摹　清同治十三年(1874)山東曲阜孔氏刻本　一冊

330000－1705－0008205　新0400　史部/傳記類/總傳之屬/郡邑

浙江忠義錄十卷表八卷又一卷續編二卷續表九卷　（清）浙江采訪忠義總局編　清同治七年(1868)浙江采訪忠義總局刻光緒元年(1875)續刻本　六冊　存十卷(忠義錄一至十)

330000－1705－0008206　新0338　類叢部/叢書類/彙編之屬

學津討原一百七十三種　（清）張海鵬編　清嘉慶十年(1805)虞山張氏照曠閣刻本　八冊　存一種

330000－1705－0008207　新0432　史部/傳記類/別傳之屬/事狀

先考吾堂府君[周璟]行述一卷先妣夏太孺人行述一卷先妣遺事四則一卷　（清）周廣業撰　稿本　一冊

330000－1705－0008208　新0412　史部/傳記類/總傳之屬/列女

杭女表微錄十六卷首一卷　（清）孫樹禮輯　清光緒三十二年(1906)刻本　八冊

330000－1705－0008210　新0311　類叢部/叢書類/自著之屬

振綺堂遺書五種　（清）汪遠孫撰　清道光刻民國十一年(1922)錢唐汪氏彙印本　一冊　存一種

330000－1705－0008211　新0423　史部/傳記類/總傳之屬/儒林

聖蹟圖一卷孟子聖蹟圖一卷　（清）顧沅輯　清刻本　一冊

330000－1705－0008213　新0411　史部/傳記類/總傳之屬/忠孝

杭州府節孝全錄不分卷續錄不分卷　（清）□□撰　清光緒刻本　一冊

330000－1705－0008214　新0443　史部/傳記類/別傳之屬/事狀

先考兵科掌印給事中張公行狀一卷　張壽鏞撰　清宣統三年(1911)石印本　一冊

330000－1705－0008215　新0444　類叢部/叢書類/自著之屬

魯氏遺著四種附二種　（清）魯一同撰　清咸豐山陽魯氏刻本　一冊　存一種

330000－1705－0008217　新0424　史部/傳記類/總傳之屬/儒林

聖蹟圖一卷孟子聖蹟圖一卷　（清）顧沅輯　清刻本　一冊

330000－1705－0008218　新0399　史部/傳記類/總傳之屬/家乘

楊氏一門忠節錄五卷首一卷終一卷　（清）楊學泗輯　清道光二十六年(1846)四知堂木活字印本　二冊

330000－1705－0008219　新0392　史部/傳記類/職官錄之屬/總錄

[清光緒十二年]浙江同官錄不分卷　（清）許應鑅編　清光緒十二年(1886)刻本　七冊

330000－1705－0008220　新0416　史部/傳記類/總傳之屬/技藝

國朝書人輯略十一卷首一卷　震鈞輯　清光緒三十四年(1908)金陵刻本　五冊　存七卷(首,一至三、五至七)

330000－1705－0008221　新0433　類叢部/叢書類/自著之屬

焦氏叢書九種附一種　（清）焦循撰　清嘉慶至道光江都焦氏雕菰樓刻本　一冊　存二種

330000－1705－0008222　新0417　類叢部/叢書類/彙編之屬

風雨樓叢書二十三種　鄧實編　清宣統順德鄧氏鉛印本　一冊　存一種

330000－1705－0008223　新0415　史部/傳記類/總傳之屬/姓名

歷代畫家姓氏考四卷　題（明）項聖謨撰　清有容堂抄本　二冊

330000－1705－0008224　新0425　史部/傳記類/總傳之屬/忠孝

純德彙編七卷首一卷 （清）董華鈞輯　**純德彙編續刻一卷** （清）董景沛輯　清嘉慶二十三年(1818)春暉堂刻本　四冊

330000－1705－0008226　新0393　史部/傳記類/總傳之屬/儒林

國朝漢學師承記八卷國朝經師經義目錄一卷國朝宋學淵源記二卷附記一卷 （清）江藩撰　清咸豐刻本　四冊

330000－1705－0008227　新0414　史部/傳記類/總傳之屬/家乘

屠氏先世見聞錄二卷 （清）屠宗伊輯　清光緒二十一年(1895)木活字印本　二冊

330000－1705－0008228　新0445　史部/傳記類/別傳之屬/年譜

朱夫子年譜二卷前錄二卷後錄二卷 （宋）朱熹撰　（清）朱世潤重編　清乾隆二年(1737)刻本　三冊

330000－1705－0008229　新0426　史部/傳記類/總傳之屬/隱逸

高士傳三卷圖一卷 （晉）皇甫謐撰　（清）任熊繪　（清）王錫齡校　清咸豐八年(1858)蕭山王氏刻光緒三年(1877)張氏印本　四冊

330000－1705－0008230　新0434　史部/傳記類/別傳之屬

景陸粹編八卷首一卷末一卷 （清）許仁沐輯　清光緒二十四年(1898)許仁沐平湖刻本　六冊

330000－1705－0008233　新0456　史部/傳記類/日記之屬

曾文正公手書日記不分卷(清道光二十一年正月初一日至同治十一年二月初三日) （清）曾國藩撰　清宣統元年(1909)上海中國圖書公司石印本　四十冊

330000－1705－0008234　新0448　史部/傳記類/別傳之屬/年譜

誥授中憲大夫先寒村公年譜一卷附家書一卷

（清）鄭勳撰　清嘉慶刻本　一冊

330000－1705－0008236　新0427　史部/傳記類/別傳之屬/事狀

宋儒袁正獻公從祀錄六卷 （清）徐時棟撰　清同治十一年(1872)四明袁氏進修堂刻本　一冊

330000－1705－0008238　新0450　史部/傳記類/別傳之屬/年譜

張忠烈公[煌言]年譜一卷 （清）趙之謙編　清光緒二十二年(1896)慈谿童賡年刻朱印本　一冊

330000－1705－0008239　新0453　史部/傳記類/別傳之屬/年譜

例授修職佐郎先考補泉府君[施模初]年譜一卷 （清）施雋撰　清抄本　一冊

330000－1705－0008240　新0437　史部/傳記類/別傳之屬/事狀

宜堂類編二十五卷 （清）丁立中編　清光緒二十六年(1900)錢塘丁氏嘉惠堂刻本　八冊

330000－1705－0008241　新0428　史部/傳記類/別傳之屬/事狀

宋儒袁正獻公事實冊不分卷 （清）徐時棟撰　清徐氏煙嶼樓稿本　一冊

330000－1705－0008242　新0457　集部/別集類/清別集

謝亭集七卷 （清）謝舲撰　清光緒八年(1882)謝氏毓芝堂刻本　一冊　存一卷(南征日記)

330000－1705－0008243　新0451　史部/傳記類/別傳之屬/年譜

張忠烈公[煌言]年譜一卷 （清）趙之謙編　清光緒二十二年(1896)慈谿童賡年刻本　一冊

330000－1705－0008244　新0458　史部/傳記類/日記之屬

道西齋日記二卷(清光緒十三年)　王詠霓撰　清光緒十八年(1892)上海鴻寶齋石印本　一冊

330000 - 1705 - 0008246　新 0452　史部/傳記類/別傳之屬/年譜

張忠烈公[煌言]年譜一卷　（清）趙之謙編　清光緒二十二年(1896)慈谿童廣年刻朱印本　一冊

330000 - 1705 - 0008247　新 0461　史部/傳記類/總傳之屬/家乘

[浙江新昌]彩烟丁氏宗譜十二卷　（清）丁承瑞纂修　清乾隆三十六年(1771)木活字印本　六冊

330000 - 1705 - 0008252　新 0385　類叢部/叢書類/彙編之屬

武英殿聚珍版書一百三十八種　清福建刻本　一冊　存一種

330000 - 1705 - 0008254　新 0436　史部/傳記類/別傳之屬/事狀

丁君松生[丙]家傳一卷　（清）俞樾撰　誥授奉政大夫同知銜特用江蘇知縣外舅丁松生先生行狀一卷　（清）顧浩撰　清光緒刻本　一冊

330000 - 1705 - 0008255　新 0462　史部/傳記類/總傳之屬/家乘

[浙江新昌]彩烟丁氏宗譜十二卷　（清）丁友貞等纂修　清光緒十八年(1892)永思堂木活字印本　七冊　存八卷(一至二、四、六至八、十一至十二)

330000 - 1705 - 0008256　新 0460　史部/傳記類/總傳之屬/家乘

[浙江嵊州]剡城丁氏宗譜六卷　（清）丁載和等纂修　清光緒二十九年(1903)錫慶堂木活字印本　六冊

330000 - 1705 - 0008258　新 0389　史部/傳記類/總傳之屬/通代

於越先賢像傳贊二卷　（清）王齡撰　（清）任熊繪　清咸豐七年(1857)蕭山王氏養酥堂刻光緒三年(1877)張氏印本　四冊

330000 - 1705 - 0008259　新 0491　史部/傳記類/總傳之屬/家乘

[浙江寧波]四明清源王氏宗譜六卷　（清）王在潤等纂修　清光緒七年(1881)嵊邑同仁堂木活字印本　一冊

330000 - 1705 - 0008260　新 0486　史部/傳記類/總傳之屬/家乘

[浙江鄞州]唐堰王氏宗譜二卷　（清）王志道等纂修　清光緒二十二年(1896)抄本　一冊　存一卷(一)

330000 - 1705 - 0008262　新 0495　史部/傳記類/總傳之屬/家乘

[浙江鄞州]鄞縣松下王氏世譜二十卷首一卷附一卷　（清）應朝光纂修　清宣統元年(1909)植本堂木活字印本　八冊

330000 - 1705 - 0008265　新 0480　史部/傳記類/總傳之屬/家乘

[浙江鄞州]橫溪王氏宗譜二卷首一卷　（清）王錫錕等纂修　清咸豐五年(1855)珠樹堂木活字印本　一冊　缺一卷(首)

330000 - 1705 - 0008266　新 0485　史部/傳記類/總傳之屬/家乘

[浙江鄞州]唐堰王氏宗譜六卷首一卷　（清）司徒一堂纂修　清道光十九年(1839)抄本　一冊　存四卷(首、一至三)

330000 - 1705 - 0008269　新 0471　史部/傳記類/總傳之屬/家乘

[浙江鄞州]毛氏宗譜十卷　（清）毛昇纂修　清乾隆四十三年(1778)白雲堂抄本　六冊　存七卷(一至三、七至十)

330000 - 1705 - 0008270　新 0440　史部/傳記類/別傳之屬/事狀

誥授朝議大夫直隸宣化府知府加三級鄭公行狀一卷　（清）董沛撰　清光緒刻本　一冊

330000 - 1705 - 0008271　新 0479　史部/傳記類/總傳之屬/家乘

[浙江鄞州]橫溪王氏宗譜二卷首一卷　（清）王錫錕等纂修　清咸豐五年(1855)珠樹堂木活字印本　二冊

330000 - 1705 - 0008273　新 0441　史部/傳

記類/別傳之屬/事狀

陸清獻公莅嘉遺跡三卷 （清）黃維玉輯　清同治六年(1867)上海道署刻本　一冊

330000－1705－0008276　新0488　史部/傳記類/總傳之屬/家乘

[浙江鄞州]鄞東五都王氏宗譜不分卷 （清）王以成等纂修　清道光二十七年(1847)永思堂抄本　一冊

330000－1705－0008277　新0442　史部/傳記類/別傳之屬/事狀

誥授建威將軍浙江提督張公奎垣軍門行狀一卷 （清）張焞奎撰　清光緒刻本　一冊

330000－1705－0008280　新0483　史部/傳記類/總傳之屬/家乘

[浙江鄞州]四明梅江王氏宗譜不分卷 （清）王國安纂修　清咸豐元年(1851)三槐堂抄本　一冊

330000－1705－0008283　新0473　史部/傳記類/總傳之屬/家乘

[浙江鄞州]寶峯毛氏宗譜四卷 （清）王謙和等纂修　清光緒二十五年(1899)明德堂木活字印本　一冊

330000－1705－0008289　新0539　史部/傳記類/總傳之屬/家乘

[浙江]蕭山朱家壇朱氏宗譜文集五卷系圖六卷行傳九卷 （清）朱亞琴等纂修　清同治八年(1869)敦倫堂木活字印本　二十冊

330000－1705－0008292　新0515　史部/傳記類/總傳之屬/家乘

[浙江寧波]四明古藤史氏宗譜六卷 （清）史濟鏗等纂修　清宣統三年(1911)八行堂木活字印本　八冊

330000－1705－0008299　新0439　史部/傳記類/別傳之屬/墓誌

誥封宜人晉封恭人丁君妻陸恭人墓志銘一卷 （清）俞樾撰　清光緒刻本　一冊

330000－1705－0008306　新0542　史部/傳記類/總傳之屬/家乘

[浙江寧波]寧城江氏宗譜四卷 （清）江於遴纂修　清光緒二十四年(1898)月湖支祠思本堂木活字印本　三冊　存三卷(一至二、四)

330000－1705－0008312　新0489　史部/傳記類/總傳之屬/家乘

[浙江鄞州]鄞江王氏宗譜不分卷 （清）王與爵等纂修　清光緒二十三年(1897)繼世堂抄本　一冊

330000－1705－0008315　新0478　史部/傳記類/總傳之屬/家乘

[浙江寧波]增修日湖毛氏宗譜六卷首一卷 （清）毛忠亮等纂修　清光緒三十三年(1907)崇德堂木活字印本　三冊

330000－1705－0008316　新0477　史部/傳記類/總傳之屬/家乘

[浙江寧波]日湖毛氏宗譜六卷首一卷續稿不分卷 （清）謝輔卿等纂修　清光緒三十二年(1906)稿本　五冊　存四卷(一至三、五)

330000－1705－0008317　新0530　史部/傳記類/總傳之屬/家乘

[浙江鎮海]蛟川馬婆朱氏宗譜一卷 （清）鄔烜纂修　清道光十三年(1833)抄本　一冊

330000－1705－0008322　新0531　史部/傳記類/總傳之屬/家乘

[浙江鄞州]四明藕橋朱氏宗譜四卷首一卷 （清）朱學宜　（清）朱允熾纂修　清光緒二十五年(1899)繼述堂木活字印本　五冊

330000－1705－0008323　新0446　史部/傳記類/別傳之屬/年譜

王深寧先生[應麟]年譜一卷 （清）陳僅撰　（清）張恕編　清葉熊刻本　一冊

330000－1705－0008328　新0501　史部/傳記類/總傳之屬/家乘

[浙江新昌]瑯琊新昌王氏宗譜不分卷 （清）王親賢等纂修　清康熙二十九年(1690)木活字印本　三冊

330000－1705－0008331　新0553　史部/傳記類/總傳之屬/家乘

[浙江寧波]寧城木欄橋呂氏宗譜二十二卷首
一卷 （清）呂蜚雯纂修 清光緒二十五年
(1899)扶雅堂木活字印本 六冊

330000－1705－0008332 新0546 史部/傳
記類/總傳之屬/家乘

[浙江寧波]鄞東冰廠跟余氏宗譜十二卷首一
卷末一卷 （清）余章乾等纂修 清光緒三十
一年(1905)錦樂堂木活字印本 四冊

330000－1705－0008333 新0548 史部/傳
記類/總傳之屬/家乘

[浙江鄞州]鄞東二十都吳氏宗譜二卷 （清）
吳昆瑤纂修 清光緒二十三年(1897)澄瀾堂
木活字印本 二冊

330000－1705－0008334 新0502 史部/傳
記類/總傳之屬/家乘

[浙江新昌]天姥派王氏宗譜八卷 （清）王祖
炎等纂修 清乾隆二十四年(1759)木活字印
本 五冊 存五卷(四至八)

330000－1705－0008339 新0557 史部/傳
記類/總傳之屬/家乘

[浙江餘姚]三江李氏宗譜十七卷首一卷末一
卷 （清）李惠等纂修 清道光十年(1830)木
活字印本 十七冊 缺三卷(首,二、十二)

330000－1705－0008342 新0543 史部/傳
記類/總傳之屬/家乘

[浙江慈谿]慈谿阮氏宗譜四卷 阮開餘等纂
修 清同治七年(1868)敬思堂抄本 四冊

330000－1705－0008343 新0503 史部/傳
記類/總傳之屬/家乘

[浙江新昌]天姥官塘王氏宗譜四卷 （清）王
紹斌修 （清）王振候纂 清嘉慶五年(1800)
木活字印本 三冊 存三卷(一、三至四)

330000－1705－0008348 新0504 史部/傳
記類/總傳之屬/家乘

[浙江新昌]天姥官塘王氏宗譜四卷 （清）王
初麒修 （清）王炳翰纂 清道光二十年
(1840)木活字印本 四冊

330000－1705－0008349 新0564 史部/傳

記類/總傳之屬/家乘

[浙江鄞州]鄞西石乳橋李氏宗譜四卷 （清）
李嘉楣纂修 清光緒二十三年(1897)承德堂
木活字印本 四冊

330000－1705－0008353 新0505 史部/傳
記類/總傳之屬/家乘

[浙江新昌]天姥官塘王氏宗譜四卷 （清）王
尚輔修 （清）王尚候等纂 清同治十三年
(1874)木活字印本 三冊 存三卷(一至三)

330000－1705－0008354 新0566 史部/傳
記類/總傳之屬/家乘

[浙江寧波]砌街李氏宗譜三十卷首一卷
（清）李恭廉 （清）李厚澤纂修 清光緒三十
三年(1907)耕讀堂木活字印本 五冊 存十
五卷(首,一至四、二十一至三十)

330000－1705－0008357 新0511 史部/傳
記類/總傳之屬/家乘

[浙江]慈谿花園王氏宗譜十八卷 （清）王棣
纂修 清光緒二十二年(1896)世慶堂抄本
十八冊

330000－1705－0008359 新0567 史部/傳
記類/總傳之屬/家乘

[浙江鄞州]鄞東李氏宗譜不分卷 （清）王懷
忠纂修 清宣統三年(1911)繩武堂木活字印
本 一冊

330000－1705－0008360 新0506 史部/傳
記類/總傳之屬/家乘

[浙江鎮海]鎮海東館王氏宗譜二卷 （清）王
景秀等纂修 清道光十九年(1839)三槐堂木
活字印本 一冊 存一卷(一)

330000－1705－0008361 新0649 史部/傳
記類/總傳之屬/家乘

[浙江鄞州]鄞邑黃古林施氏宗譜二十二卷首
一卷末一卷 （清）施德瑞等纂修 清光緒二
十七年(1901)木活字印本 四冊 缺一卷
(十四)

330000－1705－0008367 新0507 史部/傳
記類/總傳之屬/家乘

[浙江鎮海]鎮海東館王氏宗譜二卷 （清）王景秀等纂修 清道光十九年(1839)三槐堂木活字印本 一冊 存一卷(一)

330000－1705－0008375 新0563 史部/傳記類/總傳之屬/家乘

[浙江鄞州]王家橋李氏宗譜不分卷 （清）王錦瀚纂修 清光緒三年(1877)惇敘堂抄本 一冊

330000－1705－0008381 新0592 史部/傳記類/總傳之屬/家乘

[浙江鄞州]續中潭周氏宗譜二卷 （清）周榮德修 （清）崔良璲纂 清同治八年(1869)承志堂抄本 一冊

330000－1705－0008383 新0587 史部/傳記類/總傳之屬/家乘

[浙江鄞州]平水潭邵氏宗譜八卷 （清）應文炳纂修 清光緒二十三年(1897)繩武堂木活字印本 一冊 存四卷(一至四)

330000－1705－0008387 新0586 史部/傳記類/總傳之屬/家乘

[浙江鄞州]四明平水潭邵氏宗譜四卷 （清）劉乙照纂修 清道光二十四年(1844)新邑孝謹堂木活字印本 一冊 存三卷(一至三)

330000－1705－0008389 新0591 史部/傳記類/總傳之屬/家乘

[浙江鄞州]新河周氏宗譜十二卷首一卷 （清）周世濠等纂修 清光緒二十七年(1901)世德堂木活字印本 二冊

330000－1705－0008393 新0600 史部/傳記類/總傳之屬/家乘

[浙江杭州]汝南周氏宗譜四卷 （清）周垣（清）周祖濂纂修 清康熙二十七年(1688)刻本 四冊

330000－1705－0008395 新0594 史部/傳記類/總傳之屬/家乘

[浙江鄞州]鄞東周氏宗譜六卷首一卷 （清）袁政襄纂修 清光緒三十年(1904)敦睦堂抄本 清邊瀹忠題簽 一冊

330000－1705－0008400 新0601 史部/傳記類/總傳之屬/家乘

[浙江紹興]周氏家譜不分卷 （清）周勳纂修 清刻本 一冊

330000－1705－0008404 新0603 史部/傳記類/總傳之屬/家乘

[浙江寧波]北郭林氏宗譜十四卷首一卷 （清）林克翰纂修 清宣統元年(1909)崇禮堂木活字印本 四冊 存十卷(首、一至九)

330000－1705－0008407 新0609 史部/傳記類/總傳之屬/家乘

[浙江鄞州]鄞東金氏宗譜二卷 （清）金延椿纂修 清同治七年(1868)萬松堂木活字印本 一冊

330000－1705－0008409 新0604 史部/傳記類/總傳之屬/家乘

[浙江寧波]北郭林氏宗譜十四卷首一卷 （清）林克翰纂修 清宣統元年(1909)崇禮堂木活字印本 五冊 存十一卷(首,一至四、九至十四)

330000－1705－0008414 新0643 史部/傳記類/總傳之屬/家乘

[浙江]慈谿姚氏宗譜三十卷 （清）姚守烈等纂修 清光緒二十年(1894)植本堂木活字印本 二十八冊 存二十八卷(一至十四、十六至二十六、二十八至三十)

330000－1705－0008417 新0673 史部/傳記類/總傳之屬/家乘

[浙江鄞州]文山胡氏宗譜九卷 （清）胡仍霖等纂修 清道光二十年(1840)忠義堂木活字印本 八冊 存八卷(胡氏家寶一、三至四,胡氏柱譜一至五)

330000－1705－0008419 新0655 史部/傳記類/總傳之屬/家乘

[浙江鄞州]鄞東柳氏主簿不分卷 （清）柳賢滄纂修 清光緒十四年(1888)筆諫堂木活字印本 一冊

330000－1705－0008421 新0651 史部/傳

記類/總傳之屬/家乘

[浙江鄞州]鄞東柳氏宗譜不分卷　（清）蔡恒
壽　（清）柳章　（清）殷修惇等纂修　清光緒
九年(1883)筆諫堂木活字印本　四冊

330000－1705－0008422　新0656　史部/傳
記類/總傳之屬/家乘

[浙江鄞州]鄞東柳氏主簿不分卷　（清）柳賢
滄纂修　清光緒十四年(1888)筆諫堂木活字
印本　一冊

330000－1705－0008423　新0635　史部/傳
記類/總傳之屬/家乘

[浙江鄞州]鄞東塘嶴俞氏宗譜□□卷遠祖世
系圖□□卷世表□□卷　清光緒滋德堂木活
字印本　五冊　存六卷(二至五、世系圖二、
世表四)

330000－1705－0008426　新0671　史部/傳
記類/總傳之屬/家乘

[浙江奉化]鮚埼胡氏下宅房宗譜二卷　（清）
馬元度等纂修　清道光二十九年(1849)抄本
　一冊

330000－1705－0008428　新0654　史部/傳
記類/總傳之屬/家乘

[浙江鄞州]鄞東柳氏宗譜不分卷　（清）蔡恒
壽　（清）柳章　（清）殷修惇等纂修　清光緒
九年(1883)筆諫堂木活字印本　一冊　存第
五柱至第七柱

330000－1705－0008431　新0628　史部/傳
記類/總傳之屬/家乘

[浙江鎮海]三山俞氏宗譜不分卷　（清）項舜
年纂修　清道光三十年(1850)永思堂抄本
一冊

330000－1705－0008432　新0672　史部/傳
記類/總傳之屬/家乘

[浙江奉化]鮚埼胡氏宗譜不分卷　（清）□□
纂修　清道光抄本　一冊

330000－1705－0008433　新0618　史部/傳
記類/總傳之屬/家乘

[浙江鎮海]蛟川范氏宗譜四卷　（清）金笠生

（清）范榮椿纂修　清光緒十八年(1892)積
善堂木活字印本　三冊

330000－1705－0008434　新0658　史部/傳
記類/總傳之屬/家乘

[浙江鄞州]徽歙遷鄞洪氏宗譜不分卷　明末
刻清順治補修本　二冊

330000－1705－0008435　新0647　史部/傳
記類/總傳之屬/家乘

[浙江寧波]鄞東施氏宗譜八卷首一卷　（清）
周宗坊纂修　清光緒十二年(1886)木活字印
本　四冊

330000－1705－0008436　新0629　史部/傳
記類/總傳之屬/家乘

[浙江鎮海]三山俞氏宗譜不分卷　（清）鄭文
綸纂修　清光緒六年(1880)永思堂抄本
一冊

330000－1705－0008438　新0670　史部/傳
記類/總傳之屬/家乘

[浙江奉化]鮚埼胡氏宗譜四卷　（清）□□纂
修　清道光九年(1829)抄本　一冊　存二卷
(三至四)

330000－1705－0008439　新0669　史部/傳
記類/總傳之屬/家乘

[浙江奉化]鮚埼胡氏宗譜四卷首一卷　（清）
□□纂修　清乾隆抄本　一冊

330000－1705－0008440　新0659　史部/傳
記類/總傳之屬/家乘

[浙江鄞州]石乳橋洪氏家譜不分卷　（清）范
用九　（清）洪一鳳纂修　清雍正七年(1729)
抄本　一冊

330000－1705－0008445　新0668　史部/傳
記類/總傳之屬/家乘

[浙江奉化]鮚埼胡氏宗譜四卷首一卷　（清）
宋輔世纂修　清乾隆抄本　一冊

330000－1705－0008446　新0630　史部/傳
記類/總傳之屬/家乘

[浙江鎮海]三山俞氏宗譜不分卷　（清）朱景
徽纂修　清光緒二十九年(1903)永思堂抄本

一册

330000－1705－0008447　新0660　史部/傳記類/總傳之屬/家乘

[浙江鄞州]石乳橋洪氏家譜不分卷　（清）洪盛海　（清）洪晴軒纂修　清道光元年(1821)抄本　一册

330000－1705－0008451　新0661　史部/傳記類/總傳之屬/家乘

[浙江鄞州]石乳橋洪氏家譜不分卷　（清）□□纂修　清抄本　一册

330000－1705－0008453　新0674　史部/傳記類/總傳之屬/家乘

[浙江慈溪]慈東田湖村胡氏宗譜十卷首一卷　（清）朱宗燨　（清）胡開科　（清）胡開浩等纂修　清光緒二十五年(1899)永言堂木活字印本　十册

330000－1705－0008455　新0617　史部/傳記類/總傳之屬/家乘

[浙江寧波]范氏家乘十六卷首一卷　（清）□□纂修　清嘉慶刻本　十册　存九卷(首、一至八)

330000－1705－0008466　新0632　史部/傳記類/總傳之屬/家乘

[浙江鄞州]桃義江俞氏宗譜三卷　（清）俞克鋆纂修　清光緒七年(1881)明德堂木活字印本　二册

330000－1705－0008469　新0633　史部/傳記類/總傳之屬/家乘

[浙江鄞州]桃義江俞氏宗譜三卷　（清）俞克鋆纂修　清光緒七年(1881)明德堂木活字印本　二册

330000－1705－0008470　新0676　史部/傳記類/總傳之屬/家乘

[浙江鎮海]蛟東胡氏重修宗譜四卷　（清）王予藩等纂修　清宣統三年(1911)敬愛堂木活字印本　二册

330000－1705－0008474　新0679　史部/傳記類/總傳之屬/家乘

[浙江寧波]港口孫氏宗譜□□卷　□□纂修　清宣統三年(1911)追遠堂木活字印本　二册　存七卷(三至九)

330000－1705－0008480　新0625　史部/傳記類/總傳之屬/家乘

[浙江鄞州]新修蕭皋郁氏宗譜五卷首一卷　（清）柴冕藻纂修　清光緒務本堂木活字印本　四册

330000－1705－0008481　新0722　史部/傳記類/總傳之屬/家乘

[浙江鄞州]鄞邑城南袁氏宗譜四卷　（清）袁丕烈　（清）袁綱銘等纂修　清光緒十四年(1888)進修堂木活字印本　四册

330000－1705－0008485　新0736　史部/傳記類/總傳之屬/家乘

[福建建陽]陳氏宗譜十四卷首一卷　（清）陳麟書等纂修　清道光二年(1822)潁川堂木活字印本　八册　存八卷(首、一至七)

330000－1705－0008488　新0702　史部/傳記類/總傳之屬/家乘

[浙江鄞州]桑氏宗譜不分卷　（清）桑偉廷等纂修　清鐵硯堂抄本　一册

330000－1705－0008498　新0704　史部/傳記類/總傳之屬/家乘

[浙江鄞州]鄞東一都桑氏副譜六卷首一卷末一卷　（清）邱補軒纂修　清同治鐵硯堂抄本　五册　缺一卷(五)

330000－1705－0008500　新0738　史部/傳記類/總傳之屬/家乘

[浙江鄞州]倉基陳氏家譜三十二卷首一卷　（清）陳隆澤纂修　清宣統二年(1910)遺忠堂木活字印本　十册

330000－1705－0008503　新0690　史部/傳記類/總傳之屬/家乘

[浙江鄞州]鄞東徐氏曾九派十八房支譜不分卷　（清）鄭炳黻纂修　清光緒三十年(1904)敦睦堂木活字印本　一册

330000－1705－0008504　新0730　史部/傳

記類/總傳之屬/家乘

[浙江鄞州]鄞邑凌氏宗譜二卷 （清）凌正奇
纂修 清同治九年（1870）正本堂抄本 二冊

330000－1705－0008508 新0703 史部/傳
記類/總傳之屬/家乘

[浙江鄞州]鄞東一都桑氏副譜六卷首一卷末
一卷 （清）邱補軒纂修 清同治鐵硯堂抄本
六冊

330000－1705－0008510 新0727 史部/傳
記類/總傳之屬/家乘

[浙江鄞州]鄞縣西袁氏家乘二十六卷 （清）
袁堯年等纂修 清光緒二十六年（1900）敦本
堂木活字印本 十六冊

330000－1705－0008516 新0705 史部/傳
記類/總傳之屬/家乘

[浙江鄞州]鄞東桑氏副譜不分卷 （清）陳雲
衢纂修 清光緒十五年（1889）抄本 三冊

330000－1705－0008518 新0748 史部/傳
記類/總傳之屬/家乘

[浙江鎮海]鎮西蛟河村陳氏宗譜四卷 （清）
陳心畬 （清）陳雲衢等纂修 清光緒二十四
年（1898）聚星堂木活字印本 三冊

330000－1705－0008520 新0734 史部/傳
記類/總傳之屬/家乘

[浙江慈溪]慈水凌氏宗譜不分卷 （清）凌慶
鋐纂修 清咸豐元年（1851）南野草堂抄本
一冊

330000－1705－0008522 新0687 史部/傳
記類/總傳之屬/家乘

[浙江寧波]四明月湖徐氏家譜二十四卷首一
卷末一卷 （清）徐時棟纂修 清道光十四年
（1834）思本堂木活字印本 四冊

330000－1705－0008525 新0713 史部/傳
記類/總傳之屬/家乘

[浙江慈溪]慈水秦氏宗譜不分卷 （清）秦昂
等纂修 清抄本 二冊

330000－1705－0008526 新0706 史部/傳
記類/總傳之屬/家乘

[浙江鄞州]鄞東桑氏副譜不分卷 （清）沈守
梅纂修 清光緒二十七年（1901）抄本 四冊

330000－1705－0008531 新0707 史部/傳
記類/總傳之屬/家乘

[浙江鄞州]鄞東桑氏副譜不分卷 （清）沈守
梅纂修 清光緒二十七年（1901）抄本 四冊

330000－1705－0008532 新0737 史部/傳
記類/總傳之屬/家乘

[浙江鄞州]倉基陳氏宗譜□□卷 （清）陳子
芹等纂修 清光緒六年（1880）遺忠堂木活字
印本 一冊 存六卷（四十二至四十七）

330000－1705－0008533 新0712 史部/傳
記類/總傳之屬/家乘

[浙江慈溪]慈水秦氏宗譜九卷 （清）秦昂等
纂修 清乾隆三十八年（1773）裕宗祠抄本
六冊 存五卷（一、六至九）

330000－1705－0008551 新0774 史部/傳
記類/總傳之屬/家乘

[浙江鄞州]鄞東華家嶴華氏宗譜不分卷
（清）王懷忠 （清）華安邦等纂修 清光緒十
六年（1890）武陵堂木活字印本 一冊

330000－1705－0008554 新0765 史部/傳
記類/總傳之屬/家乘

[浙江鄞州]鄞城青石橋陳氏族譜四卷首一卷
（清）陳文楷等纂修 清抄本 一冊

330000－1705－0008566 新0767 史部/傳
記類/總傳之屬/家乘

[浙江鄞州]鄞東韓嶺陸氏宗譜二卷 （清）魯
秉禮等纂修 清同治九年（1870）永福堂木活
字印本 二冊

330000－1705－0008567 新0708－1 史部/
傳記類/總傳之屬/家乘

[浙江鄞州]鄞東一都桑氏副譜六卷首一卷末
一卷 （清）邱補軒纂修 清同治鐵硯堂抄本
一冊

330000－1705－0008569 新0768 史部/傳
記類/總傳之屬/家乘

[浙江鄞州]鄞東韓嶺陸氏宗譜二卷 （清）陸

益廣等纂修　清光緒三十一年(1905)永福堂木活字印本　二冊

330000－1705－0008573　新0811　史部/傳記類/總傳之屬/家乘

[浙江鄞州]慶元曹氏家乘不分卷　(清)曹炳纂修　清道光抄本　一冊

330000－1705－0008574　新0839　史部/傳記類/總傳之屬/家乘

[浙江寧波]四明章溪湯氏宗譜六卷　(清)湯志合等纂修　清光緒二十四年(1898)三和堂木活字印本　二冊

330000－1705－0008576　新0792　史部/傳記類/總傳之屬/家乘

[浙江鄞州]甬東張氏家譜二十四卷　(清)張翊勳纂修　清宣統二年(1910)聽彝堂木活字印本　十一冊　缺一卷(二十三)

330000－1705－0008578　新0610　史部/傳記類/總傳之屬/家乘

[浙江鄞州]鄞東金氏宗譜四卷首一卷　(清)□□纂修　清光緒木活字印本　一冊

330000－1705－0008579　新0789　史部/傳記類/總傳之屬/家乘

[浙江鄞縣]雲龍張氏地房譜六卷首一卷末一卷　(清)張世訓　清光緒三十一年(1905)明義堂木活字印本　二冊

330000－1705－0008583　新0812　史部/傳記類/總傳之屬/家乘

[浙江鄞州]慶元曹氏宗譜六卷　(清)徐隆圻　(清)曹名增等纂修　清光緒三十年(1904)孝思堂木活字印本　六冊

330000－1705－0008584　新0793　史部/傳記類/總傳之屬/家乘

[浙江鄞州]甬東張氏家譜二十四卷　(清)張翊勳纂修　清宣統二年(1910)聽彝堂木活字印本　一冊　存二卷(一至二)

330000－1705－0008586　新0824　史部/傳記類/總傳之屬/家乘

[浙江鄞州]章氏世譜不分卷　清末抄本　十

六冊

330000－1705－0008588　新0791　史部/傳記類/總傳之屬/家乘

[浙江鄞州]甬東張氏家譜二十四卷　(清)張翊勳纂修　清宣統二年(1910)聽彝堂木活字印本　十二冊

330000－1705－0008594　新0790　史部/傳記類/總傳之屬/家乘

[浙江鄞州]雲龍張氏宗譜十九卷末一卷　(清)張二銘等纂修　清光緒三十一年(1905)明義堂木活字印本　九冊　存十六卷(三至十三、十六至十九,末)

330000－1705－0008602　新0695　史部/傳記類/總傳之屬/家乘

[浙江鄞州]四明光溪桂林徐氏重修宗譜八卷首一卷末一卷　(清)徐兆康等纂修　清光緒三十三年(1907)木活字印本　一冊　存五卷(五至八、末)

330000－1705－0008609　新0834　史部/傳記類/總傳之屬/家乘

[浙江寧波]高塘高氏宗譜四卷　(清)董大介纂修　清咸豐二年(1852)長春堂木活字印本　二冊

330000－1705－0008611　新0785　史部/傳記類/總傳之屬/家乘

[浙江鄞州]桃江張氏宗譜八卷首一卷　(清)張光龍修　(清)袁政襄纂　清光緒二十一年(1895)大本堂木活字印本　四冊

330000－1705－0008615　新0836　史部/傳記類/總傳之屬/家乘

[浙江寧波]高塘高氏宗譜四卷　(清)董大介纂修　清咸豐二年(1852)長春堂木活字印本　一冊　存二卷(三至四)

330000－1705－0008617　新0835　史部/傳記類/總傳之屬/家乘

[浙江寧波]高塘高氏宗譜四卷　(清)董大介纂修　清咸豐二年(1852)長春堂木活字印本　二冊

330000－1705－0008618　新0819　史部/傳記類/總傳之屬/家乘

[浙江鄞州]高塘畢氏家譜不分卷　（清）林性樑纂修　清同治十三年(1874)樹德堂抄本　一冊

330000－1705－0008620　新0823　史部/傳記類/總傳之屬/家乘

[浙江紹興]會稽㑨山章氏家乘初集二卷正集三十一卷首一卷彙集六卷首一卷　（明）章仕淳等纂修　明崇禎七年(1634)刻清康熙三十六年(1697)、光緒二十八年(1902)增刻本　五冊　存二十一卷(初集一至二、正集八至二十六)

330000－1705－0008621　新0786　史部/傳記類/總傳之屬/家乘

[浙江鄞州]大步東張氏夏房譜四卷　（清）張世訓纂修　清光緒二十七年(1901)月洲東舍木活字印本　二冊

330000－1705－0008626　新0787　史部/傳記類/總傳之屬/家乘

[浙江鄞州]大步東張氏夏房譜四卷　（清）張世訓纂修　清光緒二十七年(1901)月洲東舍木活字印本　二冊　存三卷(二至四)

330000－1705－0008627　新0788　史部/傳記類/總傳之屬/家乘

[浙江鄞州]大步東張氏夏房譜四卷　（清）張世訓纂修　清光緒二十七年(1901)月洲東舍木活字印本　一冊　存二卷(三至四)

330000－1705－0008638　新0828　史部/傳記類/總傳之屬/家乘

[浙江杭州]屠氏武林支譜不分卷　（清）屠紹理纂修　清嘉慶五年(1800)修齡堂刻本　二冊

330000－1705－0008639　新0849　史部/傳記類/總傳之屬/家乘

[浙江鄞州]鄞江懸慈葉氏宗譜不分卷　（清）吳承宗纂修　清同治十一年(1872)合敬堂抄本　一冊

330000－1705－0008642　新0851　史部/傳記類/總傳之屬/家乘

[浙江]慈谿鳴鶴葉氏宗譜二十六卷首二卷末二卷　（清）丁曜纂修　清光緒十六年(1890)引敬堂木活字印本　十八冊　存二十二卷(首一,一至三、五、十至二十、二十二至二十六,末一)

330000－1705－0008643　新0850　史部/傳記類/總傳之屬/家乘

[浙江鄞州]鄞江懸慈葉氏宗譜不分卷　（清）吳承宗纂修　清同治十一年(1872)合敬堂抄本　一冊

330000－1705－0008644　新0829　史部/傳記類/總傳之屬/家乘

[湖北孝感]屠氏孝感支續譜不分卷　（清）屠之申等纂修　清道光二年(1822)刻五年(1825)增刻本　四冊　存五卷(系圖一至五)

330000－1705－0008645　新0864　史部/傳記類/總傳之屬/家乘

[浙江紹興]會稽漁渡董氏宗譜□□卷　清光緒二十五年(1899)抄本　一冊　存二卷(一至二)

330000－1705－0008649　新0859　史部/傳記類/總傳之屬/家乘

[浙江鄞州]葛氏宗譜不分卷　（清）葛奎先（清）葛世授等纂修　清康熙五十五年(1716)抄本　一冊

330000－1705－0008650　新0841　史部/傳記類/總傳之屬/家乘

[浙江]慈谿鴻門童氏厚本堂祭田圖一卷霞蔚書塾田圖一卷　（清）□□纂修　清光緒木活字印本　二冊

330000－1705－0008651　新0861　史部/傳記類/總傳之屬/家乘

[浙江鄞州]葛氏宗譜十八卷　（清）葛啟時等纂修　清光緒三十一年(1905)光遠堂木活字印本　八冊　存八卷(一、七、十至十二、十六至十八)

330000－1705－0008652　　新 0830　　史部/傳記類/總傳之屬/家乘

[湖北孝感]屠氏孝感支續譜不分卷　（清）屠之申等纂修　清道光二年（1822）刻五年（1825）增刻本　一冊　存系圖四

330000－1705－0008655　　新 0843　　史部/傳記類/總傳之屬/家乘

[浙江慈溪]金川馮氏宗譜不分卷　（清）馮維岳纂修　歷代帝號統系留圖一卷　（清）龔守正撰　清同治九年（1870）抄本　一冊

330000－1705－0008661　　新 0857　　史部/傳記類/總傳之屬/家乘

[浙江鎮海]葉氏宗譜二卷　（清）葉苓薌輯　清光緒十九年（1893）抄本　一冊

330000－1705－0008665　　新 0860　　史部/傳記類/總傳之屬/家乘

[浙江鄞州]葛氏宗譜□□卷　（清）陳鴻謨纂修　清咸豐五年（1855）承德堂抄本　一冊

330000－1705－0008666　　新 0872　　史部/傳記類/總傳之屬/家乘

[浙江鄞州]鏡川楊氏宗譜三卷　（清）楊永贊等纂修　清乾隆六十年（1795）報本堂木活字印本　四冊

330000－1705－0008669　　新 0863　　史部/傳記類/總傳之屬/家乘

[浙江鎮海]鎮海大通宣慶府董氏宗譜四卷（清）陳繼聰纂修　清光緒二年（1876）耕本堂木活字印本　四冊

330000－1705－0008670　　新 0865　　史部/傳記類/總傳之屬/家乘

[浙江鄞州]鄞城儒林董氏元二房支譜□□卷　清崇本堂木活字印本　一冊　存一卷（十一）

330000－1705－0008672　　新 0893　　史部/傳記類/總傳之屬/家乘

[浙江寧波]四明趙氏宗譜九卷首一卷末一卷　（清）趙九成　（清）趙有深等纂修　清同治八年（1869）樂善堂木活字印本　六冊

330000－1705－0008673　　新 0878　　史部/傳記類/總傳之屬/家乘

[浙江鄞州]櫟溪楊氏宗譜五卷首一卷末二卷　（清）楊廷柱纂修　清道光二十九年（1849）一本堂木活字印本　五冊

330000－1705－0008676　　新 0873　　史部/傳記類/總傳之屬/家乘

[浙江鄞州]鏡川楊氏宗譜二十六卷　（清）楊學載等纂修　清道光二十五年（1845）報本堂木活字印本　六冊　存二十卷（一至六、十三至二十六）

330000－1705－0008677　　新 0902　　史部/傳記類/總傳之屬/家乘

[浙江寧波]鄭氏支譜不分卷　（清）楊開祺（清）鄭述承纂修　清光緒十四年（1888）樹德堂抄本　一冊

330000－1705－0008679　　新 0894　　史部/傳記類/總傳之屬/家乘

[浙江寧波]四明趙氏宗譜九卷首一卷末一卷　（清）趙九成　（清）趙有深等纂修　清同治八年（1869）樂善堂木活字印本　六冊

330000－1705－0008681　　新 0903　　史部/傳記類/總傳之屬/家乘

[浙江寧波]鄭氏支譜不分卷　（清）楊開祺（清）鄭述承纂修　清光緒十四年（1888）樹德堂抄本　一冊

330000－1705－0008682　　新 0880　　史部/傳記類/總傳之屬/家乘

[浙江鄞州]櫟溪楊氏宗譜不分卷　（清）楊濂纂修　稿本　二冊

330000－1705－0008683　　新 0879　　史部/傳記類/總傳之屬/家乘

[浙江鄞州]櫟溪楊氏宗譜二十卷首一卷（清）楊濂纂修　清同治十三年（1874）稿本九冊　存十九卷（首、三至二十）

330000－1705－0008685　　新 0915　　史部/傳記類/總傳之屬/家乘

[浙江慈溪]慈東費氏宗譜三十二卷　（清）費

錦榮等纂修　清咸豐十年(1860)承志堂木活字印本　三十二册

330000－1705－0008686　新0904　史部/傳記類/總傳之屬/家乘

[浙江寧波]鄭氏支譜不分卷　(清)楊開祺　(清)鄭述承纂修　清光緒十四年(1888)樹德堂抄本　一册

330000－1705－0008687　新0874　史部/傳記類/總傳之屬/家乘

[浙江鄞州]鏡川楊氏宗譜二十六卷　(清)楊習鏡　(清)楊習梃　(清)楊存本等纂修　清光緒十年(1884)分教堂木活字印本　十册

330000－1705－0008688　新0891　史部/傳記類/總傳之屬/家乘

[浙江鄞州]四明石馬塘聞氏家乘十八卷首一卷　(清)聞恭瑜纂修　清光緒二十年(1894)追遠堂木活字印本　八册

330000－1705－0008691　新0881　史部/傳記類/總傳之屬/家乘

[浙江鄞州]櫟溪楊氏宗譜二十卷首一卷　(清)楊鄰和　(清)楊臣均纂修　清光緒二十三年(1897)年一本堂木活字印本　六册

330000－1705－0008694　新0889　史部/傳記類/總傳之屬/家乘

[浙江鄞州]光溪楊氏宗譜二十四卷　(清)楊克藩等纂修　清光緒三十四年(1908)崇本堂木活字印本　二册

330000－1705－0008695　新0907　史部/傳記類/總傳之屬/家乘

[浙江鄞州]萬齡鄭氏宗譜□□卷　(清)鄭明堃等纂修　清光緒二十九年(1903)通德堂木活字印本　一册　存三卷(一至三)

330000－1705－0008697　新0882　史部/傳記類/總傳之屬/家乘

[浙江寧波]西成楊氏宗譜九卷首一卷　(清)楊濂纂修　清同治十三年(1874)一本堂木活字印本　二册

330000－1705－0008699　新0914　史部/傳記類/總傳之屬/家乘

[浙江慈溪]費氏家譜三卷　(明)費湳纂修　明萬曆二十年(1592)抄本　三册

330000－1705－0008700　新0886　史部/傳記類/總傳之屬/家乘

[浙江寧波]西成楊氏宗譜十六卷首一卷末一卷　(清)楊臣序　(清)楊瑞臣等纂修　清光緒二十四年(1898)一本堂木活字印本　四册

330000－1705－0008702　新0883　史部/傳記類/總傳之屬/家乘

[浙江鄞州]鄞西西成橋楊氏修譜採訪册不分卷　清光緒二十二年(1896)稿本　一册

330000－1705－0008704　新0901　史部/傳記類/總傳之屬/家乘

[浙江鎮海]蛟川前靈緒鄉鄭氏家譜三卷首一卷　(清)鄭傳瀾等纂修　清光緒七年(1881)通德堂木活字印本　十册

330000－1705－0008706　新0884　史部/傳記類/總傳之屬/家乘

[浙江寧波]西成楊氏宗譜十六卷首一卷末一卷　(清)楊臣序　(清)楊瑞臣等纂修　清光緒二十四年(1898)一本堂木活字印本　四册

330000－1705－0008707　新0885　史部/傳記類/總傳之屬/家乘

[浙江寧波]西成楊氏宗譜十六卷首一卷末一卷　(清)楊臣序　(清)楊瑞臣等纂修　清光緒二十四年(1898)一本堂木活字印本　四册

330000－1705－0008710　新0887　史部/傳記類/總傳之屬/家乘

[浙江寧波]西成楊氏宗譜十六卷首一卷末一卷　(清)楊臣序　(清)楊瑞臣等纂修　清光緒二十四年(1898)一本堂木活字印本　四册

330000－1705－0008714　新0888　史部/傳記類/總傳之屬/家乘

[浙江寧波]西成楊氏宗譜三卷　(清)楊臣序　(清)楊瑞臣等纂修　清抄本　一册

330000－1705－0008715　新0906　史部/傳記類/總傳之屬/家乘

[浙江鎮海]鎮北龍山鄭氏宗譜十四卷首一卷末一卷　(清)余爕　(清)朱宗爕纂修　清光緒二十八年(1902)通德堂木活字印本　十六冊

330000－1705－0008716　新0932　史部/傳記類/總傳之屬/家乘

[浙江鄞州]鄞縣江北盧氏宗譜不分卷　(清)□□纂修　清光緒敬義堂木活字印本　二冊

330000－1705－0008717　新0918　史部/傳記類/總傳之屬/家乘

[浙江寧波]南陽角音樂氏宗譜不分卷　(清)樂雍棠等纂修　(清)樂宗裔等重輯　清光緒二十三年(1897)抄本　十冊

330000－1705－0008719　新0928　史部/傳記類/總傳之屬/家乘

[浙江寧波]甬上敬睦堂盧氏宗譜八卷首一卷末一卷　(清)黃家來等纂修　清光緒二十九年(1903)木活字印本　六冊

330000－1705－0008725　新0929　史部/傳記類/總傳之屬/家乘

[浙江寧波]甬上敬睦堂盧氏宗譜八卷首一卷末一卷　(清)黃家來等纂修　清光緒二十九年(1903)木活字印本　六冊

330000－1705－0008728　新0934　史部/傳記類/總傳之屬/家乘

[浙江鄞州]鄞東華家嶴錢氏宗譜不分卷　(清)何守梅等纂修　清咸豐十一年(1861)四喜堂木活字印本　一冊

330000－1705－0008729　新0921　史部/傳記類/總傳之屬/家乘

[浙江寧波]象山西鄉歐氏宗譜十卷　(清)周丹忱等纂修　清咸豐五年(1855)立三堂木活字印本　九冊　缺一卷(十)

330000－1705－0008730　新0922　史部/傳記類/總傳之屬/家乘

[浙江鄞州]鄞東蔣家潭蔣氏宗譜不分卷　(清)杜恒煥纂修　清光緒十四年(1888)慎德堂抄本　一冊

330000－1705－0008735　新0935　史部/傳記類/總傳之屬/家乘

[浙江鄞州]鄞東華家嶴錢氏宗譜不分卷　(清)王懷忠等纂修　清光緒三十一年(1905)表忠堂木活字印本　一冊

330000－1705－0008736　新0919　史部/傳記類/總傳之屬/家乘

[浙江寧波]甬東樓氏宗譜十二卷首一卷末一卷　(清)張世訓纂修　清光緒三十三年(1907)晝錦堂木活字印本　六冊

330000－1705－0008744　新0946　史部/傳記類/總傳之屬/家乘

[浙江鄞州]萬齡應氏宗譜不分卷　(清)王琳　(清)應世美等纂修　清光緒二十六年(1900)忠義堂木活字印本　三冊

330000－1705－0008745　新0988　史部/傳記類/總傳之屬/家乘

[浙江鄞州]鄞邑蒓湖龔氏宗譜三十卷首一卷末一卷　(清)龔光臣等纂修　清光緒二十四年(1898)寶德堂木活字印本　二冊　存七卷(八至十一、二十二至二十四)

330000－1705－0008750　新0954　史部/傳記類/總傳之屬/家乘

[浙江鄞州]光溪鍾氏宗譜六卷首一卷末一卷　(清)徐丙陽　(清)鍾開先纂修　清同治五年(1866)燕貽堂木活字印本　四冊

330000－1705－0008754　新1958　子部/儒家類/儒學之屬/禮教/家訓

澄懷園語四卷　(清)張廷玉撰　清乾隆刻本　上樂老人跋　一冊

330000－1705－0008755　新0987　史部/傳記類/總傳之屬/家乘

[浙江鄞州]鄞邑蒓湖龔氏宗譜三十卷首一卷末一卷　(清)龔光臣等纂修　清光緒二十四年(1898)寶德堂木活字印本　五冊　存二十五卷(首、一至二十四)

330000－1705－0008756　新0955　史部/傳記類/總傳之屬/家乘

[浙江鄞州]光溪鍾氏宗譜六卷首一卷末一卷　（清）鍾志杓纂修　清光緒十四年（1888）燕貽堂木活字印本　二冊　存一卷（三）

330000－1705－0008757　新1028　史部/史抄類

南北史捃華八卷　（清）周嘉猷輯　清刻本　三冊　存三卷（一、四、七）

330000－1705－0008758　新1007　史部/傳記類/科舉錄之屬/歷科登科錄

隆慶二年進士登科錄一卷　抄本　一冊

330000－1705－0008760　新0956　史部/傳記類/總傳之屬/家乘

[浙江鄞州]光溪鍾氏宗譜六卷首一卷末一卷　（清）鍾志杓纂修　清光緒十四年（1888）燕貽堂木活字印本　一冊　存一卷（三）

330000－1705－0008762　新0970　史部/傳記類/總傳之屬/家乘

[浙江上虞]虞北羅氏宗譜十四卷首一卷末一卷　（清）羅寶森等纂修　清同治九年（1870）貽穀堂木活字印本　十四冊

330000－1705－0008763　新0963　史部/傳記類/總傳之屬/家乘

[浙江寧波]鄞邑江北戴氏宗譜十五卷首一卷　（清）袁政襄纂修　清光緒三十年（1904）固本堂木活字印本　二冊

330000－1705－0008764　新0957　史部/傳記類/總傳之屬/家乘

[浙江鄞州]光溪鍾氏宗譜六卷首一卷末一卷　（清）周啓儒等纂修　清宣統元年（1909）燕貽堂木活字印本　二冊　存三卷（一至三）

330000－1705－0008765　新1029　新學/史志/諸國史

泰西新史攬要二十四卷　（英國）馬懇西撰　（英國）李提摩太譯　清光緒二十四年（1898）上海廣學會石印本　六冊　存十九卷（一至十九）

330000－1705－0008767　新0951　史部/傳記類/總傳之屬/家乘

[寧波鄞縣]新江鍾氏家乘不分卷　（清）鍾楚珩纂修　清嘉慶九年（1804）木活字印本　一冊

330000－1705－0008773　新1009　史部/傳記類/科舉錄之屬/歷科登科錄

國朝歷科題名碑錄初集不分卷附明洪武至崇禎各科題名錄不分卷　（清）李周望等輯　清康熙五十九年（1720）刻雍正、乾隆、嘉慶遞增刻本　八冊

330000－1705－0008781　新0952　史部/傳記類/總傳之屬/家乘

[浙江鄞州]新江鍾氏宗譜八卷首一卷末一卷　（清）張煥文纂修　清咸豐二年（1852）樹德堂木活字印本　二冊

330000－1705－0008782　新0959　史部/傳記類/總傳之屬/家乘

[浙江鄞州]鍾潭鍾氏宗譜三卷　（清）鍾賢禎纂修　清宣統元年（1909）追遠堂木活字印本　一冊

330000－1705－0008783　新1011　史部/傳記類/科舉錄之屬/諸貢錄

國朝貢舉年表三卷　（清）陳國霖　（清）顧錫中編　清光緒十四年（1888）上海積山書局石印本　一冊

330000－1705－0008786　新1012　史部/傳記類/科舉錄之屬/總錄

國朝兩浙科名錄不分卷　（清）黃安綏輯　清咸豐七年（1857）京師刻本　一冊

330000－1705－0008788　新0969　史部/傳記類/總傳之屬/家乘

[浙江慈溪]羅氏家譜十卷　（清）羅溟南　（清）羅世濬纂修　清乾隆五十七年（1792）嘉德堂木活字印本　十冊

330000－1705－0008789　新0973　史部/傳記類/總傳之屬/家乘

[浙江鎮海]鎮海嚴氏宗譜不分卷　（清）嚴廣滏　（清）嚴昭明纂修　清光緒十三年（1887）抄本　一冊

330000－1705－0008791　　新 0986　　史部/傳記類/總傳之屬/家乘

[浙江鄞州]鄞邑沙港龔氏宗譜十卷首一卷末一卷　　清光緒三十四年(1908)惠愛堂木活字印本　　一冊

330000－1705－0008792　　新 1013　　史部/傳記類/科舉錄之屬/武試錄

乾隆二十五年庚辰恩科浙江武舉鄉試錄一卷　　清抄本　　一冊

330000－1705－0008797　　新 1014　　史部/傳記類/科舉錄之屬/歷科鄉試錄

[光緒丙子科]浙江鄉試同年齒錄不分卷　　清光緒刻本　　一冊

330000－1705－0008798　　新 1025　　史部/史抄類

史記菁華錄六卷　　(清)姚祖恩輯　　清道光四年(1824)吳興姚氏扶荔山房刻朱墨套印本　　五冊　　缺一卷(六)

330000－1705－0008801　　新 1020　　史部/史抄類

潛東山房批校盧陵曾氏十八史畧八卷　　(元)曾先之撰　　明萬曆刻本　　四冊　　存四卷(三、五至七)

330000－1705－0008805　　新 1015　　史部/傳記類/科舉錄之屬

光緒六年庚辰科歲試紅案一卷　　清光緒刻本　　一冊

330000－1705－0008808　　新 1023　　史部/史評類/詠史之屬

廿一史提綱歌二卷　　(清)李兆洛編　　清同治十年(1871)刻本　　一冊

330000－1705－0008809　　新 0978　　史部/傳記類/總傳之屬/家乘

[浙江奉化]顧氏家譜□□卷　　(清)□□纂修　　清道光二十三年(1843)木活字印本　　一冊　　存一卷(五)

330000－1705－0008810　　新 0960　　史部/傳記類/總傳之屬/家乘

[浙江寧波]相韓家譜不分卷　　(清)□□纂修　　清畫錦堂木活字印本　　三冊

330000－1705－0008811　　新 1016　　史部/傳記類/科舉錄之屬/歷科鄉試錄

光緒八年壬午科鄉試題名錄不分卷　　清抄本　　清張原煒題記　　一冊

330000－1705－0008813　　新 0979　　史部/傳記類/總傳之屬/家乘

[浙江奉化]顧氏家譜□□卷　　(清)□□纂修　　清同治十二年(1873)木活字印本　　一冊　　存一卷(五)

330000－1705－0008814　　新 0980　　史部/傳記類/總傳之屬/家乘

[浙江奉化]顧氏家譜□□卷　　(清)□□纂修　　清光緒二十六年(1900)木活字印本　　一冊　　存一卷(四)

330000－1705－0008815　　新 1037　　史部/地理類/總志之屬/斷代

太平寰宇記二百卷目錄二卷　　(宋)樂史撰　　(清)陳蘭森補闕　　清刻本　　四十冊

330000－1705－0008816　　新 1038　　史部/地理類/總志之屬/斷代

[元豐]九域志十卷　　(宋)王存等纂修　　清光緒八年(1882)金陵書局刻本　　四冊

330000－1705－0008818　　新 1030　　類叢部/類書類/專類之屬

李氏蒙求補注六卷　　(唐)李瀚撰　　(清)金三俊補注　　清乾隆四十八年(1783)仁和金三俊刻本　　一冊

330000－1705－0008824　　新 1017　　史部/傳記類/科舉錄之屬/歷科鄉試錄

光緒十五年己丑恩科浙江鄉試同年齒錄一卷　　清光緒刻本　　四冊

330000－1705－0008825　　新 1043　　史部/地理類/總志之屬/斷代

大清一統志表不分卷　　(清)徐午撰　　清乾隆五十九年(1794)刻本　　八冊

330000 – 1705 – 0008826　新 1040　史部/地理類/總志之屬/斷代

廣輿記二十四卷　(明)陸應陽輯　明刻本　一冊　存六卷(六至十一)

330000 – 1705 – 0008827　新 1838　子部/農家農學類/總論之屬

御製耕織圖二卷　(清)焦秉貞繪　(清)聖祖玄燁題詩　清光緒十二年(1886)上海點石齋石印本　一冊

330000 – 1705 – 0008828　新 1045　史部/地理類/輿圖之屬/全國

皇朝一統輿地全圖一卷　(清)六承如輯　(清)馮焌光增補　(清)欽乃軒主人續增　清光緒二十年(1894)上海鴻寶齋石印本　一冊

330000 – 1705 – 0008829　新 1018、新 1019　史部/傳記類/科舉録之屬/歷科登科録

光緒十六年庚寅恩科會試同年齒録一卷　清光緒刻本　二冊

330000 – 1705 – 0008830　新 1041　史部/地理類/總志之屬/斷代

廣輿記二十四卷　(明)陸應陽輯　(清)蔡方炳增輯　清康熙五十六年(1717)光德堂刻本　十冊　缺六卷(八至十三)

330000 – 1705 – 0008833　新 1036　史部/地理類/總志之屬/斷代

太平寰宇記二百卷目録二卷　(宋)樂史撰　(清)陳蘭森補闕　清刻本　二十九冊　缺五卷(一至三、目録一至二)

330000 – 1705 – 0008835　新 1048　史部/地理類/雜志之屬

中外地輿圖説集成一百三十卷首三卷　(清)同康廬輯　清光緒二十年(1894)石印本　三十二冊

330000 – 1705 – 0008836　新 1047　史部/地理類/輿圖之屬/全國

大清中外壹統輿圖(皇朝中外壹統輿圖)三十一卷首一卷　(清)鄒世詒　(清)晏啟鎮編　(清)李廷簫　(清)汪士鐸增訂　清同治二年(1863)湖北撫署景桓樓刻本　三十冊

330000 – 1705 – 0008837　新 1044　史部/地理類/輿圖之屬/全國

大清中外壹統輿圖(皇朝中外壹統輿圖)三十一卷首一卷　(清)鄒世詒　(清)晏啟鎮編　(清)李廷簫　(清)汪士鐸增訂　清同治二年(1863)湖北撫署刻本　八冊

330000 – 1705 – 0008838　新 1042　史部/地理類/總志之屬/斷代

大清一統志四百二十四卷　(清)和珅等纂修　清光緒二十三年(1897)杭州竹簡齋石印本　六十冊

330000 – 1705 – 0008840　新 1035　史部/地理類/總志之屬/斷代

元和郡縣圖志四十卷目録二卷　(唐)李吉甫撰　**闕卷逸文一卷**　(清)孫星衍輯　**元和郡縣補志九卷**　(清)嚴觀輯　清光緒六年(1880)金陵書局刻本(卷十九至二十、二十三至二十四、三十五至三十六原缺)　十冊

330000 – 1705 – 0008841　新 2034　類叢部/叢書類/彙編之屬

五朝小説五百二十三種　(明)□□編　明末刻説郛及説郛續重編印本　四冊　存四十八種

330000 – 1705 – 0008844　史 1046　史部/地理類/方志之屬/郡縣志

欽定皇輿西域圖志四十八卷首四卷　(清)傅恒等修　(清)褚廷璋等纂　(清)英廉等增纂　清光緒十九年(1893)杭州便益書局石印本　二冊　存九卷(首一至四、三十九至四十三)

330000 – 1705 – 0008847　新 0948　史部/傳記類/總傳之屬/家乘

[浙江鄞州]**古鄞繆氏宗譜六卷**　(清)繆平標等纂修　清同治元年(1862)懷本堂木活字印本　四冊　缺一卷(二)

330000 – 1705 – 0008848　新 1100　史部/地理類/方志之屬/郡縣志

[雍正]寧波府志三十六卷首一卷　（清）曹秉仁等修　（清）萬經等纂　清道光二十六年（1846）刻本　十六冊

330000－1705－0008849　新1112　史部/地理類/方志之屬/郡縣志

[同治]鄞縣志七十五卷　（清）戴枚修（清）張恕　（清）董沛等纂　清光緒三年（1877）刻四年（1878）增刻本　三十四冊

330000－1705－0008850　新1056　史部/地理類/總志之屬/通代

天下郡國利病書一百二十卷　（清）顧炎武撰　清道光成都龍萬育敷文閣刻本　六十冊

330000－1705－0008852　新1091　史部/地理類/方志之屬/郡縣志

宋元四明六志　（清）徐時棟輯　清咸豐四年（1854）甬上徐氏煙嶼樓刻光緒五年（1879）印本（[大德]昌國州圖志首一卷末一卷、[延祐]四明志卷九至十一原缺）　四十冊

330000－1705－0008854　新1101　史部/地理類/方志之屬/郡縣志

[雍正]寧波府志三十六卷首一卷　（清）曹秉仁等修　（清）萬經等纂　清道光二十六年（1846）刻本　十六冊

330000－1705－0008855　新1033　類叢部/叢書類/彙編之屬

武英殿聚珍版書一百三十八種　清乾隆四十二年（1777）福建刻道光至同治遞修光緒二十一年（1895）增刻本　十六冊　存一種

330000－1705－0008856　新1085　類叢部/叢書類/彙編之屬

漸西村舍彙刊（漸西村舍叢刻）四十四種　（清）袁昶編　清光緒十六年至二十四年（1890－1898）桐廬袁氏刻本　一冊　存一種

330000－1705－0008857　新1074　史部/地理類/方志之屬/郡縣志

[嘉慶]松江府志八十四卷首二卷圖一卷（清）宋如林修　（清）孫星衍　（清）莫晉纂　清嘉慶二十三年（1818）松江府學明倫堂刻

本　四十冊　缺二卷（四十至四十一）

330000－1705－0008858　新1097　史部/地理類/方志之屬/郡縣志

[雍正]寧波府志三十六卷首一卷　（清）曹秉仁等修　（清）萬經等纂　清雍正十一年（1733）刻本　十八冊　缺五卷（十八至十九、二十三至二十五）

330000－1705－0008859　新1102　史部/地理類/方志之屬/郡縣志

[雍正]寧波府志三十六卷首一卷　（清）曹秉仁等修　（清）萬經等纂　清道光二十六年（1846）刻本　十六冊

330000－1705－0008860　新1086　史部/地理類/方志之屬/郡縣志

[光緒]平湖縣志二十五卷首一卷末一卷（清）彭潤章等修　（清）葉廉鍔等纂　平湖殉難錄一卷　（清）彭潤章輯　清光緒十二年（1886）刻本　十三冊

330000－1705－0008862　新1099　史部/地理類/方志之屬/郡縣志

[雍正]寧波府志三十六卷首一卷　（清）曹秉仁等修　（清）萬經等纂　清道光二十六年（1846）刻本　十六冊

330000－1705－0008863　新1070　史部/地理類/方志之屬/郡縣志

吳地記一卷　（唐）陸廣微撰　吳地記後集一卷　（宋）□□輯　清同治十二年（1873）江蘇書局刻本　一冊

330000－1705－0008865　新1111　史部/地理類/方志之屬/郡縣志

[同治]鄞縣志七十五卷　（清）戴枚修（清）張恕　（清）董沛等纂　清光緒三年（1877）刻四年（1878）增刻本　三十四冊

330000－1705－0008866　新1054　史部/地理類/外紀之屬

瀛環志略十卷　（清）徐繼畬撰　清光緒二十一年（1895）上海寶文局石印本　四冊

330000－1705－0008867　新1034　類叢部/

叢書類/彙編之屬

武英殿聚珍版書一百三十八種 清乾隆武英
殿木活字印本 一冊 存一種

330000－1705－0008868 新 1073 類叢部/
叢書類/彙編之屬

擇是居叢書初集十九種 張鈞衡編 清光緒
至民國刻民國十五年(1926)吳興張氏彙印本
十六冊 存一種

330000－1705－0008869 新 1087 史部/地
理類/方志之屬/郡縣志

[光緒]建德縣志二十一卷首一卷 (清)謝仁
澍 (清)吳俊修 (清)俞觀旭 (清)孫詒
謀纂 清光緒十八年(1892)刻本 十冊

330000－1705－0008870 新 1110 史部/地
理類/方志之屬/郡縣志

[同治]鄞縣志七十五卷 (清)戴枚修
(清)張恕 (清)董沛等纂 清光緒三年
(1877)刻四年(1878)增刻本 三十四冊

330000－1705－0008871 新 1055 史部/地
理類/外紀之屬

續瀛環志略初編不分卷 (清)薛福成鑒定
(清)瞿昂來譯 清光緒二十八年(1902)無錫
傳經樓石印本 一冊 存四種

330000－1705－0008872 新 1031 新學/史
志/諸國史

萬國史記二十卷 (日本)岡本監輔撰 清光
緒二十三年(1897)慎記書莊石印本 四冊

330000－1705－0008873 新 1093 史部/地
理類/方志之屬/郡縣志

宋元四明六志 (清)徐時棟輯 清咸豐四年
(1854)甬上徐氏煙嶼樓刻光緒五年(1879)印
本([大德]昌國州圖志首一卷末一卷、[延
祐]四明志卷九至十一原缺) 四十冊

330000－1705－0008874 新 1092 史部/地
理類/方志之屬/郡縣志

宋元四明六志 (清)徐時棟輯 清咸豐四年
(1854)甬上徐氏煙嶼樓刻光緒五年(1879)印
本([大德]昌國州圖志首一卷末一卷、[延

祐]四明志卷九至十一原缺) 四十冊

330000－1705－0008875 新 1072 史部/地
理類/方志之屬/郡縣志

[元豐]吳郡圖經續記三卷 (宋)朱長文纂修
清同治十二年(1873)江蘇書局刻本 一冊

330000－1705－0008876 新 1075 史部/地
理類/方志之屬/郡縣志

[康熙]江寧府志三十四卷 (清)陳開虞纂修
清康熙七年(1668)刻本 六冊 存十一卷
(三至十三)

330000－1705－0008877 新 1057 史部/地
理類/總志之屬/通代

天下郡國利病書一百二十卷 (清)顧炎武撰
清光緒二十七年(1901)上海圖書集成印書
局鉛印本 二十八冊

330000－1705－0008881 新 1058 史部/地
理類/總志之屬/通代

天下郡國利病書一百二十卷 (清)顧炎武撰
清光緒二十九年(1903)上海益吾齋石印本
二十四冊

330000－1705－0008882 新 1106 史部/地
理類/方志之屬/郡縣志

[乾隆]鄞縣志三十卷首一卷 (清)錢維喬修
(清)錢大昕等纂 清道光二十六年(1846)
刻本 十六冊

330000－1705－0008883 新 1064 史部/地
理類/方志之屬/郡縣志

[正德]重刊武功縣志四卷首一卷 (明)康海
纂 (清)孫景烈評注 清光緒二十年(1894)
海昌許頌鼎刻本 四冊

330000－1705－0008884 新 1076 史部/地
理類/方志之屬/郡縣志

[同治]蘇州府志一百五十卷首三卷 (清)李
銘皖 (清)譚鈞培修 (清)馮桂芬纂 清光
緒八年(1882)江蘇書局刻本 八十冊

330000－1705－0008885 新 1097－1 史部/
地理類/方志之屬/郡縣志

[雍正]寧波府志三十六卷首一卷 (清)曹秉

仁等修　（清）萬經等纂　清刻本　一冊　存一卷(十二)

330000－1705－0008886　新 1052　史部/地理類

李氏五種　（清）李兆洛撰　清同治九年至十一年(1870－1872)合肥李鴻章刻本　六冊　存一種

330000－1705－0008890　新 1061　史部/地理類/方志之屬/郡縣志

同治上海縣志三十二卷首一卷末一卷　（清）應寶時等修　（清）俞樾　（清）方宗誠纂　清同治十年(1871)吳門皋署刻本　十六冊

330000－1705－0008891　新 1098　史部/地理類/方志之屬/郡縣志

[雍正]寧波府志三十六卷首一卷　（清）曹秉仁等修　（清）萬經等纂　清雍正十一年(1733)刻本　二冊　存七卷(七至八、二十九至三十三)

330000－1705－0008893　新 1109　史部/地理類/方志之屬/郡縣志

[同治]鄞縣志七十五卷　（清）戴枚修（清）張恕　（清）董沛等纂　清光緒三年(1877)刻四年(1878)增刻本　三十二冊

330000－1705－0008895　新 1107　史部/地理類/方志之屬/郡縣志

[乾隆]鄞縣志三十卷首一卷　（清）錢維喬修（清）錢大昕等纂　清乾隆五十三年(1788)刻本　十六冊

330000－1705－0008896　新 1077　史部/地理類/方志之屬/郡縣志

[乾隆]蘇州府志八十卷首一卷　（清）雅爾哈善　（清）傅椿修　（清）習寯　（清）王峻纂　清乾隆十三年(1748)刻本　十七冊

330000－1705－0008900　新 1113　史部/地理類/方志之屬/郡縣志

[同治]鄞縣志不分卷　（清）戴枚修　（清）張恕　（清）董沛等纂　清同治稿本　一冊

330000－1705－0008901　新 1108　史部/地

理類/方志之屬/郡縣志

[同治]鄞縣志七十五卷　（清）戴枚修（清）張恕　（清）董沛等纂　清光緒三年(1877)刻四年(1878)增刻本　三十二冊

330000－1705－0008902　新 1090　史部/地理類/方志之屬/郡縣志

[咸豐]南潯鎮志四十卷首一卷　（清）汪曰楨纂　清咸豐九年至同治二年(1859－1863)刻本　四冊　存十五卷(首,一至七、十七至十九、二十五至二十八)

330000－1705－0008903　新 1107－1　史部/地理類/方志之屬/郡縣志

[乾隆]鄞縣志三十卷首一卷　（清）錢維喬修（清）錢大昕等纂　清刻本　一冊　存三卷(首、一至二)

330000－1705－0008906　新 1066　史部/地理類/方志之屬/通志

[宣統]新疆圖志一百十六卷首一卷　袁大化修　王樹枬　王學曾纂　清宣統三年(1911)木活字印本　一百十五冊　缺二卷(十、二十四)

330000－1705－0008907　新 1080　史部/地理類/方志之屬/通志

[雍正]敕修浙江通志二百八十卷首三卷（清）李衛　（清）嵇曾筠等修　（清）沈翼機（清）傅王露等纂　清光緒二十五年(1899)浙江書局刻本　二十九冊　存六十三卷(二百十七至二百六十八、二百七十至二百八十)

330000－1705－0008908　新 1119　史部/地理類/方志之屬/郡縣志

[光緒]奉化縣志四十卷首一卷　（清）李前泮修　張美翊等纂　清光緒三十四年(1908)刻本　十二冊

330000－1705－0008909　新 1104　史部/地理類/方志之屬/郡縣志

[乾隆]鄞縣志三十卷首一卷　（清）錢維喬修（清）錢大昕等纂　清乾隆五十三年(1788)刻本　二十冊

330000－1705－0008910　新1081　史部/地理類/方志之屬/通志

浙志便覽七卷 （清）李應珏撰　清光緒十七年(1891)杭城吏隱齋刻本　四冊

330000－1705－0008911　新1118　史部/地理類/方志之屬/郡縣志

[光緒]奉化縣志四十卷首一卷 （清）李前泮修　張美翊等纂　清光緒三十四年(1908)刻本　十二冊

330000－1705－0008918　新1127　史部/地理類/方志之屬/郡縣志

[乾隆]象山縣志十二卷 （清）史鳴皐修（清）姜炳璋（清）冒春榮纂　清乾隆二十四年(1759)刻本　四冊　存十卷(一至二、五至十二)

330000－1705－0008920　新1134　史部/地理類/方志之屬/郡縣志

[乾隆]鎮海縣志八卷首一卷 （清）王夢弼（清）邵向榮纂修　清乾隆十七年(1752)刻本 (卷首,一、四、六至八配抄本)　八冊

330000－1705－0008921　新1149　史部/地理類/方志之屬/郡縣志

[光緒]慈谿縣志五十六卷附編一卷 （清）楊泰亨（清）馮可鏞纂（清）劉一桂校補　清光緒二十五年(1899)德潤書院刻本　二十四冊

330000－1705－0008922　新1148　史部/地理類/方志之屬/郡縣志

[雍正]慈谿縣志十六卷 （清）楊正筍修（清）馮鴻模等纂　清乾隆三年(1738)許炳增刻本　九冊

330000－1705－0008923　新1105　史部/地理類/方志之屬/郡縣志

[乾隆]鄞縣志三十卷首一卷 （清）錢維喬修（清）錢大昕等纂　清乾隆五十三年(1788)刻本　十六冊

330000－1705－0008924　新1120　史部/地理類/方志之屬/郡縣志

[光緒]奉化縣志四十卷首一卷 （清）李前泮修　張美翊等纂　清光緒三十四年(1908)刻本　十一冊　存三十七卷(首、一至三十六)

330000－1705－0008925　新1126　史部/地理類/方志之屬/郡縣志

[乾隆]象山縣志十二卷 （清）史鳴皐修（清）姜炳璋（清）冒春榮纂　清乾隆二十四年(1759)刻本　五冊　存九卷(一、三至八、十一至十二)

330000－1705－0008926　新1062　史部/地理類/方志之屬/郡縣志

[康熙]元城縣志六卷首一卷 （清）陳偉等纂修　清刻本　一冊　存一卷(六)

330000－1705－0008931　新1122　史部/地理類/方志之屬/郡縣志

[光緒]忠義鄉志二十卷 （清）吳文江纂　清光緒二十三年(1897)稿本　五冊

330000－1705－0008932　新1135　史部/地理類/方志之屬/郡縣志

[光緒]鎮海縣志四十卷圖一卷 （清）于萬川修（清）俞樾等纂　清光緒五年(1879)鯤池書院刻本　十六冊

330000－1705－0008937　新1154　史部/地理類/方志之屬/郡縣志

[乾隆]餘姚志四十卷 （清）唐若瀛修（清）邵晉涵纂　清乾隆四十六年(1781)刻本　八冊

330000－1705－0008939　新1182　史部/地理類/方志之屬/郡縣志

[康熙]南陽府志十四卷 （清）朱璘纂修　清康熙三十三年(1694)刻本　一冊　存一卷(四)

330000－1705－0008940　新1150　史部/地理類/方志之屬/郡縣志

[光緒]慈谿縣志五十六卷附編一卷 （清）楊泰亨（清）馮可鏞纂（清）劉一桂校補　清光緒二十五年(1899)德潤書院刻本　二十四冊

330000－1705－0008943　新1152　史部/地理類/方志之屬/郡縣志

[光緒]慈谿縣志五十六卷附編一卷　（清）楊泰亨　（清）馮可鏞纂　（清）劉一桂校補　清光緒二十五年（1899）德潤書院刻本　二十四冊

330000－1705－0008944　新1136　史部/地理類/方志之屬/郡縣志

[光緒]鎮海縣志四十卷圖一卷　（清）于萬川修　（清）俞樾等纂　清光緒五年（1879）鯤池書院刻八年（1882）補修本　十五冊　存四十卷（一至三十七、三十九至四十，圖）

330000－1705－0008946　新1151　史部/地理類/方志之屬/郡縣志

[光緒]慈谿縣志五十六卷附編一卷　（清）楊泰亨　（清）馮可鏞纂　（清）劉一桂校補　清光緒二十五年（1899）德潤書院刻本　二十四冊

330000－1705－0008948　新1155　史部/地理類/方志之屬/郡縣志

[光緒]餘姚縣志二十七卷首一卷末一卷　（清）周炳麟修　（清）邵友濂　（清）孫德祖纂　清光緒二十五年（1899）刻本　十六冊

330000－1705－0008949　新1137　史部/地理類/方志之屬/郡縣志

[光緒]鎮海縣志四十卷圖一卷　（清）于萬川修　（清）俞樾等纂　清光緒五年（1879）鯤池書院刻八年（1882）補修本　十五冊　存三十七卷（四至四十）

330000－1705－0008950　新1153　史部/地理類/方志之屬/郡縣志

[光緒]慈谿縣志五十六卷附編一卷　（清）楊泰亨　（清）馮可鏞纂　（清）劉一桂校補　清光緒二十五年（1899）德潤書院刻本　五冊　存十二卷（二十三至三十四）

330000－1705－0008951　新1138　史部/地理類/方志之屬/郡縣志

[光緒]鎮海縣志四十卷圖一卷　（清）于萬川修　（清）俞樾等纂　清光緒五年（1879）鯤池

書院刻八年（1882）補修本　八冊　存二十一卷（十至十二、二十三至四十）

330000－1705－0008953　新1184　史部/地理類/方志之屬/郡縣志

[光緒]歸州志十卷首一卷　（清）沈雲駿修　（清）劉玉森纂　清光緒八年（1882）刻本　六冊

330000－1705－0008954　新1165　史部/地理類/方志之屬/郡縣志

[同治]嵊縣志二十六卷首一卷末一卷　（清）嚴思忠　（清）陳仲麟修　（清）蔡以瑺等纂　清同治九年（1870）刻本　十二冊

330000－1705－0008955　新1164　史部/地理類/方志之屬/郡縣志

[嘉定]剡錄十卷　（宋）史安之修　（宋）高似孫纂　清同治九年（1870）刻本　一冊　存五卷（一至五）

330000－1705－0008957　新1171　史部/地理類/方志之屬/郡縣志

[光緒]黃巖縣志四十卷首一卷　（清）陳寶善　（清）孫憙修　（清）王棻纂　（清）陳鍾英　（清）鄭錫滉續修　（清）王詠霓續纂　黃巖志校議二卷　（清）王棻撰　清光緒三年（1877）刻六年（1880）校補刻本　十六冊

330000－1705－0008958　新1161　史部/地理類/方志之屬/郡縣志

[光緒]上虞縣志四十八卷首一卷末一卷　（清）唐煦春修　（清）朱士黻纂　清光緒十七年（1891）刻本　二十冊

330000－1705－0008959　新1178　史部/地理類/方志之屬/郡縣志

[同治]永新縣志二十六卷首一卷　（清）蕭玉春　（清）陳恩浩修　（清）李煒　（清）段夢龍纂　清同治十三年（1874）刻本　四冊　存十卷（九至十八）

330000－1705－0008962　新1201　類叢部/叢書類/自著之屬

庸庵全集七種　（清）薛福成撰　清光緒十年

至二十四年(1884-1898)無錫薛氏刻本 四冊 存一種

330000-1705-0008963 新1197 史部/地理類/叢編之屬
歷代輿地圖四十五種 楊守敬撰 熊會貞等繪 清光緒三十二年至宣統三年(1906-1911)楊氏觀海堂刻朱墨套印本 三十四冊

330000-1705-0008966 新1199 史部/政書類/軍政之屬/邊政
籌海圖編十三卷 (明)鄭若曾撰 明天啓四年(1624)胡維極刻本 八冊 存十二卷(一至五、七至十三)

330000-1705-0008967 新1162 史部/地理類/方志之屬/郡縣志
[光緒]上虞縣志四十八卷首一卷末一卷 (清)唐煦春修 (清)朱士黻纂 清光緒十七年(1891)刻本 十九冊 存四十五卷(一至十七、二十一至四十八)

330000-1705-0008969 新1181 史部/地理類/方志之屬/郡縣志
[乾隆]馬巷廳志十八卷首一卷 (清)萬友正纂修 **馬巷廳志附錄三卷** (清)黃家鼎纂 清光緒九年(1883)丁惠深刻十九年(1893)黃家鼎校補刻本 十冊

330000-1705-0008970 新1174 史部/地理類/方志之屬/郡縣志
[光緒]縉雲縣志十六卷首一卷末一卷 (清)何乃容 (清)葛華修 (清)潘樹棠纂 清光緒二年至七年(1876-1881)刻本 九冊 缺三卷(三至四、十一)

330000-1705-0008971 新1196 史部/地理類/方志之屬/通志
[道光]雲南通志稿二百十六卷首三卷 (清)阮元等修 (清)王崧 (清)李誠纂 清刻本 四冊 存八卷(三十七至三十八、九十九至一百、一百三至一百四、一百四十五至一百四十六)

330000-1705-0008972 新1202 史部/地理類/專志之屬/祠墓
兩浙防護陵寢祠墓錄不分卷 (清)阮元輯 清光緒十五年(1889)浙江書局刻本 二冊

330000-1705-0008975 新1203 史部/地理類/專志之屬/祠墓
兩浙防護陵寢祠墓錄不分卷 (清)阮元輯 清光緒十五年(1889)浙江書局刻本 二冊

330000-1705-0008976 新1200 新學/游記
東南海島圖經十卷 (清)世增譯 張美翊述 清光緒二十六年(1900)上海石印本(卷七至十原缺) 三冊

330000-1705-0008978 新1160 史部/地理類/方志之屬/郡縣志
[乾隆]紹興府志八十卷首一卷 (清)李亨特修 (清)平恕 (清)徐嵩纂 清乾隆五十七年(1792)刻本 二十九冊 存五十四卷(首、一至五十三)

330000-1705-0008979 新1204 類叢部/叢書類/自著之屬
陶廬叢刻第二集十種 王樹枏撰 清光緒九年至民國十四年(1883-1925)新城王氏刻本暨鉛印本 四冊 存一種

330000-1705-0008981 新1198 類叢部/叢書類/自著之屬
洪北江全集二十一種 (清)洪亮吉撰 清光緒三年至五年(1877-1879)洪用懃授經堂刻本 一冊 存一種

330000-1705-0008982 新1180 史部/地理類/方志之屬/郡縣志
[乾隆]馬巷廳志十八卷首一卷 (清)萬友正纂修 **馬巷廳志附錄三卷** (清)黃家鼎纂 清光緒九年(1883)丁惠深刻十九年(1893)黃家鼎校補刻本 十冊

330000-1705-0008984 新1170 史部/地理類/方志之屬/郡縣志
[光緒]仙居志二十四卷首一卷仙居集二十四卷 (清)王壽頤 (清)潘紀恩修 (清)王

菜　（清）李仲昭纂　清光緒二十年(1894)木活字印本　十八冊

330000－1705－0008985　新1206　史部/地理類/山川之屬/山志

金山志十卷　（清）盧見曾撰　續金山志二卷　（清）釋秋崖撰　清光緒二十七年(1901)刻本　六冊

330000－1705－0008987　新1157　史部/地理類/方志之屬/郡縣志

[光緒]寧海縣志二十四卷首一卷　（清）王瑞成　（清）程雲驥修　（清）張濬等纂　清光緒二十八年(1902)刻本(卷一至二配抄本)　十三冊

330000－1705－0008991　新1207　史部/地理類/山川之屬/山志

金山志十卷　（清）盧見曾撰　續金山志二卷　（清）釋秋崖撰　清光緒二十七年(1901)刻本　五冊　存十一卷(一至十、續上)

330000－1705－0008992　新1216　史部/地理類/山川之屬/山志

四明山志九卷　（清）黃宗羲撰　清康熙四十二年(1703)黃仲簡刻本　清徐時棟跋　一冊　存三卷(一至三)

330000－1705－0008994　新1232　史部/地理類/山川之屬/山志

天台山方外志三十卷　（明）釋傳燈撰　清光緒二十年(1894)佛隴真覺寺刻本　八冊

330000－1705－0008998　新1187　史部/地理類/方志之屬/郡縣志

[同治]衡陽縣志十二卷　（清）羅慶薌修　（清）彭玉麟等纂　清同治十三年(1874)刻本　一冊　存二卷(一至二)

330000－1705－0009000　新1209、新1210　史部/地理類/山川之屬/山志

京口三山志　（清）□□輯　清同治至光緒刻本　十冊　存二種

330000－1705－0009001　新1215　史部/地理類/山川之屬/山志

四明山志九卷　（清）黃宗羲撰　清抄本　二冊

330000－1705－0009002　新1212　史部/地理類/山川之屬/山志

委羽山志六卷　（明）胡昌賢撰　續志六卷首一卷　（清）王維翰撰　清同治九年(1870)委羽石室刻本　二冊　缺六卷(委羽山志一至六)

330000－1705－0009003　新1193　史部/地理類/方志之屬/郡縣志

[嘉慶]黔西州志八卷　（清）劉永安等修　（清）徐文璧等纂　清嘉慶八年(1803)刻本　六冊

330000－1705－0009004　新1278　史部/地理類/專志之屬/寺觀

天童寺志十卷首一卷　（清）釋德介　（清）聞性道撰　清康熙刻嘉慶增補本　一冊　存三卷(首、一至二)

330000－1705－0009005　新1194　史部/地理類/方志之屬/郡縣志

[光緒]黔西州續志六卷　（清）白建鍌修　（清）諶煥模等纂　清光緒十年(1884)刻本　四冊

330000－1705－0009006　新1213　史部/地理類/山川之屬/山志

崆峒山志二卷　（清）張伯魁纂　清同治十一年(1872)刻本　二冊

330000－1705－0009007　新1230　史部/地理類/山川之屬/山志

招寶山志二卷　（清）陳景沛　（清）周道遵纂　清道光二十六年(1846)木活字印本　二冊

330000－1705－0009008　新1218　史部/地理類/山川之屬/山志

重修南海普陀山志二十卷首一卷　（清）許琰撰　清乾隆五年(1740)刻本　四冊

330000－1705－0009009　新1288　史部/地理類/專志之屬/寺觀

雪竇寺誌十卷附明州雪竇寺重復公案一卷

（清）釋行正輯　（清）釋行恂增輯　清刻本
五冊

330000－1705－0009011　新1219　史部/地
理類/山川之屬/山志

重修南海普陀山志二十卷首一卷　（清）許琰
撰　清乾隆五年(1740)刻本　一冊　存八卷
（七至十四）

330000－1705－0009012　新1252　史部/地
理類/山川之屬/水志

水經注釋四十卷首一卷附錄二卷刊誤十二卷
（清）趙一清撰　清光緒六年(1880)蛟川張
氏花雨樓刻本　六冊　存十二卷(刊誤一至
十二)

330000－1705－0009016　新1289　史部/地
理類/專志之屬/寺觀

雪竇寺誌十卷　（清）釋行正輯　（清）釋行恂
增輯　清木活字印本　四冊

330000－1705－0009017　新1290　史部/地
理類/專志之屬/寺觀

雪竇寺誌十卷　（清）釋行正輯　（清）釋行恂
增輯　清木活字印本　三冊

330000－1705－0009018　新1317　史部/地
理類/雜志之屬

四明談助四十六卷首一卷　（清）徐兆昺撰
清道光八年(1828)木活字印本　二十冊

330000－1705－0009019　新1220　史部/地
理類/山川之屬/山志

重修南海普陀山志二十卷首一卷　（清）秦耀
曾輯　清道光十二年(1832)刻本　四冊

330000－1705－0009020　新1251　史部/地
理類/山川之屬/水志

水經注四十卷補遺一卷附錄二卷　（北魏）酈
道元注　（清）全祖望校　清光緒十四年
(1888)薛福成寧波崇實書院刻本　十二冊

330000－1705－0009021　新1318　史部/地
理類/雜志之屬

四明談助四十六卷首一卷　（清）徐兆昺撰
清道光八年(1828)木活字印本　二十冊

330000－1705－0009022　新1221　史部/地
理類/山川之屬/山志

重修南海普陀山志二十卷首一卷　（清）秦耀
曾輯　清道光十二年(1832)刻本　四冊

330000－1705－0009023　新1259　史部/地
理類/水利之屬

四明它山圖經二卷　（清）姚燮撰　清抄本
一冊

330000－1705－0009024　新1249　史部/地
理類/山川之屬/水志

水經注匯校四十卷首一卷　（清）楊希閔撰
附錄二卷　（清）趙一清輯　清光緒七年
(1881)刻本　十二冊

330000－1705－0009025　新1260　史部/地
理類/水利之屬

甬上水利志六卷　（清）周道遵撰　清道光二
十八年(1848)木活字印本　二冊　存四卷
（二至五）

330000－1705－0009028　新1222　史部/地
理類/山川之屬/山志

重修南海普陀山志二十卷首一卷　（清）秦耀
曾輯　清道光十二年(1832)刻本　四冊

330000－1705－0009037　新1217　史部/地
理類/山川之屬/山志

增修三茅志二卷　（元）豐灼纂撰　（明）何爾
昌增修　（清）陸海續修　清抄本　四冊

330000－1705－0009038　新1307　史部/地
理類/專志之屬/寺觀

董孝子廟志八卷首一卷　（清）董秉純撰　清
乾隆五十五年(1790)刻本　范鹿其跋　四冊

330000－1705－0009039　新1261　史部/地
理類/水利之屬

寧郡城河丈尺圖志二卷　清光緒十四年
(1888)寧波河工局木活字印本　一冊

330000－1705－0009040　新1272　史部/地
理類/水利之屬

修濬東錢湖詮畧一卷　（清）張錫藩等撰　清
光緒鉛印本　一冊

330000－1705－0009042　新1802　子部/藝術類/總論之屬

美術叢書　鄧實輯　清宣統三年（1911）上海神州國光社鉛印本　四十冊　存一百五種

330000－1705－0009043　新1253　類叢部/叢書類/自著之屬

陳氏所著書三種　（清）陳澧撰　清道光至咸豐刻彙印本　一冊

330000－1705－0009044　新1262　史部/地理類/水利之屬

寧郡城河丈尺圖志二卷　清光緒十四年（1888）寧波河工局木活字印本　一冊

330000－1705－0009046　新1264　子部/藝術類/遊藝之屬/聯語

莫愁湖楹聯便覽一卷　（清）釋壽安編　清光緒五年（1879）刻本　一冊

330000－1705－0009047　新1235　史部/地理類/山川之屬/山志

廣雁蕩山誌二十八卷首一卷末一卷　（清）曾唯輯　清乾隆五十五年（1790）東嘉依綠園刻本　八冊

330000－1705－0009048　新1283　史部/地理類/山川之屬/山志

明州阿育王山志十卷　（明）郭子章撰　**明州阿育王山續志六卷**　（清）釋畹荃撰　明萬曆刻清乾隆續刻本　六冊

330000－1705－0009050　新1296　史部/地理類/專志之屬/寺觀

明州福泉山法海禪寺志十二卷首一卷　（清）釋性標撰　清康熙二十八年（1689）刻本　清徐時棟題記　清顯宗批　二冊

330000－1705－0009051　新1263　史部/地理類/山川之屬/水志

莫愁湖志六卷首一卷　（清）馬士圖撰　清光緒八年（1882）、十七年（1891）刻本　一冊　存二卷（五至六）

330000－1705－0009052　新1254、新1247　類叢部/叢書類/彙編之屬

崇文書局彙刻書三十一種　（清）崇文書局編　清光緒元年至三年（1875－1877）湖北崇文書局刻本　十三冊　存二種

330000－1705－0009054　新1225　史部/地理類/山川之屬/山志

明州阿育王山志十卷　（明）郭子章撰　**明州阿育王山續志六卷**　（清）釋畹荃撰　明萬曆刻清乾隆續刻本　六冊

330000－1705－0009055　新1286　史部/地理類/專志之屬/寺觀

保國寺志二卷　（清）釋覺性輯　清抄本　一冊

330000－1705－0009056　新1236　史部/地理類/山川之屬/山志

廬山志十五卷首一卷　（清）毛德琦撰　清康熙五十九年（1720）順德堂刻乾隆五十八年（1793）龔琰重修本　六冊　存十四卷（一至十四）

330000－1705－0009058　新1284　史部/地理類/專志之屬/寺觀

明州岳林寺志六卷　（清）戴明琮撰　清康熙二十六年（1687）刻本　一冊　存三卷（一至三）

330000－1705－0009059　新1265　史部/地理類/山川之屬/水志

西湖志四十八卷　（清）李衛　（清）程元章修　（清）傅王露撰　清雍正十二年（1734）刻本　七冊　存十六卷（五至九、十六至十七、三十至三十一、三十五至三十七、四十五至四十八）

330000－1705－0009060　新1237　史部/地理類/山川之屬/山志

說嵩三十二卷　（清）景日昣撰　清康熙六十年（1721）嶽生堂刻本　四冊　缺二十一卷（三至十三、十七至二十六）

330000－1705－0009063　新1297　史部/地理類/專志之屬/寺觀

玉泉寺志六卷首一卷　（清）李元才修　（清）

亮山纂　（清）張昇繪圖　清光緒十一年
(1885)刻本　四冊

330000－1705－0009064　新1226　史部/地
理類/山川之屬/山志

明州阿育王山志十卷　（明）郭子章撰　**明州
阿育王山續志六卷**　（清）釋畹荃撰　明萬曆
刻清乾隆續刻本　六冊

330000－1705－0009065　新1274　史部/地
理類/專志之屬/寺觀

武林靈隱寺誌八卷　（清）孫治纂　（清）徐增
重編　清康熙十一年(1672)靈隱寺刻本
四冊

330000－1705－0009066　新1238　史部/地
理類/山川之屬/山志

清涼山志十卷　（明）釋秋厓原纂　（明）釋鎮
澄編　（清）釋阿王老藏修正　清乾隆二十年
(1755)釋聚用刻光緒十三年(1887)重修本
四冊

330000－1705－0009067　新1266　史部/地
理類/山川之屬/水志

西湖志四十八卷　（清）李衛　（清）程元章修
　（清）傅王露撰　清雍正十三年(1735)兩浙
鹽驛道庫刻乾隆印本　二冊　存七卷(二十
四至二十六、三十四至三十七)

330000－1705－0009068　新1300、新1324、
新2801　類叢部/叢書類/郡邑之屬

武林掌故叢編一百九十種　（清）丁丙編　清
光緒三年至二十六年(1877-1900)錢塘丁氏
嘉惠堂刻本([乾道]臨安志卷四至十五、南宋
館閣錄卷一原缺)　二十一冊　存三種

330000－1705－0009069　新1257　史部/地
理類/山川之屬/水志

水道提綱二十八卷　（清）齊召南撰　清光緒
四年(1878)津門徐士鑾霞城精舍刻本　八冊

330000－1705－0009071　新1275　史部/地
理類/專志之屬/寺觀

天童寺志十卷首一卷　（清）釋德介　（清）聞
性道撰　清康熙刻嘉慶增補本　四冊

330000－1705－0009072　新1227　史部/地
理類/山川之屬/山志

明州阿育王山志十卷　（明）郭子章撰　**明州
阿育王山續志六卷**　（清）釋畹荃撰　明萬曆
刻清乾隆續刻本　六冊

330000－1705－0009074　新1308　史部/地
理類/專志之屬/寺觀

董孝子廟志八卷首一卷　（清）董秉純撰　清
乾隆五十五年(1790)刻本　二冊

330000－1705－0009075　新1301、新1302
類叢部/叢書類/彙編之屬

申報館叢書正集五十七種附錄三種　尊聞閣
主編　**續集一百四十二種**　蔡爾康編　清同
治至光緒上海申報館鉛印本　十冊　存一種

330000－1705－0009076　新1240　史部/地
理類/專志之屬/寺觀

鼎湖山慶雲寺志八卷首一卷　（清）丁易總修
　（清）釋成鷟纂述　清康熙四十九年(1710)
刻五十六年(1717)後印本　三冊　存六卷
(首、一至五)

330000－1705－0009077　新1267　史部/地
理類/山川之屬/水志

西湖志纂十五卷首一卷末一卷　（清）沈德潛
　（清）傅王露等撰　清乾隆二十年(1755)賜
經堂刻本　八冊　缺一卷(末)

330000－1705－0009078　新1228　史部/地
理類/山川之屬/山志

明州阿育王山志十卷　（明）郭子章撰　**明州
阿育王山續志六卷**　（清）釋畹荃撰　明萬曆
刻清乾隆續刻本　五冊　存十三卷(四至十、
續志一至六)

330000－1705－0009079　新1309　史部/地
理類/專志之屬/寺觀

吳山城隍廟志八卷首一卷　（清）朱文藻等輯
　清光緒四年(1878)錢塘丁氏刻本　四冊

330000－1705－0009080　新1306　史部/地
理類/專志之屬/寺觀

重建太白廟記不分卷　（清）周道遵撰　清刻

本 一冊

330000－1705－0009081　新 1276　史部/地理類/專志之屬/寺觀

天童寺志十卷首一卷 （清）釋德介 （清）聞性道撰 清康熙刻咸豐元年(1851)重修光緒十三年(1887)印本　錢經弟題記　四冊

330000－1705－0009082　新 1268　史部/地理類/山川之屬/水志

湖山便覽十二卷 （清）翟灝等撰 清光緒元年(1875)杭州王維翰槐蔭堂刻本　四冊　存八卷(一至八)

330000－1705－0009083　新 1248　類叢部/叢書類/彙編之屬

崇文書局彙刻書三十一種 （清）崇文書局編 清光緒元年至三年(1875－1877)湖北崇文書局刻本　十冊　存一種

330000－1705－0009084　新 1229　史部/地理類/山川之屬/山志

明州阿育王山志十卷 （明）郭子章撰　明州阿育王山續志六卷 （清）釋畹荃撰　明萬曆刻清乾隆續刻本　六冊

330000－1705－0009086　新 1310　史部/地理類/專志之屬/寺觀

旌忠廟謚錄不分卷　清同治二年(1863)抄本　二冊

330000－1705－0009087　新 1303　史部/地理類/專志之屬/祠墓

明孝陵圖一卷　闕伊繪　清宣統三年(1911)石印本　一冊

330000－1705－0009088　新 1277　史部/地理類/專志之屬/寺觀

天童寺志十卷首一卷 （清）釋德介 （清）聞性道撰　清康熙刻嘉慶增補本　四冊

330000－1705－0009090　新 1331　集部/別集類/清別集

漢口竹枝詞六卷 （清）葉調元撰　清道光三十年(1850)刻本　一冊

330000－1705－0009091　新 1304　史部/地理類/專志之屬/古跡

續山東考古錄三十二卷首一卷 （清）葉圭綬撰 清咸豐元年(1851)葉氏蝸角尖廬刻本　四冊

330000－1705－0009092　新 1258　史部/地理類/水利之屬

浙西水利備考不分卷 （清）王鳳生撰　清光緒四年(1878)浙江書局刻本　三冊

330000－1705－0009093　新 1332　史部/地理類/雜志之屬

都門竹枝詞一卷 （清）楊靜亭等撰　清光緒三年(1877)刻本　一冊

330000－1705－0009095　新 1242　史部/地理類/山川之屬/山志

峨山圖志二卷 （清）黃錫燾纂　清光緒十七年(1891)刻本　一冊

330000－1705－0009096　新 1319　史部/地理類/遊記之屬/紀行

凝香室鴻雪因緣圖記三集六卷 （清）完顏麟慶撰　清道光二十七年(1847)揚州刻本　六冊

330000－1705－0009097　新 1335　史部/地理類/方志之屬/通志

各省府州廳縣異名錄一卷 （清）管斯駿錄　清光緒十二年(1886)管可壽齋刻本　一冊

330000－1705－0009098　新 1333　集部/詞類/詞話之屬

京城竹枝詞四卷 （清）汪廷珍編定　清道光四年(1824)芸香堂刻本　一冊

330000－1705－0009099　新 1305　史部/地理類/專志之屬/古跡

平山堂圖志十卷首一卷 （清）趙之壁纂　清刻本　一冊　存三卷(八至十)

330000－1705－0009100　新 1325　史部/地理類/方志之屬/郡縣志

[同治]深州風土記二十二卷附國朝貞節表五卷 （清）吳汝綸纂　清光緒二十六年(1900)

文瑞書院刻本　八冊

330000 - 1705 - 0009101　新 1334　類叢部/
叢書類/彙編之屬

漸西村舍彙刊（漸西村舍叢刻）四十四種
（清）袁昶編　清光緒十六年至二十四年
（1890 - 1898）桐廬袁氏刻本　一冊　存一種

330000 - 1705 - 0009102　新 1246　類叢部/
叢書類/彙編之屬

增訂漢魏叢書八十六種　（清）王謨編　清乾
隆五十六年（1791）金谿王氏刻本　二冊　存
一種

330000 - 1705 - 0009103　新 1313　史部/載
記類

省城鄞縣鄉試會館募捐錄不分卷　（清）□□
撰　清光緒二年（1876）刻本　一冊

330000 - 1705 - 0009104　新 1320　史部/地
理類/遊記之屬/紀行

凝香室鴻雪因緣圖記三集六卷　（清）完顏麟
慶撰　清光緒十二年（1886）上海同文書局石
印本　三冊

330000 - 1705 - 0009105　新 1326　史部/地
理類/外紀之屬

扶桑兩月記一卷　羅振玉撰　清光緒二十八
年（1902）教育世界社石印本　一冊

330000 - 1705 - 0009106　新 1338　史部/地
理類/外紀之屬

環遊地球新錄四卷　（清）李圭撰　清光緒四
年（1878）鉛印本　四冊

330000 - 1705 - 0009108　新 1327　史部/地
理類/遊記之屬/紀行

遊途吟囊隨錄一卷　稿本　一冊

330000 - 1705 - 0009110　新 1339　史部/地
理類/遊記之屬/紀行

乙巳攷察印錫茶土日記一卷　鄭世璜撰　清
光緒三十一年（1905）木活字印本　一冊

330000 - 1705 - 0009111　新 1341　史部/職
官類/官制之屬/通志

歷代職官表不分卷　清抄本　四冊

330000 - 1705 - 0009112　新 1342　史部/政
書類/職官之屬/官制

歷代職官表六卷　（清）黃本驥纂　清光緒八
年（1882）王氏校刻本　四冊

330000 - 1705 - 0009113　新 1359、新 1358、
新 1357、新 1361　史部/政書類/通制之屬

九通二千三百二十一卷　（清）□□輯　清光
緒二十七年（1901）上海圖書集成局鉛印本
四十八冊　存四種

330000 - 1705 - 0009114　新 1367　史部/政
書類/邦計之屬/鹽法

敕修兩淮鹽法志十六卷圖一卷　（清）噶爾泰
等監修　（清）程夢星彙纂　清雍正刻本　十
五冊　缺一卷（十三）

330000 - 1705 - 0009115　新 1396　史部/政
書類/公牘檔冊之屬

新文牘十卷　（清）陸春霖輯　清宣統三年
（1911）石印本　二十冊

330000 - 1705 - 0009117　新 1383　史部/政
書類/邦交之屬

約章分類輯要三十八卷首一卷　蔡乃煌輯
清光緒二十七年（1901）上海緯文閣石印本
三十二冊

330000 - 1705 - 0009120　新 1366　史部/政
書類/邦計之屬/鹽法

欽定重修兩浙鹽法志三十卷首二卷　（清）馮
培　（清）潘庭筠等纂修　清嘉慶七年（1802）
刻本　二十四冊

330000 - 1705 - 0009121　新 1397　史部/政
書類/公牘檔冊之屬

新文牘續編十八卷　（清）□□輯　清宣統三
年（1911）石印本　十八冊

330000 - 1705 - 0009122　新 1365　史部/雜
史類/斷代之屬

**皇朝掌故彙編內編六十卷首一卷外編四十卷
首一卷**　張壽鏞等輯　清光緒二十八年
（1902）求實書社鉛印本　七冊　存十二卷

(三十七至四十八)

330000 - 1705 - 0009123　新1402　史部/政書類/邦交之屬

十九世紀外交史不分卷　（日本）平田久撰　張相譯　清光緒二十八年(1902)杭州史學齋刻本　四冊

330000 - 1705 - 0009124　新1330　史部/地理類/遊記之屬/紀勝

四明七觀賦一卷　（宋）王應麟撰　（明）張迪註　清道光十八年(1838)刻本　馬廉題記　一冊

330000 - 1705 - 0009125　新1468　史部/目錄類/專錄之屬

經義考三百卷　（清）朱彝尊撰　**經義考總目二卷**　（清）盧見曾編　清刻本　一冊　存五卷(一至五)

330000 - 1705 - 0009126　新1384　史部/政書類/律令之屬/律例

奏定頒行全學章程一卷　清光緒二十八年(1902)上海政藝通報社鉛印本　一冊

330000 - 1705 - 0009127　新1373　史部/地理類/水利之屬

郡城濬河徵信錄五卷　（清）徐渭川撰　清光緒十四年(1888)寧波河工局木活字印本　二冊　存二卷(四至五)

330000 - 1705 - 0009128　新1387　史部/政書類/律令之屬/律例

大清律例歌括一卷刑案彙纂集成一卷　（清）徐以濬抄訂　清光緒十七年(1891)徐以濬抄本　一冊

330000 - 1705 - 0009129　新1343　史部/職官類/官制之屬/通志

萬國官制志三卷　（清）馮斯欒撰　清光緒二十八年(1902)上海廣智書局鉛印本　一冊

330000 - 1705 - 0009130　新1403　新學/商務/商學

原富八卷　（英國）斯密亞丹撰　嚴復譯　清光緒二十八年(1902)上海南洋公學譯書院鉛

印本　八冊

330000 - 1705 - 0009131　新1360　史部/政書類/儀制之屬/典禮

南巡盛典一百二十卷　（清）高晉等纂修　清光緒八年(1882)上海點石齋石印本　七冊　存一百五卷(一至五十、六十六至一百二十)

330000 - 1705 - 0009132　新1404　新學/商務/商學

原富八卷　（英國）斯密亞丹撰　嚴復譯　清光緒二十七年(1901)上海南洋公學譯書院鉛印本　四冊　存四卷(甲上、下、乙,丙)

330000 - 1705 - 0009133　新1398　子部/雜著類/雜說之屬

勸燬淫書徵信集不分卷　（清）□□撰　清道光二十四年(1844)嚴陵夏玉堂刻本　一冊

330000 - 1705 - 0009135　新1405　史部/政書類/邦交之屬

支那教案論不分卷　（英國）宓克撰　嚴復譯　清光緒南洋公學譯書院鉛印本　一冊

330000 - 1705 - 0009136　新1389　子部/儒家類/儒學之屬/禮教

聖諭十六條附律易解一卷　（清）聖祖玄燁撰　（清）夏炘繹　清同治九年(1870)江蘇書局刻本　一冊

330000 - 1705 - 0009137　新1348　史部/政書類/通制之屬

五代會要三十卷　（宋）王溥撰　清刻本　一冊　存五卷(十六至二十)

330000 - 1705 - 0009138　新1388　史部/政書類/律令之屬/律例

大清法規大全續編一百三十五卷　清宣統北京政學社石印本　一冊　存三卷(首、法律部一至二)

330000 - 1705 - 0009140　新1400　新學/交涉/公法

萬國公法四卷　（美國）惠頓撰　（美國）丁韙良譯　清光緒二十四年(1898)新學會鉛印本　四冊

330000－1705－0009141　新1406　史部/目錄類/總錄之屬/官修

欽定天祿琳琅書目十卷　（清）于敏中等撰

欽定天祿琳琅書目後編二十卷　（清）彭元瑞等撰　清光緒十年（1884）長沙王氏刻本　六冊　缺十一卷（後編一至六、十二至十六）

330000－1705－0009142　新1375　史部/政書類

自強學齋治平十議　（清）自強學齋主人輯　清光緒十九年至二十三年（1893－1897）文瑞樓石印本　十二冊

330000－1705－0009143　新1390　史部/政書類/律令之屬/刑制

大清宣統新法令不分卷　商務印書館輯　清宣統二年至三年（1910－1911）上海商務印書館鉛印本　四冊

330000－1705－0009145　新1407　史部/目錄類/總錄之屬/官修

欽定四庫全書簡明目錄二十卷　（清）紀昀等撰　清刻本　十二冊

330000－1705－0009146　新1391　史部/政書類/律令之屬/刑制

大清宣統新法令分類目錄一卷　商務印書館輯　清宣統二年（1910）上海商務印書館鉛印本　一冊

330000－1705－0009147　新1312　史部/載記類

省城鄞縣鄉試會館募捐錄不分卷　（清）□□撰　清光緒二十三年（1897）刻本　一冊

330000－1705－0009148　新1353、新1354　史部/政書類/通制之屬

文獻通考正續合纂四十四卷　（清）郎星等輯　清心遠堂刻本　四冊　存十八卷（文獻通考纂六至九、十一至十四，續一至十）

330000－1705－0009150　新1392　史部/政書類/律令之屬/法驗

補註洗冤錄集證四卷附刊檢骨圖格一卷　（清）王又槐輯　（清）李觀瀾補輯　（清）阮

其新補注　（清）童濂刪　**作吏要言一卷**　（清）葉鎮撰　（清）朱樁增　清道光二十三年（1843）江都鍾淮刻三色套印本　四冊

330000－1705－0009151　新1364　史部/政書類/儀制之屬/典禮

聖廟祀典圖考三卷首一卷附聖跡圖一卷孟子聖跡圖一卷　（清）顧沅撰　清光緒上海同文書局影印本　三冊　存四卷（首、聖廟祀典圖考一至三）

330000－1705－0009152　新1376　子部/雜著類/雜說之屬

中國魂二卷　梁啟超編　清光緒二十八年（1902）上海廣智書局鉛印本　二冊

330000－1705－0009153　新1314　史部/地理類/山川之屬/山志

名山記□□卷　（明）□□編　明刻本　一冊　存一卷（六）

330000－1705－0009154　新1377　史部/政書類/邦計之屬/錢幣

光緒會計表四卷　（清）劉嶽雲撰　清光緒二十七年（1901）教育世界社石印本　四冊

330000－1705－0009156　新1370　史部/政書類/邦計之屬/通紀

治鄞政畧一卷靜庵詩畧一卷　（清）楊懿撰　清木活字印本　一冊

330000－1705－0009157　新1362　史部/政書類/儀制之屬/典禮

文廟通考六卷首一卷　（清）牛樹梅撰　清同治十一年（1872）浙江書局刻本　二冊

330000－1705－0009158　新1393　史部/政書類/律令之屬/法驗

重刊補註洗冤錄集證六卷　（清）王又槐輯　（清）李觀瀾補輯　（清）阮其新補註　（清）張錫蕃重訂　（清）文晟續輯　清道光二十四年（1844）廣州翰墨園刻四色套印本　四冊

330000－1705－0009165　新1378　新學/議論/通論

十九世紀列國政治文編十四卷　（清）邵羲輯

清光緒二十九年(1903)教育世界社鉛印本
八冊　存十卷(一至八、十至十一)

330000－1705－0009167　　新1385　　史部/政
書類/通制之屬

石渠餘紀六卷　(清)王慶雲撰　清光緒三十
三年(1907)刻民國二十三年(1934)印本
六冊

330000－1705－0009169　　新1379　　新學/交
涉/交涉

中外交際彙編七卷　抄本　六冊　存六卷
(二至七)

330000－1705－0009171　　新1424　　史部/目
錄類/總錄之屬/私撰

天一閣書目四卷　(清)阮元　(清)范邦甸等
編　附碑目一卷續增一卷　(清)錢大昕編
(清)范懋敏續編　清嘉慶十三年(1808)揚州
阮元文選樓刻本　八冊　存四卷(書目一至
四)

330000－1705－0009172　　新1380　　新學/商
務/商學

中國財政紀畧一卷　(日本)東邦協會纂　吳
銘譯　清光緒二十八年(1902)上海廣智書局
鉛印本　一冊

330000－1705－0009174　　新1566　　類叢部/
叢書類/彙編之屬

鐵華館叢書六種　(清)蔣鳳藻編　清光緒九
年至十年(1883－1884)長洲蔣氏刻本　二冊

330000－1705－0009175　　新1455　　史部/目
錄類/總錄之屬/私撰

行素堂目睹書錄十卷　(清)朱記榮編　**汲古
閣珍藏秘本書目一卷**　(清)毛扆輯　清光緒
十年至十一年(1884－1885)吳縣朱記榮槐廬
刻本　十冊

330000－1705－0009177　　新1321　　史部/地
理類/雜志之屬

鄮上遺聞集錄十卷別錄二卷　(清)尹元煒撰
清道光二十八年(1848)慈谿馮本懷抱珠樓
刻本　五冊

330000－1705－0009178　　新1381　　史部/政
書類/軍政之屬/兵制

欽定中樞政考八旗三十二卷綠營四十卷
(清)明亮等修　(清)納蘇泰等纂　清刻本
四冊　存四卷(綠營五、十、二十至二十一)

330000－1705－0009179　　新1423　　史部/目
錄類/總錄之屬/私撰

天一閣書目四卷　(清)阮元　(清)范邦甸等
編　附碑目一卷續增一卷　(清)錢大昕編
(清)范懋敏續編　清嘉慶十三年(1808)揚州
阮元文選樓刻本　八冊

330000－1705－0009180　　新1486　　類叢部/
叢書類/彙編之屬

粵雅堂叢書一百八十四種　(清)伍崇曜編
清道光二十九年至光緒十一年(1849－1885)
南海伍氏刻彙印本　一冊　存一種

330000－1705－0009181　　新1395　　子部/雜
著類/雜說之屬

求己錄三卷　陶保廉編　清光緒刻本　三冊

330000－1705－0009183　　新1425　　史部/目
錄類/專錄之屬

天一閣碑目一卷附續增一卷　(清)范懋敏編
清乾隆五十二年(1787)刻本　一冊　存一
卷(碑目)

330000－1705－0009185　　新1382　　史部/政
書類/律令之屬/律例

欽定六部處分則例五十二卷　(清)文孚等修
(清)清平等纂　清刻本　一冊　存四卷
(欽定戶部軍需則例九、續纂、欽定兵部軍需
則例一至二)

330000－1705－0009186　　新1500　　史部/金
石類/總志之屬

金石萃編一百六十卷　(清)王昶撰　清嘉慶
十年(1805)青浦王氏經訓堂刻本　六十冊
缺十一卷(一至十一)

330000－1705－0009187　　新1322　　史部/地
理類/雜志之屬

南越筆記十六卷　(清)李調元輯　清刻本

三册　存十三卷(一至十三)

330000－1705－0009188　新1394　類叢部/
叢書類/自著之屬

正誼堂全集八種　(清)董沛撰　清同治至光
緒刻本　六册　存三種

330000－1705－0009189　新1467　史部/目
錄類/專錄之屬

經義考三百卷　(清)朱彝尊撰　**經義考總目
二卷**　(清)盧見曾編　清康熙秀水朱氏曝書
亭刻乾隆十九年至二十年(1754－1755)德州
盧見曾續刻四十二年(1777)汪汝瑮重印本
(卷二百八十六、二百九十九至三百原缺)
四十八册　存二百九十八卷(一至二百九十
八)

330000－1705－0009190　新1452　史部/目
錄類/總錄之屬/私撰

楹書隅錄四卷續編四卷　(清)楊紹和藏並撰
　清抄本　錢罕題記　二册

330000－1705－0009194　新1461　史部/目
錄類/總錄之屬/彙刻

彙刻書目初編十卷　(清)顧修輯　**續編五卷
新編一卷補編一卷**　(清)陳光照輯　清光緒
元年(1875)長洲陳氏無夢園刻本　十册

330000－1705－0009196　新1422　史部/目
錄類/總錄之屬/私撰

天一閣書目四卷　(清)阮元　(清)范邦甸等
編　**附碑目一卷續增一卷**　(清)錢大昕編
(清)范懋敏續編　清嘉慶十三年(1808)揚州
阮元文選樓刻本　十册

330000－1705－0009198　新1470　類叢部/
叢書類/自著之屬

存齋雜纂　(清)陸心源撰　清光緒吳興陸氏
十萬卷樓刻本　三十二册　存一種

330000－1705－0009199　新1428　史部/目
錄類/總錄之屬/私撰

天一閣見存書目四卷首一卷末一卷　(清)薛
福成撰　清光緒十五年(1889)薛福成甬上崇
實書院刻本　四册

330000－1705－0009201　新1476　史部/目
錄類/總錄之屬/私撰

宋元舊本書經眼錄三卷附錄二卷　(清)莫友
芝撰　清同治十二年(1873)獨山莫繩孫刻本
　一册

330000－1705－0009205　新1469　史部/目
錄類/書志之屬/提要

愛日精廬藏書志三十六卷續志四卷　(清)張
金吾藏並撰　清光緒十三年(1887)吳縣徐氏
靈芬閣木活字印本　十二册

330000－1705－0009207　新1419　史部/目
錄類/專錄之屬

天一閣書目不分卷　(明)范欽藏並撰　清抄
本　一册

330000－1705－0009210　新1462　史部/目
錄類/總錄之屬/彙刻

彙刻書目初編十卷　(清)顧修輯　**續編一卷
補編一卷**　(清)陳光照輯　清光緒元年
(1875)北京琉璃廠刻本　八册　存九卷(一、
四至七、九至十,續編,補編)

330000－1705－0009211　新1491、新1806
類叢部/叢書類/彙編之屬

十萬卷樓叢書五十一種　(清)陸心源編　清
光緒歸安陸氏刻本　四册　存二種

330000－1705－0009212　新1471　類叢部/
叢書類/自著之屬

藝風堂彙刻十六種　繆荃孫撰　清光緒至民
國刻本　六册　存一種

330000－1705－0009213　新1457　史部/目
錄類/總錄之屬/私撰

舊雨草堂書目不分卷　(清)陳麟蔚編　清抄
本　五册

330000－1705－0009220　新1501　史部/金
石類/總志之屬

金石萃編一百六十卷　(清)王昶撰　清嘉慶
十年(1805)青浦王氏經訓堂刻同治十年
(1871)嘉善錢寶傳補刻本　三十五册　存一
百十五卷(四十四至一百十一、一百十四至一

百六十)

330000 - 1705 - 0009221　新1459　史部/目
錄類/總錄之屬/私撰

約園善本藏書目錄不分卷　張壽鏞藏　抄本
一冊

330000 - 1705 - 0009222　新1464　類叢部/
叢書類/彙編之屬

國粹叢書四十九種　（清）國學保存會編　清
光緒至宣統鉛印本　一冊　存一種

330000 - 1705 - 0009224　新1369　史部/政
書類/邦計之屬/貿易

整頓土貨條議一卷　（清）咨商部編　清光緒
刻本　一冊

330000 - 1705 - 0009226　新1494　史部/金
石類/郡邑之屬

長安獲古編二卷補編一卷　（清）劉喜海撰
清同治東武劉氏刻光緒三十一年（1905）丹徒
劉鶚補刻本　二冊

330000 - 1705 - 0009227　新1323　史部/地
理類/雜志之屬

甌江小記一卷　（清）郭鍾岳撰　清光緒四年
（1878）和天倪齋刻本　一冊

330000 - 1705 - 0009228　新1482　史部/目
錄類/通論之屬/藏書約

藏書紀要詩稿本不分卷　葉昌熾撰　清抄本
一冊

330000 - 1705 - 0009231　新1502　史部/金
石類/總志之屬/圖像

求古精舍金石圖四卷　（清）陳經撰　清嘉慶
二十三年（1818）烏程陳經說劍樓刻本　二冊

330000 - 1705 - 0009232　楊0192　史部/金
石類/總志之屬

二銘書屋藏碑目錄不分卷　（清）張岱年撰
稿本　一冊

330000 - 1705 - 0009235　新1503　史部/金
石類/總志之屬/圖像

求古精舍金石圖不分卷　（清）陳經撰　清嘉

慶二十二年（1817）烏程陳經說劍樓刻本
一冊

330000 - 1705 - 0009236　新1465　史部/目
錄類/專錄之屬

四明同善集收燬淫書徵信錄一卷　清咸豐七
年（1857）刻本　一冊

330000 - 1705 - 0009239　新1483　史部/目
錄類/總錄之屬/私撰

書目答問四卷　（清）張之洞撰　清光緒二年
（1876）四川刻本　張壽鏞注　一冊　存二卷
（經部、史部）

330000 - 1705 - 0009240　新1349　類叢部/
叢書類/彙編之屬

武英殿聚珍版書一百三十八種　清武英殿聚
珍版刻本　一冊　存一種

330000 - 1705 - 0009242　新1484　史部/目
錄類/總錄之屬/私撰

**書目答問五卷別錄一卷國朝著述諸家姓名略
一卷**　（清）張之洞撰　清光緒四年（1878）上
海淞隱閣鉛印本　四冊

330000 - 1705 - 0009244　新1448　史部/目
錄類/總錄之屬/私撰

絳雲樓書目不分卷　（清）錢謙益藏並撰　抄
本　張美翊題記　一冊

330000 - 1705 - 0009245　新1466　史部/目
錄類/書志之屬/提要

昭德先生郡齋讀書志二十卷　（宋）晁公武撰
附志二卷　（宋）趙希弁撰　**考證一卷考異
一卷校補一卷**　王先謙撰　清光緒十年
（1884）長沙王先謙刻本　十冊　缺一卷（考
證）

330000 - 1705 - 0009246　新1504　史部/金
石類/郡邑之屬/目錄

栝蒼金石志十二卷續志四卷　（清）李遇孫輯
（清）鄒柏森校補　清同治十三年（1874）浙
江處州府署刻本　六冊

330000 - 1705 - 0009250　新1485　史部/目
錄類/總錄之屬/私撰

書目答問五卷別錄一卷國朝著述諸家姓名略
一卷 （清）張之洞撰 清光緒四年（1878）上
海淞隱閣鉛印本 四冊

330000－1705－0009251 新1505 史部/金
石類/郡邑之屬/文字

兩浙金石志十八卷補遺一卷 （清）阮元撰
清光緒十六年（1890）浙江書局刻本 十二冊

330000－1705－0009252 新1508 史部/金
石類/總志之屬

二銘艸堂金石聚十六卷 （清）張德容輯 清
同治十一年（1872）衢州張氏二銘草堂刻本
十六冊

330000－1705－0009255 新1511 類叢部/
叢書類/彙編之屬

後知不足齋叢書四十七種 （清）鮑廷爵編
清同治至光緒常熟鮑氏刻本 二冊 存一種

330000－1705－0009258 新1507 類叢部/
叢書類/自著之屬

亭林遺書十種 （清）顧炎武撰 清康熙吳江
潘氏遂初堂刻本 三冊 存一種

330000－1705－0009259 新1517 類叢部/
叢書類/彙編之屬

文選樓叢書三十三種 （清）阮亨編 清嘉慶
九年（1804）阮元刻本 四冊 存一種

330000－1705－0009260 新1512 史部/金
石類/總志之屬

香南精舍金石契二卷 （清）崇恩撰 清光緒
二十六年（1900）影印本 二冊

330000－1705－0009261 新1518 類叢部/
叢書類/彙編之屬

文選樓叢書三十三種 （清）阮亨編 清嘉慶
九年（1804）阮元刻本 一冊 存一種

330000－1705－0009263 新1513 子部/藝
術類/篆刻之屬/印譜

金石譜不分卷 （清）□□纂 清鈐印本
一冊

330000－1705－0009265 新1520 經部/小

學類/文字之屬/字書/字體

鐘鼎字源五卷附錄一卷 （清）汪立名撰 清
光緒二年至五年（1876－1879）洞庭秦氏麟慶
堂刻本 三冊

330000－1705－0009270 新1509 史部/金
石類/郡邑之屬/文字

海東金石苑四卷 （清）劉喜海撰 清光緒七
年（1881）衢州張德容二銘艸堂刻本 張琴手
記 四冊

330000－1705－0009271 新1564 子部/
叢編

中立四子集 （明）朱東光編 （明）張登雲參
補 明萬曆七年（1579）臨川朱東光刻本 一
冊 存一種

330000－1705－0009272 新1562 子部/
叢編

子書百家 （清）崇文書局編 清光緒元年
（1875）湖北崇文書局刻本 一百四冊 存九
十八種

330000－1705－0009273 新1563、新1619、
新2198 子部/叢編

二十二子（二十二子彙函） （清）浙江書局編
清光緒元年至三年（1875－1877）浙江書局
刻本 六十冊 存十六種

330000－1705－0009274 新1557 子部/雜
著類/雜纂之屬

百家類纂四十卷 （明）沈津輯 明隆慶元年
（1567）含山縣儒學刻本 三冊 存三卷（一、
四、二十七）

330000－1705－0009279 新1532 類叢部/
叢書類/彙編之屬

拜經樓叢書（愚谷叢書）二十三種 （清）吳騫
編 清乾隆至嘉慶海昌吳氏刻彙印本 一冊
存二種

330000－1705－0009284 新1510 史部/金
石類/總志之屬/文字

觀妙齋藏金石文攷略十六卷 （清）李光暎撰
清雍正刻本 六冊 存十二卷（三至七、十

至十六）

330000－1705－0009286　新 1525　史部/金石類/石之屬/文字

石鼓文音釋三卷附錄一卷　（明）楊慎撰　清刻本　一冊

330000－1705－0009288　新 1565、新 2214　子部/叢編

桐城吳先生點勘諸子七種　（清）吳汝綸評點　清宣統二年（1910）衍星社鉛印本　八冊　存五種

330000－1705－0009292　新 1594　子部/儒家類/儒學之屬/禮教/鑑戒

聖祖仁皇帝庭訓格言一卷　（清）世宗胤禛述　清同治十年（1871）福建布政使署潘霨刻本　一冊

330000－1705－0009296　新 1595　子部/雜著類/雜說之屬

增訂敬信錄不分卷　（清）周鼎臣輯　清嘉慶二十五年（1820）刻道光印本　一冊

330000－1705－0009298　新 1587　子部/儒家類/儒學之屬/性理

淵鑒齋御纂朱子全書六十六卷　（宋）朱熹撰　（清）李光地等輯　清康熙五十三年（1714）武英殿刻本　十六冊　缺三十五卷（十二至十六、三十七至六十六）

330000－1705－0009303　新 1536　史部/金石類/陶之屬/文字

秦漢瓦當文字二卷續一卷　（清）程敦撰　清光緒據清乾隆五十二年（1787）橫渠書院刻五十九年（1794）續刻本影印本　三冊

330000－1705－0009304　新 1537　史部/金石類/陶之屬/文字

秦漢瓦當文字二卷續一卷　（清）程敦撰　清光緒據清乾隆五十二年（1787）橫渠書院刻五十九年（1794）續刻本影印本　三冊

330000－1705－0009305　新 1553　史部/史評類/史論之屬

史畧歌論十二卷首一卷　（清）裘曰和輯　清

道光木活字印本　一冊　存二卷（三至四）

330000－1705－0009306　新 1528　子部/藝術類/書畫之屬/法帖

蘇米齋蘭亭考八卷　（清）翁方綱撰　清道光二十五年（1845）淮陽張氏須曼羅室刻本　一冊

330000－1705－0009307　新 1546　類叢部/叢書類/自著之屬

少室山房四集　（明）胡應麟撰　明刻本　一冊　存一種

330000－1705－0009308　新 1596　子部/儒家類/儒學之屬/禮教

五種遺規摘鈔　（清）陳弘謀輯並撰　（清）劉肇紳摘抄　清刻本　一冊　存一種

330000－1705－0009309　新 1538　史部/金石類/陶之屬/文字

秦漢瓦當文字二卷續一卷　（清）程敦撰　清乾隆五十二年（1787）橫渠書院刻五十九年（1794）續刻本　三冊

330000－1705－0009310　新 1560　子部/雜著類/雜纂之屬

諸子品節五十卷　（明）陳深輯　明萬曆刻本　一冊　存一卷（一）

330000－1705－0009312　新 1590　子部/儒家類/儒學之屬/性理

呻吟語六卷　（明）呂坤撰　**呻吟語疑一卷**（清）陸隴其撰　清道光十七年（1837）雅雨堂刻本　三冊　存四卷（一、四、六，呻吟語疑）

330000－1705－0009313　新 1526　史部/金石類

行素草堂金石叢書　（清）朱記榮輯　清光緒吳縣朱氏刻十四年（1888）彙印本　二冊　存一種

330000－1705－0009315　新 1561　子部/叢編

諸子褒異九種　（明）汪定國編　明末刻本　二冊　存三種

330000－1705－0009316　新1547　史部/史評類/史論之屬

綱目書法一卷 （明）屠隆撰　**讀史論略一卷** （清）杜詔撰　（清）王孫芸　（清）莫健箋　清抄本　一冊

330000－1705－0009317　新1548　史部/史評類/史論之屬

讀通鑑論三十卷末一卷附宋論十五卷 （清）王夫之撰　清光緒二十九年（1903）寧波孟晉書社石印本　八冊

330000－1705－0009320　新1591　子部/儒家類/儒學之屬/蒙學

龍文鞭影二卷 （明）蕭良有纂輯　（清）楊臣靜增訂　（清）來集之音注　清刻本　二冊

330000－1705－0009321　新1568　子部/儒家類/儒學之屬/禮教/女範

女誡淺釋一卷附校勘記一卷 （漢）班昭撰　（清）勞紡釋　清光緒二十五年（1899）秀水陶保廉守拙之居刻本　一冊

330000－1705－0009323　新1541　史部/金石類/玉之屬/圖像

寶古堂重考古玉圖二卷 （元）朱德潤撰　明萬曆三十年（1602）吳萬化刻本　一冊

330000－1705－0009324　新1527　史部/金石類/總志之屬/目錄

石錄不分卷 （清）鄭勲錄　清抄本　一冊

330000－1705－0009325　新1529　子部/藝術類/書畫之屬/法帖

淳化閣帖釋文二卷 （清）沈宗騫校定　清抄本　一冊

330000－1705－0009326　新1550、新2692　類叢部/叢書類/自著之屬

杭大宗七種叢書 （清）杭世駿撰　清乾隆杭賓仁羊城刻本　二冊　存四種

330000－1705－0009327　新1542　史部/金石類/錢幣之屬/雜著

錢志新編二十卷 （清）張崇懿輯　清道光十年（1830）古婁尹湘酌春堂刻本　二冊　存九卷（六至九、十一至十五）

330000－1705－0009328　新1551　史部/史評類/史論之屬

史通通釋二十卷 （清）浦起龍撰　清光緒十九年（1893）上海文瑞樓石印本　竟寬記　八冊

330000－1705－0009330　新1613　子部/兵家類/兵法之屬

兵法百戰經二卷 （明）王鳴鶴撰　（明）何仲叔輯　清刻本　一冊

330000－1705－0009333　新1570　子部/儒家類/儒家之屬

孔氏家語十卷 （明）錢受益校　**孔子集語二卷** （唐）薛據纂　（明）鍾人傑閱　清刻本　二冊

330000－1705－0009334　新1597、新1598　子部/儒家類/儒學之屬/禮教

五種遺規摘鈔 （清）陳弘謀輯並撰　（清）劉肇紳摘抄　清道光十八年（1838）刻本　三冊　存二種

330000－1705－0009336　新1678　子部/醫家類/綜合之屬/通論

赤水玄珠三十卷醫案五卷醫旨緒餘二卷 （明）孫一奎撰　明萬曆二十四年（1596）孫泰來、孫朋來刻清康熙吳氏重修本　二十八冊　缺七卷（醫案一至五、醫旨緒餘一至二）

330000－1705－0009337　新1694　子部/醫家類/方書之屬/單方驗方

時症方論一卷 （清）俞彰信撰　清光緒寧波富祥印刷所鉛印本　一冊

330000－1705－0009338　新1695　子部/醫家類/方書之屬/單方驗方

時症方論一卷 （清）俞彰信撰　清光緒寧波富祥印刷所鉛印本　一冊

330000－1705－0009339　新1637、新1622　子部/叢編

二十二子（二十二子彙函） （清）浙江書局編　清光緒元年至三年（1875－1877）浙江書局

刻本　十一册　存二種

330000 – 1705 – 0009342　新 1638　子部/醫
家類/類編之屬

東垣十書附二種　清光緒三十三年(1907)文
盛書局石印本　六册

330000 – 1705 – 0009343　新 1581　子部/藝
術類/書畫之屬/畫譜

點石齋叢畫十卷　尊聞閣主人輯　清光緒六
年(1880)上海點石齋石印本　一册　存一卷
(四)

330000 – 1705 – 0009344　新 1614　子部/兵
家類/兵法之屬

洴澼百金方十四卷首一卷　(清)袁宮桂撰
清道光二十年(1840)刻本　一册　存一卷
(四)

330000 – 1705 – 0009346　新 1684　子部/醫
家類/方書之屬/歷代方書

千金翼方三十卷　(唐)孫思邈撰　清同治七
年(1868)姑蘇掃葉山房刻本　二十册

330000 – 1705 – 0009347　新 1780　子部/術
數類/命書相書之屬

璇璣抉微五卷　(清)華善繼撰　清刻本　二
册　存三卷(三至五)

330000 – 1705 – 0009348　新 1644　子部/醫
家類/類編之屬

張氏醫書七種　(清)張璐等撰　清光緒二十
年(1894)上海圖書集成印書局石印本　十二
册　存一種

330000 – 1705 – 0009350　新 1571　子部/儒
家類/儒家之屬

孔氏家語十卷　(三國魏)王肅注　清光緒上
海同文書局石印本　五册

330000 – 1705 – 0009351　新 1661、新 1662
子部/醫家類/本草之屬/歷代綜合本草

**本草綱目五十二卷附圖三卷瀕湖脈學一卷奇
經八脈攷一卷脈訣攷證一卷**　(明)李時珍撰
　　本草萬方鍼線八卷藥品總目一卷　(清)蔡
烈先輯　**本草綱目拾遺十卷**　(清)趙學敏輯

清光緒二十年(1894)上海圖書集成印書局
鉛印本　二十四册

330000 – 1705 – 0009353　新 1616　新學/圖
學/測繪

行軍測繪十卷首一卷附圖一卷　(英國)連提
撰　(英國)傅蘭雅口譯　(清)趙元益筆述
清光緒江南製造總局刻本　一册　缺六卷
(首、一至五)

330000 – 1705 – 0009354　新 1633　子部/醫
家類/醫經之屬/內經

重廣補註黃帝內經素問二十四卷　(唐)王冰
注　(宋)林億等校正　(宋)孫兆改誤　清末
影印本　八册

330000 – 1705 – 0009355　新 1578　子部/儒
家類/儒學之屬/禮教/鄉約

鄉禮□□卷　(明)黃佐撰　明刻本　一册
存三卷(四至六)

330000 – 1705 – 0009357　新 1599　子部/宗
教類/道教之屬

太上寶筏圖說八卷　(清)黃正元纂　清光緒
十八年(1892)上海鴻文書局石印本　八册

330000 – 1705 – 0009360　新 1580　子部/儒
家類/儒學之屬/性理

慈溪黃氏日抄分類九十七卷　(宋)黃震撰
清乾隆木活字印本　二册　存三卷(三至四、
七十一)

330000 – 1705 – 0009361　新 1634　子部/醫
家類/醫經之屬/內經

重廣補註黃帝內經素問二十四卷　(唐)王冰
注　(宋)林億等校正　(宋)孫兆改誤　明嘉
靖二十九年(1550)顧從德影宋刻本　五册
存十六卷(一至五、八至十四、二十一至二十
四)

330000 – 1705 – 0009362　新 1579　子部/儒
家類/儒學之屬/性理

近思錄集解十四卷　(宋)葉采撰　清刻本
四册

330000 – 1705 – 0009363　新 1600　子部/儒

家類/儒學之屬/蒙學

弟子規一卷 （清）李毓秀撰 清光緒二十七年(1901)何氏惜分陰齋石印本 一冊

330000－1705－0009364 新1620 子部/法家類

韓子迂評二十卷 （明）門無子撰 附錄一卷 明刻本 一冊 存十卷(一至十)

330000－1705－0009365 新1653 子部/醫家類/醫理之屬/綜合

華佗秘書不分卷 （清）釋性璇抄 清抄本 一冊

330000－1705－0009366 新1651 子部/醫家類/本草之屬/神農本草經

本經疏證十二卷續疏六卷本經序疏要八卷 （清）鄒澍撰 清光緒常州長年醫局刻本 十二冊

330000－1705－0009367 新1601 子部/儒家類/儒學之屬/蒙學

弟子規一卷 （清）李毓秀撰 清光緒二十七年(1901)何氏惜分陰齋石印本 一冊

330000－1705－0009369 新1636 子部/醫家類/醫經之屬/內經

重廣補註黃帝內經素問二十四卷 （唐）王冰注 （宋）林億等校正 （宋）孫兆改誤 明嘉靖二十九年(1550)顧從德影宋刻本 二冊 存五卷(一至二、二十二至二十四)

330000－1705－0009370 新1602 子部/雜著類/雜纂之屬

勸戒近錄六卷續錄六卷三錄六卷四錄六卷五錄六卷六錄六卷七錄六卷八錄六卷九錄六卷 （清）梁恭辰撰 清光緒二十九年(1903)江陰章氏石印本 二冊 存十二卷(勸戒近錄一至六、三錄一至六)

330000－1705－0009372 楊0042 類叢部/叢書類/彙編之屬

七種古文選 （清）儲欣選評 清乾隆萬卷樓刻本 六冊 存一種

330000－1705－0009377 新1642 子部/醫

498

家類/類編之屬

家居醫錄 明嘉靖刻本 一冊 存一種

330000－1705－0009379 新1667 子部/醫家類/本草之屬/歷代綜合本草

本草蒝明圖說不分卷 （清）高承炳撰 清光緒十八年(1892)上海古香閣石印本 三冊

330000－1705－0009381 新1641 子部/醫家類/綜合之屬/通論

欽定古今圖書集成醫部全錄五百二十卷 （清）陳夢雷 （清）蔣廷錫等輯 清石印本 一冊 存六卷(一百十六至一百二十一)

330000－1705－0009382 新1666 子部/醫家類/方書之屬/單方驗方

本草萬方鍼線八卷藥品總目一卷 （清）蔡烈先輯 清金閶書業堂刻本 二冊

330000－1705－0009383 新1607 子部/叢編

子書二十八種 （清）育文書局編 清上海育文書局石印本 一冊 存一種

330000－1705－0009385 新1669 子部/醫家類/本草之屬/食療本草

人蔘圖說一卷 （清）鄭軒哉撰 清嘉慶七年(1802)荻浦書屋刻本 一冊

330000－1705－0009386 新1640 子部/醫家類/綜合之屬/通論

醫無閭子醫貫六卷 （明）趙獻可撰 明崇禎刻本 一冊 存三卷(一至三)

330000－1705－0009388 新1670 子部/醫家類/本草之屬/歷代綜合本草

中藥材採購知識摘鈔不分卷 抄本 一冊

330000－1705－0009389 新1610 集部/別集類/漢魏六朝別集

武侯全書二十卷首一卷 （三國蜀）諸葛亮撰 （清）趙承恩輯 清同治十年(1871)麗澤書屋木活字印本 八冊

330000－1705－0009392 新1630 子部/農家農學類/蠶桑之屬

寧郡蠶桑要言一卷 （清）費烈傳口述 清末
汲綆齋刻本 一冊

330000－1705－0009393 新 1799 子部/術
數類/命書相書之屬

增補星平會海命學全書十卷首一卷 （清）水
中龍撰 清乾隆刻本 四冊

330000－1705－0009396 新 1672 子部/醫
家類/針灸之屬/經絡腧穴

奇經八脈考一卷瀕湖脈學一卷脈訣考證一卷
（明）李時珍撰 清刻本 一冊

330000－1705－0009397 新 1643 子部/醫
家類/類編之屬

世補齋醫書 （清）陸懋修撰輯 清光緒十年
（1884）刻十二年（1886）山左書局印本 一冊
存三種

330000－1705－0009398 新 1800 子部/術
數類/相宅相墓之屬

地理大全一集形勢真訣三十卷二集理氣秘旨
二十五卷 （明）李國木輯 明崇禎刻本 二
十冊 存三十卷（一集形勢真訣一至三十）

330000－1705－0009400 新 1673 子部/醫
家類/診法之屬/脈經脈訣

瀕湖脈學一卷奇經八脈攷一卷 （明）李時珍
撰 清刻本 一冊

330000－1705－0009404 新 1801 子部/術
數類/相宅相墓之屬

地理大成五種四十九卷 （清）葉泰輯 清大
成齋刻本 三冊 存一種

330000－1705－0009405 新 1776 子部/術
數類/占卜之屬

卜筮闡微八卷 （清）鄭鵬撰 清乾隆十七年
（1752）刻本 清子卿批 一冊 存四卷（五
至八）

330000－1705－0009406 新 1674 子部/醫
家類/綜合之屬/通論

簡易醫訣六卷 （清）周雲章撰 清光緒十八
年（1892）四明伴梅軒刻本 三冊

330000－1705－0009407 新 1709 子部/醫
家類/傷寒金匱之屬/傷寒論

劉河間傷寒六書附二種 （金）劉完素等撰
清宣統元年（1909）千頃堂書局石印本 四冊
存六種

330000－1705－0009408 新 1631 子部/農
家農學類/蠶桑之屬

蠶桑萃編十五卷首一卷 （清）衛杰撰 清光
緒二十五年（1899）刻本 八冊

330000－1705－0009410 新 1707 子部/醫
家類/傷寒金匱之屬/傷寒論

傷寒來蘇集三種 （清）柯琴撰 清道光二十
年（1840）一經堂刻本 八冊

330000－1705－0009411 新 1624 子部/法
家類

管子續編一卷 章炳麟撰 清抄本 一冊

330000－1705－0009412 新 1692 子部/醫
家類/方書之屬/歷代方書

醫方集解三卷 （清）汪昂撰 清刻本 五冊

330000－1705－0009413 新 1809 子部/藝
術類/書畫之屬/書法書品

書學彙編十卷 （清）萬斯同輯 清抄本 一
冊 存二卷（一至二）

330000－1705－0009414 新 1785 子部/術
數類/命書相書之屬

新刊校正增釋合併麻衣先生人相編五卷
（明）陸位崇輯 清崇文堂刻本 一冊 存三
卷（一至三）

330000－1705－0009415 新 1675 子部/醫
家類/養生之屬/導引、氣功

易筋經二卷 題（北魏）達摩祖師撰 （唐）釋
般刺密諦譯義 清刻本 一冊

330000－1705－0009416 新 1708 子部/醫
家類/傷寒金匱之屬/傷寒論

傷寒論翼二卷附翼二卷 （清）柯琴撰 清光
緒石印本 二冊

330000－1705－0009417 新 1779 子部/術

數類/命書相書之屬

子平四言集腋六卷 （清）廖冀亨撰　清道光三十年(1850)求可堂刻本　一冊　存二卷（五至六）

330000－1705－0009419　新1811　類叢部/叢書類/彙編之屬

埽葉山房叢鈔二十六種 （清）席威編　清同治至光緒刻光緒九年(1883)彙印本　二冊　存一種

330000－1705－0009420　新1691　子部/醫家類/方書之屬/單方驗方

絳雪園古方選註不分卷得宜本草一卷 （清）王子接輯　清埽葉山房刻本　四冊

330000－1705－0009421　新1625　子部/法家類

管子春秋三卷 （春秋）管仲撰　清刻本　一冊　存一卷（一）

330000－1705－0009423　新1693　子部/醫家類/方書之屬/單方驗方

文堂集驗方四卷 （清）何京輯　清道光刻本　一冊　存一卷（三）

330000－1705－0009424　新1812　子部/藝術類/書畫之屬/總論

甌鉢羅室書畫過目攷四卷首一卷附一卷 （清）李玉棻撰　清光緒上海鴻文齋石印本　四冊

330000－1705－0009425　新1796　子部/術數類/相宅相墓之屬

新編秘傳堪輿類纂人天共寶十二卷 （明）黃慎編　明崇禎六年(1633)刻本　十二冊

330000－1705－0009426　新1710　子部/醫家類/傷寒金匱之屬/傷寒論

劉河間傷寒三書二十卷 （金）劉完素撰　清宣統元年(1909)千頃堂書局石印本　四冊

330000－1705－0009427　新1733　子部/醫家類/針灸之屬/針法灸法

徐氏專灸百病萬應摘要秘訣靈書一卷 清抄本　一冊

330000－1705－0009431　新1626　子部/叢編

齊民要術十卷 （清）崇文書局編　清光緒元年(1875)湖北崇文書局刻民國元年(1912)重印本　四冊

330000－1705－0009432　新1734　子部/醫家類/醫話醫論之屬

壽世編七卷 清道光二十二年(1842)刻同治後印本　一冊　存三卷（達生篇、保嬰篇、救急篇）

330000－1705－0009433　新1865　子部/藝術類/書畫之屬/畫譜

鏡江畫譜不分卷 （清）馬鏡江撰　清光緒石印本　清褚德彝題簽　一冊

330000－1705－0009434　新1798　子部/術數類/相宅相墓之屬

地理大成五種四十九卷 （清）葉泰輯　清大成齋刻本　十四冊　存一種

330000－1705－0009435　新1861　子部/藝術類/書畫之屬/總論

佩文齋書畫譜一百卷 （清）孫岳頒等輯　清光緒九年(1883)上海同文書局石印本　十六冊

330000－1705－0009436　新1690　子部/醫家類/綜合之屬/合刻、合抄

景岳全書六十四卷 （明）張介賓撰　清刻本　一冊　存二卷（十三至十四）

330000－1705－0009438　楊0041　經部/春秋左傳類/傳說之屬

東萊博議四卷 （宋）呂祖謙撰　（清）張文炳評點　清道光二十四年(1844)海陵懷德堂刻本　四冊

330000－1705－0009440　新1797　子部/術數類/相宅相墓之屬

山洋指迷原本四卷 （明）周景一撰　（清）俞歸璞　（清）吳卿瞻增注　清乾隆五十二年(1787)刻本　二冊

330000－1705－0009442　新1886　子部/藝

術類/篆刻之屬/印譜

古銅印略不分卷 （清）何壽章輯　清光緒鈐印本　二冊

330000－1705－0009444　新1814　史部/金石類/總志之屬

學古齋金石叢書四集 （清）葛元煦輯　清光緒崇川葛氏學古齋刻本　四冊　存一種

330000－1705－0009445　新1735　子部/醫家類/醫理之屬　陰陽五行、五運六氣

運氣定論一卷 （清）董說撰　清刻本　一冊

330000－1705－0009446　新1869　子部/藝術類/書畫之屬/畫錄

畫題合璧不分卷 清光緒八年(1882)石印本　一冊

330000－1705－0009448　新1891　子部/藝術類/篆刻之屬/印譜

樂石齋印譜一卷 （清）何昆玉篆刻　清同治高要何氏鈐印本　知行軒題簽　四冊

330000－1705－0009449　新1714　子部/醫家類/外科之屬/通論

重訂外科正宗十二卷 （明）陳實功撰　（清）張鶚翼重訂　清乾隆四十五年(1780)刻本　四冊

330000－1705－0009450　新1715　子部/醫家類/類編之屬

薛氏醫按二十四種 （明）吳琯編　明刻本　一冊　存一種

330000－1705－0009453　新1585　子部/儒家類/儒學之屬/性理

朱子語類一百四十卷 （宋）朱熹撰　（宋）黎靖德輯　清刻本　一冊　存四卷(十至十三)

330000－1705－0009454　新1825　史部/傳記類/總傳之屬/技藝

歷代畫史彙傳七十二卷首一卷附錄二卷 （清）彭蘊璨輯　清宣統二年(1910)上海文瑞樓書局石印本　陳里仁題記　十二冊

330000－1705－0009457　新1592　子部/雜著類/雜說之屬

于氏中說二卷 （明）于鎰撰　**契元公論草一卷** （明）于玉瑞輯　**墓誌銘一卷神道碑一卷** （明）余本等撰　**校勘錯誤一卷** 清光緒八年(1882)于馭良刻本　三冊

330000－1705－0009458　新1719　子部/醫家類/喉科口齒之屬

咽喉全書一卷 清光緒范賡治抄本　一冊

330000－1705－0009461　新1720　子部/醫家類/喉科口齒之屬

尤氏喉科二卷 清光緒范賡治抄本　二冊

330000－1705－0009463　新1828　子部/藝術類/書畫之屬

桐陰論畫三卷附錄一卷桐陰畫訣一卷續桐陰論畫一卷二編二卷三編二卷 （清）秦祖永撰　清同治三年至光緒八年(1864-1882)刻朱墨套印本　四冊　存六卷(桐陰論畫一至三、附錄、桐陰畫訣、續桐陰論畫)

330000－1705－0009466　新1739　子部/天文曆算類/曆法之屬

御製律曆淵源五種 （清）允祿　（清）允祉等纂修　清雍正內府刻本　五冊　存一種

330000－1705－0009467　新1728　子部/醫家類/兒科之屬

拯嬰彙編不分卷 清同治七年(1868)慈城拯嬰會刻本　一冊

330000－1705－0009468　新1817　類叢部/叢書類/彙編之屬

述古叢鈔二十八種 （清）劉晚榮編　清同治至光緒古岡劉氏藏修書屋刻本　一冊　存五種

330000－1705－0009469　新1821　子部/藝術類/書畫之屬

寶繪錄二十卷 （明）張泰階輯　明崇禎刻本　一冊　存五卷(一至五)

330000－1705－0009471　新1862　子部/藝術類/書畫之屬/畫譜

歷代名人畫譜四卷 （明）顧炳輯　清光緒十

四年(1888)上海鴻文書局石印本 四册

330000－1705－0009474 新 1863 子部/藝術類/書畫之屬/畫譜

歷代名人畫譜四卷 (明)顧炳輯 清光緒十四年(1888)上海鴻文書局石印本 二册 存二卷(二至三)

330000－1705－0009475 新 1740 子部/天文曆算類/曆法之屬

新鐫曆法便覽象吉備要通書大全二十九卷 (清)魏鑑撰 清世德堂刻本 十册

330000－1705－0009478 新 1731 子部/醫家類/針灸之屬/通論

鍼灸大成十卷 (明)楊繼洲撰 清道光十三年(1833)崇德書院刻本 一册 存一卷(一)

330000－1705－0009479 新 1915 史部/金石類/總志之屬/圖像

西清續鑑甲編二十卷附錄一卷 (清)王杰等纂修 清宣統二年(1910)上海涵芬樓影印本 二十六册 缺八卷(六至十二、附錄)

330000－1705－0009480 新 1864 子部/藝術類/書畫之屬/畫譜

竹譜一卷 清刻本 一册

330000－1705－0009481 新 1845 子部/藝術類/書畫之屬/畫譜

紉齋畫賸不分卷 (清)陳允升繪 清光緒二年至七年(1876－1881)陳氏得古歡室刻本 八册

330000－1705－0009482 新 1889 子部/藝術類/篆刻之屬/印譜

次閑印譜不分卷 (清)趙之琛篆刻 清光緒百石齋鈐印本 二册

330000－1705－0009483 新 1890 子部/藝術類/篆刻之屬/印譜

詩品印譜四卷 (清)翁壽虞篆 清宣統元年(1909)鈐印本 四册

330000－1705－0009484 新 1829 子部/藝術類/書畫之屬

四銅鼓齋論畫集刻 (清)張祥河輯 清道光二十六年(1846)華亭張氏刻本 一册 存三種

330000－1705－0009487 新 1880 子部/藝術類/篆刻之屬/印譜

適園印譜一卷 (清)吳咨篆刻 清宣統三年(1911)石印本 一册

330000－1705－0009488 新 1876 史部/金石類/璽印之屬

集古印譜六卷 (明)王常輯 明萬曆三年(1575)顧氏芸閣刻朱印本 四册 存四卷(一、三、五至六)

330000－1705－0009490 新 1888 子部/藝術類/篆刻之屬/印譜

小石山房印譜四卷歸去來辭一卷集名刻一卷 (清)顧湘 (清)顧浩輯 清道光八年(1828)海虞顧氏小石山房鈐印本 六册

330000－1705－0009493 新 1846 子部/藝術類/書畫之屬/畫錄

嶽雪樓書畫錄五卷 (清)孔廣陶編 清光緒十五年(1889)三十有三萬卷堂刻本 五册

330000－1705－0009495 新 1764 子部/天文曆算類/曆法之屬

光緒甲辰歲曆書不分卷 清光緒三十年(1904)惜陰別墅石印本 一册

330000－1705－0009499 新 1847 子部/藝術類/書畫之屬/題跋

習苦齋畫絮十卷 (清)戴熙撰 清光緒十九年(1893)刻本 六册

330000－1705－0009500 新 1875 史部/金石類/璽印之屬

集古印譜六卷 (明)王常輯 明萬曆三年(1575)顧氏芸閣刻朱印本 四册 存四卷(二、四至六)

330000－1705－0009501 新 1765 子部/天文曆算類/算書之屬

算法指掌四卷 清刻本 馮適題記 一册 存三卷(二至四)

330000－1705－0009503　新1904　子部/藝術類/遊藝之屬/棋弈

官子譜不分卷　清刻本　一冊

330000－1705－0009504　新1892　子部/藝術類/篆刻之屬/印譜

吳讓之印存不分卷　（清）吳讓之篆刻　（清）西泠印社輯　清西泠印社鈐印本　十冊

330000－1705－0009505　新1923　類叢部/叢書類/自著之屬

隨園三十八種　（清）袁枚撰　清光緒十八年(1892)勤裕堂交著易堂鉛印本　一冊　存一種

330000－1705－0009506　新1841　子部/藝術類/書畫之屬/畫譜

泛槎圖不分卷續泛槎圖不分卷　（清）張寶繪　清嘉慶二十五年(1820)刻本　二冊　存續泛槎圖

330000－1705－0009507　新1881　子部/藝術類/篆刻之屬/印譜

西泠六家印存六卷　（清）傅栻輯　清光緒九年(1883)刻鈐印本　四冊

330000－1705－0009508　新1766　子部/天文曆算類/算書之屬

翠微山房數學十四種　（清）張作楠撰　清光緒五年(1879)息園刻本　三冊　存一種

330000－1705－0009509　新1921　子部/藝術類/書畫之屬/畫譜

列仙酒牌一卷　（清）任熊繪　清光緒十二年(1886)上海同文書局石印本　一冊

330000－1705－0009510　新1848　子部/藝術類/書畫之屬/畫譜

胡蝶秋齋藏冊不分卷　（清）胡蝶秋齋主人輯　清光緒五年(1879)刻本　一冊

330000－1705－0009512　新1905　子部/藝術類/遊藝之屬/棋弈

受子譜選二卷首一卷　（清）李汝珍輯　清刻本　清楊泰亨題簽並記　一冊

330000－1705－0009513　新1919　子部/工藝類/文房四寶之屬/硯

謝氏硯攷四卷首一卷　（清）謝慎修撰　清乾隆刻本　一冊

330000－1705－0009514　新1767　類叢部/叢書類/彙編之屬

微波榭叢書十一種　（清）孔繼涵編　清孔氏刻彙印本　一冊　存一種

330000－1705－0009515　新1842　子部/藝術類/書畫之屬/畫譜

原版任渭長畫傳不分卷　（清）任熊撰　清光緒刻本　一冊

330000－1705－0009517　新1907　子部/藝術類/遊藝之屬/雜藝

七巧書譜二卷　（清）嚴恒撰　（清）嚴信厚輯　清光緒十八年(1892)刻本　一冊

330000－1705－0009518　新2263　集部/別集類/唐五代別集

靈隱子六卷　（唐）駱賓王撰　（明）陳魁士注　明萬曆二十四年(1596)陳大科刻本　五冊　缺一卷(一)

330000－1705－0009520　新1871　子部/藝術類/篆刻之屬

西泠印社印學叢書　清宣統至民國刻本暨木活字印本　一冊　存二種

330000－1705－0009521　新1833　史部/傳記類/總傳之屬/技藝

國朝畫徵錄三卷續錄二卷明人附錄一卷　（清）張庚撰　（明）黎遂球　（明）袁樞撰　清刻本　一冊　存三卷(畫徵錄一至三)

330000－1705－0009523　新1768　子部/天文曆算類/天文之屬

乾象圖二卷　清抄本　一冊

330000－1705－0009527　新1926　子部/農家農學類/園藝之屬/總志

佩文齋廣羣芳譜一百卷目錄二卷　（清）汪灝等撰　清刻本　三十六冊

330000－1705－0009528　新 1894　子部/藝術類/篆刻之屬/印譜

完白山人篆刻偶存不分卷　（清）鄧琰篆刻
清光緒三十二年（1906）鈐印本　一冊

330000－1705－0009530　新 1879　子部/藝術類/篆刻之屬/印譜

七家印譜彙存不分卷　（清）嚴信厚輯　清光緒二十七年（1901）小長蘆館鈐印本　十冊

330000－1705－0009531　新 1910　子部/藝術類/書畫之屬/畫譜

實用工藝圖樣不分卷　清刻本　一冊

330000－1705－0009534　新 1836　子部/藝術類/書畫之屬/畫譜

水滸圖贊不分卷　（明）杜堇繪　清石印本
一冊

330000－1705－0009535　新 1895　子部/藝術類/篆刻之屬/印譜

紫竹山房引印存不分卷　鈐印本　一冊

330000－1705－0009537　新 1916　類叢部/叢書類/彙編之屬

武英殿聚珍版書一百三十八種　清乾隆浙江刻本　一冊　存一種

330000－1705－0009538　新 1896　子部/藝術類/篆刻之屬/印譜

古梅軒印存不分卷　鈐印本　一冊

330000－1705－0009539　新 1925　子部/農家農學類/園藝之屬/總志

二如亭群芳譜三十卷首一卷　（明）王象晉撰
清刻本　十二冊　存三十三卷（天譜三；歲譜首、一至四；蔬譜首、一至二；茶譜首、一；竹譜首、一；桑麻葛譜；棉譜；卉譜首、一至二；花譜首、一、三至四；藥譜首、一至三；木譜首、一至二；穀譜首、一；魚譜首、一）

330000－1705－0009540　新 1917　子部/工藝類/文房四寶之屬/硯

端溪硯史三卷　（清）吳蘭修撰　清道光味菜廬木活字印本　四冊

330000－1705－0009542　新 2090　集部/小說類/長篇之屬

品花寶鑑六十回　（清）陳森撰　清刻本　十二冊　存五十五回（一至五十五）

330000－1705－0009543　新 1839　子部/農家農學類/總論之屬

御製耕織圖四十六幅　（清）焦秉貞繪　（清）聖祖玄燁題詩　清乾隆初內府刻朱墨套印本
一冊　缺三幅（織第四、六、十圖）

330000－1705－0009544　新 1959、新 2497　類叢部/叢書類/自著之屬

今白華堂集六種附一種　（清）童槐撰　清同治刻本　四冊　存二種

330000－1705－0009545　新 1929　類叢部/叢書類/彙編之屬

申報館叢書正集五十七種附錄三種　尊聞閣主編　**續集一百四十二種**　蔡爾康編　清同治至光緒上海申報館鉛印本　一冊　存一種

330000－1705－0009546　新 1978　史部/地理類/雜志之屬

谿上遺聞集錄十卷別錄二卷　（清）尹元煒撰　清道光二十八年（1848）慈谿馮本懷抱珠樓刻本　四冊　缺二卷（別錄一至二）

330000－1705－0009547　新 1927　子部/農家農學類/園藝之屬/總志

佩文齋廣羣芳譜一百卷目錄二卷　（清）汪灝等撰　清康熙刻本　三十冊　存九十七卷（一至十五、十八至二十四、二十八至一百，目錄上下）

330000－1705－0009548　新 1897　子部/藝術類/篆刻之屬/印譜

似魚室印槀不分卷　清鈐印本　一冊

330000－1705－0009550　新 1960　子部/雜著類/雜考之屬

讀書雜志八十二卷餘編二卷　（清）王念孫撰　清同治九年（1870）金陵書局刻本　十五冊　缺十五卷（史記一至三，淮南內篇雜志十一至二十、補一，漢隸拾遺一）

330000 – 1705 – 0009552　新 1933　子部/叢編

二十家子書二十種二十九卷　（明）謝汝韶編
明萬曆六年(1578)吉藩崇德書院刻本　一
冊　存一種

330000 – 1705 – 0009553　新 1979　子部/雜著類/雜說之屬

郎潛紀聞十四卷燕下鄉脞錄十六卷　（清）陳
康祺撰　清光緒六年（1880）琴川、七年
(1881)暨陽刻民國三十一年(1942)重校印本
清董沛批　卓葆亭題記　八冊

330000 – 1705 – 0009555　新 1962　子部/雜著類/雜考之屬

日知錄集釋三十二卷刊誤二卷續刊誤二卷
(清)黃汝成撰　清光緒三年(1877)刻本　十
五冊　存三十二卷(日知錄集釋一至三十二)

330000 – 1705 – 0009557　新 2114　集部/小說類/長篇之屬

繪圖開闢演義四卷八十回　（明）周游撰
(明)王黌釋　清光緒二十九年(1903)上海章
福記石印本　四冊

330000 – 1705 – 0009559　新 1970　類叢部/叢書類/彙編之屬

知不足齋叢書一百九十六種　（清）鮑廷博編
清乾隆三十七年至道光三年(1772 – 1823)
長塘鮑氏刻彙印本　一冊　存五卷(對牀夜
語一至五)

330000 – 1705 – 0009562　新 1964　子部/雜著類/雜說之屬

隨園隨筆二十八卷　（清）袁枚撰　清刻本
二冊　存四卷(九至十二)

330000 – 1705 – 0009563　新 1980　類叢部/叢書類/彙編之屬

正覺樓叢刻(正覺樓叢書) 二十九種　（清）崇
文書局編　清光緒崇文書局刻本　二冊　存
一種

330000 – 1705 – 0009565　新 2160　類叢部/類書類/專類之屬

佩文韻府一百六卷　（清）張玉書　（清）蔡升
元等輯　**韻府拾遺一百六卷**　（清）汪灝
(清)何焯等輯　清光緒二十年(1894)上海點
石齋石印本　四十九冊　存一百四卷(佩文
韻府一至三十四、三十七至一百六)

330000 – 1705 – 0009566　新 1934　子部/叢編

子書百家　（清）崇文書局編　清光緒元年
(1875)湖北崇文書局刻本　二冊　存一種

330000 – 1705 – 0009568　新 1973　類叢部/叢書類/彙編之屬

**亦政堂鐫陳眉公家藏彙祕笈(寶顏堂彙祕笈)
四十二種**　（明）陳繼儒編　明萬曆沈氏亦政
堂刻本　二冊　存一種

330000 – 1705 – 0009569　新 1975　子部/雜著類/雜考之屬

丹鉛總錄二十七卷　（明）楊慎撰　明嘉靖三
十三年(1554)梁佐刻本　一冊　存二卷(十
一至十二)

330000 – 1705 – 0009570　新 1963　子部/雜著類/雜說之屬

池北偶談二十六卷　（清）王士禎撰　清光緒
二十二年(1896)上海慎記書莊石印本　五冊
缺四卷(十一至十四)

330000 – 1705 – 0009571　新 1937　子部/雜家類

呂氏春秋二十六卷　（漢）高誘注　明刻本
一冊　存三卷(十七至十九)

330000 – 1705 – 0009572　新 1914　史部/金石類/總志之屬/圖像

西清古鑑四十卷錢錄十六卷　（清）梁詩正
(清)蔣溥等纂修　清光緒十四年(1888)邁宋
書館日本銅版印本　二十四冊

330000 – 1705 – 0009573　新 1961　集部/小說類/短篇之屬

淞隱漫錄十二卷　（清）王韜撰　清光緒十年
(1884)上海點石齋石印本　一冊　存九卷
(一至九)

330000－1705－0009575 新2085 集部/小說類/長篇之屬

花月痕全書十六卷五十二回 （清）魏秀仁撰 （清）棲霞居士評 清光緒著易堂鉛印本 四冊

330000－1705－0009576 新1939 類叢部/叢書類/彙編之屬

祕書廿一種 （清）汪士漢編 清康熙七年（1668）新安汪氏重編印古今逸史本 二冊 存一種

330000－1705－0009577 新1966 子部/雜著類/雜說之屬

冷廬雜識八卷 （清）陸以湉撰 清咸豐六年（1856）刻本 八冊

330000－1705－0009578 新1977 子部/雜著類/雜品之屬

通藝錄□□卷 清抄本 一冊 存一卷（冶氏為戈戟考）

330000－1705－0009579 新1928 子部/雜著類/雜說之屬

明州懶逸隨筆一卷 （清）錢朝鼎撰 清抄本 一冊

330000－1705－0009581 新1944 類叢部/叢書類/彙編之屬

合刻周秦經書十種 （明）盧之頤編 明溪香書屋刻本 一冊 存九卷（譚子化書一至六、廣成子一、尹文子一至二）

330000－1705－0009582 新1981 史部/地理類/外紀之屬

東槎聞見錄四卷 （清）陳家麟撰 清光緒鉛印本 二冊 存二卷（二、四）

330000－1705－0009583 新2006 子部/小說家類/異聞之屬

閱微草堂筆記二十四卷 （清）紀昀撰 清嘉慶五年（1800）北平盛氏刻本 五冊 存十三卷（一至六、九至十、十五至十六、十九至二十一）

330000－1705－0009584 新1850 子部/藝術類/書畫之屬/畫法畫品

海上畫稾不分卷 （清）□□繪 清末石印本 一冊

330000－1705－0009585 新2003 類叢部/叢書類/彙編之屬

古今說海一百三十五種 （明）陸楫等編 明嘉靖二十三年（1544）陸楫儼山書院、雲山書院刻本 一冊 存四種

330000－1705－0009586 新1989 新學/理學/理學

天演論二卷 （英國）赫胥黎撰 嚴復譯 清光緒二十七年（1901）富文書局石印本 □臣題記 一冊

330000－1705－0009588 新1948 子部/雜著類/雜說之屬

鴻苞節錄十卷 （明）屠隆撰 （清）屠繼烈編 清咸豐七年（1857）章丘保硯齋刻本 十冊

330000－1705－0009589 新1967 類叢部/叢書類/彙編之屬

嘯園叢書五十七種 （清）葛元煦編 清光緒二年至七年（1876－1881）仁和葛氏刻本 一冊 存一種

330000－1705－0009590 新1990 新學/理學/理學

天演論二卷 （英國）赫胥黎撰 嚴復譯 清光緒二十七年（1901）富文書局石印本 一冊

330000－1705－0009591 新1991 新學/理學/理學

天演論二卷 （英國）赫胥黎撰 嚴復譯 清光緒二十七年（1901）富文書局石印本 一冊

330000－1705－0009593 新1945 子部/雜著類/雜說之屬

穀山筆麈十八卷 （明）于慎行撰 明萬曆四十一年（1613）于緯刻本 一冊 存四卷（一至四）

330000－1705－0009594 新1942 子部/雜著類/雜說之屬

論衡三十卷 （漢）王充撰 明嘉靖十四年

（1535）蘇獻可通津草堂刻本　一冊　存三卷
（十九至二十一）

330000－1705－0009597　新 1516　史部/金
石類/金之屬/文字

歷代鐘鼎彝器款識法帖二十卷　（宋）薛尚功
撰　清嘉慶二年（1797）儀徵阮氏小瑯嬛仙館
刻本　四冊

330000－1705－0009598　新 2007　子部/小
說家類/異聞之屬

閱微草堂筆記二十四卷　（清）紀昀撰　清嘉
慶二十一年（1816）北平盛氏刻本　十冊

330000－1705－0009599　新 1949　子部/雜
著類/雜說之屬

辨物志六卷　（清）湯調鼎撰　（清）沙澄定
清順治十一年（1654）刻本　一冊　存一卷
（六）

330000－1705－0009601　新 2038　集部/小
說類/短篇之屬

聊齋志異新評十六卷　（清）蒲松齡撰　（清）
王士禛評　（清）呂湛恩注　（清）但明倫批
清咸豐九年（1859）朱墨套印本　清楊家瑜題
記　十六冊

330000－1705－0009602　新 2046　集部/小
說類/短篇之屬

繡像奇書大觀十六卷　清光緒二十年（1894）
文林書局石印本　五冊

330000－1705－0009604　新 1988　子部/雜
著類/雜纂之屬

迪吉錄八卷首一卷　（明）顏茂猷輯　明崇禎
刻本　五冊　缺三卷（首,兆、世）

330000－1705－0009606　新 2024　子部/小
說家類/瑣語之屬

六合內外瑣言二十卷　（清）屠紳撰　清宣統
三年（1911）上海國學扶輪社石印本　四冊
存十三卷（一至四、九至十一、十五至二十）

330000－1705－0009607　新 1950　類叢部/
叢書類/彙編之屬

十萬卷樓叢書五十一種　（清）陸心源編　清

光緒歸安陸氏刻本　一冊　存二種

330000－1705－0009609　新 2039　集部/小
說類/短篇之屬

詳註聊齋志異圖詠十六卷首一卷　（清）蒲松
齡撰　（清）呂湛恩注　（清）徐潤編　清光緒
二十四年（1898）上海鍊石書局石印本　八冊

330000－1705－0009610　新 1849　子部/藝
術類/書畫之屬/畫法畫品

增選古今名人畫彙初集一卷二集一卷　（清）
黎庶昌輯　清光緒二十二年（1896）上海鴻寶
齋石印本　一冊

330000－1705－0009611　新 2025　子部/小
說家類/雜事之屬

重訂西青散記八卷　（清）史震林撰　清末鉛
印本　一冊

330000－1705－0009612　新 2048　集部/小
說類/短篇之屬

繪圖古今奇聞二十二卷　（清）燕山逸史重訂
清光緒十七年（1891）燕山耕餘主人鉛印本
四冊

330000－1705－0009613　新 2004　子部/雜
著類/雜說之屬

說儲八卷二集八卷　（明）陳禹謨撰　明萬曆
三十七年（1609）徐騰芳刻本　二冊　存八卷
（說儲一至八）

330000－1705－0009616　新 2040　集部/小
說類/短篇之屬

詳註聊齋志異圖詠十六卷首一卷　（清）蒲松
齡撰　（清）呂湛恩注　（清）徐潤編　清光緒
十二年（1886）上海同文書局石印本　八冊

330000－1705－0009617　新 1852　子部/藝
術類/書畫之屬/畫譜

吳友如畫寶十二集不分卷　（清）吳嘉猷繪
清宣統元年（1909）上海璧園會社石印本
八冊

330000－1705－0009621　新 2050　集部/小
說類/短篇之屬

繪圖三公奇案二十卷　清光緒十七年（1891）

507

上洋正誼書局鉛印本　四冊　缺六卷(三至八)

330000－1705－0009626　新2021　子部/雜著類/雜纂之屬

兩般秋雨盦隨筆八卷　(清)梁紹壬撰　清緯文堂刻本　八冊

330000－1705－0009630　新2041　集部/小說類/短篇之屬

詳註聊齋志異圖詠十六卷首一卷　(清)蒲松齡撰　(清)呂湛恩注　(清)徐潤編　清光緒十二年(1886)上海同文書局石印本　八冊

330000－1705－0009632　新1957　子部/雜著類/雜說之屬

墨子閒詁十五卷目錄一卷附錄一卷後語二卷　(清)孫詒讓撰　清光緒三十三年(1907)瑞安孫氏刻本　五冊　存十三卷(一至十三)

330000－1705－0009633　新2058　集部/小說類/長篇之屬

第一才子書六十卷首一卷一百二十回　(明)羅本撰　(清)毛宗崗評　清咸豐三年(1853)善成堂刻朱墨套印本　十六冊

330000－1705－0009635　新2042　集部/小說類/短篇之屬

繪圖後聊齋志異十二卷　(清)王韜撰　清光緒十七年(1891)上海鴻文書局石印本　八冊

330000－1705－0009637　新2053　集部/小說類/長篇之屬

精訂綱鑑廿四史通俗衍義二十六卷四十四回首一卷　(清)呂撫撰　清光緒十七年(1891)上海廣百宋齋鉛印本　五冊　缺五卷(十三至十七)

330000－1705－0009641　新2009　子部/小說家類/異聞之屬

異談可信錄二十三卷目錄一卷　(清)鄧昫輯　清京都樂真堂刻本　九冊　存二十二卷(一至二十一、目錄)

330000－1705－0009643　新2028　子部/小說家類/異聞之屬

游俠異聞初集四卷　(清)張文澤輯　清末石印本　一冊　存一卷(二)

330000－1705－0009644　新2055　集部/小說類/長篇之屬

東周列國全志二十三卷一百八回　(清)蔡昪評點　清光緒十年(1884)上海紫文閣刻本　二十四冊

330000－1705－0009645　新2044　集部/小說類/短篇之屬

新繪今古奇觀圖詠六卷　(明)抱甕老人編　清光緒二十一年(1895)石印本　六冊

330000－1705－0009647　新1858　子部/藝術類/書畫之屬/畫譜

芥子園畫傳初集六卷二集九卷三集四卷續集二卷　(清)王槩　(清)王蓍　(清)王臬輯　清光緒十三年至十四年(1887－1888)鴻文書局石印本　三冊　存四卷(初集一至四)

330000－1705－0009648　新2010　子部/小說家類/異聞之屬

秋燈叢話十八卷　(清)王椷撰　清同治十年(1871)文盛堂刻本　四冊　存十三卷(一至十三)

330000－1705－0009651　新2045　集部/小說類/短篇之屬

繪圖續今古奇觀六卷三十回　(清)即空觀主人撰　清光緒二十年(1894)石印本　六冊

330000－1705－0009652　新2059　集部/小說類/長篇之屬

三國志通俗演義二十四卷　(明)羅本撰　清光緒十八年(1892)上海涵芬樓影印明弘治七年(1494)刻本　十二冊　存十二卷(一至十二)

330000－1705－0009653　新1993　類叢部/類書類/通類之屬

記事珠十卷　(清)張以謙輯　清刻本　八冊　缺二卷(一、四)

330000－1705－0009658　新2063　集部/小說類/長篇之屬

繪圖宋太祖三下南唐四卷五十三回 （清）好古主人撰 清光緒二十年（1894）梅花書局石印本 四冊

330000－1705－0009660 新2019 子部/雜著類/雜說之屬
茶餘客話十二卷 （清）阮葵生撰 清光緒五年（1879）上海千頃堂刻本 四冊

330000－1705－0009664 新2077 集部/小說類/長篇之屬
繡像後續楊家將文武曲星包公狄青演義初傳十四卷六十八回 （清）李雨堂撰 清刻本 九冊 存十二卷（三至十四）

330000－1705－0009665 新2020、新2015、新2016、新2017 類叢部/叢書類/彙編之屬
申報館叢書正集五十七種附錄三種 尊聞閣主編 續集一百四十二種 蔡爾康編 清同治至光緒上海申報館鉛印本 十四冊 存四種

330000－1705－0009667 新2070 集部/小說類/長篇之屬
皋鶴堂批評第一奇書金瓶梅一百回 （明）笑笑生撰 （清）張竹坡評 清康熙三十四年（1695）刻後印本 二十四冊

330000－1705－0009668 新2011 子部/小說家類/雜事之屬
白門新柳記一卷 （清）許豫撰 白門衰柳附記一卷 （清）蕊嬌雲撰 清同治十一年（1872）姑蘇清華齋刻本 一冊

330000－1705－0009670 新2066 集部/小說類/長篇之屬
繡像繪圖大明正德皇遊江南傳七卷四十五回 （清）何夢梅撰 清光緒二十一年（1895）寶善書局石印本 四冊

330000－1705－0009671 新2078 集部/小說類/長篇之屬
繡像金臺全傳十二卷六十回 清光緒二十一年（1895）上海中西書局石印本 六冊

330000－1705－0009673 新2256、新2257

集部/總集類/彙編之屬
漢魏六朝一百三家集（漢魏六朝百三名家集） （明）張溥編 明婁東張氏刻本 二冊 存二種

330000－1705－0009676 新2240 子部/醫家類/醫理之屬/藏象骨度
三關九竅直指圖說不分卷 清抄本 一冊

330000－1705－0009682 新2071 集部/小說類/長篇之屬
增評補圖石頭記一百二十卷一百二十回首一卷 （清）曹霑 （清）高鶚撰 （清）王希廉 （清）姚燮評 清光緒二十六年（1900）鉛印本 十二冊

330000－1705－0009683 新2017－1 類叢部/叢書類/彙編之屬
申報館叢書正集五十七種附錄三種 尊聞閣主編 續集一百四十二種 蔡爾康編 清同治至光緒上海申報館鉛印本 一冊 存一種

330000－1705－0009684 新2080 集部/小說類/長篇之屬
兒女英雄傳評話八卷四十回首一回 （清）文康撰 （清）董恂評 清光緒十九年（1893）上海寶文閣石印本 八冊

330000－1705－0009685 新2091 集部/曲類/彈詞之屬
新增全圖珍珠塔前傳十二卷二十四回 （清）周殊士撰 新增全圖珍珠塔後傳麒麟豹三十卷六十回 （清）馬永清撰 清光緒十八年（1892）上海書局石印本 八冊

330000－1705－0009686 新2081 集部/小說類/長篇之屬
兒女英雄傳評話八卷四十回首一卷 （清）文康撰 （清）董恂評 清光緒三十二年（1906）上海煥文書局石印本 五冊

330000－1705－0009687 新2153 類叢部/類書類/通類之屬
新刊唐荊川先生稗編一百二十卷目錄三卷 （明）唐順之輯 明萬曆九年（1581）茅一相文

霞閣刻本　七十八冊　存七十八卷(一、十至十三、十六至二十、二十三至三十四、三十六至七十二、七十七、八十二至八十四、九十一至九十八、一百九至一百十三、目錄一至二)

330000－1705－0009689　新2093　集部/小說類/長篇之屬
繪圖萬花樓傳十四卷六十八回　(清)李雨堂撰　清光緒十九年(1893)上海書局石印本四冊

330000－1705－0009691　新2073　集部/小說類/長篇之屬
第一奇書野叟曝言二十卷一百五十四回(清)夏敬渠撰　清光緒石印本　十冊　存十八卷(一至十八)

330000－1705－0009693　新2158　類叢部/類書類/專類之屬
分類字錦六十四卷　(清)何焯等纂　清康熙刻本　四十二冊　存四十四卷(一至三十二、五十三至六十四)

330000－1705－0009695　新2119　集部/小說類/長篇之屬
繡像洪秀全演義初集二卷二集二卷三集二卷四集二卷　(清)黃小配撰　清末石印本　六冊　缺二卷(三集下、四集下)

330000－1705－0009696　新2092　集部/小說類/長篇之屬
新刻繪圖粉粧樓全傳四卷八十回　(清)竹溪山人撰　清光緒二十五年(1899)上海文宜書局石印本　四冊

330000－1705－0009698　新2121　新學/雜著/小說
黑奴籲天錄四卷　(美國)斯土活撰　林紓魏易譯　清光緒二十七年(1901)武林魏氏刻本　四冊

330000－1705－0009701　新2159　類叢部/類書類/通類之屬
御定駢字類編二百四十卷　(清)吳士玉(清)沈宗敬等輯　清石印本　二十五冊　存

一百二十三卷(一百十八至二百四十)

330000－1705－0009702　新2074　集部/小說類/長篇之屬
第一奇書野叟曝言二十卷一百五十四回(清)夏敬渠撰　清光緒八年(1882)鉛印本七冊　存十四卷(一至八、十一至十二、十五至十八)

330000－1705－0009703　新2127　類叢部/類書類/通類之屬
藝文類聚一百卷　(唐)歐陽詢輯　明刻本一冊　存十卷(五十五至六十四)

330000－1705－0009704　新2173　經部/小學類/叢編
翰苑分書臨文便覽五種　(清)龍光甸輯　清光緒元年(1875)刻本　一冊　存四種

330000－1705－0009705　新2100　集部/小說類/長篇之屬
第十才子綠雲緣四卷二十四回　(清)吳航野客編次　(清)水箸散人評閱　清光緒二十年(1894)群玉山房石印本　四冊

330000－1705－0009706　新2097　集部/曲類/彈詞之屬
校補果報錄圖詠十二卷一百回　(清)海蘭濤撰　清光緒二十年(1894)香港書局石印本七冊　缺五卷(二、九至十二)

330000－1705－0009707　新2075　集部/小說類/長篇之屬
繪圖鏡花緣一百回　(清)李汝珍撰　清光緒十四年(1888)上海點石齋石印本　六冊

330000－1705－0009708　新2110　集部/小說類/長篇之屬
新刻鍾伯敬先生批評封神演義二十卷一百回　(明)許仲琳撰　(明)鍾惺評　清芸香堂刻本　二十冊

330000－1705－0009709　新2076　集部/小說類/長篇之屬
繪圖鏡花緣一百回　(清)李汝珍撰　清光緒十四年(1888)上海點石齋石印本　六冊

330000－1705－0009711　新2116　集部/小說類/長篇之屬

繪圖仙狐竊寶錄四卷二十二回　清光緒十九年(1893)上海書局石印本　四冊

330000－1705－0009712　新2117　集部/小說類/長篇之屬

繡像評演接續後部濟公傳十二卷一百二十回　(清)郭廣瑞撰　清光緒二十六年(1900)上海書局石印本　六冊

330000－1705－0009714　新2112　集部/小說類/長篇之屬

繪圖增像西遊記二十卷一百回　(明)吳承恩撰　(清)陳士斌詮解　清光緒十九年(1893)上海煥文書局石印本　十二冊

330000－1705－0009715　新2113　集部/小說類/長篇之屬

繪圖增像西遊記二十卷一百回　(明)吳承恩撰　(清)陳士斌詮解　清光緒二十二年(1896)上海廣百宋齋石印本　十冊

330000－1705－0009717　新2130　類叢部/類書類/通類之屬

太平御覽一千卷目錄十五卷　(宋)李昉等輯　清嘉慶十二年至十七年(1807－1812)歙縣鮑崇城刻二十三年(1818)印本　九十九冊　缺二十七卷(二百四十四至二百五十九、四百三十九至四百四十九)

330000－1705－0009719　新2088　集部/曲類/彈詞之屬

新刻繡像雙金錠全傳六卷六回　清光緒二十一年(1895)上海書局石印本　二冊

330000－1705－0009720　新2087　集部/曲類/彈詞之屬

繪圖俠義風月傳四卷十八回　(清)名教中人編　(清)游方外客批評　清光緒十八年(1892)石印本　四冊

330000－1705－0009721　新2181　子部/宗教類/佛教之屬/彙編

雲棲法彙二十八種七十四卷　(明)釋袾宏撰

（明)王宇春等輯　清光緒二十三年至二十五年(1897－1899)金陵刻經處刻本　三冊　存一種

330000－1705－0009722　新2162　類叢部/類書類/專類之屬

韻府拾遺一百六卷　(清)汪灝　(清)何焯等輯　清刻本　十冊

330000－1705－0009723　新2183　子部/宗教類/佛教之屬/總錄

釋迦如來應化事跡四卷　(清)釋永珊撰並繪　清嘉慶十三年(1808)和碩豫親王裕豐刻同治八年(1869)後印本　一冊　存一卷(一)

330000－1705－0009725　新2184　子部/宗教類/佛教之屬/總錄

釋迦如來應化事跡四卷　(清)釋永珊撰並繪　清嘉慶十三年(1808)和碩豫親王裕豐刻同治八年(1869)後印本　四冊

330000－1705－0009726　新2175　子部/宗教類/佛教之屬/經

妙法蓮華經七卷　(後秦)釋鳩摩羅什譯　清刻本　一冊　存一卷(五)

330000－1705－0009727　新2163　類叢部/類書類/專類之屬

韻府拾遺一百六卷　(清)汪灝　(清)何焯等輯　清光緒十二年(1886)上海同文書局石印本　五冊　存五十九卷(一至五十九)

330000－1705－0009728　新2106　集部/小說類/長篇之屬

繪圖海公大紅袍全傳四卷六十回　(明)李春芳編　清光緒十九年(1893)上海書局鉛印本　四冊

330000－1705－0009729　新2185　子部/宗教類/佛教之屬/諸宗

念佛往生西方公據一卷　(清)沈清塵等輯　清光緒五年(1879)慧空經房刻本　一冊

330000－1705－0009730　新2176　子部/宗教類/佛教之屬/總錄

弘明集十四卷　(南朝梁)釋僧祐輯　清光緒

二十二年(1896)金陵刻經處刻本　四冊

330000－1705－0009731　新2115　集部/小說類/長篇之屬

新鐫批評繡像後西遊記四十回　(清)天花才子評點　清刻本　七冊　存四卷(三十二至三十五)

330000－1705－0009732　新2161　類叢部/類書類/專類之屬

佩文韻府一百六卷　(清)張玉書　(清)蔡升元等輯　**韻府拾遺一百六卷**　(清)汪灝　(清)何焯等輯　清刻本　四十冊　存四十九卷(佩文韻府十五、十八至二十二、五十至五十二、六十六至一百、一百二至一百六)

330000－1705－0009733　新2217　子部/道家類

三子合刊　(明)閔齊伋輯　明閔齊伋刻朱墨套印本　四冊　存一種

330000－1705－0009735　新2155　類叢部/類書類/通類之屬

唐類函二百卷目錄二卷　(明)俞安期輯　明萬曆刻本　一冊　存五卷(六至十)

330000－1705－0009736　新2094　集部/小說類/長篇之屬

繪圖花月因緣十六卷五十二回　(清)魏秀仁撰　(清)棲霞居士評　清光緒十九年(1893)上海書局鉛印本　十冊

330000－1705－0009737　新2186　集部/曲類/寶卷之屬

重刻觀世音菩薩本行經簡集二卷　(宋)釋普明撰　(清)釋淨宏簡集　清同治十年(1871)刻本　一冊

330000－1705－0009739　新2109　類叢部/叢書類/彙編之屬

龍威秘書一百六十九種　(清)馬俊良編　清刻本　一冊　存一種

330000－1705－0009740　新2224　子部/道家類

莊子因六卷　(清)林雲銘撰　清光緒六年

(1880)白雲精舍刻本　四冊

330000－1705－0009741　新2187　子部/宗教類/佛教之屬/諸宗

山夫正禪師語錄□卷　(清)釋行正撰　(清)釋覺玄　(清)釋超曆記錄　清刻本　一冊　存七卷(一至七)

330000－1705－0009742　新2156　子部/雜著類/雜說之屬

古學鉤玄十卷　(宋)陳驟纂輯　(元)高恥傳校　(明)陳繼儒重校　明刻本　一冊　存五卷(六至十)

330000－1705－0009743　新2095　集部/小說類/長篇之屬

增評補像全圖金玉緣一百二十回首一卷　(清)曹霑　(清)高鶚撰　(清)王希廉　(清)張新之　(清)姚燮評　清光緒十五年(1889)上海石印本　十六冊

330000－1705－0009746　新2157　子部/雜著類/雜纂之屬

清異錄二卷　(宋)陶穀撰　**表異錄二十卷**　(明)王志堅輯　清康熙四十七年(1708)鹽官陳世修澂六閣刻乾隆最宜草堂印本　四冊

330000－1705－0009747　新2164　類叢部/類書類/通類之屬

事類賦三十卷　(宋)吳淑撰並注　**廣事類賦四十卷**　(清)華希閔撰　清乾隆五十四年(1789)刻本　十四冊

330000－1705－0009748　新2223　子部/道家類

老莊翼　(明)焦竑撰　明萬曆十六年(1588)王元貞刻本　二冊　存一種

330000－1705－0009749　新2188　子部/宗教類/佛教之屬/諸宗

靈峰藕益大師宗論十卷首一卷　(清)釋智旭撰　(清)釋成時輯　清光緒元年(1875)江北刻經處刻本　十冊

330000－1705－0009753　新2096　集部/曲類/彈詞之屬

綉像芙蓉洞全傳十卷四十回　（清）陳遇乾撰　（清）陳士斋　（清）俞秀山校　清道光十六年(1836)刻本　十冊

330000－1705－0009754　新2168　類叢部/類書類/通類之屬
類林新咏三十六卷　（清）姚之駰撰　清康熙四十七年(1708)刻本　一冊　存一卷(十五)

330000－1705－0009756　新2239　子部/宗教類/道教之屬/雜著
敲蹻洞章二卷　（清）劉琇峰撰　清光緒十八年(1892)刻本　二冊

330000－1705－0009762　新2213　類叢部/叢書類/自著之屬
徐靈胎先生雜著五種　（清）徐大椿撰　清光緒十四年(1888)江左書林刻本　一冊　存三種

330000－1705－0009763　新2241　子部/宗教類/道教之屬
性命雙脩萬神圭旨四卷　清刻本　四冊

330000－1705－0009767　新2170　類叢部/類書類/通類之屬
省軒考古類編十二卷　（清）柴紹炳撰　（清）姚廷謙評　清雍正四年(1726)刻本　四冊

330000－1705－0009768　新2033　類叢部/叢書類/彙編之屬
古今說部叢書二百七十二種　國學扶輪社編　清宣統二年至民國二年(1910－1913)上海國學扶輪社鉛印本　五十九冊　存二百五十九種

330000－1705－0009770　新2244　集部/楚辭類
楚辭章句十七卷　（漢）王逸撰　清嘉慶六年(1801)刻本　四冊

330000－1705－0009771　新2107　集部/曲類/彈詞之屬
海公奇案傳八種　清光緒十八年(1892)刻本　八冊　缺八卷(繡像說唱海公奇案桃花卺全傳一至八)

330000－1705－0009774　新2194　子部/道家類
老子道德真經二卷　（三國魏）王弼注　道德經古今本攷正一卷　明刻本　二冊

330000－1705－0009775　新2267　集部/總集類/彙編之屬
中唐十二家詩集　（明）蔣孝編　明嘉靖二十九年(1550)蔣孝刻本　一冊　存一種

330000－1705－0009777　新2286　集部/別集類/唐五代別集
唐陸宣公翰苑集二十四卷　（唐）陸贄撰　（清）張佩芳注釋　清乾隆希音堂刻本　八冊

330000－1705－0009778　新2169　集部/總集類/課藝之屬
時務策題治平略□□卷　（清）蔡方炳纂輯　（清）袁植　（清）孟亮揆纂訂　清刻本　一冊　存四卷(三至六)

330000－1705－0009779　新2269　集部/總集類/選集之屬/斷代
唐十二家詩四十九卷　（明）□□輯　明刻本　二冊　存一種

330000－1705－0009780　新2332　集部/別集類/宋別集
絜齋集二十四卷　（宋）袁燮撰　宋儒袁正獻公從祀錄六卷　□□編　清同治十一年至光緒二年(1872－1876)浙江四明袁氏進修堂刻本　八冊

330000－1705－0009781　新2105　集部/小說類/長篇之屬
繪像結水滸全傳八卷　（清）俞萬春撰　（清）范辛來　（清）邵祖恩評　清光緒二十二年(1896)煥文書局鉛印本　四冊

330000－1705－0009783　新2294　集部/別集類/唐五代別集
昌黎先生詩增註証訛十一卷本傳一卷　（唐）韓愈撰　（清）黃鉞增注証訛　昌黎先生年譜一卷　（清）黃鉞編　清道光二十八年(1848)黃中民刻咸豐七年(1857)四明鮑氏二客軒印

至八)

330000－1705－0009814　新2293　集部/總集類/選集之屬/通代

晚邨先生八家古文精選八卷　（清）呂留良輯（清）呂葆中批點　清康熙四十三年(1704)呂氏家塾刻本　一冊　存二卷（一至二）

330000－1705－0009815　新2360　集部/別集類/明別集

誠意伯劉先生文集二十卷　（明）劉基撰　明正德十四年(1519)林富處州刻本　二冊　存四卷（五至六、十一至十二）

330000－1705－0009816　新2245　集部/楚辭類

楚辭節註六卷　（清）姚培謙撰　**楚辭叶音一卷**　（清）劉維謙撰　清乾隆六年(1741)刻本　一冊

330000－1705－0009817　新2237　子部/宗教類/道教之屬/經文

高上玉皇本行集經三卷　清刻本　一冊　存二卷（上、中）

330000－1705－0009818　新2323　集部/別集類/宋別集

豫章黃先生文集三十卷外集十四卷別集二十卷簡尺二卷詞一卷　（宋）黃庭堅撰　**伐檀集二卷**　（宋）黃庶撰　**山谷先生年譜三十卷**　（宋）黃𫘧撰　明弘治十八年(1505)葉天爵刻嘉靖六年(1527)喬遷、余載仕增修本　一冊　存四卷（文集四至七）

330000－1705－0009819　新2354　集部/別集類/元別集

靜脩先生丁亥集六卷遺文六卷遺詩六卷拾遺七卷續集三卷附錄二卷　（元）劉因撰　明弘治刻本　二冊　存五卷（遺文四至六、遺詩一至二）

330000－1705－0009820　新2293－1　集部/總集類/選集之屬/通代

晚邨先生八家古文精選八卷　（清）呂留良輯（清）呂葆中批點　清康熙四十三年(1704)

呂氏家塾刻本（目錄抄配）　一冊　存一卷（一）

330000－1705－0009821　新2281　集部/別集類/唐五代別集

杜詩詳註二十五卷首一卷附錄二卷　（唐）杜甫撰　（清）仇兆鰲輯註　清康熙刻本　十六冊

330000－1705－0009822　新2341　史部/地理類/遊記之屬/紀勝

四明七觀賦一卷　（宋）王應麟撰　（明）張迪註　清道光十八年(1838)刻本　一冊

330000－1705－0009823　新2362　集部/別集類/明別集

甘泉先生文集內編二十八卷外編十二卷　（明）湛若水撰　明嘉靖十五年(1536)江都火增刻本　十冊　存二十一卷（內編四至十六、二十三至二十八,外編七至八）

330000－1705－0009824　新2236　子部/宗教類/道教之屬

道貫真源　（清）董德寧輯　清乾隆至嘉慶古越集陽樓刻本　十五冊　存八種

330000－1705－0009825　新2342　集部/別集類/宋別集

深寧先生文鈔八卷　（宋）王應麟撰　**王深寧先生年譜一卷**　（清）陳僅輯　（清）張恕編　清道光九年(1829)葉氏紫藤花館刻本　八冊　存八卷（一至八）

330000－1705－0009826　新2398　集部/總集類/氏族之屬

溪上馮氏積高堂詩文鈔不分卷　（清）馮清榕編輯　清抄本　一冊

330000－1705－0009828　新2250　集部/楚辭類

離騷九歌釋不分卷　（清）畢大琛集注　清光緒十八年(1892)補學齋刻本　上樂老人題簽　一冊

330000－1705－0009830　新2387　子部/儒家類/儒學之屬

陽明先生集要三編十六卷　（明）王守仁撰
（明）施邦曜編　清光緒三十二年(1906)鉛印
本　八冊

330000 – 1705 – 0009831　新 2246　集部/楚
辭類
楚辭集註八卷辯證二卷後語六卷　（宋）朱熹
撰　明書林魏氏仁實堂刻本　一冊　存三卷
(楚辭集註一至三)

330000 – 1705 – 0009832　新 2251　集部/總
集類/選集之屬/斷代
建安七子集　（明）楊德周輯定　（明）陳朝輔
增訂　明崇禎十一年(1638)陳朝輔刻本　一
冊　存一種

330000 – 1705 – 0009833　新 2366　集部/別
集類/明別集
甫田集三十五卷　（明）文徵明撰　附錄一卷
　（明）文嘉撰　明嘉靖刻清修本　一冊　存
十卷(六至十五)

330000 – 1705 – 0009836　新 2295　集部/別
集類/唐五代別集
昌黎先生集四十卷外集十卷遺文一卷　（唐）
韓愈撰　（宋）廖瑩中校正　明東吳徐氏東雅
堂刻清冠山堂重修本　十冊　存四十六卷
(一至四十、外集一至六)

330000 – 1705 – 0009837　新 2299　集部/別
集類/唐五代別集
李義山詩集十六卷　（唐）李商隱撰　（清）姚
培謙箋　清乾隆五年(1740)姚氏松桂讀書堂
刻本　四冊

330000 – 1705 – 0009838　新 2394　集部/別
集類/明別集
王氏存笥稿二十卷　（明）王維楨撰　清抄本
　一冊　存六卷(十五至二十)

330000 – 1705 – 0009841　新 2386　集部/別
集類/明別集
王文成公全書三十八卷　（明）王守仁撰　清
宣統元年(1909)上海集成圖書公司影印本
十二冊

330000 – 1705 – 0009842　新 2329　集部/別
集類/宋別集
周益國文忠公集二百卷附錄五卷周益國文忠
公年譜一卷　（宋）周必大撰　（宋）周綸編
清抄本　清張美翊、汝釗跋　五十九冊　存
一百十七卷(一至十七、三十一至六十、一百
三十四至一百七十四、一百七十八至二百六)

330000 – 1705 – 0009843　新 2300　集部/別
集類/唐五代別集
李義山詩集十六卷　（唐）李商隱撰　（清）姚
培謙箋　清乾隆五年(1740)姚氏松桂讀書堂
刻本　四冊

330000 – 1705 – 0009844　新 2367　集部/別
集類/明別集
春草齋文集選六卷詩集選一卷附錄一卷
（明）烏斯道撰　（清）熊伯龍選　（清）黃敬
修評　附名公贊春草集歌詠一卷　清康熙慈
谿烏震刻本　二冊　缺一卷(附名公贊春草
集歌詠)

330000 – 1705 – 0009845　新 2404　集部/別
集類/明別集
徐文長文集三十卷　（明）徐渭撰　（明）袁宏
道評點　明刻本　一冊　存二卷(十九至二
十)

330000 – 1705 – 0009846　新 2301　集部/別
集類/唐五代別集
昌谷集四卷　（唐）李賀撰　（明）曾益釋　明
末刻本　一冊　存一卷(二)

330000 – 1705 – 0009847　新 2385　集部/別
集類/明別集
陽明先生文集十六卷目錄二卷附陽明先生年
譜二卷　（明）王守仁撰　清道光六年(1826)
刻本　十五冊　缺五卷(一、目錄一至二、年
譜一至二)

330000 – 1705 – 0009848　新 2406　集部/別
集類/明別集
蒼霞草二十卷續草二十二卷餘草十四卷
（明）葉向高撰　明末刻本　二十六冊　存四
十二卷(蒼霞草一至二十、續草一至二十二)

330000－1705－0009849　新2405　集部/別集類/明別集

青藤詩選不分卷　（明）徐渭撰　清抄本　清朱醴□題記　一冊

330000－1705－0009850　新2364　集部/別集類/明別集

凌谿先生集十八卷　（明）朱應登撰　明刻本　一冊　存四卷（十一至十四）

330000－1705－0009851　新2393　集部/別集類/明別集

太史升菴全集八十一卷目錄二卷　（明）楊慎撰　（明）楊有仁輯　明萬曆陳大科刻本　一冊　存二卷（四十七至四十八）

330000－1705－0009852　新2901　類叢部/叢書類/郡邑之屬

武林掌故叢編一百九十種　（清）丁丙編　清光緒三年至二十六年（1877－1900）錢塘丁氏嘉惠堂刻本（［乾道］臨安志卷四至十五、南宋館閣錄卷一原缺）　一百六十一冊　存一百五十四種

330000－1705－0009853　新2368　集部/別集類/明別集

萬一樓集五十六卷續集六卷外集十卷　（明）駱問禮撰　明刻本　一冊　存四卷（外集一至四）

330000－1705－0009854　新2308　集部/總集類/選集之屬/通代

唐宋八大家文鈔一百六十六卷　（明）茅坤編　明萬曆刻本　二冊　存一種

330000－1705－0009856　新2408　集部/別集類/明別集

白榆集二十卷　（明）屠隆撰　清抄本　八冊

330000－1705－0009857　新2480　集部/別集類/清別集

鮚埼亭集三十八卷全謝山先生經史問答十卷外編五十卷　（清）全祖望撰　**全氏世譜一卷年譜一卷**　（清）董秉純撰　清嘉慶九年（1804）餘姚史夢蛟借樹山房刻同治十一年（1872）印本［經史問答爲清乾隆三十年（1765）董秉純刻本］　二十四冊

330000－1705－0009858　新2501　類叢部/叢書類/自著之屬

隨園三十六種　（清）袁枚撰　清光緒十八年（1892）上海圖書集成印書局鉛印本　五十冊

330000－1705－0009859　新2419、新2420、新2421、新2423、新2424　類叢部/叢書類/郡邑之屬

武林往哲遺箸五十六種後編十種　（清）丁丙編　清光緒三年至二十六年（1877－1900）錢塘丁氏嘉惠堂刻本（［乾道］臨安志卷四至十五、南宋館閣錄卷一原缺）　十七冊　存六種

330000－1705－0009860　新2509　集部/別集類/清別集

矗許齋詩鈔六卷　（清）陳鴻儔撰　**古懽齋詩鈔一卷**　（清）陳鴻漸撰　清道光二十五年（1845）陳詩翼陝西安康縣署刻本　二冊

330000－1705－0009861　新2440　集部/別集類/清別集

南雷文定前集十一卷後集四卷三集三卷四集四卷附錄一卷　（清）黃宗羲撰　清康熙二十七年（1688）靳治荊刻本　六冊　存十六卷（前集一至十一、後集一至四、附錄）

330000－1705－0009862　新2451　集部/別集類/清別集

志壑堂詩集十二卷文集十二卷　（清）唐夢賚撰　清康熙刻本　二冊　存四卷（詩集九至十二）

330000－1705－0009863　新2326　集部/別集類/宋別集

鄮峯真隱漫錄五十卷　（宋）史浩撰　（宋）周鑄編　**史子樸語十卷**　（宋）史彌大撰　清光緒二十六年（1900）鄞縣史氏木活字印本　十冊　缺十卷（史子樸語一至十）

330000－1705－0009864　新2382　集部/別集類/明別集

空同先生集六十三卷　（明）李夢陽撰　明刻

本 一冊 存七卷(十九至二十五)

330000－1705－0009865 新2327 集部/別集類/宋別集

鄮峯真隱漫錄五十卷 （宋）史浩撰 （宋）周鑄編 **史子樸語十卷** （宋）史彌大撰 清光緒二十六年(1900)鄞縣史氏木活字印本 九冊 缺十七卷(三十二至三十八、史子樸語一至十)

330000－1705－0009866 新2488 集部/別集類/清別集

句餘土音三卷 （清）全祖望撰 （清）董秉純重編 清嘉慶十九年(1814)刻本 三冊

330000－1705－0009867 新2454 集部/別集類/清別集

姜先生全集三十三卷首一卷附錄二卷 （清）姜宸英撰 清光緒十五年(1889)慈谿馮氏毋自欺齋刻本(附錄二卷原缺) 八冊 存十六卷(一至十五、目錄)

330000－1705－0009868 新2439 類叢部/叢書類/自著之屬

抗希堂十六種 （清）方苞撰 清康熙至嘉慶桐城方氏抗希堂刻本 一冊 存二種

330000－1705－0009869 新2481 集部/別集類/清別集

鮚埼亭集三十八卷全謝山先生經史問答十卷外編五十卷 （清）全祖望撰 **全氏世譜一卷年譜一卷** （清）董秉純撰 清嘉慶九年(1804)餘姚史夢蛟借樹山房刻本 十五冊 存四十五卷(鮚埼亭集一至七、十一至三十八,經史問答一至十)

330000－1705－0009870 新2425 集部/別集類/清別集

天愚山人詩集十二卷文集十六卷 （清）謝泰宗撰 **附錄一卷** （清）吳偉業撰 清光緒六年(1880)謝駿德靈蕤館刻本 張美翊題記 八冊

330000－1705－0009871 新2503 子部/雜著類/雜考之屬

十駕齋養新錄二十卷餘錄三卷 （清）錢大昕撰 清刻本 八冊

330000－1705－0009872 新2446 集部/別集類/清別集

春酒堂文集一卷 （清）周容撰 清宣統二年(1910)上海國學扶輪社鉛印本 一冊

330000－1705－0009873 新2474 集部/別集類/清別集

二水樓詩集十八卷文集二十卷首一卷 （清）李茹旻撰 清光緒十七年(1891)李鳴梧味憩廬刻本 一冊 存三卷(一至三)

330000－1705－0009875 新2536 史部/政書類/公牘檔冊之屬

李文忠公外部函稿二十八卷 （清）李鴻章撰 （清）吳汝編輯 清光緒二十八年(1902)蓮池書社鉛印本 十四冊

330000－1705－0009876 新2433 集部/別集類/清別集

御製詩初集二十四卷目錄三卷 （清）宣宗旻寧撰 清刻本 二冊 存九卷(七至十一、二十五至二十八)

330000－1705－0009877 新2510 集部/別集類/清別集

春覺軒詩草十卷詠無名人詩二卷 （清）莊宇逵撰 清嘉慶二十年(1815)莊啓泰刻本 二冊

330000－1705－0009878 新2422 集部/別集類/明別集

青谿漫藁二十四卷 （明）倪岳撰 明正德刻本 一冊 存二卷(二十三至二十四)

330000－1705－0009880 新2511 集部/別集類/清別集

借樹山房詩鈔八卷遺稿二卷排律詩鈔二卷 （清）陳慶槐撰 **排律詩鈔附刻三卷** （清）陳福熙撰 清嘉慶刻本 四冊

330000－1705－0009881 新2482 集部/別集類/清別集

鮚埼亭集三十八卷全謝山先生經史問答十卷

外編五十卷　（清）全祖望撰　全氏世譜一卷
年譜一卷　（清）董秉純撰　清嘉慶九年
(1804)餘姚史夢蛟借樹山房刻同治十一年
(1872)印本［經史問答爲清乾隆三十年
(1765)董秉純刻本］　十二冊　存四十四卷
(一至三十八、外編四十七至五十、世譜、年
譜)

330000－1705－0009882　新2484　集部/別
集類/清別集

鮚埼亭詩集十卷　（清）全祖望撰　清光緒十
六年(1890)慈谿童氏大鄞山館刻本　四冊

330000－1705－0009883　新2485　集部/別
集類/清別集

鮚埼亭詩集十卷　（清）全祖望撰　清光緒十
六年(1890)慈谿童氏大鄞山館刻本　四冊

330000－1705－0009884　新2505　類叢部/
叢書類/自著之屬

汪龍莊先生遺書四種　（清）汪輝祖撰　清同
治十年(1871)慎間堂刻本　三冊　存三種

330000－1705－0009885　新2483　集部/別
集類/清別集

鮚埼亭詩集十卷　（清）全祖望撰　清嘉慶抄
本　二冊

330000－1705－0009886　新2470　集部/別
集類/清別集

二曲集四十六卷　（清）李顒撰　清光緒三年
(1877)彭懋謙刻本　十六冊

330000－1705－0009887　新2512　集部/別
集類/清別集

飛香圃詩集四卷　（清）安詩撰　清嘉慶二十
四年(1819)刻本　一冊

330000－1705－0009889　新2486　集部/別
集類/清別集

全謝山文鈔十六卷　（清）全祖望撰　清宣統
二年(1910)上海國學扶輪社鉛印本　八冊

330000－1705－0009890　新2504　子部/雜
著類/雜考之屬

十駕齋養新錄二十卷餘錄三卷　（清）錢大昕

撰　錢辛楣先生年譜一卷　（清）錢大昕編
（清）錢慶曾校注　竹汀居士年譜續編一卷
（清）錢慶曾撰　清光緒二年(1876)浙江書局
刻本　一冊　缺二十卷(十駕齋養新錄一至
二十)

330000－1705－0009891　新2455　集部/別
集類/清別集

姜先生全集三十三卷首一卷附錄二卷　（清）
姜宸英撰　清光緒稿本　一冊　存一卷(附
錄二)

330000－1705－0009892　新2487　集部/別
集類/清別集

句餘土音三卷　（清）全祖望撰　（清）董秉純
重編　清嘉慶十九年(1814)刻本　三冊

330000－1705－0009893　新2489　集部/別
集類/清別集

句餘土音三卷　（清）全祖望撰　（清）董秉純
重編　甬上族望表二卷　（清）全祖望撰　清
嘉慶十九年(1814)刻本　一冊

330000－1705－0009894　新2506　類叢部/
叢書類/自著之屬

汪龍莊先生遺書四種　（清）汪輝祖撰　清乾
隆五十年至五十六年(1785－1791)雙節堂刻
本　一冊　存三種

330000－1705－0009896　新2516　集部/別
集類/清別集

空石齋詩文合刻不分卷　（清）汪國撰　清道
光二年(1822)四明少白山房刻本　四冊

330000－1705－0009897　新2443　集部/別
集類/清別集

呫呫吟二卷　（清）王炳撰　清乾隆四十年
(1775)敦本堂刻本　一冊

330000－1705－0009898　新2499　集部/別
集類/清別集

海峰先生詩集十卷　（清）劉大櫆撰　附錄原
刻本札記一卷　（清）蕭穆撰　清光緒二十五
年(1899)刻本　二冊

330000－1705－0009899　新2461　集部/別

集類/清別集

息齋集四卷外集一卷續外集一卷外集補遺一卷 （清）金之俊撰 清順治六年(1649)刻本 一冊 存一卷(一)

330000－1705－0009900 新2428 集部/別集類/明別集

虞德園先生集二十五卷又八卷 （明）虞淳熙撰 明天啟至崇禎錢塘虞氏壻務山館刻本 一冊 存一卷(一)

330000－1705－0009901 新2438 集部/別集類/清別集

昨非吟一卷 （清）張元龍撰 清抄本 一冊

330000－1705－0009903 新2517 集部/別集類/清別集

愛日堂詩集二十八卷 （清）陳元龍撰 清刻本 八冊

330000－1705－0009904 新2462 集部/別集類/清別集

杲堂文鈔六卷詩鈔七卷 （清）李鄴嗣撰 清康熙十七年(1678)刻本 二冊 存六卷(文鈔一至六)

330000－1705－0009906 新2445 集部/別集類/清別集

春酒堂詩四卷 （清）周容撰 清刻本 一冊

330000－1705－0009907 新2507 類叢部/叢書類/自著之屬

戚鶴泉所著書十一種 （清）戚學標撰 清乾隆至嘉慶刻本 一冊 存一種

330000－1705－0009908 新2464 集部/別集類/清別集

春草堂文約一卷 （清）謝為雯撰 清道光三年(1823)攬秀堂刻本 二冊

330000－1705－0009909 新2495 集部/別集類/清別集

今白華堂詩錄八卷詩錄補八卷詩集首二卷 （清）童槐撰 清同治八年(1869)、光緒三年(1877)童華刻本 五冊

330000－1705－0009910 新2429 集部/別集類/明別集

王介人初集九卷 （清）王翃撰 （明）王庭閱 清抄本 一冊

330000－1705－0009911 新2518 集部/別集類/清別集

繼雅堂詩集三十四卷 （清）陳僅撰 清道光二十七年(1847)刻本 八冊

330000－1705－0009912 新2502 類叢部/叢書類/自著之屬

獨學廬全稿七種 （清）石韞玉撰 清乾隆至嘉慶刻本 一冊 存三種

330000－1705－0009913 新2434 集部/別集類/清別集

陳守憲蟲戴採風集十二卷 清順治刻本 一冊 存二卷(四至五)

330000－1705－0009915 新2448 類叢部/叢書類/自著之屬

顧亭林先生遺書十種 （清）顧炎武撰 清蓬瀛閣刻本 八冊

330000－1705－0009916 新2430 集部/別集類/明別集

奇零草二卷 （明）張煌言撰 清抄本 一冊

330000－1705－0009918 新2500 類叢部/叢書類/家集之屬

長洲彭氏家集九種 （清）彭祖賢編 清同治至光緒刻本 二冊 存一種

330000－1705－0009919 新2431 集部/別集類/明別集

倪文貞公文集二十卷首一卷詩集二卷奏疏十二卷講編四卷 （明）倪元璐撰 （清）倪會鼎訂正 （清）倪安世輯 清乾隆三十七年(1772)倪安世刻本 八冊 存三十七卷(首、文集一至二十、奏疏一至十二、講編一至四)

330000－1705－0009920 新2472 集部/別集類/清別集

憺園全集三十六卷 （清）徐乾學撰 清光緒九年(1883)嘉興金吳瀾刻本 十二冊

道古堂集外詩二卷附錄一卷　（清）杭世駿撰
清光緒十三年（1887）錢塘丁氏當歸草堂刻本　一冊

330000－1705－0009970　新2557　類叢部/叢書類/自著之屬

侯官嚴氏叢刻五種　嚴復撰　清光緒二十七年（1901）南昌讀有用書齋刻本　四冊

330000－1705－0009971　新2577　集部/別集類/清別集

巢枝草二卷　（清）王渥撰　清刻本　一冊

330000－1705－0009972　新2578　子部/工藝類/文房四寶之屬/墨

論墨絕句詩一卷　（清）謝崧岱撰　清光緒十九年（1893）湘鄉謝氏翠經榭刻本　一冊

330000－1705－0009973　新2545　集部/別集類/清別集

半巖廬遺詩二卷　（清）邵懿辰撰　清同治十年（1871）潘祖蔭刻本　一冊

330000－1705－0009974　新2579　集部/別集類/清別集

吳摯甫文集四卷附鈔深州風土記四篇一卷　（清）吳汝綸撰　清宣統二年（1910）上海國學扶輪社石印本　五冊

330000－1705－0009975　新2584　集部/別集類/清別集

西江詩稿二十八卷續編一卷文稿三十二卷附編一卷　（清）王家振撰　清光緒三十四年（1908）慈谿王氏柜柳山館木活字印本　九冊　缺十二卷（詩稿十一至十八、文稿一至四）

330000－1705－0009979　新2575　集部/別集類/清別集

天香吟館詩鈔不分卷　（清）李東沅撰　稿本　一冊

330000－1705－0009981　新2580　集部/別集類/清別集

夢松書屋焚餘詩草不分卷　（清）丁國珍撰　稿本　一冊

330000－1705－0009982　新2576　子部/小說家類/瑣語之屬

客窗閒話八卷　（清）吳熾昌撰　清光緒元年（1875）刻本　二冊

330000－1705－0009983　新2591　類叢部/叢書類/彙編之屬

百尺樓叢書　陳去病編　清光緒至民國鉛印本　一冊　存一種

330000－1705－0009984　新2558　集部/別集類/清別集

草心亭詩鈔六卷　（清）陸坊撰　清嘉慶刻本　一冊

330000－1705－0009985　新2585　集部/別集類/清別集

二硯窩文稿偶存不分卷　（清）鄭勳撰　稿本　一冊

330000－1705－0009986　新2527　類叢部/叢書類/自著之屬

經德堂集　（清）龍啟瑞撰　清光緒四年至七年（1878－1881）龍繼棟京師刻本　六冊　存二種

330000－1705－0009988　新2581　集部/別集類/清別集

劍川公詩稿不分卷　抄本　一冊

330000－1705－0009989　新2566　集部/別集類/清別集

枌杜賸言不分卷　（清）周世緒述　稿本　二冊

330000－1705－0009990　新2513　集部/別集類/清別集

船山詩草二十卷　（清）張問陶撰　清嘉慶二十年（1815）刻本　七冊　缺二卷（十六至十七）

330000－1705－0009991　新2582　集部/別集類/清別集

康起山詩不分卷　清抄本　一冊

330000－1705－0009993　新2588　集部/別

少室山房全稿四種 （明）胡應麟撰 明趙三極刻本 一冊 存一種

330000－1705－0010198 新2872 集部/曲類/寶卷之屬

太華山紫金嶺兩世修行劉香寶卷全集二卷 （清）□□撰 清刻本 一冊

330000－1705－0010199 新2889 集部/總集類/選集之屬/通代

漢魏名文乘不分卷 （明）張運泰 （明）余元熹輯 清刻本 三十三冊 存四十一種

330000－1705－0010201 新2877 集部/曲類/彈詞之屬

新刻真本唱口雙珠球全傳十二卷四十九回 （清）黃子貞撰 清光緒三年(1877)刻本 十二冊

330000－1705－0010202 新2873 集部/戲劇類/傳奇之屬

玉湖樓第三種傳奇明翠湖亭四卷十一折 （清）裘蔗村撰 清刻本 一冊

330000－1705－0010203 新2851 集部/戲劇類/雜劇之屬

此宜閣增訂金批西廂四卷首一卷末一卷 （元）王德信撰 （清）金人瑞評 清乾隆六十年(1795)周氏此宜閣刻朱墨套印本 四冊 存四卷(二至四、末)

330000－1705－0010205 新2878 集部/戲劇類/傳奇之屬

繡像風箏誤八卷 題竹齋主人輯 清刻本 六冊

330000－1705－0010206 新2777 類叢部/類書類/專類之屬

重編留青新集二十四卷 （清）馮善長輯 清光緒十四年(1888)上海宏文閣錫活字印本 八冊

330000－1705－0010207 新2855 集部/戲劇類/雜劇之屬

增像第六才子書五卷首一卷 （元）王德信（元）關漢卿撰 （清）金人瑞評 清末石印本 六冊

330000－1705－0010208 新2879 集部/曲類/彈詞之屬

新編繡像福壽大紅袍十四卷一百回 （清）馬永清撰 清光緒八年(1882)刻本 十四冊

330000－1705－0010209 新2852 集部/戲劇類/雜劇之屬

貫華堂註釋第六才子書六卷 （元）王德信（元）關漢卿撰 （清）金人瑞評 清啟文堂刻本 六冊

330000－1705－0010210 新2913 史部/紀事本末類/通代之屬

王守真闡教紀事本末三卷 （清）干善韶原編 清抄本 一冊 存二卷(二至三)

330000－1705－0010211 新2893 類叢部/叢書類/彙編之屬

宜稼堂叢書七種 （清）郁松年編 清道光二十年至二十二年(1840－1842)上海郁氏刻本 十四冊 存二種

330000－1705－0010212 新2880 集部/曲類/彈詞之屬

繡像芙蓉洞全傳十卷四十回 （清）陳遇乾撰 （清）陳士奇 （清）俞秀山校 清刻本 十冊 缺一卷(一)

330000－1705－0010216 新2894 類叢部/叢書類/彙編之屬

當歸草堂叢書八種 （清）丁丙編 清同治二年至五年(1863－1866)錢塘丁氏刻本 八冊

330000－1705－0010217 新2905 類叢部/叢書類/彙編之屬

稗海四十八種續集二十二種 （明）商濬編 明萬曆商氏半埜堂刻清康熙至乾隆修補重訂本 三十五冊 存二十一種

330000－1705－0010222 新2918 史部/政書類/公牘檔冊之屬

鄞縣後營兵丁名冊不分卷 （清）□□撰 清嘉慶抄本 一冊

330000－1705－0010224　新 2890　類叢部/叢書類/彙編之屬

昭代叢書甲集五十種乙集四十種丙集五十六種　（清）張潮編　清刻本　一冊　存乙集五種

330000－1705－0010226　新 2900　類叢部/叢書類/彙編之屬

三餘堂叢刻十二種　（清）林仕荷輯　清刻民國十六年（1927）鄞縣林氏彙印本　六冊

330000－1705－0010232　新 2895　類叢部/叢書類/彙編之屬

玉簡齋叢書二十二種　羅振玉輯　清宣統二年（1910）上虞羅氏刻本　二十冊

330000－1705－0010234　楊 0022　經部/詩類/傳說之屬

嚴氏詩緝補義八卷　（清）劉燦編　清嘉慶十六年（1811）鎮海劉氏墨莊刻本　二冊

330000－1705－0010235　楊 0006　經部/叢編

重刊宋本十三經注疏四百十六卷附十三經注疏校勘記四百十六卷　（清）阮元撰　（清）盧宣旬摘錄　清嘉慶二十年（1815）南昌府學刻道光六年（1826）盱江朱華臨重校印本　一百四十六冊　存十一種

330000－1705－0010239　楊 0020　經部/詩類/傳說之屬

詩緝三十六卷　（宋）嚴粲撰　明趙府味經堂刻本　十二冊

330000－1705－0010240　新 2906　新學/雜著/叢編

西學大成五十六種　（清）王西清　（清）盧梯青編　清光緒十四年（1888）上海大同書局石印本　十二冊

330000－1705－0010244　楊 0036　經部/春秋左傳類/傳說之屬

左繡三十卷首一卷　（清）馮李驊　（清）陸浩評輯　**春秋經傳集解三十卷**　（晉）杜預原本　（唐）陸德明音釋　（宋）林堯叟附註
（清）馮李驊增訂　清康熙五十九年（1720）華川書屋刻本　十四冊

330000－1705－0010245　楊 0029、楊 0050、楊 0021、楊 0010、楊 0015　經部/叢編

御纂七經二百八十卷首十一卷序三卷　（清）李光地等撰　清康熙至乾隆刻本　二百冊　存五種

330000－1705－0010246　楊 0007　經部/叢編

十三經札記二十二卷附十六卷　（清）朱亦棟撰　清光緒四年（1878）武林竹簡齋刻本　八冊　存十二種

330000－1705－0010247　楊 0023　經部/詩類/傳說之屬

嚴氏詩緝補義八卷　（清）劉燦編　清嘉慶十六年（1811）鎮海劉氏墨莊刻本　二冊

330000－1705－0010248　楊 0009　經部/易類/傳說之屬

新刻來瞿唐先生易註十五卷首一卷末一卷圖一卷　（明）來知德撰　清朝爽堂刻本　十二冊

330000－1705－0010249　楊 0008　經部/叢編

十三經札記二十二卷附十六卷　（清）朱亦棟撰　清光緒四年（1878）武林竹簡齋刻本　一冊　存二種

330000－1705－0010250　楊 0001　類叢部/叢書類/彙編之屬

祕書廿一種　（清）汪士漢編　清刻本　一冊　存一種

330000－1705－0010251　楊 0037　經部/春秋左傳類/傳說之屬

春秋左傳（春秋左傳杜林合注）五十卷　（晉）杜預　（宋）林堯叟注釋　（唐）陸德明音義　（明）鍾惺　（明）孫鑛　（明）韓范評點　清咸豐元年（1851）寧郡汲綆齋刻本　九冊　缺十三卷（二十九至四十一）

330000－1705－0010252　楊 0024　經部/詩

類/文字音義之屬

詩經音訓不分卷 （清）楊國楨撰　清同治六年(1867)汲綆齋刻本　四冊

330000－1705－0010253　楊0038　經部/春秋左傳類/傳說之屬

春秋左傳(春秋左傳杜林詳註)五十卷 （晉）杜預　（宋）林堯叟注釋　（唐）陸德明音義（明）鍾惺　（明）孫鑛　（明）韓范評點　清咸豐元年(1851)寧郡汲綆齋刻本　十一冊缺四卷(十九至二十二)

330000－1705－0010254　楊0025　經部/叢編

五經旁訓 （清）徐立綱旁訓　清寧郡簡香齋刻本　四冊　存一種

330000－1705－0010255　楊0046　經部/春秋左傳類/傳說之屬

左傳事緯十二卷 （清）馬驌撰　清康熙刻本　十冊

330000－1705－0010256　楊0039　經部/春秋左傳類/傳說之屬

東萊先生左氏博議二十五卷 （宋）呂祖謙撰　**虛字註釋備考六卷** （清）張文炳點定　清道光十九年(1839)錢唐瞿氏清吟閣刻本　八冊

330000－1705－0010257　楊0002　類叢部/類書類/專類之屬

五經類編二十八卷 （清）周世樟撰　清乾隆五十年(1785)刻本　十二冊

330000－1705－0010258　楊0480　類叢部/類書類/專類之屬

依韻檢題十卷 （清）數珍居士輯編　清同治七年(1868)日益軒刻本　一冊　存四卷(一至四)

330000－1705－0010259　楊0051　經部/春秋左傳類/傳說之屬

春秋大事表五十卷讀春秋偶筆一卷輿圖一卷附錄一卷 （清）顧棟高輯　清乾隆十三年至十四年(1748－1749)錫山顧氏萬卷樓刻本

二十四冊

330000－1705－0010260　楊0047　經部/春秋左傳類/傳說之屬

左傳事緯十二卷左傳字釋一卷 （清）馬驌撰　清乾隆四十九年(1784)仁和黃暹懷澄堂刻本　十冊

330000－1705－0010261　楊0040　經部/春秋左傳類/傳說之屬

東萊先生左氏博議二十五卷 （宋）呂祖謙撰　**虛字註釋備考六卷** （清）張文炳點定　清道光十九年(1839)錢唐瞿氏清吟閣刻本　四冊

330000－1705－0010262　楊0048　經部/春秋左傳類/傳說之屬

評點春秋綱目左傳句解彙雋六卷 （清）韓菼重訂　清浙甯三味堂刻本　六冊

330000－1705－0010263　楊0011　經部/叢編

五經旁訓 （清）徐立綱旁訓　清乾隆四十七年(1782)吳郡張氏匠門書屋刻本　二冊　存一種

330000－1705－0010265　楊0004　經部/群經總義類/傳說之屬

經義述聞三十二卷 （清）王引之撰　清光緒七年(1881)上海文瑞樓鉛印本　十六冊

330000－1705－0010266　楊0049、楊0298、楊0325　類叢部/叢書類/彙編之屬

七種古文選 （清）儲欣選評　清乾隆萬卷樓刻本　十二冊　存三種

330000－1705－0010267　楊0033　經部/周禮類/傳說之屬

周禮精華六卷 （清）陳龍標輯　清嘉慶十六年(1811)刻寧郡簡香齋印本　六冊

330000－1705－0010268　楊0032　經部/周禮類/傳說之屬

周官心解二十八卷 （清）蔣載康撰　清嘉慶十一年(1806)經笥堂刻本　八冊

330000 – 1705 – 0010269　楊 0052　經部/春秋總義類/傳說之屬

御纂春秋直解十二卷　（清）傅恒等撰　清乾隆刻本　八冊

330000 – 1705 – 0010270　楊 0012　經部/叢編

五經旁訓辨體合訂　（清）徐立綱輯　清乾隆五十四年(1789)聚珍堂刻本　二冊　存一種

330000 – 1705 – 0010271　楊 0053　經部/叢編

五經旁訓　（清）徐立綱旁訓　清匠門書屋刻墨潤堂印本　二冊　存一種

330000 – 1705 – 0010272　楊 0013　經部/群經總義類/傳說之屬

七經精華　（清）薛嘉穎撰　清同治七年(1868)蘇州綠潤堂刻本　十二冊　存三種

330000 – 1705 – 0010273　楊 0054　經部/叢編

五經旁訓　（清）徐立綱旁訓　清匠門書屋刻墨潤堂印本　二冊　存一種

330000 – 1705 – 0010274　楊 0005　經部/叢編

十三經註疏附考證　（清）□□輯　清同治十年(1871)廣東書局刻本　一百二十冊

330000 – 1705 – 0010275　楊 0034　經部/禮記類/傳說之屬

禮記增訂旁訓六卷　（清）徐立綱撰　清咸豐八年(1858)寧郡汲緶齋刻本　六冊

330000 – 1705 – 0010276　楊 0045　經部/春秋左傳類/傳說之屬

讀左補義五十卷首一卷　（清）姜炳璋輯　清乾隆三十八年(1773)毛昇刻本　十六冊

330000 – 1705 – 0010277　楊 0030　經部/周禮類/傳說之屬

宋葉文康公禮經會元節本四卷　（宋）葉時撰　（清）陸隴其點定　（清）許元准刪節並評　清乾隆五十年(1785)桐柏山房刻本　四冊

330000 – 1705 – 0010278　楊 0026　經部/詩類/傳說之屬

五經體注大全五種三十二卷　（清）嚴氏家塾主人輯　清經綸堂刻本　四冊　存一種

330000 – 1705 – 0010279　楊 0056　經部/四書類/總義之屬/傳說

增訂四書集註大全四十七卷附錄一卷　（明）胡廣等輯　（清）汪份增訂　清康熙長洲汪份遄喜齋刻本　二十四冊　缺二卷(讀大學法一、讀中庸法一)

330000 – 1705 – 0010280　楊 0014　經部/書類/傳說之屬

書經講義會編十二卷　（明）申時行撰　清光緒十八年(1892)關中書院刻本　十二冊

330000 – 1705 – 0010281　楊 0031　經部/周禮類/傳說之屬

周官精義十二卷　（清）連斗山輯　清乾隆四十一年(1776)刻芸暉閣印本　六冊

330000 – 1705 – 0010282　楊 0064　經部/四書類/總義之屬/傳說

四書典林三十卷四書古人典林十二卷　（清）江永輯　清寧波汲緶齋刻本　四冊　存十二卷(古人典林一至十二)

330000 – 1705 – 0010283　楊 0058　經部/四書類/總義之屬/專著

陶石簣先生四書要達二十七卷　（明）徐燦（明）袁終彩重輯　清康熙刻本　十六冊

330000 – 1705 – 0010284　楊 0017　經部/書類/分篇之屬

禹貢會箋十二卷圖一卷山水總目一卷　（清）徐文靖撰　（清）趙弁訂　清同治十三年(1874)慈谿何氏常惺惺齋刻本　四冊

330000 – 1705 – 0010285　楊 0092、楊 0094　史部/紀傳類/正史之屬

漢書一百卷　（漢）班固撰　（唐）顏師古注　**後漢書一百卷**　（南朝宋）范曄撰　（唐）李賢注　**續漢書志八篇三十卷**　（晉）司馬彪撰（南朝梁）劉昭注補　清同治十二年(1873)嶺

東使署刻本　　三十二冊

330000－1705－0010286　　楊 0065　　經部/四
書類/總義之屬/傳說

四書左國彙纂四卷　（清）高其名　（清）鄭師
成輯　清乾隆五十四年(1789)刻本　　四冊

330000－1705－0010287　　楊 0027　　經部/詩
類/傳說之屬

毛詩蒙求竅啟十卷　（清）薛韜光撰　清嘉慶
五年(1800)上海薛氏家刻本　　三冊

330000－1705－0010288　　楊 0073　　經部/小
學類/訓詁之屬/爾雅

爾雅蒙求二卷　（清）李拔式撰　　清嘉慶三年
(1798)姑蘇七映堂刻本　　二冊

330000－1705－0010289　　楊 0082　　經部/小
學類/叢編

增訂臨文便覽不分卷　（清）張啟泰輯　（清）
怡雲仙館主人重訂　清光緒二年(1876)怡雲
仙館刻本　　四冊

330000－1705－0010290　　楊 0028　　經部/詩
類/傳說之屬

毛詩蒙求彙璪二卷　（清）薛韜光撰　　清嘉慶
五年(1800)上海薛氏家刻本　　一冊

330000－1705－0010291　　楊 0066　　經部/四
書類/總義之屬/傳說

銅板四書體註合講十九卷　（清）翁復編　清
咸豐五年(1855)刻本　　六冊

330000－1705－0010292　　楊 0016　　經部/書
類/傳說之屬

尚書離句六卷　（清）錢在培輯解　清道光二
十七年(1847)刻本　　二冊

330000－1705－0010293　　楊 0074　　經部/小
學類/文字之屬/說文

說文解字十五卷標目一卷　　（漢）許慎撰
(宋)徐鉉等校定　清初海虞毛氏汲古閣刻本
　八冊

330000－1705－0010294　　楊 0095、楊 0096、
楊 0099、楊 0109、楊 0108、楊 0107、楊 0102、楊

0103、楊 0104、楊 0105　　史部/紀傳類/正史
之屬

二十四史　清同治至光緒五省官書局據汲古
閣本等合刻光緒五年(1879)湖北書局彙印本
　三百四十八冊　存十種

330000－1705－0010295　　楊 0068　　經部/四
書類/論語之屬/傳說

講書詳解論語四卷　（清）劉忠輯　　清道光二
十四年(1844)金鑑堂刻本　　四冊

330000－1705－0010296　　楊 0083　　經部/小
學類/文字之屬/字書/字典

字彙四集　　（清）陳淏子撰　　清咸豐五年
(1855)古渝善成堂刻本　　四冊

330000－1705－0010297　　楊 0062　　經部/四
書類/總義之屬/傳說

四書典林三十卷四書古人典林十二卷　　（清）
江永輯　清寧波汲綆齋刻本　　十二冊　　存三
十卷(一至三十)

330000－1705－0010298　　楊 0018　　經部/書
類/傳說之屬

書經增訂旁訓四卷　（清）徐立綱旁訓　（清）
□□增訂　清遵義堂刻本　　二冊

330000－1705－0010299　　楊 0067　　經部/四
書類/總義之屬/傳說

四書朱子本義匯參四十三卷首四卷　（清）王
步青輯　清漁古山房刻本　　二十八冊

330000－1705－0010300　　楊 0019　　經部/書
類/傳說之屬

書經增訂旁訓四卷　（清）徐立綱旁訓　（清）
□□增訂　清遵義堂刻本　　二冊

330000－1705－0010301　　楊 0035　　經部/三
禮總義類/通禮雜禮之屬

讀禮通考一百二十卷　（清）徐乾學撰　　清康
熙三十五年(1696)刻本　　二十八冊　　缺七卷
(八十至八十六)

330000－1705－0010302　　楊 0075　　經部/小
學類/文字之屬/說文

說文通訓定聲十八卷分部束韻一卷說雅一卷

仿宋相臺五經九十六卷附考證　清光緒二年
(1876)江南書局刻本　三十二冊

330000－1705－0010338　樵0020　經部/小
學類/文字之屬/說文

說文解字注十五卷附六書音韻表五卷　（清）
段玉裁撰　說文部目分韻一卷　（清）陳煥編
　清乾隆至嘉慶段氏經韻樓刻本　丁福保批
並跋　十六冊

330000－1705－0010339　楊0206　子部/儒
家類/儒家之屬

屏風錄不分卷　（清）郭鳴岐編注　清道光可
竺園刻咸豐印本　一冊

330000－1705－0010340　楊0121　史部/編
年類/斷代之屬

東華錄三十二卷　（清）蔣良騏撰　清京都琉
璃廠刻本　十二冊

330000－1705－0010341　楊0128、楊0129
史部/雜史類/斷代之屬

戰國策三十三卷　（漢）高誘注　重刻剡川姚
氏本戰國策札記三卷　（清）黃丕烈撰　清同
治八年(1869)湖北崇文書局刻本　五冊

330000－1705－0010342　楊0114　史部/編
年類/通代之屬

重訂王鳳洲先生綱鑑會纂四十六卷續宋元紀
二十三卷　（明）王世貞撰　（明）陳仁錫訂
清刻本　楊武、楊榮鄰題記　三十九冊　缺
六卷(綱鑑會纂二十四、三十八至四十、四十
五至四十六)

330000－1705－0010343　楊0117　史部/編
年類/通代之屬

御批歷代通鑑輯覽一百二十卷　（清）傅恒等
總裁　（清）楊述曾等纂修　清光緒二十七年
(1901)上海經香閣石印本　十六冊

330000－1705－0010344　樵0019　經部/小
學類/叢編

姚氏叢刻三種　（清）姚覲元輯　清光緒二年
(1876)歸安姚覲元川東官舍刻本　三十冊

330000－1705－0010345　楊0130　史部/雜

史類/斷代之屬

戰國策去毒二卷　（清）陸隴其評定　清同治
九年(1870)六安涂氏求我齋刻本　二冊

330000－1705－0010346　楊0132、楊0134
史部/雜史類/斷代之屬

國語二十一卷　（三國吳）韋昭注　校刊明道
本韋氏解國語札記一卷　（清）黃丕烈撰　明
道本考異四卷　（清）汪遠孫撰　清同治八年
(1869)湖北崇文書局刻本　五冊

330000－1705－0010347　楊0131、楊0133
史部/雜史類/斷代之屬

國語讀本不分卷國策讀本二卷　（清）鮑蘅編
輯　清康熙十八年(1679)萬卷樓刻本　三冊

330000－1705－0010348　楊0115　史部/編
年類/斷代之屬

新鍥校正標題皇明通紀十一卷　（明）陳建輯
撰　明萬曆三十八年(1610)刻本　十冊

330000－1705－0010349　樵0011　經部/三
禮總義類/通禮雜禮之屬

五禮通考二百六十二卷首四卷總目二卷
（清）秦蕙田撰　清光緒六年(1880)江蘇書局
刻本　一百冊

330000－1705－0010350　樵0018　類叢部/
叢書類/自著之屬

四錄堂類集九種　（清）嚴可均撰　清嘉慶至
道光刻本　三冊　存一種

330000－1705－0010351　楊0135　史部/雜
史類/斷代之屬

明季稗史彙編十六種　（清）留雲居士輯　清
都城琉璃廠刻本　九冊

330000－1705－0010352　樵0017　史部/目
錄類/專錄之屬

經義考三百卷　（清）朱彝尊撰　經義考總目
二卷　（清）盧見曾編　清康熙秀水朱氏曝書
亭刻乾隆十九年至二十年(1754－1755)德州
盧見曾續刻本　四十八冊　存二百九十八卷
(一至二百九十八)

330000－1705－0010353　楊0146　史部/傳

寧波市天一閣博物館古籍普查登記目錄

記類/總傳之屬/斷代

國朝先正事略六十卷 （清）李元度撰　清同治五年至八年(1866－1869)循陔草堂刻本　三十二冊

330000－1705－0010354　楊 0118　史部/編年類/斷代之屬

御撰資治通鑑綱目三編二十卷 （清）張廷玉等撰　清刻本　六冊

330000－1705－0010355　續 1516　子部/醫家類/綜合之屬

沈氏尊生書脉法喉證合訂不分卷 （清）沈金鰲撰輯　清抄本　一冊

330000－1705－0010356　楊 0147　史部/傳記類/科舉録之屬/歷科鄉試録

光緒捌年舉行壬午正科浙江鄉試題名録一卷　清光緒刻本　一冊

330000－1705－0010357　楊 0119　史部/編年類/斷代之屬

御撰資治通鑑綱目三編二十卷 （清）張廷玉等撰　清刻本　六冊

330000－1705－0010358　樵 0016　類叢部/叢書類/彙編之屬

文選樓叢書三十三種 （清）阮亨編　清嘉慶至道光阮元刻道光二十二年(1842)阮亨彙印本　二十四冊　存一種

330000－1705－0010359　楊 0152　史部/傳記類/別傳之屬/年譜

誥授資政大夫二品頂戴江蘇蘇松常鎮太糧儲道加四級紀録三次顯考懿棠府君[楊懿棠]年譜一卷 （清）楊寶鎔撰　稿本　一冊

330000－1705－0010360　楊 0148　史部/傳記類/科舉録之屬/歷科鄉試録

光緒二十三年舉行丁酉正科浙江鄉試題名録一卷　清光緒刻本　一冊

330000－1705－0010361　楊 0120　史部/編年類/通代之屬

尺木堂綱鑑易知録九十二卷 （清）吳乘權等輯　清尺木堂刻本　四十二冊

330000－1705－0010362　楊 0100　史部/紀傳類/正史之屬

十七史一千五百七十四卷 （明）毛晉編　清古吳書業堂趙氏刻本　六冊　存一種

330000－1705－0010363　樵 0013　類叢部/叢書類/家集之屬

侯官陳氏遺書 （清）陳壽祺　（清）陳喬樅撰　清嘉慶至同治三山陳氏刻本　三冊　存一種

330000－1705－0010364　楊 0153　史部/傳記類/別傳之屬/年譜

誥授資政大夫二品頂戴江蘇蘇松常鎮太糧儲道加四級紀録三次顯考懿棠府君[楊懿棠]年譜一卷 （清）楊寶鎔撰　稿本　一冊

330000－1705－0010365　楊 0149　史部/傳記類/總傳之屬/家乘

[浙江寧波]西成楊氏宗譜十卷首一卷 （清）楊濂　（清）楊啓範等纂修　稿本　六冊

330000－1705－0010366　楊 0157　史部/史抄類

廿一史約編八卷首一卷 （清）鄭元慶撰　清光緒十三年(1887)積山書局石印本　八冊

330000－1705－0010367　楊 0136　史部/雜史類/斷代之屬

明季北略二十四卷明季南略十八卷 （清）計六奇撰　清都城琉璃廠半松居士木活字印本　清水嘉穀題記　二十冊

330000－1705－0010368　樵 0014　經部/叢編

通志堂經解一百四十種 （清）納蘭成德輯　清康熙十九年(1680)納蘭成德刻本　六冊　存一種

330000－1705－0010369　樵 0012　經部/三禮總義類/通禮雜禮之屬

讀禮通考一百二十卷 （清）徐乾學撰　清光緒七年(1881)江蘇書局刻本　三十二冊

330000－1705－0010370　楊 0154　史部/傳記類/別傳之屬/事狀

合肥相國七十賜壽圖一卷附壽言一卷　（清）
楊宗濂　盛宣懷輯　清光緒十八年（1892）海
軍石印書局石印本　六冊

330000－1705－0010371　楊 0113　史部/編
年類/通代之屬

宋元通鑑一百五十七卷　（明）薛應旂撰
（明）陳仁錫評　明天啟六年（1626）長洲陳仁
錫刻本　四十冊

330000－1705－0010373　楊 0158　史部/史
評類/史論之屬

史通通釋二十卷　（清）浦起龍撰　清乾隆十
七年（1752）浦氏求放心齋刻本　八冊

330000－1705－0010374　楊 0155　史部/史
抄類

史記選六卷　（清）儲欣選評　清乾隆五十一
年（1786）刻本　三冊

330000－1705－0010375　楊 0150　史部/傳
記類/別傳之屬/事狀

關聖帝君聖蹟圖誌全集五卷首一卷　（清）盧
湛輯　清光緒元年（1875）刻本　六冊

330000－1705－0010376　楊 0111　史部/編
年類/通代之屬

資治通鑑目錄三十卷　（宋）司馬光編　資治
通鑑釋例圖譜一卷　（明）陳仁錫評閱　資治
通鑑問疑一卷　（宋）劉羲仲纂集　明崇禎二
年（1629）陳仁錫刻本　二十冊

330000－1705－0010377　楊 0156　史部/史
抄類

廿一史約編八卷首一卷　（清）鄭元慶撰　清
道光五年（1825）刻本　八冊

330000－1705－0010378　樵 0008　類叢部/
叢書類/家集之屬

侯官陳氏遺書二十種　（清）陳壽祺　（清）陳
喬樅撰　清嘉慶至同治三山陳氏家刻光緒八
年（1882）彙印本　十五冊　存三種

330000－1705－0010380　楊 0141　史部/傳
記類/總傳之屬/通代

增廣古今人物論三十六卷續編十二卷　（明）

鄭賢　（清）願學齋同人輯　清光緒二十八年
（1902）富文書局石印本　十二冊

330000－1705－0010382　楊 0138　史部/傳
記類/總傳之屬/通代

尚友錄二十二卷補遺一卷　（明）廖用賢輯
（清）張伯琮補輯　清康熙浙蘭林天祿齋刻本
二十二冊

330000－1705－0010384　樵 0015　類叢部/
叢書類/彙編之屬

古逸叢書二十六種　（清）黎庶昌編　清光緒
八年至十年（1882－1884）黎庶昌日本東京使
署影刻本　二冊　存一種

330000－1705－0010385　楊 0160　史部/史
評類/史論之屬

二十四史論新編續集二十二卷　（清）朱鈞輯
清光緒二十九年（1903）煥文書局石印本
八冊

330000－1705－0010386　楊 0151　史部/傳
記類/別傳之屬/年譜

先河南公［周啟運］年譜二卷　（清）周廷冕編
清光緒四年（1878）紹濂堂臨桂刻本　二冊

330000－1705－0010387　楊 0139　史部/傳
記類/總傳之屬/仕宦

歷代名臣言行錄二十四卷　（清）朱桓輯　清
嘉慶刻本　三十二冊

330000－1705－0010388　楊 0159　史部/
叢編

史論五種　（清）李祖陶撰　清同治十年
（1871）敖陽李氏尚友樓刻本　四冊

330000－1705－0010389　樵 0006　經部/
叢編

九經五十一卷附四卷　（明）秦鑨訂正　明崇
禎十三年（1640）錫山秦鑨求古齋刻本　八冊
缺二卷（小學一至二）

330000－1705－0010390　楊 0140　史部/傳
記類/總傳之屬/仕宦

歷代名臣言行錄二十四卷　（清）朱桓輯　清
光緒二十六年（1900）文瀾書局石印本　八冊